Libertés fondamentales et droits de l'homme

Recueil de textes français et internationaux

Henri Oberdorff
Jacques Robert

Libertés fondamentales et droits de l'homme

Recueil de textes français et internationaux

20e édition

LGDJ
un savoir-faire de Lextenso

Dans la même collection

Boris BERNABÉ, Michaël POYET, *La note de synthèse*, 11e éd., 2022.

Nathalie BLANC, Anne-Valérie LE FUR, Thomas LE GUEUT, Anne-Cécile MARTIN, *Droit des affaires*, 5e éd., 2022.

Nathalie BLANC, Mathias LATINA, Denis MAZEAUD, *Droit des obligations*, 3e éd., 2022.

Romain BOFFA, *Droit civil*, 6e éd., 2022.

Christine HUGON, Cyrille AUCHÉ, Jacques-Henri AUCHÉ, *Procédure civile*, 2e éd., 2022.

Céline LARONDE-CLÉRAC, Agnès DE LUGET, *Méthodologie des épreuves écrites et de l'exposé-discussion*, 2e éd., 2018.

Marine MICHINEAU, *Droit fiscal*, 3e éd., 2022.

Henri OBERDORFF, Jacques ROBERT, *Libertés fondamentales et droits de l'homme, Recueil de textes français et internationaux*, 20e éd., 2022.

Michaël POYET, *Procédure administrative et modes amiables de résolution des différends*, 5e éd., 2022.

Michaël POYET, *Droit administratif*, 3e éd., 2022.

Michaël POYET, *Un an d'actualité des libertés fondamentales*, 3e éd., 2021.

Thierry REVET, François-Xavier LUCAS (dir.), *Précis de culture juridique*, 6e éd., 2022.

Corinne ROBACZEWSKI, *Procédure pénale*, 5e éd., 2021.

1, Parvis de La Défense
92044 Paris – La Défense
www.lgdj-editions.fr
ISBN : 978-2-275-10202-3

Sommaire

I

LES SOURCES DES LIBERTÉS FONDAMENTALES ET DES DROITS DE L'HOMME

A. Les sources nationales

N° 1 La Déclaration des droits de l'homme et du citoyen du 26 août 1789

Les représentants du peuple français, constitués en Assemblée nationale, considérant que l'ignorance, l'oubli et le mépris des droits de l'homme sont les seules causes des malheurs publics et de la corruption des gouvernements, ont résolu d'exposer, dans une déclaration solennelle, les droits naturels, inaliénables et sacrés de l'homme, afin que cette déclaration, constamment présente à tous les membres du corps social, leur rappelle sans cesse leurs droits et leurs devoirs afin que les actes du pouvoir législatif et ceux du pouvoir exécutif, pouvant être à chaque instant comparés avec le but de toute institution politique, en soient plus respectés afin que les réclamations des citoyens, fondées désormais sur les principes simples et incontestables, tournent toujours au maintien de la Constitution et au bonheur de tous.

En conséquence, l'Assemblée nationale reconnaît et déclare, en présence et sous les auspices de l'Être suprême, les droits suivants de l'homme et du citoyen.

Article premier. — Les hommes naissent et demeurent libres et égaux en droits. Les distinctions sociales ne peuvent être fondées que sur l'utilité commune.

Art. 2. — Le but de toute association politique est la conservation des droits naturels et imprescriptibles de l'homme. Ces droits sont la liberté, la propriété, la sûreté, et la résistance à l'oppression.

Art. 3. — Le principe de toute souveraineté réside essentiellement dans la Nation. Nul corps, nul individu ne peut exercer d'autorité qui n'en émane expressément.

Art. 4. — La liberté consiste à pouvoir faire tout ce qui ne nuit pas à autrui : ainsi, l'exercice des droits naturels de chaque homme n'a de bornes que celles qui assurent aux autres membres de la société la jouissance de ces mêmes droits. Ces bornes ne peuvent être déterminées que par la loi.

Art. 5. — La loi n'a le droit de défendre que les actions nuisibles à la société. Tout ce qui n'est pas défendu par la loi ne peut être empêché, et nul ne peut être contraint à faire ce qu'elle n'ordonne pas.

Art. 6. — La loi est l'expression de la volonté générale. Tous les citoyens ont droit de concourir personnellement, ou par leurs représentants, à sa formation. Elle doit être la même pour tous, soit qu'elle protège, soit qu'elle punisse. Tous les citoyens étant égaux à ses yeux, sont également admissibles à toutes dignités, places et emplois publics, selon leur capacité, et sans autre distinction que celle de leurs vertus et de leurs talents.

Art. 7. — Nul homme ne peut être accusé, arrêté ni détenu que dans les cas déterminés par la loi, et selon les formes qu'elle a prescrites. Ceux qui sollicitent, expédient, exécutent ou font exécuter des ordres arbitraires doivent être punis ; mais tout citoyen appelé ou saisi en vertu de la loi, doit obéir à l'instant : il se rend coupable par la résistance.

Art. 8. — La loi ne doit établir que des peines strictement et évidemment nécessaires, et nul ne peut être puni qu'en vertu d'une loi établie et promulguée antérieurement au délit, et légalement appliquée.

Art. 9. — Tout homme étant présumé innocent jusqu'à ce qu'il ait été déclaré coupable, s'il est jugé indispensable de l'arrêter, toute rigueur qui ne serait pas nécessaire pour s'assurer de sa personne doit être sévèrement réprimée par la loi.

Art. 10. — Nul ne doit être inquiété pour ses opinions, même religieuses, pourvu que leur manifestation ne trouble pas l'ordre public établi par la loi.

Art. 11. — La libre communication des pensées et des opinions est un des droits les plus précieux de l'homme tout citoyen peut donc parler, écrire, imprimer librement, sauf à répondre de l'abus de cette liberté dans les cas déterminés par la loi.

Art. 12. — La garantie de droits de l'homme et du citoyen nécessite une force publique ; cette force est donc instituée pour l'avantage de tous, et non pour l'utilité particulière de ceux auxquels elle est confiée.

Art. 13. — Pour l'entretien de la force publique, et pour les dépenses d'administration, une contribution commune est indispensable : elle doit être également répartie entre tous les citoyens, en raison de leurs facultés.

Art. 14. — Tous les citoyens ont le droit de constater, par eux-mêmes ou par leurs représentants, la nécessité de la contribution publique, de la consentir librement, d'en suivre l'emploi, et d'en déterminer la quotité, l'assiette, le recouvrement et la durée.

Art. 15. — La société a le droit de demander compte à tout agent public de son administration.

Art. 16. — Toute société dans laquelle la garantie des droits n'est pas assurée, ni la séparation des pouvoirs déterminée, n'a point de constitution.

Art. 17. — La propriété étant un droit inviolable et sacré, nul ne peut en être privé, si ce n'est lorsque la nécessité publique, légalement constatée, l'exige évidemment, et sous la condition d'une juste et préalable indemnité.

Nº 2 Le Préambule de la Constitution du 27 octobre 1946

Au lendemain de la victoire remportée par les peuples libres sur les régimes qui ont tenté d'asservir et de dégrader la personne humaine, le peuple français proclame à nouveau que tout être humain, sans distinction de race, de religion ni de croyance, possède des droits inaliénables et sacrés. Il réaffirme solennellement les droits et les libertés de l'homme et du citoyen consacrés par la Déclaration des droits de 1789 et les principes fondamentaux reconnus par les lois de la République.

Il proclame, en outre, comme particulièrement nécessaires, à notre temps, les principes politiques, économiques et sociaux ci-après.

La loi garantit à la femme, dans tous les domaines, des droits égaux à ceux de l'homme.

Tout homme persécuté en raison de son action en faveur de la liberté a droit d'asile sur les territoires de la République.

Chacun a le devoir de travailler et le droit d'obtenir un emploi. Nul ne peut être lésé, dans son travail ou son emploi, en raison de ses origines, de ses opinions ou de ses croyances.

Tout homme peut défendre ses droits et ses intérêts par l'action syndicale et adhérer au syndicat de son choix.

Le droit de grève s'exerce dans le cadre des lois qui le réglementent.

Tout travailleur participe, par l'intermédiaire de ses délégués, à la détermination collective des conditions de travail ainsi qu'à la gestion des entreprises.

Tout bien, toute entreprise, dont l'exploitation a ou acquiert les caractères d'un service public national ou d'un monopole de fait, doit devenir la propriété de la collectivité.

La Nation assure à l'individu et la famille les conditions nécessaires à leur développement.

Elle garantit à tous, notamment à l'enfant, à la mère et aux vieux travailleurs, la protection de la santé, la sécurité matérielle, le repos et les loisirs. Tout être humain qui, en raison de son âge, de son état physique ou mental, de la situation économique, se trouve dans l'incapacité de travailler a le droit d'obtenir de la collectivité des moyens convenables d'existence.

La Nation proclame la solidarité et l'égalité de tous les Français devant les charges qui résultent des calamités nationales.

La Nation garantit l'égal accès de l'enfant et de l'adulte à l'instruction, à la formation professionnelle et à la culture. L'organisation de l'enseignement public gratuit et laïque à tous les degrés est un devoir de l'État.

La République française, fidèle à ses traditions, se conforme aux règles du droit public international. Elle n'entreprendra aucune guerre dans des vues de conquête et n'emploiera jamais ses forces contre la liberté d'aucun peuple.

Sous réserve de réciprocité, la France consent aux limitations de souveraineté nécessaires à l'organisation et à la défense de la paix. La France forme avec les peuples d'outre-mer une Union fondée sur l'égalité de droits et des devoirs, sans distinction de race ni de religion.

L'Union française est composée de nations et de peuples qui mettent en commun ou coordonnent leurs ressources et leurs efforts pour développer leurs civilisations respectives, accroître leur bien-être et assurer leur sécurité.

Fidèle à sa mission traditionnelle, la France entend conduire les peuples dont elle a pris la charge à la liberté de s'administrer eux-mêmes et de gérer démocratiquement leurs propres affaires ; écartant tout système de colonisation fondé sur l'arbitraire, elle garantit à tous l'égal accès aux fonctions publiques et l'exercice individuel ou collectif des droits et libertés proclamés ou confirmés ci-dessus.

N° 3.1 La Constitution du 4 octobre 1958 (1)

Le Gouvernement de la République, conformément à la loi constitutionnelle du 3 juin 1958, a proposé,
Le Peuple français a adopté,
Le Président de la République promulgue la loi constitutionnelle dont la teneur suit :

Préambule

Le Peuple français proclame solennellement son attachement aux droits de l'homme et aux principes de la souveraineté nationale tels qu'ils sont définis par la Déclaration de 1789, confirmée et complétée par le préambule de la Constitution de 1946, ainsi qu'aux droits et devoirs définis dans la Charte de l'environnement de 2004.

En vertu de ces principes et de celui de la libre détermination des peuples, la République offre aux territoires d'outre-mer qui manifestent la volonté d'y adhérer des institutions nouvelles fondées sur l'idéal commun de liberté, d'égalité et de fraternité et conçues en vue de leur évolution démocratique.

Article premier. — La France est une République indivisible, laïque, démocratique et sociale. Elle assure l'égalité devant la loi de tous les citoyens sans distinction d'origine, de race ou de religion. Elle respecte toutes les croyances. Son organisation est décentralisée.

La loi favorise l'égal accès des femmes et des hommes aux mandats électoraux et fonctions électives, ainsi qu'aux responsabilités professionnelles et sociales.

TITRE I

DE LA SOUVERAINETÉ

Art. 2. — La langue de la République est le français.

L'emblème national est le drapeau tricolore, bleu, blanc, rouge.

L'hymne national est la « Marseillaise ».

La devise de la République est « Liberté, Égalité, Fraternité ».

Son principe est : gouvernement du peuple, par le peuple et pour le peuple.

Art. 3. — La souveraineté nationale appartient au peuple qui l'exerce par ses représentants et par la voie du référendum.

Aucune section du peuple ni aucun individu ne peut s'en attribuer l'exercice.

Le suffrage peut être direct ou indirect dans les conditions prévues par la Constitution. Il est toujours universel, égal et secret.

Sont électeurs, dans les conditions déterminées par la loi, tous les nationaux français majeurs des deux sexes, jouissant de leurs droits civils et politiques.

---

(1) La version de la Constitution présentée ici comprend l'ensemble des révisions constitutionnelles intervenues depuis 1960 jusqu'à celles de 2008 : loi constitutionnelle n° 2008-724 du 23 juillet 2008.

Art. 4. — Les partis et groupements politiques concourent à l'expression du suffrage. Ils se forment et exercent leur activité librement. Ils doivent respecter les principes de la souveraineté nationale et de la démocratie.

Ils contribuent à la mise en œuvre du principe énoncé au second alinéa de l'article 1er dans les conditions déterminées par la loi.

La loi garantit les expressions pluralistes des opinions et la participation équitable des partis et groupements politiques à la vie démocratique de la Nation.

TITRE II

LE PRÉSIDENT DE LA RÉPUBLIQUE

Art. 5. — Le Président de la République veille au respect de la Constitution. Il assure, par son arbitrage, le fonctionnement régulier des pouvoirs publics ainsi que la continuité de l'État.

Il est le garant de l'indépendance nationale, de l'intégrité du territoire et du respect des traités.

Art. 6. — Le Président de la République est élu pour cinq ans au suffrage universel direct.

Nul ne peut exercer plus de deux mandats consécutifs.

Les modalités d'application du présent article sont fixées par une loi organique.

Art. 7. — Le Président de la République est élu à la majorité absolue des suffrages exprimés. Si celle-ci n'est pas obtenue au premier tour du scrutin, il est procédé, le quatorzième jour suivant, à un second tour. Seuls peuvent s'y présenter les deux candidats qui, le cas échéant après retrait de candidats plus favorisés, se trouvent avoir recueilli le plus grand nombre de suffrages au premier tour.

Le scrutin est ouvert sur convocation du Gouvernement.

L'élection du nouveau Président a lieu vingt jours au moins et trente-cinq jours au plus avant l'expiration des pouvoirs du Président en exercice.

En cas de vacance de la Présidence de la République pour quelque cause que ce soit, ou d'empêchement constaté par le Conseil constitutionnel saisi par le Gouvernement et statuant à la majorité absolue de ses membres, les fonctions du Président de la République, à l'exception de celles prévues aux articles 11 et 12 ci-dessous, sont provisoirement exercées par le Président du Sénat et, si celui-ci est à son tour empêché d'exercer ses fonctions, par le Gouvernement.

En cas de vacance ou lorsque l'empêchement est déclaré définitif par le Conseil constitutionnel, le scrutin pour l'élection du nouveau Président a lieu, sauf cas de force majeure constaté par le Conseil constitutionnel, vingt jours au moins et trente-cinq jours au plus, après l'ouverture de la vacance ou la déclaration du caractère définitif de l'empêchement.

Si, dans les sept jours précédant la date limite du dépôt des présentations de candidatures, une des personnes ayant, moins de trente jours avant cette date, annoncé publiquement sa décision d'être candidate décède ou se trouve empêchée, le Conseil constitutionnel peut décider de reporter l'élection.

Si, avant le premier tour, un des candidats décède ou se trouve empêché, le Conseil constitutionnel prononce le report de l'élection.

En cas de décès ou d'empêchement de l'un des deux candidats les plus favorisés au premier tour avant les retraits éventuels, le Conseil constitutionnel déclare qu'il doit être procédé de nouveau à l'ensemble des opérations électorales ; il en est de même en cas de décès ou d'empêchement de l'un des deux candidats restés en présence en vue du second tour.

Dans tous les cas, le Conseil constitutionnel est saisi dans les conditions fixées au deuxième alinéa de l'article 61 ci-dessous ou dans celles déterminées pour la présentation d'un candidat par la loi organique prévue à l'article 6 ci-dessus.

Le Conseil constitutionnel peut proroger les délais prévus aux troisième et cinquième alinéas sans que le scrutin puisse avoir lieu plus de trente-cinq jours après la date de la décision du Conseil constitutionnel. Si l'application des dispositions du présent alinéa a eu pour effet de reporter l'élection à une date postérieure à l'expiration des pouvoirs du Président en exercice, celui-ci demeure en fonctions jusqu'à la proclamation de son successeur.

Il ne peut être fait application ni des articles 49 et 50 ni de l'article 89 de la Constitution durant la vacance de la Présidence de la République ou durant la période qui s'écoule entre la déclaration du caractère définitif de l'empêchement du Président de la République et l'élection de son successeur.

Art. 8. — Le Président de la République nomme le Premier ministre. Il met fin à ses fonctions sur la présentation par celui-ci de la démission du Gouvernement.

Sur la proposition du Premier ministre, il nomme les autres membres du Gouvernement et met fin à leurs fonctions.

Art. 9. — Le Président de la République préside le conseil des ministres.

Art. 10. — Le Président de la République promulgue les lois dans les quinze jours qui suivent la transmission au Gouvernement de la loi définitivement adoptée.

Il peut, avant l'expiration de ce délai, demander au Parlement une nouvelle délibération de la loi ou de certains de ses articles. Cette nouvelle délibération ne peut être refusée.

Art. 11 (2). — Le Président de la République, sur proposition du Gouvernement pendant la durée des sessions ou sur proposition conjointe des deux assemblées, publiées au *Journal officiel*, peut soumettre au référendum tout projet de loi portant sur l'organisation des pouvoirs publics, sur des réformes relatives à la politique économique, sociale ou environnementale de la nation et aux services publics qui y concourent, ou tendant à autoriser la ratification d'un traité qui, sans être contraire à la Constitution, aurait des incidences sur le fonctionnement des institutions.

Lorsque le référendum est organisé sur proposition du Gouvernement, celui-ci fait, devant chaque assemblée, une déclaration qui est suivie d'un débat.

Un référendum portant sur un objet mentionné au premier alinéa peut être organisé à l'initiative d'un cinquième des membres du Parlement, soutenue par un dixième des électeurs inscrits sur les listes électorales. Cette initiative prend la forme d'une proposition de loi et ne peut avoir pour objet l'abrogation d'une disposition législative promulguée depuis moins d'un an.

Les conditions de sa présentation et celles dans lesquelles le Conseil constitutionnel contrôle le respect des dispositions de l'alinéa précédent sont déterminées par une loi organique.

Si la proposition de loi n'a pas été examinée par les deux assemblées dans un délai fixé par la loi organique, le Président de la République la soumet au référendum.

---

(2) La loi organique n° 2013-1114 du 6 décembre 2013 portant application de l'article 11 de la Constitution et prévue à l'article 46-I de la loi constitutionnelle n° 2008-724 du 23 juillet 2008 avait prévue une entrée en vigueur le 1er janvier 2015 en vertu de son article 10 disposant que : « *La présente loi organique entre en vigueur le premier jour du treizième mois suivant celui de sa promulgation* ».

Lorsque la proposition de loi n'est pas adoptée par le peuple français, aucune nouvelle proposition de référendum portant sur le même sujet ne peut être présentée avant l'expiration d'un délai de deux ans suivant la date du scrutin.

Lorsque le référendum a conclu à l'adoption du projet ou de la proposition de loi, le Président de la République promulgue la loi dans les quinze jours qui suivent la proclamation des résultats de la consultation.

Art. 12. — Le Président de la République peut, après consultation du Premier ministre et des Présidents des Assemblées, prononcer la dissolution de l'Assemblée nationale.

Les élections générales ont lieu vingt jours au moins et quarante jours au plus après la dissolution.

L'Assemblée nationale se réunit de plein droit le deuxième jeudi qui suit son élection. Si cette réunion a lieu en dehors de la période prévue pour la session ordinaire, une session est ouverte de droit pour une durée de quinze jours.

Il ne peut être procédé à une nouvelle dissolution dans l'année qui suit ces élections.

Art. 13 (3). — Le Président de la République signe les ordonnances et les décrets délibérés en Conseil des ministres.

Il nomme aux emplois civils et militaires de l'État.

Les conseillers d'État, le grand chancelier de la Légion d'honneur, les ambassadeurs et envoyés extraordinaires, les conseillers maîtres à la Cour des comptes, les préfets, les représentants de l'État dans les collectivités d'outre-mer régies par l'article 74 et en Nouvelle-Calédonie, les officiers généraux, les recteurs des académies, les directeurs des administrations centrales, sont nommés en Conseil des ministres.

Une loi organique détermine les autres emplois auxquels il est pourvu en conseil des ministres ainsi que les conditions dans lesquelles le pouvoir de nomination du Président de la République peut être par lui délégué pour être exercé en son nom.

Une loi organique détermine les emplois ou fonctions, autres que ceux mentionnés au troisième alinéa, pour lesquels, en raison de leur importance pour la garantie des droits et libertés ou la vie économique et sociale de la Nation, le pouvoir de nomination du Président de la République s'exerce après avis public de la commission permanente compétente de chaque assemblée. Le Président de la République ne peut procéder à une nomination lorsque l'addition des votes négatifs dans chaque commission représente au moins trois cinquièmes des suffrages exprimés au sein des deux commissions. La loi détermine les commissions permanentes compétentes selon les emplois ou fonctions concernés.

Art. 14. — Le Président de la République accrédite les ambassadeurs et les envoyés extraordinaires auprès des puissances étrangères ; les ambassadeurs et les envoyés extraordinaires étrangers sont accrédités auprès de lui.

Art. 15. — Le Président de la République est le chef des armées. Il préside les conseils et comités supérieurs de la Défense nationale.

Art. 16. — Lorsque les institutions de la République, l'indépendance de la Nation, l'intégrité de son territoire ou l'exécution de ses engagements internationaux sont menacées d'une manière grave et immédiate et que le fonctionnement régulier des pouvoirs publics constitutionnels est interrompu, le Président de la République prend les mesures exigées par ces circonstances, après consultation officielle du Premier ministre, des Présidents des Assemblées ainsi que du Conseil constitutionnel.

Il en informe la Nation par un message.

---

(3) Modifié par la loi constitutionnelle n° 2008-724 du 23 juillet 2008 ; voir aussi la loi organique n° 2010-837 du 23 juillet 2010 relative à l'application du cinquième alinéa de l'article 13 de la Constitution (*JO* 24 juillet 2010). Voir aussi les lois organiques n° 2019-789 du 26 juillet 2019, n° 2020-364 du 30 mars 2020 et la loi n° 2020-366 du 30 mars 2020 modifiant celle de 2010.

Ces mesures doivent être inspirées par la volonté d'assurer aux pouvoirs publics constitutionnels, dans les moindres délais, les moyens d'accomplir leur mission. Le Conseil constitutionnel est consulté à leur sujet.

Le Parlement se réunit de plein droit.

L'Assemblée nationale ne peut être dissoute pendant l'exercice des pouvoirs exceptionnels.

Après trente jours d'exercice des pouvoirs exceptionnels, le Conseil constitutionnel peut être saisi par le Président de l'Assemblée nationale, le Président du Sénat, soixante députés ou soixante sénateurs, aux fins d'examiner si les conditions énoncées au premier alinéa demeurent réunies. Il se prononce dans les délais les plus brefs par un avis public. Il procède de plein droit à cet examen et se prononce dans les mêmes conditions au terme de soixante jours d'exercice des pouvoirs exceptionnels et à tout moment au-delà de cette durée.

Art. 17. — Le Président de la République a le droit de faire grâce à titre individuel.

Art. 18. — Le Président de la République communique avec les deux Assemblées du Parlement par des messages qu'il fait lire et qui ne donnent lieu à aucun débat.

Il peut prendre la parole devant le Parlement réuni à cet effet en Congrès. Sa déclaration peut donner lieu, hors sa présence, à un débat qui ne fait l'objet d'aucun vote.

Hors session, les assemblées parlementaires sont réunies spécialement à cet effet.

Art. 19. — Les actes du Président de la République autres que ceux prévus aux articles 8 (1er alinéa), 11, 12, 16, 18, 54, 56 et 61 sont contresignés par le Premier ministre et, le cas échéant, par les ministres responsables.

TITRE III

LE GOUVERNEMENT

Art. 20. — Le Gouvernement détermine et conduit la politique de la Nation.

Il dispose de l'administration et de la force armée.

Il est responsable devant le Parlement dans les conditions et suivant les procédures prévues aux articles 49 et 50.

Art. 21. — Le Premier ministre dirige l'action du Gouvernement. Il est responsable de la Défense nationale. Il assure l'exécution des lois. Sous réserve des dispositions de l'article 13, il exerce le pouvoir réglementaire et nomme aux emplois civils et militaires.

Il peut déléguer certains de ses pouvoirs aux ministres.

Il supplée, le cas échéant, le Président de la République dans la présidence des conseils et comités prévus à l'article 15.

Il peut, à titre exceptionnel, le suppléer pour la présidence d'un Conseil des ministres en vertu d'une délégation expresse et pour un ordre du jour déterminé.

Art. 22. — Les actes du Premier ministre sont contresignés, le cas échéant, par les ministres chargés de leur exécution.

Art. 23. — Les fonctions de membre du Gouvernement sont incompatibles avec l'exercice de tout mandat parlementaire, de toute fonction de représentation professionnelle à caractère national et de tout emploi public ou de toute activité professionnelle.

Une loi organique fixe les conditions dans lesquelles il est pourvu au remplacement des titulaires de tels mandats, fonctions ou emplois.

Le remplacement des membres du Parlement a lieu conformément aux dispositions de l'article 25.

TITRE IV

LE PARLEMENT

Art. 24. — Le Parlement vote la loi. Il contrôle l'action du Gouvernement. Il évalue les politiques publiques.

Il comprend l'Assemblée nationale et le Sénat.

Les députés à l'Assemblée nationale, dont le nombre ne peut excéder cinq cent soixante-dix-sept, sont élus au suffrage direct.

Le Sénat, dont le nombre de membres ne peut excéder trois cent quarante-huit, est élu au suffrage indirect. Il assure la représentation des collectivités territoriales de la République.

Les Français établis hors de France sont représentés à l'Assemblée nationale et au Sénat.

Art. 25 [(4)]. — Une loi organique fixe la durée des pouvoirs de chaque assemblée, le nombre de ses membres, leur indemnité, les conditions d'éligibilité, le régime des inéligibilités et des incompatibilités.

Elle fixe également les conditions dans lesquelles sont élues les personnes appelées à assurer, en cas de vacance du siège, le remplacement des députés ou des sénateurs jusqu'au renouvellement général ou partiel de l'assemblée à laquelle ils appartenaient ou leur remplacement temporaire en cas d'acceptation par eux de fonctions gouvernementales.

Une commission indépendante, dont la loi fixe la composition et les règles d'organisation et de fonctionnement, se prononce par un avis public sur les projets de texte et propositions de loi délimitant les circonscriptions pour l'élection des députés ou modifiant la répartition des sièges de députés ou de sénateurs.

Art. 26. — Aucun membre du Parlement ne peut être poursuivi, recherché arrêté, détenu ou jugé à l'occasion des opinions ou votes émis par lui dans l'exercice de ses fonctions.

Aucun membre du Parlement ne peut faire l'objet, en matière criminelle ou correctionnelle, d'une arrestation ou de toute autre mesure privative ou restrictive de liberté qu'avec l'autorisation du Bureau de l'assemblée dont il fait partie. Cette autorisation n'est pas requise en cas de crime ou délit flagrant ou de condamnation définitive.

La détention, les mesures privatives ou restrictives de liberté ou la poursuite d'un membre du Parlement sont suspendues pour la durée de la session si l'assemblée dont il fait partie le requiert.

L'assemblée intéressée est réunie de plein droit pour des séances supplémentaires pour permettre, le cas échéant, l'application de l'alinéa ci-dessus.

Art. 27. — Tout mandat impératif est nul.

Le droit de vote des membres du Parlement est personnel.

La loi organique peut autoriser exceptionnellement la délégation de vote. Dans ce cas, nul ne peut recevoir délégation de plus d'un mandat.

Art. 28. — Le Parlement se réunit de plein droit en une session ordinaire qui commence le premier jour ouvrable d'octobre et prend fin le dernier jour ouvrable de juin.

---

(4) Modifié par la loi constitutionnelle n° 2008-724 du 23 juillet 2008 ; mis en vigueur à l'issue de la loi organique n° 2009-38 du 13 janvier 2009 portant application de l'article 25 de la Constitution.

Le nombre de jours de séance que chaque assemblée peut tenir au cours de la session ordinaire ne peut excéder cent vingt. Les semaines de séance sont fixées par chaque assemblée.

Le Premier ministre, après consultation du président de l'assemblée concernée, ou la majorité des membres de chaque assemblée peut décider la tenue de jours supplémentaires de séance.

Les jours et les horaires des séances sont déterminés par le règlement de chaque assemblée.

Art. 29. — Le Parlement est réuni en session extraordinaire à la demande du Premier ministre ou de la majorité des membres composant l'Assemblée nationale, sur un ordre du jour déterminé.

Lorsque la session extraordinaire est tenue à la demande des membres de l'Assemblée nationale, le décret de clôture intervient dès que le Parlement a épuisé l'ordre du jour pour lequel il a été convoqué et au plus tard douze jours à compter de sa réunion.

Le Premier ministre peut seul demander une nouvelle session avant l'expiration du mois qui suit le décret de clôture.

Art. 30. — Hors les cas dans lesquels le Parlement se réunit de plein droit, les sessions extraordinaires sont ouvertes et closes par décret du Président de la République.

Art. 31. — Les membres du Gouvernement ont accès aux deux Assemblées. Ils sont entendus quand ils le demandent.

Ils peuvent se faire assister par des commissaires du Gouvernement.

Art. 32. — Le Président de l'Assemblée nationale est élu pour la durée de la législature. Le Président du Sénat est élu après chaque renouvellement partiel.

Art. 33. — Les séances des deux Assemblées sont publiques. Le compte rendu intégral des débats est publié au *Journal officiel*.

Chaque Assemblée peut siéger en comité secret à la demande du Premier ministre ou d'un dixième de ses membres.

TITRE V

DES RAPPORTS ENTRE LE PARLEMENT ET LE GOUVERNEMENT

Art. 34. — La loi fixe les règles concernant :

— les droits civiques et les garanties fondamentales accordées aux citoyens pour l'exercice des libertés publiques ; la liberté, le pluralisme et l'indépendance des médias ; les sujétions imposées par la Défense nationale aux citoyens en leur personne et en leurs biens ;

— la nationalité, l'état et la capacité des personnes, les régimes matrimoniaux, les successions et libéralités ;

— la détermination des crimes et délits ainsi que les peines qui leur sont applicables ; la procédure pénale ; l'amnistie ; la création de nouveaux ordres de juridiction et le statut des magistrats ;

— l'assiette, le taux et les modalités de recouvrement des impositions de toutes natures ; le régime d'émission de la monnaie.

La loi fixe également les règles concernant :

— le régime électoral des assemblées parlementaires, des assemblées locales et des instances représentatives des Français établis hors de France ainsi que les conditions d'exercice des mandats électoraux et des fonctions électives des membres des assemblées délibérantes des collectivités territoriales ;

— la création de catégories d'établissements publics ;

— les garanties fondamentales accordées aux fonctionnaires civils et militaires de l'État ;

— les nationalisations d'entreprises et les transferts de propriété d'entreprises du secteur public au secteur privé.

La loi détermine les principes fondamentaux :

— de l'organisation générale de la Défense nationale ;

— de la libre administration des collectivités territoriales, de leurs compétences et de leurs ressources ;

— de l'enseignement ;

— de la préservation de l'environnement ;

— du régime de la propriété, des droits réels et des obligations civiles et commerciales ;

— du droit du travail, du droit syndical et de la sécurité sociale.

Les lois de finances déterminent les ressources et les charges de l'État dans les conditions et sous les réserves prévues par une loi organique.

Les lois de financement de la sécurité sociale déterminent les conditions générales de son équilibre financier et, compte tenu de leurs prévisions de recettes, fixent ses objectifs de dépenses, dans les conditions et sous les réserves prévues par une loi organique.

Des lois de programmation déterminent les objectifs de l'action de l'État.

Les orientations pluriannuelles des finances publiques sont définies par des lois de programmation. Elles s'inscrivent dans l'objectif d'équilibre des comptes des administrations publiques.

Les dispositions du présent article pourront être précisées et complétées par une loi organique.

Art. 34-1 (5). — Les assemblées peuvent voter des résolutions dans les conditions fixées par la loi organique.

Sont irrecevables et ne peuvent être inscrites à l'ordre du jour les propositions de résolution dont le Gouvernement estime que leur adoption ou leur rejet serait de nature à mettre en cause sa responsabilité ou qu'elles contiennent des injonctions à son égard.

Art. 35. — La déclaration de guerre est autorisée par le Parlement.

Le Gouvernement informe le Parlement de sa décision de faire intervenir les forces armées à l'étranger, au plus tard trois jours après le début de l'intervention. Il précise les objectifs poursuivis. Cette information peut donner lieu à un débat qui n'est suivi d'aucun vote.

Lorsque la durée de l'intervention excède quatre mois, le Gouvernement soumet sa prolongation à l'autorisation du Parlement. Il peut demander à l'Assemblée nationale de décider en dernier ressort. Si le Parlement n'est pas en session à l'expiration du délai de quatre mois, il se prononce à l'ouverture de la session suivante.

Art. 36. — L'État de siège est décrété en Conseil des ministres.

Sa prorogation au-delà de douze jours ne peut être autorisée que par le Parlement.

Art. 37. — Les matières autres que celles qui sont du domaine de la loi ont un caractère réglementaire.

---

(5) Créé par la loi constitutionnelle n° 2008-724 du 23 juillet 2008 ; voir aussi la loi organique n° 2009-403 du 15 avril 2009 relative à l'application des articles 34-1, 39 et 44 de la Constitution.

Les textes de forme législative intervenus en ces matières peuvent être modifiés par décrets pris après avis du Conseil d'État. Ceux de ces textes qui interviendraient après l'entrée en vigueur de la présente Constitution ne pourront être modifiés par décret que si le Conseil constitutionnel a déclaré qu'ils ont un caractère réglementaire en vertu de l'alinéa précédent.

Art. 37-1. — La loi et le règlement peuvent comporter, pour un objet et une durée limités, des dispositions à caractère expérimental.

Art. 38. — Le Gouvernement peut, pour l'exécution de son programme, demander au Parlement l'autorisation de prendre par ordonnances, pendant un délai limité, des mesures qui sont normalement du domaine de la loi.

Les ordonnances sont prises en Conseil des ministres après avis du Conseil d'État. Elles entrent en vigueur dès leur publication mais deviennent caduques si le projet de loi de ratification n'est pas déposé devant le Parlement avant la date fixée par la loi d'habilitation. Elles ne peuvent être ratifiées que de manière expresse.

À l'expiration du délai mentionné au premier alinéa du présent article, les ordonnances ne peuvent plus être modifiées que par la loi dans les matières qui sont du domaine législatif.

Art. 39 (6). — L'initiative des lois appartient concurremment au Premier ministre et aux membres du Parlement.

Les projets de loi sont délibérés en conseil des ministres après avis du Conseil d'État et déposés sur le bureau de l'une des deux Assemblées. Les projets de loi de finances et de loi de financement de la sécurité sociale sont soumis en premier lieu à l'Assemblée nationale. Sans préjudice du premier alinéa de l'article 44, les projets de loi ayant pour principal objet l'organisation des collectivités territoriales sont soumis en premier lieu au Sénat.

La présentation des projets de loi déposés devant l'Assemblée nationale ou le Sénat répond aux conditions fixées par une loi organique.

Les projets de loi ne peuvent être inscrits à l'ordre du jour si la Conférence des présidents de la première assemblée saisie constate que les règles fixées par la loi organique sont méconnues. En cas de désaccord entre la Conférence des présidents et le Gouvernement, le président de l'assemblée intéressée ou le Premier ministre peut saisir le Conseil constitutionnel qui statue dans un délai de huit jours.

Dans les conditions prévues par la loi, le président d'une assemblée peut soumettre pour avis au Conseil d'État, avant son examen en commission, une proposition de loi déposée par l'un des membres de cette assemblée, sauf si ce dernier s'y oppose.

Art. 40. — Les propositions et amendements formulés par les membres du Parlement ne sont pas recevables lorsque leur adoption aurait pour conséquence soit une diminution des ressources publiques, soit la création ou l'aggravation d'une charge publique.

Art. 41. — S'il apparaît au cours de la procédure législative qu'une proposition ou un amendement n'est pas du domaine de la loi ou est contraire à une délégation accordée en vertu de l'article 38, le Gouvernement ou le président de l'assemblée saisie peut opposer l'irrecevabilité.

En cas de désaccord entre le Gouvernement et le Président de l'Assemblée intéressée, le Conseil constitutionnel, à la demande de l'un ou de l'autre, statue dans un délai de huit jours.

---

(6) Modifié par la loi constitutionnelle n° 2008-724 du 23 juillet 2008 ; voir aussi la loi organique n° 2009-403 du 15 avril 2009 relative à l'application des articles 34-1, 39 et 44 de la Constitution.

Art. 42. — La discussion des projets et des propositions de loi porte, en séance, sur le texte adopté par la commission saisie en application de l'article 43 ou, à défaut, sur le texte dont l'assemblée a été saisie.

Toutefois, la discussion en séance des projets de révision constitutionnelle, des projets de loi de finances et des projets de loi de financement de la sécurité sociale porte, en première lecture devant la première assemblée saisie, sur le texte présenté par le Gouvernement et, pour les autres lectures, sur le texte transmis par l'autre assemblée.

La discussion en séance, en première lecture, d'un projet ou d'une proposition de loi ne peut intervenir, devant la première assemblée saisie, qu'à l'expiration d'un délai de six semaines après son dépôt. Elle ne peut intervenir, devant la seconde assemblée saisie, qu'à l'expiration d'un délai de quatre semaines à compter de sa transmission.

L'alinéa précédent ne s'applique pas si la procédure accélérée a été engagée dans les conditions prévues à l'article 45. Il ne s'applique pas non plus aux projets de loi de finances, aux projets de loi de financement de la sécurité sociale et aux projets relatifs aux états de crise.

Art. 43. — Les projets et propositions de loi sont envoyés pour examen à l'une des commissions permanentes dont le nombre est limité à huit dans chaque assemblée.

À la demande du Gouvernement ou de l'assemblée qui en est saisie, les projets ou propositions de loi sont envoyés pour examen à une commission spécialement désignée à cet effet.

Art. 44 (7). — Les membres du Parlement et le Gouvernement ont le droit d'amendement. Ce droit s'exerce en séance ou en commission selon les conditions fixées par les règlements des assemblées, dans le cadre déterminé par une loi organique.

Après l'ouverture du débat, le Gouvernement peut s'opposer à l'examen de tout amendement qui n'a pas été antérieurement soumis à la commission.

Si le Gouvernement le demande, l'Assemblée saisie se prononce par un seul vote sur tout ou partie du texte en discussion en ne retenant que les amendements proposés ou acceptés par le Gouvernement.

Art. 45. — Tout projet ou proposition de loi est examiné successivement dans les deux Assemblées du Parlement en vue de l'adoption d'un texte identique. Sans préjudice de l'application des articles 40 et 41, tout amendement est recevable en première lecture dès lors qu'il présente un lien, même indirect, avec le texte déposé ou transmis.

Lorsque, par suite d'un désaccord entre les deux Assemblées, un projet ou une proposition de loi n'a pu être adopté après deux lectures par chaque Assemblée ou, si le Gouvernement a décidé d'engager la procédure accélérée sans que les Conférences des présidents s'y soient conjointement opposées, après une seule lecture par chacune d'entre elles, le Premier ministre ou, pour une proposition de loi, les présidents des deux assemblées agissant conjointement, ont la faculté de provoquer la réunion d'une commission mixte paritaire chargée de proposer un texte sur les dispositions restant en discussion.

Le texte élaboré par la commission mixte peut être soumis par le Gouvernement pour approbation aux deux Assemblées. Aucun amendement n'est recevable sauf accord du Gouvernement.

Si la commission mixte ne parvient pas à l'adoption d'un texte commun ou si ce texte n'est pas adopté dans les conditions prévues à l'alinéa précédent,

---

(7) Modifié par la loi constitutionnelle n° 2008-724 du 23 juillet 2008 ; voir aussi la loi organique n° 2009-403 du 15 avril 2009 relative à l'application des articles 34-1, 39 et 44 de la Constitution.

le Gouvernement peut, après une nouvelle lecture par l'Assemblée nationale et par le Sénat, demander à l'Assemblée nationale de statuer définitivement. En ce cas, l'Assemblée nationale peut reprendre soit le texte élaboré par la commission mixte, soit le dernier texte voté par elle, modifié le cas échéant par un ou plusieurs des amendements adoptés par le Sénat.

Art. 46. — Les lois auxquelles la Constitution confère le caractère de lois organiques sont votées et modifiées dans les conditions suivantes :

Le projet ou la proposition ne peut, en première lecture, être soumis à la délibération et au vote des assemblées qu'à l'expiration des délais fixés au troisième alinéa de l'article 42. Toutefois, si la procédure accélérée a été engagée dans les conditions prévues à l'article 45, le projet ou la proposition ne peut être soumis à la délibération de la première assemblée saisie avant l'expiration d'un délai de quinze jours après son dépôt.

La procédure de l'article 45 est applicable. Toutefois, faute d'accord entre les deux assemblées, le texte ne peut être adopté par l'Assemblée nationale en dernière lecture qu'à la majorité absolue de ses membres.

Les lois organiques relatives au Sénat doivent être votées dans les mêmes termes par les deux assemblées.

Les lois organiques ne peuvent être promulguées qu'après déclaration par le Conseil constitutionnel de leur conformité à la Constitution.

Art. 47. — Le Parlement vote les projets de loi de finances dans les conditions prévues par une loi organique.

Si l'Assemblée nationale ne s'est pas prononcée en première lecture dans le délai de quarante jours après le dépôt d'un projet, le Gouvernement saisit le Sénat qui doit statuer dans un délai de quinze jours. Il est ensuite procédé dans les conditions prévues à l'article 45.

Si le Parlement ne s'est pas prononcé dans un délai de soixante-dix jours, les dispositions du projet peuvent être mises en vigueur par ordonnance.

Si la loi de finances fixant les ressources et les charges d'un exercice n'a pas été déposée en temps utile pour être promulguée avant le début de cet exercice, le Gouvernement demande d'urgence au Parlement l'autorisation de percevoir les impôts et ouvre par décret les crédits se rapportant aux services votés.

Les délais prévus au présent article sont suspendus lorsque le Parlement n'est pas en session.

Art. 47-1. — Le Parlement vote les projets de loi de financement de la sécurité sociale dans les conditions prévues par une loi organique.

Si l'Assemblée nationale ne s'est pas prononcée en première lecture dans le délai de vingt jours après le dépôt d'un projet, le Gouvernement saisit le Sénat qui doit statuer dans un délai de quinze jours. Il est ensuite procédé dans les conditions prévues à l'article 45.

Si le Parlement ne s'est pas prononcé dans un délai de cinquante jours, les dispositions du projet peuvent être mises en œuvre par ordonnance.

Les délais prévus au présent article sont suspendus lorsque le Parlement n'est pas en session et, pour chaque assemblée, au cours des semaines où elle a décidé de ne pas tenir séance, conformément au deuxième alinéa de l'article 28.

Art. 47-2. — La Cour des comptes assiste le Parlement dans le contrôle de l'action du Gouvernement. Elle assiste le Parlement et le Gouvernement dans le contrôle de l'exécution des lois de finances et de l'application des lois de financement de la sécurité sociale ainsi que dans l'évaluation des politiques publiques. Par ses rapports publics, elle contribue à l'information des citoyens.

Les comptes des administrations publiques sont réguliers et sincères. Ils donnent une image fidèle du résultat de leur gestion, de leur patrimoine et de leur situation financière.

Art. 48. — Sans préjudice de l'application des trois derniers alinéas de l'article 28, l'ordre du jour est fixé par chaque assemblée.

Deux semaines de séance sur quatre sont réservées par priorité, et dans l'ordre que le Gouvernement a fixé, à l'examen des textes et aux débats dont il demande l'inscription à l'ordre du jour.

En outre, l'examen des projets de loi de finances, des projets de loi de financement de la sécurité sociale et, sous réserve des dispositions de l'alinéa suivant, des textes transmis par l'autre assemblée depuis six semaines au moins, des projets relatifs aux états de crise et des demandes d'autorisation visées à l'article 35 est, à la demande du Gouvernement, inscrit à l'ordre du jour par priorité.

Une semaine de séance sur quatre est réservée par priorité et dans l'ordre fixé par chaque assemblée au contrôle de l'action du Gouvernement et à l'évaluation des politiques publiques.

Un jour de séance par mois est réservé à un ordre du jour arrêté par chaque assemblée à l'initiative des groupes d'opposition de l'assemblée intéressée ainsi qu'à celle des groupes minoritaires.

Une séance par semaine au moins, y compris pendant les sessions extraordinaires prévues à l'article 29, est réservée par priorité aux questions des membres du Parlement et aux réponses du Gouvernement.

Art. 49. — Le Premier ministre, après délibération du Conseil des ministres, engage devant l'Assemblée nationale la responsabilité du Gouvernement sur son programme ou éventuellement sur une déclaration de politique générale.

L'Assemblée nationale met en cause la responsabilité du Gouvernement par le vote d'une motion de censure. Une telle motion n'est recevable que si elle est signée par un dixième au moins des membres de l'Assemblée nationale. Le vote ne peut avoir lieu que quarante-huit heures après son dépôt. Seuls sont recensés les votes favorables à la motion de censure qui ne peut être adoptée qu'à la majorité des membres composant l'Assemblée. Sauf dans le cas prévu à l'alinéa ci-dessous, un député ne peut être signataire de plus de trois motions de censure au cours d'une même session ordinaire et de plus d'une au cours d'une même session extraordinaire.

Le Premier ministre peut, après délibération du Conseil des ministres, engager la responsabilité du Gouvernement devant l'Assemblée nationale sur le vote d'un projet de loi de finances ou de financement de la sécurité sociale. Dans ce cas, ce projet est considéré comme adopté, sauf si une motion de censure, déposée dans les vingt-quatre heures qui suivent, est votée dans les conditions prévues à l'alinéa précédent. Le Premier ministre peut, en outre, recourir à cette procédure pour un autre projet ou une proposition de loi par session.

Le Premier ministre a la faculté de demander au Sénat l'approbation d'une déclaration de politique générale.

Art. 50. — Lorsque l'Assemblée nationale adopte une motion de censure ou lorsqu'elle désapprouve le programme ou une déclaration de politique générale du Gouvernement, le Premier ministre doit remettre au Président de la République la démission du Gouvernement.

Art. 50-1. — Devant l'une ou l'autre des assemblées, le Gouvernement peut, de sa propre initiative ou à la demande d'un groupe parlementaire au sens de l'article 51-1, faire, sur un sujet déterminé, une déclaration qui donne lieu à débat et peut, s'il le décide, faire l'objet d'un vote sans engager sa responsabilité.

Art. 51. — La clôture des sessions ordinaires ou des sessions extraordinaires est de droit retardée pour permettre, le cas échéant, l'application de l'article 49. À cette même fin, des séances supplémentaires sont de droit.

Art. 51-1. — Le règlement de chaque assemblée détermine les droits des groupes parlementaires constitués en son sein. Il reconnaît des droits spécifiques aux groupes d'opposition de l'assemblée intéressée ainsi qu'aux groupes minoritaires.

Art. 51-2. — Pour l'exercice des missions de contrôle et d'évaluation définies au premier alinéa de l'article 24, des commissions d'enquête peuvent être créées au sein de chaque assemblée pour recueillir, dans les conditions prévues par la loi, des éléments d'information.

La loi détermine leurs règles d'organisation et de fonctionnement. Leurs conditions de création sont fixées par le règlement de chaque assemblée.

TITRE VI

DES TRAITÉS ET ACCORDS INTERNATIONAUX

Art. 52. — Le Président de la République négocie et ratifie les traités.

Il est informé de toute négociation tendant à la conclusion d'un accord international non soumis à ratification.

Art. 53. — Les traités de paix, les traités de commerce, les traités ou accords relatifs à l'organisation internationale, ceux qui engagent les finances de l'État, ceux qui modifient les dispositions de nature législative, ceux qui sont relatifs à l'état des personnes, ceux qui comportent cession, échange ou adjonction de territoire, ne peuvent être ratifiés ou approuvés qu'en vertu d'une loi.

Ils ne prennent effet qu'après avoir été ratifiés ou approuvés.

Nulle cession, nul échange, nulle adjonction de territoire n'est valable sans le consentement des populations intéressées.

Art. 53-1. — La République peut conclure avec les États européens qui sont liés par des engagements identiques aux siens en matière d'asile et de protection des droits de l'homme et des libertés fondamentales, des accords déterminant leurs compétences respectives pour l'examen des demandes d'asile qui leur sont présentées.

Toutefois, même si la demande n'entre pas dans leur compétence en vertu de ces accords, les autorités de la République ont toujours le droit de donner asile à tout étranger persécuté en raison de son action en faveur de la liberté ou qui sollicite la protection de la France pour un autre motif.

Art. 53-2. — La République peut reconnaître la juridiction de la Cour pénale internationale dans les conditions prévues par le traité signé le 18 juillet 1998.

Art. 54. — Si le Conseil constitutionnel, saisi par le Président de la République, par le Premier ministre, par le président de l'une ou l'autre assemblée ou par soixante députés ou soixante sénateurs, a déclaré qu'un engagement international comporte une clause contraire à la Constitution, l'autorisation de ratifier ou d'approuver l'engagement international en cause ne peut intervenir qu'après la révision de la Constitution.

Art. 55. — Les traités ou accords régulièrement ratifiés ou approuvés ont, dès leur publication, une autorité supérieure à celle des lois, sous réserve, pour chaque accord ou traité, de son application par l'autre partie.

TITRE VII

LE CONSEIL CONSTITUTIONNEL

Art. 56 [(8)]. — Le Conseil constitutionnel comprend neuf membres, dont le mandat dure neuf ans et n'est pas renouvelable. Le Conseil constitutionnel se renouvelle par tiers tous les trois ans. Trois des membres sont nommés par le Président de la République, trois par le président de l'Assemblée nationale, trois par le président du Sénat. La procédure prévue au dernier alinéa de l'article 13 est applicable à ces nominations. Les nominations effectuées par le président de chaque assemblée sont soumises au seul avis de la commission permanente compétente de l'assemblée concernée.

En sus des neuf membres prévus ci-dessus, font de droit partie à vie du Conseil constitutionnel les anciens Présidents de la République.

Le Président est nommé par le Président de la République. Il a voix prépondérante en cas de partage.

Art. 57. — Les fonctions de membre du Conseil constitutionnel sont incompatibles avec celles de ministre ou de membre du Parlement. Les autres incompatibilités sont fixées par une loi organique.

Art. 58. — Le Conseil constitutionnel veille à la régularité de l'élection du Président de la République. Il examine les réclamations et proclame les résultats du scrutin.

Art. 59. — Le Conseil constitutionnel statue, en cas de contestation, sur la régularité de l'élection des députés et des sénateurs.

Art. 60. — Le Conseil constitutionnel veille à la régularité des opérations de référendum prévues aux articles 11 et 89 et au titre XV. Il en proclame les résultats.

Art. 61. — Les lois organiques, avant leur promulgation, les propositions de loi mentionnées à l'article 11 avant qu'elles ne soient soumises au référendum, et les règlements des assemblées parlementaires, avant leur mise en application, doivent être soumis au Conseil constitutionnel.

Aux mêmes fins, les lois peuvent être déférées au Conseil constitutionnel, avant leur promulgation, par le Président de la République, le Premier ministre, le Président de l'Assemblée nationale, le Président du Sénat ou soixante députés ou soixante sénateurs.

Dans les cas prévus aux deux alinéas précédents, le Conseil constitutionnel doit statuer dans le délai d'un mois. Toutefois, à la demande du Gouvernement, s'il y a urgence, ce délai est ramené à huit jours.

Dans ces mêmes cas, la saisine du Conseil constitutionnel suspend le délai de promulgation.

Art. 61-1 [(9)]. — Lorsque, à l'occasion d'une instance en cours devant une juridiction, il est soutenu qu'une disposition législative porte atteinte aux droits et libertés que la Constitution garantit, le Conseil constitutionnel peut être saisi de cette question sur renvoi du Conseil d'État ou de la Cour de cassation qui se prononce dans un délai déterminé.

---

(8) Modifié par la loi constitutionnelle n° 2008-724 du 23 juillet 2008 ; voir aussi la loi organique n° 2010-837 du 23 juillet 2010 relative à l'application du cinquième alinéa de l'article 13 de la Constitution.

(9) Créé par la loi constitutionnelle n° 2008-724 du 23 juillet 2008 ; voir aussi la loi organique n° 2009-1523 du 10 décembre 2009 relative à l'application de l'article 61-1 de la Constitution.

Une loi organique détermine les conditions d'application du présent article.

Art. 62. — Une disposition déclarée inconstitutionnelle sur le fondement de l'article 61 ne peut être promulguée ni mise en application.

Une disposition déclarée inconstitutionnelle sur le fondement de l'article 61-1 est abrogée à compter de la publication de la décision du Conseil constitutionnel ou d'une date ultérieure fixée par cette décision. Le Conseil constitutionnel détermine les conditions et limites dans lesquelles les effets que la disposition a produits sont susceptibles d'être remis en cause.

Les décisions du Conseil constitutionnel ne sont susceptibles d'aucun recours. Elles s'imposent aux pouvoirs publics et à toutes les autorités administratives et juridictionnelles.

Art. 63. — Une loi organique détermine les règles d'organisation et de fonctionnement du Conseil constitutionnel, la procédure qui est suivie devant lui, et notamment les délais ouverts pour le saisir de contestations.

TITRE VIII

DE L'AUTORITÉ JUDICIAIRE

Art. 64. — Le Président de la République est garant de l'indépendance de l'autorité judiciaire.

Il est assisté par le Conseil supérieur de la magistrature.

Une loi organique porte statut des magistrats.

Les magistrats du siège sont inamovibles.

Art. 65 (10). — Le Conseil supérieur de la magistrature comprend une formation compétente à l'égard des magistrats du siège et une formation compétente à l'égard des magistrats du parquet.

La formation compétente à l'égard des magistrats du siège est présidée par le premier président de la Cour de cassation. Elle comprend, en outre, cinq magistrats du siège et un magistrat du parquet, un conseiller d'État désigné par le Conseil d'État, un avocat ainsi que six personnalités qualifiées qui n'appartiennent ni au Parlement, ni à l'ordre judiciaire, ni à l'ordre administratif. Le Président de la République, le Président de l'Assemblée nationale et le Président du Sénat désignent chacun deux personnalités qualifiées. La procédure prévue au dernier alinéa de l'article 13 est applicable aux nominations des personnalités qualifiées. Les nominations effectuées par le président de chaque assemblée du Parlement sont soumises au seul avis de la commission permanente compétente de l'assemblée intéressée.

La formation compétente à l'égard des magistrats du parquet est présidée par le procureur général près la Cour de cassation. Elle comprend, en outre, cinq magistrats du parquet et un magistrat du siège, ainsi que le conseiller d'État, l'avocat et les six personnalités qualifiées mentionnés au deuxième alinéa.

La formation du Conseil supérieur de la magistrature compétente à l'égard des magistrats du siège fait des propositions pour les nominations des magistrats du siège

(10) Modifié par la loi constitutionnelle n° 2008-724 du 23 juillet 2008 ; voir aussi la loi organique n° 2010-830 du 22 juillet 2010 relative à l'application de l'article 65 de la Constitution.

à la Cour de cassation, pour celles de premier président de cour d'appel et pour celles de président de tribunal de grande instance. Les autres magistrats du siège sont nommés sur son avis conforme.

La formation du Conseil supérieur de la magistrature compétente à l'égard des magistrats du parquet donne son avis sur les nominations qui concernent les magistrats du parquet.

La formation du Conseil supérieur de la magistrature compétente à l'égard des magistrats du siège statue comme conseil de discipline des magistrats du siège. Elle comprend alors, outre les membres visés au deuxième alinéa, le magistrat du siège appartenant à la formation compétente à l'égard des magistrats du parquet.

La formation du Conseil supérieur de la magistrature compétente à l'égard des magistrats du parquet donne son avis sur les sanctions disciplinaires qui les concernent. Elle comprend alors, outre les membres visés au troisième alinéa, le magistrat du parquet appartenant à la formation compétente à l'égard des magistrats du siège.

Le Conseil supérieur de la magistrature se réunit en formation plénière pour répondre aux demandes d'avis formulées par le Président de la République au titre de l'article 64. Il se prononce, dans la même formation, sur les questions relatives à la déontologie des magistrats ainsi que sur toute question relative au fonctionnement de la justice dont le saisit le ministre de la justice. La formation plénière comprend trois des cinq magistrats du siège mentionnés au deuxième alinéa, trois des cinq magistrats du parquet mentionnés au troisième alinéa, ainsi que le conseiller d'État, l'avocat et les six personnalités qualifiées mentionnés au deuxième alinéa. Elle est présidée par le premier président de la Cour de cassation, que peut suppléer le procureur général près cette cour.

Sauf en matière disciplinaire, le ministre de la justice peut participer aux séances des formations du Conseil supérieur de la magistrature.

Le Conseil supérieur de la magistrature peut être saisi par un justiciable dans les conditions fixées par une loi organique.

La loi organique détermine les conditions d'application du présent article.

Art. 66. — Nul ne peut être arbitrairement détenu.

L'autorité judiciaire, gardienne de la liberté individuelle, assure le respect de ce principe dans les conditions prévues par la loi.

Art. 66-1. — Nul ne peut être condamné à la peine de mort.

TITRE IX

LA HAUTE COUR

Art. 67. — Le Président de la République n'est pas responsable des actes accomplis en cette qualité, sous réserve des dispositions des articles 53-2 et 68.

Il ne peut, durant son mandat et devant aucune juridiction ou autorité administrative française, être requis de témoigner non plus que faire l'objet d'une action, d'un acte d'information, d'instruction ou de poursuite.

Tout délai de prescription ou de forclusion est suspendu.

Les instances et procédures auxquelles il est ainsi fait obstacle peuvent être reprises ou engagées contre lui à l'expiration d'un délai d'un mois suivant la cessation des fonctions.

Art. 68[11]. — Le Président de la République ne peut être destitué qu'en cas de manquement à ses devoirs manifestement incompatible avec l'exercice de son mandat. La destitution est prononcée par le Parlement constitué en Haute Cour.

La proposition de réunion de la Haute Cour adoptée par une des assemblées du Parlement est aussitôt transmise à l'autre qui se prononce dans les quinze jours.

La Haute Cour est présidée par le président de l'Assemblée nationale. Elle statue dans un délai d'un mois, à bulletins secrets, sur la destitution. Sa décision est d'effet immédiat.

Les décisions prises en application du présent article le sont à la majorité des deux tiers des membres composant l'assemblée concernée ou la Haute Cour. Toute délégation de vote est interdite. Seuls sont recensés les votes favorables à la proposition de réunion de la Haute Cour ou à la destitution.

Une loi organique fixe les conditions d'application du présent article.

TITRE X

DE LA RESPONSABILITÉ PÉNALE DES MEMBRES DU GOUVERNEMENT

Art. 68-1. — Les membres du Gouvernement sont pénalement responsables des actes accomplis dans l'exercice de leurs fonctions et qualifiés crimes ou délits au moment où ils ont été commis.

Ils sont jugés par la Cour de justice de la République.

La Cour de justice de la République est liée par la définition des crimes et délits ainsi que par la détermination des peines telles qu'elles résultent de la loi.

Art. 68-2. — La Cour de justice de la République comprend quinze juges : douze parlementaires élus, en leur sein et en nombre égal, par l'Assemblée nationale et par le Sénat après chaque renouvellement général ou partiel de ces assemblées et trois magistrats du siège à la Cour de cassation, dont l'un préside la Cour de justice de la République.

Toute personne qui se prétend lésée par un crime ou un délit commis par un membre du Gouvernement dans l'exercice de ses fonctions peut porter plainte auprès d'une commission des requêtes.

Cette commission ordonne soit le classement de la procédure, soit sa transmission au procureur général près la Cour de cassation aux fins de saisine de la Cour de justice de la République.

Le procureur général près la Cour de cassation peut aussi saisir d'office la Cour de justice de la République sur avis conforme de la commission des requêtes.

Une loi organique détermine les conditions d'application du présent article.

Art. 68-3. — Les dispositions du présent titre sont applicables aux faits commis avant son entrée en vigueur.

(11) Voir loi organique n° 2014-1392 du 24 novembre 2014 relative à l'application de l'article 68 de la Constitution.

TITRE XI

LE CONSEIL ÉCONOMIQUE, SOCIAL ET ENVIRONNEMENTAL

Art. 69 [(12)]. — Le Conseil économique, social et environnemental, saisi par le Gouvernement, donne son avis sur les projets de loi, d'ordonnance ou de décret ainsi que sur les propositions de loi qui lui sont soumis.

Un membre du Conseil économique, social et environnemental peut être désigné par celui-ci pour exposer devant les assemblées parlementaires l'avis du Conseil sur les projets ou propositions qui lui ont été soumis.

Le Conseil économique, social et environnemental peut être saisi par voie de pétition dans les conditions fixées par une loi organique. Après examen de la pétition, il fait connaître au Gouvernement et au Parlement les suites qu'il propose d'y donner.

Art. 70. — Le Conseil économique, social et environnemental peut être consulté par le Gouvernement et le Parlement sur tout problème de caractère économique, social ou environnemental. Le Gouvernement peut également le consulter sur les projets de loi de programmation définissant les orientations pluriannuelles des finances publiques. Tout plan ou tout projet de loi de programmation à caractère économique, social ou environnemental lui est soumis pour avis.

Art. 71. — La composition du Conseil économique, social et environnemental, dont le nombre de membres ne peut excéder deux cent trente-trois, et ses règles de fonctionnement sont fixées par une loi organique.

TITRE XI *bis*

LE DÉFENSEUR DES DROITS

Art. 71-1 [(13)]. — Le Défenseur des droits veille au respect des droits et libertés par les administrations de l'État, les collectivités territoriales, les établissements publics, ainsi que par tout organisme investi d'une mission de service public, ou à l'égard duquel la loi organique lui attribue des compétences.

Il peut être saisi, dans les conditions prévues par la loi organique, par toute personne s'estimant lésée par le fonctionnement d'un service public ou d'un organisme visé au premier alinéa. Il peut se saisir d'office.

La loi organique définit les attributions et les modalités d'intervention du Défenseur des droits. Elle détermine les conditions dans lesquelles il peut être assisté par un collège pour l'exercice de certaines de ses attributions.

Le Défenseur des droits est nommé par le Président de la République pour un mandat de six ans non renouvelable, après application de la procédure prévue au dernier alinéa de l'article 13. Ses fonctions sont incompatibles avec celles de membre du Gouvernement et de membre du Parlement. Les autres incompatibilités sont fixées par la loi organique.

Le Défenseur des droits rend compte de son activité au Président de la République et au Parlement.

---

(12) Modifié par la loi constitutionnelle n° 2008-724 du 23 juillet 2008 ; voir aussi la loi organique n° 2010-704 du 28 juin 2010 relative au Conseil économique, social et environnemental.

(13) Créé par la loi constitutionnelle n° 2008-724 du 23 juillet 2008 et entré en application grâce à la loi organique n° 2011-333 du 29 mars 2011 relative au défenseur des droits.

TITRE XII

DES COLLECTIVITÉS TERRITORIALES

Art. 72. — Les collectivités territoriales de la République sont les communes, les départements, les régions, les collectivités à statut particulier et les collectivités d'outre-mer régies par l'article 74. Toute autre collectivité territoriale est créée par la loi, le cas échéant en lieu et place d'une ou de plusieurs collectivités mentionnées au présent alinéa.

Les collectivités territoriales ont vocation à prendre les décisions pour l'ensemble des compétences qui peuvent le mieux être mises en œuvre à leur échelon.

Dans les conditions prévues par la loi, ces collectivités s'administrent librement par des conseils élus et disposent d'un pouvoir réglementaire pour l'exercice de leurs compétences.

Dans les conditions prévues par la loi organique, et sauf lorsque sont en cause les conditions essentielles d'exercice d'une liberté publique ou d'un droit constitutionnellement garanti, les collectivités territoriales ou leurs groupements peuvent, lorsque, selon le cas, la loi ou le règlement l'a prévu, déroger, à titre expérimental et pour un objet et une durée limités, aux dispositions législatives ou réglementaires qui régissent l'exercice de leurs compétences.

Aucune collectivité territoriale ne peut exercer une tutelle sur une autre. Cependant, lorsque l'exercice d'une compétence nécessite le concours de plusieurs collectivités territoriales, la loi peut autoriser l'une d'entre elles ou un de leurs groupements à organiser les modalités de leur action commune.

Dans les collectivités territoriales de la République, le représentant de l'État, représentant de chacun des membres du Gouvernement, a la charge des intérêts nationaux, du contrôle administratif et du respect des lois.

Art. 72-1. — La loi fixe les conditions dans lesquelles les électeurs de chaque collectivité territoriale peuvent, par l'exercice du droit de pétition, demander l'inscription à l'ordre du jour de l'assemblée délibérante de cette collectivité d'une question relevant de sa compétence.

Dans les conditions prévues par la loi organique, les projets de délibération ou d'acte relevant de la compétence d'une collectivité territoriale peuvent, à son initiative, être soumis, par la voie du référendum, à la décision des électeurs de cette collectivité.

Lorsqu'il est envisagé de créer une collectivité territoriale dotée d'un statut particulier ou de modifier son organisation, il peut être décidé par la loi de consulter les électeurs inscrits dans les collectivités intéressées. La modification des limites des collectivités territoriales peut également donner lieu à la consultation des électeurs dans les conditions prévues par la loi.

Art. 72-2. — Les collectivités territoriales bénéficient de ressources dont elles peuvent disposer librement dans les conditions fixées par la loi.

Elles peuvent recevoir tout ou partie du produit des impositions de toutes natures. La loi peut les autoriser à en fixer l'assiette et le taux dans les limites qu'elle détermine.

Les recettes fiscales et les autres ressources propres des collectivités territoriales représentent, pour chaque catégorie de collectivités, une part déterminante de l'ensemble de leurs ressources. La loi organique fixe les conditions dans lesquelles cette règle est mise en œuvre.

Tout transfert de compétences entre l'État et les collectivités territoriales s'accompagne de l'attribution de ressources équivalentes à celles qui étaient consacrées à leur exercice. Toute création ou extension de compétences ayant pour conséquence d'augmenter les dépenses des collectivités territoriales est accompagnée de ressources déterminées par la loi.

La loi prévoit des dispositifs de péréquation destinés à favoriser l'égalité entre les collectivités territoriales.

Art. 72-3. — La République reconnaît, au sein du peuple français, les populations d'outre-mer, dans un idéal commun de liberté, d'égalité et de fraternité.

La Guadeloupe, la Guyane, la Martinique, La Réunion, Mayotte, Saint-Barthélemy, Saint-Martin, Saint-Pierre-et-Miquelon, les îles Wallis et Futuna et la Polynésie française sont régis par l'article 73 pour les départements et les régions d'outre-mer et pour les collectivités territoriales créées en application du dernier alinéa de l'article 73, et par l'article 74 pour les autres collectivités.

Le statut de la Nouvelle-Calédonie est régi par le titre XIII.

La loi détermine le régime législatif et l'organisation particulière des Terres australes et antarctiques françaises et de Clipperton.

Art. 72-4. — Aucun changement, pour tout ou partie de l'une des collectivités mentionnées au deuxième alinéa de l'article 72-3, de l'un vers l'autre des régimes prévus par les articles 73 et 74, ne peut intervenir sans que le consentement des électeurs de la collectivité ou de la partie de collectivité intéressée ait été préalablement recueilli dans les conditions prévues à l'alinéa suivant. Ce changement de régime est décidé par une loi organique.

Le Président de la République, sur proposition du Gouvernement pendant la durée des sessions ou sur proposition conjointe des deux assemblées, publiées au *Journal officiel*, peut décider de consulter les électeurs d'une collectivité territoriale située outre-mer sur une question relative à son organisation, à ses compétences ou à son régime législatif. Lorsque la consultation porte sur un changement prévu à l'alinéa précédent et est organisée sur proposition du Gouvernement, celui-ci fait, devant chaque assemblée, une déclaration qui est suivie d'un débat.

Art. 73. — Dans les départements et les régions d'outre-mer, les lois et règlements sont applicables de plein droit. Ils peuvent faire l'objet d'adaptations tenant aux caractéristiques et contraintes particulières de ces collectivités.

Ces adaptations peuvent être décidées par ces collectivités dans les matières où s'exercent leurs compétences et si elles y ont été habilitées selon le cas, par la loi ou par le règlement.

Par dérogation au premier alinéa et pour tenir compte de leurs spécificités, les collectivités régies par le présent article peuvent être habilitées, selon le cas, par la loi ou par le règlement, à fixer elles-mêmes les règles applicables sur leur territoire, dans un nombre limité de matières pouvant relever du domaine de la loi ou du règlement.

Ces règles ne peuvent porter sur la nationalité, les droits civiques, les garanties des libertés publiques, l'état et la capacité des personnes, l'organisation de la justice, le droit pénal, la procédure pénale, la politique étrangère, la défense, la sécurité et l'ordre publics, la monnaie, le crédit et les changes, ainsi que le droit électoral. Cette énumération pourra être précisée et complétée par une loi organique.

La disposition prévue aux deux précédents alinéas n'est pas applicable au département et à la région de La Réunion.

Les habilitations prévues aux deuxième et troisième alinéas sont décidées, à la demande de la collectivité concernée, dans les conditions et sous les réserves prévues par une loi organique. Elles ne peuvent intervenir lorsque sont en cause les conditions essentielles d'exercice d'une liberté publique ou d'un droit constitutionnellement garanti.

La création par la loi d'une collectivité se substituant à un département et une région d'outre-mer ou l'institution d'une assemblée délibérante unique pour ces deux collectivités ne peut intervenir sans qu'ait été recueilli, selon les formes prévues au second alinéa de l'article 72-4, le consentement des électeurs inscrits dans le ressort de ces collectivités.

Art. 74. — Les collectivités d'outre-mer régies par le présent article ont un statut qui tient compte des intérêts propres de chacune d'elles au sein de la République.

Ce statut est défini par une loi organique, adoptée après avis de l'assemblée délibérante, qui fixe :

— les conditions dans lesquelles les lois et règlements y sont applicables ;

— les compétences de cette collectivité ; sous réserve de celles déjà exercées par elle, le transfert de compétences de l'État ne peut porter sur les matières énumérées au quatrième alinéa de l'article 73, précisées et complétées, le cas échéant, par la loi organique ;

— les règles d'organisation et de fonctionnement des institutions de la collectivité et le régime électoral de son assemblée délibérante ;

— les conditions dans lesquelles ses institutions sont consultées sur les projets et propositions de loi et les projets d'ordonnance ou de décret comportant des dispositions particulières à la collectivité, ainsi que sur la ratification ou l'approbation d'engagements internationaux conclus dans les matières relevant de sa compétence.

La loi organique peut également déterminer, pour celles de ces collectivités qui sont dotées de l'autonomie, les conditions dans lesquelles :

— le Conseil d'État exerce un contrôle juridictionnel spécifique sur certaines catégories d'actes de l'assemblée délibérante intervenant au titre des compétences qu'elle exerce dans le domaine de la loi ;

— l'assemblée délibérante peut modifier une loi promulguée postérieurement à l'entrée en vigueur du statut de la collectivité, lorsque le Conseil constitutionnel, saisi notamment par les autorités de la collectivité, a constaté que la loi était intervenue dans le domaine de compétence de cette collectivité ;

— des mesures justifiées par les nécessités locales peuvent être prises par la collectivité en faveur de sa population, en matière d'accès à l'emploi, de droit d'établissement pour l'exercice d'une activité professionnelle ou de protection du patrimoine foncier ;

— la collectivité peut participer, sous le contrôle de l'État, à l'exercice des compétences qu'il conserve, dans le respect des garanties accordées sur l'ensemble du territoire national pour l'exercice des libertés publiques.

Les autres modalités de l'organisation particulière des collectivités relevant du présent article sont définies et modifiées par la loi après consultation de leur assemblée délibérante.

Art. 74-1. — Dans les collectivités d'outre-mer visées à l'article 74 et en Nouvelle-Calédonie, le Gouvernement peut, par ordonnances, dans les matières qui demeurent de la compétence de l'État, étendre, avec les adaptations nécessaires, les dispositions de nature législative en vigueur en métropole ou adapter les dispositions de nature législative en vigueur à l'organisation particulière de la collectivité concernée, sous réserve que la loi n'ait pas expressément exclu, pour les dispositions en cause, le recours à cette procédure.

Les ordonnances sont prises en conseil des ministres après avis des assemblées délibérantes intéressées et du Conseil d'État. Elles entrent en vigueur dès leur publication. Elles deviennent caduques en l'absence de ratification par le Parlement dans le délai de dix-huit mois suivant cette publication.

Art. 75. — Les citoyens de la République qui n'ont pas le statut civil de droit commun, seul visé à l'article 34, conservent leur statut personnel tant qu'ils n'y ont pas renoncé.

Art. 75-1. — Les langues régionales appartiennent au patrimoine de la France.

TITRE XIII

DISPOSITIONS TRANSITOIRES RELATIVES À LA NOUVELLE-CALÉDONIE

Art. 76. — Les populations de la Nouvelle-Calédonie sont appelées à se prononcer avant le 31 décembre 1998 sur les dispositions de l'accord signé à Nouméa le 5 mai 1998 et publié le 27 mai 1998 au *Journal officiel* de la République française.

Sont admises à participer au scrutin les personnes remplissant les conditions fixées à l'article 2 de la loi n° 88-1028 du 9 novembre 1988.

Les mesures nécessaires à l'organisation du scrutin sont prises par décret en Conseil d'État délibéré en conseil des ministres.

Art. 77. — Après approbation de l'accord lors de la consultation prévue à l'article 76, la loi organique, prise après avis de l'assemblée délibérante de la Nouvelle-Calédonie, détermine, pour assurer l'évolution de la Nouvelle-Calédonie dans le respect des orientations définies par cet accord et selon les modalités nécessaires à sa mise en œuvre :

— les compétences de l'État qui seront transférées, de façon définitive, aux institutions de la Nouvelle-Calédonie, l'échelonnement et les modalités de ces transferts, ainsi que la répartition des charges résultant de ceux-ci ;

— les règles d'organisation et de fonctionnement des institutions de la Nouvelle-Calédonie et notamment les conditions dans lesquelles certaines catégories d'actes de l'assemblée délibérante de la Nouvelle-Calédonie pourront être soumises avant publication au contrôle du Conseil constitutionnel ;

— les règles relatives à la citoyenneté, au régime électoral, à l'emploi et au statut civil coutumier ;

— les conditions et les délais dans lesquels les populations intéressées de la Nouvelle-Calédonie seront amenées à se prononcer sur l'accession à la pleine souveraineté.

Les autres mesures nécessaires à la mise en œuvre de l'accord mentionné à l'article 76 sont définies par la loi.

Pour la définition du corps électoral appelé à élire les membres des assemblées délibérantes de la Nouvelle-Calédonie et des provinces, le tableau auquel se réfèrent l'accord mentionné à l'article 76 et les articles 188 et 189 de la loi organique n° 99-209 du 19 mars 1999 relative à la Nouvelle-Calédonie est le tableau dressé à l'occasion du scrutin prévu audit article 76 et comprenant les personnes non admises à y participer.

Art. 78 à 86. — Abrogés et non remplacés.

TITRE XIV

DE LA FRANCOPHONIE ET DES ACCORDS D'ASSOCIATION

Art. 87. — La République participe au développement de la solidarité et de la coopération entre les États et les peuples ayant le français en partage.

Art. 88. — La République peut conclure des accords avec des États qui désirent s'associer à elle pour développer leurs civilisations.

TITRE XV

DE L'UNION EUROPÉENNE (14)

Art. 88-1. — La République participe à l'Union européenne constituée d'États qui ont choisi librement d'exercer en commun certaines de leurs compétences en vertu du traité sur l'Union européenne et du traité sur le fonctionnement de l'Union européenne, tels qu'ils résultent du traité signé à Lisbonne le 13 décembre 2007.

Art. 88-2. — La loi fixe les règles relatives au mandat d'arrêt européen en application des actes pris par les institutions de l'Union européenne.

Art. 88-3. — Sous réserve de réciprocité et selon les modalités prévues par le Traité sur l'Union européenne signé le 7 février 1992, le droit de vote et d'éligibilité aux élections municipales peut être accordé aux seuls citoyens de l'Union résidant en France. Ces citoyens ne peuvent exercer les fonctions de maire ou d'adjoint ni participer à la désignation des électeurs sénatoriaux et à l'élection des sénateurs. Une loi organique votée dans les mêmes termes par les deux assemblées détermine les conditions d'application du présent article.

Art. 88-4. — Le Gouvernement soumet à l'Assemblée nationale et au Sénat, dès leur transmission au Conseil de l'Union européenne, les projets d'actes législatifs européens et les autres projets ou propositions d'actes de l'Union européenne.

Selon des modalités fixées par le règlement de chaque assemblée, des résolutions européennes peuvent être adoptées, le cas échéant en dehors des sessions, sur les projets ou propositions mentionnés au premier alinéa, ainsi que sur tout document émanant d'une institution de l'Union européenne.

Au sein de chaque assemblée parlementaire est instituée une commission chargée des affaires européennes.

Art. 88-5. — Tout projet de loi autorisant la ratification d'un traité relatif à l'adhésion d'un État à l'Union européenne est soumis au référendum par le Président de la République.

Toutefois, par le vote d'une motion adoptée en termes identiques par chaque assemblée à la majorité des trois cinquièmes, le Parlement peut autoriser l'adoption du projet de loi selon la procédure prévue au troisième alinéa de l'article 89.

Art. 88-6. — L'Assemblée nationale ou le Sénat peuvent émettre un avis motivé sur la conformité d'un projet d'acte législatif européen au principe de subsidiarité. L'avis est adressé par le président de l'assemblée concernée aux présidents du Parlement européen, du Conseil et de la Commission européenne. Le Gouvernement en est informé.

Chaque assemblée peut former un recours devant la Cour de justice de l'Union européenne contre un acte législatif européen pour violation du principe de subsidiarité. Ce recours est transmis à la Cour de justice de l'Union européenne par le Gouvernement.

À cette fin, des résolutions peuvent être adoptées, le cas échéant en dehors des sessions, selon des modalités d'initiative et de discussion fixées par le règlement de chaque assemblée. À la demande de soixante députés ou de soixante sénateurs, le recours est de droit.

Art. 88-7. — Par le vote d'une motion adoptée en termes identiques par l'Assemblée nationale et le Sénat, le Parlement peut s'opposer à une modification des règles

(14) Modifié par la loi constitutionnelle n° 2008-103 du 4 février 2008 ; l'entrée en vigueur de ce titre est liée à celle du traité de Lisbonne, signé le 13 décembre 2007 et entré en vigueur le 1er décembre 2009.

d'adoption d'actes de l'Union européenne dans les cas prévus, au titre de la révision simplifiée des traités ou de la coopération judiciaire civile, par le traité sur l'Union européenne et le traité sur le fonctionnement de l'Union européenne, tels qu'ils résultent du traité signé à Lisbonne le 13 décembre 2007.

TITRE XVI

DE LA RÉVISION

Art. 89. — L'initiative de la révision de la Constitution appartient concurremment au Président de la République sur proposition du Premier ministre et aux membres du Parlement.

Le projet ou la proposition de révision doit être examiné dans les conditions de délai fixées au troisième alinéa de l'article 42 et voté par les deux assemblées en termes identiques. La révision est définitive après avoir été approuvée par référendum.

Toutefois, le projet de révision n'est pas présenté au référendum lorsque le Président de la République décide de le soumettre au Parlement convoqué en Congrès ; dans ce cas, le projet de révision n'est approuvé que s'il réunit la majorité des trois cinquièmes des suffrages exprimés. Le bureau du Congrès est celui de l'Assemblée nationale.

Aucune procédure de révision ne peut être examinée dans les conditions de délai fixées au troisième alinéa de l'article 42 et engagée ou poursuivie lorsqu'il est porté atteinte à l'intégrité du territoire.

La forme républicaine du Gouvernement ne peut faire l'objet d'une révision.

N° 3.2 La Charte de l'environnement de 2004 (15)

Le peuple français,

Considérant, Que les ressources et les équilibres naturels ont conditionné l'émergence de l'humanité ;

Que l'avenir et l'existence même de l'humanité sont indissociables de son milieu naturel ;

Que l'environnement est le patrimoine commun des êtres humains ;

Que l'homme exerce une influence croissante sur les conditions de la vie et sur sa propre évolution ;

Que la diversité biologique, l'épanouissement de la personne et le progrès des sociétés humaines sont affectés par certains modes de consommation ou de production et par l'exploitation excessive des ressources naturelles ;

(15) La loi constitutionnelle n° 2005-205 du 1er mars 2005 relative à la Charte de l'environnement. Voir aussi la loi n° 2012-1460 du 27 décembre 2012 relative à la mise en œuvre du principe de participation du public relative à l'article 7 de la Charte de l'environnement et la décision du Conseil constitutionnel n° 2019-823 QPC du 31 janvier 2020, Interdiction de la production, du stockage et de la circulation de certains produits phytopharmaceutiques. Lors de cette décision, il juge qu'il découle du préambule de la Charte de l'environnement que la protection de l'environnement, patrimoine commun des êtres humains, constitue un objectif de valeur constitutionnelle.

Que la préservation de l'environnement doit être recherchée au même titre que les autres intérêts fondamentaux de la Nation ;

Qu'afin d'assurer un développement durable, les choix destinés à répondre aux besoins du présent ne doivent pas compromettre la capacité des générations futures et des autres peuples à satisfaire leurs propres besoins,

Proclame :

Article premier. — Chacun a le droit de vivre dans un environnement équilibré et respectueux de la santé.

Art. 2. — Toute personne a le devoir de prendre part à la préservation et à l'amélioration de l'environnement.

Art. 3. — Toute personne doit, dans les conditions définies par la loi, prévenir les atteintes qu'elle est susceptible de porter à l'environnement ou, à défaut, en limiter les conséquences.

Art. 4. — Toute personne doit contribuer à la réparation des dommages qu'elle cause à l'environnement, dans les conditions définies par la loi.

Art. 5. — Lorsque la réalisation d'un dommage, bien qu'incertaine en l'état des connaissances scientifiques, pourrait affecter de manière grave et irréversible l'environnement, les autorités publiques veillent, par application du principe de précaution et dans leurs domaines d'attributions, à la mise en œuvre de procédures d'évaluation des risques et à l'adoption de mesures provisoires et proportionnées afin de parer à la réalisation du dommage.

Art. 6. — Les politiques publiques doivent promouvoir un développement durable. À cet effet, elles concilient la protection et la mise en valeur de l'environnement, le développement économique et le progrès social.

Art. 7. — Toute personne a le droit, dans les conditions et les limites définies par la loi, d'accéder aux informations relatives à l'environnement détenues par les autorités publiques et de participer à l'élaboration des décisions publiques ayant une incidence sur l'environnement.

Art. 8. — L'éducation et la formation à l'environnement doivent contribuer à l'exercice des droits et devoirs définis par la présente Charte.

Art. 9. — La recherche et l'innovation doivent apporter leur concours à la préservation et à la mise en valeur de l'environnement.

Art. 10. — La présente Charte inspire l'action européenne et internationale de la France.

B. Les sources internationales

1. Les sources du Conseil de l'Europe

1) Les textes généraux

Nº 4.1 Convention européenne de sauvegarde des droits de l'homme et des libertés fondamentales du 4 novembre 1950 (16)

Les gouvernements signataires, membres du Conseil de l'Europe,

Considérant la Déclaration universelle des droits de l'homme, proclamée par l'Assemblée générale des Nations unies le 10 décembre 1948 ;

Considérant que cette déclaration tend à assurer la reconnaissance et l'application universelles et effectives des droits qui y sont énoncés ;

Considérant que le but du Conseil de l'Europe est de réaliser une union plus étroite entre ses membres, et que l'un des moyens d'atteindre ce but est la sauvegarde et le développement des droits de l'homme et des libertés fondamentales ;

Réaffirmant leur profond attachement à ces libertés fondamentales qui constituent les assises mêmes de la justice et de la paix dans le monde et dont le maintien repose essentiellement sur un régime politique véritablement démocratique, d'une part, et, d'autre part, sur une conception commune et un commun respect des droits de l'homme dont ils se réclament ;

Résolus, en tant que gouvernements d'États européens animés d'un même esprit et possédant un patrimoine commun d'idéal et de traditions politiques, de respect de la liberté et de prééminence du droit, à prendre les premières mesures propres à assurer la garantie collective de certains des droits énoncés dans la Déclaration universelle,

Affirmant qu'il incombe au premier chef aux Hautes Parties contractantes, conformément au principe de subsidiarité, de garantir le respect des droits et libertés définis dans la présente Convention et ses protocoles, et que, ce faisant, elles jouissent d'une marge d'appréciation, sous le contrôle de la Cour européenne des droits de l'homme instituée par la présente Convention,

---

(16) Cette convention a été ratifiée par la France le 3 mai 1974, à l'issue de la loi n° 73-1227 du 31 décembre 1973. La déclaration d'acceptation du recours individuel prévue à l'article 25 de la convention est intervenue le 8 octobre 1981 (décret n° 81-917 du 9 octobre 1981, *JO* 14 octobre 1981). Le texte présenté ici est la convention, dans sa version consolidée, du fait de l'entrée en vigueur le 1er juin 2010 du protocole n° 14 et le 1er août 2021 du protocole 15. Cette version consolidée permet aussi d'intégrer les anciens protocoles n° 2, 3, 5, 8 et 11. Le protocole n° 9 a été abrogé et le protocole n° 10 est devenu sans objet.

Sont convenus de ce qui suit :

Article premier. — Obligation de respecter les droits de l'homme.

Les Hautes Parties contractantes reconnaissent à toute personne relevant de leur juridiction les droits et libertés définis au titre I de la présente Convention :

TITRE I

DROITS ET LIBERTÉS

Art. 2. — Droit à la vie.

1. Le droit de toute personne à la vie est protégé par la loi. La mort ne peut être infligée à quiconque intentionnellement, sauf en exécution d'une sentence capitale prononcée par un tribunal au cas où le délit est puni de cette peine par la loi.

2. La mort n'est pas considérée comme infligée en violation de cet article dans les cas où elle résulterait d'un recours à la force rendu absolument nécessaire :

a) pour assurer la défense de toute personne contre la violence illégale ;

b) pour effectuer une arrestation régulière ou pour empêcher l'évasion d'une personne régulièrement détenue ;

c) pour réprimer, conformément à la loi, une émeute ou une insurrection.

Art. 3. — Interdiction de la torture.

Nul ne peut être soumis à la torture ni à des peines ou traitements inhumains ou dégradants.

Art. 4. — Interdiction de l'esclavage et du travail forcé.

1. Nul ne peut être tenu en esclavage ni en servitude.

2. Nul ne peut être astreint à accomplir un travail forcé ou obligatoire.

3. N'est pas considéré comme « travail forcé ou obligatoire » au sens du présent article :

a) tout travail requis normalement d'une personne soumise à la détention dans les conditions prévues par l'article 5 de la présente Convention, ou durant sa mise en liberté conditionnelle ;

b) tout service de caractère militaire ou, dans le cas d'objecteurs de conscience dans les pays où l'objection de conscience est reconnue comme légitime, à un autre service à la place du service militaire obligatoire ;

c) tout service requis dans le cas de crises ou de calamités qui menacent la vie ou le bien-être de la communauté ;

d) tout travail ou service formant partie des obligations civiques normales.

Art. 5. — Droit à la liberté et à la sûreté.

1. Toute personne a droit à la liberté et à la sûreté. Nul ne peut être privé de sa liberté, sauf dans les cas suivants et selon les voies légales :

a) s'il est détenu régulièrement après condamnation par un tribunal compétent ;

b) s'il a fait l'objet d'une arrestation ou d'une détention régulières pour insoumission à une ordonnance rendue, conformément à la loi, par un tribunal ou en vue de garantir l'exécution d'une obligation prescrite par la loi ;

c) s'il a été arrêté et détenu en vue d'être conduit devant l'autorité judiciaire compétente, lorsqu'il y a des raisons plausibles de soupçonner qu'il a commis une infraction ou qu'il y a des motifs raisonnables de croire à la nécessité de l'empêcher de commettre une infraction ou de s'enfuir après l'accomplissement de celle-ci ;

d) s'il s'agit de la détention régulière d'un mineur, décidée pour son éducation surveillée ou de sa détention régulière, afin de le traduire devant l'autorité compétente ;

e) s'il s'agit de la détention régulière d'une personne susceptible de propager une maladie contagieuse, d'un aliéné, d'un alcoolique, d'un toxicomane ou d'un vagabond ;

f) s'il s'agit de l'arrestation ou de la détention régulières d'une personne pour l'empêcher de pénétrer irrégulièrement dans le territoire, ou contre laquelle une procédure d'expulsion ou d'extradition est en cours.

2. Toute personne arrêtée doit être informée, dans le plus court délai et dans une langue qu'elle comprend, des raisons de son arrestation et de toute accusation portée contre elle.

3. Toute personne arrêtée ou détenue, dans les conditions prévues au paragraphe 1.c du présent article, doit être aussitôt traduite devant un juge ou un autre magistrat habilité par la loi à exercer des fonctions judiciaires et a le droit d'être jugée dans un délai raisonnable, ou libérée pendant la procédure. La mise en liberté peut être subordonnée à une garantie assurant la comparution de l'intéressé à l'audience.

4. Toute personne privée de sa liberté par arrestation ou détention a le droit d'introduire un recours devant un tribunal, afin qu'il statue à bref délai sur la légalité de sa détention et ordonne sa libération si la détention est illégale.

5. Toute personne victime d'une arrestation ou d'une détention dans des conditions contraires aux dispositions de cet article a droit à réparation.

Art. 6. — Droit à un procès équitable.

1. Toute personne a droit à ce que sa cause soit entendue équitablement, publiquement et dans un délai raisonnable, par un tribunal indépendant et impartial, établi par la loi, qui décidera, soit des contestations sur ses droits et obligations de caractère civil, soit du bien-fondé de toute accusation en matière pénale dirigée contre elle. Le jugement doit être rendu publiquement, mais l'accès de la salle d'audience peut être interdit à la presse et au public pendant la totalité ou une partie du procès dans l'intérêt de la moralité, de l'ordre public ou de la sécurité nationale dans une société démocratique, lorsque les intérêts des mineurs ou la protection de la vie privée des parties au procès l'exigent, ou dans la mesure jugée strictement nécessaire par le tribunal, lorsque dans des circonstances spéciales la publicité serait de nature à porter atteinte aux intérêts de la justice.

2. Toute personne accusée d'une infraction est présumée innocente jusqu'à ce que sa culpabilité ait été légalement établie.

3. Tout accusé a droit notamment à :

a) être informé, dans le plus court délai, dans une langue qu'il comprend et d'une manière détaillée, de la nature et de la cause de l'accusation portée contre lui ;

b) disposer du temps et des facilités nécessaires à la préparation de sa défense ;

c) se défendre lui-même ou avoir l'assistance d'un défenseur de son choix et, s'il n'a pas les moyens de rémunérer un défenseur, pouvoir être assisté gratuitement par un avocat d'office, lorsque les intérêts de la justice l'exigent ;

d) interroger ou faire interroger les témoins à charge et obtenir la convocation et l'interrogation des témoins à décharge dans les mêmes conditions que les témoins à charge ;

e) se faire assister gratuitement d'un interprète, s'il ne comprend pas ou ne parle pas la langue employée à l'audience.

Art. 7. — Pas de peine sans loi.

1. Nul ne peut être condamné pour une action ou une omission qui, au moment où elle a été commise, ne constituait pas une infraction d'après le droit national ou international. De même il n'est infligé aucune peine plus forte que celle qui était applicable au moment où l'infraction a été commise.

2. Le présent article ne portera pas atteinte au jugement et à la punition d'une personne coupable d'une action ou d'une omission qui, au moment où elle a été

commise, était criminelle d'après les principes généraux de droit reconnus par les nations civilisées.

Art. 8. — Droit au respect de la vie privée et familiale.

1. Toute personne a droit au respect de sa vie privée et familiale, de son domicile et de sa correspondance.

2. Il ne peut y avoir ingérence d'une autorité publique dans l'exercice de ce droit que pour autant que cette ingérence est prévue par la loi et qu'elle constitue une mesure qui, dans une société démocratique, est nécessaire à la sécurité nationale, à la sûreté publique, au bien-être économique du pays, à la défense de l'ordre et à la prévention des infractions pénales, à la protection de la santé ou de la morale, ou à la protection des droits et libertés d'autrui.

Art. 9. — Liberté de pensée, de conscience et de religion.

1. Toute personne a droit à la liberté de pensée, de conscience et de religion ; ce droit implique la liberté de changer de religion ou de conviction, ainsi que la liberté de manifester sa religion ou sa conviction individuellement ou collectivement, en public ou en privé, par le culte, l'enseignement, les pratiques et l'accomplissement des rites.

2. La liberté de manifester sa religion ou ses convictions ne peut faire l'objet d'autres restrictions que celles qui, prévues par la loi, constituent des mesures nécessaires, dans une société démocratique, à la sécurité publique, à la protection de l'ordre, de la santé ou de la morale publiques, ou à la protection des droits et libertés d'autrui.

Art. 10. — Liberté d'expression.

1. Toute personne a droit à la liberté d'expression. Ce droit comprend la liberté d'opinion et la liberté de recevoir ou de communiquer des informations ou des idées sans qu'il puisse y avoir ingérence d'autorités publiques et sans considération de frontière. Le présent article n'empêche pas les États de soumettre les entreprises de radiodiffusion, de cinéma ou de télévision à un régime d'autorisations.

2. L'exercice de ces libertés comportant des devoirs et des responsabilités peut être soumis à certaines formalités, conditions, restrictions ou sanctions prévues par la loi, qui constituent des mesures nécessaires, dans une société démocratique, à la sécurité nationale, à l'intégrité territoriale ou à la sûreté publique, à la défense de l'ordre et à la prévention du crime, à la protection de la santé ou de la morale, à la protection de la réputation ou des droits d'autrui, pour empêcher la divulgation d'informations confidentielles ou pour garantir l'autorité et l'impartialité du pouvoir judiciaire.

Art. 11. — Liberté de réunion et d'association.

1. Toute personne a droit à la liberté de réunion pacifique et à la liberté d'association, y compris le droit de fonder avec d'autres des syndicats et de s'affilier à des syndicats pour la défense de ses intérêts.

2. L'exercice de ces droits ne peut faire l'objet d'autres restrictions que celles qui, prévues par la loi, constituent des mesures nécessaires, dans une société démocratique, à la sécurité nationale, à la sûreté publique, à la défense de l'ordre et à la prévention du crime, à la protection de la santé ou de la morale, ou à la protection des droits et libertés d'autrui. Le présent article n'interdit pas que des restrictions légitimes soient imposées à l'exercice de ces droits par les membres des forces armées, de la police ou de l'administration de l'État.

Art. 12. — Droit au mariage.

À partir de l'âge nubile, l'homme et la femme ont le droit de se marier et de fonder une famille selon les lois nationales régissant l'exercice de ce droit.

Art. 13. — Droit à un recours effectif.

Toute personne dont les droits et libertés reconnus dans la présente Convention ont été violés, a droit à l'octroi d'un recours effectif devant une instance nationale, alors même que la violation aurait été commise par des personnes agissant dans l'exercice de leurs fonctions officielles.

Art. 14. — Interdiction de discrimination.

La jouissance des droits et libertés reconnus dans la présente Convention doit être assurée, sans distinction aucune, fondée notamment sur le sexe, la race, la couleur, la langue, la religion, les opinions politiques ou toutes autres opinions, l'origine nationale ou sociale, l'appartenance à une minorité nationale, la fortune, la naissance ou toute autre situation.

Art. 15. — Dérogation en cas d'état d'urgence.

1. En cas de guerre ou en cas d'autre danger public menaçant la vie de la nation, toute Haute Partie contractante peut prendre des mesures dérogeant aux obligations prévues par la présente Convention, dans la stricte mesure où la situation l'exige et à la condition que ces mesures ne soient pas en contradiction avec les autres obligations découlant du droit international.

2. La disposition précédente n'autorise aucune dérogation à l'article 2, sauf pour le cas de décès résultant d'actes licites de guerre, et aux articles 3, 4 (paragraphe 1) et 7.

3. Toute Haute Partie contractante qui exerce ce droit de dérogation tient le Secrétaire Général du Conseil de l'Europe pleinement informé des mesures prises et des motifs qui les ont inspirées. Elle doit également informer le Secrétaire Général du Conseil de l'Europe de la date à laquelle ces mesures ont cessé d'être en vigueur et les dispositions de la Convention reçoivent de nouveau pleine application.

Art. 16. — Restrictions à l'activité politique des étrangers.

Aucune des dispositions des articles 10, 11 et 14 ne peut être considérée comme interdisant aux Hautes Parties contractantes d'imposer des restrictions à l'activité politique des étrangers.

Art. 17. — Interdiction de l'abus de droit.

Aucune des dispositions de la présente Convention ne peut être interprétée comme impliquant pour un État, un groupement ou un individu, un droit quelconque de se livrer à une activité ou d'accomplir un acte visant à la destruction des droits ou libertés reconnus dans la présente Convention ou à des limitations plus amples de ces droits et libertés que celles prévues à ladite Convention.

Art. 18. — Limitation de l'usage des restrictions aux droits.

Les restrictions qui, aux termes de la présente Convention, sont apportées auxdits droits et libertés ne peuvent être appliquées que dans le but pour lequel elles ont été prévues.

TITRE II

COUR EUROPÉENNE DES DROITS DE L'HOMME

Art. 19. — Institution de la Cour.

Afin d'assurer le respect des engagements résultant pour les Hautes Parties contractantes de la présente Convention et de ses protocoles, il est institué une Cour européenne des droits de l'homme, ci-dessous nommée « la Cour ». Elle fonctionne de façon permanente.

Art. 20. — Nombre de juges.

La Cour se compose d'un nombre de juges égal à celui des Hautes Parties contractantes.

Art. 21. — Conditions d'exercice des fonctions.

1. Les juges doivent jouir de la plus haute considération morale et réunir les conditions requises pour l'exercice de hautes fonctions judiciaires ou être des jurisconsultes possédant une compétence notoire.

2. Les candidats doivent être âgés de moins de 65 ans à la date à laquelle la liste de trois candidats est attendue par l'Assemblée parlementaire, en vertu de l'article 22.

3. Les juges siègent à la Cour à titre individuel.

4. Pendant la durée de leur mandat, les juges ne peuvent exercer aucune activité incompatible avec les exigences d'indépendance, d'impartialité ou de disponibilité requise par une activité exercée à plein temps ; toute question soulevée en application de ce paragraphe est tranchée par la Cour.

Art. 22. — Élection des juges.

Les juges sont élus par l'Assemblée parlementaire au titre de chaque Haute Partie contractante, à la majorité des voix exprimées, sur une liste de trois candidats présentés par la Haute Partie contractante.

Art. 23. — Durée du mandat et révocation.

1. Les juges sont élus pour une durée de neuf ans. Ils ne sont pas rééligibles.

2. Les juges restent en fonction jusqu'à leur remplacement. Ils continuent toutefois de connaître des affaires dont ils sont déjà saisis.

3. Un juge ne peut être relevé de ses fonctions que si les autres juges décident, à la majorité des deux tiers, que ce juge a cessé de répondre aux conditions requises.

Art. 24. — Greffe et rapporteurs.

1. La Cour dispose d'un greffe dont les tâches et l'organisation sont fixées par le règlement de la Cour.

2. Lorsqu'elle siège en formation de juge unique, la Cour est assistée de rapporteurs qui exercent leurs fonctions sous l'autorité du président de la Cour. Ils font partie du greffe de la Cour.

Art. 25. — Assemblée plénière.

La Cour réunie en Assemblée plénière

a) élit, pour une durée de trois ans, son président et un ou deux vice-présidents ; ils sont rééligibles ;

b) constitue des Chambres pour une période déterminée ;

c) élit les présidents des Chambres de la Cour, qui sont rééligibles ;

d) adopte le règlement de la Cour ;

e) élit le greffier et un ou plusieurs greffiers adjoints ;

f) fait toute demande au titre de l'article 26, paragraphe 2.

Art. 26. — Formations de juge unique, comités, Chambres et Grande chambre.

1. Pour l'examen des affaires portées devant elle, la Cour siège en formations de juge unique, en comités de trois juges, en Chambres de sept juges et en une Grande Chambre de dix-sept juges. Les Chambres de la Cour constituent les comités pour une période déterminée.

2. À la demande de l'Assemblée plénière de la Cour, le Comité des ministres peut, par une décision unanime et pour une période déterminée, réduire à cinq le nombre de juges des Chambres.

3. Un juge siégeant en tant que juge unique n'examine aucune requête introduite contre la Haute Partie contractante au titre de laquelle ce juge a été élu.

4. Le juge élu au titre d'une Haute Partie contractante partie au litige est membre de droit de la Chambre et de la Grande Chambre. En cas d'absence de ce juge, ou lorsqu'il n'est pas en mesure de siéger, une personne choisie par le président de la Cour sur une liste soumise au préalable par cette Partie siège en qualité de juge.

5. Font aussi partie de la Grande Chambre, le président de la Cour, les vice-présidents, les présidents des Chambres et d'autres juges désignés conformément au règlement de la Cour. Quand l'affaire est déférée à la Grande Chambre en vertu de l'article 43, aucun juge de la Chambre qui a rendu l'arrêt ne peut y siéger, à l'exception du président de la Chambre et du juge ayant siégé au titre de la Haute Partie contractante intéressée.

Art. 27. — Compétence des juges uniques.

1. Un juge unique peut déclarer une requête introduite en vertu de l'article 34 irrecevable ou la rayer du rôle lorsqu'une telle décision peut être prise sans examen complémentaire.

2. La décision est définitive.

3. Si le juge unique ne déclare pas une requête irrecevable ou ne la raye pas du rôle, ce juge la transmet à un comité ou à une Chambre pour examen complémentaire.

Art. 28. — Compétence des comités.

1. Un comité saisi d'une requête individuelle introduite en vertu de l'article 34 peut, par vote unanime,

a) la déclarer irrecevable ou la rayer du rôle lorsqu'une telle décision peut être prise sans examen complémentaire ;

b) la déclarer recevable et rendre conjointement un arrêt sur le fond lorsque la question relative à l'interprétation ou à l'application de la Convention ou de ses Protocoles qui est à l'origine de l'affaire fait l'objet d'une jurisprudence bien établie de la Cour.

2. Les décisions et arrêts prévus au paragraphe 1 sont définitifs.

3. Si le juge élu au titre de la Haute Partie contractante partie au litige n'est pas membre du comité, ce dernier peut, à tout moment de la procédure, l'inviter à siéger en son sein en lieu et place de l'un de ses membres, en prenant en compte tous facteurs pertinents, y compris la question de savoir si cette Partie a contesté l'application de la procédure du paragraphe 1.b.

Art. 29. — Décisions des Chambres sur la recevabilité et le fond.

1. Si aucune décision n'a été prise en vertu des articles 27 ou 28, ni aucun arrêt rendu en vertu de l'article 28, une Chambre se prononce sur la recevabilité et le fond des requêtes individuelles introduites en vertu de l'article 34. La décision sur la recevabilité peut être prise de façon séparée.

2. Une Chambre se prononce sur la recevabilité et le fond des requêtes étatiques introduites en vertu de l'article 33. Sauf décision contraire de la Cour dans des cas exceptionnels, la décision sur la recevabilité est prise séparément.

Art. 30. — Dessaisissement en faveur de la Grande Chambre.

Si l'affaire pendante devant une Chambre soulève une question grave relative à l'interprétation de la Convention ou de ses protocoles, ou si la solution d'une question peut conduire à une contradiction avec un arrêt rendu antérieurement par la Cour, la Chambre peut, tant qu'elle n'a pas rendu son arrêt, se dessaisir au profit de la Grande Chambre.

Art. 31. — Attributions de la Grande Chambre.

La Grande Chambre

a) se prononce sur les requêtes introduites en vertu de l'article 33 ou de l'article 34 lorsque l'affaire lui a été déférée par la Chambre en vertu de l'article 30 ou lorsque l'affaire lui a été déférée en vertu de l'article 43 ;

b) se prononce sur les questions dont la Cour est saisie par le Comité des ministres en vertu de l'article 46, paragraphe 4 ; et

c) examine les demandes d'avis consultatifs introduites en vertu de l'article 47.

Art. 32. — Compétence de la Cour.

1. La compétence de la Cour s'étend à toutes les questions concernant l'interprétation et l'application de la Convention et de ses protocoles qui lui seront soumises dans les conditions prévues par les articles 33, 34, 46 et 47.

2. En cas de contestation sur le point de savoir si la Cour est compétente, la Cour décide.

Art. 33. — Affaires interétatiques.

Toute Haute Partie contractante peut saisir la Cour de tout manquement aux dispositions de la Convention et de ses protocoles qu'elle croira pouvoir être imputé à une autre Haute Partie contractante.

Art. 34. — Requêtes individuelles.

La Cour peut être saisie d'une requête par toute personne physique, toute organisation non gouvernementale ou tout groupe de particuliers qui se prétend victime d'une violation par l'une des Hautes Parties contractantes des droits reconnus dans la Convention ou ses protocoles. Les Hautes Parties contractantes s'engagent à n'entraver par aucune mesure l'exercice efficace de ce droit.

Art. 35. — Conditions de recevabilité.

1. La Cour ne peut être saisie qu'après l'épuisement des voies de recours internes, tel qu'il est entendu selon les principes de droit international généralement reconnus, et dans un délai de quatre mois à partir de la date de la décision interne définitive.

2. La Cour ne retient aucune requête individuelle introduite en application de l'article 34, lorsque

a) elle est anonyme ; ou

b) elle est essentiellement la même qu'une requête précédemment examinée par la Cour ou déjà soumise à une autre instance internationale d'enquête ou de règlement, et si elle ne contient pas de faits nouveaux.

3. La Cour déclare irrecevable toute requête individuelle introduite en application de l'article 34 lorsqu'elle estime :

a) que la requête est incompatible avec les dispositions de la Convention ou de ses Protocoles, manifestement mal fondée ou abusive ; ou

b) que le requérant n'a subi aucun préjudice important, sauf si le respect des droits de l'homme garantis par la Convention et ses Protocoles exige un examen de la requête au fond.

4. La Cour rejette toute requête qu'elle considère comme irrecevable par application du présent article. Elle peut procéder ainsi à tout stade de la procédure.

Art. 36. — Tierce intervention.

1. Dans toute affaire devant une Chambre ou la Grande Chambre, une Haute Partie contractante dont un ressortissant est requérant a le droit de présenter des observations écrites et de prendre part aux audiences.

2. Dans l'intérêt d'une bonne administration de la justice, le président de la Cour peut inviter toute Haute Partie contractante qui n'est pas partie à l'instance ou toute personne intéressée autre que le requérant à présenter des observations écrites ou à prendre part aux audiences.

3. Dans toute affaire devant une Chambre ou la Grande Chambre, le Commissaire aux droits de l'homme du Conseil de l'Europe peut présenter des observations écrites et prendre part aux audiences.

Art. 37. — Radiation.

1. À tout moment de la procédure, la Cour peut décider de rayer une requête du rôle lorsque les circonstances permettent de conclure

a) que le requérant n'entend plus la maintenir ; ou

b) que le litige a été résolu ; ou

c) que, pour tout autre motif dont la Cour constate l'existence, il ne se justifie plus de poursuivre l'examen de la requête.

Toutefois, la Cour poursuit l'examen de la requête si le respect des droits de l'homme garantis par la Convention et ses protocoles l'exige.

2. La Cour peut décider la réinscription au rôle d'une requête lorsqu'elle estime que les circonstances le justifient.

Art. 38. — Examen contradictoire de l'affaire.

La Cour examine l'affaire de façon contradictoire avec les représentants des parties et, s'il y a lieu, procède à une enquête pour la conduite efficace de laquelle les Hautes Parties contractantes intéressées fourniront toutes facilités nécessaires.

Art. 39. — Règlements amiables.

1. À tout moment de la procédure, la Cour peut se mettre à la disposition des intéressés en vue de parvenir à un règlement amiable de l'affaire s'inspirant du respect des droits de l'homme tels que les reconnaissent la Convention et ses Protocoles.

2. La procédure décrite au paragraphe 1 est confidentielle.

3. En cas de règlement amiable, la Cour raye l'affaire du rôle par une décision qui se limite à un bref exposé des faits et de la solution adoptée.

4. Cette décision est transmise au Comité des ministres qui surveille l'exécution des termes du règlement amiable tels qu'ils figurent dans la décision.

Art. 40. — Audience publique et accès aux documents.

1. L'audience est publique à moins que la Cour n'en décide autrement en raison de circonstances exceptionnelles.

2. Les documents déposés au greffe sont accessibles au public à moins que le président de la Cour n'en décide autrement.

Art. 41. — Satisfaction équitable.

Si la Cour déclare qu'il y a eu violation de la Convention ou de ses protocoles, et si le droit interne de la Haute Partie contractante ne permet d'effacer qu'imparfaitement les conséquences de cette violation, la Cour accorde à la partie lésée, s'il y a lieu, une satisfaction équitable.

Art. 42. — Arrêts des Chambres.

Les arrêts des Chambres deviennent définitifs conformément aux dispositions de l'article 44, paragraphe 2.

Art. 43. — Renvoi devant la Grande Chambre.

1. Dans un délai de trois mois à compter de la date de l'arrêt d'une Chambre, toute partie à l'affaire peut, dans des cas exceptionnels, demander le renvoi de l'affaire devant la Grande Chambre.

2. Un collège de cinq juges de la Grande Chambre accepte la demande si l'affaire soulève une question grave relative à l'interprétation ou à l'application de la Convention ou de ses protocoles, ou encore une question grave de caractère général.

3. Si le collège accepte la demande, la Grande Chambre se prononce sur l'affaire par un arrêt.

Art. 44. — Arrêts définitifs.

1. L'arrêt de la Grande Chambre est définitif.

2. L'arrêt d'une Chambre devient définitif

a) lorsque les parties déclarent qu'elles ne demanderont pas le renvoi de l'affaire devant la Grande Chambre ; ou

b) trois mois après la date de l'arrêt, si le renvoi de l'affaire devant la Grande Chambre n'a pas été demandé ; ou

c) lorsque le collège de la Grande Chambre rejette la demande de renvoi formulée en application de l'article 43.

3. L'arrêt définitif est publié.

Art. 45. — Motivation des arrêts et décisions.

1. Les arrêts, ainsi que les décisions déclarant des requêtes recevables ou irrecevables, sont motivés.

2. Si l'arrêt n'exprime pas en tout ou en partie l'opinion unanime des juges, tout juge a le droit d'y joindre l'exposé de son opinion séparée.

Art. 46. — Force obligatoire et exécution des arrêts.

1. Les Hautes Parties contractantes s'engagent à se conformer aux arrêts définitifs de la Cour dans les litiges auxquels elles sont parties.

2. L'arrêt définitif de la Cour est transmis au Comité des ministres qui en surveille l'exécution.

3. Lorsque le Comité des ministres estime que la surveillance de l'exécution d'un arrêt définitif est entravée par une difficulté d'interprétation de cet arrêt, il peut saisir la Cour afin qu'elle se prononce sur cette question d'interprétation. La décision de saisir la Cour est prise par un vote à la majorité des deux tiers des représentants ayant le droit de siéger au Comité.

4. Lorsque le Comité des ministres estime qu'une Haute Partie contractante refuse de se conformer à un arrêt définitif dans un litige auquel elle est partie, il peut, après avoir mis en demeure cette Partie et par décision prise par un vote à la majorité des deux tiers des représentants ayant le droit de siéger au Comité, saisir la Cour de la question du respect par cette Partie de son obligation au regard du paragraphe 1.

5. Si la Cour constate une violation du paragraphe 1, elle renvoie l'affaire au Comité des ministres afin qu'il examine les mesures à prendre. Si la Cour constate qu'il n'y a pas eu violation du paragraphe 1, elle renvoie l'affaire au Comité des ministres, qui décide de clore son examen.

Art. 47. — Avis consultatifs.

1. La Cour peut, à la demande du Comité des ministres, donner des avis consultatifs sur des questions juridiques concernant l'interprétation de la Convention et de ses protocoles.

2. Ces avis ne peuvent porter ni sur les questions ayant trait au contenu ou à l'étendue des droits et libertés définis au titre I de la Convention et dans les protocoles ni sur les autres questions dont la Cour ou le Comité des ministres pourraient avoir à connaître par suite de l'introduction d'un recours prévu par la Convention.

3. La décision du Comité des ministres de demander un avis à la Cour est prise par un vote à la majorité des représentants ayant le droit de siéger au Comité.

Art. 48. — Compétence consultative de la Cour.

La Cour décide si la demande d'avis consultatif présentée par le Comité des ministres relève de sa compétence telle que définie par l'article 47.

Art. 49. — Motivation des avis consultatifs.

1. L'avis de la Cour est motivé.

2. Si l'avis n'exprime pas en tout ou en partie l'opinion unanime des juges, tout juge a le droit d'y joindre l'exposé de son opinion séparée.

3. L'avis de la Cour est transmis au Comité des ministres.

Art. 50. — Frais de fonctionnement de la Cour.

Les frais de fonctionnement de la Cour sont à la charge du Conseil de l'Europe.

Art. 51. — Privilèges et immunités des juges.

Les juges jouissent, pendant l'exercice de leurs fonctions, des privilèges et immunités prévus à l'article 40 du Statut du Conseil de l'Europe et dans les accords conclus au titre de cet article.

TITRE III

DISPOSITIONS DIVERSES

Art. 52. — Enquêtes du Secrétaire Général.

Toute Haute Partie contractante fournira sur demande du Secrétaire Général du Conseil de l'Europe les explications requises sur la manière dont son droit interne assure l'application effective de toutes les dispositions de cette Convention.

Art. 53. — Sauvegarde des droits de l'homme reconnus.

Aucune des dispositions de la présente Convention ne sera interprétée comme limitant ou portant atteinte aux droits de l'homme et aux libertés fondamentales qui pourraient être reconnus conformément aux lois de toute Partie contractante ou à toute autre Convention à laquelle cette Partie contractante est partie.

Art. 54. — Pouvoirs du Comité des ministres.

Aucune disposition de la présente Convention ne porte atteinte aux pouvoirs conférés au Comité des ministres par le Statut du Conseil de l'Europe.

Art. 55. — Renonciation à d'autres modes de règlement des différends.

Les Hautes Parties contractantes renoncent réciproquement, sauf compromis spécial, à se prévaloir des traités, conventions ou déclarations existant entre elles, en vue de soumettre, par voie de requête, un différend né de l'interprétation ou de l'application de la présente Convention à un mode de règlement autre que ceux prévus par ladite Convention.

Art. 56. — Application territoriale.

1. Tout État peut, au moment de la ratification ou à tout autre moment par la suite, déclarer, par notification adressée au Secrétaire Général du Conseil de l'Europe, que la présente Convention s'appliquera, sous réserve du paragraphe 4 du présent article, à tous les territoires ou à l'un quelconque des territoires dont il assure les relations internationales.

2. La Convention s'appliquera au territoire ou aux territoires désignés dans la notification à partir du trentième jour qui suivra la date à laquelle le Secrétaire Général du Conseil de l'Europe aura reçu cette notification.

3. Dans lesdits territoires les dispositions de la présente Convention seront appliquées en tenant compte des nécessités locales.

4. Tout État qui a fait une déclaration conformément au premier paragraphe de cet article, peut, à tout moment par la suite, déclarer relativement à un ou plusieurs des territoires visés dans cette déclaration qu'il accepte la compétence de la Cour pour connaître des requêtes de personnes physiques, d'organisations non gouvernementales ou de groupes de particuliers, comme le prévoit l'article 34 de la Convention.

Art. 57. — Réserves.

1. Tout État peut, au moment de la signature de la présente Convention ou du dépôt de son instrument de ratification, formuler une réserve au sujet d'une disposition particulière de la Convention, dans la mesure où une loi alors en vigueur sur son territoire n'est pas conforme à cette disposition. Les réserves de caractère général ne sont pas autorisées aux termes du présent article.

2. Toute réserve émise conformément au présent article comporte un bref exposé de la loi en cause.

Art. 58. — Dénonciation.

1. Une Haute Partie contractante ne peut dénoncer la présente Convention qu'après l'expiration d'un délai de cinq ans à partir de la date d'entrée en vigueur de la Convention à son égard et moyennant un préavis de six mois, donné par une

notification adressée au Secrétaire Général du Conseil de l'Europe, qui en informe les autres Parties contractantes.

2. Cette dénonciation ne peut avoir pour effet de délier la Haute Partie contractante intéressée des obligations contenues dans la présente Convention en ce qui concerne tout fait qui, pouvant constituer une violation de ces obligations, aurait été accompli par elle antérieurement à la date à laquelle la dénonciation produit effet.

3. Sous la même réserve cesserait d'être Partie à la présente Convention toute Partie contractante qui cesserait d'être membre du Conseil de l'Europe.

4. La Convention peut être dénoncée conformément aux dispositions des paragraphes précédents en ce qui concerne tout territoire auquel elle a été déclarée applicable aux termes de l'article 56.

Art. 59. — Signature et ratification.

1. La présente Convention est ouverte à la signature des membres du Conseil de l'Europe. Elle sera ratifiée. Les ratifications seront déposées près le Secrétaire Général du Conseil de l'Europe.

2. L'Union européenne peut adhérer à la présente Convention.

3. La présente Convention entrera en vigueur après le dépôt de dix instruments de ratification.

4. Pour tout signataire qui la ratifiera ultérieurement, la Convention entrera en vigueur dès le dépôt de l'instrument de ratification.

5. Le Secrétaire Général du Conseil de l'Europe notifiera à tous les membres du Conseil de l'Europe l'entrée en vigueur de la Convention, les noms des Hautes Parties contractantes qui l'auront ratifiée, ainsi que le dépôt de tout instrument de ratification intervenu ultérieurement.

Fait à Rome, le 4 novembre 1950, en français et en anglais, les deux textes faisant également foi, en un seul exemplaire qui sera déposé dans les archives du Conseil de l'Europe. Le Secrétaire Général du Conseil de l'Europe en communiquera des copies certifiées conformes à tous les signataires.

N° 4.2 **Protocole additionnel à la Convention de sauvegarde des droits de l'homme et des libertés fondamentales,** signé à Paris le 20 mars 1952 (extraits) (17)

Les Gouvernements signataires, membres du Conseil de l'Europe,

Résolus à prendre des mesures propres à assurer la garantie collective de droits et libertés autres que ceux qui figurent déjà dans le Titre I de la Convention de sauvegarde des droits de l'homme et des Libertés fondamentales, signée à Rome, le 4 novembre 1950 (ci-après dénommée « la Convention »),

Sont convenus de ce qui suit :

Article premier. — Protection de la propriété

Toute personne physique ou morale a droit au respect de ses biens. Nul ne peut être privé de sa propriété que pour cause d'utilité publique et dans les conditions prévues par la loi et les principes généraux du droit international.

Les dispositions précédentes ne portent pas atteinte au droit que possèdent les États de mettre en vigueur les lois qu'ils jugent nécessaires pour réglementer l'usage des

(17) Ce protocole a été ratifié par la France le 3 mai 1974, à l'issue de la loi n° 73-1227 du 31 décembre 1973.

biens conformément à l'intérêt général ou pour assurer le paiement des impôts ou d'autres contributions ou des amendes.

Art. 2. — Droit à l'instruction

Nul ne peut se voir refuser le droit à l'instruction. L'État, dans l'exercice des fonctions qu'il assumera dans le domaine de l'éducation et de l'enseignement, respectera le droit des parents d'assurer cette éducation et cet enseignement conformément à leurs convictions religieuses et philosophiques.

Art. 3. — Droit à des élections libres

Les Hautes Parties contractantes s'engagent à organiser, à des intervalles raisonnables, des élections libres au scrutin secret, dans les conditions qui assurent la libre expression de l'opinion du peuple sur le choix du corps législatif.

Art. 4. — Application territoriale

Toute Haute Partie contractante peut, au moment de la signature ou de la ratification du présent Protocole ou à tout moment par la suite, communiquer au Secrétaire général du Conseil de l'Europe une déclaration indiquant la mesure dans laquelle il s'engage à ce que les dispositions du présent Protocole s'appliquent à tels territoires qui sont désignés dans ladite déclaration et dont il assure les relations internationales.

Toute Haute Partie contractante qui a communiqué une déclaration en vertu du paragraphe précédent peut, de temps à autre, communiquer une nouvelle déclaration modifiant les termes de toute déclaration antérieure ou mettant fin à l'application des dispositions du présent Protocole sur un territoire quelconque.

Une déclaration faite conformément au présent article sera considérée comme ayant été faite conformément au paragraphe 1 de l'article 63 de la Convention.

Art. 5. — Relations avec la Convention

Les Hautes Parties contractantes considéreront les articles 1, 2, 3 et 4 de ce Protocole comme des articles additionnels à la Convention et toutes les dispositions de la Convention s'appliqueront en conséquence.

N° 4.3 **Protocole n° 4 à la Convention, reconnaissant certains droits et libertés autres que ceux figurant déjà dans la Convention,** signé à Strasbourg le 16 septembre 1963 (extraits) (18)

Les Gouvernements signataires, membres du Conseil de l'Europe,

Résolus à prendre des mesures propres à assurer la garantie collective de droits et libertés autres que ceux qui figurent déjà dans le Titre de la Convention de sauvegarde des droits de l'homme et des Libertés fondamentales, signée à Rome le 4 novembre 1950 (ci-après dénommée « la Convention ») et dans les articles 1 à 3 du premier Protocole additionnel à la Convention, signé à Paris le 20 mars 1952.

Sont convenus de ce qui suit :

Article premier. — Interdiction de l'emprisonnement pour dette

Nul ne peut être privé de sa liberté pour la seule raison qu'il n'est pas en mesure d'exécuter une obligation contractuelle.

(18) Ce protocole a été ratifié par la France le 3 mai 1974, à l'issue de la loi n° 73-1227 du 31 décembre 1973.

Art. 2. — Liberté de circulation

1. Quiconque se trouve régulièrement sur le territoire d'un État a le droit d'y circuler librement et d'y choisir librement sa résidence.

2. Toute personne est libre de quitter n'importe quel pays, y compris le sien.

3. L'exercice de ces droits ne peut faire l'objet d'autres restrictions que celles qui, prévues par la loi, constituent des mesures nécessaires, dans une société démocratique, à la sécurité nationale, à la sûreté publique, au maintien de l'ordre public, à la prévention des infractions pénales, à la protection de la santé ou de la morale, ou à la protection des droits et libertés d'autrui.

4. Les droits reconnus au paragraphe 1 peuvent également, dans certaines zones déterminées, faire l'objet de restrictions qui, prévues par la loi, sont justifiées par l'intérêt public dans une société démocratique.

Art. 3. — Interdiction de l'expulsion des nationaux

1. Nul ne peut être expulsé, par voie de mesure individuelle ou collective, du territoire de l'État dont il est le ressortissant.

2. Nul ne peut être privé du droit d'entrer sur le territoire de l'État dont il est le ressortissant.

Art. 4. — Interdiction des expulsions collectives d'étrangers

Les expulsions collectives d'étrangers sont interdites.

Art. 5. — Application territoriale

1. Toute Haute Partie contractante peut, au moment de la signature ou de la ratification du présent Protocole ou à tout moment par la suite, communiquer au Secrétaire général du Conseil de l'Europe une déclaration indiquant la mesure dans laquelle elle s'engage à ce que les dispositions du présent Protocole s'appliquent à tels territoires qui sont désignés dans ladite déclaration et dont elle assure les relations internationales.

2. Tout Haute Partie contractante qui a communiqué une déclaration en vertu du paragraphe précédent peut, de temps à autre, communiquer une nouvelle déclaration modifiant les termes de toute déclaration antérieure ou mettant fin à l'application des dispositions du présent Protocole sur un territoire quelconque.

3. Une déclaration faite conformément au présent article sera considérée comme ayant été faite conformément au paragraphe 1 de l'article 63 de la Convention.

4. Le territoire de tout État auquel le présent Protocole s'applique en vertu de sa ratification ou de son acceptation par ledit État, et chacun des territoires auxquels le Protocole s'applique en vertu d'une déclaration souscrite par ledit État conformément au présent article, seront considérés comme des territoires distincts, aux fins des références au territoire d'un État faites par les articles 2 et 3.

Art. 6. — Relations avec la Convention

1. Les Hautes Parties contractantes considéreront les articles 1 à 5 de ce Protocole comme des articles additionnels à la Convention et toutes les dispositions de la Convention s'appliqueront en conséquence.

2. Toutefois, le droit de recours individuel reconnu par une déclaration faite en vertu de l'article 25 de la Convention ou la reconnaissance de la juridiction obligatoire de la Cour faite par une déclaration en vertu de l'article 46 de la Convention ne s'exercera en ce qui concerne le présent Protocole que dans la mesure où la Haute Partie contractante intéressée aura déclaré reconnaître ledit droit ou accepter ladite juridiction pour les articles 1 à 4 du Protocole ou pour certains de ces articles.

Nº 4.4 Protocole nº 6 à la Convention, concernant l'abolition de la peine de mort, signé à Strasbourg le 28 avril 1983 (extraits) (19)

Les États membres du Conseil de l'Europe, signataires du présent Protocole à la Convention de sauvegarde des droits de l'homme et des Libertés fondamentales, signée à Rome le 4 novembre 1950 (ci-après dénommée « la Convention »).

Considérant que les développements intervenus dans plusieurs États membres du Conseil de l'Europe expriment une tendance générale en faveur de l'abolition de la peine de mort ;

Sont convenus de ce qui suit :

Article premier. — Abolition de la peine de mort

La peine de mort est abolie. Nul ne peut être condamné à une telle peine ni exécuté.

Art. 2. — Peine de mort en temps de guerre

Un État peut prévoir dans sa législation la peine de mort pour des actes commis en temps de guerre ou de danger imminent de guerre ; une telle peine ne sera appliquée 9 dans les cas prévus par cette législation et conformément à ses dispositions. Cet État communiquera au Secrétaire général du Conseil de l'Europe les dispositions afférentes de la législation en cause.

Art. 3. — Interdiction de dérogations

Aucune dérogation n'est autorisée aux dispositions du présent Protocole au titre de l'article 15 de la Convention.

Art. 4. — Interdiction de réserves

Aucune réserve n'est admise aux dispositions du présent Protocole au titre de l'article 64 de la Convention.

Art. 5. — Application territoriale

1. Tout État peut, au moment de la signature ou au moment du dépôt de son instrument de ratification, d'acceptation ou d'approbation, désigner le ou les territoires auxquels s'appliquera le présent Protocole.

2. Tout État peut, à tout autre moment par la suite, par une déclaration adressée au Secrétaire général du Conseil de l'Europe, étendre l'application du présent Protocole à tout autre territoire désigné dans la déclaration. Le Protocole entrera en vigueur à l'égard de ce territoire le premier jour du mois qui suit la date de réception de la déclaration par le Secrétaire général.

3. Toute déclaration faite en vertu des deux paragraphes précédents pourra être retirée, en ce qui concerne tout territoire désigné dans cette déclaration, par notification adressée au Secrétaire général. Le retrait prendra effet le premier jour du mois qui suit la date de réception de la notification par le Secrétaire général.

Art. 6. — Relations avec la Convention

Les États Parties considèrent les articles 1er à 5 du présent Protocole comme des articles additionnels à la Convention et toutes les dispositions de la Convention s'appliquent en conséquence.

---

(19) Ce protocole a été ratifié par la France par la loi n° 85-1485 du 31 décembre 1985 et publié au *Journal officiel* par le décret n° 86-282 du 28 février 1986.

N° 4.5 **Protocole n° 7 à la Convention,** signé à Strasbourg le 22 octobre 1984 (extraits) [20]

Les États membres du Conseil de l'Europe, signataires du présent Protocole,

Résolus à prendre de nouvelles mesures propres à assurer la garantie collective de certains droits et libertés par la Convention de sauvegarde des droits de l'homme et des Libertés fondamentales, signée à Rome le 4 novembre 1950 (ci-après dénommée « la Convention »),

Sont convenus de ce qui suit :

Article premier. — Garanties procédurales en cas d'expulsion d'étrangers.

1. Un étranger résidant régulièrement sur le territoire d'un État ne peut en être expulsé qu'en exécution d'une décision prise conformément à la loi et doit pouvoir :

a) faire valoir les raisons qui militent contre son expulsion ;

b) faire examiner son cas, et

c) se faire représenter à ces fins devant l'autorité compétente ou une ou plusieurs personnes désignées par cette autorité.

2. Un étranger peut être expulsé avant l'exercice des droits énumérés au paragraphe 1. a, b et c de cet article lorsque cette expulsion est nécessaire dans l'intérêt de l'ordre public ou est basée sur des motifs de sécurité nationale.

Art. 2. — Droit à un double degré de juridictions en matière pénale.

1. Toute personne déclarée coupable d'une infraction pénale par un tribunal a le droit de faire examiner par une juridiction supérieure la déclaration de culpabilité ou la condamnation. L'exercice de ce droit, y compris les motifs pour lesquels il peut être exercé, sont régis par la loi.

2. Ce droit peut faire l'objet d'exceptions pour des infractions mineures telles qu'elles sont définies par la loi ou lorsque l'intéressé a été jugé en première instance par la plus haute juridiction ou a été déclaré coupable et condamné à la suite d'un recours contre son acquittement.

Art. 3. — Droit d'indemnisation en cas d'erreur judiciaire.

Lorsqu'une condamnation pénale définitive est ultérieurement annulée, ou lorsque la grâce est accordée, parce qu'un fait nouveau ou nouvellement révélé prouve qu'il s'est produit une erreur judiciaire, la personne qui a subi une peine en raison de cette condamnation est indemnisée, conformément à la loi ou à l'usage en vigueur dans l'État concerné, à moins qu'il ne soit prouvé que la non-révélation en temps utile du fait inconnu lui est imputable en tout ou en partie.

Art. 4. — Droit à ne pas être jugé deux fois.

1. Nul ne peut être poursuivi ou puni pénalement par les juridictions du même État en raison d'une infraction pour laquelle il a déjà été acquitté ou condamné par un jugement définitif conformément à la loi et à la procédure pénale de cet État.

2. Les dispositions du paragraphe précédent n'empêchent pas la réouverture du procès, conformément à la loi et à la procédure pénale de l'État concerné, si des faits nouveaux ou nouvellement révélés ou un vice fondamental dans la procédure précédente sont de nature à affecter le jugement intervenu.

---

(20) Ce protocole a été ratifié par la France par la loi n° 85-1475 du 31 décembre 1985 et publié au *Journal officiel* par le décret n° 89-37 du 24 janvier 1989.

3. Aucune dérogation n'est autorisée au présent article au titre de l'article 15 de la Convention.

Art. 5. — Égalité entre époux.

Les époux jouissent de l'égalité de droits et de responsabilités de caractère civil entre eux et dans leurs relations avec leurs enfants au regard du mariage, durant le mariage et lors de sa dissolution. Le présent article n'empêche pas les États de prendre les mesures nécessaires dans l'intérêt des enfants.

Art. 6. — Application territoriale.

1. Tout État peut, au moment de la signature ou au moment du dépôt de son instrument de ratification, d'acceptation ou d'approbation, désigner le ou les territoires auxquels s'appliquera le présent Protocole, en indiquant la mesure dans laquelle il s'engage à ce que les dispositions du présent Protocole s'appliquent à ce ou ces territoires.

2. Tout État peut, à tout autre moment par la suite, par une déclaration adressée au Secrétaire général du Conseil de l'Europe, étendre l'application du présent Protocole à tout autre territoire désigné dans la déclaration. Le Protocole entrera en vigueur à l'égard de ce territoire le premier jour du mois qui suit l'expiration d'une période de deux mois après la date de réception de la déclaration par le Secrétaire général.

3. Toute déclaration faite en vertu des deux paragraphes précédents pourra être retirée ou modifiée en ce qui concerne tout territoire désigné dans cette déclaration, par notification adressée au Secrétaire général. Le retrait ou la modification prendra effet le premier jour du mois qui suit l'expiration d'une période de deux mois après la date de réception de la notification par le Secrétaire général.

4. Une déclaration faite conformément au présent article sera considérée comme ayant été faite conformément au paragraphe 1 de l'article 63 de la Convention.

5. Le territoire de tout État auquel le présent Protocole s'applique en vertu de sa ratification, de son acceptation ou de son approbation par ledit État, et chacun des territoires auxquels le Protocole s'applique en vertu d'une déclaration souscrite par ledit État conformément au présent article, peuvent être considérés comme des territoires distincts aux fins de la référence au territoire d'un État faite par l'article 1.

Art. 7. — Relations avec la Convention.

1. Les États Parties considèrent les articles 1 à 6 du présent Protocole comme des articles additionnels à la Convention et toutes les dispositions de la Convention s'appliquent en conséquence.

2. Toutefois, le droit de recours individuel reconnu par une déclaration faite en vertu de l'article 25 de la Convention ou de la reconnaissance de la juridiction obligatoire de la Cour faite par une déclaration en vertu de l'article 46 de la Convention ne s'exercera en ce qui concerne le présent Protocole que dans la mesure où l'État intéressé aura déclaré reconnaître ledit droit ou accepter ladite juridiction pour les articles 1er à 5 du Protocole.

Nº 4.6 **Protocole nº 12 à la Convention,** signé à Strasbourg le 4 novembre 2000 (extraits) (21)

Les États membres du Conseil de l'Europe, signataires du présent Protocole,

Prenant en compte le principe fondamental selon lequel toutes les personnes sont égales devant la loi et ont droit à une égale protection de la loi ;

Résolus à prendre de nouvelles mesures pour promouvoir l'égalité de tous par la garantie collective d'une interdiction générale de discrimination par la Convention de sauvegarde des droits de l'homme et des Libertés fondamentales, signée à Rome le 4 novembre 1950 (ci-après dénommée « la Convention ») ;

Réaffirmant que le principe de non-discrimination n'empêche pas les États parties de prendre des mesures afin de promouvoir une égalité pleine et effective, à la condition qu'elles répondent à une justification objective et raisonnable,

Sont convenus de ce qui suit :

Article premier. — Interdiction générale de la discrimination.

1. La jouissance de tout droit prévu par la loi doit être assurée, sans discrimination aucune, fondée notamment sur le sexe, la race, la couleur, la langue, la religion, les opinions politiques ou toutes autres opinions, l'origine nationale ou sociale, l'appartenance à une minorité nationale, la fortune, la naissance ou toute autre situation.

2. Nul ne peut faire l'objet d'une discrimination de la part d'une autorité publique quelle qu'elle soit fondée notamment sur les motifs mentionnés au paragraphe 1.

Art. 2. — Application territoriale.

1. Tout État peut, au moment de la signature ou au moment du dépôt de son instrument de ratification, d'acceptation ou d'approbation, désigner le ou les territoires auxquels s'appliquera le présent Protocole.

2. Tout État peut, à tout autre moment par la suite, par une déclaration adressée au Secrétaire Général du Conseil de l'Europe, étendre l'application du présent Protocole à tout autre territoire désigné dans la déclaration. Le Protocole entrera en vigueur à l'égard de ce territoire le premier jour du mois qui suit l'expiration d'une période de trois mois après la date de réception de la déclaration par le Secrétaire Général.

3. Toute déclaration faite en vertu des deux paragraphes précédents pourra être retirée ou modifiée, en ce qui concerne tout territoire désigné dans cette déclaration, par notification adressée au Secrétaire Général du Conseil de l'Europe. Le retrait ou la modification prendra effet le premier jour du mois qui suit l'expiration d'une période de trois mois après la date de réception de la notification par le Secrétaire Général.

4. Une déclaration faite conformément au présent article sera considérée comme ayant été faite conformément au paragraphe 1 de l'article 56 de la Convention.

5. Tout État, ayant fait une déclaration conformément au paragraphe 1 ou 2 du présent article, peut à tout moment par la suite, déclarer relativement à un ou plusieurs des territoires visés dans cette déclaration qu'il accepte la compétence de la Cour pour connaître des requêtes de personnes physiques, d'organisations non gouvernementales ou de groupes de particuliers, comme le prévoit l'article 34 de la Convention, au titre de l'article 1 du présent Protocole.

---

(21) Ce protocole n'a été ni signé, ni ratifié par la France. Il est entré en vigueur le 1er avril 2005 du fait du nombre suffisant de ratifications.

Art. 3. — Relations avec la Convention.

Les États parties considèrent les articles 1 et 2 du présent Protocole comme des articles additionnels à la Convention et toutes les dispositions de la Convention s'appliquent en conséquence.

Nº 4.7 Protocole nº 13 à la Convention, relatif à l'abolition de la peine de mort en toutes circonstances, signé à Vilnius le 3 mai 2002 (extraits) (22)

Les États membres du Conseil de l'Europe, signataires du présent Protocole,

Convaincus que le droit de toute personne à la vie est une valeur fondamentale dans une société démocratique, et que l'abolition de la peine de mort est essentielle à la protection de ce droit et à la pleine reconnaissance de la dignité inhérente à tous les êtres humains ;

Souhaitant renforcer la protection du droit à la vie garanti par la Convention de sauvegarde des droits de l'homme et des Libertés Fondamentales signée à Rome le 4 novembre 1950 (ci-après dénommée la Convention) ;

Notant que le Protocole n° 6 à la Convention concernant l'abolition de la peine de mort, signé à Strasbourg le 28 avril 1983, n'exclut pas la peine de mort pour des actes commis en temps de guerre ou de danger imminent de guerre ;

Résolus à faire le pas ultime afin d'abolir la peine de mort en toutes circonstances,

Sont convenus de ce qui suit :

Article premier. — Abolition de la peine de mort.

La peine de mort est abolie. Nul ne peut être condamné à une telle peine ni exécuté.

Art. 2. — Interdiction de dérogations.

Aucune dérogation n'est autorisée aux dispositions du présent Protocole au titre de l'article 15 de la Convention.

Art. 3. — Interdiction de réserves.

Aucune réserve n'est admise aux dispositions du présent Protocole au titre de l'article 57 de la Convention.

Art. 4. — Application territoriale.

1. Tout État peut, au moment de la signature ou au moment du dépôt de son instrument de ratification, d'acceptation ou d'approbation, désigner le ou les territoires auxquels s'appliquera le présent Protocole.

2. Tout État peut, à tout autre moment par la suite, par une déclaration adressée au Secrétaire Général du Conseil de l'Europe, étendre l'application du présent Protocole à tout autre territoire désigné dans la déclaration. Le Protocole entrera en vigueur à l'égard de ce territoire le premier jour du mois qui suit l'expiration d'une période de trois mois après la date de réception de la déclaration par le Secrétaire Général.

3. Toute déclaration faite en vertu des deux paragraphes précédents pourra être retirée ou modifiée, en ce qui concerne tout territoire désigné dans cette déclaration, par notification adressée au Secrétaire Général. Le retrait ou la modification prendra

(22) Ce protocole a été ratifié par la France par la loi n° 2007-1165 du 1er août 2007 et publié par le décret n° 2008-193 du 27 février 2008.

effet le premier jour du mois qui suit l'expiration d'une période de trois mois après la date de réception de la notification par le Secrétaire Général.

Art. 5. — Relations avec la Convention.

Les États Parties considèrent les articles 1 à 4 du présent Protocole comme des articles additionnels à la Convention, et toutes les dispositions de la Convention s'appliquent en conséquence.

Nº 4.8 **Protocole nº 16 à la Convention,** signé à Strasbourg le 2 octobre 2013 (extraits) [23]

Les États membres du Conseil de l'Europe et les autres Hautes Parties contractantes à la Convention de sauvegarde des Droits de l'Homme et des Libertés fondamentales, signée à Rome le 4 novembre 1950 (ci-après dénommée « la Convention »), signataires du présent Protocole,

Vu les dispositions de la Convention, notamment l'article 19 établissant la Cour européenne des droits de l'homme (ci-après dénommée « la Cour ») ;

Considérant que l'extension de la compétence de la Cour pour donner des avis consultatifs renforcera l'interaction entre la Cour et les autorités nationales, et consolidera ainsi la mise en œuvre de la Convention, conformément au principe de subsidiarité ;

Vu l'Avis nº 285 (2013) adopté par l'Assemblée parlementaire du Conseil de l'Europe le 28 juin 2013, *sont convenus de ce qui suit* :

Article premier. — 1. Les plus hautes juridictions d'une Haute Partie contractante, telles que désignées conformément à l'article 10, peuvent adresser à la Cour des demandes d'avis consultatifs sur des questions de principe relatives à l'interprétation ou à l'application des droits et libertés définis par la Convention ou ses protocoles.

2. La juridiction qui procède à la demande ne peut solliciter un avis consultatif que dans le cadre d'une affaire pendante devant elle.

3. La juridiction qui procède à la demande motive sa demande d'avis et produit les éléments pertinents du contexte juridique et factuel de l'affaire pendante.

Art. 2. — 1. Un collège de cinq juges de la Grande Chambre se prononce sur l'acceptation de la demande d'avis consultatif au regard de l'article 1. Tout refus du collège d'accepter la demande est motivé.

2. Lorsque le collège accepte la demande, la Grande Chambre rend un avis consultatif.

3. Le collège et la Grande Chambre, visés aux paragraphes précédents, comprennent de plein droit le juge élu au titre de la Haute Partie contractante dont relève la juridiction qui a procédé à la demande. En cas d'absence de ce juge, ou lorsqu'il n'est pas en mesure de siéger, une personne choisie par le Président de la Cour sur une liste soumise au préalable par cette Partie siège en qualité de juge.

Art. 3. — Le Commissaire aux droits de l'homme du Conseil de l'Europe et la Haute Partie contractante dont relève la juridiction qui a procédé à la demande ont le droit de présenter des observations écrites et de prendre part aux audiences. Le Président de la Cour peut, dans l'intérêt d'une bonne administration de la justice,

---

(23) Ce protocole a été ratifié par la France à l'issue de la loi nº 2018-237 du 3 avril 2018 et publié au *Journal officiel* par le décret nº 2018-989 du 13 novembre 2018. Il est entré en application le 1er août 2018 du fait du nombre suffisant de ratification.

inviter toute autre Haute Partie contractante ou personne à présenter également des observations écrites ou à prendre part aux audiences.

Art. 4. — 1. Les avis consultatifs sont motivés.

2. Si l'avis consultatif n'exprime pas, en tout ou en partie, l'opinion unanime des juges, tout juge a le droit d'y joindre l'exposé de son opinion séparée.

3. Les avis consultatifs sont transmis à la juridiction qui a procédé à la demande et à la Haute Partie contractante dont cette juridiction relève.

4. Les avis consultatifs sont publiés.

Art. 5. — Les avis consultatifs ne sont pas contraignants.

Art. 6. — Les Hautes Parties contractantes considèrent les articles 1 à 5 du présent Protocole comme des articles additionnels à la Convention, et toutes les dispositions de la Convention s'appliquent en conséquence.

N° 4.9 **Accord européen concernant les personnes participant aux procédures devant la Cour européenne des droits de l'homme,** signé à Strasbourg le 5 mars 1996 (extraits) (24)

Les États membres du Conseil de l'Europe, signataires du présent Accord,

Vu la Convention de sauvegarde des droits de l'homme et des Libertés fondamentales, signée à Rome le 4 novembre 1950 (ci-après dénommée « la Convention ») ;

Vu l'Accord européen concernant les personnes participant aux procédures devant la Commission et la Cour européennes des droits de l'homme, signé à Londres le 6 mai 1969 ;

Vu le Protocole n° 11 à la Convention, portant restructuration du mécanisme de contrôle établi par la Convention, signé à Strasbourg le 11 mai 1994 (ci-après dénommé « Protocole n° 11 à la Convention »), qui établit une nouvelle Cour permanente européenne des droits de l'homme (ci-après dénommée « la Cour ») remplaçant la Commission et la Cour européennes des droits de l'homme ;

Considérant, à la lumière de ce développement, qu'il est opportun, pour mieux atteindre les objectifs de la Convention, que les personnes participant aux procédures devant la Cour se voient accorder certaines immunités et facilités par un nouvel accord, l'Accord européen concernant les personnes participant aux procédures devant la Cour européenne des droits de l'homme (ci-après dénommé « l'Accord »),

Sont convenus de ce qui suit :

Article premier. — 1. Les personnes auxquelles le présent Accord s'applique sont :

a) Toutes les personnes qui participent à la procédure engagée devant la Cour, soit en tant que partie, soit comme représentant ou conseil d'une partie ;

b) Les témoins, les experts appelés par la Cour, ainsi que les autres personnes invitées par le Président de la Cour à participer à la procédure.

2. Aux fins d'application du présent Accord, le terme « Cour » désigne les comités, les chambres, le collège de la Grande Chambre, la Grande Chambre et les juges.

---

(24) L'accord a été ratifié par la France à l'issue de la loi n° 98-993 du 5 novembre 1998 et publié au *Journal officiel* par le décret n° 99-60 du 25 janvier 1999.

L'expression « participer à la procédure » vise aussi toute communication tendant à l'introduction d'une requête dirigée contre un État partie à la Convention.

3. Dans le cas où, au cours de l'exercice par le Comité des ministres des fonctions qui lui sont dévolues par application de l'article 46, paragraphe 2, de la Convention, une personne visée au premier paragraphe ci-dessus est appelée à comparaître devant lui ou à lui soumettre des déclarations écrites, les dispositions du présent Accord s'appliquent également à cette personne.

Art. 2. — 1. Les personnes visées au premier paragraphe de l'article 1 du présent Accord jouissent de l'immunité de juridiction à l'égard de leurs déclarations faites oralement ou par écrit à la Cour, ainsi qu'à l'égard des pièces qu'elles lui soumettent.

2. Cette immunité ne s'applique pas à la communication en dehors de la Cour des déclarations faites ou de pièces produites devant la Cour des déclarations faites ou de pièces produites devant la Cour.

Art. 3. — 1. Les Parties contractantes respectent le droit des personnes visées au premier paragraphe de l'article 1 du présent Accord de correspondre librement avec la Cour.

2. En ce qui concerne les personnes détenues, l'exercice de ce droit implique notamment que :

a) leur correspondance doit être transmise et leur être remise sans délai excessif et sans altération ;

b) ces personnes ne peuvent faire l'objet d'aucune mesure disciplinaire du fait d'une communication transmise à la Cour par les voies appropriées ;

c) Ces personnes ont le droit, au sujet d'une requête à la Cour et de toute procédure qui en résulte, de correspondre avec un conseil admis à plaider devant les tribunaux du pays où elles sont détenues et de s'entretenir avec lui sans pouvoir être entendues par quiconque d'autre ;

3. Dans l'application des paragraphes précédents, il ne peut y avoir d'ingérence d'une autorité publique que pour autant que cette ingérence est prévue par la loi et qu'elle constitue une mesure nécessaire, dans une société démocratique, à la sécurité nationale, à la recherche et à la poursuite d'une infraction pénale ou à la protection de la santé.

Art. 4. — 1. *a)* Les Parties contractantes s'engagent à ne pas empêcher les personnes visées au premier paragraphe de l'article 1 du présent Accord de circuler et de voyager librement pour assister à la procédure devant la Cour et en revenir.

b) Aucune autre restriction ne peut être imposée à ces mouvements et déplacements que celles qui, prévues par la loi, constituent des mesures nécessaires, dans une société démocratique, à la sécurité nationale, à la sûreté publique, au maintien de l'ordre public, à la prévention des infractions pénales, à la protection de la santé ou de la morale, ou à la protection des droits et libertés d'autrui.

2. *a)* Dans les pays de transit et dans le pays où se déroule la procédure, ces personnes ne peuvent être ni poursuivies, ni détenues, ni soumises à aucune autre restriction de leur liberté individuelle en raison de faits ou condamnations antérieurs au commencement du voyage.

b) Toute Partie contractante peut, au moment de la signature, de la ratification, de l'acceptation ou de l'approbation de cet Accord, déclarer que les dispositions de ce paragraphe ne s'appliqueront pas à ses propres ressortissants. Une telle déclaration peut être retirée à tout moment par notification adressée au Secrétaire général du Conseil de l'Europe.

3. Les Parties contractantes s'engageant à laisser rentrer ces personnes sur leur territoire lorsqu'elles y ont commencé leur voyage.

4. Les dispositions des paragraphes 1 et 2 du présent article cessent de s'appliquer lorsque la personne intéressée a eu la possibilité, pendant quinze jours consécutifs

après que sa présence a cessé d'être requise par la Cour, rentrer dans le pays où son voyage a commencé.

5. En cas de conflit entre les obligations résultant pour une Partie contractante du paragraphe 2 du présent article et celles résultant d'une convention du Conseil de l'Europe ou d'un traité d'extradition ou d'un autre traité relatif à l'entraide judiciaire en matière pénale conclu avec d'autres Parties contractantes, les dispositions du paragraphe 2 du présent article l'emportent.

Art. 5. — 1. Les immunités et facilités sont accordées aux personnes visées au premier paragraphe de l'article 1er du présent Accord uniquement en vue de leur assurer la liberté de parole et l'indépendance nécessaires à l'accomplissement de leurs fonctions, tâches ou devoirs, ou à l'exercice de leurs droits devant la Cour.

2. *a)* La Cour a seule qualité pour prononcer la levée totale ou partielle de l'immunité prévue au premier paragraphe de l'article 2 du présent Accord ; elle a non seulement le droit mais le devoir de lever l'immunité dans tous les cas où, à son avis, celle-ci entraverait le cours de la justice et où sa levée totale ou partielle ne nuirait pas au but défini au premier paragraphe du présent article.

b) l'immunité peut être levée par la Cour soit d'office, soit à la demande de toute Partie contractante ou de toute personne intéressée.

c) les décisions prononçant la levée d'immunité ou la refusant sont motivées.

3. Si une Partie contractante atteste que la levée de l'immunité prévue au premier paragraphe de l'article 2 du présent Accord est nécessaire aux fins de poursuites pour atteinte à la sécurité nationale, la Cour doit lever l'immunité dans la mesure spécifiée dans l'attestation.

4. En cas de découverte d'un fait de nature à exercer une influence décisive et qui, à l'époque de la décision refusant la levée d'immunité, était inconnue de l'auteur de la demande, ce dernier peut saisir la Cour d'une nouvelle demande.

Art. 6. — Aucune des dispositions du présent Accord ne sera interprétée comme limitant ou dérogeant aux obligations assumées par les Parties contractantes en vertu de la Convention ou de ses protocoles.

Déclaration de la République française au moment de ratifier l'accord européen concernant les personnes participant aux procédures devant la Cour européenne des droits de l'homme

1. La République française déclare qu'elle interprète le paragraphe 1 a de l'article 4 comme ne s'appliquant pas aux personnes détenues.

2. Pour l'application du paragraphe 1 de l'article 4, les ressortissants étrangers visés au paragraphe 1 de l'article 1 de l'Accord devront être munis des documents de circulation requis pour l'entrée en France et obtenir s'il y a lieu le visa nécessaire. Un visa dit « visa spécial » devra en outre être obtenu par les étrangers expulsés du territoire français.

Ces visas seront délivrés dans les délais les plus brefs par les représentants consulaires français compétents, sous réserve des dispositions du paragraphe 1 h de l'article 4 de l'Accord.

3. La République française déclare que, compte tenu des termes du paragraphe 4 de l'article 4, il interprète le paragraphe 2 a de cet article comme ne s'appliquant pas sur le territoire français aux personnes résidant habituellement en France.

2) L'extradition

N° 5 **Convention européenne d'extradition,** signée à Paris le 13 décembre 1957 (extraits) (25)

Les gouvernements signataires, membres du Conseil de l'Europe,

Considérant que le but du Conseil de l'Europe est de réaliser une union plus étroite entre ses membres ;

Considérant que cet objectif peut être atteint par la conclusion d'accords ou par l'adoption d'une action commune dans le domaine juridique ;

Convaincus que l'acceptation de règles uniformes en matière d'extradition est de nature à faire progresser cette œuvre d'unification,

Sont convenus de ce qui suit :

Article premier. — Obligation d'extrader.

Les Parties contractantes s'engagent à se livrer réciproquement, selon les règles et sous les conditions déterminées par les articles suivants, les individus qui sont poursuivis pour une infraction ou recherchés aux fins d'exécution d'une peine ou d'une mesure de sûreté par les autorités judiciaires de la Partie requérante.

Art. 2. — Faits donnant lieu à extradition.

1. Donneront lieu à extradition les faits punis par les lois de la Partie requérante et de la Partie requise d'une peine privative de liberté ou d'une mesure de sûreté privative de liberté d'un maximum d'au moins un an ou d'une peine plus sévère. Lorsqu'une condamnation à une peine est intervenue ou qu'une mesure de sûreté a été infligée sur le territoire de la Partie requérante, la sanction prononcée devra être d'une durée d'au moins quatre mois.

2. Si la demande d'extradition vise plusieurs faits distincts punis chacun par la loi de la Partie requérante et de la Partie requise d'une peine privative de liberté ou d'une mesure de sûreté privative de liberté, mais dont certains ne remplissent pas la condition relative au taux de la peine, la Partie requise aura la faculté d'accorder également l'extradition pour ces derniers.

3. Toute Partie contractante dont la législation n'autorise pas l'extradition pour certaines infractions visées au paragraphe 1 du présent article pourra, en ce qui la concerne, exclure ces infractions du champ d'application de la Convention.

4. Toute Partie contractante qui voudra se prévaloir de la faculté prévue au paragraphe 3 du présent article notifiera au Secrétaire Général du Conseil de l'Europe, au moment du dépôt de son instrument de ratification ou d'adhésion, soit une liste des infractions pour lesquelles l'extradition est autorisée, soit une liste des infractions pour lesquelles l'extradition est exclue, en indiquant les dispositions légales autorisant

(25) La Convention a été ratifiée par la France à l'issue de la loi n° 85-1478 du 31 décembre 1985, publié par le décret n° 86-736 du 14 mai 1986. Elle est entrée en vigueur, assortie des réserves et déclarations du gouvernement de la République française le 11 mai 1986. Un protocole additionnel à cette convention a été adopté à Strasbourg le 15 octobre 1975. Il n'a pas été ni signé, ni ratifié par la France. Trois protocoles additionnels à cette convention ont été adoptés à Strasbourg, le 17 mars 1978, le 10 novembre 2010 et le 2 octobre 2018. Ces trois protocoles ont été signés par la France le 2 octobre 2018 et ratifiés par la loi n° 2020-1237 du 9 octobre 2020.

ou excluant l'extradition. Le Secrétaire Général du Conseil communiquera ces listes aux autres signataires.

5. Si, par la suite, d'autres infractions viennent à être exclues de l'extradition par la législation d'une Partie contractante, celle-ci notifiera cette exclusion au Secrétaire Général du Conseil qui en informera les autres signataires. Cette notification ne prendra effet qu'à l'expiration d'un délai de trois mois à compter de la date de sa réception par le Secrétaire Général.

6. Toute Partie qui aura fait usage de la faculté prévue aux paragraphes 4 et 5 du présent article pourra à tout moment soumettre à l'application de la présente Convention des infractions qui en ont été exclues. Elle notifiera ces modifications au Secrétaire Général du Conseil qui les communiquera aux autres signataires.

7. Toute Partie pourra appliquer la règle de la réciprocité en ce qui concerne les infractions exclues du champ d'application de la Convention en vertu du présent article.

Art. 3. — Infractions politiques.

1. L'extradition ne sera pas accordée si l'infraction pour laquelle elle est demandée est considérée par la Partie requise comme une infraction politique ou comme un fait connexe à une telle infraction.

2. La même règle s'appliquera si la Partie requise a des raisons sérieuses de croire que la demande d'extradition motivée par une infraction de droit commun a été présentée aux fins de poursuivre ou de punir un individu pour des considérations de race, de religion, de nationalité ou d'opinions politiques ou que la situation de cet individu risque d'être aggravée pour l'une ou l'autre de ces raisons.

3. Pour l'application de la présente Convention, l'attentat à la vie d'un chef d'État ou d'un membre de sa famille ne sera pas considéré comme infraction politique.

4. L'application du présent article n'affectera pas les obligations que les Parties auront assumées ou assumeront aux termes de toute autre convention internationale de caractère multilatéral.

Art. 4. — Infractions militaires.

L'extradition à raison d'infractions militaires qui ne constituent pas des infractions de droit commun est exclue du champ d'application de la présente Convention.

Art. 5. — *Infractions fiscales.*

En matière de taxes et impôts, de douane, de change, l'extradition sera accordée, dans les conditions prévues par la présente Convention, seulement s'il en a été ainsi décidé entre Parties contractantes pour chaque infraction ou catégorie d'infractions.

Art. 6. — Extradition des nationaux.

a) Toute Partie contractante aura la faculté de refuser l'extradition de ses ressortissants.

b) Chaque Partie contractante pourra, par une déclaration faite au moment de la signature ou du dépôt de son instrument de ratification ou d'adhésion, définir, en ce qui la concerne, le terme « ressortissants » au sens de la présente Convention.

c) La qualité de ressortissant sera appréciée au moment de la décision sur l'extradition. Toutefois, si cette qualité n'est reconnue qu'entre l'époque de la décision et la date envisagée pour la remise, la Partie requise pourra également se prévaloir de la disposition de l'alinéa a du présent paragraphe.

2. Si la Partie requise n'extrade pas son ressortissant, elle devra, sur la demande de la Partie requérante, soumettre l'affaire aux autorités compétentes afin que des poursuites judiciaires puissent être exercées s'il y a lieu. À cet effet, les dossiers, informations et objets relatifs à l'infraction seront adressés gratuitement par la voie prévue au paragraphe 1 de l'article 12. La Partie requérante sera informée de la suite qui aura été donnée à sa demande.

Art. 7. — Lieu de perpétration.

1. La Partie requise pourra refuser d'extrader l'individu réclamé à raison d'une infraction qui, selon sa législation, a été commise en tout ou en partie sur son territoire ou en un lieu assimilé à son territoire.

2. Lorsque l'infraction motivant la demande d'extradition aura été commise hors du territoire de la Partie requérante, l'extradition ne pourra être refusée que si la législation de la Partie requise n'autorise pas la poursuite d'une infraction du même genre commise hors de son territoire ou n'autorise pas l'extradition pour l'infraction faisant l'objet de la demande.

Art. 8. — Poursuites en cours pour les mêmes faits.

Une Partie requise pourra refuser d'extrader un individu réclamé si cet individu fait l'objet de sa part de poursuites pour le ou les faits à raison desquels l'extradition est demandée.

Art. 9. — Non bis in idem.

L'extradition ne sera pas accordée lorsque l'individu réclamé a été définitivement jugé par les autorités compétentes de la Partie requise, pour le ou les faits à raison desquels l'extradition est demandée. L'extradition pourra être refusée si les autorités compétentes de la Partie requise ont décidé de ne pas engager de poursuites ou de mettre fin aux poursuites qu'elles ont exercées pour le ou les mêmes faits.

Art. 10. — Prescription.

L'extradition ne sera pas accordée si la prescription de l'action ou de la peine est acquise d'après la législation soit de la Partie requérante, soit de la Partie requise.

Art. 11. — Peine capitale.

Si le fait à raison duquel l'extradition est demandée, est puni de la peine capitale par la loi de la Partie requérante et que, dans ce cas, cette peine n'est pas prévue par la législation de la Partie requise, ou n'y est généralement pas exécutée, l'extradition pourra n'être accordée qu'à la condition que la Partie requérante donne des assurances jugées suffisantes par la Partie requise, que la peine capitale ne sera pas exécutée.

Art. 12. — Requête et pièces à l'appui.

1. La requête sera formulée par écrit et présentée par la voie diplomatique. Une autre voie pourra être convenue par arrangement direct entre deux ou plusieurs Parties.

2. Il sera produit à l'appui de la requête :

a) L'original ou l'expédition authentique soit d'une décision de condamnation exécutoire, soit d'un mandat d'arrêt ou de tout autre acte ayant la même force, délivré dans les formes prescrites par la loi de la Partie requérante ;

b) un exposé des faits pour lesquels l'extradition est demandée. Le temps et le lieu de leur perpétration, leur qualification légale et les références aux dispositions légales qui leur sont applicables seront indiqués le plus exactement possible ; et

c) une copie des dispositions légales applicables ou, si cela n'est pas possible, une déclaration sur le droit applicable, ainsi que le signalement aussi précis que possible de l'individu réclamé et tous autres renseignements de nature à déterminer son identité et sa nationalité.

Art. 13. — Complément d'informations.

Si les informations communiquées par la Partie requérante se révèlent insuffisantes pour permettre à la Partie requise de prendre une décision en application de la présente Convention, cette dernière Partie demandera le complément d'informations nécessaire et pourra fixer un délai pour l'obtention de ces informations.

Art. 14. — Règle de la spécialité.

1. L'individu qui aura été livré ne sera ni poursuivi, ni jugé, ni détenu en vue de l'exécution d'une peine ou d'une mesure de sûreté, ni soumis à toute autre restriction

de sa liberté individuelle, pour un fait quelconque antérieur à la remise, autre que celui ayant motivé l'extradition, sauf dans les cas suivants :

a) lorsque la Partie qui l'a livré y consent. Une demande sera présentée à cet effet, accompagnée des pièces prévues à l'article 12 et d'un procès-verbal judiciaire consignant les déclarations de l'extradé. Ce consentement sera donné lorsque l'infraction pour laquelle il est demandé entraîne elle-même l'obligation d'extrader aux termes de la présente Convention ;

b) lorsqu'ayant eu la possibilité de le faire, l'individu extradé n'a pas quitté dans les 45 jours qui suivent son élargissement définitif, le territoire de la Partie à laquelle il a été livré ou s'il y est retourné après l'avoir quitté.

2. Toutefois, la Partie requérante pourra prendre les mesures nécessaires en vue d'une part d'un renvoi éventuel du territoire, d'autre part d'une interruption de la prescription conformément à sa législation, y compris le recours à une procédure par défaut.

3. Lorsque la qualification donnée au fait incriminé sera modifiée au cours de la procédure, l'individu extradé ne sera poursuivi ou jugé que dans la mesure où les éléments constitutifs de l'infraction nouvellement qualifiée permettraient l'extradition.

Art. 15. — Réextradition à un État tiers.

Sauf dans le cas prévu au paragraphe 1, alinéa b de l'article 14, l'assentiment de la Partie requise sera nécessaire pour permettre à la Partie requérante de livrer à une autre Partie ou à un État tiers l'individu qui lui aura été remis et qui serait recherché par l'autre Partie ou par l'État tiers pour des infractions antérieures à la remise. La Partie requise pourra exiger la production des pièces prévues au paragraphe 2 de l'article 12.

Art. 16. — Arrestation provisoire.

1. En cas d'urgence, les autorités compétentes de la Partie requérante pourront demander l'arrestation provisoire de l'individu recherché ; les autorités compétentes de la Partie requise statueront sur cette demande conformément à la loi de cette Partie.

2. La demande d'arrestation provisoire indiquera l'existence d'une des pièces prévues au paragraphe 2, alinéa a de l'article 12 et fera part de l'intention d'envoyer une demande d'extradition ; elle mentionnera l'infraction pour laquelle l'extradition sera demandée, le temps et le lieu où elle a été commise ainsi que, dans la mesure du possible, le signalement de l'individu recherché.

3. La demande d'arrestation provisoire sera transmise aux autorités compétentes de la Partie requise soit par la voie diplomatique, soit directement par la voie postale ou télégraphique, soit par l'Organisation internationale de police criminelle (Interpol), soit par tout autre moyen laissant une trace écrite ou admis par la Partie requise. L'autorité requérante sera informée sans délai de la suite donnée à sa demande.

4. L'arrestation provisoire pourra prendre fin si, dans le délai de 18 jours après l'arrestation, la Partie requise n'a pas été saisie de la demande d'extradition et des pièces mentionnées à l'article 12 ; elle ne devra, en aucun cas, excéder 40 jours après l'arrestation. Toutefois, la mise en liberté provisoire est possible à tout moment, sauf pour la Partie requise à prendre toute mesure qu'elle estimera nécessaire en vue d'éviter la fuite de l'individu réclamé.

5. La mise en liberté ne s'opposera pas à une nouvelle arrestation et à l'extradition si la demande d'extradition parvient ultérieurement.

Art. 17. — Concours de requêtes.

Si l'extradition est demandée concurremment par plusieurs États, soit pour le même fait, soit pour des faits différents, la Partie requise statuera compte tenu de toutes circonstances et notamment de la gravité relative et du lieu des infractions, des dates respectives des demandes, de la nationalité de l'individu réclamé et de la possibilité d'une extradition ultérieure à un autre État.

Art. 18. — Remise de l'extradé.

1. La Partie requise fera connaître à la Partie requérante par la voie prévue au paragraphe 1 de l'article 12, sa décision sur l'extradition.

2. Tout rejet complet ou partiel sera motivé.

3. En cas d'acceptation, la Partie requérante sera informée du lieu et de la date de remise, ainsi que de la durée de la détention subie en vue de l'extradition par l'individu réclamé.

4. Sous réserve du cas prévu au paragraphe 5 du présent article, si l'individu réclamé n'a pas été reçu à la date fixée, il pourra être mis en liberté à l'expiration d'un délai de 15 jours à compter de cette date et il sera en tout cas mis en liberté à l'expiration d'un délai de 30 jours ; la Partie requise pourra refuser de l'extrader pour le même fait.

5. En cas de force majeure empêchant la remise ou la réception de l'individu à extrader, la Partie intéressée en informera l'autre Partie ; les deux Parties se mettront d'accord sur une nouvelle date de remise et les dispositions du paragraphe 4 du présent article seront applicables.

Art. 19. — Remise ajournée ou conditionnelle.

1. La Partie requise pourra, après avoir statué sur la demande d'extradition, ajourner la remise de l'individu réclamé pour qu'il puisse être poursuivi par elle ou, s'il a déjà été condamné, pour qu'il puisse purger, sur son territoire, une peine encourue à raison d'un fait autre que celui pour lequel l'extradition est demandée.

2. Au lieu d'ajourner la remise, la Partie requise pourra remettre temporairement à la Partie requérante l'individu réclamé dans des conditions à déterminer d'un commun accord entre les Parties.

Art. 20. — Remise d'objets.

1. À la demande de la Partie requérante, la Partie requise saisira et remettra, dans la mesure permise par sa législation, les objets :

a) qui peuvent servir de pièces à conviction, ou

b) qui, provenant de l'infraction, auraient été trouvés au moment de l'arrestation en la possession de l'individu réclamé ou seraient découverts ultérieurement.

2. La remise des objets visés au paragraphe 1 du présent article sera effectuée même dans le cas où l'extradition déjà accordée ne pourrait avoir lieu par suite de la mort ou de l'évasion de l'individu réclamé.

3. Lorsque lesdits objets seront susceptibles de saisie ou de confiscation sur le territoire de la Partie requise, cette dernière pourra, aux fins d'une procédure pénale en cours, les garder temporairement ou les remettre sous condition de restitution.

4. Sont toutefois réservés les droits que la Partie requise ou des tiers auraient acquis sur ces objets. Si de tels droits existent, les objets seront, le procès terminé, restitués le plus tôt possible et sans frais à la Partie requise.

Art. 21. — Transit.

1. Le transit à travers le territoire de l'une des Parties contractantes sera accordé sur demande adressée par la voie prévue au paragraphe 1 de l'article 12 à la condition qu'il ne s'agisse pas d'une infraction considérée par la Partie requise du transit comme revêtant un caractère politique ou purement militaire compte tenu des articles 3 et 4 de la présente Convention.

2. Le transit d'un ressortissant, au sens de l'article 6, du pays requis du transit, pourra être refusé.

3. Sous réserve des dispositions du paragraphe 4 du présent article, la production des pièces prévues au paragraphe 2 de l'article 12 sera nécessaire.

4. Dans le cas où la voie aérienne sera utilisée, il sera fait application des dispositions suivantes :

a) lorsqu'aucun atterrissage ne sera prévu, la Partie requérante avertira la Partie dont le territoire sera survolé, et attestera l'existence d'une des pièces prévues au paragraphe 2, alinéa a de l'article 12. Dans le cas d'atterrissage fortuit, cette notification produira les effets de la demande d'arrestation provisoire visée à l'article 16 et la Partie requérante adressera une demande régulière de transit ;

b) lorsqu'un atterrissage sera prévu, la Partie requérante adressera une demande régulière de transit.

5. Toutefois, une Partie pourra déclarer, au moment de la signature de la présente Convention ou du dépôt de son instrument de ratification ou d'adhésion, qu'elle n'accordera le transit d'un individu qu'aux mêmes conditions que celles de l'extradition ou à certaines d'entre elles. Dans ces cas, la règle de la réciprocité pourra être appliquée.

6. Le transit de l'individu extradé ne sera pas effectué à travers un territoire où il y aurait lieu de croire que sa vie ou sa liberté pourraient être menacées en raison de sa race, de sa religion, de sa nationalité ou de ses opinions politiques.

Art. 22. — Procédure.

Sauf disposition contraire de la présente Convention, la loi de la Partie requise est seule applicable à la procédure de l'extradition ainsi qu'à celle de l'arrestation provisoire.

Art. 23. — Langues à employer.

Les pièces à produire seront rédigées soit dans la langue de la Partie requérante, soit dans celle de la Partie requise. Cette dernière pourra réclamer une traduction dans la langue officielle du Conseil de l'Europe qu'elle choisira.

Art. 24. — Frais.

1. Les frais occasionnés par l'extradition sur le territoire de la Partie requise seront à la charge de cette Partie.

2. Les frais occasionnés par le transit à travers le territoire de la Partie requise du transit seront à la charge de la Partie requérante.

3. Dans le cas d'extradition en provenance d'un territoire non métropolitain de la Partie requise, les frais occasionnés par le transport entre ce territoire et le territoire métropolitain de la Partie requérante seront à la charge de cette dernière. Il en sera de même des frais occasionnés par le transport entre le territoire non métropolitain de la Partie requise et le territoire métropolitain de celle-ci.

Art. 25. — Définition des « mesures de sûreté ».

Au sens de la présente Convention, l'expression « mesures de sûreté » désigne toutes mesures privatives de liberté qui ont été ordonnées en complément ou en substitution d'une peine, par sentence d'une juridiction pénale.

Art. 26. — Réserves.

1. Toute Partie contractante pourra, au moment de la signature de la présente Convention ou du dépôt de son instrument de ratification ou d'adhésion, formuler une réserve au sujet d'une ou de plusieurs dispositions déterminées de la Convention.

2. Toute Partie contractante qui aura formulé une réserve la retirera aussitôt que les circonstances le permettront. Le retrait des réserves sera fait par notification adressée au Secrétaire Général du Conseil de l'Europe.

3. Une Partie contractante qui aura formulé une réserve au sujet d'une disposition de la Convention ne pourra prétendre à l'application de cette disposition par une autre Partie que dans la mesure où elle l'aura elle-même acceptée.

Art. 27. — Champ d'application territoriale.

1. La présente Convention s'appliquera aux territoires métropolitains des Parties contractantes.

2. Elle s'appliquera également, en ce qui concerne la France, à l'Algérie et aux départements d'outre-mer, et en ce qui concerne le Royaume-Uni de Grande-Bretagne et d'Irlande du Nord, aux îles Anglo-Normandes et à l'île de Man.

3. La République fédérale d'Allemagne pourra étendre l'application de la présente Convention au Land Berlin par une déclaration adressée au Secrétaire Général du Conseil de l'Europe. Celui-ci notifiera cette déclaration aux autres Parties.

4. Par arrangement direct entre deux ou plusieurs Parties contractantes, le champ d'application de la présente Convention pourra être étendu aux conditions qui sont stipulées dans cet arrangement à tout territoire d'une de ces Parties autre que ceux visés aux paragraphes 1, 2 et 3 du présent article et dont une des Parties assure les relations internationales.

3) La répression du terrorisme, la prévention de la torture et des traitements inhumains ou dégradants, l'imprescriptibilité des crimes contre l'humanité et des crimes de guerre, la lutte contre la traite des êtres humains

Nº 6 **Convention européenne pour la répression du terrorisme,** faite à Strasbourg le 28 janvier 1977 (extraits) (26)

Les États membres du Conseil de l'Europe, signataires de la présente Convention,

Considérant que le but du Conseil de l'Europe est de réaliser une union plus étroite entre ses membres ;

Conscients de l'inquiétude croissante causée par la multiplication des actes de terrorisme ;

---

(26) La Convention a été ratifiée par la France à l'issue de la loi n° 87-542 du 16 juillet 1987 publiée au *Journal officiel* par le décret n° 87-1024 du 21 décembre 1987. Elle est entrée en vigueur pour la France le 22 décembre 1987. Cette Convention a été amendée par un protocole le 15 mai 2003 qui a été ratifié par la France le 9 janvier 2008.

Le Conseil de l'Europe a, par ailleurs, adopté à Strasbourg, une Convention pénale sur la corruption le 27 janvier 1999, ratifiée par la France par loi n° 2005-104 du 11 février 2005 et publiée par le décret n° 2008-672 du 4 juillet 2008. Elle est entrée en vigueur le 1er juillet 2002. Elle est assortie d'un protocole du 15 mai 2003, ratifié par la France par la loi n° 2007-1154 du 1er août 2007 et publié par le décret n° 2008-671 du 4 juillet 2008. Le Conseil de l'Europe a aussi adopté le 4 novembre 1999 une convention civile sur la corruption ratifiée par la France par la loi n° 2005-103 du 11 février 2005 et publié par le décret n° 2008-673 du 4 juillet 2008. Elle est entrée en vigueur le 1er novembre 2003. Le Conseil de l'Europe a, encore, adopté à Varsovie une Convention pour la prévention du terrorisme le 16 mai 2005. Elle a été ratifiée par la France par la loi n° 2008-134 du 13 février 2008 et publié par le décret n° 2008-1099 du 28 octobre 2008. Elle est entrée en vigueur le 1er juin 2007. Cette convention a fait l'objet, à Riga, d'un protocole additionnel du 22 octobre 2015 ratifié par la France par la loi n° 2017-1248 du 9 août 2017 et publié par le décret n° 2018-1028 du 23 novembre 2018. Le Conseil de l'Europe a adopté le 16 mai 2005 une convention relative au blanchiment, au dépistage, à la saisie et à la confiscation des produits du crime et au financement du terrorisme. Elle a été ratifiée par la France par la loi n° 2015-1197 du 30 septembre 2015.

Souhaitant que des mesures efficaces soient prises pour que les auteurs de tels actes n'échappent pas à la poursuite et au châtiment ;

Convaincus que l'extradition est un moyen particulièrement efficace de parvenir à ce résultat,

Sont convenus de ce qui suit :

Article premier. — Pour les besoins de l'extradition entre États contractants, aucune des infractions mentionnées ci-après ne sera considérée comme une infraction politique, comme une infraction connexe à une infraction politique ou comme une infraction inspirée par des mobiles politiques ;

a) les infractions comprises dans le champ d'application de la Convention pour la répression de la capture illicite d'aéronefs, signée à La Haye le 16 décembre 1970 ;

b) Les infractions comprises dans le champ d'application de la Convention pour la répression d'actes illicites dirigés contre la sécurité de l'aviation civile, signée à Montréal le 23 septembre 1971 ;

c) Les infractions graves constituées par une attaque contre la vie, l'intégrité corporelle ou la liberté des personnes ayant droit à une protection internationale, y compris les agents diplomatiques ;

d) Les infractions comportant l'enlèvement, la prise d'otage ou la séquestration arbitraire ;

e) Les infractions comportant l'utilisation de bombes, grenades, fusées, armes à feu automatiques ou de lettres ou colis piégés dans la mesure où cette utilisation présente un danger pour des personnes ;

f) La tentative de commettre une des infractions précitées ou la participation en tant que coauteur ou complice d'une personne qui commet ou tente de commettre une telle infraction.

Art. 2. — 1. Pour les besoins de l'extradition entre États contractants, un État contractant peut ne pas considérer comme infraction politique, comme infraction connexe à une telle infraction ou comme infraction inspirée par des mobiles politiques tout acte grave de violence qui n'est pas visé à l'article 1 et qui est dirigé contre la vie, l'intégrité corporelle ou la liberté des personnes.

2. Il en sera de même en ce qui concerne tout acte grave contre les biens, autres que ceux visés à l'article F, lorsqu'il a créé un danger collectif pour des personnes.

3. Il en sera de même en ce qui concerne la tentative de commettre une des infractions précitées ou la participation en tant que coauteur ou complice d'une personne qui commet ou tente de commettre une telle infraction.

Art. 3. — Les dispositions de tous traités et accords d'extradition applicables entre les États contractants, y compris la Convention européenne d'extradition, sont en ce qui concerne les relations entre États contractants modifiées dans la mesure où elles sont incompatibles avec la présente Convention.

Art. 4. — Pour les besoins de la présente Convention et pour autant qu'une des infractions visées aux articles 1 ou 2 ne figure pas sur la liste de cas d'extradition dans un traité ou une Convention d'extradition en vigueur entre les États contractants, elle est considérée comme y étant comprise.

Art. 5. — Aucune disposition de la présente Convention ne doit être interprétée comme impliquant une obligation d'extrader si l'État requis a des raisons sérieuses de croire que la demande d'extradition motivée par une infraction visée à l'article 1er ou 2 a été présentée aux fins de poursuivre ou de punir une personne pour des considérations de race, de religion, de nationalité ou d'opinions politiques ou que la situation de cette personne risque d'être aggravée pour l'une ou l'autre de ces raisons.

Art. 6. — 1. Tout État contractant prend les mesures nécessaires pour établir sa compétence aux fins de connaître d'une infraction visée à l'article 1er dans le cas où l'auteur soupçonné de l'infraction se trouve sur son territoire et où l'État ne l'extrade pas après avoir reçu une demande d'extradition d'un État contractant dont la compétence de poursuivre est fondée sur une règle de compétence existant également dans la législation de l'État requis.

2. La présente Convention n'exclut aucune compétence pénale exercée conformément aux lois nationales.

Art. 7. — Un État contractant sur le territoire duquel l'auteur soupçonné d'une infraction visée à l'article 1er est découvert et qui a reçu une demande d'extradition dans les conditions mentionnées au paragraphe 1er de l'article 6 soumet, s'il n'extrade pas l'auteur soupçonné de l'infraction, l'affaire sans aucune exception et sans retard injustifié à ses autorités compétentes pour l'exercice de l'action pénale. Ces autorités prennent leur décision dans les mêmes conditions que pour toute infraction de caractère grave conformément aux lois de cet État.

Art. 8. — 1. Les États contractants s'accordent l'entraide judiciaire la plus large possible en matière pénale dans toute procédure relative aux infractions visées à l'article 1 ou 2. Dans tous les cas, la loi applicable en ce qui concerne l'assistance mutuelle en matière pénale est celle de l'État requis. Toutefois, l'entraide judiciaire ne pourra pas être refusée pour le seul motif qu'elle concerne une infraction politique ou une infraction connexe à une telle infraction ou une infraction inspirée par des mobiles politiques.

2. Aucune disposition de la présente Convention ne doit être interprétée comme impliquant une obligation d'accorder l'entraide judiciaire si l'État requis a des raisons sérieuses de croire que la demande d'entraide motivée par une infraction visée à l'article 1er ou 2 a été présentée aux fins de poursuivre ou de punir une personne pour des considérations de race, de religion, de nationalité ou d'opinions politiques ou que la situation de cette personne risque d'être aggravée pour l'une ou l'autre de ces raisons.

3. Les dispositions de tous traités et accords d'entraide judiciaire en matière pénale applicables entre les États contractants, y compris la Convention européenne d'entraide judiciaire en matière pénale, sont en ce qui concerne les relations entre États contractants modifiées dans la mesure où elles sont incompatibles avec la présente Convention.

Art. 9. — 1. Le Comité européen pour les problèmes criminels du Conseil de l'Europe suit l'exécution de la présente Convention.

2. Il facilite autant que de besoin le règlement amiable de toute difficulté à laquelle l'exécution de la Convention donnerait lieu.

Art. 10. — 1. Tout différend entre États contractants concernant l'interprétation ou l'application de la présente Convention qui n'a pas été réglé dans le cadre du paragraphe 2 de l'article 9 sera, à la requête de l'une des Parties au différend, soumis à l'arbitrage. Chacune des Parties désignera un arbitre et les deux arbitres désigneront un troisième arbitre. Si dans un délai de trois mois à compter de la requête d'arbitrage, l'une des Parties n'a pas procédé à la désignation d'un arbitre, l'arbitre sera désigné, à la demande de l'autre Partie, par le Président de la Cour européenne des droits de l'homme. Si le Président de la Cour européenne des droits de l'homme est le ressortissant de l'une des Parties au différend, la désignation de l'arbitre incombera au Vice-Président de la Cour ou, si le Vice-Président est le ressortissant de l'une des Parties au différend, au membre le plus ancien de la Cour qui n'est pas le ressortissant de l'une des Parties au différend. La même procédure s'appliquera au cas où les deux arbitres ne pourraient pas se mettre d'accord sur le choix du troisième arbitre.

2. Le tribunal arbitral arrêtera sa procédure. Ses décisions seront prises à la majorité. Sa sentence sera définitive.

Réserve

Le Gouvernement de la République française déclare qu'il se réserve le droit de refuser l'extradition en conformité avec les dispositions de l'article 13, paragraphe 1, de la Convention.

Déclarations

1. La France entend rappeler, conformément à la déclaration qu'elle avait faite lors de la signature de la Convention, le 27 janvier 1977, que la lutte à mener contre le terrorisme doit se concilier avec le respect des principes fondamentaux de notre droit pénal et de notre Constitution, laquelle proclame dans son préambule que « tout homme persécuté en raison de son action en faveur de la liberté a droit d'asile sur les territoires de la République » et que l'application de la Convention européenne pour la répression du terrorisme en saurait avoir pour résultat de porter atteinte au droit d'asile.

2. Le Gouvernement de la République française déclare qu'il n'appliquera la Convention européenne pour la répression du terrorisme qu'aux infractions commises postérieurement à la date de son entrée en vigueur.

3. Conformément à l'article 12-l de la Convention, le Gouvernement de la République française déclare que la Convention européenne pour la répression du terrorisme s'applique aux départements européens et d'outre-mer de la République française.

N° 7 **Convention européenne pour la prévention de la torture et des peines ou traitements inhumains ou dégradants,** faite à Strasbourg le 20 novembre 1987 (extraits) (27)

Les États membres du Conseil de l'Europe, signataires de la présente Convention,

Vu les dispositions de la Convention de sauvegarde des droits de l'homme et des Libertés fondamentales ;

Rappelant qu'aux termes de l'article 3 de la même Convention, « nul ne peut être soumis à la torture ni à des peines ou traitements inhumains ou dégradants » ;

Constatant que les personnes qui se prétendent victimes de violations de l'article 3 peuvent se prévaloir du mécanisme prévu par cette Convention ;

Convaincus que la protection des personnes privées de liberté contre la torture et les peines ou traitements inhumains ou dégradants pourrait être renforcée par un mécanisme non judiciaire, à caractère préventif, fondé sur des visites.

Sont convenus de ce qui suit :

---

(27) La Convention a été ratifiée par la France à l'issue de la loi n° 88-1243 du 30 décembre 1988, publiée par le décret n° 89-283 du 2 mai 1989. Cette Convention a été modifiée par deux protocoles du 4 novembre 1993. Ces deux protocoles ratifiés par la France ont été publiés par les décrets 2004-752 et 2004-753 du 21 juillet 2004. Le texte présenté est la version consolidée conformément aux dispositions des protocoles n° 1 (STE n° 151) et n° 2 (STE n° 152) entrés en vigueur le 1er mars 2002.

Chapitre I

Article premier. — Il est institué un Comité européen pour la prévention de la torture et des peines ou traitements inhumains ou dégradants (ci-après dénommé : « le Comité »). Par le moyen de visites, le Comité examine le traitement des personnes privées de liberté en vue de renforcer, le cas échéant, leur protection contre la torture et les peines ou traitements inhumains ou dégradants.

Art. 2. — Chaque Partie autorise la visite, conformément à la présente Convention, de tout lieu relevant de sa juridiction où des personnes sont privées de liberté par une autorité publique.

Art. 3. — Le Comité et les autorités nationales compétentes de la Partie concernée coopèrent en vue de l'application de la présente Convention.

Chapitre II

Art. 4. — 1. Le Comité se compose d'un nombre de membres égal à celui des Parties.

2. Les membres du Comité sont choisis parmi des personnalités de haute moralité, connues pour leur compétence en matière de droits de l'homme ou ayant une expérience professionnelle dans les domaines dont traite la présente Convention.

3. Le Comité ne peut comprendre plus d'un national du même État.

4. Les membres siègent à titre individuel, sont indépendants et impartiaux dans l'exercice de leurs mandats et se rendent disponibles pour remplir leurs fonctions de manière effective.

Art. 5. — 1. Les membres du Comité sont élus par le Comité des ministres du Conseil de l'Europe à la majorité absolue des voix, sur une liste de noms dressée par le Bureau de l'Assemblée Consultative du Conseil de l'Europe ; la délégation nationale à l'Assemblée Consultative de chaque Partie présente trois candidats dont deux au moins sont de sa nationalité.

En cas d'élection d'un membre du Comité au titre d'un État non membre du Conseil de l'Europe, le Bureau de l'Assemblée Consultative invite le parlement de l'État concerné à présenter trois candidats, dont deux au moins seront de sa nationalité. L'élection par le Comité des ministres aura lieu après consultation de la Partie concernée.

2. La même procédure est suivie pour pourvoir les sièges devenus vacants.

3. Les membres du Comité sont élus pour une durée de quatre ans. Ils sont rééligibles deux fois. Toutefois, en ce qui concerne les membres désignés à la première élection, les fonctions de trois membres prendront fin à l'issue d'une période de deux ans. Les membres dont les fonctions prendront fin au terme de la période initiale de deux ans sont désignés par tirage au sort effectué par le Secrétaire Général du Conseil de l'Europe immédiatement après qu'il aura été procédé à la première élection.

4. Afin d'assurer dans la mesure du possible le renouvellement d'une moitié du Comité tous les deux ans, le Comité des ministres peut, avant de procéder à toute élection ultérieure, décider qu'un ou plusieurs mandats de membres à élire auront une durée autre que quatre ans sans que cette durée toutefois puisse excéder six ans ou être inférieure à deux ans.

5. Dans le cas où il y a lieu de conférer plusieurs mandats et lorsque le Comité des ministres fait application du paragraphe précédent, la répartition des mandats s'opère suivant un tirage au sort effectué par le Secrétaire Général du Conseil de l'Europe, immédiatement après l'élection.

Art. 6. — 1. Le Comité siège à huis clos. Le quorum est constitué par la majorité de ses membres. Les décisions du Comité sont prises à la majorité des membres présents, sous réserve des dispositions de l'article 10, paragraphe 2.

2. Le Comité établit son règlement intérieur.

3. Le Secrétariat du Comité est assuré par le Secrétaire Général du Conseil de l'Europe.

Chapitre III

Art. 7. — 1. Le Comité organise la visite des lieux visés à l'article 2. Outre des visites périodiques, le Comité peut organiser toute autre visite lui paraissant exigée par les circonstances.

2. Les visites sont effectuées en règle générale par au moins deux membres du Comité. Ce dernier peut, s'il l'estime nécessaire, être assisté par des experts et des interprètes.

Art. 8. — 1. Le Comité notifie au gouvernement de la Partie concernée son intention d'effectuer une visite. À la suite d'une telle notification, le Comité est habilité à visiter, à tout moment, les lieux visés à l'article 2.

2. Une Partie doit fournir au Comité les facilités suivantes pour l'accomplissement de sa tâche :

a) l'accès à son territoire et le droit de s'y déplacer sans restriction ;

b) tous renseignements sur les lieux où se trouvent des personnes privées de liberté ;

c) la possibilité de se rendre à son gré dans tout lieu où se trouvent des personnes privées de liberté, y compris le droit de se déplacer sans entrave à l'intérieur de ces lieux ;

d) toute autre information dont dispose la Partie et qui est nécessaire au Comité pour l'accomplissement de sa tâche. En recherchant cette information, le Comité tient compte des règles de droit et de déontologie applicables au niveau national.

3. Le Comité peut s'entretenir sans témoin avec les personnes privées de liberté.

4. Le Comité peut entrer en contact librement avec toute personne dont il pense qu'elle peut lui fournir des informations utiles.

5. S'il y a lieu, le Comité communique sur-le-champ des observations aux autorités compétentes de la Partie concernée.

Art. 9. — 1. Dans des circonstances exceptionnelles, les autorités compétentes de la Partie concernée peuvent faire connaître au Comité leurs objections à la visite au moment envisagé par le Comité ou au lieu déterminé que ce Comité a l'intention de visiter. De telles objections ne peuvent être faites que pour des motifs de défense nationale ou de sûreté publique ou en raison de troubles graves dans les lieux où des personnes sont privées de liberté, de l'état de santé d'une personne ou d'un interrogatoire urgent, dans une enquête en cours, en relation avec une infraction pénale grave.

2. Suite à de telles objections, le Comité et la Partie se consultent immédiatement afin de clarifier la situation et pour parvenir à un accord sur des dispositions permettant au Comité d'exercer ses fonctions aussi rapidement que possible. Ces dispositions peuvent comprendre le transfert dans un autre endroit de toute personne que le Comité a l'intention de visiter. En attendant que la visite puisse avoir lieu, la Partie fournit au Comité des informations sur toute personne concernée.

Art. 10. — 1. Après chaque visite, le Comité établit un rapport sur les faits constatés à l'occasion de celle-ci en tenant compte de toutes observations éventuellement présentées par la Partie concernée. Il transmet à cette dernière son rapport qui contient les recommandations qu'il juge nécessaires. Le Comité peut entrer en consultation avec la Partie en vue de suggérer, s'il y a lieu, des améliorations dans la protection des personnes privées de liberté.

2. Si la Partie ne coopère pas ou refuse d'améliorer la situation à la lumière des recommandations du Comité, celui-ci peut décider, à la majorité des deux tiers de ses membres, après que la Partie aura eu la possibilité de s'expliquer, de faire une déclaration publique à ce sujet.

Art. 11. — 1. Les informations recueillies par le Comité à l'occasion d'une visite, son rapport et ses consultations avec la Partie concernée sont confidentiels.

2. Le Comité publie son rapport ainsi que tout commentaire de la Partie concernée, lorsque celle-ci le demande.

3. Toutefois, aucune donnée à caractère personnel ne doit être rendue publique sans le consentement explicite de la personne concernée.

Art. 12. — Chaque année, le Comité soumet au Comité des ministres, en tenant compte des règles de confidentialité prévues à l'article 11, un rapport général sur ses activités, qui est transmis à l'Assemblée Consultative, ainsi qu'à tout État non membre du Conseil de l'Europe partie à la Convention, et rendu public.

Art. 13. — Les membres du Comité, les experts et les autres personnes qui l'assistent sont soumis, durant leur mandat et après son expiration, à l'obligation de garder secrets les faits ou informations dont ils ont connaissance dans l'accomplissement de leurs fonctions.

Art. 14. — 1. Les noms des personnes qui assistent le Comité sont indiqués dans la notification faite en vertu de l'article 8, paragraphe 1.

2. Les experts agissent sur les instructions et sous la responsabilité du Comité. Ils doivent posséder une compétence et une expérience propres aux matières relevant de la présente Convention et sont liés par les mêmes obligations d'indépendance, d'impartialité et de disponibilité que les membres du Comité.

3. Exceptionnellement, une Partie peut déclarer qu'un expert ou une autre personne qui assiste le Comité ne peut pas être admis à participer à la visite d'un lieu relevant de sa juridiction.

Chapitre IV

Art. 15. — Chaque Partie communique au Comité le nom et l'adresse de l'autorité compétente pour recevoir les notifications adressées à son gouvernement et ceux de tout agent de liaison qu'elle peut avoir désigné.

Art. 16. — Le Comité, ses membres et les experts mentionnés à l'article 7, paragraphe 2, jouissent des privilèges et immunités prévus par l'annexe à la présente Convention.

Art. 17. — 1. La présente Convention ne porte pas atteinte aux dispositions de droit interne ou des accords internationaux qui assurent une plus grande protection aux personnes privées de liberté.

2. Aucune disposition de la présente Convention ne peut être interprétée comme une limite ou une dérogation aux compétences des organes de la Convention européenne des droits de l'homme ou aux obligations assumées par les Parties en vertu de cette Convention.

3. Le Comité ne visitera pas les lieux que des représentants ou délégués de puissances protectrices ou du Comité international de la Croix-Rouge visitent effectivement et régulièrement en vertu des Conventions de Genève du 12 août 1949 et de leurs Protocoles additionnels du 8 juin 1977.

N° 8 Convention européenne sur l'imprescriptibilité des crimes contre l'humanité et des crimes de guerre, faite à Strasbourg le 25 janvier 1974 (extraits) (28)

Les État membres du Conseil de l'Europe, signataires de la présente Convention,

Considérant la nécessité de sauvegarder la dignité humaine en temps de guerre comme en temps de paix ;

Constatant que les crimes contre l'humanité et les violations les plus graves des lois et coutumes de la guerre constituent une atteinte sérieuse à cette dignité ;

Soucieux d'éviter en conséquence que la répression de ces crimes soit entravée par la prescription de la poursuite et de l'exécution des peines ;

Considérant l'intérêt essentiel de promouvoir dans ce domaine une politique pénale commune, le but du Conseil de l'Europe étant de réaliser une union plus étroite entre ses membres,

Sont convenus de ce qui suit :

Article premier. — Tout État contractant s'engage à prendre les mesures nécessaires afin que la prescription soit inapplicable à la poursuite des infractions suivantes et à l'exécution des peines prononcées pour de telles infractions, pour autant qu'elles sont punissables dans sa législation nationale :

1. les crimes contre l'humanité prévus par la Convention pour la prévention et la répression du crime de génocide, adoptée le 9 décembre 1948 par l'Assemblée générale des Nations unies ;

2. *a)* les infractions prévues aux articles 50 de la Convention de Genève de 1949 pour l'amélioration du sort des blessés et des malades dans les forces armées en campagne, 51 de la Convention de Genève de 1949 pour l'amélioration du sort des blessés, des malades et des naufragés des forces armées sur mer, 130 de la Convention de Genève de 1949 relative au traitement des prisonniers de guerre et 147 de la Convention de Genève de 1949 relative à la protection des personnes civiles en temps de guerre,

b) toutes violations analogues des lois de la guerre en vigueur lors de l'entrée en application de la présente Convention et des coutumes de la guerre existant à ce moment, qui ne sont pas déjà prévues par les dispositions susvisées des Conventions de Genève,

c) lorsque l'infraction considérée en l'espèce revêt une particulière gravité, soit en raison de ses éléments matériels et intentionnels, soit en raison de l'étendue de ses conséquences prévisibles ;

3. toutes autres infractions aux lois et coutumes du droit international tel qu'il sera établi à l'avenir, considérées par l'État contractant intéressé, aux termes d'une déclaration faite conformément à l'article 6, comme étant de nature analogue à celles prévues aux paragraphes 1 ou 2 du présent article.

Art. 2. — 1. Dans chaque État contractant, la présente Convention s'applique aux infractions commises après son entrée en vigueur à l'égard de cet État.

2. Elle s'applique également aux infractions commises avant cette entrée en vigueur dans les cas où le délai de prescription n'est pas encore venu à expiration à cette date.

Art. 3. — 1. La présente Convention est ouverte à la signature des État membres du Conseil de l'Europe. Elle sera ratifiée ou acceptée. Les instruments de ratification ou d'acceptation seront déposés près le Secrétaire Général du Conseil de l'Europe.

---

(28) La Convention a été signée par la France le 25 janvier 1974, elle n'est pas ratifiée par elle au 1er mai 2020.

2. La Convention entrera en vigueur trois mois après la date du dépôt du troisième instrument de ratification ou d'acceptation.

3. Elle entrera en vigueur à l'égard de tout État signataire qui la ratifiera ou l'acceptera ultérieurement, trois mois après la date du dépôt de son instrument de ratification ou d'acceptation.

Art. 4. — 1. Après l'entrée en vigueur de la présente Convention, le Comité des ministres du Conseil de l'Europe pourra inviter tout État non membre du Conseil de l'Europe à adhérer à la présente Convention. La résolution concernant cette invitation devra recevoir l'accord unanime des membres du Conseil ayant ratifié la Convention.

2. L'adhésion s'effectuera par le dépôt, près le Secrétaire Général du Conseil de l'Europe, d'un instrument d'adhésion qui prendra effet trois mois après la date de son dépôt.

Art. 5. — 1. Tout État peut, au moment de la signature ou au moment du dépôt de son instrument de ratification, d'acceptation ou d'adhésion, désigner le ou les territoires auxquels s'applique la présente Convention.

2. Tout État peut, au moment du dépôt de son instrument de ratification, d'acceptation ou d'adhésion ou à tout autre moment par la suite, étendre l'application de la présente Convention, par déclaration adressée au Secrétaire Général du Conseil de l'Europe, à tout autre territoire désigné dans la déclaration et dont il assure les relations internationales ou pour lequel il est habilité à stipuler.

3. Toute déclaration faite en vertu du paragraphe précédent pourra être retirée, en ce qui concerne tout territoire désigné dans cette déclaration, aux conditions prévues à l'article 7 de la présente Convention.

Art. 6. — 1. Tout État contractant peut, à tout moment, par déclaration adressée au Secrétaire Général du Conseil de l'Europe, étendre l'application de la présente Convention aux infractions prévues à l'article 1, paragraphe 3, de la présente Convention.

2. Toute déclaration faite en vertu du paragraphe précédent pourra être retirée aux conditions prévues à l'article 7 de la présente Convention.

Art. 7. — 1. La présente Convention demeurera en vigueur sans limitation de durée.

2. Tout État contractant pourra, en ce qui le concerne, dénoncer la présente Convention en adressant une notification au Secrétaire Général du Conseil de l'Europe.

3. La dénonciation prendra effet six mois après la date de la réception de la notification par le Secrétaire Général.

N° 9 **Convention européenne sur la lutte contre la traite des êtres humains,** faite à Varsovie le 16 mai 2005 (extraits) (29)

Préambule

Les États membres du Conseil de l'Europe et les autres Signataires de la présente Convention,

Considérant que le but du Conseil de l'Europe est de réaliser une union plus étroite entre ses membres ;

Considérant que la traite des êtres humains constitue une violation des droits de la personne humaine et une atteinte à la dignité et à l'intégrité de l'être humain ;

(29) La Convention a été ratifiée par la France par la loi n° 2007-1162 du 1er août 2007 et publiée par le décret n° 2008-1118 du 31 octobre 2008.

Considérant que la traite des êtres humains peut conduire à une situation d'esclavage pour les victimes ;

Considérant que le respect des droits des victimes et leur protection, ainsi que la lutte contre la traite des êtres humains doivent être les objectifs primordiaux ;

Considérant que toute action ou initiative dans le domaine de la lutte contre la traite des êtres humains doit être non-discriminatoire et prendre en considération l'égalité entre les femmes et les hommes, ainsi qu'une approche fondée sur les droits de l'enfant ;

Rappelant les déclarations des Ministres des Affaires étrangères des États membres lors des 112e (14 et 15 mai 2003) et 114e (12 et 13 mai 2004) Sessions du Comité des ministres, appelant à une action renforcée du Conseil de l'Europe dans le domaine de la traite des êtres humains ;

Gardant présente à l'esprit la Convention de sauvegarde des droits de l'homme et des Libertés fondamentales (1950) et ses Protocoles ;

Gardant à l'esprit les recommandations suivantes du Comité des ministres aux États membres du Conseil de l'Europe : Recommandation n° R (91) 11 sur l'exploitation sexuelle, la pornographie, la prostitution ainsi que la traite d'enfants et de jeunes adultes ; Recommandation n° R (97) 13 sur l'intimidation des témoins et les droits de la défense ; Recommandation n° R (2000) 11 sur la lutte contre la traite des êtres humains aux fins d'exploitation sexuelle ; Recommandation Rec (2001) 16 sur la protection des enfants contre l'exploitation sexuelle ; Recommandation Rec (2002) 5 sur la protection des femmes contre la violence ;

Gardant à l'esprit les recommandations suivantes de l'Assemblée parlementaire du Conseil de l'Europe : Recommandation 1325 (1997) relative à la traite des femmes et à la prostitution forcée dans les États membres du Conseil de l'Europe ; Recommandation 1450 (2000) sur la violence à l'encontre des femmes en Europe ; Recommandation 1545 (2002) campagne contre la traite des femmes ; Recommandation 1610 (2003) migrations liées à la traite des femmes et à la prostitution ; Recommandation 1611 (2003) trafic d'organes en Europe ; Recommandation 1663 (2004) esclavage domestique : servitude, personnes au pair et épouses achetées par correspondance ;

Gardant à l'esprit la Décision-cadre du Conseil de l'Union européenne du 19 juillet 2002 relative à la lutte contre la traite des êtres humains ; la Décision-cadre du Conseil de l'Union européenne du 15 mars 2001 relative au statut des victimes dans le cadre des procédures pénales et la Directive du Conseil de l'Union européenne du 29 avril 2004 relative au titre de séjour délivré aux ressortissants des Pays tiers qui sont victimes de la traite des êtres humains ou ont fait l'objet d'une aide à l'immigration clandestine et qui coopèrent avec les autorités compétentes ;

Tenant dûment compte de la Convention des Nations unies contre la criminalité transnationale organisée et son Protocole visant à prévenir, réprimer et punir la traite des personnes, en particulier des femmes et des enfants, afin de renforcer la protection assurée par ces instruments et de développer les normes qu'ils énoncent ;

Tenant dûment compte des autres instruments juridiques internationaux pertinents dans le domaine de la lutte contre la traite des êtres humains ;

Tenant compte du besoin d'élaborer un instrument juridique international global qui soit centré sur les droits de la personne humaine des victimes de la traite et qui mette en place un mécanisme de suivi spécifique,

Sont convenus de ce qui suit :

Chapitre I

Objet, champ d'application, principe de non-discrimination et définitions

Article premier. — Objet de la Convention.

1. La présente Convention a pour objet :

a) de prévenir et combattre la traite des êtres humains, en garantissant l'égalité entre les femmes et les hommes ;

b) de protéger les droits de la personne humaine des victimes de la traite, de concevoir un cadre complet de protection et d'assistance aux victimes et aux témoins, en garantissant l'égalité entre les femmes et les hommes, ainsi que d'assurer des enquêtes et des poursuites efficaces ;

c) de promouvoir la coopération internationale dans le domaine de la lutte contre la traite des êtres humains.

2. Afin d'assurer une mise en œuvre efficace de ses dispositions par les Parties, la présente Convention met en place un mécanisme de suivi spécifique.

Art. 2. — Champ d'application.

La présente Convention s'applique à toutes les formes de traite des êtres humains, qu'elles soient nationales ou transnationales et liées ou non à la criminalité organisée.

Art. 3. — Principe de non-discrimination.

La mise en œuvre de la présente Convention par les Parties, en particulier la jouissance des mesures visant à protéger et promouvoir les droits des victimes, doit être assurée sans discrimination aucune, fondée notamment sur le sexe, la race, la couleur, la langue, la religion, les opinions politiques ou toutes autres opinions, l'origine nationale ou sociale, l'appartenance à une minorité nationale, la fortune, la naissance ou toute autre situation.

Art. 4. — Définitions.

Aux fins de la présente Convention :

a) L'expression « traite des êtres humains » désigne le recrutement, le transport, le transfert, l'hébergement ou l'accueil de personnes, par la menace de recours ou le recours à la force ou d'autres formes de contrainte, par enlèvement, fraude, tromperie, abus d'autorité ou d'une situation de vulnérabilité, ou par l'offre ou l'acceptation de paiements ou d'avantages pour obtenir le consentement d'une personne ayant autorité sur une autre aux fins d'exploitation. L'exploitation comprend, au minimum, l'exploitation de la prostitution d'autrui ou d'autres formes d'exploitation sexuelle, le travail ou les services forcés, l'esclavage ou les pratiques analogues à l'esclavage, la servitude ou le prélèvement d'organes ;

b) Le consentement d'une victime de la « traite d'êtres humains » à l'exploitation envisagée, telle qu'énoncée à l'alinéa (a) du présent article, est indifférent lorsque l'un quelconque des moyens énoncés à l'alinéa (a) a été utilisé ;

c) Le recrutement, le transport, le transfert, l'hébergement ou l'accueil d'un enfant aux fins d'exploitation sont considérés comme une « traite des êtres humains » même s'ils ne font appel à aucun des moyens énoncés à l'alinéa (a) du présent article ;

d) Le terme « enfant » désigne toute personne âgée de moins de dix-huit ans ;

e) Le terme « victime » désigne toute personne physique qui est soumise à la traite des êtres humains telle que définie au présent article.

Chapitre II

Prévention, coopération et autres mesures

Art. 5. — Prévention de la traite des êtres humains.

1. Chaque Partie prend des mesures pour établir ou renforcer la coordination au plan national entre les différentes instances chargées de la prévention et de la lutte contre la traite des êtres humains.

2. Chaque Partie établit et/ou soutient des politiques et programmes efficaces afin de prévenir la traite des êtres humains par des moyens tels que : des recherches ; des campagnes d'information, de sensibilisation et d'éducation ; des initiatives sociales et économiques et des programmes de formation, en particulier à l'intention des personnes vulnérables à la traite et des professionnels concernés par la traite des êtres humains.

3. Chaque Partie promeut une approche fondée sur les droits de la personne humaine et utilise l'approche intégrée de l'égalité entre les femmes et les hommes, ainsi qu'une approche respectueuse des enfants, dans le développement, la mise en œuvre et l'évaluation de l'ensemble des politiques et programmes mentionnés au paragraphe 2.

4. Chaque Partie prend les mesures appropriées qui sont nécessaires afin de faire en sorte que les migrations se fassent de manière légale, notamment par la diffusion d'informations exactes par les services concernés, sur les conditions permettant l'entrée et le séjour légaux sur son territoire.

5. Chaque Partie prend des mesures spécifiques afin de réduire la vulnérabilité des enfants à la traite, notamment en créant un environnement protecteur pour ces derniers.

6. Les mesures établies conformément au présent article impliquent, le cas échéant, les organisations non gouvernementales, d'autres organisations compétentes et d'autres éléments de la société civile, engagés dans la prévention de la traite des êtres humains, la protection ou l'aide aux victimes.

Art. 6. — Mesures pour décourager la demande.

Afin de décourager la demande qui favorise toutes les formes d'exploitation des personnes, en particulier des femmes et des enfants, aboutissant à la traite, chaque Partie adopte ou renforce des mesures législatives, administratives, éducatives, sociales, culturelles ou autres, y compris :

a) des recherches sur les meilleures pratiques, méthodes et stratégies ;

b) des mesures visant à faire prendre conscience de la responsabilité et du rôle important des médias et de la société civile pour identifier la demande comme une des causes profondes de la traite des êtres humains ;

c) des campagnes d'information ciblées, impliquant, lorsque cela est approprié, entre autres, les autorités publiques et les décideurs politiques ;

d) des mesures préventives comprenant des programmes éducatifs à destination des filles et des garçons au cours de leur scolarité, qui soulignent le caractère inacceptable de la discrimination fondée sur le sexe, et ses conséquences néfastes, l'importance de l'égalité entre les femmes et les hommes, ainsi que la dignité et l'intégrité de chaque être humain.

Art. 7. — Mesures aux frontières.

1. Sans préjudice des engagements internationaux relatifs à la libre circulation des personnes, les Parties renforcent, dans la mesure du possible, les contrôles aux frontières nécessaires pour prévenir et détecter la traite des êtres humains.

2. Chaque Partie adopte les mesures législatives ou autres appropriées pour prévenir, dans la mesure du possible, l'utilisation des moyens de transport exploités par

des transporteurs commerciaux pour la commission des infractions établies conformément à la présente Convention.

3. Lorsqu'il y a lieu, et sans préjudice des conventions internationales applicables, ces mesures consistent notamment à prévoir l'obligation pour les transporteurs commerciaux, y compris toute compagnie de transport ou tout propriétaire ou exploitant d'un quelconque moyen de transport, de vérifier que tous les passagers sont en possession des documents de voyage requis pour l'entrée dans l'État d'accueil.

4. Chaque Partie prend les mesures nécessaires, conformément à son droit interne, pour assortir de sanctions l'obligation énoncée au paragraphe 3 du présent article.

5. Chaque Partie adopte les mesures législatives ou autres nécessaires pour permettre, conformément à son droit interne, de refuser l'entrée de personnes impliquées dans la commission des infractions établies conformément à la présente Convention ou d'annuler leur visa.

6. Les Parties renforcent la coopération entre leurs services de contrôle aux frontières, notamment par l'établissement et le maintien de voies de communication directes.

Art. 8. — Sécurité et contrôle des documents.

Chaque Partie prend les mesures nécessaires :

a) pour faire en sorte que les documents de voyage ou d'identité qu'elle délivre soient d'une qualité telle qu'on ne puisse facilement en faire un usage impropre ni les falsifier ou les modifier, les reproduire ou les délivrer illicitement ; et

b) pour assurer l'intégrité et la sécurité des documents de voyage ou d'identité délivrés par elle ou en son nom et pour empêcher qu'ils ne soient créés et délivrés illicitement.

Art. 9. — Légitimité et validité des documents.

À la demande d'une autre Partie, une Partie vérifie, conformément à son droit interne et dans un délai raisonnable, la légitimité et la validité des documents de voyage ou d'identité délivrés ou censés avoir été délivrés en son nom et dont on soupçonne qu'ils sont utilisés pour la traite des êtres humains.

Chapitre III

Mesures visant à protéger et promouvoir les droits des victimes, en garantissant l'égalité entre les femmes et les hommes

Art. 10. — Identification des victimes.

1. Chaque Partie s'assure que ses autorités compétentes disposent de personnes formées et qualifiées dans la prévention et la lutte contre la traite des êtres humains et dans l'identification des victimes, notamment des enfants, et dans le soutien à ces dernières et que les différentes autorités concernées collaborent entre elles ainsi qu'avec les organisations ayant un rôle de soutien, afin de permettre d'identifier les victimes dans un processus prenant en compte la situation spécifique des femmes et des enfants victimes et, dans les cas appropriés, de délivrer des permis de séjour suivant les conditions de l'article 14 de la présente Convention.

2. Chaque Partie adopte les mesures législatives ou autres nécessaires pour identifier les victimes, le cas échéant, en collaboration avec d'autres Parties et avec des organisations ayant un rôle de soutien. Chaque Partie s'assure que, si les autorités compétentes estiment qu'il existe des motifs raisonnables de croire qu'une personne a été victime de la traite des êtres humains, elle ne soit pas éloignée de son territoire jusqu'à la fin du processus d'identification en tant que victime de l'infraction prévue

à l'article 18 de la présente Convention par les autorités compétentes et bénéficie de l'assistance prévue à l'article 12, paragraphes 1 et 2.

3. En cas d'incertitude sur l'âge de la victime et lorsqu'il existe des raisons de croire qu'elle est un enfant, elle est présumée être un enfant et il lui est accordé des mesures de protection spécifiques dans l'attente que son âge soit vérifié.

4. Dès qu'un enfant est identifié en tant que victime et qu'il est non accompagné, chaque Partie :

a) prévoit sa représentation par le biais de la tutelle légale, d'une organisation ou d'une autorité chargée d'agir conformément à son intérêt supérieur ;

b) prend les mesures nécessaires pour établir son identité et sa nationalité ;

c) déploie tous les efforts pour retrouver sa famille lorsque cela est dans son intérêt supérieur.

Art. 11. — Protection de la vie privée.

1. Chaque Partie protège la vie privée et l'identité des victimes. Les données à caractère personnel les concernant sont enregistrées et utilisées dans les conditions prévues par la Convention pour la protection des personnes à l'égard du traitement automatisé des données à caractère personnel (STE n° 108).

2. En particulier, chaque Partie adopte des mesures afin d'assurer que l'identité, ou les éléments permettant l'identification, d'un enfant victime de la traite ne soient pas rendus publics, que ce soit par les médias ou par d'autres moyens, sauf circonstances exceptionnelles afin de permettre de retrouver des membres de la famille de l'enfant ou d'assurer autrement son bien-être et sa protection.

3. Chaque Partie envisage de prendre, dans le respect de l'article 10 de la Convention de sauvegarde des droits de l'homme et des Libertés fondamentales tel qu'interprété par la Cour européenne des droits de l'homme, des mesures en vue d'encourager les médias à sauvegarder la vie privée et l'identité des victimes, à travers l'autorégulation ou par le biais de mesures de régulation ou de co-régulation.

Art. 12. — Assistance aux victimes.

1. Chaque Partie prend les mesures législatives ou autres nécessaires pour assister les victimes dans leur rétablissement physique, psychologique et social. Une telle assistance comprend au minimum :

a) des conditions de vie susceptibles d'assurer leur subsistance, par des mesures telles qu'un hébergement convenable et sûr, une assistance psychologique et matérielle ;

b) l'accès aux soins médicaux d'urgence ;

c) une aide en matière de traduction et d'interprétation, le cas échéant ;

d) des conseils et des informations, concernant notamment les droits que la loi leur reconnaît, ainsi que les services mis à leur disposition, dans une langue qu'elles peuvent comprendre ;

e) une assistance pour faire en sorte que leurs droits et intérêts soient présentés et pris en compte aux étapes appropriées de la procédure pénale engagée contre les auteurs d'infractions ;

f) l'accès à l'éducation pour les enfants.

2. Chaque Partie tient dûment compte des besoins en matière de sécurité et de protection des victimes.

3. En outre, chaque Partie fournit l'assistance médicale nécessaire ou tout autre type d'assistance aux victimes résidant légalement sur son territoire qui ne disposent pas de ressources adéquates et en ont besoin.

4. Chaque Partie adopte les règles par lesquelles les victimes résidant légalement sur son territoire sont autorisées à accéder au marché du travail, à la formation professionnelle et à l'enseignement.

5. Chaque Partie prend des mesures, le cas échéant et aux conditions prévues par son droit interne, afin de coopérer avec les organisations non gouvernementales, d'autres organisations compétentes ou d'autres éléments de la société civile, engagés dans l'assistance aux victimes.

6. Chaque Partie adopte les mesures législatives ou autres nécessaires pour s'assurer que l'assistance à une victime n'est pas subordonnée à sa volonté de témoigner.

7. Pour la mise en œuvre des dispositions prévues au présent article, chaque Partie s'assure que les services sont fournis sur une base consensuelle et informée, prenant dûment en compte les besoins spécifiques des personnes en situation vulnérable et les droits des enfants en matière d'hébergement, d'éducation et de soins convenables.

Art. 13. — Délai de rétablissement et de réflexion.

1. Chaque Partie prévoit dans son droit interne un délai de rétablissement et de réflexion d'au moins 30 jours lorsqu'il existe des motifs raisonnables de croire que la personne concernée est une victime. Ce délai doit être d'une durée suffisante pour que la personne concernée puisse se rétablir et échapper à l'influence des trafiquants et/ou prenne, en connaissance de cause, une décision quant à sa coopération avec les autorités compétentes. Pendant ce délai, aucune mesure d'éloignement ne peut être exécutée à son égard. Cette disposition est sans préjudice des activités réalisées par les autorités compétentes dans chacune des phases de la procédure nationale applicable, en particulier pendant l'enquête et la poursuite des faits incriminés. Pendant ce délai, les Parties autorisent le séjour de la personne concernée sur leur territoire.

2. Pendant ce délai, les personnes visées au paragraphe 1 du présent article ont droit au bénéfice des mesures prévues à l'article 12, paragraphes 1 et 2.

3. Les Parties ne sont pas tenues au respect de ce délai pour des motifs d'ordre public, ou lorsqu'il apparaît que la qualité de victime est invoquée indûment.

Art. 14. — Permis de séjour.

1. Chaque Partie délivre un permis de séjour renouvelable aux victimes, soit dans l'une des deux hypothèses suivantes, soit dans les deux :

a) l'autorité compétente estime que leur séjour s'avère nécessaire en raison de leur situation personnelle ;

b) l'autorité compétente estime que leur séjour s'avère nécessaire en raison de leur coopération avec les autorités compétentes aux fins d'une enquête ou d'une procédure pénale.

2. Lorsqu'il est juridiquement nécessaire, le permis de séjour des enfants victimes est délivré conformément à leur intérêt supérieur et, le cas échéant, renouvelé dans les mêmes conditions.

3. Le non-renouvellement ou le retrait d'un permis de séjour est soumis aux conditions prévues par le droit interne de la Partie.

4. Si une victime dépose une demande de titre de séjour d'une autre catégorie, la Partie concernée tient compte du fait que la victime a bénéficié ou bénéficie d'un permis de séjour en vertu du paragraphe 1.

5. Eu égard aux obligations des Parties visées à l'article 40 de la présente Convention, chaque Partie s'assure que la délivrance d'un permis, conformément à la présente disposition, est sans préjudice du droit de chercher l'asile et d'en bénéficier.

Art. 15. — Indemnisation et recours.

1. Chaque Partie garantit aux victimes, dès leur premier contact avec les autorités compétentes, l'accès aux informations sur les procédures judiciaires et administratives pertinentes dans une langue qu'elles peuvent comprendre.

2. Chaque Partie prévoit, dans son droit interne, le droit à l'assistance d'un défenseur et à une assistance juridique gratuite pour les victimes, selon les conditions prévues par son droit interne.

3. Chaque Partie prévoit, dans son droit interne, le droit pour les victimes à être indemnisées par les auteurs d'infractions.

4. Chaque Partie adopte les mesures législatives ou autres nécessaires pour faire en sorte que l'indemnisation des victimes soit garantie, dans les conditions prévues dans son droit interne, par exemple par l'établissement d'un fonds pour l'indemnisation des victimes ou d'autres mesures ou programmes destinés à l'assistance et l'intégration sociales des victimes qui pourraient être financés par les avoirs provenant de l'application des mesures prévues à l'article 23.

Art. 16. — Rapatriement et retour des victimes.

1. La Partie dont une victime est ressortissante ou dans laquelle elle avait le droit de résider à titre permanent au moment de son entrée sur le territoire de la Partie d'accueil facilite et accepte, en tenant dûment compte des droits, de la sécurité et de la dignité de cette personne, le retour de celle-ci sans retard injustifié ou déraisonnable.

2. Lorsqu'une Partie renvoie une victime dans un autre État, ce retour est assuré compte dûment tenu des droits, de la sécurité et de la dignité de la personne et de l'état de toute procédure judiciaire liée au fait qu'elle est une victime et est de préférence volontaire.

3. À la demande d'une Partie d'accueil, une Partie requise vérifie si une personne est son ressortissant ou avait le droit de résider à titre permanent sur son territoire au moment de son entrée sur le territoire de la Partie d'accueil.

4. Afin de faciliter le retour d'une victime qui ne possède pas les documents requis, la Partie dont cette personne est ressortissante ou dans laquelle elle avait le droit de résider à titre permanent au moment de son entrée sur le territoire de la Partie d'accueil accepte de délivrer, à la demande de la Partie d'accueil, les documents de voyage ou toute autre autorisation nécessaire pour permettre à la personne de se rendre et d'être réadmise sur son territoire.

5. Chaque Partie prend les mesures législatives ou autres nécessaires pour mettre en place des programmes de rapatriement avec la participation des institutions nationales ou internationales et des organisations non gouvernementales concernées. Ces programmes visent à éviter la re-victimisation. Chaque Partie devrait déployer tous les efforts pour favoriser la réinsertion des victimes dans la société de l'État de retour, y compris la réinsertion dans le système éducatif et le marché du travail, notamment par l'acquisition et l'amélioration de compétences professionnelles. En ce qui concerne les enfants, ces programmes devraient inclure la jouissance du droit à l'éducation, ainsi que des mesures visant à leur assurer le bénéfice d'une prise en charge ou d'un accueil adéquats par leur famille ou des structures d'accueil appropriées.

6. Chaque Partie prend les mesures législatives ou autres nécessaires pour mettre à la disposition des victimes, le cas échéant en collaboration avec toute Partie concernée, des renseignements sur les instances susceptibles de les aider dans le pays où ces victimes sont retournées ou rapatriées, telles que les services de détection et de répression, les organisations non gouvernementales, les professions juridiques susceptibles de leur donner des conseils et les organismes sociaux.

7. Les enfants victimes ne sont pas rapatriés dans un État, si, à la suite d'une évaluation portant sur les risques et la sécurité, il apparaît que le retour n'est pas dans l'intérêt supérieur de l'enfant.

Art. 17. — Égalité entre les femmes et les hommes.

Lorsqu'elle applique les mesures prévues au présent chapitre, chaque Partie vise à promouvoir l'égalité entre les femmes et les hommes et a recours à l'approche intégrée de l'égalité dans le développement, la mise en œuvre et l'évaluation de ces mesures.

Chapitre IV

Droit pénal matériel

Art. 18. — Incrimination de la traite des êtres humains.

Chaque Partie adopte les mesures législatives et autres nécessaires pour conférer le caractère d'infraction pénale aux actes énoncés à l'article 4 de la présente Convention, lorsqu'ils ont été commis intentionnellement.

Art. 19. — Incrimination de l'utilisation des services d'une victime.

Chaque Partie envisage d'adopter les mesures législatives et autres nécessaires pour conférer le caractère d'infraction pénale, conformément à son droit interne, au fait d'utiliser les services qui font l'objet de l'exploitation visée à l'article 4 paragraphe a de la présente Convention, en sachant que la personne concernée est victime de la traite d'êtres humains.

Art. 20. — Incrimination des actes relatifs aux documents de voyage ou d'identité.

Chaque Partie adopte les mesures législatives et autres nécessaires pour conférer le caractère d'infraction pénale, aux actes ci-après lorsqu'ils ont été commis intentionnellement afin de permettre la traite des êtres humains :

a) fabriquer un document de voyage ou d'identité frauduleux ;

b) procurer ou de fournir un tel document ;

c) retenir, soustraire, altérer, endommager ou détruire un document de voyage ou d'identité d'une autre personne.

Art. 21. — Complicité et tentative.

1. Chaque Partie adopte les mesures législatives et autres qui se révèlent nécessaires pour ériger en infraction pénale toute complicité lorsqu'elle est commise intentionnellement en vue de la perpétration d'une des infractions établies en application des articles 18 et 20 de la présente Convention.

2. Chaque Partie adopte les mesures législatives et autres qui se révèlent nécessaires pour ériger en infraction pénale, toute tentative intentionnelle de commettre l'une des infractions établies en application des articles 18 et 20, paragraphe a, de la présente Convention.

Art. 22. — Responsabilité des personnes morales.

1. Chaque Partie adopte les mesures législatives et autres qui se révèlent nécessaires pour faire en sorte que les personnes morales puissent être tenues pour responsables des infractions établies en application de la présente Convention, lorsqu'elles sont commises pour leur compte par toute personne physique, agissant soit individuellement, soit en tant que membre d'un organe de la personne morale, qui exerce un pouvoir de direction en son sein, sur les bases suivantes :

a) un pouvoir de représentation de la personne morale ;

b) une autorité pour prendre des décisions au nom de la personne morale ;

c) une autorité pour exercer un contrôle au sein de la personne morale.

2. Outre les cas déjà prévus au paragraphe 1, chaque Partie adopte les mesures nécessaires pour s'assurer qu'une personne morale puisse être tenue pour responsable lorsque l'absence de surveillance ou de contrôle de la part d'une personne physique mentionnée au paragraphe 1 a rendu possible la commission d'une infraction établie conformément à la présente Convention pour le compte de ladite personne morale par une personne physique agissant sous son autorité.

3. Selon les principes juridiques de la Partie, la responsabilité d'une personne morale peut être pénale, civile ou administrative.

4. Cette responsabilité est établie sans préjudice de la responsabilité pénale des personnes physiques ayant commis l'infraction.

Art. 23. — Sanctions et mesures.

1. Chaque Partie adopte les mesures législatives et autres qui se révèlent nécessaires pour faire en sorte que les infractions pénales établies en application des articles 18 à 21 soient passibles de sanctions effectives, proportionnées et dissuasives. Celles-ci incluent, pour les infractions établies conformément à l'article 18 lorsqu'elles sont commises par des personnes physiques, des sanctions privatives de liberté pouvant donner lieu à l'extradition.

2. Chaque Partie veille à ce que les personnes morales tenues pour responsables en application de l'article 22 fassent l'objet de sanctions ou mesures pénales ou non pénales effectives, proportionnées et dissuasives, y compris des sanctions pécuniaires.

3. Chaque Partie adopte les mesures législatives et autres qui se révèlent nécessaires pour lui permettre de confisquer ou de priver autrement des instruments et des produits des infractions pénales établies en vertu des articles 18 et 20, paragraphe a, de la présente Convention, ou des biens dont la valeur correspond à ces produits.

4. Chaque Partie adopte les mesures législatives ou autres qui se révèlent nécessaires pour permettre la fermeture temporaire ou définitive de tout établissement utilisé pour commettre la traite des êtres humains, sans préjudice des droits des tiers de bonne foi, ou pour interdire à l'auteur de cette infraction, à titre temporaire ou définitif, l'exercice de l'activité à l'occasion de laquelle celle-ci a été commise.

Art. 24. — Circonstances aggravantes.

Chaque Partie fait en sorte que les circonstances suivantes soient considérées comme des circonstances aggravantes dans la détermination de la sanction appliquée aux infractions établies conformément à l'article 18 de la présente Convention :

a) l'infraction a mis en danger la vie de la victime délibérément ou par négligence grave ;

b) l'infraction a été commise à l'encontre d'un enfant ;

c) l'infraction a été commise par un agent public dans l'exercice de ses fonctions ;

d) l'infraction a été commise dans le cadre d'une organisation criminelle.

Art. 25. — Condamnations antérieures.

Chaque Partie adopte les mesures législatives et autres pour prévoir la possibilité de prendre en compte, dans le cadre de l'appréciation de la peine, les condamnations définitives prononcées dans une autre Partie pour des infractions établies conformément à la présente Convention.

Art. 26. — Disposition de non-sanction.

Chaque Partie prévoit, conformément aux principes fondamentaux de son système juridique, la possibilité de ne pas imposer de sanctions aux victimes pour avoir pris part à des activités illicites lorsqu'elles y ont été contraintes.

Chapitre V

Enquêtes, poursuites et droit procédural

Art. 27. — Requêtes ex parte *et* ex officio.

1. Chaque Partie s'assure que les enquêtes ou les poursuites concernant les infractions établies conformément à la présente Convention ne soient pas subordonnées à la déclaration ou à l'accusation émanant d'une victime, du moins quand l'infraction a été commise, en tout ou en partie, sur son territoire.

2. Chaque Partie veille à ce que les victimes d'une infraction commise sur le territoire d'une Partie autre que celle dans laquelle elles résident puissent porter plainte

auprès des autorités compétentes de leur État de résidence. L'autorité compétente auprès de laquelle la plainte a été déposée, dans la mesure où elle n'exerce pas elle-même sa compétence à cet égard, la transmet sans délai à l'autorité compétente de la Partie sur le territoire de laquelle l'infraction a été commise. Cette plainte est traitée selon le droit interne de la Partie où l'infraction a été commise.

3. Chaque Partie assure, au moyen de mesures législatives ou autres, aux conditions prévues par son droit interne, aux groupes, fondations, associations ou organisations non gouvernementale qui ont pour objectif de lutter contre la traite des êtres humains ou de protéger les droits de la personne humaine, la possibilité d'assister et/ou de soutenir la victime qui y consent au cours des procédures pénales concernant l'infraction établie conformément à l'article 18 de la présente Convention.

Art. 28. — Protection des victimes, témoins et personnes collaborant avec les autorités judiciaires.

1. Chaque Partie adopte les mesures législatives ou autres nécessaires pour assurer une protection effective et appropriée face aux représailles ou intimidations possibles, notamment au cours des enquêtes et des poursuites à l'encontre des auteurs ou après celles-ci, au profit :

a) des victimes ;

b) lorsque cela est approprié, des personnes qui fournissent des informations concernant des infractions pénales établies en vertu de l'article 18 la présente Convention ou qui collaborent d'une autre manière avec les autorités chargées des investigations ou des poursuites ;

c) des témoins qui font une déposition concernant des infractions pénales établies en vertu de l'article 18 de la présente Convention ;

d) si nécessaire, des membres de la famille des personnes visées aux alinéas a et c.

2. Chaque Partie adopte les mesures législatives ou autres nécessaires pour assurer et pour offrir divers types de protection. De telles mesures peuvent inclure la protection physique, l'attribution d'un nouveau lieu de résidence, le changement d'identité et l'aide dans l'obtention d'un emploi.

3. Tout enfant bénéficie de mesures de protection spéciales prenant en compte son intérêt supérieur.

4. Chaque Partie adopte les mesures législatives ou autres nécessaires pour assurer, si nécessaire, une protection appropriée face aux représailles ou intimidations possibles, notamment au cours des enquêtes et des poursuites à l'encontre des auteurs ou après celles-ci, aux membres des groupes, fondations, associations ou organisations non gouvernementales qui exercent une ou plusieurs des activités énoncées à l'article 27, paragraphe 3.

5. Chaque Partie envisage la conclusion d'accords ou d'arrangements avec d'autres États afin de mettre en œuvre le présent article.

Art. 29. — Autorités spécialisées et instances de coordination.

1. Chaque Partie adopte les mesures nécessaires pour que des personnes ou des entités soient spécialisées dans la lutte contre la traite des êtres humains et dans la protection des victimes. Ces personnes ou entités disposent de l'indépendance nécessaire, dans le cadre des principes fondamentaux du système juridique de cette Partie, pour pouvoir exercer leurs fonctions efficacement et sont libres de toute pression illicite. Lesdites personnes ou le personnel desdites entités doivent disposer d'une formation et des ressources financières adaptées aux fonctions qu'ils exercent.

2. Chaque Partie adopte les mesures nécessaires pour assurer la coordination de la politique et de l'action des services de son administration et des autres organismes

publics luttant contre la traite des êtres humains, le cas échéant en mettant sur pied des instances de coordination.

3. Chaque Partie dispense ou renforce la formation des agents responsables de la prévention et de la lutte contre la traite des êtres humains, y compris la formation aux Droits de la personne humaine. Cette formation peut être adaptée aux différents services et est axée, le cas échéant, sur les méthodes utilisées pour empêcher la traite, en poursuivre les auteurs et protéger les droits des victimes, y compris la protection des victimes contre les trafiquants.

4. Chaque Partie envisage de nommer des Rapporteurs Nationaux ou d'autres mécanismes chargés du suivi des activités de lutte contre la traite menées par les institutions de l'État et de la mise en œuvre des obligations prévues par la législation nationale.

Art. 30. — Procédures judiciaires.

Dans le respect de la Convention de Sauvegarde des droits de l'homme et des Libertés fondamentales, notamment son article 6, chaque Partie adopte les mesures législatives ou autres nécessaires pour garantir au cours de la procédure judiciaire :

a) la protection de la vie privée des victimes et, lorsqu'il y a lieu, de leur identité ;

b) la sécurité des victimes et leur protection contre l'intimidation, selon les conditions prévues par son droit interne et, lorsqu'il s'agit d'enfants victimes, en ayant égard tout particulièrement aux besoins des enfants et en garantissant leur droit à des mesures de protection spécifiques.

Art. 31. — Compétence.

1. Chaque Partie adopte les mesures législatives et autres qui se révèlent nécessaires pour établir sa compétence à l'égard de toute infraction pénale établie conformément à la présente Convention, lorsque l'infraction est commise :

a) sur son territoire ; ou

b) à bord d'un navire battant pavillon de cette Partie ; ou

c) à bord d'un aéronef immatriculé selon les lois de cette Partie ; ou

d) par un de ses ressortissants, ou par un apatride ayant sa résidence habituelle sur son territoire, si l'infraction est punissable pénalement là où elle a été commise ou si elle ne relève de la compétence territoriale d'aucun État ;

e) à l'encontre de l'un de ses ressortissants.

2. Chaque Partie peut, au moment de la signature ou du dépôt de son instrument de ratification, d'acceptation, d'approbation ou d'adhésion, dans une déclaration adressée au Secrétaire Général du Conseil de l'Europe, préciser qu'il se réserve le droit de ne pas appliquer, ou de n'appliquer que dans des cas ou conditions spécifiques, les règles de compétence définies aux paragraphes 1*(d)* et *(e)* du présent article ou dans une partie quelconque de ces paragraphes.

3. Chaque Partie adopte les mesures nécessaires pour établir sa compétence à l'égard de toute infraction visée par la présente Convention, lorsque l'auteur présumé de l'infraction est présent sur son territoire et ne peut être extradé vers une autre Partie au seul titre de sa nationalité, après une demande d'extradition.

4. Lorsque plusieurs Parties revendiquent leur compétence à l'égard d'une infraction présumée établie conformément à la présente Convention, les Parties concernées se concertent, lorsque cela est opportun, afin de déterminer la mieux à même d'exercer les poursuites.

5. Sans préjudice des règles générales de droit international, la présente Convention n'exclut aucune compétence pénale exercée par une Partie conformément à son droit interne.

Chapitre VI

Coopération internationale et coopération avec la société civile

Art. 32. — Principes généraux et mesures de coopération internationale.

Les Parties coopèrent, conformément aux dispositions de la présente Convention, en application des instruments internationaux et régionaux pertinents applicables, des arrangements reposant sur des législations uniformes ou réciproques et de leur droit interne, dans la mesure la plus large possible aux fins :

— de prévenir et de combattre la traite des êtres humains ;

— de protéger et d'assister les victimes ;

— de mener des investigations ou des procédures concernant les infractions pénales établies conformément à la présente Convention.

Art. 33. — Mesures relatives aux personnes menacées ou disparues.

1. Si une Partie, sur la foi d'informations dont elle dispose, a des motifs raisonnables de croire que la vie, la liberté ou l'intégrité physique d'une personne visée à l'article 28, paragraphe 1, est en danger immédiat sur le territoire d'une autre Partie, elle doit, dans un tel cas d'urgence, les transmettre sans délai à cette autre Partie afin qu'elle prenne les mesures de protection appropriées.

2. Les Parties à la présente Convention peuvent envisager de renforcer leur coopération dans la recherche des personnes disparues, en particulier des enfants, si des informations disponibles peuvent laisser penser qu'elles sont victimes de la traite des êtres humains. À cette fin, Les Parties peuvent conclure entre elles des traités bilatéraux ou multilatéraux.

Art. 34. — Informations.

1. La Partie requise informe sans délai la Partie requérante du résultat définitif concernant les mesures entreprises au titre du présent chapitre. La Partie requise informe également sans délai la Partie requérante de toutes circonstances qui rendent impossible l'exécution des mesures sollicitées ou risquent de la retarder considérablement.

2. Une Partie peut, dans les limites de son droit interne et en l'absence de demande préalable, communiquer à une autre Partie des informations obtenues dans le cadre de ses propres enquêtes lorsqu'elle estime que cela pourrait aider la Partie destinataire à engager ou à mener à bien des enquêtes ou des procédures au sujet d'infractions pénales établies conformément à la présente Convention, ou lorsque ces informations pourraient aboutir à une demande de coopération formulée par cette Partie au titre du présent chapitre.

3. Avant de communiquer de telles informations, la Partie qui les fournit peut demander qu'elles restent confidentielles ou qu'elles ne soient utilisées qu'à certaines conditions. Si la Partie destinataire ne peut faire droit à cette demande, elle doit en informer l'autre Partie, qui devra alors déterminer si les informations en question devraient néanmoins être fournies. Si la Partie destinataire accepte les informations aux conditions prescrites, elle sera liée par ces dernières.

4. L'ensemble des informations requises concernant les articles 13, 14 et 16 et qui sont nécessaires à l'attribution des droits qui y sont conférés par ces articles, sont transmises sans délai à la demande de la Partie concernée, dans le respect de l'article 11 de la présente Convention.

Art. 35. — Coopération avec la société civile.

Chaque Partie encourage les autorités de l'État, ainsi que les agents publics, à coopérer avec les organisations non-gouvernementales, les autres organisations pertinentes et les membres de la société civile, afin d'établir des partenariats stratégiques pour atteindre les buts de la présente Convention.

Chapitre VII
Mécanisme de suivi

Art. 36. — Groupe d'experts sur la lutte contre la traite des êtres humains.

1. Le Groupe d'experts sur la lutte contre la traite des êtres humains (ci-après dénommé « GRETA ») est chargé de veiller à la mise en œuvre de la présente Convention par les Parties.

2. Le GRETA est composé de 10 membres au minimum et de 15 membres au maximum. La composition du GRETA tient compte d'une participation équilibrée entre les femmes et les hommes et d'une participation géographiquement équilibrée, ainsi que d'une expertise multidisciplinaire. Ses membres sont élus par le Comité des Parties pour un mandat de 4 ans, renouvelable une fois, parmi les ressortissants des États Parties à la présente Convention.

3. L'élection des membres du GRETA se fonde sur les principes suivants :

a) ils sont choisis parmi des personnalités de haute moralité connues pour leur compétence en matière de droits de la personne humaine, assistance et protection des victimes et lutte contre la traite des êtres humains ou ayant une expérience professionnelle dans les domaines dont traite la présente Convention ;

b) ils siègent à titre individuel, sont indépendants et impartiaux dans l'exercice de leurs mandats et se rendent disponibles pour remplir leurs fonctions de manière effective ;

c) le GRETA ne peut comprendre plus d'un national du même État ;

d) ils devraient représenter les principaux systèmes juridiques.

4. La procédure d'élection des membres du GRETA est fixée par le Comité des ministres, après consultation des Parties à la Convention et en avoir obtenu l'assentiment unanime, dans un délai d'un an à compter de l'entrée en vigueur de la présente Convention. Le GRETA adopte ses propres règles de procédure.

Art. 37. — Comité des Parties.

1. Le Comité des Parties est composé des représentants au Comité des ministres du Conseil de l'Europe des États membres Parties à la Convention et des représentants des Parties à la Convention qui ne sont pas membres du Conseil de l'Europe.

2. Le Comité des Parties est convoqué par le Secrétaire général du Conseil de l'Europe. Sa première réunion doit se tenir dans un délai d'un an suivant l'entrée en vigueur de la présente Convention afin d'élire les membres du GRETA. Il se réunira par la suite à la demande d'un tiers des Parties, du Président du GRETA ou du Secrétaire général.

3. Le Comité des Parties adopte ses propres règles de procédure.

Art. 38. — Procédure.

1. La procédure d'évaluation porte sur les Parties à la Convention et est divisée en cycles dont la durée est déterminée par le GRETA. Au début de chaque cycle, le GRETA sélectionne les dispositions particulières sur lesquelles va porter la procédure d'évaluation.

2. Le GRETA détermine les moyens les plus appropriés pour procéder à cette évaluation. Le GRETA peut, en particulier, adopter un questionnaire pour chacun des cycles qui peut servir de base à l'évaluation de la mise en œuvre par les Parties à la présente Convention. Ce questionnaire est adressé à toutes les Parties. Les Parties répondent à ce questionnaire ainsi qu'à toute autre demande d'information du GRETA.

3. Le GRETA peut solliciter des informations auprès de la société civile.

4. Subsidiairement, le GRETA peut organiser, en coopération avec les autorités nationales et la « personne de contact » désignée par ces dernières, si nécessaire, avec l'assistance d'experts nationaux indépendants, des visites dans les pays concernés. Lors de ces visites, le GRETA peut se faire assister par des spécialistes dans des domaines spécifiques.

5. Le GRETA établit un projet de rapport contenant ses analyses concernant la mise en œuvre des dispositions sur lesquelles portent la procédure d'évaluation, ainsi que ses suggestions et propositions relatives à la manière dont la Partie concernée peut traiter les problèmes identifiés. Le projet de rapport est transmis pour commentaire à la Partie faisant l'objet de l'évaluation. Ses commentaires sont pris en compte par le GRETA lorsqu'il établit son rapport.

6. Sur cette base, le GRETA adopte son rapport et ses conclusions concernant les mesures prises par la Partie concernée pour mettre en œuvre les dispositions de la présente Convention. Ce rapport et ces conclusions sont envoyés à la Partie concernée et au Comité des Parties. Le rapport et les conclusions du GRETA sont rendus publics dès leur adoption avec les commentaires éventuels de la Partie concernée.

7. Sans préjudice de la procédure prévue aux paragraphes 1 à 6 du présent article, le Comité des Parties peut adopter, sur base du rapport et des conclusions du GRETA, des recommandations adressées à cette Partie (a) concernant les mesures à prendre pour mettre en œuvre les conclusions du GRETA, si nécessaire en fixant une date pour la soumission d'informations sur leur mise en œuvre et (b) ayant pour objectif de promouvoir la coopération avec cette Partie afin de mettre en œuvre la présente Convention.

Chapitre VIII

Relation avec d'autres instruments internationaux

Art. 39. — Relation avec le Protocole additionnel à la Convention des Nations unies contre la criminalité transnationale organisée visant à prévenir, réprimer et punir la traite des personnes, en particulier des femmes et des enfants.

La présente Convention ne porte pas atteinte aux droits et obligations découlant des dispositions du Protocole additionnel à la Convention des Nations unies contre la criminalité transnationale organisée visant à prévenir, réprimer et punir la traite des personnes, en particulier des femmes et des enfants. La présente Convention a pour but de renforcer la protection instaurée par le Protocole et de développer les normes qu'il énonce.

Art. 40. — Relation avec d'autres instruments internationaux.

1. La présente Convention ne porte pas atteinte aux droits et obligations découlant des dispositions d'autres instruments internationaux auxquels les Parties à cette Convention sont Parties ou le deviendront et qui contiennent des dispositions relatives aux matières régies par la présente Convention et qui assure une plus grande protection et assistance aux victimes de la traite.

2. Les Parties à la Convention pourront conclure entre elles des accords bilatéraux ou multilatéraux relatifs aux questions réglées par la présente Convention, aux fins de compléter ou de renforcer les dispositions de celle-ci ou pour faciliter l'application des principes qu'elle consacre.

3. Les Parties qui sont membres de l'Union européenne appliquent, dans leurs relations mutuelles, les règles de la Communauté et de l'Union européenne dans la mesure où il existe des règles de la Communauté ou de l'Union européenne régissant le sujet particulier concerné et applicables au cas d'espèce, sans préjudice de l'objet et

du but de la présente Convention et sans préjudice de son entière application à l'égard des autres Parties.

4. Aucune disposition de la présente Convention n'a d'incidences sur les droits, obligations et responsabilités des États et des particuliers en vertu du droit international, y compris du droit international humanitaire et du droit international relatif aux droits de l'homme et en particulier, lorsqu'ils s'appliquent, de la Convention de 1951 et du Protocole de 1967 relatifs au statut des réfugiés ainsi que du principe de non-refoulement qui y est énoncé.

4) Le transfèrement des personnes condamnées, l'indemnisation des victimes de crimes violents

N° 10.1 Convention sur le transfèrement des personnes condamnées,
faite à Strasbourg le 21 mars 1983 (extraits) (30)

Article premier. — Définitions.

Aux fins de la présente Convention, l'expression :

a) « condamnation » désigne toute peine ou mesure privative de liberté prononcée par un juge pour une durée limitée ou indéterminée en raison d'une infraction pénale ;

b) « jugement » désigne une décision de justice prononçant une condamnation ;

c) « État de condamnation » désigne l'État où a été condamnée la personne qui peut être transférée ou l'a déjà été ;

d) « État d'exécution » désigne l'État vers lequel le condamné peut être transféré ou l'a déjà été, afin d'y subir sa condamnation.

Art. 2. — Principes généraux.

1. Les Parties s'engagent à s'accorder mutuellement, dans les conditions prévues par la présente Convention, la coopération la plus large possible en matière de transfèrement des personnes condamnées.

2. Une personne condamnée sur le territoire d'une Partie peut, conformément aux dispositions de la présente Convention, être transférée vers le territoire d'une autre Partie pour y subir la condamnation qui lui a été infligée. À cette fin, elle peut exprimer, soit auprès de l'État de condamnation, soit auprès de l'État d'exécution, le souhait d'être transférée en vertu de la présente Convention.

---

(30) La Convention a été ratifiée par la France à l'issue de la loi n° 84-1143 du 20 décembre 1984, publiée au *Journal officiel* par le décret n° 58-1053 du 30 septembre 1985. Cette Convention est complétée par un protocole du 18 décembre 1997 qui a été ratifié par la France par la loi n° 2005-497 du 19 mai 2005 et publié par le décret n° 2006-588 du 23 mai 2006. Un protocole portant amendement au Protocole additionnel à la Convention sur le transfèrement des personnes condamnées a été adopté le 22 novembre 2017. Il n'est ni signé, ni ratifié par la France à ce jour. Le Conseil de l'Europe avait par ailleurs adopté le 30 novembre 1964 une Convention pour la surveillance des personnes condamnées ou libérées sous condition qui a été ratifiée par la France par la loi n° 68-452 du 21 mai 1968, publiée par le décret n° 75-922 du 2 octobre 1975.

3. Le transfèrement peut être demandé soit par l'État de condamnation, soit par l'État d'exécution.

Art. 3. — Conditions du transfèrement.

1. Un transfèrement ne peut avoir lieu aux termes de la présente Convention qu'aux conditions suivantes :

a) le condamné doit être ressortissant de l'État d'exécution ;

b) le jugement doit être définitif ;

c) la durée de condamnation que le condamné a encore à subir doit être au moins de six mois à la date de réception de la demande de transfèrement ou indéterminée ;

d) le condamné ou, lorsqu'en raison de son âge ou de son état physique ou mental l'un des deux États l'estime nécessaire, son représentant doit consentir au transfèrement ;

e) les actes ou omissions qui ont donné lieu à la condamnation doivent constituer une infraction pénale au regard du droit de l'État d'exécution ou devraient en constituer une s'ils survenaient sur son territoire, et ;

f) l'État de condamnation et l'État d'exécution doivent s'être mis d'accord sur ce transfèrement.

2. Dans des cas exceptionnels, des Parties peuvent convenir d'un transfèrement, même si la durée de la condamnation que le condamné a encore à subir est inférieure à celle prévue au paragraphe 1, c.

3. Tout, État peut, au moment de la signature ou du dépôt de son instrument de ratification, d'acceptation, d'approbation ou d'adhésion, par une déclaration adressée au Secrétaire général du Conseil de l'Europe, indiquer qu'il entend exclure l'application de l'une des procédures prévues à l'article 9, 1, a et b, dans ses relations avec les autres Parties.

4. Tout État peut, à tout moment, par une déclaration adressée au Secrétaire général du Conseil de l'Europe, définir, en ce qui le concerne, le terme « ressortissant » aux fins de la présente Convention.

Art. 4. — Obligation de fournir des informations.

1. Tout condamné auquel la présente Convention peut s'appliquer doit être informé par l'État de condamnation de la teneur de la présente Convention.

2. Si le condamné a exprimé auprès de l'État de condamnation le souhait d'être transféré en vertu de la présente Convention, cet État doit en informer l'État d'exécution le plus tôt possible après que le jugement soit devenu définitif.

3. les informations doivent comprendre :

a) le nom, la date et le lieu de naissance du condamné ;

b) le cas échéant, son adresse dans l'État d'exécution ;

c) un exposé des faits ayant entraîné la condamnation ;

d) la nature, la durée et la date du début de la condamnation.

4. Si le condamné a exprimé auprès de l'État d'exécution le souhait d'être transféré en vertu de la présente Convention, l'État de condamnation communique à cet État, sur sa demande, les informations visées au paragraphe 3 ci-dessus.

5. Le condamné doit être informé par écrit de toute démarche entreprise par l'État de condamnation ou l'État d'exécution en application des paragraphes précédents, ainsi que de toute décision prise par l'un des deux États au sujet d'une demande de transfèrement.

Art. 5. — Demandes et réponses.

1. Les demandes de transfèrement et les réponses doivent être formulées par écrit.

2. Ces demandes doivent être adressées par le ministère de la justice de l'État requérant au ministère de la justice de l'État requis. Les réponses doivent être communiquées par les mêmes voies.

3. Toute Partie peut, par une déclaration adressée au Secrétaire général du Conseil de l'Europe, indiquer qu'elle utilisera d'autres voies de communication.

4. L'État requis doit informer l'État requérant, dans les plus brefs délais, de sa décision d'accepter ou de refuser le transfèrement demandé.

Art. 6. — Pièces à l'appui.

1. L'État d'exécution doit, sur demande de l'État de condamnation, fournir à ce dernier :

a) un document ou une déclaration indiquant que le condamné est ressortissant de cet État ;

b) une copie des dispositions légales de l'État d'exécution desquelles il résulte que les actes ou omissions qui ont donné lieu à la condamnation dans l'État de condamnation constituent une infraction pénale au regard du droit de l'État d'exécution ou en constitueraient une s'ils survenaient sur son territoire ;

c) Une déclaration contenant les renseignements prévus à l'article 9, 2.

2. Si un transfèrement est demandé, l'État de condamnation doit fournir les documents suivants à l'État d'exécution, à moins que l'un ou l'autre des deux États ait déjà indiqué qu'il ne donnerait pas son accord au transfèrement :

a) une copie certifiée conforme du jugement et des dispositions légales appliquées ;

b) l'indication de la durée de la condamnation déjà subie, y compris des renseignements sur toute détention provisoire, remise de peine ou autre acte concernant l'exécution de la condamnation ;

c) Une déclaration constatant le consentement ou transfèrement tel que visé à l'article 3, 1, d, et

d) Chaque fois qu'il y aura lieu, tout rapport médical ou social sur le condamné, toute information sur son traitement dans l'État de condamnation et toute recommandation pour la suite de son traitement dans l'État d'exécution.

3. L'État de condamnation et l'État d'exécution peuvent, l'un et l'autre, demander à recevoir l'un quelconque des documents ou déclarations visés aux paragraphes 1 et 2 ci-dessus avant de faire une demande de transfèrement où de prendre la décision d'accepter ou de refuser le transfèrement.

Art. 7. — Consentement et vérification.

1. L'État de condamnation fera en sorte que la personne qui doit donner son consentement au transfèrement en vertu de l'article 3, 1, d, le fasse volontairement et en étant pleinement consciente des conséquences juridiques qui en découlent. La procédure à suivre à ce sujet sera régie par la loi de l'État de condamnation.

2. L'État de condamnation doit donner à l'État d'exécution la possibilité de vérifier, par l'intermédiaire d'un consul ou d'un autre fonctionnaire désigné en accord avec l'État d'exécution, que le consentement a été donné dans les conditions prévues au paragraphe précédent ;

Art. 8. — Conséquences du transfèrement pour l'État de condamnation.

1. La prise en charge du condamné par les autorités de l'État d'exécution a pour effet de suspendre l'exécution de la condamnation dans l'État de condamnation.

2. L'État de condamnation ne peut plus exécuter la condamnation lorsque l'État d'exécution considère l'exécution de la condamnation comme étant terminée.

Art. 9. — Conséquence du transfèrement pour l'État d'exécution.

1. Les autorités compétentes de l'État d'exécution doivent :

a) soit poursuivre l'exécution de la condamnation immédiatement ou sur la base d'une décision judiciaire ou administrative, dans les conditions énoncées à l'article 10 ;

b) soit convertir la condamnation, par une procédure judiciaire ou administrative, en une décision de cet État, substituant ainsi à la sanction infligée dans l'État de condamnation une sanction prévue par la législation de l'État d'exécution pour la même infraction, dans les conditions énoncées à l'article 11.

2. L'État d'exécution doit, si la demande lui en est faite, indiquer à l'État de condamnation, avant le transfèrement de la personne condamnée, laquelle de ces procédures il suivra.

3. L'exécution de la condamnation est régie par la loi de l'État d'exécution et cet État est seul compétent pour prendre toutes les décisions appropriées.

4. Tout État dont le droit interne empêche de faire usage de l'une des procédures visées au paragraphe 1 pour exécuter les mesures dont on fait l'objet sur le territoire d'une autre Partie des personnes qui, compte tenu de leur état mental, ont été déclarées pénalement irresponsables d'une infraction et qui est disposé à prendre en charge ces personnes en vue de la poursuite de leur traitement peut, par une déclaration adressée au Secrétaire général du Conseil de l'Europe, indiquer les procédures qu'il suivra dans ces cas.

Art. 10. — Poursuite de l'exécution.

1. En cas de poursuite de l'exécution, l'État d'exécution est lié par la nature juridique et la durée de la sanction telles qu'elles résultent de la condamnation.

2. Toutefois, si la nature ou la durée de cette sanction sont incompatibles avec la législation de l'État d'exécution, ou si la législation de cet État l'exige, l'État d'exécution peut, par décision judiciaire ou administrative, adapter cette sanction à la peine ou mesure prévue par sa propre loi pour des infractions de même nature. Cette peine ou mesure correspond, autant que possible, quant à sa nature, à celle infligée par la condamnation à exécuter. Elle ne peut aggraver par sa nature ou par sa durée la sanction prononcée dans l'État de condamnation ni excéder le maximum prévu par la loi de l'État d'exécution.

Art. 11. — Conversion de la condamnation.

1. En cas de conversion de la condamnation, la procédure prévue par la législation de l'État d'exécution s'applique. Lors de la conversion, l'autorité compétente :

a) sera liée par la constatation des faits dans la mesure où ceux-ci figurent explicitement ou implicitement dans le jugement prononcé dans l'État de condamnation ;

b) ne peut convertir une sanction privative de liberté en une sanction pécuniaire ;

c) déduira intégralement la période de privation de liberté subie par le condamné, et

d) n'aggravera pas la situation pénale du condamné, et ne sera liée par la sanction minimale éventuellement prévue par la législation de l'État d'exécution pour la ou les infractions commises.

2. Lorsque la procédure de conversion à lieu après le transfèrement de la personne condamnée, l'État d'exécution gardera cette personne en détention ou prendra d'autres mesures afin d'assurer sa présence dans l'État d'exécution jusqu'à l'issue de cette procédure.

Art. 12. — Grâce, amnistie, commutation.

Chaque partie peut accorder la grâce, l'amnistie ou la commutation de la peine conformément à sa Constitution ou à ses autres règles juridiques.

Art. 13. — Révision du jugement.

L'État de condamnation, seul, a droit de statuer sur tout recours en révision introduit contre le jugement.

Art. 14. — Cessation de l'exécution.

L'État d'exécution doit mettre fin à l'exécution de la condamnation dès qu'il a été informé par l'État de condamnation de toute décision ou mesure qui a pour effet d'enlever à la condamnation son caractère exécutoire.

Art. 15. — Informations concernant l'exécution.

L'État d'exécution fournira des informations à l'État de condamnation concernant l'exécution de la condamnation :

a) lorsqu'il considère terminée l'exécution de la condamnation ;

b) si le condamné s'évade avant que l'exécution de la condamnation ne soit terminée, ou

c) si l'État de condamnation lui demande un rapport spécial.

Art. 16. — Transit.

1. Une Partie doit, en conformité avec sa législation, accéder à une demande de transit d'un condamné par son territoire si la demande est formulée par une autre Partie qui est elle-même convenue avec une autre Partie ou avec un État tiers du transfèrement du condamné vers ou à partir de son territoire.

2. Une Partie peut refuser d'accorder le transit :

a) si le condamné est un de ses ressortissants, ou

b) si l'infraction qui a donné lieu à la condamnation ne constitue pas une infraction au regard de sa législation.

3. Les demandes de transit et les réponses doivent être communiquées par les voies mentionnées aux dispositions de l'article 5, 2 et 3.

4. Une Partie peut accéder à une demande de transit d'un condamné par son territoire, formulée par un État tiers, si celui-ci est convenu avec une autre Partie du transfèrement vers ou à partir de son territoire.

5. La Partie à laquelle est demandé le transit peut garder le condamné en détention pendant la durée strictement nécessaire au transit par son territoire.

6. La Partie requise d'accorder le transit peut être invitée à donner l'assurance que le condamné ne sera ni poursuivi, ni détenu, sous réserve de l'application du paragraphe précédent, ni soumis à aucune autre restriction de sa liberté individuelle sur le territoire de l'État de transit, pour des faits ou condamnations antérieurs à son départ du territoire de l'État de condamnation.

7. Aucune demande de transit n'est nécessaire si la voie aérienne est utilisée au-dessus du territoire d'une Partie et aucun atterrissage n'est prévu. Toutefois, chaque État peut, par une déclaration adressée au Secrétaire général du Conseil de l'Europe au moment de la signature ou du dépôt de son instrument de ratification, d'acceptation, d'approbation ou d'adhésion, exiger que lui soit notifié tout transit au-dessus de son territoire.

Déclarations et réserve faites par le Gouvernement de la République française

La France interprète le paragraphe 3 de l'article 9 et le paragraphe 1 de l'article 10 comme signifiant que l'État d'exécution est seul compétent pour prendre à l'égard du condamné détenu les décisions de suspension et de réduction de peine, et pour déterminer toutes les autres modalités d'exécution de la peine, sans que soient remises en cause, dans leur principe, la nature juridique et la durée de la sanction prononcée par la juridiction de l'État de condamnation. Par ailleurs la France indique que conformément à l'article 3, 3, de la Convention, elle entend exclure l'application de la procédure prévue à l'article 9, 1, b, dans ses relations avec les autres parties.

À l'article 23, la France émet une réserve sur la compétence d'un comité d'experts, le Comité européen pour les problèmes criminels, pour connaître du règlement amiable des difficultés d'application de la Convention.

N° 10.2 Protocole additionnel à la convention sur le transfèrement des personnes condamnées, fait à Strasbourg le 18 décembre 1997 (extraits) (31)

Article premier. — Dispositions générales.

1. Les termes et expressions employés dans le présent Protocole doivent être interprétés au sens de la Convention.

2. Les dispositions de la Convention sont applicables dans la mesure où elles sont compatibles avec les dispositions du présent Protocole.

Art. 2. — Personnes évadées de l'État de condamnation.

1. Lorsqu'un ressortissant d'une Partie, qui a fait l'objet d'une condamnation définitive prononcée sur le territoire d'une autre Partie, vise à se soustraire à l'exécution ou à la poursuite de l'exécution de la condamnation dans l'État de condamnation, en se réfugiant sur le territoire de la première Partie avant d'avoir accompli la condamnation, l'État de condamnation peut adresser à la première Partie une requête tendant à ce que celle-ci se charge de l'exécution de la condamnation.

2. À la demande de la Partie requérante, la Partie requise peut, avant la réception des pièces à l'appui de la requête ou dans l'attente de la décision relative à cette requête, procéder à l'arrestation de la personne condamnée ou prendre toute autre mesure propre à garantir qu'elle demeure sur son territoire dans l'attente d'une décision concernant la requête. Toute demande dans ce sens est accompagnée des informations mentionnées dans le paragraphe 3 de l'article 4 de la Convention. L'arrestation à ce titre de la personne condamnée ne peut pas conduire à une aggravation de sa situation pénale.

3. Le transfert de l'exécution ne nécessite pas le consentement de la personne condamnée.

Art. 3. — Personnes condamnées frappées d'une mesure d'expulsion ou de reconduite à la frontière.

1. Sur demande de l'État de condamnation, l'État d'exécution peut, sous réserve de l'application des dispositions de cet article, donner son accord au transfèrement d'une personne condamnée sans le consentement de cette dernière lorsque la condamnation prononcée à l'encontre de celle-ci, ou une décision administrative prise à la suite de cette condamnation, comportent une mesure d'expulsion ou de reconduite à la frontière ou toute autre mesure en vertu de laquelle cette personne, une fois mise en liberté, ne sera plus admise à séjourner sur le territoire de l'État de condamnation.

2. L'État d'exécution ne donne son accord aux fins du paragraphe 1er qu'après avoir pris en considération l'avis de la personne condamnée.

3. Aux fins de l'application de cet article, l'État de condamnation fournit à l'État d'exécution :

a) une déclaration contenant l'avis de la personne condamnée en ce qui concerne son transfèrement envisagé, et

b) une copie de la mesure d'expulsion ou de reconduite à la frontière ou de toute autre mesure en vertu de laquelle la personne condamnée, une fois mise en liberté, ne sera plus admise à séjourner sur le territoire de l'État de condamnation.

---

(31) Ce protocole a été ratifié par la France par la loi n° 2005-497 du 19 mai 2005 et publié par le décret n° 2006-588 du 23 mai 2006. Ce protocole est modifié par un protocole du 22 novembre 2017 qui n'est pas encore signé par la France.

4. Toute personne qui a été transférée en application de cet article n'est ni poursuivie, ni jugée, ni détenue en vue de l'exécution d'une peine ou d'une mesure de sûreté, ni soumise à toute autre restriction de sa liberté individuelle, pour un fait quelconque antérieur au transfèrement, autre que celui ayant motivé la condamnation exécutoire, sauf dans les cas suivants :

a) lorsque l'État de condamnation l'autorise : une demande est présentée à cet effet, accompagnée des pièces pertinentes et d'un procès-verbal judiciaire consignant les déclarations de la personne condamnée ; cette autorisation est donnée lorsque l'infraction pour laquelle elle est demandée entraînerait elle-même l'extradition aux termes de la législation de l'État de condamnation, ou lorsque l'extradition serait exclue uniquement à raison du montant de la peine ;

b) lorsque, ayant eu la possibilité de le faire, la personne condamnée n'a pas quitté, dans les 45 jours qui suivent son élargissement définitif, le territoire de l'État d'exécution, ou si elle y est retournée après l'avoir quitté.

5. Nonobstant les dispositions du paragraphe 4 du présent article, l'État d'exécution peut prendre les mesures nécessaires conformément à sa législation, y compris le recours à une procédure par défaut, en vue d'une interruption de la prescription.

6. Tout État contractant peut, par une déclaration adressée au Secrétaire Général du Conseil de l'Europe, indiquer qu'il ne prendra pas en charge l'exécution de condamnations sous les conditions énoncées dans le présent article.

Art. 4. — Signature et entrée en vigueur.

1. Le présent Protocole est ouvert à la signature des États membres du Conseil de l'Europe et des autres États signataires de la Convention. Il sera soumis à ratification, acceptation ou approbation. Un signataire ne peut ratifier, accepter ou approuver le présent Protocole sans avoir antérieurement ou simultanément ratifié, accepté ou approuvé la Convention. Les instruments de ratification, d'acceptation ou d'approbation seront déposés près le Secrétaire Général du Conseil de l'Europe.

2. Le présent Protocole entrera en vigueur le premier jour du mois qui suit l'expiration d'une période de trois mois après la date du dépôt du troisième instrument de ratification, d'acceptation ou d'approbation.

3. Pour tout État signataire qui déposera ultérieurement son instrument de ratification, d'acceptation ou d'approbation, le Protocole entrera en vigueur le premier jour du mois qui suit l'expiration d'une période de trois mois après la date du dépôt.

Art. 5. — Adhésion.

1. Tout État non membre qui a adhéré à la Convention pourra adhérer au présent Protocole après son entrée en vigueur.

2. Pour tout État adhérant, le Protocole entrera en vigueur le premier jour du mois qui suit l'expiration d'une période de trois mois après la date du dépôt de l'instrument d'adhésion.

Art. 6. — Application territoriale.

1. Tout État peut, au moment de la signature ou au moment du dépôt de son instrument de ratification, d'acceptation ou d'adhésion, désigner le ou les territoires auxquels s'appliquera le présent protocole.

2. Tout État contractant peut, à tout autre moment par la suite, par une déclaration adressée au Secrétaire Général du Conseil de l'Europe, étendre l'application du présent Protocole à tout autre territoire désigné dans la déclaration. Le Protocole entrera en vigueur à l'égard de ce territoire le premier jour du mois qui suit l'expiration d'une période de trois mois après la date de réception de la déclaration par le Secrétaire Général.

3. Toute déclaration faite en vertu des deux paragraphes précédents pourra être retirée, en ce qui concerne tout territoire désigné dans cette déclaration, par notification adressée au Secrétaire Général. Le retrait prendra effet le premier jour du mois qui suit l'expiration d'une période de trois mois après la date de réception de la notification par le Secrétaire Général.

Art. 7. — Application dans le temps.

Le présent Protocole sera applicable à l'exécution des condamnations prononcées soit avant soit après son entrée en vigueur.

N° 11 **Convention européenne sur l'indemnisation des victimes d'infractions violentes,** faite à Strasbourg le 24 novembre 1983 (extraits) [32]

TITRE I

PRINCIPES FONDAMENTAUX

Article premier. — Les Parties s'engagent à prendre les dispositions nécessaires pour donner effet aux principes énoncés au titre 1er de la présente Convention.

Art. 2. — 1. Lorsque la réparation ne peut être entièrement assurée par d'autres sources, l'État doit contribuer au dédommagement :

a) De ceux qui ont subi de graves atteintes au corps ou à la santé résultant directement d'une infraction intentionnelle de violence ;

b) De ceux qui étaient à la charge de la personne décédée à la suite d'une telle infraction.

2. Le dédommagement prévu à l'alinéa précédent sera accordé même si l'auteur e peut être poursuivi ou puni.

Art. 3. — L'indemnité sera accordée par l'État sur le territoire duquel l'infraction a été commise :

a) Aux ressortissants des États Parties à la présente Convention ;

b) Aux ressortissants de tous les États membres du Conseil de l'Europe qui résident en permanence dans l'État sur le territoire duquel l'infraction a été commise.

Art. 4. — Le dédommagement couvrira au moins, selon le cas, les éléments suivants du préjudice : perte de revenus, frais médicaux et d'hospitalisation, frais funéraires et, en ce qui concerne les personnes à charge, perte d'aliments.

Art. 5. — Le régime de dédommagement peut fixer au besoin, pour l'ensemble ou pour les éléments de l'indemnité, une limite supérieure au-dessus de laquelle et seuil minimum au-dessous duquel aucun dédommagement ne sera versé.

Art. 6. — Le régime de dédommagement peut fixer un délai dans lequel les requêtes en dédommagement doivent être introduites.

Art. 7. — Le dédommagement peut être réduit ou supprimé compte tenu de la situation financière du requérant.

---

(32) La Convention a été ratifiée par la France à l'issue de la loi n° 88-1251 du 30 décembre 1988 et publiée par le décret n° 90-447 du 29 mai 1990.

Art. 8. — 1. Le dédommagement peut être réduit ou supprimé en raison du comportement de la victime ou du requérant avant, pendant ou après l'infraction, ou en relation avec le dommage causé.

2. Le dédommagement peut aussi être réduit ou supprimé si la victime ou le requérant est impliqué(e) dans la criminalité organisée ou appartient à une organisation qui se livre à des infractions de violence.

3. Le dédommagement peut également être réduit ou supprimé dans le cas où une réparation, totale ou partielle, serait contraire au sens de la justice ou à l'ordre public.

Art. 9. — Afin d'éviter un double dédommagement, l'État ou l'autorité compétente peut imputer sur le dédommagement accordé ou réclamer à la personne indemnisée toute somme, relative au préjudice, reçue du délinquant, de la sécurité sociale, d'une assurance ou provenant de toute autre source.

Art. 10. — L'État ou l'autorité compétente peut être subrogé(e) dans les droits de la personne indemnisée à concurrence du montant versé.

Art. 11. — Les Parties s'engagent à prendre les mesures appropriées afin que les informations concernant le régime de dédommagement soient à la disposition des requérants potentiels.

TITRE II

COOPÉRATION INTERNATIONALE

Art. 12. — Sous réserve de l'application des accords bilatéraux ou multilatéraux d'assistance mutuelle conclus entre États contractants, les autorités compétentes des Parties doivent s'accorder mutuellement, sur demande, la plus large assistance possible dans le domaine couvert par la présente Convention. Dans ce but, chaque État contractant désignera une autorité centrale chargée de recevoir les demandes d'assistance et d'y donner suite et en informera le Secrétaire général du Conseil de l'Europe lors du dépôt de son instrument de ratification, d'acceptation, d'approbation ou d'adhésion.

Art. 13. — 1. Le Comité européen pour les problèmes criminels (CDPC) du Conseil de l'Europe sera tenu informé de l'application de la présente Convention.

2. À cette fin, chaque Partie transmettra au Secrétaire général du Conseil de l'Europe toute information utile concernant ces dispositions législatives ou réglementaires relatives aux questions couvertes par la Convention.

Déclarations

Pour l'application de l'article 3, le Gouvernement de la République française déclare :

— en ce qui concerne les ressortissants des États membres des Communautés européennes, qu'ils sont assimilés aux ressortissants français ;

— en ce qui concerne les ressortissants des États non membres des Communautés européennes, qu'ils sont considérés comme résidant en permanence en France, aux termes du paragraphe b, lorsqu'ils sont titulaires d'une carte de résident.

Conformément à l'article 12, le Gouvernement de la République française désigne le Bureau de la Protection des Victimes et de la Prévention du Ministère de la Justice, 13, place Vendôme, 75042 Paris Cedex 01, en tant qu'autorité centrale chargée de recevoir et de traiter les demandes d'assistance.

Les demandes d'indemnité présentées en application de la présente Convention seront examinées par la commission prévue à l'article 706-4 du Code français de procédure pénale, conformément aux dispositions des articles 706-3 à 706-12 dudit Code.

5) La protection des enfants

N° 12.1 Convention européenne sur l'exercice des droits des enfants,

faite à Strasbourg le 25 janvier 1996 (extraits) (33)

Chapitre I

Champ d'application et objet de la Convention, et définitions

Article premier. — Champ d'application et objet de la Convention.

1. La présente Convention s'applique aux enfants qui n'ont pas atteint l'âge de 18 ans.

2. L'objet de la présente Convention vise à promouvoir, dans l'intérêt supérieur des enfants, leurs droits, à leur accorder des droits procéduraux et à en faciliter l'exercice en veillant à ce qu'ils puissent, eux-mêmes, ou par l'intermédiaire d'autres personnes ou organes, être informés et autorisés à participer aux procédures les intéressant devant une autorité judiciaire.

3. Aux fins de la présente Convention, les procédures intéressant les enfants devant une autorité judiciaire sont des procédures familiales, en particulier celles relatives à l'exercice des responsabilités parentales, s'agissant notamment de la résidence et du droit de visite à l'égard des enfants.

4. Tout État doit, au moment de la signature ou au moment du dépôt de son instrument de ratification, d'acceptation, d'approbation ou d'adhésion, désigner, par déclaration adressée au Secrétaire Général du Conseil de l'Europe, au moins trois catégories de litiges familiaux devant une autorité judiciaire auxquelles la présente Convention a vocation à s'appliquer.

Toute Partie peut, par déclaration additionnelle, compléter la liste des catégories de litiges familiaux auxquelles la présente Convention a vocation à s'appliquer ou fournir toute information relative à l'application des articles 5, 9, paragraphe 2, 10, paragraphe 2, et 11.

La présente Convention n'empêche pas les Parties d'appliquer des règles plus favorables à la promotion et à l'exercice des droits des enfants.

Art. 2. — Définitions.

Aux fins de la présente Convention, l'on entend par :

a) « autorité judiciaire », un tribunal ou une autorité administrative ayant des compétences équivalentes ;

---

(33) Cette Convention a été ratifiée par la France par la loi n° 2007-1155 du 1er août 2007 et publiée par le décret n° 2008-36 du 10 janvier 2008.

b) « détenteurs des responsabilités parentales », les parents et autres personnes ou organes habilités à exercer tout ou partie des responsabilités parentales ;

c) « représentant », une personne, telle qu'un avocat, ou un organe nommé pour agir auprès d'une autorité judiciaire au nom d'un enfant ;

d) « informations pertinentes », les informations appropriées, eu égard à l'âge et au discernement de l'enfant, qui lui seront fournies afin de lui permettre d'exercer pleinement ses droits, à moins que la communication de telles informations ne nuise à son bien-être.

Chapitre II

Mesures d'ordre procédural pour promouvoir l'exercice des droits des enfants

A. Droits procéduraux d'un enfant

Art. 3. — Droit d'être informé et d'exprimer son opinion dans les procédures.

Un enfant qui est considéré par le droit interne comme ayant un discernement suffisant, dans les procédures l'intéressant devant une autorité judiciaire, se voit conférer les droits suivants, dont il peut lui-même demander à bénéficier :

a) recevoir toute information pertinente ;

b) être consulté et exprimer son opinion ;

c) être informé des conséquences éventuelles de la mise en pratique de son opinion et des conséquences éventuelles de toute décision.

Art. 4. — Droit de demander la désignation d'un représentant spécial.

1. Sous réserve de l'article 9, l'enfant a le droit de demander, personnellement ou par l'intermédiaire d'autres personnes ou organes, la désignation d'un représentant spécial dans les procédures l'intéressant devant une autorité judiciaire, lorsque le droit interne prive les détenteurs des responsabilités parentales de la faculté de représenter l'enfant en raison d'un conflit d'intérêts avec celui-là.

2. Les États sont libres de prévoir que le droit visé au paragraphe 1 ne s'applique qu'aux seuls enfants considérés par le droit interne comme ayant un discernement suffisant.

Art. 5. — Autres droits procéduraux possibles.

Les Parties examinent l'opportunité de reconnaître aux enfants des droits procéduraux supplémentaires dans les procédures intéressant les enfants devant une autorité judiciaire, en particulier :

a) le droit de demander à être assistés par une personne appropriée de leur choix afin de les aider à exprimer leur opinion ;

b) le droit de demander eux-mêmes, ou par l'intermédiaire d'autres personnes ou organes, la désignation d'un représentant distinct, dans les cas appropriés, un avocat ;

c) le droit de désigner leur propre représentant ;

d) le droit d'exercer tout ou partie des prérogatives d'une partie à de telles procédures.

B. Rôle des autorités judiciaires

Art. 6. — Processus décisionnel.

Dans les procédures intéressant un enfant, l'autorité judiciaire, avant de prendre toute décision, doit :

a) examiner si elle dispose d'informations suffisantes afin de prendre une décision dans l'intérêt supérieur de celui-là et, le cas échéant, obtenir des informations supplémentaires, en particulier de la part des détenteurs de responsabilités parentales ;

b) lorsque l'enfant est considéré par le droit interne comme ayant un discernement suffisant :

— s'assurer que l'enfant a reçu toute information pertinente,

— consulter dans les cas appropriés l'enfant personnellement, si nécessaire en privé, elle-même ou par l'intermédiaire d'autres personnes ou organes, sous une forme appropriée à son discernement, à moins que ce ne soit manifestement contraire aux intérêts supérieurs de l'enfant,

— permettre à l'enfant d'exprimer son opinion ;

c) tenir dûment compte de l'opinion exprimée par celui-ci.

Art. 7. — Obligation d'agir promptement.

Dans les procédures intéressant un enfant, l'autorité judiciaire doit agir promptement pour éviter tout retard inutile. Des procédures assurant une exécution rapide de ses décisions doivent y concourir. En cas d'urgence, l'autorité judiciaire a, le cas échéant, le pouvoir de prendre des décisions qui sont immédiatement exécutoires.

Art. 8. — Possibilité d'autosaisine.

Dans les procédures intéressant un enfant, l'autorité judiciaire a le pouvoir, dans les cas déterminés par le droit interne où le bien-être de l'enfant est sérieusement menacé, de se saisir d'office.

Art. 9. — Désignation d'un représentant.

1. Dans les procédures intéressant un enfant, lorsqu'en vertu du droit interne les détenteurs des responsabilités parentales se voient privés de la faculté de représenter l'enfant à la suite d'un conflit d'intérêts avec lui, l'autorité judiciaire a le pouvoir de désigner un représentant spécial pour celui-là dans de telles procédures.

2. Les Parties examinent la possibilité de prévoir que, dans les procédures intéressant un enfant, l'autorité judiciaire ait le pouvoir de désigner un représentant distinct, dans les cas appropriés, un avocat, pour représenter l'enfant.

C. Rôle des représentants

Art. 10. — 1. Dans le cas des procédures intéressant un enfant devant une autorité judiciaire, le représentant doit, à moins que ce ne soit manifestement contraire aux intérêts supérieurs de l'enfant :

a) fournir toute information pertinente à l'enfant, si ce dernier est considéré par le droit interne comme ayant un discernement suffisant ;

b) fournir des explications à l'enfant, si ce dernier est considéré par le droit interne comme ayant un discernement suffisant, relatives aux conséquences éventuelles de la mise en pratique de son opinion et aux conséquences éventuelles de toute action du représentant ;

c) déterminer l'opinion de l'enfant et la porter à la connaissance de l'autorité judiciaire.

2. Les Parties examinent la possibilité d'étendre les dispositions du paragraphe 1 aux détenteurs des responsabilités parentales.

D. Extension de certaines dispositions

Art. 11. — Les Parties examinent la possibilité d'étendre les dispositions des articles 3, 4 et 9 aux procédures intéressant les enfants devant d'autres organes ainsi qu'aux questions intéressant les enfants indépendamment de toute procédure.

E. Organes nationaux

Art. 12. — 1. Les Parties encouragent, par l'intermédiaire d'organes qui ont, entre autres, les fonctions visées au paragraphe 2, la promotion et l'exercice des droits des enfants.

2. Ces fonctions sont les suivantes :

a) faire des propositions pour renforcer le dispositif législatif relatif à l'exercice des droits des enfants ;

b) formuler des avis sur les projets de législation relatifs à l'exercice des droits des enfants ;

c) fournir des informations générales concernant l'exercice des droits des enfants aux médias, au public et aux personnes ou organes s'occupant des questions relatives aux enfants ;

d) rechercher l'opinion des enfants et leur fournir toute information appropriée.

F. Autres mesures

Art. 13. — Médiation et autres méthodes de résolution des conflits.

Afin de prévenir ou de résoudre les conflits, et d'éviter des procédures intéressant les enfants devant une autorité judiciaire, les Parties encouragent la mise en œuvre de la médiation ou de toute autre méthode de résolution des conflits et leur utilisation pour conclure un accord, dans les cas appropriés déterminés par les Parties.

Art. 14. — Aide judiciaire et conseil juridique.

Lorsque le droit interne prévoit l'aide judiciaire ou le conseil juridique pour la représentation des enfants dans les procédures les intéressant devant une autorité judiciaire, de telles dispositions s'appliquent aux questions visées aux articles 4 et 9.

Art. 15. — Relations avec d'autres instruments internationaux.

La présente Convention ne fait pas obstacle à l'application d'autres instruments internationaux qui traitent de questions spécifiques à la protection des enfants et des familles, auxquels une Partie à la présente Convention est, ou devient, Partie.

Chapitre III

Comité permanent

Art. 16. — Mise en place et fonctions du Comité permanent.

1. Il est constitué, aux fins de la présente Convention, un Comité permanent.

2. Le Comité permanent suit les problèmes relatifs à la présente Convention. Il peut, en particulier :

a) examiner toute question pertinente relative à l'interprétation ou à la mise en œuvre de la Convention. Les conclusions du Comité permanent relatives à la mise en œuvre de la Convention peuvent revêtir la forme d'une recommandation ; les recommandations sont adoptées à la majorité des trois quarts des voix exprimées ;

b) proposer des amendements à la Convention et examiner ceux formulés conformément à l'article 20 ;

c) fournir conseil et assistance aux organes nationaux exerçant les fonctions visées au paragraphe 2 de l'article 12, ainsi que promouvoir la coopération internationale entre ceux-là.

Art. 17. — Composition.

1. Toute Partie peut se faire représenter au sein du Comité permanent par un ou plusieurs délégués. Chaque Partie dispose d'une voix.

2. Tout État visé à l'article 21, qui n'est pas Partie à la présente Convention, peut être représenté au Comité permanent par un observateur. Il en va de même pour tout autre État ou pour la Communauté européenne, après invitation à adhérer à la Convention, conformément aux dispositions de l'article 22.

3. À moins qu'une Partie, un mois au minimum avant la réunion, n'ait informé le Secrétaire Général de son objection, le Comité permanent peut inviter

à participer en tant qu'observateur à toutes les réunions ou à tout ou partie d'une réunion :

— tout État non visé au paragraphe 2 ci-dessus ;

— le Comité des droits de l'enfant des Nations Unies ;

— la Communauté européenne ;

— tout organisme international gouvernemental ;

— tout organisme international non gouvernemental poursuivant une ou plusieurs des fonctions visées au paragraphe 2 de l'article 12 ;

— tout organisme national, gouvernemental ou non gouvernemental, exerçant une ou plusieurs des fonctions visées au paragraphe 2 de l'article 12.

3. Le Comité permanent peut échanger des informations avec les organisations appropriées œuvrant pour l'exercice des droits des enfants.

Art. 18. — Réunions.

1. À l'issue de la troisième année qui suit la date d'entrée en vigueur de la présente Convention et, à son initiative, à tout autre moment après cette date, le Secrétaire Général du Conseil de l'Europe invitera le Comité permanent à se réunir.

2. Le Comité permanent ne peut prendre de décision qu'à la condition qu'au moins la moitié des Parties soit présente.

3. Sous réserve des articles 16 et 20, les décisions du Comité permanent sont prises à la majorité des membres présents.

4. Sous réserve des dispositions de la présente Convention, le Comité permanent établit son règlement intérieur et le règlement intérieur de tout groupe de travail qu'il constitue pour remplir toutes les tâches appropriées dans le cadre de la Convention.

Art. 19. — Rapports du Comité permanent.

Après chaque réunion, le Comité permanent transmet aux Parties et au Comité des Ministres du Conseil de l'Europe un rapport relatif à ses discussions et aux décisions prises.

N° 12.2 Convention européenne sur la protection des enfants contre l'exploitation et les abus sexuels, faite à Lanzarote le 25 octobre 2007 (extraits) (34)

Les États membres du Conseil de l'Europe et les autres signataires de la présente Convention ;

Considérant que le but du Conseil de l'Europe est de réaliser une union plus étroite entre ses membres ;

Considérant que tout enfant a droit, de la part de sa famille, de la société et de l'État, aux mesures de protection qu'exige sa condition de mineur ;

Constatant que l'exploitation sexuelle des enfants, notamment sous les formes de la pornographie enfantine et de la prostitution, ainsi que toutes les formes d'abus sexuel concernant des enfants, y compris lorsque les faits sont commis à l'étranger, mettent gravement en péril la santé et le développement psychosocial de l'enfant ;

Constatant que l'exploitation et les abus sexuels concernant des enfants ont pris des dimensions inquiétantes tant au niveau national qu'international, notamment pour ce

(34) La Convention a été ratifiée par la France le 27 septembre 2010 à l'issue de la loi n° 2010-608 du 7 juin 2010, publiée par le décret n° 2011-1385 du 27 octobre 2011.

qui est de l'utilisation accrue des technologies de communication et d'information par les enfants et les auteurs d'infractions, et que, pour les prévenir et les combattre, une coopération internationale s'avère indispensable ;

Considérant que le bien-être et l'intérêt supérieur des enfants sont des valeurs fondamentales partagées par tous les États membres et doivent être promus sans aucune discrimination ;

Rappelant le Plan d'action adopté lors du 3e Sommet des chefs d'État et de gouvernement du Conseil de l'Europe (Varsovie, 16-17 mai 2005), qui préconise l'élaboration de mesures pour mettre fin à l'exploitation sexuelle des enfants ;

Rappelant notamment les Recommandations suivantes du Comité des Ministres : n° R (91) 11 sur l'exploitation sexuelle, la pornographie, la prostitution, ainsi que sur le trafic d'enfants et de jeunes adultes et Rec. (2001) 16 sur la protection des enfants contre l'exploitation sexuelle, et la Convention sur la cybercriminalité (STE n° 185), et en particulier son article 9, ainsi que la Convention du Conseil de l'Europe sur la lutte contre la traite des êtres humains (STCE n° 197) ;

Ayant à l'esprit la Convention de sauvegarde des Droits de l'Homme et des Libertés fondamentales (1950, STE n° 5), la Charte sociale européenne révisée (1996, STE n° 163), la Convention européenne sur l'exercice des droits des enfants (1996, STE n° 160) ;

Ayant également à l'esprit la Convention des Nations Unies relative aux droits de l'enfant, en particulier l'article 34, le Protocole facultatif concernant la vente d'enfants, la prostitution des enfants et la pornographie mettant en scène des enfants, ainsi que le Protocole additionnel à la Convention des Nations Unies contre la criminalité transnationale organisée visant à prévenir, réprimer et punir la traite des personnes, en particulier des femmes et des enfants, ainsi que la Convention de l'Organisation internationale du travail concernant l'interdiction des pires formes de travail des enfants et l'action immédiate en vue de leur élimination ;

Ayant à l'esprit la Décision-cadre du Conseil de l'Union européenne relative à la lutte contre l'exploitation sexuelle des enfants et la pédopornographie (2004/68/JAI), la Décision-cadre du Conseil de l'Union européenne relative au statut des victimes dans le cadre de procédures pénales (2001/220/JAI) et la Décision-cadre du Conseil de l'Union européenne relative à la lutte contre la traite des êtres humains (2002/629/JAI) ;

Tenant dûment compte d'autres instruments juridiques et programmes internationaux pertinents dans ce domaine, notamment la Déclaration et le Programme d'action de Stockholm, adoptés lors du 1er Congrès mondial contre l'exploitation sexuelle des enfants à des fins commerciales (27-31 août 1996) ; l'Engagement mondial de Yokohama, adopté lors du 2e Congrès mondial contre l'exploitation sexuelle des enfants à des fins commerciales (17-20 décembre 2001) ; l'Engagement et le plan d'action de Budapest, adoptés à l'issue de la conférence préparatoire du 2e Congrès mondial contre l'exploitation sexuelle des enfants à des fins commerciales (20-21 novembre 2001) ; la Résolution adoptée par l'Assemblée générale des Nations Unies S-27/2 « Un monde digne des enfants » et le Programme triennal « Construire une Europe pour et avec les enfants », adopté à la suite du 3e Sommet et lancé par la Conférence de Monaco (4-5 avril 2006) ;

Déterminés à contribuer efficacement à réaliser l'objectif commun consistant à protéger les enfants contre l'exploitation et les abus sexuels quels qu'en soient les auteurs, et à fournir une assistance aux victimes ;

Tenant compte de la nécessité d'élaborer un instrument international global qui soit centré sur les aspects liés à la prévention, la protection et le droit pénal en matière de lutte contre toutes les formes d'exploitation et d'abus sexuel concernant des enfants, et qui mette en place un mécanisme de suivi spécifique ;

Sont convenus de ce qui suit :

Chapitre I

Objet, principe de non-discrimination et définitions

Article premier. — Objet.

1. La présente Convention a pour objet :

a) de prévenir et de combattre l'exploitation et les abus sexuels concernant des enfants ;

b) de protéger les droits des enfants victimes d'exploitation et d'abus sexuels ;

c) de promouvoir la coopération nationale et internationale contre l'exploitation et les abus sexuels concernant des enfants.

2. Afin d'assurer une mise en œuvre efficace de ses dispositions par les Parties, la présente Convention met en place un mécanisme de suivi spécifique.

Art. 2. — Principe de non-discrimination.

La mise en œuvre de la présente Convention par les Parties, en particulier le bénéfice des mesures visant à protéger les droits des victimes, doit être assurée sans discrimination aucune, fondée notamment sur le sexe, la race, la couleur, la langue, la religion, les opinions politiques ou toutes autres opinions, l'origine nationale ou sociale, l'appartenance à une minorité nationale, la fortune, la naissance, l'orientation sexuelle, l'état de santé, le handicap ou toute autre situation.

Art. 3. — Définitions.

Aux fins de la présente Convention :

a) le terme « enfant » désigne toute personne âgée de moins de 18 ans ;

b) l'expression « exploitation et abus sexuels concernant des enfants » inclut les comportements visés aux articles 18 à 23 de la présente Convention ;

c) le terme « victime » désigne tout enfant victime d'exploitation ou d'abus sexuels.

Chapitre II

Mesures préventives

Art. 4. — Principes.

Chaque Partie prend les mesures législatives ou autres nécessaires pour prévenir toute forme d'exploitation et d'abus sexuels concernant des enfants et pour protéger ces derniers.

Art. 5. — Recrutement, formation et sensibilisation des personnes travaillant au contact des enfants.

1. Chaque Partie prend les mesures législatives ou autres nécessaires pour promouvoir la sensibilisation à la protection et aux droits de l'enfant des personnes amenées à avoir des contacts réguliers avec des enfants dans les secteurs de l'éducation, de la santé, de la protection sociale, de la justice, des forces de l'ordre ainsi que dans les secteurs relatifs aux activités sportives, culturelles et de loisirs.

2. Chaque Partie prend les mesures législatives ou autres nécessaires pour que les personnes visées au paragraphe 1 aient une connaissance adéquate de l'exploitation et des abus sexuels concernant des enfants, des moyens de les détecter et de la possibilité prévue à l'article 12, paragraphe 1.

3. Chaque Partie prend les mesures législatives ou autres nécessaires, conformément à son droit interne, pour que les conditions d'accès aux professions dont l'exercice comporte de manière habituelle des contacts avec les enfants permettent de s'assurer que les candidats à ces professions n'ont pas été condamnés pour des actes d'exploitation ou d'abus sexuels concernant des enfants.

Art. 6. — Éducation des enfants.

Chaque Partie prend les mesures législatives ou autres nécessaires pour que les enfants reçoivent, au cours de la scolarité primaire et secondaire, des informations sur les risques d'exploitation et d'abus sexuels, ainsi que sur les moyens de se protéger, adaptées à leur stade de développement. Cette information, dispensée, le cas échéant, en association avec les parents, s'inscrit dans une information plus générale sur la sexualité et porte une attention particulière aux situations à risque, notamment celles résultant de l'utilisation des nouvelles technologies de l'information et de la communication.

Art. 7. — Programmes ou mesures d'intervention préventive.

Chaque Partie veille à ce que les personnes qui craignent pouvoir commettre l'une des infractions établies conformément à la présente Convention puissent accéder, le cas échéant, à des programmes ou mesures d'intervention efficaces destinés à évaluer et à prévenir les risques de passage à l'acte.

Art. 8. — Mesures à l'égard du public.

1. Chaque Partie promeut ou organise des campagnes de sensibilisation qui informent le public sur le phénomène de l'exploitation et des abus sexuels concernant des enfants et les mesures préventives qui peuvent être prises.

2. Chaque Partie prend les mesures législatives ou autres nécessaires pour prévenir ou interdire la diffusion de matériels qui font la publicité des infractions établies conformément à la présente Convention.

Art. 9. — Participation des enfants, du secteur privé, des médias et de la société civile.

1. Chaque Partie encourage la participation des enfants, selon leur stade de développement, à l'élaboration et à la mise en œuvre des politiques, des programmes publics ou autres portant sur la lutte contre l'exploitation et les abus sexuels concernant des enfants.

2. Chaque Partie encourage le secteur privé, notamment les secteurs des technologies de communication et de l'information, l'industrie du tourisme et du voyage et les secteurs bancaires et financiers, ainsi que la société civile, à participer à l'élaboration et à la mise en œuvre des politiques de prévention de l'exploitation et des abus sexuels concernant des enfants, et à mettre en œuvre des normes internes à travers l'autorégulation ou la corégulation.

3. Chaque Partie encourage les médias à fournir une information appropriée concernant tous les aspects de l'exploitation et des abus sexuels concernant des enfants, dans le respect de l'indépendance des médias et de la liberté de la presse.

4. Chaque Partie encourage le financement, y compris, le cas échéant, par la création de fonds, des projets et programmes pris en charge par la société civile en vue de prévenir et de protéger les enfants contre l'exploitation et les abus sexuels.

Chapitre III

Autorités spécialisées et instances de coordination

Art. 10. — Mesures nationales de coordination et de collaboration.

1. Chaque Partie prend les mesures nécessaires pour assurer la coordination au plan national ou local entre les différentes instances chargées de la protection des enfants, la prévention et la lutte contre l'exploitation et les abus sexuels concernant des enfants, notamment le secteur de l'éducation et de la santé, les services sociaux, les forces de l'ordre et les autorités judiciaires.

2. Chaque Partie prend les mesures législatives ou autres nécessaires pour mettre en place ou désigner :

a) des institutions nationales ou locales indépendantes compétentes pour la promotion et la protection des droits de l'enfant, en veillant à ce qu'elles soient dotées de ressources et de responsabilités spécifiques ;

b) des mécanismes de recueil de données ou des points d'information, au niveau national ou local et en coopération avec la société civile, permettant, dans le respect des exigences liées à la protection des données à caractère personnel, l'observation et l'évaluation des phénomènes d'exploitation et d'abus sexuels concernant des enfants.

3. Chaque Partie encourage la coopération entre les pouvoirs publics compétents, la société civile et le secteur privé, afin de mieux prévenir et combattre l'exploitation et les abus sexuels concernant des enfants.

Chapitre IV

Mesures de protection et assistance aux victimes

Art. 11. — Principes.

1. Chaque Partie établit des programmes sociaux efficaces et met en place des structures pluridisciplinaires visant à fournir l'appui nécessaire aux victimes, à leurs parents proches et à ceux auxquels elles sont confiées.

2. Chaque Partie prend les mesures législatives ou autres nécessaires pour que, en cas d'incertitude sur l'âge de la victime et lorsqu'il existe des raisons de croire qu'elle est un enfant, les mesures de protection et d'assistance prévues pour les enfants lui soient accordées, dans l'attente que son âge soit vérifié et établi.

Art. 12. — Signalement des soupçons d'exploitation ou d'abus sexuels.

1. Chaque Partie prend les mesures législatives ou autres nécessaires pour que les règles de confidentialité imposées par le droit interne à certains professionnels amenés à travailler en contact avec des enfants ne fassent pas obstacle à la possibilité, pour ces professionnels, de signaler aux services chargés de la protection de l'enfance, toute situation d'un enfant pour lequel ils ont des motifs raisonnables de croire qu'il est victime d'exploitation ou d'abus sexuels.

2. Chaque Partie prend les mesures législatives ou autres nécessaires pour encourager toute personne ayant connaissance ou suspectant, de bonne foi, des faits d'exploitation ou d'abus sexuels concernant des enfants à les signaler aux services compétents.

Art. 13. — Services d'assistance.

Chaque Partie prend les mesures législatives ou autres nécessaires pour encourager et soutenir la mise en place de services de communication, tels que des lignes téléphoniques ou internet, permettant de prodiguer des conseils aux appelants, même confidentiellement ou dans le respect de leur anonymat.

Art. 14. — Assistance aux victimes.

1. Chaque Partie prend les mesures législatives ou autres nécessaires pour assister, à court et à long termes, les victimes en vue d'assurer leur rétablissement physique et psychosocial. Les mesures prises en application du présent paragraphe tiennent dûment compte des vues, besoins et préoccupations de l'enfant.

2. Chaque Partie prend des mesures, selon les conditions prévues par son droit interne, afin de coopérer avec les organisations non gouvernementales, d'autres organisations compétentes ou d'autres éléments de la société civile, engagés dans l'assistance aux victimes.

3. Lorsque les parents ou les personnes auxquelles l'enfant est confié sont impliqués dans les faits d'exploitation ou d'abus sexuels commis à son encontre,

les procédures d'intervention prises en application du paragraphe 1 de l'article 11 comportent :

— la possibilité d'éloigner l'auteur présumé des faits ;

— la possibilité de retirer la victime de son milieu familial. Les modalités et la durée de ce retrait sont déterminées conformément à l'intérêt supérieur de l'enfant.

4. Chaque Partie prend les mesures législatives ou autres nécessaires pour que les proches de la victime puissent bénéficier, le cas échéant, d'une aide thérapeutique, notamment d'un soutien psychologique d'urgence.

Chapitre V

Programmes ou mesures d'intervention

Art. 15. — Principes généraux.

1. Chaque Partie prévoit ou promeut, conformément à son droit interne, des programmes ou mesures d'intervention efficaces pour les personnes visées à l'article 6, paragraphes 1 et 2, en vue de prévenir et de minimiser les risques de réitération d'infractions à caractère sexuel sur des enfants. Ces programmes ou mesures doivent être accessibles à tout moment de la procédure, en milieu carcéral et à l'extérieur, selon les conditions définies par le droit interne.

2. Chaque Partie prévoit ou promeut, conformément à son droit interne, le développement de partenariats ou autres formes de coopération entre les autorités compétentes, notamment les services de santé et les services sociaux, et les autorités judiciaires et autres en charge du suivi des personnes visées à l'article 16, paragraphes 1 et 2.

3. Chaque Partie prévoit, conformément à son droit interne, d'effectuer une évaluation de la dangerosité et des risques de réitération éventuels d'infractions établies conformément à la présente Convention des personnes visées à l'article 16, paragraphes 1 et 2, dans le but d'identifier les programmes ou mesures appropriés.

4. Chaque Partie prévoit, conformément à son droit interne, d'effectuer une évaluation de l'efficacité des programmes et mesures d'intervention mis en œuvre.

Art. 16. — Destinataires des programmes et mesures d'intervention.

1. Chaque Partie prévoit, conformément à son droit interne, que les personnes poursuivies pour l'une des infractions établies conformément à la présente Convention, puissent accéder aux programmes ou mesures mentionnés à l'article 15, paragraphe 1, dans des conditions qui ne soient ni préjudiciables ni contraires aux droits de la défense et aux exigences d'un procès équitable et impartial, et notamment dans le respect des règles qui régissent le principe de la présomption d'innocence.

2. Chaque Partie prévoit, conformément à son droit interne, que les personnes condamnées pour avoir commis l'une des infractions établies conformément à la présente Convention puissent accéder aux programmes ou mesures mentionnés à l'article 15, paragraphe 1.

3. Chaque Partie prévoit, conformément à son droit interne, que des programmes ou mesures d'intervention soient mis en place ou adaptés pour répondre aux besoins liés au développement des enfants qui ont commis des infractions à caractère sexuel, y compris ceux en deçà de l'âge de la responsabilité pénale, afin de traiter leurs problèmes de comportement sexuel.

Art. 17. — Information et consentement.

1. Chaque Partie prévoit, conformément à son droit interne, que les personnes visées à l'article 16 auxquelles des programmes ou mesures d'intervention sont proposés,

soient pleinement informées des raisons de cette proposition et qu'elles consentent au programme ou à la mesure en parfaite connaissance de cause.

2. Chaque Partie prévoit, conformément à son droit interne, que les personnes auxquelles des programmes ou mesures d'intervention sont proposés puissent les refuser et, s'il s'agit de personnes condamnées, qu'elles soient informées des conséquences éventuelles qui pourraient s'attacher à leur refus.

Chapitre VI

Droit pénal matériel

Art. 18. — Abus sexuels.

1. Chaque Partie prend les mesures législatives ou autres nécessaires pour ériger en infraction pénale les comportements intentionnels suivants :

a) le fait de se livrer à des activités sexuelles avec un enfant qui, conformément aux dispositions pertinentes du droit national, n'a pas atteint l'âge légal pour entretenir des activités sexuelles ;

b) le fait de se livrer à des activités sexuelles avec un enfant :

— en faisant usage de la contrainte, de la force ou de menaces ; ou

— en abusant d'une position reconnue de confiance, d'autorité ou d'influence sur l'enfant, y compris au sein de la famille ; ou

— en abusant d'une situation de particulière vulnérabilité de l'enfant, notamment en raison d'un handicap physique ou mental ou d'une situation de dépendance.

2. Pour l'application du paragraphe 1, chaque Partie détermine l'âge en deçà duquel il n'est pas permis de se livrer à des activités sexuelles avec un enfant.

3. Les dispositions du paragraphe 1.a n'ont pas pour objet de régir les activités sexuelles consenties entre mineurs.

Art. 19. — Infractions se rapportant à la prostitution enfantine.

1. Chaque Partie prend les mesures législatives ou autres nécessaires pour ériger en infraction pénale les comportements intentionnels suivants :

a) le fait de recruter un enfant pour qu'il se livre à la prostitution ou de favoriser la participation d'un enfant à la prostitution ;

b) le fait de contraindre un enfant à se livrer à la prostitution ou d'en tirer profit ou d'exploiter un enfant de toute autre manière à de telles fins ;

c) le fait d'avoir recours à la prostitution d'un enfant.

2. Aux fins du présent article, l'expression « prostitution enfantine » désigne le fait d'utiliser un enfant aux fins d'activités sexuelles, en offrant ou en promettant de l'argent ou toute autre forme de rémunération, de paiement ou d'avantage, que cette rémunération, ce paiement, cette promesse ou cet avantage soit fait à l'enfant ou à un tiers.

Art. 20. — Infractions se rapportant à la pornographie enfantine.

1. Chaque Partie prend les mesures législatives ou autres nécessaires pour ériger en infraction pénale les comportements intentionnels suivants, lorsqu'ils sont commis sans droit :

a) la production de pornographie enfantine ;

b) l'offre ou la mise à disposition de pornographie enfantine ;

c) la diffusion ou la transmission de pornographie enfantine ;

d) le fait de se procurer ou de procurer à autrui de la pornographie enfantine ;

e) la possession de pornographie enfantine ;

f) le fait d'accéder, en connaissance de cause et par le biais des technologies de communication et d'information, à de la pornographie enfantine.

2. Aux fins du présent article, l'expression « pornographie enfantine » désigne tout matériel représentant de manière visuelle un enfant se livrant à un comportement sexuellement explicite, réel ou simulé, ou toute représentation des organes sexuels d'un enfant à des fins principalement sexuelles.

3. Chaque Partie peut se réserver le droit de ne pas appliquer, en tout ou en partie, le paragraphe 1.a et e à la production et à la possession :

— de matériel pornographique constitué exclusivement de représentations simulées ou d'images réalistes d'un enfant qui n'existe pas ;

— de matériel pornographique impliquant des enfants ayant atteint l'âge fixé en application de l'article 18, paragraphe 2, lorsque ces images sont produites et détenues par ceux-ci, avec leur accord et uniquement pour leur usage privé.

4. Chaque Partie peut se réserver le droit de ne pas appliquer, en tout ou en partie, le paragraphe 1.f.

Art. 21. — Infractions se rapportant à la participation d'un enfant à des spectacles pornographiques.

1. Chaque Partie prend les mesures législatives ou autres nécessaires pour ériger en infraction pénale les comportements intentionnels suivants :

a) le fait de recruter un enfant pour qu'il participe à des spectacles pornographiques ou de favoriser la participation d'un enfant à de tels spectacles ;

b) le fait de contraindre un enfant à participer à des spectacles pornographiques ou d'en tirer profit ou d'exploiter un enfant de toute autre manière à de telles fins ;

c) le fait d'assister, en connaissance de cause, à des spectacles pornographiques impliquant la participation d'enfants.

2. Chaque Partie peut se réserver le droit de limiter l'application du paragraphe 1.c aux situations où des enfants ont été recrutés ou contraints conformément au paragraphe 1.a ou b.

Art. 22. — Corruption d'enfants.

Chaque Partie prend les mesures législatives ou autres nécessaires pour ériger en infraction pénale le fait intentionnel de faire assister, à des fins sexuelles, un enfant n'ayant pas atteint l'âge fixé en application de l'article 18, paragraphe 2, même sans qu'il y participe, à des abus sexuels ou à des activités sexuelles.

Art. 23. — Sollicitation d'enfants à des fins sexuelles.

Chaque Partie prend les mesures législatives ou autres nécessaires pour ériger en infraction pénale le fait pour un adulte de proposer intentionnellement, par le biais des technologies de communication et d'information, une rencontre à un enfant n'ayant pas atteint l'âge fixé en application de l'article 18, paragraphe 2, dans le but de commettre à son encontre une infraction établie conformément aux articles 18, paragraphe 1.a, ou 20, paragraphe 1.a, lorsque cette proposition a été suivie d'actes matériels conduisant à ladite rencontre.

Art. 24. — Complicité et tentative.

1. Chaque Partie prend les mesures législatives ou autres nécessaires pour ériger en infraction pénale toute complicité lorsqu'elle est commise intentionnellement en vue de la perpétration d'une des infractions établies conformément à la présente Convention.

2. Chaque Partie prend les mesures législatives ou autres nécessaires pour ériger en infraction pénale toute tentative intentionnelle de commettre l'une des infractions établies conformément à la présente Convention.

3. Chaque Partie peut se réserver le droit de ne pas appliquer, en tout ou en partie, le paragraphe 2 aux infractions établies conformément à l'article 20, paragraphe 1.b, d, e et f, à l'article 21, paragraphe 1.c, à l'article 22 et à l'article 23.

Art. 25. — Compétence.

1. Partie prend les mesures législatives ou autres nécessaires pour établir sa compétence à l'égard de toute infraction pénale établie conformément à la présente Convention, lorsque l'infraction est commise :

a) sur son territoire ; ou

b) à bord d'un navire battant pavillon de cette Partie ; ou

c) à bord d'un aéronef immatriculé selon les lois de cette Partie ; ou

d) par un de ses ressortissants ; ou

e) par une personne ayant sa résidence habituelle sur son territoire.

2. Chaque Partie s'efforce de prendre les mesures législatives ou autres nécessaires pour établir sa compétence à l'égard de toute infraction pénale établie conformément à la présente Convention, lorsque l'infraction est commise à l'encontre de l'un de ses ressortissants ou d'une personne ayant sa résidence habituelle sur son territoire.

3. Chaque Partie peut, au moment de la signature ou du dépôt de son instrument de ratification, d'acceptation, d'approbation ou d'adhésion, dans une déclaration adressée au Secrétaire Général du Conseil de l'Europe, déclarer qu'elle se réserve le droit de ne pas appliquer, ou de n'appliquer que dans des cas ou conditions spécifiques, les règles de compétence définies au paragraphe 1.e du présent article.

4. Pour la poursuite des infractions établies conformément aux articles 18, 19, 20, paragraphe 1.a, et 21, paragraphe 1.a et b, de la présente Convention, chaque Partie prend les mesures législatives ou autres nécessaires pour que l'établissement de sa compétence au titre du point d du paragraphe 1 ne soit pas subordonnée à la condition que les faits soient également punissables au lieu où ils ont été commis.

5. Chaque Partie peut, au moment de la signature ou du dépôt de son instrument de ratification, d'acceptation, d'approbation ou d'adhésion, par une déclaration adressée au Secrétaire Général du Conseil de l'Europe, déclarer qu'elle se réserve le droit de limiter l'application du paragraphe 4 du présent article en ce qui concerne les infractions établies conformément à l'article 18, paragraphe 1.b, deuxième et troisième tirets, aux cas où son ressortissant a sa résidence habituelle sur son territoire.

6. Pour la poursuite des infractions établies conformément aux articles 18, 19, 20, paragraphe 1.a, et 21 de la présente Convention, chaque Partie prend les mesures législatives ou autres nécessaires pour que l'établissement de sa compétence au titre des points d et e du paragraphe 1 ne soit pas subordonné à la condition que la poursuite soit précédée d'une plainte de la victime ou d'une dénonciation de l'État du lieu où les faits ont été commis.

7. Chaque Partie prend les mesures législatives ou autres nécessaires pour établir sa compétence à l'égard de toute infraction établie conformément à la présente Convention, lorsque l'auteur présumé est présent sur son territoire et ne peut être extradé vers une autre Partie à raison de sa nationalité.

8. Lorsque plusieurs Parties revendiquent leur compétence à l'égard d'une infraction présumée établie conformément à la présente Convention, les Parties concernées se concertent, lorsque cela est opportun, afin de déterminer la mieux à même d'exercer les poursuites.

9. Sans préjudice des règles générales de droit international, la présente Convention n'exclut aucune compétence pénale exercée par une Partie conformément à son droit interne.

Art. 26. — Responsabilité des personnes morales.

1. Chaque Partie prend les mesures législatives ou autres nécessaires pour que les personnes morales puissent être tenues pour responsables des infractions établies conformément à la présente Convention, lorsqu'elles sont commises pour leur compte par toute personne physique, agissant soit individuellement, soit en tant que membre

d'un organe de la personne morale, qui exerce un pouvoir de direction en son sein, sur les bases suivantes :

a) un pouvoir de représentation de la personne morale ;

b) une autorité pour prendre des décisions au nom de la personne morale ;

c) une autorité pour exercer un contrôle au sein de la personne morale.

2. Outre les cas déjà prévus au paragraphe 1, chaque Partie prend les mesures législatives ou autres nécessaires pour s'assurer qu'une personne morale puisse être tenue pour responsable lorsque l'absence de surveillance ou de contrôle de la part d'une personne physique mentionnée au paragraphe 1 a rendu possible la commission d'une infraction établie conformément à la présente Convention pour le compte de ladite personne morale par une personne physique agissant sous son autorité.

3. Selon les principes juridiques de la Partie, la responsabilité d'une personne morale peut être pénale, civile ou administrative.

4. Cette responsabilité est établie sans préjudice de la responsabilité pénale des personnes physiques ayant commis l'infraction.

Art. 27. — Sanctions et mesures.

1. Chaque Partie prend les mesures législatives ou autres nécessaires pour que les infractions établies conformément à la présente Convention soient passibles de sanctions effectives, proportionnées et dissuasives, tenant compte de leur gravité. Celles-ci incluent des sanctions privatives de liberté pouvant donner lieu à l'extradition.

2. Chaque Partie prend les mesures législatives ou autres nécessaires pour que les personnes morales déclarées responsables en application de l'article 26 soient passibles de sanctions effectives, proportionnées et dissuasives, qui incluent des amendes pénales ou non pénales et éventuellement d'autres mesures, notamment :

a) des mesures d'exclusion du bénéfice d'un avantage ou d'une aide à caractère public ;

b) des mesures d'interdiction temporaire ou définitive d'exercer une activité commerciale ;

c) un placement sous surveillance judiciaire ;

d) une mesure judiciaire de dissolution.

3. Chaque Partie prend les mesures législatives ou autres nécessaires :

a) pour permettre la saisie et la confiscation :

— de biens, documents et autres moyens matériels utilisés pour commettre les infractions établies conformément à la présente Convention ou en faciliter la commission ;

— du produit de ces infractions ou des biens dont la valeur correspond à ces produits ;

b) pour permettre la fermeture temporaire ou définitive de tout établissement utilisé pour commettre l'une des infractions établies conformément à la présente Convention, sans préjudice des droits des tiers de bonne foi, ou interdire à l'auteur de ces infractions, à titre temporaire ou définitif, l'exercice de l'activité, professionnelle ou bénévole, impliquant un contact avec des enfants, à l'occasion de laquelle celles-ci ont été commises.

4. Chaque Partie peut adopter d'autres mesures à l'égard des auteurs d'infractions, telles que la déchéance des droits parentaux, le suivi ou la surveillance des personnes condamnées.

5. Chaque Partie peut établir que les produits du crime ou les biens confisqués conformément au présent article puissent être alloués à un fond spécial pour financer des programmes de prévention et d'assistance aux victimes d'une des infractions établies conformément à la présente Convention.

Art. 28. — Circonstances aggravantes.

Chaque Partie prend les mesures législatives ou autres nécessaires pour que les circonstances suivantes, pour autant qu'elles ne constituent pas déjà des éléments constitutifs de l'infraction, puissent, conformément aux dispositions pertinentes de droit interne, être prises en considération en tant que circonstances aggravantes dans la détermination des peines relatives aux infractions établies conformément à la présente Convention :

a) l'infraction a porté une atteinte grave à la santé physique ou mentale de la victime ;

b) l'infraction est précédée ou accompagnée d'actes de torture ou de violences graves ;

c) l'infraction a été commise à l'encontre d'une victime particulièrement vulnérable ;

d) l'infraction a été commise par un membre de la famille, une personne qui cohabite avec l'enfant ou une personne ayant abusé de son autorité ;

e) l'infraction a été commise par plusieurs personnes agissant conjointement ;

f) l'infraction a été commise dans le cadre d'une organisation criminelle ;

g) l'auteur a déjà été condamné pour des faits de même nature.

Art. 29. — Condamnations antérieures.

Chaque Partie prend les mesures législatives ou autres nécessaires pour prévoir la possibilité de prendre en compte, dans le cadre de l'appréciation de la peine, les condamnations définitives prononcées dans une autre Partie pour des infractions établies conformément à la présente Convention.

Chapitre VII

Enquêtes, poursuites et droit procédural

Art. 30. — Principes.

1. Chaque Partie prend les mesures législatives ou autres nécessaires pour que les enquêtes et procédures pénales se déroulent dans l'intérêt supérieur et le respect des droits de l'enfant.

2. Chaque Partie veille à adopter une approche protectrice des victimes, en veillant à ce que les enquêtes et procédures pénales n'aggravent pas le traumatisme subi par l'enfant et que la réponse pénale s'accompagne d'une assistance, quand cela est approprié.

3. Chaque Partie veille à ce que les enquêtes et procédures pénales soient traitées en priorité et sans retard injustifié.

4. Chaque Partie veille à ce que les mesures adoptées conformément au présent chapitre ne portent pas préjudice aux droits de la défense et aux exigences d'un procès équitable et impartial, conformément à l'article 6 de la Convention de sauvegarde des Droits de l'Homme et des Libertés fondamentales.

5. Chaque Partie prend les mesures législatives ou autres nécessaires pour, conformément aux principes fondamentaux de son droit interne :

— garantir des enquêtes et des poursuites efficaces des infractions établies conformément à la présente Convention, permettant, s'il y a lieu, la possibilité de mener des enquêtes discrètes ;

— permettre aux unités ou services d'enquêtes d'identifier les victimes des infractions établies conformément à l'article 20, notamment grâce à l'analyse des matériels de pornographie enfantine, tels que les photographies et les enregistrements audiovisuels, accessibles, diffusés ou transmis par le biais des technologies de communication et d'information.

Art. 31. — Mesures générales de protection.

1. Chaque Partie prend les mesures législatives ou autres nécessaires pour protéger les droits et les intérêts des victimes, notamment en tant que témoins, à tous les stades des enquêtes et procédures pénales, en particulier :

a) en les tenant informées de leurs droits et des services à leur disposition et, à moins qu'elles ne souhaitent pas recevoir une telle information, des suites données à leur plainte, des chefs d'accusation retenus, du déroulement général de l'enquête ou de la procédure et de leur rôle au sein de celle-ci ainsi que de la décision rendue ;

b) en veillant à ce que, au moins dans les cas où il existerait un danger pour les victimes et leurs familles, celles-ci puissent être informées, si cela s'avère nécessaire, de toute remise en liberté, temporaire ou définitive, de la personne, poursuivie ou condamnée ;

c) en leur donnant, d'une manière conforme aux règles de procédure du droit interne, la possibilité d'être entendues, de fournir des éléments de preuve et de choisir les moyens selon lesquels leurs vues, besoins et préoccupations sont présentés et examinés, directement ou par recours à un intermédiaire ;

d) en leur fournissant une assistance appropriée, pour que leurs droits et intérêts soient dûment présentés et pris en compte ;

e) en protégeant leur vie privée, leur identité et leur image et en prenant des mesures conformes au droit interne pour prévenir la diffusion publique de toute information pouvant conduire à leur identification ;

f) en veillant à ce qu'elles soient, ainsi que leurs familles et les témoins à charge, à l'abri des risques d'intimidation, de représailles et de nouvelle victimisation ;

g) en veillant à ce que les victimes et les auteurs d'infractions ne se trouvent en contact direct dans les locaux des services d'enquête et les locaux judiciaires, à moins que les autorités compétentes n'en décident autrement dans l'intérêt supérieur de l'enfant ou pour les besoins de l'enquête ou de la procédure.

2. Chaque Partie garantit aux victimes, dès leur premier contact avec les autorités compétentes, l'accès aux informations sur les procédures judiciaires et administratives pertinentes.

3. Chaque Partie prévoit que la victime ait accès, gratuitement lorsque cela est justifié, à une aide juridique, lorsqu'elle peut avoir la qualité de partie à la procédure pénale.

4. Chaque Partie prévoit la possibilité pour l'autorité judiciaire de désigner un représentant spécial pour la victime lorsque, en vertu du droit interne, celle-ci peut avoir la qualité de partie à la procédure judiciaire et que les détenteurs des responsabilités parentales se voient privés de la faculté de la représenter dans cette procédure à la suite d'un conflit d'intérêts avec elle.

5. Chaque Partie prévoit, au moyen de mesures législatives ou autres et conformément aux conditions prévues par son droit interne, la possibilité pour des groupes, fondations, associations ou organisations gouvernementales ou non gouvernementales d'assister et/ou de soutenir les victimes qui y consentent au cours des procédures pénales concernant les infractions établies conformément à la présente Convention.

6. Chaque Partie veille à ce que les informations données aux victimes, conformément aux dispositions du présent article, le soient d'une manière adaptée à leur âge et à leur degré de maturité et dans une langue qu'elles peuvent comprendre.

Art. 32. — Mise en œuvre de la procédure.

Chaque Partie prend les mesures législatives ou autres nécessaires pour que les enquêtes ou les poursuites concernant les infractions établies conformément à la présente Convention ne soient pas subordonnées à la déclaration ou à l'accusation émanant d'une victime et que la procédure puisse se poursuivre même si la victime se rétracte.

Art. 33. — Prescription.

Chaque Partie prend les mesures législatives ou autres nécessaires pour que le délai de prescription pour engager des poursuites du chef des infractions établies conformément aux articles 18, 19, paragraphe 1.a et b, et 21, paragraphe 1.a et b, continue de courir pour une durée suffisante pour permettre l'engagement effectif des poursuites, après que la victime a atteint l'âge de la majorité, et qui est proportionnelle à la gravité de l'infraction en question.

Art. 34. — Enquêtes.

1. Chaque Partie adopte les mesures nécessaires pour que des personnes, des unités ou des services en charge des enquêtes soient spécialisés dans la lutte contre l'exploitation et les abus sexuels concernant des enfants ou que des personnes soient formées à cette fin. Lesdits services ou unités doivent disposer des ressources financières adéquates.

2. Chaque Partie prend les mesures législatives ou autres nécessaires pour qu'une incertitude quant à l'âge réel de la victime n'empêche pas l'ouverture d'une enquête pénale.

Art. 35. — Auditions de l'enfant.

1. Chaque Partie prend les mesures législatives ou autres nécessaires pour que :

a) les auditions de l'enfant aient lieu sans retard injustifié après que les faits ont été signalés aux autorités compétentes ;

b) les auditions de l'enfant se déroulent, s'il y a lieu, dans des locaux conçus ou adaptés à cet effet ;

c. les auditions de l'enfant soient menées par des professionnels formés à cette fin ;

d) dans la mesure du possible et lorsque cela est approprié, l'enfant soit toujours interrogé par les mêmes personnes ;

e) le nombre des auditions soit limité au minimum et dans la mesure strictement nécessaire au déroulement de la procédure ;

f) l'enfant puisse être accompagné par son représentant légal ou, le cas échéant, par la personne majeure de son choix, sauf décision contraire motivée prise à l'égard de cette personne.

2. Chaque Partie prend les mesures législatives ou autres nécessaires pour que les auditions de la victime ou, le cas échéant, celles d'un enfant témoin des faits, puissent faire l'objet d'un enregistrement audiovisuel et que cet enregistrement puisse être admissible comme moyen de preuve dans la procédure pénale, selon les règles prévues par son droit interne.

3. En cas d'incertitude sur l'âge de la victime et lorsqu'il existe des raisons de croire qu'elle est un enfant, les mesures prévues aux paragraphes 1 et 2 s'appliquent, dans l'attente que son âge soit vérifié et établi.

Art. 36. — Procédure judiciaire.

1. Chaque Partie prend les mesures législatives ou autres nécessaires, dans le respect des règles qui régissent l'autonomie des professions judiciaires, pour que des formations en matière de droits de l'enfant, d'exploitation et d'abus sexuels concernant des enfants, soient disponibles au profit des acteurs de la procédure judiciaire, notamment les juges, les procureurs et les avocats.

2. Chaque Partie prend les mesures législatives ou autres nécessaires pour que, selon les règles prévues par le droit interne :

a) le juge puisse ordonner que l'audience se déroule hors la présence du public ;

b) la victime puisse être entendue à l'audience sans y être présente, notamment par le recours à des technologies de communication appropriées.

Chapitre VIII

Enregistrement et conservation de données

Art. 37. — Enregistrement et conservation des données nationales sur les délinquants sexuels condamnés.

1. Aux fins de prévention et de répression des infractions établies conformément à la présente Convention, chaque Partie prend les mesures législatives ou autres nécessaires pour enregistrer et conserver, conformément aux dispositions pertinentes sur la protection des données à caractère personnel et aux autres règles et garanties appropriées telles que prévues dans le droit interne, les données relatives à l'identité ainsi qu'au profil génétique (ADN) des personnes condamnées pour les infractions établies conformément à la présente Convention.

2. Chaque Partie, au moment de la signature ou du dépôt de ses instruments de ratification, d'acceptation, d'approbation ou d'adhésion, communique au Secrétaire Général du Conseil de l'Europe les nom et adresse de la seule autorité nationale responsable aux fins du paragraphe 1.

3. Chaque Partie prend les mesures législatives ou autres nécessaires pour que les informations visées au paragraphe 1 puissent être transmises à l'autorité compétente d'une autre Partie, conformément aux conditions établies par son droit interne et les instruments internationaux pertinents.

Chapitre IX

Coopération internationale

Art. 38. — Principes généraux et mesures de coopération internationale.

1. Les Parties coopèrent, conformément aux dispositions de la présente Convention, en application des instruments internationaux et régionaux pertinents applicables, des arrangements reposant sur des législations uniformes ou réciproques et de leur droit interne, dans la mesure la plus large possible aux fins :

a) de prévenir et de combattre l'exploitation et les abus sexuels concernant des enfants ;

b) de protéger et d'assister les victimes ;

c) de mener des investigations ou des procédures concernant les infractions établies conformément à la présente Convention.

2. Chaque Partie prend les mesures législatives ou autres nécessaires pour que les victimes d'une infraction établie conformément à la présente Convention et commise sur le territoire d'une Partie autre que celui dans lequel elles résident puissent porter plainte auprès des autorités compétentes de leur État de résidence.

3. Si une Partie qui subordonne l'entraide judiciaire en matière pénale ou l'extradition à l'existence d'un traité reçoit une demande d'entraide ou d'extradition d'une Partie avec laquelle elle n'a pas conclu pareil traité, elle peut considérer la présente Convention comme la base légale de l'entraide judiciaire en matière pénale ou de l'extradition pour les infractions établies conformément à la présente Convention.

4. Chaque Partie s'efforce d'intégrer, s'il y a lieu, la prévention et la lutte contre l'exploitation et les abus sexuels concernant des enfants dans les programmes d'assistance au développement conduits au profit d'États tiers.

Chapitre X

Mécanisme de suivi

Chapitre XI

Relation avec d'autres instruments internationaux

Art. 42. — Relation avec la Convention des Nations Unies relative aux droits de l'enfant et son Protocole facultatif concernant la vente d'enfants, la prostitution des enfants et la pornographie mettant en scène des enfants.

La présente Convention ne porte pas atteinte aux droits et obligations découlant des dispositions de la Convention des Nations Unies relative aux droits de l'enfant et son Protocole facultatif concernant la vente d'enfants, la prostitution des enfants et la pornographie mettant en scène des enfants ; elle a pour but de renforcer la protection instaurée par ces instruments et de développer et compléter les normes qu'ils énoncent.

Art. 43. — Relation avec d'autres instruments internationaux.

1. La présente Convention ne porte pas atteinte aux droits et obligations découlant des dispositions d'autres instruments internationaux auxquels les Parties à cette Convention sont Parties ou le deviendront, qui contiennent des dispositions relatives aux matières régies par la présente Convention et assurent une plus grande protection et assistance aux enfants victimes d'exploitation ou d'abus sexuels.

2. Les Parties à la Convention peuvent conclure entre elles des accords bilatéraux ou multilatéraux relatifs aux questions réglées par la présente Convention, aux fins de compléter ou de renforcer les dispositions de celle-ci ou pour faciliter l'application des principes qu'elle consacre.

3. Les Parties qui sont membres de l'Union européenne appliquent, dans leurs relations mutuelles, les règles de la Communauté et de l'Union européenne dans la mesure où il existe des règles de la Communauté ou de l'Union européenne régissant le sujet particulier concerné et applicables au cas d'espèce, sans préjudice de l'objet et du but de la présente Convention et sans préjudice de son entière application à l'égard des autres Parties.

6) La lutte contre la violence à l'égard des femmes

Nº 13 **Convention européenne sur la prévention et la lutte contre la violence à l'égard des femmes et la violence domestique,** faite à Istanbul le 11 mai 2011 (extraits) [35]

Les États membres du Conseil de l'Europe et les autres signataires de la présente Convention,

Rappelant la Convention de sauvegarde des droits de l'homme et des libertés fondamentales (STE n° 5, 1950) et ses Protocoles, la Charte sociale européenne (STE

(35) La Convention a été ratifiée par la France par la loi n° 2014-476 du 14 mai 2014 et publiée par le décret n° 2015-148 du 10 février 2015. On doit souligner ici que la Turquie a décidé de se retirer de cette convention le 22 mars 2021.

n° 35, 1961, révisée en 1996, STE n° 163), la Convention du Conseil de l'Europe sur la lutte contre la traite des êtres humains (STCE n° 197, 2005) et la Convention du Conseil de l'Europe sur la protection des enfants contre l'exploitation et les abus sexuels (STCE n° 201, 2007) ;

Rappelant les recommandations suivantes du Comité des Ministres aux États membres du Conseil de l'Europe : la Recommandation Rec. (2002)5 sur la protection des femmes contre la violence, la Recommandation CM/Rec. (2007)17 sur les normes et mécanismes d'égalité entre les femmes et les hommes, la Recommandation CM/Rec. (2010)10 sur le rôle des femmes et des hommes dans la prévention et la résolution des conflits et la consolidation de la paix, et les autres recommandations pertinentes ;

Tenant compte du volume croissant de la jurisprudence de la Cour européenne des droits de l'homme qui établit des normes importantes en matière de violence à l'égard des femmes ;

Ayant à l'esprit le Pacte international relatif aux droits civils et politiques (1966), le Pacte international relatif aux droits économiques, sociaux et culturels (1966), la Convention des Nations Unies sur l'élimination de toutes les formes de discrimination à l'égard des femmes (« CEDEF », 1979) et son Protocole facultatif (1999) ainsi que la Recommandation générale n° 19 du Comité de la CEDEF sur la violence à l'égard des femmes, la Convention des Nations Unies relative aux droits de l'enfant (1989) et ses Protocoles facultatifs (2000) et la Convention des Nations Unies relative aux droits des personnes handicapées (2006) ;

Ayant à l'esprit le Statut de Rome de la Cour pénale internationale (2002) ;

Rappelant les principes de base du droit humanitaire international, et en particulier la Convention (IV) de Genève relative à la protection des personnes civiles en temps de guerre (1949) et ses Protocoles additionnels I et II (1977) ;

Condamnant toutes les formes de violence à l'égard des femmes et de violence domestique ;

Reconnaissant que la réalisation *de jure* et *de facto* de l'égalité entre les femmes et les hommes est un élément clé dans la prévention de la violence à l'égard des femmes ;

Reconnaissant que la violence à l'égard des femmes est une manifestation des rapports de force historiquement inégaux entre les femmes et les hommes ayant conduit à la domination et à la discrimination des femmes par les hommes, privant ainsi les femmes de leur pleine émancipation ;

Reconnaissant que la nature structurelle de la violence à l'égard des femmes est fondée sur le genre, et que la violence à l'égard des femmes est un des mécanismes sociaux cruciaux par lesquels les femmes sont maintenues dans une position de subordination par rapport aux hommes ;

Reconnaissant avec une profonde préoccupation que les femmes et les filles sont souvent exposées à des formes graves de violence telles que la violence domestique, le harcèlement sexuel, le viol, le mariage forcé, les crimes commis au nom du prétendu « honneur » et les mutilations génitales, lesquelles constituent une violation grave des droits humains des femmes et des filles et un obstacle majeur à la réalisation de l'égalité entre les femmes et les hommes ;

Reconnaissant les violations constantes des droits de l'homme en situation de conflits armés affectant la population civile, et en particulier les femmes, sous la forme de viols et de violences sexuelles généralisés ou systématiques et la potentialité d'une augmentation de la violence fondée sur le genre aussi bien pendant qu'après les conflits ;

Reconnaissant que les femmes et les filles sont exposées à un risque plus élevé de violence fondée sur le genre que ne le sont les hommes ;

Reconnaissant que la violence domestique affecte les femmes de manière disproportionnée et que les hommes peuvent également être victimes de violence domestique ;

Reconnaissant que les enfants sont des victimes de la violence domestique, y compris en tant que témoins de violence au sein de la famille ;

Aspirant à créer une Europe libre de violence à l'égard des femmes et de violence domestique,

Sont convenus de ce qui suit :

Chapitre I

Buts, définitions, égalité et non-discrimination, obligations générales

Art. 1. — Buts de la Convention.

1. La présente Convention a pour buts :

a) de protéger les femmes contre toutes les formes de violence, et de prévenir, poursuivre et éliminer la violence à l'égard des femmes et la violence domestique ;

b) de contribuer à éliminer toutes les formes de discrimination à l'égard des femmes et de promouvoir l'égalité réelle entre les femmes et les hommes, y compris par l'autonomisation des femmes ;

c) de concevoir un cadre global, des politiques et des mesures de protection et d'assistance pour toutes les victimes de violence à l'égard des femmes et de violence domestique ;

d) de promouvoir la coopération internationale en vue d'éliminer la violence à l'égard des femmes et la violence domestique ;

e) de soutenir et d'assister les organisations et services répressifs pour coopérer de manière effective afin d'adopter une approche intégrée visant à éliminer la violence à l'égard des femmes et la violence domestique.

2. Afin d'assurer une mise en œuvre effective de ses dispositions par les Parties, la présente Convention établit un mécanisme de suivi spécifique.

Art. 2. — Champ d'application de la Convention.

1. La présente Convention s'applique à toutes les formes de violence à l'égard des femmes, y compris la violence domestique, qui affecte les femmes de manière disproportionnée.

2. Les Parties sont encouragées à appliquer la présente Convention à toutes les victimes de violence domestique. Les Parties portent une attention particulière aux femmes victimes de violence fondée sur le genre dans la mise en œuvre des dispositions de la présente Convention.

3. La présente Convention s'applique en temps de paix et en situation de conflit armé.

Art. 3. — Définitions.

Aux fins de la présente Convention :

a) le terme « violence à l'égard des femmes » doit être compris comme une violation des droits de l'homme et une forme de discrimination à l'égard des femmes, et désigne tous les actes de violence fondés sur le genre qui entraînent, ou sont susceptibles d'entraîner pour les femmes, des dommages ou souffrances de nature physique, sexuelle, psychologique ou économique, y compris la menace de se livrer à de tels actes, la contrainte ou la privation arbitraire de liberté, que ce soit dans la vie publique ou privée ;

b) le terme « violence domestique » désigne tous les actes de violence physique, sexuelle, psychologique ou économique qui surviennent au sein de la famille ou du foyer ou entre des anciens ou actuels conjoints ou partenaires, indépendamment du fait que l'auteur de l'infraction partage ou a partagé le même domicile que la victime ;

c) le terme « genre » désigne les rôles, les comportements, les activités et les attributions socialement construits, qu'une société donnée considère comme appropriés pour les femmes et les hommes ;

d) le terme « violence à l'égard des femmes fondée sur le genre » désigne toute violence faite à l'égard d'une femme parce qu'elle est une femme ou affectant les femmes de manière disproportionnée ;

e) le terme « victime » désigne toute personne physique qui est soumise aux comportements spécifiés aux points a et b ;

f) le terme « femme » inclut les filles de moins de 18 ans.

Art. 4. — Droits fondamentaux, égalité et non-discrimination.

1. Les Parties prennent les mesures législatives et autres nécessaires pour promouvoir et protéger le droit de chacun, en particulier des femmes, de vivre à l'abri de la violence aussi bien dans la sphère publique que dans la sphère privée.

2. Les Parties condamnent toutes les formes de discrimination à l'égard des femmes et prennent, sans retard, les mesures législatives et autres nécessaires pour la prévenir, en particulier :

— en inscrivant dans leurs constitutions nationales ou toute autre disposition législative appropriée, le principe de l'égalité entre les femmes et les hommes, et en assurant l'application effective dudit principe ;

— en interdisant la discrimination à l'égard des femmes, y compris le cas échéant par le recours à des sanctions ;

— en abrogeant toutes les lois et pratiques qui discriminent les femmes.

3. La mise en œuvre des dispositions de la présente Convention par les Parties, en particulier les mesures visant à protéger les droits des victimes, doit être assurée sans discrimination aucune, fondée notamment sur le sexe, le genre, la race, la couleur, la langue, la religion, les opinions politiques ou toute autre opinion, l'origine nationale ou sociale, l'appartenance à une minorité nationale, la fortune, la naissance, l'orientation sexuelle, l'identité de genre, l'âge, l'état de santé, le handicap, le statut marital, le statut de migrant ou de réfugié, ou toute autre situation.

4. Les mesures spécifiques qui sont nécessaires pour prévenir et protéger les femmes contre la violence fondée sur le genre ne sont pas considérées comme discriminatoires en vertu de la présente Convention.

Art. 5. — Obligations de l'État et diligence voulue.

1. Les Parties s'abstiennent de commettre tout acte de violence à l'égard des femmes et s'assurent que les autorités, les fonctionnaires, les agents et les institutions étatiques, ainsi que les autres acteurs qui agissent au nom de l'État se comportent conformément à cette obligation.

2. Les Parties prennent les mesures législatives et autres nécessaires pour agir avec la diligence voulue afin de prévenir, enquêter sur, punir, et accorder une réparation pour les actes de violence couverts par le champ d'application de la présente Convention commis par des acteurs non étatiques.

Art. 6. — Politiques sensibles au genre.

Les Parties s'engagent à inclure une perspective de genre dans la mise en œuvre et l'évaluation de l'impact des dispositions de la présente Convention et à promouvoir et mettre en œuvre de manière effective des politiques d'égalité entre les femmes et les hommes, et d'autonomisation des femmes.

Chapitre II
Politiques intégrées et collecte des données

Art. 7. — Politiques globales et coordonnées.

1. Les Parties prennent les mesures législatives et autres nécessaires pour adopter et mettre en œuvre des politiques nationales effectives, globales et coordonnées, incluant toutes les mesures pertinentes pour prévenir et combattre toutes les formes de violence couvertes par le champ d'application de la présente Convention, et offrir une réponse globale à la violence à l'égard des femmes.

2. Les Parties veillent à ce que les politiques mentionnées au paragraphe 1 placent les droits de la victime au centre de toutes les mesures et soient mises en œuvre par le biais d'une coopération effective entre toutes les agences, institutions et organisations pertinentes.

3. Les mesures prises conformément au présent article doivent impliquer, le cas échéant, tous les acteurs pertinents tels que les agences gouvernementales, les parlements et les autorités nationales, régionales et locales, les institutions nationales des droits de l'homme et les organisations de la société civile.

Art. 8. — Ressources financières.

Les Parties allouent des ressources financières et humaines appropriées pour la mise en œuvre adéquate des politiques intégrées, mesures et programmes visant à prévenir et combattre toutes les formes de violence couvertes par le champ d'application de la présente Convention, y compris ceux réalisés par les organisations non gouvernementales et la société civile.

Art. 9. — Organisations non gouvernementales et société civile.

Les Parties reconnaissent, encouragent et soutiennent, à tous les niveaux, le travail des organisations non gouvernementales pertinentes et de la société civile qui sont actives dans la lutte contre la violence à l'égard des femmes et établissent une coopération effective avec ces organisations.

Art. 10. — Organe de coordination.

1. Les Parties désignent ou établissent un ou plusieurs organes officiels responsables pour la coordination, la mise en œuvre, le suivi et l'évaluation des politiques et des mesures prises afin de prévenir et combattre toutes les formes de violence couvertes par la présente Convention. Ces organes coordonnent la collecte des données mentionnées à l'article 11, analysent et en diffusent les résultats.

2. Les Parties veillent à ce que les organes désignés ou établis conformément au présent article reçoivent des informations de nature générale portant sur les mesures prises conformément au chapitre VIII.

3. Les Parties veillent à ce que les organes désignés ou établis conformément au présent article aient la capacité de communiquer directement et d'encourager des relations avec leurs homologues dans les autres Parties.

Art. 11. — Collecte des données et recherche.

1. Aux fins de la mise en œuvre de la présente Convention, les Parties s'engagent :

a) à collecter les données statistiques désagrégées pertinentes, à intervalle régulier, sur les affaires relatives à toutes les formes de violence couvertes par le champ d'application de la présente Convention ;

b) à soutenir la recherche dans les domaines relatifs à toutes les formes de violence couvertes par le champ d'application de la présente Convention, afin d'étudier leurs causes profondes et leurs effets, leur fréquence et les taux de condamnation, ainsi que l'efficacité des mesures prises pour mettre en œuvre la présente Convention.

2. Les Parties s'efforcent d'effectuer des enquêtes basées sur la population, à intervalle régulier, afin d'évaluer l'étendue et les tendances de toutes les formes de violence couvertes par le champ d'application de la présente Convention.

3. Les Parties fournissent les informations collectées conformément au présent article au groupe d'experts, mentionné à l'article 66 de la présente Convention, afin de stimuler la coopération internationale et de permettre une comparaison internationale.

4. Les Parties veillent à ce que les informations collectées conformément au présent article soient mises à la disposition du public.

Chapitre III

Prévention

Art. 12. — Obligations générales.

1. Les Parties prennent les mesures nécessaires pour promouvoir les changements dans les modes de comportement socioculturels des femmes et des hommes en vue d'éradiquer les préjugés, les coutumes, les traditions et toute autre pratique fondés sur l'idée de l'infériorité des femmes ou sur un rôle stéréotypé des femmes et des hommes.

2. Les Parties prennent les mesures législatives et autres nécessaires afin de prévenir toutes les formes de violence couvertes par le champ d'application de la présente Convention par toute personne physique ou morale.

3. Toutes les mesures prises conformément au présent chapitre tiennent compte et traitent des besoins spécifiques des personnes rendues vulnérables du fait de circonstances particulières, et placent les droits de l'homme de toutes les victimes en leur centre.

4. Les Parties prennent les mesures nécessaires afin d'encourager tous les membres de la société, en particulier les hommes et les garçons, à contribuer activement à la prévention de toutes les formes de violence couvertes par le champ d'application de la présente Convention.

5. Les Parties veillent à ce que la culture, la coutume, la religion, la tradition ou le prétendu « honneur » ne soient pas considérés comme justifiant des actes de violence couverts par le champ d'application de la présente Convention.

6. Les Parties prennent les mesures nécessaires pour promouvoir des programmes et des activités visant l'autonomisation des femmes.

Art. 13. — Sensibilisation.

1. Les Parties promeuvent ou conduisent, régulièrement et à tous les niveaux, des campagnes ou des programmes de sensibilisation y compris en coopération avec les institutions nationales des droits de l'homme et les organes compétents en matière d'égalité, la société civile et les organisations non gouvernementales, notamment les organisations de femmes, le cas échéant, pour accroître la prise de conscience et la compréhension par le grand public des différentes manifestations de toutes les formes de violence couvertes par le champ d'application de la présente Convention et leurs conséquences sur les enfants, et de la nécessité de les prévenir.

2. Les Parties assurent une large diffusion parmi le grand public d'informations sur les mesures disponibles pour prévenir les actes de violence couverts par le champ d'application de la présente Convention.

Art. 14. — Éducation.

1. Les Parties entreprennent, le cas échéant, les actions nécessaires pour inclure dans les programmes d'étude officiels et à tous les niveaux d'enseignement du matériel d'enseignement sur des sujets tels que l'égalité entre les femmes et les hommes, les rôles non

stéréotypés des genres, le respect mutuel, la résolution non violente des conflits dans les relations interpersonnelles, la violence à l'égard des femmes fondée sur le genre, et le droit à l'intégrité personnelle, adapté au stade de développement des apprenants.

2. Les Parties entreprennent les actions nécessaires pour promouvoir les principes mentionnés au paragraphe 1 dans les structures éducatives informelles ainsi que dans les structures sportives, culturelles et de loisirs, et les médias.

Art. 15. — Formation des professionnels.

1. Les Parties dispensent ou renforcent la formation adéquate des professionnels pertinents ayant affaire aux victimes ou aux auteurs de tous les actes de violence couverts par le champ d'application de la présente Convention, sur la prévention et la détection de cette violence, l'égalité entre les femmes et les hommes, les besoins et les droits des victimes, ainsi que sur la manière de prévenir la victimisation secondaire.

2. Les Parties encouragent l'inclusion dans la formation mentionnée au paragraphe 1, d'une formation sur la coopération coordonnée interinstitutionnelle afin de permettre une gestion globale et adéquate des orientations dans les affaires de violence couverte par le champ d'application de la présente Convention.

Art. 16. — Programmes préventifs d'intervention et de traitement.

1. Les Parties prennent les mesures législatives ou autres nécessaires pour établir ou soutenir des programmes visant à apprendre aux auteurs de violence domestique à adopter un comportement non violent dans les relations interpersonnelles en vue de prévenir de nouvelles violences et de changer les schémas comportementaux violents.

2. Les Parties prennent les mesures législatives ou autres nécessaires pour établir ou soutenir des programmes de traitement destinés à prévenir la récidive des auteurs d'infractions, en particulier des auteurs d'infractions à caractère sexuel.

3. En prenant les mesures mentionnées aux paragraphes 1 et 2, les Parties veillent à ce que la sécurité, le soutien et les droits de l'homme des victimes soient une priorité et que, le cas échéant, ces programmes soient établis et mis en œuvre en étroite coordination avec les services spécialisés dans le soutien aux victimes.

Art. 17. — Participation du secteur privé et des médias.

1. Les Parties encouragent le secteur privé, le secteur des technologies de l'information et de la communication et les médias, dans le respect de la liberté d'expression et de leur indépendance, à participer à l'élaboration et à la mise en œuvre des politiques, ainsi qu'à mettre en place des lignes directrices et des normes d'autorégulation pour prévenir la violence à l'égard des femmes et renforcer le respect de leur dignité.

2. Les Parties développent et promeuvent, en coopération avec les acteurs du secteur privé, les capacités des enfants, parents et éducateurs à faire face à un environnement des technologies de l'information et de la communication qui donne accès à des contenus dégradants à caractère sexuel ou violent qui peuvent être nuisibles.

Chapitre IV

Protection et soutien

Art. 18. — Obligations générales.

1. Les Parties prennent les mesures législatives ou autres nécessaires pour protéger toutes les victimes contre tout nouvel acte de violence.

2. Les Parties prennent les mesures législatives ou autres nécessaires, conformément à leur droit interne, pour veiller à ce qu'il existe des mécanismes adéquats pour mettre en œuvre une coopération effective entre toutes les agences étatiques pertinentes,

y compris les autorités judiciaires, les procureurs, les services répressifs, les autorités locales et régionales, ainsi que les organisations non gouvernementales et les autres organisations ou entités pertinentes pour la protection et le soutien des victimes et des témoins de toutes les formes de violence couvertes par le champ d'application de la présente Convention, y compris en se référant aux services de soutien généraux et spécialisés visés aux articles 20 et 22 de la présente Convention.

3. Les Parties veillent à ce que les mesures prises conformément à ce chapitre :

— soient fondées sur une compréhension fondée sur le genre de la violence à l'égard des femmes et de la violence domestique, et se concentrent sur les droits de l'homme et la sécurité de la victime ;

— soient fondées sur une approche intégrée qui prenne en considération la relation entre les victimes, les auteurs des infractions, les enfants et leur environnement social plus large ;

— visent à éviter la victimisation secondaire ;

— visent l'autonomisation et l'indépendance économique des femmes victimes de violence ;

— permettent, le cas échéant, la mise en place d'un ensemble de services de protection et de soutien dans les mêmes locaux ;

— répondent aux besoins spécifiques des personnes vulnérables, y compris les enfants victimes, et leur soient accessibles.

4. La fourniture de services ne doit pas dépendre de la volonté des victimes d'engager des poursuites ou de témoigner contre tout auteur d'infraction.

5. Les Parties prennent les mesures adéquates pour garantir une protection consulaire ou autre, et un soutien à leurs ressortissants et aux autres victimes ayant droit à cette protection conformément à leurs obligations découlant du droit international.

Art. 19. — Information.

Les Parties prennent les mesures législatives ou autres nécessaires pour que les victimes reçoivent une information adéquate et en temps opportun sur les services de soutien et les mesures légales disponibles, dans une langue qu'elles comprennent.

Art. 20. — Services de soutien généraux.

1. Les Parties prennent les mesures législatives ou autres nécessaires pour que les victimes aient accès à des services facilitant leur rétablissement. Ces mesures devraient inclure, si nécessaire, des services tels que le conseil juridique et psychologique, l'assistance financière, les services de logement, l'éducation, la formation et l'assistance en matière de recherche d'emploi.

2. Les Parties prennent les mesures législatives ou autres nécessaires pour que les victimes aient accès à des services de santé et des services sociaux, que les services disposent des ressources adéquates et que les professionnels soient formés afin de fournir une assistance aux victimes et de les orienter vers les services adéquats.

Art. 21. — Soutien en matière de plaintes individuelles/collectives.

Les Parties veillent à ce que les victimes bénéficient d'informations sur les mécanismes régionaux et internationaux de plaintes individuelles/collectives applicables et de l'accès à ces mécanismes. Les Parties promeuvent la mise à disposition d'un soutien sensible et avisé aux victimes dans la présentation de leurs plaintes.

Art. 22. — Services de soutien spécialisés.

1. Les Parties prennent les mesures législatives ou autres nécessaires pour fournir ou aménager, selon une répartition géographique adéquate, des services de soutien spécialisés immédiats, à court et à long terme, à toute victime ayant fait l'objet de tout acte de violence couvert par le champ d'application de la présente Convention.

2. Les Parties fournissent ou aménagent des services de soutien spécialisés pour toutes les femmes victimes de violence et leurs enfants.

Art. 23. — Refuges.

Les Parties prennent les mesures législatives ou autres nécessaires pour permettre la mise en place de refuges appropriés, facilement accessibles et en nombre suffisant, afin d'offrir des logements sûrs pour les victimes, en particulier les femmes et leurs enfants, et pour les aider de manière proactive.

Art. 24. — Permanences téléphoniques.

Les Parties prennent les mesures législatives ou autres nécessaires pour mettre en place à l'échelle nationale des permanences téléphoniques gratuites, accessibles vingt-quatre heures sur vingt-quatre, sept jours sur sept, pour fournir aux personnes qui appellent, de manière confidentielle ou dans le respect de leur anonymat, des conseils concernant toutes les formes de violence couvertes par le champ d'application de la présente Convention.

Art. 25. — Soutien aux victimes de violence sexuelle.

Les Parties prennent les mesures législatives ou autres nécessaires pour permettre la mise en place de centres d'aide d'urgence pour les victimes de viols et de violences sexuelles, appropriés, facilement accessibles et en nombre suffisant, afin de leur dispenser un examen médical et médico-légal, un soutien lié au traumatisme et des conseils.

Art. 26. — Protection et soutien des enfants témoins.

1. Les Parties prennent les mesures législatives ou autres nécessaires pour que, dans l'offre des services de protection et de soutien aux victimes, les droits et les besoins des enfants témoins de toutes les formes de violence couvertes par le champ d'application de la présente Convention soient dûment pris en compte.

2. Les mesures prises conformément au présent article incluent les conseils psychosociaux adaptés à l'âge des enfants témoins de toutes les formes de violence couvertes par le champ d'application de la présente Convention et tiennent dûment compte de l'intérêt supérieur de l'enfant.

Art. 27. — Signalement.

Les Parties prennent les mesures nécessaires pour encourager toute personne témoin de la commission de tout acte de violence couvert par le champ d'application de la présente Convention, ou qui a de sérieuses raisons de croire qu'un tel acte pourrait être commis ou que des nouveaux actes de violence sont à craindre, à les signaler aux organisations ou autorités compétentes.

Art. 28. — Signalement par les professionnels.

Les Parties prennent les mesures nécessaires pour que les règles de confidentialité imposées par leur droit interne à certains professionnels ne constituent pas un obstacle à la possibilité, dans les conditions appropriées, d'adresser un signalement aux organisations ou autorités compétentes s'ils ont de sérieuses raisons de croire qu'un acte grave de violence couvert par le champ d'application de la présente Convention a été commis et que de nouveaux actes graves de violence sont à craindre.

Chapitre V

Droit matériel

Art. 29. — Procès civil et voies de droit.

1. Les Parties prennent les mesures législatives ou autres nécessaires pour fournir aux victimes des recours civils adéquats à l'encontre de l'auteur de l'infraction.

2. Conformément aux principes généraux du droit international, les Parties prennent les mesures législatives ou autres nécessaires pour fournir aux victimes des réparations civiles adéquates à l'encontre des autorités étatiques ayant manqué à leur

devoir de prendre des mesures de prévention ou de protection nécessaires dans la limite de leurs pouvoirs.

Art. 30. — Indemnisation.

1. Les Parties prennent les mesures législatives ou autres nécessaires pour que les victimes aient le droit de demander une indemnisation de la part des auteurs de toute infraction établie conformément à la présente Convention.

2. Une indemnisation adéquate par État devrait être octroyée à ceux qui ont subi des atteintes graves à l'intégrité corporelle ou à la santé, dans la mesure où le préjudice n'est pas couvert par d'autres sources, notamment par l'auteur de l'infraction, par les assurances ou par les services sociaux et médicaux financés par l'État. Cela n'empêche pas les Parties de demander à l'auteur de l'infraction le remboursement de l'indemnisation octroyée, à condition que la sécurité de la victime soit dûment prise en compte.

3. Les mesures prises conformément au paragraphe 2 doivent garantir l'octroi de l'indemnisation dans un délai raisonnable.

Art. 31. — Garde, droit de visite et sécurité.

1. Les Parties prennent les mesures législatives ou autres nécessaires pour que, lors de la détermination des droits de garde et de visite concernant les enfants, les incidents de violence couverts par le champ d'application de la présente Convention soient pris en compte.

2. Les Parties prennent les mesures législatives ou autres nécessaires pour que l'exercice de tout droit de visite ou de garde ne compromette pas les droits et la sécurité de la victime ou des enfants.

Art. 32. — Conséquences civiles des mariages forcés.

Les Parties prennent les mesures législatives ou autres nécessaires pour que les mariages contractés en ayant recours à la force puissent être annulables, annulés ou dissous sans faire peser sur la victime une charge financière ou administrative excessive.

Art. 33. — Violence psychologique.

Les Parties prennent les mesures législatives ou autres nécessaires pour ériger en infraction pénale le fait, lorsqu'il est commis intentionnellement, de porter gravement atteinte à l'intégrité psychologique d'une personne par la contrainte ou les menaces.

Art. 34. — Harcèlement.

Les Parties prennent les mesures législatives ou autres nécessaires pour ériger en infraction pénale le fait, lorsqu'il est commis intentionnellement, d'adopter, à plusieurs reprises, un comportement menaçant dirigé envers une autre personne, conduisant celle-ci à craindre pour sa sécurité.

Art. 35. — Violence physique.

Les Parties prennent les mesures législatives ou autres nécessaires pour ériger en infraction pénale le fait, lorsqu'il est commis intentionnellement, de commettre des actes de violence physique à l'égard d'une autre personne.

Art. 36. — Violence sexuelle, y compris le viol.

1. Les Parties prennent les mesures législatives ou autres nécessaires pour ériger en infraction pénale, lorsqu'ils sont commis intentionnellement :

a) la pénétration vaginale, anale ou orale non consentie, à caractère sexuel, du corps d'autrui avec toute partie du corps ou avec un objet ;

b) les autres actes à caractère sexuel non consentis sur autrui ;

c) le fait de contraindre autrui à se livrer à des actes à caractère sexuel non consentis avec un tiers.

2. Le consentement doit être donné volontairement comme résultat de la volonté libre de la personne considérée dans le contexte des circonstances environnantes.

3. Les Parties prennent les mesures législatives ou autres nécessaires pour que les dispositions du paragraphe 1 s'appliquent également à des actes commis contre les anciens ou actuels conjoints ou partenaires, conformément à leur droit interne.

Art. 37. — Mariages forcés.

1. Les Parties prennent les mesures législatives ou autres nécessaires pour ériger en infraction pénale le fait, lorsqu'il est commis intentionnellement, de forcer un adulte ou un enfant à contracter un mariage.

2. Les Parties prennent les mesures législatives ou autres nécessaires pour ériger en infraction pénale le fait, lorsqu'il est commis intentionnellement, de tromper un adulte ou un enfant afin de l'emmener sur le territoire d'une Partie ou d'un État autre que celui où il réside avec l'intention de le forcer à contracter un mariage.

Art. 38. — Mutilations génitales féminines.

Les Parties prennent les mesures législatives ou autres nécessaires pour ériger en infractions pénales, lorsqu'ils sont commis intentionnellement :

a) l'excision, l'infibulation ou toute autre mutilation de la totalité ou partie des labia majora, labia minora ou clitoris d'une femme ;

b) le fait de contraindre une femme à subir tout acte énuméré au point a ou de lui fournir les moyens à cette fin ;

c) le fait d'inciter ou de contraindre une fille à subir tout acte énuméré au point a ou de lui fournir les moyens à cette fin.

Art. 39. — Avortement et stérilisation forcés.

Les Parties prennent les mesures législatives ou autres nécessaires pour ériger en infractions pénales, lorsqu'ils sont commis intentionnellement :

a) le fait de pratiquer un avortement chez une femme sans son accord préalable et éclairé ;

b) le fait de pratiquer une intervention chirurgicale qui a pour objet ou pour effet de mettre fin à la capacité d'une femme de se reproduire naturellement sans son accord préalable et éclairé ou sans sa compréhension de la procédure.

Art. 40. — Harcèlement sexuel.

Les Parties prennent les mesures législatives ou autres nécessaires pour que toute forme de comportement non désiré, verbal, non-verbal ou physique, à caractère sexuel, ayant pour objet ou pour effet de violer la dignité d'une personne, en particulier lorsque ce comportement crée un environnement intimidant, hostile, dégradant, humiliant ou offensant, soit soumise à des sanctions pénales ou autres sanctions légales.

Art. 41. — Aide ou complicité et tentative.

1. Les Parties prennent les mesures législatives ou autres nécessaires pour ériger en infractions pénales, lorsqu'elles sont commises intentionnellement, l'aide ou la complicité dans la commission des infractions établies conformément aux articles 33, 34, 35, 36, 37, 38.a et 39 de la présente Convention.

2. Les Parties prennent les mesures législatives ou autres nécessaires pour ériger en infractions pénales, lorsqu'elles sont commises intentionnellement, les tentatives de commission des infractions établies conformément aux articles 35, 36, 37, 38.a et 39 de la présente Convention.

Art. 42. — Justification inacceptable des infractions pénales, y compris les crimes commis au nom du prétendu « honneur ».

1. Les Parties prennent les mesures législatives ou autres nécessaires pour s'assurer que, dans les procédures pénales diligentées à la suite de la commission de l'un des actes de violence couverts par le champ d'application de la présente Convention, la culture, la coutume, la religion, la tradition ou le prétendu « honneur » ne soient pas considérés comme justifiant de tels actes. Cela couvre, en particulier, les allégations

selon lesquelles la victime aurait transgressé des normes ou coutumes culturelles, religieuses, sociales ou traditionnelles relatives à un comportement approprié.

2. Les Parties prennent les mesures législatives ou autres nécessaires pour que l'incitation faite par toute personne à un enfant de commettre tout acte mentionné au paragraphe 1 ne diminue pas la responsabilité pénale de cette personne pour les actes commis.

Art. 43. — Application des infractions pénales.

Les infractions établies conformément à la présente Convention s'appliquent indépendamment de la nature de la relation entre la victime et l'auteur de l'infraction.

Art. 44. — Compétence.

1. Les Parties prennent les mesures législatives ou autres nécessaires pour établir leur compétence à l'égard de toute infraction établie conformément à la présente Convention, lorsque l'infraction est commise :

a) sur leur territoire ; ou

b) à bord d'un navire battant leur pavillon ; ou

c) à bord d'un aéronef immatriculé selon leurs lois internes ; ou

d) par un de leurs ressortissants ; ou

e) par une personne ayant sa résidence habituelle sur leur territoire.

2. Les Parties s'efforcent de prendre les mesures législatives ou autres nécessaires pour établir leur compétence à l'égard de toute infraction établie conformément à la présente Convention, lorsque l'infraction est commise contre l'un de leurs ressortissants ou contre une personne ayant sa résidence habituelle sur leur territoire.

3. Pour la poursuite des infractions établies conformément aux articles 36, 37, 38 et 39 de la présente Convention, les Parties prennent les mesures législatives ou autres nécessaires pour que l'établissement de leur compétence ne soit pas subordonné à la condition que les faits soient également incriminés sur le territoire où ils ont été commis.

4. Pour la poursuite des infractions établies conformément aux articles 36, 37, 38 et 39 de la présente Convention, les Parties prennent les mesures législatives ou autres nécessaires pour que l'établissement de leur compétence au titre des points d et e du paragraphe 1 ne soit pas subordonné à la condition que la poursuite soit précédée d'une plainte de la victime ou d'une dénonciation de l'État du lieu où l'infraction a été commise.

5. Les Parties prennent les mesures législatives ou autres nécessaires pour établir leur compétence à l'égard de toute infraction établie conformément à la présente Convention, dans les cas où l'auteur présumé est présent sur leur territoire et ne peut être extradé vers une autre Partie uniquement en raison de sa nationalité.

6. Lorsque plusieurs Parties revendiquent leur compétence à l'égard d'une infraction présumée établie conformément à la présente Convention, les Parties concernées se concertent, le cas échéant, afin de déterminer la mieux à même d'exercer les poursuites.

7. Sans préjudice des règles générales de droit international, la présente Convention n'exclut aucune compétence pénale exercée par une Partie conformément à son droit interne.

Art. 45. — Sanctions et mesures.

1. Les Parties prennent les mesures législatives ou autres nécessaires pour que les infractions établies conformément à la présente Convention soient passibles de sanctions effectives, proportionnées et dissuasives, au regard de leur gravité. Celles-ci incluent, le cas échéant, des peines privatives de liberté pouvant donner lieu à l'extradition.

2. Les Parties peuvent adopter d'autres mesures à l'égard des auteurs d'infractions, telles que :

— le suivi ou la surveillance de la personne condamnée ;

— la déchéance des droits parentaux si l'intérêt supérieur de l'enfant, qui peut inclure la sécurité de la victime, ne peut être garanti d'aucune autre façon.

Art. 46. — Circonstances aggravantes.

Les Parties prennent les mesures législatives ou autres nécessaires afin que les circonstances suivantes, pour autant qu'elles ne relèvent pas déjà des éléments constitutifs de l'infraction, puissent, conformément aux dispositions pertinentes de leur droit interne, être prises en compte en tant que circonstances aggravantes lors de la détermination des peines relatives aux infractions établies conformément à la présente Convention :

a) l'infraction a été commise à l'encontre d'un ancien ou actuel conjoint ou partenaire, conformément au droit interne, par un membre de la famille, une personne cohabitant avec la victime, ou une personne ayant abusé de son autorité ;

b) l'infraction, ou les infractions apparentées, ont été commises de manière répétée ;

c) l'infraction a été commise à l'encontre d'une personne rendue vulnérable du fait de circonstances particulières ;

d) l'infraction a été commise à l'encontre ou en présence d'un enfant ;

e) l'infraction a été commise par deux ou plusieurs personnes agissant ensemble ;

f) l'infraction a été précédée ou accompagnée d'une violence d'une extrême gravité ;

g) l'infraction a été commise avec l'utilisation ou la menace d'une arme ;

h) l'infraction a entraîné de graves dommages physiques ou psychologiques pour la victime ;

i) a été condamné antérieurement pour des faits de nature similaire.

Art. 47. — Condamnations dans une autre Partie.

Les Parties prennent les mesures législatives ou autres nécessaires pour prévoir la possibilité de prendre en compte, dans le cadre de l'appréciation de la peine, les condamnations définitives prononcées dans une autre Partie pour les infractions établies conformément à la présente Convention.

Art. 48. — Interdiction des modes alternatifs de résolution des conflits ou des condamnations obligatoires.

1. Les Parties prennent les mesures législatives ou autres nécessaires pour interdire les modes alternatifs de résolution des conflits obligatoires, y compris la médiation et la conciliation, en ce qui concerne toutes les formes de violence couvertes par le champ d'application de la présente Convention.

2. Les Parties prennent les mesures législatives ou autres nécessaires pour que, si le paiement d'une amende est ordonné, la capacité de l'auteur de l'infraction à faire face aux obligations financières qu'il a envers la victime soit dûment prise en compte.

Chapitre VI

Enquêtes, poursuites, droit procédural et mesures de protection

Art. 49. — Obligations générales.

1. Les Parties prennent les mesures législatives ou autres nécessaires pour que les enquêtes et les procédures judiciaires relatives à toutes les formes de violence couvertes par le champ d'application de la présente Convention soient traitées sans retard injustifié tout en prenant en considération les droits de la victime à toutes les étapes des procédures pénales.

2. Les Parties prennent les mesures législatives ou autres nécessaires, conformément aux principes fondamentaux des droits de l'homme et en prenant en considération la compréhension de la violence fondée sur le genre, pour garantir une enquête et une poursuite effectives des infractions établies conformément à la présente Convention.

Art. 50. — Réponse immédiate, prévention et protection.

1. Les Parties prennent les mesures législatives ou autres nécessaires pour que les services répressifs responsables répondent rapidement et de manière appropriée à toutes les formes de violence couvertes par le champ d'application de la présente Convention en offrant une protection adéquate et immédiate aux victimes.

2. Les Parties prennent les mesures législatives ou autres nécessaires pour que les services répressifs responsables engagent rapidement et de manière appropriée la prévention et la protection contre toutes les formes de violence couvertes par le champ d'application de la présente Convention, y compris l'emploi de mesures opérationnelles préventives et la collecte des preuves.

Art. 51. — Appréciation et gestion des risques.

1. Les Parties prennent les mesures législatives ou autres nécessaires pour qu'une appréciation du risque de létalité, de la gravité de la situation et du risque de réitération de la violence soit faite par toutes les autorités pertinentes afin de gérer le risque et garantir, si nécessaire, une sécurité et un soutien coordonnés.

2. Les Parties prennent les mesures législatives ou autres nécessaires pour que l'appréciation mentionnée au paragraphe 1 prenne dûment en compte, à tous les stades de l'enquête et de l'application des mesures de protection, le fait que l'auteur d'actes de violence couverts par le champ d'application de la présente Convention possède ou ait accès à des armes à feu.

Art. 52. — Ordonnances d'urgence d'interdiction.

Les Parties prennent les mesures législatives ou autres nécessaires pour que les autorités compétentes se voient reconnaître le pouvoir d'ordonner, dans des situations de danger immédiat, à l'auteur de violence domestique de quitter la résidence de la victime ou de la personne en danger pour une période de temps suffisante et d'interdire à l'auteur d'entrer dans le domicile de la victime ou de la personne en danger ou de la contacter. Les mesures prises conformément au présent article doivent donner la priorité à la sécurité des victimes ou des personnes en danger.

Art. 53. — Ordonnances d'injonction ou de protection.

1. Les Parties prennent les mesures législatives ou autres nécessaires pour que des ordonnances d'injonction ou de protection appropriées soient disponibles pour les victimes de toutes les formes de violence couvertes par le champ d'application de la présente Convention.

2. Les Parties prennent les mesures législatives ou autres nécessaires pour que les ordonnances d'injonction ou de protection mentionnées au paragraphe 1 soient :

— disponibles pour une protection immédiate et sans charge financière ou administrative excessive pesant sur la victime ;

— émises pour une période spécifiée, ou jusqu'à modification ou révocation ;

— le cas échéant, émises *ex parte* avec effet immédiat ;

— disponibles indépendamment ou cumulativement à d'autres procédures judiciaires ;

— autorisées à être introduites dans les procédures judiciaires subséquentes.

3. Les Parties prennent les mesures législatives ou autres nécessaires pour que la violation des ordonnances d'injonction ou de protection émises conformément au paragraphe 1 fasse l'objet de sanctions pénales, ou d'autres sanctions légales, effectives, proportionnées et dissuasives.

Art. 54. — Enquêtes et preuves.

Les Parties prennent les mesures législatives ou autres nécessaires pour que, dans toute procédure civile ou pénale, les preuves relatives aux antécédents sexuels et à la conduite de la victime ne soient recevables que lorsque cela est pertinent et nécessaire.

Art. 55. — Procédures ex parte *et* ex officio.

1. Les Parties veillent à ce que les enquêtes ou les poursuites d'infractions établies conformément aux articles 35, 36, 37, 38 et 39 de la présente Convention ne dépendent pas entièrement d'une dénonciation ou d'une plainte de la victime lorsque l'infraction a été commise, en partie ou en totalité, sur leur territoire, et à ce que la procédure puisse se poursuivre même si la victime se rétracte ou retire sa plainte.

2. Les Parties prennent les mesures législatives ou autres nécessaires pour garantir, conformément aux conditions prévues par leur droit interne, la possibilité pour les organisations gouvernementales et non gouvernementales et les conseillers spécialisés dans la violence domestique, d'assister et/ou de soutenir les victimes, sur demande de leur part, au cours des enquêtes et des procédures judiciaires relatives aux infractions établies conformément à la présente Convention.

Art. 56. — Mesures de protection.

1. Les Parties prennent les mesures législatives ou autres nécessaires pour protéger les droits et les intérêts des victimes, y compris leurs besoins spécifiques en tant que témoins, à tous les stades des enquêtes et des procédures judiciaires, en particulier :

a) en veillant à ce qu'elles soient, ainsi que leurs familles et les témoins à charge, à l'abri des risques d'intimidation, de représailles et de nouvelle victimisation ;

b) en veillant à ce que les victimes soient informées, au moins dans les cas où les victimes et la famille pourraient être en danger, lorsque l'auteur de l'infraction s'évade ou est libéré temporairement ou définitivement ;

c) en les tenant informées, selon les conditions prévues par leur droit interne, de leurs droits et des services à leur disposition, et des suites données à leur plainte, des chefs d'accusation retenus, du déroulement général de l'enquête ou de la procédure, et de leur rôle au sein de celle-ci ainsi que de la décision rendue ;

d) en donnant aux victimes, conformément aux règles de procédure de leur droit interne, la possibilité d'être entendues, de fournir des éléments de preuve et de présenter leurs vues, besoins et préoccupations, directement ou par le recours à un intermédiaire, et que ceux-ci soient examinés ;

e) en fournissant aux victimes une assistance appropriée pour que leurs droits et intérêts soient dûment présentés et pris en compte ;

f) en veillant à ce que des mesures pour protéger la vie privée et l'image de la victime puissent être prises ;

g) en veillant, lorsque cela est possible, à ce que les contacts entre les victimes et les auteurs d'infractions à l'intérieur des tribunaux et des locaux des services répressifs soient évités ;

h) en fournissant aux victimes des interprètes indépendants et compétents, lorsque les victimes sont parties aux procédures ou lorsqu'elles fournissent des éléments de preuve ;

i) en permettant aux victimes de témoigner en salle d'audience, conformément aux règles prévues par leur droit interne, sans être présentes, ou du moins sans que l'auteur présumé de l'infraction ne soit présent, notamment par le recours aux technologies de communication appropriées, si elles sont disponibles.

2. Un enfant victime et témoin de violence à l'égard des femmes et de violence domestique doit, le cas échéant, se voir accorder des mesures de protection spécifiques prenant en compte l'intérêt supérieur de l'enfant.

Art. 57. — Aide juridique.

Les Parties veillent à ce que les victimes aient droit à une assistance juridique et à une aide juridique gratuite selon les conditions prévues par leur droit interne.

Art. 58. — Prescription.

Les Parties prennent les mesures législatives et autres nécessaires pour que le délai de prescription pour engager toute poursuite du chef des infractions établies conformément aux articles 36, 37, 38 et 39 de la présente Convention, continue de courir pour une durée suffisante et proportionnelle à la gravité de l'infraction en question, afin de permettre la mise en œuvre efficace des poursuites, après que la victime a atteint l'âge de la majorité.

Chapitre VII

Migration et asile

Art. 59. — Statut de résident.

1. Les Parties prennent les mesures législatives ou autres nécessaires pour garantir que les victimes, dont le statut de résident dépend de celui de leur conjoint ou de leur partenaire, conformément à leur droit interne, se voient accorder, sur demande, dans l'éventualité de la dissolution du mariage ou de la relation, en cas de situations particulièrement difficiles, un permis de résidence autonome, indépendamment de la durée du mariage ou de la relation. Les conditions relatives à l'octroi et à la durée du permis de résidence autonome sont établies conformément au droit interne.

2. Les Parties prennent les mesures législatives ou autres nécessaires pour que les victimes puissent obtenir la suspension des procédures d'expulsion initiées du fait que leur statut de résident dépend de celui de leur conjoint ou de leur partenaire, conformément à leur droit interne, pour leur permettre de demander un permis de résidence autonome.

3. Les Parties délivrent un permis de résidence renouvelable aux victimes, dans l'une ou les deux situations suivantes :

a) lorsque l'autorité compétente considère que leur séjour est nécessaire au regard de leur situation personnelle ;

b) lorsque l'autorité compétente considère que leur séjour est nécessaire aux fins de leur coopération avec les autorités compétentes dans le cadre d'une enquête ou de procédures pénales.

4. Les Parties prennent les mesures législatives ou autres nécessaires pour que les victimes de mariages forcés amenées dans un autre pays aux fins de ce mariage, et qui perdent en conséquence leur statut de résident dans le pays où elles résident habituellement, puissent récupérer ce statut.

Art. 60. — Demandes d'asile fondées sur le genre.

1. Les Parties prennent les mesures législatives ou autres nécessaires pour que la violence à l'égard des femmes fondée sur le genre puisse être reconnue comme une forme de persécution au sens de l'article 1, A (2), de la Convention relative au statut des réfugiés de 1951 et comme une forme de préjudice grave donnant lieu à une protection complémentaire/subsidiaire.

2. Les Parties veillent à ce qu'une interprétation sensible au genre soit appliquée à chacun des motifs de la Convention et à ce que les demandeurs d'asile se voient octroyer le statut de réfugié dans les cas où il a été établi que la crainte de persécution est fondée sur l'un ou plusieurs de ces motifs, conformément aux instruments pertinents applicables.

3. Les Parties prennent les mesures législatives ou autres nécessaires pour développer des procédures d'accueil sensibles au genre et des services de soutien pour les demandeurs d'asile, ainsi que des lignes directrices fondées sur le genre et des procédures d'asile sensibles au genre, y compris pour l'octroi du statut de réfugié et pour la demande de protection internationale.

Art. 61. — Non-refoulement.

1. Les Parties prennent les mesures législatives ou autres nécessaires pour respecter le principe de non-refoulement, conformément aux obligations existantes découlant du droit international.

2. Les Parties prennent les mesures législatives ou autres nécessaires pour que les victimes de violence à l'égard des femmes nécessitant une protection, indépendamment de leur statut ou lieu de résidence, ne puissent en aucune circonstance être refoulées vers un pays où leur vie serait en péril ou dans lequel elles pourraient être victimes de torture ou de peines ou traitements inhumains ou dégradants.

Chapitre VIII

Coopération internationale

Art. 62. — Principes généraux.

1. Les Parties coopèrent, conformément aux dispositions de la présente Convention, et en application des instruments internationaux et régionaux pertinents, relatifs à la coopération en matière civile et pénale, des arrangements reposant sur des législations uniformes ou réciproques et de leur droit interne, dans la mesure la plus large possible, aux fins :

a) de prévenir, combattre, et poursuivre toutes les formes de violence couvertes par le champ d'application de la présente Convention ;

b) de protéger et assister les victimes ;

c) de mener des enquêtes ou des procédures concernant les infractions établies conformément à la présente Convention ;

d) d'appliquer les jugements civils et pénaux pertinents rendus par les autorités judiciaires des Parties, y compris les ordonnances de protection.

2. Les Parties prennent les mesures législatives ou autres nécessaires pour que les victimes d'une infraction établie conformément à la présente Convention et commise sur le territoire d'une Partie autre que celui sur lequel elles résident puissent porter plainte auprès des autorités compétentes de leur État de résidence.

3. Si une Partie qui subordonne l'entraide judiciaire en matière pénale, l'extradition ou l'exécution de jugements civils ou pénaux prononcés par une autre Partie à la présente Convention à l'existence d'un traité reçoit une demande concernant cette coopération en matière judiciaire d'une Partie avec laquelle elle n'a pas conclu pareil traité, elle peut considérer la présente Convention comme la base légale de l'entraide judiciaire en matière pénale, de l'extradition ou de l'exécution de jugements civils ou pénaux prononcés par une autre Partie à la présente Convention à l'égard des infractions établies conformément à la présente Convention.

4. Les Parties s'efforcent d'intégrer, le cas échéant, la prévention et la lutte contre la violence à l'égard des femmes et la violence domestique dans les programmes d'assistance au développement conduits au profit d'États tiers, y compris la conclusion d'accords bilatéraux et multilatéraux avec des États tiers dans le but de faciliter la protection des victimes, conformément à l'article 18, paragraphe 5.

Art. 63. — Mesures relatives aux personnes en danger.

Lorsqu'une Partie a, sur la base d'informations à sa disposition, de sérieuses raisons de penser qu'une personne risque d'être soumise de manière immédiate à l'un des actes de violence visés par les articles 36, 37, 38 et 39 de la présente Convention sur le territoire d'une autre Partie, la Partie disposant de l'information est encouragée à la transmettre sans délai à l'autre Partie dans le but d'assurer que les mesures de protection appropriées soient prises. Cette information doit contenir, le cas échéant, des indications sur des dispositions de protection existantes établies au bénéfice de la personne en danger.

Art. 64. — Information.

1. La Partie requise doit rapidement informer la Partie requérante du résultat final de l'action exercée conformément au présent chapitre. La Partie requise doit également informer rapidement la Partie requérante de toutes les circonstances qui rendent impossible l'exécution de l'action envisagée ou qui sont susceptibles de la retarder de manière significative.

2. Une Partie peut, dans la limite des règles de son droit interne, sans demande préalable, transférer à une autre Partie les informations obtenues dans le cadre de ses propres investigations lorsqu'elle considère que la divulgation de telles informations pourrait aider la Partie qui les reçoit à prévenir les infractions pénales établies conformément à la présente Convention, ou à entamer ou poursuivre les investigations ou les procédures relatives à de telles infractions pénales, ou qu'elle pourrait aboutir à une demande de coopération formulée par cette Partie conformément au présent chapitre.

3. La Partie qui reçoit toute information conformément au paragraphe 2 doit la communiquer à ses autorités compétentes de manière à ce que des procédures puissent être engagées si elles sont considérées comme étant appropriées, ou que cette information puisse être prise en compte dans les procédures civiles et pénales pertinentes.

Art. 65. — Protection des données.

Les données personnelles sont conservées et utilisées conformément aux obligations contractées par les Parties à la Convention pour la protection des personnes à l'égard du traitement automatisé des données à caractère personnel (STE n° 108).

Chapitre IX

Mécanisme de suivi

Art. 66. — Groupe d'experts sur la lutte contre la violence à l'égard des femmes et la violence domestique.

1. Le Groupe d'experts sur la lutte contre la violence à l'égard des femmes et la violence domestique (ci-après dénommé « GREVIO ») est chargé de veiller à la mise en œuvre de la présente Convention par les Parties.

2. Le GREVIO est composé de 10 membres au minimum et de 15 membres au maximum, en tenant compte d'une participation équilibrée entre les femmes et les hommes, et d'une participation géographiquement équilibrée, ainsi que d'une expertise multidisciplinaire. Ses membres sont élus par le Comité des Parties parmi des candidats désignés par les Parties, pour un mandat de quatre ans, renouvelable une fois, et choisis parmi des ressortissants des Parties.

3. L'élection initiale de 10 membres est organisée dans un délai d'un an suivant la date d'entrée en vigueur de la présente Convention. L'élection de cinq membres additionnels est organisée après la vingt-cinquième ratification ou adhésion.

4. L'élection des membres du GREVIO se fonde sur les principes suivants :

a) ils sont choisis selon une procédure transparente parmi des personnalités de haute moralité connues pour leur compétence en matière de droits de l'homme, d'égalité entre les femmes et les hommes, de violence à l'égard des femmes et de violence domestique ou d'assistance et protection des victimes, ou ayant une expérience professionnelle reconnue dans les domaines couverts par la présente Convention ;

b) le GREVIO ne peut comprendre plus d'un ressortissant du même État ;

c) ils devraient représenter les principaux systèmes juridiques ;

d) ils devraient représenter les acteurs et instances pertinents dans le domaine de la violence à l'égard des femmes et la violence domestique ;

e) ils siègent à titre individuel, sont indépendants et impartiaux dans l'exercice de leurs mandats et se rendent disponibles pour remplir leurs fonctions de manière effective.

5. La procédure d'élection des membres du GREVIO est fixée par le Comité des Ministres du Conseil de l'Europe, après consultation et assentiment unanime des Parties, dans un délai de six mois à compter de l'entrée en vigueur de la présente Convention.

6. Le GREVIO adopte son propre règlement intérieur.

7. Les membres du GREVIO et les autres membres des délégations chargées d'effectuer les visites dans les pays, tel qu'établi dans l'article 68, paragraphes 9 et 14, bénéficient des privilèges et immunités prévus par l'annexe à la présente Convention.

Art. 67. — Comité des Parties.

1. Le Comité des Parties est composé des représentants des Parties à la Convention.

2. Le Comité des Parties est convoqué par le Secrétaire Général du Conseil de l'Europe. Sa première réunion doit se tenir dans un délai d'un an suivant l'entrée en vigueur de la présente Convention afin d'élire les membres du GREVIO. Il se réunira par la suite à la demande d'un tiers des Parties, du Président du Comité des Parties ou du Secrétaire Général.

3. Le Comité des Parties adopte son propre règlement intérieur.

Art. 68. — Procédure.

1. Les Parties présentent au Secrétaire Général du Conseil de l'Europe, sur la base d'un questionnaire préparé par le GREVIO, un rapport sur les mesures d'ordre législatif et autres donnant effet aux dispositions de la présente Convention, pour examen par le GREVIO.

2. Le GREVIO examine le rapport soumis conformément au paragraphe 1 avec les représentants de la Partie concernée.

3. La procédure d'évaluation ultérieure est divisée en cycles dont la durée est déterminée par le GREVIO. Au début de chaque cycle, le GREVIO sélectionne les dispositions particulières sur lesquelles va porter la procédure d'évaluation et envoie un questionnaire.

4. Le GREVIO détermine les moyens appropriés pour procéder à cette évaluation. Il peut, en particulier, adopter un questionnaire pour chacun des cycles qui sert de base à l'évaluation de la mise en œuvre par les Parties. Ce questionnaire est adressé à toutes les Parties. Les Parties répondent à ce questionnaire ainsi qu'à toute autre demande d'information du GREVIO.

5. Le GREVIO peut recevoir des informations concernant la mise en œuvre de la Convention des organisations non gouvernementales et de la société civile, ainsi que des institutions nationales de protection des droits de l'homme.

6. Le GREVIO prend dûment en considération les informations existantes disponibles dans d'autres instruments et organisations régionaux et internationaux dans les domaines entrant dans le champ d'application de la présente Convention.

7. Lorsqu'il adopte le questionnaire pour chaque cycle d'évaluation, le GREVIO prend dûment en considération la collecte des données et les recherches existantes dans les Parties, telles que mentionnées à l'article 11 de la présente Convention.

8. Le GREVIO peut recevoir des informations relatives à la mise en œuvre de la Convention de la part du Commissaire aux droits de l'homme du Conseil de l'Europe, de l'Assemblée parlementaire et d'autres organes spécialisés pertinents du Conseil de l'Europe ainsi que ceux établis par d'autres instruments internationaux. Les plaintes présentées devant ces organes et les suites qui leur sont données seront mises à la disposition du GREVIO.

9. Le GREVIO peut organiser, de manière subsidiaire, en coopération avec les autorités nationales et avec l'assistance d'experts nationaux indépendants, des visites dans les pays concernés, si les informations reçues sont insuffisantes ou dans les cas prévus au paragraphe 14. Lors de ces visites, le GREVIO peut se faire assister par des spécialistes dans des domaines spécifiques.

10. Le GREVIO établit un projet de rapport contenant ses analyses concernant la mise en œuvre des dispositions sur lesquelles porte la procédure d'évaluation, ainsi que ses suggestions et propositions relatives à la manière dont la Partie concernée peut traiter les problèmes identifiés. Le projet de rapport est transmis pour commentaire à la Partie faisant l'objet de l'évaluation. Ses commentaires sont pris en compte par le GREVIO lorsqu'il adopte son rapport.

11. Sur la base de toutes les informations reçues et des commentaires des Parties, le GREVIO adopte son rapport et ses conclusions concernant les mesures prises par la Partie concernée pour mettre en œuvre les dispositions de la présente Convention. Ce rapport et les conclusions sont envoyés à la Partie concernée et au Comité des Parties. Le rapport et les conclusions du GREVIO sont rendus publics dès leur adoption, avec les commentaires éventuels de la Partie concernée.

12. Sans préjudice de la procédure prévue aux paragraphes 1 à 8, le Comité des Parties peut adopter, sur la base du rapport et des conclusions du GREVIO, des recommandations adressées à cette Partie (a) concernant les mesures à prendre pour mettre en œuvre les conclusions du GREVIO, si nécessaire en fixant une date pour la soumission d'informations sur leur mise en œuvre, et (b) ayant pour objectif de promouvoir la coopération avec cette Partie afin de mettre en œuvre la présente Convention de manière satisfaisante.

13. Si le GREVIO reçoit des informations fiables indiquant une situation dans laquelle des problèmes nécessitent une attention immédiate afin de prévenir ou de limiter l'ampleur ou le nombre de violations graves de la Convention, il peut demander la soumission urgente d'un rapport spécial relatif aux mesures prises pour prévenir un type de violence grave, répandu ou récurrent à l'égard des femmes.

14. Le GREVIO peut, en tenant compte des informations soumises par la Partie concernée ainsi que de toute autre information fiable disponible, désigner un ou plusieurs de ses membres pour conduire une enquête et présenter de manière urgente un rapport au GREVIO. Lorsque cela est nécessaire et avec l'accord de la Partie, l'enquête peut comprendre une visite sur son territoire.

15. Après avoir examiné les conclusions relatives à l'enquête mentionnée au paragraphe 14, le GREVIO transmet ces conclusions à la Partie concernée et, le cas échéant, au Comité des Parties et au Comité des Ministres du Conseil de l'Europe avec tout autre commentaire et recommandation.

Art. 69. — Recommandations générales.

Le GREVIO peut adopter, le cas échéant, des recommandations générales sur la mise en œuvre de la présente Convention.

Art. 70. — Participation des parlements au suivi.

1. Les parlements nationaux sont invités à participer au suivi des mesures prises pour la mise en œuvre de la présente Convention.

2. Les Parties soumettent les rapports du GREVIO à leurs parlements nationaux.

3. L'Assemblée parlementaire du Conseil de l'Europe est invitée à faire le bilan, de manière régulière, de la mise en œuvre de la présente Convention.

Chapitre X

Relations avec d'autres instruments internationaux

Art. 71. — Relations avec d'autres instruments internationaux.

1. La présente Convention ne porte pas atteinte aux obligations découlant d'autres instruments internationaux auxquels les Parties à la présente Convention sont Parties ou le deviendront, et qui contiennent des dispositions relatives aux matières régies par la présente Convention.

2. Les Parties à la présente Convention peuvent conclure entre elles des accords bilatéraux ou multilatéraux relatifs aux questions réglées par la présente Convention, aux fins de compléter ou de renforcer les dispositions de celle-ci ou pour faciliter l'application des principes qu'elle consacre.

7) Les droits sociaux européens

Nº 14 **Charte sociale européenne (révisée),** signée à Strasbourg le 3 mai 1996 (extraits) (36)

PARTIE I

Les Parties reconnaissent comme objectif d'une politique qu'elles poursuivront par tous les moyens utiles, sur les plans national et international, la réalisation de conditions propres à assurer l'exercice effectif des droits et principes suivants :

Toute personne doit avoir la possibilité de gagner sa vie par un travail librement entrepris.

Tous les travailleurs ont droit à des conditions de travail équitables.

Tous les travailleurs ont droit à la sécurité et à l'hygiène dans le travail.

Tous les travailleurs ont droit à une rémunération équitable leur assurant, ainsi qu'à leurs familles, un niveau de vie satisfaisant.

---

(36) Le texte présenté est la version consolidée et révisée de la charte sociale européenne signée à Turin le 18 octobre 1981. La charte sociale européenne, révisée, a été approuvée par la France à l'issue de la loi n° 99-174 du 10 mars 1999 et publiée par le décret n° 2000-110 du 4 février 2000.

Tous les travailleurs et employeurs ont le droit de s'associer librement au sein d'organisations nationales ou internationales pour la protection de leurs intérêts économiques et sociaux.

Tous les travailleurs et employeurs ont le droit de négocier collectivement.

Les enfants et les adolescents ont droit à une protection spéciale contre les dangers physiques et moraux auxquels ils sont exposés.

Les travailleuses, en cas de maternité, ont droit à une protection spéciale.

Toute personne a droit à des moyens appropriés d'orientation professionnelle, en vue de l'aider à choisir une profession conformément à ses aptitudes personnelles et à ses intérêts.

Toute personne a droit à des moyens appropriés de formation professionnelle.

Toute personne a le droit de bénéficier de toutes les mesures lui permettant de jouir du meilleur état de santé qu'elle puisse atteindre.

Tous les travailleurs et leurs ayants droit ont droit à la sécurité sociale.

Toute personne démunie de ressources suffisantes a droit à l'assistance sociale et médicale.

Toute personne a le droit de bénéficier de services sociaux qualifiés.

Toute personne handicapée a droit à l'autonomie, à l'intégration sociale et à la participation à la vie de la communauté.

La famille, en tant que cellule fondamentale de la société, a droit à une protection sociale, juridique et économique appropriée pour assurer son plein développement.

Les enfants et les adolescents ont droit à une protection sociale, juridique et économique appropriée.

Les ressortissants de l'une des Parties ont le droit d'exercer sur le territoire d'une autre Partie toute activité lucrative, sur un pied d'égalité avec les nationaux de cette dernière, sous réserve des restrictions fondées sur des raisons sérieuses de caractère économique ou social.

Les travailleurs migrants ressortissants de l'une des Parties et leurs familles ont droit à la protection et à l'assistance sur le territoire de toute autre Partie.

Tous les travailleurs ont droit à l'égalité de chances et de traitement en matière d'emploi et de profession, sans discrimination fondée sur le sexe.

Les travailleurs ont droit à l'information et à la consultation au sein de l'entreprise.

Les travailleurs ont le droit de prendre part à la détermination et à l'amélioration des conditions de travail et du milieu du travail dans l'entreprise.

Toute personne âgée a droit à une protection sociale.

Tous les travailleurs ont droit à une protection en cas de licenciement.

Tous les travailleurs ont droit à la protection de leurs créances en cas d'insolvabilité de leur employeur.

Tous les travailleurs ont droit à la dignité dans le travail.

Toutes les personnes ayant des responsabilités familiales et occupant ou souhaitant occuper un emploi sont en droit de le faire sans être soumises à des discriminations et autant que possible sans qu'il y ait conflit entre leur emploi et leurs responsabilités familiales.

Les représentants des travailleurs dans l'entreprise ont droit à la protection contre les actes susceptibles de leur porter préjudice et doivent avoir les facilités appropriées pour remplir leurs fonctions.

Tous les travailleurs ont le droit d'être informés et consultés dans les procédures de licenciements collectifs.

Toute personne a droit à la protection contre la pauvreté et l'exclusion sociale.

Toute personne a droit au logement.

PARTIE II

Les Parties s'engagent à se considérer comme liées, ainsi que prévu à la partie III, par les obligations résultant des articles et des paragraphes ci-après.

Article premier. — Droit au travail.

En vue d'assurer l'exercice effectif du droit au travail, les Parties s'engagent :

— à reconnaître comme l'un de leurs principaux objectifs et responsabilités la réalisation et le maintien du niveau le plus élevé et le plus stable possible de l'emploi en vue de la réalisation du plein emploi ;

— à protéger de façon efficace le droit pour le travailleur de gagner sa vie par un travail librement entrepris ;

— à établir ou à maintenir des services gratuits de l'emploi pour tous les travailleurs ;

— à assurer ou à favoriser une orientation, une formation et une réadaptation professionnelles appropriées.

Art. 2. — Droit à des conditions de travail équitables.

En vue d'assurer l'exercice effectif du droit à des conditions de travail équitables, les Parties s'engagent :

— à fixer une durée raisonnable au travail journalier et hebdomadaire, la semaine de travail devant être progressivement réduite pour autant que l'augmentation de la productivité et les autres facteurs entrant en jeu le permettent ;

— à prévoir des jours fériés payés ;

— à assurer l'octroi d'un congé payé annuel de quatre semaines au minimum ;

— à éliminer les risques inhérents aux occupations dangereuses ou insalubres et, lorsque ces risques n'ont pas encore pu être éliminés ou suffisamment réduits, à assurer aux travailleurs employés à de telles occupations soit une réduction de la durée du travail, soit des congés payés supplémentaires ;

— à assurer un repos hebdomadaire qui coïncide autant que possible avec le jour de la semaine reconnu comme jour de repos par la tradition ou les usages du pays ou de la région ;

— à veiller à ce que les travailleurs soient informés par écrit aussitôt que possible et en tout état de cause au plus tard deux mois après le début de leur emploi des aspects essentiels du contrat ou de la relation de travail ;

— à faire en sorte que les travailleurs effectuant un travail de nuit bénéficient de mesures qui tiennent compte de la nature spéciale de ce travail.

Art. 3. — Droit à la sécurité et à l'hygiène dans le travail.

En vue d'assurer l'exercice effectif du droit à la sécurité et à l'hygiène dans le travail, les Parties s'engagent, en consultation avec les organisations d'employeurs et de travailleurs :

— à définir, mettre en œuvre et réexaminer périodiquement une politique nationale cohérente en matière de sécurité, de santé des travailleurs et de milieu de travail. Cette politique aura pour objet primordial d'améliorer la sécurité et l'hygiène professionnelles et de prévenir les accidents et les atteintes à la santé qui résultent du travail, sont liés au travail ou surviennent au cours du travail, notamment en réduisant au minimum les causes des risques inhérents au milieu de travail ;

— à édicter des règlements de sécurité et d'hygiène ;

— à édicter des mesures de contrôle de l'application de ces règlements ;

— à promouvoir l'institution progressive des services de santé au travail pour tous les travailleurs, avec des fonctions essentiellement préventives et de conseil.

Art. 4. — Droit à une rémunération équitable.

En vue d'assurer l'exercice effectif du droit à une rémunération équitable, les Parties s'engagent :

— à reconnaître le droit des travailleurs à une rémunération suffisante pour leur assurer, ainsi qu'à leurs familles, un niveau de vie décent ;

— à reconnaître le droit des travailleurs à un taux de rémunération majoré pour les heures de travail supplémentaires, exception faite de certains cas particuliers ;

— à reconnaître le droit des travailleurs masculins et féminins à une rémunération égale pour un travail de valeur égale ;

— à reconnaître le droit de tous les travailleurs à un délai de préavis raisonnable dans le cas de cessation de l'emploi ;

— à n'autoriser des retenues sur les salaires que dans les conditions et limites prescrites par la législation ou la réglementation nationale, ou fixées par des conventions collectives ou des sentences arbitrales.

L'exercice de ces droits doit être assuré soit par voie de conventions collectives librement conclues, soit par des méthodes légales de fixation des salaires, soit de toute autre manière appropriée aux conditions nationales.

Art. 5. — Droit syndical.

En vue de garantir ou de promouvoir la liberté pour les travailleurs et les employeurs de constituer des organisations locales, nationales ou internationales, pour la protection de leurs intérêts économiques et sociaux et d'adhérer à ces organisations, les Parties s'engagent à ce que la législation nationale ne porte pas atteinte, ni ne soit appliquée de manière à porter atteinte à cette liberté. La mesure dans laquelle les garanties prévues au présent article s'appliqueront à la police sera déterminée par la législation ou la réglementation nationale. Le principe de l'application de ces garanties aux membres des forces armées et la mesure dans laquelle elles s'appliqueraient à cette catégorie de personnes sont également déterminés par la législation ou la réglementation nationale.

Art. 6. — Droit de négociation collective.

En vue d'assurer l'exercice effectif du droit de négociation collective, les Parties s'engagent :

— à favoriser la consultation paritaire entre travailleurs et employeurs ;

— à promouvoir, lorsque cela est nécessaire et utile, l'institution de procédures de négociation volontaire entre les employeurs ou les organisations d'employeurs, d'une part, et les organisations de travailleurs, d'autre part, en vue de régler les conditions d'emploi par des conventions collectives ;

— à favoriser l'institution et l'utilisation de procédures appropriées de conciliation et d'arbitrage volontaire pour le règlement des conflits du travail ;

et reconnaissent :

— le droit des travailleurs et des employeurs à des actions collectives en cas de conflits d'intérêt, y compris le droit de grève, sous réserve des obligations qui pourraient résulter des conventions collectives en vigueur.

Art. 7. — Droit des enfants et des adolescents à la protection.

En vue d'assurer l'exercice effectif du droit des enfants et des adolescents à la protection, les Parties s'engagent :

— à fixer à 15 ans l'âge minimum d'admission à l'emploi, des dérogations étant toutefois admises pour les enfants employés à des travaux légers déterminés qui ne risquent pas de porter atteinte à leur santé, à leur moralité ou à leur éducation ;

— à fixer à 18 ans l'âge minimum d'admission à l'emploi pour certaines occupations déterminées, considérées comme dangereuses ou insalubres ;

— à interdire que les enfants encore soumis à l'instruction obligatoire soient employés à des travaux qui les privent du plein bénéfice de cette instruction ;

— à limiter la durée du travail des travailleurs de moins de 18 ans pour qu'elle corresponde aux exigences de leur développement et, plus particulièrement, aux besoins de leur formation professionnelle ;

— à reconnaître le droit des jeunes travailleurs et apprentis à une rémunération équitable ou à une allocation appropriée ;

— à prévoir que les heures que les adolescents consacrent à la formation professionnelle pendant la durée normale du travail avec le consentement de l'employeur seront considérées comme comprises dans la journée de travail ;

— à fixer à quatre semaines au minimum la durée des congés payés annuels des travailleurs de moins de 18 ans ;

— à interdire l'emploi des travailleurs de moins de 18 ans à des travaux de nuit, exception faite pour certains emplois déterminés par la législation ou la réglementation nationale ;

— à prévoir que les travailleurs de moins de 18 ans occupés dans certains emplois déterminés par la législation ou la réglementation nationale doivent être soumis à un contrôle médical régulier ;

— à assurer une protection spéciale contre les dangers physiques et moraux auxquels les enfants et les adolescents sont exposés, et notamment contre ceux qui résultent d'une façon directe ou indirecte de leur travail.

Art. 8. — Droit des travailleuses à la protection de la maternité.

En vue d'assurer l'exercice effectif du droit des travailleuses à la protection de la maternité, les Parties s'engagent :

— à assurer aux travailleuses, avant et après l'accouchement, un repos d'une durée totale de quatorze semaines au minimum, soit par un congé payé, soit par des prestations appropriées de sécurité sociale ou par des fonds publics ;

— à considérer comme illégal pour un employeur de signifier son licenciement à une femme pendant la période comprise entre le moment où elle notifie sa grossesse à son employeur et la fin de son congé de maternité, ou à une date telle que le délai de préavis expire pendant cette période ;

— à assurer aux mères qui allaitent leurs enfants des pauses suffisantes à cette fin ;

— à réglementer le travail de nuit des femmes enceintes, ayant récemment accouché ou allaitant leurs enfants ;

— à interdire l'emploi des femmes enceintes, ayant récemment accouché ou allaitant leurs enfants à des travaux souterrains dans les mines et à tous autres travaux de caractère dangereux, insalubre ou pénible, et à prendre des mesures appropriées pour protéger les droits de ces femmes en matière d'emploi.

Art. 9. — Droit à l'orientation professionnelle.

En vue d'assurer l'exercice effectif du droit à l'orientation professionnelle, les Parties s'engagent à procurer ou promouvoir, en tant que de besoin, un service qui aidera toutes les personnes, y compris celles qui sont handicapées, à résoudre les problèmes relatifs au choix d'une profession ou à l'avancement professionnel, compte tenu des caractéristiques de l'intéressé et de la relation entre celles-ci et les possibilités du marché de l'emploi ; cette aide devra être fournie, gratuitement, tant aux jeunes, y compris les enfants d'âge scolaire, qu'aux adultes.

Art. 10. — Droit à la formation professionnelle.

En vue d'assurer l'exercice effectif du droit à la formation professionnelle, les Parties s'engagent :

— à assurer ou à favoriser, en tant que de besoin, la formation technique et professionnelle de toutes les personnes, y compris celles qui sont handicapées, en consultation avec les organisations professionnelles d'employeurs et de travailleurs, et à accorder des moyens permettant l'accès à l'enseignement technique supérieur et à l'enseignement universitaire d'après le seul critère de l'aptitude individuelle ;

— à assurer ou à favoriser un système d'apprentissage et d'autres systèmes de formation des jeunes garçons et filles, dans leurs divers emplois ;

— à assurer ou à favoriser, en tant que de besoin :

- des mesures appropriées et facilement accessibles en vue de la formation des travailleurs adultes ;
- des mesures spéciales en vue de la rééducation professionnelle des travailleurs adultes, rendue nécessaire par l'évolution technique ou par une orientation nouvelle du marché du travail ;

— à assurer ou à favoriser, en tant que de besoin, des mesures particulières de recyclage et de réinsertion des chômeurs de longue durée ;

— à encourager la pleine utilisation des moyens prévus par des dispositions appropriées telles que :

- la réduction ou l'abolition de tous droits et charges ;
- l'octroi d'une assistance financière dans les cas appropriés ;
- l'inclusion dans les heures normales de travail du temps consacré aux cours supplémentaires de formation suivis pendant l'emploi par le travailleur à la demande de son employeur ;
- la garantie, au moyen d'un contrôle approprié, en consultation avec les organisations professionnelles d'employeurs et de travailleurs, de l'efficacité du système d'apprentissage et de tout autre système de formation pour jeunes travailleurs, et, d'une manière générale, de la protection adéquate des jeunes travailleurs.

Art. 11. — Droit à la protection de la santé.

En vue d'assurer l'exercice effectif du droit à la protection de la santé, les Parties s'engagent à prendre, soit directement, soit en coopération avec les organisations publiques et privées, des mesures appropriées tendant notamment :

— à éliminer, dans la mesure du possible, les causes d'une santé déficiente ;

— à prévoir des services de consultation et d'éducation pour ce qui concerne l'amélioration de la santé et le développement du sens de la responsabilité individuelle en matière de santé ;

— à prévenir, dans la mesure du possible, les maladies épidémiques, endémiques et autres, ainsi que les accidents.

Art. 12. — Droit à la sécurité sociale.

En vue d'assurer l'exercice effectif du droit à la sécurité sociale, les Parties s'engagent :

— à établir ou à maintenir un régime de sécurité sociale ;

— à maintenir le régime de sécurité sociale à un niveau satisfaisant, au moins égal à celui nécessaire pour la ratification du Code européen de sécurité sociale ;

— à s'efforcer de porter progressivement le régime de sécurité sociale à un niveau plus haut ;

— à prendre des mesures, par la conclusion d'accords bilatéraux ou multilatéraux appropriés ou par d'autres moyens, et sous réserve des conditions arrêtées dans ces accords, pour assurer :

- l'égalité de traitement entre les nationaux de chacune des Parties et les ressortissants des autres Parties en ce qui concerne les droits à la sécurité sociale, y compris la conservation des avantages accordés par les législations de sécurité sociale, quels que puissent être les déplacements que les personnes protégées pourraient effectuer entre les territoires des Parties ;
- l'octroi, le maintien et le rétablissement des droits à la sécurité sociale par des moyens tels que la totalisation des périodes d'assurance ou d'emploi accomplies conformément à la législation de chacune des Parties.

Art. 13. — Droit à l'assistance sociale et médicale.

En vue d'assurer l'exercice effectif du droit à l'assistance sociale et médicale, les Parties s'engagent :

— à veiller à ce que toute personne qui ne dispose pas de ressources suffisantes et qui n'est pas en mesure de se procurer celles-ci par ses propres moyens ou de les recevoir d'une autre source, notamment par des prestations résultant d'un régime de sécurité sociale, puisse obtenir une assistance appropriée et, en cas de maladie, les soins nécessités par son état ;

— à veiller à ce que les personnes bénéficiant d'une telle assistance ne souffrent pas, pour cette raison, d'une diminution de leurs droits politiques ou sociaux ;

— à prévoir que chacun puisse obtenir, par des services compétents de caractère public ou privé, tous conseils et toute aide personnelle nécessaires pour prévenir, abolir ou alléger l'état de besoin d'ordre personnel et d'ordre familial ;

— à appliquer les dispositions visées aux paragraphes 1, 2 et 3 du présent article, sur un pied d'égalité avec leurs nationaux, aux ressortissants des autres Parties se trouvant légalement sur leur territoire, conformément aux obligations qu'elles assument en vertu de la Convention européenne d'assistance sociale et médicale, signée à Paris le 11 décembre 1953.

Art. 14. — Droit au bénéfice des services sociaux.

En vue d'assurer l'exercice effectif du droit à bénéficier des services sociaux, les Parties s'engagent :

— à encourager ou organiser les services utilisant les méthodes propres au service social et qui contribuent au bien-être et au développement des individus et des groupes dans la communauté ainsi qu'à leur adaptation au milieu social ;

— à encourager la participation des individus et des organisations bénévoles ou autres à la création ou au maintien de ces services.

Art. 15. — Droit des personnes handicapées à l'autonomie, à l'intégration sociale et à la participation à la vie de la communauté.

En vue de garantir aux personnes handicapées, quel que soit leur âge, la nature et l'origine de leur handicap, l'exercice effectif du droit à l'autonomie, à l'intégration sociale et à la participation à la vie de la communauté, les Parties s'engagent notamment :

— à prendre les mesures nécessaires pour fournir aux personnes handicapées une orientation, une éducation et une formation professionnelle dans le cadre du droit commun chaque fois que possible ou, si tel n'est pas le cas, par le biais d'institutions spécialisées publiques ou privées ;

— à favoriser leur accès à l'emploi par toute mesure susceptible d'encourager les employeurs à embaucher et à maintenir en activité des personnes handicapées dans le milieu ordinaire de travail et à adapter les conditions de travail aux besoins de ces personnes ou, en cas d'impossibilité en raison du handicap, par l'aménagement ou la création d'emplois protégés en fonction du degré d'incapacité. Ces mesures peuvent justifier, le cas échéant, le recours à des services spécialisés de placement et d'accompagnement ;

— à favoriser leur pleine intégration et participation à la vie sociale, notamment par des mesures, y compris des aides techniques, visant à surmonter des obstacles à la communication et à la mobilité et à leur permettre d'accéder aux transports, au logement, aux activités culturelles et aux loisirs.

Art. 16. — Droit de la famille à une protection sociale, juridique et économique.

En vue de réaliser les conditions de vie indispensables au plein épanouissement de la famille, cellule fondamentale de la société, les Parties s'engagent à promouvoir la protection économique, juridique et sociale de la vie de famille, notamment par le moyen de prestations sociales et familiales, de dispositions fiscales, d'encouragement à la construction de logements adaptés aux besoins des familles, d'aide aux jeunes foyers, ou de toutes autres mesures appropriées.

Art. 17. — Droit des enfants et des adolescents à une protection sociale, juridique et économique.

En vue d'assurer aux enfants et aux adolescents l'exercice effectif du droit de grandir dans un milieu favorable à l'épanouissement de leur personnalité et au développement de leurs aptitudes physiques et mentales, les Parties s'engagent à prendre, soit directement, soit en coopération avec les organisations publiques ou privées, toutes les mesures nécessaires et appropriées tendant :

— à assurer aux enfants et aux adolescents, compte tenu des droits et des devoirs des parents, les soins, l'assistance, l'éducation et la formation dont ils ont besoin, notamment en prévoyant la création ou le maintien d'institutions ou de services adéquats et suffisants à cette fin ;

— à protéger les enfants et les adolescents contre la négligence, la violence ou l'exploitation ;

— à assurer une protection et une aide spéciale de l'État vis-à-vis de l'enfant ou de l'adolescent temporairement ou définitivement privé de son soutien familial ;

— à assurer aux enfants et aux adolescents un enseignement primaire et secondaire gratuit, ainsi qu'à favoriser la régularité de la fréquentation scolaire.

Art. 18. — Droit à l'exercice d'une activité lucrative sur le territoire des autres Parties.

En vue d'assurer l'exercice effectif du droit à l'exercice d'une activité lucrative sur le territoire de toute autre Partie, les Parties s'engagent :

— à appliquer les règlements existants dans un esprit libéral ;

— à simplifier les formalités en vigueur et à réduire ou supprimer les droits de chancellerie et autres taxes payables par les travailleurs étrangers ou par leurs employeurs ;

— à assouplir, individuellement ou collectivement, les réglementations régissant l'emploi des travailleurs étrangers ;

et reconnaissent :

— le droit de sortie de leurs nationaux désireux d'exercer une activité lucrative sur le territoire des autres Parties.

Art. 19. — Droit des travailleurs migrants et de leurs familles à la protection et à l'assistance.

En vue d'assurer l'exercice effectif du droit des travailleurs migrants et de leurs familles à la protection et à l'assistance sur le territoire de toute autre Partie, les Parties s'engagent :

— à maintenir ou à s'assurer qu'il existe des services gratuits appropriés chargés d'aider ces travailleurs et, notamment, de leur fournir des informations exactes, et à prendre toutes mesures utiles, pour autant que la législation et la réglementation nationales le permettent, contre toute propagande trompeuse concernant l'émigration et l'immigration ;

— à adopter, dans les limites de leur juridiction, des mesures appropriées pour faciliter le départ, le voyage et l'accueil de ces travailleurs et de leurs familles, et à leur assurer, dans les limites de leur juridiction, pendant le voyage, les services sanitaires et médicaux nécessaires, ainsi que de bonnes conditions d'hygiène ;

— à promouvoir la collaboration, suivant les cas, entre les services sociaux, publics ou privés, des pays d'émigration et d'immigration ;

— à garantir à ces travailleurs se trouvant légalement sur leur territoire, pour autant que ces matières sont régies par la législation ou la réglementation ou sont soumises au contrôle des autorités administratives, un traitement non moins favorable qu'à leurs nationaux en ce qui concerne les matières suivantes :

— la rémunération et les autres conditions d'emploi et de travail ;

— l'affiliation aux organisations syndicales et la jouissance des avantages offerts par les conventions collectives ;

— le logement ;

— à assurer à ces travailleurs se trouvant légalement sur leur territoire un traitement non moins favorable qu'à leurs propres nationaux en ce qui concerne les impôts, taxes et contributions afférents au travail, perçus au titre du travailleur ;

— à faciliter autant que possible le regroupement de la famille du travailleur migrant autorisé à s'établir lui-même sur le territoire ;

— à assurer à ces travailleurs se trouvant légalement sur leur territoire un traitement non moins favorable qu'à leurs nationaux pour les actions en justice concernant les questions mentionnées dans le présent article ;

— à garantir à ces travailleurs résidant régulièrement sur leur territoire qu'ils ne pourront être expulsés que s'ils menacent la sécurité de l'État ou contreviennent à l'ordre public ou aux bonnes mœurs ;

— à permettre, dans le cadre des limites fixées par la législation, le transfert de toute partie des gains et des économies des travailleurs migrants que ceux-ci désirent transférer ;

— à étendre la protection et l'assistance prévues par le présent article aux travailleurs migrants travaillant pour leur propre compte, pour autant que les mesures en question sont applicables à cette catégorie ;

— travailleur migrant à ses enfants.

Art. 20. — Droit à l'égalité de chances et de traitement en matière d'emploi et de profession, sans discrimination fondée sur le sexe.

En vue d'assurer l'exercice effectif du droit à l'égalité de chances et de traitement en matière d'emploi et de profession sans discrimination fondée sur le sexe, les Parties s'engagent à reconnaître ce droit et à prendre les mesures appropriées pour en assurer ou en promouvoir l'application dans les domaines suivants :

— accès à l'emploi, protection contre le licenciement et réinsertion professionnelle ;

— orientation et formation professionnelles, recyclage, réadaptation professionnelle ;

— conditions d'emploi et de travail, y compris la rémunération ;

— déroulement de la carrière, y compris la promotion.

Art. 21. — Droit à l'information et à la consultation.

En vue d'assurer l'exercice effectif du droit des travailleurs à l'information et à la consultation au sein de l'entreprise, les Parties s'engagent à prendre ou à promouvoir des mesures permettant aux travailleurs ou à leurs représentants, conformément à la législation et la pratique nationales :

— d'être informés régulièrement ou en temps opportun et d'une manière compréhensible de la situation économique et financière de l'entreprise qui les emploie, étant entendu que la divulgation de certaines informations pouvant porter préjudice à l'entreprise pourra être refusée ou qu'il pourra être exigé que celles-ci soient tenues confidentielles ; et

— d'être consultés en temps utile sur les décisions envisagées qui sont susceptibles d'affecter substantiellement les intérêts des travailleurs et notamment sur celles qui auraient des conséquences importantes sur la situation de l'emploi dans l'entreprise.

Art. 22. — Droit de prendre part à la détermination et à l'amélioration des conditions de travail et du milieu du travail.

En vue d'assurer l'exercice effectif du droit des travailleurs de prendre part à la détermination et à l'amélioration des conditions de travail et du milieu du travail dans l'entreprise, les Parties s'engagent à prendre ou à promouvoir des mesures permettant aux travailleurs ou à leurs représentants, conformément à la législation et à la pratique nationales, de contribuer :

— à la détermination et à l'amélioration des conditions de travail, de l'organisation du travail et du milieu du travail ;

— à la protection de la santé et de la sécurité au sein de l'entreprise ;

— à l'organisation de services et facilités sociaux et socio-culturels de l'entreprise ;

— au contrôle du respect de la réglementation en ces matières.

Art. 23. — Droit des personnes âgées à une protection sociale.

En vue d'assurer l'exercice effectif du droit des personnes âgées à une protection sociale, les Parties s'engagent à prendre ou à promouvoir, soit directement soit en coopération avec les organisations publiques ou privées, des mesures appropriées tendant notamment :

— à permettre aux personnes âgées de demeurer le plus longtemps possible des membres à part entière de la société, moyennant :

- des ressources suffisantes pour leur permettre de mener une existence décente et de participer activement à la vie publique, sociale et culturelle ;
- la diffusion des informations concernant les services et les facilités existant en faveur des personnes âgées et les possibilités pour celles-ci d'y recourir ;

— à permettre aux personnes âgées de choisir librement leur mode de vie et de mener une existence indépendante dans leur environnement habituel aussi longtemps qu'elles le souhaitent et que cela est possible, moyennant :

- la mise à disposition de logements appropriés à leurs besoins et à leur état de santé ou d'aides adéquates en vue de l'aménagement du logement ;
- les soins de santé et les services que nécessiterait leur état ;

— à garantir aux personnes âgées vivant en institution l'assistance appropriée dans le respect de la vie privée, et la participation à la détermination des conditions de vie dans l'institution.

Art. 24. — Droit à la protection en cas de licenciement.

En vue d'assurer l'exercice effectif du droit à la protection en cas de licenciement, les Parties s'engagent à reconnaître :

— le droit des travailleurs à ne pas être licenciés sans motif valable lié à leur aptitude ou conduite, ou fondé sur les nécessités de fonctionnement de l'entreprise, de l'établissement ou du service ;

— le droit des travailleurs licenciés sans motif valable à une indemnité adéquate ou à une autre réparation appropriée.

À cette fin les Parties s'engagent à assurer qu'un travailleur qui estime avoir fait l'objet d'une mesure de licenciement sans motif valable ait un droit de recours contre cette mesure devant un organe impartial.

Art. 25. — Droit des travailleurs à la protection de leurs créances en cas d'insolvabilité de leur employeur.

En vue d'assurer l'exercice effectif du droit des travailleurs à la protection de leurs créances en cas d'insolvabilité de leur employeur, les Parties s'engagent à prévoir que les créances des travailleurs résultant de contrats de travail ou de relations d'emploi soient garanties par une institution de garantie ou par toute autre forme effective de protection.

Art. 26. — Droit à la dignité au travail.

En vue d'assurer l'exercice effectif du droit de tous les travailleurs à la protection de leur dignité au travail, les Parties s'engagent, en consultation avec les organisations d'employeurs et de travailleurs :

— à promouvoir la sensibilisation, l'information et la prévention en matière de harcèlement sexuel sur le lieu de travail ou en relation avec le travail, et à prendre toute mesure appropriée pour protéger les travailleurs contre de tels comportements ;

— à promouvoir la sensibilisation, l'information et la prévention en matière d'actes condamnables ou explicitement hostiles et offensifs dirigés de façon répétée contre tout salarié sur le lieu de travail ou en relation avec le travail, et à prendre toute mesure appropriée pour protéger les travailleurs contre de tels comportements.

Art. 27. — Droit des travailleurs ayant des responsabilités familiales à l'égalité des chances et de traitement.

En vue d'assurer l'exercice effectif du droit à l'égalité des chances et de traitement entre les travailleurs des deux sexes ayant des responsabilités familiales et entre ces travailleurs et les autres travailleurs, les Parties s'engagent :

— à prendre des mesures appropriées ;

— pour permettre aux travailleurs ayant des responsabilités familiales d'entrer et de rester dans la vie active ou d'y retourner après une absence due à ces responsabilités, y compris des mesures dans le domaine de l'orientation et la formation professionnelles ;

— pour tenir compte de leurs besoins en ce qui concerne les conditions d'emploi et la sécurité sociale ;

— pour développer ou promouvoir des services, publics ou privés, en particulier les services de garde de jour d'enfants et d'autres modes de garde ;

— à prévoir la possibilité pour chaque parent, au cours d'une période après le congé de maternité, d'obtenir un congé parental pour s'occuper d'un enfant, dont la durée et les conditions seront fixées par la législation nationale, les conventions collectives ou la pratique ;

— à assurer que les responsabilités familiales ne puissent, en tant que telles, constituer un motif valable de licenciement.

Art. 28. — Droit des représentants des travailleurs à la protection dans l'entreprise et facilités à leur accorder.

Afin d'assurer l'exercice effectif du droit des représentants des travailleurs de remplir leurs fonctions de représentants, les Parties s'engagent à assurer que dans l'entreprise :

— ils bénéficient d'une protection effective contre les actes qui pourraient leur porter préjudice, y compris le licenciement, et qui seraient motivés par leur qualité ou leurs activités de représentants des travailleurs dans l'entreprise ;

— ils aient les facilités appropriées afin de leur permettre de remplir rapidement et efficacement leurs fonctions en tenant compte du système de relations professionnelles prévalant dans le pays ainsi que des besoins, de l'importance et des possibilités de l'entreprise intéressée.

Art. 29. — Droit à l'information et à la consultation dans les procédures de licenciements collectifs.

Afin d'assurer l'exercice effectif du droit des travailleurs à être informés et consultés en cas de licenciements collectifs, les Parties s'engagent à assurer que les employeurs informent et consultent les représentants des travailleurs en temps utile, avant ces licenciements collectifs, sur les possibilités d'éviter les licenciements collectifs ou de limiter leur nombre et d'atténuer leurs conséquences, par exemple par le recours à des mesures sociales d'accompagnement visant notamment l'aide au reclassement ou à la réinsertion des travailleurs concernés.

Art. 30. — Droit à la protection contre la pauvreté et l'exclusion sociale.

En vue d'assurer l'exercice effectif du droit à la protection contre la pauvreté et l'exclusion sociale, les Parties s'engagent :

— à prendre des mesures dans le cadre d'une approche globale et coordonnée pour promouvoir l'accès effectif notamment à l'emploi, au logement, à la formation, à l'enseignement, à la culture, à l'assistance sociale et médicale des personnes

se trouvant ou risquant de se trouver en situation d'exclusion sociale ou de pauvreté, et de leur famille ;
— à réexaminer ces mesures en vue de leur adaptation si nécessaire.

Art. 31. — Droit au logement.

En vue d'assurer l'exercice effectif du droit au logement, les Parties s'engagent à prendre des mesures destinées :
— à favoriser l'accès au logement d'un niveau suffisant ;
— à prévenir et à réduire l'état de sans-abri en vue de son élimination progressive ;
— à rendre le coût du logement accessible aux personnes qui ne disposent pas de ressources suffisantes.

8) La protection des personnes à l'égard des traitements automatisés de données à caractère personnel et la cybercriminalité

Nº 15.1 **Convention européenne pour la protection des personnes à l'égard du traitement automatisé des données à caractère personnel,** faite à Strasbourg le 28 janvier 1981 (extraits) [37]

Chapitre I

Dispositions générales

Article premier. — Objet et but.

Le but de la présente Convention est de garantir, sur le territoire de chaque Partie, à toute personne physique, quelles que soient sa nationalité ou sa résidence, le respect de ses droits et de ses libertés fondamentales, et notamment de son droit à la vie privée, à l'égard du traitement automatisé des données à caractère personnel la concernant (« protection des données »).

Art. 2. — Définitions.

Aux fins de la présente Convention :

a) « données à caractère personnel » signifie : toute information concernant une personne physique identifiée ou identifiable (« personne concernée ») ;

b) « fichier automatisé » signifie : tout ensemble d'informations faisant l'objet d'un traitement automatisé ;

---

(37) La convention a été ratifiée par la France à l'issue de la loi nº 82-890 du 19 octobre 1982 et publiée au *Journal officiel* par le décret nº 85-1203 du 15 novembre 1985. Le Conseil de l'Europe a adopté un protocole additionnel à cette convention concernant les autorités de contrôle et les flux transfrontaliers de données le 8 novembre 2001. Ce protocole a été ratifié par la France par la loi nº 2007-301 du 5 mars 2007. Un nouveau protocole d'amendement à la convention a été adopté par le Conseil de l'Europe le 10 octobre 2018 et signé le même jour par la France. Il n'est pas encore ratifié par elle.

c) « traitement automatisé » s'entend des opérations suivantes effectuées en totalité ou en partie à l'aide de procédés automatisés : enregistrement des données, application à ces données d'opérations logiques et/ou arithmétiques, leur modification, effacement, extraction ou diffusion ;

d) « maître du fichier » signifie : la personne physique ou morale, l'autorité publique, le service ou tout autre organisme qui est compétent selon la loi nationale, pour décider quelle sera la finalité du fichier automatisé, quelles catégories de données à caractère personnel doivent être enregistrées et quelles opérations leur seront appliquées.

Art. 3. — Champ d'application.

1. Les Parties s'engagent à appliquer la présente Convention aux fichiers et aux traitements automatisés de données à caractère personnel dans les secteurs public et privé.

2. Tout État peut, lors de la signature ou du dépôt de son instrument de ratification, d'acceptation, d'approbation ou d'adhésion, ou à tout moment ultérieur, faire connaître par déclaration adressée au Secrétaire Général du Conseil de l'Europe :

a) qu'il n'appliquera pas la présente Convention à certaines catégories de fichiers automatisés de données à caractère personnel dont une liste sera déposée. Il ne devra toutefois pas inclure dans cette liste des catégories de fichiers automatisés assujetties selon son droit interne à des dispositions de protection des données. En conséquence, il devra amender cette liste par une nouvelle déclaration lorsque des catégories supplémentaires de fichiers automatisés de données à caractère personnel seront assujetties à son régime de protection des données ;

b) qu'il appliquera la présente Convention également à des informations afférentes à des groupements, associations, fondations, sociétés, corporations ou à tout autre organisme regroupant directement ou indirectement des personnes physiques et jouissant ou non de la personnalité juridique ;

c) qu'il appliquera la présente Convention également aux fichiers de données à caractère personnel ne faisant pas l'objet de traitements automatisés.

3. Tout État qui a étendu le champ d'application de la présente Convention par l'une des déclarations visées aux alinéas 2.b ou c ci-dessus peut, dans ladite déclaration, indiquer que les extensions ne s'appliqueront qu'à certaines catégories de fichiers à caractère personnel dont la liste sera déposée.

4. Toute Partie qui a exclu certaines catégories de fichiers automatisés de données à caractère personnel par la déclaration prévue à l'alinéa 2.a ci-dessus ne peut pas prétendre à l'application de la présente Convention à de telles catégories par une Partie qui ne les a pas exclues.

5. De même, une Partie qui n'a pas procédé à l'une ou à l'autre des extensions prévues aux paragraphes 2.b et c du présent article ne peut se prévaloir de l'application de la présente Convention sur ces points à l'égard d'une Partie qui a procédé à de telles extensions.

6. Les déclarations prévues au paragraphe 2 du présent article prendront effet au moment de l'entrée en vigueur de la Convention à l'égard de l'État qui les a formulées, si cet État les a faites lors de la signature ou du dépôt de son instrument de ratification, d'acceptation, d'approbation ou d'adhésion, ou trois mois après leur réception par le Secrétaire Général du Conseil de l'Europe si elles ont été formulées à un moment ultérieur. Ces déclarations pourront être retirées en tout ou en partie par notification adressée au Secrétaire Général du Conseil de l'Europe. Le retrait prendra effet trois mois après la date de réception d'une telle notification.

Chapitre II

Principes de base pour la protection des données

Art. 4. — Engagements des Parties.

1. Chaque Partie prend, dans son droit interne, les mesures nécessaires pour donner effet aux principes de base pour la protection des données énoncés dans le présent chapitre.

2. Ces mesures doivent être prises au plus tard au moment de l'entrée en vigueur de la présente Convention à son égard.

Art. 5. — Qualité des données.

Les données à caractère personnel faisant l'objet d'un traitement automatisé sont :

a) obtenues et traitées loyalement et licitement ;

b) enregistrées pour des finalités déterminées et légitimes et ne sont pas utilisées de manière incompatible avec ces finalités ;

c) adéquates, pertinentes et non excessives par rapport aux finalités pour lesquelles elles sont enregistrées ;

d) exactes et si nécessaire mises à jour ;

e) conservées sous une forme permettant l'identification des personnes concernées pendant une durée n'excédant pas celle nécessaire aux finalités pour lesquelles elles sont enregistrées.

Art. 6. — Catégories particulières de données.

Les données à caractère personnel révélant l'origine raciale, les opinions politiques, les convictions religieuses ou autres convictions, ainsi que les données à caractère personnel relatives à la santé ou à la vie sexuelle, ne peuvent être traitées automatiquement à moins que le droit interne ne prévoie des garanties appropriées. Il en est de même des données à caractère personnel concernant des condamnations pénales.

Art. 7. — Sécurité des données.

Des mesures de sécurité appropriées sont prises pour la protection des données à caractère personnel enregistrées dans des fichiers automatisés contre la destruction accidentelle ou non autorisée, ou la perte accidentelle, ainsi que contre l'accès, la modification ou la diffusion non autorisés.

Art. 8. — Garanties complémentaires pour la personne concernée.

Toute personne doit pouvoir :

a) connaître l'existence d'un fichier automatisé de données à caractère personnel, ses finalités principales, ainsi que l'identité et la résidence habituelle ou le principal établissement du maître du fichier ;

b) obtenir à des intervalles raisonnables et sans délais ou frais excessifs la confirmation de l'existence ou non dans le fichier automatisé, de données à caractère personnel la concernant ainsi que la communication de ces données sous une forme intelligible ;

c) obtenir, le cas échéant, la rectification de ces données ou leur effacement lorsqu'elles ont été traitées en violation des dispositions du droit interne donnant effet aux principes de base énoncés dans les articles 5 et 6 de la présente Convention ;

d) disposer d'un recours s'il n'est pas donné suite à une demande de confirmation ou, le cas échéant, de communication, de rectification ou d'effacement, visée aux paragraphes b et c du présent article.

Art. 9. — Exceptions et restrictions.

1. Aucune exception aux dispositions des articles 5, 6 et 8 de la présente Convention n'est admise, sauf dans les limites définies au présent article.

2. Il est possible de déroger aux dispositions des articles 5, 6 et 8 de la présente Convention lorsqu'une telle dérogation, prévue par la loi de la Partie, constitue une mesure nécessaire dans une société démocratique :

a) à la protection de la sécurité de l'État, à la sûreté publique, aux intérêts monétaires de l'État ou à la répression des infractions pénales ;

b) à la protection de la personne concernée et des droits et libertés d'autrui.

3. Des restrictions à l'exercice des droits visés aux paragraphes b, c et d de l'article 8 peuvent être prévues par la loi pour les fichiers automatisés de données à caractère personnel utilisés à des fins de statistiques ou de recherches scientifiques, lorsqu'il n'existe manifestement pas de risques d'atteinte à la vie privée des personnes concernées.

Art. 10. — Sanctions et recours.

Chaque Partie s'engage à établir des sanctions et recours appropriés visant les violations aux dispositions du droit interne donnant effet aux principes de base pour la protection des données énoncés dans le présent chapitre.

Art. 11. — Protection plus étendue.

Aucune des dispositions du présent chapitre ne sera interprétée comme limitant ou portant atteinte à la faculté pour chaque Partie d'accorder aux personnes concernées une protection plus étendue que celle prévue par la présente Convention.

Chapitre III

Flux transfrontières de données

Art. 12. — Flux transfrontières de données à caractère personnel et droit interne.

1. Les dispositions suivantes s'appliquent aux transferts à travers les frontières nationales, quel que soit le support utilisé, de données à caractère personnel faisant l'objet d'un traitement automatisé ou rassemblées dans le but de les soumettre à un tel traitement.

2. Une Partie ne peut pas, aux seules fins de la protection de la vie privée, interdire ou soumettre à une autorisation spéciale les flux transfrontières de données à caractère personnel à destination du territoire d'une autre Partie.

3. Toutefois, toute Partie a la faculté de déroger aux dispositions du paragraphe 2 :

a) dans la mesure où sa législation prévoit une réglementation spécifique pour certaines catégories de données à caractère personnel ou de fichiers automatisés de données à caractère personnel, en raison de la nature de ces données ou de ces fichiers, sauf si la réglementation de l'autre Partie apporte une protection équivalente ;

b) lorsque le transfert est effectué à partir de son territoire vers le territoire d'un État non contractant par l'intermédiaire du territoire d'une autre Partie, afin d'éviter que de tels transferts n'aboutissent à contourner la législation de la Partie visée au début du présent paragraphe.

Chapitre IV

Entraide

Art. 13. — Coopération entre les Parties.

1. Les Parties s'engagent à s'accorder mutuellement assistance pour la mise en œuvre de la présente Convention.

2. À cette fin,

a) chaque Partie désigne une ou plusieurs autorités dont elle communique la dénomination et l'adresse au Secrétaire Général du Conseil de l'Europe ;

b) chaque Partie qui a désigné plusieurs autorités indique dans la communication visée à l'alinéa précédent la compétence de chacune de ces autorités.

2. Une autorité désignée par une Partie, à la demande d'une autorité désignée par une autre Partie :

a) fournira des informations sur son droit et sur sa pratique administrative en matière de protection des données ;

b) prendra, conformément à son droit interne et aux seules fins de la protection de la vie privée, toutes mesures appropriées pour fournir des informations de fait concernant un traitement automatisé déterminé effectué sur son territoire à l'exception toutefois des données à caractère personnel faisant l'objet de ce traitement.

Art. 14. — Assistance aux personnes concernées ayant leur résidence à l'étranger.

1. Chaque Partie prête assistance à toute personne ayant sa résidence à l'étranger pour l'exercice des droits prévus par son droit interne donnant effet aux principes énoncés à l'article 8 de la présente Convention.

2. Si une telle personne réside sur le territoire d'une autre Partie, elle doit avoir la faculté de présenter sa demande par l'intermédiaire de l'autorité désignée par cette Partie.

3. La demande d'assistance doit contenir toutes les indications nécessaires concernant notamment :

a) le nom, l'adresse et tous autres éléments pertinents d'identification concernant le requérant ;

b) le fichier automatisé de données à caractère personnel auquel la demande se réfère ou le maître de ce fichier ;

c) le but de la demande.

Art. 15. — Garanties concernant l'assistance fournie par les autorités désignées.

1. Une autorité désignée par une Partie qui a reçu des informations d'une autorité désignée par une autre Partie, soit à l'appui d'une demande d'assistance, soit en réponse à une demande d'assistance qu'elle a formulée elle-même, ne pourra faire usage de ces informations à des fins autres que celles spécifiées dans la demande d'assistance.

2. Chaque Partie veillera à ce que les personnes appartenant ou agissant au nom de l'autorité désignée soient liées par des obligations appropriées de secret ou de confidentialité à l'égard de ces informations.

3. En aucun cas, une autorité désignée ne sera autorisée à faire, aux termes de l'article 14, paragraphe 2, une demande d'assistance au nom d'une personne concernée résidant à l'étranger, de sa propre initiative et sans le consentement exprès de cette personne.

Art. 16. — Refus des demandes d'assistance.

Une autorité désignée, saisie d'une demande d'assistance aux termes des articles 13 ou 14 de la présente Convention, ne peut refuser d'y donner suite que si :

a) la demande est incompatible avec les compétences, dans le domaine de la protection des données, des autorités habilitées à répondre ;

b) la demande n'est pas conforme aux dispositions de la présente Convention ;

c) l'exécution de la demande serait incompatible avec la souveraineté, la sécurité ou l'ordre public de la Partie qui l'a désignée, ou avec les droits et libertés fondamentales des personnes relevant de la juridiction de cette Partie.

Art. 17. — Frais et procédures de l'assistance.

1. L'entraide que les Parties s'accordent aux termes de l'article 13, ainsi que l'assistance qu'elles prêtent aux personnes concernées résidant à l'étranger aux termes de l'article 14, ne donnera pas lieu au paiement des frais et droits autres que ceux afférents aux experts et aux interprètes. Ces frais et droits seront à la charge de la Partie qui a désigné l'autorité qui a fait la demande d'assistance.

2. La personne concernée ne peut être tenue de payer, en liaison avec les démarches entreprises pour son compte sur le territoire d'une autre Partie, des frais et droits autres que ceux exigibles des personnes résidant sur le territoire de cette Partie.

3. Les autres modalités relatives à l'assistance concernant notamment les formes et procédures ainsi que les langues à utiliser seront établies directement entre les Parties concernées.

Nº 15.2 **Convention européenne sur la cybercriminalité,** faite à Budapest le 23 novembre 2001 (extraits) (38)

Les États membres du Conseil de l'Europe et les autres États signataires,

Considérant que le but du Conseil de l'Europe est de réaliser une union plus étroite entre ses membres ;

Reconnaissant l'intérêt d'intensifier la coopération avec les autres États parties à la Convention ;

Convaincus de la nécessité de mener, en priorité, une politique pénale commune destinée à protéger la société de la criminalité dans le cyberespace, notamment par l'adoption d'une législation appropriée et par l'amélioration de la coopération internationale ;

Conscients des profonds changements engendrés par la numérisation, la convergence et la mondialisation permanente des réseaux informatiques ;

Préoccupés par le risque que les réseaux informatiques et l'information électronique soient utilisés également pour commettre des infractions pénales et que les preuves de ces infractions soient stockées et transmises par le biais de ces réseaux ;

Reconnaissant la nécessité d'une coopération entre les États et l'industrie privée dans la lutte contre la cybercriminalité et le besoin de protéger les intérêts légitimes liés au développement des technologies de l'information ;

Estimant qu'une lutte bien menée contre la cybercriminalité requiert une coopération internationale en matière pénale accrue, rapide et efficace ;

Convaincus que la présente Convention est nécessaire pour prévenir les actes portant atteinte à la confidentialité, l'intégrité et la disponibilité des systèmes informatiques, des réseaux et des données ainsi que l'usage frauduleux de tels systèmes, réseaux et données, en assurant l'incrimination de ces comportements, tels que décrits dans la présente Convention, et l'adoption de pouvoirs suffisants pour permettre une lutte efficace contre ces infractions pénales, en en facilitant la détection, l'investigation

(38) La convention a été ratifiée par la France à l'issue de la loi n° 2005-493 du 19 mai 2005 et publiée par le décret n° 2006-580 du 23 mai 2006.

et la poursuite, tant au plan national qu'au niveau international, et en prévoyant des dispositions matérielles en vue d'une coopération internationale rapide et fiable ;

Gardant à l'esprit la nécessité de garantir un équilibre adéquat entre les intérêts de l'action répressive et le respect des droits de l'homme fondamentaux, tels que garantis dans la Convention de sauvegarde des droits de l'homme et des libertés fondamentales du Conseil de l'Europe (1950), dans le Pacte international relatif aux droits civils et politiques des Nations unies (1966), ainsi que dans d'autres conventions internationales applicables en matière de droits de l'homme, qui réaffirment le droit de ne pas être inquiété pour ses opinions, le droit à la liberté d'expression, y compris la liberté de rechercher, d'obtenir et de communiquer des informations et des idées de toute nature, sans considération de frontière, ainsi que le droit au respect de la vie privée ;

Conscients également de la protection des données personnelles, telle que la confère, par exemple, la Convention de 1981 du Conseil de l'Europe pour la protection des personnes à l'égard du traitement automatisé des données à caractère personnel ;

Considérant la Convention des Nations unies relative aux droits de l'enfant et la Convention de l'Organisation Internationale du Travail sur les pires formes de travail des enfants (1999) ;

Tenant compte des conventions existantes du Conseil de l'Europe sur la coopération en matière pénale, ainsi que d'autres traités similaires conclus entre les États membres du Conseil de l'Europe et d'autres États, et soulignant que la présente Convention a pour but de les compléter en vue de rendre plus efficaces les enquêtes et procédures pénales portant sur des infractions pénales en relation avec des systèmes et données informatiques, ainsi que de permettre la collecte des preuves électroniques d'une infraction pénale ;

Se félicitant des récentes initiatives destinées à améliorer la compréhension et la coopération internationales aux fins de la lutte contre la criminalité dans le cyberespace, et notamment des actions menées par les Nations unies, l'OCDE, l'Union européenne et le G8 ;

Rappelant la Recommandation n° (85) 10 concernant l'application pratique de la Convention européenne d'entraide judiciaire en matière pénale relative aux commissions rogatoires pour la surveillance des télécommunications, la Recommandation n° R (88) 2 sur des mesures visant à combattre la piraterie dans le domaine du droit d'auteur et des droits voisins, la Recommandation n° R (87) 15 visant à réglementer l'utilisation de données à caractère personnel dans le secteur de la police, la Recommandation n° R (95) 4 sur la protection des données à caractère personnel dans le domaine des services de télécommunication, eu égard notamment aux services téléphoniques et la Recommandation n° R (89) 9 sur la criminalité en relation avec l'ordinateur, qui indique aux législateurs nationaux des principes directeurs pour définir certaines infractions informatiques, ainsi que la Recommandation n° R (95) 13 relative aux problèmes de procédure pénale liés à la technologie de l'information ;

Eu égard à la Résolution n° 1, adoptée par les Ministres européens de la Justice à leur 21e Conférence (Prague, juin 1997) qui recommande au Comité des ministres de soutenir les activités menées par le Comité européen pour les problèmes criminels (CDPC) concernant la cybercriminalité afin de rapprocher les législations pénales nationales et de permettre l'utilisation de moyens d'investigation efficaces en matière d'infractions informatiques, ainsi qu'à la Résolution n° 3, adoptée lors de la 23e Conférence des Ministres européens de la Justice (Londres, juin 2000), qui encourage les parties aux négociations à poursuivre leurs efforts afin de trouver des solutions adaptées permettant au plus grand nombre d'États d'être parties à la Convention et reconnaît la nécessité de disposer d'un mécanisme rapide et efficace de coopération internationale qui tienne dûment compte des exigences spécifiques de la lutte contre la cybercriminalité ;

Prenant également en compte le Plan d'action adopté par les Chefs d'État et de gouvernement du Conseil de l'Europe à l'occasion de leur Deuxième Sommet (Strasbourg, 10-11 octobre 1997) afin de chercher des réponses communes au développement des nouvelles technologies de l'information, fondées sur les normes et les valeurs du Conseil de l'Europe ;

Sont convenus de ce qui suit :

Chapitre I

Terminologie

Article premier. — Définitions.

Aux fins de la présente Convention, l'expression :

a) « système informatique » désigne tout dispositif isolé ou ensemble de dispositifs interconnectés ou apparentés, qui assure ou dont un ou plusieurs éléments assurent, en exécution d'un programme, un traitement automatisé de données ;

b) « données informatiques » désigne toute représentation de faits, d'informations ou de concepts sous une forme qui se prête à un traitement informatique, y compris un programme de nature à faire en sorte qu'un système informatique exécute une fonction ;

c) « fournisseur de service » désigne :

i) toute entité publique ou privée qui offre aux utilisateurs de ses services la possibilité de communiquer au moyen d'un système informatique ;

ii) toute autre entité traitant ou stockant des données informatiques pour ce service de communication ou ses utilisateurs ;

d) « données relatives au trafic » désigne toutes données ayant trait à une communication passant par un système informatique, produites par ce dernier en tant qu'élément de la chaîne de communication, indiquant l'origine, la destination, l'itinéraire, l'heure, la date, la taille et la durée de la communication ou le type du service sous-jacent.

Chapitre II

Mesures à prendre au niveau national

Section I

Droit pénal matériel

Titre I

Infractions contre la confidentialité, l'intégrité et la disponibilité des données et systèmes informatiques

Art. 2. — Accès illégal.

Chaque Partie adopte les mesures législatives et autres qui se révèlent nécessaires pour ériger en infraction pénale, conformément à son droit interne, l'accès intentionnel et sans droit à tout ou partie d'un système informatique. Une Partie peut exiger que l'infraction soit commise en violation des mesures de sécurité, dans l'intention d'obtenir des données informatiques ou dans une autre intention délictueuse, ou soit en relation avec un système informatique connecté à un autre système informatique.

Art. 3. — Interception illégale.

Chaque Partie adopte les mesures législatives et autres qui se révèlent nécessaires pour ériger en infraction pénale, conformément à son droit interne, l'interception intentionnelle et sans droit, effectuée par des moyens techniques, de données informatiques, lors de transmissions non publiques, à destination, en provenance ou à l'intérieur d'un système informatique, y compris les émissions électromagnétiques provenant d'un système informatique transportant de telles données informatiques. Une Partie peut exiger que l'infraction soit commise dans une intention délictueuse ou soit en relation avec un système informatique connecté à un autre système informatique.

Art. 4. — Atteinte à l'intégrité des données.

1. Chaque Partie adopte les mesures législatives et autres qui se révèlent nécessaires pour ériger en infraction pénale, conformément à son droit interne, le fait, intentionnel et sans droit, d'endommager, d'effacer, de détériorer, d'altérer ou de supprimer des données informatiques.

2. Une Partie peut se réserver le droit d'exiger que le comportement décrit au paragraphe 1 entraîne des dommages sérieux.

Art. 5. — Atteinte à l'intégrité du système.

Chaque Partie adopte les mesures législatives et autres qui se révèlent nécessaires pour ériger en infraction pénale, conformément à son droit interne, l'entrave grave, intentionnelle et sans droit, au fonctionnement d'un système informatique, par l'introduction, la transmission, l'endommagement, l'effacement, la détérioration, l'altération et la suppression de données informatiques.

Art. 6. — Abus de dispositifs.

1. Chaque Partie adopte les mesures législatives et autres qui se révèlent nécessaires pour ériger en infraction pénale, conformément à son droit interne, lorsqu'elles sont commises intentionnellement et sans droit :

a) la production, la vente, l'obtention pour utilisation, l'importation, la diffusion ou d'autres formes de mise à disposition ;

i) d'un dispositif, y compris un programme informatique, principalement conçu ou adapté pour permettre la commission de l'une des infractions établies conformément aux articles 2-5 ci-dessus ;

ii) d'un mot de passe, d'un code d'accès ou des données informatiques similaires permettant d'accéder à tout ou partie d'un système informatique dans l'intention qu'ils soient utilisés afin de commettre l'une ou l'autre des infractions visées par les articles 2-5 ; et

b) la possession d'un élément visé aux paragraphes (a) (1) ou (2) ci-dessus dans l'intention qu'il soit utilisé afin de commettre l'une ou l'autre des infractions visées par les articles 2-5. Une Partie peut exiger en droit interne qu'un certain nombre de ces éléments soit détenu pour que la responsabilité pénale soit engagée.

2. Le présent article ne saurait être interprété comme imposant une responsabilité pénale lorsque la production, la vente, l'obtention pour utilisation, l'importation, la diffusion ou d'autres formes de mise à disposition mentionnées au paragraphe 1 du présent article n'a pas pour but de commettre une infraction établie conformément à l'article 2 à 5 de la présente Convention, comme en cas d'essais autorisés ou de protection d'un système informatique.

3. Chaque Partie peut se réserver le droit de ne pas appliquer le paragraphe 1 du présent article, à condition que cette réserve ne porte pas sur la vente, la distribution ou toute autre mise à disposition des éléments mentionnés au paragraphe 1 (a) (2).

Titre II
Infractions informatiques

Art. 7. — Falsification informatique.

Chaque Partie adopte les mesures législatives et autres qui se révèlent nécessaires pour ériger en infraction pénale, conformément à son droit interne, l'introduction, l'altération, l'effacement ou la suppression intentionnels et sans droit de données informatiques, engendrant des données non authentiques, dans l'intention qu'elles soient prises en compte ou utilisées à des fins légales comme si elles étaient authentiques, qu'elles soient ou non directement lisibles et intelligibles. Une Partie peut exiger en droit interne une intention frauduleuse ou une intention délictueuse similaire pour que la responsabilité pénale soit engagée.

Art. 8. — Fraude informatique.

Chaque Partie adopte les mesures législatives et autres qui se révèlent nécessaires pour ériger en infraction pénale, conformément à son droit interne, le fait intentionnel et sans droit de causer un préjudice patrimonial à autrui par :

a) l'introduction, l'altération, l'effacement ou la suppression de données informatiques,

b) toute forme d'atteinte au fonctionnement d'un système informatique, dans l'intention, frauduleuse ou délictueuse, d'obtenir sans droit un bénéfice économique pour soi-même ou pour autrui.

Titre III
Infractions se rapportant au contenu

Art. 9. — Infractions se rapportant à la pornographie enfantine.

1. Chaque Partie adopte les mesures législatives et autres qui se révèlent nécessaires pour ériger en infraction pénale, conformément à son droit interne, les comportements suivants lorsqu'ils sont commis intentionnellement et sans droit :

a) la production de pornographie enfantine en vue de sa diffusion par le biais d'un système informatique ;

b) l'offre ou la mise à disposition de pornographie enfantine par le biais d'un système informatique ;

c) la diffusion ou la transmission de pornographie enfantine par le biais d'un système informatique ;

d) le fait de se procurer ou de procurer à autrui de la pornographie enfantine par le biais d'un système informatique ;

e) la possession de pornographie enfantine dans un système informatique ou un moyen de stockage de données informatiques.

2. Aux fins du paragraphe 1 ci-dessus, la « pornographie enfantine » comprend toute matière pornographique représentant de manière visuelle :

a) un mineur se livrant à un comportement sexuellement explicite ;

b) une personne qui apparaît comme un mineur se livrant à un comportement sexuellement explicite ;

c) des images réalistes représentant un mineur se livrant à un comportement sexuellement explicite.

3. Aux fins du paragraphe 2 ci-dessus, le terme « mineur » désigne toute personne âgée de moins de 18 ans. Une Partie peut toutefois exiger une limite d'âge inférieure, qui doit être au minimum de 16 ans.

4. Une Partie peut se réserver le droit de ne pas appliquer, en tout ou en partie, les paragraphes 1 (d) et 1 (e) et 2 (b) et 2 (c).

Titre IV

Infractions liées aux atteintes à la propriété intellectuelle et aux droits connexes

Art. 10. — Infractions liées aux atteintes à la propriété intellectuelle et aux droits connexes.

1. Chaque Partie adopte les mesures législatives et autres qui se révèlent nécessaires pour ériger en infraction pénale, conformément à son droit interne, les atteintes à la propriété intellectuelle définie par la législation de ladite Partie, conformément aux obligations que celle-ci a souscrites en application de la Convention universelle sur le droit d'auteur révisée à Paris le 24 juillet 1971, de la Convention de Berne pour la protection des œuvres littéraires et artistiques, de l'Accord sur les aspects commerciaux des droits de propriété intellectuelle et du traité de l'OMPI sur la propriété intellectuelle, à l'exception de tout droit moral conféré par ces Conventions, lorsque de tels actes sont commis délibérément, à une échelle commerciale et au moyen d'un système informatique.

2. Chaque Partie adopte les mesures législatives et autres qui se révèlent nécessaires pour ériger en infraction pénale, conformément à son droit interne, les atteintes aux droits connexes définis par la législation de ladite Partie, conformément aux obligations que celle-ci a souscrites en application de la Convention internationale sur la protection des artistes interprètes ou exécutants, des producteurs de phonogrammes et des organismes de radiodiffusion faite à Rome (Convention de Rome), de l'Accord sur les aspects commerciaux des droits de propriété intellectuelle et du Traité de l'OMPI sur les interprétations, exécutions et phonogrammes, à l'exception de tout droit moral conféré par ces Conventions, lorsque de tels actes sont commis délibérément, à une échelle commerciale et au moyen d'un système informatique.

3. Une Partie peut, dans des circonstances bien délimitées, se réserver le droit de ne pas imposer de responsabilité pénale au titre des paragraphes 1 et 2 du présent article, à condition que d'autres recours efficaces soient disponibles et qu'une telle réserve ne porte pas atteinte aux obligations internationales incombant à cette Partie en application des instruments internationaux mentionnés aux paragraphes 1 et 2 du présent article.

Titre V

Autres formes de responsabilité et de sanctions

Art. 11. — Tentative et complicité.

1. Chaque Partie adopte les mesures législatives et autres qui se révèlent nécessaires pour ériger en infraction pénale, conformément à son droit interne, toute complicité lorsqu'elle est commise intentionnellement en vue de la perpétration d'une des infractions établies en application des Articles 2 à 10 de la présente Convention, dans l'intention qu'une telle infraction soit commise.

2. Chaque Partie adopte les mesures législatives et autres qui se révèlent nécessaires pour ériger en infraction pénale, conformément à son droit interne, toute tentative

intentionnelle de commettre l'une des infractions établies en application des Articles 3 à 5, 7, 8, 9 (1) a et 9 (1) c de la présente Convention.

3. Chaque Partie peut se réserver le droit de ne pas appliquer, en tout ou en partie, le paragraphe 2 du présent Article.

Art. 12. — Responsabilité des personnes morales.

1. Chaque Partie adopte les mesures législatives et autres qui se révèlent nécessaires pour faire en sorte que les personnes morales puissent être tenues pour responsables des infractions établies en application de la présente Convention, lorsqu'elles sont commises pour leur compte par toute personne physique, agissant soit individuellement, soit en tant que membre d'un organe de la personne morale, qui exerce un pouvoir de direction en son sein, sur les bases suivantes :

a) un pouvoir de représentation de la personne morale ;

b) une autorité pour prendre des décisions au nom de la personne morale ;

c) une autorité pour exercer un contrôle au sein de la personne morale.

2. Outre les cas déjà prévus au paragraphe 1, chaque Partie adopte les mesures nécessaires pour s'assurer qu'une personne morale puisse être tenue pour responsable lorsque l'absence de surveillance ou de contrôle de la part d'une personne physique mentionnée au paragraphe 1 a rendu possible la commission des infractions visées au paragraphe 1 pour le compte de ladite personne morale par une personne physique agissant sous son autorité.

3. Selon les principes juridiques de la Partie, la responsabilité d'une personne morale peut être pénale, civile ou administrative.

4. Cette responsabilité est établie sans préjudice de la responsabilité pénale des personnes physiques ayant commis l'infraction.

Art. 13. — Sanctions et mesures.

1. Chaque Partie adopte les mesures législatives et autres qui se révèlent nécessaires pour faire en sorte que les infractions pénales établies en application des articles 2-11 soient passibles de sanctions effectives, proportionnées et dissuasives, comprenant des peines privatives de liberté.

2. Chaque Partie veille à ce que les personnes morales tenues pour responsables en application de l'article 12 fassent l'objet de sanctions ou mesures pénales ou non pénales effectives, proportionnées et dissuasives, comprenant des sanctions pécuniaires.

Section II

Droit procédural

Titre I

Dispositions communes

Art. 14. — Portée d'application des mesures du droit de procédure.

1. Chaque Partie adopte les mesures législatives et autres qui se révèlent nécessaires pour instaurer les pouvoirs et procédures prévus dans la présente section aux fins d'enquêtes ou de procédures pénales spécifiques.

2. *Sauf disposition contraire figurant à l'article 21, chaque Partie applique les pouvoirs et procédures mentionnés dans le paragraphe 1 :*

a) aux infractions pénales établies conformément aux articles 2-11 de la présente Convention ;

b) à toutes autres infractions pénales commises au moyen d'un système informatique ; et

c) à la collecte des preuves électroniques de toute infraction pénale.

3. *a)* Chaque Partie peut se réserver le droit de n'appliquer les mesures mentionnées à l'article 20 qu'aux infractions ou catégories d'infractions spécifiées dans la réserve, pour autant que l'éventail de ces infractions ou catégories d'infractions ne soit pas plus réduit que celui des infractions auxquelles elle applique les mesures mentionnées à l'article 21. Chaque Partie envisagera de limiter une telle réserve de manière à permettre l'application la plus large possible de la mesure mentionnée à l'article 20 ;

b) Lorsqu'une Partie, en raison des restrictions imposées par sa législation en vigueur au moment de l'adoption de la présente Convention, n'est pas en mesure d'appliquer les mesures visées aux articles 20 et 21 aux communications transmises dans un système informatique d'un fournisseur de services qui :

i) est mis en œuvre pour le bénéfice d'un groupe d'utilisateurs fermé, et

ii) n'emploie pas les réseaux publics de télécommunications et qui n'est pas connecté à un autre système informatique, qu'il soit public ou privé, cette Partie peut se réserver le droit de ne pas appliquer ces mesures à de telles communications. Chaque Partie envisagera de limiter une telle réserve de manière à permettre l'application la plus large possible de la mesure mentionnée aux articles 20 et 21.

Art. 15. — Conditions et sauvegardes.

1. Chaque Partie veille à ce que l'instauration, la mise en œuvre et l'application des pouvoirs et procédures prévus dans la présente section soient soumises aux conditions et sauvegardes prévues par son droit interne, qui doit assurer une protection adéquate des droits de l'homme et des libertés, en particulier des droits établis conformément aux obligations que celle-ci a souscrites en application de la Convention de sauvegarde des droits de l'homme et des libertés fondamentales du Conseil de l'Europe (1950) et du Pacte international relatif aux droits civils et politiques des Nations unies (1966) ou d'autres instruments internationaux applicables concernant les droits de l'homme, et qui doit intégrer le principe de la proportionnalité.

2. Lorsque cela est approprié eu égard à la nature du pouvoir ou de la procédure concernée, ces conditions et sauvegardes incluent, entre autres, une supervision judiciaire ou d'autres formes de supervision indépendante, des motifs justifiant l'application ainsi que la limitation du champ d'application et de la durée du pouvoir ou de la procédure en question.

3. Dans la mesure où cela est conforme à l'intérêt public, en particulier à la bonne administration de la justice, chaque Partie examine l'effet des pouvoirs et procédures dans cette Section sur les droits, responsabilités et intérêts légitimes des tiers.

Titre II

Conservation rapide de données informatiques stockées

Art. 16. — Conservation rapide de données informatiques stockées.

1. Chaque Partie adopte les mesures législatives et autres qui se révèlent nécessaires pour permettre à ses autorités compétentes d'ordonner ou d'imposer d'une autre manière la conservation rapide de données électroniques spécifiées, y compris des données relatives au trafic, stockées au moyen d'un système informatique, notamment lorsqu'il y a des raisons de penser que celles-ci sont particulièrement susceptibles de perte ou de modification.

2. Lorsqu'une Partie fait application du paragraphe 1 ci-dessus, au moyen d'une injonction ordonnant à une personne de conserver des données stockées spécifiées se trouvant en sa possession ou sous son contrôle, cette Partie adopte les mesures législatives et autres qui se révèlent nécessaires pour obliger cette personne à conserver et protéger l'intégrité desdites données pendant une durée aussi longue que nécessaire, jusqu'à maximum 90 jours, afin de permettre aux autorités compétentes d'obtenir leur divulgation. Une Partie peut prévoir qu'une telle injonction soit renouvelée par la suite.

3. Chaque Partie adopte les mesures législatives et autres qui se révèlent nécessaires pour obliger le gardien des données ou une autre personne chargée de conserver celles-ci à garder le secret sur la mise en œuvre desdites procédures pendant la durée prévue par son droit interne.

4. Les pouvoirs et procédures mentionnés dans le présent article doivent être soumis aux articles 14 et 15.

Art. 17. — Conservation et divulgation rapides de données relatives au trafic.

1. Afin d'assurer la conservation des données relatives au trafic en application de l'article 16, chaque Partie adopte les mesures législatives et autres qui se révèlent nécessaires pour :

a) veiller à la conservation rapide de ces données relatives au trafic, qu'un seul ou plusieurs fournisseurs de service aient participé à la transmission de cette communication ; et

b) assurer la divulgation rapide à l'autorité compétente de la Partie, ou à une personne désignée par cette autorité, d'une quantité de données relatives au trafic suffisante pour permettre l'identification des fournisseurs de service et de la voie par laquelle la communication a été transmise.

2. Les pouvoirs et procédures mentionnés dans le présent article doivent être soumis aux articles 14 et 15.

Titre III

Injonction de produire

Art. 18. — Injonction de produire.

1. Chaque Partie adopte les mesures législatives et autres qui se révèlent nécessaires pour habiliter ses autorités compétentes à ordonner :

a) à une personne présente sur son territoire de communiquer les données informatiques spécifiées, en la possession où sous le contrôle de cette personne, et stockées dans un système informatique ou un support de stockage informatique ; et

b) à un fournisseur de services offrant des prestations sur le territoire de la Partie, de communiquer les données en sa possession ou sous son contrôle relatives aux abonnés et concernant de tels services ;

2. Les pouvoirs et procédures mentionnés dans le présent article doivent être soumis aux articles 14 et 15.

3. Aux fins du présent article, l'expression « données relatives aux abonnés » désigne toute information, contenue sous forme de données informatiques ou sous toute autre forme, détenue par un fournisseur de service et qui se rapporte aux abonnés de ses services, autres que des données relatives au trafic ou au contenu, et permettant d'établir :

a) le type de service de communication utilisé, les dispositions techniques prises à cet égard et la période de service ;

b) l'identité, l'adresse postale ou géographique et le numéro de téléphone de l'abonné, et tout autre numéro d'accès, les données concernant la facturation et le paiement, disponibles sur la base d'un contrat ou d'un arrangement de service ;

c) toute autre information relative à l'endroit où se trouvent les équipements de communication, disponible sur la base d'un contrat ou d'un arrangement de service.

Titre IV

Perquisition et saisie de données informatiques stockées

Art. 19. — Perquisition et saisie de données informatiques stockées.

1. Chaque Partie adopte les mesures législatives et autres qui se révèlent nécessaires pour habiliter ses autorités compétentes à perquisitionner ou à accéder d'une façon similaire :

a) à un système informatique ou à une partie de celui-ci ainsi qu'aux données informatiques qui y sont stockées ; et

b) à un support du stockage informatique permettant de stocker des données informatiques sur son territoire.

2. Chaque Partie adopte les mesures législatives et autres qui se révèlent nécessaires pour veiller à ce que, lorsque ses autorités perquisitionnent ou accèdent d'une façon similaire à un système informatique spécifique ou à une partie de celui-ci, conformément au paragraphe 1 (a), et ont des raisons de penser que les données recherchées sont stockées dans un autre système informatique ou dans une partie de celui-ci situé sur son territoire, et que ces données sont légalement accessibles à partir du système initial ou disponibles pour ce système initial, lesdites autorités soient en mesure d'étendre rapidement la perquisition ou un d'un accès d'une façon similaire à l'autre système.

3. Chaque Partie adopte les mesures législatives et autres qui se révèlent nécessaires pour habiliter ses autorités compétentes à saisir ou à obtenir d'une façon similaire les données informatiques pour lesquelles l'accès a été réalisé en application des paragraphes 1 ou 2. Ces mesures incluent les prérogatives suivantes :

a) saisir ou obtenir d'une façon similaire un système informatique ou une partie de celui-ci ou un support de stockage informatique ;

b) réaliser et conserver une copie de ces données informatiques ;

c) préserver l'intégrité des données informatiques stockées pertinentes ; et

d) rendre inaccessibles ou enlever ces données informatiques du système informatique consulté.

4. Chaque Partie adopte les mesures législatives et autres qui se révèlent nécessaires pour habiliter ses autorités compétentes à ordonner à toute personne connaissant le fonctionnement du système informatique ou les mesures appliquées pour protéger les données informatiques qu'il contient de fournir toutes les informations raisonnablement nécessaires, pour permettre l'application des mesures visées par les paragraphes 1 et 2.

5. Les pouvoirs et procédures mentionnés dans cet article doivent être soumis aux articles 14 et 15.

Titre V

Collecte en temps réel de données informatiques

Art. 20. — Collecte en temps réel des données relatives au trafic.

1. Chaque Partie adopte les mesures législatives et autres qui se révèlent nécessaires pour habiliter ses autorités compétentes à :

a) collecter ou enregistrer par l'application de moyens techniques existant sur son territoire ;

b) obliger un fournisseur de services, dans le cadre de ses capacités techniques existantes, à :

i) collecter ou enregistrer par l'application de moyens techniques existant sur son territoire, ou

ii) prêter aux autorités compétentes son concours et son assistance pour collecter ou enregistrer, en temps réel, les données relatives au trafic associées à des communications spécifiques transmises sur son territoire au moyen d'un système informatique.

2. Lorsqu'une Partie, en raison des principes établis de son ordre juridique interne, ne peut adopter les mesures énoncées au paragraphe 1(a), elle peut à la place, adopter les mesures législatives et autres qui se révèlent nécessaires pour assurer la collecte ou l'enregistrement en temps réel des données relatives au trafic associées à des communications spécifiques transmises sur son territoire par l'application de moyens techniques existant sur ce territoire.

3. Chaque Partie adopte les mesures législatives et autres qui se révèlent nécessaires pour obliger un fournisseur de services à garder secrets le fait que l'un quelconque des pouvoirs prévus dans le présent article a été exécuté, ainsi que toute information à ce sujet.

4. Les pouvoirs et procédures mentionnés dans le présent article doivent être soumis aux articles 14 et 15.

Art. 21. — Interception de données relatives au contenu.

1. Chaque Partie adopte les mesures législatives et autres qui se révèlent nécessaires pour habiliter ses autorités compétentes relativement à un éventail d'infractions graves à définir en droit interne, à :

a) collecter ou à enregistrer par l'application de moyens techniques existant sur son territoire ; et

b) obliger un fournisseur de services, dans le cadre de ses capacités techniques existantes, à :

i) collecter ou à enregistrer par l'application de moyens techniques existant sur son territoire ou

ii) prêter aux autorités compétentes son concours et son assistance pour collecter ou enregistrer, en temps réel, les données relatives au contenu de communications spécifiques sur son territoire, transmises au moyen d'un système informatique.

2. Lorsqu'une Partie, en raison des principes établis de son ordre juridique interne, ne peut adopter les mesures énoncées au paragraphe 1(a), elle peut à la place adopter les mesures législatives et autres qui se révèlent nécessaires pour assurer la collecte ou l'enregistrement en temps réel des données relatives au contenu de communications spécifiques transmises sur son territoire par l'application de moyens techniques existant sur ce territoire.

3. Chaque Partie adopte les mesures législatives et autres qui se révèlent nécessaires pour obliger un fournisseur de services à garder secrets le fait que l'un quelconque des pouvoirs prévus dans le présent article a été exécuté, ainsi que toute information à ce sujet.

4. Les pouvoirs et procédures mentionnés dans le présent article doivent être soumis aux articles 14 et 15.

Section III

Compétence

Art. 22. — Compétence.

1. Chaque Partie adopte les mesures législatives et autres qui se révèlent nécessaires pour établir sa compétence à l'égard de toute infraction pénale établie conformément aux articles 2-11 de la présente Convention, lorsque l'infraction est commise :

a) sur son territoire ;

b) à bord d'un navire battant pavillon de cette Partie ;

c) à bord d'un aéronef immatriculé dans cette Partie ;

d) par un de ses ressortissants, si l'infraction est punissable pénalement là où elle a été commise ou si l'infraction ne relève de la compétence territoriale d'aucun État.

2. Chaque Partie peut se réserver le droit de ne pas appliquer, ou de n'appliquer que dans des cas ou conditions spécifiques, les règles de compétence définies aux paragraphes 1b — 1d du présent article ou dans une partie quelconque de ces paragraphes.

3. Chaque Partie adopte les mesures qui se révèlent nécessaires pour établir sa compétence à l'égard de toute infraction mentionnée à l'article 24, paragraphe 1 de la présente Convention, lorsque l'auteur présumé de l'infraction est présent sur son territoire et ne peut être extradé vers une autre Partie au seul titre de sa nationalité, après une demande d'extradition.

4. La présente Convention n'exclut aucune compétence pénale exercée par une Partie conformément à son droit interne.

5. Lorsque plusieurs Parties revendiquent une compétence à l'égard d'une infraction présumée visée dans la présente Convention, les Parties concernées se concertent, lorsque cela est opportun, afin de décider quelle est celle qui est la mieux à même d'exercer les poursuites.

Chapitre III

Coopération internationale

Section I

Principes généraux

Titre I

Principes généraux relatifs à la coopération internationale

Art. 23. — Principes généraux relatifs à la coopération internationale.

Les Parties coopèrent conformément aux dispositions du présent chapitre, en application des instruments internationaux pertinents sur la coopération internationale en matière pénale, des arrangements reposant sur des législations uniformes ou réciproques et de leur droit national, dans la mesure la plus large possible les unes avec les autres, aux fins d'investigations ou de procédures concernant les infractions pénales liées à des systèmes et données informatiques ou pour recueillir les preuves sous forme électronique d'une infraction pénale.

Titre II
Principes relatifs à l'extradition

Art. 24. — Extradition.

1. *a)* Le présent article s'applique à l'extradition entre les Parties pour les infractions pénales définies conformément aux articles 2 à 11 de la présente Convention, à condition qu'elles soient punissables dans la législation des deux Parties concernées par une peine privative de liberté pour une période maximale d'au moins un an, ou par une peine plus sévère ;

b) Lorsqu'il est exigé une peine minimale différente, sur la base d'un traité d'extradition tel qu'applicable entre deux ou plusieurs parties, y compris la Convention européenne d'extradition (STE n° 24), ou d'un arrangement reposant sur des législations uniformes ou réciproques, c'est la peine minimum prévue par ce traité ou cet arrangement qui s'applique.

2. Les infractions pénales décrites au paragraphe 1 du présent article sont considérées comme incluses en tant qu'infractions pouvant donner lieu à extradition dans tout traité d'extradition existant entre ou parmi les Parties. Les Parties s'engagent à inclure de telles infractions comme infractions pouvant donner lieu à extradition dans tout traité d'extradition pouvant être conclu entre ou parmi elles.

3. Lorsqu'une Partie conditionne l'extradition à l'existence d'un traité et reçoit une demande d'extradition d'une autre Partie avec laquelle elle n'a pas conclu de traité d'extradition, elle peut considérer la présente Convention comme fondement juridique pour l'extradition au regard de toute infraction pénale mentionnée au paragraphe 1 du présent article.

4. Les Parties qui ne conditionnent pas l'extradition à l'existence d'un traité reconnaissent les infractions pénales mentionnées au paragraphe 1 du présent article comme des infractions pouvant donner lieu entre elles à l'extradition.

5. L'extradition est soumise aux conditions prévues par le droit interne de la Partie requise ou par les traités d'extradition en vigueur, y compris les motifs pour lesquels la Partie requise peut refuser l'extradition.

6. Si l'extradition pour une infraction pénale mentionnée au paragraphe 1 du présent article est refusée uniquement sur la base de la nationalité de la personne recherchée ou parce que la Partie requise s'estime compétente pour cette infraction, la Partie requise soumet l'affaire, à la demande de la Partie requérante, à ses autorités compétentes aux fins de poursuites, et rendra compte en temps utile de l'issue de l'affaire à la Partie requérante. Les autorités en question prendront leur décision et mèneront l'enquête et la procédure de la même manière que pour toute autre infraction de nature comparable conformément à la législation de cette Partie.

7. *a)* Chaque Partie communique au Secrétaire général du Conseil de l'Europe, au moment de la signature ou du dépôt de son instrument de ratification, d'acceptation, d'approbation ou d'adhésion, le nom et l'adresse de chaque autorité responsable de l'envoi ou de la réception d'une demande d'extradition ou d'arrestation provisoire, en l'absence de traité.

b) Le Secrétaire général du Conseil de l'Europe établit et tient à jour un registre des autorités ainsi désignées par les Parties. Chaque Partie doit veiller en permanence à l'exactitude des données figurant dans le registre.

Titre III

Principes relatifs à l'entraide

Art. 25. — Principes généraux relatifs à l'entraide.

1. Les Parties s'accordent l'entraide la plus large possible aux fins d'investigations ou de procédures concernant les infractions pénales liées à des systèmes et des données informatiques ou afin de recueillir les preuves sous forme électronique d'une infraction pénale.

2. Chaque Partie adopte également les mesures législatives et autres qui se révèlent nécessaires pour s'acquitter des obligations énoncées aux articles 27 à 35.

3. Chaque Partie peut, en cas d'urgence, formuler une demande d'entraide ou les communications s'y rapportant par des moyens rapides de communication, tels que la télécopie ou le courrier électronique, pour autant que ces moyens offrent des conditions suffisantes de sécurité et d'authentification (y compris le cryptage si nécessaire), avec confirmation officielle ultérieure si l'État requis l'exige. L'État requis accepte la demande et y répond par n'importe lequel de ces moyens rapides de communication.

4. Sauf disposition contraire expressément prévue dans les articles du présent Chapitre, l'entraide est soumise aux conditions fixées par le droit interne de la Partie requise ou par les traités d'entraide applicables, y compris les motifs sur la base desquels la Partie requise peut refuser la coopération. La Partie requise ne doit pas exercer son droit de refuser l'entraide concernant les infractions visées aux articles 2 à 11 au seul motif que la demande porte sur une infraction qu'elle considère comme de nature fiscale.

5. Lorsque, conformément aux dispositions du présent chapitre, la Partie requise est autorisée à subordonner l'entraide à l'existence d'une double incrimination, cette condition sera considérée comme satisfaite si le comportement constituant l'infraction, en relation avec laquelle l'entraide est requise, est qualifié d'infraction pénale par son droit interne, que le droit interne classe ou non l'infraction dans la même catégorie d'infractions ou qu'il la désigne ou non par la même terminologie que le droit de la Partie requérante.

Art. 26. — Information spontanée.

1. Une Partie peut, dans les limites de son droit interne et en l'absence de demande préalable, communiquer à une autre Partie des informations obtenues dans le cadre de ses propres enquêtes lorsqu'elle estime que cela pourrait aider la Partie destinataire à engager ou à mener à bien des enquêtes ou des procédures au sujet d'infractions pénales établies conformément à la présente Convention, ou lorsque ces informations pourraient aboutir à une demande formulée par cette Partie au titre du présent chapitre.

2. Avant de communiquer de telles informations, la Partie qui les fournit peut demander qu'elles restent confidentielles ou ne soient utilisées que sous certaines conditions. Si la Partie destinataire ne peut faire droit à cette demande, elle doit en informer l'autre Partie, qui devra alors déterminer si les informations en question devraient néanmoins être fournies. Si la Partie destinataire accepte les informations aux conditions prescrites, elle sera liée par ces dernières.

Titre IV
Procédures relatives aux demandes d'entraide en l'absence d'accords internationaux applicables

Art. 27. — Procédures relatives aux demandes d'entraide en l'absence d'accords internationaux applicables.

1. En l'absence de traité d'entraide ou d'arrangement reposant sur des législations uniformes ou réciproques en vigueur entre la Partie requérante et la Partie requise, les dispositions des paragraphes 2 à 9 du présent article s'appliquent. Elles ne s'appliquent pas lorsqu'un traité, un arrangement ou une législation de ce type existent, à moins que les Parties concernées ne décident d'appliquer à la place tout ou partie du reste de cet article.

2. *a)* Chaque Partie désigne une ou plusieurs autorités centrales chargées d'envoyer les demandes d'entraide ou d'y répondre, de les exécuter ou de les transmettre aux autorités compétentes pour leur exécution ;

b) les autorités centrales communiquent directement les unes avec les autres ;

c) chaque Partie, au moment de la signature ou du dépôt de ses instruments de ratification, d'acceptation, d'approbation ou d'adhésion, communique au Secrétaire Général du Conseil de l'Europe les noms et adresses des autorités désignées en application du présent paragraphe ;

d) le Secrétaire Général du Conseil de l'Europe établit et tient à jour un registre des autorités centrales désignées par les Parties. Chaque Partie veille en permanence à l'exactitude des données figurant dans le registre.

3. Les demandes d'entraide sous le présent article sont exécutées conformément à la procédure spécifiée par la Partie requérante, sauf lorsqu'elle est incompatible avec la législation de la Partie requise.

4. Outre les conditions ou motifs de refus prévus à l'article 25, paragraphe 4, l'entraide peut être refusée par la Partie requise :

a) si la demande porte sur une infraction que la Partie requise considère comme étant de nature politique ou liée à une infraction de nature politique ; ou

b) si la Partie requise estime que le fait d'accéder à la demande risquerait de porter atteinte à sa souveraineté, à sa sécurité, à son ordre public ou à d'autres intérêts essentiels.

5. La Partie requise peut surseoir à l'exécution de la demande si cela risquerait de porter préjudice à des enquêtes ou procédures conduites par ses autorités.

6. Avant de refuser ou de différer sa coopération, la Partie requise examine, après avoir le cas échéant consulté la Partie requérante, s'il peut être fait droit à la demande partiellement ou sous réserve des conditions qu'elle juge nécessaires.

7. La Partie requise informe rapidement la Partie requérante de la suite qu'elle entend donner à la demande d'entraide. Elle doit motiver son éventuel refus d'y faire droit ou l'éventuel ajournement de la demande. La Partie requise informe également la Partie requérante de tout motif rendant l'exécution de l'entraide impossible ou étant susceptible de la retarder de manière significative.

8. La Partie requérante peut demander que la Partie requise garde confidentiels le fait et l'objet de toute demande formulée au titre du présent chapitre restent confidentiels, sauf dans la mesure nécessaire à l'exécution de ladite demande. Si la Partie requise ne peut faire droit à cette demande de confidentialité, elle doit en informer rapidement la Partie requérante, qui devra alors déterminer si la demande doit néanmoins être exécutée.

9. *a)* En cas d'urgence, les autorités judiciaires de la Partie requérante peuvent adresser directement à leurs homologues de la Partie requise les demandes d'entraide ou

les communications s'y rapportant. Dans de tels cas, copie est adressée simultanément aux autorités centrales de la Partie requise par le biais de l'autorité centrale de la Partie requérante.

b) Toute demande ou communication formulée au titre du présent paragraphe peut l'être par l'intermédiaire de l'Organisation internationale de police criminelle (Interpol).

c) lorsqu'une demande a été formulée en application de l'alinéa (a) du présent article et que l'autorité n'est pas compétente pour la traiter, elle la transmet à l'autorité nationale compétente et en informe directement la Partie requérante.

d) les demandes ou communications effectuées en application du présent paragraphe qui ne supposent pas de mesure de coercition peuvent être directement transmises par les autorités compétentes de la Partie requérante aux autorités compétentes de la Partie requise.

e) Chaque Partie peut informer le Secrétaire Général du Conseil de l'Europe, au moment de la signature ou du dépôt de son instrument de ratification, d'acceptation, d'approbation ou d'adhésion, que, pour des raisons d'efficacité, les demandes faites sous ce paragraphe devront être adressées à son autorité centrale.

Art. 28. — Confidentialité et restriction d'utilisation.

1. En l'absence de traité d'entraide ou d'arrangement reposant sur des législations uniformes ou réciproques en vigueur entre la Partie requérante et la Partie requise, les dispositions du présent article s'appliquent. Elles ne s'appliquent pas lorsqu'un traité, un arrangement ou une législation de ce type existent, à moins que les Parties concernées ne décident d'appliquer à la place tout ou partie du présent article.

2. La Partie requise peut subordonner la communication d'informations ou de matériels en réponse à une demande à la condition :

a) que ceux-ci restent confidentiels lorsque la demande d'entraide ne pourrait être respectée en l'absence de cette condition ; ou

b) qu'ils ne soient pas utilisés aux fins d'enquêtes ou de procédures autres que celles indiquées dans la demande.

3. Si la Partie requérante ne peut satisfaire à l'une des conditions énoncées au paragraphe 2, elle en informe rapidement la Partie requise, qui détermine alors si l'information doit néanmoins être fournie. Si la Partie requérante accepte cette condition, elle sera liée par celle-ci.

4. Toute Partie qui fournit des informations ou du matériel soumis à l'une des conditions énoncées au paragraphe 2 peut exiger de l'autre Partie qu'elle lui communique des précisions, en relation avec cette condition, quant à l'usage fait de ces informations ou de ce matériel.

Section II

Dispositions spécifiques

Titre I

Entraide en matière de mesures provisoires

Art. 29. — Conservation rapide de données informatiques stockées.

1. Une Partie peut demander à une autre Partie d'ordonner ou d'imposer d'une autre façon la conservation rapide de données stockées au moyen d'un système informatique se trouvant sur le territoire de cette autre Partie, et au sujet desquelles

la Partie requérante a l'intention de soumettre une demande d'entraide en vue de la perquisition ou de l'accès par un moyen similaire, de la saisie ou de l'obtention par un moyen similaire, ou de la divulgation desdites données.

2. Une demande de conservation faite en application du paragraphe 1 doit préciser :

a) l'autorité qui demande la conservation ;

b) l'infraction faisant l'objet de l'enquête et un bref exposé des faits qui s'y rattachent ;

c) les données informatiques stockées à conserver et la nature de leur lien avec l'infraction ;

d) toutes les informations disponibles permettant d'identifier le gardien des données informatiques stockées ou l'emplacement du système informatique ;

e) la nécessité de la mesure de conservation ; et

f) le fait que la Partie entend soumettre une demande d'entraide en vue de la perquisition ou de l'accès par un moyen similaire, de la saisie ou de l'obtention par un moyen similaire, ou de la divulgation des données informatiques stockées.

3. Après avoir reçu la demande d'une autre Partie, la Partie requise doit prendre toutes les mesures appropriées afin de procéder sans délai à la conservation des données spécifiées, conformément à son droit interne. Pour pouvoir répondre à une telle demande, la double incrimination n'est pas requise comme condition préalable à la conservation.

4. Une Partie qui exige la double incrimination comme condition pour répondre à une demande d'entraide visant la perquisition ou l'accès similaire, la saisie ou l'obtention par un moyen similaire ou la divulgation des données peut, pour des infractions autres que celles établies conformément aux articles 2 à 11 de la présente Convention, se réserver le droit de refuser la demande de conservation au titre du présent article dans le cas où elle a des raisons de penser qu'au moment de la divulgation, la condition de double incrimination ne pourra pas être remplie.

5. En outre, une demande de conservation peut être refusée uniquement :

a) si la demande porte sur une infraction que la Partie requise considère comme étant de nature politique ou liée à une infraction de nature politique ; ou

b) si la Partie requise estime que le fait d'accéder de la demande risquerait de porter atteinte à sa souveraineté, à sa sécurité, à l'ordre public ou à d'autres intérêts essentiels.

6. Lorsque la Partie requise estime que la conservation simple ne suffira pas pour garantir la disponibilité future des données, compromettra la confidentialité de l'enquête de la Partie requérante ou nuira d'une autre façon à celle-ci, elle en informe rapidement la Partie requérante, qui décide alors s'il convient néanmoins d'exécuter la demande.

7. Toute conservation effectuée en réponse à une demande visée au paragraphe 1 sera valable pour une période d'au moins 60 jours afin de permettre à la Partie requérante de soumettre une demande en vue de la perquisition ou de l'accès par un moyen similaire, de la saisie ou de l'obtention par un moyen similaire, ou de la divulgation des données. Après la réception d'une telle demande, les données doivent continuer à être conservées en attendant l'adoption d'une décision concernant la demande.

Art. 30. — Divulgation rapide de données conservées.

1. Lorsqu'en exécutant une demande de conservation de données relatives au trafic concernant une communication spécifique formulée en application de l'article 29, la Partie requise découvre qu'un fournisseur de services dans un autre État a participé à la transmission de cette communication, la Partie requise divulgue rapidement à la Partie requérante une quantité suffisante de données concernant le trafic, aux fins

d'identifier ce fournisseur de service et la voie par laquelle la communication a été transmise.

2. La divulgation de données relatives au trafic en application du paragraphe 1 peut être refusée seulement :

a) si la demande porte sur une infraction que la Partie requise considère comme étant de nature politique ou liée à une infraction de nature politique ; ou

b) si elle considère que le fait d'accéder à la demande risquerait de porter atteinte à sa souveraineté, à sa sécurité, à son ordre public ou à d'autres intérêts essentiels.

Titre II

Entraide concernant les pouvoirs d'investigation

Art. 31. — Entraide concernant l'accès aux données stockées.

1. Une Partie peut demander à une autre Partie de perquisitionner ou d'accéder de façon similaire, de saisir ou d'obtenir de façon similaire, et de divulguer des données stockées au moyen d'un système informatique se trouvant sur le territoire de cette autre Partie, y compris les données conservées conformément à l'article 29.

2. La Partie requise satisfait à la demande en appliquant les instruments internationaux, les arrangements et les législations évoqués à l'article 23 et en se conformant aux dispositions pertinentes du présent chapitre.

3. La demande doit être satisfaite aussi rapidement que possible dans les cas suivants :

a) il y a des raisons de penser que les données pertinentes sont particulièrement sensibles aux risques de perte ou de modification ; ou

b) les instruments, arrangements et législations évoqués au paragraphe 2 prévoient une coopération rapide.

Art. 32. — Accès transfrontière à des données stockées, avec consentement ou lorsqu'elles sont accessibles au public.

Une Partie peut, sans l'autorisation d'une autre Partie :

a) accéder à des données informatiques stockées accessibles au public (source ouverte), quelle que soit la localisation géographique de ces données ; ou

b) accéder à, ou recevoir au moyen d'un système informatique situé sur son territoire, des données informatiques stockées situées dans un autre État, si la Partie obtient le consentement légal et volontaire de la personne légalement autorisée à lui divulguer ces données au moyen de ce système informatique.

Art. 33. — Entraide dans la collecte en temps réel de données relatives au trafic.

1. Les Parties s'accordent l'entraide dans la collecte en temps réel de données relatives au trafic, associées à des communications spécifiées sur leur territoire, transmises au moyen d'un système informatique. Sous réserve des dispositions du paragraphe 2, cette entraide est régie par les conditions et procédures prévues en droit interne.

2. Chaque Partie accorde cette entraide au moins à l'égard des infractions pénales pour lesquelles la collecte en temps réel de données concernant le trafic serait disponible dans une affaire analogue au niveau interne.

Art. 34. — Entraide en matière d'interception de données relatives au contenu.

Les Parties s'accordent l'entraide, dans la mesure permise par leurs traités et lois internes applicables, pour la collecte ou l'enregistrement en temps réel de données relatives au contenu de communications spécifiques transmises au moyen d'un système informatique.

Titre III

Réseau 24/7

Art. 35. — Réseau 24/7.

1. Chaque Partie désigne un point de contact joignable 24 heures sur 24, sept jours sur sept, afin d'assurer la fourniture d'une assistance immédiate pour des investigations concernant les infractions pénales liées à des systèmes et données informatiques ou pour recueillir les preuves sous forme électronique d'une infraction pénale. Cette assistance englobera la facilitation, ou, si le droit et la pratique internes le permettent, l'application directe des mesures suivantes :

a) apport de conseils techniques ;

b) conservation des données conformément aux articles 29 et 30 ; et

c) recueil de preuves, apport d'informations à caractère juridique, et localisation des suspects.

2. *a)* Le point de contact d'une Partie pourra correspondre avec le point de contact d'une autre Partie selon une procédure accélérée.

b) Si le point de contact désigné par une Partie ne dépend pas de l'autorité ou des autorités de cette Partie responsables de l'entraide internationale ou de l'extradition, le point de contact veillera à pouvoir agir en coordination avec cette ou ces autorités selon une procédure accélérée.

3. Chaque Partie fera en sorte de disposer d'un personnel formé et équipé en vue de faciliter le fonctionnement du réseau.

N° 15.2.1 **Protocole additionnel à la Convention européenne sur la cybercriminalité relatif à l'incrimination d'actes de nature raciste et xénophobe commis par le biais de systèmes informatiques,** fait à Strasbourg le 28 janvier 2003 (extraits) (39)

Chapitre I

Dispositions communes

Article premier. — But.

Le but du présent Protocole est de compléter, pour les Parties au Protocole, les dispositions de la Convention sur la cybercriminalité, ouverte à la signature à Budapest le 23 novembre 2001 (appelée ci-après « la Convention ») eu égard à l'incrimination des actes de nature raciste et xénophobe diffusés par le biais de systèmes informatiques.

Art. 2. — Définition.

1. Aux fins du présent Protocole, l'expression :

« matériel raciste et xénophobe » désigne tout matériel écrit, toute image ou toute autre représentation d'idées ou de théories qui préconise ou encourage la haine,

(39) Le protocole a été ratifié, comme la convention, par la France par la loi n° 2005-493 du 19 mai 2005 et publié par le décret n° 2006-597 du 23 mai 2006.

la discrimination ou la violence, contre une personne ou un groupe de personnes, en raison de la race, de la couleur, de l'ascendance ou de l'origine nationale ou ethnique, ou de la religion, dans la mesure où cette dernière sert de prétexte à l'un ou l'autre de ces éléments, ou qui incite à de tels actes.

2. Les expressions et termes employés dans ce Protocole sont interprétés de la même manière qu'ils le sont dans la Convention.

Chapitre II

Mesure à prendre au niveau national

Art. 3. — Diffusion de matériel raciste et xénophobe par le biais de systèmes informatiques.

1. Chaque Partie adopte les mesures législatives et autres qui se révèlent nécessaires pour ériger en infractions pénales, dans son droit interne, lorsqu'ils sont commis intentionnellement et sans droit, les comportements suivants :

la diffusion ou les autres formes de mise à disposition du public, par le biais d'un système informatique, de matériel raciste et xénophobe.

2. Une Partie peut se réserver le droit de ne pas imposer de responsabilité pénale aux conduites prévues au paragraphe 1 du présent article lorsque le matériel, tel que défini à l'article 2, paragraphe 1, préconise, encourage ou incite à une discrimination qui n'est pas associée à la haine ou à la violence, à condition que d'autres recours efficaces soient disponibles.

3. Sans préjudice du paragraphe 2 du présent article, une Partie peut se réserver le droit de ne pas appliquer le paragraphe 1 aux cas de discrimination pour lesquels elle ne peut pas prévoir, à la lumière des principes établis dans son ordre juridique interne concernant la liberté d'expression, les recours efficaces prévus au paragraphe 2.

Art. 4. — Menace avec une motivation raciste et xénophobe.

Chaque Partie adopte les mesures législatives et autres qui se révèlent nécessaires pour ériger en infraction pénale, dans son droit interne, lorsqu'il est commis intentionnellement et sans droit, le comportement suivant :

la menace, par le biais d'un système informatique, de commettre une infraction pénale grave, telle que définie par le droit national, envers (i) une personne en raison de son appartenance à un groupe qui se caractérise par la race, la couleur, l'ascendance ou l'origine nationale ou ethnique, ou la religion dans la mesure où cette dernière sert de prétexte à l'un ou l'autre de ces éléments, ou (ii) un groupe de personnes qui se distingue par une de ces caractéristiques.

Art. 5. — Insulte avec une motivation raciste et xénophobe.

1. Chaque Partie adopte les mesures législatives et autres qui se révèlent nécessaires pour ériger en infraction pénale, dans son droit interne, lorsqu'il est commis intentionnellement et sans droit, le comportement suivant :

l'insulte en public, par le biais d'un système informatique, (i) d'une personne en raison de son appartenance à un groupe qui se caractérise par la race, la couleur, l'ascendance ou l'origine nationale ou ethnique, ou la religion dans la mesure où cette dernière sert de prétexte à l'un ou l'autre de ces éléments, ou (ii) d'un groupe de personnes qui se distingue par une de ces caractéristiques.

2. Une Partie peut :

a) soit exiger que l'infraction prévue au paragraphe 1 du présent article ait pour effet d'exposer la personne ou le groupe de personnes visées au paragraphe 1 à la haine, au mépris ou au ridicule ;

b) soit se réserver le droit de ne pas appliquer, en tout ou en partie, le paragraphe 1 du présent article.

Art. 6. — Négation, minimisation grossière, approbation ou justification du génocide ou des crimes contre l'humanité.

1. Chaque Partie adopte les mesures législatives qui se révèlent nécessaires pour ériger en infractions pénales, dans son droit interne, lorsqu'ils sont commis intentionnellement et sans droit, les comportements suivants :

la diffusion ou les autres formes de mise à disposition du public, par le biais d'un système informatique, de matériel qui nie, minimise de manière grossière, approuve ou justifie des actes constitutifs de génocide ou de crimes contre l'humanité, tels que définis par le droit international et reconnus comme tels par une décision finale et définitive du Tribunal militaire international, établi par l'accord de Londres du 8 août 1945, ou par tout autre tribunal international établi par des instruments internationaux pertinents et dont la juridiction a été reconnue par cette Partie.

2. Une Partie peut :

a) soit prévoir que la négation ou la minimisation grossière, prévues au paragraphe 1 du présent article, soient commises avec l'intention d'inciter à la haine, à la discrimination ou à la violence contre une personne ou un groupe de personnes, en raison de la race, de la couleur, de l'ascendance ou de l'origine nationale ou ethnique, ou de la religion, dans la mesure où cette dernière sert de prétexte à l'un ou l'autre de ces éléments ;

b) soit se réserver le droit de ne pas appliquer, en tout ou en partie, le paragraphe 1 du présent article.

Art. 7. — Aide et complicité.

Chaque Partie adopte les mesures législatives et autres qui se révèlent nécessaires pour ériger en infraction pénale, en vertu de son droit interne, lorsqu'il est commis intentionnellement et sans droit, le fait d'aider à perpétrer une infraction telle que définie dans ce Protocole, ou d'en être complice, avec l'intention qu'une telle infraction soit commise.

Chapitre III

Relations entre la Convention et ce Protocole

Art. 8. — Relations entre la Convention et ce Protocole.

1. Les articles 1, 12, 13, 22, 41, 44, 45 et 46 de la Convention s'appliquent, *mutatis mutandis*, à ce Protocole.

2. Les Parties étendent le champ d'application des mesures définies aux articles 14 à 21 et 23 à 35 de la Convention, aux articles 2 à 7 de ce Protocole.

Déclaration du Gouvernement de la République française

Art. 6, § 1. — La France entend par « tribunal international établi par des instruments internationaux pertinents et dont la juridiction a été reconnue par cette Partie » (art. 6, § 1) toute juridiction pénale internationale explicitement reconnue comme telle par les autorités françaises et consacrée par son droit interne.

9) La protection des droits de l'homme à l'égard des applications de la biologie et de la médecine

° 16.1 Convention européenne pour la protection des droits de l'homme et de la dignité de l'être humain à l'égard des applications de la biologie et de la médecine, faite à Oviedo le 4 mai 1997 (extraits) [40]

Chapitre I

Dispositions générales

Article premier. — Objet et finalité.

Les Parties à la présente Convention protègent l'être humain dans sa dignité et son identité et garantissent à toute personne, sans discrimination, le respect de son intégrité et de ses autres droits et libertés fondamentales à l'égard des applications de la biologie et de la médecine.

Chaque Partie prend dans son droit interne les mesures nécessaires pour donner effet aux dispositions de la présente Convention.

Art. 2. — Primauté de l'être humain.

L'intérêt et le bien de l'être humain doivent prévaloir sur le seul intérêt de la société ou de la science.

Art. 3. — Accès équitable aux soins de *santé.*

Les Parties prennent, compte tenu des besoins de santé et des ressources disponibles, les mesures appropriées en vue d'assurer, dans leur sphère de juridiction, un accès équitable à des soins de santé de qualité appropriée.

Art. 4. — Obligations professionnelles et règles de conduite.

Toute intervention dans le domaine de la santé, y compris la recherche, doit être effectuée dans le respect des normes et obligations professionnelles, ainsi que des règles de conduite applicables en l'espèce.

Chapitre II

Consentement

Art. 5. — Règle générale.

Une intervention dans le domaine de la santé ne peut être effectuée qu'après que la personne concernée y a donné son consentement libre et éclairé.

(40) La Convention a été ratifiée par la France le 13 décembre 2011 par la loi n° 2011-814 du 7 juillet 2011 relative à la bioéthique. Elle est publiée par le décret n° 2012-855 du 5 juillet 2012. Il faut aussi signaler la Convention du Conseil de l'Europe contre le trafic d'organes humains du 25 mars 2015 qui a été signée par la France le 25 novembre 2019. Elle n'a pas été encore ratifiée par elle.

Cette personne reçoit préalablement une information adéquate quant au but et à la nature de l'intervention ainsi que quant à ses conséquences et ses risques.

La personne concernée peut, à tout moment, librement retirer son consentement.

Art. 6. — Protection des personnes n'ayant pas la capacité de consentir.

1. Sous réserve des articles 17 et 20, une intervention ne peut être effectuée sur une personne n'ayant pas la capacité de consentir, que pour son bénéfice direct.

2. Lorsque, selon la loi, un mineur n'a pas la capacité de consentir à une intervention, celle-ci ne peut être effectuée sans l'autorisation de son représentant, d'une autorité ou d'une personne ou instance désignée par la loi.

L'avis du mineur est pris en considération comme un facteur de plus en plus déterminant, en fonction de son âge et de son degré de maturité.

3. Lorsque, selon la loi, un majeur n'a pas, en raison d'un handicap mental, d'une maladie ou pour un motif similaire, la capacité de consentir à une intervention, celle-ci ne peut être effectuée sans l'autorisation de son représentant, d'une autorité ou d'une personne ou instance désignée par la loi.

La personne concernée doit dans la mesure du possible être associée à la procédure d'autorisation.

4. Le représentant, l'autorité, la personne ou l'instance mentionnée aux paragraphes 2 et 3 reçoivent, dans les mêmes conditions, l'information visée à l'article 5.

5. L'autorisation visée aux paragraphes 2 et 3 peut, à tout moment, être retirée dans l'intérêt de la personne concernée.

Art. 7. — Protection des personnes souffrant d'un trouble mental.

La personne qui souffre d'un trouble mental grave ne peut être soumise, sans son consentement, à une intervention ayant pour objet de traiter ce trouble que lorsque l'absence d'un tel traitement risque d'être gravement préjudiciable à sa santé et sous réserve des conditions de protection prévues par la loi comprenant des procédures de surveillance et de contrôle ainsi que des voies de recours.

Art. 8. — Situations d'urgence.

Lorsqu'en raison d'une situation d'urgence, le consentement approprié ne peut être obtenu, il pourra être procédé immédiatement à toute intervention médicalement indispensable pour le bénéfice de la santé de la personne concernée.

Art. 9. — Souhaits précédemment exprimés.

Les souhaits précédemment exprimés au sujet d'une intervention médicale par un patient qui, au moment de l'intervention, n'est pas en état d'exprimer sa volonté seront pris en compte.

Chapitre III

Vie privée et droit à l'information

Art. 10. — Vie privée et droit à l'information.

1. Toute personne a droit au respect de sa vie privée s'agissant des informations relatives à sa santé.

2. Toute personne a le droit de connaître toute information recueillie sur sa santé. Cependant, la volonté d'une personne de ne pas être informée doit être respectée.

3. À titre exceptionnel, la loi peut prévoir, dans l'intérêt du patient, des restrictions à l'exercice des droits mentionnés au paragraphe 2.

Chapitre IV

Génome humain

Art. 11. — Non-discrimination.

Toute forme de discrimination à l'encontre d'une personne en raison de son patrimoine génétique est interdite.

Art. 12. — Tests génétiques prédictifs.

Il ne pourra être procédé à des tests prédictifs de maladies génétiques ou permettant soit d'identifier le sujet comme porteur d'un gène responsable d'une maladie soit de détecter une prédisposition ou une susceptibilité génétique à une maladie qu'à des fins médicales ou de recherche médicale, et sous réserve d'un conseil génétique approprié.

Art. 13. — Interventions sur le génome humain.

Une intervention ayant pour objet de modifier le génome humain ne peut être entreprise que pour des raisons préventives, diagnostiques ou thérapeutiques et seulement si elle n'a pas pour but d'introduire une modification dans le génome de la descendance.

Art. 14. — Non sélection du sexe.

L'utilisation des techniques d'assistance médicale à la procréation n'est pas admise pour choisir le sexe de l'enfant à naître, sauf en vue d'éviter une maladie héréditaire grave liée au sexe.

Chapitre V

Recherche scientifique

Art. 15. — Règle générale.

La recherche scientifique dans le domaine de la biologie et de la médecine s'exerce librement sous réserve des dispositions de la présente Convention et des autres dispositions juridiques qui assurent la protection de l'être humain.

Art. 16. — Protection des personnes se prêtant à une recherche.

Aucune recherche ne peut être entreprise sur une personne à moins que les conditions suivantes ne soient réunies :

i) il n'existe pas de méthode alternative à la recherche sur des êtres humains, d'efficacité comparable ;

ii) les risques qui peuvent être encourus par la personne ne sont pas disproportionnés par rapport aux bénéfices potentiels de la recherche ;

iii) le projet de recherche a été approuvé par l'instance compétente, après avoir fait l'objet d'un examen indépendant sur le plan de sa pertinence scientifique, y compris une évaluation de l'importance de l'objectif de la recherche, ainsi que d'un examen pluridisciplinaire de son acceptabilité sur le plan éthique ;

iv) la personne se prêtant à une recherche est informée de ses droits et des garanties prévues par la loi pour sa protection ;

v) le consentement visé à l'article 5 a été donné expressément, spécifiquement et est consigné par écrit. Ce consentement peut, à tout moment, être librement retiré.

Art. 17. — Protection des personnes qui n'ont pas la capacité de consentir à une recherche.

1. Une recherche ne peut être entreprise sur une personne n'ayant pas, conformément à l'article 5, la capacité d'y consentir que si les conditions suivantes sont réunies :

i) les conditions énoncées à l'article 16, alinéas i à iv, sont remplies ;

ii) les résultats attendus de la recherche comportent un bénéfice réel et direct pour sa santé ;

iii) la recherche ne peut s'effectuer avec une efficacité comparable sur des sujets capables d'y consentir ;

iv) l'autorisation prévue à l'article 6 a été donnée spécifiquement et par écrit ; et

v) la personne n'y oppose pas de refus.

2. À titre exceptionnel et dans les conditions de protection prévues par la loi, une recherche dont les résultats attendus ne comportent pas de bénéfice direct pour la santé de la personne peut être autorisée si les conditions énoncées aux alinéas i, iii, iv et y du paragraphe 1 ci-dessus ainsi que les conditions supplémentaires suivantes sont réunies :

i) la recherche a pour objet de contribuer, par une amélioration significative de la connaissance scientifique de l'état de la personne, de sa maladie ou de son trouble, à l'obtention, à terme, de résultats permettant un bénéfice pour la personne concernée ou pour d'autres personnes dans la même catégorie d'âge ou souffrant de la même maladie ou trouble ou présentant les mêmes caractéristiques,

ii) la recherche ne présente pour la personne qu'un risque minimal et une contrainte minimale.

Art. 18. — Recherche sur les embryons in vitro.

1. Lorsque la recherche sur les embryons *in vitro* est admise par la loi, celle-ci assure une protection adéquate de l'embryon.

2. La constitution d'embryons humains aux fins de recherche est interdite.

Chapitre VI

Prélèvement d'organes et de tissus sur des donneurs vivants à des fins de transplantation

Art. 19. — Règle générale.

1. Le prélèvement d'organes ou de tissus aux fins de transplantation ne peut être effectué sur un donneur vivant que dans l'intérêt thérapeutique du receveur et lorsque l'on ne dispose pas d'organe ou de tissu appropriés d'une personne décédée ni de méthode thérapeutique alternative d'efficacité comparable.

2. Le consentement visé à l'article 5 doit avoir été donné expressément et spécifiquement, soit par écrit soit devant une instance officielle.

Art. 20. — Protection des personnes qui n'ont pas la capacité de consentir au prélèvement d'organe.

1. Aucun prélèvement d'organe ou de tissu ne peut être effectué sur une personne n'ayant pas la capacité de consentir conformément à l'article 5.

2. À titre exceptionnel et dans les conditions de protection prévues par la loi, le prélèvement de tissus régénérables sur une personne qui n'a pas la capacité de consentir peut être autorisé si les conditions suivantes sont réunies

i) on ne dispose pas d'un donneur compatible jouissant de la capacité de consentir,

ii) le receveur est un frère ou une sœur du donneur,

iii) le don doit être de nature à préserver la vie du receveur,

iv) l'autorisation prévue aux paragraphes 2 et 3 de l'article 6 a été donnée spécifiquement et par écrit, selon la loi et en accord avec l'instance compétente,

v) le donneur potentiel n'y oppose pas de refus.

Chapitre VII

Interdiction du profit et utilisation d'une partie du corps humain

Art. 21. — Interdiction du profit.

Le corps humain et ses parties ne doivent pas être, en tant que tels, source de profit.

Art. 22. — Utilisation d'une partie du corps humain prélevée.

Lorsqu'une partie du corps humain a été prélevée au cours d'une intervention, elle ne peut être conservée et utilisée dans un but autre que celui pour lequel elle a été prélevée que conformément aux procédures d'information et de consentement appropriées.

Chapitre VIII

Atteinte aux dispositions de la Convention

Art. 23. — Atteinte aux droits ou principes.

Les Parties assurent une protection juridictionnelle appropriée afin d'empêcher ou faire cesser à bref délai une atteinte illicite aux droits et principes reconnus dans la présente Convention.

Art. 24. — Réparation d'un dommage injustifié.

La personne ayant subi un dommage injustifié résultant d'une intervention a droit à une réparation équitable dans les conditions et selon les modalités prévues par la loi.

Art. 25. — Sanctions.

Les Parties prévoient des sanctions appropriées dans les cas de manquement aux dispositions de la présente Convention.

Chapitre IX

Relation de la présente Convention avec d'autres dispositions

Art. 26. — Restrictions à l'exercice des droits.

1. L'exercice des droits et les dispositions de protection contenus dans la présente Convention ne peuvent faire l'objet d'autres restrictions que celles qui, prévues par la loi, constituent des mesures nécessaires, dans une société démocratique, à la sûreté publique, à la prévention des infractions pénales, à la protection de la santé publique ou à la protection des droits et libertés d'autrui.

2. Les restrictions visées à l'alinéa précédent ne peuvent être appliquées aux articles 11, 13, 14, 16, 17, 19, 20 et 21.

Art. 27. — Protection plus étendue.

Aucune des dispositions de la présente Convention ne sera interprétée comme limitant ou portant atteinte à la faculté pour chaque Partie d'accorder une protection plus étendue à l'égard des applications de la biologie et de la médecine que celle prévue par la présente Convention.

Chapitre X

Débat public

Art. 28. — Débat public.

Les Parties à la présente Convention veillent à ce que les questions fondamentales posées par les développements de la biologie et de la médecine fassent l'objet d'un débat public approprié à la lumière, en particulier, des implications médicales, sociales, économiques, éthiques et juridiques pertinentes, et que leurs possibles applications fassent l'objet de consultations appropriées.

N° 16.2 Protocole additionnel à la Convention européenne pour la protection des droits de l'homme et de la dignité de l'être humain à l'égard des applications de la biologie et de la médecine, portant interdiction du clonage d'êtres humains, fait à Paris le 12 janvier 1998 (extraits) (41)

Article premier. — 1. Est interdite toute intervention ayant pour but de créer un être humain génétiquement identique à un autre être humain vivant ou mort.

2. Au sens du présent article, l'expression être humain « génétiquement identique » à un autre être humain signifie un être humain ayant en commun avec un autre l'ensemble des gènes nucléaires.

Art. 2. — Aucune dérogation n'est autorisée aux dispositions du présent Protocole au titre de l'article 26, paragraphe I de la Convention.

Art. 3. — Les Parties considèrent les articles 1 et 2 du présent Protocole comme des articles additionnels à la Convention et toutes les dispositions de la Convention s'appliquent en conséquence.

N° 16.3 Protocole additionnel à la Convention sur les droits de l'homme et la biomédecine relatif à la transplantation d'organes et de tissus d'origine humaine, fait à Strasbourg le 24 janvier 2002 (extraits) (42)

Chapitre I

Objet et champ d'application

Article premier. — Objet.

Les Parties au présent Protocole protègent la personne dans sa dignité et son identité et lui garantissent, sans discrimination, le respect de son intégrité et de ses autres droits et libertés fondamentales dans le domaine de la transplantation d'organes et de tissus d'origine humaine.

Art. 2. — Champ d'application et définitions.

1. Le présent Protocole s'applique à la transplantation d'organes et de tissus d'origine humaine pratiquée dans une finalité thérapeutique.

2. Les dispositions du présent Protocole applicables aux tissus s'appliquent aussi aux cellules, y compris aux cellules souches hématopoïétiques.

3. Le Protocole ne s'applique pas *a)* aux organes et tissus reproductifs ; *b)* aux organes et tissus embryonnaires ou fœtaux ; *c)* au sang et à ses dérivés.

---

(41) Ce protocole a été signé par la France, le 12 janvier 1998. Elle ne l'a pas encore ratifié. Ce protocole est entré en vigueur le 1er mars 2001 compte tenu du nombre suffisant de ratifications.

(42) Ce protocole a été signé par la France le 13 décembre 2011. Ce protocole est entré en vigueur le 1er mai 2006 compte tenu du nombre suffisant de ratifications. Il faut aussi signaler le protocole additionnel à la Convention européenne sur les droits de l'homme et la biomédecine relatif à la recherche biomédicale, fait à Strasbourg le 25 janvier 2005. Ce protocole n'est pas signé par la France. Il est entré en vigueur le 1er septembre 2007 compte tenu du nombre suffisant de ratifications.

4. Au sens du présent Protocole :

— le terme « transplantation » désigne l'ensemble de la procédure comportant le prélèvement d'un organe ou de tissus sur une personne et la greffe de cet organe ou de ces tissus sur une autre personne, y compris tout processus de préparation, de préservation et de conservation ; sous réserve des dispositions de l'article 20, le terme « prélèvement » désigne le prélèvement aux fins de greffe.

Chapitre II

Dispositions générales

Art. 3. — Système de transplantation.

Les Parties garantissent l'existence d'un système permettant l'accès équitable des patients aux services de transplantation.

Sous réserve des dispositions du Chapitre III, les organes et, le cas échéant, les tissus sont attribués uniquement à des patients enregistrés sur une liste d'attente officielle, selon des règles transparentes, objectives et dûment justifiées à l'égard des critères médicaux. Dans ce cadre sont désignées les personnes ou les instances responsables de la décision d'attribution.

S'agissant d'accords internationaux portant sur l'échange d'organes, les procédures doivent également assurer une distribution effective et justifiée parmi tous les pays participants en prenant en compte le principe de solidarité à l'intérieur de chaque pays.

Le système de transplantation assure la collecte et l'enregistrement des informations nécessaires à assurer la traçabilité des organes et des tissus.

Art. 4. — Obligations professionnelles et règles de conduite.

Toute intervention dans le domaine de la transplantation d'organes ou de tissus doit être effectuée dans le respect des normes et obligations professionnelles, ainsi que des règles de conduite applicables en l'espèce.

Art. 5. — Information du receveur.

Le receveur ainsi que, le cas échéant, la personne ou l'instance appelée à autoriser la greffe sont informés au préalable de manière adéquate du but et de la nature de la greffe, de ses conséquences et de ses risques, ainsi que des alternatives à l'intervention.

Art. 6. — Santé et sécurité.

Les professionnels impliqués dans la transplantation d'organes ou de tissus doivent prendre toute mesure raisonnable afin de réduire au minimum les risques de transmission d'une maladie au receveur et d'éviter toute atteinte qui pourrait rendre l'organe ou le tissu impropre à la greffe.

Art. 7. — Suivi médical.

Un suivi médical approprié est proposé au donneur vivant comme au receveur après la transplantation.

Art. 8. — Information des professionnels de la santé et du public.

Les Parties informent les professionnels de la santé et le public en général du besoin d'organes et de tissus. Elles informent également des conditions du prélèvement et de la greffe d'organes et de tissus, y compris des régimes du consentement ou d'autorisation, notamment en matière de prélèvement sur des personnes décédées.

Chapitre III

Prélèvement d'organes et de tissus sur des personnes vivantes

Art. 9. — Règle générale.

Le prélèvement d'organes ou de tissu ne peut être effectué sur un donneur vivant que dans l'intérêt thérapeutique du receveur et à condition que l'on ne dispose pas d'organe ou de tissus appropriés d'une personne décédée ni de méthode thérapeutique alternative d'efficacité comparable.

Art. 10. — Donneurs potentiels d'organes.

Le prélèvement d'organes sur un donneur vivant peut être effectué en faveur d'un receveur ayant avec ce donneur des relations personnelles étroites telles que définies par la loi, ou, en l'absence de telles relations, uniquement sous les conditions définies par la loi et après autorisation d'une instance indépendante appropriée.

Art. 11. — Évaluation des risques pour le donneur.

Avant le prélèvement d'organes ou de tissus, des investigations et des interventions médicales appropriées doivent être pratiquées pour évaluer et limiter les risques pour la santé physique ou mentale du donneur.

Le prélèvement ne peut être effectué s'il existe un risque sérieux pour la vie ou la santé du donneur.

Art. 12. — Information du donneur.

Le donneur ainsi que, le cas échéant, la personne ou l'instance appelée à donner l'autorisation conformément à l'article 14, paragraphe 2, du présent Protocole sont informés au préalable de manière adéquate du but et de la nature du prélèvement ainsi que de ses conséquences et de ses risques.

Ils sont également informés des droits et garanties prévus par la loi pour la protection du donneur. En particulier, ils sont informés du droit à recevoir de la part d'un professionnel de la santé ayant une expérience appropriée et ne participant ni au prélèvement de cet organe ou de ces tissus ni aux étapes ultérieures de la transplantation :

— une information indépendante sur les risques du prélèvement.

Art. 13. — Consentement du donneur vivant.

Sous réserve des articles 14 et 15 du présent Protocole, un organe ou des tissus ne peuvent être prélevés sur un donneur vivant qu'après que la personne concernée y a donné son consentement libre, éclairé et spécifique, soit par écrit soit devant une instance officielle.

La personne concernée peut à tout moment retirer librement son consentement.

Art. 14. — Protection des personnes qui n'ont pas la capacité de consentir au prélèvement d'organe ou de tissu.

1. Aucun prélèvement d'organe ou de tissu ne peut être effectué sur une personne n'ayant pas la capacité de consentir conformément à l'article 13 du présent Protocole.

2. À titre exceptionnel et dans les conditions de protection prévues par la loi, le prélèvement de tissus régénérables sur une personne qui n'a pas la capacité de consentir peut être autorisé si les conditions suivantes sont réunies ;

i) on ne dispose pas d'un donneur compatible jouissant de la capacité de consentir ;

ii) le receveur est un frère ou une sœur du donneur ;

iii) le don doit être de nature à préserver la vie du receveur ;

iv) l'autorisation du représentant, d'une autorité ou d'une personne ou instance désignée par la loi a été donnée spécifiquement et par écrit et en accord avec l'instance compétente ;

v) le donneur potentiel n'y oppose pas de refus.

Art. 15. — Prélèvement de cellules sur un donneur vivant.

La loi peut prévoir que les dispositions de l'article 14, paragraphe 2, alinéas *ii* et *iii*, ne s'appliquent pas aux cellules dès lors qu'il est établi que leur prélèvement n'implique pour le donneur qu'un risque minimal et une contrainte minimale.

Chapitre IV

Prélèvement d'organes et de tissus sur des personnes décédées

Art. 16. — Constatation du décès.

Un prélèvement d'organe ou de tissus sur une personne décédée ne peut être effectué que si le décès a été dûment constaté, conformément à la loi.

Les médecins constatant le décès d'une personne doivent être distincts de ceux participant directement au prélèvement d'organes ou de tissus sur cette personne ou aux étapes ultérieures de la transplantation, ainsi que de ceux chargés de soigner d'éventuels receveurs de ces organes ou tissus.

Art. 17. — Consentement et autorisations.

Des organes ou des tissus ne peuvent être prélevés sur le corps d'une personne décédée que si le consentement ou les autorisations requis par la loi ont été obtenus.

Le prélèvement ne doit pas être effectué si la personne décédée s'y était opposée.

Art. 18. — Respect du corps humain.

Dans le cadre du prélèvement, le corps humain doit être traité avec respect et toute mesure raisonnable doit être prise en vue de restaurer l'apparence du corps.

Art. 19. — Promotion du don.

Les Parties prennent toute mesure appropriée visant à favoriser le don d'organes et de tissus.

Chapitre V

Greffe d'un organe ou de tissus prélevés dans un but autre que le don en vue d'une greffe

Art. 20. — Greffe d'un organe ou de tissus prélevés dans un but autre que le don en vue d'une greffe.

1. Lorsqu'un organe ou des tissus sont prélevés sur une personne dans un but autre que le don en vue d'une greffe, ils ne peuvent être greffés que si les conséquences et les risques éventuels ont été expliqués à cette personne et si son consentement éclairé — ou, dans le cas d'une personne n'ayant pas la capacité de consentir, l'autorisation appropriée — a été obtenu.

2. L'ensemble des dispositions du présent Protocole s'applique aux situations visées au paragraphe 1, à l'exception de celles contenues dans les chapitres III et IV.

Chapitre VI

Interdiction du profit

Art. 21. — Interdiction du profit.

1. Le corps humain et ses parties ne doivent pas être, en tant que tels, source de profit ou d'avantages comparables.

Ne sont pas visés par cette disposition les paiements ne constituant pas un profit ou un avantage comparable, en particulier :

— l'indemnisation de la perte de revenus subie par un donneur vivant et de toute dépense justifiable occasionnées par le prélèvement ou les examens médicaux y relatifs ;

— le paiement des frais exposés pour la réalisation des actes médicaux et des prestations techniques connexes exécutés dans le cadre de la transplantation ;

— la réparation en cas de préjudice injustifié consécutif au prélèvement d'organes ou de tissus sur un donneur vivant.

2. Il est interdit de faire de la publicité sur le besoin d'organes ou de tissus, ou sur leur disponibilité, en vue d'offrir ou de rechercher un profit ou un avantage comparable.

Art. 22. — Interdiction du trafic d'organes et de tissus.

Le trafic d'organes et de tissus est interdit.

Chapitre VII

Confidentialité

Art. 23. — Confidentialité.

1. Toutes les données à caractère personnel concernant la personne sur laquelle a été pratiqué le prélèvement d'organes ou de tissus ainsi que les données concernant le receveur doivent être considérées comme confidentielles. Elles ne peuvent être collectées, traitées et communiquées que dans le respect des règles relatives au secret professionnel et à la protection des données à caractère personnel.

2. Les dispositions du paragraphe précédent s'entendent sans préjudice des dispositions permettant, sous réserve de garanties appropriées, la collecte, le traitement et la communication des informations nécessaires sur la personne sur laquelle a été pratiqué le prélèvement ou sur le(s) receveur(s) d'organes ou de tissus lorsque des raisons médicales l'exigent, y compris la traçabilité, conformément à l'article 3 du présent Protocole.

Nº 16.4 Protocole additionnel à la Convention européenne sur les droits de l'homme et la biomédecine relatif aux tests génétiques à des fins médicales, fait à Strasbourg le 27 novembre 2008 (extraits) (43)

Chapitre I

Objet et champ d'application

Article premier. — Objet et finalité.

Les Parties au présent Protocole protègent l'être humain dans sa dignité et son identité et garantissent à toute personne, sans discrimination, le respect de son intégrité et de ses autres droits et libertés fondamentales à l'égard des tests auxquels le présent Protocole s'applique en conformité avec l'article 2.

---

(43) Ce protocole a été signé par la France le 13 décembre 2011. Il n'est pas ratifié.

Art. 2. — Champ d'application.

1. Le présent Protocole s'applique aux tests, effectués à des fins médicales, impliquant l'analyse d'un échantillon biologique d'origine humaine et visant spécifiquement à mettre en évidence des caractéristiques génétiques d'une personne soit héritées, soit acquises à un stade précoce du développement prénatal (ci-après désignés par « tests génétiques »).

2. Ce Protocole ne s'applique pas :

a) aux tests génétiques effectués sur l'embryon ou le fœtus humains ;

b) aux tests génétiques effectués à des fins de recherche.

3. Au sens du paragraphe 1, on entend par :

a) « analyse » :

i) l'analyse des chromosomes,

ii) l'analyse de l'ADN ou de l'ARN,

iii) l'analyse de tout autre élément permettant d'obtenir des informations équivalentes à celles obtenues par les méthodes mentionnées aux alinéas a.i et a.ii ;

b) « échantillon biologique » :

i) du matériel biologique prélevé aux fins du test concerné,

ii) du matériel biologique prélevé précédemment à d'autres fins.

Chapitre II

Dispositions générales

Art. 3. — Primauté de l'être humain.

L'intérêt et le bien de l'être humain concerné par les tests génétiques visés par le présent Protocole doivent prévaloir sur le seul intérêt de la société ou de la science.

Art. 4. — Non-discrimination et non-stigmatisation.

1. Toute forme de discrimination à l'encontre d'une personne, en tant qu'individu ou en tant que membre d'un groupe, en raison de son patrimoine génétique, est interdite.

2. Des mesures appropriées sont prises en vue de prévenir la stigmatisation de personnes ou de groupes en relation avec des caractéristiques génétiques.

Chapitre III

Services offerts en matière de génétique

Art. 5. — Qualité des services offerts en matière de génétique.

Les Parties prennent les mesures nécessaires en vue de s'assurer que les services offerts en matière de génétique sont de qualité appropriée. Elles veillent en particulier :

a) à ce que les tests génétiques répondent aux critères généralement reconnus de validité scientifique et de validité clinique ;

b) à ce qu'un programme d'assurance de qualité soit mis en œuvre dans chaque laboratoire, et que les laboratoires fassent l'objet d'évaluations régulières ;

c) à ce que les personnes intervenant dans les services offerts en matière de génétique aient une qualification appropriée leur permettant de remplir leur rôle conformément aux normes et obligations professionnelles.

Art. 6. — Utilité clinique.

L'utilité clinique d'un test génétique doit être un critère essentiel dans la décision de proposer un tel test à une personne ou à un groupe de personnes.

Art. 7. — Suivi individualisé.

1. Il ne peut être procédé à un test génétique à des fins médicales que si celui-ci s'inscrit dans le cadre d'un suivi médical individualisé.

2. Des exceptions à la règle générale figurant au paragraphe 1 peuvent être autorisées par une Partie, sous réserve que des mesures appropriées, compte tenu des conditions de mise en œuvre du test, soient prévues pour donner effet aux autres dispositions du présent Protocole.

Toutefois, les tests génétiques ayant des implications importantes pour la santé des personnes concernées ou celle des membres de leur famille, ou ayant des implications importantes pour des choix en matière de procréation, ne peuvent faire l'objet d'une telle exception.

Chapitre IV

Information, conseil génétique et consentement

Art. 8. — Information et conseil génétique.

1. Lorsqu'un test génétique est envisagé, la personne concernée doit bénéficier au préalable d'une information appropriée portant notamment sur les buts et la nature du test, ainsi que sur les implications de ses résultats.

2. Pour les tests génétiques prédictifs visés à l'article 12 de la Convention sur les droits de l'homme et la biomédecine, la personne concernée doit également disposer d'un conseil génétique approprié.

Les tests visés sont :

— les tests prédictifs de maladies monogéniques,

— les tests permettant de détecter une prédisposition génétique ou une susceptibilité génétique à une maladie,

— les tests permettant d'identifier le sujet comme porteur sain d'un gène responsable d'une maladie.

La forme et l'étendue de ce conseil génétique devront être définies en fonction des implications des résultats du test et de leur signification particulière pour la personne concernée ou les membres de sa famille, y compris des implications éventuelles pour des choix en matière de procréation.

Le conseil génétique est délivré de façon non directive.

Art. 9. — Consentement.

1. Un test génétique ne peut être effectué qu'après que la personne concernée y a donné son consentement libre et éclairé.

Le consentement aux tests visés à l'article 8, paragraphe 2, doit être consigné par écrit.

2. La personne concernée peut, à tout moment, retirer librement son consentement.

Chapitre V

Personnes n'ayant pas la capacité de consentir

Art. 10. — Protection des personnes n'ayant pas la capacité de consentir.

Sous réserve de l'article 13 du présent Protocole, un test génétique sur une personne n'ayant pas la capacité de consentir ne peut être effectué que pour son bénéfice direct.

Lorsque, selon la loi, un mineur n'a pas la capacité de consentir, un test génétique sur cette personne doit être différé jusqu'à ce qu'elle ait atteint une telle capacité, à moins qu'un tel report ne soit de nature à nuire à sa santé ou à son équilibre.

Art. 11. — Information préalable à l'autorisation, conseil génétique et accompagnement.

1. Lorsqu'un test génétique est envisagé sur une personne n'ayant pas la capacité de consentir, la personne, l'autorité ou l'instance dont l'autorisation est requise doit bénéficier au préalable d'une information appropriée portant notamment sur les buts et la nature du test, ainsi que sur les implications de ses résultats.

Une information préalable appropriée est également fournie à la personne n'ayant pas la capacité de consentir sur laquelle le test est envisagé, dans la mesure où ses capacités de compréhension le permettent.

Une personne qualifiée doit être disponible pour répondre aux éventuelles questions de la personne, l'autorité ou instance dont l'autorisation est requise et, le cas échéant, de la personne sur laquelle le test est envisagé.

2. Les dispositions de l'article 8, paragraphe 2, s'appliquent dans le cas des personnes n'ayant pas la capacité de consentir, dans la mesure où leurs capacités de compréhension le permettent.

Le cas échéant, la personne dont l'autorisation est requise doit disposer d'un accompagnement approprié.

Art. 12. — Autorisation.

1. Lorsque, selon la loi, un mineur n'a pas la capacité de consentir à un test génétique, celui-ci ne peut être effectué sans l'autorisation de son représentant, d'une autorité ou d'une personne ou instance désignée par la loi.

L'avis du mineur est pris en considération comme un facteur de plus en plus déterminant, en fonction de son âge et de son degré de maturité.

2. Lorsque, selon la loi, un majeur n'a pas, en raison d'un handicap mental, d'une maladie ou pour un motif similaire, la capacité de consentir à un test génétique, celui-ci ne peut être effectué sans l'autorisation de son représentant, d'une autorité ou d'une personne ou instance désignée par la loi.

Les souhaits précédemment exprimés au sujet d'un test génétique par un majeur alors qu'il avait la capacité de consentir seront pris en compte.

La personne concernée doit, en fonction de ses capacités de compréhension, être associée à la procédure d'autorisation.

3. Une autorisation en vue de réaliser des tests visés à l'article 8, paragraphe 2, doit être consignée par écrit.

4. L'autorisation visée aux paragraphes 1 et 2 ci-dessus peut, à tout moment, être retirée dans l'intérêt de la personne concernée.

Chapitre VI

Tests pour le bénéfice de membres de la famille

Art. 13. — Tests sur des personnes n'ayant pas la capacité de consentir.

À titre exceptionnel et par dérogation aux dispositions du paragraphe 1 de l'article 6 de la Convention sur les droits de l'homme et la biomédecine et de l'article 10 du présent Protocole, la loi peut permettre qu'un test génétique soit effectué sur une personne n'ayant pas la capacité de consentir, au bénéfice de membres de sa famille, si les conditions suivantes sont réunies :

a) le test a pour but de permettre au(x) membre(s) de la famille concerné(s) de retirer un bénéfice préventif, diagnostique ou thérapeutique qui, de manière indépendante, a été évalué comme important pour leur santé, ou d'effectuer un choix éclairé en matière de procréation ;

b) le bénéfice recherché ne peut être obtenu sans la réalisation de ce test ;

c) les risques et les contraintes résultant de l'intervention sont minimaux pour la personne qui se soumet au test ;

d) le bénéfice attendu a été évalué de manière indépendante comme étant significativement supérieur aux risques pour la vie privée pouvant être liés à la collecte, l'utilisation ou la communication des résultats du test ;

e) l'autorisation du représentant de la personne n'ayant pas la capacité de consentir, d'une autorité ou d'une personne ou instance désignée par la loi a été donnée ;

f) la personne n'ayant pas la capacité de consentir est, en fonction de ses capacités de compréhension et de son degré de maturité, associée à la procédure d'autorisation. Si cette personne y oppose un refus, le test ne doit pas être effectué.

Art. 14. — Tests sur du matériel biologique lorsqu'il n'est pas possible de contacter la personne concernée.

Lorsqu'il n'est pas possible, au moyen d'efforts raisonnables, de joindre une personne en vue de la réalisation, sur son matériel biologique préalablement prélevé à d'autres fins, d'un test génétique au bénéfice de membre(s) de sa famille, la loi peut, dans le respect du principe de proportionnalité, autoriser la réalisation de ce test à condition que le bénéfice recherché ne puisse être obtenu par d'autres moyens et que le test ne puisse être différé.

Des dispositions doivent être prises, en accord avec l'article 22 de la Convention sur les droits de l'homme et la biomédecine, pour les cas où la personne concernée s'est expressément opposée à un tel test.

Art. 15. — Tests concernant des personnes décédées.

Un test génétique pour le bénéfice d'autres membres de la famille ne peut être entrepris sur des échantillons biologiques :

— soit prélevés sur le corps d'une personne décédée,

— soit prélevés de son vivant sur une personne décédée depuis lors,

que si le consentement ou l'autorisation requis(e) par la loi a été obtenu(e).

Chapitre VII

Vie privée et droit à l'information

Art. 16. — Respect de la vie privée et droit à l'information.

1. Toute personne a droit au respect de sa vie privée, et notamment à la protection des données à caractère personnel la concernant obtenues grâce à un test génétique.

2. Toute personne faisant l'objet d'un test génétique a le droit de connaître toute information recueillie sur sa santé au moyen de ce test.

Les conclusions tirées du test doivent être accessibles à la personne concernée sous une forme compréhensible.

3. La volonté d'une personne de ne pas être informée doit être respectée.

4. À titre exceptionnel, la loi peut prévoir, dans l'intérêt de la personne concernée, des restrictions à l'exercice des droits mentionnés aux paragraphes 2 et 3 ci-dessus.

Art. 17. — Échantillons biologiques.

Les échantillons biologiques mentionnés à l'article 2 ne peuvent être utilisés et conservés que dans des conditions propres à garantir leur sécurité et la confidentialité des informations pouvant être obtenues.

Art. 18. — Informations pertinentes pour les membres de la famille.

Lorsque les résultats d'un test génétique réalisé sur une personne peuvent être pertinents pour la santé d'autres membres de sa famille, la personne ayant fait l'objet du test doit en être informée.

Chapitre VIII

Programmes de dépistage génétique à des fins médicales

Art. 19. — Programmes de dépistage génétique à des fins médicales.

Avant sa mise en œuvre, un programme de dépistage à des fins médicales impliquant le recours à des tests génétiques doit être approuvé par l'instance compétente. Cette approbation ne peut intervenir qu'après une évaluation indépendante portant sur l'acceptabilité du programme sur le plan éthique et le respect des conditions spécifiques suivantes :

a) le programme est reconnu pour sa pertinence en matière de santé pour l'ensemble de la population ou pour la partie de population concernée ;

b) la validité scientifique et l'efficacité du programme ont été établies ;

c) des mesures préventives ou de traitement appropriées à l'égard de la maladie ou du trouble qui fait l'objet du dépistage sont disponibles pour les personnes concernées ;

d) des mesures appropriées sont prévues pour garantir un accès équitable au programme ;

e) le programme prévoit des mesures pour informer de manière adéquate la population ou la partie de la population concernée de l'existence, de la finalité du programme de dépistage et des moyens d'y accéder, ainsi que du caractère volontaire de la participation à ce programme.

Chapitre IX

Information du public

Art. 20. — Information du public.

Les Parties prennent des mesures appropriées pour faciliter l'accès du public à une information objective sur les tests génétiques en général, notamment sur leur nature et les implications potentielles de leurs résultats.

2. Les sources de l'Union européenne

1) Les droits fondamentaux de l'Union européenne

Nº 17.1 Les valeurs et les objectifs généraux de l'Union européenne : les articles 1 à 7 du TUE (44)

Article premier. — Par le présent traité, les hautes parties contractantes instituent entre elles une Union européenne, ci-après dénommée « Union », à laquelle les États membres attribuent des compétences pour atteindre leurs objectifs communs.

Le présent traité marque une nouvelle étape dans le processus créant une union sans cesse plus étroite entre les peuples de l'Europe, dans laquelle les décisions sont prises dans le plus grand respect possible du principe d'ouverture et le plus près possible des citoyens.

L'Union est fondée sur le présent traité et sur le traité sur le fonctionnement de l'Union européenne (ci-après dénommés « les traités »). Ces deux traités ont la même valeur juridique. L'Union se substitue et succède à la Communauté européenne.

Art. 2. — L'Union est fondée sur les valeurs de respect de la dignité humaine, de liberté, de démocratie, d'égalité, de l'État de droit, ainsi que de respect des droits de l'homme, y compris des droits des personnes appartenant à des minorités. Ces valeurs sont communes aux États membres dans une société caractérisée par le pluralisme, la non-discrimination, la tolérance, la justice, la solidarité et l'égalité entre les femmes et les hommes.

Art. 3. — 1. L'Union a pour but de promouvoir la paix, ses valeurs et le bien-être de ses peuples.

2. L'Union offre à ses citoyens un espace de liberté, de sécurité et de justice sans frontières intérieures, au sein duquel est assurée la libre circulation des personnes, en liaison avec des mesures appropriées en matière de contrôle des frontières extérieures, d'asile, d'immigration ainsi que de prévention de la criminalité et de lutte contre ce phénomène.

3. L'Union établit un marché intérieur. Elle œuvre pour le développement durable de l'Europe fondé sur une croissance économique équilibrée et sur la stabilité des prix, une économie sociale de marché hautement compétitive, qui tend au plein emploi et au progrès social, et un niveau élevé de protection et d'amélioration de la qualité de l'environnement. Elle promeut le progrès scientifique et technique.

---

(44) Le texte présenté est la version en vigueur du traité sur l'Union européenne depuis le 1er décembre 2009. Afin d'assumer ses responsabilités en matière de droits fondamentaux, l'Union européenne dispose d'une Agence des droits fondamentaux de l'Union européenne. Cette agence propose une base de données sur la jurisprudence de la Cour de justice de l'Union européenne (CJUE) et de la Cour européenne des droits de l'homme (CEDH) avec des références directes à la Charte des droits fondamentaux de l'Union européenne. Cette base contient également une sélection de jurisprudence nationale avec des références directes à la Charte.

Elle combat l'exclusion sociale et les discriminations, et promeut la justice et la protection sociales, l'égalité entre les femmes et les hommes, la solidarité entre les générations et la protection des droits de l'enfant.

Elle promeut la cohésion économique, sociale et territoriale, et la solidarité entre les États membres.

Elle respecte la richesse de sa diversité culturelle et linguistique, et veille à la sauvegarde et au développement du patrimoine culturel européen.

4. L'Union établit une union économique et monétaire dont la monnaie est l'euro.

5. Dans ses relations avec le reste du monde, l'Union affirme et promeut ses valeurs et ses intérêts et contribue à la protection de ses citoyens. Elle contribue à la paix, à la sécurité, au développement durable de la planète, à la solidarité et au respect mutuel entre les peuples, au commerce libre et équitable, à l'élimination de la pauvreté et à la protection des droits de l'homme, en particulier ceux de l'enfant, ainsi qu'au strict respect et au développement du droit international, notamment au respect des principes de la charte des Nations unies.

6. L'Union poursuit ses objectifs par des moyens appropriés, en fonction des compétences qui lui sont attribuées dans les traités.

Art. 4. — 1. Conformément à l'article 5, toute compétence non attribuée à l'Union dans les traités appartient aux États membres.

2. L'Union respecte l'égalité des États membres devant les traités ainsi que leur identité nationale, inhérente à leurs structures fondamentales politiques et constitutionnelles, y compris en ce qui concerne l'autonomie locale et régionale. Elle respecte les fonctions essentielles de l'État, notamment celles qui ont pour objet d'assurer son intégrité territoriale, de maintenir l'ordre public et de sauvegarder la sécurité nationale. En particulier, la sécurité nationale reste de la seule responsabilité de chaque État membre.

3. En vertu du principe de coopération loyale, l'Union et les États membres se respectent et s'assistent mutuellement dans l'accomplissement des missions découlant des traités.

Les États membres prennent toute mesure générale ou particulière propre à assurer l'exécution des obligations découlant des traités ou résultant des actes des institutions de l'Union.

Les États membres facilitent l'accomplissement par l'Union de sa mission et s'abstiennent de toute mesure susceptible de mettre en péril la réalisation des objectifs de l'Union.

Art. 5. — 1. Le principe d'attribution régit la délimitation des compétences de l'Union. Les principes de subsidiarité et de proportionnalité régissent l'exercice de ces compétences.

2. En vertu du principe d'attribution, l'Union n'agit que dans les limites des compétences que les États membres lui ont attribuées dans les traités pour atteindre les objectifs que ces traités établissent.

Toute compétence non attribuée à l'Union dans les traités appartient aux États membres.

3. En vertu du principe de subsidiarité, dans les domaines qui ne relèvent pas de sa compétence exclusive, l'Union intervient seulement si, et dans la mesure où, les objectifs de l'action envisagée ne peuvent pas être atteints de manière suffisante par les États membres, tant au niveau central qu'au niveau régional et local, mais peuvent l'être mieux, en raison des dimensions ou des effets de l'action envisagée, au niveau de l'Union.

Les institutions de l'Union appliquent le principe de subsidiarité conformément au protocole sur l'application des principes de subsidiarité et de proportionnalité.

Les parlements nationaux veillent au respect du principe de subsidiarité conformément à la procédure prévue dans ce protocole.

4. En vertu du principe de proportionnalité, le contenu et la forme de l'action de l'Union n'excèdent pas ce qui est nécessaire pour atteindre les objectifs des traités.

Les institutions de l'Union appliquent le principe de proportionnalité conformément au protocole sur l'application des principes de subsidiarité et de proportionnalité.

Art. 6. — 1. L'Union reconnaît les droits, les libertés et les principes énoncés dans la Charte des droits fondamentaux de l'Union européenne du 7 décembre 2000, telle qu'adaptée le 12 décembre 2007 à Strasbourg, laquelle a la même valeur juridique que les traités.

Les dispositions de la Charte n'étendent en aucune manière les compétences de l'Union telles que définies dans les traités.

Les droits, les libertés et les principes énoncés dans la Charte sont interprétés conformément aux dispositions générales du titre VII de la Charte régissant l'interprétation et l'application de celle-ci et en prenant dûment en considération les explications visées dans la Charte, qui indiquent les sources de ces dispositions.

2. L'Union adhère à la Convention européenne de sauvegarde des droits de l'homme et des libertés fondamentales. Cette adhésion ne modifie pas les compétences de l'Union telles qu'elles sont définies dans les traités.

3. Les droits fondamentaux, tels qu'ils sont garantis par la Convention européenne de sauvegarde des droits de l'homme et des libertés fondamentales et tels qu'ils résultent des traditions constitutionnelles communes aux États membres, font partie du droit de l'Union en tant que principes généraux.

Art. 7. — 1. Sur proposition motivée d'un tiers des États membres, du Parlement européen ou de la Commission européenne, le Conseil, statuant à la majorité des quatre cinquièmes de ses membres après approbation du Parlement européen, peut constater qu'il existe un risque clair de violation grave par un État membre des valeurs visées à l'article 2. Avant de procéder à cette constatation, le Conseil entend l'État membre en question et peut lui adresser des recommandations, en statuant selon la même procédure.

Le Conseil vérifie régulièrement si les motifs qui ont conduit à une telle constatation restent valables.

2. Le Conseil européen, statuant à l'unanimité sur proposition d'un tiers des États membres ou de la Commission européenne et après approbation du Parlement européen, peut constater l'existence d'une violation grave et persistante par un État membre des valeurs visées à l'article 2, après avoir invité cet État membre à présenter toute observation en la matière.

3. Lorsque la constatation visée au paragraphe 2 a été faite, le Conseil, statuant à la majorité qualifiée, peut décider de suspendre certains des droits découlant de l'application des traités à l'État membre en question, y compris les droits de vote du représentant du gouvernement de cet État membre au sein du Conseil. Ce faisant, le Conseil tient compte des conséquences éventuelles d'une telle suspension sur les droits et obligations des personnes physiques et morales.

Les obligations qui incombent à l'État membre en question au titre des traités restent en tout état de cause contraignantes pour cet État.

4. Le Conseil, statuant à la majorité qualifiée, peut décider par la suite de modifier les mesures qu'il a prises au titre du paragraphe 3 ou d'y mettre fin pour répondre à des changements de la situation qui l'a conduit à imposer ces mesures.

5. Les modalités de vote qui, aux fins du présent article, s'appliquent au Parlement européen, au Conseil européen et au Conseil sont fixées à l'article 354 du traité sur le fonctionnement de l'Union européenne.

Nº 17.2 La Charte des droits fondamentaux de l'Union européenne du 12 décembre 2007 (45)

Les peuples d'Europe, en établissant entre eux une union sans cesse plus étroite, ont décidé de partager un avenir pacifique fondé sur des valeurs communes.

Consciente de son patrimoine spirituel et moral, l'Union se fonde sur les valeurs indivisibles et universelles de dignité humaine, de liberté, d'égalité et de solidarité ; elle repose sur le principe de la démocratie et le principe de l'État de droit. Elle place la personne au cœur de son action en instituant la citoyenneté de l'Union et en créant un espace de liberté, de sécurité et de justice.

L'Union contribue à la préservation et au développement de ces valeurs communes dans le respect de la diversité des cultures et des traditions des peuples d'Europe, ainsi que de l'identité nationale des États membres et de l'organisation de leurs pouvoirs publics aux niveaux national, régional et local ; elle cherche à promouvoir un développement équilibré et durable et assure la libre circulation des personnes, des services, des marchandises et des capitaux, ainsi que la liberté d'établissement.

À cette fin, il est nécessaire, en les rendant plus visibles dans une Charte, de renforcer la protection des droits fondamentaux à la lumière de l'évolution de la société, du progrès social et des développements scientifiques et technologiques.

La présente Charte réaffirme, dans le respect des compétences et des tâches de l'Union, ainsi que du principe de subsidiarité, les droits qui résultent notamment des traditions constitutionnelles et des obligations internationales communes aux États membres, de la Convention européenne de sauvegarde des droits de l'homme et des libertés fondamentales, des Chartes sociales adoptées par l'Union et par le Conseil de l'Europe, ainsi que de la jurisprudence de la Cour de justice de l'Union européenne et de la Cour européenne des droits de l'homme. Dans ce contexte, la Charte sera interprétée par les juridictions de l'Union et des États membres en prenant dûment en considération les explications établies sous l'autorité du praesidium de la Convention qui a élaboré la Charte et mises à jour sous la responsabilité du praesidium de la Convention européenne.

La jouissance de ces droits entraîne des responsabilités et des devoirs tant à l'égard d'autrui qu'à l'égard de la communauté humaine et des générations futures.

En conséquence, l'Union reconnaît les droits, les libertés et les principes énoncés ci-après.

---

(45) Cette Charte a d'abord été proclamée et signée publiquement le 7 décembre 2000. Elle a été adaptée pour acquérir une valeur juridiquement contraignante conformément à la rédaction de l'article 6 (TUE), issue du traité de Lisbonne de 2007, entré en vigueur le 1er décembre 2009. Le texte présenté ici a été publié le 30 mars 2010 dans le *Journal officiel de l'Union européenne* C 83/403.

TITRE I
DIGNITÉ

Article premier. — Dignité humaine.

La dignité humaine est inviolable. Elle doit être respectée et protégée.

Art. 2. — Droit à la vie.

1. Toute personne a droit à la vie.
2. Nul ne peut être condamné à la peine de mort, ni exécuté.

Art. 3. — Droit à l'intégrité de la personne.

1. Toute personne a droit à son intégrité physique et mentale.
2. Dans le cadre de la médecine et de la biologie, doivent notamment être respectés :

a) le consentement libre et éclairé de la personne concernée, selon les modalités définies par la loi ;

b) l'interdiction des pratiques eugéniques, notamment celles qui ont pour but la sélection des personnes ;

c) l'interdiction de faire du corps humain et de ses parties, en tant que tels, une source de profit ;

d) l'interdiction du clonage reproductif des êtres humains.

Art. 4. — Interdiction de la torture et des peines ou traitements inhumains ou dégradants.

Nul ne peut être soumis à la torture, ni à des peines ou traitements inhumains ou dégradants.

Art. 5. — Interdiction de l'esclavage et du travail forcé.

1. Nul ne peut être tenu en esclavage ni en servitude.
2. Nul ne peut être astreint à accomplir un travail forcé ou obligatoire.
3. La traite des êtres humains est interdite.

TITRE II
LIBERTÉS

Art. 6. — Droit à la liberté et à la sûreté.

Toute personne a droit à la liberté et à la sûreté.

Art. 7. — Respect de la vie privée et familiale.

Toute personne a droit au respect de sa vie privée et familiale, de son domicile et de ses communications.

Art. 8. — Protection des données à caractère personnel.

1. Toute personne a droit à la protection des données à caractère personnel la concernant.
2. Ces données doivent être traitées loyalement, à des fins déterminées et sur la base du consentement de la personne concernée ou en vertu d'un autre fondement légitime prévu par la loi. Toute personne a le droit d'accéder aux données collectées la concernant et d'en obtenir la rectification.
3. Le respect de ces règles est soumis au contrôle d'une autorité indépendante.

Art. 9. — Droit de se marier et droit de fonder une famille.

Le droit de se marier et le droit de fonder une famille sont garantis selon les lois nationales qui en régissent l'exercice.

Art. 10. — Liberté de pensée, de conscience et de religion.

1. Toute personne a droit à la liberté de pensée, de conscience et de religion. Ce droit implique la liberté de changer de religion ou de conviction, ainsi que la liberté de manifester sa religion ou sa conviction individuellement ou collectivement, en public ou en privé, par le culte, l'enseignement, les pratiques et l'accomplissement des rites.

2. Le droit à l'objection de conscience est reconnu selon les lois nationales qui en régissent l'exercice.

Art. 11. — Liberté d'expression et d'information.

1. Toute personne a droit à la liberté d'expression. Ce droit comprend la liberté d'opinion et la liberté de recevoir ou de communiquer des informations ou des idées sans qu'il puisse y avoir ingérence d'autorités publiques et sans considération de frontières.

2. La liberté des médias et leur pluralisme sont respectés.

Art. 12. — Liberté de réunion et d'association.

1. Toute personne a droit à la liberté de réunion pacifique et à la liberté d'association à tous les niveaux, notamment dans les domaines politique, syndical et civique, ce qui implique le droit de toute personne de fonder avec d'autres des syndicats et de s'y affilier pour la défense de ses intérêts.

2. Les partis politiques au niveau de l'Union contribuent à l'expression de la volonté politique des citoyens de l'Union.

Art. 13. — Liberté des arts et des sciences.

Les arts et la recherche scientifique sont libres. La liberté académique est respectée.

Art. 14. — Droit à l'éducation.

1. Toute personne a droit à l'éducation, ainsi qu'à l'accès à la formation professionnelle et continue.

2. Ce droit comporte la faculté de suivre gratuitement l'enseignement obligatoire.

3. La liberté de créer des établissements d'enseignement dans le respect des principes démocratiques, ainsi que le droit des parents d'assurer l'éducation et l'enseignement de leurs enfants conformément à leurs convictions religieuses, philosophiques et pédagogiques, sont respectés selon les lois nationales qui en régissent l'exercice.

Art. 15. — Liberté professionnelle et droit de travailler.

1. Toute personne a le droit de travailler et d'exercer une profession librement choisie ou acceptée.

2. Tout citoyen de l'Union a la liberté de chercher un emploi, de travailler, de s'établir ou de fournir des services dans tout État membre.

3. Les ressortissants des pays tiers qui sont autorisés à travailler sur le territoire des États membres ont droit à des conditions de travail équivalentes à celles dont bénéficient les citoyens de l'Union.

Art. 16. — Liberté d'entreprise.

La liberté d'entreprise est reconnue conformément au droit de l'Union et aux législations et pratiques nationales.

Art. 17. — Droit de propriété.

1. Toute personne a le droit de jouir de la propriété des biens qu'elle a acquis légalement, de les utiliser, d'en disposer et de les léguer. Nul ne peut être privé de sa propriété, si ce n'est pour cause d'utilité publique, dans des cas et conditions prévus par une loi et moyennant en temps utile une juste indemnité pour sa perte. L'usage des biens peut être réglementé par la loi dans la mesure nécessaire à l'intérêt général.

2. La propriété intellectuelle est protégée.

Art. 18. — Droit d'asile.

Le droit d'asile est garanti dans le respect des règles de la convention de Genève du 28 juillet 1951 et du protocole du 31 janvier 1967 relatifs au statut des réfugiés et conformément au traité sur l'Union européenne et au traité sur le fonctionnement de l'Union européenne (ci-après dénommés « les traités »).

Art. 19. — Protection en cas d'éloignement, d'expulsion et d'extradition.

1. Les expulsions collectives sont interdites.

2. Nul ne peut être éloigné, expulsé ou extradé vers un État où il existe un risque sérieux qu'il soit soumis à la peine de mort, à la torture ou à d'autres peines ou traitements inhumains ou dégradants.

TITRE III
ÉGALITÉ

Art. 20. — Égalité en droit.

Toutes les personnes sont égales en droit.

Art. 21. — Non-discrimination.

1. Est interdite toute discrimination fondée notamment sur le sexe, la race, la couleur, les origines ethniques ou sociales, les caractéristiques génétiques, la langue, la religion ou les convictions, les opinions politiques ou toute autre opinion, l'appartenance à une minorité nationale, la fortune, la naissance, un handicap, l'âge ou l'orientation sexuelle.

2. Dans le domaine d'application des traités et sans préjudice de leurs dispositions particulières, toute discrimination exercée en raison de la nationalité est interdite.

Art. 22. — Diversité culturelle, religieuse et linguistique.

L'Union respecte la diversité culturelle, religieuse et linguistique.

Art. 23. — Égalité entre femmes et hommes.

L'égalité entre les femmes et les hommes doit être assurée dans tous les domaines, y compris en matière d'emploi, de travail et de rémunération.

Le principe de l'égalité n'empêche pas le maintien ou l'adoption de mesures prévoyant des avantages spécifiques en faveur du sexe sous-représenté.

Art. 24. — Droits de l'enfant.

1. Les enfants ont droit à la protection et aux soins nécessaires à leur bien-être. Ils peuvent exprimer leur opinion librement. Celle-ci est prise en considération pour les sujets qui les concernent, en fonction de leur âge et de leur maturité.

2. Dans tous les actes relatifs aux enfants, qu'ils soient accomplis par des autorités publiques ou des institutions privées, l'intérêt supérieur de l'enfant doit être une considération primordiale.

3. Tout enfant a le droit d'entretenir régulièrement des relations personnelles et des contacts directs avec ses deux parents, sauf si cela est contraire à son intérêt.

Art. 25. — Droits des personnes âgées.

L'Union reconnaît et respecte le droit des personnes âgées à mener une vie digne et indépendante et à participer à la vie sociale et culturelle.

Art. 26. — Intégration des personnes handicapées.

L'Union reconnaît et respecte le droit des personnes handicapées à bénéficier de mesures visant à assurer leur autonomie, leur intégration sociale et professionnelle et leur participation à la vie de la communauté.

TITRE IV

SOLIDARITÉ

Art. 27. — Droit à l'information et à la consultation des travailleurs au sein de l'entreprise.

Les travailleurs ou leurs représentants doivent se voir garantir, aux niveaux appropriés, une information et une consultation en temps utile, dans les cas et conditions prévus par le droit de l'Union et les législations et pratiques nationales.

Art. 28. — Droit de négociation et d'actions collectives.

Les travailleurs et les employeurs, ou leurs organisations respectives, ont, conformément au droit de l'Union et aux législations et pratiques nationales, le droit de négocier et de conclure des conventions collectives aux niveaux appropriés et de recourir, en cas de conflits d'intérêts, à des actions collectives pour la défense de leurs intérêts, y compris la grève.

Art. 29. — Droit d'accès aux services de placement.

Toute personne a le droit d'accéder à un service gratuit de placement.

Art. 30. — Protection en cas de licenciement injustifié.

Tout travailleur a droit à une protection contre tout licenciement injustifié, conformément au droit de l'Union et aux législations et pratiques nationales.

Art. 31. — Conditions de travail justes et équitables.

1. Tout travailleur a droit à des conditions de travail qui respectent sa santé, sa sécurité et sa dignité.

2. Tout travailleur a droit à une limitation de la durée maximale du travail et à des périodes de repos journalier et hebdomadaire, ainsi qu'à une période annuelle de congés payés.

Art. 32. — Interdiction du travail des enfants et protection des jeunes au travail.

Le travail des enfants est interdit. L'âge minimal d'admission au travail ne peut être inférieur à l'âge auquel cesse la période de scolarité obligatoire, sans préjudice des règles plus favorables aux jeunes et sauf dérogations limitées.

Les jeunes admis au travail doivent bénéficier de conditions de travail adaptées à leur âge et être protégés contre l'exploitation économique ou contre tout travail susceptible de nuire à leur sécurité, à leur santé, à leur développement physique, mental, moral ou social ou de compromettre leur éducation.

Art. 33. — Vie familiale et vie professionnelle.

1. La protection de la famille est assurée sur le plan juridique, économique et social.

2. Afin de pouvoir concilier vie familiale et vie professionnelle, toute personne a le droit d'être protégée contre tout licenciement pour un motif lié à la maternité, ainsi que le droit à un congé de maternité payé et à un congé parental à la suite de la naissance ou de l'adoption d'un enfant.

Art. 34. — Sécurité sociale et aide sociale.

1. L'Union reconnaît et respecte le droit d'accès aux prestations de sécurité sociale et aux services sociaux assurant une protection dans des cas tels que la maternité, la maladie, les accidents du travail, la dépendance ou la vieillesse, ainsi qu'en cas de perte d'emploi, selon les règles établies par le droit de l'Union et les législations et pratiques nationales.

2. Toute personne qui réside et se déplace légalement à l'intérieur de l'Union a droit aux prestations de sécurité sociale et aux avantages sociaux, conformément au droit de l'Union et aux législations et pratiques nationales. 3. Afin de lutter contre l'exclusion sociale et la pauvreté, l'Union reconnaît et respecte le droit à une aide sociale

et à une aide au logement destinées à assurer une existence digne à tous ceux qui ne disposent pas de ressources suffisantes, selon les règles établies par le droit de l'Union et les législations et pratiques nationales.

Art. 35. — Protection de la santé.

Toute personne a le droit d'accéder à la prévention en matière de santé et de bénéficier de soins médicaux dans les conditions établies par les législations et pratiques nationales. Un niveau élevé de protection de la santé humaine est assuré dans la définition et la mise en œuvre de toutes les politiques et actions de l'Union.

Art. 36. — Accès aux services d'intérêt économique général.

L'Union reconnaît et respecte l'accès aux services d'intérêt économique général tel qu'il est prévu par les législations et pratiques nationales, conformément aux traités, afin de promouvoir la cohésion sociale et territoriale de l'Union.

Art. 37. — Protection de l'environnement.

Un niveau élevé de protection de l'environnement et l'amélioration de sa qualité doivent être intégrés dans les politiques de l'Union et assurés conformément au principe du développement durable.

Art. 38. — Protection des consommateurs.

Un niveau élevé de protection des consommateurs est assuré dans les politiques de l'Union.

TITRE V

CITOYENNETÉ

Art. 39. — Droit de vote et d'éligibilité aux élections au Parlement européen.

1. Tout citoyen de l'Union a le droit de vote et d'éligibilité aux élections au Parlement européen dans l'État membre où il réside, dans les mêmes conditions que les ressortissants de cet État.

2. Les membres du Parlement européen sont élus au suffrage universel direct, libre et secret.

Art. 40. — Droit de vote et d'éligibilité aux élections municipales.

Tout citoyen de l'Union a le droit de vote et d'éligibilité aux élections municipales dans l'État membre où il réside, dans les mêmes conditions que les ressortissants de cet État.

Art. 41. — Droit à une bonne administration.

1. Toute personne a le droit de voir ses affaires traitées impartialement, équitablement et dans un délai raisonnable par les institutions, organes et organismes de l'Union.

2. Ce droit comporte notamment :

a) le droit de toute personne d'être entendue avant qu'une mesure individuelle qui l'affecterait défavorablement ne soit prise à son encontre ;

b) le droit d'accès de toute personne au dossier qui la concerne, dans le respect des intérêts légitimes de la confidentialité et du secret professionnel et des affaires ;

c) l'obligation pour l'administration de motiver ses décisions.

3. Toute personne a droit à la réparation par l'Union des dommages causés par les institutions, ou par ses agents dans l'exercice de leurs fonctions, conformément aux principes généraux communs aux droits des États membres.

4. Toute personne peut s'adresser aux institutions de l'Union dans une des langues des traités et doit recevoir une réponse dans la même langue.

Art. 42. — Droit d'accès aux documents.

Tout citoyen de l'Union ainsi que toute personne physique ou morale résidant ou ayant son siège statutaire dans un État membre a un droit d'accès aux documents des institutions, organes et organismes de l'Union, quel que soit leur support.

Art. 43. — Médiateur européen.

Tout citoyen de l'Union ainsi que toute personne physique ou morale résidant ou ayant son siège statutaire dans un État membre a le droit de saisir le médiateur européen de cas de mauvaise administration dans l'action des institutions, organes ou organismes de l'Union, à l'exclusion de la Cour de justice de l'Union européenne dans l'exercice de ses fonctions juridictionnelles.

Art. 44. — Droit de pétition.

Tout citoyen de l'Union ainsi que toute personne physique ou morale résidant ou ayant son siège statutaire dans un État membre a le droit de pétition devant le Parlement européen.

Art. 45. — Liberté de circulation et de séjour.

1. Tout citoyen de l'Union a le droit de circuler et de séjourner librement sur le territoire des États membres.

2. La liberté de circulation et de séjour peut être accordée, conformément aux traités, aux ressortissants de pays tiers résidant légalement sur le territoire d'un État membre.

Art. 46. — Protection diplomatique et consulaire.

Tout citoyen de l'Union bénéficie, sur le territoire d'un pays tiers où l'État membre dont il est ressortissant n'est pas représenté, de la protection des autorités diplomatiques et consulaires de tout État membre dans les mêmes conditions que les ressortissants de cet État.

TITRE VI

JUSTICE

Art. 47. — Droit à un recours effectif et à accéder à un tribunal impartial.

Toute personne dont les droits et libertés garantis par le droit de l'Union ont été violés a droit à un recours effectif devant un tribunal dans le respect des conditions prévues au présent article.

Toute personne a droit à ce que sa cause soit entendue équitablement, publiquement et dans un délai raisonnable par un tribunal indépendant et impartial, établi préalablement par la loi. Toute personne a la possibilité de se faire conseiller, défendre et représenter.

Une aide juridictionnelle est accordée à ceux qui ne disposent pas de ressources suffisantes, dans la mesure où cette aide serait nécessaire pour assurer l'effectivité de l'accès à la justice.

Art. 48. — Présomption d'innocence et droits de la défense.

1. Tout accusé est présumé innocent jusqu'à ce que sa culpabilité ait été légalement établie.

2. Le respect des droits de la défense est garanti à tout accusé.

Art. 49. — Principes de légalité et de proportionnalité des délits et des peines.

1. Nul ne peut être condamné pour une action ou une omission qui, au moment où elle a été commise, ne constituait pas une infraction d'après le droit national ou le droit international. De même, il n'est infligé aucune peine plus forte que celle qui

était applicable au moment où l'infraction a été commise. Si, postérieurement à cette infraction, la loi prévoit une peine plus légère, celle-ci doit être appliquée.

2. Le présent article ne porte pas atteinte au jugement et à la punition d'une personne coupable d'une action ou d'une omission qui, au moment où elle a été commise, était criminelle d'après les principes généraux reconnus par l'ensemble des nations.

3. L'intensité des peines ne doit pas être disproportionnée par rapport à l'infraction.

Art. 50. — Droit à ne pas être jugé ou puni pénalement deux fois pour une même infraction.

Nul ne peut être poursuivi ou puni pénalement en raison d'une infraction pour laquelle il a déjà été acquitté ou condamné dans l'Union par un jugement pénal définitif conformément à la loi.

TITRE VII

DISPOSITIONS GÉNÉRALES RÉGISSANT L'INTERPRÉTATION ET L'APPLICATION DE LA CHARTE

Art. 51. — Champ d'application.

1. Les dispositions de la présente Charte s'adressent aux institutions, organes et organismes de l'Union dans le respect du principe de subsidiarité, ainsi qu'aux États membres uniquement lorsqu'ils mettent en œuvre le droit de l'Union. En conséquence, ils respectent les droits, observent les principes et en promeuvent l'application, conformément à leurs compétences respectives et dans le respect des limites des compétences de l'Union telles qu'elles lui sont conférées dans les traités.

2. La présente Charte n'étend pas le champ d'application du droit de l'Union au-delà des compétences de l'Union, ni ne crée aucune compétence ni aucune tâche nouvelles pour l'Union et ne modifie pas les compétences et tâches définies dans les traités.

Art. 52. — Portée et interprétation des droits et des principes.

1. Toute limitation de l'exercice des droits et libertés reconnus par la présente Charte doit être prévue par la loi et respecter le contenu essentiel desdits droits et libertés. Dans le respect du principe de proportionnalité, des limitations ne peuvent être apportées que si elles sont nécessaires et répondent effectivement à des objectifs d'intérêt général reconnus par l'Union ou au besoin de protection des droits et libertés d'autrui.

2. Les droits reconnus par la présente Charte qui font l'objet de dispositions dans les traités s'exercent dans les conditions et limites définies par ceux-ci.

3. Dans la mesure où la présente Charte contient des droits correspondant à des droits garantis par la Convention européenne de sauvegarde des droits de l'homme et des libertés fondamentales, leur sens et leur portée sont les mêmes que ceux que leur confère ladite convention. Cette disposition ne fait pas obstacle à ce que le droit de l'Union accorde une protection plus étendue.

4. Dans la mesure où la présente Charte reconnaît des droits fondamentaux tels qu'ils résultent des traditions constitutionnelles communes aux États membres, ces droits doivent être interprétés en harmonie avec lesdites traditions.

5. Les dispositions de la présente Charte qui contiennent des principes peuvent être mises en œuvre par des actes législatifs et exécutifs pris par les institutions, organes et organismes de l'Union, et par des actes des États membres lorsqu'ils mettent en œuvre

le droit de l'Union, dans l'exercice de leurs compétences respectives. Leur invocation devant le juge n'est admise que pour l'interprétation et le contrôle de la légalité de tels actes.

6. Les législations et pratiques nationales doivent être pleinement prises en compte comme précisé dans la présente Charte.

7. Les explications élaborées en vue de guider l'interprétation de la présente Charte sont dûment prises en considération par les juridictions de l'Union et des États membres.

Art. 53. — Niveau de protection.

Aucune disposition de la présente Charte ne doit être interprétée comme limitant ou portant atteinte aux droits de l'homme et libertés fondamentales reconnus, dans leur champ d'application respectif, par le droit de l'Union, le droit international et les conventions internationales auxquelles sont parties l'Union, ou tous les États membres, et notamment la Convention européenne de sauvegarde des droits de l'homme et des libertés fondamentales, ainsi que par les constitutions des États membres.

Art. 54. — Interdiction de l'abus de droit.

Aucune des dispositions de la présente Charte ne doit être interprétée comme impliquant un droit quelconque de se livrer à une activité ou d'accomplir un acte visant à la destruction des droits ou libertés reconnus dans la présente Charte ou à des limitations plus amples des droits et libertés que celles qui sont prévues par la présente Charte.

N° 17.3 La lutte contre toutes les formes de discrimination : l'article 19 du traité sur le fonctionnement de l'Union européenne

Art. 19. — 1. Sans préjudice des autres dispositions des traités et dans les limites des compétences que ceux-ci confèrent à l'Union, le Conseil, statuant à l'unanimité conformément à une procédure législative spéciale, et après approbation du Parlement européen, peut prendre les mesures nécessaires en vue de combattre toute discrimination fondée sur le sexe, la race ou l'origine ethnique, la religion ou les convictions, un handicap, l'âge ou l'orientation sexuelle.

2. Par dérogation au paragraphe 1, le Parlement européen et le Conseil, statuant conformément à la procédure législative ordinaire, peuvent adopter les principes de base des mesures d'encouragement de l'Union, à l'exclusion de toute harmonisation des dispositions législatives et réglementaires des États membres, pour appuyer les actions des États membres prises en vue de contribuer à la réalisation des objectifs visés au paragraphe 1.

N° 17.4 L'égalité de traitement entre les personnes sans distinction de race ou d'origine ethnique : la directive 2000/43/CE du Conseil du 29 juin 2000 (extraits) (46)

Chapitre I

Dispositions générales

Article premier. — Objet.

La présente directive a pour objet d'établir un cadre pour lutter contre la discrimination fondée sur la race ou l'origine ethnique, en vue de mettre en œuvre, dans les États membres, le principe de l'égalité de traitement.

Art. 2. — Concept de discrimination.

1. Aux fins de la présente directive, on entend par « principe de l'égalité de traitement », l'absence de toute discrimination directe ou indirecte fondée sur la race ou l'origine ethnique.

2. Aux fins du paragraphe 1 :

a) une discrimination directe se produit lorsque, pour des raisons de race ou d'origine ethnique, une personne est traitée de manière moins favorable qu'une autre ne l'est, ne l'a été ou ne le serait dans une situation comparable ;

b) une discrimination indirecte se produit lorsqu'une disposition, un critère ou une pratique apparemment neutre est susceptible d'entraîner un désavantage particulier pour des personnes d'une race ou d'une origine ethnique donnée par rapport à d'autres personnes, à moins que cette disposition, ce critère ou cette pratique ne soit objectivement justifié par un objectif légitime et que les moyens de réaliser cet objectif ne soient appropriés et nécessaires.

3. Le harcèlement est considéré comme une forme de discrimination au sens du paragraphe 1 lorsqu'un comportement indésirable lié à la race ou à l'origine ethnique se manifeste, qui a pour objet ou pour effet de porter atteinte à la dignité d'une personne et de créer un environnement intimidant, hostile, dégradant, humiliant ou offensant. Dans ce contexte, la notion de harcèlement peut être définie conformément aux législations et pratiques nationales des États membres.

4. Tout comportement consistant à enjoindre à quiconque de pratiquer une discrimination à l'encontre de personnes pour des raisons de race ou d'origine ethnique est considéré comme une discrimination au sens du paragraphe 1.

Art. 3. — Champ d'application.

1. Dans les limites des compétences conférées à la Communauté, la présente directive s'applique à toutes les personnes, tant pour le secteur public que pour le secteur privé, y compris les organismes publics, en ce qui concerne :

---

(46) Publiée au *JOCE* L 180 du 19 juillet 2000. Cette directive a été transposée en droit français par la loi n° 2001-1066 du 16 novembre 2001 relative à la lutte contre les discriminations et la loi n° 2008-496 du 27 mai 2008 portant diverses dispositions d'adaptation au droit communautaire dans le domaine de la lutte contre les discriminations. Il faut signaler aussi la directive 2000/78/CE du Conseil du 27 novembre 2000 portant création d'un cadre général en faveur de l'égalité de traitement en matière d'emploi et de travail qui a pour objet de lutter contre la discrimination fondée sur la religion ou les convictions, l'handicap, l'âge ou l'orientation sexuelle, en ce qui concerne l'emploi et le travail, publiée au *JOCE* L 303 du 2 décembre 2000. Cette dernière a été transposée en droit français par les textes précédents et aussi par la loi n° 2005-102 du 11 février 2005 pour l'égalité des droits et des chances, la participation et la citoyenneté des personnes handicapées.

a) les conditions d'accès à l'emploi aux activités non salariées ou au travail, y compris les critères de sélection et les conditions de recrutement, quelle que soit la branche d'activité et à tous les niveaux de la hiérarchie professionnelle, y compris en matière de promotion ;

b) l'accès à tous les types et à tous les niveaux d'orientation professionnelle, de formation professionnelle, de perfectionnement et de formation de reconversion, y compris l'acquisition d'une expérience pratique ;

c) les conditions d'emploi et de travail, y compris les conditions de licenciement et de rémunération ;

d) l'affiliation à et l'engagement dans une organisation de travailleurs ou d'employeurs ou à toute organisation dont les membres exercent une profession donnée, y compris les avantages procurés par ce type d'organisations ;

e) la protection sociale, y compris la sécurité sociale et les soins de santé ;

f) les avantages sociaux ;

g) l'éducation ;

h) l'accès aux biens et services et la fourniture de biens et services, à la disposition du public, y compris en matière de logement.

2. La présente directive ne vise pas les différences de traitement fondées sur la nationalité et s'entend sans préjudice des dispositions et conditions relatives à l'admission et au séjour des ressortissants de pays tiers et des personnes apatrides sur le territoire des États membres et de tout traitement lié au statut juridique des ressortissants de pays tiers et personnes apatrides concernés.

Art. 4. — Exigence professionnelle essentielle et déterminante.

Sans préjudice de l'article 2, paragraphes 1 et 2, les États membres peuvent prévoir qu'une différence de traitement fondée sur une caractéristique liée à la race ou à l'origine ethnique ne constitue pas une discrimination lorsque, en raison de la nature d'une activité professionnelle ou des conditions de son exercice, la caractéristique en cause constitue une exigence professionnelle essentielle et déterminante, pour autant que l'objectif soit légitime et que l'exigence soit proportionnée.

Art. 5. — Action positive.

Pour assurer la pleine égalité dans la pratique, le principe de l'égalité de traitement n'empêche pas un État membre de maintenir ou d'adopter des mesures spécifiques destinées à prévenir ou à compenser des désavantages liés à la race ou à l'origine ethnique.

Art. 6. — Prescriptions minimales.

1. Les États membres peuvent adopter ou maintenir des dispositions plus favorables à la protection du principe de l'égalité de traitement que celles prévues dans la présente directive.

2. La mise en œuvre de la présente directive ne peut en aucun cas constituer un motif d'abaissement du niveau de protection contre la discrimination déjà accordé par les États membres dans les domaines régis par la présente directive.

Chapitre II

Voies de recours et application du droit

Art. 7. — Défense des droits.

1. Les États membres veillent à ce que des procédures judiciaires et/ou administratives, y compris, lorsqu'ils l'estiment approprié, des procédures de conciliation, visant à faire respecter les obligations découlant de la présente directive soient accessibles à toutes les personnes qui s'estiment lésées par le non-respect à leur égard du principe

de l'égalité de traitement, même après que les relations dans lesquelles la discrimination est présumée s'être produite se sont terminées.

2. Les États membres veillent à ce que les associations, les organisations ou les personnes morales qui ont, conformément aux critères fixés par leur législation nationale, un intérêt légitime à assurer que les dispositions de la présente directive sont respectées puissent, pour le compte ou à l'appui du plaignant, avec son approbation, engager toute procédure judiciaire et/ou administrative prévue pour faire respecter les obligations découlant de la présente directive.

3. Les paragraphes 1 et 2 sont sans préjudice des règles nationales relatives aux délais impartis pour former un recours en ce qui concerne le principe de l'égalité de traitement.

Art. 8. — Charge de la preuve.

1. Les États membres prennent les mesures nécessaires, conformément à leur système judiciaire, afin que, dès lors qu'une personne s'estime lésée par le non-respect à son égard du principe de l'égalité de traitement et établit, devant une juridiction ou une autre instance compétente, des faits qui permettent de présumer l'existence d'une discrimination directe ou indirecte, il incombe à la partie défenderesse de prouver qu'il n'y a pas eu violation du principe de l'égalité de traitement.

2. Le paragraphe 1 ne fait pas obstacle à l'adoption par les États membres de règles de la preuve plus favorables aux plaignants.

3. Le paragraphe 1 ne s'applique pas aux procédures pénales.

4. Les paragraphes 1, 2 et 3 s'appliquent également à toute procédure engagée conformément à l'article 7, paragraphe 2.

5. Les États membres peuvent ne pas appliquer le paragraphe 1 aux procédures dans lesquelles l'instruction des faits incombe à la juridiction ou à l'instance compétente.

Art. 9. — Protection contre les rétorsions.

Les États membres introduisent dans leur système juridique interne les mesures nécessaires pour protéger les personnes contre tout traitement ou toute conséquence défavorable en réaction à une plainte ou à une action en justice visant à faire respecter le principe de l'égalité de traitement.

Art. 10. — Diffusion de l'information.

Les États membres veillent à ce que les dispositions adoptées en application de la présente directive ainsi que celles qui sont déjà en vigueur dans ce domaine soient portées à la connaissance des personnes concernées par tous moyens appropriés et sur l'ensemble de leur territoire.

Art. 11. — Dialogue social.

1. Conformément à leurs traditions et pratiques nationales, les États membres prennent les mesures appropriées afin de favoriser le dialogue entre les partenaires sociaux en vue de promouvoir l'égalité de traitement, y compris par la surveillance des pratiques sur le lieu de travail, par des conventions collectives, des codes de conduite, et par la recherche ou l'échange d'expériences et de bonnes pratiques.

2. Dans le respect de leurs traditions et pratiques nationales, les États membres encouragent les partenaires sociaux, sans préjudice de leur autonomie, à conclure, au niveau approprié, des accords établissant des règles de non-discrimination dans les domaines visés à l'article 3 qui relèvent du champ d'application des négociations collectives. Ces accords respectent les exigences minimales fixées par la présente directive et par les mesures nationales de transposition.

Art. 12. — Dialogue avec les organisations non gouvernementales.

Les États membres encouragent le dialogue avec les organisations non gouvernementales concernées qui ont, conformément aux pratiques et législations nationales, un intérêt légitime à contribuer à la lutte contre la discrimination fondée sur la race ou l'origine ethnique, en vue de promouvoir le principe de l'égalité de traitement.

Chapitre III

Organismes de promotion de l'égalité de traitement

Art. 13. — 1. Les États membres désignent un ou plusieurs organismes chargés de promouvoir l'égalité de traitement entre toutes les personnes sans discrimination fondée sur la race ou l'origine ethnique. Ils peuvent faire partie d'organes chargés de défendre à l'échelon national les droits de l'homme ou de protéger les droits des personnes.

2. Les États membres font en sorte que ces organismes aient pour compétence :

— sans préjudice des droits des victimes et des associations, organisations et autres personnes morales visées à l'article 7, paragraphe 2, d'apporter aux personnes victimes d'une discrimination une aide indépendante pour engager une procédure pour discrimination,

— de conduire des études indépendantes concernant les discriminations,

— de publier des rapports indépendants et d'émettre des recommandations sur toutes les questions liées à ces discriminations.

Nº 17.5 La prévention de la traite des êtres humains et la lutte contre ce phénomène ainsi que la protection des victimes : la directive 2011/36/UE du Parlement européen et du Conseil du 5 avril 2011 (extraits) (47)

Article premier. — Objet

La présente directive établit des règles minimales relatives à la définition des infractions pénales et des sanctions dans le domaine de la traite des êtres humains. Elle introduit également des dispositions communes, en tenant compte des questions d'égalité entre hommes et femmes, afin de renforcer la prévention de cette infraction et la protection des victimes.

Art. 2. — Infractions liées à la traite des êtres humains.

1. Les États membres prennent les mesures nécessaires pour que soient punissables les actes intentionnels suivants :

Le recrutement, le transport, le transfert, l'hébergement ou l'accueil de personnes, y compris l'échange ou le transfert du contrôle exercé sur ces personnes, par la menace de recours ou le recours à la force ou d'autres formes de contrainte, par enlèvement, fraude, tromperie, abus d'autorité ou d'une situation de vulnérabilité, ou par l'offre ou l'acceptation de paiements ou d'avantages pour obtenir le consentement d'une personne ayant autorité sur une autre, à des fins d'exploitation.

---

(47) Cette directive remplace la décision-cadre 2002/629/JAI du Conseil sur le même sujet. Elle est transposée en droit français par la loi n° 2013-711 du 5 août 2013 portant diverses dispositions d'adaptation dans le domaine de la justice en application du droit de l'Union européenne et des engagements internationaux de la France.

2. Une situation de vulnérabilité signifie que la personne concernée n'a pas d'autre choix véritable ou acceptable que de se soumettre à cet abus.

3. L'exploitation comprend, au minimum, l'exploitation de la prostitution d'autrui ou d'autres formes d'exploitation sexuelle, le travail ou les services forcés, y compris la mendicité, l'esclavage ou les pratiques analogues à l'esclavage, la servitude, l'exploitation d'activités criminelles, ou le prélèvement d'organes.

4. Le consentement d'une victime de la traite des êtres humains à l'exploitation, envisagée ou effective, est indifférent lorsque l'un des moyens visés au paragraphe 1 a été utilisé.

5. Lorsque les actes visés au paragraphe 1 concernent un enfant, ils relèvent de la traite des êtres humains et, à ce titre, sont punissables, même si aucun des moyens visés au paragraphe 1 n'a été utilisé.

6. Aux fins de la présente directive, on entend par « enfant », toute personne âgée de moins de 18 ans.

Art. 3. — Incitation, participation et complicité, et tentative.

Les États membres prennent les mesures nécessaires pour que soit punissable le fait d'inciter à commettre l'une des infractions visées à l'article 2, d'y participer et de s'en rendre complice, ou de tenter de commettre cette infraction.

Art. 4. — Sanctions.

1. Les États membres prennent les mesures nécessaires pour qu'une infraction visée à l'article 2 soit passible d'une peine maximale d'au moins cinq ans d'emprisonnement.

2. Les États membres prennent les mesures nécessaires pour qu'une infraction visée à l'article 2 soit passible d'une peine maximale d'au moins dix ans d'emprisonnement, lorsque l'infraction :

a) a été commise à l'encontre d'une victime qui était particulièrement vulnérable, ce qui, dans le contexte de la présente directive, inclut au moins les enfants victimes ;

b) a été commise dans le cadre d'une organisation criminelle au sens de la décision-cadre 2008/841/JAI du Conseil du 24 octobre 2008 relative à la lutte contre la criminalité organisée [15] ;

c) a délibérément ou par négligence grave mis la vie de la victime en danger ; ou

d) a été commise par recours à des violences graves ou a causé un préjudice particulièrement grave à la victime.

3. Les États membres prennent les mesures nécessaires pour que, dans le cas d'une infraction visée à l'article 2 commise par un agent de la fonction publique dans l'exercice de ses fonctions, cette circonstance soit considérée comme une circonstance aggravante.

4. Les États membres prennent les mesures nécessaires pour que les infractions visées à l'article 3 soient passibles de sanctions effectives, proportionnées et dissuasives, qui peuvent comporter la remise.

Art. 5. — Responsabilité des personnes morales.

1. Les États membres prennent les mesures nécessaires pour que les personnes morales puissent être tenues pour responsables des infractions visées aux articles 2 et 3, lorsque ces dernières sont commises pour leur compte par toute personne, agissant soit individuellement, soit en tant que membre d'un organe de la personne morale en cause, qui exerce un pouvoir de direction en son sein, sur l'une des bases suivantes :

a) un pouvoir de représentation de la personne morale ;

b) une autorité pour prendre des décisions au nom de la personne morale ; ou

c) une autorité pour exercer un contrôle au sein de la personne morale.

2. Les États membres veillent également à ce qu'une personne morale puisse être tenue pour responsable lorsque le défaut de surveillance ou de contrôle de la part d'une personne visée au paragraphe 1 a rendu possible la commission de l'une des

infractions visées aux articles 2 et 3, pour le compte de ladite personne morale, par une personne soumise à son autorité.

3. La responsabilité de la personne morale en vertu des paragraphes 1 et 2 n'exclut pas les poursuites pénales contre les personnes physiques auteurs, instigatrices ou complices des infractions visées aux articles 2 et 3.

4. Aux fins de la présente directive, on entend par « personne morale » toute entité dotée de la personnalité morale en vertu du droit applicable, exception faite des États ou des entités publiques dans l'exercice de leurs prérogatives de puissance publique et des organisations internationales publiques.

Art. 6. — Sanctions à l'encontre des personnes morales.

Les États membres prennent les mesures nécessaires pour que toute personne morale déclarée responsable au sens de l'article 5, paragraphe 1 ou 2, soit passible de sanctions effectives, proportionnées et dissuasives, qui incluent des amendes pénales ou non pénales et éventuellement d'autres sanctions, notamment :

a) des mesures d'exclusion du bénéfice d'un avantage ou d'une aide publics ;

b) des mesures d'interdiction temporaire ou définitive d'exercer une activité commerciale ;

c) un placement sous surveillance judiciaire ;

d) une mesure judiciaire de dissolution ;

e) la fermeture temporaire ou définitive d'établissements ayant servi à commettre l'infraction.

Art. 7. — Saisie et confiscation.

Les États membres prennent les mesures nécessaires pour que leurs autorités compétentes soient habilitées à saisir et à confisquer les instruments et produits des infractions visées aux articles 2 et 3.

Art. 8. — Absence de poursuites ou non-application de sanctions à l'encontre des victimes.

Les États membres prennent, dans le respect des principes fondamentaux de leur système juridique, les mesures nécessaires pour veiller à ce que les autorités nationales compétentes aient le pouvoir de ne pas poursuivre les victimes de la traite des êtres humains et de ne pas leur infliger de sanctions pour avoir pris part à des activités criminelles auxquelles elles ont été contraintes en conséquence directe du fait d'avoir fait l'objet de l'un des actes visés à l'article 2.

Art. 9. — Enquêtes et poursuites.

1. Les États membres s'assurent que les enquêtes ou les poursuites concernant les infractions visées aux articles 2 et 3 ne dépendent pas de la plainte ou de l'accusation émanant d'une victime et que la procédure pénale continue même si la victime a retiré sa déclaration.

2. Les États membres prennent les mesures nécessaires pour permettre, lorsque la nature des faits le demande, que les infractions visées aux articles 2 et 3 donnent lieu à des poursuites pendant une période suffisamment longue après que la victime a atteint l'âge de la majorité.

3. Les États membres prennent les mesures nécessaires pour que les personnes, les unités ou les services chargés des enquêtes ou des poursuites concernant les infractions visées aux articles 2 et 3 soient formés en conséquence.

4. Les États membres prennent les mesures nécessaires pour que des outils d'investigation efficaces, tels que ceux qui sont utilisés dans les affaires de criminalité organisée ou d'autres formes graves de criminalité, soient mis à la disposition des personnes, des unités ou des services chargés des enquêtes ou des poursuites concernant les infractions visées aux articles 2 et 3.

Art. 10. — Compétence.

1. Les États membres prennent les mesures nécessaires pour établir leur compétence à l'égard des infractions visées aux articles 2 et 3 dans les cas suivants :

a) l'infraction a été commise, en tout ou en partie, sur leur territoire ; ou

b) l'auteur de l'infraction est un de leurs ressortissants.

2. Un État membre informe la Commission de sa décision d'élargir sa compétence à l'égard des infractions visées aux articles 2 et 3 qui ont été commises en dehors de son territoire, notamment lorsque :

a) l'infraction a été commise à l'encontre de l'un de ses ressortissants ou d'une personne résidant habituellement sur son territoire ;

b) l'infraction a été commise pour le compte d'une personne morale établie sur son territoire ; ou

c) l'auteur de l'infraction est une personne résidant habituellement sur son territoire.

3. Pour les poursuites concernant les infractions visées aux articles 2 et 3 qui ont été commises en dehors du territoire de l'État membre concerné, chaque État membre prend, dans les cas visés au paragraphe 1, point b), et peut prendre, dans les cas visés au paragraphe 2, les mesures nécessaires pour que sa compétence ne soit pas subordonnée à l'une des conditions suivantes :

a) l'acte en cause constitue une infraction pénale sur le lieu où il a été commis ; ou

b) les poursuites ne puissent être engagées qu'à la suite d'une plainte de la victime faite sur le lieu de l'infraction ou d'une dénonciation émanant de l'État sur le territoire duquel l'infraction a été commise.

Art. 11. — Assistance et aide aux victimes de la traite des êtres humains.

1. Les États membres prennent les mesures nécessaires pour qu'une assistance et une aide soient apportées aux victimes avant, pendant et durant une période suffisante après la clôture de la procédure pénale afin de leur permettre d'exercer les droits qui leur sont conférés par la décision-cadre 2001/220/JAI et par la présente directive.

2. Les États membres prennent les mesures nécessaires pour qu'une personne bénéficie d'une assistance et d'une aide dès que les autorités compétentes ont des motifs raisonnables de croire qu'elle pourrait avoir fait l'objet d'une des infractions visées aux articles 2 et 3.

3. Les États membres prennent les mesures nécessaires pour que l'octroi d'une assistance et d'une aide à une victime ne soit pas subordonné à sa volonté de coopérer dans le cadre de l'enquête, des poursuites ou du procès pénaux, sans préjudice de la directive 2004/81/CE ou de dispositions nationales similaires.

4. Les États membres prennent les mesures nécessaires pour créer des mécanismes appropriés destinés à l'identification précoce des victimes et à l'assistance et à l'aide aux victimes, en coopération avec les organismes d'aide pertinents.

5. Les mesures d'assistance et d'aide visées aux paragraphes 1 et 2 sont apportées aux victimes après les en avoir informées et obtenu leur accord et elles leur assurent au moins un niveau de vie leur permettant de subvenir à leurs besoins en leur fournissant notamment un hébergement adapté et sûr, une assistance matérielle, les soins médicaux nécessaires, y compris une assistance psychologique, des conseils et des informations, ainsi que des services de traduction et d'interprétation, le cas échéant.

6. L'obligation d'information visée au paragraphe 5 couvre, le cas échéant, la communication d'informations sur un délai de réflexion et de rétablissement conformément à la directive 2004/81/CE, ainsi que d'informations sur la possibilité de se voir octroyer une protection internationale conformément à la directive 2004/83/CE du Conseil du 29 avril 2004 concernant les normes minimales relatives aux conditions que doivent remplir les ressortissants des pays tiers ou les

apatrides pour pouvoir prétendre au statut de réfugié ou les personnes qui, pour d'autres raisons, ont besoin d'une protection internationale, et relatives au contenu de ces statuts, et à la directive 2005/85/CE du Conseil du 1er décembre 2005 relative à des normes minimales concernant la procédure d'octroi et de retrait du statut de réfugié dans les États membres ou à des instruments internationaux ou autres dispositions nationales similaires.

7. Les États membres tiennent dûment compte des besoins spécifiques éventuels des victimes, lorsque ces besoins proviennent notamment d'une éventuelle grossesse, de leur état de santé, d'un handicap, de troubles mentaux ou psychologiques ou de formes graves de violences psychologiques, physiques ou sexuelles dont elles ont fait l'objet.

Art. 12. — Protection des victimes de la traite des êtres humains dans le cadre des enquêtes et des procédures pénales.

1. Les mesures de protection mentionnées dans le présent article s'appliquent en sus des droits énoncés dans la décision-cadre 2001/220/JAI.

2. Les États membres veillent à ce que les victimes de la traite des êtres humains aient accès, sans retard, à des conseils juridiques et, en fonction du rôle attribué aux victimes dans le système judiciaire concerné, à une représentation juridique, y compris aux fins d'une demande d'indemnisation. Les conseils et la représentation juridiques sont gratuits lorsque la victime est dépourvue de ressources financières suffisantes.

3. Les États membres veillent à ce que les victimes de la traite des êtres humains bénéficient d'une protection adaptée sur la base d'une appréciation individuelle des risques, en leur donnant notamment accès aux programmes de protection des témoins ou à d'autres mesures similaires, dans le respect des critères définis dans leur droit national ou leurs procédures nationales.

4. Sans préjudice des droits de la défense et compte tenu de l'appréciation individuelle, par les autorités compétentes, de la situation personnelle de la victime, les États membres veillent à ce que les victimes de la traite des êtres humains bénéficient d'un traitement spécifique destiné à prévenir la victimisation secondaire, en évitant autant que possible, et dans le respect des critères définis dans leur droit national ainsi que du pouvoir discrétionnaire, de la pratique et des orientations des tribunaux :

a) toute répétition inutile des interrogatoires durant l'enquête, les poursuites et le procès ;

b) tout contact visuel entre les victimes et les défendeurs, y compris durant les dépositions telles que les interrogatoires et les contre-interrogatoires, en prenant les mesures appropriées y compris l'utilisation de technologies de communication adaptées ;

c) toute déposition en audience publique ; et

d) toute question inutile se rapportant à la vie privée des victimes.

Art. 13. — Dispositions générales concernant les mesures d'assistance, d'aide et de protection des enfants victimes de la traite des êtres humains.

1. Les enfants victimes de la traite des êtres humains bénéficient d'une assistance, d'une aide et d'une protection. L'intérêt supérieur de l'enfant est une considération primordiale dans l'application de la présente directive.

2. Les États membres font en sorte qu'en cas d'incertitude sur l'âge d'une victime de la traite des êtres humains et lorsqu'il existe des raisons de croire qu'elle est un enfant, cette personne soit présumée être un enfant et reçoive un accès immédiat aux mesures d'assistance, d'aide et de protection prévues aux articles 14 et 15.

Art. 14. — Assistance et aide aux enfants victimes.

1. Les États membres prennent les mesures nécessaires pour que les actions spécifiques destinées à assister et à aider les enfants victimes de la traite des êtres humains, à court et à long terme, dans le cadre de leur rétablissement physique et psychosocial,

soient engagées à la suite d'une appréciation individuelle de la situation particulière de chaque enfant victime, compte tenu de son avis, de ses besoins et de ses préoccupations, en vue de trouver une solution durable pour l'enfant. Dans un délai raisonnable, les États membres donnent accès au système éducatif aux enfants victimes et aux enfants de victimes qui bénéficient d'une assistance et d'une aide en vertu de l'article 11, conformément à leur droit national.

2. Les États membres désignent un tuteur ou un représentant pour l'enfant victime de la traite des êtres humains dès que l'enfant est identifié comme tel par les autorités lorsque, en vertu de la législation nationale, un conflit d'intérêts avec l'enfant victime empêche les titulaires de l'autorité parentale de défendre les intérêts supérieurs de l'enfant et/ou de le représenter.

3. Lorsque cela est nécessaire et possible, les États membres prennent des mesures pour assister et aider la famille des enfants victimes de la traite des êtres humains, lorsque celle-ci se trouve sur leur territoire. En particulier, lorsque cela est nécessaire et possible, les États membres appliquent l'article 4 de la décision-cadre 2001/220/JAI à l'égard de la famille.

4. Le présent article s'applique sans préjudice de l'article 11.

Art. 15. — Protection des enfants victimes de la traite des êtres humains dans le cadre des enquêtes et des procédures pénales.

1. Les États membres prennent les mesures nécessaires pour que, dans le cadre des enquêtes et des procédures pénales, conformément au rôle attribué aux victimes dans le système judiciaire concerné, les autorités compétentes désignent un représentant pour l'enfant victime de la traite des êtres humains lorsque, en vertu de la législation nationale, un conflit d'intérêts avec l'enfant victime empêche les titulaires de l'autorité parentale de le représenter.

2. Les États membres veillent à ce que les enfants victimes aient accès, sans retard, à des conseils juridiques gratuits et à une représentation juridique gratuite, conformément au rôle attribué aux victimes dans le système judiciaire concerné, y compris aux fins d'une demande d'indemnisation, sauf dans les cas où l'enfant concerné dispose de ressources financières suffisantes.

3. Sans préjudice des droits de la défense, les États membres prennent les mesures nécessaires pour que, dans le cadre des enquêtes et des procédures pénales relatives aux infractions visées aux articles 2 et 3 :

a) les auditions de l'enfant victime aient lieu sans retard injustifié après que les faits ont été signalés aux autorités compétentes ;

b) les auditions de l'enfant victime se déroulent, s'il y a lieu, dans des locaux conçus ou adaptés à cet effet ;

c) les auditions de l'enfant victime soient menées, s'il y a lieu, par des professionnels formés à cet effet ou avec l'aide de ceux-ci ;

d) dans la mesure du possible et lorsque cela est approprié, l'enfant victime soit toujours interrogé par les mêmes personnes ;

e) le nombre des auditions soit limité au minimum et que les auditions n'aient lieu que dans la mesure strictement nécessaire au déroulement des enquêtes et des procédures pénales ;

f) l'enfant victime puisse être accompagné par un représentant légal ou, le cas échéant, par une personne majeure de son choix, sauf décision contraire motivée prise à l'égard de cette personne.

4. Les États membres prennent les mesures nécessaires pour que, dans le cadre des enquêtes pénales relatives aux infractions visées aux articles 2 et 3, toutes les auditions de l'enfant victime ou, le cas échéant, celles d'un enfant témoin des faits, puissent faire l'objet d'un enregistrement audiovisuel et qu'un tel enregistrement puisse être utilisé

comme moyen de preuve dans la procédure pénale, conformément aux règles prévues par leur droit interne.

5. Les États membres prennent les mesures nécessaires pour que, dans le cadre des procédures pénales relatives aux infractions visées aux articles 2 et 3, le juge puisse ordonner que :

a) l'audience se déroule à huis clos ; et

b) l'enfant victime puisse être entendu à l'audience sans y être présent, notamment par le recours à des technologies de communication appropriées.

6. Le présent article s'applique sans préjudice de l'article 12.

Art. 16. — Assistance, aide et protection en faveur des enfants victimes de la traite des êtres humains qui ne sont pas accompagnés.

1. Les États membres prennent les mesures nécessaires pour que les actions spécifiques destinées à assister et à aider les enfants victimes de la traite des êtres humains, visées à l'article 14, paragraphe 1, tiennent dûment compte de la situation personnelle et particulière de l'enfant victime qui n'est pas accompagné.

2. Les États membres prennent les mesures nécessaires afin de trouver une solution durable, fondée sur une appréciation individuelle de l'intérêt supérieur de l'enfant.

3. Les États membres prennent les mesures nécessaires pour que, s'il y a lieu, un tuteur soit désigné pour l'enfant victime de la traite des êtres humains qui n'est pas accompagné.

4. Les États membres prennent les mesures nécessaires pour que, dans le cadre des enquêtes et des procédures pénales, conformément au rôle attribué aux victimes dans le système judiciaire concerné, les autorités compétentes désignent un représentant pour l'enfant victime de la traite des êtres humains qui n'est pas accompagné ou est séparé de sa famille.

5. Le présent article s'applique sans préjudice des articles 14 et 15.

Art. 17. — Indemnisation des victimes.

Les États membres veillent à ce que les victimes de la traite des êtres humains aient accès aux régimes existants en matière d'indemnisation des victimes de la criminalité intentionnelle violente.

Art. 18. — Prévention.

1. Les États membres prennent les mesures appropriées, telles que l'éducation et la formation, pour décourager et réduire la demande qui favorise toutes les formes d'exploitation liées à la traite des êtres humains.

2. Les États membres engagent les actions appropriées, y compris par l'internet, telles que des campagnes d'information et de sensibilisation, des programmes de recherche et d'éducation, le cas échéant en coopération avec des organisations pertinentes de la société civile et d'autres parties intéressées, afin de sensibiliser l'opinion à ce problème et de réduire le risque que des personnes, en particulier des enfants, ne deviennent victimes de la traite des êtres humains.

3. Les États membres favorisent la formation régulière des fonctionnaires susceptibles d'entrer en contact avec des victimes et victimes potentielles de la traite des êtres humains, y compris les policiers de terrain, afin de leur permettre d'identifier les victimes et victimes potentielles de la traite des êtres humains et de les prendre en charge.

4. Dans le but de décourager la demande et d'accroître ainsi l'efficacité de la prévention de la traite des êtres humains et de la lutte contre celle-ci, les États membres envisagent d'adopter les mesures nécessaires pour conférer le caractère d'infraction pénale au fait d'utiliser les services qui font l'objet de l'exploitation visée à l'article 2 en sachant que la personne concernée est victime d'une infraction visée audit article.

Art. 19. — Rapporteurs nationaux ou mécanismes équivalents.

Les États membres prennent les mesures nécessaires pour mettre en place des rapporteurs nationaux ou des mécanismes équivalents. Ces mécanismes visent notamment à déterminer les tendances en matière de traite des êtres humains, à évaluer les résultats des actions engagées pour lutter contre ce phénomène, y compris la collecte de statistiques en étroite collaboration avec les organisations pertinentes de la société civile qui sont actives dans ce domaine, et à établir des rapports.

Art. 20. — Coordination de la stratégie de l'Union en matière de lutte contre la traite des êtres humains.

Dans le but de contribuer à une stratégie coordonnée et consolidée de l'Union en matière de lutte contre la traite des êtres humains, les États membres facilitent la tâche du coordinateur européen de la lutte contre la traite des êtres humains. Ils communiquent notamment au coordinateur les informations visées à l'article 19, sur la base desquelles celui-ci contribue au compte rendu réalisé tous les deux ans par la Commission sur les progrès effectués dans la lutte contre la traite des êtres humains.

Art. 21. — Remplacement de la décision-cadre 2002/629/JAI.

La décision-cadre 2002/629/JAI relative à la lutte contre la traite des êtres humains est remplacée à l'égard des États membres qui participent à l'adoption de la présente directive, sans préjudice des obligations des États membres concernant le délai de transposition de la décision-cadre en droit national.

À l'égard des États membres participant à l'adoption de la présente directive, les références faites à la décision-cadre 2002/629/JAI s'entendent comme faites à la présente directive.

2) La citoyenneté de l'Union européenne, la libre circulation des personnes et le contrôle aux frontières

Nº 18.1 La citoyenneté de l'Union européenne : les articles 9 (TUE) et 20 et 21 (TFUE) (48)

Art. 9. — Dans toutes ses activités, l'Union respecte le principe de l'égalité de ses citoyens, qui bénéficient d'une égale attention de ses institutions, organes et organismes. Est citoyen de l'Union toute personne ayant la nationalité d'un État membre. La citoyenneté de l'Union s'ajoute à la citoyenneté nationale et ne la remplace pas.

....

(48) Le texte présenté est la version en vigueur du traité sur le fonctionnement de l'Union européenne depuis le 1er décembre 2009.

Art. 20. — 1. Il est institué une citoyenneté de l'Union. Est citoyen de l'Union toute personne ayant la nationalité d'un État membre. La citoyenneté de l'Union s'ajoute à la citoyenneté nationale et ne la remplace pas.

2. Les citoyens de l'Union jouissent des droits et sont soumis aux devoirs prévus par les traités. Ils ont, entre autres :

a) le droit de circuler et de séjourner librement sur le territoire des États membres ;

b) le droit de vote et d'éligibilité aux élections au Parlement européen ainsi qu'aux élections municipales dans l'État membre où ils résident, dans les mêmes conditions que les ressortissants de cet État ;

c) le droit de bénéficier, sur le territoire d'un pays tiers où l'État membre dont ils sont ressortissants n'est pas représenté, de la protection des autorités diplomatiques et consulaires de tout État membre dans les mêmes conditions que les ressortissants de cet État ;

d) le droit d'adresser des pétitions au Parlement européen, de recourir au médiateur européen, ainsi que le droit de s'adresser aux institutions et aux organes consultatifs de l'Union dans l'une des langues des traités et de recevoir une réponse dans la même langue.

Ces droits s'exercent dans les conditions et limites définies par les traités et par les mesures adoptées en application de ceux-ci.

Art. 21. — 1. Tout citoyen de l'Union a le droit de circuler et de séjourner librement sur le territoire des États membres, sous réserve des limitations et conditions prévues par les traités et par les dispositions prises pour leur application.

2. Si une action de l'Union apparaît nécessaire pour atteindre cet objectif, et sauf si les traités ont prévu des pouvoirs d'action à cet effet, le Parlement européen et le Conseil, statuant conformément à la procédure législative ordinaire, peuvent arrêter des dispositions visant à faciliter l'exercice des droits visés au paragraphe 1.

3. Aux mêmes fins que celles visées au paragraphe 1, et sauf si les traités ont prévu des pouvoirs d'action à cet effet, le Conseil, statuant conformément à une procédure législative spéciale, peut arrêter des mesures concernant la sécurité sociale ou la protection sociale. Le Conseil statue à l'unanimité, après consultation du Parlement européen.

N° 18.2 Le droit de pétition et le médiateur : les articles 227 et 228 du TFUE

Art. 227. — Tout citoyen de l'Union, ainsi que toute personne physique ou morale résidant ou ayant son siège statutaire dans un État membre, a le droit de présenter, à titre individuel ou en association avec d'autres citoyens ou personnes, une pétition au Parlement européen sur un sujet relevant des domaines d'activité de l'Union et qui le ou la concerne directement.

Art. 228. — 1. Un médiateur européen, élu par le Parlement européen, est habilité à recevoir les plaintes émanant de tout citoyen de l'Union ou de toute personne physique ou morale résidant ou ayant son siège statutaire dans un État membre et relatives à des cas de mauvaise administration dans l'action des institutions, organes ou organismes de l'Union, à l'exclusion de la Cour de justice de l'Union européenne dans l'exercice de ses fonctions juridictionnelles. Il instruit ces plaintes et fait rapport à leur sujet.

Conformément à sa mission, le médiateur procède aux enquêtes qu'il estime justifiées, soit de sa propre initiative, soit sur la base des plaintes qui lui ont été présentées directement ou par l'intermédiaire d'un membre du Parlement européen, sauf si les faits allégués font ou ont fait l'objet d'une procédure juridictionnelle. Dans les cas où le médiateur a constaté un cas de mauvaise administration, il saisit l'institution, organe ou organisme concerné, qui dispose d'un délai de trois mois pour lui faire tenir son avis. Le médiateur transmet ensuite un rapport au Parlement européen et à l'institution, organe ou organisme concerné. La personne dont émane la plainte est informée du résultat de ces enquêtes. Chaque année, le médiateur présente un rapport au Parlement européen sur les résultats de ses enquêtes.

2. Le médiateur est élu après chaque élection du Parlement européen pour la durée de la législature.

Son mandat est renouvelable.

Le médiateur peut être déclaré démissionnaire par la Cour de justice, à la requête du Parlement européen, s'il ne remplit plus les conditions nécessaires à l'exercice de ses fonctions ou s'il a commis une faute grave.

3. Le médiateur exerce ses fonctions en toute indépendance. Dans l'accomplissement de ses devoirs, il ne sollicite ni n'accepte d'instructions d'aucun gouvernement, institution, organe ou organisme. Pendant la durée de ses fonctions, le médiateur ne peut exercer aucune autre activité professionnelle, rémunérée ou non.

4. Le Parlement européen, statuant par voie de règlements de sa propre initiative conformément à une procédure législative spéciale, fixe le statut et les conditions générales d'exercice des fonctions du médiateur après avis de la Commission et avec l'approbation du Conseil.

Nº 18.3 Le code de l'Union relatif au régime de franchissement des frontières par les personnes (code frontières Schengen) : le règlement modifié (UE) 2016/399 du Parlement européen et du Conseil du 9 mars 2016 (49)

TITRE I

DISPOSITIONS GÉNÉRALES

Art. premier. — Objet et principes

Le présent règlement prévoit l'absence de contrôle aux frontières des personnes franchissant les frontières intérieures entre les États membres de l'Union.

Il établit les règles applicables au contrôle aux frontières des personnes franchissant les frontières extérieures des États membres de l'Union.

Art. 2. — Définitions

Aux fins du présent règlement, on entend par :

1. « frontières intérieures » :

a) les frontières terrestres communes, y compris fluviales et lacustres, des États membres ;

b) les aéroports des États membres pour les vols intérieurs ;

---

(49) Règlement publié au *JOUE* du 23 mars 2016 modifié par les règlements (UE) 2016/1624 du Parlement européen et du Conseil du 14 septembre 2016, (UE) 2017/458 du 15 mars 2017 et (UE) 2019/817 du 20 mai 2019. Il est important de signaler, ici, le règlement (UE) n° 1052/2013 du Parlement européen et du Conseil du 22 octobre 2013 portant création du système européen de surveillance des frontières (Euro-sur) (JOUE L.295/11 du 6 novembre 2013).

c) les ports maritimes, fluviaux et lacustres des États membres pour les liaisons régulières intérieures par transbordeur ;

2. « frontières extérieures » : les frontières terrestres des États membres, y compris les frontières fluviales et lacustres, les frontières maritimes, ainsi que leurs aéroports, ports fluviaux, ports maritimes et ports lacustres, pour autant qu'ils ne soient pas des frontières intérieures ;

3. « vol intérieur » : tout vol en provenance ou à destination exclusive des territoires des États membres et sans atterrissage sur le territoire d'un pays tiers ;

4. « liaison régulière intérieure par transbordeur » : toute liaison par transbordeur entre deux mêmes ports, ou davantage, situés sur le territoire des États membres, sans escale dans des ports situés en dehors du territoire des États membres, et assurant le transport de personnes et de véhicules selon un horaire publié ;

5. « personnes jouissant du droit à la libre circulation au titre du droit de l'Union » :

a) les citoyens de l'Union, au sens de l'article 20, paragraphe 1, du traité sur le fonctionnement de l'Union européenne, ainsi que les ressortissants de pays tiers membres de la famille d'un citoyen de l'Union exerçant son droit à la libre circulation, auxquels s'applique la directive 2004/38/CE du Parlement européen et du Conseil ;

b) les ressortissants de pays tiers et les membres de leur famille, quelle que soit leur nationalité, qui, en vertu d'accords conclus entre l'Union et ses États membres, d'une part, et ces pays tiers, d'autre part, jouissent de droits en matière de libre circulation équivalents à ceux des citoyens de l'Union ;

6. « ressortissant de pays tiers » : toute personne qui n'est pas citoyen de l'Union au sens de l'article 20, paragraphe 1, du traité sur le fonctionnement de l'Union européenne et qui n'est pas visée par le point 5) du présent article ;

7. « personne signalée aux fins de non-admission » : tout ressortissant de pays tiers signalé dans le système d'information Schengen (SIS) conformément aux articles 24 et 26 du règlement (CE) n° 1987/2006 du Parlement européen et du Conseil et aux fins prévues par ces articles ;

8. « point de passage frontalier » : tout point de passage autorisé par les autorités compétentes pour le franchissement des frontières extérieures ;

9. « point de passage frontalier commun » : tout point de passage frontalier situé soit sur le territoire d'un État membre, soit sur le territoire d'un pays tiers, auquel des gardes-frontières de l'État membre et des gardes-frontières du pays tiers effectuent l'un après l'autre des vérifications de sortie et d'entrée, conformément à leur droit national et en vertu d'un accord bilatéral ;

10. « contrôle aux frontières » : les activités effectuées aux frontières, conformément au présent règlement et aux fins de celui-ci, en réponse exclusivement à l'intention de franchir une frontière ou à son franchissement indépendamment de toute autre considération, consistant en des vérifications aux frontières et en une surveillance des frontières ;

11. « vérifications aux frontières » : les vérifications effectuées aux points de passage frontaliers afin de s'assurer que les personnes, y compris leurs moyens de transport et les objets en leur possession, peuvent être autorisés à entrer sur le territoire des États membres ou à le quitter ;

12. « surveillance des frontières » : la surveillance des frontières entre les points de passage frontaliers et la surveillance des points de passage frontaliers en dehors des heures d'ouverture fixées, en vue d'empêcher les personnes de se soustraire aux vérifications aux frontières ;

13. « vérification de deuxième ligne » : une vérification supplémentaire pouvant être effectuée en un lieu spécial à l'écart de celui où toutes les personnes sont soumises à des vérifications (première ligne) ;

14. « garde-frontière » : tout agent public affecté, conformément au droit national, soit à un point de passage frontalier, soit le long de la frontière ou à proximité

immédiate de cette dernière et qui exerce, conformément au présent règlement et au droit national, des fonctions de contrôle aux frontières ;

15. « transporteur » : toute personne physique ou morale qui assure, à titre professionnel, le transport de personnes ;

16. « titre de séjour » :

a) tous les titres de séjour délivrés par les États membres selon le format uniforme prévu par le règlement (CE) n° 1030/2002 du Conseil, ainsi que les cartes de séjour délivrées conformément à la directive 2004/38/CE ;

b) tous les autres documents délivrés par un État membre aux ressortissants de pays tiers et leur autorisant le séjour sur son territoire qui ont fait l'objet d'une notification puis d'une publication conformément à l'article 39, à l'exception des documents suivants :

i) titres temporaires délivrés dans l'attente de l'examen d'une première demande de titre de séjour tel que visé au point a) ou de l'examen d'une demande d'asile ; et

ii) visas délivrés par les États membres selon le format uniforme prévu par le règlement (CE) n° 1683/95 du Conseil ;

17. « navire de croisière » : un navire qui suit un itinéraire donné selon un programme préétabli, qui comprend un programme d'activités touristiques dans les divers ports, et qui, en principe, n'embarque ni ne débarque de passagers au cours du voyage ;

18. « navigation de plaisance » : l'utilisation de navires de plaisance à des fins sportives ou touristiques ;

19. « pêche côtière » : les activités de pêche effectuées à l'aide de navires qui rentrent quotidiennement ou dans un délai de 36 heures dans un port situé sur le territoire d'un État membre sans faire escale dans un port situé dans un pays tiers ;

20. « travailleur offshore » : une personne travaillant sur une installation offshore située dans les eaux territoriales ou dans une zone d'exploitation économique maritime exclusive des États membres, telle que définie en vertu du droit international de la mer, et qui regagne régulièrement le territoire des États membres par voie aérienne ou maritime ;

21. « menace pour la santé publique » : toute maladie à potentiel épidémique telle que définie par le règlement sanitaire international de l'Organisation mondiale de la santé et les autres maladies infectieuses ou parasitaires contagieuses pour autant qu'elles fassent l'objet de dispositions de protection à l'égard des ressortissants des États membres.

Art. 3. — Champ d'application

Le présent règlement s'applique à toute personne franchissant les frontières intérieures ou extérieures d'un État membre, sans préjudice :

a) des droits des personnes jouissant du droit à la libre circulation au titre du droit de l'Union ;

b) des droits des réfugiés et des personnes demandant une protection internationale, notamment en ce qui concerne le non-refoulement.

Art. 4. — Droits fondamentaux

Lorsqu'ils appliquent le présent règlement, les États membres agissent dans le plein respect des dispositions pertinentes du droit de l'Union, y compris de la charte des droits fondamentaux de l'Union européenne (ci-après dénommée la « charte »), du droit international applicable, dont la convention relative au statut des réfugiés, conclue à Genève le 28 juillet 1951 (ci-après dénommée la « convention de Genève »), des obligations liées à l'accès à la protection internationale, en particulier le principe de non-refoulement, et des droits fondamentaux. Conformément aux principes généraux du droit de l'Union, les décisions prises au titre du présent règlement le sont à titre individuel.

TITRE II

FRONTIÈRES EXTÉRIEURES

Chapitre I

Franchissement des frontières extérieures et conditions d'entrée

Art. 5. — Franchissement des frontières extérieures

1. Les frontières extérieures ne peuvent être franchies qu'aux points de passage frontaliers et durant les heures d'ouverture fixées. Les heures d'ouverture sont indiquées clairement aux points de passage frontaliers qui ne sont pas ouverts 24 heures sur 24.

Les États membres notifient la liste de leurs points de passage frontaliers à la Commission conformément à l'article 39.

2. Par dérogation au paragraphe 1, des exceptions à l'obligation de ne franchir les frontières extérieures qu'aux points de passage frontaliers et durant les heures d'ouverture fixées peuvent être prévues :

a) pour des individus ou des groupes de personnes, en cas de nécessité revêtant un caractère particulier de franchir occasionnellement les frontières extérieures en dehors des points de passage frontaliers ou en dehors des heures d'ouverture fixées, pour autant que ces individus ou groupes de personnes soient en possession des autorisations requises par le droit national et que cela ne soit pas contraire aux intérêts des États membres en matière d'ordre public et de sécurité intérieure. Les États membres peuvent arrêter des modalités spécifiques dans des accords bilatéraux. Les exceptions générales prévues par le droit national et des accords bilatéraux sont notifiées à la Commission conformément à l'article 39 ;

b) pour des individus ou des groupes de personnes en cas d'urgence imprévue ;

c) conformément aux modalités spécifiques prévues aux articles 19 et 20 en liaison avec les annexes VI et VII.

3. Sans préjudice des exceptions prévues au paragraphe 2 et de leurs obligations en matière de protection internationale, les États membres instaurent des sanctions, conformément à leur droit national, en cas de franchissement non autorisé des frontières extérieures en dehors des points de passage frontaliers ou des heures d'ouverture fixées. Ces sanctions sont effectives, proportionnées et dissuasives.

Art. 6. — Conditions d'entrée pour les ressortissants de pays tiers

1. Pour un séjour prévu sur le territoire des États membres, d'une durée n'excédant pas 90 jours sur toute période de 180 jours, ce qui implique d'examiner la période de 180 jours précédant chaque jour de séjour, les conditions d'entrée pour les ressortissants de pays tiers sont les suivantes :

a) être en possession d'un document de voyage en cours de validité autorisant son titulaire à franchir la frontière qui remplisse les critères suivants :

i) sa durée de validité est supérieure d'au moins trois mois à la date à laquelle le demandeur a prévu de quitter le territoire des États membres. Toutefois, en cas d'urgence dûment justifiée, il peut être dérogé à cette obligation ;

ii) il a été délivré depuis moins de dix ans ;

b) être en possession d'un visa en cours de validité si celui-ci est requis en vertu du règlement (CE) n° 539/2001 du Conseil, sauf s'ils sont titulaires d'un titre de séjour ou d'un visa de long séjour en cours de validité ;

c) justifier l'objet et les conditions du séjour envisagé, et disposer de moyens de subsistance suffisants, tant pour la durée du séjour envisagé que pour le retour dans leur pays d'origine ou le transit vers un pays tiers dans lequel leur admission est garantie, ou être en mesure d'acquérir légalement ces moyens ;

d) ne pas être signalé aux fins de non-admission dans le SIS ;

e) ne pas être considéré comme constituant une menace pour l'ordre public, la sécurité intérieure, la santé publique ou les relations internationales de l'un des États membres et, en particulier, ne pas avoir fait l'objet d'un signalement aux fins de non-admission dans les bases de données nationales des États membres pour ces mêmes motifs.

2. Pour l'application du paragraphe 1, la date d'entrée est considérée comme le premier jour de séjour sur le territoire des États membres et la date de sortie est considérée comme le dernier jour de séjour sur le territoire des États membres. Les périodes de séjour autorisées au titre d'un titre de séjour ou d'un visa de long séjour ne sont pas prises en considération pour le calcul de la durée du séjour sur le territoire des États membres.

3. Une liste non exhaustive des justificatifs que le garde-frontière peut exiger du ressortissant de pays tiers afin de vérifier le respect des conditions visées au paragraphe 1, point c), figure à l'annexe I.

4. L'appréciation des moyens de subsistance se fait en fonction de la durée et de l'objet du séjour et par référence aux prix moyens en matière d'hébergement et de nourriture dans l'État membre ou les États membres concernés, pour un logement à prix modéré, multipliés par le nombre de jours de séjour.

Les montants de référence arrêtés par les États membres sont notifiés à la Commission conformément à l'article 39.

L'appréciation des moyens de subsistance suffisants peut se fonder sur la possession d'argent liquide, de chèques de voyage et de cartes de crédit par le ressortissant de pays tiers. Les déclarations de prise en charge, lorsqu'elles sont prévues par le droit national, et les lettres de garantie telles que définies par le droit national, dans le cas des ressortissants de pays tiers logés chez l'habitant, peuvent aussi constituer une preuve de moyens de subsistance suffisants.

5. Par dérogation au paragraphe 1 :

a) les ressortissants de pays tiers qui ne remplissent pas toutes les conditions prévues au paragraphe 1, mais qui sont titulaires d'un titre de séjour ou d'un visa de long séjour, sont autorisés à entrer aux fins de transit sur le territoire des autres États membres afin de pouvoir atteindre le territoire de l'État membre qui a délivré le titre de séjour ou le visa de long séjour, sauf s'ils figurent sur la liste nationale de signalements de l'État membre aux frontières extérieures duquel ils se présentent et si ce signalement est assorti d'instructions quant à l'interdiction d'entrée ou de transit ;

b) les ressortissants de pays tiers qui remplissent les conditions énoncées au paragraphe 1, à l'exception du point b), et qui se présentent à la frontière peuvent être autorisés à entrer sur le territoire des États membres si un visa est délivré à la frontière conformément aux articles 35 et 36 du règlement (CE) n° 810/2009 du Parlement européen et du Conseil.

Les États membres établissent des statistiques sur les visas délivrés à la frontière conformément à l'article 46 du règlement (CE) n° 810/2009 et à son annexe XII.

S'il n'est pas possible d'apposer un visa sur le document, le visa est apposé à titre exceptionnel sur un feuillet séparé inséré dans le document. Dans ce cas, le modèle uniforme de feuillet pour l'apposition d'un visa, établi par le règlement (CE) n° 333/2002 du Conseil, est utilisé ;

c) les ressortissants de pays tiers qui ne remplissent pas une ou plusieurs des conditions énoncées au paragraphe 1 peuvent être autorisés par un État membre à entrer sur son territoire pour des motifs humanitaires ou d'intérêt national ou en raison d'obligations internationales. Lorsque le ressortissant de pays tiers concerné fait l'objet d'un signalement visé au paragraphe 1, point d), l'État membre qui autorise son entrée sur son territoire en informe les autres États membres.

Chapitre II

Contrôle aux frontières extérieures et refus d'entrée

Art. 7. — Traitement des vérifications aux frontières

1. Les gardes-frontières respectent pleinement la dignité humaine dans l'exercice de leurs fonctions, notamment dans les cas qui impliquent des personnes vulnérables.

Toutes les mesures prises dans l'exercice de leurs fonctions sont proportionnées aux objectifs poursuivis.

2. Lors des vérifications aux frontières, les gardes-frontières n'exercent envers les personnes aucune discrimination fondée sur le sexe, la race ou l'origine ethnique, la religion ou les convictions, un handicap, l'âge ou l'orientation sexuelle.

Art. 8. — Vérifications aux frontières portant sur les personnes

1. Les mouvements transfrontaliers aux frontières extérieures font l'objet de vérifications de la part des gardes-frontières. Les vérifications sont effectuées conformément au présent chapitre.

Les vérifications peuvent également porter sur les moyens de transport des personnes franchissant la frontière et les objets en leur possession. Si des fouilles sont effectuées, le droit national de l'État membre concerné s'applique.

2. À l'entrée et à la sortie, les personnes jouissant du droit à la libre circulation au titre du droit de l'Union sont soumises aux vérifications suivantes :

a) la vérification de l'identité et de la nationalité de la personne, ainsi que de l'authenticité et de la validité de son document de voyage pour le franchissement de la frontière, y compris par la consultation des bases de données pertinentes, notamment :

1) le SIS ;

2) la base de données d'Interpol sur les documents de voyage volés ou perdus (SLTD) ;

3) les bases de données nationales contenant des informations sur les documents de voyage volés, détournés, égarés et invalidés.

En ce qui concerne les passeports et les documents de voyage comportant un support de stockage visé à l'article 1er, paragraphe 2, du règlement (CE) n° 2252/2004 du Conseil, l'authenticité des données contenues sur la puce est vérifiée ;

b) la vérification visant à établir qu'une personne jouissant du droit à la libre circulation au titre du droit de l'Union n'est pas considérée comme une menace pour l'ordre public, la sécurité intérieure, la santé publique ou les relations internationales de l'un des États membres, y compris en consultant le SIS et d'autres bases de données pertinentes de l'Union. Cette disposition s'entend sans préjudice de la consultation des bases des données nationales et des bases de données d'Interpol.

En cas de doute sur l'authenticité du document de voyage ou sur l'identité de son titulaire, il est procédé à la vérification d'au moins un des identificateurs biométriques intégrés dans les passeports et les documents de voyage délivrés conformément au règlement (CE) n° 2252/2004. Cette vérification porte également, dans la mesure du possible, sur les documents de voyage ne relevant pas dudit règlement.

2 *bis*. Lorsque les vérifications effectuées dans les bases de données visées au paragraphe 2, points a) et b), risquent d'avoir un effet disproportionné sur la fluidité du trafic, un État membre peut décider de procéder à ces vérifications de manière ciblée à des points de passage frontaliers spécifiques, à la suite d'une évaluation des risques liés à l'ordre public, la sécurité intérieure, la santé publique ou les relations internationales de l'un des États membres.

La portée et la durée de la limitation temporaire à des vérifications ciblées dans les bases de données n'excèdent pas ce qui est strictement nécessaire et sont définies sur la base d'une évaluation des risques effectuée par l'État membre concerné. L'évaluation des risques expose les raisons de la limitation temporaire à des vérifications ciblées dans les bases de données, tient compte, entre autres, de l'effet disproportionné sur la fluidité du trafic et donne lieu à des statistiques sur les passagers et les incidents liés à la criminalité transfrontalière. Elle est mise à jour régulièrement.

Les personnes qui, en principe, ne sont pas soumises à des vérifications ciblées dans les bases de données font, au minimum, l'objet d'une vérification en vue d'établir leur identité sur production ou sur présentation de leurs documents de voyage. Cette vérification consiste en un examen rapide et simple de la validité du document de voyage pour le franchissement de la frontière, et de la présence d'indices de falsification ou de contrefaçon, le cas échéant en recourant à des dispositifs techniques et, en cas de doute sur le document de voyage ou lorsque des éléments indiquent qu'une telle personne pourrait représenter une menace pour l'ordre public, la sécurité intérieure, la santé publique ou les relations internationales des États membres, le garde-frontière consulte les bases de données visées au paragraphe 2, points a) et b).

L'État membre concerné transmet son évaluation des risques et les mises à jour de celle-ci à l'Agence européenne de garde-frontières et de garde-côtes (ci-après dénommée « Agence ») instituée par le règlement (UE) 2016/1624 du Parlement européen et du Conseil sans tarder et fait rapport tous les six mois à la Commission et à l'Agence sur l'application des vérifications effectuées de manière ciblée dans les bases de données. L'État membre concerné peut décider de classifier tout ou partie de l'évaluation des risques.

2 *ter*. Lorsqu'un État membre a l'intention de procéder à des vérifications ciblées dans les bases de données conformément au paragraphe 2 bis, il le notifie aux autres États membres, à l'Agence et à la Commission sans tarder. L'État membre concerné peut décider de classifier tout ou partie de la notification.

Si les États membres, l'Agence ou la Commission sont préoccupés par l'intention de procéder à des vérifications ciblées dans les bases de données, ils en font part sans tarder à l'État membre en question. L'État membre en question tient compte de ces préoccupations.

2 *quater*. La Commission transmet au Parlement européen et au Conseil au plus tard le 8 avril 2019, une évaluation de la mise en œuvre et des conséquences du paragraphe 2.

2 *quinquies*. En ce qui concerne les frontières aériennes, les paragraphes 2 bis et 2 ter s'appliquent pendant une période transitoire maximale de six mois à compter du 7 avril 2017.

Dans des cas exceptionnels, lorsque les infrastructures d'un aéroport donné posent des problèmes spécifiques nécessitant une plus longue période pour procéder aux adaptations requises afin de rendre possible la réalisation de vérifications systématiques dans les bases de données sans que cela ait un effet disproportionné sur la fluidité du trafic, la période transitoire de six mois visée au premier alinéa peut être prolongée pour cet aéroport en particulier, de dix-huit mois au maximum, conformément à la procédure décrite au troisième alinéa.

À cet effet, l'État membre notifie, au plus tard trois mois avant l'expiration de la période transitoire visée au premier alinéa, à la Commission, à l'Agence et aux autres États membres les problèmes spécifiques que posent les infrastructures de l'aéroport concerné, les mesures envisagées pour y remédier et la période nécessaire pour leur mise en œuvre.

Lorsque les problèmes spécifiques que posent les infrastructures nécessitent une plus longue période pour procéder aux adaptations requises, la Commission, dans un délai d'un mois à compter de la réception de la notification visée au troisième alinéa et après consultation de l'Agence, autorise l'État membre concerné à prolonger la période transitoire pour l'aéroport concerné et, le cas échéant, fixe la durée de cette prolongation.

2 *sexies*. Les vérifications dans les bases de données visées au paragraphe 2, points a) et b), peuvent s'effectuer au préalable sur la base des données relatives aux passagers reçues conformément à la directive 2004/82/CE du Conseil ou à d'autres dispositions du droit national ou de l'Union.

Lorsque ces vérifications s'effectuent au préalable sur la base de ces données relatives aux passagers, les données reçues au préalable sont vérifiées au point de passage frontalier par comparaison avec les données figurant dans le document de voyage. L'identité et la nationalité de la personne concernée, ainsi que l'authenticité et la validité de son document de voyage pour le franchissement de la frontière, sont également vérifiées.

2 *septies*. Par dérogation au paragraphe 2, les personnes jouissant du droit à la libre circulation au titre du droit de l'Union qui franchissent les frontières terrestres intérieures des États membres pour lesquels la vérification selon les procédures d'évaluation de Schengen applicables a déjà été accomplie avec succès, mais pour lesquels la décision relative à la levée des contrôles à leurs frontières intérieures en vertu des dispositions pertinentes des actes d'adhésion correspondants n'a pas encore été prise, peuvent être soumises aux vérifications à la sortie visées au paragraphe 2 uniquement de manière non systématique, sur la base d'une évaluation des risques.

3. À l'entrée et à la sortie, les ressortissants des pays tiers sont soumis à une vérification approfondie comme suit :

a) la vérification approfondie à l'entrée comporte la vérification des conditions d'entrée fixées à l'article 6, paragraphe 1, ainsi que, le cas échéant, des documents autorisant le séjour et l'exercice d'une activité professionnelle. Cette vérification comprend un examen détaillé des éléments suivants :

i) la vérification de l'identité et de la nationalité du ressortissant de pays tiers ainsi que de l'authenticité et de la validité de son document de voyage pour le franchissement de la frontière, y compris par la consultation des bases de données pertinentes, notamment :

1) le SIS ;

2) la base de données SLTD d'Interpol ;

3) les bases de données nationales contenant des informations sur les documents de voyage volés, détournés, égarés et invalidés.

En ce qui concerne les passeports et les documents de voyage comportant un support de stockage, l'authenticité des données contenues sur la puce est vérifiée, sous réserve de la disponibilité de certificats valides ;

ii) la vérification que le document de voyage est accompagné, le cas échéant, du visa ou du permis de séjour requis ;

iii) l'examen des cachets d'entrée et de sortie sur le document de voyage du ressortissant de pays tiers concerné, afin de vérifier, en comparant les dates d'entrée et de sortie, que cette personne n'a pas déjà dépassé la durée de séjour maximale autorisée sur le territoire des États membres ;

iv) la vérification des points de départ et d'arrivée du ressortissant de pays tiers concerné ainsi que de l'objet du séjour envisagé et, si nécessaire, la vérification des documents justificatifs correspondants ;

v) la vérification que le ressortissant de pays tiers concerné dispose de moyens de subsistance suffisants pour la durée et l'objet du séjour envisagé, pour le retour dans le pays d'origine ou pour le transit vers un pays tiers dans lequel son admission est garantie, ou qu'il est en mesure d'acquérir légalement ces moyens ;

vi) la vérification que le ressortissant de pays tiers concerné, son moyen de transport et les objets qu'il transporte ne sont pas de nature à compromettre l'ordre public, la sécurité intérieure, la santé publique ou les relations internationales de l'un des États membres. Cette vérification comprend la consultation directe des données et des signalements relatifs aux personnes et, si nécessaire, aux objets intégrés dans le SIS et d'autres bases de données pertinentes de l'Union, ainsi que de la mesure à prendre, le cas échéant, à la suite d'un signalement. Cette disposition s'entend sans préjudice de la consultation des bases de données nationales et des bases de données d'Interpol ;

b) si le ressortissant de pays tiers est titulaire d'un visa mentionné à l'article 6, paragraphe 1, point b), la vérification approfondie à l'entrée comporte également la vérification de l'identité du titulaire du visa et de l'authenticité du visa, par une consultation du système d'information sur les visas (VIS), conformément à l'article 18 du règlement (CE) n° 767/2008 ;

c) par dérogation, le VIS peut être consulté à l'aide du numéro de la vignette visa dans tous les cas et, de manière aléatoire, à l'aide du numéro de la vignette visa en combinaison avec la vérification des empreintes digitales lorsque :

i) l'intensité du trafic est telle qu'elle rend excessif le délai d'attente au point de passage frontalier ;

ii) toutes les ressources en personnel, en moyens et en organisation ont déjà été épuisées, et que

iii) sur la base d'une évaluation, il n'y a pas de risque en matière de sécurité intérieure et d'immigration illégale.

Toutefois, dans tous les cas où il existe un doute quant à l'identité du titulaire du visa et/ou à l'authenticité du visa, le VIS est consulté systématiquement à l'aide du numéro de la vignette visa en combinaison avec la vérification des empreintes digitales.

Cette dérogation ne peut être appliquée au point de passage frontalier concerné qu'aussi longtemps que les conditions visées aux points i), ii) et iii) sont remplies ;

d) la décision d'effectuer une consultation du VIS conformément au point c) est prise par le garde-frontière qui est responsable du point de passage frontalier ou à un niveau supérieur.

L'État membre concerné informe immédiatement les autres États membres et la Commission d'une telle décision ;

e) chaque État membre transmet une fois par an au Parlement européen et à la Commission un rapport sur l'application du point c), qui indique notamment le nombre de ressortissants de pays tiers qui ont été vérifiés dans le VIS à l'aide du seul numéro de la vignette visa et la longueur du délai d'attente visé au point c) i) ;

f) les points c) et d) s'appliquent pendant une période maximale de trois ans, qui commence trois ans après le début du fonctionnement du VIS. La Commission transmet au Parlement européen et au Conseil, avant la fin de la deuxième année de l'application des points c) et d), une évaluation de leur mise en œuvre. Sur la base de cette évaluation, le Parlement européen ou le Conseil peuvent inviter la Commission à proposer des modifications appropriées du présent règlement ;

g) la vérification approfondie à la sortie comporte :

i) la vérification de l'identité et de la nationalité du ressortissant de pays tiers ainsi que de l'authenticité et de la validité de son document de voyage pour le franchissement de la frontière, y compris par la consultation des bases de données pertinentes, notamment :

1) le SIS ;

2) la base de données SLTD d'Interpol ;

3) les bases de données nationales contenant des informations sur les documents de voyage volés, détournés, égarés et invalidés.

En ce qui concerne les passeports et les documents de voyage comportant un support de stockage, l'authenticité des données contenues sur la puce est vérifiée, sous réserve de la disponibilité de certificats valides ;

ii) la vérification que le ressortissant de pays tiers concerné n'est pas considéré comme une menace pour l'ordre public, la sécurité intérieure, la santé publique ou les relations internationales de l'un des États membres, y compris par la consultation du SIS et d'autres bases de données pertinentes de l'Union. Cette disposition s'entend sans préjudice de la consultation des bases de données nationales et des bases de données d'Interpol ;

h) en plus des vérifications visées au point g), la vérification approfondie à la sortie peut également comporter :

i) la vérification que la personne est en possession d'un visa en cours de validité si celui-ci est requis conformément au règlement (CE) n° 539/2001, sauf si elle est titulaire d'un titre de séjour en cours de validité ; cette vérification peut comprendre la consultation du VIS conformément à l'article 18 du règlement (CE) n° 767/2008 ;

ii) la vérification que la personne n'a pas dépassé la durée de séjour maximale autorisée sur le territoire des États membres ;

i) aux fins de l'identification de toute personne qui pourrait ne pas remplir ou ne plus remplir les conditions d'entrée, de séjour ou de résidence applicables sur le territoire des États membres, le VIS peut être consulté conformément à l'article 20 du règlement (CE) n° 767/2008 ;

i bis) les vérifications dans les bases de données visées aux points a) i) et a) vi) et au point g) peuvent s'effectuer au préalable sur la base des données relatives aux passagers reçues conformément à la directive 2004/82/CE ou à d'autres dispositions du droit national ou de l'Union.

Lorsque ces vérifications s'effectuent au préalable sur la base de ces données relatives aux passagers, les données reçues au préalable sont vérifiées au point de passage frontalier par comparaison avec les données figurant dans le document de voyage. L'identité et la nationalité de la personne concernée, ainsi que l'authenticité et la validité de son document de voyage pour le franchissement de la frontière, sont aussi vérifiées ;

i ter) en cas de doute sur l'authenticité du document de voyage ou sur l'identité du ressortissant de pays tiers, les vérifications portent, dans la mesure du possible, sur au moins un des identificateurs biométriques intégrés dans les documents de voyage.

4. Lorsque des installations existent et si le ressortissant de pays tiers le demande, cette vérification approfondie est effectuée dans un lieu privé.

4 bis. Lorsque, à l'entrée ou à la sortie, la consultation des bases de données pertinentes, y compris le détecteur d'identités multiples via le portail de recherche européen établi par l'article 25, paragraphe 1, et l'article 6, paragraphe 1, du règlement (UE) 2019/817 du Parlement européen et du Conseil génère un lien jaune ou révèle un lien rouge, respectivement, le garde-frontières consulte le répertoire commun de données d'identité établi par l'article 17, paragraphe 1, dudit règlement ou le SIS, ou les deux, afin d'évaluer les différences entre les données liées relatives à l'identité ou les données liées du document de voyage. Le garde-frontières procède à toute vérification supplémentaire nécessaire pour prendre une décision quant au statut et à la couleur du lien.

Conformément à l'article 69, paragraphe 1, du règlement (UE) 2019/817 le présent paragraphe s'applique à partir de la mise en service du détecteur d'identités multiples au titre de l'article 72, paragraphe 4, dudit règlement.

5. Sans préjudice du deuxième alinéa, les ressortissants de pays tiers qui font l'objet d'une vérification approfondie de deuxième ligne reçoivent des informations communiquées par écrit dans une langue qu'ils comprennent ou dont on peut raisonnablement supposer qu'ils la comprennent, ou communiquées d'une autre manière efficace, sur l'objectif de cette vérification et la procédure à suivre.

Ces informations sont disponibles dans toutes les langues officielles des institutions de l'Union et dans la ou les langues du pays ou des pays limitrophes de l'État membre concerné ; il y est indiqué que le ressortissant de pays tiers peut demander le nom ou le numéro de matricule des gardes-frontières effectuant la vérification approfondie de deuxième ligne ainsi que le nom du point de passage frontalier et la date du franchissement de la frontière.

6. Les vérifications portant sur des personnes jouissant du droit à la libre circulation au titre du droit de l'Union sont effectuées conformément à la directive 2004/38/CE.

7. Les modalités relatives aux informations à enregistrer sont décrites à l'annexe II.

8. En cas d'application de l'article 5, paragraphe 2, point a) ou b), les États membres peuvent également prévoir des dérogations aux règles prévues au présent article.

Art. 9. — Assouplissement des vérifications aux frontières

1. Les vérifications aux frontières extérieures peuvent faire l'objet d'un assouplissement en raison de circonstances exceptionnelles et imprévues. Ces circonstances exceptionnelles et imprévues sont supposées exister lorsque des événements imprévisibles provoquent une intensité du trafic telle qu'elle rend excessif le délai d'attente au point de passage frontalier, alors que toutes les ressources en personnel, en moyens et en organisation ont été épuisées.

2. En cas d'assouplissement des vérifications aux frontières conformément au paragraphe 1, les vérifications des mouvements à l'entrée ont, en principe, priorité sur les vérifications de sortie.

La décision d'assouplir les vérifications est prise par le garde-frontière qui est responsable du point de passage frontalier.

Cet assouplissement des vérifications est temporaire, adapté aux circonstances qui le motivent et mis en œuvre progressivement.

3. Même en cas d'assouplissement des vérifications aux frontières, le garde-frontière appose un cachet sur les documents de voyage des ressortissants de pays tiers à l'entrée et à la sortie, conformément à l'article 11.

4. Chaque État membre transmet annuellement au Parlement européen et à la Commission un rapport sur l'application du présent article.

Art. 10. — Aménagement de couloirs séparés et signalisation

1. Les États membres aménagent des couloirs séparés, notamment aux points de passage frontaliers aériens, afin de pouvoir procéder aux vérifications sur les personnes, conformément à l'article 8. Ces couloirs sont différenciés au moyen des panneaux portant les indications visées à l'annexe III.

Les États membres peuvent aménager des couloirs séparés à leurs points de passage frontaliers maritimes et terrestres, ainsi qu'aux frontières entre les États membres qui n'appliquent pas l'article 22 à leurs frontières communes. Si les États membres aménagent des couloirs séparés à ces frontières, des panneaux portant les indications visées à l'annexe III doivent être utilisés.

Les États membres veillent à ce que ces couloirs soient clairement signalés, y compris lorsque les règles relatives à l'utilisation des différents couloirs sont suspendues conformément au paragraphe 4, en vue d'assurer une fluidité optimale de la circulation des personnes franchissant la frontière.

2. Les personnes jouissant du droit à la libre circulation au titre du droit de l'Union sont autorisées à emprunter les couloirs indiqués par le panneau figurant dans la partie A (« UE, EEE, CH ») de l'annexe III. Elles peuvent également emprunter les couloirs indiqués par le panneau figurant dans les parties B1 (« visa non requis ») et B2 (« tous passeports ») de l'annexe III.

Les ressortissants de pays tiers qui ne sont pas soumis à l'obligation de visa lors du franchissement des frontières extérieures des États membres conformément au règlement (CE) n° 539/2001 et les ressortissants de pays tiers titulaires d'un titre de séjour ou d'un visa de long séjour en cours de validité peuvent emprunter les couloirs indiqués par le panneau figurant dans la partie B1 (« visa non requis ») de l'annexe III. Ils peuvent également emprunter les couloirs indiqués par le panneau figurant dans la partie B2 (« tous passeports ») de l'annexe III du présent règlement.

Toutes les autres personnes empruntent les couloirs indiqués par le panneau figurant dans la partie B2 (« tous passeports ») de l'annexe III.

Les indications figurant sur les panneaux visés aux premier, deuxième et troisième alinéas peuvent être affichées dans la ou les langues jugées appropriées par chaque État membre.

Les États membres n'ont pas l'obligation de prévoir des couloirs séparés indiqués par le panneau figurant dans la partie B1 (« visa non requis ») de l'annexe III. Les États membres décident de le faire ou non, et à quels points de passage frontaliers, en fonction des besoins concrets.

3. Aux points de passage frontaliers maritimes et terrestres, les États membres peuvent séparer le trafic des véhicules dans des couloirs distincts, selon qu'il s'agit de véhicules légers ou de véhicules lourds et d'autobus, au moyen des panneaux figurant à l'annexe III, partie C.

Les États membres peuvent, le cas échéant, modifier les indications qui figurent sur ces panneaux, compte tenu des circonstances locales.

4. En cas de déséquilibre temporaire des flux de trafic à un point de passage frontalier donné, les règles relatives à l'utilisation des couloirs distincts peuvent être suspendues par les autorités compétentes pendant la durée nécessaire au rétablissement de l'équilibre.

Art. 11. — Apposition de cachets sur les documents de voyage

1. Un cachet est systématiquement apposé sur les documents de voyage des ressortissants de pays tiers à l'entrée et à la sortie. Il est notamment apposé un cachet d'entrée et de sortie :

a) sur les documents, revêtus d'un visa en cours de validité, permettant aux ressortissants de pays tiers de franchir la frontière ;

b) sur les documents permettant aux ressortissants de pays tiers auxquels un visa est délivré à la frontière par un État membre de franchir la frontière ;

c) sur les documents permettant aux ressortissants de pays tiers qui ne sont pas soumis à l'obligation de visa de franchir la frontière.

2. Un cachet est apposé à l'entrée et à la sortie sur les documents de voyage des ressortissants de pays tiers membres de la famille d'un citoyen de l'Union auxquels la directive 2004/38/CE s'applique, mais qui ne présentent pas la carte de séjour prévue dans ladite directive.

Un cachet est apposé à l'entrée et à la sortie sur les documents de voyage des ressortissants de pays tiers membres de la famille de ressortissants de pays tiers qui jouissent du droit à la libre circulation au titre du droit de l'Union, mais qui ne présentent pas la carte de séjour prévue dans la directive 2004/38/CE.

3. Il n'est pas apposé de cachet d'entrée et de sortie

a) sur les documents de voyage des chefs d'État et des personnalités dont l'arrivée a été préalablement annoncée officiellement par voie diplomatique ;

b) sur les licences de pilote ou les certificats de membres d'équipage d'un aéronef ;

c) sur les documents de voyage des marins, qui ne séjournent sur le territoire d'un État membre que pendant l'escale du navire et dans la zone du port d'escale ;

d) sur les documents de voyage de l'équipage et des passagers d'un navire de croisière qui ne sont pas soumis à des vérifications aux frontières conformément au point 3.2.3 de l'annexe VI ;

e) sur les documents permettant aux ressortissants de l'Andorre, de Monaco et de Saint-Marin de franchir la frontière ;

f) sur les documents de voyage des équipages des trains de passagers et de marchandises assurant des liaisons internationales ;

g) sur les documents de voyage des ressortissants de pays tiers qui présentent la carte de séjour prévue dans la directive 2004/38/CE.

À la demande d'un ressortissant de pays tiers, il peut, à titre exceptionnel, être renoncé à l'apposition du cachet d'entrée ou de sortie lorsqu'elle risque d'entraîner des difficultés importantes pour celui-ci. Dans ce cas, l'entrée ou la sortie est consignée sur un feuillet séparé avec mention du nom et du numéro du passeport de cette personne. Ce feuillet est remis au ressortissant de pays tiers. Les autorités compétentes des États membres peuvent tenir des statistiques sur de tels cas exceptionnels et les fournir à la Commission.

4. Les modalités pratiques de l'apposition du cachet sont décrites à l'annexe IV.

5. Chaque fois que cela est possible, les ressortissants de pays tiers sont informés de l'obligation qu'a le garde-frontière d'apposer un cachet sur leur document de voyage à l'entrée et à la sortie, même lorsque les vérifications sont assouplies conformément à l'article 9.

Art. 12. — Présomption concernant les conditions de durée du séjour

1. Si le document de voyage d'un ressortissant de pays tiers n'est pas revêtu du cachet d'entrée, les autorités nationales compétentes peuvent présumer que son titulaire ne remplit pas ou ne remplit plus les conditions relatives à la durée du séjour applicables dans l'État membre concerné.

2. La présomption visée au paragraphe 1 peut être renversée lorsque le ressortissant de pays tiers présente, par tout moyen crédible, des éléments de preuve tels qu'un titre de transport ou des justificatifs de sa présence en dehors du territoire des États membres, démontrant qu'il a respecté les conditions relatives à la durée de court séjour.

Dans ce cas :

a) lorsque le ressortissant de pays tiers se trouve sur le territoire d'un État membre appliquant intégralement l'acquis de Schengen, les autorités compétentes indiquent, conformément au droit national et à la pratique nationale, dans son document de voyage, la date et le lieu auxquels il a franchi la frontière extérieure d'un des États membres appliquant intégralement l'acquis de Schengen ;

b) lorsque le ressortissant de pays tiers se trouve sur le territoire d'un État membre à l'égard duquel la décision visée à l'article 3, paragraphe 2, de l'acte d'adhésion de 2003, à l'article 4, paragraphe 2, de l'acte d'adhésion de 2005 et à l'article 4, paragraphe 2, de l'acte d'adhésion de 2011 n'a pas encore été prise, les autorités compétentes indiquent, conformément au droit national et à la pratique nationale, dans le document de voyage du ressortissant de pays tiers, la date et le lieu auxquels il a franchi la frontière extérieure d'un tel État membre.

Outre les mentions visées aux points a) et b), un formulaire conforme à celui qui figure à l'annexe VIII peut être remis au ressortissant de pays tiers.

Les États membres s'informent mutuellement et informent la Commission et le secrétariat général du Conseil au sujet de leurs pratiques nationales concernant les mentions visées dans le présent article.

3. Dans le cas où la présomption visée au paragraphe 1 ne serait pas renversée, le ressortissant de pays tiers peut faire l'objet d'une décision de retour conformément à la directive 2008/115/CE du Parlement européen et du Conseil et au droit national respectant ladite directive.

4. Les dispositions pertinentes des paragraphes 1 et 2 s'appliquent mutatis mutandis en l'absence d'un cachet de sortie.

Art. 13. — Surveillance des frontières

1. La surveillance des frontières a pour objet principal d'empêcher le franchissement non autorisé de la frontière, de lutter contre la criminalité transfrontalière et de prendre des mesures à l'encontre des personnes ayant franchi illégalement la frontière. Une personne qui a franchi illégalement une frontière et qui n'a pas le droit de séjourner sur le territoire de l'État membre concerné est appréhendée et fait l'objet de procédures respectant la directive 2008/115/CE.

2. Les gardes-frontières agissent en unités fixes ou mobiles pour procéder à la surveillance des frontières extérieures.

Cette surveillance est effectuée de manière à empêcher et à dissuader les personnes de se soustraire aux vérifications aux points de passage frontaliers.

3. La surveillance entre les points de passage frontaliers est assurée par des gardes-frontières dont les effectifs et les méthodes sont adaptés aux risques et aux menaces existants ou prévus. Les périodes de surveillance sont modifiées de manière fréquente et inopinée, de sorte que les passages de personnes qui franchissent la frontière sans autorisation risquent en permanence d'être découverts.

4. La surveillance est effectuée par des unités fixes ou mobiles qui accomplissent leur mission en patrouillant ou en se postant à des endroits réputés ou présumés sensibles, l'objectif de cette surveillance consistant à appréhender les individus franchissant illégalement la frontière. La surveillance peut également être exercée à l'aide de moyens techniques, y compris électroniques.

5. La Commission est habilitée à adopter des actes délégués en conformité avec l'article 37 en ce qui concerne les mesures supplémentaires régissant la surveillance.

Art. 14. — Refus d'entrée

1. L'entrée sur le territoire des États membres est refusée au ressortissant de pays tiers qui ne remplit pas l'ensemble des conditions d'entrée énoncées à l'article 6, paragraphe 1, et qui n'appartient pas à l'une des catégories de personnes visées à l'article 6, paragraphe 5. Cette disposition est sans préjudice de l'application des dispositions particulières relatives au droit d'asile et à la protection internationale ou à la délivrance de visas de long séjour.

2. L'entrée ne peut être refusée qu'au moyen d'une décision motivée indiquant les raisons précises du refus. La décision est prise par une autorité compétente habilitée à ce titre par le droit national. Elle prend effet immédiatement.

La décision motivée indiquant les raisons précises du refus est notifiée au moyen d'un formulaire uniforme tel que celui figurant à l'annexe V, partie B, et rempli par l'autorité compétente habilitée par le droit national à refuser l'entrée. Le formulaire uniforme ainsi complété est remis au ressortissant de pays tiers concerné, qui accuse réception de la décision de refus au moyen dudit formulaire.

3. Les personnes ayant fait l'objet d'une décision de refus d'entrée ont le droit de former un recours contre cette décision. Les recours sont formés conformément au droit national. Des indications écrites sont également mises à la disposition du ressortissant de pays tiers en ce qui concerne des points de contact en mesure de communiquer des informations sur des représentants compétents pour agir au nom du ressortissant de pays tiers conformément au droit national.

L'introduction d'un tel recours n'a pas d'effet suspensif à l'égard de la décision de refus d'entrée.

Sans préjudice de toute éventuelle compensation accordée conformément au droit national, le ressortissant de pays tiers concerné a le droit à la rectification du cachet d'entrée annulé, ainsi que de toute autre annulation ou ajout, de la part de l'État membre qui a refusé l'entrée, si, dans le cadre du recours, la décision de refus d'entrée devait être déclarée non fondée.

4. Les gardes-frontières veillent à ce qu'un ressortissant de pays tiers ayant fait l'objet d'une décision de refus d'entrée ne pénètre pas sur le territoire de l'État membre concerné.

5. Les États membres établissent un relevé statistique sur le nombre de personnes ayant fait l'objet d'une décision de refus d'entrée, les motifs du refus, la nationalité des personnes auxquelles l'entrée a été refusée et le type de frontière (terrestre, aérienne, maritime) auquel l'entrée leur a été refusée, et le transmettent chaque année à la Commission (Eurostat) conformément au règlement (CE) n° 862/2007 du Parlement européen et du Conseil.

6. Les modalités du refus d'entrée sont décrites à l'annexe V, partie A.

Chapitre III

Effectifs et moyens affectés au contrôle aux frontières et coopération entre les États membres

Art. 15. — Effectifs et moyens affectés au contrôle aux frontières

Les États membres mettent en place les effectifs et les moyens appropriés et suffisants pour exercer le contrôle aux frontières extérieures conformément aux articles 7 à 14, de manière à assurer un contrôle efficace, de haut niveau et uniforme à leurs frontières extérieures.

Art. 16. — Mise en œuvre du contrôle

1. Le contrôle aux frontières prévu aux articles 7 à 14 est effectué par les gardes-frontières, conformément aux dispositions du présent règlement et au droit national.

Dans l'exercice de ce contrôle, les gardes-frontières conservent les compétences en matière de poursuites pénales dont ils sont investis par le droit national et qui sortent du champ d'application du présent règlement.

Les États membres veillent à ce que les gardes-frontières soient des professionnels spécialisés et dûment formés, tenant compte des programmes communs pour la formation des gardes-frontières établis et développés par l'Agence européenne pour la gestion de la coopération opérationnelle aux frontières extérieures des États membres (ci-après dénommée « Agence ») créée par le règlement (CE) n° 2007/2004. Les programmes de formation comprennent une formation spécialisée à la détection et à la gestion des cas impliquant des personnes vulnérables, telles que des mineurs non accompagnés et des victimes de la traite des êtres humains. Les États membres, avec le soutien de l'Agence, encouragent les gardes-frontières à apprendre les langues nécessaires à l'exercice de leurs fonctions.

2. Les États membres notifient à la Commission la liste des services nationaux chargés du contrôle aux frontières par leur droit national conformément à l'article 39.

3. Pour que le contrôle aux frontières soit efficace, chaque État membre veille à assurer une coopération étroite et permanente entre ses services nationaux chargés du contrôle aux frontières.

Art. 17. — Coopération entre les États membres

1. Les États membres se prêtent assistance et assurent entre eux une coopération étroite et permanente pour que le contrôle aux frontières soit mis en œuvre de manière efficace, conformément aux articles 7 à 16. Ils échangent toutes informations utiles.

2. La coopération opérationnelle entre États membres en matière de gestion des frontières extérieures est coordonnée par l'Agence.

3. Sans préjudice des compétences de l'Agence, les États membres peuvent poursuivre la coopération opérationnelle avec d'autres États membres et/ou pays tiers aux

frontières extérieures, y compris l'échange d'officiers de liaison, lorsque cette coopération complète l'action de l'Agence.

Les États membres s'abstiennent de toute activité susceptible de compromettre le fonctionnement de l'Agence ou la réalisation de ses objectifs.

Les États membres informent l'Agence en ce qui concerne la coopération opérationnelle visée au premier alinéa.

4. Les États membres proposent des formations sur les règles régissant le contrôle aux frontières ainsi que sur les droits fondamentaux. À cet égard, il est tenu compte des normes communes de formation établies et développées par l'Agence.

Art. 18. — Contrôle conjoint

1. Les États membres qui n'appliquent pas l'article 22 à leurs frontières communes terrestres peuvent, jusqu'à la date d'application dudit article, effectuer un contrôle conjoint de ces frontières communes ; dans ce cas, une personne ne peut être arrêtée qu'une seule fois aux fins de réaliser un contrôle à l'entrée ou à la sortie, sans préjudice de la responsabilité individuelle des États membres découlant des articles 7 à 14.

Les États membres peuvent conclure entre eux des arrangements bilatéraux à cette fin.

2. Les États membres informent la Commission de tout arrangement conclu conformément au paragraphe 1.

Chapitre IV

Modalités spécifiques des vérifications aux frontières

Art. 19. — Modalités spécifiques relatives aux différents types de frontières et moyens de transports utilisés pour le franchissement des frontières extérieures

Les modalités spécifiques de vérification décrites à l'annexe VI s'appliquent aux vérifications faites aux différents types de frontières et à l'égard des différents moyens de transport utilisés pour le franchissement des frontières extérieures.

Ces modalités spécifiques peuvent contenir des dérogations aux articles 5, 6 et 8 à 14.

Art. 20. — Modalités spécifiques relatives aux vérifications pour certaines catégories de personnes

1. Les modalités spécifiques de vérification décrites à l'annexe VII s'appliquent aux catégories de personnes suivantes :

a) les chefs d'État et les membres de leur délégation ;

b) les pilotes d'aéronefs et les autres membres d'équipage ;

c) les marins ;

d) les titulaires de passeports diplomatiques, officiels ou de service, et les membres d'organisations internationales ;

e) les travailleurs frontaliers ;

f) les mineurs ;

g) les services de secours, de police et de sapeurs-pompiers et les gardes-frontières

h) les travailleurs offshore.

Ces modalités spécifiques peuvent contenir des dérogations aux articles 5, 6 et 8 à 14.

2. Les États membres notifient à la Commission les modèles des cartes délivrées par les ministères des affaires étrangères des États membres aux membres accrédités des missions diplomatiques et des représentations consulaires, ainsi qu'à leur famille, conformément à l'article 39.

Chapitre V

Mesures spécifiques en cas de manquements graves liés au contrôle aux frontières extérieures

Art. 21. — Mesures aux frontières extérieures et appui de l'Agence

1. Lorsque des manquements graves dans l'exécution du contrôle aux frontières extérieures sont constatés dans un rapport d'évaluation élaboré en vertu de l'article 14 du règlement (UE) n° 1053/2013 et afin de garantir le respect des recommandations visées à l'article 15 dudit règlement, la Commission peut recommander à l'État membre évalué, au moyen d'un acte d'exécution, de prendre certaines mesures spécifiques, qui peuvent comprendre l'un des éléments suivants ou les deux :

a) le lancement du déploiement d'équipes européennes de gardes-frontières conformément au règlement (CE) n° 2007/2004 ;

b) la présentation à l'Agence, pour avis, de ses plans stratégiques basés sur une évaluation des risques, y compris des informations sur le déploiement de personnel et d'équipements.

Cet acte d'exécution est adopté en conformité avec la procédure d'examen visée à l'article 38, paragraphe 2.

2. La Commission informe régulièrement le comité institué en vertu de l'article 38, paragraphe 1, des progrès accomplis dans la mise en œuvre des mesures visées au paragraphe 1 du présent article et de leur incidence sur les manquements constatés.

Elle informe également le Parlement européen et le Conseil.

3. Si le rapport d'évaluation visé au paragraphe 1 conclut que l'État membre évalué néglige gravement ses obligations et doit dès lors faire rapport sur la mise en œuvre du plan d'action concerné dans un délai de trois mois conformément à l'article 16, paragraphe 4, du règlement (UE) n° 1053/2013, et si, au terme de ce délai de trois mois, la Commission constate que la situation persiste, elle peut déclencher l'application de la procédure prévue à l'article 29 du présent règlement lorsque toutes les conditions pour ce faire sont réunies.

TITRE III

FRONTIÈRES INTÉRIEURES

Chapitre I

Absence de contrôle aux frontières intérieures

Art. 22. — Franchissement des frontières intérieures

Les frontières intérieures peuvent être franchies en tout lieu sans que des vérifications aux frontières soient effectuées sur les personnes, quelle que soit leur nationalité.

Art. 23. — Vérifications à l'intérieur du territoire

L'absence de contrôle aux frontières intérieures ne porte pas atteinte :

a) à l'exercice des compétences de police par les autorités compétentes de l'État membre en vertu du droit national, dans la mesure où l'exercice de ces compétences n'a pas un effet équivalent à celui des vérifications aux frontières ; cela s'applique également dans les zones frontalières. Au sens de la première phrase, l'exercice des compétences de police ne peut, en particulier, être considéré comme équivalent à l'exercice des vérifications aux frontières lorsque les mesures de police :

i) n'ont pas pour objectif le contrôle aux frontières ;
ii) sont fondées sur des informations générales et l'expérience des services de police relatives à d'éventuelles menaces pour la sécurité publique et visent, notamment, à lutter contre la criminalité transfrontalière ;
iii) sont conçues et exécutées d'une manière clairement distincte des vérifications systématiques effectuées sur les personnes aux frontières extérieures ;
iv) sont réalisées sur la base de vérifications réalisées à l'improviste ;
b) à l'exercice des contrôles de sûreté dans les ports ou aéroports, effectués sur les personnes par les autorités compétentes en vertu du droit de chaque État membre, par les responsables portuaires ou aéroportuaires ou par les transporteurs, pour autant que ces contrôles soient également effectués sur les personnes voyageant à l'intérieur d'un État membre ;
c) à la possibilité pour un État membre de prévoir dans son droit national l'obligation de détention et de port de titres et de documents ;
d) à la possibilité pour un État membre de prévoir dans son droit national l'obligation pour les ressortissants de pays tiers de signaler leur présence sur son territoire conformément aux dispositions de l'article 22 de la convention d'application de l'accord de Schengen du 14 juin 1985 entre les gouvernements des États de l'Union économique Benelux, de la République fédérale d'Allemagne et de la République française relatif à la suppression graduelle des contrôles aux frontières communes (ci-après dénommée « convention d'application de l'accord de Schengen »).

Art. 24. — Suppression des obstacles au trafic aux points de passage routiers aux frontières intérieures

Les États membres suppriment tous les obstacles qui empêchent un trafic fluide aux points de passage routiers aux frontières intérieures, notamment les limitations de vitesse qui ne sont pas fondées exclusivement sur des considérations de sécurité routière.

Parallèlement, les États membres doivent être en mesure de fournir les moyens nécessaires pour effectuer les vérifications au cas où les contrôles aux frontières intérieures seraient réintroduits.

Chapitre II

Réintroduction temporaire du contrôle aux frontières intérieures

Art. 25. — Cadre général pour la réintroduction temporaire du contrôle aux frontières intérieures

1. En cas de menace grave pour l'ordre public ou la sécurité intérieure d'un État membre dans l'espace sans contrôle aux frontières intérieures, cet État membre peut exceptionnellement réintroduire le contrôle aux frontières sur tous les tronçons ou sur certains tronçons spécifiques de ses frontières intérieures pendant une période limitée d'une durée maximale de trente jours ou pour la durée prévisible de la menace grave si elle est supérieure à trente jours. La portée et la durée de la réintroduction temporaire du contrôle aux frontières intérieures ne doivent pas excéder ce qui est strictement nécessaire pour répondre à la menace grave.

2. Le contrôle aux frontières intérieures n'est réintroduit qu'en dernier recours et conformément aux articles 27, 28 et 29. Les critères visés, respectivement, aux articles 26 et 30 sont pris en considération chaque fois qu'une décision de réintroduire le contrôle aux frontières intérieures est envisagée en vertu de l'article 27, 28 ou 29, respectivement.

3. Lorsque la menace grave pour l'ordre public ou la sécurité intérieure dans l'État membre concerné persiste au-delà de la durée prévue au paragraphe 1 du présent

article, ledit État membre peut prolonger le contrôle à ses frontières intérieures, en tenant compte des critères visés à l'article 26 et conformément à l'article 27, pour les mêmes raisons que celles visées au paragraphe 1 du présent article et, en tenant compte d'éventuels éléments nouveaux, pour des périodes renouvelables ne dépassant pas trente jours.

4. La durée totale de la réintroduction du contrôle aux frontières intérieures, y compris toute prolongation prévue au titre du paragraphe 3 du présent article, ne peut excéder six mois. Dans les circonstances exceptionnelles visées à l'article 29, cette durée totale peut être étendue à une durée maximale de deux ans conformément au paragraphe 1 dudit article.

Art. 26. — Critères pour la réintroduction temporaire du contrôle aux frontières intérieures

Lorsqu'un État membre décide, en dernier recours, la réintroduction temporaire du contrôle à une ou plusieurs de ses frontières intérieures ou sur des tronçons de celles-ci ou décide de prolonger ladite réintroduction, conformément à l'article 25 ou à l'article 28, paragraphe 1, il évalue la mesure dans laquelle cette réintroduction est susceptible de remédier correctement à la menace pour l'ordre public ou la sécurité intérieure et évalue la proportionnalité de la mesure par rapport à cette menace. Lors de cette évaluation, l'État membre tient compte, en particulier, de ce qui suit :

a) l'incidence probable de toute menace pour son ordre public ou sa sécurité intérieure, y compris du fait d'incidents ou de menaces terroristes, dont celles que représente la criminalité organisée ;

b) l'incidence probable d'une telle mesure sur la libre circulation des personnes au sein de l'espace sans contrôle aux frontières intérieures.

Art. 27. — Procédure de réintroduction temporaire du contrôle aux frontières intérieures au titre de l'article 25

1. Lorsqu'un État membre prévoit de réintroduire le contrôle aux frontières intérieures au titre de l'article 25, il notifie son intention aux autres États membres et à la Commission au plus tard quatre semaines avant la réintroduction prévue, ou dans un délai plus court lorsque les circonstances étant à l'origine de la nécessité de réintroduire le contrôle aux frontières intérieures sont connues moins de quatre semaines avant la date de réintroduction prévue. À cette fin, l'État membre fournit les informations suivantes :

a) les motifs de la réintroduction envisagée, y compris toutes les données pertinentes détaillant les événements qui constituent une menace grave pour son ordre public ou sa sécurité intérieure ;

b) la portée de la réintroduction envisagée, en précisant le ou les tronçon(s) des frontières intérieures où le contrôle doit être réintroduit ;

c) le nom des points de passage autorisés ;

d) la date et la durée de la réintroduction prévue ;

e) le cas échéant, les mesures que les autres États membres doivent prendre.

Une notification au titre du premier alinéa peut également être présentée conjointement par deux ou plusieurs États membres.

Si nécessaire, la Commission peut demander des informations complémentaires à l'État membre ou aux États membres concernés.

2. Les informations visées au paragraphe 1 sont présentées au Parlement européen et au Conseil et notifiées au même moment aux États membres et à la Commission en vertu dudit paragraphe.

3. L'État membre procédant à une notification au titre du paragraphe 1 peut, si nécessaire et conformément au droit national, décider de classifier une partie des informations.

Une telle classification ne fait pas obstacle à la mise à disposition de ces informations par la Commission au Parlement européen. La transmission et le traitement des informations et des documents transmis au Parlement européen au titre du présent article respectent les règles relatives à la transmission et au traitement des informations classifiées en vigueur entre le Parlement européen et la Commission.

4. À la suite de la notification par un État membre au titre du paragraphe 1, et en vue de la consultation prévue au paragraphe 5, la Commission ou tout autre État membre peut, sans préjudice de l'article 72 du traité sur le fonctionnement de l'Union européenne, émettre un avis.

Si, sur la base des informations figurant dans la notification ou de toute information complémentaire qu'elle a reçue, la Commission a des doutes quant à la nécessité ou la proportionnalité de la réintroduction prévue du contrôle aux frontières intérieures, ou si elle estime qu'une consultation sur certains aspects de la notification serait appropriée, elle émet un avis en ce sens.

5. Les informations visées au paragraphe 1, ainsi que tout avis éventuel émis par la Commission ou un État membre au titre du paragraphe 4, font l'objet d'une consultation, y compris, le cas échéant, de réunions conjointes entre l'État membre prévoyant de réintroduire le contrôle aux frontières intérieures, les autres États membres, en particulier ceux directement concernés par de telles mesures, et la Commission, afin d'organiser, le cas échéant, une coopération mutuelle entre les États membres et d'examiner la proportionnalité des mesures par rapport aux événements qui sont à l'origine de la réintroduction du contrôle aux frontières ainsi qu'à la menace pour l'ordre public ou la sécurité intérieure

6. La consultation visée au paragraphe 5 a lieu au moins dix jours avant la date prévue pour la réintroduction du contrôle aux frontières.

Art. 28. — Procédure spécifique dans les cas nécessitant une action immédiate

1. Lorsqu'une menace grave pour l'ordre public ou la sécurité intérieure d'un État membre exige une action immédiate, l'État membre concerné peut, exceptionnellement, immédiatement réintroduire le contrôle aux frontières intérieures, pour une période limitée n'excédant pas dix jours.

2. Lorsqu'un État membre réintroduit le contrôle à ses frontières intérieures, il notifie ce fait simultanément aux autres États membres et à la Commission, et communique les informations visées à l'article 27, paragraphe 1, y compris les raisons qui justifient le recours à la procédure énoncée au présent article. La Commission peut immédiatement consulter les autres États membres dès la réception de la notification.

3. Si la menace grave pour l'ordre public ou la sécurité intérieure persiste au-delà de la durée prévue au paragraphe 1 du présent article, l'État membre peut décider de prolonger le contrôle aux frontières intérieures pour des périodes renouvelables n'excédant pas vingt jours. Ce faisant, l'État membre concerné tient compte des critères visés à l'article 26, y compris une évaluation actualisée de la nécessité et de la proportionnalité de la mesure, et tient compte d'éventuels éléments nouveaux.

Lorsqu'une telle prolongation a lieu, les dispositions de l'article 27, paragraphes 4 et 5, s'appliquent mutatis mutandis et la consultation a lieu sans tarder après la notification de la décision de prolongation à la Commission et aux États membres.

4. Sans préjudice de l'article 25, paragraphe 4, la durée totale de la réintroduction du contrôle aux frontières intérieures, sur la base de la période initiale au titre du paragraphe 1 du présent article et des prolongations éventuelles au titre du paragraphe 3 du présent article, ne dépasse pas deux mois.

5. La Commission informe sans tarder le Parlement européen des notifications effectuées au titre du présent article.

Art. 29. — Procédure spécifique en cas de circonstances exceptionnelles mettant en péril le fonctionnement global de l'espace sans contrôle aux frontières intérieures

1. Dans des circonstances exceptionnelles mettant en péril le fonctionnement global de l'espace sans contrôle aux frontières intérieures du fait de manquements graves persistants liés au contrôle aux frontières extérieures visés à l'article 21 du présent règlement ou résultant du non-respect, par un État membre, d'une décision du Conseil visée à l'article 19, paragraphe 1, du règlement (UE) 2016/1624 du Parlement européen et du Conseil et dans la mesure où ces circonstances représentent une menace grave pour l'ordre public ou la sécurité intérieure dans l'espace sans contrôle aux frontières intérieures ou sur des tronçons de cet espace, le contrôle aux frontières intérieures peut être réintroduit conformément au paragraphe 2 du présent article pour une durée n'excédant pas six mois. Cette durée peut être prolongée, trois fois au maximum, pour une nouvelle durée n'excédant pas six mois si les circonstances exceptionnelles persistent.

2. Lorsqu'aucune autre mesure, notamment celles visées à l'article 21, paragraphe 1, ne peut effectivement atténuer la menace grave constatée, le Conseil peut, en dernier recours et à titre de mesure de protection des intérêts communs au sein de l'espace sans contrôle aux frontières intérieures, recommander à un ou plusieurs États membres de décider de réintroduire le contrôle à toutes leurs frontières intérieures ou sur des tronçons spécifiques de celles-ci. La recommandation du Conseil se fonde sur une proposition de la Commission. Les États membres peuvent demander à la Commission de présenter une telle proposition de recommandation au Conseil.

Dans sa recommandation, le Conseil indique au moins les informations visées à l'article 27, paragraphe 1, points a) à e).

Le Conseil peut recommander une prolongation conformément aux conditions et à la procédure énoncées au présent article.

Avant de réintroduire le contrôle à toutes ses frontières intérieures ou sur des tronçons spécifiques de celles-ci au titre du présent paragraphe, l'État membre le notifie aux autres États membres, au Parlement européen et à la Commission.

3. En cas de non-application par un État membre de la recommandation visée au paragraphe 2, celui-ci en communique sans tarder les motifs par écrit à la Commission.

Dans un tel cas, la Commission présente au Parlement européen et au Conseil un rapport évaluant les motifs communiqués par l'État membre concerné et les conséquences pour la protection des intérêts communs au sein de l'espace sans contrôle aux frontières intérieures.

4. Pour des raisons d'urgence dûment justifiées liées aux situations dans lesquelles les circonstances à l'origine de la nécessité de prolonger le contrôle aux frontières intérieures, conformément au paragraphe 2, ne sont connues que moins de dix jours avant la fin de la période de réintroduction précédente, la Commission peut adopter toutes les recommandations nécessaires par le biais d'actes d'exécution immédiatement applicables en conformité avec la procédure visée à l'article 38, paragraphe 3. Dans les quatorze jours de l'adoption de ces recommandations, la Commission présente au Conseil une proposition de recommandation conformément au paragraphe 2 du présent article.

5. Le présent article est sans préjudice des mesures que les États membres peuvent adopter en cas de menace grave pour l'ordre public ou la sécurité intérieure au titre des articles 25, 27 et 28.

Art. 30. — Critères pour la réintroduction temporaire du contrôle aux frontières intérieures en cas de circonstances exceptionnelles mettant en péril le fonctionnement global de l'espace sans contrôle aux frontières intérieures

1. Lorsque le Conseil recommande, en dernier recours, conformément à l'article 29, paragraphe 2, la réintroduction temporaire du contrôle à une ou plusieurs frontières intérieures ou sur des tronçons de celles-ci, il évalue la mesure dans laquelle cette réintroduction est susceptible de remédier correctement à la menace pour l'ordre public ou la sécurité intérieure au sein de l'espace sans contrôle aux frontières intérieures et évalue la proportionnalité de la mesure par rapport à cette menace. Cette évaluation repose sur les informations détaillées fournies par le ou les États membres concernés et par la Commission et sur toute autre information pertinente, y compris toute information obtenue en vertu du paragraphe 2 du présent article. Lors de cette évaluation, il est tenu compte, en particulier, de ce qui suit :

a) la disponibilité de mesures de soutien technique ou financier auxquelles il serait possible de recourir ou auxquelles il a été recouru au niveau national ou au niveau de l'Union, ou à ces deux niveaux, y compris l'aide d'organes, d'organismes ou d'agences de l'Union tels que l'Agence, le Bureau européen d'appui en matière d'asile, créé par le règlement (UE) n° 439/2010 du Parlement européen et du Conseil, ou l'Office européen de police (Europol), créé par la décision 2009/371/JAI, et la mesure dans laquelle de telles mesures sont susceptibles de remédier correctement à la menace pour l'ordre public ou la sécurité intérieure au sein de l'espace sans contrôle aux frontières intérieures ;

b) l'incidence actuelle et probable à l'avenir de tout manquement grave lié au contrôle aux frontières extérieures constaté dans le cadre des évaluations effectuées en vertu du règlement (UE) n° 1053/2013 et la mesure dans laquelle ces manquements graves constituent une menace grave pour l'ordre public ou la sécurité intérieure au sein de l'espace sans contrôle aux frontières intérieures ;

c) l'incidence probable de la réintroduction du contrôle aux frontières sur la libre circulation des personnes au sein de l'espace sans contrôle aux frontières intérieures.

2. Avant d'adopter une proposition de recommandation du Conseil conformément à l'article 29, paragraphe 2, la Commission peut :

a) demander aux États membres, à l'Agence, à Europol ou à d'autres organes, organismes ou agences de l'Union de lui fournir de plus amples informations ;

b) effectuer des visites sur place, avec le soutien d'experts des États membres et de l'Agence, d'Europol ou de tout autre organe, organisme ou agence compétent(e) de l'Union, afin d'obtenir ou de vérifier des informations pertinentes pour cette recommandation.

Art. 31. — Information du Parlement européen et du Conseil

La Commission et le ou les États membres concernés informent dès que possible le Parlement européen et le Conseil de toute raison susceptible de déclencher l'application des articles 21 et 25 à 30.

Art. 32. — Dispositions s'appliquant en cas de réintroduction du contrôle aux frontières intérieures

Lorsque le contrôle aux frontières intérieures est réintroduit, les dispositions pertinentes du titre II s'appliquent *mutatis mutandis*.

Art. 33. — Rapport sur la réintroduction du contrôle aux frontières intérieures

Dans les quatre semaines de la levée du contrôle aux frontières intérieures, l'État membre qui a réalisé un contrôle aux frontières intérieures présente un rapport au Parlement européen, au Conseil et à la Commission sur la réintroduction du contrôle aux frontières intérieures, qui donne notamment un aperçu de l'évaluation initiale et du respect des critères visés aux articles 26, 28 et 30, de la mise en œuvre des vérifications, de la coopération concrète avec les États membres voisins, de l'incidence sur la libre circulation des personnes qui en résulte et de l'efficacité de la réintroduction du contrôle aux frontières intérieures, y compris une évaluation ex post de la proportionnalité de cette réintroduction.

La Commission peut émettre un avis sur cette évaluation ex post de la réintroduction temporaire du contrôle à une ou plusieurs frontières intérieures ou sur certains tronçons de celles-ci.

La Commission présente au Parlement européen et au Conseil, au moins une fois par an, un rapport sur le fonctionnement de l'espace sans contrôle aux frontières intérieures. Le rapport comprend une liste de toutes les décisions de réintroduction du contrôle aux frontières intérieures prises durant l'année en question.

Art. 34. — Information du public

La Commission et l'État membre concerné fournissent au public, de manière coordonnée, des informations sur toute décision de réintroduire le contrôle aux frontières intérieures et indiquent en particulier la date de début et de fin de ladite mesure, à moins que des raisons impérieuses de sécurité ne s'y opposent.

Art. 35. — Confidentialité

À la demande de l'État membre concerné, les autres États membres, le Parlement européen et la Commission respectent le caractère confidentiel des informations fournies dans le cadre de la réintroduction et de la prolongation du contrôle aux frontières ainsi que du rapport établi conformément à l'article 33.

N° 18.4 Le droit des citoyens de l'Union et des membres de leurs familles de circuler et de séjourner librement sur le territoire des États membres : la directive modifiée 2004/38/CE du Parlement et du Conseil du 29 avril 2004 (extraits) [50]

Chapitre I

Dispositions générales

Article premier. — Objet

La présente directive concerne :

a) les conditions d'exercice du droit des citoyens de l'Union et des membres de leur famille de circuler et de séjourner librement sur le territoire des États membres ;

b) le droit de séjour permanent, dans les États membres, des citoyens de l'Union et des membres de leur famille ;

c) les limitations aux droits prévus aux points *a)* et *b)* pour des raisons d'ordre public, de sécurité publique ou de santé publique.

---

(50) Directive publiée au *JO* L 158 du 30 avril 2004, elle modifie le règlement (CEE) n° 1612/68 et abrogeant les directives 64/221/CEE, 68/360/CEE, 72/194/CEE, 73/148/CEE, 75/34/CEE, 75/35/CEE, 90/364/CEE, 90/365/CEE et 93/96/CEE. Elle a été modifiée en 2004 (*JO* L 229 29 juin 2004), en 2005 (*JO* L 197 28 juillet 2005) et en 2011 par le règlement (UE) n° 492/2011 du Parlement européen et du Conseil du 5 avril 2011 (L 141/1 27 mai 2011). Cette directive a fait l'objet d'une transposition notamment par la loi n° 2006-911 du 24 juillet 2006 relative à l'immigration et à l'intégration, le décret n° 2007-371 du 21 mars 2007 relatif au droit de séjour en France des citoyens de l'Union européenne, des ressortissants des autres États parties à l'Espace économique européen et de la Confédération suisse ainsi que des membres de leur famille et la loi n° 2007-1631 du 20 novembre 2007 relative à la maîtrise de l'immigration, à l'intégration et à l'asile.

Art. 2. — Définitions.

Aux fins de la présente directive, on entend par :

1. « citoyen de l'Union » : toute personne ayant la nationalité d'un État membre ;

2. « membre de la famille » :

a) le conjoint ;

b) le partenaire avec lequel le citoyen de l'Union a contracté un partenariat enregistré, sur la base de la législation d'un État membre, si, conformément à la législation de l'État membre d'accueil, les partenariats enregistrés sont équivalents au mariage, et dans le respect des conditions prévues par la législation pertinente de l'État membre d'accueil ;

c) les descendants directs qui sont âgés de moins de vingt et un ans ou qui sont à charge, et les descendants directs du conjoint ou du partenaire tel que visé au point *b)* ;

d) les ascendants directs à charge et ceux du conjoint ou du partenaire tel que visé au point b) ;

3. « État membre d'accueil » : l'État membre dans lequel se rend un citoyen de l'Union en vue d'exercer son droit de circuler et de séjourner librement.

Art. 3. — Bénéficiaires.

1. La présente directive s'applique à tout citoyen de l'Union qui se rend ou séjourne dans un État membre autre que celui dont il a la nationalité, ainsi qu'aux membres de sa famille, tels que définis à l'article 2, point 2), qui l'accompagnent ou le rejoignent.

2. Sans préjudice d'un droit personnel à la libre circulation et au séjour de l'intéressé, l'État membre d'accueil favorise, conformément à sa législation nationale, l'entrée et le séjour des personnes suivantes :

a) tout autre membre de la famille, quelle que soit sa nationalité, qui n'est pas couvert par la définition figurant à l'article 2, point 2), si, dans le pays de provenance, il est à charge ou fait partie du ménage du citoyen de l'Union bénéficiaire du droit de séjour à titre principal, ou lorsque, pour des raisons de santé graves, le citoyen de l'Union doit impérativement et personnellement s'occuper du membre de la famille concerné ;

b) le partenaire avec lequel le citoyen de l'Union a une relation durable, dûment attestée.

L'État membre d'accueil entreprend un examen approfondi de la situation personnelle et motive tout refus d'entrée ou de séjour visant ces personnes.

Chapitre II

Droit de sortie et d'entrée

Art. 4. — Droit de sortie.

1. Sans préjudice des dispositions concernant les documents de voyage, applicables aux contrôles aux frontières nationales, tout citoyen de l'Union muni d'une carte d'identité ou d'un passeport en cours de validité, ainsi que les membres de sa famille qui n'ont pas la nationalité d'un État membre munis d'un passeport en cours de validité, ont le droit de quitter le territoire d'un État membre en vue de se rendre dans un autre État membre.

2. Aucun visa de sortie ni obligation équivalente ne peuvent être imposés aux personnes visées au paragraphe 1.

3. Les États membres, agissant conformément à leur législation, délivrent à leurs citoyens, ou renouvellent, une carte d'identité ou un passeport indiquant leur nationalité.

4. Le passeport doit être valable au moins pour tous les États membres et pour les pays de transit direct entre ceux-ci. Lorsque la législation d'un État membre ne prévoit pas la délivrance d'une carte d'identité, la durée de la validité du passeport, lors de sa délivrance ou de son renouvellement, ne peut être inférieure à cinq ans.

Art. 5. — Droit d'entrée.

1. Sans préjudice des dispositions concernant les documents de voyage, applicables aux contrôles aux frontières nationales, les États membres admettent sur leur territoire le citoyen de l'Union muni d'une carte d'identité ou d'un passeport en cours de validité ainsi que les membres de sa famille qui n'ont pas la nationalité d'un État membre et qui sont munis d'un passeport en cours de validité.

Aucun visa d'entrée ni obligation équivalente ne peuvent être imposés au citoyen de l'Union.

2. Les membres de la famille qui n'ont pas la nationalité d'un État membre ne sont soumis qu'à l'obligation de visa d'entrée, conformément au règlement (CE) n° 539/2001 ou, le cas échéant, à la législation nationale. Aux fins de la présente directive, la possession de la carte de séjour en cours de validité visée à l'article 10, dispense les membres de la famille concernés de l'obligation d'obtenir un visa.

Les États membres accordent à ces personnes toutes facilités pour obtenir les visas nécessaires. Ces visas sont délivrés sans frais dans les meilleurs délais et dans le cadre d'une procédure accélérée.

3. L'État membre d'accueil n'appose pas de cachet d'entrée ou de sortie sur le passeport d'un membre de la famille n'ayant pas la nationalité d'un État membre, à partir du moment où l'intéressé présente la carte de séjour prévue à l'article 10.

4. Lorsqu'un citoyen de l'Union ou un membre de la famille qui n'a pas la nationalité d'un État membre ne dispose pas du document de voyage requis ou, le cas échéant, du visa nécessaire, l'État membre concerné accorde à ces personnes tous les moyens raisonnables afin de leur permettre d'obtenir ou de se procurer, dans un délai raisonnable, les documents requis ou de faire confirmer ou prouver par d'autres moyens leur qualité de bénéficiaires du droit de circuler et de séjourner librement, avant de procéder au refoulement.

5. L'État membre peut imposer à l'intéressé de signaler sa présence sur son territoire dans un délai raisonnable et non discriminatoire. Le non-respect de cette obligation peut être passible de sanctions non discriminatoires et proportionnées.

Chapitre III

Droit de séjour

Art. 6. — Droit de séjour jusqu'à trois mois.

1. Les citoyens de l'Union ont le droit de séjourner sur le territoire d'un autre État membre pour une période allant jusqu'à trois mois, sans autres conditions ou formalités que l'exigence d'être en possession d'une carte d'identité ou d'un passeport en cours de validité.

2. Les dispositions du paragraphe 1 s'appliquent également aux membres de la famille munis d'un passeport en cours de validité qui n'ont pas la nationalité d'un État membre et qui accompagnent ou rejoignent le citoyen de l'Union.

Art. 7. — Droit de séjour de plus de trois mois.

1. Tout citoyen de l'Union a le droit de séjourner sur le territoire d'un autre État membre pour une durée de plus de trois mois :

a) s'il est un travailleur salarié ou non salarié dans l'État membre d'accueil, ou

b) s'il dispose, pour lui et pour les membres de sa famille, de ressources suffisantes afin de ne pas devenir une charge pour le système d'assistance sociale de l'État membre d'accueil au cours de son séjour, et d'une assurance maladie complète dans l'État membre d'accueil, ou, *c)* — s'il est inscrit dans un établissement privé ou public, agréé ou financé par l'État membre d'accueil sur la base de sa législation ou de sa pratique administrative, pour y suivre à titre principal des études, y compris une formation professionnelle et

— s'il dispose d'une assurance maladie complète dans l'État membre d'accueil et garantit à l'autorité nationale compétente, par le biais d'une déclaration ou par tout autre moyen équivalent de son choix, qu'il dispose de ressources suffisantes pour lui-même et pour les membres de sa famille afin d'éviter de devenir une charge pour le système d'assistance sociale de l'État membre d'accueil au cours de leur période de séjour ; ou

d) si c'est un membre de la famille accompagnant ou rejoignant un citoyen de l'Union qui lui-même satisfait aux conditions énoncées aux points *a), b)* ou *c).*

2. Le droit de séjour prévu au paragraphe 1 s'étend aux membres de la famille n'ayant pas la nationalité d'un État membre lorsqu'ils accompagnent ou rejoignent dans l'État membre d'accueil le citoyen de l'Union, pour autant que ce dernier satisfasse aux conditions énoncées au paragraphe 1, points *a), b)* ou *c).*

3. Aux fins du paragraphe 1, point *a),* le citoyen de l'Union qui n'exerce plus d'activité salariée ou non salariée conserve la qualité de travailleur salarié ou de non salarié dans les cas suivants :

a) s'il a été frappé par une incapacité de travail temporaire résultant d'une maladie ou d'un accident ;

b) s'il se trouve en chômage involontaire dûment constaté après avoir été employé pendant plus d'un an et s'est fait enregistrer en qualité de demandeur d'emploi auprès du service de l'emploi compétent ;

c) s'il se trouve en chômage involontaire dûment constaté à la fin de son contrat de travail à durée déterminée inférieure à un an ou après avoir été involontairement au chômage pendant les douze premiers mois et s'est fait enregistré en qualité de demandeur d'emploi auprès du service de l'emploi compétent ; dans ce cas, il conserve le statut de travailleur pendant au moins six mois ;

d) s'il entreprend une formation professionnelle. À moins que l'intéressé ne se trouve en situation de chômage involontaire, le maintien de la qualité de travailleur suppose qu'il existe une relation entre la formation et l'activité professionnelle antérieure.

4. Par dérogation au paragraphe 1, point *d),* et au paragraphe 2 ci-dessus, seul le conjoint, le partenaire enregistré au sens de l'article 2, paragraphe 2, point *b),* et les enfants à charge bénéficient du droit de séjour en tant que membres de la famille d'un citoyen de l'Union qui remplit les conditions énoncées au paragraphe 1, point *c).* L'article 3, paragraphe 2, s'applique à ses ascendants directs à charge et à ceux de son conjoint ou partenaire enregistré.

Art. 8. — Formalités administratives à charge des citoyens de l'Union.

1. Sans préjudice de l'article 5, paragraphe 5, pour des séjours d'une durée supérieure à trois mois, l'État membre d'accueil peut imposer aux citoyens de l'Union de se faire enregistrer auprès des autorités compétentes.

2. Le délai imparti pour l'enregistrement ne peut pas être inférieur à trois mois à compter de la date d'arrivée. Une attestation d'enregistrement est délivrée immédiatement, qui précise le nom et l'adresse de la personne enregistrée ainsi que la date de l'enregistrement. Le non-respect de l'obligation d'enregistrement peut être passible de sanctions non discriminatoires et proportionnées.

3. Pour la délivrance de l'attestation d'enregistrement, les États membres peuvent seulement exiger :

— du citoyen de l'Union auquel s'applique l'article 7, paragraphe 1, point *a),* qu'il présente une carte d'identité ou un passeport en cours de validité, une promesse d'embauche délivrée par l'employeur, une attestation d'emploi ou une preuve attestant d'une activité non salariée ;

— du citoyen de l'Union auquel s'applique l'article 7, paragraphe 1, point *b)*, qu'il présente une carte d'identité ou un passeport en cours de validité et qu'il apporte la preuve qu'il satisfait aux conditions énoncées par cette disposition ;

— du citoyen de l'Union visé à l'article 7, paragraphe 1, point *c)*, qu'il présente une carte d'identité ou un passeport en cours de validité, qu'il apporte la preuve qu'il est inscrit dans un établissement agréé et qu'il a souscrit une assurance maladie complète, et qu'il produise la déclaration ou tout autre élément équivalent visés à l'article 7, paragraphe 1, point *c)*. Les États membres ne peuvent pas exiger que cette déclaration précise le montant des ressources.

4. Les États membres ne peuvent pas fixer le montant des ressources qu'ils considèrent comme suffisantes, mais ils doivent tenir compte de la situation personnelle de la personne concernée. Dans tous les cas, ce montant n'est pas supérieur au niveau en dessous duquel les ressortissants de l'État d'accueil peuvent bénéficier d'une assistance sociale ni, lorsque ce critère ne peut s'appliquer, supérieur à la pension minimale de sécurité sociale versée par l'État membre d'accueil.

5. Pour la délivrance de l'attestation d'enregistrement aux membres de la famille des citoyens de l'Union, qui sont eux-mêmes citoyens de l'Union, les États membres peuvent demander la présentation des documents suivants :

a) une carte d'identité ou un passeport en cours de validité ;

b) un document attestant de l'existence d'un lien de parenté ou d'un partenariat enregistré ;

c) le cas échéant, l'attestation d'enregistrement du citoyen de l'Union qu'ils accompagnent ou rejoignent ;

d) dans les cas visés à l'article 2, paragraphe 2, points *c)* et *d)*, les pièces justificatives attestant que les conditions énoncées dans cette disposition sont remplies ;

e) dans les cas visés à l'article 3, paragraphe 2, point *a)*, un document délivré par l'autorité compétente du pays d'origine ou de provenance attestant qu'ils sont à la charge du citoyen de l'Union ou font partie de son ménage, ou une preuve de l'existence de raisons de santé graves qui exigent que le citoyen de l'Union s'occupe impérativement et personnellement du membre de la famille concerné ;

f) dans les cas relevant de l'article 3, paragraphe 2, point *b)*, une preuve de l'existence d'une relation durable avec le citoyen de l'Union.

Art. 9. — Formalités administratives à charge des membres de la famille qui ne sont pas ressortissants d'un État membre.

1. Les États membres délivrent une carte de séjour aux membres de la famille d'un citoyen de l'Union qui n'ont pas la nationalité d'un État membre lorsque la durée du séjour envisagé est supérieure à trois mois.

2. Le délai imparti pour introduire la demande de carte de séjour ne peut pas être inférieur à trois mois à compter de la date d'arrivée.

3. Le non-respect de l'obligation de demander la carte de séjour peut être passible de sanctions non discriminatoires et proportionnées.

Art. 10. — Délivrance de la carte de séjour.

1. Le droit de séjour des membres de la famille d'un citoyen de l'Union qui n'ont pas la nationalité d'un État membre est constaté par la délivrance d'un document dénommé « Carte de séjour de membre de la famille d'un citoyen de l'Union » au plus tard dans les six mois suivant le dépôt de la demande. Une attestation du dépôt de la demande de carte de séjour est délivrée immédiatement.

2. Pour la délivrance de la carte de séjour, les États membres demandent la présentation des documents suivants :

a) un passeport en cours de validité ;

b) un document attestant l'existence d'un lien de parenté ou d'un partenariat enregistré ;

c) l'attestation d'enregistrement ou, en l'absence d'un système d'enregistrement, une autre preuve du séjour dans l'État membre d'accueil du citoyen de l'Union qu'ils accompagnent ou rejoignent ;

d) dans les cas visés à l'article 2, paragraphe 2, point *c)* et *d)*, les pièces justificatives attestant que les conditions énoncées dans cette disposition sont remplies ;

e) dans les cas visés à l'article 3, paragraphe 2, point *a)*, un document délivré par l'autorité compétente du pays d'origine ou de provenance attestant qu'ils sont à la charge du citoyen de l'Union ou font partie de son ménage, ou une preuve de l'existence de raisons de santé graves qui exigent que le citoyen de l'Union s'occupe personnellement du membre de la famille concerné ;

f) dans les cas relevant de l'article 3, paragraphe 2, point *b)*, une preuve de l'existence d'une relation durable avec le citoyen de l'Union.

Art. 11. — Validité de la carte de séjour.

1. La carte de séjour prévue à l'article 10, paragraphe 1, a une durée de validité de cinq ans à dater de sa délivrance ou une durée correspondant à la durée du séjour envisagée du citoyen de l'Union si celle-ci est inférieure à cinq ans.

2. La validité de la carte de séjour n'est pas affectée par des absences temporaires ne dépassant pas six mois par an, ni par des absences d'une durée plus longue pour l'accomplissement des obligations militaires ou par une absence de douze mois consécutifs au maximum pour des raisons importantes, telles qu'une grossesse et un accouchement, une maladie grave, des études ou une formation professionnelle, ou un détachement pour raisons professionnelles dans un autre État membre ou d'un pays tiers.

Art. 12. — Maintien du droit de séjour des membres de la famille en cas de décès ou départ du citoyen de l'Union.

1. Sans préjudice du deuxième alinéa, le décès du citoyen de l'Union ou son départ du territoire de l'État membre d'accueil n'affecte pas le droit de séjour des membres de sa famille qui ont la nationalité d'un État membre.

Avant l'acquisition du droit de séjour permanent, les intéressés doivent remplir eux-mêmes les conditions énoncées à l'article 7, paragraphe 1, points *a), b), c)* ou *d)*.

2. Sans préjudice du deuxième alinéa, le décès du citoyen de l'Union n'entraîne pas la perte du droit de séjour des membres de sa famille qui n'ont pas la nationalité d'un État membre et qui résidaient dans l'État membre d'accueil en tant que membre de sa famille depuis au moins un an avant le décès du citoyen de l'Union.

Avant l'acquisition du droit de séjour permanent, le droit de séjour des intéressés reste soumis à l'obligation de pouvoir démontrer qu'ils sont travailleurs salariés ou non ou qu'ils disposent, pour eux-mêmes et pour les membres de leur famille, de ressources suffisantes pour ne pas devenir une charge pour le système d'assistance sociale de l'État membre d'accueil pendant la durée de leur séjour, et qu'ils sont entièrement couverts par une assurance maladie dans l'État membre d'accueil, ou qu'ils sont membres de la famille, déjà constituée dans l'État membre d'accueil, d'une personne répondant à ces exigences. Les ressources suffisantes sont celles définies à l'article 8, paragraphe 4.

Les membres de la famille susvisés conservent leur droit de séjour exclusivement à titre personnel.

3. Le départ du citoyen de l'Union ou son décès n'entraîne pas la perte du droit de séjour de ses enfants ou du parent qui a effectivement la garde des enfants, quelle que soit leur nationalité, pour autant que ceux-ci résident dans l'État membre d'accueil et

soient inscrits dans un établissement scolaire pour y suivre un enseignement, jusqu'à la fin de leurs études.

Art. 13. — Maintien du droit de séjour des membres de la famille en cas de divorce, d'annulation du mariage ou de rupture d'un partenariat enregistré.

1. Sans préjudice du deuxième alinéa, le divorce, l'annulation du mariage d'un citoyen de l'Union ou la rupture d'un partenariat enregistré tel que visé à l'article 2, point 2) *b)*, n'affecte pas le droit de séjour des membres de sa famille qui ont la nationalité d'un État membre.

Avant l'acquisition du droit de séjour permanent, les intéressés doivent remplir les conditions prévues à l'article 7, paragraphe 1, points *a)*, *b)*, *c)* ou *d)*.

2. Sans préjudice du deuxième alinéa, le divorce, l'annulation du mariage ou la rupture d'un partenariat enregistré tel que visé à l'article 2, point 2 *b)*, n'entraîne pas la perte du droit de séjour des membres de la famille d'un citoyen de l'Union qui n'ont pas la nationalité d'un État membre :

a) lorsque le mariage ou le partenariat enregistré a duré au moins trois ans avant le début de la procédure judiciaire de divorce ou d'annulation ou la rupture, dont un an au moins dans l'État membre d'accueil, ou

b) lorsque la garde des enfants du citoyen de l'Union a été confiée au conjoint ou au partenaire qui n'a pas la nationalité d'un État membre, par accord entre les conjoints ou entre les partenaires, tels que visés à l'article 2, point 2 *b)*, ou par décision de justice, ou

c) lorsque des situations particulièrement difficiles l'exigent, par exemple le fait d'avoir été victime de violence domestique lorsque le mariage ou le partenariat enregistré subsistait encore, ou

d) lorsque le conjoint ou le partenaire qui n'a pas la nationalité d'un État membre bénéficie, par accord entre les époux ou entre les partenaires, tels que visés à l'article 2, point 2 *b)*, ou par décision de justice, d'un droit de visite à l'enfant mineur, à condition que le juge ait estimé que les visites devaient avoir lieu dans l'État membre et aussi longtemps qu'elles sont jugées nécessaires.

Avant l'acquisition du droit de séjour permanent, le droit de séjour des intéressés reste soumis à l'obligation de pouvoir démontrer qu'ils sont travailleurs salariés ou non ou qu'ils disposent, pour eux-mêmes et pour les membres de leur famille, de ressources suffisantes pour ne pas devenir une charge pour le système d'assistance sociale de l'État membre d'accueil pendant la durée de leur séjour, et qu'ils sont entièrement couverts par une assurance maladie dans l'État membre d'accueil, ou qu'ils sont membres de la famille, déjà constituée dans l'État membre d'accueil, d'une personne répondant à ces exigences. Les ressources suffisantes sont celles prévues à l'article 8, paragraphe 4.

Les membres de la famille susvisés conservent leur droit de séjour exclusivement à titre personnel.

Art. 14. — Maintien du droit de séjour.

1. Les citoyens de l'Union et les membres de leur famille ont un droit de séjour tel que prévu à l'article 6 tant qu'ils ne deviennent pas une charge déraisonnable pour le système d'assistance sociale de l'État membre d'accueil.

2. Les citoyens de l'Union et les membres de leur famille ont un droit de séjour tel que prévu aux articles 7, 12 et 13 tant qu'ils répondent aux conditions énoncées dans ces articles.

Dans certains cas spécifiques lorsqu'il est permis de douter qu'un citoyen de l'Union ou les membres de sa famille remplissent les conditions énoncées aux articles 7, 12 et 13, les États membres peuvent vérifier si c'est effectivement le cas. Cette vérification n'est pas systématique.

3. Le recours au système d'assistance sociale par un citoyen de l'Union ou un membre de sa famille n'entraîne pas automatiquement une mesure d'éloignement.

4. À titre de dérogation aux dispositions des paragraphes 1 et 2 et sans préjudice des dispositions du chapitre VI, les citoyens de l'Union et les membres de leur famille ne peuvent en aucun cas faire l'objet d'une mesure d'éloignement lorsque :

a) les citoyens de l'Union concernés sont des salariés ou des non salariés, ou

b) les citoyens de l'Union concernés sont entrés sur le territoire de l'État membre d'accueil pour y chercher un emploi. Dans ce cas, les citoyens de l'Union et les membres de leur famille ne peuvent être éloignés tant que les citoyens de l'Union sont en mesure de faire la preuve qu'ils continuent à chercher un emploi et qu'ils ont des chances réelles d'être engagés.

Art. 15. — Garanties procédurales.

1. Les procédures prévues aux articles 30 et 31 s'appliquent par analogie à toute décision limitant la libre circulation d'un citoyen de l'Union ou des membres de sa famille prise pour des raisons autres que d'ordre public, de sécurité publique ou de santé publique.

2. L'expiration de la carte d'identité ou du passeport ayant permis à la personne concernée d'entrer sur le territoire de l'État membre d'accueil et d'obtenir un certificat d'enregistrement ou une carte de séjour ne constitue pas un motif suffisant pour cet État membre pour prendre une mesure d'éloignement.

3. L'État membre d'accueil ne peut pas assortir la décision d'éloignement visée au paragraphe 1 d'une interdiction d'entrée sur le territoire.

Chapitre IV

Droit de séjour permanent

Section I

Éligibilité

Art. 16. — Règle générale pour les citoyens de l'Union et les membres de leur famille.

1. Les citoyens de l'Union ayant séjourné légalement pendant une période ininterrompue de cinq ans sur le territoire de l'État membre d'accueil acquièrent le droit de séjour permanent sur son territoire. Ce droit n'est pas soumis aux conditions prévues au chapitre III.

2. Le paragraphe 1 s'applique également aux membres de la famille qui n'ont pas la nationalité d'un État membre et qui ont séjourné légalement pendant une période ininterrompue de cinq ans avec le citoyen de l'Union dans l'État membre d'accueil.

3. La continuité du séjour n'est pas affectée par des absences temporaires ne dépassant pas au total six mois par an, ni par des absences plus longues pour l'accomplissement d'obligations miliaires ou par une absence ininterrompue de douze mois consécutifs au maximum pour des raisons importantes, telles qu'une grossesse et un accouchement, une maladie grave, des études ou une formation professionnelle, ou le détachement pour raisons professionnelles dans un autre État membre ou un pays tiers.

4. Une fois acquis, le droit de séjour permanent ne se perd que par des absences d'une durée supérieure à deux ans consécutifs de l'État membre d'accueil.

Art. 17. — Dérogations pour les travailleurs ayant cessé leur activité dans l'État membre d'accueil et les membres de leur famille.

1. Par dérogation à l'article 16, ont un droit de séjour permanent dans l'État membre d'accueil, avant l'écoulement d'une période ininterrompue de cinq ans de séjour :

a) le travailleur salarié ou non salarié qui, au moment où il cesse son activité, a atteint l'âge prévu par la législation de cet État membre pour faire valoir ses droits à une pension de vieillesse ou le travailleur qui cesse d'exercer une activité salariée à la suite d'une mise à la retraite anticipée, lorsqu'il y a exercé son activité pendant les douze derniers mois au moins et y réside sans interruption depuis plus de trois ans.

Au cas où la législation de l'État membre d'accueil ne reconnaît pas le droit à une pension de vieillesse à certaines catégories de travailleurs non salariés, la condition d'âge est considérée comme remplie lorsque le bénéficiaire a atteint l'âge de 60 ans ;

b) le travailleur salarié ou non salarié qui, séjournant d'une façon continue dans l'État membre d'accueil depuis plus de deux ans, cesse d'y exercer son activité à la suite d'une incapacité permanente de travail.

Si cette incapacité résulte d'un accident de travail ou d'une maladie professionnelle ouvrant droit pour la personne concernée à une prestation entièrement ou partiellement à charge d'une institution de l'État membre d'accueil, aucune condition de durée de séjour n'est requise ;

c) le travailleur salarié ou non salarié qui, après trois ans d'activité et de séjour continus sur le territoire de l'État membre d'accueil, exerce une activité salariée ou non salariée sur le territoire d'un autre État membre, tout en gardant sa résidence sur le territoire de l'État membre d'accueil dans lequel il retourne, en principe, chaque jour ou au moins une fois par semaine.

Aux fins de l'acquisition des droits prévus aux points *a)* et *b)*, les périodes d'activité ainsi accomplies sur le territoire de l'État membre où la personne concernée travaille sont considérées comme accomplies sur le territoire de l'État membre d'accueil.

Les périodes de chômage involontaire, dûment constatées par le service d'emploi compétent, ou les périodes d'arrêt d'activité indépendantes de la volonté de l'intéressé et l'absence du travail ou l'arrêt pour cause de maladie ou accident sont considérés comme périodes d'emploi.

2. Les conditions de durée de séjour et d'activité prévues au paragraphe 1, point *a)*, et la condition de durée de résidence prévue au paragraphe 1, point *b)*, ne s'appliquent pas si le conjoint ou le partenaire, tel que visé à l'article 2, point 2 *b)*, du travailleur salarié ou non salarié est ressortissant de l'État membre d'accueil ou s'il a perdu la nationalité de cet État membre à la suite de son mariage avec le travailleur salarié ou non.

3. Quelle que soit leur nationalité, les membres de la famille d'un travailleur salarié ou non salarié qui résident avec lui sur le territoire de l'État membre d'accueil ont un droit de séjour permanent dans cet État membre, si le travailleur salarié ou non salarié a lui-même acquis, sur la base du paragraphe 1, un droit de séjour permanent sur le territoire de cet État membre.

4. Si, toutefois, le travailleur salarié ou non salarié décède alors qu'il travaille encore, mais avant d'avoir acquis le droit de séjour permanent dans l'État membre d'accueil sur la base du paragraphe 1, les membres de sa famille qui résident avec lui sur le territoire de l'État membre d'accueil acquièrent un droit de séjour permanent sur le territoire de cet État, à condition que :

a) le travailleur salarié ou non salarié ait séjourné à la date de son décès de façon continue sur le territoire de cet État membre pendant deux ans, ou que

b) son décès soit dû à un accident de travail ou à une maladie professionnelle, ou que

c) le conjoint survivant ait perdu la nationalité de cet État membre à la suite de son mariage avec le travailleur salarié ou non.

Art. 18. — Acquisition du droit de séjour permanent des membres de la famille n'ayant pas la nationalité d'un État membre.

Sans préjudice des dispositions de l'article 17, les membres de la famille d'un citoyen de l'Union visés à l'article 12, paragraphe 2, et à l'article 13, paragraphe 2, qui remplissent les conditions énoncées dans ces dispositions, acquièrent un droit de séjour permanent après avoir séjourné légalement, de façon continue, pendant cinq ans dans l'État membre d'accueil.

Section II

Formalités administratives

Art. 19. — Document attestant de la permanence du séjour pour les citoyens de l'Union.

1. Les États membres, après vérification de la durée de séjour, délivrent aux citoyens de l'Union qui ont un droit de séjour permanent un document attestant de la permanence du séjour au moment du dépôt de la demande.
2. Le document attestant de la permanence du séjour est délivré dès que possible.

Art. 20. — Carte de séjour permanent pour les membres de la famille qui n'ont pas la nationalité d'un État membre.

1. Les États membres délivrent une carte de séjour permanent aux membres de la famille qui n'ont pas la nationalité d'un État membre et qui bénéficient du droit de séjour permanent, dans les six mois du dépôt de la demande. La carte de séjour permanent est renouvelable de plein droit tous les dix ans.
2. La demande de carte de séjour permanent est introduite avant l'expiration de la carte de séjour. Le non-respect de l'obligation de demander la carte de séjour permanent est passible de sanctions non discriminatoires et proportionnées.
3. Les interruptions de séjour d'une durée inférieure ou égale à deux ans consécutifs n'affectent pas la validité de la carte de séjour permanent.

Art. 21. — Continuité de séjour.

Pour l'application de la présente directive, la continuité de séjour peut être attestée par tout moyen de preuve en usage dans l'État membre d'accueil. La continuité de séjour est interrompue par toute décision d'éloignement valablement exécutée à l'encontre de l'intéressé.

Chapitre V

Dispositions communes au droit de séjour et au droit de séjour permanent

Art. 22. — Champ d'application territorial.

Le droit de séjour et le droit de séjour permanent s'étendent à tout le territoire de l'État membre d'accueil. Des limitations territoriales au droit de séjour et au droit de séjour permanent peuvent seulement être établies par les États membres dans les cas où elles sont prévues également pour leurs propres ressortissants.

Art. 23. — Droits connexes.

Les membres de la famille du citoyen de l'Union, quelle que soit leur nationalité, qui bénéficient du droit de séjour ou du droit de séjour permanent dans un État membre, ont le droit d'y entamer une activité lucrative à titre de travailleur salarié ou de non salarié.

Art. 24. — Égalité de traitement.

1. Sous réserve des dispositions spécifiques expressément prévues par le traité et le droit dérivé, tout citoyen de l'Union qui séjourne sur le territoire de l'État membre d'accueil en vertu de la présente directive bénéficie de l'égalité de traitement avec les ressortissants de cet État membre dans le domaine d'application du traité. Le bénéfice de ce droit s'étend aux membres de la famille, qui n'ont pas la nationalité d'un État membre et qui bénéficient du droit de séjour ou du droit de séjour permanent.

2. Par dérogation au paragraphe 1, l'État membre d'accueil n'est pas obligé d'accorder le droit à une prestation d'assistance sociale pendant les trois premiers mois de séjour ou, le cas échéant, pendant la période plus longue prévue à l'article 14, paragraphe 4, point *b)*, ni tenu, avant l'acquisition du droit de séjour permanent, d'octroyer des aides d'entretien aux études, y compris pour la formation professionnelle, sous la forme de bourses d'études ou de prêts, à des personnes autres que les travailleurs salariés, les travailleurs non salariés, les personnes qui gardent ce statut, et les membres de leur famille.

Art. 25. — Dispositions générales concernant les documents de séjour.

1. La possession d'une attestation d'enregistrement, telle que visée à l'article 8, d'un document attestant l'introduction d'une demande de carte de séjour de membre de la famille, d'une carte de séjour, ou d'une carte de séjour permanent ne peut en aucun cas constituer une condition préalable à l'exercice d'un droit ou l'accomplissement d'une formalité administrative, la qualité de bénéficiaire des droits pouvant être attestée par tout autre moyen de preuve.

2. Tout document mentionné au paragraphe 1 est délivré gratuitement ou contre versement d'un droit ne dépassant pas celui exigé des ressortissants pour la délivrance de documents similaires.

Art. 26. — Contrôles.

Les États membres peuvent effectuer des contrôles quant au respect de toute disposition de la législation nationale imposant aux ressortissants étrangers d'être toujours en possession de l'attestation d'enregistrement ou de la carte de séjour, à condition d'imposer la même obligation à leurs propres ressortissants en ce qui concerne la carte d'identité. En cas de non-respect de cette obligation, les États membres peuvent imposer les mêmes sanctions que celles qu'ils appliquent à leurs propres ressortissants lorsqu'ils omettent de porter une carte d'identité.

Chapitre VI

Limitation du droit d'entrée et du droit de séjour pour des raisons d'ordre public, de sécurité publique et de santé publique

Art. 27. — Principes généraux.

1. Sous réserve des dispositions du présent chapitre, les États membres peuvent restreindre la liberté de circulation et de séjour d'un citoyen de l'Union ou d'un membre de sa famille, quelle que soit sa nationalité, pour des raisons d'ordre public, de sécurité publique ou de santé publique. Ces raisons ne peuvent être invoquées à des fins économiques.

2. Les mesures d'ordre public ou de sécurité publique doivent respecter le principe de proportionnalité et être fondées exclusivement sur le comportement personnel de l'individu concerné. L'existence de condamnations pénales antérieures ne peut à elle seule motiver de telles mesures.

Le comportement de la personne concernée doit représenter une menace réelle, actuelle et suffisamment grave pour un intérêt fondamental de la société. Des justifications non directement liées au cas individuel concerné ou tenant à des raisons de prévention générale ne peuvent être retenues.

3. Aux fins d'établir si la personne concernée représente un danger pour l'ordre public ou la sécurité publique, l'État membre d'accueil peut, lors de la délivrance de l'attestation d'enregistrement ou, s'il n'existe pas de système d'enregistrement, au plus tard dans les trois mois suivant l'entrée de la personne concernée sur son territoire ou à compter de la date à laquelle cette personne a signalé sa présence sur son territoire conformément à l'article 5, paragraphe 5, ou encore lors de la délivrance de la carte de séjour et s'il le juge indispensable, demander à l'État membre d'origine et, éventuellement, à d'autres États membres des renseignements sur les antécédents judiciaires de la personne concernée.

Cette consultation ne peut avoir un caractère systématique. L'État membre consulté fait parvenir sa réponse dans un délai de deux mois.

4. L'État membre qui a délivré le passeport ou la carte d'identité permet au titulaire du document qui a été éloigné d'un autre État membre pour des raisons d'ordre public, de sécurité publique ou de santé publique de rentrer sur son territoire sans aucune formalité, même si ledit document est périmé ou si la nationalité du titulaire est contestée.

Art. 28. — Protection contre l'éloignement.

1. Avant de prendre une décision d'éloignement du territoire pour des raisons d'ordre public ou de sécurité publique, l'État membre d'accueil tient compte notamment de la durée du séjour de l'intéressé sur son territoire, de son âge, de son état de santé, de sa situation familiale et économique, de son intégration sociale et culturelle dans l'État membre d'accueil et de l'intensité de ses liens avec son pays d'origine.

2. L'État membre d'accueil ne peut pas prendre une décision d'éloignement du territoire à l'encontre d'un citoyen de l'Union ou des membres de sa famille, quelle que soit leur nationalité, qui ont acquis un droit de séjour permanent sur son territoire sauf pour des motifs graves d'ordre public ou de sécurité publique.

3. Une décision d'éloignement ne peut être prise à l'encontre des citoyens de l'Union, quelle que soit leur nationalité, à moins que la décision ne se fonde sur des raisons impérieuses de sécurité publique définies par les États membres, si ceux-ci :

a) ont séjourné dans l'État membre d'accueil pendant les dix années précédentes, ou

b) sont mineurs, sauf si l'éloignement est nécessaire dans l'intérêt de l'enfant, comme prévu dans la convention des Nations unies sur les droits de l'enfant du 20 novembre 1989.

Art. 29. — Santé publique.

1. Les seules maladies justifiant des mesures restrictives de la libre circulation sont les maladies potentiellement épidémiques telles que définies dans les instruments pertinents de l'Organisation mondiale de la santé ainsi que d'autres maladies infectieuses ou parasitaires contagieuses pour autant qu'elles fassent, dans le pays d'accueil, l'objet de dispositions de protection à l'égard des ressortissants de l'État membre d'accueil.

2. La survenance de maladies après une période de trois mois suivant l'arrivée ne peut justifier l'éloignement du territoire.

3. Si des indices sérieux le justifient, un État membre peut soumettre les bénéficiaires du droit de séjour à un examen médical gratuit, dans les trois mois suivant leur arrivée, afin qu'il soit attesté qu'ils ne souffrent pas des maladies visées au paragraphe 1. Ces examens médicaux ne peuvent pas avoir un caractère systématique.

Art. 30. — Notification des décisions.

1. Toute décision prise en application de l'article 27, paragraphe 1, est notifiée par écrit à l'intéressé dans des conditions lui permettant d'en saisir le contenu et les effets.

2. Les motifs précis et complets d'ordre public, de sécurité publique ou de santé publique qui sont à la base d'une décision le concernant sont portés à la connaissance de l'intéressé, à moins que des motifs relevant de la sûreté de l'État ne s'y opposent.

3. La notification comporte l'indication de la juridiction ou de l'autorité administrative devant laquelle l'intéressé peut introduire un recours ainsi que du délai de recours et, le cas échéant, l'indication du délai imparti pour quitter le territoire de l'État membre. Sauf en cas d'urgence dûment justifié, ce délai ne peut être inférieur à un mois à compter de la date de notification.

Art. 31. — Garanties procédurales.

1. Les personnes concernées ont accès aux voies de recours juridictionnelles et, le cas échéant, administratives dans l'État membre d'accueil pour attaquer une décision prise à leur encontre pour des raisons d'ordre public, de sécurité publique ou de santé publique.

2. Lorsque le recours formé contre une décision d'éloignement est accompagné d'une demande en référé visant à obtenir le sursis à l'exécution de cette décision, l'éloignement effectif du territoire ne peut pas avoir lieu tant qu'une ordonnance de référé n'a pas été prise, sauf :

— lorsque la décision d'éloignement se fonde sur une décision judiciaire antérieure, ou

— lorsque les personnes concernées ont eu auparavant accès à un recours juridictionnel, ou

— lorsque la décision d'éloignement se fonde sur des motifs impérieux de sécurité publique prévus à l'article 28, paragraphe 3.

3. Les procédures de recours permettent un examen de la légalité de la décision ainsi que des faits et circonstances justifiant la mesure envisagée.

Elles font également en sorte que la décision ne soit pas disproportionnée, notamment par rapport aux exigences posées par l'article 28.

4. Les États membres peuvent refuser la présence de l'intéressé sur leur territoire au cours de la procédure de recours, mais ils ne peuvent pas lui interdire de présenter ses moyens de défense en personne, sauf si sa comparution risque de provoquer des troubles graves à l'ordre et à la sécurité publics ou lorsque le recours porte sur un refus d'entrer sur le territoire.

Art. 32. — Effets dans le temps d'une interdiction du territoire.

1. Les personnes faisant l'objet d'une décision d'interdiction du territoire pour des raisons d'ordre public, de sécurité publique ou de santé publique peuvent introduire une demande de levée de l'interdiction d'accès au territoire après un délai raisonnable, en fonction des circonstances, et en tout cas après trois ans à compter de l'exécution de la décision définitive d'interdiction qui a été valablement prise au sens du droit communautaire, en invoquant des moyens tendant à établir un changement matériel des circonstances qui avaient justifié la décision d'interdiction du territoire à leur encontre.

L'État membre concerné se prononce sur cette demande dans un délai de six mois à compter de son introduction.

2. Les personnes visées au paragraphe 1 n'ont aucun droit d'accès au territoire de l'État membre concerné pendant l'examen de leur demande.

Art. 33. — Éloignement à titre de peine ou de mesure accessoire.

1. L'État membre d'accueil ne peut ordonner une mesure d'éloignement du territoire à titre de peine ou de mesure accessoire à une peine de détention que dans le respect des exigences résultant des articles 27, 28 et 29.

2. Lorsqu'une décision d'éloignement, telle que visée au paragraphe 1, est exécutée plus de deux ans après qu'elle a été prise, l'État membre vérifie l'actualité et la réalité de la menace pour l'ordre public ou la sécurité publique que représente la personne concernée, et évalue si un changement matériel des circonstances est intervenu depuis le moment où la décision d'éloignement avait été prise.

3) La coopération judiciaire et policière dans l'Union européenne

Nº 19.1 Les dispositions relatives à la coopération judiciaire en matière pénale : l'article 82 (TFUE) (51)

Art. 82. — 1. La coopération judiciaire en matière pénale dans l'Union est fondée sur le principe de reconnaissance mutuelle des jugements et décisions judiciaires et inclut le rapprochement des dispositions législatives et réglementaires des États membres dans les domaines visés au paragraphe 2 et à l'article 83.

Le Parlement européen et le Conseil, statuant conformément à la procédure législative ordinaire, adoptent les mesures visant :

a) à établir des règles et des procédures pour assurer la reconnaissance, dans l'ensemble de l'Union, de toutes les formes de jugements et de décisions judiciaires ;

b) à prévenir et à résoudre les conflits de compétence entre les États membres ;

c) à soutenir la formation des magistrats et des personnels de justice ;

d) à faciliter la coopération entre les autorités judiciaires ou équivalentes des États membres dans le cadre des poursuites pénales et de l'exécution des décisions.

2. Dans la mesure où cela est nécessaire pour faciliter la reconnaissance mutuelle des jugements et décisions judiciaires, ainsi que la coopération policière et judiciaire dans les matières pénales ayant une dimension transfrontière, le Parlement européen et le Conseil, statuant par voie de directives conformément à la procédure législative ordinaire, peuvent établir des règles minimales. Ces règles minimales tiennent compte des différences entre les traditions et systèmes juridiques des États membres.

Elles portent sur :

a) l'admissibilité mutuelle des preuves entre les États membres ;

b) les droits des personnes dans la procédure pénale ;

c) les droits des victimes de la criminalité ;

d) d'autres éléments spécifiques de la procédure pénale, que le Conseil aura identifiés préalablement par une décision ; pour l'adoption de cette décision, le Conseil statue à l'unanimité, après approbation du Parlement européen.

L'adoption des règles minimales visées au présent paragraphe n'empêche pas les États membres de maintenir ou d'instituer un niveau de protection plus élevé pour les personnes.

3. Lorsqu'un membre du Conseil estime qu'un projet de directive visée au paragraphe 2 porterait atteinte aux aspects fondamentaux de son système de justice pénale, il peut demander que le Conseil européen soit saisi. Dans ce cas, la procédure législative ordinaire est suspendue. Après discussion, et en cas de consensus, le Conseil européen, dans un délai de quatre mois à compter de cette suspension, renvoie le projet au Conseil, ce qui met fin à la suspension de la procédure législative ordinaire.

Dans le même délai, en cas de désaccord, et si au moins neuf États membres souhaitent instaurer une coopération renforcée sur la base du projet de directive concerné, ils en informent le Parlement européen, le Conseil et la Commission. Dans un tel

---

(51) Le texte présenté est issu de la version du traité sur l'Union européenne en vigueur depuis le 1er décembre 2009.

cas, l'autorisation de procéder à une coopération renforcée, qui est visée à l'article 20, paragraphe 2, du traité sur l'Union européenne et à l'article 329, paragraphe 1, du présent traité est réputée accordée et les dispositions relatives à la coopération renforcée s'appliquent.

N° 19.2 Les dispositions relatives à la coopération policière : les articles 87 et 88 (TFUE) (52)

Art. 87. — 1. L'Union développe une coopération policière qui associe toutes les autorités compétentes des États membres, y compris les services de police, les services des douanes et autres services répressifs spécialisés dans les domaines de la prévention ou de la détection des infractions pénales et des enquêtes en la matière.

2. Aux fins du paragraphe 1, le Parlement européen et le Conseil, statuant conformément à la procédure législative ordinaire peuvent établir des mesures portant sur :

a) la collecte, le stockage, le traitement, l'analyse et l'échange d'informations pertinentes ;

b) un soutien à la formation de personnel, ainsi que la coopération relative à l'échange de personnel, aux équipements et à la recherche en criminalistique ;

c) les techniques communes d'enquête concernant la détection de formes graves de criminalité organisée.

3. Le Conseil, statuant conformément à une procédure législative spéciale, peut établir des mesures portant sur la coopération opérationnelle entre les autorités visées au présent article. Le Conseil statue à l'unanimité, après consultation du Parlement européen.

En l'absence d'unanimité, un groupe composé d'au moins neuf États membres peut demander que le Conseil européen soit saisi du projet de mesures. Dans ce cas, la procédure au Conseil est suspendue.

Après discussion, et en cas de consensus, le Conseil européen, dans un délai de quatre mois à compter de cette suspension, renvoie le projet au Conseil pour adoption.

Dans le même délai, en cas de désaccord, et si au moins neuf États membres souhaitent instaurer une coopération renforcée sur la base du projet de mesures concerné, ils en informent le Parlement européen, le Conseil et la Commission. Dans un tel cas, l'autorisation de procéder à une coopération renforcée, qui est visée à l'article 20, paragraphe 2, du traité sur l'Union européenne et à l'article 329, paragraphe 1, du présent traité, est réputée accordée et les dispositions sur la coopération renforcée s'appliquent.

La procédure spécifique prévue aux deuxième et troisième alinéas ne s'applique pas aux actes qui constituent un développement de l'acquis de Schengen.

Art. 88. — 1. La mission d'Europol est d'appuyer et de renforcer l'action des autorités policières et des autres services répressifs des États membres ainsi que leur collaboration mutuelle dans la prévention de la criminalité grave affectant deux ou plusieurs États membres, du terrorisme et des formes de criminalité qui portent atteinte à un

---

(52) Le texte présenté est issu de la version du traité sur l'Union européenne en vigueur depuis le 1er décembre 2009.

intérêt commun qui fait l'objet d'une politique de l'Union, ainsi que la lutte contre ceux-ci.

2. Le Parlement européen et le Conseil, statuant par voie de règlements conformément à la procédure législative ordinaire, déterminent la structure, le fonctionnement, le domaine d'action et les tâches d'Europol. Ces tâches peuvent comprendre :

a) la collecte, le stockage, le traitement, l'analyse et l'échange des informations, transmises notamment par les autorités des États membres ou de pays ou instances tiers ;

b) la coordination, l'organisation et la réalisation d'enquêtes et d'actions opérationnelles, menées conjointement avec les autorités compétentes des États membres ou dans le cadre d'équipes conjointes d'enquête, le cas échéant en liaison avec Eurojust.

Ces règlements fixent également les modalités de contrôle des activités d'Europol par le Parlement européen, contrôle auquel sont associés les parlements nationaux.

3. Toute action opérationnelle d'Europol doit être menée en liaison et en accord avec les autorités du ou des États membres dont le territoire est concerné. L'application de mesures de contrainte relève exclusivement des autorités nationales compétentes.

N° 19.3 Agence de l'Union européenne pour la coopération des services répressifs (Europol) : le règlement (UE) 2016/794 du Parlement européen et du Conseil du 11 mai 2016 (extraits) (53)

Chapitre I

Dispositions générales, objectifs et missions d'Europol

Article premier. — Création de l'Agence de l'Union européenne pour la coopération des services répressifs

1. Une agence de l'Union européenne pour la coopération des services répressifs (Europol) est instituée en vue de soutenir la coopération entre les autorités répressives au sein de l'Union.

2. Europol instituée par le présent règlement se substitue et succède à Europol institué par la décision 2009/371/JAI.

Art.2. — Définitions

Aux fins du présent règlement, on entend par :

a) « autorités compétentes des États membres », l'ensemble des autorités de police et autres services répressifs existant dans les États membres qui sont compétents, en vertu du droit national, en matière de prévention et de lutte contre les infractions pénales. Les autorités compétentes comprennent également d'autres autorités

(53) Règlement publié au *JOUE* du 24 mai 2016 remplaçant et abrogeant les décisions du Conseil 2009/371/JAI, 2009/934/JAI, 2009/935/JAI, 2009/936/JAI et 2009/968/JAI, applicable depuis le 1er mai 2017. Europol est une agence de l'Union européenne, basée à La Haye aux Pays-Bas.

publiques existant dans les États membres qui sont compétentes, en vertu du droit national, en matière de prévention et de lutte contre les infractions pénales relevant de la compétence d'Europol ;

b) « analyse stratégique », toutes les méthodes et techniques permettant de collecter, de stocker, de traiter et d'évaluer des informations en vue d'appuyer et d'élaborer une politique pénale qui contribue à prévenir et à lutter contre la criminalité de manière efficace et effective ;

c) « analyse opérationnelle », toutes les méthodes et techniques permettant de collecter, de stocker, de traiter et d'évaluer des informations en vue d'appuyer des enquêtes pénales ;

d) « organes de l'Union », les institutions, organes, missions, bureaux et agences institués par le traité sur l'Union européenne et le traité sur le fonctionnement de l'Union européenne ou sur la base de ces traités ;

e) « organisation internationale », une organisation internationale et les organismes de droit public international qui en relèvent, ou tout autre organisme qui est créé par un accord entre deux pays ou plus, ou en vertu d'un tel accord ;

f) « parties privées », des entités et organismes constitués en vertu du droit d'un État membre ou d'un pays tiers, notamment des entreprises et des sociétés, des associations commerciales, des organisations sans but lucratif et autres personnes morales qui ne sont pas visées au point e) ;

g) « particuliers », toute personne physique ;

h) « données à caractère personnel », toute information se rapportant à une personne concernée ;

i) « personne concernée », une personne physique identifiée ou identifiable, une « personne identifiable » étant une personne qui peut être identifiée, directement ou indirectement, notamment par référence à un identifiant, tel qu'un nom, un numéro d'identification, des données de localisation, un identifiant en ligne, ou à un ou plusieurs éléments spécifiques propres à son identité physique, physiologique, génétique, psychique, économique, culturelle ou sociale ;

j) « données génétiques », toutes les données à caractère personnel relatives aux caractéristiques génétiques héréditaires ou acquises d'une personne physique qui donnent des informations uniques sur la physiologie ou l'état de santé de cette personne physique, et qui résultent, notamment, d'une analyse d'un échantillon biologique de la personne physique en question ;

k) « traitement », toute opération ou tout ensemble d'opérations effectuées ou non à l'aide de procédés automatisés et appliquées à des données ou des ensembles de données à caractère personnel, telles que la collecte, l'enregistrement, l'organisation, la structuration, la conservation, l'adaptation ou la modification, l'extraction, la consultation, l'utilisation, la communication par transmission, la diffusion ou toute autre forme de mise à disposition, le rapprochement ou l'interconnexion, la limitation, l'effacement ou la destruction ;

l) « destinataire », la personne physique ou morale, l'autorité publique, le service ou tout autre organisme qui reçoit communication de données, qu'il s'agisse ou non d'un tiers ;

m) « transfert de données à caractère personnel », la communication de données à caractère personnel, mises à disposition activement à un nombre limité de parties identifiées, l'accès auxdites données étant accordé au destinataire par l'expéditeur en toute connaissance de cause ou de manière intentionnelle ;

n) « violation de données à caractère personnel », une violation de la sécurité entraînant, de manière accidentelle ou illicite, la destruction, la perte, l'altération, la divulgation non autorisée de données à caractère personnel transmises, conservées ou traitées d'une autre manière, ou l'accès non autorisé à celles-ci ;

o) « consentement de la personne concernée », toute manifestation de volonté, libre, spécifique, éclairée et univoque par laquelle la personne concernée accepte, par une déclaration ou un acte positif clair, que des données à caractère personnel la concernant fassent l'objet d'un traitement ;

p) « données administratives à caractère personnel », toutes les données à caractère personnel traitées par Europol, hormis celles qui sont traitées dans le but d'atteindre les objectifs visés à l'article 3.

Art. 3. — Objectifs

1. Europol appuie et renforce l'action des autorités compétentes des États membres et leur collaboration mutuelle dans la prévention de la criminalité grave affectant deux ou plusieurs États membres, du terrorisme et des formes de criminalité qui portent atteinte à un intérêt commun qui fait l'objet d'une politique de l'Union, ainsi que dans la lutte contre ceux-ci, énumérées à l'annexe I.

2. Outre le paragraphe 1, les objectifs d'Europol s'étendent également aux infractions pénales connexes. Sont considérées comme des infractions pénales connexes :

a) les infractions pénales commises pour se procurer les moyens de perpétrer des actes relevant de la compétence d'Europol ;

b) les infractions pénales commises pour faciliter l'exécution d'actes relevant de la compétence d'Europol, ou les perpétrer ;

c) les infractions pénales commises dans le but d'assurer l'impunité de ceux qui commettent des actes relevant de la compétence d'Europol.

Art. 4. — Missions

1. Europol est chargée des missions suivantes pour atteindre les objectifs fixés à l'article 3 :

a) collecter, stocker, traiter, analyser et échanger des informations, y compris des éléments de renseignement criminel ;

b) communiquer sans retard aux États membres, par l'intermédiaire des unités nationales créées ou désignées en vertu de l'article 7, paragraphe 2, toute information ou tout lien existant entre des infractions pénales qui les concernent ;

c) coordonner, organiser et réaliser des enquêtes et des actions opérationnelles pour soutenir et renforcer les actions des autorités compétentes des États membres, qui sont menées :

i) conjointement avec les autorités compétentes des États membres ; ou

ii) dans le cadre d'équipes communes d'enquête, conformément à l'article 5 et, s'il y a lieu, en liaison avec Eurojust ;

d) participer à des équipes communes d'enquête, ainsi que proposer leur constitution conformément à l'article 5 ;

e) fournir aux États membres des informations et une aide à l'analyse lors d'événements internationaux majeurs ;

f) établir des évaluations de la menace, des analyses stratégiques et opérationnelles ainsi que des comptes rendus généraux

g) développer, partager et promouvoir une expertise en ce qui concerne les méthodes de prévention de la criminalité, les procédures d'enquête et les méthodes de police techniques et scientifiques, ainsi que dispenser des conseils aux États membres ;

h) soutenir les activités d'échange d'informations, les opérations et les enquêtes transfrontalières menées par les États membres, ainsi que les équipes communes d'enquête, notamment en fournissant un appui opérationnel, technique et financier ;

i) assurer des formations spécialisées et aider les États membres à organiser des formations, y compris par un soutien financier, dans le cadre de ses objectifs et en fonction des effectifs et des ressources budgétaires dont elle dispose, en coordination avec l'Agence de l'Union européenne pour la formation des services répressifs (CEPOL) ;

j) coopérer avec les organes de l'Union institués sur la base du titre V du traité sur le fonctionnement de l'Union européenne et avec l'OLAF, en particulier par des échanges d'informations et en leur fournissant une aide à l'analyse dans les domaines relevant de leur compétence ;

k) fournir des informations et un appui aux structures et aux missions de gestion des crises de l'UE instituées sur la base du traité sur l'Union européenne, dans le cadre des objectifs d'Europol énoncés à l'article 3 ;

l) développer des centres d'expertise spécialisée de l'Union pour lutter contre certaines formes de criminalité relevant des objectifs d'Europol, notamment le Centre européen de lutte contre la cybercriminalité ;

m) soutenir les actions des États membres en matière de prévention des formes de criminalité énumérées à l'annexe I qui sont facilitées, favorisées ou commises à l'aide de l'internet, et de lutte contre ces phénomènes, y compris, en coopération avec les États membres, le signalement de contenu sur internet, à l'aide duquel ces formes de criminalité sont facilitées, favorisées ou commises, aux fournisseurs de services en ligne concernés pour qu'ils examinent sur une base volontaire la compatibilité du contenu sur internet signalé avec leurs propres conditions générales.

2. Europol fournit des analyses stratégiques et des évaluations de la menace afin d'aider le Conseil et la Commission à établir les priorités stratégiques et opérationnelles de l'Union aux fins de la lutte contre la criminalité. Europol fournit également un appui pour la mise en œuvre opérationnelle de ces priorités.

3. Europol fournit des analyses stratégiques et des évaluations de la menace pour contribuer à une utilisation efficace et rationnelle des ressources disponibles au niveau national et de l'Union pour les activités opérationnelles, et fournir un appui à ces dernières.

4. Europol joue le rôle d'office central de répression du faux-monnayage de l'euro conformément à la décision 2005/511/JAI du Conseil. Europol facilite également la coordination des mesures prises par les autorités compétentes des États membres ou dans le cadre d'équipes communes d'enquête, s'il y a lieu en liaison avec des organes de l'Union et les autorités de pays tiers, afin de lutter contre le faux-monnayage de l'euro.

5. Europol n'applique pas de mesures coercitives dans l'exercice de ses missions.

Chapitre II

Coopération entre les états membres et Europol

Art. 5. — Participation aux équipes communes d'enquête

1. Le personnel d'Europol peut participer aux activités des équipes communes d'enquête lorsqu'elles portent sur les formes de criminalité relevant des objectifs d'Europol. L'accord créant une équipe commune d'enquête fixe les conditions relatives à la participation du personnel d'Europol à l'équipe, et comprend les informations relatives aux règles en matière de responsabilité.

2. Le personnel d'Europol peut, dans les limites du droit des États membres dans lesquels une équipe commune d'enquête opère, prêter son concours à toutes les activités et à tous les échanges d'informations ayant lieu avec tout membre de cette équipe commune d'enquête.

3. Le personnel d'Europol participant à une équipe commune d'enquête peut, conformément au présent règlement, fournir à tous les membres de l'équipe les informations nécessaires traitées par Europol aux fins énoncées à l'article 18, paragraphe 2. Europol en informe simultanément les unités nationales des États membres représentés dans l'équipe ainsi que celles des États membres qui ont fourni les informations.

4. Les informations obtenues par le personnel d'Europol lors de sa participation à une équipe commune d'enquête peuvent, avec l'accord et sous la responsabilité de l'État membre qui les a fournies, être traitées par Europol aux fins énoncées à l'article 18, paragraphe 2, selon les conditions établies par le présent règlement.

5. Lorsque Europol a des motifs de croire que la constitution d'une équipe commune d'enquête apporterait une valeur ajoutée à une enquête, elle peut en faire la proposition aux États membres concernés et prendre des mesures en vue de les aider à créer cette équipe.

Art. 6. — Demandes d'Europol visant à ouvrir une enquête pénale

1. Dans les cas particuliers où Europol considère qu'une enquête pénale devrait être ouverte au sujet d'une forme de criminalité relevant de ses objectifs, elle demande aux autorités compétentes des États membres concernés, par l'intermédiaire des unités nationales, d'ouvrir, de mener ou de coordonner cette enquête pénale.

2. Les unités nationales informent sans retard Europol de la décision des autorités compétentes des États membres concernant toute demande introduite en application du paragraphe 1.

3. Si les autorités compétentes d'un État membre décident de ne pas donner suite à une demande présentée par Europol en application du paragraphe 1, elles informent Europol des motifs de leur décision, sans retard injustifié, et de préférence dans un délai d'un mois à compter de la réception de la demande. Toutefois, il est permis de ne pas communiquer les motifs si leur communication :

a) était contraire aux intérêts essentiels de la sécurité de l'État membre concerné ; ou

b) compromettait le succès d'une enquête en cours ou la sécurité d'une personne physique.

4. Europol informe immédiatement Eurojust de toute demande présentée en application du paragraphe 1 et de toute décision prise par une autorité compétente d'un État membre en application du paragraphe 2.

Art. 7. — Unités nationales Europol

1. Les États membres et Europol coopèrent dans l'accomplissement de leurs missions respectives définies dans le présent règlement.

2. Chaque État membre met en place ou désigne une unité nationale, qui constitue l'organe de liaison entre Europol et les autorités compétentes de cet État membre. Chaque État membre désigne un fonctionnaire comme chef de son unité nationale.

3. Chaque État membre veille à ce que son unité nationale soit compétente, en vertu de son droit national, pour s'acquitter des missions assignées aux unités nationales dans le présent règlement, et notamment à ce qu'elle ait accès aux données des services répressifs nationaux et aux autres données pertinentes nécessaires à la coopération avec Europol.

4. Chaque État membre définit l'organisation de son unité nationale et détermine ses effectifs conformément à son droit national.

5. Conformément au paragraphe 2, l'unité nationale est l'organe de liaison entre Europol et les autorités compétentes des États membres. Toutefois, sous réserve des conditions fixées par les États membres, y compris l'intervention préalable de l'unité nationale, les États membres peuvent autoriser des contacts directs entre leurs autorités compétentes et Europol. L'unité nationale reçoit en même temps d'Europol toutes les informations échangées au cours des contacts directs entre Europol et les autorités compétentes, à moins que l'autorité nationale n'indique qu'elle n'a pas besoin de recevoir ces informations.

6. Les États membres, par l'intermédiaire de leur unité nationale ou, sous réserve du paragraphe 5, d'une autorité compétente, assurent notamment :

a) la communication à Europol des informations nécessaires à la réalisation de ses objectifs, y compris des informations relatives aux formes de criminalité à l'égard desquelles la prévention et la lutte sont considérées comme des priorités de l'Union ;

b) une communication et une coopération efficaces avec Europol, de la part de toutes les autorités compétentes concernées ;

c) une sensibilisation aux activités d'Europol ;

d) conformément à l'article 38, paragraphe 5, point a), le respect du droit national lors de la communication d'informations à Europol.

7. Sans préjudice de l'exercice, par les États membres, de leurs responsabilités en matière de maintien de l'ordre public et de protection de la sécurité intérieure, les États membres ne sont pas tenus, dans une affaire donnée, de fournir des informations conformément au paragraphe 6, point a), qui auraient pour effet :

a) d'être contraire aux intérêts essentiels de la sécurité de l'État membre ;

b) de compromettre le succès d'une enquête en cours ou la sécurité d'une personne physique ; ou

c) de divulguer des informations concernant des organisations ou des activités de renseignement spécifiques dans le domaine de la sûreté nationale.

Cependant, les États membres fournissent des informations dès qu'elles n'entrent plus dans le champ d'application des points a), b) ou c) du premier alinéa.

8. Les États membres veillent à ce que leurs cellules de renseignement financier, créées en application de la directive 2005/60/CE du Parlement européen et du Conseil, soient autorisées à coopérer avec Europol par l'intermédiaire de leur unité nationale en ce qui concerne les analyses, dans les limites de leur mandat et de leur compétence.

9. Les chefs des unités nationales se réunissent périodiquement, afin notamment d'examiner et de résoudre les problèmes qui se posent dans le cadre de leur coopération opérationnelle avec Europol.

10. Les frais exposés par les unités nationales pour les communications avec Europol sont à la charge des États membres et, à l'exception des frais de connexion, ne sont pas mis à la charge d'Europol.

11. Europol rédige un rapport annuel sur les informations fournies par chaque État membre en application du paragraphe 6, point a), sur la base des critères d'évaluation quantitatifs et qualitatifs fixés par le conseil d'administration. Ce rapport annuel est transmis au Parlement européen, au Conseil, à la Commission et aux parlements nationaux.

Art. 8. — Officiers de liaison

1. Chaque unité nationale désigne auprès d'Europol au moins un officier de liaison. Sauf dispositions contraires prévues dans le présent règlement, les officiers de liaison sont soumis au droit national de l'État membre qui procède à la désignation.

2. Les officiers de liaison, qui constituent les bureaux nationaux de liaison auprès d'Europol, sont chargés par leur unité nationale de représenter les intérêts de celle-ci au sein d'Europol conformément au droit national de l'État membre qui les a désignés et aux dispositions applicables au fonctionnement d'Europol.

3. Les officiers de liaison contribuent à l'échange d'informations entre Europol et leur État membre.

4. Les officiers de liaison contribuent, conformément à leur droit national, à l'échange d'informations entre leur État membre et les officiers de liaison des autres États membres, les pays tiers et les organisations internationales. Les infrastructures d'Europol peuvent également être utilisées, conformément au droit national, pour ces échanges bilatéraux lorsqu'il s'agit de formes de criminalité ne relevant pas

des objectifs d'Europol. Tous ces échanges d'informations se font conformément au droit de l'Union et au droit national applicables.

5. Le conseil d'administration définit les droits et obligations des officiers de liaison à l'égard d'Europol. Les officiers de liaison jouissent des privilèges et des immunités nécessaires à l'exécution de leurs missions conformément à l'article 63, paragraphe 2.

6. Europol veille à ce que les officiers de liaison soient parfaitement informés de toutes ses activités et qu'ils y soient pleinement associés, dans la mesure nécessaire à l'exécution de leurs missions.

7. Europol assume les coûts liés à la mise à la disposition des États membres de locaux dans son immeuble et à l'octroi d'un soutien suffisant pour permettre aux officiers de liaison de remplir leurs fonctions. Tous les autres frais liés à la désignation d'officiers de liaison sont supportés par l'État membre qui procède à la désignation, y compris les frais liés à leur dotation en équipement, sauf si le Parlement européen et le Conseil en décident autrement sur recommandation du conseil d'administration.

Chapitre III

Organisation d'Europol

....

Chapitre IV

Traitement de l'information

Art. 17. — Sources d'information

1. Europol ne traite que les informations qui lui ont été fournies :

a) par les États membres, conformément à leur droit national et à l'article 7 ;

b) par les organes de l'Union, les pays tiers et les organisations internationales, conformément au chapitre V ;

c) par les parties privées et les particuliers, conformément au chapitre V.

2. Europol peut directement extraire et traiter des informations, y compris des données à caractère personnel, provenant de sources accessibles au public, y compris l'internet et les données publiques.

3. Dans la mesure où Europol est en droit, en vertu d'instruments juridiques de l'Union, internationaux ou nationaux, d'interroger par voie automatisée des systèmes d'information de l'Union, internationaux ou nationaux, elle peut extraire et traiter de cette façon des informations, y compris des données à caractère personnel, si cela est nécessaire pour lui permettre d'accomplir ses missions. Les dispositions applicables de ces instruments juridiques de l'Union, internationaux ou nationaux régissent l'accès à ces informations et leur utilisation par Europol, dans la mesure où elles prévoient des règles d'accès et d'utilisation plus strictes que celles prévues par le présent règlement. L'accès à ces systèmes d'information n'est accordé qu'aux membres du personnel dûment habilités d'Europol et seulement dans la mesure où cela est nécessaire et proportionné à l'exécution de leurs missions.

Art. 18. — Finalités des activités de traitement d'informations

1. Dans la mesure nécessaire pour atteindre ses objectifs tels qu'énoncés à l'article 3, Europol peut traiter des informations, y compris des données à caractère personnel.

2. Les données à caractère personnel ne peuvent être traitées que pour les finalités ci-après :

a) recoupements visant à établir des liens ou d'autres rapports pertinents entre des informations relatives :

i) aux personnes qui sont soupçonnées d'avoir commis une infraction pénale ou d'avoir participé à une infraction pénale relevant de la compétence d'Europol, ou qui ont été condamnées pour une telle infraction ;

ii) aux personnes pour lesquelles il existe des indices concrets ou de bonnes raisons de croire qu'elles commettront des infractions pénales relevant de la compétence d'Europol ;

b) analyses de nature stratégique ou thématique ;

c) analyses opérationnelles ;

d) facilitation de l'échange d'informations entre les États membres, Europol, d'autres organes de l'Union, des pays tiers et des organisations internationales.

3. Le traitement aux fins des analyses opérationnelles visées au paragraphe 2, point c), est effectué au moyen de projets d'analyse opérationnelle auxquels s'appliquent les garanties spécifiques suivantes :

a) pour chaque projet d'analyse opérationnelle, le directeur exécutif définit la finalité spécifique, les catégories de données à caractère personnel et les catégories de personnes concernées, les participants, la durée de conservation et les conditions d'accès, de transfert et d'utilisation des données concernées et en informe le conseil d'administration et le CEPD ;

b) les données à caractère personnel ne peuvent être collectées et traitées qu'aux fins du projet d'analyse opérationnelle spécifié. Lorsqu'il apparaît que les données à caractère personnel peuvent être utiles pour un autre projet d'analyse opérationnelle, un traitement ultérieur de ces données n'est autorisé que dans la mesure où il est nécessaire et proportionné et où les données à caractère personnel sont compatibles avec les dispositions prévues au point a) qui s'appliquent à l'autre projet d'analyse ;

c) seul le personnel habilité peut avoir accès aux données du projet concerné et les traiter.

4. Le traitement visé aux paragraphes 2 et 3 est effectué dans le respect des garanties relatives à la protection des données prévues dans le présent règlement. Europol documente ces opérations de traitement comme il se doit. Cette documentation est, sur demande, mise à la disposition du délégué à la protection des données et du CEPD aux fins du contrôle de la licéité des opérations de traitement.

5. Les catégories de données à caractère personnel et les catégories de personnes concernées dont les données peuvent être collectées et traitées pour chacune des finalités visées au paragraphe 2 sont énumérées à l'annexe II.

6. Europol peut traiter temporairement des données afin de déterminer si, et, dans l'affirmative, pour quelle finalité visée au paragraphe 2, ces données sont pertinentes pour ses tâches. Le conseil d'administration, sur proposition du directeur exécutif et après consultation du CEPD, précise davantage les conditions relatives au traitement de ces données, notamment en ce qui concerne l'accès aux données et leur utilisation, ainsi que les délais de conservation et d'effacement des données, qui ne peuvent dépasser six mois, dans le strict respect des principes visés à l'article 28.

7. Le conseil d'administration, après consultation du CEPD, adopte, le cas échéant, des lignes directrices précisant davantage les procédures de traitement des informations aux fins énumérées au paragraphe 2, conformément à l'article 11, paragraphe 1, point q).

Art. 19. — Détermination des finalités du traitement d'informations par Europol et des limitations en la matière

1. Tout État membre, organe de l'Union, pays tiers ou organisation internationale qui fournit des informations à Europol définit la ou les finalités du traitement de ces données conformément à l'article 18. À défaut, Europol, en accord avec le fournisseur des informations concerné, traite ces informations en vue de déterminer leur pertinence ainsi que la ou les finalités de leur traitement ultérieur. Europol ne peut traiter ces informations à des fins autres que celles pour lesquelles elles ont été fournies que si le fournisseur des informations l'y autorise.

2. Les États membres, les organes de l'Union, les pays tiers et les organisations internationales peuvent notifier, lors de la fourniture des informations à Europol, toute limitation de l'accès à ces données ou de leur utilisation, en termes généraux ou spécifiques, y compris en ce qui concerne leur transfert, effacement ou destruction. Lorsque la nécessité d'appliquer ces limitations apparaît après la fourniture des informations, ils en informent Europol. Europol se conforme à ces limitations.

3. Dans des cas dûment justifiés, Europol peut soumettre les informations extraites auprès de sources accessibles au public à des limitations d'accès ou d'utilisation par les États membres, les organes de l'Union, les pays tiers et les organisations internationales.

Art. 20. — Accès des États membres et du personnel d'Europol aux informations conservées par Europol

1. Les États membres ont, conformément à leur droit national et à l'article 7, paragraphe 5, accès à toutes les informations fournies aux fins de l'article 18, paragraphe 2, points a) et b), et peuvent effectuer des recherches dans ces données. Cela s'entend sans préjudice du droit des États membres, des organes de l'Union, des pays tiers et des organisations internationales de notifier toute limitation conformément à l'article 19, paragraphe 2.

2. Les États membres disposent, conformément à leur droit national et à l'article 7, paragraphe 5, d'un accès indirect fondé sur un système de concordance/non-concordance (« hit/no hit ») aux informations fournies aux fins de l'article 18, paragraphe 2, point c). Cela s'entend sans préjudice de toute limitation notifiée par les États membres, les organes de l'Union, les pays tiers et les organisations internationales ayant fourni ces informations, conformément à l'article 19, paragraphe 2.

En cas de concordance, Europol engage la procédure permettant de partager l'information qui a généré cette concordance, conformément à la décision du fournisseur de l'information à Europol.

3. Conformément au droit national, les informations visées aux paragraphes 1 et 2 ne sont accessibles et ne font l'objet d'un traitement ultérieur par les États membres qu'aux fins de la prévention et de la répression :

a) des formes de criminalité qui relèvent de la compétence d'Europol ; et

b) d'autres formes graves de criminalité énoncées dans la décision-cadre 2002/584/JAI du Conseil

4. Les membres du personnel d'Europol dûment habilités par le directeur exécutif ont accès aux informations traitées par Europol dans la mesure nécessaire à l'exécution de leurs fonctions et sans préjudice de l'article 67.

Art. 21. — Accès d'Eurojust et de l'OLAF aux informations conservées par Europol

1. Europol prend toutes les mesures appropriées pour permettre à Eurojust et à l'OLAF, dans le cadre de leurs mandats respectifs, de disposer d'un accès indirect fondé sur un système de concordance/non-concordance (« hit/no hit ») aux informations fournies aux fins de l'article 18, paragraphe 2, points a), b) et c), sans préjudice de toute limitation notifiée par les États membres, les organes de l'Union, les pays

tiers ou les organisations internationales ayant fourni les informations concernées, conformément à l'article 19, paragraphe 2.

En cas de concordance, Europol engage la procédure permettant de partager l'information qui a généré cette concordance, conformément à la décision du fournisseur de l'information à Europol et uniquement dans la mesure où les données générant la concordance sont nécessaires à l'accomplissement des missions d'Eurojust ou de l'OLAF.

2. Europol et Eurojust peuvent conclure un arrangement de travail leur assurant de manière réciproque et dans le cadre de leurs mandats respectifs, l'accès à toutes les informations fournies aux fins de l'article 18, paragraphe 2, point a), et la possibilité d'effectuer des recherches sur ces informations. Cela est sans préjudice du droit des États membres, des organes de l'Union, des pays tiers et des organisations internationales de notifier toute limitation de l'accès à ces données ou de leur utilisation et conformément aux garanties en matière de protection des données prévues dans le présent règlement.

3. Les recherches d'information relevant des paragraphes 1 et 2 ne sont effectuées qu'aux fins de déterminer si des informations disponibles auprès d'Eurojust ou de l'OLAF correspondent aux informations traitées au sein d'Europol.

4. Europol n'autorise la réalisation de recherches conformément aux paragraphes 1 et 2 qu'après avoir obtenu, de la part d'Eurojust, des informations sur les membres nationaux, les suppléants, les assistants et les membres du personnel d'Eurojust et, de la part de l'OLAF, des informations quant aux membres de son personnel qui ont été habilités à effectuer ces recherches.

5. Si, au cours de ses activités de traitement d'informations dans le cadre d'une enquête déterminée, Europol ou un État membre constate la nécessité d'une coordination, d'une coopération ou d'un appui conformément au mandat d'Eurojust ou de l'OLAF, Europol en informe ces derniers et engage la procédure de partage des informations, conformément à la décision de l'État membre ayant fourni les informations. Dans ce cas, Eurojust ou l'OLAF consultent Europol.

6. Eurojust, y compris son collège, ses membres nationaux, leurs suppléants, les assistants et les membres de son personnel, ainsi que l'OLAF respectent toute limitation de l'accès ou de l'utilisation, formulée en termes généraux ou spécifiques, notifiée par un État membre, un organe de l'Union, un pays tiers ou une organisation internationale, conformément à l'article 19, paragraphe 2.

7. Europol, Eurojust et l'OLAF s'informent mutuellement si, après consultation de leurs données réciproques conformément au paragraphe 2 ou à la suite d'une concordance conformément au paragraphe 1, il existe des indications selon lesquelles certaines données pourraient être erronées ou contredire d'autres données.

Art. 22. — Obligation d'informer les États membres

1. Conformément à l'article 4, paragraphe 1, point b), Europol communique sans retard à un État membre toute information le concernant. Si ces informations sont soumises à des limitations d'accès en application de l'article 19, paragraphe 2, qui en empêcheraient le partage, Europol consulte le fournisseur des informations qui a notifié la limitation d'accès afin d'obtenir l'autorisation de partager ces informations.

Dans un tel cas, les informations ne sont pas partagées sans autorisation explicite du fournisseur des informations.

2. Indépendamment de toute limitation d'accès, Europol communique à un État membre toute information le concernant si cela est absolument nécessaire aux fins de la prévention d'une menace imminente pour la vie des personnes.

Dans un tel cas, Europol informe simultanément le fournisseur des informations du partage de ces informations et justifie son analyse de la situation.

Chapitre V

Relations avec les partenaires

Section 1

Dispositions communes

Art. 23. — Dispositions communes

1. Dans la mesure où cela est nécessaire à l'accomplissement de ses missions, Europol peut établir et entretenir des relations de coopération avec des organes de l'Union conformément aux objectifs de ces derniers, avec des autorités de pays tiers, des organisations internationales et des parties privées.

2. Sous réserve de toute limitation en vertu de l'article 19, paragraphe 2, et sans préjudice de l'article 67, Europol peut procéder à un échange direct de toute information, à l'exception des données à caractère personnel, avec les entités visées au paragraphe 1 du présent article, dans la mesure où un tel échange est pertinent pour l'accomplissement de ses missions.

3. Le directeur exécutif informe le conseil d'administration de toutes les relations de coopération régulière qu'Europol a l'intention d'établir et de maintenir conformément aux paragraphes 1 et 2 ainsi que de leur évolution une fois qu'elles ont été établies.

4. Aux fins mentionnées aux paragraphes 1 et 2, Europol peut conclure des arrangements de travail avec des entités visées au paragraphe 1. De tels arrangements n'autorisent pas l'échange de données à caractère personnel et ne lient ni l'Union ni ses États membres.

5. Europol peut recevoir et traiter des données à caractère personnel d'entités mentionnées au paragraphe 1 dans la mesure où cela est nécessaire et proportionné pour l'accomplissement légitime de ses missions et sous réserve des dispositions du présent chapitre.

6. Sans préjudice de l'article 30, paragraphe 5, les données à caractère personnel ne sont transférées par Europol à des organes de l'Union, vers des pays tiers et à des organisations internationales que si cela est nécessaire pour prévenir et lutter contre les formes de criminalité relevant des objectifs d'Europol et conformément au présent règlement, et si le destinataire s'engage à ce que les données ne soient traitées qu'aux fins pour lesquelles elles ont été transférées. Si les données à transférer ont été fournies par un État membre, Europol demande le consentement de ce dernier, sauf si l'État membre a donné son accord préalable à ce transfert, en termes généraux ou sous réserve de conditions spécifiques. Cet accord est révocable à tout moment.

7. Les transferts ultérieurs de données à caractère personnel détenues par Europol, les États membres, les organes de l'Union, les pays tiers et les organisations internationales sont interdits, à moins qu'Europol ne les ait explicitement autorisés au préalable.

8. Europol veille à ce qu'un relevé détaillé de tous les transferts de données à caractère personnel ainsi que des motifs de ces transferts soit conservé, conformément au présent règlement.

9. Toute information manifestement obtenue en violation manifeste des droits de l'homme ne peut faire l'objet d'aucun traitement.

Section 2

Transferts et échanges de données à caractère personnel

Art. 24. — Transfert de données à caractère personnel vers des organes de l'Union

Sous réserve de toute limitation éventuelle en vertu de l'article 19, paragraphe 2 ou 3, et sans préjudice de l'article 67, Europol peut directement transférer des données à caractère personnel à un organe de l'Union, dans la mesure où cela est nécessaire à l'accomplissement de ses missions ou de celles de l'organe de l'Union destinataire.

Art. 25. — Transfert de données à caractère personnel vers des pays tiers et à des organisations internationales

1. Sous réserve de toute limitation éventuelle en vertu de l'article 19, paragraphe 2 ou 3, et sans préjudice de l'article 67, Europol peut transférer des données à caractère personnel à une autorité d'un pays tiers ou à une organisation internationale, dans la mesure nécessaire à l'accomplissement de ses missions, sur l'un des fondements suivants :

a) une décision de la Commission adoptée conformément à l'article 36 de la directive (UE) 2016/680, selon laquelle le pays tiers ou un territoire ou un secteur de traitement de données au sein de ce pays tiers, ou l'organisation internationale en question, assure un niveau de protection adéquat (ci-après dénommée « décision d'adéquation ») ;

b) un accord international conclu entre l'Union et le pays tiers ou l'organisation internationale concerné, en vertu de l'article 218 du traité sur le fonctionnement de l'Union européenne, offrant des garanties suffisantes au regard de la protection de la vie privée et des libertés et des droits fondamentaux des personnes ;

c) un accord de coopération autorisant l'échange de données à caractère personnel, conclu avant le 1er mai 2017 entre Europol et le pays tiers ou l'organisation internationale concerné, conformément à l'article 23 de la décision 2009/371/JAI.

Europol peut conclure des arrangements administratifs afin de mettre en œuvre ces accords ou ces décisions d'adéquation.

2. Le directeur exécutif informe le conseil d'administration des échanges de données à caractère personnel effectués sur la base de décisions d'adéquation en vertu du paragraphe 1, point a).

3. Europol publie sur son site internet et tient à jour une liste des décisions d'adéquation, des accords, des arrangements administratifs et des autres instruments relatifs au transfert de données à caractère personnel conformément au paragraphe 1.

4. Au plus tard le 14 juin 2021, la Commission évalue les dispositions figurant dans les accords de coopération visés au paragraphe 1, point c), en particulier celles concernant la protection des données. La Commission informe le Parlement européen et le Conseil du résultat de cette évaluation et peut, le cas échéant, présenter au Conseil une recommandation de décision autorisant l'ouverture de négociations en vue de la conclusion d'accords internationaux visés au paragraphe 1, point b).

5. Par dérogation au paragraphe 1, le directeur exécutif peut autoriser le transfert de données à caractère personnel vers un pays tiers ou à une organisation internationale, au cas par cas, si ce transfert est :

a) nécessaire à la sauvegarde des intérêts vitaux de la personne concernée ou d'une autre personne ;

b) nécessaire à la sauvegarde des intérêts légitimes de la personne concernée lorsque le droit de l'État membre transférant les données à caractère personnel le prévoit ;

c) essentiel pour prévenir une menace grave et immédiate pour la sécurité publique d'un État membre ou d'un pays tiers ;

d) nécessaire dans des cas particuliers à des fins de prévention et de détection des infractions pénales, d'enquêtes et de poursuites en la matière, ou d'exécution de sanctions pénales ; ou

e) nécessaire dans des cas particuliers à la constatation, à l'exercice ou à la défense d'un droit en justice en rapport avec la prévention et la détection d'une infraction pénale spécifique, les enquêtes et les poursuites en la matière, ou avec l'exécution d'une sanction pénale spécifique.

Les données à caractère personnel ne sont pas transférées si le directeur exécutif estime que les libertés et les droits fondamentaux de la personne concernée prévalent sur l'intérêt public dans le cadre du transfert visé aux points d) et e).

Aucune dérogation ne peut être applicable aux transferts systématiques, en masse ou structurels.

6. Par dérogation au paragraphe 1, le conseil d'administration peut, en accord avec le CEPD, autoriser, pour une période ne pouvant dépasser un an, renouvelable, une série de transferts conformément au paragraphe 5, points a) à e), compte tenu de l'existence de garanties adéquates en ce qui concerne la protection de la vie privée et des libertés et des droits fondamentaux des personnes physiques. Cette autorisation doit être dûment justifiée et documentée.

7. Le directeur exécutif informe au plus vite le conseil d'administration et le CEPD des cas dans lesquels le paragraphe 5 a été appliqué.

8. Europol tient un relevé détaillé de tous les transferts effectués au titre du présent article.

Art. 26. — Échanges de données à caractère personnel avec des parties privées

1. Dans la mesure où cela est nécessaire à l'accomplissement de ses missions, Europol peut traiter des données à caractère personnel obtenues de parties privées à condition de les avoir reçues par l'intermédiaire :

a) d'une unité nationale, conformément au droit national ;

b) du point de contact d'un pays tiers ou d'une organisation internationale avec lesquels Europol a conclu, avant le 1er mai 2017, un accord de coopération autorisant l'échange de données à caractère personnel conformément à l'article 23 de la décision 2009/371/JAI ; ou

c) d'une autorité d'un pays tiers ou d'une organisation internationale faisant l'objet d'une décision d'adéquation visée à l'article 25, paragraphe 1, point a), du présent règlement, ou avec laquelle l'Union a conclu un accord international en vertu de l'article 218 du traité sur le fonctionnement de l'Union européenne.

2. Si Europol reçoit néanmoins des données à caractère personnel directement de parties privées et si l'unité nationale, le point de contact ou l'autorité concerné visé au paragraphe 1 ne peut pas être identifié, Europol ne peut traiter ces données qu'à la seule fin de procéder à cette identification. Les données à caractère personnel sont ensuite transmises immédiatement à l'unité nationale, au point de contact ou à l'autorité concerné et supprimées à moins que l'unité nationale, le point de contact ou l'autorité concerné ne soumette à nouveau ces données à caractère personnel conformément à l'article 19, paragraphe 1, dans les quatre mois suivant le transfert. Europol assure par des moyens techniques que, durant cette période, les données en question ne sont pas accessibles en vue d'un traitement pour toute autre finalité.

3. À la suite du transfert de données à caractère personnel conformément au paragraphe 5, point c), du présent article, Europol peut, en rapport avec celles-ci, recevoir des données à caractère personnel directement d'une partie privée que cette partie privée déclare être autorisée par la loi à transmettre conformément au droit applicable, afin de traiter ces données pour l'accomplissement de la mission prévue à l'article 4, paragraphe 1, point m).

4. Si Europol reçoit des données à caractère personnel d'une partie privée se trouvant dans un pays tiers avec lequel aucun accord n'a été conclu sur la base de l'article 23 de la décision 2009/371/JAI ou de l'article 218 du traité sur le fonctionnement de l'Union européenne, ou qui ne fait pas l'objet d'une décision d'adéquation visée à l'article 25, paragraphe 1, point a), du présent règlement, Europol ne peut transmettre ces données qu'à un État membre ou à un pays tiers concerné avec lequel un tel accord a été conclu.

5. Europol ne peut pas transférer de données à caractère personnel à des parties privées sauf, au cas par cas, lorsque cela est strictement nécessaire et sous réserve de toute limitation éventuelle stipulée en vertu de l'article 19, paragraphe 2 ou 3, et sans préjudice de l'article 67, lorsque :

a) le transfert est, indubitablement, dans l'intérêt de la personne concernée et que soit le consentement de la personne concernée a été donné, soit les circonstances permettent de présumer sans équivoque qu'il y a eu consentement ; ou

b) le transfert est absolument nécessaire aux fins de la prévention de la commission imminente d'une forme de criminalité, y compris le terrorisme, qui relève de la compétence d'Europol ; ou

c) le transfert de données à caractère personnel qui sont accessibles au public est strictement nécessaire à l'accomplissement de la mission prévue à l'article 4, paragraphe 1, point m), et les conditions suivantes sont remplies :

i) le transfert concerne un cas individuel et spécifique ; et

ii) il n'existe pas de libertés ni de droits fondamentaux de la personne concernée qui prévalent sur l'intérêt public exigeant le transfert dans le cas en question.

6. En ce qui concerne le paragraphe 5, points a) et b), du présent article, si la partie privée concernée n'est pas établie dans l'Union ou dans un pays avec lequel Europol a un accord de coopération autorisant l'échange de données à caractère personnel, ou avec lequel l'Union a conclu un accord international en application de l'article 218 du traité sur le fonctionnement de l'Union européenne, ou qui fait l'objet d'une décision d'adéquation visée à l'article 25, paragraphe 1, point a), du présent règlement, le transfert n'est autorisé que si ce transfert est :

a) nécessaire à la sauvegarde des intérêts vitaux de la personne concernée ou d'une autre personne ; ou

b) nécessaire à la sauvegarde des intérêts légitimes de la personne concernée ; ou

c) essentiel pour prévenir une menace grave et immédiate pour la sécurité publique d'un État membre ou d'un pays tiers ; ou

d) nécessaire dans des cas particuliers à des fins de prévention et de détection d'une infraction pénale relevant de la compétence d'Europol, d'enquêtes et de poursuites en la matière ; ou

e) nécessaire, dans des cas particuliers, à la constatation, à l'exercice ou à la défense d'un droit en justice en rapport avec la prévention et la détection d'une infraction pénale relevant de la compétence d'Europol, les enquêtes et les poursuites en la matière.

7. Europol veille à ce qu'un relevé détaillé de tous les transferts de données à caractère personnel ainsi que des motifs de ces transferts soit conservé conformément au présent règlement et communiqué sur demande au CEPD en application de l'article 40.

8. Si les données à caractère personnel reçues ou qui doivent être transférées portent atteinte aux intérêts d'un État membre, Europol informe immédiatement l'unité nationale de l'État membre concerné.

9. Europol ne peut prendre contact avec des parties privées afin d'extraire des données à caractère personnel.

10. La Commission évalue la pratique des échanges directs de données à caractère personnel avec des parties privées au plus tard le 1er mai 2019.

Art. 27. — Informations émanant de particuliers

1. Dans la mesure où cela est nécessaire à l'accomplissement de ses missions, Europol peut recevoir et traiter des informations émanant de particuliers. Europol ne peut traiter des données à caractère personnel émanant de particuliers qu'à condition de les avoir reçues par l'intermédiaire :

a) d'une unité nationale, conformément au droit national ;

b) du point de contact d'un pays tiers ou d'une organisation internationale avec lesquels Europol a conclu, avant le 1er mai 2017, un accord de coopération autorisant l'échange de données à caractère personnel conformément à l'article 23 de la décision 2009/371/JAI ; ou

c) d'une autorité d'un pays tiers ou d'une organisation internationale faisant l'objet d'une décision d'adéquation visée à l'article 25, paragraphe 1, point a), ou avec laquelle l'Union a conclu un accord international en vertu de l'article 218 du traité sur le fonctionnement de l'Union européenne.

2. Si Europol reçoit des informations, y compris des données à caractère personnel, d'un particulier résidant dans un pays tiers avec lequel aucun accord international n'a été conclu sur la base de l'article 23 de la décision 2009/371/JAI ou de l'article 218 du traité sur le fonctionnement de l'Union européenne, ou qui ne fait pas l'objet d'une décision d'adéquation visée à l'article 25, paragraphe 1, point a), du présent règlement, Europol ne peut transmettre ces informations qu'à un État membre ou à un pays tiers concerné avec lequel un tel accord international a été conclu.

3. Si les données à caractère personnel reçues portent atteinte aux intérêts d'un État membre, Europol informe immédiatement l'unité nationale de l'État membre concerné.

4. Europol ne peut prendre contact avec des particuliers afin d'extraire des informations.

5. Sans préjudice des articles 36 et 37, Europol ne peut pas transférer de données à caractère personnel à des particuliers.

Chapitre VI

Garanties relatives à la protection des données

Art. 28. — Principes généraux en matière de protection des données

1. Les données à caractère personnel sont :

a) traitées loyalement et licitement ;

b) collectées pour des finalités déterminées, explicites et légitimes, et ne sont pas traitées ultérieurement de manière incompatible avec ces finalités. Le traitement ultérieur de données à caractère personnel à des fins de recherches historiques, statistiques ou scientifiques n'est pas considéré comme incompatible à condition qu'Europol fournisse des garanties appropriées, notamment pour éviter tout traitement des données à d'autres fins ;

c) adéquates, pertinentes et limitées à ce qui est nécessaire au regard des finalités pour lesquelles elles sont traitées ;

d) exactes et tenues à jour ; toutes les mesures raisonnables doivent être prises pour que les données à caractère personnel inexactes, eu égard aux finalités pour lesquelles elles sont traitées, soient effacées ou rectifiées sans retard ;

e) conservées sous une forme permettant l'identification des personnes concernées pendant une durée n'excédant pas celle nécessaire à la réalisation des finalités pour lesquelles elles sont traitées ; et *f)* traitées de manière à leur assurer un niveau de sécurité approprié.

2. Europol met à la disposition du public un document exposant, sous une forme intelligible, les dispositions applicables en matière de traitement des données à caractère personnel et les moyens disponibles pour l'exercice des droits des personnes concernées.

Art. 29. — Évaluation de la fiabilité de la source et de l'exactitude des informations

1. La fiabilité de la source des informations émanant d'un État membre est évaluée, dans la mesure du possible, par l'État membre qui les fournit, en utilisant les codes d'évaluation des sources suivants :

(A) il n'existe aucun doute quant à l'authenticité, à la fiabilité et à la compétence de la source, ou l'information provient d'une source qui s'est révélée fiable dans tous les cas ;

(B) l'information provient d'une source qui s'est révélée fiable dans la plupart des cas ;

(C) l'information provient d'une source qui s'est révélée non fiable dans la plupart des cas ;

(X) la fiabilité de la source ne peut être évaluée.

2. L'exactitude des informations émanant d'un État membre est évaluée, dans la mesure du possible, par l'État membre qui les fournit, en utilisant les codes d'évaluation des informations suivants :

(1) : aucun doute n'est permis quant à l'exactitude de l'information ;

(2) : la source a eu directement connaissance de l'information, mais le fonctionnaire qui la transmet n'en a pas eu directement connaissance ;

(3) : la source n'a pas eu directement connaissance de l'information, mais celle-ci est corroborée par d'autres informations déjà enregistrées ;

(4) : la source n'a pas eu directement connaissance de l'information et celle-ci ne peut être corroborée d'aucune manière.

3. Lorsque, sur la base d'informations déjà en sa possession, Europol arrive à la conclusion qu'il y a lieu de corriger l'évaluation prévue au paragraphe 1 ou 2, elle en informe l'État membre concerné et cherche à s'entendre avec lui sur la modification à apporter à l'évaluation. Europol ne modifie pas l'évaluation sans cet accord.

4. Lorsqu'Europol reçoit d'un État membre des informations non assorties d'une évaluation conformément au paragraphe 1 ou 2, elle s'efforce d'évaluer la fiabilité de la source ou l'exactitude des informations sur la base des informations déjà en sa possession. L'évaluation de données ou d'informations spécifiques a lieu en accord avec l'État membre qui les a fournies. Un État membre peut aussi s'entendre avec Europol, en termes généraux, sur l'évaluation de types de données déterminés et de sources déterminées. En l'absence d'accord dans un cas particulier ou en l'absence d'accord en termes généraux, Europol évalue les informations ou les données et leur attribue les codes d'évaluation (X) et (4) visés, respectivement, aux paragraphes 1 et 2.

5. Le présent article s'applique mutatis mutandis lorsqu'Europol reçoit des données ou des informations d'un organe de l'Union, d'un pays tiers, d'une organisation internationale ou d'une partie privée.

6. Europol évalue les informations provenant de sources accessibles au public en utilisant les codes d'évaluation mentionnés aux paragraphes 1 et 2.

7. Si les informations résultent d'une analyse réalisée par Europol dans l'accomplissement de ses missions, Europol évalue ces informations conformément au présent article et en accord avec les États membres participant à l'analyse.

Art. 30. — Traitement de catégories particulières de données à caractère personnel et de différentes catégories de personnes concernées

1. Le traitement de données à caractère personnel concernant des victimes d'infraction pénale, des témoins ou d'autres personnes pouvant fournir des informations sur des infractions pénales, ou concernant des personnes de moins de 18 ans, est autorisé s'il est strictement nécessaire et proportionné pour prévenir ou lutter contre les formes de criminalité relevant des objectifs d'Europol.

2. Le traitement de données à caractère personnel, par des moyens automatisés ou autres, qui révèlent l'origine raciale ou ethnique, les opinions politiques, les convictions religieuses ou philosophiques ou l'appartenance syndicale et le traitement de données génétiques ou de données relatives à la santé ou à la vie sexuelle d'une personne sont interdits, à moins qu'ils ne soient strictement nécessaires et proportionnés pour prévenir ou lutter contre les formes de criminalité relevant des objectifs d'Europol et à moins que ces données ne complètent d'autres données à caractère personnel traitées par Europol. La sélection d'un groupe particulier de personnes sur la seule base de ces données à caractère personnel est interdite.

3. Europol a l'exclusivité de l'accès direct aux données à caractère personnel visées aux paragraphes 1 et 2. Le directeur exécutif autorise dûment un nombre limité de fonctionnaires d'Europol à avoir cet accès s'il est nécessaire à l'exécution de leurs tâches.

4. Aucune décision d'une autorité compétente produisant des effets juridiques défavorables à l'égard d'une personne concernée ne peut se fonder exclusivement sur le traitement automatisé des données visées au paragraphe 2, sauf si cette décision est expressément autorisée en vertu du droit national ou du droit de l'Union.

5. Les données à caractère personnel visées aux paragraphes 1 et 2 ne sont pas transmises à des États membres, à des organes de l'Union, vers des pays tiers ou à des organisations internationales, à moins que cette transmission ne soit strictement nécessaire et proportionnée dans des cas particuliers concernant des formes de criminalité relevant des objectifs d'Europol et que cela ne soit conforme au chapitre V.

6. Tous les ans, Europol fournit au CEPD un aperçu statistique de toutes les données à caractère personnel visées au paragraphe 2 qu'elle a traitées.

Art. 31. — Délais pour la conservation et l'effacement des données à caractère personnel

1. Les données à caractère personnel traitées par Europol ne sont conservées par celle-ci que pour la durée nécessaire et proportionnée aux finalités pour lesquelles ces données sont traitées.

2. Europol réexamine, en toute hypothèse, la nécessité de continuer à conserver les données à caractère personnel au plus tard trois ans après le début de leur traitement initial. Europol peut décider de continuer à conserver des données à caractère personnel jusqu'à l'examen suivant, qui a lieu à l'issue d'une nouvelle période de trois ans, si leur conservation reste nécessaire pour lui permettre de remplir ses missions. Les raisons de continuer à conserver les données sont justifiées et consignées. En l'absence de décision de conserver plus longtemps des données à caractère personnel, celles-ci sont effacées automatiquement après trois ans.

3. Si des données à caractère personnel visées à l'article 30, paragraphes 1 et 2, sont conservées pendant une durée supérieure à cinq ans, le CEPD en est informé.

4. Lorsqu'un État membre, un organe de l'Union, un pays tiers ou une organisation internationale a fait part, lors du transfert d'informations, d'une quelconque limitation en ce qui concerne l'effacement ou la destruction anticipé(e) des données à caractère personnel, conformément à l'article 19, paragraphe 2, Europol efface lesdites données conformément à ces limitations. Si, sur la base d'informations plus larges que celles en possession du fournisseur de données, il est jugé nécessaire de continuer à conserver des données pour qu'Europol puisse remplir ses missions, Europol

sollicite auprès du fournisseur de données, en justifiant sa demande, l'autorisation de continuer à conserver les données.

5. Lorsqu'un État membre, un organe de l'Union, un pays tiers ou une organisation internationale efface de ses propres fichiers de données des données à caractère personnel fournies à Europol, il ou elle en informe cette dernière. Europol efface les données sauf si, sur la base d'informations plus larges que celles en possession du fournisseur de données, il est jugé nécessaire de continuer à conserver lesdites données pour qu'Europol puisse remplir ses missions. Europol informe le fournisseur de données du maintien de la conservation de ces données, en justifiant celui-ci.

6. L'effacement de données à caractère personnel n'a pas lieu :

a) s'il risque de nuire aux intérêts d'une personne concernée qui doit être protégée. Dans ce cas, les données ne peuvent être utilisées qu'avec le consentement exprès et écrit de la personne concernée ;

b) si la personne concernée conteste l'exactitude des données, pendant une durée permettant aux États membres ou à Europol, si nécessaire, de vérifier cette exactitude ;

c) si les données à caractère personnel doivent être conservées à des fins probatoires ou pour la constatation, l'exercice ou la défense d'un droit en justice ; ou

d) si la personne concernée s'oppose à leur effacement et demande, en lieu et place, la limitation de leur utilisation

Art. 32. — Sécurité du traitement

1. Europol met en œuvre les mesures techniques et organisationnelles appropriées pour protéger les données à caractère personnel contre la destruction accidentelle ou illicite, la perte accidentelle ou la divulgation, la modification et l'accès non autorisés, ou contre toute autre forme de traitement non autorisé.

2. En ce qui concerne le traitement automatisé de données, Europol et chaque État membre mettent en œuvre les mesures qui sont propres à :

a) interdire à toute personne non autorisée d'accéder aux installations utilisées pour le traitement de données à caractère personnel (contrôle à l'entrée des installations) ;

b) empêcher toute lecture, copie ou modification ou tout retrait non autorisés de supports de données (contrôle des supports de données) ;

c) empêcher l'introduction non autorisée de données ainsi que tout examen, toute modification ou tout effacement non autorisés de données à caractère personnel stockées (contrôle du stockage) ;

d) empêcher que les systèmes de traitement automatisé de données puissent être utilisés par des personnes non autorisées à l'aide d'installations de transmission de données (contrôle des utilisateurs) ;

e) garantir que, pour l'utilisation d'un système de traitement automatisé des données, les personnes autorisées ne puissent accéder qu'aux données pour lesquelles elles ont une autorisation d'accès (contrôle de l'accès) ;

f) garantir qu'il soit possible de vérifier et de déterminer à quelles instances des données à caractère personnel peuvent être ou ont été transmises en utilisant le système de transmission de données (contrôle de la transmission) ;

g) garantir qu'il soit possible de vérifier et de déterminer quelles données à caractère personnel ont été introduites dans les systèmes de traitement automatisé de données, à quel moment et par quelle personne elles y ont été introduites (contrôle de l'introduction) ;

h) garantir qu'il soit possible de vérifier et de déterminer quelles données ont été consultées, par quel membre du personnel, à quelle date et à quelle heure (registre d'accès) ;

i) empêcher que, lors du transfert de données à caractère personnel ainsi que lors du transport de supports de données, les données puissent être lues, copiées, modifiées ou effacées de façon non autorisée (contrôle du transport) ;

j) garantir qu'il soit possible de réparer immédiatement les systèmes employés en cas de dérangement (remise en état) ; et

k) garantir que les fonctions du système ne soient pas défectueuses, que les erreurs de fonctionnement soient immédiatement signalées (fiabilité) et que les données conservées ne puissent être faussées par un dysfonctionnement du système (intégrité).

3. Europol et les États membres définissent des mécanismes pour que les besoins en matière de sécurité soient pris en compte au-delà des limites des systèmes d'information.

Art. 33. — Protection des données dès la conception

Europol met en œuvre les mesures et procédures techniques et organisationnelles appropriées de manière à ce que le traitement des données soit conforme au présent règlement et protège les droits des personnes concernées.

Art.34. — Notification aux autorités concernées d'une violation de données à caractère personnel

1. En cas de violation de données à caractère personnel, Europol en informe le CEPD ainsi que les autorités compétentes des États membres concernés, sans retard injustifié, conformément aux conditions fixées à l'article 7, paragraphe 5, ainsi que le fournisseur de données concerné.

2. La notification visée au paragraphe 1, à tout le moins :

a) décrit la nature de la violation de données à caractère personnel, y compris, si possible et s'il y a lieu, les catégories et le nombre de personnes concernées par la violation et les catégories et le nombre d'enregistrements de données concernés ;

b) décrit les conséquences probables de la violation de données à caractère personnel ;

c) décrit les mesures proposées ou prises par Europol pour remédier à la violation de données à caractère personnel ; et

d) le cas échéant, recommande des mesures à prendre pour atténuer les éventuelles conséquences négatives de la violation de données à caractère personnel.

3. Europol documente toute violation de données à caractère personnel, y compris le contexte, les effets de la violation et les mesures prises pour y remédier, permettant ainsi au CEPD de vérifier le respect du présent article.

Art. 35. — Communication à la personne concernée d'une violation de données à caractère personnel

1. Sous réserve du paragraphe 4 du présent article, lorsque la violation de données à caractère personnel visée à l'article 34 risque de porter gravement atteinte aux droits et aux libertés de la personne concernée, Europol communique la violation de données à caractère personnel sans retard injustifié à la personne concernée.

2. La communication à la personne concernée visée au paragraphe 1 décrit, si possible, la nature de la violation des données à caractère personnel, recommande des mesures à prendre pour atténuer les éventuelles conséquences négatives de la violation de données à caractère personnel et contient l'identité et les coordonnées du délégué à la protection des données.

3. Si Europol n'a pas les coordonnées de la personne concernée, elle demande au fournisseur de données de communiquer la violation des données à caractère personnel à la personne concernée et d'être informée de la décision prise. Les États membres qui fournissent les données communiquent la violation à la personne concernée conformément aux procédures prévues par leur droit national.

4. La communication à la personne concernée d'une violation de données à caractère personnel n'est pas nécessaire si :

a) Europol a appliqué aux données à caractère personnel concernées par ladite violation des mesures de protection technologiques appropriées qui rendent les données incompréhensibles pour toute personne qui n'est pas autorisée à y avoir accès ;

b) Europol a pris des mesures ultérieures qui garantissent que les droits et les libertés des personnes concernées ne risquent plus de subir une grave atteinte ; ou

c) cette communication demanderait des efforts disproportionnés, eu égard notamment au nombre de cas concernés. Dans ce cas, il est procédé à une communication publique ou à une mesure similaire visant à informer les personnes concernées d'une manière tout aussi efficace.

5. La communication à la personne concernée peut être retardée, limitée ou omise lorsque, en tenant dûment compte des intérêts légitimes de la personne concernée, cela constitue une mesure nécessaire pour :

a) éviter d'entraver des recherches, des enquêtes ou des procédures officielles ou judiciaires ;

b) éviter de nuire à la prévention, à la détection, à la recherche et à la poursuite d'infractions pénales, ou pour exécuter des sanctions pénales ;

c) protéger la sécurité nationale et l'ordre public ;

d) pour protéger les droits et les libertés de tiers.

Art. 36. — Droit d'accès de la personne concernée

1. Toute personne concernée est en droit d'être informée, à des intervalles raisonnables, du fait que des données à caractère personnel la concernant sont traitées par Europol.

2. Sans préjudice du paragraphe 5, Europol fournit à la personne concernée les informations suivantes :

a) la confirmation que des données la concernant font ou non l'objet d'un traitement ;

b) des informations portant au moins sur les finalités de l'opération de traitement, les catégories de données concernées, et les destinataires ou les catégories de destinataires auxquels les données sont communiquées ;

c) la communication, sous une forme intelligible, des données faisant l'objet des traitements ainsi que de toute information disponible sur leurs sources.

d) une indication du fondement juridique du traitement des données ;

e) la durée envisagée pendant laquelle les données à caractère personnel seront conservées ;

f) l'existence du droit de demander à Europol la rectification ou l'effacement des données à caractère personnel relatives à la personne concernée, ou la limitation de leur traitement.

3. Toute personne concernée souhaitant exercer le droit d'accès à des données à caractère personnel la concernant peut introduire, sans encourir de coûts excessifs, une demande à cet effet auprès de l'autorité compétente dans l'État membre de son choix. Cette autorité la fait suivre sans retard à Europol et, en tout état de cause, dans un délai d'un mois à compter de la réception de la demande.

4. Europol confirme la réception de la demande introduite en vertu du paragraphe 3. Europol répond à la demande sans retard injustifié et, en tout état de cause, dans un délai de trois mois à compter de la réception par Europol de la demande de l'autorité nationale.

5. Europol consulte les autorités compétentes des États membres, conformément aux conditions définies à l'article 7, paragraphe 5, et le fournisseur de données concerné sur la décision à prendre. La décision d'accorder l'accès à des données à caractère personnel est subordonnée à une étroite coopération entre Europol et

les États membres et le fournisseur de données directement concerné par l'accès de la personne concernée à ces données. Si un État membre ou le fournisseur de données s'oppose à la réponse proposée par Europol, il en notifie les motifs à cette dernière conformément au paragraphe 6 du présent article. Europol tient le plus grand compte de cette opposition. Europol notifie ensuite sa décision aux autorités compétentes concernées, conformément aux conditions définies à l'article 7, paragraphe 5, et au fournisseur de données.

6. La communication d'informations en réponse à toute demande au titre du paragraphe 1 peut être refusée ou limitée si ce refus ou cette limitation constitue une mesure nécessaire pour :

a) permettre à Europol de s'acquitter dûment de ses missions ;

b) protéger la sécurité et l'ordre public ou prévenir la criminalité ;

c) garantir qu'une éventuelle enquête nationale ne sera pas compromise ; ou

d) protéger les droits et les libertés de tiers.

Lors de l'évaluation de l'applicabilité d'une dérogation, les droits fondamentaux et les intérêts de la personne concernée sont pris en compte.

7. En cas de refus ou de limitation de l'accès, Europol informe par écrit la personne concernée des motifs d'une telle décision et de son droit d'introduire une réclamation auprès du CEPD. Lorsque la communication de telles informations priverait d'effet le paragraphe 6, Europol informe uniquement la personne concernée qu'elle a effectué les vérifications, sans lui donner d'indications pouvant lui permettre de savoir si Europol traite ou non des données à caractère personnel la concernant.

Art. 37. — Droit de rectification, d'effacement et de limitation

1. Toute personne concernée ayant eu accès à des données à caractère personnel la concernant traitées par Europol conformément à l'article 36 a le droit de demander à Europol par l'intermédiaire de l'autorité désignée à cette fin dans l'État membre de son choix de rectifier des données à caractère personnel la concernant détenues par Europol si elles sont entachées d'erreur et de les compléter ou de les mettre à jour. Cette autorité fait suivre la demande à Europol sans délai et, en tout état de cause, dans un délai d'un mois à compter de la réception de la demande.

2. Toute personne concernée ayant eu accès à des données à caractère personnel la concernant traitées par Europol conformément à l'article 36 a le droit de demander à Europol, par l'intermédiaire de l'autorité désignée à cette fin dans l'État membre de son choix, l'effacement de données à caractère personnel la concernant détenues par Europol si elles ne sont plus nécessaires aux finalités pour lesquelles elles ont été collectées ou sont traitées ultérieurement. Cette autorité fait suivre la demande à Europol sans retard et, en tout état de cause, dans un délai d'un mois à compter de la réception de la demande.

3. Europol soumet à limitation plutôt qu'elle n'efface les données à caractère personnel visées au paragraphe 2 lorsqu'il y a de bonnes raisons de croire que leur effacement pourrait porter atteinte aux intérêts légitimes de la personne concernée. Les données soumises à limitation ne sont traitées que pour les finalités qui ont empêché leur effacement.

4. Si des données à caractère personnel visées aux paragraphes 1, 2 et 3 détenues par Europol lui ont été fournies par des pays tiers, des organisations internationales ou des organes de l'Union, ont été fournies directement par des parties privées ou si elles ont été extraites par Europol auprès de sources accessibles au public ou résultent de ses propres analyses, Europol rectifie, efface ou soumet à limitation ces données et informe, le cas échéant, les fournisseurs de données.

5. Si des données à caractère personnel visées aux paragraphes 1, 2 et 3 détenues par Europol lui ont été fournies par des États membres, les États membres concernés

rectifient, effacent ou soumettent à limitation ces données en collaboration avec Europol, dans le cadre de leurs compétences respectives.

6. Si des données à caractère personnel entachées d'erreur ont été transférées par un autre moyen approprié, ou si les erreurs que comportent les données fournies par les États membres sont dues à un transfert entaché d'erreur ou à un transfert effectué en violation du présent règlement, ou si elles proviennent d'une introduction, d'une reprise ou d'un stockage de données incorrect ou contraire au présent règlement effectué par Europol, Europol est tenu de rectifier ces données ou de les effacer en collaboration avec le fournisseur de données concerné.

7. Dans les cas visés aux paragraphes 4, 5 et 6, tous les destinataires des données concernées sont informés immédiatement. Ces destinataires procèdent alors à la rectification, à l'effacement ou à la limitation de ces données dans leur propre système, selon les règles qui leur sont applicables.

8. Europol informe la personne concernée par écrit, sans retard injustifié, et, en tout état de cause, dans un délai de trois mois à compter de la réception de la demande reçue conformément au paragraphe 1 ou 2, qu'il a été procédé à la rectification, à l'effacement ou à la limitation de données la concernant.

9. Dans un délai de trois mois à compter de la réception de la demande conformément au paragraphe 1 ou 2, Europol informe par écrit la personne concernée de tout refus de rectification, d'effacement ou de limitation, des motifs de ce refus ainsi que de la possibilité d'introduire une réclamation auprès du CEPD et de former un recours juridictionnel.

Art. 38. — Responsabilité en matière de protection des données

1. Europol conserve les données à caractère personnel d'une manière permettant d'établir leur source, visée à l'article 17.

2. La responsabilité de la qualité des données à caractère personnel, telle que visée à l'article 28, paragraphe 1, point d), incombe :

a) à l'État membre ou à l'organe de l'Union qui a fourni les données à Europol ;

b) à Europol s'il s'agit de données à caractère personnel fournies par un pays tiers ou une organisation internationale ou directement fournies par des parties privées ; de données à caractère personnel extraites par Europol auprès de sources accessibles au public ou résultant de ses propres analyses ; et de données à caractère personnel conservées par Europol conformément à l'article 31, paragraphe 5.

3. Si Europol constate que des données à caractère personnel fournies en vertu de l'article 17, paragraphe 1, points a) et b), sont entachées d'erreur de fait ou ont été stockées de façon illicite, elle en informe le fournisseur de données concerné.

4. Europol est responsable du respect des principes visés à l'article 28, paragraphe 1, points a), b), c), e) et f).

5. La responsabilité de la légalité du transfert des données incombe à :

a) l'État membre qui a fourni les données à caractère personnel à Europol ;

b) Europol, dans le cas de données à caractère personnel fournies par celui-ci à des États membres, des pays tiers ou des organisations internationales

6. Dans le cas d'un transfert entre Europol et un organe de l'Union, la responsabilité de la légalité du transfert incombe à Europol.

Sans préjudice du premier alinéa, lorsque les données sont transférées par Europol sur demande du destinataire, la responsabilité de la légalité de ce transfert incombe tant à Europol qu'au destinataire.

7. Europol assume la responsabilité de toutes les opérations de traitement de données qu'elle effectue, à l'exception des échanges bilatéraux de données réalisés par l'intermédiaire de ses infrastructures entre des États membres, des organes de l'Union, des pays tiers et des organisations internationales auxquels elle n'a pas accès.

Ces échanges bilatéraux ont lieu sous la responsabilité des entités concernées et conformément à leur droit. La sécurité de ces échanges est assurée conformément à l'article 32.

Art. 39. — Consultation préalable

1. Tout nouveau type d'opérations de traitement à effectuer fait l'objet d'une consultation préalable lorsque :

a) des catégories particulières de données visées à l'article 30, paragraphe 2, doivent être traitées ;

b) en raison notamment de l'utilisation de nouveaux mécanismes, technologies ou procédures, le type de traitement présente des risques spécifiques pour les libertés et les droits fondamentaux des personnes concernées, et notamment pour la protection des données à caractère personnel les concernant.

2. La consultation préalable est effectuée par le CEPD après réception d'une notification du délégué à la protection des données qui contient au moins une description générale des opérations de traitement envisagées, une évaluation des risques pour les droits et les libertés des personnes concernées, les mesures envisagées pour faire face à ces risques, les garanties et les mesures et mécanismes de sécurité visant à assurer la protection des données à caractère personnel et à apporter la preuve du respect du présent règlement, en tenant compte des droits et des intérêts légitimes des personnes concernées par les données et d'autres personnes concernées.

3. Le CEPD rend son avis au conseil d'administration dans les deux mois qui suivent la réception de la notification. Ce délai peut être suspendu jusqu'à ce que le CEPD ait obtenu les informations complémentaires éventuellement demandées.

Si, après quatre mois, l'avis n'est pas rendu, il est réputé favorable.

Si, de l'avis du CEPD, le traitement notifié risque d'entraîner une violation d'une disposition du présent règlement, il formule, s'il y a lieu, des propositions en vue d'éviter cette violation. Si Europol ne modifie pas l'opération de traitement en conséquence, le CEPD peut exercer les pouvoirs qui lui sont conférés à l'article 43, paragraphe 3.

4. Le CEPD tient un registre de toutes les opérations de traitement qui lui sont notifiées en vertu du paragraphe 1. Ce registre n'est pas rendu public.

Art. 40. — Journalisation et documentation

1. À des fins de vérification de la licéité du traitement des données, d'autocontrôle et de garantie de l'intégrité et de la sécurité des données, Europol établit des relevés de la collecte, de la modification, de l'accès, de la divulgation, de la combinaison ou de l'effacement des données à caractère personnel. Ces journaux ou cette documentation sont effacés au bout de trois ans, sauf si les données qu'ils contiennent restent nécessaires à un contrôle en cours. Il n'existe pas de possibilité de modifier les journaux.

2. Les journaux ou la documentation établis en vertu du paragraphe 1 sont transmis sur demande au CEPD, au délégué à la protection des données et, si cela est nécessaire dans le cadre d'une enquête particulière, à l'unité nationale concernée. Les informations ainsi communiquées ne sont utilisées que pour contrôler la protection des données et garantir le traitement approprié des données, ainsi que leur intégrité et leur sécurité.

Art. 41. — Délégué à la protection des données

1. Le conseil d'administration nomme un délégué à la protection des données, qui est un membre du personnel. Dans l'exercice de ses fonctions, il agit en toute indépendance.

2. Le délégué à la protection des données est choisi en fonction de ses qualités personnelles et professionnelles et, en particulier, de ses connaissances spécialisées dans le domaine de la protection des données.

Il est veillé lors du choix du délégué à la protection des données à ce que l'exercice de la fonction qu'il exerce en cette qualité et de toute autre fonction officielle qu'il pourrait exercer, en particulier dans le cadre de l'application du présent règlement, ne puisse donner lieu à un conflit d'intérêts.

3. Le délégué à la protection des données est nommé pour une période de quatre ans. Son mandat peut être renouvelé, la durée totale ne pouvant toutefois dépasser huit ans. Le délégué à la protection des données ne peut être démis de ses fonctions par le conseil d'administration qu'avec le consentement du CEPD, s'il ne remplit plus les conditions requises pour l'exercice de ses fonctions.

4. Après la nomination du délégué à la protection des données, le nom de ce dernier est communiqué au CEPD par le conseil d'administration.

5. Le délégué à la protection des données ne reçoit aucune instruction dans l'exercice de ses fonctions.

6. Le délégué à la protection des données remplit notamment les fonctions suivantes en ce qui concerne les données à caractère personnel, à l'exception des données administratives à caractère personnel :

a) veiller, en toute indépendance, à l'application interne du présent règlement en matière de traitement des données à caractère personnel ;

b) veiller à ce qu'une trace du transfert et de la réception des données à caractère personnel soit conservée conformément au présent règlement ;

c) veiller à ce que les personnes concernées soient, à leur demande, informées des droits qui leur sont conférés par le présent règlement ;

d) coopérer avec le personnel d'Europol chargé des procédures, de la formation et du conseil en matière de traitement des données ;

e) coopérer avec le CEPD ;

f) élaborer un rapport annuel et le communiquer au conseil d'administration et au CEPD ;

g) tenir un registre des violations de données à caractère personnel.

7. Le délégué à la protection des données exerce en outre les fonctions prévues par le règlement (CE) n° 45/2001 en ce qui concerne les données administratives à caractère personnel.

8. Dans l'accomplissement de ses missions, le délégué à la protection des données a accès à toutes les données traitées par Europol ainsi qu'à tous les locaux d'Europol.

9. Si le délégué à la protection des données estime que les dispositions du présent règlement en matière de traitement des données à caractère personnel n'ont pas été respectées, il en informe le directeur exécutif et lui demande d'y remédier dans un délai déterminé.

Si le directeur exécutif ne résout pas le problème dans le délai imparti, le délégué à la protection des données en informe le conseil d'administration. Le délégué à la protection des données et le conseil d'administration conviennent d'un délai déterminé pour qu'une solution soit trouvée par ce dernier. Si le conseil d'administration ne résout pas le problème dans le délai imparti, le délégué à la protection des données saisit le CEPD.

10. Le conseil d'administration adopte des dispositions d'application concernant le délégué à la protection des données. Ces dispositions d'application portent notamment sur la procédure de sélection et la révocation, les missions, les fonctions et les compétences du délégué à la protection des données, ainsi que sur les moyens de garantir son indépendance.

11. Europol affecte au délégué à la protection des données le personnel et les ressources nécessaires à l'exercice de ses fonctions. Ce personnel n'a accès à l'ensemble des données traitées au sein d'Europol et aux locaux d'Europol que dans la mesure nécessaire à l'exécution de ses tâches.

12. Le délégué à la protection des données et son personnel sont tenus à l'obligation de confidentialité conformément à l'article 67, paragraphe 1.

Art. 42. — Contrôle par l'autorité de contrôle nationale

1. Chaque État membre désigne une autorité de contrôle nationale. L'autorité de contrôle nationale est chargée de contrôler, en toute indépendance et conformément à son droit national, que le transfert, l'extraction et toute communication à Europol de données à caractère personnel par l'État membre concerné sont licites et d'examiner si un tel transfert, une telle extraction ou une telle communication viole les droits des personnes concernées. À cette fin, l'autorité de contrôle nationale a accès, auprès de l'unité nationale ou dans les locaux des officiers de liaison, aux données transmises à Europol par son État membre selon les procédures nationales applicables ainsi qu'aux journaux et à la documentation visés à l'article 40.

2. Pour exercer leur fonction de contrôle, les autorités de contrôle nationales ont accès aux bureaux et aux dossiers de leurs officiers de liaison respectifs au sein d'Europol.

3. Les autorités de contrôle nationales contrôlent, conformément aux procédures nationales applicables, les activités que mènent les unités nationales et celles des officiers de liaison, dans la mesure où ces activités concernent la protection des données à caractère personnel. Elles tiennent aussi le CEPD informé de toutes les mesures qu'elles prennent à l'égard d'Europol.

4. Toute personne a le droit de demander à l'autorité de contrôle nationale de s'assurer de la licéité de tout transfert ou de toute communication à Europol, sous quelque forme que ce soit, de données la concernant et de l'accès à ces données par l'État membre concerné. Ce droit est exercé conformément au droit national de l'État membre auprès duquel la demande est introduite.

Art. 43. — Contrôle par le CEPD

1. Le CEPD est chargé de surveiller et de garantir l'application des dispositions du présent règlement concernant la protection des libertés et des droits fondamentaux des personnes physiques à l'égard des traitements de données à caractère personnel effectués par Europol, ainsi que de conseiller Europol et les personnes concernées sur toutes les questions concernant le traitement des données à caractère personnel. À ces fins, il exerce les fonctions définies au paragraphe 2 et les pouvoirs énoncés au paragraphe 3, tout en coopérant étroitement avec les autorités de contrôle nationales conformément à l'article 44.

2. Le CEPD exerce les fonctions suivantes :

a) il reçoit et examine les réclamations, et informe la personne concernée des résultats de son examen dans un délai raisonnable ;

b) il mène des enquêtes soit de sa propre initiative, soit sur la base d'une réclamation, et informe les personnes concernées des résultats dans un délai raisonnable ;

c) il contrôle et garantit l'application par Europol du présent règlement et de tout autre acte de l'Union concernant la protection des personnes physiques à l'égard du traitement de données à caractère personnel effectué par Europol ;

d) il conseille Europol, soit de sa propre initiative, soit en réponse à une consultation, sur toutes les questions concernant le traitement des données à caractère personnel, en particulier avant d'élaborer des règles internes relatives à la protection des libertés et des droits fondamentaux des personnes à l'égard du traitement des données à caractère personnel ;

e) il tient un registre des nouveaux types d'opérations de traitement qui lui ont été notifiés en vertu de l'article 39, paragraphe 1, et qui ont été enregistrés conformément à l'article 39, paragraphe 4 ;

f) il soumet à une consultation préalable les traitements qui lui sont notifiés.

3. Le CEPD peut, au titre du présent règlement :

a) conseiller les personnes concernées sur l'exercice de leurs droits ;

b) saisir Europol en cas de violation alléguée des dispositions régissant le traitement des données à caractère personnel et, s'il y a lieu, formuler des propositions tendant à remédier à cette violation et à améliorer la protection des personnes concernées ;

c) ordonner que les demandes d'exercice de certains droits à l'égard des données soient satisfaites lorsque de telles demandes ont été rejetées en violation des articles 36 et 37 ;

d) adresser un avertissement ou une admonestation à Europol ;

e) enjoindre Europol de procéder à la rectification, à la limitation, à l'effacement ou à la destruction des données à caractère personnel qui ont été traitées en violation des dispositions régissant le traitement des données à caractère personnel, et de notifier ces mesures aux tiers auxquels ces données ont été divulguées ;

f) interdire temporairement ou définitivement à Europol de procéder à des opérations de traitement en violation des dispositions régissant le traitement des données à caractère personnel ;

g) saisir Europol et, si nécessaire, le Parlement européen, le Conseil et la Commission ;

h) saisir la Cour de justice de l'Union européenne dans les conditions prévues par le traité sur le fonctionnement de l'Union européenne ;

i) intervenir dans les affaires portées devant la Cour de justice de l'Union européenne.

4. Le CEPD est habilité à :

a) obtenir d'Europol l'accès à toutes les données à caractère personnel et à toutes les informations nécessaires à ses enquêtes ;

b) obtenir l'accès à tous les locaux dans lesquels Europol exerce ses activités, s'il existe un motif raisonnable de supposer que s'y exerce une activité visée par le présent règlement.

5. Le CEPD établit un rapport annuel sur les activités de contrôle portant sur Europol, après consultation des autorités de contrôle nationales. Ce rapport est intégré au rapport annuel du CEPD visé à l'article 48 du règlement (CE) n° 45/2001.

Ce rapport comprend des informations statistiques concernant les réclamations, les recherches et les enquêtes traitées conformément au paragraphe 2, ainsi que les transferts de données à caractère personnel vers des pays tiers et à des organisations internationales, les cas de consultation préalable et l'utilisation des pouvoirs énoncés au paragraphe 3.

6. LE CEPD, les fonctionnaires et les autres agents du secrétariat du CEPD sont tenus à l'obligation de confidentialité prévue à l'article 67, paragraphe 1.

Art. 44. — Coopération entre le CEPD et les autorités de contrôle nationales

1. Le CEPD agit en étroite coopération avec les autorités de contrôle nationales dans des domaines exigeant une participation nationale, notamment si lui-même ou une autorité de contrôle nationale constate des divergences majeures entre les pratiques des États membres ou des transferts potentiellement illicites dans l'utilisation des canaux d'échange d'informations d'Europol, ou dans le cadre de questions soulevées par une ou plusieurs autorités de contrôle nationales sur la mise en œuvre et l'interprétation du présent règlement.

2. Le CEPD recourt à l'expertise et à l'expérience des autorités de contrôle nationales dans l'exercice de ses fonctions décrites à l'article 43, paragraphe 2. Lorsqu'ils effectuent des inspections communes en collaboration avec le CEPD, les membres et le personnel des autorités de contrôle nationales, dans le respect des principes de subsidiarité et de proportionnalité, disposent de pouvoirs équivalents à ceux prévus

à l'article 43, paragraphe 4, et sont tenus à une obligation équivalente à celle prévue à l'article 43, paragraphe 6. Le CEPD et les autorités de contrôle nationales, agissant dans le cadre de leurs compétences respectives, échangent les informations utiles et s'assistent mutuellement pour mener les audits et inspections.

3. Le CEPD tient les autorités de contrôle nationales pleinement informées de toute question les touchant directement ou les concernant de quelque manière que ce soit. À la demande d'une ou de plusieurs autorités de contrôle nationales, le CEPD fournit auxdites autorités des informations sur des questions particulières.

4. Dans certains cas portant sur des données provenant d'un ou de plusieurs États membres, y compris les cas visés à l'article 47, paragraphe 2, le CEPD consulte les autorités de contrôle nationales concernées. Le CEPD ne décide pas des suites à donner avant que ces autorités de contrôle nationales ne l'aient informé de leur avis, dans un délai qu'il précise et qui ne peut être inférieur à un mois ni supérieur à trois mois. Le CEPD tient le plus grand compte des avis respectifs des autorités de contrôle nationales concernées. Lorsque le CEPD a l'intention de ne pas se conformer à l'avis d'une autorité de contrôle nationale, il en informe ladite autorité, lui fournit une justification et soumet la question pour discussion au comité de coopération créé par l'article 45, paragraphe 1.

Lorsque le CEPD juge qu'un dossier est extrêmement urgent, il peut décider de prendre des mesures immédiates. Le CEPD informe alors immédiatement les autorités de contrôle nationales concernées et justifie le caractère urgent de la situation, ainsi que la mesure qu'il a prise.

Art. 45. — Comité de coopération

1. Un comité de coopération ayant une fonction consultative est créé. Il est composé d'un représentant de l'autorité de contrôle nationale de chaque État membre et du CEPD.

2. Le comité de coopération s'acquitte en toute indépendance des missions dont il est chargé en vertu du paragraphe 3 et ne sollicite ni n'accepte aucune instruction d'aucun organe.

3. Le comité de coopération est chargé des missions suivantes :

a) discuter la politique et la stratégie générales en matière de contrôle d'Europol en ce qui concerne la protection des données et la licéité du transfert, de l'extraction et de toute communication par les États membres de données à caractère personnel à Europol ;

b) examiner les difficultés d'interprétation ou d'application du présent règlement ;

c) étudier les problèmes généraux pouvant se poser lors de l'exercice du contrôle indépendant ou de l'exercice des droits de personnes concernées ;

d) étudier et formuler des propositions harmonisées en vue de trouver des solutions communes aux problèmes visés à l'article 44, paragraphe 1 ;

e) étudier les cas soumis par le CEPD conformément à l'article 44, paragraphe 4 ;

f) étudier les cas soumis par les autorités de contrôle nationales ; et

g) promouvoir une sensibilisation aux droits en matière de protection des données.

4. Le comité de coopération peut formuler des avis, des lignes directrices, des recommandations et des bonnes pratiques. Le CEPD et les autorités de contrôle nationales, agissant sans préjudice de leur indépendance et dans le cadre de leurs compétences respectives, tiennent le plus grand compte de ceux-ci.

5. Le comité de coopération se réunit en tant que de besoin et au moins deux fois par an. Le coût et l'organisation de ses réunions sont à la charge du CEPD.

6. Le règlement intérieur du comité de coopération est adopté lors de la première réunion à la majorité simple de ses membres. D'autres méthodes de travail sont mises au point d'un commun accord, en fonction des besoins.

Art. 46. — Données administratives à caractère personnel

Le règlement (CE) n° 45/2001 s'applique à toutes les données administratives à caractère personnel détenues par Europol.

N° 19.4 Coopération judiciaire, Eurojust : règlement (UE) 2018/1727 du Parlement européen et du Conseil du 14 novembre 2018 relatif à l'Agence de l'Union européenne pour la coopération judiciaire en matière pénale (Eurojust) et remplaçant et abrogeant la décision 2002/187/JAI du Conseil (extraits) (54)

Chapitre I

Création, objectifs et missions d'Eurojust

Article premier. — Création de l'Agence de l'Union européenne pour la coopération judiciaire en matière pénale

1. L'Agence de l'Union européenne pour la coopération judiciaire en matière pénale (Eurojust) est instituée par la présente décision.

2. Eurojust telle qu'instituée par le présent règlement se substitue et succède à Eurojust telle qu'instituée par la décision 2002/187/JAI.

3. Eurojust est dotée de la personnalité juridique.

Art. 2. — Missions

1. Sur la base des opérations effectuées et des informations fournies par les autorités des États membres, par Europol, par le Parquet européen et par l'OLAF, Eurojust appuie et renforce la coordination et la coopération entre les autorités nationales chargées des enquêtes et des poursuites relatives à la criminalité grave pour laquelle Eurojust est compétente conformément à l'article 3, paragraphes 1 et 3, lorsque cette criminalité affecte deux ou plusieurs États membres ou exige une poursuite sur des bases communes.

2. Dans l'exercice de ses missions, Eurojust :

a) tient compte de toute demande émanant d'une autorité compétente d'un État membre ou de toute information fournie par les autorités, institutions, organes et organismes de l'Union compétents en vertu de dispositions arrêtées dans le cadre des traités et de toute information recueillie par Eurojust elle-même ;

b) facilite l'exécution des demandes de coopération judiciaire et des décisions dans ce domaine, notamment les demandes et les décisions qui se fondent sur des instruments donnant effet au principe de reconnaissance mutuelle.

3. Eurojust exécute ses missions à la demande des autorités compétentes des États membres, de sa propre initiative ou à la demande du Parquet européen dans les limites des compétences de ce dernier.

Art. 3. — Compétence d'Eurojust

1. Eurojust est compétente à l'égard des formes graves de criminalité énumérées à l'annexe I. Toutefois, à compter de la date à laquelle le Parquet européen assume ses

(54) Eurojust est une agence de l'Union européenne pour la coopération en matière de justice pénale. Cette agence est basée à La Haye, aux Pays-Bas.

missions d'enquête et de poursuites conformément à l'article 120, paragraphe 2, du règlement (UE) 2017/1939, Eurojust n'exerce pas sa compétence à l'égard des infractions pour lesquelles le Parquet européen est compétent, à l'exception des affaires qui concernent également des États membres qui ne participent pas à la coopération renforcée concernant la création du Parquet européen et à la demande de ces États membres ou à la demande du Parquet européen.

2. Eurojust exerce sa compétence pour les infractions portant atteinte aux intérêts financiers de l'Union dans les affaires concernant des États membres qui participent à la coopération renforcée concernant la création du Parquet européen, mais pour lesquelles le Parquet européen n'est pas compétent ou décide de ne pas exercer sa compétence.

Eurojust, le Parquet européen et les États membres concernés se consultent et coopèrent les uns avec les autres en vue de faciliter l'exercice par Eurojust de sa compétence au titre du présent paragraphe. Les détails pratiques de l'exercice par Eurojust de sa compétence en application du présent paragraphe sont régis par un arrangement de travail tel que visé à l'article 47, paragraphe 3.

3. En ce qui concerne des formes de criminalité autres que celles énumérées à l'annexe I, Eurojust peut aussi, conformément à ses missions, apporter son assistance dans les enquêtes et les poursuites, à la demande d'une autorité compétente d'un État membre.

4. La compétence d'Eurojust couvre les infractions pénales connexes aux infractions pénales énumérées à l'annexe I. Sont considérées comme des infractions pénales connexes les catégories d'infractions suivantes :

a) les infractions pénales commises pour se procurer les moyens de perpétrer les formes graves de criminalité énumérées à l'annexe I

b) les infractions pénales commises pour faciliter l'exécution de formes graves de criminalité énumérées à l'annexe I, ou les perpétrer ;

c) les infractions pénales commises dans le but d'assurer l'impunité de ceux qui commettent les formes graves de criminalité énumérées à l'annexe I.

5. À la demande d'une autorité compétente d'un État membre, Eurojust peut également apporter son assistance dans les enquêtes et les poursuites qui ne concernent que cet État membre et un pays tiers à condition qu'un accord de coopération ou un arrangement instaurant une coopération en vertu de l'article 52 a été conclu avec ce pays tiers ou que, dans un cas particulier, il y a un intérêt essentiel à apporter une telle assistance.

6. À la demande soit de l'autorité compétente d'un État membre, soit de la Commission, Eurojust peut apporter son assistance dans des enquêtes et des poursuites qui ne concernent que cet État membre mais qui ont une incidence au niveau de l'Union. Avant d'agir à la demande de la Commission, Eurojust consulte l'autorité compétente de l'État membre concerné. Cette autorité compétente peut s'opposer, dans un délai fixé par Eurojust, à l'exécution de la demande par Eurojust, en justifiant sa position dans chaque cas.

Art. 4. — Fonctions opérationnelles d'Eurojust

1. Eurojust :

a) informe les autorités compétentes des États membres des enquêtes et des poursuites dont elle a connaissance qui ont une incidence au niveau de l'Union ou qui pourraient affecter des États membres autres que ceux directement concernés ;

b) aide les autorités compétentes des États membres à garantir la meilleure coordination possible des enquêtes et des poursuites ;

c) aide à améliorer la coopération entre les autorités compétentes des États membres, notamment sur la base des analyses effectuées par Europol ;

d) coopère avec le Réseau judiciaire européen en matière pénale et le consulte, y compris en utilisant la base documentaire du Réseau judiciaire européen et en contribuant à améliorer celle-ci ;

e) coopère étroitement avec le Parquet européen pour les matières relatives à sa compétence ;

f) fournit un appui opérationnel, technique et financier dans le cadre des opérations et des enquêtes transfrontières menées par les États membres, y compris aux équipes communes d'enquête ;

g) soutient les centres d'expertise spécialisée de l'Union développés par Europol et d'autres institutions, organes et organismes de l'Union et y participe, le cas échéant ;

h) coopère avec les institutions, organes et organismes de l'Union ainsi qu'avec les réseaux créés dans le cadre de l'espace de liberté, de sécurité et de justice régi par le titre V du traité sur le fonctionnement de l'Union européenne ;

i) appuie l'action des États membres dans la lutte contre les formes graves de criminalité énumérées à l'annexe I.

2. Dans l'exercice de ses missions, Eurojust peut demander, de manière motivée, aux autorités compétentes des États membres concernés :

a) d'entreprendre une enquête ou des poursuites sur des faits précis ;

b) d'accepter que l'une d'elles puisse être mieux placée pour entreprendre une enquête ou des poursuites sur des faits précis ;

c) de se coordonner entre elles ;

d) de mettre en place une équipe commune d'enquête conformément aux instruments de coopération pertinents ;

e) de lui fournir toute information nécessaire pour exercer ses missions ;

f) de prendre des mesures d'enquête spéciales ;

g) de prendre toute autre mesure justifiée par l'enquête ou les poursuites.

3. Eurojust peut également :

a) fournir des avis à Europol, sur la base des analyses effectuées par Europol ;

b) apporter un soutien logistique, y compris la traduction, l'interprétation et l'organisation de réunions de coordination.

4. Lorsque deux ou plusieurs États membres ne peuvent s'accorder sur la question de savoir lequel d'entre eux doit entreprendre une enquête ou des poursuites à la suite d'une demande présentée en vertu du paragraphe 2, point a) ou b), Eurojust rend un avis écrit sur l'affaire. Eurojust transmet immédiatement l'avis aux États membres concernés.

5. À la demande d'une autorité compétente ou de sa propre initiative, Eurojust rend un avis écrit sur les refus récurrents ou les difficultés concernant l'exécution de demandes de coopération judiciaire et de décisions dans ce domaine, notamment les demandes et les décisions qui se fondent sur des instruments donnant effet au principe de reconnaissance mutuelle, pour autant que la question ne puisse être résolue par accord mutuel entre les autorités nationales compétentes ou grâce à l'intervention des membres nationaux concernés. Eurojust transmet immédiatement l'avis aux États membres concernés.

6. Les autorités compétentes des États membres concernés répondent sans retard injustifié aux demandes d'Eurojust présentées en vertu du paragraphe 2, et aux avis écrits visés au paragraphe 4 ou 5. Les autorités compétentes des États membres peuvent refuser de satisfaire à ces demandes ou de suivre l'avis écrit si cela risque de porter atteinte à des intérêts nationaux essentiels en matière de sécurité ou de compromettre le succès d'une enquête en cours ou la sécurité d'une personne physique.

Art. 5. — Exercice de fonctions opérationnelles et autres

1. Eurojust agit par l'intermédiaire d'un ou de plusieurs membres nationaux concernés lorsqu'elle prend toute mesure visée à l'article 4, paragraphe 1 ou 2. Sans préjudice du paragraphe 2 du présent article, le collège se concentre sur les questions opérationnelles et sur tout autre point directement lié à de telles questions. Le collège n'intervient sur des questions administratives que dans la mesure nécessaire pour s'assurer que ses fonctions opérationnelles ont été exercées.

2. Eurojust agit en tant que collège :

a) lorsqu'elle prend toute mesure visée à l'article 4, paragraphe 1 ou 2 :

i) à la demande d'un ou de plusieurs membres nationaux concernés par une affaire traitée par Eurojust ;

ii) lorsque l'affaire concerne des enquêtes ou des poursuites qui ont une incidence au niveau de l'Union ou qui pourraient affecter des États membres autres que ceux directement concernés ;

b) lorsqu'elle prend toute mesure visée à l'article 4, paragraphe 3, 4 ou 5 ;

c) dans les cas où une question générale relative à la réalisation de ses objectifs opérationnels se pose ;

d) lorsqu'elle adopte le budget annuel d'Eurojust, auquel cas la décision est prise à la majorité des deux tiers de ses membres ;

e) lorsqu'elle adopte le document de programmation visé à l'article 15 ou le rapport annuel sur les activités d'Eurojust, auxquels cas la décision est prise à la majorité des deux tiers de ses membres ;

f) lorsqu'elle élit ou révoque le président et les vice-présidents en application de l'article 11 ;

g) lorsqu'elle nomme le directeur administratif ou, s'il y a lieu, prolonge son mandat ou le démet de ses fonctions, en application de l'article 17 ;

h) lorsqu'elle adopte des arrangements de travail en application de l'article 47, paragraphe 3, et de l'article 52 ;

i) lorsqu'elle adopte des règles de prévention et de gestion des conflits d'intérêts à l'égard de ses membres, y compris en liaison avec leur déclaration d'intérêts ;

j) lorsqu'elle adopte des rapports, des documents d'orientation, des lignes directrices à l'intention des autorités nationales et des avis relatifs au travail opérationnel d'Eurojust, lorsque ces documents sont de nature stratégique ;

k) lorsqu'elle nomme des magistrats de liaison conformément à l'article 53 ;

l) lorsqu'elle prend toute décision qui n'est pas expressément attribuée au conseil exécutif par le présent règlement ou qui ne relève pas de la responsabilité du directeur administratif conformément à l'article 18 ;

m) dans les cas prévus par d'autres dispositions du présent règlement.

3. Lorsqu'elle accomplit ses missions, Eurojust indique si elle agit par l'intermédiaire d'un ou de plusieurs membres nationaux ou en tant que collège

4. Le collège peut confier au directeur administratif et au conseil exécutif d'autres tâches administratives que celles prévues aux articles 16 et 18, en fonction de ses besoins opérationnels.

Lorsque des circonstances exceptionnelles l'exigent, le collège peut décider de suspendre temporairement la délégation des pouvoirs de l'autorité investie du pouvoir de nomination au directeur administratif et des pouvoirs qui ont été subdélégués par ce dernier, et les exercer lui-même ou les déléguer à l'un de ses membres ou à un membre du personnel autre que le directeur administratif.

5. Le collège adopte le règlement intérieur d'Eurojust à la majorité des deux tiers de ses membres. Dans le cas où un accord ne peut être trouvé à la majorité des deux tiers, la décision est prise à la majorité simple. Le règlement intérieur d'Eurojust est approuvé par le Conseil au moyen d'actes d'exécution.

Chapitre II

Structure et organisation d'Eurojust

....

Chapitre III

Questions opérationnelles

Art. 19. — Dispositif permanent de coordination

1. Pour pouvoir s'acquitter de ses missions dans les cas d'urgence, Eurojust gère un dispositif permanent de coordination (DPC) capable de recevoir et de traiter à tout moment les demandes qui lui sont adressées. Le DPC doit pouvoir être joint 24 heures sur 24 et 7 jours sur 7.

2. Le DPC s'appuie sur un représentant du DPC par État membre, qui peut être le membre national, son adjoint, un assistant habilité à remplacer le membre national ou un expert national détaché. Le représentant du DPC doit pouvoir intervenir 24 heures sur 24 et 7 jours sur 7.

3. Les représentants du DPC interviennent efficacement et sans retard en ce qui concerne l'exécution d'une demande dans leur État membre.

Art. 20. — Système national de coordination Eurojust

1. Chaque État membre désigne un ou plusieurs correspondants nationaux pour Eurojust.

2. Tous les correspondants nationaux désignés par les États membres en vertu du paragraphe 1 doivent disposer des compétences et de l'expérience requises pour exercer leurs fonctions.

3. Chaque État membre met en place un système national de coordination Eurojust afin de coordonner le travail réalisé par :

a) les correspondants nationaux pour Eurojust ;

b) tous les correspondants nationaux pour les questions relevant de la compétence du Parquet européen ;

c) le correspondant national pour Eurojust pour les questions de terrorisme ;

d) le correspondant national pour le Réseau judiciaire européen en matière pénale et jusqu'à trois autres points de contact de ce Réseau judiciaire européen ;

e) les membres nationaux ou points de contact du réseau des équipes communes d'enquête et les membres nationaux ou points de contact des réseaux créés par les décisions 2002/494/JAI, 2007/845/JAI et 2008/852/JAI ;

f) le cas échéant, toute autre autorité judiciaire compétente.

4. Les personnes visées aux paragraphes 1 et 3 conservent la fonction et le statut dont elles jouissent en vertu du droit national, sans que cela n'ait de répercussions importantes sur l'exercice de leurs fonctions au titre du présent règlement.

5. Les correspondants nationaux pour Eurojust sont chargés du fonctionnement du système national de coordination Eurojust. Lorsque plusieurs correspondants pour Eurojust sont désignés, l'un d'eux est chargé du fonctionnement du système national de coordination Eurojust.

6. Les membres nationaux sont informés de toutes les réunions du système national de coordination Eurojust au cours desquelles sont débattues des questions concernant le traitement des affaires. Les membres nationaux peuvent y assister s'il y a lieu.

7. Le système national de coordination Eurojust facilite l'accomplissement des missions d'Eurojust au sein de l'État membre concerné, notamment

a) en veillant à ce que le système de gestion des dossiers visé à l'article 23 reçoive les informations relatives à l'État membre concerné d'une manière efficace et fiable ;

b) en aidant à déterminer si une demande doit être traitée avec l'assistance d'Eurojust ou du Réseau judiciaire européen ;

c) en aidant le membre national à déterminer les autorités compétentes pour l'exécution des demandes de coopération judiciaire et des décisions dans ce domaine, notamment les décisions et les demandes qui se fondent sur des instruments donnant effet au principe de reconnaissance mutuelle ;

d) en maintenant d'étroites relations avec l'unité nationale Europol, d'autres points de contact du Réseau judiciaire européen et d'autres autorités nationales compétentes concernées.

8. Dans le cadre de la réalisation des objectifs visés au paragraphe 7, les personnes visées au paragraphe 1 et au paragraphe 3, points a), b) et c), sont connectées au système de gestion des dossiers, et les personnes ou autorités visées au paragraphe 3, points d) et e), peuvent l'être, conformément au présent article et aux articles 23, 24, 25 et 34. Le coût de la connexion au système de gestion des dossiers est à la charge du budget général de l'Union.

9. La mise en place du système national de coordination Eurojust et la désignation des correspondants nationaux n'empêche pas les contacts directs entre le membre national et les autorités compétentes de son État membre.

Art. 21. — Échanges d'informations avec les États membres et entre membres nationaux

1. Les autorités compétentes des États membres échangent avec Eurojust toute information nécessaire à l'accomplissement des missions de celle-ci au titre des articles 2 et 4 et conformément aux règles applicables en matière de protection des données. Il s'agit au moins, en l'occurrence, des informations visées aux paragraphes 4, 5 et 6 du présent article.

2. La transmission d'informations à Eurojust est uniquement comprise comme une demande d'assistance adressée à Eurojust dans le dossier concerné si une autorité compétente le spécifie.

3. Les membres nationaux échangent toute information nécessaire à l'exécution des missions d'Eurojust, entre eux ou avec les autorités nationales compétentes, sans autorisation préalable. En particulier, les autorités nationales compétentes informent rapidement leurs membres nationaux de tout dossier les concernant.

4. Les autorités nationales compétentes informent leurs membres nationaux de la création d'équipes communes d'enquête et des résultats des travaux de ces équipes.

5. Les autorités nationales compétentes informent leurs membres nationaux, sans retard injustifié, de tout dossier affectant au moins trois États membres, pour lequel des demandes de coopération judiciaire ou des décisions dans ce domaine, notamment les demandes et les décisions fondées sur des instruments donnant effet au principe de reconnaissance mutuelle, ont été transmises à au moins deux États membres, lorsque l'une ou l'autre des circonstances suivantes s'applique :

a) l'infraction en cause est punissable dans l'État membre requérant ou émetteur d'une peine ou d'une mesure de sûreté privatives de liberté d'une durée maximale de cinq ou six ans au moins, à déterminer par l'État membre concerné, et est comprise dans la liste suivante :

i) traite des êtres humains ;

ii) abus sexuels ou exploitation sexuelle, y compris pédopornographie et sollicitation d'enfants à des fins sexuelles

iii) trafic de drogue ;

iv) trafic d'armes à feu, de leurs pièces ou éléments, de munitions ou d'explosifs ;

v) corruption ;
vi) infractions portant atteinte aux intérêts financiers de l'Union ;
vii) faux-monnayage ou falsification de moyens de paiement ;
viii) activités de blanchiment d'argent ;
ix) criminalité informatique ;
b) des éléments factuels indiquent qu'une organisation criminelle est impliquée ;
c) des éléments indiquent que l'affaire pourrait avoir une dimension transfrontière grave ou pourrait avoir une incidence au niveau de l'Union, ou pourrait affecter des États membres autres que ceux directement concernés.

6. Les autorités nationales compétentes informent leurs membres nationaux :
a) des cas où des conflits de compétence se sont présentés ou sont susceptibles de se présenter ;
b) des livraisons contrôlées concernant au moins trois pays, dont au moins deux États membres ;
c) des difficultés ou refus récurrents concernant l'exécution de demandes de coopération judiciaire ou de décisions dans ce domaine, notamment les demandes et les décisions qui se fondent sur des instruments donnant effet au principe de reconnaissance mutuelle.

7. Les autorités nationales compétentes ne sont pas tenues de fournir des informations dans une affaire donnée si cela risque de porter atteinte à des intérêts nationaux essentiels en matière de sécurité ou de compromettre la sécurité d'une personne physique.

8. Le présent article s'entend sans préjudice des conditions fixées dans des accords ou arrangements bilatéraux ou multilatéraux conclus entre les États membres et les pays tiers, y compris toute condition fixée par des pays tiers concernant l'utilisation des informations après leur communication.

9. Le présent article s'entend sans préjudice d'autres obligations relatives à la transmission d'informations à Eurojust, notamment de la décision 2005/671/JAI du Conseil (19).

10. Les informations visées dans le présent article sont fournies suivant la structure déterminée par Eurojust. L'autorité nationale compétente n'est pas tenue de fournir ces informations lorsqu'elles ont déjà été transmises à Eurojust conformément à d'autres dispositions du présent règlement.

Art. 22. — Informations communiquées par Eurojust aux autorités nationales compétentes

1. Eurojust transmet, sans retard injustifié, des informations aux autorités nationales compétentes concernant les résultats du traitement des informations, notamment sur l'existence de liens avec des affaires figurant déjà dans le système de gestion des dossiers. Ces informations peuvent comprendre des données à caractère personnel.

2. Lorsqu'une autorité nationale compétente demande à Eurojust de lui communiquer des informations dans un certain délai, Eurojust transmet ces informations dans ce délai.

Art. 23. — Système de gestion des dossiers, index et fichiers de travail temporaires

1. Eurojust établit un système de gestion des dossiers composé de fichiers de travail temporaires et d'un index qui comprennent les données à caractère personnel visées à l'annexe II et des données non personnelles.

2. Le système de gestion des dossiers a pour objectifs de :
a) fournir un soutien à la conduite et à la coordination des enquêtes et des poursuites pour lesquelles Eurojust apporte une assistance, notamment par le recoupement d'informations ;

b) faciliter l'accès aux informations relatives aux enquêtes et aux poursuites en cours ;

c) faciliter le contrôle de la licéité du traitement des données à caractère personnel par Eurojust et de sa conformité avec les règles applicables en matière de protection des données.

3. Le système de gestion des dossiers peut être relié à l'accès aux télécommunications sécurisées visé à l'article 9 de la décision 2008/976/JAI du Conseil (20).

4. L'index comporte des références aux fichiers de travail temporaires traités dans le cadre d'Eurojust et ne peut pas contenir d'autres données à caractère personnel que celles visées au point 1, a) à i), k) et m), et au point 2 de l'annexe II.

5. Pour s'acquitter de leurs tâches, les membres nationaux peuvent traiter dans un fichier de travail temporaire des données relatives aux cas particuliers sur lesquels ils travaillent. Ils permettent au délégué à la protection des données d'avoir accès au fichier de travail temporaire. Le membre national concerné informe le délégué à la protection des données de la création de chaque nouveau fichier de travail temporaire contenant des données à caractère personnel.

6. Pour traiter des données opérationnelles à caractère personnel, Eurojust ne peut pas créer d'autres fichiers automatisés que ceux qui sont établis dans le cadre du système de gestion des dossiers. Le membre national peut, toutefois, stocker temporairement des données à caractère personnel et les analyser afin de déterminer si de telles données sont utiles à l'accomplissement des missions d'Eurojust et si elles peuvent être incluses dans le système de gestion des dossiers. Ces données peuvent être conservées pendant une durée maximale de trois mois.

Art. 24. — Fonctionnement des fichiers de travail temporaires et de l'index

1. Le membre national concerné crée un fichier de travail temporaire pour chaque affaire au sujet de laquelle des informations lui sont transmises, pour autant que cette transmission soit conforme au présent règlement ou à d'autres instruments juridiques applicables. Le membre national est responsable de la gestion des fichiers de travail temporaires qu'il a créés.

2. Le membre national qui a créé un fichier de travail temporaire décide, cas par cas, d'en restreindre l'accès ou d'en accorder l'accès, intégral ou partiel, à d'autres membres nationaux ou à des membres du personnel autorisés d'Eurojust ou à toute autre personne travaillant au nom d'Eurojust qui a reçu l'autorisation nécessaire du directeur administratif.

3. Le membre national qui a créé un fichier de travail temporaire décide quelles sont les informations relatives à ce fichier de travail temporaire à introduire dans l'index conformément à l'article 23, paragraphe 4.

Art. 25. — Accès au système de gestion des dossiers au niveau national

1. Dans la mesure où elles sont connectées au système de gestion des dossiers, les personnes visées à l'article 20, paragraphe 3, ont accès uniquement :

a) à l'index, à moins que le membre national qui a décidé d'introduire les données dans l'index n'a refusé expressément cet accès ;

b) aux fichiers de travail temporaires créés par le membre national de leur État membre ;

c) aux fichiers de travail temporaires créés par les membres nationaux d'autres États membres et auxquels le membre national de leur État membre a été autorisé à accéder, à moins que le membre national qui a créé le fichier de travail temporaire n'a refusé expressément cet accès.

2. Le membre national décide, dans les limites prévues au paragraphe 1 du présent article, de l'étendue de l'accès aux fichiers de travail temporaires qui est accordé dans son État membre aux personnes visées à l'article 20, paragraphe 3, dans la mesure où celles-ci sont connectées au système de gestion des dossiers.

3. Chaque État membre décide, après concertation avec son membre national, de l'étendue de l'accès à l'index qui est accordé dans cet État membre aux personnes visées à l'article 20, paragraphe 3, dans la mesure où celles-ci sont connectées au système de gestion des dossiers. Les États membres notifient à Eurojust et à la Commission leur décision en ce qui concerne la mise en œuvre du présent paragraphe. La Commission en informe les autres États membres.

4. Les personnes qui ont obtenu un accès conformément au paragraphe 2 ont au minimum accès à l'index dans la mesure nécessaire pour consulter les fichiers de travail temporaires auxquels elles se sont vu octroyer l'accès.

Chapitre IV

Traitement des informations

Art. 26. — Traitement des données à caractère personnel par Eurojust

1. Le présent règlement ainsi que l'article 3 et le chapitre IX du règlement (UE) 2018/1725 s'appliquent au traitement des données opérationnelles à caractère personnel par Eurojust. Le règlement (UE) 2018/1725 s'applique au traitement des données administratives à caractère personnel par Eurojust, à l'exception du chapitre IX dudit règlement.

2. Les références dans le présent règlement aux « règles applicables en matière de protection des données » s'entendent comme des références aux dispositions relatives à la protection des données énoncées dans le présent règlement et dans le règlement (UE) 2018/1725.

3. Les règles en matière de protection des données relatives au traitement des données opérationnelles à caractère personnel figurant dans le présent règlement sont considérées comme des règles spécifiques en matière de protection des données par rapport aux règles générales fixées à l'article 3 et au chapitre IX du règlement (UE) 2018/1725.

4. Eurojust fixe les délais de conservation des données administratives à caractère personnel dans les dispositions de son règlement intérieur relatives à la protection des données.

Art. 27. — Traitement des données opérationnelles à caractère personnel

1. Dans la mesure où cela est nécessaire pour accomplir ses missions, Eurojust est autorisée, dans le cadre de sa compétence et aux fins de l'exercice de ses fonctions opérationnelles, à traiter par voie automatisée ou dans des fichiers manuels structurés conformément au présent règlement uniquement les données opérationnelles à caractère personnel énumérées au point 1 de l'annexe II des personnes qui, en vertu du droit national des États membres concernés, sont des personnes à l'égard desquelles il existe des motifs sérieux de croire qu'elles ont commis ou sont sur le point de commettre une infraction pénale pour laquelle Eurojust est compétente ou qui ont été condamnées pour une telle infraction.

2. Eurojust n'est autorisée à traiter que les données opérationnelles à caractère personnel énumérées au point 2 de l'annexe II des personnes qui, en vertu du droit national des États membres concernés, sont considérées comme des victimes d'une infraction pénale ou des tiers à une infraction pénale, telles que des personnes qui peuvent être appelées à témoigner lors d'enquêtes ou de poursuites pénales portant sur une ou plusieurs des formes de criminalité et des infractions pénales visées à l'article 3, des personnes qui peuvent fournir des informations sur des infractions pénales, ou des contacts ou des associés d'une personne visée au paragraphe 1. Le traitement de ces données opérationnelles à caractère personnel ne peut avoir lieu que s'il est nécessaire à l'accomplissement des missions

d'Eurojust, dans le cadre de sa compétence et aux fins de l'exercice de ses fonctions opérationnelles.

3. Dans des cas exceptionnels, Eurojust est également autorisée, pour une période de temps limitée n'excédant pas le temps nécessaire à la conclusion de l'affaire en rapport avec laquelle les données sont traitées, à traiter des données opérationnelles à caractère personnel autres que les données à caractère personnel visées à l'annexe II portant sur les circonstances d'une infraction, lorsque ces données sont d'un intérêt immédiat pour les enquêtes en cours qu'Eurojust coordonne ou aide à coordonner et qu'elles sont utilisées dans ce cadre et lorsque leur traitement est nécessaire aux fins énoncées au paragraphe 1. Le délégué à la protection des données visé à l'article 36 est immédiatement informé lorsque de telles données opérationnelles à caractère personnel sont traitées et est informé des circonstances spécifiques qui justifient la nécessité du traitement de ces données opérationnelles à caractère personnel. Lorsque ces autres données concernent des témoins ou des victimes au sens du paragraphe 2 du présent article, la décision de les traiter est prise conjointement par les membres nationaux concernés.

4. Eurojust est autorisée à traiter des catégories particulières de données opérationnelles à caractère personnel conformément l'article 76 du règlement (UE) 2018/1725. Ces données ne peuvent pas être traitées dans l'index prévu à l'article 23, paragraphe 4 du présent règlement. Lorsque ces autres données concernent des témoins ou des victimes au sens du paragraphe 2 du présent article, la décision de les traiter est prise par les membres nationaux concernés.

Art. 28. — Traitement effectué sous l'autorité d'Eurojust ou du sous-traitant

Le sous-traitant et toute personne agissant sous l'autorité d'Eurojust ou sous celle du sous-traitant qui a accès à des données opérationnelles à caractère personnel ne traitent pas ces données, excepté sur instruction d'Eurojust, à moins d'y être obligés par le droit de l'Union ou le droit d'un État membre.

Art. 29. — Durée de conservation des données opérationnelles à caractère personnel

1. Les données opérationnelles à caractère personnel traitées par Eurojust ne sont conservées par celle-ci que le temps nécessaire pour lui permettre d'accomplir ses missions. En particulier, sans préjudice du paragraphe 3 du présent article, les données opérationnelles à caractère personnel visées à l'article 27 ne peuvent être conservées au-delà de la première date applicable parmi les dates suivantes :

a) la date d'expiration du délai de prescription de l'action publique dans tous les États membres concernés par l'enquête et les poursuites ;

b) la date à laquelle Eurojust est informée du fait que la personne a été acquittée et que la décision judiciaire est devenue définitive, auquel cas l'État membre concerné en informe Eurojust sans retard ;

c) trois ans après la date à laquelle est devenue définitive la décision judiciaire du dernier des États membres concernés par l'enquête ou les poursuites ;

d) la date à laquelle Eurojust et les États membres concernés ont constaté ou décidé d'un commun accord qu'il n'était plus nécessaire qu'Eurojust coordonne l'enquête et les poursuites, à moins qu'il ne soit obligatoire de communiquer ces informations à Eurojust conformément à l'article 21, paragraphe 5 ou 6 ;

e) trois ans après la date à laquelle les données opérationnelles à caractère personnel ont été transmises conformément à l'article 21, paragraphe 5 ou 6.

2. Le respect des délais de conservation visés au paragraphe 1 du présent article est vérifié de manière permanente par un traitement automatisé adéquat effectué par Eurojust, en particulier à partir du moment où Eurojust procède à la clôture de l'affaire. Une vérification de la nécessité de conserver les données est également faite tous les trois ans après leur introduction ; les résultats de ces vérifications s'appliquent

à l'affaire dans son ensemble. Si des données opérationnelles à caractère personnel visées à l'article 27, paragraphe 4, sont conservées pendant une durée supérieure à cinq ans, le CEPD en est informé.

3. Avant que l'un des délais de conservation visés au paragraphe 1 n'expire, Eurojust vérifie la nécessité de continuer à conserver les données opérationnelles à caractère personnel lorsque et aussi longtemps que cela est nécessaire à l'accomplissement de ses missions. Elle peut décider de conserver ces données à titre dérogatoire jusqu'à la vérification suivante. Les raisons de prolonger la conservation des données sont justifiées et consignées. Si, au moment de la vérification, il n'est pas décidé de conserver plus longtemps les données opérationnelles à caractère personnel, celles-ci sont effacées automatiquement.

4. Lorsque, conformément au paragraphe 3, des données opérationnelles à caractère personnel ont été conservées au-delà des délais de conservation visés au paragraphe 1, le CEPD fait également une vérification de la nécessité de conserver ces données tous les trois ans.

5. Lorsque le délai de conservation a expiré pour la dernière donnée automatisée issue d'un dossier, chacune des pièces de ce dossier est détruite à l'exception de tout document original qu'Eurojust a reçu des autorités nationales et qui doit être renvoyé à l'autorité qui l'a fourni.

6. Dans le cas où Eurojust a coordonné une enquête ou des poursuites, les membres nationaux concernés s'informent mutuellement lorsqu'il est porté à leur connaissance que l'affaire a été classée ou que toutes les décisions judiciaires relatives à cette affaire ont acquis un caractère définitif.

7. Le paragraphe 5 ne s'applique pas lorsque :

a) cela risque de nuire aux intérêts d'une personne concernée qui doit être protégée ; dans ce cas, les données opérationnelles à caractère personnel ne peuvent être utilisées qu'avec le consentement exprès et écrit de la personne concernée

b) la personne concernée conteste l'exactitude des données opérationnelles à caractère personnel ; dans ce cas, le paragraphe 5 ne s'applique pas pendant une durée permettant aux États membres ou à Eurojust, le cas échéant, de vérifier l'exactitude de ces données ;

c) les données opérationnelles à caractère personnel doivent être conservées à des fins probatoires ou pour la constatation, l'exercice ou la défense d'un droit en justice ;

d) la personne concernée s'oppose à l'effacement des données opérationnelles à caractère personnel et demande, en lieu et place, la limitation de leur utilisation ; ou

e) les données opérationnelles à caractère personnel sont encore nécessaires à des fins archivistiques dans l'intérêt public ou à des fins statistiques.

Art. 30. — Sécurité des données opérationnelles à caractère personnel

Eurojust et les États membres définissent des mécanismes pour que les mesures en matière de sécurité visées à l'article 91 du règlement (UE) 2018/1725 soient prises en compte au-delà des limites des systèmes d'information.

Art. 31. — Droit d'accès de la personne concernée

1. Toute personne concernée souhaitant exercer le droit d'accès, visé à l'article 80 du règlement (UE) 2018/1725, à des données opérationnelles à caractère personnel la concernant et qui ont été traitées par Eurojust peut adresser une demande en ce sens à Eurojust ou à l'autorité de contrôle nationale dans l'État membre de son choix. Cette autorité fait suivre la demande à Eurojust sans retard, et en tout état de cause dans le mois à compter de la réception de la demande.

2. Eurojust répond à la demande sans retard injustifié, et en tout état de cause dans les trois mois à compter de la réception de la demande.

3. Les autorités compétentes des États membres concernés sont consultées par Eurojust en ce qui concerne la décision à prendre en réponse à une demande. Eurojust ne prend une décision en ce qui concerne l'accès à des données qu'en étroite coopération avec les États membres directement concernés par la communication de ces données. Lorsqu'un État membre s'oppose à la décision proposée par Eurojust, il notifie les motifs de son objection à Eurojust. Eurojust se conforme à toute objection de ce type. Les membres nationaux concernés notifient ensuite aux autorités compétentes la teneur de la décision d'Eurojust.

4. Les membres nationaux concernés traitent la demande et décident au nom d'Eurojust. En cas de désaccord, les membres nationaux concernés saisissent de l'affaire le collège, qui statue sur la demande à la majorité des deux tiers.

Art. 32. — Limitations du droit d'accès

Dans les cas visés à l'article 81 du règlement (UE) 2018/1725, Eurojust informe la personne concernée après avoir consulté les autorités compétentes des États membres concernés conformément à l'article 31, paragraphe 3 du présent règlement.

Art. 33. — Droit à la limitation du traitement

Sans préjudice des exceptions énoncées à l'article 29, paragraphe 7, du présent règlement, lorsque le traitement de données opérationnelles à caractère personnel a été limité en vertu de l'article 82, paragraphe 3, du règlement (UE) 2018/1725, ces données opérationnelles à caractère personnel ne sont traitées que pour la protection des droits de la personne concernée ou d'une autre personne physique ou morale qui est partie à la procédure à laquelle Eurojust est partie, ou pour les finalités fixées à l'article 82, paragraphe 3, du règlement (UE) 2018/1725.

Art. 34. — Accès autorisé aux données opérationnelles à caractère personnel au sein d'Eurojust

Seuls les membres nationaux, leurs adjoints, leurs assistants et les experts nationaux détachés autorisés, les personnes visées à l'article 20, paragraphe 3, dans la mesure où ces personnes sont connectées au système de gestion des dossiers et le personnel autorisé d'Eurojust peuvent avoir accès aux données opérationnelles à caractère personnel traitées par Eurojust dans les limites prévues aux articles 23, 24 et 25, aux fins de l'accomplissement des missions d'Eurojust.

Art. 35. — Registre des catégories d'activités de traitement

1. Eurojust tient un registre de toutes les catégories d'activités de traitement effectuées sous sa responsabilité. Ce registre comporte toutes les informations suivantes :

a) les coordonnées d'Eurojust ainsi que le nom et les coordonnées du délégué à la protection des données ;

b) les finalités du traitement ;

c) la description des catégories de personnes concernées et des catégories de données opérationnelles à caractère personnel ;

d) les catégories de destinataires auxquels les données opérationnelles à caractère personnel ont été ou seront communiquées, y compris les destinataires dans des pays tiers ou des organisations internationales ;

e) le cas échéant, les transferts de données opérationnelles à caractère personnel vers un pays tiers ou à une organisation internationale, y compris l'identification de ce pays tiers ou de cette organisation internationale ;

f) dans la mesure du possible, les délais prévus pour l'effacement des différentes catégories de données ;

g) dans la mesure du possible, une description générale des mesures de sécurité techniques et organisationnelles visées à l'article 91 du règlement (UE) 2018/1725.

2. Les registres visés au paragraphe 1 se présentent sous une forme écrite, y compris électronique.

3. Eurojust met le registre à la disposition du CEPD sur demande.

Art. 36. — Désignation du délégué à la protection des données

1. Le conseil exécutif désigne un délégué à la protection des données. Le délégué à la protection des données est un membre du personnel spécialement nommé à cette fin. Dans l'exercice de ses fonctions, le délégué à la protection des données agit en toute indépendance et ne peut recevoir aucune instruction.

2. Le délégué à la protection des données est choisi sur la base de ses qualités professionnelles et, en particulier, de ses connaissances spécialisées du droit et des pratiques en matière de protection des données, et de sa capacité à exercer les missions visées dans le présent règlement, en particulier celles visées à l'article 38.

3. Le choix du délégué à la protection des données ne doit pas pouvoir donner lieu à un conflit d'intérêts entre sa fonction de délégué à la protection des données et toute autre fonction officielle qu'il pourrait exercer, en particulier dans le cadre de l'application du présent règlement.

4. Le délégué à la protection des données est nommé pour une période de quatre ans ; son mandat peut être renouvelé, la durée totale ne pouvant toutefois pas dépasser huit ans. Le délégué à la protection des données ne peut être démis de ses fonctions par le conseil exécutif qu'avec le consentement du CEPD, s'il ne remplit plus les conditions requises pour l'exercice de ses fonctions.

5. Eurojust publie les coordonnées du délégué à la protection des données et les communique au CEPD.

Art. 37. — Fonction du délégué à la protection des données

1. Eurojust veille à ce que le délégué à la protection des données soit associé, d'une manière appropriée et en temps utile, à toutes les questions relatives à la protection des données à caractère personnel.

2. Eurojust aide le délégué à la protection des données à exercer les missions visées à l'article 38 en fournissant les ressources et le personnel nécessaires pour exercer ces missions ainsi que l'accès aux données à caractère personnel et aux opérations de traitement, et en lui permettant d'entretenir ses connaissances spécialisées.

3. Eurojust veille à ce que le délégué à la protection des données ne reçoive aucune instruction en ce qui concerne l'exercice de ces missions. Le délégué à la protection des données ne peut être relevé de ses fonctions ou sanctionné par le conseil exécutif pour l'exercice de ses missions. Le délégué à la protection des données rend compte directement au collège en ce qui concerne les données opérationnelles à caractère personnel et rend compte au conseil exécutif en ce qui concerne les données administratives à caractère personnel.

4. Les personnes concernées peuvent prendre contact avec le délégué à la protection des données au sujet de toutes les questions relatives au traitement de leurs données à caractère personnel et à l'exercice des droits que leur confèrent le présent règlement et le règlement (UE) 2018/1725.

5. Le conseil exécutif adopte des dispositions d'application concernant le délégué à la protection des données. Ces dispositions d'application portent notamment sur la procédure de sélection du délégué à la protection des données, sur sa révocation, ses missions, ses fonctions et ses pouvoirs, ainsi que sur les moyens de garantir son indépendance.

6. Le délégué à la protection des données et son personnel sont tenus à l'obligation de confidentialité conformément à l'article 72.

7. Le responsable du traitement et le sous-traitant, le comité du personnel concerné ou encore toute personne physique peuvent consulter le délégué à la protection des données, sans passer par les voies officielles, sur toute question concernant l'interprétation ou l'application du présent règlement et du règlement (UE) 2018/1725.

Aucune personne ne doit subir de préjudice pour avoir porté à l'attention du délégué à la protection des données un fait dont elle allègue qu'il constitue une violation du présent règlement ou du règlement (UE) 2018/1725.

8. Après la désignation du délégué à la protection des données, Eurojust communique son nom au CEPD.

Art. 38. — Missions du délégué à la protection des données

1. Le délégué à la protection des données exerce notamment les missions ci-après, en ce qui concerne le traitement de données à caractère personnel :

a) veiller en toute indépendance au respect, par Eurojust, des dispositions du présent règlement et du règlement (UE) 2018/1725 en matière de protection des données ainsi que des dispositions pertinentes du règlement intérieur d'Eurojust relatives à la protection des données ; cela comprend notamment le contrôle du respect du présent règlement, du règlement (UE) 2018/1725, d'autres dispositions du droit de l'Union ou du droit national en matière de protection des données et des politiques d'Eurojust en matière de protection des données à caractère personnel, y compris en ce qui concerne la répartition des responsabilités, la sensibilisation et la formation du personnel participant à des opérations de traitement, et les audits s'y rapportant ;

b) informer et conseiller Eurojust et le personnel qui procède au traitement de données à caractère personnel sur les obligations qui leur incombent en vertu du présent règlement, du règlement (UE) 2018/1725 et d'autres dispositions du droit de l'Union ou du droit national en matière de protection des données ;

c) dispenser des conseils, sur demande, en ce qui concerne l'analyse d'impact relative à la protection des données et vérifier l'exécution de celle-ci en vertu de l'article 89 du règlement (UE) 2018/1725 ;

d) veiller à ce qu'une trace écrite de la transmission et de la réception des données à caractère personnel soit conservée conformément aux dispositions à prévoir dans le règlement intérieur d'Eurojust ;

e) coopérer avec le personnel d'Eurojust chargé des procédures, de la formation et du conseil en matière de traitement des données ;

f) coopérer avec le CEPD ;

g) veiller à ce que les personnes concernées soient informées des droits qui leur sont conférés par le présent règlement et le règlement (UE) 2018/1725 ;

h) faire office de point de contact pour le CEPD pour les questions relatives au traitement, y compris la consultation préalable visée à l'article 90 du règlement (UE) 2018/1725, et mener des consultations, le cas échéant, sur tout autre sujet ;

i) dispenser des conseils, sur demande, en ce qui concerne la nécessité d'une notification ou d'une communication d'une violation de données à caractère personnel conformément aux articles 92 et 93 du règlement (UE) 2018/1725 ;

j) élaborer un rapport annuel et le communiquer au conseil exécutif, au collège et au CEPD.

2. Le délégué à la protection des données exerce les fonctions prévues par le règlement (UE) 2018/1725 en ce qui concerne les données administratives à caractère personnel.

3. Le délégué à la protection des données et les membres du personnel d'Eurojust assistant le délégué à la protection des données dans l'exercice de ses fonctions ont accès aux données à caractère personnel traitées par Eurojust ainsi qu'à ses locaux dans la mesure nécessaire à l'accomplissement de leurs missions.

4. Si le délégué à la protection des données estime que les dispositions du règlement (UE) 2018/1725 relatives au traitement des données administratives à caractère personnel ou les dispositions du présent règlement ou de l'article 3 et du chapitre IX du règlement (UE) 2018/1725 relatifs au traitement des données opérationnelles

à caractère personnel n'ont pas été respectées, il en informe le conseil exécutif et lui demande de remédier à cette situation dans un délai déterminé. Si le conseil exécutif ne résout pas la question du non-respect de ces dispositions dans le délai imparti, le délégué à la protection des données saisit le CEPD.

Art. 39. — Notification aux autorités concernées d'une violation de données à caractère personnel

1. En cas de violation de données à caractère personnel, Eurojust en informe les autorités compétentes des États membres concernés sans retard injustifié

2. La notification visée au paragraphe 1, à tout le moins :

a) décrit la nature de la violation de données à caractère personnel, y compris, si possible et s'il y a lieu, les catégories et le nombre de personnes concernées par la violation et les catégories et le nombre d'enregistrements de données concernés ;

b) décrit les conséquences probables de la violation de données à caractère personnel

c) décrit les mesures proposées ou prises par Eurojust pour remédier à la violation de données à caractère personnel ; et

d) le cas échéant, recommande des mesures à prendre pour atténuer les éventuelles conséquences négatives de la violation de données à caractère personnel.

Art. 40. — Contrôle exercé par le CEPD

1. Le CEPD est chargé de contrôler et de garantir l'application des dispositions du présent règlement et du règlement (UE) 2018/1725 concernant la protection des libertés et droits fondamentaux des personnes physiques à l'égard des traitements de données opérationnelles à caractère personnel effectués par Eurojust, ainsi que de conseiller Eurojust et les personnes concernées sur toutes les questions concernant le traitement des données opérationnelles à caractère personnel. À cette fin, le CEPD exerce les fonctions définies au paragraphe 2 du présent article et les pouvoirs qui lui sont conférés au paragraphe 3 du présent article et coopère avec les autorités de contrôle nationales conformément à l'article 42.

2. Le CEPD exerce les fonctions suivantes au titre du présent règlement et du règlement (UE) 2018/1725 :

a) recevoir et examiner les réclamations, et informer la personne concernée des résultats de cet examen dans un délai raisonnable ;

b) effectuer des enquêtes, soit de sa propre initiative, soit sur la base d'une réclamation, et informer les personnes concernées du résultat de ses enquêtes dans un délai raisonnable ;

c) contrôler et garantir l'application des dispositions du présent règlement et du règlement (UE) 2018/1725 concernant la protection des personnes physiques à l'égard du traitement de données opérationnelles à caractère personnel effectué par Eurojust

d) conseiller Eurojust, soit de sa propre initiative, soit en réponse à une consultation, sur toutes les questions concernant le traitement de données opérationnelles à caractère personnel, en particulier avant l'élaboration par Eurojust de règles internes relatives à la protection des libertés et droits fondamentaux des personnes à l'égard du traitement des données opérationnelles à caractère personnel.

3. Le CEPD peut, en vertu du présent règlement et du règlement (UE) 2018/1725, compte tenu des conséquences pour les enquêtes et poursuites dans les États membres :

a) conseiller les personnes concernées sur l'exercice de leurs droits ;

b) saisir Eurojust en cas de violation alléguée des dispositions régissant le traitement des données opérationnelles à caractère personnel et, s'il y a lieu, formuler des propositions tendant à remédier à cette violation et à améliorer la protection des personnes concernées ;

c) consulter Eurojust lorsque des demandes d'exercice de certains droits à l'égard de données opérationnelles à caractère personnel ont été rejetées en violation de l'article 31, 32 ou 33 du présent règlement ou des articles 77 à 82 ou de l'article 84 du règlement (UE) 2018/1725 ;

d) adresser un avertissement à Eurojust

e) ordonner à Eurojust de procéder à la rectification, à la limitation ou à l'effacement des données opérationnelles à caractère personnel qui ont été traitées par Eurojust en violation des dispositions régissant le traitement de données opérationnelles à caractère personnel et de notifier ces mesures aux tiers auxquels ces données ont été divulguées, à condition que cela n'entrave pas les missions d'Eurojust énoncées à l'article 2 ;

f) saisir la Cour de justice de l'Union européenne (ci-après dénommée « Cour ») dans les conditions prévues par le traité sur le fonctionnement de l'Union européenne ;

g) intervenir dans les affaires portées devant la Cour.

4. Le CEPD a accès aux données opérationnelles à caractère personnel traitées par Eurojust ainsi qu'à ses locaux dans la mesure nécessaire à l'exercice de ses fonctions.

5. Le CEPD établit un rapport annuel sur ses activités de contrôle portant sur Eurojust. Ce rapport fait partie du rapport annuel du CEPD visé à l'article 60 du règlement (UE) 2018/1725. Les autorités de contrôle nationales sont invitées à formuler des observations sur ce rapport, avant qu'il ne soit intégré au rapport annuel du CEPD visé à l'article 60 du règlement (UE) 2018/1725. Le CEPD tient le plus grand compte des observations formulées par les autorités de contrôle nationales et, en tout état de cause, en fait état dans le rapport annuel.

6. Eurojust coopère avec le CEPD dans l'exercice de ses fonctions, à la demande de celui-ci.

Art. 41. — Obligation de secret professionnel du CEPD

1. Le CEPD et son personnel sont, pendant la durée de leurs fonctions et après la cessation de celles-ci, soumis au secret professionnel concernant toute information confidentielle dont ils ont eu connaissance dans l'exercice de leurs fonctions officielles.

2. Dans l'exercice de ses pouvoirs de contrôle, le CEPD tient le plus grand compte du secret des enquêtes judiciaires et des procédures pénales, conformément au droit de l'Union ou au droit de l'État membre.

Art. 42. — Coopération entre le CEPD et les autorités de contrôle nationales

1. Le CEPD agit en étroite coopération avec les autorités de contrôle nationales sur les questions particulières exigeant une participation nationale, notamment si le CEPD ou une autorité de contrôle nationale découvre des différences importantes entre les pratiques des États membres ou l'existence de transferts potentiellement illicites transitant par les canaux de communication d'Eurojust, ou dans le contexte de questions soulevées par une ou plusieurs autorités de contrôle nationales concernant la mise en œuvre et l'interprétation du présent règlement.

2. Dans les cas visés au paragraphe 1, un contrôle coordonné est assuré conformément à l'article 62 du règlement (UE) 2018/1725.

3. Le CEPD tient les autorités de contrôle nationales pleinement informées de toute question les touchant directement ou les intéressant d'une autre manière. À la demande d'une ou de plusieurs autorités de contrôle nationales, le CEPD fournit auxdites autorités des informations sur des questions particulières.

4. Dans des cas portant sur des données provenant d'un ou de plusieurs États membres, y compris les cas visés à l'article 43, paragraphe 3, le CEPD consulte les autorités de contrôle nationales concernées. Le CEPD ne décide pas des suites à donner avant que ces autorités de contrôle nationales ne l'aient informé de leur position dans un délai qu'il détermine. Ce délai ne peut être inférieur à un mois ni supérieur à trois mois. Le CEPD tient le plus grand compte de la position des autorités de contrôle

nationales concernées. Lorsque le CEPD a l'intention de ne pas suivre la position desdites autorités, il en informe lesdites autorités, leur fournit une justification et soumet la question au comité européen de la protection des données.

Lorsque le CEPD estime qu'un cas est extrêmement urgent, il peut décider de prendre des mesures immédiates. En pareil cas, le CEPD informe immédiatement les autorités de contrôle nationales concernées et motive le caractère urgent de la situation et justifie la mesure qu'il a prise.

5. Les autorités de contrôle nationales tiennent le CEPD informé de toutes les mesures qu'elles prennent en ce qui concerne le transfert, l'extraction ou toute autre communication de données opérationnelles à caractère personnel effectués par les États membres en vertu du présent règlement.

Art. 43. — Droit d'introduire une réclamation auprès du CEPD concernant des données opérationnelles à caractère personnel

1. Toute personne concernée a le droit d'introduire une réclamation auprès du CEPD si elle estime que le traitement, par Eurojust, de données opérationnelles à caractère personnel la concernant n'est pas conforme au présent règlement ou au règlement (UE) 2018/1725.

2. Lorsqu'une réclamation concerne une décision visée à l'article 31, 32 ou 33 du présent règlement ou à l'article 80, 81 ou 82 du règlement (UE) 2018/1725, le CEPD consulte les autorités de contrôle nationales ou l'instance judiciaire compétente de l'État membre qui a fourni les données ou de l'État membre directement concerné. La décision du CEPD, qui peut aller jusqu'au refus de communiquer toute information, est prise en tenant compte de l'avis de l'autorité de contrôle nationale ou de l'instance judiciaire compétente.

3. Lorsque la réclamation concerne le traitement de données fournies à Eurojust par un État membre, le CEPD et l'autorité de contrôle nationale de l'État membre qui a fourni les données, agissant dans le cadre de leurs compétences respectives, s'assurent que les contrôles nécessaires de la licéité du traitement des données ont été correctement effectués.

4. Lorsqu'une réclamation concerne le traitement de données fournies à Eurojust par un organe ou organisme de l'Union, par un pays tiers ou par une organisation internationale, ou de données extraites par Eurojust auprès de sources accessibles au public, le CEPD s'assure qu'Eurojust a correctement effectué les contrôles nécessaires de la licéité du traitement des données

5. Le CEPD informe la personne concernée de l'état d'avancement et de l'issue de la réclamation ainsi que de la possibilité d'exercer un recours juridictionnel en vertu de l'article 44.

Art. 44. — Droit au contrôle juridictionnel des décisions du CEPD

Les décisions du CEPD concernant des données opérationnelles à caractère personnel peuvent faire l'objet d'un recours devant la Cour.

Art. 45. — Responsabilité en matière de protection des données

1. Eurojust traite les données opérationnelles à caractère personnel de manière que l'on puisse déterminer quelle autorité a fourni les données ou d'où elles proviennent.

2. La responsabilité de l'exactitude des données opérationnelles à caractère personnel incombe :

a) à Eurojust pour les données opérationnelles à caractère personnel fournies par un État membre ou par une institution, un organe ou un organisme de l'Union lorsque les données fournies ont été modifiées au cours du traitement effectué par Eurojust ;

b) à l'État membre ou à l'institution, organe ou organisme de l'Union qui a fourni les données à Eurojust, lorsque les données transmises n'ont pas été modifiées au cours du traitement effectué par Eurojust ;

c) à Eurojust pour les données opérationnelles à caractère personnel fournies par des pays tiers ou des organisations internationales, ainsi que pour les données opérationnelles à caractère personnel extraites par Eurojust auprès de sources accessibles au public.

3. La responsabilité du respect du règlement (UE) 2018/1725 en ce qui concerne les données administratives à caractère personnel et du respect du présent règlement ainsi que de l'article 3 et du chapitre IX du règlement (UE) 2018/1725 en ce qui concerne les données opérationnelles à caractère personnel incombe à Eurojust

La responsabilité de la légalité d'un transfert de données opérationnelles à caractère personnel incombe :

a) à l'État membre qui a fourni les données opérationnelles à caractère personnel concernées à Eurojust ;

b) à Eurojust lorsqu'elle a fourni les données opérationnelles à caractère personnel concernées à un État membre, aux institutions, organes ou organismes de l'Union, à un pays tiers ou à une organisation internationale.

4. Sous réserve d'autres dispositions du présent règlement, Eurojust est responsable de toutes les données qu'elle traite.

Art. 46. — Responsabilité du fait d'un traitement non autorisé ou incorrect de données

1. Eurojust est responsable, conformément à l'article 340 du traité sur le fonctionnement de l'Union européenne, de tout dommage causé à une personne du fait d'un traitement de données non autorisé ou incorrect dont il est l'auteur.

2. Les plaintes à l'encontre d'Eurojust fondées sur la responsabilité visée au paragraphe 1 du présent article sont introduites devant la Cour conformément à l'article 268 du traité sur le fonctionnement de l'Union européenne.

3. Chaque État membre est responsable, conformément à son droit national, de tout dommage causé à une personne du fait d'un traitement non autorisé ou incorrect qu'il a effectué sur des données qui ont été communiquées à Eurojust.

....

Chapitre VIII

Évaluation et rapports

Art. 67. — Participation des institutions de l'Union et des parlements nationaux

1. Eurojust transmet son rapport annuel au Parlement européen, au Conseil et aux parlements nationaux, qui peuvent présenter des observations et des conclusions.

2. Au moment de son élection, le président nouvellement élu d'Eurojust fait une déclaration devant la ou les commissions compétentes du Parlement européen et répond aux questions posées par les membres de ladite ou desdites commissions. Les discussions ne peuvent se rapporter directement ou indirectement à des actions concrètes prises en rapport avec des dossiers opérationnels spécifiques.

3. Le président d'Eurojust se présente dans le cadre d'une réunion interparlementaire de commission une fois par an pour l'évaluation commune, par le Parlement européen et les parlements nationaux, des activités d'Eurojust, afin de discuter des activités actuelles d'Eurojust et de présenter son rapport annuel ou d'autres documents essentiels d'Eurojust.

Les discussions ne peuvent se rapporter directement ou indirectement à des actions concrètes prises en rapport avec des dossiers opérationnels spécifiques.

4. Outre les obligations d'information et de consultation énoncées dans le présent règlement, Eurojust transmet pour information au Parlement européen et aux parlements nationaux dans leurs langues officielles respectives

a) les résultats d'études et de projets stratégiques élaborés ou commandés par Eurojust,

b) le document de programmation visé à l'article 15

c) les arrangements de travail conclus avec des tiers.

Art. 68. — Avis sur les propositions d'acte législatif

La Commission et les États membres intéressés peuvent, lorsqu'ils exercent leurs droits fondés sur l'article 76, point b), du traité sur le fonctionnement de l'Union européenne, demander l'avis d'Eurojust sur toutes les propositions d'acte législatif visées à l'article 76 du traité sur le fonctionnement de l'Union européenne.

Art. 69. — Évaluation et réexamen

1. Au plus tard le 13 décembre 2024 et tous les cinq ans par la suite, la Commission commande une évaluation de la mise en œuvre et de l'impact du présent règlement, ainsi que de l'efficacité et de l'efficience d'Eurojust et de ses pratiques professionnelles. Le collège est entendu dans le cadre de cette évaluation. Cette évaluation peut, notamment, étudier la nécessité éventuelle de modifier le mandat d'Eurojust, ainsi que les implications financières d'une telle modification.

2. La Commission transmet le rapport d'évaluation, accompagné de ses conclusions, au Parlement européen, aux parlements nationaux, au Conseil et au collège. Les conclusions de l'évaluation sont rendues publiques.

N° 19.5 Le mandat d'arrêt européen et les procédures de remise entre États membres : la décision-cadre (modifiée) du Conseil du 13 juin 2002 (extraits) [55]

Chapitre I

Principes généraux

Article premier. — Définition du mandat d'arrêt européen et obligation de l'exécuter.

1. Le mandat d'arrêt européen est une décision judiciaire émise par un État membre en vue de l'arrestation et de la remise par un autre État membre d'une personne recherchée pour l'exercice de poursuites pénales ou pour l'exécution d'une peine ou d'une mesure de sûreté privatives de liberté.

(55) Publiée au *Journal officiel de l'Union européenne* L 190 du 18 juillet 2002. Cette décision-cadre remplace la Convention relative à l'extradition entre les États membres de l'Union européenne de 1996, prise en application de l'article 31 du traité sur l'Union européenne. Elle a été modifiée par la décision-cadre 2009/299/JAI du Conseil du 26 février 2009 publiée au *JOUE* n° L 81 du 27 mars 2009. Le texte présenté ici est la version consolidée. Il faut aussi signaler, ici, la directive 2013/48/UE du Parlement européen et du Conseil du 22 octobre 2013 relative au droit d'accès à un avocat dans le cadre des procédures pénales et des procédures relatives au mandat d'arrêt européen, au droit d'informer un tiers dès la privation de liberté et au droit des personnes privées de liberté de communiquer avec des tiers et avec les autorités consulaires (*JOUE* n° L 294/1 du 6 novembre 2013). La mise en œuvre du mandat d'arrêt européen, intégré dans la Constitution française à l'article 88-2, a été l'occasion pour le Conseil constitutionnel de pratiquer le renvoi préjudiciel à la Cour de justice de l'Union européenne par une décision du 4 avril 2013 (n° 2013-314P QPC). La CJUE y a répondu par un arrêt du 30 mai 2013 (n° C-168/13 PPU), ce qui confirme une autre forme de dialogue des juges en Europe.

2. Les États membres exécutent tout mandat d'arrêt européen, sur la base du principe de reconnaissance mutuelle et conformément aux dispositions de la présente décision-cadre.

3. La présente décision-cadre ne saurait avoir pour effet de modifier l'obligation de respecter les droits fondamentaux et les principes juridiques fondamentaux tels qu'ils sont consacrés par l'article 6 du traité sur l'Union européenne.

Art. 2. — Champ d'application du mandat d'arrêt européen.

1. Un mandat d'arrêt européen peut être émis pour des faits punis par la loi de l'État membre d'émission d'une peine ou d'une mesure de sûreté privatives de liberté d'un maximum d'au moins douze mois ou, lorsqu'une condamnation à une peine est intervenue ou qu'une mesure de sûreté a été infligée, pour des condamnations prononcées d'une durée d'au moins quatre mois.

2. Les infractions suivantes, si elles sont punies dans l'État membre d'émission d'une peine ou d'une mesure de sûreté privatives de liberté d'un maximum d'au moins trois ans telles qu'elles sont définies par le droit de l'État membre d'émission, donnent lieu à remise sur la base d'un mandat d'arrêt européen, aux conditions de la présente décision-cadre et sans contrôle de la double incrimination du fait : participation à une organisation criminelle, terrorisme, traite des êtres humains, exploitation sexuelle des enfants et pédopornographie, trafic illicite de stupéfiants et de substances psychotropes, trafic illicite d'armes, de munitions et d'explosifs, corruption, fraude, y compris la fraude portant atteinte aux intérêts financiers des Communautés européennes au sens de la convention du 26 juillet 1995 relative à la protection des intérêts financiers des Communautés européennes, blanchiment du produit du crime, faux monnayage, y compris la contrefaçon de l'euro, cybercriminalité, crimes contre l'environnement, y compris le trafic illicite d'espèces animales menacées et le trafic illicite d'espèces et d'essences végétales menacées, aide à l'entrée et au séjour irréguliers, homicide volontaire, coups et blessures graves, trafic illicite d'organes et de tissus humains, enlèvement, séquestration et prise d'otage, racisme et xénophobie, vols organisés ou avec arme, trafic illicite de biens culturels, y compris antiquités et œuvres d'art, escroquerie, racket et extorsion de fonds, contrefaçon et piratage de produits, falsification de documents administratifs et trafic de faux, falsification de moyens de paiement, trafic illicite de substances hormonales et autres facteurs de croissance, trafic illicite de matières nucléaires et radioactives, trafic de véhicules volés, viol, incendie volontaire, crimes relevant de la juridiction de la Cour pénale internationale, détournement d'avion/navire, sabotage.

3. Le Conseil peut décider à tout moment, statuant à l'unanimité et après consultation du Parlement européen dans les conditions prévues à l'article 39, paragraphe 1, du traité sur l'Union européenne, d'ajouter d'autres catégories d'infractions à la liste contenue au paragraphe 2 du présent article. Le Conseil examine, à la lumière du rapport soumis par la Commission au titre de l'article 34, paragraphe 3, s'il y a lieu d'étendre ou de modifier cette liste.

4. Pour les infractions autres que celles visées au paragraphe 2, la remise peut être subordonnée à la condition que les faits pour lesquels le mandat d'arrêt européen a été émis constituent une infraction au regard du droit de l'État membre d'exécution, quels que soient les éléments constitutifs ou la qualification de celle-ci.

Art. 3. — Motifs de non-exécution obligatoire du mandat d'arrêt européen.

L'autorité judiciaire de l'État membre d'exécution (ci-après dénommée « autorité judiciaire d'exécution ») refuse l'exécution du mandat d'arrêt européen dans les cas suivants :

1. si l'infraction qui est à la base du mandat d'arrêt est couverte par l'amnistie dans l'État membre d'exécution lorsque celui-ci avait compétence pour poursuivre cette infraction selon sa propre loi pénale ;

2. s'il résulte des informations à la disposition de l'autorité judiciaire d'exécution que la personne recherchée a fait l'objet d'un jugement définitif pour les mêmes faits par un État membre, à condition que, en cas de condamnation, celle-ci ait été subie ou soit actuellement en cours d'exécution ou ne puisse plus être exécutée selon les lois de l'État membre de condamnation ;

3. si la personne qui fait l'objet du mandat d'arrêt européen ne peut, en raison de son âge, être tenue pénalement responsable des faits à l'origine de ce mandat selon le droit de l'État membre d'exécution.

Art. 4. — Motifs de non-exécution facultative du mandat d'arrêt européen.

L'autorité judiciaire d'exécution peut refuser d'exécuter le mandat d'arrêt européen :

1. si, dans l'un des cas visés à l'article 2, paragraphe 4, le fait qui est à la base du mandat d'arrêt européen ne constitue pas une infraction au regard du droit de l'État membre d'exécution ; toutefois, en matière de taxes et impôts, de douane et de change, l'exécution du mandat d'arrêt européen ne pourra être refusée pour le motif que la législation de l'État membre d'exécution n'impose pas le même type de taxes ou d'impôts ou ne contient pas le même type de réglementation en matière de taxes, d'impôts, de douane et de change que la législation de l'État membre d'émission ;

2. lorsque la personne qui fait l'objet du mandat d'arrêt européen est poursuivie dans l'État membre d'exécution pour le même fait que celui qui est à la base du mandat d'arrêt européen ;

3. lorsque les autorités judiciaires de l'État membre d'exécution ont décidé, soit de ne pas engager des poursuites pour l'infraction faisant l'objet du mandat d'arrêt européen, soit d'y mettre fin, ou lorsque la personne recherchée a fait l'objet dans un État membre d'une décision définitive pour les mêmes faits qui fait obstacle à l'exercice ultérieur de poursuites ;

4. lorsqu'il y a prescription de l'action pénale ou de la peine selon la législation de l'État membre d'exécution et que les faits relèvent de la compétence de cet État membre selon sa propre loi pénale ;

5. s'il résulte des informations à la disposition de l'autorité judiciaire d'exécution que la personne recherchée a été définitivement jugée pour les mêmes faits par un pays tiers, à condition que, en cas de condamnation, celle-ci ait été subie ou soit actuellement en cours d'exécution ou ne puisse plus être exécutée selon les lois du pays de condamnation ;

6. si le mandat d'arrêt européen a été délivré aux fins d'exécution d'une peine ou d'une mesure de sûreté privatives de liberté, lorsque la personne recherchée demeure dans l'État membre d'exécution, en est ressortissante ou y réside, et que cet État s'engage à exécuter cette peine ou mesure de sûreté conformément à son droit interne ;

7. lorsque le mandat d'arrêt européen porte sur des infractions qui :

a) selon le droit de l'État membre d'exécution, ont été commises en tout ou en partie sur le territoire de l'État membre d'exécution ou en un lieu considéré comme tel, ou

b) ont été commises hors du territoire de l'État membre d'émission et que le droit de l'État membre d'exécution n'autorise pas la poursuite pour les mêmes infractions commises hors de son territoire.

Art. 4 bis. — Décisions rendues à l'issue d'un procès auquel l'intéressé n'a pas comparu en personne.

1. L'autorité judiciaire d'exécution peut également refuser d'exécuter le mandat d'arrêt européen délivré aux fins d'exécution d'une peine ou d'une mesure de sûreté

privatives de liberté, si l'intéressé n'a pas comparu en personne au procès qui a mené à la décision, sauf si le mandat d'arrêt européen indique que l'intéressé, conformément aux autres exigences procédurales définies dans la législation nationale de l'État membre d'émission :

a) en temps utile,

i) soit a été cité à personne et a ainsi été informé de la date et du lieu fixés pour le procès qui a mené à la décision, soit a été informé officiellement et effectivement par d'autres moyens de la date et du lieu fixés pour ce procès, de telle sorte qu'il a été établi de manière non équivoque qu'il a eu connaissance du procès prévu ; et

ii) a été informé qu'une décision pouvait être rendue en cas de non comparution ; ou

b) ayant eu connaissance du procès prévu, a donné mandat à un conseil juridique, qui a été désigné soit par l'intéressé soit par l'État, pour le défendre au procès, et a été effectivement défendu par ce conseil pendant le procès ; ou

c) après s'être vu signifier la décision et avoir été expressément informé de son droit à une nouvelle procédure de jugement ou à une procédure d'appel, à laquelle l'intéressé a le droit de participer et qui permet de réexaminer l'affaire sur le fond, en tenant compte des nouveaux éléments de preuve, et peut aboutir à une infirmation de la décision initiale :

i) a indiqué expressément qu'il ne contestait pas la décision ; ou

ii) n'a pas demandé une nouvelle procédure de jugement ou une procédure d'appel dans le délai imparti ; ou

d) n'a pas reçu personnellement la signification de la décision, mais :

i) la recevra personnellement sans délai après la remise et sera expressément informé de son droit à une nouvelle procédure de jugement ou à une procédure d'appel, à laquelle l'intéressé a le droit de participer et qui permet de réexaminer l'affaire sur le fond, en tenant compte des nouveaux éléments de preuve, et peut aboutir à une infirmation de la décision initiale ; et

ii) sera informé du délai dans lequel il doit demander une nouvelle procédure de jugement ou une procédure d'appel, comme le mentionne le mandat d'arrêt européen concerné.

2. Si le mandat d'arrêt européen est délivré aux fins de l'exécution d'une peine ou d'une mesure de sûreté privatives de liberté conformément aux dispositions du paragraphe 1, point *d)*, et si l'intéressé n'a pas été officiellement informé auparavant de l'existence de poursuites pénales à son encontre, ledit intéressé peut, au moment où le contenu du mandat d'arrêt européen est porté à sa connaissance, demander à recevoir une copie du jugement avant d'être remis. Dès que l'autorité d'émission est informée de cette demande, elle fournit la copie du jugement à la personne recherchée par l'intermédiaire de l'autorité d'exécution. La demande de la personne recherchée ne retarde ni la procédure de remise, ni la décision d'exécuter le mandat d'arrêt européen. Le jugement est communiqué à l'intéressé pour information uniquement ; cette communication n'est pas considérée comme une signification officielle du jugement et ne fait courir aucun des délais applicables pour demander une nouvelle procédure de jugement ou une procédure d'appel.

3. Si la personne est remise conformément aux dispositions du paragraphe 1, point *d)*, et si elle a demandé une nouvelle procédure de jugement ou une procédure d'appel, son maintien en détention jusqu'au terme de ladite procédure de jugement ou d'appel est examiné, conformément au droit de l'État membre d'émission, soit régulièrement, soit à sa demande. Cet examen porte notamment sur la possibilité de suspendre ou d'interrompre la détention. La nouvelle procédure de jugement ou d'appel commence en temps utile après la remise.

Art. 5. — Garanties à fournir par l'État membre d'émission dans des cas particuliers.
L'exécution du mandat d'arrêt européen par l'autorité judiciaire d'exécution peut être subordonnée par le droit de l'État membre d'exécution à l'une des conditions suivantes :

2. lorsque l'infraction qui est à la base du mandat d'arrêt européen est punie par une peine ou une mesure de sûreté privatives de liberté à caractère perpétuel, l'exécution dudit mandat peut être subordonnée à la condition que le système juridique de l'État membre d'émission prévoie des dispositions permettant une révision de la peine infligée — sur demande ou au plus tard après vingt ans — ou l'application de mesures de clémence auxquelles la personne peut prétendre en vertu du droit ou de la pratique de l'État membre d'émission en vue de la non-exécution de cette peine ou mesure ;

3. lorsque la personne qui fait l'objet d'un mandat d'arrêt européen aux fins de poursuite est ressortissante ou résidente de l'État membre d'exécution, la remise peut être subordonnée à la condition que la personne, après avoir été entendue, soit renvoyée dans l'État membre d'exécution afin d'y subir la peine ou la mesure de sûreté privatives de liberté qui serait prononcée à son encontre dans l'État membre d'émission.

Art. 6. — Détermination des autorités judiciaires compétentes.

1. L'autorité judiciaire d'émission est l'autorité judiciaire de l'État membre d'émission qui est compétente pour délivrer un mandat d'arrêt européen en vertu du droit de cet État.

2. L'autorité judiciaire d'exécution est l'autorité judiciaire de l'État membre d'exécution qui est compétente pour exécuter le mandat d'arrêt européen en vertu du droit de cet État.

3. Chaque État membre informe le secrétariat général du Conseil de l'autorité judiciaire compétente selon son droit interne.

Art. 7. — Recours à l'autorité centrale.

1. Chaque État membre peut désigner une autorité centrale ou, lorsque son ordre juridique le prévoit, plusieurs autorités centrales, pour assister les autorités judiciaires compétentes.

2. Un État membre peut, si cela s'avère nécessaire en raison de l'organisation de son système judiciaire, confier à son ou ses autorités centrales la transmission et la réception administratives des mandats d'arrêt européens, ainsi que de toute autre correspondance officielle la ou les concernant.

L'État membre qui souhaite faire usage des possibilités visées au présent article communique au secrétariat général du Conseil les informations relatives à l'autorité centrale ou aux autorités centrales désignées. Ces indications lient toutes les autorités de l'État membre d'émission.

Art. 8. — Contenu et forme du mandat d'arrêt européen.

1. Le mandat d'arrêt européen contient les informations suivantes, présentées conformément au formulaire figurant en annexe :

a) l'identité et la nationalité de la personne recherchée ;

b) le nom, l'adresse, le numéro de téléphone et de télécopieur et l'adresse électronique de l'autorité judiciaire d'émission ;

c) l'indication de l'existence d'un jugement exécutoire, d'un mandat d'arrêt ou de toute autre décision judiciaire exécutoire ayant la même force entrant dans le champ d'application des articles 1er et 2 ;

d) la nature et la qualification légale de l'infraction, notamment au regard de l'article 2 ;

e) la description des circonstances de la commission de l'infraction, y compris le moment, le lieu et le degré de participation de la personne recherchée à l'infraction ;

f) la peine prononcée, s'il s'agit d'un jugement définitif, ou l'échelle de peines prévue pour l'infraction par la loi de l'État membre d'émission ;

g) dans la mesure du possible, les autres conséquences de l'infraction.

2. Le mandat d'arrêt européen doit être traduit dans la langue officielle ou dans une des langues officielles de l'État membre d'exécution. Tout État membre peut, au moment de l'adoption de la présente décision-cadre ou ultérieurement, indiquer, dans une déclaration auprès du secrétariat général du Conseil, qu'il acceptera une traduction dans une ou plusieurs autres langues officielles des institutions des Communautés européennes.

Chapitre II

Procédure de remise

Art. 9. — Transmission d'un mandat d'arrêt européen.

1. Lorsque le lieu où se trouve la personne recherchée est connu, l'autorité judiciaire d'émission peut communiquer le mandat d'arrêt européen directement à l'autorité judiciaire d'exécution.

2. L'autorité judiciaire d'émission peut, dans tous les cas, décider de signaler la personne recherchée dans le Système d'Information Schengen (SIS).

3. Un tel signalement est effectué conformément aux dispositions de l'article 95 de la convention d'application de l'accord de Schengen du 14 juin 1985 relatif à la suppression graduelle des contrôles aux frontières communes, du 19 juin 1990. Un signalement dans le SIS vaut mandat d'arrêt européen accompagné des informations prévues à l'article 8, paragraphe 1.

À titre transitoire, jusqu'au moment où le SIS aura la capacité de transmettre toutes les informations figurant à l'article 8, le signalement vaut mandat d'arrêt européen en attendant la réception de l'original en bonne et due forme par l'autorité judiciaire d'exécution.

Art. 10. — Modalités de transmission d'un mandat d'arrêt européen.

1. Si l'autorité judiciaire d'émission ne connaît pas l'autorité judiciaire d'exécution compétente, elle effectue les recherches nécessaires, notamment par le biais des points de contact du Réseau judiciaire européen, en vue d'obtenir cette information de l'État membre d'exécution.

2. Si l'autorité judiciaire d'émission le souhaite, la transmission peut être effectuée par le biais du système de télécommunication sécurisé du Réseau judiciaire européen.

3. S'il n'est pas possible de recourir au SIS, l'autorité judiciaire d'émission peut faire appel aux services d'Interpol pour communiquer le mandat d'arrêt européen.

4. L'autorité judiciaire d'émission peut transmettre le mandat d'arrêt européen par tout moyen sûr permettant d'en obtenir une trace écrite, dans des conditions permettant à l'État membre d'exécution d'en vérifier l'authenticité.

5. Toutes les difficultés ayant trait à la transmission ou à l'authenticité de tout document nécessaire à l'exécution du mandat d'arrêt européen sont réglées au moyen de contacts directs entre les autorités judiciaires concernées ou, le cas échéant, de l'intervention des autorités centrales des États membres.

6. Si l'autorité qui reçoit un mandat d'arrêt européen n'est pas compétente pour y donner suite, elle transmet d'office le mandat d'arrêt européen à l'autorité compétente de son État membre et elle en informe l'autorité judiciaire d'émission.

Art. 11. — Droits de la personne recherchée.

1. Lorsqu'une personne recherchée est arrêtée, l'autorité judiciaire d'exécution compétente informe cette personne, conformément à son droit national, de l'existence et du contenu du mandat d'arrêt européen, ainsi que de la possibilité qui lui est offerte de consentir à sa remise à l'autorité judiciaire d'émission.

2. Une personne recherchée qui est arrêtée aux fins de l'exécution d'un mandat d'arrêt européen, a le droit de bénéficier des services d'un conseil et d'un interprète conformément au droit national de l'État membre d'exécution.

Art. 12. — Maintien de la personne en détention.

Lorsqu'une personne est arrêtée sur la base d'un mandat d'arrêt européen, l'autorité judiciaire d'exécution décide s'il convient de la maintenir en détention conformément au droit de l'État membre d'exécution. La mise en liberté provisoire est possible à tout moment conformément au droit interne de l'État membre d'exécution, à condition que l'autorité compétente dudit État membre prenne toute mesure qu'elle estimera nécessaire en vue d'éviter la fuite de la personne recherchée.

Art. 13. — Consentement donné à la remise.

1. Si la personne arrêtée indique qu'elle consent à sa remise, ce consentement et, le cas échéant, la renonciation expresse au bénéfice de la « règle de la spécialité », visée à l'article 27, paragraphe 2, sont donnés devant l'autorité judiciaire d'exécution, conformément au droit interne de l'État membre d'exécution.

2. Tout État membre adopte les mesures nécessaires pour que le consentement et, le cas échéant, la renonciation visés au paragraphe 1 soient recueillis dans des conditions faisant apparaître que la personne les a exprimés volontairement et en étant pleinement consciente des conséquences qui en résultent. À cette fin, la personne recherchée a le droit de se faire assister d'un conseil.

3. Le consentement et, le cas échéant, la renonciation visés au paragraphe 1 sont consignés dans un procès-verbal, selon la procédure prévue par le droit interne de l'État membre d'exécution.

4. Le consentement est en principe irrévocable. Chaque État membre peut prévoir que le consentement et, le cas échéant, la renonciation peuvent être révocables, selon les règles applicables en droit interne.

Dans ce cas, la période comprise entre la date du consentement et celle de sa révocation n'est pas prise en considération pour la détermination des délais prévus à l'article 17. Un État membre qui souhaite avoir recours à cette possibilité en informe le secrétariat général du Conseil lors de l'adoption de la présente décision-cadre et indique les modalités selon lesquelles la révocation du consentement est possible, ainsi que toute modification de celles-ci.

Art. 14. — Audition de la personne recherchée.

Si la personne arrêtée ne consent pas à sa remise de la manière prévue à l'article 13, elle a le droit d'être entendue par l'autorité judiciaire d'exécution, conformément au droit de l'État membre d'exécution.

Art. 15. — Décision sur la remise.

1. L'autorité judiciaire d'exécution décide, dans les délais et aux conditions définis dans la présente décision-cadre, la remise de la personne.

2. Si l'autorité judiciaire d'exécution estime que les informations communiquées par l'État membre d'émission sont insuffisantes pour lui permettre de décider la remise, elle demande la fourniture d'urgence des informations complémentaires nécessaires, en particulier en relation avec les articles 3 à 5 et 8, et peut fixer une date limite pour leur réception, en tenant compte de la nécessité de respecter les délais fixés à l'article 17.

3. L'autorité judiciaire d'émission peut, à tout moment, transmettre toutes les informations additionnelles utiles à l'autorité judiciaire d'exécution.

Art. 16. — Décision en cas de concours de demandes.

1. Si plusieurs États membres ont émis un mandat d'arrêt européen à l'encontre de la même personne, le choix du mandat d'arrêt européen à exécuter est opéré par

l'autorité judiciaire d'exécution en tenant dûment compte de toutes les circonstances et, en particulier, de la gravité relative et du lieu de commission des infractions, des dates respectives des mandats d'arrêt européens, ainsi que du fait que le mandat a été émis pour la poursuite ou pour l'exécution d'une peine ou d'une mesure de sûreté privatives de liberté.

2. L'autorité judiciaire d'exécution peut demander l'avis d'Eurojust en vue d'opérer le choix visé au paragraphe 1.

3. En cas de conflit entre un mandat d'arrêt européen et une demande d'extradition présentée par un pays tiers, la décision sur la priorité à donner au mandat d'arrêt européen ou à la demande d'extradition est prise par l'autorité compétente de l'État membre d'exécution, en tenant dûment compte de toutes les circonstances, en particulier celles visées au paragraphe 1, ainsi que de celles mentionnées dans la convention applicable.

4. Le présent article est sans préjudice des obligations des États membres découlant du statut de la Cour pénale internationale.

Art. 17. — Délais et modalités de la décision d'exécution du mandat d'arrêt européen.

1. Un mandat d'arrêt européen est à traiter et exécuter d'urgence.

2. Lorsque la personne recherchée consent à sa remise, la décision définitive sur l'exécution du mandat d'arrêt européen devrait être prise dans les dix jours suivant ledit consentement.

3. Dans les autres cas, la décision définitive sur l'exécution du mandat d'arrêt européen devrait être prise dans un délai de soixante jours à compter de l'arrestation de la personne recherchée.

4. Dans des cas spécifiques, lorsque le mandat d'arrêt européen ne peut être exécuté dans les délais prévus aux paragraphes 2 ou 3, l'autorité judiciaire d'exécution en informe immédiatement l'autorité judiciaire d'émission, en indiquant pour quelles raisons. Dans un tel cas, les délais peuvent être prolongés de trente jours supplémentaires.

5. Aussi longtemps qu'aucune décision définitive sur l'exécution du mandat d'arrêt européen n'est prise par l'autorité judiciaire d'exécution, celui-ci s'assurera que les conditions matérielles nécessaires à une remise effective de la personne restent réunies.

6. Tout refus d'exécuter un mandat d'arrêt européen doit être motivé.

7. Lorsque, dans des circonstances exceptionnelles, un État membre ne peut pas respecter les délais impartis par le présent article, il en informe Eurojust, en précisant les raisons du retard. En outre, un État membre qui a subi, de la part d'un autre État membre, plusieurs retards dans l'exécution de mandats d'arrêt européens en informe le Conseil en vue de l'évaluation, au niveau des États membres, de la mise en œuvre de la présente décision-cadre.

Art. 18. — Situation dans l'attente de la décision.

1. Lorsque le mandat d'arrêt européen a été émis pour l'exercice de poursuites pénales, l'autorité judiciaire d'exécution doit :

a) ou accepter qu'il soit procédé à l'audition de la personne recherchée, conformément à l'article 19 ;

b) ou accepter que la personne recherchée soit temporairement transférée.

2. Les conditions et la durée du transfèrement temporaire sont fixées d'un commun accord entre l'autorité judiciaire d'émission et l'autorité judiciaire d'exécution.

3. En cas de transfèrement temporaire, la personne doit pouvoir retourner dans l'État membre d'exécution pour assister aux audiences la concernant, dans le cadre de la procédure de remise.

Art. 19. — Audition de la personne dans l'attente de la décision.

1. Il est procédé à l'audition de la personne recherchée par une autorité judiciaire, assistée d'une autre personne désignée selon le droit de l'État membre dont relève la juridiction requérante.

2. L'audition de la personne recherchée est exécutée conformément au droit de l'État membre d'exécution et dans les conditions arrêtées d'un commun accord par l'autorité judiciaire d'émission et l'autorité judiciaire d'exécution.

3. L'autorité judiciaire d'exécution compétente peut charger une autre autorité judiciaire de l'État membre dont elle relève de prendre part à l'audition de la personne recherchée, afin de garantir l'application correcte du présent article et des conditions fixées.

Art. 20. — Privilèges et immunités.

1. Lorsque la personne recherchée bénéficie d'un privilège ou d'une immunité de juridiction ou d'exécution dans l'État membre d'exécution, les délais visés à l'article 17 ne commencent à courir que si, et à compter du jour où, l'autorité judiciaire d'exécution a été informée du fait que ce privilège ou cette immunité ont été levés.

L'État membre d'exécution s'assure que les conditions matérielles nécessaires à une remise effective sont réunies au moment où la personne ne bénéficie plus d'un tel privilège ou d'une telle immunité.

2. Lorsque la levée du privilège ou de l'immunité relève d'une autorité de l'État membre d'exécution, l'autorité judiciaire d'exécution lui en fait la demande sans délai. Lorsque la levée du privilège ou de l'immunité relève d'une autorité d'un autre État ou d'une organisation internationale, il revient à l'autorité judiciaire d'émission de lui en faire la demande.

Art. 21. — Concours d'obligations internationales.

La présente décision-cadre n'affecte pas les obligations de l'État membre d'exécution lorsque la personne recherchée a été extradée vers cet État membre à partir d'un pays tiers et que cette personne est protégée par des dispositions de l'arrangement, en vertu duquel elle a été extradée, relatives à la spécialité. L'État membre d'exécution prend toutes les mesures nécessaires pour demander immédiatement le consentement de l'État d'où la personne recherchée a été extradée, de manière à ce qu'elle puisse être remise à l'État membre d'émission. Les délais visés à l'article 17 ne commencent à courir qu'à dater du jour où ces règles de spécialité cessent de s'appliquer. En attendant la décision de l'État d'où la personne recherchée a été extradée, l'État membre d'exécution s'assurera que les conditions matérielles nécessaires à une remise effective restent réunies.

Art. 22. — Notification de la décision.

L'autorité judiciaire d'exécution notifie immédiatement à l'autorité judiciaire d'émission la décision concernant la suite donnée au mandat d'arrêt européen.

Art. 23. — Délai pour la remise de la personne.

1. La personne recherchée est remise dans les plus brefs délais à une date convenue entre les autorités concernées.

2. Elle est remise au plus tard dix jours après la décision finale sur l'exécution du mandat d'arrêt européen.

3. Si la remise de la personne recherchée, dans le délai prévu au paragraphe 2, s'avère impossible en vertu d'un cas de force majeure dans l'un ou l'autre des États membres, l'autorité judiciaire d'exécution et l'autorité judiciaire d'émission prennent immédiatement contact l'une avec l'autre et conviennent d'une nouvelle date de remise. Dans ce cas, la remise a lieu dans les dix jours suivant la nouvelle date convenue.

4. Il peut exceptionnellement être sursis temporairement à la remise, pour des raisons humanitaires sérieuses, par exemple lorsqu'il y a des raisons valables de penser

qu'elle mettrait manifestement en danger la vie ou la santé de la personne recherchée. L'exécution du mandat d'arrêt européen a lieu dès que ces raisons ont cessé d'exister. L'autorité judiciaire d'exécution en informe immédiatement l'autorité judiciaire d'émission et convient avec elle d'une nouvelle date de remise. Dans ce cas, la remise a lieu dans les dix jours suivant la nouvelle date convenue.

5. À l'expiration des délais visés aux paragraphes 2 à 4, si la personne se trouve toujours en détention, elle est remise en liberté.

Art. 24. — Remise différée ou conditionnelle.

1. L'autorité judiciaire d'exécution peut, après avoir décidé l'exécution du mandat d'arrêt européen, différer la remise de la personne recherchée pour qu'elle puisse être poursuivie dans l'État membre d'exécution ou, si elle a déjà été condamnée, pour qu'elle puisse purger, sur son territoire, une peine encourue en raison d'un fait autre que celui visé par le mandat d'arrêt européen.

2. Au lieu de différer la remise, l'autorité judiciaire d'exécution peut remettre temporairement à l'État membre d'émission la personne recherchée, dans des conditions à déterminer d'un commun accord entre les autorités judiciaires d'exécution et d'émission. L'accord est fait par écrit et toutes les autorités de l'État membre d'émission sont tenues d'en respecter les conditions.

Art. 25. — Transit.

1. Chaque État membre permet, sauf lorsqu'il fait usage de la possibilité de refus lorsque le transit d'un de ses ressortissants ou d'un de ses résidents est demandé aux fins d'exécution d'une peine ou d'une mesure de sûreté privatives de liberté, le transit à travers son territoire d'une personne recherchée qui fait l'objet d'une remise, à condition d'avoir reçu des renseignements sur :

a) l'identité et la nationalité de la personne faisant l'objet du mandat d'arrêt européen ;

b) l'existence d'un mandat d'arrêt européen ;

c) la nature et la qualification légale de l'infraction ;

d) la description des circonstances de l'infraction, y compris la date et le lieu.

Lorsque la personne qui fait l'objet d'un mandat d'arrêt européen aux fins de poursuite est ressortissante ou résidente de l'État membre de transit, le transit peut être subordonné à la condition que la personne, après avoir été entendue, soit renvoyée dans l'État membre de transit pour y purger la peine ou la mesure de sûreté privatives de liberté qui serait prononcée à son encontre dans l'État membre d'émission.

2. Chaque État membre désigne une autorité chargée de recevoir les demandes de transit et les documents nécessaires, de même que toute autre correspondance officielle concernant les demandes de transit. Les États membres communiquent cette désignation au secrétariat général du Conseil.

3. La demande de transit, ainsi que les renseignements prévus au paragraphe 1, peuvent être adressés à l'autorité désignée en vertu du paragraphe 2 par tout moyen permettant d'en conserver une trace écrite.

L'État membre de transit fait connaître sa décision par le même procédé.

4. La présente décision-cadre ne s'applique pas en cas d'utilisation de la voie aérienne sans escale prévue. Toutefois, lorsque survient un atterrissage fortuit, l'État membre d'émission fournit à l'autorité désignée, conformément au paragraphe 2, les renseignements prévus au paragraphe 1.

5. Lorsqu'un transit concerne une personne qui doit être extradée d'un pays tiers vers un État membre, le présent article s'appliquera mutatis mutandis. En particulier, l'expression « mandat d'arrêt européen » est réputée être remplacée par « demande d'extradition ».

Chapitre III

Effets de la remise

Art. 26. — Déduction de la période de détention subie dans l'État membre d'exécution.

1. L'État membre d'émission déduit de la durée totale de privation de liberté qui serait à subir dans l'État membre d'émission toute période de détention résultant de l'exécution d'un mandat d'arrêt européen, par suite de la condamnation à une peine ou mesure de sûreté privatives de liberté.

2. À cette fin, toutes les informations relatives à la durée de la détention de la personne recherchée au titre de l'exécution du mandat d'arrêt européen sont transmises par l'autorité judiciaire d'exécution ou par l'autorité centrale désignée en application de l'article 7 à l'autorité judiciaire d'émission au moment de la remise.

Art. 27. — Poursuite éventuelle pour d'autres infractions.

1. Chaque État membre peut notifier au secrétariat général du Conseil que, dans ses relations avec d'autres États membres qui ont procédé à la même notification, le consentement est réputé avoir été donné pour qu'une personne soit poursuivie, condamnée ou détenue en vue de l'exécution d'une peine ou d'une mesure de sûreté privatives de liberté, pour une infraction commise avant sa remise, autre que celle qui a motivé sa remise, sauf si, dans un cas particulier, l'autorité judiciaire d'exécution en dispose autrement dans sa décision statuant sur la remise.

2. Sauf dans les cas visés aux paragraphes 1 et 3, une personne qui a été remise ne peut être poursuivie, condamnée ou privée de liberté pour une infraction commise avant sa remise autre que celle qui a motivé sa remise.

3. Le paragraphe 2 ne s'applique pas dans les cas suivants :

a) lorsque, ayant eu la possibilité de le faire, la personne n'a pas quitté le territoire de l'État membre auquel elle a été remise dans les quarante-cinq jours suivant son élargissement définitif, ou qu'elle y est retournée après l'avoir quitté ;

b) l'infraction n'est pas punie d'une peine ou mesure de sûreté privatives de liberté ;

c) la procédure pénale ne donne pas lieu à l'application d'une mesure restreignant la liberté individuelle de la personne ;

d) lorsque la personne est passible d'une peine ou une mesure non privatives de liberté, notamment une peine pécuniaire ou une mesure qui en tient lieu, même si cette peine ou mesure est susceptible de restreindre sa liberté individuelle ;

e) lorsque la personne a accepté d'être remise, le cas échéant en même temps qu'elle a renoncé à la règle de la spécialité, conformément à l'article 13 ;

f) lorsque la personne a expressément renoncé, après sa remise, à bénéficier de la règle de la spécialité pour des faits spécifiques antérieurs à sa remise. La renonciation est faite devant les autorités judiciaires compétentes de l'État membre d'émission et est consignée conformément au droit interne de cet État. Elle est rédigée de manière à faire apparaître que la personne concernée l'a faite volontairement et en étant pleinement consciente des conséquences qui en résultent. La personne a le droit, à cette fin, de se faire assister d'un conseil ;

g) lorsque l'autorité judiciaire d'exécution qui a remis la personne donne son consentement conformément au paragraphe 4.

4. La demande de consentement est présentée à l'autorité judiciaire d'exécution, accompagnée des informations mentionnées à l'article 8, paragraphe 1, ainsi que d'une traduction comme indiqué à l'article 8, paragraphe 2. Le consentement est donné lorsque l'infraction pour laquelle il est demandé entraîne elle-même l'obligation de remise aux termes de la présente décision-cadre. Le consentement est refusé pour les raisons mentionnées à l'article 3 et, sinon, il ne peut l'être que pour les raisons

mentionnées à l'article 4. La décision est prise au plus tard trente jours après réception de la demande.

Pour les cas mentionnés à l'article 5, l'État membre d'émission doit fournir les garanties qui y sont prévues.

Art. 28. — Remise ou extradition ultérieure.

1. Chaque État membre peut notifier au secrétariat général du Conseil que, dans ses relations avec d'autres États membres qui ont procédé à la même notification, le consentement pour la remise d'une personne à un État membre, autre que l'État membre d'exécution, en vertu d'un mandat d'arrêt européen émis pour une infraction commise avant sa remise est réputé avoir été donné, sauf si, dans un cas particulier, l'autorité judiciaire d'exécution en dispose autrement dans sa décision de remise.

2. En tout état de cause, une personne qui a été remise à l'État membre d'émission en vertu d'un mandat d'arrêt européen peut, sans le consentement de l'État membre d'exécution, être remise à un autre État membre que l'État membre d'exécution en vertu d'un mandat d'arrêt européen émis pour une infraction commise avant sa remise, dans les cas suivants :

a) lorsqu'ayant eu la possibilité de le faire, la personne recherchée n'a pas quitté le territoire de l'État membre auquel elle a été remise dans les quarante-cinq jours suivant son élargissement définitif, ou qu'elle y est retournée après l'avoir quitté ;

b) lorsque la personne recherchée accepte d'être remise à un État membre autre que l'État membre d'exécution en vertu d'un mandat d'arrêt européen. Le consentement est donné aux autorités judiciaires compétentes de l'État membre d'émission et est consigné conformément au droit interne de cet État. Il est rédigé de manière à faire apparaître que la personne concernée l'a donné volontairement et en étant pleinement consciente des conséquences qui en résultent. La personne recherchée a le droit, à cette fin, de se faire assister d'un conseil ;

c) lorsque la personne recherchée ne bénéficie pas de la règle de la spécialité, conformément à l'article 27, paragraphe 3, points *a)*, *e)*, *f)* et *g)*.

3. L'autorité judiciaire d'exécution consent à ce que la personne concernée soit remise à un autre État membre conformément aux règles suivantes :

a) la demande de consentement est présentée conformément à l'article 9, accompagnée des informations mentionnées à l'article 8, paragraphe 1, ainsi que d'une traduction comme indiqué à l'article 8, paragraphe 2 ;

b) le consentement est donné lorsque l'infraction pour laquelle il est demandé entraîne elle-même l'obligation de remise aux termes de la présente décision-cadre ;

c) la décision est prise au plus tard trente jours après réception de la demande ;

d) le consentement est refusé pour les raisons mentionnées à l'article 3 et, sinon, il ne peut l'être que pour les raisons mentionnées à l'article 4.

Pour les cas mentionnés à l'article 5, l'État membre d'émission doit fournir les garanties qui y sont prévues.

4. Nonobstant le paragraphe 1, une personne qui a été remise en vertu d'un mandat d'arrêt européen n'est pas extradée vers un État tiers sans le consentement de l'autorité compétente de l'État membre qui l'a remise. Ce consentement est donné conformément aux conventions par lesquelles cet État membre est lié, ainsi qu'à son droit interne.

Art. 29. — Remise d'objets.

1. À la requête de l'autorité judiciaire d'émission ou de sa propre initiative, l'autorité judiciaire d'exécution saisit et remet, conformément à son droit national, les objets :

a) qui peuvent servir de pièces à conviction, ou

b) qui ont été acquis par la personne recherchée du fait de l'infraction.

2. La remise des objets visés au paragraphe 1 est effectuée même dans le cas où le mandat d'arrêt européen ne peut pas être exécuté par suite du décès ou de l'évasion de la personne recherchée.

3. Lorsque les objets visés au paragraphe 1 sont susceptibles de saisie ou de confiscation sur le territoire de l'État membre d'exécution, ce dernier peut, si les objets sont requis aux fins d'une procédure pénale en cours, les conserver temporairement ou les remettre à l'État membre d'émission sous réserve de restitution.

4. Sont réservés les droits que l'État membre d'exécution ou des tiers auraient acquis sur les objets visés au paragraphe 1. Si de tels droits existent, l'État membre d'émission renvoie les objets sans frais à l'État membre d'exécution, dès que la procédure pénale est terminée.

Art. 30. — Frais.

1. Les dépenses encourues sur le territoire de l'État membre d'exécution pour l'exécution du mandat d'arrêt européen sont supportées par cet État membre.

2. Toutes les autres dépenses sont à charge de l'État membre d'émission.

N° 19.6 Le Parquet européen : règlement (UE) 2017/1939 du Conseil du 12 octobre 2017 mettant en œuvre une coopération renforcée (extraits) (56)

Chapitre II

Institution et missions du Parquet européen et principes de base régissant ses activités

Art 3. — Institution du Parquet européen

1. Le Parquet européen est institué sous la forme d'un organe de l'Union.

2. Le Parquet européen a la personnalité juridique.

3. Le Parquet européen coopère avec Eurojust et bénéficie de son soutien conformément à l'article 100.

Art. 4. — Missions

Le Parquet européen est compétent pour rechercher, poursuivre et renvoyer en jugement les auteurs et complices des infractions pénales portant atteinte aux intérêts financiers de l'Union qui sont prévues par la directive (UE) 2017/1371 et déterminées par le présent règlement. À cet égard, le Parquet européen diligente des enquêtes, effectue des actes de poursuite et exerce l'action publique devant les juridictions compétentes des États membres jusqu'à ce que l'affaire ait été définitivement jugée.

---

(56) La loi n° 2020-1672 du 24 décembre 2020 relative au Parquet européen, à la justice environnementale et à la justice pénale spécialisée organise la coopération entre les procureurs européens délégués et le parquet européen. Une modification de ce règlement est intervenue avec le règlement délégué (UE) 2020/2153 de la Commission du 7 octobre 2020 en ce qui concerne les catégories de données opérationnelles à caractère personnel et les catégories de personnes concernées dont les données opérationnelles à caractère personnel peuvent être traitées dans l'index des dossiers par le Parquet européen.

Art. 5. — Principes de base régissant les activités du Parquet européen

1. Le Parquet européen veille à ce que ses activités respectent les droits inscrits dans la charte.

2. Dans toutes ses activités, le Parquet européen est lié par les principes d'état de droit et de proportionnalité.

3. Les enquêtes et poursuites menées au nom du Parquet européen sont régies par le présent règlement. Le droit national s'applique dans la mesure où une question n'est pas réglée par le présent règlement. Sauf disposition contraire du présent règlement, le droit national applicable est celui de l'État membre dont le procureur européen délégué traite l'affaire conformément à l'article 13, paragraphe 1. Lorsqu'une question est régie à la fois par le droit national et par le présent règlement, ce dernier prévaut.

4. Le Parquet européen mène ses enquêtes de façon impartiale et recueille tous les éléments de preuve pertinents, aussi bien à charge qu'à décharge.

5. Le Parquet européen ouvre et mène ses enquêtes sans retard indu.

6. Les autorités nationales compétentes prêtent au Parquet européen une assistance et un soutien actifs dans ses enquêtes et poursuites. Tout acte, politique ou procédure mené au titre du présent règlement est guidé par le principe de coopération loyale.

Art. 6. — Indépendance et obligation de rendre des comptes

1. Le Parquet européen est indépendant. Le chef du Parquet européen, ses adjoints, les procureurs européens, les procureurs européens délégués, le directeur administratif ainsi que le personnel du Parquet européen, dans l'exercice des fonctions qui leur sont dévolues par le présent règlement, agissent dans l'intérêt de l'Union dans son ensemble, au sens de la législation, et ne sollicitent ni n'acceptent d'instructions d'aucune personne extérieure au Parquet européen, d'aucun État membre de l'Union européenne, ou d'aucune institution, d'aucun organe ou organisme de l'Union. Les États membres de l'Union européenne et les institutions, organes et organismes de l'Union respectent l'indépendance du Parquet européen et ne cherchent pas à l'influencer dans l'exercice de ses missions.

2. Le Parquet européen rend compte de ses activités générales au Parlement européen, au Conseil et à la Commission et publie des rapports annuels conformément à l'article 7.

Art. 7. — Établissement de rapports

1. Chaque année, le Parquet européen établit et publie un rapport annuel sur ses activités générales dans les langues officielles des institutions de l'Union. Il le transmet au Parlement européen et aux parlements nationaux, ainsi qu'au Conseil et à la Commission.

2. Le chef du Parquet européen se présente une fois par an devant le Parlement européen et devant le Conseil, ainsi que devant les parlements nationaux des États membres à la demande de ces derniers, pour rendre compte des activités générales du Parquet européen, sans préjudice de l'obligation de réserve et de confidentialité qui incombe au Parquet européen en ce qui concerne les dossiers individuels et les données à caractère personnel. Le chef du Parquet européen peut être remplacé par l'un de ses adjoints lors des audiences organisées par les parlements nationaux.

Chapitre III

Statut, structure et organisation du Parquet européen

....

Chapitre IV
Compétence et exercice de compétence du Parquet européen

Section 1
Compétence du parquet européen

Art. 22. — Compétence matérielle du Parquet européen

1. Le Parquet européen est compétent à l'égard des infractions pénales portant atteinte aux intérêts financiers de l'Union qui sont prévues par la directive (UE) 2017/1371, mise en œuvre en droit interne, indépendamment de la question de savoir si le même comportement délictueux pourrait être classé comme un autre type d'infraction en droit interne. En ce qui concerne les infractions visées à l'article 3, paragraphe 2, point d), de la directive (UE) 2017/1371, mise en œuvre en droit interne, le Parquet européen est compétent uniquement lorsque les actes ou omissions intentionnels définis dans cette disposition ont un lien avec le territoire de deux États membres ou plus et entraînent un préjudice d'un montant total d'au moins 10 000 000 EUR.

2. Le Parquet européen est également compétent à l'égard des infractions relatives à la participation à une organisation criminelle telles qu'elles sont définies dans la décision-cadre 2008/841/JAI, mise en œuvre en droit interne, si les activités criminelles d'une telle organisation consistent essentiellement à commettre une infraction visée au paragraphe 1.

3. Le Parquet européen est également compétent à l'égard de toute autre infraction pénale indissociablement liée à un comportement délictueux relevant du champ d'application du paragraphe 1 du présent article. La compétence à l'égard de telles infractions pénales ne peut être exercée que conformément à l'article 25, paragraphe 3.

4. En tout état de cause, le Parquet européen n'est pas compétent à l'égard des infractions pénales portant sur les impôts nationaux directs, y compris les infractions qui y sont indissociablement liées. Le présent règlement n'a pas d'incidence sur la structure ni sur le fonctionnement des administrations fiscales des États membres.

Art. 23. — Compétences territoriale et personnelle du Parquet européen

Le Parquet européen est compétent à l'égard des infractions visées à l'article 22, lorsque ces infractions

a) ont été commises en totalité ou en partie sur le territoire d'un ou de plusieurs États membres ;

b) ont été commises par un ressortissant d'un État membre, pour autant qu'un État membre soit compétent à l'égard de ces infractions lorsqu'elles sont commises en dehors de son territoire ; ou

c) ont été commises en dehors des territoires visés au point a) par une personne qui, au moment de l'infraction, était soumise au statut des fonctionnaires ou au régime applicable aux autres agents, pour autant qu'un État membre soit compétent à l'égard de ces infractions lorsqu'elles sont commises en dehors de son territoire.

Section 2

Exercice de la compétence du parquet européen

Art. 24. — Communication, enregistrement et vérification d'informations

1. Les institutions, organes et organismes de l'Union et les autorités des États membres qui sont compétentes en vertu du droit national applicable signalent sans retard indu au Parquet européen tout comportement délictueux à l'égard duquel celui-ci pourrait exercer sa compétence conformément à l'article 22 et à l'article 25, paragraphes 2 et 3.

2. Lorsqu'une autorité judiciaire ou répressive d'un État membre ouvre une enquête concernant une infraction pénale à l'égard de laquelle le Parquet européen pourrait exercer sa compétence conformément à l'article 22 et à l'article 25, paragraphes 2 et 3, ou si, à un moment quelconque après l'ouverture d'une enquête, l'autorité judiciaire ou l'autorité répressive compétente d'un État membre constate que l'enquête concerne une telle infraction, cette autorité en informe le Parquet européen sans retard indu afin que ce dernier puisse décider d'exercer ou non son droit d'évocation conformément à l'article 27.

3. Lorsqu'une autorité judiciaire ou répressive d'un État membre ouvre une enquête concernant une infraction pénale au sens de l'article 22 et estime que, conformément à l'article 25, paragraphe 3, le Parquet européen pourrait ne pas exercer sa compétence, elle en informe le Parquet européen.

4. Cette information comprend, au minimum, une description des faits, y compris une évaluation du préjudice causé ou susceptible d'être causé, la qualification juridique possible et toute information disponible sur les victimes potentielles, les suspects et toute autre personne impliquée.

5. Le Parquet européen est également informé, conformément aux paragraphes 1 et 2 du présent article, des cas où il n'est pas possible de déterminer si les critères prévus à l'article 25, paragraphe 2, sont remplis.

6. Les informations communiquées au Parquet européen sont enregistrées et vérifiées conformément à son règlement intérieur. La vérification permet de déterminer si, sur la base des informations communiquées conformément aux paragraphes 1 et 2, il y a lieu d'ouvrir une enquête ou d'exercer le droit d'évocation.

7. Si, après vérification, le Parquet européen décide qu'il n'y a pas lieu d'ouvrir une enquête conformément à l'article 26 ou d'exercer son droit d'évocation conformément à l'article 27, les motifs de sa décision sont enregistrés dans le système de gestion des dossiers.

Le Parquet européen informe l'autorité qui a signalé le comportement délictueux conformément au paragraphe 1 ou 2, ainsi que les victimes de l'infraction et, si le droit national en dispose ainsi, les autres personnes qui ont signalé le comportement délictueux.

8. S'il vient à la connaissance du Parquet européen qu'une infraction pénale ne relevant pas de sa compétence pourrait avoir été commise, celui-ci en informe les autorités nationales compétentes sans retard indu et leur transmet tous les éléments de preuve pertinents.

9. Dans certains cas précis, le Parquet européen peut demander davantage d'informations pertinentes aux institutions, organes et organismes de l'Union, ainsi qu'aux autorités des États membres. Les informations demandées peuvent concerner des infractions ayant porté atteinte aux intérêts financiers de l'Union, autres que celles relevant de la compétence du Parquet européen conformément à l'article 25, paragraphe 2.

10. Le Parquet européen peut demander d'autres informations pour permettre au collège de formuler, conformément à l'article 9, paragraphe 2, des orientations

générales relatives à l'interprétation de l'obligation d'informer le Parquet européen des cas relevant de l'article 25, paragraphe 2.

Art. 25. — Exercice de sa compétence par le Parquet européen

1. Le Parquet européen exerce sa compétence soit en ouvrant une enquête en vertu de l'article 26, soit en décidant d'utiliser son droit d'évocation en vertu de l'article 27. Si le Parquet européen décide d'exercer sa compétence, les autorités nationales compétentes s'abstiennent d'exercer la leur à l'égard du même comportement délictueux.

2. Lorsqu'une infraction pénale relevant de l'article 22 a causé ou est susceptible de causer aux intérêts financiers de l'Union un préjudice inférieur à 10 000 EUR, le Parquet européen ne peut exercer sa compétence que si :

a) les répercussions du dossier à l'échelle de l'Union sont de nature à rendre nécessaire la conduite d'une enquête par le Parquet européen ; ou

b) des fonctionnaires ou d'autres agents de l'Union, ou des membres des institutions de l'Union, pourraient être soupçonnés d'avoir commis l'infraction.

Le Parquet européen consulte, s'il y a lieu, les autorités nationales ou organes de l'Union compétents, pour déterminer si les critères énoncés aux points a) et b) du premier alinéa sont remplis.

3. Le Parquet européen s'abstient d'exercer sa compétence à l'égard de toute infraction relevant de l'article 22 et, après consultation des autorités nationales compétentes, renvoie l'affaire à ces dernières sans retard indu, conformément à l'article 34, si :

a) la peine maximale prévue par le droit national pour une infraction relevant de l'article 22, paragraphe 1, est équivalente à la peine maximale encourue pour une infraction indissociablement liée visée à l'article 22, paragraphe 3, ou moins sévère, à moins que cette dernière infraction ait contribué à la commission de l'infraction relevant de l'article 22, paragraphe 1 ; o

b) il y a lieu de supposer que le préjudice causé ou susceptible d'être causé aux intérêts financiers de l'Union par une infraction visée à l'article 22 n'excède pas le préjudice causé ou susceptible d'être causé à une autre victime.

Le premier alinéa, point b), du présent paragraphe ne s'applique pas aux infractions visées à l'article 3, paragraphe 2, points a), b) et d), de la directive (UE) 2017/1371 mise en œuvre en droit interne.

4. Le Parquet européen peut, avec le consentement des autorités nationales compétentes, exercer sa compétence à l'égard des infractions visées à l'article 22, dans les cas où cela serait autrement exclu en application du paragraphe 3, point b), du présent article, s'il apparaît que le Parquet européen est mieux placé pour ouvrir une enquête ou engager des poursuites.

5. Le Parquet européen informe les autorités nationales compétentes sans retard indu de toute décision d'exercer ou de ne pas exercer sa compétence.

6. En cas de désaccord entre le Parquet européen et les autorités nationales chargées des poursuites sur la question de savoir si le comportement délictueux relève ou non de l'article 22, paragraphe 2 ou 3, ou de l'article 25, paragraphe 2 ou 3, ce sont les autorités nationales compétentes pour statuer sur la répartition des compétences en cas de poursuites à l'échelle nationale qui déterminent qui doit être compétent pour instruire l'affaire. Les États membres désignent l'autorité nationale appelée à statuer sur la répartition des compétences.

4) Les droits sociaux dans l'Union européenne

N° 20.1 La libre circulation des travailleurs dans l'Union européenne : les articles 45 à 47 (TFUE) (57)

Art. 45. — 1. La libre circulation des travailleurs est assurée à l'intérieur de l'Union.

2. Elle implique l'abolition de toute discrimination, fondée sur la nationalité, entre les travailleurs des États membres, en ce qui concerne l'emploi, la rémunération et les autres conditions de travail.

3. Elle comporte le droit, sous réserve des limitations justifiées par des raisons d'ordre public, de sécurité publique et de santé publique :

a) de répondre à des emplois effectivement offerts,

b) de se déplacer à cet effet librement sur le territoire des États membres,

c) de séjourner dans un des États membres afin d'y exercer un emploi conformément aux dispositions législatives, réglementaires et administratives régissant l'emploi des travailleurs nationaux,

d) de demeurer, dans des conditions qui feront l'objet de règlements établis par la Commission, sur le territoire d'un État membre, après y avoir occupé un emploi.

4. Les dispositions du présent article ne sont pas applicables aux emplois dans l'administration publique.

Art. 46. — Le Parlement européen et le Conseil, statuant conformément à la procédure législative ordinaire et après consultation du Comité économique et social, arrête, par voie de directives ou de règlements, les mesures nécessaires en vue de réaliser la libre circulation des travailleurs, telle qu'elle est définie à l'article 45, notamment :

a) en assurant une collaboration étroite entre les administrations nationales du travail,

b) en éliminant, celles des procédures et pratiques administratives, ainsi que les délais d'accès aux emplois disponibles découlant soit de la législation interne, soit d'accords antérieurement conclus entre les États membres, dont le maintien ferait obstacle à la libération des mouvements des travailleurs,

c) en éliminant tous les délais et autres restrictions, prévus soit par les législations internes, soit par des accords antérieurement conclus entre les États membres, qui imposent aux travailleurs des autres États membres d'autres conditions qu'aux travailleurs nationaux pour le libre choix d'un emploi,

d) en établissant des mécanismes propres à mettre en contact les offres et les demandes d'emploi et à en faciliter l'équilibre dans des conditions qui écartent des risques graves pour le niveau de vie et d'emploi dans les diverses régions et industries.

Art. 47. — Les États membres favorisent, dans le cadre d'un programme commun, l'échange de jeunes travailleurs.

---

(57) Le texte présenté est la version du traité sur l'Union européenne depuis l'entrée en vigueur le 1er décembre 2009.

Nº 20.2 L'égalité de rémunération entre travailleurs masculins et travailleurs féminins : les articles 151 à 161 (TFUE)

Art. 151. — L'Union et les États membres, conscients des droits sociaux fondamentaux, tels que ceux énoncés dans la Charte sociale européenne signée à Turin le 18 octobre 1961 et dans la Charte communautaire des droits sociaux fondamentaux des travailleurs de 1989, ont pour objectifs la promotion de l'emploi, l'amélioration des conditions de vie et de travail, permettant leur égalisation dans le progrès, une protection sociale adéquate, le dialogue social, le développement des ressources humaines permettant un niveau d'emploi élevé et durable et la lutte contre les exclusions.

À cette fin, l'Union et les États membres mettent en œuvre des mesures qui tiennent compte de la diversité des pratiques nationales, en particulier dans le domaine des relations conventionnelles, ainsi que de la nécessité de maintenir la compétitivité de l'économie de l'Union.

Ils estiment qu'une telle évolution résultera tant du fonctionnement du marché intérieur, qui favorisera l'harmonisation des systèmes sociaux, que des procédures prévues par les traités et du rapprochement des dispositions législatives, réglementaires et administratives.

Art. 152. — L'Union reconnaît et promeut le rôle des partenaires sociaux à son niveau, en prenant en compte la diversité des systèmes nationaux. Elle facilite le dialogue entre eux, dans le respect de leur autonomie.

Le sommet social tripartite pour la croissance et l'emploi contribue au dialogue social.

Art. 153. — 1. En vue de réaliser les objectifs visés à l'article 151, l'Union soutient et complète l'action des États membres dans les domaines suivants :

a) l'amélioration, en particulier, du milieu de travail pour protéger la santé et la sécurité des travailleurs ;

b) les conditions de travail ;

c) la sécurité sociale et la protection sociale des travailleurs ;

d) la protection des travailleurs en cas de résiliation du contrat de travail ;

e) l'information et la consultation des travailleurs ;

f) la représentation et la défense collective des intérêts des travailleurs et des employeurs, y compris la cogestion, sous réserve du paragraphe 5 ;

g) les conditions d'emploi des ressortissants des pays tiers se trouvant en séjour régulier sur le territoire de l'Union ;

h) l'intégration des personnes exclues du marché du travail, sans préjudice de l'article 166 ;

i) l'égalité entre hommes et femmes en ce qui concerne leurs chances sur le marché du travail et le traitement dans le travail ;

j) la lutte contre l'exclusion sociale ;

k) la modernisation des systèmes de protection sociale, sans préjudice du point *c)*.

2. À cette fin, le Parlement européen et le Conseil :

a) peuvent adopter des mesures destinées à encourager la coopération entre États membres par le biais d'initiatives visant à améliorer les connaissances, à développer les échanges d'informations et de meilleures pratiques, à promouvoir des approches novatrices et à évaluer les expériences, à l'exclusion de toute harmonisation des dispositions législatives et réglementaires des États membres ;

b) peuvent arrêter, dans les domaines visés au paragraphe 1, points *a)* à *i)*, par voie de directives, des prescriptions minimales applicables progressivement, compte tenu des conditions et des réglementations techniques existant dans chacun des États membres. Ces directives évitent d'imposer des contraintes administratives, financières et juridiques telles qu'elles contrarieraient la création et le développement de petites et moyennes entreprises.

Le Parlement européen et le Conseil statuent conformément à la procédure législative ordinaire après consultation du Comité économique et social et du Comité des régions.

Dans les domaines visés au paragraphe 1, points *c), d), f)* et *g),* le Conseil statue conformément à une procédure législative spéciale, à l'unanimité, après consultation du Parlement européen et desdits Comités.

Le Conseil, statuant à l'unanimité sur proposition de la Commission après consultation du Parlement européen, peut décider de rendre la procédure législative ordinaire applicable au paragraphe 1, points *d), f)* et *g).*

3. Un État membre peut confier aux partenaires sociaux, à leur demande conjointe, la mise en œuvre des directives prises en application du paragraphe 2 ou, le cas échéant, la mise en œuvre d'une décision du Conseil adoptée conformément à l'article 155.

Dans ce cas, il s'assure que, au plus tard à la date à laquelle une directive ou une décision doit être transposée ou mise en œuvre, les partenaires sociaux ont mis en place les dispositions nécessaires par voie d'accord, l'État membre concerné devant prendre toute disposition nécessaire lui permettant d'être à tout moment en mesure de garantir les résultats imposés par ladite directive ou ladite décision.

4. Les dispositions arrêtées en vertu du présent article :

— ne portent pas atteinte à la faculté reconnue aux États membres de définir les principes fondamentaux de leur système de sécurité sociale et ne doivent pas en affecter sensiblement l'équilibre financier ;

— ne peuvent empêcher un État membre de maintenir ou d'établir des mesures de protection plus strictes compatibles avec les traités.

5. Les dispositions du présent article ne s'appliquent ni aux rémunérations, ni au droit d'association, ni au droit de grève, ni au droit de lock-out.

Art. 154. — 1. La Commission a pour tâche de promouvoir la consultation des partenaires sociaux au niveau de l'Union et prend toute mesure utile pour faciliter leur dialogue en veillant à un soutien équilibré des parties.

2. À cet effet, la Commission, avant de présenter des propositions dans le domaine de la politique sociale, consulte les partenaires sociaux sur l'orientation possible d'une action de l'Union.

3. Si la Commission, après cette consultation, estime qu'une action de l'Union est souhaitable, elle consulte les partenaires sociaux sur le contenu de la proposition envisagée. Les partenaires sociaux remettent à la Commission un avis ou, le cas échéant, une recommandation.

4. À l'occasion des consultations visées aux paragraphes 2 et 3, les partenaires sociaux peuvent informer la Commission de leur volonté d'engager le processus prévu à l'article 155. La durée de ce processus ne peut pas dépasser neuf mois, sauf prolongation décidée en commun par les partenaires sociaux concernés et la Commission.

Art. 155. — 1. Le dialogue entre partenaires sociaux au niveau de l'Union peut conduire, si ces derniers le souhaitent, à des relations conventionnelles, y compris des accords.

2. La mise en œuvre des accords conclus au niveau de l'Union intervient soit selon les procédures et pratiques propres aux partenaires sociaux et aux États membres, soit, dans les matières relevant de l'article 153, à la demande conjointe des parties signataires, par une décision du Conseil sur proposition de la Commission. Le Parlement européen est informé.

Le Conseil statue à l'unanimité lorsque l'accord en question contient une ou plusieurs dispositions relatives à l'un des domaines pour lesquels l'unanimité est requise en vertu de l'article 153, paragraphe 2.

Art. 156. — En vue de réaliser les objectifs visés à l'article 151 et sans préjudice des autres dispositions des traités, la Commission encourage la coopération entre les États membres et facilite la coordination de leur action dans tous les domaines de la politique sociale relevant du présent chapitre, et notamment dans les matières relatives :
— à l'emploi ;
— au droit du travail et aux conditions de travail ;
— à la formation et au perfectionnement professionnels ;
— à la sécurité sociale ;
— à la protection contre les accidents et les maladies professionnels ;
— à l'hygiène du travail ;
— au droit syndical et aux négociations collectives entre employeurs et travailleurs.

À cet effet, la Commission agit en contact étroit avec les États membres, par des études, des avis et par l'organisation de consultations, tant pour les problèmes qui se posent sur le plan national que pour ceux qui intéressent les organisations internationales, notamment par des initiatives en vue d'établir des orientations et des indicateurs, d'organiser l'échange des meilleures pratiques et de préparer les éléments nécessaires à la surveillance et à l'évaluation périodiques. Le Parlement européen est pleinement informé.

Avant d'émettre les avis prévus par le présent article, la Commission consulte le Comité économique et social.

Art. 157. — 1. Chaque État membre assure l'application du principe de l'égalité des rémunérations entre travailleurs masculins et travailleurs féminins pour un même travail ou un travail de même valeur.

2. Aux fins du présent article, on entend par rémunération, le salaire ou traitement ordinaire de base ou minimum, et tous autres avantages payés directement ou indirectement, en espèces ou en nature, par l'employeur au travailleur en raison de l'emploi de ce dernier.

L'égalité de rémunération, sans discrimination fondée sur le sexe, implique :

a) que la rémunération accordée pour un même travail payé à la tâche soit établie sur la base d'une même unité de mesure ;

b) que la rémunération accordée pour un travail payé au temps soit la même pour un même poste de travail.

3. Le Parlement européen et le Conseil, statuant selon la procédure législative ordinaire et après consultation du Comité économique et social, adoptent des mesures visant à assurer l'application du principe de l'égalité des chances et de l'égalité de traitement entre les hommes et les femmes en matière d'emploi et de travail, y compris le principe de l'égalité des rémunérations pour un même travail ou un travail de même valeur.

4. Pour assurer concrètement une pleine égalité entre hommes et femmes dans la vie professionnelle, le principe de l'égalité de traitement n'empêche pas un État membre de maintenir ou d'adopter des mesures prévoyant des avantages spécifiques destinés à faciliter l'exercice d'une activité professionnelle par le sexe sous-représenté ou à prévenir ou compenser des désavantages dans la carrière professionnelle.

Art. 158. — Les États membres s'attachent à maintenir l'équivalence existante des régimes de congés payés.

Art. 159. — La Commission établit, chaque année, un rapport sur l'évolution de la réalisation des objectifs visés à l'article 151, y compris la situation démographique dans l'Union. Elle transmet ce rapport au Parlement européen, au Conseil et au Comité économique et social.

Art. 160. — Le Conseil, statuant à la majorité simple, après consultation du Parlement européen, institue un comité de la protection sociale à caractère consultatif afin de promouvoir la coopération en matière de protection sociale entre les États membres et avec la Commission. Le comité a pour mission :

— de suivre la situation sociale et l'évolution des politiques de protection sociale dans les États membres et dans l'Union ;

— de faciliter les échanges d'informations, d'expériences et de bonnes pratiques entre les États membres et avec la Commission ;

— sans préjudice de l'article 240, de préparer des rapports, de formuler des avis ou d'entreprendre d'autres activités dans les domaines relevant de sa compétence, soit à la demande du Conseil ou de la Commission, soit de sa propre initiative.

Dans l'accomplissement de son mandat, le comité établit des contacts appropriés avec les partenaires sociaux.

Chaque État membre et la Commission nomment deux membres du comité.

Art. 161. — La Commission consacre, dans son rapport annuel au Parlement européen, un chapitre spécial à l'évolution de la situation sociale dans l'Union.

Le Parlement européen peut inviter la Commission à établir des rapports sur des problèmes particuliers concernant la situation sociale.

N° 20.3 L'égalité de traitement en matière d'emploi : la directive 2000/78/CE du Conseil du 27 novembre 2000 (extraits) (58)

Chapitre I

Dispositions générales

Article premier. — Objet.

La présente directive a pour objet d'établir un cadre général pour lutter contre la discrimination fondée sur la religion ou les convictions, l'handicap, l'âge ou l'orientation sexuelle, en ce qui concerne l'emploi et le travail, en vue de mettre en œuvre, dans les États membres, le principe de l'égalité de traitement.

Art. 2. — Concept de discrimination.

1. Aux fins de la présente directive, on entend par « principe de l'égalité de traitement » l'absence de toute discrimination directe ou indirecte, fondée sur un des motifs visés à l'article 1er.

2. Aux fins du paragraphe 1 :

a) une discrimination directe se produit lorsqu'une personne est traitée de manière moins favorable qu'une autre ne l'est, ne l'a été ou ne le serait dans une situation comparable, sur la base de l'un des motifs visés à l'article 1er ;

(58) Publiée au *JOUE* L 303 du 2 décembre 2000. La transposition en droit français est réalisée par les lois n° 2001-1066 du 16 novembre 2001 relative à la lutte contre les discriminations, n° 2002-73 du 17 janvier 2002 de modernisation sociale, n° 2005-102 du 11 février 2005 pour l'égalité des droits et des chances, la participation et la citoyenneté des personnes handicapées, n° 2005-843 du 26 juillet 2005 portant diverses mesures de transposition du droit communautaire à la fonction publique et n° 2008-496 du 27 mai 2008 portant diverses dispositions d'adaptation au droit communautaire dans le domaine de la lutte contre les discriminations.

b) une discrimination indirecte se produit lorsqu'une disposition, un critère ou une pratique apparemment neutre est susceptible d'entraîner un désavantage particulier pour des personnes d'une religion ou de convictions, d'un handicap, d'un âge ou d'une orientation sexuelle donnés, par rapport à d'autres personnes, à moins que :

i) cette disposition, ce critère ou cette pratique ne soit objectivement justifié par un objectif légitime et que les moyens de réaliser cet objectif ne soient appropriés et nécessaires, ou que

ii) dans le cas des personnes d'un handicap donné, l'employeur ou toute personne ou organisation auquel s'applique la présente directive ne soit obligé, en vertu de la législation nationale, de prendre des mesures appropriées conformément aux principes prévus à l'article 5 afin d'éliminer les désavantages qu'entraîne cette disposition, ce critère ou cette pratique.

3. Le harcèlement est considéré comme une forme de discrimination au sens du paragraphe 1 lorsqu'un comportement indésirable lié à l'un des motifs visés à l'article 1er se manifeste, qui a pour objet ou pour effet de porter atteinte à la dignité d'une personne et de créer un environnement intimidant, hostile, dégradant, humiliant ou offensant. Dans ce contexte, la notion de harcèlement peut être définie conformément aux législations et pratiques nationales des États membres.

4. Tout comportement consistant à enjoindre à quiconque de pratiquer une discrimination à l'encontre de personnes pour l'un des motifs visés à l'article 1er est considéré comme une discrimination au sens du paragraphe 1.

5. La présente directive ne porte pas atteinte aux mesures prévues par la législation nationale qui, dans une société démocratique, sont nécessaires à la sécurité publique, à la défense de l'ordre et à la prévention des infractions pénales, à la protection de la santé et à la protection des droits et libertés d'autrui.

Art. 3. — Champ d'application.

1. Dans les limites des compétences conférées à la Communauté, la présente directive s'applique à toutes les personnes, tant pour le secteur public que pour le secteur privé, y compris les organismes publics, en ce qui concerne :

a) les conditions d'accès à l'emploi, aux activités non salariées ou au travail, y compris les critères de sélection et les conditions de recrutement, quelle que soit la branche d'activité et à tous les niveaux de la hiérarchie professionnelle, y compris en matière de promotion ;

b) l'accès à tous les types et à tous les niveaux d'orientation professionnelle, de formation professionnelle, de perfectionnement et de formation de reconversion, y compris l'acquisition d'une expérience pratique ;

c) les conditions d'emploi et de travail, y compris les conditions de licenciement et de rémunération ;

d) l'affiliation à, et l'engagement dans, une organisation de travailleurs ou d'employeurs, ou toute organisation dont les membres exercent une profession donnée, y compris les avantages procurés par ce type d'organisations.

2. La présente directive ne vise pas les différences de traitement fondées sur la nationalité et s'entend sans préjudice des dispositions et conditions relatives à l'admission et au séjour des ressortissants de pays tiers et des personnes apatrides sur le territoire des États membres et de tout traitement lié au statut juridique des ressortissants de pays tiers et personnes apatrides concernés.

3. La présente directive ne s'applique pas aux versements de toute nature effectués par les régimes publics ou assimilés, y compris les régimes publics de sécurité sociale ou de protection sociale.

4. Les États membres peuvent prévoir que la présente directive ne s'applique pas aux forces armées pour ce qui concerne les discriminations fondées sur l'handicap et l'âge.

Art. 4. — Exigences professionnelles.

1. Nonobstant l'article 2, paragraphes 1 et 2, les États membres peuvent prévoir qu'une différence de traitement fondée sur une caractéristique liée à l'un des motifs visés à l'article 1er ne constitue pas une discrimination lorsque, en raison de la nature d'une activité professionnelle ou des conditions de son exercice, la caractéristique en cause constitue une exigence professionnelle essentielle et déterminante, pour autant que l'objectif soit légitime et que l'exigence soit proportionnée.

2. Les États membres peuvent maintenir dans leur législation nationale en vigueur à la date d'adoption de la présente directive ou prévoir dans une législation future reprenant des pratiques nationales existant à la date d'adoption de la présente directive des dispositions en vertu desquelles, dans le cas des activités professionnelles d'églises et d'autres organisations publiques ou privées dont l'éthique est fondée sur la religion ou les convictions, une différence de traitement fondée sur la religion ou les convictions d'une personne ne constitue pas une discrimination lorsque, par la nature de ces activités ou par le contexte dans lequel elles sont exercées, la religion ou les convictions constituent une exigence professionnelle essentielle, légitime et justifiée eu égard à l'éthique de l'organisation. Cette différence de traitement doit s'exercer dans le respect des dispositions et principes constitutionnels des États membres, ainsi que des principes généraux du droit communautaire, et ne saurait justifier une discrimination fondée sur un autre motif.

Pourvu que ses dispositions soient par ailleurs respectées, la présente directive est donc sans préjudice du droit des églises et des autres organisations publiques ou privées dont l'éthique est fondée sur la religion ou les convictions, agissant en conformité avec les dispositions constitutionnelles et législatives nationales, de requérir des personnes travaillant pour elles une attitude de bonne foi et de loyauté envers l'éthique de l'organisation.

Art. 5. — Aménagements raisonnables pour les personnes handicapées.

Afin de garantir le respect du principe de l'égalité de traitement à l'égard des personnes handicapées, des aménagements raisonnables sont prévus. Cela signifie que l'employeur prend les mesures appropriées, en fonction des besoins dans une situation concrète, pour permettre à une personne handicapée d'accéder à un emploi, de l'exercer ou d'y progresser, ou pour qu'une formation lui soit dispensée, sauf si ces mesures imposent à l'employeur une charge disproportionnée. Cette charge n'est pas disproportionnée lorsqu'elle est compensée de façon suffisante par des mesures existant dans le cadre de la politique menée dans l'État membre concerné en faveur des personnes handicapées.

Art. 6. — Justification des différences de traitement fondées sur l'âge.

1. Nonobstant l'article 2, paragraphe 2, les États membres peuvent prévoir que des différences de traitement fondées sur l'âge ne constituent pas une discrimination lorsqu'elles sont objectivement et raisonnablement justifiées, dans le cadre du droit national, par un objectif légitime, notamment par des objectifs légitimes de politique de l'emploi, du marché du travail et de la formation professionnelle, et que les moyens de réaliser cet objectif sont appropriés et nécessaires.

Ces différences de traitement peuvent notamment comprendre :

a) la mise en place de conditions spéciales d'accès à l'emploi et à la formation professionnelle, d'emploi et de travail, y compris les conditions de licenciement et de rémunération, pour les jeunes, les travailleurs âgés et ceux ayant des personnes à charge, en vue de favoriser leur insertion professionnelle ou d'assurer leur protection ;

b) la fixation de conditions minimales d'âge, d'expérience professionnelle ou d'ancienneté dans l'emploi, pour l'accès à l'emploi ou à certains avantages liés à l'emploi ;

c) la fixation d'un âge maximum pour le recrutement, fondée sur la formation requise pour le poste concerné ou la nécessité d'une période d'emploi raisonnable avant la retraite.

2. Nonobstant l'article 2, paragraphe 2, les États membres peuvent prévoir que ne constitue pas une discrimination fondée sur l'âge la fixation, pour les régimes professionnels de sécurité sociale, d'âges d'adhésion ou d'admissibilité aux prestations de retraite ou d'invalidité, y compris la fixation, pour ces régimes, d'âges différents pour des travailleurs ou des groupes ou catégories de travailleurs et l'utilisation, dans le cadre de ces régimes, de critères d'âge dans les calculs actuariels, à condition que cela ne se traduise pas par des discriminations fondées sur le sexe.

Art. 7. — Action positive et mesures spécifiques.

1. Pour assurer la pleine égalité dans la vie professionnelle, le principe de l'égalité de traitement n'empêche pas un État membre de maintenir ou d'adopter des mesures spécifiques destinées à prévenir ou à compenser des désavantages liés à l'un des motifs visés à l'article 1er.

2. En ce qui concerne les personnes handicapées, le principe d'égalité de traitement ne fait pas obstacle au droit des États membres de maintenir ou d'adopter des dispositions concernant la protection de la santé et de la sécurité sur le lieu de travail ni aux mesures visant à créer ou à maintenir des dispositions ou des facilités en vue de sauvegarder ou d'encourager leur insertion dans le monde du travail.

Art. 8. — Prescriptions minimales.

1. Les États membres peuvent adopter ou maintenir des dispositions plus favorables à la protection du principe de l'égalité de traitement que celles prévues dans la présente directive.

2. La mise en œuvre de la présente directive ne peut en aucun cas constituer un motif d'abaissement du niveau de protection contre la discrimination déjà accordé par les États membres dans les domaines régis par la présente directive.

Chapitre II

Voies de recours et application du droit

Art. 9. — Défense des droits.

1. Les États membres veillent à ce que des procédures judiciaires et/ou administratives, y compris, lorsqu'ils l'estiment approprié, des procédures de conciliation, visant à faire respecter les obligations découlant de la présente directive soient accessibles à toutes les personnes qui s'estiment lésées par le non-respect à leur égard du principe de l'égalité de traitement, même après que les relations dans lesquelles la discrimination est présumée s'être produite se sont terminées.

2. Les États membres veillent à ce que les associations, les organisations ou les personnes morales qui ont, conformément aux critères fixés par leur législation nationale, un intérêt légitime à assurer que les dispositions de la présente directive sont respectées puissent, pour le compte ou à l'appui du plaignant, avec son approbation, engager toute procédure judiciaire et/ou administrative prévue pour faire respecter les obligations découlant de la présente directive.

3. Les paragraphes 1 et 2 sont sans préjudice des règles nationales relatives aux délais impartis pour former un recours en ce qui concerne le principe de l'égalité de traitement.

Art. 10. — Charge de la preuve.

1. Les États membres prennent les mesures nécessaires, conformément à leur système judiciaire, afin que, dès lors qu'une personne s'estime lésée par le non-respect à son égard du principe de l'égalité de traitement et établit, devant une juridiction ou une autre instance compétente, des faits qui permettent de présumer l'existence d'une discrimination directe ou indirecte, il incombe à la partie défenderesse de prouver qu'il n'y a pas eu violation du principe de l'égalité de traitement.

2. Le paragraphe 1 ne fait pas obstacle à l'adoption par les États membres de règles de la preuve plus favorables aux plaignants.

3. Le paragraphe 1 ne s'applique pas aux procédures pénales.

4. Les paragraphes 1, 2 et 3 s'appliquent également à toute procédure engagée conformément à l'article 9, paragraphe 2.

5. Les États membres peuvent ne pas appliquer le paragraphe 1 aux procédures dans lesquelles l'instruction des faits incombe à la juridiction ou à l'instance compétente.

Art. 11. — Protection contre les rétorsions.

Les États membres introduisent dans leur système juridique interne les mesures nécessaires pour protéger les travailleurs contre tout licenciement ou tout autre traitement défavorable par l'employeur en réaction à une plainte formulée au niveau de l'entreprise ou à une action en justice visant à faire respecter le principe de l'égalité de traitement.

Art. 12. — Diffusion de l'information.

Les États membres veillent à ce que les dispositions adoptées en application de la présente directive ainsi que celles qui sont déjà en vigueur dans ce domaine soient portées à la connaissance des personnes concernées par tous moyens appropriés, par exemple sur le lieu de travail, et sur l'ensemble de leur territoire.

Art. 13. — Dialogue social.

1. Conformément à leurs traditions et pratiques nationales, les États membres prennent les mesures appropriées afin de favoriser le dialogue entre les partenaires sociaux en vue de promouvoir l'égalité de traitement, y compris par la surveillance des pratiques sur le lieu de travail, par des conventions collectives, des codes de conduite et par la recherche ou l'échange d'expériences et de bonnes pratiques.

2. Dans le respect de leurs traditions et pratiques nationales, les États membres encouragent les partenaires sociaux, sans préjudice de leur autonomie, à conclure, au niveau approprié, des accords établissant des règles de non-discrimination dans les domaines visés à l'article 3 qui relèvent du champ d'application des négociations collectives. Ces accords respectent les exigences minimales fixées par la présente directive et par les mesures nationales de transposition.

Art. 14. — Dialogue avec les organisations non gouvernementales.

Les États membres encouragent le dialogue avec les organisations non gouvernementales concernées qui ont, conformément aux pratiques et législations nationales, un intérêt légitime à contribuer à la lutte contre les discriminations fondées sur un des motifs visés à l'article 1er, en vue de promouvoir le principe de l'égalité de traitement.

5) Les droits des ressortissants des États tiers : le franchissement des frontières, l'asile, la protection internationale, le séjour de longue durée, le regroupement familial, les suites du séjour irrégulier

Nº 21.1 Les politiques relatives aux contrôles aux frontières, à l'asile et à l'immigration : les articles 77 à 80 (TFUE)

Art. 77. — 1. L'Union développe une politique visant :

a) à assurer l'absence de tout contrôle des personnes, quelle que soit leur nationalité, lorsqu'elles franchissent les frontières intérieures ;

b) à assurer le contrôle des personnes et la surveillance efficace du franchissement des frontières extérieures ;

c) à mettre en place progressivement un système intégré de gestion des frontières extérieures.

2. Aux fins du paragraphe 1, le Parlement européen et le Conseil, statuant conformément à la procédure législative ordinaire, adoptent les mesures portant sur :

a) la politique commune de visas et d'autres titres de séjour de courte durée ;

b) les contrôles auxquels sont soumises les personnes franchissant les frontières extérieures ;

c) les conditions dans lesquelles les ressortissants des pays tiers peuvent circuler librement dans l'Union pendant une courte durée ;

d) toute mesure nécessaire pour l'établissement progressif d'un système intégré de gestion des frontières extérieures ;

e) l'absence de tout contrôle des personnes, quelle que soit leur nationalité, lorsqu'elles franchissent les frontières intérieures.

3. Si une action de l'Union apparaît nécessaire pour faciliter l'exercice du droit, visé à l'article 20, paragraphe 2, point *a)*, et sauf si les traités ont prévu des pouvoirs d'action à cet effet, le Conseil, statuant conformément à une procédure législative spéciale, peut arrêter des dispositions concernant les passeports, les cartes d'identité, les titres de séjour ou tout autre document assimilé. Le Conseil statue à l'unanimité, après consultation du Parlement européen.

4. Le présent article n'affecte pas la compétence des États membres concernant la délimitation géographique de leurs frontières, conformément au droit international.

Art. 78. — 1. L'Union développe une politique commune en matière d'asile, de protection subsidiaire et de protection temporaire visant à offrir un statut approprié à tout ressortissant d'un pays tiers nécessitant une protection internationale et à assurer le respect du principe de non-refoulement. Cette politique doit être conforme à la Convention de Genève du 28 juillet 1951 et au protocole du 31 janvier 1967 relatifs au statut des réfugiés, ainsi qu'aux autres traités pertinents.

2. Aux fins du paragraphe 1, le Parlement européen et le Conseil, statuant conformément à la procédure législative ordinaire, adoptent les mesures relatives à un système européen commun d'asile comportant :

a) un statut uniforme d'asile en faveur de ressortissants de pays tiers, valable dans toute l'Union ;

b) un statut uniforme de protection subsidiaire pour les ressortissants des pays tiers qui, sans obtenir l'asile européen, ont besoin d'une protection internationale ;

c) un système commun visant, en cas d'afflux massif, une protection temporaire des personnes déplacées ;

d) des procédures communes pour l'octroi et le retrait du statut uniforme d'asile ou de protection subsidiaire ;

e) des critères et mécanismes de détermination de l'État membre responsable de l'examen d'une demande d'asile ou de protection subsidiaire ;

f) des normes concernant les conditions d'accueil des demandeurs d'asile ou de protection subsidiaire ;

g) le partenariat et la coopération avec des pays tiers pour gérer les flux de personnes demandant l'asile ou une protection subsidiaire ou temporaire.

3. Au cas où un ou plusieurs États membres se trouvent dans une situation d'urgence caractérisée par un afflux soudain de ressortissants de pays tiers, le Conseil, sur proposition de la Commission, peut adopter des mesures provisoires au profit du ou des États membres concernés. Il statue après consultation du Parlement européen.

Art. 79. — 1. L'Union développe une politique commune de l'immigration visant à assurer, à tous les stades, une gestion efficace des flux migratoires, un traitement équitable des ressortissants de pays tiers en séjour régulier dans les États membres, ainsi qu'une prévention de l'immigration illégale et de la traite des êtres humains et une lutte renforcée contre celles-ci.

2. Aux fins du paragraphe 1, le Parlement européen et le Conseil, statuant conformément à la procédure législative ordinaire, adoptent les mesures dans les domaines suivants :

a) les conditions d'entrée et de séjour, ainsi que les normes concernant la délivrance par les États membres de visas et de titres de séjour de longue durée, y compris aux fins du regroupement familial ;

b) la définition des droits des ressortissants des pays tiers en séjour régulier dans un État membre, y compris les conditions régissant la liberté de circulation et de séjour dans les autres États membres ;

c) l'immigration clandestine et le séjour irrégulier, y compris l'éloignement et le rapatriement des personnes en séjour irrégulier ;

d) la lutte contre la traite des êtres humains, en particulier des femmes et des enfants.

3. L'Union peut conclure avec des pays tiers des accords visant la réadmission, dans les pays d'origine ou de provenance, de ressortissants de pays tiers qui ne remplissent pas ou qui ne remplissent plus les conditions d'entrée, de présence ou de séjour sur le territoire de l'un des États membres.

4. Le Parlement européen et le Conseil, statuant conformément à la procédure législative ordinaire, peuvent établir des mesures pour encourager et appuyer l'action des États membres en vue de favoriser l'intégration des ressortissants de pays tiers en séjour régulier sur leur territoire, à l'exclusion de toute harmonisation des dispositions législatives et réglementaires des États membres.

5. Le présent article n'affecte pas le droit des États membres de fixer les volumes d'entrée des ressortissants de pays tiers, en provenance de pays tiers, sur leur territoire dans le but d'y rechercher un emploi salarié ou non salarié.

Art. 80. — Les politiques de l'Union visées au présent chapitre et leur mise en œuvre sont régies par le principe de solidarité et de partage équitable de responsabilités entre les États membres, y compris sur le plan financier. Chaque fois que cela est nécessaire, les actes de l'Union adoptés en vertu du présent chapitre contiennent des mesures appropriées pour l'application de ce principe.

Nº 21.2 Les critères et les mécanismes de détermination de l'État membre responsable de l'examen d'une demande de protection internationale introduite dans l'un des États membres par un ressortissant d'un pays tiers ou un apatride : le règlement (UE) nº 604/2013 du Parlement européen et du Conseil du 26 juin 2013 (extraits) (59)

Chapitre I

Objet et définitions

Article premier. — Objet.

Le présent règlement établit les critères et les mécanismes de détermination de l'État membre responsable de l'examen d'une demande de protection internationale introduite dans l'un des États membres par un ressortissant de pays tiers ou par un apatride (ci-après dénommé « État membre responsable »).

Art. 2. — Définitions.

Aux fins du présent règlement, on entend par :

a) « ressortissant de pays tiers », toute personne qui n'est pas un citoyen de l'Union au sens de l'article 20, paragraphe 1, du traité sur le fonctionnement de l'Union européenne et qui n'est pas un ressortissant d'un État participant au présent règlement en vertu d'un accord avec l'Union européenne ;

b) « demande de protection internationale », une demande de protection internationale au sens de l'article 2, point h), de la directive 2011/95/UE ;

c) « demandeur », le ressortissant de pays tiers ou l'apatride ayant présenté une demande de protection internationale sur laquelle il n'a pas encore été statué définitivement ;

d) « examen d'une demande de protection internationale », l'ensemble des mesures d'examen, des décisions ou des jugements rendus par les autorités compétentes sur une demande de protection internationale conformément à la directive 2013/32/UE

---

(59) Publié au *JOUE* L. 180/31 du 29 juin 2013, ce règlement remplace et abroge le règlement (CE) nº 343/2003 du 18 février 2003. Il faut aussi noter les textes de mise en œuvre de ce règlement comme : le règlement (UE) nº 603/2013 du Parlement européen et du Conseil du 26 juin 2013 relatif à la création d'Eurodac pour la comparaison des empreintes digitales aux fins de l'application efficace du règlement (UE) nº 604/2013 et relatif aux demandes de comparaison avec les données d'Eurodac présentées par les autorités répressives des États membres et Europol à des fins répressives, et modifiant le règlement (UE) nº 1077/2011 portant création d'une agence européenne pour la gestion opérationnelle des systèmes d'information à grande échelle au sein de l'espace de liberté, de sécurité et de justice (*JOUE* L 180 du 29 juin 2013) ; la directive 2013/32/UE du Parlement européen et du Conseil du 26 juin 2013 relative à des procédures communes pour l'octroi et le retrait de la protection internationale ; la directive 2013/33/UE du Parlement européen et du Conseil du 26 juin 2013 établissant des normes pour l'accueil des personnes demandant la protection internationale.

et à la directive 2011/95/UE, à l'exception des procédures de détermination de l'État membre responsable en vertu du présent règlement ;

e) « retrait d'une demande de protection internationale », les démarches par lesquelles le demandeur met un terme aux procédures déclenchées par l'introduction de sa demande de protection internationale, conformément à la directive 2013/32/UE, soit explicitement, soit tacitement ;

f) « bénéficiaire d'une protection internationale », un ressortissant de pays tiers ou un apatride qui a obtenu la protection internationale au sens de l'article 2, point a), de la directive 2011/95/UE ;

g) « membres de la famille », dans la mesure où la famille existait déjà dans le pays d'origine, les membres suivants de la famille du demandeur présents sur le territoire des États membres :

— le conjoint du demandeur, ou son ou sa partenaire non marié(e) engagé(e) dans une relation stable, lorsque le droit ou la pratique de l'État membre concerné réserve aux couples non mariés un traitement comparable à celui réservé aux couples mariés, en vertu de sa législation relative aux ressortissants de pays tiers,

— les enfants mineurs des couples visés au premier tiret ou du demandeur, à condition qu'ils soient non mariés et qu'ils soient nés du mariage, hors mariage ou qu'ils aient été adoptés au sens du droit national,

— lorsque le demandeur est mineur et non marié, le père, la mère ou un autre adulte qui est responsable du demandeur de par le droit ou la pratique de l'État membre dans lequel cet adulte se trouve,

— lorsque le bénéficiaire d'une protection internationale est mineur et non marié, le père, la mère ou un autre adulte qui est responsable du bénéficiaire de par le droit ou la pratique de l'État membre dans lequel le bénéficiaire se trouve ;

h) « proche », la tante ou l'oncle adulte ou un des grands-parents du demandeur qui est présent sur le territoire d'un État membre, que le demandeur soit né du mariage, hors mariage ou qu'il ait été adopté au sens du droit national ;

i) « mineur », un ressortissant de pays tiers ou un apatride âgé de moins de 18 ans ;

j) « mineur non accompagné », un mineur qui entre sur le territoire des États membres sans être accompagné d'un adulte qui, de par le droit ou la pratique de l'État membre concerné, en a la responsabilité, et tant qu'il n'est pas effectivement pris en charge par un tel adulte ; cette définition couvre également un mineur qui cesse d'être accompagné après son entrée sur le territoire des États membres ;

k) « représentant » : une personne ou une organisation désignée par les instances compétentes, afin d'assister et de représenter un mineur non accompagné au cours des procédures prévues dans le présent règlement, afin de garantir l'intérêt supérieur de l'enfant et, le cas échéant, d'accomplir des actes juridiques pour le mineur. Lorsqu'une organisation est désignée comme représentant, elle désigne une personne chargée de s'acquitter de ses obligations à l'égard du mineur, conformément au présent règlement ;

l) « titre de séjour », toute autorisation délivrée par les autorités d'un État membre autorisant le séjour d'un ressortissant de pays tiers ou d'un apatride sur son territoire, y compris les documents matérialisant l'autorisation de se maintenir sur le territoire dans le cadre d'un régime de protection temporaire ou en attendant que prennent fin les circonstances qui font obstacle à l'exécution d'une mesure d'éloignement, à l'exception des visas et des autorisations de séjour délivrés pendant la période nécessaire pour déterminer l'État membre responsable en vertu du présent règlement ou pendant l'examen d'une demande de protection internationale ou d'une demande d'autorisation de séjour ;

m) « visa », l'autorisation ou la décision d'un État membre, exigée en vue du transit ou de l'entrée pour un séjour envisagé dans cet État membre ou dans plusieurs États membres. La nature du visa s'apprécie selon les définitions suivantes :

— « visa de long séjour », l'autorisation ou la décision délivrée par un des États membres conformément à son droit national ou au droit de l'Union exigée en vue de l'entrée pour un séjour envisagé dans cet État membre pour une durée supérieure à trois mois ;

— « visa de court séjour », l'autorisation ou la décision d'un État membre en vue d'un transit ou d'un séjour envisagé sur le territoire d'un, de plusieurs ou de tous les États membres pour une durée n'excédant pas trois mois sur une période de six mois à compter de la date de la première entrée sur le territoire des États membres ;

— « visa de transit aéroportuaire », un visa valide pour le transit dans les zones de transit international d'un ou plusieurs aéroports des États membres ;

n) « risque de fuite », dans un cas individuel, l'existence de raisons, fondées sur des critères objectifs définis par la loi, de craindre la fuite d'un demandeur, un ressortissant de pays tiers ou un apatride qui fait l'objet d'une procédure de transfert.

Chapitre II

Principes généraux et garanties

Art. 3. — Accès à la procédure d'examen d'une demande de protection internationale.

1. Les États membres examinent toute demande de protection internationale présentée par un ressortissant de pays tiers ou par un apatride sur le territoire de l'un quelconque d'entre eux, y compris à la frontière ou dans une zone de transit. La demande est examinée par un seul État membre, qui est celui que les critères énoncés au chapitre III désignent comme responsable.

2. Lorsque aucun État membre responsable ne peut être désigné sur la base des critères énumérés dans le présent règlement, le premier État membre auprès duquel la demande de protection internationale a été introduite est responsable de l'examen.

Lorsqu'il est impossible de transférer un demandeur vers l'État membre initialement désigné comme responsable parce qu'il y a de sérieuses raisons de croire qu'il existe dans cet État membre des défaillances systémiques dans la procédure d'asile et les conditions d'accueil des demandeurs, qui entraînent un risque de traitement inhumain ou dégradant au sens de l'article 4 de la Charte des droits fondamentaux de l'Union européenne, l'État membre procédant à la détermination de l'État membre responsable poursuit l'examen des critères énoncés au chapitre III afin d'établir si un autre État membre peut être désigné comme responsable.

Lorsqu'il est impossible de transférer le demandeur en vertu du présent paragraphe vers un État membre désigné sur la base des critères énoncés au chapitre III ou vers le premier État membre auprès duquel la demande a été introduite, l'État membre procédant à la détermination de l'État membre responsable devient l'État membre responsable.

3. Tout État membre conserve le droit d'envoyer un demandeur vers un pays tiers sûr, sous réserve des règles et garanties fixées dans la directive 2013/32/UE.

Art. 4. — Droit à l'information.

1. Dès qu'une demande de protection internationale est introduite au sens de l'article 20, paragraphe 2, dans un État membre, ses autorités compétentes informent le demandeur de l'application du présent règlement, et notamment :

a) des objectifs du présent règlement et des conséquences de la présentation d'une autre demande dans un État membre différent ainsi que des conséquences du passage d'un État membre à un autre pendant les phases au cours desquelles l'État membre responsable en vertu du présent règlement est déterminé et la demande de protection internationale est examinée ;

b) des critères de détermination de l'État membre responsable, de la hiérarchie de ces critères au cours des différentes étapes de la procédure et de leur durée, y compris du fait qu'une demande de protection internationale introduite dans un État membre peut mener à la désignation de cet État membre comme responsable en vertu du présent règlement même si cette responsabilité n'est pas fondée sur ces critères ;

c) de l'entretien individuel en vertu de l'article 5 et de la possibilité de fournir des informations sur la présence de membres de la famille, de proches ou de tout autre parent dans les États membres, y compris des moyens par lesquels le demandeur peut fournir ces informations ;

d) de la possibilité de contester une décision de transfert et, le cas échéant, de demander une suspension du transfert ;

e) du fait que les autorités compétentes des États membres peuvent échanger des données le concernant aux seules fins d'exécuter leurs obligations découlant du présent règlement ;

f) de l'existence du droit d'accès aux données le concernant et du droit de demander que ces données soient rectifiées si elles sont inexactes ou supprimées si elles ont fait l'objet d'un traitement illicite, ainsi que des procédures à suivre pour exercer ces droits, y compris des coordonnées des autorités visées à l'article 35 et des autorités nationales chargées de la protection des données qui sont compétentes pour examiner les réclamations relatives à la protection des données à caractère personnel.

2. Les informations visées au paragraphe 1 sont données par écrit, dans une langue que le demandeur comprend ou dont on peut raisonnablement supposer qu'il la comprend. Les États membres utilisent la brochure commune rédigée à cet effet en vertu du paragraphe 3.

Si c'est nécessaire à la bonne compréhension du demandeur, les informations lui sont également communiquées oralement, par exemple lors de l'entretien individuel visé à l'article 5.

3. La Commission rédige, au moyen d'actes d'exécution, une brochure commune ainsi qu'une brochure spécifique pour les mineurs non accompagnés, contenant au minimum les informations visées au paragraphe 1 du présent article. Cette brochure commune comprend également des informations relatives à l'application du règlement (UE) n° 603/2013 et, en particulier, à la finalité pour laquelle les données relatives à un demandeur peuvent être traitées dans Eurodac. La brochure commune est réalisée de telle manière que les États membres puissent y ajouter des informations spécifiques aux États membres. Ces actes d'exécution sont adoptés en conformité avec la procédure d'examen visée à l'article 44, paragraphe 2, du présent règlement.

Art. 5. — Entretien individuel.

1. Afin de faciliter le processus de détermination de l'État membre responsable, l'État membre procédant à cette détermination mène un entretien individuel avec le demandeur. Cet entretien permet également de veiller à ce que le demandeur comprenne correctement les informations qui lui sont fournies conformément à l'article 4.

2. L'entretien individuel peut ne pas avoir lieu lorsque :

a) le demandeur a pris la fuite ; ou

b) après avoir reçu les informations visées à l'article 4, le demandeur a déjà fourni par d'autres moyens les informations pertinentes pour déterminer l'État membre responsable. L'État membre qui se dispense de mener cet entretien donne au demandeur la possibilité de fournir toutes les autres informations pertinentes pour déterminer correctement l'État membre responsable avant qu'une décision de transfert du demandeur vers l'État membre responsable soit prise conformément à l'article 26, paragraphe 1.

3. L'entretien individuel a lieu en temps utile et, en tout cas, avant qu'une décision de transfert du demandeur vers l'État membre responsable soit prise conformément à l'article 26, paragraphe 1.

4. L'entretien individuel est mené dans une langue que le demandeur comprend ou dont on peut raisonnablement supposer qu'il la comprend et dans laquelle il est capable de communiquer. Si nécessaire, les États membres ont recours à un interprète capable d'assurer une bonne communication entre le demandeur et la personne qui mène l'entretien individuel.

5. L'entretien individuel a lieu dans des conditions garantissant dûment la confidentialité. Il est mené par une personne qualifiée en vertu du droit national.

6. L'État membre qui mène l'entretien individuel rédige un résumé qui contient au moins les principales informations fournies par le demandeur lors de l'entretien. Ce résumé peut prendre la forme d'un rapport ou d'un formulaire type. L'État membre veille à ce que le demandeur et/ou le conseil juridique ou un autre conseiller qui représente le demandeur ait accès en temps utile au résumé.

Art. 6. — Garanties en faveur des mineurs.

1. L'intérêt supérieur de l'enfant est une considération primordiale pour les États membres dans toutes les procédures prévues par le présent règlement.

2. Les États membres veillent à ce qu'un représentant représente et/ou assiste un mineur non accompagné en ce qui concerne toutes les procédures prévues par le présent règlement. Le représentant possède les qualifications et les compétences nécessaires pour garantir que l'intérêt supérieur du mineur est pris en considération au cours des procédures menées au titre du présent règlement. Ce représentant a accès au contenu des documents pertinents figurant dans le dossier du demandeur y compris à la brochure spécifique pour les mineurs non accompagnés.

Le présent paragraphe est sans préjudice des dispositions pertinentes de l'article 25 de la directive 2013/32/UE.

3. Lorsqu'ils évaluent l'intérêt supérieur de l'enfant, les États membres coopèrent étroitement entre eux et tiennent dûment compte, en particulier, des facteurs suivants :

a) les possibilités de regroupement familial ;

b) le bien-être et le développement social du mineur ;

c) les considérations tenant à la sûreté et à la sécurité, en particulier lorsque le mineur est susceptible d'être une victime de la traite des êtres humains ;

d) l'avis du mineur, en fonction de son âge et de sa maturité.

4. Aux fins de l'application de l'article 8, l'État membre dans lequel le mineur non accompagné a introduit une demande de protection internationale prend dès que possible les mesures nécessaires pour identifier les membres de la famille, les frères ou sœurs ou les proches du mineur non accompagné sur le territoire des États membres, tout en protégeant l'intérêt supérieur de l'enfant.

À cette fin, cet État membre peut faire appel à l'assistance d'une organisation internationale ou de toute autre organisation pertinente et peut faciliter l'accès du mineur aux services de recherche de personnes de ces organisations.

Le personnel des autorités compétentes visées à l'article 35 qui traite les demandes concernant des mineurs non accompagnés a reçu et continue de recevoir une formation appropriée sur les besoins spécifiques des mineurs.

5. Afin de faciliter l'adoption des mesures nécessaires pour identifier les membres de la famille, les frères ou les sœurs ou les proches du mineur non accompagné résidant sur le territoire d'un autre État membre en vertu du paragraphe 4 du présent article, la Commission adopte des actes d'exécution, y compris un formulaire type pour l'échange des informations utiles entre les États membres. Ces actes d'exécution sont adoptés en conformité avec la procédure d'examen visée à l'article 44, paragraphe 2.

Chapitre III

Critères de détermination de l'État membre responsable

Art. 7. — Hiérarchie des critères.

1. Les critères de détermination de l'État membre responsable s'appliquent dans l'ordre dans lequel ils sont présentés dans le présent chapitre.

2. La détermination de l'État membre responsable en application des critères énoncés dans le présent chapitre se fait sur la base de la situation qui existait au moment où le demandeur a introduit sa demande de protection internationale pour la première fois auprès d'un État membre.

3. En vue d'appliquer les critères visés aux articles 8, 10 et 16, les États membres prennent en considération tout élément de preuve disponible attestant la présence sur le territoire d'un État membre de membres de la famille, de proches ou de tout autre parent du demandeur, à condition que lesdits éléments de preuve soient produits avant qu'un autre État membre n'accepte la requête aux fins de prise ou de reprise en charge de la personne concernée, conformément aux articles 22 et 25 respectivement, et que les demandes de protection internationale antérieures introduites par le demandeur n'aient pas encore fait l'objet d'une première décision sur le fond.

Art. 8. — Mineurs.

1. Si le demandeur est un mineur non accompagné, l'État membre responsable est celui dans lequel un membre de la famille ou les frères ou sœurs du mineur non accompagné se trouvent légalement, pour autant que ce soit dans l'intérêt supérieur du mineur. Lorsque le demandeur est un mineur marié dont le conjoint ne se trouve pas légalement sur le territoire des États membres, l'État membre responsable est l'État membre où le père, la mère, ou un autre adulte responsable du mineur de par le droit ou la pratique de l'État membre concerné, ou l'un de ses frères ou sœurs se trouve légalement.

2. Si le demandeur est un mineur non accompagné dont un proche se trouve légalement dans un autre État membre et s'il est établi, sur la base d'un examen individuel, que ce proche peut s'occuper de lui, cet État membre réunit le mineur et son proche et est l'État membre responsable, à condition que ce soit dans l'intérêt supérieur du mineur.

3. Lorsque des membres de la famille, des frères ou des sœurs ou des proches visés aux paragraphes 1 et 2 résident dans plusieurs États membres, l'État membre responsable est déterminé en fonction de l'intérêt supérieur du mineur non accompagné.

4. En l'absence de membres de la famille, de frères ou sœurs ou de proches visés aux paragraphes 1 et 2, l'État membre responsable est celui dans lequel le mineur non accompagné a introduit sa demande de protection internationale, à condition que ce soit dans l'intérêt supérieur du mineur.

5. La Commission est habilitée à adopter des actes délégués en conformité avec l'article 45 en ce qui concerne l'identification des membres de la famille, des frères ou sœurs ou des proches du mineur non accompagné ; les critères permettant d'établir l'existence de liens familiaux avérés ; les critères permettant d'évaluer la capacité d'un proche de s'occuper du mineur non accompagné, y compris lorsque les membres de la famille, les frères ou sœurs ou les proches du mineur non accompagné résident dans plus d'un État membre. Lorsqu'elle exerce son pouvoir d'adopter des actes délégués, la Commission ne va pas au-delà de la portée de l'intérêt supérieur de l'enfant, tel que prévu à l'article 6, paragraphe 3.

6. La Commission établit, par voie d'actes d'exécution, les conditions uniformes pour la consultation et l'échange d'informations entre les États membres. Ces actes

d'exécution sont adoptés en conformité avec la procédure d'examen visée à l'article 44, paragraphe 2.

Art. 9. — Membres de la famille bénéficiaires d'une protection internationale.

Si un membre de la famille du demandeur, que la famille ait été ou non préalablement formée dans le pays d'origine, a été admis à résider en tant que bénéficiaire d'une protection internationale dans un État membre, cet État membre est responsable de l'examen de la demande de protection internationale, à condition que les intéressés en aient exprimé le souhait par écrit.

Art. 10. — Membres de la famille demandeurs d'une protection internationale.

Si le demandeur a, dans un État membre, un membre de sa famille dont la demande de protection internationale présentée dans cet État membre n'a pas encore fait l'objet d'une première décision sur le fond, cet État membre est responsable de l'examen de la demande de protection internationale, à condition que les intéressés en aient exprimé le souhait par écrit.

Art. 11. — Procédure familiale.

Lorsque plusieurs membres d'une famille et/ou des frères ou sœurs mineurs non mariés introduisent une demande de protection internationale dans un même État membre simultanément, ou à des dates suffisamment rapprochées pour que les procédures de détermination de l'État membre responsable puissent être conduites conjointement, et que l'application des critères énoncés dans le présent règlement conduirait à les séparer, la détermination de l'État membre responsable se fonde sur les dispositions suivantes :

a) est responsable de l'examen des demandes de protection internationale de l'ensemble des membres de la famille et/ou des frères et sœurs mineurs non mariés, l'État membre que les critères désignent comme responsable de la prise en charge du plus grand nombre d'entre eux ;

b) à défaut, est responsable l'État membre que les critères désignent comme responsable de l'examen de la demande du plus âgé d'entre eux.

Art. 12. — Délivrance de titres de séjour ou de visas.

1. Si le demandeur est titulaire d'un titre de séjour en cours de validité, l'État membre qui l'a délivré est responsable de l'examen de la demande de protection internationale.

2. Si le demandeur est titulaire d'un visa en cours de validité, l'État membre qui l'a délivré est responsable de l'examen de la demande de protection internationale, sauf si ce visa a été délivré au nom d'un autre État membre en vertu d'un accord de représentation prévu à l'article 8 du règlement (CE) n° 810/2009 du Parlement européen et du Conseil du 13 juillet 2009 établissant un code communautaire des visas. Dans ce cas, l'État membre représenté est responsable de l'examen de la demande de protection internationale.

3. Si le demandeur est titulaire de plusieurs titres de séjour ou visas en cours de validité, délivrés par différents États membres, la responsabilité de l'examen de la demande de protection internationale incombe, dans l'ordre suivant :

a) à l'État membre qui a délivré le titre de séjour qui confère le droit de séjour le plus long ou, en cas de durée de validité identique, à l'État membre qui a délivré le titre de séjour dont l'échéance est la plus lointaine ;

b) à l'État membre qui a délivré le visa ayant l'échéance la plus lointaine lorsque les visas sont de même nature ;

c) en cas de visas de nature différente, à l'État membre qui a délivré le visa ayant la plus longue durée de validité ou, en cas de durée de validité identique, à l'État membre qui a délivré le visa dont l'échéance est la plus lointaine.

4. Si le demandeur est seulement titulaire d'un ou de plusieurs titres de séjour périmés depuis moins de deux ans ou d'un ou de plusieurs visas périmés depuis moins de six mois lui ayant effectivement permis d'entrer sur le territoire d'un État membre, les paragraphes 1, 2 et 3 sont applicables aussi longtemps que le demandeur n'a pas quitté le territoire des États membres.

Lorsque le demandeur est titulaire d'un ou plusieurs titres de séjour périmés depuis plus de deux ans ou d'un ou plusieurs visas périmés depuis plus de six mois lui ayant effectivement permis d'entrer sur le territoire d'un État membre et s'il n'a pas quitté le territoire des États membres, l'État membre dans lequel la demande de protection internationale est introduite est responsable.

5. La circonstance que le titre de séjour ou le visa a été délivré sur la base d'une identité fictive ou usurpée ou sur présentation de documents falsifiés, contrefaits ou invalides ne fait pas obstacle à l'attribution de la responsabilité à l'État membre qui l'a délivré. Toutefois, l'État membre qui a délivré le titre de séjour ou le visa n'est pas responsable s'il peut établir qu'une fraude est intervenue après la délivrance du document ou du visa.

Art. 13. — Entrée et/ou séjour.

1. Lorsqu'il est établi, sur la base de preuves ou d'indices tels qu'ils figurent dans les deux listes mentionnées à l'article 22, paragraphe 3, du présent règlement, notamment des données visées au règlement (UE) n° 603/2013, que le demandeur a franchi irrégulièrement, par voie terrestre, maritime ou aérienne, la frontière d'un État membre dans lequel il est entré en venant d'un État tiers, cet État membre est responsable de l'examen de la demande de protection internationale. Cette responsabilité prend fin douze mois après la date du franchissement irrégulier de la frontière.

2. Lorsqu'un État membre ne peut pas, ou ne peut plus, être tenu pour responsable conformément au paragraphe 1 du présent article et qu'il est établi, sur la base de preuves ou d'indices tels qu'ils figurent dans les deux listes mentionnées à l'article 22, paragraphe 3, que le demandeur qui est entré irrégulièrement sur le territoire des États membres ou dont les circonstances de l'entrée sur ce territoire ne peuvent être établies a séjourné dans un État membre pendant une période continue d'au moins cinq mois avant d'introduire sa demande de protection internationale, cet État membre est responsable de l'examen de la demande de protection internationale.

Si le demandeur a séjourné dans plusieurs États membres pendant des périodes d'au moins cinq mois, l'État membre du dernier séjour est responsable de l'examen de la demande de protection internationale.

Art. 14. — Entrée sous exemption de visa.

1. Lorsqu'un ressortissant de pays tiers ou un apatride entre sur le territoire d'un État membre dans lequel il est exempté de l'obligation de visa, l'examen de sa demande de protection internationale incombe à cet État membre.

2. Le principe énoncé au paragraphe 1 ne s'applique pas lorsque le ressortissant de pays tiers ou l'apatride introduit sa demande de protection internationale dans un autre État membre dans lequel il est également exempté de l'obligation d'être en possession d'un visa pour y entrer. Dans ce cas, c'est cet autre État membre qui est responsable de l'examen de la demande de protection internationale.

Art. 15. — Demande présentée dans la zone de transit international d'un aéroport.

Lorsque la demande de protection internationale est présentée dans la zone de transit international d'un aéroport d'un État membre par un ressortissant de pays tiers ou par un apatride, cet État membre est responsable de l'examen de la demande.

Chapitre IV

Personnes à charge et clauses discrétionnaires

Art. 16. — Personnes à charge.

1. Lorsque, du fait d'une grossesse, d'un enfant nouveau-né, d'une maladie grave, d'un handicap grave ou de la vieillesse, le demandeur est dépendant de l'assistance de son enfant, de ses frères ou sœurs, ou de son père ou de sa mère résidant légalement dans un des États membres, ou lorsque son enfant, son frère ou sa sœur, ou son père ou sa mère, qui réside légalement dans un État membre est dépendant de l'assistance du demandeur, les États membres laissent généralement ensemble ou rapprochent le demandeur et cet enfant, ce frère ou cette sœur, ou ce père ou cette mère, à condition que les liens familiaux aient existé dans le pays d'origine, que l'enfant, le frère ou la sœur, ou le père ou la mère ou le demandeur soit capable de prendre soin de la personne à charge et que les personnes concernées en aient exprimé le souhait par écrit.

2. Lorsque l'enfant, le frère ou la sœur, ou le père ou la mère visé au paragraphe 1 réside légalement dans un État membre autre que celui où se trouve le demandeur, l'État membre responsable est celui dans lequel l'enfant, le frère ou la sœur, ou le père ou la mère réside légalement, à moins que l'état de santé du demandeur ne l'empêche pendant un temps assez long de se rendre dans cet État membre. Dans un tel cas, l'État membre responsable est celui dans lequel le demandeur se trouve. Cet État membre n'est pas soumis à l'obligation de faire venir l'enfant, le frère ou la sœur, ou le père ou la mère sur son territoire.

3. La Commission est habilitée à adopter des actes délégués en conformité avec l'article 45 en ce qui concerne les éléments à prendre en considération pour évaluer le lien de dépendance, les critères permettant d'établir l'existence de liens familiaux avérés, les critères permettant d'évaluer la capacité de la personne concernée à prendre soin de la personne à charge et les éléments à prendre en considération pour évaluer l'incapacité du demandeur à se déplacer pendant un temps assez long.

4. La Commission établit, par voie d'actes d'exécution, les conditions uniformes pour la consultation et l'échange d'informations entre les États membres. Ces actes d'exécution sont adoptés en conformité avec la procédure d'examen visée à l'article 44, paragraphe 2.

Art. 17. — Clauses discrétionnaires.

1. Par dérogation à l'article 3, paragraphe 1, chaque État membre peut décider d'examiner une demande de protection internationale qui lui est présentée par un ressortissant de pays tiers ou un apatride, même si cet examen ne lui incombe pas en vertu des critères fixés dans le présent règlement.

L'État membre qui décide d'examiner une demande de protection internationale en vertu du présent paragraphe devient l'État membre responsable et assume les obligations qui sont liées à cette responsabilité. Le cas échéant, il en informe, au moyen du réseau de communication électronique « DubliNet » établi au titre de l'article 18 du règlement (CE) n° 1560/2003, l'État membre antérieurement responsable, l'État membre menant une procédure de détermination de l'État membre responsable ou celui qui a été requis aux fins de prise en charge ou de reprise en charge.

L'État membre qui devient responsable en application du présent paragraphe l'indique immédiatement dans Eurodac conformément au règlement (UE) n° 603/2013 en ajoutant la date à laquelle la décision d'examiner la demande a été prise.

2. L'État membre dans lequel une demande de protection internationale est présentée et qui procède à la détermination de l'État membre responsable, ou l'État membre responsable, peut à tout moment, avant qu'une première décision soit prise sur le

fond, demander à un autre État membre de prendre un demandeur en charge pour rapprocher tout parent pour des raisons humanitaires fondées, notamment, sur des motifs familiaux ou culturels, même si cet autre État membre n'est pas responsable au titre des critères définis aux articles 8 à 11 et 16. Les personnes concernées doivent exprimer leur consentement par écrit.

La requête aux fins de prise en charge comporte tous les éléments dont dispose l'État membre requérant pour permettre à l'État membre requis d'apprécier la situation.

L'État membre requis procède aux vérifications nécessaires pour examiner les raisons humanitaires invoquées et répond à l'État membre requérant, au moyen du réseau de communication électronique DubliNet établi conformément à l'article 18 du règlement (CE) n° 1560/2003, dans un délai de deux mois à compter de la réception de la requête. Les réponses refusant une requête doivent être motivées.

Si l'État membre requis accède à la requête, la responsabilité de l'examen de la demande lui est transférée.

Chapitre V

Obligations de l'État membre responsable

Art. 18. — Obligations de l'État membre responsable.

1. L'État membre responsable en vertu du présent règlement est tenu de :

a) prendre en charge, dans les conditions prévues aux articles 21, 22 et 29, le demandeur qui a introduit une demande dans un autre État membre ;

b) reprendre en charge, dans les conditions prévues aux articles 23, 24, 25 et 29, le demandeur dont la demande est en cours d'examen et qui a présenté une demande auprès d'un autre État membre ou qui se trouve, sans titre de séjour, sur le territoire d'un autre État membre ;

c) reprendre en charge, dans les conditions prévues aux articles 23, 24, 25 et 29 le ressortissant de pays tiers ou l'apatride qui a retiré sa demande en cours d'examen et qui a présenté une demande dans un autre État membre ou qui se trouve, sans titre de séjour, sur le territoire d'un autre État membre ;

d) reprendre en charge, dans les conditions prévues aux articles 23, 24, 25 et 29, le ressortissant de pays tiers ou l'apatride dont la demande a été rejetée et qui a présenté une demande auprès d'un autre État membre ou qui se trouve, sans titre de séjour, sur le territoire d'un autre État membre.

2. Dans les cas relevant du champ d'application du paragraphe 1, points a) et b), l'État membre responsable est tenu d'examiner la demande de protection internationale présentée par le demandeur ou de mener à son terme l'examen.

Dans les cas relevant du champ d'application du paragraphe 1, point c), lorsque l'État membre responsable avait interrompu l'examen d'une demande à la suite de son retrait par le demandeur avant qu'une décision ait été prise sur le fond en première instance, cet État membre veille à ce que le demandeur ait le droit de demander que l'examen de sa demande soit mené à terme ou d'introduire une nouvelle demande de protection internationale, qui ne doit pas être considérée comme une demande ultérieure prévue par la directive 2013/32/UE. Dans ces cas, les États membres veillent à ce que l'examen de la demande soit mené à terme.

Dans les cas relevant du champ d'application du paragraphe 1, point d), lorsque la demande a été rejetée en première instance uniquement, l'État membre responsable veille à ce que la personne concernée ait la possibilité ou ait eu la possibilité de disposer d'un recours effectif en vertu de l'article 46 de la directive 2013/32/UE.

Art. 19. — Cessation de la responsabilité.

1. Si un État membre délivre au demandeur un titre de séjour, les obligations prévues à l'article 18, paragraphe 1, lui sont transférées.

2. Les obligations prévues à l'article 18, paragraphe 1, cessent si l'État membre responsable peut établir, lorsqu'il lui est demandé de prendre ou reprendre en charge un demandeur ou une autre personne visée à l'article 18, paragraphe 1, point c) ou d), que la personne concernée a quitté le territoire des États membres pendant une durée d'au moins trois mois, à moins qu'elle ne soit titulaire d'un titre de séjour en cours de validité délivré par l'État membre responsable.

Toute demande introduite après la période d'absence visée au premier alinéa est considérée comme une nouvelle demande donnant lieu à une nouvelle procédure de détermination de l'État membre responsable.

3. Les obligations prévues à l'article 18, paragraphe 1, points c) et d), cessent lorsque l'État membre responsable peut établir, lorsqu'il lui est demandé de reprendre en charge un demandeur ou une autre personne visée à l'article 18, paragraphe 1, point c) ou d), que la personne concernée a quitté le territoire des États membres en exécution d'une décision de retour ou d'une mesure d'éloignement délivrée à la suite du retrait ou du rejet de la demande.

Toute demande introduite après qu'un éloignement effectif a eu lieu est considérée comme une nouvelle demande et donne lieu à une nouvelle procédure de détermination de l'État membre responsable.

Chapitre VI

Procédures de prise en charge et de reprise en charge

Section I

Début de la procédure

Art. 20. — Début de la procédure.

1. Le processus de détermination de l'État membre responsable commence dès qu'une demande de protection internationale est introduite pour la première fois auprès d'un État membre.

2. Une demande de protection internationale est réputée introduite à partir du moment où un formulaire présenté par le demandeur ou un procès-verbal dressé par les autorités est parvenu aux autorités compétentes de l'État membre concerné. Dans le cas d'une demande non écrite, le délai entre la déclaration d'intention et l'établissement d'un procès-verbal doit être aussi court que possible.

3. Aux fins du présent règlement, la situation du mineur qui accompagne le demandeur et répond à la définition de membre de la famille est indissociable de celle du membre de sa famille et relève de la responsabilité de l'État membre responsable de l'examen de la demande de protection internationale dudit membre de la famille, même si le mineur n'est pas à titre individuel un demandeur, à condition que ce soit dans l'intérêt supérieur du mineur. Le même traitement est appliqué aux enfants nés après l'arrivée du demandeur sur le territoire des États membres, sans qu'il soit nécessaire d'entamer pour eux une nouvelle procédure de prise en charge.

4. Lorsqu'une demande de protection internationale est introduite auprès des autorités compétentes d'un État membre par un demandeur qui se trouve sur le territoire

d'un autre État membre, la détermination de l'État membre responsable incombe à l'État membre sur le territoire duquel se trouve le demandeur. Cet État membre est informé sans délai par l'État membre saisi de la demande et est alors, aux fins du présent règlement, considéré comme l'État membre auprès duquel la demande de protection internationale a été introduite.

Le demandeur est informé par écrit de ce changement d'État membre procédant à la détermination de l'État membre responsable et de la date à laquelle il a eu lieu.

5. L'État membre auprès duquel la demande de protection internationale a été introduite pour la première fois est tenu, dans les conditions prévues aux articles 23, 24, 25 et 29, et en vue d'achever le processus de détermination de l'État membre responsable de l'examen de la demande de protection internationale, de reprendre en charge le demandeur qui se trouve dans un autre État membre sans titre de séjour ou qui y introduit une demande de protection internationale après avoir retiré sa première demande présentée dans un autre État membre pendant le processus de détermination de l'État membre responsable.

Cette obligation cesse lorsque l'État membre auquel il est demandé d'achever le processus de détermination de l'État membre responsable peut établir que le demandeur a quitté entre-temps le territoire des États membres pendant une période d'au moins trois mois ou a obtenu un titre de séjour d'un autre État membre.

Toute demande introduite après la période d'absence visée au deuxième alinéa est considérée comme une nouvelle demande donnant lieu à une nouvelle procédure de détermination de l'État membre responsable.

Section II

Procédures applicables aux requêtes aux fins de prise en charge

Art. 21. — Présentation d'une requête aux fins de prise en charge.

1. L'État membre auprès duquel une demande de protection internationale a été introduite et qui estime qu'un autre État membre est responsable de l'examen de cette demande peut, dans les plus brefs délais et, en tout état de cause, dans un délai de trois mois à compter de la date de l'introduction de la demande au sens de l'article 20, paragraphe 2, requérir cet autre État membre aux fins de prise en charge du demandeur.

Nonobstant le premier alinéa, en cas de résultat positif (« hit ») Eurodac avec des données enregistrées en vertu de l'article 14 du règlement (UE) n° 603/2013, la requête est envoyée dans un délai de deux mois à compter de la réception de ce résultat positif en vertu de l'article 15, paragraphe 2, dudit règlement.

Si la requête aux fins de prise en charge d'un demandeur n'est pas formulée dans les délais fixés par le premier et le deuxième alinéas, la responsabilité de l'examen de la demande de protection internationale incombe à l'État membre auprès duquel la demande a été introduite.

2. L'État membre requérant peut solliciter une réponse en urgence dans les cas où la demande de protection internationale a été introduite à la suite d'un refus d'entrée ou de séjour, d'une arrestation pour séjour irrégulier ou de la signification ou de l'exécution d'une mesure d'éloignement.

La requête indique les raisons qui justifient une réponse urgente et le délai dans lequel une réponse est attendue. Ce délai est d'au moins une semaine.

3. Dans les cas visés aux paragraphes 1 et 2, la requête aux fins de prise en charge par un autre État membre est présentée à l'aide d'un formulaire type et comprend les

éléments de preuve ou indices tels qu'ils figurent dans les deux listes mentionnées à l'article 22, paragraphe 3, et/ou les autres éléments pertinents tirés de la déclaration du demandeur qui permettent aux autorités de l'État membre requis de vérifier s'il est responsable au regard des critères définis dans le présent règlement.

La Commission adopte, par voie d'actes d'exécution, des conditions uniformes pour l'établissement et la présentation des requêtes aux fins de prise en charge. Ces actes d'exécution sont adoptés en conformité avec la procédure d'examen visée à l'article 44, paragraphe 2.

Art. 22. — Réponse à une requête aux fins de prise en charge.

1. L'État membre requis procède aux vérifications nécessaires et statue sur la requête aux fins de prise en charge d'un demandeur dans un délai de deux mois à compter de la réception de la requête.

2. Dans le cadre de la procédure de détermination de l'État membre responsable, des éléments de preuve et des indices sont utilisés.

3. La Commission établit et revoit périodiquement, par voie d'actes d'exécution, deux listes indiquant les éléments de preuve et les indices pertinents conformément aux critères figurant aux points a) et b) du présent paragraphe. Ces actes d'exécution sont adoptés en conformité avec la procédure d'examen visée à l'article 44, paragraphe 2 :

a) Éléments de preuve

i) Il s'agit de la preuve formelle qui détermine la responsabilité en vertu du présent règlement, aussi longtemps qu'elle n'est pas réfutée par une preuve contraire.

ii) Les États membres fournissent au comité prévu à l'article 44 des modèles des différents types de documents administratifs, conformément à la typologie fixée sur la liste des preuves formelles.

b) Indices

i) Il s'agit d'éléments indicatifs qui, tout en étant réfutables, peuvent être suffisants, dans certains cas, en fonction de la force probante qui leur est attribuée.

ii) Leur force probante, pour ce qui est de la responsabilité de l'examen de la demande de protection internationale, est traitée au cas par cas.

4. L'exigence de la preuve ne devrait pas aller au-delà de ce qui est nécessaire pour la bonne application du présent règlement.

5. À défaut de preuve formelle, l'État membre requis admet sa responsabilité si les indices sont cohérents, vérifiables et suffisamment détaillés pour établir la responsabilité.

6. Si l'État membre requérant a invoqué l'urgence conformément aux dispositions de l'article 21, paragraphe 2, l'État membre requis met tout en œuvre pour respecter le délai demandé. Exceptionnellement, lorsqu'il peut être démontré que l'examen d'une requête aux fins de prise en charge d'un demandeur est particulièrement complexe, l'État membre requis peut donner sa réponse après le délai demandé, mais en tout état de cause dans un délai d'un mois. Dans ce cas, l'État membre requis doit informer l'État membre requérant dans le délai initialement demandé qu'il a décidé de répondre ultérieurement.

7. L'absence de réponse à l'expiration du délai de deux mois mentionné au paragraphe 1 et du délai d'un mois prévu au paragraphe 6 équivaut à l'acceptation de la requête et entraîne l'obligation de prendre en charge la personne concernée, y compris l'obligation d'assurer une bonne organisation de son arrivée.

Section III

Procédures applicables aux requêtes aux fins de reprise en charge

Art. 23. — Présentation d'une requête aux fins de reprise en charge lorsqu'une nouvelle demande a été introduite dans l'État membre requérant.

1. Lorsqu'un État membre auprès duquel une personne visée à l'article 18, paragraphe 1, point b), c) ou d), a introduit une nouvelle demande de protection internationale estime qu'un autre État membre est responsable conformément à l'article 20, paragraphe 5, et à l'article 18, paragraphe 1, point b), c) ou d), il peut requérir cet autre État membre aux fins de reprise en charge de cette personne.

2. Une requête aux fins de reprise en charge est formulée aussi rapidement que possible et, en tout état de cause, dans un délai de deux mois à compter de la réception du résultat positif Eurodac (« hit »), en vertu de l'article 9, paragraphe 5, du règlement (UE) n° 603/2013.

Si la requête aux fins de reprise en charge est fondée sur des éléments de preuve autres que des données obtenues par le système Eurodac, elle est envoyée à l'État membre requis dans un délai de trois mois à compter de la date d'introduction de la demande de protection internationale au sens de l'article 20, paragraphe 2.

3. Lorsque la requête aux fins de reprise en charge n'est pas formulée dans les délais fixés au paragraphe 2, c'est l'État membre auprès duquel la nouvelle demande est introduite qui est responsable de l'examen de la demande de protection internationale.

4. Une requête aux fins de reprise en charge est présentée à l'aide d'un formulaire type et comprend des éléments de preuve ou des indices tels que décrits dans les deux listes mentionnées à l'article 22, paragraphe 3, et/ou des éléments pertinents tirés des déclarations de la personne concernée, qui permettent aux autorités de l'État membre requis de vérifier s'il est responsable au regard des critères définis dans le présent règlement.

La Commission adopte, par voie d'actes d'exécution, des conditions uniformes pour l'établissement et la présentation des requêtes aux fins de reprise en charge. Ces actes d'exécution sont adoptés en conformité avec la procédure d'examen visée à l'article 44, paragraphe 2.

Art. 24. — Présentation d'une requête aux fins de reprise en charge lorsque aucune nouvelle demande a été introduite dans l'État membre requérant.

1. Lorsqu'un État membre sur le territoire duquel une personne visée à l'article 18, paragraphe 1, point b), c) ou d), se trouve sans titre de séjour et auprès duquel aucune nouvelle demande de protection internationale n'a été introduite estime qu'un autre État membre est responsable conformément à l'article 20, paragraphe 5, et à l'article 18, paragraphe 1, point b), c) ou d), il peut requérir cet autre État membre aux fins de reprise en charge de cette personne.

2. Par dérogation à l'article 6, paragraphe 2, de la directive 2008/115/CE du Parlement européen et du Conseil du 16 décembre 2008 relative aux normes et procédures communes applicables dans les États membres au retour des ressortissants de pays tiers en séjour irrégulier, lorsqu'un État membre sur le territoire duquel une personne se trouve sans titre de séjour décide d'interroger le système Eurodac conformément à l'article 17 du règlement (UE) n° 603/2013, la requête aux fins de reprise en charge d'une personne visée à l'article 18, paragraphe 1, point b) ou c), du présent règlement ou d'une personne visée à son article 18, paragraphe 1, point d), dont la demande de protection internationale n'a pas été rejetée par une décision finale, est formulée aussi rapidement que possible et, en tout état de cause, dans un délai de deux mois

à compter de la réception du résultat positif Eurodac, en vertu de l'article 17, paragraphe 5, du règlement (UE) n° 603/2013.

Si la requête aux fins de reprise en charge est fondée sur des éléments de preuve autres que des données obtenues par le système Eurodac, elle est envoyée à l'État membre requis, dans un délai de trois mois à compter de la date à laquelle l'État membre requérant a appris qu'un autre État membre pouvait être responsable pour la personne concernée.

3. Si la requête aux fins de reprise en charge n'est pas formulée dans les délais prévus au paragraphe 2, l'État membre sur le territoire duquel la personne concernée se trouve sans titre de séjour donne à celle-ci la possibilité d'introduire une nouvelle demande.

4. Lorsqu'une personne visée à l'article 18, paragraphe 1, point d), du présent règlement dont la demande de protection internationale a été rejetée par une décision définitive dans un État membre, se trouve sur le territoire d'un autre État membre sans titre de séjour, ce dernier État membre peut soit requérir le premier État membre aux fins de reprise en charge de la personne concernée soit engager une procédure de retour conformément à la directive 2008/115/CE.

Lorsque le dernier État membre décide de requérir le premier État membre aux fins de reprise en charge de la personne concernée, les règles énoncées dans la directive 2008/115/CE ne s'appliquent pas.

5. La requête aux fins de reprise en charge de la personne visée à l'article 18, paragraphe 1, point b), c) ou d), est présentée à l'aide d'un formulaire type et comprend des éléments de preuve ou des indices tels que décrits dans les deux listes mentionnées à l'article 22, paragraphe 3, et/ou des éléments pertinents tirés des déclarations de cette personne, qui permettent aux autorités de l'État membre requis de vérifier s'il est responsable au regard des critères définis dans le présent règlement.

La Commission établit et revoit périodiquement, par voie d'actes d'exécution, deux listes indiquant les éléments de preuve et les indices pertinents conformément aux critères énoncés à l'article 22, paragraphe 3, points a) et b) et adopte des conditions uniformes pour l'établissement et la présentation de requêtes aux fins de reprise en charge. Ces actes d'exécution sont adoptés en conformité avec la procédure d'examen visée à l'article 44, paragraphe 2.

Art. 25. — Réponse à une requête aux fins de reprise en charge.

1. L'État membre requis procède aux vérifications nécessaires et statue sur la requête aux fins de reprise en charge de la personne concernée aussi rapidement que possible et en tout état de cause dans un délai n'excédant pas un mois à compter de la date de réception de la requête. Lorsque la requête est fondée sur des données obtenues par le système Eurodac, ce délai est réduit à deux semaines.

2. L'absence de réponse à l'expiration du délai d'un mois ou du délai de deux semaines mentionnés au paragraphe 1 équivaut à l'acceptation de la requête, et entraîne l'obligation de reprendre en charge la personne concernée, y compris l'obligation d'assurer une bonne organisation de son arrivée.

Section IV

Garanties procédurales

Art. 26. — Notification d'une décision de transfert.

1. Lorsque l'État membre requis accepte la prise en charge ou la reprise en charge d'un demandeur ou d'une autre personne visée à l'article 18, paragraphe 1, point c) ou d), l'État membre requérant notifie à la personne concernée la décision de le transférer

vers l'État membre responsable et, le cas échéant, la décision de ne pas examiner sa demande de protection internationale. Si la personne concernée est représentée par un conseil juridique ou un autre conseiller, les États membres peuvent choisir de notifier la décision à ce conseil juridique ou à cet autre conseiller plutôt qu'à la personne concernée et, le cas échéant, de communiquer la décision à la personne concernée.

2. La décision visée au paragraphe 1 contient des informations sur les voies de recours disponibles, y compris sur le droit de demander un effet suspensif, le cas échéant, et sur les délais applicables à l'exercice de ces voies de recours et à la mise œuvre du transfert et comporte, si nécessaire, des informations relatives au lieu et à la date auxquels la personne concernée doit se présenter si cette personne se rend par ses propres moyens dans l'État membre responsable.

Les États membres veillent à ce que des informations sur les personnes ou entités susceptibles de fournir une assistance juridique à la personne concernée soient communiquées à la personne concernée avec la décision visée au paragraphe 1, si ces informations ne lui ont pas encore été communiquées.

3. Lorsque la personne concernée n'est pas assistée ou représentée par un conseil juridique ou un autre conseiller, les États membres l'informent des principaux éléments de la décision, ce qui comprend toujours des informations sur les voies de recours disponibles et sur les délais applicables à l'exercice de ces voies de recours, dans une langue que la personne concernée comprend ou dont on peut raisonnablement supposer qu'elle la comprend.

Art. 27. — Voies de recours.

1. Le demandeur ou une autre personne visée à l'article 18, paragraphe 1, point c) ou d), dispose d'un droit de recours effectif, sous la forme d'un recours contre la décision de transfert ou d'une révision, en fait et en droit, de cette décision devant une juridiction.

2. Les États membres accordent à la personne concernée un délai raisonnable pour exercer son droit à un recours effectif conformément au paragraphe 1.

3. Aux fins des recours contre des décisions de transfert ou des demandes de révision de ces décisions, les États membres prévoient les dispositions suivantes dans leur droit national :

a) le recours ou la révision confère à la personne concernée le droit de rester dans l'État membre concerné en attendant l'issue de son recours ou de sa demande de révision ; ou

b) le transfert est automatiquement suspendu et une telle suspension expire au terme d'un délai raisonnable, pendant lequel une juridiction, après un examen attentif et rigoureux de la requête, aura décidé s'il y a lieu d'accorder un effet suspensif à un recours ou une demande de révision ; ou

c) la personne concernée a la possibilité de demander dans un délai raisonnable à une juridiction de suspendre l'exécution de la décision de transfert en attendant l'issue de son recours ou de sa demande de révision. Les États membres veillent à ce qu'il existe un recours effectif, le transfert étant suspendu jusqu'à ce qu'il ait été statué sur la première demande de suspension. La décision de suspendre ou non l'exécution de la décision de transfert est prise dans un délai raisonnable, en ménageant la possibilité d'un examen attentif et rigoureux de la demande de suspension. La décision de ne pas suspendre l'exécution de la décision de transfert doit être motivée.

4. Les États membres peuvent prévoir que les autorités compétentes peuvent décider d'office de suspendre l'exécution de la décision de transfert en attendant l'issue du recours ou de la demande de révision.

5. Les États membres veillent à ce que la personne concernée ait accès à une assistance juridique et, si nécessaire, à une assistance linguistique.

6. Les États membres veillent à ce qu'une assistance juridique soit accordée sur demande et gratuitement lorsque la personne concernée ne peut en assumer le coût. Les États membres peuvent prévoir qu'en ce qui concerne les honoraires et autres frais, les demandeurs ne font pas l'objet d'un traitement plus favorable que celui qui est généralement appliqué à leurs ressortissants dans les questions liées à l'assistance juridique.

Sans restreindre arbitrairement l'accès à l'assistance juridique, les États membres peuvent prévoir que l'assistance juridique et la représentation gratuites ne sont pas accordées lorsque l'autorité compétente ou une juridiction estiment que le recours ou la demande de révision n'a aucune chance sérieuse d'aboutir.

Lorsque la décision de ne pas accorder l'assistance juridique et la représentation gratuites en vertu du présent paragraphe est prise par une autorité autre qu'une juridiction, les États membres prévoient le droit à un recours effectif pour contester ladite décision auprès d'une juridiction.

En se conformant aux exigences énoncées au présent paragraphe, les États membres veillent à ce que l'assistance juridique et la représentation ne soient pas soumises à des restrictions arbitraires et que l'accès effectif du demandeur à la justice ne soit pas entravé.

L'assistance juridique comprend au moins la préparation des documents de procédure requis et la représentation devant une juridiction et elle peut être limitée aux conseils juridiques ou autres conseillers spécifiquement désignés par le droit national pour fournir assistance et représentation.

Les procédures d'accès à l'assistance juridique sont définies dans le droit national.

Section V

Placement en rétention aux fins de transfert

Art. 28. — Placement en rétention.

1. Les États membres ne peuvent placer une personne en rétention au seul motif qu'elle fait l'objet de la procédure établie par le présent règlement.

2. Les États membres peuvent placer les personnes concernées en rétention en vue de garantir les procédures de transfert conformément au présent règlement lorsqu'il existe un risque non négligeable de fuite de ces personnes, sur la base d'une évaluation individuelle et uniquement dans la mesure où le placement en rétention est proportionnel et si d'autres mesures moins coercitives ne peuvent être effectivement appliquées.

3. Le placement en rétention est d'une durée aussi brève que possible et ne se prolonge pas au-delà du délai raisonnablement nécessaire pour accomplir les procédures administratives requises avec toute la diligence voulue jusqu'à l'exécution du transfert au titre du présent règlement.

Lorsqu'une personne est placée en rétention en vertu du présent article, le délai de présentation d'une requête aux fins de prise en charge ou de reprise en charge ne dépasse pas un mois à compter de l'introduction de la demande. L'État membre qui mène la procédure conformément au présent règlement demande dans ce cas une réponse urgente. Cette réponse est donnée dans un délai de deux semaines à partir de la réception de la requête. L'absence de réponse à l'expiration de ce délai de deux semaines équivaut à l'acceptation de la requête et entraîne l'obligation de prendre ou de reprendre en charge la personne, y compris l'obligation d'assurer la bonne organisation de son arrivée.

Lorsqu'une personne est placée en rétention en vertu du présent article, son transfert de l'État membre requérant vers l'État membre responsable est effectué dès qu'il est matériellement possible et au plus tard dans un délai de six semaines à compter de l'acceptation implicite ou explicite par un autre État membre de la requête aux fins de prise en charge ou de reprise en charge de la personne concernée ou à compter du moment où le recours ou la révision n'a plus d'effet suspensif conformément à l'article 27, paragraphe 3.

Lorsque l'État membre requérant ne respecte pas les délais de présentation d'une requête aux fins de prise en charge ou de reprise en charge ou lorsque le transfert n'intervient pas dans le délai de six semaines visé au troisième alinéa, la personne n'est plus placée en rétention. Les articles 21, 23, 24 et 29 continuent de s'appliquer en conséquence.

4. En ce qui concerne les conditions de placement en rétention et les garanties applicables aux personnes placées en rétention, afin de garantir les procédures de transfert vers l'État membre responsable, les articles 9, 10 et 11 de la directive 2013/33/UE s'appliquent.

Section VI

Transferts

Art. 29. — Modalités et délais.

1. Le transfert du demandeur ou d'une autre personne visée à l'article 18, paragraphe 1, point c) ou d), de l'État membre requérant vers l'État membre responsable s'effectue conformément au droit national de l'État membre requérant, après concertation entre les États membres concernés, dès qu'il est matériellement possible et, au plus tard, dans un délai de six mois à compter de l'acceptation par un autre État membre de la requête aux fins de prise en charge ou de reprise en charge de la personne concernée ou de la décision définitive sur le recours ou la révision lorsque l'effet suspensif est accordé conformément à l'article 27, paragraphe 3.

Si les transferts vers l'État membre responsable s'effectuent sous la forme d'un départ contrôlé ou sous escorte, les États membres veillent à ce qu'ils aient lieu dans des conditions humaines et dans le plein respect des droits fondamentaux et de la dignité humaine.

Si nécessaire, le demandeur est muni par l'État membre requérant d'un laissez-passer. La Commission établit, par voie d'actes d'exécution, le modèle du laissez-passer. Ces actes d'exécution sont adoptés en conformité avec la procédure d'examen visée à l'article 44, paragraphe 2.

L'État membre responsable informe l'État membre requérant, le cas échéant, de l'arrivée à bon port de la personne concernée ou du fait qu'elle ne s'est pas présentée dans les délais impartis.

2. Si le transfert n'est pas exécuté dans le délai de six mois, l'État membre responsable est libéré de son obligation de prendre en charge ou de reprendre en charge la personne concernée et la responsabilité est alors transférée à l'État membre requérant. Ce délai peut être porté à un an au maximum s'il n'a pas pu être procédé au transfert en raison d'un emprisonnement de la personne concernée ou à dix-huit mois au maximum si la personne concernée prend la fuite.

3. En cas de transfert exécuté par erreur ou d'annulation, sur recours ou demande de révision, de la décision de transfert après l'exécution du transfert, l'État membre ayant procédé au transfert reprend en charge sans tarder la personne concernée.

4. La Commission établit, par voie d'actes d'exécution, les conditions uniformes pour la consultation et l'échange d'informations entre les États membres, en particulier en cas de transferts différés ou retardés, de transferts à la suite d'une acceptation par défaut, de transferts de mineurs ou de personnes à charge et de transferts contrôlés. Ces actes d'exécution sont adoptés en conformité avec la procédure d'examen visée à l'article 44, paragraphe 2.

Art. 30. — Coût du transfert.

1. Les coûts nécessaires au transfert d'un demandeur ou d'une autre personne visée à l'article 18, paragraphe 1, point c) ou d), vers l'État membre responsable sont à la charge de l'État membre procédant au transfert.

2. Lorsque la personne concernée doit être renvoyée vers un État membre à la suite d'un transfert exécuté par erreur ou de l'annulation, sur recours ou demande de révision, de la décision de transfert après l'exécution du transfert, l'État membre ayant initialement procédé au transfert supporte les coûts liés au renvoi de la personne concernée sur son territoire.

3. Les coûts de ces transferts ne peuvent être mis à la charge des personnes à transférer en vertu du présent règlement.

Art. 31. — Échange d'informations pertinentes avant l'exécution d'un transfert.

1. L'État membre procédant au transfert d'un demandeur ou d'une autre personne visée à l'article 18, paragraphe 1, point c) ou d), communique à l'État membre responsable les données à caractère personnel concernant la personne à transférer qui sont adéquates, pertinentes et raisonnables, aux seules fins de s'assurer que les autorités qui sont compétentes conformément au droit national de l'État membre responsable sont en mesure d'apporter une assistance suffisante à cette personne, y compris les soins de santé urgents indispensables à la sauvegarde de ses intérêts essentiels, et de garantir la continuité de la protection et des droits conférés par le présent règlement et par d'autres instruments juridiques pertinents en matière d'asile. Ces données sont communiquées à l'État membre responsable dans un délai raisonnable avant l'exécution d'un transfert, afin que ses autorités compétentes conformément au droit national disposent d'un délai suffisant pour prendre les mesures nécessaires.

2. L'État membre procédant au transfert transmet à l'État membre responsable les informations qu'il juge indispensables à la protection des droits de la personne à transférer et à la prise en compte de ses besoins particuliers immédiats, dans la mesure où l'autorité compétente conformément au droit national dispose de ces informations, et notamment :

a) les mesures immédiates que l'État membre responsable est tenu de prendre aux fins de s'assurer que les besoins particuliers de la personne à transférer sont adéquatement pris en compte, y compris les soins de santé urgents qui peuvent s'avérer nécessaires ;

b) les coordonnées de membres de la famille, de proches ou de tout autre parent se trouvant dans l'État membre de destination, le cas échéant ;

c) dans le cas des mineurs, des informations sur leur scolarité ;

d) une évaluation de l'âge du demandeur.

3. L'échange d'informations prévu par le présent article ne s'effectue qu'entre les autorités notifiées à la Commission conformément à l'article 35 du présent règlement, au moyen du réseau de communication électronique « DubliNet » établi conformément à l'article 18 du règlement (CE) n° 1560/2003. Les informations échangées ne sont utilisées qu'aux fins prévues au paragraphe 1 du présent article et ne font pas l'objet d'un traitement ultérieur.

4. Afin de faciliter l'échange d'informations entre les États membres, la Commission rédige, par voie d'actes d'exécution, un formulaire type de transmission des données

requises en vertu du présent article. Ces actes d'exécution sont adoptés en conformité avec la procédure d'examen visée à l'article 44, paragraphe 2.

5. Les règles fixées à l'article 34, paragraphes 8 à 12, s'appliquent à l'échange d'informations prévu au présent article.

Art. 32. — Échange de données concernant la santé avant l'exécution d'un transfert.

1. Aux seules fins de l'administration de soins ou de traitements médicaux, notamment aux personnes handicapées, aux personnes âgées, aux femmes enceintes, aux mineurs et aux personnes ayant été victimes d'actes de torture, de viol ou d'autres formes graves de violence psychologique, physique ou sexuelle, l'État membre procédant au transfert transmet à l'État membre responsable des informations relatives aux besoins particuliers de la personne à transférer, dans la mesure où l'autorité compétente conformément au droit national dispose de ces informations, lesquelles peuvent dans certains cas porter sur l'état de santé physique ou mentale de cette personne. Ces informations sont transmises dans un certificat de santé commun accompagné des documents nécessaires. L'État membre responsable s'assure de la prise en compte adéquate de ces besoins particuliers, notamment lorsque des soins médicaux essentiels sont requis.

La Commission rédige, par voie d'actes d'exécution, un certificat de santé commun. Ces actes d'exécution sont adoptés en conformité avec la procédure d'examen visée à l'article 44, paragraphe 2.

2. L'État membre procédant au transfert ne transmet à l'État membre responsable les informations visées au paragraphe 1 qu'après avoir obtenu le consentement explicite du demandeur et/ou de son représentant, ou si le consentement du demandeur ne peut être recueilli en raison d'une incapacité physique ou juridique, lorsque cette transmission est nécessaire à la protection des intérêts vitaux du demandeur ou d'une autre personne. L'absence de consentement, y compris le refus de consentement, ne fait pas obstacle à l'exécution du transfert.

3. Le traitement des données à caractère personnel concernant la santé visées au paragraphe 1 n'est effectué que par un praticien de la santé qui est soumis au secret professionnel au titre du droit national ou de règles arrêtées par les organismes nationaux compétents, ou par une autre personne soumise à une obligation de secret professionnel équivalente.

4. L'échange d'informations au titre du présent article ne s'effectue qu'entre les praticiens de la santé ou les autres personnes visées au paragraphe 3. Les informations échangées ne sont utilisées qu'aux fins prévues au paragraphe 1 et ne font pas l'objet d'un traitement ultérieur.

5. La Commission adopte, par voie d'actes d'exécution, des conditions uniformes et des modalités pratiques pour l'échange des informations visées au paragraphe 1 du présent article. Ces actes d'exécution sont adoptés en conformité avec la procédure d'examen visée à l'article 44, paragraphe 2.

6. Les règles fixées à l'article 34, paragraphes 8 à 12, s'appliquent à l'échange d'informations prévu au présent article.

Art. 33. — Mécanisme d'alerte rapide, de préparation et de gestion de crise.

1. Lorsque, sur la base notamment des informations recueillies par le BEAA en vertu du règlement (UE) n° 439/2010, la Commission établit que l'application du présent règlement peut être compromise soit en raison d'un risque sérieux de pression particulière exercée sur le régime d'asile d'un État membre et/ou en raison de problèmes de fonctionnement du régime d'asile d'un État membre, elle adresse, en coopération avec le BEAA, des recommandations à cet État membre en l'invitant à élaborer un plan d'action préventif.

L'État membre concerné indique au Conseil et à la Commission s'il a l'intention de présenter un plan d'action préventif en vue de surmonter la pression et/ou les problèmes de fonctionnement de son régime d'asile tout en assurant la protection des droits fondamentaux des demandeurs d'une protection internationale.

Un État membre peut, à sa propre convenance et de sa propre initiative, élaborer un plan d'action préventif et ses révisions ultérieures. Lorsqu'il élabore un plan d'action préventif, l'État membre peut faire appel à l'assistance de la Commission, d'autres États membres, du BEAA et d'autres agences compétentes de l'Union.

2. Lorsqu'il élabore un plan d'action préventif, l'État membre concerné le soumet et présente des rapports réguliers sur sa mise en œuvre au Conseil et à la Commission. La Commission informe ensuite le Parlement européen des éléments essentiels de ce plan d'action préventif. La Commission présente au Conseil des rapports sur la mise en œuvre de ce plan et transmet au Parlement européen des rapports sur sa mise en œuvre.

L'État membre concerné prend toutes les mesures appropriées pour faire face à la situation de pression particulière exercée sur son régime d'asile ou pour veiller à remédier aux défaillances constatées avant que la situation ne se détériore. Lorsque le plan d'action préventif comprend des mesures visant à faire face à une pression particulière exercée sur le régime d'asile d'un État membre et susceptible de compromettre l'application du présent règlement, la Commission demande l'avis du BEAA avant de rendre compte au Parlement européen et au Conseil.

3. Lorsque la Commission établit, sur la base de l'analyse du BEAA, que la mise en œuvre du plan d'action préventif n'a pas permis de remédier aux défaillances constatées ou lorsqu'il existe un risque sérieux que la situation en matière d'asile dans l'État membre concerné évolue vers une crise qu'un plan d'action préventif serait peu susceptible de régler, la Commission, en coopération avec le BEAA le cas échéant, peut demander à l'État membre concerné d'élaborer un plan d'action de gestion de crise et, si nécessaire, des révisions de celui-ci. Le plan d'action de gestion de crise garantit, tout au long du processus, le respect de l'acquis de l'Union en matière d'asile, en particulier des droits fondamentaux des demandeurs d'une protection internationale.

Lorsqu'il lui a été demandé d'élaborer un plan d'action de gestion de crise, l'État membre concerné, en coopération avec la Commission et le BEAA, le fait dans les meilleurs délais, et au plus tard dans un délai de trois mois à compter de la demande.

L'État membre concerné soumet son plan d'action de gestion de crise et, au moins tous les trois mois, rend compte de sa mise en œuvre à la Commission et aux autres acteurs concernés, comme le BEAA, s'il y a lieu.

La Commission informe le Parlement européen et le Conseil du plan d'action de gestion de crise, de ses éventuelles révisions et de sa mise en œuvre. Dans ces rapports, l'État membre concerné fait rapport sur des données permettant de vérifier le respect du plan d'action de gestion de crise, telles que la durée de la procédure, les conditions du placement en rétention et la capacité d'accueil par rapport au flux de demandeurs.

4. Tout au long du processus d'alerte rapide, de préparation et de gestion de crise établi au présent article, le Conseil surveille la situation de près et peut demander un complément d'information et apporter une orientation politique, en particulier en ce qui concerne l'urgence et la gravité de la situation et donc la nécessité pour un État membre d'élaborer un plan d'action préventif ou, si nécessaire, un plan d'action de gestion de crise. Le Parlement européen et le Conseil peuvent, tout au long du processus, discuter et apporter des orientations sur les mesures de solidarité qu'ils jugent appropriées.

Chapitre VII

Coopération administrative

Art. 34. — Partage d'informations.

1. Chaque État membre communique à tout État membre qui en fait la demande les données à caractère personnel concernant le demandeur qui sont adéquates, pertinentes et raisonnables pour :

a) la détermination de l'État membre responsable ;

b) l'examen de la demande de protection internationale ;

c) la mise en œuvre de toute obligation découlant du présent règlement.

2. Les informations visées au paragraphe 1 ne peuvent porter que sur :

a) les données d'identification relatives au demandeur et, le cas échéant, aux membres de sa famille, à ses proches ou tout autre parent (nom, prénom, le cas échéant, nom de famille à la naissance ; surnoms ou pseudonymes ; nationalité – actuelle et antérieure ; date et lieu de naissance) ;

b) les documents d'identité et de voyage (références, durée de validité, date de délivrance, autorité ayant délivré le document, lieu de délivrance, etc.) ;

c) les autres éléments nécessaires pour établir l'identité du demandeur, y compris les empreintes digitales traitées conformément au règlement (UE) n° 603/2013 ;

d) les lieux de séjour et les itinéraires de voyage ;

e) les titres de séjour ou les visas délivrés par un État membre ;

f) le lieu où la demande a été introduite ;

g) la date d'introduction d'une éventuelle demande de protection internationale antérieure, la date d'introduction de la demande actuelle, l'état d'avancement de la procédure et, le cas échéant, la teneur de la décision prise.

3. En outre, et pour autant que cela soit nécessaire pour l'examen de la demande de protection internationale, l'État membre responsable peut demander à un autre État membre de lui communiquer les motifs invoqués par le demandeur à l'appui de sa demande et, le cas échéant, les motifs de la décision prise en ce qui le concerne. L'autre État membre peut refuser de donner suite à la requête qui lui est présentée si la communication de ces informations est de nature à porter atteinte à ses intérêts essentiels ou à la protection des libertés et des droits fondamentaux de la personne concernée ou d'autrui. En tout état de cause, la communication de ces renseignements est subordonnée au consentement écrit du demandeur d'une protection internationale, obtenu par l'État membre requérant. Dans ce cas, le demandeur doit avoir connaissance des informations spécifiques pour lesquelles il donne son consentement.

4. Toute demande d'informations est exclusivement envoyée dans le contexte d'une demande individuelle de protection internationale. Elle est motivée et, lorsqu'elle a pour objet de vérifier l'existence d'un critère de nature à entraîner la responsabilité de l'État membre requis, elle indique sur quel indice, y compris les renseignements pertinents provenant de sources fiables en ce qui concerne les modalités d'entrée des demandeurs sur le territoire des États membres, ou sur quel élément circonstancié et vérifiable des déclarations du demandeur elle se fonde. Il est entendu que ces renseignements pertinents provenant de sources fiables ne peuvent, à eux seuls, suffire pour déterminer la compétence et la responsabilité d'un État membre au titre du présent règlement, mais ils peuvent contribuer à l'évaluation d'autres indices concernant un demandeur pris individuellement.

5. L'État membre requis est tenu de répondre dans un délai de cinq semaines. Toute réponse tardive est dûment justifiée. Le non-respect du délai de cinq semaines ne libère pas l'État membre requis de l'obligation de répondre. Si les recherches effectuées par l'État membre requis qui n'a pas respecté le délai maximal aboutissent

à des informations démontrant qu'il est responsable, cet État membre ne peut invoquer l'expiration des délais prévus aux articles 21, 23 et 24 pour refuser de se conformer à une requête aux fins de prise en charge ou de reprise en charge. Dans ce cas, les délais prévus aux articles 21, 23 et 24 pour la présentation d'une requête aux fins de prise en charge ou de reprise en charge sont prorogés pour une période équivalant au dépassement du délai de réponse par l'État membre requis.

6. L'échange d'informations se fait sur demande d'un État membre et ne peut avoir lieu qu'entre les autorités dont la désignation par chaque État membre est communiquée à la Commission conformément à l'article 35, paragraphe 1.

7. Les informations échangées ne peuvent être utilisées qu'aux fins prévues au paragraphe 1. Dans chaque État membre, ces informations ne peuvent être communiquées, en fonction de leur nature et de la compétence de l'autorité destinataire, qu'aux autorités et juridictions chargées de :

a) la détermination de l'État membre responsable ;

b) l'examen de la demande de protection internationale ;

c) la mise en œuvre de toute obligation découlant du présent règlement.

8. L'État membre qui transmet les informations veille à ce que celles-ci soient exactes et à jour. S'il apparaît qu'il a transmis des données inexactes ou qui n'auraient pas dû être transmises, les États membres destinataires en sont informés sans délai. Ils sont tenus de rectifier ces informations ou de les effacer.

9. Le demandeur a le droit de se faire communiquer, sur demande, les données traitées le concernant.

Si le demandeur constate que les données ont été traitées en violation du présent règlement ou de la directive 95/46/CE, notamment en raison de leur caractère incomplet ou inexact, il a le droit d'en obtenir la rectification ou l'effacement.

L'autorité qui effectue la rectification ou l'effacement des données en informe, selon le cas, l'État membre émetteur ou destinataire des informations.

Le demandeur a le droit de former un recours ou de déposer une plainte devant les autorités ou les juridictions compétentes de l'État membre qui lui a refusé le droit d'accès aux données le concernant ou le droit d'en obtenir la rectification ou l'effacement.

10. Dans chaque État membre concerné, il est fait mention, dans le dossier individuel de la personne concernée et/ou dans un registre, de la transmission et de la réception des informations échangées.

11. Les données échangées sont conservées pendant une durée n'excédant pas celle nécessaire aux fins pour lesquelles elles sont échangées.

12. Si les données ne sont pas traitées automatiquement ou ne sont pas contenues ou appelées à figurer dans un fichier, chaque État membre prend des mesures appropriées pour assurer le respect du présent article par des moyens de contrôle effectifs.

Art. 35. — Autorités compétentes et ressources.

1. Chaque État membre notifie sans délai à la Commission les autorités chargées en particulier de l'exécution des obligations découlant du présent règlement et toute modification concernant ces autorités. Les États membres veillent à ce qu'elles disposent des ressources nécessaires pour l'accomplissement de leur mission et, notamment, pour répondre dans les délais prévus aux demandes d'informations, ainsi qu'aux requêtes aux fins de prise en charge et de reprise en charge des demandeurs.

2. La Commission publie au *Journal officiel de l'Union européenne* une liste consolidée des autorités visées au paragraphe 1. Lorsque des modifications y sont apportées, la Commission publie une mise à jour annuelle de la liste consolidée.

3. Les autorités visées au paragraphe 1 reçoivent la formation nécessaire en ce qui concerne l'application du présent règlement.

4. La Commission établit, par voie d'actes d'exécution, les moyens de transmission électroniques sécurisés entre les autorités visées au paragraphe 1 pour la transmission des requêtes, des réponses et de toute la correspondance écrite, et pour ce qui est de garantir que l'expéditeur reçoit automatiquement un accusé de réception par voie électronique. Ces actes d'exécution sont adoptés en conformité avec la procédure d'examen visée à l'article 44, paragraphe 2.

Art. 36. — Arrangements administratifs.

1. Les États membres peuvent établir entre eux, sur une base bilatérale, des arrangements administratifs relatifs aux modalités pratiques de mise en œuvre du présent règlement afin d'en faciliter l'application et d'en accroître l'efficacité. Ces arrangements peuvent porter sur :

a) des échanges d'officiers de liaison ;

b) une simplification des procédures et un raccourcissement des délais applicables à la transmission et à l'examen des requêtes aux fins de prise en charge ou de reprise en charge des demandeurs.

2. Les États membres peuvent également maintenir les arrangements administratifs conclus au titre du règlement (CE) n° 343/2003. Dans la mesure où de tels arrangements ne sont pas compatibles avec le présent règlement, les États membres concernés modifient les arrangements de manière à supprimer toute incompatibilité détectée.

3. Avant de conclure ou de modifier un arrangement visé au paragraphe 1, point b), les États membres concernés consultent la Commission en ce qui concerne la compatibilité dudit arrangement avec le présent règlement.

4. Si la Commission estime qu'un arrangement visé au paragraphe 1, point b), est incompatible avec le présent règlement, elle notifie ce fait aux États membres concernés dans un délai raisonnable. Les États membres prennent toutes les mesures appropriées pour modifier l'arrangement concerné dans un délai raisonnable de manière à supprimer toute incompatibilité détectée.

5. Les États membres notifient à la Commission tous les arrangements visés au paragraphe 1, ainsi que leur dénonciation ou leur modification éventuelle.

Chapitre VIII

Conciliation

Art. 37. — Conciliation.

1. Lorsque les États membres sont en désaccord persistant sur une question liée à l'application du présent règlement, ils peuvent recourir à la procédure de conciliation prévue au paragraphe 2.

2. La procédure de conciliation est déclenchée lorsque l'un des États membres en désaccord en fait la demande au président du comité institué par l'article 44. En acceptant d'avoir recours à la procédure de conciliation, les États membres concernés s'engagent à tenir le plus grand compte de la solution qui sera proposée.

Le président du comité désigne trois membres du comité représentant trois États membres non impliqués dans l'affaire. Ceux-ci reçoivent les arguments des parties par écrit ou oralement et, après délibération, proposent une solution dans un délai d'un mois, le cas échéant à l'issue d'un vote.

Le président du comité, ou son suppléant, préside les délibérations. Il peut exprimer son point de vue mais il ne prend pas part au vote.

Qu'elle soit adoptée ou rejetée par les parties, la solution proposée est définitive et ne peut faire l'objet d'aucune révision.

N° 21.3 Le droit au regroupement familial : la directive 2003/86/CE du Conseil du 22 septembre 2003 (extraits) (60)

Chapitre I

Dispositions générales

Article premier. — Le but de la présente directive est de fixer les conditions dans lesquelles est exercé le droit au regroupement familial dont disposent les ressortissants de pays tiers résidant légalement sur le territoire des États membres.

Art. 2. — Aux fins de la présente directive, on entend par :

a) « ressortissant de pays tiers » : toute personne qui n'est pas citoyenne de l'Union au sens de l'article 17, paragraphe 1, du traité ;

b) « réfugié » : tout ressortissant de pays tiers ou apatride bénéficiant d'un statut de réfugié au sens de la convention relative au statut des réfugiés du 28 juillet 1951, modifiée par le protocole signé à New York le 31 janvier 1967 ;

c) « regroupant » : un ressortissant de pays tiers qui réside légalement dans un État membre et qui demande le regroupement familial, ou dont des membres de la famille demandent à le rejoindre ;

d) « regroupement familial » : l'entrée et le séjour dans un État membre des membres de la famille d'un ressortissant de pays tiers résidant légalement dans cet État membre afin de maintenir l'unité familiale, que les liens familiaux soient antérieurs ou postérieurs à l'entrée du regroupant ;

e) « titre de séjour » : toute autorisation délivrée par les autorités d'un État membre, permettant à un ressortissant de pays tiers de séjourner légalement sur le territoire dudit État membre, conformément à l'article 1er, paragraphe 2, point *a)*, du règlement (CE) n° 1030/2002 du Conseil du 13 juin 2002 établissant un modèle uniforme de titre de séjour pour les ressortissants de pays tiers ;

f) « mineur non accompagné » : tout ressortissant de pays tiers ou apatride âgé de moins de 18 ans, entrant sur le territoire d'un État membre sans être accompagné d'un adulte qui soit responsable de lui de par la loi ou la coutume, aussi longtemps qu'il n'est pas effectivement pris en charge par une telle personne, ou toute personne mineure qui est laissée seule après être entrée sur le territoire d'un État membre.

Art. 3. — 1. La présente directive s'applique lorsque le regroupant est titulaire d'un titre de séjour délivré par un État membre d'une durée de validité supérieure ou égale à un an, ayant une perspective fondée d'obtenir un droit de séjour permanent, si les membres de sa famille sont des ressortissants de pays tiers, indépendamment de leur statut juridique.

2. La présente directive ne s'applique pas lorsque le regroupant est un ressortissant de pays tiers :

a) qui sollicite la reconnaissance de la qualité de réfugié et dont la demande n'a pas encore fait l'objet d'une décision définitive ;

(60) Publiée au *JOUE* L. 251 du 3 octobre 2003. Cette directive a fait l'objet d'une transposition notamment par le décret n° 2005-253 du 17 mars 2005 relatif au regroupement familial des étrangers pris pour l'application du livre IV du Code de l'entrée et du séjour des étrangers et du droit d'asile.

b) autorisé à séjourner dans un État membre en vertu d'une protection temporaire ou demandant l'autorisation de séjourner à ce titre et dans l'attente d'une décision sur son statut ;

c) autorisé à séjourner dans un État membre en vertu de formes subsidiaires de protection, conformément aux obligations internationales, aux législations nationales ou aux pratiques des États membres, ou demandant l'autorisation de séjourner à ce titre et dans l'attente d'une décision sur son statut.

3. La présente directive ne s'applique pas aux membres de la famille d'un citoyen de l'Union.

4. La présente directive ne porte pas atteinte aux dispositions plus favorables :

a) des accords bilatéraux et multilatéraux entre la Communauté ou la Communauté et ses États membres, d'une part, et des pays tiers, d'autre part ;

b) de la charte sociale européenne du 18 octobre 1961, de la charte sociale européenne modifiée du 3 mai 1987 et de la convention européenne relative au statut juridique du travailleur migrant du 24 novembre 1977.

5. La présente directive ne porte pas atteinte à la faculté qu'ont les États membres d'adopter ou de maintenir des conditions plus favorables.

Chapitre II

Membres de la famille

Art. 4. — 1. Les États membres autorisent l'entrée et le séjour, conformément à la présente directive et sous réserve du respect des conditions visées au chapitre IV, ainsi qu'à l'article 16, des membres de la famille suivants :

a) le conjoint du regroupant ;

b) les enfants mineurs du regroupant et de son conjoint, y compris les enfants adoptés conformément à une décision prise par l'autorité compétente de l'État membre concerné ou à une décision exécutoire de plein droit en vertu d'obligations internationales dudit État membre ou qui doit être reconnue conformément à des obligations internationales ;

c) les enfants mineurs, y compris les enfants adoptés, du regroupant, lorsque celui-ci a le droit de garde et en a la charge. Les États membres peuvent autoriser le regroupement des enfants dont la garde est partagée, à condition que l'autre titulaire du droit de garde ait donné son accord ;

d) les enfants mineurs, y compris les enfants adoptés, du conjoint, lorsque celui-ci a le droit de garde et en a la charge. Les États membres peuvent autoriser le regroupement des enfants dont la garde est partagée, à condition que l'autre titulaire du droit de garde ait donné son accord.

Les enfants mineurs visés au présent article doivent être d'un âge inférieur à la majorité légale de l'État membre concerné et ne pas être mariés.

Par dérogation, lorsqu'un enfant a plus de 12 ans et arrive indépendamment du reste de sa famille, l'État membre peut, avant d'autoriser son entrée et son séjour au titre de la présente directive, examiner s'il satisfait à un critère d'intégration prévu par sa législation existante à la date de la mise en œuvre de la présente directive.

2. Les États membres peuvent, par voie législative ou réglementaire, autoriser l'entrée et le séjour, au titre de la présente directive, sous réserve du respect des conditions définies au chapitre IV, des membres de la famille suivants :

a) les ascendants en ligne directe au premier degré du regroupant ou de son conjoint, lorsqu'ils sont à sa charge et qu'ils sont privés du soutien familial nécessaire dans le pays d'origine ;

b) les enfants majeurs célibataires du regroupant ou de son conjoint, lorsqu'ils sont objectivement dans l'incapacité de subvenir à leurs propres besoins en raison de leur état de santé.

3. Les États membres peuvent, par voie législative ou réglementaire, autoriser l'entrée et le séjour, au titre de la présente directive, sous réserve du respect des conditions définies au chapitre IV, du partenaire non marié ressortissant d'un pays tiers qui a avec le regroupant une relation durable et stable dûment prouvée, ou du ressortissant de pays tiers qui est lié au regroupant par un partenariat enregistré, conformément à l'article 5, paragraphe 2, ainsi que des enfants mineurs non mariés, y compris les enfants adoptés, et des enfants majeurs célibataires qui sont objectivement dans l'incapacité de subvenir à leurs propres besoins en raison de leur état de santé.

Les États membres peuvent décider que les partenaires enregistrés sont assimilés aux conjoints pour ce qui est du regroupement familial.

4. En cas de mariage polygame, si le regroupant a déjà un conjoint vivant avec lui sur le territoire d'un État membre, l'État membre concerné n'autorise pas le regroupement familial d'un autre conjoint.

Par dérogation au paragraphe 1, point *c)*, les États membres peuvent imposer des restrictions concernant le regroupement familial des enfants mineurs d'un autre conjoint auprès du regroupant.

5. Afin d'assurer une meilleure intégration et de prévenir des mariages forcés, les États membres peuvent demander que le regroupant et son conjoint aient atteint un âge minimal, qui ne peut être supérieur à 21 ans, avant que le conjoint ne puisse rejoindre le regroupant.

6. Par dérogation, les États membres peuvent demander que les demandes concernant le regroupement familial d'enfants mineurs soient introduites avant que ceux-ci n'aient atteint l'âge de 15 ans, conformément aux dispositions de leur législation en vigueur à la date de la mise en œuvre de la présente directive.

Si elles sont introduites ultérieurement, les États membres qui décident de faire usage de la présente dérogation autorisent l'entrée et le séjour de ces enfants pour d'autres motifs que le regroupement familial.

Chapitre III

Dépôt et examen de la demande

Art. 5. — 1. Les États membres déterminent si, aux fins de l'exercice du droit au regroupement familial, une demande d'entrée et de séjour doit être introduite auprès des autorités compétentes de l'État membre concerné soit par le regroupant, soit par les membres de la famille.

2. La demande est accompagnée de pièces justificatives prouvant les liens familiaux et le respect des conditions prévues aux articles 4 et 6 et, le cas échéant, aux articles 7 et 8, ainsi que de copies certifiées conformes des documents de voyage des membres de la famille.

Le cas échéant, pour obtenir la preuve de l'existence de liens familiaux, les États membres peuvent procéder à des entretiens avec le regroupant et les membres de sa famille et à toute enquête jugée nécessaire.

Lors de l'examen d'une demande concernant le partenaire non marié du regroupant, les États membres tiennent compte, afin d'établir l'existence de liens familiaux, d'éléments tels qu'un enfant commun, une cohabitation préalable, l'enregistrement du partenariat ou tout autre moyen de preuve fiable.

3. La demande est introduite et examinée alors que les membres de la famille résident à l'extérieur du territoire de l'État membre dans lequel le regroupant réside.

Par dérogation, un État membre peut accepter, dans des cas appropriés, qu'une demande soit introduite alors que les membres de la famille se trouvent déjà sur son territoire.

4. Dès que possible, et en tout état de cause au plus tard neuf mois après la date du dépôt de la demande, les autorités compétentes de l'État membre notifient par écrit à la personne qui a déposé la demande la décision la concernant.

Dans des cas exceptionnels liés à la complexité de l'examen de la demande, le délai visé au premier alinéa peut être prorogé.

La décision de rejet de la demande est dûment motivée. Toute conséquence de l'absence de décision à l'expiration du délai visé au premier alinéa doit être réglée par la législation nationale de l'État membre concerné.

5. Au cours de l'examen de la demande, les États membres veillent à prendre dûment en considération l'intérêt supérieur de l'enfant mineur.

Chapitre IV

Conditions requises pour l'exercice du droit au regroupement familial

Art. 6. — 1. Les États membres peuvent rejeter une demande d'entrée et de séjour d'un des membres de la famille pour des raisons d'ordre public, de sécurité publique ou de santé publique.

2. Les États membres peuvent retirer le titre de séjour d'un membre de la famille ou refuser de le renouveler pour des raisons d'ordre public, de sécurité publique ou de santé publique.

Lorsqu'ils prennent une telle décision, les États membres tiennent compte, outre de l'article 17, de la gravité ou de la nature de l'infraction à l'ordre public ou à la sécurité publique commise par le membre de la famille, ou des dangers que cette personne est susceptible de causer.

3. La seule survenance de maladies ou d'infirmités après la délivrance du titre de séjour ne peut justifier le refus de renouvellement du titre de séjour ou l'éloignement du territoire par l'autorité compétente de l'État membre concerné.

Art. 7. — 1. Lors du dépôt de la demande de regroupement familial, l'État membre concerné peut exiger de la personne qui a introduit la demande de fournir la preuve que le regroupant dispose :

a) d'un logement considéré comme normal pour une famille de taille comparable dans la même région et qui répond aux normes générales de salubrité et de sécurité en vigueur dans l'État membre concerné ;

b) d'une assurance maladie couvrant l'ensemble des risques normalement couverts pour ses propres ressortissants dans l'État membre concerné, pour lui-même et les membres de sa famille ;

c) de ressources stables, régulières et suffisantes pour subvenir à ses propres besoins et à ceux des membres de sa famille sans recourir au système d'aide sociale de l'État membre concerné. Les États membres évaluent ces ressources par rapport à leur nature et leur régularité et peuvent tenir compte du niveau des rémunérations et des pensions minimales nationales ainsi que du nombre de membres que compte la famille.

2. Les États membres peuvent exiger des ressortissants de pays tiers qu'ils se conforment aux mesures d'intégration, dans le respect du droit national.

En ce qui concerne les réfugiés et/ou les membres de la famille de réfugiés visés à l'article 12, les mesures d'intégration visées au premier alinéa ne peuvent s'appliquer qu'une fois que les personnes concernées ont bénéficié du regroupement familial.

Art. 8. — Les États membres peuvent exiger que le regroupant ait séjourné légalement sur leur territoire pendant une période qui ne peut pas dépasser deux ans, avant de se faire rejoindre par les membres de sa famille.

Par dérogation, lorsqu'en matière de regroupement familial, la législation existant dans un État membre à la date d'adoption de la présente directive tient compte de sa capacité d'accueil, cet État membre peut prévoir d'introduire une période d'attente de trois ans au maximum entre le dépôt de la demande de regroupement familial et la délivrance d'un titre de séjour aux membres de la famille.

Chapitre V

Regroupement familial des réfugiés

Art. 9. — 1. Le présent chapitre s'applique au regroupement familial des réfugiés reconnus comme tels par les États membres.

2. Les États membres peuvent limiter l'application du présent chapitre aux réfugiés dont les liens familiaux sont antérieurs à leur entrée sur le territoire.

3. Le présent chapitre ne porte pas atteinte à d'éventuelles dispositions accordant le statut de réfugié aux membres de la famille.

Art. 10. — 1. L'article 4 s'applique à la définition des membres de la famille, à l'exception de son paragraphe 1, troisième alinéa, qui ne s'applique pas aux enfants de réfugiés.

2. Les États membres peuvent autoriser le regroupement d'autres membres de la famille non visés à l'article 4 s'ils sont à la charge du réfugié.

3. Si le réfugié est un mineur non accompagné, les États membres :

a) autorisent l'entrée et le séjour aux fins du regroupement familial de ses ascendants directs au premier degré sans que soient appliquées les conditions fixées à l'article 4, paragraphe 2, point *a)* ;

b) peuvent autoriser l'entrée et le séjour aux fins du regroupement familial de son tuteur légal ou de tout autre membre de la famille, lorsque le réfugié n'a pas d'ascendants directs ou que ceux-ci ne peuvent être retrouvés.

Art. 11. — 1. En ce qui concerne le dépôt et l'examen de la demande, l'article 5 s'applique, sous réserve du paragraphe 2 du présent article.

2. Lorsqu'un réfugié ne peut fournir les pièces justificatives officielles attestant des liens familiaux, l'État membre tient compte d'autres preuves de l'existence de ces liens, qui doivent être appréciées conformément au droit national. Une décision de rejet de la demande ne peut pas se fonder uniquement sur l'absence de pièces justificatives.

Art. 12. — 1. Par dérogation à l'article 7, les États membres ne peuvent pas imposer au réfugié et/ou aux membres de la famille de fournir, en ce qui concerne les demandes relatives aux membres de la famille visés à l'article 4, paragraphe 1, des éléments de preuve attestant qu'il répond aux conditions visées à l'article 7.

Sans préjudice d'obligations internationales, lorsque le regroupement familial est possible dans un pays tiers avec lequel le regroupant et/ou le membre de la famille a un lien particulier, les États membres peuvent exiger les éléments de preuve visés au premier alinéa.

Les États membres peuvent exiger du réfugié qu'il remplisse les conditions visées à l'article 7, paragraphe 1, si la demande de regroupement familial n'est pas introduite dans un délai de trois mois suivant l'octroi du statut de réfugié.

2. Par dérogation à l'article 8, les États membres n'imposent pas au réfugié d'avoir séjourné sur leur territoire pendant un certain temps avant de se faire rejoindre par des membres de sa famille.

Chapitre VI

Entrée et séjour des membres de la famille

Art. 13. — 1. Dès que la demande de regroupement familial est acceptée, l'État membre concerné autorise l'entrée du ou des membres de la famille. À cet égard, l'État membre concerné accorde à ces personnes toute facilité pour obtenir les visas exigés.

2. L'État membre concerné délivre aux membres de la famille un premier titre de séjour d'une durée d'au moins un an. Ce titre de séjour est renouvelable.

3. La période de validité des titres de séjour accordés aux membres de la famille ne peut, en principe, dépasser la date d'expiration du titre de séjour du regroupant.

Art. 14. — 1. Les membres de la famille du regroupant ont droit, au même titre que celui-ci, à :

a) l'accès à l'éducation ;

b) l'accès à un emploi salarié ou à une activité indépendante ;

c) l'accès à l'orientation, à la formation, au perfectionnement et au recyclage professionnels.

2. Les États membres peuvent fixer, conformément à leur droit national, les conditions dans lesquelles des membres de la famille exercent une activité salariée ou indépendante. Ces conditions prévoient un délai, qui ne peut en aucun cas dépasser douze mois, au cours desquels les États membres peuvent examiner la situation sur leur marché du travail avant d'autoriser les membres de la famille à exercer une activité salariée ou indépendante.

3. Les États membres peuvent limiter l'accès à un emploi salarié ou à une activité indépendante des ascendants en ligne directe et du premier degré ou des enfants majeurs célibataires visés à l'article 4, paragraphe 2.

Art. 15. — 1. Au plus tard après cinq ans de résidence et dans la mesure où les membres de la famille n'ont pas reçu de titre de séjour pour d'autres motifs que le regroupement familial, le conjoint ou le partenaire non marié et l'enfant devenu majeur ont droit, au besoin sur demande, à un titre de séjour autonome, indépendant de celui du regroupant.

En cas de rupture du lien familial, les États membres peuvent limiter l'octroi du titre de séjour visé au premier alinéa au conjoint ou au partenaire non marié.

2. Les États membres peuvent accorder un titre de séjour autonome aux enfants majeurs et aux ascendants directs visés à l'article 4, paragraphe 2.

3. En cas de veuvage, de divorce, de séparation ou de décès d'ascendants ou de descendants directs au premier degré, un titre de séjour autonome peut être délivré, au besoin sur demande, aux personnes entrées au titre du regroupement familial. Les États membres arrêtent des dispositions garantissant l'octroi d'un titre de séjour autonome en cas de situation particulièrement difficile.

4. Les conditions applicables à l'octroi et à la durée du titre de séjour autonome sont définies par le droit national.

Chapitre VII

Sanctions et voies de recours

Art. 16. — 1. Les États membres peuvent rejeter une demande d'entrée et de séjour aux fins du regroupement familial ou, le cas échéant, retirer le titre de séjour d'un membre de la famille ou refuser de le renouveler dans un des cas suivants :

a) lorsque les conditions fixées par la présente directive ne sont pas ou plus remplies.

Lors du renouvellement du titre de séjour, si le regroupant ne dispose pas de ressources suffisantes sans recourir au système d'aide sociale de l'État membre, tel que visé à l'article 7, paragraphe 1, point *c)*, l'État membre tient compte des contributions des membres de la famille au revenu du ménage ;

b) lorsque le regroupant et les membres de sa famille n'entretiennent pas ou plus une vie conjugale ou familiale effective ;

c) lorsqu'il est constaté que le regroupant ou le partenaire non marié est marié ou a une relation durable avec une autre personne.

2. Les États membres peuvent également rejeter une demande d'entrée et de séjour aux fins du regroupement familial, ou retirer ou refuser de renouveler le titre de séjour d'un membre de la famille, s'il est établi :

a) que des informations fausses ou trompeuses ou des documents faux ou falsifiés ont été utilisés, ou qu'il a été recouru à la fraude ou à d'autres moyens illégaux ;

b) que le mariage, le partenariat ou l'adoption ont été conclus uniquement pour permettre à la personne concernée d'entrer ou de séjourner dans un État membre.

Lorsqu'ils procèdent à une évaluation sur ce point, les États membres peuvent tenir compte en particulier du fait que le mariage, le partenariat ou l'adoption a eu lieu après l'octroi du titre de séjour au regroupant.

3. Les États membres peuvent retirer ou refuser de renouveler le titre de séjour d'un membre de la famille lorsque le séjour du regroupant touche à son terme et que le membre de la famille ne bénéficie pas encore d'un droit au titre de séjour autonome en vertu de l'article 15.

4. Les États membres peuvent procéder à des contrôles spécifiques lorsqu'il existe des présomptions fondées de fraude ou de mariage, partenariat ou adoption de complaisance tels que définis au paragraphe 2. Des contrôles spécifiques peuvent également être effectués à l'occasion du renouvellement du titre de séjour de membres de la famille.

Art. 17. — Les États membres prennent dûment en considération la nature et la solidité des liens familiaux de la personne et sa durée de résidence dans l'État membre, ainsi que l'existence d'attaches familiales, culturelles ou sociales avec son pays d'origine, dans les cas de rejet d'une demande, de retrait ou de non-renouvellement du titre de séjour, ainsi qu'en cas d'adoption d'une mesure d'éloignement du regroupant ou des membres de sa famille.

Art. 18. — Les États membres veillent à ce que le regroupant et/ou les membres de sa famille aient le droit de contester en justice les décisions de rejet de la demande de regroupement familial, de non-renouvellement ou de retrait du titre de séjour, ou d'adoption d'une mesure d'éloignement.

La procédure et les compétences en ce qui concerne l'exercice du droit visé au premier alinéa sont fixées par les États membres concernés.

N° 21.4 Le statut des ressortissants de pays tiers résidents de longue durée en séjour régulier : la directive 2003/109/CE du Conseil du 25 novembre 2003 (extrait) (61)

Chapitre I

Dispositions générales

Article premier. — Objet.

La présente directive établit :

a) les conditions d'octroi et de retrait du statut de résident de longue durée accordé par un État membre aux ressortissants de pays tiers qui séjournent légalement sur son territoire, ainsi que les droits y afférents, et

b) les conditions de séjour dans des États membres autres que celui qui a octroyé le statut de longue durée pour les ressortissants de pays tiers qui bénéficient de ce statut.

Art. 2. — Définitions.

Aux fins de la présente directive, on entend par :

a) « ressortissant d'un pays tiers », toute personne qui n'est pas citoyen de l'Union au sens de l'article 17, paragraphe 1, du traité ;

b) « résident de longue durée », tout ressortissant d'un pays tiers qui est titulaire du statut de résident de longue durée prévu aux articles 4 à 7 ;

c) « premier État membre », l'État membre qui a accordé pour la première fois le statut de résident de longue durée à un ressortissant d'un pays tiers ;

d) « deuxième État membre », tout État membre autre que celui qui a accordé pour la première fois le statut de résident de longue durée à un ressortissant d'un pays tiers et dans lequel ce résident de longue durée exerce son droit de séjour ;

e) « membre de la famille », le ressortissant d'un pays tiers qui réside dans l'État membre concerné conformément à la directive 2003/86/CE du Conseil du 22 septembre 2003 relative au droit au regroupement familial ;

f) « protection internationale », la protection internationale telle que définie à l'article 2, point a), de la directive 2004/83/CE du Conseil du 29 avril 2004 concernant les normes minimales relatives aux conditions que doivent remplir les ressortissants des pays tiers ou les apatrides pour pouvoir prétendre au statut de réfugié ou les personnes qui, pour d'autres raisons, ont besoin d'une protection internationale, et relatives au contenu de ces statuts ;

g) « permis de séjour de résident de longue durée — CE », un titre de séjour qui est délivré par l'État membre concerné lors de l'acquisition du statut de résident de longue durée.

Art. 3. — Champ d'application.

1. La présente directive s'applique aux ressortissants de pays tiers qui résident légalement sur le territoire d'un État membre.

2. La présente directive ne s'applique pas aux ressortissants de pays tiers qui :

a) séjournent pour faire des études ou suivre une formation professionnelle ;

---

(61) Cette directive a été modifiée par la directive 2011/51/UE du Parlement européen et du Conseil du 11 mai 2011 afin d'étendre son champ d'application aux bénéficiaires d'une protection internationale (*JOUE* L 132 du 19 mai 2011). Le texte présenté ici est la version consolidée. Cette directive a fait l'objet d'une transposition par la loi n° 2006-911 du 24 juillet 2006 relative à l'immigration et à l'intégration et le décret n° 2007-373 du 21 mars 2007.

b) sont autorisés à séjourner dans un État membre en vertu d'une protection temporaire ou ont demandé l'autorisation de séjourner pour ce même motif et attendent une décision sur leur statut ;

c) sont autorisés à séjourner dans un État membre en vertu d'une forme de protection autre que la protection internationale ou ont demandé l'autorisation de séjourner à ce titre et attendent une décision sur leur statut ;

d) ont demandé une protection internationale et dont la demande n'a pas encore fait l'objet d'une décision définitive ;

e) séjournent exclusivement pour des motifs à caractère temporaire, par exemple en tant que personnes au pair ou travailleurs saisonniers, ou en tant que travailleurs salariés détachés par un prestataire de services afin de fournir des services transfrontaliers, ou en tant que prestataires de services transfrontaliers, ou lorsque leur permis de séjour a été formellement limité ;

f) ont un statut juridique régi par les dispositions de la convention de Vienne de 1961 sur les relations diplomatiques, de la convention de Vienne de 1963 sur les relations consulaires, de la convention de 1969 sur les missions spéciales ou de la convention de Vienne de 1975 sur la représentation des États dans leurs relations avec les organisations internationales de caractère universel.

3. La présente directive s'applique sans préjudice des dispositions plus favorables :

a) des accords bilatéraux et multilatéraux conclus entre la Communauté ou la Communauté et ses États membres, d'une part, et des pays tiers, d'autre part ;

b) des accords bilatéraux déjà conclus entre un État membre et un pays tiers avant la date d'entrée en vigueur de la présente directive ;

c) de la convention européenne d'établissement du 13 décembre 1955, de la Charte sociale européenne du 18 octobre 1961, de la Charte sociale européenne modifiée du 3 mai 1987 et de la convention européenne relative au statut juridique du travailleur migrant du 24 novembre 1977, du paragraphe 11 de l'annexe de la convention relative au statut des réfugiés du 28 juillet 1951, modifiée par le protocole de New York du 31 janvier 1967, et de l'accord européen du 16 octobre 1980 sur le transfert de la responsabilité à l'égard des réfugiés.

Chapitre II

Statut de résident de longue durée dans un État membre

Art. 4. — Durée de résidence.

1. Les États membres accordent le statut de résident de longue durée aux ressortissants de pays tiers qui ont résidé de manière légale et ininterrompue sur leur territoire pendant les cinq années qui ont immédiatement précédé l'introduction de la demande en cause.

1 *bis.* Les États membres n'accordent pas le statut de résident de longue durée sur la base de la protection internationale en cas de révocation ou de fin de la protection internationale ou de refus de la renouveler, en vertu de l'article 14, paragraphe 3, et de l'article 19, paragraphe 3, de la directive 2004/83/CE.

2. Les périodes de résidence pour les raisons évoquées à l'article 3, paragraphe 2, points *e)* et *f)*, ne sont pas prises en considération pour calculer la période visée au paragraphe 1.

Concernant les cas couverts à l'article 3, paragraphe 2, point *a)*, lorsque le ressortissant d'un pays tiers concerné a acquis un titre de séjour qui lui permettra d'obtenir le statut de résident de longue durée, seule la moitié des périodes de résidence effectuées aux fins d'études ou de formation professionnelle peut être prise en compte dans le calcul de la période visée au paragraphe 1. En ce qui concerne les personnes auxquelles a été accordée la protection internationale, au moins la moitié de la période comprise entre la date du dépôt de la demande de protection internationale sur la base de laquelle cette protection internationale a été accordée, et la date de la délivrance du titre de séjour visé à l'article 24 de la directive 2004/83/CE, ou la totalité de cette période si elle excède dix-huit mois, est prise en considération pour le calcul de la période visée au paragraphe 1.

3. Les périodes d'absence du territoire de l'État membre concerné n'interrompent pas la période visée au paragraphe 1 et sont prises en compte dans le calcul de celle-ci lorsqu'elles sont inférieures à six mois consécutifs et ne dépassent pas un total de dix mois au cours de la période visée au paragraphe 1.

Dans des cas justifiés par des raisons spécifiques ou exceptionnelles à caractère temporaire et conformément à leur législation nationale, les États membres peuvent accepter qu'une période d'absence plus longue que celle qui est visée au premier alinéa n'interrompe pas la période visée au paragraphe 1. Dans ces conditions, les États membres ne tiennent pas compte de la période d'absence en question dans le calcul de la période visée au paragraphe 1.

Par dérogation au deuxième alinéa, les États membres peuvent tenir compte, dans le calcul de la période visée au paragraphe 1, de périodes d'absence liées à un détachement pour raisons de travail, y compris dans le cadre d'une prestation de services transfrontaliers.

Art. 5. — Conditions relatives à l'acquisition du statut de résident de longue durée.

1. Les États membres exigent du ressortissant d'un pays tiers de fournir la preuve qu'il dispose pour lui et pour les membres de sa famille qui sont à sa charge :

a) de ressources stables, régulières et suffisantes pour subvenir à ses propres besoins et à ceux des membres de sa famille sans recourir au système d'aide sociale de l'État membre concerné. Les États membres évaluent ces ressources par rapport à leur nature et à leur régularité et peuvent tenir compte du niveau minimal des salaires et pensions avant la demande d'acquisition du statut de résident de longue durée ;

b) d'une assurance maladie pour tous les risques normalement couverts pour leurs propres ressortissants dans l'État membre concerné.

2. Les États membres peuvent exiger que les ressortissants de pays tiers satisfassent à des conditions d'intégration conformément à leur droit national.

Art. 6. — Ordre public et sécurité publique.

1. Les États membres peuvent refuser l'octroi du statut de résident de longue durée pour des motifs d'ordre public ou de sécurité publique.

Lorsqu'il prend pareille décision, l'État membre prend en considération la gravité ou la nature de l'infraction contre l'ordre public ou la sécurité publique, ou le danger que représente la personne concernée, tout en tenant également compte de la durée de résidence et de l'existence de liens avec le pays de résidence.

2. Le refus visé au paragraphe 1 ne saurait être justifié par des raisons économiques.

Art. 7. — Acquisition du statut de résident de longue durée.

1. Afin d'acquérir le statut de résident de longue durée, le ressortissant de pays tiers concerné introduit une demande auprès des autorités compétentes de l'État membre dans lequel il réside. La demande est accompagnée de pièces justificatives, à déterminer par le droit national, prouvant qu'il remplit les conditions énumérées aux articles 4 et 5, ainsi que, si nécessaire, d'un document de voyage valide ou d'une copie certifiée conforme de celui-ci.

Parmi les pièces justificatives visées au premier alinéa peuvent également figurer des documents attestant de conditions de logement appropriées.

2. Dès que possible, et en tout état de cause au plus tard six mois après la date du dépôt de la demande, les autorités nationales compétentes notifient par écrit au demandeur la décision le concernant. Cette décision est notifiée au ressortissant de pays tiers concerné conformément aux procédures de notification du droit national en la matière.

Dans des cas exceptionnels liés à la complexité de l'examen de la demande, le délai visé au premier alinéa peut être prorogé.

En outre, la personne concernée est informée de ses droits et obligations en vertu de la présente directive.

Toute conséquence de l'absence de décision à l'expiration du délai visé dans la présente disposition doit être réglée par la législation nationale de l'État membre concerné.

3. Si les conditions prévues aux articles 4 et 5 sont remplies et si la personne ne représente pas une menace au sens de l'article 6, l'État membre concerné accorde le statut de résident de longue durée au ressortissant de pays tiers concerné.

Art. 8. — Permis de séjour de résident de longue durée — CE.

1. Le statut de résident de longue durée est permanent, sous réserve de l'article 9.

2. Les États membres délivrent au résident de longue durée le permis de séjour de résident de longue durée — CE. Ce permis a une durée de validité d'au moins cinq ans ; à son échéance, il est renouvelable de plein droit, au besoin sur demande.

3. Le permis de séjour de résident de longue durée — CE peut être émis sous forme de vignette adhésive ou de document séparé. Il est émis selon les règles et le modèle type prévus par le règlement (CE) n° 1030/2002 du Conseil du 13 juin 2002 établissant un modèle uniforme de titre de séjour pour les ressortissants de pays tiers Sous la rubrique « catégorie du titre de séjour », les États membres inscrivent « résident de longue durée — CE ».

4. Lorsqu'un État membre délivre un permis de séjour de résident de longue durée — UE à un ressortissant d'un pays tiers auquel il a accordé la protection internationale, il inscrit la remarque suivante sous la rubrique « Remarques » du permis de séjour de résident de longue durée — UE de l'intéressé : « [nom de l'État membre] a accordé la protection internationale le [date] ».

5. Lorsqu'un deuxième État membre délivre un permis de séjour de résident de longue durée — UE à un ressortissant d'un pays tiers qui dispose déjà d'un permis de séjour de résident de longue durée — UE délivré par un autre État membre, qui contient la remarque visée au paragraphe 4, le deuxième État membre inscrit la même remarque sur le permis de séjour de résident de longue durée — UE. Avant d'inscrire la remarque visée au paragraphe 4, le deuxième État membre demande à l'État membre visé dans cette remarque de fournir des informations sur la question de savoir si le résident de longue durée bénéficie toujours de la protection internationale. L'État membre visé dans la remarque lui répond dans un délai maximal d'un mois suivant la réception de la demande d'information. Lorsque la protection internationale a été retirée par une décision définitive, le deuxième État membre n'inscrit pas cette remarque.

6. Lorsque, conformément aux instruments internationaux pertinents ou au droit national en la matière, la responsabilité de la protection internationale du résident de longue durée a été transférée au deuxième État membre après que le permis de séjour de résident de longue durée — UE visé au paragraphe 5 a été délivré, le deuxième État membre modifie en conséquence la remarque visée au paragraphe 4, dans un délai maximal de trois mois suivant ce transfert.

Art. 9. — Retrait ou perte du statut.

1. Le résident de longue durée perd le droit au statut de résident de longue durée dans les cas suivants :

a) constatation de l'acquisition frauduleuse du statut de résident de longue durée ;

b) adoption d'une mesure d'éloignement dans les conditions prévues à l'article 12 ;

c) absence du territoire de la Communauté pendant une période de douze mois consécutifs.

2. Par dérogation au paragraphe 1, point *c)*, les États membres peuvent prévoir que des absences supérieures à douze mois consécutifs ou pour des raisons spécifiques ou exceptionnelles n'entraînent pas le retrait ou la perte du statut.

3. Les États membres peuvent prévoir que le résident de longue durée perd le droit au statut de résident de longue durée si, par la gravité des infractions qu'il a commises, il représente une menace pour l'ordre public, sans que cela ne justifie un éloignement au titre de l'article 12.

3. *bis.* Les États membres peuvent retirer le statut de résident de longue durée en cas de révocation ou de fin de la protection internationale ou de refus de la renouveler, en vertu de l'article 14, paragraphe 3, et de l'article 19, paragraphe 3, de la directive 2004/83/CE, si ce statut de résident de longue durée a été obtenu sur la base de la protection internationale.

4. Le résident de longue durée qui a séjourné dans un autre État membre conformément au chapitre III perd le droit au statut de résident de longue durée acquis dans le premier État membre, dès lors que ce statut est accordé dans un autre État membre au titre de l'article 23.

En tout état de cause, après six ans d'absence du territoire de l'État membre qui lui a accordé le statut de résident de longue durée, la personne concernée perd le droit au statut de résident de longue durée dans ledit État membre.

Par dérogation au deuxième alinéa, l'État membre concerné peut prévoir que, pour des raisons spécifiques, le résident de longue durée conserve son statut dans ledit État membre en cas d'absences pendant une période supérieure à six ans.

5. Eu égard aux cas visés au paragraphe 1, point *c)*, et au paragraphe 4, les États membres qui ont accordé le statut prévoient une procédure simplifiée pour le recouvrement du statut de résident de longue durée.

Ladite procédure s'applique notamment aux personnes ayant séjourné dans un deuxième État membre pour y suivre des études.

Les conditions et la procédure pour le recouvrement du statut de résident de longue durée sont fixées par le droit national.

6. L'expiration du permis de séjour de résident de longue durée — CE n'entraîne en aucune façon le retrait ou la perte du statut de résident de longue durée.

7. Lorsque le retrait ou la perte du statut de résident de longue durée ne conduit pas à l'éloignement, l'État membre autorise la personne concernée à rester sur son territoire si elle remplit les conditions prévues par sa législation nationale et si elle ne constitue pas une menace pour l'ordre public ou la sécurité publique.

Art. 10. — Garanties procédurales.

1. Toute décision de rejet de la demande d'acquisition du statut de résident de longue durée ou de retrait de ce statut doit être motivée. Cette décision est notifiée au ressortissant de pays tiers concerné conformément aux procédures de notification du droit national en la matière. La notification indique les voies de recours auxquelles l'intéressé a accès, ainsi que le délai dans lequel il peut agir.

2. En cas de rejet de la demande d'acquisition du statut de résident de longue durée, de retrait ou de perte de ce statut ou de non-renouvellement du titre de séjour, la personne concernée a le droit d'exercer un recours juridictionnel dans l'État membre concerné.

Art. 11. — Égalité de traitement.

1. Le résident de longue durée bénéficie de l'égalité de traitement avec les nationaux en ce qui concerne :

a) les conditions d'accès à un emploi salarié et à une activité non salariée, à condition que ces activités ne soient pas liées, même à titre occasionnel, à l'exercice de l'autorité publique, ainsi que les conditions d'emploi et de travail, y compris les conditions de licenciement et de rémunération ;

b) l'éducation et la formation professionnelle, y compris les allocations et bourses d'études conformément à la législation nationale ;

c) la reconnaissance des diplômes, certificats et autres titres professionnels, conformément aux procédures nationales pertinentes ;

d) la sécurité sociale, l'aide sociale et la protection sociale telles qu'elles sont définies par la législation nationale ;

e) les avantages fiscaux ;

f) l'accès aux biens et aux services et la fourniture de biens et de services à la disposition du public, ainsi que l'accès aux procédures d'attribution d'un logement ;

g) la liberté d'association, d'affiliation et d'engagement dans une organisation de travailleurs ou d'employeurs ou toute organisation professionnelle, y compris les avantages qui peuvent en résulter, sans préjudice des dispositions nationales en matière d'ordre public et de sécurité publique ;

h) le libre accès à l'ensemble du territoire de l'État membre concerné, dans les limites prévues par la législation nationale pour des raisons de sécurité.

2. En ce qui concerne le paragraphe 1, points *b)*, *d)*, *e)*, *f)* et *g)*, l'État membre concerné peut limiter l'égalité de traitement aux cas où le lieu de résidence enregistré ou habituel du résident de longue durée, ou celui de membres de sa famille pour lesquels il demande des prestations, se trouve sur son territoire.

3. Un État membre peut restreindre l'égalité de traitement par rapport à ses ressortissants dans les cas suivants :

a) l'État membre peut maintenir des restrictions à l'accès à l'emploi ou à des activités non salariées lorsque, conformément à sa législation nationale ou au droit communautaire en vigueur, ces activités sont réservées à ses ressortissants nationaux, aux citoyens de l'Union européenne ou de l'Espace économique européen ;

b) les États membres peuvent exiger la preuve d'une connaissance appropriée de la langue pour accéder à l'éducation ou à la formation. L'accès aux études universitaires peut être subordonné à des conditions particulières préalables en matière d'études.

4. En matière d'aide sociale et de protection sociale, les États membres peuvent limiter l'égalité de traitement aux prestations essentielles.

4 *bis.* En ce qui concerne l'État membre qui a accordé la protection internationale, les paragraphes 3 et 4 sont sans préjudice de la directive 2004/83/CE.

5. Les États membres peuvent décider d'accorder l'accès à des prestations supplémentaires dans les domaines visés au paragraphe 1.

Les États membres peuvent également décider d'accorder l'égalité de traitement dans des domaines non couverts par le paragraphe 1.

Art. 12. — Protection contre l'éloignement.

1. Les États membres ne peuvent prendre une décision d'éloignement à l'encontre d'un résident de longue durée que lorsqu'il représente une menace réelle et suffisamment grave pour l'ordre public ou la sécurité publique.

2. La décision visée au paragraphe 1 ne peut être justifiée par des raisons économiques.

3. Avant de prendre une décision d'éloignement à l'encontre d'un résident de longue durée, les États membres prennent en compte les éléments suivants :

a) la durée de la résidence sur leur territoire ;

b) l'âge de la personne concernée ;

c) les conséquences pour elle et pour les membres de sa famille ;

d) les liens avec le pays de résidence ou l'absence de liens avec le pays d'origine.

3 *bis*. Lorsqu'un État membre décide d'éloigner un résident de longue durée dont le permis de séjour de résident de longue durée — UE contient la remarque visée à l'article 8, paragraphe 4, il demande à l'État membre visé dans cette remarque de confirmer que la personne concernée bénéficie toujours d'une protection internationale dans ledit État membre. Cet État membre lui répond dans un délai maximal d'un mois suivant la réception de la demande d'information.

3 *ter*. Si le résident de longue durée bénéficie toujours d'une protection internationale dans l'État membre visé dans la remarque, il est éloigné vers cet État membre, qui, sans préjudice du droit de l'Union ou national applicable et du principe d'unité de la famille, réadmet immédiatement et sans formalités ce bénéficiaire et les membres de sa famille.

3 *quater*. Par dérogation au paragraphe 3 *ter*, l'État membre qui a adopté la décision d'éloignement conserve le droit, conformément à ses obligations internationales, d'éloigner le résident de longue durée vers un pays autre que l'État membre qui lui a accordé une protection internationale, lorsque le résident de longue durée remplit les conditions prévues à l'article 21, paragraphe 2, de la directive 2004/83/CE.

4. Lorsqu'une décision d'éloignement a été arrêtée, le résident de longue durée peut exercer un recours juridictionnel dans l'État membre concerné.

5. L'aide judiciaire est accordée au résident de longue durée qui ne dispose pas de ressources suffisantes, dans les mêmes conditions qu'aux ressortissants de l'État dans lequel il réside.

6. Le présent article est sans préjudice de l'article 21, paragraphe 1, de la directive 2004/83/CE.

Art. 13. — Dispositions nationales plus favorables.

Les États membres peuvent délivrer des titres de séjour permanents ou d'une durée de validité illimitée à des conditions plus favorables que celles établies dans la présente directive. Ces titres de séjour ne donnent pas accès au droit de séjour dans les autres États membres tel que prévu au chapitre III.

Chapitre III

Séjour dans les autres États membres

Art. 14. — Principe.

1. Un résident de longue durée acquiert le droit de séjourner sur le territoire d'États membres autres que celui qui lui a accordé son statut de résident de longue durée, pour une période dépassant trois mois, pour autant que les conditions fixées dans le présent chapitre soient remplies.

2. Un résident de longue durée peut séjourner dans un deuxième État membre pour l'un des motifs suivants :

a) exercer une activité économique à titre salarié ou indépendant ;

b) poursuivre des études ou une formation professionnelle ;

c) à d'autres fins.

3. Lorsqu'il s'agit d'une activité économique à titre salarié ou indépendant visée au paragraphe 2, point *a)*, les États membres peuvent examiner la situation de leur

marché du travail et appliquer leurs procédures nationales concernant les exigences relatives au pourvoi d'un poste ou à l'exercice de telles activités.

Pour des motifs liés à la politique du marché du travail, les États membres peuvent accorder la préférence aux citoyens de l'Union, aux ressortissants de pays tiers lorsque cela est prévu par la législation communautaire, ainsi qu'à des ressortissants de pays tiers résidant légalement et percevant des prestations de chômage dans l'État membre concerné.

4. Par dérogation au paragraphe 1, les États membres peuvent limiter le nombre total des personnes susceptibles de se voir accorder le droit de séjour, à condition que l'admission de ressortissants de pays tiers soit déjà soumise à de telles limitations en vertu du droit en vigueur au moment de l'adoption de la présente directive.

5. Le présent chapitre ne concerne pas le séjour d'un résident de longue durée sur le territoire des États membres :

a) en tant que travailleur salarié détaché par un prestataire de services dans le cadre d'une prestation transfrontalière ;

b) en tant que prestataire de services transfrontaliers.

Les États membres peuvent décider, conformément au droit national, des conditions dans lesquelles les résidents de longue durée qui souhaitent se rendre dans un deuxième État membre pour y exercer une activité économique en qualité de travailleurs saisonniers peuvent résider dans cet État membre. Les travailleurs frontaliers peuvent aussi être soumis à des dispositions particulières du droit national.

6. Le présent chapitre n'affecte pas la législation communautaire en matière de sécurité sociale applicable aux ressortissants de pays tiers.

Art. 15. — Conditions de séjour dans un deuxième État membre.

1. Dans les plus brefs délais et au plus tard trois mois après son entrée sur le territoire du deuxième État membre, le résident de longue durée dépose une demande de permis de séjour auprès des autorités compétentes de cet État membre.

Les États membres peuvent accepter que le résident de longue durée présente la demande de permis de séjour auprès des autorités compétentes du deuxième État membre tout en séjournant encore sur le territoire du premier État membre.

2. Les États membres peuvent exiger de la personne concernée de fournir la preuve qu'elle dispose :

a) de ressources stables et régulières, suffisantes pour son entretien et celui des membres de sa famille, sans recourir à l'aide sociale de l'État membre concerné. Pour chacune des catégories visées à l'article 14, paragraphe 2, les États membres évaluent ces ressources par rapport à leur nature et à leur régularité et peuvent tenir compte du niveau minimal des salaires et pensions ;

b) d'une assurance maladie couvrant, sur son territoire, tous les risques normalement couverts pour ses propres ressortissants dans l'État membre concerné.

3. Les États membres peuvent exiger que les ressortissants de pays tiers satisfassent à des mesures d'intégration conformément à leur droit national.

Cette condition ne s'applique pas lorsque les ressortissants de pays tiers ont été tenus de satisfaire à des conditions d'intégration afin d'obtenir le statut de résident de longue durée, conformément à l'article 5, paragraphe 2.

Sans préjudice du deuxième alinéa, les personnes concernées peuvent être tenues de suivre des cours de langue.

4. La demande est accompagnée de pièces justificatives, à fixer par le droit national, montrant que la personne concernée remplit les conditions applicables, ainsi que de son titre de séjour de résident de longue durée et d'un document de voyage valide ou des copies certifiées conformes de ceux-ci.

Les pièces visées au premier alinéa peuvent aussi comprendre des documents relatifs à un logement approprié. En particulier :

a) en cas d'exercice d'une activité économique, le deuxième État membre peut exiger de la personne concernée de fournir :

i) si elle est salariée, la preuve qu'elle dispose d'un contrat de travail, une déclaration de l'employeur spécifiant qu'elle est recrutée ou une proposition de contrat d'emploi, selon les conditions prévues par la législation nationale. Les États membres déterminent laquelle desdites formes de preuve est requise ;

ii) si elle est indépendante, une preuve qu'elle dispose des fonds nécessaires, conformément au droit national, pour exercer une activité économique en cette qualité, en produisant les documents et autorisations nécessaires ;

b) en cas de poursuite d'études ou d'une formation professionnelle, le deuxième État membre peut exiger de la personne concernée de fournir une preuve d'inscription dans un établissement agréé en vue de suivre des études ou une formation professionnelle.

Art. 16. — Les membres de la famille.

1. Lorsque le résident de longue durée exerce son droit de séjour dans un deuxième État membre et lorsque la famille est déjà constituée dans le premier État membre, les membres de sa famille qui remplissent les conditions visées à l'article 4, paragraphe 1, de la directive 2003/86/CE sont autorisés à l'accompagner ou à le rejoindre.

2. Lorsque le résident de longue durée exerce son droit de séjour dans un deuxième État membre et lorsque sa famille est déjà constituée dans le premier État membre, les membres de sa famille autres que ceux visés à l'article 4, paragraphe 1, de la directive 2003/86/CE peuvent être autorisés à l'accompagner ou à le rejoindre.

3. Pour ce qui est du dépôt de la demande de titre de séjour, l'article 15, paragraphe 1, s'applique.

4. Le deuxième État membre peut exiger du membre de la famille du résident de longue durée de joindre à sa demande de titre de séjour :

a) son permis de séjour de résident de longue durée CE ou son titre de séjour et un document de voyage valide ou des copies certifiées conformes de ceux-ci ;

b) la preuve qu'il a résidé en tant que membre de la famille d'un résident de longue durée dans le premier État membre ;

c) la preuve qu'il dispose de ressources stables et régulières, suffisantes pour son entretien sans recourir à l'aide sociale de l'État membre concerné, ou que le résident de longue durée en dispose pour lui, ainsi que d'une assurance maladie couvrant l'ensemble des risques dans le deuxième État membre. Les États membres évaluent ces ressources par rapport à leur nature et à leur régularité et peuvent tenir compte du niveau minimal des salaires et pensions.

5. Lorsque la famille n'est pas constituée dans le premier État membre, la directive 2003/86/CE s'applique.

Art. 17. — Ordre public et sécurité publique.

1. Les États membres peuvent refuser le séjour du résident de longue durée, ou des membres de sa famille, lorsque l'intéressé représente une menace pour l'ordre public ou la sécurité publique.

Lorsqu'il prend la décision pertinente, l'État membre tient compte de la gravité ou de la nature de l'infraction que soit le résident de longue durée, soit le ou les membres de sa famille, a ou ont commise contre l'ordre public ou la sécurité publique, ou du danger représenté par la personne concernée.

2. La décision visée au paragraphe 1 ne peut être justifiée par des raisons économiques.

Art. 18. — Santé publique.

1. Les États membres peuvent rejeter une demande de séjour présentée par un résident de longue durée ou un membre de sa famille lorsque la personne concernée représente une menace pour la santé publique.

2. Les seules maladies pouvant justifier un refus d'entrer ou de séjourner sur le territoire du deuxième État membre sont les maladies définies dans les instruments applicables de l'Organisation mondiale de la santé ainsi que d'autres maladies infectieuses ou parasitaires contagieuses pour autant qu'elles fassent, dans le pays d'accueil, l'objet de dispositions de protection à l'égard des nationaux. Les États membres ne sauraient instaurer de nouvelles dispositions et pratiques plus restrictives.

3. La survenance de maladies après la délivrance du premier titre de séjour dans le deuxième État membre ne peut justifier le refus de renouvellement du titre ou l'éloignement du territoire.

4. Un État membre peut exiger un examen médical des personnes visées par la présente directive, pour s'assurer qu'elles ne souffrent pas des maladies visées au paragraphe 2. Cet examen médical, qui peut être gratuit, ne peut avoir un caractère systématique.

Art. 19. — Examen de la demande et délivrance du titre de séjour.

1. Les autorités nationales compétentes disposent, pour examiner la demande, d'un délai de quatre mois à partir de son dépôt.

Si la demande n'est pas accompagnée des pièces justificatives énumérées aux articles 15 et 16, ou dans des conditions exceptionnelles liées à la complexité de l'examen de la demande, le délai visé au premier alinéa peut être prolongé d'une période ne dépassant pas trois mois. Dans ce cas, les autorités nationales compétentes en informent le demandeur.

2. Si les conditions prévues aux articles 14, 15 et 16 sont remplies, et sous réserve des dispositions concernant l'ordre public, la sécurité publique et la santé publique visées aux articles 17 et 18, le deuxième État membre délivre au résident de longue durée un titre de séjour renouvelable. Ce permis de séjour est renouvelable, au besoin sur demande, à son expiration. Le deuxième État membre informe le premier État membre de sa décision.

3. Le deuxième État membre délivre aux membres de la famille du résident de longue durée un titre de séjour renouvelable de durée identique à celle du titre qu'il a délivré au résident de longue durée.

Art. 19 bis. — Modifications du permis de séjour de résident de longue durée — UE.

1. Lorsqu'un permis de séjour de résident de longue durée — UE contient la remarque visée à l'article 8, paragraphe 4, et lorsque, conformément aux instruments internationaux pertinents ou au droit national en la matière, la responsabilité de la protection internationale du résident de longue durée est transférée à un deuxième État membre avant qu'il ne délivre le permis de séjour de résident de longue durée — UE visé à l'article 8, paragraphe 5, le deuxième État membre demande à l'État membre qui a délivré le permis de séjour de résident de longue durée — UE de modifier cette remarque en conséquence.

2. Lorsque le deuxième État membre accorde à un résident de longue durée la protection internationale avant qu'il ne délivre le permis de séjour de résident de longue durée — UE visé à l'article 8, paragraphe 5, cet État membre demande à l'État membre qui a délivré le permis de séjour de résident de longue durée — UE de le modifier afin d'inscrire la remarque visée à l'article 8, paragraphe 4.

3. À la suite de la demande visée aux paragraphes 1 et 2, l'État membre qui a délivré le permis de séjour de résident de longue durée — UE délivre le permis de séjour

de résident de longue durée — UE modifié dans un délai maximal de trois mois suivant la réception d'une demande du deuxième État membre.

Art. 20. — Garanties procédurales.

1. Toute décision de rejet de la demande de titre de séjour doit être motivée. Elle est notifiée au ressortissant de pays tiers concerné conformément aux procédures de notification du droit national en la matière. La notification indique les voies de recours auxquelles l'intéressé a accès, ainsi que le délai dans lequel il peut agir.

Toute conséquence de l'absence de décision à l'expiration du délai visé à l'article 19, paragraphe 1, doit être réglée par la législation nationale de l'État membre concerné.

2. En cas de rejet de la demande de titre de séjour, de non-renouvellement ou de retrait de celui-ci, la personne concernée a le droit d'exercer un recours juridictionnel dans l'État membre concerné.

Art. 21. — Traitement accordé dans le deuxième État membre.

1. Dès qu'il obtient le titre de séjour prévu à l'article 19 dans le deuxième État membre, le résident de longue durée bénéficie, dans cet État membre, de l'égalité de traitement dans les domaines et selon les conditions prévus à l'article 11.

2. Les résidents de longue durée ont accès au marché du travail conformément au paragraphe 1.

Les États membres peuvent prévoir que les personnes visées à l'article 14, paragraphe 2, point *a)*, font l'objet de restrictions quant à l'accès aux activités salariées autres que celles pour lesquelles elles se sont vu accorder le permis de séjour, dans des conditions fixées par la législation nationale et pour une période ne dépassant pas douze mois.

Les États membres peuvent décider, conformément au droit national, des conditions dans lesquelles les personnes visées à l'article 14, paragraphe 2, points *b)* ou *c)*, peuvent avoir accès à un emploi à titre salarié ou indépendant.

3. Dès qu'ils obtiennent le titre de séjour prévu à l'article 19 dans le deuxième État membre, les membres de la famille du résident de longue durée bénéficient dans cet État membre des droits prévus à l'article 14 de la directive 2003/86/CE.

Art. 22. — Retrait du titre de séjour et obligation de réadmission.

1. Tant que le ressortissant d'un pays tiers n'a pas obtenu le statut de résident de longue durée, le deuxième État membre peut décider de refuser de renouveler le titre de séjour ou de le retirer et d'obliger la personne concernée et les membres de sa famille, conformément aux procédures, y compris d'éloignement, prévues par le droit national, à quitter son territoire dans les cas suivants :

a) pour des raisons d'ordre public ou de sécurité publique, telles que définies à l'article 17 ;

b) lorsque les conditions prévues aux articles 14, 15 et 16 ne sont plus remplies ;

c) lorsque le ressortissant d'un pays tiers ne séjourne pas légalement dans l'État membre concerné.

2. Si le deuxième État membre adopte l'une des mesures visées au paragraphe 1, le premier État membre réadmet immédiatement sans formalités le résident de longue durée et les membres de sa famille. Le deuxième État membre informe le premier État membre de sa décision.

3. Tant que le résident de pays tiers n'a pas obtenu le statut de résident de longue durée et sans préjudice de l'obligation de réadmission visée au paragraphe 2, le deuxième État membre peut adopter à son égard une décision d'éloignement du territoire de l'Union, conformément à l'article 12 et avec les garanties qui y sont prévues, pour des motifs graves relevant de l'ordre public ou de la sécurité publique.

Dans ce cas, lorsqu'il adopte ladite décision, le deuxième État membre consulte le premier État membre.

Quand le deuxième État membre adopte une décision d'éloignement à l'égard du ressortissant d'un pays tiers en question, il prend toutes les mesures nécessaires à la mise en œuvre effective de cette décision. Dans cette hypothèse, le second État membre fournit au premier État membre les informations appropriées concernant la mise en œuvre de la décision d'éloignement.

3 *bis*. À moins que, dans l'intervalle, la protection internationale n'ait été retirée ou que la personne ne relève d'une des catégories visées à l'article 21, paragraphe 2, de la directive 2004/83/CE, le paragraphe 3 du présent article ne s'applique pas aux ressortissants de pays tiers dont le permis de séjour de résident de longue durée — UE délivré par le premier État membre contient la remarque visée à l'article 8, paragraphe 4, de la présente directive.

Le présent paragraphe est sans préjudice de l'article 21, paragraphe 1, de la directive 2004/83/CE.

4. Les décisions d'éloignement ne peuvent pas être assorties d'une interdiction de séjour permanente dans les cas visés au paragraphe 1, points *b)* et *c)*.

5. L'obligation de réadmission visée au paragraphe 2 s'entend sans préjudice de la possibilité laissée au résident de longue durée et aux membres de sa famille de s'installer dans un troisième État membre.

Art. 23. — Acquisition du statut de résident de longue durée dans le deuxième État membre.

1. Sur demande, le deuxième État membre accorde au résident de longue durée le statut prévu à l'article 7, sous réserve des articles 3, 4, 5 et 6. Le deuxième État membre notifie sa décision au premier État membre.

2. La procédure fixée à l'article 7 s'applique au dépôt et à l'examen de la demande d'acquisition du statut de résident de longue durée dans le deuxième État membre. L'article 8 s'applique à la délivrance du titre de séjour. En cas de rejet de la demande, les garanties procédurales prévues à l'article 10 s'appliquent.

N° 21.5 Le retour des ressortissants de pays tiers en séjour irrégulier : la directive 2008/115/CE du Parlement européen et du Conseil du 16 décembre 2008 (extraits) (62)

Chapitre I

Dispositions générales

Article premier. — Objet.

La présente directive fixe les normes et procédures communes à appliquer dans les États membres au retour des ressortissants de pays tiers en séjour irrégulier, conformément aux droits fondamentaux en tant que principes généraux du droit communautaire ainsi qu'au droit international, y compris aux obligations en matière de protection des réfugiés et de droits de l'homme.

---

(62) Cette directive a été transposée en droit français par les textes suivants : la loi n° 2011-672 du 16 juin 2011 relative à l'immigration, à l'intégration et à la nationalité ; le décret n° 2011-820 du 8 juillet 2011, pris pour l'application de la loi n° 2011-672 du 16 juin 2011, portant sur les procédures d'éloignement des étrangers.

Art. 2. — Champ d'application.

1. La présente directive s'applique aux ressortissants de pays tiers en séjour irrégulier sur le territoire d'un État membre.

2. Les États membres peuvent décider de ne pas appliquer la présente directive aux ressortissants de pays tiers :

a) faisant l'objet d'une décision de refus d'entrée conformément à l'article 13 du code frontières Schengen, ou arrêtés ou interceptés par les autorités compétentes à l'occasion du franchissement irrégulier par voie terrestre, maritime ou aérienne de la frontière extérieure d'un État membre et qui n'ont pas obtenu par la suite l'autorisation ou le droit de séjourner dans ledit État membre ;

b) faisant l'objet d'une sanction pénale prévoyant ou ayant pour conséquence leur retour, conformément au droit national, ou faisant l'objet de procédures d'extradition.

3. La présente directive ne s'applique pas aux personnes jouissant du droit communautaire à la libre circulation, telles que définies à l'article 2, point 5), du code frontières Schengen.

Art. 3. — Définitions.

Aux fins de la présente directive, on entend par :

1. « ressortissant d'un pays tiers » : toute personne qui n'est ni un citoyen de l'Union au sens de l'article 17, paragraphe 1, du traité ni une personne jouissant du droit communautaire à la libre circulation, telle que définie à l'article 2, point 5), du code frontières Schengen ;

2. « séjour irrégulier » : la présence sur le territoire d'un État membre d'un ressortissant d'un pays tiers qui ne remplit pas, ou ne remplit plus, les conditions d'entrée énoncées à l'article 5 du code frontières Schengen, ou d'autres conditions d'entrée, de séjour ou de résidence dans cet État membre ;

3. « retour » : le fait, pour le ressortissant d'un pays tiers, de rentrer — que ce soit par obtempération volontaire à une obligation de retour ou en y étant forcé, — dans :

— son pays d'origine, ou

— un pays de transit conformément à des accords ou autres arrangements de réadmission communautaires ou bilatéraux, ou

— un autre pays tiers dans lequel le ressortissant concerné d'un pays tiers décide de retourner volontairement et sur le territoire duquel il sera admis ;

4. « décision de retour » : une décision ou un acte de nature administrative ou judiciaire déclarant illégal le séjour d'un ressortissant d'un pays tiers et imposant ou énonçant une obligation de retour ;

5. « éloignement » : l'exécution de l'obligation de retour, à savoir le transfert physique hors de l'État membre ;

6. « interdiction d'entrée » : une décision ou un acte de nature administrative ou judiciaire interdisant l'entrée et le séjour sur le territoire des États membres pendant une durée déterminée, qui accompagne une décision de retour ;

7. « risque de fuite » : le fait qu'il existe des raisons, dans un cas particulier et sur la base de critères objectifs définis par la loi, de penser qu'un ressortissant d'un pays tiers faisant l'objet de procédures de retour peut prendre la fuite ;

8. « départ volontaire » : l'obtempération à l'obligation de retour dans le délai imparti à cette fin dans la décision de retour ;

9. « personnes vulnérables » : les mineurs, les mineurs non accompagnés, les personnes handicapées, les personnes âgées, les femmes enceintes, les parents isolés accompagnés d'enfants mineurs et les personnes qui ont été victimes de torture, de viol ou d'une autre forme grave de violence psychologique, physique ou sexuelle.

Art. 4. — Dispositions plus favorables.

1. La présente directive s'applique sans préjudice des dispositions plus favorables :

a) des accords bilatéraux ou multilatéraux conclus entre la Communauté — ou la Communauté et ses États membres — et un ou plusieurs pays tiers ;

b) des accords bilatéraux ou multilatéraux conclus entre un ou plusieurs États membres et un ou plusieurs pays tiers.

2. La présente directive s'applique sans préjudice des dispositions qui relèvent de l'acquis communautaire en matière d'immigration et d'asile et qui s'avéreraient plus favorables pour le ressortissant d'un pays tiers.

3. La présente directive s'applique sans préjudice du droit des États membres d'adopter ou de maintenir des dispositions plus favorables pour les personnes auxquelles la présente directive s'applique, à condition que ces dispositions soient compatibles avec la présente directive.

4. En ce qui concerne les ressortissants de pays tiers exclus du champ d'application de la présente directive conformément à l'article 2, paragraphe 2, point *a)*, les États membres :

a) veillent à ce que le traitement et le niveau de protection qui leur sont accordés ne soient pas moins favorables que ceux prévus à l'article 8, paragraphes 4 et 5 (limitations du recours aux mesures coercitives), à l'article 9, paragraphe 2, point *a)* (report de l'éloignement), à l'article 14, paragraphe 1, points *b)* et *d)* (soins médicaux d'urgence et prise en considération des besoins des personnes vulnérables), ainsi qu'aux articles 16 et 17 (conditions de rétention), et

b) respectent le principe de non-refoulement.

Art. 5. — Non-refoulement, intérêt supérieur de l'enfant, vie familiale et état de santé.

Lorsqu'ils mettent en œuvre la présente directive, les États membres tiennent dûment compte :

a) de l'intérêt supérieur de l'enfant,

b) de la vie familiale,

c) de l'état de santé du ressortissant concerné d'un pays tiers, et respectent le principe de non-refoulement.

Chapitre II

Fin du séjour irrégulier

Art. 6. — Décision de retour.

1. Les État membres prennent une décision de retour à l'encontre de tout ressortissant d'un pays tiers en séjour irrégulier sur leur territoire, sans préjudice des exceptions visées aux paragraphes 2 à 5.

2. Les ressortissants de pays tiers en séjour irrégulier sur le territoire d'un État membre et titulaires d'un titre de séjour valable ou d'une autre autorisation conférant un droit de séjour délivrés par un autre État membre sont tenus de se rendre immédiatement sur le territoire de cet autre État membre. En cas de non-respect de cette obligation par le ressortissant concerné d'un pays tiers ou lorsque le départ immédiat du ressortissant d'un pays tiers est requis pour des motifs relevant de l'ordre public ou de la sécurité nationale, le paragraphe 1 s'applique.

3. Les État membres peuvent s'abstenir de prendre une décision de retour à l'encontre d'un ressortissant d'un pays tiers en séjour irrégulier sur leur territoire si le ressortissant concerné d'un pays tiers est repris par un autre État membre en vertu d'accords ou d'arrangements bilatéraux existant à la date d'entrée en vigueur de la

présente directive. Dans ce cas, l'État membre qui a repris le ressortissant concerné d'un pays tiers applique le paragraphe 1.

4. À tout moment, les États membres peuvent décider d'accorder un titre de séjour autonome ou une autre autorisation conférant un droit de séjour pour des motifs charitables, humanitaires ou autres à un ressortissant d'un pays tiers en séjour irrégulier sur leur territoire. Dans ce cas, aucune décision de retour n'est prise. Si une décision de retour a déjà été prise, elle est annulée ou suspendue pour la durée de validité du titre de séjour ou d'une autre autorisation conférant un droit de séjour.

5. Si un ressortissant d'un pays tiers en séjour irrégulier sur le territoire d'un État membre fait l'objet d'une procédure en cours portant sur le renouvellement de son titre de séjour ou d'une autre autorisation lui conférant un droit de séjour, cet État membre examine s'il y a lieu de s'abstenir de prendre une décision de retour jusqu'à l'achèvement de la procédure en cours, sans préjudice du paragraphe 6.

6. La présente directive n'empêche pas les États membres d'adopter une décision portant sur la fin du séjour régulier en même temps qu'une décision de retour et/ou une décision d'éloignement et/ou d'interdiction d'entrée dans le cadre d'une même décision ou d'un même acte de nature administrative ou judiciaire, conformément à leur législation nationale, sans préjudice des garanties procédurales offertes au titre du chapitre III ainsi que d'autres dispositions pertinentes du droit communautaire et du droit national.

Art. 7. — Départ volontaire.

1. La décision de retour prévoit un délai approprié allant de sept à trente jours pour le départ volontaire, sans préjudice des exceptions visées aux paragraphes 2 et 4. Les États membres peuvent prévoir dans leur législation nationale que ce délai n'est accordé qu'à la suite d'une demande du ressortissant concerné d'un pays tiers. Dans ce cas, les États membres informent les ressortissants concernés de pays tiers de la possibilité de présenter une telle demande.

Le délai prévu au premier alinéa n'exclut pas la possibilité, pour les ressortissants concernés de pays tiers, de partir plus tôt.

2. Si nécessaire, les États membres prolongent le délai de départ volontaire d'une durée appropriée, en tenant compte des circonstances propres à chaque cas, telles que la durée du séjour, l'existence d'enfants scolarisés et d'autres liens familiaux et sociaux.

3. Certaines obligations visant à éviter le risque de fuite, comme les obligations de se présenter régulièrement aux autorités, de déposer une garantie financière adéquate, de remettre des documents ou de demeurer en un lieu déterminé, peuvent être imposées pendant le délai de départ volontaire.

4. S'il existe un risque de fuite, ou si une demande de séjour régulier a été rejetée comme étant manifestement non fondée ou frauduleuse, ou si la personne concernée constitue un danger pour l'ordre public, la sécurité publique ou la sécurité nationale, les États membres peuvent s'abstenir d'accorder un délai de départ volontaire ou peuvent accorder un délai inférieur à sept jours.

Art. 8. — Éloignement.

1. Les États membres prennent toutes les mesures nécessaires pour exécuter la décision de retour si aucun délai n'a été accordé pour un départ volontaire conformément à l'article 7, paragraphe 4, ou si l'obligation de retour n'a pas été respectée dans le délai accordé pour le départ volontaire conformément à l'article 7.

2. Si un État membre a accordé un délai de départ volontaire conformément à l'article 7, la décision de retour ne peut être exécutée qu'après expiration de ce délai, à moins que, au cours de celui-ci, un risque visé à l'article 7, paragraphe 4, apparaisse.

3. Les États membres peuvent adopter une décision ou un acte distinct de nature administrative ou judiciaire ordonnant l'éloignement.

4. Lorsque les États membres utilisent — en dernier ressort — des mesures coercitives pour procéder à l'éloignement d'un ressortissant d'un pays tiers qui s'oppose à son éloignement, ces mesures sont proportionnées et ne comportent pas d'usage de la force allant au-delà du raisonnable. Ces mesures sont mises en œuvre comme il est prévu par la législation nationale, conformément aux droits fondamentaux et dans le respect de la dignité et de l'intégrité physique du ressortissant concerné d'un pays tiers.

5. Lorsque les États membres procèdent aux éloignements par voie aérienne, ils tiennent compte des orientations communes sur les mesures de sécurité à prendre pour les opérations communes d'éloignement par voie aérienne, annexées à la décision 2004/573/CE.

6. Les États membres prévoient un système efficace de contrôle du retour forcé.

Art. 9. — Report de l'éloignement.

1. Les États membres reportent l'éloignement :

a) dans le cas où il se ferait en violation du principe de non refoulement, ou

b) tant que dure l'effet suspensif accordé conformément à l'article 13, paragraphe 2.

2. Les États membres peuvent reporter l'éloignement pour une période appropriée en tenant compte des circonstances propres à chaque cas. Ils prennent en compte notamment :

a) l'état physique ou mental du ressortissant d'un pays tiers ;

b) des motifs d'ordre technique, comme l'absence de moyens de transport ou l'échec de l'éloignement en raison de l'absence d'identification.

3. Si l'éloignement est reporté conformément aux paragraphes 1 et 2, les obligations prévues à l'article 7, paragraphe 3, peuvent être imposées au ressortissant concerné d'un pays tiers.

Art. 10. — Retour et éloignement des mineurs non accompagnés.

1. Avant que soit prise une décision de retour concernant un mineur non accompagné, l'assistance d'organismes compétents autres que les autorités chargées d'exécuter le retour est accordée en tenant dûment compte de l'intérêt supérieur de l'enfant.

2. Avant d'éloigner du territoire d'un État membre un mineur non accompagné, les autorités de cet État membre s'assurent qu'il sera remis à un membre de sa famille, à un tuteur désigné ou à des structures d'accueil adéquates dans l'État de retour.

Art. 11. — Interdiction d'entrée.

1. Les décisions de retour sont assorties d'une interdiction d'entrée :

a) si aucun délai n'a été accordé pour le départ volontaire, ou

b) si l'obligation de retour n'a pas été respectée.

Dans les autres cas, les décisions de retour peuvent être assorties d'une interdiction d'entrée.

2. La durée de l'interdiction d'entrée est fixée en tenant dûment compte de toutes les circonstances propres à chaque cas et ne dépasse pas cinq ans en principe. Elle peut cependant dépasser cinq ans si le ressortissant d'un pays tiers constitue une menace grave pour l'ordre public, la sécurité publique ou la sécurité nationale.

3. Les États membres examinent la possibilité de lever ou de suspendre une interdiction d'entrée lorsqu'un ressortissant d'un pays tiers faisant l'objet d'une telle interdiction décidée conformément au paragraphe 1, deuxième alinéa, peut démontrer qu'il a quitté le territoire d'un État membre en totale conformité avec une décision de retour.

Les personnes victimes de la traite des êtres humains auxquelles un titre de séjour a été accordé conformément à la directive 2004/81/CE du Conseil du 29 avril 2004 relative au titre de séjour délivré aux ressortissants de pays tiers qui sont victimes de la traite des êtres humains ou ont fait l'objet d'une aide à l'immigration clandestine et qui coopèrent avec les autorités compétentes ne font pas l'objet d'une interdiction d'entrée, sans préjudice du paragraphe 1, premier alinéa, point *b)*, et à condition que le ressortissant concerné d'un pays tiers ne représente pas un danger pour l'ordre public, la sécurité publique ou la sécurité nationale.

Les États membres peuvent s'abstenir d'imposer, peuvent lever ou peuvent suspendre une interdiction d'entrée, dans des cas particuliers, pour des raisons humanitaires.

Les États membres peuvent lever ou suspendre une interdiction d'entrée, dans des cas particuliers ou certaines catégories de cas, pour d'autres raisons.

4. Lorsqu'un État membre envisage de délivrer un titre de séjour ou une autre autorisation conférant un droit de séjour à un ressortissant d'un pays tiers qui fait l'objet d'une interdiction d'entrée délivrée par un autre État membre, il consulte au préalable l'État membre ayant délivré l'interdiction d'entrée et prend en compte les intérêts de celui-ci conformément à l'article 25 de la convention d'application de l'accord de Schengen.

5. Les paragraphes 1 à 4 s'appliquent sans préjudice du droit à la protection internationale, telle qu'elle est définie à l'article 2, point *a)*, de la directive 2004/83/CE du Conseil du 29 avril 2004 concernant les normes minimales relatives aux conditions que doivent remplir les ressortissants des pays tiers ou les apatrides pour pouvoir prétendre au statut de réfugié ou les personnes qui, pour d'autres raisons, ont besoin d'une protection internationale, et relatives au contenu de ces statuts, dans les États membres.

Chapitre III

Garanties procédurales

Art. 12. — Forme.

1. Les décisions de retour et, le cas échéant, les décisions d'interdiction d'entrée ainsi que les décisions d'éloignement sont rendues par écrit, indiquent leurs motifs de fait et de droit et comportent des informations relatives aux voies de recours disponibles.

Les informations relatives aux motifs de fait peuvent être limitées lorsque le droit national permet de restreindre le droit à l'information, en particulier pour sauvegarder la sécurité nationale, la défense et la sécurité publique, ou à des fins de prévention et de détection des infractions pénales et d'enquêtes et de poursuites en la matière.

2. Sur demande, les États membres fournissent une traduction écrite ou orale des principaux éléments des décisions liées au retour visées au paragraphe 1, y compris des informations concernant les voies de recours disponibles, dans une langue que le ressortissant d'un pays tiers comprend ou dont il est raisonnable de supposer qu'il la comprend.

3. Les États membres peuvent décider de ne pas appliquer le paragraphe 2 aux ressortissants d'un pays tiers qui ont pénétré illégalement sur le territoire d'un État membre et qui n'ont pas obtenu par la suite l'autorisation ou le droit d'y séjourner.

Dans ce cas, les décisions liées au retour visées au paragraphe 1 sont rendues au moyen d'un formulaire type prévu par la législation nationale.

Les États membres mettent à disposition des documents d'information générale expliquant les principaux éléments du formulaire type dans au moins cinq des langues les plus fréquemment utilisées ou comprises par les migrants illégaux entrant dans l'État membre concerné.

Art. 13. — Voies de recours.

1. Le ressortissant concerné d'un pays tiers dispose d'une voie de recours effective pour attaquer les décisions liées au retour visées à l'article 12, paragraphe 1, devant une autorité judiciaire ou administrative compétente ou une instance compétente composée de membres impartiaux et jouissant de garanties d'indépendance.

2. L'autorité ou l'instance visée au paragraphe 1 est compétente pour réexaminer les décisions liées au retour visées à l'article 12, paragraphe 1, et peut notamment en suspendre temporairement l'exécution, à moins qu'une suspension temporaire ne soit déjà applicable en vertu de la législation nationale.

3. Le ressortissant concerné d'un pays tiers a la possibilité d'obtenir un conseil juridique, une représentation juridique et, en cas de besoin, une assistance linguistique.

4. Les États membres veillent à ce que l'assistance juridique et/ou la représentation nécessaires soient accordées sur demande gratuitement conformément à la législation ou à la réglementation nationale applicable en matière d'assistance juridique et peuvent prévoir que cette assistance juridique et/ou cette représentation gratuites sont soumises aux conditions énoncées à l'article 15, paragraphes 3 à 6, de la directive 2005/85/CE.

Art. 14. — Garanties dans l'attente du retour.

1. Sauf dans la situation visée aux articles 16 et 17, les États membres veillent à ce que les principes ci-après soient pris en compte dans la mesure du possible en ce qui concerne les ressortissants de pays tiers au cours du délai de départ volontaire accordé conformément à l'article 7 et au cours des périodes pendant lesquelles l'éloignement a été reporté conformément à l'article 9 :

a) l'unité familiale avec les membres de la famille présents sur le territoire est maintenue ;

b) les soins médicaux d'urgence et le traitement indispensable des maladies sont assurés ;

c) les mineurs ont accès au système éducatif de base en fonction de la durée de leur séjour ;

d) les besoins particuliers des personnes vulnérables sont pris en compte.

2. Les États membres confirment par écrit aux personnes visées au paragraphe 1, conformément à la législation nationale, que le délai de départ volontaire a été prolongé conformément à l'article 7, paragraphe 2, ou que la décision de retour ne sera temporairement pas exécutée.

Chapitre IV

Rétention à des fins d'éloignement

Art. 15. — Rétention.

1. À moins que d'autres mesures suffisantes, mais moins coercitives, puissent être appliquées efficacement dans un cas particulier, les États membres peuvent uniquement placer en rétention le ressortissant d'un pays tiers qui fait l'objet de procédures de retour afin de préparer le retour et/ou de procéder à l'éloignement, en particulier lorsque :

a) il existe un risque de fuite, ou

b) le ressortissant concerné d'un pays tiers évite ou empêche la préparation du retour ou de la procédure d'éloignement.

Toute rétention est aussi brève que possible et n'est maintenue qu'aussi longtemps que le dispositif d'éloignement est en cours et exécuté avec toute la diligence requise.

2. La rétention est ordonnée par les autorités administratives ou judiciaires.

La rétention est ordonnée par écrit, en indiquant les motifs de fait et de droit.

Si la rétention a été ordonnée par des autorités administratives, les États membres :

a) soit prévoient qu'un contrôle juridictionnel accéléré de la légalité de la rétention doit avoir lieu le plus rapidement possible à compter du début de la rétention,

b) soit accordent au ressortissant concerné d'un pays tiers le droit d'engager une procédure par laquelle la légalité de la rétention fait l'objet d'un contrôle juridictionnel accéléré qui doit avoir lieu le plus rapidement possible à compter du lancement de la procédure en question. Dans ce cas, les États membres informent immédiatement le ressortissant concerné d'un pays tiers de la possibilité d'engager cette procédure.

Le ressortissant concerné d'un pays tiers est immédiatement remis en liberté si la rétention n'est pas légale.

3. Dans chaque cas, la rétention fait l'objet d'un réexamen à intervalles raisonnables soit à la demande du ressortissant concerné d'un pays tiers, soit d'office. En cas de périodes de rétention prolongées, les réexamens font l'objet d'un contrôle par une autorité judiciaire.

4. Lorsqu'il apparaît qu'il n'existe plus de perspective raisonnable d'éloignement pour des considérations d'ordre juridique ou autres ou que les conditions énoncées au paragraphe 1 ne sont plus réunies, la rétention ne se justifie plus et la personne concernée est immédiatement remise en liberté.

5. La rétention est maintenue aussi longtemps que les conditions énoncées au paragraphe 1 sont réunies et qu'il est nécessaire de garantir que l'éloignement puisse être mené à bien.

Chaque État membre fixe une durée déterminée de rétention, qui ne peut pas dépasser six mois.

6. Les États membres ne peuvent pas prolonger la période visée au paragraphe 5, sauf pour une période déterminée n'excédant pas douze mois supplémentaires, conformément au droit national, lorsque, malgré tous leurs efforts raisonnables, il est probable que l'opération d'éloignement dure plus longtemps en raison :

a) du manque de coopération du ressortissant concerné d'un pays tiers, ou

b) des retards subis pour obtenir de pays tiers les documents nécessaires.

Art. 16. — Conditions de rétention.

1. La rétention s'effectue en règle générale dans des centres de rétention spécialisés. Lorsqu'un État membre ne peut les placer dans un centre de rétention spécialisé et doit les placer dans un établissement pénitentiaire, les ressortissants de pays tiers placés en rétention sont séparés des prisonniers de droit commun.

2. Les ressortissants de pays tiers placés en rétention sont autorisés — à leur demande — à entrer en contact en temps utile avec leurs représentants légaux, les membres de leur famille et les autorités consulaires compétentes.

3. Une attention particulière est accordée à la situation des personnes vulnérables. Les soins médicaux d'urgence et le traitement indispensable des maladies sont assurés.

4. Les organisations et instances nationales, internationales et non gouvernementales compétentes ont la possibilité de visiter les centres de rétention visés au paragraphe 1, dans la mesure où ils sont utilisés pour la rétention de ressortissants de pays tiers conformément au présent chapitre. Ces visites peuvent être soumises à une autorisation.

5. Les ressortissants de pays tiers placés en rétention se voient communiquer systématiquement des informations expliquant le règlement des lieux et énonçant leurs droits et leurs devoirs. Ces informations portent notamment sur leur droit, conformément au droit national, de contacter les organisations et instances visées au paragraphe 4.

Art. 17. — Rétention des mineurs et des familles.

1. Les mineurs non accompagnés et les familles comportant des mineurs ne sont placés en rétention qu'en dernier ressort et pour la période appropriée la plus brève possible.

2. Les familles placées en rétention dans l'attente d'un éloignement disposent d'un lieu d'hébergement séparé qui leur garantit une intimité adéquate.

3. Les mineurs placés en rétention ont la possibilité de pratiquer des activités de loisirs, y compris des jeux et des activités récréatives adaptés à leur âge, et ont, en fonction de la durée de leur séjour, accès à l'éducation.

4. Les mineurs non accompagnés bénéficient, dans la mesure du possible, d'un hébergement dans des institutions disposant d'un personnel et d'installations adaptés aux besoins des personnes de leur âge.

5. L'intérêt supérieur de l'enfant constitue une considération primordiale dans le cadre de la rétention de mineurs dans l'attente d'un éloignement.

Art. 18. — Situations d'urgence.

1. Lorsqu'un nombre exceptionnellement élevé de ressortissants de pays tiers soumis à une obligation de retour fait peser une charge lourde et imprévue sur la capacité des centres de rétention d'un État membre ou sur son personnel administratif et judiciaire, l'État membre en question peut, aussi longtemps que cette situation exceptionnelle persiste, décider d'accorder pour le contrôle juridictionnel des délais plus longs que ceux prévus à l'article 15, paragraphe 2, troisième alinéa, et de prendre des mesures d'urgence concernant les conditions de rétention dérogeant à celles énoncées à l'article 16, paragraphe 1, et à l'article 17, paragraphe 2.

2. Lorsqu'il recourt à ce type de mesures exceptionnelles, l'État membre concerné en informe la Commission. Il informe également la Commission dès que les motifs justifiant l'application de ces mesures ont cessé d'exister.

3. Aucune disposition du présent article ne saurait être interprétée comme autorisant les États membres à déroger à l'obligation générale qui leur incombe de prendre toutes les mesures appropriées, qu'elles soient générales ou particulières, pour veiller au respect de leurs obligations découlant de la présente directive.

Chapitre V

Dispositions finales

Art. 19. — Rapports.

La Commission fait tous les trois ans rapport au Parlement européen et au Conseil sur l'application de la présente directive dans les États membres et, s'il y a lieu, propose des modifications.

La Commission fait rapport pour la première fois au plus tard le 24 décembre 2013, et porte à cette occasion une attention particulière à l'application de l'article 11, de l'article 13, paragraphe 4, et de l'article 15 dans les États membres. Pour ce qui est de l'article 13, paragraphe 4, la Commission évalue en particulier l'impact financier et administratif additionnel dans les États membres.

Art. 20. — Transposition.

1. Les États membres mettent en vigueur les dispositions législatives, réglementaires et administratives nécessaires pour se conformer à la présente directive au plus tard le 24 décembre 2010. Pour ce qui est de l'article 13, paragraphe 4, les États membres mettent en vigueur les dispositions législatives, réglementaires et administratives nécessaires pour se conformer à la présente directive au plus tard le 24 décembre 2011. Ils communiquent immédiatement à la Commission le texte de ces dispositions.

Lorsque les États membres adoptent ces dispositions, celles-ci contiennent une référence à la présente directive ou sont accompagnées d'une telle référence lors de leur publication officielle.

Les modalités de cette référence sont arrêtées par les États membres.

2. Les États membres communiquent à la Commission le texte des dispositions essentielles de droit interne qu'ils adoptent dans le domaine régi par la présente directive.

Art. 21. — Relation avec la convention de Schengen.

La présente directive remplace les dispositions des articles 23 et 24 de la convention d'application de l'accord de Schengen.

6) La protection des personnes à l'égard des traitements de données à caractère personnel

N° 22 La protection des personnes physiques à l'égard du traitement des données à caractère personnel et la libre circulation des données : le règlement (UE) 2016/679 du Parlement européen et du Conseil du 27 avril 2016 abrogeant la directive modifiée n° 95/46/CE (règlement général sur la protection des données) (extraits) (63)

Chapitre I

Dispositions générales

Article premier. — Objet et objectifs.

1. Le présent règlement établit des règles relatives à la protection des personnes physiques à l'égard du traitement des données à caractère personnel et des règles relatives à la libre circulation de ces données.

2. Le présent règlement protège les libertés et droits fondamentaux des personnes physiques, et en particulier leur droit à la protection des données à caractère personnel.

3. La libre circulation des données à caractère personnel au sein de l'Union n'est ni limitée ni interdite pour des motifs liés à la protection des personnes physiques à l'égard du traitement des données à caractère personnel.

Art. 2. — Champ d'application matériel.

1. Le présent règlement s'applique au traitement de données à caractère personnel, automatisé en tout ou en partie, ainsi qu'au traitement non automatisé de données à caractère personnel contenues ou appelées à figurer dans un fichier.

2. Le présent règlement ne s'applique pas au traitement de données à caractère personnel effectué :

a) dans le cadre d'une activité qui ne relève pas du champ d'application du droit de l'Union ;

b) par les États membres dans le cadre d'activités qui relèvent du champ d'application du chapitre 2 du titre V du traité sur l'Union européenne ;

c) par une personne physique dans le cadre d'une activité strictement personnelle ou domestique ;

---

(63) Ce règlement présenté tient compte du rectificatif introduit le 4 mai 2016. Il est applicable à partir du 25 mai 2018. La loi française n° 2016-1321 du 7 octobre 2016 pour une république numérique tient déjà compte de certains aspects de ce règlement. L'ordonnance n° 2018-1125 du 12 décembre 2018, prise en application de l'article 32 de la loi n° 2018-493 du 20 juin 2018 relative à la protection des données personnelles et portant modification de la loi n° 78-17 du 6 janvier 1978 relative à l'informatique, aux fichiers et aux libertés et diverses dispositions concernant la protection des données à caractère personnel, procède à la réécriture complète de la loi Informatique et libertés pour tenir compte du règlement européen.

Il faut signaler aussi d'autres textes : directive (UE) 2016/680 du Parlement européen et du Conseil du 27 avril 2016 relative à la protection des personnes physiques à l'égard du traitement des données à caractère personnel par les autorités compétentes à des fins de prévention et de détection des infractions pénales, d'enquêtes et de poursuites en la matière ou d'exécution de sanctions pénales, et à la libre circulation de ces données, et abrogeant la décision-cadre 2008/977/JAI du Conseil ; directive (UE) 2016/681 du Parlement européen et du Conseil du 27 avril 2016 relative à l'utilisation des données des dossiers passagers (PNR) pour la prévention et la détection des infractions terroristes et des formes graves de criminalité, ainsi que pour les enquêtes et les poursuites en la matière.

d) par les autorités compétentes à des fins de prévention et de détection des infractions pénales, d'enquêtes et de poursuites en la matière ou d'exécution de sanctions pénales, y compris la protection contre des menaces pour la sécurité publique et la prévention de telles menaces.

3. Le règlement (CE) n° 45/2001 s'applique au traitement des données à caractère personnel par les institutions, organes et organismes de l'Union. Le règlement (CE) n° 45/2001 et les autres actes juridiques de l'Union applicables audit traitement des données à caractère personnel sont adaptés aux principes et aux règles du présent règlement conformément à l'article 98.

4. Le présent règlement s'applique sans préjudice de la directive 2000/31/CE, et notamment de ses articles 12 à 15 relatifs à la responsabilité des prestataires de services intermédiaires.

Art. 3. — Champ d'application territorial.

1. Le présent règlement s'applique au traitement des données à caractère personnel effectué dans le cadre des activités d'un établissement d'un responsable du traitement ou d'un sous-traitant sur le territoire de l'Union, que le traitement ait lieu ou non dans l'Union.

2. Le présent règlement s'applique au traitement des données à caractère personnel relatives à des personnes concernées qui se trouvent sur le territoire de l'Union par un responsable du traitement ou un sous-traitant qui n'est pas établi dans l'Union, lorsque les activités de traitement sont liées :

a) à l'offre de biens ou de services à ces personnes concernées dans l'Union, qu'un paiement soit exigé ou non desdites personnes ; ou

b) au suivi du comportement de ces personnes, dans la mesure où il s'agit d'un comportement qui a lieu au sein de l'Union.

3. Le présent règlement s'applique au traitement de données à caractère personnel par un responsable du traitement qui n'est pas établi dans l'Union mais dans un lieu où le droit d'un État membre s'applique en vertu du droit international public.

Art. 4. — Définitions.

Aux fins du présent règlement, on entend par :

1) « données à caractère personnel », toute information se rapportant à une personne physique identifiée ou identifiable (ci-après dénommée « personne concernée ») ; est réputée être une « personne physique identifiable » une personne physique qui peut être identifiée, directement ou indirectement, notamment par référence à un identifiant, tel qu'un nom, un numéro d'identification, des données de localisation, un identifiant en ligne, ou à un ou plusieurs éléments spécifiques propres à son identité physique, physiologique, génétique, psychique, économique, culturelle ou sociale ;

2) « traitement », toute opération ou tout ensemble d'opérations effectuées ou non à l'aide de procédés automatisés et appliquées à des données ou des ensembles de données à caractère personnel, telles que la collecte, l'enregistrement, l'organisation, la structuration, la conservation, l'adaptation ou la modification, l'extraction, la consultation, l'utilisation, la communication par transmission, la diffusion ou toute autre forme de mise à disposition, le rapprochement ou l'interconnexion, la limitation, l'effacement ou la destruction ;

3) « limitation du traitement », le marquage de données à caractère personnel conservées, en vue de limiter leur traitement futur ;

4) « profilage », toute forme de traitement automatisé de données à caractère personnel consistant à utiliser ces données à caractère personnel pour évaluer certains aspects personnels relatifs à une personne physique, notamment pour analyser ou prédire des éléments concernant le rendement au travail, la situation économique,

la santé, les préférences personnelles, les intérêts, la fiabilité, le comportement, la localisation ou les déplacements de cette personne physique ;

5) « pseudonymisation », le traitement de données à caractère personnel de telle façon que celles-ci ne puissent plus être attribuées à une personne concernée précise sans avoir recours à des informations supplémentaires, pour autant que ces informations supplémentaires soient conservées séparément et soumises à des mesures techniques et organisationnelles afin de garantir que les données à caractère personnel ne sont pas attribuées à une personne physique identifiée ou identifiable ;

6) « fichier », tout ensemble structuré de données à caractère personnel accessibles selon des critères déterminés, que cet ensemble soit centralisé, décentralisé ou réparti de manière fonctionnelle ou géographique ;

7) « responsable du traitement », la personne physique ou morale, l'autorité publique, le service ou un autre organisme qui, seul ou conjointement avec d'autres, détermine les finalités et les moyens du traitement ; lorsque les finalités et les moyens de ce traitement sont déterminés par le droit de l'Union ou le droit d'un État membre, le responsable du traitement peut être désigné ou les critères spécifiques applicables à sa désignation peuvent être prévus par le droit de l'Union ou par le droit d'un État membre ;

8) « sous-traitant », la personne physique ou morale, l'autorité publique, le service ou un autre organisme qui traite des données à caractère personnel pour le compte du responsable du traitement ;

9) « destinataire », la personne physique ou morale, l'autorité publique, le service ou tout autre organisme qui reçoit communication de données à caractère personnel, qu'il s'agisse ou non d'un tiers. Toutefois, les autorités publiques qui sont susceptibles de recevoir communication de données à caractère personnel dans le cadre d'une mission d'enquête particulière conformément au droit de l'Union ou au droit d'un État membre ne sont pas considérées comme des destinataires ; le traitement de ces données par les autorités publiques en question est conforme aux règles applicables en matière de protection des données en fonction des finalités du traitement ;

10) « tiers », une personne physique ou morale, une autorité publique, un service ou un organisme autre que la personne concernée, le responsable du traitement, le sous-traitant et les personnes qui, placées sous l'autorité directe du responsable du traitement ou du sous-traitant, sont autorisées à traiter les données à caractère personnel ;

11) « consentement » de la personne concernée, toute manifestation de volonté, libre, spécifique, éclairée et univoque par laquelle la personne concernée accepte, par une déclaration ou par un acte positif clair, que des données à caractère personnel la concernant fassent l'objet d'un traitement ;

12) « violation de données à caractère personnel », une violation de la sécurité entraînant, de manière accidentelle ou illicite, la destruction, la perte, l'altération, la divulgation non autorisée de données à caractère personnel transmises, conservées ou traitées d'une autre manière, ou l'accès non autorisé à de telles données ;

13) « données génétiques », les données à caractère personnel relatives aux caractéristiques génétiques héréditaires ou acquises d'une personne physique qui donnent des informations uniques sur la physiologie ou l'état de santé de cette personne physique et qui résultent, notamment, d'une analyse d'un échantillon biologique de la personne physique en question ;

14) « données biométriques », les données à caractère personnel résultant d'un traitement technique spécifique, relatives aux caractéristiques physiques, physiologiques ou comportementales d'une personne physique, qui permettent ou confirment son identification unique, telles que des images faciales ou des données dactyloscopiques ;

15) « données concernant la santé », les données à caractère personnel relatives à la santé physique ou mentale d'une personne physique, y compris la prestation

de services de soins de santé, qui révèlent des informations sur l'état de santé de cette personne ;

16) « établissement principal »,

a) en ce qui concerne un responsable du traitement établi dans plusieurs États membres, le lieu de son administration centrale dans l'Union, à moins que les décisions quant aux finalités et aux moyens du traitement de données à caractère personnel soient prises dans un autre établissement du responsable du traitement dans l'Union et que ce dernier établissement a le pouvoir de faire appliquer ces décisions, auquel cas l'établissement ayant pris de telles décisions est considéré comme l'établissement principal ;

b) en ce qui concerne un sous-traitant établi dans plusieurs États membres, le lieu de son administration centrale dans l'Union ou, si ce sous-traitant ne dispose pas d'une administration centrale dans l'Union, l'établissement du sous-traitant dans l'Union où se déroule l'essentiel des activités de traitement effectuées dans le cadre des activités d'un établissement du sous-traitant, dans la mesure où le sous-traitant est soumis à des obligations spécifiques en vertu du présent règlement ;

17) « représentant », une personne physique ou morale établie dans l'Union, désignée par le responsable du traitement ou le sous-traitant par écrit, en vertu de l'article 27, qui les représente en ce qui concerne leurs obligations respectives en vertu du présent règlement ;

18) « entreprise », une personne physique ou morale exerçant une activité économique, quelle que soit sa forme juridique, y compris les sociétés de personnes ou les associations qui exercent régulièrement une activité économique ;

19) « groupe d'entreprises », une entreprise qui exerce le contrôle et les entreprises qu'elle contrôle ;

20) « règles d'entreprise contraignantes », les règles internes relatives à la protection des données à caractère personnel qu'applique un responsable du traitement ou un sous-traitant établi sur le territoire d'un État membre pour des transferts ou pour un ensemble de transferts de données à caractère personnel à un responsable du traitement ou à un sous-traitant établi dans un ou plusieurs pays tiers au sein d'un groupe d'entreprises, ou d'un groupe d'entreprises engagées dans une activité économique conjointe ;

21) « autorité de contrôle », une autorité publique indépendante qui est instituée par un État membre en vertu de l'article 51 ;

22) « autorité de contrôle concernée », une autorité de contrôle qui est concernée par le traitement de données à caractère personnel parce que :

a) le responsable du traitement ou le sous-traitant est établi sur le territoire de l'État membre dont cette autorité de contrôle relève ;

b) des personnes concernées résidant dans l'État membre de cette autorité de contrôle sont sensiblement affectées par le traitement ou sont susceptibles de l'être ; ou

c) une réclamation a été introduite auprès de cette autorité de contrôle ;

23) « traitement transfrontalier »,

a) un traitement de données à caractère personnel qui a lieu dans l'Union dans le cadre des activités d'établissements dans plusieurs États membres d'un responsable du traitement ou d'un sous-traitant lorsque le responsable du traitement ou le sous-traitant est établi dans plusieurs États membres ; ou

b) un traitement de données à caractère personnel qui a lieu dans l'Union dans le cadre des activités d'un établissement unique d'un responsable du traitement ou d'un sous-traitant, mais qui affecte sensiblement ou est susceptible d'affecter sensiblement des personnes concernées dans plusieurs États membres ;

24) « objection pertinente et motivée », une objection à un projet de décision quant à savoir s'il y a ou non violation du présent règlement ou si l'action envisagée en

ce qui concerne le responsable du traitement ou le sous-traitant respecte le présent règlement, qui démontre clairement l'importance des risques que présente le projet de décision pour les libertés et droits fondamentaux des personnes concernées et, le cas échéant, le libre flux des données à caractère personnel au sein de l'Union ;

25) « service de la société de l'information », un service au sens de l'article 1er, paragraphe 1, point b), de la directive (UE) 2015/1535 du Parlement européen et du Conseil (19) ;

26) « organisation internationale », une organisation internationale et les organismes de droit public international qui en relèvent, ou tout autre organisme qui est créé par un accord entre deux pays ou plus, ou en vertu d'un tel accord.

Chapitre II

Principes

Art. 5. — Principes relatifs au traitement des données à caractère personnel.

1. Les données à caractère personnel doivent être :

a) traitées de manière licite, loyale et transparente au regard de la personne concernée (licéité, loyauté, transparence) ;

b) collectées pour des finalités déterminées, explicites et légitimes, et ne pas être traitées ultérieurement d'une manière incompatible avec ces finalités ; le traitement ultérieur à des fins archivistiques dans l'intérêt public, à des fins de recherche scientifique ou historique ou à des fins statistiques n'est pas considéré, conformément à l'article 89, paragraphe 1, comme incompatible avec les finalités initiales (limitation des finalités) ;

c) adéquates, pertinentes et limitées à ce qui est nécessaire au regard des finalités pour lesquelles elles sont traitées (minimisation des données) ;

d) exactes et, si nécessaire, tenues à jour ; toutes les mesures raisonnables doivent être prises pour que les données à caractère personnel qui sont inexactes, eu égard aux finalités pour lesquelles elles sont traitées, soient effacées ou rectifiées sans tarder (exactitude) ;

e) conservées sous une forme permettant l'identification des personnes concernées pendant une durée n'excédant pas celle nécessaire au regard des finalités pour lesquelles elles sont traitées ; les données à caractère personnel peuvent être conservées pour des durées plus longues dans la mesure où elles seront traitées exclusivement à des fins archivistiques dans l'intérêt public, à des fins de recherche scientifique ou historique ou à des fins statistiques conformément à l'article 89, paragraphe 1, pour autant que soient mises en œuvre les mesures techniques et organisationnelles appropriées requises par le présent règlement afin de garantir les droits et libertés de la personne concernée (limitation de la conservation) ;

f) traitées de façon à garantir une sécurité appropriée des données à caractère personnel, y compris la protection contre le traitement non autorisé ou illicite et contre la perte, la destruction ou les dégâts d'origine accidentelle, à l'aide de mesures techniques ou organisationnelles appropriées (intégrité et confidentialité) ;

2. Le responsable du traitement est responsable du respect du paragraphe 1 et est en mesure de démontrer que celui-ci est respecté (responsabilité).

Art. 6. — Licéité du traitement.

1. Le traitement n'est licite que si, et dans la mesure où, au moins une des conditions suivantes est remplie :

a) la personne concernée a consenti au traitement de ses données à caractère personnel pour une ou plusieurs finalités spécifiques ;

b) le traitement est nécessaire à l'exécution d'un contrat auquel la personne concernée est partie ou à l'exécution de mesures précontractuelles prises à la demande de celle-ci ;

c) le traitement est nécessaire au respect d'une obligation légale à laquelle le responsable du traitement est soumis ;

d) le traitement est nécessaire à la sauvegarde des intérêts vitaux de la personne concernée ou d'une autre personne physique ;

e) le traitement est nécessaire à l'exécution d'une mission d'intérêt public ou relevant de l'exercice de l'autorité publique dont est investi le responsable du traitement ;

f) le traitement est nécessaire aux fins des intérêts légitimes poursuivis par le responsable du traitement ou par un tiers, à moins que ne prévalent les intérêts ou les libertés et droits fondamentaux de la personne concernée qui exigent une protection des données à caractère personnel, notamment lorsque la personne concernée est un enfant.

Le point f) du premier alinéa ne s'applique pas au traitement effectué par les autorités publiques dans l'exécution de leurs missions.

2. Les États membres peuvent maintenir ou introduire des dispositions plus spécifiques pour adapter l'application des règles du présent règlement pour ce qui est du traitement dans le but de respecter le paragraphe 1, points c) et e), en déterminant plus précisément les exigences spécifiques applicables au traitement ainsi que d'autres mesures visant à garantir un traitement licite et loyal, y compris dans d'autres situations particulières de traitement comme le prévoit le chapitre IX.

3. Le fondement du traitement visé au paragraphe 1, points c) et e), est défini par :

a) le droit de l'Union ; ou b) le droit de l'État membre auquel le responsable du traitement est soumis.

Les finalités du traitement sont définies dans cette base juridique ou, en ce qui concerne le traitement visé au paragraphe 1, point e), sont nécessaires à l'exécution d'une mission d'intérêt public ou relevant de l'exercice de l'autorité publique dont est investi le responsable du traitement. Cette base juridique peut contenir des dispositions spécifiques pour adapter l'application des règles du présent règlement, entre autres : les conditions générales régissant la licéité du traitement par le responsable du traitement ; les types de données qui font l'objet du traitement ; les personnes concernées ; les entités auxquelles les données à caractère personnel peuvent être communiquées et les finalités pour lesquelles elles peuvent l'être ; la limitation des finalités ; les durées de conservation ; et les opérations et procédures de traitement, y compris les mesures visant à garantir un traitement licite et loyal, telles que celles prévues dans d'autres situations particulières de traitement comme le prévoit le chapitre IX. Le droit de l'Union ou le droit des États membres répond à un objectif d'intérêt public et est proportionné à l'objectif légitime poursuivi.

4. Lorsque le traitement à une fin autre que celle pour laquelle les données ont été collectées n'est pas fondé sur le consentement de la personne concernée ou sur le droit de l'Union ou le droit d'un État membre qui constitue une mesure nécessaire et proportionnée dans une société démocratique pour garantir les objectifs visés à l'article 23, paragraphe 1, le responsable du traitement, afin de déterminer si le traitement à une autre fin est compatible avec la finalité pour laquelle les données à caractère personnel ont été initialement collectées, tient compte, entre autres :

a) de l'existence éventuelle d'un lien entre les finalités pour lesquelles les données à caractère personnel ont été collectées et les finalités du traitement ultérieur envisagé ;

b) du contexte dans lequel les données à caractère personnel ont été collectées, en particulier en ce qui concerne la relation entre les personnes concernées et le responsable du traitement ;

c) de la nature des données à caractère personnel, en particulier si le traitement porte sur des catégories particulières de données à caractère personnel, en vertu de l'article 9, ou si des données à caractère personnel relatives à des condamnations pénales et à des infractions sont traitées, en vertu de l'article 10 ;

d) des conséquences possibles du traitement ultérieur envisagé pour les personnes concernées ;

e) de l'existence de garanties appropriées, qui peuvent comprendre le chiffrement ou la pseudonymisation.

Art. 7. — Conditions applicables au consentement.

1. Dans les cas où le traitement repose sur le consentement, le responsable du traitement est en mesure de démontrer que la personne concernée a donné son consentement au traitement de données à caractère personnel la concernant.

2. Si le consentement de la personne concernée est donné dans le cadre d'une déclaration écrite qui concerne également d'autres questions, la demande de consentement est présentée sous une forme qui la distingue clairement de ces autres questions, sous une forme compréhensible et aisément accessible, et formulée en des termes clairs et simples. Aucune partie de cette déclaration qui constitue une violation du présent règlement n'est contraignante.

3. La personne concernée a le droit de retirer son consentement à tout moment. Le retrait du consentement ne compromet pas la licéité du traitement fondé sur le consentement effectué avant ce retrait. La personne concernée en est informée avant de donner son consentement. Il est aussi simple de retirer que de donner son consentement.

4. Au moment de déterminer si le consentement est donné librement, il y a lieu de tenir le plus grand compte de la question de savoir, entre autres, si l'exécution d'un contrat, y compris la fourniture d'un service, est subordonnée au consentement au traitement de données à caractère personnel qui n'est pas nécessaire à l'exécution dudit contrat.

Art. 8. — Conditions applicables au consentement des enfants en ce qui concerne les services de la société de l'information.

1. Lorsque l'article 6, paragraphe 1, point a), s'applique, en ce qui concerne l'offre directe de services de la société de l'information aux enfants, le traitement des données à caractère personnel relatives à un enfant est licite lorsque l'enfant est âgé d'au moins 16 ans. Lorsque l'enfant est âgé de moins de 16 ans, ce traitement n'est licite que si, et dans la mesure où, le consentement est donné ou autorisé par le titulaire de la responsabilité parentale à l'égard de l'enfant.

Les États membres peuvent prévoir par la loi un âge inférieur pour ces finalités pour autant que cet âge inférieur ne soit pas en-dessous de 13 ans.

2. Le responsable du traitement s'efforce raisonnablement de vérifier, en pareil cas, que le consentement est donné ou autorisé par le titulaire de la responsabilité parentale à l'égard de l'enfant, compte tenu des moyens technologiques disponibles.

3. Le paragraphe 1 ne porte pas atteinte au droit général des contrats des États membres, notamment aux règles concernant la validité, la formation ou les effets d'un contrat à l'égard d'un enfant.

Art. 9. — Traitement portant sur des catégories particulières de données à caractère personnel.

1. Le traitement des données à caractère personnel qui révèle l'origine raciale ou ethnique, les opinions politiques, les convictions religieuses ou philosophiques ou l'appartenance syndicale, ainsi que le traitement des données génétiques, des données biométriques aux fins d'identifier une personne physique de manière unique, des données concernant la santé ou des données concernant la vie sexuelle ou l'orientation sexuelle d'une personne physique sont interdits.

2. Le paragraphe 1 ne s'applique pas si l'une des conditions suivantes est remplie :

a) la personne concernée a donné son consentement explicite au traitement de ces données à caractère personnel pour une ou plusieurs finalités spécifiques, sauf lorsque le droit de l'Union ou le droit de l'État membre prévoit que l'interdiction visée au paragraphe 1 ne peut pas être levée par la personne concernée ;

b) le traitement est nécessaire aux fins de l'exécution des obligations et de l'exercice des droits propres au responsable du traitement ou à la personne concernée en matière de droit du travail, de la sécurité sociale et de la protection sociale, dans la mesure où ce traitement est autorisé par le droit de l'Union, par le droit d'un État membre ou par une convention collective conclue en vertu du droit d'un État membre qui prévoit des garanties appropriées pour les droits fondamentaux et les intérêts de la personne concernée ;

c) le traitement est nécessaire à la sauvegarde des intérêts vitaux de la personne concernée ou d'une autre personne physique, dans le cas où la personne concernée se trouve dans l'incapacité physique ou juridique de donner son consentement ;

d) le traitement est effectué, dans le cadre de leurs activités légitimes et moyennant les garanties appropriées, par une fondation, une association ou tout autre organisme à but non lucratif et poursuivant une finalité politique, philosophique, religieuse ou syndicale, à condition que ledit traitement se rapporte exclusivement aux membres ou aux anciens membres dudit organisme ou aux personnes entretenant avec celui-ci des contacts réguliers en liaison avec ses finalités et que les données à caractère personnel ne soient pas communiquées en dehors de cet organisme sans le consentement des personnes concernées ;

e) le traitement porte sur des données à caractère personnel qui sont manifestement rendues publiques par la personne concernée ;

f) le traitement est nécessaire à la constatation, à l'exercice ou à la défense d'un droit en justice ou chaque fois que des juridictions agissent dans le cadre de leur fonction juridictionnelle ;

g) le traitement est nécessaire pour des motifs d'intérêt public important, sur la base du droit de l'Union ou du droit d'un État membre qui doit être proportionné à l'objectif poursuivi, respecter l'essence du droit à la protection des données et prévoir des mesures appropriées et spécifiques pour la sauvegarde des droits fondamentaux et des intérêts de la personne concernée ;

h) le traitement est nécessaire aux fins de la médecine préventive ou de la médecine du travail, de l'appréciation de la capacité de travail du travailleur, de diagnostics médicaux, de la prise en charge sanitaire ou sociale, ou de la gestion des systèmes et des services de soins de santé ou de protection sociale sur la base du droit de l'Union, du droit d'un État membre ou en vertu d'un contrat conclu avec un professionnel de la santé et soumis aux conditions et garanties visées au paragraphe 3 ;

i) le traitement est nécessaire pour des motifs d'intérêt public dans le domaine de la santé publique, tels que la protection contre les menaces transfrontalières graves pesant sur la santé, ou aux fins de garantir des normes élevées de qualité et de sécurité des soins de santé et des médicaments ou des dispositifs médicaux, sur la base du droit de l'Union ou du droit de l'État membre qui prévoit des mesures appropriées et spécifiques pour la sauvegarde des droits et libertés de la personne concernée, notamment le secret professionnel ;

j) le traitement est nécessaire à des fins archivistiques dans l'intérêt public, à des fins de recherche scientifique ou historique ou à des fins statistiques, conformément à l'article 89, paragraphe 1, sur la base du droit de l'Union ou du droit d'un État membre qui doit être proportionné à l'objectif poursuivi, respecter l'essence du droit à la protection des données et prévoir des mesures appropriées et spécifiques pour la sauvegarde des droits fondamentaux et des intérêts de la personne concernée.

3. Les données à caractère personnel visées au paragraphe 1 peuvent faire l'objet d'un traitement aux fins prévues au paragraphe 2, point h), si ces données sont traitées par un professionnel de la santé soumis à une obligation de secret professionnel conformément au droit de l'Union, au droit d'un État membre ou aux règles arrêtées par les organismes nationaux compétents, ou sous sa responsabilité, ou par une autre personne également soumise à une obligation de secret conformément au droit de l'Union ou au droit d'un État membre ou aux règles arrêtées par les organismes nationaux compétents.

4. Les États membres peuvent maintenir ou introduire des conditions supplémentaires, y compris des limitations, en ce qui concerne le traitement des données génétiques, des données biométriques ou des données concernant la santé.

Art. 10. — Traitement des données à caractère personnel relatives aux condamnations pénales et aux infractions.

Le traitement des données à caractère personnel relatives aux condamnations pénales et aux infractions ou aux mesures de sûreté connexes fondé sur l'article 6, paragraphe 1, ne peut être effectué que sous le contrôle de l'autorité publique, ou si le traitement est autorisé par le droit de l'Union ou par le droit d'un État membre qui prévoit des garanties appropriées pour les droits et libertés des personnes concernées. Tout registre complet des condamnations pénales ne peut être tenu que sous le contrôle de l'autorité publique.

Art. 11. — Traitement ne nécessitant pas l'identification.

1. Si les finalités pour lesquelles des données à caractère personnel sont traitées n'imposent pas ou n'imposent plus au responsable du traitement d'identifier une personne concernée, celui-ci n'est pas tenu de conserver, d'obtenir ou de traiter des informations supplémentaires pour identifier la personne concernée à la seule fin de respecter le présent règlement.

2. Lorsque, dans les cas visés au paragraphe 1 du présent article, le responsable du traitement est à même de démontrer qu'il n'est pas en mesure d'identifier la personne concernée, il en informe la personne concernée, si possible. En pareils cas, les articles 15 à 20 ne sont pas applicables, sauf lorsque la personne concernée fournit, aux fins d'exercer les droits que lui confèrent ces articles, des informations complémentaires qui permettent de l'identifier.

Chapitre III

Droits de la personne concernée

Section 1

Transparence et modalités

Art. 12. — Transparence des informations et des communications et modalités de l'exercice des droits de la personne concernée.

1. Le responsable du traitement prend des mesures appropriées pour fournir toute information visée aux articles 13 et 14 ainsi que pour procéder à toute communication au titre des articles 15 à 22 et de l'article 34 en ce qui concerne le traitement à la personne concernée d'une façon concise, transparente, compréhensible et aisément accessible, en des termes clairs et simples, en particulier pour toute information destinée spécifiquement à un enfant. Les informations sont fournies par écrit ou par d'autres moyens y compris, lorsque c'est approprié, par voie

électronique. Lorsque la personne concernée en fait la demande, les informations peuvent être fournies oralement, à condition que l'identité de la personne concernée soit démontrée par d'autres moyens.

2. Le responsable du traitement facilite l'exercice des droits conférés à la personne concernée au titre des articles 15 à 22. Dans les cas visés à l'article 11, paragraphe 2, le responsable du traitement ne refuse pas de donner suite à la demande de la personne concernée d'exercer les droits que lui confèrent les articles 15 à 22, à moins que le responsable du traitement ne démontre qu'il n'est pas en mesure d'identifier la personne concernée.

3. Le responsable du traitement fournit à la personne concernée des informations sur les mesures prises à la suite d'une demande formulée en application des articles 15 à 22, dans les meilleurs délais et en tout état de cause dans un délai d'un mois à compter de la réception de la demande. Au besoin, ce délai peut être prolongé de deux mois, compte tenu de la complexité et du nombre de demandes. Le responsable du traitement informe la personne concernée de cette prolongation et des motifs du report dans un délai d'un mois à compter de la réception de la demande. Lorsque la personne concernée présente sa demande sous une forme électronique, les informations sont fournies par voie électronique lorsque cela est possible, à moins que la personne concernée ne demande qu'il en soit autrement.

4. Si le responsable du traitement ne donne pas suite à la demande formulée par la personne concernée, il informe celle-ci sans tarder et au plus tard dans un délai d'un mois à compter de la réception de la demande des motifs de son inaction et de la possibilité d'introduire une réclamation auprès d'une autorité de contrôle et de former un recours juridictionnel.

5. Aucun paiement n'est exigé pour fournir les informations au titre des articles 13 et 14 et pour procéder à toute communication et prendre toute mesure au titre des articles 15 à 22 et de l'article 34. Lorsque les demandes d'une personne concernée sont manifestement infondées ou excessives, notamment en raison de leur caractère répétitif, le responsable du traitement peut :

a) exiger le paiement de frais raisonnables qui tiennent compte des coûts administratifs supportés pour fournir les informations, procéder aux communications ou prendre les mesures demandées ; ou

b) refuser de donner suite à ces demandes.

Il incombe au responsable du traitement de démontrer le caractère manifestement infondé ou excessif de la demande.

6. Sans préjudice de l'article 11, lorsque le responsable du traitement a des doutes raisonnables quant à l'identité de la personne physique présentant la demande visée aux articles 15 à 21, il peut demander que lui soient fournies des informations supplémentaires nécessaires pour confirmer l'identité de la personne concernée.

7. Les informations à communiquer aux personnes concernées en application des articles 13 et 14 peuvent être fournies accompagnées d'icônes normalisées afin d'offrir une bonne vue d'ensemble, facilement visible, compréhensible et clairement lisible, du traitement prévu. Lorsque les icônes sont présentées par voie électronique, elles sont lisibles par machine.

8. La Commission est habilitée à adopter des actes délégués en conformité avec l'article 92, aux fins de déterminer les informations à présenter sous la forme d'icônes ainsi que les procédures régissant la fourniture d'icônes normalisées.

Section 2

Information et accès aux données à caractère personnel

Art. 13. — Informations à fournir lorsque des données à caractère personnel sont collectées auprès de la personne concernée.

1. Lorsque des données à caractère personnel relatives à une personne concernée sont collectées auprès de cette personne, le responsable du traitement lui fournit, au moment où les données en question sont obtenues, toutes les informations suivantes :

a) l'identité et les coordonnées du responsable du traitement et, le cas échéant, du représentant du responsable du traitement

b) le cas échéant, les coordonnées du délégué à la protection des données ;

c) les finalités du traitement auquel sont destinées les données à caractère personnel ainsi que la base juridique du traitement ;

d) lorsque le traitement est fondé sur l'article 6, paragraphe 1, point f), les intérêts légitimes poursuivis par le responsable du traitement ou par un tiers ;

e) les destinataires ou les catégories de destinataires des données à caractère personnel, s'ils existent ; et

f) le cas échéant, le fait que le responsable du traitement a l'intention d'effectuer un transfert de données à caractère personnel vers un pays tiers ou à une organisation internationale, et l'existence ou l'absence d'une décision d'adéquation rendue par la Commission ou, dans le cas des transferts visés à l'article 46 ou 47, ou à l'article 49, paragraphe 1, deuxième alinéa, la référence aux garanties appropriées ou adaptées et les moyens d'en obtenir une copie ou l'endroit où elles ont été mises à disposition ;

2. En plus des informations visées au paragraphe 1, le responsable du traitement fournit à la personne concernée, au moment où les données à caractère personnel sont obtenues, les informations complémentaires suivantes qui sont nécessaires pour garantir un traitement équitable et transparent :

a) la durée de conservation des données à caractère personnel ou, lorsque ce n'est pas possible, les critères utilisés pour déterminer cette durée ;

b) l'existence du droit de demander au responsable du traitement l'accès aux données à caractère personnel, la rectification ou l'effacement de celles-ci, ou une limitation du traitement relatif à la personne concernée, ou du droit de s'opposer au traitement et du droit à la portabilité des données ;

c) lorsque le traitement est fondé sur l'article 6, paragraphe 1, point a), ou sur l'article 9, paragraphe 2, point a), l'existence du droit de retirer son consentement à tout moment, sans porter atteinte à la licéité du traitement fondé sur le consentement effectué avant le retrait de celui-ci ;

d) le droit d'introduire une réclamation auprès d'une autorité de contrôle ;

e) des informations sur la question de savoir si l'exigence de fourniture de données à caractère personnel a un caractère réglementaire ou contractuel ou si elle conditionne la conclusion d'un contrat et si la personne concernée est tenue de fournir les données à caractère personnel, ainsi que sur les conséquences éventuelles de la non-fourniture de ces données ;

f) l'existence d'une prise de décision automatisée, y compris un profilage, visée à l'article 22, paragraphes 1 et 4, et, au moins en pareils cas, des informations utiles concernant la logique sous-jacente, ainsi que l'importance et les conséquences prévues de ce traitement pour la personne concernée.

3. Lorsqu'il a l'intention d'effectuer un traitement ultérieur des données à caractère personnel pour une finalité autre que celle pour laquelle les données à caractère personnel ont été collectées, le responsable du traitement fournit au préalable à la

personne concernée des informations au sujet de cette autre finalité et toute autre information pertinente visée au paragraphe 2.

4. Les paragraphes 1, 2 et 3 ne s'appliquent pas lorsque, et dans la mesure où, la personne concernée dispose déjà de ces informations.

Art. 14. — Informations à fournir lorsque les données à caractère personnel n'ont pas été collectées auprès de la personne concernée.

1. Lorsque les données à caractère personnel n'ont pas été collectées auprès de la personne concernée, le responsable du traitement fournit à celle-ci toutes les informations suivantes :

a) l'identité et les coordonnées du responsable du traitement et, le cas échéant, du représentant du responsable du traitement ;

b) le cas échéant, les coordonnées du délégué à la protection des données ;

c) les finalités du traitement auquel sont destinées les données à caractère personnel ainsi que la base juridique du traitement ;

d) les catégories de données à caractère personnel concernées ;

e) le cas échéant, les destinataires ou les catégories de destinataires des données à caractère personnel ;

f) le cas échéant, le fait que le responsable du traitement a l'intention d'effectuer un transfert de données à caractère personnel à un destinataire dans un pays tiers ou une organisation internationale, et l'existence ou l'absence d'une décision d'adéquation rendue par la Commission ou, dans le cas des transferts visés à l'article 46 ou 47, ou à l'article 49, paragraphe 1, deuxième alinéa, la référence aux garanties appropriées ou adaptées et les moyens d'en obtenir une copie ou l'endroit où elles ont été mises à disposition ;

2. En plus des informations visées au paragraphe 1, le responsable du traitement fournit à la personne concernée les informations suivantes nécessaires pour garantir un traitement équitable et transparent à l'égard de la personne concernée :

a) la durée pendant laquelle les données à caractère personnel seront conservées ou, lorsque ce n'est pas possible, les critères utilisés pour déterminer cette durée ;

b) lorsque le traitement est fondé sur l'article 6, paragraphe 1, point f), les intérêts légitimes poursuivis par le responsable du traitement ou par un tiers ;

c) l'existence du droit de demander au responsable du traitement l'accès aux données à caractère personnel, la rectification ou l'effacement de celles-ci, ou une limitation du traitement relatif à la personne concernée, ainsi que du droit de s'opposer au traitement et du droit à la portabilité des données ;

d) lorsque le traitement est fondé sur l'article 6, paragraphe 1, point a), ou sur l'article 9, paragraphe 2, point a), l'existence du droit de retirer le consentement à tout moment, sans porter atteinte à la licéité du traitement fondé sur le consentement effectué avant le retrait de celui-ci ;

e) le droit d'introduire une réclamation auprès d'une autorité de contrôle ;

f) la source d'où proviennent les données à caractère personnel et, le cas échéant, une mention indiquant qu'elles sont issues ou non de sources accessibles au public ;

g) l'existence d'une prise de décision automatisée, y compris un profilage, visée à l'article 22, paragraphes 1 et 4, et, au moins en pareils cas, des informations utiles concernant la logique sous-jacente, ainsi que l'importance et les conséquences prévues de ce traitement pour la personne concernée.

3. Le responsable du traitement fournit les informations visées aux paragraphes 1 et 2 :

a) dans un délai raisonnable après avoir obtenu les données à caractère personnel, mais ne dépassant pas un mois, eu égard aux circonstances particulières dans lesquelles les données à caractère personnel sont traitées ;

b) si les données à caractère personnel doivent être utilisées aux fins de la communication avec la personne concernée, au plus tard au moment de la première communication à ladite personne ; ou

c) s'il est envisagé de communiquer les informations à un autre destinataire, au plus tard lorsque les données à caractère personnel sont communiquées pour la première fois.

4. Lorsqu'il a l'intention d'effectuer un traitement ultérieur des données à caractère personnel pour une finalité autre que celle pour laquelle les données à caractère personnel ont été obtenues, le responsable du traitement fournit au préalable à la personne concernée des informations au sujet de cette autre finalité et toute autre information pertinente visée au paragraphe 2.

5. Les paragraphes 1 à 4 ne s'appliquent pas lorsque et dans la mesure où :

a) la personne concernée dispose déjà de ces informations ;

b) la fourniture de telles informations se révèle impossible ou exigerait des efforts disproportionnés, en particulier pour le traitement à des fins archivistiques dans l'intérêt public, à des fins de recherche scientifique ou historique ou à des fins statistiques sous réserve des conditions et garanties visées à l'article 89, paragraphe 1, ou dans la mesure où l'obligation visée au paragraphe 1 du présent article est susceptible de rendre impossible ou de compromettre gravement la réalisation des objectifs dudit traitement. En pareils cas, le responsable du traitement prend des mesures appropriées pour protéger les droits et libertés ainsi que les intérêts légitimes de la personne concernée, y compris en rendant les informations publiquement disponibles ;

c) l'obtention ou la communication des informations sont expressément prévues par le droit de l'Union ou le droit de l'État membre auquel le responsable du traitement est soumis et qui prévoit des mesures appropriées visant à protéger les intérêts légitimes de la personne concernée ; ou

d) les données à caractère personnel doivent rester confidentielles en vertu d'une obligation de secret professionnel réglementée par le droit de l'Union ou le droit des États membre, y compris une obligation légale de secret professionnel.

Art. 15. — Droit d'accès de la personne concernée.

1. La personne concernée a le droit d'obtenir du responsable du traitement la confirmation que des données à caractère personnel la concernant sont ou ne sont pas traitées et, lorsqu'elles le sont, l'accès auxdites données à caractère personnel ainsi que les informations suivantes :

a) les finalités du traitement ;

b) les catégories de données à caractère personnel concernées ;

c) les destinataires ou catégories de destinataires auxquels les données à caractère personnel ont été ou seront communiquées, en particulier les destinataires qui sont établis dans des pays tiers ou les organisations internationales ;

d) lorsque cela est possible, la durée de conservation des données à caractère personnel envisagée ou, lorsque ce n'est pas possible, les critères utilisés pour déterminer cette durée ;

e) l'existence du droit de demander au responsable du traitement la rectification ou l'effacement de données à caractère personnel, ou une limitation du traitement des données à caractère personnel relatives à la personne concernée, ou du droit de s'opposer à ce traitement ;

f) le droit d'introduire une réclamation auprès d'une autorité de contrôle ;

g) lorsque les données à caractère personnel ne sont pas collectées auprès de la personne concernée, toute information disponible quant à leur source ;

h) l'existence d'une prise de décision automatisée, y compris un profilage, visée à l'article 22, paragraphes 1 et 4, et, au moins en pareils cas, des informations utiles concernant la logique sous-jacente, ainsi que l'importance et les conséquences prévues de ce traitement pour la personne concernée.

2. Lorsque les données à caractère personnel sont transférées vers un pays tiers ou à une organisation internationale, la personne concernée a le droit d'être informée des garanties appropriées, en vertu de l'article 46, en ce qui concerne ce transfert.

3. Le responsable du traitement fournit une copie des données à caractère personnel faisant l'objet d'un traitement. Le responsable du traitement peut exiger le paiement de frais raisonnables basés sur les coûts administratifs pour toute copie supplémentaire demandée par la personne concernée. Lorsque la personne concernée présente sa demande par voie électronique, les informations sont fournies sous une forme électronique d'usage courant, à moins que la personne concernée ne demande qu'il en soit autrement.

4. Le droit d'obtenir une copie visé au paragraphe 3 ne porte pas atteinte aux droits et libertés d'autrui.

Section 3

Rectification et effacement

Art. 16. — Droit de rectification.

La personne concernée a le droit d'obtenir du responsable du traitement, dans les meilleurs délais, la rectification des données à caractère personnel la concernant qui sont inexactes. Compte tenu des finalités du traitement, la personne concernée a le droit d'obtenir que les données à caractère personnel incomplètes soient complétées, y compris en fournissant une déclaration complémentaire.

Art. 17. — Droit à l'effacement (« droit à l'oubli »).

1. La personne concernée a le droit d'obtenir du responsable du traitement l'effacement, dans les meilleurs délais, de données à caractère personnel la concernant et le responsable du traitement a l'obligation d'effacer ces données à caractère personnel dans les meilleurs délais, lorsque l'un des motifs suivants s'applique :

a) les données à caractère personnel ne sont plus nécessaires au regard des finalités pour lesquelles elles ont été collectées ou traitées d'une autre manière ;

b) la personne concernée retire le consentement sur lequel est fondé le traitement, conformément à l'article 6, paragraphe 1, point a), ou à l'article 9, paragraphe 2, point a), et il n'existe pas d'autre fondement juridique au traitement ;

c) la personne concernée s'oppose au traitement en vertu de l'article 21, paragraphe 1, et il n'existe pas de motif légitime impérieux pour le traitement, ou la personne concernée s'oppose au traitement en vertu de l'article 21, paragraphe 2 ;

d) les données à caractère personnel ont fait l'objet d'un traitement illicite ;

e) les données à caractère personnel doivent être effacées pour respecter une obligation légale qui est prévue par le droit de l'Union ou par le droit de l'État membre auquel le responsable du traitement est soumis ;

f) les données à caractère personnel ont été collectées dans le cadre de l'offre de services de la société de l'information visée à l'article 8, paragraphe 1.

2. Lorsqu'il a rendu publiques les données à caractère personnel et qu'il est tenu de les effacer en vertu du paragraphe 1, le responsable du traitement, compte tenu des technologies disponibles et des coûts de mise en œuvre, prend des mesures raisonnables, y compris d'ordre technique, pour informer les responsables du traitement qui traitent ces données à caractère personnel que la personne concernée a demandé

l'effacement par ces responsables du traitement de tout lien vers ces données à caractère personnel, ou de toute copie ou reproduction de celles-ci.

3. Les paragraphes 1 et 2 ne s'appliquent pas dans la mesure où ce traitement est nécessaire :

a) à l'exercice du droit à la liberté d'expression et d'information ;

b) pour respecter une obligation légale qui requiert le traitement prévue par le droit de l'Union ou par le droit de l'État membre auquel le responsable du traitement est soumis, ou pour exécuter une mission d'intérêt public ou relevant de l'exercice de l'autorité publique dont est investi le responsable du traitement ;

c) pour des motifs d'intérêt public dans le domaine de la santé publique, conformément à l'article 9, paragraphe 2, points h) et i), ainsi qu'à l'article 9, paragraphe 3 ;

d) à des fins archivistiques dans l'intérêt public, à des fins de recherche scientifique ou historique ou à des fins statistiques conformément à l'article 89, paragraphe 1, dans la mesure où le droit visé au paragraphe 1 est susceptible de rendre impossible ou de compromettre gravement la réalisation des objectifs dudit traitement ; ou

e) à la constatation, à l'exercice ou à la défense de droits en justice.

Art. 18. — Droit à la limitation du traitement.

1. La personne concernée a le droit d'obtenir du responsable du traitement la limitation du traitement lorsque l'un des éléments suivants s'applique :

a) l'exactitude des données à caractère personnel est contestée par la personne concernée, pendant une durée permettant au responsable du traitement de vérifier l'exactitude des données à caractère personnel ;

b) le traitement est illicite et la personne concernée s'oppose à leur effacement et exige à la place la limitation de leur utilisation ;

c) le responsable du traitement n'a plus besoin des données à caractère personnel aux fins du traitement mais celles-ci sont encore nécessaires à la personne concernée pour la constatation, l'exercice ou la défense de droits en justice ;

d) la personne concernée s'est opposée au traitement en vertu de l'article 21, paragraphe 1, pendant la vérification portant sur le point de savoir si les motifs légitimes poursuivis par le responsable du traitement prévalent sur ceux de la personne concernée.

2. Lorsque le traitement a été limité en vertu du paragraphe 1, ces données à caractère personnel ne peuvent, à l'exception de la conservation, être traitées qu'avec le consentement de la personne concernée, ou pour la constatation, l'exercice ou la défense de droits en justice, ou pour la protection des droits d'une autre personne physique ou morale, ou encore pour des motifs importants d'intérêt public de l'Union ou d'un État membre.

3. Une personne concernée qui a obtenu la limitation du traitement en vertu du paragraphe 1 est informée par le responsable du traitement avant que la limitation du traitement ne soit levée.

Art. 19. — Obligation de notification en ce qui concerne la rectification ou l'effacement de données à caractère personnel ou la limitation du traitement.

Le responsable du traitement notifie à chaque destinataire auquel les données à caractère personnel ont été communiquées toute rectification ou tout effacement de données à caractère personnel ou toute limitation du traitement effectué conformément à l'article 16, à l'article 17, paragraphe 1, et à l'article 18, à moins qu'une telle communication se révèle impossible ou exige des efforts disproportionnés. Le responsable du traitement fournit à la personne concernée des informations sur ces destinataires si celle-ci en fait la demande.

Art. 20. — Droit à la portabilité des données.

1. Les personnes concernées ont le droit de recevoir les données à caractère personnel les concernant qu'elles ont fournies à un responsable du traitement, dans un format structuré, couramment utilisé et lisible par machine, et ont le droit de transmettre ces données à un autre responsable du traitement sans que le responsable du traitement auquel les données à caractère personnel ont été communiquées y fasse obstacle, lorsque :

a) le traitement est fondé sur le consentement en application de l'article 6, paragraphe 1, point a), ou de l'article 9, paragraphe 2, point a), ou sur un contrat en application de l'article 6, paragraphe 1, point b) ; et

b) le traitement est effectué à l'aide de procédés automatisés.

2. Lorsque la personne concernée exerce son droit à la portabilité des données en application du paragraphe 1, elle a le droit d'obtenir que les données à caractère personnel soient transmises directement d'un responsable du traitement à un autre, lorsque cela est techniquement possible.

3. L'exercice du droit, visé au paragraphe 1 du présent article s'entend sans préjudice de l'article 17. Ce droit ne s'applique pas au traitement nécessaire à l'exécution d'une mission d'intérêt public ou relevant de l'exercice de l'autorité publique dont est investi le responsable du traitement.

4. Le droit visé au paragraphe 1 ne porte pas atteinte aux droits et libertés de tiers.

Section 4

Droit d'opposition et prise de décision individuelle automatisée

Art. 21. — Droit d'opposition.

1. La personne concernée a le droit de s'opposer à tout moment, pour des raisons tenant à sa situation particulière, à un traitement des données à caractère personnel la concernant fondé sur l'article 6, paragraphe 1, point e) ou f), y compris un profilage fondé sur ces dispositions. Le responsable du traitement ne traite plus les données à caractère personnel, à moins qu'il ne démontre qu'il existe des motifs légitimes et impérieux pour le traitement qui prévalent sur les intérêts et les droits et libertés de la personne concernée, ou pour la constatation, l'exercice ou la défense de droits en justice.

2. Lorsque les données à caractère personnel sont traitées à des fins de prospection, la personne concernée a le droit de s'opposer à tout moment au traitement des données à caractère personnel la concernant à de telles fins de prospection, y compris au profilage dans la mesure où il est lié à une telle prospection.

3. Lorsque la personne concernée s'oppose au traitement à des fins de prospection, les données à caractère personnel ne sont plus traitées à ces fins.

4. Au plus tard au moment de la première communication avec la personne concernée, le droit visé aux paragraphes 1 et 2 est explicitement porté à l'attention de la personne concernée et est présenté clairement et séparément de toute autre information.

5. Dans le cadre de l'utilisation de services de la société de l'information, et nonobstant la directive 2002/58/CE, la personne concernée peut exercer son droit d'opposition à l'aide de procédés automatisés utilisant des spécifications techniques.

6. Lorsque des données à caractère personnel sont traitées à des fins de recherche scientifique ou historique ou à des fins statistiques en application de l'article 89, paragraphe 1, la personne concernée a le droit de s'opposer, pour des raisons tenant à sa situation particulière, au traitement de données à caractère personnel la concernant, à moins que le traitement ne soit nécessaire à l'exécution d'une mission d'intérêt public.

Art. 22. — Décision individuelle automatisée, y compris le profilage.

1. La personne concernée a le droit de ne pas faire l'objet d'une décision fondée exclusivement sur un traitement automatisé, y compris le profilage, produisant des effets juridiques la concernant ou l'affectant de manière significative de façon similaire.

2. Le paragraphe 1 ne s'applique pas lorsque la décision :

a) est nécessaire à la conclusion ou à l'exécution d'un contrat entre la personne concernée et un responsable du traitement ;

b) est autorisée par le droit de l'Union ou le droit de l'État membre auquel le responsable du traitement est soumis et qui prévoit également des mesures appropriées pour la sauvegarde des droits et libertés et des intérêts légitimes de la personne concernée ; ou

c) est fondée sur le consentement explicite de la personne concernée.

3. Dans les cas visés au paragraphe 2, points a) et c), le responsable du traitement met en œuvre des mesures appropriées pour la sauvegarde des droits et libertés et des intérêts légitimes de la personne concernée, au moins du droit de la personne concernée d'obtenir une intervention humaine de la part du responsable du traitement, d'exprimer son point de vue et de contester la décision.

4. Les décisions visées au paragraphe 2 ne peuvent être fondées sur les catégories particulières de données à caractère personnel visées à l'article 9, paragraphe 1, à moins que l'article 9, paragraphe 2, point a) ou g), ne s'applique et que des mesures appropriées pour la sauvegarde des droits et libertés et des intérêts légitimes de la personne concernée ne soient en place.

Section 5

Limitations

Art. 23. — Limitations.

1. Le droit de l'Union ou le droit de l'État membre auquel le responsable du traitement ou le sous-traitant est soumis peuvent, par la voie de mesures législatives, limiter la portée des obligations et des droits prévus aux articles 12 à 22 et à l'article 34, ainsi qu'à l'article 5 dans la mesure où les dispositions du droit en question correspondent aux droits et obligations prévus aux articles 12 à 22, lorsqu'une telle limitation respecte l'essence des libertés et droits fondamentaux et qu'elle constitue une mesure nécessaire et proportionnée dans une société démocratique pour garantir :

a) la sécurité nationale ; b) la défense nationale ; c) la sécurité publique ;

d) la prévention et la détection d'infractions pénales, ainsi que les enquêtes et les poursuites en la matière ou l'exécution de sanctions pénales, y compris la protection contre les menaces pour la sécurité publique et la prévention de telles menaces ;

e) d'autres objectifs importants d'intérêt public général de l'Union ou d'un État membre, notamment un intérêt économique ou financier important de l'Union ou d'un État membre, y compris dans les domaines monétaire, budgétaire et fiscal, de la santé publique et de la sécurité sociale ;

f) la protection de l'indépendance de la justice et des procédures judiciaires ;

g) la prévention et la détection de manquements à la déontologie des professions réglementées, ainsi que les enquêtes et les poursuites en la matière ;

h) une mission de contrôle, d'inspection ou de réglementation liée, même occasionnellement, à l'exercice de l'autorité publique, dans les cas visés aux points a) à e) et g) ;

i) la protection de la personne concernée ou des droits et libertés d'autrui

j) l'exécution des demandes de droit civil.

2. En particulier, toute mesure législative visée au paragraphe 1 contient des dispositions spécifiques relatives, au moins, le cas échéant :
a) aux finalités du traitement ou des catégories de traitement ;
b) aux catégories de données à caractère personnel ;
c) à l'étendue des limitations introduites ;
d) aux garanties destinées à prévenir les abus ou l'accès ou le transfert illicites ;
e) à la détermination du responsable du traitement ou des catégories de responsables du traitement ;
f) aux durées de conservation et aux garanties applicables, en tenant compte de la nature, de la portée et des finalités du traitement ou des catégories de traitement ;
g) aux risques pour les droits et libertés des personnes concernées ; et
h) au droit des personnes concernées d'être informées de la limitation, à moins que cela risque de nuire à la finalité de la limitation.

....

Chapitre VI

Autorités de contrôle indépendantes

Section 1

Statut d'indépendance

Art. 51. — Autorité de contrôle.
1. Chaque État membre prévoit qu'une ou plusieurs autorités publiques indépendantes sont chargées de surveiller l'application du présent règlement, afin de protéger les libertés et droits fondamentaux des personnes physiques à l'égard du traitement et de faciliter le libre flux des données à caractère personnel au sein de l'Union (ci-après dénommée « autorité de contrôle »).
2. Chaque autorité de contrôle contribue à l'application cohérente du présent règlement dans l'ensemble de l'Union. À cette fin, les autorités de contrôle coopèrent entre elles et avec la Commission conformément au chapitre VII.
3. Lorsqu'un État membre institue plusieurs autorités de contrôle, il désigne celle qui représente ces autorités au comité et définit le mécanisme permettant de s'assurer du respect, par les autres autorités, des règles relatives au mécanisme de contrôle de la cohérence visé à l'article 63.
4. Chaque État membre notifie à la Commission les dispositions légales qu'il adopte en vertu du présent chapitre, au plus tard, le 25 mai 2018 et, sans tarder, toute modification ultérieure les affectant.
Art. 52. — Indépendance.
1. Chaque autorité de contrôle exerce en toute indépendance les missions et les pouvoirs dont elle est investie conformément au présent règlement.
2. Dans l'exercice de leurs missions et de leurs pouvoirs conformément au présent règlement, le ou les membres de chaque autorité de contrôle demeurent libres de toute influence extérieure, qu'elle soit directe ou indirecte, et ne sollicitent ni n'acceptent d'instructions de quiconque.
3. Le ou les membres de chaque autorité de contrôle s'abstiennent de tout acte incompatible avec leurs fonctions et, pendant la durée de leur mandat, n'exercent aucune activité professionnelle incompatible, rémunérée ou non.

4. Chaque État membre veille à ce que chaque autorité de contrôle dispose des ressources humaines, techniques et financières ainsi que des locaux et de l'infrastructure nécessaires à l'exercice effectif de ses missions et de ses pouvoirs, y compris lorsque celle-ci doit agir dans le cadre de l'assistance mutuelle, de la coopération et de la participation au comité.

5. Chaque État membre veille à ce que chaque autorité de contrôle choisisse et dispose de ses propres agents, qui sont placés sous les ordres exclusifs du ou des membres de l'autorité de contrôle concernée.

6. Chaque État membre veille à ce que chaque autorité de contrôle soit soumise à un contrôle financier qui ne menace pas son indépendance et qu'elle dispose d'un budget annuel public propre, qui peut faire partie du budget global national ou d'une entité fédérée.

Art. 53. — Conditions générales applicables aux membres de l'autorité de contrôle.

1. Les États membres prévoient que chacun des membres de leurs autorités de contrôle est nommé selon une procédure transparente par : leur parlement ; leur gouvernement ; leur chef d'État ; ou un organisme indépendant chargé de procéder à la nomination en vertu du droit de l'État membre.

2. Chaque membre a les qualifications, l'expérience et les compétences nécessaires, notamment dans le domaine de la protection des données à caractère personnel, pour l'exercice de ses fonctions et de ses pouvoirs.

3. Les fonctions d'un membre prennent fin à l'échéance de son mandat, en cas de démission ou de mise à la retraite d'office, conformément au droit de l'État membre concerné.

4. Un membre ne peut être démis de ses fonctions que s'il a commis une faute grave ou s'il ne remplit plus les conditions nécessaires à l'exercice de ses fonctions.

Art. 54. — Règles relatives à l'établissement de l'autorité de contrôle.

1. Chaque État membre prévoit, par la loi, tous les éléments suivants :

a) la création de chaque autorité de contrôle ;

b) les qualifications et les conditions d'éligibilité requises pour être nommé membre de chaque autorité de contrôle ;

c) les règles et les procédures pour la nomination du ou des membres de chaque autorité de contrôle ;

d) la durée du mandat du ou des membres de chaque autorité de contrôle, qui ne peut être inférieure à quatre ans, sauf pour le premier mandat après le 24 mai 2016, dont une partie peut être d'une durée plus courte lorsque cela est nécessaire pour protéger l'indépendance de l'autorité de contrôle au moyen d'une procédure de nominations échelonnées ;

e) le caractère renouvelable ou non du mandat du ou des membres de chaque autorité de contrôle et, si c'est le cas, le nombre de mandats ;

f) les conditions régissant les obligations du ou des membres et des agents de chaque autorité de contrôle, les interdictions d'activités, d'emplois et d'avantages incompatibles avec celles-ci, y compris après la fin de leur mandat, et les règles régissant la cessation de l'emploi.

2. Le ou les membres et les agents de chaque autorité de contrôle sont soumis, conformément au droit de l'Union ou au droit des États membres, au secret professionnel concernant toute information confidentielle dont ils ont eu connaissance dans l'exercice de leurs missions ou de leurs pouvoirs, y compris après la fin de leur mandat. Pendant la durée de leur mandat, ce secret professionnel s'applique en particulier au signalement par des personnes physiques de violations du présent règlement.

Section 2

Compétence, missions et pouvoirs

Art. 55. — Compétence.

1. Chaque autorité de contrôle est compétente pour exercer les missions et les pouvoirs dont elle est investie conformément au présent règlement sur le territoire de l'État membre dont elle relève.

2. Lorsque le traitement est effectué par des autorités publiques ou des organismes privés agissant sur la base de l'article 6, paragraphe 1, point c) ou e), l'autorité de contrôle de l'État membre concerné est compétente. Dans ce cas, l'article 56 n'est pas applicable.

3. Les autorités de contrôle ne sont pas compétentes pour contrôler les opérations de traitement effectuées par les juridictions dans l'exercice de leur fonction juridictionnelle.

Art. 56. — Compétence de l'autorité de contrôle chef de file.

1. Sans préjudice de l'article 55, l'autorité de contrôle de l'établissement principal ou de l'établissement unique du responsable du traitement ou du sous-traitant est compétente pour agir en tant qu'autorité de contrôle chef de file concernant le traitement transfrontalier effectué par ce responsable du traitement ou ce sous-traitant, conformément à la procédure prévue à l'article 60.

2. Par dérogation au paragraphe 1, chaque autorité de contrôle est compétente pour traiter une réclamation introduite auprès d'elle ou une éventuelle violation du présent règlement, si son objet concerne uniquement un établissement dans l'État membre dont elle relève ou affecte sensiblement des personnes concernées dans cet État membre uniquement.

3. Dans les cas visés au paragraphe 2 du présent article, l'autorité de contrôle informe sans tarder l'autorité de contrôle chef de file de la question. Dans un délai de trois semaines suivant le moment où elle a été informée, l'autorité de contrôle chef de file décide si elle traitera ou non le cas conformément à la procédure prévue à l'article 60, en considérant s'il existe ou non un établissement du responsable du traitement ou du sous-traitant dans l'État membre de l'autorité de contrôle qui l'a informée.

4. Si l'autorité de contrôle chef de file décide de traiter le cas, la procédure prévue à l'article 60 s'applique. L'autorité de contrôle qui a informé l'autorité de contrôle chef de file peut lui soumettre un projet de décision. L'autorité de contrôle chef de file tient le plus grand compte de ce projet lorsqu'elle élabore le projet de décision visé à l'article 60, paragraphe 3.

5. Lorsque l'autorité de contrôle chef de file décide de ne pas traiter le cas, l'autorité de contrôle qui l'a informée, le traite conformément aux articles 61 et 62.

6. L'autorité de contrôle chef de file est le seul interlocuteur du responsable du traitement ou du sous-traitant pour le traitement transfrontalier effectué par ce responsable du traitement ou ce sous-traitant.

Art. 57. — Missions.

1. Sans préjudice des autres missions prévues au titre du présent règlement, chaque autorité de contrôle, sur son territoire :

a) contrôle l'application du présent règlement et veille au respect de celui-ci ;

b) favorise la sensibilisation du public et sa compréhension des risques, des règles, des garanties et des droits relatifs au traitement. Les activités destinées spécifiquement aux enfants font l'objet d'une attention particulière ;

c) conseille, conformément au droit de l'État membre, le parlement national, le gouvernement et d'autres institutions et organismes au sujet des mesures législatives et administratives relatives à la protection des droits et libertés des personnes physiques à l'égard du traitement ;

d) encourage la sensibilisation des responsables du traitement et des sous-traitants en ce qui concerne les obligations qui leur incombent en vertu du présent règlement ;

e) fournit, sur demande, à toute personne concernée des informations sur l'exercice des droits que lui confère le présent règlement et, si nécessaire, coopère, à cette fin, avec les autorités de contrôle d'autres États membres ;

f) traite les réclamations introduites par une personne concernée ou par un organisme, une organisation ou une association, conformément à l'article 80, examine l'objet de la réclamation, dans la mesure nécessaire, et informe l'auteur de la réclamation de l'état d'avancement et de l'issue de l'enquête dans un délai raisonnable, notamment si un complément d'enquête ou une coordination avec une autre autorité de contrôle est nécessaire ;

g) coopère avec d'autres autorités de contrôle, y compris en partageant des informations, et fournit une assistance mutuelle dans ce cadre en vue d'assurer une application cohérente du présent règlement et des mesures prises pour en assurer le respect ;

h) effectue des enquêtes sur l'application du présent règlement, y compris sur la base d'informations reçues d'une autre autorité de contrôle ou d'une autre autorité publique ;

i) suit les évolutions pertinentes, dans la mesure où elles ont une incidence sur la protection des données à caractère personnel, notamment dans le domaine des technologies de l'information et de la communication et des pratiques commerciales ;

j) adopte les clauses contractuelles types visées à l'article 28, paragraphe 8, et à l'article 46, paragraphe 2, point d) ;

k) établit et tient à jour une liste en lien avec l'obligation d'effectuer une analyse d'impact relative à la protection des données en application de l'article 35, paragraphe 4 ;

l) fournit des conseils sur les opérations de traitement visées à l'article 36, paragraphe 2 ;

m) encourage l'élaboration de codes de conduite en application de l'article 40, paragraphe 1, rend un avis et approuve les codes de conduite qui fournissent des garanties suffisantes, en application de l'article 40, paragraphe 5 ;

n) encourage la mise en place de mécanismes de certification ainsi que de labels et de marques en matière de protection des données en application de l'article 42, paragraphe 1, et approuve les critères de certification en application de l'article 42, paragraphe 5 ;

o) procède, le cas échéant, à l'examen périodique des certifications délivrées conformément à l'article 42, paragraphe 7 ;

p) rédige et publie les exigences relatives à l'agrément d'un organisme chargé du suivi des codes de conduite en application de l'article 41 et d'un organisme de certification en application de l'article 43 ;

q) procède à l'agrément d'un organisme chargé du suivi des codes de conduite en application de l'article 41 et d'un organisme de certification en application de l'article 43 ;

r) autorise les clauses contractuelles et les dispositions visées à l'article 46, paragraphe 3 ;

s) approuve les règles d'entreprise contraignantes en application de l'article 47 ;

t) contribue aux activités du comité ;

u) tient des registres internes des violations au présent règlement et des mesures prises conformément à l'article 58, paragraphe 2 ; et

v) s'acquitte de toute autre mission relative à la protection des données à caractère personnel.

2. Chaque autorité de contrôle facilite l'introduction des réclamations visées au paragraphe 1, point f), par des mesures telles que la fourniture d'un formulaire de réclamation qui peut aussi être rempli par voie électronique, sans que d'autres moyens de communication ne soient exclus.

3. L'accomplissement des missions de chaque autorité de contrôle est gratuit pour la personne concernée et, le cas échéant, pour le délégué à la protection des données.

4. Lorsque les demandes sont manifestement infondées ou excessives, en raison, notamment, de leur caractère répétitif, l'autorité de contrôle peut exiger le paiement de frais raisonnables basés sur les coûts administratifs ou refuser de donner suite à la demande. Il incombe à l'autorité de contrôle de démontrer le caractère manifestement infondé ou excessif de la demande.

Art. 58. — Pouvoirs.

1. Chaque autorité de contrôle dispose de tous les pouvoirs d'enquête suivants :

a) ordonner au responsable du traitement et au sous-traitant, et, le cas échéant, au représentant du responsable du traitement ou du sous-traitant, de lui communiquer toute information dont elle a besoin pour l'accomplissement de ses missions ;

b) mener des enquêtes sous la forme d'audits sur la protection des données ;

c) procéder à un examen des certifications délivrées en application de l'article 42, paragraphe 7 ;

d) notifier au responsable du traitement ou au sous-traitant une violation alléguée du présent règlement ;

e) obtenir du responsable du traitement et du sous-traitant l'accès à toutes les données à caractère personnel et à toutes les informations nécessaires à l'accomplissement de ses missions ;

f) obtenir l'accès à tous les locaux du responsable du traitement et du sous-traitant, notamment à toute installation et à tout moyen de traitement, conformément au droit de l'Union ou au droit procédural des États membres.

2. Chaque autorité de contrôle dispose du pouvoir d'adopter toutes les mesures correctrices suivantes :

a) avertir un responsable du traitement ou un sous-traitant du fait que les opérations de traitement envisagées sont susceptibles de violer les dispositions du présent règlement ;

b) rappeler à l'ordre un responsable du traitement ou un sous-traitant lorsque les opérations de traitement ont entraîné une violation des dispositions du présent règlement ;

c) ordonner au responsable du traitement ou au sous-traitant de satisfaire aux demandes présentées par la personne concernée en vue d'exercer ses droits en application du présent règlement ;

d) ordonner au responsable du traitement ou au sous-traitant de mettre les opérations de traitement en conformité avec les dispositions du présent règlement, le cas échéant, de manière spécifique et dans un délai déterminé ;

e) ordonner au responsable du traitement de communiquer à la personne concernée une violation de données à caractère personnel ;

f) imposer une limitation temporaire ou définitive, y compris une interdiction, du traitement ;

g) ordonner la rectification ou l'effacement de données à caractère personnel ou la limitation du traitement en application des articles 16, 17 et 18 et la notification de ces mesures aux destinataires auxquels les données à caractère personnel ont été divulguées en application de l'article 17, paragraphe 2, et de l'article 19 ;

h) retirer une certification ou ordonner à l'organisme de certification de retirer une certification délivrée en application des articles 42 et 43, ou ordonner à l'organisme de certification de ne pas délivrer de certification si les exigences applicables à la certification ne sont pas ou plus satisfaites ;

i) imposer une amende administrative en application de l'article 83, en complément ou à la place des mesures visées au présent paragraphe, en fonction des caractéristiques propres à chaque cas ;

j) ordonner la suspension des flux de données adressés à un destinataire situé dans un pays tiers ou à une organisation internationale.

3. Chaque autorité de contrôle dispose de tous les pouvoirs d'autorisation et de tous les pouvoirs consultatifs suivants :

a) conseiller le responsable du traitement conformément à la procédure de consultation préalable visée à l'article 36 ;

b) émettre, de sa propre initiative ou sur demande, des avis à l'attention du parlement national, du gouvernement de l'État membre ou, conformément au droit de l'État membre, d'autres institutions et organismes ainsi que du public, sur toute question relative à la protection des données à caractère personnel ;

c) autoriser le traitement visé à l'article 36, paragraphe 5, si le droit de l'État membre exige une telle autorisation préalable ;

d) rendre un avis sur les projets de codes de conduite et les approuver en application de l'article 40, paragraphe 5 ;

e) agréer des organismes de certification en application de l'article 43 ;

f) délivrer des certifications et approuver des critères de certification conformément à l'article 42, paragraphe 5 ;

g) adopter les clauses types de protection des données visées à l'article 28, paragraphe 8, et à l'article 46, paragraphe 2, point d) ;

h) autoriser les clauses contractuelles visées à l'article 46, paragraphe 3, point a) ;

i) autoriser les arrangements administratifs visés à l'article 46, paragraphe 3, point b) ;

j) approuver les règles d'entreprise contraignantes en application de l'article 47.

4. L'exercice des pouvoirs conférés à l'autorité de contrôle en application du présent article est subordonné à des garanties appropriées, y compris le droit à un recours juridictionnel effectif et à une procédure régulière, prévues par le droit de l'Union et le droit des États membres conformément à la Charte.

5. Chaque État membre prévoit, par la loi, que son autorité de contrôle a le pouvoir de porter toute violation du présent règlement à l'attention des autorités judiciaires et, le cas échéant, d'ester en justice d'une manière ou d'une autre, en vue de faire appliquer les dispositions du présent règlement.

6. Chaque État membre peut prévoir, par la loi, que son autorité de contrôle dispose de pouvoirs additionnels à ceux visés aux paragraphes 1, 2 et 3. L'exercice de ces pouvoirs n'entrave pas le bon fonctionnement du chapitre VII.

Art. 59. — Rapports d'activité.

Chaque autorité de contrôle établit un rapport annuel sur ses activités, qui peut comprendre une liste des types de violations notifiées et des types de mesures prises conformément à l'article 58, paragraphe 2. Ces rapports sont transmis au parlement national, au gouvernement et à d'autres autorités désignées par le droit de l'État membre. Ils sont mis à la disposition du public, de la Commission et du comité.

3. Les sources des Nations unies

1) Les textes généraux

Nº 23 Déclaration universelle des droits de l'homme du 10 décembre 1948,
adoptée et proclamée par l'Assemblée générale des Nations unies

Considérant que la reconnaissance de la dignité inhérente à tous les membres de la famille humaine et de leurs droits égaux et inaliénables constitue le fondement de la liberté, de la justice et de la paix dans le monde,

Considérant que la méconnaissance et le mépris des droits de l'homme ont conduit à des actes de barbarie qui révoltent la conscience de l'humanité et que l'avènement d'un monde où les êtres humains seront libres de parler et de croire, libérés de la terreur et de la misère, a été proclamé comme la plus haute aspiration de l'homme,

Considérant qu'il est essentiel que les droits de l'homme soient protégés par un régime de droit pour que l'homme ne soit pas contraint, en suprême recours, à la révolte contre la tyrannie et l'oppression,

Considérant qu'il est essentiel d'encourager le développement de relations amicales entre nations,

Considérant que dans la Charte les peuples des Nations unies ont proclamé à nouveau leur foi dans les droits fondamentaux de l'homme, dans la dignité et la valeur de la personne humaine, dans l'égalité des droits des hommes et des femmes, et qu'ils se sont déclarés résolus à favoriser le progrès social et à instaurer de meilleures conditions de vie dans une liberté plus grande,

Considérant que les États membres se sont engagés à assurer, en coopération avec l'Organisation des Nations unies, le respect universel et effectif des droits de l'homme et des libertés fondamentales,

Considérant qu'une conception commune de ces droits et libertés est de la plus haute importance pour remplir pleinement cet engagement,

L'Assemblée générale

Proclame la présente Déclaration universelle des droits de l'homme comme l'idéal commun à atteindre par tous les peuples et toutes les nations afin que tous les individus et tous les organes de la société, ayant cette Déclaration constamment à l'esprit s'efforcent, par l'enseignement et l'éducation, de développer le respect de ces droits et libertés et d'en assurer, par des mesures progressives d'ordre national et international la reconnaissance et l'application universelles et effectives, tant parmi les populations des États membres eux-mêmes que parmi celles des territoires placés sous leur juridiction.

Article premier. — Tous les êtres humains naissent libres et égaux en dignité et en droits. Ils sont doués de raison et de conscience et doivent agir les uns envers les autres dans un esprit de fraternité.

Art. 2. — Chacun peut se prévaloir de tous les droits et de toutes les libertés proclamés dans la présente déclaration, sans distinction aucune, notamment de race, de couleur, de sexe, de langue, de religion, d'opinion politique ou de toute autre opinion, d'origine nationale ou sociale, de fortune de naissance ou de toute autre situation.

De plus, il ne sera fait aucune distinction fondée sur le statut politique, juridique ou international du pays ou du territoire dont la personne est ressortissante, que ce pays ou territoire soit indépendant, sous tutelle, non autonome ou soumis à une limitation quelconque de souveraineté.

Art. 3. — Tout individu a droit à la vie, à la liberté et à la sûreté de sa personne.

Art. 4. — Nul ne sera tenu en esclavage ni en servitude ; l'esclavage et la traite des esclaves sont interdits sous toutes leurs formes.

Art. 5. — Nul ne sera soumis à la torture, ni à des peines ou traitements cruels, inhumains ou dégradants.

Art. 6. — Chacun a le droit à la reconnaissance en tous lieux de sa personnalité juridique.

Art. 7. — Tous sont égaux devant la loi et ont droit sans distinction à une égale protection de la loi. Tous ont droit à une protection égale contre toute discrimination qui violerait la présente Déclaration et contre toute provocation à une telle discrimination.

Art. 8. — Toute personne a droit à un recours effectif devant les juridictions nationales compétentes contre les actes violant les droits fondamentaux qui lui sont reconnus pas la constitution ou par la loi.

Art. 9. — Nul ne peut être arbitrairement arrêté, détenu ni exilé.

Art. 10. — Toute personne a droit, en pleine égalité, à ce que sa cause soit entendue équitablement et publiquement par un tribunal indépendant et impartial qui décidera, soit de ses droits et obligations, soit du bien fondé de toute accusation en matière pénale dirigée contre elle.

Art. 11. — 1. Toute personne accusée d'un acte délictueux est présumée innocente. Jusqu'à ce que sa culpabilité ait été légalement établie au cours d'un procès public où toutes les garanties nécessaires à sa défense lui auront été assurées.

2. Nul ne sera condamné pour des actions où omissions qui au moment où elles ont été commises, ne constituaient pas un acte délictueux d'après le droit national ou international. De même, il ne sera infligé aucune peine plus forte que celle qui était applicable au moment où l'acte délictueux a été commis.

Art. 12. — Nul ne sera l'objet d'immixtions arbitraires dans sa vie privée, sa famille, son domicile ou sa correspondance, ni d'atteintes à son honneur et à sa réputation. Toute personne a droit à la protection de la loi contre de telles immixtions ou de telles atteintes.

Art. 13. — 1. Toute personne a le droit de circuler librement et de choisir sa résidence à l'intérieur d'un État.

2. Toute personne a le droit de quitter tout pays, y compris le sien, et de revenir dans son pays.

Art. 14. — 1. Devant la persécution toute personne a le droit de chercher asile et de bénéficier de l'asile en d'autres pays.

2. Ce droit ne peut être invoqué dans le cas de poursuites réellement fondées sur un crime de droit commun ou sur des agissements contraires aux buts et aux principes des Nations unies.

Art. 15. — 1. Tout individu a droit à une nationalité.

2. Nul ne peut être arbitrairement privé de sa nationalité ni du droit de changer de nationalité.

Art. 16. — 1. À partir de l'âge nubile l'homme et la femme sans aucune restriction quand à la race, la nationalité ou la religion, ont le droit de se marier et de fonder une famille. Ils ont des droits égaux au regard du mariage durant le mariage et lors de sa dissolution.

2. Le mariage ne peut être conclu qu'avec le libre et plein consentement des futurs époux.

3. La famille est l'élément naturel et fondamental de la société et a droit à la protection de la société et de l'État.

Art. 17. — 1. Toute personne aussi bien seule qu'en collectivité, a droit à la propriété.

2. Nul ne peut être arbitrairement privé de sa propriété.

Art. 18. — Toute personne a le droit à la liberté de pensée, de conscience et de religion ; ce droit implique la liberté de changer de religion ou de conviction ainsi que la liberté de manifester sa religion ou sa conviction, seule ou en commun, tant en public qu'en privé, par l'enseignement, les pratiques, le culte et l'accomplissement des rites.

Art. 19. — Tout individu a droit à la liberté d'opinion et d'expression, ce qui implique le droit de ne pas être inquiété pour ses opinions et celui de chercher, de recevoir et de répandre, sans considérations de frontières, les informations et les idées par quelque moyen d'expression que ce soit.

Art. 20. — 1. Toute personne à droit à la liberté de réunion et d'association pacifiques.

2. Nul ne peut être obligé de faire partie d'une association.

Art. 21. — 1. Toute personne a le droit de prendre part à la direction des affaires publiques de son pays, soit directement, soit par l'intermédiaire de représentants librement choisis.

2. Toute personne a droit à accéder, dans des conditions d'égalité, aux fonctions publiques de son pays.

3. La volonté du peuple est le fondement de l'autorité des pouvoirs public ; cette volonté doit s'exprimer par des élections honnêtes qui doivent avoir lieu périodiquement, au suffrage universel égal et au vote secret ou suivant une procédure équivalente assurant la liberté du vote.

Art. 22. — Toute personne en tant que membre de la société, a droit à la sécurité sociale ; elle est fondée à obtenir la satisfaction des droits économiques, sociaux et culturels indispensables à sa dignité et au libre développement de sa personnalité, grâce à l'effort national et à la coopération internationale, compte tenu de l'organisation et des ressources de chaque pays.

Art. 23. — 1. Toute personne à droit au travail, au libre choix de son travail, à des conditions équitables et satisfaisantes de travail et à la protection contre le chômage.

2. Tous ont droit, sans aucune discrimination, à un salaire égal pour un travail égal.

3. Quiconque travaille a droit à une rémunération équitable et satisfaisante lui assurant ainsi qu'à sa famille une existence conforme à la dignité humaine et complétée, s'il y a lieu, par tous autres moyens de protection sociale.

4. Toute personne a le droit de fonder avec d'autres des syndicats et de s'affilier à des syndicats pour la défense de ses intérêts.

Art. 24. — Toute personne a droit au repos et aux loisirs et notamment à une limitation raisonnable de la durée du travail et à des congés payés périodiques.

Art. 25. — 1. Toute personne a droit à un niveau de vie suffisant pour assurer sa santé, son bien-être et ceux de sa famille notamment pour l'alimentation, l'habillement, le logement, les soins médicaux ainsi que pour les services sociaux nécessaires : elle a droit à la sécurité en cas de chômage, de maladie, d'invalidité, de veuvage, de vieillesse ou dans les autres cas de perte de ses moyens de subsistance par suite de circonstances indépendantes de sa volonté.

2. La maternité et l'enfance ont droit à une aide et à une assistance spéciale. Tous les enfants, qu'ils soient nés dans le mariage ou hors mariage, jouissent de la même protection sociale.

Art. 26. — 1. Toute personne a droit à l'éducation. L'éducation doit être gratuite, au moins en ce qui concerne l'enseignement élémentaire et fondamental. L'enseignement élémentaire est obligatoire. L'enseignement technique et professionnel doit être généralisé ; l'accès aux études supérieures doit être ouvert en pleine égalité à tous en fonction de leur mérite.

2. L'éducation doit viser au plein épanouissement de la personnalité humaine et au renforcement du respect des droits de l'homme et des libertés fondamentales. Elle doit favoriser la compréhension, la tolérance et l'amitié entre toutes les nations et tous les groupes raciaux ou religieux, ainsi que le développement des activités des Nations unies pour le maintien de la paix.

3. Les parents ont, par priorité, le droit de choisir le genre d'éducation à donner à leurs enfants.

Art. 27. — 1. Toute personne a le droit de prendre part librement à la vie culturelle de la communauté, de jouir des arts et de participer au progrès scientifique et aux bienfaits qui en résultent.

2. Chacun a droit à la protection des intérêts moraux et matériels découlant de toute production scientifique, littéraire ou artistique dont il est l'auteur.

Art. 28. — Toute personne a droit à ce que règne, sur le plan social et sur le plan international, un ordre tel que les droits et libertés énoncés dans la présente Déclaration puissent y trouver plein effet.

Art. 29. — 1. L'individu a des devoirs envers la communauté dans laquelle seul le libre et plein développement de sa personnalité est possible.

2. Dans l'exercice de ses droits et dans la jouissance de ces libertés, chacun n'est soumis qu'aux limitations établies par la loi exclusivement en vue d'assurer la reconnaissance et le respect des droits et libertés d'autrui et afin de satisfaire aux justes exigences de la morale, de l'ordre public et du bien-être général dans une société démocratique.

3. Ces droits et libertés ne pourront en aucun cas s'exercer contrairement aux buts et aux principes des Nations unies.

Art. 30. — Aucune disposition de la présente Déclaration ne peut être interprétée comme impliquant pour un État, un groupement ou un individu un droit quelconque de se livrer à une activité ou d'accomplir un acte visant à la destruction des droits et libertés qui y sont énoncés.

N° 24.1 Pacte international relatif aux droits civils et politiques,
fait à New York le 16 décembre 1966 [64]

Les États Parties au présent Pacte,

Considérant que, conformément aux principes énoncés dans la Charte des Nations unies, la reconnaissance de la dignité inhérente à tous les membres de la famille humaine et de leurs droits égaux et inaliénables constitue le fondement de la liberté, de la justice et de la paix dans le monde.

Reconnaissant que ces droits découlent de la dignité inhérente à la personne humaine.

Reconnaissant que, conformément à la Déclaration universelle des droits de l'homme, l'idéal de l'être humain libre, jouissant des libertés civiles et politiques et libéré de la crainte et de la misère, ne peut être réalisé que si des conditions permettant à chacun de jouir de ses droits civils et politiques, aussi bien que de ses droits économiques, sociaux et culturels, sont créées,

Considérant que la charte des Nations unies impose aux États l'obligation de promouvoir le respect universel et effectif des droits et des libertés de l'homme,

Prenant en considération le fait que l'individu a des devoirs envers autrui et envers la collectivité à laquelle il appartient et est tenu de s'efforcer de promouvoir et de respecter les droits reconnus dans le présent Pacte,

Sont convenus des articles suivants :

PARTIE I

Article premier. — 1. Tous les peuples ont le droit de disposer d'eux-mêmes. En vertu de ce droit, ils déterminent librement leur statut politique et assurent librement leur développement économique, social et culturel.

2. Pour atteindre leurs fins, tous les peuples peuvent disposer librement de leurs richesses et de leurs ressources naturelles, sans préjudice des obligations qui découlent de la coopération économique internationale. Fondé sur le principe de l'intérêt mutuel et du droit international. En aucun cas, un peuple ne pourra être privé de ses propres moyens de subsistance.

3. Les États Parties au présent Pacte, y compris ceux qui ont la responsabilité d'administrer des territoires non autonomes et des territoires sous tutelle, sont tenus de faciliter la réalisation du droit des peuples à disposer d'eux-mêmes, et de respecter ce droit, conformément aux dispositions de la Charte des Nations unies.

PARTIE II

Art. 2. — 1. Les États Parties au présent Pacte s'engagent à respecter et à garantir à tous les individus se trouvant sur leur territoire et relevant de leur compétence des droits reconnus dans le présent Pacte, sans distinction aucune, notamment de race, de couleur, de sexe, de langue, de religion, d'opinion politique ou de toute autre opinion, d'origine nationale ou sociale, de fortune, de naissance ou de toute autre situation.

---

(64) Le pacte a été ratifié par la France à l'issue de la loi n° 80-461 du 25 juin 1980, publié au *Journal officiel* par le décret n° 81-77 du 29 janvier 1981.

2. Les États Parties au présent Pacte s'engagent à prendre, en accord avec leurs procédures constitutionnelles et avec les dispositions du présent Pacte, les arrangements devant permettre l'adoption de telles mesures d'ordre législatif ou autre, propres à donner effet aux droits reconnus dans le présent Pacte qui ne seraient pas déjà en vigueur.

3. Les États Parties au présent Pacte s'engagent à :

a) garantir que toute personne dont les droits et libertés reconnus dans le présent Pacte auront été violés disposera d'un recours utile, alors même que la violation aurait été commise par des personnes agissant dans l'exercice de leurs fonctions officielles ;

b) garantir que l'autorité compétente, judiciaire, administrative ou législative, ou toute autre autorité compétente selon la législation de l'État, statuera sur les droits de la personne qui forme le recours et développer les possibilités de recours juridictionnel ;

c) garantir la bonne suite donnée par les autorités compétentes à tout recours qui aura été reconnu justifié.

Art. 3. — Les États Parties au présent Pacte s'engagent à assurer le droit égal des hommes et des femmes de jouir de tous les droits civils et politiques énoncés dans le présent Pacte.

Art. 4. — 1. Dans le cas où un danger public exceptionnel menace l'existence de la nation et est proclamé par un acte officiel, les États Parties au présent Pacte peuvent prendre, dans la stricte mesure où la situation l'exige, des mesures dérogeant aux obligations prévues dans le présent Pacte, sous réserve que ces mesures ne soient pas incompatibles avec les autres obligations que leur impose le droit international et qu'elles n'entraînent pas une discrimination fondée uniquement sur la race, la couleur, le sexe, la langue, la religion ou l'origine sociale.

2. La disposition précédente n'autorise aucune dérogation aux articles 6, 7, 8 (part. 1 et 2), 11. 15. 16 et 18.

3. Les États parties au présent Pacte qui usent du droit de dérogation doivent, par l'entremise du Secrétaire général de l'Organisation des Nations unies, signaler aussitôt aux autres États parties les dispositions auxquelles ils ont dérogé ainsi que les motifs qui ont provoqué cette dérogation, une nouvelle communication sera faite par la même entremise, à la date à laquelle ils ont mis fin à ces dérogations.

Art. 5. — 1. Aucune disposition du présent Pacte ne peut être interprétée comme impliquant pour un État, un groupement ou un individu un droit quelconque de se livrer à une activité ou d'accomplir un acte visant à la destruction des droits et des libertés reconnus dans le présent Pacte ou à des limitations plus amples que celles prévues audit pacte.

2. Il ne peut être admis aucune restriction ou dérogation aux droits fondamentaux de l'homme reconnus ou en vigueur dans tout État partie au présent Pacte en application de lois, de conventions, de règlements ou de coutumes, sous prétexte que le présent Pacte ne les reconnaît pas ou les reconnaît à un moindre degré.

PARTIE III

Art. 6. — 1. Le droit à la vie est inhérent à la personne humaine. Ce droit doit être protégé par la loi. Nul ne peut être arbitrairement privé de la vie.

2. Dans les pays où la peine de mort n'a pas été abolie, une sentence de mort ne peut être prononcée que pour les crimes les plus graves, conformément à la législation en vigueur au moment où le crime a été commis et qui ne doit pas être en contradiction avec les dispositions du présent Pacte ni avec la convention pour la prévention et la répression du crime de génocide. Cette peine ne peut être appliquée qu'en vertu d'un jugement définitif rendu par un tribunal compétent.

3. Lorsque la privation de la vie constitue le crime de génocide, il est entendu qu'aucune disposition du présent article n'autorise un État partie au présent Pacte à déroger d'aucune manière à une obligation quelconque assumée en vertu des dispositions de la Convention pour la prévention et la répression du crime de génocide.

4. Tout condamné à mort a le droit de solliciter la grâce ou la commutation de la peine. L'amnistie, la grâce ou la commutation de la peine de mort peuvent dans tous les cas être accordées.

5. Une sentence de mort ne peut être imposée pour des crimes commis par des personnes âgées de moins de dix-huit ans et ne peut être exécutée contre les femmes enceintes.

6. Aucune disposition du présent article ne peut être invoquée pour retarder ou empêcher l'abolition de la peine capitale par un État partie au présent Pacte.

Art. 7. — Nul ne sera soumis à la torture ni à des peines ou traitements cruels, inhumains ou dégradants. En particulier, il est interdit de soumettre une personne sans son libre consentement à une expérience médicale ou scientifique.

Art. 8. — 1. Nul ne sera tenu en esclavage ; l'esclavage et la traite des esclaves, sous toutes leurs formes, sont interdits.

2. Nul ne sera tenu en servitude.

3. *a)* Nul ne sera astreint à accomplir un travail forcé ou obligatoire ;

b) l'alinéa *a* du présent paragraphe ne saurait être interprété comme interdisant, dans les pays où certains crimes peuvent être punis de détention accompagnée de travaux forcés, l'accomplissement d'une peine de travaux forcés, infligée par un tribunal compétent ;

c) n'est pas considéré comme « travail forcé ou obligatoire » au sens du présent paragraphe :

i) tous travaux ou service, non visés à l'alinéa *b*, normalement requis d'un individu qui est détenu en vertu d'une décision de justice régulière ou qui, ayant fait l'objet d'une telle décision, est libéré conditionnellement ;

ii) tout service de caractère militaire et, dans les pays où l'objection de conscience est admise, tout service national exigé des objecteurs de conscience en vertu de la loi ;

iii) tout service exigé dans les cas de force majeur ou de sinistres qui menacent la vie ou le bien-être de la communauté ;

iv) tout travaux ou tout service formant partie des obligations civiques normales.

Art. 9. — 1. Tout individu a droit à la liberté et à la sécurité de sa personne. Nul ne peut faire l'objet d'une arrestation ou d'une détention arbitraires. Nul ne peut être privé de sa liberté, si ce n'est pour les motifs et conformément à la procédure prévus par la loi.

2. Tout individu arrêté sera informé au moment de son arrestation, des raisons de cette arrestation et recevra notification, dans le plus court délai, de toute accusation portée contre lui.

3. Tout individu arrêté ou détenu du chef d'une infraction pénale sera traduit dans le plus court délai devant un juge ou une autre autorité habilitée par la loi à exercer des fonctions judiciaires, et devra être jugé dans un délai raisonnable ou libéré. La détention de personnes qui attendent de passer en jugement ne doit pas être de règle, mais la mise en liberté peut être subordonnée à des garanties assurant la comparution de l'intéressé à l'audience, à tous les autres actes de la procédure et, le cas échéant, pour l'exécution du jugement.

4. Quiconque se trouve privé de sa liberté par arrestation ou détention a le droit d'introduire un recours devant un tribunal afin que celui-ci statue sans délai sur la légalité de sa détention et ordonne sa libération si la détention est illégale.

5. Tout individu victime d'arrestation ou de détention illégales a droit à réparation.

Art. 10. — 1. Toute personne privée de sa liberté est traitée avec humanité et avec le respect de la dignité inhérente à la personne humaine.

2. *a)* Les prévenus sont, sauf dans des circonstances exceptionnelles, séparés des condamnés et sont soumis à un régime distinct, approprié à leur condition de personnes non condamnées ;

b) les jeunes prévenus sont séparés des adultes et il est décidé de leur cas aussi rapidement que possible.

3. Le régime pénitentiaire comporte un traitement des condamnés dont le but essentiel est leur amendement et leur reclassement social. Les jeunes délinquants sont séparés des adultes et soumis à un régime approprié à leur âge et à leur statut légal.

Art. 11. — Nul ne peut être emprisonné pour la seule raison qu'il n'est pas en mesure d'exécuter une obligation contractuelle.

Art. 12. — 1. Quiconque se trouve légalement sur le territoire d'un État a le droit d'y circuler librement et d'y choisir librement sa résidence.

2. Toute personne est libre de quitter n'importe quel pays, y compris le sien.

3. Les droits mentionnés ci-dessus ne peuvent être l'objet de restrictions que si celles-ci sont prévues par la loi, nécessaires pour protéger la sécurité nationale, l'ordre public, la santé ou la moralité publiques, ou les droits et libertés d'autrui, et compatibles avec les autres droits reconnus par le présent Pacte.

4. Nul ne peut être arbitrairement privé du droit d'entrer dans son propre pays.

Art. 13. — Un étranger qui se trouve légalement sur le territoire d'un État partie au présent Pacte ne peut en être expulsé qu'en exécution d'une décision prise conformément à la loi et, à moins que des raisons impérieuses de sécurité nationale ne s'y opposent, il doit avoir la possibilité de faire valoir les raisons qui militent contre son expulsion et de faire examiner son cas par l'autorité compétente, ou par une ou plusieurs personnes spécialement désignées par ladite autorité, en se faisant représenter à cette fin.

Art. 14. — 1. Tous sont égaux devant les tribunaux et les cours de justice. Toute personne a droit à ce que sa cause soit entendue équitablement et publiquement par un tribunal compétent, indépendant et impartial, établi par la loi, qui décidera soit du bien-fondé de toute accusation en matière pénale dirigée contre elle, soit des contestations sur ses droits et obligations de caractère civil. Le huis clos peut être prononcé pendant la totalité ou une partie du procès soit dans l'intérêt des bonnes mœurs, de l'ordre public ou de la sécurité nationale dans une société démocratique, soit lorsque l'intérêt de la vie privée des parties en cause l'exige, soit encore dans la mesure où le tribunal l'estimera absolument nécessaire, lorsqu'en raison des circonstances particulières de l'affaire la publicité nuirait aux intérêts de la justice ; cependant, tout jugement rendu en matière pénale ou civile sera public, sauf si l'intérêt de mineurs exige qu'il en soit autrement ou si le procès porte sur des différents matrimoniaux ou sur la tutelle des enfants.

2. Toute personne accusée d'une infraction pénale est présumée innocente jusqu'à ce que sa culpabilité ait été légalement établie.

3. Toute personne accusée d'une infraction pénale a droit, en pleine égalité, au moins aux garanties suivantes :

a) à être informée, dans le plus court délai dans une langue qu'elle comprend et de façon détaillée, de la nature et des motifs de l'accusation portée contre elle ;

b) à disposer du temps et des facilités nécessaires à la préparation de sa défense et à communiquer avec le conseil de son choix ;

c) à être jugée sans retard excessif ;

d) à être présente au procès et à se défendre elle-même ou à avoir l'assistance d'un défenseur de son choix ; si elle n'a pas de défenseur, à être informée de son droit d'en avoir un, et, chaque fois que l'intérêt de la justice l'exige, à se voir attribuer d'office un défenseur sans frais, si elle n'a pas les moyens de le rémunérer ;

e) à interroger ou faire interroger les témoins à charge et à obtenir la comparution et l'interrogation des témoins à décharge dans les mêmes conditions que les témoins à charge ;

f) à se faire assister gratuitement d'un interprète si elle ne comprend pas ou ne parle pas la langue employée à l'audience ;

g) à ne pas être forcée de témoigner contre elle-même ou de s'avouer coupable.

4. La procédure applicable aux jeunes gens qui ne sont pas encore majeurs au regard de la loi pénale tiendra compte de leur âge et de l'intérêt que présente leur rééducation.

5. Toute personne déclarée coupable d'une infraction a le droit de faire examiner par une juridiction supérieure la déclaration de culpabilité et la condamnation, conformément à la loi.

6. Lorsqu'une condamnation pénale définitive est ultérieurement annulée ou lorsque la race est accordée parce qu'un fait nouveau ou nouvellement révélé prouve qu'il s'est produit une erreur judiciaire, la personne qui a subi une peine à raison de cette condamnation sera indemnisée, conformément à la loi, à moins qu'il ne soit prouvé que la non-révélation en temps utile du fait inconnu lui est imputable en tout ou partie.

7. Nul ne peut être poursuivi ou puni en raison d'une infraction pour laquelle il a déjà été acquitté ou condamné par un jugement définitif conformément à la loi et à la procédure pénale de chaque pays.

Art. 15. — 1. Nul ne sera condamné pour des actions ou omissions qui ne constituaient pas un acte délictueux d'après le droit national ou international au moment où elles ont été commises. De même, il ne sera infligé aucune peine plus forte que celle qui était applicable au moment où l'infraction a été commise. Si, postérieurement à cette infraction, la loi prévoit l'application d'une peine plus légère, le délinquant doit en bénéficier.

2. Rien dans le présent article ne s'oppose au jugement ou à la condamnation de tout individu en raison d'actes ou omissions qui, au moment où ils ont été commis, étaient tenus pour criminels, d'après les principes généraux de droit reconnus par l'ensemble des nations.

Art. 16. — Chacun a droit à la reconnaissance en tous lieux de sa personnalité, juridique.

Art. 17. — 1. Nul ne sera l'objet d'immixtions arbitraires ou illégales dans sa vie privée, sa famille, son domicile ou sa correspondance, ni d'atteintes illégales à son bonheur et à sa réputation.

2. Toute personne a droit à la protection de la loi contre de telles immixtions ou de telles atteintes.

Art. 18. — 1. Toute personne a droit à la liberté de pensée, de conscience et de religion ; ce droit implique la liberté d'avoir ou d'adopter une religion ou une conviction de son choix, ainsi que la liberté de manifester sa religion ou sa conviction, individuellement ou en commun, tant en public qu'en privé, par le culte et l'accomplissement des rites, les pratiques et l'enseignement.

2. Nul ne subira de contrainte pouvant porter atteinte à sa liberté d'avoir ou d'adopter une religion ou une conviction de son choix.

3. La liberté de manifester sa religion ou ses convictions ne peut faire l'objet que des seules restrictions prévues par la loi et qui sont nécessaires à la protection de la sécurité, de l'ordre et de la santé publique, ou de la morale ou des libertés et droits fondamentaux d'autrui.

4. Les États parties au présent Pacte s'engagent à respecter la liberté des parents et, le cas échéant, des tuteurs légaux de faire assurer l'éducation religieuse et morale de leurs enfants conformément à leurs propres convictions.

Art. 19. — 1. Nul ne peut être inquiété pour ses opinions.

2. Toute personne a droit à la liberté d'expression ; ce droit comprend la liberté de rechercher, de recevoir et de répandre des informations et des idées de toute espèce, sans considération de frontières, sous une forme orale, écrite, imprimée ou artistique, ou par tout autre moyen de son choix.

3. L'exercice des libertés prévues au paragraphe 2 du présent article comporte des devoirs spéciaux et des responsabilités spéciales. Il peut en conséquence être soumis à certaines restrictions qui doivent toutefois être expressément fixées par la loi et qui sont nécessaires :

a) au respect des droits ou de la réputation d'autrui ;

b) à la sauvegarde de la sécurité nationale, de l'ordre public, de la santé ou de la moralité publiques.

Art. 20. — 1. Toute propagande en faveur de la guerre est interdite par la loi.

2. Tout appel à la haine nationale, raciale ou religieuse qui constitue une incitation à la discrimination, à l'hostilité ou à la violence est interdit par la loi.

Art. 21. — Le droit de réunion pacifique est reconnu. L'exercice de ce droit ne peut faire l'objet que des seules restrictions imposées conformément à la loi et qui sont nécessaires dans une société démocratique, dans l'intérêt de la sécurité nationale, de la sûreté publique, de l'ordre public ou pour protéger la santé ou la moralité publiques, ou les droits et les libertés d'autrui.

Art. 22. — 1. Toute personne a le droit de s'associer librement avec d'autres, y compris le droit de constituer des syndicats et d'y adhérer pour la protection de ses intérêts.

2. L'exercice de ce droit ne peut faire l'objet que des seules restrictions prévues par la loi et qui sont nécessaires dans une société démocratique, dans l'intérêt de la sécurité nationale, de la sûreté publique, de l'ordre public, ou pour protéger la santé ou la moralité publiques ou les droits et les libertés d'autrui. Le présent article n'empêche pas de soumettre à des restrictions légales l'exercice de ce droit par les membres des forces armées et de la police.

3. Aucune disposition du présent article ne permet aux États parties à la Convention de 1948 de l'Organisation internationale du Travail concernant la liberté syndicale et la protection du droit syndical de prendre des mesures législatives portant atteinte — ou d'appliquer la loi de façon à porter atteinte — aux garanties prévues dans la dite Convention.

Art. 23. — 1. La famille est l'élément naturel et fondamental de la société et a droit à la protection de la société et de l'État.

2. Le droit de se marier et de fonder une famille est reconnu à l'homme et à la femme à partir de l'âge nubile.

3. Nul mariage ne peut être conclu sans le libre et plein consentement des futurs époux.

4. Les États parties au présent Pacte prendront les mesures appropriées pour assurer l'égalité de droits et de responsabilités des époux au regard du mariage, durant le mariage et lors de sa dissolution. En cas de dissolution, des dispositions seront prises afin d'assurer aux enfants la protection nécessaire.

Art. 24. — 1. Tout enfant, sans discrimination aucune fondée sur la race, la couleur, le sexe, la langue, la religion, l'origine nationale ou sociale, la fortune ou la naissance, a droit, de la part de sa famille, de la société et de l'État, aux mesures de protection qu'exige sa condition de mineur.

2. Tout enfant doit être enregistré immédiatement après sa naissance et avoir un nom.

3. Tout enfant a le droit d'acquérir une nationalité.

Art. 25. — Tout citoyen a le droit et la possibilité, sans aucune des discriminations visées a l'article 2 et sans restrictions déraisonnables :

a) de prendre part à la direction des affaires publiques, soit directement, soit par l'intermédiaire de représentants librement choisis ;

b) de voter et d'être élu, au cours d'élections périodiques, honnêtes, au suffrage universel et égal et au scrutin secret, assurant l'expression libre de la volonté des électeurs ;

c) d'accéder, dans des conditions générales d'égalité, aux fonctions publiques de son pays.

Art. 26. — Toutes les personnes sont égales devant la loi et ont droit sans discriminations à une égale protection de la loi. À cet égard, la loi doit interdire toute discrimination et garantir à toutes les personnes une protection égale et efficace contre toute discrimination, notamment de race, de couleur, de sexe, de langue, de religion, d'opinion politique et de toute autre opinion, d'origine nationale ou sociale, de fortune, de naissance ou de toute autre situation.

Art. 27. — Dans les États où il existe des minorités ethniques, religieuses ou linguistiques, les personnes appartenant à ces minorités ne peuvent être privées du droit d'avoir, en commun avec les autres membres de leur groupe, leur propre vie culturelle, de professeur et de pratiquer leur propre religion, ou d'employer leur propre langue.

PARTIE IV

Art. 28. — 1. Il est institué un Comité des droits de l'homme (ci-après dénommé le Comité dans le présent Pacte). Ce Comité est composé de dix-huit membres et a les fonctions définies ci-après.

2. Le Comité est composé des ressortissants des États parties au présent Pacte, qui doivent être des personnalités de haute moralité et possédant une compétence reconnue dans le domaine des droits de l'homme. Il sera tenu compte de l'intérêt que présente la participation aux travaux du Comité de quelques personnes ayant une expérience juridique.

3. Les membres du Comité sont élus et siègent à titre individuel.

Art. 29. — 1. Les membres du Comité sont élus au scrutin secret sur une liste de personnes réunissant les conditions prévues à l'article 28, et présentées à cet effet par les États parties au présent Pacte.

2. Chaque État partie au présent Pacte peut présenter deux personnes au plus. Ces personnes doivent être des ressortissants de l'État qui les présente.

3. La même personne peut être présentée à nouveau.

Art. 30. — 1. La première élection aura lieu au plus tard six mois après la date de l'entrée en vigueur du présent Pacte.

2. Quatre mois au moins avant la date de toute élection au Comité, autre qu'une élection en vue de pourvoir à une vacance déclarée conformément à l'article 34, le Secrétaire général de l'Organisation des Nations unies invite par écrit les États parties au présent Pacte à désigner, dans un délai de trois mois, les candidats qu'ils proposent comme, membres du Comité.

3. Le Secrétaire général de l'Organisation des Nations unies dresse la liste alphabétique de toutes les personnes ainsi présentées en mentionnant les États parties qui les ont présentées et la communique aux États parties au présent Pacte au plus tard un mois avant la date de chaque élection.

4. Les membres du Comité sont élus au cours d'une réunion des États parties au présent Pacte convoquée par le Secrétaire général de l'Organisation des Nations unies

au Siège de l'Organisation. À cette réunion, où le quorum est constitué par les deux tiers des États parties au présent Pacte, sont élus membres du Comité les candidats qui obtiennent le plus grand nombre de voix et la majorité absolue des votes des représentants des États parties présents et votants.

Art. 31. — 1. Le Comité ne peut comprendre plus d'un ressortissant d'un même État.

2. Pour les élections au Comité, il est tenu compte d'une répartition géographique équitable et de la représentation des diverses formes de civilisation ainsi que des principaux systèmes juridiques.

Art. 32. — 1. Les membres du Comité sont élus pour quatre ans. Ils sont rééligibles s'ils sont présentés à nouveau. Toutefois, le mandat de neuf des membres élus lors de la première élection prend fin au bout de deux ans ; immédiatement après la première élection, les noms de ces neufs membres sont tirés au sort par le Président de la réunion visée au paragraphe 4 de l'article 30.

2. À l'expiration du mandat, les élections ont lieu conformément aux dispositions des articles précédents de la présente partie du Pacte.

Art. 33. — 1. Si, de l'avis unanime des autres membres, un membre du Comité a cessé de remplir ses fonctions pour toute cause autre qu'une absence de caractère temporaire, le Président du Comité en informe le Secrétaire général de l'Organisation des Nations unies, qui déclare alors vacant le siège qu'occupait le dit membre.

2. En cas de décès ou de démission d'un membre du Comité, le Président en informe immédiatement le Secrétaire général de l'Organisation des Nations unies, qui déclare le siège vacant à compter de la date du décès ou de celle à laquelle la démission prend effet.

Art. 34. — 1. Lorsqu'une vacance est déclarée conformément à l'article 33 et si le mandat du membre à remplacer n'expire pas dans les six mois qui suivent la date à laquelle la vacance a été déclarée, le Secrétaire général de l'Organisation des Nations unies en avise les États parties au présent Pacte, qui peuvent, dans un délai de deux mois, désigner des candidats conformément aux dispositions de l'article 29 en vue de pourvoir à la vacance.

2. Le Secrétaire général de l'Organisation des Nations unies dresse la liste alphabétique des personnes ainsi présentées et la communique aux États parties au présent Pacte. L'élection en vue de pourvoir à la vacance a lieu ensuite conformément aux dispositions pertinentes de la présente partie du Pacte.

3. Tout membre du Comité élu à un siège déclaré vacant conformément à l'article 33 fait partie du Comité jusqu'à la date normale d'expiration du mandat du membre dont le siège est devenu vacant au Comité conformément aux dispositions du dit article.

Art. 35. — Les membres du Comité reçoivent, avec l'approbation de l'Assemblée générale des Nations unies, des émoluments prélevés sur les ressources de l'Organisation des Nations unies dans les conditions fixées par l'Assemblée générale, eu égard à l'importance des fonctions du Comité.

Art. 36. — Le Secrétaire général de l'Organisation des Nations unies met à la disposition du Comité le personnel et les moyens matériels qui lui sont nécessaires pour s'acquitter efficacement des fonctions qui lui sont confiées en vertu du présent Pacte.

Art. 37. — 1. Le Secrétaire général de l'Organisation des Nations unies convoque les membres du Comité, pour la première réunion, au Siège de l'Organisation.

2. Après sa première réunion, le Comité se réunit à toute occasion prévue par son règlement intérieur.

3. Les réunions du Comité ont normalement lieu au Siège de l'Organisation des Nations unies ou à l'Office des Nations unies à Genève.

Art. 38. — Tout membre du Comité doit, avant d'entrer en fonctions, prendre en séance publique l'engagement solennel de s'acquitter de ses fonctions en toute impartialité et en toute conscience.

Art. 39. — 1. Le Comité élit son bureau pour une période de deux ans. Les membres du bureau sont rééligibles.

2. Le Comité établit lui-même son règlement intérieur ; celui-ci doit, toutefois, contenir entre autres les dispositions suivantes :

a) le quorum est de douze membres ;

b) les décisions du Comité sont prises à la majorité des membres présents.

Art. 40. — 1. Les États parties au présent Pacte s'engagent à présenter des rapports sur les mesures qu'ils auront arrêtées et qui donnent effet aux droits reconnus dans le présent Pacte et sur les progrès réalisés dans la jouissance de ces droits :

a) dans un délai d'un an à compter de l'entrée en vigueur du présent Pacte, pour chaque État partie intéressé en ce qui le concerne :

b) par la suite, chaque fois que le Comité en fera la demande.

2. Tous les rapports seront adressés au Secrétaire général de l'Organisation des Nations unies, qui les transmettra au Comité pour examen. Les rapports devront indiquer, le cas échéant, les facteurs et les difficultés qui affectent la mise en œuvre des dispositions du présent Pacte.

3. Le Secrétaire général de l'Organisation des Nations unies peut, après consultation du Comité, communiquer aux institutions spécialisées intéressées copie de toutes parties des rapports pouvant avoir trait à leur domaine de compétence.

4. Le Comité étudie les rapports présentés par les États parties au présent Pacte. Il adresse aux États parties ses propres rapports ainsi que toutes observations générales qu'il jugerait appropriées. Le Comité peut également transmettre au Conseil économique et social ces observations accompagnées de copies des rapports qu'il a reçus d'États parties au présent Pacte.

5. Les États parties au présent Pacte peuvent présenter au Comité des commentaires sur toute observation qui serait faite en vertu du paragraphe 4 du présent article.

Art. 41. — 1. Tout État partie au présent Pacte peut, en vertu du présent article, déclarer à tout moment qu'il reconnaît la compétence du Comité pour recevoir et examiner des communications dans lesquelles un État partie prétend qu'un autre État partie ne s'acquitte pas de ses obligations au titre du présent Pacte. Les communications présentées en vertu du présent article ne peuvent être reçues et examinées que si elles émanent d'un État partie qui a fait une déclaration reconnaissant, en ce qui la concerne, la compétence du Comité. Le Comité ne reçoit aucune communication intéressant un État partie qui n'a pas fait une telle déclaration. La procédure ci-après s'applique à l'égard des communications reçues conformément au présent article :

a) si un État partie au présent Pacte estime qu'un autre État également partie à ce pacte n'en applique pas les dispositions, il peut appeler, par communication écrite, l'attention de cet État sur la question. Dans un délai de trois mois à compter de la réception de la communication, l'État destinataire fera tenir à l'État qui a adressé la communication des explications ou toutes autres déclarations écrites élucidant la question, qui devront comprendre, dans toute la mesure possible et utile, des indications sur ses règles de procédure et sur les moyens de recours soit déjà utilisés, soit en instance, soit encore ouverts ;

b) si, dans un délai de six mois à compter de la date de réception de la communication originale par l'État destinataire, la question n'est pas réglée à la satisfaction des deux États parties intéressés, l'un comme l'autre auront le droit de la soumettre au Comité, en adressant une notification au Comité ainsi qu'à l'autre État intéressé ;

c) le Comité ne peut connaître d'une affaire qui lui est soumise qu'après s'être assuré que tous les recours internes disponibles ont été utilisés et épuisés, conformément aux principes de droit international généralement reconnus. Cette règle ne s'applique pas dans les cas où les procédures de recours excèdent les délais raisonnables ;

d) le Comité tient ses séances à huis clos lorsqu'il examine les communications prévues au présent article ;

e) sous réserve des dispositions de l'alinéa *c*, le Comité met ses bons offices à la disposition des États parties intéressés, afin de parvenir à une solution amiable de la question fondée sur le respect des droits de l'homme et des libertés fondamentales, tels que les reconnaît le présent Pacte ;

f) dans toute affaire qui lui est soumise, le Comité peut demander aux États parties intéressés visés à l'alinéa *b* de lui fournir tout renseignement pertinent ;

g) les États parties intéressés, visés à l'alinéa *b*, ont le droit de se faire représenter lors de l'examen de l'affaire par le Comité et de présenter des observations oralement ou par écrit, ou sous l'une et l'autre forme ;

h) le Comité doit présenter un rapport dans un délai de douze mois à compter du jour ou il a reçu la notification visée à l'alinéa *b* ;

i) si une solution a pu être trouvée conformément aux dispositions de l'alinéa *e*, le Comité se borne, dans son rapport à un bref exposé des faits et de la solution intervenue ;

ii) si une solution n'a pu être trouvée conformément aux dispositions de l'alinéa *e*, la Comité se borne, dans son rapport, à un bref exposé des faits ; le texte des observations écrites et le procès-verbal des observations orales présentées par les États parties intéressés sont joints au rapport.

Pour chaque affaire, le rapport est communiqué aux États parties intéressés.

2. Les dispositions du présent article entreront en vigueur lorsque dix États parties au présent Pacte auront fait la déclaration prévue au paragraphe 1 du présent article. La dite déclaration est déposée par l'État partie auprès du Secrétaire général de l'Organisation des Nations unies, qui en communique copie aux autres États parties. Une déclaration peut être retirée à tout moment au moyen d'une notification adressée au Secrétaire général. Ce retrait est sans préjudice de l'examen de toute question qui fait l'objet d'une communication déjà transmise en vertu du présent article ; aucune autre communication d'un État partie ne sera reçue après que le Secrétaire général aura reçu notification du retrait de la déclaration, à moins que l'État partie intéressé n'ait fait une nouvelle déclaration.

Art. 42. — 1. *a)* Si une question soumise au Comité conformément à l'article 41 n'est pas réglée à la satisfaction des États parties intéressés, le Comité peut, avec l'assentiment préalable des États parties intéressés, désigner une commission de conciliation *ad hoc* (ci-après dénommée la Commission). La Commission met ses bons offices à la disposition des États parties intéressés, afin de parvenir à une solution amiable de la question, fondée sur le respect du présent Pacte ;

b) La Commission est composée de cinq membres nommés avec l'accord des États parties intéressés. Si les États parties intéressés ne parviennent pas à une entente sur tout ou partie de la composition de la Commission dans un délai de trois mois, les membres de la Commission au sujet desquels l'accord ne s'est pas fait sont élus au scrutin secret parmi les membres du Comité, à la majorité des deux tiers des membres du Comité.

2. Les membres de la Commission siègent à titre individuel. Ils ne doivent être ressortissants ni des États parties intéressés, ni d'un État qui n'est pas partie au présent Pacte, ni d'un État partie qui n'a pas fait la déclaration prévue à l'article 41.

3. La Commission élit son Président et adopte son règlement intérieur.

4. La Commission tient normalement ses réunions au Siège de l'Organisation des Nations unies ou à l'Office des Nations unies à Genève. Toutefois, elle peut se réunir en tout autre lieu approprié que peut déterminer la Commission en consultation avec le Secrétaire général de l'Organisation des Nations unies et les États parties intéressés.

5. Le secrétariat prévu à l'article 36 prête également ses services aux commissions désignées en vertu du présent article.

6. Les renseignements obtenus et dépouillés par le Comité sont mis à la disposition de la Commission, et la Commission peut demander aux États parties intéressés de lui fournir tout renseignement complémentaire pertinent.

7. Après avoir étudié la question sous tous ses aspects, mais en tout cas dans un délai maximum de douze mois après qu'elle en aura été saisie, la Commission soumet un rapport au Président du Comité qui le commence aux États parties intéressés :

a) si la Commission ne peut achever l'examen de la question dans les douze mois, elle se borne à indiquer brièvement dans son rapport où elle en est de l'examen de la question ;

b) si l'on est parvenu à un règlement amiable de la question, fondé sur le respect des droits de l'homme reconnus dans le présent Pacte, la Commission se borne à indiquer brièvement dans son rapport les faits et le règlement auquel on est parvenu ;

c) si l'on n'est pas parvenu à un règlement au sens de l'alinéa *b*, la Commission fait figurer dans son rapport ses conclusions sur tous les points de fait relatifs à la question débattue entre les États parties intéressés ainsi que ses constatations sur les possibilités de règlement amiable de l'affaire ; le rapport renferme également les observations écrites et un procès-verbal des observations orales présentées par les États parties intéressés ;

d) si le rapport de la Commission est soumis conformément à l'alinéa *c*, les États parties intéressés font savoir au Président du Comité, dans un délai de trois mois après la réception du rapport, s'ils acceptent ou non les termes du rapport de la Commission.

8. Les dispositions du présent article s'entendent sans préjudice des attributions cru Comité prévues à l'article 41.

9. Toutes les dépenses des membres de la Commission sont réparties également entre les États parties intéressés, sur la base d'un état estimatif établi par le Secrétaire général de l'Organisation des Nations unies.

10. Le Secrétaire général de l'Organisation des Nations unies est habilité, si besoin est, à défrayer les membres de la Commission de leurs dépenses, avant que le remboursement en ait été effectué par les États parties intéressés, conformément au paragraphe 9 du présent article.

Art. 43. — Les membres du Comité et les membres des commissions de conciliation *ad hoc* qui pourraient être désignées conformément à l'article 42 ont droit aux facilités, privilèges et immunités reconnus aux experts en mission pour l'Organisation des Nations unies, tels qu'ils sont énoncés dans les sections pertinentes de la Convention sur les privilèges et les immunités des Nations unies.

Art. 44. — Les dispositions de mise en œuvre du présent Pacte s'appliquent sans préjudice des procédures instaurées en matière de droits de l'homme aux termes ou en vertu des instruments constitutifs et des conventions de l'Organisation des Nations unies et des institutions spécialisées, et n'empêchent pas les États parties de recourir à d'autres procédures pour le règlement d'un différent conformément aux accords internationaux généraux ou spéciaux qui les lient.

Art. 45. — Le Comité adresse chaque année à l'Assemblée générale des Nations unies, par l'intermédiaire du Conseil économique et social, un rapport sur ses travaux.

PARTIE V

Art. 46. — Aucune disposition du présent Pacte ne doit être interprétée comme portant atteinte aux dispositions de la Charte des Nations unies et des constitutions des institutions spécialisées qui définissent les responsabilités respectives des divers organes de l'Organisation des Nations unies et des institutions spécialisées en ce qui concerne les questions traitées dans le présent Pacte.

Art. 47. — Aucune disposition du présent Pacte ne sera interprétée comme portant atteinte au droit inhérent de tous les peuples à profiter et à user pleinement et librement de leurs richesses et ressources naturelles.

DÉCLARATIONS ET RÉSERVES

L'instrument d'adhésion de la République française comporte les déclarations et réserves suivantes :

1. Le Gouvernement de la République considère que, conformément à l'article 103 de la Charte des Nations unies, en cas de conflit entre ses obligations en vertu du Pacte et ses obligations en vertu de la Charte (notamment des articles 1 et 2 de celle-ci). Ses obligations en vertu de la Charte prévaudront.

2. Le Gouvernement de la République émet une réserve concernant le paragraphe 1 de l'article 4 en ce sens, d'une part, que les circonstances énumérées par l'article 16 de la Constitution pour sa mise en œuvre, par l'article 1 de la loi du 3 avril 1878 et par la loi du 9 août 1849 pour la déclaration de l'état de siège, par l'article 1 de la loi n° 55-385 du 3 avril 1955 pour la déclaration de l'état d'urgence et qui permettent la mise en application de ces textes, doivent être comprises comme correspondant à l'objet de l'article 4 du Pacte, et, d'autre part, que par l'interprétation et l'application de l'article 16 de la Constitution de la République française, les termes « dans la stricte mesure où la situation l'exige » ne sauraient limiter le pouvoir du Président de la République de prendre « les mesures exigées par les circonstances ».

3. Le Gouvernement de la République émet une réserve concernant les articles 9 et 14 en ce sens que ces articles ne sauraient faire obstacle à l'application des règles relatives au régime disciplinaire dans les armées.

4. Le Gouvernement de la République déclare que l'article 13 ne doit pas porter atteinte au chapitre IV de l'ordonnance n° 45-2658 du 2 novembre 1945 relative à l'entrée et au séjour des étrangers en France, ni aux autres textes relatifs à l'expulsion des étrangers en vigueur dans les parties du territoire de la République où l'ordonnance du 2 novembre 1945 n'est pas applicable.

5. Le Gouvernement de la République interprète l'article 14, paragraphe 5, comme posant un principe général auquel la loi peut apporter des exceptions limitées. Il en est ainsi, notamment, pour certaines infractions relevant en premier et dernier ressort du tribunal de police ainsi que pour les infractions de nature criminelle. Au demeurant les décisions rendues en dernier ressort peuvent faire l'objet d'un recours devant la Cour de Cassation qui statue sur la légalité de la décision intervenue.

6. Le gouvernement de la République déclare que les articles 19, 21 et 22 du pacte seront appliqués conformément aux articles 10, 11 et 16 de la Convention européenne de sauvegarde des droits de l'homme et des libertés fondamentales en date du 4 novembre 1950.

N° 24.2 Protocole facultatif se rapportant à ce pacte international (extraits) [65]

....

Les États parties au présent Protocole,

Considérant que, pour mieux assurer l'accomplissement des fins du Pacte relatif aux droits civils et politiques (ci-après dénommé le Pacte) et l'application de ses dispositions, il conviendrait d'habiliter le Comité des droits de l'homme, constitué aux termes de la quatrième partie du Pacte (ci-après dénommé le Comité) à recevoir et à examiner, ainsi qu'il est prévu dans le présent Protocole, des communications émanant de particuliers qui prétendent être victimes d'une violation d'un des droits énoncés dans le Pacte,

Sont convenus de ce qui suit :

Article premier. — Tout État partie au Pacte qui devient partie au présent Protocole reconnaît que le Comité a compétence pour recevoir et examiner des communications émanant de particuliers relevant de sa juridiction qui prétendent être victimes d'une violation, par cet État partie, de l'un quelconque des droits énoncés dans le Pacte. Le Comité ne reçoit aucune communication intéressant un État partie au Pacte qui n'est pas partie au présent Protocole.

Art. 2. — Sous réserve des dispositions de l'article premier, tout particulier qui prétend être victime d'une violation de l'un quelconque des droits énoncés dans le Pacte, et qui a épuisé tous les recours internes disponibles, peut présenter une communication écrite au Comité pour qu'il l'examine.

Art. 3. — Le Comité déclare irrecevable toute communication présentée en vertu du présent Protocole qui est anonyme ou qu'il considère être un abus du droit de présenter de telles communications ou être incompatible avec les dispositions du Pacte.

Art. 4. — 1. Sous réserve des dispositions de l'article 3, le Comité porte toute communication qui lui est présentée en vertu du présent Protocole à l'attention de l'État partie au dit Protocole qui a prétendument violé l'une quelconque des dispositions du Pacte.

2. Dans les six mois qui suivent, le dit État soumet par écrit au Comité des explications ou déclarations éclaircissant la question et indiquant, le cas échéant, les mesures qu'il pourrait avoir prises pour remédier à la situation.

Art. 5. — 1. Le Comité examine les communications reçues en vertu du présent Protocole en tenant compte de toutes les informations écrites qui lui sont soumises par le particulier et par l'État partie intéressé.

2. Le Comité n'examinera aucune communication d'un particulier sans s'être assuré que :

a) la même question n'est pas déjà en cours d'examen devant une autre instance internationale d'enquête ou de règlement ;

b) le particulier a épuisé tous les recours internes disponibles. Cette règle ne s'applique pas si les procédures de recours excèdent des délais raisonnables.

3. Le Comité tient ses séances à huis clos lorsqu'il examine les communications prévues dans le présent Protocole.

4. Le Comité fait part de ses constatations à l'État partie intéressé et au particulier.

---

(65) Le protocole a été ratifié par la France à l'issue de la loi n° 83-1127 du 23 décembre 1983 et publié au *Journal officiel* par le décret n° 84-418 du 25 mai 1984.

Art. 6. — Le Comité inclut dans le rapport annuel qu'il établit conformément à l'article 45 du Pacte un résumé de ses activités au titre du présent Protocole.

Art. 7. — En attendant la réalisation des objectifs de la résolution 1514 (XV) adoptée par l'Assemblée générale des Nations unies le 14 décembre 1960, concernant la Déclaration sur l'octroi de l'indépendance aux pays et aux peuples coloniaux, les dispositions du présent Protocole ne restreignent en rien le droit de pétition accordé à ces peuples par la Charte des Nations unies et d'autres conventions et instruments internationaux conclus sous les auspices de l'Organisation des Nations unies ou de ses institutions spécialisées.

Art. 14. — 1. Le présent Protocole, dont les textes anglais, chinois, espagnol, français et russe font également foi, sera déposé aux archives de l'Organisation des Nations unies.

2. Le Secrétaire général de l'Organisation des Nations unies transmettra une copie certifiée conforme du présent Protocole à tous les États visés à l'article 48 du Pacte.

Texte de la réserve et des déclarations faites par la République française

Réserve : « La France fait une réserve à l'alinéa (*a*) du paragraphe 2 de l'article 5 en précisant que le Comité des droits de l'homme ne sera pas compétent pour examiner une communication émanant d'un particulier si la même question est en cours d'examen ou a déjà été examinée par une autre instance internationale d'enquête ou de règlement. »

Déclarations : « La France interprète l'article premier du Protocole comme donnant compétence au Comité pour recevoir et examiner des communications émanant de particuliers relevant de la juridiction de la République française qui prétendent être victimes d'une violation, par la République, de l'un quelconque des droits énoncés dans le Pacte, résultant soit d'actes, omissions, faits ou événements postérieurs à la date d'entrée en vigueur à son égard du présent Protocole, soit d'une décision portant sur des actes, omissions, faits ou événements postérieurs à cette même date. »

« En ce qui concerne l'article 7, l'adhésion de la France au Protocole facultatif ne peut être interprétée comme impliquant une modification de sa position à l'égard de la résolution visée dans cette disposition. »

N° 24.3 **Deuxième protocole facultatif se rapportant à ce pacte international, visant à abolir la peine de mort,** adopté et proclamé par l'Assemblée générale dans sa résolution 44/128 du 15 décembre 1989 (extraits) (66)

Les États parties au présent Protocole,

Convaincus que l'abolition de la peine de mort contribue à promouvoir la dignité humaine et le développement progressif des droits de l'homme,

Rappelant l'article 3 de la Déclaration universelle des droits de l'homme adoptée le 10 décembre 1948, ainsi que l'article 6 du Pacte international relatif aux droits civils et politiques adopté le 16 décembre 1966,

Notant que l'article 6 du Pacte international relatif aux droits civils et politiques se réfère à l'abolition de la peine de mort en des termes qui suggèrent sans ambiguïté que l'abolition de cette peine est souhaitable,

(66) Le deuxième protocole a été ratifié par la France par la loi n° 2007-1164 du 1er août 2007 et publié par le décret n° 2008-37 du 10 janvier 2008.

Convaincus que toutes les mesures prises touchant l'abolition de la peine de mort doivent être considérées comme un progrès quant à la jouissance du droit à la vie,

Désireux de prendre, par le présent Protocole, l'engagement international d'abolir la peine de mort,

Sont convenus de ce qui suit :

Article premier. — 1. Aucune personne relevant de la juridiction d'un État partie au présent Protocole ne sera exécutée.

2. Chaque État partie prendra toutes les mesures voulues pour abolir la peine de mort dans le ressort de sa juridiction.

Art. 2. — 1. Il ne sera admis aucune réserve au présent Protocole, en dehors de la réserve formulée lors de la ratification ou de l'adhésion et prévoyant l'application de la peine de mort en temps de guerre à la suite d'une condamnation pour un crime de caractère militaire, d'une gravité extrême, commis en temps de guerre.

2. L'État partie formulant une telle réserve communiquera au Secrétaire général de l'Organisation des Nations unies, lors de la ratification ou de l'adhésion, les dispositions pertinentes de sa législation interne qui s'appliquent en temps de guerre.

3. L'État partie ayant formulé une telle réserve notifiera au secrétaire général de l'Organisation des Nations unies la proclamation ou la levée de l'état de guerre sur son territoire.

Art. 3. — Les États parties au présent Protocole feront état, dans les rapports qu'ils présentent au Comité des droits de l'homme en vertu de l'article 40 du Pacte, des mesures qu'ils auront adoptées pour donner effet au présent Protocole.

Art. 4. — En ce qui concerne les États parties au Pacte qui ont fait la déclaration prévue à l'article 41, la compétence reconnue au Comité des droits de l'homme pour recevoir et examiner des communications dans lesquelles un État partie prétend qu'un autre État partie ne s'acquitte pas de ses obligations s'étend aux dispositions du présent Protocole, à moins que l'État partie en cause n'ait fait une déclaration en sens contraire lors de la ratification ou de l'adhésion.

Art. 5. — En ce qui concerne les États parties au premier Protocole facultatif se rapportant au Pacte international relatif aux droits civils et politiques adopté le 16 décembre 1966, la compétence reconnue au Comité des droits de l'homme pour recevoir et examiner des communications émanant de particuliers relevant de leur juridiction s'étend aux dispositions du présent Protocole, à moins que l'État partie en cause n'ait fait une déclaration en sens contraire lors de la ratification ou de l'adhésion.

Art. 6. — 1. Les dispositions du présent Protocole s'appliquent cri tant que dispositions additionnelles du Pacte.

2. Sans préjudice de la possibilité de formuler la réserve prévue à l'article 2 du présent Protocole, le droit garanti au paragraphe 1 de l'article premier du présent Protocole ne peut faire l'objet d'aucune des dérogations visées à l'article 4 du Pacte.

N° 25.1 Pacte international relatif aux droits économiques, sociaux et culturels, fait à New York le 16 décembre 1966 (extraits) (67)

Les États parties au présent pacte.

Considérant que, conformément aux principes énoncés dans la Charte des Nations unies, la reconnaissance de la dignité inhérente à tous les membres de la famille humaine et de leurs droits égaux et inaliénables constitue le fondement de la liberté, de la justice et de la paix dans le monde.

Reconnaissant que, ces droits découlent de la dignité inhérente à la personne humaine,

Reconnaissant que, conformément à la Déclaration universelle des droits de l'homme, l'idéal de l'être humain libre, libéré de la crainte et de la misère ne peut être réalisé que si des conditions permettant à chacun de jouir de ses droits économiques, sociaux et culturels, aussi bien que de ses droits civils et politiques, sont créées,

Considérant que la Charte des Nations unies impose aux États l'obligation de promouvoir le respect universel et effectif des droits et des libertés de l'homme,

Prenant en considération le fait que l'individu a des devoirs envers autrui et envers la collectivité à laquelle il appartient et est tenu de s'efforcer de promouvoir et de respecter les droits reconnus dans le présent Pacte,

Sont convenus des articles suivants :

PARTIE I

Article premier. — 1. Tous les peuples ont le droit de disposer d'eux-mêmes. En vertu de ce droit, ils déterminent librement leur statut politique et assurent librement leur développement économique, Social et culturel.

2. Pour atteindre leurs fins, tous les peuples peuvent disposer librement de leurs richesses et de leurs ressources naturelles, sans préjudice des obligations qui découlent de la coopération économique internationale, fondée sur le principe de l'intérêt mutuel, et du droit international. En aucun cas, un peuple ne pourra être privé de ses propres moyens de subsistance.

3. Les États parties au présent Pacte, y compris ceux qui ont la responsabilité d'administrer des territoires non autonomes et des territoires sous tutelle, sont tenus de faciliter la réalisation du droit des peuples à disposer d'eux-mêmes, et de respecter ce droit, conformément aux dispositions de la Charte des Nations unies.

PARTIE II

Art. 2. — 1. Chacun des États parties au présent Pacte s'engage à agir, tant par son effort propre que par l'assistance et la coopération internationales, notamment sur les plans économique et technique, au maximum de ses ressources disponibles, en vue d'assurer progressif veinent le plein exercice des droits reconnus dans le présent Pacte par tous les moyens appropriés, y compris en particulier l'adoption de mesures législatives.

---

(67) Le pacte a été ratifié par la France à l'issue de la loi n° 83-461 du 25 juin 1980 et publié au *Journal officiel* par le décret n° 81-77 du 29 janvier 1981.

2. Les États parties au présent Pacte s'engagent à garantir que les droits qui y seront énoncés seront exercés sans discrimination aucune fondée sur la race, la couleur, le sexe, la langue, la religion, l'opinion politique ou toute autre opinion, l'origine nationale ou sociale, la fortune, la naissance ou toute autre situation.

3. Les pays en voie de développement, compte dûment tenu des droits de l'homme et de leur économie nationale, peuvent déterminer dans quelle mesure ils garantiront les droits économiques reconnus dans le présent Pacte à des non-ressortissants.

Art. 3. — Les États Partie au présent Pacte s'engagent à assurer le droit égal qu'ont l'homme et la femme au bénéfice de tous les droits économiques, sociaux et culturels qui sont énumérés dans le présent Pacte.

Art. 4. — Les États parties au présent Pacte reconnaissent que, dans la jouissance des droits assurés par l'État conformément au présent Pacte, l'État ne peut soumettre ces droits qu'aux limitations établies par la loi, dans la seule mesure compatible avec la nature de ces droits et exclusivement en vue de favoriser le bien-être général dans une société démocratique.

Art. 5. — 1. Aucune disposition du présent Pacte ne peut être interprétée comme impliquant pour un État, un groupement ou un individu un droit quelconque de se livrer à une activité ou d'accomplir un acte visant à la destruction des droits ou libertés reconnus dans le présent Pacte ou à des limitations plus amples que celles prévues dans ledit Pacte.

2. Il ne peut être admis aucune restriction ou dérogation aux droits fondamentaux de l'homme reconnus ou en vigueur dans tout pays en vertu de lois, de conventions, de règlements ou de coutumes, sous prétexte que le présent Pacte ne les reconnaît pas ou les reconnaît à un moindre degré.

PARTIE III

Art. 6. — 1. Les États parties au présent Pacte reconnaissent le droit au travail, qui comprend le droit qu'a toute personne d'obtenir la possibilité de gagner sa vie par un travail librement choisi ou accepté, et prendront des mesures appropriées pour sauvegarder ce droit.

2. Les mesures que chacun des États parties au présent Pacte prendra en vue d'assurer le plein exercice de ce droit doivent inclure l'orientation et la formation technique et professionnelles, l'élaboration de programmes, de politiques et de techniques propres à assurer un développement économique, social et culturel constant et un plein emploi productif dans des conditions qui sauvegardent aux individus la jouissance des libertés politiques et économiques fondamentales.

Art. 7. — Les États parties au présent Pacte reconnaissent le droit qu'a toute personne de jouir de conditions de travail justes et favorables, qui assurent notamment :

a) la rémunération qui procure, au minimum, à tous les travailleurs :

i) un salaire équitable et une rémunération égale pour un travail de valeur égale sans distinction aucune ; en particulier, les femmes doivent avoir la garantie que les conditions de travail qui leur sont accordées ne sont pas inférieures à celles dont bénéficient les hommes et recevoir la même rémunération qu'eux pour un même travail ;

ii) une existence décente pour eux et leur famille conformément aux dispositions du présent Pacte ;

b) la sécurité et l'hygiène du travail ;

c) la seule possibilité pour tous d'être promus, dans leur travail, à la catégorie supérieure appropriée, sans autre considération que la durée des services accomplis et les aptitudes ;

d) le repos, les loisirs, la limitation raisonnable de la durée du travail et les congés payés périodiques, ainsi que la rémunération des jours fériés.

Art. 8. — 1. Les États parties au présent Pacte s'engagent à assurer :

a) le droit qu'a toute personne de former avec d'autres des syndicats et de s'affilier au syndicat de son choix, sous la seule réserve des règles fixées par l'organisation intéressée, en vue de favoriser et de protéger ses intérêts économiques et sociaux. L'exercice de ce droit ne peut faire l'objet que des seules restrictions prévues par la loi et qui constituent des mesures nécessaires, dans une société démocratique, dans l'intérêt de la sécurité nationale ou de l'ordre public, ou pour protéger les droits et les libertés d'autrui ;

b) le droit qu'ont les syndicats de former des fédérations ou des confédérations nationales et le droit qu'ont celles-ci de former des organisations syndicales internationales ou de s'y affilier ;

c) le droit qu'ont les syndicats d'exercer librement leur activité, sans limitations autres que celles qui sont prévues par la loi et qui constituent des mesures nécessaires dans une société démocratique, dans l'intérêt de la sécurité nationale ou de l'ordre public, ou pour protéger les droits et les libertés d'autrui ;

d) le droit de grève, exercé conformément aux lois de chaque pays.

2. Le présent article n'empêche pas de soumettre, à des restrictions légales l'exercice de ces droits par les membres des forces armées, de la police ou de la fonction publique.

3. Aucune disposition du présent article ne permet aux États parties à la Convention de 1948 de l'Organisation internationale du Travail concernant la liberté syndicale et la protection du droit syndical de prendre des mesures législatives portant atteinte — ou d'appliquer la loi de façon à porter atteinte — aux garanties prévues dans la dite Convention.

Art. 9. — Les États parties au présent Pacte reconnaissent le droit de toute personne à la sécurité sociale, y compris les assurances sociales.

Art. 10. — Les États parties au présent Pacte reconnaissent que :

1. Une protection et une assistance aussi larges que possible doivent être accordées à la famille, qui est l'élément naturel et fondamental de la société, en particulier pour sa formation et aussi longtemps qu'elle a la responsabilité de l'entretien et de l'éducation d'enfants à charge. Le mariage doit être librement consenti par les futurs époux.

2. Une protection spéciale doit être accordée aux mères pendant une période de temps raisonnable avant et après la naissance des enfants. Les mères salariées doivent bénéficier, pendant cette même période, d'un congé payé ou d'un congé accompagné de prestations de sécurité sociale adéquates.

3. Des mesures spéciales de protection et d'assistance doivent être prises en faveur de tous les enfants et adolescents, sans discrimination aucune pour des raisons de filiation ou autres. Les enfants et adolescents doivent être protégés contre l'exploitation économique et sociale. Le fait de les employer à des travaux de nature à compromettre leur Moralité ou leur santé, à mettre leur vie en danger ou à nuire à leur développement normal doit être sanctionné par la loi. Les États doivent aussi fixer des limites d'âge au-dessous desquelles l'emploi salarié de la main-d'œuvre enfantine sera interdit et sanctionné par la loi.

Art. 11. — 1. Les États parties au présent Pacte reconnaissent le droit de toute personne à un niveau de vie suffisant pour elle-même et sa famille, y compris une nourriture, un vêtement et un logement suffisants, ainsi qu'à une amélioration constante de ses conditions d'existence. Les États parties prendront des mesures appropriées pour assurer la réalisation de ce droit et ils reconnaissent à cet effet l'importance essentielle d'une coopération internationale librement consentie.

2. Les États parties au présent Pacte, reconnaissent le droit fondamental qu'a toute personne d'être à l'abri de la faim, adopteront, individuellement et au moyen de la coopération internationale, les mesures nécessaires, y compris des programmes concrets :

a) pour améliorer les méthodes de production, de conservation et de distribution des denrées alimentaires par la pleine utilisation des connaissances techniques et scientifiques, par la diffusion de principes d'éducation nutritionnelle et par le développement ou la réforme des régimes agraires, de manière à assurer au mieux la mise en valeur et l'utilisation des ressources naturelles ;

b) pour assurer une répartition équitable des ressources alimentaires mondiales par rapport aux besoins, compte tenu des problèmes qui se posent tant aux pays importateurs qu'aux pays exportateurs de denrées alimentaires.

Art. 12. — 1. Les États parties au présent Pacte reconnaissent le droit qu'a toute personne de jouir du meilleur état de santé physique et mentale qu'elle soit capable d'atteindre.

2. Les mesures que les États parties au présent Pacte prendront en vue d'assurer le plein exercice de ce droit devront comprendre les mesures nécessaires pour assurer :

a) la diminution de la mortalité infantile, ainsi que le développement sain de l'enfant ;

b) l'amélioration de tous les aspects de l'hygiène du milieu et de l'hygiène industrielle ;

c) la prophylaxie et le traitement des maladies épidémiques, endémiques, professionnelles et autres, ainsi que la lutte contre ces maladies ;

d) la création de conditions propres à assurer à tous les services médicaux et une aide médicale en cas de maladie.

Art. 13. — 1. Les États parties au présent Pacte reconnaissent le droit de toute personne à l'éducation. Ils conviennent que l'éducation doit viser au plein épanouissement de la personnalité humaine et du sens de sa dignité et renforce le respect des droits de l'homme et des libertés fondamentales. Ils conviennent en outre que l'éducation doit mettre toute personne en mesure de jouer un rôle utile dans une société libre, favoriser la compréhension, la tolérance et l'amitié entre toutes les nations et tous les groupes raciaux, ethniques ou religieux et encourager le développement des activités des Nations unies pour le maintien de la paix.

2. Les États parties au présent Pacte reconnaissent qu'en vue d'assurer le plein exercice de ce droit :

a) l'enseignement primaire doit être obligatoire et accessible gratuitement à tous ;

b) l'enseignement secondaire, sous ses différentes formes, y compris l'enseignement secondaire technique et professionnel, doit être généralisé et rendu accessible à tous par tous les moyens appropriés et notamment par l'instauration progressive de la gratuité ;

c) l'enseignement supérieur doit être rendu accessible à tous en pleine égalité, en fonction des capacités de chacun, par tous les moyens appropriés et notamment par l'instauration progressive de la gratuité ;

d) l'éducation de hase doit être encouragée ou intensifiée, dans toute la mesure possible, pour les personnes qui n'ont pas reçu d'instruction primaire ou qui ne l'ont pas reçue jusqu'à son terme ;

e) il faut poursuivre activement le développement d'un réseau scolaire à tous les échelons, établir un système adéquat de bourses et améliorer de façon continue les conditions matérielles du personnel enseignant.

3. Les États parties au présent Pacte s'engagent à respecter la liberté des parents et, le cas échéant, des tuteurs légaux, de choisir pour leurs enfants des établissements autres que ceux des pouvoirs publics, mais conformes aux normes minimales qui

peuvent être prescrites ou approuvées par l'État en matière d'éducation, et de faire assurer l'éducation religieuse et morale de leurs enfants conformément à leurs propres convictions.

4. Aucune disposition du présent article ne doit être interprétée comme portant atteinte à la liberté des individus et des personnes morales de créer et de diriger des établissements d'enseignement, sous réserve que les principes énoncés au paragraphe I du présent article soient observés et que l'éducation donnée dans ces établissements soit conforme aux normes minimales qui peuvent être prescrites par l'État.

Art. 14. — Tout État Partie au présent Pacte qui, au moment où il devient partie, n'a pas encore pu assurer dans sa métropole ou dans les territoires placés sous sa juridiction le caractère obligatoire et la gratuité de l'enseignement primaire s'engage à établir et à adopter, dans un délai de deux ans, un plan détaillé des mesures nécessaires pour réaliser progressivement, dans un nombre raisonnable d'années fixé par ce plan, la pleine application du principe de l'enseignement primaire obligatoire et gratuit pour tous.

Art. 15. — 1. Les États parties au présent Pacte reconnaissent à chacun le droit

a) de participer à la vie culturelle ;

b) de bénéficier du progrès scientifique et de ses applications ;

c) de bénéficier de la protection des intérêts moraux et matériels découlant de toute production scientifique, littéraire ou artistique dont il est l'auteur.

2. Les mesures que les États parties au présent Pacte prendront en vue d'assurer le plein exercice de ce droit devront comprendre celles qui sont nécessaires pour assurer le maintien, le développement et la diffusion de la science et de la culture.

3. Les États parties au présent Pacte s'engagent à respecter la liberté indispensable à la recherche scientifique et aux activités créatrices.

4. Les États parties au présent Pacte reconnaissent les bienfaits qui doivent résulter de l'encouragement et du développement de la coopération et des contacts internationaux dans le domaine de la science et de la culture.

PARTIE IV

Art. 16. — 1. Les États parties au présent Pacte s'engagent à présenter, conformément aux dispositions de la présente partie du Pacte, des rapports sur ICI, mesures qu'ils auront adoptées et sur les progrès accomplis en vue d'assurer le respect des droits reconnus dans le Pacte.

2. *a)* Tous les rapports sont adressés au Secrétaire général de l'Organisation des Nations unies, qui en transmet copie au Conseil économique et social, pour examen, conformément aux dispositions du présent Pacte ;

b) le Secrétaire général de l'Organisation des Nations unies transmet également aux institutions spécialisées copie des rapports, ou de toutes parties pertinentes des rapports envoyés par les États parties au présent Pacte qui sont également membres desdites institutions spécialisées, pour autant que ces rapports, ou parties de rapports, ont trait à des questions relevant de la compétence desdites institutions aux termes de leurs actes constitutifs respectifs.

Art. 17. — 1. Les États parties au présent Pacte présentent leurs rapports par étape, selon un programme qu'établira le Conseil économique et social dans un délai d'un an à compter de la date d'entrée en vigueur du présent Pacte, après avoir consulté les États parties et les institutions spécialisées intéressées.

2. Les rapports peuvent faire connaître les facteurs et les difficultés empochant ces États de s'acquitter pleinement des obligations prévues au présent Pacte.

3. Dans le cas où des renseignements à ce sujet ont déjà été adressés à l'Organisation des Nations unies ou à une institution spécialisée par un État partie au Pacte, il ne sera pas nécessaire de reproduire lesdits renseignements et une référence précise à ces renseignements suffira.

Art. 18. — En vertu des responsabilités qui lui sont conférées par la Charte des Nations unies dans le domaine des droits de l'homme et des libertés fondamentales, le Conseil économique et social pourra conclure des arrangements avec les institutions spécialisées, en vue de la présentation par celles-ci de rapports relatifs aux progrès accomplis quant à l'observation des dispositions du présent Pacte qui entrent dans le cadre de leurs activités. Ces rapports pourront comprendre des données sur les décisions et recommandations adoptées par les organes compétents des institutions spécialisées au sujet de cette mise en œuvre.

Art. 19. — Le Conseil économique et social peut renvoyer à la Commission des droits de l'homme aux fins d'étude et de recommandation d'ordre général ou pour information, s'il y a lieu, les rapports concernant les droits de l'homme que communiquent les États conformément aux articles 16 et 17 et les rapports concernant les droits de l'homme que communiquent les institutions spécialisées conformément à l'article 18.

Art. 20. — Les États parties au présent Pacte et les institutions spécialisées intéressées peuvent présenter au Conseil économique et social des observations sur toute recommandation d'ordre général faite en vertu de l'article 19 ou sur toute mention d'une recommandation d'ordre général figurant dans un rapport de la Commission des droits de l'homme ou dans tout document mentionné dans ledit rapport.

Art. 21. — Le Conseil économique et social peut présenter de temps en temps à l'Assemblée générale des rapports contenant des recommandations de caractère général et un résumé des renseignements reçus des États parties au présent Pacte et des institutions spécialisées sur les mesures prises et les progrès accomplis en vue d'assurer le respect général des droits reconnus dans le présent Pacte.

Art. 22. — Le Conseil économique et social peut porter à l'attention des autres organes de l'Organisation des Nations unies, de leurs organes subsidiaires et des institutions spécialisées intéressées qui s'occupent de fournir une assistance technique, toute question que soulèvent les rapports mentionnés dans la présente partie du présent Pacte et qui peut aider ces organismes à se prononcer, chacun dans sa propre sphère de compétence, sur l'opportunité de mesures internationales propres à contribuer à la mise en œuvre effective et progressive du présent Pacte.

Art. 23. — Les États parties au présent Pacte conviennent que les mesures d'ordre international destinées à assurer la réalisation des droits reconnus dans ledit Pacte comprennent notamment la conclusion de conventions, l'adoption de recommandations, la fourniture d'une assistance technique et l'organisation, en liaison avec les gouvernements intéressés, de réunions régionales et de réunions techniques aux fins de consultations et d'études.

Art. 24. — Aucune disposition du présent Pacte ne doit être interprétée comme portant atteinte aux dispositions de la Charte des Nations unies et des constitutions des institutions spécialisées qui définissent les responsabilités respectives des divers organes de l'Organisation des Nations unies et des institutions spécialisées en ce qui concerne les questions traitées dans le présent Pacte.

Art. 25. — Aucune disposition du présent Pacte ne sera interprétée comme portant atteinte au droit inhérent de tous les peuples à profiter et à user pleinement et librement de leurs richesses et ressources naturelles.

n° 25.2 **Protocole facultatif se rapportant au Pacte international relatif aux droits économiques sociaux et culturels** adopté le 10 décembre 2008 (extraits) (68)

Les États Parties au présent Protocole,

Rappelant que chacun des États parties au Pacte international relatif aux droits économiques, sociaux et culturels (ci-après dénommé le Pacte) s'engage à agir, tant par son effort propre que par l'assistance et la coopération internationales, notamment sur les plans économique et technique, au maximum de ses ressources disponibles, en vue d'assurer progressivement le plein exercice des droits reconnus dans le Pacte par tous les moyens appropriés, y compris en particulier l'adoption de mesures législatives,

Considérant que, pour mieux assurer l'accomplissement des fins du Pacte et l'application de ses dispositions, il conviendrait d'habiliter le Comité des droits économiques, sociaux et culturels (ci-après dénommé le Comité) à s'acquitter des fonctions prévues dans le présent Protocole,

Sont convenus de ce qui suit :

Article 1 — Compétence du Comité pour recevoir et examiner des communications

1. Tout État partie au Pacte qui devient partie au présent Protocole reconnaît que le Comité a compétence pour recevoir et examiner les communications prévues par les dispositions du présent Protocole.

2. Le Comité ne reçoit aucune communication intéressant un État partie au Pacte qui n'est pas partie au présent Protocole.

Art. 2 — Communications

Des communications peuvent être présentées par des particuliers ou groupes de particuliers ou au nom de particuliers ou groupes de particuliers relevant de la juridiction d'un État partie, qui affirment être victimes d'une violation par cet État partie d'un des droits économiques, sociaux et culturels énoncés dans le Pacte. Une communication ne peut être présentée au nom de particuliers ou groupes de particuliers qu'avec leur consentement à moins que l'auteur ne puisse justifier qu'il agit en leur nom sans un tel consentement.

Art. 3 — Recevabilité

1. Le Comité n'examine aucune communication sans avoir vérifié que tous les recours internes ont été épuisés. Cette règle ne s'applique pas dans les cas où la procédure de recours excède des délais raisonnables.

2. Le Comité déclare irrecevable toute communication qui :

a) n'est pas présentée dans les douze mois suivant l'épuisement des recours internes, sauf dans les cas où l'auteur peut démontrer qu'il n'a pas été possible de présenter la communication dans ce délai ;

b) porte sur des faits antérieurs à la date d'entrée en vigueur du présent Protocole à l'égard de l'État partie intéressé, à moins que ces faits ne persistent après cette date ;

c) a trait à une question qu'il a déjà examinée ou qui a déjà fait l'objet ou qui fait l'objet d'un examen dans le cadre d'une autre procédure d'enquête ou de règlement au niveau international ;

d) est incompatible avec les dispositions du Pacte ;

(68) Le protocole a été ratifié par la France à l'issue de la loi n° 2014-1352 du 13 novembre 2014 et publié par le décret n° 2015-738 du 25 juin 2015.

e) est manifestement mal fondée, insuffisamment étayée ou repose exclusivement sur des informations diffusées par les médias ;

f) constitue un abus du droit de présenter une communication ;

g) est anonyme ou n'est pas présentée par écrit.

Art. 4 — Communications dont il ne ressort pas un désavantage notable

Le Comité peut, si nécessaire, refuser d'examiner une communication dont il ne ressort pas que l'auteur a subi un désavantage notable, à moins que le Comité ne considère que la communication soulève une grave question d'importance générale.

Art. 5 — Mesures provisoires

1. Après réception d'une communication et avant de prendre une décision sur le fond, le Comité peut à tout moment soumettre à l'urgente attention de l'État partie intéressé une demande tendant à ce que l'État partie prenne les mesures provisoires qui peuvent être nécessaires dans des circonstances exceptionnelles pour éviter qu'un éventuel préjudice irréparable ne soit causé à la victime ou aux victimes de la violation présumée.

2. Le Comité ne préjuge pas de sa décision sur la recevabilité ou le fond de la communication du simple fait qu'il exerce la faculté que lui donne le paragraphe 1 du présent article.

Art. 6 — Transmission de la communication

1. Sauf s'il la juge d'office irrecevable sans en référer à l'État partie intéressé, le Comité porte confidentiellement à l'attention de cet État partie toute communication qui lui est adressée en vertu du présent Protocole.

2. Dans un délai de six mois, l'État partie intéressé présente par écrit au Comité des explications ou déclarations apportant des précisions sur l'affaire qui fait l'objet de la communication en indiquant, le cas échéant, les mesures correctives qu'il a prises.

Art. 7 — Règlement amiable

1. Le Comité met ses bons offices à la disposition des États parties intéressés en vue de parvenir à un règlement amiable de la question fondé sur le respect des obligations énoncées dans le Pacte.

2. Tout accord de règlement amiable met un terme à l'examen de la communication présentée en vertu du présent Protocole.

Art. 8 — Examen des communications

1. Le Comité examine les communications qui lui sont adressées en vertu de l'article 2 du présent Protocole en tenant compte de toute la documentation qui lui a été soumise, étant entendu que cette documentation doit être communiquée aux parties intéressées.

2. Le Comité examine à huis clos les communications qui lui sont adressées en vertu du présent Protocole.

3. Lorsqu'il examine une communication présentée en vertu du présent Protocole, le Comité peut consulter, selon qu'il conviendra, la documentation pertinente émanant d'autres organes ou institutions spécialisées, fonds, programmes et mécanismes des Nations unies et d'autres organisations internationales, y compris des systèmes régionaux des droits de l'homme, et toute observation ou commentaire de l'État partie concerné.

4. Lorsqu'il examine les communications qu'il reçoit en vertu du présent Protocole, le Comité détermine le caractère approprié des mesures prises par l'État partie, conformément aux dispositions de la deuxième partie du Pacte. Ce faisant, il garde à l'esprit le fait que l'État partie peut adopter un éventail de mesures pour mettre en œuvre les droits énoncés dans le Pacte.

Art. 9 — Suivi des constatations du Comité

1. Après avoir examiné une communication, le Comité transmet ses constatations sur la communication, accompagnées, le cas échéant, de ses recommandations aux parties intéressées.

2. L'État partie examine dûment les constatations et les éventuelles recommandations du Comité et soumet dans les six mois au Comité une réponse écrite contenant des informations sur toute action menée à la lumière des constatations et recommandations du Comité.

3. Le Comité peut inviter l'État partie à lui soumettre un complément d'information sur les mesures prises en réponse à ses constatations ou à ses éventuelles recommandations, y compris, si le Comité le juge approprié, dans les rapports ultérieurs de l'État partie présentés au titre des articles 16 et 17 du Pacte.

Art. 10 — Communications interétatiques

1. Tout État partie au présent Protocole peut déclarer à tout moment, en vertu du présent article, qu'il reconnaît la compétence du Comité pour recevoir et examiner des communications dans lesquelles un État Partie affirme qu'un autre État Partie ne s'acquitte pas de ses obligations au titre du Pacte. Les communications présentées en vertu du présent article ne peuvent être reçues et examinées que si elles émanent d'un État partie qui a fait une déclaration reconnaissant, en ce qui le concerne, la compétence du Comité. Le Comité ne reçoit aucune communication visant un État partie qui n'a pas fait une telle déclaration. La procédure ci-après s'applique à l'égard des communications reçues conformément au présent article :

a) si un État partie au présent Protocole estime qu'un autre État partie ne s'acquitte pas de ses obligations au titre du Pacte, il peut appeler, par communication écrite, l'attention de cet État sur la question. L'État partie peut aussi informer le Comité de la question. Dans un délai de trois mois à compter de la réception de la communication, l'État destinataire fera tenir à l'État qui a adressé la communication des explications ou toutes autres déclarations écrites élucidant la question, qui devront comprendre, dans toute la mesure possible et utile, des indications sur ses règles de procédure et sur les moyens de recours exercés, pendants ou encore ouverts ;

b) si la question n'est pas réglée à la satisfaction des deux États parties intéressés dans un délai de six mois à compter de la date de réception de la communication originale par l'État destinataire, l'un et l'autre auront le droit de la soumettre au Comité, en adressant une notification au Comité ainsi qu'à l'autre État intéressé ;

c) le Comité ne peut connaître d'une affaire qui lui est soumise qu'après s'être assuré que tous les recours internes disponibles ont été exercés et épuisés. Cette règle ne s'applique pas dans les cas où, de l'avis du Comité, la procédure de recours excède des délais raisonnables ;

d) sous réserve des dispositions de l'alinéa c) du présent paragraphe, le Comité met ses bons offices à la disposition des États parties intéressés en vue de parvenir à un règlement amiable de la question fondé sur le respect des obligations énoncées dans le Pacte ;

e) le Comité tient ses séances à huis clos lorsqu'il examine les communications prévues dans le présent article ;

f) dans toute affaire qui lui est soumise conformément à l'alinéa b) du présent paragraphe, le Comité peut demander aux États parties intéressés visés à l'alinéa b) de lui fournir tout renseignement pertinent ;

g) les États parties intéressés visés à l'alinéa b) du présent paragraphe ont le droit de se faire représenter lors de l'examen de l'affaire par le Comité et de présenter des observations oralement ou par écrit, ou sous l'une et l'autre forme ;

h) le Comité doit, avec la célérité voulue à compter du jour où il a reçu la notification visée à l'alinéa b) du présent paragraphe, présenter un rapport comme suit :

i) si une solution a pu être trouvée conformément aux dispositions de l'alinéa d) du présent paragraphe, le Comité se borne, dans son rapport, à un bref exposé des faits et de la solution intervenue ;

ii) si une solution n'a pu être trouvée conformément aux dispositions de l'alinéa d) du présent paragraphe, le Comité expose, dans son rapport, les faits pertinents concernant l'objet du différend entre les États parties intéressés. Le texte des observations écrites et le procès-verbal des observations orales présentées par les États parties intéressés sont joints au rapport. Le Comité peut également communiquer aux seuls États parties intéressés toutes vues qu'il peut considérer pertinentes en la matière.

Pour chaque affaire, le rapport est communiqué aux États parties intéressés.

2. Les États parties déposent la déclaration qu'ils auront faite conformément au paragraphe 1 du présent article auprès du Secrétaire général de l'Organisation des Nations unies, qui en communique copie aux autres États parties. Une déclaration peut être retirée à tout moment au moyen d'une notification adressée au Secrétaire général. Ce retrait est sans préjudice de l'examen de toute question qui fait l'objet d'une communication déjà transmise en vertu du présent article ; aucune autre communication d'un État partie ne sera reçue en vertu du présent article après que le Secrétaire général aura reçu notification du retrait de la déclaration, à moins que l'État partie intéressé n'ait fait une nouvelle déclaration.

Art. 11 — Procédure d'enquête

1. Un État partie au présent Protocole peut déclarer à tout moment qu'il reconnaît la compétence du Comité aux fins du présent article.

2. Si le Comité reçoit des renseignements crédibles indiquant qu'un État partie porte gravement ou systématiquement atteinte à l'un des droits économiques, sociaux et culturels énoncés dans le Pacte, il invite cet État partie à coopérer avec lui aux fins de l'examen des informations ainsi portées à son attention et à présenter ses observations à leur sujet.

3. Se fondant sur les observations éventuellement formulées par l'État partie intéressé, ainsi que sur tout autre renseignement crédible dont il dispose, le Comité peut charger un ou plusieurs de ses membres d'effectuer une enquête et de lui rendre compte d'urgence de ses résultats. Cette enquête peut, lorsque cela se justifie et avec l'accord de l'État partie, comporter une visite sur le territoire de cet État.

4. L'enquête se déroule dans la confidentialité et la coopération de l'État partie est sollicitée à tous les stades de la procédure.

5. Après avoir étudié les résultats de l'enquête, le Comité les communique à l'État partie intéressé, accompagnés, le cas échéant, d'observations et de recommandations.

6. Après avoir été informé des résultats de l'enquête et des observations et recommandations du Comité, l'État partie présente ses observations à celui-ci dans un délai de six mois.

7. Une fois achevée la procédure d'enquête entreprise en vertu du paragraphe 2 du présent article, le Comité peut, après consultations avec l'État partie intéressé, décider de faire figurer un compte rendu succinct des résultats de la procédure dans son rapport annuel prévu à l'article 15 du présent Protocole.

8. Tout État partie ayant fait la déclaration prévue au paragraphe 1 du présent article peut, à tout moment, retirer cette déclaration par voie de notification adressée au Secrétaire général.

Art. 12 — Suivi de la procédure d'enquête

1. Le Comité peut inviter l'État partie intéressé à inclure dans le rapport qu'il doit présenter conformément aux articles 16 et 17 du Pacte, des indications détaillées sur les mesures qu'il a prises à la suite d'une enquête effectuée en vertu de l'article 11 du présent Protocole.

2. Au terme du délai de six mois visé au paragraphe 6 de l'article 11, le Comité peut, au besoin, inviter l'État partie intéressé à l'informer des mesures prises à la suite d'une telle enquête.

Art. 13 — Mesures de protection

L'État partie prend toutes les mesures nécessaires pour veiller à ce que les personnes relevant de sa juridiction ne fassent l'objet d'aucune forme de mauvais traitements ou d'intimidation du fait qu'elles adressent au Comité des communications au titre du présent Protocole.

Art. 14 — Assistance et coopération internationales

1. Le Comité transmet, s'il le juge nécessaire, et avec le consentement de l'État Partie intéressé, aux institutions spécialisées, fonds et programmes des Nations unies et aux autres organismes compétents, ses observations ou recommandations concernant des communications et demandes indiquant un besoin de conseils ou d'assistance techniques, accompagnés, le cas échéant, des commentaires et suggestions de l'État partie sur ces observations ou recommandations.

2. Le Comité peut aussi porter à l'attention de ces entités, avec le consentement de l'État partie intéressé, toute question que soulèvent les communications examinées en vertu du présent Protocole qui peut les aider à se prononcer, chacun dans sa propre sphère de compétence, sur l'opportunité de mesures internationales propres à aider l'État partie à progresser sur la voie de la mise en œuvre des droits reconnus dans le Pacte.

3. Il sera établi, conformément aux procédures pertinentes de l'Assemblée générale, un fonds d'affectation spéciale, qui sera administré conformément au Règlement financier et aux règles de gestion financière de l'Organisation des Nations unies, destiné à fournir aux États parties une assistance spécialisée et technique, avec le consentement de l'État partie intéressé, en vue d'une meilleure application des droits reconnus dans le Pacte, de manière à contribuer au renforcement des capacités nationales dans le domaine des droits économiques, sociaux et culturels dans le contexte du présent Protocole.

4. Les dispositions du présent article ne préjugent pas de l'obligation de chaque État partie de s'acquitter des engagements contractés en vertu du Pacte.

Art. 15 — Rapport annuel

Dans son rapport annuel, le Comité inclut un récapitulatif de ses activités au titre du présent Protocole.

Art. 16 — Diffusion et information

Tout État partie s'engage à faire largement connaître et à diffuser le Pacte et le présent Protocole, ainsi qu'à faciliter l'accès aux informations sur les constatations et recommandations du Comité, en particulier pour les affaires concernant cet État partie, et de le faire selon des modalités accessibles aux personnes handicapées.

2) La lutte contre l'esclavage, la répression de la traite des êtres humains et de l'exploitation de la prostitution d'autrui, la répression du crime de génocide, l'élimination des formes de discrimination raciale, la lutte contre la torture et les peines ou traitements cruels, inhumains ou dégradants

Nº 26.1 Convention (amendée) relative à l'esclavage, signée à Genève le 25 septembre 1926 (extraits) (69)

La Convention a été amendée par le Protocole fait au Siège de l'Organisation des Nations unies, à New York, le 7 décembre 1953 ; la Convention amendée est entrée en vigueur le 7 juillet 1955, date à laquelle les amendements énoncés dans l'annexe au Protocole du 7 décembre 1953 sont entrés en vigueur conformément à l'article 111 du Protocole.

Considérant que les signataires de l'Acte général de la Conférence de Bruxelles de 1889-1890 se sont déclarés également animés de la ferme intention de mettre fin au trafic des esclaves en Afrique,

Considérant que les signataires de la Convention de Saint-Germain-en-Laye de 1919, ayant pour objet la révision de l'Acte général de Berlin de 1885, et de l'Acte général de la Déclaration de Bruxelles de 1890, ont affirmé leur intention de réaliser la suppression complète de l'esclavage, sous toutes ses formes, et de la traite des esclaves par terre et par mer,

Prenant en considération le rapport de la Commission temporaire de l'esclavage, nommée par le Conseil de la Société des Nations le 12 juin 1924,

Désireux de compléter et de développer l'œuvre réalisée grâce à l'Acte de Bruxelles et de trouver le moyen de donner effet pratique, dans le monde entier, aux intentions exprimées, cri ce qui concerne la traite des esclaves et l'esclavage, par les signataires de la Convention de Saint-Germain-en-Laye, et reconnaissant qu'il est nécessaire de conclure à cet effet des arrangements plus détaillés que ceux qui figurent dans cette Convention,

Estimant, en outre, qu'il est nécessaire d'empêcher que le travail forcé n'amène des conditions analogues à celles de l'esclavage,

Ont décidé de conclure une convention et ont désigné comme plénipotentiaires à cet effet :

Lesquels sont convenus des dispositions suivantes :

Article premier. — Aux fins de la présente Convention, il est entendu que :

1. L'esclavage est l'état ou condition d'un individu sur lequel s'exercent les attributs du droit de propriété ou certains d'entre eux.

---

(69) Modification introduite par le protocole amendant la Convention relative à l'esclavage, approuvé par l'Assemblée générale dans sa résolution 794 (VIII) du 23 octobre 1953.

2. La traite des esclaves comprend tout acte de capture, d'acquisition ou de cession d'un individu en vue de la réduire en esclavage ; tout acte d'acquisition d'un esclave en vue de le vendre ou de l'échanger ; tout acte de cession par vente ou échange d'un esclave acquis en vue d'être vendu ou échangé, ainsi que, en général, tout acte de commerce ou de transport d'esclaves.

Art. 2. — Les Hautes Parties contractantes s'engagent, pour autant qu'elles n'ont pas déjà pris les mesures nécessaires, et chacune en ce qui concerne les territoires placés sous sa souveraineté, juridiction, protection, suzeraineté ou tutelle :

a) à prévenir et réprimer la traite des esclaves ;

b) à poursuivre la suppression complète de l'esclavage sous toutes ses formes, d'une manière progressive et aussitôt que possible.

Art. 3. — Les Hautes Parties contractantes s'engagent à prendre toutes mesures utiles en vue de prévenir et réprimer l'embarquement, le débarquement et le transport des esclaves dans leurs eaux territoriales, ainsi que, en général, sur tous les navires abordant leurs pavillons respectifs.

Les Hautes Parties contractantes s'engagent à négocier, aussitôt que possible, une convention générale sur la traite des esclaves leur donnant des droits et leur imposant des obligations de même nature que ceux prévus dans la Convention du 17 juin 1925 concernant le commerce international des armes (articles 12, 20, 21, 22, 23, 24 et paragraphes 3, 4, 5 de la section II de l'annexe II), sous réserve des adaptations nécessaires, étant entendu que cette convention générale ne placera les navires (même de petit tonnage) d'aucune des Hautes Parties contractantes dans une autre position que ceux des autres Hautes Parties contractantes.

Il est également entendu que, avant comme après l'entrée en vigueur de ladite convention générale, les Hautes Parties contractantes gardent toute liberté de passer entre elles, sans toutefois déroger aux principes stipulés dans l'alinéa précédent, tels arrangements particuliers qui en raison de leur situation spéciale, leur paraîtraient convenables pour arriver le plus promptement possible à la disparition totale de la traite.

Art. 4. — Les Hautes Parties contractantes se prêteront mutuellement assistance pour arriver à la suppression de l'esclavage et de la traite des esclaves.

Art. 5. — Les Hautes Parties contractantes reconnaissent que le recours au travail forcé ou obligatoire peut avoir de graves conséquences et s'engagent, chacune en ce qui concerne les territoires soumis à sa souveraineté, juridiction, protection, suzeraineté ou tutelle, à prendre des mesures utiles pour éviter que le travail forcé ou obligatoire n'amène des conditions analogues à l'esclavage.

Il est entendu :

1. Que, sous réserve des dispositions transitoires énoncées au paragraphe 2 ci-dessous, le travail forcé ou obligatoire ne peut être exigé que pour des fins publiques ;

2. Que, dans les territoires où le travail forcé ou obligatoire, pour d'autres fins que des fins publiques, existe encore, les Hautes Parties contractantes s'efforceront d'y mettre progressivement fin, aussi rapidement que possible, et que, tant que ce travail forcé ou obligatoire existera, il ne sera employé qu'à titre exceptionnel, contre une rémunération adéquate et à la condition qu'un changement du lieu habituel de résidence ne puisse être imposé.

3. Et que, dans tous les cas, les autorités centrales compétentes du territoire intéressé assumeront la responsabilité du recours au travail forcé ou obligatoire.

Art. 6. — Les Hautes Parties contractantes dont la législation ne serait pas dès à présent suffisante pour réprimer les infractions aux lois et règlements édictés en vue de donner effet aux fins de la présente Convention s'engagent à prendre les mesures nécessaires pour que ces infractions soient punies de peines sévères.

Art. 7. — Les Hautes Parties contractantes s'engagent à se communiquer entre elles et à communiquer au Secrétaire général de l'Organisation des Nations unies les lois et règlements qu'elles édicteront en vue de l'application des stipulations de la présente Convention.

Art. 8. — Les Hautes Parties contractantes, conviennent que tous les différends qui pourraient s'élever entre elles au sujet de l'interprétation ou de l'application de la présente Convention seront, s'ils ne peuvent être réglés par des négociations directes, envoyés pour décision à la Cour internationale de justice. Si les États entre lesquels surgit un différend ou l'un d'entre eux, n'étaient pas parties au statut de Cour internationale de justice, ce différend sera soumis à leur gré et conformément aux règles constitutionnelles de chacun d'eux, soit à la Cour permanente de Justice internationale, soit à un tribunal d'arbitrage constitué conformément à la Convention du 18 octobre 1907 pour règlement pacifique des conflits internationaux, soit à tout autre tribunal d'arbitrage.

Art. 9. — Chacune des Hautes parties contractantes peut déclarer, soit au moment de la signature, soit au moment de sa ratification ou de son adhésion, que, en ce qui concerne l'application des stipulations de la présente Convention ou de quelques-unes d'entre elles, son acceptation n'engage pas soit l'ensemble, soit tel des territoires placés Sous sa souveraineté, juridiction, protection, suzeraineté ou tutelle, et peut ultérieurement adhérer séparément, en totalité ou en partie, au nom de l'un quelconque d'entre eux.

N° 26.2 Convention supplémentaire relative à l'abolition de l'esclavage, de la traite des esclaves et des institutions et pratiques analogues à l'esclavage,

faite à Genève le 7 septembre 1956 (extraits) (70)

Les États parties à la présente Convention,

Considérant que la liberté est un droit que tout être humain acquiert à sa naissance,

Conscients de ce que les peuples des Nations unies ont réaffirmé, dans la Charte, leur foi dans la dignité et la valeur de la personne humaine,

Considérant que la Déclaration universelle des droits de l'homme, que l'Assemblée générale a proclamée comme l'idéal commun à atteindre par tous les peuples et toutes les nations, dispose que nul ne sera tenu en esclavage ni en servitude et que l'esclavage et la traite des esclaves sont interdits sous toutes leurs formes,

Reconnaissant que, depuis la conclusion, à Genève, le 25 septembre 1926, de la Convention relative à l'esclavage, qui visait à supprimer l'esclavage et la traite des esclaves, de nouveaux progrès ont été accomplis dans cette direction,

Tenant compte de la Convention de 1930 sur le travail forcé et de ce qui a été fait ultérieurement par l'organisation internationale du Travail en ce qui concerne le travail forcé obligatoire,

---

(70) La Convention a été ratifiée par la France, à l'issue de la loi 63-811 du 6 août 1963. Elle est entrée en vigueur pour la France le 26 mai 1964.

Constatant, toutefois, que l'esclavage, la traite des esclaves et les institutions et pratiques analogues à l'esclavage n'ont pas encore été éliminés dans toutes les régions du monde,

Ayant décidé en conséquence qu'à la Convention de 1926, qui est toujours en vigueur, doit maintenant s'ajouter une convention supplémentaire destinée à intensifier les efforts, tant nationaux qu'internationaux, qui visent à abolir l'esclavage, la traite des esclaves et les institutions et pratiques analogues à l'esclavage,

Sont convenus de ce qui suit :

Section I

Institutions et pratiques analogues à l'esclavage

Article premier. — Chacun des États parties à la présente Convention prendra toutes les mesures, législatives et autres, qui seront réalisables et nécessaires pour obtenir progressivement et aussitôt que possible l'abolition complète ou l'abandon des institutions et pratiques suivantes, là où elles subsistent encore, qu'elles rentrent ou non dans la définition de l'esclavage qui figure à l'article premier de la Convention relative à l'esclavage signée à Genève le 25 septembre 1926 :

a) la servitude pour dettes, c'est-à-dire l'état ou la condition résultant du fait qu'un débiteur s'est engagé à fournir en garantie d'une dette ses services personnels ou ceux de quelqu'un sur lequel il a autorité, si la valeur équitable de ces services n'est pas affectée à la liquidation de la dette ou si la durée de ces services n'est pas limitée ni leur caractère défini :

b) le servage, c'est-à-dire la condition de quiconque est tenu par la loi, la coutume ou un accord, de vivre et de travailler sur une terre appartenant à une autre personne et de fournir à cette autre personne, contre rémunération ou gratuitement, certains services déterminés, sans pouvoir changer sa condition :

c) toute institution ou pratique en vertu de laquelle :

i) une femme est, sans qu'elle ait le droit de refuser, promise ou donnée en mariage moyennant une contrepartie en espèces ou en nature versée à ses parents, à son tuteur, à sa famille ou à toute autre personne ou tout autre groupe de personnes ;

ii) le mari d'une femme, la famille ou le clan de celui-ci ont le droit de la céder à un tiers, à titre onéreux ou autrement ;

iii) la femme peut, à la mort de son mari, être transmise par succession à une autre personne ;

d) toute institution ou pratique en vertu de laquelle un enfant ou un adolescent de moins de dix-huit ans est remis, soit par ses parents ou par l'un d'eux, soit par son tuteur, à un tiers, contre paiement ou non, en vue de l'exploitation de la personne, ou du travail dudit enfant ou adolescent.

Art. 2. — En vue de mettre fin aux institutions et pratiques visées à l'alinéa *c* de l'article premier de la Convention, les États parties s'engagent à fixer, là où il y aura lieu, des âges minimum appropriés pour le mariage, à encourager le recours à une procédure qui permette à l'un et l'autre des futurs époux d'exprimer librement leur consentement au mariage en présence d'une autorité civile ou religieuse compétente et à encourager l'enregistrement des mariages.

Section II

Traite des esclaves

Art. 3. — 1. Le fait de transporter ou de tenter de transporter des esclaves d'un pays à un autre par un moyen de transport quelconque ou le fait d'être complice de ces actes constituera une infraction pénale au regard de la loi des États parties à la Convention et les personnes reconnues coupables d'une telle infraction seront passibles de peines très rigoureuses.

2. *a)* Les États parties prendront toutes mesures efficaces pour empêcher les navires et aéronefs autorisés à battre leur pavillon de transporter des esclaves et pour punir les personnes coupables de ces actes ou coupables d'utiliser le pavillon national à cette fin.

b) Les États parties prendront toutes mesures efficaces pour que leurs ports, leurs aérodromes et leurs côtes ne puissent servir au transport des esclaves.

3. Les États parties à la Convention échangeront des renseignements afin d'assurer la coordination pratique des mesures prises par eux dans la lutte contre la traite des esclaves et s'informeront mutuellement de tout cas de traite d'esclaves et de toute tentative d'infraction de ce genre dont ils auraient connaissance.

Art. 4. — Tout esclave qui se réfugie à bord d'un navire d'un État partie à la présente Convention sera libre *ipso facto*.

Section III

Esclavage et institutions et pratiques analogues à l'esclavage

Art. 5. — Dans un pays où l'esclavage ou les institutions et pratiques visées à l'article premier de la Convention ne sont pas encore complètement abolis ou abandonnés, le fait de mutiler, de marquer au fer rouge ou autrement un esclave ou une personne de condition servile — que ce soit pour indiquer sa condition, pour infliger un châtiment ou pour toute autre raison — ou le fait d'être complice de tels actes constituera une infraction pénale au regard de la loi des États parties à la Convention et les personnes reconnues coupables seront passibles d'une peine.

Art. 6. — 1. Le fait de réduire autrui en esclavage ou d'inciter autrui à aliéner sa liberté ou celle d'une personne à sa charge, pour être réduit en esclavage, constituera une infraction pénale au regard de la loi des États parties à la présente Convention et les personnes reconnues coupables seront passibles d'une peine il en sera de même de la participation à une entente formée dans ce dessein, de la tentative et de la complicité.

2. Sous réserve des dispositions de l'alinéa introductif de l'article premier de la Convention, les dispositions du paragraphe I du présent article s'appliqueront également au fait d'inciter autrui à se placer ou à placer une personne à sa charge dans une condition servile résultant d'une des institutions ou pratiques visées à l'article premier ; il en sera de même de la participation à une entente formée dans ce dessein, de la tentative et de la complicité.

Section IV

Définitions

Art. 7. — Aux fins de la présente Convention :

a) l'« esclavage », tel qu'il est défini dans la Convention de 1926 relative à l'esclavage, est l'état ou la condition d'un individu sur lequel s'exercent les attributs du droit de propriété ou certains d'entre eux et l'« esclave » est l'individu qui a ce statut ou cette condition ;

b) la « personne de condition servile » est celle qui est placée dans le statut ou la condition qui résulte d'une des institutions ou pratiques visées à l'article premier de la présente Convention ;

c) la « traite des esclaves », désigne et comprend tout acte de capture, d'acquisition ou de cession d'une personne en vue de la réduire en esclavage ; tout acte d'acquisition d'un esclave en vue de le vendre ou de l'échanger ; tout acte de cession par vente ou échange d'une personne acquise en vue d'être vendue ou échangée, ainsi qu'en général tout acte de commerce ou de transport d'esclaves, quel que soit le moyen de transport employé.

Section V

Coopération entre les États parties et communications de renseignements

Art. 8. — 1. Les États parties à la Convention s'engagent à se prêter un concours mutuel et à coopérer avec l'Organisation des Nations unies en vue de l'application des dispositions qui précèdent.

2. Les parties s'engagent à communiquer au Secrétaire général des Nations unies copie de toute loi, tout règlement et toute décision administrative adoptés ou mis en vigueur pour donner effet aux dispositions de la présente Convention.

3. Le Secrétaire général communiquera les renseignements reçus en vertu du paragraphe 2 du présent article aux autres parties et au Conseil économique et social comme élément de documentation pour tout débat auquel le Conseil procéderait en vue de faire de nouvelles recommandations pour l'abolition de l'esclavage, de la traite des esclaves ou des institutions et pratiques qui font l'objet de la Convention.

N° 27 **Convention pour la répression de la traite des êtres humains et de l'exploitation de la prostitution d'autrui,** approuvée par l'Assemblée générale des Nations unies dans sa résolution 317 (IV) du 2 décembre 1949 (extraits) (71)

Considérant que la prostitution et le mal qui l'accompagne, à savoir la traite des êtres humains en vue de la prostitution, sont incompatibles avec la dignité et la valeur de la personne humaine et mettent en danger le bien-être de l'individu, de la famille et de la communauté,

(71) La Convention a été ratifiée par la France, à l'issue de la loi 60-754 du 28 juillet 1960, où elle est entrée en vigueur le 19 novembre 1960.

Considérant qu'en ce qui concerne la répression de la traite des femmes et des enfants, les instruments internationaux suivants sont en vigueur :

1) Arrangement international du 18 mai 1904 pour la répression de la traite des blanches, amendé par le Protocole approuvé par l'Assemblée générale des Nations unies, le 3 décembre 1948 ;

2) Convention internationale du 4 mai 1910 relative à la répression de la traite des blanches, amendée par le Protocole susmentionné ;

3) Convention internationale du 30 septembre 1921 pour la répression de la traite des femmes et des enfants, amendée par le Protocole approuvé par l'Assemblée générale des Nations unies, le 20 octobre 1947 ;

4) Convention internationale du 11 octobre 1933 pour la répression de la traite des femmes majeures, amendée par le Protocole susmentionné.

Considérant que la Société des Nations avait élaboré en 1937 un projet de convention étendant le champ des instruments susmentionnés,

Considérant que l'évolution depuis 1937 permet de conclure une convention qui unifie les instruments ci-dessus mentionnés et renferme l'essentiel du projet de convention de 1937 avec les amendements que l'on a jugé bon d'y apporter.

En conséquence, les Parties contractantes conviennent de ce qui suit ;

Article premier. — Les Parties à la présente Convention conviennent de punir toute personne qui, pour satisfaire les passions d'autrui :

1) embauche, entraîne ou détourne en vue de la prostitution une autre personne, même consentante ;

2) exploite la prostitution d'une autre personne, même consentante.

Art. 2. — Les Parties à la présente Convention conviennent également de punir toute personne qui :

1) tient, dirige ou, sciemment, finance ou contribue à financer une maison de prostitution.

2) donne ou prend sciemment en location, en tout ou en partie, un immeuble ou un autre lieu aux fins de la prostitution d'autrui.

Art. 3. — Dans la mesure où le permet la législation nationale, toute tentative et tout acte préparatoire accomplis en vue de commettre les infractions visées à l'article premier et à l'article 2 doivent aussi être punis.

Art. 4. — Dans la mesure où le permet la législation nationale, la participation intentionnelle aux actes visés à l'article premier et à l'article 2 ci-dessus est aussi punissable.

Dans la mesure où le permet la législation nationale, les actes de participation seront considérés comme des infractions distinctes dans tous les cas où il faudra procéder ainsi pour empêcher l'impunité.

Art. 5. — Dans tous les cas où une personne lésée est autorisée par la législation nationale à se constituer partie civile du chef de l'une quelconque des infractions visées par la présente Convention, les étrangers seront également autorisés à se constituer partie civile dans les mêmes conditions que les nationaux.

Art. 6. — Chacune des Parties à la présente Convention convient de prendre toutes les mesures nécessaires pour abroger ou abolir toute loi, tout règlement et toute pratique administrative selon lesquels les personnes qui se livrent ou sont soupçonnées de se livrer à la prostitution doivent se faire inscrire sur des registres spéciaux, posséder des papiers spéciaux, ou se conformer à des conditions exceptionnelles de surveillance ou de déclaration.

Art. 7. — Toute condamnation antérieure prononcée dans un État étranger pour un des actes visés dans la présente Convention sera, dans la mesure où le permet la législation nationale, prise en considération :

1) pour établir la récidive ;

2) pour prononcer des incapacités, la déchéance ou l'interdiction de droit public ou privé.

Art. 8. — Les actes visés à l'article premier et à l'article 2 de la présente Convention seront considérés comme cas d'extradition dans tout traité d'extradition conclu ou à conclure entre des Parties à la présente Convention.

Les Parties à la présente Convention qui ne subordonnent pas l'extradition à l'existence d'un traité reconnaissent dorénavant les actes visés à l'article premier et à l'article 2 de la présente Convention comme cas d'extradition entre elles.

L'extradition sera accordée conformément au droit de l'État requis.

Art. 9. — Les ressortissants d'un État dont la législation n'admet pas l'extradition des nationaux et qui sont rentrés dans cet État après avoir commis à l'étranger l'un des actes visés par l'article premier et par l'article 2 de la présente Convention doivent être poursuivis devant les tribunaux de leur propre État et punis par ceux-ci.

Cette disposition n'est pas obligatoire si, dans un cas semblable intéressant des Parties à la présente Convention, l'extradition d'un étranger ne peut pas être accordée.

Art. 10. — Les dispositions de l'article 9 ne s'appliquent pas lorsque l'inculpé a été jugé dans un État étranger, et, en cas de condamnation, lorsqu'il a purgé la peine ou bénéficié d'une remise d'une réduction de peine prévue par la loi dudit État étranger.

Art. 11. — Aucune disposition de la présente Convention ne sera interprétée comme portant atteinte à l'attitude d'une Partie à ladite Convention sur la question générale de la compétence de la juridiction pénale comme question de droit international.

Art. 12. — La présente Convention laisse intact le principe que les actes qu'elle vise doivent dans chaque État être qualifiés, poursuivis et jugés conformément à la législation nationale.

Art. 13. — Les Parties à la présente Convention sont tenues d'exécuter les commissions rogatoires relatives aux infractions visées par la Convention, conformément à leur législation nationale et à leur pratique en cette matière.

La transmission des commissions rogatoires doit être opérée :

1. soit par voie de communication directe entre les autorités judiciaires ;

2. soit par correspondance directe entre les ministres de la justice des deux États, ou, par envoi direct, par une autre autorité compétente de l'État requérant, au ministre de la Justice de l'État requis ;

3. soit par l'intermédiaire de l'agent diplomatique ou consulaire de l'État requérant dans l'État requis ; cet agent enverra directement les commissions rogatoires à l'autorité judiciaire compétente ou à l'autorité indiquée par le gouvernement de l'État requis, et recevra directement de cette autorité les pièces constituant l'exécution des commissions rogatoires.

Dans les cas 1 et 3, copie de la commission rogatoire sera toujours adressée en même temps à l'autorité supérieure de l'État requis.

À défaut d'entente contraire, la commission rogatoire doit être rédigée dans la langue de l'autorité requérante, sous réserve que requis aura le droit d'en demander une traduction faite dans sa propre langue et certifiée conforme par l'autorité requérante.

Chaque Partie à la présente Convention fera connaître, par une communication adressée à chacune des autres Parties à la Convention, celui ou ceux des modes de transmission susvisés qu'elle admet pour les commissions rogatoires de ladite Partie.

Jusqu'au moment où un État fera une telle communication, la procédure en vigueur en fait de commissions rogatoires sera maintenue.

L'exécution des commissions rogatoires ne pourra donner lieu au remboursement d'aucun droit ou frais autres que les frais d'expertise.

Rien dans le présent article ne devra être interprété comme constituant de la part des Parties à la présente Convention un engagement d'admettre une dérogation à leurs lois en ce qui concerne la procédure et les méthodes employées pour établir la preuve en matière répressive.

Art. 14. — Chacune des Parties à la présente Convention doit créer ou maintenir un service chargé de coordonner et de centraliser les résultats des recherches relatives aux infractions visées par la présente Convention.

Ces services devront réunir tous les renseignements qui pourraient aider à prévenir et à réprimer les infractions visées par la présente Convention et devront se tenir en contact étroit avec les services correspondants des autres États.

Art. 15. — Dans la mesure où le permet la législation nationale et où elles le jugeront utile, les autorités chargées des services mentionnés à l'article 14 donneront aux autorités chargées des services correspondants dans les autres États les renseignements suivants :

1. des précisions concernant toute infraction ou tentative d'infraction visée par la présente Convention ;
2. des précisions concernant les recherches, poursuites, arrestations, condamnations, refus d'admission ou expulsions de personnes coupables de l'une quelconque des infractions visées par la présente Convention ainsi que les déplacements de ces personnes et tous autres renseignements utiles à leur sujet.

Les renseignements à fournir comprendront notamment le signalement des délinquants, leurs empreintes digitales et leur photographie, des indications sur leurs procédés habituels, les procès-verbaux de police et les casiers judiciaires.

Art. 16. — Les Parties à la présente Convention conviennent de prendre ou d'encourager, par l'intermédiaire de leurs services sociaux, économiques, d'enseignement, d'hygiène et autres services connexes, qu'ils soient publics ou privés, les mesures propres à prévenir la prostitution et à assurer la rééducation et le reclassement des victimes de la prostitution et des infractions visées par la présente Convention.

Art. 17. — Les Parties à la présente Convention conviennent, en ce qui concerne l'immigration et l'émigration, de prendre ou de maintenir en vigueur, dans les limites de leurs obligations définies par la présente Convention, les mesures destinées à combattre la traite des personnes de l'un ou de l'autre sexe aux fins de prostitution.

Elles s'engagent notamment :

1. à promulguer les règlements nécessaires pour la protection des immigrants ou émigrants, en particulier des femmes et des enfants, tant aux lieux d'arrivée et de départ qu'en cours de route ;
2. à prendre des dispositions pour organiser une propagande appropriée qui mette le public en garde contre les dangers de cette traite ;
3. à prendre les mesures appropriées pour qu'une surveillance soit exercée dans les gares, les aéroports, les ports maritimes, en cours de voyage et dans les lieux publics, en vue d'empêcher la traite internationale des êtres humains aux fins de prostitution ;
4. à prendre les mesures appropriées pour que les autorités compétentes soient prévenues de l'arrivée de personnes qui paraissent manifestement coupables, complices ou victimes de cette traite.

Art. 18. — Les Parties à la présente Convention s'engagent à faire recueillir, conformément aux conditions stipulées par leur législation nationale, les déclarations des personnes de nationalité étrangère qui se livrent à la prostitution, en vue d'établir leur identité et leur état civil et de rechercher qui les a décidées à quitter leur État.

Ces renseignements seront communiqués aux autorités de l'État d'origine desdites personnes en vue de leur rapatriement éventuel.

Art. 19. — Les Parties à la présente Convention s'engagent, conformément aux conditions stipulées par leur législation nationale et sans préjudice des poursuites ou de toute autre action intentée pour des infractions à ses dispositions et autant que faire se peut :

1. à prendre les mesures appropriées pour pourvoir aux besoins et assurer l'entretien, à titre provisoire, des victimes de la traite internationale aux fins de prostitution, lorsqu'elles sont dépourvues de ressources en attendant que soient prises toutes les dispositions en vue de leur rapatriement ;

2. à rapatrier celles des personnes visées à l'article 18 qui le désireraient ou qui seraient réclamées par des personnes ayant autorité sur elles et celles dont l'expulsion est décrétée conformément à la loi. Le rapatriement ne sera effectué qu'après entente sur l'identité et la nationalité avec l'État de destination, ainsi que sur le lieu et la date de l'arrivée aux frontières. Chacune des Parties à la présente Convention facilitera le transit des personnes en question sur son territoire.

Au cas où les personnes visées à l'alinéa précédent ne pourraient rembourser elles-mêmes les frais de leur rapatriement et où elles n'auraient ni conjoint, ni parent, ni tuteur qui payerait pour elles, les frais de rapatriement seront à la charge de l'État où elles se trouvent jusqu'à la frontière, au port d'embarquement, ou à l'aéroport le plus proche dans la direction de l'État d'origine et, au-delà, à la charge de l'État d'origine.

Art. 20. — Les Parties à la présente Convention s'engagent, si elles ne l'ont déjà fait, à prendre les mesures nécessaires pour exercer une surveillance sur les bureaux ou agences de placement, en vue d'éviter que les personnes qui cherchent un emploi, particulièrement les femmes et les enfants, ne soient exposées au danger de la prostitution.

Art. 21. — Les Parties à la présente Convention communiqueront au Secrétaire général de l'Organisation des Nations unies leurs lois et règlements en vigueur, et annuellement par la suite, tous nouveaux textes de lois ou règlements relatifs à l'objet de la présente Convention, ainsi que toutes mesures qu'elles auront prises pour l'application de la Convention. Les renseignements reçus seront publiés périodiquement par le Secrétaire général et adressés à tous les Membres de l'Organisation des Nations unies et aux États non membres auxquels la présente Convention aura été officiellement communiquée, conformément aux dispositions de l'article 23.

N° 28 Convention pour la prévention et la répression du crime de génocide,
adoptée par l'Assemblée générale des Nations unies le 9 décembre 1948 (extraits) (72)

Les Parties contractantes,

Considérant que l'Assemblée générale de l'Organisation des Nations unies, par sa résolution 96 (1), en date du 11 décembre 1946, a déclaré que le génocide est un crime du droit des gens, en contradiction avec l'esprit et les fins des Nations unies que le monde civilisé condamne,

(72) La convention a été ratifiée par la France à l'issue de la loi n° 50-887 du 1er août 1950.

Reconnaissant qu'à toutes les périodes de l'histoire le génocide a infligé des grandes pertes à l'humanité,

Convaincues que, pour libérer l'humanité d'un fléau aussi odieux, la coopération internationale est nécessaire,

Conviennent de ce qui suit :

Article premier. — Les Parties contractantes confirment que le génocide, qu'il soit commis en temps de paix ou en temps de guerre, est un crime du droit des gens, qu'elles s'engagent à prévenir et à punir.

Art. 2. — Dans la présente Convention, le génocide s'entend de l'un quelconque des actes ci-après, commis dans l'intention de détruire, en tout ou en partie, un groupe national, ethnique, racial ou religieux, comme tel :

a) meurtre de membres du groupe ;
b) atteinte grave à l'intégrité physique ou mentale de membres du groupe ;
c) soumission intentionnelle du groupe à des conditions d'existence devant entraîner sa destruction physique totale ou partielle ;
d) Mesures visant à entraver les naissances au sein du groupe ;
e) Transfert forcé d'enfants du groupe à un autre groupe.

Art. 3. — Seront punis les actes suivants :

a) le génocide ;
b) l'entente en vue de commettre le génocide ;
c) l'intention directe et publique à commettre le génocide ;
d) la tentative de génocide
e) la complicité dans le génocide.

Art. 4. — Les personnes ayant commis le génocide ou l'un quelconque des autres actes énumérés à l'article 3 seront punies, qu'elles soient des gouvernants, des fonctionnaires ou des particuliers.

Art. 5. — Les Parties contractantes s'engagent à prendre, conformément à leurs constitutions respectives, les mesures législatives nécessaires pour assurer l'application des dispositions de la présente Convention, et notamment à prévoir des sanctions pénales efficaces frappant les personnes coupables de génocide ou de l'un quelconque des autres actes énumérés à l'article 3.

Art. 6. — Les personnes accusées de génocide ou de l'un quelconque des autres actes énumérés à l'article 3 seront traduites devant les tribunaux compétents de l'État sur le territoire duquel l'acte a été commis, ou devant la Cour criminelle internationale qui sera compétente à l'égard de celles des Parties contractantes qui en auront reconnu la juridiction.

Art. 7. — Le génocide et les autres actes énumérés à l'article 3 ne seront pas considérés comme des crimes politiques pour ce qui est de l'extradition.

Les Parties contractantes s'engagent en pareil cas à accorder l'extradition conformément à leur législation et aux traités en vigueur.

Art. 8. — Toute Partie contractante peut saisir les organes compétents de l'Organisation des Nations unies afin que ceux-ci prennent, conformément à la Charte des Nations unies, les mesures qu'ils jugent appropriées pour la prévention et la répression des actes de génocide ou de l'un quelconque des autres actes énumérés à l'article 3.

Art. 9. — Les différends entre les Parties contractantes relatifs à l'interprétation, l'application ou l'exécution de la présente Convention, y compris ceux relatifs à la responsabilité d'un État en matière de génocide ou de l'un quelconque des autres actes énumérés à l'article 3 soumis à la Cour internationale de Justice, à la requête d'une Partie au différend.

N° 29.1 Convention internationale sur l'élimination de toutes les formes de discrimination raciale, adoptée par l'Assemblée générale des Nations unies le 21 décembre 1965 (extraits) (73)

Les États Parties à la présente Convention,

Considérant que la Charte des Nations unies est fondée sur les principes de la dignité et de l'égalité de tous les êtres humains, et que tous les États membres se sont engagés à agir, tant conjointement que séparément, en coopération avec l'Organisation, en vue d'atteindre l'un des buts des Nations unies, à savoir : développer et encourager le respect universel et effectif des droits de l'homme et des libertés fondamentales pour tous, sans distinction de race, de sexe, de langue ou de religion ;

Considérant que la Déclaration universelle des droits de l'homme proclame que tous les êtres humains naissent libres et égaux en dignité et en droits et que chacun peut se prévaloir de tous les droits et de toutes les libertés qui y sont énoncés, sans distinction aucune, notamment de race, de couleur ou d'origine nationale ;

Considérant que tous les hommes sont égaux devant la loi et ont droit à une égale protection de la loi contre toute discrimination et contre toute incitation à la discrimination ;

Considérant que les Nations unies ont condamné le colonialisme et toutes les pratiques de ségrégation et de discrimination dont il s'accompagne, sous quelque forme et en quelque endroit qu'ils existent, et que la Déclaration sur l'octroi de l'indépendance aux pays et aux peuples coloniaux, du 14 décembre 1960 [résolution 1514 (XV) de l'Assemblée générale], a affirmé et solennellement proclamé la nécessité d'y mettre rapidement et inconditionnellement fin ;

Considérant que la Déclaration des Nations unies sur l'élimination de toutes les formes de discrimination raciale, du 20 novembre 1963 [résolution 1904 (XVIII) de l'Assemblée générale], affirme solennellement la nécessité d'éliminer rapidement toutes les formes et toutes les manifestations de discrimination raciale dans toutes les parties du monde et d'assurer la compréhension et le respect de la dignité de la personne humaine ;

Convaincus que toute doctrine de supériorité fondée sur la différenciation entre les races est scientifiquement fausse, moralement condamnable et socialement injuste et dangereuse et que rien ne saurait justifier, où que ce soit, la discrimination raciale, ni en théorie ni en pratique ;

Réaffirmant que la discrimination entre les êtres humains pour des motifs fondés sur la race, la couleur ou l'origine ethnique est un obstacle aux relations amicales et pacifiques entre les nations et est susceptible de troubler la paix et la sécurité entre les peuples ainsi que la coexistence harmonieuse des personnes au sein d'un même État ;

Convaincus que l'existence de barrières raciales est incompatible avec les idéals de toute société humaine ;

Alarmés par les manifestations de discrimination raciale qui existent encore dans certaines régions du monde et par les politiques gouvernementales fondées sur la supériorité ou la haine raciale, telles que les politiques d'apartheid, de ségrégation ou de séparation ;

Résolus à adopter toutes les mesures nécessaires pour l'élimination rapide de toutes les formes et de toutes les manifestations de discrimination raciale et à prévenir et

---

(73) La convention a été ratifiée par la France à l'issue de la loi n° 71-392 du 28 mai 1971 autorisant l'adhésion à la convention.

combattre les doctrines et pratiques racistes afin de favoriser la bonne entente entre les races et d'édifier une communauté internationale affranchie de toutes les formes de ségrégation et de discrimination raciales ;

Ayant présentes à l'esprit la Convention concernant la discrimination en matière d'emploi et de profession adoptée par l'Organisation internationale du Travail en 1958 et la Convention concernant la lutte contre la discrimination dans le domaine de l'enseignement adoptée par l'Organisation des Nations unies pour l'éducation, la science et la culture en 1960 ;

Désireux de donner effet aux principes énoncés dans la Déclaration des Nations unies sur l'élimination de toutes les formes de discrimination raciale et d'assurer le plus rapidement possible l'adoption de mesures pratiques à cette fin ;

Sont convenus de ce qui suit :

PARTIE I

Article premier. — 1. Dans la présente Convention, l'expression « discrimination raciale » vise toute distinction, exclusion, restriction ou préférence fondée sur la race, la couleur, l'ascendance ou l'origine nationale ou ethnique, qui a pour but ou pour effet de détruire ou de compromettre la reconnaissance, la jouissance ou l'exercice, dans des conditions d'égalité, des droits de l'homme et des libertés fondamentales dans les domaines politique, économique, social et culturel ou dans tout autre domaine de la vie publique.

2. La présente Convention ne s'applique pas aux distinctions, exclusions, restrictions ou préférences établies par un État partie à la Convention selon qu'il s'agit de ses ressortissants ou de non-ressortissants.

3. Aucune disposition de la présente Convention ne peut être interprétée comme affectant de quelque manière que ce soit les dispositions législatives des États parties à la Convention concernant la nationalité, la citoyenneté ou la naturalisation, à condition que ces dispositions ne soient pas discriminatoires à l'égard d'une nationalité particulière.

4. Les mesures spéciales prises à seule fin d'assurer comme il convient le progrès de certains groupes raciaux ou ethniques ou d'individus ayant besoin de la protection qui peut être nécessaire pour leur garantir la jouissance et l'exercice des droits de l'homme et des libertés fondamentales dans des conditions d'égalité ne sont pas considérées comme des mesures de discrimination raciale, à condition toutefois qu'elles n'aient pas pour effet le maintien de droits distincts pour des groupes raciaux différents et qu'elles ne soient pas maintenues en vigueur une fois atteints les objectifs auxquels elles répondaient.

Art. 2. — 1. Les États Parties condamnent la discrimination raciale et s'engagent à poursuivre par tous les moyens appropriés et sans retard une politique tendant à éliminer toute forme de discrimination raciale et à favoriser l'entente entre toutes les races, et, à cette fin ;

a) chaque État Partie s'engage à ne se livrer à aucun acte ou pratique de discrimination raciale contre des personnes, groupes de personnes ou institutions et à faire en sorte que toutes les autorités publiques et institutions publiques, nationales et locales, se conforment à cette obligation ;

b) chaque État Partie s'engage à ne pas encourager, défendre ou appuyer la discrimination raciale pratiquée par une personne ou une organisation quelconque ;

c) chaque État Partie doit prendre des mesures efficaces pour revoir les politiques gouvernementales nationales et locales et pour modifier, abroger ou annuler toute loi et toute disposition réglementaire ayant pour effet de créer la discrimination raciale ou de la perpétuer là où elle existe ;

d) chaque État Partie doit, par tous les moyens appropriés y compris, si les circonstances l'exigent, des mesures législatives, interdire la discrimination raciale pratiquée par des personnes, des groupes ou des organisations et y mettre fin ;

e) chaque État Partie s'engage à favoriser, le cas échéant, les organisations et mouvements intégrationnistes multiraciaux et autres moyens propres à éliminer les barrières entre les races, et à décourager ce qui tend à renforcer la division raciale.

2. Les États Parties prendront, si les circonstances l'exigent, dans les domaines social, économique, culturel et autres, des mesures spéciales et concrètes pour assurer comme il convient le développement ou la protection de certains groupes raciaux ou d'individus appartenant à ces groupes en vue de leur garantir, dans des conditions d'égalité, le plein exercice des droits de l'homme et des libertés fondamentales. Ces mesures ne pourront en aucun cas avoir pour effet le maintien de droits inégaux ou distincts pour les divers groupes raciaux, une fois atteints les objectifs auxquels elles répondaient.

Art. 3. — Les États Parties condamnent spécialement la ségrégation raciale et l'apartheid et s'engagent à prévenir, à interdire et à éliminer sur les territoires relevant de leur juridiction toutes les pratiques de cette nature.

Art. 4. — Les États Parties condamnent toute propagande et toutes organisations qui s'inspirent d'idées ou de théories fondées sur la supériorité d'une race ou d'un groupe de personnes d'une certaine couleur ou d'une certaine origine ethnique, ou qui prétendent justifier ou encourager toute forme de haine et de discrimination raciales, ils s'engagent à adopter immédiatement des mesures positives destinées à éliminer toute incitation à une telle discrimination, ou tous actes de discrimination, et, à cette fin, tenant dûment compte des principes formulés dans la Déclaration universelle des droits de l'homme et des droits expressément énoncés à l'article 5 de la présente Convention, ils s'engagent notamment :

a) à déclarer délits punissables par la loi toute diffusion d'idées fondées sur la supériorité ou la haine raciale, toute incitation à la discrimination raciale, ainsi que tous actes de violence, ou provocation à de tels actes, dirigés contre toute race ou tout groupe de personnes d'une autre couleur ou d'une autre origine ethnique, de même que toute assistance apportée à des activités racistes, y compris leur financement ;

b) à déclarer illégales et à interdire les organisations ainsi que les activités de propagande organisée et tout autre type d'activité de propagande qui incitent à la discrimination raciale et qui l'encouragent et à déclarer délit punissable par la loi la participation à ces organisations ou à ces activités ;

c) à ne pas permettre aux autorités publiques ni aux institutions publiques, nationales ou locales, d'inciter à la discrimination raciale ou de l'encourager.

Art. 5. — Conformément aux obligations fondamentales énoncées à l'article 2 de la présente Convention, les États Parties s'engagent à interdire et à éliminer la discrimination raciale sous toutes ses formes et à garantir le droit de chacun à l'égalité devant la loi sans distinction de race, de couleur ou d'origine nationale ou ethniques, notamment dans la jouissance des droits suivants ;

a) droit à un traitement égal devant les tribunaux et tout autre organe administrant la justice ;

b) droit à la sûreté de la personne et à la protection de l'État contre les voies de fait ou les sévices de la part soit de fonctionnaires du gouvernement, soit de tout individu, groupe ou institution ;

c) droits politiques, notamment droit de participer aux élections — de voter et d'être candidat — selon le système du suffrage universel et égal, droit de prendre part au gouvernement ainsi qu'à la direction des affaires publiques, à tous les échelons, et droit d'accéder, dans des conditions d'égalité, aux fonctions publiques ;

d) autres droits civils, notamment :

i) droit de circuler librement et de choisir sa résidence à l'intérieur d'un État ;

ii) droit de quitter tout pays, y compris le sien, et de revenir dans son pays ;

iii) droit à une nationalité ;

iv) droit de se marier et de choisir son conjoint ;

v) droit de toute personne, aussi bien seule qu'en association, à la propriété ;

vi) droit d'hériter ;

vii) droit à la liberté de pensée, de conscience et de religion ;

viii) droit à la liberté d'opinion et d'expression ;

ix) droit à la liberté de réunion et d'association pacifiques ;

e) droits économiques, sociaux et culturels, notamment :

i) droits au travail, au libre choix de son travail, à des conditions équitables et satisfaisantes de travail, à la protection contre le chômage, à un salaire égal pour un travail égal, à une rémunération équitable et satisfaisante ;

ii) droit de fonder des syndicats et de s'affilier à des syndicats ;

iii) droit au logement ;

iv) droit à la santé, aux soins médicaux, à la sécurité sociale et aux services sociaux ;

v) droit à l'éducation et à la formation professionnelle ;

vi) droit de prendre part, dans des conditions d'égalité, aux activités culturelles ;

f) droit d'accès à tous lieux et services destinés à l'usage du public, tels que moyens de transport, hôtels, restaurants, cafés, spectacles et parcs.

Art. 6. — Les États Parties assureront à toute personne soumise à leur juridiction une protection et une voie de recours effectives, devant les tribunaux nationaux et autres organismes d'États compétents, contre tous actes de discrimination raciale qui, contrairement à la présente Convention, violeraient ses droits individuels et ses libertés fondamentales, ainsi que le droit de demander à ces tribunaux satisfaction ou réparation juste et adéquate pour tout dommage dont elle pourrait être victime par suite d'une telle discrimination.

Art. 7. — Les États Parties s'engagent à rendre des mesures immédiates et efficaces, notamment dans les domaines de l'enseignement, de l'éducation, de la culture et de l'information, pour lutter contre les préjugés conduisant à la discrimination raciale et favoriser la compréhension, la tolérance et l'amitié entre nations et groupes raciaux ou ethniques, ainsi que pour promouvoir les buts et principes de la Charte des Nations unies, de la Déclaration universelle des droits de l'homme, de la Déclaration des Nations unies sur l'élimination de toutes les formes de discrimination et de la présente Convention.

PARTIE II

Art. 8. — 1. Il est constitué un Comité pour l'élimination de la discrimination raciale (ci-après dénommé le Comité) composé de dix experts connus pour leur haute moralité et leur impartialité, qui sont élus par les États Parties parmi leurs ressortissants et qui siègent à titre individuel, compte tenu d'une répartition géographique équitable et de la représentation des différentes formes de civilisation ainsi que des principaux systèmes juridiques.

2. Les membres du Comité sont élus au scrutin secret sur une liste de candidats désignés par les États Parties ; chaque État Partie peut désigner un candidat choisi parmi ses ressortissants.

3. La première élection aura lieu six mois après la date de l'entrée en vigueur de la présente Convention. Trois mois au moins avant la date de chaque élection, le Secrétaire général de l'Organisation des Nations unies envoie une lettre aux États Parties pour les inviter à présenter leurs candidatures dans un délai de deux mois. Le Secrétaire général dresse une liste par ordre alphabétique de tous les candidats ainsi désignés, avec indication des États Parties qui les ont désignés, et la communique aux États Parties.

4. Les membres du Comité sont élus au cours d'une réunion des États Parties convoquée par le Secrétaire général au Siège de l'Organisation des Nations unies. À cette réunion où le quorum est constitué par les deux tiers des États Parties, sont élus membres du Comité les candidats qui obtiennent le plus grand nombre de voix et la majorité absolue des votes des représentants des États Parties présents et votants.

5. *a)* Les membres du Comité sont élus pour quatre ans. Toutefois, le mandat de neuf des membres élus lors de la première élection prendra fin au bout de deux ans ; immédiatement après la première élection, le nom de ces neuf membres sera tiré au sort par le Président du Comité ;

b) Pour remplir les vacances fortuites, l'État Partie dont l'expert a cessé d'exercer ses fonctions de membre du Comité nominera un autre expert parmi ses ressortissants, sous réserve de l'approbation du Comité.

6. Les États Parties prennent à leur charge les dépenses des membres du Comité pour la période où ceux-ci s'acquittent de fonctions au Comité.

Art. 9. — 1. Les États Parties s'engagent à présenter au Secrétaire général de l'Organisation des Nations unies, pour examen par le Comité, un rapport sur les mesures d'ordre législatif, judiciaire, administratif ou autre qu'ils ont arrêtées et qui donnent effet aux dispositions de la présente Convention :

a) dans un délai d'un an à compter de l'entrée en vigueur de la Convention, pour chaque État intéressé en ce qui le concerne, et

b) par la suite, tous les deux ans et, en outre, chaque fois que le Comité en fera la demande. Le Comité peut demander des renseignements complémentaires aux États Parties.

2. Le Comité soumet chaque année à l'Assemblée générale de l'Organisation des Nations unies, par l'intermédiaire du Secrétaire général, un rapport sur ses activités et peut faire des suggestions et recommandations d'ordre général fondées sur l'examen des rapports et des renseignements reçus des États Parties. Il porte ces suggestions et recommandations d'ordre général à la connaissance de l'Assemblée générale avec, le cas échéant, les observations des États Parties.

Art. 10. — 1. Le Comité adopte son règlement intérieur.

2. Le Comité élit son bureau pour une période de deux ans.

3. Le Secrétaire général de l'Organisation des Nations unies assure le secrétariat du Comité.

4. Le Comité tient normalement ses réunions au Siège de l'Organisation des Nations unies.

Art. 11. — 1. Si un État Partie estime qu'un autre État également Partie n'applique pas les dispositions de la présente Convention, il peut appeler l'attention du Comité sur la question. Le Comité transmet alors la communication à l'État Partie intéressé. Dans un délai de trois mois l'État destinataire soumet au Comité des explications ou déclarations écrites éclaircissant la question et indiquant, le cas échéant, les mesures qui peuvent avoir été prises par ledit État pour remédier à la situation.

2. Si, dans un délai de six mois à compter de la date de réception de la communication originale par l'État destinataire la question n'est pas réglée à la satisfaction des deux États, par voie de négociations bilatérales ou par toute autre procédure

qui serait à leur disposition, l'un comme l'autre auront le droit de la soumettre à nouveau au Comité en adressant une notification au Comité ainsi qu'à l'autre État intéressé.

3. Le Comité ne peut connaître d'une affaire qui lui est soumise conformément au paragraphe 2 du présent article qu'après s'être assuré que tous les recours internes disponibles ont été utilisés ou épuisés, conformément aux principes de droit international généralement reconnus. Cette règle ne s'applique pas si les procédures de recours excèdent des délais raisonnables.

4. Dans toute affaire qui lui est soumise, le Comité peut demander aux États Parties en présence de lui fournir tout renseignement complémentaire pertinent.

5. Lorsque le Comité examine une question en application du présent article, les États Parties intéressés ont le droit de désigner un représentant qui participera sans droit de vote aux travaux du Comité pendant toute la durée des débats.

Art. 12. — 1. *a)* Une fois que le Comité a obtenu et dépouillé tous les renseignements qu'il juge nécessaires, le président désigne une Commission de conciliation *ad hoc* (ci-après dénommée la Commission) composée de cinq personnes qui peuvent ou non être membres du Comité. Les membres en sont désignés avec l'assentiment entier et unanime des Parties au différend et la Commission met ses bons offices à la disposition des États intéressés, afin de parvenir à une solution amiable de la question, fondée sur le respect de la présente Convention ;

b) Si les États Parties au différend ne parviennent pas à une entente sur tout ou partie de la composition de la Commission dans un délai de trois mois, les membres de la Commission qui n'ont pas l'assentiment des États Parties au différend sont élus au scrutin secret parmi les membres du Comité, à la majorité des deux tiers des membres du Comité.

2. Les membres de la Commission siègent à titre individuel. Ils ne doivent pas être ressortissants de l'un des États Parties au différend ni d'un État qui n'est pas partie à la présente Convention.

3. La Commission élit son Président et adopte son règlement intérieur.

4. La Commission tient normalement ses réunions au Siège de l'Organisation des Nations unies ou en tout autre lieu approprié que déterminera la Commission.

5. Le secrétariat prévu au paragraphe 3 de l'article 10 de la présente Convention prête également ses services à la Commission chaque fois qu'un différent entre des États Parties entraîne la constitution de la Commission.

6. Toutes les dépenses des membres de la Commission sont réparties également entre les États Parties au différend, sur la base d'un état estimatif établi par le Secrétaire général de l'Organisation des Nations unies.

7. Le Secrétaire général sera habilité, si besoin est, à défrayer les membres de la Commission de leurs dépenses, avant que le remboursement en ait été effectué par les États Parties au différend conformément au paragraphe 6 du présent article.

8. Les renseignements obtenus et dépouillés par le Comité sont mis à la disposition de la Commission, et la Commission peut demander aux États intéressés de lui fournir tout renseignement complémentaire pertinent.

Art. 13. — 1. Après avoir étudié la question sous tous ses aspects, la Commission prépare et soumet au Président du Comité un rapport contenant ses conclusions sur toutes les questions de fait relatives au litige entre les parties et renfermant les recommandations qu'elle juge opportunes en vue de parvenir à un règlement amiable du différend.

2. Le Président du Comité transmet le rapport de la Commission à chacun des États Parties au différend. Lesdits États font savoir au Président du Comité, dans un délai de trois mois, s'ils acceptent, ou non, les recommandations contenues dans le rapport de la Commission.

3. Une fois expiré le délai prévu au paragraphe 2 du présent article, le Président du Comité communique le rapport de la Commission et les déclarations des États Parties intéressés aux autres États Parties à la Convention.

Art. 14. — 1. Tout État Partie peut déclarer à tout moment qu'il reconnaît la compétence du Comité pour recevoir et examiner des communications émanant de personnes ou de groupes de personnes relevant de sa juridiction qui se plaignent d'être victimes d'une violation, par ledit État Partie, de l'un quelconque des droits énoncés dans la présente Convention. Le Comité ne reçoit aucune communication intéressant un État Partie qui n'a pas fait une telle déclaration.

2. Tout État Partie qui fait une déclaration conformément au paragraphe I du présent article peut créer ou désigner un organisme dans le cadre de son ordre juridique national, qui aura compétence pour recevoir et examiner les pétitions émanant de personnes ou de groupes de personnes relevant de la juridiction dudit État qui se plaignent d'être victimes d'une violation de l'un quelconque des droits énoncés dans la présente Convention et qui ont épuisé les autres recours locaux disponibles.

3. La déclaration faite conformément au paragraphe 1 du présent article et le nom de tout organisme créé ou désigné conformément au paragraphe 2 du présent article sont déposés par l'État Partie intéressé auprès du Secrétaire général de l'Organisation des Nations unies, qui en communique copie aux autres États Parties. La déclaration peut être retirée à tout moment au moyen d'une notification adressée au Secrétaire général, mais ce retrait n'affecte pas les communications dont le Comité est déjà saisi.

4. L'organisme créé, ou désigné conformément au paragraphe 2 du présent article devra tenir un registre des pétitions et des copies certifiées conformes du registre seront déposées chaque année auprès du Secrétaire général par les voies appropriées, étant entendu que le contenu desdites copies ne sera pas divulgué au public.

5. S'il n'obtient pas satisfaction de l'organisme créé ou désigné conformément au paragraphe 2 du présent article, le pétitionnaire a le droit d'adresser, dans les six mois, une communication à cet effet au Comité.

6. *a)* Le Comité porte, à titre confidentiel, toute communication qui lui est adressée à l'attention de l'État Partie qui a prétendument violé l'une quelconque des dispositions de la Convention, mais l'identité de la personne ou des groupes de personnes intéressées ne peut être révélée sans le consentement exprès de ladite personne ou desdits groupes de personnes. Le Comité ne reçoit pas de communications anonymes ;

b) dans les trois mois qui suivent, ledit État soumet par écrit au Comité des explications ou déclarations éclaircissant la question et indiquant, le cas échéant, les mesures qu'il pourrait avoir prises pour remédier à la situation.

7. *a)* Le Comité examine les communications en tenant compte de toutes les informations qui lui sont soumises par l'État Partie intéressé et par le pétitionnaire. Le Comité n'examinera aucune communication d'un pétitionnaire sans s'être assuré que celui-ci a épuisé tous les recours internes disponibles. Toutefois, cette règle ne s'applique pas si les procédures de recours excèdent des délais raisonnables ;

b) le Comité adresse ses suggestions et recommandations éventuelles à l'État Partie intéressé et au pétitionnaire.

8. Le Comité inclut dans son rapport annuel un résumé de ces communications et, le cas échéant, un résumé des explications et déclarations des États Parties intéressés ainsi que de ses propres suggestions et recommandations.

9. Le Comité n'a compétence pour s'acquitter des fonctions prévues au présent article que si au moins dix États Parties à la Convention sont liés par des déclarations faites conformément au paragraphe 1 du présent article.

Art. 15. — 1. En attendant la réalisation des objectifs de la Déclaration sur l'octroi de l'indépendance aux pays et aux peuples coloniaux, contenue dans la résolution 1514 (XV) de l'Assemblée générale de l'Organisation des Nations unies, en date du 14 décembre 1960, les dispositions de la présente Convention ne restreignent en rien le droit de pétition accordé à ces peuples par d'autres instruments internationaux ou par l'Organisation des Nations unies ou ses institutions spécialisées.

2. *a)* Le Comité, constitué conformément au paragraphe I de l'article 8 de la présente Convention reçoit copie des pétitions venant des organes de l'Organisation des Nations unies qui s'occupent de questions ayant un rapport direct avec les principes et les objectifs de la présente Convention, et exprime une opinion et fait des recommandations au sujet des pétitions reçues lors de l'examen des pétitions émanant des habitants de territoires sous tutelle ou non autonomes ou de tout autre territoire auquel s'applique la résolution 1514 (XV) de l'Assemblé générale, et ayant trait à des question visées par la présente Convention, dont sont saisis lesdits organes ;

b) Le Comité reçoit des organes compétents de l'Organisation des Nations unies copie des rapports concernant les mesures d'ordre législatif, judiciaire, administratif ou autre intéressant directement les principes et objectifs de la présente Convention que les puissances administrantes ont appliquées dans les territoires mentionnés à l'alinéa e du présent paragraphe et exprime des avis et fait des recommandations à ces organes.

3. Le Comité inclut dans ses rapports à l'Assemblée générale un résumé des pétitions et des rapports qu'il a reçus d'organes de l'Organisation des Nations unies, ainsi que les expressions d'opinion et les recommandations qu'ont appelées de sa part lesdits pétitions et rapports.

4. Le Comité prie le Secrétaire général de l'Organisation des Nations unies de lui fournir tous renseignements ayant trait aux objectifs de la présente Convention, dont celui-ci dispose au sujet des territoires mentionnés à l'alinéa *e)* du paragraphe 2 du présent article.

Art. 16. — Les dispositions de la présente Convention concernant les mesures à prendre pour régler un différend ou liquider une plainte s'appliquent sans préjudice des autres procédures de règlement des différents ou de liquidation des plaintes en matière de discrimination prévues dans des instruments constitutifs de l'Organisation des Nations unies et de ses institutions spécialisées ou dans des conventions adoptées par ces organisations, et n'empêchent pas les États Parties de recourir à d'autres procédures pour le règlement d'un différend conformément aux accords internationaux généraux ou spéciaux qui les lient.

N° 29.2 Déclaration d'acceptation du recours individuel prévue à l'article 14 de cette Convention internationale (74)

Au nom du Gouvernement de la République française, je déclare, conformément à l'article 14 de la Convention internationale pour l'élimination de toutes les formes de discrimination raciale, ouverte à la signature le 7 mars 1966, reconnaître à dater du 15 août 1982 la compétence du comité pour l'élimination de la discrimination raciale pour recevoir et examiner des communications émanant de personnes ou de groupes

(74) Déclaration publiée par le décret n° 82-985 du 15 novembre 1982.

de personnes relevant de la juridiction de la République française qui, soit en raison d'actes ou d'omissions, de faits ou d'événements postérieurs au 15 août 1982, soit en raison d'une décision portant sur des actes ou omissions, faits ou événements postérieurs à cette date, se plaindraient d'être victimes d'une violation, par la République française, de l'un des droits énoncés dans la Convention.

N° 30.1 Convention contre la torture et autres peines ou traitements cruels et inhumains ou dégradants, faite à New York le 10 décembre 1984 (extraits) (75)

PARTIE I

Article premier. — 1. Aux fins de la présente Convention, le terme « torture » désigne tout acte par lequel une douleur ou des souffrances aiguës, physiques ou mentales, sont intentionnellement infligées à une personne aux fins notamment d'obtenir d'elle ou d'une tierce personne des renseignements ou des aveux, de la punir d'un acte qu'elle ou une tierce personne a commis ou est soupçonnée d'avoir commis, de l'intimider ou de faire pression sur elle ou d'intimider ou de faire pression sur une tierce personne, ou pour tout autre motif fondé sur une forme de discrimination quelle qu'elle soit, lorsqu'une telle douleur ou de telles souffrances sont infligées par un agent de la fonction publique ou toute autre personne agissant à titre officiel ou à son instigation ou avec son consentement exprès ou tacite. Ce terme ne s'étend pas à la douleur ou aux souffrances résultant uniquement de sanctions légitimes, inhérentes à ces sanctions ou occasionnées par elles.

2. Cet article est sans préjudice de tout instrument international ou de toute loi nationale qui contient ou peut contenir des dispositions de portées plus large.

Art. 2. — 1. Tout État partie prend des mesures législatives, administratives, judiciaires et autres mesures efficaces pour empêcher que des actes de tortures soient commis dans tout territoire sous sa juridiction.

2. À circonstance exceptionnelle, quelle qu'elle soit, qu'il s'agisse de l'état de guerre ou de menace de guerre, d'instabilité politique intérieure ou de tout autre état d'exception, ne peut être invoquée pour justifier la torture.

3. L'ordre d'un supérieur ou d'une autorité publique ne peut être invoqué pour justifier la torture.

Art. 3. — 1. Aucun État partie n'expulsera, ne refoulera ni n'extradera une personne vers un autre État où il y a des motifs sérieux de croire qu'elle risque d'être soumise à la torture.

2. Pour déterminer s'il y a de tels motifs, les autorités compétentes tiendront compte de toutes les considérations pertinentes, y compris, le cas échéant de l'existence, dans l'État intéressé, d'un ensemble de violations systématiques des droits de l'homme, graves, flagrantes ou massives.

Art. 4. — 1. Tout État partie veille à ce que tous les actes de torture constituent des infractions au regard de son droit pénal. Il en est de même de la tentative de pratiquer la torture ou de tout acte commis par n'importe quelle personne qui constitue une complicité ou une participation à l'acte de torture.

---

(75) La convention a été ratifiée par la France, à l'issue de la loi n° 85-1173 du 12 novembre 1985 publiée par le décret n° 87-916 du 9 novembre 1987.

2. Tout État partie rend ces infractions passibles de peines appropriées qui prennent en considération leur gravité.

Art. 5. — 1. Tout État partie prend les mesures nécessaires pour établir sa compétence aux fins de connaître des infractions visées à l'article 4 dans les cas suivants :

a) quand l'infraction a été commise sur tout territoire sous la juridiction dudit État ou à bord d'aéronefs ou de navires immatriculés dans cet État ;

b) quand l'auteur présumé de l'infraction est un ressortissant dudit État ;

c) quand la victime est un ressortissant dudit État et que ce dernier le juge approprié.

2. Tout État partie prend également les mesures nécessaires pour établir sa compétence aux fins de connaître desdites infractions dans le cas où l'auteur présumé de celles-ci se trouve sur tout territoire sous sa juridiction et où ledit État ne l'extrade pas, conformément à l'article 8, vers l'un des États visés au paragraphe 1 du présent article.

3. La présente Convention n'écarte aucune compétence pénale exercée conformément aux lois nationales.

Art. 6. — 1. S'il estime que les circonstances le justifient, après avoir examiné les renseignements dont il dispose, tout État partie sur le territoire duquel se trouve une personne soupçonnée d'avoir commis une infraction visée à l'article 4 assure la détention de cette personne ou prend toutes autres mesures juridiques nécessaires pour assurer sa présence. Cette détention et ces mesures doivent être conformes à la législation dudit État ; elles ne peuvent être maintenues que pendant le délai nécessaire à l'engagement de poursuites pénales ou d'une procédure d'extradition.

2. Ledit État procède immédiatement à une enquête préliminaire en vue d'établir les faits.

3. Toute personne détenue en application du paragraphe 1 du présent article peut communiquer immédiatement avec le plus proche représentant qualifié de l'État dont elle a la nationalité ou, s'il s'agit d'une personne apatride, avec le représentant de l'État où elle réside habituellement.

4. Lorsqu'un État a mis une personne en détention, conformément aux dispositions du présent article, il avise immédiatement de cette détention et des circonstances qui la justifient les États visés au paragraphe 1 de l'article 5. L'État qui procède à l'enquête préliminaire visée au, paragraphe 2 du présent article en communique rapidement les conclusions auxdits États et leur indique s'il entend exercer sa compétence.

Art. 7. — 1. L'État partie sur le territoire sous la juridiction duquel l'auteur présumé d'une infraction visée à l'article 4 est découvert, s'il n'extrade pas ce dernier, soumet l'affaire, dans les cas visés à l'article 5, à ses autorités compétentes pour l'exercice de l'action pénale.

2. Ces autorités prennent leur décision dans les mêmes conditions que pour toute infraction de droit commun de caractère grave en vertu du droit de cet État. Dans les cas visés au paragraphe 2 de l'article 5, les règles de preuve qui s'appliquent aux poursuites et à la condamnation ne sont en aucune façon moins rigoureuses que celles qui s'appliquent dans les cas visés au paragraphe 1 de l'article 5.

3. Toute personne poursuivie pour l'une quelconque des infractions visées à l'article 4 bénéficie de la garantie d'un traitement équitable à tous les stades de la procédure.

Art. 8. — 1. Les infractions visées à l'article 4 sont de plein droit comprises dans tout traité d'extradition conclu entre États parties. Les États parties s'engagent à comprendre lesdites infractions dans tout traité d'extradition à conclure entre eux.

2. Si un État partie qui subordonne l'extradition à l'existence d'un traité est saisi d'une demande d'extradition pour un autre État partie avec lequel il n'est pas lié par un traité d'extradition, il peut considérer la présente Convention comme constituant

la base juridique de l'extradition en ce qui concerne lesdites infractions. L'extradition est subordonnée aux autres conditions prévues par le droit de l'État requis.

3. Les États parties qui ne subordonnent pas l'extradition à l'existence d'un traité reconnaissant lesdites infractions comme cas d'extradition entre eux dans les conditions prévues par le droit de l'État requis.

4. Entre États parties, lesdites infractions sont considérées aux fins d'extradition comme ayant été commises tant au lieu de leur perpétration que sur le territoire sous la juridiction des États tenus d'établir leur compétence en vertu du paragraphe 1 de l'article 5.

Art. 9. — 1. Les États parties s'accordent l'entraide judiciaire la plus large possible dans toute procédure pénale relative aux infractions visées à l'article 4, y compris en ce qui concerne la communication de tous les éléments de preuve dont ils disposent et qui sont nécessaires aux fins de la procédure.

2. Les États parties s'acquittent de leurs obligations en vertu du paragraphe 1 du présent article en conformité avec tout traité d'entraide judiciaire qui peut exister entre eux.

Art. 10. — 1. Tout État partie veille à ce que l'enseignement et l'information concernant l'interdiction de la torture fassent partie intégrante de la formation du personnel civil ou militaire chargé de l'application des lois, du personnel médical, des agents de la fonction publique et d'autres personnes qui peuvent intervenir dans la garde.

Art. 11. — Tout État partie exerce une surveillance systématique sur les règles, instructions, méthodes et pratiques d'interrogatoire et sur les dispositions concernant la garde et le traitement des personnes arrêtées, détenues ou emprisonnées de quelque façon que ce soit sur tout territoire sous sa juridiction, en vue d'éviter tout cas de torture.

Art. 12. — Tout État partie veille à ce que les autorités compétentes procèdent immédiatement à une enquête impartiale chaque fois qu'il y a des motifs raisonnables de croire qu'un acte de torture a été commis sur tout territoire sous sa juridiction.

Art. 13. — 1. Tout État partie assure à toute personne qui prétend avoir été soumise à la torture sur tout territoire sous sa juridiction le droit de porter plainte devant les autorités compétentes dudit État qui procéderont immédiatement et impartialement à l'examen de sa cause. Des mesures seront prises pour assurer la protection du plaignant et des témoins contre tout mauvais traitement ou toute intimidation en raison de la plainte déposée ou de toute déposition faite.

2. Les membres du Comité sont élus au scrutin secret sur une liste de candidats désignés par les États parties. Chaque État partie peut désigner un candidat choisi parmi ses ressortissants. Les États parties tiennent compte de l'intérêt qu'il y a désigner des candidats qui soient également membres du Comité des droits de l'homme institué en vertu du Pacte international relatif aux droits civils et politiques et qui soient disposés à siéger au Comité contre la torture.

3. Les membres du Comité sont élus au cours des réunions biennales des États parties convoquées par le Secrétaire général de l'Organisation des Nations unies. À ces réunions, où le quorum est constitué par les deux tiers des États parties, sont élus membres du Comité les candidats qui obtiennent le plus grand nombre de voix et la majorité absolue des votes des représentants des États parties présents et votants.

4. La première élection aura lieu au plus tard six mois après la date d'entrée en vigueur de la présente Convention. Quatre mois au moins avant la date de chaque élection, le Secrétaire général de l'Organisation des Nations unies envoie une lettre aux États parties pour les inviter à présenter leurs candidatures dans un délai de trois mois. Le Secrétaire général dresse une liste par ordre alphabétique de tous les candidats ainsi désignés, avec indication des États parties qui les ont désignés, et la communique aux États parties.

5. Les membres du Comité sont élus pour quatre ans. Ils sont rééligibles s'ils sont présentés à nouveau. Toutefois, le mandat de cinq des membres élus lors de la première élection prendra fin au bout de deux ans ; immédiatement après la première élection, le nom de ces cinq membres sera tiré au sort par le président de réunion mentionné au paragraphe 3 du présent article.

6. Si un membre du Comité décède, se démet de ses fonctions ou n'est plus, en mesure pour quelque autre raison de s'acquitter de ses attributions au Comité, l'État partie qui l'a désigné nomme parmi ses ressortissants un autre expert qui siège au Comité pour la partie du mandat restant à courir, sous réserve de l'approbation de la majorité des États parties. Cette approbation est considérée comme acquise à moins que la moitié des États parties ou davantage n'émettent une opinion défavorable dans un délai de six semaines à compter du moment où ils ont été informés par le Secrétaire général de l'Organisation des Nations unies de la nomination proposée.

7. Les États parties prennent à leur charge les dépenses des membres du Comité pour la période où ceux-ci s'acquittent de fonctions au Comité.

Art. 14. — 1. Tout État partie garantit, dans son système juridique, à la victime d'un acte de torture, le droit d'obtenir réparation et d'être indemnisée équitablement et de manière adéquate, y compris les moyens nécessaires à sa réadaptation la plus complète possible. En cas de mort de la victime résultant d'un acte de torture, les ayants cause de celle-ci ont droit à indemnisation.

2. Le présent article n'exclut aucun droit à indemnisation qu'aurait la victime ou toute autre personne en vertu des lois nationales.

Art. 15. — Tout État partie veille à ce que toute déclaration dont il est établi qu'elle a été obtenue par la torture ne puisse être invoquée comme un élément de preuve dans une procédure, si ce n'est contre la personne accusée de torture pour établir qu'une déclaration a été faite.

Art. 16. — 1. Tout État partie s'engage à interdire dans tout territoire sous sa juridiction d'autres actes constitutifs de peines ou traitements cruels, inhumains ou dégradants qui ne sont pas des actes de torture telle qu'elle est définie à l'article premier lorsque de tels actes sont commis par un agent de la fonction publique ou toute autre personne agissant à titre officiel, ou à son instigation ou avec son consentement exprès ou tacite. En particulier, les obligations énoncées aux articles 10, 11, 12 et 13 sont applicables moyennant le remplacement de la mention de la torture par la mention d'autres formes de peines ou traitements cruels, inhumains ou dégradants.

2. Les dispositions de la présente Convention sont sans préjudice des dispositions de tout autre instrument international ou de la loi nationale qui interdisent les peines ou traitements cruels, inhumains ou dégradants, ou qui ont trait à l'extradition ou à l'expulsion.

PARTIE II

Art. 17. — 1. Il est institué un Comité contre la torture (ci-après dénommé le Comité) qui a les fonctions définies ci-après. Le Comité est composé de dix experts de haute moralité et possédant une compétence reconnue dans le domaine des droits de l'homme, qui siègent à titre personnel. Les experts sont élus par les États parties, compte tenu d'une répartition géographique équitable et de l'intérêt que représente la participation aux travaux du Comité de quelques personnes ayant une expérience juridique, l'interrogatoire ou le traitement de tout individu arrêté, détenu ou emprisonné de quelque façon que ce soit.

2. Tout État partie incorpore ladite interdiction aux règles ou instructions édictées en ce qui concerne les obligations et les attributions de telles personnes.

Art. 18. — 1. Le Comité élit son bureau pour une période de deux ans. Les membres du bureau sont rééligibles.

2. Le Comité établit lui-même son règlement intérieur ; celui-ci doit, toutefois, contenir notamment les dispositions suivantes :

a) le quorum est de six membres ;

b) les décisions du Comité sont prises à la majorité des membres présents.

3. Le Secrétaire général de l'Organisation des Nations unies met à la disposition du Comité le personnel et les installations matérielles qui lui sont nécessaires pour s'acquitter efficacement des fonctions qui lui sont confiées en vertu de la présente Convention.

4. Le Secrétaire général de l'Organisation des Nations unies convoque les membres du Comité pour la première réunion. Après sa première réunion, le Comité se réunit à toute occasion prévue par son règlement intérieur.

5. Les États parties prennent à leur charge les dépenses occasionnées par la tenue de réunions des États parties et du Comité, y compris le remboursement à l'Organisation des Nations unies de tous frais, tel que dépenses de personnel et coût d'installations matérielles, que l'Organisation aura engagés conformément au paragraphe 3 du présent article.

Art. 19. — 1. Les États parties présentent au Comité, par l'entremise du Secrétaire général de l'Organisation des Nations unies, des rapports sur les mesures qu'ils ont prises pour donner effet à leurs engagements en vertu de la présente Convention, dans un délai d'un an à compter de l'entrée en vigueur de la Convention pour l'État partie intéressé. Les États parties présentent ensuite des rapports complémentaires tous les quatre ans sur toutes nouvelles mesures prises, et tous autres rapports demandés par le Comité.

2. Le Secrétaire général de l'Organisation des Nations unies transmet les rapports à tous les États parties.

3. Chaque rapport est étudié par le Comité, qui peut faire les commentaires d'ordre général sur le rapport qu'il, estime appropriés et qui transmet lesdits commentaires à l'État partie intéressé. Cet État Partie peut communiquer en réponse au Comité toutes observations qu'il juge utiles.

4. Le Comité peut, à sa discrétion, décider de reproduire dans le rapport annuel qu'il établit conformément à l'article 24 tous commentaires formulés par lui en vertu du paragraphe 3 du présent article, accompagnés des observations reçues à ce sujet de l'État partie intéressé. Si l'État partie intéressé le demande, le Comité peut aussi reproduire le rapport présenté au titre du paragraphe I du présent article.

Art. 20. — 1. Si le Comité reçoit des renseignements crédibles qui lui semblent contenir des indications bien fondés que la torture est pratiquée systématiquement sur le territoire d'un État partie, il invite ledit État à coopérer dans l'examen des renseignements et, à cette fin, à lui faire part de ses observations à ce sujet.

2. En tenant compte de toutes observations éventuellement présentées par l'État partie intéressé et de tous autres renseignements pertinents dont il dispose, le Comité peut, s'il juge que cela se justifie, charger un ou plusieurs de ses membres de procéder à une enquête confidentielle et de lui faire rapport d'urgence.

3. Si une enquête est faite en vertu du paragraphe 2 du présent article, le Comité recherche la coopération de l'État partie intéressé. En accord avec cet État Partie, l'enquête peut comporter une visite sur son territoire.

4. Après avoir examiné les conclusions du membre ou des membres qui lui sont soumises conformément au paragraphe 2 du présent article, le Comité transmet ces

conclusions à l'État partie intéressé, avec tous commentaires ou suggestions qu'il juge appropriés compte tenu de la situation.

5. Tous les travaux du Comité dont il est fait mention aux paragraphes 1 à 4 du présent article sont confidentiels et, à toutes les étapes des travaux, on s'efforce d'obtenir la coopération de l'État partie. Une fois achevés ces travaux relatifs à une enquête menée en vertu du paragraphe 2, le Comité peut, après consultations avec l'État partie intéressé, décider de faire figurer un compte rendu succinct des résultats des travaux dans le rapport annuel qu'il établit conformément à l'article 24.

Art. 21. — 1. Tout État partie à la présente Convention peut, en vertu du présent article, déclarer à tout moment qu'il reconnaît la compétence du Comité pour recevoir et examiner des communications dans lesquelles un État partie prétend qu'un autre État partie ne s'acquitte pas de ses obligations au titre de la présente Convention. Ces communications ne peuvent être reçues et examinées conformément au présent article que si elles émanent d'un État partie qui a fait une déclaration reconnaissant, en ce qui le concerne, la compétence du Comité. Le Comité ne reçoit aucune communication intéressant un État partie qui n'a pas fait une telle déclaration. La procédure ci-après s'applique à l'égard des communications reçues en vertu du présent article :

a) si un État partie à la présente Convention estime qu'un autre État également Partie à la Convention n'en applique pas les dispositions, il peut appeler, par communication écrite, l'attention de cet État sur la question. Dans un délai de trois mois à compter de la date de réception de la communication, l'État destinataire fera tenir à l'État qui a adressé la communication des explications ou toutes autres déclarations écrites élucidant la question, qui devront comprendre, dans toute la mesure possible et utile, des indications sur ses règles de procédure et sur les moyens de recours, soit déjà utilisés, soit en instance, soit encore ouverts ;

b) si, dans un délai de six mois à compter de la date de réception de la communication originale par l'État destinataire, la question n'est pas réglée à la satisfaction des deux États parties intéressés, l'un comme l'autre auront le droit de la soumettre au Comité, en adressant une notification au Comité, ainsi qu'à l'autre État intéressé ;

c) le Comité ne peut connaître d'une affaire qui lui est soumise en vertu du présent article qu'après s'être assuré que tous les recours internes disponibles ont été utilisés et épuisés, conformément aux principes de droit international généralement reconnus. Cette règle ne s'applique pas dans les cas où les procédures de recours excèdent des délais raisonnables ni dans les cas où il est peu probable que les procédures de recours donneraient satisfaction à la personne qui est la victime de la violation de la présente Convention ;

d) le Comité tient ses séances à huis clos lorsqu'il examine les communications prévues au présent article ;

e) sous réserve des dispositions de l'alinéa c, le Comité met ses bons offices à la disposition des États parties intéressés, afin de parvenir à une solution amiable de la question, fondée sur le respect des obligations prévues par la présente Convention. À cette fin, le Comité peut, s'il l'estime opportun, établir une commission de conciliation *ad hoc* ;

f) dans toute affaire qui lui est soumise en vertu du présent article, le Comité peut demander aux États parties intéressés, visés à l'alinéa *b)* de lui fournir tout renseignement pertinent ;

g) les États parties intéressés, visés à l'alinéa b, ont le droit de se faire représenter lors de l'examen de l'affaire par le Comité et de présenter des observations oralement ou par écrit, ou sous l'une et l'autre forme ;

h) le Comité doit présenter un rapport dans un délai de douze mois à compter du jour où il a reçu la notification visée à l'alinéa b ;

i) Si une solution a pu être trouvée conformément aux dispositions de l'alinéa e, le Comité se borne dans son rapport à un bref exposé des faits et de la solution intervenue ;

ii) Si une solution n'a pu être trouvée conformément aux dispositions de l'alinéa c, le Comité se borne, dans son rapport, à un bref exposé des faits ; le texte, des observations écrites et le procès-verbal des observations orales présentées par les États parties intéressés sont joints au rapport.

Pour chaque affaire, le rapport est communiqué aux États parties intéressés.

2. Les dispositions du présent article entreront en vigueur lorsque cinq États parties à la présente Convention auront fait la déclaration prévue au paragraphe 1 du présent article. Ladite déclaration est déposée par l'État partie auprès du Secrétaire général de l'Organisation des Nations unies, qui en communique copie aux autres États parties. Une déclaration peut être retirée à tout moment au moyen d'une notification adressée au Secrétaire général. Ce retrait est sans préjudice de l'examen de toute question qui fait l'objet d'une communication déjà transmise en vertu du présent article ; aucune autre communication d'un État partie ne sera reçue en vertu du présent article après que le Secrétaire général aura reçu notification du retrait de la déclaration, à moins que l'État partie intéressé ait fait une nouvelle déclaration.

Art. 22. — 1. Tout État partie de la présente Convention peut, en vertu du présent article, déclarer à tout moment qu'il reconnaît la compétence du Comité pour recevoir et examiner des communications présentées par ou pour le compte de particuliers relevant de sa juridiction qui prétendent être victimes d'une violation, par un État partie, des dispositions de la Convention. Le Comité ne reçoit aucune communication intéressant un État partie qui n'a pas fait une telle déclaration.

2. Le Comité déclare irrecevable toute communication soumise en vertu du présent article qui est anonyme ou qu'il considère être un abus du droit de soumettre de telles communications, ou être incompatible avec les dispositions de la présente Convention.

3. Sous réserve des dispositions du paragraphe 2, le Comité porte toute communication qui lui est soumise en vertu du présent article à l'attention de l'État partie à la présente Convention qui a fait une déclaration en vertu du paragraphe I et a prétendu ment violé l'une quelconque des dispositions de la Convention. Dans les six mois qui suivent, ledit État soumet par écrit au Comité des explications ou déclarations éclaircis sans la question et indiquant, le cas échéant, les mesures qu'il pourrait avoir prises pour remédier à la situation.

4. Le Comité examine les communications reçues en vertu du présent article en tenant compte de toutes les informations qui lui sont soumises par ou pour le compte du particulier et par l'État partie intéressé.

5. Le Comité n'examinera aucune communication d'un particulier conformément au présent article sans s'être assuré que :

a) la même question n'a pas été et n'est pas en cours d'examen devant une autre instance internationale d'enquête ou de règlement ;

b) le particulier a épuisé tous les recours internes disponibles cette règle ne s'applique pas si les procédures de recours excèdent des délais raisonnables ou s'il est peu probable qu'elles donneraient satisfaction au particulier qui est la victime d'une violation de la présente Convention.

6. Le Comité tient ses séances à huis clos lorsqu'il examine les communications prévues dans le présent article.

7. Le Comité fait part de ses constatations à l'État partie intéressé et au particulier.

8. Les dispositions du présent article entreront en vigueur lorsque cinq États parties à la présente Convention auront fait la déclaration prévue au paragraphe 1 du présent article. Ladite déclaration est déposée par l'État partie auprès du secrétaire général de l'Organisation des Nations unies, qui en communique copie aux autres États parties. Une déclaration peut être retirée à tout moment au moyen d'une notification adressée au Secrétaire général. Ce retrait est sans préjudice de l'examen de toute question qui fait l'objet d'une communication déjà transmise en vertu du présent article aucune autre communication soumise par ou pour le compte d'un particulier ne sera reçue en vertu du présent article après que le Secrétaire général aura reçu notification du retrait de la déclaration, à moins que l'État partie intéressé ait fait une nouvelle déclaration.

Art. 23. — Les membres du Comité et les membres des commissions de conciliation ad hoc qui pourraient être nommés conformément à l'alinéa e du paragraphe 1 de l'article 21 ont droit aux facilités, privilèges et immunités reconnus aux experts en mission pour l'Organisation des Nations unies, tels qu'ils sont énoncés dans les sections pertinentes de la Convention sur les privilèges et les immunités des Nations unies.

Art. 24. — Le Comité présente aux États parties et à l'Assemblée générale de l'Organisation des Nations unies un rapport annuel sur les activités qu'il aura entreprises en application de la présente Convention.

Déclarations et réserves

Art. 21. — Le Gouvernement de la République française déclare, conformément au paragraphe 1 de l'article 21 de la Convention, qu'il reconnaît la compétence du Comité contre la torture pour recevoir et examiner des communications dans lesquelles un État partie prétend qu'un autre État partie ne s'acquitte pas de ses obligations au titre de la présente Convention.

Art. 22. — Le Gouvernement de la République française déclare, conformément au paragraphe 1 de l'article 22 de la Convention, qu'il reconnaît la compétence du Comité contre la torture pour recevoir et examiner des communications présentées par ou pour le compte de particuliers relevant de sa juridiction qui prétendent être victimes d'une violation, par un État partie, des dispositions de la Convention.

Art. 30. — Le Gouvernement de la République française déclare, conformément au paragraphe 2 de l'article 30 de la Convention, qu'il ne sera pas lié par les dispositions du paragraphe *r* de cet article.

N° 30.2 Protocole facultatif se rapportant à la convention contre la torture et autres peines ou traitements inhumains ou dégradants,
adopté à New York le 18 décembre 2002 (extraits) (76)

PARTIE I

PRINCIPES GÉNÉRAUX

Article premier. — Le présent Protocole a pour objectif l'établissement d'un système de visites régulières, effectuées par des organismes internationaux et nationaux indépendants, sur les lieux où se trouvent des personnes privées de liberté, afin de prévenir la torture et autres peines ou traitements cruels, inhumains ou dégradants.

Art. 2. — 1. Il est constitué un sous-comité pour la prévention de la torture et autres peines ou traitements cruels, inhumains ou dégradants du Comité contre la torture (ci-après dénommé le sous-comité de la prévention), qui exerce les fonctions définies dans le présent Protocole.

2. Le sous-comité de la prévention conduit ses travaux dans le cadre de la Charte des Nations unies et s'inspire des buts et principes qui y sont énoncés, ainsi que des normes de l'Organisation des Nations unies relatives au traitement des personnes privées de liberté.

3. Le sous-comité de la prévention s'inspire également des principes de confidentialité, d'impartialité, de non-sélectivité, d'universalité et d'objectivité.

4. Le sous-comité de la prévention et les États Parties coopèrent en vue de l'application du présent Protocole.

Art. 3. — Chaque État Partie met en place, désigne ou administre, à l'échelon national, un ou plusieurs organes de visite chargés de prévenir la torture et autres peines ou traitements cruels, inhumains ou dégradants (ci-après dénommés mécanisme national de prévention).

Art. 4. — 1. Chaque État Partie autorise les mécanismes visés aux articles 2 et 3 à effectuer des visites, conformément au présent Protocole, dans tout lieu placé sous sa juridiction ou sous son contrôle où se trouvent ou pourraient se trouver des personnes privées de liberté sur l'ordre d'une autorité publique ou à son instigation, ou avec son consentement exprès ou tacite (ci-après dénommé lieu de détention). Ces visites sont effectuées afin de renforcer, s'il y a lieu, la protection desdites personnes contre la torture et autres peines ou traitements cruels, inhumains ou dégradants.

2. Aux fins du présent Protocole, on entend par privation de liberté toute forme de détention ou d'emprisonnement, ou le placement d'une personne dans un établissement public ou privé de surveillance dont elle n'est pas autorisée à sortir à son gré, ordonné par une autorité judiciaire ou administrative ou toute autre autorité publique.

---

(76) Le protocole a été ratifié par la France par la loi n° 2008-739 du 28 juillet 2008 et publié par le décret n° 2008-1322 du 15 décembre 2008.

PARTIE II
SOUS-COMITÉ DE LA PRÉVENTION

Art. 5. — 1. Le sous-comité de la prévention se compose de dix membres. Lorsque le nombre des ratifications ou adhésions au présent Protocole aura atteint cinquante, celui des membres du sous-comité de la prévention sera porté à vingt-cinq.

2. Les membres du sous-comité de la prévention sont choisis parmi des personnalités de haute moralité ayant une expérience professionnelle reconnue dans le domaine de l'administration de la justice, en particulier en matière de droit pénal et d'administration pénitentiaire ou policière, ou dans les divers domaines ayant un rapport avec le traitement des personnes privées de liberté.

3. Dans la composition du sous-comité de la prévention, il est dûment tenu compte de la nécessité d'assurer une répartition géographique équitable ainsi que la représentation des diverses formes de civilisation et systèmes juridiques des États Parties.

4. Dans la composition du sous-comité de la prévention, il est également tenu compte de la nécessité d'assurer une représentation respectueuse de l'équilibre entre les sexes, sur la base des principes d'égalité et de non-discrimination.

5. Le sous-comité de la prévention ne peut comprendre plus d'un ressortissant d'un même État.

6. Les membres du sous-comité de la prévention siègent à titre individuel, agissent en toute indépendance et impartialité et doivent être disponibles pour exercer efficacement leurs fonctions au sein du sous-comité de la prévention.

Art. 6. — 1. Chaque État Partie peut désigner, conformément au paragraphe 2 ci-après, deux candidats au plus, possédant les qualifications et satisfaisant aux exigences énoncées à l'article 5, et fournit à ce titre des informations détaillées sur les qualifications des candidats.

2. *a)* Les candidats désignés doivent avoir la nationalité d'un État Partie au présent Protocole ;

b) L'un des deux candidats au moins doit avoir la nationalité de l'État Partie auteur de la désignation ;

c) Il ne peut être désigné comme candidats plus de deux ressortissants d'un même État Partie ;

d) Tout État Partie doit, avant de désigner un candidat ressortissant d'un autre État Partie, demander et obtenir le consentement dudit État Partie.

3. Cinq mois au moins avant la date de la réunion des États Parties au cours de laquelle aura lieu l'élection, le Secrétaire général de l'Organisation des Nations unies envoie une lettre aux États Parties pour les inviter à présenter leurs candidats dans un délai de trois mois. Le Secrétaire général dresse la liste par ordre alphabétique de tous les candidats ainsi désignés, avec indication des États Parties qui les ont désignés.

Art. 7. — 1. Les membres du sous-comité de la prévention sont élus selon la procédure suivante :

a) Il est tenu compte au premier chef des exigences et critères énoncés à l'article 5 du présent Protocole ;

b) La première élection aura lieu au plus tard six mois après la date d'entrée en vigueur du présent Protocole ;

c) Les membres du sous-comité de la prévention sont élus par les États Parties au scrutin secret ;

d) Les membres du sous-comité de la prévention sont élus au cours de réunions biennales des États Parties, convoquées par le Secrétaire général de l'Organisation des Nations unies. À ces réunions, où le quorum est constitué par les deux tiers des États Parties, sont élus membres du sous-comité de la prévention les candidats qui obtiennent le plus grand nombre de voix et la majorité absolue des voix des représentants des États Parties présents et votants.

2. Si, au cours de l'élection, il s'avère que deux ressortissants d'un État Partie remplissent les conditions requises pour être élus membres du sous-comité de la prévention, c'est le candidat qui obtient le plus grand nombre de voix qui est élu. Si les deux candidats obtiennent le même nombre de voix, la procédure est la suivante :

a) Si l'un seulement des candidats a été désigné par l'État Partie dont il est ressortissant, il est élu membre du sous-comité de la prévention ;

b) Si les deux candidats ont été désignés par l'État Partie dont ils sont ressortissants, un vote séparé au scrutin secret a lieu pour déterminer celui qui est élu ;

c) Si aucun des deux candidats n'a été désigné par l'État Partie dont il est ressortissant, un vote séparé au scrutin secret a lieu pour déterminer celui qui est élu.

Art. 8. — Si un membre du sous-comité de la prévention décède, se démet de ses fonctions ou n'est plus en mesure pour quelque autre raison de s'acquitter de ses attributions au sous-comité de la prévention, l'État Partie qui l'a désigné propose, en tenant compte de la nécessité d'assurer un équilibre adéquat entre les divers domaines de compétence, un autre candidat possédant les qualifications et satisfaisant aux exigences énoncées à l'article 5, qui siège jusqu'à la réunion suivante des États Parties, sous réserve de l'approbation de la majorité des États Parties. Cette approbation est considérée comme acquise à moins que la moitié des États Parties ou davantage n'émettent une opinion défavorable dans un délai de six semaines à compter du moment où ils ont été informés par le Secrétaire général de l'Organisation des Nations unies de la nomination proposée.

Art. 9. — Les membres du sous-comité de la prévention sont élus pour quatre ans. Ils sont rééligibles une fois si leur candidature est présentée de nouveau. Le mandat de la moitié des membres élus lors de la première élection prend fin au bout de deux ans, immédiatement après la première élection, le nom de ces membres est tiré au sort par le Président de la réunion visée à l'alinéa *d* du paragraphe 1 de l'article 7.

Art. 10. — 1. Le sous-comité de la prévention élit son bureau pour une période de deux ans. Les membres du bureau sont rééligibles.

2. Le sous-comité de la prévention établit son règlement intérieur, qui doit contenir notamment les dispositions suivantes :

a) Le quorum est de la moitié des membres plus un ;

b) Les décisions du sous-comité de la prévention sont prises à la majorité des membres présents ;

c) Le sous-comité de la prévention se réunit à huis clos.

3. Le Secrétaire général de l'Organisation des Nations unies convoque la première réunion du sous-comité de la prévention. Après sa première réunion, le sous-comité de la prévention se réunit à toute occasion prévue par son règlement intérieur. Les sessions du sous-comité de la prévention et du Comité contre la torture ont lieu simultanément au moins une fois par an.

PARTIE III

MANDAT DU SOUS-COMITÉ DE LA PRÉVENTION

Art. 11. — Le sous-comité de la prévention :

a) Effectue les visites mentionnées à l'article 4 et formule, à l'intention des États Parties, des recommandations concernant la protection des personnes privées de liberté contre la torture et autres peines ou traitements cruels, inhumains ou dégradants ;

b) En ce qui concerne les mécanismes nationaux de prévention :

i) Offre des avis et une assistance aux États Parties, le cas échéant, aux fins de la mise en place desdits mécanismes ;

ii) Entretient avec lesdits mécanismes des contacts directs, confidentiels s'il y a lieu, et leur offre une formation et une assistance technique en vue de renforcer leurs capacités ;

iii) Leur offre des avis et une assistance pour évaluer les besoins et les moyens nécessaires afin de renforcer la protection des personnes privées de liberté contre la torture et autres peines ou traitements cruels, inhumains ou dégradants ;

iv) Formule des recommandations et observations à l'intention des États Parties en vue de renforcer les capacités et le mandat des mécanismes nationaux de prévention de la torture et autres peines ou traitements cruels, inhumains ou dégradants ;

c) Coopère, en vue de prévenir la torture, avec les organes et mécanismes compétents de l'Organisation des Nations unies ainsi qu'avec les organisations ou organismes internationaux, régionaux et nationaux qui œuvrent en faveur du renforcement de la protection de toutes les personnes contre la torture et autres peines ou traitements cruels, inhumains ou dégradants.

Art. 12. — Afin que le sous-comité de la prévention puisse s'acquitter du mandat défini à l'article 11, les États Parties s'engagent :

a) À recevoir le sous-comité de la prévention sur leur territoire et à lui donner accès aux lieux de détention visés à l'article 4 du présent Protocole ;

b) À communiquer au sous-comité de la prévention tous les renseignements pertinents qu'il pourrait demander pour évaluer les besoins et les mesures à prendre pour renforcer la protection des personnes privées de liberté contre la torture et autres peines ou traitements cruels, inhumains ou dégradants ;

c) À encourager et à faciliter les contacts entre le sous-comité de la prévention et les mécanismes nationaux de prévention ;

d) À examiner les recommandations du sous-comité de la prévention et à engager le dialogue avec lui au sujet des mesures qui pourraient être prises pour les mettre en œuvre.

Art. 13. — 1. Le sous-comité de la prévention établit, d'abord par tirage au sort, un programme de visites régulières dans les États Parties en vue de s'acquitter de son mandat tel qu'il est défini à l'article 11.

2. Après avoir procédé à des consultations, le sous-comité de la prévention communique son programme aux États Parties afin qu'ils puissent prendre, sans délai, les dispositions d'ordre pratique nécessaires pour que les visites puissent avoir lieu.

3. Les visites sont conduites par au moins deux membres du sous-comité de la prévention. Ceux-ci peuvent être accompagnés, si besoin est, d'experts ayant une expérience et des connaissances professionnelles reconnues dans les domaines visés dans le présent Protocole, qui sont choisis sur une liste d'experts établie sur la base des propositions des États Parties, du Haut Commissariat des Nations unies aux droits

de l'homme et du Centre des Nations unies pour la prévention internationale du crime. Pour établir la liste d'experts, les États Parties intéressés proposent le nom de cinq experts nationaux au plus. L'État Partie intéressé peut s'opposer à l'inscription sur la liste d'un expert déterminé, à la suite de quoi le sous-comité de la prévention propose le nom d'un autre expert.

4. Le sous-comité de la prévention peut, s'il le juge approprié, proposer une brève visite pour faire suite à une visite régulière.

Art. 14. — 1. Pour permettre au sous-comité de la prévention de s'acquitter de son mandat, les États Parties au présent Protocole s'engagent à lui accorder :

a) L'accès sans restriction à tous les renseignements concernant le nombre de personnes se trouvant privées de liberté dans les lieux de détention visés à l'article 4, ainsi que le nombre de lieux de détention et leur emplacement ;

b) L'accès sans restriction à tous les renseignements relatifs au traitement de ces personnes et à leurs conditions de détention ;

c) Sous réserve du paragraphe 2 ci-après, l'accès sans restriction à tous les lieux de détention et à leurs installations et équipements ;

d) La possibilité de s'entretenir en privé avec les personnes privées de liberté, sans témoins, soit directement, soit par le truchement d'un interprète si cela paraît nécessaire, ainsi qu'avec toute autre personne dont le sous-comité de la prévention pense qu'elle pourrait fournir des renseignements pertinents ;

e) La liberté de choisir les lieux qu'il visitera et les personnes qu'il rencontrera.

2. Il ne peut être fait objection à la visite d'un lieu de détention déterminé que pour des raisons pressantes et impérieuses liées à la défense nationale, à la sécurité publique, à des catastrophes naturelles ou à des troubles graves là où la visite doit avoir lieu, qui empêchent provisoirement que la visite ait lieu. Un État Partie ne saurait invoquer l'existence d'un état d'urgence pour faire objection à une visite.

Art. 15. — Aucune autorité publique ni aucun fonctionnaire n'ordonnera, n'appliquera, n'autorisera ou ne tolérera de sanction à l'encontre d'une personne ou d'une organisation qui aura communiqué des renseignements, vrais ou faux, au sous-comité de la prévention ou à ses membres, et ladite personne ou organisation ne subira de préjudice d'aucune autre manière.

Art. 16. — 1. Le sous-comité de la prévention communique ses recommandations et observations à titre confidentiel à l'État Partie et, le cas échéant, au mécanisme national de prévention.

2. Le sous-comité de la prévention publie son rapport, accompagné d'éventuelles observations de l'État Partie intéressé, à la demande de ce dernier. Si l'État Partie rend publique une partie du rapport, le sous-comité de la prévention peut le publier, en tout ou en partie. Toutefois, aucune donnée personnelle n'est publiée sans le consentement exprès de la personne concernée.

3. Le sous-comité de la prévention présente chaque année au Comité contre la torture un rapport public sur ses activités.

4. Si l'État Partie refuse de coopérer avec le sous-comité de la prévention conformément aux dispositions des articles 12 et 14, ou de prendre des mesures pour améliorer la situation à la lumière des recommandations du sous-comité de la prévention, le Comité contre la torture peut, à la demande du sous-comité de la prévention, décider à la majorité de ses membres, après que l'État Partie aura eu la possibilité de s'expliquer, de faire une déclaration publique à ce sujet ou de publier le rapport du sous-comité de la prévention.

PARTIE IV
MÉCANISMES NATIONAUX DE PRÉVENTION

Art. 17. — Chaque État Partie administre, désigne ou met en place au plus tard un an après l'entrée en vigueur ou la ratification du présent Protocole, ou son adhésion audit Protocole, un ou plusieurs mécanismes nationaux de prévention indépendants en vue de prévenir la torture à l'échelon national. Les mécanismes mis en place par des entités décentralisées pourront être désignés comme mécanismes nationaux de prévention aux fins du présent Protocole, s'ils sont conformes à ses dispositions.

Art. 18. — 1. Les États Parties garantissent l'indépendance des mécanismes nationaux de prévention dans l'exercice de leurs fonctions et l'indépendance de leur personnel.

2. Les États Parties prennent les mesures nécessaires pour veiller à ce que les experts du mécanisme national de prévention possèdent les compétences et les connaissances professionnelles requises. Ils s'efforcent d'assurer l'équilibre entre les sexes et une représentation adéquate des groupes ethniques et minoritaires du pays.

3. Les États Parties s'engagent à dégager les ressources nécessaires au fonctionnement des mécanismes nationaux de prévention.

4. Lorsqu'ils mettent en place les mécanismes nationaux de prévention, les États Parties tiennent dûment compte des principes concernant le statut des institutions nationales pour la promotion et la protection des droits de l'homme.

Art. 19. — Les mécanismes nationaux de prévention sont investis à tout le moins des attributions suivantes :

a) Examiner régulièrement la situation des personnes privées de liberté se trouvant dans les lieux de détention visés à l'article 4, en vue de renforcer, le cas échéant, leur protection contre la torture et autres peines ou traitements cruels, inhumains ou dégradants ;

b) Formuler des recommandations à l'intention des autorités compétentes afin d'améliorer le traitement et la situation des personnes privées de liberté et de prévenir la torture et autres peines ou traitements cruels, inhumains ou dégradants, compte tenu des normes pertinentes de l'Organisation des Nations unies ;

c) Présenter des propositions et des observations au sujet de la législation en vigueur ou des projets de loi en la matière.

Art. 20. — Pour permettre aux mécanismes nationaux de prévention de s'acquitter de leur mandat, les États Parties au présent Protocole s'engagent à leur accorder :

a) L'accès à tous les renseignements concernant le nombre de personnes privées de liberté se trouvant dans les lieux de détention visés à l'article 4, ainsi que le nombre de lieux de détention et leur emplacement ;

b) L'accès à tous les renseignements relatifs au traitement de ces personnes et à leurs conditions de détention ;

c) L'accès à tous les lieux de détention et à leurs installations et équipements ;

d) La possibilité de s'entretenir en privé avec les personnes privées de liberté, sans témoins, soit directement, soit par le truchement d'un interprète si cela paraît nécessaire, ainsi qu'avec toute autre personne dont le mécanisme national de prévention pense qu'elle pourrait fournir des renseignements pertinents ;

e) La liberté de choisir les lieux qu'ils visiteront et les personnes qu'ils rencontreront ;

f) Le droit d'avoir des contacts avec le sous-comité de la prévention, de lui communiquer des renseignements et de le rencontrer.

Art. 21. — 1. Aucune autorité publique ni aucun fonctionnaire n'ordonnera, n'appliquera, n'autorisera ou ne tolérera de sanction à l'encontre d'une personne ou d'une organisation qui aura communiqué des renseignements, vrais ou faux, au mécanisme national de prévention, et ladite personne ou organisation ne subira de préjudice d'aucune autre manière.

2. Les renseignements confidentiels recueillis par le mécanisme national de prévention seront protégés. Aucune donnée personnelle ne sera publiée sans le consentement exprès de la personne concernée.

Art. 22. — Les autorités compétentes de l'État Partie intéressé examinent les recommandations du mécanisme national de prévention et engagent le dialogue avec lui au sujet des mesures qui pourraient être prises pour les mettre en œuvre.

Art. 23. — Les États Parties au présent Protocole s'engagent à publier et à diffuser les rapports annuels des mécanismes nationaux de prévention.

PARTIE V

DÉCLARATION

Art. 24. — 1. Au moment de la ratification, les États Parties peuvent faire une déclaration indiquant qu'ils ajournent l'exécution des obligations qui leur incombent en vertu de la troisième ou de la quatrième partie du présent Protocole.

2. Cet ajournement vaut pour un maximum de trois ans. À la suite de représentations dûment formulées par l'État Partie et après consultation du sous-comité de la prévention, le Comité contre la torture peut proroger cette période de deux ans encore.

Déclaration française

En application des articles 15 et 21 du protocole facultatif se rapportant à la Convention contre la torture et autres peines ou traitements inhumains ou dégradants, aucune autorité publique ni aucun fonctionnaire français n'ordonnera, n'appliquera, n'autorisera ou ne tolérera de sanction à l'encontre d'une personne ou d'une organisation qui aura communiqué des renseignements, vrais ou faux, au sous-comité de prévention de la torture ou à ses membres ainsi qu'au mécanisme national de prévention, et la dite personne ou organisation ne subira de préjudice d'aucune autre manière, pour autant que, s'agissant des renseignements faux, la personne ou l'organisation en question n'ait pas eu connaissance du caractère fallacieux des faits au moment de leur dénonciation et, d'autre part, sans préjudice des voies de droit dont pourraient faire usage les personnes mises en cause en raison du dommage subi pour dénonciation de faits inexacts à leur encontre.

3) Le statut des réfugiés et des apatrides

N° 31 Convention de Genève relative au statut des réfugiés du 28 juillet 1951 (extraits) (77)

Chapitre I

Dispositions générales

Article premier. — Définition du terme « réfugié ».

A. Aux fins de la présente Convention, le terme « réfugié » s'appliquera à toute personne ;

1. Qui a été considérée comme réfugiée en application des Arrangements du 12 mai 1926 et du 30 juin 1928, ou en application des Conventions du 28 octobre 1933 et du 10 février 1938 et du Protocole du 14 septembre 1939, ou encore en application de la Constitution de l'Organisation Internationale pour les Réfugiés ;

Les décisions de non-éligibilité prises par l'Organisation Internationale pour les Réfugiés pendant la durée de son mandat ne font pas obstacle à ce que la qualité de réfugié soit accordée à des personnes qui remplissent les conditions prévues au paragraphe 2 de la présente section ;

2. Qui, par suite d'événements survenus avant le 1er janvier 1951 et craignant avec raison d'être persécutée du fait de sa race, de sa religion, de sa nationalité, de son appartenance à un certain groupe social ou de ses opinions politiques, se trouve hors du pays dont elle a la nationalité et qui ne peut ou, du fait de cette crainte, ne veut se réclamer de la protection de ce pays ; ou qui, si elle n'a pas de nationalité et se trouve hors du pays dans lequel elle avait sa résidence habituelle à la suite de tels événements, ne peut ou, en raison de ladite crainte, ne veut y retourner.

Dans le cas d'une personne qui a plus d'une nationalité, l'expression « du pays dont elle a la nationalité » vise chacun des pays dont cette personne a la nationalité. Ne sera pas considérée comme privée de la protection du pays dont elle a la nationalité, toute personne qui, sans raison valable fondée sur une crainte justifiée, ne s'est pas réclamée de la protection de l'un des pays dont elle a la nationalité.

B. 1. Aux fins de la présente Convention les mots « événements survenus avant le 1er janvier 1951 » figurant à l'article 1, section A, pourront être compris dans le sens de soit :

a) « événements survenus avant le 1er janvier 1951 en Europe » ; soit

b) « événements survenus avant le 1er janvier 1951 en Europe ou ailleurs » et chaque État contractant fera, au moment de la signature, de la ratification ou de l'adhésion, une déclaration précisant la portée qu'il entend donner à cette expression au point de vue des obligations assumées par lui en vertu de la présente Convention.

2. Tout État contractant qui a adopté la formule *a)* pourra à tout moment étendre ses obligations en adoptant la formule *b)* par notification adressée au Secrétaire général des Nations unies.

---

(77) Cette convention a été ratifiée par la France par la loi n° 54-290 du 17 mars 1954. Cette convention a été complétée par un protocole relatif au statut des réfugiés du 31 janvier 1967 auquel la France a adhéré à l'issue de la loi n° 70-1076 du 25 novembre 1970.

C. Cette Convention cessera, dans les cas ci-après, d'être applicable à toute personne visée par les dispositions de la section A ci-dessus :

1. si elle s'est volontairement réclamée à nouveau de la protection du pays dont elle a la nationalité ; ou

2. si, ayant perdu sa nationalité, elle l'a volontairement recouvrée ; ou

3. si elle a acquis une nouvelle nationalité et jouit de la protection du pays dont elle a acquis la nationalité ; ou

4. si elle est retournée volontairement s'établir dans le pays qu'elle a quitté ou hors duquel elle est demeurée de crainte d'être persécutée ; ou

5. si, les circonstances à la suite desquelles elle a été reconnue comme réfugiée ayant cessé d'exister, elle ne peut plus continuer à refuser de se réclamer de la protection du pays dont elle a la nationalité ;

Étant entendu, toutefois, que les dispositions du présent paragraphe ne s'appliqueront pas à tout réfugié visé au paragraphe 1 de la section A du présent article qui peut invoquer, pour refuser de se réclamer de la protection du pays dont il a la nationalité, des raisons impérieuses tenant à des persécutions antérieures ;

6. S'agissant d'une personne qui n'a pas de nationalité, si, les circonstances à la suite desquelles elle a été reconnue comme réfugiée ayant cessé d'exister, elle est en mesure de retourner dans le pays dans lequel elle avait sa résidence habituelle ; Étant entendu, toutefois, que les dispositions du présent paragraphe ne s'appliqueront pas à tout réfugié visé au paragraphe I de la section A du présent article qui peut invoquer, pour refuser de retourner dans le pays dans lequel il avait sa résidence habituelle, des raisons impérieuses tenant à des persécutions antérieures.

D. Cette Convention ne sera pas applicable aux personnes qui bénéficient actuellement d'une protection ou d'une assistance de la part d'un organisme ou d'une institution des Nations unies autre que le Haut Commissaire des Nations unies pour les réfugiés.

Lorsque cette protection ou cette assistance aura cessé pour une raison quelconque, sans que le sort de ces personnes ait été définitivement réglé, conformément aux résolutions y relatives adoptées par l'Assemblée générale des Nations unies, ces personnes bénéficieront de plein droit du régime de cette Convention.

E. Cette Convention ne sera pas applicable à une personne considérée par les autorités compétentes du pays dans lequel cette personne a établi sa résidence comme ayant les droits et les obligations attachés à la possession de la nationalité de ce pays.

F. Les dispositions de cette Convention ne seront pas applicables aux personnes dont on aura des raisons sérieuses de penser :

a) qu'elles ont commis un crime contre la paix, un crime de guerre ou un crime contre l'humanité, au sens des instruments internationaux élaborés pour prévoir des dispositions relatives à ces crimes ;

b) qu'elles ont commis un crime grave de droit commun en dehors du pays d'accueil avant d'y être admises comme réfugiées ;

c) qu'elles se sont rendues coupables d'agissements contraires aux buts et aux principes des Nations unies.

Art. 2. — Obligations générales.

Tout réfugié a, à l'égard du pays où il se trouve, des devoirs qui comportent notamment l'obligation de se conformer aux lois et règlements ainsi qu'aux mesures prises pour le maintien de l'ordre public.

Art. 3. — Non-discrimination.

Les États contractants appliqueront les dispositions de cette Convention aux réfugiés sans discrimination quant à la race, la religion ou le pays d'origine.

Art. 4. — Religion.

Les États contractants accorderont aux réfugiés sur leur territoire un traitement au moins aussi favorable que celui accordé aux nationaux en ce qui concerne la liberté de pratiquer leur religion et en ce qui concerne la liberté d'instruction religieuse de leurs enfants.

Art. 5. — Droits accordés indépendamment de cette Convention.

Aucune disposition de cette Convention ne porte atteinte aux autres droits et avantages accordés, indépendamment de cette Convention, aux réfugiés.

Art. 6. — L'expression « dans les mêmes circonstances ».

Aux fins de cette Convention, les termes « dans les mêmes circonstances » impliquent que toutes les conditions (et notamment celles qui ont trait à la durée et aux conditions de séjour ou de résidence) que l'intéressé devrait remplir, pour pouvoir exercer le droit en question, s'il n'était pas un réfugié, doivent être remplies par lui à l'exception des conditions qui, en raison de leur nature, ne peuvent être remplies par un réfugié.

Art. 7. — Dispense de réciprocité.

1. Sous réserve des dispositions plus favorables prévues par cette Convention, tout État contractant accordera aux réfugiés le régime qu'il accorde aux étrangers en général.

2. Après un délai de résidence de trois ans, tous les réfugiés bénéficieront, sur le territoire des États contractants, de la dispense de réciprocité législative.

3. Tout État contractant continuera à accorder aux réfugiés les droits et avantages auxquels ils pouvaient déjà prétendre, en l'absence de réciprocité, à la date d'entrée en vigueur de cette Convention pour ledit État.

4. Les États contractants envisageront avec bienveillance la possibilité d'accorder aux réfugiés, en l'absence de réciprocité, des droits et des avantages outre ceux auxquels ils peuvent prétendre en vertu des paragraphes 2 et 3 ainsi que la possibilité de faire bénéficier de la dispense de réciprocité des réfugiés qui ne remplissent pas les conditions visées aux paragraphes 2 et 3.

5. Les dispositions des paragraphes 2 et 3 ci-dessus s'appliquent aussi bien aux droits et avantages visés aux articles 13, 18, 19, 21 et 22 de cette Convention qu'aux droits et avantages qui ne sont pas prévus par elle.

Art. 8. — Dispense de mesures exceptionnelles.

En ce qui concerne les mesures exceptionnelles qui peuvent être prises contre la personne, les biens ou les intérêts des ressortissants d'un État déterminé, les États contractants n'appliqueront pas ces mesures à un réfugié ressortissant formellement dudit État uniquement en raison de sa nationalité. Les États contractants qui, de par leur législation, ne peuvent appliquer le principe général consacré dans cet article accorderont dans des cas appropriés des dispenses en faveur de tels réfugiés.

Art. 9. — Mesures provisoires.

Aucune des dispositions de la présente Convention n'a pour effet d'empêcher un État contractant, en temps de guerre ou dans d'autres circonstances graves et exceptionnelles, de prendre provisoirement, à l'égard d'une personne déterminée, les mesures que cet État estime indispensables à la sécurité nationale, en attendant qu'il soit établi par ledit État contractant que cette personne est effectivement un réfugié et que le maintien desdites mesures est nécessaire à son égard dans l'intérêt de sa sécurité nationale.

Art. 10. — Continuité de résidence.

1. Lorsqu'un réfugié a été déporté au cours de la deuxième guerre mondiale et transporté sur le territoire de l'un des États contractants et y réside, la durée de ce séjour forcé comptera comme résidence régulière sur ce territoire.

2. Lorsqu'un réfugié a été déporté du territoire d'un État contractant au cours de la deuxième guerre mondiale et y est retourné avant l'entrée en vigueur de cette Convention pour y établir sa résidence, la période qui précède et celle qui suit cette déportation seront considérées, à toutes les fins pour lesquelles une résidence ininterrompue est nécessaire, comme ne constituant qu'une seule période ininterrompue.

Art. 11. — Gens de mer réfugiés.

Dans le cas de réfugiés régulièrement employés comme membres de l'équipage à bord d'un navire battant pavillon d'un État contractant, cet État examinera avec bienveillance la possibilité d'autoriser lesdits réfugiés à s'établir sur son territoire et de leur délivrer des titres de voyage ou de les admettre à titre temporaire sur son territoire, afin, notamment, de faciliter leur établissement dans un autre pays.

Chapitre II

Condition juridique

Art. 12. — Statut personnel.

1. Le statut personnel de tout réfugié sera régi par la loi du pays de son domicile ou, à défaut de domicile, par la loi du pays de sa résidence.

2. Les droits, précédemment acquis par le réfugié et découlant du statut personnel, et notamment ceux qui résultent du mariage, seront respectés par tout État contractant, sous réserve, le cas échéant, de l'accomplissement des formalités prévues par la législation dudit État, étant entendu, toutefois, que le droit en cause doit être de ceux qui auraient été reconnus par la législation dudit État si l'intéressé n'était devenu un réfugié.

Art. 13. — Propriété mobilière et immobilière.

Les États contractants accorderont à tout réfugié un traitement aussi favorable que possible et de toute façon un traitement qui ne soit pas moins favorable que celui qui est accordé, dans les mêmes circonstances, aux étrangers en général en ce qui concerne l'acquisition de la propriété mobilière et immobilière et autres droits s'y rapportant, le louage et les autres contrats relatifs à la propriété mobilière et immobilière.

Art. 14. — Propriété intellectuelle et industrielle.

En matière de protection de la propriété industrielle, notamment d'inventions, dessins, modèles, marques de fabrique, nom commercial, et en matière de protection de la propriété littéraire, artistique et scientifique, tout réfugié bénéficiera dans le pays où il a sa résidence habituelle de la protection qui est accordée aux nationaux dudit pays. Dans le territoire de l'un quelconque des autres États contractants, il bénéficiera de la protection qui est accordée dans ledit territoire aux nationaux du pays dans lequel il a sa résidence habituelle.

Art. 15. — Droits d'association.

Les États contractants accorderont aux réfugiés qui résident régulièrement sur leur territoire, en ce qui concerne les associations à but non politique et non lucratif et les syndicats professionnels, le traitement le plus favorable accordé aux ressortissants d'un pays étranger, dans les mêmes circonstances.

Art. 16. — Droit d'ester en justice.

1. Tout réfugié aura, sur le territoire des États contractants, libre et facile accès devant les tribunaux.

2. Dans l'État contractant où il a sa résidence habituelle, tout réfugié jouira du même traitement qu'un ressortissant en ce qui concerne l'accès aux tribunaux, y compris l'assistance judiciaire et l'exemption de la caution *judicatum solvi*.

3. Dans les États contractants autres que celui où il a sa résidence habituelle, et en ce qui concerne les questions visées au paragraphe 2, tout réfugié jouira du même traitement qu'un national du pays dans lequel il a sa résidence habituelle.

Chapitre III

Emplois lucratifs

Art. 17. — Professions salariées.

1. Les États contractants accorderont à tout réfugié résidant régulièrement sur leur territoire le traitement le plus favorable accordé, dans les mêmes circonstances, aux ressortissants d'un pays étranger en ce qui concerne l'exercice d'une activité professionnelle salariée.

2. En tout cas, les mesures restrictives imposées aux étrangers ou à l'emploi d'étranger pour la protection du marché national du travail ne seront pas applicables aux réfugiés qui en étaient déjà dispensés à la date de l'entrée en vigueur de cette Convention par l'État contractant intéressé, ou qui remplissent l'une des conditions suivantes :

a) compter trois ans de résidence dans le pays ;

b) avoir pour conjoint une personne possédant la nationalité du pays de résidence ; Un réfugié ne pourrait invoquer le bénéfice de cette disposition au cas où il aurait abandonné son conjoint ;

c) avoir un ou plusieurs enfants possédant la nationalité du pays de résidence.

3. Les États contractants envisageront avec bienveillance l'adoption de mesures tendant à assimiler les droits de tous les réfugiés en ce qui concerne l'exercice des professions salariées à ceux de leurs nationaux et ce, notamment pour les réfugiés qui sont entrés sur leur territoire en application d'un programme de recrutement de la main-d'œuvre ou d'un plan d'immigration.

Art. 18. — Professions non salariées.

Les États contractants accorderont aux réfugiés se trouvant régulièrement sur leur territoire le traitement aussi favorable que possible et en tout cas un traitement non moins favorable que celui accordé dans les mêmes circonstances aux étrangers en général, en ce qui concerne l'exercice d'une profession non salariée dans l'agriculture, l'industrie, l'artisanat et le commerce, ainsi que la création de sociétés commerciales et industrielles.

Art. 19. — Professions libérales.

1. Tout État contractant accordera aux réfugiés résidant régulièrement sur leur territoire, qui sont titulaires de diplômes reconnus par les autorités compétentes dudit État et qui sont désireux d'exercer une profession libérale, un traitement aussi favorable que possible et en tout cas un traitement non moins favorable que celui accordé, dans les mêmes circonstances, aux étrangers en général.

2. Les États contractants feront tout ce qui est en leur pouvoir, conformément à leurs lois et constitutions, pour assurer l'installation de tels réfugiés dans les territoires, autres que le territoire métropolitain, dont ils assument la responsabilité des relations internationales.

Chapitre IV

Bien-être

Art. 20. — Rationnement.

Dans le cas où il existe un système de rationnement auquel est soumise la population dans son ensemble et qui réglemente la répartition générale de produits dont il y a pénurie, les réfugiés seront traités comme les nationaux.

Art. 21. — Logement.

En ce qui concerne le logement, les États contractants accorderont, dans la mesure où cette question tombe sous le coup des lois et règlements ou est soumise au contrôle des autorités publiques, aux réfugiés résidant régulièrement sur leur territoire un traitement aussi favorable que possible ; ce traitement ne saurait être, en tout cas, moins favorable que celui qui est accordé, dans les mêmes circonstances, aux étrangers en général.

Art. 22. — Éducation publique.

1. Les États contractants accorderont aux réfugiés le même traitement qu'aux nationaux en ce qui concerne l'enseignement primaire.

2. Les États contractants accorderont aux réfugiés un traitement aussi favorable que possible, et en tout cas non moins favorable que celui qui est accordé aux étrangers en général dans les mêmes circonstances quant aux catégories d'enseignement autre que l'enseignement primaire et notamment en ce qui concerne l'accès aux études, la reconnaissance de certificats d'études, de diplômes et de titres universitaires délivrés à l'étranger, la remise des droits et taxes et l'attribution de bourses d'études.

Art. 23. — Assistance publique.

Les États contractants accorderont aux réfugiés résidant régulièrement sur leur territoire le même traitement en matière d'assistance et de secours publics qu'à leurs nationaux.

Art. 24. — Législation du travail et sécurité sociale.

1. Les États contractants accorderont aux réfugiés résidant régulièrement sur leur territoire le même traitement qu'aux nationaux en ce qui concerne les matières suivantes :

a) dans la mesure où ces questions sont réglementées par la législation ou dépendent des autorités administratives, la rémunération, y compris les allocations familiales lorsque ces allocations font partie de la rémunération, la durée du travail, les heures supplémentaires, les congés payés, les restrictions au travail à domicile, l'âge d'admission à l'emploi, l'apprentissage et la formation professionnelle, le travail des femmes et des adolescents et la jouissance des avantages offerts par les conventions collectives ;

b) la sécurité sociale des dispositions légales relatives aux accidents du travail, aux maladies professionnelles, à la maternité, à la maladie, à l'invalidité, à la vieillesse et au décès, au chômage, aux charges de famille, ainsi qu'à tout autre risque qui, conformément à la législation nationale, est couvert par un système de sécurité sociale), sous réserve :

i) des arrangements appropriés visant le maintien des droits acquis et des droits en cours d'acquisition ;

ii) des dispositions particulières prescrites par la législation nationale du pays de résidence et visant les prestations ou fractions de prestations payables exclusivement sur les fonds publics, ainsi que les allocations versées aux personnes qui ne réunissent pas les conditions de cotisation exigées pour l'attribution d'une pension normale.

2. Les droits à prestation ouverts par le décès d'un réfugié survenu du fait d'un accident du travail ou d'une maladie professionnelle ne seront pas affectés par le fait que l'ayant droit réside en dehors du territoire de l'État contractant.

3. Les États contractants étendront aux réfugiés le bénéfice des accords qu'ils ont conclus ou viendront à conclure entre eux, concernant le maintien des droits acquis ou en cours d'acquisition en matière de sécurité sociale, pour autant que les réfugiés réunissent les conditions prévues pour les nationaux des Pays signataires des accords en question.

4. Les États contractants examineront avec bienveillance la possibilité d'étendre, dans toute la mesure du possible, aux réfugiés, le bénéfice d'accords similaires qui sont ou seront en vigueur entre ces États contractants et des États non contractants.

Chapitre V

Mesures administratives

Art. 25. — Aide administrative.

1. Lorsque l'exercice d'un droit par un réfugié nécessiterait normalement le concours d'autorités étrangères auxquelles il ne peut recourir, les États contractants sur le territoire desquels il réside veilleront à ce que ce concours lui soit fourni soit par leurs propres autorités, soit par une autorité internationale.

2. Là où les autorités visées au paragraphe I délivreront ou feront délivrer, sous leur contrôle, aux réfugiés, les documents ou certificats qui normalement seraient délivrés à un étranger par ses autorités nationales ou par leur intermédiaire.

3. Les documents ou certificats ainsi délivrés remplaceront les actes officiels délivrés à des étrangers par leurs autorités nationales ou par leur intermédiaire, et feront foi jusqu'à preuve du contraire.

4. Sous réserve des exceptions qui pourraient être admises en faveur des indigents, les services mentionnés dans le présent article pourront être rétribués ; mais ces rétributions seront modérées et en rapport avec les perceptions opérées sur les nationaux à l'occasion de services analogues.

5. Les dispositions de cet article n'affectent en rien les articles 27 et 28.

Art. 26. — Liberté de circulation.

Tout État contractant accordera aux réfugiés se trouvant régulièrement sur son territoire le droit d'y choisir leur lieu de résidence et d'y circuler librement sous les réserves instituées par la réglementation applicable aux étrangers en général dans les mêmes circonstances.

Art. 27. — Pièces d'identité.

Les États contractants délivreront des pièces d'identité tout réfugié se trouvant sur leur territoire et qui ne possède pas un titre de voyage valable.

Art. 28. — Titres de voyage.

1. Les États contractants délivreront aux réfugiés résidant régulièrement sur leur territoire, des titres de voyage destinés à leur permettre de voyager hors de ce territoire à moins que des raisons impérieuses de sécurité nationale ou d'ordre public ne s'y opposent ; les dispositions de l'Annexe à cette Convention s'appliqueront à ces documents. Les États contractants pourront délivrer un tel titre de voyage à tout autre réfugié se trouvant sur leur territoire ; ils accorderont une attention particulière aux cas de réfugiés se trouvant sur leur territoire et qui ne sont pas en mesure d'obtenir un titre de voyage du pays de leur résidence régulière.

2. Les documents de voyage délivrés aux termes d'accords internationaux antérieurs par les Parties à ces accords seront reconnus par les États contractants, et traités comme s'ils avaient été délivrés aux réfugiés en vertu du présent article.

Art. 29. — Charges fiscales.

1. Les États contractants n'assujettiront pas les réfugiés à des droits, taxes, impôts, sous quelque dénomination que ce soit, autres ou plus élevés que ceux qui sont ou qui seront perçus sur leurs nationaux dans des situations analogues.

2. Les dispositions du paragraphe précédent ne s'opposent pas à l'application aux réfugiés des dispositions des lois et règlements concernant les taxes afférentes à la délivrance aux étrangers de documents administratifs, pièces d'identité y comprises.

Art. 30. — Transfert des avoirs.

1. Tout État contractant permettra aux réfugiés, conformément aux lois et règlements de leur pays, de transférer les avoirs qu'ils ont fait entrer sur son territoire, dans le territoire d'un autre pays où ils ont été admis afin de s'y réinstaller.

2. Tout État contractant accordera sa bienveillante attention aux demandes présentées par des réfugiés qui désirent obtenir l'autorisation de transférer tous autres avoirs nécessaires à leur réinstallation dans un autre pays où ils ont été admis afin de s'y réinstaller.

Art. 31. — Réfugiés en situation irrégulière dans le pays d'accueil.

1. Les États contractants n'appliqueront pas de sanctions pénales, du fait de leur entrée ou de leur séjour irréguliers, aux réfugiés qui, arrivant directement du territoire où leur vie ou leur liberté était menacée au sens prévu par l'article premier, entrent ou se trouvent sur leur territoire sans autorisation, sous la réserve qu'ils se présentent sans délai aux autorités et leur exposent des raisons reconnues valables de leur entrée ou présence irrégulières.

2. Les États contractants n'appliqueront aux déplacements de ces réfugiés d'autres restrictions que celles qui sont nécessaires ces restrictions seront appliquées seulement en attendant que le statut des réfugiés dans le pays d'accueil ait été régularisé ou qu'ils aient réussi à se faire admettre dans un autre pays. En vue de cette dernière admission les États contractants accorderont à ces réfugiés un délai raisonnable ainsi que toutes facilités nécessaires.

Art. 32. — Expulsion.

1. Les États contractants n'expulseront un réfugié se trouvant régulièrement sur leur territoire que pour des raisons de sécurité nationale ou d'ordre public.

2. L'expulsion de ce réfugié n'aura lieu qu'en exécution d'une décision rendue conformément à la procédure prévue par la loi. Le réfugié devra, sauf si des raisons impérieuses de sécurité nationale s'y opposent, être admis à fournir des preuves tendant à le disculper, à présenter un recours et à se faire représenter à cet effet devant une autorité compétente ou devant une ou plusieurs personnes spécialement désignées par l'autorité compétente.

3. Les États contractants accorderont à un tel réfugié un délai raisonnable pour lui permettre de chercher à se faire admettre régulièrement dans un autre pays. Les États contractants peuvent appliquer, pendant ce délai, telle mesure d'ordre interne qu'ils jugeront opportune.

Art. 33. — Défense d'expulsion et de refoulement.

1. Aucun des États contractants n'expulsera ou ne refoulera, de quelque manière que ce soit, un réfugié sur les frontières des territoires où sa vie ou sa liberté serait menacée en raison de sa race, de sa religion, de sa nationalité, de son appartenance à un certain groupe social ou de ses opinions politiques.

2. Le bénéfice de la présente disposition ne pourra toutefois être invoqué par un réfugié qu'il y aura des raisons sérieuses de considérer comme un danger pour la sécurité du pays où il se trouve ou qui, ayant été l'objet d'une condamnation définitive pour un crime ou délit particulièrement grave, constitue une menace pour la communauté du dit pays.

Art. 34. — Naturalisation.

Les États contractants faciliteront, dans toute la mesure du possible, l'assimilation et la naturalisation des réfugiés. Ils s'efforceront notamment d'accélérer la procédure de naturalisation et de réduire, dans toute la mesure du possible, les taxes et les frais de cette procédure.

Nº 32 **Convention relative au statut des apatrides,** faite à New York le 28 septembre 1954 (extraits) (78)

Chapitre I

Dispositions générales

Article premier. — Définition du terme « apatride ».

1) Aux fins de la présente Convention, le terme « apatride » désigne une personne qu'aucun État ne considère comme son ressortissant par application de sa législation.

2. Cette Convention ne sera pas applicable :

i) aux personnes qui bénéficient actuellement d'une protection ou d'une assistance de la part d'un organisme ou d'une institution des Nations unies autre que le Haut Commissariat des Nations unies pour les réfugiés, tant qu'elles bénéficieront de ladite protection ou de la dite assistance ;

ii) aux personnes considérées par les autorités compétentes du pays dans lequel ces personnes ont établi leur résidence comme ayant les droits et les obligations attachés à la possession de la nationalité de ce pays ;

iii) aux personnes dont on aura des raisons sérieuses de penser :

a) qu'elles ont commis un crime contre la paix, un crime de guerre ou un crime contre l'humanité, au sens des instruments internationaux élaborés pour prévoir des dispositions relatives à ces crimes ;

b) qu'elles ont commis un crime grave de droit commun en dehors du pays de leur résidence avant d'y être admises ;

c) qu'elles se sont rendues coupables d'agissements contraires aux buts et aux principes des Nations unies.

Art. 2. — Obligations générales.

Tout apatride a, à l'égard du pays où il se trouve, des devoirs qui comportent notamment l'obligation de se conformer aux lois et règlements ainsi qu'aux mesures prises pour le maintien de l'ordre public.

Art. 3. — Non-discrimination.

Les États contractants appliqueront les dispositions de cette Convention aux apatrides sans discrimination quant à la race, la religion ou le pays d'origine.

---

(78) Cette convention a été ratifiée par la France à la suite de l'ordonnance n° 58-1321 du 23 décembre 1958.

Art. 4. — Religion.

Les États contractants accorderont aux apatrides sur leur territoire un traitement au moins aussi favorable que celui accordé aux nationaux en ce qui concerne la liberté de pratiquer leur religion et en ce qui concerne la liberté d'instruction religieuse de leurs enfants.

Art. 5. — Droits accordés indépendamment de cette Convention.

Aucune disposition de cette convention ne porte atteinte aux autres droits et avantages accordés, indépendamment de cette Convention, aux apatrides.

Art. 6. — L'expression « dans les mêmes circonstances ».

Aux fins de cette Convention, les termes « dans les mêmes circonstances » impliquent que toutes les conditions (et notamment celles qui ont trait à la durée et aux conditions de séjour ou de résidence) que l'intéressé devrait remplir pour pouvoir exercer le droit en question, s'il n'était pas un apatride, doivent être remplies par lui, à l'exception des conditions qui, en raison de leur nature, ne peuvent pas être remplies par un apatride.

Art. 7. — Dispense de réciprocité.

1. Sous réserve des dispositions plus favorables prévues par cette Convention, tout État contractant accordera aux apatrides le régime qu'il accorde aux étrangers en général.

2. Après un délai de résidence de trois ans, tous les apatrides bénéficieront, sur le territoire des États contractants, de la dispense de réciprocité législative.

3. Tout État contractant continuera à accorder aux apatrides les droits et avantages auxquels ils pouvaient déjà prétendre, en l'absence de réciprocité, à la date d'entrée en vigueur, de cette Convention pour ledit État.

4. Les États contractants envisageront avec bienveillance la possibilité d'accorder aux apatrides, en l'absence de réciprocité, des droits et des avantages outre ceux auxquels ils peuvent prétendre en vertu des paragraphes 2 et 3, ainsi que la possibilité de faire bénéficier de la dispense de réciprocité des apatrides qui ne remplissent pas les conditions visées aux paragraphes 2 et 3.

5. Les dispositions des paragraphes 2 et 3 ci-dessus s'appliquent aussi bien aux droits et avantages visés aux articles 13, 18, 19, 21 et 22 de cette Convention qu'aux droits et avantages qui ne sont pas prévus par elle.

Art. 8. — Dispense de mesures exceptionnelles.

En ce qui concerne les mesures exceptionnelles qui peuvent être prises contre la personne, les biens ou les intérêts de ressortissants ou des anciens ressortissants d'un État déterminé, les États contractants n'appliqueront pas ces mesures à un apatride uniquement parce qu'il a possédé la nationalité de l'État en question. Les États contractants qui, de par leur législation, ne peuvent appliquer le principe général consacré dans cet article accorderont dans des cas appropriés des dispenses en faveur de tels apatrides.

Art. 9. — Mesures provisoires.

Aucune des dispositions de la présente Convention n'a pour effet d'empêcher un État contractant, en temps de guerre ou dans d'autres circonstances graves et exceptionnelles, de prendre provisoirement, à l'égard d'une personne déterminée, les mesures que cet État estime indispensables à la sécurité nationale, en attendant qu'il soit établi par ledit État contractant que cette personne est effectivement un apatride et que le maintien desdites mesures est nécessaire à son égard dans l'intérêt de la sécurité nationale.

Art. 10. — Continuité de résidence.

1. Lorsqu'un apatride a été déporté au cours de la deuxième guerre mondiale et transporté sur le territoire de l'un des États contractants et y réside, la durée de ce séjour forcé comptera comme résidence régulière sur ce territoire.

2. Lorsqu'un apatride a été déporté du territoire d'un État contractant au cours de la deuxième guerre mondiale et y est retourné avant l'entrée en vigueur de cette Convention pour y établir sa résidence, la période qui précède et celle qui suit cette déportation seront considérées, à toutes les fins pour lesquelles une résidence ininterrompue est nécessaire, comme ne constituant qu'une seule période ininterrompue.

Art. 11. — Gens de mer apatrides.

Dans le cas de apatrides régulièrement employés comme membres de l'équipage à bord d'un navire battant pavillon d'un État contractant, cet État examinera avec bienveillance la possibilité d'autoriser lesdits apatrides à s'établir sur son territoire et de leur délivrer des titres de voyage ou de les admettre à titre temporaire sur son territoire, afin notamment, de faciliter leur établissement dans un autre pays.

Chapitre II

Condition juridique

Art. 12. — Statut personnel.

1. Le statut personnel de tout apatride sera régi par la loi du pays de son domicile ou, à défaut de domicile, par la loi du pays de sa résidence.

2. Les droits, précédemment acquis par l'apatride et découlant du statut personnel, et notamment ceux qui résultent du mariage, seront respectés par tout État contractant, sous réserve, le cas échéant, de l'accomplissement des formalités prévues par la législation dudit État, étant entendu, toutefois, que le droit en cause doit être de ceux qui auraient été reconnus par la législation dudit État si l'intéressé n'était devenu un apatride.

Art. 13. — Propriété mobilière et immobilière.

Les États contractants accorderont à tout apatride un traitement aussi favorable que possible et, de toute façon, un traitement qui ne soit pas moins favorable que celui qui est accordé, dans les mêmes circonstances, aux étrangers en général en ce qui concerne l'acquisition de la propriété mobilière et immobilière et autres droits s'y rapportant, le louage et les autres contrats relatifs à la propriété mobilière et immobilière.

Art. 14.— Propriété intellectuelle et industrielle.

En matière de protection de la propriété industrielle, notamment d'inventions, dessins, modèles, marques de fabrique, nom commercial, et en matière de protection de la propriété littéraire, artistique et scientifique, tout apatride bénéficiera dans le pays où il a sa résidence habituelle de la protection qui est accordée aux nationaux dudit pays. Dans le territoire de l'un quelconque des autres États contractants, il bénéficiera de la protection qui est accordée dans ledit territoire aux nationaux du pays dans lequel il a sa résidence habituelle.

Art. 15. — Droits d'association.

Les États contractants accorderont aux apatrides qui résident régulièrement sur leur territoire, en ce qui concerne les associations à but non politique et non lucratif et les syndicats professionnels, un traitement aussi favorable que possible et, de toute façon, un traitement qui ne soit pas moins favorable que celui qui est accordé, dans les mêmes circonstances, aux étrangers en général.

Art. 16. — Droit d'ester en justice.

1. Tout apatride aura, sur le territoire des États contractants, libre et facile accès devant les tribunaux.

2. Dans l'État contractant où il a sa résidence habituelle, tout apatride jouira du même traitement qu'un ressortissant en ce qui concerne l'accès aux tribunaux, y compris l'assistance judiciaire et l'exemption de la caution *judicatum solvi.*

3. Dans les États contractants autres que celui où il a sa résidence habituelle et en ce qui concerne les questions visées au paragraphe 2, tout apatride jouira du même traitement qu'un ressortissant du pays dans lequel il a sa résidence habituelle.

Chapitre III

Emplois lucratifs

Art. 17. — Professions salariées.

1. Les États contractants accorderont à tout apatride résidant régulièrement sur leur territoire un traitement aussi favorable que possible et, de toute façon, un traitement qui ne soit pas moins favorable que celui qui est accordé, dans les mêmes circonstances, aux étrangers en général en ce qui concerne l'exercice d'une activité professionnelle salariée.

2. Les États contractants envisageront avec bienveillance l'adoption de mesures tendant à assimiler les droits de tous les apatrides en ce qui concerne l'exercice des professions salariées à ceux de leurs nationaux et ce, notamment pour les apatrides qui sont entrés sur leur territoire en application d'un programme de recrutement de la main-d'œuvre ou d'un plan d'immigration.

Art. 18. — Professions non salariées.

Les États contractants accorderont aux apatrides se trouvant régulièrement sur leur territoire un traitement aussi favorable que possible et, de toute façon, un traitement qui ne soit pas moins favorable que celui qui est accordé, dans les mêmes circonstances, aux étrangers en général, en ce qui concerne l'exercice d'une profession non salariée dans l'agriculture, l'industrie, l'artisanat et le commerce, ainsi que la création de sociétés commerciales et industrielles.

Art. 19. — Professions libérales.

Tout État contractant accordera aux apatrides résidant régulièrement sur son territoire, qui sont titulaires de diplômes reconnus par les autorités compétentes dudit État et qui sont désireux d'exercer une profession libérale, un traitement aussi favorable que possible et, de toute façon, un traitement qui ne soit pas moins favorable que celui qui est accordé, dans les mêmes circonstances, aux étrangers en général.

Chapitre IV

Avantages sociaux

Art. 20. — Rationnement.

Dans le cas où il existe un système de rationnement auquel est soumise la population dans son ensemble et qui réglemente la répartition générale de produits dont il y a pénurie, les apatrides seront traités comme les nationaux,

Art. 21. — Logement.

En ce qui concerne le logement, les États contractants accorderont, dans la mesure où cette question tombe sous le coup des lois et règlements ou est soumise au contrôle des autorités publiques, aux apatrides résidant régulièrement sur leur territoire un traitement aussi favorable que possible et, de toute façon, un traitement qui ne soit pas moins favorable que celui qui est accordé, dans les mêmes circonstances, aux étrangers en général.

Art. 22. — Éducation publique.

1. Les États contractants accorderont aux apatrides le même traitement qu'aux nationaux en ce qui concerne l'enseignement primaire.

2. Les États contractants accorderont aux apatrides un traitement aussi favorable que possible et, de toute façon, un traitement qui ne soit pas moins favorable que celui qui est accordé aux étrangers en général, dans les mêmes circonstances quant aux catégories d'enseignement autres que l'enseignement primaire et, notamment, en ce qui concerne l'accès aux études, la reconnaissance de certificats d'études, de diplômes et de titres universitaires délivrés à l'étranger, la remise des droits et taxes et l'attribution de bourses d'études.

Art. 23. — Assistance publique.

Les États contractants accorderont aux apatrides résidant régulièrement sur leur territoire le même traitement en matière d'assistance et de secours publics qu'à leurs nationaux.

Art. 24. — Législation du travail et sécurité sociale.

1. Les États contractants accorderont aux apatrides résidant régulièrement sur leur territoire le même traitement qu'aux nationaux en ce qui concerne les matières suivantes :

a) dans la mesure où ces questions sont réglementées par la législation ou dépendent des autorités administratives, la rémunération, y compris les allocations familiales lorsque ces allocations font partie de la rémunération, la durée du travail, les heures supplémentaires, les congés payés, les restrictions au travail à domicile, l'âge d'admission à l'emploi, l'apprentissage et la formation professionnelle, le travail des femmes et des adolescents et la jouissance des avantages offerts par les conventions collectives ;

b) la sécurité sociale des dispositions légales relatives aux accidents du travail, aux maladies professionnelles, à la maternité, à la maladie, à l'invalidité, à la vieillesse et au décès, au chômage, aux charges de famille, ainsi qu'à tout autre risque qui, conformément à la législation nationale, est couvert par un système de sécurité sociale, sous réserve :

i) Des arrangements appropriés visant le maintien des droits acquis et des droits en cours d'acquisition ;

ii) Des dispositions particulières prescrites par la législation nationale du pays de résidence et visant les prestations ou fractions de prestations payables exclusivement sur les fonds publics, ainsi que les allocations versées aux personnes qui ne réunissent pas les conditions de cotisation exigées pour l'attribution d'une pension normale.

2. Les droits à prestation ouverts par le décès d'un apatride survenu du fait d'un accident du travail ou d'une maladie professionnelle ne seront pas affectés par le fait que l'ayant droit réside en dehors du territoire de l'État contractant.

3. Les États contractants étendront aux apatrides le bénéfice des accords qu'ils ont conclus ou viendront à conclure entre eux concernant le maintien des droits acquis ou en cours d'acquisition en matière de sécurité sociale, pour autant que les apatrides réunissent les conditions prévues pour les nationaux des pays signataires des accords en question.

4. Les États contractants examineront avec bienveillance la possibilité d'étendre, dans toute la mesure du possible, aux apatrides le bénéfice d'accords similaires qui sont ou seront en vigueur entre ces États contractants et des États non contractants.

Chapitre V

Mesures administratives

Art. 25. — Aide administrative.

1. Lorsque l'exercice d'un droit par un apatride nécessiterait normalement le concours d'autorités étrangères auxquelles il ne peut recourir, les États contractants sur le territoire desquels il réside veilleront à ce que ce concours lui soit fourni par leurs propres autorités.

2. La ou les autorités visées au paragraphe 1 délivreront ou feront délivrer, sous leur contrôle, aux apatrides, les documents ou certificats qui normalement seraient délivrés à un étranger par ses autorités nationales ou par leur intermédiaire.

3. Les documents ou certificats ainsi délivrés remplaceront les actes officiels délivrés à des étrangers par leurs autorités nationales ou par leur intermédiaire et feront foi jusqu'à preuve du contraire.

4. Sous réserve des exceptions qui pourraient être admises en faveur des indigents, les services mentionnés dans le présent article pourront être rétribués, mais ces rétributions seront modérées et en rapport avec les perceptions opérées sur les nationaux à l'occasion de services analogues,

5. Les dispositions de cet article n'affectent en rien les articles 27 et 28.

Art. 26. — Liberté de circulation.

Tout État contractant accordera aux apatrides se trouvant régulièrement sur son territoire le droit de choisir leur lieu de résidence et d'y circuler librement, sous les réserves instituées par la réglementation applicable aux étrangers en général, dans les mêmes circonstances.

Art. 27. — Pièces d'identité.

Les États contractants délivreront des pièces d'identité à tout apatride se trouvant sur leur territoire et qui ne possède pas un titre de voyage valable.

Art. 28. — Titres de voyage.

Les États contractants délivreront aux apatrides résidant régulièrement sur leur territoire des titres de voyage destinés à leur permettre de voyager hors de ce territoire, à moins que des raisons impérieuses de sécurité nationale ou d'ordre public ne s'y opposent. Les dispositions de l'annexe à cette Convention s'appliqueront à ces documents. Les États contractants pourront délivrer un tel titre de voyage à tout autre apatride se trouvant sur leur territoire ils accorderont une attention particulière aux cas d'apatrides se trouvant sur leur territoire et qui ne sont pas en mesure d'obtenir un titre de voyage du pays de leur résidence régulière.

Art. 29. — Charges fiscales.

1. Les États contractants n'assujettiront pas les apatrides à des droits, taxes, impôts, sous quelque dénomination que ce soit, autres ou plus élevés que ceux qui sont ou qui seront perçus sur leurs nationaux dans des situations analogues.

2. Les dispositions du paragraphe précédent ne s'opposent pas à l'application aux apatrides des dispositions des lois et règlements concernant les taxes afférentes à la délivrance aux étrangers de documents administratifs, pièces d'identité y comprises.

Art. 30. — Transfert des avoirs.

1. Tout État contractant permettra aux apatrides, conformément aux lois et règlements de leur pays, de transférer les avoirs qu'ils ont fait entrer sur son territoire dans le territoire d'un autre pays où ils ont été admis afin de s'y réinstaller.

2. Tout État contractant accordera sa bienveillante attention aux demandes présentées par des apatrides qui désirent obtenir l'autorisation de transférer tous autres

avoirs nécessaires à leur réinstallation dans un autre pays où ils ont été admis afin de s'y réinstaller.

Art. 31. — Expulsion.

1. Les États contractants n'expulseront un apatride se trouvant régulièrement sur leur territoire que pour des raisons de sécurité nationale ou d'ordre public.

2. L'expulsion de cet apatride n'aura lieu qu'en exécution d'une décision rendue conformément à la procédure prévue par la loi. L'apatride devra, sauf si des raisons impérieuses de sécurité nationale s'y opposent, être admis à fournir des preuves tendant à le disculper, à présenter un recours et à se faire représenter à cet effet devant une autorité compétente ou devant une ou plusieurs personnes spécialement désignées par l'autorité compétente.

3. Les États contractants accorderont à un tel apatride un délai raisonnable pour lui permettre de chercher à se faire admettre régulièrement dans un autre pays. Les États contractants peuvent appliquer, pendant ce délai, telle mesure d'ordre interne qu'ils jugeront opportune.

Art. 32. — Naturalisation.

Les États contractants faciliteront, dans toute la mesure du possible, l'assimilation et la naturalisation des apatrides. Ils s'efforceront notamment d'accélérer la procédure de naturalisation et de réduire, dans toute la mesure du possible, les taxes et les frais de cette procédure.

4) L'élimination des discriminations à l'égard des femmes

N° 33.1 Convention sur l'élimination de toutes les formes de discrimination à l'égard des femmes, faite à New York le 18 décembre 1979 (extraits) (79)

PARTIE I

Article premier. — Aux fins de la présente Convention, l'expression « discrimination à l'égard des femmes » vise toute distinction, exclusion ou restriction fondée sur le sexe qui a pour effet ou pour but de compromettre ou de détruire la reconnaissance, la jouissance ou l'exercice par les femmes, quel que soit leur état matrimonial, sur la base de l'égalité de l'homme et de la femme, des droits de l'homme et des

(79) La Convention a été ratifiée par la France, à l'issue de la loi n° 83-561 du 1er juillet 1983, publiée au *Journal officiel* par le décret n° 83-193 du 12 mars 1984. Elle est entrée en vigueur à l'égard de la France le 13 janvier 1984. Le décret n° 2014-573 du 3 juin 2014 portant publication de la lettre française du 4 octobre 2013 notifie la levée de la réserve et le retrait des déclarations françaises formulées par le gouvernement de la République française lors de la ratification de la Convention.

libertés fondamentales dans les domaines politique, économique, social, culturel et civil ou dans tout autre domaine.

Art. 2. — Les États parties condamnent la discrimination à l'égard des femmes sous toutes ses formes, conviennent de poursuivre par tous les moyens appropriés et sans retard une politique tendant à éliminer la discrimination à l'égard des femmes et, à cette fin, s'engagent à :

a) inscrire dans leur constitution nationale ou toute autre disposition législative appropriée le principe de l'égalité des hommes et des femmes, si ce n'est déjà fait, et à assurer par voie de législation ou par d'autres moyens appropriés l'application effective dudit principe ;

b) adopter des mesures législatives et d'autres mesures appropriées assorties, y compris des sanctions en cas de besoin, interdisant toute discrimination à l'égard des femmes ;

c) instaurer une protection juridictionnelle des droits des femmes sur un pied d'égalité avec les hommes et garantir, par le truchement des tribunaux nationaux compétents et d'autres institutions publiques, la protection effective des femmes contre tout acte discriminatoire ;

d) s'abstenir de tout acte ou pratique discriminatoire à l'égard des femmes et faire en sorte que les autorités publiques et les institutions publiques se conforment à cette obligation ;

e) prendre toutes mesures appropriées pour éliminer la discrimination pratiquée à l'égard des femmes par une personne, une organisation ou une entreprise quelconque ;

f) prendre toutes les mesures appropriées, y compris des dispositions législatives, pour modifier ou abroger toute loi, disposition réglementaire, coutume ou pratique qui constitue une discrimination à l'égard des femmes ;

g) abroger toutes les dispositions pénales qui constituent une discrimination à l'égard des femmes.

Art. 3. — Les États parties prennent dans tous les domaines, notamment dans les domaines politique, social, économique et culturel, toutes les mesures appropriées, y compris des dispositions législatives, pour assurer le plein développement et le progrès des femmes, en vue de leur garantir l'exercice et la jouissance des droits de l'homme et des libertés fondamentales sur la base de l'égalité avec les hommes.

Art. 4. — 1. L'adoption par les États parties de mesures temporaires spéciales visant à accélérer l'instauration d'une égalité de fait entre les hommes et les femmes n'est pas considérée comme un acte de discrimination tel qu'il est défini dans la présente Convention, mais ne doit en aucune façon avoir pour conséquence le maintien de normes inégales ou distinctes : ces mesures doivent être abrogées dès que les objectifs en matière d'égalité de chances et de traitement ont été atteints.

2. L'adoption par les États parties de mesures spéciales, y compris de mesures prévues dans la présente Convention, qui visent à protéger la maternité n'est pas considérée comme un acte discriminatoire.

Art. 5. — Les États parties prennent toutes les mesures appropriées pour :

a) modifier les schémas et modèles de comportement socioculturel de l'homme et de la femme en vue de parvenir à l'élimination des préjugés et des pratiques coutumières, ou de tout autre type, qui sont fondés sur l'idée de l'infériorité ou de la supériorité de l'un ou l'autre sexe ou d'un rôle stéréotypé des hommes et des femmes ;

b) faire en sorte que l'éducation familiale contribue à faire bien comprendre que la maternité est une fonction sociale et à faire connaître la responsabilité commune de l'homme et de la femme dans le soin d'élever leurs enfants et d'assurer leur développement, étant entendu que l'intérêt des enfants est la condition primordiale dans tous les cas.

Art. 6. — Les États parties prennent toutes les mesures appropriées, y compris des dispositions législatives, pour réprimer, sous toutes leurs formes, le trafic des femmes et l'exploitation de la prostitution des femmes.

PARTIE II

Art. 7. — Les États parties prennent toutes les mesures appropriées pour éliminer la discrimination à l'égard des femmes dans la vie politique et publique du pays et en particulier, leur assurent, dans des conditions d'égalité avec les hommes, le droit :

a) de voter à toutes les élections et dans tous les référendums publics et être éligibles à tous les organismes publiquement élus ;

b) de prendre part à l'élaboration de la politique de l'État et à son exécution, occuper des emplois publics et exercer toutes les fonctions publiques à tous les échelons du gouvernement ;

c) de participer aux organisations et associations non gouvernementales s'occupant de la vie publique et politique du pays.

Art. 8. — Les États parties prennent toutes les mesures appropriées pour que les femmes, dans des conditions d'égalité avec les hommes et sans aucune discrimination, aient la possibilité de représenter leur gouvernement à l'échelon international et de participer aux travaux des organisations internationales,

Art. 9. — 1. Les États parties accordent aux femmes des droits égaux à ceux des hommes en ce qui concerne l'acquisition, le changement et la conservation de la nationalité. Ils garantissent en particulier que ni le mariage avec un étranger ni le changement de nationalité du mari pendant le mariage ne change automatiquement la nationalité de la femme, ni ne la rend apatride, ni ne l'oblige à prendre la nationalité de son mari.

2. Les États parties accordent à la femme des droits égaux à ceux de l'homme en ce qui concerne la nationalité de leurs enfants.

PARTIE III

Art. 10. — Les États parties prennent toutes les mesures appropriées pour éliminer la discrimination à l'égard des femmes afin de leur assurer des droits égaux à ceux des hommes en ce qui concerne l'éducation et, en particulier, pour assurer, sur la base de l'égalité de l'homme et de la femme :

a) les mêmes conditions d'orientation professionnelle, d'accès aux études et d'obtention de diplômes dans les établissements d'enseignement de toutes catégories, dans les zones rurales comme dans les zones urbaines, cette égalité devant être assurée dans l'enseignement préscolaire, général, technique, professionnel et technique supérieur, ainsi que dans tout autre moyen de formation professionnelle ;

b) l'accès aux mêmes programmes, aux mêmes examens, à un personnel enseignant possédant les qualifications de même ordre, à des locaux scolaires et à un équipement de même qualité ;

c) l'élimination de toute conception stéréotypée des rôles de l'homme et de la femme à tous les niveaux et dans toutes les formes d'enseignement en encourageant l'éducation mixte et d'autres types d'éducation qui aideront à réaliser cet objectif et, en particulier, en révisant les livres et programmes scolaires et en adaptant les méthodes pédagogiques ;

d) les mêmes possibilités en ce qui concerne l'octroi de bourses et autres subventions pour les études ;

e) les mêmes possibilités d'accès aux programmes d'éducation permanente, y compris aux programmes d'alphabétisation pour adultes et d'alphabétisation fonctionnelle, en vue notamment de réduire au plus tôt tout écart d'instruction existant entre les hommes et les femmes ;

f) la réduction des taux d'abandon féminin des études et l'organisation de programmes pour les filles et les femmes qui ont quitté l'école prématurément ;

g) les mêmes possibilités de participer activement aux sports et à l'éducation physique ;

h) L'accès à des renseignements spécifiques d'ordre éducatif tendant à assurer la santé et le bien-être des familles, y compris l'information et des conseils relatifs à la planification de la famille.

Art. 11. — 1. Les États parties s'engagent à prendre toutes les mesures appropriées pour éliminer la discrimination à l'égard des femmes dans le domaine de l'emploi, afin d'assurer, sur la base de l'égalité de l'homme et de la femme, les mêmes droits, et en particulier :

a) le droit au travail en tant que droit inaliénable de tous les êtres humains ;

b) le droit aux mêmes possibilités d'emploi, y compris l'application des mêmes critères de sélection en matière d'emploi ;

c) le droit au libre choix de la profession et de l'emploi, le droit à la promotion, à la stabilité de l'emploi et à toutes les prestations et conditions de travail, le droit à la formation professionnelle et au recyclage, y compris l'apprentissage, le perfectionnement professionnel et la formation permanente ;

d) le droit à l'égalité de rémunération, y compris de prestation, à l'égalité de traitement pour un travail d'égale valeur aussi bien qu'à l'égalité de traitement en ce qui concerne l'évaluation de la qualité du travail ;

e) le droit à la sécurité sociale, notamment aux prestations de retraite, de chômage, de maladie, d'invalidité et de vieillesse ou pour toute autre perte de capacité de travail, ainsi que le droit à des congés payés ;

f) le droit à la protection de la santé et à la sécurité des conditions de travail, y compris la sauvegarde de la fonction de reproduction.

2. Afin de prévenir la discrimination à l'égard des femmes en raison de leur mariage ou de leur maternité et de garantir leur droit effectif au travail, les États parties s'engagent à prendre des mesures appropriées ayant pour objet :

a) d'interdire, sous peine de sanctions, le licenciement pour cause de grossesse ou de congé de maternité et la discrimination dans les licenciements fondés sur le statut matrimonial ;

b) d'instituer l'octroi de congés de maternité payés ou ouvrant droit à des prestations sociales comparables, avec la garantie du maintien de l'emploi antérieur, des droits d'ancienneté et des avantages sociaux ;

c) d'encourager la fourniture des services sociaux d'appui nécessaires pour permettre aux parents de combiner les obligations familiales avec les responsabilités professionnelles et la participation à la vie publique, en particulier en favorisant l'établissement et le développement d'un réseau de garderies d'enfants ;

d) d'assurer une protection spéciale aux femmes enceintes dont il est prouvé que le travail est nocif.

3. Les lois visant à protéger les femmes dans les domaines visés par le présent article seront revues périodiquement en fonction des connaissances scientifiques et techniques et seront révisées, abrogées ou étendues, selon les besoins.

Art. 12. — 1. Les États parties prennent toutes les mesures appropriées pour éliminer la discrimination à l'égard des femmes dans le domaine des soins de santé en vue de leur assurer, sur la base de l'égalité de l'homme et de la femme, les moyens d'accéder aux services médicaux, y compris ceux qui concernent la planification de la famille.

2. Nonobstant les dispositions du paragraphe 1 ci-dessus, les États parties fourniront aux femmes pendant la grossesse, pendant l'accouchement et après l'accouchement, des services appropriés et, au besoin gratuits, ainsi qu'une nutrition adéquate pendant la grossesse et l'allaitement.

Art. 13. — Les États parties s'engagent à prendre toutes les mesures appropriées pour éliminer la discrimination à l'égard des femmes dans d'autres domaines de la vie économique et sociale, afin d'assurer, sur la base de l'égalité de l'homme et de la femme, les mêmes droits et, en particulier :

a) le droit aux prestations familiales ;

b) le droit aux prêts bancaires, prêts hypothécaires et autres formes de crédit financier ;

c) le droit de participer aux activités récréatives, aux sports et à tous les aspects de la vie culturelle.

Art. 14. — 1. Les États parties tiennent compte des problèmes particuliers qui se posent aux femmes rurales et du rôle important que ces femmes jouent dans la survie économique de leurs familles, notamment par leur travail dans les secteurs non monétaires de l'économie, et prennent toutes les mesures appropriées pour assurer l'application des dispositions de la présente Convention aux femmes des zones rurales.

2. Les États parties prennent toutes les mesures appropriées pour éliminer la discrimination à l'égard des femmes dans les zones rurales afin d'assurer, sur la base de l'égalité de l'homme et de la femme, leur participation au développement rural et à ses avantages et, en particulier, ils leur assurent le droit :

a) de participer pleinement à l'élaboration et à l'exécution des plans de développement à tous les échelons ;

b) d'avoir accès aux services adéquats dans le domaine de la santé, y compris aux informations, conseils et services en matière de planification de la famille ;

c) de bénéficier directement des programmes de sécurité sociale ;

d) de recevoir tout type de formation et d'éducation, scolaires ou non y compris en matière d'alphabétisation fonctionnelle, et de pouvoir bénéficier de tous les services communautaires et de vulgarisation, notamment pour accroître leurs compétences techniques ;

e) d'organiser les groupes d'entraide et des coopératives afin de permettre l'égalité de chances sur le plan économique, qu'il s'agisse de travail salarié ou de travail indépendant ;

f) de participer à toutes les activités de la communauté ;

g) d'avoir accès aux crédits et aux prêts agricoles, ainsi qu'aux services de commercialisation et aux technologies appropriées, et de recevoir un traitement égal comme les réformes foncières et agraires et dans les projets d'aménagement rural ;

h) de bénéficier de conditions de vie convenables, notamment en ce qui concerne le logement, l'assainissement, l'approvisionnement en électricité et en eau, les transports et les communications.

PARTIE IV

Art. 15. — 1. Les États parties reconnaissent à la femme l'égalité avec l'homme devant la loi.

2. Les États parties reconnaissent à la femme, en matière civile, une capacité juridique identique à celle de l'homme et les mêmes possibilités pour exercer cette capacité. Ils lui reconnaissent en particulier des droits égaux en ce qui concerne la conclusion de contrats et l'administration des biens et leur accordent le même traitement à tous les stades de la procédure judiciaire.

3. Les États parties conviennent que tout contrat et tout autre instrument privé, de quelque type que ce soit, ayant un effet juridique visant à limiter la capacité juridique de la femme doit être considéré comme nul.

4. Les États parties reconnaissent à l'homme et à la femme les mêmes droits en ce qui concerne la législation relative au droit des personnes à circuler librement et à choisir leur résidence et leur domicile.

Art. 16. — 1. Les États parties prennent toutes les mesures nécessaires pour éliminer la discrimination à l'égard des femmes dans toutes les questions découlant du mariage et dans les rapports familiaux et, en particulier, assurent, sur la base de l'égalité de l'homme et de la femme :

a) le même droit de contracter mariage ;

b) le même droit de choisir librement son conjoint et de ne contracter mariage que de son libre et plein consentement ;

c) les mêmes droits et les mêmes responsabilités au cours du mariage et lors de sa dissolution ;

d) les mêmes droits et les mêmes responsabilités en tant que parents, quel que soit leur état matrimonial, pour les questions se rapportant à leurs enfants ; dans tous les cas, l'intérêt des enfants sera la considération primordiale ;

e) les mêmes droits de décider librement et en toute connaissance de cause du nombre et de l'espacement des naissances et d'avoir accès aux informations, à l'éducation et aux moyens nécessaires pour leur permettre d'exercer ces droits ;

f) les mêmes droits et responsabilités en matière de tutelle, de curatelle, de garde et d'adoption des enfants, ou d'institutions similaires, lorsque ces concepts existent dans la législation nationale ; dans tous les cas, l'intérêt des enfants sera la considération primordiale ;

g) les mêmes droits personnels au mari et à la femme, y compris en ce qui concerne le choix du nom de famille, d'une profession et d'une occupation ;

h) les mêmes droits à chacun des époux en matière de propriété, d'acquisition, de gestion, d'administration, de jouissance et de disposition des biens, tant à titre gratuit qu'à titre onéreux.

2. Les fiançailles et les mariages d'enfants n'auront pas d'effets juridiques et toutes les mesures nécessaires, y compris des dispositions législatives, seront prises afin de fixer un âge minimal pour le mariage et de rendre obligatoire l'inscription du mariage sur un registre officiel.

PARTIE V

Art. 17. — 1. Aux fins d'examiner les progrès réalisés dans l'application de la présente Convention, il est constitué un Comité pour l'élimination de la discrimination à l'égard des femmes (ci-après dénommé le Comité) qui se compose, au moment de l'entrée en vigueur de la Convention, de dix-huit, et après sa ratification ou l'adhésion du trente-cinquième État partie, de vingt-trois experts d'une haute autorité morale et éminemment compétents dans le domaine auquel s'applique la présente Convention.

Ces experts sont élus par les États parties parmi leurs ressortissants et siègent à titre personnel, compte tenu du principe d'une répartition géographique équitable et de la représentation des différentes formes de civilisation ainsi que des principaux systèmes juridiques.

2. Les membres du Comité sont élus au scrutin secret sur une liste de candidats désignés par les États parties. Chaque État partie peut désigner un candidat choisi parmi ses ressortissants.

3. La première élection a lieu six mois après la date d'entrée en vigueur de la présente Convention. Trois mois au moins avant la date de chaque élection, le Secrétaire général de l'Organisation des Nations unies adresse une lettre aux États parties pour les inviter à soumettre leurs candidatures dans un délai de deux mois. Le Secrétaire général dresse une liste alphabétique de tous les candidats, en indiquant par quel État ils ont été désignés, liste qu'il communique aux États parties.

4. Les membres du Comité sont élus au cours d'une réunion des États parties convoquée par le Secrétaire général au siège de l'Organisation des Nations unies. À cette réunion, où le quorum est constitué par les deux tiers des États parties, sont élus membres du Comité les candidats ayant obtenu le plus grand nombre de voix et la majorité absolue des votes des représentants des États parties présents et votants.

5. Les membres du Comité sont élus pour quatre ans. Toutefois, le mandat de neuf des membres élus à la première élection prendra fin au bout de deux ans ; le Président du Comité tirera au sort les noms de ces neuf membres immédiatement après la première élection.

6. L'élection des cinq membres additionnels du Comité se fera conformément aux dispositions des paragraphes 2, 3 et 4 du présent article à la suite de la trente-cinquième ratification ou adhésion. Le mandat de deux des membres additionnels élus à cette occasion prendra fin au bout de deux ans ; le nom de ces deux membres sera tiré au sort par le Président du Comité.

7. Pour remplir les vacances fortuites, l'État partie dont l'expert a cessé d'exercer ses fonctions de membre du Comité nommera un autre expert parmi ses ressortissants, sous réserve de l'approbation du Comité.

8. Les membres du Comité reçoivent, avec l'approbation de l'Assemblée générale, des émoluments prélevés sur les ressources de l'organisation des Nations unies dans les conditions fixées par l'Assemblée eu égard à l'importance des fonctions du Comité.

9. Le Secrétaire général de l'Organisation des Nations unies met à la disposition du Comité le personnel et les moyens matériels qui lui sont nécessaires pour s'acquitter efficacement des fonctions qui lui sont confiées en vertu de la présente Convention.

Art. 18. — 1. Les États parties s'engagent à présenter au Secrétaire général de l'Organisation des Nations unies, pour examen par le Comité, un rapport sur les mesures d'ordre législatif, judiciaire, administratif ou autre qu'ils ont adoptées pour donner effet aux dispositions de la présente Convention et sur les progrès réalisés à cet égard :

a) dans l'année suivant l'entrée en vigueur de la Convention dans l'État intéressé ;

b) puis tous les quatre ans, ainsi qu'à la demande du Comité.

2. Les rapports peuvent indiquer les facteurs et difficultés influant sur la mesure dans laquelle sont remplies les obligations prévues par la présente Convention.

Art. 19. — 1. Le Comité adopte son propre règlement intérieur.

2. Le Comité élit son bureau pour une période de deux ans.

Art. 20. — 1. Le Comité se réunit normalement pendant une période de deux semaines au plus chaque année pour examiner les rapports présentés conformément à l'article 15 de la présente Convention.

2. Les séances du Comité se tiennent normalement au siège de l'Organisation des Nations unies ou en tout autre lieu adéquat déterminé par le Comité.

Art. 21. — 1. Le Comité rend compte chaque année à l'Assemblée générale de l'Organisation des Nations unies, par l'intermédiaire du Conseil économique et social, de ses activités et peut formuler des suggestions et des recommandations générales fondées sur l'examen des rapports et des renseignements reçus des États parties. Ces suggestions et recommandations sont incluses dans le rapport du Comité, accompagnées, le cas échéant, des observations des États parties.

2. Le Secrétaire général transmet les rapports du Comité à la Commission de la condition de la femme, pour information.

Art. 22. — Les institutions spécialisées ont le droit d'être représentées lors de l'examen de la mise en œuvre de toute disposition de la présente Convention qui entre dans le cadre de leurs activités. Le Comité peut inviter les institutions spécialisées à soumettre des rapports sur l'application de la Convention dans les domaines qui entrent dans le cadre de leurs activités.

PARTIE VI

Art. 23. — Aucune des dispositions de la présente Convention ne portera atteinte aux dispositions plus propices à la réalisation de l'égalité entre l'homme et la femme pouvant être contenues :

a) dans la législation d'un État Partie ; ou

b) dans toute autre Convention, tout autre traité ou accord international en vigueur dans cet État.

Art. 24. — Les États parties s'engagent à adopter toutes les mesures nécessaires au niveau national pour assurer le plein exercice des droits reconnus par la présente Convention.

N° 33.2 Protocole facultatif à la Convention sur l'élimination de toutes les formes de discrimination à l'égard des femmes, proclamé par l'Assemblée générale des Nations unies le 6 octobre 1999 (extraits) (80)

Article premier. — Tout État Partie au présent Protocole (« État Partie ») reconnaît la compétence du Comité pour l'élimination de la discrimination à l'égard des femmes (« le Comité ») en ce qui concerne la réception et l'examen de communications soumises en application de l'article 2.

Art. 2. — Des communications peuvent être présentées par des particuliers ou groupes de particuliers ou au nom de particuliers ou groupes de particuliers relevant

(80) Ce protocole a été publié par le décret n° 2001-953 du 15 octobre 2001.

de la juridiction d'un État Partie, qui affirment être victimes d'une violation par cet État Partie d'un des droits énoncés dans la Convention. Une communication ne peut être présentée au nom de particuliers ou groupes de particuliers qu'avec leur consentement, à moins que l'auteur ne puisse justifier qu'il agit en leur nom sans un tel consentement.

Art. 3. — Les communications doivent être présentées par écrit et ne peuvent être anonymes. Une communication concernant un État Partie à la Convention qui n'est pas Partie au présent Protocole est irrecevable par le Comité.

Art. 4. — 1. Le Comité n'examine aucune communication sans avoir vérifié que tous les recours internes ont été épuisés, à moins que la procédure de recours n'excède des délais raisonnables ou qu'il soit improbable que le requérant obtienne réparation par ce moyen.

2. Le Comité déclare irrecevable toute communication :

a) ayant trait à une question qu'il a déjà examinée ou qui a déjà fait l'objet ou qui fait l'objet d'un examen dans le cadre d'une autre procédure d'enquête ou de règlement international ;

b) incompatible avec les dispositions de la Convention ;

c) manifestement mal fondée ou insuffisamment motivée ;

d) constituant un abus du droit de présenter de telles communications ;

e) portant sur des faits antérieurs à la date d'entrée en vigueur du présent Protocole à l'égard des États Parties intéressé, à moins que ces faits ne persistent après cette date.

Art. 5. — 1. Après réception d'une communication, et avant de prendre une décision sur le fond, le Comité peut à tout moment soumettre à l'urgente attention de l'État Partie intéressé une demande tendant à ce qu'il prenne les mesures conservatoires nécessaires pour éviter qu'un dommage irréparable ne soit causé aux victimes de la violation présumée.

2. Le Comité ne préjuge pas de sa décision sur la recevabilité ou le fond de la communication du simple fait qu'il exerce la faculté que lui donne le paragraphe 1 du présent article.

Art. 6. — 1. Sauf s'il la juge d'office irrecevable sans en référer à l'État Partie concerné, et à condition que l'intéressé ou les intéressés consentent à ce que leur identité soit révélée à l'État Partie, le Comité porte confidentiellement à l'attention de l'État Partie concerné toute communication qui lui est adressée en vertu du présent Protocole.

2. L'État Partie intéressé présente par écrit au Comité, dans un délai de six mois, des explications ou déclarations apportant des précisions sur l'affaire qui fait l'objet de la communication, en indiquant le cas échéant les mesures correctives qu'il a prises.

Art. 7. — 1. En examinant les communications qu'il reçoit en vertu du présent Protocole, le Comité tient compte de toutes les indications qui lui sont communiquées par les particuliers ou groupes de particuliers ou en leur nom et par l'État Partie intéressé, étant entendu que ces renseignements doivent être communiqués aux parties concernées.

2. Le Comité examine à huis clos les communications qui lui sont adressées en vertu du présent Protocole.

3. Après avoir examiné une communication, le Comité transmet ses constatations à son sujet, éventuellement accompagnées de ses recommandations, aux parties concernées.

4. L'État Partie examine dûment les constatations et les éventuelles recommandations du Comité, auquel il soumet, dans un délai de six mois une réponse écrite,

l'informant notamment de toute action menée à la lumière de ses constatations et recommandations.

5. Le Comité peut inviter l'État Partie à lui soumettre de plus amples renseignements sur les mesures qu'il a prises en réponse à ces constatations et éventuellement recommandations, y compris, si le *Comité le juge approprié*, dans les rapports ultérieurs que l'État Partie doit lui présenter conformément à l'article 18 de la Convention.

Art. 8. — 1. Si le Comité est informé, par des renseignements crédibles, qu'un État Partie porte gravement ou systématiquement atteinte aux droits énoncés dans la Convention, il invite cet État à s'entretenir avec lui des éléments ainsi portés à son attention et à présenter ses observations à leur sujet.

2. Le Comité, se fondant sur les observations éventuellement formulées par l'État Partie intéressé, ainsi que sur tout autre renseignement crédible dont il dispose, peut charger un ou plusieurs de ses membres d'effectuer une enquête et de lui rendre compte sans tarder des résultats de celle-ci. Cette enquête peut, lorsque cela se justifie et avec l'accord de l'État Partie, comporter des visites sur le territoire de cet État.

3. Après avoir étudié les résultats de l'enquête, le Comité les communique à l'État Partie intéressé, accompagnés, le cas échéant, d'observations et de recommandations.

4. Après avoir été informé des résultats de l'enquête et des observations et recommandations du Comité, l'État Partie présente ses observations à celui-ci dans un délai de six mois.

5. L'enquête conserve un caractère confidentiel et la coopération de l'État Partie sera sollicitée à tous les stades de la procédure.

Art. 9. — 1. Le Comité peut inviter l'État Partie intéressé à inclure dans le rapport qu'il doit présenter conformément à l'article 18 de la Convention des précisions sur les mesures qu'il a prises à la suite d'une enquête effectuée en vertu de l'article 8 du présent Protocole.

2. À l'expiration du délai de six mois visé au paragraphe 4 de l'article 8, le Comité peut, s'il y a lieu, inviter l'État Partie intéressé à l'informer des mesures qu'il a prises à la suite d'une telle enquête.

Art. 10. — 1. Tout État Partie peut, au moment où il signe ou ratifie le présent Protocole ou y adhère, déclarer qu'il ne reconnaît pas au Comité la compétence que confèrent à celui-ci les articles 8 et 9.

2. Tout État Partie qui a fait la déclaration visée au paragraphe I du présent article peut à tout moment retirer cette déclaration par voie de notification au Secrétaire général.

Art. 11. — L'État Partie prend toutes les dispositions nécessaires pour que les personnes relevant de sa juridiction qui communiquent avec le Comité ne fassent pas de ce fait l'objet de mauvais traitements ou d'intimidation.

Art. 12. — Le Comité résume dans le rapport annuel qu'il établit conformément à l'article 21 de la Convention les activités qu'il a menées au titre du présent Protocole.

Art. 13. — Tout État Partie s'engage à faire largement connaître et à diffuser la Convention ainsi que le présent Protocole, et à faciliter l'accès aux informations relatives aux constatations et aux recommandations du Comité, en particulier pour les affaires concernant cet État Partie.

Art. 14. — Le Comité arrête son propre règlement intérieur et exerce les fonctions que lui confère le présent Protocole conformément à ce règlement.

5) Les droits de l'enfant

Nº 34.1 Convention relative aux droits de l'enfant,
faite à New York le 20 novembre 1989 (extraits) [81]

Les États parties à la présente Convention,

....

Ayant présent à l'esprit que la nécessité d'accorder une protection spéciale à l'enfant n été énoncée dans la Déclaration de Genève de 1924 sur les Droits de l'Enfant et dans la Déclaration des Droits de l'Enfant adoptée par l'Assemblée générale le 20 novembre 1959, et qu'elle a été reconnue dans la Déclaration universelle des droits de l'homme, dans le Pacte international relatif aux droits civils et politiques (en particulier aux articles 23 et 24), dans le Pacte international relatif aux droits économiques, sociaux et culturels (en particulier à l'article 10) et dans les statuts et instruments pertinents des institutions spécialisées et des organisations internationales qui se préoccupent du bien-être de l'enfant ;

Ayant présent à l'esprit que, comme indiqué dans la Déclaration des Droits de l'Enfant, « l'enfant, en raison de son manque de maturité physique et intellectuelle, a besoin d'une protection spéciale et de soins spéciaux, notamment d'une protection juridique appropriée, avant comme après la naissance » ;

Rappelant les dispositions de la Déclaration sur les principes sociaux et juridiques applicables à la protection et au bien-être des enfants, envisagés surtout sous l'angle des pratiques en matière d'adoption et de placement familial sur les plans national et international, de l'ensemble des règles minima des Nations unies concernant l'administration de la justice pour mineurs (Règles de Beijing) et de la Déclaration sur la protection des femmes et des enfants en période d'urgence et de conflit armé ;

Reconnaissant qu'il y a dans tous les pays du monde des enfants qui vivent dans des conditions particulièrement difficiles, et qu'il est nécessaire d'accorder à ces enfants une attention particulière ;

Tenant dûment compte de l'importance des traditions et valeurs culturelles de chaque peuple dans la protection et le développement harmonieux de l'enfant ;

Reconnaissant l'importance de la coopération internationale pour l'amélioration des conditions de vie des enfants dans tous les pays, et en particulier dans les pays en développement,

(81) La Convention a été ratifiée par la France à l'issue de la loi n° 90-548 du 2 juillet 1990, publiée par le décret n° 90-917 du 8 octobre 1990. Elle est entrée en vigueur le 6 septembre 1990. Il faut aussi signaler le protocole facultatif à la Convention relative aux droits de l'enfant établissant une procédure de présentation de communications du 19 décembre 2011, ratifié par la France à l'issue de la loi n° 2015-1463 du 12 novembre 2015 et publié par le décret n° 2016-500 du 21 avril 2016. À l'occasion de l'anniversaire de cette convention, la Commission nationale consultative des droits de l'homme a adopté à l'unanimité le texte suivant « La convention internationale relative aux droits de l'enfant : prenons leurs droits au sérieux ! » publié au *JO* le 25 novembre 2018. La CNCDH a émis un avis sur les 30 ans de la Convention internationale relative aux droits de l'enfant, « La convention au regard de la construction de l'enfant », publié au *JO* du 1er décembre 2019.

Sont convenus de ce qui suit :

PARTIE I

Article premier. — Au sens de la présente Convention, un enfant s'entend de tout être humain âgé de moins de dix-huit ans, sauf si la majorité est atteinte plus tôt en vertu de la législation qui lui est applicable.

Art. 2. — 1. Les États parties s'engagent à respecter les droits qui sont énoncés dans la présente Convention et à les garantir à tout enfant relevant de leur juridiction, sans distinction aucune, indépendamment de toute considération de race, de couleur, de sexe, de langue, de religion, d'opinion politique ou autre de l'enfant ou de ses parents ou représentants légaux, de leur origine nationale, ethnique ou sociale, de leur situation de fortune, de leur incapacité, de leur naissance ou de toute autre situation.

2. Les États parties prennent toutes les mesures appropriées pour que l'enfant soit effectivement protégé contre toutes formes de discrimination ou de sanction motivées par la situation juridique, les activités, les opinions déclarées ou les convictions de ses parents, de ses représentants légaux ou des membres de sa famille.

Art. 3. — 1. Dans toutes les décisions qui concernent les enfants, qu'elles soient le fait des institutions publiques ou privées de protection sociale, des tribunaux, des autorités administratives ou des organes législatifs, l'intérêt supérieur de l'enfant doit être une considération primordiale.

2. Les États parties s'engagent à assurer à l'enfant la protection et les soins nécessaires à son bien-être, compte tenu des droits et des devoirs de ses parents, de ses tuteurs ou des autres personnes légalement responsables de lui, et ils prennent à cette fin toutes les mesures législatives et administratives appropriées.

3. Les États parties veillent à ce que le fonctionnement des institutions, services et établissements qui ont la charge des enfants et assurent leur protection soit conforme aux normes fixées par les autorités compétentes, particulièrement dans le domaine de la sécurité et de la santé et en ce qui concerne le nombre et la compétence de leur personnel ainsi que l'existence d'un contrôle approprié.

Art. 4. — Les États parties s'engagent à prendre toutes les mesures législatives, administratives et autres qui sont nécessaires pour mettre en œuvre les droits reconnus dans la présente Convention. Dans le cas des droits économiques, sociaux et culturels, ils prennent ces mesures dans toutes les limites des ressources dont ils disposent et, s'il y a lieu, dans le cadre de la coopération internationale.

Art. 5. — Les États parties respectent la responsabilité, le droit et le devoir qu'ont les parents ou, le cas échéant, les membres de la famille élargie ou de la communauté, comme prévu par la coutume locale, les tuteurs ou autres personnes légalement responsables de l'enfant, de donner à celui-ci, d'une manière qui corresponde au développement de ses capacités, l'orientation et les conseils appropriés à l'exercice des droits que lui reconnaît la présente Convention.

Art. 6. — 1. Les États parties reconnaissent que tout enfant a un droit inhérent à la vie.

2. Les États parties assurent dans toute la mesure possible la survie et le développement de l'enfant.

Art. 7. — 1. L'enfant est enregistré aussitôt sa naissance et a dès celle-ci le droit à un nom, le droit d'acquérir une nationalité et, dans la mesure du possible, le droit de connaître ses parents et d'être élevé par eux.

2. Les États parties veillent à mettre ces droits en œuvre conformément à leur législation nationale et aux obligations que leur imposent les instruments internationaux applicables en la matière, en particulier dans les cas où faute de cela l'enfant se trouverait apatride.

Art. 8. — 1. Les États parties s'engagent à respecter le droit de l'enfant de préserver son identité, y compris sa nationalité, son nom et ses relations familiales, tels qu'ils sont reconnus par la loi, sans ingérence illégale.

2. Si un enfant est illégalement privé des éléments constitutifs de son identité ou de certains d'entre eux, les États parties doivent lui accorder une assistance et une protection appropriées, pour que son identité soit rétablie aussi rapidement que possible.

Art. 9. — 1. Les États parties veillent à ce que l'enfant ne soit pas séparé de ses parents contre leur gré, à moins que les autorités compétentes ne décident, sous réserve de révision judiciaire et conformément aux lois et procédures applicables, que cette séparation est nécessaire dans l'intérêt supérieur de l'enfant. Une décision en ce sens peut être nécessaire dans certains cas particuliers, par exemple lorsque les parents maltraitent ou négligent l'enfant, ou lorsqu'ils vivent séparément et qu'une décision doit être prise au sujet du lieu de résidence de l'enfant.

2. Dans tous les cas prévus au paragraphe *t* du présent article, toutes les parties intéressées doivent avoir la possibilité de participer aux délibérations et de faire connaître leurs vues.

3. Les États parties respectent le droit de l'enfant séparé de ses deux parents ou de l'un d'eux d'entretenir régulièrement des relations personnelles et des contacts directs avec ses deux parents, sauf si cela est contraire à l'intérêt supérieur de l'enfant.

4. Lorsque la séparation résulte de mesures prises par un État partie, telles que la détention, l'emprisonnement, l'exil, l'expulsion ou la mort (y compris la mort, quelle qu'en soit la cause, survenue en cours de détention) des deux parents ou de l'un d'eux, ou de l'enfant, l'État partie donne sur demande aux parents, à l'enfant ou, s'il y a lieu, à un autre membre de la famille les renseignements essentiels sur le lieu où se trouvent le membre ou les membres de la famille, à moins que la divulgation de ces renseignements ne soit préjudiciable au bien-être de l'enfant. Les États parties veillent en outre à ce que la présentation d'une telle demande n'entraîne pas en elle-même de conséquences fâcheuses pour la personne ou les personnes intéressées.

Art. 10. — 1. Conformément à l'obligation incombant aux États parties en vertu du paragraphe 1 de l'article 9, toute demande faite par un enfant ou ses parents en vue d'entrer dans un État partie ou de le quitter aux fins de réunification familiale est considérée par les États parties dans un esprit positif, avec humanité et diligence.

Les États parties veillent en outre à ce que la présentation d'une telle demande n'entraîne pas de conséquences fâcheuses pour les auteurs de la demande et les membres de leur famille.

2. Un enfant dont les parents résident dans des États différents a le droit d'entretenir, sauf circonstances exceptionnelles, des relations personnelles et des contacts directs réguliers avec ses deux parents.

À cette fin, et conformément à l'obligation incombant aux États parties en vertu du paragraphe 2 de l'article 9, les États parties respectent le droit qu'ont l'enfant et ses parents de quitter tout pays, y compris le leur, et de revenir dans leur propre pays.

Le droit de quitter tout pays ne peut faire l'objet que des restrictions prescrites par la loi qui sont nécessaires pour protéger la sécurité nationale, l'ordre public, la santé ou la moralité publiques, ou les droits et libertés d'autrui, et qui sont compatibles avec les autres droits reconnus dans la présente Convention.

Art. 11. — 1. Les États parties prennent des mesures pour lutter contre les déplacements et les non-retours illicites d'enfants à l'étranger.

2. À cette fin, les États parties favorisent la conclusion d'accords bilatéraux ou multilatéraux ou l'adhésion aux accords existants.

Art. 12. — 1. Les États parties garantissent à l'enfant qui est capable de discernement le droit d'exprimer librement son opinion sur toute question l'intéressant, les opinions de l'enfant étant dûment prises en considération eu égard à son âge et à son degré de maturité.

2. À cette fin, on donnera notamment à l'enfant la possibilité d'être entendu dans toute procédure judiciaire ou administrative l'intéressant, soit directement, soit par l'intermédiaire d'un représentant ou d'un organisme approprié, de façon compatible avec les règles de procédure de la législation nationale.

Art. 13. — 1. L'enfant a droit à la liberté d'expression. Ce droit comprend la liberté de rechercher, de recevoir et de répandre des informations et des idées de toute espèce, sans considération de frontières, sous une forme orale, écrite, imprimée ou artistique, ou par tout autre moyen du choix de l'enfant.

2. L'exercice de ce droit ne peut faire l'objet que des seules restrictions qui sont prescrites par la loi et qui sont nécessaires :

a) au respect des droits ou de la réputation d'autrui, ou ;

b) à la sauvegarde de la sécurité nationale, de l'ordre public, de la santé ou de la moralité publiques.

Art. 14. — 1. Les États parties respectent le droit de l'enfant à la liberté de pensée, de conscience et de religion.

2. Les États parties respectent le droit et le devoir des parents ou, le cas échéant, des représentants légaux de l'enfant, de guider celui-ci dans l'exercice du droit susmentionné d'une manière qui corresponde au développement de ses capacités.

3. La liberté de manifester sa religion ou ses convictions ne peut être soumise qu'aux seules restrictions qui sont prescrites par la loi et qui sont nécessaires pour préserver la sûreté publique, l'ordre public, la santé et la moralité publiques, ou les libertés et droits fondamentaux d'autrui.

Art. 15. — 1. Les États parties reconnaissent les Droits de l'Enfant à la liberté d'association et à la liberté de réunion pacifique.

2. L'exercice de ces droits ne peut faire l'objet que des seules restrictions qui sont prescrites par la loi et qui sont nécessaires dans une société démocratique, dans l'intérêt de la sécurité nationale, de la sûreté publique ou de l'ordre public, ou pour protéger la santé ou la moralité publiques, ou les droits et libertés d'autrui.

Art. 16. — 1. Nul enfant ne fera l'objet d'immixtions arbitraires ou illégales dans sa vie privée, sa famille, son domicile ou sa correspondance, ni d'atteintes illégales à son honneur et à sa réputation.

2. L'enfant a droit à la protection de la loi contre de telles immixtions ou de telles atteintes.

Art. 17. — Les États parties reconnaissent l'importance de la fonction remplie par les médias et veillent à ce que l'enfant ait accès à une information et à des matériels provenant de sources nationales et internationales diverses, notamment ceux qui visent à promouvoir son bien-être social, spirituel et moral ainsi que sa santé physique et mentale. À cette fin, les États parties :

a) encouragent les médias à diffuser une information et des matériels qui présentent une utilité sociale et culturelle pour l'enfant et répondent à l'esprit de l'article 29 ;

b) encouragent la coopération internationale en vue de produire, d'échanger et de diffuser une information et des matériels de ce type provenant de différentes sources culturelles, nationales et internationales ;

c) encouragent la production et la diffusion de livres pour enfants ;

d) encouragent les médias à tenir particulièrement compte des besoins linguistiques des enfants autochtones ou appartenant à un groupe minoritaire ;

e) favorisent l'élaboration de principes directeurs appropriés destinés à protéger l'enfant contre l'information et les matériels qui nuisent à son bien-être, compte tenu des dispositions des articles 13 et 18.

Art. 18. — 1. Les États parties s'emploient de leur mieux à assurer la reconnaissance du principe selon lequel les deux parents ont une responsabilité commune pour ce qui est d'élever l'enfant et d'assurer son développement. La responsabilité d'élever l'enfant et d'assurer son développement incombe au premier chef aux parents ou, le cas échéant, à ses représentants légaux. Ceux-ci doivent être guidés avant tout par l'intérêt supérieur de l'enfant.

2. Pour garantir et promouvoir les droits énoncés dans la présente Convention, les États parties accordent l'aide appropriée aux parents et aux représentants légaux de l'enfant dans l'exercice de la responsabilité qui leur incombe d'élever l'enfant et assurent la mise en place d'institutions, d'établissements et de services chargés de veiller au bien-être des enfants.

3. Les États parties prennent toutes les mesures appropriées pour assurer aux enfants dont les parents travaillent le droit de bénéficier des services et établissements de garde d'enfants pour lesquels ils remplissent les conditions requises.

Art. 19. — 1. Les États parties prennent toutes les mesures législatives, administratives, sociales et éducatives appropriées pour protéger l'enfant contre toute forme de violence, d'atteinte ou de brutalités physiques ou mentales, d'abandon ou de négligence, de mauvais traitements ou d'exploitation, y compris la violence sexuelle, pendant qu'il est sous la garde de ses parents ou de l'un d'eux, de son ou ses représentants légaux ou de toute autre personne à qui il est confié.

2. Ces mesures de protection comprendront, selon qu'il conviendra, des procédures efficaces pour l'établissement de programmes sociaux visant à fournir l'appui nécessaire à l'enfant et à ceux à qui il est confié, ainsi que pour d'autres formes de prévention, et aux fins d'identification, de rapport, de renvoi, d'enquête, de traitement et de suivi pour les cas de mauvais traitements de l'enfant décrits ci-dessus, et comprendre également, selon qu'il conviendra, des procédures d'intervention judiciaire.

Art. 20. — 1. Tout enfant qui est temporairement ou définitivement privé de son milieu familial, ou qui, dans son propre intérêt, ne peut être laissé dans ce milieu, a droit à une protection et une aide spéciales de l'État.

2. Les États parties prévoient pour cet enfant une protection de remplacement conforme à leur législation nationale.

3. Cette protection de remplacement peut notamment avoir la forme du placement dans une famille, de la Kafalah de droit islamique, de l'adoption ou, en cas de nécessité, du placement dans un établissement pour enfants approprié. Dans le choix entre ces solutions, il est dûment tenu compte de la nécessité d'une certaine continuité dans l'éducation de l'enfant, ainsi que de son origine ethnique, religieuse, culturelle et linguistique.

Art. 21. — Les États parties qui admettent et/ou autorisent l'adoption s'assurent que l'intérêt supérieur de l'enfant est la considération primordiale en la matière, et :

a) veillent à ce que l'adoption d'un enfant ne soit autorisée que par les autorités compétentes, qui vérifient, conformément à la loi et aux procédures applicables et sur la base de tous les renseignements fiables relatifs au cas considéré, que l'adoption peut avoir lieu eu égard à la situation de l'enfant par rapport à ses père et mère, parents et représentants légaux et que, le cas échéant, les personnes intéressées ont donné leur consentement à l'adoption en connaissance de cause, après s'être entourées des avis nécessaires ;

b) reconnaissant que l'adoption à l'étranger peut être envisagée comme un autre moyen d'assurer les soins nécessaires à l'enfant, si celui-ci ne peut, dans son pays d'origine, être placé dans une famille nourricière ou adoptive ou être convenablement élevé ;

c) veillent, en cas d'adoption à l'étranger, à ce que l'enfant ait le bénéfice de garanties et de normes équivalant à celles existant en cas d'adoption nationale ;

d) prennent toutes les mesures appropriées pour veiller à ce que, en cas d'adoption à l'étranger, le placement de l'enfant ne se traduise pas par un profit matériel indu pour les personnes qui en sont responsables ;

e) poursuivent les objectifs du présent article en concluant des arrangements ou des accords bilatéraux ou multilatéraux, selon les cas, et s'efforcent dans ce cadre de veiller à ce que les placements d'enfants à l'étranger soient effectués par des autorités ou des organes compétents.

Art. 22. — 1. Les États parties prennent les mesures appropriées pour qu'un enfant qui cherche à obtenir le statut de réfugié ou qui est considéré comme réfugié en vertu des règles et procédures du droit international ou national applicable, qu'il soit seul ou accompagné de ses père et mère ou de toute personne, bénéficie de la protection et de l'assistance humanitaire voulues pour lui permettre de jouir des droits que lui reconnaissent la présente Convention et les autres instruments internationaux relatifs aux droits de l'homme ou de caractère humanitaire auxquels lesdits États sont parties.

2. À cette fin, les États parties collaborent, selon qu'ils le jugent nécessaire, à tous les efforts faits par l'Organisation des Nations unies et les autres organisations intergouvernementales ou non gouvernementales compétentes collaborant avec l'Organisation des Nations unies pour protéger et aider les enfants qui se trouvent en pareille situation et pour rechercher les père et mère ou autres membres de la famille de tout enfant réfugié en vue d'obtenir les renseignements nécessaires pour le réunir à sa famille. Lorsque ni le père, ni la mère, ni aucun autre membre de la famille ne peut être retrouvé, l'enfant se voit accorder, selon les principes énoncés dans la présente Convention, la même protection que tout autre enfant définitivement ou temporairement privé de son milieu familial pour quelque raison que ce soit.

Art. 23. — 1. Les États parties reconnaissent que les enfants mentalement ou physiquement handicapés doivent mener une vie pleine et décente, dans des conditions qui garantissent leur dignité, favorisent leur autonomie et facilitent leur participation active à la vie de la collectivité.

2. Les États parties reconnaissent le droit des enfants handicapés de bénéficier de soins spéciaux et encouragent et assurent, dans la mesure des ressources disponibles, l'octroi, sur demande, aux enfants handicapés remplissant les conditions requises et à ceux qui en ont la charge, d'une aide adaptée à l'état de l'enfant et à la situation de ses parents ou de ceux à qui il est confié.

3. Eu égard aux besoins particuliers des enfants handicapés, l'aide fournie conformément au paragraphe 2 du présent article est gratuite chaque fois qu'il est possible, compte tenu des ressources financières de leurs parents ou de ceux à qui l'enfant est confié, et elle est conçue de telle sorte que les enfants handicapés aient effectivement accès à l'éducation, à la formation, aux soins de santé, à la rééducation, à la préparation à l'emploi et aux activités récréatives, et bénéficient de ces services de façon

propre à assurer une intégration sociale aussi complète que possible et leur épanouissement personnel, y compris dans le domaine culturel et spirituel.

4. Dans un esprit de coopération internationale, les États parties favorisent l'échange d'informations pertinentes dans le domaine des soins de santé préventifs et du traitement médical, psychologique et fonctionnel des enfants handicapés, y compris par la diffusion d'informations concernant les méthodes de rééducation et les services de formation professionnelle, ainsi que l'accès à ces données, en vue de permettre aux États parties d'améliorer leurs capacités et leurs compétences et d'élargir leur expérience dans ces domaines. À cet égard, il est tenu particulièrement compte des besoins des pays en développement.

Art. 24. — 1. Les États parties reconnaissent le droit de l'enfant de jouir du meilleur état de santé possible et de bénéficier de services médicaux et de rééducation. Ils s'efforcent de garantir qu'aucun enfant ne soit privé du droit d'avoir accès à ces services.

2. Les États parties s'efforcent d'assurer la réalisation intégrale du droit susmentionné et, en particulier, prennent les mesures appropriées pour :

a) réduire la mortalité parmi les nourrissons et les enfants ;

b) assurer à tous les enfants l'assistance médicale et les soins de santé nécessaires, l'accent étant mis sur le développement des soins de santé primaires ;

c) lutter contre la maladie et la malnutrition, y compris dans le cadre des soins de santé primaires, grâce notamment à l'utilisation de techniques aisément disponibles et à la fourniture d'aliments nutritifs et d'eau potable, compte tenu des dangers et des risques de pollution du milieu naturel ;

d) assurer aux mères des soins prénatals et postnatals appropriés ;

e) faire en sorte que tous les groupes de la société, en particulier les parents et les enfants, reçoivent une information sur la santé et la nutrition de l'enfant, les avantages de l'allaitement au sein, l'hygiène et la salubrité de l'environnement et la prévention des accidents, et bénéficient d'une aide leur permettant de mettre à profit cette information ;

f) développer les soins de santé préventifs, les conseils aux parents et l'éducation et les services en matière de planification familiale.

3. Les États parties prennent toutes les mesures efficaces appropriées en vue d'abolir les pratiques traditionnelles préjudiciables à la santé des enfants.

4. Les États parties s'engagent à favoriser et à encourager la coopération internationale en vue d'assurer progressivement la pleine réalisation du droit reconnu dans le présent article. À cet égard, il est tenu particulièrement compte des besoins des pays en développement.

Art. 25. — Les États parties reconnaissent à l'enfant qui a été placé par les autorités compétentes pour recevoir des soins, une protection ou un traitement physique ou mental, le droit à un examen périodique dudit traitement et de toute autre circonstance relative à son placement.

Art. 26. — 1. Les États parties reconnaissent à tout enfant le droit de bénéficier de la sécurité sociale, y compris les assurances sociales, et prennent les mesures nécessaires pour assurer la pleine réalisation de ce droit en conformité avec leur législation nationale.

2. Les prestations doivent, lorsqu'il y a lieu, être accordées compte tenu des ressources et de la situation de l'enfant et des personnes responsables de son entretien, ainsi que de toute autre considération applicable à la demande de prestation faite par l'enfant ou en son nom.

Art. 27. — 1. Les États parties reconnaissent le droit de tout enfant à un niveau de vie suffisant pour permettre son développement physique, mental, spirituel, moral et social.

2. C'est aux parents ou autres personnes ayant la charge de l'enfant qu'incombe au premier chef la responsabilité d'assurer, dans les limites de leurs possibilités et de leurs moyens financiers, les conditions de vie nécessaires au développement de l'enfant.

3. Les États parties adoptent les mesures appropriées, compte tenu des conditions nationales et dans la mesure de leurs moyens, pour aider les parents et autres personnes ayant la charge de l'enfant à mettre en œuvre ce droit et offrent, en cas de besoin, une assistance matérielle et de programmes d'appui, notamment en ce qui concerne l'alimentation, le vêtement et le logement.

4. Les États parties prennent toutes les mesures appropriées en vue d'assurer le recouvrement de la pension alimentaire de l'enfant auprès de ses parents ou des autres personnes ayant une responsabilité financière à son égard, que ce soit sur leur territoire ou à l'étranger. En particulier, pour tenir compte des cas où la personne qui a une responsabilité financière à l'égard de l'enfant vit dans un État autre que celui de l'enfant, les États parties favorisent l'adhésion à des accords internationaux ou la conclusion de tels accords ainsi que l'adoption de tous autres arrangements appropriés.

Art. 28. — 1. Les États parties reconnaissent le droit de l'enfant à l'éducation, et en particulier, en vue d'assurer l'exercice de ce droit progressivement et sur la base de légalité des chances :

a) ils rendent l'enseignement primaire obligatoire et gratuit pour tous ;

b) ils encouragent l'organisation de différentes formes d'enseignement secondaire, tant général que professionnel, les rendent ouvertes et accessibles à tout enfant, et prennent des mesures appropriées, telles que l'instauration de la gratuité de l'enseignement et l'offre d'une aide financière en cas de besoin ;

c) ils assurent à tous l'accès à l'enseignement supérieur, en fonction des capacités de chacun, par tous les moyens appropriés ;

d) ils rendent ouvertes et accessibles à tout enfant l'information et l'orientation scolaires et professionnelles ;

e) ils prennent des mesures pour encourager la régularité de la fréquentation scolaire et la réduction des taux d'abandon scolaire.

2. Les États parties prennent toutes les mesures appropriées pour veiller à ce que la discipline scolaire soit appliquée d'une manière compatible avec la dignité de l'enfant en tant qu'être humain et conformément à la présente Convention.

3. Les États parties favorisent et encouragent la coopération internationale dans le domaine de l'éducation, en vue notamment de contribuer à éliminer et l'analphabétisme dans le monde et de faciliter l'accès aux connaissances scientifiques et techniques et aux méthodes d'enseignement modernes. À cet égard, il est tenu particulièrement compte des besoins des pays en développement.

Art. 29. — 1. Les États parties conviennent que l'éducation de l'enfant doit viser à :

a) favoriser l'épanouissement de la personnalité de l'enfant et le développement de ses dons et de ses aptitudes mentales et physiques, dans toute la mesure de leurs potentialités ;

b) inculquer à l'enfant le respect des droits de l'homme et des Libertés fondamentales, et des principes consacrés dans la Charte des Nations unies ;

c) inculquer à l'enfant le respect de ses parents, de son identité, de sa langue et de ses valeurs culturelles, ainsi que le respect des valeurs nationales du pays dans lequel il vit, du pays duquel il peut être originaire et des civilisations différentes de la sienne ;

d) préparer l'enfant à assumer les responsabilités de la vie dans une société libre, dans un esprit de compréhension, de paix, de tolérance, d'égalité entre les sexes et d'amitié entre tous les peuples et groupes ethniques, nationaux et religieux, et avec les personnes d'origine autochtone ;

e) inculquer à l'enfant le respect du milieu naturel.

2. Aucune disposition du présent article ou de l'article 28 ne sera interprétée d'une manière qui porte atteinte à la liberté des personnes physiques ou morales de créer et de diriger des établissements d'enseignement, à condition que les principes énoncés au paragraphe 1 du présent article soient respectés et que l'éducation dispensée dans ces établissements soit conforme aux normes minimales que l'État aura prescrites.

Art. 30. — Dans les États où il existe des minorités ethniques, religieuses ou linguistiques ou des personnes d'origine autochtone, un enfant autochtone ou appartenant à une de ces minorités ne peut être privé du droit d'avoir sa propre vie culturelle, de professer et de pratiquer sa propre religion ou d'employer sa propre langue en commun avec les autres membres de son groupe.

Art. 31. — 1. Les États parties reconnaissent à l'enfant le droit au repos et aux loisirs, de se livrer au jeu et à des activités récréatives propres à son âge, et de participer librement à la vie culturelle et artistique.

2. Les États parties respectent et favorisent le droit de l'enfant de participer pleine ment à la vie culturelle et artistique, et encouragent l'organisation à son intention de moyens appropriés de loisirs et d'activités récréatives, artistiques et culturelles, dans des conditions d'égalité.

Art. 32. — 1. Les États parties reconnaissent le droit de l'enfant d'être protégé contre l'exploitation économique et de n'être astreint à aucun travail comportant des risques ou susceptible de compromettre son éducation ou de nuire à sa santé ou à son développement physique, spirituel, moral ou social.

2. Les États parties prennent des mesures législatives, administratives, sociales et éducatives pour assurer l'application du présent article. À cette fin, et compte tenu des dispositions pertinentes des autres instruments internationaux, les États parties, en particulier :

a) fixent un âge minimum ou des âges minimum d'admission à l'emploi ;

b) prévoient une réglementation appropriée des horaires de travail et des conditions d'emploi ;

c) prévoient des peines ou autres sanctions appropriées pour assurer l'application effective du présent article.

Art. 33. — Les États parties prennent toutes les mesures appropriées, y compris des mesures législatives, administratives, sociales et éducatives, pour protéger les enfants contre l'usage illicite de stupéfiants et de substances psychotropes, tels que les définissent les conventions internationales pertinentes, et pour empêcher que des enfants ne soient utilisés pour la production et le trafic illicites de ces substances.

Art. 34. — Les États parties s'engagent à protéger l'enfant contre toutes les formes d'exploitation sexuelle et de violence sexuelle. À cette fin, les États prennent en particulier toutes les mesures appropriées sur les plans national, bilatéral et multilatéral pour empêcher :

a) que des enfants ne soient incités ou contraints à se livrer à une activité sexuelle illégale ;

b) que des enfants ne soient exploités à des fins de prostitution ou autres pratiques sexuelles illégales ;

c) que des enfants ne soient exploités aux fins de la production de spectacles ou de matériel de caractère pornographique.

Art. 35. — Les États parties prennent toutes les mesures appropriées sur les plans national, bilatéral et multilatéral pour empêcher l'enlèvement, la vente ou la traite d'enfants à quelque fin que ce soit et sous quelque forme que ce soit.

Art. 36. — Les États parties protègent l'enfant contre toutes autres formes d'exploitation préjudiciables à tout aspect de son bien-être.

Art. 37. — Les États parties veillent à ce que :

a) nul enfant ne soit soumis à la torture ni à des peines ou traitements cruels, inhumains ou dégradants. Ni la peine capitale ni l'emprisonnement à vie sans possibilité de libération ne doivent être prononcés pour les infractions commises par des personnes âgées de moins de dix-huit ans ;

b) nul enfant ne soit privé de liberté de façon illégale ou arbitraire. L'arrestation, la détention ou l'emprisonnement d'un enfant doit être en conformité avec la loi, n'être qu'une mesure de dernier ressort, et être d'une durée aussi brève que possible ;

c) tout enfant privé de liberté soit traité avec humanité et avec le respect dû à la dignité de la personne humaine, et d'une manière tenant compte des besoins des personnes de son âge. En particulier, tout enfant privé de liberté sera séparé des adultes, à moins que l'on n'estime préférable de ne pas le faire dans l'intérêt supérieur de l'enfant, et il a le droit de rester en contact avec sa famille par la correspondance et par des visites, sauf circonstances exceptionnelles ;

d) les enfants privés de liberté aient le droit d'avoir rapidement accès à l'assistance juridique ou à toute autre assistance appropriée, ainsi que k droit de contester la légalité de leur privation de liberté devant un tribunal ou une autre autorité compétente, indépendante et impartiale, et à ce qu'une décision rapide soit prise en la matière.

Art. 38. — 1. Les États parties s'engagent à respecter et à faire respecter les règles du droit humanitaire international qui leur sont applicables en cas de conflit armé et dont la protection s'étend aux enfants.

2. Les États parties prennent toutes les mesures possibles, dans la pratique pour veiller à ce que les personnes n'ayant pas atteint l'âge de quinze ans ne participent pas directement aux hostilités.

3. Les États parties s'abstiennent d'enrôler dans leurs forces armées toute personne n'ayant pas atteint l'âge de quinze ans. Lorsqu'ils incorporent des personnes de plus de quinze ans mais de moins de dix-huit ans, les États parties s'efforcent d'enrôler en priorité les plus âgées.

4. Conformément à l'obligation qui leur incombe en vertu du droit humanitaire international de protéger la population civile en cas de conflit armé, les États parties prennent toutes les mesures possibles dans la pratique pour que les enfants qui sont touchés par un conflit armé bénéficient d'une protection et de soins.

Art. 39. — Les États parties prennent toutes les mesures appropriées pour faciliter la réadaptation physique et psychologique et la réinsertion sociale de tout enfant victime de toute forme de négligence, d'exploitation ou de sévices, de torture ou de toute autre forme de peines ou traitements cruels, inhumains ou dégradants, ou de conflit armé. Cette réadaptation et cette réinsertion se déroulent dans des conditions qui favorisent la santé, le respect de soi et la dignité de l'enfant.

Art. 40. — 1. Les États parties reconnaissent à tout enfant suspecté, accusé ou convaincu d'infraction à la loi pénale le droit à un traitement qui soit de nature à favoriser son sens de la dignité et de la valeur personnelle, qui renforce son respect pour les droits de l'homme et les libertés fondamentales d'autrui, et qui tienne compte de son âge ainsi que de la nécessité de faciliter sa réintégration dans la société et de lui faire assumer un rôle constructif au sein de celle-ci.

2. À cette fin, et compte tenu des dispositions pertinentes des instruments internationaux, les États parties veillent en particulier :

a) à ce qu'aucun enfant ne soit suspecté, accusé ou convaincu d'infraction à la loi pénale en raison d'actions ou d'omissions qui n'étaient pas interdites par le droit national ou international au moment où elles ont été commises ;

b) à ce que tout enfant suspecté ou accusé d'infraction à la loi pénale ait au moins le droit aux garanties suivantes ;

i) être présumé innocent jusqu'à ce que sa culpabilité ait été légalement établie ;

ii) être informé dans le plus court délai et directement des accusations portées contre lui, ou, le cas échéant, par l'intermédiaire de ses parents ou représentants légaux, et bénéficier d'une assistance juridique ou de toute autre assistance appropriée pour la préparation et la présentation de sa défense ;

iii) que sa cause soit entendue sans retard par une autorité ou une instance judiciaire compétentes, indépendantes et impartiales, selon une procédure équitable aux termes de la loi, en présence de son conseil juridique ou autre et, à moins que cela ne soit jugé contraire à l'intérêt supérieur de l'enfant en raison notamment de son âge ou de sa situation, en présence de ses parents ou représentants légaux ;

iv) ne pas être contraint de témoigner ou de s'avouer coupable ; interroger ou faire interroger les témoins à charge, et obtenir la comparution et l'interrogatoire des témoins à décharge dans des conditions d'égalité ;

v) s'il est reconnu avoir enfreint la loi pénale, faire appel de cette décision et de toute mesure arrêtée en conséquence devant une autorité ou une instance judiciaire supérieure compétentes, indépendantes et impartiales, conformément à la loi ;

vi) se faire assister gratuitement d'un interprète s'il ne comprend ou ne parle pas la langue utilisée ;

vii) que sa vie privée soit pleinement respectée à tous les stades de la procédure.

3. Les États parties s'efforcent de promouvoir l'adoption de lois, de procédures, la mise en place d'autorités et d'institutions spécialement conçues pour les enfants suspectés, accusés ou convaincus d'infraction à la loi pénale, et en particulier :

a) d'établir un âge minimum au-dessous duquel les enfants seront présumés n'avoir pas la capacité d'enfreindre la loi pénale ;

b) de prendre des mesures, chaque fois que cela est possible et souhaitable, pour traiter ces enfants sans recourir à la procédure judiciaire, étant cependant entendu que les droits de l'homme et les garanties légales doivent être pleinement respectés.

4. Toute une gamme de dispositions, relatives notamment aux soins, à l'orientation et à la supervision, aux conseils, à la probation, au placement familial, aux programmes d'éducation générale et professionnelle et aux solutions autres qu'institutionnelles seront prévues en vue d'assurer aux enfants un traitement conforme à leur bien-être et proportionné à leur situation et à l'infraction.

Art. 41. — Aucune des dispositions de la présente Convention ne porte atteinte aux dispositions plus propices à la réalisation des Droits de l'Enfant qui peuvent figurer :

a) dans la législation d'un État partie ; ou

b) dans le droit international en vigueur pour cet État.

PARTIE II

Art. 42. — Les États parties s'engagent à faire largement connaître les principes et les dispositions de la présente Convention, par des moyens actifs et appropriés, aux adultes comme aux enfants.

Art. 43. — 1. Aux fins d'examiner les progrès accomplis par les États parties dans l'exécution des obligations contractées par eux en vertu de la présente Convention, il est institué un Comité des Droits de l'Enfant qui s'acquitte des fonctions définies ci-après.

2. Le Comité se compose de dix experts de haute moralité et possédant une compétence reconnue dans le domaine visé par la présente Convention. Ses membres sont élus par les États parties parmi leurs ressortissants et siègent à titre personnel, compte tenu de la nécessité d'assurer une répartition géographique équitable et eu égard aux principaux systèmes juridiques.

3. Les membres du Comité sont élus au scrutin secret sur une liste de personnes désignées par les États parties. Chaque État partie peut designer un candidat parmi ses ressortissants.

4. La première élection aura lieu dans les six mois suivant la date d'entrée en vigueur de la présente Convention. Les élections auront lieu ensuite tous les deux ans. Quatre mois au moins avant la date de chaque élection, le secrétaire général de l'Organisation des Nations unies invitera par écrit les États parties à proposer leurs candidats dans un délai de deux mois. Le secrétaire général dressera ensuite la liste alphabétique des candidats ainsi désignés, en indiquant les États parties qui les ont désignés, et la communiquera aux États parties à la présente Convention.

5. Les élections ont lieu lors des réunions des États parties, convoquées par le secrétaire général au siège de l'Organisation des Nations unies. À ces réunions, pour lesquelles le quorum est constitué par les deux tiers des États parties, les candidats élus au Comité sont ceux qui obtiennent le plus grand nombre de voix et la majorité absolue des voix des représentants des États parties et votants.

6. Les membres du Comité sont élus pour quatre ans. Ils sont rééligibles si leur candidature est présentée à nouveau. Le mandat de cinq des membres élus lors de la première élection prend fin au bout de deux ans. Les noms de ces cinq membres seront tirés au sort par le Président de la réunion immédiatement après la première élection.

7. En cas de décès ou de démission d'un membre du Comité, ou si, pour toute autre raison, un membre déclare ne plus pouvoir exercer ses fonctions au sein du Comité, l'État partie qui avait présenté sa candidature nomme un autre expert parmi ses ressortissants pour pourvoir le poste ainsi vacant jusqu'à l'expiration du mandat correspondant, sous réserve de l'approbation du Comité.

8. Le Comité adopte son règlement intérieur.

9. Le Comité élit son bureau pour une période de deux ans.

10. Les réunions du Comité se tiennent normalement au Siège de l'Organisation des Nations unies, ou en tout autre lieu approprié déterminé par le Comité. Le Comité se réunit normalement chaque année. La durée de ses sessions est déterminée et modifiée, si nécessaire, par une réunion des États parties à la présente Convention, sous réserve de l'approbation de l'assemblée générale.

11. Le Secrétaire général de l'Organisation des Nations unies met à la disposition du Comité le personnel et les installations qui lui sont nécessaires pour s'acquitter efficacement des fonctions qui lui sont confiées en vertu de la présente Convention.

12. Les membres du Comité institué en vertu de la présente Convention reçoivent, avec l'approbation de l'Assemblée générale, des émoluments prélevés sur les ressources de l'Organisation des Nations unies dans les conditions et selon les modalités fixées par l'Assemblée générale.

Art. 44. — 1. Les États parties s'engagent à soumettre au Comité, par l'entremise du Secrétaire général de l'Organisation des Nations unies, des rapports sur les mesures qu'ils auront adoptées pour donner effet aux droits reconnus dans la présente Convention et sur les progrès réalisés dans la jouissance de ces droits.

a) Dans les deux ans à compter de la date de l'entrée en vigueur de la présente Convention pour les États parties intéressés.

b) Par la suite, tous les cinq ans.

2. Les rapports établis en application du présent article doivent, le cas échéant, indiquer les facteurs et les difficultés empêchant les États parties de s'acquitter pleinement des obligations prévues dans la présente Convention. Ils doivent également contenir des renseignements suffisants pour donner au Comité une idée précise de l'application de la Convention dans le pays considéré.

3. Les États parties ayant présenté au Comité un rapport initial complet n'ont pas, dans les rapports qu'ils lui présentent ensuite conformément à l'alinéa b du paragraphe I du présent article, à répéter les renseignements de base antérieurement communiqués.

4. Le Comité peut demander aux États parties tous renseignements complémentaires relatifs à l'application de la Convention.

5. Le Comité soumet tous les deux ans à l'assemblée générale, par l'entremise du Conseil économique et social, un rapport sur ses activités.

6. Les États parties assurent à leurs rapports une large diffusion dans leur propre pays.

Art. 45. — Pour promouvoir l'application effective de la Convention et encourager la coopération internationale dans le domaine visé par la Convention :

a) les institutions spécialisées, le Fonds des Nations unies pour l'enfance et d'autres organes des Nations unies ont le droit de se faire représenter lors de l'examen de l'application des dispositions de la présente Convention qui relèvent de leur mandat. Le Comité peut inviter les institutions spécialisées, le Fonds des Nations unies pour l'enfance et tous autres organismes compétents qu'il jugera appropriés à donner des avis spécialisés sur l'application de la Convention dans les domaines qui relèvent de leurs mandats respectifs. Il peut inviter les institutions spécialisées, le Fonds des Nations unies pour l'enfance et d'autres organes des Nations unies à lui présenter des rapports sur l'application de la Convention dans les secteurs qui relèvent de leur domaine d'activité ;

b) le Comité transmet, s'il le juge nécessaire, aux institutions spécialisées, au Fonds des Nations unies pour l'enfance et aux autres organismes compétents tout rapport des États parties contenant une demande ou indiquant un besoin de conseils ou d'assistances techniques, accompagné, le cas échéant, des observations et suggestions du Comité touchant ladite demande ou indication ;

c) le Comité peut recommander à l'Assemblée générale de prier le Secrétaire général de procéder pour le Comité à des études sur des questions spécifiques touchant les Droits de l'Enfant ;

d) le Comité peut faire des suggestions et des recommandations d'ordre général fondées sur les renseignements reçus en application des articles 44 et 45 de la présente Convention. Ces suggestions et recommandations d'ordre général sont transmises à tout État partie intéressé et portées à l'attention de l'Assemblée générale, accompagnées, le cas échéant, des observations des États parties.

Nº 34.2 Protocole facultatif à la Convention relative aux droits de l'enfant, et concernant l'implication d'enfants dans les conflits armés,

fait à New York le 25 mai 2000 (extraits) [82]

Article premier. — Les États Parties prennent toutes les mesures possibles pour veiller à ce que les membres de leurs forces armées qui n'ont pas atteint l'âge de 18 ans ne participent pas directement aux hostilités,

Art. 2. — Les États Parties veillent à ce que les personnes n'ayant pas atteint l'âge de 18 ans ne fassent pas l'objet d'un enrôlement obligatoire dans leurs forces armées,

Art. 3. — 1. Les États Parties relèvent l'âge minimum de l'engagement volontaire dans leurs forces armées nationales par rapport à celui qui est fixé au paragraphe 3 de l'article 38 de la Convention relative aux droits de l'enfant, en tenant compte des principes inscrits dans cet article et en reconnaissant qu'en vertu de la Convention les personnes âgées de moins de 18 ans ont droit à une protection spéciale.

2. Chaque État Partie dépose, lors de la ratification du présent Protocole ou de l'adhésion à cet instrument, une déclaration contraignante indiquant l'âge minimum à partir duquel il autorise l'engagement volontaire dans ses forces armées nationales et décrivant les garanties qu'il a prévues pour veiller à ce que cet engagement ne soit pas contracté de force ou sous la contrainte,

3. Les États Parties qui autorisent l'engagement volontaire dans leurs forces armées nationales avant l'âge de 18 ans mettent en place des garanties assurant, au minimum, que :

a) cet engagement soit effectivement volontaire ;

b) cet engagement ait lieu avec le consentement, en connaissance de cause, des parents ou gardiens légaux de l'intéressé ;

c) les personnes engagées soient pleinement informées des devoirs qui s'attachent au service militaire national ;

d) ces personnes fournissent une preuve fiable de leur âge avant d'être admises au service militaire.

4. Tout État Partie peut, à tout moment, renforcer sa déclaration par voie de notification à cet effet adressée au Secrétaire général de l'Organisation des Nations unies, qui en informe tous les autres États Parties. Cette notification prend effet à la date à laquelle elle est reçue par le Secrétaire général.

5. L'obligation de relever l'âge minimum de l'engagement volontaire visée au paragraphe 1 du présent article ne s'applique pas aux établissements scolaires placés sous l'administration ou le contrôle des forces armées des États Parties, conformément aux articles 28 et 29 de la Convention relative aux droits de l'enfant.

Art. 4. — 1. Les groupes armés qui sont distincts des forces armées d'un État ne devraient en aucune circonstance enrôler ni utiliser dans les hostilités des personnes âgées de moins de 18 ans.

---

(82) Ce protocole a été ratifié par la France par la loi n° 2002-271 du 26 février 2002 et publié par le décret n° 2003-373 du 15 avril 2003. Par ailleurs, un protocole facultatif à la Convention relative aux droits de l'enfant établissant une procédure de présentation de communications a été adopté à New York le 19 décembre 2011. Ce protocole a été signé par la France le 20 novembre 2014, ratifié par la loi n° 2015-1463 du 12 novembre 2015 et publié par le décret n° 2016-500 du 22 avril 2016.

2. Les États Parties prennent toutes les mesures possibles pour empêcher l'enrôlement et l'utilisation de ces personnes, notamment les mesures d'ordre juridique voulues pour interdire et sanctionner pénalement ces pratiques.

3. L'application du présent article est sans effet sur le statut juridique de toute partie à un conflit armé.

Art. 5. — Aucune des dispositions du présent Protocole ne peut être interprétée comme empêchant l'application de dispositions de la législation d'un État Partie, d'instruments internationaux et du droit international humanitaire plus propices à la réalisation des droits de l'enfant.

Art. 6. — 1. Chaque État Partie prend toutes les mesures — d'ordre juridique, administratif et autre — voulues pour assurer l'application et le respect effectifs des dispositions du présent Protocole dans les limites de sa compétence.

2. Les États Parties s'engagent à faire largement connaître les principes et dispositions du présent Protocole, aux adultes comme aux enfants, à l'aide de moyens appropriés.

3. Les États Parties prennent toutes les mesures possibles pour veiller à ce que les personnes relevant de leur compétence qui sont enrôlées ou utilisées dans des hostilités en violation du présent Protocole soient démobilisées ou de quelque autre manière libérées des obligations militaires. Si nécessaire, les États Parties accordent à ces personnes toute l'assistance appropriée en vue de leur réadaptation physique et psychologique et de leur réinsertion sociale.

Art. 7. — 1. Les États Parties coopèrent à l'application du présent Protocole, notamment pour la prévention de toute activité contraire à ce dernier et pour la réadaptation et la réinsertion sociale des personnes qui sont victimes d'actes contraires au présent Protocole, y compris par une coopération technique et une assistance financière. Cette assistance et cette coopération se feront en consultation avec les États Parties concernés et les organisations internationales compétentes.

2. Les États Parties qui sont en mesure de le faire fournissent cette assistance par l'entremise des programmes multilatéraux, bilatéraux ou autres déjà en place ou, le cas échéant, dans le cadre d'un fonds de contributions volontaires constitué conformément aux règles établies par l'Assemblée générale.

Art. 8. — 1. Chaque État Partie présente, dans les deux ans à compter de l'entrée en vigueur du présent Protocole à son égard, un rapport au Comité des droits de l'enfant contenant des renseignements détaillés sur les mesures qu'il a prises pour donner effet aux dispositions du Protocole, notamment celles concernant la participation et l'enrôlement.

2. Après la présentation de son rapport détaillé, chaque État Partie inclut dans les rapports qu'il présente au Comité des droits de l'enfant, conformément à l'article 44 de la Convention, tout complément d'information concernant l'application du présent Protocole. Les autres États Parties au Protocole présentent un rapport tous les cinq ans.

3. Le Comité des droits de l'enfant peut demander aux États Parties un complément d'information concernant l'application du présent Protocole.

N° 34.3 Protocole facultatif à la Convention relative aux droits de l'enfant, concernant la vente d'enfants, la prostitution des enfants et la pornographie mettant en scène des enfants, fait à New York le 25 mai 2000 (extraits) (83)

Article premier. — Les États Parties interdisent la vente d'enfants, la prostitution des enfants et la pornographie mettant en scène des enfants conformément aux dispositions du présent Protocole.

Art. 2. — Aux fins du présent Protocole :

a) on entend par vente d'enfants tout acte ou toute transaction faisant intervenir le transfert d'un enfant de toute personne ou de tout groupe de personnes à une autre personne ou un autre groupe contre rémunération ou tout autre avantage ;

b) on entend par prostitution des enfants le fait d'utiliser un enfant aux fins d'activités sexuelles contre rémunération ou toute autre forme d'avantage ;

c) on entend par pornographie mettant en scène des enfants toute représentation, par quelque moyen que ce soit, d'un enfant s'adonnant à des activités sexuelles explicites, réelles ou simulées, ou toute représentation des organes sexuels d'un enfant, à des fins principalement sexuelles.

Art. 3. — 1. Chaque État Partie veille à ce que, au minimum, les actes et activités suivants soient pleinement saisis par son droit pénal, que ces infractions soient commises au plan interne ou transnational, par un individu ou de façon organisée :

a) pour ce qui est de la vente d'enfants visée à l'article 2 :

i) le fait d'offrir, de remettre, ou d'accepter un enfant, quel que soit le moyen utilisé, aux fins :

a. d'exploiter l'enfant à des fins sexuelles ;

b. de transférer les organes de l'enfant à titre onéreux ;

c. de soumettre l'enfant au travail forcé ;

ii) le fait d'obtenir indûment, en tant qu'intermédiaire, le consentement à l'adoption d'un enfant, en violation des instruments juridiques internationaux relatifs à l'adoption ;

b) le fait d'offrir, d'obtenir, de procurer ou de fournir un enfant à des fins de prostitution, telle que définie à l'article 2 ;

c) le fait de produire, de distribuer, de diffuser, d'importer, d'exporter, d'offrir, de vendre ou de détenir aux fins susmentionnées des matériels pornographiques mettant en scène des enfants, tels que définis à l'article 2.

2. Sous réserve du droit interne d'un État Partie, les mêmes dispositions valent en cas de tentative de commission de l'un quelconque de ces actes, de complicité dans sa commission ou de participation à celle-ci.

3. Tout État Partie rend ces infractions passibles de peines appropriées tenant compte de leur gravité.

4. Sous réserve des dispositions de son droit interne, tout État Partie prend, s'il y a lieu, les mesures qui s'imposent, afin d'établir la responsabilité des personnes morales pour les infractions visées au paragraphe I du présent article. Selon les principes juridiques de l'État Partie, cette responsabilité peut être pénale, civile ou administrative.

5. Les États Parties prennent toutes les mesures juridiques et administratives appropriées pour s'assurer que toutes les personnes intervenant dans l'adoption d'un enfant agissent conformément aux dispositions des instruments juridiques internationaux applicables.

---

(83) Ce protocole a été ratifié par la France par la loi n° 2002-272 du 26 février 2002 et publié par le décret n° 2003-372 du 15 avril 2003.

Art. 4. — 1. Tout État partie prend les mesures nécessaires pour établir sa compétence aux fins de connaître des infractions visées au paragraphe 1 de l'article 3, lorsque ces infractions visées au paragraphe 1 de l'article 3, lorsque ces infractions ont été commises sur son territoire ou à bord de navires ou d'aéronefs immatriculés dans cet État.

2. Tout État Partie peut prendre les mesures nécessaires pour établir sa compétence aux fins de connaître des infractions visées au paragraphe 1 de l'article 3, dans les cas suivants :

a) lorsque l'auteur présumé de l'infraction est un ressortissant dudit État, ou a sa résidence habituelle sur le territoire de celui-ci ;

b) Lorsque la victime est un ressortissant dudit État.

3. Tout État Partie prend également les mesures propres à établir sa compétence aux fins de connaître des infractions susmentionnées lorsque l'auteur présumé de l'infraction est présent sur son territoire et qu'il ne l'extrade pas vers un autre État Partie au motif que l'infraction a été commise par l'un de ses ressortissants.

4. Le présent Protocole n'exclut l'exercice d'aucune compétence pénale en application du droit interne.

Art. 5. — 1. Les infractions visées au paragraphe 1 de l'article 3 sont de plein droit comprises dans tout traité d'extradition en vigueur entre les États Parties et sont comprises dans tout traité d'extradition qui sera conclu ultérieurement entre eux, conformément aux conditions énoncées dans lesdits traités.

2. Si un État Partie qui subordonne l'extradition à l'existence d'un traité est saisi d'une demande d'extradition par un autre État Partie avec lequel il n'est pas lié par un traité d'extradition, il peut considérer le présent Protocole comme constituant la base juridique de l'extradition en ce qui concerne lesdites infractions. L'extradition est subordonnée aux conditions prévues par le droit de l'État requis.

3. Les États Parties qui ne subordonnent pas l'extradition à l'existence d'un traité reconnaissent lesdites infractions comme cas d'extradition entre eux dans les conditions prévues par le droit de l'État requis.

4. Entre États Parties, lesdites infractions sont considérées aux fins d'extradition comme ayant été commises non seulement au lieu de leur perpétration, mais aussi sur le territoire placé sous la juridiction des États tenus d'établir leur compétence en vertu de l'article 4.

5. Si une demande d'extradition est présentée au motif d'une infraction visée au paragraphe 1 de l'article 3, et si l'État requis n'extrade, pas ou ne veut pas extrader, à raison de la nationalité de l'auteur de l'infraction, cet État prend les mesures voulues pour saisir ses autorités compétentes aux fins de poursuites.

Art. 6. — 1. Les États Parties s'accordent l'entraide la plus large possible pour toute enquête, procédure pénale ou procédure d'extradition relative aux infractions visées au paragraphe I de l'article 3, y compris pour l'obtention des éléments de preuve dont ils disposent et qui sont nécessaires aux fins de la procédure.

2. Les États Parties s'acquittent de leurs obligations en vertu du paragraphe 1 du présent article en conformité avec tout traité ou accord d'entraide judiciaire qui peut exister entre eux. En l'absence d'un tel traité ou accord, les États Parties s'accordent cette entraide conformément à leur droit interne.

Art. 7. — Sous réserve des dispositions de leur droit interne, les États Parties :

a) prennent des mesures appropriées pour permettre la saisie et la confiscation, selon que de besoin :

i) des biens tels que documents, avoirs et autres moyens matériels utilisés pour commettre les infractions visées dans le présent Protocole ou en faciliter la commission ;

ii) du produit de ces infractions ;

b) donnent effet aux demandes de saisie ou de confiscation des biens ou produits visés aux alinéas i et ii du paragraphe a émanant d'un autre État Partie ;

c) prennent des mesures en vue de fermer provisoirement ou définitivement les locaux utilisés pour commettre lesdites infractions.

Art. 8. — 1. Les États Parties adoptent à tous les stades de la procédure pénale les mesures nécessaires pour protéger tes droits et les intérêts des enfants victimes des pratiques proscrites par le présent Protocole, en particulier :

a) en reconnaissant la vulnérabilité des enfants victimes et en adaptant les procédures de manière à tenir compte de leurs besoins particuliers, notamment en tant que témoins ;

b) en tenant les enfants victimes informés de leurs droits, de leur rôle ainsi que de la portée, du calendrier et du déroulement de la procédure, et de la décision rendue dans leur affaire ;

c) en permettant que les vues, les besoins ou les préoccupations des enfants victimes soient présentés et examinés au cours de la procédure lorsque leurs intérêts personnels sont en jeu, d'une manière conforme aux règles de procédure du droit interne ;

d) en fournissant des services d'appui appropriés aux enfants victimes à tous les stades de la procédure judiciaire ;

e) en protégeant, s'il y a lieu, la vie privée et l'identité des enfants victimes et en prenant des mesures conformes au droit interne pour prévenir la diffusion de toute information pouvant conduire à leur identification ;

f) en veillant, le cas échéant, à ce que les enfants victimes, ainsi que leur famille et les témoins à charge, soient à l'abri de l'intimidation et des représailles ;

g) en évitant tout retard indu dans le prononcé du jugement et l'exécution des ordonnances ou des décisions accordant une indemnisation aux enfants victimes.

2. Les États Parties veillent à ce qu'une incertitude quant à l'âge réel de la victime n'empêche pas l'ouverture d'enquêtes pénales, notamment d'enquêtes visant à déterminer cet âge.

3. Les États Parties veillent à ce que, dans la manière dont le système de justice pénale traite les enfants victimes des infractions décrites dans le présent Protocole, l'intérêt supérieur de l'enfant soit la considération première.

4. Les États Parties prennent des mesures pour dispenser une formation appropriée, en particulier dans les domaines juridique et psychologique, aux personnes qui s'occupent des victimes des infractions visées dans le présent Protocole.

5. S'il y a lieu, les États Parties font le nécessaire pour garantir la sécurité et l'intégrité des personnes et des organismes de prévention et/ou de protection et de réadaptation des victimes de telles infractions,

6. Aucune des dispositions du présent article ne porte atteinte au droit de l'accusé à un procès équitable et impartial ou n'est incompatible avec ce droit.

Art. 9. — 1. Les États Parties adoptent ou renforcent, appliquent et diffusent des lois, mesures administratives, politiques et programmes sociaux pour prévenir les infractions visées dans le présent Protocole. Une attention spéciale est accordée à la protection des enfants particulièrement exposés à de telles pratiques.

2. Par l'information à l'aide de tous les moyens appropriés, l'éducation et la formation, les États Parties sensibilisent le grand public, y compris les enfants, aux mesures propres à prévenir les pratiques proscrites par le présent Protocole et aux effets néfastes de ces dernières. Pour s'acquitter de leurs obligations en vertu du présent article, les États Parties encouragent la participation des communautés et, en particulier, des enfants et des enfants victimes, à ces programmes d'information, d'éducation et de formation, y compris au niveau international.

3. Les États Parties prennent toutes les mesures possibles pour assurer toute l'assistance appropriée aux victimes des infractions visées dans le présent Protocole, notamment leur pleine réinsertion sociale et leur plein rétablissement physique et psychologique.

4. Les États Parties veillent à ce que tous les enfants victimes des infractions décrites dans le présent Protocole aient accès à des procédures leur permettant, sans discrimination, de réclamer réparation du préjudice subi aux personnes juridiquement responsables.

5. Les États Parties prennent des mesures appropriées pour interdire efficacement la production et la diffusion de matériels qui font la publicité des pratiques proscrites dans le présent Protocole.

Art. 10. — 1. Les États Parties prennent toutes les mesures nécessaires pour renforcer la coopération internationale par des accords multilatéraux, régionaux et bilatéraux ayant pour objet de prévenir, identifier, poursuivre et punir les responsables d'actes liés à la vente d'enfants, à la prostitution des enfants, à la pornographie et au tourisme pédophiles, ainsi que d'enquêter sur de tels actes. Les États Parties favorisent également la coopération et la coordination internationales entre leurs autorités, les organisations non gouvernementales nationales et internationales et les organisations internationales.

2. Les États Parties encouragent la coopération internationale pour aider à la réadaptation physique et psychologique des enfants victimes, à leur réinsertion sociale et à leur rapatriement,

3. Les États Parties s'attachent à renforcer la coopération internationale pour éliminer les principaux facteurs, notamment la pauvreté et le sous-développement, qui rendent les enfants vulnérables à la vente, à la prostitution, à la pornographie et au tourisme pédophiles.

4. Les États Parties qui sont en mesure de le faire fournissent une aide financière, technique ou autre dans le cadre des programmes existants, multilatéraux, régionaux, bilatéraux ou autres.

Art. 11. — Aucune des dispositions du présent Protocole ne porte atteinte aux dispositions plus propices à la réalisation des droits de l'enfant qui peuvent figurer :

a) dans la législation d'un État Partie ;

b) dans le droit international en vigueur pour cet État.

Art. 12. — 1. Chaque État Partie présente, dans les deux ans à compter de l'entrée en vigueur du présent Protocole à son égard, un rapport au Comité des droits de l'enfant contenant des renseignements détaillés sur les mesures qu'il a prises pour donner effet aux dispositions du Protocole.

2. Après la présentation de son rapport détaillé, chaque État Partie inclut dans les rapports qu'il présente au Comité des droits de l'enfant, conformément à l'article 44 de la Convention, tout complément d'information concernant l'application du présent Protocole. Les autres États Parties au Protocole présentent un rapport tous les cinq ans.

3. Le Comité des droits de l'enfant peut demander aux États Parties un complément d'information concernant l'application du présent Protocole.

N° 34.4 Convention n° 182 de l'Organisation internationale du travail concernant l'interdiction des pires formes de travail des enfants et l'action immédiate en vue de leur élimination, adoptée à Genève le 17 juin 1999 (extraits) [84]

Article premier. — Tout membre qui ratifie la présente convention doit prendre des mesures immédiates et efficaces pour assurer l'interdiction et l'élimination des pires formes de travail des enfants et ce, de toute urgence.

Art. 2. — Aux fins de la présente convention, le terme « enfants » s'applique à l'ensemble des personnes de moins de 18 ans.

Art. 3. — Aux fins de la présente convention, l'expression « les pires formes de travail des enfants » comprend :

a) toutes les formes d'esclavage ou pratiques analogues telles que la vente et la traite des enfants, la servitude pour dettes et le servage ainsi que le travail forcé ou obligatoire, y compris le recrutement forcé ou obligatoire des enfants en vue de leur utilisation dans les conflits armés ;

b) l'utilisation, le recrutement ou l'offre d'un enfant à des fins de prostitution, de production de matériel pornographique ou de spectacles pornographiques ;

c) l'utilisation, le recrutement ou l'offre d'un enfant aux fins d'activités illicites, notamment pour la production et le trafic de stupéfiants, tels que les définissent les conventions internationales pertinentes ;

d) les travaux qui, par leur nature ou les conditions dans lesquelles ils s'exercent, sont susceptibles de nuire à la santé, à la sécurité ou à la moralité de l'enfant.

Art. 4. — 1. Les types de travail visés à l'article 3 doivent être déterminés par la législation nationale ou l'autorité compétente, après consultation des organisations d'employeurs et de travailleurs intéressées, en prenant en considération les normes internationales pertinentes, et en particulier les paragraphes 3 et 4 de la recommandation sur les pires formes de travail des enfants, 1 999.

2. L'autorité compétente, après consultation des organisations d'employeurs et de travailleurs intéressées, doit localiser les types de travail ainsi déterminés.

3. La liste des types de travail déterminés conformément au paragraphe 1 du présent article doit être périodiquement examinée et, au besoin, révisée en consultation avec les organisations d'employeurs et de travailleurs intéressées.

Art. 5. — Tout Membre doit, après consultation des organisations d'employeurs et de travailleurs, établir ou désigner des mécanismes appropriés pour surveiller l'application des dispositions donnant effet à la présente convention.

Art. 6. — 1. Tout Membre doit élaborer et mettre en œuvre des programmes d'action en vue d'éliminer en priorité les pires formes de travail des enfants.

2. Ces programmes d'action doivent être élaborés et mis en œuvre en consultation avec les institutions publiques compétentes et les organisations d'employeurs et de travailleurs, le cas échéant en prenant en considération les vues d'autres groupes intéressés.

Art. 7. — 1. Tout Membre doit prendre toutes les mesures nécessaires pour assurer la mise en couvre effective et le respect des dispositions donnant effet à la présente convention, y compris par l'établissement et l'application de sanctions pénales ou, le cas échéant, d'autres sanctions.

(84) Cette Convention a été ratifiée par la France par la loi n° 2001-341 du 19 avril 2001. Elle a été publiée par le décret n° 2001-1074 du 15 novembre 2001.

2. Tout Membre doit, en tenant compte de l'importance de l'éducation en vue de l'élimination du travail des enfants, prendre des mesures efficaces dans un délai déterminé pour :

a) empêcher que des enfants ne soient engagés dans les pires formes de travail des enfants ;

b) prévoir l'aide directe nécessaire et appropriée pour soustraire les enfants aux pires formes de travail des enfants et assurer leur réadaptation et leur intégration sociale ;

c) assurer l'accès à l'éducation de base gratuite et, lorsque cela est possible et approprié, à la formation professionnelle pour tous les enfants qui auront été soustraits aux pires formes de travail des enfants ;

d) identifier les enfants particulièrement exposés à des risques et entrer en contact direct avec eux ;

e) tenir compte de la situation particulière des filles.

3. Tout Membre doit désigner l'autorité compétente chargée de la mise en œuvre des dispositions donnant effet à la présente convention.

Art. 8. — Les Membres doivent prendre des mesures appropriées afin de s'entraider pour donner effet aux dispositions de la présente convention par une coopération et/ou une assistance internationale renforcées, y compris par des mesures de soutien au développement économique et social, aux programmes d'éradication de la pauvreté et à l'éducation universelle.

Art. 9. — Les ratifications formelles de la présente convention seront communiquées au Directeur général du Bureau international du travail et par lui enregistrées.

Art. 10. — 1. La présente convention ne liera que les Membres de l'Organisation internationale du travail dont la ratification aura été enregistrée par le Directeur général du Bureau international du travail.

2. Elle entrera en vigueur douze mois après que les ratifications de deux Membres auront été enregistrées par le directeur général.

3. Par la suite, cette convention entrera en vigueur pour chaque Membre douze mois après la date où sa ratification aura été enregistrée.

Art. 11. — 1. Tout Membre ayant ratifié la présente convention peut la dénoncer à l'expiration d'une période de dix années après la date de la mise en vigueur initiale de la convention, par un acte communiqué au Directeur général du Bureau international du travail et par lui enregistré. La dénonciation ne prendra effet qu'une année après avoir été enregistrée.

2. Tout Membre ayant ratifié la présente convention qui, dans le délai d'une année après l'expiration de la période de dix années mentionnée au paragraphe précédent, ne fera pas usage de la faculté de dénonciation prévue par le présent article sera lié pour une nouvelle période de dix années et, par la suite, pourra dénoncer la présente convention à l'expiration de chaque période de dix années dans les conditions prévues au présent article.

Art. 12. — 1. Le Directeur général du Bureau international du travail notifiera à tous les Membres de l'Organisation internationale du travail l'enregistrement de toutes les ratifications et de tous actes de dénonciation qui lui seront communiqués par les Membres de l'Organisation.

2. En notifiant aux Membres de l'Organisation l'enregistrement de la deuxième ratification qui lui aura été communiquée, le Directeur général appellera l'attention des Membres de l'Organisation sur la date à laquelle la présente convention entrera en vigueur.

Art. 13. — Le Directeur général du Bureau international du travail communiquera au Secrétaire général des Nations unies, aux fins d'enregistrement, conformément à l'article 102 de la Charte des Nations unies, des renseignements complets au sujet de toutes ratifications et de tous actes de dénonciation qu'il aura enregistrés conformément aux articles précédents.

Art. 14. — Chaque fois qu'il le jugera nécessaire, le conseil d'administration du Bureau international du travail présentera à la Conférence générale un rapport sur l'application de la présente convention et examinera s'il y a lieu d'inscrire à l'ordre du jour de la Conférence la question de sa révision totale ou partielle.

Art. 15. — 1. Au cas où la Conférence adopterait une nouvelle convention portant révision totale ou partielle de la présente convention, et à moins que la nouvelle convention ne dispose autrement :

a) la ratification par un Membre de la nouvelle convention portant révision entraînerait de plein droit, nonobstant l'article 11 ci-dessus, dénonciation immédiate de la présente convention, sous réserve que la nouvelle convention portant révision soit entrée en vigueur ;

b) à partir de la date de l'entrée en vigueur de la nouvelle convention portant révision, la présente convention cesserait d'être ouverte à la ratification des Membres.

2. La présente convention demeurerait en tout cas en vigueur dans sa forme et teneur pour les Membres qui l'auraient ratifiée et qui ne ratifieraient pas la convention portant révision.

N° 35 **Convention sur la protection des enfants et la coopération en matière d'adoption internationale,** faite à La Haye le 29 mai 1993 (extraits) (85)

Chapitre I

Champ d'application de la convention

Article premier. — La présente Convention a pour objet :

a) d'établir des garanties pour que les adoptions internationales aient lieu dans l'intérêt supérieur de l'enfant et dans le respect des droits fondamentaux qui lui sont reconnus en droit international ;

b) d'instaurer un système de coopération entre les États contractants pour assurer le respect de ces garanties et prévenir ainsi l'enlèvement, la vente ou la traite d'enfants ;

c) d'assurer la reconnaissance dans les États contractants des adoptions réalisées selon la Convention.

Art. 2. — 1. La Convention s'applique lorsqu'un enfant résidant habituellement dans un État contractant (« l'État d'origine ») a été, est ou doit être déplacé vers un autre État contractant (« l'État d'accueil »), soit après son adoption dans l'État d'origine par des époux ou une personne résidant habituellement dans l'État d'accueil, soit en vue d'une telle adoption dans l'État d'accueil ou dans l'État d'origine.

2. La Convention ne vise que les adoptions établissant un lien de filiation.

Art. 3. — La Convention cesse de s'appliquer si les acceptations visées à l'article 17, lettre *c*, n'ont pas été données avant que l'enfant n'ait atteint l'âge de dix-huit ans.

(85) La Convention a été ratifiée par la France, à l'issue de la loi n° 98-147 du 9 mars 1998, publiée au *Journal officiel* par le décret n° 98-815 du 11 septembre 1998.

Chapitre II

Conditions des adoptions internationales

Art. 4. — Les adoptions visées par la Convention ne peuvent avoir lieu que si les autorités compétentes de l'État d'origine :

a) ont établi que l'enfant est adoptable ;

b) ont constaté, après avoir dûment examiné les possibilités de placement de l'enfant dans son État d'origine, qu'une adoption internationale répond à l'intérêt supérieur de l'enfant ;

c) se sont assurées :

1) que les personnes, institutions et autorités dont le consentement est requis pour l'adoption ont été entourées des conseils nécessaires et dûment informées sur les conséquences de leur consentement, en particulier sur le maintien ou la rupture, en raison d'une adoption, des liens de droit entre l'enfant et sa famille d'origine,

2) que celles-ci ont donné librement leur consentement dans les formes légales requises, et que ce consentement a été donné ou constaté par écrit,

3) que les consentements n'ont pas été obtenus moyennant paiement ou contrepartie d'aucune sorte et qu'ils n'ont pas été retirés, et

4) que le consentement de la mère, s'il est requis, n'a été donné qu'après la naissance de l'enfant ; et

d) se sont assurées, eu égard à l'âge et à la maturité de l'enfant :

1) que celui-ci a été entouré de conseils et dûment informé sur les conséquences de l'adoption et de son consentement à l'adoption, si celui-ci est requis,

2) que les souhaits et avis de l'enfant ont été pris en considération,

3) que le consentement de l'enfant à l'adoption, lorsqu'il est requis, a été donné librement, dans les formes légales requises, et que son consentement a été donné ou constaté par écrit, et

4) que ce consentement n'a pas été obtenu moyennant paiement ou contrepartie d'aucune sorte.

Art. 5. — Les adoptions visées par la Convention ne peuvent avoir lieu que si les autorités compétentes de l'État d'accueil :

a) ont constaté que les futurs parents adoptifs sont qualifiés et aptes à adopter ;

b) se sont assurées que les futurs parents adoptifs ont été entourés des conseils nécessaires ; et

c) ont constaté que l'enfant est ou sera autorisé à entrer et à séjourner de façon permanente dans cet État.

Chapitre III

Autorités centrales et organismes agréés

Art. 6. — 1. Chaque État contractant désigne une autorité centrale chargée de satisfaire aux obligations qui lui sont imposées par la Convention.

2. Un État fédéral, un État dans lequel plusieurs systèmes de droit sont en vigueur ou un État ayant des unités territoriales autonomes est libre de désigner plus d'une autorité centrale et de spécifier l'étendue territoriale ou personnelle de leurs fonctions. L'État qui fait usage de cette faculté désigne l'autorité centrale à laquelle toute communication peut être adressée en vue de sa transmission à l'autorité centrale compétente au sein de cet État.

Art. 7. — 1. Les autorités centrales doivent coopérer entre elles et promouvoir une collaboration entre les autorités compétentes de leurs États pour assurer la protection des enfants et réaliser les autres objectifs de la Convention,

2. Elles prennent directement toutes mesures appropriées pour :

a) fournir des informations sur la législation de leurs États en matière d'adoption et d'autres informations générales, telles que des statistiques et formules types ;

b) s'informer mutuellement sur le fonctionnement de la Convention et, dans la mesure du possible, lever les obstacles à son application.

Art. 8. — Les autorités centrales prennent, soit directement, soit avec le concours d'autorités publiques, toutes mesures appropriées pour prévenir les gains matériels indus à l'occasion d'une adoption et empêcher toute pratique contraire aux objectifs de la Convention.

Art. 9. — Les autorités centrales prennent, soit directement, soit avec le concours d'autorités publiques ou d'organismes dûment agréés dans leur État, toutes mesures appropriées, notamment pour :

a) rassembler, conserver et échanger des informations relatives à la situation de l'enfant et des futurs parents adoptifs, dans la mesure nécessaire à la réalisation de l'adoption ;

b) faciliter, suivre et activer la procédure en vue de l'adoption ;

c) promouvoir dans leurs États le développement de services de conseils pour l'adoption et pour le suivi de l'adoption ;

d) échanger des rapports généraux d'évaluation sur les expériences en matière d'adoption internationale ; *e)* répondre, dans la mesure permise par la loi de leur État, aux demandes motivées d'informations sur une situation particulière d'adoption formulées par d'autres autorités centrales ou par des autorités publiques.

Art. 10. — Peuvent seuls bénéficier de l'agrément et le conserver les organismes qui démontrent leur aptitude à remplir correctement les missions qui pourraient leur être confiées.

Art. 11. — Un organisme agréé doit :

a) poursuivre uniquement des buts non lucratifs dans les conditions et limites fixées par les autorités compétentes de l'État d'agrément ;

b) être dirigé et géré par des personnes qualifiées par leur intégrité morale et leur formation ou expérience pour agir dans le domaine de l'adoption internationale ; et

c) être soumis à la surveillance d'autorités compétentes de cet État pour sa composition, son fonctionnement et sa situation financière.

Art. 12. — Un organisme agréé dans un État contractant ne pourra agir dans un autre État contractant que si les autorités compétentes des deux États l'ont autorisé.

Art. 13. — La désignation des autorités centrales et, le cas échéant, l'étendue de leurs fonctions ainsi que le nom et l'adresse des organismes agréés sont communiqués par chaque État contractant au Bureau permanent de la conférence de La Haye de droit international privé.

Chapitre IV

Conditions procédurales de l'adoption internationale

Art. 14. — Les personnes résidant habituellement dans un État contractant, qui désirent adopter un enfant dont la résidence habituelle est située dans un autre État contractant, doivent s'adresser à l'autorité centrale de l'État de leur résidence habituelle.

Art. 15. — 1. Si l'autorité centrale de l'État d'accueil considère que les requérants sont qualifiés et aptes à adopter, elle établit un rapport contenant des renseignements sur leur identité, leur capacité légale et leur aptitude à adopter, leur situation personnelle, familiale et médicale, leur milieu social, les motifs qui les animent, leur aptitude à assumer une adoption internationale ainsi que sur les enfants qu'ils seraient aptes à prendre en charge.

2. Elle transmet le rapport à l'autorité centrale de l'État d'origine.

Art. 16. — 1. Si l'autorité centrale de l'État d'origine considère que l'enfant est adoptable :

a) elle établit un rapport contenant des renseignements sur l'identité de l'enfant, son adoptabilité, son milieu social, son évolution personnelle et familiale, son passé médical et celui de sa famille, ainsi que sur ses besoins particuliers ;

b) elle tient dûment compte des conditions d'éducation de l'enfant ainsi que de son origine ethnique, religieuse et culturelle ;

c) elle s'assure que les consentements visés à l'article 4 ont été obtenus ; et

d) elle constate, en se fondant notamment sur les rapports concernant l'enfant et les futurs parents adoptifs, que le placement envisagé est dans l'intérêt supérieur de l'enfant.

2. Elle transmet à l'autorité centrale de l'État d'accueil son rapport sur l'enfant, la preuve des consentements requis et les motifs de son constat sur le placement en veillant à ne pas révéler l'identité de la mère et du père si, dans l'État d'origine, cette identité ne peut pas être divulguée.

Art. 17. — Toute décision de confier un enfant à des futurs parents adoptifs ne peut être prise dans l'État d'origine que :

a) si l'autorité centrale de cet État s'est assurée de l'accord des futurs parents adoptifs ;

b) si l'autorité centrale de l'État d'accueil a approuvé cette décision, lorsque la loi de cet État ou l'autorité centrale de l'État d'origine le requiert ;

c) si les autorités centrales des deux États ont accepté que la procédure en vue de l'adoption se poursuive ; et

d) s'il a été constaté conformément à l'article 5 que les futurs parents adoptifs sont qualifiés et aptes à adopter et que l'enfant est ou sera autorisé à entrer et à séjourner de façon permanente dans l'État d'accueil.

Art. 18. — Les Autorités centrales des deux États prennent toutes mesures utiles pour que l'enfant reçoive l'autorisation de sortie de l'État d'origine, ainsi que celle d'entrée et de séjour permanent dans l'État d'accueil.

Art. 19. — 1. Le déplacement de l'enfant vers l'État d'accueil ne peut avoir lieu que si les conditions de l'article 17 ont été remplies.

2. Les autorités centrales des deux États veillent à ce que ce déplacement s'effectue en toute sécurité, dans des conditions appropriées et, si possible, en compagnie des parents adoptifs ou des futurs parents adoptifs.

3. Si ce déplacement n'a pas lieu, les rapports visés aux articles 15 et 16 sont renvoyés aux autorités expéditrices.

Art. 20. — Les autorités centrales se tiennent informées sur la procédure d'adoption et les mesures prises pour la mener à terme, ainsi que sur le déroulement de la période probatoire, lorsque celle-ci est requise.

Art. 21. — 1. Lorsque l'adoption doit avoir lieu après le déplacement de l'enfant dans l'État d'accueil et que l'autorité centrale de cet État considère que le maintien de l'enfant dans la famille d'accueil n'est plus de son intérêt supérieur, cette autorité prend les mesures utiles à la protection de l'enfant en vue notamment :

a) de retirer l'enfant aux personnes qui désiraient l'adopter et d'en prendre soin provisoirement ;

b) en consultation avec l'autorité centrale de l'État d'origine, d'assurer sans délai un nouveau placement de l'enfant en vue de son adoption ou, à défaut, une prise en charge alternative durable, une adoption ne peut avoir lieu que si l'autorité centrale de l'État d'origine a été dûment informée sur les nouveaux parents adoptifs ;

c) en dernier ressort, d'assurer le retour de l'enfant, si son intérêt l'exige,

2. eu égard notamment à l'âge et à la maturité de l'enfant, celui-ci sera consulté et, le cas échéant, son consentement obtenu sur les mesures à prendre conformément au présent article.

Art. 22. — 1. Les fonctions conférées à l'autorité centrale par le présent chapitre peuvent être exercées par des autorités publiques ou par des organismes agréés conformément au chapitre III, dans la mesure prévue par la loi de son État.

2. Un État contractant peut déclarer auprès du dépositaire de la Convention que les fonctions conférées à l'autorité centrale par les articles 15 à 21 peuvent aussi être exercées dans cet État, dans la mesure prévue par la loi et sous le contrôle des autorités compétentes de cet État, par des organismes ou personnes qui :

a) remplissent les conditions de moralité, de compétence professionnelle, d'expérience et de responsabilité requises par cet État ; et

b) sont qualifiées par leur intégrité morale et leur formation ou expérience pour agir dans le domaine de l'adoption internationale.

3. L'État contractant qui fait la déclaration visée au paragraphe 2 informe régulière ment le Bureau permanent de la conférence de La Haye de droit international privé des noms et adresses de ces organismes et personnes.

4. Un État contractant peut déclarer auprès du dépositaire de la Convention que les adoptions d'enfants dont la résidence habituelle est située sur son territoire ne peuvent avoir lieu que si les fonctions conférées aux autorités centrales sont exercées conformément au paragraphe 1.

5. Nonobstant toute déclaration effectuée conformément au paragraphe 2, les rapports prévus aux articles 15 et 16 sont, dans tous les cas, établis sous la responsabilité de l'autorité centrale ou d'autres autorités ou organismes, conformément au paragraphe 1.

Chapitre V

Reconnaissance et effets de l'adoption

Art. 23. — 1. Une adoption certifiée conforme à la Convention par l'autorité compétente de l'État contractant où elle a eu lieu est reconnue de plein droit dans les autres États contractants. Le certificat indique quand et par qui les acceptations visées à l'article 17, lettre c, ont été données.

2. Tout État contractant, au moment de la signature, de la ratification, de l'acceptation, de l'approbation ou de l'adhésion, notifiera au dépositaire de la Convention l'identité et les fonctions de l'autorité ou des autorités qui, dans cet État, sont compétentes pour délivrer le certificat. Il lui notifiera aussi toute modification dans la désignation de ces autorités.

Art. 24. — La reconnaissance d'une adoption ne peut être refusée dans un État contractant que si l'adoption est manifestement contraire à son ordre public, compte tenu de l'intérêt supérieur de l'enfant.

Art. 25. — Tout État contractant peut déclarer au dépositaire de la Convention qu'il ne sera pas tenu de reconnaître en vertu de celle-ci les adoptions faites conformément à un accord conclu en application de l'article 39, paragraphe 2.

Art. 26. — 1. La reconnaissance de l'adoption comporte celle :

a) du lien de filiation entre l'enfant et ses parents adoptifs ;

b) de la responsabilité parentale des parents adoptifs à l'égard de l'enfant ;

c) de la rupture du lien préexistant de filiation entre l'enfant et sa mère et son père, si l'adoption produit cet effet dans l'État contractant où elle a eu lieu.

2. Si l'adoption a pour effet de rompre le lien préexistant de filiation, l'enfant jouit, dans l'État d'accueil et dans tout autre État contractant où l'adoption est reconnue, des droits équivalents à ceux résultant d'une adoption produisant cet effet dans chacun de ces États.

3. Les paragraphes précédents ne portent pas atteinte à l'application de toute disposition plus favorable à l'enfant, en vigueur dans l'État contractant qui reconnaît l'adoption.

Art. 27. — 1. Lorsqu'une adoption faite dans l'État d'origine n'a pas pour effet de rompre le lien préexistant de filiation, elle peut, dans l'État d'accueil qui reconnaît l'adoption conformément à la Convention, être convertie en une adoption produisant cet effet :

a) si le droit de l'État d'accueil le permet ; et

b) si les consentements visés à l'article 4, lettres c et d, ont été ou sont donnés en vue d'une telle adoption.

2. L'article 23 s'applique à la décision de conversion.

Déclarations de la France

Conformément à l'article 6-1, la France désigne comme autorité centrale :

L'autorité centrale pour l'adoption internationale, dont le secrétariat est assuré par la Mission de l'adoption internationale, 244, boulevard Saint-Germain, 75303 Paris 07 SP.

Conformément à l'article 22-4, la France déclare que les adoptions d'enfants dont la résidence habituelle est située en France ne peuvent avoir lieu que si les fonctions conférées aux autorités centrales sont exercées par des autorités publiques ou des organismes agréés conformément au chapitre III de la convention.

Conformément à l'article 23, la France déclare que la Mission de l'adoption internationale, 244, boulevard Saint-Germain, 75303 Paris 07 SP, est l'autorité compétente pour délivrer les certificats visés à l'article 23-1 de la convention quand l'adoption a lieu en France ou lorsqu'une décision d'adoption étrangère a fait l'objet, en France, d'une conversion en vertu de l'article 27-2.

Conformément à l'article 25, la France déclare qu'elle ne sera pas tenue de reconnaître en vertu de la convention les adoptions faites conformément à un accord conclu en application de l'article 39 paragraphe 2.

Conformément à l'article 45, la France déclare que la convention s'appliquera à l'ensemble du territoire de la République française à l'exception des territoires d'outre-mer.

6) Les droits des personnes handicapées

N° 36.1 Convention relative aux droits des personnes handicapées du 13 décembre 2006, signée à New York le 13 décembre 2006 (extraits) (86)

Article premier. — Objet.

La présente Convention a pour objet de promouvoir, protéger et assurer la pleine et égale jouissance de tous les droits de l'homme et de toutes les libertés fondamentales par les personnes handicapées et de promouvoir le respect de leur dignité intrinsèque.

Par personnes handicapées on entend des personnes qui présentent des incapacités physiques, mentales, intellectuelles ou sensorielles durables dont l'interaction avec diverses barrières peut faire obstacle à leur pleine et effective participation à la société sur la base de l'égalité avec les autres.

Art. 2. — Définitions.

Aux fins de la présente Convention :

On entend par « communication », entre autres, les langues, l'affichage de texte, le braille, la communication tactile, les gros caractères, les supports multimédias accessibles ainsi que les modes, moyens et formes de communication améliorée et alternative à base de supports écrits, supports audio, langue simplifiée et lecteur humain, y compris les technologies de l'information et de la communication accessibles ;

On entend par « langue », entre autres, les langues parlées et les langues des signes et autres formes de langue non parlée ;

On entend par « discrimination fondée sur le handicap » toute distinction, exclusion ou restriction fondée sur le handicap qui a pour objet ou pour effet de compromettre ou réduire à néant la reconnaissance, la jouissance ou l'exercice, sur la base de l'égalité avec les autres, de tous les droits de l'homme et de toutes les libertés fondamentales dans les domaines politique, économique, social, culturel, civil ou autres. La discrimination fondée sur le handicap comprend toutes les formes de discrimination, y compris le refus d'aménagement raisonnable ;

On entend par « aménagement raisonnable » les modifications et ajustements nécessaires et appropriés n'imposant pas de charge disproportionnée ou indue apportés, en fonction des besoins dans une situation donnée, pour assurer aux personnes handicapées la jouissance ou l'exercice, sur la base de l'égalité avec les autres, de tous les droits de l'homme et de toutes les libertés fondamentales ;

On entend par « conception universelle » la conception de produits, d'équipements, de programmes et de services qui puissent être utilisés par tous, dans toute la mesure possible, sans nécessiter ni adaptation ni conception spéciale. La « conception universelle » n'exclut pas les appareils et accessoires fonctionnels pour des catégories particulières de personnes handicapées là où ils sont nécessaires.

Art. 3. — Principes généraux.

Les principes de la présente Convention sont :

a) Le respect de la dignité intrinsèque, de l'autonomie individuelle, y compris la liberté de faire ses propres choix, et de l'indépendance des personnes ;

b) La non-discrimination ;

---

(86) Cette convention a été ratifiée par la loi n° 2009-1791 du 31 décembre 2009 et publiée par le décret n° 2010-356 du 1er avril 2010.

c) La participation et l'intégration pleines et effectives à la société ;

d) Le respect de la différence et l'acceptation des personnes handicapées comme faisant partie de la diversité humaine et de l'humanité ;

e) L'égalité des chances ;

f) L'accessibilité ;

g) L'égalité entre les hommes et les femmes ;

h) Le respect du développement des capacités de l'enfant handicapé et le respect du droit des enfants handicapés à préserver leur identité.

Art. 4. — Obligations générales.

1. Les États Parties s'engagent à garantir et à promouvoir le plein exercice de tous les droits de l'homme et de toutes les libertés fondamentales de toutes les personnes handicapées sans discrimination d'aucune sorte fondée sur le handicap. À cette fin, ils s'engagent à :

a) Adopter toutes mesures appropriées d'ordre législatif, administratif ou autre pour mettre en œuvre les droits reconnus dans la présente Convention ;

b) Prendre toutes mesures appropriées, y compris des mesures législatives, pour modifier, abroger ou abolir les lois, règlements, coutumes et pratiques qui sont source de discrimination envers les personnes handicapées ;

c) Prendre en compte la protection et la promotion des droits de l'homme des personnes handicapées dans toutes les politiques et dans tous les programmes ;

d) S'abstenir de tout acte et de toute pratique incompatible avec la présente Convention et veiller à ce que les pouvoirs publics et les institutions agissent conformément à la présente Convention ;

e) Prendre toutes mesures appropriées pour éliminer la discrimination fondée sur le handicap pratiquée par toute personne, organisation ou entreprise privée ;

f) Entreprendre ou encourager la recherche et le développement de biens, services, équipements et installations de conception universelle, selon la définition qui en est donnée à l'article 2 de la présente Convention, qui devraient nécessiter le minimum possible d'adaptation et de frais pour répondre aux besoins spécifiques des personnes handicapées, encourager l'offre et l'utilisation de ces biens, services, équipements et installations et encourager l'incorporation de la conception universelle dans le développement des normes et directives ;

g) Entreprendre ou encourager la recherche et le développement et encourager l'offre et l'utilisation de nouvelles technologies, y compris les technologies de l'information et de la communication, les aides à la mobilité, les appareils et accessoires et les technologies d'assistance, qui soient adaptées aux personnes handicapées, en privilégiant les technologies d'un coût abordable ;

h) Fournir aux personnes handicapées des informations accessibles concernant les aides à la mobilité, les appareils et accessoires et les technologies d'assistance, y compris les nouvelles technologies, ainsi que les autres formes d'assistance, services d'accompagnement et équipements ;

i) Encourager la formation aux droits reconnus dans la présente Convention des professionnels et personnels qui travaillent avec des personnes handicapées, de façon à améliorer la prestation des aides et services garantis par ces droits.

2. Dans le cas des droits économiques, sociaux et culturels, chaque État Partie s'engage à agir, au maximum des ressources dont il dispose et, s'il y a lieu, dans le cadre de la coopération internationale, en vue d'assurer progressivement le plein exercice de ces droits, sans préjudice des obligations énoncées dans la présente Convention qui sont d'application immédiate en vertu du droit international.

3. Dans l'élaboration et la mise en œuvre des lois et des politiques adoptées aux fins de l'application de la présente Convention, ainsi que dans l'adoption de toute décision sur des questions relatives aux personnes handicapées, les États Parties consultent

étroitement et font activement participer ces personnes, y compris les enfants handicapés, par l'intermédiaire des organisations qui les représentent.

4. Aucune des dispositions de la présente Convention ne porte atteinte aux dispositions plus favorables à l'exercice des droits des personnes handicapées qui peuvent figurer dans la législation d'un État Partie ou dans le droit international en vigueur pour cet État. Il ne peut être admis aucune restriction ou dérogation aux droits de l'homme et aux libertés fondamentales reconnus ou en vigueur dans un État Partie à la présente Convention en vertu de lois, de conventions, de règlements ou de coutumes, sous prétexte que la présente Convention ne reconnaît pas ces droits et libertés ou les reconnaît à un moindre degré.

5. Les dispositions de la présente Convention s'appliquent, sans limitation ni exception aucune, à toutes les unités constitutives des États fédératifs.

Art. 5. — Égalité et non-discrimination.

1. Les États Parties reconnaissent que toutes les personnes sont égales devant la loi et en vertu de celle-ci et ont droit sans discrimination à l'égale protection et à l'égal bénéfice de la loi.

2. Les États Parties interdisent toutes les discriminations fondées sur le handicap et garantissent aux personnes handicapées une égale et effective protection juridique contre toute discrimination, quel qu'en soit le fondement.

3. Afin de promouvoir l'égalité et d'éliminer la discrimination, les États Parties prennent toutes les mesures appropriées pour faire en sorte que des aménagements raisonnables soient apportés.

4. Les mesures spécifiques qui sont nécessaires pour accélérer ou assurer l'égalité *de facto* des personnes handicapées ne constituent pas une discrimination au sens de la présente Convention.

Art. 6. — Femmes handicapées.

1. Les États Parties reconnaissent que les femmes et les filles handicapées sont exposées à de multiples discriminations, et ils prennent les mesures voulues pour leur permettre de jouir pleinement et dans des conditions d'égalité de tous les droits de l'homme et de toutes les libertés fondamentales.

2. Les États Parties prennent toutes mesures appropriées pour assurer le plein épanouissement, la promotion et l'autonomisation des femmes, afin de leur garantir l'exercice et la jouissance des droits de l'homme et des libertés fondamentales énoncés dans la présente Convention.

Art. 7. — Enfants handicapés.

1. Les États Parties prennent toutes mesures nécessaires pour garantir aux enfants handicapés la pleine jouissance de tous les droits de l'homme et de toutes les libertés fondamentales, sur la base de l'égalité avec les autres enfants.

2. Dans toutes les décisions qui concernent les enfants handicapés, l'intérêt supérieur de l'enfant doit être une considération primordiale.

3. Les États Parties garantissent à l'enfant handicapé, sur la base de l'égalité avec les autres enfants, le droit d'exprimer librement son opinion sur toute question l'intéressant, les opinions de l'enfant étant dûment prises en considération eu égard à son âge et à son degré de maturité, et d'obtenir pour l'exercice de ce droit une aide adaptée à son handicap et à son âge.

Art. 8. — Sensibilisation.

1. Les États Parties s'engagent à prendre des mesures immédiates, efficaces et appropriées en vue de :

a) Sensibiliser l'ensemble de la société, y compris au niveau de la famille, à la situation des personnes handicapées et promouvoir le respect des droits et de la dignité des personnes handicapées ;

b) Combattre les stéréotypes, les préjugés et les pratiques dangereuses concernant les personnes handicapées, y compris ceux liés au sexe et à l'âge, dans tous les domaines ;

c) Mieux faire connaître les capacités et les contributions des personnes handicapées.

2. Dans le cadre des mesures qu'ils prennent à cette fin, les États Parties :

a) Lancent et mènent des campagnes efficaces de sensibilisation du public en vue de :

i) Favoriser une attitude réceptive à l'égard des droits des personnes handicapées ;

ii) Promouvoir une perception positive des personnes handicapées et une conscience sociale plus poussée à leur égard ;

iii) Promouvoir la reconnaissance des compétences, mérites et aptitudes des personnes handicapées et de leurs contributions dans leur milieu de travail et sur le marché du travail ;

b) Encouragent à tous les niveaux du système éducatif, notamment chez tous les enfants dès leur plus jeune âge, une attitude de respect pour les droits des personnes handicapées ;

c) Encouragent tous les médias à montrer les personnes handicapées sous un jour conforme à l'objet de la présente Convention ;

d) Encouragent l'organisation de programmes de formation en sensibilisation aux personnes handicapées et aux droits des personnes handicapées.

Art. 9. — Accessibilité.

1. Afin de permettre aux personnes handicapées de vivre de façon indépendante et de participer pleinement à tous les aspects de la vie, les États Parties prennent des mesures appropriées pour leur assurer, sur la base de l'égalité avec les autres, l'accès à l'environnement physique, aux transports, à l'information et à la communication, y compris aux systèmes et technologies de l'information et de la communication, et aux autres équipements et services ouverts ou fournis au public, tant dans les zones urbaines que rurales. Ces mesures, parmi lesquelles figurent l'identification et l'élimination des obstacles et barrières à l'accessibilité, s'appliquent, entre autres :

a) Aux bâtiments, à la voirie, aux transports et autres équipements intérieurs ou extérieurs, y compris les écoles, les logements, les installations médicales et les lieux de travail ;

b) Aux services d'information, de communication et autres services, y compris les services électroniques et les services d'urgence.

2. Les États Parties prennent également des mesures appropriées pour :

a) Élaborer et promulguer des normes nationales minimales et des directives relatives à l'accessibilité des installations et services ouverts ou fournis au public et contrôler l'application de ces normes et directives ;

b) Faire en sorte que les organismes privés qui offrent des installations ou des services qui sont ouverts ou fournis au public prennent en compte tous les aspects de l'accessibilité par les personnes handicapées ;

c) Assurer aux parties concernées une formation concernant les problèmes d'accès auxquels les personnes handicapées sont confrontées ;

d) Faire mettre en place dans les bâtiments et autres installations ouverts au public une signalisation en braille et sous des formes faciles à lire et à comprendre ;

e) Mettre à disposition des formes d'aide humaine ou animalière et les services de médiateurs, notamment de guides, de lecteurs et d'interprètes professionnels en langue des signes, afin de faciliter l'accès des bâtiments et autres installations ouverts au public ;

f) Promouvoir d'autres formes appropriées d'aide et d'accompagnement des personnes handicapées afin de leur assurer l'accès à l'information ;

g) Promouvoir l'accès des personnes handicapées aux nouveaux systèmes et technologies de l'information et de la communication, y compris l'internet ;

h) Promouvoir l'étude, la mise au point, la production et la diffusion de systèmes et technologies de l'information et de la communication à un stade précoce, de façon à en assurer l'accessibilité à un coût minimal.

Art. 10. — Droit à la vie.

Les États Parties réaffirment que le droit à la vie est inhérent à la personne humaine et prennent toutes mesures nécessaires pour en assurer aux personnes handicapées la jouissance effective, sur la base de l'égalité avec les autres.

Art. 11. — Situations de risque et situations d'urgence humanitaire.

Les États Parties prennent, conformément aux obligations qui leur incombent en vertu du droit international, notamment le droit international humanitaire et le droit international des droits de l'homme, toutes mesures nécessaires pour assurer la protection et la sûreté des personnes handicapées dans les situations de risque, y compris les conflits armés, les crises humanitaires et les catastrophes naturelles.

Art. 12. — Reconnaissance de la personnalité juridique dans des conditions d'égalité.

1. Les États Parties réaffirment que les personnes handicapées ont droit à la reconnaissance en tous lieux de leur personnalité juridique.

2. Les États Parties reconnaissent que les personnes handicapées jouissent de la capacité juridique dans tous les domaines, sur la base de l'égalité avec les autres.

3. Les États Parties prennent des mesures appropriées pour donner aux personnes handicapées accès à l'accompagnement dont elles peuvent avoir besoin pour exercer leur capacité juridique.

4. Les États Parties font en sorte que les mesures relatives à l'exercice de la capacité juridique soient assorties de garanties appropriées et effectives pour prévenir les abus, conformément au droit international des droits de l'homme. Ces garanties doivent garantir que les mesures relatives à l'exercice de la capacité juridique respectent les droits, la volonté et les préférences de la personne concernée, soient exemptes de tout conflit d'intérêt et ne donnent lieu à aucun abus d'influence, soient proportionnées et adaptées à la situation de la personne concernée, s'appliquent pendant la période la plus brève possible et soient soumises à un contrôle périodique effectué par un organe compétent, indépendant et impartial ou une instance judiciaire. Ces garanties doivent également être proportionnées au degré auquel les mesures devant faciliter l'exercice de la capacité juridique affectent les droits et intérêts de la personne concernée.

5. Sous réserve des dispositions du présent article, les États Parties prennent toutes mesures appropriées et effectives pour garantir le droit qu'ont les personnes handicapées, sur la base de l'égalité avec les autres, de posséder des biens ou d'en hériter, de contrôler leurs finances et d'avoir accès aux mêmes conditions que les autres personnes aux prêts bancaires, hypothèques et autres formes de crédit financier ; ils veillent à ce que les personnes handicapées ne soient pas arbitrairement privées de leurs biens.

Art. 13. — Accès à la justice.

1. Les États Parties assurent l'accès effectif des personnes handicapées à la justice, sur la base de l'égalité avec les autres, y compris par le biais d'aménagements procéduraux et d'aménagements en fonction de l'âge, afin de faciliter leur participation effective, directe ou indirecte, notamment en tant que témoins, à toutes les procédures judiciaires, y compris au stade de l'enquête et aux autres stades préliminaires.

2. Afin d'aider à assurer l'accès effectif des personnes handicapées à la justice, les États Parties favorisent une formation appropriée des personnels concourant à l'administration de la justice, y compris les personnels de police et les personnels pénitentiaires.

Art. 14. — Liberté et sécurité de la personne.

1. Les États Parties veillent à ce que les personnes handicapées, sur la base de l'égalité avec les autres :

a) Jouissent du droit à la liberté et à la sûreté de leur personne ;

b) Ne soient pas privées de leur liberté de façon illégale ou arbitraire ; ils veillent en outre à ce que toute privation de liberté soit conforme à la loi et à ce qu'en aucun cas l'existence d'un handicap ne justifie une privation de liberté.

2. Les États Parties veillent à ce que les personnes handicapées, si elles sont privées de leur liberté à l'issue d'une quelconque procédure, aient droit, sur la base de l'égalité avec les autres, aux garanties prévues par le droit international des droits de l'homme et soient traitées conformément aux buts et principes de la présente Convention, y compris en bénéficiant d'aménagements raisonnables.

Art. 15. — Droit de ne pas être soumis à la torture ni à des peines ou traitements cruels, inhumains ou dégradants.

1. Nul ne sera soumis à la torture, ni à des peines ou traitements cruels, inhumains ou dégradants. En particulier, il est interdit de soumettre une personne sans son libre consentement à une expérience médicale ou scientifique.

2. Les États Parties prennent toutes mesures législatives, administratives, judiciaires et autres mesures efficaces pour empêcher, sur la base de l'égalité avec les autres, que des personnes handicapées ne soient soumises à la torture ou à des peines ou traitements cruels, inhumains ou dégradants.

Art. 16. — Droit de ne pas être soumis à l'exploitation, à la violence et à la maltraitance.

1. Les États Parties prennent toutes mesures législatives, administratives, sociales, éducatives et autres mesures appropriées pour protéger les personnes handicapées, à leur domicile comme à l'extérieur, contre toutes formes d'exploitation, de violence et de maltraitance, y compris leurs aspects fondés sur le sexe.

2. Les États Parties prennent également toutes mesures appropriées pour prévenir toutes les formes d'exploitation, de violence et de maltraitance en assurant notamment aux personnes handicapées, à leur famille et à leurs aidants des formes appropriées d'aide et d'accompagnement adaptées au sexe et à l'âge, y compris en mettant à leur disposition des informations et des services éducatifs sur les moyens d'éviter, de reconnaître et de dénoncer les cas d'exploitation, de violence et de maltraitance. Les États Parties veillent à ce que les services de protection tiennent compte de l'âge, du sexe et du handicap des intéressés.

3. Afin de prévenir toutes les formes d'exploitation, de violence et de maltraitance, les États Parties veillent à ce que tous les établissements et programmes destinés aux personnes handicapées soient effectivement contrôlés par des autorités indépendantes.

4. Les États Parties prennent toutes mesures appropriées pour faciliter le rétablissement physique, cognitif et psychologique, la réadaptation et la réinsertion sociale des personnes handicapées qui ont été victimes d'exploitation, de violence ou de maltraitance sous toutes leurs formes, notamment en mettant à leur disposition des services de protection. Le rétablissement et la réinsertion interviennent dans un environnement qui favorise la santé, le bien-être, l'estime de soi, la dignité et l'autonomie de la personne et qui prend en compte les besoins spécifiquement liés au sexe et à l'âge.

5. Les États Parties mettent en place une législation et des politiques efficaces, y compris une législation et des politiques axées sur les femmes et les enfants, qui garantissent que les cas d'exploitation, de violence et de maltraitance envers des personnes handicapées sont dépistés, font l'objet d'une enquête et, le cas échéant, donnent lieu à des poursuites.

Art. 17. — Protection de l'intégrité de la personne.

Toute personne handicapée a droit au respect de son intégrité physique et mentale sur la base de l'égalité avec les autres.

Art. 18. — Droit de circuler librement et nationalité.

1. Les États Parties reconnaissent aux personnes handicapées, sur la base de l'égalité avec les autres, le droit de circuler librement, le droit de choisir librement leur résidence et le droit à une nationalité, et ils veillent notamment à ce que les personnes handicapées :

a) Aient le droit d'acquérir une nationalité et de changer de nationalité et ne soient pas privées de leur nationalité arbitrairement ou en raison de leur handicap ;

b) Ne soient pas privées, en raison de leur handicap, de la capacité d'obtenir, de posséder et d'utiliser des titres attestant leur nationalité ou autres titres d'identité ou d'avoir recours aux procédures pertinentes, telles que les procédures d'immigration, qui peuvent être nécessaires pour faciliter l'exercice du droit de circuler librement ;

c) Aient le droit de quitter n'importe quel pays, y compris le leur ;

d) Ne soient pas privées, arbitrairement ou en raison de leur handicap, du droit d'entrer dans leur propre pays.

2. Les enfants handicapés sont enregistrés aussitôt leur naissance et ont dès celle-ci le droit à un nom, le droit d'acquérir une nationalité et, dans la mesure du possible, le droit de connaître leurs parents et d'être élevés par eux.

Art. 19. — Autonomie de vie et inclusion dans la société.

Les États Parties à la présente Convention reconnaissent à toutes les personnes handicapées le droit de vivre dans la société, avec la même liberté de choix que les autres personnes, et prennent des mesures efficaces et appropriées pour faciliter aux personnes handicapées la pleine jouissance de ce droit ainsi que leur pleine intégration et participation à la société, notamment en veillant à ce que :

a) Les personnes handicapées aient la possibilité de choisir, sur la base de l'égalité avec les autres, leur lieu de résidence et où et avec qui elles vont vivre et qu'elles ne soient pas obligées de vivre dans un milieu de vie particulier ;

b) Les personnes handicapées aient accès à une gamme de services à domicile ou en établissement et autres services sociaux d'accompagnement, y compris l'aide personnelle nécessaire pour leur permettre de vivre dans la société et de s'y insérer et pour empêcher qu'elles ne soient isolées ou victimes de ségrégation ;

c) Les services et équipements sociaux destinés à la population générale soient mis à la disposition des personnes handicapées, sur la base de l'égalité avec les autres, et soient adaptés à leurs besoins.

Art. 20. — Mobilité personnelle.

Les États Parties prennent des mesures efficaces pour assurer la mobilité personnelle des personnes handicapées, dans la plus grande autonomie possible, y compris en :

a) Facilitant la mobilité personnelle des personnes handicapées selon les modalités et au moment que celles-ci choisissent, et à un coût abordable ;

b) Facilitant l'accès des personnes handicapées à des aides à la mobilité, appareils et accessoires, technologies d'assistance, formes d'aide humaine ou animalière et médiateurs de qualité, notamment en faisant en sorte que leur coût soit abordable ;

c) Dispensant aux personnes handicapées et aux personnels spécialisés qui travaillent avec elles une formation aux techniques de mobilité ;

d) Encourageant les organismes qui produisent des aides à la mobilité, des appareils et accessoires et des technologies d'assistance à prendre en compte tous les aspects de la mobilité des personnes handicapées.

Art. 21. — Liberté d'expression et d'opinion et accès à l'information.

Les États Parties prennent toutes mesures appropriées pour que les personnes handicapées puissent exercer le droit à la liberté d'expression et d'opinion, y compris la liberté de demander, recevoir et communiquer des informations et des idées, sur la base de l'égalité avec les autres et en recourant à tous moyens de communication de leur choix au sens de l'article 2 de la présente Convention. À cette fin, les États Parties :

a) Communiquent les informations destinées au grand public aux personnes handicapées, sans tarder et sans frais supplémentaires pour celles-ci, sous des formes accessibles et au moyen de technologies adaptées aux différents types de handicap ;

b) Acceptent et facilitent le recours par les personnes handicapées, pour leurs démarches officielles, à la langue des signes, au braille, à la communication améliorée et alternative et à tous les autres moyens, modes et formes accessibles de communication de leur choix ;

c) Demandent instamment aux organismes privés qui mettent des services à la disposition du public, y compris par le biais de l'internet, de fournir des informations et des services sous des formes accessibles aux personnes handicapées et que celles-ci puissent utiliser ;

d) Encouragent les médias, y compris ceux qui communiquent leurs informations par l'internet, à rendre leurs services accessibles aux personnes handicapées ;

e) Reconnaissent et favorisent l'utilisation des langues des signes.

Art. 22. — Respect de la vie privée.

1. Aucune personne handicapée, quel que soit son lieu de résidence ou son milieu de vie, ne sera l'objet d'immixtions arbitraires ou illégales dans sa vie privée, sa famille, son domicile ou sa correspondance ou autres types de communication ni d'atteintes illégales à son honneur et à sa réputation. Les personnes handicapées ont droit à la protection de la loi contre de telles immixtions ou de telles atteintes.

2. Les États Parties protègent la confidentialité des informations personnelles et des informations relatives à la santé et à la réadaptation des personnes handicapées, sur la base de l'égalité avec les autres.

Art. 23. — Respect du domicile et de la famille.

1. Les États Parties prennent des mesures efficaces et appropriées pour éliminer la discrimination à l'égard des personnes handicapées dans tout ce qui a trait au mariage, à la famille, à la fonction parentale et aux relations personnelles, sur la base de l'égalité avec les autres, et veillent à ce que :

a) Soit reconnu à toutes les personnes handicapées, à partir de l'âge nubile, le droit de se marier et de fonder une famille sur la base du libre et plein consentement des futurs époux ;

b) Soient reconnus aux personnes handicapées le droit de décider librement et en toute connaissance de cause du nombre de leurs enfants et de l'espacement des naissances ainsi que le droit d'avoir accès, de façon appropriée pour leur âge, à l'information et à l'éducation en matière de procréation et de planification familiale ; et à ce que les moyens nécessaires à l'exercice de ces droits leur soient fournis ;

c) Les personnes handicapées, y compris les enfants, conservent leur fertilité, sur la base de l'égalité avec les autres.

2. Les États Parties garantissent les droits et responsabilités des personnes handicapées en matière de tutelle, de curatelle, de garde et d'adoption des enfants ou d'institutions similaires, lorsque ces institutions existent dans la législation nationale ; dans tous les cas, l'intérêt supérieur de l'enfant est la considération primordiale. Les États Parties apportent une aide appropriée aux personnes handicapées dans l'exercice de leurs responsabilités parentales.

3. Les États Parties veillent à ce que les enfants handicapés aient des droits égaux dans leur vie en famille. Aux fins de l'exercice de ces droits et en vue de prévenir la dissimulation, l'abandon, le délaissement et la ségrégation des enfants handicapés, les États Parties s'engagent à fournir aux enfants handicapés et à leur famille, à un stade précoce, un large éventail d'informations et de services, dont des services d'accompagnement.

4. Les États Parties veillent à ce qu'aucun enfant ne soit séparé de ses parents contre leur gré, à moins que les autorités compétentes, sous réserve d'un contrôle juridictionnel, ne décident, conformément au droit et aux procédures applicables, qu'une telle séparation est nécessaire dans l'intérêt supérieur de l'enfant. En aucun cas un enfant ne doit être séparé de ses parents en raison de son handicap ou du handicap de l'un ou des deux parents.

5. Les États Parties s'engagent, lorsque la famille immédiate n'est pas en mesure de s'occuper d'un enfant handicapé, à ne négliger aucun effort pour assurer la prise en charge de l'enfant par la famille élargie et, si cela n'est pas possible, dans un cadre familial au sein de la communauté.

Art. 24. — Éducation.

1. Les États Parties reconnaissent le droit des personnes handicapées à l'éducation. En vue d'assurer l'exercice de ce droit sans discrimination et sur la base de l'égalité des chances, les États Parties font en sorte que le système éducatif pourvoie à l'insertion scolaire à tous les niveaux et offre, tout au long de la vie, des possibilités d'éducation qui visent :

a) Le plein épanouissement du potentiel humain et du sentiment de dignité et d'estime de soi, ainsi que le renforcement du respect des droits de l'homme, des libertés fondamentales et de la diversité humaine ;

b) L'épanouissement de la personnalité des personnes handicapées, de leurs talents et de leur créativité ainsi que de leurs aptitudes mentales et physiques, dans toute la mesure de leurs potentialités ;

c) La participation effective des personnes handicapées à une société libre.

2. Aux fins de l'exercice de ce droit, les États Parties veillent à ce que :

a) Les personnes handicapées ne soient pas exclues, sur le fondement de leur handicap, du système d'enseignement général et à ce que les enfants handicapés ne soient pas exclus, sur le fondement de leur handicap, de l'enseignement primaire gratuit et obligatoire ou de l'enseignement secondaire ;

b) Les personnes handicapées puissent, sur la base de l'égalité avec les autres, avoir accès, dans les communautés où elles vivent, à un enseignement primaire inclusif, de qualité et gratuit, et à l'enseignement secondaire ;

c) Il soit procédé à des aménagements raisonnables en fonction des besoins de chacun ;

d) Les personnes handicapées bénéficient, au sein du système d'enseignement général, de l'accompagnement nécessaire pour faciliter leur éducation effective ;

e) Des mesures d'accompagnement individualisé efficaces soient prises dans des environnements qui optimisent le progrès scolaire et la socialisation, conformément à l'objectif de pleine intégration.

3. Les États Parties donnent aux personnes handicapées la possibilité d'acquérir les compétences pratiques et sociales nécessaires de façon à faciliter leur pleine et égale

participation au système d'enseignement et à la vie de la communauté. À cette fin, les États Parties prennent des mesures appropriées, notamment :

a) Facilitent l'apprentissage du braille, de l'écriture adaptée et des modes, moyens et formes de communication améliorée et alternative, le développement des capacités d'orientation et de la mobilité, ainsi que le soutien par les pairs et le mentorat ;

b) Facilitent l'apprentissage de la langue des signes et la promotion de l'identité linguistique des personnes sourdes ;

c) Veillent à ce que les personnes aveugles, sourdes ou sourdes et aveugles, en particulier les enfants, reçoivent un enseignement dispensé dans la langue et par le biais des modes et moyens de communication qui conviennent le mieux à chacun, et ce, dans des environnements qui optimisent le progrès scolaire et la sociabilisation.

4. Afin de faciliter l'exercice de ce droit, les États Parties prennent des mesures appropriées pour employer des enseignants, y compris des enseignants handicapés, qui ont une qualification en langue des signes ou en braille et pour former les cadres et personnels éducatifs à tous les niveaux. Cette formation comprend la sensibilisation aux handicaps et l'utilisation des modes, moyens et formes de communication améliorée et alternative et des techniques et matériels pédagogiques adaptés aux personnes handicapées.

5. Les États Parties veillent à ce que les personnes handicapées puissent avoir accès, sans discrimination et sur la base de l'égalité avec les autres, à l'enseignement tertiaire général, à la formation professionnelle, à l'enseignement pour adultes et à la formation continue. À cette fin, ils veillent à ce que des aménagements raisonnables soient apportés en faveur des personnes handicapées.

Art. 25. — Santé.

Les États Parties reconnaissent que les personnes handicapées ont le droit de jouir du meilleur état de santé possible sans discrimination fondée sur le handicap. Ils prennent toutes les mesures appropriées pour leur assurer l'accès à des services de santé qui prennent en compte les sexospécificités, y compris des services de réadaptation. En particulier, les États Parties :

a) Fournissent aux personnes handicapées des services de santé gratuits ou d'un coût abordable couvrant la même gamme et de la même qualité que ceux offerts aux autres personnes, y compris des services de santé sexuelle et génésique et des programmes de santé publique communautaires ;

b) Fournissent aux personnes handicapées les services de santé dont celles-ci ont besoin en raison spécifiquement de leur handicap, y compris des services de dépistage précoce et, s'il y a lieu, d'intervention précoce, et des services destinés à réduire au maximum ou à prévenir les nouveaux handicaps, notamment chez les enfants et les personnes âgées ;

c) Fournissent ces services aux personnes handicapées aussi près que possible de leur communauté, y compris en milieu rural ;

d) Exigent des professionnels de la santé qu'ils dispensent aux personnes handicapées des soins de la même qualité que ceux dispensés aux autres, notamment qu'ils obtiennent le consentement libre et éclairé des personnes handicapées concernées ; à cette fin, les États Parties mènent des activités de formation et promulguent des règles déontologiques pour les secteurs public et privé de la santé de façon, entre autres, à sensibiliser les personnels aux droits de l'homme, à la dignité, à l'autonomie et aux besoins des personnes handicapées ;

e) Interdisent dans le secteur des assurances la discrimination à l'encontre des personnes handicapées, qui doivent pouvoir obtenir à des conditions équitables et raisonnables une assurance maladie et, dans les pays où elle est autorisée par le droit national, une assurance-vie ;

f) Empêchent tout refus discriminatoire de fournir des soins ou services médicaux ou des aliments ou des liquides en raison d'un handicap.

Art. 26. — Adaptation et réadaptation.

1. Les États Parties prennent des mesures efficaces et appropriées, faisant notamment intervenir l'entraide entre pairs, pour permettre aux personnes handicapées d'atteindre et de conserver le maximum d'autonomie, de réaliser pleinement leur potentiel physique, mental, social et professionnel, et de parvenir à la pleine intégration et à la pleine participation à tous les aspects de la vie. À cette fin, les États Parties organisent, renforcent et développent des services et programmes diversifiés d'adaptation et de réadaptation, en particulier dans les domaines de la santé, de l'emploi, de l'éducation et des services sociaux, de telle sorte que ces services et programmes :

a) Commencent au stade le plus précoce possible et soient fondés sur une évaluation pluridisciplinaire des besoins et des atouts de chacun ;

b) Facilitent la participation et l'intégration à la communauté et à tous les aspects de la société, soient librement acceptés et soient mis à la disposition des personnes handicapées aussi près que possible de leur communauté, y compris dans les zones rurales.

2. Les États Parties favorisent le développement de la formation initiale et continue des professionnels et personnels qui travaillent dans les services d'adaptation et de réadaptation.

3. Les États Parties favorisent l'offre, la connaissance et l'utilisation d'appareils et de technologies d'aide, conçus pour les personnes handicapées, qui facilitent l'adaptation et la réadaptation.

Art. 27. — Travail et emploi.

1. Les États Parties reconnaissent aux personnes handicapées, sur la base de l'égalité avec les autres, le droit au travail, notamment à la possibilité de gagner leur vie en accomplissant un travail librement choisi ou accepté sur un marché du travail et dans un milieu de travail ouverts, favorisant l'inclusion et accessibles aux personnes handicapées. Ils garantissent et favorisent l'exercice du droit au travail, y compris pour ceux qui ont acquis un handicap en cours d'emploi, en prenant des mesures appropriées, y compris des mesures législatives, pour notamment :

a) Interdire la discrimination fondée sur le handicap dans tout ce qui a trait à l'emploi sous toutes ses formes, notamment les conditions de recrutement, d'embauche et d'emploi, le maintien dans l'emploi, l'avancement et les conditions de sécurité et d'hygiène au travail ;

b) Protéger le droit des personnes handicapées à bénéficier, sur la base de l'égalité avec les autres, de conditions de travail justes et favorables, y compris l'égalité des chances et l'égalité de rémunération à travail égal, la sécurité et l'hygiène sur les lieux de travail, la protection contre le harcèlement et des procédures de règlement des griefs ;

c) Faire en sorte que les personnes handicapées puissent exercer leurs droits professionnels et syndicaux sur la base de l'égalité avec les autres ;

d) Permettre aux personnes handicapées d'avoir effectivement accès aux programmes d'orientation technique et professionnel, aux services de placement et aux services de formation professionnelle et continue offerts à la population en général ;

e) Promouvoir les possibilités d'emploi et d'avancement des personnes handicapées sur le marché du travail, ainsi que l'aide à la recherche et à l'obtention d'un emploi, au maintien dans l'emploi et au retour à l'emploi ;

f) Promouvoir les possibilités d'exercice d'une activité indépendante, l'esprit d'entreprise, l'organisation de coopératives et la création d'entreprise ;

g) Employer des personnes handicapées dans le secteur public ;

h) Favoriser l'emploi de personnes handicapées dans le secteur privé en mettant en œuvre des politiques et mesures appropriées, y compris le cas échéant des programmes d'action positive, des incitations et d'autres mesures ;

i) Faire en sorte que des aménagements raisonnables soient apportés aux lieux de travail en faveur des personnes handicapées ;

j) Favoriser l'acquisition par les personnes handicapées d'une expérience professionnelle sur le marché du travail général ;

k) Promouvoir des programmes de réadaptation technique et professionnelle, de maintien dans l'emploi et de retour à l'emploi pour les personnes handicapées.

2. Les États Parties veillent à ce que les personnes handicapées ne soient tenues ni en esclavage ni en servitude, et à ce qu'elles soient protégées, sur la base de l'égalité avec les autres, contre le travail forcé ou obligatoire.

Art. 28. — Niveau de vie adéquat et protection sociale.

1. Les États Parties reconnaissent le droit des personnes handicapées à un niveau de vie adéquat pour elles-mêmes et pour leur famille, notamment une alimentation, un habillement et un logement adéquats, et à une amélioration constante de leurs conditions de vie et prennent des mesures appropriées pour protéger et promouvoir l'exercice de ce droit sans discrimination fondée sur le handicap.

2. Les États Parties reconnaissent le droit des personnes handicapées à la protection sociale et à la jouissance de ce droit sans discrimination fondée sur le handicap et prennent des mesures appropriées pour protéger et promouvoir l'exercice de ce droit, y compris des mesures destinées à :

a) Assurer aux personnes handicapées l'égalité d'accès aux services d'eau salubre et leur assurer l'accès à des services, appareils et accessoires et autres aides répondant aux besoins créés par leur handicap qui soient appropriés et abordables ;

b) Assurer aux personnes handicapées, en particulier aux femmes et aux filles et aux personnes âgées, l'accès aux programmes de protection sociale et aux programmes de réduction de la pauvreté ;

c) Assurer aux personnes handicapées et à leurs familles, lorsque celles-ci vivent dans la pauvreté, l'accès à l'aide publique pour couvrir les frais liés au handicap, notamment les frais permettant d'assurer adéquatement une formation, un soutien psychologique, une aide financière ou une prise en charge de répit ;

d) Assurer aux personnes handicapées l'accès aux programmes de logements sociaux ;

e) Assurer aux personnes handicapées l'égalité d'accès aux programmes et prestations de retraite.

Art. 29. — Participation à la vie politique et à la vie publique.

Les États Parties garantissent aux personnes handicapées la jouissance des droits politiques et la possibilité de les exercer sur la base de l'égalité avec les autres, et s'engagent :

a) À faire en sorte que les personnes handicapées puissent effectivement et pleinement participer à la vie politique et à la vie publique sur la base de l'égalité avec les autres, que ce soit directement ou par l'intermédiaire de représentants librement choisis, notamment qu'elles aient le droit et la possibilité de voter et d'être élues, et pour cela les États Parties, entre autres mesures :

i) Veillent à ce que les procédures, équipements et matériels électoraux soient appropriés, accessibles et faciles à comprendre et à utiliser ;

ii) Protègent le droit qu'ont les personnes handicapées de voter à bulletin secret et sans intimidation aux élections et référendums publics, de se présenter aux élections et d'exercer effectivement un mandat électif ainsi que d'exercer toutes fonctions publiques à tous les niveaux de l'État, et facilitent, s'il y a lieu, le recours aux technologies d'assistance et aux nouvelles technologies ;

iii) Garantissent la libre expression de la volonté des personnes handicapées en tant qu'électeurs et à cette fin si nécessaire, et à leur demande, les autorisent à se faire assister d'une personne de leur choix pour voter ;

b) À promouvoir activement un environnement dans lequel les personnes handicapées peuvent effectivement et pleinement participer à la conduite des affaires publiques, sans discrimination et sur la base de l'égalité avec les autres, et à encourager leur participation aux affaires publiques, notamment par le biais :

i) De leur participation aux organisations non gouvernementales et associations qui s'intéressent à la vie publique et politique du pays, et de leur participation aux activités et à l'administration des partis politiques ;

ii) De la constitution d'organisations de personnes handicapées pour les représenter aux niveaux international, national, régional et local et de l'adhésion à ces organisations.

Art. 30. — Participation à la vie culturelle et récréative, aux loisirs et aux sports.

1. Les États Parties reconnaissent le droit des personnes handicapées de participer à la vie culturelle, sur la base de l'égalité avec les autres, et prennent toutes mesures appropriées pour faire en sorte qu'elles :

a) Aient accès aux produits culturels dans des formats accessibles ;

b) Aient accès aux émissions de télévision, aux films, aux pièces de théâtre et autres activités culturelles dans des formats accessibles ;

c) Aient accès aux lieux d'activités culturelles tels que les théâtres, les musées, les cinémas, les bibliothèques et les services touristiques, et, dans la mesure du possible, aux monuments et sites importants pour la culture nationale.

2. Les États Parties prennent des mesures appropriées pour donner aux personnes handicapées la possibilité de développer et de réaliser leur potentiel créatif, artistique et intellectuel, non seulement dans leur propre intérêt, mais aussi pour l'enrichissement de la société.

3. Les États Parties prennent toutes mesures appropriées, conformément au droit international, pour faire en sorte que les lois protégeant les droits de propriété intellectuelle ne constituent pas un obstacle déraisonnable ou discriminatoire à l'accès des personnes handicapées aux produits culturels.

4. Les personnes handicapées ont droit, sur la base de l'égalité avec les autres, à la reconnaissance et au soutien de leur identité culturelle et linguistique spécifique, y compris les langues des signes et la culture des sourds.

5. Afin de permettre aux personnes handicapées de participer, sur la base de l'égalité avec les autres, aux activités récréatives, de loisir et sportives, les États Parties prennent des mesures appropriées pour :

a) Encourager et promouvoir la participation, dans toute la mesure possible, de personnes handicapées aux activités sportives ordinaires à tous les niveaux ;

b) Faire en sorte que les personnes handicapées aient la possibilité d'organiser et de mettre au point des activités sportives et récréatives qui leur soient spécifiques et d'y participer, et, à cette fin, encourager la mise à leur disposition, sur la base de l'égalité avec les autres, de moyens d'entraînements, de formations et de ressources appropriés ;

c) Faire en sorte que les personnes handicapées aient accès aux lieux où se déroulent des activités sportives, récréatives et touristiques ;

d) Faire en sorte que les enfants handicapés puissent participer, sur la base de l'égalité avec les autres enfants, aux activités ludiques, récréatives, de loisir et sportives, y compris dans le système scolaire ;

e) Faire en sorte que les personnes handicapées aient accès aux services des personnes et organismes chargés d'organiser des activités récréatives, de tourisme et de loisir et des activités sportives.

Art. 31. — Statistiques et collecte des données.

1. Les États Parties s'engagent à recueillir des informations appropriées, y compris des données statistiques et résultats de recherches, qui leur permettent de formuler et d'appliquer des politiques visant à donner effet à la présente Convention. Les procédures de collecte et de conservation de ces informations respectent :

a) Les garanties légales, y compris celles qui découlent de la législation sur la protection des données, afin d'assurer la confidentialité et le respect de la vie privée des personnes handicapées ;

b) Les normes internationalement acceptées de protection des droits de l'homme et des libertés fondamentales et les principes éthiques qui régissent la collecte et l'exploitation des statistiques.

2. Les informations recueillies conformément au présent article sont désagrégées, selon qu'il convient, et utilisées pour évaluer la façon dont les États Parties s'acquittent des obligations qui leur incombent en vertu de la présente Convention et identifier et lever les obstacles que rencontrent les personnes handicapées dans l'exercice de leurs droits.

3. Les États Parties ont la responsabilité de diffuser ces statistiques et veillent à ce qu'elles soient accessibles aux personnes handicapées et autres personnes.

Art. 32. — Coopération internationale.

1. Les États Parties reconnaissent l'importance de la coopération internationale et de sa promotion, à l'appui des efforts déployés au niveau national pour la réalisation de l'objet et des buts de la présente Convention, et prennent des mesures appropriées et efficaces à cet égard, entre eux et, s'il y a lieu, en partenariat avec les organisations internationales et régionales compétentes et la société civile, en particulier les organisations de personnes handicapées. Ils peuvent notamment prendre des mesures destinées à :

a) Faire en sorte que la coopération internationale, y compris les programmes internationaux de développement, prenne en compte les personnes handicapées et leur soit accessible ;

b) Faciliter et appuyer le renforcement des capacités, notamment grâce à l'échange et au partage d'informations, d'expériences, de programmes de formation et de pratiques de référence ;

c) Faciliter la coopération aux fins de la recherche et de l'accès aux connaissances scientifiques et techniques ;

d) Apporter, s'il y a lieu, une assistance technique et une aide économique, y compris en facilitant l'acquisition et la mise en commun de technologies d'accès et d'assistance et en opérant des transferts de technologie.

2. Les dispositions du présent article sont sans préjudice de l'obligation dans laquelle se trouve chaque État Partie de s'acquitter des obligations qui lui incombent en vertu de la présente Convention.

Art. 33. — Application et suivi au niveau national.

1. Les États Parties désignent, conformément à leur système de gouvernement, un ou plusieurs points de contact pour les questions relatives à l'application de la présente Convention et envisagent dûment de créer ou désigner, au sein de leur administration, un dispositif de coordination chargé de faciliter les actions liées à cette application dans différents secteurs et à différents niveaux.

2. Les États Parties, conformément à leurs systèmes administratif et juridique, maintiennent, renforcent, désignent ou créent, au niveau interne, un dispositif, y compris un ou plusieurs mécanismes indépendants, selon qu'il conviendra, de promotion, de protection et de suivi de l'application de la présente Convention. En désignant ou en créant un tel mécanisme, ils tiennent compte des principes applicables au statut et au fonctionnement des institutions nationales de protection et de promotion des droits de l'homme.

3. La société civile, en particulier les personnes handicapées et les organisations qui les représentent, est associée et participe pleinement à la fonction de suivi.

Art. 34. — Comité des droits des personnes handicapées.

1. Il est institué un Comité des droits des personnes handicapées (ci-après dénommé « le Comité ») qui s'acquitte des fonctions définies ci-après.

2. Le Comité se compose, au moment de l'entrée en vigueur de la présente Convention, de douze experts. Après soixante ratifications et adhésions supplémentaires à la Convention, il sera ajouté six membres au Comité, qui atteindra alors sa composition maximum de dix-huit membres.

3. Les membres du Comité siègent à titre personnel et sont des personnalités d'une haute autorité morale et justifiant d'une compétence et d'une expérience reconnues dans le domaine auquel s'applique la présente Convention. Les États Parties sont invités, lorsqu'ils désignent leurs candidats, à tenir dûment compte de la disposition énoncée au paragraphe 3 de l'article 4 de la présente Convention.

4. Les membres du Comité sont élus par les États Parties, compte tenu des principes de répartition géographique équitable, de représentation des différentes formes de civilisation et des principaux systèmes juridiques, de représentation équilibrée des sexes et de participation d'experts handicapés.

5. Les membres du Comité sont élus au scrutin secret sur une liste de candidats désignés par les États Parties parmi leurs ressortissants, lors de réunions de la Conférence des États Parties. À ces réunions, où le quorum est constitué par les deux tiers des États Parties, sont élus membres du Comité les candidats ayant obtenu le plus grand nombre de voix et la majorité absolue des votes des représentants des États Parties présents et votants.

6. La première élection aura lieu dans les six mois suivant la date d'entrée en vigueur de la présente Convention. Quatre mois au moins avant la date de chaque élection, le Secrétaire général de l'Organisation des Nations unies invitera par écrit les États Parties à proposer leurs candidats dans un délai de deux mois. Le Secrétaire général dressera ensuite la liste alphabétique des candidats ainsi désignés, en indiquant les États Parties qui les ont désignés, et la communiquera aux États Parties à la présente Convention.

7. Les membres du Comité sont élus pour quatre ans. Ils sont rééligibles une fois. Toutefois, le mandat de six des membres élus lors de la première élection prend fin au bout de deux ans ; immédiatement après la première élection, les noms de ces six membres sont tirés au sort par le Président de la réunion visée au paragraphe 5 du présent article.

8. L'élection des six membres additionnels du Comité se fera dans le cadre d'élections ordinaires, conformément aux dispositions du présent article.

9. En cas de décès ou de démission d'un membre du Comité, ou si, pour toute autre raison, un membre déclare ne plus pouvoir exercer ses fonctions, l'État Partie qui avait présenté sa candidature nomme un autre expert possédant les qualifications et répondant aux conditions énoncées dans les dispositions pertinentes du présent article pour pourvoir le poste ainsi vacant jusqu'à l'expiration du mandat correspondant.

10. Le Comité adopte son règlement intérieur.

11. Le Secrétaire général de l'Organisation des Nations unies met à la disposition du Comité le personnel et les moyens matériels qui lui sont nécessaires pour s'acquitter efficacement des fonctions qui lui sont confiées en vertu de la présente Convention et convoque sa première réunion.

12. Les membres du Comité reçoivent, avec l'approbation de l'Assemblée générale des Nations unies, des émoluments prélevés sur les ressources de l'Organisation des Nations unies dans les conditions fixées par l'Assemblée générale, eu égard à l'importance des fonctions du Comité.

13. Les membres du Comité bénéficient des facilités, privilèges et immunités accordés aux experts en mission pour l'Organisation des Nations unies, tels qu'ils sont prévus dans les sections pertinentes de la Convention sur les privilèges et les immunités des Nations unies.

Art. 35. — Rapports des États Parties.

1. Chaque État Partie présente au Comité, par l'entremise du Secrétaire général de l'Organisation des Nations unies, un rapport détaillé sur les mesures qu'il a prises pour s'acquitter de ses obligations en vertu de la présente Convention et sur les progrès accomplis à cet égard, dans un délai de deux ans à compter de l'entrée en vigueur de la présente Convention pour l'État Partie intéressé.

2. Les États Parties présentent ensuite des rapports complémentaires au moins tous les quatre ans, et tous autres rapports demandés par le Comité.

3. Le Comité adopte, le cas échéant, des directives relatives à la teneur des rapports.

4. Les États Parties qui ont présenté au Comité un rapport initial détaillé n'ont pas, dans les rapports qu'ils lui présentent ensuite, à répéter les informations déjà communiquées. Les États Parties sont invités à établir leurs rapports selon une procédure ouverte et transparente et tenant dûment compte de la disposition énoncée au paragraphe 3 de l'article 4 de la présente Convention.

5. Les rapports peuvent indiquer les facteurs et les difficultés qui affectent l'accomplissement des obligations prévues par la présente Convention.

Art. 36. — Examen des rapports.

1. Chaque rapport est examiné par le Comité, qui formule les suggestions et recommandations d'ordre général sur le rapport qu'il estime appropriées et qui les transmet à l'État Partie intéressé. Cet État Partie peut communiquer en réponse au Comité toutes informations qu'il juge utiles. Le Comité peut demander aux États Parties tous renseignements complémentaires relatifs à l'application de la présente Convention.

2. En cas de retard important d'un État Partie dans la présentation d'un rapport, le Comité peut lui notifier qu'il sera réduit à examiner l'application de la présente Convention dans cet État Partie à partir des informations fiables dont il peut disposer, à moins que le rapport attendu ne lui soit présenté dans les trois mois de la notification. Le Comité invitera l'État Partie intéressé à participer à cet examen. Si l'État Partie répond en présentant son rapport, les dispositions du paragraphe 1 du présent article s'appliqueront.

3. Le Secrétaire général de l'Organisation des Nations unies communique les rapports à tous les États Parties.

4. Les États Parties mettent largement leurs rapports à la disposition du public dans leur propre pays et facilitent l'accès du public aux suggestions et recommandations d'ordre général auxquelles ils ont donné lieu.

5. Le Comité transmet aux institutions spécialisées, fonds et programmes des Nations unies et aux autres organismes compétents, s'il le juge nécessaire, les rapports des États Parties contenant une demande ou indiquant un besoin de conseils

ou d'assistance techniques, accompagnés, le cas échéant, de ses observations et recommandations touchant ladite demande ou indication, afin qu'il puisse y être répondu.

Art. 37. — Coopération entre les États Parties et le Comité.

1. Les États Parties coopèrent avec le Comité et aident ses membres à s'acquitter de leur mandat.

2. Dans ses rapports avec les États Parties, le Comité accordera toute l'attention voulue aux moyens de renforcer les capacités nationales aux fins de l'application de la présente Convention, notamment par le biais de la coopération internationale.

Art. 38. — Rapports du Comité avec d'autres organismes et organes.

Pour promouvoir l'application effective de la présente Convention et encourager la coopération internationale dans le domaine qu'elle vise :

a) Les institutions spécialisées et autres organismes des Nations unies ont le droit de se faire représenter lors de l'examen de l'application des dispositions de la présente Convention qui relèvent de leur mandat. Le Comité peut inviter les institutions spécialisées et tous autres organismes qu'il jugera appropriés à donner des avis spécialisés sur l'application de la Convention dans les domaines qui relèvent de leurs mandats respectifs. Il peut inviter les institutions spécialisées et les autres organismes des Nations unies à lui présenter des rapports sur l'application de la Convention dans les secteurs qui relèvent de leur domaine d'activité ;

b) Dans l'accomplissement de son mandat, le Comité consulte, selon qu'il le juge approprié, les autres organes pertinents créés par les traités internationaux relatifs aux droits de l'homme en vue de garantir la cohérence de leurs directives en matière d'établissement de rapports, de leurs suggestions et de leurs recommandations générales respectives et d'éviter les doublons et les chevauchements dans l'exercice de leurs fonctions.

Art. 39. — Rapport du Comité.

Le Comité rend compte de ses activités à l'Assemblée générale et au Conseil économique et social tous les deux ans et peut formuler des suggestions et des recommandations générales fondées sur l'examen des rapports et des informations reçus des États Parties. Ces suggestions et ces recommandations générales sont incluses dans le rapport du Comité, accompagnées, le cas échéant, des observations des États Parties.

N° 36.2 Protocole facultatif se rapportant à la Convention relative aux droits des personnes handicapées, signé à New York le 13 décembre 2006 (extraits) [87]

Article premier. — 1. Tout État Partie au présent Protocole (« État Partie ») reconnaît que le Comité des droits des personnes handicapées (« le Comité ») a compétence pour recevoir et examiner les communications présentées par des particuliers ou groupes de particuliers ou au nom de particuliers ou groupes de particuliers relevant de sa juridiction qui prétendent être victimes d'une violation par cet État Partie des dispositions de la Convention.

(87) Ce protocole a été ratifié par la France le 18 février 2010 et publié par le décret n° 2010-356 du 1er avril 2010 en même temps que la Convention.

2. Le Comité ne reçoit aucune communication intéressant un État Partie à la Convention qui n'est pas partie au présent Protocole.

Art. 2. — Le Comité déclare irrecevable toute communication :

a) Qui est anonyme ;

b) Qui constitue un abus du droit de présenter de telles communications ou est incompatible avec les dispositions de la Convention ;

c) Ayant trait à une question qu'il a déjà examinée ou qui a déjà été examinée ou est en cours d'examen devant une autre instance internationale d'enquête ou de règlement ;

d) Concernant laquelle tous les recours internes disponibles n'ont pas été épuisés, à moins que la procédure de recours n'excède des délais raisonnables ou qu'il soit improbable que le requérant obtienne réparation par ce moyen ;

e) Qui est manifestement mal fondée ou insuffisamment motivée ; ou

f) Qui porte sur des faits antérieurs à la date d'entrée en vigueur du présent Protocole à l'égard de l'État Partie intéressé, à moins que ces faits ne persistent après cette date.

Art. 3. — Sous réserve des dispositions de l'article 2 du présent Protocole, le Comité porte confidentiellement à l'attention de l'État Partie intéressé toute communication qui lui est adressée. L'État Partie intéressé soumet par écrit au Comité, dans un délai de six mois, des explications ou déclarations éclaircissant la question et indiquant les mesures qu'il pourrait avoir prises pour remédier à la situation.

Art. 4. — 1. Après réception d'une communication et avant de prendre une décision sur le fond, le Comité peut à tout moment soumettre à l'urgente attention de l'État Partie intéressé une demande tendant à ce qu'il prenne les mesures conservatoires nécessaires pour éviter qu'un dommage irréparable ne soit causé aux victimes de la violation présumée.

2. Le Comité ne préjuge pas de sa décision sur la recevabilité ou le fond de la communication du simple fait qu'il exerce la faculté que lui donne le paragraphe 1 du présent article.

Art. 5. — Le Comité examine à huis clos les communications qui lui sont adressées en vertu du présent Protocole. Après avoir examiné une communication, le Comité transmet ses suggestions et recommandations éventuelles à l'État Partie intéressé et au pétitionnaire.

Art. 6. — 1. Si le Comité est informé, par des renseignements crédibles, qu'un État Partie porte gravement ou systématiquement atteinte aux droits énoncés dans la Convention, il invite cet État à s'entretenir avec lui des renseignements portés à son attention et à présenter ses observations à leur sujet.

2. Le Comité, se fondant sur les observations éventuellement formulées par l'État Partie intéressé, ainsi que sur tout autre renseignement crédible dont il dispose, peut charger un ou plusieurs de ses membres d'effectuer une enquête et de lui rendre compte sans tarder des résultats de celle-ci. Cette enquête peut, lorsque cela se justifie et avec l'accord de l'État Partie, comporter une visite sur le territoire de cet État.

3. Après avoir étudié les résultats de l'enquête, le Comité les communique à l'État Partie intéressé, accompagnés, le cas échéant, d'observations et de recommandations.

4. Après avoir été informé des résultats de l'enquête et des observations et recommandations du Comité, l'État Partie présente ses observations à celui-ci dans un délai de six mois.

5. L'enquête conserve un caractère confidentiel et la coopération de l'État Partie sera sollicitée à tous les stades de la procédure.

Art. 7. — 1. Le Comité peut inviter l'État Partie intéressé à inclure, dans le rapport qu'il doit présenter conformément à l'article 35 de la Convention, des précisions sur les mesures qu'il a prises à la suite d'une enquête effectuée en vertu de l'article 6 du présent Protocole.

2. À l'expiration du délai de six mois visé au paragraphe 4 de l'article 6, le Comité peut, s'il y a lieu, inviter l'État Partie intéressé à l'informer des mesures qu'il a prises à la suite de l'enquête.

Art. 8. — Tout État Partie peut, au moment où il signe ou ratifie le présent Protocole ou y adhère, déclarer qu'il ne reconnaît pas au Comité la compétence que lui confèrent les articles 6 et 7.

7) La Cour pénale internationale

Nº 37 Convention portant Statut de la Cour pénale internationale,
signée à Rome le 18 juillet 1998 (extraits) [88]

Chapitre I

Institution de la Cour

Article premier. — La Cour.

Il est créé une Cour pénale internationale (« la Cour ») en tant qu'institution permanente, qui peut exercer sa compétence à l'égard des personnes pour les crimes les plus graves ayant une portée internationale, au sens du présent Statut. Elle est complémentaire des juridictions pénales nationales. Sa compétence et son fonctionnement sont régis par les dispositions du présent Statut.

Art. 2. — Lien de la Cour avec les Nations unies.

La Cour est liée aux Nations unies par un accord qui doit être approuvé par l'Assemblée des États Parties au présent Statut, puis conclu par le Président de la Cour au nom de celle-ci.

Art. 3. — Siège de la Cour.

1. La Cour a son siège à La Haye, aux Pays-Bas (« l'État hôte »).

2. La Cour et l'État hôte conviennent d'un accord de siège qui doit être approuvé par l'Assemblée des États Parties, puis conclu par le Président de la Cour au nom de celle-ci.

3. Si elle le juge souhaitable, la Cour peut siéger ailleurs selon les dispositions du présent Statut.

(88) La Cour pénale internationale a été créée à Rome le 17 juillet 1998 par la Conférence diplomatique des Nations unies. Le traité l'instituant est entré en vigueur le 1er juillet 2002. Le texte présenté ici inclut les différentes modifications intervenues depuis sa création. La France reconnaît la juridiction de cette Cour dans l'article 53-2 de la Constitution. Elle a ratifié cette convention par la loi n° 2000-282 du 30 mars 2000.

Art. 4. — Régime et pouvoirs juridiques de la Cour.

1. La Cour a la personnalité juridique internationale. Elle a aussi la capacité juridique qui lui est nécessaire pour exercer ses fonctions et accomplir sa mission.

2. La Cour peut exercer ses fonctions et ses pouvoirs, comme prévu dans le présent Statut, sur le territoire de tout État Partie et, par une convention à cet effet, sur le territoire de tout autre État.

Chapitre II

Compétence, recevabilité et droit applicable

Art. 5 [(89)]. *— Crimes relevant de la compétence de la Cour.*

La compétence de la Cour est limitée aux crimes les plus graves qui touchent l'ensemble de la communauté internationale. En vertu du présent Statut, la Cour a compétence à l'égard des crimes suivants :

a) le crime de génocide ;
b) les crimes contre l'humanité ;
c) les crimes de guerre ;
d) le crime d'agression.

Art. 6. — Crime de génocide.

Aux fins du présent Statut, on entend par crime de génocide l'un quelconque des actes ci-après commis dans l'intention de détruire, en tout ou en partie, un groupe national, ethnique, racial ou religieux, comme tel :

a) meurtre de membres du groupe ;
b) atteinte grave à l'intégrité physique ou mentale de membres du groupe ;
c) soumission intentionnelle du groupe à des conditions d'existence devant entraîner sa destruction physique totale ou partielle ;
d) mesures visant à entraver les naissances au sein du groupe ;
e) transfert forcé d'enfants du groupe à un autre groupe.

Art. 7. — Crimes contre l'humanité.

1. Aux fins du présent Statut, on entend par crime contre l'humanité l'un quelconque des actes ci-après lorsqu'il est commis dans le cadre d'une attaque généralisée ou systématique lancée contre toute population civile et en connaissance de cette attaque : *a)* meurtre ; *b)* extermination ; *c)* réduction en esclavage ; *d)* déportation ou transfert forcé de population ; *e)* emprisonnement ou autre forme de privation grave de liberté physique en violation des dispositions fondamentales du droit international ; *f)* torture ; *g)* viol, esclavage sexuel, prostitution forcée, grossesse forcée, stérilisation forcée ou toute autre forme de violence sexuelle de gravité comparable ; *h)* persécution de tout groupe ou de toute collectivité identifiable pour des motifs d'ordre politique, racial, national, ethnique, culturel, religieux ou sexiste au sens du paragraphe 3, ou en fonction d'autres critères universellement reconnus comme inadmissibles en droit international, en corrélation avec tout acte visé dans le présent paragraphe ou tout crime relevant de la compétence de la Cour ; *i)* disparitions forcées de personnes ; *j)* crime d'apartheid ; *k)* autres actes inhumains de caractère analogue

---

(89) Paragraphe 2 de l'article 5 (« La Cour exercera sa compétence à l'égard du crime d'agression quand une disposition aura été adoptée conformément aux articles 121 et 123, qui définira ce crime et fixera les conditions de l'exercice de la compétence de la Cour à son égard. Cette disposition devra être compatible avec les dispositions pertinentes de la Charte des Nations unies. ») a été supprimé conformément à l'annexe 1 de la résolution RC/Res.6 du 11 juin 2010.

causant intentionnellement de grandes souffrances ou des atteintes graves à l'intégrité physique ou à la santé physique ou mentale.

2. Aux fins du paragraphe 1 ;

a) par « attaque lancée contre une population civile », on entend le comportement qui consiste en la commission multiple d'actes visés au paragraphe 1 à l'encontre d'une population civile quelconque, en application ou dans la poursuite de la politique d'un État ou d'une organisation ayant pour but une telle attaque ;

b) par « extermination », on entend notamment le fait d'imposer intentionnellement des conditions de vie, telles que la privation d'accès à la nourriture et aux médicaments, calculées pour entraîner la destruction d'une partie de la population ;

c) par « réduction en esclavage », on entend le fait d'exercer sur une personne l'un quelconque ou l'ensemble des pouvoirs liés au droit de propriété, y compris dans le cadre de la traite des êtres humains, en particulier des femmes et des enfants ;

d) par « déportation ou transfert forcé de population », on entend le fait de déplacer de force des personnes, en les expulsant ou par d'autres moyens coercitifs, de la région où elles se trouvent légalement, sans motifs admis en droit international ;

e) par « torture », on entend le fait d'infliger intentionnellement une douleur ou des souffrances aiguës, physiques ou mentales, à une personne se trouvant sous sa garde ou sous son contrôle ; l'acception de ce terme ne s'étend pas à la douleur ou aux souffrances résultant uniquement de sanctions légales, inhérentes à ces sanctions ou occasionnées par elles ;

f) par « grossesse forcée », on entend la détention illégale d'une femme mise enceinte de force, dans l'intention de modifier la composition ethnique d'une population ou de commettre d'autres violations graves du droit international. Cette définition ne peut en aucune manière s'interpréter comme ayant une incidence sur les lois nationales relatives à la grossesse ;

g) par « persécution », on entend le déni intentionnel et grave de droits fondamentaux en violation du droit international, pour des motifs liés à l'identité du groupe ou de la collectivité qui en fait l'objet ;

h) par « crime d'apartheid », on entend des actes inhumains analogues à ceux que vise le paragraphe 1, commis dans le cadre d'un régime institutionnalisé d'oppression systématique et de domination d'un groupe racial sur tout autre groupe racial ou tous autres groupes raciaux et dans l'intention de maintenir ce régime ;

i) par « disparitions forcées de personnes », on entend les cas où des personnes sont arrêtées, détenues ou enlevées par un État ou une organisation politique ou avec l'autorisation, l'appui ou l'assentiment de cet État ou de cette organisation, qui refuse ensuite d'admettre que ces personnes sont privées de liberté ou de révéler le sort qui leur est réservé ou l'endroit où elles se trouvent, dans l'intention de les soustraire à la protection de la loi pendant une période prolongée.

3. Aux fins du présent Statut, le terme « sexe » s'entend de l'un et l'autre sexes, masculin et féminin, suivant le contexte de la société. Il n'implique aucun autre sens.

Art. 8 [(90)]. — *Crimes de guerre.*

1. La Cour a compétence à l'égard des crimes de guerre, en particulier lorsque ces crimes s'inscrivent dans le cadre d'un plan ou d'une politique ou lorsqu'ils font partie d'une série de crimes analogues commis sur une grande échelle.

---

(90) Les paragraphes 2 (e) (xiii) à 2 (e) (xv) ont été amendés par la résolution RC/Res.5 du 11 juin 2010 (les paragraphes 2 (e) (xiii) to 2 (e) (xv) ont été ajoutés).

2. Aux fins du Statut, on entend par « crimes de guerre » :

a) les infractions graves aux Conventions de Genève du 12 août 1949, à savoir l'un quelconque des actes ci-après lorsqu'ils visent des personnes ou des biens protégés par les dispositions des Conventions de Genève ;

i) l'homicide intentionnel ;

ii) la torture ou les traitements inhumains, y compris les expériences biologiques ;

iii) le fait de causer intentionnellement de grandes souffrances ou de porter gravement atteinte à l'intégrité physique ou à la santé ;

iv) la destruction et l'appropriation de biens, non justifiées par des nécessités militaires et exécutées sur une grande échelle de façon illicite et arbitraire ;

v) le fait de contraindre un prisonnier de guerre ou une personne protégée à servir dans les forces d'une puissance ennemie ;

vi) le fait de priver intentionnellement un prisonnier de guerre ou toute autre personne protégée de son droit d'être jugé régulièrement et impartialement ;

vii) la déportation ou le transfert illégal ou la détention illégale ;

viii) la prise d'otages ;

b) les autres violations graves des lois et coutumes applicables aux conflits armés internationaux dans le cadre établi du droit international, à savoir, l'un quelconque des actes ci-après ;

i) le fait de diriger intentionnellement des attaques contre la population civile en tant que telle ou contre des civils qui ne participent pas directement aux hostilités ;

ii) le fait de diriger intentionnellement des attaques contre des biens de caractère civil, c'est-à-dire des biens qui ne sont pas des objectifs militaires ;

iii) le fait de diriger intentionnellement des attaques contre le personnel, les installations, le matériel, les unités ou les véhicules employés dans le cadre d'une mission d'aide humanitaire ou de maintien de la paix conformément à la Charte des Nations unies, pour autant qu'ils aient droit à la protection que le droit international des conflits armés garantit aux civils et aux biens de caractère civil ;

iv) le fait de diriger intentionnellement une attaque en sachant qu'elle causera incidemment des pertes en vies humaines dans la population civile, des blessures aux personnes civiles, des dommages aux biens de caractère civil ou des dommages étendus, durables et graves à l'environnement naturel qui seraient manifestement excessifs par rapport à l'ensemble de l'avantage militaire concret et direct attendu ;

v) le fait d'attaquer ou de bombarder, par quelque moyen que ce soit, des villes, villages, habitations ou bâtiments qui ne sont pas défendus et qui ne sont pas des objectifs militaires ;

vi) le fait de tuer ou de blesser un combattant qui, ayant déposé les armes ou n'ayant plus de moyens de se défendre, s'est rendu à discrétion ;

vii) le fait d'utiliser indûment le pavillon parlementaire, le drapeau ou les insignes militaires et l'uniforme de l'ennemi ou de l'Organisation des Nations unies, ainsi que les signes distinctifs prévus par les Conventions de Genève, et, ce faisant, de causer la perte de vies humaines ou des blessures graves ;

viii) le transfert, direct ou indirect, par une puissance occupante d'une partie de sa population civile, dans le territoire qu'elle occupe, ou la déportation ou le transfert à l'intérieur ou hors du territoire occupé de la totalité ou d'une partie de la population de ce territoire ;

ix) le fait de diriger intentionnellement des attaques contre des bâtiments consacrés à la religion, à l'enseignement, à l'art, à la science ou à l'action caritative, des monuments historiques, des hôpitaux et des lieux où des malades ou des blessés sont rassemblés, à condition qu'ils ne soient pas des objectifs militaires ;

x) le fait de soumettre des personnes d'une partie adverse tombées en son pouvoir à des mutilations ou à des expériences médicales ou scientifiques quelles qu'elles soient qui ne sont ni motivées par un traitement médical, dentaire ou hospitalier, ni effectuées dans l'intérêt de ces personnes, et qui entraînent la mort de celles-ci ou mettent sérieusement en danger leur santé ;

xi) le fait de tuer ou de blesser par traîtrise des individus appartenant à la nation ou à l'armée ennemie ;

xii) le fait de déclarer qu'il ne sera pas fait de quartier ;

xiii) le fait de détruire ou de saisir les biens de l'ennemi, sauf dans les cas où ces destructions ou saisies seraient impérieusement commandées par les nécessités de la guerre ;

xiv) le fait de déclarer éteints, suspendus ou non recevables en justice les droits et actions des nationaux de la partie adverse ;

xv) le fait pour un belligérant de contraindre les nationaux de la partie adverse à prendre part aux opérations de guerre dirigées contre leur pays, même s'ils étaient au service de ce belligérant avant le commencement de la guerre ;

xvi) le pillage d'une ville ou d'une localité, même prise d'assaut ;

xvii) le fait d'employer du poison ou des armes empoisonnées ;

xviii) le fait d'employer des gaz asphyxiants, toxiques ou similaires, ainsi que tous liquides, matières ou procédés analogues ;

xix) le fait d'utiliser des balles qui s'épanouissent ou s'aplatissent facilement dans le corps humain, telles que des balles dont l'enveloppe dure ne recouvre pas entièrement le centre ou est percée d'entailles ;

xx) le fait d'employer les armes, projectiles, matières et méthodes de guerre de nature à causer des maux superflus ou des souffrances inutiles ou à frapper sans discrimination en violation du droit international des conflits armés, à condition que ces armes, projectiles, matières et méthodes de guerre fassent l'objet d'une interdiction générale et qu'ils soient inscrits dans une annexe au présent Statut, par voie d'amendement adopté selon les dispositions des articles 121 et 123 ;

xxi) les atteintes à la dignité de la personne, notamment les traitements humiliants et dégradants ;

xxii) le viol, l'esclavage sexuel, la prostitution forcée, la grossesse forcée, telle que définie à l'article 7, paragraphe 2, alinéa f), la stérilisation forcée ou toute autre forme de violence sexuelle constituant une infraction grave aux Conventions de Genève ;

xxiii) le fait d'utiliser la présence d'un civil ou d'une autre personne protégée pour éviter que certains points, zones ou forces militaires ne soient la cible d'opérations militaires ;

xxiv) le fait de diriger intentionnellement des attaques contre les bâtiments, le matériel, les unités et les moyens de transport sanitaires, et le personnel utilisant, conformément au droit international, les signes distinctifs prévus par les Conventions de Genève ;

xxv) le fait d'affamer délibérément des civils, comme méthode de guerre, en les privant de biens indispensables à leur survie, y compris en empêchant intentionnellement l'envoi des secours prévus par les Conventions de Genève ;

xxvi) le fait de procéder à la conscription ou à l'enrôlement d'enfants de moins de 15 ans dans les forces armées nationales ou de les faire participer activement à des hostilités ;

c) en cas de conflit armé ne présentant pas un caractère international, les violations graves de l'article 3 commun aux quatre Conventions de Genève du 12 août 1949, à savoir l'un quelconque des actes ci-après commis à l'encontre de personnes qui ne participent pas directement aux hostilités, y compris les membres de forces armées qui ont déposé les armes et les personnes qui ont été mises hors de combat par maladie, blessure, détention ou par toute autre cause :

i) les atteintes à la vie et à l'intégrité corporelle, notamment le meurtre sous toutes ses formes, les mutilations, les traitements cruels et la torture ;

ii) les atteintes à la dignité de la personne, notamment les traitements humiliants et dégradants ;

iii) les prises d'otages ;

iv) les condamnations prononcées et les exécutions effectuées sans un jugement préalable, rendu par un tribunal régulièrement constitué, assorti des garanties judiciaires généralement reconnues comme indispensables ;

d) l'alinéa *c)* du paragraphe 2 s'applique aux conflits armés ne présentant pas un caractère international et ne s'applique donc pas aux situations de troubles et tensions internes telles que les émeutes, les actes isolés et sporadiques de violence ou les actes de nature similaire ;

e) les autres violations graves des lois et coutumes applicables aux conflits armés ne présentant pas un caractère international, dans le cadre établi du droit international, à savoir l'un quelconque des actes ci-après :

i) le fait de diriger intentionnellement des attaques contre la population civile en tant que telle ou contre des personnes civiles qui ne participent pas directement aux hostilités ;

ii) le fait de diriger intentionnellement des attaques contre les bâtiments, le matériel, les unités et les moyens de transport sanitaires, et le personnel utilisant, conformément au droit international, les signes distinctifs des Conventions de Genève ;

iii) le fait de diriger intentionnellement des attaques contre le personnel, les installations, le matériel, les unités ou les véhicules employés dans le cadre d'une mission d'aide humanitaire ou de maintien de la paix conformément à la Charte des Nations unies, pour autant qu'ils aient droit à la protection que le droit international des conflits armés garantit aux civils et aux biens de caractère civil ;

iv) le fait de diriger intentionnellement des attaques contre des bâtiments consacrés à la religion, à l'enseignement, à l'art, à la science ou à l'action caritative, des monuments historiques, des hôpitaux et des lieux où des malades et des blessés sont rassemblés, pour autant que ces bâtiments ne soient pas des objectifs militaires ;

v) le pillage d'une ville ou d'une localité, même prise d'assaut ;

vi) le viol, l'esclavage sexuel, la prostitution forcée, la grossesse forcée, telle que définie à l'article 7, paragraphe 2, alinéa *f)*, la stérilisation forcée ou toute autre forme de violence sexuelle constituant une violation grave de l'article 3 commun aux quatre Conventions de Genève ;

vii) le fait de procéder à la conscription ou à l'enrôlement d'enfants de moins de 15 ans dans les forces armées ou dans des groupes armés ou de les faire participer activement à des hostilités ;

viii) le fait d'ordonner le déplacement de la population civile pour des raisons ayant trait au conflit, sauf dans les cas où la sécurité des civils ou des impératifs militaires l'exigent ;

ix) le fait de tuer ou de blesser par traîtrise un adversaire combattant ;

x) le fait de déclarer qu'il ne sera pas fait de quartier ;

xi) le fait de soumettre des personnes d'une autre partie au conflit tombées en son pouvoir à des mutilations ou à des expériences médicales ou scientifiques quelles qu'elles soient qui ne sont ni motivées par un traitement médical, dentaire ou hospitalier, ni effectuées dans l'intérêt de ces personnes, et qui entraînent la mort de celles-ci ou mettent sérieusement en danger leur santé ;

xii) le fait de détruire ou de saisir les biens d'un adversaire, sauf si ces destructions ou saisies sont impérieusement commandées par les nécessités du conflit ;

xiii) le fait d'employer du poison ou des armes empoisonnées ;

xiv) le fait d'employer des gaz asphyxiants, toxiques ou similaires, ainsi que tous liquides, matières ou procédés analogues ;

xv) le fait d'utiliser des balles qui s'épanouissent ou s'aplatissent facilement dans le corps humain, telles que des balles dont l'enveloppe dure ne recouvre pas entièrement le centre ou est percée d'entailles ;

f) l'alinéa *e)* du paragraphe 2 s'applique aux conflits armés ne présentant pas un caractère international et ne s'applique donc pas aux situations de troubles et tensions internes telles que les émeutes, les actes isolés et sporadiques de violence ou les actes de nature similaire. Il s'applique aux conflits armés qui opposent de manière prolongée sur le territoire d'un État les autorités du gouvernement de cet État et des groupes armés organisés ou des groupes armés organisés entre eux.

3. Rien dans le paragraphe 2, alinéas *c)* et *e)* n'affecte la responsabilité d'un gouvernement de maintenir ou rétablir l'ordre public dans l'État ou de défendre l'unité et l'intégrité territoriale de l'État par tous les moyens légitimes.

Art. 8 bis [91]. — *Crime d'agression.*

1. Aux fins du présent Statut, on entend par « crime d'agression » la planification, la préparation, le lancement ou l'exécution par une personne effectivement en mesure de contrôler ou de diriger l'action politique ou militaire d'un État, d'un acte d'agression qui, par sa nature, sa gravité et son ampleur, constitue une violation manifeste de la Charte des Nations unies.

2. Aux fins du paragraphe 1, on entend par « acte d'agression », l'emploi par un État de la force armée contre la souveraineté, l'intégrité territoriale ou l'indépendance politique d'un autre État, ou de toute autre manière incompatible avec la Charte des Nations unies. Qu'il y ait ou non déclaration de guerre, les actes suivants sont des actes d'agression au regard de la résolution 3314 (XXIX) de l'Assemblée générale des Nations unies en date du 14 décembre 1974 :

a) l'invasion ou l'attaque par les forces armées d'un État du territoire d'un autre État ou l'occupation militaire, même temporaire, résultant d'une telle invasion ou d'une telle attaque, ou l'annexion par la force de la totalité ou d'une partie du territoire d'un autre État ;

b) le bombardement par les forces armées d'un État du territoire d'un autre État, ou l'utilisation d'une arme quelconque par un État contre le territoire d'un autre État ;

c) le blocus des ports ou des côtes d'un État par les forces armées d'un autre État ;

d) l'attaque par les forces armées d'un État des forces terrestres, maritimes ou aériennes, ou des flottes aériennes et maritimes d'un autre État ;

e) l'emploi des forces armées d'un État qui se trouvent dans le territoire d'un autre État avec l'agrément de celui-ci en contravention avec les conditions fixées dans l'accord pertinent, ou la prolongation de la présence de ces forces sur ce territoire après l'échéance de l'accord pertinent ;

f) le fait pour un État de permettre que son territoire, qu'il a mis à la disposition d'un autre État, serve à la commission par cet autre État d'un acte d'agression contre un État tiers ;

g) l'envoi par un État ou au nom d'un État de bandes, groupes, troupes irrégulières ou mercenaires armés qui exécutent contre un autre État des actes assimilables à ceux de forces armées d'une gravité égale à celle des actes énumérés ci-dessus, ou qui apportent un concours substantiel à de tels actes.

---

(91) Ajout conformément à la résolution RC/Res.6 du 11 juin 2010.

Art. 9. — Éléments de crimes.

1. Les éléments des crimes aident la Cour à interpréter et appliquer les articles 6, 7, 8 et 8 *bis*. Ils doivent être adoptés à la majorité des deux tiers des membres de l'Assemblée des États Parties.

2. Des amendements aux éléments des crimes peuvent être proposés par :

a) tout État Partie ;

b) les juges, statuant à la majorité absolue ;

c) le Procureur.

Les amendements doivent être adoptés à la majorité des deux tiers des membres de l'Assemblée des États Parties.

3. Les éléments des crimes et les amendements s'y rapportant sont conformes au présent Statut.

Art. 10. — Aucune disposition du présent chapitre ne doit être interprétée comme limitant ou affectant de quelque manière que ce soit les règles du droit international existantes ou en formation qui visent d'autres fins que le présent Statut.

4. Conformément à la résolution RC/Res. 6 du 11 juin 2010 (en incluant la référence à l'article 8 *bis*).

Art. 11. — Compétence ratione temporis.

1. La Cour n'a compétence qu'à l'égard des crimes relevant de sa compétence commis après l'entrée en vigueur du présent Statut.

2. Si un État devient Partie au présent Statut après l'entrée en vigueur de celui-ci, la Cour ne peut exercer sa compétence qu'à l'égard des crimes commis après l'entrée en vigueur du Statut pour cet État, sauf si ledit État fait la déclaration prévue à l'article 12, paragraphe 3.

Art. 12. — Conditions préalables à l'exercice de la compétence.

1. Un État qui devient Partie au Statut accepte par là même la compétence de la Cour à l'égard des crimes visés à l'article 5.

2. Dans les cas visés à l'article 13, paragraphes *a)* ou *c)*, la Cour peut exercer sa compétence si l'un des États suivants ou les deux sont Parties au présent Statut ou ont accepté la compétence de la Cour conformément au paragraphe 3 :

a) l'État sur le territoire duquel le comportement en cause a eu lieu ou, si le crime a été commis à bord d'un navire ou d'un aéronef, l'État du pavillon ou l'État d'immatriculation ;

b) l'État dont la personne accusée du crime est un ressortissant.

3. Si l'acceptation de la compétence de la Cour par un État qui n'est pas Partie au présent Statut est nécessaire aux fins du paragraphe 2, cet État peut, par déclaration déposée auprès du Greffier, consentir à ce que la Cour exerce sa compétence à l'égard du crime dont il s'agit. L'État ayant accepté la compétence de la Cour coopère avec celle-ci sans retard et sans exception conformément au chapitre IX.

Art. 13. — Exercice de la compétence.

La Cour peut exercer sa compétence à l'égard d'un crime visé à l'article 5, conformément aux dispositions du présent Statut :

a) si une situation dans laquelle un ou plusieurs de ces crimes paraissent avoir été commis est déférée au Procureur par un État Partie, comme prévu à l'article 14 ;

b) si une situation dans laquelle un ou plusieurs de ces crimes paraissent avoir été commis est déférée au Procureur par le Conseil de sécurité agissant en vertu du chapitre VII de la Charte des Nations unies ; ou

c) si le Procureur a ouvert une enquête sur le crime en question en vertu de l'article 15.

Art. 14. — Renvoi d'une situation par un État Partie.

1. Tout État Partie peut déférer au Procureur une situation dans laquelle un ou plusieurs des crimes relevant de la compétence de la Cour paraissent avoir été commis, et prier le Procureur d'enquêter sur cette situation en vue de déterminer si une ou plusieurs personnes identifiées devraient être accusées de ces crimes.

2. L'État qui procède au renvoi indique autant que possible les circonstances pertinentes de l'affaire et produit les pièces à l'appui dont il dispose.

Art. 15. — Le Procureur.

1. Le Procureur peut ouvrir une enquête de sa propre initiative au vu de renseignements concernant des crimes relevant de la compétence de la Cour.

2. Le Procureur vérifie le sérieux des renseignements reçus. À cette fin, il peut rechercher des renseignements supplémentaires auprès d'États, d'organes de l'Organisation des Nations unies, d'organisations intergouvernementales et non gouvernementales, ou d'autres sources dignes de foi qu'il juge appropriées, et recueillir des dépositions écrites ou orales au siège de la Cour.

3. S'il conclut qu'il y a une base raisonnable pour ouvrir une enquête, le Procureur présente à la Chambre préliminaire une demande d'autorisation en ce sens, accompagnée de tout élément justificatif recueilli. Les victimes peuvent adresser des représentations à la Chambre préliminaire, conformément au Règlement de procédure et de preuve.

4. Si elle estime, après examen de la demande et des éléments justificatifs qui l'accompagnent, qu'il existe une base raisonnable pour ouvrir une enquête et que l'affaire semble relever de la compétence de la Cour, la Chambre préliminaire donne son autorisation, sans préjudice des décisions que la Cour prendra ultérieurement en matière de compétence et de recevabilité.

5. Une réponse négative de la Chambre préliminaire n'empêche pas le Procureur de présenter par la suite une nouvelle demande en se fondant sur des faits ou des éléments de preuve nouveaux ayant trait à la même situation.

6. Si, après l'examen préliminaire visé aux paragraphes 1 et 2, le Procureur conclut que les renseignements qui lui ont été soumis ne constituent pas une base raisonnable pour l'ouverture d'une enquête, il en avise ceux qui les lui ont fournis. Il ne lui est pas pour autant interdit d'examiner, à la lumière de faits ou d'éléments de preuve nouveaux, les autres renseignements qui pourraient lui être communiqués au sujet de la même affaire.

Art. 15 bis (92)*. — Exercice de la compétence à l'égard du crime d'agression (Renvoi par un État, de sa propre initiative).*

1. La Cour peut exercer sa compétence à l'égard du crime d'agression conformément aux paragraphes *a)* et *c)* de l'article 13, sous réserve des dispositions qui suivent.

2. La Cour peut exercer sa compétence uniquement à l'égard de crimes d'agression commis un an après la ratification ou l'acceptation des amendements par trente États parties.

3. La Cour exerce sa compétence à l'égard du crime d'agression conformément à cet article, sous réserve d'une décision qui sera prise après le 1er janvier 2017 par la même majorité d'États Parties que celle requise pour l'adoption d'un amendement au Statut.

4. La Cour peut, conformément à l'article 12, exercer sa compétence à l'égard d'un crime d'agression résultant d'un acte d'agression commis par un État Partie à moins que cet État Partie n'ait préalablement déclaré qu'il n'acceptait pas une telle compétence en déposant une déclaration auprès du Greffier. Le retrait d'une telle déclaration

(92) Insertion conformément à la résolution RC/Res.6 du 11 juin 2010.

peut être effectuée à tout moment et sera envisagé par l'État Partie dans un délai de trois ans.

5. En ce qui concerne un État qui n'est pas Partie au présent Statut, la Cour n'exerce pas sa compétence à l'égard du crime d'agression quand celui-ci est commis par des ressortissants de cet État ou sur son territoire.

6. Lorsque le Procureur conclut qu'il y a une base raisonnable pour mener une enquête pour crime d'agression, il s'assure d'abord que le Conseil de sécurité a constaté qu'un acte d'agression avait été commis par l'État en cause. Il avise le Secrétaire général de l'Organisation des Nations unies de la situation portée devant la Cour et lui communique toute information et tout document utiles.

7. Lorsque le Conseil de sécurité a constaté un acte d'agression, le Procureur peut mener l'enquête sur ce crime.

8. Lorsqu'un tel constat n'est pas fait dans les six mois suivant la date de l'avis, le Procureur peut mener une enquête pour crime d'agression, à condition que la Section préliminaire ait autorisé l'ouverture d'une enquête pour crime d'agression selon la procédure fixée à l'article 15, et que le Conseil de sécurité n'en ait pas décidé autrement, conformément à l'article 16.

9. Le constat d'un acte d'agression par un organe extérieur à la Cour est sans préjudice des constatations que fait la Cour elle-même en vertu du présent Statut.

10. Le présent article est sans préjudice des dispositions relatives à l'exercice de la compétence à l'égard des autres crimes visés à l'article 5.

Art. 15 ter[93]. — *Exercice de la compétence à l'égard du crime d'agression (Renvoi par le Conseil de sécurité).*

1. La Cour peut exercer sa compétence à l'égard du crime d'agression conformément au paragraphe b) de l'article 13, sous réserve des dispositions qui suivent.

2. La Cour peut exercer sa compétence uniquement à l'égard de crimes d'agression commis un an après la ratification ou l'acceptation des amendements par trente États Parties.

3. La Cour exerce sa compétence à l'égard du crime d'agression conformément à cet article, sous réserve d'une décision qui sera prise après le 1er janvier 2017 par la même majorité d'États Parties que celle requise pour l'adoption d'un amendement au Statut.

4. Le constat d'un acte d'agression par un organe extérieur à la Cour est sans préjudice des constatations que fait la Cour elle-même en vertu du présent Statut.

5. Le présent article est sans préjudice des dispositions relatives à l'exercice de la compétence à l'égard des autres crimes visés à l'article 5.

Art. 16. — Sursis à enquêter ou à poursuivre.

Aucune enquête ni aucune poursuite ne peuvent être engagées ni menées en vertu du présent Statut pendant les douze mois qui suivent la date à laquelle le Conseil de sécurité a fait une demande en ce sens à la Cour dans une résolution adoptée en vertu du Chapitre VII de la Charte des Nations unies ; la demande peut être renouvelée par le Conseil dans les mêmes conditions.

Art. 17. — Questions relatives à la recevabilité.

1. Eu égard au dixième alinéa du préambule et à l'article premier, une affaire est jugée irrecevable par la Cour lorsque :

a) l'affaire fait l'objet d'une enquête ou de poursuites de la part d'un État ayant compétence en l'espèce, à moins que cet État n'ait pas la volonté ou soit dans l'incapacité de mener véritablement à bien l'enquête ou les poursuites ;

---

(93) Insertion conformément à la résolution RC/Res.6 du 11 juin 2010.

b) l'affaire a fait l'objet d'une enquête de la part d'un État ayant compétence en l'espèce et que cet État a décidé de ne pas poursuivre la personne concernée, à moins que cette décision ne soit l'effet du manque de volonté ou de l'incapacité de l'État de mener véritablement à bien des poursuites ;

c) la personne concernée a déjà été jugée pour le comportement faisant l'objet de la plainte, et qu'elle ne peut être jugée par la Cour en vertu de l'article 20, paragraphe 3 ;

d) l'affaire n'est pas suffisamment grave pour que la Cour y donne suite.

2. Pour déterminer s'il y a manque de volonté de l'État dans un cas d'espèce, la Cour considère l'existence, eu égard aux garanties d'un procès équitable reconnues par le droit international, de l'une ou de plusieurs des circonstances suivantes :

a) la procédure a été ou est engagée ou la décision de l'État a été prise dans le dessein de soustraire la personne concernée à sa responsabilité pénale pour les crimes relevant de la compétence de la Cour visés à l'article 5 ;

b) la procédure a subi un retard injustifié qui, dans les circonstances, est incompatible avec l'intention de traduire en justice la personne concernée ;

c) la procédure n'a pas été ou n'est pas menée de manière indépendante ou impartiale mais d'une manière qui, dans les circonstances, est incompatible avec l'intention de traduire en justice la personne concernée.

3. Pour déterminer s'il y a incapacité de l'État dans un cas d'espèce, la Cour considère si l'État est incapable en raison de l'effondrement de la totalité ou d'une partie substantielle de son propre appareil judiciaire ou de l'indisponibilité de celui-ci, de se saisir de l'accusé, de réunir les éléments de preuve et les témoignages nécessaires ou de mener autrement à bien la procédure.

Art. 18. — Décision préliminaire sur la recevabilité.

1. Lorsqu'une situation a été déférée à la Cour comme le prévoit l'article 13, alinéa *a)*, et que le Procureur a déterminé qu'il y aurait une base raisonnable pour ouvrir une enquête, ou lorsque le Procureur a ouvert une enquête au titre des articles 13, paragraphe *c)*, et 15, le Procureur le notifie à tous les États Parties et aux États qui, selon les renseignements disponibles, auraient normalement compétence à l'égard des crimes dont il s'agit. Il peut le faire à titre confidentiel et, quand il juge que cela est nécessaire pour protéger des personnes, prévenir la destruction d'éléments de preuve ou empêcher la fuite de personnes, il peut restreindre l'étendue des renseignements qu'il communique aux États.

2. Dans le mois qui suit la réception de cette notification, un État peut informer la Cour qu'il ouvre ou a ouvert une enquête sur ses ressortissants ou d'autres personnes sous sa juridiction pour des actes criminels qui pourraient être constitutifs des crimes visés à l'article 5 et qui ont un rapport avec les renseignements notifiés aux États. Si l'État le lui demande, le Procureur lui défère le soin de l'enquête, sur ces personnes, à moins que la Chambre préliminaire ne l'autorise, sur sa demande, à faire enquête lui-même.

3. Ce sursis à enquêter peut être réexaminé par le Procureur six mois après avoir été décidé, ou à tout moment où il se sera produit un changement notable de circonstances découlant du manque de volonté ou de l'incapacité de l'État de mener véritablement à bien l'enquête modifie sensiblement les circonstances.

4. L'État intéressé ou le Procureur peut relever appel devant la Chambre d'appel de la décision de la Chambre préliminaire, comme le prévoit l'article 82. Cet appel peut être examiné selon une procédure accélérée.

5. Lorsqu'il sursoit à enquêter comme prévu au paragraphe 2, le Procureur peut demander à l'État concerné de lui rendre régulièrement compte des progrès de

son enquête et, le cas échéant, des poursuites engagées par la suite. Les États Parties répondent à ces demandes sans retard injustifié.

6. En attendant la décision de la Chambre préliminaire, ou à tout moment après avoir décidé de surseoir à son enquête comme le prévoit le présent article, le Procureur peut, à titre exceptionnel, demander à la Chambre préliminaire l'autorisation de prendre les mesures d'enquête nécessaires pour préserver des éléments de preuve dans le cas où l'occasion de recueillir des éléments de preuve importants ne se représentera pas ou s'il y a un risque appréciable que ces éléments de preuve ne soient plus disponibles par la suite.

7. L'État qui a contesté une décision de la Chambre préliminaire en vertu du présent article peut contester la recevabilité d'une affaire au regard de l'article 19 en invoquant des faits nouveaux ou un changement de circonstances notables.

Art. 19. — Contestation de la compétence de la Cour ou de la recevabilité d'une affaire.

1. La Cour s'assure qu'elle est compétente pour connaître de toute affaire portée devant elle. Elle peut d'office se prononcer sur la recevabilité de l'affaire conformément à l'article 17.

2. Peuvent contester la recevabilité de l'affaire pour les motifs indiqués à l'article 17 ou contester la compétence de la Cour :

a) l'accusé ou la personne à l'encontre de laquelle a été délivré un mandat d'arrêt ou une citation à comparaître en vertu de l'article 58 ;

b) l'État qui est compétent à l'égard du crime considéré du fait qu'il mène ou a mené une enquête, ou qu'il exerce ou a exercé des poursuites en l'espèce ; ou

c) l'État qui doit avoir accepté la compétence de la Cour selon l'article 12.

3. Le Procureur peut demander à la Cour de se prononcer sur une question de compétence ou de recevabilité. Dans les procédures portant sur la compétence ou la recevabilité, ceux qui ont déféré une situation en application de l'article 13, ainsi que les victimes, peuvent également soumettre des observations à la Cour.

4. La recevabilité d'une affaire ou la compétence de la Cour ne peut être contestée qu'une fois par les personnes ou les États visés au paragraphe 2. L'exception doit être soulevée avant l'ouverture ou à l'ouverture du procès. Dans des circonstances exceptionnelles, la Cour peut autoriser qu'une exception soit soulevée plus d'une fois ou à une phase ultérieure du procès. Les exceptions d'irrecevabilité soulevées à l'ouverture du procès, ou par la suite avec l'autorisation de la Cour, ne peuvent être fondées que sur les dispositions de l'article 17, paragraphe 1, alinéa *c)*.

5. Les États visés au paragraphe 2, alinéas *b)* et *c)*, soulèvent leur exception le plus tôt possible.

6. Avant la confirmation des charges, les exceptions d'irrecevabilité ou d'incompétence sont renvoyées à la Chambre préliminaire. Après la confirmation des charges, elles sont renvoyées à la Chambre de première instance. Il peut être fait appel des décisions portant sur la compétence ou la recevabilité devant la Chambre d'appel conformément à l'article 82.

7. Si l'exception est soulevée par l'État visé au paragraphe 2, alinéas *b)* ou *c)*, le Procureur sursoit à enquêter jusqu'à ce que la Cour ait pris la décision prévue à l'article 17.

8. En attendant qu'elle statue, le Procureur peut demander à la Cour l'autorisation :

a) de prendre les mesures d'enquête visées à l'article 18, paragraphe 6 ;

b) de recueillir la déposition ou le témoignage d'un témoin ou de mener à bien les opérations de rassemblement et d'examen des éléments de preuve commencées avant que l'exception ait été soulevée ;

c) d'empêcher, en coopération avec les États concernés, la fuite des personnes contre lesquelles le Procureur a déjà requis un mandat d'arrêt conformément à l'article 58.

9. Une exception n'entache en rien la validité de toute action du Procureur ou de toute ordonnance rendue ou de tout mandat délivré par la Cour avant que l'exception ait été soulevée.

10. Quand la Cour a jugé une affaire irrecevable au regard de l'article 17, le Procureur peut lui demander de reconsidérer sa décision s'il est certain que des faits nouvellement apparus infirment les raisons pour lesquelles l'affaire avait été jugée irrecevable en vertu de l'article 17.

11. Si, eu égard aux questions visées à l'article 17, le Procureur sursoit à enquêter, il peut demander à l'État intéressé de lui communiquer des renseignements sur le déroulement de la procédure. Ces renseignements sont tenus confidentiels si l'État le demande. Si le Procureur décide par la suite d'ouvrir une enquête, il notifie sa décision à l'État dont la procédure était à l'origine du sursis.

Art. 20 (94). — Ne bis in idem.

1. Sauf disposition contraire du présent Statut, nul ne peut être jugé par la Cour pour des actes constitutifs de crimes pour lesquels il a déjà été condamné ou acquitté par elle.

2. Nul ne peut être jugé par une autre juridiction pour un crime visé à l'article 5 pour lequel il a déjà été condamné ou acquitté par la Cour.

3. Quiconque a été jugé par une autre juridiction pour un comportement tombant aussi sous le coup des articles 6, 7, 8 ou 8 *bis* ne peut être jugé par la Cour que si la procédure devant l'autre juridiction :

a) avait pour but de soustraire la personne concernée à sa responsabilité pénale pour des crimes relevant de la compétence de la Cour ; ou

b) n'a pas été au demeurant menée de manière indépendante ou impartiale, dans le respect des garanties d'un procès équitable prévues par le droit international, mais d'une manière qui, dans les circonstances, était incompatible avec l'intention de traduire l'intéressé en justice.

Art. 21. — Droit applicable.

1. La Cour applique :

a) en premier lieu, le présent Statut, les éléments des crimes et le Règlement de procédure et de preuve ;

b) en second lieu, selon qu'il convient, les traités applicables et les principes et règles du droit international, y compris les principes établis du droit international des conflits armés ;

c) à défaut, les principes généraux du droit dégagés par la Cour à partir des lois nationales représentant les différents systèmes juridiques du monde, y compris, selon qu'il convient, les lois nationales des États sous la juridiction desquels tomberait normalement le crime, si ces principes ne sont pas incompatibles avec le présent Statut ni avec le droit international et les règles et normes internationales reconnues.

2. La Cour peut appliquer les principes et règles de droit tels qu'elle les a interprétés dans ses décisions antérieures.

3. L'application et l'interprétation du droit prévues au présent article doivent être compatibles avec les droits de l'homme internationalement reconnus et exemptes de toute discrimination fondée sur des considérations telles que l'appartenance à l'un ou l'autre sexe tel que défini à l'article 7, paragraphe 3, l'âge, la race, la couleur, la langue, la religion ou la conviction, les opinions politiques ou autres, l'origine nationale, ethnique ou sociale, la fortune, la naissance ou toute autre qualité.

(94) Conformément à la résolution RC/Res.6 du 11 juin 2010.

Chapitre III
Principes généraux du droit pénal

Art. 22. — Nullum crimen sine lege.

1. Une personne n'est responsable pénalement en vertu du présent Statut que si son comportement constitue, au moment où il se produit, un crime relevant de la compétence de la Cour.

2. La définition d'un crime est d'interprétation stricte et ne peut être étendue par analogie. En cas d'ambiguïté, elle est interprétée en faveur de la personne qui fait l'objet d'une enquête, de poursuites ou d'une condamnation.

3. Le présent article n'empêche pas qu'un comportement soit qualifié de crime au regard du droit international, indépendamment du présent Statut.

Art. 23. — Nulla poena sine lege.

Une personne qui a été condamnée par la Cour ne peut être punie que conformément aux dispositions du présent Statut.

Art. 24. — *Non-rétroactivité* ratione personae.

1. Nul n'est pénalement responsable, en vertu du présent Statut, pour un comportement antérieur à l'entrée en vigueur du Statut.

2. Si le droit applicable à une affaire est modifié avant le jugement définitif, c'est le droit le plus favorable à la personne faisant l'objet d'une enquête, de poursuites ou d'une condamnation qui s'applique.

Art. 25 (95). — *Responsabilité pénale individuelle.*

1. La Cour est compétente à l'égard des personnes physiques en vertu du présent Statut.

2. Quiconque commet un crime relevant de la compétence de la Cour est individuellement responsable et peut être puni conformément au présent Statut.

3. Aux termes du présent Statut, une personne est pénalement responsable et peut être punie pour un crime relevant de la compétence de la Cour si :

a) elle commet un tel crime, que ce soit individuellement, conjointement avec une autre personne ou par l'intermédiaire d'une autre personne, que cette autre personne soit ou non pénalement responsable ;

b) elle ordonne, sollicite ou encourage la commission d'un tel crime, dès lors qu'il y a commission ou tentative de commission de ce crime ;

c) en vue de faciliter la commission d'un tel crime, elle apporte son aide, son concours ou toute autre forme d'assistance à la commission ou à la tentative de commission de ce crime, y compris en fournissant les moyens de cette commission ;

d) elle contribue de toute autre manière à la commission ou à la tentative de commission d'un tel crime par un groupe de personnes agissant de concert.

Cette contribution doit être intentionnelle et, selon le cas :

i) viser à faciliter l'activité criminelle ou le dessein criminel du groupe, si cette activité ou ce dessein comporte l'exécution d'un crime relevant de la compétence de la Cour ; ou

ii) être faite en pleine connaissance de l'intention du groupe de commettre ce crime ;

e) s'agissant du crime de génocide, elle incite directement et publiquement autrui à le commettre ;

---

(95) Conformément à la résolution RC/Res.6 du 11 juin 2010 (en incluant le paragraphe 3 *bis*).

f) elle tente de commettre un tel crime par des actes qui, par leur caractère substantiel, constituent un commencement d'exécution mais sans que le crime soit accompli en raison de circonstances indépendantes de sa volonté.

Toutefois, la personne qui abandonne l'effort tendant à commettre le crime ou en empêche de quelque autre façon l'achèvement ne peut être punie en vertu du présent Statut pour sa tentative si elle a complètement et volontairement renoncé au dessein criminel.

3 *bis*. S'agissant du crime d'agression, les dispositions du présent article ne s'appliquent qu'aux personnes effectivement en mesure de contrôler ou de diriger l'action politique ou militaire d'un État.

4. Aucune disposition du présent Statut relative à la responsabilité pénale des individus n'affecte la responsabilité des États en droit international.

Art. 26. — Incompétence à l'égard des personnes de moins de 18 ans.

La Cour n'a pas compétence à l'égard d'une personne qui était âgée de moins de 18 ans au moment de la commission prétendue d'un crime.

Art. 27. — Défaut de pertinence de la qualité officielle.

1. Le présent Statut s'applique à tous de manière égale, sans aucune distinction fondée sur la qualité officielle. En particulier, la qualité officielle de chef d'État ou de gouvernement, de membre d'un gouvernement ou d'un parlement, de représentant élu ou d'agent d'un État, n'exonère en aucun cas de la responsabilité pénale au regard du présent Statut, pas plus qu'elle ne constitue en tant que telle un motif de réduction de la peine.

2. Les immunités ou règles de procédure spéciales qui peuvent s'attacher à la qualité officielle d'une personne, en vertu du droit interne ou du droit international, n'empêchent pas la Cour d'exercer sa compétence à l'égard de cette personne.

Art. 28. — Responsabilité des chefs militaires et autre supérieurs hiérarchiques.

Outre les autres motifs de responsabilité pénale au regard du présent Statut pour des crimes relevant de la compétence de la Cour :

a) Un chef militaire ou une personne faisant effectivement fonction de chef militaire est pénalement responsable des crimes relevant de la compétence de la Cour commis par des forces placées sous son commandement et son contrôle effectifs, ou sous son autorité et son contrôle effectifs, selon le cas, lorsqu'il ou elle n'a pas exercé le contrôle qui convenait sur ces forces dans les cas où :

i) ce chef militaire ou cette personne savait, ou, en raison des circonstances, aurait dû savoir, que ces forces commettaient ou allaient commettre ces crimes ; et

ii) ce chef militaire ou cette personne n'a pas pris toutes les mesures nécessaires et raisonnables qui étaient en son pouvoir pour en empêcher ou en réprimer l'exécution ou pour en référer aux autorités compétentes aux fins d'enquête et de poursuites.

b) En ce qui concerne les relations entre supérieur hiérarchique et subordonnés non décrites au paragraphe *a)*, le supérieur hiérarchique est pénalement responsable des crimes relevant de la compétence de la Cour commis par des subordonnés placés sous son autorité et son contrôle effectifs, lorsqu'il ou elle n'a pas exercé le contrôle qui convenait sur ces subordonnés dans les cas où :

i) le supérieur hiérarchique savait que ces subordonnés commettaient ou allaient commettre ces crimes ou a délibérément négligé de tenir compte d'informations qui l'indiquaient clairement ;

ii) ces crimes étaient liés à des activités relevant de sa responsabilité et de son contrôle effectifs ; et

iii) le supérieur hiérarchique n'a pas pris toutes les mesures nécessaires et raisonnables qui étaient en son pouvoir pour en empêcher ou en réprimer l'exécution ou pour en référer aux autorités compétentes aux fins d'enquête et de poursuites.

Art. 29. — Imprescriptibilité.

Les crimes relevant de la compétence de la Cour ne se prescrivent pas.

Art. 30. — Élément psychologique.

1. Sauf disposition contraire, nul n'est pénalement responsable et ne peut être puni à raison d'un crime relevant de la compétence de la Cour que si l'élément matériel du crime est commis avec intention et connaissance.

2. Il y a intention au sens du présent article lorsque :

a) relativement à un comportement, une personne entend adopter ce comportement ;

b) relativement à une conséquence, une personne entend causer cette conséquence ou est consciente que celle-ci adviendra dans le cours normal des événements.

3. Il y a connaissance, au sens du présent article, lorsqu'une personne est consciente qu'une circonstance existe ou qu'une conséquence adviendra dans le cours normal des événements. « Connaître » et « en connaissance de cause » s'interprètent en conséquence.

Art. 31. — Motifs d'exonération de la responsabilité pénale.

1. Outre les autres motifs d'exonération de la responsabilité pénale prévus par le présent Statut, une personne n'est pas responsable pénalement si, au moment du comportement en cause :

a) elle souffrait d'une maladie ou d'une déficience mentale qui la privait de la faculté de comprendre le caractère délictueux ou la nature de son comportement, ou de maîtriser celui-ci pour le conformer aux exigences de la loi ;

b) elle était dans un état d'intoxication qui la privait de la faculté de comprendre le caractère délictueux ou la nature de son comportement, ou de maîtriser celui-ci pour le conformer aux exigences de la loi, à moins qu'elle ne se soit volontairement intoxiquée dans des circonstances telles qu'elle savait que, du fait de son intoxication, elle risquait d'adopter un comportement constituant un crime relevant de la compétence de la Cour, ou qu'elle n'ait tenu aucun compte de ce risque ;

c) elle a agi raisonnablement pour se défendre, pour défendre autrui ou, dans le cas des crimes de guerre, pour défendre des biens essentiels à sa survie ou à celle d'autrui ou essentiels à l'accomplissement d'une mission militaire, contre un recours imminent et illicite à la force, d'une manière proportionnée à l'ampleur du danger qu'elle courait ou que couraient l'autre personne ou les biens protégés. Le fait qu'une personne ait participé à une opération défensive menée par des forces armées ne constitue pas en soi un motif d'exonération de la responsabilité pénale au titre du présent alinéa ;

d) le comportement dont il est allégué qu'il constitue un crime relevant de la compétence de la Cour a été adopté sous la contrainte résultant d'une menace de mort imminente ou d'une atteinte grave, continue ou imminente à sa propre intégrité physique ou à celle d'autrui, et si elle a agi par nécessité et de façon raisonnable pour écarter cette menace, à condition qu'elle n'ait pas eu l'intention de causer un dommage plus grand que celui qu'elle cherchait à éviter. Cette menace peut être :

i) soit exercée par d'autres personnes ;

ii) soit constituée par d'autres circonstances indépendantes de sa volonté.

2. La Cour se prononce sur la question de savoir si les motifs d'exonération de la responsabilité pénale prévus dans le présent Statut sont applicables au cas dont elle est saisie.

3. Lors du procès, la Cour peut prendre en considération un motif d'exonération autre que ceux qui sont prévus au paragraphe 1, si ce motif découle du droit applicable indiqué à l'article 21. La procédure d'examen de ce motif d'exonération est fixée dans le Règlement de procédure et de preuve.

Art. 32. — Erreur de fait ou erreur de droit.

1. Une erreur de fait n'est un motif d'exonération de la responsabilité pénale que si elle fait disparaître l'élément psychologique du crime.

2. Une erreur de droit portant sur la question de savoir si un comportement donné constitue un crime relevant de la compétence de la Cour n'est pas un motif d'exonération de la responsabilité pénale. Toutefois, une erreur de droit peut être un motif d'exonération de la responsabilité pénale si elle fait disparaître l'élément psychologique du crime ou si elle relève de l'article 33.

Art. 33. — Ordre hiérarchique et ordre de la loi.

1. Le fait qu'un crime relevant de la compétence de la Cour a été commis sur ordre d'un gouvernement ou d'un supérieur, militaire ou civil, n'exonère pas la personne qui l'a commis de sa responsabilité pénale, à moins que :

a) cette personne n'ait eu l'obligation légale d'obéir aux ordres du gouvernement ou du supérieur en question ;

b) cette personne n'ait pas su que l'ordre était illégal ; et

c) l'ordre n'ait pas été manifestement illégal.

2. Aux fins du présent article, l'ordre de commettre un génocide ou un crime contre l'humanité est manifestement illégal.

Chapitre IV

Composition et administration de la Cour

....

Chapitre V

Enquête et poursuites

Art. 53. — Ouverture d'une enquête.

1. Le Procureur, après avoir évalué les renseignements portés à sa connaissance, ouvre une enquête, à moins qu'il ne conclue qu'il n'y a pas de base raisonnable pour poursuivre en vertu du présent Statut. Pour prendre sa décision, le Procureur examine :

a) si les renseignements en sa possession fournissent une base raisonnable pour croire qu'un crime relevant de la compétence de la Cour a été ou est en voie d'être commis ;

b) si l'affaire est ou serait recevable au regard de l'article 17 ; et

c) s'il y a des raisons sérieuses de penser, compte tenu de la gravité du crime et des intérêts des victimes, qu'une enquête ne servirait pas les intérêts de la justice.

S'il ou elle conclut qu'il n'y a pas de base raisonnable pour poursuivre et si cette conclusion est fondée exclusivement sur les considérations visées à l'alinéa *c)*, le Procureur en informe la Chambre préliminaire.

2. Si, après enquête, le Procureur conclut qu'il n'y a pas de base suffisante pour engager des poursuites :

a) parce qu'il n'y a pas de base suffisante, en droit ou en fait, pour demander un mandat d'arrêt ou une citation à comparaître en application de l'article 58 ;

b) parce que l'affaire est irrecevable au regard de l'article 17 ; ou

c) parce que poursuivre ne servirait pas les intérêts de la justice, compte tenu de toutes les circonstances, y compris la gravité du crime, les intérêts des victimes, l'âge ou le handicap de l'auteur présumé et son rôle dans le crime allégué ; il ou elle informe de sa conclusion et des raisons qui l'ont motivée la Chambre préliminaire et l'État qui lui a déféré la situation conformément à l'article 14, ou le Conseil de sécurité s'il s'agit d'une situation visée à l'article 13, paragraphe *b)*.

3. *a)* À la demande de l'État qui a déféré la situation conformément à l'article 14, ou du Conseil de sécurité s'il s'agit d'une situation visée à l'article 13, paragraphe *b)* la Chambre préliminaire peut examiner la décision de ne pas poursuivre prise par le Procureur en vertu des paragraphes 1 ou 2 et demander au Procureur de la reconsidérer.

b) De plus, la Chambre préliminaire peut, de sa propre initiative, examiner la décision du Procureur de ne pas poursuivre si cette décision est fondée exclusivement sur les considérations visées au paragraphe 1, alinéa *c)* et au paragraphe 2, alinéa *c)*. En tel cas, la décision du Procureur n'a d'effet que si elle est confirmée par la Chambre préliminaire.

4. Le Procureur peut à tout moment reconsidérer sa décision d'ouvrir ou non une enquête ou d'engager ou non des poursuites à la lumière de faits ou de renseignements nouveaux.

Art. 54. — Devoirs et pouvoirs du Procureur en matière d'enquêtes.

1. Le Procureur :

a) pour établir la vérité, étend l'enquête à tous les faits et éléments de preuve qui peuvent être utiles pour déterminer s'il y a responsabilité pénale au regard du présent Statut et, ce faisant, enquête tant à charge qu'à décharge ;

b) prend les mesures propres à assurer l'efficacité des enquêtes et des poursuites visant des crimes relevant de la compétence de la Cour. Ce faisant, il a égard aux intérêts et à la situation personnelle des victimes et des témoins, y compris leur âge, leur sexe, tel que défini à l'article 7, paragraphe 3, et leur état de santé ; il tient également compte de la nature du crime, en particulier lorsque celui-ci comporte des violences sexuelles, des violences à caractère sexiste ou des violences contre des enfants ; et

c) Respecte pleinement les droits des personnes énoncés dans le présent Statut.

2. Le Procureur peut enquêter sur le territoire d'un État :

a) conformément aux dispositions du chapitre IX ; ou

b) avec l'autorisation de la Chambre préliminaire en vertu de l'article 57, paragraphe 3, alinéa *d)*.

3. Le Procureur peut :

a) recueillir et examiner des éléments de preuve ;

b) convoquer et interroger des personnes faisant l'objet d'une enquête des victimes et des témoins ;

c) rechercher la coopération de tout État ou organisation intergouvernementale ou accord intergouvernemental, conformément à leurs compétences ou à leur mandat respectifs ;

d) conclure tous arrangements ou accords qui ne sont pas contraires aux dispositions du présent Statut et qui peuvent être nécessaires pour faciliter la coopération d'un État, d'une organisation intergouvernementale ou d'une personne ;

e) s'engager à ne divulguer à aucun stade de la procédure les documents ou renseignements qu'il a obtenus sous la condition qu'ils demeurent confidentiels et ne servent qu'à obtenir de nouveaux éléments de preuve, à moins que celui qui a fourni l'information ne consente à leur divulgation ; et

f) prendre, ou demander que soient prises, des mesures nécessaires pour assurer la confidentialité des renseignements recueillis, la protection des personnes ou la préservation des éléments de preuve.

Art. 55. — Droits des personnes dans le cadre d'une enquête.

1. Dans une enquête ouverte en vertu du présent Statut, une personne :

a) n'est pas obligée de témoigner contre elle-même ni de s'avouer coupable ;

b) n'est soumise à aucune forme de coercition, de contrainte ou de menace, ni à la torture ni à aucune autre forme de peine ou traitement cruel, inhumain ou dégradant ;

c) bénéficie gratuitement, si elle n'est pas interrogée dans une langue qu'elle comprend et parle parfaitement, de l'aide d'un interprète compétent et de toutes traductions que rendent nécessaires les exigences de l'équité ; et

d) ne peut être arrêtée ou détenue arbitrairement ; elle ne peut être privée de sa liberté si ce n'est pour les motifs et selon les procédures prévus dans le présent Statut.

2. Lorsqu'il y a des motifs de croire qu'une personne a commis un crime relevant de la compétence de la Cour et que cette personne doit être interrogée, soit par le Procureur soit par les autorités nationales en vertu d'une demande faite au titre du chapitre IX, cette personne a de plus les droits suivants, dont elle est informée avant d'être interrogée :

a) être informée avant d'être interrogée qu'il y a des raisons de croire qu'elle a commis un crime relevant de la compétence de la Cour ;

b) garder le silence, sans que ce silence soit pris en considération pour la détermination de sa culpabilité ou de son innocence ;

c) être assistée par le défenseur de son choix ou, si elle n'en a pas, par un défenseur commis d'office chaque fois que les intérêts de la justice l'exigent, sans avoir dans ce cas à verser de rémunération si elle n'en a pas les moyens ; et

d) être interrogée en présence de son conseil, à moins qu'elle n'ait renoncé volontairement à son droit d'être assistée d'un conseil.

Art. 56. — Rôle de la Chambre préliminaire dans le cas où l'occasion d'obtenir des renseignements ne se présentera plus.

1. *a)* Lorsque le Procureur considère qu'une enquête offre l'occasion unique, qui peut ne plus se présenter par la suite, de recueillir un témoignage ou une déposition, ou d'examiner, recueillir ou vérifier des éléments de preuve aux fins d'un procès, il en avise la Chambre préliminaire ;

b) la Chambre préliminaire peut alors, à la demande du Procureur, prendre toutes mesures propres à assurer l'efficacité et l'intégrité de la procédure et, en particulier, à protéger les droits de la défense ;

c) sauf ordonnance contraire de la Chambre préliminaire, le Procureur informe également de la circonstance visée à l'alinéa *a)* la personne qui a été arrêtée ou a comparu sur citation délivrée dans le cadre de l'enquête, afin que cette personne puisse être entendue.

2. Les mesures visées au paragraphe 1, alinéa *b)*, peuvent consister :

a) à faire des recommandations ou rendre des ordonnances concernant la marche à suivre ;

b) à ordonner qu'il soit dressé procès-verbal de la procédure ;

c) à nommer un expert ;

d) à autoriser l'avocat d'une personne qui a été arrêtée, ou a comparu devant la Cour sur citation, à participer à la procédure ou, lorsque l'arrestation ou la comparution n'a pas encore eu lieu ou que l'avocat n'a pas encore été choisi, à désigner un avocat qui se chargera des intérêts de la défense et les représentera ;

e) à charger un de ses membres ou, au besoin, un des juges disponibles de la Section préliminaire ou de la Section de première instance, de faire des recommandations ou de rendre des ordonnances concernant le rassemblement et la préservation des éléments de preuve et les auditions de personnes ;

f) à prendre toute autre mesure nécessaire pour recueillir ou préserver les éléments de preuve.

3. *a)* Lorsque le Procureur n'a pas demandé les mesures visées au présent article mais que la Chambre préliminaire est d'avis que ces mesures sont nécessaires pour préserver des éléments de preuve qu'elle juge essentiels pour la défense au cours du procès, elle consulte le Procureur pour savoir si celui-ci avait de bonnes raisons de ne pas demander les mesures en question. Si, après consultation, elle conclut que le fait

de ne pas avoir demandé ces mesures n'est pas justifié, elle peut prendre des mesures de sa propre initiative.

b) Le Procureur peut faire appel de la décision de la Chambre préliminaire d'agir de sa propre initiative en vertu du présent paragraphe. Cet appel est examiné selon une procédure accélérée.

4. L'admissibilité des éléments de preuve préservés ou recueillis aux fins du procès en application du présent article, ou de l'enregistrement de ces éléments de preuve, est régie par l'article 69, leur valeur étant celle que leur donne la Chambre de première instance.

Art. 57. — Fonctions et pouvoirs de la Chambre préliminaire.

1. À moins que le présent Statut n'en dispose autrement, la Chambre préliminaire exerce ses fonctions conformément aux dispositions du présent article.

2. *a)* Les décisions rendues par la Chambre préliminaire en vertu des articles 15, 18, 19, 54, paragraphe 2, 61, paragraphe 7, et 72 sont prises à la majorité des juges qui la composent.

b) Dans tous les autres cas, un seul juge de la Chambre préliminaire peut exercer les fonctions prévues dans le présent Statut, sauf disposition contraire du Règlement de procédure et de preuve ou décision contraire de la Chambre préliminaire prise à la majorité.

3. Indépendamment des autres fonctions qui lui sont conférées en vertu du présent Statut, la Chambre préliminaire peut :

a) sur requête du Procureur, rendre les ordonnances et délivrer les mandats qui peuvent être nécessaires aux fins d'une enquête ;

b) à la demande d'une personne qui a été arrêtée ou a comparu sur citation conformément à l'article 58, rendre toute ordonnance, y compris des mesures telles que visées à l'article 56, ou solliciter tout concours au titre du chapitre IX qui peuvent être nécessaires pour aider la personne à préparer sa défense ;

c) en cas de besoin, assurer la protection et le respect de la vie privée des victimes et des témoins, la préservation des preuves, la protection des personnes qui ont été arrêtées ou ont comparu sur citation, ainsi que la protection des renseignements touchant la sécurité nationale ;

d) autoriser le Procureur à prendre certaines mesures d'enquête sur le territoire d'un État Partie sans s'être assuré de la coopération de cet État au titre du chapitre IX si, ayant tenu compte dans la mesure du possible des vues de cet État, elle a déterminé qu'en l'espèce celui-ci est manifestement incapable de donner suite à une demande de coopération parce qu'aucune autorité ou composante compétente de son appareil judiciaire national n'est disponible pour donner suite à une demande de coopération au titre du chapitre IX ;

e) lorsqu'un mandat d'arrêt ou une citation à comparaître a été délivré en vertu de l'article 58, solliciter la coopération des États en vertu de l'article 93, paragraphe 1, alinéa *k)*, en tenant dûment compte de la force des éléments de preuve et des droits des parties concernées, comme prévu dans le présent Statut et dans le Règlement de procédure et de preuve, pour qu'ils prennent des mesures conservatoires aux fins de confiscation, en particulier dans l'intérêt supérieur des victimes.

Art. 58. — Délivrance par la Chambre préliminaire d'un mandat d'arrêt ou d'une citation à comparaître.

1. À tout moment après l'ouverture d'une enquête, la Chambre préliminaire délivre, sur requête du Procureur, un mandat d'arrêt contre une personne si, après examen de la requête et des éléments de preuve ou autres renseignements fournis par le Procureur, elle est convaincue :

a) qu'il y a des motifs raisonnables de croire que cette personne a commis un crime relevant de la compétence de la Cour ; et

b) que l'arrestation de cette personne apparaît nécessaire pour garantir ;

i) que la personne comparaîtra ;

ii) qu'elle ne fera pas obstacle à l'enquête ou à la procédure devant la Cour, ni n'en compromettra le déroulement ; ou

iii) le cas échéant, qu'elle ne poursuivra pas l'exécution du crime dont il s'agit ou d'un crime connexe relevant de la compétence de la Cour et se produisant dans les mêmes circonstances.

2. La requête du Procureur contient les éléments suivants :

a) le nom de la personne visée et tous autres éléments utiles d'identification ;

b) une référence précise au crime relevant de la compétence de la Cour que la personne est censée avoir commis ;

c) l'exposé succinct des faits dont il est allégué qu'ils constituent ce crime ;

d) un résumé des éléments de preuve qui donnent des motifs raisonnables de croire que la personne a commis ce crime ; et

e) les raisons pour lesquelles le Procureur estime qu'il est nécessaire de procéder à l'arrestation de cette personne.

3. Le mandat d'arrêt contient les éléments suivants :

a) le nom de la personne visée et tous autres éléments utiles d'identification ;

b) une référence précise au crime relevant de la compétence de la Cour qui justifie l'arrestation ; et

c) l'exposé succinct des faits dont il est allégué qu'ils constituent ce crime.

4. Le mandat d'arrêt reste en vigueur tant que la Cour n'en a pas décidé autrement.

5. Sur la base du mandat d'arrêt, la Cour peut demander l'arrestation provisoire ou l'arrestation et la remise de la personne conformément au chapitre IX.

6. Le Procureur peut demander à la Chambre préliminaire de modifier le mandat d'arrêt en requalifiant les crimes qui y sont visés ou en y ajoutant de nouveaux crimes. La Chambre préliminaire modifie le mandat d'arrêt si elle a des motifs raisonnables de croire que la personne a commis les crimes requalifiés ou les nouveaux crimes.

7. Le Procureur peut demander à la Chambre préliminaire de délivrer une citation à comparaître au lieu d'un mandat d'arrêt. Si la Chambre préliminaire est convaincue qu'il y a des motifs raisonnables de croire que la personne a commis le crime qui lui est imputé et qu'une citation à comparaître suffit à garantir qu'elle se présentera devant la Cour, elle délivre la citation avec ou sans conditions restrictives de liberté (autres que la détention) si la législation nationale le prévoit. La citation contient les éléments suivants :

a) le nom de la personne visée et tous autres éléments utiles d'identification ;

b) la date de comparution ;

c) une référence précise au crime relevant de la compétence de la Cour que la personne est censée avoir commis ; et

d) l'exposé succinct des faits dont il est allégué qu'ils constituent le crime. La citation est notifiée à la personne qu'elle vise.

Art. 59. — Procédure d'arrestation dans l'État de détention.

1. L'État Partie qui a reçu une demande d'arrestation provisoire ou d'arrestation et de remise prend immédiatement des mesures pour faire arrêter la personne dont il s'agit conformément à sa législation et aux dispositions du chapitre IX.

2. Toute personne arrêtée est déférée aussitôt à l'autorité judiciaire compétente de l'État de détention qui vérifie, conformément à la législation de cet État :

a) que le mandat vise bien cette personne ;

b) que celle-ci a été arrêtée selon la procédure régulière ; et

c) que ses droits ont été respectés.

3. La personne arrêtée a le droit de demander à l'autorité compétente de l'État de détention sa mise en liberté provisoire en attendant sa remise.

4. Lorsqu'elle se prononce sur cette demande, l'autorité compétente de l'État de détention examine si, eu égard à la gravité des crimes allégués, l'urgence et des circonstances exceptionnelles justifient la mise en liberté provisoire et si les garanties voulues assurent que l'État de détention peut s'acquitter de son obligation de remettre la personne à la Cour. L'autorité compétente de l'État de détention ne peut pas examiner si le mandat d'arrêt a été régulièrement délivré au regard de l'article 58, paragraphe 1, alinéas *a)* et *b)*.

5. La Chambre préliminaire est avisée de toute demande de mise en liberté provisoire et fait des recommandations à l'autorité compétente de l'État de détention. Avant de rendre sa décision, celle-ci prend pleinement en considération ces recommandations, y compris éventuellement celles qui portent sur les mesures propres à empêcher l'évasion de la personne.

6. Si la mise en liberté provisoire est accordée, la Chambre préliminaire peut demander des rapports périodiques sur le régime de la liberté provisoire.

7. Une fois ordonnée la remise par l'État de détention, la personne est livrée à la Cour aussitôt que possible.

Art. 60. — Procédure initiale devant la Cour.

1. Dès que la personne est remise à la Cour ou dès qu'elle comparaît devant celle-ci, volontairement ou sur citation, la Chambre préliminaire vérifie qu'elle a été informée des crimes qui lui sont imputés et des droits que lui reconnaît le présent Statut, y compris le droit de demander sa mise en liberté provisoire en attendant d'être jugée.

2. La personne visée par un mandat d'arrêt peut demander sa mise en liberté provisoire en attendant d'être jugée. Si la Chambre préliminaire est convaincue que les conditions énoncées à l'article 58, paragraphe 1, sont réalisées, la personne est maintenue en détention. Sinon, la Chambre préliminaire la met en liberté, avec ou sans conditions.

3. La Chambre préliminaire réexamine périodiquement sa décision de mise en liberté ou de maintien en détention. Elle peut le faire à tout moment à la demande du Procureur ou de l'intéressé. Elle peut alors modifier sa décision concernant la détention, la mise en liberté ou les conditions de celle-ci si elle est convaincue que l'évolution des circonstances le justifie.

4. La Chambre préliminaire s'assure que la détention avant le procès ne se prolonge pas de manière excessive à cause d'un retard injustifiable imputable au Procureur. Si un tel retard se produit, la Cour examine la possibilité de mettre l'intéressé en liberté, avec ou sans conditions.

5. Si besoin est, la Chambre préliminaire peut délivrer un mandat d'arrêt pour garantir la comparution d'une personne qui a été mise en liberté.

Art. 61. — Confirmation des charges avant le procès.

1. Sous réserve du paragraphe 2, dans un délai raisonnable après la remise de la personne à la Cour ou sa comparution volontaire devant celle-ci, la Chambre préliminaire tient une audience pour confirmer les charges sur lesquelles le Procureur entend se fonder pour requérir le renvoi en jugement. L'audience se déroule en présence du Procureur et de la personne faisant l'objet de l'enquête ou des poursuites, ainsi que du conseil de celle-ci.

2. La Chambre préliminaire peut, à la demande du Procureur ou de sa propre initiative, tenir une audience en l'absence de l'intéressé pour confirmer les charges sur lesquelles le Procureur entend se fonder pour requérir le renvoi en jugement lorsque la personne :

a) a renoncé à son droit d'être présente ; ou

b) a pris la fuite ou est introuvable, et que tout ce qui était raisonnablement possible a été fait pour garantir sa comparution devant la Cour et l'informer des charges qui pèsent contre elle et de la tenue prochaine d'une audience pour confirmer ces charges.

Dans ces cas, la personne est représentée par un conseil lorsque la Chambre préliminaire juge que cela sert les intérêts de la justice.

3. Dans un délai raisonnable avant l'audience, la personne :

a) reçoit notification écrite des charges sur lesquelles le Procureur entend se fonder pour requérir le renvoi en jugement ; et

b) est informée des éléments de preuve sur lesquels le Procureur entend se fonder à l'audience.

La Chambre préliminaire peut rendre des ordonnances concernant la divulgation de renseignements aux fins de l'audience.

4. Avant l'audience, le Procureur peut poursuivre l'enquête et peut modifier ou retirer des charges. La personne visée reçoit notification de tout amendement ou retrait de charges dans un délai raisonnable avant l'audience. En cas de retrait de charges, le Procureur informe la Chambre préliminaire des motifs de ce retrait.

5. À l'audience, le Procureur étaye chacune des charges avec des éléments de preuve suffisants pour établir l'existence de motifs substantiels de croire que la personne a commis le crime qui lui est imputé. Il peut se fonder sur des éléments de preuve sous forme de documents ou de résumés et n'est pas tenu de faire comparaître les témoins qui doivent déposer au procès.

6. À l'audience, la personne peut :

a) contester les charges ;

b) contester les éléments de preuve produits par le Procureur ; et

c) Présenter des éléments de preuve.

7. À l'issue de l'audience, la Chambre préliminaire détermine s'il existe des preuves suffisantes donnant des motifs substantiels de croire que la personne a commis chacun des crimes qui lui sont imputés. Selon ce qu'elle a déterminé, la Chambre préliminaire :

a) confirme les charges pour lesquelles elle a conclu qu'il y avait des preuves suffisantes ; et renvoie la personne devant une Chambre de première instance pour y être jugée sur la base des charges confirmées ;

b) ne confirme pas les charges pour lesquelles elle a conclu qu'il n'y avait pas de preuves suffisantes ;

c) ajourne l'audience et demande au Procureur d'envisager :

i) d'apporter des éléments de preuve supplémentaires ou de procéder à de nouvelles enquêtes relativement à une charge particulière ; ou

ii) de modifier une charge si les éléments de preuve produits semblent établir qu'un crime différent, relevant de la compétence de la Cour, a été commis.

8. Lorsque la Chambre préliminaire ne confirme pas une charge, il n'est pas interdit au Procureur de demander ultérieurement la confirmation de cette charge s'il étaye sa demande d'éléments de preuve supplémentaires.

9. Après confirmation des charges et avant que le procès ne commence, le Procureur peut modifier les charges avec l'autorisation de la Chambre préliminaire et après que l'accusé en a été avisé. Si le Procureur entend ajouter des charges supplémentaires ou substituer aux charges des charges plus graves, une audience doit se tenir conformément au présent article pour confirmer les charges nouvelles. Après l'ouverture du procès, le Procureur peut retirer les charges avec l'autorisation de première instance.

10. Tout mandat déjà délivré cesse d'avoir effet à l'égard de toute charge non confirmée par la Chambre préliminaire ou retirée par le Procureur.

11. Dès que les charges ont été confirmées conformément au présent article, la Présidence constitue une chambre de première instance qui, sous réserve du paragraphe 9 et de l'article 64, paragraphe 4, conduit la phase suivante de la procédure et peut remplir à cette fin toute fonction de la Chambre préliminaire utile en l'espèce.

Chapitre VI

Le procès

Art. 62. — Lieu du procès.

Sauf s'il en est décidé autrement, le procès se tient au siège de la Cour.

Art. 63. — Procès en présence de l'accusé.

1. L'accusé est présent à son procès.

2. Si l'accusé, présent devant la Cour, trouble de manière persistante le déroulement du procès, la Chambre de première instance peut ordonner son expulsion de la salle d'audience et fait alors en sorte qu'il suive le procès et donne des instructions à son conseil de l'extérieur de la salle, au besoin à l'aide des moyens techniques de communication. De telles mesures ne sont prises que dans des circonstances exceptionnelles, quand d'autres solutions raisonnables se sont révélées vaines et seulement pour la durée strictement nécessaire.

Art. 64. — Fonctions et pouvoirs de la Chambre de première instance.

1. Les fonctions et pouvoirs de la Chambre de première instance énoncés dans le présent article sont exercés conformément au Statut et au Règlement de procédure et de preuve.

2. La Chambre de première instance veille à ce que le procès soit conduit de façon équitable et avec diligence, dans le plein respect des droits de l'accusé et en ayant pleinement égard à la nécessité d'assurer la protection des victimes et des témoins.

3. Lorsqu'une affaire est renvoyée en jugement conformément au présent Statut, la Chambre de première instance à laquelle elle est attribuée :

a) consulte les parties et adopte toutes procédures utiles à la conduite équitable et diligente de l'instance ;

b) détermine la langue ou les langues du procès ; et

c) sous réserve de toutes autres dispositions applicables du présent Statut, assure la divulgation de documents ou de renseignements encore non divulgués, suffisamment tôt avant l'ouverture du procès pour permettre une préparation suffisante de celui-ci.

4. La Chambre de première instance peut, si cela est nécessaire pour assurer son fonctionnement efficace et équitable, soumettre des questions préliminaires à la Chambre préliminaire ou, au besoin, à un autre juge disponible de la Section préliminaire.

5. La Chambre de première instance peut, en le notifiant aux parties, ordonner la jonction ou la disjonction, selon le cas, des charges portées contre plusieurs accusés.

6. Dans l'exercice de ses fonctions avant ou pendant un procès, la Chambre de première instance peut, si besoin est :

a) assumer toutes les fonctions de la Chambre préliminaire visées à l'article 61, paragraphe 11 ;

b) ordonner la comparution des témoins et leur audition ainsi que la production de documents et d'autres éléments de preuve, en obtenant au besoin l'aide des États selon les dispositions du présent Statut ;

c) assurer la protection des renseignements confidentiels ;

d) ordonner la production d'éléments de preuve en complément de ceux qui ont été recueillis avant le procès ou présentés au procès par les parties ;

e) assurer la protection de l'accusé, des témoins et des victimes ; et

f) statuer sur toute autre question pertinente.

7. Le procès est public. Toutefois, la Chambre de première instance peut, en raison de circonstances particulières, prononcer le huis clos pour certaines audiences aux fins énoncées à l'article 68 ou en vue de protéger des renseignements confidentiels ou sensibles donnés dans les dépositions.

8. *a)* À l'ouverture du procès, la Chambre de première instance fait donner lecture à l'accusé des charges préalablement confirmées par la Chambre préliminaire.

La Chambre de première instance s'assure que l'accusé comprend la nature des charges. Elle donne à l'accusé la possibilité de plaider coupable selon ce qui est prévu à l'article 65, ou de plaider non coupable.

b) Lors du procès, le Président peut donner des instructions pour la conduite de la procédure, notamment pour qu'elle soit conduite d'une manière équitable et impartiale. Sous réserve de toute instruction du Président, les parties peuvent produire des éléments de preuve conformément aux dispositions du présent Statut.

9. La Chambre de première instance peut notamment, à la requête d'une partie ou d'office :

a) statuer sur la recevabilité ou la pertinence des preuves ; et

b) prendre toute mesure nécessaire pour assurer l'ordre à l'audience.

10. La Chambre de première instance veille à ce que le Greffier établisse et conserve un procès-verbal intégral du procès relatant fidèlement les débats.

Art. 65. — Procédure en cas d'aveu de culpabilité.

1. Lorsque l'accusé reconnaît sa culpabilité comme le prévoit l'article 64, paragraphe 8, alinéa *a)*, la Chambre de première instance détermine :

a) si l'accusé comprend la nature et les conséquences de son aveu de culpabilité ;

b) si l'aveu de culpabilité a été fait volontairement après consultation suffisante avec le défenseur de l'accusé ; et

c) si l'aveu de culpabilité est étayé par les faits de la cause tels qu'ils ressortent :

i) des charges présentées par le Procureur et admises par l'accusé ;

ii) de toutes pièces présentées par le Procureur qui accompagnent les charges et que l'accusé accepte ; et

iii) de tous autres éléments de preuve, tels que les témoignages, présentés par le Procureur ou l'accusé.

2. Si la Chambre de première instance est convaincue que les conditions visées au paragraphe 1 sont réunies, elle considère que l'aveu de culpabilité, accompagné de toutes les preuves complémentaires présentées, établit tous les éléments constitutifs du crime sur lequel il porte, et elle peut reconnaître l'accusé coupable de ce crime.

3. Si la Chambre de première instance n'est pas convaincue que les conditions visées au paragraphe 1 sont réunies, elle considère qu'il n'y a pas eu aveu de culpabilité, auquel cas elle ordonne que le procès se poursuive selon les procédures normales prévues par le présent Statut et peut renvoyer l'affaire à une autre Chambre de première instance.

4. Si la Chambre de première instance est convaincue qu'une présentation plus complète des faits de la cause serait dans l'intérêt de la justice, en particulier dans l'intérêt des victimes, elle peut :

a) demander au Procureur de présenter des éléments de preuve supplémentaires, y compris des dépositions de témoins ; ou

b) ordonner que le procès se poursuive selon les procédures normales prévues par le présent Statut, auquel cas elle considère qu'il n'y a pas eu aveu de culpabilité et peut renvoyer l'affaire à une autre Chambre de première instance.

5. Toute discussion entre le Procureur et la défense relative à la modification des chefs d'accusation, à l'aveu de culpabilité ou à la peine à prononcer n'engage pas la Cour.

Art. 66. — Présomption d'innocence.

1. Toute personne est présumée innocente jusqu'à ce que sa culpabilité ait été établie devant la Cour conformément au droit applicable.

2. Il incombe au Procureur de prouver la culpabilité de l'accusé.

3. Pour condamner l'accusé, la Cour doit être convaincue de sa culpabilité au-delà de tout doute raisonnable.

Art. 67. — Droits de l'accusé.

1. Lors de l'examen des charges portées contre lui, l'accusé a droit à ce que sa cause soit entendue publiquement, compte tenu des dispositions du présent Statut, équitablement et de façon impartiale. Il a droit, en pleine égalité, au moins aux garanties suivantes :

a) être informé dans le plus court délai et de façon détaillée de la nature, de la cause et de la teneur des charges dans une langue qu'il comprend et parle parfaitement ;

b) disposer du temps et des facilités nécessaires à la préparation de sa défense et communiquer librement et confidentiellement avec le conseil de son choix ;

c) être jugé sans retard excessif ;

d) sous réserve des dispositions du paragraphe 2 de l'article 63, être présent à son procès, se défendre lui-même ou se faire assister par le défenseur de son choix ; s'il n'a pas de défenseur, être informé de son droit d'en avoir un et, chaque fois que l'intérêt de la justice l'exige, se voir attribuer d'office un défenseur par la Cour, sans frais s'il n'a pas les moyens de le rémunérer ;

e) interroger ou faire interroger les témoins à charge et obtenir la comparution et l'interrogatoire des témoins à décharge dans les mêmes conditions que les témoins à charge. L'accusé a également le droit de faire valoir des moyens de défense et de présenter d'autres éléments de preuve admissibles en vertu du présent Statut ;

f) se faire assister gratuitement d'un interprète compétent et bénéficier des traductions nécessaires pour satisfaire aux exigences de l'équité, si la langue employée dans toute procédure suivie devant la Cour ou dans tout document présenté à la Cour n'est pas une langue qu'il comprend et parle parfaitement ;

g) ne pas être forcé de témoigner contre lui-même ou de s'avouer coupable, et garder le silence sans que ce silence soit pris en considération pour déterminer sa culpabilité ou son innocence ;

h) faire, sans prêter serment, une déclaration écrite ou orale pour sa défense ; et

i) ne pas se voir imposer le renversement du fardeau de la preuve ni la charge de la réfutation.

2. Outre toute autre communication prévue par le présent Statut, le Procureur communique à la défense, dès que cela est possible, les éléments de preuve en sa possession ou à sa disposition dont il estime qu'ils disculpent l'accusé ou tendent à le disculper ou à atténuer sa culpabilité, ou sont de nature à entamer la crédibilité des éléments de preuve à charge. En cas de doute quant à l'application du présent paragraphe, la Cour tranche.

Art. 68. — Protection et participation au procès des victimes et des témoins.

1. La Cour prend les mesures propres à protéger la sécurité, le bien-être physique et psychologique, la dignité et le respect de la vie privée des victimes et des témoins. Ce faisant, elle tient compte de tous les facteurs pertinents, notamment l'âge, le sexe tel que défini à l'article 7, paragraphe 3, et l'état de santé, ainsi que la nature du crime, en particulier, mais sans s'y limiter lorsque celui-ci s'accompagne de violences à caractère sexuel, de violences à caractère sexiste ou de violences contre des enfants.

Le Procureur prend ces mesures en particulier au stade de l'enquête et des poursuites.

Ces mesures ne doivent être ni préjudiciables ni contraires aux droits de la défense et aux exigences d'un procès équitable et impartial.

2. Par exception au principe de la publicité des débats énoncé à l'article 67, les Chambres de la Cour peuvent, pour protéger les victimes et les témoins ou un accusé, ordonner le huis clos pour une partie quelconque de la procédure ou permettre que les dépositions soient recueillies par des moyens électroniques ou autres moyens spéciaux. Ces mesures sont appliquées en particulier à l'égard d'une victime de violences sexuelles ou d'un enfant qui est victime ou témoin, à moins que la Cour n'en décide

autrement compte tenu de toutes les circonstances, en particulier des vues de la victime ou du témoin.

3. Lorsque les intérêts personnels des victimes sont concernés, la Cour permet que leurs vues et préoccupations soient exposées et examinées, à des stades de la procédure qu'elle estime appropriés et d'une manière qui n'est ni préjudiciable ni contraire aux droits de la défense et aux exigences d'un procès équitable et impartial. Ces vues et préoccupations peuvent être exposées par les représentants légaux des victimes lorsque la Cour l'estime approprié, conformément au Règlement de procédure et de preuve.

4. La Division d'aide aux victimes et aux témoins peut conseiller le Procureur et la Cour sur les mesures de protection, les dispositions de sécurité et les activités de conseil et d'aide visées à l'article 43, paragraphe 6.

5. Lorsque la divulgation d'éléments de preuve et de renseignements en vertu du présent Statut risque de mettre gravement en danger un témoin ou les membres de sa famille, le Procureur peut, dans toute procédure engagée avant l'ouverture du procès, s'abstenir de divulguer ces éléments de preuve ou renseignements et en présenter un résumé. De telles mesures doivent être appliquées d'une manière qui n'est ni préjudiciable ni contraire aux droits de la défense et aux exigences d'un procès équitable et impartial.

6. Un État peut demander que soient prises les mesures nécessaires pour assurer la protection de ses fonctionnaires ou agents et la protection d'informations confidentielles ou sensibles.

Art. 69. — Preuve.

1. Avant de déposer, chaque témoin, conformément au Règlement de procédure et de preuve, prend l'engagement de dire la vérité.

2. Les témoins sont entendus en personne lors d'une audience, sous réserve des mesures prévues à l'article 68 ou dans le Règlement de procédure et de preuve. La Cour peut également autoriser un témoin à présenter une déposition orale ou un enregistrement vidéo ou audio, et à présenter des documents ou des transcriptions écrites, sous réserve des dispositions du présent Statut et conformément au Règlement de procédure et de preuve. Ces mesures ne doivent être ni préjudiciables ni contraires aux droits de la défense.

3. Les parties peuvent présenter des éléments de preuve pertinents pour l'affaire, conformément à l'article 64. La Cour a le pouvoir de demander la présentation de tous les éléments de preuve qu'elle juge nécessaires à la manifestation de la vérité.

4. La Cour peut se prononcer sur la pertinence et l'admissibilité de tout élément de preuve conformément au Règlement de procédure et de preuve, en tenant compte notamment de la valeur probante de cet élément de preuve et de la possibilité qu'il nuise à l'équité du procès ou à une évaluation équitable de la déposition d'un témoin.

5. La Cour respecte les règles de confidentialité telles qu'elles sont énoncées dans le Règlement de procédure et de preuve.

6. La Cour n'exige pas la preuve des faits qui sont notoires, mais en dresse le constat judiciaire.

7. Les éléments de preuve obtenus par un moyen violant le présent Statut ou les droits de l'homme internationalement reconnus ne sont pas admissibles :

a) si la violation met sérieusement en question la crédibilité des éléments de preuve ; ou

b) si l'admission de ces éléments de preuve serait de nature à compromettre la procédure et à porter gravement atteinte à son intégrité.

8. Lorsqu'elle se prononce sur la pertinence ou l'admissibilité d'éléments de preuve réunis par un État, la Cour ne se prononce pas sur l'application de la législation nationale de cet État.

Art. 70. — Atteintes à l'administration de la justice.

1. La Cour a compétence pour connaître des atteintes suivantes à son administration de la justice lorsqu'elles sont commises intentionnellement :

a) faux témoignage d'une personne qui a pris l'engagement de dire la vérité en application de l'article 69, paragraphe 1 ;

b) production d'éléments de preuve faux ou falsifiés en connaissance de cause ;

c) subordination de témoin, manœuvres visant à empêcher un témoin de comparaître ou de déposer librement, représailles exercées contre un témoin en raison de sa déposition, destruction ou falsification d'éléments de preuve, ou entrave au rassemblement de tels éléments ;

d) intimidation d'un membre ou agent de la Cour, entrave à son action ou trafic d'influence afin de l'amener, par la contrainte ou la persuasion à ne pas exercer ses fonctions ou à ne pas les exercer comme il convient ;

e) représailles contre un membre ou un agent de la Cour en raison des fonctions exercées par celui-ci ou par un autre membre ou agent ;

f) sollicitation ou acceptation d'une rétribution illégale par un membre ou un agent de la Cour dans le cadre de ses fonctions officielles.

2. Les principes et les procédures régissant l'exercice par la Cour de sa compétence à l'égard des atteintes à l'administration de la justice en vertu du présent article sont énoncés dans le Règlement de procédure et de preuve. Les modalités de la coopération internationale avec la Cour dans la mise en œuvre des dispositions du présent article sont régies par la législation nationale de l'État requis.

3. En cas de condamnation, la Cour peut imposer une peine d'emprisonnement ne pouvant excéder cinq années, ou une amende prévue dans le Règlement de procédure et de preuve, ou les deux.

4. *a)* Les États Parties étendent les dispositions de leur droit pénal qui répriment les atteintes à l'intégrité de leurs procédures d'enquête ou de leur système judiciaire aux atteintes à l'administration de la justice en vertu du présent article commises sur leur territoire, ou par l'un de leurs ressortissants.

b) À la demande de la Cour, un État Partie saisit ses autorités compétentes aux fins de poursuites chaque fois qu'il le juge approprié. Ces autorités traitent les dossiers dont il s'agit avec diligence, en y consacrant les moyens nécessaires à une action efficace.

Art. 71. — Sanctions en cas d'inconduite à l'audience.

1. La Cour peut sanctionner l'inconduite à l'audience, y compris la perturbation de l'audience ou le refus délibéré de suivre ses instructions, par des mesures administratives autres qu'une peine d'emprisonnement, par exemple l'expulsion temporaire ou permanente de la salle, une amende ou d'autres mesures analogues prévues dans le Règlement de procédure et de preuve.

2. Le régime des sanctions indiquées au paragraphe 1 est fixé dans le Règlement de procédure et de preuve.

Art. 72. — Protection de renseignements touchant à la sécurité nationale.

1. Le présent article s'applique dans tous les cas où la divulgation de renseignements ou de documents d'un État porterait atteinte, de l'avis de cet État, aux intérêts de sa sécurité nationale. Ces cas sont, en particulier, ceux qui relèvent de l'article 56, paragraphes 2 et 3, de l'article 61, paragraphe 3, de l'article 64, paragraphe 3, de l'article 67, paragraphe 2, de l'article 68, paragraphe 6, de l'article 87, paragraphe 6, et de l'article 93, ainsi que les cas, à tout autre stade de la procédure, où une telle divulgation peut être en cause.

2. Le présent article s'applique également lorsqu'une personne qui a été invitée à fournir des renseignements ou des éléments de preuve a refusé de le faire ou en a référé à l'État au motif que leur divulgation porterait atteinte aux intérêts

d'un État en matière de sécurité nationale et lorsque cet État confirme qu'à son avis la divulgation de ces renseignements porterait atteinte aux intérêts de sa sécurité nationale.

3. Aucune disposition du présent article ne porte atteinte aux normes de confidentialité applicables en vertu de l'article 54, paragraphe 3, alinéas *e)* et *f)*, ni à l'application de l'article 73.

4. Si un État apprend que des renseignements ou des documents de l'État sont ou seront probablement divulgués à un stade quelconque de la procédure, et s'il estime qu'une telle divulgation porterait atteinte aux intérêts de sa sécurité nationale, cet État a le droit d'intervenir en vue d'obtenir le règlement de la question selon les dispositions du présent article.

5. Lorsqu'un État estime que la divulgation de renseignements porterait atteinte aux intérêts de sa sécurité nationale, il prend, en liaison avec le Procureur, la défense, la Chambre préliminaire ou la Chambre de première instance, selon le cas, toutes les mesures raisonnablement possibles pour trouver une solution par la concertation.

Ces mesures peuvent notamment consister à :

a) modifier ou préciser la demande ;

b) faire trancher par la Cour la question de la pertinence des renseignements ou éléments de preuve demandés, ou la question de savoir si les éléments de preuve, quoique pertinents, pourraient être ou ont été obtenus d'une source autre que l'État requis ;

c) obtenir les renseignements ou éléments de preuve d'une autre source ou sous une forme différente ; ou

d) trouver un accord sur les conditions auxquelles l'assistance pourrait être fournie, notamment par la communication de résumés ou de versions corrigées, l'imposition de restrictions à la divulgation, le recours à une procédure à huis clos ou *ex parte*, ou l'application d'autres mesures de protection autorisées par le Statut ou le Règlement de procédure et de preuve.

6. Lorsque toutes les mesures raisonnablement possibles ont été prises pour régler la question par la concertation et que l'État estime qu'il n'existe ni moyens ni conditions qui lui permettraient de communiquer ou de divulguer les renseignements ou les documents sans porter atteinte aux intérêts de sa sécurité nationale, il en avise le Procureur ou la Cour en indiquant les raisons précises qui l'ont conduit à cette conclusion, à moins qu'un énoncé précis de ces raisons ne porte nécessairement atteinte aux intérêts de l'État en matière de sécurité nationale.

7. Par la suite, si la Cour détermine que les éléments de preuve sont pertinents et nécessaires pour l'établissement de la culpabilité ou de l'innocence de l'accusé, elle peut prendre les mesures ci-après :

a) Lorsque la divulgation des renseignements ou du document est sollicitée dans le cadre d'une demande de coopération au titre du chapitre IX ou dans les circonstances décrites au paragraphe 2, et que l'État a invoqué le motif de refus visé à l'article 93, paragraphe 4 :

i) la Cour peut, avant de tirer la conclusion visée au paragraphe 7, alinéa *a) ii)*, demander la tenue de consultations supplémentaires aux fins d'examiner les observations de l'État, y compris, le cas échéant, la tenue d'audiences à huis clos et *ex parte* ;

ii) si la Cour conclut qu'en invoquant le motif de refus énoncé à l'article 93, paragraphe 4, dans les circonstances de l'espèce, l'État requis n'agit pas conformément aux obligations qui lui incombent en vertu du présent Statut, elle peut renvoyer l'affaire conformément à l'article 87, paragraphe 7, en précisant les raisons qui motivent sa conclusion ; et

iii) la Cour peut tirer toute conclusion qu'elle estime appropriée en l'espèce, lorsqu'elle juge l'accusé, quant à l'existence ou la non-existence d'un fait ; ou

b) dans toutes les autres circonstances :
i) ordonner la divulgation ; ou
ii) dans la mesure où elle n'ordonne pas la divulgation, tirer toute conclusion qu'elle estime appropriée en l'espèce, lorsqu'elle juge l'accusé, quant à l'existence ou la non-existence d'un fait.

Art. 73. — Renseignements ou documents émanant de tiers.

Si un État Partie est requis par la Cour de fournir un document ou un renseignement en sa possession, sous sa garde ou sous son contrôle qui lui a été communiqué à titre confidentiel par un État, une organisation intergouvernementale ou une organisation internationale, il demande à celui dont il tient le renseignement ou le document l'autorisation de le divulguer. Si celui qui a communiqué le renseignement ou le document est un État Partie, il consent à la divulgation du renseignement ou du document, ou s'efforce de régler la question avec la Cour, sous réserve des dispositions de l'article 72. Si celui qui a communiqué le renseignement ou le document n'est pas un État Partie et refuse de consentir à la divulgation, l'État requis informe la Cour qu'il n'est pas en mesure de fournir le document ou le renseignement en raison d'une obligation préexistante de confidentialité à l'égard de celui dont il le tient.

Art. 74. — Conditions requises pour la décision.

1. Tous les juges de la Chambre de première instance assistent à chaque phase du procès et à l'intégralité des débats. La Présidence peut désigner, au cas par cas un ou plusieurs juges suppléants, en fonction des disponibilités, pour assister également à toutes les phases du procès et remplacer un membre de la Chambre de première instance qui ne pourrait continuer de siéger.

2. La Chambre de première instance fonde sa décision sur son appréciation des preuves et sur l'ensemble des procédures. Sa décision ne peut aller au-delà des faits et des circonstances décrits dans les charges et les modifications apportées à celles-ci. Elle est fondée exclusivement sur les preuves produites et examinées au procès.

3. Les juges s'efforcent de prendre leur décision à l'unanimité, faute de quoi, ils la prennent à la majorité.

4. Les délibérations de la Chambre de première instance sont et demeurent secrètes.

5. La décision est présentée par écrit. Elle contient l'exposé complet et motivé des constatations de la Chambre de première instance sur les preuves et les conclusions. Il n'est prononcé qu'une seule décision. S'il n'y a pas unanimité, la décision contient les vues de la majorité et de la minorité. Il est donné lecture de la décision ou de son résumé en audience publique.

Art. 75. — Réparation en faveur des victimes.

1. La Cour établit des principes applicables aux formes de réparation, telles que la restitution, l'indemnisation ou la réhabilitation, à accorder aux victimes ou à leurs ayants droit. Sur cette base, la Cour peut, sur demande, ou de son propre chef dans des circonstances exceptionnelles, déterminer dans sa décision l'ampleur du dommage, de la perte ou du préjudice causé aux victimes ou à leurs ayants droit, en indiquant les principes sur lesquels elle fonde sa décision.

2. La Cour peut rendre contre une personne condamnée une ordonnance indiquant la réparation qu'il convient d'accorder aux victimes ou à leurs ayants droit. Cette réparation peut prendre notamment la forme de la restitution, de l'indemnisation ou de la réhabilitation. Le cas échéant, la Cour peut décider que l'indemnité accordée à titre de réparation est versée par l'intermédiaire du Fonds visé à l'article 79.

3. Avant de rendre une ordonnance en vertu du présent article, la Cour peut solliciter, et prend en considération, les observations de la personne condamnée, des victimes, des autres personnes intéressées ou des États intéressés, et les observations formulées au nom de ces personnes ou de ces États.

4. Lorsqu'elle exerce le pouvoir que lui confère le présent article et après qu'une personne a été reconnue coupable d'un crime relevant de sa compétence, la Cour peut déterminer s'il est nécessaire, pour donner effet aux ordonnances qu'elle rend en vertu du présent article de demander des mesures au titre de l'article 93, paragraphe 1.

5. Les États Parties font appliquer les décisions prises en vertu du présent article comme si les dispositions de l'article 109 étaient applicables au présent article.

6. Les dispositions du présent article s'entendent sans préjudice des droits que le droit interne ou le droit international reconnaissent aux victimes.

Art. 76. — Prononcé de la peine.

1. En cas de verdict de culpabilité, la Chambre de première instance fixe la peine à appliquer en tenant compte des conclusions et éléments de preuve pertinents présentés au procès.

2. Sauf dans les cas où l'article 65 s'applique et avant la fin du procès, la Chambre de première instance peut d'office, et doit à la demande du Procureur ou de l'accusé, tenir une audience supplémentaire pour prendre connaissance de toutes nouvelles conclusions et de tous nouveaux éléments de preuve pertinents pour la fixation de la peine conformément au Règlement de procédure et de preuve.

3. Lorsque le paragraphe 2 s'applique, la Chambre de première instance entend les observations prévues à l'article 75 au cours de l'audience supplémentaire visée au paragraphe 2 et, au besoin, au cours de toute nouvelle audience.

4. La sentence est prononcée en audience publique et, lorsque cela est possible, en présence de l'accusé.

Chapitre VII

Les peines

Art. 77. — Peines applicables.

1. Sous réserve de l'article 110, la Cour peut prononcer contre une personne déclarée coupable d'un crime visé à l'article 5 du présent Statut l'une des peines suivantes :

a) une peine d'emprisonnement à temps de 30 ans au plus ; ou

b) une peine d'emprisonnement à perpétuité, si l'extrême gravité du crime et la situation personnelle du condamné le justifient.

2. À la peine d'emprisonnement, la Cour peut ajouter :

a) une amende fixée selon les critères prévus par le Règlement de procédure et de preuve ;

b) la confiscation des profits, biens et avoirs tirés directement ou indirectement du crime, sans préjudice des droits des tiers de bonne foi.

Art. 78. — Fixation de la peine.

1. Lorsqu'elle fixe la peine, la Cour tient compte, conformément au Règlement de procédure et de preuve, de considérations telles que la gravité du crime et la situation personnelle du condamné.

2. Lorsqu'elle prononce une peine d'emprisonnement, la Cour en déduit le temps que le condamné a passé, sur son ordre, en détention. Elle peut également en déduire toute autre période passée en détention à raison d'un comportement lié au crime.

3. Lorsqu'une personne est reconnue coupable de plusieurs crimes, la Cour prononce une peine pour chaque crime et une peine unique indiquant la durée totale d'emprisonnement. Cette durée ne peut être inférieure à celle de la peine individuelle la plus lourde et ne peut être supérieure à 30 ans ou à celle de la peine d'emprisonnement à perpétuité prévue à l'article 77, paragraphe 1, alinéa *b)*.

Art. 79. — Fonds au profit des victimes.

1. Un fonds est créé, sur décision de l'Assemblée des États Parties, au profit des victimes de crimes relevant de la compétence de la Cour et de leurs familles.

2. La Cour peut ordonner que le produit des amendes et tout autre bien confisqué soient versés au fonds.

3. Le fonds est géré selon les principes fixés par l'Assemblée des États Parties.

Art. 80. — Le Statut, l'application des peines par les États et le droit national.

Rien dans le présent chapitre n'affecte l'application par les États des peines que prévoit leur droit interne, ni l'application du droit des États qui ne prévoient pas les peines prévues dans le présent chapitre.

Chapitre VIII

Appel et révision

Art. 81. — Appel d'une décision sur la culpabilité ou la peine.

1. Il peut être fait appel, conformément au Règlement de procédure et de preuve, d'une décision rendue en vertu de l'article 74 selon les modalités suivantes :

a) le Procureur peut interjeter appel pour l'un des motifs suivants : *i)* vice de procédure ; *ii)* erreur de fait ; *iii)* erreur de droit ;

b) la personne déclarée coupable ou le Procureur au nom de cette personne peut interjeter appel pour l'un des motifs suivants : *i)* vice de procédure ; *ii)* erreur de fait ; *iii)* erreur de droit ; *iv)* tout autre motif de nature à compromettre l'équité ou la régularité de la procédure ou de la décision.

2. *a)* Le Procureur ou le condamné peut, conformément au Règlement de procédure et de preuve, interjeter appel de la peine prononcée au motif d'une disproportion entre celle-ci et le crime.

b) Si, à l'occasion d'un appel contre la peine prononcée, la Cour estime qu'il existe des motifs qui pourraient justifier l'annulation de tout ou partie de la décision sur la culpabilité, elle peut inviter le Procureur et le condamné à invoquer les motifs énoncés à l'article 81, paragraphe 1, alinéas *a)* ou *b)*, et se prononcer sur la décision sur la culpabilité conformément à l'article 83.

c) La même procédure s'applique si, à l'occasion d'un appel concernant uniquement la décision sur la culpabilité, la Cour estime qu'il existe des motifs justifiant une réduction de la peine en vertu du paragraphe 2, alinéa *a)*.

3. *a)* À moins que la Chambre de première instance n'en décide autrement, la personne reconnue coupable reste détenue pendant la procédure d'appel.

b) Lorsque la durée de la détention dépasse la durée de la peine prononcée, la personne reconnue coupable est mise en liberté ; toutefois, si le Procureur fait également appel, la libération peut être subordonnée aux conditions énoncées à l'alinéa *c)* ci-après.

c) En cas d'acquittement, l'accusé est immédiatement mis en liberté, sous réserve des conditions suivantes :

i) dans des circonstances exceptionnelles, et en fonction, notamment, du risque d'évasion, de la gravité de l'infraction et des chances de voir l'appel aboutir, la Chambre de première instance peut, à la demande du Procureur, ordonner le maintien en détention de l'accusé pendant la procédure d'appel ;

ii) la décision rendue par la Chambre de première instance en vertu du sous-alinéa *ci)* est susceptible d'appel conformément au Règlement de procédure et de preuve.

4. Sous réserve des dispositions du paragraphe 3, alinéas *a)* et *b)*, il est sursis à l'exécution de la décision sur la culpabilité ou la peine durant le délai consenti pour le recours en appel et durant la procédure d'appel.

Art. 82. — Appel d'autres décisions.

1. L'une ou l'autre partie peut faire appel, conformément au Règlement de procédure et de preuve, de l'une des décisions ci-après :

a) décision sur la compétence ou la recevabilité ;

b) ordonnance accordant ou refusant la mise en liberté de la personne faisant l'objet d'une enquête ou de poursuites ;

c) décision de la Chambre préliminaire d'agir de sa propre initiative en vertu de l'article 56, paragraphe 3 ;

d) décision soulevant une question de nature à affecter de manière appréciable le déroulement équitable et rapide de la procédure ou l'issue du procès, et dont le règlement immédiat par la Chambre d'appel pourrait, de l'avis de la Chambre préliminaire ou de la Chambre de première instance, faire sensiblement progresser la procédure.

2. La décision de la Chambre préliminaire visée à l'article 57, paragraphe 3, alinéa *d)*, est susceptible d'appel de la part de l'État concerné ou du Procureur, avec l'autorisation de la Chambre préliminaire. Cet appel est examiné selon une procédure accélérée.

3. L'appel n'a d'effet suspensif que si la Chambre d'appel l'ordonne sur requête présentée conformément au Règlement de procédure et de preuve.

4. Le représentant légal des victimes, la personne condamnée ou le propriétaire de bonne foi d'un bien affecté par une ordonnance rendue en vertu de l'article 75 peut relever appel de cette ordonnance conformément au Règlement de procédure et de preuve.

Art. 83. — Procédure d'appel.

1. Aux fins des procédures visées à l'article 81 et au présent article, la Chambre d'appel a tous les pouvoirs de la Chambre de première instance.

2. Si la Chambre d'appel conclut que la procédure faisant l'objet de l'appel est viciée au point de porter atteinte à la régularité de la décision ou de la condamnation, ou que la décision ou la condamnation faisant l'objet de l'appel est sérieusement entachée d'une erreur de fait ou de droit, elle peut :

a) annuler ou modifier la décision ou la condamnation ; ou

b) ordonner un nouveau procès devant une Chambre de première instance différente.

À ces fins, la Chambre d'appel peut renvoyer une question de fait devant la Chambre de première instance initialement saisie afin que celle-ci tranche la question et lui fasse rapport, ou elle peut elle-même demander des éléments de preuve afin de trancher. Lorsque seule la personne condamnée, ou le Procureur en son nom, a interjeté appel de la décision ou de la condamnation, celle-ci ne peut être modifiée à son détriment.

3. Si, dans le cadre de l'appel d'une condamnation, la Chambre d'appel constate que la peine est disproportionnée par rapport au crime, elle peut la modifier conformément au chapitre VII.

4. L'arrêt de la Chambre d'appel est adopté à la majorité des juges et rendu en audience publique. Il est motivé. Lorsqu'il n'y a pas unanimité, il contient les vues de la majorité et de la minorité, mais un juge peut présenter une opinion individuelle ou une opinion dissidente sur une question de droit.

5. La Chambre d'appel peut prononcer son arrêt en l'absence de la personne acquittée ou condamnée.

Art. 84. — Révision d'une décision sur la culpabilité ou la peine.

1. La personne déclarée coupable ou, si elle est décédée, son conjoint, ses enfants, ses parents ou toute personne vivant au moment de son décès qu'elle a mandatée par

écrit expressément à cette fin, ou le Procureur agissant au nom de cette personne, peuvent saisir la Chambre d'appel d'une requête en révision de la décision définitive sur la culpabilité ou la peine pour les motifs suivants :

a) il a été découvert un fait nouveau qui :

i) n'était pas connu au moment du procès sans que cette circonstance puisse être imputée, en totalité ou en partie, au requérant ; et

ii) s'il avait été établi lors du procès, aurait vraisemblablement entraîné un verdict différent ;

b) il a été découvert qu'un élément de preuve décisif, retenu lors du procès et sur la base duquel la culpabilité a été établie, était faux, contrefait ou falsifié ;

c) un ou plusieurs des juges qui ont participé à la décision sur la culpabilité ou qui ont confirmé les charges ont commis dans cette affaire un acte constituant une faute lourde ou un manquement à leurs devoirs d'une gravité suffisante pour justifier qu'ils soient relevés de leurs fonctions en application de l'article 46.

2. La Chambre d'appel rejette la requête si elle la juge infondée. Si elle estime que la requête est fondée sur des motifs valables, elle peut, selon ce qui convient :

a) réunir à nouveau la Chambre de première instance qui a rendu le jugement initial ;

b) constituer une nouvelle Chambre de première instance ; ou

c) rester saisie de l'affaire, afin de déterminer, après avoir entendu les parties selon les modalités prévues dans le Règlement de procédure et de preuve, si le jugement doit être révisé.

Art. 85. — Indemnisation des personnes arrêtées ou condamnées.

1. Quiconque a été victime d'une arrestation ou mise en détention illégales a droit à réparation.

2. Lorsqu'une condamnation définitive est ultérieurement annulée parce qu'un fait nouveau ou nouvellement révélé prouve qu'il s'est produit une erreur judiciaire, la personne qui a subi une peine en raison de cette condamnation est indemnisée conformément à la loi, à moins qu'il ne soit prouvé que la non-révélation en temps utile du fait inconnu lui est imputable en tout ou partie.

3. Dans des circonstances exceptionnelles, si la Cour constate, au vu de faits probants, qu'une erreur judiciaire grave et manifeste a été commise, elle peut, à sa discrétion, accorder une indemnité conforme aux critères énoncés dans le Règlement de procédure et de preuve à une personne qui avait été placée en détention et a été libérée à la suite d'un acquittement définitif ou parce qu'il a été mis fin aux poursuites pour ce motif.

Chapitre IX

Coopération internationale et assistance judiciaire

Art. 86. — Obligation générale de coopérer.

Conformément aux dispositions du présent Statut, les États Parties coopèrent pleinement avec la Cour dans les enquêtes et poursuites qu'elle mène pour les crimes relevant de sa compétence.

Art. 87. — Demandes de coopération : dispositions générales.

1. *a)* La Cour est habilitée à adresser des demandes de coopération aux États Parties. Ces demandes sont transmises par la voie diplomatique ou toute autre voie appropriée que chaque État Partie choisit au moment de la ratification, de l'acceptation ou de l'approbation du présent Statut ou de l'adhésion à celui-ci. Toute modification ultérieure du choix de la voie de transmission est faite par chaque État Partie conformément au Règlement de procédure et de preuve.

b) S'il y a lieu, et sans préjudice des dispositions de l'alinéa *a)*, les demandes peuvent être également transmises par l'Organisation internationale de police criminelle (INTERPOL) ou par toute organisation régionale compétente.

2. Les demandes de coopération et les pièces justificatives y afférentes sont soit rédigées dans une langue officielle de l'État requis ou accompagnées d'une traduction dans cette langue, soit rédigées dans l'une des langues de travail de la Cour ou accompagnées d'une traduction dans l'une de ces langues, selon le choix fait par l'État requis au moment de la ratification, de l'acceptation ou de l'approbation du présent Statut ou de l'adhésion à celui-ci.

Toute modification ultérieure de ce choix est faite conformément au Règlement de procédure et de preuve.

3. L'État requis respecte le caractère confidentiel des demandes de coopération et des pièces justificatives y afférentes, sauf dans la mesure où leur divulgation est nécessaire pour donner suite à la demande.

4. En ce qui concerne les demandes d'assistance présentées au titre du présent chapitre, la Cour peut prendre, notamment en matière de protection des renseignements, les mesures qui peuvent être nécessaires pour garantir la sécurité et le bien-être physique ou psychologique des victimes, des témoins potentiels et des membres de leur famille.

La Cour peut demander que tout renseignement fourni au titre du présent chapitre soit communiqué et traité de telle sorte que soient préservés la sécurité et le bien-être physique ou psychologique des victimes, des témoins potentiels et des membres de leur famille.

5. *a)* La Cour peut inviter tout État non partie au présent Statut à prêter son assistance au titre du présent chapitre sur la base d'un arrangement ad hoc ou d'un accord conclu avec cet État ou sur toute autre base appropriée.

b) Si, ayant conclu avec la Cour un arrangement *ad hoc* ou un accord, un État non partie au présent Statut n'apporte pas l'assistance qui lui est demandée en vertu de cet arrangement ou de cet accord, la Cour peut en informer l'Assemblée des États Parties, ou le Conseil de sécurité lorsque c'est celui-ci qui l'a saisie.

6. La Cour peut demander des renseignements ou des documents à toute organisation intergouvernementale. Elle peut également solliciter d'autres formes de coopération et d'assistance dont elle est convenue avec une organisation intergouvernementale et qui sont conformes aux compétences ou au mandat de celle-ci.

7. Si un État Partie n'accède pas à une demande de coopération de la Cour contrairement à ce que prévoit le présent Statut, et l'empêche ainsi d'exercer les fonctions et les pouvoirs que lui confère le présent Statut, la Cour peut en prendre acte et en référer à l'Assemblée des États Parties ou au Conseil de sécurité lorsque c'est celui-ci qui l'a saisie.

Art. 88. — Procédures disponibles selon la législation nationale.

Les États Parties veillent à prévoir dans leur législation nationale les procédures qui permettent la réalisation de toutes les formes de coopération visées dans le présent chapitre.

Art. 89. — Remise de certaines personnes à la Cour.

1. La Cour peut présenter à tout État sur le territoire duquel une personne est susceptible de se trouver une demande, accompagnée des pièces justificatives indiquées à l'article 91, tendant à ce que cette personne soit arrêtée et lui soit remise, et solliciter la coopération de cet État pour l'arrestation et la remise de la personne. Les États Parties répondent à toute demande d'arrestation et de remise conformément aux dispositions du présent chapitre et aux procédures prévues par leur législation nationale.

2. Lorsque la personne dont la remise est sollicitée saisit une juridiction nationale d'une contestation fondée sur le principe *ne bis in idem*, comme prévu à l'article 20, l'État requis consulte immédiatement la Cour pour savoir s'il y a eu en l'espèce une décision sur la recevabilité. S'il a été décidé que l'affaire est recevable, l'État requis

donne suite à la demande. Si la décision sur la recevabilité est pendante, l'État requis peut différer l'exécution de la demande jusqu'à ce que la Cour ait statué.

3. *a)* Les États Parties autorisent le transport à travers leur territoire, conformément aux procédures prévues par leur législation nationale, de toute personne transférée à la Cour par un autre État, sauf dans le cas où le transit par leur territoire gênerait ou retarderait la remise.

b) Une demande de transit est transmise par la Cour conformément à l'article 87. Elle contient :

i) le signalement de la personne transportée ;

ii) un bref exposé des faits et de leur qualification juridique ; et

iii) le mandat d'arrêt et de remise ;

c) la personne transportée reste détenue pendant le transit ;

d) aucune autorisation n'est nécessaire si la personne est transportée par voie aérienne et si aucun atterrissage n'est prévu sur le territoire de l'État de transit ;

e) si un atterrissage imprévu a lieu sur le territoire de l'État de transit, celui-ci peut exiger de la Cour la présentation d'une demande de transit dans les formes prescrites à l'alinéa *b)*. L'État de transit place la personne transportée en détention jusqu'à la réception de la demande de transit et l'accomplissement effectif du transit. Toutefois, la détention au titre du présent alinéa ne peut se prolonger au-delà de 96 heures après l'atterrissage imprévu si la demande n'est pas reçue dans ce délai.

4. Si la personne réclamée fait l'objet de poursuites ou exécute une peine dans l'État requis pour un crime différent de celui pour lequel sa remise à la Cour est demandée, cet État, après avoir décidé d'accéder à la demande de la Cour, consulte celle-ci.

Art. 90. — Demandes concurrentes.

1. Si un État Partie reçoit de la Cour, conformément à l'article 89, une demande de remise et reçoit par ailleurs de tout autre État une demande d'extradition de la même personne pour le même comportement, qui constitue la base du crime pour lequel la Cour demande la remise de cette personne, il en avise la Cour et l'État requérant.

2. Lorsque l'État requérant est un État Partie, l'État requis donne la priorité à la demande de la Cour :

a) si la Cour a décidé, en application des articles 18 ou 19, que l'affaire que concerne la demande de remise est recevable en tenant compte de l'enquête menée ou des poursuites engagées par l'État requérant en relation avec la demande d'extradition de celui-ci ; ou

b) si la Cour prend la décision visée à l'alinéa *a)* à la suite de la notification faite par l'État requis en application du paragraphe 1.

3. Lorsque la Cour n'a pas pris la décision visée au paragraphe 2, alinéa *a)*, l'État requis peut, s'il le souhaite, commencer à instruire la demande d'extradition de l'État requérant en attendant que la Cour se prononce comme prévu à l'alinéa *b)*. Il n'extrade pas la personne tant que la Cour n'a pas jugé l'affaire irrecevable. La Cour se prononce selon une procédure accélérée.

4. Si l'État requérant est un État non Partie au présent Statut, l'État requis, s'il n'est pas tenu par une obligation internationale d'extrader l'intéressé vers l'État requérant, donne la priorité à la demande de remise de la Cour, si celle-ci a jugé que l'affaire était recevable.

5. Quand une affaire relevant du paragraphe 4 n'a pas été jugée recevable par la Cour, l'État requis peut, s'il le souhaite, commencer à instruire la demande d'extradition de l'État requérant.

6. Dans les cas où le paragraphe 4 s'applique mais que l'État requis est tenu par une obligation internationale d'extrader la personne vers l'État non partie requérant, l'État requis détermine s'il y a lieu de remettre la personne à la Cour ou de l'extrader

vers l'État requérant. Dans sa décision, il tient compte de toutes les considérations pertinentes, notamment :

a) l'ordre chronologique des demandes ;

b) les intérêts de l'État requérant, en particulier, le cas échéant, le fait que le crime a été commis sur son territoire et la nationalité des victimes et de la personne réclamée ; et

c) la possibilité que la Cour et l'État requérant parviennent ultérieurement à un accord concernant la remise de cette personne.

7. Si un État Partie reçoit de la Cour une demande de remise et reçoit par ailleurs d'un autre État une demande d'extradition de la même personne pour un comportement différent de celui qui constitue le crime pour lequel la Cour demande la remise :

a) l'État requis donne la priorité à la demande de la Cour s'il n'est pas tenu par une obligation internationale d'extrader la personne vers l'État requérant ;

b) S'il est tenu par une obligation internationale d'extrader la personne vers l'État requérant, l'État requis soit remet cette personne à la Cour soit l'extrade vers l'État requérant. Dans son choix, il tient compte de toutes les considérations pertinentes, notamment celles qui sont énoncées au paragraphe 6, mais accorde une importance particulière à la nature et à la gravité relative du comportement en cause.

8. Lorsqu'à la suite d'une notification reçue en application du présent article, la Cour a jugé une affaire irrecevable et que l'extradition vers l'État requérant est ultérieurement refusée, l'État requis avise la Cour de cette décision.

Art. 91. — Contenu de la demande d'arrestation et de remise.

1. Une demande d'arrestation et de remise est faite par écrit. En cas d'urgence, elle peut être faite par tout moyen laissant une trace écrite, à condition d'être confirmée selon les modalités prévues à l'article 87, paragraphe 1, alinéa *a)*.

2. Si la demande concerne l'arrestation et la remise d'une personne faisant l'objet d'un mandat d'arrêt délivré par la Chambre préliminaire en vertu de l'article 58, elle contient ou est accompagnée d'un dossier contenant les pièces justificatives suivantes :

a) le signalement de la personne recherchée, suffisant pour l'identifier, et des renseignements sur le lieu où elle se trouve probablement ;

b) une copie du mandat d'arrêt ; et

c) les documents, déclarations et renseignements qui peuvent être exigés dans l'État requis pour procéder à la remise ; toutefois, les exigences de l'État requis ne doivent pas être plus lourdes dans ce cas que dans celui des demandes d'extradition présentées en application de traités ou arrangements conclus entre l'État requis et d'autres États et devraient même, si possible, l'être moins, eu égard au caractère particulier de la Cour.

3. Si la demande concerne l'arrestation et la remise d'une personne qui a déjà été reconnue coupable, elle contient ou est accompagnée d'un dossier contenant les pièces justificatives suivantes :

a) une copie de tout mandat d'arrêt visant cette personne ;

b) une copie du jugement ;

c) des renseignements attestant que la personne recherchée est bien celle visée par le jugement ; et

d) si la personne recherchée a été condamnée à une peine, une copie de la condamnation, avec, dans le cas d'une peine d'emprisonnement, indication du temps déjà accompli et du temps restant à accomplir.

4. À la demande de la Cour, un État Partie tient avec celle-ci, soit d'une manière générale, soit à propos d'une question particulière, des consultations sur les conditions prévues par sa législation interne qui pourraient s'appliquer selon le paragraphe 2, alinéa *c)*. Lors de ces consultations, l'État Partie informe la Cour des exigences particulières de sa législation.

Art. 92. — Arrestation provisoire.

1. En cas d'urgence, la Cour peut demander l'arrestation provisoire de la personne recherchée en attendant que soient présentées la demande de remise et les pièces justificatives visées à l'article 91.

2. La demande d'arrestation provisoire est faite par tout moyen laissant une trace écrite et contient :

a) le signalement de la personne recherchée, suffisant pour l'identifier, et des renseignements sur le lieu où elle se trouve probablement ;

b) l'exposé succinct des crimes pour lesquels la personne est recherchée et des faits qui seraient constitutifs de ces crimes, y compris, si possible la date et le lieu où ils se seraient produits ;

c) une déclaration affirmant l'existence à l'encontre de la personne recherchée d'un mandat d'arrêt ou d'un jugement établissant sa culpabilité ; et

d) Une déclaration indiquant qu'une demande de remise de la personne recherchée suivra.

3. Une personne provisoirement arrêtée peut être remise en liberté si l'État requis n'a pas reçu la demande de remise et les pièces justificatives visées à l'article 91 dans le délai prescrit par le Règlement de procédure et de preuve. Toutefois, cette personne peut consentir à être remise avant l'expiration de ce délai si la législation de l'État requis le permet. Dans ce cas, l'État requis procède aussitôt que possible à sa remise à la Cour.

4. La mise en liberté de la personne recherchée prévu au paragraphe 3, est sans préjudice de son arrestation ultérieure et de sa remise si la demande de remise accompagnée des pièces justificatives est présentée par la suite.

Art. 93. — Autres formes de coopération.

1. Les États Parties font droit, conformément aux dispositions du présent chapitre et aux procédures prévues par leur législation nationale, aux demandes d'assistance de la Cour liées à une enquête ou à des poursuites et concernant :

a) l'identification d'une personne, le lieu où elle se trouve ou la localisation de biens ;

b) le rassemblement d'éléments de preuve, y compris les dépositions faites sous serment, et la production d'éléments de preuve, y compris les expertises et les rapports dont la Cour a besoin ;

c) l'interrogatoire des personnes faisant l'objet d'une enquête ou de poursuites ;

d) la signification de documents, y compris les pièces de procédure ;

e) les mesures propres à faciliter la comparution volontaire devant la Cour de personnes déposant comme témoins ou experts ;

f) le transfèrement temporaire de personnes en vertu du paragraphe 7 ;

g) l'examen de localités ou de sites, notamment l'exhumation et l'examen de cadavres enterrés dans des fosses communes ;

h) l'exécution de perquisitions et de saisies ;

i) la transmission de dossiers et de documents, y compris les dossiers et les documents officiels ;

j) la protection des victimes et des témoins et la préservation des éléments de preuve ;

k) l'identification, la localisation, le gel ou la saisie du produit des crimes, des biens, des avoirs et des instruments qui sont liés aux crimes, aux fins de leur confiscation éventuelle, sans préjudice des droits des tiers de bonne foi ; et

l) toute autre forme d'assistance non interdite par la législation de l'État requis propre à faciliter l'enquête et les poursuites relatives aux crimes relevant de la compétence de la Cour.

2. La Cour est habilitée à fournir à un témoin ou à un expert comparaissant devant elle l'assurance qu'il ne sera ni poursuivi, ni détenu, ni soumis par elle à une restriction

quelconque de sa liberté personnelle pour un acte ou une omission antérieurs à son départ de l'État requis.

3. Si l'exécution d'une mesure particulière d'assistance décrite dans une demande présentée en vertu du paragraphe 1 est interdite dans l'État requis en vertu d'un principe juridique fondamental d'application générale, ledit État engage sans tarder des consultations avec la Cour pour tenter de régler la question. Au cours de ces consultations, il est envisagé d'apporter l'assistance demandée sous une autre forme ou sous certaines conditions. Si la question n'est pas réglée à l'issue des consultations, la Cour modifie la demande.

4. Conformément à l'article 72, un État Partie ne peut rejeter, totalement ou partiellement, une demande d'assistance de la Cour que si cette demande a pour objet la production de documents ou la divulgation d'éléments de preuve qui touchent à sa sécurité nationale.

5. Avant de rejeter une demande d'assistance visée au paragraphe 1, alinéa 1), l'État requis détermine si l'assistance peut être fournie sous certaines conditions, ou pourrait l'être ultérieurement ou sous une autre forme, étant entendu que si la Cour ou le Procureur acceptent ces conditions, ils sont tenus de les observer.

6. L'État requis qui rejette une demande d'assistance fait connaître sans retard ses raisons à la Cour ou au Procureur.

7. *a)* La Cour peut demander le transfèrement temporaire d'une personne détenue aux fins d'identification ou pour obtenir un témoignage ou d'autres formes d'assistance. Cette personne peut être transférée si les conditions suivantes sont remplies :

i) la personne donne librement et en connaissance de cause son consentement au transfèrement ; et

ii) l'État requis donne son accord au transfèrement, sous réserve des conditions dont cet État et la Cour peuvent convenir ;

b) la personne transférée reste détenue. Une fois l'objectif du transfèrement atteint, la Cour renvoie sans délai cette personne dans l'État requis.

8. *a)* La Cour préserve le caractère confidentiel des pièces et renseignements recueillis, sauf dans la mesure nécessaire à l'enquête et aux procédures décrites dans la demande.

b) L'État requis peut au besoin communiquer des documents ou des renseignements au Procureur à titre confidentiel. Le Procureur ne peut alors les utiliser que pour recueillir des éléments de preuve nouveaux.

c) L'État requis peut, soit d'office, soit à la demande du Procureur, autoriser par la suite la divulgation de ces documents ou renseignements. Ceux-ci peuvent alors être utilisés comme moyen de preuve conformément aux dispositions des chapitres V et VI et au Règlement de procédure et de preuve.

9. *a) i)* Si un État Partie reçoit, d'une part, de la Cour et, d'autre part, d'un autre État dans le cadre d'une obligation internationale, des demandes concurrentes ayant un autre objet que la remise ou l'extradition, il s'efforce, en consultation avec la Cour et cet autre État, de faire droit aux deux demandes, au besoin en différant l'une ou l'autre ou en la subordonnant à certaines conditions.

ii) À défaut, la concurrence des demandes est résolue conformément aux principes établis à l'article 90.

b) Toutefois, lorsque la demande de la Cour concerne des renseignements, des biens ou des personnes qui se trouvent sous l'autorité d'un État tiers ou d'une organisation internationale en vertu d'un accord international, l'État requis en informe la Cour et celle-ci adresse sa demande à l'État tiers ou à l'organisation internationale.

10. *a)* Si elle reçoit une demande en ce sens, la Cour peut coopérer avec l'État Partie qui mène une enquête ou un procès concernant un comportement qui constitue

un crime relevant de la compétence de la Cour ou un crime grave au regard du droit interne de cet État, et prêter assistance à cet État.

b) i) Cette assistance comprend notamment :

a. la transmission de dépositions, documents et autres éléments de preuve recueillis au cours d'une enquête ou d'un procès menés par la Cour ; et

b. l'interrogatoire de toute personne détenue par ordre de la Cour ;

ii) Dans le cas visé au point a. du sous-alinéa *b) i)* :

a. la transmission des documents et autres éléments de preuve obtenus avec l'assistance d'un État requiert le consentement de cet État ;

b. la transmission des dépositions, documents et autres éléments de preuve fournis par un témoin ou par un expert se fait conformément aux dispositions de l'article 68.

c) La Cour peut, dans les conditions énoncées au présent paragraphe, faire droit à une demande d'assistance émanant d'un État qui n'est pas partie au présent Statut.

Art. 94. — Sursis à exécution d'une demande à raison d'une enquête ou de poursuites en cours.

1. Si l'exécution immédiate d'une demande devait nuire au bon déroulement de l'enquête ou des poursuites en cours dans une affaire différente de celle à laquelle se rapporte la demande, l'État requis peut surseoir à l'exécution de celle-ci pendant un temps fixé d'un commun accord avec la Cour. Toutefois, ce sursis ne dure pas plus qu'il n'est nécessaire pour mener à bien l'enquête ou les poursuites en question dans l'État requis. Avant de décider de surseoir à l'exécution de la demande, l'État requis examine si l'assistance peut être fournie immédiatement sous certaines conditions.

2. Si la décision est prise de surseoir à l'exécution de la demande en application du paragraphe 1, le Procureur peut toutefois demander l'adoption de mesures pour préserver les éléments de preuve en vertu de l'article 93, paragraphe 1, alinéa *j)*.

Art. 95. — Sursis à exécution d'une demande en raison d'une exception d'irrecevabilité.

Lorsque la Cour examine une exception d'irrecevabilité conformément aux articles 18 ou 19, l'État requis peut surseoir à l'exécution d'une demande faite au titre du présent chapitre en attendant que la Cour ait statué, à moins que la Cour n'ait expressément décidé que le Procureur pouvait continuer de rassembler des éléments de preuve en application des articles 18 ou 19.

Art. 96. — Contenu d'une demande portant sur d'autres formes de coopération visées à l'article 93.

1. Une demande portant sur d'autres formes de coopération visées à l'article 93 est faite par écrit. En cas d'urgence, elle peut être faite par tout moyen laissant une trace écrite, à condition d'être confirmée selon les modalités indiquées à l'article 87, paragraphe 1, alinéa *a)*.

2. La demande contient ou est accompagnée d'un dossier contenant les éléments suivants :

a) l'exposé succinct de l'objet de la demande et de la nature de l'assistance demandée, y compris les fondements juridiques et les motifs de la demande ;

b) des renseignements aussi détaillés que possible sur la personne ou le lieu qui doivent être identifiés ou localisés, de manière que l'assistance demandée puisse être fournie ;

c) l'exposé succinct des faits essentiels qui justifient la demande ;

d) l'exposé des motifs et l'explication détaillée des procédures ou des conditions à respecter ;

e) tout renseignement que peut exiger la législation de l'État requis pour qu'il soit donné suite à la demande ; et *f)* tout autre renseignement utile pour que l'assistance demandée puisse être fournie.

3. À la demande de la Cour, un État Partie tient avec celle-ci, soit d'une manière générale, soit à propos d'une question particulière, des consultations sur les conditions prévues par sa législation qui pourraient s'appliquer comme prévu au paragraphe 2, alinéa *e)*. Lors de ces consultations, l'État Partie informe la Cour des exigences particulières de sa législation.

4. Les dispositions du présent article s'appliquent aussi, le cas échéant, à une demande d'assistance adressée à la Cour.

Art. 97. — Consultations.

Lorsqu'un État Partie est saisi d'une demande au titre du présent chapitre et constate qu'elle soulève des difficultés qui pourraient en gêner ou en empêcher l'exécution, il consulte la Cour sans tarder en vue de régler la question. Ces difficultés peuvent prendre notamment les formes suivantes :

a) les informations ne sont pas suffisantes pour donner suite à la demande ;

b) dans le cas d'une demande de remise, la personne réclamée reste introuvable en dépit de tous les efforts, ou les recherches ont permis d'établir que la personne se trouvant dans l'État requis n'est manifestement pas celle que vise le mandat ; ou

c) l'État requis serait contraint, pour donner suite à la demande sous sa forme actuelle, de violer une obligation conventionnelle qu'il a déjà à l'égard d'un autre État.

Art. 98. — Coopération en relation avec la renonciation à l'immunité et le consentement à la remise.

1. La Cour ne peut poursuivre l'exécution d'une demande de remise ou d'assistance qui contraindrait l'État requis à agir de façon incompatible avec les obligations qui lui incombent en droit international en matière d'immunité des États ou d'immunité diplomatique d'une personne ou de biens d'un État tiers, à moins d'obtenir au préalable la coopération de cet État tiers en vue de la levée de l'immunité.

2. La Cour ne peut poursuivre l'exécution d'une demande de remise qui contraindrait l'État requis à agir de façon incompatible avec les obligations qui lui incombent en vertu d'accords internationaux selon lesquels le consentement de l'État d'envoi est nécessaire pour que soit remise à la Cour une personne relevant de cet État, à moins que la Cour ne puisse au préalable obtenir la coopération de l'État d'envoi pour qu'il consente à la remise.

Art. 99. — Exécution des demandes présentées au titre des articles 93 et 96.

1. L'État requis donne suite aux demandes d'assistance conformément à la procédure prévue par sa législation et, à moins que cette législation ne l'interdise, de la manière précisée dans la demande, y compris en appliquant toute procédure indiquée dans celle-ci ou en autorisant les personnes qu'elle précise à être présentes et à participer à l'exécution de la demande.

2. En cas de demande urgente, les documents ou éléments de preuve produits pour y répondre sont, à la requête de la Cour, envoyés d'urgence.

3. Les réponses de l'État requis sont communiquées dans leur langue et sous leur forme originales.

4. Sans préjudice des autres articles du présent chapitre, lorsque cela est nécessaire pour exécuter efficacement une demande à laquelle il peut être donné suite sans recourir à des mesures de contrainte, notamment lorsqu'il s'agit d'entendre ou de faire déposer une personne agissant de son plein gré, y compris hors de la présence des autorités de l'État partie requis quand cela est déterminant pour la bonne exécution de la demande, ou lorsqu'il s'agit d'inspecter un site public ou un autre lieu public sans le modifier, le Procureur peut réaliser l'objet de la demande directement sur le territoire de l'État, selon les modalités suivantes :

a) lorsque l'État requis est l'État sur le territoire duquel il est allégué que le crime a été commis et qu'il y a eu une décision sur la recevabilité comme prévu aux articles 18 ou 19, le Procureur peut exécuter directement la demande, après avoir mené avec l'État requis des consultations aussi étendues que possible ;

b) dans les autres cas, le Procureur peut exécuter la demande après consultations avec l'État Partie requis et eu égard aux conditions ou préoccupations raisonnables que cet État a éventuellement fait valoir. Lorsque l'État requis constate que l'exécution d'une demande relevant du présent alinéa soulève des difficultés, il consulte aussitôt la Cour en vue d'y remédier.

5. Les dispositions autorisant la personne entendue ou interrogée par la Cour au titre de l'article 72 à invoquer les restrictions prévues pour empêcher la divulgation d'informations confidentielles touchant à la sécurité nationale s'appliquent également à l'exécution des demandes d'assistance relevant du présent article.

Art. 100. — Dépenses.

1. Les dépenses ordinaires afférentes à l'exécution des demandes sur le territoire de l'État requis sont à la charge de cet État, à l'exception des frais suivants, qui sont à la charge de la Cour :

a) frais liés aux voyages et à la protection des témoins et des experts ou au transfèrement des détenus en vertu de l'article 93 ;

b) frais de traduction, d'interprétation et de transcription ;

c) frais de déplacement et de séjour des juges, du Procureur, des procureurs adjoints, du Greffier, du Greffier adjoint et des membres du personnel de tous les organes de la Cour ;

d) coût des expertises ou rapports demandés par la Cour ;

e) frais liés au transport des personnes remises à la Cour par l'État de détention ; et

f) après consultation, tous frais extraordinaires que peut entraîner l'exécution d'une demande.

2. Les dispositions du paragraphe 1 s'appliquent, selon qu'il convient, aux demandes adressées à la Cour par les États Parties. Dans ce cas, la Cour prend à sa charge les frais ordinaires de l'exécution.

Art. 101. — Règle de la spécialité.

1. Une personne remise à la Cour en application du présent Statut ne peut être poursuivie, punie ou détenue à raison de comportements antérieurs à sa remise, à moins que ceux-ci ne soient constitutifs des crimes pour lesquels elle a été remise.

2. La Cour peut solliciter de l'État qui lui a remis une personne une dérogation aux conditions posées au paragraphe 1. Elle fournit au besoin des renseignements supplémentaires conformément à l'article 91. Les États Parties sont habilités à accorder une dérogation à la Cour et doivent s'efforcer de le faire.

Art. 102. — Emploi des termes.

Aux fins du présent Statut :

a) On entend par « remise » le fait pour un État de livrer une personne à la Cour en application du présent Statut.

b) On entend par « extradition » le fait pour un État de livrer une personne à un autre État en application d'un traité, d'une convention ou de la législation nationale.

Chapitre X
Exécution

Art. 103. — Rôle des États dans l'exécution des peines d'emprisonnement.

1. *a)* Les peines d'emprisonnement sont accomplies dans un État désigné par la Cour sur la liste des États qui lui ont fait savoir qu'ils étaient disposés à recevoir des condamnés.

b) Lorsqu'il déclare qu'il est disposé à recevoir des condamnés, un État peut assortir son acceptation de conditions qui doivent être agréées par la Cour et être conformes aux dispositions du présent chapitre.

c) L'État désigné dans une affaire donnée fait savoir promptement à la Cour s'il accepte ou non sa désignation.

2. *a)* L'État chargé de l'exécution avise la Cour de toute circonstance, y compris la réalisation de toute condition convenue en application du paragraphe 1, qui serait de nature à modifier sensiblement les conditions ou la durée de la détention. La Cour est avisée au moins 45 jours à l'avance de toute circonstance de ce type connue ou prévisible. Pendant ce délai, l'État chargé de l'exécution ne prend aucune mesure qui pourrait être contraire à ses obligations en vertu de l'article 110.

b) Si la Cour ne peut accepter les circonstances visées à l'alinéa *a)* elle en avise l'État chargé de l'exécution et procède conformément à l'article 104, paragraphe 1.

3. Quand elle exerce son pouvoir de désignation conformément au paragraphe 1, la Cour prend en considération :

a) le principe selon lequel les États Parties doivent partager la responsabilité de l'exécution des peines d'emprisonnement conformément aux principes de répartition équitable énoncés dans le Règlement de procédure et de preuve ;

b) les règles conventionnelles du droit international généralement acceptées qui régissent le traitement des détenus ;

c) les vues de la personne condamnée ;

d) la nationalité de la personne condamnée ;

e) toute autre circonstance relative au crime, à la situation de la personne condamnée ou à l'exécution effective de la peine, susceptible de guider le choix de l'État chargé de l'exécution.

4. Si aucun État n'est désigné comme prévu au paragraphe 1, la peine d'emprisonnement est accomplie dans un établissement pénitentiaire fourni par l'État hôte, dans les conditions définies par l'accord de siège visé à l'article 3, paragraphe 2. Dans ce cas, les dépenses afférentes à l'exécution de la peine sont à la charge de la Cour.

Art. 104. — Modification de la désignation de l'État chargé de l'exécution.

1. La Cour peut décider à tout moment de transférer un condamné dans une prison d'un autre État.

2. La personne condamnée par la Cour peut à tout moment demander à celle-ci son transfert hors de l'État chargé de l'exécution.

Art. 105. — Exécution de la peine.

1. Sous réserve des conditions qu'un État a éventuellement formulées comme le prévoit l'article 103, paragraphe 1, alinéa *b)*, la peine d'emprisonnement est exécutoire pour les États Parties, qui ne peuvent en aucun cas la modifier.

2. La Cour a seule le droit de se prononcer sur une demande de révision de sa décision sur la culpabilité ou la peine. L'État chargé de l'exécution n'empêche pas le condamné de présenter une telle demande.

Art. 106. — Contrôle de l'exécution de la peine et conditions de détention.

1. L'exécution d'une peine d'emprisonnement est soumise au contrôle de la Cour. Elle est conforme aux règles conventionnelles internationales largement acceptées en matière de traitement des détenus.

2. Les conditions de détention sont régies par la législation de l'État chargé de l'exécution.

Elles sont conformes aux règles conventionnelles internationales largement acceptées en matière de traitement des détenus. Elles ne peuvent en aucun cas être ni plus ni moins favorables que celles que l'État chargé de l'exécution réserve aux détenus condamnés pour des infractions similaires.

3. Les communications entre le condamné et la Cour sont libres et confidentielles.

Art. 107. — Transfèrement du condamné qui a accompli sa peine.

1. Une fois sa peine purgée, une personne qui n'est pas un ressortissant de l'État chargé de l'exécution peut être transférée, conformément à la législation de l'État chargé de l'exécution, dans un autre État qui accepte ou est tenu de l'accueillir ou dans un autre État qui accepte de l'accueillir en réponse au souhait qu'elle a formulé d'être transférée dans cet État, à moins que l'État chargé de l'exécution n'autorise cette personne à demeurer sur son territoire.

2. Les dépenses afférentes au transfèrement du condamné dans un autre État en application du paragraphe 1 sont supportées par la Cour si aucun État ne les prend à sa charge.

3. Sous réserve des dispositions de l'article 108, l'État de détention peut également, en application de sa législation, extrader ou remettre de quelque autre manière la personne à un État qui a demandé son extradition ou sa remise aux fins de jugement ou d'exécution d'une peine.

Art. 108. — Limites en matière de poursuites ou de condamnations pour d'autres infractions.

1. Le condamné détenu par l'État chargé de l'exécution ne peut être poursuivi, condamné ou extradé vers un État tiers pour un comportement antérieur à son transfèrement dans l'État chargé de l'exécution, à moins que la Cour n'ait approuvé ces poursuites, cette condamnation ou cette extradition à la demande de l'État chargé de l'exécution.

2. La Cour statue sur la question après avoir entendu le condamné.

3. Le paragraphe 1 cesse de s'appliquer si le condamné demeure volontairement plus de 30 jours sur le territoire de l'État chargé de l'exécution après avoir accompli la totalité de la peine prononcée par la Cour, ou s'il retourne sur le territoire de cet État après l'avoir quitté.

Art. 109. — Exécution des peines d'amende et de mesures de confiscation.

1. Les États Parties font exécuter les peines d'amende et les mesures de confiscation ordonnées par la Cour en vertu du chapitre VII, sans préjudice des droits des tiers de bonne foi et conformément à la procédure prévue par leur législation interne.

2. Lorsqu'un État Partie n'est pas en mesure de donner effet à l'ordonnance de confiscation, il prend des mesures pour récupérer la valeur du produit, des biens ou des avoirs dont la Cour a ordonné la confiscation, sans préjudice des droits des tiers de bonne foi.

3. Les biens, ou le produit de la vente de biens immobiliers ou, le cas échéant, d'autres biens, obtenus par un État Partie en exécution d'un arrêt de la Cour sont transférés à la Cour.

Art. 110. — Examen par la cour de la question d'une réduction de peine.

1. L'État chargé de l'exécution ne peut libérer la personne détenue avant la fin de la peine prononcée par la Cour.

2. La Cour a seule le droit de décider d'une réduction de peine. Elle se prononce après avoir entendu le condamné.

3. Lorsque la personne a purgé les deux tiers de sa peine ou accompli 25 années d'emprisonnement dans le cas d'une condamnation à perpétuité, la Cour réexamine la peine pour déterminer s'il y a lieu de la réduire. Elle ne procède pas à ce réexamen avant ce terme.

4. Lors du réexamen prévu au paragraphe 3, la Cour peut réduire la peine si elle constate qu'une ou plusieurs des conditions suivantes sont réalisées :

a) la personne a, dès le début et de façon continue, manifesté sa volonté de coopérer avec la Cour dans les enquêtes et poursuites de celle-ci ;

b) la personne a facilité spontanément l'exécution des décisions et ordonnances de la Cour dans d'autres cas, en particulier en l'aidant à localiser des avoirs faisant l'objet de décisions ordonnant leur confiscation, le versement d'une amende ou une réparation et pouvant être employés au profit des victimes ; ou

c) d'autres facteurs prévus dans le Règlement de procédure et de preuve attestent un changement de circonstances manifeste aux conséquences appréciables de nature à justifier la réduction de la peine.

5. Si, lors du réexamen prévu au paragraphe 3, la Cour détermine qu'il n'y a pas lieu de réduire la peine, elle réexamine par la suite la question de la réduction de peine aux intervalles prévus dans le Règlement de procédure et de preuve et en appliquant les critères qui y sont énoncés.

Art. 111. — Évasion.

Si un condamné s'évade de son lieu de détention et fuit l'État chargé de l'exécution de la peine, cet État peut, après avoir consulté la Cour, demander à l'État dans lequel se trouve le condamné de le lui remettre en application des accords bilatéraux ou multilatéraux en vigueur, ou demander à la Cour de solliciter la remise de cette personne au titre du chapitre IX. Lorsque la Cour sollicite la remise d'une personne, elle peut demander que cette personne soit livrée à l'État dans lequel elle accomplissait sa peine ou à un autre État qu'elle désigne.

8) Les droits de l'homme et les progrès médicaux

N° 38.1 Déclaration universelle sur le génome humain et les droits de l'homme du 11 novembre 1997 (extraits) (96)

La Conférence générale,

Rappelant que le Préambule de l'Acte constitutif de l'UNESCO invoque « l'idéal démocratique de dignité, d'égalité et de respect de la personne humaine » et rejette tout « dogme de l'inégalité des races et des hommes », qu'il précise

(96) Ce texte a été adopté par la Conférence générale de l'UNESCO le 11 novembre 1997.

« que, la dignité de l'homme exigeant la diffusion de la culture et l'éducation de tous en vue de la justice, de la liberté et de la paix, il y a là, pour toutes les nations, des devoirs sacrés à remplir dans un esprit de mutuelle assistance », qu'il proclame que « cette paix doit être établie sur le fondement de la solidarité intellectuelle et morale de l'humanité », et qu'il indique que l'Organisation cherche à atteindre « par la coopération des nations du monde dans les domaines de l'éducation, de la science, et de la culture, les buts de paix internationale et de prospérité commune de l'humanité en vue desquels l'Organisation des Nations unies a été constituée, et que sa Charte proclame »,

Rappelant solennellement son attachement aux principes universels des droits de l'homme affirmés, en particulier, par la Déclaration universelle des droits de l'homme du 10 décembre 1948 et les deux Pactes internationaux des Nations unies relatifs aux droits économiques, sociaux et culturels, et aux droits civils et politiques du 16 décembre 1966, la Convention des Nations unies pour la prévention et la répression du crime de génocide du 9 décembre 1948, la Convention internationale des Nations unies sur l'élimination de toutes les formes de discrimination raciale du 21 décembre 1965, la Déclaration des Nations unies sur les droits du déficient mental du 20 décembre 1971, la Déclaration des Nations unies sur les droits des personnes handicapées du 9 décembre 1975, la Convention des Nations unies sur l'élimination de toutes les formes de discrimination à l'égard des femmes du 18 décembre 1979, la Déclaration des Nations unies sur les principes fondamentaux de justice relatifs aux victimes de la criminalité et aux victimes d'abus de pouvoir du 29 novembre 1985, la Convention des Nations unies relative aux droits de l'enfant du 20 novembre 1989, les Règles des Nations unies pour l'égalisation des chances des handicapés du 20 décembre 1993, la Convention sur l'interdiction de la mise au point, de la fabrication et du stockage des armes bactériologiques (biologiques) ou à toxines et sur leur destruction du 16 décembre 1971, la Convention de l'UNESCO concernant la lutte contre la discrimination dans le domaine de l'enseignement du 14 décembre 1960, la Déclaration de l'UNESCO des principes de la coopération culturelle internationale du 4 novembre 1966, la Recommandation de l'UNESCO concernant la condition des chercheurs scientifiques du 20 novembre 1974, la Déclaration de l'UNESCO sur la race et les préjugés raciaux du 27 novembre 1978, la Convention de l'OIT (n° 111) concernant la discrimination en matière d'emploi et de profession du 25 juin 1958 et la Convention de l'OIT (n° 169) concernant les peuples indigènes et tribaux dans les pays indépendants du 27 juin 1989 (…)

Proclame les principes qui suivent et adopte la présente Déclaration.

A) La dignité humaine et le génome humain.

Article premier. — Le génome humain sous-tend l'unité fondamentale de tous les membres de la famille humaine, ainsi que la reconnaissance de leur dignité intrinsèque et de leur diversité. Dans un sens symbolique, il est le patrimoine de l'humanité.

Art. 2. — *a)* Chaque individu a droit au respect de sa dignité et de ses droits, quelles que soient ses caractéristiques génétiques ;

b) Cette dignité impose de ne pas réduire les individus à leurs caractéristiques génétiques et de respecter le caractère unique de chacun et leur diversité.

Art. 3. — Le génome humain, par nature évolutif, est sujet à des mutations. Il renferme des potentialités qui s'expriment différemment selon l'environnement naturel et social de chaque individu, en ce qui concerne notamment l'état de santé, les conditions de vie, la nutrition et l'éducation.

Art. 4. — Le génome humain en son état naturel ne peut donner lieu à des gains pécuniaires.

B) Droits des personnes concernées.

Art. 5. — a) Une recherche, un traitement ou un diagnostic, portant sur le génome d'un individu, ne peut être effectué qu'après une évaluation rigoureuse et préalable des risques et avantages potentiels qui leur sont liés et en conformité avec toutes autres prescriptions prévues par la législation nationale.

b) dans tous les cas, le consentement préalable, libre et éclairé de l'intéressée sera recueilli. Si cette dernière n'est pas en mesure de l'exprimer, le consentement ou l'autorisation seront obtenus conformément à la loi et seront guidés par son intérêt supérieur ;

c) le droit de chacun de décider d'être informé ou non des résultats d'un examen génétique et de ses conséquences devrait être respecté ;

d) dans le cas de la recherche, les protocoles de recherche doivent être soumis, de plus, à une évaluation préalable, conformément aux normes ou lignes directrices nationales et internationales applicables en la matière ;

e) si conformément à la loi une personne n'est pas en mesure d'exprimer son consentement, une recherche portant sur son génome ne peut être effectuée qu'au bénéfice direct de sa santé, sous réserve des autorisations et des mesures de protection prescrites par la loi. Une recherche ne permettant pas d'escompter un bénéfice direct pour la santé ne peut être effectuée qu'à titre exceptionnel, avec la plus grande retenue, en veillant à n'exposer l'intéressée qu'à un risque et une contrainte minimums, et si cette recherche est effectuée dans l'intérêt de la santé d'autres personnes appartenant au même groupe d'âge ou se trouvant dans les mêmes conditions génétiques, et sous réserve qu'une telle recherche se fasse dans les conditions prévues par la loi et soit compatible avec la protection des droits individuels de la personne concernée.

Art. 6. — Nul ne doit faire l'objet de discriminations fondées sur ses caractéristiques génétiques, qui auraient pour objet ou pour effet de porter atteinte à ses droits individuels et à ses libertés fondamentales et à la reconnaissance de sa dignité.

Art. 7. — La confidentialité des données génétiques associées à une personne identifiable, conservées ou traitées à des fins de recherche ou dans tout autre but, doit être protégée dans les conditions prévues par la loi.

Art. 8. — Tout individu a droit, conformément au droit international et au droit interne, à une réparation équitable du dommage qu'il aurait subi et dont la cause directe et déterminante serait une intervention portant sur son génome.

Art. 9. — Pour protéger les droits de l'homme et les libertés fondamentales, des limitations aux principes du consentement et de la confidentialité ne peuvent être apportées que par la loi, pour des raisons impérieuses et dans les limites du droit international public et du droit international des droits de l'homme.

C) Recherches sur le génome humain.

Art. 10. — Aucune recherche concernant le génome humain, ni aucune de ses applications, en particulier dans les domaines de la biologie, de la génétique et de la médecine, ne devrait prévaloir sur le respect des droits de l'homme, des libertés fondamentales et de la dignité humaine des individus ou, le cas échéant, de groupes d'individus.

Art. 11. — Des pratiques qui sont contraires à la dignité humaine, telles que le clona à des fins de reproduction d'êtres humains, ne doivent pas être permises. Les États et les organisations internationales compétentes sont invités à coopérer afin d'identifier de telles pratiques et de prendre, au niveau national ou international, les mesures qui s'imposent, conformément aux principes énoncés dans la présente Déclaration.

Art. 12. — a) Chacun doit avoir accès aux progrès de la biologie, de la génétique et de la médecine, concernant le génome humain, dans le respect de sa dignité et de ses droits ;

b) la liberté de la recherche, qui est nécessaire au progrès de la connaissance, procède de la liberté de pensée. Les applications de la recherche, notamment celles en biologie, en génétique et en médecine, concernant le génome humain, doivent tendre à l'allégement de la souffrance et à l'amélioration de la santé de l'individu et de l'humanité tout entière.

D) Conditions d'exercice de l'activité scientifique.

Art. 13. — Les responsabilités inhérentes aux activités des chercheurs, notamment la rigueur, la prudence, l'honnêteté intellectuelle et l'intégrité, dans la conduite de leurs recherches ainsi que dans la présentation et l'utilisation de leurs résultats, devraient faire l'objet d'une attention particulière dans le cadre des recherches sur le génome humain, compte tenu de leurs implications éthiques et sociales. Les décideurs publics et privés en matière de politiques scientifiques ont aussi des responsabilités particulières à cet égard.

Art. 14. — Les États devraient prendre les mesures appropriées pour favoriser les conditions intellectuelles et matérielles propices au libre exercice des activités de recherche sur le génome humain et pour prendre en considération les implications éthiques, juridiques, sociales et économiques de ces recherches, dans le cadre des principes prévus par la présente Déclaration.

Art. 15. — Les États devraient prendre les mesures appropriées pour fixer le cadre du libre exercice des activités de recherche sur le génome humain dans le respect des principes prévus par la présente Déclaration, afin de garantir le respect des droits de l'homme, des libertés fondamentales et de la dignité humaine et la protection de la santé publique. Ils devraient chercher à s'assurer que les résultats de ces recherches ne servent pas à des fins non pacifiques.

Art. 16. — Les États devraient reconnaître l'intérêt de promouvoir, aux différents niveaux appropriés, la création de comités d'éthique indépendants, pluridisciplinaires et pluralistes, chargés d'apprécier les questions éthiques, juridiques et sociales soulevées par les recherches sur le génome humain et leurs applications.

E) Solidarité et coopération internationale.

Art. 17. — Les États devraient respecter et promouvoir une solidarité active vis-à-vis des individus, des familles ou des populations particulièrement vulnérables aux maladies ou handicaps de nature génétique, ou atteints de ceux-ci. Ils devraient notamment encourager les recherches destinées à identifier, à prévenir et à traiter les maladies d'ordre génétique ou les maladies influencées par la génétique, en particulier les maladies rares ainsi que les maladies endémiques qui affectent une part importante de la population mondiale.

Art. 18. — Les États devraient s'efforcer, dans le respect des principes prévus par la présente Déclaration, de continuer à favoriser la diffusion internationale de la connaissance scientifique sur le génome humain, sur la diversité humaine et sur les recherches en génétique et, à cet égard, à favoriser la coopération scientifique et culturelle, notamment entre pays industrialisés et pays en développement.

Art. 19. — a) Dans le cadre de la coopération internationale avec les pays en développement, les États devraient chercher à s'assurer que :

i) la prévention des abus et l'évaluation des risques et des avantages liés aux recherches sur le génome humain soient assurées ;

ii) la capacité des pays en développement à mener les recherches en biologie et en génétique humaines, compte tenu de leurs problèmes spécifiques, soit étendue et renforcée ;

iii) les pays en développement puissent bénéficier des avancées de la recherche scientifique et technologique de façon à favoriser le progrès économique et social au profit de tous ;

iv) le libre-échange de la connaissance et de l'information scientifiques, dans les domaines de la biologie, de la génétique et de la médecine, soit encouragé ;

b) les organisations internationales compétentes devraient soutenir et promouvoir les initiatives prises par les États aux fins énumérées ci-dessus.

F) Promotion des principes de la déclaration.

Art. 20. — Les États devraient prendre les mesures appropriées pour promouvoir les principes énoncés dans la Déclaration, par l'éducation et les moyens pertinents, notamment par la conduite de recherches et de formations dans des domaines interdisciplinaires et par la promotion de l'éducation à la bioéthique à tous les niveaux, en particulier à l'intention des différents responsables de politiques scientifiques.

Art. 21. — Les États devraient prendre les mesures appropriées pour encourager toutes autres actions de recherche, de formation et de diffusion de l'information de nature à renforcer la prise de conscience des responsabilités de la société et de chacun de ses membres face aux problèmes fondamentaux au regard de la défense de la dignité humaine que peuvent soulever la recherche dans les domaines de la biologie, de la génétique et de la médecine, et les applications qui en découlent. Ils devraient favoriser sur ce sujet un débat largement ouvert sur le plan international, assurant la libre expression des différents courants de pensée socioculturels, religieux et philosophiques.

Art. 22. — Les États devraient s'efforcer de promouvoir les principes énoncés dans la présente Déclaration et, par toutes mesures appropriées, favoriser leur mise en œuvre.

Art. 23. — Les États devraient prendre les mesures appropriées pour promouvoir, par l'éducation, la formation et la diffusion de l'information, le respect des principes ci-dessus énoncés et favoriser leur reconnaissance et leur application effective. Les États devraient également encourager les échanges entre les comités d'éthique indépendants, quand ils existent, et leur mise en réseaux, afin de favoriser la coopération entre eux.

G) Mise en œuvre de la déclaration.

Art. 24. — Le Comité international de bioéthique de l'UNESCO devrait contribuer à la diffusion des principes énoncés dans la présente Déclaration et à l'approfondissement des questions que posent leurs applications et l'évolution des techniques en cause. Il devrait organiser toute consultation utile avec les parties concernées telles que les groupes vulnérables. Il devrait formuler, suivant les procédures statutaires de l'UNESCO, des recommandations à l'intention de la Conférence générale et des avis quant au suivi de la Déclaration, en particulier quant à l'identification des pratiques qui pourraient être contraires à la dignité humaine, telles que les interventions sur la lignée germinale.

Art. 25. — Aucune disposition de la présente Déclaration ne peut être interprétée comme pouvant être invoquée de quelque façon par un État, un groupement ou un individu pour se livrer à une activité ou accomplir un acte à des fins contraires aux droits de l'homme et aux libertés fondamentales, y compris aux principes énoncés dans la présente Déclaration.

N° 38.2 Déclaration universelle sur la bioéthique et les droits de l'homme du 19 octobre 2005 (extraits) [97]

La Conférence générale,

Consciente de la capacité propre aux êtres humains de réfléchir à leur existence et à leur environnement, de ressentir l'injustice, d'éviter le danger, d'assumer des responsabilités, de rechercher la coopération et de faire montre d'un sens moral qui donne expression à des principes éthiques,

Considérant les progrès rapides des sciences et des technologies, qui influencent de plus en plus l'idée que nous avons de la vie et la vie elle-même, et suscitent donc une forte demande de réponse universelle à leurs enjeux éthiques,

Reconnaissant que les questions éthiques que posent les progrès rapides des sciences et leurs applications technologiques devraient être examinées compte dûment tenu de la dignité de la personne humaine et du respect universel et effectif des droits de l'homme et des libertés fondamentales,

Persuadée qu'il est nécessaire et qu'il est temps que la communauté internationale énonce des principes universels sur la base desquels l'humanité pourra répondre aux dilemmes et controverses de plus en plus nombreux que la science et la technologie suscitent pour l'humanité et l'environnement,

Rappelant la Déclaration universelle des droits de l'homme du 10 décembre 1948, la Déclaration universelle sur le génome humain et les droits de l'homme adoptée par la Conférence générale de l'UNESCO le 11 novembre 1997 et la Déclaration internationale sur les données génétiques humaines adoptée par la Conférence générale de l'UNESCO le 16 octobre 2003 (...)

Considérant que l'UNESCO a son rôle à jouer dans la mise en évidence de principes universels fondés sur des valeurs éthiques communes afin de guider le développement scientifique et technologique ainsi que les transformations sociales, en vue de recenser les défis qui se font jour dans le domaine de la science et de la technologie en tenant compte de la responsabilité des générations présentes envers les générations futures, et qu'il faudrait traiter les questions de bioéthique, qui ont nécessairement une dimension internationale, dans leur ensemble, en se nourrissant des principes déjà énoncés dans la Déclaration universelle sur le génome humain et les droits de l'homme et la Déclaration internationale sur les données génétiques humaines, et en tenant compte non seulement du contexte scientifique actuel mais aussi des perspectives à venir,

Consciente que les êtres humains font partie intégrante de la biosphère et qu'ils ont un rôle important à jouer en se protégeant les uns les autres et en protégeant les autres formes de vie, en particulier les animaux,

Reconnaissant que, fondés sur la liberté de la science et de la recherche, les progrès des sciences et des technologies ont été, et peuvent être, à l'origine de grands bienfaits pour l'humanité, notamment en augmentant l'espérance de vie et en améliorant la qualité de la vie, et soulignant que ces progrès devraient toujours tendre à promouvoir le bien-être des individus, des familles, des groupes ou communautés et de l'humanité dans son ensemble, dans la reconnaissance de la dignité de la personne humaine et dans le respect universel et effectif des droits de l'homme et des libertés fondamentales,

Reconnaissant que la santé ne dépend pas uniquement des progrès de la recherche scientifique et technologique, mais également de facteurs psychosociaux et culturels,

(97) Ce texte a été adopté par la Conférence générale de l'UNESCO le 19 octobre 2005.

Reconnaissant aussi que les décisions portant sur les questions éthiques que posent la médecine, les sciences de la vie et les technologies qui leur sont associées peuvent avoir un impact sur les individus, les familles, les groupes ou communautés et sur l'humanité tout entière,

Ayant à l'esprit que la diversité culturelle, source d'échanges, d'innovation et de créativité, est nécessaire à l'humanité et, en ce sens, constitue le patrimoine commun de l'humanité, mais soulignant qu'elle ne peut être invoquée aux dépens des droits de l'homme et des libertés fondamentales,

Ayant également à l'esprit que l'identité de la personne a des dimensions biologiques, psychologiques, sociales, culturelles et spirituelles,

Reconnaissant que des comportements scientifiques et technologiques contraires à l'éthique ont eu un impact particulier sur des communautés autochtones et locales,

Convaincue que la sensibilité morale et la réflexion éthique devraient faire partie intégrante du processus de développement scientifique et technologique et que la bioéthique devrait jouer un rôle capital dans les choix qu'il convient de faire, face aux problèmes qu'entraîne ce développement,

Considérant qu'il est souhaitable de développer de nouvelles approches de la responsabilité sociale pour faire en sorte que le progrès scientifique et technologique aille dans le sens de la justice, de l'équité et de l'intérêt de l'humanité,

Reconnaissant qu'un moyen important de prendre la mesure des réalités sociales et de parvenir à l'équité est de prêter attention à la situation des femmes, *Soulignant* la nécessité de renforcer la coopération internationale dans le domaine de la bioéthique, en tenant particulièrement compte des besoins spécifiques des pays en développement, des communautés autochtones et des populations vulnérables,

Considérant que tous les êtres humains, sans distinction, devraient bénéficier des mêmes normes éthiques élevées dans le domaine de la médecine et de la recherche en sciences de la vie,

Proclame les principes qui suivent et *adopte* la présente Déclaration.

Dispositions générales

Article premier. — Portée.

1. La présente Déclaration traite des questions d'éthique posées par la médecine, les sciences de la vie et les technologies qui leur sont associées, appliquées aux êtres humains, en tenant compte de leurs dimensions sociale, juridique et environnementale.

2. La présente Déclaration s'adresse aux États. Elle permet aussi, dans la mesure appropriée et pertinente, de guider les décisions ou pratiques des individus, des groupes, des communautés, des institutions et des sociétés, publiques et privées.

Art. 2. — Objectifs.

La présente Déclaration a pour objectifs :

(a) d'offrir un cadre universel de principes et de procédures pour guider les États dans la formulation de leur législation, de leurs politiques ou d'autres instruments en matière de bioéthique ;

(b) de guider les actions des individus, des groupes, des communautés, des institutions et des sociétés, publiques et privées ;

(c) de contribuer au respect de la dignité humaine et de protéger les droits de l'homme, en assurant le respect de la vie des êtres humains, et les libertés fondamentales, d'une manière compatible avec le droit international des droits de l'homme ;

(d) de reconnaître l'importance de la liberté de la recherche scientifique et des bienfaits découlant des progrès des sciences et des technologies, tout en insistant sur la nécessité pour cette recherche et ces progrès de s'inscrire dans le cadre des principes éthiques énoncés dans la présente Déclaration et de respecter la dignité humaine, les droits de l'homme et les libertés fondamentales ;

(e) d'encourager un dialogue pluridisciplinaire et pluraliste sur les questions de bioéthique entre toutes les parties intéressées et au sein de la société dans son ensemble ;

(f) de promouvoir un accès équitable aux progrès de la médecine, des sciences et des technologies, ainsi que la plus large circulation possible et un partage rapide des connaissances concernant ces progrès et le partage des bienfaits qui en découlent, en accordant une attention particulière aux besoins des pays en développement ;

(g) de sauvegarder et défendre les intérêts des générations présentes et futures ;

(h) de souligner l'importance de la biodiversité et de sa préservation en tant que préoccupation commune à l'humanité.

Principes

À l'intérieur du champ d'application de la présente Déclaration, les principes ci-après doivent être respectés par ceux à qui elle s'adresse, dans les décisions qu'ils prennent ou dans les pratiques qu'ils mettent en œuvre.

Art. 3. — Dignité humaine et droits de l'homme.

1. La dignité humaine, les droits de l'homme et les libertés fondamentales doivent être pleinement respectés.

2. Les intérêts et le bien-être de l'individu devraient l'emporter sur le seul intérêt de la science ou de la société.

Art. 4. — Effets bénéfiques et effets nocifs.

Dans l'application et l'avancement des connaissances scientifiques, de la pratique médicale et des technologies qui leur sont associées, les effets bénéfiques directs et indirects pour les patients, les participants à des recherches et les autres individus concernés, devraient être maximisés et tout effet nocif susceptible d'affecter ces individus devrait être réduit au minimum.

Art. 5. — Autonomie et responsabilité individuelle.

L'autonomie des personnes pour ce qui est de prendre des décisions, tout en en assumant la responsabilité et en respectant l'autonomie d'autrui, doit être respectée. Pour les personnes incapables d'exercer leur autonomie, des mesures particulières doivent être prises pour protéger leurs droits et intérêts.

Art. 6. — Consentement.

1. Toute intervention médicale de caractère préventif, diagnostique ou thérapeutique ne doit être mise en œuvre qu'avec le consentement préalable, libre et éclairé de la personne concernée, fondé sur des informations suffisantes. Le cas échéant, le consentement devrait être exprès et la personne concernée peut le retirer à tout moment et pour toute raison sans qu'il en résulte pour elle aucun désavantage ni préjudice.

2. Des recherches scientifiques ne devraient être menées qu'avec le consentement préalable, libre, exprès et éclairé de la personne concernée. L'information devrait être suffisante, fournie sous une forme compréhensible et indiquer les modalités de retrait du consentement. La personne concernée peut retirer son consentement à tout moment et pour toute raison sans qu'il en résulte pour elle aucun désavantage ni préjudice. Des exceptions à ce principe devraient n'être faites qu'en accord avec les normes éthiques et juridiques adoptées par les États et être compatibles avec les principes et dispositions énoncés dans la présente Déclaration, en particulier à l'article 27, et avec le droit international des droits de l'homme.

3. Dans les cas pertinents de recherches menées sur un groupe de personnes ou une communauté, l'accord des représentants légaux du groupe ou de la communauté concernée peut devoir aussi être sollicité. En aucun cas, l'accord collectif ou le consentement d'un dirigeant de la communauté ou d'une autre autorité ne devrait se substituer au consentement éclairé de l'individu.

Art. 7. — Personnes incapables d'exprimer leur consentement.

En conformité avec le droit interne, une protection spéciale doit être accordée aux personnes qui sont incapables d'exprimer leur consentement :

(a) l'autorisation d'une recherche ou d'une pratique médicale devrait être obtenue conformément à l'intérêt supérieur de la personne concernée et au droit interne. Cependant, la personne concernée devrait être associée dans toute la mesure du possible au processus de décision conduisant au consentement ainsi qu'à celui conduisant à son retrait ;

(b) une recherche ne devrait être menée qu'au bénéfice direct de la santé de la personne concernée, sous réserve des autorisations et des mesures de protection prescrites par la loi et si il n'y a pas d'autre option de recherche d'efficacité comparable faisant appel à des participants capables d'exprimer leur consentement. Une recherche ne permettant pas d'escompter un bénéfice direct pour la santé ne devrait être entreprise qu'à titre exceptionnel, avec la plus grande retenue, en veillant à n'exposer la personne qu'à un risque et une contrainte minimums et si cette recherche est effectuée dans l'intérêt de la santé d'autres personnes appartenant à la même catégorie, et sous réserve qu'elle se fasse dans les conditions prévues par la loi et soit compatible avec la protection des droits individuels de la personne concernée. Le refus de ces personnes de participer à la recherche devrait être respecté.

Art. 8. — Respect de la vulnérabilité humaine et de l'intégrité personnelle.

Dans l'application et l'avancement des connaissances scientifiques, de la pratique médicale et des technologies qui leur sont associées, la vulnérabilité humaine devrait être prise en compte. Les individus et les groupes particulièrement vulnérables devraient être protégés et l'intégrité personnelle des individus concernés devrait être respectée.

Art. 9. — Vie privée et confidentialité.

La vie privée des personnes concernées et la confidentialité des informations les touchant personnellement devraient être respectées. Dans toute la mesure du possible, ces informations ne devraient pas être utilisées ou diffusées à des fins autres que celles pour lesquelles elles ont été collectées ou pour lesquelles un consentement a été donné, en conformité avec le droit international, et notamment avec le droit international des droits de l'homme.

Art. 10. — Égalité, justice et équité.

L'égalité fondamentale de tous les êtres humains en dignité et en droit doit être respectée de manière à ce qu'ils soient traités de façon juste et équitable.

Art. 11. — Non-discrimination et non-stigmatisation.

Aucun individu ou groupe ne devrait être soumis, en violation de la dignité humaine, des droits de l'homme et des libertés fondamentales, à une discrimination ou à une stigmatisation pour quelque motif que ce soit.

Art. 12. — Respect de la diversité culturelle et du pluralisme.

Il devrait être tenu dûment compte de l'importance de la diversité culturelle et du pluralisme. Toutefois, ces considérations ne doivent pas être invoquées pour porter atteinte à la dignité humaine, aux droits de l'homme et aux libertés fondamentales ou aux principes énoncés dans la présente Déclaration, ni pour en limiter la portée.

Art. 13. — Solidarité et coopération.

La solidarité entre les êtres humains ainsi que la coopération internationale à cette fin doivent être encouragées.

Art. 14. — Responsabilité sociale et santé.

1. La promotion de la santé et du développement social au bénéfice de leurs peuples est un objectif fondamental des gouvernements que partagent tous les secteurs de la société.

2. Compte tenu du fait que la possession du meilleur état de santé qu'il est capable d'atteindre constitue l'un des droits fondamentaux de tout être humain, quelles que soient sa race, sa religion, ses opinions politiques ou sa condition économique ou sociale, le progrès des sciences et des technologies devrait favoriser :

(a) l'accès à des soins de santé de qualité et aux médicaments essentiels, notamment dans l'intérêt de la santé des femmes et des enfants, car la santé est essentielle à la vie même et doit être considérée comme un bien social et humain ;

(b) l'accès à une alimentation et à une eau adéquates ;

(c) l'amélioration des conditions de vie et de l'environnement ;

(d) l'élimination de la marginalisation et de l'exclusion fondées sur quelque motif que ce soit ;

(e) la réduction de la pauvreté et de l'analphabétisme.

Art. 15. — Partage des bienfaits.

1. Les bienfaits résultant de toute recherche scientifique et de ses applications devraient être partagés avec la société dans son ensemble ainsi qu'au sein de la communauté internationale, en particulier avec les pays en développement. Aux fins de donner effet à ce principe, ces bienfaits peuvent prendre les formes suivantes :

(a) assistance spéciale et durable et expression de reconnaissance aux personnes et groupes ayant participé à la recherche ;

(b) accès à des soins de santé de qualité ;

(c) fourniture de nouveaux produits et moyens thérapeutiques ou diagnostiques, issus de la recherche ;

(d) soutien aux services de santé ;

(e) accès aux connaissances scientifiques et technologiques ;

(f) installations et services destinés à renforcer les capacités de recherche ;

(g) autres formes de bienfaits compatibles avec les principes énoncés dans la présente Déclaration.

2. Les bienfaits ne devraient pas constituer des incitations inappropriées à participer à la recherche.

Art. 16. — Protection des générations futures.

L'incidence des sciences de la vie sur les générations futures, y compris sur leur constitution génétique, devrait être dûment prise en considération.

Art. 17. — Protection de l'environnement, de la biosphère et de la biodiversité.

Il convient de prendre dûment en considération l'interaction entre les êtres humains et les autres formes de vie, de même que l'importance d'un accès approprié aux ressources biologiques et génétiques et d'une utilisation appropriée de ces ressources, le respect des savoirs traditionnels, ainsi que le rôle des êtres humains dans la protection de l'environnement, de la biosphère et de la biodiversité.

Application des principes

Art. 18. — Prise de décisions et traitement des questions de bioéthique.

1. Le professionnalisme, l'honnêteté, l'intégrité et la transparence dans la prise de décisions devraient être encouragés, en particulier la déclaration de tout conflit d'intérêts et un partage approprié des connaissances. Tout devrait être fait pour

utiliser les meilleures connaissances scientifiques et méthodologies disponibles en vue du traitement et de l'examen périodique des questions de bioéthique.

2. Un dialogue devrait être engagé de manière régulière entre les personnes et les professionnels concernés ainsi que la société dans son ensemble.

3. Des possibilités de débat public pluraliste et éclairé, permettant l'expression de toutes les opinions pertinentes, devraient être favorisées.

Art. 19. — Comités d'éthique.

Des comités d'éthique indépendants, pluridisciplinaires et pluralistes devraient être mis en place, encouragés et soutenus, au niveau approprié, pour :

(a) évaluer les problèmes éthiques, juridiques, scientifiques et sociaux pertinents relatifs aux projets de recherche concernant des êtres humains ;

(b) fournir des avis sur les problèmes éthiques qui se posent dans des contextes cliniques ;

(c) évaluer les progrès scientifiques et technologiques, formuler des recommandations et contribuer à l'élaboration de principes directeurs sur les questions relevant de la présente Déclaration ;

(d) favoriser le débat, l'éducation ainsi que la sensibilisation et la mobilisation du public en matière de bioéthique.

Art. 20. — Évaluation et gestion des risques.

Il conviendrait de promouvoir une gestion appropriée et une évaluation adéquate des risques relatifs à la médecine, aux sciences de la vie et aux technologies qui leur sont associées.

Art. 21. — Pratiques transnationales.

1. Les États, les institutions publiques et privées et les professionnels associés aux activités transnationales devraient s'employer à faire en sorte que toute activité relevant de la présente Déclaration, entreprise, financée ou menée d'une autre façon, en totalité ou en partie, dans différents États, soit compatible avec les principes énoncés dans la présente Déclaration.

2. Lorsqu'une activité de recherche est entreprise ou menée d'une autre façon dans un ou plusieurs États (État(s) hôte(s)) et financée par des ressources provenant d'un autre État, cette activité de recherche devrait faire l'objet d'un examen éthique d'un niveau approprié dans l'État hôte et dans l'État dans lequel la source de financement est située. Cet examen devrait être fondé sur des normes éthiques et juridiques compatibles avec les principes énoncés dans la présente Déclaration.

3. La recherche transnationale en matière de santé devrait répondre aux besoins des pays hôtes et il faudrait reconnaître qu'il importe que la recherche contribue à soulager les problèmes de santé urgents dans le monde.

4. Lors de la négociation d'un accord de recherche, les conditions de la collaboration et l'accord sur les bienfaits de la recherche devraient être établis avec une participation égale des parties à la négociation.

5. Les États devraient prendre des mesures appropriées, aux niveaux tant national qu'international, pour combattre le bioterrorisme et le trafic illicite d'organes, de tissus, d'échantillons et de ressources et matériels génétiques.

II

LE RÉGIME JURIDIQUE DES LIBERTÉS FONDAMENTALES ET DES DROITS DE L'HOMME

A. L'administration et la défense des droits de l'homme

N° 39.1 La Commission nationale consultative des droits de l'homme : la loi modifiée n° 2007-292 du 5 mars 2007 [98]

Article premier. — La Commission nationale consultative des droits de l'homme assure, auprès du Gouvernement, un rôle de conseil et de proposition dans le domaine des droits de l'homme, du droit international humanitaire et de l'action humanitaire. Elle assiste le Premier ministre et les ministres intéressés par ses avis sur toutes les questions de portée générale relevant de son champ de compétence tant sur le plan national qu'international. Elle peut, de sa propre initiative, appeler publiquement l'attention du Parlement et du Gouvernement sur les mesures qui

---

(98) La composition de cette instance est définie par le décret modifié n° 2007-1137 du 11 décembre 2007. La loi n° 2007-292 a été modifiée par la loi n° 2017-55 du 20 janvier 2017 portant statut général des autorités administratives indépendantes et des autorités publiques indépendantes.

Voir aussi les avis de la Commission, notamment : avis sur le projet de loi « Égalité et citoyenneté » (*JO* 28 janvier 2017) ; avis sur le projet de loi de programmation 2018-2022 et de réforme de la justice tel que présenté en Conseil des ministres le 20 avril 2018 (*JO* 25 novembre 2018) ; avis relatif à la proposition de loi visant à lutter contre la haine sur internet (*JO* du 13 juillet 2019) ; avis sur État d'urgence sanitaire et État de droit (*JO* du 3 mai 2020) ; avis sur le suivi numérique des personnes (*JO* du 3 mai 2020) ; avis sur le respect de la vie privée et familiale en protection de l'enfance : un droit fondamental difficilement assuré dans un dispositif en souffrance (*JO* du 31 mai 2020) ; avis sur la prorogation de l'état d'urgence sanitaire et libertés (*JO* du 31 mai 2020) ; avis sur la santé publique et la coopération internationale dans le contexte de la Covid-19 (*JO* du 25 octobre 2020) ; avis sur la proposition de loi relative à la sécurité globale (*JO* du 1er décembre 2020) ; avis « Urgence climatique et droits de l'homme » (A-2020-6) (*JO* du 6 juin 2021), déclaration « Climat, environnement et droits de l'homme » (D-2021-8) (*JO* du 5 décembre 2021) ; avis relatif à la lutte contre la haine en ligne (A-2021-9) et déclaration sur le projet de loi relatif à la protection des enfants (*JO* du 24 juillet 2021) ; avis urgent sur le rapatriement des mineurs français retenus dans les camps du Nord-Est syrien A-2021-12 (*JO* 8 janvier 2022) ; avis sur le jugement des ressortissants français détenus dans le Nord Est syrien (*JO* 24 février 2022).

lui paraissent de nature à favoriser la protection et la promotion des droits de l'homme.

La commission exerce sa mission en toute indépendance. Elle ne reçoit ni ne sollicite d'instruction d'aucune autorité administrative ou gouvernementale.

Elle est composée de représentants des organisations non gouvernementales spécialisées dans le domaine des droits de l'homme, du droit international humanitaire ou de l'action humanitaire, d'experts siégeant dans les organisations internationales compétentes dans ce même domaine, de personnalités qualifiées, de représentants des principales confédérations syndicales, du Défenseur des droits, ainsi que d'un député, d'un sénateur et d'un membre du Conseil économique, social et environnemental désignés par leurs assemblées respectives.

Le mandat de membre de la commission n'est pas révocable pour autant que son titulaire conserve la qualité en vertu de laquelle il a été désigné et qu'il se conforme à l'obligation d'assiduité qui lui incombe. Des représentants du Premier ministre et des ministres intéressés peuvent participer sans voix délibérative aux travaux de la commission.

Art. 2. — Un décret en Conseil d'État précise la composition et fixe les modalités d'organisation et de fonctionnement de la commission instituée à l'article 1er.

N° 39.2 Le Défenseur des droits : la loi organique modifiée n° 2011-333 du 29 mars 2011 (extraits) (99)

TITRE I

DISPOSITIONS GÉNÉRALES

Art. 1. — Le Défenseur des droits est nommé par décret en conseil des ministres, après application de la procédure prévue au dernier alinéa de l'article 13 de la Constitution. Il ne peut être mis fin à ses fonctions que sur sa demande ou en cas d'empêchement dans des conditions définies par décret en Conseil d'État.

Art. 2. — Le Défenseur des droits, autorité administrative indépendante, ne reçoit, dans l'exercice de ses attributions, aucune instruction. Le Défenseur des droits et ses adjoints ne peuvent être poursuivis, recherchés, arrêtés, détenus ou jugés à l'occasion

(99) La loi organique est complétée par la loi n° 2011-334 du 29 mars 2011 relative au Défenseur des droits. Voir aussi la décision n° 2018-07 du 29 janvier 2018 portant adoption du Code de déontologie du Défenseur des droits (*JO* du 22 février 2018). Cette loi a été modifiée par la loi organique n° 2016-1690 du 9 décembre 2016 relative à la compétence du Défenseur des droits pour l'orientation et la protection des lanceurs d'alerte, la loi n° 2017-55 du 20 janvier 2017 portant statut général des autorités administratives indépendantes et des autorités publiques indépendantes, la loi organique n° 2019-221 du 23 mars 2019 relative au renforcement de l'organisation des juridictions, la loi organique n° 2022-400 du 21 mars 2022 visant à renforcer le rôle du Défenseur des droits en matière de signalement d'alerte et la décision du Conseil constitutionnel n° 2022-838 DC du 17 mars 2022.

Voir aussi la décision n° 2020-53 du 1er janvier 2020 portant adoption du règlement intérieur du Défenseur des droits et la décision n° 2020-213 du 15 décembre 2020 concernant la liste des membres des Collèges qui l'assistent en matière de Déontologie de la sécurité, de Défense et promotion des droits de l'enfant et de Lutte contre les discriminations et promotion de l'égalité.

des opinions qu'ils émettent ou des actes qu'ils accomplissent dans l'exercice de leurs fonctions.

Art. 3. — Les fonctions de Défenseur des droits et celles de ses adjoints sont incompatibles avec celles de membre du Gouvernement, du Conseil constitutionnel, du Conseil supérieur de la magistrature et du Conseil économique, social et environnemental ainsi qu'avec tout mandat électif.

Le membre du Gouvernement, du Conseil constitutionnel, du Conseil supérieur de la magistrature, du Conseil économique, social et environnemental ou le titulaire d'un mandat électif qui est nommé Défenseur des droits ou adjoint est réputé avoir opté pour ces dernières fonctions s'il n'a pas exprimé de volonté contraire dans les huit jours suivant la publication au *Journal officiel* de sa nomination.

Les fonctions de Défenseur des droits et celles de ses adjoints sont, en outre, incompatibles avec toute autre fonction ou emploi public et toute activité professionnelle ainsi qu'avec toute fonction de président et de membre de conseil d'administration, de président et de membre de directoire, de président et de membre de conseil de surveillance, et d'administrateur délégué dans toute société, entreprise ou établissement.

Dans un délai d'un mois suivant la publication de sa nomination comme Défenseur des droits ou comme un de ses adjoints, la personne nommée doit cesser toute activité incompatible avec ses nouvelles fonctions. Si elle est fonctionnaire ou magistrat, elle est placée en position de détachement de plein droit pendant la durée de ses fonctions et ne peut recevoir, au cours de cette période, aucune promotion au choix.

TITRE II

DISPOSITIONS RELATIVES AUX COMPÉTENCES ET À LA SAISINE DU DÉFENSEUR DES DROITS

Art. 4. — Le Défenseur des droits est chargé :

1° De défendre les droits et libertés dans le cadre des relations avec les administrations de l'État, les collectivités territoriales, les établissements publics et les organismes investis d'une mission de service public ;

2° De défendre et de promouvoir l'intérêt supérieur et les droits de l'enfant consacrés par la loi ou par un engagement international régulièrement ratifié ou approuvé par la France ;

3° De lutter contre les discriminations, directes ou indirectes, prohibées par la loi ou par un engagement international régulièrement ratifié ou approuvé par la France ainsi que de promouvoir l'égalité ;

4° De veiller au respect de la déontologie par les personnes exerçant des activités de sécurité sur le territoire de la République ;

5° D'informer, de conseiller et d'orienter vers les autorités compétentes toute personne signalant une alerte dans les conditions fixées par la loi et de défendre les droits et libertés des lanceurs d'alerte ainsi que des personnes protégées dans le cadre d'une procédure d'alerte [Dispositions déclarées non conformes à la Constitution par la décision n° 2016-740 DC du 8 décembre 2016.] ;

Art. 5. — Le Défenseur des droits peut être saisi :

1° Par toute personne physique ou morale qui s'estime lésée dans ses droits et libertés par le fonctionnement d'une administration de l'État, d'une collectivité territoriale, d'un établissement public ou d'un organisme investi d'une mission de service public ;

2° Par un enfant qui invoque la protection de ses droits ou une situation mettant en cause son intérêt, par ses représentants légaux, les membres de sa famille, les services médicaux ou sociaux ou toute association régulièrement déclarée depuis au moins cinq ans à la date des faits et se proposant par ses statuts de défendre les droits de l'enfant ;

3° Par toute personne qui s'estime victime d'une discrimination, directe ou indirecte, prohibée par la loi ou par un engagement international régulièrement ratifié ou approuvé par la France, ou par toute association régulièrement déclarée depuis au moins cinq ans à la date des faits se proposant par ses statuts de combattre les discriminations ou d'assister les victimes de discriminations, conjointement avec la personne s'estimant victime de discrimination ou avec son accord ;

4° Par toute personne qui a été victime ou témoin de faits dont elle estime qu'ils constituent un manquement aux règles de déontologie dans le domaine de la sécurité.

Le Défenseur des droits peut être saisi des agissements de personnes publiques ou privées.

Il peut en outre se saisir d'office ou être saisi par les ayants droit de la personne dont les droits et libertés sont en cause.

Il est saisi des réclamations qui sont adressées à ses adjoints.

Art. 6. — La saisine du Défenseur des droits est gratuite.

Elle est précédée de démarches préalables auprès des personnes publiques ou des organismes mis en cause, sauf lorsqu'elle est présentée au titre des compétences mentionnées aux 2° à 5° de l'article 4.

La saisine du Défenseur des droits n'interrompt ni ne suspend par elle-même les délais de prescription des actions en matière civile, administrative ou pénale, non plus que ceux relatifs à l'exercice de recours administratifs ou contentieux.

Art. 7. — Une réclamation peut être adressée à un député, à un sénateur ou à un représentant français au Parlement européen, qui la transmet au Défenseur des droits s'il estime qu'elle appelle son intervention. Le Défenseur des droits informe le député, le sénateur ou le représentant français au Parlement européen des suites données à cette transmission.

Les membres du Parlement peuvent, de leur propre initiative, saisir le Défenseur des droits d'une question qui leur paraît appeler son intervention.

Sur la demande de l'une des commissions permanentes de son assemblée, le président de l'Assemblée nationale ou le président du Sénat peut transmettre au Défenseur des droits, dans les domaines de sa compétence, toute pétition dont l'assemblée a été saisie.

Le Défenseur des droits instruit également les réclamations qui lui sont transmises par le Médiateur européen ou un homologue étranger et qui lui paraissent relever de sa compétence et appeler son intervention.

Art. 8. — Lorsqu'il se saisit d'office ou lorsqu'il est saisi autrement qu'à l'initiative de la personne s'estimant lésée ou, s'agissant d'un enfant, de ses représentants légaux, le Défenseur des droits ne peut intervenir qu'à la condition que cette personne ou, le cas échéant, ses ayants droit ait été avertie et ne se soit pas opposée à son intervention. Toutefois, il peut toujours se saisir des cas lui paraissant mettre en cause l'intérêt supérieur d'un enfant et des cas relatifs à des personnes qui ne sont pas identifiées ou dont il ne peut recueillir l'accord.

Art. 9. — Lorsque le Défenseur des droits transmet une réclamation à une autre autorité indépendante investie d'une mission de protection des droits et libertés, il peut accompagner cette transmission de ses observations et demander à être informé des suites données à celles-ci.

Le Défenseur des droits est associé, à sa demande, aux travaux de la Commission nationale de l'informatique et des libertés et de la Commission d'accès aux documents administratifs.

Art. 10. — Le Défenseur des droits ne peut être saisi ni ne peut se saisir des différends susceptibles de s'élever entre les personnes publiques et organismes mentionnés au 1° de l'article 4.

Il ne peut être saisi ni ne peut se saisir, sauf au titre de ses compétences mentionnées au 3° et au 5° du même article 4, des différends susceptibles de s'élever entre, d'une part, ces personnes publiques et organismes et, d'autre part, leurs agents, à raison de l'exercice de leurs fonctions.

Il ne peut ni être saisi ni se saisir, au titre de ses compétences mentionnées au 5° du même article 4, des différends qui ne relèvent pas des situations prévues par la loi.

TITRE III

DISPOSITIONS RELATIVES À L'INTERVENTION DU DÉFENSEUR DES DROITS

Chapitre I

Dispositions relatives aux collèges

Art. 11. — I. — Le Défenseur des droits préside les collèges qui l'assistent pour l'exercice de ses attributions en matière de défense et de promotion des droits de l'enfant, de lutte contre les discriminations et de promotion de l'égalité, d'orientation et de protection des lanceurs d'alerte, ainsi que de déontologie dans le domaine de la sécurité.

Sur proposition du Défenseur des droits, le Premier ministre nomme les adjoints du Défenseur des droits, dont :

— un Défenseur des enfants, vice-président du collège chargé de la défense et de la promotion des droits de l'enfant, choisi pour ses connaissances ou son expérience dans ce domaine ;

— un adjoint, vice-président du collège chargé de la déontologie dans le domaine de la sécurité, choisi pour ses connaissances ou son expérience dans ce domaine ;

— un adjoint, vice-président du collège chargé de la lutte contre les discriminations et de la promotion de l'égalité, choisi pour ses connaissances ou son expérience dans ce domaine ;

— un adjoint chargé de l'accompagnement des lanceurs d'alerte.

II. — Les adjoints sont placés auprès du Défenseur des droits et sous son autorité.

Le Défenseur des droits peut déléguer ses attributions à ses adjoints, dans leur domaine de compétence, à l'exception de celles mentionnées aux articles 19, 29, 31, 32, 36 et au dernier alinéa des articles 18 et 25.

Chaque adjoint peut suppléer le Défenseur des droits à la présidence des réunions du collège dont il est le vice-président et le représenter, dans son domaine de compétence, auprès des organisations rassemblant les autorités indépendantes de pays tiers chargées de la protection des droits et libertés.

Art. 12. — Le Défenseur des droits peut convoquer une réunion conjointe de plusieurs collèges et de ses adjoints afin de la consulter sur les réclamations ou les questions qui intéressent plusieurs de ses domaines de compétence, ou qui présentent une difficulté particulière.

Art. 13. — Lorsqu'il intervient en matière de déontologie de la sécurité, le Défenseur des droits consulte, sur toute question nouvelle, un collège qu'il préside et qui comprend, outre son adjoint, vice-président :

— trois personnalités qualifiées désignées par le président du Sénat ;

— trois personnalités qualifiées désignées par le président de l'Assemblée nationale ;

— un membre ou ancien membre du Conseil d'État désigné par le vice-président du Conseil d'État ;

— un membre ou ancien membre de la Cour de cassation désigné conjointement par le premier président de la Cour de cassation et par le procureur général près ladite cour.

Les membres du collège sont désignés en raison de leurs connaissances ou de leur expérience dans le domaine de la déontologie de la sécurité.

Les désignations du président du Sénat et du président de l'Assemblée nationale concourent à une représentation équilibrée entre les femmes et les hommes.

Lorsque le Défenseur des droits préside les réunions du collège, son adjoint ne prend pas part au vote.

En cas de partage égal des voix, celle du président est prépondérante.

Art. 14. — Lorsqu'il intervient en matière de défense et de promotion des droits de l'enfant, le Défenseur des droits consulte, sur toute question nouvelle, un collège qu'il préside et qui comprend, outre son adjoint, vice-président :

— deux personnalités qualifiées désignées par le président du Sénat ;

— deux personnalités qualifiées désignées par le président de l'Assemblée nationale ;

— une personnalité qualifiée désignée par le président du Conseil économique, social et environnemental ;

— un membre ou ancien membre de la Cour de cassation désigné conjointement par le premier président de la Cour de cassation et par le procureur général près ladite cour.

Les membres du collège sont désignés en raison de leurs connaissances ou de leur expérience en matière de défense et de promotion des droits de l'enfant.

Les désignations du président du Sénat et du président de l'Assemblée nationale concourent, dans chaque cas, à une représentation équilibrée entre les femmes et les hommes.

Lorsque le Défenseur des droits préside les réunions du collège, son adjoint ne prend pas part au vote.

En cas de partage égal des voix, celle du président est prépondérante.

Art. 15. — Lorsqu'il intervient en matière de lutte contre les discriminations et de promotion de l'égalité, le Défenseur des droits consulte, sur toute question nouvelle, un collège qu'il préside et qui comprend, outre son adjoint, vice-président :

— trois personnalités qualifiées désignées par le président du Sénat ;

— trois personnalités qualifiées désignées par le président de l'Assemblée nationale ;

— une personnalité qualifiée désignée par le vice-président du Conseil d'État ;

— une personnalité qualifiée désignée par le premier président de la Cour de cassation.

Les membres du collège sont désignés en raison de leurs connaissances ou de leur expérience dans le domaine de la lutte contre les discriminations et de la promotion de l'égalité.

Les désignations du président du Sénat et du président de l'Assemblée nationale concourent à une représentation équilibrée entre les femmes et les hommes.

Lorsque le Défenseur des droits préside les réunions du collège, son adjoint ne prend pas part au vote.

En cas de partage égal des voix, celle du président est prépondérante.

Art. 16. — Le mandat des adjoints du Défenseur des droits et celui des membres des collèges mentionnés aux articles 13, 14 et 15 cessent avec le mandat du Défenseur des droits. Celui des adjoints du Défenseur des droits n'est pas renouvelable.

Les adjoints du Défenseur des droits et le membre d'un collège qui cessent d'exercer leurs fonctions sont remplacés pour la durée de mandat restant à courir. Si cette durée est inférieure à deux ans, le mandat d'un adjoint du Défenseur des droits est alors renouvelable.

La qualité de membre du collège mentionné à l'article 13 est incompatible avec l'exercice, à titre principal, d'activités dans le domaine de la sécurité.

Il ne peut être mis fin aux fonctions des membres des collèges avant l'expiration de leur mandat qu'en cas de démission ou d'empêchement. Toutefois, tout membre d'un collège nommé dans les conditions prévues aux articles 13, 14 et 15 qui, sans justification, n'a pas assisté à trois séances consécutives peut être déclaré démissionnaire d'office par le collège statuant à la majorité des deux tiers de ses membres, après avoir été mis en mesure de présenter des observations. Le Défenseur des droits en informe l'autorité de nomination.

Art. 17. — Aucun membre des collèges ne peut :

— participer à une délibération relative à un organisme au sein duquel il détient un intérêt direct ou indirect, exerce des fonctions ou détient un mandat ;

— participer à une délibération relative à un organisme au sein duquel il a, au cours des trois années précédant la délibération, détenu un intérêt direct ou indirect, exercé des fonctions ou détenu un mandat.

Les membres des collèges informent le Défenseur des droits des intérêts directs ou indirects qu'ils détiennent ou viennent à détenir, des fonctions qu'ils exercent ou viennent à exercer et de tout mandat qu'ils détiennent ou viennent à détenir au sein d'une personne morale.

Le Défenseur des droits veille au respect de ces obligations.

Chapitre II

Dispositions relatives aux moyens d'information du défenseur des droits

Art. 18. — Le Défenseur des droits peut demander des explications à toute personne physique ou morale mise en cause devant lui. À cet effet, il peut entendre toute personne dont le concours lui paraît utile.

Les personnes physiques ou morales mises en cause doivent faciliter l'accomplissement de sa mission.

Elles sont tenues d'autoriser leurs agents et préposés à répondre à ses demandes. Ceux-ci sont tenus de répondre aux demandes d'explications qu'il leur adresse et de déférer à ses convocations. Les convocations doivent mentionner l'objet de l'audition.

Lorsque le Défenseur des droits est saisi, les personnes auxquelles il demande des explications peuvent se faire assister du conseil de leur choix. Un procès-verbal contradictoire de l'audition est dressé et remis à la personne entendue.

Si le Défenseur des droits en fait la demande, les ministres donnent instruction aux corps de contrôle d'accomplir, dans le cadre de leur compétence, toutes vérifications ou enquêtes. Ils l'informent des suites données à ces demandes.

Art. 19. — Le Défenseur des droits peut demander au vice-président du Conseil d'État ou au premier président de la Cour des comptes de faire procéder à toutes études.

Art. 20. — Les personnes physiques ou morales mises en cause communiquent au Défenseur des droits, sur sa demande motivée, toutes informations et pièces utiles à l'exercice de sa mission.

Le Défenseur des droits peut recueillir sur les faits portés à sa connaissance toute information qui lui apparaît nécessaire sans que son caractère secret ou confidentiel puisse lui être opposé, sauf en matière de secret concernant la défense nationale, la sûreté de l'État ou la politique extérieure. Le secret de l'enquête et de l'instruction ne peut lui être opposé.

Les informations couvertes par le secret médical ou par le secret professionnel applicable aux relations entre un avocat et son client ne peuvent lui être communiquées qu'à la demande expresse de la personne concernée. Toutefois, les informations couvertes par le secret médical peuvent lui être communiquées sans le consentement de la personne concernée lorsqu'elles sont relatives à des privations, sévices et violences physiques, sexuelles ou psychiques commis sur un mineur ou une personne qui n'est pas en mesure de se protéger en raison de son âge ou de son incapacité physique ou psychique.

Les personnes astreintes au secret professionnel ne peuvent être poursuivies en application de l'article 226-13 du Code pénal pour les informations à caractère secret qu'elles ont pu révéler au Défenseur des droits, dès lors que ces informations entrent dans le champ de compétence de ce dernier tel que prévu à l'article 4 de la présente loi organique.

Les personnes ayant saisi le Défenseur des droits ne peuvent faire l'objet, pour ce motif, de mesures de rétorsion ou de représailles.

Art. 21. — Lorsque ses demandes formulées en vertu de l'article 18, à l'exception du dernier alinéa, ou de l'article 20 ne sont pas suivies d'effet, le Défenseur des droits peut mettre en demeure les personnes intéressées de lui répondre dans un délai qu'il fixe.

Lorsque la mise en demeure n'est pas suivie d'effet, il peut saisir le juge des référés d'une demande motivée aux fins d'ordonner toute mesure que ce dernier juge utile.

Art. 22. — I. — Le Défenseur des droits peut procéder à :

1° Des vérifications sur place dans les locaux administratifs ou privés des personnes mises en cause ;

2° Des vérifications sur place dans les lieux, locaux, moyens de transport accessibles au public et dans les locaux professionnels exclusivement consacrés à cet usage.

Lors de ses vérifications sur place, le Défenseur des droits peut entendre toute personne susceptible de fournir des informations.

II. — L'autorité compétente peut s'opposer à une vérification sur place, dans les locaux administratifs d'une personne publique, au titre de l'une des compétences prévues par les 1° à 3° et 5° de l'article 4, pour des motifs graves et impérieux liés à la défense nationale ou à la sécurité publique.

L'autorité compétente doit alors fournir au Défenseur des droits les justifications de son opposition.

Le Défenseur des droits peut saisir le juge des référés d'une demande motivée afin qu'il autorise les vérifications sur place. Les vérifications s'effectuent alors sous l'autorité et le contrôle du juge qui les a autorisées. Celui-ci peut se rendre dans les locaux administratifs durant l'intervention. À tout moment, il peut décider l'arrêt ou la suspension des vérifications.

III. — Le responsable de locaux privés est préalablement informé de son droit d'opposition à la visite ou à la vérification sur place. Lorsqu'il exerce ce droit, la visite ou la vérification sur place ne peut se dérouler qu'après l'autorisation du juge des libertés et de la détention du tribunal judiciaire dans le ressort duquel sont situés les locaux à visiter, qui statue dans des conditions fixées par décret en Conseil d'État. Toutefois, lorsque l'urgence, la gravité des faits à l'origine du contrôle ou le risque de destruction ou de dissimulation de documents le justifient, la visite peut avoir lieu sans que le responsable des locaux en ait été informé, sur autorisation préalable du juge des libertés et de la détention. Dans ce cas, le responsable des lieux ne peut s'opposer à la visite.

La visite s'effectue sous l'autorité et le contrôle du juge des libertés et de la détention qui l'a autorisée, en présence de l'occupant des lieux ou de son représentant, qui peut se faire assister d'un conseil de son choix ou, à défaut, en présence de deux témoins qui ne sont pas placés sous l'autorité des personnes chargées de procéder au contrôle.

L'ordonnance ayant autorisé la visite est exécutoire au seul vu de la minute. Elle mentionne que le juge ayant autorisé la visite peut être saisi à tout moment d'une demande de suspension ou d'arrêt de cette visite. Elle indique le délai et la voie de recours. Elle peut faire l'objet, suivant les règles prévues par le code de procédure civile, d'un appel devant le premier président de la cour d'appel. Celui-ci connaît également des recours contre le déroulement des opérations de visite.

Art. 23. — Lorsque le Défenseur des droits est saisi, ou se saisit d'office, de faits donnant lieu à une enquête préliminaire ou de flagrance ou pour lesquels une information judiciaire est ouverte ou des poursuites judiciaires sont en cours, il doit recueillir l'accord préalable des juridictions saisies ou du procureur de la République, selon le cas, pour la mise en œuvre de l'article 18, à l'exception du dernier alinéa, des articles 20 et 22. Lorsqu'il intervient au titre de sa compétence prévue au 3° de l'article 4, il doit également recueillir l'accord préalable :

— des juridictions saisies ou du procureur de la République, pour la mise en œuvre de l'article 26 et du I de l'article 28, lorsque les faits donnent lieu à une enquête préliminaire ou de flagrance ou qu'une information judiciaire est ouverte ou des poursuites judiciaires sont en cours ;

— du procureur de la République, pour la mise en œuvre du II de l'article 28, lorsque les faits donnent lieu à une enquête préliminaire ou de flagrance.

Chapitre III

Dispositions relatives aux pouvoirs du défenseur des droits

Art. 24. — Le Défenseur des droits apprécie si les faits qui font l'objet d'une réclamation ou qui lui sont signalés appellent une intervention de sa part. Il indique les motifs pour lesquels il décide de ne pas donner suite à une saisine.

Art. 25. — Le Défenseur des droits peut faire toute recommandation qui lui apparaît de nature à garantir le respect des droits et libertés de la personne lésée et à régler les difficultés soulevées devant lui ou à en prévenir le renouvellement.

Il peut recommander de régler en équité la situation de la personne dont il est saisi.

Les autorités ou personnes intéressées informent le Défenseur des droits, dans le délai qu'il fixe, des suites données à ses recommandations.

À défaut d'information dans ce délai ou s'il estime, au vu des informations reçues, qu'une recommandation n'a pas été suivie d'effet, le Défenseur des droits peut enjoindre à la personne mise en cause de prendre, dans un délai déterminé, les mesures nécessaires.

Lorsqu'il n'a pas été donné suite à son injonction, le Défenseur des droits établit un rapport spécial, qui est communiqué à la personne mise en cause. Le Défenseur des droits rend publics ce rapport et, le cas échéant, la réponse de la personne mise en cause, selon des modalités qu'il détermine.

Art. 26. — Le Défenseur des droits peut procéder à la résolution amiable des différends portés à sa connaissance, par voie de médiation.

Les constatations effectuées et les déclarations recueillies au cours de la médiation ne peuvent être ni produites, ni invoquées ultérieurement dans les instances civiles ou administratives sans le consentement des personnes intéressées, sauf si la divulgation de l'accord est nécessaire à sa mise en œuvre ou si des raisons d'ordre public l'imposent.

Art. 27. — Lorsque le Défenseur des droits estime, dans les conditions définies à l'article 24, que la réclamation d'une personne s'estimant victime d'une discrimination ou invoquant la protection des droits de l'enfant appelle une intervention de sa part, il l'assiste dans la constitution de son dossier et l'aide à identifier les procédures adaptées à son cas, y compris lorsque celles-ci incluent une dimension internationale.

Art. 28. — I. Le Défenseur des droits peut proposer à l'auteur de la réclamation et à la personne mise en cause de conclure une transaction dont il peut recommander les termes.

II. Lorsqu'il constate des faits constitutifs d'une discrimination sanctionnée par les articles 225-2 et 432-7 du Code pénal et L. 1146-1 et L. 2146-2 du Code du travail, le Défenseur des droits peut, si ces faits n'ont pas déjà donné lieu à la mise en mouvement de l'action publique, proposer à l'auteur des faits une transaction consistant dans le versement d'une amende transactionnelle dont le montant ne peut excéder 3 000 € s'il s'agit d'une personne physique et 15 000 € s'il s'agit d'une personne morale et, s'il y a lieu, dans l'indemnisation de la victime. Le montant de l'amende est fixé en fonction de la gravité des faits ainsi que des ressources et des charges de l'auteur des faits.

La transaction proposée par le Défenseur des droits et acceptée par l'auteur des faits ainsi que, s'il y a lieu, par la victime doit être homologuée par le procureur de la République.

La personne à qui est proposée une transaction est informée qu'elle peut se faire assister par un avocat avant de donner son accord à la proposition du Défenseur des droits.

III. Dans les cas prévus au II, le Défenseur des droits peut également proposer que la transaction consiste dans :

1° L'affichage d'un communiqué, dans des lieux qu'elle précise et pour une durée qui ne peut excéder deux mois ;

2° La transmission, pour information, d'un communiqué au comité d'entreprise ou aux délégués du personnel ;

3° La diffusion d'un communiqué, par son insertion au *Journal officiel* ou dans une ou plusieurs autres publications de presse, ou par la voie de services de communication électronique, sans que ces publications ou services de communication électronique puissent s'y opposer ;

4° L'obligation de publier la décision au sein de l'entreprise.

Les frais d'affichage ou de diffusion sont à la charge de l'auteur des faits, sans pouvoir toutefois excéder le montant maximal de l'amende transactionnelle prévue au II.

IV. Les actes tendant à la mise en œuvre ou à l'exécution de la transaction mentionnée au même II sont interruptifs de la prescription de l'action publique.

L'exécution de la transaction constitue une cause d'extinction de l'action publique. Elle ne fait cependant pas échec au droit de la partie civile de délivrer citation directe devant le tribunal correctionnel. Le tribunal, composé d'un seul magistrat exerçant les pouvoirs conférés au président, ne statue alors que sur les seuls intérêts civils.

En cas de refus de la proposition de transaction ou d'inexécution d'une transaction acceptée et homologuée par le procureur de la République, le Défenseur des droits, conformément à l'article 1er du Code de procédure pénale, peut mettre en mouvement l'action publique par voie de citation directe.

V. Un décret précise les modalités d'application des II à IV.

Art. 29. — Le Défenseur des droits peut saisir l'autorité investie du pouvoir d'engager les poursuites disciplinaires des faits dont il a connaissance et qui lui paraissent de nature à justifier une sanction.

Cette autorité informe le Défenseur des droits des suites réservées à sa saisine et, si elle n'a pas engagé de procédure disciplinaire, des motifs de sa décision.

À défaut d'information dans le délai qu'il a fixé ou s'il estime, au vu des informations reçues, que sa saisine n'a pas été suivie des mesures nécessaires, le Défenseur des droits peut établir un rapport spécial qui est communiqué à l'autorité mentionnée au premier alinéa. Il peut rendre publics ce rapport et, le cas échéant, la réponse de cette autorité selon des modalités qu'il détermine.

L'alinéa précédent ne s'applique pas à la personne susceptible de faire l'objet de la saisine du Conseil supérieur de la magistrature prévue à l'avant-dernier alinéa de l'article 65 de la Constitution.

Art. 30. — Le Défenseur des droits, lorsqu'il a constaté une discrimination directe ou indirecte mentionnée au 3° de l'article 4 dans l'activité professionnelle d'une personne physique ou morale soumise à agrément ou autorisation par une autorité publique, ou à l'encontre de laquelle une telle autorité dispose du pouvoir de prendre des mesures conservatoires ou des sanctions pour non-respect de la législation relative aux discriminations ou au titre de l'ordre et des libertés publics peut recommander à cette autorité publique de faire usage des pouvoirs de suspension ou de sanction dont elle dispose.

Le Défenseur des droits est tenu informé des suites données à sa recommandation.

Art. 31. — Lorsque le Défenseur des droits est saisi d'une réclamation, non soumise à une autorité juridictionnelle, qui soulève une question touchant à l'interprétation ou à la portée d'une disposition législative ou réglementaire, il peut consulter le Conseil d'État. Le Défenseur des droits peut rendre public cet avis. Ce dernier est rendu dans des conditions fixées par décret en Conseil d'État.

Art. 32. — Le Défenseur des droits peut recommander de procéder aux modifications législatives ou réglementaires qui lui apparaissent utiles.

Il peut être consulté par le Premier ministre sur tout projet de loi intervenant dans son champ de compétence.

Il peut également être consulté par le Premier ministre, le président de l'Assemblée nationale ou le président du Sénat sur toute question relevant de son champ de compétence.

Il contribue, à la demande du Premier ministre, à la préparation et à la définition de la position française dans les négociations internationales dans les domaines relevant de son champ de compétence.

Dans les cas prévus aux deuxième et troisième alinéas, le Défenseur des droits rend son avis dans un délai d'un mois.

Art. 33. — Le Défenseur des droits ne peut remettre en cause une décision juridictionnelle.

Les juridictions civiles, administratives et pénales peuvent, d'office ou à la demande des parties, l'inviter à présenter des observations écrites ou orales. Le Défenseur des droits peut lui-même demander à présenter des observations écrites ou à être entendu par ces juridictions ; dans ce cas, son audition est de droit.

Sans préjudice de l'application du II de l'article 28, lorsqu'il apparaît au Défenseur des droits que les faits portés à sa connaissance sont constitutifs d'un crime ou d'un délit, il en informe le procureur de la République. Il lui fait savoir, le cas échéant, qu'une mission de médiation a été initiée en application de l'article 26.

Le procureur de la République informe le Défenseur des droits des suites données à ses transmissions.

Le Défenseur des droits porte à la connaissance de l'autorité judiciaire les affaires concernant un mineur susceptibles de donner lieu à des mesures d'assistance éducative prévues à l'article 375 du Code civil ou toutes informations qu'il aurait recueillies à l'occasion de sa saisine par un mineur impliqué dans une procédure en cours.

Art. 34. — Le Défenseur des droits mène toute action de communication et d'information jugée opportune dans ses différents domaines de compétence.

Il favorise à cette fin la mise en œuvre de programmes de formation. Il conduit et coordonne des travaux d'étude et de recherche. Il suscite et soutient les initiatives de tous organismes publics ou privés en ce qui concerne l'élaboration et l'adoption d'engagements visant à la promotion des droits et de l'égalité. Il identifie et promeut toute bonne pratique en la matière.

Art. 35. — Le Défenseur des droits saisit les autorités locales compétentes de tout élément susceptible de justifier une intervention du service en charge de l'aide sociale à l'enfance.

Art. 35-1 — I. — Tout lanceur d'alerte, au sens du I de l'article 6 de la loi n° 2016-1691 du 9 décembre 2016 relative à la transparence, à la lutte contre la corruption et à la modernisation de la vie économique, peut adresser un signalement au Défenseur des droits.

II. — Lorsque le signalement qui lui est adressé relève de sa compétence, le Défenseur des droits le recueille, le traite, selon une procédure indépendante et autonome, et fournit un retour d'informations à son auteur. Un décret en Conseil d'État précise les délais et les garanties de confidentialité applicables à cette procédure, dans les conditions prévues par la directive (UE) 2019/1937 du Parlement européen et du Conseil du 23 octobre 2019 sur la protection des personnes qui signalent des violations du droit de l'Union.

III. — Lorsque le signalement relève de la compétence d'une autre autorité mentionnée au 1° du II de l'article 8 de la loi n° 2016-1691 du 9 décembre 2016 précitée, le Défenseur des droits oriente son auteur vers celle-ci. Lorsque le signalement ne relève de la compétence d'aucune de ces autorités ou que son objet concerne les compétences de plusieurs d'entre elles, il l'oriente vers l'autorité, l'administration ou l'organisme le mieux à même d'en connaître.

IV. — Le Défenseur des droits peut être saisi par toute personne pour rendre un avis sur sa qualité de lanceur d'alerte au regard des conditions fixées aux articles 6 et 8 de la loi n° 2016-1691 du 9 décembre 2016 précitée.

Il peut également être saisi par toute personne pour rendre un avis dans lequel il apprécie si elle a respecté les conditions pour bénéficier de la protection prévue par un autre dispositif spécifique de signalement de violations et de protection de l'auteur du signalement prévu par la loi ou le règlement.

Les avis mentionnés aux deux premiers alinéas du présent IV sont rendus dans un délai de six mois à compter de la réception de la demande.

Art. 36. — I. — Le Défenseur des droits peut, après en avoir informé la personne mise en cause, décider de rendre publics ses avis, recommandations ou décisions avec, le cas échéant, la réponse faite par la personne mise en cause, selon des modalités qu'il détermine.

II. — Il présente chaque année au Président de la République, au président de l'Assemblée nationale et au président du Sénat :

1° Un rapport qui rend compte de son activité générale et comprend une annexe thématique relative à chacun de ses domaines de compétences énumérés à l'article 4. Ce rapport est présenté avant le 1er juin ;

2° Un rapport consacré aux droits de l'enfant à l'occasion de la journée internationale des droits de l'enfant.

En outre, il présente tous les deux ans au Président de la République, au Président de l'Assemblée nationale et au Président du Sénat un rapport sur le fonctionnement global de la protection des lanceurs d'alerte, réalisé à partir des informations transmises par les autorités compétentes pour traiter et recueillir les signalements.

Les rapports visés au 1°, au 2° et à l'avant-dernier alinéa du présent II sont publiés et peuvent faire l'objet d'une communication du Défenseur des droits devant chacune des deux assemblées.

III. — Le Défenseur des droits peut également présenter tout autre rapport au Président de la République, au président de l'Assemblée nationale et au président du Sénat. Ce rapport est publié.

TITRE IV

DISPOSITIONS RELATIVES À L'ORGANISATION ET AU FONCTIONNEMENT DU DÉFENSEUR DES DROITS

....

B. La liberté individuelle, la sûreté personnelle, la justice, la police

1. L'autorité juridictionnelle

N° 40 Le statut de la magistrature : l'ordonnance modifiée n° 58-1270 du 22 décembre 1958 portant loi organique (extraits) (100)

Article premier. — I. Le corps judiciaire comprend :

1° Les magistrats du siège et du parquet de la Cour de cassation, des cours d'appel et des tribunaux de première instance ainsi que les magistrats du cadre de l'administration centrale du ministère de la justice ;

1° *bis* Les magistrats exerçant les fonctions d'inspecteur général, chef de l'inspection générale de la justice, d'inspecteur général de la justice et d'inspecteur de la justice ;

2° Les magistrats du siège et du parquet placés respectivement auprès du premier président et du procureur général d'une cour d'appel et ayant qualité pour exercer les fonctions du grade auquel ils appartiennent à la cour d'appel à laquelle ils sont rattachés et dans l'ensemble des tribunaux de première instance du ressort de ladite cour ;

3° Les auditeurs de justice ;

II. Tout magistrat a vocation à être nommé, au cours de sa carrière, à des fonctions du siège et du parquet.

....

Art. 4. — Les magistrats du siège sont inamovibles.

En conséquence, le magistrat du siège ne peut recevoir, sans son consentement, une affectation nouvelle, même en avancement.

Art. 5. — Les magistrats du parquet sont placés sous la direction et le contrôle de leurs chefs hiérarchiques et sous l'autorité du garde des sceaux, ministre de la Justice. À l'audience, leur parole est libre.

Art. 6. — Tout magistrat, lors de sa nomination à son premier poste, et avant d'entrer en fonctions, prête serment en ces termes :

---

(100) Le texte présenté contient les modifications intervenues avec les lois organiques n° 2010-830 du 22 juillet 2010, n° 2011-883 du 27 juillet 2011, n° 2016-1090 du 8 août 2016 relative aux garanties statutaires, aux obligations déontologiques et au recrutement des magistrats ainsi qu'au Conseil supérieur de la magistrature et la loi organique n° 2017-54 du 20 janvier 2017 relative aux autorités administratives indépendantes et autorités publiques indépendantes. Cette ordonnance a été aussi modifiée par la loi organique n° 2019-221 du 23 mars 2019 relative au renforcement de l'organisation des juridictions.

« Je jure de bien et fidèlement remplir mes fonctions, de garder le secret des délibérations et de me conduire en tout comme un digne et loyal magistrat. »

Il ne peut, en aucun cas, être relevé de ce serment.

Le serment est prêté devant la cour d'appel. Toutefois, pour les magistrats directement nommés à la Cour de cassation, il est prêté devant cette juridiction.

Le magistrat intégré au titre des articles 22 et 23, nommé dans une juridiction d'outre-mer et effectuant son stage préalable sur le territoire métropolitain, peut prêter serment devant la cour d'appel de sa résidence.

L'ancien magistrat prête à nouveau serment lorsqu'il est réintégré.

Art. 7. — Les magistrats sont installés dans leurs fonctions en audience solennelle de la juridiction à laquelle ils sont nommés ou rattachés.

En cas de nécessité, le magistrat peut être installé par écrit après avoir, s'il y a lieu, prêté serment devant la cour d'appel de sa résidence.

Art. 7-1. — Les magistrats veillent à prévenir ou à faire cesser immédiatement les situations de conflit d'intérêts. Constitue un conflit d'intérêts toute situation d'interférence entre un intérêt public et des intérêts publics ou privés qui est de nature à influencer ou à paraître influencer l'exercice indépendant, impartial et objectif d'une fonction.

Art. 7-2. — I. Dans les deux mois qui suivent l'installation dans leurs fonctions, les magistrats remettent une déclaration exhaustive, exacte et sincère de leurs intérêts :

1° Au président du tribunal, pour les magistrats du siège d'un tribunal de première instance ;

2° Au procureur de la République près ce tribunal, pour les magistrats du parquet d'un tribunal de première instance ;

3° Au premier président de la cour d'appel, pour les magistrats du siège d'une cour d'appel et pour les présidents des tribunaux de première instance du ressort de cette cour ;

4° Au procureur général près cette cour, pour les magistrats du parquet d'une cour d'appel et pour les procureurs de la République près des tribunaux de première instance du ressort de cette cour ;

5° Au premier président de la Cour de cassation, pour les magistrats du siège de la cour, pour les conseillers à la cour en service extraordinaire et pour les premiers présidents des cours d'appel ;

6° Au procureur général près la Cour de cassation, pour les magistrats du parquet de la cour, pour les avocats généraux à la cour en service extraordinaire et pour les procureurs généraux près des cours d'appel.

II. L'autorité à laquelle la déclaration a été remise peut solliciter l'avis du collège de déontologie sur la déclaration lorsqu'il existe un doute sur une éventuelle situation de conflit d'intérêts.

III. La déclaration d'intérêts ne comporte aucune mention des opinions ou des activités politiques, syndicales, religieuses ou philosophiques du magistrat, sauf lorsque leur révélation résulte de la déclaration de fonctions ou de mandats exercés publiquement.

Elle porte sur les éléments suivants :

1° Les activités professionnelles donnant lieu à rémunération ou gratification exercées à la date de l'installation ;

2° Les activités professionnelles ayant donné lieu à rémunération ou gratification exercées aux cours des cinq années précédant la date de l'installation ;

3° Les activités de consultant exercées à la date de l'installation et au cours des cinq années précédentes ;

4° Les participations aux organes dirigeants d'un organisme public ou privé ou d'une société à la date de l'installation ou lors des cinq années précédentes ;

5° Les participations financières directes dans le capital d'une société à la date de l'installation ;

6° Les activités professionnelles exercées à la date de l'installation par le conjoint, le partenaire lié à l'intéressé par un pacte civil de solidarité ou le concubin ;

7° Les fonctions bénévoles susceptibles de faire naître un conflit d'intérêts ;

8° Les fonctions et mandats électifs exercés à la date de l'installation.

La remise de la déclaration d'intérêts donne lieu à un entretien déontologique entre le magistrat et l'autorité à laquelle la déclaration a été remise, ayant pour objet de prévenir tout éventuel conflit d'intérêts et d'inviter, s'il y a lieu, à mettre fin à une situation de conflit d'intérêts. À l'issue de l'entretien, la déclaration peut être modifiée par le magistrat. L'entretien peut être renouvelé à tout moment à la demande du magistrat ou de l'autorité ;

Toute modification substantielle des intérêts détenus fait l'objet, dans un délai de deux mois, d'une déclaration complémentaire dans les mêmes formes et peut donner lieu à un entretien déontologique.

La déclaration d'intérêts est annexée au dossier du magistrat selon des modalités garantissant sa confidentialité, sous réserve de sa consultation par les personnes autorisées à y accéder.

Lorsqu'une procédure disciplinaire est engagée, le Conseil supérieur de la magistrature et le garde des Sceaux, ministre de la Justice, peuvent obtenir communication de la déclaration. Cette déclaration d'intérêts peut également être communiquée à l'inspection générale de la justice dans le cadre de l'enquête dont elle peut être saisie par le garde des Sceaux, ministre de la Justice, en application des articles 50-2 et 63.

IV. Le fait, pour une personne tenue de remettre une déclaration d'intérêts en application du I du présent article, de ne pas adresser sa déclaration ou d'omettre de déclarer une partie substantielle de ses intérêts est puni de trois ans d'emprisonnement et de 45 000 € d'amende.

Peuvent être prononcées, à titre complémentaire, l'interdiction des droits civiques, selon les modalités prévues aux articles 131-26 et 131-26-1 du Code pénal, ainsi que l'interdiction d'exercer une fonction publique, selon les modalités prévues à l'article 131-27 du même code.

Le fait de publier ou de divulguer, de quelque manière que ce soit, tout ou partie des déclarations ou des informations mentionnées au présent article est puni des peines mentionnées à l'article 226-1 du Code pénal.

V. Un décret en Conseil d'État précise les conditions d'application du présent article, notamment le modèle, le contenu et les conditions de remise, de mise à jour, de conservation et de consultation de la déclaration d'intérêts.

Art. 7-3. — I. Adressent au président de la Haute Autorité pour la transparence de la vie publique une déclaration exhaustive, exacte et sincère de leur situation patrimoniale, dans les deux mois qui suivent l'installation dans leurs fonctions et dans les deux mois qui suivent la cessation de leurs fonctions :

[Dispositions déclarées non conformes à la Constitution par la décision du Conseil constitutionnel n° 2016-732 DC du 28 juillet 2016.]

II. La déclaration de la situation patrimoniale du magistrat concerne la totalité de ses biens propres ainsi que, le cas échéant, ceux de la communauté ou les biens *indivis*. Ces biens sont évalués à la date du fait générateur de la déclaration comme en matière de droits de mutation à titre gratuit. La déclaration porte sur les éléments suivants :

1° Les immeubles bâtis et non bâtis ;

2° Les valeurs mobilières ;

3° Les assurances vie ;

4° Les comptes bancaires courants ou d'épargne, les livrets et les autres produits d'épargne ;

5° Les biens mobiliers divers d'une valeur supérieure à un montant fixé par voie réglementaire ;

6° Les véhicules terrestres à moteur, les bateaux et les avions ;

7° Les fonds de commerce ou clientèles et les charges et offices ;

8° Les biens mobiliers et immobiliers et les comptes détenus à l'étranger ;

9° Les autres biens ;

10° Le passif.

Le cas échéant, la déclaration de situation patrimoniale précise, pour chaque élément mentionné aux 1° à 10° du présent II, s'il s'agit de biens propres, de biens de la communauté ou de biens *indivis*.

La déclaration de situation patrimoniale adressée à l'issue des fonctions comporte, en plus des éléments mentionnés aux mêmes 1° à 10°, une présentation des événements majeurs ayant affecté la composition du patrimoine depuis la précédente déclaration, ainsi qu'une récapitulation de l'ensemble des revenus perçus par le magistrat et, le cas échéant, par la communauté depuis le début de l'exercice des fonctions.

III. Toute modification substantielle de la situation patrimoniale fait l'objet, dans un délai de deux mois, d'une déclaration complémentaire dans les mêmes formes.

Aucune nouvelle déclaration n'est exigée du magistrat qui a établi depuis moins de six mois une déclaration en application du présent article, des articles 4 ou 11 de la loi n° 2013-907 du 11 octobre 2013 relative à la transparence de la vie publique, de l'article LO 135-1 du Code électoral, des articles L. 131-10 ou L. 231-4-4 du Code de justice administrative ou des articles L. 120-12 ou L. 220-9 du Code des juridictions financières, et la déclaration mentionnée au dernier alinéa du II du présent article est limitée à la présentation et à la récapitulation prévues au même dernier alinéa.

La déclaration de situation patrimoniale n'est pas versée au dossier du magistrat et ne peut pas être communiquée aux tiers.

IV. La Haute Autorité peut demander au magistrat soumis au I du présent article toute explication nécessaire à l'exercice de sa mission de contrôle des déclarations de situation patrimoniale. En cas de déclaration incomplète ou lorsqu'il n'a pas été donné suite à une demande d'explication adressée par la Haute Autorité, cette dernière adresse à l'intéressé une injonction tendant à ce que la déclaration soit complétée ou que les explications lui soient transmises dans un délai d'un mois à compter de cette injonction.

V. La Haute Autorité peut demander au magistrat soumis au I du présent article communication des déclarations qu'il a souscrites en application des articles 170 à 175 A du Code général des impôts et, le cas échéant, en application de l'article 885 W du même code.

Elle peut, si elle l'estime utile, demander les déclarations mentionnées au premier alinéa du présent V souscrites par le conjoint séparé de biens, le partenaire lié par un pacte civil de solidarité ou le concubin de tout magistrat soumis au I.

À défaut de communication dans un délai de deux mois des déclarations mentionnées aux deux premiers alinéas du présent V, elle peut demander copie de ces mêmes déclarations à l'administration fiscale, qui les lui transmet dans un délai de trente jours.

La Haute Autorité peut demander à l'administration fiscale d'exercer le droit de communication prévu à la section 1 du chapitre II du titre II de la première partie du livre des procédures fiscales, en vue de recueillir toutes informations utiles à l'accomplissement de sa mission de contrôle. Ces informations sont transmises à la Haute Autorité dans un délai de soixante jours à compter de sa demande.

Elle peut, aux mêmes fins, demander à l'administration fiscale de mettre en œuvre les procédures d'assistance administrative internationale.

Les agents de l'administration fiscale sont déliés du secret professionnel à l'égard des membres et des rapporteurs de la Haute Autorité au titre des vérifications et contrôles qu'ils mettent en œuvre pour l'application du présent article.

VI. La Haute Autorité apprécie, dans un délai de six mois à compter de la réception de la déclaration, l'évolution de la situation patrimoniale du magistrat telle qu'elle résulte de ses déclarations, des éventuelles observations et explications qu'il a pu formuler ou des autres éléments dont elle dispose.

Lorsque les évolutions de la situation patrimoniale n'appellent pas d'observations ou lorsqu'elles sont justifiées, la Haute Autorité en informe le magistrat.

Lorsqu'elle constate une évolution de la situation patrimoniale pour laquelle elle ne dispose pas d'explications suffisantes, après que le magistrat a été mis en mesure de produire ses observations, la Haute Autorité transmet le dossier au parquet.

Lorsqu'elle constate un manquement à l'obligation de déclaration de situation patrimoniale ou un défaut de réponse à une injonction prévue au IV du présent article, la Haute Autorité pour la transparence de la vie publique saisit le garde des Sceaux, ministre de la Justice.

VII. Le fait, pour une personne mentionnée au I du présent article, de ne pas déposer la déclaration de situation patrimoniale, d'omettre de déclarer une partie substantielle de son patrimoine ou de fournir une évaluation mensongère de son patrimoine est puni de trois ans d'emprisonnement et de 45 000 € d'amende.

Peuvent être prononcées, à titre complémentaire, l'interdiction des droits civiques, selon les modalités prévues aux articles 131-26 et 131-26-1 du Code pénal, ainsi que l'interdiction d'exercer une fonction publique, selon les modalités prévues à l'article 131-27 du même code.

Le fait, pour une personne mentionnée au I du présent article, de ne pas déférer aux injonctions de la Haute Autorité pour la transparence de la vie publique ou de ne pas lui communiquer les informations et pièces utiles à l'exercice de sa mission est puni d'un an d'emprisonnement et de 15 000 € d'amende.

Le fait de publier ou de divulguer, de quelque manière que ce soit, tout ou partie des déclarations ou des informations mentionnées au présent article est puni des peines prévues à l'article 226-1 du Code pénal.

VIII. Un décret en Conseil d'État, pris après avis de la Haute Autorité pour la transparence de la vie publique, précise les conditions d'application du présent article, notamment le modèle, le contenu et les conditions de mise à jour et de conservation des déclarations de situation patrimoniale.

Art. 8. — L'exercice des fonctions de magistrat est incompatible avec l'exercice de toutes fonctions publiques et de toute autre activité professionnelle ou salariée. Lorsque la loi prévoit la présence au sein du collège d'une autorité administrative indépendante ou d'une autorité publique indépendante de membres désignés parmi les magistrats en activité, il ne peut être désigné d'autre membre en activité du même corps, à l'exclusion du président de l'autorité concernée.

Des dérogations individuelles peuvent toutefois être accordées aux magistrats, par décision des chefs de cour, pour donner des enseignements ressortissant à leur compétence ou pour exercer des fonctions ou activités qui ne seraient pas de nature à porter atteinte à la dignité du magistrat et à son indépendance, à l'exception des activités d'arbitrage, sous réserve des cas prévus par les dispositions législatives en vigueur.

Les magistrats peuvent, sans autorisation préalable, se livrer à des travaux scientifiques, littéraires ou artistiques.

Art. 9. — L'exercice des fonctions de magistrat est incompatible avec l'exercice d'un mandat au Parlement, au Parlement européen ou au Conseil économique, social et environnemental, ainsi que de membre du congrès ou d'une assemblée de province de la Nouvelle-Calédonie, de représentant à l'assemblée de la Polynésie française, de membre de l'assemblée territoriale des îles Wallis et Futuna, de conseiller territorial de Saint-Barthélemy, de conseiller territorial de Saint-Martin ou de conseiller territorial de Saint-Pierre-et-Miquelon ou avec la fonction de membre du gouvernement de la Nouvelle-Calédonie ou du gouvernement de la Polynésie française.

Nul ne peut être nommé magistrat ni le demeurer dans une juridiction dans le ressort de laquelle se trouve tout ou partie du département dont son conjoint est député ou sénateur.

L'exercice des fonctions de magistrat est également incompatible avec l'exercice d'un mandat de conseiller régional, de conseiller départemental, de conseiller municipal ou de conseiller d'arrondissement, de conseiller de Paris, de conseiller de la métropole de Lyon, de conseiller de l'Assemblée de Corse, de conseiller de l'Assemblée de Guyane ou de conseiller de l'Assemblée de Martinique dans le ressort de la juridiction à laquelle appartient ou est rattaché le magistrat.

Nul ne peut être nommé magistrat ni le demeurer dans une juridiction dans le ressort de laquelle il aura exercé depuis moins de cinq ans, une fonction publique élective visée au présent article ou fait acte de candidature à l'un de ces mandats, à l'exception du mandat de représentant au Parlement européen, depuis moins de trois ans.

Les dispositions des trois alinéas qui précèdent ne s'appliquent pas aux magistrats de la Cour de cassation.

Art. 9-1. — Les magistrats et anciens magistrats ne peuvent exercer la profession d'avocat, de notaire, d'huissier de justice, de commissaire-priseur judiciaire, de greffier de tribunal de commerce, d'administrateur judiciaire ou de mandataire judiciaire ou travailler au service d'un membre de ces professions dans le ressort d'une juridiction où ils ont exercé leurs fonctions depuis moins de cinq ans.

Les dispositions de l'alinéa précédent ne s'appliquent pas aux magistrats de la Cour de cassation.

Art. 9-1-1. — Les magistrats et anciens magistrats ne peuvent occuper un emploi au service des collectivités d'outre-mer de Saint-Barthélemy, de Saint-Martin, de la Polynésie française et de Saint-Pierre-et-Miquelon ou de leurs établissements publics lorsqu'ils ont exercé leurs fonctions sur le territoire de la collectivité intéressée depuis moins de deux ans.

....

Art. 10. — Toute délibération politique est interdite au corps judiciaire.

Toute manifestation d'hostilité au principe ou à la forme du Gouvernement de la République est interdite aux magistrats, de même que toute démonstration de nature politique incompatible avec la réserve que leur imposent leurs fonctions.

Est également interdite toute action concertée de nature à arrêter ou entraver le fonctionnement des juridictions.

Art 10-1. — I. Le droit syndical est garanti aux magistrats qui peuvent librement créer des organisations syndicales, y adhérer et y exercer des mandats.

II. Pour l'exercice de ce droit, les magistrats sont soumis aux dispositions législatives et réglementaires de droit commun applicables aux fonctionnaires, sous réserve du présent II.

Sont considérées comme représentatives, au sens de l'article 27-1, les organisations syndicales de magistrats ayant obtenu au moins un siège à la commission d'avancement prévue à l'article 34 parmi les sièges attribués aux magistrats des cours et tribunaux ou ayant obtenu un taux minimal, fixé par le décret en Conseil d'État mentionné au III du présent article, de suffrages exprimés lors de l'élection du collège mentionné à l'article 13-1.

Les représentants syndicaux, titulaires et suppléants, appelés à siéger à la commission d'avancement ainsi qu'à la commission permanente d'études se voient accorder une autorisation d'absence sur simple présentation de leur convocation. Ils bénéficient des mêmes droits lorsqu'ils prennent part, en cette qualité, à des réunions de travail convoquées par l'administration.

Sous réserve des nécessités de service, des décharges d'activités peuvent être accordées aux représentants des organisations syndicales représentatives de magistrats.

Un crédit de temps syndical, utilisable sous forme de décharges de service ou de crédits d'heures selon les besoins de l'activité syndicale, est attribué aux organisations syndicales de magistrats et déterminé à l'issue du renouvellement de la commission d'avancement.

Les organisations syndicales de magistrats désignent librement parmi leurs représentants les bénéficiaires de crédits de temps syndical.

Lorsque la désignation d'un magistrat se révèle incompatible avec la bonne administration de la justice, le garde des Sceaux, ministre de la Justice, motive son refus et invite l'organisation syndicale à porter son choix sur un autre magistrat. Le Conseil supérieur de la magistrature doit être informé de cette décision.

III. Un décret en Conseil d'État fixe les conditions d'application du présent article, notamment les conditions et les limites dans lesquelles les décharges de service peuvent intervenir.

Art. 10-2. — I. Le collège de déontologie des magistrats de l'ordre judiciaire est chargé :

1° De rendre des avis sur toute question déontologique concernant personnellement un magistrat, sur saisine de celui-ci ou de l'un de ses chefs hiérarchiques ;

2° D'examiner les déclarations d'intérêts qui lui sont transmises en application de l'article 7-2.

Il présente chaque année au Conseil supérieur de la magistrature un rapport public rendant compte de l'exécution de ses missions. Ce rapport ne contient aucune information nominative.

II. Le collège de déontologie des magistrats de l'ordre judiciaire est composé :

1° D'un magistrat, en fonctions ou honoraire, ancien membre du Conseil supérieur de la magistrature, nommé par le président de la République sur proposition de la formation plénière du Conseil supérieur de la magistrature se prononçant hors la présence du premier président de la Cour de cassation et du procureur général près ladite cour ;

2° Alternativement, d'un magistrat du siège hors hiérarchie de la Cour de cassation, en fonctions ou honoraire, élu par l'assemblée des magistrats du siège hors hiérarchie de la cour ou d'un magistrat du parquet hors hiérarchie de la Cour de cassation, en fonctions ou honoraire, élu par l'assemblée des magistrats du parquet hors hiérarchie de la cour. Le premier président de la cour et le procureur général près la cour ne peuvent ni participer au vote ni être élus. Lorsque est élu un magistrat du siège hors hiérarchie de la Cour de cassation, le magistrat élu au titre du 3° est un procureur général près une cour d'appel. Lorsque est élu un magistrat du parquet hors hiérarchie de la Cour de cassation, le magistrat élu au titre du 3° est un premier président de cour d'appel ;

3° Alternativement, d'un premier président de cour d'appel, en fonctions ou honoraire, élu par l'assemblée des premiers présidents de cour d'appel et d'un procureur général près une cour d'appel, en fonctions ou honoraire, élu par l'assemblée des procureurs généraux près les cours d'appel ;

4° D'une personnalité extérieure désignée, alternativement, par le vice-président du Conseil d'État parmi les membres du Conseil d'État en fonctions ou honoraires et par le premier président de la Cour des comptes parmi les magistrats en fonctions à la Cour des comptes ou honoraires ;

5° D'un universitaire nommé par le président de la République sur proposition, alternativement, du premier président de la Cour de cassation et du procureur général près ladite cour.

Le président du collège de déontologie est élu en son sein par ses membres.

III. La durée du mandat des membres du collège de déontologie est de trois ans, renouvelable une fois.

IV. Un décret en Conseil d'État fixe les conditions d'application du présent article.

Art. 11. — Indépendamment des règles fixées par le Code pénal et les lois spéciales, les magistrats sont protégés contre les menaces, attaques de quelque nature que ce soit, dont ils peuvent être l'objet dans l'exercice ou à l'occasion de leurs fonctions. L'État doit réparer le préjudice direct qui en résulte, dans tous les cas non prévus par la législation des pensions.

Un décret en Conseil d'État précise les conditions et les limites de la prise en charge par l'État, au titre de la protection, des frais exposés par le magistrat dans le cadre d'instances civiles ou pénales, ou devant la commission d'admission des requêtes jusqu'au renvoi devant la formation disciplinaire compétente du Conseil supérieur de la magistrature.

Art. 11-1. — Les magistrats du corps judiciaire ne sont responsables que de leurs fautes personnelles.

La responsabilité des magistrats qui ont commis une faute personnelle se rattachant au service public de la justice ne peut être engagée que sur l'action récursoire de l'État.

Cette action récursoire est exercée devant une chambre civile de la Cour de cassation.

....

Chapitre VII

Discipline

Art. 43. — Tout manquement par un magistrat aux devoirs de son état, à l'honneur, à la délicatesse ou à la dignité, constitue une faute disciplinaire.

Constitue un des manquements aux devoirs de son état la violation grave et délibérée par un magistrat d'une règle de procédure constituant une garantie essentielle des droits des parties, constatée par une décision de justice devenue définitive.

La faute s'apprécie pour un membre du parquet ou un magistrat du cadre de l'administration centrale du ministère de la Justice ainsi que pour un magistrat exerçant les fonctions d'inspecteur général, chef de l'inspection générale de la justice, d'inspecteur général de la justice ou d'inspecteur de la justice compte tenu des obligations qui découlent de sa subordination hiérarchique.

Art. 44. — En dehors de toute action disciplinaire, l'inspecteur général, chef de l'inspection générale de la justice, les premiers présidents, les procureurs généraux et les directeurs ou chefs de service à l'administration centrale ont le pouvoir de donner un avertissement aux magistrats placés sous leur autorité.

Le magistrat à l'encontre duquel il est envisagé de délivrer un avertissement est convoqué à un entretien préalable. Dès sa convocation à cet entretien, le magistrat a droit à la communication de son dossier et des pièces justifiant la mise en œuvre de cette procédure. Il est informé de son droit de se faire assister de la personne de son choix.

Aucun avertissement ne peut être délivré au-delà d'un délai de deux ans à compter du jour où l'inspecteur général, chef de l'inspection générale de la justice, le chef de cour, le directeur ou le chef de service de l'administration centrale a eu une connaissance effective de la réalité, de la nature et de l'ampleur des faits susceptibles de justifier une telle mesure. En cas de poursuites pénales exercées à l'encontre du magistrat, ce délai est interrompu jusqu'à la décision définitive de classement sans suite, de non-lieu, d'acquittement, de relaxe ou de condamnation. Passé ce délai et hormis le cas où une procédure disciplinaire a été engagée à l'encontre du magistrat avant l'expiration de ce délai, les faits en cause ne peuvent plus être invoqués dans le cadre d'une procédure d'avertissement.

L'avertissement est effacé automatiquement du dossier au bout de trois ans si aucun nouvel avertissement ou aucune sanction disciplinaire n'est intervenu pendant cette période.

Art. 45. — Les sanctions disciplinaires applicables aux magistrats sont :

1° Le blâme avec inscription au dossier ;

2° Le déplacement d'office ;

3° Le retrait de certaines fonctions ;

3° *bis* L'interdiction d'être nommé ou désigné dans des fonctions de juge unique pendant une durée maximum de cinq ans ;

4° L'abaissement d'échelon ;

4° *bis* L'exclusion temporaire de fonctions pour une durée maximum d'un an, avec privation totale ou partielle du traitement ;

5° La rétrogradation ;

6° La mise à la retraite d'office ou l'admission à cesser ses fonctions lorsque le magistrat n'a pas le droit à une pension de retraite ;

7° La révocation.

Art. 46. — Si un magistrat est poursuivi en même temps pour plusieurs faits, il ne peut être prononcé contre lui que l'une des sanctions prévues à l'article précédent.

Une faute disciplinaire ne peut donner lieu qu'à une seule de ces peines. Toutefois, les sanctions prévues aux 3°, 3° *bis*, 4°, 4° *bis* et 5° de l'article 45 peuvent être assorties du déplacement d'office. La mise à la retraite d'office emporte interdiction de se prévaloir de l'honorariat des fonctions prévu au premier alinéa de l'article 77.

Art. 47. — Le garde des Sceaux, ministre de la Justice, dans les cas mentionnés à l'article 50-1 ou au premier alinéa de l'article 63, et les chefs de cour, dans les cas mentionnés à l'article 50-2 ou au deuxième alinéa de l'article 63, ne peuvent saisir le Conseil supérieur de la magistrature de faits motivant des poursuites disciplinaires au-delà d'un délai de trois ans à compter du jour où ils ont eu une connaissance effective de la réalité, de la nature et de l'ampleur de ces faits. En cas de poursuites pénales exercées à l'encontre du magistrat, ce délai est interrompu jusqu'à la décision définitive de classement sans suite, de non-lieu, d'acquittement, de relaxe ou de condamnation. Passé ce délai et hormis le cas où une autre procédure disciplinaire a été engagée à l'encontre du magistrat avant l'expiration de ce délai, les faits en cause ne peuvent plus être invoqués dans le cadre d'une procédure disciplinaire.

Art. 48. — Le pouvoir disciplinaire est exercé, à l'égard des magistrats du siège par le Conseil supérieur de la magistrature et à l'égard des magistrats du parquet ou du cadre de l'administration centrale du ministère de la Justice ainsi que des magistrats exerçant les fonctions d'inspecteur général, chef de l'inspection générale de la justice, d'inspecteur général de la justice et d'inspecteur de la justice par le garde des Sceaux, ministre de la Justice.

À l'égard des magistrats en position de détachement ou de disponibilité ou ayant définitivement cessé d'exercer leurs fonctions, le pouvoir disciplinaire est exercé :

1° Par la formation du Conseil supérieur compétente pour les magistrats du siège, lorsque ces magistrats ont exercé leurs dernières fonctions dans le corps judiciaire au siège ;

2° Par le garde des Sceaux, ministre de la Justice, lorsque ces magistrats ont exercé leurs dernières fonctions dans le corps judiciaire au parquet, à l'administration centrale du ministère de la Justice ou en qualité d'inspecteur général, chef de l'inspection générale de la justice, d'inspecteur général de la justice ou d'inspecteur de la justice.

Art. 48-1. — Toute décision définitive d'une juridiction nationale ou internationale condamnant l'État pour fonctionnement défectueux du service de la justice est communiquée aux chefs de cour d'appel intéressés par le garde des Sceaux, ministre de la Justice.

Le ou les magistrats intéressés sont avisés dans les mêmes conditions.

Des poursuites disciplinaires peuvent être engagées par le garde des Sceaux, ministre de la Justice et les chefs de cour d'appel intéressés dans les conditions prévues aux articles 50-1, 50-2 et 63.

N° 41 Le Conseil supérieur de la magistrature : la loi organique modifiée n° 94-100 du 5 février 1994 (extraits) (101)

TITRE I

COMPOSITION

Article premier. — Les magistrats membres de la formation du Conseil supérieur de la magistrature compétente à l'égard des magistrats du siège sont désignés dans les conditions suivantes :

1° un magistrat du siège hors hiérarchie de la Cour de cassation élu par l'Assemblée des magistrats du siège hors hiérarchie de ladite cour ;

2° un Premier Président de cour d'appel élu par l'Assemblée des premiers présidents de cour d'appel ;

3° un Président de tribunal judiciaire élu par l'Assemblée des présidents de tribunal de grande instance, de première instance ou de tribunal supérieur d'appel ;

4° deux magistrats du siège et un magistrat du parquet des cours et tribunaux, élus dans les conditions fixées à l'article 4.

Art. 2. — Les magistrats membres de la formation du Conseil supérieur de la magistrature compétente à l'égard des magistrats du parquet sont désignés dans les conditions suivantes :

---

(101) Le texte présenté contient les modifications intervenues jusqu'aux lois organiques n° 2010-830 du 22 juillet 2010, n° 2011-333 du 29 mars 2011, n° 2016-1090 du 8 août 2016 relative aux garanties statutaires, aux obligations déontologiques et au recrutement des magistrats ainsi qu'au Conseil supérieur de la magistrature, n° 2017-54 du 20 janvier 2017 relative aux autorités administratives indépendantes et autorités publiques indépendantes et la loi organique n° 2019-221 du 23 mars 2019 relative au renforcement de l'organisation des juridictions.

1° un magistrat du parquet hors hiérarchie à la Cour de cassation élu par l'Assemblée des magistrats du parquet hors hiérarchie de ladite Cour ;

2° un procureur général près une cour d'appel élu par l'Assemblée des procureurs généraux près les cours d'appel ;

3° un procureur de la République près un tribunal judiciaire élu par l'Assemblée des procureurs de la République ;

4° deux magistrats du parquet et un magistrat du siège des cours et tribunaux élus dans les conditions fixées à l'article 4.

Art. 3. — Dans le ressort de chaque cour d'appel, l'ensemble des magistrats du siège, à l'exception du premier président de la cour d'appel et des présidents des tribunaux, d'une part, et l'ensemble des magistrats du parquet, à l'exception du procureur général près la cour d'appel et des procureurs de la République, d'autre part, élisent, dans deux collèges, des magistrats du siège et des magistrats du parquet. Le collège des magistrats du siège comporte cent soixante membres et celui des magistrats du parquet quatre-vingts membres.

Les magistrats en fonction dans le ressort de la cour d'appel sont inscrits sur les listes des électeurs de chaque collège. Les magistrats en position de disponibilité, en congé spécial, en congé parental, en congé de longue durée ainsi que les magistrats temporairement interdits d'exercer leurs fonctions ne peuvent être inscrits sur une liste pendant le temps où ils se trouvent dans une de ces situations.

Les auditeurs et les conseillers référendaires à la Cour de cassation sont inscrits sur la liste des magistrats du siège de la cour d'appel de Paris. Les avocats généraux référendaires et les substituts chargés d'un secrétariat général près la Cour de cassation, ainsi que les magistrats du cadre de l'administration centrale du ministère de la Justice, les magistrats mentionnés au 1° *bis* du I de l'article 1er de l'ordonnance n° 58-1270 du 22 décembre 1958 portant loi organique relative au statut de la magistrature et les magistrats placés en position de détachement, sont inscrits sur la liste des magistrats du parquet de la cour d'appel de Paris.

Les magistrats en fonction dans les collectivités d'outre-mer et en Nouvelle-Calédonie sont réunis en une même circonscription et inscrits sur les listes des deux collèges de cette circonscription.

Sont éligibles les magistrats figurant sur la liste des électeurs qui, à la date de l'élection, justifient de cinq ans de services effectifs en qualité de magistrat et sont en position d'activité à la cour d'appel ou dans un tribunal du ressort de cette cour.

Le nombre des magistrats à élire pour chaque collège dans le ressort de chaque cour d'appel et dans la circonscription prévue au quatrième alinéa est fixé, en tenant compte de l'importance du ressort ou de la circonscription, par décret en Conseil d'État.

Dans chaque collège, les électeurs procèdent à l'élection à bulletin secret au scrutin de liste, à la représentation proportionnelle suivant la règle du plus fort reste, sans panachage ni vote préférentiel.

Chaque liste comprend autant de noms de candidats qu'il y a de magistrats à élire pour chaque collège dans le ressort considéré.

Les listes qui n'ont pas obtenu 5 % des suffrages exprimés ne sont pas admises à répartition des sièges.

Dans le cas où, pour l'attribution d'un siège, des listes ont le même reste, le siège est attribué à la liste qui a recueilli le plus grand nombre de suffrages. Si plusieurs de ces listes ont obtenu le même nombre de suffrages, le siège est attribué à l'une d'entre elles par voie de tirage au sort.

Les candidats élus sont désignés selon l'ordre de présentation de la liste.

Le mandat des candidats élus a une durée de quatre ans. Toutefois, il prend fin si l'élu cesse d'exercer des fonctions correspondant au collège au titre duquel il a été élu.

Art. 4. — Les magistrats du siège élus en application de l'article 3 élisent en leur sein les deux magistrats du siège appelés à siéger au Conseil supérieur de la magistrature en application du 4° de l'article V et le magistrat du siège appelé à y siéger en application du 4° de l'article 2 à bulletin secret au scrutin de liste, à la représentation proportionnelle suivant la règle du plus fort reste, sans panachage ni vote préférentiel.

Les magistrats du parquet élus en application de l'article 3 élisent en leur sein dans les mêmes conditions les deux magistrats du parquet appelés à siéger au Conseil supérieur de la magistrature en application du 4° de l'article 2 et le magistrat du parquet appelé à y siéger en application du 4° de l'article 1er.

Chaque liste comprend trois noms de candidats.

Les listes qui n'ont pas obtenu 5 % des suffrages exprimés ne sont pas admises à répartition des sièges.

Dans le cas où, pour l'attribution d'un siège, des listes ont obtenu le même reste, le siège est attribué à la liste qui a recueilli le plus grand nombre de suffrages. Si plusieurs de ces listes ont obtenu le même nombre de suffrages, le siège est attribué à l'une d'entre elles par voie de tirage au sort.

La liste ayant droit au plus grand nombre de sièges choisit alternativement au sein de chacune des deux formations les sièges qu'elle souhaite se voir attribuer. Les autres listes exercent ensuite leur choix successivement dans l'ordre décroissant du nombre de sièges auxquels elles peuvent prétendre et dans les mêmes conditions.

En cas d'égalité du nombre des sièges obtenus, l'ordre des choix est déterminé par le nombre respectif de suffrages obtenus par les listes en présence. En cas d'égalité du nombre des suffrages, l'ordre des choix est déterminé par tirage au sort.

Les membres élus sont désignés selon l'ordre de présentation de la liste.

Un décret en Conseil d'État fixe les conditions d'application de l'article 3 et du présent article, et notamment les modalités du vote par correspondance lors des opérations électorales prévues à l'article 3.

Art. 4-1. — Les magistrats siégeant dans la formation plénière du Conseil supérieur de la magistrature sont, outre son président :

1° Le premier président de cour d'appel mentionné au 2° de l'article 1er, pendant la première moitié de son mandat ;

2° Le procureur général près une cour d'appel mentionné au 2° de l'article 2, pendant la seconde moitié de son mandat ;

3° Le président de tribunal judiciaire mentionné au 3° de l'article 1er, pendant la seconde moitié de son mandat ;

4° Le procureur de la République près un tribunal de grande instance mentionné au 3° de l'article 2, pendant la première moitié de son mandat ;

5° Les deux magistrats du siège mentionnés au 4° de l'article 1er, pour toute la durée de leur mandat ;

6° Les deux magistrats du parquet mentionnés au 4° de l'article 2, pour toute la durée de leur mandat.

Art. 5. — Le conseiller d'État qui siège dans les trois formations du Conseil supérieur de la magistrature est élu par l'Assemblée générale du Conseil d'État.

Art. 5-1. — L'avocat qui siège dans les trois formations du Conseil supérieur de la magistrature est désigné par le président du Conseil national des barreaux, après avis conforme de l'assemblée générale dudit conseil.

Art. 5-2. — Les nominations des personnalités qualifiées par chacune des autorités mentionnées à l'article 65 de la Constitution concourent, dans chaque cas, à une représentation équilibrée des hommes et des femmes. Elles sont soumises, dans les conditions prévues par cet article, à la commission permanente compétente en matière d'organisation judiciaire de chaque assemblée.

Art. 6. — Les membres du Conseil supérieur sont désignés pour une durée de quatre ans non renouvelable immédiatement.

Aucun membre ne peut, pendant la durée de ses fonctions, exercer la profession d'officier public ou ministériel ni aucun mandat électif ni les fonctions de Défenseur des droits ni, à l'exception du membre désigné en cette qualité en application du deuxième alinéa de l'article 65 de la Constitution, la profession d'avocat. Aucun membre ne peut, pendant la durée de ses fonctions, siéger au sein d'une autorité administrative indépendante ou d'une autorité publique indépendante.

La démission d'office du membre du Conseil supérieur qui ne s'est pas démis, dans le mois qui suit son entrée en fonctions, de la fonction incompatible avec sa qualité de membre est constatée par le président de la formation plénière, après avis de cette formation. Il en est de même pour le membre du Conseil supérieur qui exerce en cours de mandat une fonction incompatible avec sa qualité de membre.

Les règles posées à l'avant-dernier alinéa sont applicables aux membres du Conseil supérieur définitivement empêchés d'exercer leurs fonctions.

Art. 7. — Il est pourvu au remplacement des membres du Conseil supérieur quinze jours au moins avant l'expiration de leurs fonctions.

Lorsqu'une vacance se produit avant la date normale d'expiration des mandats s'agissant d'un des membres visés aux 1° à 3° de l'article 1er ou d'un des membres visés aux 1° à 3° de l'article 2, il est procédé, dans un délai de trois mois et suivant les modalités prévues à ces articles, à une désignation complémentaire.

Lorsqu'une vacance se produit avant la date normale d'expiration des mandats s'agissant d'un des membres visés au 4° de l'article 1er ou au 4° de l'article 2, le magistrat dont le nom figurait, sur la liste des candidats mentionnés à l'article 4, après celui du magistrat dont le siège est devenu vacant est désigné pour achever son mandat. Si cette liste ne comporte plus de nom utile, il est procédé, dans un délai de trois mois, à une désignation complémentaire au scrutin uninominal à un tour à bulletin secret.

Lorsqu'une vacance se produit avant la date normale d'expiration des mandats des autres membres du Conseil supérieur, ces derniers sont remplacés, dans les trois mois, selon les modalités prévues pour leur désignation initiale. Les membres ainsi désignés achèvent le mandat des membres qu'ils remplacent.

Les dispositions du premier alinéa de l'article 6 ne sont pas applicables aux membres désignés pour achever un mandat après la survenance d'une vacance.

Si un membre du Conseil supérieur démissionne, la nomination du remplaçant intervient au plus tard dans les trois mois de la démission. Celle-ci prend effet à partir de la nomination du remplaçant.

Art. 8. — Les magistrats membres du Conseil supérieur ne peuvent faire l'objet ni d'un avancement de grade, ni d'une promotion à une fonction hors hiérarchie, ni d'une nomination à un autre emploi pendant la durée de leur mandat.

Les membres du Conseil supérieur de la magistrature sont de droit et sur leur demande mis en position de détachement ou déchargés partiellement d'activité de service pendant la durée de leur mandat.

Les membres du Conseil supérieur admis à l'honorariat continuent à siéger jusqu'à l'expiration de leur mandat.

Art. 9. — Les membres du Conseil supérieur perçoivent une indemnité de fonctions fixée par décret en Conseil d'État, ainsi que, s'il y a lieu, une indemnité de déplacement.

Art. 10. — Les membres du Conseil supérieur ainsi que les personnes qui, à un titre quelconque, assistent aux délibérations sont tenus au secret professionnel.

Art. 10-1. — Les membres du Conseil supérieur exercent leur mission dans le respect des exigences d'indépendance, d'impartialité, d'intégrité et de dignité et veillent à prévenir ou à faire cesser immédiatement les situations de conflit d'intérêts. Ils veillent au respect de ces mêmes exigences par les personnes dont ils s'attachent les services dans l'exercice de leurs fonctions.

Constitue un conflit d'intérêts toute situation d'interférence entre un intérêt public et des intérêts publics ou privés qui est de nature à influencer ou à paraître influencer l'exercice indépendant, impartial et objectif d'une fonction.

Saisie par le président d'une des formations du Conseil supérieur de la magistrature ou par six autres membres appartenant à l'une de ces formations, dont au moins un magistrat et une personnalité qualifiée, la formation plénière apprécie, à la majorité des membres la composant, si l'un des membres du Conseil supérieur a manqué aux obligations mentionnées aux deux premiers alinéas. Dans l'affirmative, elle prononce, selon la gravité du manquement, un avertissement ou la démission d'office.

Art. 10-1-1. — Dans les deux mois qui suivent leur entrée en fonctions, les membres du Conseil supérieur de la magistrature établissent une déclaration d'intérêts, dans les conditions prévues aux dix premiers alinéas du III et aux IV et V de l'article 7-2 de l'ordonnance n° 58-1270 du 22 décembre 1958 portant loi organique relative au statut de la magistrature.

Les déclarations d'intérêts sont tenues à la disposition de l'ensemble des membres du Conseil supérieur de la magistrature.

Toute modification substantielle des intérêts détenus fait l'objet, dans un délai de deux mois, d'une déclaration complémentaire dans les mêmes formes.

Sous réserve du deuxième alinéa du présent article, la déclaration d'intérêts ne peut pas être communiquée aux tiers.

Art. 10-1-2. — S'ils ne sont pas soumis à l'obligation d'établir une déclaration de situation patrimoniale à un autre titre, les membres du Conseil supérieur de la magistrature sont soumis à cette obligation dans les conditions prévues à l'article 7-3 de l'ordonnance n° 58-1270 du 22 décembre 1958 portant loi organique relative au statut de la magistrature.

Art. 10-2. — Aucun membre du Conseil supérieur ne peut délibérer ni procéder à des actes préparatoires lorsque sa présence ou sa participation pourrait entacher d'un doute l'impartialité de la décision rendue.

S'agissant du membre du Conseil supérieur désigné en qualité d'avocat en application du deuxième alinéa de l'article 65 de la Constitution, cette exigence s'étend aux avis ou décisions relatifs à un magistrat devant lequel il a plaidé depuis sa nomination au Conseil supérieur, ainsi qu'aux nominations de magistrats au sein des juridictions dans le ressort desquelles se situe le barreau auprès duquel il est inscrit.

La formation à laquelle l'affaire est soumise s'assure du respect de ces exigences.

Art. 11. — Le secrétaire général du Conseil supérieur de la magistrature est nommé par décret du Président de la République sur proposition conjointe du premier président de la Cour de cassation et du procureur général près ladite cour parmi les magistrats justifiant de sept ans de services effectifs en qualité de magistrat. Il est placé en position de détachement et ne peut exercer aucune autre fonction. Il est désigné pour la durée du mandat des membres du Conseil supérieur et peut être renouvelé une fois dans ses fonctions. Il peut être assisté d'un ou plusieurs adjoints désignés dans les mêmes conditions. Les modalités de fonctionnement du Conseil supérieur ainsi que l'organisation du secrétariat général sont fixées par décret en Conseil d'État.

Art. 12. — L'autonomie budgétaire du Conseil supérieur est assurée dans les conditions déterminées par une loi de finances.

TITRE II

ATTRIBUTIONS

Art. 13. — Chacune des formations du Conseil supérieur de la magistrature se réunit sur convocation de son président.

Art. 14. — En cas d'empêchement, le premier président de la Cour de cassation et le procureur général près ladite cour peuvent être suppléés respectivement par le magistrat visé au 1° de l'article 1er et par le magistrat visé au 1° de l'article 2.

Pour délibérer valablement lorsqu'elles siègent en matière disciplinaire, la formation compétente à l'égard des magistrats du siège et celle compétente à l'égard des magistrats du parquet comprennent, outre le président de séance, au moins sept de leurs membres. Dans les autres matières, chaque formation du Conseil supérieur délibère valablement si elle comprend, outre le président de séance, au moins huit de ses membres.

Les propositions et avis de chacune des formations du Conseil supérieur sont formulés à la majorité des voix.

Section I

Des nominations des magistrats

Art. 15. — Les candidatures aux emplois pourvus sur proposition du Conseil supérieur sont adressées simultanément au Conseil supérieur de la magistrature et au ministre de la justice.

Pour chaque nomination de magistrat du siège à la Cour de cassation, de Premier Président de cour d'appel ou de Président de tribunal judiciaire, la formation compétente du Conseil supérieur arrête, après examen des dossiers des candidats et sur le rapport d'un de ses membres, la proposition qu'elle soumet au Président de la République.

Pour les nominations de magistrats aux autres fonctions du siège, l'avis de la formation du Conseil supérieur compétente à l'égard des magistrats du siège est donné sur les propositions du ministre de la justice et après un rapport fait par un membre de cette formation.

Art. 16. — Pour les nominations de magistrats aux fonctions du parquet, l'avis de la formation compétente du Conseil supérieur est donné sur les propositions du ministre de la justice et après un rapport fait par un membre de cette formation.

Art. 17. — Les propositions du ministre de la justice sont transmises au Conseil supérieur avec la liste des candidats pour chacun des postes concernés.

Le rapporteur a accès au dossier des magistrats candidats. Il peut demander au ministre de la justice toutes précisions utiles. Ces précisions et les observations éventuelles du magistrat intéressé sont versées dans le dossier de ce dernier.

Sur proposition du rapporteur, le Conseil supérieur peut remettre au ministre de la justice les observations qu'il estime utiles sur le contenu du dossier examiné.

Les dossiers des auditeurs conservés à l'École nationale de la magistrature sont transmis au Conseil supérieur lorsque celui-ci est consulté sur la première affectation des intéressés. Ces dossiers sont ensuite retournés à l'École nationale de la magistrature.

Section II

Du Conseil supérieur siégeant en formation disciplinaire

Art. 18. — L'examen des plaintes dont les justiciables saisissent le Conseil supérieur de la magistrature est confié à une ou plusieurs commissions d'admission des requêtes. Chaque commission d'admission des requêtes est composée, pour chaque formation du Conseil supérieur, de quatre de ses membres, deux magistrats et deux personnalités extérieures au corps judiciaire, désignés chaque année par le président de la formation.

Le président de la commission d'admission des requêtes est désigné par le président de la formation.

Les membres de la commission d'admission des requêtes ne peuvent siéger dans la formation siégeant en matière disciplinaire lorsque celle-ci est saisie d'une affaire qui lui a été renvoyée par la commission d'admission des requêtes à laquelle ils appartiennent ou lorsque le Conseil supérieur de la magistrature est saisi, par les autorités mentionnées aux articles 50-1, 50-2 et aux deux premiers alinéas de l'article 63 de l'ordonnance n° 58-1270 du 22 décembre 1958 portant loi organique relative au statut de la magistrature, de faits identiques à ceux invoqués par un justiciable dont la commission d'admission des requêtes a rejeté la plainte.

La commission d'admission des requêtes examine les plaintes présentées par les justiciables, dans les conditions prévues aux articles 50-3 et 63 de la même ordonnance.

La commission d'admission des requêtes délibère valablement si trois de ses membres sont présents.

Elle se prononce à la majorité des voix. En cas de partage égal des voix, l'examen de la plainte est renvoyé à la formation compétente du Conseil supérieur.

Art. 19. — La loi organique portant statut de la magistrature fixe les sanctions et la procédure disciplinaires applicables aux magistrats.

Section III

Des autres attributions du Conseil supérieur

Art. 20. — Chaque formation du Conseil supérieur peut charger un ou plusieurs de ses membres de missions d'information auprès de la Cour de cassation, des cours d'appel, des tribunaux et de l'École nationale de la magistrature.

Tous les ans, le Conseil supérieur de la magistrature publie le rapport d'activité de chacune de ses formations.

Art. 20-1. — Un avis sur la demande de mise en position de détachement ou de disponibilité émise par un magistrat pour exercer une activité libérale ou une activité lucrative, salariée ou non, dans une entreprise ou un organisme privé, y compris lorsque cette demande intervient en application de l'article 76-4 de l'ordonnance n° 58-1270 du 22 décembre 1958 portant loi organique relative au statut de la magistrature, est donné par la formation du Conseil supérieur compétente à l'égard du magistrat selon que celui-ci exerce les fonctions du siège ou du parquet. Elle examine si l'activité que le magistrat envisage d'exercer est compatible avec les fonctions qu'il a occupées au cours des trois dernières années. La demande est inscrite à l'ordre du jour de la première séance utile.

Pour l'application du présent article, est assimilée à une entreprise privée toute entreprise publique exerçant son activité dans un secteur concurrentiel et conformément aux règles de droit privé.

Art. 20-2. — La formation plénière du Conseil supérieur a compétence pour connaître des demandes formulées soit par le Président de la République, au titre de l'article 64 de la Constitution, soit par le garde des sceaux, ministre de la justice, sur les questions énumérées par l'article 65 de la Constitution. Elle élabore et rend public un recueil des obligations déontologiques des magistrats.

N° 42 Les règles garantissant l'indépendance des membres du Conseil d'État, des tribunaux administratifs et des cours administratives d'appel : les articles L. 131-2 à L. 131-6, L. 231-1 à L. 231-3, L. 232-1 et 2 du Code de la justice administrative (102)

Art. L. 131-2. — Les membres du Conseil d'État exercent leurs fonctions en toute indépendance, dignité, impartialité, intégrité et probité et se comportent de façon à prévenir tout doute légitime à cet égard.

Ils s'abstiennent de tout acte ou comportement à caractère public incompatible avec la réserve que leur imposent leurs fonctions.

Ils ne peuvent se prévaloir, à l'appui d'une activité politique, de leur appartenance au Conseil d'État.

Art. L. 131-3. — Les membres du Conseil d'État veillent à prévenir ou à faire cesser immédiatement les situations de conflit d'intérêts.

Constitue un conflit d'intérêts toute situation d'interférence entre un intérêt public et des intérêts publics ou privés qui est de nature à influencer ou à paraître influencer l'exercice indépendant, impartial et objectif d'une fonction.

Art. L. 131-4. — Le vice-président du Conseil d'État établit, après avis du collège de déontologie de la juridiction administrative, une charte de déontologie énonçant les principes déontologiques et les bonnes pratiques propres à l'exercice des fonctions de membre de la juridiction administrative.

Art. L. 131-5. — Le collège de déontologie de la juridiction administrative est composé :

1° D'un membre du Conseil d'État élu par l'assemblée générale ;

2° D'un magistrat des tribunaux administratifs et des cours administratives d'appel élu par le Conseil supérieur des tribunaux administratifs et cours administratives d'appel ;

3° D'une personnalité extérieure désignée alternativement par le premier président de la Cour de cassation parmi les magistrats en fonction à la Cour de cassation ou honoraires et par le premier président de la Cour des comptes parmi les magistrats en fonction à la Cour des comptes ou honoraires ;

4° D'une personnalité qualifiée nommée par le Président de la République, en dehors des membres du Conseil d'État et des magistrats des tribunaux administratifs et des cours administratives d'appel, sur proposition du vice-président du Conseil d'État.

---

(102) Les articles présentés sont à jour des modifications intervenues avec la loi n° 2016-483 du 20 avril 2016 relative à la déontologie et aux droits et obligations des fonctionnaires, l'ordonnance n° 2016-1366 du 13 octobre 2016 portant dispositions statutaires concernant les magistrats des tribunaux administratifs et cours administratives, la loi n° 2019-828 du 6 août 2019 de transformation de la fonction publique et l'ordonnance n° 2021-702 du 2 juin 2021 portant réforme de l'encadrement supérieur de la fonction publique de l'État.

Le président du collège de déontologie est désigné par le vice-président du Conseil d'État.

La durée du mandat des membres du collège de déontologie est de trois ans, renouvelable une fois.

Art. L. 131-6. — Le collège de déontologie de la juridiction administrative est chargé :

1° De rendre un avis préalable à l'établissement de la charte de déontologie mentionnée à l'article L. 131-4 ;

2° De rendre des avis sur toute question déontologique concernant personnellement un membre de la juridiction administrative, sur saisine du membre concerné, du vice-président du Conseil d'État, d'un président de section du Conseil d'État, du secrétaire général du Conseil d'État, du président de la mission d'inspection des juridictions administratives, du président d'une cour administrative d'appel ou d'un tribunal administratif ou du Conseil supérieur des tribunaux administratifs et cours administratives d'appel ;

3° De formuler des recommandations de nature à éclairer les membres de la juridiction administrative sur l'application des principes déontologiques et de la charte de déontologie, à son initiative ou sur saisine du vice-président du Conseil d'État, d'un président de section du Conseil d'État, du secrétaire général du Conseil d'État, du président de la mission d'inspection des juridictions administratives, du président d'une cour administrative d'appel ou d'un tribunal administratif, du Conseil supérieur des tribunaux administratifs et cours administratives d'appel ou d'une organisation syndicale ou association de membres de la juridiction administrative ;

4° De rendre des avis sur les déclarations d'intérêts qui lui sont transmises dans les conditions prévues aux articles L. 131-7 et L. 231-4-1 ;

5° De rendre des avis préalables sur les affectations des magistrats mentionnées au III de l'article L. 231-5.

Le collège de déontologie rend publiques ses recommandations et peut rendre publics, sous forme anonyme, ses avis.

Art. L. 231-1. — Les membres des tribunaux administratifs et des cours administratives d'appel sont des magistrats dont le statut est régi par le présent livre et, pour autant qu'elles n'y sont pas contraires, par les dispositions statutaires de la fonction publique de l'État.

Art. L. 231-1-1. — Les magistrats des tribunaux administratifs et des cours administratives d'appel exercent leurs fonctions en toute indépendance, dignité, impartialité, intégrité et probité et se comportent de façon à prévenir tout doute légitime à cet égard.

Ils s'abstiennent de tout acte ou comportement à caractère public incompatible avec la réserve que leur imposent leurs fonctions.

Ils ne peuvent se prévaloir, à l'appui d'une activité politique, de leur appartenance à la juridiction administrative.

Art. L. 231-2. — Le corps des tribunaux administratifs et des cours administratives d'appel comprend les grades suivants : président ; premier conseiller ; conseiller.

Art. L. 231-3. — Lorsqu'ils exercent leurs fonctions de magistrats dans une juridiction administrative, les membres du corps des tribunaux administratifs et des cours administratives d'appel ne peuvent recevoir, sans leur consentement, une affectation nouvelle, même en avancement.

Conseil supérieur des tribunaux administratifs et des cours administratives d'appel.

Art. L. 232-1. — Le Conseil supérieur des tribunaux administratifs et cours administratives d'appel connaît des questions individuelles intéressant les magistrats des tribunaux administratifs et des cours administratives d'appel dans les conditions prévues par le présent article ou par un décret en Conseil d'État.

Il établit les tableaux d'avancement et les listes d'aptitude prévus aux articles L. 234-2-1, L. 234-2-2, L. 234-4 et L. 234-5.

Il émet des propositions sur les nominations, détachements et intégrations prévus aux articles L. 233-3, L. 233-4 et L. 233-5 et sur la désignation des magistrats des tribunaux administratifs et des cours administratives d'appel siégeant au jury des concours prévus par les 1° et 2° de l'article L. 233-2 en vue du recrutement des magistrats des tribunaux administratifs et des cours administratives d'appel.

Il est saisi pour avis conforme sur la nomination des magistrats des tribunaux administratifs et des cours administratives d'appel en qualité de rapporteur public et de président d'un tribunal administratif. Il est saisi pour avis conforme de tout licenciement d'un magistrat pour insuffisance professionnelle après observation de la procédure prévue en matière disciplinaire.

Il émet un avis sur les mutations des magistrats des tribunaux administratifs et des cours administratives d'appel, sur leur demande de placement en disponibilité, sur l'acceptation de leur démission, sur leurs demandes de réintégration à l'issue d'une période de privation de droits civiques, d'interdiction d'exercer un emploi public ou de perte de la nationalité française, ainsi que sur leur nomination aux grades de conseiller d'État et de maître des requêtes prononcées sur le fondement de l'article L. 133-8 ainsi que sur les propositions de nomination aux fonctions de président d'une cour administrative d'appel.

Il peut être saisi par les magistrats des tribunaux administratifs et des cours administratives d'appel d'un recours contre l'évaluation prévue par l'article L. 234-7 ou contre un refus d'autorisation d'accomplir un service à temps partiel ou un refus d'honorariat

Art. L. 232-2. — Le Conseil supérieur des tribunaux administratifs et cours administratives d'appel exerce le pouvoir disciplinaire à l'égard des magistrats des tribunaux administratifs et des cours administratives d'appel dans les conditions définies au chapitre VI du présent titre.

Art. L. 232-3. — Le Conseil supérieur des tribunaux administratifs et des cours administratives d'appel connaît des questions intéressant le fonctionnement et l'organisation des tribunaux administratifs et des cours administratives d'appel dans les conditions prévues par le présent article ou par un décret en Conseil d'État.

Le Conseil supérieur des tribunaux administratifs et cours administratives d'appel débat chaque année des orientations générales en matière d'évolution des effectifs, de répartition des emplois et de recrutement, ainsi que sur le bilan social de la gestion du corps des magistrats.

Il émet un avis sur toute question relative au statut des magistrats des tribunaux administratifs et des cours administratives d'appel ainsi qu'à leur régime indemnitaire, à leur formation, à l'égalité professionnelle, à la parité et à la lutte contre toutes les discriminations.

Il est également consulté sur toute question relative à la compétence, à l'organisation et au fonctionnement des tribunaux administratifs et des cours administratives d'appel ainsi que sur les dispositions qui prévoient la participation de magistrats des tribunaux administratifs et des cours administratives d'appel à l'exercice de fonctions autres que celles qu'ils exercent au sein de ces juridictions.

2. L'autorité policière, le droit à la sécurité

N° 43 La déontologie de la police nationale et de la gendarmerie nationale : les articles R. 434-1 à R. 434-33 du Code de la sécurité intérieure (103)

Chapitre IV

Déontologie de la police nationale et de la gendarmerie nationale

Section 1

Dispositions générales

Art. R. 434-1. — Les dispositions du présent chapitre constituent le Code de déontologie de la police nationale et de la gendarmerie nationale pour l'exécution de leurs missions de sécurité intérieure.

Art. R. 434-2. — Placées sous l'autorité du ministre de l'Intérieur pour l'accomplissement des missions de sécurité intérieure et agissant dans le respect des règles du Code de procédure pénale en matière judiciaire, la police nationale et la gendarmerie nationale ont pour mission d'assurer la défense des institutions et des intérêts nationaux, le respect des lois, le maintien de la paix et de l'ordre publics, la protection des personnes et des biens.

Au service des institutions républicaines et de la population, policiers et gendarmes exercent leurs fonctions avec loyauté, sens de l'honneur et dévouement.

Dans l'accomplissement de leurs missions de sécurité intérieure, la police nationale, force à statut civil, et la gendarmerie nationale, force armée, sont soumises à des règles déontologiques communes et à des règles propres à chacune d'elles. Ces dernières sont précisées à la section 4 du présent chapitre.

Art. R. 434-3. — I. Les règles déontologiques énoncées par le présent Code de déontologie procèdent de la Constitution, des traités internationaux, notamment de la convention européenne de sauvegarde des droits de l'homme et des libertés fondamentales, des principes généraux du droit, et des lois et règlements de la République.

Elles définissent les devoirs qui incombent aux policiers et aux gendarmes dans l'exercice de leurs missions de sécurité intérieure pendant ou en dehors du service et s'appliquent sans préjudice des règles statutaires et autres obligations auxquelles ils sont respectivement soumis. Elles font l'objet d'une formation, initiale et continue,

(103) Nouvelles dispositions insérées par le décret n° 2013-1113 du 4 décembre 2013 relatif aux dispositions des livres Ier, II, IV et V de la partie réglementaire du Code de la sécurité intérieure.

Depuis la loi n° 2016-483 du 20 avril 2016 relative à la déontologie et aux droits et obligations des fonctionnaires, il est important de signaler aussi l'existence de la commission de déontologie de la fonction publique placée auprès du Premier ministre pour apprécier le respect des principes déontologiques inhérents à l'exercice d'une fonction publique.

dispensée aux policiers et aux gendarmes pour leur permettre d'exercer leurs fonctions de manière irréprochable.

II. Pour l'application du présent Code de déontologie, le terme : « policier » désigne tous les personnels actifs de la police nationale, ainsi que les personnels exerçant dans un service de la police nationale ou dans un établissement public concourant à ses missions et le terme : « gendarme » désigne les officiers et sous-officiers de la gendarmerie, ainsi que les gendarmes adjoints volontaires.

Section 2

Principes généraux

Sous-section 1

Autorité et protection

Art. R. 434-4. — I. L'autorité investie du pouvoir hiérarchique prend des décisions, donne des ordres et les fait appliquer. Elle veille à ce que ses instructions soient précises et apporte à ceux qui sont chargés de les exécuter toutes informations pertinentes nécessaires à leur compréhension.

L'autorité hiérarchique assume la responsabilité des ordres donnés.

Ordres et instructions parviennent à leurs destinataires par la voie hiérarchique. Si l'urgence impose une transmission directe, la hiérarchie intermédiaire en est informée sans délai.

II. Le policier ou le gendarme porte sans délai à la connaissance de l'autorité hiérarchique tout fait survenu à l'occasion ou en dehors du service, ayant entraîné ou susceptible d'entraîner sa convocation par une autorité de police, juridictionnelle, ou de contrôle.

Art. R. 434-5. — I. Le policier ou le gendarme exécute loyalement et fidèlement les instructions et obéit de même aux ordres qu'il reçoit de l'autorité investie du pouvoir hiérarchique, sauf dans le cas où l'ordre donné est manifestement illégal et de nature à compromettre gravement un intérêt public.

S'il pense être confronté à un tel ordre, il fait part de ses objections à l'autorité qui le lui a donné, ou, à défaut, à la première autorité qu'il a la possibilité de joindre, en mentionnant expressément le caractère d'illégalité manifeste qu'il lui attribue. Si, malgré ses objections, l'ordre est maintenu, il peut en demander la confirmation écrite lorsque les circonstances le permettent. Il a droit à ce qu'il soit pris acte de son opposition. Même si le policier ou le gendarme reçoit la confirmation écrite demandée et s'il exécute l'ordre, l'ordre écrit ne l'exonère pas de sa responsabilité.

L'invocation à tort d'un motif d'illégalité manifeste pour ne pas exécuter un ordre régulièrement donné expose le subordonné à ce que sa responsabilité soit engagée.

Dans l'exécution d'un ordre, la responsabilité du subordonné n'exonère pas l'auteur de l'ordre de sa propre responsabilité.

II. Le policier ou le gendarme rend compte à l'autorité investie du pouvoir hiérarchique de l'exécution des ordres reçus ou, le cas échéant, des raisons de leur inexécution. Dans les actes qu'il rédige, les faits ou événements sont relatés avec fidélité et précision.

Art. R. 434-6. — I. Le supérieur hiérarchique veille en permanence à la préservation de l'intégrité physique de ses subordonnés. Il veille aussi à leur santé physique et mentale. Il s'assure de la bonne condition de ses subordonnés.

II. L'autorité investie du pouvoir hiérarchique conçoit et met en œuvre au profit des personnels une formation adaptée, en particulier dans les domaines touchant au respect de l'intégrité physique et de la dignité des personnes ainsi qu'aux libertés publiques. Cette formation est régulièrement mise à jour pour tenir compte des évolutions affectant l'exercice des missions de police administrative et judiciaire.

Art. R. 434-7. — L'État défend le policier ou le gendarme, ainsi que, dans les conditions et limites fixées par la loi, ses proches, contre les attaques, menaces, violences, voies de fait, injures, diffamations et outrages dont il peut être victime dans l'exercice ou du fait de ses fonctions.

L'État accorde au policier ou au gendarme sa protection juridique en cas de poursuites judiciaires liées à des faits qui n'ont pas le caractère d'une faute personnelle. Il l'assiste et l'accompagne dans les démarches relatives à sa défense.

Sous-section 2

Devoirs du policier et du gendarme

Art. R. 434-8. — Soumis aux obligations du secret professionnel et au devoir de discrétion, le policier ou le gendarme s'abstient de divulguer à quiconque n'a ni le droit, ni le besoin d'en connaître, sous quelque forme que ce soit, les informations dont il a connaissance dans l'exercice ou au titre de ses fonctions.

Art. R. 434-9. — Le policier ou le gendarme exerce ses fonctions avec probité.

Il ne se prévaut pas de sa qualité pour en tirer un avantage personnel et n'utilise pas à des fins étrangères à sa mission les informations dont il a connaissance dans le cadre de ses fonctions. Il n'accepte aucun avantage ni aucun présent directement ou indirectement lié à ses fonctions ou qu'il se verrait proposer au motif, réel ou supposé, d'une décision prise ou dans l'espoir d'une décision à prendre.

Il n'accorde aucun avantage pour des raisons d'ordre privé.

Art. R. 434-10. — Le policier ou le gendarme fait, dans l'exercice de ses fonctions, preuve de discernement.

Il tient compte en toutes circonstances de la nature des risques et menaces de chaque situation à laquelle il est confronté et des délais qu'il a pour agir, pour choisir la meilleure réponse légale à lui apporter.

Art. R. 434-11. — Le policier et le gendarme accomplissent leurs missions en toute impartialité.

Ils accordent la même attention et le même respect à toute personne et n'établissent aucune distinction dans leurs actes et leurs propos de nature à constituer l'une des discriminations énoncées à l'article 225-1 du Code pénal.

Art. R. 434-12. — Le policier ou le gendarme ne se départ de sa dignité en aucune circonstance. En tout temps, dans ou en dehors du service, y compris lorsqu'il s'exprime à travers les réseaux de communication électronique sociaux, il s'abstient de tout acte, propos ou comportement de nature à nuire à la considération portée à la police nationale et à la gendarmerie nationale. Il veille à ne porter, par la nature de ses relations, aucune atteinte à leur crédit ou à leur réputation.

Art. R. 434-13. — Le policier ou le gendarme se consacre à sa mission.

Il ne peut exercer une activité privée lucrative que dans les cas et les conditions définis pour chacun d'eux par les lois et règlements.

Section 3

Dispositions communes à la police nationale et à la gendarmerie nationale

Sous-section 1

Relation avec la population et respect des libertés

Art. R. 434-14. — Le policier ou le gendarme est au service de la population.

Sa relation avec celle-ci est empreinte de courtoisie et requiert l'usage du vouvoiement. Respectueux de la dignité des personnes, il veille à se comporter en toute circonstance d'une manière exemplaire, propre à inspirer en retour respect et considération.

Art. R. 434-15. — Le policier ou le gendarme exerce ses fonctions en uniforme. Il peut être dérogé à ce principe selon les règles propres à chaque force.

Sauf exception justifiée par le service auquel il appartient ou la nature des missions qui lui sont confiées, il se conforme aux prescriptions relatives à son identification individuelle.

Art. R. 434-16. — Lorsque la loi l'autorise à procéder à un contrôle d'identité, le policier ou le gendarme ne se fonde sur aucune caractéristique physique ou aucun signe distinctif pour déterminer les personnes à contrôler, sauf s'il dispose d'un signalement précis motivant le contrôle.

Le contrôle d'identité se déroule sans qu'il soit porté atteinte à la dignité de la personne qui en fait l'objet.

La palpation de sécurité est exclusivement une mesure de sûreté. Elle ne revêt pas un caractère systématique. Elle est réservée aux cas dans lesquels elle apparaît nécessaire à la garantie de la sécurité du policier ou du gendarme qui l'accomplit ou de celle d'autrui. Elle a pour finalité de vérifier que la personne contrôlée n'est pas porteuse d'un objet dangereux pour elle-même ou pour autrui.

Chaque fois que les circonstances le permettent, la palpation de sécurité est pratiquée à l'abri du regard du public.

Art. R. 434-17. — Toute personne appréhendée est placée sous la protection des policiers ou des gendarmes et préservée de toute forme de violence et de tout traitement inhumain ou dégradant.

Nul ne peut être intégralement dévêtu, hors le cas et dans les conditions prévus par l'article 63-7 du Code de procédure pénale visant la recherche des preuves d'un crime ou d'un délit.

Le policier ou le gendarme ayant la garde d'une personne appréhendée est attentif à son état physique et psychologique et prend toutes les mesures possibles pour préserver la vie, la santé et la dignité de cette personne.

L'utilisation du port des menottes ou des entraves n'est justifiée que lorsque la personne appréhendée est considérée soit comme dangereuse pour autrui ou pour elle-même, soit comme susceptible de tenter de s'enfuir.

Art. R. 434-18. — Le policier ou le gendarme emploie la force dans le cadre fixé par la loi, seulement lorsque c'est nécessaire, et de façon proportionnée au but à atteindre ou à la gravité de la menace, selon le cas.

Il ne fait usage des armes qu'en cas d'absolue nécessité et dans le cadre des dispositions législatives applicables à son propre statut.

Art. R. 434-19. — Lorsque les circonstances le requièrent, le policier ou le gendarme, même lorsqu'il n'est pas en service, intervient de sa propre initiative, avec les moyens dont il dispose, notamment pour porter assistance aux personnes en danger.

Art. R. 434-20. — Sans se départir de son impartialité, le policier ou le gendarme accorde une attention particulière aux victimes et veille à la qualité de leur prise en charge tout au long de la procédure les concernant. Il garantit la confidentialité de leurs propos et déclarations.

Art. R. 434-21. — Sans préjudice des exigences liées à l'accomplissement de sa mission, le policier ou le gendarme respecte et préserve la vie privée des personnes, notamment lors d'enquêtes administratives ou judiciaires.

À ce titre, il se conforme aux dispositions législatives et réglementaires qui régissent la création et l'utilisation des traitements de données à caractère personnel.

Il alimente et consulte les fichiers auxquels il a accès dans le strict respect des finalités et des règles propres à chacun d'entre eux, telles qu'elles sont définies par les textes les régissant, et qu'il est tenu de connaître.

Art. R. 434-22. — À l'occasion de la recherche des renseignements nécessaires à ses missions, le policier ou le gendarme peut avoir recours à des informateurs. Dans ce cas, il est tenu d'appliquer les règles d'exécution du service définies en la matière pour chacune des deux forces.

Sous-section 2

Contrôle de l'action de la police et de la gendarmerie

Art. R. 434-23. — La police nationale et la gendarmerie nationale sont soumises au contrôle des autorités désignées par la loi et par les conventions internationales.

Dans l'exercice de leurs missions judiciaires, la police nationale et la gendarmerie nationale sont soumises au contrôle de l'autorité judiciaire conformément aux dispositions du Code de procédure pénale.

Art. R. 434-24. — La police nationale et la gendarmerie nationale sont soumises au contrôle du Défenseur des droits conformément au rôle que lui confère l'article 71-1 de la Constitution.

L'exercice par le Défenseur des droits de ce contrôle peut le conduire à saisir l'autorité chargée d'engager les poursuites disciplinaires des faits portés à sa connaissance qui lui paraissent de nature à justifier une sanction.

Lorsqu'il y est invité par le Défenseur des droits, le policier ou le gendarme lui communique les informations et pièces que celui-ci juge utiles à l'exercice de sa mission. Il défère à ses convocations et peut à cette occasion être assisté de la personne de son choix.

Art. R. 434-25. — L'autorité investie du pouvoir hiérarchique contrôle l'action de ses subordonnés.

Le policier ou le gendarme est également soumis au contrôle d'une ou de plusieurs inspections générales compétentes à l'égard du service auquel il appartient.

Sans préjudice des règles propres à la procédure disciplinaire et des droits dont le policier ou le gendarme bénéficie en cas de mise en cause personnelle, il facilite en toute circonstance le déroulement des opérations de contrôle et d'inspection auxquelles il est soumis.

Art. R. 434-26. — Les policiers et gendarmes de tous grades auxquels s'applique le présent Code de déontologie en sont dépositaires. Ils veillent à titre individuel et collectif à son respect.

Art. R. 434-27. — Tout manquement du policier ou du gendarme aux règles et principes définis par le présent Code de déontologie l'expose à une sanction disciplinaire en application des règles propres à son statut, indépendamment des sanctions pénales encourues le cas échéant.

Section 4

Dispositions propres à la police nationale ou à la gendarmerie nationale

Sous-section 1

Dispositions propres à la police nationale

Art. R. 434-28. — La fonction de policier comporte des devoirs et implique des risques et des sujétions qui méritent le respect et la considération de tous.

Gardien de la paix, éventuellement au péril de sa vie, le policier honore la mémoire de ceux qui ont péri dans l'exercice de missions de sécurité intérieure, victimes de leur devoir.

Art. R. 434-29. — Le policier est tenu à l'obligation de neutralité.

Il s'abstient, dans l'exercice de ses fonctions, de toute expression ou manifestation de ses convictions religieuses, politiques ou philosophiques.

Lorsqu'il n'est pas en service, il s'exprime librement dans les limites imposées par le devoir de réserve et par la loyauté à l'égard des institutions de la République.

Dans les mêmes limites, les représentants du personnel bénéficient, dans le cadre de leur mandat, d'une plus grande liberté d'expression.

Art. R. 434-30. — Le policier est disponible à tout moment pour les nécessités du service.

Sous-section 2

Dispositions propres à la gendarmerie nationale

Art. R. 434-31. — Le militaire de la gendarmerie obéit aux règles militaires et adhère aux valeurs inhérentes à son statut. L'état militaire exige en toute circonstance esprit de sacrifice, pouvant aller jusqu'au sacrifice suprême, discipline, disponibilité, loyalisme et neutralité.

Les devoirs qu'il comporte et les sujétions qu'il implique méritent le respect des citoyens et la considération de la Nation.

Les honneurs militaires sont rendus aux militaires de la gendarmerie nationale victimes du devoir ou du seul fait de porter l'uniforme. Leur mémoire est honorée.

Art. R. 434-32. — Les militaires de la gendarmerie ne peuvent exprimer des opinions ou croyances, notamment philosophiques, religieuses ou politiques qu'en dehors du service et avec la réserve exigée par l'état militaire, conformément aux dispositions du Code de la défense.

Dans le cadre du dialogue interne mis en place au sein de l'institution militaire, ils disposent de différentes instances de représentation et de concertation dans lesquelles les membres s'expriment librement.

Art. R. 434-33. — Le gendarme, soldat de la loi, est soumis aux devoirs et sujétions prévus par le statut général des militaires défini par le Code de la défense, ainsi qu'aux sujétions spécifiques liées aux conditions de l'exercice du métier de militaire de la gendarmerie.

N° 44 Le droit à la sécurité : l'article L. 111-1 du Code de la sécurité intérieure (104)

Art. L. 111-1. — La sécurité est un droit fondamental et l'une des conditions de l'exercice des libertés individuelles et collectives.

L'État a le devoir d'assurer la sécurité en veillant, sur l'ensemble du territoire de la République, à la défense des institutions et des intérêts nationaux, au respect des lois, au maintien de la paix et de l'ordre publics, à la protection des personnes et des biens.

Il associe à la politique de sécurité, dans le cadre de dispositifs locaux dont la structure est définie par voie réglementaire, les collectivités territoriales et les établissements publics de coopération intercommunale ainsi que les représentants des professions, des services et des associations confrontés aux manifestations de la délinquance ou œuvrant dans les domaines de la prévention, de la médiation, de la lutte contre l'exclusion ou de l'aide aux victimes.

3. L'accès à la justice et au droit

N° 45 L'aide juridictionnelle et l'aide juridique : la loi modifiée n° 91-647 du 10 juillet 1991 (extraits) (105)

Article premier. — L'accès à la justice et au droit est assuré dans les conditions prévues par la présente loi.

L'aide juridique comprend l'aide juridictionnelle, l'aide à l'accès au droit et l'aide à l'intervention de l'avocat dans les procédures non juridictionnelles.

---

(104) Ce code a été créé par l'ordonnance n° 2012-351 du 12 mars 2012 relative à la partie législative. Voir aussi la loi n° 2017-1510 du 30 octobre 2017 renforçant la sécurité intérieure et la lutte contre le terrorisme.

(105) Le texte présenté inclus les modifications apportées par les lois n° 2016-274 du 7 mars 2016 relative au droit des étrangers en France, n° 2016-1547 du 18 novembre 2016 de modernisation de la justice du XXIe siècle, n° 2018-778 du 10 septembre 2018 pour une immigration maîtrisée, un droit d'asile effectif et une intégration réussie, n° 2019-222 du 23 mars 2019 de programmation 2018-2022 et de réforme pour la justice, l'ordonnance n° 2019-964 du 18 septembre 2019 prise en application de la loi n° 2019-222 du 23 mars 2019, la loi n° 2019-1479 du 28 décembre 2019 de finances pour 2020 et la loi n° 2020-1721 du 29 décembre 2020 de finances pour 2021. Il faut aussi signaler que l'accès à la justice peut être facilité par la communication électronique comme le montrent les décrets n° 2012-1437 du 21 décembre 2012 relatif à la communication électronique devant le Conseil d'État, les cours administratives d'appel et les tribunaux administratifs et n° 2016-1481 du 2 novembre 2016 relatif à l'utilisation des téléprocédures devant le Conseil d'État, les cours administratives d'appel et les tribunaux administratifs.

PARTIE I

L'AIDE JURIDICTIONNELLE

TITRE I

L'ACCÈS À L'AIDE JURIDICTIONNELLE

Art. 2. — Les personnes physiques dont les ressources sont insuffisantes pour faire valoir leurs droits en justice peuvent bénéficier d'une aide juridictionnelle. Cette aide est totale ou partielle.

Son bénéfice peut être exceptionnellement accordé aux personnes morales à but non lucratif ayant leur siège en France et ne disposant pas de ressources suffisantes.

Aux mêmes conditions, il peut être accordé aux syndicats des copropriétaires d'immeubles soumis à la loi n° 65-557 du 10 juillet 1965 fixant le statut de la copropriété des immeubles bâtis, lorsque l'immeuble fait l'objet d'un plan de sauvegarde en application de l'article L. 615-1 du Code de la construction et de l'habitation ou lorsqu'un administrateur provisoire est désigné en application de l'article 29-1 de la loi n° 65-557 du 10 juillet 1965 précitée, pour l'exercice des actions de recouvrement des créances tant en demande qu'en défense.

L'aide juridictionnelle n'est pas accordée lorsque les frais couverts par cette aide sont pris en charge au titre d'un contrat d'assurance de protection juridique ou d'un système de protection.

Art. 3. — Sont admises au bénéfice de l'aide juridictionnelle les personnes physiques de nationalité française et les ressortissants des États membres de la Communauté européenne.

Les personnes de nationalité étrangère résidant habituellement et régulièrement en France sont également admises au bénéfice de l'aide juridictionnelle.

Toutefois, l'aide juridictionnelle peut être accordée à titre exceptionnel aux personnes ne remplissant pas les conditions fixées à l'alinéa précédent, lorsque leur situation apparaît particulièrement digne d'intérêt au regard de l'objet du litige ou des charges prévisibles du procès.

L'aide juridictionnelle est accordée sans condition de résidence aux étrangers lorsqu'ils sont mineurs, témoins assistés, inculpés, prévenus, accusés, condamnés ou parties civiles, lorsqu'ils bénéficient d'une ordonnance de protection en vertu de l'article 515-9 du Code civil ou lorsqu'ils font l'objet de la procédure de comparution sur reconnaissance préalable de culpabilité, ainsi qu'aux personnes faisant l'objet de l'une des procédures prévues aux articles L. 222-1 à L. 222-6, L. 312-2, L. 511-1, L. 512-1 à L. 512-4, L. 522-1, L. 522-2 et L. 552-1 à L. 552-10 du Code de l'entrée et du séjour des étrangers et du droit d'asile, ou lorsqu'il est fait appel des décisions mentionnées aux articles L. 512-1 à L. 512-4 du même code.

Devant la Cour nationale d'asile, elle est accordée aux étrangers qui résident habituellement en France.

Art. 3-1. — Par dérogation aux deuxième et troisième alinéas de l'article 2 et à l'article 3, et pour l'application de la directive 2003/8/CE du Conseil, du 27 janvier 2003, visant à améliorer l'accès à la justice dans les affaires transfrontalières par l'établissement de règles minimales communes relatives à l'aide judiciaire accordée dans le cadre de telles affaires, l'aide juridictionnelle est accordée dans les litiges transfrontaliers en matière civile ou commerciale, et dans cette même matière définie au titre II, aux personnes qui, quelle que soit leur nationalité, sont en situation régulière de séjour et résident habituellement dans un État membre de l'Union européenne, à l'exception du Danemark, ou y ont leur domicile.

Le litige transfrontalier est celui dans lequel la partie qui sollicite l'aide a sa résidence habituelle ou son domicile dans un État membre autre que celui où siège la juridiction compétente sur le fond du litige ou que celui dans lequel la décision doit être exécutée. Cette situation s'apprécie au moment où la demande d'aide est présentée.

Art. 4. — I. — Les *plafonds* annuels d'éligibilité des personnes physiques à l'aide juridictionnelle et à l'aide à l'intervention de l'avocat sont fixés par décret en Conseil d'État.

II. — Le caractère insuffisant des ressources des personnes physiques est apprécié en tenant compte :

1° Du revenu fiscal de référence ou, à défaut, des ressources imposables dont les modalités de calcul sont définies par décret ;

2° De la valeur en capital du patrimoine mobilier ou immobilier même non productif de revenus ;

3° De la composition du foyer fiscal.

III. — Les biens qui ne pourraient être vendus ou donnés en gage sans entraîner un trouble grave pour les intéressés ne sont pas pris en compte dans le calcul du montant des ressources auquel s'appliquent les plafonds d'éligibilité.

Art. 5. — L'appréciation des ressources est individualisée dans les cas suivants :

1° La procédure oppose des personnes au sein d'un même foyer fiscal ou bien il existe entre eux, eu égard à l'objet du litige, une divergence d'intérêt ;

2° La procédure concerne une personne majeure ou mineure rattachée au foyer fiscal de ses parents ou de ses représentants légaux, lesquels manifestent un défaut d'intérêt à son égard.

Art. 6. — L'aide juridictionnelle peut, à titre exceptionnel, être accordée aux personnes ne remplissant pas les conditions fixées à l'article 4 lorsque leur situation apparaît particulièrement digne d'intérêt au regard de l'objet du litige ou des charges prévisibles du procès ou, dans les litiges transfrontaliers mentionnés à l'article 3-1, si elles rapportent la preuve qu'elles ne pourraient faire face aux dépenses visées à l'article 24 en raison de la différence du coût de la vie entre la France et l'État membre où elles ont leur domicile ou leur résidence habituelle.

Art. 7. — L'aide juridictionnelle est accordée à la personne dont l'action n'apparaît pas, manifestement, irrecevable, dénuée de fondement ou abusive en raison notamment du nombre des demandes, de leur caractère répétitif ou systématique.

Cette condition n'est pas applicable au défendeur à l'action, à la personne civilement responsable, au témoin assisté, à la personne mise en examen, au prévenu, à l'accusé, au condamné et à la personne faisant l'objet de la procédure de comparution sur reconnaissance préalable de culpabilité.

En outre, en matière de cassation, l'aide juridictionnelle est refusée au demandeur si aucun moyen de cassation sérieux ne peut être relevé.

Lorsqu'en vertu des alinéas qui précèdent, l'aide juridictionnelle n'a pas été accordée et que cependant le juge a fait droit à l'action intentée par le demandeur, il est accordé à ce dernier le remboursement des frais, dépens et honoraires par lui exposés ou versés, à concurrence de l'aide juridictionnelle dont il aurait bénéficié compte tenu de ses ressources.

Art. 8. — Toute personne admise à l'aide juridictionnelle en conserve de plein droit le bénéfice pour se défendre en cas d'exercice d'une voie de recours.

Art. 9. — Si la juridiction saisie d'un litige pour lequel le bénéfice de l'aide juridictionnelle a été accordé est incompétente, ce bénéfice subsiste devant la nouvelle juridiction appelée à connaître du litige, sans qu'il soit besoin d'une nouvelle admission.

Art. 9-1. — Dans toute procédure le concernant, le mineur entendu dans les conditions mentionnées à l'article 388-1 du Code civil, s'il choisit d'être entendu avec un avocat ou si le juge procède à la désignation d'un avocat, bénéficie de droit de l'aide juridictionnelle.

Art. 9-2. — La condition de ressources n'est pas exigée des victimes de crimes d'atteintes volontaires à la vie ou à l'intégrité de la personne prévus et réprimés par les articles 221-1 à 221-5, 222-1 à 222-6, 222-8, 222-10, 222-14 (1° et 2°), 222-23 à 222-26, 421-1 (1°) et 421-3 (1° à 4°) du code pénal, ainsi que de leurs ayants droit pour bénéficier de l'aide juridictionnelle en vue d'exercer l'action civile en réparation des dommages résultant des atteintes à la personne.

Les dispositions du premier alinéa sont également applicables aux victimes de crimes d'atteintes volontaires à la vie ou à l'intégrité de la personne prévus et réprimés par le 1° de l'article 421-1 et les 1° à 4° de l'article 421-3 du code pénal ainsi qu'à leurs ayants droit en vue de leur constitution de partie civile au soutien de l'action publique.

Art. 9-3. — Lorsque le pourvoi en cassation est susceptible d'entraîner l'annulation d'une décision ayant fixé une indemnité de licenciement, le montant de cette indemnité est exclu de l'appréciation des ressources.

Art. 9-4. — Devant la Cour nationale du droit d'asile, le bénéfice de l'aide juridictionnelle est de plein droit, sauf si le recours est manifestement irrecevable. L'aide juridictionnelle est sollicitée dans un délai de quinze jours à compter de la notification de la décision de l'Office français de protection des réfugiés et apatrides. Lorsqu'une demande d'aide juridictionnelle est adressée au bureau d'aide juridictionnelle de la cour, le délai prévu au premier alinéa de l'article L. 731-2 du code de l'entrée et du séjour des étrangers et du droit d'asile est suspendu et un nouveau délai court, pour la durée restante, à compter de la notification de la décision relative à l'admission au bénéfice de l'aide juridictionnelle. Ces délais sont notifiés avec la décision de l'office. Le bureau d'aide juridictionnelle de la cour s'efforce de notifier sa décision dans un délai de quinze jours suivant l'enregistrement de la demande.

TITRE II

LE DOMAINE DE L'AIDE JURIDICTIONNELLE

Art. 10. — L'aide juridictionnelle est accordée en matière gracieuse ou contentieuse, en demande ou en défense devant toute juridiction ainsi qu'à l'occasion de la procédure d'audition du mineur prévue par l'article 388-1 du Code civil et de la procédure de comparution sur reconnaissance préalable de culpabilité prévue par les articles 495-7 et suivants du Code de procédure pénale.

Elle peut être accordée pour tout ou partie de l'instance ainsi qu'en vue de parvenir, avant l'introduction de l'instance, à une transaction ou à un accord conclu dans le cadre d'une procédure participative prévue par le Code civil.

Elle peut être accordée en matière de divorce par acte sous signature privée contresigné par avocats, déposé au rang des minutes d'un notaire.

Elle peut également être accordée à l'occasion de l'exécution sur le territoire français, d'une décision de justice ou de tout autre titre exécutoire, y compris s'ils émanent d'un autre État membre de l'Union européenne à l'exception du Danemark.

Art. 11. — L'aide juridictionnelle s'applique de plein droit aux procédures, actes ou mesures d'exécution des décisions de justice obtenues avec son bénéfice, à moins que l'exécution ne soit suspendue plus d'une année pour une cause autre que l'exercice d'une voie de recours ou d'une décision de sursis à exécution.

Ces procédures, actes ou mesures s'entendent de ceux qui sont la conséquence de la décision de justice, ou qui ont été déterminés par le bureau ayant prononcé l'admission.

Art. 11-1. — L'avocat qui assiste une partie bénéficiaire de l'aide juridictionnelle dans le cadre d'une médiation ordonnée par le juge a droit à une rétribution.

Lorsque le juge est saisi aux fins d'homologation d'un accord intervenu à l'issue d'une médiation qu'il n'a pas ordonnée, une rétribution est due à l'avocat qui a assisté une partie éligible à l'aide juridictionnelle.

Un décret en Conseil d'État fixe les modalités d'application du présent article. Il définit également les conditions dans lesquelles une partie éligible à l'aide juridictionnelle peut obtenir la prise en charge d'une part de la rétribution due au médiateur.

Art. 11-2. — Sans préjudice de l'application de l'article 19-1, l'aide à l'intervention de l'avocat dans les procédures non juridictionnelles est accordée à la personne qui remplit les conditions pour bénéficier de l'aide juridictionnelle, qu'elle soit mise en cause ou victime, dans les procédures suivantes :

1° Audition, confrontation ou mesures d'enquête mentionnées aux articles 61-1 à 61-3 du code de procédure pénale, à l'article L. 39 du livre des procédures fiscales ou à l'article 67 F du code des douanes ; confrontation ou reconstitution en application des articles 61-2 et 61-3 du code de procédure pénale ; assistance d'une personne arrêtée dans l'État membre d'exécution d'un mandat d'arrêt européen dans les conditions fixées à l'article 695-17-1 du même code ;

2° Garde à vue, retenue, rétention, confrontation dans les conditions prévues par ledit code ; retenue douanière dans les conditions prévues par le code des douanes ; retenue d'un étranger aux fins de vérification du droit de circulation ou de séjour dans les conditions prévues par le code de l'entrée et du séjour des étrangers et du droit d'asile lorsque l'avocat est commis ou désigné d'office ;

3° Déferement devant le procureur de la République en application de l'article 393 du code de procédure pénale lorsque l'avocat est commis d'office ;

4° Mesures prévues au 5° de l'article 41-1 et aux articles 41-2 et 41-3 du même code ou à l'article 12-1 de l'ordonnance n° 45-174 du 2 février 1945 relative à l'enfance délinquante et ordonnées par le procureur de la République.

Un décret en Conseil d'État détermine les modalités d'application du présent article.

Art. 11-3. — L'avocat assistant une personne détenue faisant l'objet d'une procédure disciplinaire en relation avec la détention a droit à une rétribution.

Il en va de même de l'avocat assistant une personne détenue faisant l'objet d'une mesure d'isolement d'office ou de prolongation de cette mesure, ou de l'avocat assistant une personne détenue placée à l'isolement à sa demande et faisant l'objet d'une levée sans son accord de ce placement.

L'avocat assistant une personne détenue devant la commission d'application des peines en application de l'article 720 du code de procédure pénale a droit à une rétribution.

Le premier alinéa du présent article est également applicable aux missions d'assistance à une personne retenue dans un centre socio-médico-judiciaire de sûreté, s'agissant des décisions prises à son encontre pour assurer le bon ordre du centre.

PARTIE II

TITRE I

DÉFINITION DE L'AIDE À L'ACCÈS AU DROIT

Art. 53. — L'aide à l'accès au droit comporte :

1° l'information générale des personnes sur leurs droits et obligations ainsi que leur orientation vers les organismes chargés de la mise en œuvre de ces droits ;

2° l'aide dans l'accomplissement de toute démarche en vue de l'exercice d'un droit ou de l'exécution d'une obligation de nature juridique et l'assistance au cours des procédures non juridictionnelles ;

3° la consultation en matière juridique ;

4° l'assistance à la rédaction et à la conclusion des actes juridiques.

Les conditions dans lesquelles s'exerce l'aide à la consultation en matière juridique sont déterminées par le conseil départemental de l'accès au droit en conformité avec les règles de déontologie des personnes chargées de la consultation et dans le respect des dispositions du titre II de la loi n° 71-l 130 du 31 décembre 1971 portant réforme de certaines professions judiciaires et juridiques.

TITRE II

MISE EN ŒUVRE DE L'AIDE À L'ACCÈS AU DROIT

Art. 54. — Dans chaque département, il est institué un conseil départemental de l'accès au droit, chargé de recenser les besoins, de définir une politique locale, de dresser et diffuser l'inventaire de l'ensemble des actions menées. Le conseil est saisi, pour information, de tout projet d'action préalablement à sa mise en œuvre et, pour avis, de toute demande de concours financier de l'État préalablement à son attribution. Il procède à l'évaluation de la qualité et de l'efficacité des dispositifs auxquels il apporte son concours.

Il participe à la mise en œuvre d'une politique locale de résolution amiable des différends.

Il peut participer au financement des actions poursuivies.

Il peut développer des actions communes avec d'autres conseils départementaux de l'accès au droit.

Il établit chaque année un rapport sur son activité.

Art. 55. — Sous réserve des dispositions du présent article, le conseil départemental de l'accès au droit est un groupement d'intérêt public auquel est applicable le chapitre II de la loi n° 2011-525 du 17 mai 2011 de simplification et d'amélioration de la qualité du droit.

Il est constitué de représentants :

1° De l'État ;

2° Du département ou, en Corse, de la collectivité de Corse ;

3° De l'association départementale des maires ;

4° De l'ordre ou, si le département compte plus d'un barreau, de l'un des ordres des avocats établis dans le département choisi par leurs bâtonniers respectifs ;

5° De la caisse des règlements pécuniaires de ce barreau ;

6° De la chambre départementale des huissiers de justice ;

7° De la chambre départementale des notaires ;

8° À Paris, de l'ordre des avocats au Conseil d'État et à la Cour de cassation ;

9° D'une ou de plusieurs associations œuvrant dans le domaine de l'accès au droit, de l'aide aux victimes, de la conciliation ou de la médiation, désignée conjointement par le président du tribunal judiciaire du chef-lieu du département, par le procureur de la République près ce tribunal et par les membres mentionnés aux 2° à 8°, sur la proposition du représentant de l'État dans le département.

Le conseil départemental de l'accès au droit est présidé par le président du tribunal judiciaire du chef-lieu du département, qui a voix prépondérante en cas de partage égal des voix. Le procureur de la République près ce tribunal en assure la vice-présidence.

Un magistrat du siège ou du parquet de la cour d'appel chargé de la politique associative, de l'accès au droit et de l'aide aux victimes, désigné conjointement par le premier président de la cour d'appel dans le ressort de laquelle siège le conseil départemental de l'accès au droit et par le procureur général près cette cour, exerce la fonction de commissaire du Gouvernement.

La convention constitutive détermine les modalités de participation des membres au financement des activités ou celles de l'association des moyens de toute nature mis par chacun à la disposition du groupement, ainsi que les conditions dans lesquelles ce dernier peut accueillir en son sein d'autres membres que ceux mentionnés aux 1° à 9°.

Art. 56. — Peuvent être appelés par le président à siéger au conseil départemental de l'accès au droit, avec voix consultative, des représentants :

1° des communes ou groupements de communes du département ;

2° si le département compte plus d'un barreau, des ordres des avocats et de leurs caisses des règlements pécuniaires n'ayant pas la qualité de membres en application de l'article 55.

Le président peut également appeler à siéger, avec voix consultative, toute personne physique ou morale qualifiée.

Art. 57. — Le conseil départemental de l'accès au droit reçoit et répartit les ressources définies à l'article 68. Il peut conclure des conventions :

1° avec des membres des professions juridiques ou judiciaires réglementées ou leurs organismes professionnels ou avec des personnes répondant aux exigences du titre II de la loi n° 71-1130 du 31 décembre 1971 précitée, en vue de définir les modalités de leur participation aux actions d'aide à l'accès au droit ;

2° avec les centres communaux d'action sociale ou tout autre organisme public ou privé, en vue d'obtenir leur concours pour la mise en œuvre de l'aide à l'accès au droit.

Art. 58. — Le conseil départemental de l'accès au droit décide du montant des frais de consultation qui peuvent rester à la charge du bénéficiaire selon un barème qu'il établit en fonction des ressources de l'intéressé et de la nature de la consultation.

Art. 59. — Le bénéfice des mesures prises par les conseils départementaux de l'accès au droit ne peut être refusé aux Français établis hors de France en raison de leur résidence à l'étranger.

Les questions relatives à l'aide à l'accès au droit intéressant les Français établis hors de France relèvent, en l'absence de lien avec un autre département, du conseil départemental de l'accès au droit de Paris.

Art. 60. — Le ministre des Affaires étrangères et les chefs des postes diplomatiques ou consulaires exercent leurs attributions en matière d'aide à l'accès au droit pour les Français établis hors de France, concurremment, le cas échéant, avec les autres aides ou mesures d'assistance prévues par les conseils départementaux de l'accès au droit.

4. La coopération avec la Cour pénale internationale

N° 46 La coopération avec la Cour pénale internationale : les articles 627 à 627-20 du Code de procédure pénale (106)

TITRE I

DES RÈGLES DE PROCÉDURE APPLICABLES AUX CRIMES CONTRE L'HUMANITÉ ET AUX CRIMES DE GUERRE

Art. 627. — Pour l'application du statut de la Cour pénale internationale signé le 18 juillet 1998, la France participe à la répression des infractions et coopère avec cette juridiction dans les conditions fixées, par le présent titre.

Les dispositions qui suivent sont applicables à toute personne poursuivie devant la Cour pénale internationale ou condamnée par celle-ci à raison des actes qui constituent, au sens des articles 6 à 8 et 25 du statut, un génocide, des crimes contre l'humanité ou des crimes de guerre.

Sous-titre I

De la coopération avec la Cour pénale internationale

Chapitre I

De la coopération judiciaire

Section I

De l'entraide judiciaire

Art. 627-1. — Les demandes d'entraide émanant de la Cour pénale internationale sont adressées aux autorités compétentes en vertu de l'article 87 du statut en original ou en copie certifiée conforme accompagnées de toutes pièces justificatives.

Ces documents sont transmis au procureur de la République antiterroriste qui leur donne toutes suites utiles.

En cas d'urgence, ces documents peuvent être transmis directement et par tout moyen à ce magistrat. Ils sont ensuite transmis dans les formes prévues aux alinéas précédents.

(106) Les articles présentés tiennent compte des modifications introduites par la loi n° 2010-768 du 9 juillet 2010, la loi n° 2011-392 du 14 avril 2011 relative à la garde à vue et la loi n° 2020-1672 du 24 décembre 2020 relative au Parquet européen, à la justice environnementale et à la justice pénale spécialisée. Il est important aussi de se référer à l'article 53-2 de la Constitution qui reconnaît cette juridiction.

Art. 627-2. — Les demandes d'entraide sont exécutées, selon les cas, par le procureur de la République antiterroriste ou par le juge d'instruction de Paris qui agissent sur l'ensemble du territoire national en présence, le cas échéant, du procureur près la Cour pénale internationale ou de son représentant, ou de toute autre personne mentionnée dans la demande de la Cour pénale internationale.

Les procès-verbaux établis en exécution de ces demandes sont adressés à la Cour pénale internationale par les autorités compétentes en vertu de l'article 87 du statut.

En cas d'urgence, les copies certifiées conformes des procès-verbaux peuvent être adressées directement et par tout moyen à la Cour pénale internationale. Les procès-verbaux sont ensuite transmis dans les formes prévues aux alinéas précédents.

Art. 627-3. — L'exécution sur le territoire français des mesures conservatoires mentionnées au k du paragraphe 1 de l'article 93 du statut est ordonnée, aux frais avancés du Trésor et selon les modalités prévues par le présent code, par le procureur de la République antiterroriste. La durée maximale de ces mesures est limitée à deux ans. Elles peuvent être renouvelées dans les mêmes conditions avant l'expiration de ce délai à la demande de la Cour pénale internationale.

Le procureur de la République antiterroriste transmet aux autorités compétentes, en vertu de l'article 87 du statut, toute difficulté relative à l'exécution de ces mesures, afin que soient menées les consultations prévues aux articles 93, paragraphe 3, et 97 du statut.

Section II

De l'arrestation et de la remise

Art. 627-4. — Les demandes d'arrestation aux fins de remise délivrées par la Cour pénale internationale sont adressées, en original et accompagnées de toutes pièces justificatives, aux autorités compétentes en vertu de l'article 87 du statut qui, après s'être assurées de leur régularité formelle, les transmettent au procureur général près la cour d'appel de Paris et, dans le même temps, les mettent à exécution dans toute l'étendue du territoire de la République.

En cas d'urgence, ces demandes peuvent aussi être adressées directement et par tout moyen au procureur de la République territorialement compétent. Elles sont ensuite transmises dans les formes prévues à l'alinéa précédent.

Art. 627-5. — Toute personne appréhendée en vertu d'une demande d'arrestation aux fins de remise doit être déférée dans les vingt-quatre heures au procureur de la République territorialement compétent. Dans ce délai, les dispositions des articles 63-1 à 63-7 du présent Code lui sont applicables.

Après avoir vérifié l'identité de cette personne, ce magistrat l'informe, dans une langue qu'elle comprend, qu'elle fait l'objet d'une demande d'arrestation aux fins de remise et qu'elle comparaîtra, dans un délai maximum de cinq jours, devant le procureur général près la cour d'appel de Paris. Le procureur de la République l'informe également qu'elle pourra être assistée par un avocat de son choix ou, à défaut, par un avocat commis d'office par le bâtonnier de l'ordre des avocats, informé sans délai et par tout moyen. Il l'avise de même qu'elle pourra s'entretenir immédiatement avec l'avocat désigné.

Mention de ces informations est faite au procès-verbal, qui est aussitôt transmis au procureur général près la cour d'appel de Paris.

S'il décide de ne pas laisser en liberté la personne réclamée, le procureur de la République la présente au juge des libertés et de la détention qui ordonne son incarcération à la maison d'arrêt. Toutefois, s'il estime que sa représentation à tous les actes de la procédure est suffisamment garantie au regard des principes édictés à l'article 59 de la convention portant statut de la Cour pénale internationale signée à Rome le 18 juillet 1998, le juge des libertés et de la détention peut soumettre la personne réclamée, jusqu'à sa comparution devant la chambre de l'instruction, à une ou plusieurs des mesures prévues aux articles 138 et 142-5. L'article 696-21 est applicable.

Art. 627-6. — La personne réclamée est transférée, s'il y a lieu, et écrouée à la maison d'arrêt du ressort de la cour d'appel de Paris. Le transfèrement doit avoir lieu dans un délai maximum de cinq jours à compter de sa présentation au procureur de la République, faute de quoi la personne réclamée est immédiatement libérée sur décision du président de la chambre de l'instruction de la cour d'appel de Paris, à moins que le transfèrement ait été retardé par des circonstances insurmontables.

Le procureur général près cette même cour lui notifie, dans une langue qu'elle comprend, la demande d'arrestation aux fins de remise ainsi que les chefs d'accusation portés contre elle.

Lorsque la personne réclamée a déjà demandé l'assistance d'un avocat et que celui-ci a été dûment convoqué, le procureur général reçoit ses déclarations.

Dans les autres cas, ce magistrat lui rappelle son droit de choisir un avocat ou de demander qu'il lui en soit désigné un d'office. L'avocat choisi ou, dans le cas d'une demande de commission d'office, le bâtonnier de l'ordre des avocats en est informé par tout moyen et sans délai. L'avocat peut consulter sur-le-champ le dossier et communiquer librement avec la personne réclamée. Le procureur général reçoit les déclarations de cette dernière après l'avoir avertie qu'elle est libre de, ne pas en faire. Mention de cet avertissement est faite au procès-verbal.

Art. 627-7. — La chambre de l'instruction est immédiatement saisie de la procédure. La personne réclamée comparait devant elle dans un délai de huit jours à compter de sa présentation au procureur général. Sur la demande de ce dernier ou de la personne réclamée, un délai supplémentaire de huit jours peut être accordé avant les débats, Il est ensuite procédé à un interrogatoire, dont il est dressé procès-verbal.

Les débats se déroulent et l'arrêt est rendu en audience publique, sauf si la publicité est de nature à nuire au bon déroulement de la procédure en cours, aux intérêts d'un tiers ou à la dignité de la personne. Dans ce cas, la chambre de l'instruction, à la demande du ministère public, de la personne réclamée ou d'office, statue par un arrêt rendu en chambre du conseil qui n'est susceptible de pourvoi en cassation qu'en même temps que l'arrêt portant sur la remise prévue à l'article 627-8.

Le ministère public et la personne réclamée sont entendus, cette dernière assistée, le cas échéant, de son avocat et, s'il y a lieu, en présence d'un interprète.

Art. 627-8. — Lorsque la chambre de l'instruction constate qu'il n'y a pas d'erreur évidente, elle ordonne la remise de la personne réclamée et, si celle-ci est libre, son incarcération à cette fin. Toute autre question soumise à la chambre de l'instruction est renvoyée à la Cour pénale internationale qui lui donne les suites utiles.

La chambre de l'instruction statue dans les quinze jours de la comparution devant elle de la personne réclamée. En cas de pourvoi, la chambre criminelle de la Cour de cassation statue dans un délai de deux mois suivant la réception du dossier à la Cour de cassation.

Art. 627-9. — La mise en liberté ou la mainlevée ou la modification du contrôle judiciaire ou de l'assignation à résidence sous surveillance électronique peut être demandée à tout moment à la chambre de l'instruction de la cour d'appel de Paris qui procède conformément à l'article 59 du statut et à la procédure prévue aux articles 148-1 et suivants du présent code.

La chambre de l'instruction statue par un arrêt rendu en audience publique et motivé par référence aux dispositions du paragraphe 4 de l'article 59 susvisé.

Art. 627-10. — L'arrêt rendu par la chambre de l'instruction et, le cas échéant, le lieu et la date de la remise de la personne réclamée, ainsi que la durée de la détention subie en vue de cette remise, sont portés à la connaissance de la Cour pénale internationale, par tout moyen, par les autorités compétentes en vertu de l'article 87 du statut.

La personne réclamée est remise dans un délai d'un mois à compter du jour où cette décision est devenue définitive, faute de quoi elle est immédiatement libérée sur décision du président de la chambre de l'instruction, à moins que sa remise ait été retardée par des circonstances insurmontables.

Art. 627-11. — Les dispositions des articles 627-4 à 627-10 sont également applicables si la personne réclamée est poursuivie ou condamnée en France pour d'autres chefs que ceux visés par la demande de la Cour pénale internationale. Toutefois, la personne détenue dans ces conditions ne peut bénéficier d'une mise en liberté au titre des articles 627-6, 627-9 et du second alinéa de l'article 627-10.

La procédure suivie devant la Cour pénale internationale suspend, à l'égard de cette personne, la prescription de l'action publique et de la peine.

Art. 627-12. — Le transit sur le territoire français est autorisé conformément à l'article 89 du statut par les autorités compétentes en vertu de l'article 87 du statut.

Art. 627-13. — Lorsque la cour sollicite l'extension des conditions de la remise accordée par les autorités françaises, la demande est transmise aux autorités compétentes en vertu de l'article 87 du statut, qui la communiquent, avec toutes les pièces justificatives ainsi que les observations éventuelles de l'intéressé, à la chambre de l'instruction de la cour d'appel de Paris.

Si, au vu des pièces considérées et, le cas échéant, des explications de l'avocat de la personne concernées la chambre de l'instruction constate qu'il n'y a pas d'erreur évidente, elle autorise l'extension sollicitée.

Art. 627-14. — La personne qui a fait l'objet d'une arrestation provisoire dans les conditions prévues à l'article 92 du statut peut, si elle y consent, être remise à la Cour pénale internationale avant que les autorités compétentes en vertu de l'article 87 du statut aient été saisies d'une demande formelle de remise de la part de la juridiction internationale.

La décision de remise est prise par la chambre de l'instruction de la cour d'appel de Paris après que celle-ci a informé la personne concernée de son droit à une procédure formelle de remise et a recueilli son consentement.

Au cours de son audition par la chambre de l'instruction, la personne concernée peut se faire assister par un avocat de son choix ou, à défaut, par un avocat commis d'office par le bâtonnier et, s'il y a lieu, par un interprète. La personne qui a fait l'objet d'une arrestation provisoire dans les conditions prévues à l'article 92 du statut et qui n'a pas consenti à être remise à la cour peut être libérée si les autorités compétentes en vertu de l'article 87 du statut ne reçoivent pas de demande formelle de remise dans le délai prescrit par le règlement de procédure et de preuve de cette juridiction internationale.

La libération est décidée par la chambre de l'instruction sur requête présentée par l'intéressé. La chambre de l'instruction statue dans les huit jours de la comparution devant elle de la personne arrêtée.

Art. 627-15. — Toute personne détenue sur le territoire de la République peut, si elle y consent, être transférée à la Cour pénale internationale à des fins d'identification ou d'audition ou pour l'accomplissement de tout autre acte d'instruction. Le transfert est autorisé par le ministre de la justice.

Chapitre II

De l'exécution des peines et des mesures de réparation prononcées par la Cour pénale internationale

Section I

De l'exécution des peines d'amende et de confiscation ainsi que des mesures de réparation en faveur des victimes

Art. 627-16. — Lorsque la Cour pénale internationale en fait la demande, l'exécution des peines d'amende et de confiscation ou des décisions concernant les réparations.

Art. 627-17. — L'autorisation d'exécution rendue par le tribunal correctionnel en vertu de l'article précédent entraîne, selon la décision de la Cour pénale internationale, transfert du produit des amendes et des biens confisqués ou du produit de leur vente à la cour ou au fonds en faveur des victimes. Ces biens ou sommes peuvent également être attribués aux victimes, si la cour en a décidé et a procédé à leur désignation.

Toute contestation relative à l'affectation du produit des amendes, des biens ou du produit de leur vente est renvoyée à la Cour pénale internationale qui lui donne les suites utiles.

Section II

De l'exécution des peines d'emprisonnement

Art. 627-18. — Lorsque, en application de l'article 103 du statut, le Gouvernement a accepté de recevoir une personne condamnée par la Cour pénale internationale sur le territoire de la République afin que celle-ci y purge sa peine d'emprisonnement, la condamnation prononcée est directement et immédiatement exécutoire dès le transfert de cette personne sur le sol national, pour la partie de peine restant à subir.

Sous réserve des dispositions du statut et de la présente section, l'exécution et l'application de la peine sont régies par les dispositions du présent code, à l'exception des articles 728-2 à 728-8.

Art. 627-19. — Dès son arrivée sur le territoire de la République, la personne transférée est présentée au procureur de la République du lieu d'arrivée, qui procède à son interrogatoire d'identité et en dresse procès-verbal. Toutefois, si l'interrogatoire ne peut être immédiatement effectué, la personne est conduite à la maison d'arrêt où elle ne peut être détenue plus de vingt-quatre heures. À l'expiration de ce délai, elle est conduite d'office devant le procureur de la République par les soins du chef d'établissement.

Au vu des pièces constatant l'accord entre le Gouvernement français et la Cour pénale internationale concernant le transfert de l'intéressé, d'une copie certifiée conforme du jugement de condamnation et d'une notification par la cour de la date de début d'exécution de la peine et de la durée restant à accomplir, le procureur de la République ordonne l'incarcération immédiate de la personne condamnée.

Art. 627-20. — Si la personne condamnée dépose une demande de placement à l'extérieur, de semi-liberté, de réduction de peine, de fractionnement ou de suspension de peine, de placement sous surveillance électronique ou de libération conditionnelle, sa requête est adressée au procureur général près la cour d'appel dans le ressort de laquelle elle est incarcérée qui la transmet au ministre de la justice.

Celui-ci communique la requête à la Cour pénale internationale dans les meilleurs délais, avec tous les documents pertinents.

La Cour pénale internationale décide si la personne condamnée peut ou non bénéficier de la mesure considérée. Lorsque la décision de la cour est négative, le Gouvernement indique à la cour s'il accepte de garder la personne condamnée sur le territoire de la République ou s'il entend demander son transfert dans un autre État qu'elle aura désigné.

5. La présomption d'innocence

N° 47 L'article 9-1 du Code civil

Art. 9-1. — Chacun a droit au respect de la présomption d'innocence.

Lorsqu'une personne est, avant toute condamnation, présentée publiquement comme étant coupable de faits faisant l'objet d'une enquête ou d'une instruction judiciaire, le juge peut, même en référé, sans préjudice de la réparation du dommage subi, prescrire toutes mesures, telles que l'insertion d'une rectification ou la diffusion d'un communiqué, aux fins de faire cesser l'atteinte à la présomption d'innocence, et ce aux frais de la personne, physique ou morale, responsable de cette atteinte.

6. Les contrôles et les vérifications d'identité

N° 48.1 L'identité de la personne : la loi n° 2012-410 du 27 mars 2012 relative à la protection de l'identité (extraits) [107]

Art. premier — L'identité d'une personne se prouve par tout moyen. La présentation d'une carte nationale d'identité ou d'un passeport français en cours de validité suffit à en justifier.

Art. 2. — La carte nationale d'identité et le passeport comportent un composant électronique sécurisé contenant les données suivantes :

1° Le nom de famille, le ou les prénoms, le sexe, la date et le lieu de naissance du demandeur ;

2° Le nom dont l'usage est autorisé par la loi, si l'intéressé en a fait la demande ;

3° Son domicile ;

4° Sa taille et la couleur de ses yeux ;

5° Ses empreintes digitales ;

6° Sa photographie.

Le présent article ne s'applique pas au passeport délivré selon une procédure d'urgence.

Art. 3. — (Dispositions déclarées non conformes à la Constitution par la décision du Conseil constitutionnel n° 2012-652 DC du 22 mars 2012).

Art. 4. — Les agents chargés du recueil ou de l'instruction des demandes de délivrance de la carte nationale d'identité ou du passeport peuvent faire procéder à la vérification des données de l'état civil fournies par l'usager auprès des officiers de l'état civil dépositaires des actes contenant ces données, dans des conditions fixées par décret en Conseil d'État.

Le demandeur en est préalablement informé.

Art. 5. — (Dispositions déclarées non conformes à la Constitution par la décision du Conseil constitutionnel n° 2012-652 DC du 22 mars 2012).

Art. 6. — L'identité du possesseur de la carte nationale d'identité ou du passeport français est justifiée à partir des données inscrites sur le document lui-même ou sur le composant électronique sécurisé mentionné à l'article 2.

Sont seuls autorisés, dans le cadre de cette justification de l'identité, à accéder aux données mentionnées au 5° du même article 2 les agents chargés des missions de recherche et de contrôle de l'identité des personnes, de vérification de la validité et de l'authenticité des passeports et des cartes nationales d'identité électroniques.

---

(107) Voir aussi notamment le décret n° 2016-1460 du 28 octobre 2016 autorisant la création d'un traitement de données à caractère personnel relatif aux passeports et aux cartes nationales d'identité et la délibération de la CNIL n° 2016-292 du 29 septembre 2016 portant avis sur un projet de décret autorisant la création d'un traitement de données à caractère personnel relatif aux passeports et aux cartes nationales d'identité (saisine n°1979541). Il faut aussi signaler le décret n° 2019-452 du 13 mai 2019 autorisant la création d'un moyen d'identification électronique dénommé « Authentification en ligne certifiée sur mobile » et la délibération de la CNIL n° 2018-342 du 18 octobre 2018 portant avis sur le projet de décret autorisant la création d'un traitement automatisé permettant d'authentifier une identité numérique par voie électronique dénommé « Application de lecture de l'identité d'un citoyen en mobilité » (ALICEM).

Nº 48-2 La carte nationale d'identité : décret modifié n° 55-1397 du 22 octobre 1955 (extraits) (108)

Art. 1. — Il est institué une carte nationale certifiant l'identité de son titulaire. Cette carte a une durée de validité de dix ans.

La carte nationale d'identité mentionne :

1° Le nom de famille, les prénoms, la date et le lieu de naissance, le sexe, la taille, la nationalité, le domicile ou la résidence de l'intéressé ou, le cas échéant, le lieu où il a fait élection de domicile dans les conditions prévues à l'article L. 264-1 du code de l'action sociale et des familles, et, si celui-ci le demande, le nom dont l'usage est autorisé par la loi ;

2° La date de délivrance et la date de fin de validité du document ;

3° Le numéro de la carte.

4° Le code de lecture automatique ;

5° Le numéro de support.

Elle comporte également la photographie et la signature du titulaire.

Art. 1-1. — La carte nationale d'identité comporte un composant électronique contenant les données mentionnées à l'article 1er, à l'exception de la signature, du code de lecture automatique et du numéro de support. Il contient l'image numérisée de la photographie ainsi que, hors le cas prévu au I de l'article 4-3, l'image numérisée des empreintes digitales de deux doigts.

Art. 1-2. — La carte nationale d'identité comporte une zone de lecture automatique contenant les informations suivantes : le nom de famille, le ou les prénoms, la date de naissance, le sexe et la nationalité du titulaire, le type de document, l'État émetteur, le numéro du titre et sa date de fin de validité.

Art. 1-3. — La carte nationale d'identité comporte un cachet électronique visible en assurant l'authenticité et contenant les informations suivantes : le nom de famille, le cas échéant le nom d'usage, le premier prénom, le sexe, la nationalité, le lieu et la date de naissance du titulaire, le type de document, le numéro du titre et sa date de délivrance.

Nº 48.3 Les articles 78-1 à 78-6 du Code de procédure pénale (109)

Art. 78-1. — L'application des règles prévues par le présent chapitre est soumise au contrôle des autorités judiciaires mentionnées aux articles 12 et 13.

---

(108) La dernière modification est intervenue avec le décret n° 2021-279 du 13 mars 2021 portant diverses dispositions relatives à la carte nationale d'identité et au traitement de données à caractère personnel dénommé « titres électroniques sécurisés » (TES). Voir aussi la délibération de la CNIL n° 2021-022 du 11 février 2021 portant avis sur un projet de décret modifiant le décret n° 55-1397 du 22 octobre 1955 instituant la carte nationale d'identité et le décret n° 2016-1460 du 28 octobre 2016 autorisant la création d'un traitement de données à caractère personnel relatif aux passeports et aux cartes nationales d'identité.

(109) Les articles présentés sont à jour des modifications intervenues depuis les lois n° 2016-274 du 7 mars 2016 relative au droit des étrangers en France, n° 2016-339 du

Toute personne se trouvant sur le territoire national doit accepter de se prêter à un contrôle d'identité effectué dans les conditions et par les autorités de police visées aux articles suivants.

Art. 78-2. — Les officiers de police judiciaire et, sur l'ordre et sous la responsabilité de ceux-ci, les agents de police judiciaire et agents de police judiciaire adjoints mentionnés aux articles 20 et 21-1° peuvent inviter à justifier, par tout moyen, de son identité toute personne à l'égard de laquelle existe une ou plusieurs raisons plausibles de soupçonner :

— qu'elle a commis ou tenté de commettre une infraction ;

— ou qu'elle se prépare à commettre un crime ou un délit ;

— ou qu'elle est susceptible de fournir des renseignements utiles à l'enquête en cas de crime ou de délit ;

— ou qu'elle a violé les obligations ou interdictions auxquelles elle est soumise dans le cadre d'un contrôle judiciaire, d'une mesure d'assignation à résidence avec surveillance électronique, d'une peine ou d'une mesure suivie par le juge de l'application des peines ;

— ou qu'elle fait l'objet de recherches ordonnées par une autorité judiciaire.

Sur réquisitions écrites du procureur de la République aux fins de recherche et de poursuite d'infractions qu'il précise, l'identité de toute personne peut être également contrôlée, selon les mêmes modalités, dans les lieux et pour une période de temps déterminés par ce magistrat. Le fait que le contrôle d'identité révèle des infractions autres que celles visées dans les réquisitions du procureur de la République ne constitue pas une cause de nullité des procédures incidentes.

L'identité de toute personne, quel que soit son comportement, peut également être contrôlée, selon les modalités prévues au premier alinéa, pour prévenir une atteinte à l'ordre public, notamment à la sécurité des personnes ou des biens.

Dans une zone comprise entre la frontière terrestre de la France avec les États parties à la convention signée à Schengen le 19 juin 1990 et une ligne tracée à 20 kilomètres en deçà, ainsi que dans les zones accessibles au public des ports, aéroports et gares ferroviaires ou routières ouverts au trafic international et désignés par arrêté et aux abords de ces gares, pour la prévention et la recherche des infractions liées à la criminalité transfrontalière, l'identité de toute personne peut également être contrôlée, selon les modalités prévues au premier alinéa, en vue de vérifier le respect des obligations de détention, de port et de présentation des titres et documents prévues par la loi. Lorsque ce contrôle a lieu à bord d'un train effectuant une liaison internationale, il peut être opéré sur la portion du trajet entre la frontière et le premier arrêt qui se situe au-delà des vingt kilomètres de la frontière. Toutefois, sur celles des lignes ferroviaires effectuant une liaison internationale et

---

22 mars 2016 relative à la prévention et à la lutte contre les incivilités, contre les atteintes à la sécurité publique et contre les actes terroristes dans les transports collectifs de voyageurs, n° 2016-731 du 3 juin 2016 renforçant la lutte contre le crime organisé, le terrorisme et leur financement, et améliorant l'efficacité et les garanties de la procédure pénale, n° 2017-256 du 28 février 2017 de programmation relative à l'égalité réelle outre-mer et portant autres dispositions en matière sociale et économique, n° 2017-258 du 28 février 2017 relative à la sécurité publique, n° 2017-1510 du 30 octobre 2017 renforçant la sécurité intérieure et la lutte contre le terrorisme, n° 2018-778 du 10 septembre 2018 pour une immigration maîtrisée, un droit d'asile effectif et une intégration réussie, l'ordonnance n° 2018-1125 du 12 décembre 2018 prise en application de l'article 32 de la loi n° 2018-493 du 20 juin 2018 relative à la protection des données personnelles et portant modification de la loi n° 78-17 du 6 janvier 1978 relative à l'informatique, aux fichiers et aux libertés et diverses dispositions concernant la protection des données à caractère personnel, la loi n° 2019-222 du 23 mars 2019 de programmation 2018-2022 et de réforme pour la justice et la loi n° 2019-290 du 10 avril 2019 visant à renforcer et garantir le maintien de l'ordre public lors des manifestations.

présentant des caractéristiques particulières de desserte, le contrôle peut également être opéré entre cet arrêt et un arrêt situé dans la limite des cinquante kilomètres suivants. Ces lignes et ces arrêts sont désignés par arrêté ministériel. Lorsqu'il existe une section autoroutière démarrant dans la zone mentionnée à la première phrase du présent alinéa et que le premier péage autoroutier se situe au-delà de la ligne des 20 kilomètres, le contrôle peut en outre avoir lieu jusqu'à ce premier péage sur les aires de stationnement ainsi que sur le lieu de ce péage et les aires de stationnement attenantes. Les péages concernés par cette disposition sont désignés par arrêté. Le fait que le contrôle d'identité révèle une infraction autre que celle de non-respect des obligations susvisées ne constitue pas une cause de nullité des procédures incidentes. Pour l'application du présent alinéa, le contrôle des obligations de détention, de port et de présentation des titres et documents prévus par la loi ne peut être pratiqué que pour une durée n'excédant pas douze heures consécutives dans un même lieu et ne peut consister en un contrôle systématique des personnes présentes ou circulant dans les zones ou lieux mentionnés au même alinéa.

Dans un rayon maximal de dix kilomètres autour des ports et aéroports constituant des points de passage frontaliers au sens de l'article 2 du règlement (UE) 2016/399 du Parlement européen et du Conseil du 9 mars 2016 concernant un code de l'Union relatif au régime de franchissement des frontières par les personnes (code frontières Schengen), désignés par arrêté en raison de l'importance de leur fréquentation et de leur vulnérabilité, l'identité de toute personne peut être contrôlée, pour la recherche et la prévention des infractions liées à la criminalité transfrontalière, selon les modalités prévues au premier alinéa du présent article, en vue de vérifier le respect des obligations de détention, de port et de présentation des titres et documents prévus par la loi. L'arrêté mentionné à la première phrase du présent alinéa fixe le rayon autour du point de passage frontalier dans la limite duquel les contrôles peuvent être effectués. Lorsqu'il existe une section autoroutière commençant dans la zone mentionnée à la même première phrase et que le premier péage autoroutier se situe au-delà des limites de cette zone, le contrôle peut en outre avoir lieu jusqu'à ce premier péage sur les aires de stationnement ainsi que sur le lieu de ce péage et les aires de stationnement attenantes. Les péages concernés par cette disposition sont désignés par arrêté. Le fait que le contrôle d'identité révèle une infraction autre que celle de non-respect des obligations susmentionnées ne constitue pas une cause de nullité des procédures incidentes. Pour l'application du présent alinéa, le contrôle des obligations de détention, de port et de présentation des titres et documents prévus par la loi ne peut être pratiqué que pour une durée n'excédant pas douze heures consécutives dans un même lieu et ne peut consister en un contrôle systématique des personnes présentes ou circulant dans les zones mentionnées au présent alinéa.

Dans une zone comprise entre les frontières terrestres ou le littoral du département de la Guyane et une ligne tracée à vingt kilomètres en-deçà, et sur une ligne tracée à cinq kilomètres de part et d'autre, ainsi que sur la route nationale 2 sur le territoire de la commune de Régina, l'identité de toute personne peut être contrôlée, selon les modalités prévues au premier alinéa, en vue de vérifier le respect des obligations de détention, de port et de présentation des titres et documents prévus par la loi.

L'identité de toute personne peut également être contrôlée, selon les modalités prévues au premier alinéa du présent article, en vue de vérifier le respect des obligations de détention, de port et de présentation des titres et documents prévus par la loi :

1° En Guadeloupe, dans une zone comprise entre le littoral et une ligne tracée à un kilomètre en deçà, ainsi que sur le territoire des communes que traversent les routes nationales 1, 2, 4, 5, 6, 9, 10 et 11 ;

2° À Mayotte sur l'ensemble du territoire ;

3° À Saint-Martin, dans une zone comprise entre le littoral et une ligne tracée à un kilomètre en deçà ;

4° À Saint-Barthélemy, dans une zone comprise entre le littoral et une ligne tracée à un kilomètre en deçà ;

5° En Martinique, dans une zone comprise entre le littoral et une ligne tracée à un kilomètre en deçà, ainsi que dans une zone d'un kilomètre de part et d'autre de la route nationale 1 qui traverse les communes de Sainte-Marie, La Trinité, Le Robert et Le Lamentin, de la route nationale 2 qui traverse les communes de Saint-Pierre, Le Carbet, Le Morne-Rouge, l'Ajoupa-Bouillon et Basse-Pointe, de la route nationale 3 qui traverse les communes de Le Morne-Rouge, l'Ajoupa-Bouillon, Basse-Pointe, Fonds-Saint-Denis et Fort-de-France, de la route nationale 5 qui traverse les communes de Le Lamentin, Ducos, Rivière-Salée, Sainte-Luce, Rivière-Pilote et Le Marin, de la route nationale 6 qui traverse les communes de Ducos, Le Lamentin, Le Robert, Le François et Le Vauclin, Rivière-Salée, Sainte-Luce, Rivière-Pilote et Le Marin et de la route départementale 1 qui traverse les communes de Le Robert, Le François et Le Vauclin.

Art. 78-2-1. — Sur réquisitions du procureur de la République, les officiers de police judiciaire et, sur l'ordre ou la responsabilité de ceux-ci, les agents de police judiciaire et agents de police judiciaire adjoints mentionnés aux articles 20 et 21 (1°) sont habilités à entrer dans les lieux à usage professionnel, ainsi que dans leurs annexes et dépendances, sauf s'ils constituent un domicile, où sont en cours des activités de construction, de production, de transformation, de réparation, de prestation de services ou de commercialisation, en vue :

— de s'assurer que ces activités ont donné lieu à l'immatriculation au répertoire des métiers ou au registre du commerce et des sociétés lorsqu'elle est obligatoire, ainsi qu'aux déclarations exigées par les organismes de protection sociale et l'administration fiscale ;

— de se faire présenter le registre unique du personnel et les documents attestant que les déclarations préalables à l'embauche ont été effectuées ;

— de contrôler l'identité des personnes occupées, dans le seul but de vérifier qu'elles figurent sur le registre ou qu'elles ont fait l'objet des déclarations mentionnées à l'alinéa précédent.

Les réquisitions du procureur de la République sont écrites et précisent les infractions, parmi celles visées aux articles L. 324-9 et L. 341-6 du Code du travail, qu'il entend faire rechercher et poursuivre, ainsi que les lieux dans lesquels l'opération de contrôle se déroulera. Ces réquisitions sont prises pour une durée maximum d'un mois et sont présentées à la personne disposant des lieux ou à celle qui la représente.

Les mesures prises en application des dispositions prévues au présent article font l'objet d'un procès-verbal remis à l'intéressé.

Art. 78-2-2. — I. — Sur réquisitions écrites du procureur de la République, dans les lieux et pour la période de temps que ce magistrat détermine et qui ne peut excéder vingt-quatre heures, renouvelables sur décision expresse et motivée selon la même procédure, les officiers de police judiciaire et, sur l'ordre et sous la responsabilité de ceux-ci, les agents de police judiciaire et les agents de police judiciaire adjoints mentionnés aux 1°, 1° bis et 1° ter de l'article 21 du présent code, peuvent procéder aux contrôles d'identité prévus au septième alinéa de l'article 78-2, aux fins de recherche et de poursuite des infractions suivantes :

1° Actes de terrorisme mentionnés aux articles 421-1 à 421-6 du code pénal ;

2° Infractions en matière de prolifération des armes de destruction massive et de leurs vecteurs mentionnées aux 1° et 2° du I de l'article L. 1333-9, à l'article L. 1333-11, au II des articles L. 1333-13-3 et L. 1333-13-4 et aux articles L. 1333-13-5, L. 2339-14, L. 2339-15, L. 2341-1, L. 2341-2, L. 2341-4, L. 2342-59 et L. 2342-60 du code de la défense ;

3° Infractions en matière d'armes mentionnées à l'article 222-54 du code pénal et à l'article L. 317-8 du code de la sécurité intérieure ;

4° Infractions en matière d'explosifs mentionnés à l'article 322-11-1 du code pénal et à l'article L. 2353-4 du code de la défense ;

5° Infractions de vol mentionnées aux articles 311-3 à 311-11 du code pénal ;

6° Infractions de recel mentionnées aux articles 321-1 et 321-2 du même code ;

7° Faits de trafic de stupéfiants mentionnés aux articles 222-34 à 222-38 dudit code.

II. — Dans les mêmes conditions et pour les mêmes infractions que celles prévues au I, les officiers de police judiciaire, assistés, le cas échéant, des agents de police judiciaire et des agents de police judiciaire adjoints mentionnés aux 1°, 1° bis et 1° ter de l'article 21 du présent code peuvent procéder à la visite des véhicules circulant, arrêtés ou stationnant sur la voie publique ou dans des lieux accessibles au public.

Les véhicules en circulation ne peuvent être immobilisés que le temps strictement nécessaire au déroulement de la visite qui doit avoir lieu en présence du conducteur. Lorsqu'elle porte sur un véhicule à l'arrêt ou en stationnement, la visite se déroule en présence du conducteur ou du propriétaire du véhicule ou, à défaut, d'une personne requise à cet effet par l'officier ou l'agent de police judiciaire et qui ne relève pas de son autorité administrative. La présence d'une personne extérieure n'est toutefois pas requise si la visite comporte des risques graves pour la sécurité des personnes et des biens.

En cas de découverte d'une infraction ou si le conducteur ou le propriétaire du véhicule le demande ainsi que dans le cas où la visite se déroule en leur absence, il est établi un procès-verbal mentionnant le lieu et les dates et heures de début et de fin de ces opérations. Un exemplaire en est remis à l'intéressé et un autre exemplaire est transmis sans délai au procureur de la République.

Toutefois, la visite des véhicules spécialement aménagés à usage d'habitation et effectivement utilisés comme résidence ne peut être faite que conformément aux dispositions relatives aux perquisitions et visites domiciliaires.

III. — Dans les mêmes conditions et pour les mêmes infractions que celles prévues au I, les officiers de police judiciaire, assistés, le cas échéant, des agents de police judiciaire et des agents de police judiciaire adjoints mentionnés aux 1°, 1° bis et 1° ter de l'article 21 du présent code peuvent procéder à l'inspection visuelle des bagages ou à leur fouille.

Les propriétaires des bagages ne peuvent être retenus que le temps strictement nécessaire au déroulement de l'inspection visuelle ou de la fouille des bagages, qui doit avoir lieu en présence du propriétaire.

En cas de découverte d'une infraction ou si le propriétaire du bagage le demande, il est établi un procès-verbal mentionnant le lieu et les dates et heures de début et de fin de ces opérations. Un exemplaire en est remis à l'intéressé et un autre exemplaire est transmis sans délai au procureur de la République.

III bis. — Dans les mêmes conditions et pour les mêmes infractions que celles prévues au I, les officiers de police judiciaire, assistés, le cas échéant, des agents de police judiciaire et des agents de police judiciaire adjoints mentionnés aux 1°, 1° bis et 1° ter de l'article 21, peuvent accéder à bord et procéder à une visite des navires présents en mer territoriale, se dirigeant ou ayant déclaré leur intention de se diriger vers un port ou vers les eaux intérieures, ou présents en amont de la limite transversale de la mer, ainsi que des bateaux, engins flottants, établissements flottants et matériels flottants se trouvant dans la mer territoriale ou en amont de la limite transversale de la mer, ainsi que sur les lacs et plans d'eau.

La visite se déroule en présence du capitaine ou de son représentant. Est considérée comme le capitaine la personne qui exerce, de droit ou de fait, le commandement, la conduite ou la garde du navire, du bateau, de l'engin flottant, de l'établissement flottant ou du matériel flottant lors de la visite.

La visite comprend l'inspection des extérieurs ainsi que des cales, des soutes et des locaux.

La visite des locaux spécialement aménagés à un usage d'habitation et effectivement utilisés comme résidence ne peut être faite que conformément aux dispositions relatives aux perquisitions et visites domiciliaires.

Le navire, le bateau, l'engin flottant, l'établissement flottant ou le matériel flottant ne peut être immobilisé que le temps strictement nécessaire au déroulement de la visite, dans la limite de douze heures.

L'officier de police judiciaire responsable de la visite rend compte du déroulement des opérations au procureur de la République et l'informe sans délai de toute infraction constatée.

IV. — Le fait que ces opérations révèlent des infractions autres que celles visées dans les réquisitions du procureur de la République ne constitue pas une cause de nullité des procédures incidentes.

Art. 78-2-3. — Les officiers de police judiciaire, assistés, le cas échéant, des agents de police judiciaire et des agents de police judiciaire adjoints mentionnés aux 1°, 1° *bis* et 1° *ter* de l'article 21, peuvent procéder à la visite des véhicules circulant ou arrêtés sur la voie publique ou dans des lieux accessibles au public lorsqu'il existe à l'égard du conducteur ou d'un passager une ou plusieurs raisons plausibles de soupçonner qu'il a commis, comme auteur ou comme complice, un crime ou un délit flagrant ; ces dispositions s'appliquent également à la tentative.

Le II de l'article 78-2-2 est applicable au présent article.

Art. 78-2-4. — I. Pour prévenir une atteinte grave à la sécurité des personnes et des biens, les officiers de police judiciaire et, sur l'ordre et sous la responsabilité de ceux-ci, les agents de police judiciaire et les agents de police judiciaire adjoints mentionnés aux 1°, 1° *bis* et 1° *ter* de l'article 21 peuvent procéder non seulement aux contrôles d'identité prévus au huitième alinéa de l'article 78-2 mais aussi, avec l'accord du conducteur ou du propriétaire du bagage ou, à défaut, sur instructions du procureur de la République communiquées par tous moyens, à :

1° La visite des véhicules circulant, arrêtés ou stationnant sur la voie publique ou dans des lieux accessibles au public ;

2° L'inspection visuelle des bagages ou leur fouille.

II. Pour l'application du 1° du I du présent article, le II de l'article 78-2-2 est applicable.

Dans l'attente des instructions du procureur de la République, le véhicule peut être immobilisé pour une durée qui ne peut excéder trente minutes.

III. Pour l'application du 2° du I du présent article, le III de l'article 78-2-2 est applicable.

Dans l'attente des instructions du procureur de la République, le propriétaire du bagage peut être retenu pour une durée qui ne peut excéder trente minutes.

Art. 78-2-5. — Aux fins de recherche et de poursuite de l'infraction prévue à l'article 431-10 du code pénal, les officiers de police judiciaire mentionnés aux 2° à 4°

de l'article 16 du présent code et, sous la responsabilité de ces derniers, les agents mentionnés à l'article 20 et aux 1°, 1° bis et 1° ter de l'article 21 peuvent, sur réquisitions écrites du procureur de la République, procéder sur les lieux d'une manifestation sur la voie publique et à ses abords immédiats à :

« 1° L'inspection visuelle des bagages des personnes et leur fouille, dans les conditions prévues au III de l'article 78-2-2 ;

« 2° La visite des véhicules circulant, arrêtés ou stationnant sur la voie publique ou dans des lieux accessibles au public, dans les conditions prévues au II du même article 78-2-2.

« Le fait que les opérations prévues aux 1° et 2° du présent article révèlent d'autres infractions ne constitue pas une cause de nullité des procédures incidentes.

Art. 78-3. — Si l'intéressé refuse ou se trouve dans l'impossibilité de justifier de son identité, il peut, en cas de nécessité, être retenu sur place ou dans le local de police où il est conduit aux fins de vérification de son identité. Dans tous les cas, il est présenté immédiatement à un officier de police judiciaire qui le met en mesure de fournir par tout moyen les éléments permettant d'établir son identité et qui procède, s'il y a lieu, aux opérations de vérification nécessaires. Il est aussitôt informé par celui-ci de son droit de faire aviser le procureur de la République de la vérification dont il fait l'objet et de prévenir à tout moment sa famille ou toute personne de son choix. Si des circonstances particulières l'exigent, l'officier de police judiciaire prévient lui-même la famille ou la personne choisie.

Lorsqu'il s'agit d'un mineur de dix-huit ans, le procureur de la République doit être informé dès le début de la rétention. Sauf impossibilité, le mineur doit être assisté de son représentant légal.

La personne qui fait l'objet d'une vérification ne peut être retenue que pendant le temps strictement exigé par l'établissement de son identité. La rétention ne peut excéder quatre heures, ou huit heures à Mayotte, à compter du contrôle effectué en application de l'article 78-2 et le procureur de la République peut y mettre fin à tout moment.

Si la personne interpellée maintient son refus de justifier de son identité ou fournit des éléments d'identité manifestement inexacts, les opérations de vérification peuvent donner lieu, après autorisation du procureur de la République ou du juge d'instruction, à la prise d'empreintes digitales ou de photographies lorsque celle-ci constitue l'unique moyen d'établir l'identité de l'intéressé.

La prise d'empreintes ou de photographies doit être mentionnée et spécialement motivée dans le procès-verbal prévu ci-après.

L'officier de police judiciaire mentionne, dans un procès-verbal, les motifs qui justifient le contrôle ainsi que la vérification d'identité, et les conditions dans lesquelles la personne a été présentée devant lui, informée de ses droits et mise en demeure de les exercer. Il précise le jour et l'heure à partir desquels le contrôle a été effectué, le jour et l'heure de la fin de la rétention et la durée de celle-ci.

Ce procès-verbal est présenté à la signature de l'intéressé. Si ce dernier refuse de le signer, mention est faite du refus et des motifs de celui-ci.

Le procès-verbal est transmis au procureur de la République, copie en ayant été remise à l'intéressé dans le cas prévu par l'alinéa suivant.

Si elle n'est suivie à l'égard de la personne qui a été retenue d'aucune procédure d'enquête ou d'exécution adressée à l'autorité judiciaire, la vérification d'identité ne peut donner lieu à une mise en mémoire sur fichiers et le procès-verbal ainsi que toutes les pièces se rapportant à la vérification sont détruits dans un délai de six mois sous le contrôle du procureur de la République.

Dans le cas où il y a lieu à procédure d'enquête ou d'exécution adressée à l'autorité judiciaire et assortie du maintien en garde à vue, la personne retenue doit être aussitôt informée de son droit de faire aviser le procureur de la République de la mesure dont elle fait l'objet.

Les prescriptions énumérées au présent article sont imposées à peine de nullité.

Art. 78-3-1. — I. — Toute personne faisant l'objet d'un contrôle ou d'une vérification d'identité prévus au présent chapitre peut, lorsque ce contrôle ou cette vérification révèle qu'il existe des raisons sérieuses de penser que son comportement peut être lié à des activités à caractère terroriste, faire l'objet d'une retenue sur place ou dans le local de police où elle est conduite pour une vérification de sa situation par un officier de police judiciaire permettant de consulter les traitements automatisés de données à caractère personnel relevant de l'article 31 de la loi n° 78-17 du 6 janvier 1978 relative à l'informatique, aux fichiers et aux libertés, selon les règles propres à chacun de ces traitements et, le cas échéant, d'interroger les services à l'origine du signalement de l'intéressé ainsi que des organismes de coopération internationale en matière de police judiciaire ou des services de police étrangers.

La retenue ne peut donner lieu à audition.

Le procureur de la République territorialement compétent est informé dès le début de la retenue.

II. — La personne retenue est immédiatement informée par l'officier de police judiciaire ou, sous le contrôle de celui-ci, par un agent de police judiciaire, dans une langue qu'elle comprend :

1° Du fondement légal de son placement en retenue ;

2° De la durée maximale de la mesure ;

3° Du fait que la retenue dont elle fait l'objet ne peut donner lieu à audition et qu'elle a le droit de garder le silence ;

4° Du fait qu'elle bénéficie du droit de faire prévenir par l'officier de police judiciaire toute personne de son choix ainsi que son employeur.

Si l'officier de police judiciaire estime, en raison des nécessités liées à la retenue, ne pas devoir faire droit à cette demande, il en réfère sans délai au procureur de la République qui décide, s'il y a lieu, d'y faire droit.

Sauf en cas de circonstance insurmontable, qui doit être mentionnée au procès-verbal, les diligences incombant à l'officier de police judiciaire en application du premier alinéa du présent 4° doivent intervenir, au plus tard, dans un délai de deux heures à compter du moment où la personne a formulé sa demande.

III. — Lorsqu'il s'agit d'un mineur de dix-huit ans, la retenue fait l'objet d'un accord exprès du procureur de la République. Le mineur doit être assisté de son représentant légal, sauf impossibilité dûment justifiée.

IV. — La personne faisant l'objet d'une vérification de situation ne peut être retenue que pendant le temps strictement nécessaire à l'accomplissement des vérifications mentionnées au premier alinéa du I, pour une durée qui ne peut excéder quatre heures à compter du début du contrôle effectué.

Le procureur de la République peut mettre fin à tout moment à la retenue.

L'officier de police judiciaire mentionne dans un procès-verbal les motifs qui justifient la vérification de situation administrative et les conditions dans lesquelles la personne a été présentée devant lui, informée de ses droits et mise en mesure de les exercer. Il précise le jour et l'heure à partir desquels la vérification a été effectuée, le jour et l'heure de la fin de la retenue et la durée de celle-ci.

Ce procès-verbal est présenté à la signature de la personne. Si cette dernière refuse de le signer, mention est faite du refus et des motifs de celui-ci. Le procès-verbal est transmis sans délai au procureur de la République, copie en ayant été remise à la personne.

V. — Les prescriptions énumérées au présent article sont imposées à peine de nullité.

Art. 78-4. — La durée de la rétention prévue aux articles 78-3 et 78-3-1 s'impute, s'il y a lieu, sur celle de la garde à vue.

Art. 78-5. — Seront punis de trois mois d'emprisonnement et de 3 750 euros d'amende ceux qui auront refusé de se prêter aux prises d'empreintes digitales ou de photographies autorisées par le procureur de la République ou le juge d'instruction, conformément aux dispositions de l'article 78-3.

Art. 78-6. — Les agents de police judiciaire adjoints mentionnés aux 1° *bis*, 1° *ter*, 1° *quater* et 2° de l'article 21 sont habilités à relever l'identité des contrevenants pour dresser les procès-verbaux concernant des contraventions aux arrêtés de police du maire, des contraventions au Code de la route que la loi et les règlements les autorisent à verbaliser ou des contraventions qu'ils peuvent constater en vertu d'une disposition législative expresse.

Si le contrevenant refuse ou se trouve dans l'impossibilité de justifier de son identité, l'agent de police judiciaire adjoint mentionné au premier alinéa en rend compte immédiatement à tout officier de police judiciaire de la police nationale ou de la gendarmerie nationale territorialement compétent, qui peut alors lui ordonner sans délai de lui présenter sur-le-champ le contrevenant ou de retenir celui-ci pendant le temps nécessaire à son arrivée ou à celle d'un agent de police judiciaire agissant sous son contrôle. À défaut de cet ordre, l'agent de police judiciaire adjoint mentionné au premier alinéa ne peut retenir le contrevenant. Pendant le temps nécessaire à l'information et à la décision de l'officier de police judiciaire, le contrevenant est tenu de demeurer à la disposition d'un agent mentionné au même premier alinéa. La violation de cette obligation est punie de deux mois d'emprisonnement et de 7 500 € d'amende. Lorsque l'officier de police judiciaire décide de procéder à une vérification d'identité, dans les conditions prévues à l'article 78-3, le délai prévu au troisième alinéa de cet article court à compter du relevé d'identité.

7. La garde à vue

N° 49.1 La garde à vue pour les enquêtes sur crimes et flagrants délits : les articles 62-2 à 64-1 du Code de procédure pénale (110)

Art. 62-2. — La garde à vue est une mesure de contrainte décidée par un officier de police judiciaire, sous le contrôle de l'autorité judiciaire, par laquelle une personne

(110) Les articles présentés sont à jour des modifications intervenues avec les lois n° 2011-392 du 14 avril 2011 relative à la garde à vue et la loi n° 2014-535 du 27 mai 2014 portant transposition de la directive 2012/13/UE du Parlement européen et du Conseil, du 22 mai 2012, relative au droit à l'information dans le cadre des procédures pénales. Cette dernière loi introduit une procédure spécifique dans le Code de procédure pénale avec le

à l'encontre de laquelle il existe une ou plusieurs raisons plausibles de soupçonner qu'elle a commis ou tenté de commettre un crime ou un délit puni d'une peine d'emprisonnement est maintenue à la disposition des enquêteurs.

Cette mesure doit constituer l'unique moyen de parvenir à l'un au moins des objectifs suivants :

1° Permettre l'exécution des investigations impliquant la présence ou la participation de la personne ;

2° Garantir la présentation de la personne devant le procureur de la République afin que ce magistrat puisse apprécier la suite à donner à l'enquête ;

3° Empêcher que la personne ne modifie les preuves ou indices matériels ;

4° Empêcher que la personne ne fasse pression sur les témoins ou les victimes ainsi que sur leur famille ou leurs proches ;

5° Empêcher que la personne ne se concerte avec d'autres personnes susceptibles d'être ses coauteurs ou complices ;

6° Garantir la mise en œuvre des mesures destinées à faire cesser le crime ou le délit.

Art. 62-3. — La garde à vue s'exécute sous le contrôle du procureur de la République, sans préjudice des prérogatives du juge des libertés et de la détention prévues aux articles 63-4-2 et 706-88 à 706-88-2 en matière de prolongation de la mesure au-delà de la quarante-huitième heure et de report de l'intervention de l'avocat.

Le procureur de la République apprécie si le maintien de la personne en garde à vue et, le cas échéant, la prolongation de cette mesure sont nécessaires à l'enquête et proportionnés à la gravité des faits que la personne est soupçonnée d'avoir commis ou tenté de commettre.

Il assure la sauvegarde des droits reconnus par la loi à la personne gardée à vue.

Il peut ordonner à tout moment que la personne gardée à vue soit présentée devant lui ou remise en liberté.

Art. 63. — I. — Seul un officier de police judiciaire peut, d'office ou sur instruction du procureur de la République, placer une personne en garde à vue.

Dès le début de la mesure, l'officier de police judiciaire informe le procureur de la République, par tout moyen, du placement de la personne en garde à vue. Il lui donne connaissance des motifs justifiant, en application de l'article 62-2, ce placement et l'avise de la qualification des faits qu'il a notifiée à la personne en application du 2° de l'article 63-1. Le procureur de la République peut modifier cette qualification ; dans ce cas, la nouvelle qualification est notifiée à la personne dans les conditions prévues au même article 63-1.

---

suspect libre (art. 61-1). Ils tiennent compte aussi des modifications introduites par la loi n° 2014-896 du 15 août 2014 relative à l'individualisation des peines et renforçant l'efficacité des sanctions pénales, la loi n° 2016-731 du 3 juin 2016 renforçant la lutte contre le crime organisé, le terrorisme et leur financement et améliorant l'efficacité et les garanties de la procédure pénale et la loi n° 2019-222 du 23 mars 2019 de programmation 2018-2022 et de réforme pour la justice.

Il faut se rappeler que le Conseil constitutionnel s'est prononcé sur la garde à vue par sa décision n° 2010-14/22 QPC du 30 juillet 2010, en déclarant contraire à la Constitution l'article 63 du Code de procédure pénale. Cette déclaration d'inconstitutionnalité devait prendre effet le 1er juillet 2011 dans les conditions fixées au considérant 30. Une réforme de la garde à vue est intervenue avec la loi du 14 avril 2011 qui prévoyait son application au 1er juillet 2011. Par quatre arrêts du 15 avril 2011, l'assemblée plénière de la Cour de cassation a considéré que ce nouveau texte était d'application immédiate.

Il faut aussi signaler la délibération de la CNIL n° 2016-167 du 26 mai 2016 portant avis sur un projet de décret portant autorisation d'un traitement automatisé de données à caractère personnel dénommé « Informatisation de la gestion des gardes à vue » (demande d'avis n° 1841262).

II. — La durée de la garde à vue ne peut excéder vingt-quatre heures.

Toutefois, la garde à vue peut être prolongée pour un nouveau délai de vingt-quatre heures au plus, sur autorisation écrite et motivée du procureur de la République, si l'infraction que la personne est soupçonnée d'avoir commise ou tenté de commettre est un crime ou un délit puni d'une peine d'emprisonnement supérieure ou égale à un an et si la prolongation de la mesure est l'unique moyen de parvenir à l'un au moins des objectifs mentionnés aux 1° à 6° de l'article 62-2 ou de permettre, dans les cas où il n'existe pas dans le tribunal de locaux relevant de l'article 803-3, la présentation de la personne devant l'autorité judiciaire.

Le procureur de la République peut subordonner son autorisation à la présentation de la personne devant lui. Cette présentation peut être réalisée par l'utilisation d'un moyen de télécommunication audiovisuelle.

III. — Si, avant d'être placée en garde à vue, la personne a été appréhendée ou a fait l'objet de toute autre mesure de contrainte pour ces mêmes faits, l'heure du début de la garde à vue est fixée, pour le respect des durées prévues au II du présent article, à l'heure à partir de laquelle la personne a été privée de liberté. Si la personne n'a pas fait l'objet d'une mesure de contrainte préalable, mais que son placement en garde à vue est effectué dans le prolongement immédiat d'une audition, cette heure est fixée à celle du début de l'audition.

Si une personne a déjà été placée en garde à vue pour les mêmes faits, la durée des précédentes périodes de garde à vue s'impute sur la durée de la mesure.

Art. 63-1. — La personne placée en garde à vue est immédiatement informée par un officier de police judiciaire ou, sous le contrôle de celui-ci, par un agent de police judiciaire, dans une langue qu'elle comprend, le cas échéant au moyen du formulaire prévu au treizième alinéa :

1° De son placement en garde à vue ainsi que de la durée de la mesure et de la ou des prolongations dont celle-ci peut faire l'objet ;

2° De la qualification, de la date et du lieu présumés de l'infraction qu'elle est soupçonnée d'avoir commise ou tenté de commettre ainsi que des motifs mentionnés aux 1° à 6° de l'article 62-2 justifiant son placement en garde à vue ;

3° Du fait qu'elle bénéficie :

— du droit de faire prévenir un proche et son employeur ainsi que, si elle est de nationalité étrangère, les autorités consulaires de l'État dont elle est ressortissante, et, le cas échéant, de communiquer avec ces personnes, conformément à l'article 63-2 ;

— du droit d'être examinée par un médecin, conformément à l'article 63-3 ;

— du droit d'être assistée par un avocat, conformément aux articles 63-3-1 à 63-4-3 ;

— s'il y a lieu, du droit d'être assistée par un interprète ;

— du droit de consulter, dans les meilleurs délais et au plus tard avant l'éventuelle prolongation de la garde à vue, les documents mentionnés à l'article 63-4-1 ;

— du droit de présenter des observations au procureur de la République ou, le cas échéant, au juge des libertés et de la détention, lorsque ce magistrat se prononce sur l'éventuelle prolongation de la garde à vue, tendant à ce qu'il soit mis fin à cette mesure. Si la personne n'est pas présentée devant le magistrat, elle peut faire connaître oralement ses observations dans un procès-verbal d'audition, qui est communiqué à celui-ci avant qu'il ne statue sur la prolongation de la mesure ;

— du droit, lors des auditions, après avoir décliné son identité, de faire des déclarations, de répondre aux questions qui lui sont posées ou de se taire.

Si la personne est atteinte de surdité et qu'elle ne sait ni lire, ni écrire, elle doit être assistée par un interprète en langue des signes ou par toute personne qualifiée maîtrisant un langage ou une méthode permettant de communiquer avec elle. Il peut également être recouru à tout dispositif technique permettant de communiquer avec une personne atteinte de surdité.

Si la personne ne comprend pas le français, ses droits doivent lui être notifiés par un interprète, le cas échéant après qu'un formulaire lui a été remis pour son information immédiate.

Mention de l'information donnée en application du présent article est portée au procès-verbal de déroulement de la garde à vue et émargée par la personne gardée à vue. En cas de refus d'émargement, il en est fait mention.

En application de l'article 803-6, un document énonçant ces droits est remis à la personne lors de la notification de sa garde à vue.

Art. 63-2. — I. Toute personne placée en garde à vue peut, à sa demande, faire prévenir, par téléphone, une personne avec laquelle elle vit habituellement ou l'un de ses parents en ligne directe, l'un de ses frères et soeurs ou son curateur ou son tuteur de la mesure dont elle est l'objet. Elle peut en outre faire prévenir son employeur. Lorsque la personne gardée à vue est de nationalité étrangère, elle peut faire contacter les autorités consulaires de son pays.

Sauf en cas de circonstance insurmontable, qui doit être mentionnée au procès-verbal, les diligences incombant aux enquêteurs en application du premier alinéa doivent intervenir au plus tard dans un délai de trois heures à compter du moment où la personne a formulé la demande.

Le procureur de la République peut, à la demande de l'officier de police judiciaire, décider que l'avis prévu au premier alinéa du présent I sera différé ou ne sera pas délivré si cette décision est, au regard des circonstances, indispensable afin de permettre le recueil ou la conservation des preuves ou de prévenir une atteinte grave à la vie, à la liberté ou à l'intégrité physique d'une personne.

Si la garde à vue est prolongée au-delà de quarante-huit heures, le report de l'avis peut être maintenu, pour les mêmes raisons, par le juge des libertés et de la détention ou le juge d'instruction, sauf lorsque l'avis concerne les autorités consulaires.

II. L'officier de police judiciaire peut autoriser la personne en garde à vue qui en fait la demande à communiquer, par écrit, par téléphone ou lors d'un entretien, avec un des tiers mentionnés au I du présent article, s'il lui apparaît que cette communication n'est pas incompatible avec les objectifs mentionnés à l'article 62-2 et qu'elle ne risque pas de permettre une infraction.

Afin d'assurer le bon ordre, la sûreté et la sécurité des locaux dans lesquels s'effectue la garde à vue, l'officier ou l'agent de police judiciaire détermine le moment, les modalités et la durée de cette communication, qui ne peut excéder trente minutes et intervient sous son contrôle, le cas échéant en sa présence ou en la présence d'une personne qu'il désigne. Si la demande de communication concerne les autorités consulaires, l'officier de police judiciaire ne peut s'y opposer au-delà de la quarante-huitième heure de la garde à vue.

Le présent II n'est pas applicable en cas de demande de communication avec un tiers dont il a été décidé en application des deux derniers alinéas du I du présent article qu'il ne pouvait être avisé de la garde à vue.

Art. 63-3. — Toute personne placée en garde à vue peut, à sa demande, être examinée par un médecin désigné par le procureur de la République ou l'officier de police judiciaire. En cas de prolongation, elle peut demander à être examinée une seconde fois. Le médecin se prononce sur l'aptitude au maintien en garde à vue et procède à toutes constatations utiles. Sauf en cas de circonstance insurmontable, les diligences incombant aux enquêteurs en application du présent alinéa doivent intervenir au plus tard dans un délai de trois heures à compter du moment où la personne a formulé la demande. Sauf décision contraire du médecin, l'examen médical doit être pratiqué à l'abri du regard et de toute écoute extérieurs afin de permettre le respect de la dignité et du secret professionnel.

À tout moment, le procureur de la République ou l'officier de police judiciaire peut d'office désigner un médecin pour examiner la personne gardée à vue.

En l'absence de demande de la personne gardée à vue, du procureur de la République ou de l'officier de police judiciaire, un examen médical est de droit si un membre de sa famille le demande ; le médecin est désigné par le procureur de la République ou l'officier de police judiciaire.

Le médecin examine sans délai la personne gardée à vue. Le certificat médical est versé au dossier.

Les dispositions du présent article ne sont pas applicables lorsqu'il est procédé à un examen médical en application de règles particulières.

Art. 63-3-1. — Dès le début de la garde à vue, la personne peut demander à être assistée par un avocat. Si elle n'est pas en mesure d'en désigner un ou si l'avocat choisi ne peut être contacté, elle peut demander qu'il lui en soit commis un d'office par le bâtonnier.

Le bâtonnier ou l'avocat de permanence commis d'office par le bâtonnier est informé de cette demande par tous moyens et sans délai.

L'avocat peut également être désigné par la ou les personnes prévenues en application du premier alinéa du I de l'article 63-2. Cette désignation doit toutefois être confirmée par la personne.

L'avocat désigné est informé par l'officier de police judiciaire ou, sous le contrôle de celui-ci, par un agent de police judiciaire de la nature et de la date présumée de l'infraction sur laquelle porte l'enquête.

S'il constate un conflit d'intérêts, l'avocat fait demander la désignation d'un autre avocat. En cas de divergence d'appréciation entre l'avocat et l'officier de police judiciaire ou le procureur de la République sur l'existence d'un conflit d'intérêts, l'officier de police judiciaire ou le procureur de la République saisit le bâtonnier qui peut désigner un autre défenseur.

Le procureur de la République, d'office ou saisi par l'officier de police judiciaire ou l'agent de police judiciaire, peut également saisir le bâtonnier afin qu'il soit désigné plusieurs avocats lorsqu'il est nécessaire de procéder à l'audition simultanée de plusieurs personnes placées en garde à vue.

Art. 63-4. — L'avocat désigné dans les conditions prévues à l'article 63-3-1 peut communiquer avec la personne gardée à vue dans des conditions qui garantissent la confidentialité de l'entretien.

La durée de l'entretien ne peut excéder trente minutes.

Lorsque la garde à vue fait l'objet d'une prolongation, la personne peut, à sa demande, s'entretenir à nouveau avec un avocat dès le début de la prolongation, dans les conditions et pour la durée prévues aux deux premiers alinéas.

Art. 63-4-1. — À sa demande, l'avocat peut consulter le procès-verbal établi en application de l'avant-dernier alinéa de l'article 63-1 constatant la notification du placement en garde à vue et des droits y étant attachés, le certificat médical établi en application de l'article 63-3, ainsi que les procès-verbaux d'audition de la personne qu'il assiste. Il ne peut en demander ou en réaliser une copie. Il peut toutefois prendre des notes.

La personne gardée à vue peut également consulter les documents mentionnés au premier alinéa du présent article ou une copie de ceux-ci.

Art. 63-4-2. — La personne gardée à vue peut demander que l'avocat assiste à ses auditions et confrontations. Dans ce cas, la première audition, sauf si elle porte uniquement sur les éléments d'identité, ne peut débuter sans la présence de l'avocat choisi ou commis d'office avant l'expiration d'un délai de deux heures suivant l'avis adressé dans les conditions prévues à l'article 63-3-1 de la demande formulée par la personne gardée à vue d'être assistée par un avocat. Au cours des auditions ou confrontations, l'avocat peut prendre des notes.

Si l'avocat se présente après l'expiration du délai prévu au premier alinéa alors qu'une audition ou une confrontation est en cours, celle-ci est interrompue à la demande de la personne gardée à vue afin de lui permettre de s'entretenir avec son avocat dans les conditions prévues à l'article 63-4 et que celui-ci prenne connaissance des documents prévus à l'article 63-4-1. Si la personne gardée à vue ne demande pas à s'entretenir avec son avocat, celui-ci peut assister à l'audition en cours dès son arrivée dans les locaux du service de police judiciaire ou à la confrontation.

Lorsque les nécessités de l'enquête exigent une audition immédiate de la personne, le procureur de la République peut autoriser, par décision écrite et motivée, sur demande de l'officier de police judiciaire, que l'audition débute sans attendre l'expiration du délai prévu au premier alinéa.

À titre exceptionnel, sur demande de l'officier de police judiciaire, le procureur de la République ou le juge des libertés et de la détention, selon les distinctions prévues par l'alinéa suivant, peut autoriser, par décision écrite et motivée, le report de présence de l'avocat lors des auditions ou confrontations, si cette mesure apparaît indispensable pour des raisons impérieuses tenant aux circonstances particulières de l'enquête, soit pour permettre le bon déroulement d'investigations urgentes tendant au recueil ou à la conservation des preuves, soit pour prévenir une atteinte grave et imminente à la vie, à la liberté ou à l'intégrité physique d'une personne.

Le procureur de la République ne peut différer la présence de l'avocat que pendant une durée maximale de douze heures. Lorsque la personne est gardée à vue pour un crime ou un délit puni d'une peine d'emprisonnement supérieure ou égale à cinq ans, le juge des libertés et de la détention peut, sur requête du procureur de la République, autoriser à différer la présence de l'avocat, au-delà de la douzième heure, jusqu'à la vingt-quatrième heure. Les autorisations du procureur de la République et du juge des libertés et de la détention sont écrites et motivées par référence aux conditions prévues à l'alinéa précédent au regard des éléments précis et circonstanciés résultant des faits de l'espèce.

Lorsque, conformément aux dispositions des deux alinéas qui précèdent, le procureur de la République ou le juge des libertés et de la détention a autorisé à différer la présence de l'avocat lors des auditions ou confrontations, il peut également, dans les conditions et selon les modalités prévues par ces mêmes alinéas, décider que l'avocat ne peut, pour une durée identique, consulter les procès-verbaux d'audition de la personne gardée à vue.

Art. 63-4-3. — L'audition ou la confrontation est menée sous la direction de l'officier ou de l'agent de police judiciaire qui peut à tout moment, en cas de difficulté, y mettre un terme et en aviser immédiatement le procureur de la République qui informe, s'il y a lieu, le bâtonnier aux fins de désignation d'un autre avocat.

À l'issue de chaque audition ou confrontation à laquelle il assiste, l'avocat peut poser des questions. L'officier ou l'agent de police judiciaire ne peut s'opposer aux questions que si celles-ci sont de nature à nuire au bon déroulement de l'enquête. Mention de ce refus est portée au procès-verbal.

À l'issue de chaque entretien avec la personne gardée à vue et de chaque audition ou confrontation à laquelle il a assisté, l'avocat peut présenter des observations écrites dans lesquelles il peut consigner les questions refusées en application du deuxième alinéa. Celles-ci sont jointes à la procédure. L'avocat peut adresser ses observations, ou copie de celles-ci, au procureur de la République pendant la durée de la garde à vue.

Art. 63-4-3-1. — Si la personne gardée à vue est transportée sur un autre lieu où elle doit être entendue ou faire l'objet d'un des actes prévus à l'article 61-3, son avocat en est informé sans délai.

Art. 63-4-4. — Sans préjudice de l'exercice des droits de la défense, l'avocat ne peut faire état auprès de quiconque pendant la durée de la garde à vue ni des entretiens avec la personne qu'il assiste, ni des informations qu'il a recueillies en consultant les procès-verbaux et en assistant aux auditions et aux confrontations.

Art. 63-4-5. — Si la victime est confrontée avec une personne gardée à vue, elle peut demander à être également assistée par un avocat choisi par elle ou par son représentant légal si elle est mineure ou, à sa demande, désigné par le bâtonnier.

La victime est informée de ce droit avant qu'il soit procédé à la confrontation.

À sa demande, l'avocat peut consulter les procès-verbaux d'audition de la personne qu'il assiste.

L'article 63-4-3 est applicable.

Art. 63-5. — La garde à vue doit s'exécuter dans des conditions assurant le respect de la dignité de la personne.

Seules peuvent être imposées à la personne gardée à vue les mesures de sécurité strictement nécessaires.

Art. 63-6. — Les mesures de sécurité ayant pour objet de s'assurer que la personne gardée à vue ne détient aucun objet dangereux pour elle-même ou pour autrui sont définies par arrêté de l'autorité ministérielle compétente. Elles ne peuvent consister en une fouille intégrale.

La personne gardée à vue dispose, au cours de son audition, des objets dont le port ou la détention sont nécessaires au respect de sa dignité.

Le présent article est également applicable en cas de retenue intervenant en application des articles 141-4,712-16-3,716-5 et 803-3.

Art. 63-7. — Lorsqu'il est indispensable pour les nécessités de l'enquête de procéder à une fouille intégrale d'une personne gardée à vue, celle-ci doit être décidée par un officier de police judiciaire et réalisée dans un espace fermé par une personne de même sexe que la personne faisant l'objet de la fouille. La fouille intégrale n'est possible que si la fouille par palpation ou l'utilisation des moyens de détection électronique ne peuvent être réalisées.

Lorsqu'il est indispensable pour les nécessités de l'enquête de procéder à des investigations corporelles internes sur une personne gardée à vue, celles-ci ne peuvent être réalisées que par un médecin requis à cet effet.

Art. 63-8. — À l'issue de la garde à vue, la personne est, sur instruction du procureur de la République sous la direction duquel l'enquête est menée, soit remise en liberté, soit déférée devant ce magistrat.

Si la personne est remise en liberté à l'issue de la garde à vue sans qu'aucune décision n'ait été prise par le procureur de la République sur l'action publique, les dispositions de l'article 77-2 sont portées à sa connaissance.

Art. 63-9. — Le procureur de la République compétent pour être avisé des placements en garde à vue, en contrôler le déroulement, en ordonner la prolongation et décider de l'issue de la mesure est celui sous la direction duquel l'enquête est menée.

Toutefois, le procureur de la République du lieu où est exécutée la garde à vue est également compétent pour la contrôler et en ordonner la prolongation.

Art. 64. — I. L'officier de police judiciaire établit un procès-verbal mentionnant :

1° Les motifs justifiant le placement en garde à vue, conformément aux 1° à 6° de l'article 62-2 ;

2° La durée des auditions de la personne gardée à vue et des repos qui ont séparé ces auditions, les heures auxquelles elle a pu s'alimenter, le jour et l'heure à partir desquels elle a été gardée à vue, ainsi que le jour et l'heure à partir desquels elle a été soit libérée, soit déférée devant le magistrat compétent ;

3° Le cas échéant, les auditions de la personne gardée à vue effectuées dans une autre procédure pendant la durée de la garde à vue ;

4° Les informations données et les demandes faites en application des articles 63-2 à 63-3-1 et les suites qui leur ont été données ;

5° S'il a été procédé à une fouille intégrale ou à des investigations corporelles internes.

Ces mentions doivent être spécialement émargées par la personne gardée à vue. En cas de refus, il en est fait mention.

II. Les mentions et émargements prévus aux 2° et 5° du I concernant les dates et heures du début et de fin de garde à vue et la durée des auditions et des repos séparant ces auditions ainsi que le recours à des fouilles intégrales ou des investigations corporelles internes figurent également sur un registre spécial, tenu à cet effet dans tout local de police ou de gendarmerie susceptible de recevoir une personne gardée à vue. Ce registre peut être tenu sous forme dématérialisée [(111)].

Dans les corps ou services où les officiers de police judiciaire sont astreints à tenir un carnet de déclarations, les mentions et émargements prévus au premier alinéa du présent II sont également portés sur ce carnet. Seules les mentions sont reproduites au procès-verbal qui est transmis à l'autorité judiciaire.

Art. 64-1 [(112)]. — Les auditions des personnes placées en garde à vue pour crime, réalisées dans les locaux d'un service ou d'une unité de police ou de gendarmerie exerçant une mission de police judiciaire font l'objet d'un enregistrement audiovisuel.

L'enregistrement ne peut être consulté, au cours de l'instruction ou devant la juridiction de jugement, qu'en cas de contestation du contenu du procès-verbal d'audition, sur décision du juge d'instruction ou de la juridiction de jugement, à la demande du ministère public ou d'une des parties. Les huit derniers alinéas de l'article 114 ne sont pas applicables. Lorsqu'une partie demande la consultation de l'enregistrement, cette demande est formée et le juge d'instruction statue conformément aux deux premiers alinéas de l'article 82-1.

Le fait, pour toute personne, de diffuser un enregistrement réalisé en application du présent article est puni d'un an d'emprisonnement et de 15 000 euros d'amende.

À l'expiration d'un délai de cinq ans à compter de la date de l'extinction de l'action publique, l'enregistrement est détruit dans le délai d'un mois.

Lorsque le nombre de personnes gardées à vue devant être simultanément interrogées, au cours de la même procédure ou de procédures distinctes, fait obstacle

(111) Voir sur ce point le décret n° 2016-1447 du 26 octobre 2016 autorisant un traitement automatisé de données à caractère personnel dénommé « Informatisation de la gestion des gardes à vue » et la délibération de la CNIL n° 2016-167 du 26 mai 2016 portant avis sur un projet de décret portant autorisation d'un traitement automatisé de données à caractère personnel dénommé « Informatisation de la gestion des gardes à vue » (demande d'avis n° 1841262).

(112) Article modifié par décision CC n° 2012-228 QPC du 6 avril 2012 qui supprime le septième alinéa de cet article.

à l'enregistrement de toutes les auditions, l'officier de police judiciaire en réfère sans délai au procureur de la République qui désigne, par décision écrite versée au dossier, au regard des nécessités de l'enquête, la ou les personnes dont les auditions ne seront pas enregistrées.

Lorsque l'enregistrement ne peut être effectué en raison d'une impossibilité technique, il en est fait mention dans le procès-verbal d'audition qui précise la nature de cette impossibilité. Le procureur de la République en est immédiatement avisé.

Un décret précise en tant que de besoin les modalités d'application du présent article.

Art. 65. — Si, au cours de sa garde à vue, la personne est entendue dans le cadre d'une procédure suivie du chef d'une autre infraction et qu'il existe des raisons plausibles de soupçonner qu'elle a commis ou tenté de commettre cette infraction, elle doit faire l'objet des informations prévues aux 1°, 3° et 4° de l'article 61-1 et être avertie qu'elle a le droit d'être assistée par un avocat conformément aux articles 63-3-1 à 63-4-3.

N° 49.2 La garde à vue dans le cadre de l'enquête préliminaire : les articles 77 à 78 du Code de procédure pénale (113)

Art. 77. — Les dispositions des articles 61-1 et 61-2 relatives à l'audition d'une personne soupçonnée ou d'une victime ainsi que celles des articles 62-2 à 64-1 relatives à la garde à vue sont applicables lors de l'enquête préliminaire.

Art. 77-1. — S'il y a lieu de procéder à des constatations ou à des examens techniques ou scientifiques, le procureur de la République ou, sur autorisation de celui-ci, l'officier ou l'agent de police judiciaire, a recours à toutes personnes qualifiées.

Les dispositions des deuxième, troisième et quatrième alinéas de l'article 60 sont applicables.

Le procureur de la République peut, par la voie d'instructions générales prises en application de l'article 39-3, autoriser les officiers ou agents de police judiciaire à requérir toutes personnes qualifiées afin de procéder à des examens médicaux ou psychologiques de la victime ou de procéder à des examens médicaux de la personne suspectée d'avoir commis une des infractions mentionnées à l'article 706-47 ou exigés en application de l'article 706-115. Le procureur est avisé sans délai de ces réquisitions. Ces instructions générales ont une durée qui ne peut excéder six mois. Elles peuvent être renouvelées.

Aucune autorisation n'est nécessaire lorsque l'officier de police judiciaire a recours à une personne qualifiée aux fins :

1° De procéder à la comparaison entre une empreinte génétique issue de trace biologique et l'empreinte génétique d'une personne à l'encontre de laquelle

(113) Les articles présentés sont à jour des modifications intervenues depuis les lois n° 2016-731 du 3 juin 2016 renforçant la lutte contre le crime organisé, le terrorisme et leur financement, et améliorant l'efficacité et les garanties de la procédure pénale n° 2019-222 du 23 mars 2019 de programmation 2018-2022 et de réforme pour la justice, n° 2020-1672 du 24 décembre 2020 relative au Parquet européen, à la justice environnementale et à la justice pénale spécialisée, n° 2021-1729 du 22 décembre 2021 pour la confiance dans l'institution judiciaire et n° 2022-299 du 2 mars 2022 visant à combattre le harcèlement scolaire.

il existe une ou plusieurs raisons plausibles de soupçonner qu'elle a commis l'une des infractions mentionnées à l'article 706-55, ou à la comparaison entre plusieurs traces biologiques ;

2° De procéder à la comparaison entre une trace digitale ou palmaire et l'empreinte digitale ou palmaire d'une personne à l'encontre de laquelle il existe une ou plusieurs raisons plausibles de soupçonner qu'elle a commis un crime ou un délit, ou à la comparaison entre plusieurs traces digitales ou palmaires.

Art. 77-1-1. — Le procureur de la République ou, sur autorisation de celui-ci, l'officier ou l'agent de police judiciaire, peut, par tout moyen, requérir de toute personne, de tout établissement ou organisme privé ou public ou de toute administration publique qui sont susceptibles de détenir des informations intéressant l'enquête, y compris, sous réserve de l'article 60-1-2, celles issues d'un système informatique ou d'un traitement de données nominatives, de lui remettre ces informations, notamment sous forme numérique, le cas échéant selon des normes fixées par voie réglementaire, sans que puisse lui être opposée, sans motif légitime, l'obligation au secret professionnel. Lorsque les réquisitions concernent des personnes mentionnées aux articles 56-1 à 56-5, la remise des informations ne peut intervenir qu'avec leur accord.

En cas d'absence de réponse de la personne aux réquisitions, les dispositions du second alinéa de l'article 60-1 sont applicables.

Le dernier alinéa de l'article 60-1 et l'article 60-1-1 sont également applicables.

Le procureur de la République peut, par la voie d'instructions générales prises en application de l'article 39-3, autoriser les officiers ou agents de police judiciaire, pour des catégories d'infractions qu'il détermine, à requérir de toute personne, de tout établissement ou organisme privé ou public ou de toute administration publique, de leur remettre des informations intéressant l'enquête qui sont issues d'un système de vidéoprotection. Le procureur est avisé sans délai de ces réquisitions. Ces instructions générales ont une durée qui ne peut excéder six mois. Elles peuvent être renouvelées.

Art. 77-1-2. — Sur autorisation du procureur de la République, l'officier ou l'agent de police judiciaire peut procéder aux réquisitions prévues par le premier alinéa de l'article 60-2 sous réserve de l'article 60-1-2.

Sur autorisation du juge des libertés et de la détention saisi à cette fin par le procureur de la République, l'officier ou l'agent de police peut procéder aux réquisitions prévues par le deuxième alinéa de l'article 60-2.

Les organismes ou personnes concernés mettent à disposition les informations requises par voie télématique ou informatique dans les meilleurs délais.

Le fait de refuser de répondre sans motif légitime à ces réquisitions est puni conformément aux dispositions du quatrième alinéa de l'article 60-2.

Art. 77-1-3. — Sur autorisation du procureur de la République, l'officier ou l'agent de police judiciaire peut procéder aux réquisitions prévues à l'article 60-3.

Art. 77-2. — I. — À tout moment de l'enquête préliminaire, le procureur de la République peut, lorsqu'il estime que cette décision ne risque pas de porter atteinte à l'efficacité des investigations, indiquer à la personne mise en cause, à la victime ou à leurs avocats qu'une copie de tout ou partie du dossier de la procédure est mise à la disposition de leurs avocats, ou à leur disposition si elles ne sont pas assistées par un avocat, et qu'elles ont la possibilité de formuler toutes observations qui leur paraîtraient utiles.

Ces observations peuvent notamment porter sur la régularité de la procédure, sur la qualification des faits pouvant être retenue, sur le caractère éventuellement insuffisant de l'enquête, sur la nécessité de procéder à de nouveaux actes qui seraient nécessaires à la manifestation de la vérité et sur les modalités d'engagement éventuel des poursuites ou le recours éventuel à la procédure de comparution sur reconnaissance préalable de culpabilité.

II. — Sans préjudice du I, toute personne à l'encontre de laquelle il existe une ou plusieurs raisons plausibles de soupçonner qu'elle a commis ou tenté de commettre, en tant qu'auteur ou complice, une infraction punie d'une peine privative de liberté peut demander au procureur de la République, par lettre recommandée avec demande d'avis de réception ou par déclaration au greffe contre récépissé, de prendre connaissance du dossier de la procédure afin de formuler ses observations lorsqu'au moins l'une des conditions suivantes est remplie :

1° Si la personne a été interrogée dans le cadre d'une audition libre ou d'une garde à vue qui s'est tenue il y a plus d'un an ;

2° S'il a été procédé à une perquisition chez la personne il y a plus d'un an ;

3° S'il a été porté atteinte à la présomption d'innocence de la personne par un moyen de communication au public. Le présent 3° n'est pas applicable lorsque les révélations émanent de la personne elle-même ou de son avocat, directement ou indirectement, ou que l'enquête porte sur des faits relevant des articles 706-73 ou 706-73-1 ou relevant de la compétence du procureur de la République antiterroriste. Lorsqu'une telle demande lui a été présentée et qu'il estime qu'il existe à l'encontre de la personne une ou plusieurs raisons plausibles de soupçonner qu'elle a commis ou tenté de commettre, en tant qu'auteur ou complice, une infraction punie d'une peine privative de liberté, le procureur de la République avise cette personne ou son avocat de la mise à la disposition de son avocat, ou à sa disposition si elle n'est pas assistée par un avocat, d'une copie de la procédure et de la possibilité de formuler les observations prévues au I du présent article, selon les formes mentionnées au premier alinéa du présent II.

Par dérogation au cinquième alinéa du présent II et pour une durée maximale de six mois à compter de la réception de la demande, le procureur de la République peut refuser à la personne la communication de tout ou partie de la procédure si l'enquête est toujours en cours et si cette communication risque de porter atteinte à l'efficacité des investigations. Il statue dans un délai d'un mois à compter de la réception de la demande, par une décision motivée versée au dossier. À défaut, le silence vaut refus de communication. La personne à l'origine de la demande peut contester un refus devant le procureur général, qui statue également dans un délai d'un mois à compter de sa saisine, par une décision motivée versée au dossier. Lorsque l'enquête porte sur des crimes ou délits mentionnés aux articles 706-73 ou 706-73-1 ou relevant de la compétence du procureur de la République antiterroriste, le délai de six mois prévu au présent alinéa est porté à un an.

Dans la période d'un mois qui suit la réception de la demande, le procureur de la République ne peut prendre aucune décision de poursuites hors l'ouverture d'une information, l'application de l'article 393 ou le recours à la procédure de comparution sur reconnaissance préalable de culpabilité prévue aux articles 495-7 à 495-13.

Le procureur de la République peut décider de ne pas mettre à la disposition de la personne certaines pièces de la procédure en raison des risques de pression sur les victimes, les autres personnes mises en cause, leurs avocats, les témoins, les enquêteurs, les experts ou toute autre personne concourant à la procédure.

III. — Lorsqu'une enquête préliminaire fait l'objet d'une demande de communication dans les conditions prévues au II, la victime, si elle a porté plainte, est avisée par le procureur de la République qu'elle dispose des droits prévus au I dans les mêmes conditions que la personne à l'origine de la demande.

IV. — Les observations formulées en application du présent article sont versées au dossier de la procédure. Le procureur de la République apprécie les suites à apporter à ces observations. Il en informe les personnes concernées. S'il refuse de procéder à un acte demandé, sa décision peut être contestée devant le procureur général.

V. — Lorsqu'une période de deux ans s'est écoulée après l'un des actes mentionnés aux 1° et 2° du II, l'enquête préliminaire ne peut se poursuivre à l'égard des personnes ayant fait l'objet de l'un de ces actes et à l'encontre desquelles il existe une ou plusieurs raisons plausibles de soupçonner qu'elles ont commis ou tenté de commettre, en tant qu'auteurs ou complices, une infraction sans que le procureur de la République fasse application du I à leur profit ainsi qu'à celui du plaignant.

Art. 77-3. — La demande mentionnée au II de l'article 77-2 est faite au procureur de la République sous la direction duquel l'enquête est menée. À défaut, si cette information n'est pas connue de la personne, elle peut être adressée au procureur de la République du tribunal judiciaire dans le ressort duquel l'un des actes mentionnés au même article a été réalisé, qui la transmet sans délai au procureur de la République qui dirige l'enquête.

Art. 77-4. — Si les nécessités de l'enquête portant sur un crime ou un délit puni d'au moins trois ans d'emprisonnement l'exigent, le procureur de la République peut décerner mandat de recherche contre toute personne à l'encontre de laquelle il existe une ou plusieurs raisons plausibles de soupçonner qu'elle a commis ou tenté de commettre l'infraction.

Les dispositions des deuxième et troisième alinéas de l'article 70 sont alors applicables.

Art. 78. — Les personnes convoquées par un officier de police judiciaire pour les nécessités de l'enquête sont tenues de comparaître. L'officier de police judiciaire peut contraindre à comparaître par la force publique, avec l'autorisation préalable du procureur de la République, les personnes qui n'ont pas répondu à une convocation à comparaître ou dont on peut craindre qu'elles ne répondent pas à une telle convocation. Le procureur de la République peut également autoriser la comparution par la force publique sans convocation préalable en cas de risque de modification des preuves ou indices matériels, de pressions sur les témoins ou les victimes ainsi que sur leur famille ou leurs proches, ou de concertation entre les coauteurs ou complices de l'infraction.

L'article 62 est applicable.

L'officier de police judiciaire dresse procès-verbal de leurs déclarations. Les agents de police judiciaire désignés à l'article 20 peuvent également, sous le contrôle d'un officier de police judiciaire, entendre les personnes convoquées.

Les procès-verbaux sont dressés dans les conditions prévues par les articles 61 et 62-1.

N° 49.3 La garde à vue dans le cadre d'une commission rogatoire : l'article 154 du Code de procédure pénale (114)

Art. 154. — Les dispositions des articles 61-1 et 61-2 relatives à l'audition d'une personne soupçonnée ou d'une victime ainsi que les articles 61-3 et 62-2 à 64-1 sont applicables lors de l'exécution des commissions rogatoires.

---

(114) L'article est à jour des modifications intervenues avec la loi n° 2014-535 du 27 mai 2014 portant transposition de la directive 2012/13/UE du Parlement européen et du Conseil, du 22 mai 2012, relative au droit à l'information dans le cadre des procédures pénale et la loi n° 2016-731 du 3 juin 2016 renforçant la lutte contre le crime organisé, le terrorisme et leur financement, et améliorant l'efficacité et les garanties de la procédure pénale.

Les attributions conférées au procureur de la République par ces articles sont alors exercées par le juge d'instruction. Lors de la délivrance de l'information prévue aux articles 61-1 et 63-1, il est précisé que l'audition ou la garde à vue intervient dans le cadre d'une commission rogatoire.

8. Le secret de l'instruction

N° 50 Les articles 226-13 et 226-14 du Code pénal [115] et les articles 11 et 11-1 du Code de procédure pénale [116]

Art. 226-13. — La révélation d'une information à caractère secret par une personne qui en est dépositaire soit par état ou par profession, soit en raison d'une fonction ou d'une mission temporaire, est punie d'un an d'emprisonnement et de 15 000 euros d'amende.

Art. 226-14. — L'article 226-13 n'est pas applicable dans les cas où la loi impose ou autorise la révélation du secret. En outre, il n'est pas applicable :

1° À celui qui informe les autorités judiciaires, médicales ou administratives de privations ou de sévices, y compris lorsqu'il s'agit d'atteintes ou mutilations sexuelles, dont il a eu connaissance et qui ont été infligées à un mineur ou à une personne qui n'est pas en mesure de se protéger en raison de son âge ou de son incapacité physique ou psychique ;

2° Au médecin ou à tout autre professionnel de santé qui, avec l'accord de la victime, porte à la connaissance du procureur de la République ou de la cellule de recueil, de traitement et d'évaluation des informations préoccupantes relatives aux mineurs en danger ou qui risquent de l'être, mentionnée au deuxième alinéa de l'article L. 226-3 du code de l'action sociale et des familles, les sévices ou privations qu'il a constatés, sur le plan physique ou psychique, dans l'exercice de sa profession et qui lui permettent de présumer que des violences physiques, sexuelles ou psychiques de toute nature ont été commises. Lorsque la victime est un mineur ou une personne qui n'est pas en mesure de se protéger en raison de son âge ou de son incapacité physique ou psychique, son accord n'est pas nécessaire ;

3° Au médecin ou à tout autre professionnel de santé qui porte à la connaissance du procureur de la République une information relative à des violences exercées au sein du couple relevant de l'article 132-80 du présent code, lorsqu'il estime en

(115) Les articles sont à jour des modifications intervenues avec la loi n° 2015-1402 du 5 novembre 2015 tendant à clarifier la procédure de signalement de situations de maltraitance par les professionnels de santé et la loi n° 2020-936 du 30 juillet 2020 visant à protéger les victimes de violences conjugales.

(116) Ces articles sont à jour des modifications intervenues avec la loi n° 2021-1729 du 22 décembre 2021 pour la confiance dans l'institution judiciaire.

conscience que ces violences mettent la vie de la victime majeure en danger immédiat et que celle-ci n'est pas en mesure de se protéger en raison de la contrainte morale résultant de l'emprise exercée par l'auteur des violences. Le médecin ou le professionnel de santé doit s'efforcer d'obtenir l'accord de la victime majeure ; en cas d'impossibilité d'obtenir cet accord, il doit l'informer du signalement fait au procureur de la République ;

4° Aux professionnels de la santé ou de l'action sociale qui informent le préfet et, à Paris, le préfet de police du caractère dangereux pour elles-mêmes ou pour autrui des personnes qui les consultent et dont ils savent qu'elles détiennent une arme ou qu'elles ont manifesté leur intention d'en acquérir une.

Le signalement aux autorités compétentes effectué dans les conditions prévues au présent article ne peut engager la responsabilité civile, pénale ou disciplinaire de son auteur, sauf s'il est établi qu'il n'a pas agi de bonne foi.

....

Art. 11. — Sauf dans le cas où la loi en dispose autrement et sans préjudice des droits de la défense, la procédure au cours de l'enquête et de l'instruction est secrète.

Toute personne qui concourt à cette procédure est tenue au secret professionnel dans les conditions et sous les peines prévues à l'article 434-7-2 du Code pénal.

Toutefois, afin d'éviter la propagation d'informations parcellaires ou inexactes ou pour mettre fin à un trouble à l'ordre public ou lorsque tout autre impératif d'intérêt public le justifie, le procureur de la République peut, d'office et à la demande de la juridiction d'instruction ou des parties, directement ou par l'intermédiaire d'un officier de police judiciaire agissant avec son accord et sous son contrôle, rendre publics des éléments objectifs tirés de la procédure ne comportant aucune appréciation sur le bien-fondé des charges retenues contre les personnes mises en cause.

Art. 11-1. — Sur autorisation du procureur de la République ou du juge d'instruction selon le cas, peuvent être communiqués à des autorités ou organismes habilités à cette fin par arrêté du ministre de la justice, pris le cas échéant après avis du ou des ministres intéressés, des éléments des procédures judiciaires en cours permettant de réaliser des recherches ou enquêtes scientifiques ou techniques, destinées notamment à prévenir la commission d'accidents, ou de faciliter l'indemnisation des victimes ou la prise en charge de la répartition de leur préjudice. Les agents de ces autorités ou organismes sont alors tenus au secret professionnel en ce qui concerne ces informations, dans les conditions et sous les peines des articles 226-13 et 226-14 du Code pénal.

9. Le contrôle judiciaire et la détention provisoire

N° 51.1 Le contrôle judiciaire et la détention provisoire : les articles 137 à 137-4 du Code de procédure pénale (117)

Art. 137. — Toute personne mise en examen, présumée innocente, demeure libre.

Toutefois, en raison des nécessités de l'instruction ou à titre de mesure de sûreté, elle peut être astreinte à une ou plusieurs obligations du contrôle judiciaire ou, si celles-ci se révèlent insuffisantes, être assignée à résidence avec surveillance électronique.

À titre exceptionnel, si les obligations du contrôle judiciaire ou de l'assignation à résidence avec surveillance électronique ne permettent pas d'atteindre ces objectifs, elle peut être placée en détention provisoire.

Art. 137-1. — La détention provisoire est ordonnée ou prolongée par le juge des libertés et de la détention. Les demandes de mise en liberté lui sont également soumises.

Lorsque le juge des libertés et de la détention statue à l'issue d'un débat contradictoire, il est assisté d'un greffier. Il peut alors faire application de l'article 93.

Il ne peut, à peine de nullité, participer au jugement des affaires pénales dont il a connu.

Hors le cas prévu par le deuxième alinéa de l'article 137-4, il est saisi par une ordonnance motivée du juge d'instruction, qui lui transmet le dossier de la procédure accompagné des réquisitions du procureur de la République. Lorsque le juge des libertés et de la détention doit statuer en application de l'article 145, le juge d'instruction peut indiquer dans son ordonnance si la publicité de ce débat lui paraît devoir être écartée au regard d'une ou plusieurs des raisons mentionnées au sixième alinéa de cet article.

Art. 137-1-1. — Le juge des libertés et de la détention peut être suppléé en cas de vacance d'emploi, d'absence ou d'empêchement, par un magistrat du siège du premier grade ou hors hiérarchie désigné par le président du tribunal judiciaire. En cas d'empêchement de ces magistrats, le président du tribunal judiciaire peut désigner un magistrat du second grade.

Pour l'organisation du service de fin de semaine ou du service allégé pendant la période au cours de laquelle les magistrats bénéficient de leurs congés annuels, le juge des libertés et de la détention d'un tribunal judiciaire peut être désigné afin d'exercer concurremment ces fonctions dans, au plus, deux autres tribunaux judiciaires du ressort de la cour d'appel ; cette désignation est décidée par ordonnance du premier président prise à la demande des présidents de ces juridictions

---

(117) Les articles présentés sont à jour des modifications introduites par l'ordonnance n° 2019-964 du 18 septembre 2019 prise en application de la loi n° 2019-222 du 23 mars 2019 de programmation 2018-2022 et de réforme pour la justice et n° 2021-1729 du 22 décembre 2021 pour la confiance dans l'institution judiciaire.

et après avis du président du tribunal judiciaire concerné ; elle en précise le motif et la durée, ainsi que les tribunaux pour lesquels elle s'applique ; la durée totale d'exercice concurrent des fonctions de juge des libertés et de la détention dans plusieurs tribunaux judiciaires ne peut excéder quarante jours au cours de l'année judiciaire.

La désignation prévue à l'alinéa précédent peut également être ordonnée, selon les mêmes modalités et pour une durée totale, intermittente ou continue, qui ne peut excéder quarante jours, lorsque, pour cause de vacance d'emploi ou d'empêchement, aucun magistrat n'est susceptible, au sein d'une juridiction, d'exercer les fonctions de juge des libertés et de la détention.

Art. 137-2. — Le contrôle judiciaire est ordonné par le collège de l'instruction, qui statue après avoir recueilli les réquisitions du procureur de la République.

Le contrôle judiciaire peut être également ordonné par le juge des libertés et de la détention, lorsqu'il est saisi.

Art. 137-3. — Le juge des libertés et de la détention statue par ordonnance motivée. Lorsqu'il ordonne ou prolonge une détention provisoire ou qu'il rejette une demande de mise en liberté, l'ordonnance doit comporter l'énoncé des considérations de droit et de fait sur le caractère insuffisant des obligations du contrôle judiciaire ou de l'assignation à résidence avec surveillance électronique et le motif de la détention par référence aux seules dispositions des articles 143-1 et 144. En matière correctionnelle, les décisions prolongeant la détention provisoire au-delà de huit mois ou rejetant une demande de mise en liberté concernant une détention de plus de huit mois doivent également comporter l'énoncé des considérations de fait sur le caractère insuffisant des obligations de l'assignation à résidence avec surveillance électronique mobile, prévue au troisième alinéa de l'article 142-5 et à l'article 142-12-1, ou du dispositif électronique prévu à l'article 138-3, lorsque cette mesure peut être ordonnée au regard de la nature des faits reprochés.

Dans tous les cas, l'ordonnance est notifiée à la personne mise en examen qui en reçoit copie intégrale contre émargement au dossier de la procédure.

Art. 137-4. — Lorsque, saisi de réquisitions du procureur de la République tendant au placement en détention provisoire, le juge d'instruction estime que cette détention n'est pas justifiée et qu'il décide de ne pas transmettre le dossier de la procédure au juge des libertés et de la détention, il est tenu de statuer sans délai par ordonnance motivée, qui est immédiatement portée à la connaissance du procureur de la République. En matière criminelle ou pour les délits punis de dix ans d'emprisonnement, le procureur de la République peut alors, si les réquisitions sont motivées, en tout ou partie, par les motifs prévus aux 4° à 7° de l'article 144 et qu'elles précisent qu'il envisage de faire application des dispositions du présent alinéa, saisir directement le juge des libertés et de la détention en déférant sans délai devant lui la personne mise en examen ; l'ordonnance rendue par le juge des libertés et de la détention entraîne le cas échéant la caducité de l'ordonnance du juge d'instruction ayant placé la personne sous contrôle judiciaire. S'il renonce à saisir directement le juge des libertés et de la détention, le procureur de la République en avise le juge d'instruction et la personne peut être laissée en liberté.

N° 51.2 Le contrôle judiciaire : les articles 138 à 142-4 du Code de procédure pénale (118)

Art. 138. — Le contrôle judiciaire peut être ordonné par le juge d'instruction ou par le juge des libertés et de la détention si la personne mise en examen encourt une peine d'emprisonnement correctionnel ou une peine plus grave.

Ce contrôle astreint la personne concernée à se soumettre, selon la décision du juge d'instruction ou du juge des libertés et de la détention, à une ou plusieurs des obligations ci-après énumérées :

1° Ne pas sortir des limites territoriales déterminées par le juge d'instruction ou le juge des libertés et de la détention ;

2° Ne s'absenter de son domicile ou de la résidence fixée par le juge d'instruction ou le juge des libertés et de la détention qu'aux conditions et pour les motifs déterminés par ce magistrat ;

3° Ne pas se rendre en certains lieux ou ne se rendre que dans les lieux déterminés par le juge d'instruction ou le juge des libertés et de la détention ;

3° bis Ne pas participer à des manifestations sur la voie publique dans des lieux déterminés par le juge d'instruction ou le juge des libertés et de la détention ;

4° Informer le juge d'instruction ou le juge des libertés et de la détention de tout déplacement au-delà de limites déterminées ;

5° Se présenter périodiquement aux services, associations habilitées ou autorités désignés par le juge d'instruction ou le juge des libertés et de la détention qui sont tenus d'observer la plus stricte discrétion sur les faits reprochés à la personne mise en examen ;

6° Répondre aux convocations de toute autorité, de toute association ou de toute personne qualifiée désignée par le juge d'instruction ou le juge des libertés et de la détention et se soumettre, le cas échéant, aux mesures de contrôle portant sur ses activités professionnelles ou sur son assiduité à un enseignement ainsi qu'aux mesures socio-éducatives destinées à favoriser son insertion sociale et à prévenir le renouvellement de l'infraction ;

7° Remettre soit au greffe, soit à un service de police ou à une brigade de gendarmerie tous documents justificatifs de l'identité, et notamment le passeport, en échange d'un récépissé valant justification de l'identité ;

8° S'abstenir de conduire tous les véhicules, certains véhicules ou un véhicule qui ne soit pas équipé, par un professionnel agréé ou par construction, d'un dispositif homologué d'antidémarrage par éthylotest électronique et, le cas échéant, remettre au greffe son permis de conduire contre récépissé ; toutefois, le juge d'instruction ou le juge des libertés et de la détention peut décider que la personne mise en examen pourra faire usage de son permis de conduire pour l'exercice de son activité professionnelle ;

---

(118) Les articles présentées sont à jour des modifications introduites par les lois n° 2014-896 du 15 août 2014 relative à l'individualisation des peines et renforçant l'efficacité des sanctions pénales, n° 2016-731 du 3 juin 2016 renforçant la lutte contre le crime organisé, le terrorisme et leur financement, et améliorant l'efficacité et les garanties de la procédure pénale, n° 2016-1547 du 18 novembre 2016 de modernisation de la justice du XXIe siècle, n° 2016-1691 du 9 décembre 2016 relative à la transparence, à la lutte contre la corruption et à la modernisation de la vie économique et n° 2019-1480 du 28 décembre 2019 visant à agir contre les violences au sein de la famille et n° 2020-936 du 30 juillet 2020 visant à protéger les victimes de violences conjugales.

9° S'abstenir de recevoir ou de rencontrer certaines personnes spécialement désignées par le juge d'instruction ou le juge des libertés et de la détention, ainsi que d'entrer en relation avec elles, de quelque façon que ce soit ;

10° Se soumettre à des mesures d'examen, de traitement ou de soins, même sous le régime de l'hospitalisation, notamment aux fins de désintoxication. Une copie de l'ordonnance de placement sous contrôle judiciaire est adressée par le juge d'instruction au médecin ou au psychologue qui doit suivre la personne mise en examen. Les rapports des expertises réalisées pendant l'enquête ou l'instruction sont adressés au médecin ou au psychologue, à leur demande ou à l'initiative du juge d'instruction. Celui-ci peut également leur adresser toute autre pièce utile du dossier ;

11° Fournir un cautionnement dont le montant et les délais de versement, en une ou plusieurs fois, sont fixés par le juge d'instruction ou le juge des libertés et de la détention, compte tenu notamment des ressources et des charges de la personne mise en examen ;

12° Ne pas se livrer à certaines activités de nature professionnelle ou sociale, à l'exclusion de l'exercice des mandats électifs et des responsabilités syndicales, lorsque l'infraction a été commise dans l'exercice ou à l'occasion de l'exercice de ces activités et lorsqu'il est à redouter qu'une nouvelle infraction soit commise. Lorsque l'activité concernée est celle d'un avocat, le conseil de l'ordre, saisi par le juge d'instruction ou le juge des libertés et de la détention, a seul le pouvoir de prononcer cette mesure à charge d'appel, dans les conditions prévues à l'article 24 de la loi n° 71-1130 du 31 décembre 1971 portant réforme de certaines professions judiciaires et juridiques ; le conseil de l'ordre statue dans les quinze jours ;

12° bis Ne pas exercer une activité impliquant un contact habituel avec des mineurs lorsqu'il est à redouter qu'une nouvelle infraction soit commise ;

13° Ne pas émettre de chèques autres que ceux qui permettent exclusivement le retrait de fonds par le tireur auprès du tiré ou ceux qui sont certifiés et, le cas échéant, remettre au greffe les formules de chèques dont l'usage est ainsi prohibé ;

14° Ne pas détenir ou porter une arme et, le cas échéant, remettre au greffe contre récépissé les armes dont elle est détentrice ;

15° Constituer, dans un délai, pour une période et un montant déterminés par le juge d'instruction ou le juge des libertés et de la détention, des sûretés personnelles ou réelles ;

16° Justifier qu'elle contribue aux charges familiales ou acquitte régulièrement les aliments qu'elle a été condamnée à payer conformément aux décisions judiciaires et aux conventions judiciairement homologuées portant obligation de verser des prestations, subsides ou contributions aux charges du mariage ;

17° En cas d'infraction commise soit contre son conjoint, son concubin ou son partenaire lié par un pacte civil de solidarité, soit contre ses enfants ou ceux de son conjoint, concubin ou partenaire, résider hors du domicile ou de la résidence du couple et, le cas échéant, s'abstenir de paraître dans ce domicile ou cette résidence ou aux abords immédiats de celui-ci, ainsi que, si nécessaire, faire l'objet d'une prise en charge sanitaire, sociale ou psychologique ; les dispositions du présent 17° sont également applicables lorsque l'infraction est commise par l'ancien conjoint ou concubin de la victime, ou par la personne ayant été liée à elle par un pacte civil de solidarité, le domicile concerné étant alors celui de la victime. Pour l'application du présent 17°, le juge d'instruction recueille ou fait recueillir, dans les meilleurs délais et par tous moyens, l'avis de la victime sur l'opportunité d'astreindre l'auteur des faits à résider hors du logement du couple. Sauf circonstances particulières, cette mesure est prise lorsque sont en cause des faits de violences susceptibles d'être renouvelés et que la victime la sollicite. Le juge d'instruction peut préciser les modalités de prise en charge des frais afférents à ce logement. Lorsqu'est prononcée l'une des obligations prévues au 9°, au présent 17° ou au 17° bis, le juge d'instruction ou le juge des libertés et de la détention se prononce, par une décision motivée, sur la suspension du droit de visite et d'hébergement de l'enfant mineur dont la personne mise en examen est titulaire ;

17° bis Respecter l'interdiction de se rapprocher d'une victime de violences commises au sein du couple prévue à l'article 138-3 et contrôlée par un dispositif électronique mobile anti-rapprochement ;

18° Respecter les conditions d'une prise en charge sanitaire, sociale, éducative ou psychologique, destinée à permettre sa réinsertion et l'acquisition des valeurs de la citoyenneté ; cette prise en charge peut, le cas échéant, intervenir au sein d'un établissement d'accueil adapté dans lequel la personne est tenue de résider.

Les modalités d'application du présent article, en ce qui concerne notamment l'habilitation des personnes contribuant au contrôle judiciaire sont déterminées en tant que de besoin par un décret en Conseil d'État.

Art. 138-1. — Lorsque la personne mise en examen est soumise à l'interdiction de recevoir, ou rencontrer la victime ou d'entrer en relation de quelque façon que ce soit avec elle en application des dispositions du 9° de l'article 138, le juge d'instruction ou le juge des libertés et de la détention adresse à celle-ci un avis l'informant de cette mesure ; si la victime est partie civile, cet avis est également adressé à son avocat.

Cet avis précise les conséquences susceptibles de résulter pour la personne mise en examen du non-respect de cette interdiction.

Art. 138-2. — En cas de poursuites pour un crime ou pour une infraction mentionnée à l'article 706-47, le juge d'instruction ou le juge des libertés et de la détention peut, d'office ou sur réquisition du ministère public, décider dans son ordonnance de placement sous contrôle judiciaire qu'une copie de cette ordonnance est transmise à la personne chez qui le mis en examen établit sa résidence si cette transmission apparaît nécessaire pour prévenir le renouvellement de l'infraction.

Lorsque la personne mise en examen pour l'une des infractions mentionnées au premier alinéa du présent article est scolarisée ou a vocation à poursuivre sa scolarité dans un établissement scolaire, public ou privé, copie de l'ordonnance est, dans tous les cas, transmise par le juge d'instruction à l'autorité académique et, le cas échéant, au chef d'établissement concerné ; le juge d'instruction informe également ces autorités des décisions modifiant les obligations du contrôle judiciaire ayant une incidence sur le lieu ou le mode de scolarisation de la personne.

Les personnes à qui des décisions ont été transmises en application du deuxième alinéa ne peuvent faire état des renseignements ainsi obtenus qu'aux personnels qui sont responsables de la sécurité et de l'ordre dans l'établissement et, le cas échéant, dans les structures chargées de l'hébergement des élèves et aux professionnels, soumis au secret professionnel, qui sont chargés du suivi social et sanitaire des élèves. Le partage de ces informations est strictement limité à ce qui est nécessaire à l'exercice de leurs missions.

Sans préjudice des dispositions de l'article 226-13 du Code pénal réprimant la violation du secret professionnel, le fait, pour les personnes à qui des décisions ont été transmises en application du présent article ou qui ont eu connaissance des informations qu'elles contiennent en application de l'avant-dernier alinéa, de communiquer ces décisions ou leur contenu à des tiers non autorisés à partager ces informations est puni d'une amende de 3 750 €.

Art. 138-3. — En cas d'infraction punie d'au moins trois ans d'emprisonnement commise contre son conjoint, son concubin ou le partenaire lié à elle par un pacte civil de solidarité, y compris lorsqu'ils ne cohabitent pas, ou commise par l'ancien conjoint ou concubin de la victime ou par le partenaire ayant été lié à elle par un pacte civil de solidarité, le juge peut, à la demande ou avec le consentement exprès de la victime, qui peut être recueilli par tout moyen :

1° Interdire à la personne placée sous contrôle judiciaire de se rapprocher de la victime à moins d'une certaine distance fixée par la décision ;

2° Et, afin d'assurer le respect de l'interdiction prévue au 1°, astreindre cette personne au port, pendant toute la durée du placement, d'un bracelet intégrant un émetteur permettant à tout moment de déterminer à distance sa localisation sur l'ensemble du territoire national et si elle s'approche de la victime à qui a été attribué un dispositif électronique permettant également sa localisation.

La personne placée sous contrôle judiciaire est avisée que la pose du bracelet ne peut être effectuée sans son consentement mais que le fait de la refuser constitue une violation des obligations qui lui incombent et peut donner lieu à la révocation de la mesure et à son placement en détention provisoire. Ce dispositif est homologué par le ministre de la justice. Sa mise en œuvre doit garantir le respect de la dignité, de l'intégrité et de la vie privée de la personne et ne pas entraver son insertion sociale.

Les dispositions du présent article sont précisées par décret en Conseil d'État. Ce décret en Conseil d'État, pris après avis de la Commission nationale de l'informatique et des libertés, autorise la mise en œuvre d'un traitement automatisé de données à caractère personnel assurant le contrôle à distance de la localisation de la personne placée sous contrôle judiciaire et de la victime ; ces dispositions peuvent étendre les finalités du traitement prévu à l'article 763-13. Les personnes contribuant à ce contrôle à distance, qui ne peut conduire à imposer la présence de la personne placée sous contrôle judiciaire dans certains lieux, peuvent être des personnes privées habilitées dans des conditions prévues par ce décret.

Art. 139. — La personne mise en examen est placée sous contrôle judiciaire par une ordonnance du juge d'instruction qui peut être prise en tout état de l'instruction.

Le juge d'instruction peut, à tout moment, imposer à la personne placée sous contrôle judiciaire une ou plusieurs obligations nouvelles, supprimer tout ou partie des obligations comprises dans le contrôle, modifier une ou plusieurs de ces obligations ou accorder une dispense occasionnelle ou temporaire d'observer certaines d'entre elles.

La personne mise en examen est placée sous contrôle judiciaire par une ordonnance du collège de l'instruction qui peut être prise en tout état de l'instruction.

Le collège de l'instruction peut, à tout moment, imposer à la personne placée sous contrôle judiciaire une ou plusieurs obligations nouvelles, supprimer tout ou partie des obligations comprises dans le contrôle, modifier une ou plusieurs de ces obligations ou accorder une dispense occasionnelle ou temporaire d'observer certaines d'entre elles.

Art. 140. — La mainlevée du contrôle judiciaire peut être ordonnée à tout moment par le juge d'instruction, soit d'office, soit sur les réquisitions du procureur de la République, soit sur la demande de la personne après avis du procureur de la République.

Le juge d'instruction statue sur la demande de la personne dans un délai de cinq jours, par ordonnance motivée. Faute par le juge d'instruction d'avoir statué dans ce délai, la personne peut saisir directement de sa demande la chambre de l'instruction qui, sur les réquisitions écrites et motivées du procureur général, se prononce dans les vingt jours de sa saisine. À défaut, la mainlevée du contrôle judiciaire est acquise de plein droit, sauf si des vérifications concernant la demande de la personne ont été ordonnées.

La mainlevée du contrôle judiciaire peut être ordonnée à tout moment par le collège de l'instruction, soit d'office, soit sur les réquisitions du procureur de la République, soit sur la demande de la personne après avis du procureur de la République.

Le collège de l'instruction statue sur la demande de la personne dans un délai de cinq jours, par ordonnance motivée.

Faute par le collège de l'instruction d'avoir statué dans ce délai, la personne peut saisir directement de sa demande la chambre de l'instruction qui, sur les réquisitions écrites et motivées du procureur général, se prononce dans les vingt jours de sa saisine.

À défaut, la mainlevée du contrôle judiciaire est acquise de plein droit, sauf si des vérifications concernant la demande de la personne ont été ordonnées.

Art. 141-1. — Les pouvoirs conférés au juge d'instruction par les articles 139 et 140 appartiennent, en tout état de cause, à la juridiction compétente selon les distinctions de l'article 148-1.

Les pouvoirs conférés au collège de l'instruction par les articles 139 et 140 appartiennent, en tout état de cause, à la juridiction compétente selon les distinctions de l'article 148-1.

Art. 141-2. — Si la personne mise en examen se soustrait volontairement aux obligations du contrôle judiciaire, le juge d'instruction peut décerner à son encontre mandat d'arrêt ou d'amener. Il peut également, dans les conditions prévues au quatrième alinéa de l'article 137-1, saisir le juge des libertés et de la détention aux fins de placement en détention provisoire. Quelle que soit la peine d'emprisonnement encourue, le juge des libertés et de la détention peut décerner, à l'encontre de cette personne, un mandat de dépôt en vue de sa détention provisoire, sous réserve des dispositions de l'article 141-3.

Si la personne se soustrait aux obligations du contrôle judiciaire alors qu'elle est renvoyée devant la juridiction de jugement, le procureur de la République peut, hors le cas prévu par l'article 272-1, saisir le juge des libertés et de la détention pour que celui-ci décerne mandat d'arrêt ou d'amener à son encontre. Ce magistrat est également compétent pour ordonner, conformément aux dispositions de l'article 135-2, le placement en détention provisoire de l'intéressé. Les articles 141-4 et 141-5 sont applicables ; les attributions confiées au juge d'instruction par ces mêmes articles sont alors exercées par le procureur de la République.

Art. 141-3. — Lorsque la détention provisoire est ordonnée à la suite d'une révocation du contrôle judiciaire à l'encontre d'une personne antérieurement placée en détention provisoire pour les mêmes faits, la durée cumulée des détentions ne peut excéder de plus de quatre mois la durée maximale de la détention prévue respectivement aux articles 145-1 et 145-2. Lorsque la peine encourue est inférieure à celle mentionnée à l'article 143-1, la durée totale des détentions ne peut excéder quatre mois.

Art. 141-4. — Les services de police et les unités de gendarmerie peuvent, d'office ou sur instruction du juge d'instruction, appréhender toute personne placée sous contrôle judiciaire à l'encontre de laquelle il existe une ou plusieurs raisons plausibles de soupçonner qu'elle a manqué aux obligations qui lui incombent au titre des 1°, 2°, 3°, 8°, 9°, 14°, 17° et 17°bis de l'article 138. La personne peut alors, sur décision d'un officier de police judiciaire, être retenue vingt-quatre heures au plus dans un local de police ou de gendarmerie afin que soit vérifiée sa situation et qu'elle soit entendue sur la violation de ses obligations.

Dès le début de la mesure, l'officier de police judiciaire informe le juge d'instruction.

La personne retenue est immédiatement informée par l'officier de police judiciaire ou, sous le contrôle de celui-ci, par un agent de police judiciaire dans une langue qu'elle comprend, de la durée maximale de la mesure, de la nature des obligations qu'elle est soupçonnée avoir violée et du fait qu'elle bénéficie :

1° du droit de faire prévenir un proche et son employeur ainsi que, si elle est de nationalité étrangère, les autorités consulaires de l'État dont elle est ressortissante, conformément à l'article 63-2 ;

2° du droit d'être examinée par un médecin, conformément à l'article 63-3 ;

3° du droit d'être assistée par un avocat, conformément aux articles 63-3-1 à 63-4-3 ;

4° s'il y a lieu, du droit d'être assistée par un interprète ;

5° du droit, lors des auditions, après avoir décliné son identité, de faire des déclarations, de répondre aux questions qui lui sont posées ou de se taire.

Les pouvoirs conférés au procureur de la République par les articles 63-2 et 63-3 sont exercés par le juge d'instruction.

La retenue s'exécute dans des conditions assurant le respect de la dignité de la personne. Seules peuvent être imposées à la personne retenue les mesures de sécurité strictement nécessaires. La personne retenue ne peut faire l'objet d'investigations corporelles internes au cours de sa rétention par le service de police ou par l'unité de gendarmerie.

L'article 64 est applicable à la présente mesure de retenue.

À l'issue de la mesure, le juge d'instruction peut ordonner que la personne soit conduite devant lui, le cas échéant pour qu'il saisisse le juge des libertés et de la détention aux fins de révocation du contrôle judiciaire.

Le juge d'instruction peut également demander à un officier ou un agent de police judiciaire d'aviser la personne qu'elle est convoquée devant lui à une date ultérieure.

Le présent article est également applicable aux personnes placées sous assignation à résidence avec surveillance électronique.

Art. 141-5. — Les services de police et les unités de gendarmerie peuvent, selon les modalités prévues aux articles 56 à 58 et pendant les heures prévues à l'article 59, et après avoir recueilli l'accord du juge d'instruction ou sur instruction de ce magistrat, procéder à une perquisition chez une personne qui, placée sous contrôle judiciaire ou sous assignation à résidence avec surveillance électronique, est soumise à l'interdiction de détenir une arme, lorsqu'il existe des indices graves ou concordants que des armes se trouvent actuellement à son domicile.

Si des armes sont découvertes, elles sont saisies et placées sous scellés.

Art. 142. — Lorsque la personne mise en examen est astreinte à fournir un cautionnement ou à constituer des sûretés, ce cautionnement ou ces sûretés garantissent :

1° La représentation de la personne mise en examen, du prévenu ou de l'accusé à tous les actes de la procédure et pour l'exécution du jugement, ainsi que, le cas échéant, l'exécution des autres obligations qui lui ont été imposées ;

2° Le paiement dans l'ordre suivant :

a) De la réparation des dommages causés par l'infraction et des restitutions, ainsi que de la dette alimentaire lorsque la personne mise en examen est poursuivie pour le défaut de paiement de cette dette ;

b) Des amendes.

La décision du juge d'instruction ou du juge des libertés et de la détention, détermine les sommes affectées à chacune des deux parties du cautionnement ou des sûretés. Le juge d'instruction ou le juge des libertés et de la détention peut toutefois décider que les sûretés garantiront dans leur totalité le paiement des sommes prévues au 2° ou l'une ou l'autre de ces sommes.

Lorsque les sûretés garantissent, en partie ou en totalité, les droits d'une ou plusieurs victimes qui ne sont pas encore identifiées ou qui ne sont pas encore constituées parties civiles, elles sont établies, dans des conditions précisées par décret en Conseil d'État, au nom d'un bénéficiaire provisoire agissant pour le compte de ces victimes et, le cas échéant, du Trésor.

Un décret en Conseil d'État fixe le montant au-delà duquel le cautionnement ne peut être effectué en espèces, sauf décision contraire du juge des libertés et de la détention ou du juge d'instruction.

Art. 142-1. — Le juge d'instruction ou le juge des libertés et de la détention peut, avec le consentement de la personne mise en examen, ordonner, ou décider, que la partie du cautionnement affectée à la garantie des droits de la victime ou du créancier d'une dette alimentaire soit versée à ceux-ci par provision, sur leur demande.

Ce versement peut aussi être ordonné, ou décidé, même sans le consentement de la personne mise en examen, lorsqu'une décision de justice exécutoire a accordé à la victime ou au créancier une provision à l'occasion des faits qui sont l'objet des poursuites.

Art. 142-2. — La première partie du cautionnement est restituée ou la première partie des sûretés est levée si la personne mise en examen, le prévenu ou l'accusé s'est présenté à tous les actes de la procédure, a satisfait aux obligations du contrôle judiciaire et s'est soumis à l'exécution du jugement.

Dans le cas contraire, sauf motif légitime d'excuse ou décision de non-lieu, de relaxe, d'acquittement ou d'exemption de peine, la première partie du cautionnement est acquise à l'État, ou il est procédé au recouvrement de la créance garantie par la première partie des sûretés.

Art. 142-3. — Le montant affecté à la deuxième partie du cautionnement qui n'a pas été versé à la victime de l'infraction ou au créancier d'une dette alimentaire est restitué en cas de non-lieu et, sauf s'il est fait application de l'article 372, en cas d'absolution ou d'acquittement.

En cas de condamnation, il est employé conformément aux dispositions du 2° de l'article 142. Le surplus est restitué lorsque la condamnation est définitive.

La deuxième partie des sûretés est levée ou il est procédé au recouvrement des créances que cette partie garantit selon les distinctions prévues aux deux alinéas précédents.

Les conditions d'application du présent article sont fixées par un décret en Conseil d'État.

Art. 142-4. — Lorsqu'une juridiction de jugement est appelée à statuer dans les cas prévus à la présente sous-section, elle le fait dans les conditions déterminées par l'article 148-2.

N° 51.3 La détention provisoire : les articles 143-1 à 148-8 du Code de procédure pénale (119)

Art. 143-1. — Sous réserve des dispositions de l'article 137, la détention provisoire ne peut être ordonnée ou prolongée que dans l'un des cas ci-après énumérés :

1° La personne mise en examen encourt une peine criminelle ;

(119) Les articles présentés sont à jour des modifications intervenues depuis les lois n° 2014-896 du 15 août 2014 relative à l'individualisation des peines et renforçant l'efficacité des sanctions pénales, n° 2015-993 du 17 août 2015 portant adaptation de la procédure pénale au droit de l'Union européenne, n° 2016-731 du 3 juin 2016 renforçant la lutte contre le crime organisé, le terrorisme et leur financement, et améliorant l'efficacité et les garanties de la procédure pénale, n° 2016-1547 du 18 novembre 2016 de modernisation de la justice du XXIe siècle, n° 2019-222 du 23 mars 2019 de programmation 2018-2022 et de réforme pour la justice, n° 2021-403 du 8 avril 2021 tendant à garantir le droit au respect de la dignité en détention et n° 2021-1729 du 22 décembre 2021 pour la confiance dans l'institution judiciaire.

2° La personne mise en examen encourt une peine correctionnelle d'une durée égale ou supérieure à trois ans d'emprisonnement.

La détention provisoire peut également être ordonnée dans les conditions prévues à l'article 141-2 lorsque la personne mise en examen se soustrait volontairement aux obligations du contrôle judiciaire ou d'une assignation à résidence avec surveillance électronique.

Art. 144. — La détention provisoire ne peut être ordonnée ou prolongée que s'il est démontré, au regard des éléments précis et circonstanciés résultant de la procédure, qu'elle constitue l'unique moyen de parvenir à l'un ou plusieurs des objectifs suivants et que ceux-ci ne sauraient être atteints en cas de placement sous contrôle judiciaire ou d'assignation à résidence avec surveillance électronique :

1° Conserver les preuves ou les indices matériels qui sont nécessaires à la manifestation de la vérité ;

2° Empêcher une pression sur les témoins ou les victimes ainsi que sur leur famille ;

3° Empêcher une concertation frauduleuse entre la personne mise en examen et ses coauteurs ou complices ;

4° Protéger la personne mise en examen ;

5° Garantir le maintien de la personne mise en examen à la disposition de la justice ;

6° Mettre fin à l'infraction ou prévenir son renouvellement ;

7° Mettre fin au trouble exceptionnel et persistant à l'ordre public provoqué par la gravité de l'infraction, les circonstances de sa commission ou l'importance du préjudice qu'elle a causé. Ce trouble ne peut résulter du seul retentissement médiatique de l'affaire. Toutefois, le présent alinéa n'est pas applicable en matière correctionnelle.

Art. 144-1. — (article modifié par la décision du Conseil constitutionnel n° 2020-858/859 QPC du 2 octobre 2020) La détention provisoire ne peut excéder une durée raisonnable, au regard de la gravité des faits reprochés à la personne mise en examen et de la complexité des investigations nécessaires à la manifestation de la vérité.

Sans préjudice des dispositions de l'article 803-8 garantissant le droit de la personne d'être détenue dans des conditions respectant sa dignité, le juge d'instruction ou, s'il est saisi, le juge des libertés et de la détention doit ordonner la mise en liberté immédiate de la personne placée en détention provisoire, selon les modalités prévues à l'article 147, dès que les conditions prévues à l'article 144 et au présent article ne sont pas remplies.

Art. 144-2. — Lorsqu'une mise en liberté est ordonnée en raison des dispositions des articles 143-1, 144, 144-1, 145-2, 145-3 ou 706-24-3, mais qu'elle est susceptible de faire courir un risque à la victime, la juridiction place la personne mise en examen sous contrôle judiciaire en la soumettant à l'interdiction de recevoir ou rencontrer la victime ou d'entrer en relation de quelque façon que ce soit avec elle en application des dispositions du 9° de l'article 138. Cette dernière en est avisée conformément aux dispositions de l'article 138-1.

Art. 145. — Le juge des libertés et de la détention saisi par une ordonnance du juge d'instruction tendant au placement en détention de la personne mise en examen fait comparaître cette personne devant lui, assistée de son avocat si celui-ci a déjà été désigné, et procède conformément aux dispositions du présent article.

Au vu des éléments du dossier et après avoir, s'il l'estime utile, recueilli les observations de l'intéressé, ce magistrat fait connaître à la personne mise en examen s'il envisage de la placer en détention provisoire.

S'il n'envisage pas de la placer en détention provisoire, ce magistrat, après avoir le cas échéant ordonné le placement de la personne sous contrôle judiciaire, procède conformément aux deux derniers alinéas de l'article 116 relatifs à la déclaration d'adresse.

S'il envisage d'ordonner la détention provisoire de la personne, il l'informe que sa décision ne pourra intervenir qu'à l'issue d'un débat contradictoire et qu'elle a le droit de demander un délai pour préparer sa défense.

Si cette personne n'est pas déjà assistée d'un avocat, le juge l'avise qu'elle sera défendue lors du débat par un avocat de son choix ou, si elle ne choisit pas d'avocat, par un avocat commis d'office. L'avocat choisi ou, dans le cas d'une commission d'office, le bâtonnier de l'ordre des avocats en est avisé par tout moyen et sans délai. Si l'avocat choisi ne peut se déplacer, il est remplacé par un avocat commis d'office. Mention de ces formalités est faite au procès-verbal.

Le juge des libertés et de la détention statue après un débat contradictoire au cours duquel il entend le ministère public qui développe ses réquisitions prises conformément au troisième alinéa de l'article 82 puis les observations de la personne mise en examen et, le cas échéant, celles de son avocat. Si la personne mise en examen à laquelle a été notifié son droit de se taire sur les faits qui lui sont reprochés est majeure, le débat contradictoire a lieu et le juge statue en audience publique. Toutefois, le ministère public, la personne mise en examen ou son avocat peuvent s'opposer à cette publicité si l'enquête porte sur des faits mentionnés aux articles 706-73 et 706-73-1 ou si celle-ci est de nature à entraver les investigations spécifiques nécessitées par l'instruction, à porter atteinte à la présomption d'innocence ou à la sérénité des débats ou à nuire à la dignité de la personne ou aux intérêts d'un tiers. Le juge statue sur cette opposition en audience de cabinet par ordonnance motivée, après avoir recueilli les observations du ministère public, de la personne mise en examen et de son avocat. S'il fait droit à cette opposition ou si la personne mise en examen est mineure, le débat a lieu et le juge statue en audience de cabinet.

Toutefois, le juge des libertés et de la détention ne peut ordonner immédiatement le placement en détention lorsque la personne mise en examen ou son avocat sollicite un délai pour préparer sa défense.

Dans ce cas, il peut, au moyen d'une ordonnance motivée par référence aux dispositions de l'alinéa précédent et non susceptible d'appel, prescrire l'incarcération de la personne pour une durée déterminée qui ne peut en aucun cas excéder quatre jours ouvrables. Dans ce délai, il fait comparaître à nouveau la personne et, que celle-ci soit ou non assistée d'un avocat, procède comme il est dit au sixième alinéa. S'il n'ordonne pas le placement de la personne en détention provisoire, celle-ci est mise en liberté d'office.

Pour permettre au juge d'instruction de procéder à des vérifications relatives à la situation personnelle du mis en examen ou aux faits qui lui sont reprochés, lorsque ces vérifications sont susceptibles de permettre le placement de l'intéressé sous contrôle judiciaire ou sous assignation à résidence avec surveillance électronique, le juge des libertés et de la détention peut également décider d'office de prescrire par ordonnance motivée l'incarcération provisoire du mis en examen pendant une durée déterminée qui ne saurait excéder quatre jours ouvrables jusqu'à la tenue du débat contradictoire. À défaut de débat dans ce délai, la personne est mise en liberté d'office. L'ordonnance mentionnée au présent alinéa peut faire l'objet du recours prévu à l'article 187-1.

L'incarcération provisoire est, le cas échéant, imputée sur la durée de la détention provisoire pour l'application des articles 145-1 et 145-2. Elle est assimilée à une détention provisoire au sens de l'article 149 du présent code et de l'article 24 du Code pénal (article abrogé, cf. article 716-4 du Code de procédure pénale).

Art. 145-1. — En matière correctionnelle, la détention provisoire ne peut excéder quatre mois si la personne mise en examen n'a pas déjà été condamnée pour crime ou délit de droit commun soit à une peine criminelle, soit à une peine d'emprisonnement sans sursis d'une durée supérieure à un an et lorsqu'elle encourt une peine inférieure ou égale à cinq ans.

Dans les autres cas, à titre exceptionnel, le juge des libertés et de la détention peut décider de prolonger la détention provisoire pour une durée qui ne peut excéder quatre mois par une ordonnance motivée conformément aux dispositions de l'article 137-3 et rendue après un débat contradictoire organisé conformément aux dispositions du sixième alinéa de l'article 145, l'avocat ayant été convoqué selon les dispositions du deuxième alinéa de l'article 114. Cette décision peut être renouvelée selon la même procédure, sous réserve des dispositions de l'article 145-3, la durée totale de la détention ne pouvant excéder un an. Toutefois, cette durée est portée à deux ans lorsqu'un des faits constitutifs de l'infraction a été commis hors du territoire national ou lorsque la personne est poursuivie pour trafic de stupéfiants, association de malfaiteurs, proxénétisme, extorsion de fonds ou pour une infraction commise en bande organisée et qu'elle encourt une peine égale à dix ans d'emprisonnement.

À titre exceptionnel, lorsque les investigations du juge d'instruction doivent être poursuivies et que la mise en liberté de la personne mise en examen causerait pour la sécurité des personnes et des biens un risque d'une particulière gravité, la chambre de l'instruction peut prolonger pour une durée de quatre mois la durée de deux ans prévue au présent article. La chambre de l'instruction, devant laquelle la comparution personnelle du mis en examen est de droit, est saisie par ordonnance motivée du juge des libertés et de la détention selon les modalités prévues par le dernier alinéa de l'article 137-1, et elle statue conformément aux dispositions des articles 144, 144-1, 145-3, 194, 197, 198, 199, 200, 206 et 207.

Art. 145-2. — En matière criminelle, la personne mise en examen ne peut être maintenue en détention au-delà d'un an. Toutefois, sous réserve des dispositions de l'article 145-3, le juge des libertés et de la détention peut, à l'expiration de ce délai, prolonger la détention pour une durée qui ne peut être supérieure à six mois par une ordonnance motivée conformément aux dispositions de l'article 137-3 et rendue après un débat contradictoire organisé conformément aux dispositions du sixième alinéa de l'article 145, l'avocat ayant été convoqué conformément aux dispositions du deuxième alinéa de l'article 114. Cette décision peut être renouvelée selon la même procédure.

La personne mise en examen ne peut être maintenue en détention provisoire au-delà de deux ans lorsque la peine encourue est inférieure à vingt ans de réclusion ou de détention criminelles et au-delà de trois ans dans les autres cas. Les délais sont portés respectivement à trois et quatre ans lorsque l'un des faits constitutifs de l'infraction a été commis hors du territoire national. Le délai est également de quatre ans lorsque la personne est poursuivie pour plusieurs crimes mentionnés aux livres II et IV du Code pénal, ou pour trafic de stupéfiants, terrorisme, proxénétisme, extorsion de fonds ou pour un crime commis en bande organisée.

À titre exceptionnel, lorsque les investigations du juge d'instruction doivent être poursuivies et que la mise en liberté de la personne mise en examen causerait pour la sécurité des personnes et des biens un risque d'une particulière gravité, la chambre de l'instruction peut prolonger pour une durée de quatre mois les durées prévues au présent article. La chambre de l'instruction, devant laquelle la comparution personnelle du mis en examen est de droit, est saisie par ordonnance motivée du juge des libertés et de la détention selon les modalités prévues par le dernier alinéa de l'article 137-1, et elle statue conformément aux dispositions des articles 144, 144-1, 145-3, 194, 197, 198, 199, 200, 206 et 207. Cette décision peut être renouvelée une fois sous les mêmes conditions et selon les mêmes modalités.

Les dispositions du présent article sont applicables jusqu'à l'ordonnance de règlement.

Art. 145-3. — Lorsque la durée de la détention provisoire excède un an en matière criminelle ou huit mois en matière délictuelle, les décisions ordonnant sa prolongation ou rejetant les demandes de mise en liberté doivent aussi comporter les indications particulières qui justifient en l'espèce la poursuite de l'information et le délai prévisible d'achèvement de la procédure.

Il n'est toutefois pas nécessaire que l'ordonnance de prolongation indique la nature des investigations auxquelles le juge d'instruction a l'intention de procéder lorsque cette indication risque d'entraver l'accomplissement de ces investigations.

Art. 145-4. — Lorsque la personne mise en examen est placée en détention provisoire, le juge d'instruction peut prescrire à son encontre l'interdiction de communiquer pour une période de dix jours. Cette mesure peut être renouvelée, mais pour une nouvelle période de dix jours seulement. En aucun cas l'interdiction de communiquer ne s'applique à l'avocat de la personne mise en examen.

Sous réserve des dispositions qui précèdent, toute personne placée en détention provisoire peut, avec l'autorisation du juge d'instruction, recevoir des visites sur son lieu de détention ou téléphoner à un tiers.

À l'expiration d'un délai d'un mois à compter du placement en détention provisoire, le juge d'instruction ne peut refuser de délivrer un permis de visite ou d'autoriser l'usage du téléphone que par une décision écrite et spécialement motivée au regard des nécessités de l'instruction, du maintien du bon ordre et de la sécurité ou de la prévention des infractions.

Cette décision est notifiée par tout moyen et sans délai au demandeur. Ce dernier peut la déférer au président de la chambre de l'instruction, qui statue dans un délai de cinq jours par une décision écrite et motivée non susceptible de recours. Lorsqu'il infirme la décision du juge d'instruction, le président de la chambre de l'instruction délivre le permis de visite ou l'autorisation de téléphoner. Après la clôture de l'instruction, les attributions du juge d'instruction sont exercées par le procureur de la République selon les formes et conditions prévues au présent article. Il en est de même dans tous les autres cas où une personne est placée en détention provisoire.

À défaut de réponse du juge d'instruction ou du procureur de la République à la demande de permis de visite ou de téléphoner dans un délai de vingt jours, la personne peut également saisir le président de la chambre de l'instruction.

Lorsque la procédure est en instance d'appel, les attributions du procureur de la République sont confiées au procureur général.

Art. 145-4-1. — Le juge d'instruction ou le juge des libertés et de la détention peut prescrire, par ordonnance motivée, que la personne placée en détention soit soumise à l'isolement aux fins d'être séparée des autres personnes détenues, si cette mesure est indispensable aux nécessités de l'information, pour une durée qui ne peut excéder celle du mandat de dépôt et qui peut être renouvelée à chaque prolongation de la détention. La décision du juge d'instruction peut faire l'objet d'un recours devant le président de la chambre de l'instruction.

Le placement à l'isolement n'affecte pas l'exercice des droits visés à l'article 22 de la loi n° 2009-1436 du 24 novembre 2009 pénitentiaire, sous réserve des aménagements qu'impose la sécurité.

Un décret en Conseil d'État précise les modalités d'application du présent article.

Art. 145-4-2. — Lorsque la personne mise en examen est placée en détention provisoire, le juge d'instruction peut décider de prescrire à son encontre l'interdiction de correspondre par écrit avec une ou plusieurs personnes qu'il désigne, au regard des nécessités de l'instruction, du maintien du bon ordre et de la sécurité ou de la prévention des infractions. Il peut pour les mêmes motifs décider de retenir un courrier écrit par la personne détenue ou qui lui est adressé.

Les décisions mentionnées au premier alinéa sont motivées et notifiées par tout moyen et sans délai à la personne détenue. Celle-ci peut les déférer au président de la chambre de l'instruction, qui statue dans un délai d'un mois par une décision écrite et motivée non susceptible de recours.

Après la clôture de l'instruction, les attributions du juge d'instruction sont exercées par le procureur de la République selon les formes et conditions prévues au présent article. Il en est de même dans tous les autres cas où une personne est placée en détention provisoire.

Lorsque la procédure est en instance d'appel, les attributions du procureur de la République sont confiées au procureur général.

Les autres décisions ou avis conformes émanant de l'autorité judiciaire prévus par les dispositions réglementaires du présent code ou par la loi n° 2009-1436 du 24 novembre 2009 pénitentiaire et relatifs aux modalités d'exécution d'une détention provisoire ou à l'exercice de ses droits par une personne placée en détention provisoire peuvent, conformément aux dispositions du présent article, faire l'objet d'un recours du détenu ou du ministère public devant le président de la chambre de l'instruction.

Art. 145-5. — Le placement en détention provisoire d'une personne faisant connaître, lors de son interrogatoire par le juge d'instruction préalable à la saisine du juge des libertés et de la détention, qu'elle exerce à titre exclusif l'autorité parentale sur un mineur de seize ans au plus ayant chez elle sa résidence ne peut être ordonné sans que l'un des services ou l'une des personnes visés au septième alinéa de l'article 81 ait été chargé au préalable de rechercher et de proposer toutes mesures propres à éviter que la santé, la sécurité et la moralité du mineur ne soient en danger ou que les conditions de son éducation ne soient gravement compromises.

Les dispositions du présent article ne sont pas applicables en cas de crime, en cas de délit commis contre un mineur ou en cas de non-respect des obligations du contrôle judiciaire.

Art. 146. — S'il apparaît, au cours de l'instruction, que la qualification criminelle ne peut être retenue, le collège de l'instruction peut, après avoir communiqué le dossier au procureur de la République aux fins de réquisitions, soit saisir par ordonnance motivée le juge des libertés et de la détention aux fins du maintien en détention provisoire de la personne mise en examen, soit prescrire sa mise en liberté assortie ou non du contrôle judiciaire.

Le juge des libertés et de la détention statue dans le délai de trois jours à compter de la date de sa saisine par le collège de l'instruction.

Art. 147. — En toute matière, la mise en liberté assortie ou non du contrôle judiciaire peut être ordonnée d'office par le collège de l'instruction après avis du procureur de la République, à charge pour la personne mise en examen de prendre l'engagement de se représenter à tous les actes de la procédure aussitôt qu'elle en sera requise et de tenir informé le magistrat instructeur de tous ses déplacements.

Le procureur de la République peut également la requérir à tout moment. Sauf s'il ordonne la mise en liberté de la personne, le collège de l'instruction doit, dans les cinq jours suivant les réquisitions du procureur de la République, transmettre le dossier, assorti de son avis motivé, au juge des libertés et de la détention, qui statue dans le délai de trois jours ouvrables.

Art. 147-1. — En toute matière et à tous les stades de la procédure, sauf s'il existe un risque grave de renouvellement de l'infraction, la mise en liberté d'une personne placée en détention provisoire peut être ordonnée, d'office ou à la demande de l'intéressé, lorsqu'une expertise médicale établit que cette personne est atteinte d'une pathologie engageant le pronostic vital ou que son état de santé physique ou mentale est incompatible avec le maintien en détention.

En cas d'urgence, la mise en liberté peut être ordonnée au vu d'un certificat médical établi par le médecin responsable de la structure sanitaire dans laquelle cette personne est prise en charge ou par le remplaçant de ce médecin.

La décision de mise en liberté peut être assortie d'un placement sous contrôle judiciaire ou d'une assignation à résidence avec surveillance électronique.

L'évolution de l'état de santé de la personne peut constituer un élément nouveau permettant qu'elle fasse l'objet d'une nouvelle décision de placement en détention provisoire, selon les modalités prévues au présent code, dès lors que les conditions de cette mesure prévues à l'article 144 sont réunies.

Art. 148. — En toute matière, la personne placée en détention provisoire ou son avocat peut, à tout moment, demander sa mise en liberté, sous les obligations prévues à l'article 147. Toutefois, à peine d'irrecevabilité, aucune demande de mise en liberté ne peut être formée tant qu'il n'a pas été statué par le juge des libertés et de la détention, dans les délais prévus au troisième alinéa du présent article, sur une précédente demande. Cette irrecevabilité s'applique de plein droit sans qu'elle soit constatée par ordonnance du juge d'instruction.

La demande de mise en liberté est adressée au juge d'instruction, qui communique immédiatement le dossier au procureur de la République aux fins de réquisitions.

Sauf s'il donne une suite favorable à la demande, le juge d'instruction doit, dans les cinq jours suivant la communication au procureur de la République, la transmettre avec son avis motivé au juge des libertés et de la détention. Ce magistrat statue dans un délai de trois jours ouvrables, par une ordonnance comportant l'énoncé des considérations de droit et de fait qui constituent le fondement de cette décision par référence aux dispositions de l'article 144. Toutefois, lorsqu'il n'a pas encore été statué sur l'appel d'une précédente ordonnance de refus de mise en liberté, les délais précités ne commencent à courir qu'à compter de la décision rendue par la juridiction compétente. Lorsqu'il a été adressé plusieurs demandes de mise en liberté, il peut être répondu à ces différentes demandes dans les délais précités par une décision unique.

La mise en liberté, lorsqu'elle est accordée, peut être assortie de mesures de contrôle judiciaire.

Faute par le juge des libertés et de la détention d'avoir statué dans le délai fixé au troisième alinéa, la personne peut saisir directement de sa demande la chambre de l'instruction qui, sur les réquisitions écrites et motivées du procureur général, se prononce dans les vingt jours de sa saisine faute de quoi la personne est mise d'office en liberté sauf si des vérifications concernant sa demande ont été ordonnées. Le droit de saisir dans les mêmes conditions la chambre de l'instruction appartient également au procureur de la République.

Art. 148-1. — La mise en liberté peut aussi être demandée en tout état de cause par toute personne mise en examen, tout prévenu ou accusé, et en toute période de la procédure.

Lorsqu'une juridiction de jugement est saisie, il lui appartient de statuer sur la détention provisoire. Toutefois, en matière criminelle, la cour d'assises n'est compétente que lorsque la demande est formée durant la session au cours de laquelle elle doit juger l'accusé. Dans les autres cas, la demande est examinée par la chambre de l'instruction.

En cas de pourvoi et jusqu'à l'arrêt de la Cour de cassation, il est statué sur la demande de mise en liberté par la juridiction qui a connu en dernier lieu de l'affaire au fond. Si le pourvoi a été formé contre un arrêt de la cour d'assises, il est statué sur la détention par la chambre de l'instruction.

En cas de décision d'incompétence et généralement dans tous les cas ou aucune juridiction n'est saisie, la chambre de l'instruction connaît des demandes de mise en liberté.

Art. 148-1-1. — Lorsqu'une ordonnance de mise en liberté d'une personne placée en détention provisoire est rendue par le juge des libertés et de la détention ou le collège de l'instruction contrairement aux réquisitions du procureur de la République, cette ordonnance est immédiatement notifiée à ce magistrat. Pendant un délai de quatre heures à compter la notification de l'ordonnance au procureur de la République, et sous réserve de l'application des dispositions du dernier alinéa du présent article, la personne mise en examen ne peut être remise en liberté et cette décision ne peut être adressée pour exécution au chef de l'établissement pénitentiaire.

Le procureur de la République peut interjeter appel de l'ordonnance devant le greffier du juge des libertés et de la détention ou du collège de l'instruction, en saisissant dans le même temps le premier président de la cour d'appel d'un référé-détention, conformément aux dispositions de l'article 187-3 ; l'appel et le référé-détention sont mentionnés sur l'ordonnance. La personne mise en examen et son avocat en sont avisés en même temps que leur est notifiée l'ordonnance, qui ne peut être mise à exécution, la personne restant détenue tant que n'est pas intervenue la décision du premier président de la cour d'appel et, le cas échéant, celle de la chambre de l'instruction. La personne mise en examen et son avocat sont également avisés de leur droit de faire des observations écrites devant le premier président de la cour d'appel. Faute pour le procureur de la République d'avoir formé un référé-détention, dans un délai de quatre heures à compter de la notification de l'ordonnance de mise en liberté, celle-ci, revêtue d'une mention du greffier indiquant l'absence de référé-détention, est adressée au chef d'établissement pénitentiaire et la personne est mise en liberté sauf si elle est détenue pour une autre cause.

Si le procureur de la République, ayant pris des réquisitions de maintien en détention, estime néanmoins ne pas avoir à s'opposer à la mise en liberté immédiate de la personne, et sans préjudice de son droit de former ultérieurement appel dans le délai prévu par l'article 185, il retourne l'ordonnance au magistrat qui l'a rendue en mentionnant sur celle-ci qu'il ne s'oppose pas à sa mise à exécution. La personne est alors mise en liberté, si elle n'est pas détenue pour une autre cause.

Art. 148-2. — Toute juridiction appelée à statuer, en application des articles 141-1 et 148-1, sur une demande de mainlevée totale ou partielle du contrôle judiciaire ou sur une demande de mise en liberté se prononce après avoir entendu le ministère public, le prévenu, auquel est préalablement notifié son droit de se taire sur les faits qui lui sont reprochés, ou son avocat ; le prévenu non détenu et son avocat sont convoqués, par lettre recommandée, quarante-huit heures au moins avant la date de l'audience. Si la personne a déjà comparu devant la juridiction moins de quatre mois auparavant, le président de cette juridiction peut en cas de demande de mise en liberté refuser la comparution personnelle de l'intéressé par une décision motivée qui n'est susceptible d'aucun recours.

Lorsque la personne n'a pas encore été jugée en premier ressort, la juridiction saisie statue dans les dix jours ou les vingt jours de la réception de la demande, selon qu'elle est du premier ou du second degré. Lorsque la personne a déjà été jugée en premier ressort et qu'elle est en instance d'appel, la juridiction saisie statue dans les deux mois de la demande. Lorsque la personne a déjà été jugée en second ressort et qu'elle a formé un pourvoi en cassation, la juridiction saisie statue dans les quatre mois de la demande.

Toutefois, lorsqu'au jour de la réception de la demande il n'a pas encore été statué soit sur une précédente demande de mise en liberté ou de mainlevée de contrôle judiciaire, soit sur l'appel d'une précédente décision de refus de mise en liberté ou de mainlevée du contrôle judiciaire, les délais prévus ci-dessus ne commencent à courir qu'à compter de la décision rendue par la juridiction compétente. Faute de décision à l'expiration des délais, il est mis fin au contrôle judiciaire ou à la détention provisoire, le prévenu, s'il n'est pas détenu pour une autre cause, étant d'office remis en liberté.

La décision du tribunal est immédiatement exécutoire nonobstant appel ; lorsque le prévenu est maintenu en détention, la cour se prononce dans les vingt jours de l'appel, faute de quoi le prévenu, s'il n'est pas détenu pour autre cause, est mis d'office en liberté.

Art. 148-3. — Préalablement à sa mise en liberté, la personne mise en examen doit faire, auprès du juge d'instruction ou du chef de l'établissement pénitentiaire, la déclaration d'adresse prévue par le troisième alinéa de l'article 116.

La personne mise en examen est avisée qu'elle doit signaler au juge d'instruction, jusqu'à la clôture de l'information, par nouvelle déclaration ou par lettre avec demande d'avis de réception, tout changement de l'adresse déclarée. Elle est également avisée que toute notification ou signification faite à la dernière adresse déclarée sera réputée faite à sa personne.

Mention de cet avis, ainsi que de la déclaration d'adresse, est portée soit au procès-verbal, soit dans le document qui est adressé sans délai, en original ou en copie, par le chef de l'établissement pénitentiaire au juge d'instruction.

Art. 148-4. — À l'expiration d'un délai de quatre mois depuis sa dernière comparution devant le juge d'instruction ou le magistrat par lui délégué et tant que l'ordonnance de règlement n'a pas été rendue, la personne détenue ou son avocat peut saisir directement d'une demande de mise en liberté la chambre de l'instruction qui statue dans les conditions prévues à l'article 148 (dernier alinéa).

Art. 148-5. — En toute matière et en tout état de la procédure, toute personne placée en détention provisoire peut, à titre exceptionnel, faire l'objet d'une autorisation de sortie sous escorte selon des modalités prévues par décret. Les décisions accordant ou refusant ces autorisations peuvent faire l'objet du recours prévu au dernier alinéa de l'article 145-4-2.

Art. 148-6. — Toute demande de mainlevée ou de modification du contrôle judiciaire ou de mise en liberté doit faire l'objet d'une déclaration au greffier de la juridiction d'instruction saisie du dossier ou à celui de la juridiction compétente en vertu de l'article 148-1.

Elle doit être constatée et datée par le greffier qui la signe ainsi que le demandeur ou son avocat. Si le demandeur ne peut signer, il en est fait mention par le greffier.

Lorsque la personne ou son avocat ne réside pas dans le ressort de la juridiction compétente, la déclaration au greffier peut être faite au moyen d'une lettre recommandée avec demande d'avis de réception.

Art. 148-7. — Lorsque la personne mise en examen, le prévenu ou l'accusé est détenu, la demande de mise en liberté peut aussi être faite au moyen d'une déclaration auprès du chef de l'établissement pénitentiaire.

Cette déclaration est constatée et datée par le chef de l'établissement pénitentiaire qui la signe, ainsi que le demandeur. Si celui-ci ne peut signer, il en est fait mention par le chef de l'établissement.

Ce document est adressé sans délai, en original ou en copie et par tout moyen, soit au greffier de la juridiction saisie du dossier, soit à celui de la juridiction compétente selon les distinctions de l'article 148-1.

Art. 148-8. — Lorsque la personne mise en examen entend saisir la chambre de l'instruction en application des dispositions des articles 140, troisième alinéa, 148, sixième alinéa, ou 148-4, sa demande est faite, dans les formes prévues par les articles 148-6 et 148-7, au greffier de la chambre de l'instruction compétente ou au chef de l'établissement pénitentiaire qui en assure la transmission.

Lorsque le président de la chambre de l'instruction constate que cette juridiction a été directement saisie, sur le fondement des articles 140, 148, sixième alinéa, ou 148-4, d'une demande de mainlevée du contrôle judiciaire ou de mise en liberté manifestement irrecevable, il peut décider, par une ordonnance motivée non susceptible de voie de recours, qu'il n'y a pas lieu de statuer sur cette demande ; dans ce cas, la demande et l'ordonnance sont versées au dossier de la procédure.

Nº 51.4 L'indemnisation à raison d'une détention provisoire : les articles 149 à 150 du Code de procédure pénale

Art. 149. — Sans préjudice de l'application des dispositions des deuxième et troisième alinéas de l'article L. 781-1 du Code de l'organisation judiciaire, la personne qui a fait l'objet d'une détention provisoire au cours d'une procédure terminée à son égard par une décision de non-lieu, de relaxe ou d'acquittement devenue définitive a droit, à sa demande, à réparation intégrale du préjudice moral et matériel que lui a causé cette détention. Toutefois, aucune réparation n'est due lorsque cette décision a pour seul fondement la reconnaissance de son irresponsabilité au sens de l'article 122-1 du Code pénal, une amnistie postérieure à la mise en détention provisoire, ou la prescription de l'action publique intervenue après la libération de la personne, lorsque la personne était dans le même temps détenue pour une autre cause, ou lorsque la personne a fait l'objet d'une détention provisoire pour s'être librement et volontairement accusée ou laissé accuser à tort en vue de faire échapper l'auteur des faits aux poursuites. À la demande de l'intéressé, le préjudice est évalué par expertise contradictoire réalisée dans les conditions des articles 156 et suivants.

Lorsque la décision de non-lieu, de relaxe ou d'acquittement lui est notifiée, la personne est avisée de son droit de demander réparation, ainsi que des dispositions des articles 149-1 à 149-3 (premier alinéa).

Art. 149-1. — La réparation prévue à l'article précédent est allouée par décision du premier président de la cour d'appel dans le ressort de laquelle a été prononcée la décision de non-lieu, de relaxe ou d'acquittement.

Art. 149-2. — Le premier président de la cour d'appel, saisi par voie de requête dans le délai de six mois de la décision de non-lieu, de relaxe ou d'acquittement devenue définitive, statue par une décision motivée.

Les débats ont lieu en audience publique, sauf opposition du requérant. À sa demande, celui-ci est entendu personnellement ou par l'intermédiaire de son conseil.

Art. 149-3. — Les décisions prises par le premier président de la cour d'appel peuvent, dans les dix jours de leur notification, faire l'objet d'un recours devant une commission nationale de réparation des détentions. Cette commission, placée auprès de la Cour de cassation, statue souverainement et ses décisions ne sont susceptibles d'aucun recours, de quelque nature que ce soit.

Le bureau de la Cour de cassation peut décider que la commission nationale comportera plusieurs formations. La commission nationale, ou le cas échéant chacune des formations qu'elle comporte, est composée du premier président de la Cour de cassation, ou de son représentant, qui la préside, et de deux magistrats du siège de la cour ayant le grade de président de chambre, de conseiller ou de conseiller référendaire, désignés annuellement par le bureau de la cour. Outre ces deux magistrats, ce bureau désigne également, dans les mêmes conditions, trois suppléants.

Les fonctions du ministère public sont remplies par le parquet général près la Cour de cassation.

Les dispositions de l'article 149-2 sont applicables aux décisions rendues par la commission nationale.

Art. 149-4. — La procédure devant le premier président de la cour d'appel et la commission nationale, qui statuent en tant que juridictions civiles, est fixée par un décret en Conseil d'État.

Art. 150. — La réparation allouée en application de la présente sous-section est à la charge de l'État, sauf le recours de celui-ci contre le dénonciateur de mauvaise foi ou le faux témoin dont la faute aurait provoqué la détention ou sa prolongation. Elle est payée comme frais de justice criminelle.

N° 51.5 L'exécution de la détention provisoire : les articles 714 à 716 du Code de procédure pénale (120)

Art. 714. — Les personnes mise en examen, prévenus et accusés soumis à la détention provisoire la subissent dans une maison d'arrêt.

Il y a une maison d'arrêt près de chaque tribunal judiciaire, de chaque cour d'appel et de chaque cour d'assises, sauf auprès des tribunaux et des cours qui sont désignés par décret. Dans ce dernier cas, le décret détermine la ou les maisons d'arrêt où sont retenus les prévenus, appelants ou accusés ressortissant à chacune de ces juridictions.

À titre exceptionnel, au regard de leur personnalité ou de leur comportement, les personnes mentionnées au premier alinéa peuvent être incarcérées dans un établissement pour peines lorsque cette décision apparaît nécessaire à la prévention des évasions ou au maintien de la sécurité et du bon ordre des établissements pénitentiaires.

À titre exceptionnel, les personnes mentionnées au même premier alinéa ayant interjeté appel ou formé un pourvoi en cassation contre leur condamnation peuvent être incarcérées dans un établissement pour peines lorsque cet établissement offre des conditions de détention plus satisfaisantes eu égard à la capacité d'accueil de la maison d'arrêt où ces personnes doivent être détenues en application du deuxième alinéa.

Les prévenus peuvent également être affectés dans un établissement pour peines au sein d'un quartier spécifique, dans les conditions prévues à l'article 726-2.

Art. 715. — Le juge d'instruction, le Président de la Chambre d'accusation et le Président de la cour d'assises, ainsi que le procureur de la République et le procureur général, peuvent donner tous les ordres nécessaires soit pour l'instruction, soit pour le jugement, qui devront être exécutés dans les maisons d'arrêt.

Art. 715-1. — Toutes communications et toutes facilités compatibles avec les exigences de la sécurité de la prison sont accordées aux personnes mises en examen, prévenus et accusés pour l'exercice de leur défense.

---

(120) Les articles présentés sont à jour des modifications introduites par la loi n° 2019-222 du 23 mars 2019 de programmation 2018-2022 et de réforme pour la justice, l'ordonnance n° 2019-964 du 18 septembre 2019 prise en application de la loi n° 2019-222 du 23 mars 2019 de programmation 2018-2022 et de réforme pour la justice et la loi n° 2021-1729 du 22 décembre 2021 pour la confiance dans l'institution judiciaire.

Art. 716. — Les personnes mises en examen, prévenus et accusés soumis à la détention provisoire sont placés en cellule individuelle. Il ne peut être dérogé à ce principe que dans les cas suivants :

1° Si les intéressés en font la demande ;

2° Si leur personnalité justifie, dans leur intérêt, qu'ils ne soient pas laissés seuls ;

3° S'ils ont été autorisés à travailler ou à suivre une formation professionnelle ou scolaire et que les nécessités d'organisation l'imposent.

Lorsque les personnes mises en examen, prévenus et accusés sont placés en cellule collective, les cellules doivent être adaptées au nombre des personnes détenues qui y sont hébergées. Celles-ci doivent être aptes à cohabiter. Leur sécurité et leur dignité doivent être assurées.

10. L'exécution des peines privatives de liberté, les droits et les devoirs des personnes détenues, le placement sous surveillance électronique et la rétention de sûreté

N° 52.1 L'exécution des peines privatives de liberté : les articles 716-1 à 721-3 du Code de procédure pénale (121)

Art. 716-1. — La peine d'un jour d'emprisonnement est de vingt-quatre heures. Celle d'un mois est de trente jours. Celle de plus d'un mois se calcule de quantième en quantième.

Art. 716-1-A — Les personnes mises en examen, prévenues et accusées soumises à la détention provisoire, faisant l'objet d'un mandat de dépôt criminel et d'une mesure

(121) Les articles présentés sont à jour des modifications introduites par les lois n° 2014-896 du 15 août 2014 relative à l'individualisation des peines et renforçant l'efficacité des sanctions pénales, n° 2015-993 du 17 août 2015 portant adaptation de la procédure pénale au droit de l'Union européenne, n° 2016-274 du 7 mars 2016 relative au droit des étrangers en France, n° 2016-731 du 3 juin 2016 renforçant la lutte contre le crime organisé, le terrorisme et leur financement, et améliorant l'efficacité et les garanties de la procédure pénale, n° 2016-987 du 21 juillet 2016 prorogeant l'application de la loi n° 55-385 du 3 avril 1955 relative à l'état d'urgence et portant mesures de renforcement de la lutte antiterroriste, n° 2019-222 du 23 mars 2019 de programmation 2018-2022 et de réforme pour la justice, l'ordonnance n° 2019-964 du 18 septembre 2019 prise en application de la loi n° 2019-222 du 23 mars 2019 de programmation 2018-2022 et de réforme pour la justice, la loi n° 2019-1480 du 28 décembre 2019 visant à agir contre les violences au sein de la famille, la loi n° 2021-1729 du 22 décembre 2021 pour la confiance dans l'institution judiciaire et la loi n° 2022-52 du 24 janvier 2022 relative à la responsabilité pénale et à la sécurité intérieure.

d'isolement, dont l'évasion ou le suicide pourraient avoir un impact important sur l'ordre public eu égard aux circonstances particulières à l'origine de leur incarcération et à l'impact de celles-ci sur l'opinion publique, peuvent faire l'objet des mesures de vidéosurveillance prévues à l'article 58-1 de la loi n° 2009-1436 du 24 novembre 2009 pénitentiaire.

Art. 716-2. — La durée de toute peine privative de liberté est comptée du jour où le condamné est détenu en vertu d'une condamnation définitive.

Art. 716-3. — Le condamné dont l'incarcération devrait prendre fin un jour de fête légale ou un dimanche sera libéré le jour ouvrable précédent.

Art. 716-4. — Quand il y a eu détention provisoire à quelque stade que ce soit de la procédure, cette détention est intégralement déduite de la durée de la peine prononcée ou, s'il y a lieu, de la durée totale de la peine à subir après confusion. Il en est de même, s'agissant d'une détention provisoire ordonnée dans le cadre d'une procédure suivie pour les mêmes faits que ceux ayant donné lieu à condamnation, si cette procédure a été ultérieurement annulée.

Les dispositions de l'alinéa précédent sont également applicables à la privation de liberté subie en exécution d'un mandat d'amener ou d'arrêt, à l'incarcération subie hors de France en exécution d'un mandat d'arrêt européen ou sur la demande d'extradition et à l'incarcération subie en application du septième alinéa de l'article 712-17, de l'article 712-19, de l'article 728-67 et de l'article 747-3.

Quand il y a eu détention provisoire à quelque stade que ce soit de la procédure, cette détention est également intégralement déduite de la durée de la période de sûreté dont la peine est, le cas échéant, accompagnée nonobstant l'exécution simultanée d'autres peines d'emprisonnement.

Art. 716-5. — Afin d'assurer l'exécution d'une peine d'emprisonnement ou de réclusion, le procureur de la République et le procureur général peuvent autoriser les agents de la force publique à pénétrer au domicile de la personne condamnée afin de se saisir de celle-ci. Cependant, les agents ne peuvent s'introduire au domicile de la personne avant 6 heures et après 21 heures.

Toute personne arrêtée en vertu d'un extrait de jugement ou d'arrêt portant condamnation à une peine d'emprisonnement ou de réclusion peut être retenue vingt-quatre heures dans un local de police ou de gendarmerie, aux fins de vérifications de son identité, de sa situation pénale ou de sa situation personnelle.

Le procureur de la République, ou le procureur général, en est informé dès le début de la mesure.

La personne arrêtée est immédiatement avisée par l'officier de police judiciaire qu'elle peut exercer les droits prévus par les articles 63-2, 63-3 et 63-4 (premier et deuxième alinéa).

Lorsque, à l'issue de la mesure, le procureur de la République, ou le procureur général, envisage de ramener la peine à exécution, il peut ordonner que la personne soit conduite devant lui. Après avoir recueilli les observations éventuelles de la personne, le procureur de la République lui notifie s'il y a lieu le titre d'écrou.

Le procureur de la République, ou le procureur général, peut également demander à un officier ou un agent de police judiciaire d'aviser la personne qu'elle est convoquée devant le juge de l'application des peines, ou ordonner qu'elle soit conduite devant ce magistrat, lorsque celui-ci doit être saisi pour décider des modalités d'exécution de la peine.

Art. 717. — Les condamnés purgent leur peine dans un établissement pour peines.

Les condamnés à l'emprisonnement d'une durée inférieure ou égale à deux ans peuvent, cependant, à titre exceptionnel, être maintenus en maison d'arrêt et incarcérés, dans ce cas, dans un quartier distinct, lorsque des conditions tenant à la préparation de leur libération, leur situation familiale ou leur personnalité le justifient. Peuvent également, dans les mêmes conditions, être affectés, à titre exceptionnel, en maison d'arrêt, les condamnés auxquels il reste à subir une peine d'une durée inférieure à un an. Toute personne condamnée détenue en maison d'arrêt à laquelle il reste à subir une peine d'une durée supérieure à deux ans peut, à sa demande, obtenir son transfèrement dans un établissement pour peines dans un délai de neuf mois à compter du jour où sa condamnation est devenue définitive. Cependant, elle peut être maintenue en maison d'arrêt lorsqu'elle bénéficie d'un aménagement de peine ou est susceptible d'en bénéficier rapidement. Les condamnés peuvent également être affectés en maison d'arrêt au sein d'un quartier spécifique dans les conditions prévues à l'article 726-2.

Art. 717-1 A. — Dans l'année qui suit sa condamnation définitive, la personne condamnée à une peine de réclusion criminelle d'une durée égale ou supérieure à quinze ans pour l'une des infractions visées à l'article 706-53-13 est placée, pour une durée d'au moins six semaines, dans un service spécialisé permettant de déterminer les modalités de la prise en charge sociale et sanitaire au cours de l'exécution de sa peine. Au vu de cette évaluation, le juge de l'application des peines définit un parcours d'exécution de la peine individualisé. Si la personne souffre de troubles psychiatriques, sur indication médicale, elle fait l'objet d'une prise en charge adaptée à ses besoins, le cas échéant en hospitalisation.

Art. 717-1. — Dès leur accueil dans l'établissement pénitentiaire et à l'issue d'une période d'observation pluridisciplinaire, les personnes détenues font l'objet d'un bilan de personnalité. Un parcours d'exécution de la peine est élaboré par le chef d'établissement et le directeur du service pénitentiaire d'insertion et de probation pour les condamnés, en concertation avec ces derniers, dès que leur condamnation est devenue définitive. Le projet initial et ses modifications ultérieures sont portés à la connaissance du juge de l'application des peines.

La répartition des condamnés dans les prisons établies pour peines s'effectue compte tenu de leur catégorie pénale, de leur âge, de leur état de santé et de leur personnalité. Leur régime de détention est déterminé en prenant en compte leur personnalité, leur santé, leur dangerosité et leurs efforts en matière de réinsertion sociale. Le placement d'une personne détenue sous un régime de détention plus sévère ne saurait porter atteinte aux droits visés à l'article 22 de la loi n° 2009-1436 du 24 novembre 2009 pénitentiaire.

Dans des conditions prévues par décret en Conseil d'État, les personnes condamnées pour une infraction pour laquelle le suivi socio-judiciaire est encouru exécutent leur peine dans des établissements pénitentiaires permettant d'assurer un suivi médical et psychologique adapté.

Sans préjudice des dispositions de l'article 763-7, le juge de l'application des peines peut proposer à tout condamné relevant des dispositions de l'alinéa précédent de suivre un traitement pendant la durée de sa détention, si un médecin estime que cette personne est susceptible de faire l'objet d'un tel traitement. Ce traitement peut être celui prévu par le dernier alinéa de l'article L. 3711-3 du Code de la santé publique.

Le médecin traitant du condamné délivre à ce dernier, au moins une fois par trimestre, des attestations indiquant si le patient suit ou non de façon régulière le traitement proposé par le juge de l'application des peines. Le condamné remet ces attestations au juge de l'application des peines, afin que celui-ci puisse se prononcer, en application des articles 721 et 729 du présent code, sur l'octroi ou le retrait de réductions de peine ou l'octroi d'une libération conditionnelle.

Une copie de la décision de condamnation est adressée par le juge de l'application des peines au médecin traitant du condamné. Les rapports des expertises réalisées pendant la procédure sont également adressés au médecin traitant, à sa demande ou à l'initiative du juge de l'application des peines. Celui-ci peut en outre adresser au médecin traitant toute autre pièce utile du dossier.

Les cinquième et sixième alinéas sont également applicables au psychologue traitant du condamné.

Deux ans avant la date prévue pour la libération d'un condamné susceptible de relever des dispositions de l'article 706-53-13, celui-ci est convoqué par le juge de l'application des peines auprès duquel il justifie des suites données au suivi médical et psychologique adapté qui a pu lui être proposé en application des troisième et quatrième alinéas du présent article. Au vu de ce bilan, le juge de l'application des peines lui propose, le cas échéant, de suivre un traitement dans un établissement pénitentiaire spécialisé.

Les agents et collaborateurs du service public pénitentiaire transmettent aux personnels de santé chargés de dispenser des soins aux détenus les informations utiles à la mise en œuvre des mesures de protection des personnes.

Art. 717-1-1. — Le juge de l'application des peines donne son avis, sauf urgence, sur le transfert des condamnés d'un établissement à l'autre.

Art. 717-2. — Les condamnés sont soumis dans les maisons d'arrêt à l'emprisonnement individuel du jour et de nuit, et dans les établissements pour peines, à l'isolement de nuit seulement, après avoir subi éventuellement une période d'observation en cellule.

Il ne peut être dérogé à ce principe que si les intéressés en font la demande ou si leur personnalité justifie que, dans leur intérêt, ils ne soient pas laissés seuls, ou en raison des nécessités d'organisation du travail.

Art. 717-3. — Les activités de travail et de formation professionnelle ou générale sont prises en compte pour l'appréciation des gages de réinsertion et de bonne conduite des condamnés.

Au sein des établissements pénitentiaires, toutes dispositions sont prises pour assurer une activité professionnelle, une formation professionnelle ou générale aux personnes incarcérées qui en font la demande.

Les relations de travail des personnes incarcérées ne font pas l'objet d'un contrat de travail. Il peut être dérogé à cette règle pour les activités exercées à l'extérieur des établissements pénitentiaires.

Les règles relatives à la répartition des produits du travail des détenus sont fixées par décret. Le produit du travail des détenus ne peut faire l'objet d'aucun prélèvement pour frais d'entretien en établissement pénitentiaire.

La rémunération du travail des personnes détenues ne peut être inférieure à un taux horaire fixé par décret et indexé sur le salaire minimum de croissance défini à l'article L. 3231-2 du Code du travail. Ce taux peut varier en fonction du régime sous lequel les personnes détenues sont employées.

Art. 718. — Les personnes détenues peuvent travailler pour leur propre compte avec l'autorisation du chef d'établissement.

Art. 719. — Les députés, les sénateurs, les représentants au Parlement européen élus en France, les bâtonniers sur leur ressort ou leur délégué spécialement désigné au sein du conseil de l'ordre sont autorisés à visiter à tout moment les locaux de garde à vue, les locaux des retenues douanières définies à l'article 323-1 du Code des douanes, les lieux de rétention administrative, les zones d'attente, les établissements pénitentiaires et les centres éducatifs fermés mentionnés à l'article L. 113-7 du Code de la justice pénale des mineurs.

À l'exception des locaux de garde à vue, les députés, les sénateurs et les représentants au Parlement européen mentionnés au premier alinéa du présent article peuvent être accompagnés par un ou plusieurs journalistes titulaires de la carte d'identité professionnelle mentionnée à l'article L. 7111-6 du code du travail, dans des conditions fixées par décret en Conseil d'État.

Art. 719-1. — Selon des modalités précisées par décret en Conseil d'État, l'identité et l'adresse des personnes condamnées à une peine d'emprisonnement égale ou supérieure à trois ans sont communiquées par l'administration pénitentiaire aux services de police ou aux unités de gendarmerie du lieu de résidence des intéressés lorsque leur incarcération prend fin.

De la libération sous contrainte

Art. 720. — I. — La situation de toute personne condamnée exécutant une ou plusieurs peines privatives de liberté d'une durée totale inférieure ou égale à cinq ans est obligatoirement examinée par le juge de l'application des peines afin que soit prononcée une libération sous contrainte lorsque la durée de la peine accomplie est au moins égale au double de la durée de la peine restant à subir.

La libération sous contrainte entraîne l'exécution du reliquat de peine sous le régime de la libération conditionnelle, de la détention à domicile sous surveillance électronique, du placement à l'extérieur ou de la semi-liberté. Les conséquences de l'inobservation de ces mesures sont celles prévues au présent code.

La libération sous contrainte est décidée par le juge de l'application des peines qui, après avis de la commission d'application des peines, détermine, parmi les mesures prévues au deuxième alinéa, celle qui est la mieux adaptée à la situation du condamné.

Le juge de l'application ne peut refuser l'octroi de la libération sous contrainte qu'en constatant, par ordonnance spécialement motivée, qu'il est impossible de mettre en œuvre une de ces mesures au regard des exigences de l'article 707.

S'il n'est pas procédé à l'examen de la situation de la personne condamnée conformément aux dispositions du premier alinéa du présent I, le président de la chambre de l'application des peines de la cour d'appel peut, d'office ou sur saisine de la personne condamnée ou du procureur de la République, prononcer une mesure de libération sous contrainte dans les conditions prévues au présent I.

Le présent I n'est pas applicable aux condamnés :

1° Qui ont préalablement fait connaître leur refus d'une libération sous contrainte ;

2° Pour lesquels une requête en aménagement de peine est pendante devant la juridiction de l'application des peines ; dans ce cas, si les conditions d'exécution de la peine prévues au premier alinéa sont remplies, l'aménagement doit être ordonné sauf s'il est impossible à mettre en œuvre au regard des exigences de l'article 707.

II. — Lorsqu'il reste au condamné exécutant une ou plusieurs peines privatives de liberté d'une durée totale inférieure ou égale à deux ans un reliquat de peine à exécuter qui est inférieur ou égal à trois mois, la libération sous contrainte s'applique de plein droit, sauf en cas d'impossibilité matérielle résultant de l'absence d'hébergement. Le juge de l'application des peines détermine, après avis de la commission de l'application des peines, la mesure applicable.

En cas de non-respect de la mesure et des obligations et interdictions le cas échéant fixées, le juge de l'application des peines peut ordonner, selon les modalités prévues à l'article 712-6, le retrait ou la révocation de la mesure et la réincarcération de la personne pour une durée égale au plus au cumul de la peine qu'il lui restait à exécuter au moment de la décision et des réductions de peine octroyées qui n'avaient pas fait l'objet d'un retrait.

III. — Le II du présent article n'est pas applicable :

1° Aux condamnés incarcérés pour l'exécution d'une ou de plusieurs peines dont l'une au moins a été prononcée pour une infraction qualifiée de crime, pour une infraction prévue aux articles 421-1 à 421-6 du Code pénal, pour une infraction prévue au titre II du livre II du même code lorsqu'elle a été commise sur la personne d'un mineur de moins de quinze ans ou sur une personne dépositaire de l'autorité publique ou pour une infraction commise avec la circonstance aggravante définie à l'article 132-80 dudit code ;

2° Aux personnes détenues ayant fait l'objet, pendant la durée de leur détention, d'une sanction disciplinaire prononcée pour l'un des faits suivants :

a) Exercer ou tenter d'exercer des violences physiques à l'encontre d'un membre du personnel de l'établissement ou d'une personne en mission ou en visite dans l'établissement ;

b) Exercer ou tenter d'exercer des violences physiques à l'encontre d'une personne détenue ;

c) Opposer une résistance violente aux injonctions des membres du personnel pénitentiaire de l'établissement ;

d) Participer ou tenter de participer à toute action collective de nature à compromettre la sécurité de l'établissement ou à en perturber l'ordre.

De la suspension et du fractionnement des peines privatives de liberté

Art. 720-1. — En matière correctionnelle, lorsqu'il reste à subir par la personne condamnée une peine d'emprisonnement inférieure ou égale à deux ans, cette peine peut, pour motif d'ordre médical, familial, professionnel ou social et pendant une période n'excédant pas quatre ans, être suspendue ou exécutée par fractions, aucune de ces fractions ne pouvant être inférieure à deux jours. La décision est prise par le juge de l'application des peines dans les conditions prévues par l'article 712-6. Ce juge peut décider de soumettre le condamné à une ou plusieurs des obligations ou interdictions prévues par les articles 132-44 et 132-45 du Code pénal.

Lorsque l'exécution fractionnée de la peine d'emprisonnement a été décidée par la juridiction de jugement en application de l'article 132-27 du Code pénal, cette décision peut être modifiée dans les conditions prévues à l'alinéa précédent.

Le seuil de deux ans prévu au premier alinéa est porté à quatre ans lorsque la suspension pour raison familiale s'applique soit à une personne condamnée exerçant l'autorité parentale sur un enfant de moins de dix ans ayant chez ce parent sa résidence habituelle, soit à une femme enceinte de plus de douze semaines.

Le présent article n'est pas applicable aux personnes condamnées pour une ou plusieurs des infractions mentionnées aux articles 421-1 à 421-6 du Code pénal, à l'exclusion de celles définies aux articles 421-2-5 à 421-2-5-2 du même code.

Art. 720-1-1. — Sauf s'il existe un risque grave de renouvellement de l'infraction, la suspension peut également être ordonnée, quelle que soit la nature de la peine ou la durée de la peine restant à subir, et pour une durée qui n'a pas à être déterminée, pour les condamnés dont il est établi qu'ils sont atteints d'une pathologie engageant le pronostic vital ou que leur état de santé physique ou mentale est durablement incompatible avec le maintien en détention.

La suspension ne peut être ordonnée que si une expertise médicale établit que le condamné se trouve dans l'une des situations énoncées à l'alinéa précédent. Toutefois, en cas d'urgence, la suspension peut être ordonnée au vu d'un certificat médical établi par le médecin responsable de la structure sanitaire dans laquelle est pris en charge le détenu ou son remplaçant.

Lorsque la peine privative de liberté prononcée est d'une durée inférieure ou égale à dix ans ou que, quelle que soit la peine initialement prononcée en cas d'urgence ou lorsque la durée de détention restant à subir est inférieure ou égale à trois ans, cette suspension est ordonnée par le juge de l'application des peines selon les modalités prévues par l'article 712-6.

Dans les autres cas, elle est prononcée par le tribunal de l'application des peines selon les modalités prévues par l'article 712-7.

Dans les cas prévus aux troisième et quatrième alinéas du présent article, le condamné peut être régulièrement représenté par son avocat lorsque son état de santé fait obstacle à son audition ; le débat contradictoire se tient alors au tribunal judiciaire.

La juridiction qui accorde une suspension de la peine en application des dispositions du présent article peut décider de soumettre le condamné à une ou plusieurs des obligations ou interdictions prévues par les articles 132-44 et 132-45 du code pénal.

Le juge de l'application des peines peut à tout moment ordonner une expertise médicale à l'égard d'un condamné ayant bénéficié d'une mesure de suspension de peine en application du présent article et ordonner qu'il soit mis fin à la suspension si les conditions de celle-ci ne sont plus remplies. Il en est de même si le condamné ne respecte pas les obligations qui lui ont été imposées en application des dispositions de l'alinéa précédent ou s'il existe de nouveau un risque grave de renouvellement de l'infraction. La décision du juge de l'application des peines est prise selon les modalités prévues par l'article 712-6.

Si la suspension de peine a été ordonnée pour une condamnation prononcée en matière criminelle, une expertise médicale destinée à vérifier que les conditions de la suspension sont toujours remplies doit intervenir tous les six mois.

Les dispositions de l'article 720-2 ne sont pas applicables lorsqu'il est fait application des dispositions du présent article.

De la période de sûreté

Art. 720-2. — Les dispositions concernant la suspension ou le fractionnement de la peine, le placement à l'extérieur, les permissions de sortir, la semi-liberté et la libération conditionnelle ne sont pas applicables pendant la durée de la période de sûreté prévue à l'article 132-23 du Code pénal.

Sauf s'il en est décidé autrement par le décret de grâce, la commutation ou la remise d'une peine privative de liberté assortie d'une période de sûreté entraîne de plein droit le maintien de cette période pour une durée globale qui correspond à la moitié de la peine résultant de cette commutation ou remise, sans pouvoir toutefois excéder la durée de la période de sûreté attachée à la peine prononcée.

Art. 720-3. — Lorsque la personne condamnée exécute plusieurs peines qui ne sont pas en concours et qui sont toutes assorties d'une période de sûreté, ces périodes de sûreté s'exécutent cumulativement et de manière continue.

En cas de condamnations en concours comportant toutes des périodes de sûreté, la période totale de sûreté à exécuter est réduite au maximum des deux tiers de ces condamnations après leur réduction au maximum légal. Si une peine de réclusion criminelle à perpétuité a été prononcée, les périodes de sûreté s'exécutent cumulativement dans la limite de 22 ans ou, le cas échéant, dans la limite de la période de sûreté fixée spécialement par la cour d'assises en application du second alinéa de l'article 221-3, du dernier alinéa de l'article 221-4 et de l'article 421-7 du Code pénal.

Lorsque la personne condamnée exécute plusieurs peines assorties d'une période de sûreté et qui ont fait l'objet d'une confusion, la durée de la période de sûreté à exécuter est celle de la période de sûreté la plus longue.

Art. 720-4. — Lorsque le condamné manifeste des gages sérieux de réadaptation sociale, le tribunal de l'application des peines peut, à titre exceptionnel et dans les conditions prévues par l'article 712-7, décider qu'il soit mis fin à la période de sûreté prévue par l'article 132-23 du Code pénal ou que sa durée soit réduite.

Toutefois, lorsque la cour d'assises a décidé de porter la période de sûreté à trente ans en application des dispositions du dernier alinéa des articles 221-3 et 221-4 du Code pénal, le tribunal de l'application des peines ne peut réduire la durée de la période de sûreté ou y mettre fin qu'après que le condamné a subi une incarcération d'une durée au moins égale à vingt ans.

Dans le cas où la cour d'assises a décidé qu'aucune des mesures énumérées à l'article 132-23 du Code pénal ne pourrait être accordée au condamné à la réclusion criminelle à perpétuité, le tribunal de l'application des peines ne peut accorder l'une de ces mesures que si le condamné a subi une incarcération d'une durée au moins égale à trente ans.

Les décisions prévues par l'alinéa précédent ne peuvent être rendues qu'après une expertise réalisée par un collège de trois experts médicaux inscrits sur la liste des experts agréés près la Cour de cassation qui se prononcent sur l'état de dangerosité du condamné.

Par dérogation aux dispositions du troisième alinéa de l'article 732, le tribunal de l'application des peines peut prononcer des mesures d'assistance et de contrôle sans limitation dans le temps.

Art. 720-5. — Par dérogation au premier alinéa de l'article 720-4 du présent code, lorsque la cour d'assises a décidé, en application de l'article 421-7 du Code pénal, de porter la période de sûreté à trente ans ou qu'aucune des mesures énumérées à l'article 132-23 du même code ne pourrait être accordée au condamné à la réclusion criminelle à perpétuité, le tribunal de l'application des peines, sur l'avis d'une commission composée de cinq magistrats de la Cour de cassation chargée d'évaluer s'il y a lieu de mettre fin à l'application de ladite décision de la cour d'assises, ne peut réduire la durée de la période de sûreté, à titre exceptionnel et dans les conditions prévues à l'article 712-7 du présent code :

1° Qu'après que le condamné a subi une incarcération d'une durée au moins égale à trente ans ;

2° Que lorsque le condamné manifeste des gages sérieux de réadaptation sociale ;

3° Que lorsque la réduction de la période de sûreté n'est pas susceptible de causer un trouble grave à l'ordre public ;

4° Qu'après avoir recueilli l'avis des victimes ayant la qualité de parties civiles lors de la décision de condamnation ;

5° Qu'après expertise d'un collège de trois experts médicaux inscrits sur la liste des experts agréés près la Cour de cassation, chargé de procéder à une évaluation de la dangerosité du condamné ;

Les membres de la commission mentionnée au premier alinéa du présent article sont désignés par l'assemblée générale de la Cour de cassation ; l'un d'entre eux, choisi parmi les membres de la chambre criminelle, en assure la présidence.

Par dérogation à l'avant-dernier alinéa de l'article 732 du présent code, le tribunal de l'application des peines peut prononcer des mesures d'assistance, de surveillance et de contrôle sans limitation dans le temps.

Des réductions de peines

Art. 721. — Une réduction de peine peut être accordée par le juge de l'application des peines, après avis de la commission de l'application des peines, aux condamnés exécutant une ou plusieurs peines privatives de liberté qui ont donné des preuves suffisantes de bonne conduite et qui ont manifesté des efforts sérieux de réinsertion.

Cette réduction ne peut excéder six mois par année d'incarcération et quatorze jours par mois pour une durée d'incarcération inférieure à un an.

Les preuves suffisantes de bonne conduite sont appréciées en tenant compte notamment de l'absence d'incidents en détention, du respect du règlement intérieur de l'établissement ou des instructions de service, de l'implication dans la vie quotidienne ou du comportement avec le personnel pénitentiaire ou exerçant à l'établissement, avec les autres personnes détenues et avec les personnes en mission ou en visite.

Les efforts sérieux de réinsertion sont appréciés en tenant compte notamment du suivi avec assiduité d'une formation scolaire, universitaire ou professionnelle ayant pour objet l'acquisition de connaissances nouvelles, des progrès dans le cadre d'un enseignement ou d'une formation, de l'engagement dans l'apprentissage de la lecture, de l'écriture et du calcul, de l'exercice d'une activité de travail, de la participation à des activités culturelles, notamment de lecture, de la participation à des activités sportives encadrées, du suivi d'une thérapie destinée à limiter les risques de récidive, de l'investissement soutenu dans un programme de prise en charge proposé par le service pénitentiaire d'insertion et de probation ou des versements volontaires des sommes dues aux victimes et au Trésor public.

Dès que la condamnation est devenue définitive, le service pénitentiaire d'insertion et de probation travaille avec la personne en vue de la préparation d'une sortie encadrée. Dans le cadre de l'examen des réductions de peine, l'avis remis par le service pénitentiaire d'insertion et de probation au juge de l'application des peines comporte des éléments lui permettant de déterminer les mesures favorisant l'accompagnement des condamnés en fin de peine à travers un aménagement, une libération sous contrainte ou le suivi prévu à l'article 721-2.

Pour l'application du présent article, la situation de chaque condamné est examinée au moins une fois par an.

La réduction de peine est prononcée en une seule fois si l'incarcération est inférieure à une année et par fractions annuelles dans le cas contraire.

Sauf décision contraire du juge de l'application des peines, lorsque la personne condamnée pour une infraction pour laquelle le suivi socio-judiciaire est encouru ne suit pas le traitement qui lui a été proposé en application des articles 717-1 et 763-7, elle ne peut bénéficier de la réduction de peine prévue au présent article qu'à hauteur de trois mois par année d'incarcération et de sept jours par mois pour une durée d'incarcération inférieure à un an. Il en est de même lorsque la personne condamnée dans les circonstances mentionnées au second alinéa de l'article 122-1 du Code pénal refuse les soins qui lui sont proposés.

Le présent article s'applique également aux personnes condamnées qui bénéficient d'un aménagement de peine sous écrou.

Dans l'année suivant son octroi, la réduction de peine peut être rapportée en tout ou en partie, après avis de la commission de l'application des peines, en cas de mauvaise conduite du condamné. Le retrait est prononcé par ordonnance motivée du juge de l'application des peines agissant d'office, sur saisine du chef d'établissement ou sur réquisitions du procureur de la République. Le condamné est mis en mesure de faire valoir ses observations, le cas échéant par l'intermédiaire de son avocat.

Lors de sa mise sous écrou, le condamné est informé par le greffe des règles afférentes à la réduction de peine prévue au présent article, des critères d'appréciation et d'attribution de cette réduction ainsi que des possibilités de retrait de tout ou partie de cette réduction.

Les modalités d'application du présent article sont précisées par voie réglementaire.

Art. 721-1. — En cas d'exécution sur le territoire de la République d'une peine prononcée à l'étranger, les réductions de peines accordées antérieurement à la mise à exécution de la peine en France restent acquises à la personne condamnée en tant qu'elles ont été accordées à raison de la durée de détention subie à l'étranger.

Art. 721-1-1. — Les personnes condamnées à une peine privative de liberté pour une ou plusieurs des infractions mentionnées aux articles 421-1 à 421-6 du Code pénal, à l'exclusion de celles définies aux articles 421-2-5 à 421-2-5-2 du même code, ne peuvent bénéficier des réductions de peine mentionnées à l'article 721 du présent code qu'à hauteur de trois mois par année d'incarcération et de sept jours par mois pour une durée d'incarcération inférieure à un an.

Art. 721-1-2. — Les personnes condamnées à une peine privative de liberté pour une ou plusieurs infractions mentionnées aux articles 221-3, 221-4, 222-3, 222-8, 222-10, 222-12, 222-14-1, 222-14-5 et 222-15-1 du Code pénal au préjudice d'une personne investie d'un mandat électif public, d'un magistrat, d'un militaire de la gendarmerie nationale, d'un militaire déployé sur le territoire national dans le cadre des réquisitions prévues à l'article L. 1321-1 du Code de la défense, d'un fonctionnaire de la police nationale, des douanes ou de l'administration pénitentiaire, d'un agent de police municipale, d'un sapeur-pompier professionnel ou volontaire ou de toute autre personne dépositaire de l'autorité publique ne peuvent bénéficier des réductions de peine mentionnées à l'article 721 du présent code qu'à hauteur, s'il s'agit d'un crime, de trois mois par année d'incarcération et sept jours par mois pour une durée d'incarcération inférieure à un an ou, s'il s'agit d'un délit, de quatre mois par année d'incarcération et neuf jours par mois pour une durée d'incarcération inférieure à un an.

Art. 721-1-3. — Lorsque plusieurs peines privatives de liberté sont confondues et qu'elles sont soumises à plus d'un des régimes de réduction de peine prévus aux articles 721, 721-1-1 et 721-1-2, le régime qui s'applique est celui de la plus longue peine encourue ou, en cas de peines encourues égales, le régime le plus strict.

Art. 721-2. — I. — Lorsqu'une personne condamnée exécutant une ou plusieurs peines privatives de liberté n'a pu bénéficier d'une mesure de libération sous contrainte ou d'une libération conditionnelle dans les conditions prévues aux articles 720 et 730-3, le juge de l'application des peines peut, aux seules fins de favoriser l'insertion ou la réinsertion de la personne condamnée et de prévenir la commission de nouvelles infractions, ordonner que le condamné ayant bénéficié de réductions de peine prévues à l'article 721 soit soumis, après sa libération et pendant une durée qui ne peut excéder le total des réductions de peines dont il a bénéficié, à une ou plusieurs :

1° Des mesures de contrôle prévues à l'article 132-44 du Code pénal ;

2° Des interdictions prévues aux 2° et 7° à 14° de l'article 132-45 du même code.

La personne condamnée peut également bénéficier, pendant cette durée, des mesures d'aide prévues à l'article 132-46 dudit code.

Cette décision est prise, selon les modalités prévues à l'article 712-6 du présent code, préalablement à la libération du condamné, le cas échéant en même temps que lui est accordée la dernière réduction de peine.

En cas d'inobservation par la personne condamnée des mesures de contrôle et interdictions qui lui ont été imposées, le juge de l'application des peines peut, selon les modalités prévues au même article 712-6, retirer tout ou partie de la durée des réductions de peines dont elle a bénéficié et ordonner sa réincarcération. Les articles 712-17 et 712-19 sont applicables.

II. — Dans tous les cas, le juge de l'application des peines peut, selon les modalités prévues à l'article 712-6, ordonner que le condamné ayant bénéficié de réductions de peine prévues à l'article 721 soit soumis après sa libération à l'interdiction de recevoir la partie civile ou la victime, de la rencontrer ou d'entrer en relation avec elle de quelque façon que ce soit, pendant une durée qui ne peut excéder le total des réductions de peines dont il a bénéficié. Cette décision est prise préalablement à la libération du condamné, le cas échéant en même temps que lui est accordée la dernière réduction de peine.

L'interdiction mentionnée au premier alinéa du présent II peut être accompagnée de l'obligation d'indemniser la partie civile.

En cas d'inobservation par la personne condamnée des obligations et interdictions qui lui ont été imposées, le juge de l'application des peines peut, selon les modalités prévues à l'article 712-6, retirer tout ou partie de la durée des réductions de peines dont elle a bénéficié et ordonner sa réincarcération. Les articles 712-17 et 712-19 sont applicables.

Art. 721-3. — Une réduction de peine exceptionnelle, dont le quantum peut aller jusqu'au tiers de la peine prononcée, peut être accordée aux condamnés dont les déclarations faites à l'autorité administrative ou judiciaire antérieurement ou postérieurement à leur condamnation ont permis de faire cesser ou d'éviter la commission d'une infraction mentionnée aux articles 706-73 et 706-74. Lorsque ces déclarations ont été faites par des condamnés à la réclusion criminelle à perpétuité, une réduction exceptionnelle du temps d'épreuve prévu au neuvième alinéa de l'article 729, pouvant aller jusqu'à cinq années, peut leur être accordée.

Ces réductions exceptionnelles sont accordées par le tribunal de l'application des peines selon les modalités prévues à l'article 712-7.

Art. 721-4. — Une réduction de peine exceptionnelle, dont le quantum peut aller jusqu'au tiers de la peine prononcée, peut être accordée aux condamnés ayant permis, au cours de leur détention, y compris provisoire, d'éviter ou de mettre fin à toute action individuelle ou collective de nature à perturber gravement le maintien du bon ordre et la sécurité de l'établissement ou à porter atteinte à la vie ou à l'intégrité physique ou psychique des membres du personnel pénitentiaire ou des détenus de l'établissement. Dans le cas des condamnés à la réclusion criminelle à perpétuité, une réduction exceptionnelle du temps d'épreuve prévu au neuvième alinéa de l'article 729, dont le quantum peut aller jusqu'à cinq années, peut être accordée.

Pour les condamnés exécutant une ou plusieurs peines privatives de liberté d'une durée totale supérieure à sept ans, ces réductions exceptionnelles sont accordées par le tribunal de l'application des peines, sur demande du condamné, sur saisine du chef d'établissement, sur réquisitions du procureur de la République ou à l'initiative du juge de l'application des peines dont relève le condamné en application de l'article 712-10, selon les modalités prévues à l'article 712-7.

Pour les condamnés exécutant une ou plusieurs peines privatives de liberté d'une durée totale inférieure ou égale à sept ans, ces réductions exceptionnelles sont accordées, après avis de la commission de l'application des peines, par ordonnance motivée du juge de l'application des peines, agissant d'office, sur demande du condamné, sur saisine du chef d'établissement ou sur réquisitions du procureur de la République, selon les modalités prévues à l'article 712-4-1.

N° 52.2 Les droits et les obligations des personnes détenues : les articles du nouveau Code pénitentiaire (122)

Titre Préliminaire

Art. L1. — Le service public pénitentiaire participe à la préparation et à l'exécution des décisions judiciaires. Il contribue à l'insertion ou à la réinsertion des personnes qui lui sont confiées et à la prévention de la commission de nouvelles infractions.

Il concourt à la mise en œuvre de mesures de justice restaurative.

Il contribue à la sécurité publique et concourt aux actions de prévention de la délinquance.

Il participe à la préparation et à l'exécution de décisions administratives individuelles concourant à la sauvegarde de l'ordre public.

Il est organisé de manière à assurer l'individualisation de la prise en charge des personnes qui lui sont confiées par l'autorité judiciaire, l'exécution des décisions des magistrats compétents pour les nécessités de l'instruction ou du jugement à l'égard des personnes prévenues et l'aménagement des peines des personnes condamnées.

Il assure l'ensemble de ses missions dans le respect des intérêts de la société, des droits des victimes et des droits des personnes à l'égard desquelles il intervient.

Art. L2. — Le service public pénitentiaire s'acquitte de ses missions dans le respect des droits et libertés garantis par la Constitution et les conventions internationales ratifiées par la France, notamment la Convention européenne de sauvegarde des droits de l'homme et des libertés fondamentales.

Il se conforme aux règles fixées par le code de déontologie prévu à l'article L. 120-1.

Art. L3. — Le service public pénitentiaire exerce ses missions à l'égard des personnes suivantes :

1° Les personnes détenues ;

2° Les personnes ayant exécuté une peine privative de liberté et faisant l'objet de mesures de surveillance décidées par les autorités judiciaires ;

3° Les personnes condamnées à des peines autres que l'emprisonnement ;

4° Les personnes non détenues et non condamnées faisant l'objet d'enquêtes ou de mesures de surveillance décidées par les autorités judiciaires ;

5° Les personnes non détenues et non condamnées faisant l'objet de certaines mesures de surveillance décidées par les autorités administratives.

Les personnes détenues sont les personnes faisant l'objet d'une mesure privative de liberté à l'intérieur d'un établissement pénitentiaire, qu'elles soient prévenues, au titre de poursuites pénales et sans condamnation définitive, ou qu'elles soient condamnées ou soumises à une contrainte judiciaire.

Art. L4. — L'administration pénitentiaire garantit aux personnes mineures détenues le respect des droits fondamentaux reconnus à l'enfant.

Les modalités spécifiques de la prise en charge des personnes mineures sont énoncées au Code de la justice pénale des mineurs.

---

(122) Ce Code pénitentiaire est entré en vigueur le 1er mai 2022. Il résulte de l'ordonnance n° 2022-478 du 30 mars 2022 portant sa partie législative et du décret n° 2022-479 du 30 mars 2022 portant sa partie réglementaire. Voir aussi l'Avis n° A-2022-5 du 24 mars 2022 de la Commission nationale consultative des droits de l'homme, « L'effectivité des droits fondamentaux en prison : du constat aux remèdes pour réduire la surpopulation carcérale et le recours à l'enfermement ».

Art. L5. — Nul agent de l'administration pénitentiaire ne peut, à peine d'être poursuivi et puni comme coupable de détention arbitraire, recevoir ni retenir aucune personne qu'en vertu d'un arrêt ou jugement de condamnation, d'un mandat de dépôt ou d'arrêt, d'un mandat d'amener lorsque ce mandat doit être suivi de détention provisoire, ou d'un ordre d'arrestation établi conformément à la loi, et sans qu'ait été donné l'acte d'écrou prévu par les dispositions de l'article L. 212-6.

Art. L6. — L'administration pénitentiaire garantit à toute personne détenue le respect de sa dignité et de ses droits. L'exercice de ceux-ci ne peut faire l'objet d'autres restrictions que celles résultant des contraintes inhérentes à la détention, du maintien de la sécurité et du bon ordre des établissements, de la prévention de la commission de nouvelles infractions et de la protection de l'intérêt des victimes. Ces restrictions tiennent compte de l'âge, de l'état de santé, du handicap, de l'identité de genre et de la personnalité de chaque personne détenue.

Art. L7. — L'administration pénitentiaire doit assurer à chaque personne détenue une protection effective de son intégrité physique en tous lieux collectifs et individuels.

Art. L8. — Même en l'absence de faute, l'État est tenu de réparer le dommage résultant du décès d'une personne détenue causé par des violences commises au sein d'un établissement pénitentiaire par une autre personne détenue.

Livre II

DÉTENTION EN ÉTABLISSEMENT PÉNITENTIAIRE

Titre Ier

Prise en charge des personnes détenues

Chapitre III

Encellulement

Section 1

Encellulement individuel

Art. L213-1. — Toute personne détenue victime d'un acte de violence caractérisé commis par une ou plusieurs personnes codétenues bénéficie prioritairement d'un encellulement individuel.

Les modalités d'application du présent article sont fixées par décret en Conseil d'État.

Art. L213-2. — Les personnes prévenues sont placées en cellule individuelle.

Art. L213-3. — Après avoir subi éventuellement une période d'observation en cellule, les personnes condamnées sont soumises :

1° Dans les maisons d'arrêt, à un encellulement individuel de jour et de nuit ;

2° Dans les établissements pour peines, à un encellulement individuel de nuit seulement.

Art. L213-4. — Il peut être dérogé au placement en cellule individuelle dans les maisons d'arrêt lorsque la distribution intérieure des locaux ou le nombre de personnes détenues présentes ne permet pas son application.

Cependant, la personne condamnée ou, sous réserve de l'accord du magistrat chargé du dossier de la procédure, la personne prévenue, peut demander son transfert dans la maison d'arrêt la plus proche permettant un placement en cellule individuelle.

Art. L213-5. — Il ne peut être dérogé au principe de l'encellulement individuel des personnes prévenues prévu par les dispositions de l'article L. 213-2 que dans les cas suivants :

1° Si les personnes intéressées en font la demande ;

2° Si leur personnalité justifie, dans leur intérêt, qu'elles ne soient pas laissées seules ;

3° Si elles ont été autorisées à travailler ou à suivre une formation professionnelle ou scolaire et que les nécessités d'organisation l'imposent.

Lorsque les personnes prévenues sont placées en cellule collective, les cellules doivent être adaptées au nombre de personnes qui y sont hébergées. Les personnes détenues doivent être en mesure de cohabiter. Leur sécurité et leur dignité doivent être assurées.

Art. L213-6. — Il ne peut être dérogé au principe de l'encellulement individuel des personnes condamnées prévu par les dispositions de l'article L. 213-3 que dans les cas suivants :

1° Si les personnes intéressées en font la demande ;

2° Si leur personnalité justifie, dans leur intérêt, qu'elles ne soient pas laissées seules ;

3° En raison des nécessités d'organisation du travail.

Titre II

Maintien de sécurité

Chapitre Ier

Dispositions générales

Art. L221-1. — Toute personne détenue victime d'un acte de violence caractérisé commis par une ou plusieurs personnes codétenues fait l'objet d'une surveillance et d'un régime de détention particuliers.

Les modalités d'application du présent article sont fixées par décret en Conseil d'État.

Chapitre III

Moyens de contrôle et de surveillance

Section 1

Moyens de contrôle et de surveillance à l'intérieur de l'établissement pénitentiaire

Sous-section 1

Dispositifs techniques

Art. L223-1. — Aux fins de prévenir les évasions et d'assurer la sécurité et le bon ordre au sein des établissements pénitentiaires ou des établissements de santé destinés à recevoir des personnes détenues, le garde des Sceaux, ministre de la Justice, peut autoriser les agents individuellement désignés et habilités de l'administration pénitentiaire à :

1° Intercepter, enregistrer, transcrire ou interrompre les correspondances de personnes détenues émises par la voie des communications électroniques et autorisées en détention, à l'exception de celles avec leur avocat, et conserver les données de connexion y afférentes ;

2° Accéder aux données stockées dans un équipement terminal ou un système informatique qu'utilise une personne détenue et dont l'utilisation est autorisée en détention, les enregistrer, les conserver et les transmettre.

Les personnes détenues et leurs correspondants sont informés au préalable des dispositions du présent article.

L'autorisation est délivrée pour une durée maximale d'un an, renouvelable.

Sous-section 2

Vidéosurveillance

Art. L223-6. — Des caméras de surveillance peuvent être installées dans les espaces collectifs présentant un risque d'atteinte à l'intégrité physique des personnes au sein des établissements pénitentiaires. Cette faculté constitue une obligation pour l'ensemble des établissements pénitentiaires dont l'ouverture est postérieure au 26 novembre 2009.

Art. L223-7. — Les personnes prévenues faisant l'objet d'un mandat de dépôt criminel et d'une mesure d'isolement, dont l'évasion ou le suicide pourraient avoir un impact important sur l'ordre public eu égard aux circonstances particulières à l'origine de leur détention et à l'impact de celles-ci sur l'opinion publique, peuvent faire l'objet des mesures de vidéosurveillance prévues par les dispositions des articles L. 223-8 à L. 223-15.

Art. L223-8. — La direction de l'administration pénitentiaire peut mettre en œuvre des traitements de données à caractère personnel relatifs aux systèmes de vidéosurveillance de cellules de détention au sein des établissements pénitentiaires.

Ces traitements ont pour finalité le contrôle sous vidéosurveillance des cellules de détention dans lesquelles sont affectées les personnes placées sous main de justice, faisant l'objet d'une mesure d'isolement, dont l'évasion ou le suicide pourraient avoir un impact important sur l'ordre public eu égard aux circonstances particulières à l'origine de leur détention et à l'impact de celles-ci sur l'opinion publique.

Ces traitements garantissent la sécurité au sein de l'établissement en cas de risque d'évasion et celle de la personne placée dans l'éventualité d'un risque de passage à l'acte suicidaire.

Ces traitements ne peuvent concerner que les cellules de détention hébergeant des personnes placées en détention provisoire, faisant l'objet d'un mandat de dépôt criminel. Ils ne peuvent être mis en œuvre qu'à titre exceptionnel.

Chapitre V

Fouilles

Art. L225-1. — Hors les cas où les personnes détenues accèdent à l'établissement pénitentiaire sans être restées sous la surveillance constante de l'administration pénitentiaire ou des forces de police ou de gendarmerie, les fouilles intégrales des personnes détenues doivent être justifiées par la présomption d'une infraction ou par les risques que leur comportement fait courir à la sécurité des personnes et au maintien du bon ordre dans l'établissement.

Leur nature et leur fréquence sont strictement adaptées à ces nécessités et à la personnalité des personnes détenues.

Elles peuvent être réalisées de façon systématique lorsque les nécessités de l'ordre public et les contraintes du service public pénitentiaire l'imposent. Dans ce cas, le chef de l'établissement pénitentiaire doit prendre une décision pour une durée maximale de trois mois renouvelable après un nouvel examen de la situation de la personne détenue.

Art. L225-2. — Lorsqu'il existe des raisons sérieuses de soupçonner l'introduction au sein de l'établissement pénitentiaire d'objets ou de substances interdits ou constituant une menace pour la sécurité des personnes ou des biens, le chef de l'établissement pénitentiaire peut également ordonner des fouilles de personnes détenues dans des lieux et pour une période de temps déterminés, indépendamment de leur personnalité.

Ces fouilles doivent être strictement nécessaires et proportionnées. Elles sont spécialement motivées et font l'objet d'un rapport circonstancié transmis au procureur de la République territorialement compétent et à la direction de l'administration pénitentiaire.

Art. L225-3. — Les fouilles intégrales ne sont possibles que si les fouilles par palpation ou l'utilisation des moyens de détection électronique sont insuffisantes.

Les investigations corporelles internes sont proscrites, sauf impératif spécialement motivé. Elles ne peuvent alors être réalisées que par un médecin n'exerçant pas au sein de l'établissement pénitentiaire et requis à cet effet par l'autorité judiciaire.

Art. L225-4. — Pour des motifs liés au maintien du bon ordre et de la sécurité ou à la prévention des infractions, les personnels de surveillance procèdent, en l'absence des personnes détenues, à des fouilles fréquentes et minutieuses des cellules et locaux divers où les personnes détenues séjournent, travaillent ou ont accès.

Livre III

Droits et obligations des personnes détenues

Titre Ier

Accès au droit

Chapitre Ier

Accès à l'information

Section 1

Dispositions générales

Art. L311-1. — Lors de son admission dans un établissement pénitentiaire, chaque personne détenue est informée oralement, dans une langue compréhensible par elle, et par la remise d'un livret d'accueil, des dispositions relatives à son régime de détention, à ses droits et obligations et aux recours et requêtes qu'elle peut former.

Les règles applicables à l'établissement sont également portées à sa connaissance et lui sont rendues accessibles pendant la durée de sa détention.

Les modalités d'application du présent article sont fixées par décret en Conseil d'État.

Chapitre II

Points d'accès au droit et domiciliation

Art. L312-1. — Toute personne détenue doit pouvoir connaître ses droits et bénéficier, pour ce faire, d'un dispositif de consultations juridiques gratuites mis en place dans chaque établissement pénitentiaire.

Art. L312-2. — Les personnes détenues peuvent élire domicile auprès de l'établissement pénitentiaire :

1° Pour l'exercice de leurs droits civiques, lorsqu'elles ne disposent pas d'un domicile personnel ;

2° Pour prétendre au bénéfice des droits mentionnés aux articles L. 121-1 et L. 264-1 du Code de l'action sociale et des familles, lorsqu'elles ne disposent pas d'un domicile de secours ou d'un domicile personnel au moment de leur entrée en détention ou ne peuvent en justifier ;

3° Pour faciliter leurs démarches administratives.

Chapitre III

Garantie des droits de la défense

Art. L313-1. — Les personnes prévenues peuvent faire connaître l'avocat ou les avocats qu'elles ont choisis par déclaration auprès du chef de l'établissement pénitentiaire ou par déclaration de leur avocat auprès du greffier du juge d'instruction, dans les conditions et selon les formes prévues par les dispositions de l'article 115 du Code de procédure pénale.

Art. L313-2. — Les personnes détenues communiquent librement avec leurs avocats.

Les modalités d'application du présent article sont fixées par décret en Conseil d'État.

Art. L313-3. — Toutes communications et toutes facilités compatibles avec les exigences de la sécurité de l'établissement pénitentiaire sont accordées aux personnes prévenues pour l'exercice de leur défense.

Chapitre V

Accès au juge

Section 1

Dispositions générales

Art. L315-1. — Dans les conditions prévues par les dispositions de l'article 706-71 du Code de procédure pénale, les personnes détenues peuvent comparaître depuis l'établissement pénitentiaire par l'utilisation d'un moyen de télécommunication audiovisuelle.

Conformément à ces mêmes dispositions, les expertises leur sont par principe notifiées par les juridictions par l'intermédiaire d'un tel moyen de télécommunication.

Art. L315-2. — Les personnes détenues peuvent, au moyen d'une déclaration auprès du chef de l'établissement pénitentiaire :

1° Interjeter appel d'un arrêt d'assises, dans les conditions et selon les formes prévues par les dispositions de l'article 380-13 du Code de procédure pénale ;

2° Interjeter appel d'un jugement correctionnel ou de police, ou d'une décision prise en application des dispositions de l'article 803-8 du même code, dans les conditions et selon les formes prévues par les dispositions de l'article 503 du même code ;

3° Former opposition d'un jugement correctionnel ou de police, dans les conditions et selon les formes prévues par les dispositions de l'article 490-1 du même code ;

4° Former un pourvoi en cassation, dans les conditions et selon les formes prévues par les dispositions de l'article 577 du même code.

Section 3

Recours judiciaire visant à garantir le droit au respect de la dignité en détention

Art. L315-9. — Conformément aux dispositions de l'article 803-8 du Code de procédure pénale, peuvent former un recours pour qu'il soit mis fin à des conditions de détention contraires à la dignité de la personne humaine :

1° Toute personne en détention provisoire, devant le juge des libertés et de la détention ;

2° Toute personne condamnée et détenue en exécution d'une peine privative de liberté, devant le juge de l'application des peines.

Conformément aux dispositions du même article, ce recours judiciaire ne fait pas obstacle aux recours en référé en application des dispositions des articles L. 521-1, L. 521-2 ou L. 521-3 du Code de justice administrative.

Titre II

Hygiène, santé et protection sociale

Art. L320-1. — L'administration pénitentiaire assure un hébergement, un accès à l'hygiène, une alimentation et une cohabitation propices à la prévention des affections physiologiques ou psychologiques. Les modalités d'application du présent article sont fixées par décret en Conseil d'État.

Chapitre II

Accès aux soins

Section 1

Dispositions générales

Art. L322-1. — La qualité et la continuité des soins sont garanties aux personnes détenues dans des conditions équivalentes à celles dont bénéficie l'ensemble de la population.

L'état psychologique des personnes détenues est pris en compte lors de leur entrée en détention et pendant leur détention. L'administration pénitentiaire favorise la coordination des différents intervenants agissant pour la prévention et l'éducation sanitaires.

Art. L322-2. — Ne peuvent être demandés aux médecins et aux personnels soignants intervenant en milieu pénitentiaire ni un acte dénué de lien avec les soins ou avec la préservation de la santé des personnes détenues, ni une expertise médicale.

Art. L322-3. — L'administration pénitentiaire respecte le droit au secret médical des personnes détenues ainsi que le secret de la consultation, dans les conditions prévues par les dispositions de l'article L. 6141-5 du Code de la santé publique.

Art. L322-4. — Chaque personne détenue a droit au respect de sa vie privée et du secret des informations la concernant, dans les conditions prévues par les dispositions des articles L. 1110-4 du Code de la santé publique relatives au secret médical et R. 4127-4 du Code de la santé publique relatives au secret professionnel des médecins.

Art. L322-5. — Un dossier médical électronique unique est constitué pour chaque personne détenue.

Art. L322-6. — Au début de sa détention, il est proposé à toute personne détenue un bilan de santé relatif à sa consommation de produits stupéfiants, de médicaments psychotropes, d'alcool et de tabac. Ce bilan, effectué à titre préventif, dans un but de santé publique et dans l'intérêt du patient, est confidentiel.

Art. L322-7. — Une visite médicale est proposée à toute personne condamnée dans le mois précédant sa libération.

Section 2

Hospitalisations

Art. L322-8. — Conformément aux dispositions des articles L. 3214-1 et suivants du Code de la santé publique, les personnes détenues souffrant de troubles mentaux sont hospitalisées au sein d'une unité hospitalière spécialement aménagée ou au sein d'une unité adaptée dans un établissement de santé, dans des conditions distinctes selon que leur hospitalisation est réalisée avec ou sans leur consentement.

Section 3

Soins spécifiques aux femmes détenues

Art. L322-9. — Une prise en charge sanitaire adaptée à leurs besoins est assurée aux femmes détenues, qu'elles soient accueillies dans un quartier pour femmes détenues ou dans un établissement pénitentiaire dédié.

Art. L322-10. — Tout accouchement ou examen gynécologique se déroule sans entraves et hors la présence du personnel pénitentiaire, afin de garantir le droit au respect de la dignité des femmes détenues.

Section 4

Accompagnement des personnes détenues en situation de handicap

Art. L322-11. — Toute personne détenue se trouvant dans la situation de handicap prévue par les dispositions de l'article L. 1111-6-1 du Code de la santé publique a le droit de désigner un aidant de son choix.

L'administration pénitentiaire ne peut s'opposer au choix de l'aidant que par une décision spécialement motivée.

Titre III

Protection des biens et aide matérielle

Chapitre Ier

Documents personnels

Art. L331-1. — Toute personne détenue a droit à la confidentialité de ses documents personnels.

Ces documents peuvent être confiés au greffe de l'établissement pénitentiaire qui les met à la disposition de la personne intéressée.

Les documents mentionnant le motif de la mise sous écrou de chaque personne détenue sont, dès son arrivée, confiés au greffe.

Les modalités d'application du présent article sont fixées par décret en Conseil d'État.

Les modalités d'application de ces dispositions sont précisées par décret.

Chapitre III

Aide matérielle aux personnes détenues dépourvues de ressources suffisantes

Art. L333-1. — Les personnes détenues dont les ressources sont inférieures à un montant fixé par voie réglementaire reçoivent de l'État une aide en nature destinée à améliorer leurs conditions matérielles d'existence.

Cette aide peut aussi être versée en numéraire dans des conditions prévues par décret.

Titre IV

Maintien des liens avec l'extérieur

Chapitre Ier

Visites

Art. L341. — Le droit des personnes détenues au maintien des relations avec les membres de leur famille s'exerce notamment par les visites que ceux-ci leur rendent.

Art. L341-2. — Les personnes prévenues peuvent recevoir la visite des membres de leur famille ou d'autres personnes, au moins trois fois par semaine.

Art. L341-3. — Les personnes détenues condamnées peuvent recevoir la visite des membres de leur famille ou d'autres personnes au moins une fois par semaine.

Art. L341-4. — Les décisions de refus de délivrer un permis de visite sont motivées.

Chapitre V

Correspondances

Section 1

Correspondances écrites

Sous-section 1

Correspondances écrites des personnes prévenues

Art. L345-1. — Les personnes prévenues peuvent correspondre par écrit avec toute personne de leur choix, sous réserve des interdictions de correspondance ou retenues décidées par le magistrat chargé du dossier de la procédure, dans les conditions prévues par les dispositions de l'article 145-4-2 du Code de procédure pénale.

Sous-section 2

Correspondances écrites des personnes condamnées

Art. L345-2. — Les personnes détenues condamnées peuvent correspondre par écrit avec toute personne de leur choix.

Sous-section 3

Contrôle et retenue des correspondances

Paragraphe 1

Dispositions communes

Art. L345-3. — Le courrier adressé ou reçu par les personnes détenues peut être contrôlé et retenu par l'administration pénitentiaire lorsque cette correspondance paraît compromettre gravement leur réinsertion ou le maintien du bon ordre et la sécurité. En outre, le courrier adressé ou reçu par les personnes prévenues est communiqué à l'autorité judiciaire selon les modalités qu'elle détermine.

Lorsque l'administration pénitentiaire décide de retenir le courrier d'une personne détenue, elle lui notifie sa décision.

Paragraphe 2

Correspondances spécialement protégées

Art. L345-4. — Ne peuvent être ni contrôlées ni retenues les correspondances échangées entre les personnes détenues et : 1° Leur défenseur ; 2° Les autorités administratives et judiciaires françaises et internationales, dont la liste est fixée par les dispositions de l'article D. 345-10 ; 3° Les aumôniers agréés auprès de l'établissement pénitentiaire.

Section 2

Communications téléphoniques

Art. L345-5. — Les personnes détenues ont le droit de téléphoner aux membres de leur famille. Elles peuvent être autorisées à téléphoner à d'autres personnes pour préparer leur réinsertion.

L'accès au téléphone peut être refusé, suspendu ou retiré, pour des motifs liés au maintien du bon ordre et de la sécurité ou à la prévention des infractions.

Le contrôle des communications téléphoniques est effectué conformément aux dispositions des articles L. 223-1 à L. 223-5.

Art. L345-6. — Les personnes prévenues ne peuvent téléphoner que sur autorisation du magistrat chargé du dossier de la procédure.

L'accès au téléphone peut leur être refusé, suspendu ou retiré, pour des motifs liés aux nécessités de l'information, en plus des motifs généraux de sécurité prévus par les dispositions de l'article L. 345-5.

Titre V

Exercice du culte

Chapitre Ier

Dispositions générales

Art. L351-1. — Les personnes détenues ont droit à la liberté d'opinion, de conscience et de religion.

Elles peuvent exercer le culte de leur choix, selon les conditions adaptées à l'organisation des lieux, sans autres limites que celles imposées par la sécurité et le bon ordre de l'établissement pénitentiaire.

Les modalités d'application du présent article sont fixées par décret en Conseil d'État.

Titre VI

Exercice du droit de vote

Chapitre Ier

Informations des personnes détenues

Art. R361-1. — Le chef de l'établissement pénitentiaire informe, par tous moyens, les personnes détenues mentionnées par les dispositions de l'article L. 12-1 du Code électoral, des modalités de leur inscription sur les listes électorales et d'exercice de leur droit de vote, prévues par les dispositions des articles L. 12-1, L. 18-1, L. 71, L. 79

à L. 82 et L. 388-1 du même code. Cette information est délivrée dans les quinze jours suivant l'incarcération des personnes détenues.

Le chef de l'établissement pénitentiaire délivre cette information, dans les mêmes conditions que celles prévues au premier alinéa, aux personnes en âge de voter le jour du scrutin et détenues dans un quartier pour personnes mineures ou un établissement pénitentiaire spécialisé pour personnes mineures.

Art. R361-2. — Le chef de l'établissement pénitentiaire fournit aux personnes détenues qui souhaitent s'inscrire sur les listes électorales au titre des dispositions de l'article L. 12-1 du Code électoral les moyens nécessaires pour former leur demande d'inscription et réunir les justificatifs mentionnés à l'article R. 5 du même code. À cette occasion, il vérifie par tous moyens leur identité.

Il fournit ces moyens aux personnes en âge de voter le jour du scrutin et détenues dans un quartier pour personnes mineures ou un établissement pénitentiaire spécialisé pour personnes mineures, lorsque celles-ci souhaitent s'inscrire sur les listes électorales au titre des dispositions de l'article L. 12-1 du Code électoral.

Chapitre II

Inscription sur les listes électorales

Art. L362-1. — Conformément aux dispositions de l'article L. 312-2, les personnes détenues qui ne disposent pas d'un domicile personnel peuvent élire domicile auprès de l'établissement pénitentiaire pour l'exercice de leurs droits civiques.

Art. L362-2. — Les personnes détenues sont inscrites sur la liste électorale de la commune déterminée selon les dispositions de l'article L. 12-1 du Code électoral.

Art. L362-3. — La demande d'inscription sur la liste électorale formée par une personne détenue est transmise au maire de la commune par le chef de l'établissement pénitentiaire, dans les conditions prévues par les dispositions de l'article L. 18-1 du Code électoral.

Titre VII

Accès aux publications écrites et audiovisuelles

Art.L370-1. — Les personnes détenues ont accès aux publications écrites et audiovisuelles.

Toutefois, l'autorité administrative peut interdire l'accès des personnes détenues aux publications contenant des menaces graves contre la sécurité des personnes et des établissements ou des propos ou signes injurieux ou diffamatoires à l'encontre des agents et collaborateurs du service public pénitentiaire ainsi que des personnes détenues.

Les modalités d'application du présent article sont fixées par décret en Conseil d'État.

Livre IV

AIDE À LA RÉINSERTION DES PERSONNES DÉTENUES

Titre Ier

Activités de détention

Chapitre Ier

Dispositions communes

Section 1

Obligation d'exercer au moins une activité

Art. L411-1. — Toute personne détenue condamnée est tenue d'exercer au moins l'une des activités qui lui sont proposées par le chef de l'établissement pénitentiaire et le directeur du service pénitentiaire d'insertion et de probation dès lors qu'elle a pour finalité sa réinsertion et est adaptée à son âge, à ses capacités, à sa personnalité et, le cas échéant, à son handicap.

Lorsque la personne détenue intéressée ne maîtrise pas les enseignements fondamentaux, l'activité consiste par priorité en l'apprentissage de la lecture, de l'écriture et du calcul. Lorsqu'elle ne maîtrise pas la langue française, l'activité consiste par priorité en son apprentissage. L'organisation des apprentissages est aménagée lorsque la personne détenue exerce une activité de travail.

Chapitre III

Enseignement et formation professionnelle

Art. L413-1. — Les activités de formation générale ou professionnelle sont prises en compte pour l'appréciation des efforts sérieux de réinsertion et de la bonne conduite des personnes détenues condamnées.

Au sein des établissements pénitentiaires, toutes dispositions sont prises pour assurer une formation générale ou professionnelle ou une validation d'acquis de l'expérience aux personnes détenues qui en font la demande. À cet effet, celles-ci bénéficient de l'accès aux ressources pédagogiques nécessaires, y compris par voie numérique.

N° 52.3 Le placement sous surveillance électronique : les articles 723-7 à 723-13 du Code de procédure pénale (123)

Art. 723-7. — Le juge de l'application des peines peut prévoir que la peine s'exécutera sous le régime du placement sous surveillance électronique défini par l'article 132-26-1 du Code pénal soit en cas de condamnation à une ou plusieurs peines privatives de liberté dont la durée totale n'excède pas deux ans, soit lorsqu'il reste à subir par le condamné une ou plusieurs peines privatives de liberté dont la durée totale n'excède pas deux ans.

Le juge de l'application des peines peut également subordonner la libération conditionnelle du condamné à l'exécution, à titre probatoire, d'une mesure de placement sous surveillance électronique, pour une durée n'excédant pas un an. La mesure de placement sous surveillance électronique peut être exécutée un an avant la fin du temps d'épreuve prévu à l'article 729 ou un an avant la date à laquelle est possible la libération conditionnelle prévue à l'article 729-3.

Lorsque le lieu désigné par le juge de l'application des peines n'est pas le domicile du condamné, la décision de placement sous surveillance électronique ne peut être prise qu'avec l'accord du maître des lieux, sauf s'il s'agit d'un lieu public.

Art. 723-7-1. — Lorsqu'il a été fait application des dispositions de l'article 132-26-1 du Code pénal, le juge de l'application des peines fixe les modalités d'exécution du placement sous surveillance électronique par une ordonnance non susceptible de recours dans un délai maximum de quatre mois à compter de la date à laquelle la condamnation est exécutoire et dans un délai de cinq jours ouvrables lorsque la juridiction de jugement a ordonné le placement ou le maintien en détention du condamné et déclaré sa décision exécutoire par provision. Si les conditions qui ont permis au tribunal de décider que la peine serait subie sous le régime du placement sous surveillance électronique ne sont plus remplies, si le condamné ne satisfait pas aux interdictions ou obligations qui lui sont imposées, s'il fait preuve de mauvaise conduite, s'il refuse une modification nécessaire des conditions d'exécution ou s'il en fait la demande, le bénéfice du placement sous surveillance électronique peut être retiré par le juge de l'application des peines par une décision prise conformément aux dispositions de l'article 712-6. Si la personnalité du condamné ou les moyens disponibles le justifient, le juge de l'application des peines peut également, selon les mêmes modalités, substituer à la mesure de placement sous surveillance électronique une mesure de semi-liberté ou de placement à l'extérieur.

Art. 723-8. — Le contrôle de l'exécution de la mesure est assuré au moyen d'un procédé permettant de détecter à distance la présence ou l'absence du condamné dans le seul lieu désigné par le juge de l'application des peines pour chaque période fixée. La mise en œuvre de ce procédé peut conduire à imposer à la personne assignée le port, pendant toute la durée du placement sous surveillance électronique, d'un dispositif intégrant un émetteur.

Le procédé utilisé est homologué à cet effet par le ministre de la Justice. La mise en œuvre doit garantir le respect de la dignité, de l'intégrité et de la vie privée de la personne.

---

(123) Les articles présentés sont à jour des modifications introduites par les lois n° 2014-896 du 15 août 2014 relative à l'individualisation des peines et renforçant l'efficacité des sanctions pénales et n° 2019-222 du 23 mars 2019 de programmation 2018-2022 et de réforme pour la justice.

Art. 723-9. — La personne sous surveillance électronique est placée sous le contrôle du juge de l'application des peines dans le ressort duquel elle est assignée.

Le contrôle à distance du placement sous surveillance électronique est assuré par des fonctionnaires de l'administration pénitentiaire qui sont autorisés, pour l'exécution de cette mission, à mettre en œuvre un traitement automatisé de données nominatives.

La mise en œuvre du dispositif technique permettant le contrôle à distance peut être confiée à une personne de droit privé habilitée dans des conditions fixées par décret en Conseil d'État. Dans la limite des périodes fixées dans la décision de placement sous surveillance électronique, les agents de l'administration pénitentiaire chargés du contrôle peuvent se rendre sur le lieu de l'assignation pour demander à rencontrer le condamné. Ils ne peuvent toutefois pénétrer au domicile de la personne chez qui le contrôle est pratiqué sans l'accord de celle-ci. Ces agents font aussitôt rapport au juge de l'application des peines de leurs diligences.

Les services de police ou de gendarmerie peuvent toujours constater l'absence irrégulière du condamné et en faire rapport au juge de l'application des peines.

Art. 723-10. — Le juge de l'application des peines peut également soumettre la personne placée sous surveillance électronique aux mesures prévues par les articles 132-43 à 132-46 du Code pénal.

Il peut en particulier soumettre le condamné à l'une ou plusieurs des mesures de contrôle ou obligations mentionnées aux articles 132-44 et 132-45 du Code pénal.

Art. 723-11. — Le juge de l'application des peines peut, d'office ou à la demande du condamné, et après avis du procureur de la République, modifier les conditions d'exécution du placement sous surveillance électronique ainsi que les mesures prévues à l'article 723-10.

Art. 723-12. — Le juge de l'application des peines peut à tout moment désigner un médecin afin que celui-ci vérifie que la mise en œuvre du procédé mentionné au premier alinéa de l'article 723-8 ne présente pas d'inconvénient pour la santé du condamné. Cette désignation est de droit à la demande du condamné. Le certificat médical est versé au dossier.

Art. 723-13. — Le juge de l'application des peines peut retirer la décision de placement sous surveillance électronique soit en cas d'inobservation des interdictions ou obligations prévues aux articles 132-26-2 et 132-26-3 du Code pénal, d'inconduite notoire, d'inobservation des mesures prononcées en application de l'article 723-10 du présent Code, de nouvelle condamnation ou de refus par le condamné d'une modification nécessaire des conditions d'exécution, soit à la demande du condamné. La décision est prise conformément aux dispositions de l'article 712-6.

En cas de retrait de la décision de placement sous surveillance électronique, le condamné subit, selon les dispositions de la décision de retrait, tout ou partie de la durée de la peine qui lui restait à accomplir au jour de son placement sous surveillance électronique. Le temps pendant lequel il a été placé sous surveillance électronique compte toutefois pour l'exécution de sa peine.

Nº 52.4 De la rétention de sûreté et de la surveillance de sûreté : les articles 706-53-13 et 706-53-14 du Code de procédure pénale [124]

Art. 706-53-13. — À titre exceptionnel, les personnes dont il est établi, à l'issue d'un réexamen de leur situation intervenant à la fin de l'exécution de leur peine, qu'elles présentent une particulière dangerosité caractérisée par une probabilité très élevée de récidive parce qu'elles souffrent d'un trouble grave de la personnalité, peuvent faire l'objet à l'issue de cette peine d'une rétention de sûreté selon les modalités prévues par le présent chapitre, à la condition qu'elles aient été condamnées à une peine de réclusion criminelle d'une durée égale ou supérieure à quinze ans pour les crimes, commis sur une victime mineure, d'assassinat ou de meurtre, de torture ou actes de barbarie, de viol, d'enlèvement ou de séquestration.

Il en est de même pour les crimes, commis sur une victime majeure, d'assassinat ou de meurtre aggravé, de torture ou actes de barbarie aggravés, de viol aggravé, d'enlèvement ou de séquestration aggravé, prévus par les articles 221-2, 221-3, 221-4, 222-2, 222-3, 222-4, 222-5, 222-6, 222-24, 222-25, 222-26, 224-2, 224-3 et 224-5-2 du Code pénal ou, lorsqu'ils sont commis en récidive, de meurtre, de torture ou d'actes de barbarie, de viol, d'enlèvement ou de séquestration.

La rétention de sûreté ne peut toutefois être prononcée que si la cour d'assises a expressément prévu dans sa décision de condamnation que la personne pourra faire l'objet à la fin de sa peine d'un réexamen de sa situation en vue d'une éventuelle rétention de sûreté.

La rétention de sûreté consiste dans le placement de la personne intéressée en centre socio-médico-judiciaire de sûreté dans lequel lui est proposée, de façon permanente, une prise en charge médicale, sociale et psychologique destinée à permettre la fin de cette mesure.

Art. 706-53-14. — La situation des personnes mentionnées à l'article 706-53-13 est examinée, au moins un an avant la date prévue pour leur libération, par la commission pluridisciplinaire des mesures de sûreté prévue par l'article 763-10, afin d'évaluer leur dangerosité.

À cette fin, la commission demande le placement de la personne, pour une durée d'au moins six semaines, dans un service spécialisé chargé de l'observation des personnes détenues aux fins d'une évaluation pluridisciplinaire de dangerosité assortie d'une expertise médicale réalisée par deux experts.

Si la commission conclut à la particulière dangerosité du condamné, elle peut proposer, par un avis motivé, que celui-ci fasse l'objet d'une rétention de sûreté dans le cas où :

1° Les obligations résultant de l'inscription dans le fichier judiciaire national automatisé des auteurs d'infractions sexuelles ou violentes, ainsi que les obligations résultant d'une injonction de soins ou d'un placement sous surveillance électronique mobile, susceptibles d'être prononcés dans le cadre d'un suivi socio-judiciaire ou d'une surveillance judiciaire, apparaissent insuffisantes pour prévenir la commission des crimes mentionnés à l'article 706-53-13 ;

2° Et si cette rétention constitue ainsi l'unique moyen de prévenir la commission, dont la probabilité est très élevée, de ces infractions.

(124) Les articles présentés sont à jour des modifications introduites par la loi n° 2010-242 du 10 mars 2010.

La commission vérifie également que la personne condamnée a effectivement été mise en mesure de bénéficier, pendant l'exécution de sa peine, d'une prise en charge médicale, sociale et psychologique adaptée au trouble de la personnalité dont elle souffre.

Si la commission estime que les conditions de la rétention de sûreté ne sont pas remplies mais que le condamné paraît néanmoins dangereux, elle renvoie le dossier au juge de l'application des peines pour qu'il apprécie l'éventualité d'un placement sous surveillance judiciaire.

N° 52.5 Le Contrôleur général des lieux de privation de liberté : la loi modifiée n° 2007-1545 du 30 octobre 2007 (125)

Article premier. — Le Contrôleur général des lieux de privation de liberté, autorité administrative indépendante, est chargé, sans préjudice des prérogatives que la loi attribue aux autorités judiciaires ou juridictionnelles, de contrôler les conditions de prise en charge et de transfèrement des personnes privées de liberté, afin de s'assurer du respect de leurs droits fondamentaux. Il exerce, aux mêmes fins, le contrôle de l'exécution par l'administration des mesures d'éloignement prononcées à l'encontre d'étrangers jusqu'à leur remise aux autorités de l'État de destination.

Art. 2. — Le Contrôleur général des lieux de privation de liberté est nommé en raison de ses compétences et connaissances professionnelles par décret du président de la République pour une durée de six ans. Son mandat n'est pas renouvelable.

Il ne peut être poursuivi, recherché, arrêté, détenu ou jugé à l'occasion des opinions qu'il émet ou des actes qu'il accomplit dans l'exercice de ses fonctions.

Il ne peut être mis fin à ses fonctions avant l'expiration de son mandat qu'en cas de démission ou d'empêchement.

Le Contrôleur général des lieux de privation de liberté exerce ses fonctions à temps plein. Ses fonctions sont incompatibles avec tout mandat électif.

---

(125) Le texte présenté est à jour des modifications apportées par les lois n° 2010-838 du 23 juillet 2010, n° 2011-334 du 27 mars 2011, n° 2014-528 du 26 mai 2014 et la loi n° 2017-55 du 20 janvier 2017 portant statut général des autorités administratives indépendantes et des autorités publiques indépendantes.

Parmi les avis importants ou les recommandations du contrôleur général, il est important de signaler : l'avis du 8 août 2013 relatif aux jeunes enfants en prison et à leurs mères détenues (*JO* 3 septembre 2013) ; l'avis du 24 mars 2014 relatif à l'encellulement individuel dans les établissements pénitentiaires (*JO* 23 avril 2014) ; l'avis du 9 mai 2014 relatif à la situation des personnes étrangères détenues (*JO* 3 juin 2014) ; l'avis du 25 janvier 2016 relatif à la situation des femmes privées de liberté (*JO* 18 février 2016) ; l'avis du 22 décembre 2016 relatif au travail et à la formation professionnelle dans les établissements pénitentiaires (*JO* 9 février 2017) ; l'avis du 12 décembre 2017 relatif aux modules de respect dans les établissements pénitentiaires (*JO* du 14 mars 2018) ; l'avis du 17 septembre 2018 relatif à la prise en compte des situations de perte d'autonomie dues à l'âge et aux handicaps physiques dans les établissements pénitentiaires (*JO* 22 novembre 2018) ; l'avis du 14 octobre 2019 relatif à la prise en charge des personnes détenues atteintes de troubles mentaux (*JO* 22 novembre 2019) ; recommandations minimales du Contrôleur général des lieux de privation de liberté pour le respect de la dignité et des droits fondamentaux des personnes privées de liberté (*JO* du 4 juin 2020) ; l'avis du 25 mai 2021 relatif à la prise en charge des personnes transgenres dans les lieux de privation de liberté (*JO* 6 juill.2021) ; Recommandations du 19 juillet 2021 du Contrôleur général des lieux de privation de liberté relatives aux conditions matérielles de garde à vue dans les services de police (*JO* 21 sept. 2021) ; avis du 11 février 2022 relatif à l'interprétariat et à la compréhension des personnes privées de liberté (*JO* 3 avr. 2022).

Art. 3. — A modifié les dispositions suivantes du Code électoral : art. L. 194-1 ; art. L. 230-1 ; art. L. 340.

Art. 4. — Le Contrôleur général des lieux de privation de liberté est assisté de contrôleurs qu'il recrute en raison de leur compétence dans les domaines se rapportant à sa mission.

Les fonctions de contrôleur sont incompatibles avec l'exercice d'activités en relation avec les lieux contrôlés.

Dans l'exercice de leurs missions, les contrôleurs sont placés sous la seule autorité du Contrôleur général des lieux de privation de liberté.

Art. 5. — Le Contrôleur général des lieux de privation de liberté, ses collaborateurs et les contrôleurs qui l'assistent sont astreints au secret professionnel pour les faits, actes ou renseignements dont ils ont connaissance en raison de leurs fonctions, sous réserve des éléments nécessaires à l'établissement des rapports, recommandations et avis prévus aux articles 10 et 11.

Ils veillent à ce qu'aucune mention permettant l'identification des personnes concernées par le contrôle ne soit faite dans les documents publiés sous l'autorité du Contrôleur général des lieux de privation de liberté ou dans ses interventions orales.

Art. 6. — Toute personne physique, ainsi que toute personne morale s'étant donné pour objet le respect des droits fondamentaux, peuvent porter à la connaissance du contrôleur général des lieux de privation de liberté des faits ou situations susceptibles de relever de sa compétence.

Le Contrôleur général des lieux de privation de liberté est saisi par le Premier ministre, les membres du Gouvernement, les membres du Parlement, les représentants au Parlement européen élus en France et le Défenseur des droits. Il peut aussi se saisir de sa propre initiative.

Art. 6-1. — Lorsqu'une personne physique ou morale porte à la connaissance du Contrôleur général des lieux de privation de liberté des faits ou des situations, elle lui indique, après avoir mentionné ses identité et adresse, les motifs pour lesquels, à ses yeux, une atteinte ou un risque d'atteinte aux droits fondamentaux des personnes privées de liberté est constitué.

Lorsque les faits ou les situations portés à sa connaissance relèvent de ses attributions, le Contrôleur général des lieux de privation de liberté peut procéder à des vérifications, éventuellement sur place.

À l'issue de ces vérifications, et après avoir recueilli les observations de toute personne intéressée, le Contrôleur général des lieux de privation de liberté peut formuler des recommandations relatives aux faits ou aux situations en cause à la personne responsable du lieu de privation de liberté. Ces observations et ces recommandations peuvent être rendues publiques, sans préjudice des dispositions de l'article 5.

Art. 7. — A modifié les dispositions suivantes de la loi n° 73-6 du 3 janvier 1973 (art. 6) et de la loi n° 2000-494 du 6 juin 2000 (art. 4).

Art. 8. — Le Contrôleur général des lieux de privation de liberté peut visiter à tout moment, sur le territoire de la République, tout lieu où des personnes sont privées de leur liberté par décision d'une autorité publique, ainsi que tout établissement de santé habilité à recevoir des patients hospitalisés sans leur consentement visé à l'article L. 3222-1 du Code de la santé publique.

Art. 8-1. — Les autorités responsables du lieu de privation de liberté ne peuvent s'opposer aux vérifications sur place prévues à l'article 6-1 ou aux visites prévues à l'article 8 que pour des motifs graves et impérieux liés à la défense nationale, à la sécurité publique, à des catastrophes naturelles ou à des troubles sérieux dans le lieu visité, sous réserve de fournir au Contrôleur général des lieux de privation de liberté les justifications de leur opposition. Elles proposent alors le report de ces vérifications sur place ou de ces visites. Dès que les circonstances exceptionnelles ayant motivé le report ont cessé, elles en informent le Contrôleur général des lieux de privation de liberté.

Le Contrôleur général des lieux de privation de liberté obtient des autorités responsables du lieu de privation de liberté ou de toute personne susceptible de l'éclairer toute information ou pièce utile à l'exercice de sa mission, dans les délais qu'il fixe. Lors des vérifications sur place et des visites, il peut s'entretenir, dans des conditions assurant la confidentialité de leurs échanges, avec toute personne dont le concours lui paraît nécessaire et recueillir toute information qui lui paraît utile.

Le caractère secret des informations et pièces dont le Contrôleur général des lieux de privation de liberté demande communication ne peut lui être opposé, sauf si leur divulgation est susceptible de porter atteinte au secret de la défense nationale, à la sûreté de l'État, au secret de l'enquête et de l'instruction ou au secret professionnel applicable aux relations entre un avocat et son client.

Les procès-verbaux relatifs aux conditions dans lesquelles une personne est ou a été retenue, quel qu'en soit le motif, dans des locaux de police, de gendarmerie ou de douane sont communicables au Contrôleur général des lieux de privation de liberté, sauf lorsqu'ils sont relatifs aux auditions des personnes.

Le Contrôleur général des lieux de privation de liberté peut déléguer aux contrôleurs les pouvoirs mentionnés aux quatre premiers alinéas du présent article.

Les informations couvertes par le secret médical peuvent être communiquées, avec l'accord de la personne concernée, aux contrôleurs ayant la qualité de médecin. Toutefois, les informations couvertes par le secret médical peuvent leur être communiquées sans le consentement de la personne concernée lorsqu'elles sont relatives à des privations, sévices et violences physiques, sexuelles ou psychiques commis sur un mineur ou sur une personne qui n'est pas en mesure de se protéger en raison de son âge ou de son incapacité physique ou psychique.

Art. 8-2. — Aucune sanction ne peut être prononcée et aucun préjudice ne peut résulter du seul fait des liens établis avec le Contrôleur général des lieux de privation de liberté ou des informations ou des pièces qui lui ont été données se rapportant à l'exercice de sa fonction. Cette disposition ne fait pas obstacle à l'application éventuelle de l'article 226-10 du Code pénal.

Art. 9. — À l'issue de chaque visite, le Contrôleur général des lieux de privation de liberté fait connaître aux ministres intéressés ses observations concernant en particulier l'état, l'organisation ou le fonctionnement du lieu visité, ainsi que la condition des personnes privées de liberté, en tenant compte de l'évolution de la situation depuis sa visite. À l'exception des cas où le Contrôleur général des lieux de privation de liberté les en dispense, les ministres formulent des observations en réponse dans le délai qu'il leur impartit et qui ne peut être inférieur à un mois. Ces observations en réponse sont alors annexées au rapport de visite établi par le contrôleur général.

S'il constate une violation grave des droits fondamentaux d'une personne privée de liberté, le Contrôleur général des lieux de privation de liberté communique sans délai aux autorités compétentes ses observations, leur impartit un délai pour y répondre et, à l'issue de ce délai, constate s'il a été mis fin à la violation signalée. S'il l'estime nécessaire, il rend alors immédiatement public le contenu de ses observations et des réponses reçues.

Si le contrôleur général a connaissance de faits laissant présumer l'existence d'une infraction pénale, il les porte sans délai à la connaissance du procureur de la République, conformément à l'article 40 du Code de procédure pénale.

Le contrôleur général porte sans délai à la connaissance des autorités ou des personnes investies du pouvoir disciplinaire les faits de nature à entraîner des poursuites disciplinaires.

Le procureur de la République et les autorités ou les personnes investies du pouvoir disciplinaire informent le Contrôleur général des lieux de privation de liberté des suites données à ses démarches.

Art. 9-1. — Lorsque ses demandes d'informations, de pièces ou d'observations, présentées sur le fondement des articles 6-1, 8-1 et 9, ne sont pas suivies d'effet, le Contrôleur général des lieux de privation de liberté peut mettre en demeure les personnes intéressées de lui répondre dans un délai qu'il fixe.

Art. 10. — Dans son domaine de compétences, le Contrôleur général des lieux de privation de liberté émet des avis, formule des recommandations aux autorités publiques et propose au Gouvernement toute modification des dispositions législatives et réglementaires applicables.

Après en avoir informé les autorités responsables, il rend publics ces avis, recommandations ou propositions, ainsi que les observations de ces autorités.

Art. 10-1. — Le Contrôleur général des lieux de privation de liberté peut adresser aux autorités responsables des avis sur les projets de construction, de restructuration ou de réhabilitation de tout lieu de privation de liberté.

Art. 11. — (Abrogé par la loi n° 2017-55 du 20 janvier 2017)

Art. 12. — Le Contrôleur général des lieux de privation de liberté coopère avec les organismes internationaux compétents.

Art. 13. — (Abrogé par la loi n° 2017-55 du 20 janvier 2017)

Art. 13-1. — Est puni de 15 000 € d'amende le fait d'entraver la mission du Contrôleur général des lieux de privation de liberté :

1° soit en s'opposant au déroulement des vérifications sur place prévues à l'article 6-1 et des visites prévues à l'article 8 ;

2° soit en refusant de lui communiquer les informations ou les pièces nécessaires aux vérifications prévues à l'article 6-1 ou aux visites prévues à l'article 8, en dissimulant ou faisant disparaître lesdites informations ou pièces ou en altérant leur contenu ;

3° soit en prenant des mesures destinées à faire obstacle, par menace ou voie de fait, aux relations que toute personne peut avoir avec le Contrôleur général des lieux de privation de liberté en application de la présente loi ;

4° soit en prononçant une sanction à l'encontre d'une personne du seul fait des liens qu'elle a établis avec le Contrôleur général des lieux de privation de liberté ou des informations ou des pièces se rapportant à l'exercice de sa fonction que cette personne lui a données.

Art. 14. — Les conditions d'application de la présente loi, notamment celles dans lesquelles les contrôleurs mentionnés à l'article 4 sont appelés à participer à la mission du Contrôleur général des lieux de privation de liberté, sont précisées par décret en Conseil d'État.

Art. 15. — A modifié les dispositions suivantes du Code de l'entrée et du séjour des étrangers et du droit d'asile.

Art. 16. — La présente loi est applicable à Mayotte, dans les îles Wallis et Futuna, dans les Terres australes et antarctiques françaises, en Polynésie française et en Nouvelle-Calédonie.

11. L'hospitalisation d'office et les droits des personnes hospitalisées pour des troubles mentaux

N° 53 Les articles L. 3211-1 à L. 3211-6 et L. 3213-1 à L. 3213-9 du Code de la santé publique (126)

Art. L. 3211-1. — Une personne ne peut sans son consentement ou, le cas échéant, sans l'autorisation de son représentant légal, si elle est mineure, ou celle de la personne chargée de la protection, s'il s'agit d'un majeur faisant l'objet d'une mesure de protection juridique avec représentation relative à la personne, faire l'objet de soins psychiatriques, hormis les cas prévus par les chapitres II à IV du présent titre et ceux prévus à l'article 706-135 du code de procédure pénale.

Toute personne faisant l'objet de soins psychiatriques ou sa famille dispose du droit de s'adresser au praticien ou à l'équipe de santé mentale, publique ou privée, de son choix tant à l'intérieur qu'à l'extérieur du secteur psychiatrique correspondant à son lieu de résidence.

Art. L. 3211-2. — Une personne faisant l'objet de soins psychiatriques avec son consentement pour des troubles mentaux est dite en soins psychiatriques libres. Elle dispose des mêmes droits liés à l'exercice des libertés individuelles que ceux qui sont reconnus aux malades soignés pour une autre cause.

Cette modalité de soins est privilégiée lorsque l'état de la personne le permet.

Art. L. 3211-2-1. — I. — Une personne faisant l'objet de soins psychiatriques en application des chapitres II et III du présent titre ou de l'article 706-135 du Code de procédure pénale est dite en soins psychiatriques sans consentement.

La personne est prise en charge :

1° Soit sous la forme d'une hospitalisation complète dans un établissement mentionné à l'article L. 3222-1 du présent code ;

(126) Les articles présentés sont à jour des modifications introduites par la loi n° 2011-803 du 5 juillet 2011, n° 2013-869 du 27 septembre 2013, n° 2015-1776 du 28 décembre 2015 relative à l'adaptation de la société au vieillissement, n° 2016-41 du 26 janvier 2016 de modernisation de notre système de santé, l'ordonnance n° 2016-131 du 10 février 2016 portant réforme du droit des contrats, du régime général et de la preuve des obligations, l'ordonnance n° 2018-20 du 17 janvier 2018 relative au service de santé des armées et à l'Institution nationale des invalides, l'ordonnance n° 2019-964 du 18 septembre 2019 prise en application de la loi n° 2019-222 du 23 mars 2019 de programmation 2018-2022 et de réforme pour la justice, l'ordonnance n° 2020-232 du 11 mars 2020 relative au régime des décisions prises en matière de santé, de prise en charge ou d'accompagnement social ou médico-social à l'égard des personnes majeures faisant l'objet d'une mesure de protection juridique et l'ordonnance n° 2021-583 du 12 mai 2021 portant modification du régime des autorisations d'activités de soins et des équipements matériels lourds. Voir aussi le décret n° 2014-897 du 15 août 2014 modifiant la procédure judiciaire de mainlevée et de contrôle des mesures de soins psychiatriques sans consentement et le décret n° 2019-412 du 6 mai 2019 modifiant le décret n° 2018-383 du 23 mai 2018 autorisant les traitements de données à caractère personnel relatifs au suivi des personnes en soins psychiatriques sans consentement.

2° Soit sous toute autre forme, pouvant comporter des soins ambulatoires, des soins à domicile dispensés par un établissement mentionné au même article L. 3222-1 des séjours à temps partiel ou des séjours de courte durée à temps complet effectués dans un établissement mentionné audit article L. 3222-1.

II. — Lorsque les soins prennent la forme prévue au 2° du I, un programme de soins est établi par un psychiatre de l'établissement d'accueil et ne peut être modifié, afin de tenir compte de l'évolution de l'état de santé du patient, que dans les mêmes conditions. Le programme de soins définit les types de soins, leur périodicité et les lieux de leur réalisation, dans des conditions déterminées par décret en Conseil d'État.

Pour l'établissement et la modification du programme de soins, le psychiatre de l'établissement d'accueil recueille l'avis du patient lors d'un entretien au cours duquel il donne au patient l'information prévue à l'article L. 3211-3 et l'avise des dispositions du III du présent article et de celles de l'article L. 3211-11.

III. — Aucune mesure de contrainte ne peut être mise en œuvre à l'égard d'un patient pris en charge sous la forme prévue au 2° du I.

Art. L. 3211-2-2. — Lorsqu'une personne est admise en soins psychiatriques en application des chapitres II ou III du présent titre, elle fait l'objet d'une période d'observation et de soins initiale sous la forme d'une hospitalisation complète.

Dans les vingt-quatre heures suivant l'admission, un médecin réalise un examen somatique complet de la personne et un psychiatre de l'établissement d'accueil établit un certificat médical constatant son état mental et confirmant ou non la nécessité de maintenir les soins psychiatriques au regard des conditions d'admission définies aux articles L. 3212-1 ou L. 3213-1. Ce psychiatre ne peut être l'auteur du certificat médical ou d'un des deux certificats médicaux sur la base desquels la décision d'admission a été prononcée.

Dans les soixante-douze heures suivant l'admission, un nouveau certificat médical est établi dans les mêmes conditions que celles prévues au deuxième alinéa du présent article.

Lorsque les deux certificats médicaux ont conclu à la nécessité de maintenir les soins psychiatriques, le psychiatre propose dans le certificat mentionné au troisième alinéa du présent article la forme de la prise en charge mentionnée aux 1° et 2° du I de l'article L. 3211-2-1 et, le cas échéant, le programme de soins. Cette proposition est motivée au regard de l'état de santé du patient et de l'expression de ses troubles mentaux.

Art. L. 3211-2-3. — Lorsqu'une personne remplissant les conditions pour être admise en soins psychiatriques prévues aux chapitres II et III du présent titre est prise en charge en urgence par un établissement de santé qui n'assure pas, en application de l'article L. 3222-1, la prise en charge des personnes faisant l'objet de soins psychiatriques au titre des chapitres II à IV du présent titre ou de l'article 706-135 du Code de procédure pénale, son transfert vers un établissement exerçant cette mission est organisé, selon des modalités prévues par convention, dans des délais adaptés à son état de santé et au plus tard sous quarante-huit heures. La période d'observation et de soins initiale mentionnée à l'article L. 3211-2-2 prend effet dès le début de la prise en charge.

Art. L. 3211-3. — Lorsqu'une personne atteinte de troubles mentaux fait l'objet de soins psychiatriques en application des dispositions des chapitres II et III du présent titre ou est transportée en vue de ces soins, les restrictions à l'exercice de ses libertés individuelles doivent être adaptées, nécessaires et proportionnées à son état mental et à la mise en œuvre du traitement requis. En toutes circonstances, la dignité de la personne doit être respectée et sa réinsertion recherchée.

Avant chaque décision prononçant le maintien des soins en application des articles L. 3212-4, L. 3212-7 et L. 3213-4 ou définissant la forme de la prise en charge en application des articles L. 3211-12-5, L. 3212-4, L. 3213-1 et L. 3213-3, la personne faisant l'objet de soins psychiatriques est, dans la mesure où son état le permet, informée de ce projet de décision et mise à même de faire valoir ses observations, par tout moyen et de manière appropriée à cet état.

En outre, toute personne faisant l'objet de soins psychiatriques en application des chapitres II et III du présent titre ou de l'article 706-135 du Code de procédure pénale est informée :

a) Le plus rapidement possible et d'une manière appropriée à son état, de la décision d'admission et de chacune des décisions mentionnées au deuxième alinéa du présent article, ainsi que des raisons qui les motivent ;

b) Dès l'admission ou aussitôt que son état le permet et, par la suite, à sa demande et après chacune des décisions mentionnées au même deuxième alinéa, de sa situation juridique, de ses droits, des voies de recours qui lui sont ouvertes et des garanties qui lui sont offertes en application de l'article L. 3211-12-1.

L'avis de cette personne sur les modalités des soins doit être recherché et pris en considération dans toute la mesure du possible.

En tout état de cause, elle dispose du droit :

1° De communiquer avec les autorités mentionnées à l'article L. 3222-4 ;

2° De saisir la commission prévue à l'article L. 3222-5 et, lorsqu'elle est hospitalisée, la commission mentionnée à l'article L. 1112-3 ;

3° De porter à la connaissance du Contrôleur général des lieux de privation de liberté des faits ou situations susceptibles de relever de sa compétence ;

4° De prendre conseil d'un médecin ou d'un avocat de son choix ;

5° D'émettre ou de recevoir des courriers ;

6° De consulter le règlement intérieur de l'établissement et de recevoir les explications qui s'y rapportent ;

7° D'exercer son droit de vote ;

8° De se livrer aux activités religieuses ou philosophiques de son choix.

Ces droits, à l'exception de ceux mentionnés aux 5°, 7° et 8°, peuvent être exercés à leur demande par les parents ou les personnes susceptibles d'agir dans l'intérêt du malade.

Art. L. 3211-4. — Un protocole thérapeutique pratiqué en psychiatrie ne peut être mis en œuvre que dans le strict respect des règles déontologiques et éthiques en vigueur.

Art. L. 3211-5. — Une personne faisant, en raison de troubles mentaux, l'objet de soins psychiatriques prenant ou non la forme d'une hospitalisation complète conserve, à l'issue de ces soins, la totalité de ses droits et devoirs de citoyen, sous réserve des dispositions relatives aux mesures de protection des majeurs prévues aux sections 1 à 4 du chapitre II du titre XI du livre Ier du Code civil, sans que ses antécédents psychiatriques puissent lui être opposés.

Art. L. 3211-5-1. — Sauf autorisation de justice, il est interdit, à peine de nullité, à quiconque exerce une fonction ou occupe un emploi dans un établissement dispensant des soins psychiatriques de se rendre acquéreur d'un bien ou cessionnaire d'un droit appartenant à une personne admise dans l'établissement ou de prendre à bail le logement occupé par cette personne avant son admission dans l'établissement. Pour l'application du présent article, sont réputées personnes interposées, le conjoint, le partenaire d'un pacte civil de solidarité, le concubin, les ascendants et les descendants des personnes auxquelles s'appliquent les interdictions ci-dessus édictées.

Art. L. 3211-6. — Le médecin qui constate que la personne à laquelle il donne ses soins a besoin, pour l'une des causes prévues à l'article 425 du Code civil, d'être protégée dans les actes de la vie civile peut en faire la déclaration au procureur de la République du lieu de traitement. Cette déclaration a pour effet de placer le malade sous sauvegarde de justice si elle est accompagnée de l'avis conforme d'un psychiatre.

Lorsqu'une personne est soignée dans un établissement de santé ou un hôpital des armées ou hébergée dans un établissement social ou médico-social, le médecin est tenu, s'il constate que cette personne se trouve dans la situation prévue à l'alinéa précédent, d'en faire la déclaration au procureur de la République du lieu de traitement. Cette déclaration a pour effet de placer le malade sous sauvegarde de justice. Le représentant de l'État dans le département doit être informé par le procureur de la mise sous sauvegarde.

....

Admission en soins psychiatriques sur décision du représentant de l'État

Art. L. 3213-1. — I. Le représentant de l'État dans le département prononce par arrêté, au vu d'un certificat médical circonstancié ne pouvant émaner d'un psychiatre exerçant dans l'établissement d'accueil, l'admission en soins psychiatriques des personnes dont les troubles mentaux nécessitent des soins et compromettent la sûreté des personnes ou portent atteinte, de façon grave, à l'ordre public.

Les arrêtés préfectoraux sont motivés et énoncent avec précision les circonstances qui ont rendu l'admission en soins nécessaire. Ils désignent l'établissement mentionné à l'article L. 3222-1 qui assure la prise en charge de la personne malade.

Le directeur de l'établissement d'accueil transmet sans délai au représentant de l'État dans le département et à la commission départementale des soins psychiatriques mentionnée à l'article L. 3222-5 :

1° Le certificat médical mentionné au deuxième alinéa de l'article L. 3211-2-2 ;

2° Le certificat médical et, le cas échéant, la proposition mentionnés aux deux derniers alinéas du même article L. 3211-2-2.

II. Dans un délai de trois jours francs suivant la réception du certificat médical mentionné à l'avant-dernier alinéa de l'article L. 3211-2-2, le représentant de l'État dans le département décide de la forme de prise en charge prévue à l'article L. 3211-2-1, en tenant compte de la proposition établie, le cas échéant, par le psychiatre en application du dernier alinéa de l'article L. 3211-2-2 et des exigences liées à la sûreté des personnes et à l'ordre public. Il joint à sa décision, le cas échéant, le programme de soins établi par le psychiatre.

Dans l'attente de la décision du représentant de l'État, la personne malade est prise en charge sous la forme d'une hospitalisation complète.

III. Lorsque la proposition établie par le psychiatre en application de l'article L. 3211-2-2 recommande une prise en charge sous une autre forme que l'hospitalisation complète, le représentant de l'État ne peut modifier la forme de prise en charge des personnes mentionnées au II de l'article L. 3211-12 qu'après avoir recueilli l'avis du collège mentionné à l'article L. 3211-9.

IV. Les mesures provisoires, les décisions, les avis et les certificats médicaux mentionnés au présent chapitre figurent sur le registre mentionné à l'article L. 3212-11.

Art. L. 3213-2. — En cas de danger imminent pour la sûreté des personnes, attesté par un avis médical, le maire et, à Paris, les commissaires de police arrêtent, à l'égard des personnes dont le comportement révèle des troubles mentaux manifestes, toutes les mesures provisoires nécessaires, à charge d'en référer dans les vingt-quatre heures au représentant de l'État dans le département qui statue sans délai et prononce, s'il y a lieu, un arrêté d'admission en soins psychiatriques dans les formes prévues à l'article L. 3213-1. Faute de décision du représentant de l'État, ces mesures provisoires sont caduques au terme d'une durée de quarante-huit heures.

La période d'observation et de soins initiale mentionnée à l'article L. 3211-2-2 prend effet dès l'entrée en vigueur des mesures provisoires prévues au premier alinéa [127].

Art. L. 3213-3. — I. Après le cinquième jour et au plus tard le huitième jour puis dans le mois qui suit la décision mentionnée au I de l'article L. 3213-1 ou, le cas échéant, suivant la mesure provisoire prévue à l'article L. 3213-2 et ensuite au moins tous les mois, la personne malade est examinée par un psychiatre de l'établissement d'accueil qui établit un certificat médical circonstancié confirmant ou infirmant, s'il y a lieu, les observations contenues dans les précédents certificats et précisant les caractéristiques de l'évolution des troubles ayant justifié les soins ou leur disparition. Ce certificat précise si la forme de la prise en charge du malade décidée en application de l'article L. 3211-2-1 demeure adaptée et, le cas échéant, en propose une nouvelle. Lorsqu'il ne peut être procédé à l'examen du patient, le psychiatre de l'établissement établit un avis médical sur la base du dossier médical du patient.

II. Les copies des certificats et avis médicaux prévus au présent article et à l'article L. 3211-11 sont adressées sans délai par le directeur de l'établissement d'accueil au représentant de l'État dans le département et à la commission départementale des soins psychiatriques mentionnée à l'article L. 3222-5. Lorsque la personne malade est prise en charge sous la forme d'une hospitalisation complète, une copie du certificat médical ou de l'avis médical établi, en application du I du présent article, après le cinquième jour et au plus tard le huitième jour qui suit la décision mentionnée au I de l'article L. 3213-1 est également adressée sans délai au juge des libertés et de la détention compétent dans le ressort duquel se trouve l'établissement d'accueil.

III. Après réception des certificats ou avis médicaux mentionnés aux I et II du présent article et, le cas échéant, de l'avis du collège mentionné à l'article L. 3211-9 et de l'expertise psychiatrique mentionnée à l'article L. 3213-5-1, et compte tenu des exigences liées à la sûreté des personnes et à l'ordre public, le représentant de l'État dans le département peut décider de modifier la forme de la prise en charge de la personne malade. Le représentant de l'État dans le département fixe les délais dans lesquels l'avis du collège et l'expertise psychiatrique doivent être produits, dans une limite maximale fixée par décret en Conseil d'État. Passés ces délais, le représentant de l'État prend immédiatement sa décision.

Art. L. 3213-4. — Dans les trois derniers jours du premier mois suivant la décision d'admission en soins psychiatriques mentionnée au I de l'article L. 3213-1 ou, le cas échéant, suivant la mesure provisoire prévue à l'article L. 3213-2, le représentant de l'État dans le département peut prononcer, au vu du certificat médical ou de l'avis médical mentionné à l'article L. 3213-3, le maintien de la mesure de soins pour une nouvelle durée de trois mois. Il se prononce, le cas échéant, sur la forme de la prise en charge du patient dans les conditions prévues au même article L. 3213-3. Au-delà de cette durée, la mesure de soins peut être maintenue par le représentant de l'État dans le département pour des périodes maximales de six mois renouvelables selon les mêmes modalités.

Faute de décision du représentant de l'État à l'issue de chacun des délais prévus au premier alinéa, la levée de la mesure de soins est acquise.

En outre, le représentant de l'État dans le département peut à tout moment mettre fin à la mesure de soins prise en application de l'article L. 3213-1 après avis d'un psychiatre participant à la prise en charge du patient attestant que les conditions ayant justifié la mesure de soins en application du même article L. 3213-1 ne sont plus

(127) Dans sa décision n° 2011-174 QPC du 6 octobre 2011, le Conseil constitutionnel a déclaré contraire à la Constitution les mots « ou, à défaut, par la notoriété publique » à l'article L. 3213-2 du Code de la santé publique.

réunies, ou sur proposition de la commission départementale des soins psychiatriques mentionnée à l'article L. 3222-5.

Le présent article n'est pas applicable aux personnes mentionnées II de l'article L. 3211-12.

Art. L. 3213-5-1. — Le représentant de l'État dans le département peut à tout moment ordonner l'expertise psychiatrique des personnes faisant l'objet d'une mesure de soins psychiatriques prononcée en application du présent chapitre ou du chapitre IV du présent titre ou ordonnée en application de l'article 706-135 du Code de procédure pénale. Cette expertise est conduite par un psychiatre n'appartenant pas à l'établissement d'accueil de la personne malade, choisi par le représentant de l'État dans le département sur une liste établie par le procureur de la République, après avis du directeur général de l'agence régionale de santé de la région dans laquelle est situé l'établissement ou, à défaut, sur la liste des experts inscrits près la cour d'appel du ressort de l'établissement.

Le représentant de l'État dans le département fixe les délais dans lesquels l'expertise mentionnée au premier alinéa doit être produite, dans une limite maximale fixée par décret en Conseil d'État.

Art. L. 3213-6. — Lorsqu'un psychiatre de l'établissement d'accueil d'une personne faisant l'objet de soins psychiatriques en application de l'article L. 3212-1 atteste par un certificat médical ou, lorsqu'il ne peut être procédé à l'examen de l'intéressé, par un avis médical sur la base de son dossier médical que l'état mental de cette personne nécessite des soins et compromet la sûreté des personnes ou porte atteinte de façon grave à l'ordre public, le directeur de l'établissement d'accueil en donne aussitôt connaissance au représentant de l'État dans le département qui peut prendre une mesure d'admission en soins psychiatriques en application de l'article L. 3213-1, sur la base de ce certificat ou de cet avis médical. Les certificats médicaux mentionnés aux deuxième et troisième alinéas de l'article L. 3211-2-2 sont alors établis par deux psychiatres distincts. Lorsque ceux-ci ne peuvent procéder à l'examen de la personne malade, ils établissent un avis médical sur la base de son dossier médical.

Art. L. 3213-7. — Lorsque les autorités judiciaires estiment que l'état mental d'une personne qui a bénéficié, sur le fondement du premier alinéa de l'article 122-1 du Code pénal, d'un classement sans suite, d'une décision d'irresponsabilité pénale ou d'un jugement ou arrêt de déclaration d'irresponsabilité pénale nécessite des soins et compromet la sûreté des personnes ou porte atteinte de façon grave à l'ordre public, elles avisent immédiatement la commission mentionnée à l'article L. 3222-5 du présent code ainsi que le représentant de l'État dans le département qui ordonne sans délai la production d'un certificat médical circonstancié portant sur l'état actuel du malade. Au vu de ce certificat, il peut prononcer une mesure d'admission en soins psychiatriques dans les conditions définies à l'article L. 3213-1. Toutefois, si la personne concernée fait déjà l'objet d'une mesure de soins psychiatriques en application du même article L. 3213-1, la production de ce certificat n'est pas requise pour modifier le fondement de la mesure en cours.

À toutes fins utiles, le procureur de la République informe le représentant de l'État dans le département de ses réquisitions ainsi que des dates d'audience et des décisions rendues.

Si l'état de la personne mentionnée au premier alinéa le permet, celle-ci est informée par les autorités judiciaires de l'avis dont elle fait l'objet ainsi que des suites que peut y donner le représentant de l'État dans le département. Cette information lui est transmise par tout moyen et de manière appropriée à son état.

L'avis mentionné au premier alinéa indique si la procédure concerne des faits punis d'au moins cinq ans d'emprisonnement en cas d'atteinte aux personnes ou d'au moins dix ans d'emprisonnement en cas d'atteinte aux biens. Dans ce cas, la personne est également informée des conditions dans lesquelles il peut être mis fin à la mesure de soins psychiatriques en application des articles L. 3211-12, L. 3211-12-1 et L. 3213-8.

Art. L. 3213-8 (128). — I. Si le collège mentionné à l'article L. 3211-9 émet un avis selon lequel la mesure de soins psychiatriques sous la forme d'une hospitalisation complète dont fait l'objet une personne mentionnée au II de l'article L. 3211-12 n'est plus nécessaire et que la mesure de soins sans consentement peut être levée, le représentant de l'État dans le département ordonne une expertise de l'état mental de la personne par deux psychiatres choisis dans les conditions fixées à l'article L. 3213-5-1. Ces derniers se prononcent, dans un délai maximal de soixante-douze heures à compter de leur désignation, sur la nécessité du maintien de la mesure de soins psychiatriques.

II. Lorsque les deux avis des psychiatres prévus au I confirment l'absence de nécessité de l'hospitalisation complète, le représentant de l'État ordonne la levée de la mesure de soins psychiatriques.

Lorsque ces avis divergent ou préconisent le maintien de la mesure de soins psychiatriques et que le représentant de l'État la maintient, il en informe le directeur de l'établissement d'accueil, qui saisit le juge des libertés et de la détention afin que ce dernier statue à bref délai sur cette mesure dans les conditions prévues à l'article L. 3211-12. Le présent alinéa n'est pas applicable lorsque la décision du représentant de l'État intervient dans les délais mentionnés aux 1° et 2° du I de l'article L. 3211-12-1.

Art. L. 3213-9. — Le représentant de l'État dans le département avise dans les vingt-quatre heures de toute admission en soins psychiatriques prise en application du présent chapitre ou du chapitre IV du présent titre ou sur décision de justice, de toute décision de maintien et de toute levée de cette mesure :

1° Le procureur de la République près le tribunal judiciaire dans le ressort duquel est situé l'établissement d'accueil de la personne malade et le procureur de la République près le tribunal judiciaire dans le ressort duquel celle-ci a sa résidence habituelle ou son lieu de séjour ;

2° Le maire de la commune où est implanté l'établissement et le maire de la commune où la personne malade a sa résidence habituelle ou son lieu de séjour ;

3° La commission départementale des soins psychiatriques mentionnée à l'article L. 3222-5 ;

4° La famille de la personne qui fait l'objet de soins ;

5° Le cas échéant, la personne chargée de la protection juridique de l'intéressé.

Le représentant de l'État dans le département informe sans délai les autorités et les personnes mentionnées aux 1° à 5° de toute décision de prise en charge du patient sous une autre forme que celle d'une hospitalisation complète.

Art. L. 3213-9-1. — I. Si un psychiatre participant à la prise en charge du patient atteste par un certificat médical qu'une mesure de soins psychiatriques sous la forme d'une hospitalisation complète n'est plus nécessaire et que la mesure de soins sans consentement peut être levée ou que le patient peut être pris en charge sous la forme mentionnée au 2° du I de l'article L. 3211-2-1, le directeur de l'établissement d'accueil en réfère dans les vingt-quatre heures au représentant de l'État dans le département, qui statue dans un délai de trois jours francs après la réception du certificat médical.

II. Lorsque le représentant de l'État décide de ne pas suivre l'avis du psychiatre participant à la prise en charge du patient, il en informe sans délai le directeur de l'établissement d'accueil, qui demande immédiatement l'examen du patient par un

---

(128) Article modifié, à la suite de la décision CC n° 2012/235 QPC du 20 avril 2012 du Conseil, par la loi n° 2013-869 du 27 septembre 2013.

deuxième psychiatre. Celui-ci rend, dans un délai maximal de soixante-douze heures à compter de la décision du représentant de l'État, un avis sur la nécessité de l'hospitalisation complète.

III. Lorsque l'avis du deuxième psychiatre prévu au II du présent article confirme l'absence de nécessité de l'hospitalisation complète, le représentant de l'État ordonne la levée de la mesure de soins sans consentement ou décide d'une prise en charge sous la forme mentionnée au 2° du I de l'article L. 3211-2-1, conformément à la proposition figurant dans le certificat médical mentionné au I du présent article.

Lorsque l'avis du deuxième psychiatre prévu au II préconise le maintien de l'hospitalisation complète et que le représentant de l'État maintient l'hospitalisation complète, il en informe le directeur de l'établissement d'accueil, qui saisit le juge des libertés et de la détention afin que ce dernier statue à bref délai sur cette mesure dans les conditions prévues à l'article L. 3211-12. Le présent alinéa n'est pas applicable lorsque la décision du représentant de l'État intervient dans les délais mentionnés aux 1° et 2° du I de l'article L. 3211-12-1.

12. Les atteintes à la liberté individuelle par une autorité publique

N° 54 Les articles 432-4 à 432-6 du Code pénal

Art. 432-4. — Le fait, par une personne dépositaire de l'autorité publique ou chargée d'une mission de service public, agissant dans l'exercice ou à l'occasion de l'exercice de ses fonctions ou de sa mission, d'ordonner ou d'accomplir arbitrairement un acte attentatoire à la liberté individuelle est puni de sept ans d'emprisonnement et de 100 000 euros d'amende.

Lorsque l'acte attentatoire consiste en une détention ou une rétention d'une durée de plus de sept jours, la peine est portée à trente ans de réclusion criminelle et à 450 000 euros d'amende.

Art. 432-5. — Le fait, par une personne dépositaire de l'autorité publique ou chargée d'une mission de service public ayant eu connaissance, dans l'exercice ou à l'occasion de l'exercice de ses fonctions ou de sa mission, d'une privation de liberté illégale, de s'abstenir volontairement soit d'y mettre fin si elle en a le pouvoir, soit, dans le cas contraire, de provoquer l'intervention d'une autorité compétente, est puni de trois ans d'emprisonnement et de 45 000 euros d'amende.

Le fait, par une personne visée à l'alinéa précédent ayant eu connaissance, dans l'exercice ou à l'occasion de l'exercice de ses fonctions ou de sa mission, d'une privation de liberté dont l'illégalité est alléguée, de s'abstenir volontairement soit de procéder aux vérifications nécessaires si elle en a le pouvoir, soit, dans le cas contraire, de transmettre la réclamation à une autorité compétente, est puni d'un an d'emprisonnement et de 15 000 euros d'amende lorsque la privation de liberté, reconnue illégale, s'est poursuivie.

Art. 432-6. — Le fait, par un agent de l'administration pénitentiaire, de recevoir ou retenir une personne sans mandat, jugement ou ordre d'écrou établi conformément à la loi, ou de prolonger indûment la durée d'une détention, est puni de deux ans d'emprisonnement et 30 000 euros d'amende.

C. La lutte contre l'esclavage, la répression de la traite des êtres humains et de l'exploitation de la prostitution d'autrui, la répression du crime de génocide et du crime contre l'humanité

N° 55.1 La reconnaissance de la traite et de l'esclavage en tant que crime contre l'humanité : la loi n° 2001-434 du 21 mai 2001 (extraits)

Article premier. — La République française reconnaît que la traite régulière transatlantique ainsi que la traite dans l'océan Indien d'une part, et l'esclavage d'autre part, perpétrés à partir du XVe siècle, aux Amériques et aux Caraïbes, dans l'océan Indien et en Europe contre les populations africaines, malgaches et indiennes constituent un crime contre l'humanité.

Art. 2. — Les programmes scolaires et les programmes de recherche en histoire et en sciences humaines accorderont à la traite négrière et à l'esclavage la place conséquente qu'ils méritent. La coopération qui permettra de mettre en articulation les archives écrites disponibles en Europe avec les sources orales et les connaissances archéologiques accumulées en Afrique, dans les Amériques, aux Caraïbes et dans tous les autres territoires ayant connu l'esclavage sera encouragée et favorisée.

Art. 3. — Une requête en reconnaissance de la traite négrière transatlantique ainsi que la traite dans l'océan Indien et de l'esclavage comme crime contre l'humanité sera introduite auprès du Conseil de l'Europe, des organisations internationales et de l'Organisation des Nations unies. Cette requête visera également la recherche d'une date commune au plan international pour commémorer l'abolition de la traite négrière et de l'esclavage, sans préjudice des dates commémoratives propres à chacun des départements d'outre-mer.

Nº 55.2 Commémoration annuelle de l'abolition de l'esclavage : la loi modifiée nº 83-550 du 30 juin 1983 (129)

Article unique de la loi :

La commémoration de l'abolition de l'esclavage par la République française et celle de la fin de tous les contrats d'engagement souscrits à la suite de cette abolition font l'objet d'une journée fériée dans les collectivités de Guadeloupe, de Guyane, de Martinique, de La Réunion et de Mayotte.

Un décret fixe la date de la commémoration pour chacune des collectivités territoriales visées ci-dessus ;

La République française institue la journée du 10 mai comme journée nationale des mémoires de la traite, de l'esclavage et de leurs abolitions, et celle du 23 mai comme journée nationale en hommage aux victimes de l'esclavage.

Nº 56 La reconnaissance du génocide arménien de 1915 : la loi nº 2001-70 du 29 janvier 2001 (extraits)

Article unique. — La France reconnaît publiquement le génocide arménien de 1915.

Nº 57 La répression du crime de génocide et des autres crimes contre l'humanité : les articles 211-1 et 211-2 et les articles 212-1 à 212-3 du Code pénal (130)

Art. 211-1. — Constitue un génocide le fait, en exécution d'un plan concerté tendant à la destruction totale ou partielle d'un groupe national, ethnique, racial ou religieux, ou d'un groupe déterminé à partir de tout autre critère arbitraire, de commettre ou de faire commettre, à l'encontre de membres de ce groupe, l'un des actes suivants :

— atteinte volontaire à la vie ;

— atteinte grave à l'intégrité physique ou psychique ;

— soumission à des conditions d'existence de nature à entraîner la destruction totale ou partielle du groupe ;

(129) Loi modifiée par la loi n° 2017-256 du 28 février 2017 de programmation relative à l'égalité réelle outre-mer et portant autres dispositions en matière sociale et économique et le décret n° 2019-1166 du 12 novembre 2019 portant suppression du Comité national pour la mémoire et l'histoire de l'esclavage. Il est aussi important de retenir la date de la commémoration annuelle du génocide des Tutsi fixée au 7 avril par le décret n° 2019-435 du 13 mai 2019.

(130) Les articles présentés sont à jour des modifications introduites par la loi n° 2010-930 du 9 août 2010 et la loi n° 2013-711 du 5 août 2013. Voir aussi la décision n° 2012-647 DC du 28 février 2012 concernant la loi visant à réprimer la contestation de l'existence des génocides reconnus par la loi, par cette décision, le Conseil constitutionnel considère cette loi comme contraire à la Constitution.

— mesures visant à entraver les naissances ;
— transfert forcé d'enfants.
Le génocide est puni de la réclusion criminelle à perpétuité.
Les deux premiers alinéas de l'article 132-23 relatif à la période de sûreté sont applicables au crime prévu par le présent article.

Art. 211-2. — La provocation publique et directe, par tous moyens, à commettre un génocide est punie de la réclusion criminelle à perpétuité si cette provocation a été suivie d'effet.

Si la provocation n'a pas été suivie d'effet, les faits sont punis de sept ans d'emprisonnement et de 100 000 € d'amende.

Chapitre II

Des autres crimes contre l'humanité

Art. 212-1. — Constitue également un crime contre l'humanité et est puni de la réclusion criminelle à perpétuité l'un des actes ci-après commis en exécution d'un plan concerté à l'encontre d'un groupe de population civile dans le cadre d'une attaque généralisée ou systématique :

1° L'atteinte volontaire à la vie ;
2° L'extermination ;
3° La réduction en esclavage ;
4° La déportation ou le transfert forcé de population ;
5° L'emprisonnement ou toute autre forme de privation grave de liberté physique en violation des dispositions fondamentales du droit international ;
6° La torture ;
7° Le viol, la prostitution forcée, la grossesse forcée, la stérilisation forcée ou toute autre forme de violence sexuelle de gravité comparable ;
8° La persécution de tout groupe ou de toute collectivité identifiable pour des motifs d'ordre politique, racial, national, ethnique, culturel, religieux ou sexiste ou en fonction d'autres critères universellement reconnus comme inadmissibles en droit international ;
9° La disparition forcée ;
10° Les actes de ségrégation commis dans le cadre d'un régime institutionnalisé d'oppression systématique et de domination d'un groupe racial sur tout autre groupe racial ou tous autres groupes raciaux et dans l'intention de maintenir ce régime ;
11° Les autres actes inhumains de caractère analogue causant intentionnellement de grandes souffrances ou des atteintes graves à l'intégrité physique ou psychique.

Les deux premiers alinéas de l'article 132-23 relatif à la période de sûreté sont applicables aux crimes prévus par le présent article.

Art. 212-2. — Lorsqu'ils sont commis en temps de guerre en exécution d'un plan concerté contre ceux qui combattent le système idéologique au nom duquel sont perpétrés des crimes contre l'humanité, les actes visés à l'article 212-1 sont punis de la réclusion criminelle à perpétuité.

Les deux premiers alinéas de l'article 132-23 relatif à la période de sûreté sont applicables aux crimes prévus par le présent article.

Art. 212-3. — La participation à un groupement formé ou à une entente établie en vue de la préparation, caractérisée par un ou plusieurs faits matériels, de l'un des crimes définis par les articles 211-1, 212-1 et 212-2 est punie de la réclusion criminelle à perpétuité.

Les deux premiers alinéas de l'article 132-23 relatif à la période de sûreté sont applicables au crime prévu au présent article.

N° 58.1 De la traite des êtres humains : les articles 225-4-1 à 225-4-9 du Code pénal (131)

Art. 225-4-1. — I. La traite des êtres humains est le fait de recruter une personne, de la transporter, de la transférer, de l'héberger ou de l'accueillir à des fins d'exploitation dans l'une des circonstances suivantes :

1° soit avec l'emploi de menace, de contrainte, de violence ou de manœuvre dolosive visant la victime, sa famille ou une personne en relation habituelle avec la victime ;

2° soit par un ascendant légitime, naturel ou adoptif de cette personne ou par une personne qui a autorité sur elle ou abuse de l'autorité que lui confèrent ses fonctions ;

3° soit par abus d'une situation de vulnérabilité due à son âge, à une maladie, à une infirmité, à une déficience physique ou psychique ou à un état de grossesse, apparente ou connue de son auteur ;

4° soit en échange ou par l'octroi d'une rémunération ou de tout autre avantage ou d'une promesse de rémunération ou d'avantage.

L'exploitation mentionnée au premier alinéa du présent I est le fait de mettre la victime à sa disposition ou à la disposition d'un tiers, même non identifié, afin soit de permettre la commission contre la victime des infractions de proxénétisme, d'agression ou d'atteintes sexuelles, de réduction en esclavage, de soumission à du travail ou à des services forcés, de réduction en servitude, de prélèvement de l'un de ses organes, d'exploitation de la mendicité, de conditions de travail ou d'hébergement contraires à sa dignité, soit de contraindre la victime à commettre tout crime ou délit.

La traite des êtres humains est punie de sept ans d'emprisonnement et de 150 000 € d'amende.

II. La traite des êtres humains à l'égard d'un mineur est constituée même si elle n'est commise dans aucune des circonstances prévues aux 1° à 4° du I.

Elle est punie de dix ans d'emprisonnement et de 1 500 000 € d'amende.

Art. 225-4-2. — I. L'infraction prévue au I de l'article 225-4-1 est punie de dix ans d'emprisonnement et de 1 500 000 € d'amende lorsqu'elle est commise dans deux des circonstances mentionnées aux 1° à 4° du même I ou avec l'une des circonstances supplémentaires suivantes :

1° à l'égard de plusieurs personnes ;

2° à l'égard d'une personne qui se trouvait hors du territoire de la République ou lors de son arrivée sur le territoire de la République ;

3° lorsque la personne a été mise en contact avec l'auteur des faits grâce à l'utilisation, pour la diffusion de messages à destination d'un public non déterminé, d'un réseau de communication électronique ;

4° dans des circonstances qui exposent directement la personne à l'égard de laquelle l'infraction est commise à un risque immédiat de mort ou de blessures de nature à entraîner une mutilation ou une infirmité permanente ;

5° avec l'emploi de violences qui ont causé à la victime une incapacité totale de travail de plus de huit jours ;

6° par une personne appelée à participer, par ses fonctions, à la lutte contre la traite ou au maintien de l'ordre public ;

(131) Les articles présentés sont à jour des modifications introduites par la loi n° 2011-525 du 17 mai 2011 et la loi n° 2013-711 du 5 août 2013. Voir aussi l'avis de la Commission nationale consultative des droits de l'homme sur le second plan d'action national contre la traite des êtres humains (2019-2021), paru au *JO* le 1er décembre 2019.

7° lorsque l'infraction a placé la victime dans une situation matérielle ou psychologique grave.

II. L'infraction prévue au II de l'article 225-4-1 est punie de quinze ans de réclusion criminelle et de 1 500 000 € d'amende lorsqu'elle a été commise dans l'une des circonstances mentionnées aux 1° à 4° du I du même article 225-4-1 ou dans l'une des circonstances mentionnées aux 1° à 7° du I du présent article.

Art. 225-4-3. — L'infraction prévue à l'article 225-4-1 est punie de vingt ans de réclusion criminelle et de 3 000 000 euros d'amende lorsqu'elle est commise en bande organisée.

Art. 225-4-4. — L'infraction prévue à l'article 225-4-1 commise en recourant à des tortures ou à des actes de barbarie est punie de la réclusion criminelle à perpétuité et de 4 500 000 euros d'amende.

Art. 225-4-5. — Lorsque le crime ou le délit qui a été commis ou qui devait être commis contre la personne victime de l'infraction de traite des êtres humains est puni d'une peine privative de liberté d'une durée supérieure à celle de l'emprisonnement encouru en application des articles 225-4-1 à 225-4-3, l'infraction de traite des êtres humains est punie des peines attachées aux crimes ou aux délits dont son auteur a eu connaissance et, si ce crime ou délit est accompagné de circonstances aggravantes, des peines attachées aux seules circonstances aggravantes dont il a eu connaissance.

Art. 225-4-6. — Les personnes morales déclarées responsables pénalement, dans les conditions prévues par l'article 121-2, des infractions définies à la présente section encourent, outre l'amende suivant les modalités prévues par l'article 131-38, les peines prévues par l'article 131-39.

Art. 225-4-7. — La tentative des délits prévus à la présente section est punie des mêmes peines.

Art. 225-4-8. — Lorsque les infractions prévues aux articles 225-4-1 et 225-4-2 sont commises hors du territoire de la République par un Français, la loi française est applicable par dérogation au deuxième alinéa de l'article 113-6 et la seconde phrase de l'article 113-8 n'est pas applicable.

Art. 225-4-9. — Toute personne qui a tenté de commettre les infractions prévues par la présente section est exempte de peine si, ayant averti l'autorité administrative ou judiciaire, elle a permis d'éviter la réalisation de l'infraction et d'identifier, le cas échéant, les autres auteurs ou complices.

La peine privative de liberté encourue par l'auteur ou le complice d'une des infractions prévues à la présente section est réduite de moitié si, ayant averti l'autorité administrative ou judiciaire, il a permis de faire cesser l'infraction ou d'éviter que l'infraction n'entraîne mort d'homme ou infirmité permanente et d'identifier, le cas échéant, les autres auteurs ou complices. Lorsque la peine encourue est la réclusion criminelle à perpétuité, celle-ci est ramenée à vingt ans de réclusion criminelle.

N° 58.2 La lutte contre le système prostitutionnel et l'accompagnement des personnes prostituées : la loi n° 2016-444 du 13 avril 2016 (extraits)

Chapitre II

Protection des victimes de la prostitution et création d'un parcours de sortie de la prostitution et d'insertion sociale et professionnelle

Art. 5. — I. Le Code de l'action sociale et des familles est ainsi modifié :

1° L'article L. 121-9 est ainsi rédigé :

« Art. L. 121-9. — I. Dans chaque département, l'État assure la protection des personnes victimes de la prostitution, du proxénétisme ou de la traite des êtres humains et leur fournit l'assistance dont elles ont besoin, notamment en leur procurant un placement dans un des établissements mentionnés à l'article L. 345-1.

Une instance chargée d'organiser et de coordonner l'action en faveur des victimes de la prostitution, du proxénétisme et de la traite des êtres humains est créée dans chaque département. Elle met en œuvre le présent article. Elle est présidée par le représentant de l'État dans le département. Elle est composée de représentants de l'État, notamment des services de police et de gendarmerie, de représentants des collectivités territoriales, d'un magistrat, de professionnels de santé et de représentants d'associations.

II. — Un parcours de sortie de la prostitution et d'insertion sociale et professionnelle est proposé à toute personne victime de la prostitution, du proxénétisme et de la traite des êtres humains aux fins d'exploitation sexuelle. Il est défini en fonction de l'évaluation de ses besoins sanitaires, professionnels et sociaux, afin de lui permettre d'accéder à des alternatives à la prostitution. Il est élaboré et mis en œuvre, en accord avec la personne accompagnée, par une association mentionnée à l'avant-dernier alinéa du présent II.

L'engagement de la personne dans le parcours de sortie de la prostitution et d'insertion sociale et professionnelle est autorisé par le représentant de l'État dans le département, après avis de l'instance mentionnée au second alinéa du I et de l'association mentionnée au premier alinéa du présent II.

La personne engagée dans le parcours de sortie de la prostitution et d'insertion sociale et professionnelle peut se voir délivrer l'autorisation provisoire de séjour mentionnée à l'article L. 316-1-1 du Code de l'entrée et du séjour des étrangers et du droit d'asile. Elle est présumée satisfaire aux conditions de gêne ou d'indigence prévues au 1° de l'article L. 247 du Livre des procédures fiscales. Lorsqu'elle ne peut prétendre au bénéfice des allocations prévues aux articles L. 262-2 du présent code, L. 744-9 du Code de l'entrée et du séjour des étrangers et du droit d'asile et L. 5423-8 du Code du travail, une aide financière à l'insertion sociale et professionnelle lui est versée.

L'aide mentionnée au troisième alinéa du présent II est à la charge de l'État. Elle est financée par les crédits du fonds pour la prévention de la prostitution et l'accompagnement social et professionnel des personnes prostituées institué à l'article 7 de la loi n° 2016-444 du 13 avril 2016 visant à renforcer la lutte contre le système prostitutionnel et à accompagner les personnes prostituées. Le montant de l'aide et l'organisme qui la verse pour le compte de l'État sont déterminés par décret. Le bénéfice de cette aide est accordé par décision du représentant de l'État dans le département après avis de l'instance mentionnée au second alinéa du I. Il est procédé au réexamen de ce droit dès lors que des éléments nouveaux modifient la situation du bénéficiaire. L'aide est incessible et insaisissable.

L'instance mentionnée au second alinéa du I du présent article assure le suivi du parcours de sortie de la prostitution et d'insertion sociale et professionnelle. Elle veille à ce que la sécurité de la personne accompagnée et l'accès aux droits mentionnés au troisième alinéa du présent II soient garantis. Elle s'assure du respect de ses engagements par la personne accompagnée.

Le renouvellement du parcours de sortie de la prostitution et d'insertion sociale et professionnelle est autorisé par le représentant de l'État dans le département, après avis de l'instance mentionnée au second alinéa du I et de l'association mentionnée au premier alinéa du présent II. La décision de renouvellement tient compte du respect de ses engagements par la personne accompagnée, ainsi que des difficultés rencontrées.

Toute association choisie par la personne concernée qui aide et accompagne les personnes en difficulté, en particulier les personnes prostituées, peut participer à l'élaboration et à la mise en œuvre du parcours de sortie de la prostitution et d'insertion sociale et professionnelle, dès lors qu'elle remplit les conditions d'agrément fixées par décret en Conseil d'État.

Les conditions d'application du présent article sont déterminées par le décret mentionné à l'avant-dernier alinéa du présent II. »

....

Chapitre IV

Prévention des pratiques prostitutionnelles et du recours à la prostitution

Art. 18. — Après l'article L. 312-17-1 du Code de l'éducation, il est inséré un article L. 312-17-1-1 ainsi rédigé : « *Art.* L. 312-17-1-1. — Une information sur les réalités de la prostitution et les dangers de la marchandisation du corps est dispensée dans les établissements secondaires, par groupes d'âge homogène. La seconde phrase de l'article L. 312-17-1 du présent code est applicable. »

Chapitre V

Interdiction de l'achat d'un acte sexuel

Art. 20. — I. Au livre VI du Code pénal, il est inséré un titre unique ainsi rédigé :

« Titre unique – Du recours à la prostitution

Art. 611-1. — Le fait de solliciter, d'accepter ou d'obtenir des relations de nature sexuelle d'une personne qui se livre à la prostitution, y compris de façon occasionnelle, en échange d'une rémunération, d'une promesse de rémunération, de la fourniture d'un avantage en nature ou de la promesse d'un tel avantage est puni de l'amende prévue pour les contraventions de la cinquième classe.

Les personnes physiques coupables de la contravention prévue au présent article encourent également une ou plusieurs des peines complémentaires mentionnées à l'article 131-16 et au second alinéa de l'article 131-17. » [(132)].

II. 2° L'article 225-12-1 est ainsi rédigé :

« Art. 225-12-1. — Lorsqu'il est commis en récidive dans les conditions prévues au second alinéa de l'article 132-11, le fait de solliciter, d'accepter ou d'obtenir

(132) Par la décision n° 2018-761 QPC du 1er février 2019, le Conseil constitutionnel juge conforme à la Constitution ces dispositions incriminant les personnes ayant recours à la prostitution.

des relations de nature sexuelle d'une personne qui se livre à la prostitution, y compris de façon occasionnelle, en échange d'une rémunération, d'une promesse de rémunération, de la fourniture d'un avantage en nature ou de la promesse d'un tel avantage est puni de 3 750 € d'amende.

Est puni de trois ans d'emprisonnement et de 45 000 € d'amende le fait de solliciter, d'accepter ou d'obtenir, en échange d'une rémunération, d'une promesse de rémunération, de la fourniture d'un avantage en nature ou de la promesse d'un tel avantage, des relations de nature sexuelle de la part d'une personne qui se livre à la prostitution, y compris de façon occasionnelle, lorsque cette personne est mineure ou présente une particulière vulnérabilité, apparente ou connue de son auteur, due à une maladie, à une infirmité, à un handicap ou à un état de grossesse. »

D. L'égalité et la non-discrimination

1. L'interdiction, la répression, la lutte contre les discriminations et contre le racisme

N° 59.1 Le domaine de la lutte contre les discriminations : la loi modifiée n° 2008-496 du 27 mai 2008 portant diverses dispositions d'adaptation au droit communautaire dans le domaine de la lutte contre les discriminations (extraits) (133)

Article premier. — Constitue une discrimination directe la situation dans laquelle, sur le fondement de son origine, de son sexe, de sa situation de famille, de sa grossesse, de son apparence physique, de la particulière vulnérabilité résultant de sa situation économique, apparente ou connue de son auteur, de son patronyme, de son lieu de résidence ou de sa domiciliation bancaire, de son état de santé, de sa perte d'autonomie, de son handicap, de ses caractéristiques génétiques, de ses mœurs, de son orientation sexuelle, de son identité de genre, de son âge, de ses opinions politiques, de ses activités syndicales, de sa capacité à s'exprimer dans une langue autre que le français, de son appartenance ou de sa non-appartenance, vraie ou supposée, à une ethnie, une nation, une prétendue race ou une religion déterminée, une personne est traitée de manière moins favorable qu'une autre ne l'est, ne l'a été ou ne l'aura été dans une situation comparable.

Constitue une discrimination indirecte une disposition, un critère ou une pratique neutre en apparence, mais susceptible d'entraîner, pour l'un des motifs mentionnés au premier alinéa, un désavantage particulier pour des personnes par rapport à d'autres personnes, à moins que cette disposition, ce critère ou cette pratique ne soit objectivement justifié par un but légitime et que les moyens pour réaliser ce but ne soient nécessaires et appropriés.

La discrimination inclut :

1° Tout agissement lié à l'un des motifs mentionnés au premier alinéa et tout agissement à connotation sexuelle, subis par une personne et ayant pour objet ou pour

(133) Le texte présenté inclus les modifications apportées par les lois n° 2014-173 du 21 février 2014 de programmation pour la ville et la cohésion urbaine, n° 2015-1776 du 28 décembre 2015 relative à l'adaptation de la société au vieillissement, n° 2016-1547 du 18 novembre 2016 de modernisation de la justice du XXIe siècle, n° 2017-86 du 27 janvier 2017 relative à l'égalité et à la citoyenneté et n° 2017-256 du 28 février 2017 de programmation relative à l'égalité réelle outre-mer et portant autres dispositions en matière sociale et économique. Voir aussi le décret n° 2017-1230 du 3 août 2017 relatif aux provocations, diffamations et injures non publiques présentant un caractère raciste ou discriminatoire.

effet de porter atteinte à sa dignité ou de créer un environnement intimidant, hostile, dégradant, humiliant ou offensant ;

2° Le fait d'enjoindre à quiconque d'adopter un comportement prohibé par l'article 2.

Art. 2. — Sans préjudice de l'application des autres règles assurant le respect du principe d'égalité :

1° (Abrogé) ;

2° Toute discrimination directe ou indirecte fondée sur un motif mentionné à l'article 1er est interdite en matière d'affiliation et d'engagement dans une organisation syndicale ou professionnelle, y compris d'avantages procurés par elle, d'accès à l'emploi, d'emploi, de formation professionnelle et de travail, y compris de travail indépendant ou non salarié, ainsi que de conditions de travail et de promotion professionnelle.

Ce principe ne fait pas obstacle aux différences de traitement fondées sur les motifs visés à l'alinéa précédent lorsqu'elles répondent à une exigence professionnelle essentielle et déterminante et pour autant que l'objectif soit légitime et l'exigence proportionnée ;

3° Toute discrimination directe ou indirecte fondée sur un motif mentionné à l'article 1er est interdite en matière de protection sociale, de santé, d'avantages sociaux, d'éducation, d'accès aux biens et services ou de fourniture de biens et services.

Ce principe ne fait pas obstacle à ce que des différences soient faites selon l'un des motifs mentionnés au premier alinéa du présent 3° lorsqu'elles sont justifiées par un but légitime et que les moyens de parvenir à ce but sont nécessaires et appropriés.

La dérogation prévue au deuxième alinéa du présent 3° n'est pas applicable aux différences de traitement fondées sur l'origine, le patronyme ou l'appartenance ou la non-appartenance, vraie ou supposée, à une ethnie ou une prétendue race ;

4° Toute discrimination directe ou indirecte est interdite en raison de la grossesse ou de la maternité, y compris du congé de maternité.

Ce principe ne fait pas obstacle aux mesures prises en faveur des femmes en raison de la grossesse ou la maternité, y compris du congé de maternité, ou de la promotion de l'égalité entre les femmes et les hommes ;

5° Ces principes ne font notamment pas obstacle :

a) Aux mesures prises en faveur des personnes handicapées et visant à favoriser l'égalité de traitement ;

b) Aux mesures prises en faveur des personnes résidant dans certaines zones géographiques et visant à favoriser l'égalité de traitement ;

c) A l'organisation d'enseignements par regroupement des élèves en fonction de leur sexe ;

6° Ces principes ne font pas obstacle aux différences de traitement prévues et autorisées par les lois et règlements en vigueur à la date de publication de la loi n° 2016-1547 du 18 novembre 2016 de modernisation de la justice du XXIe siècle.

Art. 3. — Aucune personne ayant témoigné de bonne foi d'un agissement discriminatoire ou l'ayant relaté ne peut être traitée défavorablement de ce fait.

Aucune décision défavorable à une personne ne peut être fondée sur sa soumission ou son refus de se soumettre à une discrimination prohibée par l'article 2.

Art. 4. — Toute personne qui s'estime victime d'une discrimination directe ou indirecte présente devant la juridiction compétente les faits qui permettent d'en présumer l'existence. Au vu de ces éléments, il appartient à la partie défenderesse de prouver que la mesure en cause est justifiée par des éléments objectifs étrangers à toute discrimination. Le juge forme sa conviction après avoir ordonné, en cas de besoin, toutes les mesures d'instruction qu'il estime utiles.

Le fait que la victime ait seulement poursuivi l'objectif de démontrer l'existence d'un agissement ou d'une injonction discriminatoire n'exclut pas, en cas de préjudice causé à cette personne, la responsabilité de la partie défenderesse.

Le présent article ne s'applique pas devant les juridictions pénales.

Art. 5. — I. — Les articles 1er à 4 et 7 à 10 s'appliquent à toutes les personnes publiques ou privées, y

compris celles exerçant une activité professionnelle indépendante.

II. — Ils s'entendent sans préjudice des dispositions et conditions relatives à l'admission et au séjour des ressortissants des pays non membres de l'Union européenne et des apatrides.

N° 59.2 Le principe de non-discrimination en droit du travail : les articles L. 1132-1 à L. 1132-4 du Code du travail (134)

Art. L. 1132-1. — Aucune personne ne peut être écartée d'une procédure de recrutement ou de nomination ou de l'accès à un stage ou à une période de formation en entreprise, aucun salarié ne peut être sanctionné, licencié ou faire l'objet d'une mesure discriminatoire, directe ou indirecte, telle que définie à l'article 1er de la loi n° 2008-496 du 27 mai 2008 portant diverses dispositions d'adaptation au droit communautaire dans le domaine de la lutte contre les discriminations, notamment en matière de rémunération, au sens de l'article L. 3221-3, de mesures d'intéressement ou de distribution d'actions, de formation, de reclassement, d'affectation, de qualification, de classification, de promotion professionnelle, de mutation ou de renouvellement de contrat en raison de son origine, de son sexe, de ses mœurs, de son orientation sexuelle, de son identité de genre, de son âge, de sa situation de famille ou de sa grossesse, de ses caractéristiques génétiques, de la particulière vulnérabilité résultant de sa situation économique, apparente ou connue de son auteur, de son appartenance ou de sa non-appartenance, vraie ou supposée, à une ethnie, une nation ou une prétendue race, de ses opinions politiques, de ses activités syndicales ou mutualistes, de son exercice d'un mandat électif, de ses convictions religieuses, de son apparence physique, de son nom de famille, de son lieu de résidence ou de sa domiciliation bancaire, ou en raison de son état de santé, de sa perte d'autonomie ou de son handicap, de sa capacité à s'exprimer dans une langue autre que le français.

Art. L. 1132-2. — Aucun salarié ne peut être sanctionné, licencié ou faire l'objet d'une mesure discriminatoire mentionnée à l'article L. 1132-1 en raison de l'exercice normal du droit de grève.

Art. L. 1132-3. — Aucun salarié ne peut être sanctionné, licencié ou faire l'objet d'une mesure discriminatoire pour avoir témoigné des agissements définis aux articles L. 1132-1 et L. 1132-2 ou pour les avoir relatés.

Art. L. 1132-3-1. — Aucun salarié ne peut être sanctionné, licencié ou faire l'objet d'une mesure discriminatoire mentionnée à l'article L. 1132-1 en raison de l'exercice des fonctions de juré ou de citoyen assesseur.

---

(134) Les articles présentés sont à jour des modifications introduites par les lois n° 2016-1691 du 9 décembre 2016 relative à la transparence, à la lutte contre la corruption et à la modernisation de la vie économique, n° 2017-256 du 28 février 2017 de programmation relative à l'égalité réelle outre-mer et portant autres dispositions en matière sociale et économique, n° 2019-1461 du 27 décembre 2019 relative à l'engagement dans la vie locale et à la proximité de l'action publique et n° 2020-760 du 22 juin 2020 tendant à sécuriser l'organisation du second tour des élections municipales et communautaires de juin 2020 et à reporter les élections consulaires.

Art. L. 1132-3-2. — Aucun salarié ne peut être sanctionné, licencié ou faire l'objet d'une mesure discriminatoire mentionnée à l'article L. 1132-1 pour avoir refusé en raison de son orientation sexuelle une mutation géographique dans un État incriminant l'homosexualité.

Art. L. 1132-3-3. — Aucune personne ne peut être écartée d'une procédure de recrutement ou de l'accès à un stage ou à une période de formation en entreprise, aucun salarié ne peut être sanctionné, licencié ou faire l'objet d'une mesure discriminatoire, directe ou indirecte, notamment en matière de rémunération, au sens de l'article L. 3221-3, de mesures d'intéressement ou de distribution d'actions, de formation, de reclassement, d'affectation, de qualification, de classification, de promotion professionnelle, de mutation ou de renouvellement de contrat, pour avoir relaté ou témoigné, de bonne foi, de faits constitutifs d'un délit ou d'un crime dont il aurait eu connaissance dans l'exercice de ses fonctions.

Aucune personne ne peut être écartée d'une procédure de recrutement ou de l'accès à un stage ou à une période de formation professionnelle, aucun salarié ne peut être sanctionné, licencié ou faire l'objet d'une mesure discriminatoire, directe ou indirecte, notamment en matière de rémunération, au sens de l'article L. 3221-3, de mesures d'intéressement ou de distribution d'actions, de formation, de reclassement, d'affectation, de qualification, de classification, de promotion professionnelle, de mutation ou de renouvellement de contrat, pour avoir signalé une alerte dans le respect des articles 6 à 8 de la loi n° 2016-1691 du 9 décembre 2016 relative à la transparence, à la lutte contre la corruption et à la modernisation de la vie économique.

En cas de litige relatif à l'application des premier et deuxième alinéas, dès lors que la personne présente des éléments de fait qui permettent de présumer qu'elle a relaté ou témoigné de bonne foi de faits constitutifs d'un délit ou d'un crime, ou qu'elle a signalé une alerte dans le respect des articles 6 à 8 de la loi n° 2016-1691 du 9 décembre 2016 précitée, il incombe à la partie défenderesse, au vu des éléments, de prouver que sa décision est justifiée par des éléments objectifs étrangers à la déclaration ou au témoignage de l'intéressé. Le juge forme sa conviction après avoir ordonné, en cas de besoin, toutes les mesures d'instruction qu'il estime utiles.

Art. L. 1132-4. — Toute disposition ou tout acte pris à l'égard d'un salarié en méconnaissance des dispositions du présent chapitre est nul.

N° 59.3 La qualification et la répression de la discrimination : les articles 225-1 à 225-4 (135) et l'article 432-7 du Code pénal (136)

Art. 225-1. — Constitue une discrimination toute distinction opérée entre les personnes physiques sur le fondement de leur origine, de leur sexe, de leur situation de famille, de leur grossesse, de leur apparence physique, de la particulière

(135) Les articles présentés sont à jour des modifications introduites par les lois n° 2016-1547 du 18 novembre 2016 de modernisation de la justice du XXIe siècle, n° 2017-86 du 27 janvier 2017 relative à l'égalité et à la citoyenneté et n° 2021-1017 du 2 août 2021 relative à la bioéthique.

(136) L'article présenté est à jour des modifications introduites par la loi n° 2012-954 du 6 août 2012.

vulnérabilité résultant de leur situation économique, apparente ou connue de son auteur, de leur patronyme, de leur lieu de résidence, de leur état de santé, de leur perte d'autonomie, de leur handicap, de leurs caractéristiques génétiques, de leurs mœurs, de leur orientation sexuelle, de leur identité de genre, de leur âge, de leurs opinions politiques, de leurs activités syndicales, de leur capacité à s'exprimer dans une langue autre que le français, de leur appartenance ou de leur non-appartenance, vraie ou supposée, à une ethnie, une Nation, une prétendue race ou une religion déterminée.

Constitue également une discrimination toute distinction opérée entre les personnes morales sur le fondement de l'origine, du sexe, de la situation de famille, de la grossesse, de l'apparence physique, de la particulière vulnérabilité résultant de la situation économique, apparente ou connue de son auteur, du patronyme, du lieu de résidence, de l'état de santé, de la perte d'autonomie, du handicap, des caractéristiques génétiques, des mœurs, de l'orientation sexuelle, de l'identité de genre, de l'âge, des opinions politiques, des activités syndicales, de la capacité à s'exprimer dans une langue autre que le français, de l'appartenance ou de la non-appartenance, vraie ou supposée, à une ethnie, une Nation, une prétendue race ou une religion déterminée des membres ou de certains membres de ces personnes morales.

Art. 225-1-1. — Constitue une discrimination toute distinction opérée entre les personnes parce qu'elles ont subi ou refusé de subir des faits de harcèlement sexuel tels que définis à l'article 222-33 ou témoigné de tels faits, y compris, dans le cas mentionné au I du même article, si les propos ou comportements n'ont pas été répétés.

Art. 225-1-2. — Constitue une discrimination toute distinction opérée entre les personnes parce qu'elles ont subi ou refusé de subir des faits de bizutage définis à l'article 225-16-1 ou témoigné de tels faits.

Art. 225-2. — La discrimination définie aux articles 225-1 à 225-1-2, commise à l'égard d'une personne physique ou morale, est punie de trois ans d'emprisonnement et de 45 000 euros d'amende lorsqu'elle consiste :

1° À refuser la fourniture d'un bien ou d'un service ;

2° À entraver l'exercice normal d'une activité économique quelconque ;

3° À refuser d'embaucher, à sanctionner ou à licencier une personne ;

4° À subordonner la fourniture d'un bien ou d'un service à une condition fondée sur l'un des éléments visés à l'article 225-1 ou prévue à aux articles 225-1-1 ou 225-1-2 ;

5° À subordonner une offre d'emploi, une demande de stage ou une période de formation en entreprise à une condition fondée sur l'un des éléments visés à l'article 225-1 ou prévue aux articles 225-1-1 ou 225-1-2 ;

6° À refuser d'accepter une personne à l'un des stages visés par le 2° de l'article L. 412-8 du Code de la sécurité sociale.

Lorsque le refus discriminatoire prévu au 1° est commis dans un lieu accueillant du public ou aux fins d'en interdire l'accès, les peines sont portées à cinq ans d'emprisonnement et à 75 000 euros d'amende.

Art. 225-3. — Les dispositions de l'article précédent ne sont pas applicables :

1° Aux discriminations fondées sur l'état de santé, lorsqu'elles consistent en des opérations ayant pour objet la prévention et la couverture du risque décès, des risques portant atteinte à l'intégrité physique de la personne ou des risques d'incapacité de travail ou d'invalidité. Toutefois, ces discriminations sont punies des peines prévues à l'article précédent lorsqu'elles se fondent sur la prise en compte de tests génétiques prédictifs ayant pour objet une maladie qui n'est pas encore déclarée ou une prédisposition génétique à une maladie ou qu'elles se fondent sur la prise en compte des conséquences sur l'état de santé d'un prélèvement d'organe tel que défini à l'article L. 1231-1 du Code de la santé publique ou de données issues de techniques d'imagerie cérébrale ;

2° Aux discriminations fondées sur l'état de santé ou le handicap, lorsqu'elles consistent en un refus d'embauche ou un licenciement fondé sur l'inaptitude médicalement constatée soit dans le cadre du titre IV du livre II du Code du travail, soit dans le cadre des lois portant dispositions statutaires relatives à la fonction publique ;

3° Aux discriminations fondées, en matière d'embauche, sur un motif mentionné à l'article 225-1 du présent code, lorsqu'un tel motif constitue une exigence professionnelle essentielle et déterminante et pour autant que l'objectif soit légitime et l'exigence proportionnée ;

4° Aux discriminations fondées, en matière d'accès aux biens et services, sur le sexe lorsque cette discrimination est justifiée par la protection des victimes de violences à caractère sexuel, des considérations liées au respect de la vie privée et de la décence, la promotion de l'égalité des sexes ou des intérêts des hommes ou des femmes, la liberté d'association ou l'organisation d'activités sportives ;

5° Aux refus d'embauche fondés sur la nationalité lorsqu'ils résultent de l'application des dispositions statutaires relatives à la fonction publique ;

6° Aux discriminations liées au lieu de résidence lorsque la personne chargée de la fourniture d'un bien ou service se trouve en situation de danger manifeste.

Les mesures prises en faveur des personnes résidant dans certaines zones géographiques et visant à favoriser l'égalité de traitement ne constituent pas une discrimination.

Art. 225-3-1. — Les délits prévus par la présente section sont constitués même s'ils sont commis à l'encontre d'une ou plusieurs personnes ayant sollicité l'un des biens, actes, services ou contrats mentionnés à l'article 225-2 dans le but de démontrer l'existence du comportement discriminatoire, dès lors que la preuve de ce comportement est établie.

Art. 225-4. — Les personnes morales déclarées responsables pénalement, dans les conditions prévues par l'article 121-2, des infractions définies à l'article 225-2 encourent, outre l'amende suivant les modalités prévues par l'article 131-38, les peines prévues par les 2° à 5°, 8° et 9° de l'article 131-39.

L'interdiction mentionnée au 2° de l'article 131-39 porte sur l'activité dans l'exercice ou à l'occasion de l'exercice de laquelle l'infraction a été commise.

....

Des discriminations

Art. 432-7. — La discrimination définie aux articles 225-1 et 225-1-1, commise à l'égard d'une personne physique ou morale par une personne dépositaire de l'autorité publique ou chargée d'une mission de service public, dans l'exercice ou à l'occasion de l'exercice de ses fonctions ou de sa mission, est punie de cinq ans d'emprisonnement et de 75 000 euros d'amende lorsqu'elle consiste :

1° à refuser le bénéfice d'un droit accordé par la loi ;

2° à entraver l'exercice normal d'une activité économique quelconque.

N° 59.4 Les actions en matière de discriminations : l'article 1263-1 du Code de procédure civile [137]

Art. 1263-1. — Les associations régulièrement déclarées depuis au moins cinq ans et se proposant, par leurs statuts, de lutter contre les discriminations peuvent exercer les actions en justice qui naissent de la loi n° 2008-496 du 27 mai 2008 en faveur de la victime d'une discrimination.

L'association doit justifier avoir obtenu l'accord écrit de l'intéressé après avoir porté à sa connaissance les informations suivantes :

1° La nature et l'objet de l'action envisagée ;

2° Le fait que l'action sera conduite par l'association qui pourra exercer elle-même les voies de recours ;

3° Le fait que l'intéressé pourra, à tout moment, intervenir dans l'instance engagée par l'association ou y mettre fin.

N° 59.5 Le délégué interministériel à la lutte contre le racisme, l'antisémitisme et la haine anti LGBT : le décret modifié n° 2003-1164 du 8 décembre février 2003 (extraits) [138]

Art. 2-1. — Il est institué auprès du Premier ministre un délégué interministériel à la lutte contre le racisme, l'antisémitisme et la haine envers les personnes lesbiennes, gays, bi et trans.

Art. 2-2. — Le délégué interministériel à la lutte contre le racisme, l'antisémitisme et la haine envers les personnes lesbiennes, gays, bi et trans assure le secrétariat du comité interministériel de lutte contre le racisme, l'antisémitisme et la haine envers les personnes lesbiennes, gays, bi et trans et contribue à l'élaboration des orientations de la politique en cette matière.

Il prépare les travaux et délibérations du comité. Il en suit l'exécution aux niveaux national et territorial, notamment en coordonnant les comités opérationnels de lutte contre le racisme et l'antisémitisme.

Il coordonne la préparation d'un plan national d'action contre le racisme et l'antisémitisme ainsi qu'un plan national de mobilisation contre la haine et les discriminations envers les personnes lesbiennes, gays, bi et trans et en assure la mise en œuvre. À ce titre, il œuvre au renforcement des collaborations entre l'État, les collectivités territoriales et les partenaires sociaux et économiques.

Le délégué interministériel à la lutte contre le racisme, l'antisémitisme et la haine envers les personnes lesbiennes, gays, bi et trans rend compte de ses travaux et remet

(137) Article créé par le décret n° 2008-799 du 20 août 2008 relatif à l'exercice par des associations d'actions en justice nées de la loi n° 2008-496 du 27 mai 2008 portant diverses dispositions d'adaptation au droit communautaire dans le domaine de la lutte contre les discriminations.

(138) Ce décret a été modifié par le décret n° 2012-221 du 16 février 2012 et le décret n° 2016-1805 du 22 décembre 2016. Voir aussi l'avis de la Commission nationale consultative des droits de l'homme du 19 décembre 2017 sur le plan interministériel de lutte contre le racisme et l'antisémitisme : bilan et perspectives (*JO* du 23 décembre 2017).

à cet effet un rapport d'activité annuel au Premier ministre ainsi qu'au comité interministériel de lutte contre le racisme, l'antisémitisme et la haine envers les personnes lesbiennes, gays, bi et trans.

Art. 2-3. — Le délégué interministériel à la lutte contre le racisme, l'antisémitisme et la haine envers les personnes lesbiennes, gays, bi et trans participe aux travaux relatifs aux questions relevant de sa compétence que conduit, en matière européenne et internationale, le ministre des affaires étrangères.

Art. 2-4. — Pour l'exercice de ses missions, le délégué interministériel à la lutte contre le racisme, l'antisémitisme et la haine envers les personnes lesbiennes, gays, bi et trans peut faire appel, en tant que de besoin, aux administrations centrales, aux corps d'inspection et, dans le respect des décrets du 1er juin 1979 et du 29 avril 2004 susvisés, aux services déconcentrés relevant des ministres intéressés, notamment des ministres membres du comité interministériel de lutte contre le racisme, l'antisémitisme et la haine envers les personnes lesbiennes, gays, bi et trans.

Il peut réunir des représentants de ces administrations ainsi que de tout organisme public intéressé par la lutte contre le racisme, l'antisémitisme et la haine envers les personnes lesbiennes, gays, bi et trans.

Art. 2-5. — Les moyens de fonctionnement et d'intervention du délégué interministériel à la lutte contre le racisme, l'antisémitisme et la haine envers les personnes lesbiennes, gays, bi et trans sont inscrits au budget du Premier ministre.

Art. 2-6. — Le délégué interministériel à la lutte contre le racisme, l'antisémitisme et la haine envers les personnes lesbiennes, gays, bi et trans est nommé par décret.

2. Les droits des personnes handicapées et des personnes âgées

N° 60.1 La solidarité envers les personnes handicapées : les articles L. 114 à L. 114-5 du Code de l'action sociale et des familles (139)

Art. L. 114. — Constitue un handicap, au sens de la présente loi, toute limitation d'activité ou restriction de participation à la vie en société subie dans son

(139) Les articles présentés sont à jour des modifications introduites par la loi n° 2015-1776 du 28 décembre 2015 relative à l'adaptation de la société au vieillissement, la loi n° 2019-1428 du 24 décembre 2019 d'orientation des mobilités et l'ordonnance n° 2020-232 du 11 mars 2020 relative au régime des décisions prises en matière de santé, de prise en charge ou d'accompagnement social ou médico-social à l'égard des personnes majeures faisant l'objet d'une mesure de protection juridique. Voir aussi la loi n° 2015-300 du 18 mars 2015 visant à faciliter le stationnement des personnes en situation de handicap titulaires de la carte de stationnement et le décret n° 2019-1501 du 30 décembre 2019 relatif à la prorogation de droits sans limitation

environnement par une personne en raison d'une altération substantielle, durable ou définitive d'une ou plusieurs fonctions physiques, sensorielles, mentales, cognitives ou psychiques, d'un polyhandicap ou d'un trouble de santé invalidant.

Art. L. 114-1. — Toute personne handicapée a droit à la solidarité de l'ensemble de la collectivité nationale, qui lui garantit, en vertu de cette obligation, l'accès aux droits fondamentaux reconnus à tous les citoyens ainsi que le plein exercice de sa citoyenneté.

L'État est garant de l'égalité de traitement des personnes handicapées sur l'ensemble du territoire et définit des objectifs pluriannuels d'actions.

Art. L. 114-1-1. — La personne handicapée a droit à la compensation des conséquences de son handicap quels que soient l'origine et la nature de sa déficience, son âge ou son mode de vie.

Cette compensation consiste à répondre à ses besoins, qu'il s'agisse de l'accueil de la petite enfance, de la scolarité, de l'enseignement, de l'éducation, de l'insertion professionnelle, des aménagements du domicile ou du cadre de travail nécessaires au plein exercice de sa citoyenneté et de sa capacité d'autonomie, du développement ou de l'aménagement de l'offre de service, permettant notamment à l'entourage de la personne handicapée de bénéficier de temps de répit, du développement de groupes d'entraide mutuelle ou de places en établissements spécialisés, des aides de toute nature à la personne ou aux institutions pour vivre en milieu ordinaire ou adapté, ou encore en matière d'accès aux procédures et aux institutions spécifiques au handicap ou aux moyens et prestations accompagnant la mise en œuvre de la protection juridique régie par le titre XI du livre Ier du code civil. Ces réponses adaptées prennent en compte l'accueil et l'accompagnement nécessaires aux personnes handicapées qui ne peuvent exprimer seules leurs besoins.

Les besoins de compensation sont inscrits dans un plan personnalisé de compensation du handicap élaboré en considération des besoins et des aspirations de la personne handicapée tels qu'ils sont exprimés dans son projet de vie, formulé par la personne elle-même ou, à défaut, avec ou pour elle par son représentant légal, s'il s'agit d'un mineur, ou par la personne chargée de la mesure de protection juridique, s'il s'agit d'un majeur faisant l'objet d'une mesure de protection juridique avec représentation relative à la personne, lorsqu'elle ne peut exprimer son avis.

Le plan personnalisé de compensation du handicap comprend, d'une part, l'orientation définie selon les dispositions du troisième alinéa et, le cas échéant, d'autre part, un plan d'accompagnement global.

Un plan d'accompagnement global est élaboré sur proposition de l'équipe pluridisciplinaire avec l'accord préalable de la personne concernée, de son représentant légal s'il s'agit d'un mineur ou, s'il s'agit d'un majeur faisant l'objet d'une mesure de protection juridique avec représentation relative à la personne qui n'est pas apte à exprimer sa volonté, de la personne chargée de la mesure de protection juridique en tenant compte de l'avis de la personne protégée :

1° En cas d'indisponibilité ou d'inadaptation des réponses connues ;

2° En cas de complexité de la réponse à apporter, ou de risque ou de constat de rupture du parcours de la personne.

Un plan d'accompagnement global est également proposé par l'équipe pluridisciplinaire quand la personne concernée ou son représentant légal s'il s'agit d'un mineur ou, s'il s'agit d'un majeur faisant l'objet d'une mesure de protection juridique avec représentation relative à la personne, la personne chargée de cette mesure en fait la demande.

---

de durée pour les personnes handicapées. Voir aussi la loi n° 2020-220 du 6 mars 2020 visant à améliorer l'accès à la prestation de compensation du handicap.

Un plan d'accompagnement global peut également être proposé par l'équipe pluridisciplinaire dans les conditions définies au cinquième alinéa dans la perspective d'améliorer la qualité de l'accompagnement selon les priorités définies par délibération de la commission exécutive mentionnée à l'article L. 146-4 du présent code et revues annuellement.

Le plan d'accompagnement global, établi avec l'accord de la personne handicapée ou de ses parents lorsqu'elle est mineure ou de la personne chargée de la mesure de protection juridique s'il s'agit d'un majeur faisant l'objet d'une mesure de protection juridique avec représentation relative à la personne qui n'est pas apte à exprimer sa volonté, en tenant compte de son avis, sans préjudice des voies de recours dont elle dispose, identifie nominativement les établissements, les services mentionnés à l'article L. 312-1 ou les dispositifs prévus à l'article L. 312-7-1 correspondant aux besoins de l'enfant, de l'adolescent ou de l'adulte, et précise la nature et la fréquence de l'ensemble des interventions requises dans un objectif d'inclusion : éducatives et de scolarisation, thérapeutiques, d'insertion professionnelle ou sociale, d'aide aux aidants. Il comporte l'engagement des acteurs chargés de sa mise en œuvre opérationnelle. Il désigne parmi ces derniers un coordonnateur de parcours.

Le plan d'accompagnement global est élaboré dans les conditions prévues à l'article L. 146-8. Un décret fixe les informations nécessaires à l'élaboration des plans d'accompagnement globaux, que les agences régionales de santé, les services de l'État et les collectivités territoriales recueillent en vue de les transmettre à la maison départementale des personnes handicapées.

Le plan d'accompagnement global est actualisé chaque fois que nécessaire et au moins une fois par an, dans les conditions et selon les modalités prévues au présent article et à l'article L. 146-9.

Art. L. 114-2. — Les familles, l'État, les collectivités locales, les établissements publics, les organismes de sécurité sociale, les associations, les groupements, organismes et entreprises publics et privés associent leurs interventions pour mettre en œuvre l'obligation prévue à l'article L. 114-1, en vue notamment d'assurer aux personnes handicapées toute l'autonomie dont elles sont capables.

À cette fin, l'action poursuivie vise à assurer l'accès de l'enfant, de l'adolescent ou de l'adulte handicapé aux institutions ouvertes à l'ensemble de la population et son maintien dans un cadre ordinaire de scolarité, de travail et de vie. Elle garantit l'accompagnement et le soutien des familles et des proches des personnes handicapées.

Art. L. 114-2-1. — Le Gouvernement organise tous les trois ans, à compter du 1er janvier 2006, une conférence nationale du handicap à laquelle il convie notamment les associations représentatives des personnes handicapées, les représentants des organismes gestionnaires des établissements ou services sociaux et médico-sociaux accueillant des personnes handicapées, les représentants des départements et des organismes de sécurité sociale, les organisations syndicales et patronales représentatives et les organismes qualifiés, afin de débattre des orientations et des moyens de la politique concernant les personnes handicapées.

À l'issue des travaux de la conférence nationale du handicap, le Gouvernement dépose sur le bureau des assemblées parlementaires, après avoir recueilli l'avis du Conseil national consultatif des personnes handicapées, un rapport sur la mise en œuvre de la politique nationale en faveur des personnes handicapées, portant notamment sur les actions de prévention des déficiences, de mise en accessibilité, d'insertion, de maintien et de promotion dans l'emploi, sur le respect du principe de non-discrimination et sur l'évolution de leurs conditions de vie. Ce rapport peut donner lieu à un débat à l'Assemblée nationale et au Sénat.

Art. L. 114-3 (140). — Sans préjudice des dispositions relatives à la prévention et au dépistage prévues notamment par le code de la santé publique, par le code de l'éducation et par le code du travail, l'État, les collectivités territoriales et les organismes de protection sociale mettent en œuvre des politiques de prévention, de réduction et de compensation des handicaps et les moyens nécessaires à leur réalisation qui visent à créer les conditions collectives de limitation des causes du handicap, de la prévention des handicaps se surajoutant, du développement des capacités de la personne handicapée et de la recherche de la meilleure autonomie possible.

La politique de prévention, de réduction et de compensation des handicaps s'appuie sur des programmes de recherche pluridisciplinaires.

La politique de prévention du handicap comporte notamment :

a) Des actions s'adressant directement aux personnes handicapées ;

b) Des actions visant à informer, former, accompagner et soutenir les familles et les aidants ;

c) Des actions visant à favoriser le développement des groupes d'entraide mutuelle ;

d) Des actions de formation et de soutien des professionnels ;

e) Des actions d'information et de sensibilisation du public ;

f) Des actions de prévention concernant la maltraitance des personnes handicapées ;

g) Des actions permettant d'établir des liens concrets de citoyenneté ;

h) Des actions de soutien psychologique spécifique proposées à la famille lors de l'annonce du handicap, quel que soit le handicap ;

i) Des actions pédagogiques en milieu scolaire et professionnel ainsi que dans tous les lieux d'accueil, de prise en charge et d'accompagnement, en fonction des besoins des personnes accueillies ;

j) Des actions d'amélioration du cadre de vie prenant en compte tous les environnements, produits et services destinés aux personnes handicapées et mettant en oeuvre des règles de conception conçues pour s'appliquer universellement ;

k) Des actions de sensibilisation, de prévention et de formation concernant les violences, notamment sexuelles, à destination des professionnels et des personnes en situation de handicap ainsi que de leurs aidants.

Ces actions et programmes de recherche peuvent être proposés par le Conseil national consultatif des personnes handicapées mentionné à l'article L. 146-1 ou par un ou plusieurs conseils départementaux de la citoyenneté et de l'autonomie mentionnés à l'article L. 149-1 lorsque ces actions ou programmes sont circonscrits à un ou plusieurs départements.

Art. L. 114-3-1 (141). — La recherche sur le handicap fait l'objet de programmes pluridisciplinaires associant notamment les établissements d'enseignement supérieur, les organismes de recherche et les professionnels. Elle vise notamment à recenser les personnes touchées par un handicap et les pathologies qui en sont à l'origine, à définir la cause du handicap ou du trouble invalidant, à améliorer l'accompagnement des personnes concernées sur le plan médical, social, thérapeutique, éducatif ou pédagogique, à améliorer leur vie quotidienne et à développer des actions de réduction des incapacités et de prévention des risques.

Art. L. 114-4. — Afin de faciliter les déplacements des handicapés, des dispositions sont prises par voie réglementaire pour adapter les services de transport collectif ou pour aménager progressivement les normes de construction des véhicules de transport

(140) Article modifié par la loi n° 2018-703 du 3 août 2018 renforçant la lutte contre les violences sexuelles et sexistes.

(141) Article modifié par le décret n° 2018-785 du 12 septembre 2018 portant suppression de commissions administratives à caractère consultatif.

collectif, ainsi que les conditions d'accès à ces véhicules ou encore pour faciliter la création et le fonctionnement de services de transport spécialisés ou de transports spécifiques ou spécialement adaptés pour les handicapés ou, à défaut, l'utilisation des véhicules individuels ainsi que leur stationnement.

Les aménagements des espaces publics en milieu urbain doivent être tels que ces espaces soient accessibles aux personnes handicapées.

Art. L. 114-5. — Nul ne peut se prévaloir d'un préjudice du seul fait de sa naissance.

La personne née avec un handicap dû à une faute médicale peut obtenir la réparation de son préjudice lorsque l'acte fautif a provoqué directement le handicap ou l'a aggravé, ou n'a pas permis de prendre les mesures susceptibles de l'atténuer.

Lorsque la responsabilité d'un professionnel ou d'un établissement de santé est engagée vis-à-vis des parents d'un enfant né avec un handicap non décelé pendant la grossesse à la suite d'une faute caractérisée, les parents peuvent demander une indemnité au titre de leur seul préjudice. Ce préjudice ne saurait inclure les charges particulières découlant, tout au long de la vie de l'enfant, de ce handicap. La compensation de ce dernier relève de la solidarité nationale.

N° 60.2 La solidarité envers les personnes âgées : les articles L. 113-1 et L. 113-1-1 à L. 113-1-3 du Code de l'action sociale et des familles [142]

Art. L. 113-1. — Toute personne âgée de soixante-cinq ans privée de ressources suffisantes peut bénéficier, soit d'une aide à domicile, soit d'un accueil chez des particuliers ou dans un établissement.

Les personnes âgées de plus de soixante ans peuvent obtenir les mêmes avantages lorsqu'elles sont reconnues inaptes au travail.

Art. L 113-1-1. — Dans les conditions définies au chapitre II du titre III du livre II, la personne âgée en perte d'autonomie a droit à des aides adaptées à ses besoins et à ses ressources, dans le respect de son projet de vie, pour répondre aux conséquences de sa perte d'autonomie, quels que soient la nature de sa déficience et son mode de vie.

Art. L 113-1-2. — Les personnes âgées et leurs familles bénéficient d'un droit à une information sur les formes d'accompagnement et de prise en charge adaptées aux besoins et aux souhaits de la personne âgée en perte d'autonomie, qui est mis en œuvre notamment par la Caisse nationale de solidarité pour l'autonomie, par les départements et par les centres locaux d'information et de coordination, dans le cadre des compétences définies aux articles L. 14-10-1 et L. 113-2.

Art. L 113-1-3. — Est considéré comme proche aidant d'une personne âgée son conjoint, le partenaire avec qui elle a conclu un pacte civil de solidarité ou son concubin, un parent ou un allié, définis comme aidants familiaux, ou une personne résidant avec elle ou entretenant avec elle des liens étroits et stables, qui lui vient en aide, de manière régulière et fréquente, à titre non professionnel, pour accomplir tout ou partie des actes ou des activités de la vie quotidienne.

(142) Les articles présentés ont été modifiés ou créés par la loi n° 2015-1776 du 28 décembre 2015 relative à l'adaptation de la société au vieillissement.

3. Les droits de l'enfant (143)

N° 61.1 Droits de l'enfant et politique familiale : les articles L. 112-1 à L. 112-4 du Code de l'action sociale et des familles (144)

Art. L. 112-1. — Le Gouvernement présente chaque année au Parlement un rapport récapitulant les dépenses de l'État, des collectivités territoriales, de la branche Famille de la sécurité sociale et d'assurance maternité, ainsi que les dépenses fiscales et les allégements de cotisations et de contributions, concourant à la politique de la famille. Ce rapport comporte également une présentation consolidée de ces dépenses par catégories d'objectifs. Il évalue l'impact et la cohérence d'ensemble des financements apportés par les différents contributeurs. Il est annexé au projet de loi de finances et au projet de loi de financement de la sécurité sociale de l'année.

Le Gouvernement présente tous les trois ans au Parlement le rapport prévu à l'article 44 (b) de la convention relative aux droits de l'enfant signée à New York le 26 janvier 1990.

Art. L. 112-2. — I — Afin d'aider les familles à élever leurs enfants, il leur est accordé notamment :

1° Des prestations familiales mentionnées à l'article L. 511-1 du code de la sécurité sociale et à l'article L. 732-1 code rural et de la pêche maritime ;

2° (abrogé)

3° Des aides fiscales dans les conditions prévues par le Code général des impôts ;

4° Des réductions sur les tarifs de transport par chemin de fer dans les conditions prévues par décret ;

5° Des allocations destinées à faire face à des dépenses de scolarité dans les conditions prévues par les articles L. 531-1 à L. 531-5 du Code de l'éducation ou des réductions sur les frais de scolarité dans des conditions fixées par décret ;

6° Des prestations spéciales aux magistrats, fonctionnaires, militaires et agents publics ;

7° Des allocations d'aide sociale dans les conditions prévues au présent code.

II. — Sont également proposés des services aux familles visant à répondre à leurs besoins et à favoriser le déroulement harmonieux de la vie familiale, depuis la grossesse jusqu'aux 25 ans de l'enfant, dans le respect des droits et besoins des enfants et de leurs parents. Ces services aux familles comprennent notamment les modes d'accueil du jeune enfant et les services de soutien à la parentalité.

---

(143) La loi n° 2000-196 du 6 mars 2000 relative au Défenseur des enfants a été supprimée par la loi n° 2011-334 du 29 mars 2011. Cf. texte 41.2. Le défenseur des enfants est devenu un adjoint du Défenseur des droits. Il est important de signaler d'autres lois pour les droits de l'enfant : la loi n° 2021-478 du 21 avril 2021 visant à protéger les mineurs des crimes et délits sexuels et de l'inceste ; la loi n° 2022-300 du 2 mars 2022 visant à renforcer le contrôle parental sur les moyens d'accès à internet.

(144) Les dispositions présentées tiennent compte des modifications intervenues avec les lois n° 2007-293 du 5 mars 2007 réformant la protection de l'enfance et n° 2016-297 du 14 mars 2016 relative à la protection de l'enfant, mais aussi de l'ordonnance n° 2021-611 du 19 mai 2021 relative aux services aux familles et la loi n° 2022-140 du 7 février 2022 relative à la protection des enfants.

Art. L. 112-3. — La protection de l'enfance vise à garantir la prise en compte des besoins fondamentaux de l'enfant, à soutenir son développement physique, affectif, intellectuel et social et à préserver sa santé, sa sécurité, sa moralité et son éducation, dans le respect de ses droits.

Elle comprend des actions de prévention en faveur de l'enfant et de ses parents, l'organisation du repérage et du traitement des situations de danger ou de risque de danger pour l'enfant ainsi que les décisions administratives et judiciaires prises pour sa protection. Une permanence téléphonique est assurée au sein des services compétents.

Les modalités de mise en œuvre de ces décisions doivent être adaptées à chaque situation et objectivées par des visites impératives au sein des lieux de vie de l'enfant, en sa présence, et s'appuyer sur les ressources de la famille et l'environnement de l'enfant. Elles impliquent la prise en compte des difficultés auxquelles les parents peuvent être confrontés dans l'exercice de leurs responsabilités éducatives et la mise en œuvre d'actions de soutien adaptées en assurant, le cas échéant, une prise en charge partielle ou totale de l'enfant. Dans tous les cas, l'enfant est associé aux décisions qui le concernent selon son degré de maturité.

Ces interventions sont également destinées à des majeurs de moins de vingt et un ans connaissant des difficultés susceptibles de compromettre gravement leur équilibre.

La protection de l'enfance a également pour but de prévenir les difficultés que peuvent rencontrer les mineurs privés temporairement ou définitivement de la protection de leur famille et d'assurer leur prise en charge.

Art. L. 112-4. — L'intérêt de l'enfant, la prise en compte de ses besoins fondamentaux, physiques, intellectuels, sociaux et affectifs ainsi que le respect de ses droits doivent guider toutes décisions le concernant.

N° 61.2 La justice pénale des mineurs : les articles L. 11.1 à L. 13-4 du Code de la justice pénale des mineurs [145]

Article préliminaire. — Le présent code régit les conditions dans lesquelles la responsabilité pénale des mineurs est mise en œuvre, en prenant en compte, dans leur intérêt supérieur, l'atténuation de cette responsabilité en fonction de leur âge et la nécessité de rechercher leur relèvement éducatif et moral par des mesures adaptées à leur âge et leur personnalité, prononcées par une juridiction spécialisée ou selon des procédures appropriées.

(145) L'ordonnance n° 45-174 du 2 février 1945 relative à l'enfance délinquante a été abrogé par l'ordonnance n° 2019 du 11 septembre 2019 portant partie législative du Code de la justice pénale des mineurs. Cette dernière a été ratifiée et modifiée par la loi n° 2021-218.

Titre préliminaire

Des principes généraux de la justice pénale des mineurs

Chapitre Ier

Des principes généraux du droit pénal applicable aux mineurs

Art. L. 11-1. — Lorsqu'ils sont capables de discernement, les mineurs, au sens de l'article 388 du code civil, sont pénalement responsables des crimes, délits ou contraventions dont ils sont reconnus coupables.

Les mineurs de moins de treize ans sont présumés ne pas être capables de discernement. Les mineurs âgés d'au moins treize ans sont présumés être capables de discernement.

Est capable de discernement le mineur qui a compris et voulu son acte et qui est apte à comprendre le sens de la procédure pénale dont il fait l'objet.

Art. L. 11-2. — Les décisions prises à l'égard des mineurs tendent à leur relèvement éducatif et moral ainsi qu'à la prévention de la récidive et à la protection de l'intérêt des victimes.

Art. L. 11-3. — Les mineurs déclarés coupables d'une infraction pénale peuvent faire l'objet de mesures éducatives et, si les circonstances et leur personnalité l'exigent, de peines.

Art. L. 11-4. — Aucune peine ne peut être prononcée à l'encontre d'un mineur de moins de treize ans.

Art. L. 11-5. — Les peines encourues par les mineurs sont diminuées conformément aux dispositions du présent code.

Chapitre II

Des principes généraux de la procédure pénale applicable aux mineurs

Art. L. 12-1. — Les crimes, délits et contraventions de la cinquième classe reprochés à un mineur sont instruits et jugés par des juridictions et chambres spécialisées ou spécialement désignées ou composées, devant lesquelles les procédures sont adaptées.

Ces juridictions et chambres sont :

1° Le juge des enfants ;

2° Le tribunal pour enfants ;

3° Le juge d'instruction chargé spécialement des affaires concernant les mineurs ;

3° bis Le juge des libertés et de la détention chargé spécialement des affaires concernant les mineurs ;

4° La cour d'assises des mineurs ;

5° La chambre spéciale des mineurs de la cour d'appel ;

6° La chambre de l'instruction spécialement composée en matière d'affaires concernant les mineurs.

Le conseiller de la cour d'appel délégué à la protection de l'enfance fait partie des chambres mentionnées aux 5° et 6°.

Art. L. 12-2. — L'action publique relative à des crimes, délits ou contraventions de la cinquième classe reprochés à un mineur est exercée par des magistrats désignés chargés spécialement des affaires concernant les mineurs.

Les fonctions du ministère public sont remplies par le procureur général ou un magistrat du ministère public spécialement chargé des affaires concernant les mineurs.

Art. L. 12-3. — La publicité des audiences des juridictions statuant à l'égard des mineurs est restreinte dans les conditions déterminées par le présent code.

Art. L. 12-4. — Le mineur poursuivi ou condamné est assisté d'un avocat.

Le mineur participe au choix de son avocat ou effectue ce choix dans les conditions prévues par le présent code.

Lorsqu'un avocat a été désigné d'office, dans la mesure du possible, le mineur est assisté par le même avocat à chaque étape de la procédure.

Art. L. 12-5. — Dans les conditions fixées par le présent code, les responsables légaux reçoivent les mêmes informations que celles qui doivent être communiquées au mineur au cours de la procédure. Le mineur en est informé.

Le mineur suspecté ou poursuivi a le droit d'être accompagné par ses représentants légaux conformément aux dispositions du présent code.

Art. L. 12-6. — Le droit d'opposition, d'appel ou de recours en cassation est exercé soit par le mineur, soit par son représentant légal.

Chapitre III

Dispositions communes

Art. L. 13-1. — Les dispositions législatives et réglementaires en matière de droit pénal et de procédure pénale, notamment celles du code pénal et du code de procédure pénale, sont applicables aux mineurs, sauf lorsqu'il en est disposé autrement par les dispositions du présent code.

Pour l'application aux mineurs des dispositions du code pénal et du code de procédure pénale, les références aux juridictions compétentes à l'égard des majeurs s'entendent comme des références aux juridictions compétentes à l'égard des mineurs, telles qu'elles sont définies par le présent code.

Art. L. 13-2. — À moins que le présent code n'en dispose autrement, la juridiction compétente, la procédure applicable ainsi que les mesures et peines encourues sont déterminées selon l'âge du mineur à la date des faits.

Art. L. 13-3. — En aucune circonstance, l'identité ou l'image d'un mineur mis en cause dans une procédure pénale ne peuvent être, directement ou indirectement, rendues publiques.

Art. L. 13-4. — Il peut être proposé à la victime et à l'auteur de l'infraction de recourir à la justice restaurative, conformément à l'article 10-1 du code de procédure pénale, à l'occasion de toute procédure concernant un mineur et à tous les stades de celle-ci, y compris lors de l'exécution de la peine, sous réserve que les faits aient été reconnus.

La justice restaurative ne peut être mise en œuvre que si le degré de maturité et la capacité de discernement du mineur le permettent, et après avoir recueilli le consentement des représentants légaux.

N° 61.3 Des mesures éducatives prévues par le Code de la justice pénale des mineurs : les articles L. 111-1 à L. 111-6 du Code de la justice pénale des mineurs

Art. L. 111-1. — Les mesures éducatives encourues par un enfant ou un adolescent à titre de sanction sont :

1° L'avertissement judiciaire ;

2° La mesure éducative judiciaire.

Art. L. 111-2. — Le juge des enfants, le tribunal pour enfants et la cour d'assises des mineurs peuvent prononcer un avertissement judiciaire et une mesure éducative judiciaire. Un avertissement judiciaire peut être prononcé cumulativement avec une mesure éducative judiciaire qui ne peut comporter que le module de réparation.

Si un avertissement judiciaire a déjà été prononcé à l'égard du mineur pour une infraction identique ou assimilée au regard des règles de la récidive commise moins d'un an avant la commission de la nouvelle infraction, il ne peut être prononcé seul.

Le tribunal de police peut prononcer un avertissement judiciaire.

Art. L. 111-3. — Pour les contraventions de la cinquième classe, les délits et les crimes, une mesure éducative peut être prononcée cumulativement avec une peine.

Art. L. 111-4. — Les décisions prononçant une mesure éducative sont exécutoires par provision.

Art. L. 111-5. — Les mesures éducatives prononcées à l'égard d'un mineur ne peuvent constituer le premier terme de récidive.

Art. L. 111-6. — En matière contraventionnelle ou correctionnelle, une dispense de mesure éducative peut être accordée lorsqu'il apparaît que le reclassement du mineur est acquis, que le dommage causé est réparé et que le trouble résultant de l'infraction a cessé.

N° 61.4 L'observatoire national de la protection de l'enfance : l'article L. 226-6 du Code de l'action sociale et des familles (partie législative) (146)

Art. L. 226-6. — Un service d'accueil téléphonique gratuit concourt, à l'échelon national, à la mission de protection des mineurs en danger prévue au présent chapitre. Ce service répond, à tout moment, aux demandes d'information ou de conseil concernant les situations de mineurs en danger ou présumés l'être. Il transmet immédiatement au président du conseil départemental, selon le dispositif mis en place en application de l'article L. 226-3, les informations qu'il recueille et les appréciations qu'il formule à propos de ces mineurs. À cette fin, le président du conseil départemental informe le groupement des modalités de fonctionnement permanent du dispositif départemental.

(146) Les dispositions présentées tiennent compte des modifications intervenues avec la loi n° 2007-293 du 5 mars 2007 réformant la protection de l'enfance, la loi n° 2016-297 du 14 mars 2016 relative à la protection de l'enfant et la loi n° 2022-140 du 7 février 2022 relative à la protection des enfants. Il faut rappeler sur cette question de protection de l'enfance, la loi n° 2021-478 du 21 avril 2021 visant à protéger les mineurs des crimes et délits sexuels et de l'inceste.

L'Observatoire national de la protection de l'enfance contribue au recueil et à l'analyse des données et des études concernant la protection de l'enfance, en provenance de l'État, des collectivités territoriales, des établissements publics, des fondations et des associations œuvrant en ce domaine. Il contribue à la mise en cohérence des différentes données et informations ainsi qu'à l'amélioration de la connaissance des phénomènes de mise en danger des mineurs et des questions d'adoption et d'accès aux origines personnelles. Il assure, dans le champ de compétence du groupement d'intérêt public mentionné à l'article L. 147-14, les missions de centre national de ressources, chargé de recenser les bonnes pratiques et de répertorier ou de concourir à l'élaboration d'outils et de référentiels. Il assure la diffusion de ces outils et référentiels auprès des acteurs de la protection de l'enfance et de l'adoption internationale.

N° 61.5 La journée nationale des droits de l'enfant : la loi n° 96-296 du 9 avril 1996

Article unique. — Le 20 novembre, jour anniversaire de l'adoption par l'Organisation des Nations unies de la Convention internationale des droits de l'enfant, est reconnu Journée nationale des droits de l'enfant.

N° 61.6 L'adoption internationale : les articles 370-3 à 370-5 du Code civil (147)

Art. 370-3. — Les conditions de l'adoption sont soumises à la loi nationale de l'adoptant ou, en cas d'adoption par un couple, à la loi nationale commune des deux membres du couple au jour de l'adoption ou, à défaut, à la loi de leur résidence habituelle commune au jour de l'adoption ou, à défaut, à la loi de la juridiction saisie. L'adoption ne peut toutefois être prononcée si la loi nationale des deux membres du couple la prohibe.

L'adoption d'un mineur étranger ne peut être prononcée si sa loi personnelle prohibe cette institution, sauf si ce mineur est né et réside habituellement en France.

Quelle que soit la loi applicable, l'adoption requiert le consentement du représentant légal de l'enfant dans les conditions définies au premier alinéa de l'article 348-3.

Art. 370-4. — Les effets de l'adoption prononcée en France sont ceux de la loi française.

Art. 370-5. — L'adoption régulièrement prononcée à l'étranger produit en France les effets de l'adoption plénière si elle rompt de manière complète et irrévocable le lien de filiation préexistant. À défaut, elle produit les effets de l'adoption simple. Elle peut être convertie en adoption plénière si les consentements requis ont été donnés expressément en connaissance de cause.

(147) Dispositions introduites par la loi n° 2001-111 du 6 février 2001 relative à l'adoption internationale et modifiées par la loi n° 2022-219 du 21 février 2022 visant à réformer l'adoption.

Nº 61.7 L'incitation au respect des droits de l'enfant dans le monde, notamment lors de l'achat de fournitures scolaires : la loi nº 99-478 du 9 juin 1999 (extraits) et l'article L. 216-10 du Code de l'éducation

Article premier. — L'exploitation des enfants par le travail doit être fermement combattue et dénoncée par tous les moyens légaux, y compris en refusant de coopérer avec des pays qui ne respectent pas la déclaration des droits de l'enfant.

....

Art. L. 216-10. — Pour les achats de fournitures destinés aux établissements scolaires, les collectivités publiques et établissements concernés veillent à ce que la fabrication des produits achetés n'ait pas requis l'emploi d'une main-d'œuvre enfantine dans des conditions contraires aux conventions internationales reconnues.

Les renseignements correspondants peuvent être demandés à l'appui des candidatures et des offres.

Nº 61.8 L'enseignement moral et civique : l'article L. 312-15 du Code de l'éducation

Art. L. 312-15 (148). — Outre les enseignements concourant aux objectifs définis à l'article L. 131-1-1, l'enseignement moral et civique vise notamment à amener les élèves à devenir des citoyens responsables et libres, à se forger un sens critique et à adopter un comportement réfléchi, y compris dans leur usage de l'internet et des services de communication au public en ligne. Cet enseignement comporte, à tous les stades de la scolarité, une formation aux valeurs de la République, à la connaissance et au respect des droits de l'enfant consacrés par la loi ou par un engagement international et à la compréhension des situations concrètes qui y portent atteinte. Dans ce cadre est donnée une information sur le rôle des organisations non gouvernementales œuvrant pour la protection de l'enfant.

Lors de la présentation de la liste des fournitures scolaires, les élèves reçoivent une information sur la nécessité d'éviter l'achat de produits fabriqués par des enfants dans des conditions contraires aux conventions internationalement reconnues.

L'enseignement moral et civique comporte également, à l'école primaire et au collège, une formation consacrée à la connaissance et au respect des problèmes des personnes en situation de handicap dans une société inclusive.

Les établissements scolaires s'associent avec les centres accueillant des personnes en situation de handicap afin de favoriser les échanges et les rencontres avec les élèves.

---

(148) Article successivement modifié par les lois n° 2013-595 du 8 juillet 2013 d'orientation et de programmation pour la refondation de l'école de la République, n° 2017-86 du 27 janvier 2017 relative à l'égalité et à la citoyenneté, la loi n° 2018-1202 du 22 décembre 2018 relative à la lutte contre la manipulation de l'information, la loi n° 2019-791 du 26 juillet 2019 pour une école de la confiance et la loi n° 2022-299 du 2 mars 2022 visant à combattre le harcèlement scolaire.

L'enseignement moral et civique sensibilise également les élèves de collège et de lycée à la vie associative et au service civique prévu au titre Ier bis du livre Ier du Code du service national.

Une information destinée à la communauté éducative, pour se familiariser avec le milieu associatif local et national et les liens qui peuvent être créés entre associations et établissements scolaires, est éditée par le ministère chargé de l'éducation nationale. Elle indique notamment les liens qui peuvent être créés avec les associations visant à lutter contre le harcèlement scolaire ou à en soutenir les victimes.

Dans le cadre de l'enseignement moral et civique, les élèves sont formés afin de développer une attitude critique et réfléchie vis-à-vis de l'information disponible et d'acquérir un comportement responsable dans l'utilisation des outils interactifs lors de leur usage des services de communication au public en ligne. Ils sont informés des moyens de vérifier la fiabilité d'une information de maîtriser leur image publique, des dangers de l'exposition de soi et d'autrui, des droits qu'ils tiennent du règlement (UE) 2016/679 du Parlement européen et du Conseil du 27 avril 2016 relatif à la protection des personnes physiques à l'égard du traitement des données à caractère personnel et à la libre circulation de ces données et de la loi n° 78-17 du 6 janvier 1978 relative à l'informatique, aux fichiers et aux libertés en matière de protection de leurs données personnelles en termes d'information, d'opposition, d'accès, de rectification, d'effacement, de limitation du traitement et de portabilité des données, ainsi que des missions de la Commission nationale de l'informatique et des libertés.

Dans le cadre de l'enseignement moral et civique, les collégiens et les lycéens sont incités à participer à un projet citoyen au sein d'une association d'intérêt général.

L'enseignement moral et civique sensibilise également, à l'école primaire, au collège et au lycée, les élèves au respect des animaux de compagnie. Il présente les animaux de compagnie comme sensibles et contribue à prévenir tout acte de maltraitance animale.

4. Les droits des femmes, la parité et la lutte contre les violences envers les femmes

N° 62.1 Le principe de parité : l'article 1er de la Constitution

Article premier. — La loi favorise l'égal accès des femmes et des hommes aux mandats électoraux et fonctions électives, ainsi qu'aux responsabilités professionnelles et sociales [149].

(149) Cette recherche de la parité dans les responsabilités professionnelles apparaît aussi dans la loi n° 2011-103 du 27 janvier 2011 relative à la représentation équilibrée des femmes et des hommes au sein des conseils d'administration et de surveillance et à l'égalité professionnelle.

N° 62.2 L'égalité réelle entre les femmes et les hommes : la loi n° 2014-873 du 4 août 2014 (extraits) [150]

Article premier. — L'État et les collectivités territoriales, ainsi que leurs établissements publics, mettent en œuvre une politique pour l'égalité entre les femmes et les hommes selon une approche intégrée. Ils veillent à l'évaluation de l'ensemble de leurs actions.

La politique pour l'égalité entre les femmes et les hommes comporte notamment :

1° Des actions de prévention et de protection permettant de lutter contre les violences faites aux femmes et les atteintes à leur dignité ;

2° Des actions visant à renforcer la lutte contre le système prostitutionnel ;

3° Des actions destinées à prévenir et à lutter contre les stéréotypes sexistes ;

4° Des actions visant à assurer aux femmes la maîtrise de leur sexualité, notamment par l'accès à la contraception et à l'interruption volontaire de grossesse ;

5° Des actions de lutte contre la précarité des femmes ;

6° Des actions visant à garantir l'égalité professionnelle et salariale et la mixité dans les métiers ;

7° Des actions tendant à favoriser une meilleure articulation des temps de vie et un partage équilibré des responsabilités parentales ;

8° Des actions visant à favoriser l'égal accès des femmes et des hommes aux mandats électoraux et aux fonctions électives, ainsi qu'aux responsabilités professionnelles et sociales ;

9° Des actions visant à garantir l'égalité de traitement entre les femmes et les hommes et leur égal accès à la création et à la production culturelle et artistique, ainsi qu'à la diffusion des œuvres ;

10° Des actions visant à porter à la connaissance du public les recherches françaises et internationales sur la construction sociale des rôles sexués

N° 62.3 L'égalité professionnelle entre les femmes et les hommes, dispositions générales : les articles L. 1142-1 à L. 1142-6 du Code du travail [151]

Art. L. 1142-1. — Sous réserve des dispositions particulières du présent code, nul ne peut :

1° Mentionner ou faire mentionner dans une offre d'emploi le sexe ou la situation de famille du candidat recherché. Cette interdiction est applicable pour toute forme

---

(150) Voir aussi, notamment : l'ordonnance n° 2015-948 du 31 juillet 2015 relative à l'égal accès des femmes et des hommes au sein des autorités administratives indépendantes et des autorités publiques indépendantes ; l'ordonnance n° 2015-949 du 31 juillet 2015 relative à l'égal accès des femmes et des hommes au sein des ordres professionnels ; l'ordonnance n° 2015-950 du 31 juillet 2015 relative à l'égal accès des femmes et des hommes au sein des conseils d'administration des mutuelles.

(151) Les articles présentés tiennent compte des modifications des lois n° 2008-496 du 27 mai 2008 et 2008-789 du 20 août 2008 et n° 2012-1404 du 17 décembre 2012, de l'ordonnance n° 2014-689 du 26 juin 2014 et de la loi n° 2015-994 du 17 août 2015 relative au dialogue social et à l'emploi. Voir aussi le décret n° 2013-371 du 30 avril 2013 relatif au Conseil supérieur de l'égalité professionnelle entre les femmes et les hommes.

de publicité relative à une embauche et quels que soient les caractères du contrat de travail envisagé ;

2° Refuser d'embaucher une personne, prononcer une mutation, résilier ou refuser de renouveler le contrat de travail d'un salarié en considération du sexe, de la situation de famille ou de la grossesse sur la base de critères de choix différents selon le sexe, la situation de famille ou la grossesse ;

3° Prendre en considération du sexe ou de la grossesse toute mesure, notamment en matière de rémunération, de formation, d'affectation, de qualification, de classification, de promotion professionnelle ou de mutation.

Art. L. 1142-2. — Lorsque l'appartenance à l'un ou l'autre sexe répond à une exigence professionnelle essentielle et déterminante et pour autant que l'objectif soit légitime et l'exigence proportionnée, les interdictions prévues à l'article L. 1142-1 ne sont pas applicables.

Un décret en Conseil d'État détermine, après avis des organisations d'employeurs et de salariés représentatives au niveau national, la liste des emplois et des activités professionnelles pour l'exercice desquels l'appartenance à l'un ou l'autre sexe constitue la condition déterminante. Cette liste est révisée périodiquement.

Art. L. 1142-2-1. — Nul ne doit subir d'agissement sexiste, défini comme tout agissement lié au sexe d'une personne, ayant pour objet ou pour effet de porter atteinte à sa dignité ou de créer un environnement intimidant, hostile, dégradant, humiliant ou offensant.

Art. L. 1142-3. — Est nulle toute clause d'une convention ou d'un accord collectif de travail ou d'un contrat de travail qui réserve le bénéfice d'une mesure quelconque, à un ou des salariés, en considération du sexe.

Toutefois, ces dispositions ne sont pas applicables lorsque cette clause a pour objet l'application des dispositions relatives :

1° À la protection de la grossesse et de la maternité, prévues aux articles L. 1225-1 à L. 1225-28 ;

2° À l'interdiction d'emploi prénatal et postnatal, prévues à l'article L. 1225-29 ;

3° À l'allaitement, prévues aux articles L. 1225-30 à L. 1225-33 ;

4° À la démission de la salariée en état de grossesse médicalement constaté, prévues à l'article L. 1225-34 ;

5° Au congé de paternité et d'accueil de l'enfant, prévues aux articles L. 1225-35 et L. 1225-36 ;

6° Au congé d'adoption, prévues aux articles L. 1225-37 à L. 1225-45.

Art. L. 1142-4. — Les dispositions des articles L. 1142-1 et L. 1142-3 ne font pas obstacle à l'intervention de mesures temporaires prises au seul bénéfice des femmes visant à établir l'égalité des chances entre les femmes et les hommes, en particulier en remédiant aux inégalités de fait qui affectent les chances des femmes.

Ces mesures résultent :

1° Soit de dispositions réglementaires prises dans les domaines du recrutement, de la formation, de la promotion, de l'organisation et des conditions de travail ;

2° Soit de stipulations de conventions de branches étendues ou d'accords collectifs étendus ;

3° Soit de l'application du plan pour l'égalité professionnelle entre les femmes et les hommes.

Art. L. 1142-5. — Il incombe à l'employeur de prendre en compte les objectifs en matière d'égalité professionnelle entre les femmes et les hommes dans l'entreprise et les mesures permettant de les atteindre :

1° Dans les entreprises dépourvues de délégué syndical ;

2° Dans les entreprises non soumises à l'obligation de négocier en application des articles L. 2232-21 et L. 2232-24 ;

3° Dans les entreprises non couvertes par une convention ou un accord de branche étendu relatif à l'égalité salariale entre les femmes et les hommes.

Art. L. 1142-6. — Dans les lieux de travail ainsi que dans les locaux ou à la porte des locaux où se fait l'embauche, les personnes mentionnées à l'article L. 1132-1 sont informées par tout moyen du texte des articles 225-1 à 225-4 du Code pénal.

Nº 62.4 L'égalité de rémunération entre les femmes et les hommes, principes : les articles L. 3221-1 à L. 3221-7 du Code du travail [152]

Art. L. 3221-1. — Les dispositions des articles L. 3221-2 à L. 3221-7 sont applicables, outre aux employeurs et salariés mentionnés à l'article L. 3211-1, à ceux non régis par le Code du travail et, notamment, aux agents de droit public.

Art. L. 3221-2. — Tout employeur assure, pour un même travail ou pour un travail de valeur égale, l'égalité de rémunération entre les femmes et les hommes.

Art. L. 3221-3. — Constitue une rémunération au sens du présent chapitre, le salaire ou traitement ordinaire de base ou minimum et tous les autres avantages et accessoires payés, directement ou indirectement, en espèces ou en nature, par l'employeur au salarié en raison de l'emploi de ce dernier.

Art. L. 3221-4. — Sont considérés comme ayant une valeur égale, les travaux qui exigent des salariés un ensemble comparable de connaissances professionnelles consacrées par un titre, un diplôme ou une pratique professionnelle, de capacités découlant de l'expérience acquise, de responsabilités et de charge physique ou nerveuse.

Art. L. 3221-5. — Les disparités de rémunération entre les établissements d'une même entreprise ne peuvent pas, pour un même travail ou pour un travail de valeur égale, être fondées sur l'appartenance des salariés de ces établissements à l'un ou l'autre sexe.

Art. L. 3221-6. — Les différents éléments composant la rémunération sont établis selon des normes identiques pour les femmes et pour les hommes.

Les catégories et les critères de classification et de promotion professionnelles ainsi que toutes les autres bases de calcul de la rémunération, notamment les modes d'évaluation sont établis selon des règles qui assurent l'application du principe fixé à l'article L. 3221-2.

Art. L. 3221-7. — Est nulle de plein droit toute disposition figurant notamment dans un contrat de travail, une convention ou accord collectif de travail, un accord de salaires, un règlement ou barème de salaires résultant d'une décision d'un employeur ou d'un groupement d'employeurs et qui, contrairement aux articles L. 3221-2 à L. 3221-6, comporte, pour un ou des salariés de l'un des deux sexes, une rémunération inférieure à celle de salariés de l'autre sexe pour un même travail ou un travail de valeur égale.

---

(152) La loi n° 2006-340 du 23 mars 2006 relative à l'égalité salariale entre les femmes et les hommes est à l'origine de plusieurs modifications du Code du travail reprise ensuite dans la nouvelle partie législative de ce code. Les articles présentés sont à jour des modifications introduites par la loi n° 2014-873 du 4 août 2014 pour l'égalité réelle entre les femmes et les hommes et la loi n° 2018-771 du 5 septembre 2018 pour la liberté de choisir son avenir professionnel.

La rémunération plus élevée dont bénéficient ces derniers salariés est substituée de plein droit à celle que comportait la disposition entachée de nullité.

N° 62.5 La protection contre les discriminations liées au sexe : les articles L.131-2 à L.131-4 du Code de la fonction publique (153)

Art. L.131-2 — Aucune distinction ne peut être faite entre les agents publics en raison de leur sexe.

Art. L.131-3 — Aucun agent public ne doit subir d'agissement sexiste, défini comme tout agissement lié au sexe d'une personne, ayant pour objet ou pour effet de porter atteinte à sa dignité ou de créer un environnement intimidant, hostile, dégradant, humiliant ou offensant.

Art. L.131-4 — Des recrutements distincts pour les femmes ou les hommes peuvent, exceptionnellement, être prévus lorsque l'appartenance à l'un ou à l'autre sexe constitue une condition déterminante de l'exercice des fonctions.

N° 62.6 Le Haut Conseil à l'égalité entre les femmes et les hommes : le décret n° 2021-921 du 9 juillet 2021 (154)

Article premier. — I. — Le Haut Conseil à l'égalité entre les femmes et les hommes prévu à l'article 9-1 de la loi du 27 mai 2008 susvisée comprend deux formations spécialisées respectivement :

1° En matière de droits des femmes et de lutte contre le sexisme et les violences de genre ;

2° En matière d'égalité professionnelle.

Il comprend un président nommé par arrêté du Premier ministre, pour une durée de trois ans renouvelable une fois, parmi les membres mentionnés aux 4° et 5° du I de l'article 2 et au 3° du I de l'article 3. Le président assure la présidence des deux formations spécialisées.

II. — Le Haut Conseil à l'égalité entre les femmes et les hommes se réunit au moins deux fois par an en séance plénière, sur convocation de son président, du Premier ministre, du ministre chargé des droits des femmes ou à la demande de la majorité des membres.

Ces réunions ont notamment pour objet d'arrêter le programme de travail du Haut Conseil et de ses formations spécialisées. L'ordre du jour en est fixé par son président, en tenant compte des saisines du Premier ministre, du ministre chargé des droits de femmes, ainsi que des propositions de chacune des formations spécialisées.

---

(153) Ordonnance n° 2021-1574 du 24 novembre 2021 portant partie législative du code général de la fonction publique.

(154) Il faut aussi signaler le Comité interministériel aux droits des femmes et à l'égalité entre les femmes et les hommes créé par le décret n° 2012-1097 du 28 septembre 2012.

III. — Chacune des deux formations spécialisées se réunit au moins deux fois par an, à l'initiative du président du Haut Conseil, du Premier ministre, du ministre chargé des droits des femmes ou à la demande de la majorité des membres. L'ordre du jour est fixé par le président du Haut Conseil.

IV. — Le Haut Conseil peut, dans les matières énumérées aux I, statuer en formation spécialisée.

Il est saisi, dans le cadre des formations spécialisées, par le ministre compétent, des projets de loi et de décret les concernant, ainsi que des textes relatifs à des conditions particulières de travail propres à l'un ou l'autre sexe mentionnées à l'article 9-1 de la loi du 27 mai 2008 susvisée.

Chaque formation peut constituer en son sein des commissions spécifiques en fonction des missions qui lui sont confiées, présidées chacune par un membre de cette formation Elles sont composées de membres de cette formation et, le cas échéant de personnalités extérieures.

Les rapports du Haut Conseil à l'égalité entre les femmes et les hommes, ses recommandations et ses avis sont approuvés à la majorité des membres de la formation spécialisée concernée en fonction de l'objet de la délibération.

Ils sont présentés, pour information, à l'ensemble des membres du Haut Conseil en séance plénière, dans les conditions prévues au II.

Un règlement intérieur, établi par le président du Haut Conseil et soumis à l'approbation de ses membres, précise les modalités d'organisation du Haut Conseil et de ses formations spécialisées.

Art. 2. — I. — La formation spécialisée en matière de droits des femmes et de lutte contre le sexisme et les violences de genre comprend, outre le président du Haut Conseil qui la préside, cinquante-quatre membres :

1° Dix membres élus :

a) Deux députés, désignés par le président de l'Assemblée nationale ;

b) Deux sénateurs, désignés par le président du Sénat ;

c) Deux conseillers régionaux, nommés par l'Association Régions de France ;

d) Deux conseillers départementaux, nommés par l'Assemblée des départements de France ;

e) Deux conseillers municipaux, nommés par l'Association des maires de France et des présidents d'intercommunalité ;

2° Le président de la délégation aux droits des femmes et à l'égalité des chances entre les hommes et les femmes de l'Assemblée nationale ;

3° Le président de la délégation aux droits des femmes et à l'égalité des chances entre les hommes et les femmes du Sénat ;

4° Vingt membres représentants les associations ou organismes concourant à l'égalité entre les femmes et les hommes autres que l'État et les collectivités territoriales, nommés sur proposition du ministre chargé des droits des femmes ;

5° Vingt-deux personnalités qualifiées nommées sur proposition du ministre chargé des droits des femmes en raison de leur compétence et de leur expérience dans les domaines des droits des femmes et de l'égalité entre les femmes et les hommes, ou en raison de leurs travaux de recherche, d'expertise ou d'évaluation sur les questions intéressant le Haut Conseil.

II. — Participent également aux travaux de la formation prévue au I, sans disposer de voix délibérative :

a) Le directeur général de la cohésion sociale, délégué interministériel aux droits des femmes et à l'égalité entre les femmes et les hommes ou son représentant ;

b) Le secrétaire général de la mission interministérielle pour la protection des femmes contre les violences et la lutte contre la traite des êtres humains ou son représentant ;

c) Les hauts fonctionnaires en charge de l'égalité des droits auprès des ministres ;

d) Le président des délégations aux droits des femmes et à l'égalité entre les femmes et les hommes du Conseil économique, social et environnemental ou son représentant ;

e) Le président du Haut Conseil de la famille, de l'enfance ou de l'âge ou son représentant ;

f) Les co-présidents du Conseil national du numérique ou leurs représentants ;

g) Le Défenseur des droits ou son représentant ;

h) Le président du Conseil supérieur de l'audiovisuel ou son représentant ;

i) Le délégué interministériel à la lutte contre le racisme, l'antisémitisme et la haine envers les personnes lesbiennes, gays, bi et trans ou son représentant.

En tant que de besoin et selon l'ordre du jour, toute personne, organisation ou institution qualifiée peut être appelée à participer aux travaux du Haut Conseil, selon des modalités définies par ce dernier.

Art. 3. — I. — La formation spécialisée en matière d'égalité professionnelle comprend, outre le président du Haut Conseil qui la préside, trente membres :

1° Dix représentants des salariés désignés sur proposition des organisations syndicales représentatives au niveau national et interprofessionnel ;

2° Dix représentants des employeurs désignés sur proposition des organisations professionnelles d'employeurs représentatives au niveau national et interprofessionnel ;

3° Dix personnalités qualifiées nommées sur proposition du ministre chargé des droits des femmes en raison de leur compétence et de leur expérience dans les domaines des droits des femmes et de l'égalité entre les femmes et les hommes, ou en raison de leurs travaux de recherche, d'expertise ou d'évaluation spécifique dans le domaine de l'égalité professionnelle entre les femmes et les hommes.

Les organisations professionnelles et syndicales mentionnées aux 1° et 2° proposent, en même temps que des membres titulaires et en nombre égal, des membres suppléants.

II. — Participent également aux travaux de la formation prévue au I, sans disposer de voix délibérative :

a) Le directeur général de la cohésion sociale, délégué interministériel aux droits des femmes et à l'égalité entre les femmes et les hommes ;

b) Le délégué général de l'emploi et de la formation professionnelle ou son représentant ;

c) Le directeur général du travail ou son représentant ;

d) Le directeur général de l'enseignement scolaire ou son représentant ;

e) Le directeur général de la performance économique et environnementale des entreprises ou son représentant ;

f) Le directeur général de Pôle emploi ou son représentant ;

g) Le directeur général de l'Agence nationale pour l'amélioration des conditions de travail ou son représentant ;

h) Le directeur général de France compétences ou son représentant ;

i) Le président de la Commission nationale de la négociation collective, de l'emploi et de la formation professionnelle ou son représentant ;

j) Le président de l'Union nationale des missions locales ou son représentant ;

k) Un représentant de l'Association pour l'emploi des cadres.

En tant que de besoin, et selon l'ordre du jour, toute personne, organisation ou institution qualifiée peut être appelée à participer aux travaux du Haut Conseil, selon des modalités définies par ce dernier.

Art. 4 — Les membres du Haut Conseil à l'égalité entre les femmes et les hommes sont nommés par arrêté du Premier ministre pour une durée de trois ans, renouvelable une fois.

L'écart entre le nombre de femmes et d'hommes parmi les membres nommés au Haut Conseil à l'égalité entre les femmes et les hommes ne peut être supérieur à un.

Chaque catégorie de membres mentionnée aux 4° et 5° du I de l'article 2 et au 3 du I de l'article 3 comprend un nombre égal de femmes et d'hommes.

Chaque organisation ou institution appelée à proposer ou nommer un nombre pair de membres titulaires désigne autant de femmes que d'hommes.

Chaque organisation mentionnée aux 1° et 2° du I de l'article 3 appelée à proposer un nombre impair de membres titulaires supérieur à un procède à ces désignations de telle sorte que l'écart entre le nombre des femmes proposées et le nombre des hommes proposés ne soit pas supérieur à un.

Pour pouvoir satisfaire à son obligation de remplacer le titulaire par un suppléant du même sexe, chaque organisation mentionnée aux 1° et 2° du I de l'article 3 doit désigner le même nombre de femmes et d'hommes parmi ses suppléants que parmi ses titulaires.

Les organisations devant proposer un nombre impair de membres titulaires et suppléants sont appelées à désigner des membres titulaires, dans le respect de la règle mentionnée précédemment, conjointement avec l'ensemble des organisations appartenant au même collège, de telle sorte que le collège compte un nombre égal de femmes et d'hommes.

En l'absence de consensus sur cette répartition, un tirage au sort détermine les organisations qui doivent proposer un nombre supérieur de femmes ou un nombre supérieur d'hommes ou, pour les organisations qui ne proposent qu'un seul membre, si ce siège doit être pourvu par une femme ou un homme. Les modalités du tirage au sort, ainsi que les conditions et les délais dans lesquels ces propositions conjointes peuvent être effectuées, sont définies par un arrêté du ministre chargé des droits des femmes.

Un membre qui au cours de son mandat, décède, démissionne, laisse son poste vacant pour quelque raison que ce soit ou perd la qualité au titre de laquelle il a été désigné, est remplacé pour la durée du mandat restant à courir dans les mêmes conditions et par une personne du même sexe.

Si la nomination ou la désignation des nouveaux membres intervient postérieurement à la date d'expiration du mandat des membres sortants, ces derniers continuent de siéger jusqu'à la nomination ou la désignation de leurs successeurs, et au plus tard six mois après la fin de leur mandat.

Art. 5. — À l'exception des dépenses concernant l'occupation de locaux et le soutien logistique, qui sont prises en charge par les services du Premier ministre, les emplois et crédits nécessaires au fonctionnement du Haut Conseil sont inscrits au budget du ministère chargé des droits des femmes et de l'égalité entre les femmes et les hommes. Une convention conclue entre les services du Premier ministre et le ministère chargé des droits des femmes précise les modalités d'application du présent article.

Art. 6. — Sauf dispositions législatives contraires, les administrations de l'État et les établissements publics de l'État communiquent au Haut Conseil les éléments d'information et les études dont ils disposent et qui apparaissent nécessaires au Haut Conseil pour l'exercice de ses missions.

Le Haut Conseil leur fait connaître ses besoins afin qu'ils soient pris en compte dans leurs programmes d'études et leurs travaux statistiques.

Le Haut Conseil peut faire appel à la collaboration des organismes publics ou privés concernés par les droits des femmes et l'égalité entre les femmes et les hommes.

Il peut également associer à ses travaux des personnalités extérieures, françaises et étrangères, qu'il choisit en raison de leur compétence ou de leur fonction.

Art. 7 — Les fonctions des membres du Haut Conseil ne donnent pas lieu à rémunération, à l'exception du président qui perçoit une indemnité à caractère forfaitaire et mensuel dont le montant est fixé par arrêté du Premier ministre.

Les frais de déplacement et de séjour sont remboursés dans les conditions prévues par la réglementation applicable aux personnels civils de l'État.

Nº 62.7 Les délégations parlementaires aux droits des femmes et à l'égalité des chances entre les hommes et les femmes : l'ordonnance nº 58-1100 du 17 novembre 1958 relative au fonctionnement des assemblées parlementaires (extraits) (155)

Art. 6 septies. — I. Il est constitué, dans chacune des deux assemblées du Parlement, une délégation parlementaire aux droits des femmes et à l'égalité des chances entre les hommes et les femmes. Chacune de ces délégations compte trente-six membres.

II. Les membres des délégations sont désignés en leur sein par chacune des deux assemblées de manière à assurer une représentation proportionnelle des groupes parlementaires et équilibrée des hommes et des femmes ainsi que des commissions permanentes.

La délégation de l'Assemblée nationale est désignée au début de la législature pour la durée de celle-ci.

La délégation du Sénat est désignée après chaque renouvellement partiel de cette assemblée.

III. Sans préjudice des compétences des commissions permanentes ou spéciales ni de celles des commissions chargées des affaires européennes, les délégations parlementaires aux droits des femmes et à l'égalité des chances entre les hommes et les femmes ont pour mission d'informer les assemblées de la politique suivie par le Gouvernement au regard de ses conséquences sur les droits des femmes et sur l'égalité des chances entre les hommes et les femmes. En ce domaine, elles assurent le suivi de l'application des lois.

En outre, les délégations parlementaires aux droits des femmes et à l'égalité des chances entre les hommes et les femmes peuvent être saisies sur les projets ou propositions de loi par :

— le bureau de l'une ou l'autre assemblée, soit à son initiative, soit à la demande d'un président de groupe ;

— une commission permanente ou spéciale, à son initiative ou sur demande de la délégation.

Enfin, les délégations peuvent être saisies par les commissions chargées des affaires européennes sur les textes soumis aux assemblées en application de l'article 88-4 de la Constitution.

Elles demandent à entendre les ministres. Le Gouvernement leur communique les informations utiles et les documents nécessaires à l'accomplissement de leur mission.

IV. Les délégations établissent, sur les questions dont elles sont saisies, des rapports comportant des recommandations qui sont déposés sur le bureau de l'assemblée dont elles relèvent et transmis aux commissions parlementaires compétentes, ainsi qu'aux commissions chargées des affaires européennes. Ces rapports sont rendus publics.

---

(155) Modifiée par la loi n° 2009-689 du 15 juin 2009.

Elles établissent en outre, chaque année, un rapport public dressant le bilan de leur activité et comportant, le cas échéant, des propositions d'amélioration de la législation et de la réglementation dans leurs domaines de compétence.

V. Chaque délégation organise la publicité de ses travaux dans les conditions définies par le règlement de chaque assemblée.

La délégation de l'Assemblée nationale et celle du Sénat peuvent décider de tenir des réunions conjointes.

VI. Les délégations établissent leur règlement intérieur.

Nº 63.1 La mission interministérielle pour la protection des femmes contre les violences et la lutte contre la traite des êtres humains : le décret modifié nº 2013-7 du 3 janvier 2013 (156)

Article premier. — Il est créé auprès du ministre chargé des droits des femmes une mission interministérielle pour la protection des femmes contre les violences et la lutte contre la traite des êtres humains.

Le secrétaire général de la mission est nommé par arrêté du ministre chargé des droits des femmes.

Art. 2. — La mission interministérielle pour la protection des femmes contre les violences et la lutte contre la traite des êtres humains est chargée de :

1° Rassembler, analyser et diffuser les informations et données relatives aux violences faites aux femmes. En lien avec les organismes de recherche, les associations agissant pour la protection des femmes victimes de violences et les administrations compétentes de l'État, elle contribue à la réalisation d'études et de travaux de recherche et d'évaluation dans le domaine de la protection des femmes victimes de violences et analyse les rapports de retour d'expérience dans les procédures d'homicides conjugaux, notamment ceux élaborés par les services du ministère de la Justice qui lui sont transmis semestriellement ;

2° Favoriser l'animation locale de la politique de protection des femmes victimes de violences, en lien avec les services du ministre en charge des droits des femmes. Elle recueille, à ce titre, les recommandations visant à améliorer les dispositifs existants qui lui sont adressées par les associations contribuant à la protection des femmes victimes de violences. Elle recense à ce titre les innovations et bonnes pratiques en matière de protection des femmes victimes de violence, qu'elle diffuse largement ;

3° Concevoir, en lien avec les ministères et les acteurs concernés, l'ingénierie de formation des professionnels et autres intervenants auprès des femmes victimes de violences ;

4° Assurer la coordination nationale de la lutte contre la traite des êtres humains.

La mission élabore son programme de travail, qu'elle soumet au ministre chargé des droits des femmes.

(156) Le texte présenté incorpore les modifications introduites par les décrets n° 2013-728 du 12 août 2013, n° 2016-1096 du 11 août 2016 et n° 2021-1481 du 12 novembre 2021. Dans le même cadre, il faut signaler la loi n° 2006-399 du 4 avril 2006 renforçant la prévention et la répression des violences au sein du couple ou commises contre les mineurs qui introduit de nouvelles dispositions sur cette question, notamment dans le Code civil et le Code pénal et la loi n° 2010-769 du 9 juillet 2010. Voir aussi le décret n° 2020-256 du 13 mars 2020 relatif au dispositif de signalement des actes de violence, de discrimination, de harcèlement et d'agissements sexistes dans la fonction publique.

Art. 3. — Les crédits nécessaires au fonctionnement de la mission interministérielle sont inscrits au budget du ministère des droits des femmes.

La mission dispose de personnels du ministère chargé des droits des femmes et de personnels mis à la disposition de ce ministère par les départements ministériels concernés.

Art. 4. — Pour la collecte des données et études relatives aux violences faites aux femmes, les administrations de l'État, les collectivités territoriales, les établissements publics ainsi que les associations contribuant à la protection des femmes victimes de violences communiquent à la mission, dans des conditions définies par voie de conventions, les informations agrégées dont elles disposent, sous réserve de l'application des dispositions législatives imposant une obligation de secret.

La mission fait connaître ses besoins aux administrations et établissements publics de l'État afin qu'ils soient pris en compte dans leurs programmes d'études et leurs travaux statistiques.

Art. 5. — Pour l'exercice de sa mission d'animation locale de la politique de protection des femmes contre les violences, la mission conclut toute convention utile avec les organismes publics et privés compétents.

Art. 5-1 — La mission remet chaque année au ministre chargé des droits des femmes un rapport d'activité retraçant les actions menées au titre du présent décret. Ce rapport est rendu public.

Art. 6. — Pour l'exercice de sa mission de coordination nationale de la lutte contre la traite des êtres humains, la mission est chargée d'assurer le suivi de la mise en œuvre des actions nationales contre la traite des êtres humains, en lien avec les ministères et les acteurs concernés.

Art. 7. — La mission constitue auprès d'elle un comité d'orientation composé comme suit :

1° Trois représentants des collectivités territoriales :

a) Un représentant des régions, désigné par l'Association des régions de France ;

b) Un représentant des départements, désigné par l'Assemblée des départements de France ;

c) Un représentant des communes et intercommunalités, désigné par l'Association des maires de France ;

2° Dix représentants de structures associatives intervenant en matière de violences faites aux femmes et de lutte contre la traite des êtres humains, nommés par le ministre chargé des droits des femmes ;

3° Six personnalités qualifiées choisies à raison de leur compétence et de leur expérience, nommées par le ministre chargé des droits des femmes ;

4° Des représentants de l'État, d'établissements publics de l'État ou de commissions administratives à caractère consultatif :

— le directeur général de la cohésion sociale ou son représentant ;
— le directeur de l'habitat, de l'urbanisme et des paysages ou son représentant ;
— le directeur général de l'offre de soins ou son représentant ;
— le directeur général des affaires politiques et de sécurité ou son représentant ;
— le directeur général de l'enseignement scolaire ou son représentant ;
— le directeur général du travail ou son représentant ;
— le directeur général de la police nationale ou son représentant ;
— le directeur général de la gendarmerie nationale ou son représentant ;
— le directeur des affaires criminelles et des grâces ou son représentant ;
— le secrétaire général du comité interministériel de prévention de la délinquance ou son représentant ;

— le directeur général de l'Institut national de la statistique et des études économiques ou son représentant ;
— le directeur général de l'Office français de protection des réfugiés et apatrides ou son représentant ;
— le président de la Commission nationale consultative des droits de l'homme ou son représentant ;
— le président du Haut Conseil à l'égalité entre les femmes et les hommes ou son représentant.
— le directeur général des étrangers en France ou son représentant

Art. 8. — Le comité d'orientation contribue à la définition des grandes orientations de la mission interministérielle.

Il est réuni au moins deux fois par an, sur proposition du secrétaire général de la mission, qui fixe l'ordre du jour de ses travaux et en assure la préparation et le suivi.

N° 63.2 Des mesures de protection des victimes de violences : les articles 515-9 à 515-13 du Code civil [(157)] et l'article 6.III de la loi n° 2010-769 du 9 juillet 2010 relative aux violences faites spécifiquement aux femmes, aux violences au sein des couples et aux incidences de ces dernières sur les enfants

Art. 515-9. — Lorsque les violences exercées au sein du couple, y compris lorsqu'il n'y a pas de cohabitation, ou par un ancien conjoint, un ancien partenaire lié par un pacte civil de solidarité ou un ancien concubin, y compris lorsqu'il n'y a jamais eu de cohabitation, mettent en danger la personne qui en est victime, un ou plusieurs enfants, le juge aux affaires familiales peut délivrer en urgence à cette dernière une ordonnance de protection.

Art. 515-10. — L'ordonnance de protection est délivrée par le juge, saisi par la personne en danger, si besoin assistée, ou, avec l'accord de celle-ci, par le ministère public. Sa délivrance n'est pas conditionnée à l'existence d'une plainte pénale préalable.

Dès la réception de la demande d'ordonnance de protection, le juge convoque, par tous moyens adaptés, pour une audition, la partie demanderesse et la partie défenderesse, assistées, le cas échéant, d'un avocat, ainsi que le ministère public. Ces auditions peuvent avoir lieu séparément. Elles peuvent se tenir en chambre du conseil. À la demande de la partie demanderesse, les auditions se tiennent séparément.

Art. 515-11. — L'ordonnance de protection est délivrée, par le juge aux affaires familiales, dans un délai maximal de six jours à compter de la fixation de la date

(157) Créé par la loi n° 2010-769 du 9 juillet 2010. Les articles présentés sont à jour des modifications intervenues avec les lois n° 2011-525 du 17 mai 2011 et n° 2014-873 du 4 août 2014 pour l'égalité réelle entre les femmes et les hommes, l'ordonnance n° 2019-964 du 18 septembre 2019 prise en application de la loi n° 2019-222 du 23 mars 2019 de programmation 2018-2022 et de réforme pour la justice, la loi n° 2019-1480 du 28 décembre 2019 visant à agir contre les violences au sein de la famille, la loi n° 2020-936 du 30 juillet 2020 visant à protéger les victimes de violences conjugales et la loi n° 2022-52 du 24 janvier 2022 relative à la responsabilité pénale et à la sécurité intérieure. Voir le Décret n° 2022-337 du 10 mars 2022 portant création d'un traitement automatisé de données à caractère personnel dénommé « plateforme numérique de signalement des atteintes aux personnes et d'accompagnement des victimes »

de l'audience, s'il estime, au vu des éléments produits devant lui et contradictoirement débattus, qu'il existe des raisons sérieuses de considérer comme vraisemblables la commission des faits de violence allégués et le danger auquel la victime ou un ou plusieurs enfants sont exposés. À l'occasion de sa délivrance, après avoir recueilli les observations des parties sur chacune des mesures suivantes, le juge aux affaires familiales est compétent pour :

1° Interdire à la partie défenderesse de recevoir ou de rencontrer certaines personnes spécialement désignées par le juge aux affaires familiales, ainsi que d'entrer en relation avec elles, de quelque façon que ce soit ;

1° bis Interdire à la partie défenderesse de se rendre dans certains lieux spécialement désignés par le juge aux affaires familiales dans lesquels se trouve de façon habituelle la partie demanderesse ;

2° Interdire à la partie défenderesse de détenir ou de porter une arme ; Lorsque l'ordonnance de protection édicte la mesure prévue au 1°, la décision de ne pas interdire la détention ou le port d'arme est spécialement motivée ;

2° bis Ordonner à la partie défenderesse de remettre au service de police ou de gendarmerie le plus proche du lieu de son domicile les armes dont elle est détentrice ;

2° ter Proposer à la partie défenderesse une prise en charge sanitaire, sociale ou psychologique ou un stage de responsabilisation pour la prévention et la lutte contre les violences au sein du couple et sexistes. En cas de refus de la partie défenderesse, le juge aux affaires familiales en avise immédiatement le procureur de la République ;

3° Statuer sur la résidence séparée des époux. La jouissance du logement conjugal est attribuée, sauf ordonnance spécialement motivée justifiée par des circonstances particulières, au conjoint qui n'est pas l'auteur des violences, et ce même s'il a bénéficié d'un hébergement d'urgence. Dans ce cas, la prise en charge des frais afférents peut être à la charge du conjoint violent ;

4° Se prononcer sur le logement commun de partenaires liés par un pacte civil de solidarité ou de concubins. La jouissance du logement commun est attribuée, sauf ordonnance spécialement motivée justifiée par des circonstances particulières, au partenaire lié par un pacte civil de solidarité ou au concubin qui n'est pas l'auteur des violences, et ce même s'il a bénéficié d'un hébergement d'urgence. Dans ce cas, la prise en charge des frais afférents peut être à la charge du partenaire ou concubin violent ;

5° Se prononcer sur les modalités d'exercice de l'autorité parentale et, au sens de l'article 373-2-9, sur les modalités du droit de visite et d'hébergement, ainsi que, le cas échéant, sur la contribution aux charges du mariage pour les couples mariés, sur l'aide matérielle au sens de l'article 515-4 pour les partenaires d'un pacte civil de solidarité et sur la contribution à l'entretien et à l'éducation des enfants ; Lorsque l'ordonnance de protection édicte la mesure prévue au 1° du présent article, la décision de ne pas ordonner l'exercice du droit de visite dans un espace de rencontre désigné ou en présence d'un tiers de confiance est spécialement motivée ;

6° Autoriser la partie demanderesse à dissimuler son domicile ou sa résidence et à élire domicile chez l'avocat qui l'assiste ou la représente ou auprès du procureur de la République près le tribunal judiciaire pour toutes les instances civiles dans lesquelles elle est également partie. Si, pour les besoins de l'exécution d'une décision de justice, l'huissier chargé de cette exécution doit avoir connaissance de l'adresse de cette personne, celle-ci lui est communiquée, sans qu'il puisse la révéler à son mandant ;

6° bis Autoriser la partie demanderesse à dissimuler son domicile ou sa résidence et à élire domicile pour les besoins de la vie courante chez une personne morale qualifiée ;

7° Prononcer l'admission provisoire à l'aide juridictionnelle des deux parties ou de l'une d'elles en application du premier alinéa de l'article 20 de la loi n° 91-647 du 10 juillet 1991 relative à l'aide juridique.

Le cas échéant, le juge présente à la partie demanderesse une liste des personnes morales qualifiées susceptibles de l'accompagner pendant toute la durée de l'ordonnance de protection. Il peut, avec son accord, transmettre à la personne morale qualifiée les coordonnées de la partie demanderesse, afin qu'elle la contacte.

Lorsque le juge délivre une ordonnance de protection, il en informe sans délai le procureur de la République, auquel il signale également les violences susceptibles de mettre en danger un ou plusieurs enfants.

Art. 515-11-1. — I. — Lorsque l'interdiction prévue au 1° de l'article 515-11 a été prononcée, le juge aux affaires familiales peut prononcer une interdiction de se rapprocher de la partie demanderesse à moins d'une certaine distance qu'il fixe et ordonner, après avoir recueilli le consentement des deux parties, le port par chacune d'elles d'un dispositif électronique mobile anti-rapprochement permettant à tout moment de signaler que la partie défenderesse ne respecte pas cette distance. En cas de refus de la partie défenderesse faisant obstacle au prononcé de cette mesure, le juge aux affaires familiales en avise immédiatement le procureur de la République.

II. — Ce dispositif fait l'objet d'un traitement de données à caractère personnel, dont les conditions et les modalités de mise en œuvre sont définies par décret en Conseil d'État.

Art. 515-12. — Les mesures mentionnées à l'article 515-11 sont prises pour une durée maximale de six mois à compter de la notification de l'ordonnance. Elles peuvent être prolongées au-delà si, durant ce délai, une requête en divorce ou en séparation de corps a été déposée ou si le juge aux affaires familiales a été saisi d'une requête relative à l'exercice de l'autorité parentale. Le juge aux affaires familiales peut, à tout moment, à la demande du ministère public ou de l'une ou l'autre des parties, ou après avoir fait procéder à toute mesure d'instruction utile, et après avoir invité chacune d'entre elles à s'exprimer, supprimer ou modifier tout ou partie des mesures énoncées dans l'ordonnance de protection, en décider de nouvelles, accorder à la personne défenderesse une dispense temporaire d'observer certaines des obligations qui lui ont été imposées ou rapporter l'ordonnance de protection.

Art. 515-13. — Une ordonnance de protection peut également être délivrée en urgence par le juge à la personne majeure menacée de mariage forcé, dans les conditions fixées à l'article 515-10.

Le juge est compétent pour prendre les mesures mentionnées aux 1°, 2°, 2° bis, 6° et 7° de l'article 515-11. Il peut également ordonner, à sa demande, l'interdiction temporaire de sortie du territoire de la personne menacée. Cette interdiction de sortie du territoire est inscrite au fichier des personnes recherchées par le procureur de la République. L'article 515-12 est applicable aux mesures prises sur le fondement du présent article.

....

Art. 6. — III. Lorsqu'une personne mise en examen pour un crime ou un délit commis à l'encontre de son conjoint, de son concubin ou de son partenaire lié par un pacte civil de solidarité est placée sous assignation à résidence avec surveillance électronique mobile et qu'une interdiction de rencontrer la victime a été prononcée, cette dernière peut, si elle y consent expressément, se voir proposer l'attribution d'un dispositif de téléprotection lui permettant d'alerter les autorités publiques en cas de violation des obligations imposées au mis en examen ou le port d'un dispositif électronique permettant de signaler à distance que la personne mise en examen se trouve à proximité.

De tels dispositifs peuvent également être proposés à la victime lorsqu'une personne condamnée pour un crime ou un délit commis à l'encontre de son conjoint, de son concubin ou de son partenaire lié par un pacte civil de solidarité est placée sous surveillance électronique mobile dans le cadre d'un suivi socio-judiciaire ou d'une libération conditionnelle et qu'une interdiction de rencontrer la victime a été prononcée.

Ces dispositions sont également applicables lorsque les faits ont été commis par un ancien conjoint ou par un ancien concubin de la victime ou par une personne ayant été liée à cette dernière par un pacte civil de solidarité (158).

Nº 63.3 L'interdiction de dissimulation du visage dans l'espace public : la loi modifiée nº 2010-1192 du 11 octobre 2010 (extraits) (159) et l'article 225-4-10 du Code pénal

Article premier. — Nul ne peut, dans l'espace public, porter une tenue destinée à dissimuler son visage.

Art. 2. — I. Pour l'application de l'article 1er, l'espace public est constitué des voies publiques ainsi que des lieux ouverts au public ou affectés à un service public.

II. L'interdiction prévue à l'article 1er ne s'applique pas si la tenue est prescrite ou autorisée par des dispositions législatives ou réglementaires, si elle est justifiée par des raisons de santé ou des motifs professionnels, ou si elle s'inscrit dans le cadre de pratiques sportives, de fêtes ou de manifestations artistiques ou traditionnelles.

Art. 3. — La méconnaissance de l'interdiction édictée à l'article 1er est punie de l'amende prévue pour les contraventions de la deuxième classe.

L'obligation d'accomplir le stage mentionné au 1° de l'article 131-35-1 du code pénal peut être prononcée en même temps ou à la place de la peine d'amende.

....

Art. 225-4-10. — Le fait pour toute personne d'imposer à une ou plusieurs autres personnes de dissimuler leur visage par menace, violence, contrainte, abus d'autorité ou abus de pouvoir, en raison de leur sexe, est puni d'un an d'emprisonnement et de 30 000 € d'amende.

Lorsque le fait est commis au préjudice d'un mineur, les peines sont portées à deux ans d'emprisonnement et à 60 000 € d'amende.

---

(158) Voir aussi le décret n° 2012-268 du 24 février 2012 relatif à l'expérimentation d'un dispositif électronique destiné à assurer l'effectivité de l'interdiction faite à une personne condamnée ou mise en examen de rencontrer une personne protégée.

(159) Cette loi a été modifiée par la loi n° 2019-222 du 23 mars 2019 de programmation 2018-2022 et de réforme pour la justice.

5. La lutte contre la pauvreté et les exclusions

Nº 64 La lutte contre la pauvreté et les exclusions : la loi nº 2008-1249 du 1er décembre 2008 généralisant le revenu de solidarité active et réformant les politiques d'insertion (extraits) et les articles L. 115-1 à L. 115-4-1 du Code de l'action sociale et des familles (160)

Article premier. — Il est institué un revenu de solidarité active qui a pour objet d'assurer à ses bénéficiaires des moyens convenables d'existence, afin de lutter contre la pauvreté, encourager l'exercice ou le retour à une activité professionnelle et aider à l'insertion sociale des bénéficiaires. Le revenu de solidarité active remplace le revenu minimum d'insertion, l'allocation de parent isolé et les différents mécanismes d'intéressement à la reprise d'activité. Sous la responsabilité de l'État et des départements, sa réussite nécessitera la coordination et l'implication des acteurs du champ de l'insertion, des entreprises et des partenaires sociaux.

....

Art. L. 115-1. — La lutte contre la pauvreté et les exclusions est un impératif national fondé sur le respect de l'égale dignité de tous les êtres humains et une priorité de l'ensemble des politiques publiques de la nation.

Elle tend à garantir sur l'ensemble du territoire l'accès effectif de tous aux droits fondamentaux dans les domaines de l'emploi, du logement, de la protection de la santé, de la justice, de l'éducation, de la formation et de la culture, de la protection de la famille et de l'enfance.

L'État, les collectivités territoriales, les établissements publics dont les centres communaux et intercommunaux d'action sociale, les organismes de sécurité sociale ainsi que les institutions sociales et médico-sociales poursuivent une politique destinée à connaître, à prévenir et à supprimer toutes les situations pouvant engendrer la pauvreté et les exclusions.

Ils prennent les dispositions nécessaires pour informer chacun de la nature et de l'étendue de ses droits et pour l'aider, éventuellement par un accompagnement personnalisé, à accomplir les démarches administratives ou sociales nécessaires à leur mise en œuvre dans les délais les plus rapides.

Les entreprises, les organisations professionnelles ou interprofessionnelles, les organisations syndicales de salariés représentatives, les organismes de prévoyance, les groupements régis par le Code de la mutualité, les associations qui œuvrent notamment dans le domaine de l'insertion et de la lutte contre les exclusions, les citoyens ainsi que

---

(160) Ces dispositions du Code de l'action sociale et des familles ont été modifiées par la loi n° 2008-1249 du 1er décembre 2008 généralisant le revenu de solidarité active et réformant les politiques d'insertion, la loi n° 2013-312 du 15 avril 2013 visant à préparer la transition vers un système énergétique sobre et portant diverses dispositions sur la tarification de l'eau et sur les éoliennes, la loi n° 2014-366 du 24 mars 2014 pour l'accès au logement et un urbanisme rénové, la loi n° 2015-994 du 17 août 2015 relative au dialogue social et à l'emploi et la loi n° 2016-1321 du 7 octobre 2016 pour une République numérique. Voir aussi le décret n° 2020-42 du 24 janvier 2020 portant création des commissaires à la lutte contre la pauvreté.

l'ensemble des acteurs de l'économie solidaire et de l'économie sociale concourent à la réalisation de ces objectifs.

Art. L. 115-2. — L'insertion sociale et professionnelle des personnes en difficultés concourt à la réalisation de l'impératif national de lutte contre la pauvreté et les exclusions.

Le revenu de solidarité active, mis en œuvre dans les conditions prévues au chapitre II du titre VI du livre II, complète les revenus du travail ou les supplée pour les foyers dont les membres ne tirent que des ressources limitées de leur travail et des droits qu'ils ont acquis en travaillant ou sont privés d'emploi.

Il garantit à toute personne, qu'elle soit ou non en capacité de travailler, de disposer d'un revenu minimum. Le bénéficiaire du revenu de solidarité active a droit à un accompagnement social et professionnel destiné à faciliter son insertion durable dans l'emploi.

La mise en œuvre du revenu de solidarité active relève de la responsabilité des départements. Les autres collectivités territoriales, l'institution mentionnée à l'article L. 5312-1 du Code du travail, les maisons de l'emploi ou, à défaut, les personnes morales gestionnaires des plans locaux pluriannuels pour l'insertion et l'emploi, les établissements publics, les organismes de sécurité sociale ainsi que les employeurs y apportent leur concours.

Dans ce cadre, les politiques d'insertion relèvent de la responsabilité des départements.

La définition, la conduite et l'évaluation des politiques mentionnées au présent article sont réalisées selon des modalités qui assurent une participation effective des personnes intéressées.

Art. L. 115-2-1. — La définition, le suivi et l'évaluation du dispositif d'accueil, d'hébergement et d'accompagnement vers l'insertion et le logement des personnes sans domicile sont réalisés selon des modalités qui assurent une participation des personnes prises en charge par le dispositif ou l'ayant été.

Les instances de concertation permettant d'assurer cette participation ainsi que leurs modalités d'organisation sont précisées par décret.

Art. L. 115-3. — Dans les conditions fixées par la loi n° 90-449 du 31 mai 1990 visant à la mise en œuvre du droit au logement, toute personne ou famille éprouvant des difficultés particulières, au regard notamment de son patrimoine, de l'insuffisance de ses ressources ou de ses conditions d'existence, a droit à une aide de la collectivité pour disposer de la fourniture d'eau, d'énergie, d'un service de téléphonie fixe et d'un service d'accès à internet.

En cas de non-paiement des factures, la fourniture d'énergie et d'eau, un service téléphonique et un service d'accès à internet sont maintenus jusqu'à ce qu'il ait été statué sur la demande d'aide. Le service téléphonique maintenu peut être restreint par l'opérateur, sous réserve de préserver la possibilité de recevoir des appels ainsi que de passer des communications locales et vers les numéros gratuits et d'urgence. Le débit du service d'accès à internet maintenu peut être restreint par l'opérateur, sous réserve de préserver un accès fonctionnel aux services de communication au public en ligne et aux services de courrier électronique.

Du 1er novembre de chaque année au 31 mars de l'année suivante, les fournisseurs d'électricité, de chaleur, de gaz ne peuvent procéder, dans une résidence principale, à l'interruption, y compris par résiliation de contrat, pour non-paiement des factures, de la fourniture d'électricité, de chaleur ou de gaz aux personnes ou familles. Les fournisseurs d'électricité peuvent néanmoins procéder à une réduction de puissance, sauf pour les consommateurs mentionnés à l'article L. 337-3 du code de l'énergie. Un décret définit les modalités d'application du présent alinéa. Ces dispositions s'appliquent aux distributeurs d'eau pour la distribution d'eau tout au long de l'année.

Lorsqu'un consommateur n'a pas procédé au paiement de sa facture, le fournisseur d'électricité, de chaleur, de gaz d'un service de téléphonie fixe ou d'un service d'accès à internet ou le distributeur d'eau l'avise par courrier du délai et des conditions, définis par décret, dans lesquels la fourniture peut être réduite ou suspendue ou faire l'objet d'une résiliation de contrat à défaut de règlement.

Les fournisseurs d'électricité, de gaz naturel ou de chaleur transmettent à la Commission de régulation de l'énergie et au médiateur national de l'énergie, selon des modalités définies par voie réglementaire, des informations sur les interruptions de fourniture ou les réductions de puissance auxquelles ils procèdent.

Art. L. 115-4-1. — Le Gouvernement définit, par période de cinq ans, après la consultation des personnes morales mentionnées au quatrième alinéa de l'article L. 115-2, un objectif quantifié de réduction de la pauvreté, mesurée dans des conditions définies par décret en Conseil d'État. Il transmet au Parlement, chaque année, un rapport sur les conditions de réalisation de cet objectif, ainsi que sur les mesures et les moyens financiers mis en œuvre pour y satisfaire.

6. Les droits des étrangers et des citoyens de l'Union européenne

N° 65 Les articles 11 et 14 du Code civil

Art. 11. — L'étranger jouira en France des mêmes droits civils que ceux qui sont ou seront accordés aux Français par les traités de la nation à laquelle cet étranger appartiendra.

....

Art. 14. — L'étranger, même non résidant en France, pourra être cité devant les tribunaux français, pour l'exécution des obligations par lui contractées en France avec un Français ; il pourra être traduit devant les tribunaux de France, pour les obligations par lui contractées en pays étranger envers des Français.

N° 66 L'extradition des étrangers : les articles 696 à 696-41 du Code de procédure pénale (161)

Art. 696. — En l'absence de convention internationale en stipulant autrement, les conditions, la procédure et les effets de l'extradition sont déterminés par les dispositions du présent chapitre. Ces dispositions s'appliquent également aux points qui n'auraient pas été réglementés par les conventions internationales.

(161) Les articles présentés sont à jour des dispositions introduites par les lois n° 2011-525 du 17 mai 2011 de simplification et d'amélioration de la qualité du droit, n° 2014-1353

Section I

Des conditions de l'extradition

Art. 696-1. — Aucune remise ne pourra être faite à un gouvernement étranger de personnes n'ayant pas été l'objet de poursuites ou d'une condamnation pour une infraction prévue par la présente section.

Art. 696-2. — Le gouvernement français peut remettre, sur leur demande, aux gouvernements étrangers, toute personne n'ayant pas la nationalité française qui, étant l'objet d'une poursuite intentée au nom de l'État requérant ou d'une condamnation prononcée par ses tribunaux, est trouvée sur le territoire de la République.

Néanmoins, l'extradition n'est accordée que si l'infraction cause de la demande a été commise :

— soit sur le territoire de l'État requérant par un ressortissant de cet État ou par un étranger ;

— soit en dehors de son territoire par un ressortissant de cet État ;

— soit en dehors de son territoire par une personne étrangère à cet État, quand l'infraction est au nombre de celles dont la loi française autorise la poursuite en France, alors même qu'elles ont été commises par un étranger à l'étranger.

Art. 696-3. — Les faits qui peuvent donner lieu à l'extradition, qu'il s'agisse de la demander ou de l'accorder, sont les suivants :

1° Tous les faits punis de peines criminelles par la loi de l'État requérant ;

2° Les faits punis de peines correctionnelles par la loi de l'État requérant, quand le maximum de la peine d'emprisonnement encourue, aux termes de cette loi, est égal ou supérieur à deux ans, ou, s'il s'agit d'un condamné, quand la peine prononcée par la juridiction de l'État requérant est égale ou supérieure à deux mois d'emprisonnement.

En aucun cas l'extradition n'est accordée par le gouvernement français si le fait n'est pas puni par la loi française d'une peine criminelle ou correctionnelle.

Les faits constitutifs de tentative ou de complicité sont soumis aux règles précédentes, à condition qu'ils soient punissables d'après la loi de l'État requérant et d'après celle de l'État requis.

Si la demande a pour objet plusieurs infractions commises par la personne réclamée et qui n'ont pas encore été jugées, l'extradition n'est accordée que si le maximum de la peine encourue, d'après la loi de l'État requérant, pour l'ensemble de ces infractions, est égal ou supérieur à deux ans d'emprisonnement.

Art. 696-4. — L'extradition n'est pas accordée :

1° Lorsque la personne réclamée a la nationalité française, cette dernière étant appréciée à l'époque de l'infraction pour laquelle l'extradition est requise ;

2° Lorsque le crime ou le délit à un caractère politique ou lorsqu'il résulte des circonstances que l'extradition est demandée dans un but politique ;

3° Lorsque les crimes ou délits ont été commis sur le territoire de la République ;

4° Lorsque les crimes ou délits, quoique commis hors du territoire de la République, y ont été poursuivis et jugés définitivement ;

5° Lorsque, d'après la loi de l'État requérant ou la loi française, la prescription de l'action s'est trouvée acquise antérieurement à la demande d'extradition, ou la prescription de la peine antérieurement à l'arrestation de la personne réclamée et

---

du 13 novembre 2014 renforçant les dispositions relatives à la lutte contre le terrorisme, n° 2019-222 du 23 mars 2019 de programmation 2018-2022 et de réforme pour la justice et n° 2021-1729 du 22 décembre 2021 pour la confiance dans l'institution judiciaire.

d'une façon générale toutes les fois que l'action publique de l'État requérant est éteinte ;

6° Lorsque le fait à raison duquel l'extradition a été demandée est puni par la législation de l'État requérant d'une peine ou d'une mesure de sûreté contraire à l'ordre public français ;

7° Lorsque la personne réclamée serait jugée dans l'État requérant par un tribunal n'assurant pas les garanties fondamentales de procédure et de protection des droits de la défense ;

8° Lorsque le crime ou le délit constitue une infraction militaire prévue par le livre III du Code de justice militaire.

Art. 696-5. — Si, pour une infraction unique, l'extradition est demandée concurremment par plusieurs États, elle est accordée de préférence à l'État contre les intérêts duquel l'infraction était dirigée, ou à celui sur le territoire duquel elle a été commise.

Si les demandes concurrentes ont pour cause des infractions différentes, il est tenu compte, pour décider de la priorité, de toutes circonstances de fait, et, notamment, de la gravité relative et du lieu des infractions, de la date respective des demandes, de l'engagement qui serait pris par l'un des États requérants de procéder à la réextradition.

Art. 696-6. — Sous réserve des exceptions prévues à l'article 696-34, l'extradition n'est accordée qu'à la condition que la personne extradée ne sera ni poursuivie, ni condamnée pour une infraction autre que celle ayant motivé l'extradition et antérieure à la remise.

Art. 696-7. — Dans le cas où une personne réclamée est poursuivie ou a été condamnée en France, et où son extradition est demandée au gouvernement français à raison d'une infraction différente, la remise n'est effectuée qu'après que la poursuite est terminée, et, en cas de condamnation, après que la peine a été exécutée.

Toutefois, cette disposition ne fait pas obstacle à ce que la personne réclamée puisse être envoyée temporairement pour comparaître devant les tribunaux de l'État requérant, sous la condition expresse qu'elle sera renvoyée dès que la justice étrangère aura statué.

Est régi par les dispositions du présent article le cas où la personne réclamée est soumise à la contrainte judiciaire par application des dispositions du titre VI du livre V du présent Code.

Section II

De la procédure d'extradition de droit commun

Art. 696-8. — Sous réserve des dispositions du quatrième alinéa, toute demande d'extradition est adressée au gouvernement français par voie diplomatique et accompagnée soit d'un jugement ou d'un arrêt de condamnation, même par défaut, soit d'un acte de procédure pénale décrétant formellement ou opérant de plein droit le renvoi de la personne poursuivie devant la juridiction répressive, soit d'un mandat d'arrêt ou de tout autre acte ayant la même force et décerné par l'autorité judiciaire, pourvu que ces derniers actes renferment l'indication précise du fait pour lequel ils sont délivrés et la date de ce fait. Les pièces ci-dessus mentionnées doivent être produites en original ou en copie certifiée conforme. Le gouvernement requérant doit produire en même temps la copie des textes de loi applicables au fait incriminé. Il peut joindre un exposé des faits de la cause.

Lorsqu'elle émane d'un État membre de l'Union européenne, la demande d'extradition est adressée directement par les autorités compétentes de cet État au ministre de la justice, qui procède comme il est dit à l'article 696-9.

Art. 696-9. — La demande d'extradition est, après vérification des pièces, transmise, avec le dossier, par le ministre des affaires étrangères au ministre de la justice qui, après s'être assuré de la régularité de la requête, l'adresse au procureur général territorialement compétent.

Art. 696-9-1. — Pour la recherche d'une personne faisant l'objet d'une demande d'extradition ou d'arrestation provisoire aux fins d'extradition, les articles 74-2 et 230-33 sont applicables. Les attributions du procureur de la République et du juge des libertés et de la détention prévues par cet article sont respectivement exercées par le procureur général et le président de la chambre de l'instruction ou le conseiller par lui désigné.

Art. 696-10. — Toute personne appréhendée à la suite d'une demande d'extradition doit être conduite dans les quarante-huit heures devant le procureur général territorialement compétent. Les articles 63-1 à 63-5 sont applicables durant ce délai.

Après avoir vérifié l'identité de la personne réclamée, le procureur général l'informe, dans une langue qu'elle comprend, de l'existence et du contenu de la demande d'extradition dont elle fait l'objet et l'avise qu'elle peut être assistée par un avocat de son choix ou, à défaut, par un avocat commis d'office par le bâtonnier de l'ordre des avocats, qui sera alors informé sans délai et par tout moyen. Il l'avise qu'elle peut s'entretenir immédiatement avec l'avocat désigné. Mention de ces informations est faite, à peine de nullité de la procédure, au procès-verbal.

L'avocat peut consulter sur-le-champ le dossier et communiquer librement avec la personne recherchée. Le procureur général fait connaître également à la personne réclamée qu'elle a la faculté de consentir ou de s'opposer à son extradition et lui indique les conséquences juridiques si elle y consent. Il l'informe qu'elle a la faculté de renoncer à la règle de la spécialité et lui indique les conséquences juridiques de cette renonciation.

Le procureur général reçoit les déclarations de la personne réclamée et, s'il y a lieu, de son conseil, dont il est dressé procès-verbal.

Art. 696-11. — À la suite de la notification de la demande d'extradition, s'il décide de ne pas laisser en liberté la personne réclamée, le procureur général la présente au premier président de la cour d'appel ou au magistrat du siège désigné par lui. Le premier président de la cour d'appel ou le magistrat du siège désigné par lui ordonne l'incarcération et le placement sous écrou extraditionnel de la personne réclamée à la maison d'arrêt du siège de la cour d'appel.

Toutefois, s'il estime que sa représentation à tous les actes de la procédure est suffisamment garantie, le premier président de la cour d'appel ou le magistrat du siège désigné par lui peut soumettre la personne réclamée, jusqu'à sa comparution devant la chambre de l'instruction, à une ou plusieurs des mesures prévues aux articles 138 et 142-5. Cette décision est notifiée verbalement et mentionnée au procès-verbal dont copie lui est remise sur-le-champ. Elle est susceptible de recours devant la chambre de l'instruction qui doit statuer dans un délai de cinq jours.

L'article 696-21 est applicable à la personne recherchée laissée en liberté ou placée sous contrôle judiciaire ou sous-assignation à résidence sous surveillance électronique si elle se soustrait volontairement ou ne respecte pas les obligations du contrôle judiciaire ou de l'assignation à résidence sous surveillance électronique.

Art. 696-12. (abrogé).

Art. 696-13. — Lorsque la personne réclamée a déclaré au procureur général consentir à son extradition, la chambre de l'instruction est immédiatement saisie de la procédure. La personne réclamée comparaît devant elle dans un délai de cinq jours ouvrables à compter de la date de sa présentation au procureur général. Lors de la comparution de la personne réclamée, la chambre de l'instruction constate son identité et recueille ses déclarations. Il en est dressé procès-verbal.

L'audience est publique, sauf si la publicité de l'audience est de nature à nuire au bon déroulement de la procédure en cours, aux intérêts d'un tiers ou à la dignité de la personne. Dans ce cas, la chambre de l'instruction, à la demande du ministère public, de la personne réclamée ou d'office, statue par un arrêt rendu en chambre du conseil.

Le ministère public et la personne réclamée sont entendus, cette dernière assistée, le cas échéant, de son avocat et, s'il y a lieu, en présence d'un interprète.

Art. 696-14. — Si, lors de sa comparution, la personne réclamée déclare consentir à être extradée et que les conditions légales de l'extradition sont remplies, la chambre de l'instruction, après avoir informé cette personne des conséquences juridiques de son consentement, lui en donne acte dans les sept jours à compter de la date de sa comparution, sauf si un complément d'information a été ordonné.

L'arrêt de la chambre de l'instruction n'est pas susceptible de recours.

Art. 696-15. — Lorsque la personne réclamée a déclaré au procureur général ne pas consentir à son extradition, la chambre de l'instruction est saisie, sans délai, de la procédure. La personne réclamée comparaît devant elle dans un délai de dix jours ouvrables à compter de la date de sa présentation au procureur général.

Les dispositions des deuxième, troisième et quatrième alinéas de l'article 696-13 sont applicables.

Si, lors de sa comparution, la personne réclamée déclare ne pas consentir à être extradée, la chambre de l'instruction donne son avis motivé sur la demande d'extradition. Elle rend son avis, sauf si un complément d'information a été ordonné, dans le délai d'un mois à compter de la comparution devant elle de la personne réclamée.

Cet avis est défavorable si la cour estime que les conditions légales ne sont pas remplies ou qu'il y a une erreur évidente.

Le pourvoi formé contre un avis de la chambre de l'instruction ne peut être fondé que sur des vices de forme de nature à priver cet avis des conditions essentielles de son existence légale.

Art. 696-16. — La chambre de l'instruction peut, par une décision qui n'est susceptible d'aucun recours, autoriser l'État requérant à intervenir à l'audience au cours de laquelle la demande d'extradition est examinée, par l'intermédiaire d'une personne habilitée par ledit État à cet effet. Lorsque l'État requérant est autorisé à intervenir, il ne devient pas partie à la procédure.

Art. 696-17. — Si l'avis motivé de la chambre de l'instruction repousse la demande d'extradition et que cet avis est définitif, l'extradition ne peut être accordée.

La personne réclamée, si elle n'est pas détenue pour une autre cause, est alors mise d'office en liberté.

Art. 696-18. — Dans les cas autres que celui prévu à l'article 696-17, l'extradition est autorisée par décret du Premier ministre pris sur le rapport du ministre de la justice. Si, dans le délai d'un mois à compter de la notification de ce décret à l'État requérant, la personne réclamée n'a pas été reçue par les agents de cet État, l'intéressé est, sauf cas de force majeure, mis d'office en liberté et ne peut plus être réclamé pour la même cause.

Le recours pour excès de pouvoir contre le décret mentionné à l'alinéa précédent doit, à peine de forclusion, être formé dans le délai d'un mois. L'exercice d'un recours gracieux contre ce décret n'interrompt pas le délai de recours contentieux.

Art. 696-19. — La mise en liberté peut être demandée à tout moment à la chambre de l'instruction selon les formes prévues aux articles 148-6 et 148-7.

L'avocat de la personne réclamée est convoqué, par lettre recommandée avec demande d'avis de réception, quarante-huit heures au moins avant la date de l'audience. La chambre de l'instruction statue après avoir entendu le ministère public ainsi que la personne réclamée ou son avocat, dans les plus brefs délais et au plus tard dans les vingt jours de la réception de la demande, par un arrêt rendu dans les conditions prévues à l'article 199. Si la demande de mise en liberté a été formée par la personne réclamée dans les quarante-huit heures de la mise sous écrou extraditionnel, le délai imparti à la chambre de l'instruction pour statuer est réduit à quinze jours.

La chambre de l'instruction peut également, lorsqu'elle ordonne la mise en liberté de la personne réclamée et à titre de mesure de sûreté, astreindre l'intéressé à se soumettre à une ou plusieurs des obligations énumérées à l'article 138.

Préalablement à sa mise en liberté, la personne réclamée doit signaler à la chambre de l'instruction ou au chef de l'établissement pénitentiaire son adresse. Elle est avisée qu'elle doit signaler à la chambre de l'instruction, par nouvelle déclaration ou par lettre recommandée avec demande d'avis de réception, tout changement de l'adresse déclarée. Elle est également avisée que toute notification ou signification faite à la dernière adresse déclarée sera réputée faite à sa personne.

Mention de cet avis, ainsi que de la déclaration d'adresse, est portée soit au procès-verbal, soit dans le document qui est adressé sans délai, en original ou en copie par le chef de l'établissement pénitentiaire à la chambre de l'instruction.

Art. 696-20. — La mainlevée du contrôle judiciaire, de l'assignation à résidence sous surveillance électronique ou la modification de ceux-ci peut être ordonnée à tout moment par la chambre de l'instruction dans les conditions prévues à l'article 199, soit d'office, soit sur les réquisitions du procureur général, soit à la demande de la personne réclamée après avis du procureur général.

La chambre de l'instruction statue dans les vingt jours de sa saisine.

Art. 696-21. — Si la personne réclamée se soustrait volontairement aux obligations du contrôle judiciaire ou de l'assignation à résidence sous surveillance électronique ou si, après avoir bénéficié d'une mise en liberté non assortie du contrôle judiciaire ou de l'assignation à résidence sous surveillance électronique, il apparaît qu'elle entend manifestement se dérober à la demande d'extradition, la chambre de l'instruction peut, sur les réquisitions du ministère public, décerner mandat d'arrêt à son encontre.

Les dispositions de l'article 74-2 sont alors applicables, les attributions du procureur de la République et du juge des libertés et de la détention prévues par cet article étant respectivement confiées au procureur général et au président de la chambre de l'instruction ou un conseiller par lui désigné.

Lorsque l'intéressé a été appréhendé, l'affaire doit venir à la première audience publique ou au plus tard dans les dix jours de sa mise sous écrou.

La chambre de l'instruction confirme, s'il y a lieu, la révocation du contrôle judiciaire ou de l'assignation à résidence sous surveillance électronique ou de la mise en liberté de l'intéressé.

Le ministère public et la personne réclamée sont entendus, cette dernière assistée, le cas échéant, de son avocat et, s'il y a lieu, en présence d'un interprète.

Le dépassement du délai mentionné au deuxième alinéa entraîne la mise en liberté d'office de l'intéressé.

Art. 696-22. — Si la personne réclamée est en liberté lorsque la décision du gouvernement ayant autorisé l'extradition n'est plus susceptible de recours, le procureur général peut ordonner la recherche et l'arrestation de l'intéressé, y compris en faisant application de l'article 74-2, et son placement sous écrou extraditionnel. Lorsque celui-ci a été appréhendé, le procureur général donne avis de cette arrestation, sans délai, au ministre de la Justice. La remise à l'État requérant de la personne réclamée s'effectue dans les sept jours suivant la date de l'arrestation, faute de quoi elle est mise d'office en liberté.

Art. 696-23. — En cas d'urgence et sur la demande directe des autorités compétentes de l'État requérant, le procureur général territorialement compétent peut ordonner l'arrestation provisoire d'une personne réclamée aux fins d'extradition par ledit État.

Après avoir vérifié son identité, le procureur général informe la personne réclamée, dans une langue qu'elle comprend, de l'existence et du contenu de la demande d'arrestation provisoire. S'il décide de ne pas la laisser en liberté, le procureur général la présente au premier président de la cour d'appel ou au magistrat désigné par lui, qui statue conformément à l'article 696-11.

La demande d'arrestation provisoire, transmise par tout moyen permettant d'en conserver une trace écrite, indique l'existence d'une des pièces mentionnées à l'article 696-8 et fait part de l'intention de l'État requérant d'envoyer une demande d'extradition. Elle comporte un bref exposé des faits mis à la charge de la personne réclamée et mentionne, en outre, son identité et sa nationalité, l'infraction pour laquelle l'extradition sera demandée, la date et le lieu où elle a été commise, ainsi que, selon le cas, le quantum de la peine encourue ou de la peine prononcée et, le cas échéant, celui de la peine restant à purger et, s'il y a lieu, la nature et la date des actes interruptifs de prescription. Une copie de cette demande est adressée par l'État requérant au ministre des affaires étrangères.

Le procureur général avise sans délai le ministre de la justice de cette arrestation.

Art. 696-24. — La personne arrêtée provisoirement dans les conditions prévues à l'article 696-23 est mise en liberté si, dans un délai de trente jours à dater de son arrestation, lorsque celle-ci aura été opérée à la demande des autorités compétentes de l'État requérant, le gouvernement français ne reçoit pas l'un des documents mentionnés à l'article 696-8.

Si, ultérieurement, les pièces susvisées parviennent au gouvernement français, la procédure est reprise, conformément aux articles 696-9 et suivants.

Art. 696-24-1. — Pour l'examen des demandes d'extradition concernant les auteurs d'actes de terrorisme, le procureur général près la cour d'appel de Paris, le premier président de la cour d'appel de Paris ainsi que la chambre de l'instruction de la cour d'appel de Paris et son président exercent une compétence concurrente à celle qui résulte de l'application des articles 696-9,696-10 et 696-23.

Section III

De la procédure simplifiée d'extradition entre les États membres de l'Union européenne

Art. 696-25. — Hors les cas où s'appliquent les dispositions du présent titre relatives au mandat d'arrêt européen, lorsqu'une demande d'arrestation provisoire aux fins d'extradition émane d'un État partie à la convention du 10 mars 1995 relative à la procédure simplifiée d'extradition entre les États membres de l'Union européenne, il est procédé conformément aux dispositions des articles 696-10 et 696-11.

La personne réclamée est en outre informée qu'elle peut consentir à son extradition selon la procédure simplifiée prévue à la présente section.

La présente section est applicable aux demandes d'arrestation provisoire aux fins d'extradition adressées à la France par la Confédération suisse en application de l'accord entre la République française et le Conseil fédéral suisse relatif à la procédure simplifiée d'extradition et complétant la convention européenne d'extradition du 13 décembre 1957.

La présente section est également applicable aux demandes d'arrestation provisoire aux fins d'extradition adressées à la France par un État partie au troisième protocole additionnel du 10 novembre 2010 à la convention européenne d'extradition du 13 décembre 1957.

Art. 696-26. — Dans un délai de deux jours à compter de l'arrestation de la personne réclamée, le procureur général notifie à cette dernière, dans une langue qu'elle comprend, les pièces en vertu desquelles elle a été appréhendée. Il l'avise qu'elle peut consentir à son extradition devant la chambre de l'instruction selon la procédure simplifiée. Il l'informe également qu'elle peut renoncer à la règle de la spécialité. Mention de ces informations est faite au procès-verbal, à peine de nullité de la procédure.

L'intéressé a droit à l'assistance d'un avocat dans les conditions prévues aux deuxième et troisième alinéas de l'article 696-10.

Art. 696-27. — Lorsque la personne réclamée déclare au procureur général consentir à son extradition, elle comparaît devant la chambre de l'instruction dans un délai de cinq jours ouvrables à compter de la date à laquelle elle a été présentée au procureur général.

Lorsque la personne réclamée déclare audit magistrat ne pas consentir à son extradition, il est procédé comme il est dit aux articles 696-15 et suivants si une demande d'extradition est parvenue aux autorités françaises.

Art. 696-28. — Lorsque la personne réclamée comparaît devant la chambre de l'instruction en application du premier alinéa de l'article 696-27, le président de la chambre constate son identité et recueille ses déclarations, dont il est dressé procès-verbal.

Le président demande ensuite à la personne réclamée, après l'avoir informée des conséquences juridiques de son consentement, si elle entend toujours consentir à son extradition.

Lorsque la personne réclamée déclare ne plus consentir à son extradition, les dispositions du deuxième alinéa de l'article 696-27 sont applicables.

Lorsque la personne réclamée maintient son consentement à l'extradition, la chambre de l'instruction lui demande également si elle entend renoncer à la règle de la spécialité, après l'avoir informée des conséquences juridiques d'une telle renonciation.

Le consentement de la personne réclamée à être extradée et, le cas échéant, sa renonciation à la règle de la spécialité sont recueillis par procès-verbal établi lors de l'audience. La personne réclamée y appose sa signature.

L'audience est publique, sauf si la publicité est de nature à nuire au bon déroulement de la procédure en cours, aux intérêts d'un tiers ou à la dignité de la personne. Dans ce cas, la chambre de l'instruction, à la demande du ministère public, de la personne réclamée ou d'office, statue par un arrêt rendu en chambre du conseil.

Le ministère public et la personne réclamée sont entendus, cette dernière assistée, le cas échéant, de son avocat et, s'il y a lieu, en présence d'un interprète.

Art. 696-29. — Si la chambre de l'instruction constate que les conditions légales de l'extradition sont remplies, elle rend un arrêt par lequel elle donne acte à la personne réclamée de son consentement formel à être extradée ainsi que, le cas échéant, de sa renonciation à la règle de la spécialité et accorde l'extradition.

La chambre de l'instruction statue dans les sept jours à compter de la date de la comparution devant elle de la personne réclamée.

Art. 696-30. — Si la personne réclamée forme, dans le délai légal, un pourvoi en cassation contre l'arrêt de la chambre de l'instruction accordant son extradition, le président de la chambre criminelle de la Cour de cassation ou le conseiller délégué par lui rend, dans un délai de quinze jours à compter de l'introduction du pourvoi, une ordonnance par laquelle il constate que la personne réclamée a ainsi entendu retirer son consentement à l'extradition et, le cas échéant, qu'elle a renoncé à la règle de la spécialité. Cette ordonnance n'est pas susceptible de recours.

Si la personne réclamée a fait l'objet d'une demande d'extradition, il est alors procédé ainsi qu'il est dit aux articles 696-15 et suivants.

Art. 696-31. — Lorsque l'arrêt de la chambre de l'instruction accorde l'extradition de la personne réclamée et que cet arrêt est définitif, le procureur général en avise le ministre de la Justice, qui informe les autorités compétentes de l'État requérant de la décision intervenue.

Le ministre de la Justice prend les mesures nécessaires afin que l'intéressé soit remis aux autorités de l'État requérant au plus tard dans les vingt jours suivant la date à laquelle la décision d'extradition leur a été notifiée.

Si la personne extradée ne peut être remise dans le délai de vingt jours pour un cas de force majeure, le ministre de la Justice en informe immédiatement les autorités compétentes de l'État requérant et convient avec elles d'une nouvelle date de remise. La personne extradée est alors remise au plus tard dans les vingt jours suivant la date ainsi convenue.

La mise en liberté est ordonnée si, à l'expiration de ce délai de vingt jours, la personne extradée se trouve encore sur le territoire de la République.

Les dispositions de l'alinéa précédent ne sont pas applicables en cas de force majeure ou si la personne extradée est poursuivie en France ou y a déjà été condamnée et doit y purger une peine en raison d'un fait autre que celui visé par la demande d'extradition.

Art. 696-32. — La mise en liberté ou la mainlevée ou la modification du contrôle judiciaire ou de l'assignation à résidence sous surveillance électronique peut être demandée à tout moment à la chambre de l'instruction selon les formes prévues aux articles 148-6 et 148-7. Les dispositions des articles 696-19 et 696-20 sont alors applicables.

Art. 696-33. — Les dispositions des articles 696-26 à 696-32 sont applicables si la personne dont l'arrestation provisoire a été demandée fait l'objet d'une demande d'extradition et consent à être extradée plus de dix jours après son arrestation et au plus tard le jour de sa première comparution devant la chambre de l'instruction, saisie dans les conditions énoncées à la section 2 du présent chapitre, ou si la personne dont l'extradition est demandée consent à être extradée au plus tard le jour de sa première comparution devant la chambre de l'instruction, saisie dans les mêmes.

Section IV

Des effets de l'extradition

Art. 696-34. — Par dérogation aux dispositions de l'article 696-6, la règle de la spécialité ne s'applique pas lorsque la personne réclamée y renonce dans les conditions prévues aux articles 696-28 et 696-40 ou lorsque le gouvernement français donne son consentement dans les conditions prévues à l'article 696-35.

Ce consentement peut être donné par le gouvernement français, même au cas où le fait, cause de la demande, ne serait pas l'une des infractions déterminées par l'article 696-3.

Art. 696-35. — Dans le cas où le gouvernement requérant demande, pour une infraction antérieure à l'extradition, l'autorisation de poursuivre ou de mettre à exécution une condamnation concernant l'individu déjà remis, l'avis de la chambre de l'instruction devant laquelle la personne réclamée avait comparu peut-être formulé sur la seule production des pièces transmises à l'appui de la nouvelle demande.

Sont également transmises par le gouvernement étranger et soumises à la chambre de l'instruction les pièces contenant les observations de l'individu remis ou la déclaration qu'il entend n'en présenter aucune. Ces explications peuvent être complétées par un avocat choisi par lui, ou qui est désigné ou commis d'office.

Lorsque la personne réclamée déclare consentir à l'extension de son extradition, la procédure prévue à la section 3 du présent chapitre est applicable.

Art. 696-36. — L'extradition obtenue par le gouvernement français est nulle si elle est intervenue en dehors des conditions prévues par le présent chapitre.

Aussitôt après l'incarcération de la personne extradée, le procureur de la République l'avise qu'elle a le droit de demander que soit prononcée la nullité de l'extradition dans les conditions de forme et de délai prévues au présent article et qu'elle a le droit de choisir un avocat ou de demander qu'il lui en soit désigné un d'office.

La nullité est prononcée, même d'office, par la juridiction de jugement dont la personne extradée relève après sa remise ou, si elle ne relève d'aucune juridiction de jugement, par la chambre de l'instruction. La chambre de l'instruction compétente est, lorsque l'extradition a été accordée pour l'exécution d'un mandat d'arrêt délivré dans une information en cours, celle dans le ressort de laquelle a eu lieu la remise.

La requête en nullité présentée par la personne extradée doit, à peine d'irrecevabilité, être motivée et faire l'objet d'une déclaration au greffe de la juridiction compétente dans un délai de dix jours à compter de l'avis prévu au deuxième alinéa.

La déclaration fait l'objet d'un procès-verbal signé par le greffier et par le demandeur ou son avocat. Si le demandeur ne peut signer, il en est fait mention par le greffier.

Lorsque le demandeur ou son avocat ne réside pas dans le ressort de la juridiction compétente, la déclaration au greffe peut être faite au moyen d'une lettre recommandée avec demande d'avis de réception.

Lorsque le demandeur est détenu, la requête peut également être faite au moyen d'une déclaration auprès du chef de l'établissement pénitentiaire. Cette déclaration fait l'objet d'un procès-verbal signé par le chef de l'établissement pénitentiaire et par le demandeur. Si celui-ci ne peut signer, il en est fait mention par le chef de l'établissement. Le procès-verbal est adressé sans délai, en original ou en copie et par tout moyen, au greffe de la juridiction saisie.

Art. 696-37. — Les juridictions mentionnées à l'article 696-36 sont juges de la qualification donnée aux faits qui ont motivé la demande d'extradition.

Art. 696-38. — Dans le cas où l'extradition est annulée, l'extradé, s'il n'est pas réclamé par le gouvernement requis, est mis en liberté et ne peut être repris, soit à raison des faits qui ont motivé son extradition, soit à raison des faits antérieurs, que si, dans les trente jours qui suivent la mise en liberté, il est arrêté sur le territoire français.

Art. 696-39. — Est considérée comme soumise sans réserve à l'application des lois de l'État requérant, à raison d'un fait quelconque antérieur à l'extradition et différent de l'infraction qui a motivé cette mesure, la personne remise qui a eu, pendant trente jours à compter de sa libération définitive, la possibilité de quitter le territoire de cet État.

Art. 696-40. — Lorsque le gouvernement français a obtenu l'extradition d'une personne en application de la convention du 27 septembre 1996 relative à l'extradition entre les États membres de l'Union européenne, la personne ainsi extradée peut être poursuivie ou condamnée pour une infraction antérieure à la remise, autre que celle ayant motivé l'extradition, si elle renonce expressément, après sa remise, au bénéfice de la règle de la spécialité dans les conditions ci-après.

La renonciation doit porter sur des faits précis antérieurs à la remise. Elle a un caractère irrévocable. Elle est donnée devant la chambre de l'instruction de la cour d'appel dans le ressort de laquelle l'intéressé est incarcéré ou a sa résidence.

Lors de la comparution de la personne extradée, qui donne lieu à une audience publique, la chambre de l'instruction constate l'identité et recueille les déclarations de cette personne. Il en est dressé procès-verbal. L'intéressé, assisté le cas échéant de son avocat et, s'il y a lieu, d'un interprète, est informé par la chambre de l'instruction des conséquences juridiques de sa renonciation à la règle de la spécialité sur sa situation pénale et du caractère irrévocable de la renonciation donnée.

Si, lors de sa comparution, la personne extradée déclare renoncer à la règle de la spécialité, la chambre de l'instruction, après avoir entendu le ministère public et l'avocat de la personne, en donne acte à celle-ci. L'arrêt de la chambre de l'instruction précise les faits pour lesquels la renonciation est intervenue.

Art. 696-41. — Dans le cas où, l'extradition d'un étranger ayant été obtenue par le gouvernement français, le gouvernement d'un pays tiers sollicite à son tour du gouvernement français l'extradition du même individu à raison d'un fait antérieur à l'extradition, autre que celui jugé en France, et non connexe à ce fait, le Gouvernement ne défère, s'il y a lieu, à cette requête qu'après s'être assuré du consentement du pays par lequel l'extradition a été accordée.

Toutefois, cette réserve n'a pas lieu d'être appliquée lorsque l'individu extradé a eu, pendant le délai fixé à l'article 696-39, la faculté de quitter le territoire français.

N° 67.1 Les conditions d'entrée et de séjour des étrangers en France : les dispositions du Code de l'entrée et du séjour des étrangers et du droit d'asile [162]

Art. L. 110-3. — Sont considérées comme étrangers au sens du présent code les personnes qui n'ont pas la nationalité française, soit qu'elles aient une nationalité étrangère, soit qu'elles n'aient pas de nationalité

Art. L. 110-4. — Sans préjudice du droit de l'Union européenne, le livre II du présent code régit l'entrée, le séjour et l'éloignement des citoyens de l'Union européenne, des étrangers qui leur sont assimilés ainsi que des étrangers membres de leur famille ou entretenant avec eux des liens privés et familiaux.

Les citoyens de l'Union européenne et les étrangers mentionnés au premier alinéa exercent le droit d'asile dans les conditions prévues par le même livre II.

Les dispositions des autres livres ne leur sont applicables que dans les conditions précisées par le livre II et rappelées dans chacun des autres livres.

(162) Les articles présentés sont issus du Code de l'entrée et du séjour des étrangers et du droit d'asile tel qu'il résulte de l'ordonnance n° 2020-1733 du 16 décembre 2020 portant partie législative de ce code.

Art. L. 110-5. — À l'exception des dispositions du livre V relatives à l'asile, les dispositions du présent code ne sont pas applicables aux agents diplomatiques et aux consuls de carrière.

Art. L. 110-6. — Tout étranger, quelle que soit la catégorie à laquelle il appartient en raison de son séjour en France, peut acquérir la nationalité française dans les conditions prévues par le titre Ier bis du livre Ier du code civil.

Rapport annuel sur les orientations de la politique d'asile, d'immigration et d'intégration

Art. L. 123-1. — Chaque année avant le 1er octobre, le Gouvernement dépose devant le Parlement un rapport sur les orientations pluriannuelles de la politique d'asile, d'immigration et d'intégration.

Ce rapport indique et commente les données quantitatives relatives à l'année civile précédente, à savoir :

1° Le nombre des différents titres de séjour accordés et celui des demandes rejetées et des renouvellements refusés ;

2° Le nombre d'étrangers admis au titre du regroupement familial ;

3° Le nombre d'étrangers ayant obtenu le statut de réfugié, le bénéfice de la protection subsidiaire ou le statut d'apatride, ainsi que celui des demandes rejetées ;

4° Le nombre d'attestations d'accueil présentées pour validation et le nombre d'attestations d'accueil validées ;

5° Le nombre d'étrangers ayant fait l'objet de mesures d'éloignement effectives comparé à celui des décisions prononcées ;

6° Les moyens et le nombre de procédures, ainsi que leur coût, mis en œuvre pour lutter contre l'entrée et le séjour irréguliers des étrangers ;

7° Les moyens mis en œuvre et les résultats obtenus dans le domaine de la lutte contre les trafics de main-d'œuvre étrangère ;

8° Les actions entreprises avec les pays d'origine pour mettre en œuvre une politique d'immigration fondée sur le codéveloppement et le partenariat ;

9° Le nombre de contrats d'intégration républicaine souscrits en application de l'article L. 413-2 ainsi que les actions entreprises au niveau national pour favoriser l'intégration des étrangers en situation régulière en facilitant notamment leur accès à l'emploi, au logement et à la culture ;

10° Le nombre des acquisitions de la nationalité française ;

11° Le nombre de personnes ayant fait l'objet d'une mesure d'assignation à résidence, le nombre des mesures de placement en rétention et la durée globale moyenne de ces dernières ;

12° Une évaluation qualitative du respect des orientations fixées par le schéma national d'accueil des demandeurs d'asile.

Ce rapport propose également des indicateurs permettant d'estimer le nombre d'étrangers se trouvant en situation irrégulière sur le territoire français.

Ce rapport contient également les évaluations, pour l'année en cours, des données quantitatives énumérées aux 1° à 12° du présent article, ainsi que les projections relatives à ces mêmes données pour l'année suivante.

Les données quantitatives énumérées au présent article font l'objet d'une présentation distincte pour la France métropolitaine et pour chacune des collectivités mentionnées à l'article 72-3 de la Constitution.

L'Office français de protection des réfugiés et apatrides, l'Office français de l'immigration et de l'intégration et le délégué interministériel chargé de l'accueil et de l'intégration des réfugiés joignent leurs observations au rapport.

L'entrée en France

Conditions d'admission : documents exigés

Art. L. 311-1. — Pour entrer en France, tout étranger doit être muni :

1° Sauf s'il est exempté de cette obligation, des visas exigés par les conventions internationales et par l'article 6, paragraphe 1, points a et b, du règlement (UE) 2016/399 du Parlement européen et du Conseil du 9 mars 2016 concernant un code de l'Union relatif au régime de franchissement des frontières par les personnes (code frontières Schengen) ;

2° Sous réserve des conventions internationales, et de l'article 6, paragraphe 1, point c, du code frontières Schengen, du justificatif d'hébergement prévu à l'article L. 313-1, s'il est requis, et des autres documents prévus par décret en Conseil d'État relatifs à l'objet et aux conditions de son séjour et à ses moyens d'existence, à la prise en charge par un opérateur d'assurance agréé des dépenses médicales et hospitalières, y compris d'aide sociale, résultant de soins qu'il pourrait engager en France, ainsi qu'aux garanties de son rapatriement ;

3° Des documents nécessaires à l'exercice d'une activité professionnelle s'il se propose d'en exercer une.

Art. L. 311-2. — Un étranger ne satisfait pas aux conditions d'entrée sur le territoire français lorsqu'il se trouve dans les situations suivantes :

1° Sa présence en France constituerait une menace pour l'ordre public ;

2° Il fait l'objet d'un signalement aux fins de non-admission sur le territoire français introduit dans le système d'information Schengen, conformément au règlement (UE) n° 2018/1861 du Parlement européen et du Conseil du 28 novembre 2018 sur l'établissement, le fonctionnement et l'utilisation du système d'information Schengen (SIS) dans le domaine des vérifications aux frontières, modifiant la convention d'application de l'accord de Schengen et modifiant et abrogeant le règlement (CE) n° 1987/2006 ;

3° Il fait l'objet d'une peine d'interdiction judiciaire du territoire, d'une décision d'expulsion, d'une interdiction de retour sur le territoire français, d'une interdiction de circulation sur le territoire français ou d'une interdiction administrative du territoire

Le séjour en France

Dispositions relatives aux documents de séjour

Art. L. 411-1. — Sous réserve des engagements internationaux de la France ou du livre II, tout étranger âgé de plus de dix-huit ans qui souhaite séjourner en France pour une durée supérieure à trois mois doit être titulaire de l'un des documents de séjour suivants :

1° Un visa de long séjour ;

2° Un visa de long séjour conférant à son titulaire, en application du second alinéa de l'article L. 312-2, les droits attachés à une carte de séjour temporaire ou à la carte de séjour pluriannuelle prévue aux articles L. 421-9 à L. 421-11 ou L. 421-13 à L. 421-24, ou aux articles L. 421-26 et L. 421-28 lorsque le séjour envisagé sur ce fondement est d'une durée inférieure ou égale à un an ;

3° Une carte de séjour temporaire ;

4° Une carte de séjour pluriannuelle ;

5° Une carte de résident ;

6° Une carte de résident portant la mention « résident de longue durée-UE » ;

7° Une carte de séjour portant la mention « retraité » ;

8° L'autorisation provisoire de séjour prévue aux articles L. 425-4, L. 425-10 ou L. 426-21.

Art. L. 411-2. — À l'expiration de la durée de validité de son document de séjour, l'étranger doit quitter la France, à moins qu'il n'en obtienne le renouvellement ou qu'il ne lui en soit délivré un autre.

En cas de refus de délivrance ou de renouvellement de tout titre de séjour ou autorisation provisoire de séjour, l'étranger est tenu de quitter le territoire.

Il en va de même en cas de retrait du titre de séjour ou autorisation provisoire de séjour dont il est titulaire.

Art. L. 411-3. — Les visas de long séjour mentionnés aux 1° et 2° de l'article L. 411-1 ont une durée de validité maximale d'un an.

Une carte de séjour temporaire a une durée de validité maximale d'un an.

Une carte de séjour pluriannuelle a une durée de validité maximale de quatre ans.

Une carte de résident est valable dix ans.

Art. L. 411-4. — La carte de séjour pluriannuelle a une durée de validité de quatre ans, sauf lorsqu'elle est délivrée :

1° À l'étranger mentionné à l'article L. 421-11 ; dans ce cas sa durée de validité est égale à celle de son contrat de travail dans la limite de quatre ans ;

2° À l'étranger mentionné à l'article L. 421-22 ; dans ce cas sa durée est égale à celle restant à courir de la carte de séjour délivrée au conjoint ou parent mentionné aux articles L. 421-9 à L. 421-11 ou L. 421-13 à L. 421-21 ;

3° À l'étranger mentionné à l'article L. 421-26 ; dans ce cas sa durée est égale à celle du détachement temporaire dans la limite de trois ans ;

4° À l'étranger mentionné au troisième alinéa de l'article L. 421-27 ; dans ce cas sa durée est égale à celle de la mission envisagée dans la limite de trois ans ;

5° À l'étranger mentionné à l'article L. 421-28 ; dans ce cas sa durée est égale à celle restant à courir de la carte de séjour du conjoint ou parent mentionné à l'article L. 421-26 ;

6° À l'étranger mentionné à l'article L. 421-29 ; dans ce cas sa durée est égale à celle restant à courir de la carte de séjour du conjoint ou parent mentionné à l'article L. 421-27 ;

7° À l'étranger mentionné à l'article L. 421-34 ; dans ce cas, sa durée maximale est de trois ans ;

8° Aux étrangers mentionnés aux articles L. 422-1, L. 422-2 et L. 422-5 ; dans ce cas, sa durée est égale à celle restant à courir du cycle d'études dans lequel est inscrit l'étudiant, sous réserve du caractère réel et sérieux des études, apprécié au regard des éléments produits par les établissements de formation et par l'intéressé, un redoublement par cycle d'études ne remettant pas en cause, par lui-même, le caractère sérieux des études ;

9° À l'étranger mentionné à l'article L. 422-6 ; dans ce cas sa durée est égale à celle du programme ou de la convention qui ne peut être inférieure à deux ans ;

10° Aux étrangers mentionnés aux articles L. 423-1, L. 423-7 et L. 423-23 ; dans ce cas, sa durée est de deux ans ;

11° À l'étranger mentionné à l'article L. 425-9 ; dans ce cas, sa durée est égale à celle des soins.

Séjour et circulation sur le territoire français

Art. L. 414-2. — Tout étranger résidant en France, quelle que soit la nature de son titre de séjour, peut quitter librement le territoire français.

Art. L. 414-3. — Sous réserve des dispositions du titre IV, les étrangers séjournant régulièrement en France y circulent librement.

Documents de circulation pour l'étranger mineur

Art. L. 414-4. — Un document de circulation pour étranger mineur est délivré à l'étranger mineur résidant en France :

1° Dont au moins l'un des parents est titulaire d'une carte de séjour temporaire, d'une carte de séjour pluriannuelle ou d'une carte de résident ;

2° Qui est l'enfant étranger d'un ressortissant français ou un descendant direct d'un citoyen de l'Union européenne, d'un ressortissant de la République d'Islande, de la Principauté du Liechtenstein, du Royaume de Norvège ou de la Confédération suisse satisfaisant aux conditions énoncées aux 1° ou 2° de l'article L. 233-1 ou qui est l'enfant à charge d'un ressortissant d'un de ces mêmes États satisfaisant aux conditions énoncées au 3° du même article L. 233-1 ;

3° Qui est un descendant direct à charge du conjoint d'un citoyen de l'Union européenne, d'un ressortissant de la République d'Islande, de la Principauté du Liechtenstein, du Royaume de Norvège ou de la Confédération suisse satisfaisant aux conditions énoncées aux 1° ou 2° de l'article L. 223-1 ;

4° Dont au moins l'un des parents a acquis la nationalité française ;

5° Qui relève, en dehors de la condition de majorité, des prévisions de l'article L. 423-22 ;

6° Qui s'est vu reconnaître la qualité de réfugié ou s'est vu accorder le bénéfice de la protection subsidiaire ;

7° Qui est entré en France sous couvert d'un visa d'une durée supérieure à trois mois en qualité d'enfant de Français ou d'adopté ;

8° Qui est entré en France avant l'âge de treize ans sous couvert d'un visa d'une durée supérieure à trois mois délivré en qualité de visiteur et qui justifie avoir résidé habituellement en France depuis.

Le document de circulation pour étranger mineur est délivré dans des conditions fixées par voie réglementaire.

Exercice d'une activité professionnelle

Art. L. 414-10. — La possession d'une carte de séjour temporaire, d'une carte de séjour pluriannuelle ou d'une carte de résident par un étranger résidant sur le territoire métropolitain lui confère, sous réserve des exceptions prévues à l'article L. 414-11, le droit d'exercer une activité professionnelle, sur ce même territoire, dans le cadre de la législation en vigueur.

Le regroupement familial

Art. L. 434-1. — Le regroupement familial est sollicité pour l'ensemble des personnes désignées aux articles L. 434-2 à L. 434-4. Un regroupement partiel peut toutefois être autorisé pour des motifs tenant à l'intérêt des enfants.

Art. L. 434-2. — L'étranger qui séjourne régulièrement en France depuis au moins dix-huit mois, sous couvert d'un des titres d'une durée de validité d'au moins un an prévus par le présent code ou par des conventions internationales, peut demander à bénéficier de son droit à être rejoint, au titre du regroupement familial :

1° Par son conjoint, si ce dernier est âgé d'au moins dix-huit ans ;

2° Et par les enfants du couple mineurs de dix-huit ans.

Art. L. 434-3. — Le regroupement familial peut également être demandé pour les enfants mineurs de dix-huit ans du demandeur et pour ceux de son conjoint si, au jour de la demande :

1° La filiation n'est établie qu'à l'égard du demandeur ou de son conjoint ;

2° Ou lorsque l'autre parent est décédé ou déchu de ses droits parentaux.

Art. L. 434-4. — Le regroupement familial peut être demandé pour les enfants mineurs de dix-huit ans du demandeur et ceux de son conjoint, qui sont confiés, selon le cas, à l'un ou l'autre, au titre de l'exercice de l'autorité parentale, en vertu d'une décision d'une juridiction étrangère. Une copie de cette décision devra être produite ainsi que l'autorisation de l'autre parent de laisser le mineur venir en France.

Art. L. 434-5. — L'enfant pouvant bénéficier du regroupement familial est l'enfant ayant une filiation légalement établie, y compris l'enfant adopté, en vertu d'une décision d'adoption, sous réserve de la vérification par le ministère public de la régularité de cette décision lorsqu'elle a été prononcée à l'étranger.

Art. L. 434-6. — Peut être exclu du regroupement familial :

1° Un membre de la famille dont la présence en France constituerait une menace pour l'ordre public ;

2° Un membre de la famille atteint d'une maladie inscrite au règlement sanitaire international ;

3° Un membre de la famille résidant en France.

Art. L. 434-7. — L'étranger qui en fait la demande est autorisé à être rejoint au titre du regroupement familial s'il remplit les conditions suivantes :

1° Il justifie de ressources stables et suffisantes pour subvenir aux besoins de sa famille ;

2° Il dispose ou disposera à la date d'arrivée de sa famille en France d'un logement considéré comme normal pour une famille comparable vivant dans la même région géographique ;

3° Il se conforme aux principes essentiels qui, conformément aux lois de la République, régissent la vie familiale en France, pays d'accueil.

Art. L. 434-8. — Pour l'appréciation des ressources mentionnées au 1° de l'article L. 434-7 toutes les ressources du demandeur et de son conjoint sont prises en compte, indépendamment des prestations familiales, de l'allocation équivalent retraite et des allocations prévues à l'article L. 262-1 du code de l'action sociale et des familles, à l'article L. 815-1 du code de la sécurité sociale et aux articles L. 5423-1 et L. 5423-2 du code du travail.

Ces ressources doivent atteindre un montant, fixé par décret en Conseil d'État, qui tient compte de la taille de la famille du demandeur et doit être au moins égal au salaire minimum de croissance mensuel et au plus égal à ce salaire majoré d'un cinquième.

Les dispositions du présent article ne sont pas applicables lorsque la personne qui demande le regroupement familial est titulaire de l'allocation aux adultes handicapés mentionnée aux articles L. 821-1 ou L. 821-2 du code de la sécurité sociale ou de l'allocation supplémentaire mentionnée à l'article L. 815-24 du même code ou lorsqu'une personne âgée de plus de soixante-cinq ans et résidant régulièrement en France depuis au moins vingt-cinq ans demande le regroupement familial pour son conjoint et justifie d'une durée de mariage d'au moins dix ans.

Art. L. 434-9. — Lorsqu'un étranger polygame réside en France avec un premier conjoint, le bénéfice du regroupement familial ne peut être accordé à un autre conjoint. Sauf si cet autre conjoint est décédé ou déchu de ses droits parentaux, ses enfants ne bénéficient pas non plus du regroupement familial.

Le titre de séjour sollicité ou obtenu par un autre conjoint est, selon le cas, refusé ou retiré. Le titre de séjour du ressortissant étranger polygame qui a fait venir auprès de lui plus d'un conjoint, ou des enfants autres que ceux du premier conjoint ou d'un autre conjoint décédé ou déchu de ses droits parentaux, lui est retiré.

N° 67.2 L'obligation de quitter le territoire français et l'interdiction de retour sur le territoire français : les dispositions du Code de l'entrée et du séjour des étrangers et du droit d'asile (163)

Obligation de quitter le territoire français

Art. L. 611-1. — L'autorité administrative peut obliger un étranger à quitter le territoire français lorsqu'il se trouve dans les cas suivants :

1° L'étranger, ne pouvant justifier être entré régulièrement sur le territoire français, s'y est maintenu sans être titulaire d'un titre de séjour en cours de validité ;

2° L'étranger, entré sur le territoire français sous couvert d'un visa désormais expiré ou, n'étant pas soumis à l'obligation du visa, entré en France plus de trois mois auparavant, s'est maintenu sur le territoire français sans être titulaire d'un titre de séjour ou, le cas échéant, sans demander le renouvellement du titre de séjour temporaire ou pluriannuel qui lui a été délivré ;

3° L'étranger s'est vu refuser la délivrance d'un titre de séjour, le renouvellement du titre de séjour, du document provisoire délivré à l'occasion d'une demande de titre de séjour ou de l'autorisation provisoire de séjour qui lui avait été délivré ou s'est vu retirer un de ces documents ;

4° La reconnaissance de la qualité de réfugié ou le bénéfice de la protection subsidiaire a été définitivement refusé à l'étranger ou il ne bénéficie plus du droit de se maintenir sur le territoire français en application des articles L. 542-1 et L. 542-2, à moins qu'il ne soit titulaire de l'un des documents mentionnés au 3° ;

5° Le comportement de l'étranger qui ne réside pas régulièrement en France depuis plus de trois mois constitue une menace pour l'ordre public ;

6° L'étranger qui ne réside pas régulièrement en France depuis plus de trois mois a méconnu les dispositions de l'article L. 5221-5 du code du travail.

Lorsque, dans le cas prévu à l'article L. 431-2, un refus de séjour a été opposé à l'étranger, la décision portant obligation de quitter le territoire français peut être prise sur le fondement du seul 4°.

Art. L. 611-2. — L'étranger en provenance directe du territoire d'un des États parties à la convention signée à Schengen le 19 juin 1990 peut se voir appliquer les 1° et 2° de l'article L. 611-1 lorsqu'il ne peut justifier être entré ou s'être maintenu sur le territoire métropolitain en se conformant aux stipulations des paragraphes 1 et 2 de l'article 19, du paragraphe 1 de l'article 20 et des paragraphes 1 et 2 de l'article 21 de cette même convention.

Art. L. 611-3. — Ne peuvent faire l'objet d'une décision portant obligation de quitter le territoire français :

1° L'étranger mineur de dix-huit ans ;

2° L'étranger qui justifie par tous moyens résider habituellement en France depuis qu'il a atteint au plus l'âge de treize ans ;

3° L'étranger qui réside régulièrement en France depuis plus de dix ans, sauf s'il a été, pendant toute cette période, titulaire d'une carte de séjour temporaire ou pluriannuelle portant la mention « étudiant » ;

---

(163) Les articles présentés sont issus du Code de l'entrée et du séjour des étrangers et du droit d'asile tel qu'il résulte de l'ordonnance n° 2020-1733 du 16 décembre 2020 portant partie législative de ce code et des modifications introduites par la loi n° 2021-1109 du 24 août 2021 confortant le respect des principes de la République.

4° L'étranger qui réside régulièrement en France depuis plus de vingt ans ;

5° L'étranger qui est père ou mère d'un enfant français mineur résidant en France, à condition qu'il établisse contribuer effectivement à l'entretien et à l'éducation de l'enfant dans les conditions prévues par l'article 371-2 du code civil depuis la naissance de celui-ci ou depuis au moins deux ans ;

6° L'étranger marié depuis au moins trois ans avec un conjoint de nationalité française, à condition que la communauté de vie n'ait pas cessé depuis le mariage et que le conjoint ait conservé la nationalité française ;

7° L'étranger qui réside régulièrement en France depuis plus de dix ans et qui est marié depuis au moins trois ans avec un ressortissant étranger relevant du 2°, à condition que la communauté de vie n'ait pas cessée depuis le mariage ;

8° L'étranger titulaire d'une rente d'accident du travail ou de maladie professionnelle servie par un organisme français et dont le taux d'incapacité permanente est égal ou supérieur à 20 % ;

9° L'étranger résidant habituellement en France si son état de santé nécessite une prise en charge médicale dont le défaut pourrait avoir pour lui des conséquences d'une exceptionnelle gravité et si, eu égard à l'offre de soins et aux caractéristiques du système de santé du pays de renvoi, il ne pourrait pas y bénéficier effectivement d'un traitement approprié.

Par dérogation au présent article, l'étranger mentionné aux 2° à 8° peut faire l'objet d'une décision portant obligation de quitter le territoire français en application de l'article L. 611-1 s'il vit en France en état de polygamie.

L'interdiction de retour sur le territoire français

Art. L. 612-6. — Lorsqu'aucun délai de départ volontaire n'a été accordé à l'étranger, l'autorité administrative assortit la décision portant obligation de quitter le territoire français d'une interdiction de retour sur le territoire français. Des circonstances humanitaires peuvent toutefois justifier que l'autorité administrative n'édicte pas d'interdiction de retour.

Les effets de cette interdiction cessent à l'expiration d'une durée, fixée par l'autorité administrative, qui ne peut excéder trois ans à compter de l'exécution de l'obligation de quitter le territoire français.

Art. L. 612-7. — Lorsque l'étranger s'est maintenu irrégulièrement sur le territoire au-delà du délai de départ volontaire, l'autorité administrative édicte une interdiction de retour. Des circonstances humanitaires peuvent toutefois justifier que l'autorité administrative n'édicte pas d'interdiction de retour.

Les effets de cette interdiction cessent à l'expiration d'une durée, fixée par l'autorité administrative, qui ne peut excéder deux ans à compter de l'exécution de l'obligation de quitter le territoire français.

Art. L. 612-8. — Lorsque l'étranger n'est pas dans une situation mentionnée aux articles L. 612-6 et L. 612-7, l'autorité administrative peut assortir la décision portant obligation de quitter le territoire français d'une interdiction de retour sur le territoire français.

Les effets de cette interdiction cessent à l'expiration d'une durée, fixée par l'autorité administrative, qui ne peut excéder deux ans à compter de l'exécution de l'obligation de quitter le territoire français.

Art. L. 612-9. — Sauf s'il n'a pas satisfait à une précédente décision portant obligation de quitter le territoire français ou si son comportement constitue une menace pour l'ordre public, les articles L. 612-6, L. 612-7 et L. 612-8 ne sont pas applicables à l'étranger obligé de quitter le territoire français au motif que le titre de séjour qui lui avait été délivré en application des articles L. 425-1 ou L. 425-3 n'a pas été renouvelé ou a été retiré ou que, titulaire d'un titre de séjour délivré sur le même fondement dans un autre État membre de l'Union européenne, il n'a pas rejoint le territoire de cet État à l'expiration de son droit de circulation sur le territoire français dans le délai qui lui a, le cas échéant, été imparti.

Art. L. 612-10. — Pour fixer la durée des interdictions de retour mentionnées aux articles L. 612-6 et L. 612-7, l'autorité administrative tient compte de la durée de présence de l'étranger sur le territoire français, de la nature et de l'ancienneté de ses liens avec la France, de la circonstance qu'il a déjà fait l'objet ou non d'une mesure d'éloignement et de la menace pour l'ordre public que représente sa présence sur le territoire français.

Il en est de même pour l'édiction et la durée de l'interdiction de retour mentionnée à l'article L. 612-8 ainsi que pour la prolongation de l'interdiction de retour prévue à l'article L. 612-11.

Art. L. 612-11. — L'autorité administrative peut prolonger l'interdiction de retour pour une durée maximale de deux ans dans les cas suivants :

1° L'étranger s'est maintenu irrégulièrement sur le territoire français alors qu'il était obligé de le quitter sans délai ;

2° L'étranger s'est maintenu irrégulièrement sur le territoire français au-delà du délai de départ volontaire qui lui avait été accordé ;

3° L'étranger est revenu sur le territoire français après avoir déféré à l'obligation de quitter le territoire français, alors que l'interdiction de retour poursuivait ses effets.

Compte tenu des prolongations éventuellement décidées, la durée totale de l'interdiction de retour ne peut excéder cinq ans à compter de l'exécution de l'obligation de quitter le territoire français, sauf menace grave pour l'ordre public.

N° 67.3 L'obligation de quitter le territoire français et la mesure d'expulsion : les dispositions du Code de l'entrée et du séjour des étrangers et du droit d'asile (164)

Art. L. 631-1. — L'autorité administrative peut décider d'expulser un étranger lorsque sa présence en France constitue une menace grave pour l'ordre public, sous réserve des conditions propres aux étrangers mentionnés aux articles L. 631-2 et L. 631-3.

Art. L. 631-2. — Ne peut faire l'objet d'une décision d'expulsion que si elle constitue une nécessité impérieuse pour la sûreté de l'État ou la sécurité publique et sous réserve que l'article L. 631-3 n'y fasse pas obstacle :

1° L'étranger qui est père ou mère d'un enfant français mineur résidant en France, à condition qu'il établisse contribuer effectivement à l'entretien et à l'éducation de

(164) Les articles présentés sont issus du Code de l'entrée et du séjour des étrangers et du droit d'asile tel qu'il résulte de l'ordonnance n° 2020-1733 du 16 décembre 2020 portant partie législative de ce code et des modifications introduites par la loi n° 2021-1109 du 24 août 2021 confortant le respect des principes de la République.

l'enfant dans les conditions prévues par l'article 371-2 du Code civil depuis la naissance de celui-ci ou depuis au moins un an ;

2° L'étranger marié depuis au moins trois ans avec un conjoint de nationalité française, à condition que la communauté de vie n'ait pas cessé depuis le mariage et que le conjoint ait conservé la nationalité française ;

3° L'étranger qui réside régulièrement en France depuis plus de dix ans, sauf s'il a été pendant toute cette période titulaire d'une carte de séjour temporaire ou pluriannuelle portant la mention « étudiant » ;

4° L'étranger titulaire d'une rente d'accident du travail ou de maladie professionnelle servie par un organisme français et dont le taux d'incapacité permanente est égal ou supérieur à 20 %.

Par dérogation au présent article, l'étranger mentionné aux 1° à 4° peut faire l'objet d'une décision d'expulsion en application de l'article L. 631-1 s'il a été condamné définitivement à une peine d'emprisonnement ferme au moins égale à cinq ans.

Par dérogation au présent article, l'étranger mentionné aux 1° à 4° peut faire l'objet d'une décision d'expulsion s'il vit en France en état de polygamie.

Art. L. 631-3. — Ne peut faire l'objet d'une décision d'expulsion qu'en cas de comportements de nature à porter atteinte aux intérêts fondamentaux de l'État, ou liés à des activités à caractère terroriste, ou constituant des actes de provocation explicite et délibérée à la discrimination, à la haine ou à la violence contre une personne déterminée ou un groupe de personnes :

1° L'étranger qui justifie par tous moyens résider habituellement en France depuis qu'il a atteint au plus l'âge de treize ans ;

2° L'étranger qui réside régulièrement en France depuis plus de vingt ans ;

3° L'étranger qui réside régulièrement en France depuis plus de dix ans et qui est marié depuis au moins quatre ans soit avec un ressortissant français ayant conservé la nationalité française, soit avec un ressortissant étranger relevant du 1°, à condition que la communauté de vie n'ait pas cessée depuis le mariage ;

4° L'étranger qui réside régulièrement en France depuis plus de dix ans et qui est père ou mère d'un enfant français mineur résidant en France, à condition qu'il établisse contribuer effectivement à l'entretien et à l'éducation de l'enfant dans les conditions prévues par l'article 371-2 du Code civil depuis la naissance de celui-ci ou depuis au moins un an ;

5° L'étranger résidant habituellement en France si son état de santé nécessite une prise en charge médicale dont le défaut pourrait avoir pour lui des conséquences d'une exceptionnelle gravité et si, eu égard à l'offre de soins et aux caractéristiques du système de santé du pays de renvoi, il ne pourrait pas y bénéficier effectivement d'un traitement approprié.

Par dérogation au présent article, l'étranger mentionné aux 1° à 5° peut faire l'objet d'une décision d'expulsion s'il vit en France en état de polygamie.

Par dérogation au présent article, l'étranger mentionné aux 3° et 4° peut faire l'objet d'une décision d'expulsion en application des articles L. 631-1 ou L. 631-2 lorsque les faits à l'origine de la décision d'expulsion ont été commis à l'encontre de son conjoint ou de ses enfants ou de tout enfant sur lequel il exerce l'autorité parentale.

La circonstance qu'un étranger mentionné aux 1° à 5° a été condamné définitivement à une peine d'emprisonnement ferme au moins égale à cinq ans ne fait pas obstacle à ce qu'il bénéficie des dispositions du présent article.

Art. L. 631-4. — L'étranger mineur de dix-huit ans ne peut faire l'objet d'une décision d'expulsion.

N° 67.4 L'obligation de quitter le territoire français, l'assignation à résidence, le placement en rétention administrative : les dispositions du Code de l'entrée et du séjour des étrangers et du droit d'asile [165]

L'assignation à résidence

Art. L. 731-1. — L'autorité administrative peut assigner à résidence l'étranger qui ne peut quitter immédiatement le territoire français mais dont l'éloignement demeure une perspective raisonnable, dans les cas suivants :

1° L'étranger fait l'objet d'une décision portant obligation de quitter le territoire français, prise moins d'un an auparavant, pour laquelle le délai de départ volontaire est expiré ou n'a pas été accordé ;

2° L'étranger doit être éloigné en exécution d'une interdiction de retour sur le territoire français prise en application des articles L. 612-6, L. 612-7 et L. 612-8 ;

3° L'étranger doit être éloigné pour la mise en œuvre d'une décision prise par un autre État, en application de l'article L. 615-1 ;

4° L'étranger doit être remis aux autorités d'un autre État en application de l'article L. 621-1 ;

5° L'étranger doit être éloigné en exécution d'une interdiction de circulation sur le territoire français prise en application de l'article L. 622-1 ;

6° L'étranger fait l'objet d'une décision d'expulsion ;

7° L'étranger doit être éloigné en exécution d'une peine d'interdiction judiciaire du territoire prononcée en application du deuxième alinéa de l'article 131-30 du code pénal ;

8° L'étranger doit être éloigné en exécution d'une interdiction administrative du territoire français.

L'étranger qui, ayant été assigné à résidence en application du présent article, ou placé en rétention administrative en application des articles L. 741-1 ou L. 741-2, n'a pas déféré à la décision dont il fait l'objet ou, y ayant déféré, est revenu en France alors que cette décision est toujours exécutoire, peut être assigné à résidence sur le fondement du présent article.

Art. L. 731-2. — L'étranger assigné à résidence en application de l'article L. 731-1 peut être placé en rétention en application de l'article L. 741-1, lorsqu'il ne présente plus de garanties de représentation effectives propres à prévenir un risque de soustraction à l'exécution de la décision d'éloignement apprécié selon les mêmes critères que ceux prévus à l'article L. 612-3.

Les modalités d'application de la présente section sont fixées par décret en Conseil d'État.

Placement en rétention administrative

Art. L. 741-1. — L'autorité administrative peut placer en rétention, pour une durée de quarante-huit heures, l'étranger qui se trouve dans l'un des cas prévus à l'article L. 731-1 lorsqu'il ne présente pas de garanties de représentation effectives propres

(165) Les articles présentés sont issus du Code de l'entrée et du séjour des étrangers et du droit d'asile tel qu'il résulte de l'ordonnance n° 2020-1733 du 16 décembre 2020 portant partie législative de ce code.

à prévenir un risque de soustraction à l'exécution de la décision d'éloignement et qu'aucune autre mesure n'apparaît suffisante à garantir efficacement l'exécution effective de cette décision.

Le risque mentionné au premier alinéa est apprécié selon les mêmes critères que ceux prévus à l'article L. 612-3.

Art. L. 741-2. — La peine d'interdiction du territoire français prononcée à titre de peine principale et assortie de l'exécution provisoire entraîne de plein droit le placement en rétention de l'étranger, pour une durée de quarante-huit heures. Les dispositions des articles L. 741-8 et L. 741-9 ainsi que celles des chapitres II à IV sont alors applicables.

Prononcée à titre de peine complémentaire, l'interdiction du territoire peut donner lieu au placement en rétention de l'étranger, le cas échéant à l'expiration de sa peine d'emprisonnement, en application de l'article L. 741-1.

Art. L. 741-3. — Un étranger ne peut être placé ou maintenu en rétention que pour le temps strictement nécessaire à son départ. L'administration exerce toute diligence à cet effet.

Art. L. 741-4. — La décision de placement en rétention prend en compte l'état de vulnérabilité et tout handicap de l'étranger.

Le handicap moteur, cognitif ou psychique et les besoins d'accompagnement de l'étranger sont pris en compte pour déterminer les conditions de son placement en rétention.

Art. L. 741-5. — L'étranger mineur de dix-huit ans ne peut faire l'objet d'une décision de placement en rétention. Il ne peut être retenu que s'il accompagne un étranger placé en rétention dans les conditions prévues au présent article.

L'étranger accompagné d'un mineur ne peut être placé en rétention que dans les cas suivants :

1° L'étranger n'a pas respecté l'une des prescriptions d'une précédente mesure d'assignation à résidence ;

2° À l'occasion de la mise en œuvre de la décision d'éloignement, l'étranger a pris la fuite ou opposé un refus ;

3° En considération de l'intérêt du mineur, le placement en rétention de l'étranger dans les quarante-huit heures précédant le départ programmé préserve l'intéressé et le mineur qui l'accompagne des contraintes liées aux nécessités de transfert.

La durée de rétention d'un étranger accompagné d'un mineur est la plus brève possible, eu égard au temps strictement nécessaire à l'organisation du départ. Dans tous les cas, le placement en rétention d'un étranger accompagné d'un mineur n'est possible que dans un lieu de rétention administrative bénéficiant de chambres isolées et adaptées, spécifiquement destinées à l'accueil des familles.

L'intérêt supérieur de l'enfant est une considération primordiale pour l'application de la présente section.

Art. L. 741-6. — La décision de placement en rétention est prise par l'autorité administrative, après l'interpellation de l'étranger ou, le cas échéant, lors de sa retenue aux fins de vérification de son droit de circulation ou de séjour, à l'expiration de sa garde à vue, ou à l'issue de sa période d'incarcération en cas de détention. Elle est écrite et motivée. Elle prend effet à compter de sa notification.

Art. L. 741-7. — La décision de placement en rétention ne peut être prise avant l'expiration d'un délai de sept jours à compter du terme d'un précédent placement prononcé en vue de l'exécution de la même mesure. Toutefois, si ce précédent placement a pris fin en raison de la soustraction de l'étranger aux mesures de surveillance dont il faisait l'objet, l'autorité administrative peut décider d'un nouveau placement en rétention avant l'expiration de ce délai.

Art. L. 741-8. — Le procureur de la République est informé immédiatement de tout placement en rétention.

Art. L. 741-9. — L'étranger placé en rétention est informé de ses droits dans les conditions prévues à l'article L. 744-4.

Contestation de la décision de placement en rétention

Art. L. 741-10 — L'étranger qui fait l'objet d'une décision de placement en rétention peut la contester devant le juge des libertés et de la détention, dans un délai de quarante-huit heures à compter de sa notification.

Il est statué suivant la procédure prévue aux articles L. 743-3 à L. 743-18.

Le régime de la rétention

L'organisation des lieux de rétention

Art. L. 744-1. — Lorsqu'il est fait application du présent titre, l'étranger est placé en rétention dans des locaux ne relevant pas de l'administration pénitentiaire.

Art. L. 744-2. — Il est tenu, dans tous les lieux de rétention, un registre mentionnant l'état civil des personnes retenues, ainsi que les conditions de leur placement ou de leur maintien en rétention. Le registre mentionne également l'état civil des enfants mineurs accompagnant ces personnes ainsi que les conditions de leur accueil.

L'autorité administrative tient à la disposition des personnes qui en font la demande les éléments d'information concernant les date et heure du début du placement de chaque étranger en rétention, le lieu exact de celle-ci ainsi que les date et heure des décisions de prolongation.

Art. L. 744-3. — Les conditions d'accessibilité adaptées aux lieux de rétention sont précisées par décret en Conseil d'État.

Droits des étrangers en rétention

Droit de communiquer

Art. L. 744-4. — L'étranger placé en rétention est informé dans les meilleurs délais qu'il bénéficie, dans le lieu de rétention, du droit de demander l'assistance d'un interprète, d'un conseil et d'un médecin, et qu'il peut communiquer avec son consulat et toute personne de son choix. Ces informations lui sont communiquées dans une langue qu'il comprend.

En cas de placement simultané en rétention d'un nombre important d'étrangers, la notification des droits mentionnés au premier alinéa s'effectue dans les meilleurs délais.

Les modalités selon lesquelles s'exerce l'assistance de ces intervenants sont précisées, en tant que de besoin, par décret en Conseil d'État.

Art. L. 744-5. — Dans chaque lieu de rétention, l'étranger retenu peut s'entretenir confidentiellement avec son avocat dans un local prévu à cette fin. Ce local est accessible en toutes circonstances sur demande de l'avocat, sauf en cas de force majeure.

Les modalités d'application du présent article sont précisées, en tant que de besoin, par décret en Conseil d'État.

Accueil, information et soutien de l'étranger

Art. L. 744-6. — À son arrivée au centre de rétention, l'étranger reçoit notification des droits qu'il est susceptible d'exercer en matière de demande d'asile.

À cette fin, il peut bénéficier d'une assistance juridique et linguistique. Lui sont notamment indiquées les conditions de recevabilité d'une demande d'asile formée en rétention prévues à l'article L. 754-1.

Art. L. 744-7. — Sauf en cas de menace pour l'ordre public à l'intérieur ou à l'extérieur du lieu de rétention, ou si la personne ne paraît pas psychologiquement à même de recevoir ces informations, l'étranger est informé par le responsable du lieu de rétention de toutes les prévisions de déplacement le concernant, liées aux audiences, à la présentation au consulat et aux conditions du départ.

La méconnaissance des dispositions du présent article est sans conséquence sur la régularité et le bien-fondé des procédures d'éloignement et de rétention.

Art. L. 744-8. — Dans chaque lieu de rétention, un document rédigé dans les langues les plus couramment utilisées, et décrivant les droits de l'étranger au cours de la procédure d'éloignement et de rétention, ainsi que leurs conditions d'exercice, est mis à disposition des personnes retenues.

La méconnaissance des dispositions du présent article est sans conséquence sur la régularité et le bien-fondé des procédures d'éloignement et de rétention.

Art. L. 744-9. — L'étranger maintenu en rétention bénéficie d'actions d'accueil, d'information et de soutien, pour permettre l'exercice effectif de ses droits et préparer son départ, selon des modalités définies par décret en Conseil d'État.

Accès aux lieux de rétention

Art. L. 744-12. — Les députés et les sénateurs ainsi que les représentants au Parlement européen élus en France sont autorisés à visiter à tout moment les lieux de rétention administrative.

Ils peuvent être accompagnés par un ou plusieurs journalistes titulaires de la carte d'identité professionnelle mentionnée à l'article L. 7111-6 du code du travail

Art. L. 744-13. — Le délégué du Haut-Commissariat des Nations unies pour les réfugiés et ses représentants peuvent être autorisés à visiter les lieux de rétention administrative.

Art. L. 744-14. — Les représentants des associations humanitaires peuvent être autorisés à visiter les lieux de rétention administrative.

Art. L. 744-15. — Sous réserve de ne pas porter atteinte à la dignité des personnes et aux exigences de sécurité et de bon fonctionnement du lieu de rétention administrative, les journalistes titulaires de la carte d'identité professionnelle mentionnée à l'article L. 7111-6 du code du travail peuvent être autorisés à accéder aux lieux de rétention administrative.

Les prises d'images et de son des étrangers, des personnels et des intervenants dans les lieux de rétention administrative, de même que leur diffusion, ne sont autorisées qu'avec leur accord préalable. Elles se déroulent dans le respect de l'anonymat patronymique et physique des mineurs et, sauf accord contraire exprès, des majeurs.

Art. L. 744-16. — Les conditions d'accès du délégué du Haut-Commissariat des Nations unies pour les réfugiés et ses représentants, des représentants des associations humanitaires et des journalistes titulaires de la carte d'identité professionnelle mentionnée à l'article L. 7111-6 du code du travail, aux lieux de rétention sont fixées par décret en Conseil d'État.

N° 67.5 Le droit d'asile et la qualité de réfugié : les dispositions du Code de l'entrée et du séjour des étrangers et du droit d'asile (166)

Le statut de réfugié

Art. L. 511-1. — La qualité de réfugié est reconnue :

1° À toute personne persécutée en raison de son action en faveur de la liberté ;

2° À toute personne sur laquelle le Haut-Commissariat des Nations unies pour les réfugiés exerce son mandat aux termes des articles 6 et 7 de son statut tel qu'adopté par l'Assemblée générale des Nations unies le 14 décembre 1950 ;

3° À toute personne qui répond aux définitions de l'article 1er de la convention de Genève du 28 juillet 1951 relative au statut des réfugiés.

Ces personnes sont régies par les dispositions applicables aux réfugiés en vertu de la convention de Genève susmentionnée.

Art. L. 511-2. — Les actes de persécution et les motifs de persécution, au sens de la section A de l'article 1er de la convention de Genève du 28 juillet 1951, sont appréciés dans les conditions prévues aux paragraphes 1 et 2 de l'article 9 et au paragraphe 1 de l'article 10 de la directive 2011/95/UE du Parlement européen et du Conseil, du 13 décembre 2011, concernant les normes relatives aux conditions que doivent remplir les ressortissants des pays tiers ou les apatrides pour pouvoir bénéficier d'une protection internationale, à un statut uniforme pour les réfugiés ou les personnes pouvant bénéficier de la protection subsidiaire, et au contenu de cette protection.

Art. L. 511-3. — S'agissant des motifs de persécution, les aspects liés au sexe, à l'identité de genre et à l'orientation sexuelle sont pris en considération aux fins de la reconnaissance de l'appartenance à un certain groupe social ou de l'identification d'une caractéristique d'un tel groupe.

Art. L. 511-4. — Pour que la qualité de réfugié soit reconnue à un demandeur, il doit exister un lien entre l'un des motifs de persécution qu'il allègue et les actes de persécution ou l'absence de protection contre de tels actes.

Art. L. 511-5. — Lorsque l'autorité compétente évalue si un demandeur craint avec raison d'être persécuté, il est indifférent que celui-ci possède effectivement les caractéristiques liées au motif de persécution ou que ces caractéristiques lui soient seulement attribuées par l'auteur des persécutions.

Art. L. 511-6. — Le statut de réfugié n'est pas accordé à une personne qui relève de l'une des clauses d'exclusion prévues aux sections D, E ou F de l'article 1er de la convention de Genève du 28 juillet 1951.

La même section F s'applique également aux personnes qui sont les instigatrices ou les complices des crimes ou des agissements mentionnés à ladite section ou qui y sont personnellement impliquées.

Art. L. 511-7. — Le statut de réfugié est refusé ou il y est mis fin dans les situations suivantes :

1° Il y a des raisons sérieuses de considérer que la présence en France de la personne concernée constitue une menace grave pour la sûreté de l'État ;

(166) Les articles présentés sont issus du Code de l'entrée et du séjour des étrangers et du droit d'asile tel qu'il résulte de l'ordonnance n° 2020-1733 du 16 décembre 2020 portant partie législative de ce code.

2° La personne concernée a été condamnée en dernier ressort en France, dans un État membre de l'Union européenne ou dans un État tiers figurant sur la liste, fixée par décret en Conseil d'État, des États dont la France reconnaît les législations et juridictions pénales au vu de l'application du droit dans le cadre d'un régime démocratique et des circonstances politiques générales soit pour un crime, soit pour un délit constituant un acte de terrorisme ou puni de dix ans d'emprisonnement, et sa présence constitue une menace grave pour la société française.

Art. L. 511-8. — L'Office français de protection des réfugiés et apatrides met fin, de sa propre initiative ou à la demande de l'autorité administrative, au statut de réfugié lorsque la personne concernée relève de l'une des clauses de cessation prévues à la section C de l'article 1er de la convention de Genève, du 28 juillet 1951. Pour l'application des 5 et 6 de la même section C, le changement dans les circonstances ayant justifié la reconnaissance de la qualité de réfugié doit être suffisamment significatif et durable pour que les craintes du réfugié d'être persécuté ne puissent plus être considérées comme fondées.

L'office met également fin à tout moment, de sa propre initiative ou à la demande de l'autorité administrative, au statut de réfugié dans les cas suivants :

1° Le réfugié aurait dû être exclu du statut de réfugié en application des sections D, E ou F de l'article 1er de la convention de Genève du 28 juillet 1951 ;

2° La décision de reconnaissance de la qualité de réfugié a résulté d'une fraude ;

3° Le réfugié doit, compte tenu de circonstances intervenues après la reconnaissance de cette qualité, en être exclu en application des sections D, E ou F de l'article 1er de la convention de Genève du 28 juillet 1951.

Art. L. 511-9. — Dans les cas prévus aux 1° et 2° de l'article L. 511-8, lorsque la reconnaissance de la qualité de réfugié résulte d'une décision de la Cour nationale du droit d'asile ou du Conseil d'État, la juridiction peut être saisie par l'Office français de protection des réfugiés et apatrides ou par le ministre chargé de l'asile en vue de mettre fin au statut de réfugié. Les modalités de cette procédure sont fixées par décret en Conseil d'État.

La protection subsidiaire

Art. L. 512-1. — Le bénéfice de la protection subsidiaire est accordé à toute personne qui ne remplit pas les conditions pour se voir reconnaître la qualité de réfugié mais pour laquelle il existe des motifs sérieux et avérés de croire qu'elle courrait dans son pays un risque réel de subir l'une des atteintes graves suivantes :

1° La peine de mort ou une exécution ;

2° La torture ou des peines ou traitements inhumains ou dégradants ;

3° S'agissant d'un civil, une menace grave et individuelle contre sa vie ou sa personne en raison d'une violence qui peut s'étendre à des personnes sans considération de leur situation personnelle et résultant d'une situation de conflit armé interne ou international.

Art. L. 512-2. — La protection subsidiaire n'est pas accordée à une personne s'il existe des raisons sérieuses de penser :

1° Qu'elle a commis un crime contre la paix, un crime de guerre ou un crime contre l'humanité ;

2° Qu'elle a commis un crime grave ;

3° Qu'elle s'est rendue coupable d'agissements contraires aux buts et aux principes des Nations unies ;

4° Que son activité sur le territoire constitue une menace grave pour l'ordre public, la sécurité publique ou la sûreté de l'État ;

5° Qu'elle a commis, avant son entrée en France, un ou plusieurs crimes qui ne relèvent pas du champ d'application des 1°, 2°, 3° ou 4° et qui seraient passibles d'une peine de prison s'ils avaient été commis en France, et qu'elle n'a quitté son pays d'origine que dans le but d'échapper à des sanctions résultant de ces crimes.

Les 1° à 3° s'appliquent aux personnes qui sont les instigatrices, les auteurs ou les complices des crimes ou des agissements mentionnés à ces mêmes 1° à 3° ou qui y sont personnellement impliquées.

Art. L. 512-3. — L'Office français de protection des réfugiés et apatrides met fin, de sa propre initiative ou à la demande de l'autorité administrative, au bénéfice de la protection subsidiaire lorsque les circonstances ayant justifié l'octroi de cette protection ont cessé d'exister ou ont connu un changement suffisamment significatif et durable pour que celle-ci ne soit plus requise.

L'office met également fin à tout moment, de sa propre initiative ou à la demande de l'autorité administrative, au bénéfice de la protection subsidiaire dans les cas suivants :

1° Le bénéficiaire de la protection subsidiaire aurait dû être exclu de cette protection pour l'un des motifs prévus à l'article L. 512-2 ;

2° La décision d'octroi de la protection subsidiaire a résulté d'une fraude ;

3° Le bénéficiaire de la protection subsidiaire doit, à raison de faits commis après l'octroi de la protection, en être exclu pour l'un des motifs prévus à l'article L. 512-2.

Par dérogation au premier alinéa, la protection subsidiaire est maintenue lorsque son bénéficiaire justifie de raisons impérieuses tenant à des atteintes graves antérieures pour refuser de se réclamer de la protection de son pays.

Art. L. 512-4. — Dans les cas prévus aux 1° et 2° de l'article L. 512-3, lorsque l'octroi de la protection subsidiaire résulte d'une décision de la Cour nationale du droit d'asile ou du Conseil d'État, la juridiction peut être saisie par l'Office français de protection des réfugiés et apatrides ou par le ministre chargé de l'asile en vue de mettre fin à la protection subsidiaire. Les modalités de cette procédure sont fixées par décret en Conseil d'État.

L'Office français de protection des réfugiés

Art. L. 121-7. — L'Office français de protection des réfugiés et apatrides est un établissement public doté de la personnalité civile et de l'autonomie financière et administrative placé auprès du ministre chargé de l'asile. Il reconnaît la qualité de réfugié ou d'apatride, ou accorde le bénéfice de la protection subsidiaire aux personnes remplissant les conditions mentionnées au titre I ou au chapitre II du titre VIII du livre V.

Il exerce la protection juridique et administrative des réfugiés ainsi que celle des bénéficiaires de la protection subsidiaire ou du statut d'apatride.

L'office exerce en toute impartialité les missions mentionnées ci-dessus et ne reçoit, dans leur accomplissement, aucune instruction.

Art. L. 121-8. — L'Office français de protection des réfugiés et apatrides assure, en liaison avec les autorités administratives compétentes, le respect des garanties fondamentales offertes par le droit national, l'exécution des conventions, accords ou arrangements internationaux intéressant la protection des réfugiés sur le territoire de la République, et notamment la protection prévue par la convention de Genève du 28 juillet 1951 et par le protocole de New York du 31 janvier 1967 relatifs au statut des réfugiés.

Il coopère avec le haut-commissaire des Nations unies pour les réfugiés et facilite sa mission de surveillance dans les conditions prévues par les accords internationaux.

Art. L. 121-9. — L'Office français de protection des réfugiés et apatrides est habilité à délivrer aux réfugiés et bénéficiaires de la protection subsidiaire ou du statut d'apatride, après enquête s'il y a lieu, les pièces nécessaires pour leur permettre soit d'exécuter les divers actes de la vie civile, soit de faire appliquer les dispositions de la législation interne ou des accords internationaux qui intéressent leur protection, notamment les pièces tenant lieu d'actes d'état civil.

Le directeur général de l'office authentifie les actes et documents qui lui sont soumis. Les actes et documents qu'il établit ont la valeur d'actes authentiques.

Ces diverses pièces suppléent à l'absence d'actes et de documents délivrés dans le pays d'origine. Les pièces délivrées par l'office ne sont pas soumises à l'enregistrement ni au droit de timbre.

Art. L. 121-10. — L'anonymat des agents de l'Office français de protection des réfugiés et apatrides chargés de l'instruction des demandes d'asile et de l'entretien personnel mené avec les demandeurs est assuré.

Tous les membres du personnel de l'office sont tenus au secret professionnel en ce qui concerne les renseignements qu'ils auront reçus dans l'exercice de leurs fonctions.

Toutefois, conformément au second alinéa de l'article 40 du code de procédure pénale, le directeur général de l'office transmet au procureur de la République tout renseignement utile ayant conduit au rejet d'une demande d'asile ou d'apatridie motivé par l'une des clauses d'exclusion définies à la section F de l'article 1er de la convention de Genève du 28 juillet 1951, aux 1°, 2° ou 3° de l'article L. 512-2 du présent code ou au iii du 2 de l'article 1er de la convention de New York du 28 septembre 1954.

Art. L. 121-11. — L'Office français de protection des réfugiés et apatrides peut effectuer des missions déconcentrées dans les territoires.

Art. L. 121-12. — L'Office français de protection des réfugiés et apatrides établit chaque année un rapport retraçant son activité, fournissant des données quantitatives et qualitatives présentées par sexe sur la demande d'asile et l'apatridie et présentant les actions de formation délivrées aux agents, notamment en matière de persécutions en raison du sexe et de prise en compte de la vulnérabilité des demandeurs d'asile. Ce rapport est transmis au Parlement et rendu public

La Cour nationale du droit d'asile

Organisation et fonctionnement

Art. L. 131-1. — La Cour nationale du droit d'asile est une juridiction administrative, placée sous l'autorité d'un président, conseiller d'État, désigné par le vice-président du Conseil d'État.

Art. L. 131-2. — La Cour nationale du droit d'asile est saisie des recours formés contre les décisions mentionnées aux articles L. 532-1 et L. 532-4.

Art. L. 131-3. — La Cour nationale du droit d'asile comporte des formations de jugement comprenant chacune :

1° Un président nommé :

a) soit par le vice-président du Conseil d'État parmi les membres du Conseil d'État ou du corps des tribunaux administratifs et des cours administratives d'appel, en activité ou honoraires ou les membres du Conseil d'État ou du corps des tribunaux administratifs et des cours administratives d'appel à la retraite disposant d'une compétence particulière en matière de droit d'asile ;

b) soit par le premier président de la Cour des comptes parmi les magistrats de la Cour des comptes et des chambres régionales des comptes, en activité ou honoraires ou les magistrats de la Cour des comptes ou des chambres régionales des comptes à la retraite disposant d'une compétence particulière en matière de droit d'asile ;

c) soit par le garde des sceaux, ministre de la justice, parmi les magistrats du siège en activité et les magistrats honoraires de l'ordre judiciaire ou les magistrats de l'ordre judiciaire à la retraite disposant d'une compétence particulière en matière de droit d'asile ;

2° Une personnalité qualifiée de nationalité française, nommée par le haut-commissaire des Nations unies pour les réfugiés sur avis conforme du vice-président du Conseil d'État, en raison de ses compétences dans les domaines juridique ou géopolitique ;

3° Une personnalité qualifiée de nationalité française, nommée par le vice-président du Conseil d'État, en raison de ses compétences dans les domaines juridique ou géopolitique.

Tous les membres des formations de jugement participent à plus de douze journées d'audience par an.

Les formations de jugement sont regroupées en chambres elles-mêmes regroupées en sections. Les nombres des sections et chambres sont fixés par arrêté du vice-président du Conseil d'État.

Le président de formation de jugement désigné par le président de la Cour nationale du droit d'asile en application des articles L. 532-6 ou L. 532-7 est nommé soit parmi les magistrats permanents de la cour, soit parmi les magistrats non permanents ayant au moins six mois d'expérience en formation collégiale à la cour.

La durée du mandat des membres de la Cour nationale du droit d'asile est fixée par décret en Conseil d'État.

Les présidents de formation de jugement nommés sur le fondement du 1° du présent article ne peuvent exercer leurs fonctions au-delà de l'âge de soixante-quinze ans.

Art. L. 131-4. — Le rapport d'activité de la Cour nationale du droit d'asile est rendu public. Il comprend notamment des données quantitatives et qualitatives présentées par sexe et les actions de formation des agents et des membres des formations de jugement, en particulier sur les persécutions en raison du sexe.

Compétences

Art. L. 532-1. — La Cour nationale du droit d'asile, dont la nature, les missions et l'organisation sont notamment définies au titre III du livre I, statue sur les recours formés contre les décisions de l'Office français de protection des réfugiés et apatrides prises en application des articles L. 511-1 à L. 511-8, L. 512-1 à L. 512-3, L. 513-1 à L. 513-5, L. 531-1 à L. 531-35, L. 531-41 et L. 531-42.

À peine d'irrecevabilité, ces recours doivent être exercés dans le délai d'un mois à compter de la notification de la décision de l'office, dans des conditions fixées par décret en Conseil d'État.

Art. L. 532-2. — Saisie d'un recours contre une décision de l'Office français de protection des réfugiés et apatrides, la Cour nationale du droit d'asile statue, en qualité de juge de plein contentieux, sur le droit du requérant à une protection au titre de l'asile au vu des circonstances de fait dont elle a connaissance au moment où elle se prononce.

Art. L. 532-3. — La Cour nationale du droit d'asile ne peut annuler une décision de l'Office français de protection des réfugiés et apatrides et lui renvoyer l'examen de la demande d'asile que lorsqu'elle juge que l'office a pris cette décision sans procéder à un examen individuel de la demande ou en se dispensant, en dehors des cas prévus par la loi, d'un entretien personnel avec le demandeur et qu'elle n'est pas en mesure de prendre immédiatement une décision positive sur la demande de protection au vu des éléments établis devant elle.

Il en va de même lorsque la cour estime que le requérant a été dans l'impossibilité de se faire comprendre lors de l'entretien, faute d'avoir pu bénéficier du concours d'un interprète dans la langue qu'il a indiquée dans sa demande d'asile ou dans une autre langue dont il a une connaissance suffisante, et que ce défaut d'interprétariat est imputable à l'office. Le requérant ne peut se prévaloir de ce défaut d'interprétariat que dans le délai de recours et doit indiquer la langue dans laquelle il souhaite être entendu en audience. Si la cour ne peut désigner un interprète dans la langue demandée, l'intéressé est entendu dans une langue dont il est raisonnable de penser qu'il la comprend.

Art. L. 532-4. — La Cour nationale du droit d'asile examine les requêtes qui lui sont adressées par les réfugiés visés par l'une des mesures prévues par les articles 31, 32 et 33 de la convention de Genève du 28 juillet 1951 relative au statut des réfugiés et formule un avis quant au maintien ou à l'annulation de ces mesures. En cette matière, le recours est suspensif d'exécution. Dans ce cas, le droit au recours doit être exercé dans le délai d'une semaine dans des conditions fixées par décret en Conseil d'État.

Nº 68.1 L'entrée et le séjour des ressortissants des États membres de l'Union européenne ou parties à l'accord sur l'Espace économique européen et des ressortissants suisses ainsi que le séjour des membres de leur famille : les dispositions du Code de l'entrée et du séjour des étrangers et du droit d'asile (167)

Les personnes concernées

Art. L. 200-2. — Est citoyen de l'Union européenne toute personne ayant la nationalité d'un État membre.

Les citoyens de l'Union européenne exercent le droit de circuler et de séjourner librement en France qui leur est reconnu par les articles 20 et 21 du traité sur le fonctionnement de l'Union européenne, dans les conditions et limites définies par ce traité et les dispositions prises pour son application.

Art. L. 200-3. — Pour l'application du présent livre, et dans les conditions qu'il prévoit, les ressortissants des États, non membres de l'Union européenne, parties à l'accord sur l'Espace économique européen, ainsi que les ressortissants de la Confédération suisse, sont assimilés aux citoyens de l'Union européenne.

Outre les ressortissants de la Confédération suisse, les ressortissants mentionnés au premier alinéa sont ceux de la République d'Islande, de la Principauté du Liechtenstein et du Royaume de Norvège.

(167) Les articles présentés sont issus du Code de l'entrée et du séjour des étrangers et du droit d'asile tel qu'il résulte de l'ordonnance n° 2020-1733 du 16 décembre 2020 portant partie législative de ce code.

Art. L. 200-4. — Par membre de famille d'un citoyen de l'Union européenne, on entend le ressortissant étranger, quelle que soit sa nationalité, qui relève d'une des situations suivantes :

1° Conjoint du citoyen de l'Union européenne ;

2° Descendant direct âgé de moins de vingt et un ans du citoyen de l'Union européenne ou de son conjoint ;

3° Descendant direct à charge du citoyen de l'Union européenne ou de son conjoint ;

4° Ascendant direct à charge du citoyen de l'Union européenne ou de son conjoint.

Art. L. 200-5. — Par étranger entretenant des liens privés et familiaux avec un citoyen de l'Union européenne on entend le ressortissant étranger, quelle que soit sa nationalité, ne relevant pas de l'article L. 200-4 et qui, sous réserve de l'examen de sa situation personnelle, relève d'une des situations suivantes :

1° Étranger qui est, dans le pays de provenance, membre de famille à charge ou faisant partie du ménage d'un citoyen de l'Union européenne ;

2° Étranger dont le citoyen de l'Union européenne, avec lequel il a un lien de parenté, doit nécessairement et personnellement s'occuper pour des raisons de santé graves ;

3° Étranger qui atteste de liens privés et familiaux durables, autres que matrimoniaux, avec un citoyen de l'Union européenne.

Art. L. 200-6. — Les restrictions au droit de circuler et de séjourner librement en France prononcées à l'encontre de l'étranger dont la situation est régie par le présent livre ne peuvent être motivées que par un comportement qui constitue, du point de vue de l'ordre public et de la sécurité publique, une menace réelle, actuelle et suffisamment grave à l'encontre d'un intérêt fondamental de la société.

Il en va de même lorsque l'étranger dont la situation est régie par le présent livre a fait l'objet d'une peine d'interdiction du territoire, d'une décision d'expulsion, d'une interdiction de circulation sur le territoire français ou d'une interdiction administrative du territoire.

L'entrée en France

Conditions d'admission sur le territoire français

Art. L. 221-1. — Pour entrer en France, les étrangers dont la situation est régie par le présent livre doivent être munis des documents prévus par décret en Conseil d'État.

Art. L. 221-2. — Les étrangers dont la situation est régie par le présent livre qui ne disposent pas des documents d'entrée mentionnés à l'article L. 221-1 se voient accorder tous les moyens raisonnables leur permettant de se les procurer dans un délai raisonnable ou de faire confirmer ou prouver par d'autres moyens leur qualité de bénéficiaires du droit de circuler et de séjourner librement en France, avant qu'il soit procédé à leur refoulement.

Interdiction administrative du territoire

Art. L. 222-1. — L'étranger dont la situation est régie par le présent livre peut, dès lors qu'il ne réside pas habituellement en France et ne se trouve pas sur le territoire national, faire l'objet de la décision d'interdiction administrative du territoire prévue à l'article L. 321-1 lorsque sa présence en France constituerait, en raison de son comportement personnel, du point de vue de l'ordre ou de la sécurité publics, une menace réelle, actuelle et suffisamment grave pour un intérêt fondamental de la société.

Art. L. 222-2. — Lorsque la décision d'interdiction administrative du territoire est notifiée aux étrangers mentionnés à l'article L. 222-1 alors qu'ils sont présents en France, ils bénéficient à compter de cette date d'un délai pour quitter le territoire français qui, sauf urgence, ne peut être inférieur à un mois.

Ils ne peuvent être reconduits d'office à la frontière avant l'expiration de ce délai s'il leur a été accordé.

Séjour en France

Art. L. 231-1. — Les citoyens de l'Union européenne ne sont pas tenus de détenir un titre de séjour. Toutefois, s'ils en font la demande, il leur en est délivré un.

Art. L. 231-2. — Les citoyens de l'Union européenne qui souhaitent établir en France leur résidence habituelle se font enregistrer auprès du maire de leur commune de résidence dans les trois mois suivant leur arrivée. Ceux qui n'ont pas respecté cette obligation d'enregistrement sont réputés résider en France depuis moins de trois mois.

Art. L. 231-3. — Les conditions d'application du présent chapitre sont fixées par décret en Conseil d'État.

Séjour de moins de trois mois

Art. L. 232-1. — Tant qu'ils ne deviennent pas une charge déraisonnable pour le système d'assistance sociale mentionné par la directive 2004/38 du Parlement européen et du Conseil du 29 avril 2004 relatif au droit des citoyens de l'Union et des membres de leurs familles de circuler et de séjourner librement sur le territoire des États membres, les citoyens de l'Union européenne ainsi que les membres de leur famille, tels que définis aux articles L. 200-4 et L. 200-5 et accompagnant ou rejoignant un citoyen de l'Union européenne, ont le droit de séjourner en France pour une durée maximale de trois mois, sans autre condition ou formalité que celles prévues pour l'entrée sur le territoire français.

Les dispositions du premier alinéa sont applicables aux ressortissants étrangers définis à l'article L. 200-5.

Un décret en Conseil d'État fixe les conditions d'application du présent article.

Séjour de plus de trois mois (168)

Art. L. 233-1. — Les citoyens de l'Union européenne ont le droit de séjourner en France pour une durée supérieure à trois mois s'ils satisfont à l'une des conditions suivantes :

1° Ils exercent une activité professionnelle en France ;

2° Ils disposent pour eux et pour leurs membres de famille de ressources suffisantes afin de ne pas devenir une charge pour le système d'assistance sociale, ainsi que d'une assurance maladie ;

3° Ils sont inscrits dans un établissement fonctionnant conformément aux dispositions législatives et réglementaires en vigueur pour y suivre à titre principal des études ou, dans ce cadre, une formation professionnelle, et garantissent disposer

(168) Les articles L.233-1 et l.233-2 dans la rédaction que leur a donnée l'ordonnance n° 2020-1733 du 16 décembre 2020 portant partie législative de ce code, sont annulés, par les décisions n° 450285 et 450288 du 24 février 2022 du Conseil d'Etat statuant au contentieux, en tant qu'ils excluent le droit au séjour de plus de trois mois de l'enfant à charge du citoyen de l'Union européenne qui vient faire des études ou suivre une formation professionnelle en France lorsqu'il n'est pas son descendant direct.

d'une assurance maladie ainsi que de ressources suffisantes pour eux et pour leurs conjoints ou descendants directs à charge qui les accompagnent ou les rejoignent, afin de ne pas devenir une charge pour le système d'assistance sociale ;

4° Ils sont membres de famille accompagnant ou rejoignant un citoyen de l'Union européenne qui satisfait aux conditions énoncées aux 1° ou 2° ;

5° Ils sont le conjoint ou le descendant direct à charge accompagnant ou rejoignant un citoyen de l'Union européenne qui satisfait aux conditions énoncées au 3°.

Art. L. 233-2. — Les ressortissants de pays tiers, membres de famille d'un citoyen de l'Union européenne satisfaisant aux conditions énoncées aux 1° ou 2° de l'article L. 233-1, ont le droit de séjourner sur le territoire français pour une durée supérieure à trois mois.

Il en va de même pour les ressortissants de pays tiers, conjoints ou descendants directs à charge accompagnant ou rejoignant un citoyen de l'Union européenne satisfaisant aux conditions énoncées au 3° de l'article L. 233-1.

Art. L. 233-3. — Les ressortissants étrangers mentionnés à l'article L. 200-5 peuvent se voir reconnaître le droit de séjourner sur l'ensemble du territoire français pour une durée supérieure à trois mois dans les mêmes conditions qu'à l'article L. 233-2.

Art. L. 233-4. — Demeurent soumis à l'obligation de détention d'un titre de séjour durant le temps de validité des mesures transitoires éventuellement prévues en la matière par le traité d'adhésion du pays dont ils sont ressortissants, sauf si ce traité en stipule autrement, les citoyens l'Union européenne qui souhaitent exercer en France une activité professionnelle.

S'ils souhaitent exercer, dans le respect des dispositions de l'article L. 5221-2 du code du travail, une activité salariée dans un métier caractérisé par des difficultés de recrutement et figurant sur une liste établie, au plan national, par l'autorité administrative, ils ne peuvent se voir opposer la situation de l'emploi.

Lorsqu'ils ont achevé avec succès, dans un établissement d'enseignement supérieur habilité au plan national, un cycle de formation conduisant à un diplôme au moins équivalent au master, ils ne sont pas soumis à la détention d'un titre de séjour pour exercer une activité professionnelle en France.

Art. L. 233-5. — Sauf application des mesures transitoires prévues par le traité d'adhésion du pays dont ils sont ressortissants, les ressortissants de pays tiers mentionnés aux articles L. 200-4 ou L. 200-5 âgés de plus de dix-huit ans ou, lorsqu'ils souhaitent exercer une activité professionnelle, d'au moins seize ans, doivent être munis d'un titre de séjour. Ce titre, dont la durée de validité correspond à la durée de séjour envisagée du citoyen de l'Union européenne qu'il accompagne ou rejoint dans la limite de cinq années, porte la mention « Carte de séjour de membre de la famille d'un citoyen de l'Union » et donne à son titulaire le droit d'exercer une activité professionnelle.

Art. L. 233-6. — Les conditions d'application du présent chapitre sont fixées par décret en Conseil d'État.

Droit au séjour permanent

Art. L. 234-1. — Les citoyens de l'Union européenne mentionnés à l'article L. 233-1 qui ont résidé de manière légale et ininterrompue en France pendant les cinq années précédentes acquièrent un droit au séjour permanent sur l'ensemble du territoire français.

Les ressortissants de pays tiers, membres de famille, acquièrent également un droit au séjour permanent sur l'ensemble du territoire français à condition qu'ils aient résidé en France de manière légale et ininterrompue pendant les cinq années précédentes avec le citoyen de l'Union européenne mentionné au premier alinéa. Une carte de séjour d'une durée de validité de dix ans renouvelable de plein droit leur est délivrée.

Art. L. 234-2. — Une absence du territoire français pendant une période de plus de deux années consécutives fait perdre à son titulaire le bénéfice du droit au séjour permanent.

Art. L. 234-3. — Les citoyens de l'Union européenne ayant cessé leur activité professionnelle en France et les membres de leur famille peuvent acquérir le droit au séjour permanent dans des conditions dérogatoires au délai de cinq ans et celles relatives à la continuité de séjour, de l'article L. 234-1, selon des modalités fixées par décret en Conseil d'État.

Refus de séjour

Art. L. 235-1. — Les étrangers dont la situation est régie par le présent livre qui ne peuvent justifier d'un droit au séjour en application du présent titre peuvent faire l'objet, selon le cas, d'une décision de refus de séjour, d'un refus de délivrance ou de renouvellement d'une carte de séjour ou d'un retrait de celle-ci ainsi que d'une décision d'éloignement, conformément au titre IV. Les conditions d'application du présent article sont fixées par décret en Conseil d'État.

N° 68.2 L'ouverture de la fonction publique française aux ressortissants des États membres de l'Union européenne : les articles L.321-2, L.321-3 et L.513-16 du Code général de la fonction publique (169)

Art. L.321-2 — L'accès aux corps, cadres d'emplois et emplois est ouvert, dans les conditions prévues au présent code, aux ressortissants

1° D'un État membre de l'Union européenne ;

2° D'un État partie à l'accord sur l'Espace économique européen ;

3° De la Principauté d'Andorre ;

4° D'un État pour lequel un accord ou une convention en vigueur l'a prévu.

Toutefois, les intéressés n'ont pas accès aux emplois et ne peuvent en aucun cas se voir conférer des fonctions dont les attributions ne sont pas séparables de l'exercice de la souveraineté ou comportent une participation directe ou indirecte à l'exercice de prérogatives de puissance publique de l'État ou des autres collectivités publiques.

Les statuts particuliers précisent, en tant que de besoin, les conditions dans lesquelles un fonctionnaire ne possédant pas la nationalité française peut être nommé dans un organe consultatif dont les avis ou les propositions s'imposent à l'autorité investie du pouvoir de décision.

Art. L.321-3 — Le ressortissant d'un État mentionné à l'article L. 321-2 ne peut avoir la qualité de fonctionnaire :

1° S'il ne jouit pas de ses droits civiques dans l'État dont il est ressortissant ;

2° S'il a subi une condamnation incompatible avec l'exercice des fonctions ;

3° S'il ne se trouve pas en position régulière au regard des obligations de service national de l'État dont il est ressortissant ;

(169) Ces articles sont issus de l'ordonnance n° 2021-1574 du 24 novembre 2021 portant partie législative du code général de la fonction publique.

4° Le cas échéant, s'il ne remplit pas, compte tenu des possibilités de compensation du handicap, les conditions de santé particulières exigées pour l'exercice de certaines fonctions relevant du corps ou du cadre d'emplois auxquels il a accès en raison des risques particuliers que ces fonctions comportent pour les agents ou pour les tiers et des sujétions que celles-ci impliquent. Les statuts particuliers fixent la liste de ces fonctions ainsi que les règles générales suivant lesquelles les conditions de santé particulières sont appréciées.

Art. L.513-16 — Les emplois mentionnés à l'article L. 311-1 peuvent être occupés par voie de détachement, dans des conditions et pour une durée déterminées par décret en Conseil d'État, par des agents relevant d'une fonction publique d'un État membre de l'Union européenne ou d'un État partie à l'accord sur l'Espace économique européen, lorsque leurs attributions soit sont séparables de l'exercice de la souveraineté, soit ne comportent aucune participation directe ou indirecte à l'exercice de prérogatives de puissance publique de l'État ou des autres collectivités publiques.

N° 68.3 L'exercice par les citoyens de l'Union européenne du droit de vote et d'éligibilité aux élections au Parlement européen : l'article 2-1 de la loi modifiée n° 77-729 du 7 juillet 1977 relative à l'élection des représentants au Parlement européen

Art. 2-1. — Les ressortissants d'un État membre de l'Union européenne autre que la France résidant sur le territoire français peuvent participer à l'élection des représentants de la France au Parlement européen dans les mêmes conditions que les électeurs français, sous réserve des modalités particulières prévues, en ce qui les concerne, par la présente loi.

Les personnes visées au premier alinéa sont considérées comme résidant en France si elles y ont leur domicile réel ou si leur résidence y a un caractère continu.

N° 68.4 L'exercice par les citoyens de l'Union européenne résidant en France du droit de vote et d'éligibilité aux élections municipales : les dispositions du Code électoral et du Code général des collectivités territoriales

Art. LO 227-1. — Les citoyens de l'Union européenne résidant en France, autres que les citoyens français, peuvent participer à l'élection des conseillers municipaux dans les mêmes conditions que les électeurs français, sous réserve des dispositions de la présente section.

Les personnes mentionnées au premier alinéa sont considérées comme résidant en France si elles y ont leur domicile réel ou si leur résidence y a un caractère continu.

Pour l'application de la présente section, l'élection des membres du Conseil de Paris est assimilée à celle des conseillers municipaux.

Art. LO 227-2. — Pour exercer leur droit de vote, les personnes visées à l'article LO 227-l doivent être inscrites, à leur demande, sur une liste électorale complémentaire.

Elles peuvent demander leur inscription si elles jouissent de leur capacité électorale dans leur État d'origine et si elles remplissent les conditions légales autres que la nationalité française pour être électeurs et être inscrites sur une liste électorale en France.

Art. LO 227-3. — Pour chaque bureau de vote, la liste électorale complémentaire est dressée et révisée par les autorités compétentes pour dresser et réviser la liste électorale.

Les dispositions des articles L. 10 et L. 11, L. 15 à L. 17, L. 18 à L. 41 et L. 43, dans leur rédaction en vigueur à la date de publication de la loi organique n° 98-404 du 25 mai 1998, qui sont relatives à l'établissement des listes électorales et au contrôle de leur régularité sont applicables à l'établissement des listes électorales complémentaires et au contrôle de leur régularité. Les droits conférés par ces articles aux nationaux français sont exercés par les personnes mentionnées à l'article LO 227-1.

En sus des indications prescrites par les articles L. 18 et L. 19, la liste électorale complémentaire mentionne la nationalité des personnes qui y figurent.

Les recours prévus au deuxième alinéa de l'article L. 25 peuvent être exercés par les électeurs français et par les personnes inscrites sur la liste électorale complémentaire tant en ce qui concerne la liste électorale que la liste électorale complémentaire.

Art. LO 227-4. — Outre les justifications exigibles des ressortissants français, le ressortissant d'un État de l'Union européenne autre que la France produit, à l'appui de sa demande d'inscription sur une liste électorale complémentaire, un document d'identité en cours de validité et une déclaration écrite précisant :

a) sa nationalité ;

b) son adresse sur le territoire de la République ;

c) qu'il n'est pas déchu du droit de vote dans l'État dont il est ressortissant.

Art. LO 227-5. — Est puni d'un an d'emprisonnement et de 15 000 euros d'amende :

a) Le fait de s'être fait inscrire sur la liste électorale complémentaire sous une fausse résidence, sous de faux noms ou de fausses qualités, ou d'avoir dissimulé, en se faisant inscrire, une incapacité électorale dans l'État dont on est ressortissant ;

b) Le fait d'avoir demandé et obtenu son inscription sur plusieurs listes électorales complémentaires ;

c) Toute fraude dans la délivrance ou la production d'un certificat d'inscription ou de radiation des listes électorales complémentaires ;

d) Le fait de s'être fait inscrire sur une liste électorale complémentaire ou d'avoir tenté de le faire, à l'aide de déclarations frauduleuses ou de faux certificats, et de faire indûment inscrire ou radier ou de tenter de le faire, à l'aide des mêmes moyens, une autre personne.

Art. LO 228-1. — Sont en outre éligibles au conseil municipal ou au conseil de Paris les ressortissants des États membres de l'Union européenne autres que la France qui :

a) soit sont inscrits sur la liste électorale complémentaire de la commune ;

b) soit remplissent les conditions légales autres que la nationalité française pour être électeurs et être inscrits sur une liste électorale complémentaire en France et sont inscrits au rôle d'une des contributions directes de la commune ou justifient qu'ils devaient y être inscrits au 1 de l'année de l'élection.

Art. LO 230-2. — Ne peuvent être conseillers municipaux ni membres du conseil de Paris les ressortissants des États membres de l'Union européenne autres que la France déchus du droit d'éligibilité dans leur État d'origine.

Du collège électoral sénatorial

Art. LO 286-1. — Les conseillers municipaux et les membres du conseil de Paris qui n'ont pas la nationalité française ne peuvent ni être membres à un titre quelconque du collège électoral sénatorial ni participer à l'élection à ce collège de délégués, de délégués supplémentaires et de suppléants.

....

Des fonctions de maire et d'adjoint
(Code général des collectivités territoriales)

Art. LO 2122-4-1. — Le conseiller municipal qui n'a pas la nationalité française ne peut être élu maire ou adjoint, ni en exercer même temporairement les fonctions.

E. Le respect de la vie privée

1. Le principe du respect de la vie privée

N° 69.1 Le droit au respect de la vie privée : l'article 9 du Code civil

Art. 9. — Chacun a droit au respect de sa vie privée.

Les juges peuvent, sans préjudice de la réparation du dommage subi, prescrire toutes mesures, telles que séquestre, saisie et autres, propres à empêcher ou faire cesser une atteinte à l'intimité de la vie privée ; ces mesures peuvent, s'il y a urgence, être ordonnées en référé.

N° 69.2 Le mariage pour tous : l'article 143 du Code civil (170)

Art. 143. — Le mariage est contracté par deux personnes de sexe différent ou de même sexe.

N° 69.3 La répression des atteintes à la vie privée et à la représentation de la personne : les articles 226-1 à 226-9 du Code pénal (171)

Art. 226-1. — Est puni d'un an d'emprisonnement et de 45 000 euros d'amende le fait, au moyen d'un procédé quelconque, volontairement de porter atteinte à l'intimité de la vie privée d'autrui :

1° En captant, enregistrant ou transmettant, sans le consentement de leur auteur, des paroles prononcées à titre privé ou confidentiel ;

---

(170) Cet article est issu d'une nouvelle rédaction réalisée par la loi n° 2013-404 du 17 mai 2013 ouvrant le mariage aux couples de personnes de même sexe. Cette loi a été déclarée conforme à la Constitution par la décision du Conseil constitutionnel n° 2013-669 du 17 mai 2013. Voir aussi le décret n° 2013-429 du 24 mai 2013 portant application de la loi n° 2013-404 du 17 mai 2013 modifiant diverses dispositions relatives à l'état civil et du Code de procédure civile.

(171) Les articles présentés sont à jour des modifications introduites dans les lois n° 2013-1168 du 18 décembre 2013 relative à la programmation militaire pour les années 2014 à 2019 et portant diverses dispositions concernant la défense et la sécurité nationale, n° 2014-366 du 24 mars 2014, n° 2015-912 du 24 juillet 2015 relative au renseignement, n° 2016-731 du 3 juin 2016 renforçant la lutte contre le crime organisé, le terrorisme et leur financement, et améliorant l'efficacité et les

2° En fixant, enregistrant ou transmettant, sans le consentement de celle-ci, l'image d'une personne se trouvant dans un lieu privé.

3° En captant, enregistrant ou transmettant, par quelque moyen que ce soit, la localisation en temps réel ou en différé d'une personne sans le consentement de celle-ci.

Lorsque les actes mentionnés aux 1° et 2° du présent article ont été accomplis au vu et au su des intéressés sans qu'ils s'y soient opposés, alors qu'ils étaient en mesure de le faire, le consentement de ceux-ci est présumé.

Lorsque les actes mentionnés au présent article ont été accomplis sur la personne d'un mineur, le consentement doit émaner des titulaires de l'autorité parentale.

Lorsque les faits sont commis par le conjoint ou le concubin de la victime ou le partenaire lié à la victime par un pacte civil de solidarité, les peines sont portées à deux ans d'emprisonnement et à 60 000 euros d'amende.

Art. 226-2. — Est puni des mêmes peines le fait de conserver, porter ou laisser porter la connaissance du public ou d'un tiers ou d'utiliser de quelque manière que ce soit tout enregistrement ou document obtenu à l'aide de l'un des actes prévus par l'article 226-1.

Lorsque le délit prévu par l'alinéa précédent est commis par la voie de la presse écrite ou audiovisuelle, les dispositions particulières des lois qui régissent ces matières sont applicables en ce qui concerne la détermination des personnes responsables.

Art. 226-2-1. — Lorsque les délits prévus aux articles 226-1 et 226-2 portent sur des paroles ou des images présentant un caractère sexuel prises dans un lieu public ou privé, les peines sont portées à deux ans d'emprisonnement et à 60 000 € d'amende.

Est puni des mêmes peines le fait, en l'absence d'accord de la personne pour la diffusion, de porter à la connaissance du public ou d'un tiers tout enregistrement ou tout document portant sur des paroles ou des images présentant un caractère sexuel, obtenu, avec le consentement exprès ou présumé de la personne ou par elle-même, à l'aide de l'un des actes prévus à l'article 226-1.

Art. 226-3. — Est puni de cinq ans d'emprisonnement et de 300 000 € d'amende :

1° La fabrication, l'importation, la détention, l'exposition, l'offre, la location ou la vente d'appareils ou de dispositifs techniques de nature à permettre la réalisation d'opérations pouvant constituer l'infraction prévue par le deuxième alinéa de l'article 226-15 ou qui, conçus pour la détection à distance des conversations, permettent de réaliser l'infraction prévue par l'article 226-1 ou ayant pour objet la captation de données informatiques prévue aux articles 706-102-1 du code de procédure pénale et L. 853-2 du code de la sécurité intérieure et figurant sur une liste dressée dans des conditions fixées par décret en Conseil d'État, lorsque ces faits sont commis, y compris par négligence, en l'absence d'autorisation ministérielle dont les conditions d'octroi sont fixées par ce même décret ou sans respecter les conditions fixées par cette autorisation ;

2° Le fait de réaliser une publicité en faveur d'un appareil ou d'un dispositif technique susceptible de permettre la réalisation des infractions prévues par l'article 226-1 et le deuxième alinéa de l'article 226-15 lorsque cette publicité constitue une incitation

---

garanties de la procédure pénale, n° 2016-1321 du 7 octobre 2016 pour une République numérique, n° 2018-703 du 3 août 2018 renforçant la lutte contre les violences sexuelles et sexistes, n° 2019-810 du 1er août 2019 visant à préserver les intérêts de la défense et de la sécurité nationale de la France dans le cadre de l'exploitation des réseaux radioélectriques mobiles et n° 2020-936 du 30 juillet 2020 visant à protéger les victimes de violences conjugales.

à commettre cette infraction ou ayant pour objet la captation de données informatiques prévue aux articles 706-102-1 du code de procédure pénale et L. 853-2 du code de la sécurité intérieure lorsque cette publicité constitue une incitation à en faire un usage frauduleux.

Le présent article n'est pas applicable à la détention ou à l'acquisition par les opérateurs mentionnés à l'article L. 1332-1 du code de la défense, ainsi désignés en vertu de leur activité d'exploitant d'un réseau de communications électroniques ouvert au public, des appareils soumis à une autorisation du Premier ministre en application de la section 7 du chapitre II du titre Ier du livre II du code des postes et des communications électroniques.

Art. 226-3-1. — Le fait d'user de tout moyen afin d'apercevoir les parties intimes d'une personne que celle-ci, du fait de son habillement ou de sa présence dans un lieu clos, a caché à la vue des tiers, lorsqu'il est commis à l'insu ou sans le consentement de la personne, est puni d'un an d'emprisonnement et de 15 000 € d'amende.

Les faits mentionnés au premier alinéa sont punis de deux ans d'emprisonnement et de 30 000 € d'amende :

1° Lorsqu'ils sont commis par une personne qui abuse de l'autorité que lui confèrent ses fonctions ;

2° Lorsqu'ils sont commis sur un mineur ;

3° Lorsqu'ils sont commis sur une personne dont la particulière vulnérabilité, due à son âge, à une maladie, à une infirmité, à une déficience physique ou psychique ou à un état de grossesse, est apparente ou connue de leur auteur ;

4° Lorsqu'ils sont commis par plusieurs personnes agissant en qualité d'auteur ou de complice ;

5° Lorsqu'ils sont commis dans un véhicule affecté au transport collectif de voyageurs ou dans un lieu destiné à l'accès à un moyen de transport collectif de voyageurs ;

6° Lorsque des images ont été fixées, enregistrées ou transmises.

Art. 226-4. — L'introduction dans le domicile d'autrui à l'aide de manœuvres, menaces, voies de fait ou contrainte, hors les cas où la loi le permet, est puni d'un an d'emprisonnement et de 15 000 € d'amende.

Le maintien dans le domicile d'autrui à la suite de l'introduction mentionnée au premier alinéa, hors les cas où la loi le permet, est puni des mêmes peines.

Art. 226-4-1. — Le fait d'usurper l'identité d'un tiers ou de faire usage d'une ou plusieurs données de toute nature permettant de l'identifier en vue de troubler sa tranquillité ou celle d'autrui, ou de porter atteinte à son honneur ou à sa considération, est puni d'un an d'emprisonnement et de 15 000 € d'amende.

Cette infraction est punie des mêmes peines lorsqu'elle est commise sur un réseau de communication au public en ligne.

Lorsqu'ils sont commis par le conjoint ou le concubin de la victime ou par le partenaire lié à la victime par un pacte civil de solidarité, ces faits sont punis de deux ans d'emprisonnement et de 30 000 euros d'amende.

Art. 226-4-2. — Le fait de forcer un tiers à quitter le lieu qu'il habite sans avoir obtenu le concours de l'État dans les conditions prévues à l'article L. 153-1 du Code des procédures civiles d'exécution, à l'aide de manœuvres, menaces, voies de fait ou contraintes, est puni de trois ans d'emprisonnement et de 30 000 € d'amende.

Art. 226-5. — La tentative des infractions prévues par la présente section est punie des mêmes peines.

Art. 226-6. — Dans les cas prévus par les articles 226-1 et 226-2, l'action publique ne peut être exercée que sur plainte de la victime, de son représentant légal ou de ses ayants droit.

Art. 226-7. — Les personnes morales déclarées responsables pénalement, dans les conditions prévues par l'article 121-2, des infractions définies à la présente section encourent, outre l'amende suivant les modalités prévues par l'article 131-38 :

1° (abrogé) ;

2° l'interdiction, à titre définitif ou pour une durée de cinq ans au plus, d'exercer directement ou indirectement l'activité professionnelle ou sociale dans l'exercice ou à l'occasion de l'exercice de laquelle l'infraction a été commise ;

3° l'affichage ou la diffusion de la décision prononcée, dans les conditions prévues par l'article 131-35.

Section II

De l'atteinte à la représentation de la personne

Art. 226-8. — Est puni d'un an d'emprisonnement et de 15 000 € d'amende le fait de publier, par quelque voie que ce soit, le montage réalisé avec les paroles ou l'image d'une personne sans son consentement, s'il n'apparaît pas à l'évidence qu'il s'agit d'un montage ou s'il n'en est pas expressément fait mention.

Lorsque le délit prévu par l'alinéa précédent est commis par la voie de la presse écrite ou audiovisuelle, les dispositions particulières des lois qui régissent ces matières sont applicables en ce qui concerne la détermination des personnes responsables.

Art. 226-9. — Les articles 226-5 et 226-7 sont applicables à la présente section.

N° 69.4 Le respect de la vie privée et le recueil de renseignement : l'article L. 801-1 du Code de la sécurité intérieure [172]

Art. L. 801-1. — Le respect de la vie privée, dans toutes ses composantes, notamment le secret des correspondances, la protection des données personnelles et l'inviolabilité du domicile, est garanti par la loi. L'autorité publique ne peut y porter atteinte que dans les seuls cas de nécessité d'intérêt public prévus par la loi, dans les limites fixées par celle-ci et dans le respect du principe de proportionnalité.

L'autorisation et la mise en œuvre sur le territoire national des techniques de recueil de renseignement mentionnées aux chapitres Ier à III du titre V du présent livre ne peuvent être décidées que si :

1° Elles procèdent d'une autorité ayant légalement compétence pour le faire ;

2° Elles résultent d'une procédure conforme au titre II du même livre ;

3° Elles respectent les missions confiées aux services mentionnés à l'article L. 811-2 ou aux services désignés par le décret en Conseil d'État prévu à l'article L. 811-4 ;

(172) Créé par la loi n° 2015-912 du 24 juillet 2015 relative au renseignement.

4° Elles sont justifiées par les menaces, les risques et les enjeux liés aux intérêts fondamentaux de la Nation mentionnés à l'article L. 811-3 ;

5° Les atteintes qu'elles portent au respect de la vie privée sont proportionnées aux motifs invoqués.

La Commission nationale de contrôle des techniques de renseignement s'assure, dans les conditions prévues au présent livre, du respect de ces principes. Le Conseil d'État statue sur les recours formés contre les décisions relatives à l'autorisation et à la mise en œuvre de ces techniques et ceux portant sur la conservation des renseignements collectés.

2. L'inviolabilité du domicile

N° 70.1 La sanction de la violation de domicile : l'article 226-4 du Code pénal [173]

Art. 226-4. — L'introduction dans le domicile d'autrui à l'aide de manœuvres, menaces, voies de fait ou contrainte, hors les cas où la loi le permet, est puni d'un an d'emprisonnement et de 15 000 euros d'amende.

Le maintien dans le domicile d'autrui à la suite de l'introduction mentionnée au premier alinéa, hors les cas où la loi le permet, est puni des mêmes peines.

N° 70.2 Les atteintes à l'inviolabilité du domicile : l'article 432-8 du Code pénal

Art. 432-8. — Le fait, par une personne dépositaire de l'autorité publique ou chargée d'une mission de service public, agissant dans l'exercice ou à l'occasion de l'exercice de ses fonctions ou de sa mission, de s'introduire ou de tenter de s'introduire dans le domicile d'autrui contre le gré de celui-ci hors les cas prévus par la loi est puni de deux ans d'emprisonnement et de 30 000 euros d'amendes.

(173) Pour mémoire, il est important de se reporter à l'article 76 de la Constitution du 22 frimaire an VIII : « La maison de toute personne habitant le territoire français est un asile inviolable. Pendant la nuit, nul n'a le droit d'y entrer que dans le cas d'incendie, d'inondation ou de réclamation faite de l'intérieur de la maison. Pendant le jour, on peut y entrer pour un objet spécial déterminé ou par une loi, ou par un ordre émané d'une autorité publique. » L'article présenté est à jour des modifications introduites par la loi n° 2015-714 du 24 juin 2015 tendant à préciser l'infraction de violation de domicile.

N° 71.1 Les perquisitions dans le cadre des enquêtes relatives aux crimes et délits flagrants : les articles 56 à 59 du Code de procédure pénale [174]

Art. 56. — Si la nature du crime est telle que la preuve en puisse être acquise par la saisie des papiers, documents, données informatiques ou autres objets en la possession des personnes qui paraissent avoir participé au crime ou détenir des pièces, informations ou objets relatifs aux faits incriminés, l'officier de police judiciaire se transporte sans désemparer au domicile de ces derniers pour y procéder à une perquisition dont il dresse procès-verbal. L'officier de police judiciaire peut également se transporter en tous lieux dans lesquels sont susceptibles de se trouver des biens dont la confiscation est prévue à l'article 131-21 du code pénal, pour y procéder à une perquisition aux fins de saisie de ces biens ; si la perquisition est effectuée aux seules fins de rechercher et de saisir des biens dont la confiscation est prévue par les cinquième et sixième alinéas de ce même article, elle doit être préalablement autorisée par le procureur de la République. Lorsque l'enquête porte sur des infractions de violences, l'officier de police judiciaire peut, d'office ou sur instructions du procureur de la République, procéder à la saisie des armes qui sont détenues par la personne suspectée ou dont celle-ci a la libre disposition, quel que soit le lieu où se trouvent ces armes.

Il a seul, avec les personnes désignées à l'article 57 du présent code, les fonctionnaires et agents agissant dans les conditions prévues au troisième alinéa de l'article 28 et celles auxquelles il a éventuellement recours en application de l'article 60, le droit de prendre connaissance des papiers, documents ou données informatiques avant de procéder à leur saisie.

Toutefois, sans préjudice de l'application des articles 56-1 à 56-5, il a l'obligation de provoquer préalablement toutes mesures utiles pour que soit assuré le respect du secret professionnel et des droits de la défense.

Tous objets et documents saisis sont immédiatement inventoriés et placés sous scellés. Cependant, si leur inventaire sur place présente des difficultés, ils font l'objet de scellés fermés provisoires jusqu'au moment de leur inventaire et de leur mise sous scellés définitifs et ce, en présence des personnes qui ont assisté à la perquisition suivant les modalités prévues à l'article 57.

Il est procédé à la saisie des données informatiques nécessaires à la manifestation de la vérité en plaçant sous-main de justice soit le support physique de ces données, soit une copie réalisée en présence des personnes qui assistent à la perquisition.

Si une copie est réalisée, il peut être procédé, sur instruction du procureur de la République, à l'effacement définitif, sur le support physique qui n'a pas été placé sous main de justice, des données informatiques dont la détention ou l'usage est illégal ou dangereux pour la sécurité des personnes ou des biens.

---

(174) Les articles présentés sont à jour des dernières modifications intervenues depuis les lois n° 2016-731 du 3 juin 2016 renforçant la lutte contre le crime organisé, le terrorisme et leur financement, et améliorant l'efficacité et les garanties de la procédure pénale, n° 2017-55 du 20 janvier 2017 portant statut général des autorités administratives indépendantes et des autorités publiques indépendantes, l'ordonnance n° 2019-964 du 18 septembre 2019 prise en application de la loi n° 2019-222 du 23 mars 2019 de programmation 2018-2022 et de réforme pour la justice et les lois n° 2020-1672 du 24 décembre 2020 relative au Parquet européen, à la justice environnementale et à la justice pénale spécialisée et n° 2021-1729 du 22 décembre 2021 pour la confiance dans l'institution judiciaire.

Avec l'accord du procureur de la République, l'officier de police judiciaire ne maintient que la saisie des objets, documents et données informatiques utiles à la manifestation de la vérité, ainsi que des biens dont la confiscation est prévue à l'article 131-21 du code pénal.

Le procureur de la République peut également, lorsque la saisie porte sur des espèces, lingots, effets ou valeurs dont la conservation en nature n'est pas nécessaire à la manifestation de la vérité ou à la sauvegarde des droits des personnes intéressées, autoriser leur dépôt à la Caisse des dépôts et consignations ou à la Banque de France ou sur un compte ouvert auprès d'un établissement bancaire par l'Agence de gestion et de recouvrement des avoirs saisis et confisqués.

Lorsque la saisie porte sur des billets de banque ou pièces de monnaie libellés en euros contrefaisants, l'officier de police judiciaire doit transmettre, pour analyse et identification, au moins un exemplaire de chaque type de billets ou pièces suspectés faux au centre d'analyse national habilité à cette fin. Le centre d'analyse national peut procéder à l'ouverture des scellés. Il en dresse inventaire dans un rapport qui doit mentionner toute ouverture ou réouverture des scellés. Lorsque les opérations sont terminées, le rapport et les scellés sont déposés entre les mains du greffier de la juridiction compétente. Ce dépôt est constaté par procès-verbal.

Les dispositions du précédent alinéa ne sont pas applicables lorsqu'il n'existe qu'un seul exemplaire d'un type de billets ou de pièces suspectés faux, tant que celui-ci est nécessaire à la manifestation de la vérité.

Si elles sont susceptibles de fournir des renseignements sur les objets, documents et données informatiques saisis, les personnes présentes lors de la perquisition peuvent être retenues sur place par l'officier de police judiciaire le temps strictement nécessaire à l'accomplissement de ces opérations.

Art. 56-1. — Les perquisitions dans le cabinet d'un avocat ou à son domicile ne peuvent être effectuées que par un magistrat et en présence du bâtonnier ou de son délégué, à la suite d'une décision écrite et motivée prise par le juge des libertés et de la détention saisi par ce magistrat, qui indique la nature de l'infraction ou des infractions sur lesquelles portent les investigations, les raisons justifiant la perquisition, l'objet de celle-ci et sa proportionnalité au regard de la nature et de la gravité des faits. Le contenu de cette décision est porté à la connaissance du bâtonnier ou de son délégué dès le début de la perquisition par le magistrat effectuant celle-ci. Celui-ci et le bâtonnier ou son délégué ont seuls le droit de consulter ou de prendre connaissance des documents ou des objets se trouvant sur les lieux préalablement à leur éventuelle saisie. Lorsque la perquisition est justifiée par la mise en cause de l'avocat, elle ne peut être autorisée que s'il existe des raisons plausibles de le soupçonner d'avoir commis ou tenté de commettre, en tant qu'auteur ou complice, l'infraction qui fait l'objet de la procédure ou une infraction connexe au sens de l'article 203. Aucune saisie ne peut concerner des documents ou des objets relatifs à d'autres infractions que celles mentionnées dans la décision précitée. Les dispositions du présent alinéa sont édictées à peine de nullité.

Le magistrat qui effectue la perquisition veille à ce que les investigations conduites ne portent pas atteinte au libre exercice de la profession d'avocat et à ce qu'aucun document relevant de l'exercice des droits de la défense et couvert par le secret professionnel de la défense et du conseil, prévu à l'article 66-5 de la loi n° 71-1130 du 31 décembre 1971 portant réforme de certaines professions judiciaires et juridiques, ne soit saisi et placé sous scellé.

Le bâtonnier ou son délégué peut s'opposer à la saisie d'un document ou d'un objet s'il estime que cette saisie serait irrégulière. Le document ou l'objet doit alors être placé sous scellé fermé. Ces opérations font l'objet d'un procès-verbal mentionnant les objections du bâtonnier ou de son délégué, qui n'est pas joint au dossier de la procédure. Si d'autres documents ou d'autres objets ont été saisis au cours de la perquisition sans soulever de contestation, ce procès-verbal est distinct de celui prévu par l'article 57. Ce procès-verbal ainsi que le document ou l'objet placé sous scellé fermé sont transmis sans délai au juge des libertés et de la détention, avec l'original ou une copie du dossier de la procédure.

Dans les cinq jours de la réception de ces pièces, le juge des libertés et de la détention statue sur la contestation par ordonnance motivée.

À cette fin, il entend le magistrat qui a procédé à la perquisition et, le cas échéant, le procureur de la République, ainsi que l'avocat au cabinet ou au domicile duquel elle a été effectuée et le bâtonnier ou son délégué. Il peut ouvrir le scellé en présence de ces personnes.

S'il estime qu'il n'y a pas lieu à saisir le document ou l'objet, le juge des libertés et de la détention ordonne sa restitution immédiate, ainsi que la destruction du procès-verbal des opérations et, le cas échéant, la cancellation de toute référence à ce document, à son contenu ou à cet objet qui figurerait dans le dossier de la procédure.

Dans le cas contraire, il ordonne le versement du scellé et du procès-verbal au dossier de la procédure. Cette décision n'exclut pas la possibilité ultérieure pour les parties de demander la nullité de la saisie devant, selon les cas, la juridiction de jugement ou la chambre de l'instruction.

La décision du juge des libertés et de la détention peut faire l'objet d'un recours suspensif dans un délai de vingt-quatre heures, formé par le procureur de la République, l'avocat ou le bâtonnier ou son délégué devant le président de la chambre de l'instruction. Celui-ci statue dans les cinq jours suivant sa saisine, selon la procédure prévue au cinquième alinéa du présent article.

Ce recours peut également être exercé par l'administration ou l'autorité administrative compétente.Les dispositions du présent article sont également applicables aux perquisitions effectuées dans les locaux de l'ordre des avocats ou des caisses de règlement pécuniaire des avocats. Dans ce cas, les attributions confiées au juge des libertés et de la détention sont exercées par le président du tribunal judiciaire qui doit être préalablement avisé de la perquisition. Il en est de même en cas de perquisition au cabinet ou au domicile du bâtonnier.

Les dispositions du présent article sont également applicables aux perquisitions ou visites domiciliaires effectuées, sur le fondement d'autres codes ou de lois spéciales, dans le cabinet d'un avocat ou à son domicile ou dans les locaux mentionnés à l'avant-dernier alinéa.

Art. 56-1-1. — Lorsque, à l'occasion d'une perquisition dans un lieu autre que ceux mentionnés à l'article 56-1, il est découvert un document mentionné au deuxième alinéa du même article 56-1, la personne chez qui il est procédé à ces opérations peut s'opposer à la saisie de ce document. Le document doit alors être placé sous scellé fermé et faire l'objet d'un procès-verbal distinct de celui prévu à l'article 57. Ce procès-verbal ainsi que le document placé sous scellé fermé sont transmis sans délai au juge des libertés et de la détention, avec l'original ou une copie du dossier de la procédure. Les quatrième à neuvième alinéas de l'article 56-1 sont alors applicables.

Art. 56-1-2. — Dans les cas prévus aux articles 56-1 et 56-1-1, sans préjudice des prérogatives du bâtonnier ou de son délégué prévues à l'article 56-1 et des droits de la personne perquisitionnée prévus à l'article 56-1-1, le secret professionnel du conseil n'est pas opposable aux mesures d'enquête ou d'instruction lorsque celles-ci sont relatives aux infractions mentionnées aux articles 1741 et 1743 du Code général des impôts et aux articles 421-2-2,433-1,433-2 et 435-1 à 435-10 du Code pénal ainsi qu'au blanchiment de ces délits, sous réserve que les consultations, correspondances ou pièces détenues ou transmises par l'avocat ou son client établissent la preuve de leur utilisation aux fins de commettre ou de faciliter la commission desdites infractions.

Art. 56-2. — Les perquisitions dans les locaux d'une entreprise de presse, d'une entreprise de communication audiovisuelle, d'une entreprise de communication au public en ligne, d'une agence de presse, dans les véhicules professionnels de ces entreprises ou agences ou au domicile d'un journaliste lorsque les investigations sont liées à son activité professionnelle ne peuvent être effectuées que par un magistrat. Ces perquisitions sont réalisées sur décision écrite et motivée du magistrat qui indique la nature de l'infraction ou des infractions sur lesquelles portent les investigations, ainsi que les raisons justifiant la perquisition et l'objet de celle-ci. Le contenu de cette décision est porté dès le début de la perquisition à la connaissance de la personne présente en application de l'article 57.

Le magistrat et la personne présente en application de l'article 57 ont seuls le droit de prendre connaissance des documents ou des objets découverts lors de la perquisition préalablement à leur éventuelle saisie. Aucune saisie ne peut concerner des documents ou des objets relatifs à d'autres infractions que celles mentionnées dans cette décision.

Ces dispositions sont édictées à peine de nullité.

Le magistrat qui effectue la perquisition veille à ce que les investigations conduites respectent le libre exercice de la profession de journaliste, ne portent pas atteinte au secret des sources en violation de l'article 2 de la loi du 29 juillet 1881 sur la liberté de la presse et ne constituent pas un obstacle ou n'entraînent pas un retard injustifié à la diffusion de l'information.

La personne présente lors de la perquisition en application de l'article 57 du présent code peut s'opposer à la saisie d'un document ou de tout objet si elle estime que cette saisie serait irrégulière au regard de l'alinéa précédent. Le document ou l'objet doit alors être placé sous scellé fermé. Ces opérations font l'objet d'un procès-verbal mentionnant les objections de la personne, qui n'est pas joint au dossier de la procédure. Si d'autres documents ou objets ont été saisis au cours de la perquisition sans soulever de contestation, ce procès-verbal est distinct de celui prévu par l'article 57. Ce procès-verbal ainsi que le document ou l'objet placé sous scellé fermé sont transmis sans délai au juge des libertés et de la détention, avec l'original ou une copie du dossier de la procédure.

Dans les cinq jours de la réception de ces pièces, le juge des libertés et de la détention statue sur la contestation par ordonnance motivée non susceptible de recours.

À cette fin, il entend le magistrat qui a procédé à la perquisition et, le cas échéant, le procureur de la République, ainsi que la personne en présence de qui la perquisition a été effectuée. Il peut ouvrir le scellé en présence de ces personnes. Si le journaliste au domicile duquel la perquisition a été réalisée n'était pas présent lorsque celle-ci a été effectuée, notamment s'il a été fait application du deuxième alinéa de l'article 57, le journaliste peut se présenter devant le juge des libertés et de la détention pour être entendu par ce magistrat et assister, si elle a lieu, à l'ouverture du scellé.

S'il estime qu'il n'y a pas lieu à saisir le document ou l'objet, le juge des libertés et de la détention ordonne sa restitution immédiate, ainsi que la destruction du procès-verbal des opérations et, le cas échéant, la cancellation de toute référence à ce document, à son contenu ou à cet objet qui figurerait dans le dossier de la procédure.

Dans le cas contraire, il ordonne le versement du scellé et du procès-verbal au dossier de la procédure. Cette décision n'exclut pas la possibilité ultérieure pour les parties de demander la nullité de la saisie devant, selon les cas, la juridiction de jugement ou la chambre de l'instruction.

Les perquisitions dans les locaux d'une entreprise de presse ou de communication audiovisuelle ne peuvent être effectuées que par un magistrat qui veille à ce que les investigations conduites ne portent pas atteinte au libre exercice de la profession de journaliste et ne constituent pas un obstacle ou n'entraînent pas un retard injustifié à la diffusion de l'information.

Art. 56-3. — Les perquisitions dans le cabinet d'un médecin, d'un notaire, d'un avoué ou d'un huissier sont effectuées par un magistrat et en présence de la personne responsable de l'ordre ou de l'organisation professionnelle à laquelle appartient l'intéressé ou de son représentant.

Art. 56-4 [(175)]. — I. Lorsqu'une perquisition est envisagée dans un lieu précisément identifié, abritant des éléments couverts par le secret de la défense nationale, la perquisition ne peut être réalisée que par un magistrat en présence du président de la Commission du secret de la défense nationale. Ce dernier peut être représenté par un membre de la commission ou par des délégués, dûment habilités au secret de la défense nationale, qu'il désigne selon des modalités déterminées par décret en Conseil d'État. Le président ou son représentant peut être assisté de toute personne habilitée à cet effet.

La liste des lieux visés au premier alinéa est établie de façon précise et limitative par arrêté du Premier ministre. Cette liste, régulièrement actualisée, est communiquée à la Commission du secret de la défense nationale ainsi qu'au ministre de la Justice, qui la rendent accessible aux magistrats de façon sécurisée. Le magistrat vérifie si le lieu dans lequel il souhaite effectuer une perquisition figure sur cette liste.

Les conditions de délimitation des lieux abritant des éléments couverts par le secret de la défense nationale sont déterminées par décret en Conseil d'État.

Le fait de dissimuler dans les lieux visés à l'alinéa précédent des procédés, objets, documents, informations, réseaux informatiques, données informatisées ou fichiers non classifiés, en tentant de les faire bénéficier de la protection attachée au secret de la défense nationale, expose son auteur aux sanctions prévues à l'article 434-4 du Code pénal.

La perquisition ne peut être effectuée qu'en vertu d'une décision écrite du magistrat qui indique au président de la Commission du secret de la défense nationale les informations utiles à l'accomplissement de sa mission. Le président de la commission ou son représentant se transporte sur les lieux sans délai. Au commencement de la perquisition, le magistrat porte à la connaissance du président de la commission ou de son représentant, ainsi qu'à celle du chef d'établissement ou de son délégué, ou du responsable du lieu, la nature de l'infraction ou des infractions sur lesquelles portent les investigations, les raisons justifiant la perquisition, son objet et les lieux visés par cette perquisition.

Seul le président de la Commission du secret de la défense nationale, son représentant et, s'il y a lieu, les personnes qui l'assistent peuvent prendre connaissance d'éléments classifiés découverts sur les lieux. Le magistrat ne peut saisir, parmi les éléments classifiés, que ceux relatifs aux infractions sur lesquelles portent les investigations. Si les nécessités de l'enquête justifient que les éléments classifiés soient saisis en original, des copies sont laissées à leur détenteur.

Chaque élément classifié saisi est, après inventaire par le président de la commission, placé sous scellé. Les scellés sont remis au président de la Commission du secret de la défense nationale qui en devient gardien. Les opérations relatives aux éléments classifiés saisis ainsi que l'inventaire de ces éléments font l'objet d'un procès-verbal qui n'est pas joint au dossier de la procédure et qui est conservé par le président de la commission .

---

(175) Article modifié par la décision n° 2011-192 QPC du 10 novembre 2011 et par la loi n° 2017-55 du 20 janvier 2017 portant statut général des autorités administratives indépendantes et des autorités publiques indépendantes.

La déclassification et la communication des éléments mentionnés dans l'inventaire relèvent de la procédure prévue par les articles L. 2312-4 et suivants du Code de la défense.

II. Lorsqu'à l'occasion d'une perquisition un lieu se révèle abriter des éléments couverts par le secret de la défense nationale, le magistrat présent sur le lieu ou immédiatement avisé par l'officier de police judiciaire en informe le président de la Commission du secret de la défense nationale. Les éléments classifiés sont placés sous scellés, sans en prendre connaissance, par le magistrat ou l'officier de police judiciaire qui les a découverts, puis sont remis ou transmis, par tout moyen en conformité avec la réglementation applicable aux secrets de la défense nationale, au président de la commission afin qu'il en assure la garde. Les opérations relatives aux éléments classifiés font l'objet d'un procès-verbal qui n'est pas joint au dossier de la procédure. La déclassification et la communication des éléments ainsi placés sous scellés relèvent de la procédure prévue par les articles L. 2312-4 et suivants du Code de la défense.

III. (Supprimé).

IV. Les dispositions du présent article sont édictées à peine de nullité.

Art. 56-5. — Les perquisitions dans les locaux d'une juridiction ou au domicile d'une personne exerçant des fonctions juridictionnelles et qui tendent à la saisie de documents susceptibles d'être couverts par le secret du délibéré ne peuvent être effectuées que par un magistrat, sur décision écrite et motivée de celui-ci, en présence du premier président de la cour d'appel ou du premier président de la Cour de cassation ou de son délégué. Cette décision indique la nature de l'infraction sur laquelle portent les investigations, les raisons justifiant la perquisition et l'objet de celle-ci. Le contenu de la décision est porté dès le début de la perquisition à la connaissance du premier président ou de son délégué par le magistrat. Celui-ci, le premier président ou son délégué ont seuls le droit de consulter ou de prendre connaissance des documents ou des objets se trouvant sur les lieux préalablement à leur éventuelle saisie. Aucune saisie ne peut concerner des documents ou des objets relatifs à d'autres infractions que celles mentionnées dans la décision précitée. Les dispositions du présent alinéa sont prévues à peine de nullité.

Le magistrat qui effectue la perquisition veille à ce que les investigations conduites ne portent pas atteinte à l'indépendance de la justice.

Le premier président ou son délégué peut s'opposer à la saisie d'un document ou d'un objet s'il estime cette saisie irrégulière. Le document ou l'objet est alors placé sous scellé fermé. Ces opérations font l'objet d'un procès-verbal, qui n'est pas joint au dossier de la procédure, mentionnant les objections du premier président ou de son délégué.

Si d'autres documents ou objets ont été saisis au cours de la perquisition sans soulever d'opposition, ce procès-verbal est distinct de celui prévu à l'article 57. Le procès-verbal mentionné au troisième alinéa du présent article ainsi que le document ou l'objet placé sous scellé fermé sont transmis sans délai au juge des libertés et de la détention, avec l'original ou une copie du dossier de la procédure.

Dans un délai de cinq jours à compter de la réception de ces pièces, le juge des libertés et de la détention statue sur l'opposition par ordonnance motivée non susceptible de recours. À cette fin, il entend le magistrat qui a procédé à la perquisition et, le cas échéant, le procureur de la République, ainsi que le premier président ou son délégué. Il ouvre le scellé en présence de ces personnes. S'il estime qu'il n'y a pas lieu à saisir le document ou l'objet, le juge des libertés et de la détention ordonne sa restitution immédiate, ainsi que la destruction du procès-verbal mentionné au même troisième alinéa et, le cas échéant, la cancellation de toute référence à ce document ou à son contenu ou à cet objet figurant dans le dossier de la procédure.

Dans le cas contraire, il ordonne le versement du scellé et du procès-verbal au dossier de la procédure. Cette décision n'exclut pas la possibilité ultérieure pour les parties de demander la nullité de la saisie devant, selon les cas, la juridiction de jugement ou la chambre de l'instruction.

Art. 57. — Sous réserve des articles 56-1 à 56-5 et du respect du secret professionnel et des droits de la défense mentionné à l'article 56, les opérations prescrites par ledit article sont faites en présence de la personne au domicile de laquelle la perquisition a lieu.

En cas d'impossibilité, l'officier de police judiciaire aura l'obligation de l'inviter à désigner un représentant de son choix ; à défaut, l'officier de police judiciaire choisira deux témoins requis à cet effet par lui, en dehors des personnes relevant de son autorité administrative.

Le procès-verbal de ces opérations, dressé ainsi qu'il est dit à l'article 66, est signé par les personnes visées au présent article ; au cas de refus, il en est fait mention au procès-verbal.

Art. 57-1. — Les officiers de police judiciaire ou, sous leur responsabilité, les agents de police judiciaire peuvent, au cours d'une perquisition effectuée dans les conditions prévues par le présent code, accéder par un système informatique implanté sur les lieux où se déroule la perquisition à des données intéressant l'enquête en cours et stockées dans ledit système ou dans un autre système informatique, dès lors que ces données sont accessibles à partir du système initial ou disponibles pour le système initial.

Ils peuvent également, dans les conditions de perquisition prévues au présent code, accéder par un système informatique implanté dans les locaux d'un service ou d'une unité de police ou de gendarmerie à des données intéressant l'enquête en cours et stockées dans un autre système informatique, si ces données sont accessibles à partir du système initial.

S'il est préalablement avéré que ces données, accessibles à partir du système initial ou disponibles pour le système initial, sont stockées dans un autre système informatique situé en dehors du territoire national, elles sont recueillies par l'officier de police judiciaire, sous réserve des conditions d'accès prévues par les engagements internationaux en vigueur.

Les données auxquelles il aura été permis d'accéder dans les conditions prévues par le présent article peuvent être copiées sur tout support. Les supports de stockage informatique peuvent être saisis et placés sous scellés dans les conditions prévues par le présent code.

Les officiers de police judiciaire peuvent, par tout moyen, requérir toute personne susceptible :

1° D'avoir connaissance des mesures appliquées pour protéger les données auxquelles il est permis d'accéder dans le cadre de la perquisition ;

2° De leur remettre les informations permettant d'accéder aux données mentionnées au 1°.

À l'exception des personnes mentionnées aux articles 56-1 à 56-5, le fait de s'abstenir de répondre dans les meilleurs délais à cette réquisition est puni d'une amende de 3 750 €.

Art. 58. — Sous réserve des nécessités des enquêtes, toute communication ou toute divulgation sans l'autorisation de la personne mise en examen ou de ses ayants droit ou du signataire ou du destinataire d'un document provenant d'une perquisition à une personne non qualifiée par la loi pour en prendre connaissance est punie de 4 500 euros d'amende et de deux ans d'emprisonnement.

Art. 59. — Sauf réclamation faite de l'intérieur de la maison ou exceptions prévues par la loi, les perquisitions et les visites domiciliaires ne peuvent être commencées avant 6 heures et après 21 heures.

Les formalités mentionnées aux articles 56, 56-1, 57 et au présent article sont prescrites à peine de nullité.

n° 71.2 Les perquisitions dans le cadre de l'enquête préliminaire : l'article 76 du Code de procédure pénale [176]

Art. 76. — Les perquisitions, visites domiciliaires et saisies de pièces à conviction ou de biens dont la confiscation est prévue à l'article 131-21 du Code pénal ne peuvent être effectuées sans l'assentiment exprès de la personne chez laquelle l'opération a lieu.

Cet assentiment doit faire l'objet d'une déclaration écrite de la main de l'intéressé ou, si celui-ci ne sait écrire, il en est fait mention au procès-verbal ainsi que de son assentiment.

Les dispositions prévues par les articles 56 et 59 (premier alinéa) du présent code sont applicables.

Si les nécessités de l'enquête relative à un crime ou à un délit puni d'une peine d'emprisonnement d'une durée égale ou supérieure à cinq ans l'exigent ou si la recherche de biens dont la confiscation est prévue à l'article 131-21 du Code pénal le justifie, le juge des libertés et de la détention du tribunal judiciaire peut, à la requête du procureur de la République, décider, par une décision écrite et motivée, que les opérations prévues au présent article seront effectuées sans l'assentiment de la personne chez qui elles ont lieu. À peine de nullité, la décision du juge des libertés et de la détention précise la qualification de l'infraction dont la preuve est recherchée ainsi que l'adresse des lieux dans lesquels ces opérations peuvent être effectuées ; cette décision est motivée par référence aux éléments de fait et de droit justifiant que ces opérations sont nécessaires. Les opérations sont effectuées sous le contrôle du magistrat qui les a autorisées, et qui peut se déplacer sur les lieux pour veiller au respect des dispositions légales. Ces opérations ne peuvent, à peine de nullité, avoir un autre objet que la recherche et la constatation des infractions visées dans la décision du juge des libertés et de la détention ou la saisie des biens dont la confiscation est prévue à l'article 131-21 du Code pénal. Toutefois, le fait que ces opérations révèlent des infractions autres que celles visées dans la décision ne constitue pas une cause de nullité des procédures incidentes.

Pour l'application des dispositions de l'alinéa précédent, est compétent le juge des libertés et de la détention du tribunal judiciaire dont le procureur de la République dirige l'enquête, quelle que soit la juridiction dans le ressort de laquelle la perquisition doit avoir lieu. Le juge des libertés et de la détention peut alors se déplacer sur les lieux quelle que soit leur localisation sur le territoire national. Le procureur de la

(176) L'article présenté tient compte des modifications intervenues du fait de la loi n° 2005-1549 du 12 décembre 2005, de la loi n° 2010-768 du 9 juillet 2010 et de l'ordonnance n° 2019-964 du 18 septembre 2019 prise en application de la loi n° 2019-222 du 23 mars 2019 de programmation 2018-2022 et de réforme pour la justice.

République peut également saisir le juge des libertés et de la détention du tribunal de grande instance dans le ressort duquel la perquisition doit avoir lieu, par l'intermédiaire du procureur de la République de cette juridiction.

Nº 71.3 Les perquisitions dans le cadre de l'instruction : les articles 93 à 97 du Code de procédure pénale (177)

Art. 93. — Si les nécessités de l'information l'exigent, le juge d'instruction peut, après en avoir donné avis au procureur de la République de son tribunal, se transporter avec son greffier dans toute l'étendue du territoire national, à l'effet d'y procéder à tous actes d'instruction, à charge par lui d'aviser, au préalable, le procureur de la République du tribunal dans le ressort duquel il se transporte. Il mentionne sur son procès-verbal les motifs de son transport.

Art. 93-1. — Si les nécessités de l'instruction l'exigent, le juge d'instruction peut, dans le cadre d'une commission rogatoire adressée à un État étranger et avec l'accord des autorités compétentes de l'État concerné, se transporter avec son greffier sur le territoire de cet État aux fins de procéder à des auditions.

Il en donne préalablement avis au procureur de la République de son tribunal.

Art. 94. — Les perquisitions sont effectuées dans tous les lieux où peuvent se trouver des objets ou des données informatiques dont la découverte serait utile à la manifestation de la vérité, ou des biens dont la confiscation est prévue à l'article 131-21 du Code pénal.

Art. 95. — Si la perquisition a lieu au domicile de la personne mise en examen, le juge d'instruction doit se conformer aux dispositions des articles 57 et 59.

Art. 96 (178). — Si la perquisition a lieu dans un domicile autre que celui de la personne mise en examen, la personne chez laquelle elle doit s'effectuer est invitée à y assister. Si cette personne est absente ou refuse d'y assister, la perquisition a lieu en présence de deux de ses parents ou alliés présents sur les lieux, ou à défaut, en présence de deux témoins.

Le juge d'instruction doit se conformer aux dispositions des articles 57 (alinéa 2) et 59.

Toutefois, il a l'obligation de provoquer préalablement toutes mesures utiles pour que soit assuré le respect du secret professionnel et des droits de la défense.

Les dispositions des articles 56 et 56-1 à 56-5 sont applicables aux perquisitions effectuées par le juge d'instruction.

Art. 97. — Lorsqu'il y a lieu, en cours d'information, de rechercher des documents ou des données informatiques et sous réserve des nécessités de l'information et du respect, le cas échéant, de l'obligation stipulée par l'alinéa 3 de l'article précédent, le juge d'instruction ou l'officier de police judiciaire par lui commis a seul le droit d'en prendre connaissance avant de procéder à la saisie.

---

(177) Les articles présentés tiennent compte des modifications intervenues du fait des lois n° 2011-1862 du 13 décembre 2011 et la loi n° 2019-222 du 23 mars 2019 de programmation 2018-2022 et de réforme pour la justice.

(178) Article modifié par la décision n° 2015-506 QPC du 4 décembre 2015 du Conseil constitutionnel et par la loi n° 2016-731 du 3 juin 2016 renforçant la lutte contre le crime organisé, le terrorisme et leur financement, et améliorant l'efficacité et les garanties de la procédure pénale.

Tous les objets, documents ou données informatiques placés sous main de justice sont immédiatement inventoriés et placés sous scellés. Cependant, si leur inventaire sur place présente des difficultés, l'officier de police judiciaire procède comme il est dit au quatrième alinéa de l'article 56.

Il est procédé à la saisie des données informatiques nécessaires à la manifestation de la vérité en plaçant sous main de justice soit le support physique de ces données, soit une copie réalisée en présence des personnes qui assistent à la perquisition.

Si une copie est réalisée dans le cadre de cette procédure, il peut être procédé, sur ordre du juge d'instruction, à l'effacement définitif, sur le support physique qui n'a pas été placé sous main de justice, des données informatiques dont la détention ou l'usage est illégal ou dangereux pour la sécurité des personnes ou des biens.

Avec l'accord du juge d'instruction, l'officier de police judiciaire ne maintient que la saisie des objets, documents et données informatiques utiles à la manifestation de la vérité, ainsi que des biens dont la confiscation est prévue à l'article 131-21 du Code pénal.

Lorsque ces scellés sont fermés, ils ne peuvent être ouverts et les documents dépouillés qu'en présence de la personne, assistée de son avocat, ou eux dûment appelés. Le tiers chez lequel la saisie a été faite est également invité à assister à cette opération.

Si les nécessités de l'instruction ne s'y opposent pas, copie ou photocopie des documents ou des données informatiques placés sous main de justice peuvent être délivrées à leurs frais, dans le plus bref délai, aux intéressés qui en font la demande.

Si la saisie porte sur des espèces, lingots, effets ou valeurs dont la conservation en nature n'est pas nécessaire à la manifestation de la vérité ou à la sauvegarde des droits des parties, il peut autoriser leur dépôt à la Caisse des dépôts et consignations ou à la Banque de France ou sur un compte ouvert auprès d'un établissement bancaire par l'Agence de gestion et de recouvrement des avoirs saisis et confisqués.

Lorsque la saisie porte sur des billets de banque ou pièces de monnaie libellés en euros contrefaisants, le juge d'instruction ou l'officier de police judiciaire par lui commis doit transmettre, pour analyse et identification, au moins un exemplaire de chaque type de billets ou pièces suspectés faux au centre d'analyse national habilité à cette fin. Le centre d'analyse national peut procéder à l'ouverture des scellés. Il en dresse inventaire dans un rapport qui doit mentionner toute ouverture ou réouverture des scellés. Lorsque les opérations sont terminées, le rapport et les scellés sont déposés entre les mains du greffier de la juridiction compétente. Ce dépôt est constaté par procès-verbal.

Les dispositions du précédent alinéa ne sont pas applicables lorsqu'il n'existe qu'un seul exemplaire d'un type de billets ou de pièces suspectés faux, tant que celui-ci est nécessaire à la manifestation de la vérité.

N° 71.4 De la captation des données informatiques : les articles 706-102-1, 706-102-3 et 706-102-5 du Code de procédure pénale (179)

Art. 706-102-1. — Il peut être recouru à la mise en place d'un dispositif technique ayant pour objet, sans le consentement des intéressés, d'accéder, en tous lieux, à des données informatiques, de les enregistrer, de les conserver et de les transmettre, telles

(179) Ces dispositions ont été ajoutées au Code de procédure pénale par la loi n° 2011-267 du 14 mars 2011 d'orientation et de programmation pour la performance de la sécurité intérieure et modifiées par la loi n° 2014-1353 du 13 novembre 2014 renforçant les dispositions relatives à la lutte contre le terrorisme, la loi n° 2015-993 du 17 août 2015 portant

qu'elles sont stockées dans un système informatique, telles qu'elles s'affichent sur un écran pour l'utilisateur d'un système de traitement automatisé de données, telles qu'il les y introduit par saisie de caractères ou telles qu'elles sont reçues et émises par des périphériques.

Le procureur de la République peut désigner toute personne physique ou morale habilitée et inscrite sur l'une des listes prévues à l'article 157, en vue d'effectuer les opérations techniques permettant la réalisation du dispositif technique mentionné au premier alinéa du présent article. Le procureur de la République peut également prescrire le recours aux moyens de l'État soumis au secret de la défense nationale selon les formes prévues au chapitre Ier du titre IV du livre Ier.

Art. 706-102-3. — À peine de nullité, la décision autorisant le recours au dispositif mentionné à l'article 706-102-1 précise l'infraction qui motive le recours à ces opérations, la localisation exacte ou la description détaillée des systèmes de traitement automatisé de données ainsi que la durée des opérations.

Art. 706-102-5. — En vue de mettre en place le dispositif technique mentionné aux articles 706-102-1 et 706-102-2, le juge des libertés et de la détention, à la requête du procureur de la République, ou le juge d'instruction peut autoriser l'introduction dans un véhicule ou dans un lieu privé, y compris hors des heures prévues à l'article 59, à l'insu ou sans le consentement du propriétaire ou du possesseur du véhicule ou de l'occupant des lieux ou de toute personne titulaire d'un droit sur celui-ci. S'il s'agit d'un lieu d'habitation et que l'opération doit intervenir hors des heures prévues à l'article 59, cette autorisation est délivrée par le juge des libertés et de la détention saisi à cette fin par le procureur de la République ou par le juge d'instruction. Ces opérations, qui ne peuvent avoir d'autre fin que la mise en place du dispositif technique, sont effectuées sous l'autorité et le contrôle du juge des libertés et de la détention ou du juge d'instruction. Le présent alinéa est également applicable aux opérations ayant pour objet la désinstallation du dispositif technique ayant été mis en place.

En vue de mettre en place le dispositif technique mentionné aux articles 706-102-1 et 706-102-2, le juge des libertés et de la détention, à la requête du procureur de la République, ou le juge d'instruction peut également autoriser la transmission par un réseau de communications électroniques de ce dispositif. Ces opérations sont effectuées sous l'autorité et le contrôle du juge des libertés et de la détention ou du juge d'instruction. Le présent alinéa est également applicable aux opérations ayant pour objet la désinstallation du dispositif technique ayant été mis en place.

La mise en place du dispositif technique mentionné à l'article 706-102-1 ne peut concerner les systèmes automatisés de traitement des données se trouvant dans les lieux visés aux articles 56-1, 56-2, 56-3 et 56-5 ni être réalisée dans le véhicule, le bureau ou le domicile des personnes visées à l'article 100-7.

---

adaptation de la procédure pénale au droit de l'Union européenne, la loi n° 2016-731 du 3 juin 2016 renforçant la lutte contre le crime organisé, le terrorisme et leur financement, et améliorant l'efficacité et les garanties de la procédure pénale et la loi n° 2019-222 du 23 mars 2019 de programmation 2018-2022 et de réforme pour la justice. Voir aussi le décret n° 2015-1700 du 18 décembre 2015 relatif à la mise en œuvre de traitements de données informatiques captées en application de l'article 706-102-1 du Code de procédure pénale.

3. Le secret des correspondances et des communications électroniques

N° 72.1 Les atteintes au secret des correspondances : les articles 226-15 et 432-9 du Code pénal [180]

Art. 226-15. — Le fait, commis de mauvaise foi, d'ouvrir, de supprimer, de retarder ou de détourner des correspondances arrivées ou non à destination et adressées à des tiers, ou d'en prendre frauduleusement connaissance, est puni d'un an d'emprisonnement et de 45 000 euros d'amende.

Est puni des mêmes peines le fait, commis de mauvaise foi, d'intercepter, de détourner, d'utiliser ou de divulguer des correspondances émises, transmises ou reçues par la voie électronique ou de procéder à l'installation d'appareils de nature à permettre la réalisation de telles interceptions.

Lorsqu'ils sont commis par le conjoint ou le concubin de la victime ou le partenaire lié à la victime par un pacte civil de solidarité, ces faits sont punis d'une peine de deux ans d'emprisonnement et de 60 000 euros d'amende.

....

Art. 432-9. — Le fait, par une personne dépositaire de l'autorité publique ou chargée d'une mission de service public, agissant dans l'exercice ou à l'occasion de l'exercice de ses fonctions ou de sa mission, d'ordonner, de commettre ou de faciliter, hors les cas prévus par la loi, le détournement, la suppression ou l'ouverture de correspondances ou la révélation du contenu de ces correspondances, est puni de trois ans d'emprisonnement et de 45 000 euros d'amende.

Est puni des mêmes peines le fait, par une personne visée à l'alinéa précédent ou un agent d'un exploitant de réseau ouvert au public de communications électroniques ou d'un fournisseur de services de télécommunications, agissant dans l'exercice de ses fonctions, d'ordonner, de commettre ou de faciliter, hors les cas prévus par la loi, l'interception ou le détournement des correspondances émises, transmises ou reçues par la voie des télécommunications, l'utilisation ou la divulgation de leur contenu.

---

(180) Les articles présentés sont à jour des modifications intervenues depuis l'ordonnance n° 2000-916 du 19 septembre 2000, la loi n° 2004-669 du 9 juillet 2004 relative aux communications électroniques et aux services de communication audiovisuelle, la loi n° 2011-525 du 17 mai 2011 de simplification et d'amélioration de la qualité du droit, la loi n° 2013-1168 du 18 décembre 2013 relative à la programmation militaire pour les années 2014 à 2019 et portant diverses dispositions concernant la défense et la sécurité nationale et la loi n° 2020-936 du 30 juillet 2020 visant à protéger les victimes de violences conjugales.

N° 72.2 Le secret des correspondances émises par la voie des communications électroniques et des télécommunications, et les interceptions judiciaires : les articles 100 à 100-7 du Code de procédure pénale (181)

Art. 100. — En matière criminelle et en matière correctionnelle, si la peine encourue est égale ou supérieure à trois ans d'emprisonnement, le juge d'instruction peut, lorsque les nécessités de l'information l'exigent, prescrire l'interception, l'enregistrement et la transcription de correspondances émises par la voie des communications électroniques. Ces opérations sont effectuées sous son autorité et son contrôle.

La décision d'interception est écrite. Elle n'a pas de caractère juridictionnel et n'est susceptible d'aucun recours.

En cas de délit puni d'une peine d'emprisonnement commis par la voie des communications électroniques sur la ligne de la victime, l'interception peut également être autorisée, selon les mêmes modalités, si elle intervient sur cette ligne à la demande de la victime.

Aucune interception ne peut porter sur une ligne dépendant du cabinet d'un avocat ou de son domicile, sauf s'il existe des raisons plausibles de le soupçonner d'avoir commis ou tenté de commettre, en tant qu'auteur ou complice, l'infraction qui fait l'objet de la procédure ou une infraction connexe au sens de l'article 203 et à la condition que la mesure soit proportionnée au regard de la nature et de la gravité des faits. La décision est prise par ordonnance motivée du juge des libertés et de la détention, saisi à cette fin par ordonnance motivée du juge d'instruction, prise après avis du procureur de la République.

Art. 100-1. — La décision prise en application de l'article 100 est motivée par référence aux éléments de fait et de droit justifiant que ces opérations sont nécessaires. Elle comporte tous les éléments d'identification de la liaison à intercepter, l'infraction qui motive le recours à l'interception ainsi que la durée de celle-ci.

Art. 100-2. — Cette décision est prise pour une durée maximum de quatre mois. Elle ne peut être renouvelée que dans les mêmes conditions de forme et de durée, sans que la durée totale de l'interception puisse excéder un an ou, s'il s'agit d'une infraction prévue aux articles 706-73 et 706-73-1, deux ans.

Art. 100-3. — Le juge d'instruction ou l'officier de police judiciaire commis par lui peut requérir tout agent qualifié d'un service ou organisme placé sous l'autorité ou la tutelle du ministre chargé des communications électroniques ou tout agent qualifié d'un exploitant de réseau ou fournisseur de services de communications électroniques autorisé, en vue de procéder à l'installation d'un dispositif d'interception.

Art. 100-4. — Le juge d'instruction ou l'officier de police judiciaire commis par lui dresse procès-verbal de chacune des opérations d'interception et d'enregistrement. Ce procès-verbal mentionne la date et l'heure auxquelles l'opération a commencé et celles auxquelles elle s'est terminée.

Les enregistrements sont placés sous scellés fermés.

---

(181) Les articles présentés sont à jour des modifications intervenues avec la loi n° 2016-731 du 3 juin 2016 renforçant la lutte contre le crime organisé, le terrorisme et leur financement, et améliorant l'efficacité et les garanties de la procédure pénale, la loi n° 2019-222 du 23 mars 2019 de programmation 2018-2022 et de réforme pour la justice et la loi n° 2021-1729 du 22 décembre 2021 pour la confiance dans l'institution judiciaire. Voir aussi le décret n° 2014-1162 du 9 octobre 2014 portant création d'un traitement automatisé de données à caractère personnel dénommé « Plate-forme nationale des interceptions judiciaires ».

Art. 100-5. — Le juge d'instruction ou l'officier de police judiciaire commis par lui transcrit la correspondance utile à la manifestation de la vérité. Il en est dressé procès-verbal. Cette transcription est versée au dossier.

Les correspondances en langue étrangère sont transcrites en français avec l'assistance d'un interprète requis à cette fin.

À peine de nullité, ne peuvent être transcrites les correspondances avec un avocat relevant de l'exercice des droits de la défense et couvertes par le secret professionnel de la défense et du conseil, prévu à l'article 66-5 de la loi n° 71-1130 du 31 décembre 1971 portant réforme de certaines professions judiciaires et juridiques, hors les cas prévus à l'article 56-1-2 du présent code.

À peine de nullité, ne peuvent être transcrites les correspondances avec un journaliste permettant d'identifier une source en violation de l'article 2 de la loi du 29 juillet 1881 sur la liberté de la presse

Art. 100-6. — Les enregistrements sont détruits, à la diligence du procureur de la République ou du procureur général, à l'expiration du délai de prescription de l'action publique.

Il est dressé procès-verbal de l'opération de destruction.

Art. 100-7. — Aucune interception ne peut avoir lieu sur la ligne d'un député ou d'un sénateur sans que le président de l'assemblée à laquelle il appartient en soit informé par le juge d'instruction.

Aucune interception ne peut avoir lieu sur une ligne dépendant du cabinet d'un avocat ou de son domicile sans que le bâtonnier en soit informé par le juge d'instruction.

Aucune interception ne peut avoir lieu sur une ligne dépendant du cabinet d'un magistrat ou de son domicile sans que le premier président ou le procureur général de la juridiction où il réside en soit informé.

Les formalités prévues par le présent article sont prescrites à peine de nullité.

N° 72.3 Les techniques de recueil de renseignement, les interceptions de sécurité et les mesures de surveillance des communications électroniques internationales : les articles L. 811-1 à L. 854-9 du Code de la sécurité intérieure (182)

Art. 811-1. — La politique publique de renseignement concourt à la stratégie de sécurité nationale ainsi qu'à la défense et à la promotion des intérêts fondamentaux de la Nation. Elle relève de la compétence exclusive de l'État.

(182) Articles créés par la loi n° 2015-912 du 24 juillet 2015 relative au renseignement et la loi n° 2015-1556 du 30 novembre 2015 relative aux mesures de surveillance des communications électroniques internationales et modifiés par la loi n° 2016-731 du 3 juin 2016 renforçant la lutte contre le crime organisé, le terrorisme et leur financement, et améliorant l'efficacité et les garanties de la procédure pénale, la loi n° 2016-987 du 21 juillet 2016 prorogeant l'application de la loi n° 55-385 du 3 avril 1955 relative à l'état d'urgence et portant mesures de renforcement de la lutte antiterroriste, la loi n° 2017-55 du 20 janvier 2017 portant statut général des autorités administratives indépendantes et des autorités publiques indépendantes, la loi n° 2017-1510 du 30 octobre 2017 renforçant la sécurité intérieure et la lutte contre le terrorisme, la loi n° 2018-607 du 13 juillet 2018 relative à la programmation militaire pour les années 2019 à 2025 et portant diverses dispositions intéressant la défense et l'ordonnance n° 2018-1125 du 12 décembre 2018 prise en application de l'article 32 de la loi n° 2018-493 du 20 juin 2018 relative à la protection

Art. 811-2. — Les services spécialisés de renseignement sont désignés par décret en Conseil d'État.

Ils ont pour missions, en France et à l'étranger, la recherche, la collecte, l'exploitation et la mise à disposition du Gouvernement des renseignements relatifs aux enjeux géopolitiques et stratégiques ainsi qu'aux menaces et aux risques susceptibles d'affecter la vie de la Nation. Ils contribuent à la connaissance et à l'anticipation de ces enjeux ainsi qu'à la prévention et à l'entrave de ces risques et de ces menaces.

Ils agissent dans le respect de la loi, sous l'autorité du Gouvernement et conformément aux orientations déterminées par le Conseil national du renseignement.

La mise en œuvre sur le territoire national du chapitre II du titre II et des chapitres Ier à III du titre V du présent livre est effectuée sans préjudice du second alinéa de l'article 40 du Code de procédure pénale.

Art. 811-3. — Pour le seul exercice de leurs missions respectives, les services spécialisés de renseignement peuvent recourir aux techniques mentionnées au titre V du présent livre pour le recueil des renseignements relatifs à la défense et à la promotion des intérêts fondamentaux de la Nation suivants :

1° L'indépendance nationale, l'intégrité du territoire et la défense nationale ;

2° Les intérêts majeurs de la politique étrangère, l'exécution des engagements européens et internationaux de la France et la prévention de toute forme d'ingérence étrangère ;

3° Les intérêts économiques, industriels et scientifiques majeurs de la France ;

4° La prévention du terrorisme ;

5° La prévention :

a) Des atteintes à la forme républicaine des institutions ;

b) Des actions tendant au maintien ou à la reconstitution de groupements dissous en application de l'article L. 212-1 ;

c) Des violences collectives de nature à porter gravement atteinte à la paix publique ;

6° La prévention de la criminalité et de la délinquance organisées ;

7° La prévention de la prolifération des armes de destruction massive.

Art. 811-4. — Un décret en Conseil d'État, pris après avis de la Commission nationale de contrôle des techniques de renseignement, désigne les services, autres que les services spécialisés de renseignement, relevant des ministres de la Défense, de l'Intérieur et de la Justice ainsi que des ministres chargés de l'Économie, du Budget ou des Douanes, qui peuvent être autorisés à recourir aux techniques mentionnées au titre V du présent livre dans les conditions prévues au même livre. Il précise, pour chaque service, les finalités mentionnées à l'article L. 811-3 et les techniques qui peuvent donner lieu à autorisation.

Chapitre Ier

De l'autorisation de mise en œuvre

Art. 821-1. — La mise en œuvre sur le territoire national des techniques de recueil de renseignement mentionnées aux chapitres Ier à IV du titre V du présent livre est soumise à autorisation préalable du Premier ministre, délivrée après avis de la Commission nationale de contrôle des techniques de renseignement.

des données personnelles et portant modification de la loi n° 78-17 du 6 janvier 1978 relative à l'informatique, aux fichiers et aux libertés et diverses dispositions concernant la protection des données à caractère personnel. Les dernières modifications sont intervenues avec la loi n° 2021-998 du 30 juillet 2021 relative à la prévention d'actes de terrorisme et au renseignement.

Lorsque l'autorisation est délivrée après un avis défavorable de la Commission nationale de contrôle des techniques de renseignement, le Conseil d'État est immédiatement saisi par le président de la commission ou, à défaut, par l'un des membres de la commission parmi ceux mentionnés aux 2° et 3° de l'article L. 831-1 du présent code. La formation spécialisée mentionnée à l'article L. 773-2 du Code de justice administrative, le président de la formation restreinte mentionnée au même article L. 773-2 ou le membre qu'il délègue statue dans un délai de vingt-quatre heures à compter de cette saisine. La décision d'autorisation du Premier ministre ne peut être exécutée avant que le Conseil d'État ait statué, sauf en cas d'urgence dûment justifiée et si le Premier ministre a ordonné sa mise en œuvre immédiate.

Lorsqu'il est saisi en application du deuxième alinéa du présent article, le Conseil d'État statue dans les conditions prévues au chapitre III bis du titre VII du livre VII du Code de justice administrative.

Les techniques de recueil de renseignement ne peuvent être mises en œuvre que par des agents individuellement désignés et habilités.

Art. L. 821-2. — L'autorisation mentionnée à l'article L. 821-1 est délivrée sur demande écrite et motivée du ministre de la Défense, du ministre de l'Intérieur, du ministre de la Justice ou des ministres chargés de l'Économie, du Budget ou des Douanes. Chaque ministre ne peut déléguer cette attribution individuellement qu'à des collaborateurs directs habilités au secret de la défense nationale.

La demande précise : 1° La ou les techniques à mettre en œuvre ; 2° Le service pour lequel elle est présentée ;

3° La ou les finalités poursuivies ; 4° Le ou les motifs des mesures ; 5° La durée de validité de l'autorisation ; 6° La ou les personnes, le ou les lieux ou véhicules concernés.

Pour l'application du 6°, les personnes dont l'identité n'est pas connue peuvent être désignées par leurs identifiants ou leur qualité et les lieux ou véhicules peuvent être désignés par référence aux personnes faisant l'objet de la demande.

Lorsqu'elle a pour objet le renouvellement d'une autorisation, la demande expose les raisons pour lesquelles ce renouvellement est justifié au regard de la ou des finalités poursuivies.

Art. L. 821-3. — La demande est communiquée au président ou, à défaut, à l'un des membres de la Commission nationale de contrôle des techniques de renseignement parmi ceux mentionnés aux 2° et 3° de l'article L. 831-1, qui rend un avis au Premier ministre dans un délai de vingt-quatre heures. Si la demande est examinée par la formation restreinte ou par la formation plénière de la commission, le Premier ministre en est informé sans délai et l'avis est rendu dans un délai de soixante-douze heures.

Les avis mentionnés au présent article sont communiqués sans délai au Premier ministre. En l'absence d'avis transmis dans les délais prévus au même article, celui-ci est réputé rendu.

Art. L. 821-4. — L'autorisation de mise en œuvre des techniques mentionnées aux chapitres Ier à IV du titre V du présent livre est délivrée par le Premier ministre pour une durée maximale de quatre mois. Le Premier ministre ne peut déléguer cette attribution individuellement qu'à des collaborateurs directs habilités au secret de la défense nationale. L'autorisation comporte les motivations et mentions prévues aux 1° à 6° de l'article L. 821-2. Toute autorisation est renouvelable dans les mêmes conditions que celles prévues au présent chapitre.

Lorsque l'autorisation est délivrée après un avis défavorable de la Commission nationale de contrôle des techniques de renseignement, elle indique les motifs pour lesquels cet avis n'a pas été suivi.

L'autorisation du Premier ministre est communiquée sans délai au ministre responsable de son exécution ainsi qu'à la commission.

La demande et l'autorisation sont enregistrées par les services du Premier ministre. Les registres sont tenus à la disposition de la Commission nationale de contrôle des techniques de renseignement.

Art. L. 821-5. — (Abrogé)

Art. L. 821-6. — [Dispositions déclarées non conformes à la Constitution par la décision du Conseil constitutionnel n° 2015-713 DC du 23 juillet 2015.]

Art. L. 821-7. — Un parlementaire, un magistrat, un avocat ou un journaliste ne peut être l'objet d'une demande de mise en œuvre, sur le territoire national, d'une technique de recueil de renseignement mentionnée aux chapitres Ier à IV du titre V du présent livre à raison de l'exercice de son mandat ou de sa profession. Lorsqu'une telle demande concerne l'une de ces personnes ou ses véhicules, ses bureaux ou ses domiciles, l'avis de la Commission nationale de contrôle des techniques de renseignement est examiné en formation plénière.

Le caractère d'urgence mentionné à la dernière phrase du deuxième alinéa de l'article L. 821-1 ne peut être invoqué pour les autorisations concernant l'une des personnes mentionnées au premier alinéa du présent article ou ses véhicules, ses bureaux ou ses domiciles.

La commission est informée des modalités d'exécution des autorisations délivrées en application du présent article.

Les transcriptions des renseignements collectés en application du présent article sont transmises à la commission, qui veille au caractère nécessaire et proportionné des atteintes, le cas échéant, portées aux garanties attachées à l'exercice de ces activités professionnelles ou mandats.

Art. L. 821-8. — La Commission nationale de contrôle des techniques de renseignement peut adresser des recommandations et saisir le Conseil d'État dans les conditions prévues, respectivement, aux articles L. 833-6 et L. 833-8.

Chapitre II

Des renseignements collectés

Art. L. 822-1. — Les procédures prévues au présent chapitre sont mises en œuvre sous l'autorité du Premier ministre dans des conditions qu'il définit après consultation de la Commission nationale de contrôle des techniques de renseignement.

Le Premier ministre organise la traçabilité de l'exécution des techniques autorisées en application du chapitre Ier du présent titre et définit les modalités de la centralisation des renseignements collectés.

À cet effet, un relevé de chaque mise en œuvre d'une technique de recueil de renseignement est établi. Il mentionne les dates de début et de fin de cette mise en œuvre ainsi que la nature des renseignements collectés. Ce relevé est tenu à la disposition de la commission, qui peut y accéder de manière permanente, complète et directe, quel que soit son degré d'achèvement.

Art. L. 822-2. — I. — Les renseignements collectés par la mise en œuvre d'une technique de recueil de renseignement autorisée en application du chapitre Ier du présent titre sont détruits à l'issue d'une durée de :

1° Trente jours à compter de leur recueil pour les correspondances interceptées en application des articles L. 852-1, L. 852-2 et L. 852-3 ;

2° Cent vingt jours à compter de leur recueil pour les adresses complètes de ressources sur internet recueillies par la mise en œuvre de la technique prévue à l'article L. 851-2 et pour les renseignements collectés par la mise en œuvre des techniques mentionnées au chapitre III du titre V du présent livre, à l'exception des informations ou documents mentionnés à l'article L. 851-1 ;

3° Quatre ans à compter de leur recueil pour les informations ou documents mentionnés à l'article L. 851-1.

Pour ceux des renseignements qui sont chiffrés, le délai court à compter de leur déchiffrement. Ils ne peuvent être conservés plus de six ans à compter de leur recueil.

Dans une mesure strictement nécessaire aux besoins de l'analyse technique et à l'exclusion de toute utilisation pour la surveillance des personnes concernées, les renseignements collectés qui contiennent des éléments de cyberattaque ou qui sont chiffrés, ainsi que les renseignements déchiffrés associés à ces derniers, peuvent être conservés au-delà des durées mentionnées au présent I.

II. — Par dérogation au I, les renseignements qui concernent une requête dont le Conseil d'État a été saisi ne peuvent être détruits. À l'expiration des délais prévus au même I, ils sont conservés pour les seuls besoins de la procédure devant le Conseil d'État.

III. — Aux seules fins de recherche et de développement en matière de capacités techniques de recueil et d'exploitation des renseignements et à l'exclusion de toute utilisation pour la surveillance des personnes concernées, les services spécialisés de renseignement mentionnés à l'article L. 811-2 peuvent conserver au-delà des durées prévues au présent article les renseignements mentionnés au I du présent article. Cette conservation est opérée dans la mesure strictement nécessaire à l'acquisition des connaissances suffisantes pour développer, améliorer et valider les capacités techniques de recueil et d'exploitation.

Les renseignements mentionnés au premier alinéa du présent III sont conservés de manière à n'être accessibles, dans les locaux des services mentionnés au même premier alinéa, qu'aux seuls agents des services mentionnés audit premier alinéa spécialement habilités à cet effet et exclusivement affectés à cette mission, dans des conditions ne faisant plus apparaître les motifs et les finalités pour lesquels ils ont été collectés et ne permettant pas de rechercher l'identité des personnes concernées. Ils sont également accessibles, dans les mêmes conditions, aux agents du service du ministère de la défense mentionné à l'article L. 2371-2 du Code de la défense spécialement habilités à cet effet.

Les paramètres techniques applicables à chaque programme de recherche afin de garantir le respect des conditions prévues aux deux premiers alinéas du présent III ainsi que toute évolution substantielle de ces paramètres sont soumis à une autorisation préalable du Premier ministre, délivrée après avis de la Commission nationale de contrôle des techniques de renseignement.

Les renseignements mentionnés au premier alinéa du présent III sont détruits dès que leur conservation n'est plus indispensable à la validation de capacités techniques de recueil et d'exploitation mentionnées au même premier alinéa, et au plus tard cinq ans après leur recueil.

La Commission nationale de contrôle des techniques de renseignement veille à ce que la mise en œuvre des programmes de recherche respecte les conditions prévues au présent III. Elle peut adresser au Premier ministre, à tout moment, une recommandation tendant à la suspension ou à l'interruption d'un programme de recherche dont elle estime qu'il ne respecte plus ces conditions.

Art. L.822-2-1 — Le service du Premier ministre mentionné aux articles L. 851-1, L. 851-3, L. 851-4, L. 851-6 et L. 852-1 peut conserver, dans les conditions prévues au III de l'article L. 822-2 et avec l'accord du ou des services pour lesquels ces renseignements ont été collectés, les renseignements mentionnés au I du même article L. 822-2 dont il organise la centralisation et qui ne sont accessibles qu'à ses agents spécialement habilités à cette fin.

Art. L.822-3 — I. — Les renseignements ne peuvent être collectés, transcrits, extraits ou transmis pour d'autres finalités que celles mentionnées à l'article L. 811-3.

Lorsqu'un service spécialisé de renseignement mentionné à l'article L. 811-2 ou un service désigné par le décret en Conseil d'État prévu à l'article L. 811-4 obtient, à la suite de la mise en œuvre d'une technique mentionnée au titre V du présent livre, des renseignements utiles à la poursuite d'une finalité différente de celle qui en a justifié le recueil, il peut les transcrire ou les extraire pour le seul exercice de ses missions, dans la limite des finalités mentionnées à l'article L. 811-3.

II. — Sous réserve du deuxième alinéa et des 1° et 2° du présent II, un service spécialisé de renseignement mentionné à l'article L. 811-2 ou un service désigné par le décret en Conseil d'État prévu à l'article L. 811-4 peut transmettre à un autre de ces services les renseignements collectés, extraits ou transcrits dont il dispose, si cette transmission est strictement nécessaire à l'exercice des missions du service destinataire, dans la limite des finalités mentionnées à l'article L. 811-3.

Sont subordonnées à une autorisation préalable du Premier ministre, délivrée dans les conditions prévues aux articles L. 821-1 à L. 821-4 après avis de la Commission nationale de contrôle des techniques de renseignement :

1° Les transmissions de renseignements collectés, lorsqu'elles poursuivent une finalité différente de celle qui en a justifié le recueil ;

2° Les transmissions de renseignements collectés, extraits ou transcrits qui sont issus de la mise en œuvre d'une technique de recueil de renseignements à laquelle le service destinataire n'aurait pu recourir au titre de la finalité motivant la transmission.

Ces transmissions sont sans effet sur la durée de conservation de chacun des renseignements collectés, qui court à compter de la date de leur recueil. À l'issue de cette durée, chaque service procède à la destruction des renseignements, selon les modalités définies à l'article L. 822-4.

Le responsable de chaque service spécialisé de renseignement mentionné à l'article L. 811-2 ou de chaque service désigné par le décret en Conseil d'État prévu à l'article L. 811-4 désigne un agent chargé de veiller, sous son contrôle, au respect de l'application du présent II. Cet agent est informé par ses homologues dans les autres services de la destruction, dans les conditions fixées à l'avant-dernier alinéa du présent II, des renseignements que son service a été autorisé à recueillir. Il rend compte sans délai au responsable de son service de toute difficulté dans l'application du présent II.

III. — Les transcriptions ou les extractions doivent être détruites dès que leur conservation n'est plus indispensable à la poursuite des finalités mentionnées au I.

IV. — Les opérations mentionnées aux I à III sont soumises au contrôle de la Commission nationale de contrôle des techniques de renseignement.

Art. L. 822-4. — Les opérations de destruction des renseignements collectés mentionnées à l'article L. 822-2, les transcriptions et les extractions mentionnées au I de l'article L. 822-3 ainsi que les transmissions mentionnées au II du même article L. 822-3 sont effectuées par des agents individuellement désignés et habilités. Elles font l'objet de relevés tenus à la disposition de la Commission nationale de contrôle des techniques de renseignement, qui précisent :

1° S'agissant des transcriptions ou des extractions, si elles ont été effectuées pour une finalité différente de celle qui en a justifié le recueil ;

2° S'agissant des transmissions, leur nature, leur date et leur finalité ainsi que les services qui en ont été destinataires.

Lorsque les transcriptions, les extractions ou les transmissions poursuivent une finalité différente de celle au titre de laquelle les renseignements ont été recueillis, les relevés sont immédiatement transmis à la Commission nationale de contrôle des techniques de renseignement.

TITRE III

DE LA COMMISSION NATIONALE DE CONTRÔLE DES TECHNIQUES DE RENSEIGNEMENT

Chapitre Ier

Composition et organisation

Art. L. 831-1. — La Commission nationale de contrôle des techniques de renseignement est une autorité administrative indépendante (183).

Elle est composée de neuf membres :

1° Deux députés et deux sénateurs, désignés de manière à assurer une représentation pluraliste du Parlement ;

2° Deux membres du Conseil d'État, d'un grade au moins égal à celui de conseiller d'État, nommés par le vice-président du Conseil d'État ;

3° Deux magistrats hors hiérarchie de la Cour de cassation, nommés conjointement par le premier président et par le procureur général de la Cour de cassation ;

4° Une personnalité qualifiée pour sa connaissance en matière de communications électroniques, nommée sur proposition du président de l'Autorité de régulation des communications électroniques et des postes.

Les modalités de désignation ou de nomination des membres mentionnés aux 1° à 3° assurent l'égale représentation des hommes et des femmes.

Le président de la commission est nommé par décret du Président de la République parmi les membres mentionnés aux 2° et 3°.

Le mandat des membres, à l'exception de ceux mentionnés au 1°, est de six ans. Il n'est pas renouvelable.

Les membres du Conseil d'État ou de la Cour de cassation sont renouvelés par moitié tous les trois ans.

Art. L. 831-2. — La formation plénière de la Commission nationale de contrôle des techniques de renseignement comprend l'ensemble des membres mentionnés à l'article L. 831-1.

La formation restreinte de la Commission nationale de contrôle des techniques de renseignement est composée des membres mentionnés aux 2° à 4° du même article L. 831-1.

Ces formations sont présidées par le président de la commission.

Chapitre II

Règles de déontologie et de fonctionnement

Art. L. 832-2. — Le président de la commission ne peut être titulaire d'aucun mandat électif et exerce ses fonctions à temps plein.

La fonction de membre de la commission est incompatible avec tout intérêt, direct ou indirect, dans les services pouvant être autorisés à mettre en œuvre les techniques mentionnées au titre V du présent livre ou dans l'activité de l'une des personnes mentionnées au II de l'article L. 34-1 du Code des postes et des communications électroniques ainsi qu'aux 1 et 2 du I de l'article 6 de la loi n° 2004-575 du 21 juin 2004 pour la confiance dans l'économie numérique. La fonction de membre est également

(183) Voir aussi la loi organique n° 2015-911 du 24 juillet 2015 relative à la nomination du président de la Commission nationale de contrôle des techniques de renseignement.

incompatible avec toute activité professionnelle ou autre emploi public exercés à temps plein et tout mandat électif, à l'exception de ceux des membres mentionnés au 1° de l'article L. 831-1.

Art. L. 832-3. — Les avis sur les demandes mentionnées à l'article L. 821-2 sont rendus par le président ou par un autre membre mentionné aux 2° et 3° de l'article L. 831-1. Ces avis sont tenus à la disposition de tous les membres de la commission.

Toute question nouvelle ou sérieuse est renvoyée à la formation restreinte ou à la formation plénière. Ces formations peuvent également être réunies si le président de la commission ou le membre mentionné au premier alinéa du présent article estime que la validité de la demande n'est pas certaine. La formation restreinte et la formation plénière ne peuvent valablement délibérer que si, respectivement, au moins trois et quatre membres sont présents. Leurs décisions sont prises à la majorité des membres présents.

En cas de partage égal des voix, la voix du président est prépondérante.

La formation plénière se réunit au moins une fois par mois. Elle est informée des avis rendus sur les demandes mentionnées à l'article L. 821-2 lors de sa plus proche réunion.

Art. L. 832-5. — Les membres de la commission sont autorisés ès qualités à connaître des informations ou des éléments d'appréciation protégés au titre de l'article 413-9 du Code pénal et utiles à l'exercice de leurs fonctions.

Les agents de la commission doivent être habilités au secret de la défense nationale aux fins d'accéder aux informations et aux documents nécessaires à l'accomplissement de leurs missions.

Les membres et les agents de la commission sont astreints au respect des secrets protégés aux articles 413-10 et 226-13 du même code pour les faits, actes et renseignements dont ils peuvent avoir connaissance dans l'exercice de leurs fonctions.

Les travaux de la commission sont couverts par le secret de la défense nationale.

Chapitre III

Art. L. 833-1. — : La Commission nationale de contrôle des techniques de renseignement veille à ce que les techniques de recueil de renseignement soient en œuvre sur le territoire conformément au présent livre.

Art. L. 833-2. — Pour l'accomplissement de ses missions, la commission :

1° Reçoit communication de toutes demandes et autorisations mentionnées au présent livre ;

2° Dispose d'un accès permanent, complet et direct aux relevés, registres, renseignements collectés, transcriptions, extractions et transmissions mentionnés au présent livre, aux dispositifs de traçabilité des renseignements collectés et aux locaux où sont centralisés ces renseignements en application de l'article L. 822-1 ainsi qu'aux renseignements mentionnés au III de l'article L. 822-2 ;

3° Est informée à tout moment, à sa demande, des modalités d'exécution des autorisations en cours ;

4° Peut solliciter du Premier ministre tous les éléments nécessaires à l'accomplissement de ses missions, y compris lorsque la technique de recueil de renseignement mise en œuvre n'a fait l'objet ni d'une demande, ni d'une autorisation ou ne répond pas aux conditions de traçabilité, à l'exclusion des éléments communiqués par des services étrangers ou par des organismes internationaux ou qui pourraient donner connaissance à la commission, directement ou indirectement, de l'identité des sources des services spécialisés de renseignement ;

5° Peut solliciter du Premier ministre tout ou partie des rapports de l'inspection des services de renseignement ainsi que des rapports des services d'inspection générale des ministères portant sur les services qui relèvent de leur compétence, en lien avec les missions de la commission.

Art. L. 833-3. — Les ministres, les autorités publiques et les agents publics prennent toutes mesures utiles pour faciliter l'action de la commission.

Est puni d'un an d'emprisonnement et de 15 000 € d'amende le fait d'entraver l'action de la commission :

1° Soit en refusant de communiquer à la commission les documents et les renseignements qu'elle a sollicités en application de l'article L. 833-2 ou en dissimulant lesdits documents ou renseignements, ou en les faisant disparaître ;

2° Soit en communiquant des transcriptions ou des extractions qui ne sont pas conformes au contenu des renseignements collectés tel qu'il était au moment où la demande a été formulée ;

3° Soit en s'opposant à l'exercice des missions confiées à ses membres ou aux agents habilités en application de l'article L. 832-5.

Art. L. 833-4. — De sa propre initiative ou lorsqu'elle est saisie d'une réclamation de toute personne souhaitant vérifier qu'aucune technique de renseignement n'est irrégulièrement mise en œuvre à son égard, la commission procède au contrôle de la ou des techniques invoquées en vue de vérifier qu'elles ont été ou sont mises en œuvre dans le respect du présent livre. Elle notifie à l'auteur de la réclamation qu'il a été procédé aux vérifications nécessaires, sans confirmer ni infirmer leur mise en œuvre.

Art. L. 833-5. — Lorsqu'elle rend un avis sur la demande d'autorisation pour la mise en œuvre d'une technique de renseignement prévue aux chapitres Ier à III du titre V du présent livre ou qu'elle en contrôle la mise en œuvre, la commission vérifie que la mesure respecte l'article L. 801-1.

Art. L. 833-6. — La commission peut adresser, à tout moment, au Premier ministre, au ministre responsable de son exécution et au service concerné une recommandation tendant à ce que la mise en œuvre d'une technique soit interrompue et les renseignements collectés détruits lorsqu'elle estime que :

1° Une autorisation a été accordée en méconnaissance du présent livre ;

2° Une technique a été mise en œuvre en méconnaissance du présent livre ;

3° La collecte, la transcription, l'extraction, la conservation, la destruction des renseignements collectés ou leur transmission entre services est effectuée en méconnaissance du chapitre II du titre II du présent livre.

Art. L. 833-7. — Le Premier ministre informe sans délai la commission des suites données à ses recommandations.

Art. L. 833-8. — Le Conseil d'État peut être saisi d'un recours prévu au 2° de l'article L. 841-1 soit par le président de la commission lorsque le Premier ministre ne donne pas suite aux avis ou aux recommandations de la commission ou que les suites qui y sont données sont estimées insuffisantes, soit par au moins trois membres de la commission.

Art. L. 833-9. — Dans le respect du secret de la défense nationale et sans révéler des procédures ou des méthodes opérationnelles, le rapport public de la commission fait état du nombre :

1° De demandes dont elle a été saisie et d'avis qu'elle a rendus ;

2° De réclamations dont elle a été saisie ;

3° De recommandations qu'elle a adressées au Premier ministre et de suites favorables données à ces recommandations ;

4° D'observations qu'elle a adressées au Premier ministre et d'avis qu'elle a rendus sur demande ;

5° De recours dont elle a saisi le Conseil d'État et de recours pour lesquels elle a produit des observations devant lui.

Art. L. 833-10. — La commission peut adresser au Premier ministre, à tout moment, les observations qu'elle juge utiles.

Ces observations sont communiquées par le Premier ministre à la délégation parlementaire au renseignement, sous réserve du respect du dernier alinéa du I et du premier alinéa du IV de l'article 6 nonies de l'ordonnance n° 58-1100 du 17 novembre 1958 relative au fonctionnement des assemblées parlementaires.

Art. L. 833-11. — La commission répond aux demandes d'avis du Premier ministre, du président de l'Assemblée nationale, du président du Sénat et de la délégation parlementaire au renseignement.

Dans le respect du secret de la défense nationale, la commission peut consulter l'Autorité de régulation des communications électroniques et des postes ou répondre aux demandes de celle-ci.

TITRE IV

DES RECOURS RELATIFS À LA MISE EN ŒUVRE DES TECHNIQUES DE RENSEIGNEMENT SOUMISES À AUTORISATION ET DES FICHIERS INTÉRESSANT LA SÛRETÉ DE L'ÉTAT

Art. L. 841-1. — Sous réserve des dispositions particulières prévues à l'article L. 854-9 du présent code, le Conseil d'État est compétent pour connaître, dans les conditions prévues au chapitre III *bis* du titre VII du livre VII du Code de justice administrative, des requêtes concernant la mise en œuvre des techniques de renseignement mentionnées au titre V du présent livre.

Il peut être saisi par :

1° Toute personne souhaitant vérifier qu'aucune technique de renseignement n'est irrégulièrement mise en œuvre à son égard et justifiant de la mise en œuvre préalable de la procédure prévue à l'article L. 833-4 ;

2° La Commission nationale de contrôle des techniques de renseignement, dans les conditions prévues à l'article L. 833-8.

Lorsqu'une juridiction administrative ou une autorité judiciaire est saisie d'une procédure ou d'un litige dont la solution dépend de l'examen de la régularité d'une ou de plusieurs techniques de recueil de renseignement, elle peut, d'office ou sur demande de l'une des parties, saisir le Conseil d'État à titre préjudiciel. Il statue dans le délai d'un mois à compter de sa saisine.

Art. L. 841-2. — Le Conseil d'État est compétent pour connaître, dans les conditions prévues au chapitre III *bis* du titre VII du livre VII du Code de justice administrative, des requêtes concernant la mise en œuvre de l'article 118 de la loi n° 78-17 du 6 janvier 1978 relative à l'informatique, aux fichiers et aux libertés, pour les traitements ou parties de traitements intéressant la sûreté de l'État dont la liste est fixée par décret en Conseil d'État.

Chapitre Ier

Des accès administratifs aux données de connexion

Art. L. 851-1. — Dans les conditions prévues au chapitre Ier du titre II du présent livre, peut être autorisé le recueil, auprès des opérateurs de communications électroniques et des personnes mentionnées à l'article L. 34-1 du Code des postes et des communications électroniques ainsi que des personnes mentionnées aux 1 et 2 du I de l'article 6 de la loi n° 2004-575 du 21 juin 2004 pour la confiance dans l'économie numérique, des informations ou documents traités ou conservés par leurs réseaux ou services de communications électroniques, y compris les données techniques relatives à l'identification des numéros d'abonnement ou de connexion à des services de communications électroniques, au recensement de l'ensemble des numéros d'abonnement ou de connexion d'une personne désignée, à la localisation des équipements terminaux utilisés ainsi qu'aux communications d'un abonné portant sur la liste des numéros appelés et appelants, la durée et la date des communications.

Par dérogation à l'article L. 821-2, les demandes écrites et motivées portant sur les données techniques relatives à l'identification des numéros d'abonnement ou de connexion à des services de communications électroniques, ou au recensement de l'ensemble des numéros d'abonnement ou de connexion d'une personne désignée sont directement transmises à la Commission nationale de contrôle des techniques de renseignement par les agents individuellement désignés et habilités des services de renseignement mentionnés aux articles L. 811-2 et L. 811-4. La commission rend son avis dans les conditions prévues à l'article L. 821-3.

Un service du Premier ministre est chargé de recueillir les informations ou documents auprès des opérateurs et des personnes mentionnés au premier alinéa du présent article. La Commission nationale de contrôle des techniques de renseignement dispose d'un accès permanent, complet, direct et immédiat aux informations ou documents collectés.

Les modalités d'application du présent article sont fixées par décret en Conseil d'État, pris après avis de la Commission nationale de l'informatique et des libertés et de la Commission nationale de contrôle des techniques de renseignement.

Art. L. 851-2. — I. — Dans les conditions prévues au chapitre Ier du titre II du présent livre et pour les seuls besoins de la prévention du terrorisme, peut être individuellement autorisé le recueil en temps réel, sur les réseaux des opérateurs et des personnes mentionnés à l'article L. 851-1, des informations ou documents mentionnés au même article L. 851-1 relatifs à une personne préalablement identifiée susceptible d'être en lien avec une menace, ainsi que des adresses complètes de ressources sur internet utilisées par cette personne. Lorsqu'il existe des raisons sérieuses de penser qu'une ou plusieurs personnes appartenant à l'entourage de la personne concernée par l'autorisation sont susceptibles de fournir des informations au titre de la finalité qui motive l'autorisation, celle-ci peut être également accordée individuellement pour chacune de ces personnes.

I bis. — Le nombre maximal des autorisations délivrées en application du présent article en vigueur simultanément est arrêté par le Premier ministre, après avis de la Commission nationale de contrôle des techniques de renseignement. La décision fixant ce contingent et sa répartition entre les ministres mentionnés au premier alinéa de l'article L. 821-2 ainsi que le nombre d'autorisations d'interception délivrées sont portés à la connaissance de la commission.

II. — (Abrogé)

Art. L. 851-3. — I. — Dans les conditions prévues au chapitre Ier du titre II du présent livre et pour les seuls besoins de la prévention du terrorisme, à la demande des services spécialisés de renseignement mentionnés à l'article L. 811-2, peuvent être autorisés, sur les données transitant par les réseaux des opérateurs et des personnes mentionnées à l'article L. 851-1, des traitements automatisés destinés, en fonction de paramètres précisés dans l'autorisation, à détecter des connexions susceptibles de révéler une menace terroriste.

Ces traitements automatisés utilisent exclusivement les informations ou documents mentionnés à l'article L. 851-1 ainsi que les adresses complètes de ressources utilisées sur internet, sans recueillir d'autres données que celles qui répondent à leurs paramètres de conception et sans permettre l'identification des personnes auxquelles les informations, documents ou adresses se rapportent.

Dans le respect du principe de proportionnalité, l'autorisation du Premier ministre précise le champ technique de la mise en œuvre de ces traitements.

II. — La Commission nationale de contrôle des techniques de renseignement émet un avis sur la demande d'autorisation relative aux traitements automatisés et les paramètres de détection retenus. Elle dispose d'un accès permanent, complet et direct à ces traitements ainsi qu'aux informations et données recueillies. Elle est informée de toute modification apportée aux traitements et paramètres et peut émettre des recommandations.

La première autorisation de mise en œuvre des traitements automatisés prévue au I du présent article est délivrée pour une durée de deux mois. L'autorisation est renouvelable dans les conditions de durée prévues au chapitre Ier du titre II du présent livre. La demande de renouvellement comporte un relevé du nombre d'identifiants signalés par le traitement automatisé et une analyse de la pertinence de ces signalements.

III. — Les conditions prévues à l'article L. 871-6 sont applicables aux opérations matérielles effectuées par les opérateurs et les personnes mentionnés à l'article L. 851-1.

IV. — Lorsque les traitements mentionnés au I du présent article détectent des données susceptibles de caractériser l'existence d'une menace à caractère terroriste, le Premier ministre ou l'une des personnes déléguées par lui peut autoriser, après avis de la Commission nationale de contrôle des techniques de renseignement donné dans les conditions prévues au chapitre Ier du titre II du présent livre, l'identification de la ou des personnes concernées et le recueil des données y afférentes. Ces données sont exploitées dans un délai de soixante jours à compter de ce recueil et sont détruites à l'expiration de ce délai.

Les données non détectées par les traitements comme susceptibles de révéler une menace à caractère terroriste sont détruites immédiatement.

V. — Le caractère d'urgence mentionné à la dernière phrase du deuxième alinéa de l'article L. 821-1 ne peut être invoqué pour les autorisations délivrées sur le fondement des I et II du présent article.

VI. — Un service du Premier ministre est seul habilité à exécuter les traitements et opérations mis en œuvre sur le fondement des I et IV, sous le contrôle de la Commission nationale de contrôle des techniques de renseignement.

Art. L. 851-4. — Dans les conditions prévues au chapitre Ier du titre II du présent livre, les données techniques relatives à la localisation des équipements terminaux utilisés mentionnées à l'article L. 851-1 peuvent être recueillis sur sollicitation du réseau et transmis en temps réel par les opérateurs à un service du Premier ministre.

Art. L. 851-5. — Dans les conditions prévues au chapitre Ier du titre II du présent livre, peut être autorisée l'utilisation d'un dispositif technique permettant la localisation en temps réel d'une personne, d'un véhicule ou d'un objet.

Si la mise en œuvre de cette technique nécessite l'introduction dans un véhicule ou dans un lieu privé, cette mesure s'effectue selon les modalités définies à l'article L. 853-3.

Art. L. 851-6. — I. Dans les conditions prévues au chapitre Ier du titre II du présent livre, peuvent être directement recueillies, au moyen d'un appareil ou d'un dispositif technique mentionné au 1° de l'article 226-3 du Code pénal, les données techniques de connexion permettant l'identification d'un équipement terminal ou du numéro d'abonnement de son utilisateur ainsi que les données relatives à la localisation des équipements terminaux utilisés.

Par dérogation à l'article L. 821-4 du présent code, l'autorisation est délivrée pour une durée de deux mois, renouvelable dans les mêmes conditions de durée.

II. Les appareils ou dispositifs techniques mentionnés au I font l'objet d'une inscription dans un registre spécial tenu à la disposition de la Commission nationale de contrôle des techniques de renseignement et ne peuvent être mis en œuvre que par des agents individuellement désignés et habilités.

III. Un service du Premier ministre centralise les informations ou documents recueillis, qui sont :

1° Conservés dans les conditions prévues à l'article L. 822-2, s'ils se rapportent à l'autorisation de mise en œuvre ;

2° Détruits dès qu'il apparaît qu'ils ne sont pas en rapport avec l'autorisation de mise en œuvre, dans un délai maximal de quatre-vingt-dix jours.

IV. Le nombre maximal d'appareils ou de dispositifs techniques mentionnés au II du présent article pouvant être utilisés simultanément est arrêté par le Premier ministre, après avis de la Commission nationale de contrôle des techniques de renseignement. La décision fixant ce contingent et sa répartition entre les ministres mentionnés au premier alinéa de l'article L. 821-2 est portée à la connaissance de la commission.

Art. L. 851-7. — Le présent chapitre est mis en œuvre dans le respect de l'article 226-15 du Code pénal.

Chapitre II

Des interceptions de sécurité

Art. L. 852-1. — I. Dans les conditions prévues au chapitre Ier du titre II du présent livre, peuvent être autorisées les interceptions de correspondances émises par la voie des communications électroniques et susceptibles de révéler des renseignements relatifs aux finalités mentionnées à l'article L. 811-3. Lorsqu'il existe des raisons sérieuses de croire qu'une ou plusieurs personnes appartenant à l'entourage d'une personne concernée par l'autorisation sont susceptibles de fournir des informations au titre de la finalité qui motive l'autorisation, celle-ci peut être également accordée pour ces personnes.

II. Pour les seules finalités mentionnées aux 1° et 4° et a du 5° de l'article L. 811-3 du présent code, peut être autorisée, pour une durée de quarante-huit heures renouvelable, l'utilisation d'un appareil ou d'un dispositif technique mentionné au 1° de l'article 226-3 du Code pénal afin d'intercepter des correspondances émises ou reçues par un équipement terminal. Les correspondances interceptées par cet appareil ou ce dispositif technique sont détruites dès qu'il apparaît qu'elles sont sans lien avec l'autorisation délivrée, dans la limite du délai prévu au 1° du I de l'article L. 822-2 du présent code.

III. L'autorisation vaut autorisation de recueil des informations ou documents mentionnés à l'article L. 851-1 associés à l'exécution de l'interception et à son exploitation.

IV. Un service du Premier ministre organise la centralisation de l'exécution des interceptions mentionnées au I. Après avis de la Commission nationale de contrôle des techniques de renseignement, le Premier ministre définit les modalités de la centralisation des correspondances interceptées en application du II.

V. Les opérations de transcription et d'extraction des communications interceptées, auxquelles la Commission nationale de contrôle des techniques de renseignement dispose d'un accès permanent, complet, direct et immédiat, sont effectuées au sein d'un service du Premier ministre.

VI. Le nombre maximal des autorisations d'interception en vigueur simultanément est arrêté par le Premier ministre, après avis de la Commission nationale de contrôle des techniques de renseignement. La décision fixant ce contingent et sa répartition entre les ministres mentionnés au premier alinéa de l'article L. 821-2 ainsi que le nombre d'autorisations d'interception délivrées sont portés à la connaissance de la commission.

Art. L. 852-2. — Dans les conditions prévues au chapitre Ier du titre II du présent livre, peuvent être autorisées les interceptions de correspondances échangées au sein d'un réseau de communications électroniques empruntant exclusivement la voie hertzienne et n'impliquant pas l'intervention d'un opérateur de communications électroniques, lorsque ce réseau est conçu pour une utilisation privative par une personne ou un groupe fermé d'utilisateurs. Pour l'application du 6° de l'article L. 821-2, lorsque l'identité de la personne concernée n'est pas connue, la demande précise les éléments nécessaires à l'identification du réseau concerné.

L'autorisation mentionnée au premier alinéa du présent article vaut autorisation de recueil des informations ou documents mentionnés à l'article L. 851-1 associés à l'exécution de l'interception et à son exploitation.

Art. L.852-3 — I. — Dans les conditions prévues au chapitre Ier du titre II du présent livre et pour les seules finalités prévues aux 1°, 2°, 4° et 6° de l'article L. 811-3, peut être autorisée l'utilisation, par les services spécialisés de renseignement et les services mentionnés à l'article L. 811-4 désignés, au regard de leurs missions, par un décret en Conseil d'État pris après avis de la Commission nationale de contrôle des techniques de renseignement, d'un appareil ou d'un dispositif technique mentionné au 1° de l'article 226-3 du Code pénal afin d'intercepter des correspondances émises ou reçues par la voie satellitaire, lorsque cette interception ne peut être mise en œuvre sur le fondement du I de l'article L. 852-1 du présent code, pour des raisons techniques ou pour des motifs de confidentialité faisant obstacle au concours des opérateurs ou des personnes mentionnés à l'article L. 851-1. Les correspondances interceptées dans ce cadre sont détruites dès qu'il apparaît qu'elles sont sans lien avec la personne concernée par l'autorisation, et au plus tard au terme du délai prévu au 1° du I de l'article L. 822-2.

II. — Par dérogation à l'article L. 821-4, l'autorisation est délivrée pour une durée maximale de trente jours, renouvelable dans les mêmes conditions de durée. Elle vaut autorisation de recueil des informations ou documents mentionnés à l'article L. 851-1 associés à l'exécution de l'interception et à son exploitation.

III. — Un service du Premier ministre organise la centralisation des correspondances interceptées et des informations ou documents recueillis en application des I et II du présent article. Cette centralisation intervient dès l'interception des communications, sauf impossibilité technique. Dans ce cas, les données collectées font l'objet d'un chiffrement dès leur collecte et jusqu'à leur centralisation effective au sein du service du Premier ministre mentionné au présent alinéa. La demande prévue à l'article L. 821-2 précise les motifs faisant obstacle à la centralisation immédiate des correspondances interceptées.

Les opérations de transcription et d'extraction des communications interceptées, auxquelles la Commission nationale de contrôle des techniques de renseignement dispose d'un accès permanent, complet, direct et immédiat, sont effectuées au sein du service du Premier ministre mentionné au premier alinéa du présent III.

IV. — Le nombre maximal des autorisations d'interception en vigueur simultanément est arrêté par le Premier ministre, après avis de la Commission nationale de contrôle des techniques de renseignement. La décision fixant ce contingent et sa répartition entre les ministres mentionnés au premier alinéa de l'article L. 821-2 ainsi que le nombre d'autorisations d'interception délivrées sont portés à la connaissance de la commission.

Chapitre III

De la sonorisation de certains lieux et véhicules et de la captation d'images et de données informatiques

Art. L. 853-1. — I. — Dans les conditions prévues au chapitre Ier du titre II du présent livre, peut être autorisée, lorsque les renseignements ne peuvent être recueillis par un autre moyen légalement autorisé, l'utilisation de dispositifs techniques permettant d'accéder à des données informatiques stockées dans un système informatique, de les enregistrer, de les conserver et de les transmettre, et permettant d'accéder à ces mêmes données informatiques, de les enregistrer, de les conserver et de les transmettre, telles qu'elles s'affichent sur un écran pour l'utilisateur d'un système de traitement automatisé de données, telles qu'il les y introduit par saisie de caractères ou telles qu'elles sont reçues et émises par des périphériques.

II. — Par dérogation à l'article L. 821-4, l'autorisation de mise en œuvre de la technique mentionnée au I du présent article est délivrée pour une durée maximale de deux mois. L'autorisation est renouvelable dans les mêmes conditions de durée.

III. — Les dispositifs techniques mentionnés au I du présent article ne peuvent être utilisés que par des agents appartenant à l'un des services mentionnés aux articles L. 811-2 et L. 811-4 dont la liste est fixée par décret en Conseil d'État.

IV. — Le service autorisé à recourir à la technique mentionnée au I rend compte à la Commission nationale de contrôle des techniques de renseignement de sa mise en œuvre. La commission peut à tout moment adresser une recommandation tendant à ce que cette opération soit interrompue et que les renseignements collectés soient détruits.

IV bis. — Le caractère d'urgence mentionné à la dernière phrase du deuxième alinéa de l'article L. 821-1 ne peut être invoqué que si l'autorisation prévue au présent article a été délivrée au titre du 1°, du 4° ou du a du 5° de l'article L. 811-3.

V. — Si la mise en œuvre de cette technique nécessite l'introduction dans un véhicule ou dans un lieu privé, cette mesure s'effectue selon les modalités définies à l'article L. 853-3.

Art. L. 853-2. — I. — Dans les conditions prévues au chapitre Ier du titre II du présent livre, peut être autorisée, lorsque les renseignements ne peuvent être recueillis par un autre moyen légalement autorisé, l'utilisation de dispositifs techniques permettant d'accéder à des données informatiques stockées dans un système informatique, de les enregistrer, de les conserver et de les transmettre, et permettant d'accéder à ces mêmes données informatiques, de les enregistrer, de les conserver et de les transmettre, telles qu'elles s'affichent sur un écran pour l'utilisateur d'un système de traitement automatisé de données, telles qu'il les y introduit par saisie de caractères ou telles qu'elles sont reçues et émises par des périphériques.

II. — Par dérogation à l'article L. 821-4, l'autorisation de mise en œuvre de la technique mentionnée au I du présent article est délivrée pour une durée maximale de deux mois. L'autorisation est renouvelable dans les mêmes conditions de durée.

III. — Les dispositifs techniques mentionnés au I du présent article ne peuvent être utilisés que par des agents appartenant à l'un des services mentionnés aux articles L. 811-2 et L. 811-4 dont la liste est fixée par décret en Conseil d'État.

IV. — Le service autorisé à recourir à la technique mentionnée au I rend compte à la Commission nationale de contrôle des techniques de renseignement de sa mise en œuvre. La commission peut à tout moment adresser une recommandation tendant à ce que cette opération soit interrompue et que les renseignements collectés soient détruits.

IV bis. — Le caractère d'urgence mentionné à la dernière phrase du deuxième alinéa de l'article L. 821-1 ne peut être invoqué que si l'autorisation prévue au présent article a été délivrée au titre du 1°, du 4° ou du a du 5° de l'article L. 811-3.

V. — Si la mise en œuvre de cette technique nécessite l'introduction dans un véhicule ou dans un lieu privé, cette mesure s'effectue selon les modalités définies à l'article L. 853-3.

Art. L. 853-3.— I. — Dans les conditions prévues au chapitre Ier du titre II du présent livre, lorsque les renseignements ne peuvent être recueillis par un autre moyen légalement autorisé, l'introduction dans un véhicule ou dans un lieu privé à la seule fin de mettre en place, d'utiliser ou de retirer les dispositifs techniques mentionnés aux articles L. 851-5, L. 853-1 et L. 853-2 peut être autorisée. S'il s'agit d'un lieu d'habitation ou pour l'utilisation de la technique mentionnée à l'article L. 853-2, la mise en place et l'utilisation de ces dispositifs ne peuvent être autorisées qu'après avis exprès de la Commission nationale de contrôle des techniques de renseignement, statuant en formation restreinte ou en formation plénière. La maintenance et le retrait de ces mêmes dispositifs peuvent être autorisés après avis exprès rendu dans les conditions prévues au premier alinéa de l'article L. 832-3.

L'introduction dans un véhicule ou dans un lieu privé ne peut être effectuée que par des agents individuellement désignés et habilités appartenant à l'un des services mentionnés aux articles L. 811-2 et L. 811-4 dont la liste est fixée par décret en Conseil d'État.

II. — Lorsqu'il est fait application de l'avant-dernier alinéa de l'article L. 821-2, la demande mentionne, lorsqu'ils sont connus, toute indication permettant d'identifier le lieu, son usage, son propriétaire ou toute personne bénéficiant d'un droit, ainsi que la nature détaillée du dispositif envisagé.

III.— Par dérogation à l'article L. 821-4, l'autorisation, spécialement motivée, est délivrée pour une durée maximale de trente jours et est renouvelable dans les mêmes conditions de durée que l'autorisation initiale. Elle ne vaut que pour les actes d'installation, d'utilisation, de maintenance ou de retrait des dispositifs techniques.

Le caractère d'urgence mentionné à la dernière phrase du deuxième alinéa de l'article L. 821-1 ne peut être invoqué que si l'autorisation prévue au présent article a été délivrée au titre du 1°, du 4° ou du a du 5° de l'article L. 811-3. Lorsque l'introduction mentionnée au I du présent article porte sur un lieu privé à usage d'habitation, le caractère d'urgence ne peut être invoqué que si l'autorisation a été délivrée au titre du 4° de l'article L. 811-3.

IV. — Le service autorisé à recourir à l'introduction dans un véhicule ou dans un lieu privé rend compte à la commission de sa mise en œuvre. La commission peut à tout moment adresser une recommandation tendant à ce que cette opération soit interrompue et que les renseignements collectés soient détruits.

Chapitre IV

Des mesures de surveillance des communications électroniques internationales

Art. L. 854-1. — Dans les conditions prévues au présent chapitre, peut être autorisée, aux seules fins de défense et de promotion des intérêts fondamentaux de la Nation mentionnés à l'article L. 811-3, la surveillance des communications qui sont émises ou reçues à l'étranger.

Cette surveillance, qu'elle porte sur des correspondances ou sur des données de connexion, est exclusivement régie par le présent chapitre.

Les mesures prises à ce titre ne peuvent avoir pour objet d'assurer la surveillance individuelle des communications de personnes utilisant des numéros d'abonnement ou des identifiants techniques rattachables au territoire national, à l'exception du cas où ces personnes communiquent depuis l'étranger et, soit faisaient l'objet d'une autorisation d'interception de sécurité, délivrée en application de l'article L. 852-1, à la date à laquelle elles ont quitté le territoire national, soit sont identifiées comme présentant une menace au regard des intérêts fondamentaux de la Nation mentionnés à l'article L. 811-3.

Les autorisations prévues aux articles L. 851-1, L. 851-2 et au I de l'article L. 852-1 peuvent valoir, lorsque la décision d'autorisation le prévoit, autorisation d'exploitation des communications, ou des seules données de connexion, interceptées dans le cadre de la mise en œuvre de mesures de surveillance des communications internationales, dans la limite de la portée de ces autorisations et dans le respect des garanties qui les entourent.

Sous réserve des dispositions particulières des troisième et quatrième alinéas du présent article ainsi que du V de l'article L. 854-2, lorsqu'il apparaît que des communications électroniques interceptées sont échangées entre des personnes ou des équipements utilisant des numéros d'abonnement ou des identifiants techniques rattachables au territoire national, y compris lorsque ces communications transitent par des équipements non rattachables à ce territoire, celles-ci sont instantanément détruites.

Art. L. 854-2. — I. Le Premier ministre désigne, par une décision motivée, les réseaux de communications électroniques sur lesquels il autorise l'interception des communications émises ou reçues à l'étranger, dans les limites fixées à l'article L. 854-1.

II. Sur demande motivée des ministres ou de leurs délégués mentionnés au premier alinéa de l'article L. 821-2, le Premier ministre ou l'une des personnes déléguées mentionnées à l'article L. 821-4 peut autoriser l'exploitation non individualisée des données de connexion interceptées.

L'autorisation désigne :

1° La ou les finalités poursuivies parmi celles mentionnées à l'article L. 811-3 ;

2° Le ou les motifs des mesures ;

3° Le ou les services mentionnés à l'article L. 811-2 en charge de cette exploitation ;

4° Le type de traitements automatisés pouvant être mis en œuvre, en précisant leur objet.

L'autorisation, renouvelable dans les mêmes conditions que celles prévues au présent II, est délivrée pour une durée maximale d'un an.

III. Sur demande motivée des ministres ou de leurs délégués mentionnés au premier alinéa de l'article L. 821-2, le Premier ministre ou l'un de ses délégués peut également, après avis de la Commission nationale de contrôle des techniques de renseignement, délivrer une autorisation d'exploitation de communications, ou de seules données de connexion, interceptées.

L'autorisation désigne :

1° La ou les finalités poursuivies parmi celles mentionnées à l'article L. 811-3 ;

2° Le ou les motifs des mesures ;

3° Les zones géographiques ou les organisations, groupes de personnes ou personnes concernés ;

4° Le ou les services mentionnés à l'article L. 811-2 en charge de cette exploitation.

L'autorisation, renouvelable dans les mêmes conditions que celles prévues au présent III, est délivrée pour une durée maximale de quatre mois.

IV. L'autorisation prévue au III vaut autorisation d'effectuer au sein des données de connexion interceptées des vérifications ponctuelles aux seules fins de détecter une menace pour les intérêts fondamentaux de la Nation liée aux relations entre des numéros d'abonnement ou des identifiants techniques rattachables au territoire français et des zones géographiques, organisations ou personnes mentionnés au 3° du même III.

À la seule fin de détecter, de manière urgente, une menace terroriste, cette vérification ponctuelle peut porter sur les communications de numéros d'abonnement ou d'identifiants techniques rattachables au territoire national. Ces numéros et identifiants sont immédiatement communiqués au Premier ministre et à la Commission nationale de contrôle des techniques de renseignement, pour les besoins du contrôle prévu à l'article L. 854-9.

Des vérifications ponctuelles peuvent également être mises en œuvre pour détecter sur les communications d'identifiants techniques rattachables au territoire national, à des fins d'analyse technique, des éléments de cyberattaques susceptibles de porter atteinte aux intérêts fondamentaux de la Nation mentionnés au 1° de l'article L. 811-3.

Lorsque les vérifications ponctuelles mentionnées au présent IV font apparaître la nécessité d'une surveillance, l'exploitation des communications ou des seules données de connexion interceptées ne peut être poursuivie que sur le fondement d'une autorisation obtenue en application des chapitres Ier ou II du présent titre ou du V du présent article, dans le respect des règles qui leur sont propres.

V. Par dérogation au troisième alinéa de l'article L. 854-1 et pour la défense ou la promotion des finalités mentionnées aux 1°, 2°, 4°, 6° et 7° de l'article L. 811-3, le Premier ministre ou l'un de ses délégués peut, dans les conditions prévues au III du présent article, délivrer une autorisation d'exploitation de communications ou de seules données de connexion interceptées, de numéros d'abonnement ou d'identifiants techniques rattachables au territoire national dont l'utilisateur communique depuis ce territoire.

Le nombre maximal des autorisations d'exploitation, en vigueur simultanément et portant sur des correspondances, est arrêté par le Premier ministre, après avis de la Commission nationale de contrôle des techniques de renseignement. La décision fixant ce contingent et sa répartition entre les ministres mentionnés au premier alinéa de l'article L. 821-2 sont portées à la connaissance de la commission.

Art. L. 854-3. — Les personnes qui exercent en France un mandat ou une profession mentionné à l'article L. 821-7 ne peuvent faire l'objet d'une surveillance individuelle de leurs communications à raison de l'exercice du mandat ou de la profession concerné.

Art. L. 854-4. — L'interception et l'exploitation des communications en application du présent chapitre ainsi que la vérification ponctuelle mentionnée au IV de l'article L. 854-2 ainsi que la vérification ponctuelle mentionnée au IV de l'article L. 854-2 font l'objet de dispositifs de traçabilité organisés par le Premier ministre après avis de la Commission nationale de contrôle des techniques de renseignement. Le Premier ministre définit les modalités de la centralisation des renseignements collectés.

Art. L. 854-5. — Sous réserve des dispositions particulières de l'article L. 854-8, les renseignements collectés en application du présent chapitre sont détruits à l'issue d'une durée de :

1° Douze mois à compter de leur première exploitation pour les correspondances, dans la limite d'une durée de quatre ans à compter de leur recueil ;

2° Six ans à compter de leur recueil pour les données de connexion.

Pour ceux des renseignements qui sont chiffrés, le délai court à compter de leur déchiffrement. Ils ne peuvent être conservés plus de huit ans à compter de leur recueil.

Dans une mesure strictement nécessaire aux besoins de l'analyse technique et à l'exclusion de toute utilisation pour la surveillance des personnes concernées, les renseignements collectés au titre du présent chapitre qui contiennent des éléments de cyberattaque ou qui sont chiffrés, ainsi que les renseignements déchiffrés associés à ces derniers, peuvent être conservés au-delà des durées mentionnées au présent article.

Par dérogation aux cinq premiers alinéas, les renseignements qui concernent une requête dont le Conseil d'État a été saisi ne peuvent être détruits. À l'expiration des délais prévus au présent article, ils sont conservés pour les seuls besoins de la procédure devant le Conseil d'État.

Art. L. 854-6. — Sous réserve des dispositions particulières de l'article L. 854-8, les renseignements collectés en application du présent chapitre sont exploités par le ou les services mentionnés à l'article L. 811-2 désignés par l'autorisation.

Les renseignements ne peuvent être collectés, transcrits ou extraits pour d'autres finalités que celles mentionnées à l'article L. 811-3.

Un service spécialisé de renseignement mentionné à l'article L. 811-2 peut, dans les conditions définies aux deux premiers alinéas et au 2° du II de l'article L. 822-3, transmettre tout renseignement transcrit ou extrait à un autre de ces services ou à un service désigné par le décret en Conseil d'État prévu à l'article L. 811-4.

Les transcriptions ou les extractions doivent être détruites dès que leur conservation n'est plus indispensable à la poursuite des finalités mentionnées à l'article L. 811-3.

Les opérations de destruction des renseignements collectés, les transcriptions, les extractions et les transmissions sont effectuées dans les conditions prévues à l'article L. 822-4

Art. L. 854-7. — Les conditions prévues aux articles L. 871-6 et L. 871-7 sont applicables aux opérations matérielles effectuées par les opérateurs de communications électroniques pour la mise en œuvre des mesures prévues au I de l'article L. 854-2.

Art. L. 854-8. — Lorsque les correspondances interceptées renvoient à des numéros d'abonnement ou à des identifiants techniques rattachables au territoire national, elles sont exploitées dans les conditions prévues aux IV et V de l'article L. 852-1 et conservées et détruites dans les conditions prévues aux articles L. 822-2 à L. 822-4 sous le contrôle de la Commission nationale de contrôle des techniques de renseignement. Le délai de conservation des correspondances court toutefois à compter de leur première exploitation, mais ne peut excéder six mois à compter de leur recueil. Les données de connexion associées à ces correspondances sont conservées et détruites dans les conditions prévues aux mêmes articles L. 822-2 à L. 822-4.

Art. L. 854-9. — La Commission nationale de contrôle des techniques de renseignement émet un avis sur les demandes mentionnées aux III et V de l'article L. 854-2 dans les conditions prévues à l'article L. 821-3. Lorsque l'autorisation mentionnée au V de l'article L. 854-2 est délivrée après un avis défavorable de la commission, la procédure prévue au deuxième alinéa de l'article L. 821-1 est applicable. La commission reçoit communication de toutes les décisions et autorisations mentionnées à l'article L. 854-2. Elle dispose d'un accès permanent, complet et direct aux dispositifs de traçabilité mentionnés à l'article L. 854-4, aux renseignements collectés, aux transcriptions, extractions et transmissions réalisées ainsi qu'aux relevés réalisés en application de l'article L. 854-6. À sa demande, elle peut contrôler les dispositifs techniques nécessaires à l'exécution des décisions et des autorisations. Si la surveillance des personnes mentionnées au troisième alinéa de l'article L. 854-1 n'a pas déjà fait l'objet d'une autorisation spécifique, leur identité est portée sans délai à la connaissance de la commission.

La commission peut solliciter du Premier ministre tous les éléments nécessaires à l'accomplissement de ses missions.

L'article L. 833-3 est applicable aux contrôles effectués par la commission en application du présent article.

De sa propre initiative ou sur réclamation de toute personne souhaitant vérifier qu'aucune mesure de surveillance ou de vérification ponctuelle n'est irrégulièrement mise en œuvre à son égard, la commission s'assure que les mesures mises en œuvre au titre du présent chapitre respectent les conditions qu'il fixe ainsi que celles définies par les textes pris pour son application et par les décisions et autorisations du Premier ministre ou de ses délégués. Elle notifie à l'auteur de la réclamation qu'il a été procédé aux vérifications nécessaires, sans confirmer ni infirmer la mise en œuvre de mesures de surveillance ou de vérification ponctuelle.

Lorsqu'elle constate un manquement au présent chapitre, la commission adresse au Premier ministre une recommandation tendant à ce que le manquement cesse et que les renseignements collectés soient, le cas échéant, détruits. Lorsque le Premier ministre ne donne pas suite à cette recommandation ou que les suites qui y sont données sont estimées insuffisantes, le Conseil d'État, statuant dans les conditions prévues au chapitre III bis du titre VII du livre VII du Code de justice administrative, peut être saisi par le président ou par au moins trois membres de la commission. Toutefois, toute personne souhaitant vérifier qu'elle n'a pas fait l'objet d'une surveillance irrégulière au titre du V de l'article L. 854-2 du présent code peut saisir le Conseil d'État du recours prévu au 1° de l'article L. 841-1.

La commission peut adresser à tout moment au Premier ministre les recommandations et les observations qu'elle juge nécessaires au titre du contrôle qu'elle exerce sur l'application du présent chapitre.

4. L'informatique et les libertés

N° 73.1 L'informatique, les fichiers et les libertés : la loi modifiée n° 78-17 du 6 janvier 1978 (184)

Titre Ier

DISPOSITIONS COMMUNES

Chapitre Ier

Principes et définitions

Article premier. — L'informatique doit être au service de chaque citoyen. Son développement doit s'opérer dans le cadre de la coopération internationale. Elle ne doit porter atteinte ni à l'identité humaine, ni aux droits de l'homme, ni à la vie privée, ni aux libertés individuelles ou publiques.

Les droits des personnes de décider et de contrôler les usages qui sont faits des données à caractère personnel les concernant et les obligations incombant aux personnes qui traitent ces données s'exercent dans le cadre du règlement (UE) 2016/679 du Parlement européen et du Conseil du 27 avril 2016, de la directive (UE) 2016/680 du Parlement européen et du Conseil du 27 avril 2016 et de la présente loi.

Art. 2. — La présente loi s'applique aux traitements automatisés en tout ou partie de données à caractère personnel, ainsi qu'aux traitements non automatisés de données à caractère personnel contenues ou appelées à figurer dans des fichiers, lorsque leur responsable remplit les conditions prévues à l'article 3 de la présente loi, à l'exception des traitements mis en œuvre par des personnes physiques pour l'exercice d'activités strictement personnelles ou domestiques.

Constitue un fichier de données à caractère personnel tout ensemble structuré de données à caractère personnel accessibles selon des critères déterminés, que cet ensemble soit centralisé, décentralisé ou réparti de manière fonctionnelle ou géographique.

Sauf dispositions contraires, dans le cadre de la présente loi s'appliquent les définitions de l'article 4 du règlement (UE) 2016/679 du 27 avril 2016.

---

(184) Le texte présenté est la version consolidée issue de l'ordonnance n° 2018-1125 du 12 décembre 2018 prise en application de l'article 32 de la loi n° 2018-493 du 20 juin 2018 relative à la protection des données personnelles et portant modification de la loi n° 78-17 du 6 janvier 1978 relative à l'informatique, aux fichiers et aux libertés et diverses dispositions concernant la protection des données à caractère personnel. La mise à jour du texte comprend aussi les modifications introduites par la loi n° 2019-828 du 6 août 2019 de transformation de la fonction publique, l'ordonnance n° 2019-964 du 18 septembre 2019 prise en application de la loi n° 2019-222 du 23 mars 2019 de programmation 2018-2022 et de réforme pour la justice, la loi n° 2019-774 du 24 juillet 2019 relative à l'organisation et à la transformation du système de santé, la loi n° 2021-998 du 30 juillet 2021 relative à la prévention d'actes de terrorisme et au renseignement et la loi n° 2022-52 du 24 janvier 2022 relative à la responsabilité pénale et à la sécurité intérieure.

Art. 3. — I. Sans préjudice, en ce qui concerne les traitements entrant dans le champ du règlement (UE) 2016/679 du 27 avril 2016, des critères prévus par l'article 3 de ce règlement, l'ensemble des dispositions de la présente loi s'appliquent aux traitements des données à caractère personnel effectués dans le cadre des activités d'un établissement d'un responsable du traitement ou d'un sous-traitant sur le territoire français, que le traitement ait lieu ou non en France.

II. Les règles nationales prises sur le fondement des dispositions du même règlement renvoyant au droit national le soin d'adapter ou de compléter les droits et obligations prévus par ce règlement s'appliquent dès lors que la personne concernée réside en France, y compris lorsque le responsable de traitement n'est pas établi en France.

Toutefois, lorsque est en cause un des traitements mentionnés au 2 de l'article 85 du même règlement, les règles nationales mentionnées au premier alinéa du II sont celles dont relève le responsable de traitement, lorsqu'il est établi dans l'Union européenne.

Art. 4. — Les données à caractère personnel doivent être :

1° Traitées de manière licite, loyale et, pour les traitements relevant du titre II, transparente au regard de la personne concernée ;

2° Collectées pour des finalités déterminées, explicites et légitimes, et ne pas être traitées ultérieurement d'une manière incompatible avec ces finalités. Toutefois, un traitement ultérieur de données à des fins archivistiques dans l'intérêt public, à des fins de recherche scientifique ou historique, ou à des fins statistiques est considéré comme compatible avec les finalités initiales de la collecte des données, s'il est réalisé dans le respect des dispositions du règlement (UE) 2016/679 du 27 avril 2016 et de la présente loi, applicables à de tels traitements et s'il n'est pas utilisé pour prendre des décisions à l'égard des personnes concernées ;

3° Adéquates, pertinentes et, au regard des finalités pour lesquelles elles sont traitées, limitées à ce qui est nécessaire ou, pour les traitements relevant des titres III et IV, non excessives ;

4° Exactes et, si nécessaire, tenues à jour. Toutes les mesures raisonnables doivent être prises pour que les données à caractère personnel qui sont inexactes, eu égard aux finalités pour lesquelles elles sont traitées, soient effacées ou rectifiées sans tarder ;

5° Conservées sous une forme permettant l'identification des personnes concernées pendant une durée n'excédant pas celle nécessaire au regard des finalités pour lesquelles elles sont traitées. Toutefois, les données à caractère personnel peuvent être conservées au-delà de cette durée dans la mesure où elles sont traitées exclusivement à des fins archivistiques dans l'intérêt public, à des fins de recherche scientifique ou historique, ou à des fins statistiques. Le choix des données conservées à des fins archivistiques dans l'intérêt public est opéré dans les conditions prévues à l'article L. 212-3 du code du patrimoine ;

6° Traitées de façon à garantir une sécurité appropriée des données à caractère personnel, y compris la protection contre le traitement non autorisé ou illicite et contre la perte, la destruction ou les dégâts d'origine accidentelle, ou l'accès par des personnes non autorisées, à l'aide de mesures techniques ou organisationnelles appropriées.

Art. 5. — Un traitement de données à caractère personnel n'est licite que si, et dans la mesure où, il remplit au moins une des conditions suivantes :

1° Le traitement, lorsqu'il relève du titre II, a reçu le consentement de la personne concernée, dans les conditions mentionnées au 11 de l'article 4 et à l'article 7 du règlement (UE) 2016/679 du 27 avril 2016 précédemment mentionné ;

2° Le traitement est nécessaire à l'exécution d'un contrat auquel la personne concernée est partie ou à l'exécution de mesures précontractuelles prises à la demande de celle-ci ;

3° Le traitement est nécessaire au respect d'une obligation légale à laquelle le responsable du traitement est soumis ;

4° Le traitement est nécessaire à la sauvegarde des intérêts vitaux de la personne concernée ou d'une autre personne physique ;

5° Le traitement est nécessaire à l'exécution d'une mission d'intérêt public ou relevant de l'exercice de l'autorité publique dont est investi le responsable du traitement ;

6° Sauf pour les traitements effectués par les autorités publiques dans l'exécution de leurs missions, le traitement est nécessaire aux fins des intérêts légitimes poursuivis par le responsable du traitement ou par un tiers, à moins que ne prévalent les intérêts ou les libertés et droits fondamentaux de la personne concernée qui exigent une protection des données à caractère personnel, notamment lorsque la personne concernée est un enfant.

Art. 6. — I. Il est interdit de traiter des données à caractère personnel qui révèlent la prétendue origine raciale ou l'origine ethnique, les opinions politiques, les convictions religieuses ou philosophiques ou l'appartenance syndicale d'une personne physique ou de traiter des données génétiques, des données biométriques aux fins d'identifier une personne physique de manière unique, des données concernant la santé ou des données concernant la vie sexuelle ou l'orientation sexuelle d'une personne physique.

II. Les exceptions à l'interdiction mentionnée au I sont fixées dans les conditions prévues par le 2 de l'article 9 du règlement (UE) 2016/679 du 27 avril 2016 et par la présente loi.

III. De même, ne sont pas soumis à l'interdiction prévue au I les traitements, automatisés ou non, justifiés par l'intérêt public et autorisés suivant les modalités prévues au II de l'article 31 et à l'article 32.

Art. 7. — Les dispositions de la présente loi ne font pas obstacle à l'application, au bénéfice de tiers, des dispositions relatives à l'accès aux documents administratifs et aux archives publiques.

En conséquence, ne peut être regardée comme une personne non autorisée au sens du 6° de l'article 4 le titulaire d'un droit d'accès exercé conformément aux autres dispositions législatives et réglementaires relatives à l'accès aux documents administratifs et aux archives publiques.

Chapitre II

La Commission nationale de l'informatique et des libertés

Section 1

Organisation et missions

Art. 8. — I. La Commission nationale de l'informatique et des libertés est une autorité administrative indépendante. Elle est l'autorité de contrôle nationale au sens et pour l'application du règlement (UE) 2016/679 du 27 avril 2016. Elle exerce les missions suivantes :

1° Elle informe toutes les personnes concernées et tous les responsables de traitements de leurs droits et obligations et peut, à cette fin, apporter une information adaptée aux collectivités territoriales, à leurs groupements et aux petites et moyennes entreprises ;

2° Elle veille à ce que les traitements de données à caractère personnel soient mis en œuvre conformément aux dispositions de la présente loi et aux autres dispositions relatives à la protection des données personnelles prévues par les textes législatifs et réglementaires, le droit de l'Union européenne et les engagements internationaux de la France.

À ce titre :

a) Elle donne un avis sur les traitements mentionnés aux articles 31 et 32 ;

b) Elle établit et publie des lignes directrices, recommandations ou référentiels destinés à faciliter la mise en conformité des traitements de données à caractère personnel avec les textes relatifs à la protection des données à caractère personnel et à procéder à l'évaluation préalable des risques par les responsables de traitement et leurs sous-traitants. Elle encourage l'élaboration de codes de conduite définissant les obligations qui incombent aux responsables de traitement et à leurs sous-traitants, compte tenu du risque inhérent aux traitements de données à caractère personnel pour les droits et libertés des personnes physiques, notamment des mineurs. Elle homologue et publie les méthodologies de référence destinées à favoriser la conformité des traitements de données de santé à caractère personnel. Elle prend en compte, dans tous les domaines de son action, la situation des personnes dépourvues de compétences numériques, et les besoins spécifiques des collectivités territoriales, de leurs groupements et des microentreprises, petites entreprises et moyennes entreprises ;

c) En concertation avec les organismes publics et privés représentatifs des acteurs concernés, elle établit et publie des règlements types en vue d'assurer la sécurité des systèmes de traitement de données à caractère personnel et de régir les traitements de données biométriques, génétiques et de santé. À ce titre, sauf pour les traitements mis en œuvre pour le compte de l'État agissant dans l'exercice de ses prérogatives de puissance publique, elle peut prescrire des mesures, notamment techniques et organisationnelles, supplémentaires pour le traitement des données biométriques, génétiques et de santé en application du 4 de l'article 9 du règlement (UE) 2016/679 du 27 avril 2016 et des garanties complémentaires en matière de traitement de données à caractère personnel relatives aux condamnations pénales et aux infractions conformément à l'article 10 du même règlement ;

d) Elle traite les réclamations, pétitions et plaintes introduites par une personne concernée ou par un organisme, une organisation ou une association, examine ou enquête sur l'objet de la réclamation, dans la mesure nécessaire, et informe l'auteur de la réclamation de l'état d'avancement et de l'issue de l'enquête dans un délai raisonnable, notamment si un complément d'enquête ou une coordination avec une autre autorité de contrôle est nécessaire ;

e) Elle répond aux demandes d'avis des pouvoirs publics et, le cas échéant, des juridictions, et conseille les personnes et organismes qui mettent en œuvre ou envisagent de mettre en œuvre des traitements automatisés de données à caractère personnel ;

f) Elle donne avis sans délai au procureur de la République, dans les conditions prévues à l'article 40 du code de procédure pénale, lorsqu'elle acquiert connaissance d'un crime ou d'un délit, et peut présenter des observations dans les procédures pénales, dans les conditions prévues à l'article 41 de la présente loi ;

g) Elle peut, par décision particulière, charger un ou plusieurs de ses membres ou le secrétaire général, dans les conditions prévues à l'article 19 de la présente loi, de procéder ou de faire procéder par les agents de ses services à des vérifications portant sur tous traitements et, le cas échéant, d'obtenir des copies de tous documents ou supports d'information utiles à ses missions ;

h) Elle peut décider de certifier des personnes, des produits, des systèmes de données ou des procédures aux fins de reconnaître qu'ils se conforment au règlement (UE) 2016/679 du 27 avril 2016 et à la présente loi. Elle prend en considération, à cette fin, les besoins spécifiques des collectivités territoriales, de leurs groupements et des microentreprises, petites entreprises et moyennes entreprises. Elle agrée, aux mêmes fins, des organismes certificateurs, sur la base, le cas échéant, de leur accréditation par l'organisme national d'accréditation mentionné au b du 1 de l'article 43 du même règlement ou décide, conjointement avec cet organisme, que ce dernier procède à leur agrément, dans des conditions précisées par décret en Conseil d'État pris après avis de la Commission nationale de l'informatique et des libertés. La commission élabore ou approuve les critères des référentiels de certification et d'agrément ;

i) Elle peut certifier ou homologuer et publier des référentiels ou des méthodologies générales aux fins de certification, par des tiers agréés ou accrédités selon les modalités mentionnées au h du présent 2°, de la conformité à la présente loi de processus d'anonymisation des données à caractère personnel, notamment en vue de la réutilisation d'informations publiques mises en ligne dans les conditions prévues au titre II du livre III du code des relations entre le public et l'administration.

Il est tenu compte d'une telle certification, le cas échéant, pour la mise en œuvre des sanctions prévues à la section 3 du présent chapitre ;

j) Elle répond aux demandes ou saisines prévues aux articles 52, 108 et 118 ;

k) Elle peut établir une liste des traitements susceptibles de créer un risque élevé devant faire l'objet d'une consultation préalable conformément à l'article 90 ;

l) Elle mène des actions de sensibilisation auprès des médiateurs de la consommation et des médiateurs publics, au sens de l'article L. 611-1 du code de la consommation, en vue de la bonne application de la présente loi ;

3° Sur demande ou de sa propre initiative, elle délivre un label à des produits ou à des procédures tendant à la protection des données à caractère personnel, attestant leur conformité aux dispositions de la présente loi. Le président peut, lorsque la complexité du produit ou de la procédure le justifie, recourir à toute personne indépendante qualifiée pour procéder à leur évaluation. Le coût de cette évaluation est pris en charge par l'entreprise qui demande le label ; elle retire le label lorsqu'elle constate, par tout moyen, que les conditions qui ont permis sa délivrance ne sont plus satisfaites ;

4° Elle se tient informée de l'évolution des technologies de l'information et rend publique le cas échéant son appréciation des conséquences qui en résultent pour l'exercice des droits et libertés mentionnés à l'article 1er ;

À ce titre :

a) Elle est consultée sur tout projet de loi ou de décret ou toute disposition de projet de loi ou de décret relatifs à la protection des données à caractère personnel ou au traitement de telles données. Elle peut également être consultée par le président de l'Assemblée nationale, par le président du Sénat ou par les commissions compétentes de l'Assemblée nationale et du Sénat ainsi qu'à la demande d'un président de groupe parlementaire sur toute proposition de loi relative à la protection des données à caractère personnel ou au traitement de telles données. Outre les cas prévus aux articles 31 et 32, lorsqu'une loi prévoit qu'un décret ou un arrêté est pris après avis de la commission, cet avis est publié avec le décret ou l'arrêté ;

b) Elle propose au Gouvernement les mesures législatives ou réglementaires d'adaptation de la protection des libertés à l'évolution des procédés et techniques informatiques et numériques ;

c) À la demande d'autres autorités administratives indépendantes, elle peut apporter son concours en matière de protection des données ;

d) Elle peut être associée, à la demande du Premier ministre, à la préparation et à la définition de la position française dans les négociations internationales dans le domaine de la protection des données à caractère personnel. Elle peut participer, à la demande du Premier ministre, à la représentation française dans les organisations internationales et de l'Union européenne compétentes en ce domaine ;

e) Elle conduit une réflexion sur les problèmes éthiques et les questions de société soulevés par l'évolution des technologies informatiques et numériques ;

f) Elle promeut, dans le cadre de ses missions, l'utilisation des technologies protectrices de la vie privée, notamment les technologies de chiffrement des données ;

5° Elle peut présenter des observations devant toute juridiction à l'occasion d'un litige relatif à l'application de la présente loi et des dispositions relatives à la protection des données à caractère personnel prévues par les textes législatifs et réglementaires, le droit de l'Union européenne, en particulier le règlement (UE) 2016/679 du 27 avril 2016, et les engagements internationaux de la France.

II. Pour l'accomplissement de ses missions, la commission peut procéder par voie de recommandation et prendre des décisions individuelles ou réglementaires dans les cas prévus par la présente loi.

La commission présente chaque année au Président de la République et au Premier ministre un rapport public rendant compte de l'exécution de sa mission.

Art. 9. — I. La Commission nationale de l'informatique et des libertés est composée de dix-huit membres :

1° Deux députés et deux sénateurs, désignés respectivement par l'Assemblée nationale et par le Sénat de manière à assurer une représentation pluraliste ;

2° Deux membres du Conseil économique, social et environnemental, élus par cette assemblée ;

3° Deux membres ou anciens membres du Conseil d'État, d'un grade au moins égal à celui de conseiller, élus par l'assemblée générale du Conseil d'État ;

4° Deux membres ou anciens membres de la Cour de cassation, d'un grade au moins égal à celui de conseiller, élus par l'assemblée générale de la Cour de cassation ;

5° Deux membres ou anciens membres de la Cour des comptes, d'un grade au moins égal à celui de conseiller maître, élus par l'assemblée générale de la Cour des comptes ;

6° Trois personnalités qualifiées pour leur connaissance du numérique et des questions touchant aux libertés individuelles, nommées par décret ;

7° Deux personnalités qualifiées pour leur connaissance du numérique et des questions touchant aux libertés individuelles, désignées respectivement par le président de l'Assemblée nationale et par le président du Sénat ;

8° Le président de la Commission d'accès aux documents administratifs, ou son représentant.

Elle comprend en outre, avec voix consultative, le Défenseur des droits ou son représentant.

Les deux membres désignés ou élus par une même autorité en application des 1° à 5° sont une femme et un homme. Les trois membres mentionnés au 6° comprennent au moins une femme et un homme.

Les deux membres mentionnés au 7° sont une femme et un homme. Pour l'application de cette règle, le membre succédant à une femme est un homme et celui succédant à un homme, une femme. Toutefois, le nouveau membre désigné est de même sexe que celui qu'il remplace, soit en cas de cessation du mandat avant son terme normal, soit en cas de renouvellement du mandat de l'autre membre mentionné au 7°.

Selon des modalités fixées par décret en Conseil d'État, le collège est, à l'exception de son président, renouvelé par moitié tous les deux ans et six mois.

Le président est nommé par décret du Président de la République parmi les membres pour la durée de son mandat. La commission élit en son sein deux vice-présidents, dont un vice-président délégué. Le président et les vice-présidents composent le bureau.

Le président exerce ses fonctions à temps plein. Sa fonction est incompatible avec toute détention, directe ou indirecte, d'intérêts dans une entreprise du secteur des communications électroniques ou de l'informatique.

La durée du mandat de président est de cinq ans.

En cas de besoin, le vice-président délégué exerce les attributions du président.

Le secrétaire général est chargé du fonctionnement et de la coordination des services sous l'autorité du président.

La formation restreinte de la commission est composée d'un président et de cinq autres membres élus par la commission en son sein. Les membres du bureau ne sont pas éligibles à la formation restreinte.

En cas de partage égal des voix, celle du président est prépondérante.

II. Le mandat des membres de la commission est de cinq ans ; il est renouvelable une fois, sous réserve des dixième et onzième alinéas du I.

Art. 10. — Les agents de la commission sont nommés par le président.

Ceux des agents qui peuvent être appelés à participer à la mise en œuvre des missions de vérification mentionnées aux articles 19 et 25 ou à établir un rapport en application du cinquième alinéa de l'article 22-1 doivent y être habilités par la commission ; cette habilitation ne dispense pas de l'application des dispositions définissant les procédures autorisant l'accès aux secrets protégés par la loi.

Art. 11. — Les agents de la commission sont astreints au secret pour les faits, actes ou renseignements dont ils ont pu avoir connaissance en raison de leurs fonctions, sous peine des sanctions prévues à l'article 413-10 du code pénal et, sous réserve de ce qui est nécessaire à l'établissement du rapport annuel, à l'article 226-13 du même code.

Art. 12. — Le règlement intérieur de la commission précise notamment les règles relatives aux délibérations, à l'instruction des dossiers et à leur présentation devant la commission, ainsi que les modalités de mise en œuvre de la procédure de labellisation prévue au 3° du I de l'article 8.

Art. 13. — Sous réserve des compétences du bureau et de la formation restreinte, la commission se réunit en formation plénière.

L'ordre du jour de la commission réunie en formation plénière est rendu public.

En cas de partage égal des voix, la voix du président est prépondérante

La commission peut charger le président ou le vice-président délégué d'exercer celles de ses attributions mentionnées : 1° Aux f et g du 2° du I de l'article 8 ; 2° Au d du 2° du I de l'article 8 ; 3° Au d du 4° du I de l'article 8 ; 4° Aux articles 52, 108 et 118 ; 5° À l'article 66 ;

6° Au 4 de l'article 34 du règlement (UE) 2016/679 du 27 avril 2016, pour les décisions donnant acte du respect des conditions mentionnées au 3 du même article 34 ;

7° Aux a et h du 3 de l'article 58 du même règlement.

Un décret en Conseil d'État, pris après avis de la Commission nationale de l'informatique et des libertés, fixe les conditions et limites dans lesquelles le président de la commission et le vice-président délégué peuvent déléguer leur signature.

Art. 14. — La Commission nationale de l'informatique et des libertés et la Commission d'accès aux documents administratifs se réunissent dans un collège unique, sur l'initiative conjointe de leurs présidents, lorsqu'un sujet d'intérêt commun le justifie.

Art. 15. — Le bureau peut être chargé par la commission d'exercer les attributions de celle-ci mentionnées au dernier alinéa de l'article 10.

Art. 16. — La formation restreinte prend les mesures et prononce les sanctions à l'encontre des responsables de traitements ou des sous-traitants qui ne respectent pas les obligations découlant du règlement (UE) 2016/679 du 27 avril 2016 et de la présente loi dans les conditions prévues à la section 3 du présent chapitre.

Ses membres délibèrent hors de la présence des agents de la commission, à l'exception de ceux chargés de la tenue de la séance.

Les membres de la formation restreinte ne peuvent participer à l'exercice des attributions de la commission mentionnées aux d, f et g du 2° du I de l'article 8 et à l'article 19 de la présente loi.

Art. 17. — Un commissaire du Gouvernement, désigné par le Premier ministre, siège auprès de la commission. Des commissaires adjoints peuvent être désignés dans les mêmes conditions.

Le commissaire du Gouvernement assiste à toutes les délibérations de la commission réunie en formation plénière ainsi qu'à celles des réunions de son bureau qui ont pour objet l'exercice des attributions déléguées en application de l'article 15. Il peut assister aux séances de la formation restreinte, sans être présent au délibéré. Il est rendu destinataire de l'ensemble des avis et décisions de la commission et de la formation restreinte.

Sauf en matière de mesures ou de sanctions relevant de la section 3 du présent chapitre, il peut provoquer une seconde délibération de la commission, qui doit intervenir dans les dix jours suivant la délibération initiale.

Art. 18. — Les membres du Gouvernement, autorités publiques, dirigeants d'entreprises publiques ou privées, responsables de groupements divers et plus généralement les détenteurs ou utilisateurs de traitements ou de fichiers de données à caractère personnel ne peuvent s'opposer à l'action de la Commission nationale de l'informatique et des libertés ou de ses membres et doivent au contraire prendre toutes mesures utiles afin de faciliter sa tâche.

Sauf dans les cas où elles sont astreintes au secret professionnel, les personnes interrogées dans le cadre des vérifications faites par la commission en application du g du 2° du I de l'article 8 sont tenues de fournir les renseignements demandés par celle-ci pour l'exercice de ses missions.

Section 2

Contrôle de la mise en œuvre des traitements

Art. 19. — I. Les membres de la Commission nationale de l'informatique et des libertés ainsi que les agents de ses services habilités dans les conditions définies au dernier alinéa de l'article 10 ont accès, de 6 heures à 21 heures, pour l'exercice de leurs missions, aux lieux, locaux, enceintes, installations ou établissements servant à la mise en œuvre d'un traitement de données à caractère personnel.

Le procureur de la République territorialement compétent en est préalablement informé.

Lorsqu'un traitement de données à caractère personnel est mis en œuvre, soit dans les parties de ces lieux, locaux, enceintes, installations ou établissements affectées au domicile privé, soit dans de tels lieux, locaux, enceintes, installations ou établissements entièrement affectés au domicile privé, la visite ne peut se dérouler qu'après l'autorisation du juge des libertés et de la détention du tribunal judiciaire dans le ressort duquel sont situés les locaux à visiter, dans les conditions prévues au II du présent article.

II. Le responsable de ces lieux, locaux, enceintes, installations ou établissements est informé de son droit d'opposition à la visite. Lorsqu'il exerce ce droit, la visite ne peut se dérouler qu'après l'autorisation du juge des libertés et de la détention du tribunal judiciaire dans le ressort duquel sont situés les locaux à visiter, qui statue dans des conditions fixées par décret en Conseil d'État. Toutefois, lorsque l'urgence, la gravité des faits à l'origine du contrôle ou le risque de destruction ou de dissimulation de documents le justifie, la visite peut avoir lieu sans que le responsable des locaux en ait été informé, sur autorisation préalable du juge des libertés et de la détention. Dans ce cas, le responsable des lieux ne peut s'opposer à la visite.

La visite s'effectue sous l'autorité et le contrôle du juge des libertés et de la détention qui l'a autorisée, en présence de l'occupant des lieux ou de son représentant qui peut se faire assister d'un conseil de son choix ou, à défaut, en présence de deux témoins qui ne sont pas placés sous l'autorité des personnes chargées de procéder au contrôle.

L'ordonnance ayant autorisé la visite est exécutoire au seul vu de la minute. Elle mentionne que le juge ayant autorisé la visite peut être saisi à tout moment d'une demande de suspension ou d'arrêt de cette visite. Elle indique le délai et la voie de recours. Elle peut faire l'objet, suivant les règles prévues par le code de procédure civile, d'un appel devant le premier président de la cour d'appel. Celui-ci connaît également des recours contre le déroulement des opérations de visite dont la finalité est l'exercice effectif des missions prévues au III.

III. Pour l'exercice des missions relevant de la Commission nationale de l'informatique et des libertés en application du règlement (UE) 2016/679 du 27 avril 2016 et de la présente loi, les membres et agents mentionnés au premier alinéa du I du présent article peuvent demander communication de tous documents nécessaires à l'accomplissement de leur mission, quel qu'en soit le support, et en prendre copie. Ils peuvent recueillir, notamment sur place ou sur convocation, tout renseignement et toute justification utiles et nécessaires à l'accomplissement de leur mission. Ils peuvent accéder, dans des conditions préservant la confidentialité à l'égard des tiers, aux programmes informatiques et aux données ainsi qu'en demander la transcription par tout traitement approprié dans des documents directement utilisables pour les besoins du contrôle. Le secret ne peut leur être opposé sauf concernant les informations couvertes par le secret professionnel applicable aux relations entre un avocat et son client, par le secret des sources des traitements journalistiques ou, sous réserve du deuxième alinéa du présent III, par le secret médical.

Le secret médical est opposable s'agissant des informations qui figurent dans un traitement nécessaire aux fins de la médecine préventive, de la recherche médicale, des diagnostics médicaux, de l'administration de soins ou de traitements, ou de la gestion de service de santé. La communication des données médicales individuelles incluses dans cette catégorie de traitement ne peut alors se faire que sous l'autorité et en présence d'un médecin.

En dehors des contrôles sur place et sur convocation, ils peuvent procéder à toute constatation utile. Ils peuvent notamment, à partir d'un service de communication au public en ligne, consulter les données librement accessibles ou rendues accessibles, y compris par imprudence, par négligence ou par le fait d'un tiers, le cas échéant en accédant et en se maintenant dans des systèmes de traitement automatisé de données le temps nécessaire aux constatations. Ils peuvent retranscrire les données par tout traitement approprié dans des documents directement utilisables pour les besoins du contrôle.

Pour le contrôle de services de communication au public en ligne, les membres et agents mentionnés au premier alinéa du I peuvent réaliser toute opération en ligne nécessaire à leur mission sous une identité d'emprunt. À peine de nullité, leurs actes ne peuvent constituer une incitation à commettre une infraction. L'utilisation d'une identité d'emprunt est sans incidence sur la régularité des constatations effectuées conformément au troisième alinéa du présent III. Un décret en Conseil d'État, pris après avis de la Commission nationale de l'informatique et des libertés, précise les conditions dans lesquelles ces membres et agents procèdent dans ces cas à leurs constatations.

Les membres et agents mentionnés au premier alinéa du I peuvent, à la demande du président de la commission, être assistés par des experts.

Il est dressé procès-verbal des vérifications et visites menées en application du présent article. Ce procès-verbal est dressé contradictoirement lorsque les vérifications et visites sont effectuées sur place ou sur convocation.

IV. Pour les traitements intéressant la sûreté de l'État et qui sont dispensés de la publication de l'acte réglementaire qui les autorise en application du III de l'article 31, le décret en Conseil d'État qui prévoit cette dispense peut également prévoir que le traitement n'est pas soumis aux dispositions du présent article.

V. Dans l'exercice de son pouvoir de contrôle portant sur les traitements relevant du règlement (UE) 2016/679 du 27 avril 2016 et de la présente loi, la Commission nationale de l'informatique et des libertés n'est pas compétente pour contrôler les opérations de traitement effectuées, dans l'exercice de leur fonction juridictionnelle, par les juridictions.

Section 3

Mesures correctrices et sanctions

Art. 20. — I. Le président de la Commission nationale de l'informatique et des libertés peut avertir un responsable de traitement ou son sous-traitant du fait que les opérations de traitement envisagées sont susceptibles de violer les dispositions du règlement (UE) 2016/679 du 27 avril 2016 ou de la présente loi.

II. Lorsque le responsable de traitement ou son sous-traitant ne respecte pas les obligations résultant du règlement (UE) 2016/679 du 27 avril 2016 ou de la présente loi, le président de la Commission nationale de l'informatique et des libertés peut le rappeler à ses obligations légales ou, si le manquement constaté est susceptible de faire l'objet d'une mise en conformité, prononcer à son égard une mise en demeure, dans le délai qu'il fixe :

1° De satisfaire aux demandes présentées par la personne concernée en vue d'exercer ses droits ;

2° De mettre les opérations de traitement en conformité avec les dispositions applicables ;

3° À l'exception des traitements qui intéressent la sûreté de l'État ou la défense, de communiquer à la personne concernée une violation de données à caractère personnel ;

4° De rectifier ou d'effacer des données à caractère personnel, ou de limiter le traitement de ces données.

Dans le cas prévu au 4° du présent II, le président peut, dans les mêmes conditions, mettre en demeure le responsable de traitement ou son sous-traitant de notifier aux destinataires des données les mesures qu'il a prises.

Le président peut demander qu'il soit justifié de la mise en conformité dans un délai qu'il fixe. Ce délai peut être fixé à vingt-quatre heures en cas d'urgence. Le président prononce, le cas échéant, la clôture de la procédure de mise en demeure.

Le président peut demander au bureau de rendre publique la mise en demeure. Dans ce cas, la décision de clôture de la procédure de mise en demeure fait l'objet de la même publicité.

III. Lorsque le responsable de traitement ou son sous-traitant ne respecte pas les obligations résultant du règlement (UE) 2016/679 du 27 avril 2016 ou de la présente loi, le président de la Commission nationale de l'informatique et des libertés peut également, le cas échéant après lui avoir adressé l'avertissement prévu au I du présent article ou après avoir prononcé à son encontre une ou plusieurs des mesures correctrices prévues au II, saisir la formation restreinte de la commission en vue du prononcé, après procédure contradictoire, de l'une ou de plusieurs des mesures suivantes :

1° Un rappel à l'ordre ;

2° Une injonction de mettre en conformité le traitement avec les obligations résultant du règlement (UE) 2016/679 du 27 avril 2016 ou de la présente loi ou de satisfaire aux demandes présentées par la personne concernée en vue d'exercer ses droits, qui peut être assortie, sauf dans des cas où le traitement est mis en œuvre par l'État, d'une astreinte dont le montant ne peut excéder 100 000 € par jour de retard à compter de la date fixée par la formation restreinte ;

3° À l'exception des traitements qui intéressent la sûreté de l'État ou la défense ou de ceux relevant du titre III de la présente loi lorsqu'ils sont mis en œuvre pour le compte de l'État, la limitation temporaire ou définitive du traitement, son interdiction ou le retrait d'une autorisation accordée en application du même règlement ou de la présente loi ;

4° Le retrait d'une certification ou l'injonction, à l'organisme certificateur concerné, de refuser une certification ou de retirer la certification accordée ;

5° À l'exception des traitements qui intéressent la sûreté de l'État ou la défense ou de ceux relevant du titre III de la présente loi lorsqu'ils sont mis en œuvre pour le compte de l'État, la suspension des flux de données adressées à un destinataire situé dans un pays tiers ou à une organisation internationale ;

6° La suspension partielle ou totale de la décision d'approbation des règles d'entreprise contraignantes ;

7° À l'exception des cas où le traitement est mis en œuvre par l'État, une amende administrative ne pouvant excéder 10 millions d'euros ou, s'agissant d'une entreprise, 2 % du chiffre d'affaires annuel mondial total de l'exercice précédent, le montant le plus élevé étant retenu. Dans les hypothèses mentionnées aux 5 et 6 de l'article 83 du règlement (UE) 2016/679 du 27 avril 2016, ces plafonds sont portés, respectivement, à 20 millions d'euros et 4 % dudit chiffre d'affaires. La formation restreinte prend en compte, dans la détermination du montant de l'amende, les critères précisés au même article 83.

Le projet de mesure est, le cas échéant, soumis aux autres autorités de contrôle concernées selon les modalités définies à l'article 60 du même règlement.

IV. Lorsque la formation restreinte a été saisie, le président de celle-ci peut enjoindre au mis en cause de produire les éléments demandés par la Commission nationale de l'informatique et des libertés, en cas d'absence de réponse à une précédente mise en demeure, et assortir cette injonction d'une astreinte, dont le montant ne peut excéder 100 € par jour de retard, à la liquidation de laquelle il procède, le cas échéant.

Il peut également constater qu'il n'y a plus lieu de statuer.

Art. 21. — I. Lorsque le non-respect des dispositions du règlement (UE) 2016/679 du 27 avril 2016 ou de la présente loi entraîne une violation des droits et libertés mentionnés à l'article 1er de la présente loi et que le président de la commission considère qu'il est urgent d'intervenir, il saisit la formation restreinte, qui peut, dans le cadre d'une procédure d'urgence contradictoire définie par décret en Conseil d'État, adopter l'une des mesures suivantes :

1° L'interruption provisoire de la mise en œuvre du traitement, y compris d'un transfert de données hors de l'Union européenne, pour une durée maximale de trois mois, si le traitement n'est pas au nombre de ceux qui intéressent la sûreté de l'État ou la défense ou de ceux relevant du titre III lorsqu'ils sont mis en œuvre pour le compte de l'État ;

2° La limitation du traitement de certaines des données à caractère personnel traitées, pour une durée maximale de trois mois, si le traitement n'est pas au nombre de ceux qui intéressent la sûreté de l'État ou la défense ou de ceux relevant du titre III lorsqu'ils sont mis en œuvre pour le compte de l'État ;

3° La suspension provisoire de la certification délivrée au responsable de traitement ou à son sous-traitant ;

4° La suspension provisoire de l'agrément délivré à un organisme de certification ou un organisme chargé du respect d'un code de conduite ;

5° La suspension provisoire de l'autorisation délivrée sur le fondement du III de l'article 66 de la présente loi ;

6° L'injonction de mettre en conformité le traitement avec les obligations résultant du règlement (UE) 2016/679 du 27 avril 2016 ou de la présente loi ou de satisfaire aux demandes présentées par la personne concernée en vue d'exercer ses droits, qui peut être assortie, sauf dans le cas où le traitement est mis en œuvre par l'État, d'une astreinte dont le montant ne peut excéder 100 000 € par jour de retard à compter de la date fixée par la formation restreinte ;

7° Un rappel à l'ordre ;

8° L'information du Premier ministre pour qu'il prenne, le cas échéant, les mesures permettant de faire cesser la violation constatée, si le traitement en cause est au nombre de ceux qui intéressent la sûreté de l'État ou la défense ou de ceux relevant du titre III de la présente loi lorsqu'ils sont mis en œuvre pour le compte de l'État. Le Premier ministre fait alors connaître à la formation restreinte les suites qu'il a données à cette information au plus tard quinze jours après l'avoir reçue.

II. En cas de circonstances exceptionnelles prévues au 1 de l'article 66 du règlement (UE) 2016/679 du 27 avril 2016, lorsque la formation restreinte adopte les mesures provisoires prévues aux 1° à 4° du I du présent article, elle informe sans délai de la teneur des mesures prises et de leurs motifs les autres autorités de contrôle concernées, le comité européen de la protection des données mentionné à l'article 68 du même règlement et la Commission européenne.

Lorsque la formation restreinte a pris de telles mesures et qu'elle estime que des mesures définitives doivent être prises, elle met en œuvre les dispositions du 2 de l'article 66 du règlement (UE) 2016/679 du 27 avril 2016.

III. Pour les traitements relevant du règlement (UE) 2016/679 du 27 avril 2016, lorsqu'une autorité de contrôle compétente en application du même règlement n'a pas pris de mesure appropriée dans une situation où il est urgent d'intervenir afin de protéger les droits et libertés des personnes concernées, la formation restreinte, saisie par le président de la commission, peut demander au comité européen de la protection des données un avis d'urgence ou une décision contraignante d'urgence dans les conditions et selon les modalités prévues aux 3 et 4 de l'article 66 dudit règlement.

IV. En cas d'atteinte grave et immédiate aux droits et libertés mentionnés à l'article 1er de la présente loi, le président de la commission peut en outre demander, par la voie du référé, à la juridiction compétente d'ordonner, le cas échéant sous astreinte, toute mesure nécessaire à la sauvegarde de ces droits et libertés.

Art. 22. — Les mesures prévues au III de l'article 20 et aux 1° à 7° du I de l'article 21 de la présente loi sont prononcées sur la base d'un rapport établi par l'un des membres de la Commission nationale de l'informatique et des libertés, désigné par le président de celle-ci parmi les membres n'appartenant pas à la formation restreinte. Ce rapport est notifié au responsable de traitement ou à son sous-traitant, qui peut déposer des observations et se faire représenter ou assister. Le rapporteur peut présenter des observations orales à la formation restreinte mais ne prend pas part à ses délibérations. La formation restreinte peut entendre toute personne dont l'audition lui paraît susceptible de contribuer utilement à son information, y compris les agents des services de la commission.

La formation restreinte peut rendre publiques les mesures qu'elle prend. Elle peut également ordonner leur insertion dans des publications, journaux et supports qu'elle désigne, aux frais des personnes sanctionnées.

Sans préjudice des obligations d'information qui incombent au responsable de traitement ou à son sous-traitant en application de l'article 34 du règlement (UE) 2016/679 du 27 avril 2016, la formation restreinte peut ordonner que ce responsable ou ce sous-traitant informe individuellement, à ses frais, chacune des personnes concernées de la violation relevée des dispositions de la présente loi ou du règlement précité ainsi que, le cas échéant, de la mesure prononcée.

Lorsque la formation restreinte a prononcé une sanction pécuniaire devenue définitive avant que le juge pénal ait statué définitivement sur les mêmes faits ou des faits connexes, celui-ci peut ordonner que l'amende administrative s'impute sur l'amende pénale qu'il prononce.

L'astreinte est liquidée par la formation restreinte, qui en fixe le montant définitif

Les sanctions pécuniaires et les astreintes sont recouvrées comme les créances de l'État étrangères à l'impôt et au domaine.

Art. 22-1 — Le président de la Commission nationale de l'informatique et des libertés peut, lorsqu'il estime que les conditions mentionnées aux deuxième et troisième alinéas sont réunies, engager les poursuites selon une procédure simplifiée. Le président de la formation restreinte ou l'un de ses membres désigné à cet effet statue seul sur l'affaire.

Le président de la commission peut engager les poursuites selon la procédure simplifiée lorsqu'il estime que les mesures correctrices prévues aux 1°, 2° et 7° du III de l'article 20 constituent la réponse appropriée à la gravité des manquements constatés, sous réserve que l'amende administrative encourue, mentionnée au 7° du même III, n'excède pas un montant de 20 000 € et que l'astreinte encourue, mentionnée au 2° dudit III, n'excède pas un montant de 100 € par jour de retard à compter de la date fixée par la décision.

En outre, le président de la Commission nationale de l'informatique et des libertés ne peut engager les poursuites selon la procédure simplifiée que lorsque l'affaire ne présente pas de difficulté particulière, eu égard à l'existence d'une jurisprudence établie, des décisions précédemment rendues par la formation restreinte de la commission ou de la simplicité des questions de fait et de droit qu'elle présente à trancher.

Le président de la formation restreinte ou le membre qu'il a désigné peut, pour tout motif, refuser de recourir à la procédure simplifiée ou l'interrompre. Dans ce cas, le président de la Commission nationale de l'informatique et des libertés reprend la procédure conformément aux exigences et aux garanties prévues à l'article 22.

Le président de la formation restreinte ou le membre qu'il a désigné statue sur la base d'un rapport établi par un agent des services de la Commission nationale de l'informatique et des libertés, habilité dans les conditions définies au dernier alinéa de l'article 10 et placé, pour l'exercice de cette mission, sous l'autorité du président de la Commission nationale de l'informatique et des libertés.

Le rapport mentionné au cinquième alinéa du présent article est notifié au responsable de traitement ou au sous-traitant, qui est informé du fait qu'il peut se faire représenter ou assister, présenter des observations écrites et demander à être entendu. Le président de la formation restreinte ou le membre qu'il a désigné peut solliciter les observations de toute personne pouvant contribuer à son information. Il statue ensuite et ne peut rendre publiques les décisions qu'il prend.

La formation restreinte est informée des décisions prises selon la procédure simplifiée par le président de la formation restreinte ou par le membre qu'il a désigné.

Lorsque le président de la formation restreinte ou le membre qu'il a désigné a prononcé une sanction pécuniaire devenue définitive avant que le juge pénal ait statué définitivement sur les mêmes faits ou des faits connexes, celui-ci peut ordonner que l'amende administrative s'impute sur l'amende pénale qu'il prononce.

L'astreinte est liquidée et le montant définitif en est fixé par le président de la formation restreinte ou le membre qu'il a désigné. Le dernier alinéa de l'article 22 est applicable aux décisions prises selon la procédure simplifiée.

Les modalités de mise en œuvre de la procédure simplifiée ainsi que les garanties applicables en matière de prévention des conflits d'intérêts pour les agents désignés rapporteurs sont fixées par décret en Conseil d'État.

Art. 23. — Lorsqu'un organisme de certification ou un organisme chargé du respect d'un code de conduite a manqué à ses obligations ou n'a pas respecté les dispositions du règlement (UE) 2016/679 du 27 avril 2016 ou celles de la présente loi, le président de la Commission nationale de l'informatique et des libertés peut, le cas échéant après mise en demeure, saisir la formation restreinte de la commission, qui peut prononcer, dans les mêmes conditions que celles prévues aux articles 20 à 22, le retrait de l'agrément qui a été délivré à cet organisme.

Section 4

Coopération

Art. 24. — Dans les conditions prévues aux articles 60 à 67 du règlement (UE) 2016/679 du 27 avril 2016, la Commission nationale de l'informatique et des libertés met en œuvre des procédures de coopération et d'assistance mutuelle avec les autorités de contrôle des autres États membres de l'Union européenne et réalise avec ces autorités des opérations conjointes.

La commission, le président, le bureau, la formation restreinte et les agents de la commission mettent en œuvre, chacun pour ce qui le concerne, les procédures mentionnées au premier alinéa du présent article.

La commission peut charger le bureau :

1° D'exercer ses prérogatives en tant qu'autorité concernée, au sens de l'article 4 du règlement (UE) 2016/679 du 27 avril 2016, et en particulier d'émettre une objection pertinente et motivée au projet de décision d'une autre autorité de contrôle ;

2° Lorsque la commission adopte un projet de décision en tant qu'autorité chef de file ou autorité concernée, de mettre en œuvre les procédures de coopération, de contrôle de la cohérence et de règlement des litiges prévues par le règlement (UE) 2016/679 du 27 avril 2016 et d'arrêter la décision au nom de la commission.

Art. 25. — I. Pour l'application de l'article 62 du règlement (UE) 2016/679 du 27 avril 2016, la Commission nationale de l'informatique et des libertés coopère avec les autorités de contrôle des autres États membres de l'Union européenne, dans les conditions prévues au présent article.

II. Qu'elle agisse en tant qu'autorité de contrôle concernée ou en tant qu'autorité chef de file au sens des articles 4 et 56 du règlement (UE) 2016/679 du 27 avril 2016, la Commission nationale de l'informatique et des libertés est compétente pour traiter une réclamation ou une éventuelle violation des dispositions du même règlement affectant par ailleurs d'autres États membres. Le président de la commission invite les autres autorités de contrôle concernées à participer aux opérations de contrôle conjointes qu'il décide de conduire.

III. Lorsqu'une opération de contrôle conjointe se déroule sur le territoire français, des membres ou agents habilités de la commission, agissant en tant qu'autorité de contrôle d'accueil, sont présents aux côtés des membres et agents des autres autorités de contrôle participant, le cas échéant, à l'opération. À la demande de l'autorité de contrôle d'un État membre, le président de la commission peut habiliter, par décision particulière, ceux des membres ou agents de l'autorité de contrôle concernée qui présentent des garanties comparables à celles requises des agents de la commission, en application de l'article 10 de la présente loi, à exercer, sous son autorité, tout ou partie des pouvoirs de vérification et d'enquête dont disposent les membres et les agents de la commission.

IV. Lorsque la commission est invitée à contribuer à une opération de contrôle conjointe décidée par l'autorité de contrôle d'un autre État membre, le président de la commission se prononce sur le principe et les conditions de la participation, désigne les membres et agents habilités et en informe l'autorité requérante dans les conditions prévues à l'article 62 du règlement (UE) 2016/679 du 27 avril 2016.

Art. 26. — I. Les traitements relevant du titre III font l'objet d'une coopération entre la Commission nationale de l'informatique et des libertés et les autorités de contrôle des autres États membres de l'Union européenne dans les conditions prévues au présent article.

II. La commission communique aux autorités de contrôle des autres États membres les informations utiles et leur prête assistance en mettant notamment en œuvre, à leur demande, des mesures de contrôle telles que des mesures de consultation, d'inspection et d'enquête.

La commission répond à une demande d'assistance mutuelle formulée par une autre autorité de contrôle dans les meilleurs délais et au plus tard un mois après réception de la demande contenant toutes les informations nécessaires, notamment sa finalité et ses motifs. Elle ne peut refuser de satisfaire à cette demande que si elle n'est pas compétente pour traiter l'objet de la demande ou les mesures qu'elle est invitée à exécuter, ou si une disposition du droit de l'Union européenne ou du droit français y fait obstacle.

La commission informe l'autorité de contrôle requérante des résultats obtenus ou, selon le cas, de l'avancement du dossier ou des mesures prises pour donner suite à la demande.

La commission peut, pour l'exercice de ses missions, solliciter l'assistance d'une autorité de contrôle d'un autre État membre de l'Union européenne.

La commission donne les motifs de tout refus de satisfaire à une demande lorsqu'elle estime ne pas être compétente ou lorsqu'elle considère que satisfaire à la demande constituerait une violation du droit de l'Union européenne ou du droit français.

Art. 27. — Lorsque la commission agit en tant qu'autorité de contrôle chef de file au sens de l'article 56 du règlement (UE) 2016/679 du 27 avril 2016 s'agissant d'un traitement transfrontalier au sein de l'Union européenne, elle communique sans tarder aux autres autorités de contrôle concernées le rapport du rapporteur mentionné au premier alinéa de l'article 22 ainsi que l'ensemble des informations utiles de la procédure ayant permis d'établir le rapport, avant l'éventuelle audition du responsable de traitement ou de son sous-traitant. Les autorités concernées sont mises en mesure d'assister, par tout moyen de retransmission approprié, à l'audition par la formation restreinte du responsable de traitement ou de son sous-traitant, ou de prendre connaissance d'un procès-verbal dressé à la suite de l'audition.

Après en avoir délibéré, la formation restreinte soumet son projet de décision aux autres autorités de contrôle concernées conformément à la procédure définie à l'article 60 du règlement (UE) 2016/679 du 27 avril 2016. À ce titre, elle se prononce sur la prise en compte des objections pertinentes et motivées émises par ces autorités et saisit, si elle décide d'écarter l'une des objections, le comité européen de la protection des données conformément à l'article 65 du même règlement.

Les conditions d'application du présent article sont définies par décret en Conseil d'État, après avis de la Commission nationale de l'informatique et des libertés.

Art. 28. — Lorsque la commission agit en tant qu'autorité de contrôle concernée, au sens de l'article 4 du règlement (UE) 2016/679 du 27 avril 2016, le président de la commission est saisi des projets de mesures correctrices soumis à la commission par une autorité de contrôle chef de file.

Lorsque ces mesures sont d'objet équivalent à celles définies aux I et II de l'article 20 de la présente loi, le président décide, le cas échéant, d'émettre une objection pertinente et motivée, selon les modalités prévues à l'article 60 du même règlement

Lorsque ces mesures sont d'objet équivalent à celles définies au III de l'article 20 de la présente loi, le président saisit la formation restreinte. Le président de la formation restreinte ou le membre de la formation restreinte qu'il désigne peut, le cas échéant, émettre une objection pertinente et motivée selon les mêmes modalités.

Art. 29. — La Commission nationale de l'informatique et des libertés peut, à la demande d'une autorité exerçant des compétences analogues aux siennes dans un État non membre de l'Union européenne, sous réserve de garanties appropriées pour la protection des données à caractère personnel et d'autres libertés et droits fondamentaux, procéder à des vérifications dans les mêmes conditions que celles prévues à l'article 19, sauf s'il s'agit d'un traitement mentionné aux I ou II de l'article 31. Sous les mêmes réserves, elle peut présenter des demandes aux mêmes fins à une autorité exerçant des compétences analogues aux siennes.

La commission est habilitée à communiquer les informations qu'elle recueille ou qu'elle détient, à leur demande, aux autorités exerçant des compétences analogues aux siennes dans des États non membres de l'Union européenne, sous réserve de garanties appropriées pour la protection des données à caractère personnel et d'autres libertés et droits fondamentaux, sauf s'il s'agit d'un traitement mentionné aux I ou II de l'article 31.

Pour la mise en œuvre du présent article, la commission conclut préalablement une convention organisant ses relations avec l'autorité exerçant des compétences analogues aux siennes. Cette convention est publiée au Journal officiel.

Chapitre III

Dispositions particulières relatives au numéro d'inscription des personnes au répertoire national d'identification des personnes physiques

Art. 30. — Un décret en Conseil d'État, pris après avis motivé et publié de la Commission nationale de l'informatique et des libertés, détermine les catégories de responsables de traitement et les finalités de ces traitements au vu desquelles ces derniers peuvent être mis en œuvre lorsqu'ils portent sur des données comportant le numéro d'inscription des personnes au répertoire national d'identification des personnes physiques. La mise en œuvre des traitements intervient sans préjudice des obligations qui incombent aux responsables de traitement ou à leurs sous-traitants en application de la section 3 du chapitre IV du règlement (UE) 2016/679 du 27 avril 2016.

N'entrent pas dans le champ d'application du premier alinéa du présent article ceux des traitements portant sur des données à caractère personnel parmi lesquelles figure le numéro d'inscription des personnes au répertoire national d'identification des personnes physiques ou qui requièrent une consultation de ce répertoire :

1° Qui ont exclusivement des finalités de statistique publique, sont mis en œuvre par le service statistique public et ne comportent aucune des données mentionnées au I de l'article 6 ou à l'article 46 ;

2° Qui ont exclusivement des finalités de recherche scientifique ou historique ;

3° Qui ont pour objet de mettre à la disposition des usagers de l'administration un ou plusieurs téléservices de l'administration électronique définis à l'article 1er de l'ordonnance n° 2005-1516 du 8 décembre 2005 relative aux échanges électroniques entre les usagers et les autorités administratives au sens de ce même article 1er, et entre ces mêmes autorités administratives.

La dérogation prévue pour les traitements dont les finalités sont mentionnées aux 1° et 2° du présent article, n'est applicable que si le numéro d'inscription au répertoire national d'identification des personnes physiques fait préalablement l'objet d'une opération cryptographique lui substituant un code statistique non signifiant. Cette opération est renouvelée à une fréquence définie par décret en Conseil d'État, pris après avis motivé et publié de la Commission nationale de l'informatique et des libertés. Les traitements ayant comme finalité exclusive de réaliser cette opération cryptographique ne sont pas soumis au premier alinéa.

Pour les traitements dont les finalités sont mentionnées au 1°, l'utilisation du code statistique non signifiant n'est autorisée qu'au sein du service statistique public.

Pour les traitements dont les finalités sont mentionnées au 2°, l'opération cryptographique et, le cas échéant, l'interconnexion de deux fichiers par l'utilisation du code spécifique non signifiant qui en est issu ne peuvent être assurées par la même personne ni par le responsable de traitement.

Par dérogation au premier alinéa, les traitements de données à caractère personnel dans le domaine de la santé sont régis par la section 3 du chapitre III du titre II, à l'exception :

1° Des traitements mentionnés à l'article 67 ;

2° Des traitements comportant le numéro d'inscription au répertoire national d'identification des personnes physiques utilisé comme identifiant de santé des personnes en application de l'article L. 1111-8-1 du code de la santé publique, en dehors de ceux de ces traitements mis en œuvre à des fins de recherche ou servant à constituer des bases de données à des fins ultérieures de recherche, d'étude ou d'évaluation dans le domaine de la santé.

Chapitre IV

Formalités préalables à la mise en œuvre des traitements.

Art. 31. — I. Sont autorisés par arrêté du ou des ministres compétents, pris après avis motivé et publié de la Commission nationale de l'informatique et des libertés, les traitements de données à caractère personnel mis en œuvre pour le compte de l'État et :

1° Qui intéressent la sûreté de l'État, la défense ou la sécurité publique ;

2° Ou qui ont pour objet la prévention, la recherche, la constatation ou la poursuite des infractions pénales ou l'exécution des condamnations pénales ou des mesures de sûreté.

L'avis de la commission est publié avec l'arrêté autorisant le traitement.

II. Ceux de ces traitements qui portent sur des données mentionnées au I de l'article 6 sont autorisés par décret en Conseil d'État pris après avis motivé et publié de la commission. Cet avis est publié avec le décret autorisant le traitement.

III. Certains traitements mentionnés au I et au II peuvent être dispensés, par décret en Conseil d'État, de la publication de l'acte réglementaire qui les autorise. Pour ces traitements, est publié, en même temps que le décret autorisant la dispense de publication de l'acte, le sens de l'avis émis par la commission.

IV. Pour l'application du présent article, les traitements qui répondent à une même finalité, portent sur des catégories de données identiques et ont les mêmes destinataires ou catégories de destinataires peuvent être autorisés par un acte réglementaire unique. Dans ce cas, le responsable de chaque traitement adresse à la commission un engagement de conformité de celui-ci à la description figurant dans l'autorisation [(185)].

Art. 32. — Sont autorisés par décret en Conseil d'État, pris après avis motivé et publié de la Commission nationale de l'informatique et des libertés, les traitements de données à caractère personnel mis en œuvre pour le compte de l'État, agissant dans l'exercice de ses prérogatives de puissance publique, qui portent sur des données génétiques ou sur des données biométriques nécessaires à l'authentification ou au contrôle de l'identité des personnes.

Art. 33. — I. Les demandes d'avis adressées à la Commission nationale de l'informatique et des libertés en vertu de la présente loi précisent :

1° L'identité et l'adresse du responsable du traitement ou, si celui-ci n'est établi ni sur le territoire national ni sur celui d'un autre État membre de l'Union européenne, celle de son représentant et, le cas échéant, celle de la personne qui présente la demande ;

2° La ou les finalités du traitement, ainsi que, pour les traitements relevant des articles 31 et 32, la description générale de ses fonctions ;

3° Le cas échéant, les interconnexions, les rapprochements ou toutes autres formes de mise en relation avec d'autres traitements ;

4° Les données à caractère personnel traitées, leur origine et les catégories de personnes concernées par le traitement ;

5° La durée de conservation des informations traitées ;

6° Le ou les services chargés de mettre en œuvre le traitement ainsi que, pour les traitements relevant des articles 31 et 32, les catégories de personnes qui, en raison de leurs fonctions ou pour les besoins du service, ont directement accès aux données enregistrées ;

7° Les destinataires ou catégories de destinataires habilités à recevoir communication des données ;

8° La fonction de la personne ou le service auprès duquel s'exerce le droit d'accès prévu aux articles 49, 105 et 119, ainsi que les mesures relatives à l'exercice de ce droit ;

9° Les dispositions prises pour assurer la sécurité des traitements et des données et la garantie des secrets protégés par la loi et, le cas échéant, l'indication du recours à un sous-traitant ;

10° Le cas échéant, les transferts de données à caractère personnel envisagés à destination d'un État non membre de l'Union européenne, sous quelque forme que ce soit.

Les demandes d'avis portant sur les traitements intéressant la sûreté de l'État, la défense ou la sécurité publique peuvent ne pas comporter tous les éléments d'information énumérés ci-dessus. Un décret en Conseil d'État, pris après avis de la Commission nationale de l'informatique et des libertés, fixe la liste de ces traitements et des informations que les demandes d'avis portant sur ces traitements doivent comporter au minimum.

---

(185) Décision du 6 avril 2020 portant habilitation de certains agents de la Commission nationale de l'informatique et des libertés à effectuer les visites ou les vérifications portant sur les traitements relevant de l'article 31 de la loi n° 78-17 du 6 janvier 1978 relative à l'informatique, aux fichiers et aux libertés.

II. Le responsable d'un traitement déjà autorisé et susceptible de faire l'objet d'une mise à jour rendue publique dans les conditions prévues à l'article 36 informe sans délai la commission :

1° De tout changement affectant les informations mentionnées au I ;

2° De toute suppression du traitement.

Art. 34. — I. La Commission nationale de l'informatique et des libertés, saisie dans le cadre des articles 31 ou 32, se prononce dans un délai de huit semaines à compter de la réception de la demande. Toutefois, ce délai peut être renouvelé de six semaines sur décision motivée du président.

II. L'avis demandé à la commission sur un traitement, qui n'est pas rendu à l'expiration du délai prévu au I, est réputé favorable.

Art. 35. — Les actes autorisant la création d'un traitement en application des articles 31 et 32 précisent :

1° La finalité du traitement et, le cas échéant, sa dénomination ;

2° Le service auprès duquel s'exerce le droit d'accès prévu aux articles 49, 105 et 119 ;

3° Les catégories de données à caractère personnel enregistrées ;

4° Les destinataires ou catégories de destinataires habilités à recevoir communication de ces données ;

5° Le cas échéant, les dérogations à l'obligation d'information prévues au III de l'article 116 ;

6° Le cas échéant, les limitations et restrictions aux droits des personnes concernées prévues à l'article 23 du règlement (UE) 2016/679 du 27 avril 2016 et à l'article 107.

7° Le cas échéant, la désignation, parmi les responsables conjoints du traitement, du point de contact pour les personnes concernées.

Art. 36. — I. La commission met à la disposition du public, dans un format ouvert et aisément réutilisable, la liste des traitements automatisés ayant fait l'objet d'une des formalités prévues par les articles 31 et 32, à l'exception de ceux mentionnés au III de l'article 31, ainsi que par la section 3 du chapitre III du titre II.

Cette liste précise pour chacun de ces traitements :

1° L'acte décidant la création du traitement ;

2° La finalité du traitement et, le cas échéant la dénomination ;

3° L'identité et l'adresse du responsable du traitement ou, si celui-ci n'est établi ni sur le territoire national ni sur celui d'un autre État membre de l'Union européenne, celles de son représentant ;

4° La fonction de la personne ou le service auprès duquel s'exerce le droit d'accès prévu aux articles 49, 105 et 119 ;

5° Les catégories de données à caractère personnel faisant l'objet du traitement, ainsi que les destinataires et catégories de destinataires habilités à en recevoir communication ;

6° Le cas échéant, les transferts de données à caractère personnel envisagés à destination d'un État non membre de l'Union européenne.

II. La commission tient à la disposition du public ses avis, décisions ou recommandations.

Chapitre V

Obligations incombant aux responsables de traitements et droits des personnes

Art. 37. — I. Sous réserve du présent article, le chapitre Ier du titre V de la loi n° 2016-1547 du 18 novembre 2016 de modernisation de la justice du XXIe siècle et le chapitre X du titre VII du livre VII du code de justice administrative s'appliquent à l'action ouverte sur le fondement du présent article.

II. Lorsque plusieurs personnes physiques placées dans une situation similaire subissent un dommage ayant pour cause commune un manquement de même nature aux dispositions du règlement (UE) 2016/679 du 27 avril 2016 ou de la présente loi par un responsable de traitement de données à caractère personnel ou un sous-traitant, une action de groupe peut être exercée devant la juridiction civile ou la juridiction administrative compétente au vu des cas individuels présentés par le demandeur, qui en informe la Commission nationale de l'informatique et des libertés.

III. Cette action peut être exercée en vue soit de faire cesser le manquement mentionné au II, soit d'engager la responsabilité de la personne ayant causé le dommage afin d'obtenir la réparation des préjudices matériels et moraux subis, soit de ces deux fins.

Toutefois, la responsabilité de la personne ayant causé le dommage ne peut être engagée que si le fait générateur du dommage est postérieur au 24 mai 2018.

IV. Peuvent seules exercer cette action :

1° Les associations régulièrement déclarées depuis cinq ans au moins ayant dans leur objet statutaire la protection de la vie privée ou la protection des données à caractère personnel ;

2° Les associations de défense des consommateurs représentatives au niveau national et agréées en application de l'article L. 811-1 du code de la consommation, lorsque le traitement de données à caractère personnel affecte des consommateurs ;

3° Les organisations syndicales de salariés ou de fonctionnaires représentatives au sens des articles L. 2122-1, L. 2122-5 ou L. 2122-9 du code du travail ou du III de l'article 8 bis de la loi n° 83-634 du 13 juillet 1983 portant droits et obligations des fonctionnaires ou les syndicats représentatifs de magistrats de l'ordre judiciaire, lorsque le traitement affecte les intérêts des personnes que les statuts de ces organisations les chargent de défendre.

Lorsque l'action tend à la réparation des préjudices subis, elle s'exerce dans le cadre de la procédure individuelle de réparation définie au chapitre Ier du titre V de la loi n° 2016-1547 du 18 novembre 2016 de modernisation de la justice du XXIe siècle et au chapitre X du titre VII du livre VII du code de justice administrative.

Art. 38. — Toute personne peut mandater une association ou une organisation mentionnée au IV de l'article 37, une association ou une organisation dont l'objet statutaire est en relation avec la protection des droits et libertés lorsque ceux-ci sont méconnus dans le cadre d'un traitement de données à caractère personnel, ou une association dont cette personne est membre et dont l'objet statutaire implique la défense d'intérêts en relation avec les finalités du traitement litigieux, aux fins d'exercer en son nom les droits prévus aux articles 77 à 79 et 82 du règlement (UE) 2016/679 du 27 avril 2016. Elle peut également les mandater pour agir devant la Commission nationale de l'informatique et des libertés, contre celle-ci devant un juge ou contre le responsable de traitement ou son sous-traitant devant une juridiction lorsqu'est en cause un traitement relevant du titre III de la présente loi.

Art. 39. — Dans le cas où, saisie d'une réclamation dirigée contre un responsable de traitement ou son sous-traitant, la Commission nationale de l'informatique et des libertés estime fondés les griefs avancés relatifs à la protection des droits et libertés d'une personne à l'égard du traitement de ses données à caractère personnel, ou de manière générale afin d'assurer la protection de ces droits et libertés dans le cadre de sa mission, elle peut demander au Conseil d'État d'ordonner, le cas échéant sous astreinte, soit la suspension d'un transfert de données, soit la prolongation de la suspension d'un tel transfert qu'elle aurait elle-même préalablement ordonnée, et elle assortit alors ses conclusions d'une demande de question préjudicielle à la Cour de justice de l'Union européenne en vue d'apprécier la validité de la décision d'adéquation de la Commission européenne prise sur le fondement de l'article 45 du règlement (UE) 2016/679 du 27 avril 2016 ainsi que de tous les actes pris par la Commission européenne relativement aux garanties appropriées dans le cadre des transferts de données mentionnées à l'article 46 du même règlement.

Lorsque le transfert de données en cause ne constitue pas une opération de traitement effectuée par une juridiction dans l'exercice de sa fonction juridictionnelle, la Commission nationale de l'informatique et des libertés peut saisir, dans les mêmes conditions, le Conseil d'État aux fins d'ordonner, soit la suspension du transfert de données fondé sur une décision d'adéquation de la Commission européenne prise sur le fondement de l'article 36 de la directive (UE) 2016/680 du Parlement européen et du Conseil du 27 avril 2016, soit la prolongation de la suspension de ce transfert qu'elle aurait elle-même déjà ordonnée, dans l'attente de l'appréciation par la Cour de justice de l'Union européenne de la validité de cette décision d'adéquation.

Chapitre VI

Dispositions pénales

Art. 40. — Les infractions aux dispositions de la présente loi sont prévues par la section 5 du chapitre VI du titre II du livre II du code pénal.

Art. 41. — Le procureur de la République avise le président de la Commission nationale de l'informatique et des libertés de toutes les poursuites relatives aux infractions prévues par la section 5 du chapitre VI du titre II du livre II du code pénal et, le cas échéant, des suites qui leur sont données. Il l'informe de la date et de l'objet de l'audience de jugement par lettre recommandée adressée au moins dix jours avant cette date.

La juridiction d'instruction ou de jugement peut appeler le président de la Commission nationale de l'informatique et des libertés ou son représentant à déposer ses observations ou à les développer oralement à l'audience.

Titre II

TRAITEMENTS RELEVANT DU RÉGIME DE PROTECTION DES DONNÉES À CARACTÈRE PERSONNEL PRÉVU PAR LE RÈGLEMENT (UE) 2016/679 DU 27 AVRIL 2016

Chapitre Ier

Dispositions générales

Art. 42. — I. Le présent titre ne s'applique pas aux traitements de données à caractère personnel effectués :

1° Dans le cadre d'une activité qui ne relève pas du champ d'application du droit de l'Union européenne, notamment les traitements mentionnés au titre IV ;

2° Dans le cadre d'activités qui relèvent du champ d'application du chapitre II du titre V du traité sur l'Union européenne ;

3° Par les autorités compétentes à des fins de prévention et de détection des infractions pénales, d'enquêtes et de poursuites en la matière ou d'exécution de sanctions pénales, y compris la protection contre des menaces pour la sécurité publique et la prévention de telles menaces ;

4° Aux copies temporaires qui sont faites dans le cadre des activités techniques de transmission et de fourniture d'accès à un réseau numérique, en vue du stockage automatique, intermédiaire et transitoire des données et à seule fin de permettre à d'autres destinataires du service le meilleur accès possible aux informations transmises.

II. Le présent titre s'applique sans préjudice des articles 32-3-3, 32-3-4 et 34-4 du code des postes et des télécommunications relatifs à la responsabilité des prestataires de services intermédiaires tels que modifiés par l'article 9 de la loi n° 2004-575 du 21 juin 2004 pour la confiance dans l'économie numérique et 10 de la loi n° 2004-669 du 9 juillet 2004 relative aux communications électroniques et aux services de communication audiovisuelle.

III. Le présent titre s'applique sans préjudice des dispositions de l'article 6 de la loi n° 2004-575 du 21 juin 2004 pour la confiance dans l'économie numérique.

Art. 43. — Les principes, règles et conditions de licéité d'un traitement de données à caractère personnel applicables sont ceux définis au chapitre II du règlement (UE) 2016/679 du 27 avril 2016 et du chapitre Ier du titre Ier de la présente loi.

Art. 44. — L'article 6 ne s'applique pas si l'une des conditions prévues au 2 de l'article 9 du règlement (UE) 2016/679 du 27 avril 2016 est remplie, ainsi que pour :

1° Les traitements nécessaires aux fins de la médecine préventive, des diagnostics médicaux, de l'administration de soins ou de traitements, ou de la gestion de services de santé et mis en œuvre par un membre d'une profession de santé, ou par une autre personne à laquelle s'impose en raison de ses fonctions l'obligation de secret professionnel dont l'atteinte est réprimée par l'article 226-13 du code pénal ;

2° Les traitements statistiques réalisés par l'Institut national de la statistique et des études économiques ou l'un des services statistiques ministériels dans le respect de la loi n° 51-711 du 7 juin 1951 sur l'obligation, la coordination et le secret en matière de statistiques, après avis du Conseil national de l'information statistique ;

3° Les traitements comportant des données concernant la santé justifiés par l'intérêt public et conformes aux dispositions de la section 3 du chapitre III du présent titre ;

4° Les traitements conformes aux règlements types mentionnés au c du 2° du I de l'article 8 mis en œuvre par les employeurs ou les administrations qui portent sur des données biométriques strictement nécessaires au contrôle de l'accès aux lieux de travail ainsi qu'aux appareils et aux applications utilisés dans le cadre des missions confiées aux salariés, aux agents, aux stagiaires ou aux prestataires ;

5° Les traitements portant sur la réutilisation des informations publiques figurant dans les décisions mentionnées à l'article L. 10 du code de justice administrative et à l'article L. 111-13 du code de l'organisation judiciaire, sous réserve que ces traitements n'aient ni pour objet ni pour effet de permettre la réidentification des personnes concernées ;

6° Les traitements nécessaires à la recherche publique au sens de l'article L. 112-1 du code de la recherche, sous réserve que des motifs d'intérêt public important les rendent nécessaires, dans les conditions prévues par le g du 2 de l'article 9 du règlement (UE) 2016/679 du 27 avril 2016, après avis motivé et publié de la Commission nationale de l'informatique et des libertés rendu selon les modalités prévues à l'article 34 de la présente loi.

Art. 45. — En application du 1 de l'article 8 du règlement (UE) 2016/679 du 27 avril 2016, un mineur peut consentir seul à un traitement de données à caractère personnel en ce qui concerne l'offre directe de services de la société de l'information à compter de l'âge de quinze ans.

Lorsque le mineur est âgé de moins de quinze ans, le traitement n'est licite que si le consentement est donné conjointement par le mineur concerné et le ou les titulaires de l'autorité parentale à l'égard de ce mineur.

Le responsable de traitement rédige en des termes clairs et simples, aisément compréhensibles par le mineur, les informations et communications relatives au traitement qui le concerne.

Art. 46. — Les traitements de données à caractère personnel relatives aux condamnations pénales, aux infractions ou aux mesures de sûreté connexes ne peuvent être effectués que par :

1° Les juridictions, les autorités publiques et les personnes morales gérant un service public, agissant dans le cadre de leurs attributions légales ainsi que les personnes morales de droit privé collaborant au service public de la justice et appartenant à des catégories dont la liste est fixée par décret en Conseil d'État, pris après avis motivé et publié de la Commission nationale de l'informatique et des libertés, dans la mesure strictement nécessaire à leur mission ;

2° Les auxiliaires de justice, pour les stricts besoins de l'exercice des missions qui leur sont confiées par la loi ;

3° Les personnes physiques ou morales, aux fins de leur permettre de préparer et, le cas échéant, d'exercer et de suivre une action en justice en tant que victime, mise en cause, ou pour le compte de ceux-ci et de faire exécuter la décision rendue, pour une durée strictement proportionnée à ces finalités. La communication à un tiers n'est alors possible que sous les mêmes conditions et dans la mesure strictement nécessaire à la poursuite de ces mêmes finalités ;

4° Les personnes morales mentionnées aux articles L. 321-1 et L. 331-1 du code de la propriété intellectuelle, agissant au titre des droits dont elles assurent la gestion ou pour le compte des victimes d'atteintes aux droits prévus aux livres Ier, II et III du même code aux fins d'assurer la défense de ces droits ;

5° Les réutilisateurs des informations publiques figurant dans les décisions mentionnées à l'article L. 10 du code de justice administrative et à l'article L. 111-13 du code de l'organisation judiciaire, sous réserve que les traitements mis en œuvre n'aient ni pour objet ni pour effet de permettre la réidentification des personnes concernées.

Art. 47. — Aucune décision de justice impliquant une appréciation sur le comportement d'une personne ne peut avoir pour fondement un traitement automatisé de données à caractère personnel destiné à évaluer certains aspects de la personnalité de cette personne.

Aucune décision produisant des effets juridiques à l'égard d'une personne ou l'affectant de manière significative ne peut être prise sur le seul fondement d'un traitement automatisé de données à caractère personnel, y compris le profilage, à l'exception :

1° Des cas mentionnés aux a et c du 2 de l'article 22 du règlement (UE) 2016/679 du 27 avril 2016, sous les réserves mentionnées au 3 du même article 22 et à condition que les règles définissant le traitement ainsi que les principales caractéristiques de sa mise en œuvre soient communiquées, à l'exception des secrets protégés par la loi, par le responsable de traitement à l'intéressé s'il en fait la demande ;

2° Des décisions administratives individuelles prises dans le respect de l'article L. 311-3-1 et du chapitre Ier du titre Ier du livre IV du code des relations entre le public et l'administration, à condition que le traitement ne porte pas sur des données mentionnées au I de l'article 6 de la présente loi. Ces décisions comportent, à peine de nullité, la mention explicite prévue à l'article L. 311-3-1 du code des relations entre le public et l'administration. Pour ces décisions, le responsable de traitement s'assure de la maîtrise du traitement algorithmique et de ses évolutions afin de pouvoir expliquer, en détail et sous une forme intelligible, à la personne concernée la manière dont le traitement a été mis en œuvre à son égard.

Par dérogation au 2° du présent article, aucune décision par laquelle l'administration se prononce sur un recours administratif mentionné au titre Ier du livre IV du code des relations entre le public et l'administration ne peut être prise sur le seul fondement d'un traitement automatisé de données à caractère personnel.

Chapitre II

Droits de la personne concernée

Art. 48. — Le droit à l'information s'exerce dans les conditions prévues aux articles 12 à 14 du règlement (UE) 2016/679 du 27 avril 2016.

En particulier, lorsque les données à caractère personnel sont collectées auprès d'un mineur de moins de quinze ans, le responsable de traitement transmet au mineur les informations mentionnées à l'article 13 de ce règlement dans un langage clair et facilement accessible.

La personne auprès de laquelle sont recueillies des données à caractère personnel la concernant est également informée, sauf si elle l'a été au préalable, par le responsable du traitement ou son représentant du droit de définir des directives relatives au sort de ses données à caractère personnel après sa mort, dans les conditions prévues à l'article 85.

En application de l'article 23 du même règlement, le droit à l'information ne s'applique pas aux données collectées dans les conditions prévues à l'article 14 de ce règlement et utilisées lors d'un traitement mis en œuvre pour le compte de l'État et intéressant la sécurité publique, dans la mesure où une telle limitation est nécessaire au respect des fins poursuivies par ce traitement et prévue par l'acte instaurant le traitement.

Il est fait application des dispositions de l'alinéa précédent lorsque le traitement est mis en œuvre par les administrations publiques qui ont pour mission soit de contrôler ou de recouvrer des impositions soit d'effectuer des contrôles de l'activité de personnes physiques ou morales pouvant donner lieu à la constatation d'une infraction ou d'un manquement, à des amendes administratives ou à des pénalités.

Le premier alinéa ne s'applique pas à l'information selon laquelle des données à caractère personnel ont été transmises en application du premier alinéa de l'article L. 863-2 du Code de la sécurité intérieure

Art. 49. — Le droit d'accès de la personne concernée s'exerce dans les conditions pré-vues à l'article 15 du règlement (UE) 2016/679 du 27 avril 2016.

En cas de risque de dissimulation ou de disparition des données à caractère personnel, le juge compétent peut ordonner, y compris en référé, toutes mesures de nature à éviter cette dissimulation ou cette disparition.

Le même premier alinéa ne s'applique pas :

1° Lorsque les données à caractère personnel sont conservées sous une forme excluant manifestement tout risque d'atteinte à la vie privée et à la protection des données des personnes concernées, pendant une durée n'excédant pas celle nécessaire aux seules fi-nalités d'établissement de statistiques ou de réalisation de recherches scientifiques ou historiques ;

2° À l'information selon laquelle des données à caractère personnel ont été transmises en application du premier alinéa de l'article L. 863-2 du Code de la sécurité intérieure.

Art. 50. — Le droit de rectification s'exerce dans les conditions prévues à l'article 16 du règlement (UE) 2016/679 du 27 avril 2016.

Art. 51. — I. Le droit à l'effacement s'exerce dans les conditions prévues à l'article 17 du règlement (UE) 2016/679 du 27 avril 2016.

II. En particulier, sur demande de la personne concernée, le responsable du traitement est tenu d'effacer dans les meilleurs délais les données à caractère personnel qui ont été collectées dans le cadre de l'offre de services de la société de l'information lorsque la personne concernée était mineure au moment de la collecte. Lorsqu'il a transmis les données en cause à un tiers lui-même responsable de traitement, il prend des mesures raisonnables, y compris d'ordre technique, compte tenu des technologies disponibles et des coûts de mise en œuvre, pour informer le tiers qui traite ces données que la personne concernée a demandé l'effacement de tout lien vers celles-ci, ou de toute copie ou de toute reproduction de celles-ci.

En cas de non-exécution de l'effacement des données à caractère personnel ou en cas d'absence de réponse du responsable du traitement dans un délai d'un mois à compter de la demande, la personne concernée peut saisir la Commission nationale de l'informatique et des libertés, qui se prononce sur cette demande dans un délai de trois semaines à compter de la date de réception de la réclamation.

Art. 52. — Par dérogation aux articles 49 à 51, pour les traitements mis en œuvre par les administrations publiques et les personnes privées chargées d'une mission de service public qui ont pour mission de contrôler ou recouvrer des impositions, les droit d'accès, de rectification et d'effacement s'exercent dans les conditions prévues à l'article 118, si de telles restrictions ont été prévues par l'acte instaurant le traitement.

Il est fait application des mêmes dispositions lorsque le traitement intéresse la sécurité publique, sous réserve de l'application des dispositions du titre III.

Par dérogation aux articles 49 à 51, pour les traitements mis en œuvre par les juridictions financières, dans le cadre de leurs missions non juridictionnelles prévues par le code des juridictions financières, notamment lorsque de telles missions sont susceptibles de révéler des irrégularités appelant la mise en œuvre d'une procédure juridictionnelle, le droit d'accès peut être limité dans les conditions prévues aux e et h du 1 de l'article 23 du règlement (UE) 2016/679 du 27 avril 2016.

Art. 53. — Le droit à la limitation du traitement s'exerce dans les conditions prévues à l'article 18 du règlement (UE) 2016/679 du 27 avril 2016.

Art. 54. — L'obligation de notification en cas de rectification ou d'effacement de données à caractère personnel ou la limitation du traitement s'exerce dans les conditions prévues à l'article 19 du règlement (UE) 2016/679 du 27 avril 2016.

Art. 55. — Le droit à la portabilité des données s'exerce dans les conditions prévues à l'article 20 du règlement (UE) 2016/679 du 27 avril 2016.

Art. 56. — Le droit d'opposition s'exerce dans les conditions prévues à l'article 21 du règlement (UE) 2016/679 du 27 avril 2016.

Ce droit ne s'applique pas lorsque le traitement répond à une obligation légale ou, dans les conditions prévues à l'article 23 du même règlement, lorsque l'application de ces dispositions a été écartée par une disposition expresse de l'acte instaurant le traitement.

Chapitre III

Obligations incombant au responsable du traitement et au sous-traitant

Section 1

Obligations générales

Art. 57. — En application de l'article 24 du règlement (UE) 2016/679 du 27 avril 2016, le responsable du traitement met en œuvre des mesures techniques et organisationnelles appropriées pour s'assurer et être en mesure de démontrer que le traitement est effectué conformément à ce même règlement et à la présente loi.

Le responsable du traitement et, le cas échéant, son représentant tiennent le registre des activités de traitement dans les conditions prévues à l'article 30 de ce règlement. Ils désignent un délégué à la protection des données dans les conditions prévues par la section 4 du chapitre IV du même règlement.

Art. 58. — I. Le responsable de traitement notifie à la Commission nationale de l'informatique et des libertés et communique à la personne concernée toute violation de données à caractère personnel en application des articles 33 et 34 du règlement (UE) 2016/679 du 27 avril 2016.

II. Un décret en Conseil d'État, pris après avis de la Commission nationale de l'informatique et des libertés, fixe la liste des traitements et des catégories de traitements autorisés à déroger au droit à la communication d'une violation de données régi par l'article 34 du même règlement lorsque la notification d'une divulgation ou d'un accès non autorisé à ces données est susceptible de représenter un risque pour la sécurité nationale, la défense nationale ou la sécurité publique.

La dérogation prévue au présent article n'est applicable qu'aux seuls traitements de données à caractère personnel nécessaires au respect d'une obligation légale qui requiert le traitement de ces données ou à l'exercice d'une mission d'intérêt public dont est investi le responsable de traitement.

Art. 59. — Lorsque les finalités et les moyens du traitement sont déterminés par plusieurs responsables du traitement, leurs obligations respectives s'exercent dans les conditions prévues à l'article 26 du règlement (UE) 2016/679 du 27 avril 2016 et par la présente loi.

Art. 60. — La qualité de sous-traitant n'exonère en rien du respect des dispositions applicables du règlement (UE) 2016/679 du 27 avril 2016 et de la présente loi.

Le traitement réalisé par un sous-traitant est régi par un contrat ou tout acte juridique qui lie le sous-traitant à l'égard du responsable du traitement, sous une forme écrite, y compris en format électronique, respectant les conditions prévues à l'article 28 du règlement.

Le sous-traitant et, le cas échéant, son représentant doivent tenir le registre mentionné à l'article 30 de ce même règlement.

Lorsqu'un sous-traitant a recours à un autre sous-traitant pour mener les activités de traitement spécifiques pour le compte du responsable du traitement, il conclut avec ce sous-traitant le contrat mentionné au deuxième alinéa. Le troisième alinéa s'applique également.

Art. 61. — Conformément à l'article 29 du règlement (UE) 2016/679 du 27 avril 2016, sauf dispositions législatives ou réglementaires contraires, il est interdit au sous-traitant ou à toute autre personne agissant sous l'autorité du responsable du traitement ou sous celle du sous-traitant ayant accès à des données à caractère personnel de traiter ces données sans l'accord du responsable du traitement.

Section 2

Obligations en cas de traitement susceptible d'engendrer un risque élevé pour les droits et libertés des personnes physiques

Art. 62. — Le responsable du traitement effectue préalablement à la mise en œuvre du traitement une analyse d'impact des opérations de traitement envisagées sur la protection des données à caractère personnel dans les conditions prévues à l'article 35 du règlement (UE) 2016/679 du 27 avril 2016.

Art. 63. — Conformément à l'article 36 du règlement (UE) 2016/679 du 27 avril 2016, le responsable du traitement est tenu de consulter la Commission nationale de l'informatique et des libertés préalablement à la mise en œuvre du traitement lorsqu'il ressort de l'analyse d'impact prévue à l'article 62 que le traitement présenterait un risque élevé si le responsable du traitement ne prenait pas de mesures pour atténuer le risque.

Section 3

Traitements de données à caractère personnel dans le domaine de la santé

Art. 64. — Lorsque l'exercice du droit d'accès s'applique à des données de santé à caractère personnel, celles-ci peuvent être communiquées à la personne concernée, selon son choix, directement ou par l'intermédiaire d'un médecin qu'elle désigne à cet effet, dans le respect des dispositions de l'article L. 1111-7 du code de la santé publique.

Sous-section 1

Dispositions générales

Art. 65. — Les traitements contenant des données concernant la santé des personnes sont soumis, outre à celles du règlement (UE) 2016/679 du 27 avril 2016, aux dispositions de la présente section, à l'exception des catégories de traitements suivantes :

1° Les traitements relevant du 1° de l'article 44 de la présente loi et des a et c à f du 2 de l'article 9 du règlement (UE) 2016/679 du 27 avril 2016 ;

2° Les traitements permettant d'effectuer des études à partir des données recueillies en application du 1° de l'article 44 de la présente loi lorsque ces études sont réalisées par les personnels assurant ce suivi et destinées à leur usage exclusif ;

3° Les traitements mis en œuvre aux fins d'assurer le service des prestations ou le contrôle par les organismes chargés de la gestion d'un régime de base d'assurance maladie ainsi que la prise en charge des prestations par les organismes d'assurance maladie complémentaire ;

4° Les traitements effectués au sein des établissements de santé par les médecins responsables de l'information médicale, dans les conditions prévues au deuxième alinéa de l'article L. 6113-7 du code de la santé publique ;

5° Les traitements effectués par les agences régionales de santé, par l'État et par la personne publique qu'il désigne en application du premier alinéa de l'article L. 6113-8 du même code, dans le cadre défini au même article L. 6113-8.

6° Les traitements mis en œuvre par l'État aux fins de conception, de suivi ou d'évaluation des politiques publiques dans le domaine de la santé ainsi que ceux réalisés aux fins de collecte, d'exploitation et de diffusion des statistiques dans ce domaine.

Art. 66. — I. Les traitements relevant de la présente section ne peuvent être mis en œuvre qu'en considération de la finalité d'intérêt public qu'ils présentent. La garantie de normes élevées de qualité et de sécurité des soins de santé et des médicaments ou des dispositifs médicaux constitue une finalité d'intérêt public.

II. Des référentiels et règlements types, au sens des b et c du 2° du I de l'article 8, s'appliquant aux traitements relevant de la présente section sont établis par la Commission nationale de l'informatique et des libertés, en concertation avec l'Institut national des données de santé mentionné à l'article L. 1462-1 du code de la santé publique et des organismes publics et privés représentatifs des acteurs concernés.

Les traitements conformes à ces référentiels peuvent être mis en œuvre à la condition que leurs responsables adressent préalablement à la Commission nationale de l'informatique et des libertés une déclaration attestant de cette conformité.

Ces référentiels peuvent également porter sur la description et les garanties de procédure permettant la mise à disposition en vue de leur traitement de jeux de données de santé présentant un faible risque d'impact sur la vie privée.

III. Les traitements mentionnés au I qui ne sont pas conformes à un référentiel mentionné au II ne peuvent être mis en œuvre qu'après autorisation de la Commission nationale de l'informatique et des libertés. La demande d'autorisation est présentée dans les formes prévues à l'article 33.

IV. La Commission nationale de l'informatique et des libertés peut, par décision unique, délivrer à un même demandeur une autorisation pour des traitements répondant à une même finalité, portant sur des catégories de données identiques et ayant des catégories de destinataires identiques.

V. La Commission nationale de l'informatique et des libertés se prononce dans un délai de deux mois à compter de la réception de la demande. Toutefois, ce délai peut être prolongé une fois pour la même durée sur décision motivée de son président ou lorsque le comité éthique et scientifique pour les recherches, les études et les évaluations dans le domaine de la santé est saisi en application du second alinéa de l'article 72.

Lorsque la Commission nationale de l'informatique et des libertés ne s'est pas prononcée dans ces délais, la demande d'autorisation est réputée acceptée. Cette disposition n'est toutefois pas applicable si l'autorisation fait l'objet d'un avis préalable en application de la sous-section 2 de la présente section et que l'avis ou les avis rendus ne sont pas expressément favorables.

Art. 67. — Par dérogation à l'article 66, les traitements de données à caractère personnel dans le domaine de la santé mis en œuvre par les organismes ou les services chargés d'une mission de service public figurant sur une liste fixée par arrêté des ministres chargés de la santé et de la sécurité sociale, pris après avis de la Commission nationale de l'informatique et des libertés, ayant pour seule finalité de répondre, en cas de situation d'urgence, à une alerte sanitaire et d'en gérer les suites, au sens de la section 1 du chapitre III du titre Ier du livre IV de la première partie du code de la santé publique, sont soumis aux seules dispositions de la section 3 du chapitre IV du règlement (UE) 2016/679 du 27 avril 2016.

Les traitements mentionnés au premier alinéa du présent article qui utilisent le numéro d'inscription des personnes au répertoire national d'identification des personnes physiques sont mis en œuvre dans les conditions prévues à l'article 30 de la présente loi.

Les dérogations régies par le premier alinéa du présent article prennent fin un an après la création du traitement si ce dernier continue à être mis en œuvre au-delà de ce délai.

Art. 68. — Nonobstant les règles relatives au secret professionnel, les membres des professions de santé peuvent transmettre au responsable d'un traitement de données autorisé en application de l'article 66 les données à caractère personnel qu'ils détiennent.

Lorsque ces données permettent l'identification des personnes, leur transmission doit être effectuée dans des conditions de nature à garantir leur confidentialité. La Commission nationale de l'informatique et des libertés peut adopter des recommandations ou des référentiels sur les procédés techniques à mettre en œuvre.

Lorsque le résultat du traitement de données est rendu public, l'identification directe ou indirecte des personnes concernées doit être impossible.

Les personnes appelées à mettre en œuvre le traitement de données ainsi que celles qui ont accès aux données sur lesquelles il porte sont astreintes au secret professionnel sous les peines prévues à l'article 226-13 du code pénal.

Art. 69. — Les personnes auprès desquelles sont recueillies des données à caractère personnel ou à propos desquelles de telles données sont transmises sont individuellement informées conformément aux dispositions du règlement (UE) 2016/679 du 27 avril 2016.

Toutefois, ces informations peuvent ne pas être délivrées si la personne concernée a entendu faire usage du droit qui lui est reconnu par l'article L. 1111-2 du code de la santé publique d'être laissée dans l'ignorance d'un diagnostic ou d'un pronostic.

Art. 70. — Sont destinataires de l'information et exercent les droits de la personne concernée par le traitement les titulaires de l'exercice de l'autorité parentale, pour les mineurs, ou la personne chargée d'une mission de représentation dans le cadre d'une tutelle, d'une habilitation familiale ou d'un mandat de protection future, pour les majeurs protégés dont l'état ne leur permet pas de prendre seuls une décision personnelle éclairée.

Par dérogation au premier alinéa du présent article, pour les traitements de données à caractère personnel réalisés dans le cadre de recherches mentionnées aux 2° et 3° de l'article L. 1121-1 du code de la santé publique ou d'études ou d'évaluations dans le domaine de la santé, ayant une finalité d'intérêt public et incluant des personnes mineures, l'information peut être effectuée auprès d'un seul des titulaires de l'exercice de l'autorité parentale s'il est impossible d'informer l'autre titulaire ou s'il ne peut être consulté dans des délais compatibles avec les exigences méthodologiques propres à la réalisation de la recherche, de l'étude ou de l'évaluation au regard de ses finalités. Le présent alinéa ne fait pas obstacle à l'exercice ultérieur, par chaque titulaire de l'exercice de l'autorité parentale, des droits mentionnés au premier alinéa.

Pour ces traitements, le mineur âgé de quinze ans ou plus peut s'opposer à ce que les titulaires de l'exercice de l'autorité parentale aient accès aux données le concernant recueillies au cours de la recherche, de l'étude ou de l'évaluation. Le mineur reçoit alors l'information et exerce seul ses droits.

Pour ces mêmes traitements, le mineur âgé de quinze ans ou plus peut s'opposer à ce que les titulaires de l'exercice de l'autorité parentale soient informés du traitement de données si le fait d'y participer conduit à révéler une information sur une action de prévention, un dépistage, un diagnostic, un traitement ou une intervention pour laquelle le mineur s'est expressément opposé à la consultation des titulaires de l'autorité parentale, en application des articles L. 1111-5 et L. 1111-5-1 du code de la santé publique, ou si les liens de famille sont rompus et que le mineur bénéficie à titre personnel du remboursement des prestations en nature de l'assurance maladie et maternité et de la couverture complémentaire mise en place par la loi n° 99-641 du 27 juillet 1999 portant création d'une couverture maladie universelle. Il exerce alors seul ses droits.

Art. 71. — Une information relative aux dispositions de la présente sous-section doit être assurée notamment dans tout établissement ou centre où s'exercent des activités de prévention, de diagnostic et de soins donnant lieu à la transmission de données à caractère personnel en vue d'un traitement mentionné au présent titre.

Sous-section 2

Dispositions particulières relatives aux traitements à des fins de recherche, d'étude ou d'évaluation dans le domaine de la santé

Art. 72. — Les traitements automatisés de données à caractère personnel dont la finalité est ou devient la recherche ou les études dans le domaine de la santé ainsi que l'évaluation ou l'analyse des pratiques ou des activités de soins ou de prévention sont soumis à la sous-section 1 de la présente section, sous réserve de la présente sous-section.

Le comité éthique et scientifique pour les recherches, les études et les évaluations dans le domaine de la santé peut se saisir ou être saisi, dans des conditions définies par décret en Conseil d'État, par la Commission nationale de l'informatique et des libertés ou le ministre chargé de la santé sur le caractère d'intérêt public que présentent les traitements mentionnés au premier alinéa du présent article.

Art. 73. — Au titre des référentiels mentionnés au II de l'article 66 de la présente loi, des méthodologies de référence sont homologuées et publiées par la Commission nationale de l'informatique et des libertés. Elles sont établies en concertation avec la Plateforme des données de santé mentionné à l'article L. 1462-1 du code de la santé publique et des organismes publics et privés représentatifs des acteurs concernés.

Lorsque le traitement est conforme à une méthodologie de référence, il peut être mis en œuvre, sans autorisation mentionnée à l'article 66 de la présente loi, à la condition que son responsable adresse préalablement à la Commission nationale de l'informatique et des libertés une déclaration attestant de cette conformité [186].

Art. 74. — Toute personne a le droit de s'opposer à ce que des données à caractère personnel la concernant fassent l'objet de la levée du secret professionnel rendue nécessaire par un traitement de la nature de ceux mentionnés à l'article 65.

Art. 75. — Dans le cas où la recherche nécessite l'examen des caractéristiques génétiques, le consentement éclairé et exprès des personnes concernées doit être obtenu préalablement à la mise en œuvre du traitement de données. Le présent article n'est pas applicable aux recherches réalisées en application de l'article L. 1130-5 du Code de la santé publique.

Art. 76. — L'autorisation du traitement est accordée par la Commission nationale de l'informatique et des libertés dans les conditions définies à l'article 66, après avis :

1° Du comité compétent de protection des personnes mentionné à l'article L. 1123-6 du code de la santé publique, pour les demandes d'autorisation

(186) Voir la délibération de la CNIL n° 2020-076 du 18 juin 2020 portant adoption d'un référentiel relatif aux durées de conservation des données à caractère personnel traitées dans le secteur de la santé.

relatives aux recherches impliquant la personne humaine mentionnées à l'article L. 1121-1 du même code ;

2° Du comité éthique et scientifique pour les recherches, les études et les évaluations dans le domaine de la santé, pour les demandes d'autorisation relatives à des études ou à des évaluations ainsi qu'à des recherches n'impliquant pas la personne humaine, au sens du 1° du présent article. Un décret en Conseil d'État, pris après avis de la Commission nationale de l'informatique et des libertés, fixe la composition de ce comité et définit ses règles de fonctionnement. Les membres du comité d'expertise sont soumis à l'article L. 1451-1 du code de la santé publique.

Les dossiers présentés dans le cadre de la présente section, à l'exclusion des recherches impliquant la personne humaine, sont déposés auprès d'un secrétariat unique assuré par l'Institut national des données de santé, qui assure leur orientation vers les instances compétentes.

Art. 77. — Dans le respect des missions et des pouvoirs de la Commission nationale de l'informatique et des libertés et aux fins de renforcer la bonne application des règles de sécurité et de protection des données, un comité d'audit du système national des données de santé est institué. Ce comité d'audit définit une stratégie d'audit puis une programmation, dont il informe la commission. Il fait réaliser des audits sur l'ensemble des systèmes réunissant, organisant ou mettant à disposition tout ou partie des données du système national des données de santé à des fins de recherche, d'étude ou d'évaluation ainsi que sur les systèmes composant le système national des données de santé.

Le comité d'audit comprend des représentants des services des ministères chargés de la santé, de la sécurité sociale et de la solidarité, des responsables des traitements du système national des données de santé, des autres producteurs de données du système national des données de santé, de la plateforme des données de santé, ainsi qu'une personne représentant les acteurs privés du domaine de la santé. Des personnalités qualifiées peuvent y être désignées. Le président de la Commission nationale de l'informatique et des libertés, ou son représentant, y assiste en tant qu'observateur.

Les audits, dont le contenu est défini par le comité d'audit, sont réalisés par des prestataires sélectionnés selon des critères et modalités permettant de disposer de garanties attestant de leur compétence en matière d'audit de systèmes d'information et de leur indépendance à l'égard de l'entité auditée.

Le prestataire retenu soumet au président du comité d'audit la liste des personnes en charge de chaque audit et les informations permettant de garantir leurs compétences et leur indépendance.

Les missions d'audit s'exercent sur pièces et sur place. La procédure suivie inclut une phase contradictoire. La communication des données médicales individuelles ne peut se faire que sous l'autorité et en présence d'un médecin, s'agissant des informations qui figurent dans un traitement nécessaire aux fins de la médecine préventive, de la recherche médicale, des diagnostics médicaux, de l'administration de soins ou de traitements, ou de la gestion de service de santé.

Pour chaque mission diligentée, des échanges ont lieu, si nécessaire, entre les personnes en charge des audits, le président du comité d'audit, le responsable du traitement mentionné au II de l'article L. 1461-1 du code de la santé publique et le président de la Commission nationale de l'informatique et des libertés.

Si le comité d'audit a connaissance d'informations de nature à révéler des manquements graves en amont ou au cours d'un audit ou en cas d'opposition ou d'obstruction à l'audit, un signalement est adressé sans délai par le président du comité d'audit au président de la Commission nationale de l'informatique et des libertés.

Chaque mission diligentée établit un rapport relevant notamment les anomalies constatées et les manquements aux règles applicables aux systèmes d'information audités.

Si la mission constate, à l'issue de l'audit, de graves manquements, elle en informe sans délai le président du comité d'audit, qui informe sans délai le président de la Commission nationale de l'informatique et des libertés et le responsable du traitement mentionné au II de l'article L. 1461-1 du code de la santé publique.

En cas d'urgence, les responsables des traitements mentionnés au II de l'article L. 1461-1 du code de la santé publique peuvent suspendre temporairement l'accès au système national des données de santé avant le terme de l'audit s'il dispose d'éléments suffisamment préoccupants concernant des manquements graves aux règles précitées. Il doit en informer immédiatement le président du comité et le président de la commission. Le rétablissement de l'accès ne peut se faire qu'avec l'accord de ce dernier au regard des mesures correctives prises par l'entité auditée. Ces dispositions sont sans préjudice des prérogatives propres de la Commission nationale de l'informatique et des libertés.

Le rapport définitif de chaque mission est transmis au comité d'audit, au président de la Commission nationale de l'informatique et des libertés et au responsable du traitement audité.

Un décret en Conseil d'État, pris après avis de la Commission nationale de l'informatique et des libertés, précise la composition du comité et définit ses règles de fonctionnement ainsi que les modalités de l'audit.

Section 4

Traitements à des fins archivistiques dans l'intérêt public, à des fins de recherche scientifique ou historique ou à des fins statistiques

Art. 78. — Lorsque les traitements de données à caractère personnel sont mis en œuvre par les services publics d'archives à des fins archivistiques dans l'intérêt public conformément à l'article L. 211-2 du code du patrimoine, les droits prévus aux articles 15, 16 et 18 à 21 du règlement (UE) 2016/679 du 27 avril 2016 ne s'appliquent pas dans la mesure où ces droits rendent impossible ou entravent sérieusement la réalisation de ces finalités. Les conditions et garanties appropriées prévues à l'article 89 du même règlement sont déterminées par le code du patrimoine et les autres dispositions législatives et réglementaires applicables aux archives publiques. Elles sont également assurées par le respect des normes conformes à l'état de l'art en matière d'archivage électronique.

Un décret en Conseil d'État, pris après avis motivé et publié de la Commission nationale de l'informatique et des libertés, détermine dans quelles conditions et sous réserve de quelles garanties il peut être dérogé en tout ou partie aux droits prévus aux articles 15, 16, 18 et 21 du même règlement, en ce qui concerne les traitements à des fins de recherche scientifique ou historique, ou et à des fins statistiques.

Art. 79. — Dans les conditions du b du 5 de l'article 14 du règlement (UE) 2016/679 du 27 avril 2016, lorsque les données à caractère personnel ont été initialement recueillies pour un autre objet, les dispositions du 1 à 4 du même article 14 ne s'appliquent pas aux traitements à des fins archivistiques dans l'intérêt public, à des fins de recherche scientifique ou historique ou à des fins statistiques, ou à la réutilisation de ces données à des fins statistiques dans les conditions de l'article 7 bis de la loi n° 51-711 du 7 juin 1951 sur l'obligation, la coordination et le secret en matière de statistiques.

Section 5

Traitements de données à caractère personnel aux fins de journalisme et d'expression littéraire et artistique

Art. 80. — À titre dérogatoire, les dispositions du 5° de l'article 4, celles des articles 6, 46, 48, 49, 50, 53, 118, 119 et celles du chapitre V du règlement (UE) 2016/679 du 27 avril 2016 ne s'appliquent pas, lorsqu'une telle dérogation est nécessaire pour concilier le droit à la protection des données à caractère personnel et la liberté d'expression et d'information, aux traitements mis en œuvre aux fins :

1° D'expression universitaire, artistique ou littéraire ;

2° D'exercice à titre professionnel, de l'activité de journaliste, dans le respect des règles déontologiques de cette profession.

Les dispositions des alinéas précédents ne font pas obstacle à l'application des dispositions du code civil, des lois relatives à la presse écrite ou audiovisuelle et du code pénal, qui prévoient les conditions d'exercice du droit de réponse et qui préviennent, limitent, réparent et, le cas échéant, répriment les atteintes à la vie privée et à la réputation des personnes.

Chapitre IV

Droits et obligations propres aux traitements dans le secteur des communications électroniques

Art. 81. — Les droits et obligations mentionnés aux chapitres II et III s'appliquent sous réserve des dispositions particulières du présent chapitre.

Art. 82. — Tout abonné ou utilisateur d'un service de communications électroniques doit être informé de manière claire et complète, sauf s'il l'a été au préalable, par le responsable du traitement ou son représentant :

1° De la finalité de toute action tendant à accéder, par voie de transmission électronique, à des informations déjà stockées dans son équipement terminal de communications électroniques, ou à inscrire des informations dans cet équipement ;

2° Des moyens dont il dispose pour s'y opposer.

Ces accès ou inscriptions ne peuvent avoir lieu qu'à condition que l'abonné ou la personne utilisatrice ait exprimé, après avoir reçu cette information, son consentement qui peut résulter de paramètres appropriés de son dispositif de connexion ou de tout autre dispositif placé sous son contrôle.

Ces dispositions ne sont pas applicables si l'accès aux informations stockées dans l'équipement terminal de l'utilisateur ou l'inscription d'informations dans l'équipement terminal de l'utilisateur :

1° Soit, a pour finalité exclusive de permettre ou faciliter la communication par voie électronique ;

2° Soit, est strictement nécessaire à la fourniture d'un service de communication en ligne à la demande expresse de l'utilisateur.

Art. 83. — I. Le présent article s'applique au traitement des données à caractère personnel mis en œuvre dans le cadre de la fourniture au public de services de communications électroniques sur les réseaux de communications électroniques ouverts au public, y compris ceux prenant en charge les dispositifs de collecte de données et d'identification.

Pour l'application du présent article, on entend par violation de données à caractère personnel toute violation de la sécurité entraînant accidentellement ou de manière illicite la destruction, la perte, l'altération, la divulgation ou l'accès non autorisé à des données à caractère personnel faisant l'objet d'un traitement dans le cadre de la fourniture au public de services de communications électroniques.

II. En cas de violation de données à caractère personnel, le fournisseur de services de communications électroniques accessibles au public avertit, sans délai, la Commission nationale de l'informatique et des libertés.

Lorsque cette violation peut porter atteinte aux données à caractère personnel ou à la vie privée d'un abonné ou d'une autre personne physique, le fournisseur avertit également, sans délai, l'intéressé

La notification d'une violation des données à caractère personnel à l'intéressé n'est toutefois pas nécessaire si la Commission nationale de l'informatique et des libertés a constaté que des mesures de protection appropriées ont été mises en œuvre par le fournisseur afin de rendre les données incompréhensibles à toute personne non autorisée à y avoir accès et ont été appliquées aux données concernées par ladite violation.

À défaut, la Commission nationale de l'informatique et des libertés peut, après avoir examiné la gravité de la violation, mettre en demeure le fournisseur d'informer également les intéressés.

III. Chaque fournisseur de services de communications électroniques tient à jour un inventaire des violations de données à caractère personnel, notamment de leurs modalités, de leur effet et des mesures prises pour y remédier et le conserve à la disposition de la commission.

Chapitre V

Dispositions régissant les traitements de données à caractère personnel relatives aux personnes décédées

Art. 84. — Les traitements de données à caractère personnel relatives aux personnes décédées sont régis par les dispositions du présent chapitre.

Les droits mentionnés au chapitre II s'éteignent au décès de la personne concernée. Toutefois, ils peuvent être provisoirement maintenus dans les conditions fixées à l'article 85.

Art. 85. — I. Toute personne peut définir des directives relatives à la conservation, à l'effacement et à la communication de ses données à caractère personnel après son décès. Ces directives sont générales ou particulières.

Les directives générales concernent l'ensemble des données à caractère personnel se rapportant à la personne concernée et peuvent être enregistrées auprès d'un tiers de confiance numérique certifié par la Commission nationale de l'informatique et des libertés.

Les références des directives générales et le tiers de confiance auprès duquel elles sont enregistrées sont inscrites dans un registre unique dont les modalités et l'accès sont fixés par décret en Conseil d'État, pris après avis motivé et publié de la Commission nationale de l'informatique et des libertés.

Les directives particulières concernent les traitements de données à caractère personnel mentionnées par ces directives. Elles sont enregistrées auprès des responsables de traitement concernés. Elles font l'objet du consentement spécifique de la personne concernée et ne peuvent résulter de la seule approbation par celle-ci des conditions générales d'utilisation.

Les directives générales et particulières définissent la manière dont la personne entend que soient exercés, après son décès, les droits mentionnés au chapitre II du présent titre. Le respect de ces directives est sans préjudice des dispositions applicables aux archives publiques comportant des données à caractère personnel.

Lorsque les directives prévoient la communication de données qui comportent également des données à caractère personnel relatives à des tiers, cette communication s'effectue dans le respect de la présente loi.

La personne peut modifier ou révoquer ses directives à tout moment.

Les directives mentionnées au premier alinéa du présent I peuvent désigner une personne chargée de leur exécution. Celle-ci a alors qualité, lorsque la personne est décédée, pour prendre connaissance des directives et demander leur mise en œuvre aux responsables de traitement concernés. À défaut de désignation ou, sauf directive contraire, en cas de décès de la personne désignée, ses héritiers ont qualité pour prendre connaissance des directives au décès de leur auteur et demander leur mise en œuvre aux responsables de traitement concernés.

Toute clause contractuelle des conditions générales d'utilisation d'un traitement portant sur des données à caractère personnel limitant les prérogatives reconnues à la personne en vertu du présent article est réputée non écrite.

II. En l'absence de directives ou de mention contraire dans ces directives, les héritiers de la personne concernée peuvent exercer, après son décès, les droits mentionnés au chapitre II du présent titre II dans la mesure nécessaire :

1° À l'organisation et au règlement de la succession du défunt. À ce titre, les héritiers peuvent accéder aux traitements de données à caractère personnel qui le concernent afin d'identifier et d'obtenir communication des informations utiles à la liquidation et au partage de la succession. Ils peuvent aussi recevoir communication des biens numériques ou des données s'apparentant à des souvenirs de famille, transmissibles aux héritiers ;

2° À la prise en compte, par les responsables de traitement, de son décès. À ce titre, les héritiers peuvent faire procéder à la clôture des comptes utilisateurs du défunt, s'opposer à la poursuite des traitements de données à caractère personnel le concernant ou faire procéder à leur mise à jour.

Lorsque les héritiers en font la demande, le responsable du traitement doit justifier, sans frais pour le demandeur, qu'il a procédé aux opérations exigées en application du précédent alinéa.

Les désaccords entre héritiers sur l'exercice des droits prévus au présent II sont portés devant le tribunal judiciaire compétent.

III. Tout prestataire d'un service de communication au public en ligne informe l'utilisateur du sort des données qui le concernent à son décès et lui permet de choisir de communiquer ou non ses données à un tiers qu'il désigne.

Art. 86. — Les informations concernant les personnes décédées, y compris celles qui figurent sur les certificats des causes de décès, peuvent faire l'objet d'un traitement à des fins de recherche, d'étude ou d'évaluation dans le domaine de la santé, sauf si l'intéressé a, de son vivant, exprimé son refus par écrit.

Titre III

DISPOSITIONS APPLICABLES AUX TRAITEMENTS RELEVANT DE LA DIRECTIVE (UE) 2016/680 DU PARLEMENT EUROPÉEN ET DU CONSEIL DU 27 AVRIL 2016 RELATIVE À LA PROTECTION DES PERSONNES PHYSIQUES À L'ÉGARD DU TRAITEMENT DES DONNÉES À CARACTÈRE PERSONNEL PAR LES AUTORITÉS COMPÉTENTES À DES FINS DE PRÉVENTION ET DE DÉTECTION DES INFRACTIONS PÉNALES, D'ENQUÊTES ET DE POURSUITES EN LA MATIÈRE OU D'EXÉCUTION DE SANCTIONS PÉNALES, ET À LA LIBRE CIRCULATION DE CES DONNÉES, ET ABROGEANT LA DÉCISION-CADRE 2008/977/JAI DU CONSEIL

Chapitre Ier

Dispositions générales

Art. 87. — Le présent titre s'applique, sans préjudice du titre Ier, aux traitements de données à caractère personnel mis en œuvre, à des fins de prévention et de détection des infractions pénales, d'enquêtes et de poursuites en la matière ou d'exécution de sanctions pénales, y compris la protection contre les menaces pour la sécurité publique et la prévention de telles menaces, par toute autorité publique compétente ou tout autre organisme ou entité à qui a été confié, à ces mêmes fins, l'exercice de l'autorité publique et des prérogatives de puissance publique, ci-après dénommés autorité compétente.

Ces traitements ne sont licites que si et dans la mesure où ils sont nécessaires à l'exécution d'une mission effectuée, pour l'une des finalités énoncées au premier alinéa, par une autorité compétente au sens du même premier alinéa et où sont respectées les dispositions des articles 89 et 90. Le traitement assure notamment la proportionnalité de la durée de conservation des données à caractère personnel, compte tenu de l'objet du fichier et de la nature ou de la gravité des infractions concernées.

Art. 88. — Le traitement de données mentionnées au I de l'article 6 est possible uniquement en cas de nécessité absolue, sous réserve de garanties appropriées pour les droits et libertés de la personne concernée, et soit s'il est autorisé par une disposition législative ou réglementaire, soit s'il vise à protéger les intérêts vitaux d'une personne physique, soit s'il porte sur des données manifestement rendues publiques par la personne concernée.

Art. 89. — I. Si le traitement est mis en œuvre pour le compte de l'État pour au moins l'une des finalités énoncées au premier alinéa de l'article 87, il est prévu par une disposition législative ou réglementaire prise dans les conditions prévues au I de l'article 31 et aux articles 33 à 36.

II. Si le traitement porte sur des données mentionnées au I de l'article 6, il est prévu par une disposition législative ou réglementaire prise dans les conditions prévues au II de l'article 31.

Art. 90. — Si le traitement est susceptible d'engendrer un risque élevé pour les droits et les libertés des personnes physiques, notamment parce qu'il porte sur des données mentionnées au I de l'article 6, le responsable de traitement effectue une analyse d'impact relative à la protection des données à caractère personnel.

Si le traitement est mis en œuvre pour le compte de l'État, cette analyse d'impact est adressée à la Commission nationale de l'informatique et des libertés avec la demande d'avis prévue à l'article 33.

Dans les autres cas, le responsable de traitement ou son sous-traitant consulte la Commission nationale de l'informatique et des libertés préalablement à la mise en œuvre du traitement de données à caractère personnel, qui se prononce également dans les délais prévus à l'article 34 :

1° Soit lorsque l'analyse d'impact relative à la protection des données indique que le traitement présenterait un risque élevé si le responsable de traitement ne prenait pas de mesures pour atténuer le risque ;

2° Soit lorsque le type de traitement, en particulier en raison de l'utilisation de nouveaux mécanismes, technologies ou procédures, présente des risques élevés pour les libertés et les droits des personnes concernées.

Art. 91. — Les données à caractère personnel collectées par les autorités compétentes pour les finalités énoncées au premier alinéa de l'article 87 ne peuvent être traitées pour d'autres finalités, à moins qu'un tel traitement ne soit autorisé par des dispositions législatives ou réglementaires ou par le droit de l'Union européenne. Lorsque des données à caractère personnel sont traitées à de telles autres fins, le règlement (UE) 2016/679 du 27 avril 2016 s'applique, à moins que le traitement ne soit effectué dans le cadre d'une activité ne relevant pas du champ d'application du droit de l'Union européenne.

Lorsque les autorités compétentes sont chargées d'exécuter des missions autres que celles exécutées pour les finalités énoncées au premier alinéa de l'article 87, le règlement (UE) 2016/679 du 27 avril 2016 s'applique au traitement effectué à de telles fins, y compris à des fins archivistiques dans l'intérêt public, à des fins de recherche scientifique ou historique ou à des fins statistiques, à moins que le traitement ne soit effectué dans le cadre d'une activité ne relevant pas du champ d'application du droit de l'Union européenne.

Si le traitement est soumis à des conditions spécifiques, l'autorité compétente qui transmet les données informe le destinataire de ces données à caractère personnel de ces conditions et de l'obligation de les respecter.

L'autorité compétente qui transmet les données n'applique pas, en vertu du troisième alinéa du présent article, aux destinataires établis dans les autres États membres de l'Union européenne ou aux services, organes et organismes établis en vertu des chapitres IV et V du titre V du traité sur le fonctionnement de l'Union européenne des conditions différentes de celles applicables aux transferts de données similaires à l'intérieur de l'État membre dont relève l'autorité compétente qui transmet les données.

Art. 92. — Les traitements effectués pour l'une des finalités énoncées au premier alinéa de l'article 87 autre que celles pour lesquelles les données ont été collectées sont autorisés s'ils sont nécessaires et proportionnés à cette finalité, sous réserve du respect des dispositions prévues au chapitre Ier du titre Ier et au présent titre.

Ces traitements peuvent comprendre l'archivage dans l'intérêt public, à des fins scientifiques, statistiques ou historiques, pour l'une des finalités énoncées au premier alinéa de l'article 87.

Art. 93. — Les traitements à des fins archivistiques dans l'intérêt public, à des fins de recherche scientifique ou historique ou à des fins statistiques sont mis en œuvre dans les conditions prévues aux 2° et 5° de l'article 4 ainsi que, pour les traitements mentionnés à l'article 91, à la section 4 du chapitre III du titre II.

Art. 94. — Les données à caractère personnel fondées sur des faits sont, dans la mesure du possible, distinguées de celles fondées sur des appréciations personnelles.

Art. 95. — Aucune décision de justice impliquant une appréciation sur le comportement d'une personne ne peut avoir pour fondement un traitement automatisé de données à caractère personnel destiné à évaluer certains aspects de la personnalité de cette personne.

Aucune autre décision produisant des effets juridiques à l'égard d'une personne ou l'affectant de manière significative ne peut être prise sur le seul fondement d'un traitement automatisé de données destiné à prévoir ou à évaluer certains aspects personnels relatifs à la personne concernée.

Tout profilage qui entraîne une discrimination à l'égard des personnes physiques sur la base des catégories particulières de données à caractère personnel mentionnées au I de l'article 6 est interdit.

Art. 96. — Les données à caractère personnel ne peuvent faire l'objet d'une opération de traitement de la part d'un sous-traitant que dans les conditions prévues aux 1, 2 et 10 de l'article 28 et à l'article 29 du règlement (UE) 2016/679 du 27 avril 2016 et au présent article.

Les sous-traitants doivent présenter des garanties suffisantes quant à la mise en œuvre de mesures techniques et organisationnelles appropriées, de manière que le traitement réponde aux exigences du présent titre et garantisse la protection des droits de la personne concernée.

Le traitement par un sous-traitant est régi par un contrat ou un autre acte juridique, qui lie le sous-traitant à l'égard du responsable de traitement, définit l'objet et la durée du traitement, la nature et la finalité du traitement, le type de données à caractère personnel et les catégories de personnes concernées, les obligations et les droits du responsable de traitement ainsi que les mesures techniques et organisationnelles destinées à garantir la sécurité du traitement, et prévoit que le sous-traitant n'agit que sur instruction du responsable de traitement. Le contenu de ce contrat ou de cet acte juridique est précisé par décret en Conseil d'État pris après avis de la Commission nationale de l'informatique et des libertés.

Chapitre II

Obligations incombant aux autorités compétentes, aux responsables de traitement de données à caractère personnel et aux sous-traitants

Art. 97. — Les autorités compétentes prennent toutes les mesures raisonnables pour garantir que les données à caractère personnel qui sont inexactes, incomplètes ou ne sont plus à jour soient effacées ou rectifiées sans tarder ou ne soient pas transmises ou mises à disposition. À cette fin, chaque autorité compétente vérifie, dans la mesure du possible, la qualité des données à caractère personnel avant leur transmission ou mise à disposition.

Dans la mesure du possible, lors de toute transmission de données à caractère personnel, sont ajoutées des informations permettant à l'autorité compétente destinataire de juger de l'exactitude, de l'exhaustivité et de la fiabilité des données à caractère personnel et de leur niveau de mise à jour.

S'il s'avère que des données à caractère personnel inexactes ont été transmises ou que des données à caractère personnel ont été transmises de manière illicite, le destinataire en est informé sans retard. Dans ce cas, les données à caractère personnel sont rectifiées ou effacées ou leur traitement est limité conformément à l'article 106.

Art. 98. — Le responsable de traitement établit, dans la mesure du possible et le cas échéant, une distinction claire entre les données à caractère personnel de différentes catégories de personnes concernées, telles que :

1° Les personnes à l'égard desquelles il existe des motifs sérieux de croire qu'elles ont commis ou sont sur le point de commettre une infraction pénale ;

2° Les personnes reconnues coupables d'une infraction pénale ;

3° Les victimes d'une infraction pénale ou les personnes à l'égard desquelles certains faits portent à croire qu'elles pourraient être victimes d'une infraction pénale ;

4° Les tiers à une infraction pénale, tels que les personnes pouvant être appelées à témoigner lors d'enquêtes en rapport avec des infractions pénales ou des procédures pénales ultérieures, des personnes pouvant fournir des informations sur des infractions pénales ou des contacts ou des associés de l'une des personnes mentionnées aux 1° et 2°.

Art. 99. — I. Afin de démontrer que le traitement est effectué conformément au présent titre, le responsable de traitement et son sous-traitant mettent en œuvre les mesures prévues aux 1 et 2 des articles 24 et 25 du règlement (UE) 2016/679 du 27 avril 2016 et celles appropriées afin de garantir un niveau de sécurité adapté au risque, notamment en ce qui concerne le traitement portant sur des catégories particulières de données à caractère personnel mentionnées au I de l'article 6 de la présente loi.

II. En ce qui concerne le traitement automatisé, le responsable de traitement ou son sous-traitant met en œuvre, à la suite d'une évaluation des risques, des mesures destinées à :

1° Empêcher toute personne non autorisée d'accéder aux installations utilisées pour le traitement ;

2° Empêcher que des supports de données puissent être lus, copiés, modifiés ou supprimés de façon non autorisée ;

3° Empêcher l'introduction non autorisée de données à caractère personnel dans le fichier, ainsi que l'inspection, la modification ou l'effacement non autorisé de données à caractère personnel enregistrées ;

4° Empêcher que les systèmes de traitement automatisé puissent être utilisés par des personnes qui n'y sont pas autorisées à l'aide d'installations de transmission de données ;

5° Garantir que les personnes autorisées à utiliser un système de traitement automatisé ne puissent accéder qu'aux données à caractère personnel sur lesquelles porte leur autorisation ;

6° Garantir qu'il puisse être vérifié et constaté à quelles instances des données à caractère personnel ont été ou peuvent être transmises ou mises à disposition par des installations de transmission de données ;

7° Garantir qu'il puisse être vérifié et constaté a posteriori quelles données à caractère personnel ont été introduites dans les systèmes de traitement automatisé et à quel moment et par quelle personne elles y ont été introduites ;

8° Empêcher que, lors de la transmission de données à caractère personnel ainsi que lors du transport de supports de données, les données puissent être lues, copiées, modifiées ou supprimées de façon non autorisée ;

9° Garantir que les systèmes installés puissent être rétablis en cas d'interruption ;

10° Garantir que les fonctions du système opèrent, que les erreurs de fonctionnement soient signalées et que les données à caractère personnel conservées ne puissent pas être corrompues par un dysfonctionnement du système.

Art. 100. — Le responsable de traitement et son sous-traitant tiennent un registre des activités de traitement dans les conditions prévues aux 1 à 4 de l'article 30 du règlement (UE) 2016/679 du 27 avril 2016. Ce registre contient aussi la description générale des mesures visant à garantir un niveau de sécurité adapté au risque, notamment en ce qui concerne le traitement portant sur des catégories particulières de données à caractère personnel mentionnées au I de l'article 6 de la présente loi, l'indication de la base juridique de l'opération de traitement, y compris les transferts, à laquelle les données à caractère personnel sont destinées et, le cas échéant, le recours au profilage.

Art. 101. — Le responsable de traitement ou son sous-traitant établit pour chaque traitement automatisé un journal des opérations de collecte, de modification, de consultation, de communication, y compris les transferts, d'interconnexion et d'effacement, portant sur de telles données.

Les journaux des opérations de consultation et de communication permettent d'en établir le motif, la date et l'heure. Ils permettent également, dans la mesure du possible, d'identifier les personnes qui consultent ou communiquent les données et les destinataires de celles-ci.

Ce journal est uniquement utilisé à des fins de vérification de la licéité du traitement, d'autocontrôle, de garantie de l'intégrité et de la sécurité des données et à des fins de procédures pénales.

Ce journal est mis à la disposition de la Commission nationale de l'informatique et des libertés à sa demande.

Art. 102. — Si la violation de données à caractère personnel porte sur des données à caractère personnel qui ont été transmises par le responsable de traitement établi dans un autre État membre de l'Union européenne ou à celui-ci, le responsable de traitement établi en France notifie également la violation au responsable de traitement de l'autre État membre dans les meilleurs délais.

Les articles 31, 33 et 34 du règlement (UE) 2016/679 du 27 avril 2016 sont applicables aux traitements de données à caractère personnel relevant du présent titre.

La communication d'une violation de données à caractère personnel à la personne concernée peut être retardée, limitée ou ne pas être délivrée dès lors et aussi longtemps qu'une mesure de cette nature constitue une mesure nécessaire et proportionnée dans une société démocratique, en tenant compte des droits fondamentaux et des intérêts légitimes de la personne, pour éviter de gêner des enquêtes, des recherches ou des procédures administratives ou judiciaires, pour éviter de nuire à la prévention ou à la détection d'infractions pénales, aux enquêtes ou aux poursuites en la matière ou à l'exécution de sanctions pénales, pour protéger la sécurité publique, pour protéger la sécurité nationale ou pour protéger les droits et libertés d'autrui.

Art. 103. — Sauf pour les juridictions agissant dans l'exercice de leur fonction juridictionnelle, le responsable de traitement désigne un délégué à la protection des données.

Un seul délégué à la protection des données peut être désigné pour plusieurs autorités compétentes, en fonction de leur structure organisationnelle et de leur taille.

Les dispositions des 5 et 7 de l'article 37, des 1 et 2 de l'article 38 et du 1 de l'article 39 du règlement (UE) 2016/679 du 27 avril 2016, en ce qu'elles concernent le responsable de traitement, sont applicables aux traitements de données à caractère personnel relevant du présent titre.

Chapitre III

Droits de la personne concernée

Art. 104. — I. Le responsable de traitement met à la disposition de la personne concernée les informations suivantes :

1° L'identité et les coordonnées du responsable de traitement et, le cas échéant, celles de son représentant ;

2° Le cas échéant, les coordonnées du délégué à la protection des données ;

3° Les finalités poursuivies par le traitement auquel les données sont destinées ;

4° Le droit d'introduire une réclamation auprès de la Commission nationale de l'informatique et des libertés et les coordonnées de la commission ;

5° L'existence du droit de demander au responsable de traitement l'accès aux données à caractère personnel, leur rectification ou leur effacement, et l'existence du droit de demander une limitation du traitement des données à caractère personnel relatives à une personne concernée.

II. En plus des informations mentionnées au I, le responsable de traitement fournit à la personne concernée, dans des cas particuliers, les informations additionnelles suivantes afin de lui permettre d'exercer ses droits :

1° La base juridique du traitement ;

2° La durée de conservation des données à caractère personnel ou, à défaut lorsque ce n'est pas possible, les critères utilisés pour déterminer cette durée ;

3° Le cas échéant, les catégories de destinataires des données à caractère personnel, y compris ceux établis dans les États n'appartenant pas à l'Union européenne ou au sein d'organisations internationales ;

4° Au besoin, des informations complémentaires, en particulier lorsque les données à caractère personnel sont collectées à l'insu de la personne concernée.

Art. 105. — La personne concernée a le droit d'obtenir du responsable de traitement la confirmation que des données à caractère personnel la concernant sont ou ne sont pas traitées et, lorsqu'elles le sont, le droit d'accéder auxdites données ainsi qu'aux informations suivantes :

1° Les finalités du traitement ainsi que sa base juridique ;

2° Les catégories de données à caractère personnel concernées ;

3° Les destinataires ou catégories de destinataires auxquels les données à caractère personnel ont été communiquées, en particulier les destinataires qui sont établis dans des États n'appartenant pas à l'Union européenne ou au sein d'organisations internationales ;

4° Lorsque cela est possible, la durée de conservation des données à caractère personnel envisagée ou, à défaut lorsque ce n'est pas possible, les critères utilisés pour déterminer cette durée ;

5° L'existence du droit de demander au responsable de traitement la rectification ou l'effacement des données à caractère personnel, et l'existence du droit de demander une limitation du traitement de ces données ;

6° Le droit d'introduire une réclamation auprès de la Commission nationale de l'informatique et des libertés et les coordonnées de la commission ;

7° La communication des données à caractère personnel en cours de traitement ainsi que toute information disponible quant à leur source.

Art. 106. — I. La personne concernée a le droit d'obtenir du responsable de traitement :

1° Que soient rectifiées dans les meilleurs délais des données à caractère personnel la concernant qui sont inexactes ;

2° Que soient complétées des données à caractère personnel la concernant incomplètes, y compris en fournissant à cet effet une déclaration complémentaire ;

3° Que soient effacées dans les meilleurs délais des données à caractère personnel la concernant lorsque le traitement est réalisé en violation des dispositions de la présente loi ou lorsque ces données doivent être effacées pour respecter une obligation légale à laquelle est soumis le responsable de traitement ;

4° Que le traitement soit limité dans les cas prévus au III du présent article.

II. Lorsque l'intéressé en fait la demande, le responsable de traitement doit justifier qu'il a procédé aux opérations exigées en application du I.

III. Au lieu de procéder à l'effacement, le responsable de traitement limite le traitement :

1° Soit lorsque l'exactitude des données à caractère personnel est contestée par la personne concernée sans qu'il soit possible de déterminer si les données sont exactes ou non ;

2° Soit lorsque les données à caractère personnel doivent être conservées à des fins probatoires.

Lorsque le traitement est limité en application du 1° du présent III, le responsable de traitement informe la personne concernée avant de mettre fin à la limitation du traitement.

IV. Le responsable de traitement informe la personne concernée de tout refus de rectifier ou d'effacer des données à caractère personnel ou de limiter le traitement de ces données, ainsi que des motifs du refus.

V. Le responsable de traitement communique la rectification des données à caractère personnel inexactes à l'autorité compétente de laquelle ces données proviennent.

VI. Lorsque des données à caractère personnel ont été rectifiées ou effacées ou que le traitement a été limité au titre des I et III, le responsable de traitement le notifie aux destinataires afin que ceux-ci rectifient ou effacent les données ou limitent le traitement des données sous leur responsabilité.

Art. 107. — I. Les droits de la personne physique concernée peuvent faire l'objet de restrictions selon les modalités prévues au II du présent article dès lors et aussi longtemps qu'une telle restriction constitue une mesure nécessaire et proportionnée dans une société démocratique en tenant compte des droits fondamentaux et des intérêts légitimes de la personne pour

1° Éviter de gêner des enquêtes, des recherches ou des procédures administratives ou judiciaires ;

2° Éviter de nuire à la prévention ou à la détection d'infractions pénales, aux enquêtes ou aux poursuites en la matière ou à l'exécution de sanctions pénales ;

3° Protéger la sécurité publique ;

4° Protéger la sécurité nationale ;

5° Protéger les droits et libertés d'autrui.

Ces restrictions sont prévues par l'acte instaurant le traitement

II. Lorsque les conditions prévues au I sont remplies, le responsable de traitement peut :

1° Retarder ou limiter la communication à la personne concernée des informations mentionnées au II de l'article 104 ou ne pas communiquer ces informations ;

2° Refuser ou limiter le droit d'accès de la personne concernée prévu à l'article 105 ;

3° Ne pas informer la personne du refus de rectifier ou d'effacer des données à caractère personnel ou de limiter le traitement de ces données, ni des motifs de cette décision, par dérogation au IV de l'article 106.

III. Dans les cas mentionnés au 2° du II du présent article, le responsable de traitement informe la personne concernée, dans les meilleurs délais, de tout refus ou de toute limitation d'accès ainsi que des motifs du refus ou de la limitation. Ces informations peuvent ne pas être fournies lorsque leur communication risque de compromettre l'un des objectifs énoncés au I. Le responsable de traitement consigne les motifs de fait ou de droit sur lesquels se fonde la décision et met ces informations à la disposition de la Commission nationale de l'informatique et des libertés.

IV. En cas de restriction des droits de la personne concernée intervenue en application des II ou III, le responsable de traitement informe la personne concernée de la possibilité, prévue à l'article 108, d'exercer ses droits par l'intermédiaire de la Commission nationale de l'informatique et des libertés. Hors le cas prévu au 1° du II, il l'informe également de la possibilité de former un recours juridictionnel.

Art. 108. — En cas de restriction des droits de la personne concernée intervenue en application des II ou III de l'article 107, la personne concernée peut saisir la Commission nationale de l'informatique et des libertés.

La commission désigne l'un de ses membres appartenant ou ayant appartenu au Conseil d'État, à la Cour de cassation ou à la Cour des comptes pour mener les investigations utiles et faire procéder aux modifications nécessaires. Celui-ci peut se faire assister d'un agent de la commission. La commission informe la personne concernée qu'il a été procédé aux vérifications nécessaires et de son droit de former un recours juridictionnel.

Lorsque la commission constate, en accord avec le responsable du traitement, que la communication des données qui y sont contenues ne met pas en cause ses finalités, la sûreté de l'État, la défense ou la sécurité publique, ces données peuvent être communiquées au requérant.

Art. 109. — I. Les informations mentionnées aux articles 104 à 106 sont fournies par le responsable de traitement à la personne concernée par tout moyen approprié, y compris par voie électronique et, de manière générale, sous la même forme que la demande.

II. Aucun paiement n'est exigé pour prendre les mesures et fournir ces mêmes informations, sauf en cas de demande manifestement infondée ou abusive.

En cas de demande manifestement infondée ou abusive, le responsable de traitement peut également refuser de donner suite à la demande.

En cas de contestation, la charge de la preuve du caractère manifestement infondé ou abusif des demandes incombe au responsable de traitement auquel elles sont adressées.

Art. 110. — Toute personne physique a le droit de s'opposer, pour des motifs légitimes, à ce que des données à caractère personnel la concernant fassent l'objet d'un traitement.

Les dispositions du premier alinéa ne s'appliquent pas lorsque le traitement répond à une obligation légale ou lorsque l'application de ces dispositions a été écartée par une disposition expresse de l'acte instaurant le traitement.

Art. 111. — Les dispositions du présent chapitre ne s'appliquent pas lorsque les données à caractère personnel figurent soit dans une décision judiciaire, soit dans un dossier judiciaire faisant l'objet d'un traitement lors d'une procédure pénale. Dans ces cas, l'accès à ces données et les conditions de rectification ou d'effacement de ces données ne peuvent être régis que par les dispositions du code de procédure pénale.

Chapitre IV

Transferts de données à caractère personnel vers des États n'appartenant pas à l'Union européenne ou vers des destinataires établis dans des États n'appartenant pas à l'Union européenne

Art. 112. — Le responsable de traitement de données à caractère personnel ne peut transférer des données ou autoriser le transfert de données déjà transmises vers un État n'appartenant pas à l'Union européenne que lorsque les conditions suivantes sont respectées :

1° Le transfert de ces données est nécessaire à l'une des finalités énoncées au premier alinéa de l'article 87 ;

2° Les données à caractère personnel sont transférées à un responsable établi dans cet État n'appartenant pas à l'Union européenne ou au sein d'une organisation internationale qui est une autorité compétente chargée des fins relevant en France du premier alinéa de l'article 87 ;

3° Si les données à caractère personnel proviennent d'un autre État, l'État qui a transmis ces données a préalablement autorisé ce transfert conformément à son droit national.

Toutefois, si l'autorisation préalable ne peut pas être obtenue en temps utile, ces données à caractère personnel peuvent être transmises à nouveau sans l'autorisation préalable de l'État qui a transmis ces données lorsque cette nouvelle transmission est nécessaire à la prévention d'une menace grave et immédiate pour la sécurité publique d'un autre État ou pour la sauvegarde des intérêts essentiels de la France. L'autorité dont provenaient ces données personnelles en est informée sans retard ;

4° La Commission européenne a adopté une décision d'adéquation en application de l'article 36 de la directive (UE) 2016/680 du 27 avril 2016 ou, en l'absence d'une telle décision, un instrument juridiquement contraignant fournit des garanties appropriées en ce qui concerne la protection des données à caractère personnel ou, en l'absence d'une telle décision et d'un tel instrument, le responsable de traitement a évalué toutes les circonstances du transfert et estime qu'il existe de telles garanties appropriées.

Les garanties appropriées fournies par un instrument juridique contraignant mentionnées au 4° peuvent résulter soit des garanties relatives à la protection des données mentionnées dans les conventions mises en œuvre avec cet État n'appartenant pas à l'Union européenne, soit de dispositions juridiquement contraignantes exigées à l'occasion de l'échange de données.

Lorsque le responsable de traitement autre qu'une juridiction effectuant une activité de traitement dans le cadre de ses activités juridictionnelles transfère des données à caractère personnel sur le seul fondement de l'existence de garanties appropriées au regard de la protection des données à caractère personnel, il avise la Commission nationale de l'informatique et des libertés des catégories de transferts relevant de ce fondement.

Dans ce cas, le responsable de traitement doit garder trace de la date et de l'heure du transfert, des informations sur l'autorité compétente destinataire, de la justification du transfert et des données à caractère personnel transférées. Ces informations sont mises à la disposition de la Commission nationale de l'informatique et des libertés à sa demande.

Lorsque la Commission européenne a abrogé, modifié ou suspendu une décision d'adéquation adoptée en application de l'article 36 de la directive (UE) 2016/680 du 27 avril 2016, le responsable de traitement peut néanmoins transférer des données à caractère personnel ou autoriser le transfert de données déjà transmises vers un État n'appartenant pas à l'Union européenne si des garanties appropriées en ce qui concerne la protection des données à caractère personnel sont fournies dans un instrument juridiquement contraignant ou si ce responsable estime, après avoir évalué toutes les circonstances du transfert, qu'il existe des garanties appropriées au regard de la protection des données à caractère personnel.

Art. 113. — Par dérogation à l'article 112, le responsable de traitement de données à caractère personnel ne peut, en l'absence de décision d'adéquation ou de garanties appropriées, transférer ces données ou autoriser le transfert de données déjà transmises vers un État n'appartenant pas à l'Union européenne que lorsque le transfert est nécessaire :

1° À la sauvegarde des intérêts vitaux de la personne concernée ou d'une autre personne ;

2° À la sauvegarde des intérêts légitimes de la personne concernée lorsque le droit français le prévoit ;

3° Pour prévenir une menace grave et immédiate pour la sécurité publique d'un autre État ;

4° Dans des cas particuliers, à l'une des finalités énoncées au premier alinéa de l'article 87 ;

5° Dans un cas particulier, à la constatation, à l'exercice ou à la défense de droits en justice en rapport avec les mêmes fins.

Dans les cas mentionnés aux 4° et 5° du présent article, le responsable de traitement de données à caractère personnel ne transfère pas ces données s'il estime que les libertés et droits fondamentaux de la personne concernée l'emportent sur l'intérêt public dans le cadre du transfert envisagé.

Lorsqu'un transfert est effectué aux fins de la sauvegarde des intérêts légitimes de la personne concernée, le responsable de traitement garde trace de la date et de l'heure du transfert, des informations sur l'autorité compétente destinataire, de la justification du transfert et des données à caractère personnel transférées. Il met ces informations à la disposition de la Commission nationale de l'informatique et des libertés à sa demande.

Art. 114. — Toute autorité publique compétente mentionnée au premier alinéa de l'article 87 peut, dans certains cas particuliers, transférer des données à caractère personnel directement à des destinataires établis dans un État n'appartenant pas à l'Union européenne lorsque les autres dispositions de la présente loi applicables aux traitements relevant du même article 87 sont respectées et que les conditions ci-après sont remplies :

1° Le transfert est nécessaire à l'exécution de la mission de l'autorité compétente qui transfère ces données pour l'une des finalités énoncées au premier alinéa dudit article 87 ;

2° L'autorité compétente qui transfère ces données établit qu'il n'existe pas de libertés ni de droits fondamentaux de la personne concernée qui prévalent sur l'intérêt public rendant nécessaire le transfert dans le cas considéré ;

3° L'autorité compétente qui transfère ces données estime que le transfert à l'autorité compétente de l'autre État est inefficace ou inapproprié, notamment parce que le transfert ne peut pas être effectué en temps opportun ;

4° L'autorité compétente de l'autre État est informée dans les meilleurs délais, à moins que cela ne soit inefficace ou inapproprié ;

5° L'autorité compétente qui transfère ces données informe le destinataire de la finalité ou des finalités pour lesquelles les données à caractère personnel transmises doivent exclusivement faire l'objet d'un traitement par ce destinataire, à condition qu'un tel traitement soit nécessaire.

L'autorité compétente qui transfère des données informe la Commission nationale de l'informatique et des libertés des transferts répondant aux conditions prévues au présent article.

L'autorité compétente garde trace de la date et de l'heure de ce transfert, des informations sur le destinataire, de la justification du transfert et des données à caractère personnel transférées.

Titre IV

DISPOSITIONS APPLICABLES AUX TRAITEMENTS INTÉRESSANT LA SÛRETÉ DE L'ÉTAT ET LA DÉFENSE

Art. 115. — Le présent titre s'applique, sans préjudice du titre Ier, aux traitements de données à caractère personnel mis en œuvre pour le compte de l'État et qui intéressent la sûreté de l'État ou la défense.

Chapitre Ier

Droits de la personne concernée

Art. 116. — I. La personne auprès de laquelle sont recueillies des données à caractère personnel la concernant est informée, sauf si elle l'a été au préalable, par le responsable de traitement ou son représentant :

1° De l'identité du responsable du traitement et, le cas échéant, de celle de son représentant ;

2° De la finalité poursuivie par le traitement auquel les données sont destinées ;

3° Du caractère obligatoire ou facultatif des réponses ;

4° Des conséquences éventuelles, à son égard, d'un défaut de réponse ;

5° Des destinataires ou catégories de destinataires des données ;

6° Des droits qu'elle tient des dispositions des articles 117 à 120 ;

7° Le cas échéant, des transferts de données à caractère personnel envisagés à destination d'un État non membre de l'Union européenne ;

8° De la durée de conservation des catégories de données traitées ou, en cas d'impossibilité, des critères utilisés permettant de déterminer cette durée.

Lorsque de telles données sont recueillies par voie de questionnaires, ceux-ci doivent porter mention des prescriptions figurant aux 1°, 2°, 3° et 6°.

II. Lorsque les données à caractère personnel n'ont pas été recueillies auprès de la personne concernée, le responsable de traitement ou son représentant doit fournir à cette dernière les informations énumérées au I dès l'enregistrement des données ou, si une communication des données à des tiers est envisagée, au plus tard lors de la première communication des données.

Lorsque les données à caractère personnel ont été initialement recueillies pour un autre objet, les dispositions de l'alinéa précédent ne s'appliquent pas lorsque la personne concernée est déjà informée ou quand son information se révèle impossible ou exige des efforts disproportionnés par rapport à l'intérêt de la démarche.

III. Les dispositions du I ne s'appliquent pas aux données recueillies dans les conditions prévues au II dans la mesure où une telle limitation est nécessaire au respect des fins poursuivies par le traitement.

Art. 117. — Toute personne physique a le droit de s'opposer, pour des motifs légitimes, à ce que des données à caractère personnel la concernant fassent l'objet d'un traitement.

Les dispositions du premier alinéa ne s'appliquent pas lorsque le traitement répond à une obligation légale ou lorsque l'application de ces dispositions a été écartée par une disposition expresse de l'acte autorisant le traitement.

Art. 118. — I. Les demandes tendant à l'exercice du droit d'accès, de rectification et d'effacement sont adressées à la Commission nationale de l'informatique et des libertés qui désigne l'un de ses membres appartenant ou ayant appartenu au Conseil d'État, à la Cour de cassation ou à la Cour des comptes pour mener les investigations utiles et faire procéder aux modifications nécessaires. Celui-ci peut se faire assister d'un agent de la commission. La commission informe la personne concernée qu'il a été procédé aux vérifications nécessaires et de son droit de former un recours juridictionnel.

Lorsque la commission constate, en accord avec le responsable du traitement, que la communication des données qui y sont contenues ne met pas en cause ses finalités, la sûreté de l'État, la défense ou la sécurité publique, ces données peuvent être communiquées au requérant.

Art. 119. — I. Par dérogation à l'article 118, lorsque le traitement est susceptible de comprendre des informations dont la communication ne mettrait pas en cause les fins qui lui sont assignées, l'acte réglementaire autorisant le traitement peut prévoir que les droits d'accès, de rectification et d'effacement peuvent être exercés par la personne concernée auprès du responsable de traitement directement saisi dans les conditions prévues aux II à III du présent article.

II. La personne concernée justifiant de son identité a le droit d'obtenir :

1° La confirmation que des données à caractère personnel la concernant font ou ne font pas l'objet de ce traitement ;

2° Des informations relatives aux finalités du traitement, aux catégories de données à caractère personnel traitées et aux destinataires ou aux catégories de destinataires auxquels les données sont communiquées ;

3° Le cas échéant, des informations relatives aux transferts de données à caractère personnel envisagés à destination d'un État non membre de l'Union européenne ;

4° La communication, sous une forme accessible, des données à caractère personnel qui la concernent ainsi que de toute information disponible quant à l'origine de celles-ci ;

5° Les informations permettant de connaître et de contester la logique qui sous-tend le traitement automatisé en cas de décision prise sur le fondement de celui-ci et produisant des effets juridiques à l'égard de l'intéressé.

Les demandes manifestement abusives, notamment par leur nombre, leur caractère répétitif ou systématique peuvent être rejetées.

III. La personne concernée justifiant de son identité peut également exiger du responsable d'un traitement que soient, selon les cas, rectifiées, complétées, mises à jour, verrouillées ou effacées les données à caractère personnel la concernant, qui sont inexactes, incomplètes, équivoques, périmées, ou dont la collecte, l'utilisation, la communication ou la conservation est interdite.

Lorsque l'intéressé en fait la demande, le responsable de traitement doit justifier, sans frais pour le demandeur, qu'il a procédé aux opérations exigées.

En cas de contestation, la charge de la preuve incombe au responsable de traitement auprès duquel est exercé le droit d'accès sauf lorsqu'il est établi que les données contestées ont été communiquées par l'intéressé ou avec son accord.

Si une donnée a été transmise à un tiers, le responsable du traitement doit accomplir les diligences utiles afin de lui notifier les opérations qu'il a effectuées conformément au premier alinéa du III.

Art. 120. — Aucune décision de justice impliquant une appréciation sur le comportement d'une personne ne peut avoir pour fondement un traitement automatisé de données à caractère personnel destiné à évaluer certains aspects de la personnalité de cette personne.

Aucune autre décision produisant des effets juridiques à l'égard d'une personne ou l'affectant de manière significative ne peut être prise sur le seul fondement d'un traitement automatisé de données à caractère personnel destiné à prévoir ou évaluer certains aspects personnels relatifs à la personne concernée.

Chapitre II

Autres dispositions

Section 1

Obligations incombant au responsable de traitement

Art. 121. — Le responsable du traitement est tenu de prendre toutes précautions utiles, au regard de la nature des données et des risques présentés par le traitement, pour préserver la sécurité des données et, notamment, empêcher qu'elles soient déformées, endommagées, ou que des tiers non autorisés y aient accès.

Section 2

Obligations incombant au sous-traitant

Art. 122. — Les données à caractère personnel ne peuvent faire l'objet d'une opération de traitement de la part d'un sous-traitant, d'une personne agissant sous l'autorité du responsable du traitement ou de celle du sous-traitant, que sur instruction du responsable du traitement.

Le sous-traitant doit présenter des garanties suffisantes pour assurer la mise en œuvre des mesures de sécurité et de confidentialité mentionnées au 6° de l'article 4 et à l'article 121. Cette exigence ne décharge pas le responsable du traitement de son obligation de veiller au respect de ces mesures.

Le contrat liant le sous-traitant au responsable du traitement comporte l'indication des obligations incombant au sous-traitant en matière de protection de la sécurité et de la confidentialité des données et prévoit que le sous-traitant ne peut agir que sur instruction du responsable du traitement.

Section 3

Transferts de données à caractère personnel vers des États n'appartenant pas à l'Union européenne ou vers des destinataires établis dans des États n'appartenant pas à l'Union européenne

Art. 123. — Le responsable d'un traitement ne peut transférer des données à caractère personnel vers un État n'appartenant pas à l'Union européenne que si cet État assure un niveau de protection suffisant de la vie privée et des libertés et droits fondamentaux des personnes à l'égard du traitement dont ces données font l'objet ou peuvent faire l'objet.

Le caractère suffisant du niveau de protection assuré par un État s'apprécie en fonction notamment des dispositions en vigueur dans cet État, des mesures de sécurité qui y sont appliquées, des caractéristiques propres du traitement, telles que ses fins et sa durée, ainsi que de la nature, de l'origine et de la destination des données traitées.

Art. 124. — Toutefois, le responsable de traitement peut transférer des données à caractère personnel vers un État ne répondant pas aux conditions de l'article 123 si la personne à laquelle se rapportent les données a consenti expressément à leur transfert ou si le transfert est nécessaire à l'une des conditions suivantes :

1° À la sauvegarde de la vie de cette personne ;

2° À la sauvegarde de l'intérêt public ;

3° Au respect d'obligations permettant d'assurer la constatation, l'exercice ou la défense d'un droit en justice ;

4° À la consultation, dans des conditions régulières, d'un registre public qui, en vertu de dispositions législatives ou réglementaires, est destiné à l'information du public et est ouvert à la consultation de celui-ci ou de toute personne justifiant d'un intérêt légitime ;

5° À l'exécution d'un contrat entre le responsable du traitement et l'intéressé, ou de mesures précontractuelles prises à la demande de celui-ci ;

6° À la conclusion ou à l'exécution d'un contrat conclu ou à conclure, dans l'intérêt de la personne concernée, entre le responsable du traitement et un tiers.

Il peut également être fait exception à l'interdiction prévue à l'article 123 si un tel transfert est autorisé par décret, pris après avis motivé de la Commission nationale de l'informatique et des libertés, lorsque le traitement garantit un niveau de protection suffisant de la vie privée ainsi que des libertés et droits fondamentaux des personnes, notamment en raison des clauses contractuelles ou règles internes dont il fait l'objet. Lorsque les données transférées sont issues d'un traitement créé par un acte réglementaire dispensé de publication en application du III de l'article 31, le décret autorisant le transfert est lui-même dispensé de publication.

La commission se prononce dans un délai de deux mois à compter de la réception de la demande d'avis. Toutefois ce délai peut être renouvelé une fois sur décision motivée de son président. Lorsque la commission ne s'est pas prononcée dans ces délais, l'avis demandé à la commission sur le transfert est réputé favorable.

Titre V

DISPOSITIONS RELATIVES À L'OUTRE-MER

Art. 125. — La présente loi est applicable en Nouvelle-Calédonie, en Polynésie française, dans les îles Wallis et Futuna et dans les Terres australes et antarctiques françaises, dans sa rédaction résultant de la loi n° 2022-52 du 24 janvier 2022 relative à la responsabilité pénale et à la sécurité intérieure.

Art. 126. — Pour l'application de la présente loi à Saint-Barthélemy, à Saint-Pierre-et-Miquelon, en Nouvelle-Calédonie, en Polynésie française, dans les îles Wallis et Futuna et dans les Terres australes et antarctiques françaises, la référence au règlement (UE) 2016/679 du Parlement européen et du Conseil du 27 avril 2016 relatif à la protection des personnes physiques à l'égard du traitement des données à caractère personnel et à la libre circulation de ces données est remplacée par la référence aux règles en vigueur en métropole en vertu du règlement (UE) 2016/679 du 27 avril 2016.

Art. 127. — L'article 37 de la présente loi n'est pas applicable en Nouvelle-Calédonie et en Polynésie française en ce qu'il intéresse l'action de groupe devant les tribunaux de l'ordre judiciaire.

Art. 128. — I. Pour l'application de l'article 37 de la présente loi dans les îles Wallis et Futuna, les mots : « des articles L. 2122-1, L. 2122-5 ou L. 2122-9 du code du travail » sont remplacées par les mots : « de l'arrêté pris en application de l'article 73 de la loi n° 52-1322 du 15 décembre 1952 instituant un code du travail dans les territoires et territoires associés relevant du ministère de la France d'outre-mer ».

II. Pour l'application des articles 65 à 77 de la présente loi en Nouvelle-Calédonie, en Polynésie française, dans les îles Wallis et Futuna et dans les Terres australes et antarctiques françaises, les références aux articles L. 1451-1, L. 1461-1, L. 1462-1, L. 6113-7 et L. 6113-8 du code de la santé publique sont remplacées par les dispositions ayant le même objet applicables localement.

III. Pour l'application de l'article 67 de la présente loi en Nouvelle-Calédonie et en Polynésie française, la référence à la section 1 du chapitre III du titre Ier du livre IV de la première partie du code de la santé publique est remplacée par les dispositions ayant le même objet applicables localement.

N° 73.2 Les traitements automatisés de données personnelles et enquêtes administratives : les dispositions du Code de la sécurité intérieure (187)

Chapitre II

Traitements automatisés de données recueillies à l'occasion de déplacements internationaux

Art. L. 232-1. — Afin d'améliorer le contrôle aux frontières et de lutter contre l'immigration clandestine, le ministre de l'intérieur est autorisé à procéder à la mise en œuvre de traitements automatisés de données à caractère personnel, recueillies à l'occasion de déplacements internationaux en provenance ou à destination d'États n'appartenant pas à l'Union européenne, à l'exclusion des données relevant du I de l'article 6 de la loi n° 78-17 du 6 janvier 1978 relative à l'informatique, aux fichiers et aux libertés :

1° Figurant sur les cartes de débarquement et d'embarquement des passagers de transporteurs aériens ;

2° Collectées à partir de la bande de lecture optique des documents de voyage, de la carte nationale d'identité et des visas des passagers de transporteurs aériens, maritimes ou ferroviaires ;

3° Relatives aux passagers et enregistrées dans les systèmes de contrôle des départs lorsqu'elles sont détenues par les transporteurs aériens, maritimes ou ferroviaires.

Les traitements mentionnés au premier alinéa sont soumis aux dispositions de la loi n° 78-17 du 6 janvier 1978 précitée.

Art. L. 232-2. — Les traitements mentionnés à l'article L. 232-1 peuvent également être mis en œuvre dans les mêmes conditions aux fins de prévenir et de réprimer des actes de terrorisme ainsi que des atteintes aux intérêts fondamentaux de la Nation. L'accès à ceux-ci est alors limité aux agents individuellement désignés et dûment habilités :

1° Des services de police et de gendarmerie nationales spécialement chargés de ces missions ;

2° Des services de police et de gendarmerie nationales ainsi que des douanes, chargés de la sûreté des transports internationaux ;

3° Des services de renseignement du ministère de la défense aux seules fins de la prévention des actes et atteintes mentionnés au premier alinéa.

---

(187) Les articles présentés sont à jour des modifications introduites par la loi n° 2013-1168 du 18 décembre 2013 relative à la programmation militaire pour les années 2014 à 2019 et portant diverses dispositions concernant la défense et la sécurité nationale, la loi n° 2015-912 du 24 juillet 2015 relative au renseignement, la loi n° 2015-917 du 28 juillet 2015 actualisant la programmation militaire pour les années 2015 à 2019 et portant diverses dispositions concernant la défense, la loi n° 2016-816 du 20 juin 2016 pour l'économie bleue, la loi n° 2017-1510 du 30 octobre 2017 renforçant la sécurité intérieure et la lutte contre le terrorisme et l'ordonnance n° 2018-1125 du 12 décembre 2018 prise en application de l'article 32 de la loi n° 2018-493 du 20 juin 2018 relative à la protection des données personnelles et portant modification de la loi n° 78-17 du 6 janvier 1978 relative à l'informatique, aux fichiers et aux libertés et diverses dispositions concernant la protection des données à caractère personnel. On peut aussi signaler ici le décret n° 2020-767 du 23 juin 2020 portant création d'un traitement automatisé de données à caractère personnel dénommé « dossier pénal numérique » et la délibération de la CNIL n° 2020-036 du 12 mars 2020 portant avis sur un projet de décret portant création d'un traitement automatisé de données à caractère personnel dénommé « dossier pénal numérique ». Voir aussi l'Avis de la CNIL du 7 avr. 2022 relatif à l'impact de l'intelligence artificielle sur les droits fondamentaux (A-2022-6) (*JO* 17 avril 2022).

Art. L. 232-3. — Les traitements mentionnés aux articles L. 232-1 et L. 232-2 peuvent faire l'objet d'une interconnexion avec le fichier des personnes recherchées et le système d'information Schengen.

Art. L. 232-4. — Pour la mise en œuvre des traitements mentionnés aux articles L. 232-1 et L. 232-2, les transporteurs aériens sont tenus de recueillir et de transmettre aux services du ministère de l'Intérieur les données énumérées au 2 de l'article 3 de la directive 2004/82/CE du Conseil du 29 avril 2004, concernant l'obligation pour les transporteurs de communiquer les données relatives aux passagers, et mentionnées au 3° de l'article L. 232-1.

Ils sont également tenus de communiquer aux services mentionnés à l'alinéa précédent les données du 3° de l'article L. 232-1 autres que celles mentionnées au même alinéa lorsqu'ils les détiennent.

Les obligations définies aux deux alinéas précédents sont applicables aux transporteurs ferroviaires.

Pour la mise en œuvre des traitements mentionnés aux articles L. 232-1 et L. 232-2, les transporteurs maritimes sont tenus de recueillir et de transmettre aux services du ministère de l'Intérieur les données relatives aux passagers mentionnées au paragraphe 3.1.2 de l'annexe VI au règlement (UE) 2016/399 du Parlement européen et du Conseil du 9 mars 2016 concernant un code de l'Union relatif au régime de franchissement des frontières par les personnes (code frontières Schengen).

Ils sont également tenus de communiquer aux services mentionnés au quatrième alinéa du présent article les données mentionnées au 3° de l'article L. 232-1 autres que celles mentionnées au même quatrième alinéa lorsqu'ils les détiennent.

Un décret en Conseil d'État, pris après avis de la Commission nationale de l'informatique et des libertés, fixe les modalités de transmission des données mentionnées au 3° de l'article L. 232-1.

Art. L. 232-5. — Est puni d'une amende d'un montant maximum de 50 000 euros pour chaque voyage le fait pour une entreprise de transport aérien, maritime ou ferroviaire de méconnaître les obligations fixées à l'article L. 232-4.

Le manquement est constaté par un procès-verbal établi par un fonctionnaire appartenant à l'un des corps dont la liste est définie par décret en Conseil d'État. Copie du procès-verbal est remise à l'entreprise de transport intéressée. Le manquement ainsi relevé donne lieu à une amende prononcée par l'autorité administrative compétente. L'amende est prononcée pour chaque voyage ayant donné lieu au manquement. Son montant est versé au Trésor public par l'entreprise de transport.

L'entreprise de transport a accès au dossier. Elle est mise à même de présenter ses observations écrites dans un délai d'un mois sur le projet de sanction. La décision de l'autorité administrative est susceptible d'un recours de pleine juridiction.

L'autorité administrative ne peut infliger d'amende à raison de faits remontant à plus d'un an.

Art. L. 232-6. — Les transporteurs aériens, maritimes et ferroviaires ont obligation d'informer les personnes concernées par le traitement mis en œuvre au titre du 3° de l'article L. 232-1 conformément aux dispositions de la loi n° 78-17 du 6 janvier 1978 relative à l'informatique, aux fichiers et aux libertés.

Art. L. 232-7. — I. — Pour les besoins de la prévention et de la constatation de certaines infractions, du rassemblement des preuves de ces infractions ainsi que de la recherche de leurs auteurs, le ministre de l'Intérieur, le ministre de la Défense, le ministre chargé des transports et le ministre chargé des douanes sont autorisés à mettre en œuvre un traitement automatisé de données à caractère personnel.

Les infractions mentionnées au premier alinéa du présent I sont les actes de terrorisme, les atteintes aux intérêts fondamentaux de la nation ainsi que les infractions mentionnées à l'annexe II de la directive (UE) 2016/681 du Parlement européen et du Conseil du 27 avril 2016 relative à l'utilisation des données des dossiers passagers (PNR) pour la prévention et la détection des infractions terroristes et des formes graves de criminalité, ainsi que pour les enquêtes et les poursuites en la matière, lorsqu'elles sont punies d'une peine privative de liberté d'une durée égale ou supérieure à trois ans d'emprisonnement ou d'une mesure de sûreté privative de liberté d'une durée égale ou supérieure à trois ans.

Sont exclues de ce traitement automatisé de données les données à caractère personnel susceptibles de révéler l'origine raciale ou ethnique d'une personne, ses convictions religieuses ou philosophiques, ses opinions politiques, son appartenance à un syndicat, ou les données qui concernent la santé ou la vie sexuelle de l'intéressé.

II. — Pour la mise en œuvre du traitement mentionné au I, les transporteurs aériens recueillent et transmettent les données d'enregistrement relatives aux passagers des déplacements à destination et en provenance du territoire national, à l'exception des déplacements reliant deux points de la France métropolitaine. Les données concernées sont celles mentionnées au premier alinéa de l'article L. 232-4 du présent code.

Les transporteurs aériens sont également tenus de communiquer les données relatives aux passagers enregistrées dans leurs systèmes de réservation.

En outre, les ministres mentionnés au I du présent article peuvent demander aux agences de voyage et opérateurs de voyage ou de séjour affrétant tout ou partie d'un aéronef de transmettre les données relatives aux passagers enregistrées dans leurs systèmes de réservation.

III. — Les transporteurs aériens et les agences de voyage et opérateurs de voyage ou de séjour affrétant tout ou partie d'un aéronef mentionnés au II informent les personnes concernées par le traitement mentionné au I.

IV. — Les données mentionnées au II ne peuvent être conservées que pour une durée maximale de cinq ans.

V. — En cas de méconnaissance des obligations fixées au présent article par une entreprise de transport aérien ou par une agence de voyage ou un opérateur de voyage ou de séjour affrétant tout ou partie d'un aéronef, l'amende et la procédure prévues à l'article L. 232-5 sont applicables.

VI. — Les modalités d'application du présent article sont fixées par décret en Conseil d'État, pris après avis de la Commission nationale de l'informatique et des libertés. Ce décret détermine les services autorisés à interroger l'unité de gestion chargée de la collecte des données auprès des transporteurs aériens et des agences de voyage et opérateurs de voyage ou de séjour affrétant tout ou partie d'un aéronef, de leur conservation et de leur analyse, en précisant si cette autorisation est délivrée à des fins de prévention ou à des fins de répression.

Art. L. 232-7-1. — I. — Pour les besoins de la prévention et de la constatation de certaines infractions, du rassemblement des preuves de ces infractions ainsi que de la recherche de leurs auteurs, le ministre de l'intérieur, le ministre de la défense, le ministre chargé des transports et le ministre chargé des douanes sont autorisés à mettre en œuvre un traitement automatisé de données à caractère personnel.

Les infractions mentionnées au premier alinéa du présent I sont les actes de terrorisme, les atteintes aux intérêts fondamentaux de la nation ainsi que les infractions mentionnées à l'article 694-32 du Code de procédure pénale, punies d'une peine privative de liberté d'une durée égale ou supérieure à trois ans d'emprisonnement ou d'une mesure de sûreté privative de liberté d'une durée égale ou supérieure à trois ans, à l'exclusion de celles mentionnées aux 17°, 20°, 21°, 24° et 29° du même article 694-32.

Sont exclues de ce traitement automatisé de données les données à caractère personnel susceptibles de révéler l'origine raciale ou ethnique d'une personne, ses convictions religieuses ou philosophiques, ses opinions politiques, son appartenance à un syndicat, ou les données qui concernent la santé ou la vie sexuelle de l'intéressé.

II. — Pour la mise en œuvre du traitement mentionné au I du présent article, les exploitants de navire recueillent et transmettent les données d'enregistrement relatives aux passagers à destination et en provenance du territoire national voyageant à bord d'un navire à passagers faisant l'objet d'une certification :

1° Soit au sens du code international pour la sûreté des navires et des installations portuaires adopté à Londres le 12 décembre 2002 en application de la convention internationale de 1974 pour la sauvegarde de la vie humaine en mer, faite à Londres le 1er novembre 1974, modifiée ;

2° Soit en application du 2 de l'article 3 du règlement (CE) n° 725/2004 du Parlement européen et du Conseil du 31 mars 2004 relatif à l'amélioration de la sûreté des navires et des installations portuaires ;

3° Soit en application du 3 de l'article 3 du règlement (CE) n° 725/2004 du 31 mars 2004 précité après décision du ministre chargé de la mer.

Les données concernées sont celles mentionnées au quatrième alinéa de l'article L. 232-4 du présent code.

Les exploitants de navire sont également tenus de communiquer les données relatives aux passagers enregistrés dans leurs systèmes de réservation, ainsi que celles relatives à l'embarquement de ces mêmes passagers.

En outre, les ministres mentionnés au I du présent article peuvent demander aux agences de voyage et opérateurs de voyage ou de séjour affrétant tout ou partie d'un navire de transmettre les données relatives aux passagers enregistrées dans leurs systèmes de réservation.

III. — Les exploitants de navire, les agences de voyage et les opérateurs de voyage ou de séjour affrétant tout ou partie d'un navire mentionnés au II informent les personnes concernées par le traitement mentionné au I.

IV. — Les données mentionnées au II ne peuvent être conservées que pour une durée maximale de cinq ans.

V. — En cas de méconnaissance des obligations fixées au présent article par une entreprise de transport maritime ou par une agence de voyage ou un opérateur de voyage ou de séjour affrétant tout ou partie d'un navire, l'amende et la procédure prévues à l'article L. 232-5 sont applicables.

VI. — Les modalités d'application du présent article sont fixées par décret en Conseil d'État, pris après avis de la Commission nationale de l'informatique et des libertés. Ce décret détermine les services autorisés à interroger le traitement de données à caractère personnel mentionné au I, précise si cette autorisation est délivrée à des fins de prévention ou à des fins de répression et fixe les modalités de conservation et d'analyse des données mentionnées au II. Ces données ne peuvent être consultées de manière directe par les services susmentionnés.

Art. L. 232-8. — Lorsque l'autorité administrative constate que les données transmises en application du présent chapitre permettent d'identifier une personne faisant l'objet d'une interdiction de sortie du territoire mentionnée à l'article

L. 224-1, elle notifie à l'entreprise de transport concernée, par un moyen tenant compte de l'urgence, une décision d'interdiction de transport de cette personne.

En cas de méconnaissance de l'interdiction de transport par une entreprise de transport, l'amende prévue à l'article L. 232-5 est applicable, dans les conditions prévues au même article.

Les conditions d'application du présent article sont précisées par décret en Conseil d'État.

....

Chapitre III

Contrôle automatisé des données signalétiques des véhicules

Art. L. 233-1. — Afin de prévenir et de réprimer le terrorisme, de faciliter la constatation des infractions s'y rattachant, de faciliter la constatation des infractions criminelles ou liées à la criminalité organisée au sens des articles 706-73 et 706-73-1 du Code de procédure pénale, des infractions de vol et de recel de véhicules volés, des infractions de contrebande, d'importation ou d'exportation commises en bande organisée, prévues et réprimées par le dernier alinéa de l'article 414 du Code des douanes, ainsi que la constatation, lorsqu'elles portent sur des fonds provenant de ces mêmes infractions, de la réalisation ou de la tentative de réalisation des opérations financières définies à l'article 415 du même code et afin de permettre le rassemblement des preuves de ces infractions et la recherche de leurs auteurs, les services de police et de gendarmerie nationales et des douanes peuvent mettre en œuvre des dispositifs fixes ou mobiles de contrôle automatisé des données signalétiques des véhicules prenant la photographie de leurs occupants, en tous points appropriés du territoire, en particulier dans les zones frontalières, portuaires ou aéroportuaires ainsi que sur les grands axes de transit national ou international.

L'emploi de tels dispositifs est également possible par les services de police et de gendarmerie nationales, à titre temporaire, pour la préservation de l'ordre public, à l'occasion d'événements particuliers ou de grands rassemblements de personnes, par décision de l'autorité administrative.

....

Art. L. 233-2. — Pour les finalités mentionnées à l'article L. 233-1, les données à caractère personnel collectées à l'occasion des contrôles susmentionnés peuvent faire l'objet de traitements automatisés mis en œuvre par les services de police et de gendarmerie nationales et les services des douanes et soumis aux dispositions de la loi n° 78-17 du 6 janvier 1978 relative à l'informatique, aux fichiers et aux libertés.

Ces traitements comportent une consultation du traitement automatisé des données relatives aux véhicules volés ou signalés ainsi que du système d'information Schengen.

Afin de permettre cette consultation, les données collectées sont conservées durant un délai maximum de quinze jours au-delà duquel elles sont effacées dès lors qu'elles n'ont donné lieu à aucun rapprochement positif avec les traitements mentionnés au précédent alinéa. Durant cette période de quinze jours, la consultation des données n'ayant pas fait l'objet d'un rapprochement positif avec ces traitements est interdite, sans préjudice des nécessités de leur consultation pour les besoins d'une procédure pénale ou douanière. Les données qui font l'objet d'un rapprochement positif avec ces mêmes traitements sont conservées pour une durée d'un mois sans préjudice des nécessités de leur conservation pour les besoins d'une procédure pénale ou douanière.

Aux fins de prévenir et de réprimer les actes de terrorisme et de faciliter la constatation des infractions s'y rattachant, les agents individuellement désignés et dûment habilités des services de police et de gendarmerie nationales spécialement chargés de ces missions peuvent avoir accès à ces traitements.

Chapitre IV

Consultation des traitements automatisés de données personnelles aux fins d'enquêtes administratives

Art. L. 234-1. — Un décret en Conseil d'État fixe la liste des enquêtes administratives mentionnées à l'article L. 114-1 qui donnent lieu à la consultation des traitements automatisés de données à caractère personnel mentionnés à l'article 230-6 du Code de procédure pénale, y compris pour les données portant sur des procédures judiciaires en cours, dans la stricte mesure exigée par la protection de la sécurité des personnes et la défense des intérêts fondamentaux de la Nation. Il détermine les conditions dans lesquelles les personnes intéressées sont informées de cette consultation.

Art. L. 234-2. — La consultation prévue à l'article L. 234-1 est faite par des agents individuellement désignés et spécialement habilités :

1° De la police et de la gendarmerie nationales ;

2° Dans des conditions fixées par le décret en Conseil d'État mentionné à l'article L. 234-1, des services spécialisés de renseignement mentionnés à l'article L. 811-2.

Dans des conditions déterminées par décret en Conseil d'État, elle peut également être effectuée par des personnels investis de missions de police administrative désignés selon les mêmes procédures.

Art. L. 234-3. — La consultation des traitements automatisés de données à caractère personnel mentionnés à l'article 230-6 du Code de procédure pénale peut également être effectuée, y compris pour des données portant sur des procédures judiciaires en cours, pour l'exercice de missions ou d'interventions lorsque la nature de celles-ci ou les circonstances particulières dans lesquelles elles doivent se dérouler comportent des risques d'atteinte à l'ordre public ou à la sécurité des personnes et des biens, ainsi qu'au titre des mesures de protection ou de défense prises dans les secteurs de sécurité des installations prioritaires de défense mentionnés à l'article L. 1321-2 du Code de la défense. Cette consultation est effectuée par des agents individuellement désignés et spécialement habilités de la police et de la gendarmerie nationales ainsi que, dans la limite de leurs attributions et dans des conditions fixées par décret en Conseil d'État, des services de renseignement désignés par le ministre de la défense, aux fins de protection de la sécurité de leurs personnels.

Art. L. 234-4. — Dans la stricte limite de leurs attributions et pour les seuls besoins liés à la protection des intérêts mentionnés aux 1°, 4° et 5° de l'article L. 811-3 du présent code, peuvent avoir accès aux traitements automatisés de données à caractère personnel mentionnés à l'article 230-6 du Code de procédure pénale, y compris pour les données portant sur des procédures judiciaires en cours et à l'exclusion de celles relatives aux personnes enregistrées en qualité de victimes, les agents individuellement désignés et habilités des services mentionnés à l'article L. 811-2 et ceux désignés par le décret en Conseil d'État mentionné à l'article L. 811-4.

Un décret en Conseil d'État détermine les services concernés ainsi que les modalités et les finalités de l'accès aux traitements automatisés mentionnés au présent article.

Chapitre V

Coopération internationale en matière d'accès aux traitements automatisés de données personnelles

Art. L. 235-1. — Les données contenues dans les traitements automatisés de données à caractère personnel gérés par les services de police et de gendarmerie nationales peuvent être transmises, dans le cadre des engagements internationaux régulièrement introduits dans l'ordre juridique interne, à des organismes de coopération internationale en matière de police judiciaire ou à des services de police étrangers, qui représentent un niveau de protection suffisant de la vie privée, des libertés et des droits fondamentaux des personnes à l'égard du traitement dont ces données font l'objet ou peuvent faire l'objet. Le caractère suffisant du niveau de protection assuré par un État s'apprécie en fonction notamment des dispositions en vigueur dans cet État, des mesures de sécurité qui y sont appliquées, des caractéristiques propres du traitement, telles que ses fins et sa durée, ainsi que de la nature, de l'origine et de la destination des données traitées.

Les services de police et de gendarmerie nationales peuvent recevoir des données contenues dans les traitements gérés par les organismes de coopération internationale en matière de police judiciaire ou les services de police étrangers dans le cadre des engagements prévus au présent article.

N° 73.3 Les atteintes aux droits de la personne résultant des fichiers ou des traitements informatiques : les articles 226-16 à 226-27 du Code pénal (188)

Art. 226-16. — Le fait, y compris par négligence, de procéder ou de faire procéder à des traitements de données à caractère personnel sans qu'aient été respectées les formalités préalables à leur mise en œuvre prévues par la loi est puni de cinq ans d'emprisonnement et de 300 000 euros d'amende.

Est puni des mêmes peines le fait, y compris par négligence, de procéder ou de faire procéder à un traitement qui a fait l'objet de l'une des mesures prévues au 3° du III de l'article 20 de la loi n° 78-17 du 6 janvier 1978 relative à l'informatique, aux fichiers et aux libertés.

Art. 226-16-1. — Le fait, hors les cas où le traitement a été autorisé dans les conditions prévues par la loi n° 78-17 du 6 janvier 1978 précitée, de procéder ou faire procéder à un traitement de données à caractère personnel incluant parmi les données sur lesquelles il porte le numéro d'inscription des personnes au répertoire national d'identification des personnes physiques, est puni de cinq ans d'emprisonnement et de 300 000 euros d'amende.

---

(188) Les articles présentés incorporent les modifications intervenues avec la loi n° 2004-801 du 6 août 2004 relative à la protection des personnes physiques à l'égard des traitements de données à caractère personnel, la loi n° 2011-267 du 14 mars 2011, l'ordonnance n° 2011-1012 du 24 août 2011, la loi n° 2012-954 du 6 août 2012, la loi n° 2016-731 du 3 juin 2016 renforçant la lutte contre le crime organisé, le terrorisme et leur financement, et améliorant l'efficacité et les garanties de la procédure pénale, la loi n° 2016-1321 du 7 octobre 2016 pour une République numérique et l'ordonnance n° 2018-1125 du 12 décembre 2018 prise en application de l'article 32 de la loi n° 2018-493 du 20 juin 2018 relative à la protection des données personnelles et portant modification de la loi n° 78-17 du 6 janvier 1978 relative à l'informatique, aux fichiers et aux libertés et diverses dispositions concernant la protection des données à caractère personnel.

Art. 226-17. — Le fait de procéder ou de faire procéder à un traitement de données à caractère personnel sans mettre en œuvre les mesures prescrites aux articles 24, 25, 30 et 32 du règlement (UE) 2016/679 du 27 avril 2016 précité ou au 6° de l'article 4 et aux articles 99 à 101 de la loi n° 78-17 du 6 janvier 1978 précitée est puni de cinq ans d'emprisonnement et de 300 000 euros d'amende.

Art. 226-16-2. — Le fait de procéder ou de faire procéder à un traitement de données à caractère personnel relatives à des fonctionnaires ou à des personnes chargées d'une mission de service public en raison de leur qualité hors des finalités prévues par le règlement (UE) 2016/679 du Parlement européen et du Conseil du 27 avril 2016 relatif à la protection des personnes physiques à l'égard du traitement des données à caractère personnel et à la libre circulation de ces données, et abrogeant la directive 95/46/ CE (règlement général sur la protection des données) et par la loi n° 78-17 du 6 janvier 1978 précitée est puni de cinq ans d'emprisonnement et de 300 000 euros d'amende.

Art. 226-17-1. — Le fait pour un fournisseur de services de communications électroniques ou pour un responsable de traitement de ne pas procéder à la notification d'une violation de données à caractère personnel à la Commission nationale de l'informatique et des libertés ou à l'intéressé, en méconnaissance des articles 33 et 34 du règlement (UE) 2016/679 du 27 avril 2016 précité ou des dispositions du II de l'article 83 et de l'article 102 de la loi n° 78-17 du 6 janvier 1978, est puni de cinq ans d'emprisonnement et de 300 000 € d'amende.

Est puni des mêmes peines le fait pour un sous-traitant de ne pas notifier cette violation au responsable de traitement en méconnaissance de l'article 33 du règlement (UE) 2016/679 du 27 avril 2016 précité ou de l'article 102 de la loi n° 78-17 du 6 janvier 1978 précitée.

Art. 226-18. — Le fait de collecter des données à caractère personnel par un moyen frauduleux, déloyal ou illicite est puni de cinq ans d'emprisonnement et de 300 000 euros d'amende.

Art. 226-18-1. — Le fait de procéder à un traitement de données à caractère personnel concernant une personne physique malgré l'opposition de cette personne, lorsque ce traitement répond à des fins de prospection, notamment commerciale, ou lorsque cette opposition est fondée sur des motifs légitimes, est puni de cinq ans d'emprisonnement et de 300 000 euros d'amende.

Art. 226-19. — Le fait, hors les cas prévus par la loi, de mettre ou de conserver en mémoire informatisée, sans le consentement exprès de l'intéressé, des données à caractère personnel qui, directement ou indirectement, font apparaître les origines raciales ou ethniques, les opinions politiques, philosophiques ou religieuses, ou les appartenances syndicales des personnes, ou qui sont relatives à la santé ou à l'orientation sexuelle ou à l'identité de genre de celles-ci, est puni de cinq ans d'emprisonnement et de 300 000 euros d'amende.

Est puni des mêmes peines le fait, hors les cas prévus par la loi, de mettre ou de conserver en mémoire informatisée des données à caractère personnel concernant des infractions, des condamnations ou des mesures de sûreté.

Les dispositions du présent article sont applicables aux traitements non automatisés de données à caractère personnel dont la mise en œuvre ne se limite pas à l'exercice d'activités exclusivement personnelles.

Art. 226-19-1. — En cas de traitement de données à caractère personnel ayant pour fin la recherche dans le domaine de la santé, est puni de cinq ans d'emprisonnement et de 300 000 euros d'amende le fait de procéder à un traitement :

1° sans avoir préalablement informé individuellement les personnes sur le compte desquelles des données à caractère personnel sont recueillies ou transmises de leur droit d'accès, de rectification et d'opposition, de la nature des données transmises et des destinataires de celles-ci ;

2° malgré l'opposition de la personne concernée ou, lorsqu'il est prévu par la loi, en l'absence du consentement éclairé et exprès de la personne, ou s'il s'agit d'une personne décédée, malgré le refus exprimé par celle-ci de son vivant.

Art. 226-20. — Le fait de conserver des données à caractère personnel au-delà de la durée prévue par la loi ou le règlement, par la demande d'autorisation ou d'avis, ou par la déclaration préalable adressée à la Commission nationale de l'informatique et des libertés, est puni de cinq ans d'emprisonnement et de 300 000 euros d'amende, sauf si cette conservation est effectuée à des fins historiques, statistiques ou scientifiques dans les conditions prévues par la loi.

Est puni des mêmes peines le fait, hors les cas prévus par la loi, de traiter à des fins autres qu'historiques, statistiques ou scientifiques des données à caractère personnel conservées au-delà de la durée mentionnée au premier alinéa.

Art. 226-21. — Le fait, par toute personne détentrice de données à caractère personnel à l'occasion de leur enregistrement, de leur classement, de leur transmission ou de toute autre forme de traitement, de détourner ces informations de leur finalité telle que définie par la disposition législative, l'acte réglementaire ou la décision de la Commission nationale de l'informatique et des libertés autorisant le traitement automatisé, ou par les déclarations préalables à la mise en œuvre de ce traitement, est puni de cinq ans d'emprisonnement et de 300 000 euros d'amende.

Art. 226-22. — Le fait, par toute personne qui a recueilli, à l'occasion de leur enregistrement, de leur classement, de leur transmission ou d'une autre forme de traitement, des données à caractère personnel dont la divulgation aurait pour effet de porter atteinte à la considération de l'intéressé ou à l'intimité de sa vie privée, de porter, sans autorisation de l'intéressé, ces données à la connaissance d'un tiers qui n'a pas qualité pour les recevoir est puni de cinq ans d'emprisonnement et de 300 000 euros d'amende.

La divulgation prévue à l'alinéa précédent est punie de trois ans d'emprisonnement et de 100 000 euros d'amende lorsqu'elle a été commise par imprudence ou négligence.

Dans les cas prévus aux deux alinéas précédents, la poursuite ne peut être exercée que sur plainte de la victime, de son représentant légal ou de ses ayants droit.

Art. 226-22-1. — Le fait de procéder ou de faire procéder à un transfert de données à caractère personnel faisant l'objet ou destinées à faire l'objet d'un traitement vers un État n'appartenant pas à l'Union européenne ou à une organisation interna-tionale en violation du chapitre V du règlement (UE) 2016/679 du Parlement européen et du Conseil du 27 avril 2016 relatif à la protection des personnes physiques à l'égard du traitement des données à caractère personnel et à la libre circulation de ces données, et abrogeant la directive 95/46/CE, ou des articles 112 à 114 de la loi n° 78-17 du 6 janvier 1978 précitée est puni de cinq ans d'emprisonnement et de 300 000 euros d'amende.

Art. 226-22-2. — Est puni d'un an d'emprisonnement et de 15 000 € d'amende le fait d'entraver l'action de la Commission nationale de l'informatique et des libertés :

1° Soit en s'opposant à l'exercice des missions confiées à ses membres ou aux agents habilités en application du dernier alinéa de l'article 10 de la loi n° 78-17 du 6 janvier 1978 précitée lorsque la visite a été autorisée par le juge ;

2° Soit en refusant de communiquer à ses membres ou aux agents habilités en application du dernier alinéa de l'article 10 de la même loi, ou aux agents d'une autorité de contrôle d'un État membre de l'Union européenne en application de l'article 62 du règlement (UE) 2016/679 du 27 avril 2016 précité, les renseignements et documents utiles à leur mission, ou en dissimulant lesdits documents ou renseignements, ou en les faisant disparaître ;

3° Soit en communiquant des informations qui ne sont pas conformes au contenu des enregistrements tel qu'il était au moment où la demande a été formulée ou qui ne présentent pas ce contenu sous une forme directement accessible.

Art. 226-23. — Dans les cas prévus aux articles 226-16 à 226-22-2, l'effacement de tout ou partie des données à caractère personnel faisant l'objet du traitement ayant donné lieu à l'infraction peut être ordonné. Les membres et les agents de la Commission nationale de l'informatique et des libertés sont habilités à constater l'effacement de ces données.

Art. 226-24. — Les personnes morales déclarées responsables pénalement, dans les conditions prévues par l'article 121-2, des infractions définies à la présente section encourent, outre l'amende suivant les modalités prévues par l'article 131-38, les peines prévues par les 2° à 5° et 7° à 9° de l'article 131-39.

L'interdiction mentionnée au 2° de l'article 131-39 porte sur l'activité dans l'exercice ou à l'occasion de l'exercice de laquelle l'infraction a été commise.

....

Art. 226-27. — Le fait de procéder, sans avoir recueilli le consentement de la personne dans les conditions prévues par l'article 16-11 du Code civil, à son identification par ses empreintes génétiques à des fins médicales ou de recherche scientifique ou au prélèvement de ses traces biologiques à titre d'ascendant, descendant ou collatéral aux fins de l'établissement, par ses empreintes génétiques, de l'identité d'une personne mentionnée au 3° du même article, est puni d'un an d'emprisonnement et de 15 000 € d'amende.

5. La liberté d'aller et de venir, la vidéoprotection et la géolocalisation

N° 74.1 La liberté d'aller et de venir et ses limites : articles 1 et 2 du protocole n° 4 de 1963 à la CEDH et l'article L. 224-1 du Code de la sécurité intérieure (189)

Article premier. — Nul ne peut être privé de sa liberté pour la seule raison qu'il n'est pas en mesure d'exécuter une obligation contractuelle.

(189) L'article L. 224-1 a été créé par la loi n° 2014-1353 du 13 novembre 2014 renforçant les dispositions relatives à la lutte contre le terrorisme et modifié par la loi n° 2016-987 du 21 juillet 2016 prorogeant l'application de la loi n° 55-385 du 3 avril 1955 relative à l'état d'urgence et portant mesures de renforcement de la lutte antiterroriste.

Art. 2. — 1. Quiconque se trouve régulièrement sur le territoire d'un État a le droit d'y circuler librement et d'y choisir librement sa résidence.

2. Toute personne est libre de quitter n'importe quel pays, y compris le sien.

3. L'exercice de ces droits ne peut faire l'objet d'autres restrictions que celles qui, prévues par la loi, constituent des mesures nécessaires, dans une société démocratique, à la sécurité nationale, à la sûreté publique, au maintien de l'ordre public, à la prévention des infractions pénales, à la protection de la santé ou de la morale, ou à la protection des droits et libertés d'autrui.

4. Les droits reconnus au paragraphe 1 peuvent également, dans certaines zones déterminées, faire l'objet de restrictions qui, prévues par la loi, sont justifiées par l'intérêt public dans une société démocratique.

....

Art. L. 224-1. — Tout Français peut faire l'objet d'une interdiction de sortie du territoire lorsqu'il existe des raisons sérieuses de penser qu'il projette :

1° Des déplacements à l'étranger ayant pour objet la participation à des activités terroristes ;

2° Ou des déplacements à l'étranger sur un théâtre d'opérations de groupements terroristes, dans des conditions susceptibles de le conduire à porter atteinte à la sécurité publique lors de son retour sur le territoire français.

L'interdiction de sortie du territoire est prononcée par le ministre de l'Intérieur pour une durée maximale de six mois à compter de sa notification. La décision est écrite et motivée. Le ministre de l'Intérieur ou son représentant met la personne concernée en mesure de lui présenter ses observations dans un délai maximal de huit jours après la notification de la décision. Cette personne peut se faire assister par un conseil ou représenter par un mandataire de son choix.

Lorsque les conditions en sont réunies, l'interdiction de sortie du territoire peut être renouvelée par décision expresse et motivée. Elle est levée aussitôt que ces conditions ne sont plus satisfaites.

La personne qui fait l'objet d'une interdiction de sortie du territoire peut, dans le délai de deux mois suivant la notification de la décision et suivant la notification de chaque renouvellement, demander au tribunal administratif l'annulation de cette décision. Le tribunal administratif statue dans un délai de quatre mois à compter de sa saisine. Ces recours s'exercent sans préjudice des procédures ouvertes aux articles L. 521-1 et L. 521-2 du Code de justice administrative.

L'interdiction de sortie du territoire emporte dès son prononcé et à titre conservatoire l'invalidation du passeport et de la carte nationale d'identité de la personne concernée ou, le cas échéant, fait obstacle à la délivrance d'un tel document. L'autorité administrative informe la personne concernée par tout moyen.

Dès notification de l'interdiction de sortie du territoire, et au plus tard dans les vingt-quatre heures à compter de celle-ci, la personne concernée est tenue de restituer son passeport et sa carte nationale d'identité.

Un récépissé valant justification de son identité est remis à la personne concernée en échange de la restitution de son passeport et de sa carte nationale d'identité ou, à sa demande, en lieu et place de la délivrance d'un tel document. Ce récépissé suffit à justifier de l'identité de la personne concernée sur le territoire national en application de l'article 1er de la loi n° 2012-410 du 27 mars 2012 relative à la protection de l'identité.

Le fait de quitter ou de tenter de quitter le territoire français en violation d'une interdiction de sortie du territoire prise en application du présent article est puni de trois ans d'emprisonnement et de 45 000 € d'amende.

Le fait, pour toute personne s'étant vu notifier une décision d'interdiction de sortie du territoire, de se soustraire à l'obligation de restitution de son passeport et de sa carte nationale d'identité est puni de deux ans d'emprisonnement et de 4 500 € d'amende.

Un décret en Conseil d'État précise les modalités de mise en œuvre du présent article, s'agissant notamment des modalités d'établissement du récépissé mentionné au neuvième alinéa.

N° 74.2 La vidéoprotection : les articles L. 251-1 à L. 255-1 du Code de la sécurité intérieure (190)

Chapitre I

Dispositions générales

Art. L. 251-1. — I. Les enregistrements visuels de vidéoprotection répondant aux conditions fixées aux articles L. 251-2 et L. 251-3 sont soumis aux dispositions du présent titre, à l'exclusion de ceux qui sont utilisés dans des traitements automatisés ou contenus dans des fichiers structurés selon des critères permettant d'identifier, directement ou indirectement, des personnes physiques, qui sont soumis à la loi n° 78-17 du 6 janvier 1978 relative à l'informatique, aux fichiers et aux libertés.

Art. L. 251-2. — La transmission et l'enregistrement d'images prises sur la voie publique par le moyen de la vidéoprotection peuvent être mis en œuvre par les autorités publiques compétentes aux fins d'assurer :

1° La protection des bâtiments et installations publics et de leurs abords ;

2° La sauvegarde des installations utiles à la défense nationale ;

3° La régulation des flux de transport ;

4° La constatation des infractions aux règles de la circulation ;

5° La prévention des atteintes à la sécurité des personnes et des biens dans des lieux particulièrement exposés à des risques d'agression, de vol ou de trafic de stupéfiants ainsi que la prévention, dans des zones particulièrement exposées à ces infractions, des fraudes douanières prévues par le dernier alinéa de l'article 414 du Code des douanes et des délits prévus à l'article 415 du même code portant sur des fonds provenant de ces mêmes infractions ;

---

(190) Les articles présentés sont à jour des modifications introduites par la loi n° 2016-1547 du 18 novembre 2016 de modernisation de la justice du XXIe siècle, la loi n° 2019-222 du 23 mars 2019 de programmation 2018-2022 et de réforme pour la justice, l'ordonnance n° 2018-1125 du 12 décembre 2018 prise en application de l'article 32 de la loi n° 2018-493 du 20 juin 2018 relative à la protection des données personnelles et portant modification de la loi n° 78-17 du 6 janvier 1978 relative à l'informatique, aux fichiers et aux libertés et diverses dispositions concernant la protection des données à caractère personnel, l'ordonnance n° 2019-964 du 18 septembre 2019 prise en application de la loi n° 2019-222 du 23 mars 2019 de programmation 2018-2022 et de réforme pour la justice, la loi n° 2020-105 du 10 février 2020 relative à la lutte contre le gaspillage et à l'économie circulaire et la loi n° 2021-646 du 25 mai 2021 pour une sécurité globale préservant les libertés. Voir aussi, notamment, la délibération CNIL n° 2017-175 du 1er juin 2017 portant avis sur un projet d'arrêté portant modification de l'arrêté du 14 août 2014 portant autorisation de mise en œuvre de systèmes de vidéoprotection et création de traitements automatisés de données à caractère personnel destinés à la sécurisation et au contrôle des accès aux locaux et emprises relevant du ministère de l'Intérieur (*JO* 8 juillet 2017). Un rapport du Sénat du 10 mai 2022 se préoccupe de la reconnaissance faciale et ses risques au regard de la protection des libertés individuelles.

6° La prévention d'actes de terrorisme, dans les conditions prévues au chapitre III du titre II du présent livre ;

7° La prévention des risques naturels ou technologiques ;

8° Le secours aux personnes et la défense contre l'incendie ;

9° La sécurité des installations accueillant du public dans les parcs d'attraction ;

10° Le respect de l'obligation d'être couvert, pour faire circuler un véhicule terrestre à moteur, par une assurance garantissant la responsabilité civile ;

11° La prévention et la constatation des infractions relatives à l'abandon d'ordures, de déchets, de matériaux ou d'autres objets.

Il peut être également procédé à ces opérations dans des lieux et établissements ouverts au public aux fins d'y assurer la sécurité des personnes et des biens lorsque ces lieux et établissements sont particulièrement exposés à des risques d'agression ou de vol.

Après information du maire de la commune concernée et autorisation des autorités publiques compétentes, des commerçants peuvent mettre en œuvre sur la voie publique un système de vidéoprotection aux fins d'assurer la protection des abords immédiats de leurs bâtiments et installations, dans les lieux particulièrement exposés à des risques d'agression ou de vol. Les conditions de mise en œuvre et le type de bâtiments et installations concernés sont définis par décret en Conseil d'État.

Art. L. 251-3. — Les opérations de vidéoprotection de la voie publique sont réalisées de telle sorte qu'elles ne visualisent pas les images de l'intérieur des immeubles d'habitation ni, de façon spécifique, celles de leurs entrées.

Le public est informé de manière claire et permanente de l'existence du système de vidéoprotection et de l'autorité ou de la personne responsable.

Art. L. 251-4. — Dans chaque département, une commission départementale de vidéoprotection présidée par un magistrat honoraire ou, à défaut, une personnalité qualifiée, nommée par le premier président de la cour d'appel, est chargée de donner un avis au représentant de l'État dans le département, ou à Paris au préfet de police, sur les demandes d'autorisation de systèmes de vidéoprotection et d'exercer un contrôle sur les conditions de fonctionnement des systèmes autorisés.

La personnalité qualifiée est choisie en raison de sa compétence dans le domaine de la vidéoprotection ou des libertés individuelles.

Art. L. 251-5. — La Commission nationale de la vidéoprotection exerce une mission de conseil et d'évaluation de l'efficacité de la vidéoprotection. Elle émet des recommandations destinées au ministre de l'Intérieur en ce qui concerne les caractéristiques techniques, le fonctionnement ou l'emploi des systèmes de vidéoprotection.

Elle peut être saisie par le ministre de l'Intérieur, un député, un sénateur ou une commission départementale de vidéoprotection de toute question relative à la vidéoprotection.

Elle peut également se saisir d'office de toute difficulté tenant au fonctionnement d'un système de vidéoprotection ou de toute situation susceptible de constituer un manquement.

Art. L. 251-6. — La Commission nationale de la vidéoprotection est composée :

1° De représentants des personnes publiques et privées autorisées à mettre en œuvre un système de vidéoprotection ;

2° De représentants des administrations chargées de contrôler les systèmes mis en œuvre ;

3° D'un membre de la Commission nationale de l'informatique et des libertés ;

4° De deux députés et de deux sénateurs de manière à assurer une représentation pluraliste ;

5° De personnalités qualifiées.

La qualité de membre de la commission est incompatible avec la détention d'un intérêt direct ou indirect dans une entreprise exerçant des activités dans le domaine de la vidéoprotection.

La composition et les modalités de l'organisation et du fonctionnement de la commission sont définies par voie réglementaire.

Art. L. 251-7. — Le Gouvernement transmet chaque année à la Commission nationale de l'informatique et des libertés et à la Commission nationale de la vidéoprotection un rapport faisant état de l'activité des commissions départementales de vidéoprotection et des conditions d'application du présent titre.

Art. L. 251-8. — Les conditions dans lesquelles le représentant de l'État dans le département et, à Paris, le préfet de police peuvent prescrire la mise en œuvre de systèmes de vidéoprotection aux fins de prévention d'actes de terrorisme sont prévues au chapitre III du titre II du présent livre.

Chapitre II

Autorisation et conditions de fonctionnement

Art. L. 252-1. — L'installation d'un système de vidéoprotection dans le cadre du présent article est subordonnée à une autorisation du représentant de l'État dans le département et, à Paris, du préfet de police, donnée, sauf en matière de défense nationale, après avis de la commission départementale de vidéoprotection.

Les représentants de l'État dans les départements dans lesquels des caméras sont installées en sont informés. Les systèmes installés sur la voie publique ou dans des lieux ouverts au public dont les enregistrements sont utilisés dans des traitements automatisés ou contenus dans des fichiers structurés selon des critères permettant d'identifier, directement ou indirectement, des personnes physiques, sont autorisés dans les conditions fixées par la loi n° 78-17 du 6 janvier 1978 relative à l'informatique, aux fichiers et aux libertés.

Art. L. 252-2. — L'autorisation préfectorale prescrit toutes les précautions utiles, en particulier quant à la qualité des personnes chargées de l'exploitation du système de vidéoprotection ou visionnant les images et aux mesures à prendre pour assurer le respect des dispositions de la loi.

Dans le cas prévu au dernier alinéa de l'article L. 251-2, le visionnage des images ne peut être assuré que par des agents individuellement désignés et habilités des services de police et de gendarmerie nationales et des services de police municipale ainsi que par les agents individuellement désignés et dûment habilités mentionnés aux articles L. 531-1, L. 532-1 et L. 533-1

Art. L. 252-3. — L'autorisation peut prescrire que les agents individuellement désignés et dûment habilités des services de police et de gendarmerie nationales, des douanes, des services d'incendie et de secours, des services de police municipale ainsi que les agents individuellement désignés et dûment habilités mentionnés aux articles L. 531-1, L. 532-1 et L. 533-1 sont destinataires des images et enregistrements. Elle précise alors les modalités de transmission des images et d'accès aux enregistrements ainsi que la durée de conservation des images, dans la limite d'un mois à compter de cette transmission ou de cet accès, sans préjudice des nécessités de leur conservation pour les besoins d'une procédure pénale. La décision de permettre aux agents individuellement désignés et dûment habilités des services de police et de gendarmerie nationales, des douanes, des services d'incendie et de secours, des services de police municipale ainsi qu'aux agents individuellement désignés et dûment habilités mentionnés aux articles L. 531-1, L. 532-1 et L. 533-1 d'être destinataires des images et enregistrements peut également être prise à tout moment, après avis de la commission départementale de vidéoprotection, par arrêté préfectoral. Ce dernier précise alors les modalités de transmission des images et d'accès aux enregistrements. Lorsque l'urgence et l'exposition particulière à un risque d'actes de terrorisme le requièrent, cette décision peut être prise sans avis préalable de la commission départementale de vidéoprotection. Le président de la commission est immédiatement informé de cette décision, qui fait l'objet d'un examen lors de la plus prochaine réunion de la commission.

Art. L. 252-4. — Les systèmes de vidéoprotection sont autorisés pour une durée de cinq ans renouvelable. Les systèmes de vidéo-protection installés doivent être conformes à des normes techniques définies par arrêté du ministre de l'Intérieur après avis de la Commission nationale de la vidéoprotection, à compter de l'expiration d'un délai de deux ans après la publication de l'acte définissant ces normes.

Les autorisations mentionnées au présent titre et délivrées avant le 1er janvier 2000 expirent le 24 janvier 2012.

Celles délivrées entre le 1er janvier 2000 et le 31 décembre 2002 expirent le 24 janvier 2013. Celles délivrées entre le 1er janvier 2003 et le 24 janvier 2006 expirent le 24 janvier 2014.

Art. L. 252-5. — Hormis le cas d'une enquête de flagrant délit, d'une enquête préliminaire ou d'une information judiciaire, les enregistrements sont détruits dans un délai maximum fixé par l'autorisation. Ce délai ne peut excéder un mois.

L'autorisation peut prévoir un délai minimal de conservation des enregistrements.

Art. L. 252-6. — Lorsqu'il est informé de la tenue imminente d'une manifestation ou d'un rassemblement de grande ampleur présentant des risques particuliers d'atteinte à la sécurité des personnes et des biens, le représentant de l'État dans le département et, à Paris, le préfet de police peuvent délivrer aux personnes mentionnées à l'article L. 251-2, sans avis préalable de la commission départementale de vidéoprotection, une autorisation provisoire d'installation d'un système de vidéoprotection, exploité dans les conditions prévues par le présent titre, pour une durée maximale de quatre mois. Le président de la commission est immédiatement informé de cette décision. Il peut alors la réunir sans délai afin qu'elle donne un avis sur la mise en œuvre de la procédure d'autorisation provisoire. L'autorisation d'installation du dispositif cesse d'être valable dès que la manifestation ou le rassemblement a pris fin.

Sauf dans les cas où les manifestations ou rassemblements de grande ampleur ont déjà pris fin, le représentant de l'État dans le département et, à Paris, le préfet de police recueillent l'avis de la commission départementale de vidéoprotection sur la mise en œuvre du système de vidéoprotection conformément à la procédure prévue à l'article L. 252-1 et se prononcent sur son maintien. La commission doit rendre son avis avant l'expiration du délai de validité de l'autorisation provisoire.

Art. L. 252-7. — Lorsqu'il est informé de la tenue imminente d'une manifestation ou d'un rassemblement de grande ampleur présentant des risques particuliers d'atteinte à la sécurité des personnes et des biens, le représentant de l'État dans le département et, à Paris, le préfet de police peuvent prescrire, sans l'avis préalable de la commission départementale de vidéoprotection, la mise en œuvre d'un système de vidéoprotection exploité dans les conditions prévues par l'article L. 252-1. Quand cette décision porte sur une installation de vidéoprotection filmant la voie publique ou des lieux ou établissements ouverts au public, le président de la commission est immédiatement informé de cette décision. Il peut alors la réunir sans délai afin qu'elle donne un avis sur la mise en œuvre de la procédure de décision provisoire. La prescription d'installation du dispositif cesse d'être valable dès que la manifestation ou le rassemblement a pris fin.

Sauf dans les cas où les manifestations ou rassemblements de grande ampleur mentionnés à l'alinéa précédent ont déjà pris fin, avant l'expiration d'un délai maximal de quatre mois, le représentant de l'État dans le département et, à Paris, le préfet de police recueillent l'avis de la commission départementale de vidéoprotection sur la mise en œuvre du système de vidéoprotection conformément à la procédure prévue à l'article L. 252-1 et se prononcent sur son maintien.

Chapitre III

Contrôle et droit d'accès

Art. L. 253-1. — La commission départementale de vidéoprotection peut à tout moment exercer, sauf en matière de défense nationale, un contrôle sur les conditions de fonctionnement des systèmes de vidéoprotection répondant aux conditions fixées aux articles L. 251-2 et L. 251-3. Elle émet, le cas échéant, des recommandations et propose la suspension ou la suppression des dispositifs non autorisés, non conformes à leur autorisation ou dont il est fait un usage anormal. Elle informe le maire de la commune concernée de cette proposition.

Art. L. 253-2. — La Commission nationale de l'informatique et des libertés peut, sur demande de la commission départementale de vidéoprotection, du responsable d'un système ou de sa propre initiative, exercer un contrôle visant à s'assurer que le système est utilisé conformément à son autorisation et, selon le régime juridique dont le système relève, aux dispositions du présent titre ou à celles de la loi n° 78-17 du 6 janvier 1978 relative à l'informatique, aux fichiers et aux libertés. Lorsque la Commission nationale de l'informatique et des libertés constate un manquement aux dispositions du présent titre, elle peut, après avoir mis en demeure la personne responsable du système de se mettre en conformité dans un délai qu'elle fixe, demander au représentant de l'État dans le département ou, à Paris, au préfet de police, d'ordonner la suspension ou la suppression du système de vidéoprotection. Elle informe le maire de la commune concernée de cette demande.

Art. L. 253-3. — Les membres de la Commission nationale de l'informatique et des libertés, les agents de ses services habilités dans les conditions définies au dernier alinéa de l'article 19 de la loi n° 78-17 du 6 janvier 1978 relative à l'informatique, aux fichiers et aux libertés ainsi que les membres des commissions départementales de vidéoprotection ont accès de six heures à vingt et une heures, pour l'exercice de leurs missions, aux lieux, locaux, enceintes, installations ou établissements servant à la mise en œuvre d'un système de vidéoprotection, à l'exclusion des parties de ceux-ci affectées au domicile privé. Le procureur de la République territorialement compétent en est préalablement informé.

Le responsable des locaux professionnels privés est informé de son droit d'opposition à la visite. Lorsqu'il exerce ce droit, la visite ne peut se dérouler qu'après l'autorisation du juge des libertés et de la détention du tribunal judiciaire dans le ressort duquel sont situés les locaux à visiter qui statue dans des conditions fixées par décret en Conseil d'État. Toutefois, lorsque l'urgence, la gravité des faits à l'origine du contrôle ou le risque de destruction ou de dissimulation de documents le justifie, la visite peut avoir lieu sans que le responsable des locaux en ait été informé, sur autorisation préalable du juge des libertés et de la détention. Dans ce cas, le responsable des lieux ne peut s'opposer à la visite.

La visite s'effectue sous l'autorité et le contrôle du juge des libertés et de la détention qui l'a autorisée, en présence de l'occupant des lieux ou de son représentant qui peut se faire assister d'un conseil de son choix ou, à défaut, en présence de deux témoins qui ne sont pas placés sous l'autorité des personnes chargées de procéder au contrôle.

L'ordonnance ayant autorisé la visite est exécutoire au seul vu de la minute. Elle mentionne que le juge ayant autorisé la visite peut être saisi à tout moment d'une demande de suspension ou d'arrêt de cette visite. Elle indique le délai et la voie de recours. Elle peut faire l'objet, suivant les règles prévues par le Code de procédure civile, d'un appel devant le premier président de la cour d'appel. Celui-ci connaît également des recours contre le déroulement des opérations de visite.

Les personnes mentionnées au premier alinéa peuvent demander communication de tous documents nécessaires à l'accomplissement de leur mission, quel qu'en soit le support, et en prendre copie ; elles peuvent recueillir, sur place ou sur convocation, tout renseignement et toute justification utiles ; elles peuvent accéder aux programmes informatiques et aux données, ainsi qu'en demander la transcription par tout traitement approprié dans des documents directement utilisables pour les besoins du contrôle.

Elles peuvent, à la demande du président de la commission, être assistées par des experts désignés par l'autorité dont ceux-ci dépendent.

Il est dressé contradictoirement procès-verbal des vérifications et visites menées en application du présent article.

Art. L. 253-4. — À la demande de la commission départementale de vidéoprotection, de la Commission nationale de l'informatique et des libertés ou de sa propre initiative, le représentant de l'État dans le département et, à Paris, le préfet de police peuvent fermer pour une durée de trois mois, après mise en demeure non suivie d'effets dans le délai qu'elle fixe, un établissement ouvert au public dans lequel est maintenu un système de vidéoprotection sans autorisation. Lorsque, à l'issue du délai de trois mois, l'établissement n'a pas sollicité la régularisation de son système, l'autorité administrative peut lui enjoindre de démonter ledit système. S'il n'est pas donné suite à cette injonction, une nouvelle mesure de fermeture de trois mois peut être prononcée.

Art. L. 253-5. — Toute personne intéressée peut s'adresser au responsable d'un système de vidéoprotection afin d'obtenir un accès aux enregistrements qui la concernent ou d'en vérifier la destruction dans le délai prévu. Cet accès est de droit. Un refus d'accès peut toutefois être opposé pour un motif tenant à la sûreté de l'État, à la défense, à la sécurité publique, au déroulement de procédures engagées devant les juridictions ou d'opérations préliminaires à de telles procédures, ou au droit des tiers.

Toute personne intéressée peut saisir la commission départementale de vidéoprotection ou la Commission nationale de l'informatique et des libertés de toute difficulté tenant au fonctionnement d'un système de vidéoprotection.

Les dispositions du précédent alinéa ne font pas obstacle au droit de la personne intéressée de saisir la juridiction compétente.

Chapitre IV

Dispositions pénales

Art. L. 254-1. — Le fait d'installer un système de vidéoprotection ou de le maintenir sans autorisation, de procéder à des enregistrements de vidéoprotection sans autorisation, de ne pas les détruire dans le délai prévu, de les falsifier, d'entraver l'action de la commission départementale de vidéoprotection ou de la Commission nationale de l'informatique et des libertés, de faire accéder des personnes non habilitées aux images ou d'utiliser ces images à d'autres fins que celles pour lesquelles elles sont autorisées est puni de trois ans d'emprisonnement et de 45 000 euros d'amende, sans préjudice des dispositions des articles 226-1 du Code pénal et L. 1121-1, L. 1221-9, L. 1222-4 et L. 2323-47 du Code du travail.

Chapitre V

Dispositions communes

Art. L. 255-1. — Un décret en Conseil d'État, après avis de la Commission nationale de la vidéoprotection et de la Commission nationale de l'informatique et des libertés, fixe les modalités d'application du présent titre, et notamment les conditions dans lesquelles le public est informé de l'existence d'un dispositif de vidéoprotection ainsi que de l'identité de l'autorité ou de la personne responsable. Ce décret fixe également les conditions dans lesquelles les agents mentionnés au second alinéa de l'article L. 252-2 et à l'article L. 252-3 sont habilités à accéder aux enregistrements pour les seuls besoins de leur mission, ainsi que les exigences de formation et de mise à jour régulière des connaissances en matière de protection des données à caractère personnel auxquelles ils doivent satisfaire pour être habilités. Ce même décret précise les mesures techniques mises en œuvre pour garantir la sécurité des enregistrements et assurer la traçabilité des accès aux images.

N° 74.3 La géolocalisation : les articles 230-32 à 230-35 du Code de procédure pénale (191)

Art. 230-32. — Il peut être recouru à tout moyen technique destiné à la localisation en temps réel, sur l'ensemble du territoire national, d'une personne, à l'insu de celle-ci, d'un véhicule ou de tout autre objet, sans le consentement de son propriétaire ou de son possesseur, si cette opération est exigée par les nécessités :

1° D'une enquête ou d'une instruction portant sur un crime ou sur un délit puni d'au moins trois ans d'emprisonnement ;

---

(191) Articles créés par la loi n° 2014-372 du 28 mars 2014 relative à la géolocalisation et complétés par la loi n° 2019-222 du 23 mars 2019 de programmation 2018-2022 et de réforme pour la justice. À l'occasion de cette loi, le Conseil constitutionnel a rappelé « *qu'il incombe au législateur d'assurer la conciliation entre, d'une part, la prévention des atteintes à l'ordre public et la recherche des auteurs d'infractions, toutes deux nécessaires à la sauvegarde de droits et de principes de valeur constitutionnelle, et, d'autre part, l'exercice des droits et des libertés constitutionnellement garantis ; qu'au nombre de celles-ci figurent la liberté d'aller et venir, qui découle de l'article 4 de la Déclaration des droits de l'homme et du citoyen de 1789, et le droit au respect de la vie privée, l'inviolabilité du domicile et le secret des correspondances, protégés par son article 2* » (décision n° 2014-693 du 25 mars 2014). Une modification de l'article 230-33 est intervenue avec la loi n° 2016-731 du 3 juin 2016 renforçant la lutte contre le crime organisé, le terrorisme et leur financement, et améliorant l'efficacité et les garanties de la procédure pénale.

2° D'une procédure d'enquête ou d'instruction de recherche des causes de la mort ou de la disparition prévue aux articles 74, 74-1 et 80-4 ;

3° D'une procédure de recherche d'une personne en fuite prévue à l'article 74-2.

La géolocalisation est mise en place par l'officier de police judiciaire ou, sous sa responsabilité, par l'agent de police judiciaire, ou prescrite sur réquisitions de l'officier de police judiciaire, dans les conditions et selon les modalités prévues au présent chapitre.

Art. 230-33. — L'opération mentionnée à l'article 230-32 est autorisée :

1° Dans le cadre d'une enquête de flagrance, d'une enquête préliminaire ou d'une procédure prévue aux articles 74 à 74-2, par le procureur de la République, pour une durée maximale de quinze jours consécutifs dans les cas prévus aux articles 74 à 74-2 ou lorsque l'enquête porte sur un crime ou sur une infraction mentionnée aux articles 706-73 ou 706-73-1, ou pour une durée maximale de huit jours consécutifs dans les autres cas. À l'issue de ces délais, cette opération est autorisée par le juge des libertés et de la détention à la requête du procureur de la République, pour une durée maximale d'un mois renouvelable dans les mêmes conditions de forme et de durée ;

2° Dans le cadre d'une instruction ou d'une information pour recherche des causes de la mort ou des causes de la disparition mentionnées aux articles 74, 74-1 et 80-4, par le juge d'instruction, pour une durée maximale de quatre mois renouvelables dans les mêmes conditions de forme et de durée.

La durée totale de cette opération ne peut pas excéder un an ou, s'il s'agit d'une infraction prévue aux articles 706-73 ou 706-73-1, deux ans.

La décision du procureur de la République, du juge des libertés et de la détention ou du juge d'instruction est écrite et motivée par référence aux éléments de fait et de droit justifiant que ces opérations sont nécessaires. Elle n'a pas de caractère juridictionnel et n'est susceptible d'aucun recours.

Art. 230-34. — Dans les cas mentionnés aux 1° et 2° de l'article 230-33, lorsque les nécessités de l'enquête ou de l'instruction l'exigent, le procureur de la République ou le juge d'instruction peut, aux seules fins de mettre en place ou de retirer le moyen technique mentionné à l'article 230-32, autoriser par décision écrite l'introduction, y compris en dehors des heures prévues à l'article 59, dans des lieux privés destinés ou utilisés à l'entrepôt de véhicules, fonds, valeurs, marchandises ou matériel, ou dans un véhicule situé sur la voie publique ou dans de tels lieux, à l'insu ou sans le consentement du propriétaire ou de l'occupant des lieux ou du véhicule ou de toute personne titulaire d'un droit sur ceux-ci.

S'il s'agit d'un lieu privé autre que ceux mentionnés au premier alinéa du présent article, cette opération ne peut intervenir que dans les cas mentionnés aux 3° et 4° de l'article 230-32 ou lorsque l'enquête ou l'instruction est relative à un crime ou à un délit puni d'au moins cinq ans d'emprisonnement. Si ce lieu privé est un lieu d'habitation, l'autorisation est délivrée par décision écrite :

1° Dans les cas prévus au 1° de l'article 230-33, du juge des libertés et de la détention, saisi à cette fin par le procureur de la République ;

2° Dans les cas prévus au 2° du même article 230-33, du juge d'instruction ou, si l'opération doit intervenir en dehors des heures prévues à l'article 59, du juge des libertés et de la détention, saisi à cette fin par le juge d'instruction. La mise en place du moyen technique mentionné à l'article 230-32 ne peut concerner ni les lieux mentionnés aux articles 56-1 à 56-5, ni le bureau ou le domicile des personnes mentionnées à l'article 100-7.

Art. 230-35. — En cas d'urgence résultant d'un risque imminent de dépérissement des preuves ou d'atteinte grave aux personnes ou aux biens, les opérations mentionnées à l'article 230-32 peuvent être mises en place ou prescrites par un officier de police judiciaire. Celui-ci en informe immédiatement, par tout moyen, le procureur de la République ou le juge d'instruction dans les cas mentionnés aux articles 230-33 et 230-34. Ce magistrat peut alors ordonner la mainlevée de la géolocalisation.

Toutefois, si l'introduction dans un lieu d'habitation est nécessaire, l'officier de police judiciaire doit recueillir l'accord préalable, donné par tout moyen :

1° Dans les cas prévus au 1° de l'article 230-33, du juge des libertés et de la détention, saisi à cette fin par le procureur de la République ;

2° Dans les cas prévus au 2° du même article 230-33, du juge d'instruction ou, si l'introduction doit avoir lieu en dehors des heures prévues à l'article 59, du juge des libertés et de la détention, saisi à cette fin par le juge d'instruction.

Ces magistrats disposent d'un délai de vingt-quatre heures pour prescrire, par décision écrite, la poursuite des opérations. À défaut d'une telle autorisation dans ce délai, il est mis fin à la géolocalisation. Dans les cas prévus au premier alinéa du présent article, l'autorisation comporte l'énoncé des circonstances de fait établissant l'existence du risque imminent mentionné à ce même alinéa.

F. La liberté de conscience

1. La séparation des Églises et de l'État

N° 75.1 La séparation des Églises et de l'État : la loi modifiée du 9 décembre 1905 (extraits) (192)

TITRE I

PRINCIPES

Article premier. — La République assure la liberté de conscience. Elle garantit le libre exercice des cultes sous les seules restrictions édictées ci-après dans l'intérêt de l'ordre public.

Art. 2. — La République ne reconnaît, ne salarie ni ne subventionne aucun culte. En conséquence, à partir du 1er janvier qui suivra la promulgation de la présente loi, seront supprimées des budgets de l'État, des départements et des communes, toutes dépenses relatives à l'exercice des cultes. Pourront toutefois être inscrites auxdits budgets les dépenses relatives à des services d'aumônerie et destinées à assurer le libre exercice des cultes dans les établissements publics, tels que lycées, collèges, écoles, hospices, asiles et prisons.

Les établissements publics du culte sont supprimés, sous réserve des dispositions énoncées à l'article 3.

TITRE II

ATTRIBUTION DES BIENS, PENSIONS

Art. 3. — Les établissements dont la suppression est ordonnée par l'article 2 continueront provisoirement de fonctionner, conformément aux dispositions qui les régissent actuellement, jusqu'à l'attribution de leurs biens aux associations prévues par le titre IV et au plus tard jusqu'à l'expiration du délai ci-après.

---

(192) Modifié notamment par les lois du 13 avril 1908, du 31 décembre 1913 et celle n° 98-546 du 2 juillet 1998, par l'ordonnance n° 2000-916 du 19 septembre 2000, le décret n° 94-167 du 25 février 1994, la loi n° 2009-526 du 12 mai 2009, la loi n° 2011-525 du 17 mai 2011, l'ordonnance n° 2015-904 du 23 juillet 2015 portant simplification du régime des associations et des fondations, la loi n° 2018-727 du 10 août 2018 pour un État au service d'une société de confiance, l'ordonnance n° 2019-964 du 18 septembre 2019 prise en application de la loi n° 2019-222 du 23 mars 2019 de programmation 2018-2022 et de réforme pour la justice et la loi n° 2021-1109 du 24 août 2021 confortant le respect des principes de la République.

Dès la promulgation de la présente loi, il sera procédé par les agents de l'administration des domaines à l'inventaire descriptif et estimatif :

1° des biens mobiliers et immobiliers desdits établissements ;

2° des biens de l'État, des départements et des communes dont les mêmes établissements ont la jouissance.

Ce double inventaire sera dressé contradictoirement avec les représentants légaux des établissements ecclésiastiques ou eux dûment appelés par une notification faite en la forme administrative.

Les agents chargés de l'inventaire auront le droit de se faire communiquer tous titres et documents utiles à leurs opérations.

Art. 4. — Dans le délai d'un an, à partir de la promulgation de la présente loi, les biens mobiliers et immobiliers des menses, fabriques, conseils presbytéraux, consistoires et autres établissements publics du culte seront, avec toutes les charges et obligations qui les grèvent et avec leur affectation spéciale, transférés par les représentants légaux de ces établissements aux associations qui, en se conformant aux règles d'organisation générale du culte dont elles se proposent d'assurer l'exercice, se seront légalement formées, suivant les prescriptions de l'article 19, pour l'exercice de ce culte dans les anciennes circonscriptions desdits établissements.

Art. 5. — Ceux des biens désignés à l'article précédent qui proviennent de l'État et qui ne sont pas grevés d'une fondation pieuse créée postérieurement à la loi du 18 germinal an X feront retour à l'État. Les attributions de biens ne pourront être faites par les établissements ecclésiastiques qu'un mois après la promulgation du règlement d'administration publique prévu à l'article 43. Faute de quoi la nullité pourra en être demandée devant le tribunal judiciaire par toute partie intéressée ou par le ministère public.

En cas d'aliénation par l'association cultuelle de valeurs mobilières ou d'immeubles faisant partie du patrimoine de l'établissement public dissous, le montant du produit de la vente devra être employé en titres de rente nominatifs ou dans les conditions prévues au paragraphe 2 de l'article 22.

L'acquéreur des biens aliénés sera personnellement responsable de la régularité de cet emploi.

Les biens revendiqués par l'État, les départements ou les communes ne pourront être aliénés, transformés ni modifiés jusqu'à ce qu'il ait été statué sur la revendication par les tribunaux compétents.

Art. 6. — Les associations attributaires des biens des établissements ecclésiastiques supprimés seront tenues des dettes de ces établissements ainsi que de leurs emprunts sous réserve des dispositions du troisième paragraphe du présent article ; tant qu'elles ne seront pas libérées de ce passif, elles auront droit à la jouissance des biens productifs de revenus qui doivent faire retour à l'État en vertu de l'article 5.

Les annuités des emprunts contractés pour dépenses relatives aux édifices religieux, seront supportées par les associations en proportion du temps pendant lequel elles auront l'usage de ces édifices par application des dispositions du titre III.

Art. 7. — Les biens mobiliers ou immobiliers grevés d'une affectation charitable ou d'une tout autre affectation étrangère à l'exercice du culte seront attribués, par les représentants légaux des établissements ecclésiastiques, aux services ou établissements publics ou d'utilité publique, dont la destination est conforme à celle desdits biens. Cette attribution devra être approuvée par le préfet du département où siège l'établissement ecclésiastique. En cas de non-approbation, il sera statué par décret en Conseil d'État.

Toute action en reprise, qu'elle soit qualifiée en revendication, en révocation ou en résolution, concernant les biens dévolus en exécution du présent article, est soumise aux règles prescrites par l'article 9.

Art. 8. — Faute par un établissement ecclésiastique d'avoir, dans le délai fixé par l'article 4, procédé aux attributions ci-dessus prescrites, il y sera pourvu par décret.

À l'expiration dudit délai, les biens à attribuer seront, jusqu'à leur attribution, placés sous séquestre.

Dans le cas où les biens attribués en vertu de l'article 4 et du paragraphe 1er du présent article seront, soit dès l'origine, soit dans la suite, réclamés par plusieurs associations formées pour l'exercice du même culte, l'attribution qui en aura été faite par les représentants de l'établissement ou par décret pourra être contestée devant le Conseil d'État, statuant au contentieux, lequel prononcera en tenant compte de toutes les circonstances de fait.

La demande sera introduite devant le Conseil d'État, dans le délai d'un an à partir de la date du décret ou à partir de la notification, à l'autorité préfectorale, par les représentants légaux des établissements publics du culte, de l'attribution effectuée par eux. Cette notification devra être faite dans le délai d'un mois.

L'attribution pourra être ultérieurement contestée en cas de scission dans l'association nantie, de création d'association nouvelle par suite d'une modification dans le territoire de la circonscription ecclésiastique et dans le cas où l'association attributaire n'est plus en mesure de remplir son objet.

Art. 9. — 1. Les biens des établissements ecclésiastiques qui n'ont pas été réclamés par des associations culturelles constituées dans le délai d'un an à partir de la promulgation de la loi du 9 décembre 1905, seront attribués par décret à des établissements communaux de bienfaisance ou d'assistance situés dans les limites territoriales de la circonscription ecclésiastique intéressée, ou, à défaut d'établissement de cette nature, aux communes ou sections de communes, sous la condition d'affecter aux services de bienfaisance ou d'assistance tous les revenus ou produits de ces biens, sauf les exceptions ci-après :

1° les édifices affectés au culte lors de la promulgation de la loi du 9 décembre 1905 et les meubles les garnissant deviendront la propriété des communes sur le territoire desquelles ils sont situés, s'ils n'ont pas été restitués ni revendiqués dans le délai légal ;

2° les meubles ayant appartenu aux établissements ecclésiastiques ci-dessus mentionnés qui garnissent les édifices désignés à l'article 12, paragraphe 2, de la loi du 9 décembre 1905, deviendront la propriété de l'État, des départements et des communes, propriétaires desdits édifices, s'ils n'ont pas été restitués ni revendiqués dans le délai légal ;

3° les immeubles bâtis, autres que les édifices affectés au culte, qui n'étaient pas productifs de revenus lors de la promulgation de la loi du 9 décembre 1905 et qui appartenaient aux menses archiépiscopales et épiscopales, aux chapitres et séminaires, ainsi que les cours et jardins y attenant, seront attribués par décret, soit à des départements, soit à des communes, soit à des établissements publics pour des services d'assistance ou de bienfaisance ou des services publics ;

4° les biens des menses archiépiscopales et épiscopales, chapitres et séminaires, seront, sous réserve de l'application des dispositions du paragraphe précèdent, affectés dans la circonscription territoriale de ces anciens établissements, au paiement du reliquat des dettes régulières ou légales de l'ensemble des établissements ecclésiastiques compris dans ladite circonscription, dont les biens n'ont pas été attribués à des associations cultuelles, ainsi qu'au paiement de tous frais exposés et de toutes dépenses effectuées relativement à ces biens par le séquestre, sauf ce qui est dit au paragraphe 13 de l'article 3 ci-après. L'actif disponible après l'acquittement de ces dettes et dépenses sera attribué par décret à des services départementaux de bienfaisance ou d'assistance.

En cas d'insuffisance d'actif il sera pourvu au paiement desdites dettes et dépenses sur l'ensemble des biens ayant fait retour à l'État, en vertu de l'article 5 ;

5° les documents, livres, manuscrits et œuvres d'art ayant appartenu aux établissements ecclésiastiques et non visés au 1° du présent paragraphe pourront être réclamés par l'État, en vue de leur dépôt dans les archives, bibliothèques ou musées et lui être attribués par décret ;

6° les biens des caisses de retraite et maisons de secours pour les prêtres âgés ou infirmes seront attribués par décret à des sociétés de secours mutuels constituées dans les départements où ces établissements ecclésiastiques avaient leur siège.

Pour être aptes à recevoir ces biens, lesdites sociétés devront être approuvées dans les conditions prévues par la loi du 1er avril 1898, avoir une destination conforme à celle desdits biens, être ouvertes à tous les intéressés et ne prévoir dans leurs statuts aucune amende ni aucun cas d'exclusion fondés sur un motif touchant à la discipline ecclésiastique.

Les biens des caisses de retraite et maisons de secours qui n'auraient pas été réclamés dans le délai de dix-huit mois à dater de la promulgation de la présente loi par des sociétés de secours mutuels constituées dans le délai d'un an de ladite promulgation, seront attribués par décret aux départements où ces établissements ecclésiastiques avaient leur siège, et continueront à être administrés provisoirement au profit des ecclésiastiques qui recevaient des pensions ou secours ou qui étaient hospitalisés à la date du 15 décembre 1906.

Les ressources non absorbées par le service de ces pensions ou secours seront employées au remboursement des versements que les ecclésiastiques ne recevant ni pension ni secours justifieront avait faits aux caisses de retraites.

Le surplus desdits biens sera affecté par les départements à des services de bienfaisance ou d'assistance fonctionnant dans les anciennes circonscriptions des caisses de retraite et maisons de secours.

2. En cas de dissolution d'une association, les biens qui lui auront été dévolus en exécution des articles 4 et 8 seront attribués par délibérations concordantes des associations ou établissements concernés, soit à des associations analogues dans la même circonscription ou, à leur défaut, dans les circonscriptions les plus voisines, soit aux établissements visés au paragraphe 1er du présent article.

3. Toute action en reprise, qu'elle soit qualifiée en revendication, en révocation ou en résolution doit être introduite dans le délai ci-après déterminé.

Elle ne peut être exercée qu'en raison de donations, de legs ou de fondations pieuses, et seulement par les auteurs et leurs héritiers en ligne directe.

Les arrérages de rentes dues aux fabriques pour fondations pieuses ou cultuelles et qui n'ont pas été rachetées cessent d'être exigibles.

Aucune action d'aucune sorte ne pourra être intentée à raison de fondations pieuses antérieures à la loi du 18 germinal an X.

4. L'action peut être exercée contre l'attributaire ou, à défaut d'attribution, contre le directeur général des domaines représentant l'État en qualité de séquestre.

5. Nul ne pourra introduire une action, de quelque nature qu'elle soit, s'il n'a déposé, deux mois auparavant un mémoire préalable sur papier non timbré entre les mains du directeur général des domaines qui en délivrera un récépissé daté et signé.

6. Au vu de ce mémoire, et après avis du directeur des domaines, le préfet pourra en tout état de cause, et quel que soit l'état de la procédure, faire droit à tout ou partie de la demande par un arrêté.

7. L'action sera prescrite si le mémoire préalable n'a pas été déposé dans les dix mois à compter de la publication au *Journal officiel* de la liste des biens attribués

ou à attribuer avec les charges auxquelles lesdits biens seront ou demeureront soumis, et si l'assignation devant la juridiction ordinaire n'a pas été délivrée dans les trois mois de la date du récépissé.

Parmi ces charges, pourra être comprise celle de l'entretien des tombes.

8. Passé ces délais, les attributions seront définitives et ne pourront plus être attaquées de quelque matière ni pour quelque cause que ce soit.

Néanmoins, toute personne intéressée pourra poursuivre devant le Conseil d'État statuant au contentieux, l'exécution des charges imposées par les décrets d'attribution.

9. Il en sera de même pour les attributions faites après solution des litiges soulevés dans le délai.

10. Tout créancier, hypothécaire, privilégié ou autre, d'un établissement dont les biens ont été mis sous séquestre, devra, pour obtenir le paiement de sa créance, déposer préalablement à toute poursuite un mémoire justificatif de sa demande, sur papier non timbré, avec les pièces à l'appui au directeur général des domaines qui en délivrera un récépissé daté et signé.

11. Au vu de ce mémoire et sur l'avis du directeur des domaines, le préfet pourra en tout état de cause, et quel que soit l'état de la procédure, décider, par un arrêté pris en conseil de préfecture, que le créancier sera admis, pour tout ou parti de sa créance, au passif de la liquidation de l'établissement supprimé.

12. L'action du créancier sera définitivement éteinte si le mémoire préalable n'a pas été déposé dans les six mois qui suivront la publication au *Journal officiel* prescrite par le paragraphe 7 du présent article, et si l'assignation devant la juridiction ordinaire n'a pas été délivrée dans les neuf mois de ladite publication.

13. Dans toutes les causes auxquelles s'appliquent les dispositions de la présente loi, le tribunal statue comme en matière sommaire, conformément au titre 24 du livre II du Code de procédure civile.

Les frais exposés par le séquestre seront, dans tous les cas, employés en frais privilégiés sur le bien séquestré, sauf recouvrement contre la partie adverse condamnée aux dépens, ou, sur la masse générale des biens recueillis par l'État.

Le donateur et les héritiers en ligne directe soit du donateur, soit du testateur ayant, dès à présent, intenté une action en revendication ou en révocation devant les tribunaux civils, sont dispensés des formalités de procédure prescrites par les paragraphes 5, 6 et 7 du présent article.

14. L'État, les départements les communes et les établissements publics ne peuvent remplir ni les charges pieuses ou cultuelles, afférentes aux libéralités à eux faites ou, aux contrats conclus par eux, ni les charges dont l'exécution comportait l'intervention soit d'un établissement public du culte, soit de titulaires ecclésiastiques.

Ils ne pourront remplir les charges comportant l'intervention d'ecclésiastiques pour l'accomplissement d'actes non cultuels que s'il s'agit de libéralités autorisées antérieurement à la promulgation de la présente loi, et si, nonobstant l'intervention de ces ecclésiastiques, ils conservent un droit de contrôle sur l'emploi desdites libéralités.

Les dispositions qui précèdent s'appliquent au séquestre.

Dans les cas prévus à l'alinéa 1er du présent paragraphe, et en cas d'inexécution des charges visées à l'alinéa 2, l'action en reprise, qu'elle soit qualifiée en revendication, en révocation ou en résolution, ne peut être exercée que par les auteurs des libéralités et leurs héritiers en ligne directe.

Les paragraphes précédents s'appliquent à cette action sous les réserves ci-après :

Le dépôt du mémoire est fait au préfet, et l'arrêté du préfet en conseil de préfecture est pris, s'il y a lieu, après avis de la commission départementale pour le département, du conseil municipal pour la commune et de la commission administrative pour l'établissement public intéressé.

En ce qui concerne les biens possédés par l'État, il sera statué par décret. L'action sera prescrite si le mémoire n'a pas été déposé dans l'année qui suivra la promulgation de la présente loi, et l'assignation devant la juridiction ordinaire délivrée dans les trois mois de la date du récépissé.

15. Les biens réclamés, en vertu du paragraphe 14, à l'État, aux départements, aux communes et à tous les établissements publics ne seront restituables, lorsque la demande ou l'action sera admise, que dans la proportion correspondant aux charges non exécutées, sans qu'il y ait lieu de distinguer si lesdites charges sont ou non déterminantes de la libéralité ou du contrat de fondation pieuse et sous déduction des frais et droits correspondants payés lors de l'acquisition des biens.

16. Sur les biens grevés de fondations de messes, l'État, les départements, les communes et les établissements publics possesseurs ou attributaires desdits biens, devront, à défaut des restitutions à opérer en vertu du présent article, mettre en réserve la portion correspondant aux charges ci-dessus visées.

Cette portion sera remise aux sociétés de secours mutuels constituées conformément au paragraphe 1er, 6°, de l'article 9 de la loi du 9 décembre 1905, sous la forme de titres de rente nominatifs, à charge par celles-ci d'assurer l'exécution des fondations perpétuelles de messes.

Pour les fondations temporaires, les fonds y afférents seront versés auxdites sociétés de recours mutuels, mais ne bénéficieront pas du taux de faveur prévu par l'article 21 de la loi du 1er avril 1898.

Les titres nominatifs seront remis et les versements faits à la société de secours mutuels qui aura été constituée dans le département, ou à son défaut dans le département le plus voisin.

À l'expiration du délai de dix-huit mois prévu au paragraphe 1er, 6° ci-dessus visé, si aucune des sociétés de secours mutuels qui viennent d'être mentionnées n'a réclamé la remise des titres ou le versement auquel elle a droit, l'État, les départements, les communes et les établissements publics seront définitivement libérés et resteront propriétaires des biens par eux possédés ou à eux attribués, sans avoir à exécuter aucune des fondations et messes grevant lesdits biens.

La portion à mettre en réserve, en vertu des dispositions précédentes sera calculée sur la base des tarifs indiqués dans l'acte de fondation, ou, à défaut, sur la base des tarifs en vigueur au 9 décembre 1905.

Art. 10. — 1. Les attributions prévues par les articles précédents ne donnent lieu à aucune perception au profit du Trésor.

2. Les transferts, transcriptions, inscriptions et mainlevées, mentions et certificats seront opérés ou délivrés par les compagnies, sociétés et autres établissements débiteurs et par les conservateurs des hypothèques, en vertu, soit d'une décision de justice devenue définitive, soit d'un arrêté pris par le préfet soit des délibérations concordantes prévues au 2 de l'article 9, soit d'un décret d'attribution.

3. Les arrêtés et décrets, les transferts, les transcriptions, inscriptions et mainlevées, mentions et certificats opérés ou délivrés venu desdits arrêtés et décrets ou des décisions de justice susmentionnés seront affranchis de droits de timbre, d'enregistrement et de toute taxe.

4. Les attributaires de biens immobiliers seront, dans tous les cas, dispensés de remplir les formalités de purge des hypothèques légales. Les biens attribués seront francs et quittes de toute charge hypothécaire ou privilégiée qui n'aurait pas été inscrite avant l'expiration du délai de six mois à dater de la publication au *Journal officiel* ordonnée par le paragraphe 7 de l'article 9.

Art. 11. — (abrogé).

TITRE III

DES ÉDIFICES DES CULTES

Art. 12. — Les édifices qui ont été mis à la disposition de la nation et qui, en vertu de la loi du 18 germinal an X, servent à l'exercice public des cultes ou au logement de leurs ministres (cathédrales, églises, chapelles, synagogues, archevêchés, évêchés, presbytères, séminaires), ainsi que leur descendance immobilière, et les objets mobiliers qui les garnissaient au moment où lesdits édifices ont été remis aux cultes, sont et demeurent propriétés de l'État, des départements, des communes et des établissements publics de coopération intercommunale ayant pris la compétence en matière d'édifices des cultes.

Pour ces édifices, comme pour ceux postérieurs à la loi du 18 germinal an X, dont l'État, les départements et les communes seraient propriétaires, y compris les facultés de théologie protestante, il sera procédé conformément aux dispositions des articles suivants.

Art. 13. — Les édifices servant à l'exercice public du culte, ainsi que les objets mobiliers les garnissant, seront laissés gratuitement à la disposition des établissements publics du culte, puis des associations appelées à les remplacer auxquelles les biens de ces établissements auront été attribués par application des dispositions du titre II.

La cessation de cette jouissance, et, s'il y a lieu, son transfert seront prononcés par arrêté préfectoral, sauf recours au Conseil d'État statuant au contentieux :

1° si l'association bénéficiaire est dissoute ;

2° si, en dehors des cas de force majeure, le culte cesse d'être célébré pendant plus de six mois consécutifs ;

3° si la conservation de l'édifice ou celle des objets mobiliers classés en vertu de la loi de 1887 et de l'article 16 de la présente loi est compromise par insuffisance d'entretien, et après mise en demeure dûment notifiée du conseil municipal ou, à son défaut du préfet ;

4° si l'association cesse de remplir son objet ou si les édifices sont détournés de leur destination ;

5° si elle ne satisfait pas soit aux obligations de l'article 6 ou du dernier paragraphe du présent article, soit aux prescriptions relatives aux monuments historiques.

Dans les cinq cas ci-dessus prévus, la désaffectation des édifices cultuels communaux ainsi que des objets mobiliers les garnissant pourra être prononcée par décret en Conseil d'État. Toutefois cette désaffectation pourra être prononcée par arrêté préfectoral, à la demande du conseil municipal, lorsque la personne physique ou morale ayant qualité pour représenter le culte affectataire aura donné par écrit son consentement à la désaffectation.

En dehors de ces cas, la désaffectation ne pourra être prononcée que par une loi.

Les immeubles autrefois affectés aux cultes et dans lesquels les cérémonies du culte n'auront pas été célébrées pendant le délai d'un an antérieurement à la présente loi, ainsi que ceux qui ne seront pas réclamés par une association cultuelle dans le délai de deux ans après sa promulgation, pourront être désaffectés par décret.

Il en est de même pour les édifices dont la désaffectation aura été demandée antérieurement au 1er juin 1905.

Les établissements publics du culte, puis les associations bénéficiaires, seront tenus des réparations de toute nature, ainsi que des frais d'assurance et autres charges afférentes aux édifices et aux meubles les garnissant.

L'État, les départements, les communes et les établissements publics de coopération intercommunale pourront engager les dépenses nécessaires pour l'entretien et la conservation des édifices du culte dont la propriété leur est reconnue par la présente loi.

Art. 14. — Les archevêchés, évêchés, les presbytères et leurs dépendances, les grands séminaires et facultés de théologie protestante seront laissés gratuitement à la disposition des établissements publics du culte, puis des associations prévues à l'article 13, savoir : les archevêchés, et évêchés pendant une période de deux années ; les presbytères dans les communes où résidera le ministre du culte, les grands séminaires et facultés de théologie protestante, pendant cinq années à partir de la promulgation de la présente loi.

Les établissements et associations sont soumis, en ce qui concerne ces édifices, aux obligations prévues par le dernier paragraphe de l'article 13. Toutefois, ils ne seront pas tenus des grosses réparations.

La cessation de la jouissance des établissements et associations sera prononcée dans les conditions et suivant les formes déterminées par l'article 13. Les dispositions des paragraphes 3 et 5 du même article sont applicables aux édifices visés par le paragraphe 1er du présent article.

La distraction des parties superflues des presbytères laissés à la disposition des associations cultuelles pourra, pendant le délai prévu au paragraphe 1er, être prononcée pour un service public par décret rendu en Conseil d'État.

À l'expiration des délais de jouissance gratuite, la libre disposition des édifices sera rendue à l'État, aux départements ou aux communes.

Ceux de ces immeubles qui appartiennent à l'État pourront être, par décret, affectés ou concédés gratuitement, dans les formes prévues à l'ordonnance du 14 juin 1833, soit à des services publics de l'État, soit à des services publics départementaux ou communaux.

Les indemnités de logement incombant actuellement aux communes, à défaut de presbytère, par application de l'article 136 de la loi du 5 avril 1884, resteront à leur charge pendant le délai de cinq ans. Elles cesseront de plein droit en cas de dissolution de l'association.

Art. 15. — Dans les départements de la Savoie, de la Haute-Savoie et des Alpes-Maritimes, la jouissance des édifices antérieurs à la loi du 18 germinal an X, servant à l'exercice des cultes ou au logement de leurs ministres, sera attribuée par les communes sur le territoire desquelles ils se trouvent, aux associations cultuelles, dans les conditions indiquées par les articles 12 et suivants de la présente loi. En dehors de ces obligations, les communes pourront disposer librement de la propriété de ces édifices.

Dans ces mêmes départements, les cimetières resteront la propriété des communes.

Art. 16. — Il sera procédé à un classement complémentaire des édifices servant à l'exercice public du culte (cathédrales, églises, chapelles, temples, synagogues, archevêchés, évêchés, presbytères, séminaires), dans lequel devront être compris tous ceux de ces édifices représentant, dans leur ensemble ou dans leurs parties, une valeur artistique ou historique.

Les objets mobiliers ou les immeubles par destination mentionnés à l'article 13, qui n'auraient pas encore été inscrits sur la liste de classement dressée en vertu de la loi du 30 mars 1887, sont, par l'effet de la présente loi, ajoutés à ladite liste. Il sera procédé par le ministre compétent, dans le délai de trois ans, au classement définitif de ceux de ces objets dont la conservation présenterait, au point de vue de l'histoire ou de l'art, un intérêt suffisant. À l'expiration de ce délai, les autres objets seront déclassés de plein droit.

En outre, les immeubles et les objets mobiliers, attribués en vertu de la présente loi aux associations, pourront être classés dans les mêmes conditions que s'ils appartenaient à des établissements publics.

Il n'est pas dérogé, pour le surplus, aux dispositions de la loi du 30 mars 1887.

Les archives ecclésiastiques et bibliothèques existant dans les archevêchés, évêchés, grands séminaires, paroisses, succursales et leurs dépendances, seront inventoriées et celles qui seront reconnues propriété de l'État lui seront restituées.

Art. 17. — Les immeubles par destination classés en vertu de la loi du 30 mars 1887 ou de la présente loi sont inaliénables et imprescriptibles.

Dans le cas où la vente ou l'échange d'un objet classé serait autorisé par le ministre compétent, un droit de préemption est accordé :

1° aux associations cultuelles ;

2° aux communes ;

3° aux départements ;

4° aux musées et sociétés d'art et d'archéologie ;

5° à l'État.

Le prix sera fixé par trois experts que désigneront le vendeur, l'acquéreur et le président du tribunal judiciaire.

Si aucun des acquéreurs visés ci-dessus ne fait usage du droit de préemption la vente sera libre ; mais il est interdit à l'acheteur d'un objet classé de le transporter hors de France.

La visite des édifices et l'exposition des objets mobiliers classés seront publiques : elles ne pourront donner lieu à aucune taxe ni redevance.

Art. 17-1. — Sans préjudice de l'article 910 du Code civil, l'aliénation d'un local servant habituellement à l'exercice public d'un culte consentie directement ou indirectement à un État étranger, à une personne morale étrangère ou à une personne physique non résidente en France est subordonnée, à peine de nullité, à une déclaration préalable à l'autorité administrative.

L'autorité administrative peut s'opposer à l'aliénation, après mise en œuvre d'une procédure contradictoire, pour le motif mentionné au III de l'article 19-3 de la présente loi. L'opposition à l'aliénation, formée dans des conditions fixées par décret en Conseil d'État, prive celle-ci d'effet.

TITRE IV

DES ASSOCIATIONS POUR L'EXERCICE DES CULTES

Art. 18. — Les associations formées pour subvenir aux frais, à l'entretien et à l'exercice public d'un culte devront être constituées conformément aux articles 5 et suivants du titre I de la loi du 1er juillet 1901. Elles seront, en outre, soumises aux prescriptions de la présente loi.

Art. 19. — Les associations cultuelles ont exclusivement pour objet l'exercice d'un culte. Elles ne doivent, ni par leur objet statutaire, ni par leurs activités effectives, porter atteinte à l'ordre public. Elles sont composées de personnes majeures, au nombre de sept au moins, domiciliées ou résidant dans la circonscription religieuse définie par les statuts de l'association.

Chacun des membres peut s'en retirer à tout moment, après paiement des cotisations échues et de celles de l'année courante, nonobstant toute clause contraire.

Nonobstant toute clause contraire des statuts, les actes de gestion financière et d'administration légale des biens accomplis par les directeurs ou administrateurs sont, chaque année au moins, présentés au contrôle de l'assemblée générale des membres de l'association et soumis à son approbation.

Les statuts de l'association prévoient l'existence d'un ou de plusieurs organes délibérants ayant notamment pour compétence de décider de l'adhésion de tout nouveau membre, de la modification des statuts, de la cession de tout bien immobilier appartenant à l'association et, lorsqu'elle y procède, du recrutement d'un ministre du culte.

Les modalités d'application du présent article sont définies par décret en Conseil d'État.

Art. 19-1. — Pour bénéficier des avantages propres à la catégorie des associations cultuelles prévus par les dispositions législatives et réglementaires, toute association constituée conformément aux articles 18 et 19 de la présente loi doit déclarer sa qualité cultuelle au représentant de l'État dans le département, sans préjudice de la déclaration prévue à l'article 5 de la loi du 1er juillet 1901 relative au contrat d'association.

Le représentant de l'État dans le département peut, dans les deux mois suivant la déclaration, s'opposer à ce que l'association bénéficie des avantages mentionnés au premier alinéa du présent article s'il constate que l'association ne remplit pas ou ne remplit plus les conditions prévues aux articles 18 et 19 de la présente loi ou pour un motif d'ordre public. Lorsqu'il envisage de faire usage de son droit d'opposition, il en informe l'association et l'invite à présenter ses observations dans un délai d'un mois.

En l'absence d'opposition, l'association qui a déclaré sa qualité cultuelle bénéficie des avantages propres à la catégorie des associations cultuelles pendant une durée de cinq années, renouvelable par déclaration au représentant de l'État dans le département dans les conditions mentionnées aux deux premiers alinéas du présent article.

Le représentant de l'État dans le département peut, pour les mêmes motifs que ceux mentionnés au deuxième alinéa, retirer le bénéfice des avantages propres à la catégorie des associations cultuelles, après mise en œuvre d'une procédure contradictoire.

Les modalités d'application du présent article, notamment les documents permettant à l'association de justifier de sa qualité cultuelle, les conditions dans lesquelles est renouvelée la déclaration et les conditions dans lesquelles s'exerce le droit d'opposition de l'administration, sont précisées par décret en Conseil d'État.

Art. 19-2 — I. — Le financement des associations cultuelles est assuré librement dans les conditions prévues au présent article et à l'article 19-3.

II. — Les associations cultuelles peuvent recevoir les cotisations prévues à l'article 6 de la loi du 1er juillet 1901 relative au contrat d'association et le produit des quêtes et collectes pour les frais du culte. Elles peuvent percevoir des rétributions pour les cérémonies et services religieux, même par fondation, pour la location des bancs et sièges et pour la fourniture des objets destinés au service du culte, au service des funérailles dans les édifices religieux ainsi qu'à la décoration de ces édifices.

Elles peuvent recevoir, dans les conditions prévues au II de l'article 910 et à l'article 910-1 du Code civil, les libéralités entre vifs ou par testament destinées à l'accomplissement de leur objet ou grevées de charges pieuses ou cultuelles.

Elles peuvent posséder et administrer tous immeubles acquis à titre gratuit, sans préjudice des 2° et 3° de l'article 6 de la loi du 1er juillet 1901 précitée.

Les ressources annuelles qu'elles tirent des immeubles qu'elles possèdent et qui ne sont ni strictement nécessaires à l'accomplissement de leur objet, ni grevés de charges pieuses ou cultuelles, à l'exclusion des ressources provenant de l'aliénation de ces immeubles, ne peuvent représenter une part supérieure à 50 % de leurs ressources annuelles totales.

Elles peuvent verser, sans donner lieu à perception de droits, le surplus de leurs recettes à d'autres associations constituées pour le même objet.

III. — Elles ne peuvent, sous quelque forme que ce soit, recevoir des subventions de l'État ni des collectivités territoriales ou de leurs groupements. Ne sont pas considérées comme subventions les sommes allouées pour réparations ainsi que pour travaux d'accessibilité aux édifices affectés au culte public, qu'ils soient ou non classés monuments historiques.

Art. 19-3. — I. — Toute association cultuelle bénéficiant directement ou indirectement d'avantages ou de ressources versés en numéraire ou consentis en nature par un État étranger, par une personne morale étrangère, par tout dispositif juridique de droit étranger comparable à une fiducie ou par une personne physique non résidente en France est tenue d'en faire la déclaration à l'autorité administrative.

Cette obligation s'applique aux avantages et ressources dont le montant ou la valorisation dépasse un seuil défini par décret en Conseil d'État, qui ne peut être inférieur à 10 000 euros, ou dont le montant ou la valorisation du total des avantages et ressources dépasse ce même seuil sur un exercice comptable. Elle ne s'applique pas aux avantages et ressources qui font l'objet d'une libéralité.

Les avantages et ressources soumis à déclaration sont notamment les apports en fonds propres, les prêts, les subventions, les dons manuels, les mécénats de compétences, les prêts de main-d'œuvre, les dépôts et les contributions volontaires, qu'ils soient réalisés par ou sans l'intermédiaire d'un établissement de crédit, d'un établissement de monnaie électronique, d'un établissement de paiement ou d'un organisme ou service mentionné à l'article L. 518-1 du Code monétaire et financier.

II. — Les avantages et ressources soumis à l'obligation de déclaration mentionnée au I du présent article sont les suivants :

1° Les avantages et ressources apportés directement à l'association bénéficiaire ;

2° Les avantages et ressources apportés à toute association ou à toute société sous contrôle exclusif, sous contrôle conjoint ou sous influence notable de l'association bénéficiaire, au sens des II et III de l'article L. 233-16 et de l'article L. 233-17-2 du Code de commerce ;

3° Les avantages et ressources apportés à toute entité structurée ou organisée de manière telle que son activité est en fait exercée pour le compte de l'association bénéficiaire ou de toute association ou société mentionnée au 2° du présent II ;

4° Les avantages et ressources apportés aux associations, sociétés ou entités mentionnées aux 1°, 2° et 3° du présent II par l'intermédiaire d'une personne morale ou d'une fiducie sous contrôle exclusif, sous contrôle conjoint ou sous influence notable d'un État étranger ou d'une personne morale étrangère ou de tout dispositif juridique de droit étranger comparable à une fiducie ;

5° Les avantages et ressources apportés aux associations, sociétés ou entités mentionnées aux mêmes 1°, 2° et 3° par l'intermédiaire d'une personne morale, d'une fiducie ou d'une personne physique de manière telle qu'ils le sont en fait pour le compte d'un État étranger, d'une personne morale étrangère, de tout dispositif juridique de droit étranger comparable à une fiducie ou d'une personne physique non résidente en France.

Les fiducies et personnes morales de droit français mentionnées aux 2° à 5° du présent II assurent la certification de leurs comptes dans des conditions déterminées par décret en Conseil d'État, sans préjudice de l'application de l'article 4-1 de la loi n° 87-571 du 23 juillet 1987 sur le développement du mécénat.

III. — Lorsque les agissements de l'association bénéficiaire ou de l'un de ses dirigeants ou administrateurs établissent l'existence d'une menace réelle, actuelle et suffisamment grave affectant un intérêt fondamental de la société, l'autorité administrative peut s'opposer, après mise en œuvre d'une procédure contradictoire, au bénéfice des avantages et ressources mentionnés au I du présent article.

L'opposition peut être exercée dans les mêmes conditions lorsque constituent une menace de même nature les agissements de tout État étranger, organisme, entité, personne ou dispositif mentionné au II, ou de l'un de ses dirigeants, administrateurs, constituants, fiduciaires ou bénéficiaires.

IV. — Le non-respect de l'obligation de déclaration prévue au présent article est puni d'une amende de 3 750 euros, dont le montant peut être porté au quart de la somme sur laquelle a porté l'infraction. Les personnes physiques ou morales coupables de cette infraction encourent également, dans les conditions prévues à l'article 131-21 du Code pénal, la peine complémentaire de confiscation de la valeur des avantages et ressources concernés.

En cas d'opposition formée par l'autorité administrative conformément au III du présent article, l'association bénéficiaire est tenue de restituer les avantages et ressources versés ou consentis. Le défaut de restitution dans un délai de trois mois est puni de deux ans d'emprisonnement et de 30 000 euros d'amende ainsi que d'une peine complémentaire de confiscation des avantages et ressources concernés.

Le fait, pour un dirigeant, un administrateur ou un fiduciaire, de ne pas respecter l'obligation prévue au dernier alinéa du II est puni de 9 000 euros d'amende.

V. — Un décret en Conseil d'État fixe les modalités d'application du présent article, en particulier les conditions dans lesquelles les fiducies et les personnes morales de droit français mentionnées au dernier alinéa du II doivent assurer la certification de leurs comptes, notamment le montant des avantages et ressources à compter duquel s'applique l'obligation de certification.

Art. 20. — Ces associations peuvent, dans les formes déterminées par décret en Conseil d'État, constituer des unions ayant une administration ou une direction centrale ; ces unions seront réglées par l'article 18, le troisième alinéa de l'article 19 et les articles 19-1 à 19-3 de la présente loi.

Art. 21. — Les associations et les unions établissent des comptes annuels comprenant un bilan, un compte de résultat et une annexe. Ces comptes sont établis conformément à un règlement de l'Autorité des normes comptables, qui prévoit notamment la tenue d'un état séparé des avantages et ressources provenant d'un État étranger, d'une personne morale étrangère, d'un dispositif juridique de droit étranger comparable à une fiducie ou d'une personne physique non résidente en France. Les associations et les unions dressent chaque année l'état inventorié de leurs biens meubles et immeubles.

Elles dressent également une liste des lieux dans lesquels elles organisent habituellement l'exercice public du culte.

Elles sont tenues de présenter les documents mentionnés aux deux premiers alinéas du présent article ainsi que le budget prévisionnel de l'exercice en cours sur demande du représentant de l'État dans le département.

Lorsqu'elles ont bénéficié, au cours de l'exercice comptable considéré, d'avantages ou de ressources mentionnés au I de l'article 19-3 de la présente loi, elles assurent la certification de leurs comptes, sans préjudice de l'application de l'article 4-1 de la loi n° 87-571 du 23 juillet 1987 sur le développement du mécénat.

Elles établissent un traité d'apport lorsqu'elles reçoivent un apport en nature en pleine propriété, en jouissance, en usufruit ou en nue-propriété. Ce traité, qui est annexé aux comptes de l'exercice en cours, comporte une description précise de l'apport, sa valeur estimée et ses conditions d'affectation. Le cas échéant, il précise également la contrepartie pour l'apporteur et les conditions de reprise du bien.

Lorsque les associations et les unions collectent des dons par l'intermédiaire des opérations de paiement prévues au 2° du I des articles L. 521-3-1 et L. 525-6-1 du Code monétaire et financier, elles sont tenues d'en faire la déclaration préalable au représentant de l'État dans le département ou dans la collectivité dans les conditions prévues à l'article 3 de la loi n° 91-772 du 7 août 1991 relative au congé de représentation en faveur des associations et des mutuelles et au contrôle des comptes des organismes faisant appel à la générosité publique.

Le contrôle financier est exercé sur les associations et sur les unions par le ministre des Finances et par l'inspection générale des finances.

Un décret en Conseil d'État détermine les modalités d'application du présent article, y compris le montant des avantages et ressources à compter duquel s'applique l'obligation de certification prévue au quatrième alinéa.

Art. 22. — Les associations et unions peuvent employer leurs ressources disponibles à la constitution d'un fonds de réserve suffisant pour assurer les frais et l'entretien du culte et ne pouvant, en aucun cas, recevoir une autre destination.

Art. 23. — Seront punis d'une amende prévue par le 5° de l'article 131-13 du Code pénal pour les contraventions de la 5e classe, et, en cas de récidive, d'une amende double, les directeurs ou administrateurs d'une association ou d'une union qui auront contrevenu aux articles 18, 19, 19-1, 20 et 22 de la présente loi.

Est puni de 9 000 euros d'amende le fait, pour le dirigeant ou l'administrateur d'une association, de ne pas respecter les obligations prévues aux cinq premiers alinéas de l'article 21.

À la demande de toute personne ayant intérêt à agir au sens de l'article 31 du Code de procédure civile, du ministère public ou du représentant de l'État dans le département dans lequel est situé le siège social de l'association, le président du tribunal judiciaire, statuant en référé, peut enjoindre sous astreinte aux dirigeants de l'association de produire les comptes annuels et les autres documents mentionnés à l'article 21 de la présente loi. Le président du tribunal judiciaire peut, dans les mêmes conditions et à cette même fin, désigner un mandataire chargé d'effectuer ces formalités.

Art. 24. — Les édifices affectés à l'exercice du culte appartenant à l'État, aux départements ou aux communes continueront à être exemptés de l'impôt foncier et de l'impôt des portes et fenêtres.

Les édifices servant au logement des ministres des cultes, les séminaires, les facultés de théologie protestante qui appartiennent à l'État, aux départements ou aux communes, les biens qui sont la propriété des associations et unions sont soumis aux mêmes impôts que ceux des particuliers.

Toutefois, les édifices affectés à l'exercice du culte qui ont été attribués aux associations ou unions en vertu des dispositions de l'article 4 de la présente loi sont, au même titre que ceux qui, appartiennent à l'État, aux départements et aux communes, exonérés de l'impôt foncier et de l'impôt des portes et fenêtres.

Les associations et unions ne sont en aucun cas assujetties à la taxe d'abonnement ni à celle imposée aux cercles par article 33 de la loi du 8 août 1890, pas plus qu'à l'impôt de 4 % sur le revenu établi par les lois du 28 décembre 1880 et 29 décembre 1884.

TITRE V

POLICE DES CULTES

Art. 25. — Les réunions pour la célébration d'un culte tenues dans les locaux appartenant à une association culturelle ou mis à sa disposition sont publiques. Elles sont dispensées des formalités de l'article 8 de la loi du 30 juin 1881, mais restent placées sous la surveillance des autorités dans l'intérêt de l'ordre public. Elles ne peuvent avoir lieu qu'après une déclaration faite dans les formes de l'article 2 de la même loi et indiquant le local dans lequel elles seront tenues.

Une seule déclaration suffit pour l'ensemble des réunions permanentes, périodiques ou accidentelles qui auront lieu dans l'année.

Art. 26. — Il est interdit de tenir des réunions politiques dans les locaux servant habituellement à l'exercice d'un culte.

Art. 27. — Les cérémonies, processions et autres manifestations extérieures d'un culte continueront à être réglées en conformité des articles 95 et 97 de la loi municipale du 5 avril 1884.

Les sonneries de cloches seront réglées par arrêté municipal, et, en cas de désaccord entre le maire et le président ou directeur de l'association culturelle, par arrêté préfectoral.

Le règlement d'administration publique prévu par l'article 43 de la présente loi déterminera les conditions et les cas dans lesquels les sonneries civiles pourront avoir lieu.

Art. 28. — Il est interdit, à l'avenir, d'élever ou d'apposer aucun signe ou emblème religieux sur les monuments publics ou en quelque emplacement public que ce soit, à l'exception des édifices servant au culte, des terrains de sépulture dans les cimetières, des monuments funéraires, ainsi que des musées ou expositions.

Art. 29. — Les infractions aux articles 25 à 28 sont punies de l'amende prévue pour les contraventions de la cinquième classe.

Sont passibles de cette peine, dans le cas des articles 25 et 27, ceux qui ont organisé la réunion ou manifestation, ceux qui y ont participé en qualité de ministres du culte et, dans le cas de l'article 25, ceux qui ont fourni le local.

Art. 30. — Abrogé par l'ordonnance n° 2000-549 du 15 juin 2000.

Art. 31. — Sont punis d'un an d'emprisonnement et de 15 000 euros d'amende ceux qui, soit par menaces contre un individu, soit en lui faisant craindre de perdre son emploi ou d'exposer à un dommage sa personne, sa famille ou sa fortune, ont agi en vue de le déterminer à exercer ou à s'abstenir d'exercer un culte, à faire partie ou à cesser de faire partie d'une association cultuelle, à contribuer ou à s'abstenir de contribuer aux frais d'un culte.

Les peines sont portées à trois ans d'emprisonnement et 45 000 euros d'amende lorsque l'auteur des faits agit par voie de fait ou violence.

Art. 32. — Seront punis des mêmes peines ceux qui auront empêché, retardé ou interrompu les exercices d'un culte par des troubles ou désordres causés dans le local servant à ces exercices.

Art. 33. — Les dispositions des deux articles précédents ne s'appliquent qu'aux troubles, outrages ou voies de fait, dont la nature ou les circonstances ne donneront pas lieu à de plus fortes peines d'après les dispositions du Code pénal.

Art. 34. — Tout ministre d'un culte qui, dans les lieux où s'exerce ce culte, aura publiquement, par des discours prononcés, des lectures faites, des écrits distribués ou des affiches apposées, outragé ou diffamé un citoyen chargé d'un service public, sera puni d'une amende de 1 800 à 20 000 francs et d'un emprisonnement d'un mois à un an, ou de l'une de ces deux peines seulement.

La vérité du fait diffamatoire, mais seulement s'il est relatif aux fonctions, pourra être établie devant le tribunal correctionnel dans les formes prévues par l'article 52 de la loi du 29 juillet 1881. Les prescriptions édictées par l'article 65 de la même loi s'appliquent aux délits du présent article et de l'article qui suit.

Art. 35. — Si un discours prononcé ou un écrit affiché ou distribué publiquement dans les lieux où s'exerce le culte contient une provocation directe à résister à l'exécution des lois ou aux actes légaux de l'autorité publique ou s'il tend à soulever ou à armer une partie des citoyens contre les autres, le ministre du culte qui s'en rend coupable est puni de cinq ans d'emprisonnement et de 75 000 euros d'amende, sans préjudice des peines de la complicité dans le cas où la provocation est suivie d'une sédition, révolte ou guerre civile.

Art. 35-1. — Il est interdit de tenir des réunions politiques dans les locaux servant habituellement à l'exercice d'un culte ou dans leurs dépendances qui en constituent un accessoire indissociable. Il est également interdit d'y afficher, d'y distribuer ou d'y diffuser de la propagande électorale, que ce soit celle d'un candidat ou d'un élu.

Il est également interdit d'organiser des opérations de vote pour des élections politiques françaises ou étrangères dans un local servant habituellement à l'exercice du culte ou utilisé par une association cultuelle.

Les délits prévus au présent article sont punis d'un an d'emprisonnement et de 15 000 euros d'amende.

Art. 36. — Dans le cas de condamnation en application des articles 25, 34, 35 et 35-1 l'association constituée pour l'exercice du culte dans l'immeuble où l'infraction a été commise sera civilement responsable, sauf si l'infraction a été commise par une personne non membre de l'association ou n'agissant pas à l'invitation de celle-ci et dans des conditions dont l'association ne pouvait avoir connaissance.

Art. 36-1. — La peine prévue au 12° de l'article 131-6 du Code pénal est prononcée à la place de ou en même temps que la peine d'amende ou la peine d'emprisonnement prévue pour les délits définis au présent titre. Toutefois, la juridiction peut, par une décision spécialement motivée, décider de ne pas prononcer cette peine en considération des circonstances de l'infraction et de la personnalité de son auteur.

Art. 36-2. — Une personne condamnée pour l'une des infractions prévues aux articles 421-1 à 421-6 du Code pénal ne peut diriger ou administrer une association cultuelle pendant une durée de dix ans à compter de la date à laquelle la condamnation est devenue définitive. Toutefois, pour les infractions mentionnées aux articles 421-2-5 et 421-2-5-1 du même code, cette durée est réduite à cinq ans.

Art. 36-3. — I.- Le représentant de l'État dans le département ou, à Paris, le préfet de police peut prononcer la fermeture temporaire des lieux de culte dans lesquels les propos qui sont tenus, les idées ou théories qui sont diffusées ou les activités qui se déroulent provoquent à la haine ou à la violence envers une personne ou un groupe de personnes ou tendent à justifier ou à encourager cette haine ou cette violence.

Cette fermeture, dont la durée doit être proportionnée aux circonstances qui l'ont motivée et qui ne peut excéder deux mois, est prononcée par arrêté motivé et est précédée d'une procédure contradictoire dans les conditions prévues au chapitre II du titre II du livre Ier du code des relations entre le public et l'administration.

II. — Peuvent également faire l'objet d'une mesure de fermeture, selon les modalités prévues au second alinéa du I, des locaux dépendant du lieu de culte dont la fermeture est prononcée sur le fondement du même I et dont il existe des raisons sérieuses de penser qu'ils seraient utilisés pour faire échec à l'exécution de cette mesure. La fermeture de ces locaux prend fin à l'expiration de la mesure de fermeture du lieu de culte.

III. — L'arrêté de fermeture est assorti d'un délai d'exécution, qui ne peut être inférieur à quarante-huit heures, à l'expiration duquel la mesure peut faire l'objet d'une exécution d'office. Toutefois, si une personne y ayant un intérêt a saisi le tribunal administratif, dans ce délai, d'une demande présentée sur le fondement de l'article L. 521-2 du Code de justice administrative, la mesure ne peut être exécutée d'office avant que le juge des référés ait informé les parties de la tenue ou de l'absence de tenue d'une audience publique en application du deuxième alinéa de l'article L. 522-1 du même code ou, si les parties ont été informées d'une telle audience, avant que le juge ait statué sur la demande.

IV. — La violation d'une mesure de fermeture d'un lieu de culte ou d'un lieu en dépendant prise en application du présent article est punie de six mois d'emprisonnement et de 7 500 euros d'amende.

N° 75.2 L'exercice des cultes : la loi du 2 janvier 1907 (extraits) (193)

Article premier. — Dès la promulgation de la présente loi, l'État, les départements et les communes recouvreront à titre définitif la libre disposition des archevêchés, évêchés, presbytères et séminaires qui sont leur propriété et dont la jouissance n'a pas été réclamée par une association constituée dans l'année qui a suivi la promulgation de la loi du 9 décembre 1905, conformément aux dispositions de ladite loi.

Cesseront de même, s'il n'a pas été établi d'associations de cette nature, les indemnités de logement incombant aux communes, à défaut de presbytère.

La location des édifices ci-dessus dont les départements ou les communes sont propriétaires devra être approuvée par l'administration préfectorale. En cas d'aliénation par le département, il sera procédé comme dans les cas prévus par l'article 48, paragraphe 1er, de la loi du 10 août 1871.

……………………………………………………………………………………………

Art. 4. — Indépendamment des associations soumises au titre IV de la loi du 9 décembre 1905 concernant la séparation des Églises et de l'État, l'exercice public d'un culte peut être assuré par voie de réunions tenues sur initiatives individuelles en application de la loi du 30 juin 1881 sur la liberté de réunion et dans le respect des articles 25, 34, 35, 35-1, 36 et 36-1 de la loi du 9 décembre 1905 précitée.

L'exercice public d'un culte peut également être assuré au moyen d'associations régies par la loi du 1er juillet 1901 relative au contrat d'association.

Ces associations sont soumises aux articles 1er, 2, 3, 4, 5, 6, 7, 8, 9, 9 bis et 17 de la loi du 1er juillet 1901 précitée ainsi qu'au troisième alinéa de l'article 19 et aux articles 19-3, 25, 34, 35, 35-1, 36, 36-1 et 36-2 de la loi du 9 décembre 1905 précitée.

Art. 4-1. — Les associations mentionnées au deuxième alinéa de l'article 4 de la présente loi sont également soumises aux deux premières phrases du premier alinéa et aux deuxième à cinquième alinéas de l'article 21 de la loi du 9 décembre 1905 concernant la séparation des Églises et de l'État. Elles établissent leurs comptes annuels de sorte que leurs activités en relation avec l'exercice public d'un culte constituent une unité fonctionnelle présentée séparément. Elles sont tenues de consacrer un compte ouvert dans un établissement mentionné à l'article L. 521-1 du code monétaire et financier à l'exercice de l'ensemble des transactions financières liées à leur activité d'exercice public du culte. Lorsqu'elles perçoivent des ressources collectées par un appel public à la

(193) Loi modifiée par la loi n° 2021-1109 du 24 août 2021 confortant le respect des principes de la République.

générosité destiné à soutenir l'exercice du culte, elles sont soumises à l'article 4 de la loi n° 91-772 du 7 août 1991 relative au congé de représentation en faveur des associations et des mutuelles et au contrôle des comptes des organismes faisant appel à la générosité publique, dans des conditions définies par un décret en Conseil d'État, qui fixe notamment le seuil à compter duquel le même article 4 s'applique. Elles assurent la certification de leurs comptes, sans préjudice de l'application de l'article 4-1 de la loi n° 87-571 du 23 juillet 1987 sur le développement du mécénat et du dernier alinéa du II de l'article 19-3 de la loi du 9 décembre 1905 précitée :

1° Lorsqu'elles délivrent des documents tels que certificats, reçus, états, factures ou attestations permettant à un contribuable d'obtenir une réduction d'impôt en application des articles 200 et 238 bis du Code général des impôts ;

2° Lorsque le montant des subventions publiques reçues annuellement dépasse un seuil défini par décret en Conseil d'État ;

3° Lorsque leur budget annuel dépasse un seuil défini par décret en Conseil d'État.

Les deux derniers alinéas de l'article 23 de la loi du 9 décembre 1905 précitée sont applicables en cas de non-respect du présent article.

Art. 4-2. — Le représentant de l'État dans le département, lorsqu'il constate qu'une association mentionnée au deuxième alinéa de l'article 4 ne prévoit pas dans son objet l'accomplissement d'activités en relation avec l'exercice public d'un culte, met en demeure l'association, dans un délai qu'il fixe et qui ne peut être inférieur à un mois, de mettre son objet en conformité avec ses activités.

À l'expiration du délai prévu au premier alinéa, le représentant de l'État dans le département peut, si l'association n'a pas satisfait à la mise en demeure, prononcer une astreinte d'un montant maximal de 100 € par jour de retard.

Un décret en Conseil d'État précise les conditions d'application du présent article.

Art. 5. — À défaut d'associations culturelles, les édifices affectés à l'exercice du culte, ainsi que les meubles les garnissant, continueront, sauf désaffectation dans les cas prévus par la loi du 9 décembre 1905, à être laissés à la disposition des fidèles et des ministres du culte pour la pratique de leur religion.

La jouissance gratuite ne pourra être accordée, soit à des associations culturelles constituées conformément aux articles 18 et 19 de la loi du 9 décembre 1905, soit à des associations formées en vertu des dispositions précitées de la loi du 1er juillet 1901 pour assurer la continuation de l'exercice public du culte, soit aux ministres du culte dont les noms devront être indiqués dans les déclarations prescrites par l'article 25 de la loi du 9 décembre 1905.

La jouissance ci-dessus prévue desdits édifices et des meubles les garnissant sera attribuée, sous réserve des obligations énoncées par l'article 13 de la loi du 9 décembre 1905, au moyen d'un acte administratif dressé par le préfet pour les immeubles placés sous séquestre et ceux qui appartiennent à l'État et aux départements, par le maire pour les immeubles qui sont la propriété des communes.

Les règles sus énoncées s'appliqueront aux édifices affectés au culte qui, ayant appartenu aux établissements ecclésiastiques, auront été attribués par décret aux établissements communaux d'assistance ou de bienfaisance par application de l'article 9, paragraphe 1 de la loi du 9 décembre 1905.

2. La lutte contre les dérives sectaires

N° 76.1 La prévention et la répression des mouvements sectaires portant atteinte aux droits de l'homme et aux libertés fondamentales : la loi modifiée n° 2001-504 du 12 juin 2001 (194) (extraits) et les articles 223-15-2 et 223-15-3 du Code pénal (195)

Chapitre I

Dissolution civile de certaines personnes morales

Article premier. — Peut être prononcée, selon les modalités prévues par le présent article, la dissolution de toute personne morale, quelle qu'en soit la forme juridique ou l'objet, qui poursuit des activités ayant pour but ou pour effet de créer, de maintenir ou d'exploiter la sujétion psychologique ou physique des personnes qui participent à ces activités, lorsque ont été prononcées, contre la personne morale elle-même ou ses dirigeants de droit ou de fait, des condamnations pénales définitives pour l'une ou l'autre des infractions mentionnées ci-après :

1° Infractions contre l'espèce humaine, infractions d'atteintes volontaires ou involontaires à la vie ou à l'intégrité physique ou psychique de la personne, de mise en danger de la personne, d'atteinte aux libertés de la personne, d'atteinte à la dignité de la personne, d'atteinte à la personnalité, de mise en péril des mineurs, d'atteintes aux biens prévues par les articles 214-1 à 214-4, 221-1 à 221-6, 222-1 à 222-40, 223-1 à 223-15, 223-15-2, 224-1 à 224-4, 225-5 à 225-15, 225-17, 226-1 à 226-23, 227-1 à 227-27, 311-1 à 311-13, 312-1 à 312-12, 313-1 à 313-3, 314-1 à 314-3, 324-1 à 324-6 et 511-1-2 du Code pénal ;

2° Infractions d'exercice illégal de la médecine ou de la pharmacie prévues par les articles L. 4161-5 et L. 4223-1 du Code de la santé publique ;

3° Infractions de publicité mensongère, de fraudes ou de falsifications prévues par les articles L. 121-6 et L. 213-1 à L. 213-4 du Code de la consommation.

La procédure de dissolution est portée devant le tribunal de grande instance à la demande du ministère public agissant d'office ou à la requête de tout intéressé.

La demande est formée, instruite et jugée conformément à la procédure à jour fixe.

Le délai d'appel est de quinze jours. Le président de chambre à laquelle l'affaire est distribuée fixe à bref délai l'audience à laquelle l'affaire sera appelée. Au jour indiqué, il est procédé selon les modalités prévues aux articles 760 à 762 du Code de procédure civile.

---

(194) Articles modifiés par la loi n° 2017-86 du 27 janvier 2017 relative à l'égalité et à la citoyenneté et l'ordonnance n° 2019-964 du 18 septembre 2019 prise en application de la loi n° 2019-222 du 23 mars 2019 de programmation 2018-2022 et de réforme pour la justice.

(195) Ces articles incorporent les modifications apportées par les lois n° 2009-526 du 12 mai 2009 et n° 2009-1436 du 24 novembre 2009.

Le maintien ou la reconstitution, ouverte ou déguisée, d'une personne morale dissoute en application des dispositions du présent article constitue le délit prévu par le deuxième alinéa de l'article 434-43 du Code pénal.

Le tribunal judiciaire peut prononcer au cours de la même procédure la dissolution de plusieurs personnes morales mentionnées au premier alinéa dès lors que ces personnes morales poursuivent le même objectif et sont unies par une communauté d'intérêts et qu'a été prononcée à l'égard de chacune d'entre elles ou de ses dirigeants de droit ou de fait au moins une condamnation pénale définitive pour l'une des infractions mentionnées aux 1° à 3°. Ces différentes personnes morales doivent être parties à la procédure.

....

Chapitre IV

Dispositions limitant la publicité des mouvements sectaires

Art. 19. — Est puni de 7 500 euros d'amende le fait de diffuser, par quelque moyen que ce soit, des messages destinés à la jeunesse et faisant la promotion d'une personne morale, quelle qu'en soit la forme juridique ou l'objet, qui poursuit des activités ayant pour but ou pour effet de créer, de maintenir ou d'exploiter la sujétion psychologique ou physique des personnes qui participent à ces activités, lorsque a été prononcée au moins une fois, contre la personne morale elle-même ou ses dirigeants de droit ou de fait, une condamnation pénale définitive pour l'une ou l'autre des infractions mentionnées ci-après :

1° Infractions d'atteintes volontaires ou involontaires à la vie ou à l'intégrité physique ou psychique de la personne, de mise en danger de la personne, d'atteinte aux libertés de la personne, d'atteinte à la dignité de la personne, d'atteinte à la personnalité, de mise en péril des mineurs ou d'atteintes aux biens prévues par les articles 221-1 à 221-6, 222-1 à 222-40, 223-1 à 223-15, 223-15-2, 224-1 à 224-4, 225-5 à 225-15, 225-17, 226-1 à 226-23, 227-1 à 227-27, 311-1 à 311-13, 312-1 à 312-12, 313-1 à 313-3, 314-1 à 314-3 et 324-1 à 324-6 du Code pénal ;

2° Infractions d'exercice illégal de la médecine ou de la pharmacie prévues par les articles L. 4161-5 et L. 4223-1 du Code de la santé publique ;

3° Infractions de publicité mensongère, de fraudes ou de falsifications prévues par les articles L. 121-6 et L. 213-1 à L. 213-4 du Code de la consommation.

Les mêmes peines sont applicables lorsque les messages visés au premier alinéa du présent article invitent à rejoindre une telle personne morale.

Les personnes morales peuvent être déclarées pénalement responsables dans les conditions prévues par l'article 121-2 du Code pénal des infractions définies au présent article. La peine encourue par les personnes morales est l'amende, suivant les modalités prévues par l'article 131-38 du Code pénal.

....

Art. 223-15-2. — Est puni de trois ans d'emprisonnement et de 375 000 euros d'amende l'abus frauduleux de l'état d'ignorance ou de la situation de faiblesse soit d'un mineur, soit d'une personne dont la particulière vulnérabilité, due à son âge, à une maladie, à une infirmité, à une déficience physique ou psychique ou à un état de grossesse, est apparente ou connue de son auteur, soit d'une personne en état de sujétion psychologique ou physique résultant de l'exercice de pressions graves ou réitérées ou de techniques propres à altérer son jugement, pour conduire ce mineur ou cette personne à un acte ou à une abstention qui lui sont gravement préjudiciables.

Lorsque l'infraction est commise par le dirigeant de fait ou de droit d'un groupement qui poursuit des activités ayant pour but ou pour effet de créer, de maintenir ou d'exploiter la sujétion psychologique ou physique des personnes qui participent à ces activités, les peines sont portées à cinq ans d'emprisonnement et à 750 000 euros d'amende.

Art. 223-15-3. — Les personnes physiques coupables du délit prévu à la présente section encourent également les peines complémentaires suivantes :

1° L'interdiction des droits civiques, civils et de famille, suivant les modalités prévues par l'article 131-26 ;

2° L'interdiction, suivant les modalités prévues par l'article 131-27, d'exercer une fonction publique ou d'exercer l'activité professionnelle ou sociale dans l'exercice ou à l'occasion de l'exercice de laquelle l'infraction a été commise, pour une durée de cinq ans au plus, ainsi que l'activité de prestataire de formation professionnelle continue au sens de l'article L. 6313-1 du Code du travail, pour la même durée ;

3° La fermeture, pour une durée de cinq ans au plus, des établissements ou de l'un ou de plusieurs des établissements de l'entreprise ayant servi à commettre les faits incriminés ;

4° La confiscation de la chose qui a servi ou était destinée à commettre l'infraction ou de la chose qui en est le produit, à l'exception des objets susceptibles de restitution ;

5° L'interdiction de séjour, suivant les modalités prévues par l'article 131-31 ;

6° L'interdiction, pour une durée de cinq ans au plus, d'émettre des chèques autres que ceux qui permettent le retrait de fonds par le tireur auprès du tiré ou ceux qui sont certifiés ;

7° L'affichage ou la diffusion de la décision prononcée, dans les conditions prévues par l'article 131-35.

Art. 223-15-4. — Les personnes morales déclarées responsables pénalement, dans les conditions prévues par l'article 121-2, des infractions définies à la présente section encourent, outre l'amende suivant les modalités prévues par l'article 131-38, les peines prévues par l'article 131-39.

L'interdiction mentionnée au 2° de l'article 131-39 porte sur l'activité dans l'exercice ou à l'occasion de l'exercice de laquelle l'infraction a été commise.

N° 76.2 La mission interministérielle de vigilance et de lutte contre les dérives sectaires : le décret modifié n° 2002-1392 du 28 novembre 2002 (extraits) (196)

Article premier. — Il est institué, auprès du secrétaire général du comité interministériel pour la prévention de la délinquance et de la radicalisation, qui en assure la présidence, une mission interministérielle de vigilance et de lutte contre les dérives sectaires qui est chargée :

1° D'observer et d'analyser le phénomène des mouvements à caractère sectaire dont les agissements sont attentatoires aux droits de l'homme et aux libertés fondamentales ou constituent une menace à l'ordre public ou sont contraires aux lois et règlements ;

(196) Articles modifiés par le décret n° 2020-867 du 15 juillet 2020.

2° De favoriser, dans le respect des libertés publiques, la coordination de l'action préventive et répressive des pouvoirs publics à l'encontre de ces agissements ;

3° De développer l'échange des informations entre les services publics sur les pratiques administratives dans le domaine de la lutte contre les dérives sectaires ;

4° De contribuer à l'information et à la formation des agents publics dans ce domaine ;

5° D'informer le public sur les risques, et le cas échéant les dangers, auxquels les dérives sectaires l'exposent et de faciliter la mise en oeuvre d'actions d'aide aux victimes de ces dérives ;

6° De participer aux travaux relatifs aux questions relevant de sa compétence menés par le ministère des affaires étrangères dans le champ international.

Art. 2. — La mission est rendue destinataire par les différentes administrations concernées des informations que celles-ci détiennent sur les mouvements à caractère sectaire visés à l'article 1er, sauf lorsque la communication de ces informations est de nature à porter atteinte à un secret protégé par la loi.

Elle peut également saisir les services centraux des ministères de toute demande tendant à la réalisation d'études ou de recherches dans le domaine de la lutte contre les dérives sectaires.

Elle diffuse régulièrement à ces services la synthèse des analyses générales effectuées sur le sujet. Elle leur signale les agissements portés à sa connaissance qui lui paraissent pouvoir appeler une initiative de leur part. Si ces agissements sont susceptibles de recevoir une qualification pénale, elle les dénonce au procureur de la République et avise de sa dénonciation le garde des sceaux, ministre de la justice.

Art. 3. — Le président de la mission est nommé par décret pour une durée de trois ans.

Il est assisté d'un secrétaire général nommé par arrêté du Premier ministre.

Les agents placés sous l'autorité du secrétaire général de la mission sont également nommés par arrêté du Premier ministre.

Art. 4. — Le président de la mission préside un comité exécutif de pilotage opérationnel composé de représentants des départements ministériels concernés.

Ce comité exécutif se réunit au moins six fois par an sur convocation du président de la mission. L'ordre du jour est établi par ce dernier.

Art. 5. — Le président de la mission réunit périodiquement, sur un ordre du jour qu'il établit, un conseil d'orientation composé de personnalités nommées, à raison de leurs compétences ou de leur expérience, par arrêté du Premier ministre.

Ce conseil contribue, par ses travaux, à nourrir la réflexion des pouvoirs publics sur les dérives sectaires, à dégager des orientations et des perspectives d'action pour la mission et à favoriser l'évaluation de cette action.

Le conseil d'orientation entend toute personne qu'il juge utile pour mener à bien ses travaux. Les membres du comité exécutif peuvent, sur décision du président de la mission, assister aux réunions du conseil.

Art. 6. — Le président de la mission détermine chaque année, après consultation du comité exécutif et du conseil d'orientation, le programme d'action de la mission. Il établit, dans les mêmes formes, un rapport annuel d'activité qui est remis au Premier ministre et est rendu public.

3. Le principe de laïcité

N° 77.1 L'affirmation du caractère laïc de la République : l'article 1er de la Constitution

Article premier. — La France est une République indivisible, laïque, démocratique et sociale. Elle assure l'égalité devant la loi de tous les citoyens sans distinction d'origine, de race ou de religion. Elle respecte toutes les croyances. Son organisation est décentralisée.

N° 77.2 La laïcité de l'enseignement public : les articles L. 141-1 à L. 141-6 du Code de l'éducation (197)

Art. L. 141-1. — Comme il est dit au treizième alinéa du Préambule de la Constitution du 27 octobre 1946 confirmé par celui de la Constitution du 4 octobre 1958, « la Nation garantit l'égal accès de l'enfant et de l'adulte à l'instruction, à la formation et à la culture ; l'organisation de l'enseignement public gratuit et laïque à tous les degrés est un devoir de l'État ».

Art. L. 141-2. — Suivant les principes définis dans la Constitution, l'État assure aux enfants et adolescents dans les établissements publics d'enseignement la possibilité de recevoir un enseignement conforme à leurs aptitudes dans un égal respect de toutes les croyances.

L'État prend toutes dispositions utiles pour assurer aux élèves de l'enseignement public la liberté des cultes et de l'instruction religieuse.

Art. L. 141-3. — Les écoles élémentaires publiques vaquent un jour par semaine en outre du dimanche, afin de permettre aux parents de faire donner, s'ils le désirent, à leurs enfants l'instruction religieuse, en dehors des édifices scolaires.

L'enseignement religieux est facultatif dans les écoles privées.

Art. L. 141-4. — L'enseignement religieux ne peut être donné aux enfants inscrits dans les écoles publiques qu'en dehors des heures de classe.

Art. L. 141-5. — Dans les établissements du premier degré publics, l'enseignement est exclusivement confié à un personnel laïc.

Art. L. 141-5-1. — Dans les écoles, les collèges et les lycées publics, le port de signes ou tenues par lesquels les élèves manifestent ostensiblement une appartenance religieuse est interdit.

Le règlement intérieur rappelle que la mise en œuvre d'une procédure disciplinaire est précédée d'un dialogue avec l'élève.

Art. L. 141-5-2. — L'État protège la liberté de conscience des élèves. Les comportements constitutifs de pressions sur les croyances des élèves ou de

---

(197) Articles modifiés par la loi n° 2019-791 du 26 juillet 2019 pour une école de la confiance.

tentatives d'endoctrinement de ceux-ci sont interdits dans les écoles publiques et les établissements publics locaux d'enseignement, à leurs abords immédiats et pendant toute activité liée à l'enseignement.

La méconnaissance de cette interdiction est punie de l'amende prévue pour les contraventions de la cinquième classe.

Art. L. 141-6. — Le service public de l'enseignement supérieur est laïque et indépendant de toute emprise politique, économique, religieuse ou idéologique ; il tend à l'objectivité du savoir ; il respecte la diversité des opinions. Il doit garantir à l'enseignement et à la recherche leurs possibilités de libre développement scientifique, créateur et critique.

Nº 77.3 Le comité interministériel de la laïcité : le décret nº 2021-716 du 4 juin 2021 (198)

Article premier. — Le comité interministériel de la laïcité est présidé par le Premier ministre.

Ce comité comprend le ministre des affaires étrangères, le ministre chargé de l'éducation nationale, le ministre chargé de la jeunesse, le ministre chargé des sports, le ministre des armées, le ministre de l'intérieur, le ministre chargé du travail, le ministre chargé des outre-mer, le ministre chargé des collectivités territoriales, le ministre chargé de la ville, le ministre de la justice, le ministre chargé des solidarités et de la santé, le ministre chargé de l'enseignement supérieur, de la recherche et de l'innovation, le ministre chargé de la fonction publique, le ministre chargé de l'égalité entre les femmes et les hommes, de la diversité et de l'égalité des chances et le ministre chargé de la citoyenneté.

Le Premier ministre peut inviter d'autres membres du Gouvernement à participer aux travaux du comité.

Art. 2. — Le comité coordonne et assure le suivi de la mise en œuvre de l'action du Gouvernement aux fins d'assurer la promotion et le respect du principe de laïcité au sein des administrations de l'État, des collectivités territoriales ainsi que des autres personnes de droit public ou de droit privé chargées d'une mission de service public.

À ce titre, il assure la diffusion auprès de ces dernières des règles relatives au principe de laïcité et veille à la cohérence de leur mise en œuvre.

Il concourt à la définition des exigences de formation auxquelles doit satisfaire tout agent public en la matière. Il détermine le cadre de l'action des référents laïcité des administrations de l'État.

Il veille à la bonne information des usagers du service public sur les droits et devoirs découlant pour eux du principe de laïcité.

Art. 3. — Le comité interministériel de la laïcité se réunit au moins une fois par an. Le ministre de l'Intérieur assure le secrétariat du comité interministériel.

---

(198) Ce comité a remplacé l'observatoire de la laïcité qui avait réalisé ou participé à la rédaction de diverses chartes de la laïcité à l'échelle locale ou nationale : ou participé à la rédaction de diverses chartes de la laïcité à l'échelle locale ou nationale : Charte de la laïcité à l'école ; Charte de la laïcité dans les services publics ; Charte de la laïcité de la caisse nationale des allocations familiales (CNAF) ; Charte de la laïcité pour le secrétariat d'État à l'Égalité entre les femmes et les hommes.

G. Le droit à l'éducation et la liberté d'enseignement

1. Le droit à l'éducation

N° 78.1 Le droit à l'éducation et le service public de l'enseignement : les articles L. 111-1 à L. 111-5 du Code de l'éducation [199]

Art. L. 111-1. — L'éducation est la première priorité nationale. Le service public de l'éducation est conçu et organisé en fonction des élèves et des étudiants. Il contribue à l'égalité des chances et à lutter contre les inégalités sociales et territoriales en matière de réussite scolaire et éducative. Il reconnaît que tous les enfants partagent la capacité d'apprendre et de progresser. Il veille à la scolarisation inclusive de tous les enfants, sans aucune distinction. Il veille également à la mixité sociale des publics scolarisés au sein des établissements d'enseignement. Pour garantir la réussite de tous, l'école se construit avec la participation des parents, quelle que soit leur origine sociale. Elle s'enrichit et se conforte par le dialogue et la coopération entre tous les acteurs de la communauté éducative.

Outre la transmission des connaissances, la Nation fixe comme mission première à l'école de faire partager aux élèves les valeurs de la République. Le service public de l'éducation fait acquérir à tous les élèves le respect de l'égale dignité des êtres humains, de la liberté de conscience et de la laïcité. Par son organisation et ses méthodes, comme par la formation des maîtres qui y enseignent, il favorise la coopération entre les élèves.

Dans l'exercice de leurs fonctions, les personnels mettent en œuvre ces valeurs.

Le droit à l'éducation est garanti à chacun afin de lui permettre de développer sa personnalité, d'élever son niveau de formation initiale et continue, de s'insérer dans la vie sociale et professionnelle, d'exercer sa citoyenneté. Pour garantir ce droit dans le respect de l'égalité des chances, des aides sont attribuées aux élèves et aux étudiants selon leurs ressources et leurs mérites. La répartition des moyens du service public de l'éducation tient compte des différences de situation, notamment en matière économique, territoriale et sociale.

---

(199) Les articles présentés sont à jour des modifications introduites par les lois n° 2013-595 du 8 juillet 2013 d'orientation et de programmation pour la refondation de l'école de la République, n° 2013-660 du 22 juillet 2013 relative à l'enseignement supérieur et à la recherche, n° 2019-791 du 26 juillet 2019 pour une école de la confiance, n° 2021-1109 du 24 août 2021 confortant le respect des principes de la République et n° 2022-299 du 2 mars 2022 visant à combattre le harcèlement scolaire.

Elle a pour but de renforcer l'encadrement des élèves dans les écoles et établissements d'enseignement situés dans des zones d'environnement social défavorisé et des zones d'habitat dispersé, et de permettre de façon générale aux élèves en difficulté, quelle qu'en soit l'origine, en particulier de santé, de bénéficier d'actions de soutien individualisé. L'école garantit à tous les élèves l'apprentissage et la maîtrise de la langue française.

L'acquisition d'une culture générale et d'une qualification reconnue est assurée à tous les jeunes, quelle que soit leur origine sociale, culturelle ou géographique.

L'autorité de l'État compétente en matière d'éducation veille, en lien avec les établissements scolaires publics et privés sous contrat et en concertation avec les collectivités territoriales, à l'amélioration de la mixité sociale au sein de ces établissements.

Art. L. 111-1-1. — La devise de la République, le drapeau tricolore et le drapeau européen sont apposés sur la façade des écoles et des établissements d'enseignement du second degré publics et privés sous contrat. La Déclaration des droits de l'homme et du citoyen du 26 août 1789 est affichée de manière visible dans les locaux des mêmes écoles et établissements. Les établissements qui n'ont pas conclu de contrat avec l'État se voient proposer par l'autorité de l'État compétente en matière d'éducation une charte des valeurs et principes républicains.

Art. L. 111-1-2. — L'emblème national de la République française, le drapeau tricolore, bleu, blanc, rouge, le drapeau européen, la devise de la République et les paroles de l'hymne national sont affichés dans chacune des salles de classe des établissements du premier et du second degrés, publics ou privés sous contrat.

Art. L. 111-1-3. — Lorsqu'une carte de France est affichée dans une salle de classe d'un établissement du premier ou du second degré, elle représente les territoires français d'outre-mer.

Art. L. 111-2. — Tout enfant a droit à une formation scolaire qui, complétant l'action de sa famille, concourt à son éducation.

La formation scolaire favorise l'épanouissement de l'enfant, lui permet d'acquérir une culture, le prépare à la vie professionnelle et à l'exercice de ses responsabilités d'homme ou de femme et de citoyen ou de citoyenne. Elle prépare à l'éducation et à la formation tout au long de la vie. Elle favorise également l'éducation manuelle. Elle développe les connaissances scientifiques, les compétences et la culture nécessaires à la compréhension des enjeux environnementaux, sanitaires, sociaux et économiques de la transition écologique et du développement durable. Elle développe les connaissances, les compétences et la culture nécessaires à l'exercice de la citoyenneté dans la société contemporaine de l'information et de la communication. Elle favorise l'esprit d'initiative et l'esprit d'équipe, notamment par l'activité physique et sportive. Les familles sont associées à l'accomplissement de ces missions.

Pour favoriser l'égalité des chances, des dispositions appropriées rendent possible l'accès de chacun, en fonction de ses aptitudes et de ses besoins particuliers, aux différents types ou niveaux de la formation scolaire.

L'État garantit le respect de la personnalité de l'enfant et de l'action éducative des familles.

Art. L. 111-3. — Dans chaque école, collège ou lycée, la communauté éducative rassemble les élèves et tous ceux qui, dans l'établissement scolaire ou en relation avec lui, participent à l'accomplissement de ses missions.

Elle réunit les personnels des écoles et établissements, les parents d'élèves, les collectivités territoriales, les associations éducatives complémentaires de l'enseignement public ainsi que les acteurs institutionnels, économiques et sociaux, associés au service public de l'éducation. Dans le cadre d'une école inclusive, elle fonde sa cohésion sur la complémentarité des expertises.

Art. L. 111-3-1. — L'engagement et l'exemplarité des personnels de l'éducation nationale confortent leur autorité dans la classe et l'établissement et contribuent au lien de confiance qui doit unir les élèves et leur famille au service public de l'éducation. Ce lien implique le respect des élèves et de leur famille à l'égard des professeurs, de l'ensemble des personnels et de l'institution scolaire.

Art. L. 111-4. — Les parents d'élèves sont membres de la communauté éducative. Les formulaires administratifs qui leur sont destinés permettent de choisir entre les termes père, mère ou représentant légal et tiennent ainsi compte de la diversité des situations familiales.

Leur participation à la vie scolaire et le dialogue avec les enseignants et les autres personnels sont assurés dans chaque école et dans chaque établissement.

Les parents d'élèves participent, par leurs représentants aux conseils d'école, aux conseils d'administration des établissements scolaires et aux conseils de classe.

Art. L. 111-5. — Le service public de l'enseignement supérieur rassemble les usagers et les personnels qui assurent le fonctionnement des établissements et participent à l'accomplissement des missions de ceux-ci dans une communauté universitaire.

Il associe à sa gestion, outre ses usagers et son personnel, des représentants des intérêts publics et des activités économiques, culturelles et sociales.

L'État est le garant de l'égalité devant le service public de l'enseignement supérieur sur l'ensemble du territoire.

Art. L. 111-6. — Aucun élève ou étudiant ne doit subir de faits de harcèlement résultant de propos ou comportements, commis au sein de l'établissement d'enseignement ou en marge de la vie scolaire ou universitaire et ayant pour objet ou pour effet de porter atteinte à sa dignité, d'altérer sa santé physique ou mentale ou de dégrader ses conditions d'apprentissage. Ces faits peuvent être constitutifs du délit de harcèlement scolaire prévu à l'article 222-33-2-3 du code pénal.

Les établissements d'enseignement scolaire et supérieur publics et privés ainsi que le réseau des œuvres universitaires prennent les mesures appropriées visant à lutter contre le harcèlement dans le cadre scolaire et universitaire. Ces mesures visent notamment à prévenir l'apparition de situations de harcèlement, à favoriser leur détection par la communauté éducative afin d'y apporter une réponse rapide et coordonnée et à orienter les victimes, les témoins et les auteurs, le cas échéant, vers les services appropriés et les associations susceptibles de leur proposer un accompagnement.

Une information sur les risques liés au harcèlement scolaire, notamment au cyberharcèlement, est délivrée chaque année aux élèves et parents d'élèves.

N° 78.2 Les objectifs et les missions du service public de l'enseignement : les articles L. 121-1 à L. 121-7 du Code de l'éducation (200)

Art. L. 121-1. — Les écoles, les collèges, les lycées et les établissements d'enseignement supérieur sont chargés de transmettre et de faire acquérir connaissances

(200) Les articles présentés sont à jour des modifications apportées par les lois n° 2013-595 du 8 juillet 2013 d'orientation et de programmation pour la refondation de l'école de la République, n° 2016-41 du 26 janvier 2016 de modernisation de notre système de santé, n° 2018-493 du 20 juin 2018 relative à la protection des données personnelles, n° 2018-703 du 3 août 2018 renforçant la lutte contre les violences sexuelles et sexistes,

et méthodes de travail. Ils contribuent à favoriser la mixité et l'égalité entre les hommes et les femmes, notamment en matière d'orientation. Ils concourent à l'éducation à la responsabilité civique, y compris dans l'utilisation d'internet et des services de communication au public en ligne, et participent à la prévention de la délinquance. Ils assurent une formation à la connaissance et au respect des droits de la personne ainsi qu'à la compréhension des situations concrètes qui y portent atteinte. Ils dispensent une formation adaptée dans ses contenus et ses méthodes aux évolutions économiques, sociales et culturelles du pays et de son environnement européen et international. Cette formation peut comprendre un enseignement, à tous les niveaux, de langues et cultures régionales. L'éducation artistique et culturelle ainsi que l'éducation physique et sportive concourent directement à la formation de tous les élèves. Dans l'enseignement supérieur, des activités physiques et sportives sont proposées aux étudiants. Les écoles, les collèges et les lycées assurent une mission d'information sur les violences, y compris en ligne, et une éducation à la sexualité ainsi qu'une obligation de sensibilisation des personnels enseignants aux violences sexistes et sexuelles ainsi qu'aux mutilations sexuelles féminines et à la formation au respect du non-consentement.

Art. L. 121-2. — La lutte contre l'illettrisme et l'innumérisme constitue une priorité nationale. Cette priorité est prise en compte par le service public de l'éducation ainsi que par les personnes publiques et privées qui assurent une mission de formation ou d'action sociale. Tous les services publics contribuent de manière coordonnée à la lutte contre l'illettrisme et l'innumérisme dans leurs domaines d'action respectifs.

Art. L. 121-3. — I. La maîtrise de la langue française et la connaissance de deux autres langues font partie des objectifs fondamentaux de l'enseignement.

II. La langue de l'enseignement, des examens et concours, ainsi que des thèses et mémoires dans les établissements publics et privés d'enseignement est le français. Des exceptions peuvent être justifiées :

1° par les nécessités de l'enseignement des langues et cultures régionales ou étrangères ;

2° lorsque les enseignants sont des professeurs associés ou invités étrangers ;

3° par des nécessités pédagogiques, lorsque les enseignements sont dispensés dans le cadre d'un accord avec une institution étrangère ou internationale tel que prévu à l'article L. 123-7 ou dans le cadre d'un programme européen ;

4° par le développement de cursus et diplômes transfrontaliers multilingues.

Dans ces hypothèses, les formations d'enseignement supérieur ne peuvent être que partiellement proposées en langue étrangère et à la condition que l'accréditation concernant ces formations fixe la proportion des enseignements à dispenser en français. Le ministre chargé de l'usage de la langue française en France est immédiatement informé des exceptions accordées, de leur délai et de la raison de ces dérogations.

Les étudiants étrangers bénéficiant de formations en langue étrangère suivent un enseignement de langue française lorsqu'ils ne justifient pas d'une connaissance suffisante de cette dernière. Leur niveau de maîtrise suffisante de la langue française est évalué pour l'obtention du diplôme.

Les enseignements proposés permettent aux étudiants francophones d'acquérir la maîtrise de la langue d'enseignement dans laquelle ces cours sont dispensés.

---

n° 2019-791 du 26 juillet 2019 pour une école de la confiance, n° 2020-766 du 24 juin 2020 visant à lutter contre les contenus haineux sur internet, n° 2021-502 du 26 avril 2021 visant à améliorer le système de santé par la confiance et la simplification et n° 2021-1109 du 24 août 2021 confortant le respect des principes de la République. Il est intéressant de se reporter aussi à la circulaire n° 2013-144 du 6 septembre 2013 Charte de la laïcité à l'école, Valeurs et Symboles de la République.

Les écoles étrangères ou spécialement ouvertes pour accueillir des élèves de nationalité étrangère, ainsi que les établissements dispensant un enseignement à caractère international, ne sont pas soumis à l'obligation prévue au premier alinéa.

Art. L. 121-4. — Les enseignements scolaires et universitaires ont pour objet de dispenser les connaissances de base et les éléments d'une culture générale incluant les données scientifiques et techniques, de préparer à une qualification et de concourir à son perfectionnement et à son adaptation au cours de la vie professionnelle.

Art. L. 121-4-1 — I. — Au titre de sa mission d'éducation à la citoyenneté, le service public de l'éducation prépare les élèves à vivre en société et à devenir des citoyens responsables et libres, conscients des principes et des règles qui fondent la démocratie. Les enseignements mentionnés à l'article L. 312-15 et les actions engagées dans le cadre du comité prévu à l'article L. 421-8 relèvent de cette mission.

II. — Le champ de la mission de promotion de la santé à l'école comprend :

1° La mise en place d'un environnement scolaire favorable à la santé ;

2° L'élaboration, la mise en œuvre et l'évaluation de programmes d'éducation à la santé destinés à développer les connaissances des élèves à l'égard de leur santé et de celle des autres et à l'égard des services de santé ;

3° La participation à la politique de prévention sanitaire mise en œuvre en faveur des enfants et des adolescents, aux niveaux national, régional et départemental, et la promotion des liens entre services de santé scolaire, services de prévention territorialisée, services de santé ambulatoire et services hospitaliers ;

3° bis La coordination des actions conduites dans le cadre de la protection et de la promotion de la santé maternelle et infantile avec les missions conduites dans les écoles élémentaires et maternelles ;

4° La réalisation des examens médicaux et des bilans de santé définis dans le cadre de la politique de la santé en faveur des enfants et des adolescents ainsi que ceux nécessaires à la définition des conditions de scolarisation des élèves ayant des besoins particuliers ;

5° La détection précoce des problèmes de santé physique ou psychique ou des carences de soins pouvant entraver la scolarité ;

6° L'accueil, l'écoute, l'accompagnement et le suivi individualisé des élèves ;

7° La participation à la veille épidémiologique par le recueil et l'exploitation de données statistiques.

La promotion de la santé à l'école telle que définie aux 1° à 7° du présent II relève en priorité des personnels médicaux, infirmiers, assistants de service social et psychologues de l'éducation nationale, travaillant ensemble de manière coordonnée.

Elle est conduite, dans tous les établissements d'enseignement, y compris les instituts médico-éducatifs, conformément aux priorités de la politique de santé et dans les conditions prévues à l'article L. 1411-1-1 du Code de la santé publique, par les autorités académiques en lien avec les agences régionales de santé, les collectivités territoriales et les organismes d'assurance maladie concernés. Elle veille également à sensibiliser l'environnement familial des élèves afin d'assurer une appropriation large des problématiques de santé publique.

Des acteurs de proximité non professionnels de santé concourent également à la promotion de la santé à l'école. Des actions tendant à rendre les publics cibles acteurs de leur propre santé sont favorisées. Elles visent, dans une démarche de responsabilisation, à permettre l'appropriation des outils de prévention et d'éducation à la santé.

Art. L. 121-4-2. — L'autorité responsable des traitements de données à caractère personnel mis en œuvre dans les établissements publics d'enseignement scolaire met à la disposition du public le registre comportant la liste de ces traitements, établi conformément aux dispositions du règlement (UE) 2016/679 du Parlement européen et du Conseil du 27 avril 2016 relatif à la protection des personnes physiques à l'égard du traitement des données à caractère personnel et à la libre circulation de ces données, et abrogeant la directive 95/46/CE comportant la liste de ces traitements.

Art. L. 121-5. — L'éducation physique et sportive et le sport scolaire et universitaire contribuent à la rénovation du système éducatif, à la lutte contre l'échec scolaire, à l'éducation à la santé et à la citoyenneté et à la réduction des inégalités sociales et culturelles. Les contenus et l'enseignement de l'éducation physique et sportive sont de la responsabilité de l'éducation nationale. Le sport scolaire participe de la nécessaire complémentarité avec les pratiques périscolaires et extrascolaires en lien avec les projets éducatifs territoriaux et les partenariats avec le mouvement sportif associatif.

Art. L. 121-6. — L'éducation artistique et culturelle contribue à l'épanouissement des aptitudes individuelles et à l'égalité d'accès à la culture. Elle favorise la connaissance du patrimoine culturel et de la création contemporaine et participe au développement de la créativité et des pratiques artistiques. L'éducation artistique et culturelle est principalement fondée sur les enseignements artistiques. Elle comprend également un parcours pour tous les élèves tout au long de leur scolarité dont les modalités sont fixées par les ministres chargés de l'éducation nationale et de la culture. Ce parcours est mis en œuvre localement ; des acteurs du monde culturel et artistique et du monde associatif peuvent y être associés.

Les enseignements artistiques portent sur l'histoire de l'art et sur la théorie et la pratique des disciplines artistiques, en particulier de la musique instrumentale et vocale, des arts plastiques et visuels, de l'architecture, du théâtre, du cinéma, de l'expression audiovisuelle, des arts du cirque, des arts du spectacle, de la danse et des arts appliqués.

Les enseignements artistiques font partie intégrante de la formation scolaire primaire et secondaire.

Ils font également l'objet d'enseignements spécialisés et d'un enseignement supérieur.

Art. L. 121-7. — La technologie est une des composantes fondamentales de la culture. Les écoles, les collèges, les lycées et les établissements d'enseignement supérieur relevant des ministères de l'éducation nationale et de l'agriculture assurent un enseignement de technologie.

2. La liberté de l'enseignement

N° 79 Les articles L. 151-1 à L. 151-5 du Code de l'éducation

Art. L. 151-1. — L'État proclame et respecte la liberté de l'enseignement et en garantit l'exercice aux établissements privés régulièrement ouverts.

Art. L. 151-2. — Les collectivités territoriales de la République concourent à la liberté de l'enseignement dans les conditions prévues par les articles L. 442-6 et L. 442-7.

Art. L. 151-3. — Les établissements d'enseignement du premier et du second degré peuvent être publics ou privés.

Les établissements publics sont fondés et entretenus par l'État, les régions, les départements ou les communes. Les établissements privés sont fondés et entretenus par des particuliers ou des associations.

Art. L. 151-4. — Les établissements d'enseignement général du second degré privés peuvent obtenir des communes, des départements, des régions ou de l'État des locaux annuelles de l'établissement. Le conseil académique de l'éducation nationale donne et une subvention, sans que cette subvention puisse excéder le dixième des dépenses son avis préalable sur l'opportunité de ces subventions.

Art. L. 151-5. — Les établissements d'enseignement technique sont publics ou privés.

3. La liberté de l'enseignement supérieur et l'indépendance des enseignants-chercheurs et des chercheurs

N° 80 La liberté de l'enseignement supérieur : l'article L. 151-6 du Code de l'éducation

Art. L. 151-6. — L'enseignement supérieur est libre.

N° 81 L'indépendance des enseignants-chercheurs et des chercheurs : l'article modifié L. 952-2 du Code de l'éducation [201]

Art. L. 952-2. — Les enseignants-chercheurs, les enseignants et les chercheurs jouissent d'une pleine indépendance et d'une entière liberté d'expression dans l'exercice de leurs fonctions d'enseignement et de leurs activités de recherche, sous les réserves

(201) Article modifié par la loi n° 2020-1674 du 24 décembre 2020 de programmation de la recherche pour les années 2021 à 2030 et portant diverses dispositions relatives à la recherche et à l'enseignement supérieur. Voir aussi les décisions du Conseil constitutionnel n° 83-165 DC du 20 janvier 1984 et n° 2020-810 DC du 21 décembre 2020.

que leur imposent, conformément aux traditions universitaires et aux dispositions du présent code, les principes de tolérance et d'objectivité.

Les libertés académiques sont le gage de l'excellence de l'enseignement supérieur et de la recherche français. Elles s'exercent conformément au principe à caractère constitutionnel d'indépendance des enseignants-chercheurs.

H. La dignité de la personne humaine, le corps humain et les sciences de la vie

1. La déontologie médicale et l'éthique

Nº 82.1 Les devoirs généraux des médecins : les dispositions du Code de la santé publique [202]

Art. R. 4127-1. — Les dispositions du présent Code de déontologie s'imposent aux médecins inscrits au tableau de l'ordre, à tout médecin exécutant un acte professionnel dans les conditions prévues à l'article L. 4112-7 ou par une convention internationale, ainsi qu'aux étudiants en médecine effectuant un remplacement ou assistant un médecin dans le cas prévu à l'article R. 4127-87. Conformément à l'article L. 4122-1, l'ordre des médecins est chargé de veiller au respect de ces dispositions.

Les infractions à ces dispositions relèvent de la juridiction disciplinaire de l'ordre.

Art. R. 4127-2. — Le médecin, au service de l'individu et de la santé publique, exerce sa mission dans le respect de la vie humaine, de la personne et de sa dignité.

Le respect dû à la personne ne cesse pas de s'imposer après la mort.

Art. R. 4127-3. — Le médecin doit, en toutes circonstances, respecter les principes de moralité, de probité et de dévouement indispensables à l'exercice de la médecine.

Art. R. 4127-4. — Le secret professionnel institué dans l'intérêt des patients s'impose à tout médecin dans les conditions établies par la loi.

Le secret couvre tout ce qui est venu à la connaissance du médecin dans l'exercice de sa profession, c'est-à-dire non seulement ce qui lui a été confié, mais aussi ce qu'il a vu, entendu ou compris.

Art. R. 4127-5. — Le médecin ne peut aliéner son indépendance professionnelle sous quelque forme que ce soit.

Art. R. 4127-6. — Le médecin doit respecter le droit que possède toute personne de choisir librement son médecin. Il doit lui faciliter l'exercice de ce droit.

---

(202) Les articles présentés sont à jour des modifications introduites par le décret nº 2012-694 du 7 mai 2012 et le décret nº 2020-1662 du 22 décembre 2020 portant modification du code de déontologie des médecins et relatif à leur communication professionnelle.

Art. R. 4127-7. — Le médecin doit écouter, examiner, conseiller ou soigner avec la même conscience toutes les personnes quels que soient leur origine, leurs mœurs et leur situation de famille, leur appartenance ou leur non-appartenance à une ethnie, une nation ou une religion déterminée, leur handicap ou leur état de santé, leur réputation ou les sentiments qu'il peut éprouver à leur égard.

Il doit leur apporter son concours en toutes circonstances.

Il ne doit jamais se départir d'une attitude correcte et attentive envers la personne examinée.

Art. R. 4127-8. — Dans les limites fixées par la loi et compte tenu des données acquises de la science, le médecin est libre de ses prescriptions qui seront celles qu'il estime les plus appropriées en la circonstance.

Il doit, sans négliger son devoir d'assistance morale, limiter ses prescriptions et ses actes à ce qui est nécessaire à la qualité, à la sécurité et à l'efficacité des soins.

Il doit tenir compte des avantages, des inconvénients et des conséquences des différentes investigations et thérapeutiques possibles.

Art. R. 4127-9. — Tout médecin qui se trouve en présence d'un malade ou d'un blessé en péril ou, informé qu'un malade ou un blessé est en péril, doit lui porter assistance ou s'assurer qu'il reçoit les soins nécessaires.

Art. R. 4127-10. — Un médecin amené à examiner une personne privée de liberté ou à lui donner des soins ne peut, directement ou indirectement, serait-ce par sa seule présence, favoriser ou cautionner une atteinte à l'intégrité physique ou mentale de cette personne ou à sa dignité.

S'il constate que cette personne a subi des sévices ou des mauvais traitements, il doit, sous réserve de l'accord de l'intéressé, en informer l'autorité judiciaire.

Toutefois, s'il s'agit des personnes mentionnées au deuxième alinéa de l'article R. 4127-44, l'accord des intéressés n'est pas nécessaire.

Art. R. 4127-11. — Tout médecin entretient et perfectionne ses connaissances dans le respect de son obligation de développement professionnel continu.

Art. R. 4127-12. — Le médecin doit apporter son concours à l'action entreprise par les autorités compétentes en vue de la protection de la santé et de l'éducation sanitaire. Il participe aux actions de vigilance sanitaire.

La collecte, l'enregistrement, le traitement et la transmission d'informations nominatives ou indirectement nominatives sont autorisés dans les conditions prévues par la loi.

Art. R. 4127-13. — Lorsque le médecin participe à une action d'information du public à caractère éducatif, scientifique ou sanitaire, quel qu'en soit le moyen de diffusion, il ne fait état que de données confirmées, fait preuve de prudence et a le souci des répercussions de ses propos auprès du public. Il ne vise pas à tirer profit de son intervention dans le cadre de son activité professionnelle, ni à en faire bénéficier des organismes au sein desquels il exerce ou auxquels il prête son concours, ni à promouvoir une cause qui ne soit pas d'intérêt général.

Art. R. 4127-14. — Les médecins ne doivent pas divulguer dans les milieux médicaux un procédé nouveau de diagnostic ou de traitement insuffisamment éprouvé sans accompagner leur communication des réserves qui s'imposent. Ils ne doivent pas faire une telle divulgation dans le public non médical.

Art. R. 4127-15. — Le médecin ne peut participer à des recherches biomédicales sur les personnes que dans les conditions prévues par la loi ; il doit s'assurer de la régularité et de la pertinence de ces recherches ainsi que de l'objectivité de leurs conclusions.

Le médecin traitant qui participe à une recherche biomédicale en tant qu'investigateur doit veiller à ce que la réalisation de l'étude n'altère ni la relation de confiance qui le lie au patient ni la continuité des soins.

Art. R. 4127-16. — La collecte de sang ainsi que les prélèvements d'organes, de tissus, de cellules ou d'autres produits du corps humain sur la personne vivante ou décédée ne peuvent être pratiqués que dans les cas et les conditions définis par la loi.

Art. R. 4127-17. — Le médecin ne peut pratiquer un acte d'assistance médicale à la procréation que dans les cas et conditions prévus par la loi.

Art. R. 4127-18. — Un médecin ne peut pratiquer une interruption volontaire de grossesse que dans les cas et les conditions prévus par la loi ; il est toujours libre de s'y refuser et doit en informer l'intéressée dans les conditions et délais prévus par la loi.

Art. R. 4127-19. — La médecine ne doit pas être pratiquée comme un commerce.

Art. R. 4127-19. 1. — I. — Le médecin est libre de communiquer au public, par tout moyen, y compris sur un site internet, des informations de nature à contribuer au libre choix du praticien par le patient, relatives notamment à ses compétences et pratiques professionnelles, à son parcours professionnel et aux conditions de son exercice.

Cette communication respecte les dispositions en vigueur et les obligations déontologiques définies par la présente section. Elle est loyale et honnête, ne fait pas appel à des témoignages de tiers, ne repose pas sur des comparaisons avec d'autres médecins ou établissements et n'incite pas à un recours inutile à des actes de prévention ou de soins. Elle ne porte pas atteinte à la dignité de la profession et n'induit pas le public en erreur.

II. — Le médecin peut également, par tout moyen, y compris sur un site internet, communiquer au public ou à des professionnels de santé, à des fins éducatives ou sanitaires, des informations scientifiquement étayées sur des questions relatives à sa discipline ou à des enjeux de santé publique. Il formule ces informations avec prudence et mesure, en respectant les obligations déontologiques, et se garde de présenter comme des données acquises des hypothèses non encore confirmées.

III. — Les communications mentionnées au présent article tiennent compte des recommandations émises par le conseil national de l'ordre.

Art. R. 4127-19. 2. — Les praticiens originaires d'autres États membres de l'Union européenne ou de l'Espace économique européen et auxquels un accès partiel à l'exercice de la profession de médecin en France a été accordé au titre de l'article L. 4002-5 du code de la santé publique, lorsqu'ils présentent leur activité au public, notamment sur un site internet, sont tenus de l'informer de la liste des actes qu'ils sont habilités à pratiquer.

Dans le cadre de leur exercice, ces praticiens informent clairement et préalablement les patients et les autres destinataires de leurs services des actes qu'ils sont habilités à pratiquer.

Art. R. 4127-20. — Le médecin doit veiller à l'usage qui est fait de son nom, de sa qualité ou de ses déclarations.

Il ne doit pas tolérer que les organismes, publics ou privés, où il exerce ou auxquels il prête son concours utilisent à des fins commerciales son nom ou son activité professionnelle.

Art. R. 4127-21. — Il est interdit aux médecins, sauf dérogations accordées dans les conditions prévues par la loi, de distribuer à des fins lucratives des remèdes, appareils ou produits présentés comme ayant un intérêt pour la santé.

Il leur est interdit de délivrer des médicaments non autorisés.

Art. R. 4127-22. — Tout partage d'honoraires entre médecins est interdit sous quelque forme que ce soit, hormis les cas prévus à l'article R. 4127-94.

L'acceptation, la sollicitation ou l'offre d'un partage d'honoraires, même non suivies d'effet, sont interdites.

Art. R. 4127-23. — Tout compérage entre médecins, entre médecins et pharmaciens, auxiliaires médicaux ou toutes autres personnes physiques ou morales est interdit.

Art. R. 4127-24. — Sont interdits au médecin :

— tout acte de nature à procurer au patient un avantage matériel injustifié ou illicite ;

— toute ristourne en argent ou en nature, toute commission à quelque personne que ce soit ;

— la sollicitation ou l'acceptation d'un avantage en nature ou en espèces sous quelque forme que ce soit, d'une façon directe ou indirecte, pour une prescription ou un acte médical quelconque.

Art. R. 4127-25. — Il est interdit aux médecins de dispenser des consultations, prescriptions ou avis médicaux dans des locaux commerciaux ou dans tout autre lieu où sont mis en vente des médicaments, produits ou appareils qu'ils prescrivent ou qu'ils utilisent.

Art. R. 4127-26. — Un médecin ne peut exercer une autre activité que si un tel cumul est compatible avec l'indépendance et la dignité professionnelles et n'est pas susceptible de lui permettre de tirer profit de ses prescriptions ou de ses conseils médicaux.

Art. R. 4127-27. — Il est interdit à un médecin qui remplit un mandat électif ou une fonction administrative d'en user pour accroître sa clientèle.

Art. R. 4127-28. — La délivrance d'un rapport tendancieux ou d'un certificat de complaisance est interdite.

Art. R. 4127-29. — Toute fraude, abus de cotation, indication inexacte des honoraires perçus et des actes effectués sont interdits.

Art. R. 4127-30. — Est interdite toute facilité accordée à quiconque se livre à l'exercice illégal de la médecine.

Art. R. 4127-30. 1. — Sont interdits l'usurpation de titres, l'usage de titres non autorisés par le conseil national ainsi que tous les procédés destinés à tromper le public sur la valeur de ses titres.

Art. R. 4127-31. — Tout médecin doit s'abstenir, même en dehors de l'exercice de sa profession, de tout acte de nature à déconsidérer celle-ci.

Nº 82.2 Les devoirs des médecins envers les patients : les dispositions du Code de la santé publique [203]

Art. R. 4127-32. — Dès lors qu'il a accepté de répondre à une demande, le médecin s'engage à assurer personnellement au patient des soins consciencieux, dévoués

(203) Les articles présentés sont à jour des modifications introduites par le décret n° 2016-1066 du 3 août 2016 modifiant le Code de déontologie médicale et relatif aux procédures collégiales et au recours à la sédation profonde et continue jusqu'au décès prévus par la loi n° 2016-87 du 2 février 2016 créant de nouveaux droits en faveur des malades et des personnes en fin de vie, le décret n° 2020-1662 du 22 décembre 2020 portant modification du code de déontologie des médecins et relatif à leur communication professionnelle et le décret

et fondés sur les données acquises de la science, en faisant appel, s'il y a lieu, à l'aide de tiers compétents.

Art. R. 4127-33. — Le médecin doit toujours élaborer son diagnostic avec le plus grand soin, en y consacrant le temps nécessaire, en s'aidant dans toute la mesure du possible des méthodes scientifiques les mieux adaptées et, s'il y a lieu, de concours appropriés.

Art. R. 4127-34. — Le médecin doit formuler ses prescriptions avec toute la clarté indispensable, veiller à leur compréhension par le patient et son entourage et s'efforcer d'en obtenir la bonne exécution.

Art. R. 4127-35. — Le médecin doit à la personne qu'il examine, qu'il soigne ou qu'il conseille une information loyale, claire et appropriée sur son état, les investigations et les soins qu'il lui propose. Tout au long de la maladie, il tient compte de la personnalité du patient dans ses explications et veille à leur compréhension.

Toutefois, lorsqu'une personne demande à être tenue dans l'ignorance d'un diagnostic ou d'un pronostic, sa volonté doit être respectée, sauf si des tiers sont exposés à un risque de contamination.

Un pronostic fatal ne doit être révélé qu'avec circonspection, mais les proches doivent en être prévenus, sauf exception ou si le malade a préalablement interdit cette révélation ou désigné les tiers auxquels elle doit être faite.

Art. R. 4127-36. — Le consentement de la personne examinée ou soignée doit être recherché dans tous les cas.

Lorsque le malade, en état d'exprimer sa volonté, refuse les investigations ou le traitement proposés, le médecin doit respecter ce refus après avoir informé le malade de ses conséquences.

Si le malade est hors d'état d'exprimer sa volonté, le médecin ne peut intervenir sans que la personne de confiance, à défaut, la famille ou un de ses proches ait été prévenu et informé, sauf urgence ou impossibilité.

Les obligations du médecin à l'égard du patient lorsque celui-ci est un mineur ou un majeur faisant l'objet d'une mesure de protection juridique sont définies à l'article R. 4127-42.

Art. R. 4127-37. — En toutes circonstances, le médecin doit s'efforcer de soulager les souffrances du malade par des moyens appropriés à son état et l'assister moralement. Il doit s'abstenir de toute obstination déraisonnable et peut renoncer à entreprendre ou poursuivre des traitements qui apparaissent inutiles, disproportionnés ou qui n'ont d'autre effet que le seul maintien artificiel de la vie.

Art. R. 4127-37.1 — I. Lorsque le patient est hors d'état d'exprimer sa volonté, le médecin en charge du patient est tenu de respecter la volonté exprimée par celui-ci dans des directives anticipées, excepté dans les cas prévus aux II et III du présent article.

II. En cas d'urgence vitale, l'application des directives anticipées ne s'impose pas pendant le temps nécessaire à l'évaluation complète de la situation médicale.

III. Si le médecin en charge du patient juge les directives anticipées manifestement inappropriées ou non conformes à la situation médicale, le refus de les appliquer ne peut être décidé qu'à l'issue de la procédure collégiale prévue à l'article L. 1111-11. Pour ce faire, le médecin recueille l'avis des membres présents de l'équipe de soins, si elle existe, et celui d'au moins un médecin, appelé en qualité de consultant, avec lequel il n'existe aucun lien de nature hiérarchique. Il peut recueillir auprès de

---

n° 2021-684 du 28 mai 2021 relatif au régime des décisions prises en matière de santé, de prise en charge ou d'accompagnement social ou médico-social à l'égard des personnes majeures faisant l'objet d'une mesure de protection juridique.

la personne de confiance ou, à défaut, de la famille ou de l'un des proches le témoignage de la volonté exprimée par le patient.

IV. En cas de refus d'application des directives anticipées, la décision est motivée. Les témoignages et avis recueillis ainsi que les motifs de la décision sont inscrits dans le dossier du patient.

La personne de confiance, ou, à défaut, la famille ou l'un des proches du patient est informé de la décision de refus d'application des directives anticipées.

Art. R. 4127-37.2 — I. — La décision de limitation ou d'arrêt de traitement respecte la volonté du patient antérieurement exprimée dans des directives anticipées. Lorsque le patient est hors d'état d'exprimer sa volonté, la décision de limiter ou d'arrêter les traitements dispensés, au titre du refus d'une obstination déraisonnable, ne peut être prise qu'à l'issue de la procédure collégiale prévue à l'article L. 1110-5-1 et dans le respect des directives anticipées et, en leur absence, après qu'a été recueilli auprès de la personne de confiance ou, à défaut, auprès de la famille ou de l'un des proches le témoignage de la volonté exprimée par le patient.

II. — Le médecin en charge du patient peut engager la procédure collégiale de sa propre initiative. Il est tenu de le faire à la demande de la personne de confiance, ou, à défaut, de la famille ou de l'un des proches. La personne de confiance ou, à défaut, la famille ou l'un des proches est informé, dès qu'elle a été prise, de la décision de mettre en œuvre la procédure collégiale.

III. — La décision de limitation ou d'arrêt de traitement est prise par le médecin en charge du patient à l'issue de la procédure collégiale. Cette procédure collégiale prend la forme d'une concertation avec les membres présents de l'équipe de soins, si elle existe, et de l'avis motivé d'au moins un médecin, appelé en qualité de consultant. Il ne doit exister aucun lien de nature hiérarchique entre le médecin en charge du patient et le consultant. L'avis motivé d'un deuxième consultant est recueilli par ces médecins si l'un d'eux l'estime utile.

Lorsque la décision de limitation ou d'arrêt de traitement concerne un mineur ou une personne faisant l'objet d'une mesure de protection juridique avec représentation relative à la personne, le médecin recueille en outre l'avis des titulaires de l'autorité parentale ou de la personne chargée de la mesure, selon les cas, hormis les situations où l'urgence rend impossible cette consultation.

IV. — La décision de limitation ou d'arrêt de traitement est motivée. La personne de confiance, ou, à défaut, la famille, ou l'un des proches du patient est informé de la nature et des motifs de la décision de limitation ou d'arrêt de traitement. La volonté de limitation ou d'arrêt de traitement exprimée dans les directives anticipées ou, à défaut, le témoignage de la personne de confiance, ou de la famille ou de l'un des proches de la volonté exprimée par le patient, les avis recueillis et les motifs de la décision sont inscrits dans le dossier du patient.

Art. R. 4127-37.3 — I. — À la demande du patient, dans les situations prévues aux 1° et 2° de l'article L. 1110-5-2, il est recouru à une sédation profonde et continue provoquant une altération de la conscience maintenue jusqu'au décès, associée à une analgésie et à l'arrêt de l'ensemble des traitements de maintien en vie, à l'issue d'une procédure collégiale, telle que définie au III de l'article R. 4127-37-2, dont l'objet est de vérifier que les conditions prévues par la loi sont remplies.

Le recours, à la demande du patient, à une sédation profonde et continue telle que définie au premier alinéa, ou son refus, est motivé. Les motifs du recours ou non à cette sédation sont inscrits dans le dossier du patient, qui en est informé.

II. — Lorsque le patient est hors d'état d'exprimer sa volonté et qu'un arrêt de traitement de maintien en vie a été décidé au titre du refus de l'obstination déraisonnable, en application des articles L. 1110-5-1, L. 1110-5-2 et L. 1111-4 et dans les conditions prévues à l'article R. 4127-37-2, le médecin en charge du patient, même si la souffrance de celui-ci ne peut pas être évaluée du fait de son état cérébral, met en œuvre une sédation profonde et continue provoquant une altération de la conscience maintenue jusqu'au décès, associée à une analgésie, excepté si le patient s'y était opposé dans ses directives anticipées.

Le recours à une sédation profonde et continue, ainsi définie, doit, en l'absence de volonté contraire exprimée par le patient dans ses directives anticipées, être décidé dans le cadre de la procédure collégiale prévue à l'article R. 4127-37-2.

En l'absence de directives anticipées, le médecin en charge du patient recueille auprès de la personne de confiance ou, à défaut, auprès de la famille ou de l'un des proches, le témoignage de la volonté exprimée par le patient.

Le recours à une sédation profonde et continue est motivé. La volonté du patient exprimée dans les directives anticipées ou, en l'absence de celles-ci, le témoignage de la personne de confiance, ou, à défaut, de la famille ou de l'un des proches de la volonté exprimée par le patient, les avis recueillis et les motifs de la décision sont inscrits dans le dossier du patient.

La personne de confiance, ou, à défaut, la famille, ou l'un des proches du patient est informé des motifs du recours à la sédation profonde et continue.

Art. R. 4127-37.4 — Le médecin accompagne la personne selon les principes et dans les conditions énoncés à l'article R. 4127-38. Il veille également à ce que l'entourage du patient soit informé de la situation et reçoive le soutien nécessaire.

Art. R. 4127-38. — Le médecin doit accompagner le mourant jusqu'à ses derniers moments, assurer par des soins et mesures appropriés la qualité d'une vie qui prend fin, sauvegarder la dignité du malade et réconforter son entourage. Il n'a pas le droit de provoquer délibérément la mort.

Art. R. 4127-39. — Les médecins ne peuvent proposer aux malades ou à leur entourage comme salutaire ou sans danger un remède ou un procédé illusoire ou insuffisamment éprouvé.

Toute pratique de charlatanisme est interdite.

Art. R. 4127-40. — Le médecin doit s'interdire, dans les investigations et interventions qu'il pratique comme dans les thérapeutiques qu'il prescrit, de faire courir au patient un risque injustifié.

Art. R. 4127-41. — Aucune intervention mutilante ne peut être pratiquée sans motif médical très sérieux et, sauf urgence ou impossibilité, sans information de l'intéressé et sans son consentement.

Art. R. 4127-42. — Sous réserve des dispositions de l'article L. 1111-5, un médecin appelé à donner des soins à un mineur doit s'efforcer de prévenir ses parents ou son représentant légal et d'obtenir leur consentement. Si le mineur est apte à exprimer sa volonté et à participer à la décision, son consentement doit également être recherché.

Un médecin appelé à donner des soins à un majeur faisant l'objet d'une mesure de protection juridique avec représentation relative à la personne doit obtenir son consentement, le cas échéant avec l'assistance de la personne chargée de la mesure de protection. Lorsque ce majeur fait l'objet d'une mesure de protection juridique avec représentation relative à la personne et n'est pas apte à exprimer sa volonté, le médecin doit obtenir l'autorisation de la personne chargée de la mesure de protection, qui tient compte de l'avis exprimé par l'intéressé. Sauf urgence, en cas de désaccord entre le majeur protégé et la personne chargée de sa protection, le juge autorise l'un ou l'autre à prendre la décision.

En cas d'urgence, le médecin doit donner les soins nécessaires.

Art. R. 4127-43. — Le médecin doit être le défenseur de l'enfant lorsqu'il estime que l'intérêt de sa santé est mal compris ou mal préservé par son entourage.

Art. R. 4127-44. — Lorsqu'un médecin discerne qu'une personne auprès de laquelle il est appelé est victime de sévices ou de privations, il doit mettre en œuvre les moyens les plus adéquats pour la protéger en faisant preuve de prudence et de circonspection.

S'il s'agit d'un mineur de quinze ans ou d'une personne qui n'est pas en mesure de se protéger en raison de son âge ou de son état physique ou psychique, il doit, sauf circonstances particulières qu'il apprécie en conscience, alerter les autorités judiciaires, médicales ou administratives.

Art. R. 4127-45. — I. — Indépendamment du dossier médical prévu par la loi, le médecin tient pour chaque patient une fiche d'observation qui lui est personnelle ; cette fiche est confidentielle et comporte les éléments actualisés, nécessaires aux décisions diagnostiques et thérapeutiques.

Les notes personnelles du médecin ne sont ni transmissibles ni accessibles au patient et aux tiers.

Dans tous les cas, ces documents sont conservés sous la responsabilité du médecin.

II. — À la demande du patient ou avec son consentement, le médecin transmet aux médecins qui participent à la prise en charge ou à ceux qu'il entend consulter les informations et documents utiles à la continuité des soins.

Il en va de même lorsque le patient porte son choix sur un autre médecin traitant.

Art. R. 4127-46. — Lorsqu'un patient demande à avoir accès à son dossier médical par l'intermédiaire d'un médecin, celui-ci remplit cette mission en tenant compte des seuls intérêts du patient et se récuse en cas de conflit d'intérêts.

Art. R. 4127-47. — Quelles que soient les circonstances, la continuité des soins aux malades doit être assurée.

Hors le cas d'urgence et celui où il manquerait à ses devoirs d'humanité, un médecin a le droit de refuser ses soins pour des raisons professionnelles ou personnelles.

S'il se dégage de sa mission, il doit alors en avertir le patient et transmettre au médecin désigné par celui-ci les informations utiles à la poursuite des soins.

Art. R. 4127-48. — Le médecin ne peut pas abandonner ses malades en cas de danger public, sauf sur ordre formel donné par une autorité qualifiée, conformément à la loi.

Art. R. 4127-49. — Le médecin appelé à donner ses soins dans une famille ou une collectivité doit tout mettre en œuvre pour obtenir le respect des règles d'hygiène et de prophylaxie.

Il doit informer le patient de ses responsabilités et devoirs vis-à-vis de lui-même et des tiers ainsi que des précautions qu'il doit prendre.

Art. R. 4127-50. — Le médecin doit, sans céder à aucune demande abusive, faciliter l'obtention par le patient des avantages sociaux auxquels son état lui donne droit.

À cette fin, il est autorisé, sauf opposition du patient, à communiquer au médecin-conseil nommément désigné de l'organisme de sécurité sociale dont il dépend, ou à un autre médecin relevant d'un organisme public décidant de l'attribution d'avantages sociaux, les renseignements médicaux strictement indispensables.

Art. R. 4127-51. — Le médecin ne doit pas s'immiscer sans raison professionnelle dans les affaires de famille ni dans la vie privée de ses patients.

Art. R. 4127-52. — Le médecin qui aura traité une personne pendant la maladie dont elle est décédée ne pourra profiter des dispositions entre vifs et testamentaires faites par celle-ci en sa faveur pendant le cours de cette maladie que dans les cas et conditions prévus par la loi.

Il ne doit pas davantage abuser de son influence pour obtenir un mandat ou contracter à titre onéreux dans des conditions qui lui seraient anormalement favorables.

Art. R. 4127-53. — I. — Les honoraires du médecin doivent être déterminés avec tact et mesure, en tenant compte de la réglementation en vigueur, des actes dispensés ou de circonstances particulières.

Ils ne peuvent être réclamés qu'à l'occasion d'actes réellement effectués même s'ils relèvent de la télémédecine.

Le simple avis ou conseil dispensé à un patient par téléphone ou par correspondance ne peut donner lieu à aucun honoraire.

II. — Le médecin se conforme aux dispositions des articles L. 1111-3-2 et L. 1111-3-3 en ce qui concerne l'information du patient sur les frais afférents à ses prestations et aux conditions de prise en charge et de dispense d'avance de ces frais. Il veille à l'information préalable du patient sur le montant des honoraires.

Le médecin qui présente son activité au public, notamment sur un site internet, doit y inclure une information sur les honoraires pratiqués, les modes de paiement acceptés et les obligations posées par la loi pour permettre l'accès de toute personne à la prévention ou aux soins sans discrimination. L'information doit être claire, honnête, précise et non comparative.

Le médecin doit répondre à toute demande d'information ou d'explications sur ses honoraires ou le coût d'un traitement.

III. — Aucun mode particulier de règlement ne peut être imposé au patient. Le médecin ne peut refuser un acquit des sommes perçues.

Art. R. 4127-54. — Lorsque plusieurs médecins collaborent pour un examen ou un traitement, leurs notes d'honoraires doivent être personnelles et distinctes.

La rémunération du ou des aides opératoires choisis par le praticien et travaillant sous son contrôle est incluse dans ses honoraires.

Art. R. 4127-55. — Le forfait pour l'efficacité d'un traitement et la demande d'une provision sont interdits en toute circonstance.

N° 83 Le Comité consultatif national d'éthique pour les sciences de la vie et de la santé : les articles L. 1412-1 à L. 1412-6 du Code de la santé publique (204)

Art. L. 1412-1. — Le Comité consultatif national d'éthique pour les sciences de la vie et de la santé a pour mission de donner des avis sur les problèmes éthiques et les questions de société soulevés par les progrès de la connaissance dans les domaines

(204) Les articles présentés tiennent compte des modifications introduites par : les lois n° 2016-41 du 26 janvier 2016 de modernisation de notre système de santé et n° 2016-87 du 2 février 2016 créant de nouveaux droits en faveur des malades et des personnes en fin de vie ; l'ordonnance n° 2017-31 du 12 janvier 2017 de mise en cohérence des textes au regard des dispositions de la loi n° 2016-41 du 26 janvier 2016 ; l'ordonnance n° 2018-20 du 17 janvier 2018 relative au service de santé des armées et à l'Institution nationale des invalides ; la loi n° 2019-774 du 24 juillet 2019 relative à l'organisation et à la transformation du système de santé ; la loi n° 2021-1017 du 2 août 2021 relative à la bioéthique. Il faut aussi signaler l'article 11 de la loi modifiée n° 2020-546 du 11 mai 2020 prorogeant l'état d'urgence sanitaire qui introduit, par dérogation à l'article L. 1110-4, des dispositions relatives à la création d'un système d'information aux seules fins de lutter contre l'épidémie de Covid-19.

de la biologie, de la médecine et de la santé ou par les conséquences sur la santé des progrès de la connaissance dans tout autre domaine.

Le comité exerce sa mission en toute indépendance.

Art. L. 1412-1-1. — I. — Tout projet de réforme sur les problèmes éthiques et les questions de société mentionnés à l'article L. 1412-1 est précédé d'un débat public sous forme d'états généraux. Ceux-ci sont organisés à l'initiative du Comité consultatif national d'éthique pour les sciences de la vie et de la santé, après consultation des commissions parlementaires permanentes compétentes et de l'Office parlementaire d'évaluation des choix scientifiques et technologiques. L'avis des commissions compétentes et de l'Office parlementaire d'évaluation des choix scientifiques et technologiques inclut une appréciation sur l'opportunité, pour le Gouvernement, de mobiliser, dans les conditions prévues à l'article L. 121-10 du Code de l'environnement, le concours de la Commission nationale du débat public.

À la suite du débat public, le comité établit un rapport qu'il présente devant l'Office parlementaire d'évaluation des choix scientifiques et technologiques, qui procède à son évaluation, en faisant ressortir les éléments scientifiques indispensables à la bonne compréhension des enjeux de la réforme envisagée.

En l'absence de projet de réforme, le comité est tenu d'organiser des états généraux de la bioéthique au moins une fois tous les cinq ans.

II. — Le comité anime, chaque année, des débats publics sur un ou plusieurs des problèmes éthiques et des questions de société mentionnés à l'article L. 1412-1, en lien avec les espaces de réflexion éthique mentionnés à l'article L. 1412-6.

Art. L. 1412-2. — I. — Le comité est une institution indépendante qui comprend, outre son président, nommé par le Président de la République, quarante-cinq membres :

1° Cinq personnalités désignées par le Président de la République et appartenant aux principales familles philosophiques et spirituelles ;

2° Un député et un sénateur ;

3° Un membre du Conseil d'État, désigné par le vice-président du Conseil d'État, et un membre de la Cour de cassation, désigné par le premier président de la Cour de cassation ;

4° Quinze personnalités qualifiées choisies en raison de leur compétence et de leur intérêt pour les problèmes d'éthique, sur proposition de ministres dont la liste est fixée par décret de façon à couvrir les domaines mentionnés à l'article L. 1412-1 ;

5° Quinze personnalités appartenant aux secteurs de la recherche et de la santé proposées par des organismes dont la liste est fixée par décret de façon à couvrir les domaines mentionnés au même article L. 1412-1 ;

6° Six représentants d'associations de personnes malades et d'usagers du système de santé, d'associations de personnes handicapées, d'associations familiales et d'associations œuvrant dans le domaine de la protection des droits des personnes.

Les personnes mentionnées aux 4° à 6° du présent I sont nommées par décret.

II. — Le président et les autres membres du comité mentionné au I sont nommés pour une durée de trois ans, renouvelable une fois.

III. — Parmi les membres du comité autres que son président, l'écart entre le nombre de femmes et le nombre d'hommes ne peut être supérieur à un.

IV. — En cas de décès, de démission ou de cessation de fonctions pour toute autre cause, le membre désigné à la suite d'une vacance de poste pour la durée du mandat restant à courir est du même sexe que celui qu'il remplace.

Art. L. 1412-3. — Le comité établit un rapport annuel d'activité qui est remis au Président de la République et au Parlement et rendu public. Ce rapport comporte une analyse des problèmes éthiques soulevés dans les domaines de compétence de l'Agence de la biomédecine et dans le domaine des neurosciences.

Il peut publier des recommandations sur les sujets relevant de sa compétence.

Art. L. 1412-3-1. — Les états généraux mentionnés à l'article L. 1412-1-1 réunissent des conférences de citoyens choisis de manière à représenter la société dans sa diversité. Après avoir reçu une formation préalable, ceux-ci débattent et rédigent un avis ainsi que des recommandations qui sont rendus publics. Les experts participant à la formation des citoyens et aux états généraux sont choisis en fonction de critères d'indépendance, de pluralisme et de pluridisciplinarité.

Art. L. 1412-4. — Les crédits nécessaires à l'accomplissement des missions du Comité consultatif national d'éthique pour les sciences de la vie et de la santé sont inscrits au programme de la mission « Direction de l'action du Gouvernement » relatif à la protection des droits et des libertés fondamentales.

Les dispositions de la loi du 10 août 1922 relative à l'organisation du contrôle des dépenses engagées ne sont pas applicables à leur gestion.

Le comité présente ses comptes au contrôle de la Cour des comptes.

Art. L. 1412-5. — Un décret en Conseil d'État précise les conditions de désignation des membres du comité mentionnés aux 1°, 3°, 4°, 5° et 6° du I de l'article L. 1412-2, notamment les modalités suivant lesquelles est respecté l'écart mentionné au III du même article L. 1412-2 et celles suivant lesquelles est organisé un renouvellement par moitié de l'instance, et définit ses modalités de saisine, d'organisation et de fonctionnement.

Art. L. 1412-6. — Des espaces de réflexion éthique sont créés au niveau régional ou interrégional ; ils constituent, en lien avec des centres hospitalo-universitaires, des lieux de formation, de documentation, de rencontre et d'échanges interdisciplinaires sur les questions d'éthique dans le domaine de la santé. Ils font également fonction d'observatoires régionaux ou interrégionaux des pratiques au regard de l'éthique. Ces espaces participent à l'organisation de débats publics afin de promouvoir l'information et la consultation des citoyens sur les questions de bioéthique.

Ils établissent chaque année un rapport d'activité qui est communiqué au Comité consultatif national d'éthique pour les sciences de la vie et de la santé ; celui-ci en fait la synthèse dans le rapport annuel mentionné à l'article L. 1412-3.

Les règles de constitution, de composition et de fonctionnement des espaces de réflexion éthique sont définies par arrêté du ministre chargé de la santé après avis du Comité consultatif national d'éthique pour les sciences de la vie et de la santé.

2. L'interruption volontaire de grossesse : le droit à l'avortement

N° 84 Les articles L. 2211-1 à L. 2213-3 et L. 2223-1 et L. 2223-2 du Code de la santé publique (205)

Art. L. 2211-1. — Comme il est dit à l'article 16 du Code civil ci-après reproduit : « La loi assure la primauté de la personne, interdit toute atteinte à la dignité de celle-ci et garantit le respect de l'être humain dès le commencement de sa vie. »

Art. L. 2211-2. — Il ne saurait être porté atteinte au principe mentionné à l'article L. 2211-1 qu'en cas de nécessité et selon les conditions définies par le présent titre.

L'enseignement de ce principe et de ses conséquences, l'information sur les problèmes de la vie et de la démographie nationale et internationale, l'éducation à la responsabilité, l'accueil de l'enfant dans la société et la politique familiale sont des obligations nationales. L'État, avec le concours des collectivités territoriales, exécute ces obligations et soutient les initiatives qui y contribuent.

Chapitre II

Interruption pratiquée avant la fin de la douzième semaine de grossesse

Art. L. 2212-1. — La femme enceinte qui ne veut pas poursuivre une grossesse peut demander à un médecin ou à une sage-femme l'interruption de sa grossesse. Cette interruption ne peut être pratiquée qu'avant la fin de la quatorzième semaine de grossesse.

Toute personne doit être informée sur les méthodes abortives et a le droit d'en choisir une librement.

Cette information incombe à tout professionnel de santé dans le cadre de ses compétences et dans le respect des règles professionnelles qui lui sont applicables.

Art. L. 2212-2. — L'interruption volontaire d'une grossesse ne peut être pratiquée que par un médecin ou par une sage-femme, profession médicale à part entière, quel que soit le lieu où elle exerce. Lorsqu'une sage-femme la réalise par voie chirurgicale, cette interruption ne peut avoir lieu que dans un établissement de santé. Elle ne peut avoir lieu que dans un établissement de santé, public ou privé, dans le cadre de consultations, le cas échéant réalisées à distance, ou dans le cadre d'une convention conclue entre le praticien ou la sage-femme ou un centre de planification ou d'éducation

(205) Les articles présentés sont à jour des modifications introduites par la loi n° 2014-873 du 4 août 2014 pour l'égalité réelle entre les femmes et les hommes, la loi n° 2016-41 du 26 janvier 2016 de modernisation de notre système de santé, l'ordonnance n° 2017-31 du 12 janvier 2017 de mise en cohérence des textes au regard des dispositions de la loi n° 2016-41 du 26 janvier 2016 de modernisation de notre système de santé, la loi n° 2017-347 du 20 mars 2017 relative à l'extension du délit d'entrave à l'interruption volontaire de grossesse, n° 2021-1017 du 2 août 2021 relative à la bioéthique et n° 2022-295 du 2 mars 2022 visant à renforcer le droit à l'avortement.

familiale ou un centre de santé et un tel établissement, dans des conditions fixées par décret en Conseil d'État. Lorsque l'interruption volontaire de grossesse est pratiquée par voie médicamenteuse dans le cadre d'une telle convention, elle peut être réalisée jusqu'à la fin de la septième semaine de grossesse.

Art. L. 2212-3. — Le médecin ou la sage-femme sollicité par une femme en vue de l'interruption de sa grossesse doit, dès la première visite, informer celle-ci des méthodes médicales et chirurgicales d'interruption de grossesse et des risques et des effets secondaires potentiels.

Le médecin ou la sage-femme doit lui remettre un dossier-guide, mis à jour au moins une fois par an, comportant notamment le rappel des dispositions des articles L. 2212-1 et L. 2212-2, la liste et les adresses des organismes mentionnés à l'article L. 2212-4 et des établissements où sont effectuées des interruptions volontaires de la grossesse. Les agences régionales de santé publient à cet effet un répertoire recensant, sous réserve de leur accord, les professionnels de santé ainsi que l'ensemble des structures pratiquant l'interruption volontaire de grossesse mentionnés à l'article L. 2212-2. L'accès à ce répertoire doit être libre et effectif. Cette effectivité est assurée par tous moyens.

Les agences régionales de santé assurent la réalisation et la diffusion des dossiers-guides destinés aux médecins et aux sages-femmes.

Art. L. 2212-4. — Il est systématiquement proposé, avant et après l'interruption volontaire de grossesse, à la femme majeure une consultation avec une personne ayant satisfait à une formation qualifiante en conseil conjugal ou toute autre personne qualifiée dans un établissement d'information, de consultation ou de conseil familial, un centre de planification ou d'éducation familiale, un service social ou un autre organisme agréé. Cette consultation préalable comporte un entretien particulier au cours duquel une assistance ou des conseils appropriés à la situation de l'intéressée lui sont apportés.

Pour la femme mineure non émancipée, cette consultation préalable est obligatoire et l'organisme concerné doit lui délivrer une attestation de consultation. Si elle exprime le désir de garder le secret à l'égard des titulaires de l'autorité parentale ou de son représentant légal, elle doit être conseillée sur le choix de la personne majeure mentionnée à l'article L. 2212-7 susceptible de l'accompagner dans sa démarche.

Les personnels des organismes mentionnés au premier alinéa sont soumis aux dispositions des articles 226-13 et 226-14 du Code pénal.

Chaque fois que cela est possible, le couple participe à la consultation et à la décision à prendre.

Art. L. 2212-5. — Si la femme renouvelle, après les consultations prévues aux articles L. 2212-3 et L. 2212-4, sa demande d'interruption de grossesse, le médecin ou la sage-femme doit lui demander une confirmation écrite.

Art. L. 2212-6. — En cas de confirmation, le médecin ou la sage-femme peuvent pratiquer personnellement l'interruption de grossesse dans les conditions fixées au second alinéa de l'article L. 2212-2. S'ils ne pratiquent pas eux-mêmes l'intervention, ils restituent à la femme sa demande pour que celle-ci soit remise au médecin ou à la sage-femme choisis par elle et lui délivrent un certificat attestant qu'ils se sont conformés aux articles L. 2212-3 et L. 2212-5.

Le directeur de l'établissement de santé dans lequel une femme demande son admission en vue d'une interruption volontaire de la grossesse doit se faire remettre et conserver pendant au moins un an les attestations justifiant qu'elle a satisfait aux consultations prescrites aux articles L. 2212-3 à L. 2212-5

Art. L. 2212-7. — Si la femme est mineure non émancipée, le consentement de l'un des titulaires de l'autorité parentale ou, le cas échéant, du représentant légal est recueilli. Ce consentement est joint à la demande qu'elle présente au médecin ou à la sage-femme en dehors de la présence de toute autre personne.

Si la femme mineure non émancipée désire garder le secret, le médecin ou la sage-femme doit s'efforcer, dans l'intérêt de celle-ci, d'obtenir son consentement pour que le ou les titulaires de l'autorité parentale ou, le cas échéant, le représentant légal soient consultés ou doit vérifier que cette démarche a été faite lors de l'entretien mentionné à l'article L. 2212-4.

Si la mineure ne veut pas effectuer cette démarche ou si le consentement n'est pas obtenu, l'interruption volontaire de grossesse ainsi que les actes médicaux et les soins qui lui sont liés peuvent être pratiqués à la demande de l'intéressée, présentée dans les conditions prévues au premier alinéa. Dans ce cas, la mineure se fait accompagner dans sa démarche par la personne majeure de son choix.

Après l'intervention, une deuxième consultation, ayant notamment pour but une nouvelle information sur la contraception, est obligatoirement proposée aux mineures.

Art. L. 2212-8. — Un médecin ou une sage-femme n'est jamais tenu de pratiquer une interruption volontaire de grossesse mais il doit informer, sans délai, l'intéressée de son refus et lui communiquer immédiatement le nom de praticiens ou de sages-femmes susceptibles de réaliser cette intervention selon les modalités prévues à l'article L. 2212-2.

Aucune sage-femme, aucun infirmier ou infirmière, aucun auxiliaire médical, quel qu'il soit, n'est tenu de concourir à une interruption de grossesse.

Un établissement de santé privé peut refuser que des interruptions volontaires de grossesse soient pratiquées dans ses locaux.

Toutefois ce refus ne peut être opposé par un établissement de santé privé habilité à assurer le service public hospitalier que si d'autres établissements sont en mesure de répondre aux besoins locaux.

Les catégories d'établissements publics qui sont tenus de disposer des moyens permettant la pratique des interruptions volontaires de la grossesse sont fixées par décret.

Art. L. 2212-9. — Tout établissement dans lequel est pratiquée une interruption de grossesse doit assurer, après l'intervention, l'information de la femme en matière de régulation des naissances.

Art. L. 2212-10. — Toute interruption de grossesse doit faire l'objet d'une déclaration établie par le médecin ou la sage-femme et adressée par l'établissement où elle est pratiquée au médecin de l'agence régionale de santé désigné par le directeur général de l'agence ; cette déclaration ne fait aucune mention de l'identité de la femme.

Art. L. 2212-11. — Les conditions d'application du présent chapitre sont déterminées par décret en Conseil d'État.

Chapitre III

Interruption de grossesse pratiquée pour motif médical

Art. L. 2213-1. — I. — L'interruption volontaire d'une grossesse peut, à tout moment, être pratiquée si deux médecins membres d'une équipe pluridisciplinaire attestent, après que cette équipe a rendu son avis consultatif, soit que la poursuite de la grossesse met en péril grave la santé de la femme, soit qu'il existe une forte probabilité que l'enfant à naître soit atteint d'une affection d'une particulière gravité reconnue comme incurable au moment du diagnostic.

Lorsque l'interruption de grossesse est envisagée au motif que la poursuite de la grossesse met en péril grave la santé de la femme, l'équipe pluridisciplinaire chargée d'examiner la demande de la femme comprend au moins un médecin qualifié en gynécologie-obstétrique membre d'un centre pluridisciplinaire de diagnostic prénatal, un praticien spécialiste de l'affection dont la femme est atteinte, un médecin ou une sage-femme choisi par la femme et une personne qualifiée tenue au secret professionnel, qui peut être un assistant social ou un psychologue. Le médecin qualifié en gynécologie-obstétrique et le médecin qualifié dans le traitement de l'affection dont la femme est atteinte doivent exercer leur activité dans un établissement de santé.

Lorsque l'interruption de grossesse est envisagée au motif qu'il existe une forte probabilité que l'enfant à naître soit atteint d'une affection d'une particulière gravité reconnue comme incurable au moment du diagnostic, l'équipe pluridisciplinaire chargée d'examiner la demande de la femme est celle d'un centre pluridisciplinaire de diagnostic prénatal. Lorsque l'équipe du centre précité se réunit, un médecin ou une sage-femme choisi par la femme peut, à la demande de celle-ci, être associé à la concertation.

II. — Lorsqu'elle permet de réduire les risques d'une grossesse dont le caractère multiple met en péril la santé de la femme, des embryons ou des fœtus, l'interruption volontaire partielle d'une grossesse multiple peut être pratiquée avant la fin de la douzième semaine de grossesse si deux médecins, membres d'une équipe pluridisciplinaire chargée d'examiner la demande de la femme, attestent, après que cette équipe a rendu son avis consultatif, que les conditions médicales, notamment obstétricales et psychologiques, sont réunies. L'équipe pluridisciplinaire chargée d'examiner la demande de la femme est celle d'un centre pluridisciplinaire de diagnostic prénatal ayant requis, si besoin, l'avis d'un médecin qualifié en psychiatrie ou, à défaut, d'un psychologue. Lorsque l'équipe du centre précité se réunit, un médecin ou une sage-femme choisi par la femme peut, à la demande de celle-ci, être associé à la concertation. Aucun critère relatif aux caractéristiques des embryons ou des fœtus, y compris leur sexe, ne peut être pris en compte pour l'interruption volontaire partielle d'une grossesse multiple.

III. — Dans les cas prévus aux I et II, préalablement à la réunion de l'équipe pluridisciplinaire compétente, la femme concernée ou le couple peut, à sa demande, être entendu par tout ou partie des membres de ladite équipe.

Art. L. 2213-2. — Si la femme est mineure non émancipée, le consentement de l'une des personnes investies de l'exercice de l'autorité parentale ou, le cas échéant, du représentant légal est recueilli avant la réalisation de l'interruption volontaire de grossesse pour motif médical mentionnée à l'article L. 2213-1.

Si la femme mineure non émancipée désire garder le secret, le médecin doit s'efforcer, dans l'intérêt de celle-ci, d'obtenir son consentement pour que l'une des personnes investies de l'exercice de l'autorité parentale ou, le cas échéant, le représentant légal soient consultés ou doit vérifier que cette démarche a été faite.

Si la mineure non émancipée ne veut pas effectuer cette démarche ou si le consentement n'est pas obtenu, l'interruption de grossesse pour motif médical ainsi que les actes médicaux et les soins qui lui sont liés peuvent être pratiqués à la demande de l'intéressée. Dans ce cas, la mineure se fait accompagner dans sa démarche par la personne majeure de son choix.

Art. L. 2213-3. — L'interruption de grossesse pour motif médical mentionnée à l'article L. 2213-1 ne peut être pratiquée que par un médecin.

Elle ne peut avoir lieu que dans un établissement de santé, public ou privé.

Art. L. 2223-1 — Toute association régulièrement déclarée depuis au moins cinq ans à la date des faits, dont l'objet statutaire comporte la défense des droits des femmes à accéder à la contraception et à l'interruption de grossesse, peut exercer les droits reconnus à la partie civile en ce qui concerne les infractions prévues par l'article L. 2223-2 lorsque les faits ont été commis en vue d'empêcher ou de tenter d'empêcher une interruption volontaire de grossesse ou les actes préalables prévus par les articles L. 2212-3 à L. 2212-8.

Art. L. 2223-2 — Est puni de deux ans d'emprisonnement et de 30 000 euros d'amende le fait d'empêcher ou de tenter d'empêcher de pratiquer ou de s'informer sur une interruption volontaire de grossesse ou les actes préalables prévus par les articles L. 2212-3 à L. 2212-8 par tout moyen, y compris par voie électronique ou en ligne, notamment par la diffusion ou la transmission d'allégations ou d'indications de nature à induire intentionnellement en erreur, dans un but dissuasif, sur les caractéristiques ou les conséquences médicales d'une interruption volontaire de grossesse :

1° Soit en perturbant l'accès aux établissements mentionnés à l'article L. 2212-2, la libre circulation des personnes à l'intérieur de ces établissements ou les conditions de travail des personnels médicaux et non médicaux ;

2° Soit en exerçant des pressions morales et psychologiques, des menaces ou tout acte d'intimidation à l'encontre des personnes cherchant à s'informer sur une interruption volontaire de grossesse, des personnels médicaux et non médicaux travaillant dans les établissements mentionnés au même article L. 2212-2, des femmes venues recourir à une interruption volontaire de grossesse ou de l'entourage de ces dernières.

3. Le respect du corps humain et les sciences de la vie

N° 85 Le respect du corps humain : les articles 16 à 16-9 du Code civil (206)

Art. 16. — La loi assure la primauté de la personne, interdit toute atteinte à la dignité de celle-ci et garantit le respect de l'être humain dès le commencement de sa vie.

Art. 16-1. — Chacun a droit au respect de son corps.

Le corps humain est inviolable.

(206) Les articles présentés tiennent compte des modifications introduites par la loi n° 2004-800 du 6 août 2004 relative à la bioéthique, la loi n° 2008-1350 du 19 décembre 2008 relative à la législation funéraire et la loi n° 2021-1017 du 2 août 2021 relative à la bioéthique.

Le corps humain, ses éléments et ses produits ne peuvent faire l'objet d'un droit patrimonial.

Art. 16-1-1. — Le respect dû au corps humain ne cesse pas avec la mort.

Les restes des personnes décédées, y compris les cendres de celles dont le corps a donné lieu à crémation, doivent être traités avec respect, dignité et décence.

Art. 16-2. — Le juge peut prescrire toutes mesures propres à empêcher ou faire cesser une atteinte illicite au corps humain ou des agissements illicites portant sur des éléments ou des produits de celui-ci.

Art. 16-3. — Il ne peut être porté atteinte à l'intégrité du corps humain qu'en cas de nécessité médicale pour la personne ou à titre exceptionnel dans l'intérêt thérapeutique d'autrui.

Le consentement de l'intéressé doit être recueilli préalablement hors le cas où son état rend nécessaire une intervention thérapeutique à laquelle il n'est pas à même de consentir.

Art. 16-4. — Nul ne peut porter atteinte à l'intégrité de l'espèce humaine.

Toute pratique eugénique tendant à l'organisation de la sélection des personnes est interdite.

Est interdite toute intervention ayant pour but de faire naître un enfant génétiquement identique à une autre personne vivante ou décédée.

Sans préjudice des recherches tendant à la prévention, au diagnostic et au traitement des maladies, aucune transformation ne peut être apportée aux caractères génétiques dans le but de modifier la descendance de la personne.

Art. 16-5. — Les conventions ayant pour effet de conférer une valeur patrimoniale au corps humain, à ses éléments ou à ses produits sont nulles.

Art. 16-6. — Aucune rémunération ne peut être allouée à celui qui se prête à une expérimentation sur sa personne, au prélèvement d'éléments de son corps ou à la collecte de produits de celui-ci.

Art. 16-7. — Toute convention portant sur la procréation ou la gestation pour le compte d'autrui est nulle.

Art. 16-8. — Aucune information permettant d'identifier à la fois celui qui a fait don d'un élément ou d'un produit de son corps et celui qui l'a reçu ne peut être divulguée. Le donneur ne peut connaître l'identité du receveur ni le receveur celle du donneur.

En cas de nécessité thérapeutique, seuls les médecins du donneur et du receveur peuvent avoir accès aux informations permettant l'identification de ceux-ci.

Art. 16-8-1. — Dans le cas d'un don de gamètes ou d'un accueil d'embryon, les receveurs sont les personnes qui ont donné leur consentement à l'assistance médicale à la procréation.

Le principe d'anonymat du don ne fait pas obstacle à l'accès de la personne majeure née d'une assistance médicale à la procréation avec tiers donneur, sur sa demande, à des données non identifiantes ou à l'identité du tiers donneur, dans les conditions prévues au chapitre III du titre IV du livre Ier de la deuxième partie du code de la santé publique.

Art. 16-9. — Les dispositions du présent chapitre sont d'ordre public.

N° 86 L'étude génétique des caractéristiques d'une personne : les articles 16-10 à 16-13 du Code civil (207)

Art. 16-10. — I. — L'examen des caractéristiques génétiques constitutionnelles d'une personne ne peut être entrepris qu'à des fins médicales ou de recherche scientifique. Il est subordonné au consentement exprès de la personne, recueilli par écrit préalablement à la réalisation de l'examen.

II. — Le consentement prévu au I est recueilli après que la personne a été dûment informée :

1° De la nature de l'examen ;

2° De l'indication de l'examen, s'il s'agit de finalités médicales, ou de son objectif, s'il s'agit de recherches scientifiques ;

3° Le cas échéant, de la possibilité que l'examen révèle incidemment des caractéristiques génétiques sans relation avec son indication initiale ou avec son objectif initial mais dont la connaissance permettrait à la personne ou aux membres de sa famille de bénéficier de mesures de prévention, y compris de conseil en génétique, ou de soins ;

4° De la possibilité de refuser la révélation des résultats de l'examen de caractéristiques génétiques sans relation avec l'indication initiale ou l'objectif initial de l'examen ainsi que des risques qu'un refus ferait courir aux membres de sa famille potentiellement concernés, dans le cas où une anomalie génétique pouvant être responsable d'une affection grave justifiant de mesures de prévention, y compris de conseil génétique, ou de soins serait diagnostiquée.

Le consentement mentionne l'indication ou l'objectif mentionné au 2° du présent II.

Le consentement est révocable en tout ou partie, sans forme et à tout moment.

La communication des résultats révélés incidemment, mentionnés au 4°, est assurée dans le respect des conditions fixées au titre II du livre Ier de la première partie du Code de la santé publique, lorsque l'examen poursuit des finalités de recherche scientifique, ou au titre III du même livre Ier, lorsque les finalités de l'examen sont médicales.

III. — Par dérogation aux I et II, en cas d'examen des caractéristiques génétiques mentionné au I entrepris à des fins de recherche scientifique et réalisé à partir d'éléments du corps d'une personne prélevés à d'autres fins, l'article L. 1130-5 du Code de la santé publique est applicable.

IV. — Tout démarchage à caractère publicitaire portant sur l'examen des caractéristiques génétiques constitutionnelles d'une personne est interdit.

Art. 16-11. — L'identification d'une personne par ses empreintes génétiques ne peut être recherchée que :

1° Dans le cadre de mesures d'enquête ou d'instruction diligentées lors d'une procédure judiciaire ;

---

(207) Les articles présentés tiennent compte des modifications introduites par la loi n° 2004-800 du 6 août 2004 relative à la bioéthique, la loi n° 2011-267 du 14 mars 2011 d'orientation et de programmation pour la performance de la sécurité intérieure, la loi n° 2016-731 du 3 juin 2016 renforçant la lutte contre le crime organisé, le terrorisme et leur financement, et améliorant l'efficacité et les garanties de la procédure pénale, l'ordonnance n° 2019-964 du 18 septembre 2019 prise en application de la loi n° 2019-222 du 23 mars 2019 de programmation 2018-2022 et de réforme pour la justice, la loi n° 2020-1525 du 7 décembre 2020 d'accélération et de simplification de l'action publique et la loi n° 2021-1017 du 2 août 2021 relative à la bioéthique.

2° À des fins médicales ou de recherche scientifique ;

3° Aux fins d'établir, lorsqu'elle est inconnue, l'identité de personnes décédées.

4° Dans les conditions prévues à l'article L. 2381-1 du Code de la défense.

En matière civile, cette identification ne peut être recherchée qu'en exécution d'une mesure d'instruction ordonnée par le juge saisi d'une action tendant soit à l'établissement ou la contestation d'un lien de filiation, soit à l'obtention ou la suppression de subsides. Le consentement de l'intéressé doit être préalablement et expressément recueilli. Sauf accord exprès de la personne manifesté de son vivant, aucune identification par empreintes génétiques ne peut être réalisée après sa mort.

Lorsque l'identification est effectuée à des fins médicales ou de recherche scientifique, le consentement exprès de la personne doit être recueilli par écrit préalablement à la réalisation de l'identification, après qu'elle a été dûment informée de sa nature et de sa finalité. Le consentement mentionne la finalité de l'identification. Il est révocable sans forme et à tout moment.

Lorsque la recherche d'identité mentionnée au 3° concerne soit un militaire décédé à l'occasion d'une opération conduite par les forces armées ou les formations rattachées, soit une victime de catastrophe naturelle, soit une personne faisant l'objet de recherches au titre de l'article 26 de la loi n° 95-73 du 21 janvier 1995 d'orientation et de programmation relative à la sécurité et dont la mort est supposée, des prélèvements destinés à recueillir les traces biologiques de cette personne peuvent être réalisés dans des lieux qu'elle est susceptible d'avoir habituellement fréquentés, avec l'accord du responsable des lieux ou, en cas de refus de celui-ci ou d'impossibilité de recueillir cet accord, avec l'autorisation du juge des libertés et de la détention du tribunal judiciaire. Des prélèvements aux mêmes fins sur les ascendants, descendants ou collatéraux supposés de cette personne peuvent être également réalisés. Le consentement exprès de chaque personne concernée est alors recueilli par écrit préalablement à la réalisation du prélèvement, après que celle-ci a été dûment informée de la nature de ce prélèvement, de sa finalité ainsi que du caractère à tout moment révocable de son consentement. Le consentement mentionne la finalité du prélèvement et de l'identification.

Les modalités de mise en œuvre des recherches d'identification mentionnées au 3° du présent article sont précisées par décret en Conseil d'État.

Art. 16-12. — Seuls sont habilités à procéder à des identifications par empreintes génétiques :

1° Les services ou organismes de police technique et scientifique mentionnés à l'article 157-2 du code de procédure pénale ;

2° Les personnes ayant fait l'objet d'un agrément dans des conditions fixées par décret en Conseil d'État. Dans le cadre d'une procédure judiciaire, ces personnes doivent, en outre, être inscrites sur une liste d'experts judiciaires.

Art. 16-13. — Nul ne peut faire l'objet d'une discrimination à raison de ses caractéristiques génétiques.

N° 87 La protection de l'espèce humaine, du corps humain et de l'embryon humain : les articles 214-1 à 214-4, les articles 511-1 à 511-25 du Code pénal (208)

Chapitre I

Des crimes d'eugénisme et de clonage reproductif

Art. 214-1. — Le fait de mettre en œuvre une pratique eugénique tendant à l'organisation de la sélection des personnes est puni de trente ans de réclusion criminelle et de 7 500 000 euros d'amende.

Art. 214-2. — Le fait de procéder à une intervention ayant pour but de faire naître un enfant génétiquement identique à une autre personne vivante ou décédée est puni de trente ans de réclusion criminelle et de 7 500 000 euros d'amende.

Art. 214-3. — Les infractions prévues par les articles 214-1 et 214-2 sont punies de la réclusion criminelle à perpétuité et de 7 500 000 euros d'amende lorsqu'elles sont commises en bande organisée. Les deux premiers alinéas de l'article 132-23 relatif à la période de sûreté sont applicables aux infractions prévues par le présent article.

Art. 214-4. — La participation à un groupement formé ou à une entente établie en vue de la préparation, caractérisée par un ou plusieurs faits matériels, de l'un des crimes définis par les articles 214-1 et 214-2 est punie de la réclusion criminelle à perpétuité et de 7 500 000 euros d'amende. Les deux premiers alinéas de l'article 132-23 relatif à la période de sûreté sont applicables aux infractions prévues par le présent article.

....

Section I

De la protection de l'espèce humaine

Art. 511-1. — Est puni de dix ans d'emprisonnement et de 150 000 euros d'amende le fait de se prêter à un prélèvement de cellules ou de gamètes, dans le but de faire naître un enfant génétiquement identique à une autre personne, vivante ou décédée.

Art. 511-1-1. — Dans le cas où le délit prévu à l'article 511-1 est commis à l'étranger par un Français ou par une personne résidant habituellement sur le territoire français, la loi française est applicable par dérogation au deuxième alinéa de l'article 113-6 et les dispositions de la seconde phrase de l'article 113-8 ne sont pas applicables.

---

(208) Les articles présentés tiennent compte des modifications introduites par la loi n° 2004-800 du 6 août 2004 relative à la bioéthique, l'ordonnance n° 2008-480 du 22 mai 2008, l'ordonnance n° 2010-177 du 23 février 2010, les lois n° 2011-814 du 7 juillet 2011, n° 2012-387 du 22 mars 2012 et la loi n° 2017-220 du 23 février 2017 ratifiant l'ordonnance n° 2016-966 du 15 juillet 2016 portant simplification de procédures mises en œuvre par l'Agence nationale de sécurité du médicament et des produits de santé et comportant diverses dispositions relatives aux produits de santé et la loi n° 2021-1017 du 2 août 2021 relative à la bioéthique.

Art. 511-1-2. — Est puni de trois ans d'emprisonnement et de 45 000 euros d'amende le fait, par don, promesse, menace, ordre, abus d'autorité ou de pouvoir, de provoquer autrui à se prêter à un prélèvement de cellules ou de gamètes, dans le but de faire naître un enfant génétiquement identique à une autre personne vivante ou décédée.

Est punie des mêmes peines la propagande ou la publicité, quel qu'en soit le mode, en faveur de l'eugénisme ou du clonage reproductif.

Section II

De la protection du corps humain

Art. 511-2. — Le fait d'obtenir d'une personne l'un de ses organes contre un paiement, quelle qu'en soit la forme, est puni de sept ans d'emprisonnement et de 100 000 euros d'amende.

Est puni des mêmes peines, le fait d'apporter son entremise pour favoriser l'obtention d'un organe contre le paiement de celui-ci, ou de céder à titre onéreux un tel organe du corps d'autrui. Les mêmes peines sont applicables dans le cas où l'organe obtenu dans les conditions prévues au premier alinéa provient d'un pays étranger.

Art. 511-3. — Le fait de prélever un organe sur une personne vivante majeure, y compris dans une finalité thérapeutique, sans que le consentement de celle-ci ait été recueilli dans les conditions prévues au III de l'article L. 1231-1 du code de la santé publique ou sans que l'autorisation prévue au second alinéa du I et au deuxième alinéa du IV du même article L. 1231-1 ait été délivrée est puni de sept ans d'emprisonnement et de 100 000 euros d'amende.

Est puni des mêmes peines le fait de prélever un organe, un tissu ou des cellules ou de collecter un produit en vue de don sur une personne vivante mineure ou sur une personne vivante majeure faisant l'objet d'une mesure de protection juridique avec représentation relative à la personne, hormis les cas prévus aux articles L. 1241-3 et L. 1241-4 du code de la santé publique.

Art. 511-4. — Le fait d'obtenir d'une personne le prélèvement de tissus, de cellules ou de produits de son corps contre un paiement, quelle qu'en soit la forme, est puni de cinq ans d'emprisonnement et de 75 000 euros d'amende.

Est puni des mêmes peines le fait d'apporter son entremise pour favoriser l'obtention de tissus, de cellules ou de produits humains contre un paiement, quelle qu'en soit la forme, ou de céder à titre onéreux des tissus, des cellules ou des produits du corps d'autrui.

Art. 511-5. — Le fait de prélever un tissu ou des cellules ou de collecter un produit sur une personne vivante majeure sans qu'elle ait exprimé son consentement dans les conditions prévues aux trois derniers alinéas de l'article L. 1241-1 du code de la santé publique est puni de cinq ans d'emprisonnement et de 75 000 euros d'amende.

Le fait de prélever sur une personne vivante mineure ou sur une personne vivante majeure faisant l'objet d'une mesure de protection juridique avec représentation à la personne des cellules hématopoïétiques issues de la moelle osseuse, qu'elles soient recueillies par prélèvement osseux ou dans le sang périphérique, sans avoir respecté les conditions prévues, selon le cas, aux articles L. 1241-3 ou L. 1241-4 du code de la santé publique est puni de sept ans d'emprisonnement et de 100 000 euros d'amende.

Art. 511-5-1. — Le fait de procéder à des prélèvements à des fins scientifiques sur une personne décédée sans avoir transmis le protocole prévu à l'article L. 1232-3 du Code de la santé publique est puni de deux ans d'emprisonnement et de 30 000 euros d'amende.

Est puni des mêmes peines le fait de mettre en œuvre un protocole suspendu ou interdit par le ministre chargé de la recherche.

Art. 511-5-2. — I. Est puni de cinq ans d'emprisonnement et de 75 000 euros d'amende le fait de conserver et transformer à des fins scientifiques, y compris à des fins de recherche génétique, des organes, des tissus, des cellules ou du sang, ses composants et ses produits dérivés :

1° sans en avoir fait la déclaration préalable prévue à l'article L. 1243-4 du Code de la santé publique ;

2° alors que le ministre chargé de la recherche s'est opposé à l'exercice de ces activités ou les a suspendues ou interdites.

II. Est puni des mêmes peines le fait de conserver et transformer, en vue de leur cession pour un usage scientifique, y compris à des fins de recherche génétique, des organes, des tissus, des cellules ou du sang, ses composants et ses produits dérivés, sans avoir préalablement obtenu l'autorisation prévue à l'article L. 1243-4 du Code de la santé publique ou alors que cette autorisation est suspendue ou retirée.

Art. 511-6. — Le fait de recueillir ou de prélever des gamètes sur une personne vivante sans son consentement écrit est puni de cinq ans d'emprisonnement et de 75 000 euros d'amende.

Art. 511-7. — Le fait de procéder à des prélèvements d'organes ou des greffes d'organes, à des prélèvements de tissus ou de cellules, à des greffes de tissus ou à des administrations de préparations de thérapie cellulaire, à la conservation ou à la transformation de tissus ou de préparations de thérapie cellulaire dans un établissement n'ayant pas obtenu l'autorisation prévue par les articles L. 1233-1, L. 1234-2, L. 1242-1, L. 1243-2 ou L. 1243-6 du Code de la santé publique, ou après le retrait ou la suspension de cette autorisation, est puni de deux ans d'emprisonnement et de 30 000 euros d'amende.

Art. 511-8. — Le fait de procéder à la distribution ou à la cession d'organes, de tissus, de produits cellulaires à finalité thérapeutique ou de produits humains en vue d'un don sans qu'aient été respectées les règles de sécurité sanitaire exigées en application des dispositions de l'article L. 1211-6 du Code de la santé publique est puni de deux ans d'emprisonnement et de 30 000 euros d'amende.

Art. 511-8-1. — Le fait de procéder à la distribution ou à la cession en vue d'un usage thérapeutique de tissus ou de préparations de thérapie cellulaire en violation des dispositions de l'article L. 1243-2 du Code de la santé publique est puni de deux ans d'emprisonnement et de 30 000 euros d'amende.

Art. 511-8-2. — Le fait de se procurer auprès d'un État membre de l'Union européenne ou partie à l'accord sur l'Espace économique européen ou de lui fournir ou d'importer ou d'exporter des organes, des tissus, leurs dérivés, des cellules issus du corps humain et des préparations de thérapie cellulaires, en violation des dispositions prises pour l'application des articles L. 1235-1, L. 1245-5 et L. 1245-5-1 du Code de la santé publique, est puni de cinq ans d'emprisonnement et de 75 000 euros d'amende.

Art. 511-9. — Le fait d'obtenir des gamètes contre un paiement, quelle qu'en soit la forme, à l'exception du paiement des prestations assurées par les établissements effectuant la préparation et la conservation de ces gamètes, est puni de cinq ans d'emprisonnement et de 75 000 euros d'amende.

Est puni des mêmes peines le fait d'apporter son entremise pour favoriser l'obtention de gamètes contre un paiement, quelle qu'en soit la forme, ou de remettre à des tiers, à titre onéreux des gamètes provenant de dons.

Art. 511-10. — Sauf dans le cas prévu à l'article 16-8-1 du Code civil, le fait de divulguer une information permettant à la fois d'identifier une personne ou un couple qui a fait don de gamètes et le couple ou la femme non mariée qui les a reçus est puni de deux ans d'emprisonnement et de 30 000 euros d'amende.

Art. 511-11. — Le fait de recueillir ou de prélever des gamètes sur une personne vivante en vue d'une assistance médicale à la procréation sans procéder aux tests de dépistage des maladies transmissibles exigés en application de l'article L. 665-15 du Code de la santé publique est puni de deux ans d'emprisonnement et de 30 000 euros d'amende.

Art. 511-12. — Le fait de procéder à une insémination artificielle par sperme frais ou mélange de sperme provenant de dons en violation de l'article L. 673-3 du Code de la santé publique est puni de deux ans d'emprisonnement et de 30 000 euros d'amende.

Art. 511-13. — Le fait de subordonner le bénéfice d'un don de gamètes à la désignation par le couple receveur d'une personne ayant volontairement accepté de procéder à un tel don en faveur d'un couple tiers en violation de l'article L. 673-7 du Code de la santé publique est puni de deux ans d'emprisonnement et de 30 000 euros d'amende.

Section III

De la protection de l'embryon humain

Art. 511-15. — Le fait d'obtenir des embryons humains contre un paiement, quelle qu'en soit la forme, est puni de sept ans d'emprisonnement et de 100 000 euros d'amende.

Est puni des mêmes peines le fait d'apporter son entremise pour favoriser l'obtention d'embryons humains contre un paiement, quelle qu'en soit la forme, ou de remettre à des tiers, à titre onéreux, des embryons humains.

Art. 511-16. — Le fait d'obtenir des embryons humains sans respecter les conditions prévues aux articles L. 2141-5 et L. 2141-6 du Code de la santé publique est puni de sept ans d'emprisonnement et de 100 000 euros d'amende.

Art. 511-17. — Le fait de procéder à la conception in vitro ou à la constitution par clonage d'embryons humains à des fins industrielles ou commerciales est puni de sept ans d'emprisonnement et de 100 000 euros d'amende.

Est puni des mêmes peines le fait d'utiliser des embryons humains à des fins industrielles ou commerciales.

Art. 511-18. — Le fait de procéder à la conception in vitro ou à la constitution par clonage d'embryons humains à des fins de recherche est puni de sept ans d'emprisonnement et de 1 000 000 euros d'amende.

Art. 511-18-1. — Le fait de procéder à la constitution par clonage d'embryons humains à des fins thérapeutiques est puni de sept ans d'emprisonnement et de 100 000 euros d'amende.

Art. 511-19. — I. — Le fait de procéder à une étude ou une recherche sur l'embryon humain :

1° Sans avoir préalablement obtenu le consentement écrit et l'autorisation visés à l'article L. 2151-5 du Code de la santé publique, ou alors que cette autorisation est retirée, suspendue, ou que le consentement est révoqué ;

2° Sans se conformer aux prescriptions législatives et réglementaires ou à celles fixées par cette autorisation, est puni de sept ans d'emprisonnement et de 100 000 euros d'amende.

II. — Est puni de deux ans d'emprisonnement et de 30 000 euros d'amende le fait de procéder à une recherche sur des cellules souches embryonnaires :

1° Sans avoir préalablement déclaré un protocole auprès de l'Agence de la biomédecine conformément à l'article L. 2151-6 du Code de la santé publique, ou alors que le directeur général de l'Agence de la biomédecine s'est opposé à cette recherche, l'a suspendue ou l'a interdite en application du même article L. 2151-6 ;

2° Sans se conformer aux prescriptions législatives et réglementaires.

III. — Est puni de deux ans d'emprisonnement et de 30 000 euros d'amende le fait de procéder à une recherche sur des cellules souches pluripotentes induites humaines :

1° Sans avoir préalablement déclaré un protocole auprès de l'Agence de la biomédecine conformément à l'article L. 2151-7 du Code de la santé publique, ou alors que le directeur général de l'Agence de la biomédecine s'est opposé à cette recherche, l'a suspendue ou l'a interdite en application du même article L. 2151-7 ;

2° Sans se conformer aux prescriptions législatives et réglementaires.

Art. 511-19-1. — Le fait, à l'issue d'une interruption de grossesse, de prélever, conserver ou utiliser des tissus ou cellules embryonnaires ou fœtaux dans des conditions non conformes à celles prévues par les premier, deuxième et quatrième alinéas de l'article L. 1241-5 du Code de la santé publique ou pour des finalités autres que diagnostiques, thérapeutiques ou scientifiques est puni de deux ans d'emprisonnement et de 30 000 euros d'amende.

Art. 511-19-2. — Est puni de deux ans d'emprisonnement et de 30 000 euros d'amende :

1° Le fait de conserver des embryons ou des cellules souches embryonnaires sans avoir obtenu l'une des autorisations ou sans avoir effectué l'une des déclarations mentionnées à l'article L. 2151-9 du Code de la santé publique ou alors que cette autorisation est retirée ou suspendue ou que le directeur général de l'Agence de la biomédecine a suspendu ou interdit la conservation en application de l'avant-dernier alinéa du même article L. 2151-9 ;

2° Le fait de conserver des embryons ou des cellules souches embryonnaires sans se conformer aux règles mentionnées aux troisième ou avant-dernier alinéas dudit article L. 2151-9 ;

3° Le fait de céder des embryons ou des cellules souches embryonnaires à des organismes n'ayant pas déclaré leur projet de recherche auprès de l'Agence de la biomédecine conformément à l'article L. 2151-6 du même code ou n'étant pas titulaires de l'autorisation délivrée en application des articles L. 2151-5 ou L. 2151-9 dudit code ou n'ayant pas déclaré leurs activités de conservation de cellules souches embryonnaires conformément à l'avant-dernier alinéa du même article L. 2151-9 ;

4° Le fait d'avoir cédé des embryons ou des cellules souches embryonnaires sans en avoir informé préalablement l'Agence de la biomédecine.

Art. 511-19-3. — Est puni de deux ans d'emprisonnement et de 30 000 euros d'amende le fait d'importer ou d'exporter, à des fins de recherche, des cellules souches embryonnaires sans avoir obtenu l'autorisation mentionnée à l'article L. 2151-8 du Code de la santé publique.

Art. 511-20. — Le fait de procéder au diagnostic prénatal sans avoir reçu l'autorisation mentionnée à l'article L. 162-16 du Code de la santé publique est puni de deux ans d'emprisonnement et de 30 000 euros d'amende.

Art. 511-21. — Le fait de méconnaître les dispositions des articles L. 2131-4 et L. 2131-4-1 relatifs au diagnostic préimplantatoire est puni de deux ans d'emprisonnement et de 30 000 euros d'amende.

Art. 511-22. — Le fait de mettre en œuvre des activités d'assistance médicale à la procréation sans avoir recueilli l'autorisation prévue par le quatrième alinéa de l'article L. 2142-1 du Code de la santé publique ou sans se conformer aux prescriptions de cette dernière est puni de deux ans d'emprisonnement et de 30 000 euros d'amende.

Art. 511-23. — Le fait d'introduire des embryons humains sur le territoire où s'applique le Code de la santé publique ou de les sortir de ce territoire sans l'autorisation prévue à l'article L. 2141-9 du Code de la santé publique est puni de trois ans d'emprisonnement et de 45 000 euros d'amende.

Art. 511-24. — Le fait de procéder à des activités d'assistance médicale à la procréation à des fins autres que celles définies à l'article L. 152-2 du Code de la santé publique est puni de cinq ans d'emprisonnement et de 75 000 euros d'amende.

Art. 511-25. — I. — Le fait d'exercer les activités nécessaires à l'accueil d'un embryon humain dans des conditions fixées à l'article L. 2141-6 du Code de la santé publique :

1° Sans avoir pris connaissance des résultats des tests de dépistage des maladies infectieuses exigés au sixième alinéa du même article ;

2° Ou en dehors d'un établissement autorisé conformément aux dispositions du septième alinéa du même article, est puni de deux ans d'emprisonnement et de 30 000 euros d'amende.

II. — Est puni des mêmes peines le fait de divulguer une information nominative permettant d'identifier à la fois le couple qui a renoncé à l'embryon et le couple qui l'a accueilli.

Art. 511-25-1. — Est puni de deux ans d'emprisonnement et de 30 000 euros d'amende :

1° Le fait d'importer ou d'exporter des gamètes ou des tissus germinaux sans avoir recueilli l'autorisation prévue à l'article L. 2141-11-1 du Code de la santé publique ;

2° Le fait d'importer ou d'exporter des gamètes ou des tissus germinaux pour des finalités autres que celles prévues dans l'autorisation mentionnée à l'article L. 2141-11-1 du Code de la santé publique.

N° 88 La protection des personnes qui se prêtent à des recherches biomédicales : les articles L. 1121-1 à L. 1123-14 du Code de la santé publique (209)

Chapitre I
Principes généraux

Art. L. 1121-1. — Les recherches organisées et pratiquées sur l'être humain en vue du développement des connaissances biologiques ou médicales sont autorisées dans les conditions prévues au présent livre et sont désignées ci-après par les termes « recherche impliquant la personne humaine ».

Il existe trois catégories de recherches impliquant la personne humaine :

1° Les recherches interventionnelles qui comportent une intervention sur la personne non justifiée par sa prise en charge habituelle ;

2° Les recherches interventionnelles qui ne comportent que des risques et des contraintes minimes, dont la liste est fixée par arrêté du ministre chargé de la santé, après avis du directeur général de l'Agence nationale de sécurité du médicament et des produits de santé ;

3° Les recherches non interventionnelles qui ne comportent aucun risque ni contrainte dans lesquelles tous les actes sont pratiqués et les produits utilisés de manière habituelle.

La personne physique ou la personne morale qui est responsable d'une recherche impliquant la personne humaine, en assure la gestion et vérifie que son financement est prévu, est dénommée le promoteur. Celui-ci ou son représentant légal doit être établi dans l'Union européenne. Lorsque plusieurs personnes prennent l'initiative d'une même recherche impliquant la personne humaine, elles désignent une personne physique ou morale qui aura la qualité de promoteur et assumera les obligations correspondantes en application du présent livre.

La ou les personnes physiques qui dirigent et surveillent la réalisation de la recherche sur un lieu sont dénommées investigateurs.

Lorsque le promoteur d'une recherche impliquant la personne humaine confie sa réalisation à plusieurs investigateurs sur plusieurs lieux en France, le promoteur désigne parmi les investigateurs un coordonnateur.

Si, sur un lieu, la recherche est réalisée par une équipe, l'investigateur est le responsable de l'équipe et est dénommé investigateur principal.

---

(209) Les articles présentés ici tiennent compte des modifications introduites par la loi n° 2016-41 du 26 janvier 2016 de modernisation de notre système de santé, l'ordonnance n° 2016-800 du 16 juin 2016 relative aux recherches impliquant la personne humaine, l'ordonnance n° 2018-20 du 17 janvier 2018 relative au service de santé des armées et à l'Institution nationale des invalides, la loi n° 2018-493 du 20 juin 2018 relative à la protection des données personnelles, l'ordonnance n° 2018-1125 du 12 décembre 2018 prise en application de l'article 32 de la loi n° 2018-493 du 20 juin 2018 relative à la protection des données personnelles, la loi n° 2019-180 du 8 mars 2019 visant à renforcer la prise en charge des cancers pédiatriques par la recherche, le soutien aux aidants familiaux, la formation des professionnels et le droit à l'oubli, la loi n° 2019-774 du 24 juillet 2019 relative à l'organisation et à la transformation du système de santé l'ordonnance n° 2020-232 du 11 mars 2020 relative au régime des décisions prises en matière de santé, de prise en charge ou d'accompagnement social ou médico-social à l'égard des personnes majeures faisant l'objet d'une mesure de protection juridique, la loi n° 2020-1525 du 7 décembre 2020 d'accélération et de simplification de l'action publique et la loi n° 2021-1017 du 2 août 2021 relative à la bioéthique.

Les dispositions du présent titre, à l'exception de celles mentionnées au chapitre IV, ne sont pas applicables aux essais cliniques de médicaments régis par les dispositions du règlement (UE) n° 536/2014 du Parlement européen et du Conseil du 16 avril 2014.

Art. L. 1121-2. — Aucune recherche biomédicale ne peut être effectuée sur l'être humain :

— si elle ne se fonde pas sur le dernier état des connaissances scientifiques et sur une expérimentation préclinique suffisante ;

— si le risque prévisible encouru par les personnes qui se prêtent à la recherche est hors de proportion avec le bénéfice escompté pour ces personnes ou l'intérêt de cette recherche ;

— si elle ne vise pas à étendre la connaissance scientifique de l'être humain et les moyens susceptibles d'améliorer sa condition.

— si la recherche biomédicale n'a pas été conçue de telle façon que soient réduits au minimum la douleur, les désagréments, la peur et tout autre inconvénient prévisible lié à la maladie ou à la recherche, en tenant compte particulièrement du degré de maturité pour les mineurs et de la capacité de compréhension pour les majeurs hors d'état d'exprimer leur consentement.

L'intérêt des personnes qui se prêtent à une recherche biomédicale prime toujours les seuls intérêts de la science et de la société.

La recherche biomédicale ne peut débuter que si l'ensemble de ces conditions sont remplies. Leur respect doit être constamment maintenu.

Art. L. 1121-3. — Les recherches ne peuvent être effectuées que si elles sont réalisées dans les conditions suivantes :

— sous la direction et sous la surveillance d'un médecin justifiant d'une expérience appropriée ;

— dans des conditions matérielles et techniques adaptées à la recherche et compatibles avec les impératifs de rigueur scientifique et de sécurité des personnes qui se prêtent à ces recherches.

Dans les sciences du comportement humain, une personne qualifiée, conjointement avec l'investigateur, peut exercer la direction de la recherche.

Les recherches concernant le domaine de l'odontologie ne peuvent être effectuées que sous la direction et la surveillance d'un chirurgien-dentiste ou d'un médecin justifiant d'une expérience appropriée.

Les recherches impliquant la personne humaine concernant le domaine de la maïeutique et conformes aux dispositions du dernier alinéa de l'article L. 1121-5 ne peuvent être effectuées que sous la direction et la surveillance d'un médecin ou d'une sage-femme.

Les recherches mentionnées au 2° de l'article L. 1121-1 concernant le domaine des soins infirmiers ne peuvent être effectuées que sous la direction et la surveillance d'un infirmier ou d'un médecin.

Les recherches mentionnées au 2° de l'article L. 1121-1 et qui n'ont aucune influence sur la prise en charge médicale de la personne qui s'y prête, ainsi que les recherches non interventionnelles, peuvent être effectuées sous la direction et la surveillance d'une personne qualifiée. Le comité de protection des personnes s'assure de l'adéquation entre la qualification du ou des investigateurs et les caractéristiques de la recherche.

Pour les recherches mentionnées au 1° de l'article L. 1121-1, des recommandations de bonnes pratiques sont fixées par décision de l'Agence nationale de sécurité du médicament et des produits de santé. Pour les recherches mentionnées au 2° du même article L. 1121-1 et les recherches non interventionnelles, des recommandations de bonnes pratiques sont fixées par voie réglementaire.

Les personnes chargées du contrôle de qualité d'une recherche impliquant la personne humaine et dûment mandatées à cet effet par le promoteur ont accès, sous réserve de l'absence d'opposition des personnes concernées dûment informées, aux données individuelles strictement nécessaires à ce contrôle ; elles sont soumises au secret professionnel dans les conditions définies par les articles 226-13 et 226-14 du Code pénal.

Art. L. 1121-4. — La recherche mentionnée au 1° de l'article L. 1121-1 ne peut être mise en œuvre qu'après avis favorable du comité de protection des personnes mentionné à l'article L. 1123-1 et autorisation de l'autorité compétente mentionnée à l'article L. 1123-12.

La demande d'avis au comité et la demande d'autorisation à l'autorité compétente peuvent ou non être présentées simultanément au choix du promoteur.

Les recherches mentionnées au 2° de l'article L. 1121-1 et les recherches non interventionnelles ne peuvent être mises en œuvre qu'après avis favorable du comité de protection des personnes mentionné à l'article L. 1123-1. Le promoteur adresse une copie de cet avis et un résumé de la recherche à l'autorité compétente. Sur demande de celle-ci, le comité de protection des personnes concerné transmet sans délai toutes les informations utiles concernant ces recherches à l'autorité compétente.

Lorsque les recherches mentionnées au 2° de l'article L. 1121-1 figurent sur une liste fixée par arrêté du ministre chargé de la santé pris sur proposition du directeur général de l'Agence nationale de sécurité du médicament et des produits de santé, le comité de protection des personnes concerné s'assure auprès de l'Agence nationale de sécurité du médicament et des produits de santé que l'utilisation des produits sur lesquels porte la recherche ne présente que des risques minimes.

En cas de doute sérieux sur la qualification d'une recherche au regard des trois catégories de recherches impliquant la personne humaine définies à l'article L. 1121-1, le comité de protection des personnes concerné saisit pour avis l'Agence nationale de sécurité du médicament et des produits de santé.

Art. L. 1121-5. — Les femmes enceintes, les parturientes et les mères qui allaitent ne peuvent être sollicitées pour se prêter à des recherches biomédicales que dans les conditions suivantes :

— soit l'importance du bénéfice escompté pour elles-mêmes ou pour l'enfant est de nature à justifier le risque prévisible encouru ;

— soit ces recherches se justifient au regard du bénéfice escompté pour d'autres femmes se trouvant dans la même situation ou pour leur enfant et à la condition que des recherches d'une efficacité comparable ne puissent être effectuées sur une autre catégorie de la population. Dans ce cas, les risques prévisibles et les contraintes que comporte la recherche doivent présenter un caractère minimal.

Art. L. 1121-6. — Les personnes privées de liberté par une décision judiciaire ou administrative, les personnes faisant l'objet de soins psychiatriques en vertu des articles L. 3212-1 et L. 3213-1 qui ne relèvent pas des dispositions de l'article L. 1121-8 et les personnes admises dans un établissement sanitaire ou social à d'autres fins que celle de la recherche ne peuvent être sollicitées pour se prêter à des recherches biomédicales que dans les conditions suivantes :

— soit l'importance du bénéfice escompté pour ces personnes est de nature à justifier le risque prévisible encouru ;

— soit ces recherches se justifient au regard du bénéfice escompté pour d'autres personnes se trouvant dans la même situation juridique ou administrative à la condition que des recherches d'une efficacité comparable ne puissent être effectuées sur une autre catégorie de la population. Dans ce cas, les risques prévisibles et les contraintes que comporte la recherche doivent présenter un caractère minimal.

Art. L. 1121-7. — Les mineurs peuvent être sollicités pour se prêter à des recherches mentionnées aux 1° ou 2° de l'article L. 1121-1 seulement si des recherches d'une efficacité comparable ne peuvent être effectuées sur des personnes majeures et dans les conditions suivantes :
— soit l'importance du bénéfice escompté pour ces personnes est de nature à justifier le risque prévisible encouru ;
— soit ces recherches se justifient au regard du bénéfice escompté pour d'autres mineurs. Dans ce cas, les risques prévisibles et les contraintes que comporte la recherche doivent présenter un caractère minimal.

Art. L. 1121-8. — Les personnes majeures faisant l'objet d'une mesure de protection juridique ou hors d'état d'exprimer leur consentement ne peuvent être sollicitées pour des recherches mentionnées aux 1° ou 2° de l'article L. 1121-1 que si des recherches d'une efficacité comparable ne peuvent être effectuées sur une autre catégorie de la population et dans les conditions suivantes :
— soit l'importance du bénéfice escompté pour ces personnes est de nature à justifier le risque prévisible encouru ;
— soit ces recherches se justifient au regard du bénéfice escompté pour d'autres personnes placées dans la même situation. Dans ce cas, les risques prévisibles et les contraintes que comporte la recherche doivent présenter un caractère minimal.

Art. L. 1121-8-1. — Les personnes qui ne sont pas affiliées à un régime de sécurité sociale ou bénéficiaires d'un tel régime peuvent être sollicitées pour se prêter à des recherches non interventionnelles.

À titre dérogatoire, le comité de protection des personnes peut autoriser une personne qui n'est pas affiliée à un régime de sécurité sociale ou bénéficiaire d'un tel régime à se prêter à des recherches mentionnées aux 1° ou 2° de l'article L. 1121-1. Cette autorisation est motivée. Elle doit se fonder au moins sur l'une des conditions suivantes :

1° L'importance du bénéfice escompté pour ces personnes est de nature à justifier le risque prévisible encouru ;

2° Ces recherches se justifient au regard du bénéfice escompté pour d'autres personnes se trouvant dans la même situation juridique. Dans ce cas, le risque prévisible et les contraintes que comporte la recherche doivent présenter un caractère minime.

Art. L. 1121-9. — Si une personne susceptible de prêter son concours à une recherche biomédicale relève de plusieurs catégories mentionnées aux articles L. 1121-5 à L. 1121-8, lui sont applicables celles de ces dispositions qui assurent à ses intérêts la protection la plus favorable.

Art. L. 1121-10. — Le promoteur assume l'indemnisation des conséquences dommageables de la recherche biomédicale pour la personne qui s'y prête et celle de ses ayants droit, sauf preuve à sa charge que le dommage n'est pas imputable à sa faute ou à celle de tout intervenant sans que puisse être opposé le fait d'un tiers ou le retrait volontaire de la personne qui avait initialement consenti à se prêter à la recherche.

Lorsque la responsabilité du promoteur n'est pas engagée, les victimes peuvent être indemnisées dans les conditions prévues à l'article L. 1142-3.

La recherche biomédicale exige la souscription préalable, par son promoteur, d'une assurance garantissant sa responsabilité civile telle qu'elle résulte du présent article et celle de tout intervenant, indépendamment de la nature des liens existant entre les intervenants et le promoteur. Les dispositions du présent article sont d'ordre public.

La garantie d'assurance de responsabilité visée à l'alinéa précédent couvre les conséquences pécuniaires des sinistres trouvant leur cause génératrice dans une recherche biomédicale, dès lors que la première réclamation est adressée à l'assuré ou à son assureur entre le début de cette recherche et l'expiration d'un délai qui ne peut être inférieur à dix ans courant à partir de la fin de celle-ci.

Pour l'application du présent article, l'État, lorsqu'il a la qualité de promoteur, n'est pas tenu de souscrire à l'obligation d'assurance prévue au troisième alinéa du présent article. Il est toutefois soumis aux obligations incombant à l'assureur.

Art. L. 1121-11. — La recherche impliquant la personne humaine ne donne lieu à aucune contrepartie financière directe ou indirecte pour les personnes qui s'y prêtent, hormis le remboursement des frais exposés et, le cas échéant, l'indemnité en compensation des contraintes subies versée par le promoteur. Le montant total des indemnités qu'une personne peut percevoir au cours d'une même année est limité à un maximum fixé par le ministre chargé de la santé.

Le versement d'une telle indemnité est interdit dans le cas des recherches effectuées sur des mineurs, des personnes qui font l'objet d'une mesure de protection juridique, des personnes majeures hors d'état d'exprimer leur consentement, des personnes privées de liberté, des personnes faisant l'objet de soins psychiatriques en application des chapitres II à IV du titre Ier du livre II de la troisième partie du présent code ou de l'article 706-135 du code de procédure pénale et des personnes admises dans un établissement sanitaire et social à d'autres fins que la recherche.

Les personnes susceptibles de se prêter à des recherches mentionnées au 1° de l'article L. 1121-1 bénéficient d'un examen médical préalable adapté à la recherche. Les résultats de cet examen leur sont communiqués directement ou par l'intermédiaire du médecin de leur choix.

Lorsque les recherches impliquant la personne humaine concernent le domaine de la maïeutique et répondent aux conditions fixées au dernier alinéa de l'article L. 1121-5, les résultats de cet examen leur sont communiqués directement ou par l'intermédiaire du médecin ou de la sage-femme de leur choix.

Lorsque les recherches impliquant la personne humaine concernent le domaine de l'odontologie, les résultats de cet examen leur sont communiqués directement ou par l'intermédiaire du médecin ou du chirurgien-dentiste de leur choix.

L'organisme de sécurité sociale dispose contre le promoteur d'une action en paiement des prestations versées ou fournies.

Art. L. 1121-12. — Pour chaque recherche biomédicale, le dossier soumis au comité de protection des personnes et à l'autorité compétente détermine s'il est nécessaire que la personne ne puisse pas participer simultanément à une autre recherche et fixe, le cas échéant, une période d'exclusion au cours de laquelle la personne qui s'y prête ne peut participer à une autre recherche. La durée de cette période varie en fonction de la nature de la recherche.

Art. L. 1121-13. — Les recherches ne peuvent être réalisées que dans un lieu disposant des moyens humains, matériels et techniques adaptés à la recherche et compatibles avec les impératifs de sécurité des personnes qui s'y prêtent.

Ce lieu doit être autorisé, à cet effet, pour une durée déterminée, lorsqu'il s'agit de recherches mentionnées au 1° de l'article L. 1121-1 réalisées en dehors des lieux de soins, ainsi que dans des services hospitaliers et dans tout autre lieu d'exercice des professionnels de santé lorsque ces recherches nécessitent des actes autres que ceux qu'ils pratiquent usuellement dans le cadre de leur activité ou lorsque ces recherches sont réalisées sur des personnes présentant une condition clinique distincte de celle pour laquelle le service a compétence. Cette autorisation est accordée par le directeur général de l'agence régionale de santé ou par le ministre de la Défense, si le lieu relève de son autorité. Toutefois l'autorisation est accordée par le ministre chargé des anciens combattants pour les lieux situés au sein de l'Institution nationale des invalides.

La première administration d'un médicament à l'homme dans le cadre d'une recherche ne peut être effectuée que dans des lieux ayant obtenu l'autorisation mentionnée au deuxième alinéa du présent article.

Cette autorisation, à l'exception de celle donnée à des lieux situés dans un établissement mentionné à l'article L. 5126-1, inclut, le cas échéant, la réalisation par un pharmacien des opérations d'approvisionnement, de conditionnement et d'étiquetage des médicaments expérimentaux, ainsi que les opérations de stockage correspondantes, nécessaires aux recherches menées dans ce lieu. Ces opérations sont réalisées en conformité avec les bonnes pratiques mentionnées à l'article L. 5121-5.

Art. L. 1121-14. — Aucune recherche biomédicale ne peut être effectuée sur une personne décédée, en état de mort cérébrale, sans son consentement exprimé de son vivant ou par le témoignage de sa famille.

Toutefois, lorsque la personne décédée est un mineur, ce consentement est exprimé par chacun des titulaires de l'autorité parentale. En cas d'impossibilité de consulter l'un des titulaires de l'autorité parentale, la recherche peut être effectuée à condition que l'autre titulaire y consente.

Les dispositions de l'article 225-17 du Code pénal ne sont pas applicables à ces recherches.

Art. L. 1121-15. — Les recherches impliquant la personne humaine et leurs résultats, à l'exception de ceux relevant du secret de la défense nationale, sont inscrits dans un répertoire d'accès public selon des règles déterminées par décret.

Art. L. 1121-16. — En vue de l'application des dispositions du premier alinéa de l'article L. 1121-11 et de l'article L. 1121-12 et pour les recherches biomédicales portant sur les produits mentionnés à l'article L. 5311-1, un fichier national recense les personnes qui ne présentent aucune affection et se prêtent volontairement à ces recherches ainsi que les personnes malades lorsque l'objet de la recherche est sans rapport avec leur état pathologique.

Toutefois, le comité de protection des personnes peut décider dans d'autres cas, compte tenu des risques et des contraintes que comporte la recherche biomédicale, que les personnes qui y participent doivent être également inscrites dans ce fichier.

Art. L. 1121-16-1. — I. Pendant la durée de la recherche mentionnée au 1° de l'article L. 1121-1, le promoteur fournit gratuitement les médicaments expérimentaux et, le cas échéant, les médicaments auxiliaires, les dispositifs médicaux utilisés pour les administrer, ainsi que, pour les recherches portant sur des produits autres que les médicaments, les produits faisant l'objet de la recherche.

II. On entend par recherches à finalité non commerciale les recherches dont les résultats ne sont pas exploités à des fins lucratives, qui poursuivent un objectif de santé publique et dont le promoteur ou le ou les investigateurs sont indépendants à l'égard des entreprises qui fabriquent ou qui commercialisent les produits faisant l'objet de la recherche.

III. Les caisses d'assurance maladie prennent en charge les produits faisant l'objet de recherches à finalité non commerciale dans les conditions suivantes :

1° Les médicaments expérimentaux ou auxiliaires autorisés, inscrits sur la liste mentionnée à l'article L. 5123-2 ou sur l'une des listes mentionnées au premier alinéa ou au deuxième alinéa de l'article L. 162-17 du Code de la sécurité sociale ainsi que les produits inscrits sur la liste mentionnée à l'article L. 165-1 du Code de la sécurité sociale ou pris en charge au titre des prestations d'hospitalisation mentionnées à l'article

L. 162-22-6 du même code, lorsqu'ils sont utilisés dans le cadre d'une recherche à finalité non commerciale autorisée dans les conditions ouvrant droit au remboursement ;

2° À titre dérogatoire, les médicaments expérimentaux ou auxiliaires autorisés, ainsi que les produits faisant l'objet d'une recherche mentionnée aux 1° ou 2° de l'article L. 1121-1, à finalité non commerciale et ayant reçu l'avis favorable d'un comité de protection des personnes et, le cas échéant, l'autorisation de l'autorité compétente, selon les modalités prévues aux articles L. 1123-7 et L. 1123-12, lorsqu'ils ne sont pas utilisés dans des conditions ouvrant droit au remboursement, sous réserve de la pertinence de leur prise en charge financière. La décision de prise en charge est prise par arrêté des ministres chargés de la santé et de la sécurité sociale.

Dans les cas mentionnés aux 1° et 2° du présent article, le promoteur de la recherche s'engage à rendre publics les résultats de sa recherche.

Lorsque la recherche ayant bénéficié d'une prise en charge ne répond plus à la définition d'une recherche à finalité non commerciale, le promoteur reverse les sommes engagées au titre du cinquième alinéa pour les recherches concernées aux régimes d'assurance maladie selon les règles prévues à l'article L. 162-37 du Code de la sécurité sociale. Le reversement dû est fixé par décision des ministres chargés de la santé et de la sécurité sociale après que le promoteur concerné a été mis en mesure de présenter ses observations. Le produit du reversement est recouvré par les organismes mentionnés à l'article L. 213-1 du même code désignés par le directeur de l'Agence centrale des organismes de sécurité sociale. Le recours présenté contre la décision fixant ce reversement est un recours de pleine juridiction.

Si le promoteur ne respecte pas l'obligation de reversement visée à l'avant-dernier alinéa du présent article, il se voit appliquer une pénalité dont le montant ne peut être supérieur à 10 % du chiffre d'affaires réalisé par le promoteur constaté l'année précédente. Les modalités d'application du présent alinéa et du précédent sont fixées par décret.

IV. Lorsqu'une recherche mentionnée au 1° et au 2° de l'article L. 1121-1 à finalité commerciale est réalisée dans des établissements de santé ou des maisons ou des centres de santé, le promoteur prend en charge les frais supplémentaires liés à d'éventuels fournitures ou examens spécifiquement requis par le protocole.

La prise en charge des frais supplémentaires fait l'objet d'une convention conclue entre le promoteur, le représentant légal de chacun des organismes mentionnés au premier alinéa du IV et, le cas échéant, le représentant légal des structures destinataires des contreparties versées par le promoteur. La convention, conforme à une convention type définie par arrêté du ministre chargé de la santé, comprend les conditions de prise en charge de tous les coûts liés à la recherche, qu'ils soient ou non relatifs à la prise en charge du patient. Cette convention est transmise au Conseil national de l'ordre des médecins. Elle est conforme aux principes et garanties prévus au présent titre. Elle est visée par les investigateurs participant à la recherche.

Les conditions d'application du présent article, notamment celles auxquelles se conforment, dans leur fonctionnement et dans l'utilisation des fonds reçus, les structures destinataires des contreparties mentionnées au deuxième alinéa du IV sont précisées par décret.

Art. L. 1121-16-2 — Les articles L. 1121-4 et L. 1121-15 ne sont pas applicables aux recherches non interventionnelles portant sur des produits cosmétiques ou alimentaires lorsque ces recherches figurent sur une liste fixée par arrêté du ministre chargé de la santé pris après avis de l'Agence nationale du médicament et des produits de santé.

Art. L. 1121-17. — Les modalités d'application des dispositions du présent chapitre sont déterminées par décret en Conseil d'État et notamment :

1° les minima de garanties pour l'assurance prévue au troisième alinéa de l'article L. 1121-10 ;

2° les conditions de l'autorisation prévue à l'article L. 1121-13 ;

3° les conditions d'établissement et de publication des répertoires prévus à l'article L. 1121-15.

Chapitre II

Information de la personne qui se prête à une recherche biomédicale et recueil de son consentement

Art. L. 1122-1. — Préalablement à la réalisation d'une recherche impliquant la personne humaine, une information est délivrée à la personne qui y participe par l'investigateur ou par un médecin qui le représente. Lorsque l'investigateur est une personne qualifiée, cette information est délivrée par celle-ci ou par une autre personne qualifiée qui la représente. L'information porte notamment sur :

1° L'objectif, la méthodologie et la durée de la recherche ;

2° Les bénéfices attendus et, dans le cas de recherches mentionnées aux 1° ou 2° de l'article L. 1121-1, les contraintes et les risques prévisibles, y compris en cas d'arrêt de la recherche avant son terme ;

3° Dans le cas de recherches mentionnées aux 1° ou 2° de l'article L. 1121-1, les éventuelles alternatives médicales ;

4° Dans le cas de recherches mentionnées aux 1° ou 2° de l'article L. 1121-1, les modalités de prise en charge médicale prévues en fin de recherche, si une telle prise en charge est nécessaire, en cas d'arrêt prématuré de la recherche, et en cas d'exclusion de la recherche ;

5° L'avis du comité mentionné à l'article L. 1123-1 et l'autorisation de l'autorité compétente mentionnée à l'article L. 1123-12 ;

6° Le cas échéant, l'interdiction de participer simultanément à une autre recherche ou la période d'exclusion prévues par le protocole et son inscription dans le fichier national prévu à l'article L. 1121-16 ;

6° bis Pour les recherches à finalité commerciale, les modalités de versement de contreparties en sus de la prise en charge des frais supplémentaires liés à la recherche, le cas échéant, dans les conditions prévues à l'article L. 1121-16-1 ;

7° Le cas échéant, la nécessité d'un traitement des données à caractère personnel conformément aux dispositions de l'article 69 de la loi n° 78-17 du 6 janvier 1978 relative à l'informatique, aux fichiers et aux libertés.

La personne dont la participation est sollicitée est informée de son droit d'avoir communication, au cours ou à l'issue de la recherche, des informations concernant sa santé, détenues par l'investigateur ou, le cas échéant, le médecin ou la personne qualifiée qui le représente.

La personne dont la participation est sollicitée ou, le cas échéant, les personnes, organes ou autorités chargés de l'assister, de la représenter ou d'autoriser la recherche sont informés de son droit de refuser de participer à la recherche ou de retirer son consentement ou, le cas échéant, son autorisation à tout moment, sans encourir aucune responsabilité ni aucun préjudice de ce fait.

Lorsque la recherche impliquant la personne humaine concerne le domaine de la maïeutique et répond aux conditions fixées au dernier alinéa de l'article L. 1121-5, l'investigateur peut confier à une sage-femme ou à un médecin le soin de communiquer à la personne qui se prête à cette recherche les informations susvisées et de recueillir son consentement.

Lorsqu'une recherche non interventionnelle porte sur l'observance d'un traitement et que sa réalisation répond à une demande de l'Agence nationale de sécurité du médicament et des produits de santé, de la Haute Autorité de santé ou de l'Agence européenne des médicaments, l'objectif de la recherche, sa méthodologie et sa durée peuvent ne faire l'objet que d'une information préalable succincte dès lors que la recherche ne présente aucun risque sérieux prévisible. Le projet mentionné à l'article L. 1123-6 mentionne la nature des informations préalables transmises aux personnes se prêtant à la recherche.

Lorsque la recherche impliquant la personne humaine concerne le domaine de l'odontologie, l'investigateur peut confier à un chirurgien-dentiste ou à un médecin le soin de communiquer à la personne qui se prête à cette recherche les informations susvisées et de recueillir son consentement.

L'objectif d'une recherche en psychologie, ainsi que sa méthodologie et sa durée, peuvent ne faire l'objet que d'une information préalable succincte dès lors que la recherche ne présente aucun risque sérieux prévisible. Une information complète sur cette recherche est fournie à l'issue de celle-ci aux personnes s'y étant prêtées. Le projet mentionné à l'article L. 1123-6 mentionne la nature des informations préalables transmises aux personnes se prêtant à la recherche.

À titre exceptionnel, lorsque dans l'intérêt d'une personne malade le diagnostic de sa maladie n'a pu lui être révélé, l'investigateur peut, dans le respect de sa confiance, réserver certaines informations liées à ce diagnostic. Dans ce cas, le protocole de la recherche doit mentionner cette éventualité.

Les informations communiquées sont résumées dans un document écrit remis à la personne dont le consentement est sollicité. À l'issue de la recherche, la personne qui s'y est prêtée a le droit d'être informée des résultats globaux de cette recherche, selon les modalités qui lui seront précisées dans le document d'information.

Art. L. 1122-1-1. — Aucune recherche mentionnée au 1° de l'article L. 1121-1 ne peut être pratiquée sur une personne sans son consentement libre et éclairé, recueilli par écrit, après que lui a été délivrée l'information prévue à l'article L. 1122-1. Lorsqu'il est impossible à la personne concernée d'exprimer son consentement par écrit, celui-ci peut être attesté par la personne de confiance prévue à l'article L. 1111-6, par un membre de la famille ou, à défaut, par un des proches de la personne concernée, à condition que cette personne de confiance, ce membre ou ce proche soit indépendant de l'investigateur et du promoteur.

Aucune recherche mentionnée au 2° de l'article L. 1121-1 ne peut être pratiquée sur une personne sans son consentement libre, éclairé et exprès.

Aucune recherche mentionnée au 3° du même article L. 1121-1 ne peut être pratiquée sur une personne lorsqu'elle s'y est opposée.

Dans le cas où la personne se prêtant à une recherche a retiré son consentement, ce retrait n'a pas d'incidence sur les activités menées et sur l'utilisation des données obtenues sur la base du consentement éclairé exprimé avant que celui-ci n'ait été retiré.

Art. L. 1122-1-2. — Le promoteur peut demander à la personne se prêtant à une recherche au moment où celle-ci donne son consentement éclairé lorsqu'il est requis d'accepter que ses données soient utilisées lors de recherches ultérieures exclusivement à des fins scientifiques. La personne peut retirer son consentement à cette utilisation ultérieure ou exercer sa faculté d'opposition à tout moment.

Art. L. 1122-1-3. — En cas de recherches impliquant la personne humaine à mettre en œuvre dans des situations d'urgence qui ne permettent pas de recueillir le consentement préalable de la personne qui y sera soumise, lorsqu'il est requis, le protocole présenté à l'avis du comité mentionné à l'article L. 1123-1 peut prévoir que le consentement de cette personne n'est pas recherché et que seul est sollicité celui des membres de sa famille ou celui de la personne de confiance mentionnée à l'article L. 1111-6 dans les conditions prévues à l'article L. 1122-1-1, s'ils sont présents. Le protocole peut prévoir une dérogation à cette obligation dans le cas d'une urgence vitale immédiate qui est appréciée par ce comité. L'intéressé ou, le cas échéant, les membres de la famille ou la personne de confiance mentionnée à l'article L. 1111-6 sont informés dès que possible et leur consentement, lorsqu'il est requis, leur est demandé pour la poursuite éventuelle de cette recherche. Ils peuvent également s'opposer à l'utilisation des données concernant la personne dans le cadre de cette recherche.

Art. L. 1122-1-4. — En cas de recherches impliquant la personne humaine mentionnées au 2° de l'article L. 1121-1 dont les exigences méthodologiques ne sont pas compatibles avec le recueil du consentement dans les conditions prévues au deuxième alinéa de l'article L. 1122-1-1, le protocole présenté à l'avis du comité de protection des personnes concerné peut prévoir que ce consentement n'est pas recherché et que l'information prévue à l'article L. 1122-1 est collective. Aucune recherche mentionnée au premier alinéa ne peut être pratiquée sur une personne lorsqu'elle s'y est opposée.

Art. L. 1122-2. — I. Les mineurs non émancipés, les majeurs protégés ou les majeurs hors d'état d'exprimer leur consentement et qui ne font pas l'objet d'une mesure de protection juridique reçoivent, lorsque leur participation à une recherche biomédicale est envisagée, l'information prévue à l'article L. 1122-1 adaptée à leur capacité de compréhension, tant de la part de l'investigateur que des personnes, organes ou autorités chargés de les assister, de les représenter ou d'autoriser la recherche, eux-mêmes informés par l'investigateur.

Ils sont consultés dans la mesure où leur état le permet. Leur adhésion personnelle en vue de leur participation à la recherche biomédicale est recherchée. En toute hypothèse, il ne peut être passé outre à leur refus ou à la révocation de leur acceptation.

II. Lorsqu'une recherche biomédicale est effectuée sur un mineur non émancipé, l'autorisation est donnée par les titulaires de l'exercice de l'autorité parentale. Toutefois, cette autorisation peut être donnée par le seul titulaire de l'exercice de l'autorité parentale présent, sous réserve du respect des conditions suivantes :

— la recherche ne comporte que des risques et des contraintes négligeables et n'a aucune influence sur la prise en charge médicale du mineur qui s'y prête ;

— la recherche est réalisée à l'occasion d'actes de soins ;

— l'autre titulaire de l'exercice de l'autorité parentale ne peut donner son autorisation dans des délais compatibles avec les exigences méthodologiques propres à la réalisation de la recherche au regard de ses finalités.

Lorsqu'une recherche biomédicale est effectuée sur une personne mineure ou majeure sous tutelle, l'autorisation est donnée par son représentant légal et, si le comité mentionné à l'article L. 1123-1 considère que la recherche comporte, par l'importance des contraintes ou par la spécificité des interventions auxquelles elle conduit, un risque sérieux d'atteinte à la vie privée ou à l'intégrité du corps humain, par le conseil de famille s'il a été institué, ou par le juge des tutelles.

Une personne faisant l'objet d'une mesure de sauvegarde de justice ne peut être sollicitée aux fins de participer à une recherche biomédicale.

Lorsqu'une recherche biomédicale est effectuée sur une personne majeure sous curatelle, le consentement est donné par l'intéressé assisté par son curateur. Toutefois, si la personne majeure sous curatelle est sollicitée en vue de sa participation à une recherche dont le comité mentionné à l'article L. 1123-1 considère qu'elle comporte, par l'importance des contraintes ou par la spécificité des interventions auxquelles elle conduit, un risque sérieux d'atteinte à la vie privée ou à l'intégrité du corps humain, le juge des tutelles est saisi aux fins de s'assurer de l'aptitude à consentir du majeur.

En cas d'inaptitude, le juge prend la décision d'autoriser ou non la recherche biomédicale.

Lorsqu'une recherche biomédicale satisfaisant aux conditions édictées par l'article L. 1121-8 est envisagée sur une personne majeure hors d'état d'exprimer son consentement et ne faisant pas l'objet d'une mesure de protection juridique, l'autorisation est donnée par la personne de confiance prévue à l'article L. 1111-6, à défaut de celle-ci, par la famille, ou, à défaut, par une personne entretenant avec l'intéressé des liens étroits et stables. Toutefois, si le comité mentionné à l'article L. 1123-1 considère que la recherche comporte, par l'importance des contraintes ou par la spécificité des interventions auxquelles elle conduit, un risque sérieux d'atteinte à la vie privée ou à l'intégrité du corps humain, l'autorisation est donnée par le juge des tutelles.

III. Le consentement prévu au septième alinéa du II est donné dans les formes de l'article L. 1122-1-1. Les autorisations prévues aux premier, cinquième, septième et huitième alinéas dudit II sont données par écrit.

Chapitre III

Comités de protection des personnes et autorité compétente

Art. L. 1123-1. — Le ministre chargé de la santé agrée pour une durée déterminée un ou, selon les besoins, plusieurs comités de protection des personnes. Leurs membres sont nommés par le directeur général de l'agence régionale de santé de la région dans laquelle le comité a son siège.

Les comités exercent leur mission en toute indépendance. Ils sont dotés de la personnalité juridique de droit public. Les ressources des comités sont constituées par une dotation de l'État.

Art. L. 1123-1-1. I. Il est institué auprès du ministre chargé de la santé une commission nationale des recherches impliquant la personne humaine, chargée de la coordination, de l'harmonisation et de l'évaluation des pratiques des comités de protection des personnes.

Elle remet chaque année au ministre chargé de la santé des recommandations concernant les conséquences, en matière d'organisation des soins, des recherches dont les résultats présentent un intérêt majeur pour la santé publique.

La commission nationale et l'Agence nationale de sécurité du médicament et des produits de santé sont consultées sur les projets de loi ou de décret concernant les recherches impliquant la personne humaine.

La commission nationale agit en concertation avec les comités de protection des personnes.

II. Le fait pour un membre de la Commission nationale des recherches impliquant la personne humaine de prendre part aux travaux ou aux délibérations de la commission nationale alors qu'il a un intérêt, direct ou indirect, à l'affaire examinée est puni de cinq ans d'emprisonnement et de 75 000 € d'amende.

Les membres de la Commission nationale des recherches impliquant la personne humaine sont tenus d'établir et d'actualiser une déclaration d'intérêts dans les conditions fixées à l'article L. 1451-1. Le fait pour eux d'omettre sciemment d'établir une telle déclaration, de la modifier afin d'actualiser les données qui y figurent ou de fournir une information mensongère qui porte atteinte à la sincérité de ladite déclaration est puni de 30 000 € d'amende.

Pour les infractions mentionnées au présent II, les personnes encourent également les peines complémentaires prévues à l'article L. 1454-4.

III. Les modalités d'application du présent article ainsi que la composition de la commission nationale sont fixées par décret.

Art. L. 1123-2. — Les comités sont composés de manière à garantir leur indépendance et la diversité des compétences dans le domaine de la recherche impliquant la personne humaine et à l'égard des questions éthiques, sociales, psychologiques et juridiques. Ils comportent, en leur sein, des représentants d'associations de malades ou d'usagers du système de santé agréées et désignés au titre des dispositions de l'article L. 1114-1.

Art. L. 1123-3. — Les membres des comités, les personnes appelées à collaborer à leurs travaux, et les agents relevant du statut général des fonctionnaires ou du statut général des militaires qui en sont dépositaires sont tenus, dans les conditions et sous les peines prévues aux articles 226-13 et 226-14 du Code pénal, de garder secrètes les informations dont ils peuvent avoir connaissance à raison de leurs fonctions et qui sont relatives à la nature des recherches, aux personnes qui les organisent ou qui s'y prêtent ou aux produits, objets ou méthodes expérimentés.

Ne peuvent valablement participer à une délibération les personnes qui ne sont pas indépendantes du promoteur et de l'investigateur de la recherche examinée.

Art. L. 1123-5. — Le ministre chargé de la santé peut retirer l'agrément d'un comité si les conditions d'indépendance, de composition ou de fonctionnement nécessaires pour assurer sa mission dans les meilleures conditions ne sont plus satisfaites.

Art. L. 1123-6. [210] — I. Avant de réaliser une recherche impliquant la personne humaine, le promoteur en soumet le projet à l'avis d'un comité de protection des personnes désigné de manière aléatoire parmi les comités disponibles et disposant de la compétence nécessaire à l'examen du projet, dans des conditions prévues à l'article L. 1123-14. Il ne peut solliciter qu'un avis par projet de recherche.

En cas d'avis défavorable du comité, le promoteur peut demander au ministre chargé de la santé de soumettre le projet, pour un second examen, à un autre comité de protection des personnes selon des modalités prévues à l'article L. 1123-14.

II. Les dispositions du I ne sont pas applicables au comité de protection des personnes prévu à l'article L. 1123-16 lorsque son avis doit être recueilli pour un projet de recherche relevant du secret de la défense nationale mentionnée au chapitre III bis.

Art. L. 1123-7. — I. — Le comité rend son avis sur les conditions de validité de la recherche, notamment au regard de :

— la protection des personnes, notamment la protection des participants ;

— l'adéquation, l'exhaustivité et l'intelligibilité des informations écrites à fournir ainsi que la procédure à suivre pour obtenir le consentement éclairé, et la justification de la recherche sur des personnes incapables de donner leur consentement éclairé ou, le cas échéant, pour vérifier l'absence d'opposition ;

— la nécessité éventuelle d'un délai de réflexion ;

— la nécessité éventuelle de prévoir, dans le protocole, une interdiction de participer simultanément à une autre recherche ou une période d'exclusion ;

— la pertinence de la recherche, le caractère satisfaisant de l'évaluation des bénéfices et des risques attendus et le bien-fondé des conclusions pour les recherches mentionnées au 1° de l'article L. 1121-1 et ne portant pas sur un produit mentionné à l'article L. 5311-1 et pour les recherches mentionnées aux 2° et 3° de l'article L. 1121-1 ;

— l'adéquation entre les objectifs poursuivis et les moyens mis en œuvre ;

(210) Article modifié par la loi n° 2018-892 du 17 octobre 2018 relative à la désignation aléatoire des comités de protection des personnes.

— la qualification du ou des investigateurs ;
— les montants et les modalités d'indemnisation des participants ;
— les modalités de recrutement des participants ;
— la pertinence scientifique et éthique des projets de constitution de collections d'échantillons biologiques au cours de recherches impliquant la personne humaine ;
— la méthodologie de la recherche au regard des dispositions de la loi n° 78-17 du 6 janvier 1978 relative à l'informatique, aux fichiers et aux libertés, la nécessité du recours à la collecte et au traitement de données à caractère personnel et la pertinence de celles-ci par rapport à l'objectif de la recherche, préalablement à la saisine de la Commission nationale de l'informatique et des libertés. La Commission nationale de l'informatique et des libertés peut, pour l'exercice de ses missions définies à l'article 66 de la loi n° 78-17 du 6 janvier 1978 modifiée, saisir pour avis le comité d'expertise pour les recherches, les études et l'évaluation dans le domaine de la santé.

Pour les recherches impliquant la personne humaine incluant le traitement de données à caractère personnel défini à l'article 72 de la loi n° 78-17 du 6 janvier 1978 modifiée, le comité de protection des personnes peut, selon des modalités fixées par le décret prévu à l'article L. 1123-14, saisir le comité d'expertise pour les recherches, les études et les évaluations dans le domaine de la santé.

II. — S'agissant des recherches non interventionnelles ne portant pas sur un produit mentionné à l'article L. 5311-1, le dossier soumis au comité de protection des personnes comprend :

1° Un document attestant que la recherche est conçue et réalisée conformément aux dispositions législatives et réglementaires du présent titre, selon un modèle type fixé par arrêté du ministre chargé de la santé ;

2° Une déclaration attestant la conformité des traitements de données ayant pour finalité la réalisation de la recherche à une méthodologie de référence homologuée par la Commission nationale de l'informatique et des libertés en application de l'article 73 de la loi n° 78-17 du 6 janvier 1978 relative à l'informatique, aux fichiers et aux libertés ;

3° Un questionnaire d'autoévaluation défini par arrêté du ministre chargé de la santé.

Le comité rend son avis au regard des éléments de ce dossier.

III. — Le protocole soumis par le promoteur d'une recherche mentionnée aux 1° ou 2° de l'article L. 1121-1 au comité de protection des personnes et, le cas échéant, à l'autorité compétente indique, de manière motivée, si la constitution d'un comité de surveillance indépendant est ou non prévue.

Le comité s'assure, avant de rendre son avis, que les conditions de l'article L. 1121-13 sont satisfaites. L'autorité compétente est informée des modifications apportées au protocole de recherche introduites à la demande du comité de protection des personnes.

Outre les missions qui leur sont confiées en matière de recherches impliquant la personne humaine, les comités sont également consultés dans les conditions prévues aux articles L. 1211-2 et L. 1130-5.

Le comité se prononce par avis motivé dans un délai fixé par voie réglementaire.

En cas de faute du comité dans l'exercice de sa mission, la responsabilité de l'État est engagée.

Sur demande auprès du comité de protection des personnes concerné, l'Agence nationale de sécurité du médicament et des produits de santé a accès à toutes informations utiles relatives aux recherches mentionnées aux 2° et 3° de l'article L. 1121-1.

Art. L. 1123-7-1. — Tout promoteur ayant son siège en France, envisageant de réaliser une recherche impliquant la personne humaine dans un État non membre de l'Union européenne, peut soumettre son projet à un comité de protection des personnes.

Le comité de protection des personnes rend son avis sur les conditions de validité de la recherche au regard de l'article L. 1121-2 et du I de l'article L. 1123-7.

Art. L. 1123-7-2. — Le comité de protection des personnes, lorsqu'il est saisi pour avis d'un projet de recherche non interventionnelle portant sur un médicament ayant obtenu une autorisation de mise sur le marché, par l'Agence nationale de sécurité du médicament et des produits de santé, la Haute Autorité de santé, le ministre chargé de la santé ou l'Agence européenne des médicaments, rend l'avis mentionné à l'article L. 1123-7 au regard des seules exigences mentionnées au troisième alinéa de l'article L. 1124-1.

Art. L. 1123-8. — Nul ne peut mettre en œuvre une recherche biomédicale sans autorisation de l'autorité compétente délivrée dans un délai fixé par voie réglementaire.

Si, dans les délais prévus par voie réglementaire, l'autorité compétente informe le promoteur par lettre motivée qu'elle a des objections à la mise en œuvre de la recherche, le promoteur peut modifier le contenu de son projet de recherche et adresser cette nouvelle demande à l'autorité compétente. Cette procédure ne peut être appliquée qu'une seule fois à chaque projet de recherche. Si le promoteur ne modifie pas le contenu de sa demande, cette dernière est considérée comme rejetée.

Le comité de protection des personnes est informé des modifications apportées au protocole de recherche introduites à la demande de l'autorité compétente.

Art. L. 1123-9. — Après le commencement de la recherche, toute modification substantielle de celle-ci à l'initiative du promoteur doit obtenir, préalablement à sa mise en œuvre, un avis favorable du comité et, dans le cas de recherches mentionnées au 1° de l'article L. 1121-1, une autorisation de l'autorité compétente. Dans ce cas, le comité s'assure qu'un nouveau consentement des personnes participant à la recherche est bien recueilli si cela est nécessaire.

Lorsque la demande de modification substantielle engendre un doute sérieux sur la qualification d'une recherche au regard des trois catégories de recherches impliquant la personne humaine définies à l'article L. 1121-1, le comité de protection des personnes concerné saisit l'Agence nationale de sécurité du médicament et des produits de santé.

En cas d'avis défavorable du comité, le promoteur peut demander au ministre chargé de la santé de soumettre la demande de modification substantielle, pour un second examen, à un autre comité selon des modalités prévues à l'article L. 1123-14.

Art. L. 1123-10. — Pour chaque type de recherche impliquant la personne humaine, l'investigateur enregistre les évènements indésirables ou les résultats d'analyse anormaux définis dans le protocole comme déterminants pour l'évaluation de la sécurité, en conserve une trace documentaire et les notifie au promoteur. Les modalités de notification sont définies par décret.

Il informe le promoteur de tous les évènements indésirables graves survenus chez les participants, sauf si le protocole en dispose autrement.

Le promoteur notifie à l'autorité compétente et, pour les recherches portant sur des personnes qui ne présentent aucune affection et se prêtent volontairement à ces recherches, au directeur général de l'Agence régionale de santé, toutes les informations pertinentes relatives à la sécurité de la recherche selon des modalités définies par décret.

Sans préjudice de l'article L. 1123-9, et pour toutes recherches impliquant la personne humaine lorsqu'un effet indésirable grave inattendu ou un fait nouveau intéressant la recherche ou le produit faisant l'objet de la recherche sont susceptibles de porter atteinte à la sécurité des personnes qui s'y prêtent, le promoteur et l'investigateur prennent les mesures de sécurité urgentes appropriées.

Pour les recherches mentionnées au 2° et au 3° de l'article L. 1121-1, les dispositions du présent article ne s'appliquent qu'en l'absence de dispositions relatives aux vigilances applicables à chaque produit ou pratique faisant l'objet de la recherche.

Art. L. 1123-11. — L'autorité compétente peut, à tout moment, demander au promoteur des informations complémentaires sur la recherche.

En cas de risque pour la santé publique ou en cas d'absence de réponse du promoteur ou si l'autorité administrative compétente estime que les conditions dans lesquelles la recherche est mise en œuvre ne correspondent plus aux conditions indiquées dans la demande d'autorisation mentionnée à l'article L. 1123-8 ou ne respectent pas les dispositions du présent titre, elle peut à tout moment demander que des modifications soient apportées aux modalités de réalisation de la recherche, à tout document relatif à la recherche, ainsi que suspendre ou interdire cette recherche.

Sauf en cas de risque imminent, une modification du protocole à la demande de l'autorité compétente ou une décision de suspension ou d'interdiction ne peut intervenir qu'après que le promoteur a été mis à même de présenter ses observations.

Le promoteur avise l'autorité compétente mentionnée à l'article L. 1123-12 et le comité de protection des personnes compétent que la recherche biomédicale est terminée et indique les raisons qui motivent l'arrêt de cette recherche quand celui-ci est anticipé.

Art. L. 1123-12. — I. L'autorité compétente pour les recherches impliquant la personne humaine prévues à l'article L. 1121-1 est l'Agence nationale de sécurité du médicament et des produits de santé.

II. Elle se prononce au regard de la sécurité des personnes qui se prêtent à une recherche mentionnée au 1° de l'article L. 1121-1, en considérant :

1° La sécurité et la qualité des produits utilisés au cours de la recherche conformément, le cas échéant, aux référentiels en vigueur ;

2° Les conditions d'utilisation des produits et la sécurité des personnes au regard des actes pratiqués et des méthodes utilisées ;

3° Les modalités prévues pour le suivi des personnes.

III. Pour les recherches mentionnées au 1° de l'article L. 1121-1 et portant sur un produit mentionné à l'article L. 5311-1, elle se prononce en outre sur :

1° La pertinence de la recherche ;

2° Le caractère satisfaisant de l'évaluation des bénéfices et des risques attendus ;

3° Le bien-fondé des conclusions.

Art. L. 1123-13. — Lorsque la recherche doit se dérouler dans un ou plusieurs établissements publics ou privés, le promoteur en informe le ou les directeurs de ces établissements avant que cette recherche ne soit mise en œuvre.

Art. L. 1123-14. — Les modalités d'application des dispositions du présent chapitre sont déterminées par décret en Conseil d'État et notamment :

1° La composition et les conditions d'agrément, de financement, de fonctionnement et de nomination des membres des comités de protection des personnes ainsi que la nature des informations qui doivent leur être communiquées par le promoteur et sur lesquelles ils sont appelés à émettre leur avis ;

2° La durée des agréments des comités de protection des personnes mentionnés à l'article L. 1123-1 ;

3° La nature des informations qui doivent être communiquées par le promoteur à l'autorité compétente, dans la demande d'autorisation mentionnée à l'article L. 1121-4 ;

4° Les modalités de consultation des comités de protection des personnes en ce qui concerne les recherches à caractère militaire ;

5° Les modalités de présentation et le contenu de la demande de modification de la recherche prévue par l'article L. 1123-9 ;

6° Le délai dans lequel le promoteur fait part de ses observations à l'autorité compétente dans le cas prévu au deuxième alinéa de l'article L. 1123-11 ;

7° La nature et le caractère de gravité des événements et des effets indésirables qui sont notifiés selon les dispositions de l'article L. 1123-10 ainsi que les modalités de cette notification ;

8° Les modalités selon lesquelles le promoteur informe l'autorité compétente et le comité de protection des personnes de l'arrêt de la recherche ;

9° Les modalités d'évaluation prévues sur la base du référentiel d'évaluation des comités de protection des personnes élaboré par la Haute Autorité de santé et publié par arrêté du ministre chargé de la santé ;

10° Les conditions dans lesquelles l'autorité compétente procède à l'information des autorités compétentes des autres États membres, de la Commission européenne et de l'Agence européenne du médicament, ainsi que le contenu des informations transmises ;

11° Les délais dans lesquels le comité rend l'avis mentionné à l'article L. 1123-7 et l'autorité compétente délivre l'autorisation mentionnée à l'article L. 1123-8.

° 89 La procréation médicalement assistée, les diagnostics anténataux (principes généraux) : les articles L. 2131-1 et L. 2141-1 à L. 2141-12 du Code de la santé publique [211]

....

Art. L. 2131-1. — I. — La médecine fœtale s'entend des pratiques médicales, notamment cliniques, biologiques et d'imagerie, ayant pour but le diagnostic et l'évaluation pronostique ainsi que, le cas échéant, le traitement, y compris chirurgical, d'une affection d'une particulière gravité ou susceptible d'avoir un impact sur le devenir du fœtus ou de l'enfant à naître.

II. — Toute femme enceinte reçoit, lors d'une consultation médicale, une information loyale, claire et adaptée à sa situation sur la possibilité de recourir, à sa demande, à des examens de biologie médicale et d'imagerie permettant d'évaluer le risque que l'embryon ou le fœtus présente une affection susceptible de modifier le déroulement ou le suivi de sa grossesse.

III. — Le prescripteur, médecin ou sage-femme, communique les résultats de ces examens à la femme enceinte et, si elle le souhaite, à l'autre membre du couple, lorsque la femme vit en couple, et leur donne toute l'information nécessaire à leur compréhension.

(211) Les articles présentés tiennent compte des modifications introduites par la loi n° 2016-87 du 2 février 2016 créant de nouveaux droits en faveur des malades et des personnes en fin de vie, les ordonnances n° 2016-800 du 16 juin 2016 relative aux recherches impliquant la personne humaine, n° 2017-28 du 12 janvier 2017 relative à la constitution et au fonctionnement des groupements de coopération sanitaire, la loi n° 2019-222 du 23 mars 2019 de programmation 2018-2022 et de réforme pour la justice et la loi n° 2021-1017 du 2 août 2021 relative à bioéthique. Voir aussi le décret n° 2014-32 du 14 janvier 2014 relatif aux diagnostics anténataux.

En cas de risque avéré, la femme enceinte et, si elle le souhaite, l'autre membre du couple, lorsque la femme vit en couple, sont pris en charge par un médecin et orientés, si la femme enceinte ou le médecin en fait la demande, vers un centre pluridisciplinaire de diagnostic prénatal. Ils reçoivent, sauf opposition de leur part, des informations sur les caractéristiques de l'affection suspectée, les moyens de la détecter et les possibilités de prévention, de soin ou de prise en charge adaptée du fœtus puis de l'enfant. Une liste des associations spécialisées et agréées dans l'accompagnement des patients atteints de l'affection suspectée et de leur famille leur est proposée.

IV. — En cas de risque avéré, de nouveaux examens de biologie médicale et d'imagerie à visée diagnostique peuvent être proposés par un médecin, le cas échéant membre d'un centre pluridisciplinaire de diagnostic prénatal, au cours d'une consultation adaptée à l'affection recherchée.

V. — Préalablement à certains examens mentionnés au II et aux examens mentionnés au IV du présent article, le consentement prévu au quatrième alinéa de l'article L. 1111-4 est recueilli par écrit auprès de la femme enceinte par le médecin ou la sage-femme qui prescrit ou, le cas échéant, qui effectue les examens. La liste de ces examens est déterminée par arrêté du ministre chargé de la santé au regard notamment de leurs risques pour la femme enceinte, l'embryon ou le fœtus et de la possibilité de détecter une affection d'une particulière gravité chez l'embryon ou le fœtus.

VI. — Préalablement au recueil du consentement mentionné au V et à la réalisation des examens mentionnés aux II et IV, la femme enceinte reçoit, sauf opposition de sa part dûment mentionnée par le médecin ou la sage-femme dans le dossier médical, une information portant notamment sur les objectifs, les modalités, les risques, les limites et le caractère non obligatoire de ces examens.

En cas d'échographie obstétricale et fœtale, il lui est précisé en particulier que l'absence d'anomalie détectée ne permet pas d'affirmer que le fœtus soit indemne de toute affection et qu'une suspicion d'anomalie peut ne pas être confirmée ultérieurement.

La femme enceinte est également informée que certains examens de biologie médicale à visée diagnostique mentionnés au IV peuvent révéler des caractéristiques génétiques fœtales sans relation certaine avec l'indication initiale de l'examen et que, dans ce cas, des investigations supplémentaires, notamment des examens des caractéristiques génétiques de chaque parent, peuvent être réalisées dans les conditions du dispositif prévu à l'article L. 1131-1.

Le médecin mentionné au IV du présent article communique à la femme enceinte ainsi que, si cette dernière le souhaite, à l'autre membre du couple, lorsque la femme vit en couple, sauf opposition de leur part, les résultats de ces examens et leur donne toute l'information utile à leur compréhension. Si les résultats le justifient, il les adresse à un médecin qualifié en génétique, le cas échéant membre d'une équipe pluridisciplinaire.

VI bis. — Lorsqu'est diagnostiquée chez un fœtus issu d'un don de gamètes ou d'un accueil d'embryon une anomalie génétique pouvant être responsable d'une affection grave justifiant des mesures de prévention, y compris de conseil génétique, ou de soins, le médecin prescripteur saisit le responsable du centre d'assistance médicale à la procréation afin que ce dernier procède à l'information du tiers donneur dans les conditions prévues au II de l'article L. 1131-1.

VII. — Les examens de biologie médicale destinés à établir un diagnostic prénatal sont pratiqués dans des laboratoires de biologie médicale faisant appel à des praticiens en mesure de prouver leur compétence, autorisés selon les modalités prévues au titre II du livre Ier de la sixième partie et accrédités selon les modalités prévues au chapitre Ier du titre II du livre II de la même partie. Lorsque le laboratoire dépend d'un établissement de santé, l'autorisation est délivrée à cet établissement.

Si un laboratoire de biologie médicale est intervenu pour transmettre l'échantillon, la communication du résultat de l'examen au prescripteur est faite par le laboratoire de biologie médicale autorisé par dérogation à l'article L. 6211-11 et au II de l'article L. 6211-19. L'autre laboratoire est informé de cette communication par le laboratoire autorisé.

VIII. — La création de centres pluridisciplinaires de diagnostic prénatal, mentionnés au III, dans des organismes et établissements de santé publics et privés d'intérêt collectif est autorisée par l'Agence de la biomédecine ;

IX. — Les modalités d'information de l'autre membre du couple prévues au III et au dernier alinéa du VI sont fixées par décret en Conseil d'État.

....

Art. L. 2141-1. — L'assistance médicale à la procréation s'entend des pratiques cliniques et biologiques permettant la conception in vitro, la conservation des gamètes, des tissus germinaux et des embryons, le transfert d'embryons et l'insémination artificielle. La liste des procédés biologiques utilisés en assistance médicale à la procréation est fixée par arrêté du ministre chargé de la santé après avis de l'Agence de la biomédecine. Un décret en Conseil d'État précise les modalités et les critères d'inscription des procédés sur cette liste. Les critères portent notamment sur le respect des principes fondamentaux de la bioéthique prévus en particulier aux articles 16 à 16-8 du Code civil, l'efficacité, la reproductibilité du procédé ainsi que la sécurité de son utilisation pour la femme et l'enfant à naître.

Toute technique visant à améliorer l'efficacité, la reproductibilité et la sécurité des procédés figurant sur la liste mentionnée au premier alinéa du présent article fait l'objet, avant sa mise en œuvre, d'une autorisation délivrée par le directeur général de l'Agence de la biomédecine après avis motivé de son conseil d'orientation.

Lorsque le conseil d'orientation considère que la modification proposée est susceptible de constituer un nouveau procédé, sa mise en œuvre est subordonnée à son inscription sur la liste mentionnée au même premier alinéa.

La mise en œuvre de l'assistance médicale à la procréation privilégie les pratiques et procédés qui permettent de limiter le nombre des embryons conservés. L'Agence de la biomédecine rend compte, dans son rapport annuel, des méthodes utilisées et des résultats obtenus.

La stimulation ovarienne, y compris lorsqu'elle est mise en œuvre indépendamment d'une technique d'assistance médicale à la procréation, est soumise à des règles de bonnes pratiques fixées par arrêté du ministre chargé de la santé.

Un arrêté du ministre chargé de la santé, pris sur proposition de l'Agence de la biomédecine, définit les règles de bonnes pratiques applicables à l'assistance médicale à la procréation.

Art. L. 2141-2. — L'assistance médicale à la procréation est destinée à répondre à un projet parental. Tout couple formé d'un homme et d'une femme ou de deux femmes ou toute femme non mariée ont accès à l'assistance médicale à la procréation après les entretiens particuliers des demandeurs avec les membres de l'équipe médicale clinicobiologique pluridisciplinaire effectués selon les modalités prévues à l'article L. 2141-10.

Cet accès ne peut faire l'objet d'aucune différence de traitement, notamment au regard du statut matrimonial ou de l'orientation sexuelle des demandeurs.

Les deux membres du couple ou la femme non mariée doivent consentir préalablement à l'insémination artificielle ou au transfert des embryons.

Lorsqu'il s'agit d'un couple, font obstacle à l'insémination ou au transfert des embryons :

1° Le décès d'un des membres du couple ;

2° L'introduction d'une demande en divorce ;

3° L'introduction d'une demande en séparation de corps ;

4° La signature d'une convention de divorce ou de séparation de corps par consentement mutuel selon les modalités prévues à l'article 229-1 du Code civil ;

5° La cessation de la communauté de vie ;

6° La révocation par écrit du consentement prévu au troisième alinéa du présent article par l'un ou l'autre des membres du couple auprès du médecin chargé de mettre en œuvre l'assistance médicale à la procréation.

Une étude de suivi est proposée au couple receveur ou à la femme receveuse, qui y consent par écrit.

Les conditions d'âge requises pour bénéficier d'une assistance médicale à la procréation sont fixées par décret en Conseil d'État, pris après avis de l'Agence de la biomédecine. Elles prennent en compte les risques médicaux de la procréation liés à l'âge ainsi que l'intérêt de l'enfant à naître.

Lorsqu'un recueil d'ovocytes par ponction a lieu dans le cadre d'une procédure d'assistance médicale à la procréation, il peut être proposé de réaliser dans le même temps une autoconservation ovocytaire.

Art. L. 2141-3. — Un embryon ne peut être conçu in vitro que dans le cadre et selon les objectifs d'une assistance médicale à la procréation définie à l'article L. 2141-1.

Compte tenu de l'état des techniques médicales, les membres du couple ou la femme non mariée peuvent consentir par écrit à ce que soit tentée la fécondation d'un nombre d'ovocytes pouvant rendre nécessaire la conservation d'embryons, dans l'intention de réaliser ultérieurement leur projet parental. Dans ce cas, ce nombre est limité à ce qui est strictement nécessaire à la réussite de l'assistance médicale à la procréation compte tenu du procédé mis en œuvre. Une information détaillée est remise aux membres du couple ou à la femme non mariée sur les possibilités de devenir de leurs embryons conservés qui ne feraient plus l'objet d'un projet parental ou en cas de décès de l'un des membres du couple.

Les deux membres du couple ou la femme non mariée peuvent consentir par écrit à ce que les embryons non susceptibles d'être transférés ou conservés fassent l'objet d'une recherche dans les conditions prévues à l'article L. 2151-5.

Un couple ou une femme non mariée dont des embryons ont été conservés ne peut bénéficier d'une nouvelle tentative de fécondation in vitro avant le transfert de ceux-ci, sauf si un problème de qualité affecte ces embryons.

Art. L. 2141-3-1. — Des recherches menées dans le cadre de l'assistance médicale à la procréation peuvent être réalisées sur des gamètes destinés à constituer un embryon ou sur un embryon conçu in vitro avant ou après son transfert à des fins de gestation, si chaque membre du couple ou la femme non mariée y consent. Dans ce cadre, aucune intervention ayant pour objet de modifier le génome des gamètes ou de l'embryon ne peut être entreprise. Ces recherches sont conduites dans les conditions fixées au titre II du livre Ier de la première partie.

Art. L. 2141-4. — I — Les deux membres du couple ou la femme non mariée dont des embryons sont conservés sont consultés chaque année sur le point de savoir s'ils maintiennent leur projet parental. S'ils confirment par écrit le maintien de leur projet parental, la conservation de leurs embryons est poursuivie.

II. — S'ils n'ont plus de projet parental, les deux membres du couple ou la femme non mariée consentent par écrit :

1° À ce que leurs embryons soient accueillis par un autre couple ou une autre femme dans les conditions fixées aux articles L. 2141-5 et L. 2141-6 ;

2° À ce que leurs embryons fassent l'objet d'une recherche dans les conditions prévues à l'article L. 2151-5 ou, dans les conditions fixées par le titre II du livre Ier de la première partie, à ce que les cellules dérivées à partir de ces embryons entrent dans une préparation de thérapie cellulaire ou un médicament de thérapie innovante à des fins exclusivement thérapeutiques ;

3° À ce qu'il soit mis fin à la conservation de leurs embryons.

Dans tous les cas, ce consentement par écrit est confirmé à l'issue d'un délai de réflexion de trois mois à compter de la date du premier consentement mentionné au premier alinéa du présent II. L'absence de révocation par écrit du consentement dans ce délai vaut confirmation.

Dans le cas mentionné au 2°, le consentement des deux membres du couple ou de la femme non mariée est révocable tant qu'il n'y a pas eu d'intervention sur l'embryon dans le cadre de la recherche.

III. — À l'occasion de la consultation annuelle mentionnée au I, les deux membres du couple précisent si, en cas de décès de l'un d'eux, ils consentent à l'une des possibilités du devenir des embryons conservés prévues aux 1° ou 2° du II.

En cas de décès de l'un des membres du couple, le membre survivant est consulté, le cas échéant, sur le point de savoir s'il maintient son consentement aux possibilités prévues aux mêmes 1° ou 2°, après l'expiration d'un délai d'un an à compter du décès, sauf initiative anticipée de sa part. Si le membre survivant révoque son consentement, il est mis fin à la conservation des embryons.

IV. — Dans le cas où l'un des deux membres du couple ou la femme non mariée, consultés annuellement à au moins deux reprises, dans des conditions précisées par décret en Conseil d'État, ne répondent pas sur le point de savoir s'ils maintiennent ou non leur projet parental, il est mis fin à la conservation des embryons si la durée de celle-ci est au moins égale à cinq ans. Il en est de même en cas de désaccord des membres du couple sur le maintien du projet parental ou sur le devenir des embryons. Il en est de même en cas de révocation par écrit du consentement prévue en application de l'avant-dernier alinéa du II.

V. — Lorsque les deux membres du couple ou la femme non mariée ont consenti, dans les conditions prévues aux articles L. 2141-5 et L. 2141-6, à l'accueil de leurs embryons et que ceux-ci n'ont pas été accueillis dans un délai de cinq ans à compter du jour où ce consentement a été confirmé, il est mis fin à la conservation de ces embryons à l'issue de ce délai.

VI. — Lorsque les deux membres du couple ou la femme non mariée ont consenti à ce que leurs embryons fassent l'objet d'une recherche autorisée dans les conditions prévues à l'article L. 2151-5 et que ceux-ci n'ont pas été inclus dans un protocole de recherche à l'issue d'un délai de cinq ans à compter du jour où ce consentement a été confirmé, il est mis fin à la conservation de ces embryons à l'issue de ce délai.

VII. — En cas de décès des deux membres du couple, de l'un de ses membres ou de la femme non mariée en l'absence des consentements prévus aux 1° et 2° du II du présent article, il est mis fin à la conservation de leurs embryons.

Art. L. 2141-5. — Les deux membres du couple peuvent consentir par écrit à ce que les embryons conservés soient accueillis par un autre couple dans les conditions prévues à l'article L. 2141-6.

En cas de décès d'un membre du couple, le membre survivant est consulté par écrit sur le point de savoir s'il consent à ce que les embryons conservés soient accueillis par un autre couple dans les conditions prévues à l'article L. 2141-6.

Art. L. 2141-6. — Un couple ou une femme non mariée répondant aux conditions prévues à l'article L. 2141-2 peut accueillir un embryon.

Les deux membres du couple ou la femme non mariée doivent préalablement donner leur consentement, devant notaire, à l'accueil de l'embryon. Les conditions et les effets de ce consentement sont régis par l'article 342-10 du Code civil.

Le couple ou la femme non mariée accueillant l'embryon et le couple ou la femme non mariée ayant consenti à l'accueil de leur embryon ne peuvent connaître leurs identités respectives.

En cas de nécessité médicale, un médecin peut accéder aux informations médicales non identifiantes concernant le couple ou la femme non mariée ayant consenti à l'accueil de leur embryon, au bénéfice de l'enfant. Ces informations médicales peuvent être actualisées auprès des établissements mentionnés au dernier alinéa du présent article.

Aucune contrepartie, quelle qu'en soit la forme, ne peut être allouée au couple ou à la femme non mariée ayant consenti à l'accueil de leur embryon.

L'accueil de l'embryon est subordonné à des règles de sécurité sanitaire. Ces règles comprennent notamment des tests de dépistage des maladies infectieuses.

Seuls les établissements publics ou privés à but non lucratif autorisés à cet effet peuvent conserver les embryons destinés à être accueillis et mettre en œuvre la procédure d'accueil.

Art. L. 2141-7. — (abrogé)

Art. L. 2141-8. — Un embryon humain ne peut être conçu ni utilisé à des fins commerciales ou industrielles.

Art. L. 2141-9. — Seuls les embryons conçus dans le respect des principes fondamentaux énoncés aux articles 16 à 16-8 du Code civil et des dispositions du présent titre peuvent entrer sur le territoire où s'applique le présent code ou en sortir. Ces déplacements d'embryons sont exclusivement destinés à permettre la poursuite du projet parental du couple ou de la femme non mariée concernés. Ils sont soumis à l'autorisation préalable de l'Agence de la biomédecine.

Art. L. 2141-10. — La mise en œuvre de l'assistance médicale à la procréation est précédée d'entretiens particuliers de la femme ou du couple demandeur avec un ou plusieurs médecins et d'autres professionnels de santé de l'équipe médicale clinicobiologique pluridisciplinaire du centre, composée notamment d'un psychiatre, d'un psychologue ou d'un infirmier ayant une compétence en psychiatrie, le cas échéant extérieur au centre. L'équipe fait appel, en tant que de besoin, à un professionnel inscrit sur la liste mentionnée au deuxième alinéa de l'article L. 411-2 du Code de l'action sociale et des familles.

Les médecins de l'équipe mentionnée au premier alinéa du présent article doivent :

1° Vérifier la motivation des deux membres du couple ou de la femme non mariée ;

2° Procéder à une évaluation médicale des deux membres du couple ou de la femme non mariée ;

3° Informer complètement, au regard de l'état des connaissances scientifiques, les deux membres du couple ou la femme non mariée des possibilités de réussite ou d'échec des techniques d'assistance médicale à la procréation, de leurs effets secondaires et de leurs risques à court et à long termes ainsi que de leur pénibilité et des contraintes qu'elles peuvent entraîner ;

4° En cas d'assistance médicale à la procréation avec tiers donneur, informer les deux membres du couple ou la femme non mariée des modalités de l'accès aux données non identifiantes et à l'identité du tiers donneur par la personne majeure issue du don ;

5° Lorsqu'il s'agit d'un couple, informer celui-ci de l'impossibilité de réaliser un transfert des embryons conservés en cas de rupture du couple ainsi que des dispositions applicables en cas de décès d'un des membres du couple ;

6° Remettre aux deux membres du couple ou à la femme non mariée un dossier-guide comportant notamment :

a) Le rappel des dispositions législatives et réglementaires relatives à l'assistance médicale à la procréation ;

b) Un descriptif de ces techniques ;

c) Le rappel des dispositions législatives et réglementaires relatives à l'adoption ainsi que l'adresse des associations et organismes susceptibles de compléter leur information sur ce sujet ;

d) Des éléments d'information sur l'accès aux données non identifiantes et à l'identité du tiers donneur par la personne majeure issue du don ainsi que la liste des associations et organismes susceptibles de compléter leur information sur ce sujet. Les membres du couple ou la femme non mariée sont incités à anticiper et à créer les conditions qui leur permettront d'informer l'enfant, avant sa majorité, de ce qu'il est issu d'un don.

Le consentement du couple ou de la femme non mariée est confirmé par écrit à l'expiration d'un délai de réflexion d'un mois à compter de la réalisation des étapes mentionnées aux 1° à 6°.

L'assistance médicale à la procréation est subordonnée à des règles de sécurité sanitaire. Elle ne peut être mise en œuvre par le médecin ayant par ailleurs participé aux entretiens prévus au premier alinéa lorsque la femme non mariée ou le couple demandeur ne remplissent pas les conditions prévues au présent titre ou lorsque ce médecin, après concertation au sein de l'équipe clinicobiologique pluridisciplinaire, estime qu'un délai de réflexion supplémentaire est nécessaire à la femme non mariée ou au couple demandeur, dans l'intérêt de l'enfant à naître.

Le couple ou la femme non mariée qui, pour procréer, recourent à une assistance médicale nécessitant l'intervention d'un tiers donneur doivent préalablement donner, dans les conditions prévues par le Code civil, leur consentement à un notaire.

Les motifs du report ou du refus d'une assistance médicale à la procréation sont communiqués par écrit aux demandeurs dès lors qu'ils en font la demande auprès du centre d'assistance médicale à la procréation.

La composition de l'équipe clinicobiologique mentionnée au premier alinéa est fixée par décret en Conseil d'État.

Art. L. 2141-11. — I. — Toute personne dont la prise en charge médicale est susceptible d'altérer la fertilité ou dont la fertilité risque d'être prématurément altérée peut bénéficier du recueil ou du prélèvement et de la conservation de ses gamètes ou de ses tissus germinaux en vue de la réalisation ultérieure, à son bénéfice, d'une assistance médicale à la procréation, en vue de la préservation ou de la restauration de sa fertilité ou en vue du rétablissement d'une fonction hormonale.

Le recueil, le prélèvement et la conservation mentionnés au premier alinéa sont subordonnés au consentement de l'intéressé et, le cas échéant, à celui de l'un des parents investis de l'exercice de l'autorité parentale ou du tuteur lorsque l'intéressé est mineur, après information sur les conditions, les risques et les limites de la démarche et de ses suites. Dans l'année où elle atteint l'âge de la majorité, la personne dont les gamètes ou les tissus germinaux sont conservés en application du présent I reçoit de l'équipe pluridisciplinaire du centre où sont conservés ses gamètes ou ses tissus germinaux une information sur les conditions de cette conservation et les suites de la démarche.

Le consentement de la personne mineure doit être systématiquement recherché si elle est apte à exprimer sa volonté et à participer à la décision.

S'agissant des personnes majeures faisant l'objet d'une mesure de protection juridique avec représentation relative à la personne, l'article 458 du Code civil s'applique.

Les procédés biologiques utilisés pour la conservation des gamètes et des tissus germinaux sont inclus dans la liste prévue à l'article L. 2141-1 du présent code, dans les conditions déterminées au même article L. 2141-1.

La modification de la mention du sexe à l'état civil ne fait pas obstacle à l'application du présent article.

II. — Les parents investis de l'exercice de l'autorité parentale d'une personne mineure dont les gamètes ou les tissus germinaux sont conservés en application du présent article sont contactés chaque année par écrit pour recueillir les informations utiles à la conservation, dont un éventuel changement de coordonnées.

Il ne peut être mis fin à la conservation des gamètes ou des tissus germinaux d'une personne mineure, même émancipée, qu'en cas de décès.

En cas de décès de la personne mineure dont les gamètes ou les tissus germinaux sont conservés, les parents investis de l'exercice de l'autorité parentale peuvent consentir par écrit :

1° À ce que ses gamètes ou ses tissus germinaux fassent l'objet d'une recherche dans les conditions prévues aux articles L. 1243-3 et L. 1243-4 ;

2° À ce qu'il soit mis fin à la conservation de ses gamètes ou de ses tissus germinaux.

Le consentement est révocable jusqu'à l'utilisation des gamètes ou des tissus germinaux ou jusqu'à ce qu'il soit mis fin à leur conservation.

Le délai mentionné au IV du présent article ne s'applique à la personne mineure, même émancipée, qu'à compter de sa majorité.

III. — La personne majeure dont les gamètes ou les tissus germinaux sont conservés en application du présent article est consultée chaque année. Elle consent par écrit à la poursuite de cette conservation.

Si elle ne souhaite plus poursuivre cette conservation ou si elle souhaite préciser les conditions de conservation en cas de décès, elle consent par écrit :

1° À ce que ses gamètes fassent l'objet d'un don en application du chapitre IV du titre IV du livre II de la première partie ;

2° À ce que ses gamètes ou ses tissus germinaux fassent l'objet d'une recherche dans les conditions prévues aux articles L. 1243-3 et L. 1243-4 ;

3° À ce qu'il soit mis fin à la conservation de ses gamètes ou de ses tissus germinaux.

Dans tous les cas, ce consentement fait l'objet d'une confirmation par écrit à l'issue d'un délai de réflexion de trois mois à compter de la date du premier consentement.

Le consentement est révocable jusqu'à l'utilisation des gamètes ou des tissus germinaux ou jusqu'à ce qu'il soit mis fin à leur conservation.

IV. — En l'absence de réponse de la personne majeure durant dix années consécutives, il est mis fin à la conservation de ses gamètes ou de ses tissus germinaux. Le délai de dix années consécutives court à compter de la majorité de la personne.

Lorsque la personne atteint un âge ne justifiant plus l'intérêt de la conservation et en l'absence du consentement prévu aux 1° ou 2° du III, il est mis fin à cette conservation. Cette limite d'âge est fixée par un arrêté du ministre chargé de la santé, pris après avis de l'Agence de la biomédecine.

En cas de décès de la personne et en l'absence du consentement prévu aux mêmes 1° ou 2°, il est mis fin à la conservation des gamètes ou des tissus germinaux.

Art. L. 2141-11-1. — L'importation et l'exportation de gamètes ou de tissus germinaux issus du corps humain sont soumises à une autorisation délivrée par l'Agence de la biomédecine. Elles sont exclusivement destinées à permettre la poursuite d'un projet parental par la voie d'une assistance médicale à la procréation ou la restauration de la fertilité ou d'une fonction hormonale du demandeur, à l'exclusion de toute finalité commerciale.

Seul un établissement, un organisme, un groupement de coopération sanitaire ou un laboratoire titulaire de l'autorisation prévue à l'article L. 2142-1 pour exercer une activité biologique d'assistance médicale à la procréation peut obtenir l'autorisation prévue au présent article.

Seuls les gamètes et les tissus germinaux recueillis et destinés à être utilisés conformément aux normes de qualité et de sécurité en vigueur, ainsi qu'aux principes mentionnés aux articles L. 1244-3, L. 1244-4, L. 2141-2, L. 2141-3, L. 2141-11 et L. 2141-12 du présent code et aux articles 16 à 16-8 du Code civil, peuvent faire l'objet d'une autorisation d'importation ou d'exportation.

Toute violation des prescriptions fixées par l'autorisation d'importation ou d'exportation de gamètes ou de tissus germinaux entraîne la suspension ou le retrait de cette autorisation par l'Agence de la biomédecine.

Art. L. 2141-12. — I — Une personne majeure qui répond à des conditions d'âge fixées par un décret en Conseil d'État, pris après avis de l'Agence de la biomédecine, peut bénéficier, après une prise en charge médicale par l'équipe clinicobiologique pluridisciplinaire, du recueil, du prélèvement et de la conservation de ses gamètes en vue de la réalisation ultérieure, à son bénéfice, d'une assistance médicale à la procréation dans les conditions prévues au présent chapitre.

Le recueil, le prélèvement et la conservation sont subordonnés au consentement écrit de l'intéressé, recueilli par l'équipe clinicobiologique pluridisciplinaire après information sur les conditions, les risques et les limites de la démarche et de ses suites. L'équipe clinicobiologique pluridisciplinaire peut simultanément recueillir le consentement prévu au deuxième alinéa du II.

Lorsque les gamètes conservés sont des spermatozoïdes, l'intéressé est informé qu'il peut, à tout moment, consentir par écrit à ce qu'une partie de ses gamètes fasse l'objet d'un don en application du chapitre IV du titre IV du livre II de la première partie du présent code.

Les frais relatifs à la conservation des gamètes réalisée en application du présent I ne peuvent être pris en charge ou compensés, de manière directe ou indirecte, par l'employeur ou par toute personne physique ou toute personne morale de droit public ou privé vis-à-vis de laquelle la personne concernée est dans une situation de dépendance économique.

Seuls les établissements publics de santé ou les établissements de santé privés à but non lucratif habilités à assurer le service public hospitalier peuvent, lorsqu'ils y ont été autorisés, procéder au prélèvement, au recueil et à la conservation des gamètes mentionnés au présent I. Ces activités ne peuvent être exercées dans le cadre de l'activité libérale prévue à l'article L. 6154-1. Par dérogation, si aucun organisme ou établissement de santé public ou privé à but non lucratif n'assure ces activités dans un département, le directeur général de l'agence régionale de santé peut autoriser un établissement de santé privé à but lucratif à les pratiquer, sous réserve de la garantie par celui-ci de l'absence de facturation de dépassements des tarifs fixés par l'autorité administrative et des tarifs des honoraires prévus au 1° du I de l'article L. 162-14-1 du Code de la sécurité sociale.

II. — La personne dont les gamètes sont conservés en application du I du présent article est consultée chaque année civile. Elle consent par écrit à la poursuite de cette conservation.

Si elle ne souhaite plus poursuivre cette conservation ou si elle souhaite préciser les conditions de conservation en cas de décès, elle consent par écrit :

1° À ce que ses gamètes fassent l'objet d'un don en application du chapitre IV du titre IV du livre II de la première partie du présent code ;

2° À ce que ses gamètes fassent l'objet d'une recherche dans les conditions prévues aux articles L. 1243-3 et L. 1243-4 ;

3° À ce qu'il soit mis fin à la conservation de ses gamètes.

Dans tous les cas, ce consentement est confirmé à l'issue d'un délai de réflexion de trois mois à compter de la date du premier consentement. L'absence de révocation par écrit du consentement dans ce délai vaut confirmation.

Le consentement est révocable jusqu'à l'utilisation des gamètes ou jusqu'à ce qu'il soit mis fin à leur conservation.

En l'absence de réponse durant dix années civiles consécutives de la personne dont les gamètes sont conservés et en l'absence du consentement prévu aux 1° ou 2° du présent II, il est mis fin à la conservation.

En cas de décès de la personne et en l'absence du consentement prévu aux mêmes 1° ou 2°, il est mis fin à la conservation des gamètes.

N° 90 La médecine prédictive, l'identification génétique et la recherche génétique (principes généraux) : les articles L. 1131-1 à L. 1131-7 et L. 1133-1 à L. 1133-6 du Code de la santé publique (212)

Art. L. 1131-1. — I. — Préalablement à la réalisation d'un examen des caractéristiques génétiques d'une personne, le médecin prescripteur informe celle-ci des risques qu'un silence ferait courir aux membres de sa famille potentiellement concernés si une anomalie génétique pouvant être responsable d'une affection grave justifiant de mesures de prévention, y compris de conseil génétique, ou de soins était diagnostiquée. Il prévoit avec elle, dans un document écrit qui peut, le cas échéant, être complété après le diagnostic, les modalités de l'information destinée aux membres de la famille potentiellement concernés afin d'en préparer l'éventuelle transmission. Si la personne a exprimé par écrit sa volonté d'être tenue dans l'ignorance du diagnostic, elle peut autoriser le médecin prescripteur à procéder à l'information des intéressés dans les conditions prévues au II.

En cas de diagnostic d'une anomalie génétique pouvant être responsable d'une affection grave, sauf si la personne a exprimé par écrit sa volonté d'être tenue dans l'ignorance du diagnostic, l'information médicale communiquée est résumée dans un document rédigé de manière loyale, claire et appropriée, qui est signé et remis à cette personne par le médecin. La personne atteste de cette remise. Lors de l'annonce de ce diagnostic, le médecin informe la personne de l'existence d'une ou plusieurs associations de malades susceptibles d'apporter des renseignements complémentaires sur l'anomalie génétique diagnostiquée. Si la personne le demande, il lui remet la liste des associations agréées en application de l'article L. 1114-1.

La personne est tenue d'informer les membres de sa famille potentiellement concernés dont elle ou, le cas échéant, son représentant légal possède ou peut obtenir les coordonnées, dès lors que des mesures de prévention ou de soins peuvent leur être proposées. La personne ou, le cas échéant, son représentant légal communique aux personnes contactées les coordonnées du médecin prescripteur.

II. — Si la personne ne souhaite pas informer elle-même les membres de sa famille potentiellement concernés, elle peut demander par un document écrit au médecin prescripteur, qui atteste de cette demande, de procéder à cette information. Elle lui communique à cette fin les coordonnées des intéressés dont elle dispose. Le médecin

(212) Les articles présentés tiennent compte des modifications introduites par la loi n° 2004-800 du 6 août 2004 relative à la bioéthique, les ordonnances n° 2009-1585 du 17 décembre 2009 et n° 2010-177 du 23 février 2010 et les lois n° 2011-267 du 14 mars 2011, n° 2011-814 du 7 juillet 2011 et n° 2011-2012 du 29 décembre 2011 et n° 2021-1017 du 2 août 2021 relative à la bioéthique.

porte alors à la connaissance de ces derniers l'existence d'une information médicale à caractère familial susceptible de les concerner et les invite à se rendre à une consultation chez un médecin qualifié en génétique sans dévoiler à ces personnes le nom de la personne ayant fait l'objet de l'examen, ni l'anomalie génétique, ni les risques qui lui sont associés.

III. — Si la personne fait l'objet d'une mesure de protection juridique avec représentation relative à la personne ou est hors d'état d'exprimer sa volonté et que l'examen est réalisé dans son intérêt en application de l'article L. 1130-3, le médecin procède à l'information des membres de la famille potentiellement concernés dont il possède les coordonnées, dans les conditions prévues au II du présent article.

IV. — Si la personne décède avant l'annonce du résultat ou avant d'avoir pu informer les membres de sa famille potentiellement concernés, le médecin procède à l'information de ceux dont il possède les coordonnées, dans les conditions prévues au II du présent article, sauf si la personne s'était opposée antérieurement à être informée du résultat ou si elle s'était opposée antérieurement à ce que les membres de sa famille potentiellement concernés bénéficient de cette information.

V. — Dans tous les cas, le médecin qualifié en génétique consulté par la personne apparentée est informé par le médecin prescripteur de l'anomalie génétique en cause.

Art. L. 1131-1-1. — I. — Lorsqu'est diagnostiquée chez un tiers donneur, au sens de l'article L. 2143-1, une anomalie génétique pouvant être responsable d'une affection grave justifiant de mesures de prévention, y compris de conseil génétique, ou de soins, le médecin prescripteur saisit le responsable du centre d'assistance médicale à la procréation afin qu'il procède à l'information, dans les conditions prévues au II de l'article L. 1131-1, des personnes issues du don, des parents investis de l'exercice de l'autorité parentale ou, le cas échéant, du tuteur, si ces personnes sont mineures.

II. — Lorsqu'est diagnostiquée chez une personne issue d'un don de gamètes ou d'un accueil d'embryon une anomalie génétique pouvant être responsable d'une affection grave justifiant de mesures de prévention, y compris de conseil génétique, ou de soins, le médecin prescripteur saisit le responsable du centre d'assistance médicale à la procréation afin qu'il procède à l'information du tiers donneur dans les conditions prévues au II de l'article L. 1131-1.

III. — Lorsque le responsable d'un centre d'assistance médicale à la procréation informe, en application des I et II du présent article, un tiers donneur, une personne issue d'un don ou le représentant légal de cette dernière si elle est mineure de l'existence d'une information médicale à caractère génétique susceptible de les concerner, il transmet au médecin consulté par la personne ainsi informée les coordonnées du médecin prescripteur pour la communication de l'anomalie génétique en cause. Aucune autre information n'est transmise par le médecin prescripteur.

Art. L. 1131-1-2. — Lorsqu'est diagnostiquée chez une personne mentionnée aux 1° ou 2° de l'article L. 147-2 du Code de l'action sociale et des familles une anomalie génétique pouvant être responsable d'une affection grave justifiant de mesures de prévention, y compris de conseil génétique, ou de soins, le médecin prescripteur saisit le Conseil national pour l'accès aux origines personnelles mentionné à l'article L. 147-1 du même code pour identifier, selon le cas, la ou les personnes mentionnées au 2° de l'article L. 147-2 dudit code ou l'enfant mentionné au 1° du même article L. 147-2.

Dans les deux cas, ni l'anomalie génétique en cause, ni les risques qui lui sont associés ne sont mentionnés dans cette saisine.

Le Conseil national pour l'accès aux origines personnelles porte alors à la connaissance de la personne ainsi identifiée, dans des conditions de nature à préserver le secret de cette transmission définies par décret, l'existence d'une information médicale à caractère familial susceptible de la concerner et l'invite à se rendre à une consultation chez un médecin qualifié en génétique, sans lui dévoiler le nom de la personne ayant fait l'objet de l'examen, ni aucune autre information permettant d'identifier cette seconde personne.

Le conseil transmet au médecin consulté par la personne ainsi informée les coordonnées du médecin prescripteur pour la communication de l'anomalie génétique en cause. Aucune autre information n'est transmise à cette occasion par le médecin prescripteur.

Afin d'accomplir la mission qui lui incombe en application du présent article, le Conseil national pour l'accès aux origines personnelles peut utiliser le numéro d'inscription des personnes au répertoire national d'identification des personnes physiques et consulter ce répertoire. Les conditions de cette utilisation et de cette consultation sont fixées par décret en Conseil d'État, pris après avis de la Commission nationale de l'informatique et des libertés.

Art. L. 1131-1-3. — I. — Par dérogation au deuxième alinéa de l'article L. 1111-2 et à l'article L. 1111-7, seul le médecin prescripteur de l'examen des caractéristiques génétiques est habilité à communiquer les résultats de cet examen à la personne concernée ou, s'agissant d'un majeur faisant l'objet d'une mesure de protection juridique avec représentation à la personne, à la personne chargée de la mesure de protection.

II. — Par dérogation à l'article L. 6211-11 et au II de l'article L. 6211-19, la communication du résultat de l'examen au prescripteur est faite par le laboratoire de biologie médicale autorisé en application de l'article L. 1131-2-1. Si un laboratoire de biologie médicale est intervenu pour transmettre l'échantillon, il est informé de cette communication par le laboratoire autorisé.

Art. L. 1131-2. — Un arrêté du ministre chargé de la santé, pris sur proposition de l'Agence de la biomédecine et de la Haute Autorité de santé, définit les règles de bonnes pratiques applicables à la prescription et la réalisation de l'examen des caractéristiques génétiques d'une personne et de son identification par empreintes génétiques à des fins médicales. Cet arrêté définit également les règles de bonnes pratiques applicables, le cas échéant, au suivi médical de la personne.

Art. L. 1131-2-1. — L'examen des caractéristiques génétiques d'une personne ou son identification par empreintes génétiques à des fins médicales ne peuvent être pratiqués que dans des laboratoires de biologie médicale autorisés à cet effet dans les conditions prévues au chapitre II du titre II du livre Ier de la sixième partie et accrédités dans les conditions prévues au chapitre Ier du titre II du livre II de la même partie.

Lorsque le laboratoire dépend d'un établissement de santé, l'autorisation est délivrée à cet établissement.

Un laboratoire de biologie médicale établi dans un autre État membre de l'Union européenne ou partie à l'accord sur l'Espace économique européen peut réaliser la phase analytique de l'examen des caractéristiques génétiques ou de l'identification par empreintes génétiques s'il est autorisé dans cet État à pratiquer cette activité, sous réserve qu'il ait adressé une déclaration si les conditions d'autorisation dans cet État ont été préalablement reconnues comme équivalentes à celles qui résultent du premier alinéa ou, à défaut, qu'il ait obtenu une autorisation après vérification que ses normes de fonctionnement sont équivalentes à celles qui résultent du premier alinéa.

Art. L. 1131-2-2. — Toute violation, constatée dans un établissement, un groupement de coopération sanitaire ou un laboratoire, des prescriptions législatives et réglementaires applicables aux examens des caractéristiques génétiques à des fins médicales ou à l'identification d'une personne par empreintes génétiques entraîne la suspension ou le retrait de l'autorisation prévue à l'article L. 1131-2-1, dans les conditions fixées à l'article L. 6122-13.

Le retrait de l'autorisation est également encouru en cas de violation des prescriptions fixées par l'autorisation ou si le volume d'activité ou la qualité des résultats sont insuffisants au regard de critères énoncés par décret en Conseil d'État, après avis de l'Agence de la biomédecine.

Art. L. 1131-3. — Sous réserve des dispositions du dernier alinéa de l'article L. 1131-2-1, sont seuls habilités à procéder à des examens des caractéristiques génétiques d'une personne ou à son identification par empreintes génétiques à des fins médicales les praticiens agréés à cet effet par l'Agence de la biomédecine mentionnée à l'article L. 1418-1 dans des conditions fixées par voie réglementaire.

Les personnes qui procèdent à des examens des caractéristiques génétiques d'une personne ou à son identification par empreintes génétiques à des fins de recherche scientifique sont agréées dans des conditions fixées par voie réglementaire.

Art. L. 1131-4. — La conservation et la transformation d'éléments et produits du corps humain, incluant la constitution et l'utilisation de collections d'échantillons biologiques humains à des fins de recherche génétique, sont régies par les dispositions des articles L. 1243-3 et L. 1243-4.

Art. L. 1131-5. — Les analyses permettant l'identification par empreintes génétiques dans le cadre des procédures judiciaires mentionnées à l'article 16-11 du Code civil doivent faire l'objet d'un contrôle de qualité organisé, selon des modalités fixées par le décret prévu par l'article 16-12 du Code civil, par l'Agence nationale de sécurité du médicament et des produits de santé.

Art. L. 1131-6. — Sont déterminées par décret en Conseil d'État :

1° Les conditions dans lesquelles peuvent être prescrits et réalisés, dans l'intérêt des patients et de leur parentèle, les examens des caractéristiques génétiques d'une personne ou son identification par empreintes génétiques à des fins médicales ainsi que les conditions dans lesquelles peuvent être prescrits les examens des caractéristiques génétiques somatiques mentionnées à l'article L. 1130-2 ;

2° Les conditions d'agrément des praticiens et personnes mentionnés à l'article L. 1131-3 ;

3° Les conditions d'application de l'article L. 1131-1-2, après avis de l'Agence de la biomédecine ;

4° Les conditions que doivent remplir les laboratoires de biologie médicale mentionnés à l'article L. 1131-2-1 pour être autorisés à pratiquer l'examen des caractéristiques génétiques d'une personne ou son identification par empreintes génétiques à des fins médicales.

Art. L. 1131-7. — Les dispositions du présent chapitre ne s'appliquent pas aux examens ayant pour objet de vérifier la compatibilité tissulaire ou sanguine, effectués dans le contexte du don d'éléments et de produits du corps humain, qui sont soumis aux dispositions du livre II de la première partie.

....

Art. L. 1133-1. — Comme il est dit à l'article 226-25 du Code pénal ci-après reproduit :

« Le fait de procéder à l'étude des caractéristiques génétiques d'une personne à des fins autres que médicales ou de recherche scientifique, ou à des fins médicales ou de recherche scientifique, sans avoir préalablement recueilli son consentement dans les conditions prévues par l'article 16-10 du Code civil est puni d'un an d'emprisonnement et de 15 000 euros d'amende. »

Art. L. 1133-2. — Comme il est dit à l'article 226-26 du Code pénal ci-après reproduit :

« Le fait de détourner de leurs finalités médicales ou de recherche scientifique les informations recueillies sur une personne au moyen de l'examen de ses caractéristiques génétiques est puni d'un an d'emprisonnement et de 15 000 euros d'amende. »

Art. L. 1133-3. — Comme il est dit à l'article 226-27 du Code pénal ci-après reproduit :

« Le fait de procéder, sans avoir recueilli le consentement de la personne dans les conditions prévues par l'article 16-11 du Code civil, à son identification par ses empreintes génétiques à des fins médicales ou de recherche scientifique ou au prélèvement de ses traces biologiques à titre d'ascendant, descendant ou collatéral aux fins de l'établissement, par ses empreintes génétiques, de l'identité d'une personne mentionnée au 3° du même article, est puni d'un an d'emprisonnement et de 15 000 euros d'amende. »

Art. L. 1133-4. — Comme il est dit à l'article 226-28 du Code pénal ci-après reproduit :

« Le fait de rechercher l'identification par ses empreintes génétiques d'une personne en dehors des cas prévus à l'article 16-11 du Code civil ou en dehors d'une mesure d'enquête ou d'instruction diligentée lors d'une procédure de vérification d'un acte de l'état civil entreprise par les autorités diplomatiques ou consulaires dans le cadre des dispositions de l'article L. 111-6 du Code de l'entrée et du séjour des étrangers et du droit d'asile est puni d'un an d'emprisonnement ou de 15 000 euros d'amende.

Est puni des mêmes peines le fait de divulguer des informations relatives à l'identification d'une personne par ses empreintes génétiques ou de procéder à l'examen des caractéristiques génétiques d'une personne ou à l'identification d'une personne par ses empreintes génétiques sans être titulaire de l'agrément prévu à l'article L. 1131-3 du Code de la santé publique et de l'autorisation prévue à l'article L. 1131-2-1 du même code. »

Art. L. 1133-4-1. — Le fait, pour une personne, de solliciter l'examen de ses caractéristiques génétiques ou de celles d'un tiers ou l'identification d'une personne par ses empreintes génétiques en dehors des conditions prévues par la loi est puni de la peine prévue à l'article 226-28-1 du Code pénal.

Art. L. 1133-5. — Comme il est dit à l'article 226-29 du Code pénal ci-après reproduit :

« La tentative des infractions prévues aux articles 226-25, 226-26, 226-27 et 226-28 est punie des mêmes peines. »

Art. L. 1133-6. — Comme il est dit à l'article 226-30 du Code pénal ci-après reproduit :

« Les personnes morales peuvent être déclarées responsables pénalement, dans les conditions prévues par l'article 121-2, des infractions définies à la présente section. »

Les peines encourues par les personnes morales sont :

1° L'amende, suivant les modalités prévues par l'article 131-38 ;

2° Les peines mentionnées aux 2°, 3°, 4°, 5°, 7°, 8° et 9° de l'article 131-39.

L'interdiction mentionnée au 2° de l'article 131-39 porte sur l'activité dans l'exercice ou à l'occasion de l'exercice de laquelle l'infraction a été commise.

N° 91 Le don et l'utilisation des éléments et produits du corps humain : les articles L. 1211-1 à 1211-9, L. 1231-1-A à L. 1232-6, L. 1234-1 à L. 1234-3-1 du Code de la santé publique (213)

Art. L. 1211-1. — La cession et l'utilisation des éléments et produits du corps humain sont régies par les dispositions du chapitre II du titre Ier du livre Ier du Code civil et par les dispositions du présent livre.

Les activités afférentes à ces éléments et produits, mentionnées au présent livre, y compris l'importation et l'exportation de ceux-ci, doivent poursuivre une fin médicale ou scientifique, ou être menées dans le cadre de procédures judiciaires conformément aux dispositions applicables à celles-ci.

Art. L. 1211-2. — Le prélèvement d'éléments du corps humain et la collecte de ses produits ne peuvent être pratiqués sans le consentement préalable du donneur. Ce consentement est révocable à tout moment.

L'utilisation d'éléments et de produits du corps humain à une fin médicale ou scientifique autre que celle pour laquelle ils ont été prélevés ou collectés est possible, sauf opposition exprimée par la personne sur laquelle a été opéré ce prélèvement ou cette collecte, dûment informée au préalable de cette autre fin. L'opposition peut être aussi formulée, si la personne concernée est un majeur protégé faisant l'objet d'une mesure de protection juridique avec représentation relative à la personne, par la personne chargée de cette mesure de protection. Lorsque la personne concernée est un mineur, le cas échéant sous tutelle, l'opposition est exercée par les titulaires de l'autorité parentale ou le tuteur. Il peut être dérogé à l'obligation d'information lorsque celle-ci se heurte à l'impossibilité de retrouver la personne concernée, ou lorsqu'un des comités consultatifs de protection des personnes mentionnés à l'article L. 1123-1, consulté par le responsable de la recherche, n'estime pas cette information nécessaire. Toutefois, ces dérogations ne sont pas admises lorsque les éléments initialement prélevés consistent en des tissus ou cellules germinaux. Dans ce dernier cas, toute utilisation pour une fin autre que celle du prélèvement initial est interdite en cas de décès de l'intéressé.

Les autopsies sont dites médicales lorsqu'elles sont pratiquées, en dehors du cadre de mesures d'enquête ou d'instruction diligentées lors d'une procédure judiciaire, dans le but d'obtenir un diagnostic sur les causes du décès. Elles doivent être pratiquées conformément aux exigences de recherche du consentement ainsi qu'aux autres conditions prévues au chapitre II du titre III du présent livre, sans préjudice de l'article L. 1130-4. Toutefois, à titre exceptionnel, elles peuvent être réalisées malgré l'opposition de la personne décédée, en cas de nécessité impérieuse pour la santé

(213) Les articles présentés tiennent compte des modifications introduites par les lois n° 2004-800 du 6 août 2004 relative à la bioéthique, n° 2016-41 du 26 janvier 2016 de modernisation de notre système de santé, l'ordonnance n° 2017-51 du 19 janvier 2017 portant harmonisation des dispositions législatives relatives aux vigilances sanitaires, l'ordonnance n° 2018-21 du 17 janvier 2018 de mise en cohérence des textes au regard des dispositions de la loi n° 2016-41 du 26 janvier 2016 de modernisation de notre système de santé, l'ordonnance n° 2019-964 du 18 septembre 2019 prise en application de la loi n° 2019-222 du 23 mars 2019 de programmation 2018-2022 et de réforme pour la justice, l'ordonnance n° 2020-232 du 11 mars 2020 relative au régime des décisions prises en matière de santé, de prise en charge ou d'accompagnement social ou médico-social à l'égard des personnes majeures faisant l'objet d'une mesure de protection juridique et la loi n° 2021-1071 du 2 août 2021 relative à la bioéthique. Voir aussi le décret n° 2014-1066 du 19 septembre 2014 relatif aux conditions de prélèvements d'organes, de tissus et de cellules humaines et aux activités liées à ces prélèvements qui transpose des directives européennes relatives aux organes, aux tissus et aux cellules en ce qui concerne l'information et la sélection clinique et biologique des donneurs.

publique et en l'absence d'autres procédés permettant d'obtenir une certitude diagnostique sur les causes de la mort. Un arrêté du ministre chargé de la santé précise les pathologies et les situations justifiant la réalisation des autopsies médicales dans ces conditions.

Art. L. 1211-3. — La publicité en faveur d'un don d'éléments ou de produits du corps humain au profit d'une personne déterminée ou au profit d'un établissement ou organisme déterminé est interdite. Cette interdiction ne fait pas obstacle à l'information du public en faveur du don d'éléments et produits du corps humain.

Cette information est réalisée sous la responsabilité du ministre chargé de la santé, en collaboration avec le ministre chargé de l'éducation nationale.

Les médecins s'assurent que leurs patients âgés d'au moins seize ans sont informés des modalités de consentement au don d'organes à fins de greffe et, à défaut, leur délivrent individuellement cette information dès que possible.

Art. L. 1211-4. — Aucun paiement, quelle qu'en soit la forme, ne peut être alloué à celui qui se prête au prélèvement d'éléments de son corps ou à la collecte de ses produits.

Les frais afférents au prélèvement ou à la collecte sont intégralement pris en charge par l'établissement de santé chargé d'effectuer le prélèvement ou la collecte.

Pour l'application des dispositions du chapitre II du titre IV du livre Ier de la première partie du présent code, le prélèvement d'organes, de tissus ou de cellules sur une personne vivante qui en fait le don dans l'intérêt thérapeutique d'un receveur est assimilé à un acte de soins.

Art. L. 1211-5. — Le donneur ne peut connaître l'identité du receveur, ni le receveur celle du donneur. Aucune information permettant d'identifier à la fois celui qui a fait don d'un élément ou d'un produit de son corps et celui qui l'a reçu ne peut être divulguée.

Il ne peut être dérogé à ce principe d'anonymat qu'en cas de nécessité thérapeutique.

Art. L. 1211-6. — Les éléments et produits du corps humain ne peuvent être utilisés à des fins thérapeutiques si le risque mesurable en l'état des connaissances scientifiques et médicales couru par le receveur potentiel est supérieur à l'avantage escompté pour celui-ci.

Le prélèvement d'éléments et la collecte de produits du corps humain à des fins thérapeutiques, ainsi que les activités ayant les mêmes fins, mentionnées dans le présent livre et relatives à ces éléments et produits, sont soumis aux règles de sécurité sanitaire en vigueur, concernant notamment les tests de dépistage des maladies transmissibles.

Art. L. 1211-6-1. — Nul ne peut être exclu du don de sang en dehors de contre-indications médicales.

Nul ne peut être exclu du don de sang en raison de son orientation sexuelle. Les critères de sélection des donneurs de sang sont définis par un arrêté du ministre chargé de la santé pris après avis du directeur général de l'Agence nationale de sécurité du médicament et des produits de santé. Ils ne peuvent être fondés sur aucune différence de traitement, notamment en ce qui concerne le sexe des partenaires avec lesquels les donneurs auraient entretenu des relations sexuelles, non justifiée par la nécessité de protéger le donneur ou le receveur. Les critères sont régulièrement révisés pour tenir compte notamment de l'évolution des connaissances, des dispositifs de sécurisation et des risques sanitaires.

Art. L. 1211-7. — Sont mis en œuvre des systèmes de vigilance portant sur les éléments et produits du corps humain, les produits, autres que les médicaments, qui en dérivent et les dispositifs médicaux les incorporant.

Art. L. 1211-7-1. — Les professionnels de santé, les établissements, personnes ou organismes figurant sur une liste fixée par décret en Conseil d'État signalent et déclarent les informations relevant de la biovigilance et du dispositif de vigilance relatif à l'assistance médicale à la procréation.

Art. L. 1211-8. — Ne sont soumis aux dispositions du présent livre ni les produits du corps humain pour lesquels il est d'usage de ne pas appliquer l'ensemble des principes qu'énoncent les articles L. 1211-1 à L. 1211-7, ni les éléments et produits du corps humain prélevés et utilisés à des fins thérapeutiques autologues dans le cadre d'une seule et même intervention médicale, sans être conservés ou préparés à aucun moment au sein d'un organisme ou d'un établissement autorisé en application de l'article L. 1243-2.

Ne sont pas non plus soumises aux dispositions du présent livre les selles collectées en application des articles L. 513-11-1 à L. 513-11-5 pour une utilisation à des fins thérapeutiques.

Art. L. 1211-9. — Sont déterminées par décret en Conseil d'État :

1° les conditions dans lesquelles les médecins assurent l'information prévue à l'article L. 1211-3 ;

2° les modalités de la prise en charge prévue à l'article L. 1211-4 ;

3° les règles de sécurité sanitaire prévues à l'article L. 1211-6 ;

4° les conditions dans lesquelles s'exerce la vigilance prévue à l'article L. 1211-7, et en particulier les informations que sont tenus de transmettre les utilisateurs ou les tiers ;

5° la liste des produits du corps humain mentionnés à l'article L. 1211-8.

Prélèvement et greffe d'organes

Art. L. 1231-1 A. — Le prélèvement et la greffe d'organes constituent une priorité nationale.

Art. L. 1231-1 B. — Les règles de répartition et d'attribution des greffons doivent respecter le principe d'équité.

Chapitre I

Prélèvement sur une personne vivante

Art. L. 1231-1. — I. — Le prélèvement d'organes sur une personne vivante, qui en fait le don, ne peut être opéré que dans l'intérêt thérapeutique direct d'un receveur. Le donneur doit avoir la qualité de père ou mère du receveur.

Par dérogation au premier alinéa du présent I, peuvent être autorisés à se prêter à un prélèvement d'organe dans l'intérêt thérapeutique direct d'un receveur son conjoint, ses frères ou sœurs, ses fils ou filles, ses grands-parents, ses oncles ou tantes, ses cousins germains et cousines germaines ainsi que le conjoint de son père ou de sa mère. Le donneur peut également être toute personne apportant la preuve d'une vie commune d'au moins deux ans avec le receveur ainsi que toute personne pouvant apporter la preuve d'un lien affectif étroit et stable depuis au moins deux ans avec le receveur.

II. — En cas d'incompatibilité entre une personne ayant exprimé l'intention de don et une personne dans l'intérêt de laquelle le prélèvement peut être opéré en application du I rendant impossible la greffe, le donneur et le receveur potentiels peuvent se voir proposer le recours à un don croisé d'organes. Dans ce cadre, le nombre maximal de paires de donneurs et de receveurs consécutifs est limité à six.

Le don croisé d'organes consiste pour un receveur potentiel à bénéficier du don d'une autre personne qui a exprimé l'intention de don et également placée dans une situation d'incompatibilité à l'égard de la personne dans l'intérêt de laquelle le prélèvement peut être opéré en application du I, tandis que cette dernière bénéficie du don d'un autre donneur.

Pour augmenter les possibilités d'appariement entre les donneurs et les receveurs engagés dans un don croisé et en substitution au prélèvement de l'un des donneurs vivants, il peut y avoir recours à un organe prélevé sur une personne décédée, dans les conditions fixées à l'article L. 1232-1.

En cas d'échec du prélèvement sur un donneur ou de la greffe sur un receveur, l'Agence de la biomédecine est informée sans délai et applique les règles de répartition mentionnées à l'article L. 1231-1 B les plus favorables au receveur compte tenu de sa situation.

Lors de la mise en œuvre d'un don croisé, l'ensemble des opérations de prélèvement se déroulent dans un délai maximal de vingt-quatre heures. Les opérations de greffe sont réalisées consécutivement à chacun des prélèvements. L'anonymat entre donneur et receveur est garanti.

III. — Le donneur, préalablement informé par le comité d'experts mentionné à l'article L. 1231-3 des risques qu'il encourt, des conséquences éventuelles du prélèvement et, le cas échéant, des modalités du don croisé, doit exprimer son consentement au don et, le cas échéant, au don croisé devant le président du tribunal judiciaire ou le magistrat désigné par lui, qui s'assure au préalable que le consentement est libre et éclairé et que le don est conforme aux conditions prévues aux premier et second alinéas du I et, le cas échéant, au II. En cas d'urgence vitale, le consentement est recueilli, par tout moyen, par le procureur de la République. Le consentement est révocable sans forme et à tout moment.

IV. — L'autorisation de prélèvement sur une personne mentionnée au second alinéa du I est délivrée, postérieurement à l'expression du consentement, par le comité d'experts mentionné à l'article L. 1231-3.

Les prélèvements sur les personnes mentionnées au premier alinéa du I peuvent également, sauf en cas d'urgence vitale, être soumis à l'autorisation de ce comité lorsque le magistrat chargé de recueillir le consentement l'estime nécessaire.

L'Agence de la biomédecine est informée, préalablement à sa réalisation, de tout prélèvement d'organes à fins thérapeutiques sur une personne vivante.

V. — Le Gouvernement remet au Parlement tous les quatre ans un rapport sur l'application du présent article, et notamment les dérogations autorisées au titre du second alinéa du I.

Art. L. 1231-2. — Aucun prélèvement d'organes, en vue d'un don, ne peut avoir lieu sur une personne vivante mineure ou sur une personne vivante majeure faisant l'objet d'une mesure de protection juridique avec représentation à la personne.

Art. L. 1231-3. — Le comité d'experts dont l'intervention est prévue aux articles L. 1231-1, L. 1241-3 et L. 1241-4 siège en deux formations de cinq membres désignés pour trois ans par arrêté du ministre chargé de la santé. Trois de ces membres, dont deux médecins et une personne qualifiée dans le domaine des sciences humaines et sociales, sont communs aux deux formations. Lorsque le comité se prononce sur les prélèvements sur personne majeure mentionnés aux articles L. 1231-1 et L. 1241-4, il comporte un psychologue et un médecin. Lorsqu'il se prononce sur les prélèvements sur personne mineure mentionnés à l'article L. 1241-3, il comporte une personne qualifiée dans le domaine de la psychologie de l'enfant et un pédiatre. Les cinq membres du comité d'experts sont désignés par l'Agence de la biomédecine parmi les membres disponibles figurant sur l'arrêté susmentionné. Le comité ainsi constitué délivre son autorisation par tout moyen. En cas d'urgence vitale, l'information prévue au III de l'article L. 1231-1 est délivrée par le praticien qui a posé l'indication de greffe ou par tout autre praticien du choix du donneur.

Le comité se prononce dans le respect des principes généraux énoncés au titre Ier du présent livre.

Afin d'apprécier la justification médicale d'un prélèvement et d'une greffe d'organe, les risques que le prélèvement est susceptible d'entraîner pour le donneur ainsi que ses conséquences prévisibles sur les plans physique et psychologique, le comité peut avoir accès aux informations médicales concernant le donneur et le receveur potentiels. Ses membres sont tenus de garder secrètes les informations dont ils ont connaissance en raison de leurs fonctions.

Les décisions prises par le comité ne sont pas motivées.

Art. L. 1231-4. — Les modalités d'application du présent chapitre sont déterminées par décret en Conseil d'État, notamment :

1° Les dispositions applicables au don croisé d'organes, dont les modalités d'information des donneurs et receveurs engagés dans celui-ci ;

2° Les conditions de fonctionnement du comité mentionné à l'article L. 1231-3.

Chapitre II

Prélèvement sur une personne décédée

Art. L. 1232-1. — Le prélèvement d'organes sur une personne dont la mort a été dûment constatée ne peut être effectué qu'à des fins thérapeutiques ou scientifiques.

Ce prélèvement peut être pratiqué dès lors que la personne n'a pas fait connaître, de son vivant, son refus d'un tel prélèvement. Ce refus peut être exprimé par tout moyen, notamment par l'inscription sur un registre national automatisé prévu à cet effet. Il est révocable à tout moment.

Si le médecin n'a pas directement connaissance de la volonté du défunt, il doit s'efforcer de recueillir auprès des proches l'opposition au don d'organes éventuellement exprimée de son vivant par le défunt, par tout moyen, et il les informe de la finalité des prélèvements envisagés.

Les proches sont informés de leur droit à connaître les prélèvements effectués.

L'Agence de la biomédecine est avisée, préalablement à sa réalisation, de tout prélèvement à fins thérapeutiques ou à fins scientifiques.

Art. L. 1232-2. — Si la personne décédée était un mineur, le prélèvement à l'une ou plusieurs des fins mentionnées à l'article L. 1232-1 ne peut avoir lieu qu'à la condition que chacune des personnes investies de l'exercice de l'autorité parentale y consente par écrit.

Toutefois, en cas d'impossibilité de consulter l'une des personnes investies de l'exercice de l'autorité parentale, le prélèvement peut avoir lieu à condition que l'autre personne investie de l'exercice de l'autorité parentale y consente par écrit.

Art. L. 1232-3. — Les prélèvements à des fins scientifiques ne peuvent être pratiqués que dans le cadre de protocoles transmis, préalablement à leur mise en œuvre, à l'Agence de la biomédecine. Le ministre chargé de la recherche peut suspendre ou interdire la mise en œuvre de tels protocoles, lorsque la nécessité du prélèvement ou la pertinence de la recherche n'est pas établie.

Art. L. 1232-4. — Les médecins qui établissent le constat de la mort, d'une part, et ceux qui effectuent le prélèvement ou la greffe d'autre part, doivent faire partie d'unités fonctionnelles ou de services distincts.

Art. L. 1232-5. — Les médecins ayant procédé à un prélèvement ou à une autopsie médicale sur une personne décédée sont tenus de s'assurer de la meilleure restauration possible du corps.

Art. L. 1232-6. — Les modalités d'application des dispositions du présent chapitre sont déterminées par décret en Conseil d'État et notamment :

1° Les conditions dans lesquelles est établi le constat de la mort prévu au premier alinéa de l'article L. 1232-1 ;

2° Les conditions de fonctionnement et de gestion du registre national automatisé prévu au troisième alinéa du même article.

3° Les modalités d'interdiction ou de suspension des protocoles mentionnés à l'article L. 1232-3 par le ministre chargé de la recherche ainsi que les modalités de transmission, par l'Agence de la biomédecine, des informations dont elle dispose sur lesdits protocoles.

Chapitre IV

Greffes d'organes

Art. L. 1234-1. — Les dispositions de l'article L. 1243-2 sont applicables aux organes lorsqu'ils peuvent être conservés. La liste de ces organes est fixée par décret.

Pour l'application aux organes de ces dispositions, la délivrance de l'autorisation mentionnée à l'article L. 1243-2 est subordonnée aux conditions prévues à l'article L. 1243-7.

Art. L. 1234-2. — Les greffes d'organes sont effectuées dans les établissements de santé autorisés à cet effet dans des conditions prévues par les dispositions des chapitres F et II du titre II du livre F de la partie VI du présent code, après avis de l'Agence de la biomédecine.

Peuvent recevoir l'autorisation d'effectuer des transplantations d'organes les établissements qui sont autorisés à effectuer des prélèvements d'organes en application de l'article L. 1233-l, et qui assurent, en outre, des activités d'enseignement médical et de recherche médicale selon les dispositions du chapitre II du titre IV du livre F de la partie VI du présent code, ainsi que les établissements de santé liés par convention aux précédents dans le cadre du service public hospitalier,

Art. L. 1234-3. — Aucune rémunération à l'acte ne peut être perçue par les praticiens effectuant des greffes d'organes au titre de ces activités.

Art. L. 1234-3-1. — Le schéma régional ou interrégional de santé est arrêté par l'autorité compétente après avis de l'Agence de la biomédecine lorsqu'il concerne l'activité de greffes d'organes.

4. Les droits des malades

N° 92 Les droits des malades : les articles L. 1110-1 à L. 1110-11 du Code de la santé publique (214)

Art. L. 1110-1. — Le droit fondamental à la protection de la santé doit être mis en œuvre par tous moyens disponibles au bénéfice de toute personne. Les professionnels et les établissements de santé, les organismes d'assurance maladie ou tous autres organismes ou dispositifs participant à la prévention, aux soins ou à la coordination des soins, et les autorités sanitaires contribuent, avec les collectivités territoriales et leurs groupements, dans le champ de leurs compétences respectives fixées par la loi, et avec les usagers, à développer la prévention, garantir l'égal accès de chaque personne aux soins nécessités par son état de santé et assurer la continuité des soins et la meilleure sécurité sanitaire possible.

Art. L. 1110-1-1. — Les professionnels de santé et du secteur médico-social reçoivent, au cours de leur formation initiale et continue, une formation spécifique concernant l'évolution des connaissances relatives aux pathologies à l'origine des handicaps et les innovations thérapeutiques, technologiques, pédagogiques, éducatives et sociales les concernant, l'accueil et l'accompagnement des personnes handicapées, ainsi que l'annonce du handicap.

Art. L. 1110-2. — La personne malade a droit au respect de sa dignité.

Art. L. 1110-2-1. — Un professionnel de santé ne peut établir de certificat aux fins d'attester la virginité d'une personne.

Art. L. 1110-3. — Aucune personne ne peut faire l'objet de discriminations dans l'accès à la prévention ou aux soins.

Un professionnel de santé ne peut refuser de soigner une personne, y compris refuser de délivrer un moyen de contraception en urgence, pour l'un des motifs visés au premier alinéa de l'article 225-1 ou à l'article 225-1-1 du Code pénal ou au motif qu'elle est bénéficiaire de la protection complémentaire en matière de santé prévue à l'article L. 861-1 du Code de la sécurité sociale, ou du droit à l'aide prévue à l'article L. 251-1 du Code de l'action sociale et des familles.

Toute personne qui s'estime victime d'un refus de soins illégitime peut saisir le directeur de l'organisme local d'assurance maladie ou le président du conseil territorialement compétent de l'ordre professionnel concerné des faits qui permettent

(214) Les articles présentés tiennent compte des modifications introduites par : les ordonnances n° 2010-177 du 23 février 2010 et n° 2010-331 du 25 mars 2010 ; les lois n° 2011-940 du 10 août 2011, n° 2012-954 du 6 août 2012, n° 2016-41 du 26 janvier 2016 de modernisation de notre système de santé et n° 2016-87 du 2 février 2016 créant de nouveaux droits en faveur des malades et des personnes en fin de vie, l'ordonnance n° 2017-31 du 12 janvier 2017 de mise en cohérence des textes au regard des dispositions de la loi n° 2016-41 du 26 janvier 2016 de modernisation de notre système de santé ; l'ordonnance n° 2018-20 du 17 janvier 2018 relative au service de santé des armées et à l'Institution nationale des invalides ; la loi n° 2019-774 du 24 juillet 2019 relative à l'organisation et à la transformation du système de santé ; n° 2021-1017 du 2 août 2021 relative à la bioéthique ; n° 2021-1109 du 24 août 2021 confortant le respect des principes de la République ; n° 2022-295 du 2 mars 2022 visant à renforcer le droit à l'avortement.

d'en présumer l'existence. Cette saisine vaut dépôt de plainte. Elle est communiquée à l'autorité qui n'en a pas été destinataire. Le récipiendaire en accuse réception à l'auteur, en informe le professionnel de santé mis en cause et peut le convoquer dans un délai d'un mois à compter de la date d'enregistrement de la plainte.

Hors cas de récidive, une conciliation est menée dans les trois mois de la réception de la plainte par une commission mixte composée à parité de représentants du conseil territorialement compétent de l'ordre professionnel concerné et de l'organisme local d'assurance maladie.

En cas d'échec de la conciliation, ou en cas de récidive, le président du conseil territorialement compétent transmet la plainte à la juridiction ordinale compétente avec son avis motivé et en s'y associant le cas échéant.

En cas de carence du conseil territorialement compétent, dans un délai de trois mois, le directeur de l'organisme local d'assurance maladie peut prononcer à l'encontre du professionnel de santé une sanction dans les conditions prévues à l'article L. 162-1-14-1 du Code de la sécurité sociale.

Hors le cas d'urgence et celui où le professionnel de santé manquerait à ses devoirs d'humanité, le principe énoncé au premier alinéa du présent article ne fait pas obstacle à un refus de soins fondé sur une exigence personnelle ou professionnelle essentielle et déterminante de la qualité, de la sécurité ou de l'efficacité des soins. La continuité des soins doit être assurée quelles que soient les circonstances, dans les conditions prévues par l'article L. 6315-1 du présent code.

Les modalités d'application du présent article sont fixées par voie réglementaire.

Art. L. 1110-3-1. — À Mayotte, un professionnel de santé ne peut refuser de soigner une personne pour l'un des motifs visés au premier alinéa de l'article 225-1 ou à l'article 225-1-1 du Code pénal.

Toute personne qui s'estime victime d'un refus de soins illégitime peut saisir le président du conseil territorialement compétent de l'ordre professionnel concerné des faits qui permettent d'en présumer l'existence. Cette saisine vaut dépôt de plainte. Elle est communiquée à l'autorité qui n'en a pas été destinataire. Le récipiendaire en accuse réception à l'auteur, en informe le professionnel de santé mis en cause et peut le convoquer dans un délai d'un mois à compter de la date d'enregistrement de la plainte.

Hors cas de récidive, une conciliation est menée dans les trois mois de la réception de la plainte par une commission composée de représentants du conseil territorialement compétent de l'ordre professionnel concerné.

En cas d'échec de la conciliation, ou en cas de récidive, le président du conseil territorialement compétent transmet la plainte à la juridiction ordinale compétente avec son avis motivé et en s'y associant le cas échéant.

Hors le cas d'urgence et celui où le professionnel de santé manquerait à ses devoirs d'humanité, le principe énoncé au premier alinéa du présent article ne fait pas obstacle à un refus de soins fondé sur une exigence personnelle ou professionnelle essentielle et déterminante de la qualité, de la sécurité ou de l'efficacité des soins. La continuité des soins doit être assurée quelles que soient les circonstances, dans les conditions prévues par l'article L. 6315-1 du présent code.

Les modalités d'application du présent article sont fixées par décret en Conseil d'État.

Art. L. 1110-4. — I. — Toute personne prise en charge par un professionnel de santé, un établissement ou service, un professionnel ou organisme concourant à la prévention ou aux soins dont les conditions d'exercice ou les activités sont régies par le présent code, le service de santé des armées, un professionnel du secteur médico-social ou social ou un établissement ou service social et médico-social mentionné au I de l'article L. 312-1 du Code de l'action sociale et des familles a droit au respect de sa vie privée et du secret des informations la concernant.

Excepté dans les cas de dérogation expressément prévus par la loi, ce secret couvre l'ensemble des informations, concernant la personne, venues à la connaissance du professionnel, de tout membre du personnel de ces établissements, services ou organismes et de toute autre personne en relation, de par ses activités, avec ces établissements ou organismes. Il s'impose à tous les professionnels intervenant dans le système de santé.

II. — Un professionnel peut échanger avec un ou plusieurs professionnels identifiés des informations relatives à une même personne prise en charge, à condition qu'ils participent tous à sa prise en charge et que ces informations soient strictement nécessaires à la coordination ou à la continuité des soins, à la prévention ou à son suivi médico-social et social.

III. — Lorsque ces professionnels appartiennent à la même équipe de soins, au sens de l'article L. 1110-12, ils peuvent partager les informations concernant une même personne qui sont strictement nécessaires à la coordination ou à la continuité des soins ou à son suivi médico-social et social. Ces informations sont réputées confiées par la personne à l'ensemble de l'équipe.

Le partage, entre des professionnels ne faisant pas partie de la même équipe de soins, d'informations nécessaires à la prise en charge d'une personne requiert son consentement préalable, recueilli par tout moyen, y compris de façon dématérialisée, dans des conditions définies par décret pris après avis de la Commission nationale de l'informatique et des libertés.

III bis. — Un professionnel de santé, exerçant au sein du service de santé des armées ou dans le cadre d'une contribution au soutien sanitaire des forces armées prévue à l'article L. 6147-10, ou un professionnel du secteur médico-social ou social relevant du ministre de la défense peuvent, dans des conditions définies par décret en Conseil d'État, échanger avec une ou plusieurs personnes, relevant du ministre de la défense ou de la tutelle du ministre chargé des anciens combattants, et ayant pour mission exclusive d'aider ou d'accompagner les militaires et anciens militaires blessés, des informations relatives à ce militaire ou à cet ancien militaire pris en charge, à condition que ces informations soient strictement nécessaires à son accompagnement. Le secret prévu au I s'impose à ces personnes. Un décret en Conseil d'État définit la liste des structures dans lesquelles exercent les personnes ayant pour mission exclusive d'aider ou d'accompagner les militaires et anciens militaires blessés.

IV. — La personne est dûment informée de son droit d'exercer une opposition à l'échange et au partage d'informations la concernant. Elle peut exercer ce droit à tout moment.

V. — Le fait d'obtenir ou de tenter d'obtenir la communication de ces informations en violation du présent article est puni d'un an d'emprisonnement et de 15 000 euros d'amende.

En cas de diagnostic ou de pronostic grave, le secret médical ne s'oppose pas à ce que la famille, les proches de la personne malade ou la personne de confiance définie à l'article L. 1111-6 reçoivent les informations nécessaires destinées à leur permettre d'apporter un soutien direct à celle-ci, sauf opposition de sa part. Seul un médecin est habilité à délivrer, ou à faire délivrer sous sa responsabilité, ces informations.

Le secret médical ne fait pas obstacle à ce que les informations concernant une personne décédée soient délivrées à ses ayants droit, son concubin ou son partenaire lié par un pacte civil de solidarité, dans la mesure où elles leur sont nécessaires pour leur permettre de connaître les causes de la mort, de défendre la mémoire du défunt ou de faire valoir leurs droits, sauf volonté contraire exprimée par la personne avant son décès. Toutefois, en cas de décès d'une personne mineure, les titulaires de l'autorité parentale conservent leur droit d'accès à la totalité des informations médicales la concernant, à l'exception des éléments relatifs aux décisions médicales pour lesquelles la personne mineure, le cas échéant, s'est opposée à l'obtention de leur consentement dans les conditions définies aux articles L. 1111-5 et L. 1111-5-1.

En outre, le secret médical ne fait pas obstacle à ce que les informations concernant une personne décédée nécessaires à la prise en charge d'une personne susceptible de faire l'objet d'un examen des caractéristiques génétiques dans les conditions prévues au I de l'article L. 1130-4 soient délivrées au médecin assurant cette prise en charge, sauf volonté contraire exprimée par la personne avant son décès.

VI. — Les conditions et les modalités de mise en œuvre du présent article pour ce qui concerne l'échange et le partage d'informations entre professionnels de santé, non-professionnels de santé du champ social et médico-social et personnes ayant pour mission exclusive d'aider ou d'accompagner les militaires et anciens militaires blessés sont définies par décret en Conseil d'État, pris après avis de la Commission nationale de l'informatique et des libertés.

Art. L. 1110-4-1. — (abrogé)

Art. L. 1110-4-2. — (abrogé)

Art. L. 1110-5. — Toute personne a, compte tenu de son état de santé et de l'urgence des interventions que celui-ci requiert, le droit de recevoir, sur l'ensemble du territoire, les traitements et les soins les plus appropriés et de bénéficier des thérapeutiques dont l'efficacité est reconnue et qui garantissent la meilleure sécurité sanitaire et le meilleur apaisement possible de la souffrance au regard des connaissances médicales avérées. Les actes de prévention, d'investigation ou de traitements et de soins ne doivent pas, en l'état des connaissances médicales, lui faire courir de risques disproportionnés par rapport au bénéfice escompté. Ces dispositions s'appliquent sans préjudice ni de l'obligation de sécurité à laquelle est tenu tout fournisseur de produits de santé ni de l'application du titre II du présent livre.

Toute personne a le droit d'avoir une fin de vie digne et accompagnée du meilleur apaisement possible de la souffrance. Les professionnels de santé mettent en œuvre tous les moyens à leur disposition pour que ce droit soit respecté.

Art. L. 1110-5-1. — Les actes mentionnés à l'article L. 1110-5 ne doivent pas être mis en œuvre ou poursuivis lorsqu'ils résultent d'une obstination déraisonnable. Lorsqu'ils apparaissent inutiles, disproportionnés ou lorsqu'ils n'ont d'autre effet que le seul maintien artificiel de la vie, ils peuvent être suspendus ou ne pas être entrepris, conformément à la volonté du patient et, si ce dernier est hors d'état d'exprimer sa volonté, à l'issue d'une procédure collégiale définie par voie réglementaire.

La nutrition et l'hydratation artificielles constituent des traitements qui peuvent être arrêtés conformément au premier alinéa du présent article.

Lorsque les actes mentionnés aux deux premiers alinéas du présent article sont suspendus ou ne sont pas entrepris, le médecin sauvegarde la dignité du mourant et assure la qualité de sa vie en dispensant les soins palliatifs mentionnés à l'article L. 1110-10.

Art. L. 1110-5-2. — À la demande du patient d'éviter toute souffrance et de ne pas subir d'obstination déraisonnable, une sédation profonde et continue provoquant une altération de la conscience maintenue jusqu'au décès, associée à une analgésie et à l'arrêt de l'ensemble des traitements de maintien en vie, est mise en œuvre dans les cas suivants :

1° Lorsque le patient atteint d'une affection grave et incurable et dont le pronostic vital est engagé à court terme présente une souffrance réfractaire aux traitements ;

2° Lorsque la décision du patient atteint d'une affection grave et incurable d'arrêter un traitement engage son pronostic vital à court terme et est susceptible d'entraîner une souffrance insupportable.

Lorsque le patient ne peut pas exprimer sa volonté et, au titre du refus de l'obstination déraisonnable mentionnée à l'article L. 1110-5-1, dans le cas où le médecin arrête un traitement de maintien en vie, celui-ci applique une sédation profonde et continue provoquant une altération de la conscience maintenue jusqu'au décès, associée à une analgésie.

La sédation profonde et continue associée à une analgésie prévue au présent article est mise en œuvre selon la procédure collégiale définie par voie réglementaire qui permet à l'équipe soignante de vérifier préalablement que les conditions d'application prévues aux alinéas précédents sont remplies.

À la demande du patient, la sédation profonde et continue peut être mise en œuvre à son domicile, dans un établissement de santé ou un établissement mentionné au 6° du I de l'article L. 312-1 du Code de l'action sociale et des familles.

L'ensemble de la procédure suivie est inscrit au dossier médical du patient.

Art. L. 1110-5-3. — Toute personne a le droit de recevoir des traitements et des soins visant à soulager sa souffrance.

Celle-ci doit être, en toutes circonstances, prévenue, prise en compte, évaluée et traitée.

Le médecin met en place l'ensemble des traitements analgésiques et sédatifs pour répondre à la souffrance réfractaire du malade en phase avancée ou terminale, même s'ils peuvent avoir comme effet d'abréger la vie. Il doit en informer le malade, sans préjudice du quatrième alinéa de l'article L. 1111-2, la personne de confiance prévue à l'article L. 1111-6, la famille ou, à défaut, un des proches du malade. La procédure suivie est inscrite dans le dossier médical.

Toute personne est informée par les professionnels de santé de la possibilité d'être prise en charge à domicile, dès lors que son état le permet.

Art. L. 1110-6. — Dans la mesure où leurs conditions d'hospitalisation le permettent, les enfants en âge scolaire ont droit à un suivi scolaire adapté au sein des établissements de santé.

Art. L. 1110-7. — L'évaluation prévue à l'article L. 6113-2 et la certification prévue à l'article L. 6113-3 prennent en compte les mesures prises par les établissements de santé pour assurer le respect des droits des personnes malades et les résultats obtenus à cet égard. Les établissements de santé rendent compte de ces actions et de leurs résultats dans le cadre des transmissions d'informations aux agences régionales de santé.

Art. L. 1110-8. — Le droit du malade au libre choix de son praticien et de son établissement de santé et de son mode de prise en charge, sous forme ambulatoire ou à domicile, en particulier lorsqu'il relève de soins palliatifs au sens de l'article L. 1110-10, est un principe fondamental de la législation sanitaire.

Les limitations apportées à ce principe par les différents régimes de protection sociale ne peuvent être introduites qu'en considération des capacités techniques des établissements, de leur mode de tarification et des critères de l'autorisation à dispenser des soins remboursables aux assurés sociaux.

Art. L. 1110-9. — Toute personne malade dont l'état le requiert a le droit d'accéder à des soins palliatifs et à un accompagnement.

Art. L. 1110-10. — Les soins palliatifs sont des soins actifs et continus pratiqués par une équipe interdisciplinaire en institution ou à domicile. Ils visent à soulager la douleur, à apaiser la souffrance psychique, à sauvegarder la dignité de la personne malade et à soutenir son entourage.

Art. L. 1110-11. — Des bénévoles, formés à l'accompagnement de la fin de vie et appartenant à des associations qui les sélectionnent, peuvent, avec l'accord de la personne malade ou de ses proches et sans interférer avec la pratique des soins médicaux et paramédicaux, apporter leur concours à l'équipe de soins en participant à l'ultime accompagnement du malade et en confortant l'environnement psychologique et social de la personne malade et de son entourage. Les associations qui organisent l'intervention des bénévoles se dotent d'une charte qui définit les principes qu'ils doivent respecter dans leur action. Ces principes comportent notamment le respect des opinions philosophiques et religieuses de la personne accompagnée, le respect de sa dignité et de son intimité, la discrétion, la confidentialité, l'absence d'interférence dans les soins.

Les associations qui organisent l'intervention des bénévoles dans des établissements de santé publics ou privés et des établissements sociaux et médico-sociaux doivent conclure, avec les établissements concernés, une convention conforme à une convention type définie par décret en Conseil d'État. À défaut d'une telle convention ou lorsqu'il est constaté des manquements au respect des dispositions de la convention, le directeur de l'établissement, ou à défaut le directeur général de l'agence régionale de santé, interdit l'accès de l'établissement aux membres de cette association. Seules les associations ayant conclu la convention mentionnée à l'alinéa précédent peuvent organiser l'intervention des bénévoles au domicile des personnes malades.

5. Le suicide : la connaissance, la prévention, la répression de la provocation

Nº 93.1 L'observatoire national du suicide : le décret nº 2013-809 du 9 septembre 2013 (extraits)

Article premier. — Il est créé, pour une durée de quatre ans, auprès du ministre chargé de la santé un Observatoire national du suicide, indépendant et pluridisciplinaire, dont les missions sont les suivantes :

— coordonner les différents producteurs de données et améliorer le suivi des suicides et tentatives de suicide ;

— développer la connaissance des facteurs de risque et des mécanismes conduisant aux suicides et aux tentatives de suicide, afin d'en améliorer la prévention ;

— promouvoir et valoriser les dispositifs de collecte, de suivi et d'alerte sur le suicide en participant à la diffusion des résultats et en facilitant l'accès aux bases de données ;

— évaluer l'effet des politiques publiques en matière de prévention du suicide et des tentatives de suicide ;

— produire des recommandations, notamment en matière de prévention.

Nº 93.2 La répression de la provocation au suicide : les articles 223-13 à 223-15 du Code pénal (215)

Art. 223-13. — Le fait de provoquer au suicide d'autrui est puni de trois ans d'emprisonnement et de 45 000 euros d'amende lorsque la provocation a été suivie du suicide ou d'une tentative de suicide.

Les peines sont portées à cinq ans d'emprisonnement et à 75 000 euros d'amende lorsque la victime de l'infraction définie à l'alinéa précédent est un mineur de quinze ans.

Les personnes physiques ou morales coupables du délit prévu à la présente section encourent également la peine complémentaire suivante : interdiction de l'activité de prestataire de formation professionnelle continue au sens de l'article L. 6313-1 du Code du travail pour une durée de cinq ans.

Art. 223-14. — La propagande ou la publicité, quel qu'en soit le mode, en faveur de produits, d'objets ou de méthodes préconisés comme moyens de se donner la mort est punie de trois ans d'emprisonnement et de 45 000 euros d'amende.

Art. 223-15. — Lorsque les délits prévus par les articles 223-13 et 223-14 sont commis par la voie de la presse écrite ou audiovisuelle, les dispositions particulières des lois qui régissent ces matières sont applicables en ce qui concerne la détermination des personnes responsables.

Art. 223-15-1. — Les personnes morales déclarées responsables pénalement, dans les conditions prévues par l'article 121-2, des infractions définies à la présente section encourent, outre l'amende suivant les modalités prévues par l'article 131-38 :

1° (Abrogé) ;

2° Les peines mentionnées aux 2° à 9° de l'article 131-39 ;

3° La peine mentionnée au 1° de l'article 131-39 pour l'infraction prévue au deuxième alinéa de l'article 223-13.

L'interdiction mentionnée au 2° de l'article 131-39 porte sur l'activité dans l'exercice ou à l'occasion de l'exercice de laquelle l'infraction a été commise.

---

(215) Articles modifiés par les lois n° 2009-526 du 12 mai 2009 et n° 2009-1437 du 24 novembre 2009.

I. La liberté de la presse, des communications et du spectacle

1. La liberté de la presse

N° 94.1 La liberté de la presse : la loi du 29 juillet 1881 (extraits) [216]

Chapitre I

De l'imprimerie et de la librairie

Article premier. — L'imprimerie et la librairie sont libres.

Art. 2. — Le secret des sources des journalistes est protégé dans l'exercice de leur mission d'information du public.

Est considérée comme journaliste au sens du premier alinéa toute personne qui, exerçant sa profession dans une ou plusieurs entreprises de presse, de communication au public en ligne, de communication audiovisuelle ou une ou plusieurs agences de presse, y pratique, à titre régulier et rétribué, le recueil d'informations et leur diffusion au public.

Il ne peut être porté atteinte directement ou indirectement au secret des sources que si un impératif prépondérant d'intérêt public le justifie et si les mesures envisagées sont strictement nécessaires et proportionnées au but légitime poursuivi. Cette atteinte ne peut en aucun cas consister en une obligation pour le journaliste de révéler ses sources.

---

(216) La loi présentée est à jour des modifications successivement introduites. On peut notamment souligner, parmi les dernières, la loi n° 2012-854 du 6 août 2012 relative au harcèlement sexuel, la loi n° 2013-711 du 5 août 2013 portant diverses dispositions d'adaptation dans le domaine de la justice en application du droit de l'Union européenne et des engagements internationaux de la France, la loi n° 2014-1353 du 13 novembre 2014 renforçant les dispositions relatives à la lutte contre le terrorisme, la loi n° 2015-433 du 17 avril 2015 portant diverses dispositions tendant à la modernisation du secteur de la presse, la loi n° 2016-1524 du 14 novembre 2016 visant à renforcer la liberté, l'indépendance et le pluralisme des médias, la loi n° 2017-86 du 27 janvier 2017 relative à l'égalité et à la citoyenneté, l'ordonnance n° 2021-860 du 30 juin 2021 portant changement d'appellation de l'armée de l'air, la loi n° 2021-1109 du 24 août 2021 confortant le respect des principes de la République et la loi n° 2021-1729 du 22 décembre 2021 pour la confiance dans l'institution judiciaire. Voir aussi les décrets n° 2012-484 du 13 avril 2012 relatif à la réforme des aides à la presse et au fonds stratégique pour le développement de la presse, n° 2014-659 du 23 juin 2014 portant réforme des aides à la presse, n° 2014-1080 du 24 septembre 2014 portant réforme du fonds d'aide au portage de la presse.

Est considéré comme une atteinte indirecte au secret des sources au sens du troisième alinéa le fait de chercher à découvrir les sources d'un journaliste au moyen d'investigations portant sur toute personne qui, en raison de ses relations habituelles avec un journaliste, peut détenir des renseignements permettant d'identifier ces sources.

Au cours d'une procédure pénale, il est tenu compte, pour apprécier la nécessité de l'atteinte, de la gravité du crime ou du délit, de l'importance de l'information recherchée pour la répression ou la prévention de cette infraction et du fait que les mesures d'investigation envisagées sont indispensables à la manifestation de la vérité.

Art. 2.bis — Tout journaliste, au sens du 1° du I de l'article 2, a le droit de refuser toute pression, de refuser de divulguer ses sources et de refuser de signer un article, une émission, une partie d'émission ou une contribution dont la forme ou le contenu auraient été modifiés à son insu ou contre sa volonté. Il ne peut être contraint à accepter un acte contraire à sa conviction professionnelle formée dans le respect de la charte déontologique de son entreprise ou de sa société éditrice.

Toute convention ou tout contrat de travail signé entre un journaliste professionnel et une entreprise ou une société éditrice de presse ou de communication audiovisuelle entraîne l'adhésion à la charte déontologique de l'entreprise ou de la société éditrice.

Les entreprises ou sociétés éditrices de presse ou audiovisuelles dépourvues de charte déontologique engagent des négociations à compter de la publication de la loi n° 2016-1524 du 14 novembre 2016 visant à renforcer la liberté, l'indépendance et le pluralisme des médias. Cette charte est rédigée conjointement par la direction et les représentants des journalistes. À défaut de conclusion d'une charte avant le 1er juillet 2017 et jusqu'à l'adoption de celle-ci, les déclarations et les usages professionnels relatifs à la profession de journaliste peuvent être invoqués en cas de litige. Le comité institué à l'article 30-8 de la loi n° 86-1067 du 30 septembre 1986 relative à la liberté de communication est consulté lors de cette rédaction. Le deuxième alinéa du présent article s'applique à compter du 1er juillet 2017.

Art. 3. — Tout écrit rendu public, à l'exception des ouvrages de ville ou bilboquets, portera l'indication du nom et du domicile de l'imprimeur, à peine, contre celui-ci, de 3 750 euros d'amende.

La distribution des imprimés qui ne porteraient pas la mention exigée au paragraphe précédent est interdite et la même peine est applicable à ceux qui contreviendraient à cette interdiction.

Une peine de six mois d'emprisonnement pourra être prononcée si, dans les douze mois précédents, l'imprimeur a été condamné pour contravention de même nature.

Toutefois, si l'imprimé fait appel à des techniques différentes et nécessite le concours de plusieurs imprimeurs, l'indication du nom et du domicile de l'un d'entre eux est suffisante.

Art. 4 — (abrogé)

Chapitre II

De la presse périodique

Paragraphe 1

Du droit de publication, de la gérance, de la déclaration et du dépôt au parquet

Art. 5. — Tout journal ou écrit périodique peut être publié, sans déclaration ni autorisation préalable, ni dépôt de cautionnement.

Art. 6. — Toute publication de presse doit avoir un directeur de la publication.

Lorsqu'une personne physique est propriétaire ou locataire-gérant d'une entreprise éditrice au sens de la loi n° 86-897 du 1er août 1986 portant réforme du régime juridique de la presse ou en détient la majorité du capital ou des droits de vote, cette personne est directeur de la publication. Dans les autres cas, le directeur de la publication est le représentant légal de l'entreprise éditrice. Toutefois, dans les sociétés anonymes régies par les articles L. 225-57 à L. 225-93 du Code de commerce, le directeur de la publication est le président du directoire ou le directeur général unique.

Si le directeur de la publication jouit de l'immunité parlementaire dans les conditions prévues à l'article 26 de la Constitution et aux articles 9 et 10 du Protocole du 8 avril 1965 sur les privilèges et immunités des communautés européennes, l'entreprise éditrice doit nommer un codirecteur de la publication choisi parmi les personnes ne bénéficiant pas de l'immunité parlementaire et, lorsque l'entreprise éditrice est une personne morale, parmi les membres du conseil d'administration, du directoire ou les gérants suivant la forme de ladite personne morale.

Le codirecteur de la publication doit être nommé dans le délai d'un mois à compter de la date à partir de laquelle le directeur de la publication bénéficie de l'immunité visée à l'alinéa précédent.

Le directeur et, éventuellement, le codirecteur de la publication doivent être majeurs, avoir la jouissance de leurs droits civils et n'être privés de leurs droits civiques par aucune condamnation judiciaire. Par dérogation, un mineur âgé de seize ans révolus peut être nommé directeur ou codirecteur de la publication de tout journal ou écrit périodique réalisé bénévolement, sans préjudice de l'application de la loi n° 49-956 du 16 juillet 1949 sur les publications destinées à la jeunesse. La responsabilité des parents d'un mineur âgé de seize ans révolus nommé directeur ou codirecteur de publication ne peut être engagée, sur le fondement de l'article 1242 du Code civil, que si celui-ci a commis un fait de nature à engager sa propre responsabilité civile dans les conditions prévues par la présente loi.

Toutes les obligations légales imposées au directeur de la publication sont applicables au codirecteur de la publication.

Art. 7. — (abrogé).

Art. 8. — (abrogé).

Art. 9. — En cas de contravention à l'article 6, le propriétaire, le directeur de la publication et, dans le cas prévu au troisième alinéa du même article, le codirecteur de la publication sont punis de l'amende prévue pour les contraventions de la 5e classe. La peine sera applicable à l'imprimeur à défaut du propriétaire ou du directeur ou, dans le cas prévu au troisième alinéa du même article, le codirecteur de la publication.

Le journal ou écrit périodique ne pourra continuer sa publication qu'après avoir rempli les formalités ci-dessus prescrites, à peine, si la publication irrégulière continue, de l'amende prévue pour les contraventions de la 4e classe prononcée solidairement contre les mêmes personnes, pour chaque numéro publié à partir du jour de la prononciation du jugement de condamnation, si ce jugement est contradictoire, et du troisième jour qui suivra sa notification, s'il a été rendu par défaut ; et ce, nonobstant opposition ou appel, si l'exécution provisoire est ordonnée.

Le condamné, même par défaut, peut interjeter appel. Il sera statué par la cour dans le délai de trois jours.

Art. 10. — Sont soumis à l'obligation de dépôt auprès du ministre chargé de la communication à la parution de chaque numéro les journaux et écrits périodiques à diffusion nationale. Un arrêté du ministre chargé de la communication fixe les modalités de mise en œuvre de l'obligation de dépôt ainsi que le nombre d'exemplaires à déposer. Ce nombre ne peut être supérieur à dix et tient compte notamment du fait que la publication est ou non consacrée à l'information politique et générale.

Ce dépôt sera effectué sous peine de l'amende prévue pour les contraventions de la 4e classe contre le directeur de la publication.

Art. 11. — Le nom du directeur de la publication sera imprimé au bas de tous les exemplaires, à peine contre l'imprimeur de l'amende prévue pour les contraventions de la Ve classe par chaque numéro publié en contravention de la présente disposition.

Paragraphe 2

Des rectifications

Art. 12. — Le directeur de la publication sera tenu d'insérer gratuitement, en tête du prochain numéro du journal ou écrit périodique, toutes les rectifications qui lui seront adressées par un dépositaire de l'autorité publique, au sujet des actes de sa fonction qui auront été inexactement rapportés par ledit journal ou écrit périodique.

Toutefois, ces rectifications ne dépasseront pas le double de l'article auquel elles répondront.

En cas de contravention, le directeur de la publication sera puni de 3 750 euros d'amende.

Art. 13. — Le directeur de la publication sera tenu d'insérer dans les trois jours de leur réception, les réponses de toute personne nommée ou désignée dans le journal ou écrit périodique quotidien sous peine de 3 750 euros d'amende sans préjudice des autres peines et dommages-intérêts auxquels l'article pourrait donner lieu.

En ce qui concerne les journaux ou écrits périodiques non quotidiens, le directeur de la publication, sous les mêmes sanctions, sera tenu d'insérer la réponse dans le numéro qui suivra le surlendemain de la réception.

Cette insertion devra être faite à la même place et en mêmes caractères que l'article qui l'aura provoquée, et sans aucune intercalation.

Non compris l'adresse, les salutations, les réquisitions d'usage et la signature qui ne seront jamais comptées dans la réponse, celle-ci sera limitée à la longueur de l'article qui l'aura provoquée. Toutefois, elle pourra atteindre cinquante lignes, alors même que cet article serait d'une longueur moindre, et elle ne pourra dépasser deux cents lignes, alors même que cet article serait d'une longueur supérieure. Les dispositions ci-dessus s'appliquent aux répliques, lorsque le journaliste aura accompagné la réponse de nouveaux commentaires.

La réponse sera toujours gratuite. Le demandeur en insertion ne pourra excéder les limites fixées au paragraphe précédent en offrant de payer le surplus.

La réponse ne sera exigible que dans l'édition ou les éditions où aura paru l'article.

Sera assimilé au refus d'insertion, et puni des mêmes peines, sans préjudice de l'action en dommages-intérêts, le fait de publier, dans la région desservie par les éditions ou l'édition ci-dessus, une édition spéciale d'où serait retranchée la réponse que le numéro correspondant du journal était tenu de reproduire.

Le tribunal prononcera, dans les dix jours de la citation, sur la plainte en refus d'insertion. Il pourra décider que le jugement ordonnant l'insertion, mais en ce qui concerne l'insertion seulement, sera exécutoire sur minute, nonobstant opposition ou appel. S'il y a appel, il y sera statué dans les dix jours de la déclaration, faite au greffe.

Pendant toute période électorale, le délai de trois jours prévu pour l'insertion par le paragraphe W du présent article sera, pour les journaux quotidiens, réduit à vingt-quatre heures. La réponse devra être remise six heures au moins avant le tirage du journal dans lequel elle devra paraître. Dès ouverture de la période électorale, le directeur de la publication du journal sera tenu de déclarer au parquet, sous les peines édictées au paragraphe 1 l'heure à laquelle, pendant cette période, il entend fixer le tirage de son journal. Le délai de citation sur refus d'insertion sera réduit à vingt-quatre heures, sans augmentation pour les distances, et la citation pourra même être délivrée d'heure à heure sur ordonnance spéciale rendue par le président du tribunal. Le jugement ordonnant l'insertion sera exécutoire, mais en ce qui concerne cette insertion seulement, sur minute, nonobstant opposition ou appel.

Si l'insertion ainsi ordonnée n'est pas faite dans le délai qui est fixé par le présent alinéa et qui prendra cours à compter du prononcé du jugement, le directeur de la publication sera passible de trois mois d'emprisonnement et de 3 750 euros d'amende.

L'action en insertion forcée se prescrira après trois mois révolus, à compter du jour où la publication aura eu lieu.

Sans préjudice de l'application de l'alinéa précédent, toute personne nommée ou désignée dans un journal ou écrit périodique à l'occasion de l'exercice de poursuites pénales peut également exercer l'action en insertion forcée, dans le délai de trois mois à compter du jour où la décision de non-lieu dont elle fait l'objet est intervenue ou celle de relaxe ou d'acquittement la mettant expressément ou non hors de cause est devenue définitive.

Art. 13-1. — Le droit de réponse prévu par l'article 13 pourra être exercé par les associations remplissant les conditions prévues par l'article 48-1, lorsqu'une personne ou un groupe de personnes auront, dans un journal ou écrit périodique, fait l'objet d'imputations susceptibles de porter atteinte à leur honneur ou à leur réputation à raison de leur origine ou de leur appartenance ou de leur non-appartenance à une ethnie, une nation, une race ou une religion déterminée.

Toutefois, quand la mise en cause concernera des personnes considérées individuellement, l'association ne pourra exercer le droit de réponse que si elle justifie avoir reçu leur accord.

Aucune association ne pourra requérir l'insertion d'une réponse en application du présent article dès lors qu'aura été publiée une réponse à la demande d'une des associations remplissant les conditions prévues par l'article 48-1.

....

Chapitre IV

Des crimes et délits commis par la voie de la presse ou par tout autre moyen de publication

Paragraphe 1

Provocation aux crimes et délits

Art. 23. — Seront punis comme complices d'une action qualifiée crime ou délit ceux qui, soit par des discours, cris ou menaces proférés dans des lieux ou réunions publics, soit par des écrits, imprimés, dessins, gravures, peintures, emblèmes, images ou tout autre support de l'écrit, de la parole ou de l'image vendus ou distribués, mis en vente ou exposés dans des lieux ou réunions publics, soit par des placards ou des affiches exposés au regard du public, soit par tout moyen de communication au public par voie électronique, auront directement provoqué l'auteur ou les auteurs à commettre ladite action, si la provocation a été suivie d'effet.

Cette disposition sera également applicable lorsque la provocation n'aura été suivie que d'une tentative de crime prévue par l'article 2 du Code pénal.

Art. 24. — Seront punis de cinq ans d'emprisonnement et de 45 000 euros d'amende ceux qui, par l'un des moyens énoncés à l'article précédent, auront directement provoqué, dans le cas où cette provocation n'aurait pas été suivie d'effet, à commettre l'une des infractions suivantes :

1° Les atteintes volontaires à la vie, les atteintes volontaires à l'intégrité de la personne et les agressions sexuelles, définies par le livre II du Code pénal ;

2° Les vols, les extorsions et les destructions, dégradations et détériorations volontaires dangereuses pour les personnes, définis par le livre III du Code pénal.

Ceux qui, par les mêmes moyens, auront directement provoqué à l'un des crimes et délits portant atteinte aux intérêts fondamentaux de la nation prévus par le titre Ier du livre IV du Code pénal, seront punis des mêmes peines.

Seront punis de la même peine ceux qui, par l'un des moyens énoncés en l'article 23, auront fait l'apologie des crimes visés au premier alinéa, des crimes de guerre, des crimes contre l'humanité, des crimes de réduction en esclavage ou d'exploitation d'une personne réduite en esclavage ou des crimes et délits de collaboration avec l'ennemi, y compris si ces crimes n'ont pas donné lieu à la condamnation de leurs auteurs.

Tous cris ou chants séditieux proférés dans les lieux ou réunions publics seront punis de l'amende prévue pour les contraventions de la 5e classe.

Ceux qui, par l'un des moyens énoncés à l'article 23, auront provoqué à la discrimination, à la haine ou à la violence à l'égard d'une personne ou d'un groupe de personnes à raison de leur origine ou de leur appartenance ou de leur non-appartenance à une ethnie, une nation, une race ou une religion déterminée, seront punis d'un an d'emprisonnement et de 45 000 euros d'amende ou de l'une de ces deux peines seulement.

Seront punis des peines prévues à l'alinéa précédent ceux qui, par ces mêmes moyens, auront provoqué à la haine ou à la violence à l'égard d'une personne ou d'un groupe de personnes à raison de leur sexe, de leur orientation sexuelle ou identité de genre ou de leur handicap ou auront provoqué, à l'égard des mêmes personnes, aux discriminations prévues par les articles 225-2 et 432-7 du Code pénal.

Lorsque les faits mentionnés aux septième et huitième alinéas du présent article sont commis par une personne dépositaire de l'autorité publique ou chargée d'une mission de service public dans l'exercice ou à l'occasion de l'exercice de ses fonctions ou de sa mission, les peines sont portées à trois ans d'emprisonnement et à 75 000 euros d'amende.

En cas de condamnation pour l'un des faits prévus par les septième et huitième alinéas, le tribunal pourra en outre ordonner :

1° Sauf lorsque la responsabilité de l'auteur de l'infraction est retenue sur le fondement de l'article 42 et du premier alinéa de l'article 43 de la présente loi ou des trois premiers alinéas de l'article 93-3 de la loi n° 82-652 du 29 juillet 1982 sur la communication audiovisuelle, la privation des droits énumérés aux 2° et 3° de l'article 131-26 du Code pénal pour une durée de cinq ans au plus ;

2° L'affichage ou la diffusion de la décision prononcée dans les conditions prévues par l'article 131-35 du Code pénal.

Art. 24 bis. — Seront punis d'un an d'emprisonnement et de 45 000 € d'amende ceux qui auront contesté, par un des moyens énoncés à l'article 23, l'existence d'un ou plusieurs crimes contre l'humanité tels qu'ils sont définis par l'article 6 du statut du tribunal militaire international annexé à l'accord de Londres du 8 août 1945 et qui ont été commis soit par les membres d'une organisation déclarée criminelle en application de l'article 9 dudit statut, soit par une personne reconnue coupable de tels crimes par une juridiction française ou internationale.

Seront punis des mêmes peines ceux qui auront nié, minoré ou banalisé de façon outrancière, par un des moyens énoncés à l'article 23, l'existence d'un crime de génocide autre que ceux mentionnés au premier alinéa du présent article, d'un autre crime contre l'humanité, d'un crime de réduction en esclavage ou d'exploitation d'une personne réduite en esclavage ou d'un crime de guerre défini aux articles 6, 7 et 8 du statut de la Cour pénale internationale signé à Rome le 18 juillet 1998 et aux articles 211-1 à 212-3,224-1 A à 224-1 C et 461-1 à 461-31 du Code pénal, lorsque :

1° Ce crime a donné lieu à une condamnation prononcée par une juridiction française ou internationale ;

Lorsque les faits mentionnés au présent article sont commis par une personne dépositaire de l'autorité publique ou chargée d'une mission de service public dans l'exercice ou à l'occasion de l'exercice de ses fonctions ou de sa mission, les peines sont portées à trois ans d'emprisonnement et à 75 000 euros d'amende.

[Dispositions déclarées non conformes à la Constitution par la décision du Conseil constitutionnel n° 2016-745 DC du 26 janvier 2017.]

Le tribunal pourra en outre ordonner :

1° L'affichage ou la diffusion de la décision prononcée dans les conditions prévues par l'article 131-35 du Code pénal.

Art. 25 — (abrogé)

Paragraphe 2

Délits contre la chose publique

Art. 26. — (abrogé).

Art. 27. — La publication, la diffusion ou la reproduction, par quelque moyen que ce soit, de nouvelles fausses, de pièces fabriquées, falsifiées ou mensongèrement attribuées à des tiers lorsque, faite de mauvaise foi, elle aura troublé la paix publique, ou aura été susceptible de la troubler, sera punie d'une amende de 45 000 euros.

Les mêmes faits seront punis 135 000 euros d'amende, lorsque la publication, la diffusion ou la reproduction faite de mauvaise foi sera de nature à ébranler la discipline ou le moral des armées ou à entraver l'effort de guerre de la Nation.

Art. 28. — (abrogé).

Paragraphe 3

Délits contre les personnes

Art. 29. — Toute allégation ou imputation d'un fait qui porte atteinte à l'honneur ou à la considération de la personne ou du corps auquel le fait est imputé est une diffamation. La publication directe ou par voie de reproduction de cette allégation ou de cette imputation est punissable, même si elle est faite sous forme dubitative ou si elle vise une personne ou un corps non expressément nommés, mais dont l'identification est rendue possible par les termes des discours, cris, menaces, écrits ou imprimés, placards ou affiches incriminés.

Toute expression outrageante, termes de mépris ou invective qui ne renferme l'imputation d'aucun fait est une injure.

Art. 30. — La diffamation commise par l'un des moyens énoncés en l'article 23 envers les cours, les tribunaux, les armées de terre, de mer ou de l'air et de l'espace, les corps constitués et les administrations publiques, sera punie d'une amende de 45 000 euros.

Art. 31. — Sera punie de la même peine, la diffamation commise par les mêmes moyens, à raison de leurs fonctions ou de leur qualité, envers le Président de la République, un ou plusieurs membres du ministère, un ou plusieurs membres de l'une ou de l'autre Chambre, un fonctionnaire public, un dépositaire ou agent de l'autorité publique, un ministre de l'un des cultes salariés par l'État, un citoyen chargé d'un service ou d'un mandat public temporaire ou permanent, un juré ou un témoin, à raison de sa déposition.

La diffamation contre les mêmes personnes concernant la vie privée relève de l'article 32 ci-après.

Art. 32. — La diffamation commise envers les particuliers par l'un des moyens énoncés en l'article 23 sera punie d'une amende de 12 000 euros.

La diffamation commise par les mêmes moyens envers une personne ou un groupe de personnes à raison de leur origine ou de leur appartenance ou de leur non-appartenance à une ethnie, une nation, une race ou une religion déterminée sera punie d'un an d'emprisonnement et de 45 000 euros d'amende ou de l'une de ces deux peines seulement.

Sera punie des peines prévues à l'alinéa précédent la diffamation commise par les mêmes moyens envers une personne ou un groupe de personnes à raison de leur sexe, de leur orientation sexuelle ou identité de genre ou de leur handicap.

En cas de condamnation pour l'un des faits prévus par les deux alinéas précédents, le tribunal pourra en outre ordonner :

1° L'affichage ou la diffusion de la décision prononcée dans les conditions prévues par l'article 131-35 du Code pénal ;

2° La peine de stage de citoyenneté prévue à l'article 131-5-1 du Code pénal.

Art. 33. — L'injure commise par les mêmes moyens envers les corps ou les personnes désignés par les articles 30 et 31 de la présente loi sera punie d'une amende de 12 000 euros.

L'injure commise de la même manière envers les particuliers, lorsqu'elle n'aura pas été précédée de provocations, sera punie d'une amende de 12 000 euros.

Sera punie d'un an d'emprisonnement et de 45 000 euros d'amende l'injure commise par les mêmes moyens envers une personne ou un groupe de personnes à raison de leur origine ou de leur appartenance ou de leur non-appartenance à une ethnie, une nation, une race ou une religion déterminée.

Sera punie des peines prévues à l'alinéa précédent l'injure commise dans les mêmes conditions envers une personne ou un groupe de personnes à raison de leur sexe, de leur orientation sexuelle ou identité de genre ou de leur handicap.

Lorsque les faits mentionnés aux troisième et quatrième alinéas du présent article sont commis par une personne dépositaire de l'autorité publique ou chargée d'une mission de service public dans l'exercice ou à l'occasion de l'exercice de ses fonctions ou de sa mission, les peines sont portées à trois ans d'emprisonnement et à 75 000 euros d'amende.

En cas de condamnation pour l'un des faits prévus par les troisième et quatrième alinéas, le tribunal pourra en outre ordonner :

1° L'affichage ou la diffusion de la décision prononcée dans les conditions prévues par l'article 131-35 du code pénal ;

2° (Abrogé).

Art. 34. — Les articles 29, 30 et 31 ne seront applicables aux diffamations ou injures dirigées contre la mémoire des morts que dans le cas où les auteurs de ces diffamations ou injures auraient eu l'intention de porter atteinte à l'honneur ou à la considération des héritiers, époux ou légataires universels vivants.

Que les auteurs des diffamations ou injures aient eu ou non l'intention de porter atteinte à l'honneur ou à la considération des héritiers, époux ou légataires universels vivants, ceux-ci pourront user, dans les deux cas, du droit de réponse prévu par l'article 13.

Art. 35 (217). — La vérité du fait diffamatoire, mais seulement quand il est relatif aux fonctions, pourra être établie par les voies ordinaires, dans le cas d'imputations contre les corps constitués, les armées de terre, de mer ou de l'air et de l'espace, les administrations publiques et contre toutes les personnes énumérées dans l'article 31.

La vérité des imputations diffamatoires et injurieuses pourra être également établie contre les directeurs ou administrateurs de toute entreprise industrielle, commerciale ou financière, dont les titres financiers sont admis aux négociations sur un marché réglementé ou offerts au public sur un système multilatéral de négociation ou au crédit.

La vérité des faits diffamatoires peut toujours être prouvée, sauf lorsque l'imputation concerne la vie privée de la personne.

Le troisième alinéa du présent article ne s'applique pas lorsque les faits sont prévus et réprimés par les articles 222-23 à 222-32 et 227-22 à 227-27 du Code pénal et ont été commis contre un mineur. La preuve contraire est alors réservée. Si la preuve du fait diffamatoire est rapportée, le prévenu sera renvoyé des fins de la plainte.

Dans toute autre circonstance et envers toute autre personne non qualifiée, lorsque le fait imputé est l'objet de poursuites commencées à la requête du ministère public, ou d'une plainte de la part du prévenu, il sera, durant l'instruction qui devra avoir lieu, sursis à la poursuite et au jugement du délit de diffamation.

Le prévenu peut produire pour les nécessités de sa défense, sans que cette production puisse donner lieu à des poursuites pour recel, des éléments provenant d'une violation du secret de l'enquête ou de l'instruction ou de tout autre secret professionnel s'ils sont de nature à établir sa bonne foi ou la vérité des faits diffamatoires.

Art. 35 bis. — Toute reproduction d'une imputation qui a été jugée diffamatoire sera réputée faite de mauvaise foi, sauf preuve contraire par son auteur.

Art. 35 ter. — I. Lorsqu'elle est réalisée sans l'accord de l'intéressé, la diffusion, par quelque moyen que ce soit et quel qu'en soit le support, de l'image d'une personne identifiée ou identifiable mise en cause à l'occasion d'une procédure pénale mais n'ayant pas fait l'objet d'un jugement de condamnation et faisant apparaître, soit que cette personne porte des menottes ou entraves, soit qu'elle est placée en détention provisoire, est punie de 15 000 euros d'amende,

II. Est puni de la même peine le fait :

— soit de réaliser, de publier ou de commenter un sondage d'opinion, ou toute autre consultation, portant sur la culpabilité d'une personne mise en cause à l'occasion d'une procédure pénale ou sur la peine susceptible d'être prononcée à son encontre ;

— soit de publier des indications permettant d'avoir accès à des sondages ou consultations visés à l'alinéa précédent.

Art. 35 quater. — La diffusion, par quelque moyen que ce soit et quel qu'en soit le support, de la reproduction des circonstances d'un crime ou d'un délit, lorsque cette

(217) Article modifié par la décision n° 2011-131 QPC du 20 mai 2011 et par la décision n° 2013-319 QPC du 7 juin 2013.

reproduction porte gravement atteinte à la dignité d'une victime et qu'elle est réalisée sans l'accord de cette dernière, est punie de 15 000 euros d'amende.

Paragraphe 4

Délits contre les chefs d'État et agents diplomatiques étrangers

Art. 36. — Abrogé par la loi n° 2004-204 du 9 mars 2004.

Art. 37. — L'outrage commis publiquement envers les ambassadeurs et ministres plénipotentiaires, envoyés, chargés d'affaires ou autres agents diplomatiques accrédités près du gouvernement de la République, sera puni d'une amende de 45 000 euros.

Paragraphe 5

Publications interdites, immunités de la défense

Art. 38. — Il est interdit de publier les actes d'accusation et tous autres actes de procédure criminelle ou correctionnelle avant qu'ils aient été lus en audience publique et ce, sous peine d'une amende de 3 750 euros.

Sans préjudice des dispositions de l'article 15 du Code pénal, il est interdit, sous la même peine, de publier aucune information relative aux travaux et délibérations du conseil supérieur de la magistrature, à l'exception des informations concernant les audiences publiques et les décisions publiques rendues en matière disciplinaire à l'encontre des magistrats. Pourront toutefois être publiées les informations communiquées par le président d'une formation du Conseil supérieur.

Art. 38 bis. — Abrogé.

Art. 38 ter. — Dès l'ouverture de l'audience des juridictions administratives ou judiciaires, l'emploi de tout appareil permettant d'enregistrer, de fixer ou de transmettre la parole ou l'image est interdit. Le président fait procéder à la saisie de tout appareil et du support de la parole ou de l'image utilisés en violation de cette interdiction.

Toutefois, sur demande présentée avant l'audience, le président peut autoriser des prises de vues quand les débats ne sont pas commencés et à la condition que les parties ou leurs représentants et le ministère public y consentent.

Toute infraction aux dispositions du présent article sera punie de deux mois d'emprisonnement et de 4 500 euros d'amende. Le tribunal pourra en outre prononcer la confiscation du matériel ayant servi à commettre l'infraction et du support de la parole ou de l'image utilisé.

Est interdite, sous les mêmes peines, la cession ou la publication, de quelque manière et par quelque moyen que ce soit, de tout enregistrement ou document obtenu en violation des dispositions du présent article.

Art. 38 quater. — I. — Par dérogation au premier alinéa de l'article 38 ter, l'enregistrement sonore ou audiovisuel d'une audience peut être autorisé, pour un motif d'intérêt public d'ordre pédagogique, informatif, culturel ou scientifique, en vue de sa diffusion. La demande d'autorisation d'enregistrement et de diffusion est adressée au ministre de la Justice. L'autorisation est délivrée, après avis du ministre de la Justice, par le président du Tribunal des conflits, le vice-président du Conseil d'État, le premier président de la Cour de cassation et le premier président de la Cour des comptes, concernant leurs juridictions respectives. Elle est délivrée, après avis du ministre de la Justice, par le président de la juridiction concernant les juridictions administratives et les juridictions comprenant un magistrat du siège membre de la Cour de cassation, et par le premier président de la cour d'appel concernant les cours d'appel et les juridictions de l'ordre judiciaire de leur ressort.

Lorsque l'audience n'est pas publique, l'enregistrement est subordonné à l'accord préalable et écrit des parties au litige. Lorsqu'un majeur bénéficiant d'une mesure de protection juridique est partie à l'audience, qu'elle soit publique ou non, l'enregistrement est subordonné à l'accord préalable du majeur apte à exprimer sa volonté ou, à défaut, de la personne chargée de la mesure de protection juridique. Lorsqu'un mineur est partie à l'audience, qu'elle soit publique ou non, l'enregistrement est subordonné à l'accord préalable du mineur capable de discernement ainsi qu'à celui de ses représentants légaux ou, le cas échéant, de l'administrateur ad hoc désigné.

Les modalités de l'enregistrement ne portent atteinte ni au bon déroulement de la procédure et des débats, ni au libre exercice de leurs droits par les parties et les personnes enregistrées, dont la confidentialité des échanges entre l'avocat et son client. Le magistrat chargé de la police de l'audience peut, à tout moment, suspendre ou arrêter l'enregistrement. Cette décision constitue une mesure d'administration judiciaire insusceptible de recours.

La diffusion, intégrale ou partielle, de l'enregistrement n'est possible qu'après que l'affaire a été définitivement jugée. En cas de révision d'un procès en application de l'article 622 du Code de procédure pénale, la diffusion de l'enregistrement peut être suspendue.

La diffusion est réalisée dans des conditions ne portant atteinte ni à la sécurité, ni au respect de la vie privée des personnes enregistrées, ni au respect de la présomption d'innocence. Cette diffusion est accompagnée d'éléments de description de l'audience et d'explications pédagogiques et accessibles sur le fonctionnement de la justice.

Sans préjudice de l'article 39 sexies de la présente loi, l'image et les autres éléments d'identification des personnes enregistrées ne peuvent être diffusés qu'avec leur consentement donné par écrit avant la tenue de l'audience. Les personnes enregistrées peuvent rétracter ce consentement dans un délai de quinze jours à compter de la fin de l'audience.

L'image et les autres éléments d'identification des mineurs ou des majeurs bénéficiant d'une mesure de protection juridique ne peuvent, en aucun cas, être diffusés.

Aucun élément d'identification des personnes enregistrées ne peut être diffusé cinq ans après la première diffusion de l'enregistrement ou dix ans après l'autorisation d'enregistrement.

L'accord écrit des parties au litige ou des personnes enregistrées ne peut faire l'objet d'aucune contrepartie.

II. — Après recueil de l'avis des parties, les audiences publiques devant le Conseil d'État et la Cour de cassation peuvent également être diffusées le jour même, sur décision de l'autorité compétente au sein de la juridiction, dans des conditions fixées par décret en Conseil d'État.

III. — Le présent article est également applicable, par dérogation à l'article 11 du Code de procédure pénale, aux audiences intervenant au cours d'une enquête ou d'une instruction ainsi qu'aux auditions, interrogatoires et confrontations réalisés par le juge d'instruction. Lors des auditions, interrogatoires et confrontations, l'enregistrement est subordonné à l'accord préalable et écrit des personnes entendues et le juge d'instruction peut, à tout moment, suspendre ou arrêter l'enregistrement.

IV. — Le fait de diffuser un enregistrement réalisé en application du I sans respecter les conditions de diffusion prévues au même I est puni d'un an d'emprisonnement et de 15 000 € d'amende.

V. — La cession des droits sur les images enregistrées emporte de droit transfert au cessionnaire des obligations et interdictions prévues au présent article.

VI. — Les modalités d'application du présent article sont précisées par décret en Conseil d'État.

Art. 39. — Il est interdit de rendre compte des procès en diffamation dans le cas prévu au troisième alinéa de l'article 35 de la présente loi. Il est pareillement interdit de rendre compte des débats et de publier des pièces de procédures concernant les questions de filiation, actions à fins de subsides, procès en divorce, séparation de corps et nullités de mariage, procès en matière d'avortement. Cette interdiction ne s'applique pas au dispositif des décisions, qui peut toujours être publié.

Les dispositions qui précèdent ne s'appliquent pas aux publications techniques à condition que soit respecté l'anonymat des parties.

Dans toutes affaires civiles, les cours et tribunaux pourront interdire le compte rendu du procès.

Il est également interdit de rendre compte des délibérations intérieures, soit des jurys, soit des cours et tribunaux.

Les interdictions prévues au premier alinéa du présent article ne sont pas applicables lorsque les parties ont donné leur accord.

Toute infraction à ces dispositions sera punie d'une amende de 18 000 euros.

Art. 39 bis. — Est puni de 15 000 euros d'amende le fait de diffuser, de quelque manière que ce soit, des informations relatives à l'identité ou permettant l'identification :

— d'un mineur ayant quitté ses parents, son tuteur, la personne ou l'institution qui était chargée de sa garde ou à laquelle il était confié ;

— d'un mineur délaissé dans les conditions mentionnées aux articles 227-1 et 227-2 du Code pénal ; d'un mineur qui s'est suicidé ;

— d'un mineur victime d'une infraction.

Les dispositions du présent article ne sont pas applicables lorsque la publication est réalisée à la demande des personnes ayant la garde du mineur ou des autorités administratives ou judiciaires.

Art. 39 ter. — Abrogé.

Art. 39 quater. — Il est interdit, moins de trente ans après la mort de l'adopté, de publier par le livre, la presse, la radiodiffusion, le cinématographe ou de quelque manière que ce soit, une information relative à la filiation d'origine d'une personne ayant fait l'objet d'une adoption plénière.

Les infractions à la disposition qui précède sont punies de 6 000 euros d'amende en cas de récidive un emprisonnement de deux ans pourra être prononcé.

Art. 39 quinquies. — Le fait de diffuser, par quelque moyen que ce soit et quel qu'en soit le support, des renseignements concernant l'identité d'une victime d'une agression ou d'une atteinte sexuelles ou l'image de cette victime lorsqu'elle est identifiable est puni de 15 000 euros d'amende.

Les dispositions du présent article ne sont pas applicables lorsque la victime a donné son accord écrit.

Art. 39 sexies. — Le fait de révéler, par quelque moyen d'expression que ce soit, l'identité des fonctionnaires de la police nationale, de militaires, de personnels civils du ministère de la défense ou d'agents des douanes appartenant à des services ou unités désignés par arrêté du ministre intéressé et dont les missions exigent, pour des raisons de sécurité, le respect de l'anonymat, est puni d'une amende de 15 000 euros.

Art. 40. — Il est interdit d'ouvrir ou d'annoncer publiquement des souscriptions ayant pour objet d'indemniser des amendes, frais et dommages-intérêts prononcés par des condamnations judiciaires, en matière criminelle et correctionnelle, sous peine de six mois d'emprisonnement et de 45 000 euros d'amende, ou de l'une de ces deux peines seulement.

Le fait d'annoncer publiquement la prise en charge financière des amendes, frais, dommages-intérêts et autres sommes mentionnés au premier alinéa du présent article est sanctionné des mêmes peines.

Art. 41. — Ne donneront ouverture à aucune action les discours tenus dans le sein de l'Assemblée nationale ou du Sénat ainsi que les rapports ou toute autre pièce imprimée par ordre de l'une de ces deux assemblées.

Ne donnera lieu à aucune action le compte rendu des séances publiques des assemblées visées à l'alinéa ci-dessus fait de bonne foi dans les journaux,

Ne donneront lieu à aucune action en diffamation, injure ou outrage, ni le compte rendu fidèle fait de bonne foi des débats judiciaires, ni les discours prononcés ou les écrits produits devant les tribunaux.

Pourront néanmoins les juges, saisis de la cause et statuant sur le fond, prononcer la suppression des discours injurieux, outrageants ou diffamatoires, et condamner qui il appartiendra à des dommages-intérêts.

Pourront toutefois les faits diffamatoires étrangers à la cause donner ouverture, soit à l'action publique, soit à l'action civile des parties, lorsque ces actions leur auront été réservées par les tribunaux, et, dans tous les cas, à l'action civile des tiers.

Art. 41-1. — Pour l'application des dispositions des paragraphes 4 et 5 du présent chapitre, la communication audiovisuelle est regardée comme un mode de publication.

Chapitre V

Des poursuites et de la répression

Paragraphe 1

Des personnes responsables de crimes et délits commis par la voie de la presse

Art. 42. — Seront passibles, comme auteurs principaux des peines qui constituent la répression des crimes et délits commis par la voie de la presse, dans l'ordre ci-après, savoir :

1° les directeurs de publications ou éditeurs, quelles que soient leurs professions ou leurs dénominations, et, dans les cas prévus au deuxième alinéa de l'article 6, de les codirecteurs de la publication ;

2° à leur défaut, les auteurs ;

3° à défaut des auteurs, les imprimeurs ;

4° à défaut des imprimeurs, les vendeurs, les distributeurs et afficheurs.

Dans les cas prévus au deuxième alinéa de l'article 6, la responsabilité subsidiaire des personnes visées aux paragraphes 2°, 3° et 4° du présent article joue comme s'il n'y avait pas de directeur de la publication, lorsque, contrairement aux dispositions de la présente loi, un codirecteur de la publication n'a pas été désigné.

Art. 43. — Lorsque les directeurs ou codirecteurs de la publication ou les éditeurs seront en cause, les auteurs seront poursuivis comme complices.

Pourront l'être, au même titre et dans tous les cas, les personnes auxquelles l'article 60 du Code pénal pourrait s'appliquer. Ledit article ne pourra s'appliquer aux imprimeurs pour faits d'impression, sauf dans le cas et les conditions prévus par l'article 107 du Code pénal sur les attroupements ou, à défaut de codirecteur de la publication, dans le cas prévu au deuxième alinéa de l'article 6.

Toutefois, les imprimeurs pourront être poursuivis comme complices si l'irresponsabilité pénale du directeur ou du codirecteur de la publication était prononcée par les tribunaux. En ce cas les poursuites sont engagées dans les trois mois du délit ou, au plus tard, dans les trois mois de la constatation judiciaire de l'irresponsabilité du directeur ou du codirecteur de la publication.

Art. 43-1. — Les dispositions de l'article 121-2 du Code pénal ne sont pas applicables aux infractions pour lesquelles les dispositions des articles 42 ou 43 de la présente loi sont applicables.

Art. 44. — Les propriétaires des journaux ou écrits périodiques sont responsables des condamnations pécuniaires prononcées au profit des tiers contre les personnes désignées dans les deux articles précédents, conformément aux dispositions des articles 1382, 1383, 1384 du Code civil.

Dans les cas prévus au deuxième alinéa de l'article 6, le recouvrement des amendes et dommages-intérêts pourra être poursuivi sur l'actif de l'entreprise.

Art. 45. — Les infractions aux lois sur la presse sont déférées aux tribunaux correctionnels sauf :

a) dans les cas prévus par l'article 23 en cas de crime ;

b) lorsqu'il s'agit de simples contraventions.

Art. 46. — L'action civile résultant des délits de diffamation prévus et punis par les articles 30 et 31 ne pourra, sauf dans les cas de décès de l'auteur du fait incriminé ou d'amnistie, être poursuivie séparément de l'action publique.

Paragraphe 2

De la procédure

Art. 47. — La poursuite des délits et contraventions de police commis par la voie de la presse ou par tout autre moyen de publication aura lieu d'office et à la requête du ministère public sous les modifications ci-après.

Art. 48. — 1° Dans le cas d'injure ou de diffamation envers les cours, tribunaux et autres corps indiqués en l'article 30, la poursuite n'aura lieu que sur une délibération prise par eux en assemblée générale et requérant les poursuites, ou, si le corps n'a pas d'assemblée générale, sur la plainte du chef du corps ou du ministre duquel ce corps relève ;

2° Dans le cas d'injure ou de diffamation envers le Président de la République, un membre du Gouvernement ou un membre du Parlement, la poursuite n'aura lieu que sur la plainte de la personne ou des personnes intéressées ;

3° Dans le cas d'injure ou de diffamation envers les fonctionnaires publics, les dépositaires ou agents de l'autorité publique autres que les ministres et envers les citoyens chargés d'un service ou d'un mandat public, la poursuite aura lieu, soit sur leur plainte, soit d'office sur la plainte du ministre dont ils relèvent ;

4° Dans le cas de diffamation envers un juré ou un témoin, délit prévu par l'article 31, la poursuite n'aura lieu que sur la plainte du juré ou du témoin qui se prétendra diffamé ;

5° Dans le cas d'outrage envers les agents diplomatiques étrangers, la poursuite aura lieu sur leur demande adressée au ministre des affaires étrangères et par celui-ci au ministre de la justice ;

6° Dans le cas de diffamation envers les particuliers prévu par l'article 32 et dans le cas d'injure prévu par l'article 33, paragraphe 2, la poursuite n'aura lieu que sur la plainte de la personne diffamée ou injuriée. Toutefois, la poursuite, pourra être exercée d'office par le ministère public lorsque la diffamation ou l'injure aura été commise envers une personne ou un groupe de personnes à raison de leur origine ou de leur appartenance ou de leur non-appartenance à une ethnie, une nation, une race ou une religion déterminée. La poursuite pourra également être exercée d'office par le ministère public lorsque la diffamation ou l'injure aura été commise envers un groupe de personnes à raison de leur sexe, de leur orientation sexuelle ou de leur handicap ; il en sera de même lorsque ces diffamations ou injures auront été commises envers des personnes considérées individuellement, à la condition que celles-ci aient donné leur accord ;

7° Dans le cas de diffusion de l'image d'une personne menottée ou entravée prévue par l'article 35 *ter*, la poursuite n'aura lieu que sur la plainte de la personne intéressée ;

8° Dans le cas d'atteinte à la dignité de la victime prévue par l'article 35 *quater*, la poursuite n'aura lieu que sur la plainte de la victime.

En outre, dans les cas prévus par les 2°, 3°, 4°, 5°, 6°, 7° et 8° ci-dessus, ainsi que dans les cas prévus aux articles 13 et 39 *quinquies* de la présente loi, la poursuite pourra être exercée à la requête de la partie lésée.

Art. 48-1. — Toute association régulièrement déclarée depuis au moins cinq ans à la date des faits, se proposant, par ses statuts, de défendre la mémoire des esclaves et l'honneur de leurs descendants, de combattre le racisme ou d'assister les victimes de discrimination fondée sur leur origine nationale, ethnique, raciale ou religieuse, peut exercer les droits reconnus à la partie civile en ce qui concerne les infractions prévues par les articles 24 (alinéa 7), 32 (alinéa 2) et 33 (alinéa 3), de la présente loi, ainsi que les délits de provocation prévus par le 1° de l'article 24, lorsque la provocation concerne des crimes ou délits commis avec la circonstance aggravante prévue par l'article 132-76 du Code pénal.

Toutefois, quand l'infraction aura été commise envers des personnes considérées individuellement, l'association ne sera recevable dans son action que si elle justifie avoir reçu l'accord de ces personnes ou si elle justifie que ces personnes ne s'opposent pas aux poursuites.

Art. 48-1-1. — Toute association régulièrement déclarée depuis au moins cinq ans se proposant, par ses statuts, de lutter contre l'esclavage ou de défendre la mémoire des esclaves et l'honneur de leurs descendants peut exercer les droits reconnus à la partie civile en ce qui concerne les infractions d'apologie, de négation, de minoration ou de banalisation des crimes de réduction en esclavage ou d'exploitation d'une personne réduite en esclavage prévues aux articles 24 et 24 *bis*.

Toutefois, quand l'infraction a été commise envers des personnes considérées individuellement, l'association n'est recevable dans son action que si elle justifie avoir reçu l'accord de ces personnes ou si elle justifie que ces personnes ne s'opposent pas aux poursuites.

Art. 48-2. — Toute association régulièrement déclarée depuis au moins cinq ans à la date des faits qui se propose, par ses statuts, de défendre les intérêts moraux et l'honneur de la Résistance ou des déportés, d'assister les victimes de crimes de guerre ou de crimes contre l'humanité, de défendre leur mémoire ou de lutter contre les discriminations peut exercer les droits reconnus à la partie civile en ce qui concerne :

1° L'apologie des crimes de guerre, des crimes contre l'humanité ou des crimes ou délits de collaboration avec l'ennemi mentionnée au cinquième alinéa de l'article 24, lorsque ces crimes ou délits ont donné lieu à une ou plusieurs condamnations prononcées par une juridiction française ou internationale ;

2° L'infraction prévue à l'article 24 *bis*.

Art. 48-3. — Toute association régulièrement déclarée depuis au moins cinq ans à la date des faits et inscrite auprès de l'Office national des anciens combattants et victimes de guerre dans des conditions fixées par décret en Conseil d'État, qui se propose par ses statuts de défendre les intérêts moraux et l'honneur des anciens combattants et victimes de guerre et des morts pour la France, peut exercer les droits reconnus à la partie civile en ce qui concerne les délits de diffamation ou d'injures qui ont causé un préjudice direct ou indirect à la mission qu'elle remplit.

En cas de diffamation ou d'injure contre les armées prévues par l'article 30 et le premier alinéa de l'article 33, les dispositions du 1° de l'article 48 ne sont pas applicables.

En cas de diffamation ou d'injure commises envers des personnes considérées individuellement, l'association ne sera recevable dans son action que si elle justifie avoir reçu l'accord de ces personnes ou de leurs ayants droit.

Art. 48-4. — Toute association, régulièrement déclarée depuis au moins cinq ans à la date des faits, se proposant, par ses statuts, de combattre les violences ou les discriminations fondées sur l'orientation sexuelle ou identité de genre ou d'assister les victimes de ces discriminations peut exercer les droits reconnus à la partie civile en ce qui concerne les délits prévus par le huitième alinéa de l'article 24, le troisième alinéa de l'article 32 et le quatrième alinéa de l'article 33, ainsi que les délits de provocation prévus par le 1° de l'article 24, lorsque la provocation concerne des crimes ou délits commis avec la circonstance aggravante prévue par l'article 132-77 du Code pénal.

Toutefois, quand l'infraction aura été commise envers des personnes considérées individuellement, l'association ne sera recevable dans son action que si elle justifie avoir reçu l'accord de ces personnes.

Art. 48-5. — Toute association, régulièrement déclarée depuis au moins cinq ans à la date des faits, se proposant, par ses statuts, de combattre les violences ou les discriminations fondées sur le sexe ou d'assister les victimes de ces discriminations peut exercer les droits reconnus à la partie civile en ce qui concerne les délits prévus par le huitième alinéa de l'article 24, le troisième alinéa de l'article 32 et le quatrième alinéa de l'article 33, ainsi que les délits de provocation prévus par le 1° de l'article 24, lorsque la provocation concerne des crimes ou délits d'agressions sexuelles ou commis avec la circonstance aggravante prévue par l'article 132-80 du Code pénal.

Toutefois, quand l'infraction aura été commise envers des personnes considérées individuellement, l'association ne sera recevable dans son action que si elle justifie avoir reçu l'accord de ces personnes.

Art. 48-6. — Toute association, régulièrement déclarée depuis au moins cinq ans à la date des faits, se proposant, par ses statuts, de combattre les violences ou les discriminations fondées sur le handicap ou d'assister les victimes de ces discriminations peut exercer les droits reconnus à la partie civile en ce qui concerne les délits prévus au huitième alinéa de l'article 24, au troisième alinéa de l'article 32 et au quatrième alinéa de l'article 33, ainsi que les délits de provocation prévus par le 1° de l'article 24, lorsque la provocation concerne des crimes ou délits aggravés en raison du handicap de la victime.

Toutefois, quand l'infraction aura été commise envers des personnes considérées individuellement, l'association ne sera recevable dans son action que si elle justifie avoir reçu l'accord de ces personnes.

N° 94.2 Les publications destinées à la jeunesse : la loi n° 49-956 du 16 juillet 1949 (extraits) (218)

Article premier. — Sont assujettis aux prescriptions de la présente loi toutes les publications périodiques ou non qui, par leur caractère, leur présentation ou leur objet, apparaissent comme principalement destinées aux enfants et adolescents ainsi que tous les supports et produits complémentaires qui leur sont directement associés.

Sont toutefois exceptées les publications officielles et les publications scolaires soumises au contrôle du ministre de l'Éducation nationale.

Art. 2. — Les publications mentionnées à l'article 1er ne doivent comporter aucun contenu présentant un danger pour la jeunesse en raison de son caractère pornographique ou lorsqu'il est susceptible d'inciter à la discrimination ou à la haine contre une personne déterminée ou un groupe de personnes, aux atteintes à la dignité humaine, à l'usage, à la détention ou au trafic de stupéfiants ou de substances psychotropes, à la violence ou à tous actes qualifiés de crimes ou de délits ou de nature à nuire à l'épanouissement physique, mental ou moral de l'enfance ou de la jeunesse.

Elles ne doivent comporter aucune publicité ou annonce pour des publications de nature à démoraliser l'enfance ou la jeunesse.

Art. 3. — Il est institué, au ministère de la Justice, une commission chargée de la surveillance et du contrôle des publications destinées à l'enfance et à l'adolescence.

Cette commission comprend :

Un membre du Conseil d'État, désigné par le vice-président du Conseil d'État, président.

Un représentant du ministre chargé de la culture ;

Un représentant du ministre chargé de l'éducation nationale ;

Un représentant du garde des sceaux, ministre de la Justice ;

Un représentant du ministre de l'Intérieur ;

Un représentant du personnel de l'enseignement public et un représentant du personnel de l'enseignement privé, désignés par leurs organisations syndicales ;

Deux représentants des éditeurs de publications destinées à la jeunesse, désignés par leurs organismes professionnels ;

Deux représentants des éditeurs de publications autres que celles destinées à la jeunesse, désignés par leurs organismes professionnels ;

Deux représentants des dessinateurs et auteurs, désignés par leurs organisations syndicales ;

Un représentant des mouvements ou organisations de jeunesse, désigné sur proposition de leurs fédérations par le Conseil supérieur de l'éducation ;

Un parent, désigné par l'Union nationale des associations familiales ;

Un magistrat honoraire siégeant ou ayant siégé dans des tribunaux pour enfants, désigné par le Conseil supérieur de la magistrature.

Elle comprend, en outre, avec voix consultatives, le Défenseur des droits ou son adjoint Défenseur des enfants, le président du Conseil supérieur de l'audiovisuel et le président de la commission de classification des œuvres cinématographiques

(218) Les articles présentés sont à jour des modifications apportées par la loi n° 2010-769 du 9 juillet 2010, la loi n° 2011-525 du 17 mai 2011 et la loi n° 2019-222 du 23 mars 2019 de programmation 2018-2022 et de réforme pour la justice.

du Centre national du cinéma et de l'image animée, ou leurs représentants respectifs.

La commission est chargée de proposer toutes mesures susceptibles d'améliorer les publications destinées à l'enfance et à l'adolescence.

Elle doit signaler aux autorités compétentes les infractions à la présente loi, ainsi que tous agissements ou infractions de nature à nuire, par la voie de la presse, à l'enfance et à l'adolescence.

....

Art. 14. — À l'exception des livres, les publications de toute nature présentant un danger pour la jeunesse en raison de leur caractère pornographique doivent être revêtues de la mention « Mise à disposition des mineurs interdite (article 227-24 du Code pénal) » et être vendues sous film plastique. Cette mention doit apparaître de manière visible, lisible et inaltérable sur la couverture de la publication et sur chaque unité de son conditionnement. Cette mention emporte interdiction de proposer, donner, louer ou vendre la publication en cause aux mineurs. La mise en œuvre de cette obligation incombe à l'éditeur ou, à défaut, au distributeur chargé de la diffusion en France de la publication.

En outre, le ministre de l'intérieur est habilité à interdire :

— de proposer, de donner ou de vendre à des mineurs les publications de toute nature présentant un danger pour la jeunesse en raison de contenus à caractère pornographique ou susceptibles d'inciter au crime ou à la violence, à la discrimination ou à la haine contre une personne déterminée ou un groupe de personnes, aux atteintes à la dignité humaine, à l'usage, à la détention ou au trafic de stupéfiants ou de substances psychotropes ;

— d'exposer ces publications à la vue du public en quelque lieu que ce soit, et notamment à l'extérieur ou à l'intérieur des magasins ou des kiosques, et de faire pour elles de la publicité par la voie d'affiches ;

— d'effectuer, en faveur de ces publications, de la publicité au moyen de prospectus, d'annonces ou insertions publiées dans la presse, de lettres-circulaires adressées aux acquéreurs éventuels ou d'émissions radiodiffusées ou télévisées.

Toutefois, le ministre de l'Intérieur a la faculté de ne prononcer que les deux premières, ou la première, de ces interdictions.

Les publications auxquelles s'appliquent ces interdictions sont désignées par arrêtés, publiés au *Journal Officiel de la République française*, qui, en ce qui concerne les livres, doivent intervenir dans un délai d'un an courant à partir de la date de parution. La commission chargée de la surveillance et du contrôle des publications destinées à l'enfance et à l'adolescence a qualité pour signaler les publications qui lui paraissent justifier ces interdictions.

La vente ou l'offre couplée des publications définies à l'article premier de la présente loi avec des publications visées à l'alinéa précédent du présent article, est interdite.

Aucune publication ne peut faire état de ce qu'elle n'a pas fait l'objet des interdictions précitées, ni comporter aucun texte ou mention de nature à faire inexactement croire à une autorisation des pouvoirs publics.

Les infractions aux dispositions des précédents alinéas du présent article sont punies d'un emprisonnement d'un an et d'une amende de 3 750 euros. Les officiers de police judiciaire pourront, avant toute poursuite, saisir les publications exposées au mépris du troisième alinéa ; ils pourront également saisir, arracher, lacérer, recouvrir ou détruire tout matériel de publicité en faveur de ces publications. Le tribunal prononcera la confiscation des objets saisis.

Quiconque aura, par des changements de titres, des artifices de présentation ou de publicité, ou par toute autre manœuvre, éludé ou fait éluder, tenté d'éluder ou de faire éluder l'application des interdictions prononcées conformément aux troisième à cinquième alinéas du présent article, sera puni d'un emprisonnement de deux ans et d'une amende de 6 000 euros.

En outre, et sous les mêmes peines, le tribunal pourra interdire, temporairement ou définitivement, la publication du périodique et ordonner la fermeture totale ou partielle, à titre temporaire ou définitif, de l'entreprise d'édition. Toute condamnation à plus de dix jours d'emprisonnement, pour les délits prévus au présent alinéa, entraînera, pendant une période de cinq ans à compter du jugement définitif, privation des droits visés aux 1° et 2° de l'article 131-26 du Code pénal.

Lorsque trois publications, périodiques ou non, éditées en fait par le même éditeur, ont ou auront été frappées, depuis l'entrée en vigueur de la loi du 16 juillet 1949 et au cours de douze mois consécutifs, de deux des prohibitions prévues aux troisième à cinquième alinéas du présent article, aucune publication ou aucune livraison de publication analogue, du même éditeur, ne pourra, durant une période de cinq ans courant du jour de l'insertion au *Journal officiel* du dernier arrêté d'interdiction, être mise en vente sans avoir été préalablement déposée, en triple exemplaire, au ministère de la Justice, et avant que se soient écoulés trois mois à partir de la date du récépissé de ce dépôt. Le fait, de la part de l'éditeur ou du directeur de publication, de ne pas accomplir le dépôt prévu ci-dessus ou de mettre la publication dans le commerce avant la fin du délai de trois mois précité, sera puni des peines et entraînera l'incapacité prévues à l'alinéa précédent.

Quand, pendant la période de cinq ans susvisée, l'éditeur astreint au dépôt préalable ne se sera pas acquitté des obligations découlant de celui-ci, ou aura encouru deux autres interdictions prononcées en vertu de l'article 14, la durée d'assujettissement audit dépôt sera prolongée de cinq années, cette prolongation partant de l'expiration du délai de cinq ans initial.

À l'égard des infractions prévues par les neuvième et onzième à treizième alinéas du présent article, le directeur de publication ou l'éditeur sera poursuivi en qualité d'auteur principal ; à son défaut l'auteur et, à défaut de l'auteur, les imprimeurs et distributeurs seront poursuivis comme auteurs principaux. Lorsque l'auteur n'aura pas été poursuivi comme auteur principal, il sera poursuivi comme complice. Pourront être poursuivis comme complices, et dans tous les cas, toutes personnes auxquelles les articles 121-6 et 121-7 du Code pénal sont applicables.

N° 94.3 Le régime juridique de la presse : la loi n° 86-897 du 1er août 1986 (219)

Article premier. — Au sens de la présente loi, l'expression « publication de presse » désigne tout service utilisant un mode écrit de diffusion de la pensée mis à la disposition du public en général ou de catégories de publics et paraissant à intervalles réguliers.

(219) Le texte présenté tient compte des modifications apportées par les lois n° 2009-669 du 12 juin 2009, n° 2011-525 du 17 mai 2011, n° 2015-433 du 17 avril 2015 portant diverses dispositions tendant à la modernisation du secteur de la presse et n° 2016-1524 du 14 novembre 2016 visant à renforcer la liberté, l'indépendance et le pluralisme des médias.

On entend par service de presse en ligne tout service de communication au public en ligne édité à titre professionnel par une personne physique ou morale qui a la maîtrise éditoriale de son contenu, consistant en la production et la mise à disposition du public d'un contenu original, d'intérêt général, renouvelé régulièrement, composé d'informations présentant un lien avec l'actualité et ayant fait l'objet d'un traitement à caractère journalistique, qui ne constitue pas un outil de promotion ou un accessoire d'une activité industrielle ou commerciale.

Un décret précise les conditions dans lesquelles un service de presse en ligne peut être reconnu, en vue notamment de bénéficier des avantages qui s'y attachent. Pour les services de presse en ligne présentant un caractère d'information politique et générale, cette reconnaissance implique l'emploi, à titre régulier, d'au moins un journaliste professionnel au sens de l'article L. 7111-3 du Code du travail.

Art. 2. — Les dispositions de la présente loi s'appliquent aux entreprises éditrices.

Au sens de la présente loi, l'expression « entreprise éditrice » désigne toute personne physique ou morale ou groupement de droit éditant, en tant que propriétaire ou locataire-gérant, une publication de presse ou un service de presse en ligne.

Art. 2-1. — Une entreprise éditant une ou plusieurs publications de presse ou services de presse en ligne peut adopter le statut d'entreprise solidaire de presse d'information.

Deux conditions sont nécessaires pour se voir reconnaître un tel statut :

1° L'objet social d'une entreprise solidaire de presse d'information est d'éditer une ou plusieurs publications de presse ou services de presse en ligne d'information politique et générale ou consacrés pour une large part à l'information politique et générale ;

2° Pour la gestion de l'entreprise solidaire de presse d'information, une fraction au moins égale à 20 % des bénéfices de l'exercice est affectée à la constitution d'une réserve statutaire obligatoire consacrée au maintien ou au développement de l'activité de l'entreprise et une fraction au moins égale à 50 % des bénéfices de l'exercice est affectée au report bénéficiaire et à la réserve obligatoire.

Art. 3. — Il est interdit de prêter son nom à toute entreprise éditrice, en simulant la souscription d'actions ou de parts, l'acquisition ou la location-gérance d'un fonds de commerce ou d'un titre.

Art. 4. — Dans le cas de sociétés par actions, les actions doivent être nominatives. Toute cession est soumise à l'agrément du conseil d'administration ou du conseil de surveillance.

Art. 5. — Dans toute publication de presse, les informations suivantes sont portées, dans chaque numéro, à la connaissance des lecteurs :

1° si l'entreprise éditrice n'est pas dotée de la personnalité morale, les nom et prénom du propriétaire ou du principal copropriétaire ;

2° si l'entreprise éditrice est une personne morale, sa dénomination ou sa raison sociale, son siège social, sa forme juridique ainsi que le nom de son représentant légal et des personnes physiques ou morales détenant au moins 10 % de son capital ;

3° le nom du directeur de la publication et celui du responsable de la rédaction.

Ces informations sont également accessibles sur la page d'accueil de tout service de presse en ligne.

Art. 6. — Toute entreprise éditrice doit porter à la connaissance des lecteurs ou des internautes de la publication ou du service de presse en ligne, dans le délai d'un mois à compter de la date à laquelle elle en acquiert elle-même la connaissance, ou lors de la prochaine parution de la publication :

1° Toute cession ou promesse de cession de droits sociaux ayant pour effet de donner à un cessionnaire au moins un tiers du capital social ou des droits de vote ;

2° Tout transfert ou promesse de transfert de la propriété ou de l'exploitation d'un titre de publication de presse ou d'un service de presse en ligne.

L'obligation d'information portant sur les opérations décrites au 1° et au présent 2° incombe à la partie cédante.

3° Toute modification du statut de l'entreprise éditrice ;

4° Tout changement dans les dirigeants ou actionnaires de l'entreprise.

Chaque année, l'entreprise éditrice doit porter à la connaissance des lecteurs ou des internautes de la publication ou du service de presse en ligne toutes les informations relatives à la composition de son capital, en cas de détention par toute personne physique ou morale d'une fraction supérieure ou égale à 5 % de celui-ci, et de ses organes dirigeants. Elle mentionne l'identité et la part d'actions de chacun des actionnaires, qu'il soit une personne physique ou morale.

Art. 7. — Sous réserve des engagements internationaux souscrits par la France et comportant soit une clause d'assimilation au national, soit une clause de réciprocité dans le domaine de la presse, les étrangers ne pourront, à compter de la publication de la présente loi, procéder à une acquisition ayant pour effet de porter, directement ou indirectement, leur part à plus de vingt pour cent du capital social ou des droits de vote d'une entreprise éditant une publication de langue française.

Pour l'application du précédent alinéa, est étrangère toute société dont la majorité du capital social ou des droits de vote est détenue par des étrangers ainsi que toute association dont la majorité des dirigeants est étrangère.

Art. 8. — Il est interdit à toute entreprise éditrice, sous réserve du paiement des prestations qu'elle assure, ou à l'un de ses collaborateurs, de recevoir directement ou indirectement des fonds ou avantages d'un gouvernement étranger.

2. La liberté de communication audiovisuelle

N° 95.1 La liberté de communication : la loi modifiée n° 86-1067 du 30 septembre 1986 (extraits) (220)

Article premier. — La communication au public par voie électronique est libre.

L'exercice de cette liberté ne peut être limité que dans la mesure requise, d'une part, par le respect de la dignité de la personne humaine, de la liberté et de la propriété

(220) La loi présentée ici est à jour de l'ensemble des modifications intervenues. Parmi les dernières, il est important de relever celles issues de la loi n° 2015-1267 du 14 octobre 2015 relative au deuxième dividende numérique et à la poursuite de la modernisation de la télévision numérique terrestre, de la loi n° 2016-987 du 21 juillet 2016 prorogeant l'application de la loi n° 55-385 du 3 avril 1955 relative à l'état d'urgence et portant mesures de renforcement

d'autrui, du caractère pluraliste de l'expression des courants de pensée et d'opinion et, d'autre part, par la protection de l'enfance et de l'adolescence, par la sauvegarde de l'ordre public, par les besoins de la défense nationale, par les exigences de service public, par les contraintes techniques inhérentes aux moyens de communication, ainsi que par la nécessité, pour les services audiovisuels, de développer la production audiovisuelle.

Les services audiovisuels comprennent les services de communication audiovisuelle telle que définie à l'article 2 ainsi que l'ensemble des services mettant à disposition du public ou d'une catégorie de public des audiovisuelles, cinématographiques ou sonores, quelles que soient les modalités techniques de cette mise à disposition.

Art. 2. — On entend par communications électroniques les émissions, transmissions ou réceptions de signes, de signaux, d'écrits, d'images ou de sons, par voie électromagnétique.

On entend par communication au public par voie électronique toute mise à disposition du public ou de catégories de public, par un procédé de communication électronique, de signes, de signaux, d'écrits, d'images, de sons ou de messages de toute nature qui n'ont pas le caractère d'une correspondance privée.

On entend par communication audiovisuelle toute communication au public de services de radio ou de télévision, quelles que soient les modalités de mise à disposition auprès du public, toute communication au public par voie électronique de services autres que de radio et de télévision et ne relevant pas de la communication au public en ligne telle que définie à l'article 1er de la loi n° 2004-575 du 21 juin 2004 pour la confiance dans l'économie numérique, ainsi que toute communication au public de services de médias audiovisuels à la demande.

Est considéré comme service de télévision tout service de communication au public par voie électronique destiné à être reçu simultanément par l'ensemble du public ou par une catégorie de public et dont le programme principal est composé d'une suite ordonnée d'émissions comportant des images et des sons.

Est considéré comme service de radio tout service de communication au public par voie électronique destiné à être reçu simultanément par l'ensemble du public ou par une catégorie de public et dont le programme principal est composé d'une suite ordonnée d'émissions comportant des sons.

---

de la lutte antiterroriste, de la loi n° 2016-1524 du 14 novembre 2016 visant à renforcer la liberté, l'indépendance et le pluralisme des médias, de la loi n° 2016-1888 du 28 décembre 2016 de modernisation, de développement et de protection des territoires de montagne, de la loi n° 2017-55 du 20 janvier 2017 portant statut général des autorités administratives indépendantes et des autorités publiques indépendantes, de la loi n° 2017-86 du 27 janvier 2017 relative à l'égalité et à la citoyenneté, de la loi n° 2017-256 du 28 février 2017 de programmation relative à l'égalité réelle outre-mer et portant autres dispositions en matière sociale et économique, de la loi n° 2018-699 du 3 août 2018 visant à garantir la présence des parlementaires dans certains organismes extérieurs au Parlement et à simplifier les modalités de leur nomination, de la loi n° 2018-1202 du 22 décembre 2018 relative à la lutte contre la manipulation de l'information, de la loi n° 2019-828 du 6 août 2019 de transformation de la fonction publique, de la loi n° 2020-1266 du 19 octobre 2020 visant à encadrer l'exploitation commerciale de l'image d'enfants de moins de seize ans sur les plateformes en ligne, de l'ordonnance n° 2020-1642 du 21 décembre 2020 portant transposition de la directive (UE) 2018/1808 du Parlement européen et du Conseil du 14 novembre 2018 modifiant la directive 2010/13/UE visant à la coordination de certaines dispositions législatives, réglementaires et administratives des Etats membres relatives à la fourniture de services de médias audiovisuels, compte tenu de l'évolution des réalités du marché et de la loi n° 2021-1382 du 25 octobre 2021 relative à la régulation et à la protection de l'accès aux œuvres culturelles à l'ère numérique.

Il est important de relever qu'un observatoire de la haine en ligne, créé par la loi n° 2020-766 du 24 juin 2020 visant à lutter contre les contenus haineux sur internet, est placé auprès Conseil supérieur de l'audiovisuel.

Est considéré comme service de médias audiovisuels à la demande tout service de communication au public par voie électronique permettant le visionnage de programmes au moment choisi par l'utilisateur et sur sa demande, à partir d'un catalogue de programmes dont la sélection et l'organisation sont contrôlées par l'éditeur de ce service. Sont exclus les services qui ne relèvent pas d'une activité économique au sens de l'article 256 A du code général des impôts, ceux dont le contenu audiovisuel est secondaire, ceux consistant à fournir ou à diffuser du contenu audiovisuel créé par des utilisateurs privés à des fins de partage et d'échanges au sein de communautés d'intérêt, ceux consistant à assurer, pour mise à disposition du public par des services de communication au public en ligne, le seul stockage de signaux audiovisuels fournis par des destinataires de ces services et ceux dont le contenu audiovisuel est sélectionné et organisé sous le contrôle d'un tiers. Une offre composée de services de médias audiovisuels à la demande et d'autres services ne relevant pas de la communication audiovisuelle ne se trouve soumise à la présente loi qu'au titre de cette première partie de l'offre.

Est considéré comme service de plateforme de partage de vidéos tout service remplissant les conditions suivantes :

1° Le service est fourni au moyen d'un réseau de communications électroniques ;

2° La fourniture de programmes ou de vidéos créées par l'utilisateur pour informer, divertir ou éduquer est l'objet principal du service proprement dit ou d'une partie dissociable de ce service, ou représente une fonctionnalité essentielle du service ;

3° Le fournisseur du service n'a pas de responsabilité éditoriale sur les contenus mentionnés au 2° mais en détermine l'organisation ;

4° Le service relève d'une activité économique.

Art. 2-1. — Pour l'application de la présente loi, les mots : distributeur de services désignent toute personne qui établit avec des éditeurs de services des relations contractuelles en vue de constituer une offre de services de communication audiovisuelle mise à disposition auprès du public par un réseau de communications électroniques au sens du 2° de l'article L. 32 du Code des postes et des communications électroniques. Est également regardée comme distributeur de services toute personne qui constitue une telle offre en établissant des relations contractuelles avec d'autres distributeurs.

Art. 3. — Le secret des choix faits par les personnes parmi les services de communications électroniques et parmi les programmes offerts par ceux-ci ne peut être levé sans leur accord.

Art. 3-1. — L'Autorité de régulation de la communication audiovisuelle et numérique, autorité publique indépendante, garantit l'exercice de la liberté de communication au public par voie électronique, dans les conditions définies par la présente loi.

Elle assure l'égalité de traitement ; elle garantit l'indépendance et l'impartialité du secteur public de la communication audiovisuelle ; elle veille à favoriser la libre concurrence et l'établissement de relations non discriminatoires entre éditeurs et distributeurs de services, quel que soit le réseau de communications électroniques utilisé par ces derniers, conformément au principe de neutralité technologique ; elle veille à la qualité et à la diversité des programmes, au développement de la production et de la création audiovisuelles nationales, y compris dans leur dimension ultramarine, ainsi qu'à la promotion de la diversité musicale ; elle veille à la défense et à l'illustration de la culture et du patrimoine linguistique national, constitué de la langue française et des langues régionales. Elle peut formuler des propositions sur l'amélioration de la qualité des programmes. Elle attribue aux services de communication audiovisuelle diffusés par voie hertzienne terrestre un numéro logique, en veillant à l'intérêt du public, au respect du pluralisme de l'information et à l'équité entre les éditeurs, et peut, à cette fin, constituer des blocs définis selon la programmation des services qui les composent. Elle veille au respect de la numérotation logique s'agissant de la reprise des services nationaux de télévision en clair diffusés par voie hertzienne terrestre, selon les modalités prévues à l'article 34-4, et au caractère équitable, transparent, homogène et non discriminatoire de la numérotation des autres services de télévision dans les offres de programmes des distributeurs de services.

L'Autorité de régulation de la communication audiovisuelle et numérique garantit l'honnêteté, l'indépendance et le pluralisme de l'information et des programmes qui y concourent, sous réserve de l'article 1er de la présente loi. À cet effet, elle veille notamment à ce que les conventions conclues en application de la présente loi avec les éditeurs de services de télévision et de radio garantissent le respect de l'article 2 bis de la loi du 29 juillet 1881 sur la liberté de la presse. Elle veille à ce que la diversité de la société française soit représentée dans les programmes des services de communication audiovisuelle et que cette représentation soit exempte de préjugés. Elle s'assure que les intérêts économiques des actionnaires des éditeurs de services de communication audiovisuelle et de leurs annonceurs ne portent aucune atteinte à ces principes.

L'Autorité de régulation de la communication audiovisuelle et numérique contribue aux actions en faveur de la cohésion sociale et à la lutte contre les discriminations dans le domaine de la communication audiovisuelle. Elle veille, notamment, auprès des éditeurs de services de communication audiovisuelle, compte tenu de la nature de leurs programmes, à ce que la programmation reflète la diversité de la société française, en particulier sa dimension ultramarine. Elle rend compte chaque année au Parlement des actions des éditeurs de services de télévision en matière de programmation reflétant la diversité de la société française et propose les mesures adaptées pour améliorer l'effectivité de cette diversité dans tous les genres de programmes.

Elle assure le respect des droits des femmes dans le domaine de la communication audiovisuelle. À cette fin, elle veille, d'une part, à une juste représentation des femmes et des hommes dans les programmes des services de communication audiovisuelle et, d'autre part, à l'image des femmes qui apparaît dans ces programmes, notamment en luttant contre les stéréotypes, les préjugés sexistes, les images dégradantes, les violences faites aux femmes et les violences commises au sein des couples. Dans ce but, elle porte une attention particulière aux programmes des services de communication audiovisuelle destinés à l'enfance et à la jeunesse.

L'Autorité de régulation de la communication audiovisuelle et numérique veille à ce que le développement du secteur de la communication audiovisuelle s'accompagne d'un niveau élevé de protection de l'environnement et de la santé de la population.

En cas de litige, s'il n'est pas fait usage des compétences mentionnées à l'article 17-1, ou en cas de litige ne faisant pas l'objet d'une procédure de sanction régie par les articles 42-1,42-3,42-4,42-6,42-15,48-1 ou 48-2, l'Autorité de régulation de la communication audiovisuelle et numérique assure une mission de conciliation entre éditeurs de services, distributeurs de services, opérateurs de réseaux satellitaires, opérateurs de plateformes en ligne, prestataires techniques auxquels ces personnes recourent, personnes mentionnées à l'article 95, auteurs, producteurs et distributeurs de programmes audiovisuels, ou entre les organisations professionnelles qui les représentent.

L'autorité peut adresser aux éditeurs et distributeurs de services de communication audiovisuelle des recommandations relatives au respect des principes énoncés dans la présente loi. Ces recommandations sont publiées au Journal officiel de la République française.

Art. 3-2. — L'Autorité de régulation de la communication audiovisuelle et numérique assure les missions prévues à l'article L. 331-12 du Code de la propriété intellectuelle et veille au respect de la propriété littéraire et artistique.

TITRE I

DE L'AUTORITÉ DE RÉGULATION DE LA COMMUNICATION AUDIOVISUELLE ET NUMÉRIQUE

Art. 4. — I. — L'Autorité de régulation de la communication audiovisuelle et numérique comprend neuf membres nommés par décret en raison de leurs compétences en matière économique, juridique ou technique ou de leur expérience professionnelle dans le domaine de la communication, notamment dans le secteur audiovisuel, ou des communications électroniques.

Le président de l'autorité est nommé par le Président de la République pour la durée de ses fonctions de membre de l'autorité, après avis des commissions permanentes compétentes de l'Assemblée nationale et du Sénat, dans les conditions prévues par la loi organique n° 2010-837 du 23 juillet 2010 relative à l'application du cinquième alinéa de l'article 13 de la Constitution. En cas d'empêchement du président, la présidence est assurée par le membre de l'autorité le plus âgé.

Trois membres sont désignés par le Président de l'Assemblée nationale et trois membres par le Président du Sénat. Au sein de chaque assemblée parlementaire, ils sont désignés sur avis conforme de la commission permanente chargée des affaires culturelles statuant à bulletin secret à la majorité des trois cinquièmes des suffrages exprimés.

Un membre en activité du Conseil d'État et un membre en activité de la Cour de cassation sont désignés, respectivement, par le vice-président du Conseil d'État et le premier président de la Cour de cassation.

II. — Le mandat des membres de l'Autorité de régulation de la communication audiovisuelle et numérique est de six ans. Il n'est pas renouvelable. Il n'est pas interrompu par les règles concernant la limite d'âge éventuellement applicables aux intéressés.

Les membres mentionnés au troisième alinéa du I sont renouvelés par tiers tous les deux ans.

III. — À l'occasion de chaque renouvellement des membres mentionnés au troisième alinéa du I, les présidents des assemblées parlementaires désignent une femme et un homme. Sauf accord contraire, chacun désigne un membre de l'autre sexe que celui qu'il a désigné lors du précédent renouvellement biennal. Le présent alinéa s'applique sous réserve du deuxième alinéa du présent III.

Lors de la désignation d'un nouveau membre appelé à remplacer un membre dont le mandat a pris fin avant le terme normal, le nouveau membre est de même sexe que celui qu'il remplace. Lorsque le mandat de ce membre est renouvelé en application du second alinéa de l'article 7 de la loi n° 2017-55 portant statut général des autorités administratives indépendantes et des autorités publiques indépendantes, le président de l'autre assemblée parlementaire désigne un membre de l'autre sexe.

Les deux membres désignés en application du dernier alinéa du I sont de sexe différent.

IV. — L'Autorité de régulation de la communication audiovisuelle et numérique désigne, en dehors de leur présence, celui des deux membres nommés en application du dernier alinéa du I qui exerce, pendant la première moitié de son mandat, la mission mentionnée aux articles L. 331-19 à L. 331-24 du Code de la propriété intellectuelle. L'autre membre, qui le supplée dans l'exercice de cette mission, lui succède pour exercer cette mission pendant la deuxième partie de son mandat.

V. — Les membres de l'autorité ne peuvent être nommés au-delà de l'âge de soixante-cinq ans.

VI. — L'Autorité de régulation de la communication audiovisuelle et numérique ne peut délibérer que si au moins six de ses membres sont présents. Elle délibère à la majorité des membres présents. Le président a voix prépondérante en cas de partage égal des voix.

Art. 5. — Les membres de l'Autorité de régulation de la communication audiovisuelle et numérique exercent leurs fonctions à temps plein. Leurs fonctions sont incompatibles avec tout mandat électif.

Sous réserve des dispositions du Code de la propriété intellectuelle, les membres de l'autorité ne peuvent, directement ou indirectement, exercer des fonctions, recevoir d'honoraires, sauf pour des services rendus avant leur entrée en fonctions, détenir d'intérêt ou avoir un contrat de travail dans une entreprise de l'audiovisuel, du cinéma, de l'édition, de la presse, de la publicité ou des communications électroniques. Si, au moment de sa nomination, un membre de l'autorité détient des intérêts ou dispose d'un contrat de travail ou de prestation de services dans une telle entreprise, il dispose d'un délai de trois mois pour se mettre en conformité avec la loi.

Le non-respect des dispositions de l'alinéa précédent est passible des peines prévues à l'article 432-12 du Code pénal.

Après la cessation de leurs fonctions, les membres de l'Autorité de régulation de la communication audiovisuelle et numérique sont soumis aux dispositions de l'article 432-13 du Code pénal et, en outre, pendant le délai d'un an, sous les peines prévues au même article, aux obligations résultant du deuxième alinéa du présent article.

À l'expiration de leur mandat, les membres de l'Autorité de régulation de la communication audiovisuelle et numérique continuent de percevoir leur traitement pendant une durée maximum d'un an. Toutefois, si les intéressés reprennent une activité rémunérée, perçoivent une retraite ou, pour les fonctionnaires ou les magistrats, sont réintégrés, le versement de ce traitement cesse. Il cesse également sur décision de l'autorité statuant à la majorité de ses membres après que les intéressés ont été mis à même de présenter leurs observations, si ceux-ci manquent aux obligations prévues au deuxième alinéa. Il cesse également, partiellement ou totalement, dans les mêmes conditions, en cas de manquement aux obligations résultant du dernier alinéa de l'article 9 de la loi n° 2017-55 du 20 janvier 2017 portant statut général des autorités administratives indépendantes et des autorités publiques indépendantes.

Lorsqu'il est occupé par un fonctionnaire, l'emploi permanent de membre de l'Autorité de régulation de la communication audiovisuelle et numérique est un emploi conduisant à pension au titre du Code des pensions civiles et militaires de retraite.

Art. 6. — Celles des décisions de l'autorité mentionnées aux articles 22 et 27 qui présentent un caractère réglementaire sont transmises au Premier ministre qui peut, dans les quinze jours suivant leur réception, demander à l'autorité une nouvelle délibération.

Les résultats des délibérations ainsi que les rapports de l'autorité, quelle qu'en soit la nature, sont publiés au Journal officiel de la République française.

Art. 7. — Les personnels des services de l'Autorité de régulation de la communication audiovisuelle et numérique ne peuvent être membres des conseils d'administration de l'établissement public et des sociétés prévus aux articles 44, 45 et 49 de la présente loi, ni bénéficier d'une autorisation relative à un service de communication audiovisuelle, ni exercer de fonctions ou détenir d'intérêts dans une société ou une association titulaire d'une telle autorisation.

Art. 8. — Les membres et les agents de l'autorité sont astreints au secret professionnel pour les faits, actes et renseignements dont ils ont pu avoir connaissance en raison de leurs fonctions, dans les conditions et sous les peines prévues à l'article 75 du Code pénal [article abrogé, cf. les articles 413-9 et 413-10 du nouveau code pénal et l'article 476-6 du Code de justice militaire] et, sous réserve de ce qui est nécessaire à l'établissement du rapport annuel prévu à l'article 18 de la présente loi, aux articles 226-13 du même code.

Art. 9. — L'Autorité de régulation de la communication audiovisuelle et numérique est consultée sur la définition de la position de la France dans les négociations internationales sur la radio et la télévision. Elle peut également être consultée sur la définition de la position de la France dans les négociations internationales dans le domaine de la protection sur internet du droit d'auteur, des droits voisins et des droits d'exploitation audiovisuelle mentionnés à l'article L. 333-10 du Code du sport.

Lorsque l'Autorité de régulation de la communication audiovisuelle et numérique est informée par un éditeur de services de télévision ou de médias audiovisuels à la demande relevant de la compétence de la France de son projet de fournir un service de télévision ou de médias audiovisuels à la demande dont la programmation est entièrement ou principalement destinée au public d'un autre État membre de l'Union européenne, elle en informe l'organisme de régulation de cet État.

L'Autorité de régulation de la communication audiovisuelle et numérique répond, dans un délai de deux mois, aux demandes d'information émanant d'un organisme de régulation d'un État membre de l'Union européenne relative à un service relevant de la compétence de la France et dont l'activité est destinée au public de cet État membre.

L'Autorité de régulation de la communication audiovisuelle et numérique est consultée sur les projets de loi et d'actes réglementaires relatifs au secteur de la communication audiovisuelle. Cette disposition n'est pas applicable aux décrets portant approbation des statuts des sociétés nationales de programme. L'autorité peut également être consultée par le Gouvernement sur tout projet de loi ou d'acte réglementaire intéressant la protection des droits de propriété littéraire et artistique sur internet.

Art. 10. — (abrogé).

Art. 11. — (abrogé).

Art. 12. — L'Autorité de régulation de la communication audiovisuelle et numérique est consultée sur tout projet visant à rendre obligatoires les normes relatives aux matériels et techniques de diffusion ou de distribution des services de communication audiovisuelle par un réseau de communications électroniques au sens du 2° de l'article L. 32 du Code des postes et des communications électroniques. Elle peut formuler toute recommandation concernant ces normes.

Toutefois, les caractéristiques techniques des signaux émis pour la fourniture des services diffusés par voie hertzienne terrestre ou par satellite doivent être conformes à des spécifications techniques définies par arrêté interministériel, pris après avis de l'Autorité de régulation de la communication audiovisuelle et numérique ; lorsque ces signaux sont numérisés, leurs caractéristiques techniques sont normalisées. Cet arrêté précise également les conditions de la protection radioélectrique des services de communication audiovisuelle considérés. Lorsque ces spécifications techniques sont modifiées afin d'assurer une utilisation optimale des fréquences radioélectriques, l'arrêté s'impose aux titulaires d'autorisation par voie hertzienne terrestre ou satellitaire.

Art. 13. — L'Autorité de régulation de la communication audiovisuelle et numérique assure le respect de l'expression pluraliste des courants de pensée et d'opinion dans les programmes des services de radio et de télévision, en particulier pour les émissions d'information politique et générale.

Les services de radio et de télévision transmettent les données relatives aux temps d'intervention des personnalités politiques dans les journaux et les bulletins d'information, les magazines et les autres émissions des programmes à l'Autorité de régulation de la communication audiovisuelle et numérique selon les conditions de périodicité et de format que l'autorité détermine. L'Autorité de régulation de la communication audiovisuelle et numérique communique chaque mois aux présidents de l'Assemblée nationale et du Sénat et aux responsables des différents partis politiques représentés au Parlement le relevé des temps d'intervention des personnalités politiques dans les journaux et les bulletins d'information, les magazines et les autres émissions des programmes. Ce relevé est également publié dans un format ouvert, aisément réutilisable et exploitable par un système de traitement automatisé.

Art. 14. — L'Autorité de régulation de la communication audiovisuelle et numérique exerce un contrôle, par tous moyens appropriés, sur l'objet, le contenu et les modalités de programmation des émissions publicitaires diffusées par les services de communication audiovisuelle en vertu de la présente loi. Elle veille au respect de la dignité de toutes les personnes et à l'image des femmes qui apparaissent dans ces émissions publicitaires. Elle peut prendre en compte les recommandations des autorités d'autorégulation mises en place dans le secteur de la publicité. Elle adresse chaque année au Parlement un rapport évaluant les actions menées par les services de communication audiovisuelle en vue du respect par les émissions publicitaires qui accompagnent les programmes destinés à la jeunesse des objectifs de santé publique et de lutte contre les comportements à risque et formulant des recommandations pour améliorer l'autorégulation du secteur de la publicité. Les autorités d'autorégulation mises en place dans le secteur de la publicité adressent chaque année au Parlement un rapport faisant état des dispositifs d'autorégulation existants et présentant le bilan de leur action. Les messages publicitaires diffusés par les services de télévision dans les programmes destinés à la jeunesse sont réglementés par un décret en Conseil d'État.

Les émissions publicitaires à caractère politique sont interdites.

Toute infraction aux dispositions de l'alinéa ci-dessus est passible des peines prévues à l'article L. 90-1 du Code électoral.

L'Autorité de régulation de la communication audiovisuelle et numérique promeut également la conclusion de codes de bonne conduite visant à réduire efficacement l'exposition des enfants aux communications commerciales audiovisuelles relatives à des denrées alimentaires ou des boissons contenant des nutriments ou des substances ayant un effet nutritionnel ou physiologique, notamment les matières grasses, les acides gras trans, le sel ou sodium et les sucres, dont la présence en quantités excessives dans le régime alimentaire global n'est pas recommandée. Ces codes visent à prévenir des communications commerciales audiovisuelles présentant favorablement les aspects nutritionnels de ces denrées alimentaires et boissons.

L'Autorité de régulation de la communication audiovisuelle et numérique promeut en outre, en matière environnementale, des codes de bonne conduite sectoriels et transversaux, appelés « contrats climats », ayant notamment pour objet de réduire de manière significative les communications commerciales sur les services de communication audiovisuelle et sur les services proposés par les opérateurs de plateforme en ligne, au sens de l'article L. 111-7 du Code de la consommation, relatives à des biens et services ayant un impact négatif sur l'environnement, en particulier en termes d'émissions de gaz à effet de serre, d'atteintes à la biodiversité et de consommation de ressources naturelles sur l'ensemble de leur cycle de vie. Ces codes de bonne conduite visent également à prévenir des communications commerciales présentant favorablement l'impact environnemental de ces mêmes biens ou services. Cet impact est mesuré au moyen de l'affichage environnemental prévu à l'article L. 541-9-11 du Code de l'environnement, lorsque cet affichage environnemental est généralisé.

Les codes de bonne conduite sectoriels couvrent au moins les secteurs d'activité dont relèvent les entreprises mentionnées à l'article L. 229-67 du même code.

Ces codes de bonne conduite sectoriels et transversaux sont rendus publics et comportent des objectifs et des indicateurs permettant un suivi annuel de leur mise en œuvre.

Art. 14-1. — L'Autorité de régulation de la communication audiovisuelle et numérique fixe les conditions dans lesquelles les programmes des services de communication audiovisuelle, à l'exception notamment des programmes d'information et d'actualité, des émissions de consommation, des programmes religieux et des programmes pour enfants, peuvent comporter du placement de produit.

L'Autorité de régulation de la communication audiovisuelle et numérique veille à ce que les programmes comportant du placement de produit respectent les exigences suivantes :

1° Leur contenu ainsi que leur programmation par des services de télévision ou leur organisation dans un catalogue des services de médias audiovisuels à la demande ne doivent en aucun cas être influencés de manière à porter atteinte à la responsabilité et à l'indépendance éditoriale de l'éditeur de services de médias ;

2° Ils n'incitent pas directement à l'achat ou à la location des produits ou services d'un tiers et ne peuvent en particulier comporter des références promotionnelles spécifiques à ces produits ou services ;

3° Ils ne mettent pas en avant de manière injustifiée le produit en question ;

4° Les spectateurs sont clairement informés de l'existence d'un placement de produit. Les programmes comportant du placement de produit sont identifiés de manière appropriée au début et à la fin de leur diffusion, ainsi que lorsqu'un programme reprend après une interruption publicitaire, afin d'éviter toute confusion de la part du spectateur.

Art. 15. — L'Autorité de régulation de la communication audiovisuelle et numérique veille à la protection de l'enfance et de l'adolescence et au respect de la dignité de la personne dans les programmes mis à disposition du public par un service de communication audiovisuelle.

Elle s'assure que des programmes susceptibles de nuire à l'épanouissement physique, mental ou moral des mineurs ne soient pas mis à disposition du public par un service de communication audiovisuelle, sauf lorsqu'il est assuré, par le choix de l'heure de diffusion ou par tout procédé technique approprié, que des mineurs ne sont normalement pas susceptibles de les voir ou de les entendre.

Lorsque des programmes susceptibles de nuire à l'épanouissement physique, mental ou moral des mineurs sont mis à disposition du public par des services de télévision, l'autorité s'assure qu'ils soient précédés d'un avertissement au public et qu'ils soient identifiés par la présence d'un symbole visuel tout au long de leur durée. Elle s'assure également de la mise en œuvre d'un procédé technique de contrôle d'accès adapté à la nature des services de médias audiovisuels à la demande.

Les données à caractère personnel de mineurs traitées par les éditeurs de services de communication audiovisuelle à l'occasion de la mise en œuvre des deuxième et troisième alinéas ne doivent pas, même après la majorité des intéressés, être utilisées à des fins commerciales, notamment publicitaires.

Elle s'assure en outre qu'aucun programme susceptible de nuire gravement à l'épanouissement physique, mental ou moral des mineurs ne soit mis à disposition du public par les services de communication audiovisuelle.

Elle s'assure enfin que les programmes mis à la disposition du public par un service de communication audiovisuelle ne contiennent :

1° Ni incitation à la haine ou à la violence fondée sur l'un des motifs visés à l'article 21 de la Charte des droits fondamentaux de l'Union européenne ou à raison de l'identité de genre ;

2° Ni provocation publique à commettre les infractions mentionnées aux articles 421-2-5 et 421-2-5-1 du Code pénal.

Elle élabore un code de bonne conduite relatif à la couverture audiovisuelle d'actes terroristes.

Art. 15-1. — L'Autorité de régulation de la communication audiovisuelle et numérique promeut l'adoption par les services de plateforme de partage de vidéos des chartes prévues à l'article 4 de la loi n° 2020-1266 du 19 octobre 2020 visant à encadrer l'exploitation commerciale de l'image d'enfants de moins de seize ans sur les plateformes en ligne.

Elle publie un bilan périodique de l'application et de l'effectivité de ces chartes. À cette fin, elle recueille auprès de ces services, dans les conditions fixées à l'article 19 de la présente loi, toutes les informations nécessaires à l'élaboration de ce bilan.

Art. 16. — L'Autorité de régulation de la communication audiovisuelle et numérique fixe les règles concernant les conditions de production, de programmation et de diffusion des émissions relatives aux campagnes électorales que les sociétés mentionnées à l'article 44 sont tenues de produire et de programmer. Les prestations fournies à ce titre font l'objet de dispositions insérées dans les cahiers des charges.

Pour la durée des campagnes électorales, l'autorité adresse des recommandations aux éditeurs des services de radio et de télévision autorisés ou ayant conclu une convention en vertu de la présente loi.

L'Autorité de régulation de la communication audiovisuelle et numérique veille à ce que les éditeurs de services de communication audiovisuelle à vocation nationale qui diffusent, par voie hertzienne terrestre, des émissions d'information politique et générale rendent compte des résultats des élections générales pour l'ensemble du territoire national.

Art. 16-1. — L'Autorité de régulation de la communication audiovisuelle et numérique fixe les règles concernant les conditions de diffusion par les sociétés nationales de programme mentionnées aux I et III de l'article 44 de la présente loi et les services de télévision diffusés par voie hertzienne terrestre, aux heures de grande écoute, des messages d'alerte sanitaire émis par le ministre chargé de la santé.

Les prestations fournies à ce titre font l'objet de dispositions insérées dans les cahiers des charges et les conventions.

Art. 17. — L'Autorité de régulation de la communication audiovisuelle et numérique adresse des recommandations au Gouvernement pour le développement de la concurrence dans les activités de radio et de télévision.

Elle est habilitée à saisir les autorités administratives ou judiciaires compétentes pour connaître des pratiques restrictives de la concurrence et des concentrations économiques. Ces mêmes autorités peuvent la saisir pour avis.

Art. 17-1. — L'Autorité de régulation de la communication audiovisuelle et numérique peut être saisie, par un éditeur ou par un distributeur de services, par une des personnes mentionnées à l'article 95 ou par un prestataire auquel ces personnes recourent, de tout différend relatif à la distribution d'un service de radio, de télévision ou de médias audiovisuels à la demande, y compris aux conditions techniques et financières dans lesquelles ce service est mis à la disposition du public :

1° Lorsque les faits à l'origine du différend sont susceptibles de porter atteinte au caractère pluraliste de l'expression des courants de pensée et d'opinion, à la sauvegarde de l'ordre public, aux exigences de service public, aux missions de service public assignées aux sociétés nationales de programme mentionnées à l'article 44 ou à leurs filiales répondant à des obligations de service public, à La Chaîne parlementaire mentionnée à l'article 45-2, à la chaîne Arte et à la chaîne TV5, à la protection du jeune public, à la dignité de la personne humaine et à la qualité et à la diversité des programmes ;

2° Lorsque ce différend porte sur le caractère transparent, objectif, équitable et non discriminatoire des conditions de la mise à la disposition du public de l'offre de programmes et de services ou de leur numérotation ou des relations contractuelles entre un éditeur et un distributeur de services ;

3° Lorsque les faits à l'origine du différend sont susceptibles de porter atteinte au caractère équitable, raisonnable et non discriminatoire des conditions d'accès par les éditeurs de services autres que ceux mentionnés à l'article 34-2 aux données anonymisées relatives à la consommation de leurs programmes ;

4° Lorsque ce différend porte sur la mise en œuvre du IV du même article 34-2.

L'Autorité de régulation de la communication audiovisuelle et numérique peut également être saisie de tout différend entre un utilisateur et un fournisseur de plateformes de partage de vidéos relatif à l'application de l'article 60. Elle informe la Commission nationale de l'informatique et des libertés des demandes invoquant les dispositions du III du même article 60 qu'elle reçoit, peut solliciter son avis avant de régler un différend, et lui communique alors sa décision.

L'autorité se prononce dans un délai de deux mois, qu'elle peut porter à quatre mois si elle l'estime utile, après avoir mis les parties à même de présenter leurs observations, dans le respect du secret des affaires. Dans le respect des secrets protégés par la loi, elle peut également inviter les tiers intéressés à présenter des observations utiles au règlement du différend.

La décision de l'autorité précise les conditions permettant d'assurer le respect des obligations et des principes mentionnés aux 1° à 4° ainsi que des principes et mesures mentionnés à l'article 60. Le cas échéant, l'autorité modifie en conséquence les autorisations délivrées. Lorsqu'un manquement est constaté dans le cadre des dispositions du présent article, le président de l'Autorité de régulation de la communication audiovisuelle et numérique peut mettre en œuvre la procédure prévue par l'article 42-10 pour assurer le respect des obligations et principes mentionnés aux 1° à 4° du présent article.

Lorsque les faits à l'origine du différend sont susceptibles de restreindre l'offre de services de communications électroniques, l'autorité recueille l'avis de l'Autorité de régulation des communications électroniques, des postes et de la distribution de la presse, qui se prononce dans un délai d'un mois. Lorsque ces faits sont susceptibles de constituer une infraction aux dispositions du titre II du livre IV du Code de commerce, elle saisit l'Autorité de la concurrence. Dans ce cas, le délai prévu au septième alinéa est suspendu jusqu'à ce que l'Autorité de la concurrence se soit prononcé sur sa compétence.

Un décret en Conseil d'État fixe les modalités d'application du présent article.

Art. 17-2. — L'Autorité de régulation de la communication audiovisuelle et numérique contribue à la lutte contre la diffusion de fausses informations susceptibles de troubler l'ordre public ou de porter atteinte à la sincérité d'un des scrutins mentionnés au premier alinéa de l'article 33-1-1 de la présente loi.

Art. 18. — Le rapport annuel d'activité établi par l'Autorité de régulation de la communication audiovisuelle et numérique présente :

1° L'application de la présente loi ;

2° L'impact, notamment économique, de ses décisions d'autorisation d'usage de la ressource radioélectrique délivrées en application des articles 29,29-1,30-1,30-5 et 30-6 ;

3° Un bilan du respect de leurs obligations par les sociétés et l'établissement public mentionnés aux articles 44 et 49 de la présente loi ;

4° Le volume d'émissions télévisées sous-titrées ainsi que de celles traduites en langue des signes, pour mieux apprécier le coût de ce sous-titrage et de la traduction en langue des signes pour les sociétés nationales de programmes, les chaînes de télévision publiques et tous autres organismes publics qui développent ces procédés ;

5° Les mesures prises en application des articles 39 à 41-4 visant à limiter la concentration et à prévenir les atteintes au pluralisme, notamment un état détaillé présentant la situation des entreprises audiovisuelles concernées à l'égard des limites fixées aux mêmes articles 39 à 41-4 ;

6° Le développement et les moyens de financement des services de télévision à vocation locale ;

7° Un bilan des coopérations et des convergences obtenues entre les instances de régulation audiovisuelle nationales des États membres de l'Union européenne ;

8° Un bilan du respect par les éditeurs de services de radio des dispositions du 2° bis de l'article 28 et du 5° de l'article 33 relatives à la diffusion d'œuvres musicales d'expression française ou interprétées dans une langue régionale en usage en France, de la variété des œuvres proposées au public et des mesures prises par l'Autorité de régulation de la communication audiovisuelle et numérique pour mettre fin aux manquements constatés ainsi que des raisons pour lesquelles elle n'a, le cas échéant, pas pris de telles mesures ;

9° Un bilan du respect par les éditeurs de services des principes mentionnés au troisième alinéa de l'article 3-1 et des mesures prises par l'Autorité de régulation de la communication audiovisuelle et numérique pour mettre fin aux manquements constatés ;

10° Un bilan des codes de bonne conduite en matière d'alimentation des enfants adoptés en application de l'article 14 de la présente loi ;

11° Un bilan de la mise en œuvre de l'article 60 et des codes de bonne conduite prévus à l'article 61 adoptés pour favoriser sa mise en œuvre ;

12° Un bilan de l'efficacité des codes de bonne conduite ayant pour objet de réduire de manière significative les communications sur les services de médias audiovisuels et sur les services édités par les opérateurs de plateforme en ligne, au sens de l'article L. 111-7 du Code de la consommation, ayant un impact négatif sur l'environnement, réalisé avec le concours de l'Agence de l'environnement et de la maîtrise de l'énergie mentionnée à l'article L. 131-3 du Code de l'environnement ;

13° Un bilan de la mise en œuvre des missions prévues à l'article L. 331-12 du Code de la propriété intellectuelle ;

14° Un compte rendu du développement de l'offre légale sur les réseaux de communications électroniques, tel que mentionné à l'article L. 331-17 du même code ;

15° Les réponses que l'autorité préconise, le cas échéant, aux modalités techniques permettant l'usage illicite des œuvres et objets protégés par un droit d'auteur, un droit voisin ou un droit d'exploitation audiovisuelle mentionné à l'article L. 333-10 du Code du sport, telles que mentionnées à l'article L. 331-17 du Code de la propriété intellectuelle ;

16° Des indicateurs synthétiques relatifs aux saisines reçues et aux recommandations adressées en application de l'article L. 331-20 du même code ;

17° Un bilan de l'expérimentation de la diffusion de programmes de télévision en ultra haute définition par voie hertzienne terrestre, de l'évolution du parc de téléviseurs compatibles avec cette technologie et de la production de programmes adaptés à ce standard. Ce bilan présente également les perspectives d'évolution de cette technologie jusqu'en 2030 et, en particulier, les conséquences pour les éditeurs de services autorisés à diffuser des programmes en haute définition par voie hertzienne terrestre.

L'Autorité de régulation de la communication audiovisuelle et numérique peut être saisie par le Gouvernement, par le président de l'Assemblée nationale, par le président du Sénat ou par les commissions compétentes de l'Assemblée nationale et du Sénat de demandes d'avis ou d'études pour l'ensemble des activités relevant de sa compétence. Elle peut également réaliser d'office toute étude relative aux activités relevant de sa compétence. Dans le domaine de la diffusion de musique enregistrée, elle peut conduire des études communes avec l'observatoire prévu au 6° de l'article 1er de la loi n° 2019-1100 du 30 octobre 2019 relative à la création du Centre national de la musique. À cette fin, l'autorité et l'observatoire peuvent, dans le respect des dispositions législatives relatives à la protection des données à caractère personnel et au secret des affaires, échanger toutes informations utiles.

Art. 19. — I. — Pour l'accomplissement des missions qui lui sont confiées par la présente loi, l'Autorité de régulation de la communication audiovisuelle et numérique peut :

1° Recueillir, sans que puissent lui être opposées d'autres limitations que celles qui résultent du libre exercice de l'activité des partis et groupements politiques mentionnés à l'article 4 de la Constitution :

— auprès des autorités administratives, toutes les informations nécessaires à l'élaboration de ses avis, études et décisions ;

— auprès des administrations, des producteurs d'œuvres audiovisuelles et cinématographiques, des personnes mentionnées à l'article 95, des éditeurs et distributeurs de services de communication audiovisuelle et des sociétés assurant la diffusion de services de communication audiovisuelle ainsi que des plateformes de partage de vidéos, toutes les informations nécessaires pour s'assurer du respect des obligations qui sont imposées aux personnes soumises à la présente loi et, plus généralement, toutes les informations nécessaires à l'élaboration de ses avis, études et décisions ;

— auprès des opérateurs de réseaux satellitaires, toutes les informations nécessaires à l'identification des éditeurs des services de télévision et de médias audiovisuels à la demande transportés et de l'État membre compétent ;

— auprès de toute personne physique ou morale détenant, directement ou indirectement, une part égale ou supérieure à 10 % du capital ou des droits de vote aux assemblées générales d'une société éditant ou distribuant un service de télévision ou de radio dont les programmes contribuent à l'information politique et générale, toutes les informations sur les marchés publics et délégations de service public pour l'attribution desquels cette personne ou une société qu'elle contrôle ont présenté une offre au cours des vingt-quatre derniers mois ;

2° Procéder, auprès des éditeurs et distributeurs de services de communication audiovisuelle, des opérateurs de réseaux satellitaires, des sociétés assurant la diffusion de services de communication audiovisuelle ainsi que des plateformes de partage de vidéos, aux enquêtes nécessaires pour s'assurer du respect de leurs obligations, de manière proportionnée aux besoins liés à l'accomplissement de ses missions et sur la base d'une décision motivée de sa part.

Ces enquêtes sont menées par des agents de l'Autorité de régulation de la communication audiovisuelle et numérique spécialement habilités à cet effet par celle-ci et assermentés dans des conditions fixées par décret en Conseil d'État.

Ces agents peuvent, sans que le secret des affaires puisse leur être opposé :

— obtenir des personnes morales mentionnées au premier alinéa du présent 2° la communication de tous documents professionnels ou supports d'information nécessaires à l'enquête ;

— procéder à des auditions, qui donnent lieu à un procès-verbal établi de façon contradictoire. Si l'intéressé refuse de signer, mention en est faite au procès-verbal. Un double du procès-verbal est transmis dans un délai de cinq jours à compter de son établissement aux personnes concernées ;

— recueillir auprès de ces mêmes personnes morales les renseignements et justifications nécessaires à l'enquête.

Dans le cadre de ces enquêtes, ces agents peuvent, sans en être tenus pénalement responsables :

a) Participer, sous un pseudonyme, à des échanges électroniques susceptibles de se rapporter à des infractions aux dispositions régissant les activités soumises à l'enquête ;

b) Extraire, acquérir ou conserver par ce moyen des éléments de preuve sur ces services aux fins de caractérisation des faits.

À peine de nullité, ces actes ne peuvent avoir pour effet d'inciter autrui à commettre une infraction.

Les renseignements recueillis par l'autorité en application du présent I ne peuvent être utilisés à d'autres fins que l'accomplissement des missions qui lui sont confiées par la présente loi. Leur divulgation est interdite.

II. — L'Autorité de régulation de la communication audiovisuelle et numérique et le Centre national du cinéma et de l'image animée se communiquent en tant que de besoin les informations qu'ils détiennent relatives notamment aux chiffres d'affaires et au nombre d'utilisateurs des éditeurs de services de communication audiovisuelle et des redevables des impositions mentionnées aux articles L. 115-6 à L. 115-13 du Code du cinéma et de l'image animée et à l'article 1609 sexdecies B du code général des impôts.

Dans le mois suivant sa publication, le rapport mentionné au premier alinéa est présenté chaque année par le président de l'Autorité de régulation de la communication audiovisuelle et numérique en audition publique devant les commissions permanentes chargées des affaires culturelles de chaque assemblée parlementaire. Chaque commission peut adopter un avis sur l'application de la loi, qui est adressé à l'Autorité de régulation de la communication audiovisuelle et numérique et rendu public. Cet avis peut comporter des suggestions à l'Autorité de régulation de la communication audiovisuelle et numérique pour la bonne application de la loi ou l'évaluation de ses effets.

Le bilan des codes de bonne conduite mentionné au 12° du présent article est présenté chaque année par le président de l'Autorité de régulation de la communication audiovisuelle et numérique en audition publique conjointe devant les commissions permanentes chargées des affaires culturelles et du développement durable de chaque assemblée parlementaire.

Art. 20. — Pour l'accomplissement des missions qui sont confiées à l'Autorité de régulation de la communication audiovisuelle et numérique par la présente loi, le président de celle-ci a qualité pour agir en justice au nom de l'État.

Art. 20-1-A. — Les sociétés nationales de programme mentionnées à l'article 44, ainsi que les services de télévision à caractère national et les services de radio appartenant à un réseau de diffusion à caractère national, diffusés par voie hertzienne terrestre, contribuent à la lutte contre les préjugés sexistes, les violences faites aux femmes et les préjugés liés à la diversité de la société française en diffusant des programmes relatifs à ces sujets. Ces services fournissent à l'Autorité de régulation de la communication audiovisuelle et numérique des indicateurs qualitatifs et quantitatifs sur la représentation des femmes et des hommes dans leurs programmes et permettant à l'autorité d'apprécier le respect des objectifs fixés au cinquième alinéa de l'article 3-1. Ces informations donnent lieu à une publication annuelle.

L'autorité fixe les conditions d'application du présent article, en concertation avec les services mentionnés au premier alinéa du présent article.

Art. 20-1. — L'emploi du français est obligatoire dans l'ensemble des émissions et des messages publicitaires des organismes et services de communication audiovisuelle, quel que soit leur mode de diffusion ou de distribution, à l'exception des œuvres cinématographiques et audiovisuelles en version originale.

Sous réserve des dispositions du 2° bis de l'article 28 de la présente loi, l'alinéa précédent ne s'applique pas aux œuvres musicales dont le texte est, en tout ou partie, rédigé en langue étrangère.

L'obligation prévue au premier alinéa n'est pas applicable aux programmes, parties de programme ou publicités incluses dans ces derniers qui sont conçus pour être intégralement diffusés en langue étrangère ou dont la finalité est l'apprentissage d'une langue, ni aux retransmissions de cérémonies cultuelles.

Lorsque les émissions ou les messages publicitaires visés au premier alinéa du présent article sont accompagnés de traductions en langues étrangères, la présentation en français doit être aussi lisible, audible ou intelligible que la présentation en langue étrangère.

Art. 20-2. — Les événements d'importance majeure ne peuvent être retransmis en exclusivité d'une manière qui aboutit à priver une partie importante du public de la possibilité de les suivre en direct ou en différé sur un service de télévision à accès libre.

La liste des événements d'importance majeure est fixée par décret en Conseil d'État. Ce décret détermine les conditions d'application du présent article.

Les services de télévision ne peuvent exercer les droits exclusifs qu'ils ont acquis après le 23 août 1997 d'une manière telle qu'ils privent une partie importante du public d'un autre État membre de la Communauté européenne ou d'un État partie à l'accord sur l'Espace économique européen de la possibilité de suivre, sur un service de télévision à accès libre, les événements déclarés d'importance majeure par cet État.

L'Autorité de régulation de la communication audiovisuelle et numérique veille au respect par les services de télévision des dispositions du présent article.

Art. 20-3. — Les services de télévision qui diffusent des programmes sportifs contribuent à la lutte contre le dopage et à la protection des personnes pratiquant des activités physiques et sportives en diffusant des programmes relatifs à ces sujets.

L'Autorité de régulation de la communication audiovisuelle et numérique fixe les conditions d'application du présent article.

Art. 20-4. — L'article L. 333-7 du code du sport est applicable aux événements de toute nature qui présentent un grand intérêt pour le public.

Art. 20-5. — Les services de radio, de télévision et de médias audiovisuels à la demande ne peuvent pas être modifiés ni faire l'objet de superpositions par des bandeaux à des fins commerciales sans l'accord explicite de leurs éditeurs.

L'Autorité de régulation de la communication audiovisuelle et numérique prend les mesures appropriées et proportionnées, y compris réglementaires, de nature à assurer le respect de ce principe, et des exceptions qui lui sont apportées, en tenant compte des contraintes techniques de diffusion et de distribution des services, ainsi que de la protection de l'intérêt légitime des éditeurs de services et de celui des utilisateurs. Elle précise notamment les flux, fonctionnalités ou données considérés comme faisant intégralement partie de ces services.

Art. 20-6. — L'Autorité de régulation de la communication audiovisuelle et numérique veille à l'accessibilité des programmes des services de télévision et de médias audiovisuels à la demande aux personnes en situation de handicap. Par l'exercice de l'ensemble de ses compétences, elle s'assure notamment du renforcement continu et progressif, quantitatif et qualitatif, de cette accessibilité et en rend compte dans son rapport annuel.

Elle porte une attention particulière à l'accessibilité des messages d'alerte sanitaire mentionnés à l'article 16-1 ainsi que des événements importants liés à l'actualité immédiate.

Elle s'assure que les programmes des services de télévision accessibles aux personnes sourdes ou malentendantes ou aux personnes aveugles ou malvoyantes sont également rendus accessibles lorsqu'ils sont proposés par un service de télévision de rattrapage.

Les éditeurs de services lui communiquent annuellement des rapports relatifs à l'accessibilité de leurs programmes ainsi que des services de communication au public par voie électronique qu'ils éditent, dans des conditions qu'elle détermine. Les distributeurs de services lui communiquent annuellement des rapports relatifs à l'accessibilité des moyens d'accès aux services qu'ils distribuent. Les éditeurs et distributeurs de services élaborent également, conformément aux orientations de l'autorité et aux recommandations qu'elle formule, des plans d'action permettant l'amélioration continue et progressive de l'accessibilité.

L'Autorité de régulation de la communication audiovisuelle et numérique rend facilement accessible, au sein d'un service de communication au public par voie électronique qu'elle édite, des informations sur l'accessibilité des programmes de services mentionnés au premier alinéa. Ce service permet de formuler des réclamations.

Art. 20-7. — I. — Pour l'application du présent article, on entend par « interface utilisateur » tout dispositif présentant à l'utilisateur un choix parmi plusieurs services de communication audiovisuelle ou parmi des programmes issus de ces services, qui est :

1° Installé sur un téléviseur ou sur un équipement destiné à être connecté au téléviseur ;

2° Installé sur une enceinte connectée ;

3° Mis à disposition par un distributeur de services ;

4° Mis à disposition au sein d'un magasin d'applications ;

II. — À compter du 1er janvier 2022 les opérateurs qui déterminent les modalités de présentation des services sur les interfaces utilisateurs dont le nombre d'utilisateurs ou d'unités commercialisées sur le territoire français dépasse un seuil fixé par décret assurent dans un délai précisé par le même décret une visibilité appropriée de tout ou partie des services d'intérêt général dans des conditions précisées par l'Autorité de régulation de la communication audiovisuelle et numérique. Cette obligation n'est pas applicable aux interfaces qui proposent exclusivement des services d'un même éditeur, d'un éditeur et de ses filiales, ou d'un éditeur et des filiales de la société qui le contrôle au sens du 2° de l'article 41-3.

Les services d'intérêt général s'entendent comme les services édités par un des organismes mentionnés au titre III de la présente loi et par la chaîne TV5 pour l'exercice de leurs missions de service public. Après consultation publique, l'Autorité de régulation de la communication audiovisuelle et numérique peut y inclure, de manière proportionnée et au regard de leur contribution au caractère pluraliste des courants et pensée et d'opinion et à la diversité culturelle, d'autres services de communication audiovisuelle. Elle rend publique la liste de ces services.

En tenant compte des capacités de personnalisation par les utilisateurs, la visibilité appropriée peut notamment être assurée par la mise en avant :

1° Sur la page ou l'écran d'accueil ;

2° Dans les recommandations aux utilisateurs ;

3° Dans les résultats de recherches initiées par l'utilisateur ;

4° Sur les dispositifs de pilotage à distance des équipements donnant accès aux services de communication audiovisuelle.

La présentation retenue doit en outre garantir l'identification de l'éditeur du service mis en avant.

III. — Les opérateurs mentionnés au premier alinéa du II rendent compte à l'Autorité de régulation de la communication audiovisuelle et numérique, selon des modalités déterminées par cette dernière, des mesures qu'ils mettent en œuvre pour l'application de ce même II.

L'Autorité de régulation de la communication audiovisuelle et numérique publie un bilan périodique de l'application de ces mesures et de leur effectivité.

IV. — En cas de manquement à l'obligation mentionnée au premier alinéa du III, l'Autorité de régulation de la communication audiovisuelle et numérique peut mettre en demeure l'opérateur de s'y conformer dans un délai qu'elle fixe.

Lorsque l'opérateur faisant l'objet de la mise en demeure ne se conforme pas à celle-ci, l'Autorité de régulation de la communication audiovisuelle et numérique peut prononcer une sanction pécuniaire dans les conditions prévues aux articles 42-2 et 42-7 de la présente loi.

Art. 20-8. — Les conditions de la lutte contre la retransmission illicite des manifestations et compétitions sportives sont définies à l'article L. 333-10 du Code du sport.

TITRE II

DES SERVICES DE COMMUNICATION AUDIOVISUELLE

Chapitre I

Des services utilisant la voie hertzienne

Section I

Règles générales d'attribution des fréquences

Art. 21. — Ainsi qu'il est dit à l'article L. 41 du code des postes et des communications électroniques, le Premier ministre définit, après avis de l'Autorité de régulation de la communication audiovisuelle et numérique et de l'Autorité de régulation des communications électroniques et des postes, les fréquences ou bandes de fréquences radioélectriques qui sont attribuées aux administrations de l'État et celles dont l'assignation est confiée à l'Autorité de régulation de la communication audiovisuelle et numérique ou à l'Autorité de régulation des communications électroniques, des postes et de la distribution de la presse.

Par dérogation au premier alinéa du présent article, la bande de fréquences radioélectriques 470-694 mégahertz reste affectée, au moins jusqu'au 31 décembre 2030, à l'Autorité de régulation de la communication audiovisuelle et numérique pour la diffusion de services de télévision par voie hertzienne terrestre. Cinq ans au moins avant cette date, le Gouvernement remet un rapport au Parlement relatif aux perspectives de diffusion et de distribution des services de télévision en France.

La commission de la modernisation de la diffusion audiovisuelle comprend quatre députés, dont un au moins appartient à l'opposition parlementaire, et quatre sénateurs, dont un au moins appartient à l'opposition parlementaire, désignés dans leur assemblée respective par les deux commissions permanentes chargées des affaires culturelles et des affaires économiques, à parité parmi leurs membres. Elle peut faire connaître à tout moment ses observations et ses recommandations sur les mesures nécessaires à la modernisation de la diffusion audiovisuelle et leur mise en œuvre.

À cette fin, elle peut auditionner l'Autorité de régulation de la communication audiovisuelle et numérique et l'Autorité de régulation des communications électroniques et des postes.

Elle est consultée préalablement par le Premier ministre sur tous les projets de réaffectation des fréquences affectées à l'Autorité de régulation de la communication audiovisuelle et numérique et de modernisation de la diffusion audiovisuelle. Elle rend son avis dans un délai de trois mois.

Art. 22. — L'Autorité de régulation de la communication audiovisuelle et numérique autorise, dans le respect des traités et accords internationaux signés par la France, l'usage des bandes de fréquences ou des fréquences attribuées ou assignées à des usages de radiodiffusion.

Elle contrôle leur utilisation.

L'Autorité de régulation de la communication audiovisuelle et numérique et l'Agence nationale des fréquences prennent les mesures nécessaires pour assurer une bonne réception des signaux et concluent entre elles à cet effet les conventions nécessaires.

Section II

Règles applicables aux usages autres que les services de communication audiovisuelle diffusés

Art. 23. — Lorsqu'un service de communications électroniques utilise des fréquences ou bandes de fréquences dont l'assignation a été confiée à l'Autorité de régulation de la communication audiovisuelle et numérique en application de l'article L. 41 du Code des postes et des communications électroniques, l'autorisation d'usage de la ressource radioélectrique ne peut être donnée par l'autorité qu'après avis conforme de l'Autorité de régulation des communications électroniques et des postes.

L'autorisation mentionnée à l'alinéa précédent est délivrée, à Mayotte par le représentant du Gouvernement, en Nouvelle-Calédonie et dans le territoire de la Polynésie française par le haut-commissaire, et dans le territoire des îles Wallis et Futuna par l'administrateur supérieur.

Les dispositions du présent article ne sont pas applicables aux services de communications électroniques utilisés pour la diffusion de services de communication audiovisuelle.

Section III

Règles applicables aux services de communication audiovisuelle diffusés

Art. 25. — L'usage de la ressource radioélectrique pour la diffusion de services de communication audiovisuelle par voie hertzienne terrestre est subordonné au respect des conditions techniques définies par l'Autorité de régulation de la communication audiovisuelle et numérique et concernant notamment :

1° Les caractéristiques des signaux émis et des équipements de transmission et de diffusion utilisés ;

1° bis Les conditions techniques du multiplexage et les caractéristiques des équipements utilisés ;

2° Le lieu d'émission ;

3° La limite supérieure et, le cas échéant, inférieure de puissance apparente rayonnée. En zone de montagne, il est tenu compte des contraintes géographiques pour appréhender la limite supérieure de la puissance apparente rayonnée ;

4° La protection contre les interférences possibles avec l'usage des autres techniques de télécommunications.

Par dérogation aux dispositions ci-dessus, l'usage de la ressource radioélectrique peut être attribué pour la diffusion terrestre en mode numérique dans le cadre d'une planification des fréquences par allotissement.

L'Autorité de régulation de la communication audiovisuelle et numérique veille en outre à ce que les services utilisant un moteur d'interactivité puissent être reçus sur l'ensemble des terminaux déployés pour fournir des services interactifs et exploités sur le territoire français pour la télévision numérique de terre.

L'autorité peut soumettre l'utilisateur d'un site d'émission à des obligations particulières, en fonction notamment de la rareté des sites d'émission dans une région. Elle peut, en particulier, imposer le regroupement de plusieurs utilisateurs sur un même site.

Elle peut également, en vue d'assurer la gestion optimale des fréquences radioélectriques ou de favoriser la modernisation de la diffusion des services de télévision par voie hertzienne terrestre, modifier les autorisations et les assignations délivrées en application des articles 30-1 et 30-2 pour organiser le regroupement des éditeurs de services sur une ou plusieurs ressources radioélectriques.

Elle détermine le délai maximum dans lequel le titulaire de l'autorisation doit commencer de manière effective à utiliser la ressource radioélectrique dans les conditions prévues par l'autorisation.

Art. 26. — I. — Nonobstant toute disposition contraire des autorisations de droits d'usage délivrées avant la date d'entrée en vigueur de la loi n° 2000-719 du 1er août 2000 modifiant la loi n° 86-1067 du 30 septembre 1986 relative à la liberté de communication, les sociétés nationales de programme et le groupement européen d'intérêt économique dénommé Arte sont titulaires du droit d'usage des ressources radioélectriques assignées pour la diffusion de leurs programmes par voie hertzienne terrestre.

Si les contraintes techniques l'exigent, l'Autorité de régulation de la communication audiovisuelle et numérique peut cependant leur retirer tout ou partie de cette ressource à la condition de leur assigner, sans interruption du service, l'usage de la ressource radioélectrique attribuée à des usages de radiodiffusion permettant une réception de qualité équivalente.

À la demande du Gouvernement, elle leur retire l'usage de la ressource radioélectrique lorsque cela s'avère nécessaire à la mise en œuvre du schéma national d'arrêt de la diffusion analogique et de basculement vers le numérique institué à l'article 99. À la demande du Gouvernement, elle peut également leur retirer l'usage de la ressource radioélectrique qui n'est plus nécessaire à l'accomplissement des missions définies à l'article 43-11 et par leurs cahiers des missions et des charges.

II. — À la demande du Gouvernement, l'Autorité de régulation de la communication audiovisuelle et numérique et l'Autorité de régulation des communications électroniques et des postes, respectivement pour les ressources radioélectriques de radiodiffusion et de transmission, accordent en priorité aux sociétés mentionnées à l'article 44 ou à leurs filiales répondant à des obligations de service public le droit d'usage de la ressource radioélectrique nécessaire à l'accomplissement de leurs missions de service public.

Dans les mêmes conditions, l'Autorité de régulation de la communication audiovisuelle et numérique accorde en priorité à la chaîne culturelle européenne issue du traité signé le 2 octobre 1990 le droit d'usage de la ressource radioélectrique nécessaire à l'accomplissement des missions qui lui sont confiées par ce traité.

L'Autorité de régulation de la communication audiovisuelle et numérique accorde en priorité à la chaîne visée à l'article 45-2 le droit d'usage de la ressource radioélectrique nécessaire à la diffusion de ses programmes en mode numérique.

L'Autorité de régulation de la communication audiovisuelle et numérique veille à regrouper sur une ou plusieurs fréquences les services des sociétés diffusés en mode numérique qui bénéficient des dispositions des trois alinéas précédents.

L'Autorité de régulation des communications électroniques, des postes et de la distribution de la presse assigne la ressource radioélectrique nécessaire à la transmission des programmes de radio et de télévision dans les conditions prévues à l'article L. 36-7 du code des postes et télécommunications. Lorsqu'elle assigne, réaménage ou retire cette ressource, elle prend en compte les exigences liées aux missions de service public des sociétés prévues à l'article 44 ou à leurs filiales répondant à des obligations de service public et aux missions confiées à la chaîne culturelle européenne par le traité du 2 octobre 1990.

Art. 27. — Compte tenu des missions d'intérêt général des organismes du secteur public et des différentes catégories de services de communication audiovisuelle diffusés par voie hertzienne terrestre, des décrets en Conseil d'État fixent les principes généraux définissant les obligations concernant :

1° La publicité, le télé-achat et le parrainage ;

1° bis Les services consacrés exclusivement à l'autopromotion ou au télé-achat ;

2° La diffusion, en particulier aux heures de grande écoute, de proportions au moins égales à 60 % d'œuvres cinématographiques et audiovisuelles européennes et de proportions au moins égales à 40 p. 100 d'œuvres cinématographiques et audiovisuelles d'expression originale française ;

Toutefois, pour l'application des dispositions prévues à l'alinéa ci-dessus aux œuvres audiovisuelles diffusées par les services autorisés, l'Autorité de régulation de la communication audiovisuelle et numérique pourra substituer aux heures de grande écoute des heures d'écoute significatives qu'elle fixera annuellement, pour chaque service, en fonction notamment des caractéristiques de son audience et de sa programmation ainsi que de l'importance et de la nature de sa contribution à la production ;

3° La contribution des éditeurs de services au développement de la production, en tout ou partie indépendante à leur égard, d'œuvres cinématographiques et audiovisuelles, ainsi que la part de cette contribution ou le montant affectés à l'acquisition des droits de diffusion de ces œuvres sur les services qu'ils éditent, en fixant, le cas échéant, des règles différentes pour les œuvres cinématographiques et pour les œuvres audiovisuelles et en fonction de la nature des œuvres diffusées et des conditions d'exclusivité de leur diffusion. Cette contribution peut tenir compte de l'adaptation de l'œuvre aux personnes aveugles ou malvoyantes, et, en matière cinématographique, comporter une part destinée à la distribution. Dans des conditions fixées par les conventions et les cahiers des charges, elle peut être définie globalement, respectivement pour les œuvres cinématographiques et pour les œuvres audiovisuelles, pour plusieurs services de télévision ou de médias audiovisuels à la demande d'un même éditeur, d'un éditeur et de ses filiales, ou d'un éditeur et des filiales de la société qui le contrôle au sens du 2° de l'article 41-3.

En matière audiovisuelle, cette contribution porte, entièrement ou de manière significative, sur la production d'œuvres de fiction, d'animation, de documentaires de création, y compris de ceux qui sont insérés au sein d'une émission autre qu'un journal télévisé ou une émission de divertissement, de vidéo-musiques et de captation ou de recréation de spectacles vivants ; elle peut inclure des dépenses de formation des auteurs et de promotion des œuvres.

4° L'acquisition des droits de diffusion, selon les différents modes d'exploitation, et la limitation de la durée de ces droits lorsqu'ils sont exclusifs. Pour les œuvres cinématographiques diffusées en première exclusivité, la durée des droits exclusifs peut varier en fonction de la nature et du montant de la contribution au développement de la production ;

5° Le régime de diffusion des œuvres cinématographiques de longue durée et, en particulier, la fixation d'un nombre maximal annuel de diffusions et de rediffusions et la grille horaire de programmation de ces œuvres ;

6° Le maintien à niveau sonore constant des séquences publicitaires ainsi que des écrans qui les précèdent et qui les suivent.

Ces décrets peuvent fixer des règles différentes selon que la diffusion a lieu en clair ou fait appel à une rémunération de la part des usagers, ou selon l'étendue de la zone géographique desservie et pourront prévoir une application progressive en fonction du développement de la télévision numérique de terre. Ils peuvent également définir des obligations adaptées à la nature particulière des services de médias audiovisuels à la demande et les exonérer de l'application de certaines des règles prévues pour les autres services.

Ces décrets sont pris après avis de l'Autorité de régulation de la communication audiovisuelle et numérique. Cet avis motivé est publié au Journal officiel de la République française, ainsi que le rapport de présentation du décret.

Art. 28. — La délivrance des autorisations d'usage de la ressource radioélectrique pour chaque nouveau service diffusé par voie hertzienne terrestre autre que ceux exploités par les sociétés nationales de programme, est subordonnée à la conclusion d'une convention passée entre l'Autorité de régulation de la communication audiovisuelle et numérique au nom de l'État et la personne qui demande l'autorisation.

Dans le respect de l'honnêteté et du pluralisme de l'information et des programmes et des règles générales fixées en application de la présente loi et notamment de son article 27, cette convention fixe les règles particulières applicables au service, compte tenu de l'étendue de la zone desservie, de la part du service dans le marché publicitaire, du respect de l'égalité de traitement entre les différents services et des conditions de concurrence propres à chacun d'eux, ainsi que du développement de la radio et de la télévision numériques de terre.

La convention porte notamment sur un ou plusieurs des points suivants :

1° La durée et les caractéristiques générales du programme propre ;

2° Les modalités permettant d'assurer la contribution au développement de la production d'œuvres en tenant compte des accords conclus entre l'éditeur de services et une ou plusieurs organisations professionnelles de l'industrie cinématographique ou audiovisuelle y compris, pour la partie de ces accords qui affecte directement leurs intérêts, des organisations professionnelles et organismes de gestion collective représentant les auteurs ;

2° bis. La proportion substantielle d'œuvres musicales d'expression française ou interprétées dans une langue régionale en usage en France, qui doit atteindre un minimum de 40 % de chansons d'expression française, dont la moitié au moins provenant de nouveaux talents ou de nouvelles productions, diffusées aux heures d'écoute significative par chacun des services de radio autorisés par l'Autorité de régulation de la communication audiovisuelle et numérique, pour la part de ses programmes composée de musique de variétés.

Par dérogation, l'Autorité de régulation de la communication audiovisuelle et numérique peut autoriser, pour des formats spécifiques, les proportions suivantes :

— soit pour les radios spécialisées dans la mise en valeur du patrimoine musical : 60 % de titres francophones, dont un pourcentage de nouvelles productions pouvant aller jusqu'à 10 % du total, avec au minimum un titre par heure en moyenne ;

— soit pour les radios spécialisées dans la promotion de jeunes talents : 35 % de titres francophones, dont 25 % au moins du total provenant de nouveaux talents ;

— soit, pour les radios spécialisées dans la découverte musicale qui diffusent au moins mille titres différents sur un mois donné dont la moitié au moins sont des nouvelles productions, chacun de ces titres n'étant pas diffusé plus de cent fois sur cette même période : 15 % de nouvelles productions francophones ou de nouveaux talents francophones.

Pour l'application des premier et quatrième alinéas du présent 2° bis, l'Autorité de régulation de la communication audiovisuelle et numérique peut, pour les services dont les programmes musicaux constituent une proportion importante de la programmation, diminuer la proportion minimale de titres francophones, en tenant compte de l'originalité de la programmation et des engagements substantiels et quantifiés pris par la radio en matière de diversité musicale, sans que cette proportion puisse être inférieure respectivement à 35 % et 30 %. Ces engagements, applicables à l'ensemble de la programmation musicale du service aux heures d'écoute significative, portent sur le taux de nouvelles productions, qui ne peut être inférieur à 45 %, le nombre de rediffusions d'un même titre, qui ne peut être supérieur à cent cinquante par mois, ainsi que sur le nombre de titres et d'artistes diffusés et sur la diversité des producteurs de phonogrammes. Les modalités de ces engagements sont fixées par l'Autorité de régulation de la communication audiovisuelle et numérique dans une délibération prise après consultation publique.

Dans l'hypothèse où plus de la moitié du total des diffusions d'œuvres musicales d'expression française ou interprétées dans une langue régionale en usage en France se concentre sur les dix œuvres musicales d'expression française ou interprétées dans une langue régionale en usage en France les plus programmées par un service, les diffusions intervenant au-delà de ce seuil ou n'intervenant pas à des heures d'écoute significative ne sont pas prises en compte pour le respect des proportions fixées par la convention pour l'application du présent 2° bis ;

3° Les mesures propres à contribuer à l'éducation aux médias et à l'information ;

4° La part du chiffre d'affaires consacrée à l'acquisition des droits de diffusion d'œuvres cinématographiques d'expression originale française ;

4° bis Les dispositions propres à assurer le respect de la langue française et le rayonnement de la francophonie ;

5° La diffusion de programmes éducatifs et culturels ainsi que d'émissions destinées à faire connaître les différentes formes d'expression artistique ;

5° bis Les proportions substantielles des programmes qui, par des dispositifs adaptés et en particulier aux heures de grande écoute, sont accessibles aux personnes sourdes ou malentendantes. Pour les services de télévision dont l'audience moyenne annuelle dépasse 2,5 % de l'audience totale des services de télévision, cette obligation s'applique, dans un délai maximum de cinq ans suivant la publication de la loi n° 2005-102 du 11 février 2005 pour l'égalité des droits et des chances, la participation et la citoyenneté des personnes handicapées, à la totalité de leurs programmes, à l'exception des messages publicitaires. La convention peut toutefois prévoir des dérogations justifiées par les caractéristiques de certains programmes. Pour les services de télévision à vocation locale, la convention peut prévoir un allègement des obligations d'adaptation ;

5° ter. Pour les services de télévision diffusés par voie hertzienne terrestre en mode numérique dont l'audience moyenne annuelle dépasse 2,5 % de l'audience totale des services de télévision, les proportions de programmes qui, par des dispositifs adaptés et en particulier aux heures de grande écoute, sont accessibles aux personnes aveugles ou malvoyantes ;

6° Les dispositions propres à assurer l'indépendance des producteurs à l'égard des diffuseurs ;

7° La contribution à des actions culturelles, éducatives et de défense des consommateurs ;

8° La contribution à la diffusion d'émissions de radio ou de télévision dans les collectivités mentionnées à l'article 72-3 de la Constitution, à la connaissance, en métropole, de ces collectivités et à la diffusion des programmes culturels de ces collectivités ;

9° La contribution à la diffusion à l'étranger d'émissions de radio ou de télévision ;

9° bis Le temps consacré à la diffusion de programmes sportifs rendant compte de la diversité des pratiques, des disciplines olympiques et paralympiques et des compétitions et manifestations organisées, et permettant une représentation équilibrée entre le sport féminin et le sport masculin ;

10° Le temps maximum consacré à la publicité, aux émissions parrainées, ainsi que les modalités de leur insertion dans les programmes ;

11° Le concours complémentaire au soutien financier de l'industrie cinématographique et de l'industrie de programmes audiovisuels, dans les conditions d'affectation fixées par la loi de finances ;

12° Les conditions dans lesquelles les services de télévision bénéficiant d'une autorisation nationale en clair sont autorisés à effectuer des décrochages locaux sous leur responsabilité éditoriale, dans la limite cumulée de trois heures par jour, sauf dérogation de l'Autorité de régulation de la communication audiovisuelle et numérique. Les décrochages locaux visés au présent alinéa ne sont pas considérés comme des services distincts bénéficiant d'autorisations locales et ne peuvent comporter de messages publicitaires ni d'émissions parrainées ;

13° Les engagements en matière d'extension de la couverture du territoire ;

14° Les modalités de rediffusion, intégrale ou partielle, par un réseau de communications électroniques au sens du 2° de l'article L. 32 du Code des postes et des communications électroniques, du service de télévision en plusieurs programmes, dans des conditions fixées par décret. Dans la limite d'un tiers de leur temps de diffusion, ces rediffusions peuvent toutefois comprendre des programmes différents du programme principal dont elles sont issues. Elles doivent s'effectuer selon un principe identique en ce qui concerne le recours ou non à une rémunération de la part des usagers.

Les obligations mentionnées aux 3° et 4° de l'article 27 portent alors globalement sur le service, et les obligations mentionnées aux 1°, 2° et 5° dudit article portent sur chacun des programmes le constituant ;

14° bis. Les modalités de mise à disposition, sur un service de médias audiovisuels à la demande, des programmes d'un service de télévision dans le cadre d'un service dit de télévision de rattrapage, en précisant les obligations qui lui sont applicables. En matière audiovisuelle, les obligations mentionnées aux 3° et 4° de l'article 27 portent alors globalement sur ces services ;

15° Les données associées au programme principal destinées à l'enrichir et à le compléter ;

16° La diffusion de programmes consacrés à la culture scientifique, technique et industrielle ;

17° Les mesures en faveur de la cohésion sociale et relatives à la lutte contre les discriminations.

La convention mentionnée au premier alinéa du présent article précise les mesures à mettre en œuvre pour garantir le respect des principes mentionnés au troisième alinéa de l'article 3-1.

La convention mentionnée au premier alinéa définit également les prérogatives et notamment les pénalités contractuelles dont dispose l'Autorité de régulation de la communication audiovisuelle et numérique pour assurer le respect des obligations conventionnelles. Ces pénalités ne peuvent être supérieures aux sanctions prévues aux 1°, 2° et 3° de l'article 42-1 de la présente loi ; elles sont notifiées au titulaire de l'autorisation qui peut, dans les deux mois, former un recours devant le Conseil d'État.

Pour l'application des dispositions du 2° bis du présent article, l'Autorité de régulation de la communication audiovisuelle et numérique adaptera, dans les six mois à compter de la publication de la loi n° 94-88 du 1er février 1994 modifiant la loi n° 86-1067 du 30 septembre 1986 relative à la liberté de communication, les conventions déjà conclues avec les services de radio autorisés.

Sans préjudice des règles générales fixées en application de la présente loi et notamment de son article 27 et afin de faciliter le développement de la télévision numérique de terre, les conventions conclues avec les éditeurs de services autorisés en application de l'article 30-1 pourront être régulièrement révisées sur un ou plusieurs des points précédemment énumérés.

Toute modification de convention d'un service national de télévision autorisé en application de l'article 30-1 ou d'un service de radio appartenant à un réseau de diffusion à caractère national au sens de l'article 41-3 susceptible de modifier de façon importante le marché en cause est précédée d'une étude d'impact, rendue publique. À compter de la publication de cette étude d'impact, le titulaire de l'autorisation et les tiers adressent leurs observations à l'Autorité de régulation de la communication audiovisuelle et numérique dans le délai qu'elle a imparti. L'autorité entend le titulaire de l'autorisation et peut entendre les tiers qui le demandent.

Si elle l'estime utile, l'Autorité de régulation de la communication audiovisuelle et numérique peut effectuer une telle étude pour les autres services autorisés.

Art. 28-1. — I. — La durée des autorisations délivrées en application des articles 29, 29-1, 30, 30-1 et 30-2 ne peut excéder dix ans. Toutefois, pour les services de radio en mode analogique, elle ne peut excéder cinq ans. Ces autorisations sont délivrées par l'Autorité de régulation de la communication audiovisuelle et numérique dans un délai de huit mois à compter de la date de clôture de réception des déclarations de candidatures des éditeurs ou des distributeurs de services.

Les autorisations délivrées en application des articles 29, 29-1, 30 et 30-1 sont reconduites par l'Autorité de régulation de la communication audiovisuelle et numérique, hors appel aux candidatures, dans la limite de deux fois en sus de l'autorisation initiale, et chaque fois pour cinq ans, sauf :

1° Si l'État modifie la destination de la ou des fréquences considérées en application de l'article 21 ;

2° Si une sanction, une astreinte liquidée ou une condamnation dont le titulaire de l'autorisation a fait l'objet sur le fondement de la présente loi, ou une condamnation prononcée à son encontre, sur le fondement des articles 23,24 et 24 bis de la loi du 29 juillet 1881 sur la liberté de la presse ou des articles 227-23 ou 227-24 du code pénal est de nature à justifier que cette autorisation ne soit pas reconduite hors appel aux candidatures ;

3° Si la reconduction de l'autorisation hors appel aux candidatures est de nature à porter atteinte à l'impératif de pluralisme sur le plan national ou sur le plan régional et local ;

4° Si la situation financière du titulaire ne lui permet pas de poursuivre l'exploitation dans des conditions satisfaisantes ;

5° Pour les services de radio, si le service ne remplit plus les critères propres à la catégorie pour laquelle elle est autorisée ;

6° En cas de non-respect, sur plusieurs exercices, des principes mentionnés au troisième alinéa de l'article 3-1 constaté par l'Autorité de régulation de la communication audiovisuelle et numérique dans le rapport public prévu à l'article 18.

À compter du 1er janvier 2002, les autorisations prévues aux articles 30 et 30-1 ne sont reconduites, hors appel aux candidatures, qu'une seule fois pour une période maximale de cinq ans, sauf dans les cas mentionnés aux 1° à 5° du présent I.

I bis. — Par dérogation aux dispositions du I, les autorisations délivrées aux services de radio diffusés par voie hertzienne terrestre en Nouvelle-Calédonie avant le 1er janvier 2008 et en vigueur au 1er janvier 2009 sont reconduites jusqu'au 31 décembre 2011.

II. — Un an avant l'expiration de l'autorisation délivrée en application des articles 29 ou 30, l'Autorité de régulation de la communication audiovisuelle et numérique publie sa décision motivée de recourir ou non à la procédure de reconduction hors appel aux candidatures. Ce délai est de dix-huit mois pour l'autorisation délivrée en application des articles 29-1 et 30-1.

Dans l'hypothèse où l'Autorité de régulation de la communication audiovisuelle et numérique décide de recourir à la reconduction hors appel aux candidatures, sa décision mentionne, pour les services de communication audiovisuelle autres que radiophoniques, les points principaux de la convention en vigueur qu'elle souhaite voir réviser, ainsi que ceux dont le titulaire demande la modification.

Pour les services de communication audiovisuelle autres que radiophoniques, l'Autorité de régulation de la communication audiovisuelle et numérique procède, dans le délai d'un mois suivant la publication de sa décision, à l'audition publique du titulaire. Elle peut également procéder à l'audition publique de tiers intéressés.

À défaut d'accord six mois au moins avant la date d'expiration de l'autorisation délivrée en application des articles 29 ou 30, ou neuf mois avant la date d'expiration de l'autorisation délivrée en application des articles 29-1 et 30-1, celle-ci n'est pas reconduite hors appel aux candidatures. Une nouvelle autorisation d'usage de fréquences ne peut être alors délivrée par l'Autorité de régulation de la communication audiovisuelle et numérique que dans les conditions prévues aux articles 29, 29-1, 30 et 30-1.

Art. 28-2. — Le titulaire d'un contrat de concession passé en vertu de l'article 79 de la loi n° 82-652 du 29 juillet 1982 sur la communication audiovisuelle est regardé, pour l'application de l'article 28-1, comme étant titulaire d'une autorisation, sans que soit cependant modifié le terme qui a été prévu pour l'expiration de la concession.

Art. 28-3. — L'Autorité de régulation de la communication audiovisuelle et numérique peut, sans être tenu de procéder aux appels aux candidatures prévus par les articles 29, 29-1, 30 ou 30-1, délivrer à toute société, fondation, association déclarée selon la loi du 1er juillet 1901 relative au contrat d'association, association à but non lucratif régie par la loi locale dans les départements du Bas-Rhin, du Haut-Rhin et de la Moselle, des autorisations relatives à un service de radio ou de télévision par voie hertzienne terrestre pour une durée n'excédant pas neuf mois.

Ces autorisations peuvent notamment être attribuées à l'occasion de manifestations, d'événements exceptionnels ou pendant les périodes de fréquentation touristique.

Art. 28-4. — Préalablement aux attributions de droit d'usage de la ressource radioélectrique pour la diffusion en mode numérique de services de radio, l'Autorité de régulation de la communication audiovisuelle et numérique procède à une consultation publique sur l'utilisation du spectre radioélectrique quand ces attributions sont susceptibles d'avoir un impact significatif sur le paysage radiophonique. Elle rend publiques les conclusions de cette consultation.

Sur la base de cette consultation et selon la disponibilité de la ressource radioélectrique affectée à la diffusion de services de radio par voie hertzienne terrestre et les normes d'utilisation techniques retenues, l'Autorité de régulation de la communication audiovisuelle et numérique arrête les modalités d'attribution de la ressource ainsi que les modalités d'appel aux candidatures. Elle indique en particulier si les déclarations de candidatures sont présentées par des éditeurs de services pour l'application de l'article 29, du II de l'article 29-1 et de l'article 29-2 ou par des distributeurs de services pour l'application du III de l'article 29-1.

L'Autorité de régulation de la communication audiovisuelle et numérique procède à de nouvelles consultations si elle l'estime nécessaire, notamment en raison de la disponibilité de nouvelles ressources radioélectriques ou de l'évolution des technologies de diffusion.

Art. 29. — Sous réserve des dispositions de l'article 26 de la présente loi, l'usage des fréquences pour la diffusion de services de radio par voie hertzienne terrestre est autorisé par l'Autorité de régulation de la communication audiovisuelle et numérique dans les conditions prévues au présent article.

Pour les zones géographiques et les catégories de services qu'elle a préalablement déterminées, l'autorité publie une liste de fréquences disponibles ainsi qu'un appel à candidatures. Elle fixe le délai dans lequel les candidatures doivent être déposées.

Les déclarations de candidature sont présentées soit par une société, soit par une fondation, soit par une association déclarée selon la loi du 1er juillet 1901 relative au contrat d'association, ou une association à but non lucratif régie par la loi locale dans les départements du Bas-Rhin, du Haut-Rhin et de la Moselle.

Ces déclarations indiquent notamment l'objet et les caractéristiques générales du service, la ou les fréquences que le candidat souhaite utiliser, les caractéristiques techniques d'émission, les prévisions de dépenses et de recettes, l'origine et le montant des financements prévus ainsi que la liste des administrateurs, la composition du ou des organes de direction, les statuts de la personne morale qui fait acte de candidature. Elles sont également accompagnées des éléments constitutifs d'une convention comportant des propositions sur un ou plusieurs des points mentionnés à l'article 28. En cas de candidature présentée par une société, ces déclarations indiquent également la composition de son capital et de ses actifs, la composition du capital social de la société qui contrôle la société candidate, au sens du 2° de l'article 41-3, ainsi que la composition de ses organes dirigeants et la composition de ses actifs.

À l'issue du délai prévu au deuxième alinéa ci-dessus, l'autorité arrête la liste des candidats dont le dossier est recevable.

L'autorité accorde les autorisations en appréciant l'intérêt de chaque projet pour le public, au regard des impératifs prioritaires que sont la sauvegarde du pluralisme des courants d'expression socio-culturels, la diversification des opérateurs, et la nécessité d'éviter les abus de position dominante ainsi que les pratiques entravant le libre exercice de la concurrence.

Elle tient également compte :

1° De l'expérience acquise par le candidat dans les activités de communication ;

2° Du financement et des perspectives d'exploitation du service notamment en fonction des possibilités de partage des ressources publicitaires entre les entreprises de presse écrite et les services de communication audiovisuelle ;

3° Des participations, directes ou indirectes, détenues par le candidat dans le capital d'une ou plusieurs régies publicitaires ou dans le capital d'une ou plusieurs entreprises éditrices de publications de presse ;

4° Pour les services dont les programmes comportent des émissions d'information politique et générale, des dispositions envisagées en vue de garantir le caractère pluraliste de l'expression des courants de pensée et d'opinion, l'honnêteté de l'information et son indépendance à l'égard des intérêts économiques des actionnaires, en particulier lorsque ceux-ci sont titulaires de marchés publics ou de délégations de service public ;

5° De la contribution à la production de programmes réalisés localement ;

6° Pour les services dont les programmes musicaux constituent une proportion importante de la programmation, des dispositions envisagées en faveur de la diversité musicale au regard, notamment, de la variété des œuvres, des interprètes, des nouveaux talents programmés et de leurs conditions de programmation ;

7° S'elle s'agit de la délivrance d'une nouvelle autorisation après que l'autorisation précédente est arrivée à son terme, du respect des principes mentionnés au troisième alinéa de l'article 3-1.

L'Autorité de régulation de la communication audiovisuelle et numérique veille, sur l'ensemble du territoire, à ce qu'une part suffisante des ressources en fréquences soit attribuée aux services édités par une association et accomplissant une mission de communication sociale de proximité, entendue comme le fait de favoriser les échanges entre les groupes sociaux et culturels, l'expression des différents courants socioculturels, le soutien au développement local, la protection de l'environnement ou la lutte contre l'exclusion.

L'autorité veille également au juste équilibre entre les réseaux nationaux de radiodiffusion, d'une part, et les services locaux, régionaux et thématiques indépendants, d'autre part.

Elle s'assure que le public bénéficie de services dont les programmes contribuent à l'information politique et générale.

En zone de montagne, elle est tenu compte des contraintes géographiques pour faciliter l'attribution d'iso-fréquences et permettre aux services de radios de surmonter ces difficultés.

Art. 29-1. — Sous réserve des articles 26 et 30-7, la diffusion de services de radio par voie hertzienne terrestre en mode numérique est soumise aux dispositions qui suivent lorsque ces services utilisent une même ressource radioélectrique.

I. — Pour les zones géographiques et les catégories de services qu'elle a préalablement déterminées, l'Autorité de régulation de la communication audiovisuelle et numérique publie une liste de fréquences disponibles ainsi qu'un appel aux candidatures.

Elle fixe le délai dans lequel les déclarations de candidatures doivent être déposées ainsi que les informations qui doivent lui être fournies par les candidats. Elle indique les conditions dans lesquelles les déclarations de candidatures peuvent porter sur une partie des zones géographiques de l'appel.

Les déclarations de candidatures sont présentées par une personne mentionnée au troisième alinéa de l'article 29. Elles indiquent, le cas échéant, les données associées au service de radio destinées à l'enrichir ou à le compléter ainsi que la diffusion de services de communication audiovisuelle autres que radiophoniques.

Pour les déclarations de candidatures déposées par des distributeurs de services, l'Autorité de régulation de la communication audiovisuelle et numérique indique également le nombre de services de radio qu'une offre pourra comporter et, le cas échéant, pour les catégories de services que l'Autorité de régulation de la communication audiovisuelle et numérique détermine, les obligations portant sur la composition de l'offre de services.

À l'issue du délai prévu au premier alinéa du présent I, l'Autorité de régulation de la communication audiovisuelle et numérique arrête la liste des candidats dont le dossier est recevable. Elle peut procéder à leur audition publique.

II. — L'Autorité de régulation de la communication audiovisuelle et numérique accorde les autorisations d'usage de la ressource radioélectrique aux éditeurs de services en appréciant l'intérêt de chaque projet au regard des impératifs prioritaires mentionnés à l'article 29 et des critères mentionnés aux 1° à 5° du même article.

L'Autorité de régulation de la communication audiovisuelle et numérique accorde le droit d'usage aux services de radio diffusés par voie hertzienne terrestre en mode numérique en tenant également compte de la cohérence des propositions formulées par les candidats en matière de regroupement technique et commercial avec d'autres services. Dans la limite de la disponibilité des ressources radioélectriques, elle autorise en priorité les services de radio préalablement autorisés en mode analogique sur la base de l'article 29 qui sont reçus dans la même zone géographique.

Dans la mesure de la ressource radioélectrique disponible et au vu des propositions de regroupement formulées par les candidats, l'Autorité de régulation de la communication audiovisuelle et numérique précise sur quelle fréquence s'exerce le droit d'usage accordé à chaque service en veillant à la cohérence technique et commerciale des regroupements ainsi constitués.

L'Autorité de régulation de la communication audiovisuelle et numérique attribue une part significative des ressources hertziennes disponibles ou rendues disponibles par l'extinction du service analogique de télévision en bande III et en bande L pour la diffusion du service de radio numérique terrestre, conformément aux accords internationaux souscrits par la France.

L'Autorité de régulation de la communication audiovisuelle et numérique publie, avant le 30 juin 2009, le calendrier des appels à candidatures à venir ainsi que la liste des zones associées, afin de permettre le déploiement des services de radio numérique sur le territoire métropolitain, en prenant en compte les fréquences libérées par l'arrêt de la diffusion analogique dans le respect des orientations du schéma national de réutilisation de ces fréquences. Avant le 1er juillet 2010, le Gouvernement dépose devant le Parlement un rapport sur les modalités de passage à la diffusion numérique des radios associatives et des radios indépendantes.

Les sociétés chargées de faire assurer les opérations techniques nécessaires à la transmission et à la diffusion des services autorisés sur une même fréquence auprès du public sont désignées et autorisées dans les conditions définies à l'article 30-2.

Les services déjà autorisés en mode analogique, conformément à l'article 29, faisant l'objet d'une autorisation d'émettre en mode numérique, à l'occasion des premiers appels à candidatures de l'Autorité de régulation de la communication audiovisuelle et numérique en application des dispositions du présent article, se voient accorder une prolongation de plein droit de leurs autorisations d'émettre en mode analogique de cinq ans.

III. — L'Autorité de régulation de la communication audiovisuelle et numérique accorde les autorisations d'usage de la ressource radioélectrique aux distributeurs de services pour la mise à disposition du public d'une offre de services de radio en appréciant l'intérêt de chaque offre de services au regard des impératifs prioritaires mentionnés à l'article 29. Pour la mise en œuvre des dispositions de l'article 26, l'Autorité de régulation de la communication audiovisuelle et numérique assure l'exercice du droit d'usage de la ressource radioélectrique des sociétés mentionnées à l'article 44 par l'un au moins des distributeurs de services.

Dans la limite de la disponibilité des ressources radioélectriques, les autorisations sont assorties d'obligations de reprise des services de radio préalablement autorisés en mode analogique sur la base de l'article 29 qui sont reçus dans la même zone géographique et qui en font la demande. L'Autorité de régulation de la communication audiovisuelle et numérique peut également assortir les autorisations d'obligations de reprise de services de radio qu'elle détermine en tenant compte des impératifs prioritaires mentionnés à l'article 29 et des critères mentionnés aux 1° à 5° du même article et avec lesquels elle a conclu une convention. Ces reprises s'effectuent dans des conditions techniques et financières équitables, raisonnables et non discriminatoires.

Les autorisations comportent les éléments permettant d'assurer les conditions équitables, raisonnables et non discriminatoires de l'utilisation de la ressource radioélectrique par les éditeurs de services. Elles comportent également les éléments mentionnés à l'article 25.

Les services conventionnés sont regardés comme des services autorisés pour l'application des articles 28-1,32 et 35 à 42-15.

Toute modification des éléments au vu desquels l'autorisation a été délivrée au distributeur de services doit être préalablement notifiée à l'Autorité de régulation de la communication audiovisuelle et numérique.

IV. — Dans la mesure de leur viabilité économique et financière, notamment au regard de la ressource publicitaire, l'Autorité de régulation de la communication audiovisuelle et numérique favorise les services ne faisant pas appel à une rémunération de la part des usagers et contribuant à renforcer la diversité des opérateurs ainsi que le pluralisme de l'information.

Art. 29-2. — L'Autorité de régulation de la communication audiovisuelle et numérique peut délivrer, hors appel aux candidatures et sur la même ressource radioélectrique, l'autorisation d'assurer la diffusion intégrale et simultanée en mode numérique d'un service préalablement autorisé sur la base de l'article 29 en mode analogique. Cette autorisation est assimilée à l'autorisation initiale dont elle ne constitue qu'une extension.

Art. 29-3. — Des comités techniques, constitués par l'Autorité de régulation de la communication audiovisuelle et numérique, assurent l'instruction des demandes d'autorisations visées aux articles 29 et 29-1 et l'observation de l'exécution des obligations qu'elles contiennent. Ils peuvent également, à la demande de l'autorité, participer à l'instruction des demandes d'autorisations mentionnées aux articles 30 et 30-1 concernant des services de télévision locale et participer à l'observation de l'exécution des obligations contenues dans les autorisations. Ils peuvent statuer, dans des conditions fixées par l'Autorité de régulation de la communication audiovisuelle et numérique, sur la reconduction des autorisations délivrées en application des articles 29,29-1,30 et 30-1, pour les services à vocation locale, dans les conditions prévues à l'article 28-1, sur les demandes de modification non substantielle des éléments de l'autorisation ou de la convention et sur la délivrance, dans leur ressort territorial, des autorisations temporaires prévues à l'article 28-3. Dans ce cas, le président du comité technique peut signer l'autorisation et la convention y afférente. Les comités techniques peuvent également organiser, dans leur ressort, les consultations prévues à l'article 31.

Ces comités, présidés par un membre des juridictions administratives en activité ou honoraire, désigné par le vice-président du Conseil d'État, comprennent en outre six membres au plus, désignés par l'Autorité de régulation de la communication audiovisuelle et numérique parmi des personnalités qualifiées notamment dans les secteurs de la planification des fréquences, des télécommunications, de la radio et de la télévision.

Le nombre de ces comités, leur ressort géographique, le nombre de leurs membres et leurs modalités de fonctionnement sont fixés par décret après avis de l'Autorité de régulation de la communication audiovisuelle et numérique.

Art. 30. — Sous réserve de l'article 26 de la présente loi, l'usage des fréquences pour la diffusion de services de télévision par voie hertzienne terrestre en mode analogique est autorisé par l'Autorité de régulation de la communication audiovisuelle et numérique dans les conditions prévues au présent article.

Pour les zones géographiques et les catégories de services qu'elle a préalablement déterminées, l'autorité publie une liste des fréquences disponibles, en tenant compte des besoins en ressource radioélectrique propres à assurer le développement de la télévision en mode numérique et de la nécessité de développer en particulier les services de télévision à vocation locale ainsi qu'un appel aux candidatures. Elle fixe le délai dans lequel les candidatures doivent être déposées.

La déclaration de candidature est présentée par une société commerciale, y compris une société d'économie mixte locale ou une société coopérative d'intérêt collectif, ou par une association mentionnée au troisième alinéa de l'article 29, ou par un établissement public de coopération culturelle. Cette déclaration indique notamment l'objet et les caractéristiques générales du service, les caractéristiques techniques d'émission, les prévisions de dépenses et de recettes, l'origine et le montant des financements prévus ainsi que la composition du capital, des organes dirigeants et des actifs de cette société ainsi que de la société qui la contrôle au sens du 2° de l'article 41-3. Si la déclaration est présentée par une association, elle indique en outre la liste de ses dirigeants et adhérents. Toute déclaration de candidature est accompagnée des éléments constitutifs d'une convention comportant des propositions sur un ou plusieurs des points mentionnés à l'article 28.

À l'issue du délai prévu au deuxième alinéa, l'Autorité de régulation de la communication audiovisuelle et numérique arrête la liste des candidats dont le dossier est recevable. Après audition publique de ces derniers, l'autorité accorde l'autorisation en appréciant l'intérêt de chaque projet pour le public au regard des impératifs prioritaires mentionnés au sixième alinéa de l'article 29.

Elle tient également compte des critères figurant aux 1° à 5° et 7° de l'article 29.

Art. 30-1. — Sous réserve des dispositions de l'article 26, l'usage de ressources radioélectriques pour la diffusion de tout service de télévision par voie hertzienne terrestre en mode numérique est autorisé par l'Autorité de régulation de la communication audiovisuelle et numérique dans les conditions prévues au présent article.

I. — L'Autorité de régulation de la communication audiovisuelle et numérique définit des catégories de services et lance un appel aux candidatures dont la zone géographique équivaut à l'ensemble du territoire métropolitain pour les services à vocation nationale. Pour les services à vocation locale, les zones géographiques sont préalablement déterminées par l'Autorité de régulation de la communication audiovisuelle et numérique. Celle-ci fixe le délai dans lequel les candidatures doivent être déposées et publie la liste de fréquences pouvant être attribuées dans la zone considérée, accompagnée des indications concernant les zones dans lesquelles peuvent être implantées des stations d'émission et la puissance apparente rayonnée. Cette liste doit tendre, dans la limite des contraintes techniques et économiques, à la prise en compte des différents modes de réception de la télévision numérique terrestre, et notamment à favoriser le développement de la télévision mobile personnelle, mode de diffusion des services de télévision destinés à être reçus en mobilité par voie hertzienne utilisant des ressources radioélectriques principalement dédiées à cet effet et des différents standards de diffusion innovants de la télévision.

Dans les collectivités régies par les articles 73 et 74 de la Constitution et en Nouvelle-Calédonie, pour les zones géographiques et les catégories de services à vocation nationale ou locale qu'elle a préalablement déterminées, l'Autorité de régulation de la communication audiovisuelle et numérique publie une liste des fréquences disponibles ainsi qu'un appel à candidatures dans les conditions prévues à l'alinéa précédent.

Pour l'application des deux alinéas précédents chaque standard de diffusion constitue une catégorie de services.

II. — Les déclarations de candidature sont présentées par les éditeurs de services constitués sous forme de société commerciale, y compris de société d'économie mixte locale ou de société coopérative d'intérêt collectif, ou d'établissement public de coopération culturelle ou d'association mentionnée au troisième alinéa de l'article 29. Elles indiquent, outre les éléments mentionnés au troisième alinéa de l'article 30 :

1° Le cas échéant, la part de la programmation réservée à l'expression locale ;

2° Les zones géographiques envisagées et, le cas échéant, les engagements du candidat en matière de couverture du territoire et de qualité de réception des services de télévision mobile personnelle, notamment à l'intérieur des bâtiments, et le niveau d'émission d'ondes électromagnétiques ;

3° Le cas échéant, les modalités de commercialisation du service et tout accord, conclu ou envisagé, relatif à un système d'accès sous condition ;

4° Le besoin en bande passante pour la diffusion du service concerné ;

5° Les propositions éventuelles du candidat quant au choix de sa fréquence, au regroupement technique ou commercial de son service avec d'autres services édités par lui ou un tiers, au choix de distributeurs de services mentionnés à l'article 30-2 et, le cas échéant, aux modalités de commercialisation ;

6° Le cas échéant, les données associées au programme de télévision destinées à l'enrichir et à le compléter, ainsi que la diffusion de services de communication audiovisuelle autres que télévisuels ;

7° Les engagements du candidat en ce qui concerne le délai de mise en exploitation du service ;

8° Le cas échéant, le standard de diffusion du service concerné.

À l'issue du délai prévu au premier alinéa du I, l'Autorité de régulation de la communication audiovisuelle et numérique arrête la liste des candidats dont le dossier est recevable.

III. — L'Autorité de régulation de la communication audiovisuelle et numérique procède à une audition publique des candidats.

Elle accorde les autorisations d'usage de la ressource radioélectrique en appréciant l'intérêt de chaque projet pour le public au regard des impératifs prioritaires que sont la sauvegarde du pluralisme des courants d'expression socio-culturels, la diversité des opérateurs et la nécessité d'éviter les abus de position dominante ainsi que les pratiques entravant le libre exercice de la concurrence et des critères mentionnés aux articles 29 et 30 ainsi que des engagements du candidat en matière de couverture du territoire, de production et de diffusion d'œuvres audiovisuelles et cinématographiques françaises et européennes. Elle tient également compte de la cohérence des propositions formulées par les candidats en matière de regroupement technique et commercial avec d'autres services et en matière de choix des distributeurs de services, ainsi que de la nécessité d'offrir des services répondant aux attentes d'un large public et de nature à encourager un développement rapide de la télévision numérique de terre.

L'Autorité de régulation de la communication audiovisuelle et numérique prend en compte le coût des investissements nécessaires à l'exploitation d'un service et la durée de leur amortissement au regard des perspectives d'évolution de l'utilisation des fréquences radioélectriques.

Dans la mesure de leur viabilité économique et financière, notamment au regard de la ressource publicitaire, elle favorise les services ne faisant pas appel à une rémunération de la part des usagers et contribuant à la diversité des opérateurs ainsi qu'à renforcer le pluralisme de l'information, tous médias confondus.

Elle veille en outre à favoriser les services à vocation locale, notamment ceux consistant en la reprise des services locaux conventionnés au titre de l'article 33-1.

Pour l'octroi des autorisations aux éditeurs de services de télévision en haute ou ultra haute définition, elle autorise en priorité les services qui sont reçus dans la même zone géographique déjà autorisés par voie hertzienne terrestre en mode numérique. Elle tient compte des engagements en volume et en genre pris par le candidat en matière de production et de diffusion en haute ou ultra haute définition de programmes, en particulier d'œuvres audiovisuelles et cinématographiques européennes et d'expression originale française, ainsi que de l'offre de programmes dont les formats sont les plus adaptés à la haute ou ultra haute définition et les plus à même d'encourager la réception de services en haute ou ultra haute définition par le plus grand nombre.

Pour l'octroi des autorisations aux éditeurs de services de télévision mobile personnelle, elle tient compte des engagements en volume et en genre pris par le candidat en matière de production et de diffusion de programmes, en particulier d'œuvres audiovisuelles et cinématographiques européennes et d'expression originale française, ainsi que de l'offre de programmes dont les formats sont les plus adaptés à la télévision mobile personnelle, notamment l'information.

Elle tient compte également des engagements du candidat en matière de couverture du territoire et de qualité de réception des services de télévision mobile personnelle, notamment à l'intérieur des bâtiments, ainsi que des conditions de commercialisation du service les plus larges auprès du public.

Lorsque l'Autorité de régulation de la communication audiovisuelle et numérique autorise un ou plusieurs programmes consistant, dans les conditions prévues au 14° de l'article 28, en la rediffusion, intégrale ou partielle, d'un service de télévision diffusé par voie hertzienne terrestre, chacun de ces programmes est considéré, pour l'application du quatrième alinéa de l'article 41, comme faisant l'objet d'une autorisation distincte.

IV. — Dans la mesure de la ressource radioélectrique disponible et au vu des propositions de regroupement formulées par les candidats, l'Autorité de régulation de la communication audiovisuelle et numérique précise sur quelle fréquence s'exerce le droit d'usage accordé à chaque service en veillant au mieux à la cohérence technique et commerciale des regroupements ainsi constitués.

Les éditeurs des services de communication audiovisuelle diffusés par voie hertzienne terrestre titulaires d'une autorisation d'usage de la ressource radioélectrique délivrée sur la base du présent article, de l'article 30-5 ou d'un droit d'usage en vertu de l'article 26 supportent le coût des réaménagements des fréquences nécessaires à la diffusion des services de communication audiovisuelle par voie hertzienne terrestre. Un décret en Conseil d'État précise les conditions d'application du présent alinéa.

V. — Les autorisations accordées en application du présent article et de l'article 30-2 précisent le ou les standards de diffusion du service.

Sous réserve du dernier alinéa du III, le service diffusé selon des standards de diffusion différents est regardé comme un service unique.

Sous réserve des articles 39 à 41-4, l'autorisation d'un service de télévision mobile personnelle consistant en la reprise d'un service préalablement autorisé par voie hertzienne terrestre en mode numérique est assimilée à l'autorisation initiale dont elle ne constitue qu'une extension, quelles que soient ses modalités de commercialisation et nonobstant les prescriptions du 14° de l'article 28.

Avant le 30 septembre 2009 et compte tenu, notamment, de l'état d'avancement de l'extinction de la diffusion analogique par voie hertzienne terrestre, le Gouvernement dépose devant le Parlement un rapport sur la possibilité d'ajouter ou de substituer à la procédure prévue au présent article pour la télévision mobile personnelle une procédure d'attribution de la ressource radioélectrique à des distributeurs de services.

VI. — Lorsqu'un service de télévision diffusé par voie hertzienne terrestre est disponible, simultanément, en intégralité et sans changement, en télévision mobile personnelle, sa diffusion s'effectue dans ce cadre nonobstant toute clause d'exclusivité figurant dans les contrats relatifs à la cession des droits d'exploitation audiovisuelle. Les contrats conclus avant l'entrée en vigueur de la loi n° 2007-309 du 5 mars 2007 précitée continuent toutefois à produire leurs effets jusqu'à leur terme.

VII. — Lorsqu'un service de télévision diffusé en télévision mobile personnelle est disponible, simultanément, en intégralité et sans changement, sur un réseau de radiocommunications mobiles, sa diffusion s'effectue dans ce cadre nonobstant toute clause d'exclusivité figurant dans les contrats relatifs à la cession des droits d'exploitation audiovisuelle. Les contrats conclus avant l'entrée en vigueur de la loi n° 2009-258 du 5 mars 2009 relative à la communication audiovisuelle et au nouveau service public de la télévision continuent toutefois à produire leurs effets jusqu'à leur terme.

Art. 31-1-1 — L'Autorité de régulation de la communication audiovisuelle et numérique peut, sans être tenue de recourir à l'appel aux candidatures prévu à l'article 30-1, autoriser l'usage de ressources radioélectriques par voie hertzienne terrestre pour la diffusion, dans des formats d'image améliorés, de programmes de services de télévision préalablement autorisés par voie hertzienne terrestre.

Les autorisations sont accordées au regard de l'intérêt général qui s'attache au développement de formats de diffusion améliorés et dans le respect des critères mentionnés au deuxième alinéa du III du même article 30-1 et des règles prévues à l'article 26.

L'autorité modifie en conséquence les conventions préalablement conclues avec les titulaires d'autorisations délivrées en application de l'article 30-1.

Les dispositions de l'article 28-1 et celles se rapportant à la diffusion aux heures de grande écoute ou à une obligation calculée sur une journée entière de programmation ne sont pas applicables à ces titulaires. Les autorisations ainsi délivrées ne sont pas prises en compte pour l'application des articles 41 à 41-2-1.

L'autorité assigne la ressource radioélectrique correspondante, dans les conditions prévues à l'article 30-2.

Les autorisations prévues au présent article peuvent être délivrées pendant une durée de trois ans à compter de la publication de la loi n° 2021-1382 du 25 octobre 2021 relative à la régulation et à la protection de l'accès aux œuvres culturelles à l'ère numérique. Leur durée ne peut être supérieure à cinq ans.

Art. 30-2. — I. — Dans un délai de deux mois à compter de la délivrance des autorisations, en application du II de l'article 29-1, de l'article 30-1 et des V et VI de l'article 96, et de l'octroi des droits d'usage de la ressource radioélectrique, en application de l'article 26, les éditeurs de services titulaires d'un droit d'usage d'une même ressource radioélectrique proposent conjointement une société distincte chargée de faire assurer les opérations techniques nécessaires à la transmission et à la diffusion auprès du public de leurs programmes. Pour les services de télévision mobile personnelle, cette société est constituée avec les exploitants de réseaux de radiocommunications mobiles terrestres ouverts au public, à leur demande et lorsqu'ils participent de manière significative au financement de la diffusion des services qu'ils distribuent. À défaut d'accord entre les éditeurs sur le choix de ce distributeur, l'Autorité de régulation de la communication audiovisuelle et numérique lance un nouvel appel aux candidatures sur la ressource radioélectrique concernée dans les conditions prévues à l'article 29-1 ou à l'article 30-1.

Pour les services de télévision mobile personnelle, cette société peut déléguer à un ou plusieurs tiers, dans des conditions approuvées par l'Autorité de régulation de la communication audiovisuelle et numérique, le déploiement et l'exploitation du réseau ainsi que la commercialisation d'une offre de gros auprès des distributeurs de services.

II. — Toute société proposée au titre du I indique à l'Autorité de régulation de la communication audiovisuelle et numérique, selon sa forme sociale et l'étendue des missions qui lui ont été confiées par les éditeurs de services :

— les éléments mentionnés à l'article 43-1, la composition de son capital, des organes dirigeants et des actifs de cette société ainsi que de la société qui la contrôle, au sens du 2° de l'article 41-3 ;

— les prévisions de dépenses et de recettes, les conditions commerciales de diffusion des programmes, l'origine et le montant des financements prévus, tout accord de commercialisation du système d'accès sous condition ;

— les caractéristiques techniques de mise en forme du signal, portant notamment sur le choix du système de contrôle d'accès, de sa transmission et de sa diffusion ;

— le cas échéant, les modalités selon lesquelles elle souhaite déléguer à un ou plusieurs tiers, dans les conditions fixées au I du présent article, le déploiement et l'exploitation du réseau ainsi que la commercialisation d'une offre de gros auprès des distributeurs de services.

III. — L'Autorité de régulation de la communication audiovisuelle et numérique autorise toute société proposée au titre du I et lui assigne la ressource radioélectrique correspondante. Cette société est regardée comme un distributeur de services au sens de l'article 2-1. En cas de refus d'autorisation par l'autorité, les éditeurs de services titulaires d'un droit d'usage d'une même ressource radioélectrique disposent d'un nouveau délai de deux mois pour proposer conjointement un nouveau distributeur de services.

Les autorisations délivrées en application du présent article comportent les éléments permettant d'assurer les conditions équitables, raisonnables et non discriminatoires de l'utilisation de la ressource radioélectrique par les éditeurs de services autorisés en application du II de l'article 29-1 et de l'article 30-1. Elles comportent également les éléments mentionnés à l'article 25. Pour la télévision mobile personnelle, l'Autorité de régulation de la communication audiovisuelle et numérique recueille l'avis des exploitants de réseaux de radiocommunications mobiles terrestres ouverts au public, autorisés conformément à l'article L. 33-1 du Code des postes et des communications électroniques, sur les éléments énumérés au dernier alinéa du II ainsi qu'à l'article 25.

L'autorisation n'est pas remise en cause par l'octroi du droit d'usage de la ressource radioélectrique à un nouvel éditeur.

IV. — La commercialisation auprès du public des programmes des éditeurs de services autorisés en application de l'article 30-1 est assurée par une société distincte des éditeurs. Cette société est regardée comme un distributeur de services au sens de l'article 2-1 et doit effectuer une déclaration préalable auprès de l'Autorité de régulation de la communication audiovisuelle et numérique. Cette déclaration comporte les éléments prévus par le décret mentionné au dernier alinéa du I de l'article 34. Toute modification de ces éléments doit être préalablement notifiée à l'Autorité de régulation de la communication audiovisuelle et numérique.

Ce distributeur met à la disposition du public les services des éditeurs qui ont bénéficié, sur le fondement de l'article 26, d'une priorité pour l'attribution du droit d'usage de la ressource radioélectrique en vue d'une diffusion en télévision mobile personnelle.

Tout distributeur de services fait droit, dans des conditions équitables, raisonnables et non discriminatoires, aux demandes des éditeurs de services de télévision mobile personnelle, également diffusés en clair par voie hertzienne terrestre par application de l'article 30-1, visant à assurer la reprise de leurs services au sein de l'offre commercialisée auprès du public par ce distributeur.

Tout éditeur de services de télévision mobile personnelle visés au précédent alinéa fait droit, dans des conditions équitables, raisonnables et non discriminatoires, aux demandes des distributeurs de services visant à assurer la reprise de ses services au sein de l'offre qu'ils commercialisent auprès du public.

Les éditeurs de services peuvent toutefois s'opposer à cette reprise ou l'interrompre si l'offre de services est manifestement incompatible avec le respect de leurs missions de service public ou leur objet éditorial ou si le distributeur porte atteinte au caractère intégral de la reprise.

Les distributeurs de services de télévision mobile personnelle ne font pas obstacle à la mise en œuvre, sans préjudice de l'article L. 331-9 du code de la propriété intellectuelle, des mesures techniques propres à permettre le respect par les éditeurs de ces services de leurs engagements envers les ayants droit.

Pour l'application de l'article 17-1, le titulaire d'un récépissé de déclaration est regardé comme le titulaire d'une autorisation de distributeur de services.

V. — Le 1° et le 2° de l'article 42-1 ne sont pas applicables aux distributeurs de services autorisés en application du présent article.

L'autorisation peut être retirée par l'Autorité de régulation de la communication audiovisuelle et numérique en cas de modification substantielle des conditions aux termes desquelles elle avait été délivrée, et notamment à la demande conjointe des titulaires des autorisations délivrées en application du II de l'article 29-1 et de l'article 30-1.

À défaut de la conclusion des contrats nécessaires à la diffusion et à la transmission auprès du public des programmes à une date déterminée par l'Autorité de régulation de la communication audiovisuelle et numérique, celle-ci peut déclarer l'autorisation caduque.

Lorsque, à la suite des regroupements prévus à l'article 25, le distributeur n'a plus à assurer les opérations techniques nécessaires à la transmission et à la diffusion auprès du public de services de télévision, l'autorisation est abrogée par l'Autorité de régulation de la communication audiovisuelle et numérique.

Les décisions relatives à la couverture du territoire des services de télévision mobile personnelle prises par les sociétés autorisées en application du présent article sont prises, si les statuts de la société le prévoient, à la majorité des voix pondérées en fonction de la participation de chaque personne morale au financement de cette couverture.

VI. — Au terme des autorisations délivrées en application de du II de l'article 29-1 et de l'article 30-1, les titulaires de nouvelles autorisations, éventuellement délivrées en application de l'article 28-1, désignent conjointement leurs distributeurs de services. Ces distributeurs sont autorisés dans les conditions prévues au présent article.

Art. 30-3. — L'Autorité de régulation de la communication audiovisuelle et numérique assigne, selon des modalités qu'elle fixe, aux collectivités territoriales et à leurs groupements qui lui en font la demande la ressource radioélectrique nécessaire à la diffusion des programmes des éditeurs de services de télévision diffusés par voie hertzienne terrestre en mode numérique dans les zones non couvertes en vertu des deux derniers alinéas de l'article 96-1 de la présente loi.

Elle peut également assigner, pour l'application de l'article 23 de la loi n° 74-696 du 7 août 1974 relative à la radiodiffusion et à la télévision, selon des modalités qu'elle fixe, aux propriétaires de constructions, aux syndicats de copropriétaires ou aux constructeurs la ressource radioélectrique nécessaire à la diffusion des programmes des éditeurs de services de télévision diffusés par voie hertzienne terrestre en mode numérique pour réduire ou supprimer la gêne à la réception de la radiodiffusion ou de la télévision par les occupants des bâtiments voisins. L'autorisation délivrée au constructeur est transmise de plein droit au propriétaire ou au syndicat de copropriétaires lorsque la construction est achevée ; le constructeur en informe alors l'autorité.

La demande précise la liste des distributeurs de services mentionnés au I de l'article 30-2 de la présente loi dont la diffusion des programmes est souhaitée, la zone de couverture envisagée et les éléments nécessaires à la définition des conditions techniques prévues à l'article 25.

L'autorisation peut être refusée ou, le cas échéant, modifiée ou retirée lorsque la ressource radioélectrique demandée ou assignée provoque des interférences avec d'autres usages de ce type de ressource légalement autorisés.

Les titulaires d'une autorisation au titre du présent article sont regardés comme des distributeurs de services au sens de l'article 2-1.

Lorsque, à la suite des regroupements prévus à l'article 25, le distributeur de services n'a plus à assurer la diffusion de programmes des éditeurs mentionnés au I de l'article 30-2, son autorisation est abrogée par l'Autorité de régulation de la communication audiovisuelle et numérique.

Lors de leur demande, les collectivités territoriales et leurs groupements communiquent à l'Autorité de régulation de la communication audiovisuelle et numérique une estimation comparative des coûts, pour eux et les foyers domiciliés sur leur territoire, des modes disponibles de réception de la télévision, notamment en fonction de la répartition déjà existante de ceux-ci dans la zone concernée.

Art. 30-4. — Afin de permettre une meilleure réception, dans leur zone géographique, des services autorisés en application des articles 29-1 et 30-1, l'Autorité de régulation de la communication audiovisuelle et numérique peut autoriser l'usage de nouvelles fréquences et l'utilisation de nouveaux sites, hors appel aux candidatures, sauf si ces autorisations portent atteinte aux dispositions des articles 1er et 3-1 et à la condition que la ressource radioélectrique soit suffisante pour que l'ensemble des services autorisés dans la zone géographique considérée puisse bénéficier des dispositions du présent alinéa.

À défaut, l'Autorité de régulation de la communication audiovisuelle et numérique relance un appel aux candidatures dans les conditions prévues aux articles 29-1 et 30-1. Sans préjudice des dispositions de l'article 26, elle autorise la reprise intégrale et simultanée des services de télévision autorisés en application de l'article 30, lorsque les candidats lui en ont fait la demande, puis les services ne faisant pas appel à une rémunération de la part des usagers.

Art. 30-5. — Sous réserve de l'article 30-7, l'usage de ressources radioélectriques par voie hertzienne terrestre pour la diffusion de services de communication audiovisuelle autres que de radio ou de télévision est autorisé par l'Autorité de régulation de la communication audiovisuelle et numérique.

L'autorité accorde l'autorisation au regard des impératifs prioritaires mentionnés au sixième alinéa de l'article 29.

Art. 30-6. — L'usage des fréquences assignées à la radiodiffusion par satellite est autorisé par l'Autorité de régulation de la communication audiovisuelle et numérique dans les conditions qui suivent.

1. L'autorité assigne la ressource radioélectrique correspondante au titulaire de l'autorisation délivrée sur la base de l'article L. 97-2 du Code des postes et des communications électroniques. Le cas échéant, cette autorisation comporte les éléments mentionnés à l'article 25 de la présente loi. L'autorisation de l'opérateur de réseau satellitaire délivrée par l'autorité comporte notamment les caractéristiques techniques des signaux diffusés et précise les modalités de mise en œuvre des obligations prévues à l'article 19 et au III de l'article 33-1.

2. Les distributeurs de services qui assurent la commercialisation auprès du public des programmes des éditeurs de services procèdent à la déclaration prévue au I de l'article 34. Toute modification de ces éléments doit être préalablement notifiée à l'Autorité de régulation de la communication audiovisuelle et numérique. Ces distributeurs de services sont soumis aux articles 34-2 à 34-5.

3. Les services diffusés sur ces fréquences sont soumis aux articles 33 et 33-1.

Lorsque la disponibilité de la ressource radioélectrique en cause n'est pas suffisante pour permettre d'assurer le pluralisme des courants d'expression socioculturels, l'Autorité de régulation de la communication audiovisuelle et numérique accorde le droit d'usage de la ressource radioélectrique aux éditeurs de services après une procédure d'appel à candidatures. Elle fixe le délai dans lequel les déclarations de candidatures doivent être déposées ainsi que les informations qui doivent lui être fournies par les candidats. À l'issue de ce délai, elle arrête la liste des candidats dont le dossier est recevable. Elle peut procéder à leur audition publique.

Sous réserve de l'article 26, elle accorde les autorisations au regard des impératifs prioritaires mentionnés au sixième alinéa de l'article 29 et en tenant compte des critères figurant aux 1°, 2° et 3° du même article.

Elle peut également, dans la limite de la ressource radioélectrique disponible, et sans préjudice de l'article 26, autoriser le titulaire d'une autorisation délivrée sur la base du III de l'article 29-1 à assurer la reprise intégrale et simultanée d'une offre de services de radio numérique.

La durée des autorisations pour les éditeurs de services de télévision, de médias audiovisuels à la demande, de radio en mode numérique ainsi que, le cas échéant, des distributeurs de services mentionnés à l'alinéa précédent ne peut être supérieure à dix ans. Pour les services de radio en mode analogique, cette durée ne peut être supérieure à cinq ans.

Art. 30-7. — Lors des appels à candidature portant sur la télévision mobile personnelle, l'Autorité de régulation de la communication audiovisuelle et numérique réserve, en la rendant publique, une part de la ressource radioélectrique à la diffusion des services de radio et des services de communication audiovisuelle autres que de radio et de télévision qu'elle a fixée à l'issue de la consultation prévue à l'article 31.

Les déclarations de candidature sont soumises aux prescriptions du II de l'article 30-1.

L'Autorité de régulation de la communication audiovisuelle et numérique accorde les autorisations d'usage de la ressource radioélectrique pour l'édition de services de communication audiovisuelle autres que de radio et de télévision en appréciant l'intérêt de chaque projet au regard du développement de la télévision mobile personnelle.

Elle accorde les autorisations d'usage de la ressource radioélectrique pour l'édition de services de radio en appréciant l'intérêt de chaque projet au regard des principes énoncés dans les sixième à douzième alinéas de l'article 29 et du développement de la télévision mobile personnelle.

Art. 30-8. — Un comité relatif à l'honnêteté, à l'indépendance et au pluralisme de l'information et des programmes composé de personnalités indépendantes est institué auprès de toute personne morale éditrice d'un service de radio généraliste à vocation nationale ou de télévision qui diffuse, par voie hertzienne terrestre, des émissions d'information politique et générale. Chargé de contribuer au respect des principes énoncés au troisième alinéa de l'article 3-1, il peut se saisir ou être consulté à tout moment par les organes dirigeants de la personne morale, par le médiateur lorsqu'il existe ou par toute personne. Il informe l'Autorité de régulation de la communication audiovisuelle et numérique de tout fait susceptible de contrevenir à ces principes. Cette information est transmise concomitamment aux organes dirigeants de la personne morale éditrice. Il rend public son bilan annuel.

Est regardée comme indépendante, au sens du premier alinéa du présent article, toute personne qui, pendant l'exercice de ses fonctions au sein du comité ainsi qu'au cours des deux années précédant sa prise de fonction, n'a pas pris, reçu ou conservé, directement ou indirectement, un intérêt quelconque dans la personne morale éditrice du service de radio ou de télévision en cause, à l'égard de l'un de ses actionnaires ou dans une des sociétés dans laquelle cet éditeur ou l'un de ses actionnaires détient une participation ou avec laquelle il entretient une relation commerciale.

Tout membre du comité mentionné au premier alinéa du présent article s'engage, à l'issue de ses fonctions et pour une durée de douze mois, à ne pas accepter un emploi ou un mandat électif, directement ou indirectement, pour la personne morale éditrice du service de radio ou de télévision en cause, chez l'un de ses actionnaires ou dans une des sociétés dans laquelle cet éditeur ou l'un de ses actionnaires détient une participation ou avec laquelle il entretient une relation commerciale.

Les membres du comité sont nommés par le conseil d'administration ou le conseil de surveillance de la personne morale ou, à défaut, pour les associations, par l'assemblée générale. La nomination des membres, qui assure une représentation équilibrée des femmes et des hommes, est notifiée sans délai à l'Autorité de régulation de la communication audiovisuelle et numérique. Les modalités de fonctionnement du comité sont fixées par la convention conclue entre l'Autorité de régulation de la communication audiovisuelle et numérique et les éditeurs privés de services de radio ou de télévision ou par le cahier des charges des sociétés nationales de programme. Lorsqu'une personne morale contrôle plusieurs services de radio et de télévision, ce comité peut être commun à tout ou partie de ces services.

Art. 31. — Les autorisations relatives à l'usage de la ressource radioélectrique que l'Autorité de régulation de la communication audiovisuelle et numérique peut accorder, dans les conditions prévues à la présente section, tiennent compte de la situation économique du marché des services de communication audiovisuelle concernés.

Si les décisions d'autorisation d'usage de la ressource radioélectrique sont susceptibles de modifier de façon importante le marché en cause, l'Autorité de régulation de la communication audiovisuelle et numérique procède, préalablement au lancement des procédures prévues aux articles 29,30,30-1,30-5 et 30-6, à une consultation publique.

Pour la télévision mobile personnelle, cette consultation porte notamment sur la part de la ressource radioélectrique à réserver, compte tenu de l'état de la technique et du marché, à la diffusion de services de communication audiovisuelle autres que de télévision.

Les modalités de cette consultation sont déterminées par l'autorité.

Lorsqu'elle procède aux consultations publiques prévues au deuxième alinéa et à l'article 28-4, l'Autorité de régulation de la communication audiovisuelle et numérique procède également à une étude d'impact, notamment économique, des décisions d'autorisation d'usage de la ressource radioélectrique. Cette étude est rendue publique.

Si la consultation publique prévue au deuxième alinéa ou à l'article 28-4 ou l'étude d'impact prévue à l'avant-dernier alinéa du présent article font apparaître que la situation économique du marché des services de communication audiovisuelle concernés n'est pas favorable au lancement des procédures prévues aux articles 29,29-1,30-1,30-5 et 30-6, l'Autorité de régulation de la communication audiovisuelle et numérique peut différer ce lancement pour une durée maximale de deux ans, renouvelable une fois dans les mêmes conditions.

Art. 32. — Les autorisations prévues à la présente section sont publiées au Journal officiel de la République française avec les obligations dont elles sont assorties.

Les refus d'autorisation sont motivés et sont notifiés aux candidats dans un délai d'un mois après la publication prévue à l'alinéa précédent. Lorsqu'ils s'appliquent à un service de radio diffusé par voie hertzienne terrestre, ils peuvent être motivés par référence à un rapport de synthèse explicitant les choix de l'autorité au regard des critères mentionnés aux articles 1er et 29.

Chapitre II

Dispositions applicables aux services de communication audiovisuelle distribués par les réseaux n'utilisant pas des fréquences assignées par le Conseil supérieur de l'audiovisuel

Section I

Édition de services de communication audiovisuelle distribués par les réseaux n'utilisant pas des fréquences assignées par le Conseil supérieur de l'audiovisuel

Art. 33. — Un décret en Conseil d'État, pris après avis de l'Autorité de régulation de la communication audiovisuelle et numérique, fixe, pour chaque catégorie de services de radio ou de télévision distribués par les réseaux n'utilisant pas des fréquences assignées par l'Autorité de régulation de la communication audiovisuelle et numérique :

1° La durée maximale des conventions ;

2° Les règles générales de programmation ;

3° Les règles applicables à la publicité, au télé-achat et au parrainage ;

4° Les règles applicables aux services consacrés exclusivement à l'autopromotion ou au télé-achat ;

5° Les dispositions propres à assurer le respect de la langue française et le rayonnement de la francophonie ainsi que celles relatives à la diffusion, sur les services de radio, d'œuvres musicales d'expression française ou interprétées dans une langue régionale en usage en France,

et, pour les services de télévision diffusant des œuvres cinématographiques ou audiovisuelles :

6° Sous réserve de la dernière phrase du dernier alinéa du 3° de l'article 27, la contribution des éditeurs de services au développement de la production, en tout ou partie indépendante à leur égard, d'œuvres cinématographiques et audiovisuelles ainsi que la part de cette contribution ou le montant affectés à l'acquisition des droits de diffusion de ces œuvres sur les services qu'ils éditent, en fixant, le cas échéant, des règles différentes pour les œuvres cinématographiques et pour les œuvres audiovisuelles et en fonction de la nature des œuvres diffusées et des conditions d'exclusivité de leur diffusion. Pour les services dont l'objet principal est la programmation d'œuvres cinématographiques ou audiovisuelles, lorsque la nature de leur programmation le justifie, cette contribution peut, en tout ou partie, prendre en compte les frais de sauvegarde, de restauration et de mise en valeur des œuvres du patrimoine. Cette contribution peut tenir compte de l'adaptation de l'œuvre aux personnes aveugles ou malvoyantes et, en matière cinématographique, comporter une part destinée à la distribution. Dans des conditions fixées par les conventions et les cahiers des charges, elle peut être définie globalement, respectivement pour les œuvres cinématographiques et pour les œuvres audiovisuelles, pour plusieurs services de télévision ou de médias audiovisuels à la demande d'un même éditeur, d'un éditeur et de ses filiales, ou d'un éditeur et des filiales de la société qui le contrôle au sens du 2° de l'article 41-3. En matière audiovisuelle, elle peut inclure des dépenses de formation des auteurs et de promotion des œuvres. Les éditeurs dont le chiffre d'affaires, l'audience ou le nombre ou la part d'œuvres cinématographiques et audiovisuelles diffusées annuellement sont inférieurs à un seuil défini par décret en Conseil d'État ne sont pas soumis à cette contribution.

7° L'acquisition des droits de diffusion, selon les différents modes d'exploitation, et la limitation de la durée de ces droits lorsqu'ils sont exclusifs. Pour les œuvres cinématographiques diffusées en première exclusivité, la durée des droits exclusifs peut varier en fonction de la nature et du montant de la contribution au développement de la production ;

8° Le régime de diffusion des œuvres cinématographiques de longue durée et, en particulier, la fixation d'un nombre maximal annuel de diffusions et de rediffusions ainsi que la grille horaire de programmation de ces œuvres ;

9° Les proportions d'œuvres cinématographiques européennes et d'expression originale française diffusées, en particulier aux heures de grande écoute, au moins égales à, respectivement, 60 % et 40 % ;

10° Les proportions d'œuvres audiovisuelles européennes et d'expression originale française, qui peuvent varier notamment en fonction de l'importance des investissements de l'éditeur de service dans la production, sans toutefois que la proportion d'œuvres européennes puisse être inférieure à 50 %.

Ce décret peut prévoir des dérogations aux dispositions des 5° et 10° pour les services émis dans une langue autre que celle d'un État membre de la Communauté européenne. Sous réserve des engagements internationaux de la France, il peut également autoriser les services exclusivement diffusés en dehors du territoire national à déroger aux dispositions qui figurent aux 3° à 10°.

Art. 33-1. — I. — Les services de radio et de télévision qui ne consistent pas en la reprise intégrale et simultanée soit d'un service fourni par une société mentionnée à l'article 44 pour l'exercice des missions visées à l'article 43-11, par la chaîne visée à l'article 45-2 ou par la chaîne culturelle européenne issue du traité signé le 2 octobre 1990 et diffusé par voie hertzienne terrestre, soit d'un service bénéficiaire d'une autorisation en application des articles 29,29-1,30 et 30-1, lorsque cette reprise n'a pas pour effet de faire passer la population de la zone desservie par un service de télévision à vocation locale à plus de dix millions d'habitants ne peuvent être diffusés par les réseaux n'utilisant pas des fréquences assignées par l'Autorité de régulation de la communication audiovisuelle et numérique après qu'a été conclue avec cette autorité une convention définissant les obligations particulières à ces services.

La condition de simultanéité n'est pas exigée lorsque le service est mis à disposition directe du public dans les collectivités régies par les articles 73 et 74 de la Constitution ainsi qu'en Nouvelle-Calédonie. En outre, la condition de diffusion intégrale et simultanée n'est pas exigée pour les services composés de plusieurs programmes au sens du 14° de l'article 28.

Cette convention, qui ne peut être conclue qu'avec une personne morale, définit, dans le respect des règles générales fixées en application de la présente loi et notamment de son article 33, les obligations particulières au service considéré ainsi que les prérogatives et les pénalités contractuelles dont dispose l'Autorité de régulation de la communication audiovisuelle et numérique pour assurer le respect des obligations conventionnelles. Elle peut, dans les limites fixées par le décret prévu à l'article 33, prévoir une application progressive des règles qui y sont prévues, en fonction notamment du nombre de foyers recevant ou pouvant recevoir ce service, sans que ce délai puisse toutefois excéder cinq années.

La convention porte notamment sur les proportions des programmes qui, par des dispositifs adaptés et en particulier aux heures de grande écoute, sont rendus accessibles aux personnes sourdes ou malentendantes, en veillant notamment à assurer l'accès à la diversité des programmes diffusés. Pour les services de télévision dont l'audience moyenne annuelle dépasse 2,5 % de l'audience totale des services de télévision, cette obligation s'applique, dans un délai maximum de cinq ans suivant la publication de la loi n° 2005-102 du 11 février 2005 pour l'égalité des droits et des chances, la participation et la citoyenneté des personnes handicapées, à la totalité de leurs programmes, à l'exception des messages publicitaires. La convention peut toutefois prévoir des dérogations justifiées par les caractéristiques de certains programmes. La convention des éditeurs de services multilingues dont le capital et les droits de vote sont détenus à hauteur de 80 % au moins par des radiodiffuseurs publics issus d'États du Conseil de l'Europe et dont la part du capital et des droits de vote détenue par une des sociétés mentionnées à l'article 44 est au moins égale à 20 % n'est pas soumise à ces dispositions.

Pour les services de télévision diffusés en mode numérique dont l'audience moyenne annuelle dépasse 2,5 % de l'audience totale des services de télévision, la convention porte également sur les proportions de programmes qui, par des dispositifs adaptés et en particulier aux heures de grande écoute, sont accessibles aux personnes aveugles ou malvoyantes.

Pour les services qui diffusent des œuvres cinématographiques, la convention peut également porter sur le concours complémentaire au soutien financier de l'industrie cinématographique et de l'industrie audiovisuelle, dans les conditions d'affectation fixées par la loi de finances.

Pour les services contribuant au développement de la production d'œuvres, la convention précise les modalités permettant d'assurer cette contribution en tenant compte des accords conclus entre l'éditeur de services et une ou plusieurs organisations professionnelles de l'industrie cinématographique ou audiovisuelle y compris, pour la partie de ces accords qui affecte directement leurs intérêts, des organisations professionnelles et organismes de gestion collective représentant les auteurs.

La convention précise les mesures à mettre en œuvre pour garantir le respect des principes mentionnés au troisième alinéa de l'article 3-1.

La convention comporte également les mesures en faveur de la cohésion sociale, de la diversité culturelle et relatives à la lutte contre les discriminations.

La convention précise les modalités de rediffusion, intégrale ou partielle, par un réseau n'utilisant pas les fréquences assignées par l'Autorité de régulation de la communication audiovisuelle et numérique, du service de télévision en plusieurs programmes, dans des conditions fixées par décret. Dans la limite d'un tiers de leur temps de diffusion, ces rediffusions peuvent toutefois comprendre des programmes différents du programme principal dont elles sont issues. Elles doivent s'effectuer selon un principe identique en ce qui concerne le recours ou non à une rémunération de la part des usagers. Les obligations mentionnées aux 6° et 7° de l'article 33 portent alors globalement sur le service et les obligations mentionnées aux 1°, 2°, 3°, 4°, 5°, 8°, 9° et 10° du même article portent sur chacun des programmes le constituant.

Par dérogation au III, la convention précise les modalités de mise à disposition, sur un service de médias audiovisuels à la demande, des programmes d'un service de télévision dans le cadre d'un service dit de télévision de rattrapage en précisant les obligations qui lui sont applicables. En matière audiovisuelle, les obligations mentionnées aux 6° et 7° de l'article 33 portent alors globalement sur ces services.

L'Autorité de régulation de la communication audiovisuelle et numérique peut rejeter la demande tendant à la conclusion d'une convention si la diffusion du service de radio ou de télévision comporte un risque grave d'atteinte à la dignité de la personne humaine, à la liberté et à la propriété d'autrui, au caractère pluraliste de l'expression des courants de pensée et d'opinion, à la protection de l'enfance et de l'adolescence, à la sauvegarde de l'ordre public, aux besoins de la défense nationale ou aux intérêts fondamentaux de la Nation, dont le fonctionnement régulier de ses institutions. Il en est de même lorsque la diffusion dudit service, eu égard à sa nature même, constituerait une violation des lois en vigueur.

Lorsque la conclusion de la convention est sollicitée par une personne morale contrôlée, au sens de l'article L. 233-3 du Code de commerce, par un État étranger ou placée sous l'influence de cet État, l'autorité peut, pour apprécier la demande, tenir compte des contenus que le demandeur, ses filiales, la personne morale qui le contrôle ou les filiales de celle-ci éditent sur d'autres services de communication au public par voie électronique.

II. — Par dérogation au I, ne sont soumis qu'à déclaration préalable les services de radio et de télévision qui sont distribués par un réseau n'utilisant pas des fréquences assignées par l'Autorité de régulation de la communication audiovisuelle et numérique et dont le chiffre d'affaires est inférieur à des montants fixés par décret.

La déclaration est déposée auprès de l'Autorité de régulation de la communication audiovisuelle et numérique qui précise les éléments qu'elle doit contenir. L'autorité précise également les modalités selon lesquelles le chiffre d'affaires réalisé par ces services lui est communiqué tous les ans.

Les services de télévision destinés aux informations sur la vie locale ne bénéficient pas de la dérogation instaurée par le premier alinéa.

III. — Par dérogation aux I et II du présent article, les services de télévision relevant de la compétence de la France en application des articles 43-4 et 43-5 peuvent être diffusés par les réseaux n'utilisant pas des fréquences assignées par l'Autorité de régulation de la communication audiovisuelle et numérique sans formalité préalable. Ils demeurent soumis aux obligations résultant de la présente loi et au contrôle de l'Autorité de régulation de la communication audiovisuelle et numérique, qui peut notamment utiliser à leur égard les procédures prévues aux articles 42,42-1 et 42-10. Les opérateurs satellitaires dont l'activité a pour effet de faire relever des services de télévision de la compétence de la France, en application de l'article 43-4, et les distributeurs de services visés à l'article 34 sont tenus d'informer les éditeurs des services considérés du régime qui leur est applicable.

Les conventions conclues entre l'Autorité de régulation de la communication audiovisuelle et numérique et les éditeurs de services de télévision relevant de la compétence de la France en application des articles 43-4 et 43-5 sont réputées caduques à compter de l'entrée en vigueur de la loi n° 2006-64 du 23 janvier 2006 relative à la lutte contre le terrorisme et portant dispositions diverses relatives à la sécurité et aux contrôles frontaliers.

Art. 33-1-1. — Pendant les trois mois précédant le premier jour du mois de l'élection du Président de la République, des élections générales des députés, de l'élection des sénateurs, de l'élection des représentants au Parlement européen et des opérations référendaires, et jusqu'à la date du tour de scrutin où ces élections sont acquises, l'Autorité de régulation de la communication audiovisuelle et numérique, si elle constate que le service ayant fait l'objet d'une convention conclue avec une personne morale contrôlée, au sens de l'article L. 233-3 du Code de commerce, par un État étranger ou placée sous l'influence de cet État diffuse, de façon délibérée, de fausses informations de nature à altérer la sincérité du scrutin, peut, pour prévenir ou faire cesser ce trouble, ordonner la suspension de la diffusion de ce service par tout procédé de communication électronique jusqu'à la fin des opérations de vote.

Si elle estime que les faits justifient l'engagement de la procédure prévue au présent article, l'autorité notifie les griefs aux personnes mises en cause. Celles-ci peuvent présenter leurs observations dans un délai de quarante-huit heures à compter de la notification. Le présent alinéa n'est pas applicable dans les cas prévus aux 1° et 2° de l'article L. 121-2 du Code des relations entre le public et l'administration.

La décision de l'autorité prise au terme de la procédure prévue au présent article est motivée et notifiée aux personnes mises en cause ainsi qu'aux distributeurs ou aux opérateurs satellitaires qui assurent la diffusion du service en France et doivent assurer l'exécution de la mesure de suspension.

Art. 33-2. — Un décret en Conseil d'État, pris après avis de l'Autorité de régulation de la communication audiovisuelle et numérique, fixe pour les services de médias audiovisuels à la demande distribués par les réseaux n'utilisant pas des fréquences assignées par l'Autorité de régulation de la communication audiovisuelle et numérique :

1° Les règles applicables à la publicité, au télé-achat et au parrainage ;

2° Les dispositions propres à assurer le respect de la langue française et le rayonnement de la francophonie.

Ce décret fixe également, pour les services dont le chiffre d'affaires, l'audience et le nombre ou la part d'œuvres cinématographiques ou audiovisuelles mises à la disposition du public sont supérieurs à des seuils qu'il détermine :

3° La contribution des éditeurs de services au développement de la production, notamment de la production indépendante, d'œuvres cinématographiques et audiovisuelles. Dans des conditions fixées par les conventions et les cahiers des charges, elle peut être définie globalement, respectivement pour les œuvres cinématographiques et pour les œuvres audiovisuelles, pour plusieurs services de médias audiovisuels à la demande d'un même éditeur, d'un éditeur et de ses filiales, ou d'un éditeur et des filiales de la société qui le contrôle au sens du 2° de l'article 41-3 ;

4° Les dispositions permettant de garantir l'offre et d'assurer la mise en valeur effective des œuvres cinématographiques et audiovisuelles, européennes et d'expression originale française.

Art. 33-3. — I. — Les services de médias audiovisuels à la demande, autres que ceux régis par les dispositions de l'article 48, du 14 bis de l'article 28 et du onzième alinéa de l'article 33-1, concluent avec l'Autorité de régulation de la communication audiovisuelle et numérique une convention qui :

1° Précise, pour ceux contribuant au développement de la production d'œuvres, les modalités de cette contribution en tenant compte des accords conclus entre l'éditeur de services et une ou plusieurs organisations professionnelles de l'industrie cinématographique ou audiovisuelle y compris, pour la partie de ces accords qui affecte directement leurs intérêts, des organisations professionnelles et organismes de gestion collective représentant les auteurs ;

2° Précise, pour les services qui y sont soumis, les obligations prévues au 4° de l'article 33-2 ;

3° Précise les conditions d'accès des ayants droit aux données relatives à l'exploitation de leurs œuvres et notamment à leur visionnage ;

4° Détermine les proportions de programmes qui, par des dispositifs adaptés, sont accessibles aux personnes sourdes ou malentendantes et aux personnes aveugles ou malvoyantes.

La convention mentionnée au premier alinéa du présent I définit également les prérogatives, notamment les pénalités contractuelles, dont dispose l'Autorité de régulation de la communication audiovisuelle et numérique pour assurer le respect des obligations conventionnelles. Les pénalités contractuelles ne peuvent être supérieures aux sanctions prévues aux 1° à 3° de l'article 42-1.

II. — Par dérogation aux dispositions du I, ne sont soumis qu'à déclaration préalable les services de médias audiovisuels à la demande dont le chiffre d'affaires est inférieur à un montant fixé par décret.

La déclaration est déposée auprès de l'Autorité de régulation de la communication audiovisuelle et numérique qui précise les éléments qu'elle doit contenir. L'autorité précise également les modalités selon lesquelles le chiffre d'affaires réalisé par ces services lui est communiqué tous les ans.

Section II

Distribution de services de radio et de télévision par les réseaux n'utilisant pas des fréquences assignées par le Conseil supérieur de l'audiovisuel

Art. 34. — I. — Tout distributeur de services qui met à disposition du public, par un réseau n'utilisant pas des fréquences assignées par l'Autorité de régulation de la communication audiovisuelle et numérique, une offre de services de communication audiovisuelle comportant des services de radio, de télévision ou de médias audiovisuels à la demande, dépose une déclaration préalable auprès de l'autorité.

Seuls peuvent avoir la qualité de distributeur de services les sociétés, y compris les sociétés d'économie mixte locale, les organismes d'habitations à loyer modéré, les collectivités territoriales et leurs groupements dans les conditions prévues au II, ainsi que les régies prévues par la loi n° 46-628 du 8 avril 1946 sur la nationalisation de l'électricité et du gaz.

Toutefois, sont dispensés de cette déclaration les distributeurs de services qui desservent moins de cent foyers.

Toute modification d'éléments de cette déclaration doit être préalablement notifiée à l'Autorité de régulation de la communication audiovisuelle et numérique.

L'autorité peut, par décision motivée prise dans un délai fixé par voie réglementaire, s'opposer soit à l'exploitation d'une offre de services, soit à une modification de la composition de cette offre, soit à une modification de la numérotation des services de télévision au sein de cette offre, si elle estime qu'elle ne satisfait pas aux conditions et obligations de la présente loi, notamment celles mentionnées aux articles 1er , 3-1,15,34-1 à 34-2 et 34-4, ou si elle estime qu'elle porte atteinte aux missions de service public assignées aux sociétés nationales de programme mentionnées à l'article 44 ou à leurs filiales répondant à des obligations de service public, à La Chaîne parlementaire mentionnée à l'article 45-2, à la chaîne Arte et à la chaîne TV5, notamment par la numérotation attribuée au service dans l'offre commerciale.

Un décret en Conseil d'État précise les conditions d'application du présent article, notamment les éléments que doit contenir la déclaration.

II. — Toutefois, les collectivités territoriales et leurs groupements ne peuvent exercer directement ou indirectement l'activité de distributeur de services qu'après avoir constaté une insuffisance d'initiatives privées propres à satisfaire les besoins de la population concernée et en avoir informé l'Autorité de régulation de la communication audiovisuelle et numérique. Les interventions des collectivités s'effectuent dans des conditions objectives, transparentes, non discriminatoires et proportionnées. L'insuffisance d'initiatives privées est constatée par un appel d'offres déclaré infructueux ayant visé à satisfaire les besoins de la population concernée en services de communication audiovisuelle.

Les dépenses et les recettes afférentes à l'exercice d'une activité de distributeur de services de communication audiovisuelle sur ces mêmes réseaux par les collectivités territoriales et leurs groupements sont retracées au sein d'une comptabilité distincte.

Les collectivités territoriales et leurs groupements exerçant directement ou indirectement une activité de distributeur de services audiovisuels à la date de la publication de la loi n° 2004-669 du 9 juillet 2004 relative aux communications électroniques et aux services de communication audiovisuelle ne sont pas soumises à l'obligation prévue au premier alinéa du présent II de constatation d'une insuffisance d'initiatives privées propres à satisfaire les besoins de la population concernée.

Art. 34-1. — Les éditeurs de services diffusés par voie hertzienne terrestre en application des articles 26 et 30 ainsi que les éditeurs de services qui ne font pas appel à une rémunération de la part des usagers diffusés par voie hertzienne terrestre en mode numérique en application de l'article 30-1 et qui ont une vocation nationale ou sont normalement reçus dans la zone par voie hertzienne terrestre ne peuvent s'opposer à la retransmission de leurs services sur le réseau de distribution de télévision interne à un immeuble collectif, à une copropriété ou à un ensemble locatif lorsque ce réseau est raccordé à un réseau de communications électroniques autre que satellitaire ne donnant accès qu'à un nombre limité de services de télévision en raison de contraintes liées à la bande passante utilisée, ni conditionner cette reprise à une rémunération.

Tout distributeur de services qui exploite un réseau interne de distribution de télévision établi dans les conditions définies au premier alinéa du présent article adresse, sur demande de la personne qui lui confie l'exploitation de ce réseau, une proposition commerciale de mise à disposition des services diffusés par voie hertzienne terrestre en application des articles 26 et 30 qui ont une vocation nationale ou sont normalement reçus dans la zone. Lorsque le distributeur de services propose une offre en mode numérique, cette proposition concerne également les services qui ne font pas appel à une rémunération de la part des usagers diffusés par voie hertzienne terrestre en mode numérique en application de l'article 30-1 et qui ont une vocation nationale ou sont normalement reçus dans la zone.

La proposition mentionnée au deuxième alinéa du présent article ne prend en compte que les frais d'installation, d'entretien ou de remplacement du réseau et n'est pas conditionnée à la souscription d'un abonnement à un ou plusieurs services. Les éditeurs concernés ne peuvent s'opposer au transport de ces chaînes par le réseau du distributeur de services que cette mise à disposition rendrait nécessaire, ni conditionner ce transport à une rémunération.

Art. 34-1-1. — Les éditeurs de services diffusés par voie hertzienne terrestre en application des articles 26 et 30 ne peuvent s'opposer à la reprise de ces services, lorsqu'ils sont normalement reçus dans la zone par voie hertzienne terrestre, sur un réseau autorisé en application de l'article 34 dans sa rédaction antérieure à l'entrée en vigueur de la loi n° 2004-669 du 9 juillet 2004 relative aux communications électroniques et aux services de communication audiovisuelle, pendant une période de cinq ans à compter de la promulgation de ladite loi ; au minimum une année avant cette échéance, le Gouvernement présentera au Parlement un rapport sur l'opportunité de maintenir tout ou partie de ces obligations spécifiques, au vu des évolutions techniques et économiques.

Art. 34-2. — I. — Sur le territoire métropolitain, tout distributeur de services sur un réseau n'utilisant pas de fréquences terrestres assignées par l'Autorité de régulation de la communication audiovisuelle et numérique met gratuitement à disposition de ses abonnés les services des sociétés mentionnées au I de l'article 44 et la chaîne Arte, diffusés par voie hertzienne terrestre en mode analogique ainsi que la chaîne TV 5, et le service de télévision diffusé par voie hertzienne terrestre en mode numérique ayant pour objet de concourir à la connaissance des outre-mer, spécifiquement destiné au public métropolitain, édité par la société mentionnée au I de l'article 44, sauf si ces éditeurs estiment que l'offre de services est manifestement incompatible avec le respect de leurs missions de service public. Lorsqu'il propose une offre de services en mode numérique, il met également gratuitement à disposition des abonnés à cette offre les services de ces sociétés qui sont diffusés par voie hertzienne terrestre en mode numérique.

Dans les collectivités régies par les articles 73 et 74 de la Constitution et en Nouvelle-Calédonie, tout distributeur de services sur un réseau n'utilisant pas de fréquences terrestres assignées par l'Autorité de régulation de la communication audiovisuelle et numérique met gratuitement à disposition de ses abonnés les services de la société mentionnée au I de l'article 44 qui sont diffusés par voie hertzienne terrestre en mode analogique dans la collectivité, sauf si cette société estime que l'offre de services est manifestement incompatible avec le respect de ses missions de service public. Lorsqu'il propose une offre de services en mode numérique, il met également gratuitement à disposition des abonnés à cette offre les services qui sont diffusés par voie hertzienne terrestre en mode numérique dans la collectivité par application de l'article 26, sauf si les éditeurs en cause estiment que l'offre de services est manifestement incompatible avec le respect de leurs missions de service public.

Lorsque le distributeur mentionné aux deux alinéas précédents propose une offre comprenant des services de télévision en haute ou ultra haute définition, il met également gratuitement à la disposition des abonnés à cette offre les services de ces sociétés diffusés respectivement en haute ou ultra haute définition par voie hertzienne terrestre en mode numérique.

Les coûts de transport et de diffusion de ces reprises sont à la charge du distributeur.

II. — Tout distributeur de services par un réseau autre que satellitaire n'utilisant pas de fréquences assignées par l'Autorité de régulation de la communication audiovisuelle et numérique met à disposition de ses abonnés les services d'initiative publique locale destinés aux informations sur la vie locale. Le décret mentionné à l'article 34 définit les limites et conditions de cette obligation.

Les coûts de diffusion et de transport depuis le site d'édition sont à la charge du distributeur.

III. — Tout distributeur de services met gratuitement à disposition du public les services destinés aux personnes sourdes ou malentendantes et aux personnes aveugles ou malvoyantes associés aux programmes des services de télévision qu'il offre. Les dispositions techniques nécessaires sont à sa charge.

IV. — Préalablement à la mise à disposition des services mentionnés aux I et II, les distributeurs de services concluent avec chacune des sociétés qui les éditent, dans le respect de l'article L. 216-1 du Code de la propriété intellectuelle, un contrat portant sur les conditions de reprise, d'acheminement et de mise à disposition du signal de ces services. Ce contrat leur garantit l'accès aux données anonymisées liées à la consommation de leurs programmes, sans autre condition financière que, le cas échéant, une compensation des frais techniques directement occasionnés par leur collecte et leur mise à disposition.

Art. 34-3. — (abrogé).

Art. 34-4. — Sans préjudice des articles 34-1 et 34-2, tout distributeur de services fait droit, dans des conditions équitables, raisonnables et non discriminatoires, aux demandes des éditeurs de services de télévision ne faisant pas appel à rémunération de la part des usagers et dont la diffusion est autorisée conformément aux articles 30 ou 30-1 tendant, d'une part, à permettre l'accès, pour la réception de leurs services, à tout terminal utilisé par le distributeur pour la réception de l'offre qu'il commercialise et, d'autre part, à assurer la présentation de leurs services dans les outils de référencement de cette offre.

Sur le territoire métropolitain, les distributeurs de services dont l'offre de programmes comprend des services nationaux de télévision en clair diffusés par voie hertzienne terrestre assurent la reprise de ces services en respectant la numérotation logique définie par l'Autorité de régulation de la communication audiovisuelle et numérique. Ils peuvent en outre proposer au téléspectateur la possibilité d'opter, explicitement et de manière à tout instant réversible, pour une numérotation différente qui présente un caractère équitable, transparent, homogène et non discriminatoire et dont les modalités techniques et commerciales de mise à disposition du public présentent ce même caractère. Les conditions de mise à disposition de cette offre sont fixées par l'Autorité de régulation de la communication audiovisuelle et numérique. Dans le cas prévu à la deuxième phrase du présent alinéa, ces distributeurs doivent également assurer la reprise des services nationaux de télévision en clair diffusés par voie hertzienne terrestre en respectant l'ordre de la numérotation logique, à partir d'un nombre entier suivant immédiatement un multiple de cent.

Art. 34-5. — Les distributeurs de services n'utilisant pas de fréquences assignées par l'Autorité de régulation de la communication audiovisuelle et numérique ne peuvent pas refuser la reprise dans des conditions non discriminatoires, sur les réseaux de communications électroniques qu'ils exploitent en mode numérique, de l'ensemble des programmes régionaux, à l'exception de ceux spécifiquement destinés aux outre-mer de la société nationale de programme mentionnée au I de l'article 44, sauf si les capacités techniques de ces réseaux de communications électroniques ne le permettent pas.

Chapitre III

Dispositions applicables à l'ensemble des services de communication audiovisuelle soumis à autorisation

Art. 35. — Il est interdit de prêter son nom, de quelque manière que ce soit, à toute personne qui se porte candidate à la délivrance d'une autorisation relative à un service de communication audiovisuelle ou qui possède ou contrôle, au sens de l'article L. 233-3 du Code de commerce sur les sociétés commerciales, une société titulaire d'une telle autorisation.

Art. 35-1. — Les dispositions de la présente loi sont applicables nonobstant les dispositions de l'ordonnance n° 2014-948 du 20 août 2014 relative à la gouvernance et aux opérations sur le capital des sociétés à participation publique.

Art. 36. — Les actions représentant le capital d'une société titulaire d'une autorisation délivrée en application de la présente loi doivent être nominatives.

Art. 38. — Toute personne physique ou morale qui vient à détenir toute fraction supérieure ou égale à 10 % du capital ou des droits de vote aux assemblées générales d'une société titulaire d'une autorisation en application de la présente loi est tenue d'en informer l'Autorité de régulation de la communication audiovisuelle et numérique dans le délai d'un mois à compter du franchissement de ces seuils.

Art. 39. — I. — Une même personne physique ou morale agissant seule ou de concert ne peut détenir, directement ou indirectement, plus de 49 % du capital ou des droits de vote d'une société titulaire d'une autorisation relative à un service national de télévision diffusé par voie hertzienne terrestre dont l'audience moyenne annuelle par un réseau de communications électroniques au sens du 2° de l'article L. 32 du Code des postes et des communications électroniques, tant en mode analogique qu'en mode numérique, dépasse 8 % de l'audience totale des services de télévision.

Pour l'application de l'alinéa précédent, l'audience de chacun des programmes consistant, au sens du 14° de l'article 28, en la rediffusion, intégrale ou partielle, par un réseau de communications électroniques au sens du 2° de l'article L. 32 du Code des postes et des communications électroniques, d'un service de télévision diffusé est comptabilisée conjointement avec celle du service rediffusé.

Un décret en Conseil d'État précise les modalités d'application des deux alinéas précédents. Il fixe notamment les conditions dans lesquelles l'Autorité de régulation de la communication audiovisuelle et numérique constate la part d'audience des services de télévision et, en cas de franchissement du niveau d'audience mentionné ci-dessus, impartit aux personnes concernées un délai qui ne peut être supérieur à un an, pour se mettre en conformité avec la règle précitée.

Lorsqu'une personne physique ou morale détient, directement ou indirectement, plus de 15 % du capital ou des droits de vote d'une société titulaire d'une autorisation relative à un service national de télévision par voie hertzienne terrestre en mode analogique, elle ne peut détenir, directement ou indirectement, plus de 15 % du capital ou des droits de vote d'une autre société titulaire d'une telle autorisation.

Lorsqu'une personne physique ou morale détient, directement ou indirectement, plus de 5 % du capital ou des droits de vote de deux sociétés titulaires d'une autorisation relative à un service national de télévision diffusé par voie hertzienne terrestre en mode analogique, elle ne peut détenir, directement ou indirectement, plus de 5 % du capital ou des droits de vote d'une autre société titulaire d'une telle autorisation.

II. — Une même personne physique ou morale ne peut détenir, directement ou indirectement, plus de la moitié du capital ou des droits de vote d'une société titulaire d'une autorisation relative à un service de télévision diffusé en mode analogique exclusivement sur les fréquences affectées à la radio et à la télévision par satellite.

Lorsqu'une personne physique ou morale détient, directement ou indirectement, plus du tiers du capital ou des droits de vote d'une société titulaire d'une autorisation relative à un service de télévision diffusé en mode analogique exclusivement sur les fréquences affectées à la radio et à la télévision par satellite, elle ne peut détenir, directement ou indirectement, plus du tiers du capital ou des droits de vote d'une autre société titulaire d'une telle autorisation.

Lorsqu'une personne physique ou morale détient, directement ou indirectement, plus de 5 % du capital ou des droits de vote de deux sociétés titulaires d'une autorisation relative à un service de télévision diffusé en mode analogique exclusivement sur les fréquences affectées à la radio et à la télévision par satellite, elle ne peut détenir, directement ou indirectement, plus de 5 % du capital ou des droits de vote d'une autre société titulaire d'une telle autorisation.

III. — Une même personne physique ou morale titulaire d'une autorisation relative à un service national de télévision diffusé par voie hertzienne terrestre dont l'audience dépasse le seuil mentionné au I ne peut détenir, directement ou indirectement, plus de 33 % du capital ou des droits de vote d'une société titulaire d'une autorisation relative à un service autre que national et qui ne consiste pas essentiellement en la reprise, dans les collectivités françaises d'outre-mer, d'un service national de télévision.

IV. — Les dispositions du présent article s'entendent sous réserve du respect des situations légalement acquises.

V. — Le franchissement de la fraction du capital ou des droits de vote prévu par les règlements pris pour l'application de l'article 6 bis de la loi n° 88-70 du 22 janvier 1988 sur les bourses de valeurs n'entraîne l'obligation de déposer un projet d'offre publique qu'à hauteur de la quotité de capital ou des droits lui permettant d'atteindre la limite applicable en vertu du présent article.

Art. 40. — Sous réserve des engagements internationaux de la France, l'autorisation relative à un service de radio ou de télévision par voie hertzienne terrestre assuré en langue française ne peut être accordée à une société dans laquelle plus de 20 % du capital social ou des droits de vote sont détenus, directement ou indirectement, par des personnes de nationalité étrangère.

Sous la même réserve, aucune personne de nationalité étrangère ne peut procéder à une acquisition ayant pour effet de porter, directement ou indirectement, la part du capital détenue par des étrangers à plus de 20 % du capital social ou des droits de vote dans les assemblées générales d'une société titulaire d'une telle autorisation.

Est considérée comme personne de nationalité étrangère, pour l'application du présent article, toute personne physique de nationalité étrangère, toute société dont la majorité du capital social n'est pas détenue, directement ou indirectement, par des personnes physiques ou morales de nationalité française et toute association dont les dirigeants sont de nationalité étrangère.

Le présent article n'est pas applicable aux éditeurs de services dont le capital et les droits de vote sont détenus à hauteur de 80 % au moins par des radiodiffuseurs publics appartenant à des États du Conseil de l'Europe et dont la part du capital et des droits de vote détenue par une des sociétés mentionnées à l'article 44 est au moins égale à 20 %.

Art. 41. — Une même personne physique ou morale ne peut, sur le fondement d'autorisations relatives à l'usage de fréquences dont elle est titulaire pour la diffusion d'un ou de plusieurs services de radio par voie hertzienne terrestre en mode analogique, ou par le moyen d'un programme qu'elle fournit à d'autres titulaires d'autorisation par voie hertzienne terrestre en mode analogique, disposer en droit ou en fait de plusieurs réseaux que dans la mesure où la somme des populations recensées dans les zones desservies par ces différents réseaux n'excède pas 160 millions d'habitants. À compter de la publication de la loi n° 2021-1382 du 25 octobre 2021 relative à la régulation et à la protection de l'accès aux œuvres culturelles à l'ère numérique, ce seuil est réévalué tous les cinq ans par décret en Conseil d'État, sur la base d'un indice d'évolution de la population, arrondi au nombre entier le plus proche.

Nul ne peut être titulaire de deux autorisations relatives chacune à un service national de télévision diffusé par voie hertzienne terrestre. Cette disposition ne s'applique pas aux services diffusés en télévision mobile personnelle.

Nul ne peut être simultanément titulaire d'une autorisation relative à un service national de télévision diffusé par voie hertzienne terrestre dont l'audience dépasse le seuil mentionné au I de l'article 39 et d'une autorisation relative à un service de même nature en mode analogique autre que national. Une même personne peut toutefois être simultanément titulaire d'une autorisation relative à un service national de télévision diffusé par voie hertzienne terrestre et de plusieurs autorisations relatives à des services de même nature desservant chacun une zone géographique différente située dans un département d'outre-mer ou dans une collectivité d'outre-mer ou en Nouvelle-Calédonie.

Toutefois, une même personne peut être titulaire, directement ou indirectement, d'un nombre maximal de sept autorisations relatives chacune à un service ou programme national de télévision autre que la télévision mobile personnelle diffusé par voie hertzienne terrestre en mode numérique lorsque ces services ou programmes sont édités par des sociétés distinctes ou lorsqu'ils sont autorisés dans les conditions prévues au deuxième alinéa du III de l'article 30-1, dans sa rédaction antérieure à l'entrée en vigueur de la loi n° 2007-309 du 5 mars 2007 relative à la modernisation de la diffusion audiovisuelle et à la télévision du futur, ou au dernier alinéa du III de l'article 30-1.

Une personne ne peut être titulaire de plus de deux autorisations relatives chacune à un service de télévision diffusé en mode analogique exclusivement sur des fréquences affectées à la radio et à la télévision par satellite.

Une personne titulaire d'une ou de plusieurs autorisations relatives chacune à un service de télévision diffusé par voie hertzienne terrestre en mode analogique autre que national ne peut devenir titulaire d'une nouvelle autorisation relative à un service de même nature autre que national si cette autorisation devait avoir pour effet de porter à plus de douze millions d'habitants la population recensée des zones desservies par l'ensemble des services de même nature pour lesquels elle serait titulaire d'autorisations.

Une personne titulaire d'une ou de plusieurs autorisations relatives chacune à un service de télévision diffusé par voie hertzienne terrestre en mode numérique autre que national ne peut devenir titulaire d'une nouvelle autorisation relative à un service de même nature autre que national si cette autorisation devait avoir pour effet de porter à plus de dix-neuf millions d'habitants la population recensée des zones desservies par l'ensemble des services de même nature pour lesquels elle serait titulaire d'autorisations. À compter de la publication de la loi n° 2021-1382 du 25 octobre 2021 relative à la régulation et à la protection de l'accès aux œuvres culturelles à l'ère numérique, ce seuil est réévalué tous les cinq ans par décret en Conseil d'État, sur la base d'un indice d'évolution de la population arrondi au nombre entier le plus proche.

Une personne titulaire d'une autorisation pour l'exploitation d'un service de télévision par voie hertzienne terrestre en mode analogique dans une zone déterminée ne peut devenir titulaire d'une nouvelle autorisation relative à un service de même nature diffusé en totalité dans la même zone en mode analogique.

Une personne titulaire d'une autorisation pour l'exploitation d'un service de télévision par voie hertzienne terrestre en mode numérique dans une zone déterminée ne peut devenir titulaire d'une nouvelle autorisation relative à un service de même nature diffusé en totalité dans la même zone en mode numérique.

Nul ne peut être titulaire d'une ou plusieurs autorisations relatives chacune à un service de radio dont l'audience potentielle cumulée terrestre dépasse 20 % des audiences potentielles cumulées de l'ensemble des services de radio, publics ou autorisés, diffusés par voie hertzienne terrestre.

Nul ne peut être titulaire d'une ou plusieurs autorisations relatives chacune à un service diffusé en télévision mobile personnelle si l'audience potentielle cumulée terrestre de ce ou ces services dépasse 20 % des audiences potentielles cumulées terrestres de l'ensemble des services de télévision, publics ou autorisés, diffusés en télévision mobile personnelle.

Art. 41-1. — Afin de prévenir les atteintes au pluralisme sur le plan national en mode analogique, aucune autorisation relative à un service de radio ou de télévision par voie hertzienne terrestre en mode analogique ne peut être délivrée à une personne qui se trouverait, de ce fait, dans plus de deux situations suivantes :

1° Être titulaire d'une ou de plusieurs autorisations relatives à des services de télévision diffusés par voie hertzienne terrestre permettant la desserte de zones dont la population recensée atteint quatre millions d'habitants ;

2° Être titulaire d'une ou de plusieurs autorisations relatives à des services de radio permettant la desserte de zones dont la population recensée atteint trente millions d'habitants ;

3° Alinéa Abrogé ;

4° Éditer ou contrôler une ou plusieurs publications quotidiennes imprimées d'information politique et générale représentant plus de 20 % de la diffusion totale, sur le territoire national, des publications quotidiennes imprimées de même nature, appréciée sur les douze derniers mois connus précédant la date à laquelle la demande d'autorisation a été présentée.

Toutefois, une autorisation peut être délivrée à une personne qui ne satisferait pas aux dispositions du présent article sous réserve qu'elle se mette en conformité avec ces dispositions dans un délai qui est fixé par l'Autorité de régulation de la communication audiovisuelle et numérique et qui ne peut être supérieur à six mois.

Art. 41-1-1. — Afin de prévenir les atteintes au pluralisme sur le plan national en mode numérique, aucune autorisation ne peut être délivrée en application des articles 30-1 à une personne qui se trouverait, de ce fait, dans plus de deux des situations suivantes :

1° Être titulaire d'une ou de plusieurs autorisations relatives à des services de télévision diffusés par voie hertzienne terrestre en mode numérique permettant la desserte de zones dont la population recensée atteint quatre millions d'habitants ;

2° Être titulaire d'une ou de plusieurs autorisations relatives à des services de radio permettant la desserte de zones dont la population recensée atteint trente millions d'habitants ;

3° Alinéa abrogé ;

4° Éditer ou contrôler une ou plusieurs publications quotidiennes imprimées d'information politique et générale représentant plus de 20 % de la diffusion totale, sur le territoire national, des publications quotidiennes imprimées de même nature, appréciée sur les douze derniers mois connus précédant la date à laquelle la demande d'autorisation a été présentée.

Toutefois, une autorisation peut être délivrée à une personne qui ne satisferait pas aux dispositions du présent article sous réserve qu'elle se mette en conformité avec ces dispositions dans un délai qui est fixé par l'Autorité de régulation de la communication audiovisuelle et numérique et qui ne peut être supérieur à six mois.

Art. 41-2. — Afin de prévenir les atteintes au pluralisme sur le plan régional et local en mode analogique, aucune autorisation relative à un service, autre que national, de radio ou de télévision par voie hertzienne terrestre en mode analogique ne peut être délivrée pour une zone géographique déterminée à une personne qui se trouverait de ce fait dans plus de deux des situations suivantes :

1° Être titulaire d'une ou de plusieurs autorisations relatives à des services de télévision, à caractère national ou non, diffusés par voie hertzienne terrestre dans la zone considérée ;

2° Être titulaire d'une ou de plusieurs autorisations relatives à des services de radio, à caractère national ou non, dont l'audience potentielle cumulée, dans la zone considérée, dépasse 10 p. 100 des audiences potentielles cumulées, dans la même zone, de l'ensemble des services, publics ou autorisés, de même nature ;

3° Alinéa abrogé ;

4° Éditer ou contrôler une ou plusieurs publications quotidiennes imprimées, d'information politique et générale, à caractère national ou non, diffusées dans cette zone.

Toutefois, une autorisation peut être délivrée à une personne qui ne satisferait pas aux dispositions du présent article, sous réserve qu'elle se mette en conformité avec ces dispositions dans les conditions fixées au dernier alinéa de l'article 41-1 ci-dessus.

Art. 41-2-1. — Afin de prévenir les atteintes au pluralisme sur le plan régional et local en mode numérique, aucune autorisation autre que nationale ne peut être délivrée en application des articles 30-1 pour une zone géographique déterminée à une personne qui se trouverait, de ce fait, dans plus de deux des situations suivantes :

1° Être titulaire d'une ou de plusieurs autorisations relatives à des services de télévision en numérique, à caractère national ou non, diffusés par voie hertzienne terrestre dans la zone considérée ;

2° Être titulaire d'une ou de plusieurs autorisations relatives à des services de radio, à caractère national ou non, dont l'audience potentielle cumulée, dans la zone considérée, dépasse 10 % des audiences potentielles cumulées, dans la même zone de l'ensemble des services, publics ou autorisés, de même nature ;

3° Alinéa abrogé ;

4° Éditer ou contrôler une ou plusieurs publications quotidiennes imprimées, d'information politique et générale, à caractère national ou non, diffusées dans cette zone.

Toutefois, une autorisation peut être délivrée à une personne qui ne satisferait pas aux dispositions du présent article, sous réserve qu'elle se mette en conformité avec ces dispositions dans les conditions fixées au dernier alinéa de l'article 41-1.

Art. 41-3. — Pour l'application des articles 39, 41, 41-1, 41-1-1, 41-2 et 41-2-1 :

1° Alinéa abrogé ;

2° Toute personne physique ou morale qui contrôle, au regard des critères figurant à l'article L. 233-3 du code de commerce, une société titulaire d'autorisation ou a placé celle-ci sous son autorité ou sa dépendance est regardée comme titulaire d'une autorisation ; est également regardée comme titulaire d'une autorisation toute personne qui exploite ou contrôle un service de radio par voie hertzienne terrestre ou un service de télévision diffusé exclusivement sur les fréquences affectées à la radio et à la télévision par satellite, à partir de l'étranger ou sur des fréquences affectées à des États étrangers, et normalement reçus, en langue française, sur le territoire français ;

3° Toute personne physique ou morale qui contrôle, au sens de l'article 11 de la loi n° 86-897 du 1er août 1986 portant réforme du régime juridique de la presse, l'entreprise éditrice d'une publication est regardée comme l'éditeur de cette publication ;

4° En matière de radio par voie hertzienne terrestre :

a) Constitue un réseau tout service ou ensemble de services diffusant un même programme pour une proportion majoritaire du temps d'antenne de chaque service ;

b) Constitue un réseau de diffusion à caractère national tout réseau qui dessert une zone dont la population recensée est supérieure à 30 millions d'habitants ;

5° Tout service de télévision diffusé par voie hertzienne terrestre qui dessert une zone géographique dont la population recensée est supérieure à dix millions d'habitants est regardé comme un service à caractère national ;

6° Tout service diffusé par voie hertzienne terrestre et diffusé simultanément et intégralement sur des fréquences affectées à la radio et à la télévision par satellite est regardé comme un seul service diffusé par voie hertzienne terrestre ;

6° bis Tout service diffusé par voie hertzienne terrestre en mode numérique, autorisé après appel aux candidatures et consistant pour les outre-mer en la reprise intégrale d'un programme national autorisé sur le territoire métropolitain, édité par la même personne morale, est regardé comme un seul service diffusé par voie hertzienne terrestre ;

7° L'audience potentielle d'un service de communication audiovisuelle s'entend de la population recensée dans les communes ou parties de communes situées dans la zone de desserte de ce service. Pour le calcul de l'audience potentielle des services diffusés en télévision mobile personnelle, les programmes consistant, dans les conditions prévues au 14° de l'article 28, en la rediffusion intégrale ou partielle d'un même service de télévision sont regardés comme des services distincts.

Art. 41-4. — Lorsqu'une opération de concentration concernant, directement ou indirectement, un éditeur ou un distributeur de services de radio et de télévision fait l'objet d'un examen approfondi en application du dernier alinéa du III de l'article L. 430-5 du code de commerce, l'Autorité de la concurrence recueille, avant de se prononcer en application de l'article L. 430-7 du même code, l'avis de l'Autorité de régulation de la communication audiovisuelle et numérique. L'Autorité de la concurrence communique à cet effet à l'Autorité de régulation de la communication audiovisuelle et numérique toute saisine relative à de telles opérations. L'Autorité de régulation de la communication audiovisuelle et numérique transmet ses observations à l'Autorité de la concurrence dans le délai d'un mois suivant la réception de cette communication.

L'Autorité de la concurrence recueille également l'avis de l'Autorité de régulation de la communication audiovisuelle et numérique sur les pratiques anticoncurrentielles dont elle est saisie dans les secteurs de la radio, de la télévision et des services de médias audiovisuels à la demande. Elle lui communique, à cet effet, toute saisine sur de telles affaires. L'Autorité de régulation de la communication audiovisuelle et numérique lui transmet ses observations dans le délai d'un mois suivant la réception de cette communication.

L'Autorité de régulation de la communication audiovisuelle et numérique saisit l'Autorité de la concurrence des pratiques anticoncurrentielles dont elle a connaissance dans les secteurs de la radio, de la télévision et des services de médias audiovisuels à la demande. Cette saisine peut être assortie d'une demande de mesures conservatoires dans les conditions prévues à l'article L. 464-1 du Code de commerce.

Elle peut saisir pour avis l'Autorité de la concurrence des questions de concurrence et de concentration dont elle a la connaissance dans le secteur de la radio, de la télévision et des services de médias audiovisuels à la demande.

Sans que le secret des affaires puisse y faire obstacle, les informations dont disposent l'Autorité de régulation de la communication audiovisuelle et numérique et l'Autorité de la concurrence sont librement communicables entre ces deux autorités pour l'application du présent article.

Art. 42. — Les éditeurs et distributeurs de services de communication audiovisuelle et les opérateurs de réseaux satellitaires peuvent être mis en demeure de respecter les obligations qui leur sont imposées par les textes législatifs et réglementaires et par les principes définis aux articles 1er et 3-1.

L'Autorité de régulation de la communication audiovisuelle et numérique rend publiques ces mises en demeure.

Les organisations professionnelles et syndicales représentatives du secteur de la communication audiovisuelle, les organismes de gestion collective mentionnés à l'article L. 321-1 du Code de la propriété intellectuelle, les organisations de défense de la liberté de l'information reconnues d'utilité publique en France, les offices publics des langues régionales et les associations concourant à la promotion des langues et cultures régionales, les associations familiales et les associations de défense des droits des femmes ainsi que les associations ayant dans leur objet social la défense des intérêts des téléspectateurs peuvent demander à l'Autorité de régulation de la communication audiovisuelle et numérique d'engager la procédure de mise en demeure prévue au premier alinéa du présent article.

Pour l'accomplissement des missions prévues aux 2° et 3° de l'article 4 de la loi organique n° 2011-333 du 29 mars 2011 relative au Défenseur des droits, le Défenseur des droits peut demander à l'Autorité de régulation de la communication audiovisuelle et numérique d'engager la procédure de mise en demeure prévue au premier alinéa du présent article.

Art. 42-1. — Si la personne faisant l'objet de la mise en demeure ne se conforme pas à celle-ci, l'Autorité de régulation de la communication audiovisuelle et numérique peut prononcer à son encontre, compte tenu de la gravité du manquement, et à la condition que celui-ci repose sur des faits distincts ou couvre une période distincte de ceux ayant déjà fait l'objet d'une mise en demeure, une des sanctions suivantes :

1° La suspension, pour un mois au plus, de l'édition, de la diffusion ou de la distribution du ou des services, d'une catégorie de programme, d'une partie du programme ou d'une ou plusieurs séquences publicitaires ;

2° La réduction de la durée de l'autorisation ou de la convention dans la limite d'une année ;

3° Une sanction pécuniaire assortie éventuellement d'une suspension de l'édition ou de la distribution du ou des services ou d'une partie du programme ;

4° Le retrait de l'autorisation ou la résiliation unilatérale de la convention.

À titre complémentaire, l'Autorité de régulation de la communication audiovisuelle et numérique peut décider, sous réserve des secrets protégés par la loi, de publier, soit au Journal officiel, soit sur un service de communication au public par voie électronique édité par ses soins, soit par ces deux moyens, la sanction qu'elle a prononcée. Elle détermine dans sa décision les modalités de cette publication, qui sont proportionnées à la gravité du manquement.

En cas de manquement aux obligations résultant du 3° de l'article 27, du 6° de l'article 33, du 3° de l'article 33-2 ou des II à IV de l'article 43-7, la sanction peut porter sur les mêmes faits ou couvrir la même période que ceux ayant fait l'objet de la mise en demeure. La mise en demeure est alors décidée par une formation restreinte composée de quatre membres de l'Autorité de régulation de la communication audiovisuelle et numérique, à l'exception de son président. La formation ne délibère que si au moins trois membres sont présents. La sanction est prononcée par une formation composée des cinq autres membres de l'autorité, qui ne délibère que si au moins quatre de ses membres sont présents.

Art. 42-2. — Le montant de la sanction pécuniaire doit être fonction de la gravité des manquements commis et en relation avec les avantages tirés du manquement, sans pouvoir excéder 3 % du chiffre d'affaires hors taxes, réalisé au cours du dernier exercice clos calculé sur une période de douze mois. Ce maximum est porté à 5 % en cas de nouvelle violation de la même obligation.

En cas de manquement à l'obligation de contribution au développement de la production mentionnée au 3° de l'article 27, au 6° de l'article 33, au 3° de l'article 33-2 ou aux II à IV de l'article 43-7 et par dérogation au premier alinéa du présent article, le montant maximal de cette sanction ne peut excéder le double du montant de l'obligation qui doit être annuellement consacrée à la production [Dispositions déclarées non conformes à la Constitution par la décision du Conseil constitutionnel n° 2021-826 DC du 21 octobre 2021.].

Lorsque le manquement est constitutif d'une infraction pénale, le montant de la sanction pécuniaire ne peut excéder celui prévu pour l'amende pénale.

Lorsque l'Autorité de régulation de la communication audiovisuelle et numérique a prononcé une sanction pécuniaire devenue définitive avant que le juge pénal ait statué définitivement sur les mêmes faits ou des faits connexes, celui-ci peut ordonner que la sanction pécuniaire s'impute sur l'amende qu'il prononce.

Pour l'application du présent article, sont agrégées au montant du chiffre d'affaires l'ensemble des recettes publicitaires provenant de l'activité du service.

Les sanctions pécuniaires sont recouvrées comme les créances de l'État étrangères à l'impôt et au domaine.

Art. 42-3. — L'autorisation peut être retirée, sans mise en demeure préalable, en cas de modification substantielle des données au vu desquelles l'autorisation avait été délivrée, notamment des changements intervenus dans la composition du capital social ou des organes de direction et dans les modalités de financement. L'Autorité de régulation de la communication audiovisuelle et numérique ne peut cependant agréer une modification du contrôle direct ou indirect, au sens de l'article L. 233-3 du Code de commerce, de la société titulaire d'une autorisation délivrée en application de l'article 30-1 de la présente loi intervenant dans un délai de cinq ans à compter de cette délivrance, sauf en cas de difficultés économiques menaçant la viabilité de cette société.

Dans le respect des critères mentionnés à l'article 29, notamment le juste équilibre entre les réseaux nationaux et les services locaux, régionaux et thématiques indépendants, l'Autorité de régulation de la communication audiovisuelle et numérique peut donner son agrément à un changement de titulaire d'autorisation pour la diffusion de services de radio lorsque ce changement bénéficie à la personne morale qui contrôle ou qui est contrôlée par le titulaire initial de l'autorisation au regard des critères figurant à l'article L. 233-3 du Code de commerce. À l'occasion de ce changement de titulaire de l'autorisation, l'autorité peut, dans les mêmes conditions, donner son agrément à un changement de la catégorie pour laquelle le service est autorisé. Ce changement ne peut être agréé hors appel aux candidatures par l'Autorité de régulation de la communication audiovisuelle et numérique s'elle est incompatible avec la préservation des équilibres des marchés publicitaires, notamment locaux.

Ce changement de titulaire de l'autorisation n'est pas ouvert aux services mentionnés à l'article 80 et aux services locaux, régionaux et thématiques indépendants.

Sous réserve du respect des articles 1er et 3-1, l'Autorité de régulation de la communication audiovisuelle et numérique peut, par décision motivée, donner son agrément à une modification des modalités de financement lorsqu'elle porte sur le recours ou non à une rémunération de la part des usagers. Préalablement à sa décision, elle procède à une étude d'impact, notamment économique, rendue publique dans le respect du secret des affaires. Elle procède aussi à l'audition publique du titulaire et entend les tiers qui le demandent. Cette modification de l'autorisation peut être agréée si les équilibres du marché publicitaire des services de télévision hertzienne terrestre sont pris en compte.

Sans préjudice de l'application du premier alinéa, tout éditeur de services détenteur d'une autorisation délivrée en application des articles 29,29-1,30-1,30-5 et 96 doit obtenir un agrément de l'Autorité de régulation de la communication audiovisuelle et numérique en cas de modification du contrôle direct ou indirect, au sens de l'article L. 233-3 du Code de commerce, de la société titulaire de l'autorisation. Cet agrément fait l'objet d'une décision motivée et est délivré en tenant compte du respect par l'éditeur, lors des deux années précédant l'année de la demande d'agrément, de ses obligations conventionnelles relatives à la programmation du service.

Lorsque la modification du contrôle porte sur un service national de télévision autorisé en application de l'article 30-1 de la présente loi ou un service de radio appartenant à un réseau de diffusion à caractère national, au sens de l'article 41-3, et que cette modification est susceptible de modifier de façon importante le marché en cause, l'agrément est précédé d'une étude d'impact, notamment économique, rendue publique dans le respect du secret des affaires.

Si elle l'estime utile, l'Autorité de régulation de la communication audiovisuelle et numérique peut effectuer une telle étude pour les autres services autorisés.

L'Autorité de régulation de la communication audiovisuelle et numérique peut, par décision motivée, autoriser une modification des obligations liées à la programmation, y compris s'agissant d'obligations quantifiées, dès lors que la modification envisagée ne remet pas en cause l'orientation générale du service concerné et qu'elle est compatible avec l'intérêt du public.

Art. 42-4. — Dans tous les cas de manquement aux obligations incombant aux éditeurs de services de communication audiovisuelle, l'Autorité de régulation de la communication audiovisuelle et numérique peut ordonner l'insertion dans les programmes d'un communiqué dont elle fixe les termes et les conditions de diffusion. L'Autorité de régulation de la communication audiovisuelle et numérique demande à l'intéressé de lui présenter ses observations dans un délai de deux jours francs à compter de la réception de cette demande. La décision est ensuite prononcée sans que soit mise en œuvre la procédure prévue à l'article 42-7. Le refus du titulaire de se conformer à cette décision est passible d'une sanction pécuniaire dans les conditions fixées à l'article 42-2.

Art. 42-5. — L'Autorité de régulation de la communication audiovisuelle et numérique ne peut être saisie de faits remontant à plus de trois ans, s'il n'a été fait aucun acte tendant à leur recherche, leur constatation ou leur sanction.

Art. 42-6. — L'Autorité de régulation de la communication audiovisuelle et numérique peut, après mise en demeure, prononcer la sanction de résiliation unilatérale de la convention conclue en application du I de l'article 33-1 de la présente loi avec une personne morale contrôlée, au sens de l'article L. 233-3 du Code de commerce, par un État étranger ou placée sous l'influence de cet État si le service ayant fait l'objet de ladite convention porte atteinte aux intérêts fondamentaux de la Nation, dont le fonctionnement régulier de ses institutions, notamment par la diffusion de fausses informations. Pour apprécier cette atteinte, l'autorité peut tenir compte des contenus que la société avec laquelle elle a conclu la convention, ses filiales, la personne morale qui la contrôle ou les filiales de celle-ci éditent sur d'autres services de communication au public par voie électronique, sans toutefois pouvoir fonder sa décision sur ces seuls éléments.

Art. 42-7. — Les sanctions prévues aux articles 42-1,42-3,42-4,42-6,42-15,48-2,48-3 et 62 sont prononcées dans les conditions suivantes :

1° L'engagement des poursuites et l'instruction préalable au prononcé des sanctions prévues par les dispositions précitées sont assurés par un rapporteur nommé par le vice-président du Conseil d'État, après avis de l'Autorité de régulation de la communication audiovisuelle et numérique, parmi les membres des juridictions administratives en activité, pour une durée de quatre ans, renouvelable une fois. Le rapporteur peut demander à être assisté par un ou plusieurs adjoints nommés dans les mêmes conditions ;

2° Le rapporteur peut se saisir de tout fait susceptible de justifier l'engagement d'une procédure de sanction ;

3° Le rapporteur décide si les faits dont il a connaissance justifient l'engagement d'une procédure de sanction. Une mise en demeure qui n'a été suivie d'aucune sanction prononcée dans les conditions prévues au présent article dans un délai de cinq ans à compter de son adoption est réputée caduque. La notification des griefs suspend ce délai jusqu'à la date à laquelle l'Autorité de régulation de la communication audiovisuelle et numérique statue sur les faits en cause.

S'il estime que les faits justifient l'engagement d'une procédure de sanction, le rapporteur notifie les griefs aux personnes mises en cause, qui peuvent consulter le dossier et présenter leurs observations dans un délai d'un mois suivant la notification. Ce délai peut être réduit jusqu'à sept jours en cas d'urgence. Le rapporteur adresse une copie de la notification à l'Autorité de régulation de la communication audiovisuelle et numérique ;

4° L'instruction est dirigée par le rapporteur, qui peut procéder à toutes les auditions et consultations qu'il estime nécessaires.

L'Autorité de régulation de la communication audiovisuelle et numérique met à la disposition du rapporteur, dans les conditions prévues par une convention, tous les moyens nécessaires à l'accomplissement de ses fonctions. Les personnels mis à la disposition du rapporteur sont placés sous son autorité pour les besoins de chacune de ses missions ;

5° Au terme de l'instruction, le rapporteur communique son rapport, accompagné des documents sur lesquels il se fonde, à la personne mise en cause et à l'Autorité de régulation de la communication audiovisuelle et numérique ou à la formation du collège composée de cinq membres mentionnée au dernier alinéa de l'article 42-1.

Sauf dans les cas où la communication ou la consultation de ces documents est nécessaire à l'exercice des droits de la défense de la personne mise en cause, le rapporteur peut lui refuser la communication ou la consultation de pièces ou de certains éléments contenus dans ces pièces mettant en jeu le secret des affaires d'autres personnes. Dans ce cas, une version non confidentielle et un résumé des pièces ou éléments en cause lui sont accessibles ;

6° Le rapporteur expose devant l'Autorité de régulation de la communication audiovisuelle et numérique ou devant la formation du collège composée de cinq membres mentionnée au même dernier alinéa, lors d'une séance à laquelle est convoquée la personne mise en cause, son opinion sur les faits dont il a connaissance et les griefs notifiés. Le cas échéant, il propose à l'autorité ou à la formation du collège composée de cinq membres mentionnée audit dernier alinéa d'adopter l'une des sanctions prévues aux articles 42-1,42-3,42-4,42-6,42-15,48-2 et 48-3. Au cours de cette séance, la personne mise en cause, qui peut se faire assister par toute personne de son choix, est entendue par l'autorité ou la formation du collège composée de cinq membres mentionnée au dernier alinéa de l'article 42-1, qui peut également entendre, en présence de la personne mise en cause, toute personne dont l'audition lui paraît susceptible de contribuer à son information. Cette séance se tient dans un délai de deux mois suivant la notification du rapport par le rapporteur.

Le rapporteur n'assiste pas au délibéré.

La décision de l'autorité ou de la formation du collège composée de cinq membres mentionnée au même dernier alinéa prise au terme de cette procédure est motivée et notifiée aux personnes qu'elle vise et, en cas de suspension de la diffusion d'un service, aux distributeurs ou aux opérateurs satellitaires qui assurent la diffusion du service en France et qui doivent assurer l'exécution de la mesure ;

7° La procédure de sanction est suspendue lorsque l'Autorité de régulation de la communication audiovisuelle et numérique décide de mettre en œuvre la procédure prévue à l'article 42-10.

Un décret en Conseil d'État précise les modalités d'application du présent article.

Art. 42-8. — Les éditeurs et les distributeurs de services de communication audiovisuelle peuvent former un recours de pleine juridiction devant le Conseil d'État contre les décisions de l'Autorité de régulation de la communication audiovisuelle et numérique prises en application des articles 17-1,42-1,42-3 et 42-4.

Les personnes mentionnées à l'article 95 et les prestataires auxquels ces personnes recourent peuvent former un recours de pleine juridiction devant le Conseil d'État contre les décisions de l'Autorité de régulation de la communication audiovisuelle et numérique prises en application de l'article 17-1.

Art. 42-9. — Le recours formé contre les décisions de retrait prononcées sans mise en demeure préalable est suspensif sauf lorsque le retrait est motivé par une atteinte à l'ordre public, à la sécurité ou à la santé publiques. Le Conseil d'État statue dans les trois mois.

Art. 42-10. — En cas de manquement aux obligations résultant des dispositions de la présente loi et pour l'exécution des missions de l'Autorité de régulation de la communication audiovisuelle et numérique, son président peut demander en justice qu'il soit ordonné à la personne qui en est responsable de se conformer à ces dispositions, de mettre fin à l'irrégularité ou d'en supprimer les effets. Cette demande peut avoir pour objet de faire cesser la diffusion, par un opérateur satellitaire ou un distributeur de services, d'un service de télévision relevant de la compétence de la France dont les programmes portent atteinte à l'un au moins des principes mentionnés aux articles 1er, 3-1 ou 15.

La demande peut avoir pour objet de faire cesser la diffusion ou la distribution, par un opérateur de réseaux satellitaires ou un distributeur de services, d'un service de communication audiovisuelle relevant de la compétence de la France et contrôlé, au sens de l'article L. 233-3 du Code de commerce, par un État étranger ou placé sous l'influence de cet État si ce service porte atteinte aux intérêts fondamentaux de la Nation, dont le fonctionnement régulier de ses institutions, notamment par la diffusion de fausses informations. Pour apprécier cette atteinte, le juge peut, le cas échéant, tenir compte des contenus que l'éditeur du service, ses filiales, la personne morale qui le contrôle ou les filiales de celle-ci éditent sur d'autres services de communication au public par voie électronique.

La demande est portée devant le président de la section du contentieux du Conseil d'État qui statue en référé et dont la décision est immédiatement exécutoire. Il peut prendre, même d'office, toute mesure conservatoire et prononcer une astreinte pour l'exécution de son ordonnance.

Toute personne qui y a intérêt peut intervenir à l'action introduite par le président de l'Autorité de régulation de la communication audiovisuelle et numérique.

Art. 42-11. — L'Autorité de régulation de la communication audiovisuelle et numérique saisit le procureur de la République de toute infraction aux dispositions de la présente loi.

Art. 42-12. — Lorsqu'un débiteur soumis à une procédure de sauvegarde, de redressement judiciaire ou de liquidation judiciaire est titulaire d'une autorisation relative à un service de communication audiovisuelle et que la cession d'une activité ou de l'entreprise est envisagée dans les conditions prévues aux articles L. 626-1, L. 631-22 ou L. 642-1 et suivants du code de commerce, le tribunal peut, à la demande du procureur de la République et après que ce magistrat a obtenu, dans un délai d'un mois, l'avis favorable de l'Autorité de régulation de la communication audiovisuelle et numérique, dans des conditions prévues par décret, autoriser la conclusion d'un contrat de location-gérance conformément aux articles L. 642-13 et suivants du Code de commerce. Pendant la durée de cette location-gérance, le cessionnaire bénéficie, nonobstant les dispositions de l'article 42-3 de la présente loi, de l'autorisation qui avait été accordée au débiteur.

Si, au cours de la location-gérance, le cessionnaire n'obtient pas l'autorisation nécessaire de l'Autorité de régulation de la communication audiovisuelle et numérique, le tribunal, d'office ou à la demande du commissaire à l'exécution du plan de sauvegarde ou de redressement, du liquidateur ou du procureur de la République, ordonne la résiliation du contrat de location-gérance et la résolution du plan. Dans ce cas, il n'y a pas lieu à application des dispositions de l'article L. 642-17 du code de commerce ni à versement de dommages et intérêts.

L'autorisation mentionnée à l'alinéa précédent est délivrée hors appel aux candidatures.

Le présent article n'est pas applicable lorsque la cession de l'entreprise ou de l'activité porte sur un ensemble autre que celui au titre duquel l'autorisation mentionnée au premier alinéa avait été accordée au débiteur.

Art. 42-15. — Lorsqu'une partie au litige ne se conforme pas dans les délais fixés à la décision prise en application de l'article 17-1, l'Autorité de régulation de la communication audiovisuelle et numérique peut prononcer à son encontre une sanction pécuniaire dans les conditions fixées aux articles 42-2 et 42-7.

Ces décisions sont motivées. Elles sont notifiées à l'intéressé. Elles peuvent faire l'objet d'un recours de pleine juridiction devant le Conseil d'État, qui a un effet suspensif.

Chapitre IV

Dispositions communes à l'ensemble des services de communication audiovisuelle

Art. 43. — Toute forme de publicité accessible par un service de communication audiovisuelle doit être clairement identifiée comme telle. Elle doit également permettre d'identifier la personne pour le compte de laquelle elle est réalisée.

Art. 43-1. — Tout éditeur d'un service de communication audiovisuelle tient en permanence à la disposition du public :

1° Sa dénomination ou sa raison sociale, son siège social, le nom de son représentant légal et de ses trois principaux associés ;

1° bis Ses coordonnées, y compris l'adresse du courrier électronique et le site internet ;

2° Le nom du directeur de la publication et celui du responsable de la rédaction ;

3° La liste des publications éditées par la personne morale et la liste des autres services de communication audiovisuelle qu'elle assure ;

4° Le tarif applicable lorsque le service donne lieu à rémunération ;

5° L'information selon laquelle son service est soumis à la présente loi et au contrôle de l'Autorité de régulation de la communication audiovisuelle et numérique.

Art. 43-1-1. Le distributeur de programmes audiovisuels est la personne physique ou morale, à laquelle un ou plusieurs détenteurs des droits desdits programmes confient le mandat d'en assurer la commercialisation.

Chapitre V

Détermination des services de télévision et de médias audiovisuels à la demande soumis à la présente loi

Art. 43-2. — La présente loi est applicable aux services de télévision et aux services de médias audiovisuels à la demande dont l'éditeur est établi en France selon les critères prévus à l'article 43-3 ou qui relève de la compétence de la France en application des critères prévus à l'article 43-4, sans préjudice de l'application des règles relatives à l'occupation du domaine public.

Art. 43-3. — Un éditeur de service de télévision ou de médias audiovisuels à la demande est considéré comme établi en France lorsqu'il a son siège social effectif en France et que les décisions de la direction relatives à la programmation sont prises en France.

Lorsque l'éditeur d'un service a son siège social effectif en France, mais que les décisions de la direction relatives à la programmation sont prises dans un autre État membre de l'Union européenne ou partie à l'accord sur l'Espace économique européen, il est réputé être établi en France si une partie importante des effectifs employés aux activités du service liées à un programme y travaille, même si une partie importante des effectifs employés aux activités du service liées à un programme travaille également dans l'État où sont prises les décisions de la direction relatives à la programmation. Lorsque les effectifs employés aux activités du service liées à un programme ne travaillent pour une part importante ni en France ni dans l'État où sont prises les décisions de la direction relatives à la programmation, l'éditeur de service est réputé être établi dans le premier État où il a été régulièrement mis à disposition du public, à condition que soit maintenu un lien économique stable et réel avec cet État.

Lorsque l'éditeur d'un service a son siège social effectif en France, mais que les décisions relatives à la programmation sont prises dans un autre État, qui n'est ni membre de l'Union européenne ni partie à l'accord sur l'Espace économique européen, il est réputé être établi en France si une partie importante des effectifs employés aux activités du service y travaille.

Lorsque l'éditeur d'un service a son siège social effectif dans un autre État membre de l'Union européenne ou partie à l'accord sur l'Espace économique européen, mais que les décisions de la direction relatives à la programmation sont prises en France, il est réputé être établi en France si une partie importante des effectifs employés aux activités du service liées à un programme y travaille, sauf si une partie importante des effectifs employés aux activités du service travaille également dans l'autre État. Lorsque les effectifs employés aux activités du service liées à un programme ne travaillent pour une partie importante ni dans l'État où il a son siège social effectif ni en France, l'éditeur de service est réputé être établi dans le premier État où il a été régulièrement mis à disposition du public, à condition que soit maintenu un lien économique stable et réel avec cet État.

Lorsque l'éditeur d'un service a son siège social effectif dans un autre État, qui n'est ni membre de l'Union européenne ni partie à l'accord sur l'Espace économique européen, il est réputé être établi en France si les décisions relatives à la programmation du service sont prises en France et si une partie importante des effectifs employés aux activités du service travaille en France.

Art. 43-4. — Les éditeurs de services de télévision ou de médias audiovisuels à la demande auxquels n'est applicable aucun des critères définis à l'article 43-3 relèvent de la compétence de la France s'ils satisfont à l'une des conditions suivantes :

1° S'ils utilisent une liaison montante vers un satellite à partir d'une station située en France ;

2° Si, n'utilisant pas une liaison montante à partir d'une station située dans un autre État membre de la Communauté européenne ou dans un autre État partie à l'accord sur l'Espace économique européen, ils utilisent une capacité satellitaire relevant de la France.

Art. 43-5. — En dehors des cas prévus aux articles 43-3 et 43-4, il est fait application, pour la détermination de la législation applicable, des critères d'établissement prévus aux articles 52 et suivants du traité instituant la Communauté européenne.

Art. 43-6. — La présente loi est applicable aux services de télévision dont l'éditeur relève de la compétence de la France, selon les critères prévus par la Convention européenne, du 5 mai 1989, sur la télévision transfrontière, et reçus par les États parties à cette convention non membres de la Communauté européenne.

Art. 43-7. — I. — Sans préjudice des dispositions du II, les services de télévision et de médias audiovisuels à la demande relevant de la compétence d'un autre État membre de l'Union européenne ou d'un État partie à l'accord sur l'Espace économique européen et les services de télévision et de médias audiovisuels à la demande relevant de la compétence d'un autre État partie à la Convention européenne du 5 mai 1989 précitée peuvent être diffusés par les réseaux n'utilisant pas des fréquences attribuées par l'Autorité de régulation de la communication audiovisuelle et numérique sans formalité préalable.

II. — Lorsqu'ils ne sont pas établis en France et qu'ils ne relèvent pas de la compétence de la France au sens de l'article 43-2, les éditeurs de services de télévision et de médias audiovisuels à la demande qui visent le territoire français sont soumis sur la base de leur activité en France à la contribution mentionnée au 6° de l'article 33 ou au 3° de l'article 33-2, dans des conditions non discriminatoires et proportionnées par rapport à celles applicables aux services établis en France ou qui relèvent de la compétence de la France.

III. — Les éditeurs de services mentionnés au II peuvent conclure avec l'Autorité de régulation de la communication audiovisuelle et numérique une convention qui précise les modalités de la contribution consacrée au développement de la production en tenant compte des accords conclus entre l'éditeur de services et une ou plusieurs organisations professionnelles de l'industrie cinématographique ou audiovisuelle y compris, pour la partie de ces accords qui affecte directement leurs intérêts, des organisations professionnelles et organismes de gestion collective représentant les auteurs.

La convention précise également les conditions d'accès des ayants droit aux données relatives à l'exploitation de leurs œuvres et notamment à leur visionnage.

Elle définit en outre les modalités selon lesquelles l'éditeur de services justifie du respect de ses obligations et communique les données relatives à son activité en France, notamment son chiffre d'affaires, le nombre de ses abonnés ou de ses utilisateurs et à la mise à disposition et à l'exploitation des œuvres cinématographiques et audiovisuelles, notamment leur visionnage.

IV. — À défaut de convention conclue avec l'Autorité de régulation de la communication audiovisuelle et numérique, celle-ci notifie à l'éditeur de services mentionné au II l'étendue de ses obligations au titre de la contribution à la production et des conditions d'accès des ayants droit aux données relatives à l'exploitation de leurs œuvres. Elle lui notifie également les modalités selon lesquelles il doit justifier du respect de ces obligations. À cette fin, l'éditeur de services communique à l'Autorité de régulation de la communication audiovisuelle et numérique les données relatives à son activité en France, notamment son chiffre d'affaires, le nombre de ses abonnés ou de ses utilisateurs et à la mise à disposition et à l'exploitation des œuvres cinématographiques et audiovisuelles, notamment leur visionnage.

V. — Si un éditeur de services mentionné au II ne remplit pas ses obligations prévues, selon les cas au III ou au IV, l'Autorité de régulation de la communication audiovisuelle et numérique peut, après avoir fait, le cas échéant, usage des prérogatives qui lui sont reconnues à l'article 19 de la présente loi, prononcer une sanction pécuniaire dans les conditions prévues aux articles 42-2 et 42-7 sur la base du chiffre d'affaires hors taxes réalisé en France.

VI. — Les éditeurs de services mentionnés au II désignent auprès de l'Autorité de régulation de la communication audiovisuelle et numérique un représentant légal établi dans un État membre de l'Union européenne exerçant les fonctions d'interlocuteur référent pour l'application des dispositions du II à V du présent article.

Art. 43-8. — I. — L'Autorité de régulation de la communication audiovisuelle et numérique peut suspendre provisoirement la retransmission d'un service de télévision ou de médias audiovisuels à la demande relevant de la compétence d'un autre État membre de l'Union européenne ou partie à l'accord sur l'Espace économique européen dans les cas suivants :

1° Le service porte atteinte ou présente un risque sérieux et grave d'atteinte à la sécurité publique ou à la défense nationale.

2° Le service a, de façon manifeste, sérieuse et grave, enfreint l'interdiction de diffuser ou mettre à la disposition du public des programmes ou des communications commerciales susceptibles de nuire à l'épanouissement physique, mental ou moral des mineurs ou à l'interdiction d'incitation à la haine ou à la violence fondée sur l'un des motifs mentionnés à l'article 21 de la Charte des droits fondamentaux de l'Union européenne ;

3° Le service a, de façon manifeste, sérieuse et grave, enfreint l'interdiction de diffuser ou mettre à la disposition du public un programme ou une communication commerciale comportant une provocation publique à commettre les infractions mentionnées aux articles 421-2-5 et 421-2-5-1 du Code pénal ;

4° Le service porte atteinte ou présente un risque sérieux et grave d'atteinte à la santé publique ;

II. — Les mesures prévues au I ne peuvent être prononcées que si :

1° L'éditeur de services s'est déjà livré à l'un des agissements mentionnés au même I au moins deux fois au cours des douze derniers mois. Toutefois, des mesures peuvent être prononcées sur le fondement des 2° ou 3° dudit I si l'éditeur s'est déjà livré au moins une fois au cours des douze derniers mois à des agissements mentionnés aux mêmes 1° et 3° ;

2° Les griefs et mesures envisagés en cas de persistance de la violation ont été notifiées à l'éditeur du service, à l'État membre de la compétence duquel relève le service et à la Commission européenne ;

3° L'Autorité de régulation de la communication audiovisuelle et numérique a permis à l'éditeur du service de présenter ses observations ;

4° L'État membre de la compétence duquel relève le service et la Commission européenne ont été consultés et la violation persiste.

En cas d'urgence, au plus tard un mois après la violation alléguée, les dispositions des 1°, 2° et 4° du présent II ne sont pas applicables aux mesures prononcées sur le fondement des 1° ou 3° du I Dans ce cas, les mesures prononcées sont notifiées sans délai à la Commission européenne et à l'État membre de la compétence duquel relève l'éditeur du service ; elles indiquent les raisons pour lesquelles l'Autorité de régulation de la communication audiovisuelle et numérique estime que l'urgence est caractérisée.

III. — L'Autorité de régulation de la communication audiovisuelle et numérique peut suspendre provisoirement la retransmission des services de télévision relevant de la compétence d'un autre État partie à la Convention européenne du 5 mai 1989 précitée, dans les conditions prévues par cette convention.

Un décret en Conseil d'État précise les conditions d'application du présent article.

Art. 43-9. — Les éditeurs de services de télévision ou de médias audiovisuels à la demande soumis à la présente loi en application des articles 43-3 à 43-5 informent l'Autorité de régulation de la communication audiovisuelle et numérique de toute modification susceptible d'affecter la compétence de la France en application des mêmes articles 43-3 à 43-5.

L'Autorité de régulation de la communication audiovisuelle et numérique établit et tient à jour une liste des éditeurs de services de télévision et de médias audiovisuels à la demande relevant de la compétence de la France en indiquant le critère sur lequel est fondée cette compétence en application desdits articles 43-3 à 43-5. Elle communique, par l'intermédiaire du Gouvernement, cette liste et ses mises à jour à la Commission européenne.

Art. 43-10. — Si un service de télévision ou un service de médias audiovisuels à la demande dont la programmation est entièrement ou principalement destinée au public français s'est établi sur le territoire d'un autre État membre de la Communauté européenne ou partie à l'accord sur l'Espace économique européen dans le but principal d'échapper à l'application de la réglementation française, il est réputé être soumis aux règles applicables aux services établis en France, dans des conditions fixées par décret en Conseil d'État.

TITRE III

DU SECTEUR PUBLIC DE LA COMMUNICATION AUDIOVISUELLE

Art. 43-11. — Les sociétés énumérées aux articles 44 et 45 poursuivent, dans l'intérêt général, des missions de service public. Elles offrent au public, pris dans toutes ses composantes, un ensemble de programmes et de services qui se caractérisent par leur diversité et leur pluralisme, leur exigence de qualité et d'innovation, le respect des droits de la personne et des principes démocratiques constitutionnellement définis.

Elles présentent une offre diversifiée de programmes en modes analogique et numérique dans les domaines de l'information, de la culture, de la connaissance, du divertissement et du sport. Elles favorisent le débat démocratique, les échanges entre les différentes parties de la population ainsi que l'insertion sociale et la citoyenneté. Elles mettent en œuvre des actions en faveur de la cohésion sociale, de la diversité culturelle, de la lutte contre les discriminations et des droits des femmes. Elles s'attachent notamment à promouvoir l'égalité entre les femmes et les hommes et à lutter contre les préjugés sexistes, les violences faites aux femmes et les violences commises au sein du couple ainsi qu'à assurer une meilleure représentation de la diversité de la société française, notamment d'outre-mer. Elles proposent une programmation reflétant la diversité de la société française. Elles assurent la promotion de la langue française et, le cas échéant, des langues régionales et mettent en valeur la diversité du patrimoine culturel et linguistique de la France. Elles concourent au développement et à la diffusion de la création intellectuelle et artistique et des connaissances civiques, économiques, sociales, scientifiques et techniques ainsi qu'à l'éducation à l'audiovisuel et aux médias. Elles favorisent l'apprentissage des langues étrangères. Elles participent à l'éducation à l'environnement et au développement durable. Elles assurent une mission d'information sur la santé et la sexualité.

Elles favorisent, par des dispositifs adaptés, l'accès des personnes sourdes et malentendantes aux programmes qu'elles diffusent.

Elles assurent l'honnêteté, l'indépendance et le pluralisme de l'information ainsi que l'expression pluraliste des courants de pensée et d'opinion dans le respect du principe d'égalité de traitement et des recommandations de l'Autorité de régulation de la communication audiovisuelle et numérique.

Les organismes du secteur public de la communication audiovisuelle, pour l'exercice de leurs missions, contribuent à l'action audiovisuelle extérieure, au rayonnement de la francophonie et à la diffusion de la culture et de la langue françaises dans le monde. Ils s'attachent à développer les nouveaux services susceptibles d'enrichir ou de compléter leur offre de programmes ainsi que les nouvelles techniques de production et de diffusion des programmes et services de communication audiovisuelle.

Chaque année, un rapport est déposé au Parlement afin de faire l'état de l'application des dispositions du présent article.

Art. 44. — I. La société nationale de programme France Télévisions est chargée de concevoir et programmer des émissions de télévision à caractère national, régional et local ainsi que des émissions de radio ultramarines. Elle édite et diffuse également plusieurs services de communication audiovisuelle, y compris des services de médias audiovisuels à la demande, répondant aux missions de service public définies à l'article 43-11 et dans son cahier des charges.

Les caractéristiques respectives de ces services sont précisées par son cahier des charges. Elle peut les éditer par l'intermédiaire de filiales dont la totalité du capital est détenue, directement ou indirectement, par des personnes publiques.

Elle tient compte du développement des technologies numériques pour assurer l'accès de tous les publics à ses programmes.

Dans le respect de l'identité des lignes éditoriales de chacun des services qu'elle édite et diffuse, France Télévisions veille par ses choix de programmation et ses acquisitions d'émissions et d'œuvres audiovisuelles et cinématographiques à garantir la diversité de la création et de la production.

France Télévisions reflète dans sa programmation la diversité de la société française et veille à engager une action adaptée pour améliorer la présence de cette diversité dans les programmes.

France Télévisions conçoit et diffuse en région des programmes qui contribuent à la connaissance et au rayonnement de ces territoires et, le cas échéant, à l'expression des langues régionales. Ces programmes sont diffusés à travers des décrochages spécifiques, y compris aux heures de grande écoute, et peuvent être repris au niveau national. Ils reflètent la diversité de la vie économique, sociale et culturelle en région et proposent une information de proximité.

Lorsqu'ils diffusent des journaux télévisés, les services de la société France Télévisions disposent d'une ligne éditoriale indépendante.

La principale source de financement de la société France Télévisions est constituée par le produit de la contribution à l'audiovisuel public.

II. Abrogé.

III. La société nationale de programme dénommée Radio France est chargée de concevoir et de programmer des émissions de radio à caractère national et local, destinées à être diffusées sur tout ou partie du territoire. Elle favorise l'expression régionale sur ses antennes décentralisées sur l'ensemble du territoire. Elle valorise le patrimoine et la création artistique, notamment grâce aux formations musicales dont elle assure la gestion et le développement.

IV. La société en charge de l'audiovisuel extérieur de la France, société nationale de programme, a pour mission de contribuer à la diffusion et à la promotion de la langue française, des cultures française et francophone, ainsi qu'au rayonnement de la France dans le monde, notamment par la programmation et la diffusion d'émissions de télévision et de radio ou de services de communication au public en ligne relatifs à l'actualité française, francophone, européenne et internationale.

À cette fin, elle définit ou contribue à définir les orientations stratégiques et la coordination des services de communication audiovisuelle, en français ou en langues étrangères, destinés en particulier au public français résidant à l'étranger et au public étranger, édités par des sociétés dont elle détient tout ou partie du capital.

Elle peut les financer. Elle peut également concevoir et programmer elle-même de tels services.

Le cahier des charges de la société nationale de programme en charge de l'audiovisuel extérieur de la France établi en application de l'article 48 définit ou contribue à définir les obligations de service public auxquelles sont soumis les services mentionnés à l'alinéa précédent et les conditions dans lesquelles la société assure, par l'ensemble de ces services, la diversité et le pluralisme des programmes.

V. Dans les conditions fixées par voie réglementaire, notamment par leurs cahiers des missions et des charges, les sociétés nationales de programme peuvent produire pour elles-mêmes et à titre accessoire des œuvres et documents audiovisuels et participent à des accords de coproduction.

Elles ne peuvent investir en parts de coproducteur dans le financement d'une œuvre cinématographique que par l'intermédiaire de filiales ayant cet objet social exclusif.

Art. 44-1. — Afin de poursuivre des missions différentes de celles prévues à l'article 43-11, les sociétés mentionnées à l'article 44 peuvent également créer des filiales dont les activités sont conformes à l'objet social desdites sociétés.

Art. 45. — Une société dénommée ARTE-France est chargée de concevoir et de fournir les programmes et les moyens nécessaires à l'exercice des missions du groupement européen d'intérêt économique ARTE issu du traité du 2 octobre 1990 instituant une chaîne culturelle européenne. Les émissions doivent tenir compte du caractère international, en particulier européen, de son public.

Le capital de cette société est détenu directement ou indirectement par des personnes publiques.

Art. 45-1. — L'Assemblée nationale et le Sénat produisent et font diffuser, sous le contrôle de leur bureau, par câble et par voie hertzienne, un programme de présentation et de compte rendu de leurs travaux. Ce programme peut également porter sur le fonctionnement des institutions parlementaires et faire place au débat public, dans le respect du pluralisme des groupes constitués dans chacune des assemblées.

Art. 45-2. — La chaîne de télévision parlementaire et civique créée par l'Assemblée nationale et le Sénat est dénommée « La Chaîne parlementaire ». Elle comporte, à parité de temps d'antenne, les émissions des deux sociétés de programme, l'une pour l'Assemblée nationale, l'autre pour le Sénat.

Elle remplit une mission de service public, d'information et de formation des citoyens à la vie publique, par des programmes parlementaires, éducatifs et civiques. Elle met en œuvre des actions en faveur de la cohésion sociale, de la diversité culturelle et de la lutte contre les discriminations et propose une programmation reflétant la diversité de la société française.

Dans le cadre de son indépendance éditoriale, la chaîne veille à l'impartialité de ses programmes. La société de programme, dénommée « La Chaîne parlementaire-Assemblée nationale », est chargée de concevoir et de programmer des émissions de présentation des travaux de l'Assemblée nationale ainsi que des émissions d'accompagnement. Elle en assure la production et la réalisation.

La société de programme, dénommée « La Chaîne parlementaire-Sénat », est chargée de concevoir et de programmer des émissions de présentation des travaux du Sénat ainsi que des émissions d'accompagnement. Elle en assure la production et la réalisation.

Ces deux sociétés de programme sont dirigées par des présidents-directeurs généraux nommés pour trois ans par les bureaux des assemblées, sur proposition de leur président.

La nature, la composition, le mode de désignation et les compétences des autres organes dirigeants sont déterminés par les statuts de chaque société de programme approuvés par le bureau de l'assemblée à laquelle elle se rattache.

Chaque société de programme conclut annuellement avec l'assemblée dont elle relève une convention précisant les modalités d'exécution de sa mission, ainsi que le montant de la participation financière dont elle est dotée par cette assemblée. Cette convention détermine également les modalités de fonctionnement du comité relatif à l'honnêteté, à l'indépendance et au pluralisme de l'information et des programmes créé au sein de chaque société de programme, l'indépendance de ce comité étant, par dérogation à l'article 30-8, assurée par le bureau de l'assemblée dont elle relève.

Le capital de chacune de ces sociétés est détenu en totalité par celle des deux assemblées à laquelle elle se rattache. Le financement des sociétés de programme est assuré par des dotations annuelles, chaque assemblée dotant sa société directement de la totalité des sommes qu'elle estime nécessaires à l'accomplissement de ses missions.

Par dérogation au neuvième alinéa du présent article, chaque société peut, à titre accessoire, percevoir des revenus liés à l'exploitation des programmes qu'elle produit et réalise ainsi qu'à la diffusion de campagnes d'intérêt général.

Sous réserve des dispositions du présent article, ces sociétés sont soumises à la législation sur les sociétés anonymes. ;

La Chaîne parlementaire ne diffuse aucun message publicitaire et aucune émission de téléachat.

Les sociétés de programme, ainsi que les émissions qu'elles programment, ne relèvent pas de l'autorité de l'Autorité de régulation de la communication audiovisuelle et numérique.

Le bureau de chacune des assemblées fixe et contrôle les conditions dans lesquelles la réglementation applicable aux services mentionnés à l'article 33 s'applique à La Chaîne Parlementaire.

L'article L. 133-1 du Code des juridictions financières n'est pas applicable à ces sociétés, qui sont soumises aux dispositions du règlement de chacune des assemblées concernant le contrôle de leurs comptes.

Art. 45-3. — Sauf opposition des organes dirigeants des sociétés de programme mentionnées à l'article 45-2, tout distributeur de services sur un réseau n'utilisant pas de fréquences terrestres assignées par l'Autorité de régulation de la communication audiovisuelle et numérique est tenu de diffuser, en clair et à ses frais, les programmes et les services interactifs associés de La Chaîne parlementaire. Ces programmes et ces services interactifs associés sont mis gratuitement à disposition de l'ensemble des usagers, selon des modalités techniques de diffusion équivalentes à celles des sociétés nationales de programme.

Art. 46. — La société nationale de programme France Télévisions crée en son sein un conseil consultatif des programmes composé de téléspectateurs, chargé d'émettre des avis et des recommandations sur les programmes.

Chaque année, le président de la société nationale de programme France Télévisions rend compte de l'activité et des travaux de ce conseil à l'occasion de la présentation du rapport sur l'exécution du contrat d'objectifs et de moyens de la société devant les commissions chargées des affaires culturelles et des finances de l'Assemblée nationale et du Sénat.

Art. 47. — L'État détient directement la totalité du capital des sociétés France Télévisions et Radio France et de la société en charge de l'audiovisuel extérieur de la France.

Ces sociétés sont soumises à la législation sur les sociétés anonymes, sauf dispositions contraires de la loi. Leurs statuts sont approuvés par décret.

Art. 47-1. — Le conseil d'administration de la société France Télévisions comprend, outre le président, quatorze membres dont le mandat est de cinq ans :

1° Un député et un sénateur désignés par la commission permanente chargée des affaires culturelles de leur assemblée respective ;

2° Cinq représentants de l'État ;

3° Cinq personnalités indépendantes nommées par l'Autorité de régulation de la communication audiovisuelle et numérique à raison de leur compétence, dont une représente les associations de défense des consommateurs agréées au niveau national conformément à l'article L. 411-1 du Code de la consommation ;

4° Deux représentants du personnel élus conformément au titre II de la loi n° 83-675 du 26 juillet 1983 relative à la démocratisation du secteur public.

Pour les nominations effectuées en application des 2° et 3°, l'écart entre le nombre de membres de chaque sexe n'est pas supérieur à un.

Art. 47-2. — Le conseil d'administration de la société Radio France comprend, outre le président, douze membres dont le mandat est de cinq ans :

1° Un député et un sénateur désignés par la commission permanente chargée des affaires culturelles de leur assemblée respective ; 2° Quatre représentants de l'État ;

3° Quatre personnalités indépendantes nommées par l'Autorité de régulation de la communication audiovisuelle et numérique à raison de leur compétence, dont une représente les associations de défense des consommateurs agréées au niveau national conformément à l'article L. 411-1 du Code de la consommation ;

4° Deux représentants du personnel élus conformément aux dispositions applicables à l'élection des représentants du personnel aux conseils d'administration des entreprises visées au 4 de l'article 1er de la loi n° 83-675 du 26 juillet 1983 précitée.

Pour les nominations effectuées en application des 2° et 3°, l'écart entre le nombre de membres de chaque sexe n'est pas supérieur à un.

Art. 47-3. — Le conseil d'administration de la société en charge de l'audiovisuel extérieur de la France comprend, outre le président, quatorze membres dont le mandat est de cinq ans :

1° Un député et un sénateur désignés par la commission permanente chargée des affaires culturelles de leur assemblée respective ;

2° Cinq représentants de l'État ;

3° Cinq personnalités indépendantes nommées par l'Autorité de régulation de la communication audiovisuelle et numérique à raison de leur compétence, dont une au moins disposant d'une expérience reconnue dans le domaine de la francophonie et une représentant l'Assemblée des Français de l'étranger ;

4° Deux représentants du personnel élus conformément au titre II de la loi n° 83-675 du 26 juillet 1983 précitée.

Le président de la société en charge de l'audiovisuel extérieur de la France est également président, président-directeur général, directeur général ou président du directoire de chacune des sociétés éditrices de programmes filiales de cette société.

Pour les nominations effectuées en application des 2° et 3°, l'écart entre le nombre de membres de chaque sexe n'est pas supérieur à un.

Art. 47-4. — Les présidents de la société France Télévisions, de la société Radio France et de la société en charge de l'audiovisuel extérieur de la France sont nommés pour cinq ans par l'Autorité de régulation de la communication audiovisuelle et numérique, à la majorité des membres qui le composent. Ces nominations font l'objet d'une décision motivée se fondant sur des critères de compétence et d'expérience.

Les candidatures sont présentées à l'Autorité de régulation de la communication audiovisuelle et numérique et évaluées par ce dernier sur la base d'un projet stratégique.

Les nominations des présidents de la société France Télévisions, de la société Radio France et de la société en charge de l'audiovisuel extérieur de la France interviennent trois à quatre mois avant la prise de fonctions effective.

Quatre ans après le début du mandat des présidents mentionnés au premier alinéa, l'Autorité de régulation de la communication audiovisuelle et numérique rend un avis motivé sur les résultats de la société France Télévisions, de la société Radio France et de la société en charge de l'audiovisuel extérieur de la France, au regard du projet stratégique des sociétés nationales de programme. Cet avis est transmis aux commissions permanentes compétentes de l'Assemblée nationale et du Sénat.

Dans un délai de deux mois après le début de leur mandat, les présidents mentionnés au premier alinéa transmettent au président de chaque assemblée parlementaire et aux commissions permanentes compétentes de ces mêmes assemblées un rapport d'orientation. Les commissions permanentes chargées des affaires culturelles des assemblées parlementaires peuvent procéder à l'audition des présidents mentionnés au même premier alinéa sur la base de ce rapport.

Art. 47-5. — Le mandat des présidents de la société France Télévisions, de la société Radio France et de la société en charge de l'audiovisuel extérieur de la France peut leur être retiré, par décision motivée, dans les conditions prévues au premier alinéa de l'article 47-4.

En cas de partage des voix au sein d'un organe dirigeant de l'une de ces sociétés, celle du président est prépondérante.

En cas de vacance, pour quelque cause que ce soit, d'un ou plusieurs sièges de membre du conseil d'administration des sociétés mentionnées aux articles 47-1 à 47-3, le conseil d'administration délibère valablement jusqu'à la désignation d'un ou des nouveaux membres, sous réserve du respect des règles du quorum.

Art. 47-6. — Les dispositions des articles L. 225-38 à L. 225-42 du Code de commerce ne sont pas applicables aux conventions conclues entre l'État et les sociétés visées au premier alinéa du I de l'article 53. Les commissaires aux comptes présentent, sur ces conventions, un rapport spécial à l'assemblée générale qui statue sur ce rapport.

Art. 48. — Un cahier des charges fixé par décret définit les obligations de chacune des sociétés mentionnées à l'article 44, et notamment celles qui sont liées à leur mission éducative, culturelle et sociale, à la lutte contre les discriminations par le biais d'une programmation reflétant la diversité de la société française, ainsi qu'aux impératifs de la défense nationale, de la sécurité publique et de la communication gouvernementale en temps de crise. Ce cahier des charges prévoit des dispositions pour la promotion de la protection de la santé des sportifs et de la lutte contre le dopage. Il récise les conditions dans lesquelles les sociétés mentionnées à l'article 44 mettent en œuvre, dans des programmes spécifiques et à travers les œuvres de fiction qu'elles diffusent, leur mission d'information sur la santé et la sexualité définie à l'article 43-11. Lorsqu'une de ces sociétés édite plusieurs services de communication audiovisuelle, le cahier des charges précise les caractéristiques et l'identité des lignes éditoriales de chacun de ces services. Il précise également la répartition des responsabilités au sein de la société afin que ses acquisitions, sa production et sa programmation assurent le respect du pluralisme des courants de pensée et d'opinion et la diversité de la création et de la production de programmes. Il prévoit que les unités de programme de la société comprennent des instances de sélection collégiales.

Il fait l'objet d'une publication au Journal officiel de la République française.

Le rapport annuel sur l'exécution du cahier des charges est transmis chaque année par l'Autorité de régulation de la communication audiovisuelle et numérique aux commissions chargées des affaires culturelles de l'Assemblée nationale et du Sénat.

Le rapport annuel sur l'exécution du cahier des charges de la société en charge de l'audiovisuel extérieur de la France est également transmis aux commissions chargées des affaires étrangères de l'Assemblée nationale et du Sénat.

L'Autorité de régulation de la communication audiovisuelle et numérique est saisi pour avis par le Gouvernement des dispositions des cahiers des charges. Cet avis motivé est publié au Journal officiel de la République française ainsi que le rapport de présentation du décret.

Les modalités de programmation des émissions publicitaires des sociétés nationales de programme sont précisées par les cahiers des charges. Ceux-ci prévoient en outre la part maximale de publicité qui peut provenir d'un même annonceur.

Ces sociétés peuvent faire parrainer leurs émissions dans les conditions déterminées par ces cahiers des charges, à l'exception des émissions d'information politique, de débats politiques et des journaux d'information. Les émissions relatives à la santé publique ne peuvent être parrainées par les entreprises et les établissements pharmaceutiques visés aux articles L. 5124-1 à L. 5124-18 du Code de la santé publique. Les sociétés parrainant les émissions doivent être clairement identifiées en tant que telles au début ou à la fin de l'émission parrainée.

Les cahiers des charges précisent les conditions dans lesquelles les sociétés et services mentionnés à l'article 44 assurent la promotion de leurs programmes.

Le cahier des charges de la société visée au I de l'article 44 précise les conditions dans lesquelles elle met en œuvre, dans des programmes spécifiques et à travers les œuvres de fiction qu'elle diffuse, sa mission de promotion de l'apprentissage des langues étrangères prévue à l'article 43-11.

Le cahier des charges de la société visée au I de l'article 44 précise les conditions dans lesquelles, à compter de l'extinction de la diffusion par voie hertzienne terrestre en mode analogique des services de télévision sur l'ensemble du territoire métropolitain, cette société met en place les services de médias audiovisuels à la demande permettant la mise à disposition gratuite au public de l'ensemble des programmes qu'elle diffuse, à l'exception des œuvres cinématographiques et, le cas échéant, des programmes sportifs, pendant une période minimale de sept jours à compter de leur première diffusion à l'antenne.

Art. 48-1-A. — À compter de l'entrée en vigueur de la loi n° 2000-719 du 1er août 2000 précitée, les sociétés mentionnées aux I, II et III de l'article 44 ne peuvent accorder ni maintenir, de quelque manière que ce soit, un droit exclusif de reprise de leurs programmes diffusés par voie hertzienne terrestre.

Art. 48-1. — L'Autorité de régulation de la communication audiovisuelle et numérique peut mettre en demeure les sociétés mentionnées à l'article 44 de respecter les obligations qui leur sont imposées par les textes législatifs et réglementaires, et par les principes définis aux articles 1er et 3-1.

L'Autorité de régulation de la communication audiovisuelle et numérique rend publiques ces mises en demeure.

Les organisations professionnelles et syndicales représentatives du secteur de la communication audiovisuelle, les organismes de gestion collective mentionnés à l'article L. 321-1 du Code de la propriété intellectuelle, les organisations de défense de la liberté de l'information reconnues d'utilité publique en France, ainsi que les offices publics des langues régionales et les associations concourant à la promotion des langues et cultures régionales, les associations familiales reconnues par l'Union nationale des associations familiales et les associations de défense des droits des femmes peuvent saisir l'Autorité de régulation de la communication audiovisuelle et numérique de demandes tendant à ce qu'il engage la procédure prévue au premier alinéa du présent article.

Pour l'accomplissement des missions prévues aux 2° et 3° de l'article 4 de la loi organique n° 2011-333 du 29 mars 2011 relative au Défenseur des droits, le Défenseur des droits peut demander à l'Autorité de régulation de la communication audiovisuelle et numérique d'engager la procédure de mise en demeure prévue au premier alinéa du présent article.

Art. 48-2. — Si une société mentionnée à l'article 44 ne se conforme pas aux mises en demeure qui lui ont été adressées et à la condition que ces sanctions reposent sur des faits distincts ou couvrent une période distincte de ceux ayant déjà fait l'objet d'une mise en demeure, l'Autorité de régulation de la communication audiovisuelle et numérique peut prononcer à son encontre la suspension d'une partie du programme pour un mois au plus ou une sanction pécuniaire dans les limites définies à l'article 42-2. La partie de programme peut notamment être une catégorie de programme ou une ou plusieurs séquences publicitaires.

À titre complémentaire, l'Autorité de régulation de la communication audiovisuelle et numérique peut décider, sous réserve des secrets protégés par la loi, de publier, soit au Journal officiel, soit sur un service de communication au public par voie électronique édité par ses soins, soit par ces deux moyens, la sanction qu'elle a prononcée. Elle détermine dans sa décision les modalités de cette publication, qui sont proportionnées à la gravité du manquement.

En cas de manquement aux obligations résultant du 3° de l'article 27, du 6° de l'article 33 ou du 3° de l'article 33-2, la sanction peut porter sur les mêmes faits ou couvrir la même période que ceux ayant fait l'objet de la mise en demeure. La mise en demeure est alors décidée par une formation restreinte composée de quatre membres de l'Autorité de régulation de la communication audiovisuelle et numérique, à l'exception de son président. Elle ne délibère que si au moins trois membres sont présents. La sanction est prononcée par une formation composée des cinq autres membres de l'autorité, qui ne délibère que si au moins quatre de ses membres sont présents.

Art. 48-3. — Dans tous les cas de manquement aux obligations incombant aux sociétés mentionnées à l'article 44, l'Autorité de régulation de la communication audiovisuelle et numérique peut ordonner l'insertion dans les programmes d'un communiqué dont il fixe les termes et les conditions de diffusion. L'Autorité de régulation de la communication audiovisuelle et numérique demande à la société de lui présenter ses observations dans un délai de deux jours francs à compter de la réception de cette demande. La décision est alors prononcée sans que soit mise en œuvre la procédure prévue à l'article 42-7. Le refus de se conformer à cette décision est passible d'une sanction pécuniaire dans les limites définies à l'article 42-2. Le refus de la société de se conformer à cette décision est passible d'une sanction pécuniaire dans les limites définies à l'article 42-2.

Art. 48-4. — Les sanctions pécuniaires sont recouvrées comme les créances de l'État étrangères à l'impôt et au domaine.

Art. 48-5. — L'Autorité de régulation de la communication audiovisuelle et numérique ne peut être saisi de faits remontant à plus de trois ans s'il n'a été accompli aucun acte tendant à leur recherche, leur constatation ou à leur sanction.

Art. 48-6. — (abrogé).

Art. 48-7. — (abrogé).

Art. 48-8. — La société concernée peut, dans le délai de deux mois suivant leur notification, former un recours de pleine juridiction devant le Conseil d'État contre une décision de l'Autorité de régulation de la communication audiovisuelle et numérique prise en vertu de l'article 48-2 ou de l'article 48-3.

Art. 48-9. — Les dispositions de l'article 42-10 sont applicables en cas de manquement aux obligations incombant aux sociétés mentionnées à l'article 44.

Art. 48-10. — L'Autorité de régulation de la communication audiovisuelle et numérique saisit le procureur de la République de toute infraction aux dispositions de la présente loi commise par les sociétés mentionnées à l'article 44.

Art. 49. — L'Institut national de l'audiovisuel, établissement public de l'État à caractère industriel et commercial, est chargé de conserver et de mettre en valeur le patrimoine audiovisuel national.

I. — L'institut assure la conservation des archives audiovisuelles des sociétés nationales de programme et contribue à leur exploitation. La nature, les tarifs, les conditions financières des prestations documentaires et les modalités d'exploitation de ces archives sont fixés par convention entre l'institut et chacune des sociétés concernées. Ces conventions sont approuvées par arrêté des ministres chargés du budget et de la communication.

II. — L'institut exploite les extraits des archives audiovisuelles des sociétés nationales de programme dans les conditions prévues par les cahiers des charges. À ce titre, il bénéficie des droits d'exploitation de ces extraits à l'expiration d'un délai d'un an à compter de leur première diffusion.

L'institut demeure propriétaire des supports et matériels techniques et détenteur des droits d'exploitation des archives audiovisuelles des sociétés nationales de programme et de la société mentionnée à l'article 58, dans sa rédaction antérieure à l'ordonnance n° 2020-1642 du 21 décembre 2020 portant transposition de la directive (UE) 2018/1808 du Parlement européen et du Conseil du 14 novembre 2018 modifiant la directive 2010/13/ UE visant à la coordination de certaines dispositions législatives, réglementaires et administratives des États membres relatives à la fourniture de services de médias audiovisuels, compte tenu de l'évolution des réalités du marché, et modifiant la loi du 30 septembre 1986 relative à la liberté de communication, le Code du cinéma et de l'image animée, ainsi que les délais relatifs à l'exploitation des œuvres cinématographiques, qui lui ont été transférés avant la publication de la loi n° 2000-719 du 1er août 2000 précitée. Les sociétés nationales de programme ainsi que la société mentionnée à l'article 58, dans sa rédaction antérieure à l'ordonnance n° 2020-1642 du 21 décembre 2020 précitée, conservent toutefois, chacune pour ce qui la concerne, un droit d'utilisation prioritaire de ces archives.

L'institut exerce les droits d'exploitation mentionnés au présent paragraphe dans le respect des droits moraux et patrimoniaux des titulaires de droits d'auteurs ou de droits voisins du droit d'auteur, et de leurs ayants droit. Toutefois, par dérogation aux articles L. 212-3 et L. 212-4 du Code de la propriété intellectuelle, les conditions d'exploitation des prestations des artistes-interprètes des archives mentionnées au présent article et les rémunérations auxquelles cette exploitation donne lieu sont régies par des accords conclus entre les artistes-interprètes eux-mêmes ou les organisations de salariés représentatives des artistes-interprètes et l'institut. Ces accords doivent notamment préciser le barème des rémunérations et les modalités de versement de ces rémunérations.

III. — L'institut peut passer des conventions avec toute personne morale pour la conservation et l'exploitation de ses archives audiovisuelles. Il peut acquérir des droits d'exploitation de documents audiovisuels et recevoir des legs et donations.

IV. — En application des articles L. 131-2 et L. 132-3 du Code du patrimoine, l'institut est seul responsable de la collecte, au titre du dépôt légal, des documents sonores et audiovisuels radiodiffusés ou télédiffusés ; il participe avec la Bibliothèque nationale de France à la collecte, au titre du dépôt légal, des signes, signaux, écrits, images, sons ou messages de toute nature faisant l'objet d'une communication publique en ligne. L'institut gère le dépôt légal dont il a la charge conformément aux objectifs et dans les conditions définis à l'article L. 131-1 du même code (1).

V. — L'institut contribue à l'innovation et à la recherche dans le domaine de la production et de la communication audiovisuelle. Dans le cadre de ses missions, il procède à des études et des expérimentations et, à ce titre, produit des œuvres et des documents audiovisuels pour les réseaux actuels et futurs. Il contribue à la formation continue et initiale et à toutes les formes d'enseignement dans les métiers de la communication audiovisuelle.

VI. — Le cahier des missions et des charges de l'Institut national de l'audiovisuel est fixé par décret.

L'Institut national de l'audiovisuel peut recourir à l'arbitrage.

En cas de manquement grave de l'Institut national de l'audiovisuel aux obligations qui lui sont imposées par les textes législatifs et réglementaires et par les principes définis aux articles 1er et 3-1, l'Autorité de régulation de la communication audiovisuelle et numérique adresse des observations publiques au conseil d'administration. Il peut également, par décision motivée, enjoindre au président de l'institut de prendre, dans un délai fixé dans la décision, les mesures nécessaires pour faire cesser le manquement.

Art. 49-1. — En cas de manquement grave de l'Institut national de l'audiovisuel aux obligations qui lui sont imposées par les textes législatifs et réglementaires et par les principes définis aux articles 1er et 3-1, l'Autorité de régulation de la communication audiovisuelle et numérique adresse des observations publiques au conseil d'administration. Il peut également, par décision motivée, enjoindre au président de l'institut de prendre, dans un délai fixé dans la décision, les mesures nécessaires pour faire cesser le manquement.

Art. 50. — Le conseil d'administration de l'Institut national de l'audiovisuel comprend douze membres dont le mandat est de cinq ans :

1° Un député et un sénateur ;

2° Quatre représentants de l'État nommés par décret ;

3° Quatre personnalités qualifiées nommées par l'Autorité de régulation de la communication audiovisuelle et numérique ;

4° Deux représentants du personnel élus.

Le président, choisi parmi les membres du conseil d'administration représentant l'État, est nommé pour cinq ans par décret en conseil des ministres, après avis des commissions permanentes chargées des affaires culturelles conformément à la loi organique n° 2010-837 du 23 juillet 2010 relative à l'application du cinquième alinéa de l'article 13 de la Constitution.

En cas de partage égal des voix, celle du président est prépondérante.

Pour les nominations effectuées en application des 2° et 3°, l'écart entre le nombre de membres de chaque sexe n'est pas supérieur à un.

Art. 51. — (abrogé).

Art. 52. — (abrogé).

Art. 53. — I. — Des contrats d'objectifs et de moyens sont conclus entre l'État et chacune des sociétés ou établissements suivants : France Télévisions, Radio France, la société en charge de l'audiovisuel extérieur de la France, Arte-France et l'Institut national de l'audiovisuel. La durée de ces contrats est comprise entre trois et cinq années civiles. Un nouveau contrat peut être conclu après la nomination d'un nouveau président.

Les contrats d'objectifs et de moyens déterminent notamment, dans le respect des missions de service public telles que définies à l'article 43-11, pour chaque société ou établissement public :

— les axes prioritaires de son développement ;

— les engagements pris au titre de la diversité et l'innovation dans la création ;

— les montants minimaux d'investissements de la société visée au I de l'article 44 dans la production d'œuvres cinématographiques et audiovisuelles européennes et d'expression originale française, en pourcentage de ses recettes et en valeur absolue ;

— le coût prévisionnel de ses activités pour chacune des années concernées, et les indicateurs quantitatifs et qualitatifs d'exécution et de résultats qui sont retenus ;

— le montant des ressources publiques devant lui être affectées en identifiant celles prioritairement consacrées au développement des budgets de programmes ;

— le montant du produit attendu des recettes propres, en distinguant celles issues de la publicité et du parrainage ;

— les perspectives économiques pour les services qui donnent lieu au paiement d'un prix ;

— les axes d'amélioration de la gestion financière et des ressources humaines ;

— le cas échéant, les perspectives en matière de retour à l'équilibre financier.

Avant leur signature, les contrats d'objectifs et de moyens ainsi que les éventuels avenants à ces contrats sont transmis aux commissions chargées des affaires culturelles et des finances de l'Assemblée nationale et du Sénat et à l'Autorité de régulation de la communication audiovisuelle et numérique. Le contrat d'objectifs et de moyens de la société en charge de l'audiovisuel extérieur de la France est également transmis aux commissions chargées des affaires étrangères de l'Assemblée nationale et du Sénat. Ils peuvent faire l'objet d'un débat au Parlement. Les commissions peuvent formuler un avis sur ces contrats d'objectifs et de moyens ainsi que sur leurs éventuels avenants dans un délai de six semaines. Si le Parlement n'est pas en session, ce délai court à compter de l'ouverture de la session ordinaire ou extraordinaire suivante. L'Autorité de régulation de la communication audiovisuelle et numérique formule un avis sur les contrats d'objectifs et de moyens des sociétés France Télévisions, Radio France et de la société en charge de l'audiovisuel extérieur de la France ainsi que sur leurs éventuels avenants dans un délai de quatre semaines.

La société Arte-France et l'Institut national de l'audiovisuel transmettent chaque année, avant la discussion du projet de loi relative aux résultats de la gestion et portant approbation des comptes de l'année, aux commissions chargées des affaires culturelles et des finances de l'Assemblée nationale et du Sénat un rapport sur l'exécution de leur contrat d'objectifs et de moyens.

II. — Le conseil d'administration de la société France Télévisions approuve le projet de contrat d'objectifs et de moyens de cette société et délibère sur l'exécution annuelle de celui-ci.

Chaque année, les présidents de France Télévisions et de Radio France présentent, devant les commissions chargées des affaires culturelles et des finances de l'Assemblée nationale et du Sénat, un rapport sur l'exécution du contrat d'objectifs et de moyens de la société qu'ils président.

Chaque année, le président de la société en charge de l'audiovisuel extérieur de la France présente, devant les commissions chargées des affaires culturelles, des finances et des affaires étrangères, un rapport sur l'exécution du contrat d'objectifs et de moyens de la société qu'il préside.

Les rapports mentionnés aux deuxième et troisième alinéas du présent II rendent compte des mesures de contrôle que ces sociétés mettent en œuvre dans le cadre de leurs relations avec les entreprises de production.

Les conseils d'administration de l'Institut national de l'audiovisuel, de la société Radio France et de la société en charge de l'audiovisuel extérieur de la France, ainsi que l'organe compétent de la société ARTE-France, approuvent leurs contrats d'objectifs et de moyens respectifs et délibèrent sur leur exécution annuelle.

Chaque année, les rapports sur l'exécution des contrats d'objectifs et de moyens des sociétés France Télévisions, Radio France et de la société en charge de l'audiovisuel extérieur de la France sont transmis pour avis à l'Autorité de régulation de la communication audiovisuelle et numérique. Cet avis est rendu public. Les commissions permanentes compétentes de chaque assemblée parlementaire peuvent procéder à l'audition du président de l'Autorité de régulation de la communication audiovisuelle et numérique sur la base de cet avis.

III. — Chaque année, à l'occasion du vote de la loi de finances, le Parlement, sur le rapport d'un membre de chacune des commissions des finances de l'Assemblée nationale et du Sénat ayant les pouvoirs de rapporteur spécial, approuve la répartition entre les organismes affectataires des ressources publiques retracées au compte de concours financiers institué au VI de l'article 46 de la loi n° 2005-1719 du 30 décembre 2005 de finances pour 2006.

Les ressources publiques allouées aux organismes du secteur audiovisuel public en compensation des obligations de service public mises à leur charge n'excèdent pas le montant du coût d'exécution desdites obligations.

IV. — Le montant des ressources publiques retracées au compte mentionné au III allouées aux sociétés mentionnées à l'article 44 est versé à ces sociétés qui en affectent, le cas échéant, une part à leurs filiales chargées de missions de service public.

V. — Les exonérations de redevance audiovisuelle décidées pour des motifs sociaux donnent lieu à remboursement intégral du budget général de l'État.

Ce remboursement est calculé sur le fondement des exonérations en vigueur à la date de publication de la loi n° 2000-719 du 1er août 2000 précitée ainsi que celles qui pourraient intervenir postérieurement.

VI. — Sous réserve des contraintes liées au décalage horaire de leur reprise en outre-mer, les programmes diffusés entre vingt heures et six heures des services nationaux de télévision mentionnés au I de l'article 44, à l'exception de leurs programmes régionaux et locaux, ne comportent pas de messages publicitaires autres que ceux pour des biens ou services présentés sous leur appellation générique. Cette disposition ne s'applique pas aux campagnes d'intérêt général. Le temps maximal consacré à la diffusion de messages publicitaires s'apprécie par heure d'horloge donnée. À l'extinction de la diffusion par voie hertzienne terrestre en mode analogique des services de télévision sur le territoire d'un département d'outre-mer, d'une collectivité d'outre-mer ou de Nouvelle-Calédonie, et au plus tard le 30 novembre 2011, les programmes des services régionaux et locaux de télévision de la société mentionnée au même I diffusés sur le territoire de la collectivité en cause ne comportent pas de messages publicitaires entre vingt heures et six heures autres que ceux pour des biens ou services présentés sous leur appellation générique, sous réserve de l'existence d'une offre de télévision privée à vocation locale diffusée par voie hertzienne terrestre en clair.

Au plus tard le 1er mai 2011, le Gouvernement transmet au Parlement un rapport évaluant, après consultation des organismes professionnels représentatifs du secteur de la publicité, l'incidence de la mise en œuvre du premier alinéa du présent VI sur l'évolution du marché publicitaire et la situation de l'ensemble des éditeurs de services de télévision.

La mise en œuvre du premier alinéa du présent VI donne lieu à une compensation financière de l'État. Dans des conditions définies par chaque loi de finances, le montant de cette compensation est affecté à la société mentionnée au I de l'article 44. Le cas échéant, le montant de cette compensation est réduit à due concurrence du montant des recettes propres excédant le produit attendu de ces mêmes recettes tel que déterminé par le contrat d'objectifs et de moyens ou ses éventuels avenants conclus entre l'État et la société mentionnée au même I.

VI bis. — Les programmes des services nationaux de télévision mentionnés au I de l'article 44 destinés prioritairement aux enfants de moins de douze ans ne comportent pas de messages publicitaires autres que des messages génériques pour des biens ou services relatifs à la santé et au développement des enfants ou des campagnes d'intérêt général. Cette restriction s'applique durant la diffusion de ces programmes ainsi que pendant un délai de quinze minutes avant et après cette diffusion. Elle s'applique également à tous les messages diffusés sur les sites internet de ces mêmes services nationaux de télévision qui proposent des programmes prioritairement destinés aux enfants de moins de douze ans.

VII. — À l'issue du premier exercice au cours duquel les règles mentionnées aux VI et VI bis sont appliquées, le Gouvernement présentera au Parlement un rapport évaluant leur incidence sur l'évolution du marché publicitaire.

Art. 53-1. — Dans le cadre de leurs activités de production et de programmation, la société France Télévisions, la société Radio France et la société en charge de l'audiovisuel extérieur de la France ne peuvent conclure de contrats qu'avec les sociétés dont les comptes sociaux et les comptes consolidés ont été déposés au greffe du tribunal en vertu des articles L. 232-21 à L. 232-23 du Code de commerce et certifiés, dès lors que leur chiffre d'affaires excède 5 millions d'euros par an.

Art. 54. — Le Gouvernement peut à tout moment faire programmer par les sociétés nationales de programmes mentionnées à l'article 44 toutes les déclarations ou communications qu'il juge nécessaires.

Les émissions sont annoncées comme émanant du Gouvernement.

Elles peuvent donner lieu à un droit de réplique dont les modalités sont fixées par l'Autorité de régulation de la communication audiovisuelle et numérique.

Un décret en Conseil d'État précise les obligations s'appliquant aux sociétés assurant la diffusion par voie hertzienne terrestre des sociétés nationales de programme, pour des motifs tenant à la défense nationale, à la sécurité publique et aux communications du Gouvernement en temps de crise.

Art. 55. — La retransmission des débats des assemblées parlementaires par France Télévisions s'effectue sous le contrôle du bureau de chacune des assemblées.

Un temps d'émission est accordé aux formations politiques représentées par un groupe dans l'une ou l'autre des assemblées du Parlement ainsi qu'aux organisations syndicales et professionnelles représentatives à l'échelle nationale, selon des modalités définies par l'Autorité de régulation de la communication audiovisuelle et numérique.

Art. 56. — France Télévisions programme le dimanche matin des émissions à caractère religieux consacrées aux principaux cultes pratiqués en France. Ces émissions sont réalisées sous la responsabilité des représentants de ces cultes et se présentent sous la forme de retransmissions de cérémonies cultuelles ou de commentaires religieux. Les frais de réalisation sont pris en charge par la société dans la limite d'un plafond fixé par les dispositions annuelles du cahier des charges.

Art. 56-1 — À l'exception des messages publicitaires, la totalité des programmes télévisés des sociétés mentionnées à l'article 44 et à l'article 45 est adaptée à destination des personnes sourdes ou malentendantes.

Les cahiers des charges de ces sociétés et le contrat d'objectifs et de moyens d'ARTE-France peuvent toutefois permettre des dérogations à cette adaptation justifiées par les caractéristiques de certains programmes.

Les cahiers des charges de ces sociétés ainsi que celui de l'Institut national de l'audiovisuel et le contrat d'objectifs et de moyens d'ARTE-France déterminent également les proportions de programmes des services de médias audiovisuels à la demande adaptés à destination des personnes sourdes ou malentendantes ainsi que les proportions des programmes de télévision et de services de médias audiovisuels à la demande accessibles aux personnes aveugles ou malvoyantes.

Art. 57. — I. Les droits des personnels et des journalistes des organismes mentionnés au présent titre ne sauraient dépendre de leurs opinions, croyances ou appartenances syndicales ou politiques. Le recrutement, la nomination, l'avancement et la mutation s'effectuent sans autres conditions que les capacités professionnelles requises et le respect du service public ouvert à tous.

II. En cas de cessation concertée du travail dans les sociétés nationales de programme ou dans des filiales répondant à des missions de service public définies à l'article 43-11, la continuité du service est assurée dans les conditions suivantes :

— le préavis de grève doit parvenir au président des organismes visés à l'alinéa précédent dans un délai de cinq jours francs avant le déclenchement de la grève. Il doit fixer le lieu, la date et l'heure du début ainsi que la durée, limitée ou non, de la grève envisagée ;

— un nouveau préavis ne peut être déposé par la même organisation syndicale qu'à l'issue du délai de préavis initial et, éventuellement, de la grève qui a suivi ce dernier ;

— la création, la transmission et l'émission des signaux de radio et de télévision doivent être assurées par les services ou les personnels des sociétés de programme qui en sont chargés ;

— un décret en Conseil d'État détermine les modalités d'application de l'alinéa ci-dessus. Il définit notamment les services et les catégories de personnels strictement indispensables à l'exécution de cette mission, et que les présidents de sociétés concernées peuvent requérir.

III. Nonobstant les dispositions du paragraphe II ci-dessus, le président de chaque société est tenu de prendre les mesures nécessaires à l'exécution du service que le nombre et les catégories de personnels présents permettent d'assurer.

TITRE IV

DISPOSITIONS APPLICABLES AUX PLATEFORMES EN LIGNE

Art. 58-A. — Pour l'accomplissement de ses missions, l'Autorité de régulation de la communication audiovisuelle et numérique peut demander à être inscrite sur une liste établie par décret en Conseil d'État, qui lui permet de recourir à l'expertise et à l'appui d'un service administratif mentionné au I de l'article 36 de la loi n° 2021-1382 du 25 octobre 2021 relative à la régulation et à la protection de l'accès aux œuvres culturelles à l'ère numérique.

Chapitre Ier

Dispositions applicables aux plateformes en ligne mentionnées à l'article L. 163-1 du code électoral

Art. 58. — En cas de nécessité, l'Autorité de régulation de la communication audiovisuelle et numérique adresse, au titre de la lutte contre la manipulation de l'information, des recommandations aux opérateurs de plateforme en ligne mentionnés au premier alinéa de l'article L. 163-1 du Code électoral. Ces recommandations visent à améliorer la lutte contre la diffusion des fausses informations mentionnées à l'article 17-2 de la présente loi.

Elle s'assure du suivi de l'obligation pour les opérateurs de plateforme en ligne de prendre les mesures prévues à l'article 11 de la loi n° 2018-1202 du 22 décembre 2018 relative à la lutte contre la manipulation de l'information.

Elle publie un bilan périodique de l'application de ces mesures et de leur effectivité. À cette fin, elle recueille auprès de ces opérateurs, dans les conditions fixées à l'article 19 de la présente loi, toutes les informations nécessaires à l'élaboration de ce bilan.

Chapitre II

Dispositions particulières applicables aux plateformes de partage de vidéos

Art. 59. — Le présent chapitre est applicable aux services de plateforme de partage de vidéos dont le siège social effectif est en France.

Lorsque le siège social effectif d'un service de plateforme de partage de vidéos est situé en dehors d'un État membre de l'Union européenne ou partie à l'accord sur l'Espace économique européen, ce service est réputé être établi en France si :

1° La personne morale qui le contrôle, au sens de l'article L. 233-3 du Code de commerce, a son siège social effectif en France ;

2° L'une de ses filiales a son siège social effectif en France à condition :

a) Qu'aucune autre filiale n'ait eu son siège social effectif dans un autre État membre de l'Union européenne ou partie à l'accord sur l'Espace économique européen ;

b) Et que le siège social effectif de la personne morale qui le contrôle, au sens de l'article L. 233-3 du Code de commerce, ne se situe pas dans un autre État membre de l'Union européenne ou partie à l'accord sur l'Espace économique européen ;

3° Une autre filiale de la personne morale qui le contrôle, au sens du même article L. 233-3 du Code de commerce, a son siège social effectif en France à condition :

a) Qu'aucune autre filiale de la personne morale qui le contrôle, au sens dudit article L. 233-3, n'ait eu son siège social effectif dans un autre État membre de l'Union européenne ou partie à l'accord sur l'Espace économique européen ;

b) Et que le siège social effectif de la personne morale qui le contrôle ou celui d'une de ses propres filiales ne se situent pas dans un autre État membre de l'Union européenne ou partie à l'accord sur l'Espace économique européen.

L'Autorité de régulation de la communication audiovisuelle et numérique établit et tient à jour une liste des services de plateforme de partage de vidéos relevant de la compétence de la France en indiquant le critère sur lequel est fondé cette compétence en application du présent article. Elle communique, par l'intermédiaire du Gouvernement, cette liste et ses mises à jour à la Commission européenne.

Art. 60. — I. — L'Autorité de régulation de la communication audiovisuelle et numérique veille à ce que les fournisseurs de plateformes de partage de vidéos :

1° Prennent les mesures appropriées afin que les programmes, vidéos créées par les utilisateurs et communications commerciales audiovisuelles qu'ils fournissent respectent les dispositions de l'article 15 de la présente loi ;

2° Respectent les exigences prévues par décret en Conseil d'État s'agissant des communications commerciales audiovisuelles qu'ils commercialisent, vendent ou organisent eux-mêmes et prennent les mesures appropriées pour que ces règles soient également respectées pour les communications commerciales audiovisuelles commercialisées, vendues ou organisées par des tiers ;

3° Informent clairement les utilisateurs de l'existence de ces communications commerciales au sein des programmes et des vidéos créées par les utilisateurs, lorsque ces communications ont été déclarées par les utilisateurs qui les mettent en ligne ou lorsqu'ils en ont connaissance.

II. — Dans des conditions définies par l'Autorité de régulation de la communication audiovisuelle et numérique, les mesures, qui doivent être réalisables et appropriées, mentionnées aux 1° et 2° du I consistent notamment, selon le cas, à :

1° Inclure et appliquer le respect de ces exigences dans les conditions générales d'utilisation du service ;

2° Mettre à la disposition des utilisateurs des mécanismes de classification et de notification des contenus ;

3° Mettre en place des dispositifs de vérification d'âge et de contrôle parental ;

4° Mettre en place des procédures de résolution des réclamations ;

5° Prévoir des mesures d'éducation aux médias et de sensibilisation des utilisateurs.

III. — Les données personnelles des mineurs collectées ou générées par les fournisseurs de plateformes de partage de vidéos conformément au 3° du II ne doivent pas, y compris après la majorité des intéressés, être utilisées à des fins commerciales, telles que le marketing direct, le profilage et la publicité ciblée sur le comportement.

Art. 61. — L'Autorité de régulation de la communication audiovisuelle et numérique encourage l'adoption par les plateformes concernées de codes de bonne conduite destinés, notamment, à l'adoption des mesures mentionnées à l'article 60. Chaque année, elle publie un rapport dans lequel elle fait état de la mise en œuvre du même article 60 et des codes de bonne conduite adoptés.

Chapitre III

Dispositions applicables aux plateformes en ligne en matière de lutte contre les contenus haineux

Art. 62 — I. — L'Autorité de régulation de la communication audiovisuelle et numérique veille au respect, par les opérateurs de plateforme en ligne mentionnés au premier alinéa du I de l'article 6-4 de la loi n° 2004-575 du 21 juin 2004 pour la confiance dans l'économie numérique, des dispositions du même article 6-4, en prenant en compte, pour chacun des services qu'ils proposent, les caractéristiques de ce service et l'adéquation des moyens mis en œuvre par l'opérateur au regard, notamment, de l'ampleur et de la gravité des risques de diffusion sur ce service des contenus mentionnés au premier alinéa du I dudit article 6-4 et des risques de retrait injustifié au regard du droit applicable et de ses conditions générales d'utilisation. Elle adresse à ces opérateurs de plateforme des lignes directrices pour l'application du même article 6-4.

L'Autorité de régulation de la communication audiovisuelle et numérique recueille auprès de ces opérateurs, dans les conditions fixées à l'article 19 de la présente loi, les informations nécessaires au suivi de leurs obligations. À ce titre, les opérateurs mentionnés au II de l'article 6-4 de la loi n° 2004-575 du 21 juin 2004 précitée lui donnent accès aux principes de fonctionnement des outils automatisés auxquels ils ont recours pour répondre à ces obligations, aux paramètres utilisés par ces outils, aux méthodes et aux données utilisées pour l'évaluation et l'amélioration de leur performance ainsi qu'à toute autre information ou donnée lui permettant d'évaluer leur efficacité, dans le respect des dispositions relatives à la protection des données personnelles. L'autorité peut leur adresser des demandes proportionnées d'accès, par l'intermédiaire d'interfaces de programmation dédiées, à toute donnée pertinente pour évaluer leur efficacité, dans le respect de ces mêmes dispositions. Dans le respect de ces dispositions et aux mêmes fins, elle peut mettre en œuvre des méthodes proportionnées de collecte automatisée de données publiquement accessibles afin d'accéder aux données nécessaires, y compris lorsque l'accès à ces données nécessite la connexion à un compte.

Elle définit les informations et les indicateurs chiffrés que ces opérateurs sont tenus de publier en application du 4° du I du même article 6-4 ainsi que les modalités et la périodicité de cette publication.

Elle publie chaque année un bilan de l'application des dispositions dudit article 6-4.

II. — L'Autorité de régulation de la communication audiovisuelle et numérique encourage les opérateurs de plateforme en ligne mentionnés au premier alinéa du I de l'article 6-4 de la loi n° 2004-575 du 21 juin 2004 précitée à mettre en œuvre :

1° Des outils de coopération et de partage d'informations entre opérateurs de plateformes, dans un format ouvert et conforme à ses recommandations, pour lutter contre les infractions mentionnées au même article 6-4 ;

2° Des dispositifs techniques proportionnés permettant de limiter, dans l'attente du traitement de la notification d'un contenu mentionné audit article 6-4, le partage de ce contenu et l'exposition du public à celui-ci ;

3° Des standards techniques communs d'interopérabilité entre services de communication au public en ligne, conformes à l'état de l'art, documentés et stables, afin de favoriser le libre choix des utilisateurs entre différentes plateformes.

III. — L'Autorité de régulation de la communication audiovisuelle et numérique peut mettre un opérateur en demeure de se conformer, dans le délai qu'elle fixe, à l'article 6-4 de la loi n° 2004-575 du 21 juin 2004 précitée et de répondre aux demandes d'informations qu'elle lui a adressées en application du deuxième alinéa du I du présent article.

Lorsque l'opérateur ne se conforme pas à la mise en demeure qui lui est adressée, l'Autorité de régulation de la communication audiovisuelle et numérique peut, dans les conditions prévues à l'article 42-7 de la présente loi, prononcer une sanction pécuniaire, dont le montant prend en considération la gravité des manquements ainsi que, le cas échéant, leur caractère réitéré, sans pouvoir excéder 20 millions d'euros ou 6 % du chiffre d'affaires annuel mondial total de l'exercice précédent, le montant le plus élevé étant retenu. Lorsque le même manquement a fait l'objet, dans un autre État, d'une sanction pécuniaire calculée sur la base de cette même assiette, le montant de cette sanction est pris en compte pour la détermination de la sanction prononcée en application du présent alinéa.

Par dérogation au deuxième alinéa du présent III, le montant de la sanction prononcée en cas de refus de communiquer les informations demandées par le régulateur au titre du deuxième alinéa du I ou en cas de communication d'informations fausses ou trompeuses ne peut excéder 1 % du chiffre d'affaires annuel mondial total de l'exercice précédent.

L'Autorité de régulation de la communication audiovisuelle et numérique peut rendre publiques les mises en demeure et sanctions qu'elle prononce. Elle détermine dans sa décision les modalités de cette publication, qui sont proportionnées à la gravité du manquement. Elle peut également ordonner leur insertion dans des publications, journaux et supports qu'elle désigne, aux frais des opérateurs faisant l'objet de la mise en demeure ou de la sanction.

Les sanctions pécuniaires sont recouvrées comme les créances de l'État étrangères à l'impôt et au domaine.

TITRE V
DU DÉVELOPPEMENT DE LA CRÉATION CINÉMATOGRAPHIQUE

....

TITRE VI
DISPOSITIONS PÉNALES

Art. 74. — Quiconque aura prêté son nom ou emprunté le nom d'autrui en violation des dispositions de l'article 35 sera puni d'un an d'emprisonnement et de 30 000 euros d'amende, ou de l'une de ces deux peines seulement. Les mêmes peines seront applicables à toute personne bénéficiaire de l'opération de prête-nom.

Lorsque l'opération de prête-nom aura été faite au nom d'une société ou d'une association, les peines prévues par les dispositions de l'alinéa précédent seront applicables, selon le cas, au président du conseil d'administration, au président du directoire ou au directeur général unique, au gérant de la société ou au président du conseil d'administration de l'association.

Art. 75. — Seront punis de 18 000 euros d'amende les personnes physiques et les dirigeants de droit ou de fait des personnes morales qui n'auront pas fourni les informations auxquelles ces personnes physiques ou morales sont tenues, en application de l'article 38, du fait des participations ou des droits de vote qu'elles détiennent.

Art. 76. — Les dirigeants de droit ou de fait d'une société par actions qui, en violation des dispositions de l'article 36, auront émis des actions au porteur ou n'auront pas fait toute diligence pour faire mettre les actions au porteur sous la forme nominative, seront punis de 6 000 euros d'amende.

Sera puni de la même peine le dirigeant de droit ou de fait d'un éditeur de services de communication audiovisuelle autorisé qui n'aura pas respecté les prescriptions de l'article 43-1.

Art. 77. — Sera puni d'une amende de 150 000 euros quiconque aura contrevenu aux dispositions de l'article 39 ou de l'article 40.

Art. 78. — I. — Sera puni de 75 000 euros d'amende le dirigeant de droit ou de fait d'un service de communication audiovisuelle qui aura émis ou fait émettre :

1° Sans autorisation de l'Autorité de régulation de la communication audiovisuelle et numérique ou en violation d'une décision de suspension ou de retrait prononcée sur le fondement des dispositions de l'article 42-1 ou sur une fréquence autre que celle qui lui a été attribuée ;

2° En violation des dispositions concernant la puissance ou le lieu d'implantation de l'émetteur ;

3° Sans avoir conclu avec l'Autorité de régulation de la communication audiovisuelle et numérique la convention prévue à l'article 33-1.

II. — Sera puni des mêmes peines :

1° Le dirigeant de droit ou de fait d'un organisme de distribution de services autres que ceux mentionnés à l'article 30-2 qui aura mis à la disposition du public une offre de services de communication audiovisuelle comportant des services de radio ou de télévision :

a) Sans avoir procédé à la déclaration prévue à l'article 34 ;

b) Ou sans avoir signalé préalablement à l'Autorité de régulation de la communication audiovisuelle et numérique une modification des éléments de cette déclaration.

2° Le dirigeant de droit ou de fait d'une société de distribution ou de commercialisation de services de radio ou de télévision par voie hertzienne terrestre en mode numérique qui aura mis ces services à la disposition du public :

a) Sans autorisation de l'Autorité de régulation de la communication audiovisuelle et numérique ou sans avoir procédé à la déclaration prévue au IV de l'article 30-2 ;

b) Ou en violation d'une décision de suspension ou de retrait prononcée sur le fondement des dispositions de l'article 42-1 ;

c) Ou sur une fréquence autre que celle qui lui a été attribuée.

III. — Dans le cas de récidive ou dans le cas où l'émission irrégulière aura perturbé les émissions ou liaisons hertziennes d'un service public, d'une société nationale de programme ou d'un service autorisé, l'auteur de l'infraction pourra être puni d'une amende de 150 000 euros et d'un emprisonnement d'une durée maximale de six mois.

Les agents de l'Autorité de régulation de la communication audiovisuelle et numérique et ceux placés sous son autorité peuvent, s'ils ont été spécialement habilités à cet effet par l'autorité et assermentés dans les conditions fixées par décret en Conseil d'État, constater par procès-verbal les infractions ci-dessus prévues. Leurs procès-verbaux sont transmis dans les cinq jours au procureur de la République. Dans le même délai, une copie en est adressée au président de l'Autorité de régulation de la communication audiovisuelle et numérique et au dirigeant de droit ou de fait du service de communication audiovisuelle qui a commis l'infraction.

Dès la constatation de l'infraction, les officiers de police judiciaire peuvent procéder à la saisie des installations et matériels. Les formes prévues aux articles 56 et 57 du Code de procédure pénale sont applicables à cette saisie.

En cas de condamnation, le tribunal pourra prononcer la confiscation des installations et matériels.

Art. 79. — Sera puni de la peine prévue au premier alinéa de l'article 78 :

1° Quiconque aura méconnu les dispositions des cahiers des charges et des décrets prévus aux articles 27 et 33, ainsi que des cahiers des charges annexés aux contrats de concession pour l'exploitation des services de communication audiovisuelle, et relatives au nombre et à la nationalité des œuvres cinématographiques diffusées et aux rediffusions, à la grille horaire de programmation de ces œuvres ;

Seront punis d'une amende de 18 000 euros les personnes physiques et les dirigeants de droit ou de fait des personnes morales qui n'auront pas répondu ou auront répondu de façon inexacte aux demandes d'information formulées par l'Autorité de régulation de la communication audiovisuelle et numérique en application des troisième et quatrième alinéas du 1° de l'article 19.

Art. 79-1. — Sont punies de deux ans d'emprisonnement et de 30 000 euros d'amende la fabrication, l'importation en vue de la vente ou de la location, l'offre à la vente, la détention en vue de la vente, la vente ou l'installation d'un équipement, matériel, dispositif ou instrument conçu, en tout ou partie, pour capter frauduleusement des programmes télédiffusés, lorsque ces programmes sont réservés à un public déterminé qui y accède moyennant une rémunération versée à l'exploitant du service.

Art. 79-2. — Est puni d'un an d'emprisonnement et de 15 000 euros d'amende le fait de commander, de concevoir, d'organiser ou de diffuser une publicité faisant, directement ou indirectement, la promotion d'un équipement, matériel, dispositif ou instrument mentionné à l'article 79-1.

Art. 79-3. — Est punie de six mois d'emprisonnement et de 7 500 euros d'amende l'organisation, en fraude des droits de l'exploitant du service, de la réception par des tiers des programmes mentionnés à l'article 79-1.

Art. 79-4. — Est punie de 7 500 euros d'amende l'acquisition ou la détention, en vue de son utilisation, d'un équipement, matériel, dispositif ou instrument mentionné à l'article 79-1.

Art. 79-5. — En cas de condamnation pour l'une des infractions définies aux articles 79-1 à 79-4, le tribunal peut prononcer la confiscation des équipements, matériels, dispositifs et instruments ainsi que des documents publicitaires.

Art. 79-6. — Même si le demandeur s'est constitué partie civile devant la juridiction répressive pour l'une des infractions visées aux articles 79-1 à 79-4, le président du tribunal de grande instance peut, par ordonnance sur requête, autoriser la saisie des équipements, matériels, dispositifs et instruments mentionnés à l'article 79-1, des documents techniques, plans d'assemblage, descriptions graphiques, prospectus et autres documents publicitaires présentant ces équipements, matériels, dispositifs et instruments et ce même avant édition ou distribution, ainsi que des recettes procurées par l'activité illicite.

Il peut également, statuant en référé, ordonner la cessation de toute fabrication.

N° 95.2 Le droit de réponse : les dispositions restées en vigueur de la loi modifiée n° 82-652 du 29 juillet 1982 sur la communication audiovisuelle

Toute personne physique ou morale dispose d'un droit de réponse dans le cas où des imputations susceptibles de porter atteinte à son honneur ou à sa réputation auraient été diffusées dans le cadre d'une activité de communication audiovisuelle.

Le demandeur doit préciser les imputations sur lesquelles il souhaite répondre et la teneur de la réponse qu'il se propose d'y faire.

La réponse doit être diffusée dans des conditions techniques équivalentes à celles dans lesquelles a été diffusé le message contenant l'imputation invoquée.

Elle doit également être diffusée de manière que lui soit assurée une audience équivalente à celle du message précité.

La demande d'exercice du droit de réponse doit être présentée dans les huit jours suivant celui de la diffusion du message contenant l'imputation qui la fonde.

En cas de refus ou de silence gardé sur la demande par son destinataire dans les huit jours suivant celui de sa réception, le demandeur peut saisir le Président du tribunal judiciaire, statuant en matière de référés, par la mise en cause de la personne visée au neuvième alinéa du présent article.

Le Président du tribunal peut ordonner sous astreinte la diffusion de la réponse, il peut déclarer son ordonnance exécutoire sur minute nonobstant appel.

Pendant toute campagne électorale, lorsqu'un candidat est mis en cause, le délai de huit jours prévu au sixième alinéa est réduit à vingt-quatre heures.

Pour l'application des dispositions du présent article, dans toute personne morale qui assure, à quelque titre et sous quelque forme que ce soit, un service de communication audiovisuelle, il doit être désigné un responsable chargé d'assurer l'exécution des obligations se rattachant à l'exercice du droit de réponse.

Un décret en Conseil d'État fixe les modalités d'application du présent article.

Il précise notamment les modalités et le délai de conservation des documents audiovisuels nécessaires à l'administration de la preuve des imputations visées au premier alinéa du présent article, sans préjudice de l'application des dispositions de la loi n° 79-18 du 3 janvier 1979 sur les archives.

Les dispositions du présent article sont applicables à tout service de communication mis à la disposition du public sous forme de phonogrammes ou de vidéogrammes paraissant à intervalles réguliers.

II. Les associations remplissant les conditions fixées par l'article 48-1 de la loi du 29 juillet 1881 sur la liberté de la presse peuvent également exercer le droit de réponse prévu par le présent article dans le cas où des imputations susceptibles de porter atteinte à l'honneur ou à la réputation d'une personne ou d'un groupe de personnes à raison de leur origine, de leur appartenance ou de leur non-appartenance à une ethnie, une nation, une race ou une religion déterminée auraient été diffusées dans le cadre d'une activité de communication audiovisuelle.

Toutefois, quand les imputations concerneront des personnes considérées individuellement, l'association ne pourra exercer le droit de réponse que si elle justifie avoir reçu leur accord.

Aucune association ne pourra requérir la diffusion d'une réponse en application du présent article dès lors qu'aura été diffusée une réponse à la demande d'une des associations remplissant les conditions prévues par l'article 48-1 précité.

3. La liberté des communications électroniques

N° 96 La liberté des communications électroniques, la protection de la vie privée des utilisateurs de réseaux et services de communications électroniques et le droit au service universel des télécommunications : les articles L. 32 à 32-5, L. 34-1 à L. 34-6 et L. 35 à L. 35-1 du Code des postes et des communications électroniques [221]

Art. L. 32. — 1° Communications électroniques.

On entend par communications électroniques les émissions, transmissions ou réceptions de signes, de signaux, d'écrits, d'images ou de sons, par câble, par la voie hertzienne, par moyen optique ou par d'autres moyens électromagnétiques.

---

(221) Les articles présentés tiennent compte de l'ensemble des modifications apportées. Les plus récentes sont issues de la loi n° 2016-1321 du 7 octobre 2016 pour une République numérique, l'ordonnance n° 2019-964 du 18 septembre 2019 prise en application de la loi n° 2019-222 du 23 mars 2019 de programmation 2018-2022 et de réforme pour la justice, la loi n° 2019-1063 du 18 octobre 2019 relative à la modernisation de la distribution de la presse, la loi n° 2020-901 du 24 juillet 2020 visant à encadrer le démarchage téléphonique et à lutter contre les appels frauduleux, la loi n° 2020-1508 du 3 décembre 2020 portant diverses dispositions d'adaptation au droit de l'Union européenne en matière économique et financière, de l'ordonnance n° 2021-650 du 26 mai 2021 portant transposition de la directive (UE) 2018/1972 du Parlement européen et du Conseil du 11 décembre 2018 établissant le code des communications électroniques européen et relative aux mesures d'adaptation des pouvoirs de l'Autorité de régulation des communications électroniques, des postes et de la distribution de la presse et de la loi n° 2021-1755 du 23 décembre 2021 visant à renforcer la régulation environnementale du numérique par l'Autorité de régulation des communications électroniques, des postes et de la distribution de la presse. Il est important de signaler le décret n° 2012-436 du 30 mars 2012 portant transposition du nouveau cadre réglementaire européen des communications électroniques.

2° Réseau de communications électroniques.

On entend par réseau de communications électroniques toute installation ou tout ensemble d'installations de transport ou de diffusion ainsi que, le cas échéant, les autres moyens assurant l'acheminement de communications électroniques, notamment ceux de commutation et de routage.

Sont notamment considérés comme des réseaux de communications électroniques : les réseaux satellitaires, les réseaux terrestres, les systèmes utilisant le réseau électrique pour autant qu'ils servent à l'acheminement de communications électroniques et les réseaux assurant la diffusion ou utilisés pour la distribution de services de communication audiovisuelle.

2° bis Réseau de communications électroniques à très haut débit.

On entend par réseau de communications électroniques à très haut débit, un réseau de communications électroniques pouvant fournir des services d'accès à une vitesse supérieure ou égale à 30 Mbit/s.

3° Réseau à très haute capacité.

On entend par réseau à très haute capacité, soit un réseau de communications électroniques qui est entièrement composé d'éléments de fibre optique au moins jusqu'au point de distribution au lieu de desserte, soit un réseau de communications électroniques qui est capable d'offrir, dans des conditions d'heures de pointe habituelles, une performance du réseau comparable en termes de débit descendant et ascendant, de résilience, de paramètres liés aux erreurs, de latence et de gigue.

4° Réseau ouvert au public.

On entend par réseau ouvert au public tout réseau de communications électroniques établi ou utilisé pour la fourniture au public de services de communications électroniques ou de services de communication au public par voie électronique.

4° bis Points de terminaison d'un réseau.

On entend par points de terminaison d'un réseau les points physiques par lesquels les utilisateurs accèdent à un réseau de communications électroniques ouvert au public et qui sont, dans le cas de réseaux utilisant la commutation et l'acheminement, identifiés par une adresse réseau spécifique, qui peut être rattachée au numéro ou au nom d'un utilisateur final. Ces points de raccordement font partie du réseau.

4° ter Boucle locale.

On entend par boucle locale l'installation qui relie le point de terminaison du réseau dans les locaux de l'abonné au répartiteur principal ou à toute autre installation équivalente d'un réseau de communications électroniques fixe ouvert au public.

5° Réseau indépendant.

On entend par réseau indépendant un réseau de communications électroniques réservé à l'usage d'une ou plusieurs personnes constituant un groupe fermé d'utilisateurs, en vue d'échanger des communications internes au sein de ce groupe.

6° Services de communications électroniques.

On entend par services de communications électroniques, les services fournis via des réseaux de communications électroniques qui comprennent au moins l'un des types de services suivants :

— un service d'accès à Internet ;

— un service de communications interpersonnelles ;

— un service consistant entièrement ou principalement en la transmission de signaux tels que les services de transmission utilisés pour la fourniture de services de machine à machine et pour la radiodiffusion.

Ne sont pas visés les services consistant à fournir des contenus transmis à l'aide de réseaux et de services de communications électroniques ou à exercer une responsabilité éditoriale sur ces contenus.

6° bis Service de communications interpersonnelles.

On entend par service de communications interpersonnelles, un service qui permet l'échange interpersonnel et interactif direct d'informations via des réseaux de communications électroniques entre un nombre fini de personnes, par lequel les personnes qui amorcent la communication ou y participent en déterminent le ou les destinataires.

Ne sont pas visés les services qui rendent possible une communication interpersonnelle et interactive uniquement en tant que fonction mineure accessoire intrinsèquement liée à un autre service.

6° ter Service de communications interpersonnelles fondé sur la numérotation.

On entend par service de communications interpersonnelles fondé sur la numérotation, un service de communications interpersonnelles qui établit une connexion à un numéro ou des numéros figurant dans des plans nationaux ou internationaux de numérotation téléphonique ou qui permet la communication avec un numéro ou des numéros figurant dans des plans nationaux ou internationaux de numérotation.

6° quater Service de communications interpersonnelles non fondé sur la numérotation.

On entend par service de communications interpersonnelles non fondé sur la numérotation, un service de communications interpersonnelles qui n'établit pas de connexion à un numéro ou des numéros figurant dans le plan national ou international de numérotation, ou qui ne permet pas la communication avec un numéro ou des numéros figurant dans un plan national ou international de numérotation.

7° Service de communications vocales.

On entend par service de communications vocales, un service de communications électroniques accessible au public permettant d'émettre et de recevoir, directement ou indirectement, des appels nationaux ou nationaux et internationaux, en composant un ou plusieurs numéros du plan national ou international de numérotation téléphonique.

8° Accès.

On entend par accès toute mise à disposition de moyens, matériels ou logiciels, ou de services, en vue de permettre au bénéficiaire de fournir des services de communications électroniques. Ne sont pas visés par le présent code les systèmes d'accès sous condition et les systèmes techniques permettant la réception de services de communication audiovisuelle, définis et réglementés par la loi n° 86-1067 du 30 septembre 1986 relative à la liberté de communication.

9° Interconnexion.

On entend par interconnexion la liaison physique et logique des réseaux ouverts au public exploités par le même opérateur ou un opérateur différent, afin de permettre aux utilisateurs d'un opérateur de communiquer avec les utilisateurs du même opérateur ou d'un autre, ou bien d'accéder aux services fournis par un autre opérateur. Les services peuvent être fournis par les parties concernées ou par d'autres parties qui ont accès au réseau. L'interconnexion constitue un type particulier d'accès mis en œuvre entre opérateurs de réseaux ouverts au public.

10° Équipement terminal.

On entend par équipement terminal :

a) Tout équipement qui est connecté directement ou indirectement à l'interface d'un réseau public de communications électroniques pour transmettre, traiter ou recevoir des informations ; dans les deux cas, direct ou indirect, la connexion peut être établie par fil, fibre optique ou voie électromagnétique ; une connexion est indirecte si un appareil est interposé entre l'équipement terminal et l'interface du réseau public ;

b) Les équipements de stations terrestres de satellites.

10° bis Systèmes d'exploitation.

On entend par systèmes d'exploitation les logiciels contrôlant les fonctions de base du matériel et les ressources logicielles d'un équipement terminal, permettant d'y exécuter des applications et aux utilisateurs d'en faire usage.

10° ter Fournisseur de systèmes d'exploitation.

On entend par fournisseur de système d'exploitation toute personne qui, à titre professionnel, édite ou adapte le système d'exploitation d'équipements terminaux ou qui édite ou adapte tout autre logiciel contrôlant l'accès aux fonctionnalités desdits équipements.

11° Réseau, installation ou équipement radioélectrique.

Un réseau, une installation ou un équipement sont qualifiés de radioélectriques lorsqu'ils utilisent intentionnellement des fréquences radioélectriques, en émission ou en réception, pour la propagation des ondes en espace libre, à des fins de radiocommunication ou de radiorepérage, y compris les équipements permettant de recevoir des services de radio ou de télévision.

Sont également considérés comme des équipements radioélectriques ceux qui doivent être complétés d'un accessoire tel qu'une antenne, pour émettre ou recevoir intentionnellement des fréquences radioélectriques à des fins de radiocommunication ou de radiorepérage.

Au nombre des réseaux radioélectriques figurent, notamment, les réseaux utilisant les capacités de satellites.

11° bis Centres de données.

On entend par centres de données les installations accueillant des équipements de stockage de données numériques.

12° Exigences essentielles.

On entend par « exigences essentielles » les exigences nécessaires pour garantir la préservation de l'intérêt général s'attachant :

— à la protection de la santé, de la sécurité des personnes et des animaux domestiques ainsi que des biens, dans des conditions fixées par décret en Conseil d'État ;

— au maintien d'un niveau adéquat de compatibilité électromagnétique entre équipements et installations de communications électroniques, dans des conditions fixées par décret en Conseil d'État ;

— à une utilisation efficace des fréquences radioélectriques par les équipements et à une contribution à l'utilisation optimisée de ces dernières en évitant des brouillages préjudiciables pour les tiers.

Les exigences essentielles comportent également, pour les classes et les catégories d'équipements prévues par décret en Conseil d'État, les exigences nécessaires à :

— la protection des réseaux, notamment des échanges d'informations de commande et de gestion qui y sont associés ;

— l'interopérabilité des services et celle des équipements radioélectriques ;

— la protection des données à caractère personnel et de la vie privée des utilisateurs et des abonnés ;

— la compatibilité des équipements radioélectriques avec des accessoires, y compris des chargeurs universels, et avec des dispositifs empêchant la fraude, assurant l'accès aux services d'urgence, facilitant leur utilisation par les personnes handicapées ou garantissant qu'un logiciel ne peut être installé sur un équipement radioélectrique que lorsque la conformité de la combinaison de l'équipement radioélectrique avec le logiciel est avérée.

Aux fins du présent article, on entend par « interopérabilité des équipements radioélectriques » l'aptitude de ceux-ci à fonctionner, d'une part, avec le réseau et, d'autre part, avec les autres équipements radioélectriques.

13° Numéro géographique.

On entend par numéro géographique tout numéro du plan national de numérotation téléphonique dont la structure contient une indication géographique utilisée pour acheminer les appels vers le point de terminaison du réseau correspondant.

14° Numéro non géographique.

On entend par numéro non géographique tout numéro du plan national de numérotation téléphonique qui n'est pas un numéro géographique.

15° Opérateur.

On entend par opérateur toute personne physique ou morale exploitant un réseau de communications électroniques ouvert au public ou fournissant au public un service de communications électroniques.

15° bis Utilisateur final.

On entend par utilisateur final, un utilisateur qui ne fournit pas de réseaux de communications électroniques publics ou de services de communications électroniques accessibles au public.

16° Système satellitaire.

On entend par système satellitaire tout ensemble de stations terriennes et spatiales ayant pour objet d'assurer des radiocommunications spatiales et comportant un ou plusieurs satellites artificiels de la Terre.

17° Itinérance locale.

On entend par prestation d'itinérance locale celle qui est fournie par un opérateur de radiocommunications mobiles à un autre opérateur de radiocommunications mobiles en vue de permettre, sur une zone qui n'est couverte, à l'origine, par aucun opérateur de radiocommunications mobiles, l'accueil, sur le réseau du premier, des clients du second.

17° bis Itinérance ultramarine.

On entend par prestation d'itinérance ultramarine celle qui est fournie par un opérateur de radiocommunications mobiles sur le territoire de la France métropolitaine, d'un département d'outre-mer, de Mayotte, de Saint-Barthélemy, de Saint-Martin ou de Saint-Pierre-et-Miquelon à un autre opérateur de radiocommunications mobiles fournissant des services de communications mobiles sur réseau public terrestre dans un autre de ces territoires, en vue de permettre l'utilisation du réseau du premier, dit « opérateur du réseau visité », par les clients du second, dit « opérateur du réseau d'origine » , pour émettre ou recevoir des communications à destination de l'un de ces territoires ou d'un État membre de l'Union européenne.

17° ter Partage d'un réseau radioélectrique ouvert au public.

On entend par partage d'un réseau radioélectrique ouvert au public l'utilisation d'éléments d'un réseau d'accès radioélectrique au bénéfice d'opérateurs de communications électroniques titulaires d'une autorisation d'utilisation de fréquences radioélectriques. Il comprend notamment les prestations d'itinérance ou de mutualisation de réseaux radioélectriques ouverts au public.

18° Données relatives au trafic.

On entend par données relatives au trafic toutes les données traitées en vue de l'acheminement d'une communication par un réseau de communications électroniques ou en vue de sa facturation.

19° Ressources associées.

On entend par ressources associées, les services associés, les infrastructures physiques et les autres ressources associées à un réseau de communications électroniques ou à un service de communications électroniques, qui concourent ou peuvent concourir à la fourniture de services via ce réseau ou ce service. Sont notamment considérés comme des ressources associées les bâtiments ou accès aux bâtiments, le câblage des bâtiments, les antennes, tours et autres constructions de soutènement, les gaines, conduites, pylônes, regards de visite, armoires et boîtiers.

20° Services associés.

On entend par services associés les services associés à un réseau ou à un service de communications électroniques et qui concourent ou peuvent concourir à la fourniture de services via ce réseau ou ce service. Sont notamment considérés comme des services associés les services de conversion du numéro d'appel, les systèmes d'accès conditionnel, les guides électroniques de programmes, ainsi que les services relatifs à l'identification, à la localisation et à la disponibilité de l'utilisateur.

21° Gestionnaire d'infrastructure d'accueil.

On entend par gestionnaire d'infrastructure d'accueil toute personne privée ou publique qui met à disposition ou exploite une infrastructure :

— permettant l'exploitation d'un réseau ouvert au public au sens du 3° ou d'un réseau destiné à fournir un service dans le domaine de la production, du transport ou de la distribution d'électricité, y compris pour l'éclairage public, de gaz ou de chaleur, d'eau y compris d'évacuation ou de traitement des eaux usées ; ou

— destinée à fournir des services de transport, y compris les voies ferrées, les routes, les ports et les aéroports.

22° Infrastructure d'accueil.

On entend par infrastructure d'accueil tout élément d'un réseau destiné à accueillir des éléments d'un réseau sans devenir lui-même un élément actif du réseau, tels que les conduites, pylônes, gaines, chambres de tirage et regards, trous de visite, boîtiers, immeubles ou accès à des immeubles, installations liées aux antennes, tours et poteaux, châteaux d'eau. Les câbles, y compris la fibre noire, ainsi que les éléments de réseaux utilisés pour la fourniture des eaux destinées à la consommation humaine ne sont pas des infrastructures d'accueil au sens du présent article.

22° bis Gestionnaire d'infrastructure d'accueil des points d'accès sans fil à portée limitée.

On entend par gestionnaire d'infrastructure d'accueil des points d'accès sans fil à portée limitée, toute personne privée ou publique qui met à disposition ou exploite une infrastructure d'accueil des points d'accès sans fil à portée limitée.

22° ter Infrastructure d'accueil des points d'accès sans fil à portée limitée.

On entend par infrastructure d'accueil des points d'accès sans fil à portée limitée, toute infrastructure physique contrôlée par l'État, les collectivités territoriales ou leurs groupements, techniquement adaptée pour héberger des points d'accès sans fil à portée limitée ou qui est nécessaire pour connecter de tels points d'accès à un réseau de collecte, y compris le mobilier urbain. Peuvent notamment être considérés comme une infrastructure d'accueil les poteaux d'éclairage, les panneaux et feux de signalisation, les panneaux d'affichage, les arrêts d'autobus et de tramway, les stations de métro.

22° quater Point d'accès sans fil à portée limitée.

On entend par point d'accès sans fil à portée limitée, un équipement d'accès sans fil au réseau à faible puissance, de taille réduite et de portée limitée, utilisant le spectre radioélectrique qui peut être équipé d'une ou plusieurs antennes à faible impact visuel et qui permet l'accès sans fil des utilisateurs aux réseaux de communications électroniques. Leurs caractéristiques physiques et techniques sont précisées par le règlement d'exécution (UE) 2020/1070 de la Commission du 20 juillet 2020 précisant les caractéristiques des points d'accès sans fil à portée limitée en application de l'article 57, paragraphe 2, de la directive (UE) 2018/1972 du Parlement européen et du Conseil établissant le code des communications électroniques européen.

23° Fournisseur de services de communication au public en ligne.

On entend par fournisseur de services de communication au public en ligne toute personne assurant la mise à disposition de contenus, services ou applications relevant de la communication au public en ligne, au sens du IV de l'article 1er de la loi n° 2004-575 du 21 juin 2004 pour la confiance dans l'économie numérique. Sont notamment considérées comme des fournisseurs de services de communication au public en ligne les personnes qui éditent un service de communication au public en ligne, mentionnées au deuxième alinéa du II de l'article 6 de la même loi, ou celles qui assurent le stockage de signaux, d'écrits, d'images, de sons ou de messages de toute nature mentionnées au 2 du I du même article 6.

24° Réseau local hertzien ou RLAN.

On entend par réseau local hertzien, un système d'accès sans fil à faible puissance, de portée limitée, présentant un faible risque de brouillage avec d'autres systèmes similaires déployés à proximité immédiate par d'autres utilisateurs et utilisant, sur une base non exclusive, du spectre radioélectrique harmonisé.

25° Spectre radioélectrique harmonisé.

On entend par spectre radioélectrique harmonisé, un spectre radioélectrique dont les conditions harmonisées quant à sa disponibilité et son utilisation efficace ont été établies par la voie de mesures techniques d'application adoptées conformément à l'article 4 de la décision n° 676/2002/ CE du Parlement européen et du Conseil du 7 mars 2002 relative à un cadre réglementaire pour la politique en matière de spectre radioélectrique dans la Communauté européenne.

26° Utilisation partagée du spectre radioélectrique.

On entend par utilisation partagée du spectre radioélectrique, l'accès par deux utilisateurs ou plus aux mêmes bandes du spectre radioélectrique dans le cadre d'un dispositif de partage défini.

27° Ressources de numérotation.

On entend par ressources de numérotation les préfixes, numéros, blocs de numéros et codes utilisés pour l'acheminement des communications électroniques du plan national ou international de numérotation téléphonique qui ne relèvent pas du système de l'adressage de l'internet.

28° Communications d'urgence.

On entend par communications d'urgence, les communications effectuées au moyen de services de communications interpersonnelles, entre un utilisateur final et le centre de réception des communications d'urgence, dont le but est de demander et de recevoir des secours d'urgence de la part des services d'urgence.

29° Informations relatives à la localisation de l'appelant.

On entend par les informations relatives à la localisation de l'appelant, les données traitées qui proviennent de l'infrastructure de réseau ou de l'appareil mobile et qui indiquent la position géographique de l'équipement terminal mobile d'un utilisateur final et, dans un réseau fixe public, les données relatives à l'adresse physique du point de terminaison du réseau.

30° Marchés transnationaux.

On entend par marchés transnationaux, les marchés qui couvrent l'Union européenne ou une partie importante de celle-ci s'étendant sur plus d'un État membre.

31° Groupe pour la politique en matière de spectre radioélectrique.

On entend par Groupe pour la politique en matière de spectre radioélectrique, le groupe consultatif chargé d'assister et de conseiller la Commission européenne sur des questions liées à la politique du spectre radioélectrique.

32° Système automatisé d'appels et d'envois de messages.

On entend par système automatisé d'appels et d'envois de messages les systèmes émettant des appels ou des messages de manière automatique vers plusieurs utilisateurs finals conformément aux instructions établies pour ce système.

33° Opérateur de centre de données.

On entend par opérateur de centre de données toute personne assurant la mise à la disposition des tiers d'infrastructures et d'équipements hébergés dans des centres de données.

Art. L. 32-1. — I. — Dans les conditions prévues par les dispositions du présent code :

1° Les activités de communications électroniques s'exercent librement, dans le respect des dispositions du présent livre, et sous réserve, le cas échéant, des autorisations prévues au titre II et par la loi n° 86-1067 du 30 septembre 1986 précitée ;

2° Le maintien et le développement du service public des communications électroniques défini au chapitre III, qui comprend notamment le droit de chacun au bénéfice du service universel des communications électroniques, sont garantis ;

3° La fonction de régulation du secteur des communications électroniques est indépendante de l'exploitation des réseaux et de la fourniture des services de communications électroniques. Elle est exercée au nom de l'État par le ministre chargé des communications électroniques et par l'Autorité de régulation des communications électroniques, des postes et de la distribution de la presse.

II. — Dans le cadre de leurs attributions respectives, le ministre chargé des communications électroniques et l'Autorité de régulation des communications électroniques, des postes et de la distribution de la presse prennent, dans des conditions objectives et transparentes, des mesures raisonnables et proportionnées en vue d'atteindre les objectifs suivants :

1° La fourniture et le financement de l'ensemble des composantes du service public des communications électroniques ;

2° Le développement de l'emploi ;

3° Le développement de l'investissement, de l'innovation et de la compétitivité dans le secteur des communications électroniques ;

4° L'aménagement et l'intérêt des territoires et la diversité de la concurrence dans les territoires ;

5° La protection des consommateurs, conjointement avec le ministre chargé de la consommation, et la satisfaction des besoins de l'ensemble des utilisateurs, y compris les utilisateurs handicapés, âgés ou ayant des besoins sociaux spécifiques, en matière d'accès aux services et aux équipements ;

5° bis La neutralité de l'internet, définie au q du I de l'article L. 33-1 ;

5° ter L'évaluation et le suivi des questions liées à la configuration du marché et à la concurrence en ce qui concerne l'accès à un internet ouvert ;

6° Le respect par les opérateurs de communications électroniques de la protection des données à caractère personnel, du secret des correspondances et du principe de neutralité vis-à-vis du contenu des messages transmis ;

7° L'intégrité et la sécurité des réseaux de communications électroniques ouverts au public et le respect, par les exploitants de réseau et les fournisseurs de services de communications électroniques, de l'ordre public et des obligations de défense et de sécurité publique ;

8° Un niveau élevé de protection de l'environnement et de la santé, conjointement avec les ministres chargés de la santé et de l'environnement ;

9° La sobriété de l'exposition de la population aux champs électromagnétiques ;

10° La promotion des numéros européens harmonisés pour les services à objet social et la contribution à l'information des utilisateurs finals, lorsque ces services sont fournis ;

11° La possibilité d'utiliser tous les types de technologies et tous les types de services de communications électroniques dans les bandes de fréquences disponibles pour ces services, sous réserve de faisabilité technique.

III. — Dans le cadre de ses attributions et, le cas échéant, conjointement avec le ministre chargé des communications électroniques, l'Autorité de régulation des communications électroniques, des postes et de la distribution de la presse prend, dans des conditions objectives et transparentes, des mesures raisonnables et proportionnées en vue d'atteindre les objectifs suivants :

1° L'exercice au bénéfice des utilisateurs d'une concurrence effective et loyale entre les exploitants de réseau et les fournisseurs de services de communications électroniques, en particulier lorsqu'ils bénéficient de subventions publiques conformément aux articles 106 et 107 du traité sur le fonctionnement de l'Union européenne ;

2° La définition de conditions d'accès aux réseaux ouverts au public et d'interconnexion de ces réseaux qui garantissent la possibilité pour tous les utilisateurs de communiquer librement et l'égalité des conditions de la concurrence ;

3° L'absence de discrimination, dans des circonstances analogues, dans les relations entre opérateurs et fournisseurs de services de communications au public en ligne pour l'acheminement du trafic et l'accès à leurs services ;

4° La mise en place et le développement de réseaux et de services et l'interopérabilité des services au niveau européen ;

5° La capacité des utilisateurs finals à accéder à l'information et à la diffuser ainsi qu'à accéder aux applications et aux services de leur choix ;

6° L'utilisation et la gestion efficaces des ressources de numérotation ;

7° L'utilisation et la gestion efficaces des fréquences radioélectriques ;

8° La sécurité, la prévisibilité et la cohérence réglementaire, afin notamment de promouvoir les investissements de long terme, dans l'octroi, le renouvellement, la modification, la restriction, la location, la cession et le retrait des droits d'utilisation du spectre radioélectrique ;

9° La promotion, dans le respect des règles de concurrence, de l'utilisation partagée du spectre radioélectrique entre des utilisations similaires ou différentes du spectre ;

10° L'application du régime d'utilisation du spectre radioélectrique le plus approprié et le moins onéreux possible de manière à maximiser la flexibilité, le partage et l'efficacité dans l'utilisation du spectre radioélectrique.

IV. — Sans préjudice des objectifs définis aux II et III, le ministre chargé des communications électroniques et l'Autorité de régulation des communications électroniques, des postes et de la distribution de la presse veillent :

1° Au respect de la plus grande neutralité possible, d'un point de vue technologique, des mesures qu'ils prennent ;

2° A la promotion des investissements et de l'innovation dans les infrastructures améliorées et de nouvelle génération, en tenant compte, lorsqu'ils fixent des obligations en matière d'accès, du risque assumé par les entreprises qui investissent, et à autoriser des modalités de coopération entre les investisseurs et les personnes recherchant un accès, afin de diversifier le risque d'investissement dans le respect de la concurrence sur le marché et du principe de non-discrimination ;

2° bis A la promotion de la connectivité et de l'accès à des réseaux à très haute capacité, y compris des réseaux fixes, mobiles et sans fil, et la pénétration de tels réseaux ;

3° A l'absence de discrimination, dans des circonstances analogues, dans le traitement des opérateurs ;

4° A la promotion, lorsque cela est approprié, d'une concurrence fondée sur les infrastructures.

Ils assurent l'adaptation du cadre réglementaire à des échéances appropriées et de manière prévisible pour les différents acteurs du secteur.

V. — Toutes mesures qu'il est envisagé d'adopter dans le cadre des dispositions du présent code ayant une incidence importante sur un marché ou affectant les intérêts des utilisateurs finals doivent être rendues publiques avant leur adoption dans un délai permettant une consultation des parties intéressées d'au moins trente jours, sauf dans des circonstances exceptionnelles, afin de permettre le recueil d'observations dont elle pourrait faire l'objet. Le résultat des consultations est rendu public sous réserve des secrets protégés par la loi.

L'autorité met en place un service permettant de prendre connaissance des consultations prévues par l'alinéa précédent.

L'Autorité de régulation des communications électroniques, des postes et de la distribution de la presse peut être saisie pour avis par les ministres chargés des communications électroniques et des postes sur toute question relevant de sa compétence.

Art. L. 32-3. — I. Les opérateurs, ainsi que les membres de leur personnel, sont tenus de respecter le secret des correspondances. Le secret couvre le contenu de la correspondance, l'identité des correspondants ainsi que, le cas échéant, l'intitulé du message et les documents joints à la correspondance.

II. Les fournisseurs de services de communication au public en ligne permettant à leurs utilisateurs d'échanger des correspondances, ainsi que les membres de leur personnel, respectent le secret de celles-ci. Le secret couvre le contenu de la correspondance, l'identité des correspondants ainsi que, le cas échéant, l'intitulé du message et les documents joints à la correspondance.

III. Les I et II du présent article ne font pas obstacle au traitement automatisé d'analyse, à des fins d'affichage, de tri ou d'acheminement des correspondances, ou de détection de contenus non sollicités ou de programmes informatiques malveillants, du contenu de la correspondance en ligne, de l'identité des correspondants ainsi que, le cas échéant, de l'intitulé ou des documents joints mentionnés aux mêmes I et II.

IV. Le traitement automatisé d'analyse, à des fins publicitaires, statistiques ou d'amélioration du service apporté à l'utilisateur, du contenu de la correspondance en ligne, de l'identité des correspondants ainsi que, le cas échéant, de l'intitulé ou des documents joints mentionnés auxdits I et II est interdit, sauf si le consentement exprès de l'utilisateur est recueilli à une périodicité fixée par voie réglementaire, qui ne peut être supérieure à un an. Le consentement est spécifique à chaque traitement.

V. Les opérateurs et les personnes mentionnés aux I et II sont tenus de porter à la connaissance de leur personnel les obligations résultant du présent article.

VI. Le présent article est applicable dans les îles Wallis et Futuna.

Art. L. 32-3-3. — Toute personne assurant une activité de transmission de contenus sur un réseau de communications électroniques ou de fourniture d'accès à un réseau de communications électroniques ne peut voir sa responsabilité civile ou pénale engagée à raison de ces contenus que dans les cas où soit elle est à l'origine de la demande de transmission litigieuse, soit elle sélectionne le destinataire de la transmission, soit elle sélectionne ou modifie les contenus faisant l'objet de la transmission.

Art. L. 32-3-4. — Toute personne assurant dans le seul but de rendre plus efficace leur transmission ultérieure, une activité de stockage automatique, intermédiaire et temporaire des contenus qu'un prestataire transmet ne peut voir sa responsabilité civile ou pénale engagée à raison de ces contenus que dans l'un des cas suivants :

1° Elle a modifié ces contenus, ne s'est pas conformée à leurs conditions d'accès et aux règles usuelles concernant leur mise à jour ou a entravé l'utilisation licite et usuelle de la technologie utilisée pour obtenir des données ;

2° Elle n'a pas agi avec promptitude pour retirer les contenus qu'elle a stockés ou pour en rendre l'accès impossible, dès qu'elle a effectivement eu connaissance, soit du fait que les contenus transmis initialement ont été retirés du réseau, soit du fait que l'accès aux contenus transmis initialement a été rendu impossible, soit du fait que les autorités judiciaires ont ordonné de retirer du réseau les contenus transmis initialement ou d'en rendre l'accès impossible.

Art. L. 32-4. — I. — Le ministre chargé des communications électroniques et l'Autorité de régulation des communications électroniques, des postes et de la distribution de la presse peuvent, de manière proportionnée aux besoins liés à l'accomplissement de leurs missions, et sur la base d'une décision motivée :

1° Recueillir auprès des personnes physiques ou morales exploitant des réseaux de communications électroniques ou fournissant des services de communications électroniques les informations ou documents nécessaires pour s'assurer du respect par ces personnes des principes définis aux articles L. 32-1 et L. 32-3, ainsi que des obligations qui leur sont imposées par le présent code ou par les textes pris pour son application ;

2° Recueillir auprès des personnes fournissant des services de communication au public en ligne les informations ou documents concernant les conditions techniques et tarifaires d'acheminement du trafic, y compris de gestion, appliquées à leurs services, notamment en vue d'assurer le respect de la neutralité de l'internet mentionnée au q du I de l'article L. 33-1, et les informations ou documents nécessaires relatifs à l'empreinte environnementale du secteur des communications électroniques ou des secteurs étroitement liés à celui-ci, pour s'assurer du respect par ces personnes des principes définis à l'article L. 32-1 ainsi que des obligations qui leur sont imposées par le présent code ou par les textes pris pour son application ;

2° bis Recueillir auprès des gestionnaires d'infrastructure d'accueil les informations ou documents nécessaires pour s'assurer du respect par ces personnes des obligations prévues aux articles L. 34-8-2-1 et L. 34-8-2-2 ;

2° ter Recueillir, auprès des fournisseurs de services de communication au public en ligne, des opérateurs de centre de données, des fabricants d'équipements terminaux, des équipementiers de réseaux et des fournisseurs de systèmes d'exploitation, les informations ou documents nécessaires relatifs à l'empreinte environnementale du secteur des communications électroniques ou des secteurs étroitement liés à celui-ci, pour s'assurer du respect par ces personnes des principes définis à l'article L. 32-1 ainsi que des obligations qui leur sont imposées par le présent code ou par les textes pris pour son application ;

3° Procéder auprès des mêmes personnes à des enquêtes.

Ces enquêtes sont menées dans les conditions prévues aux II à IV du présent article et à l'article L. 32-5.

Le ministre chargé des communications électroniques et l'Autorité de régulation des communications électroniques, des postes et de la distribution de la presse veillent à ce que ne soient pas divulguées les informations recueillies en application du présent article lorsqu'elles sont protégées par un secret visé aux articles L. 311-5 à L. 311-8 du Code des relations entre le public et l'administration.

II. — Les fonctionnaires et agents placés sous l'autorité du ministre chargé des communications électroniques et de l'Autorité de régulation des communications électroniques, des postes et de la distribution de la presse, habilités à cet effet par ledit ministre et assermentés dans des conditions fixées par décret en Conseil d'État, peuvent, pour l'exercice de leurs missions, opérer sur la voie publique, pénétrer entre 8 heures et 20 heures dans tous lieux utilisés à des fins professionnelles par les personnes mentionnées aux 1°, 2° et 2° bis du I du présent article, à l'exclusion des parties de ceux-ci affectées au domicile privé, et accéder à tout moyen de transport à usage professionnel.

Les fonctionnaires et agents mentionnés au premier alinéa du présent II peuvent demander la communication de tout document nécessaire à l'accomplissement de leur mission, quel qu'en soit le support, et obtenir ou prendre copie de ces documents par tout moyen et sur tout support. Ils peuvent recueillir, sur place ou sur convocation, tout renseignement, tout document ou toute justification utiles. Ils peuvent accéder aux logiciels, aux programmes informatiques et aux données stockées et en demander la transcription par tout traitement approprié dans des documents directement utilisables pour les besoins du contrôle.

Ils peuvent recourir à toute personne compétente. Cette personne :

1° Peut les accompagner lors de leurs contrôles et prendre connaissance de tout document ou élément nécessaire à la réalisation de sa mission ou de son expertise ;

2° Ne peut effectuer aucun acte de procédure pénale ou administrative ;

3° Ne peut utiliser les informations dont elle prend connaissance à cette occasion pour la mise en œuvre des pouvoirs de contrôle dont elle dispose, le cas échéant, en application d'autres dispositions législatives ou réglementaires ;

4° Ne peut, sous peine des sanctions prévues à l'article 226-13 du code pénal, divulguer les informations dont elle a eu connaissance dans ce cadre.

Les fonctionnaires et agents mentionnés au premier alinéa du présent II peuvent procéder à des visites conjointes avec des agents, désignés par l'autorité administrative dont ils dépendent, appartenant à d'autres services de l'État ou de ses établissements publics.

Les visites et auditions donnent lieu à procès-verbal, dont une copie est transmise dans les cinq jours aux personnes intéressées. Ce procès-verbal fait foi jusqu'à preuve contraire.

Les fonctionnaires et agents mentionnés au premier alinéa du présent II peuvent également procéder à toute constatation utile. Ils peuvent notamment, à partir d'un service de communication au public en ligne, consulter les données librement accessibles ou rendues accessibles, y compris par imprudence, par négligence ou par le fait d'un tiers. Ils peuvent retranscrire les données par tout traitement approprié dans des documents directement utilisables pour les besoins du contrôle. Un décret en Conseil d'État précise les conditions dans lesquelles ils procèdent à ces constatations.

III. — Les visites conduites en application du II du présent article peuvent être préalablement autorisées dans les conditions prévues à l'article L. 32-5.

Lorsque ces visites n'ont pas été préalablement autorisées dans les conditions définies au même article L. 32-5, le responsable de locaux professionnels privés est informé de son droit d'opposition à la visite. Lorsqu'il exerce ce droit, la visite ne peut se dérouler qu'après l'autorisation du juge des libertés et de la détention du tribunal judiciaire, dans les conditions prévues audit article L. 32-5.

Lorsque les lieux sont affectés au domicile privé, lorsque le responsable de locaux professionnels privés exerce le droit d'opposition prévu au présent article ou lorsqu'il est procédé à une saisie, les visites sont autorisées dans les conditions définies au même article L. 32-5.

IV. — Dans le cadre des contrôles et enquêtes mentionnés au présent article et à l'article L. 32-5, le secret professionnel ne peut être opposé aux fonctionnaires et agents mentionnés au II du présent article. Ces personnes peuvent, sans se voir opposer le secret professionnel, accéder à tout document ou élément d'information détenu par les services et établissements de l'État et des autres collectivités publiques.

Art. L. 32-5. — I. — Les visites mentionnées au III de l'article L. 32-4 sont autorisées par ordonnance du juge des libertés et de la détention du tribunal judiciaire dans le ressort duquel sont situés les lieux à visiter. Lorsque ces lieux sont situés dans le ressort de plusieurs juridictions et qu'une action simultanée doit être menée dans chacun d'eux, une ordonnance unique peut être délivrée par l'un des juges des libertés et de la détention compétents.

Le juge vérifie que la demande d'autorisation est fondée ; cette demande doit comporter tous les éléments d'information en possession du demandeur de nature à justifier la visite et la saisie.

L'ordonnance comporte l'adresse des lieux à visiter, le nom et la qualité du ou des fonctionnaires habilités à procéder aux opérations de visite et de saisie ainsi que les heures auxquelles ils sont autorisés à se présenter.

L'ordonnance est exécutoire au seul vu de la minute.

II. — L'ordonnance est notifiée sur place, au moment de la visite, à l'occupant des lieux ou à son représentant qui en reçoit copie intégrale contre récépissé ou émargement au procès-verbal de visite. En l'absence de l'occupant des lieux ou de son représentant, l'ordonnance est notifiée, après la visite, par lettre recommandée avec demande d'avis de réception. La notification est réputée faite à la date de réception figurant sur l'avis. À défaut de réception, il est procédé à la signification de l'ordonnance par acte d'huissier de justice. L'ordonnance comporte la mention de la faculté pour l'occupant des lieux ou son représentant de faire appel à un conseil de son choix. L'exercice de cette faculté n'entraîne pas la suspension des opérations de visite et de saisie.

L'acte de notification comporte mention des voies et délais de recours contre l'ordonnance ayant autorisé la visite et contre le déroulement des opérations de visite. Il mentionne également que le juge ayant autorisé la visite peut être saisi d'une demande de suspension ou d'arrêt de cette visite.

III. — La visite et la saisie de documents s'effectuent sous l'autorité et le contrôle du juge des libertés et de la détention qui les a autorisées. S'il l'estime utile, il désigne le chef du service qui devra nommer un ou plusieurs officiers de police judiciaire chargés d'assister à ces opérations, d'apporter leur concours en procédant le cas échéant aux réquisitions nécessaires et de tenir le juge informé du déroulement de ces opérations. Le juge des libertés et de la détention peut, s'il l'estime utile, se rendre dans les locaux pendant l'intervention. À tout moment, il peut décider la suspension ou l'arrêt de la visite. La saisine du juge des libertés et de la détention aux fins de suspension ou d'arrêt des opérations de visite et de saisie n'a pas d'effet suspensif.

IV. — La visite ne peut commencer avant 6 heures et après 21 heures. Elle est effectuée en présence de l'occupant des lieux ou de son représentant, qui peut se faire assister par le conseil de son choix. En l'absence de l'occupant des lieux, les agents chargés de la visite ne peuvent procéder à celle-ci qu'en présence de deux témoins qui ne sont pas placés sous leur autorité.

Le ou les officiers de police judiciaire, les agents habilités, l'occupant des lieux ou son représentant peuvent seuls prendre connaissance des pièces et documents avant leur saisie.

Un procès-verbal relatant les modalités et le déroulement de l'opération et consignant les constatations effectuées est dressé sur-le-champ par les agents habilités à procéder à la visite. Un inventaire des pièces et documents saisis lui est annexé s'il y a lieu. Le procès-verbal et l'inventaire sont signés par les agents habilités et l'occupant des lieux ou, le cas échéant, par son représentant et les témoins. En cas de refus de signer, mention en est faite au procès-verbal. Si l'inventaire sur place présente des difficultés, les pièces et les documents saisis sont placés sous scellés. L'occupant des lieux ou son représentant est avisé qu'il peut assister à l'ouverture des scellés ; l'inventaire est alors établi.

Les originaux du procès-verbal et de l'inventaire sont, dès qu'ils ont été établis, adressés au juge qui a autorisé la visite. Une copie de ces mêmes documents est remise ou adressée par lettre recommandée avec demande d'avis de réception à l'occupant des lieux ou à son représentant.

Le procès-verbal et l'inventaire mentionnent le délai et les voies de recours.

Les pièces saisies sont conservées pour les besoins de la procédure, à moins qu'une décision insusceptible de pourvoi en cassation par les parties n'en ordonne la restitution.

V. — L'ordonnance autorisant la visite peut faire l'objet d'un appel devant le premier président de la cour d'appel suivant les règles prévues par le Code de procédure civile. Les parties ne sont pas tenues de constituer avocat.

Cet appel est formé par déclaration remise ou adressée par pli recommandé au greffe de la cour dans un délai de quinze jours. Ce délai court à compter de la notification de l'ordonnance. Cet appel n'est pas suspensif.

Le greffe du tribunal judiciaire transmet sans délai le dossier de l'affaire au greffe de la cour d'appel où les parties peuvent le consulter.

L'ordonnance du premier président de la cour d'appel est susceptible d'un pourvoi en cassation, selon les règles prévues par le Code de procédure civile. Le délai du pourvoi en cassation est de quinze jours.

VI. — Le premier président de la cour d'appel connaît des recours contre le déroulement des opérations de visite ou de saisie autorisées par le juge des libertés et de la détention suivant les règles prévues par le Code de procédure civile. Les parties ne sont pas tenues de constituer avocat.

Le recours est formé par déclaration remise ou adressée par pli recommandé au greffe de la cour dans un délai de quinze jours. Ce délai court à compter de la remise ou de la réception soit du procès-verbal, soit de l'inventaire, mentionnés au premier alinéa. Ce recours n'est pas suspensif.

L'ordonnance du premier président de la cour d'appel est susceptible d'un pourvoi en cassation selon les règles prévues par le Code de procédure civile. Le délai du pourvoi en cassation est de quinze jours.

VII. — Le présent article est reproduit dans l'acte de notification de l'ordonnance du juge des libertés et de la détention autorisant la visite.

....

Section III

Protection de la vie privée des utilisateurs de réseaux et services de communications électroniques

Art. L. 34-1. — I. — Le présent article s'applique au traitement des données à caractère personnel dans le cadre de la fourniture au public de services de communications électroniques ; il s'applique notamment aux réseaux qui prennent en charge les dispositifs de collecte de données et d'identification.

II. — Les opérateurs de communications électroniques, et notamment les personnes dont l'activité est d'offrir un accès à des services de communication au public en ligne, effacent ou rendent anonymes, sous réserve des II bis à VI, les données relatives aux communications électroniques.

Les personnes qui fournissent au public des services de communications électroniques établissent, dans le respect des dispositions de l'alinéa précédent, des procédures internes permettant de répondre aux demandes des autorités compétentes.

Les personnes qui, au titre d'une activité professionnelle principale ou accessoire, offrent au public une connexion permettant une communication en ligne par l'intermédiaire d'un accès au réseau, y compris à titre gratuit, sont soumises au respect des dispositions applicables aux opérateurs de communications électroniques en vertu du présent article.

II bis. — Les opérateurs de communications électroniques sont tenus de conserver :

1° Pour les besoins des procédures pénales, de la prévention des menaces contre la sécurité publique et de la sauvegarde de la sécurité nationale, les informations relatives à l'identité civile de l'utilisateur, jusqu'à l'expiration d'un délai de cinq ans à compter de la fin de validité de son contrat ;

2° Pour les mêmes finalités que celles énoncées au 1° du présent II bis, les autres informations fournies par l'utilisateur lors de la souscription d'un contrat ou de la création d'un compte ainsi que les informations relatives au paiement, jusqu'à l'expiration d'un délai d'un an à compter de la fin de validité de son contrat ou de la clôture de son compte ;

3° Pour les besoins de la lutte contre la criminalité et la délinquance grave, de la prévention des menaces graves contre la sécurité publique et de la sauvegarde de la sécurité nationale, les données techniques permettant d'identifier la source de la connexion ou celles relatives aux équipements terminaux utilisés, jusqu'à l'expiration d'un délai d'un an à compter de la connexion ou de l'utilisation des équipements terminaux.

III. — Pour des motifs tenant à la sauvegarde de la sécurité nationale, lorsqu'est constatée une menace grave, actuelle ou prévisible, contre cette dernière, le Premier ministre peut enjoindre par décret aux opérateurs de communications électroniques de conserver, pour une durée d'un an, certaines catégories de données de trafic, en complément de celles mentionnées au 3° du II bis, et de données de localisation précisées par décret en Conseil d'État.

L'injonction du Premier ministre, dont la durée d'application ne peut excéder un an, peut être renouvelée si les conditions prévues pour son édiction continuent d'être réunies. Son expiration est sans incidence sur la durée de conservation des données mentionnées au premier alinéa du présent III.

III bis. — Les données conservées par les opérateurs en application du présent article peuvent faire l'objet d'une injonction de conservation rapide par les autorités disposant, en application de la loi, d'un accès aux données relatives aux communications électroniques à des fins de prévention et de répression de la criminalité, de la délinquance grave et des autres manquements graves aux règles dont elles ont la charge d'assurer le respect, afin d'accéder à ces données.

IV. — Pour les besoins de la facturation et du paiement des prestations de communications électroniques, les opérateurs peuvent, jusqu'à la fin de la période au cours de laquelle la facture peut être légalement contestée ou des poursuites engagées pour en obtenir le paiement, utiliser, conserver et, le cas échéant, transmettre à des tiers concernés directement par la facturation ou le recouvrement les catégories de données techniques qui sont déterminées, dans les limites fixées par le VI, selon l'activité des opérateurs et la nature de la communication, par décret en Conseil d'État pris après avis de la Commission nationale de l'informatique et des libertés.

Les opérateurs peuvent en outre réaliser un traitement des données relatives au trafic en vue de commercialiser leurs propres services de communications électroniques ou de fournir des services à valeur ajoutée, si les abonnés y consentent expressément et pour une durée déterminée. Cette durée ne peut, en aucun cas, être supérieure à la période nécessaire pour la fourniture ou la commercialisation de ces services. Ils peuvent également conserver certaines données en vue d'assurer la sécurité de leurs réseaux.

V. — Sans préjudice des dispositions du III et du IV, les données permettant de localiser l'équipement terminal de l'utilisateur ne peuvent ni être utilisées pendant la communication à des fins autres que son acheminement, ni être conservées et traitées après l'achèvement de la communication que moyennant le consentement de l'abonné, dûment informé des catégories de données en cause, de la durée du traitement, de ses fins et du fait que ces données seront ou non transmises à des fournisseurs de services tiers. L'abonné peut retirer à tout moment et gratuitement, hormis les coûts liés à la transmission du retrait, son consentement. L'utilisateur peut suspendre le consentement donné, par un moyen simple et gratuit, hormis les coûts liés à la transmission de cette suspension. Tout appel destiné à un service d'urgence vaut consentement de l'utilisateur jusqu'à l'aboutissement de l'opération de secours qu'il déclenche et seulement pour en permettre la réalisation.

VI. — Les données conservées et traitées dans les conditions définies aux II bis à V portent exclusivement sur l'identification des personnes utilisatrices des services fournis par les opérateurs, sur les caractéristiques techniques des communications assurées par ces derniers et sur la localisation des équipements terminaux.

Elles ne peuvent en aucun cas porter sur le contenu des correspondances échangées ou des informations consultées, sous quelque forme que ce soit, dans le cadre de ces communications.

Un décret en Conseil d'État, pris après avis de la Commission nationale de l'informatique et des libertés et de l'Autorité de régulation des communications électroniques, des postes et de la distribution de la presse, détermine, selon l'activité des opérateurs et la nature des communications, les informations et catégories de données conservées en application des II bis et III ainsi que les modalités de compensation des surcoûts identifiables et spécifiques des prestations assurées à ce titre, à la demande de l'État, par les opérateurs.

La conservation et le traitement de ces données s'effectuent dans le respect des dispositions de la loi n° 78-17 du 6 janvier 1978 relative à l'informatique, aux fichiers et aux libertés.

Les opérateurs prennent toutes mesures pour empêcher une utilisation de ces données à des fins autres que celles prévues au présent article.

Art. L. 34-2. — La prescription est acquise, au profit des opérateurs mentionnés à l'article L. 33-1, pour toutes demandes en restitution du prix de leurs prestations de communications électroniques présentées après un délai d'un an à compter du jour du paiement.

La prescription est acquise, au profit de l'usager, pour les sommes dues en paiement des prestations de communications électroniques d'un opérateur appartenant aux catégories visées au précédent alinéa lorsque celui-ci ne les a pas réclamées dans un délai d'un an courant à compter de la date de leur exigibilité.

Art. L. 34-3. — Les opérateurs exploitant un réseau radioélectrique de communication ouvert au public ou fournissant des services de radiocommunication au public sont tenus de mettre en œuvre les dispositifs techniques destinés à interdire, à l'exception des numéros d'urgence, l'accès à leurs réseaux ou à leurs services des communications émises au moyen de terminaux mobiles, identifiés et qui leur ont été déclarés volés. Ces terminaux doivent être bloqués dans un délai de quatre jours ouvrés à compter de la réception par l'opérateur concerné de la déclaration officielle de vol, transmise par les services de police ou de gendarmerie.

Toutefois, l'officier de police judiciaire peut requérir des opérateurs, après accord donné par le procureur de la République ou le juge d'instruction, de ne pas appliquer les dispositions du premier alinéa.

Art. L. 34-4. — I. — Les dispositions des articles L. 34-1, L. 34-2 et L. 34-3 sont applicables en Nouvelle-Calédonie, en Polynésie française et dans les îles Wallis et Futuna dans leur rédaction résultant de la loi n° 2021-998 du 30 juillet 2021 relative à la prévention d'actes de terrorisme et au renseignement.

II. — Sans préjudice de leur application de plein droit à Mayotte en vertu du 8° du I de l'article 3 de la loi n° 2001-616 du 11 juillet 2001 relative à Mayotte, les articles L. 32-3-3 et L. 32-3-4 sont applicables en Nouvelle-Calédonie, en Polynésie française, à Wallis-et-Futuna et dans les Terres australes et antarctiques françaises.

Art. L. 34-5. — Est interdite la prospection directe au moyen de système automatisé de communications électroniques au sens du 6° de l'article L. 32, d'un télécopieur ou de courriers électroniques utilisant les coordonnées d'une personne physique, abonné ou utilisateur, qui n'a pas exprimé préalablement son consentement à recevoir des prospections directes par ce moyen.

Pour l'application du présent article, on entend par consentement toute manifestation de volonté libre, spécifique et informée par laquelle une personne accepte que des données à caractère personnel la concernant soient utilisées à fin de prospection directe.

Constitue une prospection directe l'envoi de tout message destiné à promouvoir, directement ou indirectement, des biens, des services ou l'image d'une personne vendant des biens ou fournissant des services. Pour l'application du présent article, les appels et messages ayant pour objet d'inciter l'utilisateur ou l'abonné à appeler un numéro surtaxé ou à envoyer un message textuel surtaxé relèvent également de la prospection directe.

Toutefois, la prospection directe par courrier électronique est autorisée si les coordonnées du destinataire ont été recueillies auprès de lui, dans le respect des dispositions de la loi n° 78-17 du 6 janvier 1978 relative à l'informatique, aux fichiers et aux libertés, à l'occasion d'une vente ou d'une prestation de services, si la prospection directe concerne des produits ou services analogues fournis par la même personne physique ou morale, et si le destinataire se voit offrir, de manière expresse et dénuée d'ambiguïté, la possibilité de s'opposer, sans frais, hormis ceux liés à la transmission du refus, et de manière simple, à l'utilisation de ses coordonnées au moment où elles sont recueillies et chaque fois qu'un courrier électronique de prospection lui est adressé au cas où il n'aurait pas refusé d'emblée une telle exploitation.

Dans tous les cas, il est interdit d'émettre, à des fins de prospection directe, des messages au moyen de système automatisé de communications électroniques au sens du 6° de l'article L. 32, télécopieurs et courriers électroniques, sans indiquer de coordonnées valables auxquelles le destinataire puisse utilement transmettre une demande tendant à obtenir que ces communications cessent sans frais autres que ceux liés à la transmission de celle-ci. Il est également interdit de dissimuler l'identité de la personne pour le compte de laquelle la communication est émise et de mentionner un objet sans rapport avec la prestation ou le service proposé.

La Commission nationale de l'informatique et des libertés veille, pour ce qui concerne la prospection directe utilisant les coordonnées d'un abonné ou d'une personne physique, au respect des dispositions du présent article en utilisant les compétences qui lui sont reconnues par la loi n° 78-17 du 6 janvier 1978 précitée. À cette fin, elle peut notamment recevoir, par tous moyens, les plaintes relatives aux manquements aux dispositions du présent article.

Les manquements aux dispositions du présent article sont recherchés et constatés par les agents mentionnés aux articles L. 511-3 et L. 511-21 du code de la consommation, dans les conditions prévues à l'article L. 511-5 du même code.

Sous réserve qu'il n'ait pas été fait application de l'article L. 36-11 et en vue d'assurer la protection du consommateur, les manquements au présent article sont sanctionnés par une amende administrative, prononcée par l'autorité administrative chargée de la concurrence et de la consommation dans les conditions prévues au chapitre II du titre II du livre V du code de la consommation, dont le montant ne peut excéder 75 000 € pour une personne physique et 375 000 € pour une personne morale.

Lorsque l'autorité mentionnée au huitième alinéa du présent article a prononcé une amende administrative en application du même présent article, l'autorité mentionnée à l'article L. 36-11 veille, si elle prononce à son tour une sanction, à ce que le montant global des sanctions prononcées contre la même personne à raison des mêmes faits n'excède pas le maximum légal le plus élevé.

Un décret en Conseil d'État précise en tant que de besoin les conditions d'application du présent article, notamment eu égard aux différentes technologies utilisées.

Art. L. 34-6. — À sa demande, tout abonné d'un réseau ouvert au public peut, sauf pour une raison liée au fonctionnement des services d'urgence ou à la tranquillité de l'appelé, s'opposer à l'identification par ses correspondants de son numéro d'abonné.

Chapitre III

Les obligations de service public

Art. L. 35. — Les obligations de service public sont assurées dans le respect des principes d'égalité, de continuité et d'adaptabilité. Elles comprennent :

a) Le service universel des communications électroniques défini, fourni et financé dans les conditions fixées aux articles L. 35-1 à L. 35-5 et L. 35-7 ;

b) (Abrogé) ;

c) Les missions d'intérêt général dans le domaine des communications électroniques, en matière de défense et de sécurité, de recherche publique et d'enseignement supérieur, assurées dans les conditions fixées à l'article L. 35-6.

En vue de garantir la permanence, la qualité et la disponibilité des réseaux et du service, l'entretien des réseaux assurant des services fixes de communications électroniques ouverts au public et de leurs abords est d'utilité publique.

Art. L. 35-1. — Le service universel des communications électroniques permet à tout utilisateur final d'avoir accès, en position déterminée, à un tarif abordable :

1° À un service d'accès adéquat à l'internet haut débit ;

2° À un service de communications vocales.

Cet accès comprend le raccordement sous-jacent aux services mentionnés aux 1° et 2°.

Le service universel fournit des mesures particulières en faveur des utilisateurs finals handicapés afin d'assurer, d'une part, un accès aux services mentionnés aux mêmes 1° et 2° qui soit équivalent à l'accès dont bénéficient les autres utilisateurs finals et, d'autre part, le caractère abordable de ces services.

Les modalités d'application du présent article et le contenu de chacune des composantes du service universel sont précisés par décret en Conseil d'État.

4. La liberté des spectacles

N° 97 L'ordonnance modifiée n° 45-2339 du 13 octobre 1945 relative aux spectacles (extraits)

Art. 2. — L'édification d'une salle de spectacle est soumise, outre les conditions prévues par les textes en vigueur, à une déclaration spéciale au ministre chargé de la culture ainsi qu'à la préfecture dans les départements et à la préfecture de police à Paris.

Aucune salle de spectacles publics spécialement aménagée de façon permanente pour y donner des concerts, des spectacles de variétés ou des représentations d'art dramatique, lyrique ou chorégraphique ne peut recevoir une autre affectation ni être démolie sans que le propriétaire ou l'usager ait obtenu l'autorisation du ministre chargé de la culture.

En cas d'infraction aux prescriptions du paragraphe ci-dessus, le propriétaire ou l'usager sera tenu de rétablir les lieux dans leur état antérieur sous peine d'une astreinte prononcée par le tribunal de grande instance à la requête du ministre chargé de la culture ; le montant de l'astreinte sera versé au Trésor.

Art. 3. — Les baux d'immeubles à usage de spectacles, les locations, sous-locations et cessions de fonds de commerce d'entreprises de spectacle conclus postérieurement à la publication de la présente ordonnance doivent, à peine de nullité, être autorisés par le ministre chargé de la culture.

La nullité est constatée à la requête du ministre public, des parties, de l'une d'elles ou de tout tiers intéressé.

98 Code du cinéma et de l'image animée : les articles L. 211-1 et L. 211-2, L. 432-1 à L. 432-3 (222)

Art. L. 211-1. — La représentation cinématographique est subordonnée à l'obtention d'un visa d'exploitation délivré par le ministre chargé de la culture.

Ce visa peut être refusé ou sa délivrance subordonnée à des conditions pour des motifs tirés de la protection de l'enfance et de la jeunesse ou du respect de la dignité humaine.

Les conditions et les modalités de délivrance du visa sont fixées par décret en Conseil d'État.

Art. L. 211-2. — La délivrance du visa d'exploitation est assujettie au paiement du droit au profit du Centre national du cinéma et de l'image animée. Ce droit est proportionnel à la durée de l'œuvre cinématographique pour laquelle le visa est demandé, au taux de 0,82 euro par minute. Ce droit n'est pas perçu lorsque son montant est inférieur à 10 euros. Ce droit est recouvré par le Centre national du cinéma et de l'image animée comme en matière de timbre. À défaut de paiement, le visa d'exploitation n'est pas délivré.

....

Art. L. 432-1. — Est puni d'une amende de 45 000 euros le fait de mettre en circulation ou de représenter une œuvre cinématographique dépourvue du visa d'exploitation prévu à l'article L. 211-1 ou en violation des conditions mentionnées sur ce visa.

Art. L. 432-2. — Dès la constatation de l'infraction, les officiers de police judiciaire peuvent procéder à la saisie des éléments de tirage et des supports d'exploitation des œuvres illicitement mises en circulation ou représentées. Les formes prévues aux articles 56 et 57 du Code de procédure pénale sont applicables à cette saisie.

(222) Les articles présentés tiennent compte des dispositions du Code créé par l'ordonnance n° 2009-901 du 24 juillet 2009.

Art. L. 432-3. — En cas de condamnation à la peine prévue à l'article L. 432-1, la juridiction peut, en outre, prononcer à l'encontre de la personne condamnée l'interdiction pour une durée n'excédant pas dix ans d'exercer soit une fonction dirigeante, soit toute activité industrielle et commerciale dans le secteur du cinéma. Si le condamné est le dirigeant ou le préposé d'une personne morale, le jugement peut condamner solidairement cette dernière au paiement de l'amende.

La publication du jugement peut être ordonnée conformément à l'article 131-10 du Code pénal.

Nº 99 L'ordonnance nº 59-28 du 5 janvier 1959 réglementant l'accès des mineurs à certains établissements (extraits)

Article premier. — Sans préjudice de l'application des lois et règlements en vigueur, le préfet peut, par arrêté, interdire l'accès des mineurs de dix-huit ans à tout établissement offrant, quelles qu'en soient les conditions d'accès, des distractions ou spectacles, lorsque ces distractions ou spectacles ou la fréquentation de cet établissement se révèlent de nature à exercer une influence nocive sur la santé ou la moralité de la jeunesse. Cet arrêté est pris après consultation du maire et avis d'une commission. La consultation du maire n'est toutefois pas nécessaire lorsque l'arrêté doit recevoir application sur le territoire de plusieurs communes. La composition et le fonctionnement de cette commission, les conditions dans lesquelles est effectuée la publicité donnée à l'arrêté préfectoral, ainsi que les autres modalités d'application du présent article sont fixés par arrêté conjoint des ministres intéressés.

. Les droits des administrés face à l'administration

100.1 L'accès aux règles de droit et à la transparence : la loi n° 2000-321 du 12 avril 2000 relative aux droits des citoyens dans leurs relations avec les administrations (extraits)

Art. 2. — Le droit de toute personne à l'information est précisé et garanti par le présent chapitre en ce qui concerne la liberté d'accès aux règles de droit applicables aux citoyens.

Les autorités administratives sont tenues d'organiser un accès simple aux règles de droit qu'elles édictent. La mise à disposition et la diffusion des textes juridiques constituent une mission de service public au bon accomplissement de laquelle il appartient aux autorités administratives de veiller.

Les modalités d'application du présent article sont déterminées, en tant que de besoin, par décret en Conseil d'État.

Art. 3. — La codification législative rassemble et classe dans des codes thématiques l'ensemble des lois en vigueur à la date d'adoption de ces codes.

Cette codification se fait à droit constant, sous réserve des modifications nécessaires pour améliorer la cohérence rédactionnelle des textes rassemblés, assurer le respect de la hiérarchie des normes et harmoniser l'état du droit.

....

Nº 100.2 De la liberté d'accès aux documents administratifs et de la réutilisation des informations publiques et la commission d'accès aux documents administratifs : les articles L. 300-1 et L. 300-2, L. 311-1 à L. 311-9, L. 321-1 et L. 321-2 et L. 340-1 à L. 342-2 du Code des relations entre le public et l'administration (223)

Art. L. 300-1. — Le droit de toute personne à l'information est précisé et garanti par les dispositions des titres chapitres Ier, III et IV du présent livre en ce qui concerne la liberté d'accès aux documents administratifs.

Art. L. 300-2. — Sont considérés comme documents administratifs, au sens des titres Ier, III et IV du présent livre, quels que soient leur date, leur lieu de conservation, leur forme et leur support, les documents produits ou reçus, dans le cadre de leur mission de service public, par l'État, les collectivités territoriales ainsi que par les autres personnes de droit public ou les personnes de droit privé chargées d'une telle mission. Constituent de tels documents notamment les dossiers, rapports, études, comptes rendus, procès-verbaux, statistiques, instructions, circulaires, notes et réponses ministérielles, correspondances, avis, prévisions, codes sources et décisions.

Les actes et documents produits ou reçus par les assemblées parlementaires sont régis par l'ordonnance n° 58-1100 du 17 novembre 1958 relative au fonctionnement des assemblées parlementaires.

Section 1

Étendue du droit à communication

Art. L. 311-1. — Sous réserve des dispositions des articles L. 311-5 et L. 311-6, les administrations mentionnées à l'article L. 300-2 sont tenues de publier en ligne ou de communiquer les documents administratifs qu'elles détiennent aux personnes qui en font la demande, dans les conditions prévues par le présent livre.

Art. L. 311-2. — Le droit à communication ne s'applique qu'à des documents achevés.

Le droit à communication ne concerne pas les documents préparatoires à une décision administrative tant qu'elle est en cours d'élaboration. Cependant, les avis, prévus par les textes législatifs ou réglementaires, au vu desquels est prise une décision rendue sur une demande tendant à bénéficier d'une décision individuelle créatrice de droits, sont communicables à l'auteur de cette demande dès leur envoi

---

(223) Créé par l'ordonnance n° 2015-1341 du 23 octobre 2015 relative aux dispositions législatives du code des relations entre le public et l'administration. Les articles présentés tiennent compte des modifications introduites par les lois n° 2016-1321 du 7 octobre 2016 pour une République numérique, n° 2016-1919 du 29 décembre 2016 relative à l'exercice, par la Croix-Rouge française, de sa mission statutaire de rétablissement des liens familiaux, n° 2017-55 du 20 janvier 2017 portant statut général des autorités administratives indépendantes, des autorités publiques indépendantes, n° 2018-670 du 30 juillet 2018 relative à la protection du secret des affaires et n° 2022-217 du 21 février 2022 relative à la différenciation, la décentralisation, la déconcentration et portant diverses mesures de simplification de l'action publique locale. Il faut aussi signaler le décret n° 2017-330 du 14 mars 2017 relatif aux droits des personnes faisant l'objet de décisions individuelles prises sur le fondement d'un traitement algorithmique qui entrera en application le 1er septembre 2017.

à l'autorité compétente pour statuer sur la demande. Lorsque les motifs de l'avis n'y figurent pas, ceux-ci doivent être également communiqués au demandeur en cas d'avis défavorable.

Par dérogation aux dispositions de l'alinéa précédent, les avis qui se prononcent sur les mérites comparés de deux ou plusieurs demandes dont l'administration a été saisie ne sont pas communicables tant que la décision administrative qu'ils préparent n'a pas été prise.

Le droit à communication ne s'exerce plus lorsque les documents font l'objet d'une diffusion publique.

Le dépôt aux archives publiques des documents administratifs communicables aux termes du présent chapitre ne fait pas obstacle au droit à communication à tout moment desdits documents.

Lorsqu'une administration mentionnée à l'article L. 300-2 est saisie d'une demande de communication portant sur un document administratif qu'elle ne détient pas mais qui est détenu par une autre administration mentionnée au même article, elle la transmet à cette dernière et en avise l'intéressé.

Lorsqu'une administration mentionnée à l'article L. 300-2, ou la commission d'accès aux documents administratifs, est saisie d'une demande de communication d'un document administratif susceptible de relever de plusieurs des régimes d'accès mentionnés aux articles L. 342-1 et L. 342-2, il lui appartient de l'examiner d'office au regard de l'ensemble de ces régimes, à l'exception du régime organisé par l'article L. 213-3 du Code du patrimoine.

L'administration n'est pas tenue de donner suite aux demandes abusives, en particulier par leur nombre ou leur caractère répétitif ou systématique.

Art. L. 311-3. — Sous réserve des dispositions de la loi n° 78-17 du 6 janvier 1978 relative à l'informatique, aux fichiers et aux libertés, concernant les données à caractère personnel figurant dans des fichiers, toute personne a le droit de connaître les informations contenues dans un document administratif dont les conclusions lui sont opposées.

Sur sa demande, ses observations à l'égard desdites conclusions sont obligatoirement consignées en annexe au document concerné.

L'utilisation d'un document administratif au mépris des dispositions ci-dessus est interdite.

Art. L. 311-3-1.— Sous réserve de l'application du 2° de l'article L. 311-5, une décision individuelle prise sur le fondement d'un traitement algorithmique comporte une mention explicite en informant l'intéressé. Les règles définissant ce traitement ainsi que les principales caractéristiques de sa mise en œuvre sont communiquées par l'administration à l'intéressé s'il en fait la demande. Les conditions d'application du présent article sont fixées par décret en Conseil d'État.

Art. L.311-4. — Les documents administratifs sont communiqués ou publiés sous réserve des droits de propriété littéraire et artistique.

Art. L.311-5. — Ne sont pas communicables :

1° Les avis du Conseil d'État et des juridictions administratives, les documents de la Cour des comptes mentionnés à l'article L. 141-10 du Code des juridictions financières et les documents des chambres régionales des comptes mentionnés à l'article L. 241-6 du même code, les documents élaborés ou détenus par l'Autorité de la concurrence dans le cadre de l'exercice de ses pouvoirs d'enquête, d'instruction et de décision, les documents élaborés ou détenus par la Haute Autorité pour la transparence de la vie publique dans le cadre des missions prévues à l'article 20 de la loi n° 2013-907 du 11 octobre 2013 relative à la transparence de la vie publique, les documents préalables à l'élaboration du rapport d'accréditation des établissements de santé prévu à l'article L. 6113-6 du Code de la santé publique, les documents préalables à l'accréditation des personnels de santé prévue à l'article L. 1414-3-3 du Code de la santé publique, les rapports d'audit des établissements de santé mentionnés à l'article 40 de la loi n° 2000-1257 du 23 décembre 2000 de financement de la sécurité sociale pour 2001 et les documents réalisés en exécution d'un contrat de prestation de services exécuté pour le compte d'une ou de plusieurs personnes déterminées ;

2° Les autres documents administratifs dont la consultation ou la communication porterait atteinte :

a) Au secret des délibérations du Gouvernement et des autorités responsables relevant du pouvoir exécutif ;

b) Au secret de la défense nationale ;

c) À la conduite de la politique extérieure de la France ;

d) À la sûreté de l'État, à la sécurité publique, à la sécurité des personnes ou à la sécurité des systèmes d'information des administrations ;

e) À la monnaie et au crédit public ;

f) Au déroulement des procédures engagées devant les juridictions ou d'opérations préliminaires à de telles procédures, sauf autorisation donnée par l'autorité compétente ;

g) À la recherche et à la prévention, par les services compétents, d'infractions de toute nature ;

h) Ou sous réserve de l'article L. 124-4 du Code de l'environnement, aux autres secrets protégés par la loi.

Art. L. 311-6. — Ne sont communicables qu'à l'intéressé les documents administratifs :

1° Dont la communication porterait atteinte à la protection de la vie privée, au secret médical et au secret des affaires, lequel comprend le secret des procédés, des informations économiques et financières et des stratégies commerciales ou industrielles et est apprécié en tenant compte, le cas échéant, du fait que la mission de service public de l'administration mentionnée au premier alinéa de l'article L. 300-2 est soumise à la concurrence ;

2° Portant une appréciation ou un jugement de valeur sur une personne physique, nommément désignée ou facilement identifiable ;

3° Faisant apparaître le comportement d'une personne, dès lors que la divulgation de ce comportement pourrait lui porter préjudice.

Les informations à caractère médical sont communiquées à l'intéressé, selon son choix, directement ou par l'intermédiaire d'un médecin qu'il désigne à cet effet, dans le respect des dispositions de l'article L. 1111-7 du Code de la santé publique.

Art. L. 311-7. — Lorsque la demande porte sur un document comportant des mentions qui ne sont pas communicables en application des articles L. 311-5 et L. 311-6 mais qu'il est possible d'occulter ou de disjoindre, le document est communiqué au demandeur après occultation ou disjonction de ces mentions.

Art. L. 311-8. — Les documents administratifs non communicables au sens du présent chapitre deviennent communicables au terme des délais et dans les conditions fixés par les articles L. 213-1 et L. 213-2 du Code du patrimoine. Avant l'expiration de ces délais et par dérogation aux dispositions du présent article, la consultation de ces documents peut être autorisée dans les conditions prévues par l'article L. 213-3 du même code.

Lorsqu'une demande faite en application du I du même article L. 213-3 porte sur une base de données et vise à effectuer des traitements à des fins de recherche ou d'étude présentant un caractère d'intérêt public, l'administration détenant la base de données ou l'administration des archives peut demander l'avis du comité du secret statistique institué par l'article 6 bis de la loi n° 51-711 du 7 juin 1951 sur l'obligation, la coordination et le secret en matière de statistiques. Le comité peut recommander le recours à une procédure d'accès sécurisé aux données présentant les garanties appropriées, dans des conditions fixées par décret en Conseil d'État.

L'avis du comité tient compte :

1° Des enjeux attachés aux secrets protégés par la loi, notamment la protection de la vie privée et la protection du secret des affaires ;

2° De la nature et de la finalité des travaux pour l'exécution desquels la demande d'accès est formulée.

Section 2

Modalités du droit à communication

Art. L. 311-9. — L'accès aux documents administratifs s'exerce, au choix du demandeur et dans la limite des possibilités techniques de l'administration :

1° Par consultation gratuite sur place, sauf si la préservation du document ne le permet pas ;

2° Sous réserve que la reproduction ne nuise pas à la conservation du document, par la délivrance d'une copie sur un support identique à celui utilisé par l'administration ou compatible avec celui-ci et aux frais du demandeur, sans que ces frais puissent excéder le coût de cette reproduction, dans des conditions prévues par décret ;

3° Par courrier électronique et sans frais lorsque le document est disponible sous forme électronique ;

4° Par publication des informations en ligne, à moins que les documents ne soient communicables qu'à l'intéressé en application de l'article L. 311-6.

Titre II

LA RÉUTILISATION DES INFORMATIONS PUBLIQUES

Chapitre Ier

Étendue du droit de réutilisation

Art. L. 321-1. — Les informations publiques figurant dans des documents communiqués ou publiés par les administrations mentionnées au premier alinéa de l'article L. 300-2 peuvent être utilisées par toute personne qui le souhaite à d'autres fins que celles de la mission de service public pour les besoins de laquelle les documents ont été produits ou reçus.

Les limites et conditions de cette réutilisation sont régies par le présent titre.

Art. L. 321-2. — Ne sont pas considérées comme des informations publiques, pour l'application du présent titre, les informations contenues dans des documents :

a) Dont la communication ne constitue pas un droit pour toute personne en application du titre Ier ou d'autres dispositions législatives, sauf si ces informations font l'objet d'une diffusion publique conforme aux prescriptions des articles L. 312-1 à L. 312-1-2 ;

b) (Abrogé)

c) Ou sur lesquels des tiers détiennent des droits de propriété intellectuelle.

L'échange d'informations publiques entre les administrations, aux fins de l'exercice de leur mission de service public, ne constitue pas une réutilisation au sens du présent titre.

Titre IV

LA COMMISSION D'ACCÈS AUX DOCUMENTS ADMINISTRATIFS

Art. L. 340-1. — La Commission d'accès aux documents administratifs est une autorité administrative indépendante.

Elle est chargée de veiller au respect de la liberté d'accès aux documents administratifs et aux archives publiques ainsi qu'à l'application du titre II du présent livre dans les conditions prévues par le présent livre et par le titre Ier du livre II du Code du patrimoine.

Art. L. 341-1. — La commission comprend onze membres :

1° Un membre du Conseil d'État, d'un grade au moins égal à celui de conseiller, un magistrat de la Cour de cassation et un magistrat de la Cour des comptes en activité ou honoraire, désignés respectivement par le vice-président du Conseil d'État, le premier président de la Cour de cassation et le premier président de la Cour des comptes ;

2° Un député et un sénateur, désignés respectivement par le président de l'Assemblée nationale et le président du Sénat ;

3° Un élu d'une collectivité territoriale, désigné par le président du Sénat ;

4° Un professeur de l'enseignement supérieur, en activité ou honoraire, proposé par le président de la commission ;

5° Une personnalité qualifiée en matière d'archives, proposée par le directeur général des patrimoines ;

6° Le président de la Commission nationale de l'informatique et des libertés, ou son représentant ;

7° Une personnalité qualifiée en matière de concurrence et de prix, proposée par le président de l'Autorité de la concurrence ;

8° Une personnalité qualifiée en matière de diffusion publique d'informations.

Un suppléant est désigné dans les mêmes conditions pour chacun des membres.

Chacune des autorités appelées à désigner ou proposer un membre de la commission en application du présent article fait en sorte que, après cette désignation ou cette proposition, l'écart entre le nombre de femmes et d'hommes parmi l'ensemble des membres, d'une part, et parmi les membres titulaires, d'autre part, ne soit pas supérieur à un.

Le président de la commission est nommé par décret du président de la République parmi les membres. Les autres membres de la commission sont nommés par décret. Leur mandat est, à l'exception de ceux mentionnés aux 2°, 3° et 6°, qui siègent pour la durée du mandat au titre duquel ils ont été désignés, d'une durée de trois ans. Ce mandat est renouvelable une fois.

Selon des modalités fixées par décret en Conseil d'État, le collège est, à l'exception de son président, renouvelé par moitié tous les trois ans.

La commission comprend en outre, avec voix consultative, le Défenseur des droits ou son représentant.

Un commissaire du Gouvernement, désigné par le Premier ministre, siège auprès de la commission et assiste à ses délibérations, sauf lorsque la commission se prononce en application des dispositions de l'article L. 326-1 ou de l'article L. 342-3 du présent code.

En cas de partage égal des voix, celle du président de la commission est prépondérante.

Un décret en Conseil d'État détermine les modalités de fonctionnement de la commission. Il fixe notamment les cas et les conditions dans lesquels la commission peut délibérer en formation restreinte ou déléguer à son président l'exercice de certaines de ses attributions.

Art. L. 341-2. — La Commission d'accès aux documents administratifs et la Commission nationale de l'informatique et des libertés se réunissent dans un collège unique, sur l'initiative conjointe de leurs présidents, lorsqu'un sujet d'intérêt commun le justifie.

Chapitre II

Attributions de la Commission d'accès aux documents administratifs

Art. L. 342-1. — La Commission d'accès aux documents administratifs émet des avis lorsqu'elle est saisie par une personne à qui est opposé un refus de communication ou un refus de publication d'un document administratif en application du titre Ier, un refus de consultation ou de communication des documents d'archives publiques, à l'exception des documents mentionnés au c de l'article L. 211-4 du code du patrimoine et des actes et documents produits ou reçus par les assemblées parlementaires, ou une décision défavorable en matière de réutilisation d'informations publiques.

Par dérogation au premier alinéa du présent article, lorsqu'une saisine relève d'une série de demandes ayant le même objet, adressées par le même demandeur à différentes administrations mentionnées au premier alinéa de l'article L. 300-2, la commission ne peut être saisie que d'un refus de communication opposé au demandeur et n'émet qu'un avis.

Il appartient au demandeur d'identifier auprès de la commission au moment de la saisine l'ensemble des demandes relevant d'une même série et d'informer les administrations concernées par la série de demandes de la saisine de la commission.

Un décret en Conseil d'État définit les conditions de mise en œuvre des deuxième et troisième alinéas du présent article.

La saisine pour avis de la commission est un préalable obligatoire à l'exercice d'un recours contentieux.

Art. L. 342-2. — La commission est également compétente pour connaître des questions relatives :

A. — À l'accès aux documents administratifs et à la réutilisation des informations publiques relevant des dispositions suivantes :

1° L'article 2449 du Code civil ;

2° L'article 79 du Code civil local d'Alsace-Moselle ;

3° Les articles L. 2121-26, L. 3121-17, L. 4132-16, L. 5211-46, L. 5421-5, L. 5621-9 et L. 5721-6 du Code général des collectivités territoriales ;

4° Les articles L. 28, L. 68 et LO 179 du Code électoral ainsi que les dispositions de ce code relatives au registre des procurations ;

5° Les dispositions du Code rural et de la pêche maritime relatives aux listes électorales des chambres départementales d'agriculture ;

6° Les dispositions du Code forestier relatives aux listes électorales des centres régionaux de la propriété forestière ;

7° Les articles L. 121-5, L. 123-1 à L. 123-19, L. 213-13 et L. 332-29 du Code de l'urbanisme ;

8° Les chapitres III et IV du titre II du livre Ier du Code de l'environnement ;

9° Les articles L. 225-3, L. 225-5 et L. 330-2 à L. 330-5 du Code de la route ;

10° Les dispositions du code de la voirie routière relatives aux enquêtes publiques en matière de classement, d'ouverture, de redressement, de fixation de la largeur et de déclassement des voies communales ;

11° Le a et le b de l'article L. 104 et les articles L. 106, L. 111 et L. 135 B du livre des procédures fiscales ;

12° L'article L. 107 A du livre des procédures fiscales ;

13° L'article L. 421-8 du Code de l'action sociale et des familles ;

14° Les articles L. 1111-7 et L. 1131-1 du Code de la santé publique ;

15° L'article L. 161-37 du Code de la sécurité sociale ;

16° L'article 10 de la loi n° 2000-321 du 12 avril 2000 relative aux droits des citoyens dans leurs relations avec les administrations ;

17° L'article 17 de la loi du 31 décembre 1913 sur les monuments historiques ;

18° Les dispositions relatives à la conservation du cadastre ;

19° L'article 5 de la loi du 1er juillet 1901 relative au contrat d'association ;

20° L'article 12 de la loi du 1er mai 1889, révisée par la loi du 20 mai 1898, sur les associations coopératives de production et de consommation ;

21° Les dispositions relatives aux procès-verbaux des séances de la commission de surveillance et de contrôle des publications destinées à la jeunesse ;

22° L'article 1er de la loi n° 2016-1321 du 7 octobre 2016 pour une République numérique ;

23° Les articles 1er et 3 de la loi n° 2016-1919 du 29 décembre 2016 relative à l'exercice, par la Croix-Rouge française, de sa mission statutaire de rétablissement des liens familiaux.

B. — À l'accès aux informations détenues par les exploitants d'une installation nucléaire de base et les personnes responsables de transport de substances radioactives dans les conditions définies aux articles L. 125-10 et L. 125-11 du Code de l'environnement.

C. — À la réutilisation des informations publiques relevant du chapitre III du titre II de la loi du 1er juin 1924 mettant en vigueur la législation civile française dans les départements du Bas-Rhin, du Haut-Rhin et de la Moselle.

X. Les libertés collectives

1. La liberté d'association

P101 La loi du 1er juillet 1901 relative au contrat d'association (extraits) (224)

TITRE I

Article premier. — L'association est la convention par laquelle deux ou plusieurs personnes mettent en commun d'une façon permanente leurs connaissances ou leur activité dans un but autre que de partager des bénéfices. Elle est régie, quant à sa validité, par les principes généraux du droit applicables aux contrats et obligations.

Art. 2. — Les associations de personnes pourront se former librement sans autorisation ni déclaration préalable, mais elles ne jouiront de la capacité juridique que si elles se sont conformées aux dispositions de l'article 5.

Art. 2 bis. — Tout mineur peut librement devenir membre d'une association dans les conditions définies par la présente loi.

Tout mineur âgé de moins de seize ans, sous réserve d'un accord écrit préalable de son représentant légal, peut participer à la constitution d'une association et être chargé de son administration dans les conditions prévues à l'article 1990 du Code civil. Il peut également accomplir, sous réserve d'un accord écrit préalable de son représentant légal, tous les actes utiles à l'administration de l'association, à l'exception des actes de disposition.

Tout mineur âgé de seize ans révolus peut librement participer à la constitution d'une association et être chargé de son administration dans les conditions prévues à l'article 1990 du Code civil. Les représentants légaux du mineur en sont informés sans délai par l'association, dans des conditions fixées par décret. Sauf opposition expresse du représentant légal, le mineur peut accomplir seul tous les actes utiles à l'administration de l'association, à l'exception des actes de disposition.

Art. 3. — Toute association fondée sur une cause ou en vue d'un objet illicite, contraire aux lois, aux bonnes mœurs, ou qui aurait pour but de porter atteinte à l'intégrité du territoire national et à la forme républicaine du Gouvernement, est nulle et de nul effet.

---

(224) Modifié par l'ordonnance n° 2000-916 du 19 septembre 2000, la loi n° 2003-709 du 1er août 2003, le décret n° 2004-1159 du 29 octobre 2004 et l'ordonnance n° 2005-856 du 28 juillet 2005, ainsi que par les lois n° 2011-893 du 28 juillet 2011, n° 2012-387 du 22 mars 2012 et n° 2014-856 du 31 juillet 2014 relatives à l'économie sociale et solidaire l'ordonnance n° 2015-904 du 23 juillet 2015 portant simplification du régime des associations et des fondations, la loi n° 2017-86 du 27 janvier 2017 relative à l'égalité et à la citoyenneté, l'ordonnance n° 2019-964 du 18 septembre 2019 prise en application de la loi n° 2019-222 du 23 mars 2019 de programmation 2018-2022 et de réforme pour la justice et la loi n° 2021-1109 du 24 août 2021 confortant le respect des principes de la République.

Art. 4. — Tout membre d'une association peut s'en retirer en tout temps, après paiement des cotisations échues et de l'année courante, nonobstant toute clause contraire.

Art. 5. — Toute association qui voudra obtenir la capacité juridique prévue par l'article 6 devra être rendue publique par les soins de ses fondateurs.

La déclaration préalable en sera faite au représentant de l'État dans le département où l'association aura son siège social. Elle fera connaître le titre et l'objet de l'association, le siège de ses établissements et les noms, professions et domiciles et nationalités de ceux qui, à un titre quelconque, sont chargés de son administration. Un exemplaire des statuts est joint à la déclaration. Il sera donné récépissé de celle-ci dans le délai de cinq jours.

Lorsque l'association aura son siège social à l'étranger, la déclaration préalable prévue à l'alinéa précédent sera faite au représentant de l'État dans le département où est situé le siège de son principal établissement.

L'association n'est rendue publique que par une insertion au *Journal officiel*, sur production de ce récépissé.

Les associations sont tenues de faire connaître, dans les trois mois, tous les changements survenus dans leur administration, ainsi que toutes les modifications apportées à leurs statuts.

Ces modifications et changements ne sont opposables aux tiers qu'à partir du jour où ils auront été déclarés.

Art. 6. — Toute association régulièrement déclarée peut, sans aucune autorisation spéciale, ester en justice, recevoir des dons manuels ainsi que des dons d'établissements d'utilité publique, acquérir à titre onéreux, posséder et administrer, en dehors des subventions de l'État, des régions, des départements, des communes et de leurs établissements publics :

1° Les cotisations de ses membres ;

2° Le local destiné à l'administration de l'association et à la réunion de ses membres ;

3° Les immeubles strictement nécessaires à l'accomplissement du but qu'elle se propose.

Les associations déclarées depuis trois ans au moins et dont l'ensemble des activités est mentionné au b du 1 de l'article 200 du Code général des impôts peuvent en outre :

a) accepter les libéralités entre vifs ou testamentaires dans des conditions fixées à l'article 910 du Code civil ;

b) posséder et administrer tous immeubles acquis à titre gratuit.

Les cinquième à septième alinéas du présent article s'appliquent sans condition d'ancienneté aux associations ayant pour but exclusif l'assistance, la bienfaisance ou la recherche scientifique ou médicale déclarées avant la date de promulgation de la loi n° 2014-856 du 31 juillet 2014 relative à l'économie sociale et solidaire et qui avaient, à cette même date, accepté une libéralité ou obtenu une réponse favorable à une demande faite sur le fondement du V de l'article 111 de la loi n° 2009-526 du 12 mai 2009 de simplification et de clarification du droit et d'allégement des procédures.

Art. 7. — En cas de nullité prévue par l'article 3, la dissolution de l'association est prononcée par le tribunal judiciaire, soit à la requête de tout intéressé, soit à la diligence du ministère public. Celui-ci peut assigner à jour fixe et le tribunal, sous les sanctions prévues à l'article 8, ordonner par provision et nonobstant toute voie de recours, la fermeture des locaux et l'interdiction de toute réunion des membres de l'association.

Art. 8. — Seront punis d'une amende prévue par le 5° de l'article 131-13 du Code pénal pour les contraventions de 5e classe en première infraction, et, en cas de récidive, ceux qui auront contrevenu aux dispositions de l'article 5.

Seront punis de trois ans d'emprisonnement et de 45 000 euros d'amende, les fondateurs, directeurs ou administrateurs de l'association qui se serait maintenue ou reconstituée illégalement après le jugement de dissolution.

Seront punies de la même peine toutes les personnes qui auront favorisé la réunion des membres de l'association dissoute, en consentant l'usage d'un local dont elles disposent.

Art. 9. — En cas de dissolution volontaire, statutaire ou prononcée par justice, les biens de l'association seront dévolus conformément aux statuts ou, à défaut de disposition statutaire, suivant les règles déterminées en assemblée générale.

Art. 9 bis. — I. La fusion de plusieurs associations est décidée par des délibérations concordantes adoptées dans les conditions requises par leurs statuts pour leur dissolution. Lorsque la fusion est réalisée par voie de création d'une nouvelle association, le projet de statuts de la nouvelle association est approuvé par délibérations concordantes de chacune des associations qui disparaissent et il n'y a pas lieu à approbation de l'opération par la nouvelle association.

La scission d'une association est décidée dans les conditions requises par ses statuts pour sa dissolution. Lorsque la scission est réalisée par apport à une nouvelle association, le projet de statuts de la nouvelle association est approuvé par délibération de l'association scindée et il n'y a pas lieu à approbation de l'opération par la nouvelle association.

L'apport partiel d'actif entre associations est décidé par des délibérations concordantes adoptées dans les conditions requises par leurs statuts.

Les associations qui participent à l'une des opérations mentionnées aux trois premiers alinéas établissent un projet de fusion, de scission ou d'apport partiel d'actif, qui fait l'objet d'une publication sur un support habilité à recevoir des annonces légales, dans des conditions et délais fixés par voie réglementaire.

Lorsque la valeur totale de l'ensemble des apports est d'un montant au moins égal à un seuil fixé par voie réglementaire, les délibérations prévues aux trois premiers alinéas sont précédées de l'examen d'un rapport établi par un commissaire à la fusion, à la scission ou aux apports, désigné d'un commun accord par les associations qui procèdent à l'apport. Le rapport se prononce sur les méthodes d'évaluation et sur la valeur de l'actif et du passif des associations concernées et expose les conditions financières de l'opération. Pour l'exercice de sa mission, le commissaire peut obtenir, auprès de chacune des associations, communication de tous documents utiles et procéder aux vérifications nécessaires.

II. La fusion ou la scission entraîne la dissolution sans liquidation des associations qui disparaissent et la transmission universelle de leur patrimoine aux associations bénéficiaires, dans l'état où il se trouve à la date de réalisation définitive de l'opération. L'apport partiel d'actif n'entraîne pas la dissolution de l'association qui apporte une partie de son actif.

Les membres des associations qui disparaissent acquièrent la qualité de membres de l'association résultant de la fusion ou de la scission.

Les articles L. 236-14, L. 236-20 et L. 236-21 du Code de commerce sont applicables aux fusions ou aux scissions d'associations.

III. Sauf stipulation contraire du traité d'apport, la fusion, la scission ou l'apport partiel d'actif prend effet :

1° en cas de création d'une ou de plusieurs associations nouvelles, à la date de publication au *Journal officiel* de la déclaration de la nouvelle association ou de la dernière d'entre elles ;

2° lorsque l'opération entraîne une modification statutaire soumise à une approbation administrative, à la date d'entrée en vigueur de celle-ci ;

3° dans les autres cas, à la date de la dernière délibération ayant approuvé l'opération.

IV. Lorsqu'une association bénéficiant d'une autorisation administrative, d'un agrément, d'un conventionnement ou d'une habilitation participe à une fusion, à une scission ou à un apport partiel d'actif et qu'elle souhaite savoir si l'association résultant de la fusion ou de la scission ou bénéficiaire de l'apport bénéficiera de l'autorisation, de l'agrément, du conventionnement ou de l'habilitation pour la durée restant à courir, elle peut interroger l'autorité administrative, qui se prononce sur sa demande :

1° si elles existent, selon les règles prévues pour autoriser la cession de l'autorisation, de l'agrément, du conventionnement ou de l'habilitation ;

2° dans les autres cas, dans les conditions et délais prévus pour accorder l'autorisation, l'agrément, le conventionnement ou l'habilitation.

Le présent IV n'est pas applicable à la reconnaissance d'utilité publique.

V. Un décret en Conseil d'État fixe les modalités d'application du présent article.

TITRE II

Art. 10. — Les associations peuvent être reconnues d'utilité publique par décret en Conseil d'État à l'issue d'une période probatoire de fonctionnement d'une durée au moins égale à trois ans.

La reconnaissance d'utilité publique peut être retirée dans les mêmes formes.

La période probatoire de fonctionnement n'est toutefois pas exigée si les ressources prévisibles sur un délai de trois ans de l'association demandant cette reconnaissance sont de nature à assurer son équilibre financier.

Une association ne peut être reconnue d'utilité publique que si elle respecte les principes du contrat d'engagement républicain mentionné à l'article 10-1 de la loi n° 2000-321 du 12 avril 2000 relative aux droits des citoyens dans leurs relations avec les administrations.

Art. 11. — Les associations reconnues d'utilité publique peuvent faire tous les actes de la vie civile qui ne sont pas interdits par leurs statuts. Les actifs éligibles aux placements des fonds de ces associations sont ceux autorisés par le Code de la sécurité sociale pour la représentation des engagements réglementés des institutions et unions exerçant une activité d'assurance.

Les associations reconnues d'utilité publique peuvent accepter les libéralités entre vifs et testamentaires, dans les conditions fixées à l'article 910 du Code civil.

Art. 12. — La dissolution sans liquidation de l'association reconnue d'utilité publique qui disparaît du fait d'une fusion ou d'une scission est approuvée par décret en Conseil d'État. Ce même décret abroge le décret de reconnaissance d'utilité publique de l'association absorbée.

TITRE III

Art. 13. — Toute congrégation religieuse peut obtenir la reconnaissance légale par décret rendu sur avis conforme du Conseil d'État ; les dispositions relatives aux congrégations antérieurement autorisées leur sont applicables.

La reconnaissance légale pourra être accordée à tout nouvel établissement congréganiste en vertu d'un décret en Conseil d'État.

La dissolution de la congrégation ou la suppression de tout établissement ne peut être prononcée que par décret sur avis conforme du Conseil d'État.

Art. 14. — Abrogé par la loi du 3 septembre 1940.

Art. 15. — Toute congrégation religieuse tient un état de ses recettes et dépenses ; elle dresse chaque année le compte financier de l'année écoulée et l'état inventorié de ses biens meubles et immeubles.

La liste complète de ses membres, mentionnant leur nom de famille, ainsi que le nom sous lequel ils sont désignés dans la congrégation, leur nationalité, âge et lieu de naissance, la date de leur entrée, doit se trouver au siège de la congrégation.

Celle-ci est tenue de représenter sans déplacement, sur toute réquisition du préfet à lui même ou à son délégué, les comptes, états et listes ci-dessus indiqués.

Seront punis des peines portées au paragraphe 2 de l'article 8 les représentants ou directeurs d'une congrégation qui auront fait des communications mensongères ou refusé d'obtempérer aux réquisitions du préfet dans les cas prévus par le présent article.

Art. 16. — Abrogé par la loi n° 42-505 du 8 avril 1942.

Art. 17. — Sont nuls tous actes entre vifs ou testamentaires, à titre onéreux ou gratuit, accomplis soit directement, soit par personne interposée, ou toute autre voie indirecte, ayant pour objet de permettre aux associations légalement ou illégalement formées de se soustraire aux dispositions des articles 2, 6, 9, 11, 13, 14 et 16.

La nullité pourra être prononcée soit à la diligence du ministère public, soit à la requête de tout intéressé.

Art. 18. — Les congrégations existantes au moment de la promulgation de la présente loi, qui n'auraient pas été antérieurement autorisées ou reconnues, devront, dans le délai de trois mois, justifier qu'elles ont fait les diligences nécessaires pour se conformer à ses prescriptions.

À défaut de cette justification, elles sont réputées dissoutes de plein droit. Il en sera de même des congrégations auxquelles l'autorisation aura été refusée.

La liquidation des biens détenus par elles aura lieu en justice. Le tribunal, à la requête du ministère public, nommera, pour y procéder, un liquidateur qui aura pendant toute la durée de la liquidation tous les pouvoirs d'un administrateur séquestre.

Le tribunal qui a nommé le liquidateur est seul compétent pour connaître, en matière civile, de toute action formée par le liquidateur ou contre lui.

Le liquidateur fera procéder à la vente des immeubles suivant les formes prescrites pour les ventes de biens de mineurs.

Le jugement ordonnant la liquidation sera rendu public dans la forme prescrite pour les annonces légales.

Les biens et valeurs appartenant aux membres de la congrégation antérieurement à leur entrée dans la congrégation, ou qui leur seraient échus depuis, soit par succession *ab intestat* en ligne directe ou collatérale, soit par donation ou legs en ligne directe, leur seront restitués.

Les dons et legs qui leur auraient été faits autrement qu'en ligne directe pourront être également revendiqués, mais à charge par les bénéficiaires de faire la preuve qu'ils n'ont pas été les personnes interposées prévues par l'article 17.

Les biens et valeurs acquis, à titre gratuit et qui n'auraient pas été spécialement affectés par l'acte de libéralité à une œuvre d'assistance pourront être revendiqués par le donateur, ses héritiers ou ayants droit, ou par les héritiers ou ayants droit du testateur, sans qu'il puisse leur être opposé aucune prescription pour le temps écoulé avant le jugement prononçant la liquidation.

Si les biens et valeurs ont été donnés ou légués en vue de gratifier non les congréganistes, mais de pourvoir à une œuvre d'assistance, ils ne pourront être revendiqués qu'à charge de pourvoir à l'accomplissement du but assigné à la libéralité.

Toute action en reprise ou revendication devra, à peine de forclusion, être formée contre le liquidateur dans le délai de six mois à partir de la publication du jugement. Les jugements rendus contradictoirement avec le liquidateur, et ayant acquis l'autorité de la chose jugée, sont opposables à tous les intéressés.

Passé le délai de six mois, le liquidateur procédera à la vente en justice de tous les immeubles qui n'auraient pas été revendiqués ou qui ne seraient pas affectés à une œuvre d'assistance.

Le produit de la vente, ainsi que toutes les valeurs mobilières, sera déposé à la Caisse des dépôts et consignations.

L'entretien des pauvres hospitalisés sera, jusqu'à l'achèvement de la liquidation, considéré comme frais privilégiés de liquidation.

S'il n'y a pas de contestation ou lorsque toutes les actions formées dans le délai prescrit auront été jugées, l'actif net est réparti entre les ayants droit.

Le décret visé par l'article 20 de la présente loi déterminera, sur l'actif resté libre après le prélèvement ci-dessus prévu, l'allocation, en capital ou sous forme de rente viagère, qui sera attribuée aux membres de la congrégation dissoute qui n'auraient pas de moyens d'existence assurés ou qui justifieraient avoir contribué à l'acquisition des valeurs mises en distribution par le produit de leur travail personnel.

Art. 19. — Abrogé par la loi n° 92-1336 du 16 décembre 1992.

Art. 20. — Un décret déterminera les mesures propres à assurer l'exécution de la présente loi.

Art. 21. — Sont abrogés les articles 291, 292, 293 du Code pénal, ainsi que les dispositions de l'article 294 du même code relatives aux associations ; l'article 20 de l'ordonnance du 5-8 juillet 1820 ; la loi du 10 avril 1834 ; l'article 13 du décret du 28 juillet 1848 ; l'article 7 de la loi du 30 juin 1881 ; la loi du 14 mars 1872 ; le paragraphe 2, article 2, de la loi du 24 mai 1825 ; le décret du 31 janvier 1852 et, généralement, toutes les dispositions contraires à la présente loi. Il n'est en rien dérogé pour l'avenir aux lois spéciales relatives aux syndicats professionnels, aux sociétés de commerce et aux sociétés de secours mutuels.

N° 102 Suspension ou dissolution de certains groupements ou associations : l'article L. 212-1 du Code de la sécurité intérieure et les articles 431-13 à 431-21 du Code pénal (225)

Chapitre II

Suspension ou dissolution de certains groupements et associations

Section I

Groupes de combat et milices privées

Art. L. 212-1. — Sont dissous, par décret en Conseil des ministres, toutes les associations ou groupements de fait :

1° qui provoquent à des manifestations armées dans la rue ;

2° ou qui présentent, par leur forme et leur organisation militaires, le caractère de groupes de combat ou de milices privées ;

(225) Les articles du Code pénal sont à jour des modifications introduites par la loi n° 2021-1109 du 24 août 2021 confortant le respect des principes de la République.

3° ou qui ont pour but de porter atteinte à l'intégrité du territoire national ou d'attenter par la force à la forme républicaine du Gouvernement ;

4° ou dont l'activité tend à faire échec aux mesures concernant le rétablissement de la légalité républicaine ;

5° ou qui ont pour but soit de rassembler des individus ayant fait l'objet de condamnation du chef de collaboration avec l'ennemi, soit d'exalter cette collaboration ;

6° ou qui, soit provoquent à la discrimination, à la haine ou à la violence envers une personne ou un groupe de personnes à raison de leur origine ou de leur appartenance ou de leur non-appartenance à une ethnie, une nation, une race ou une religion déterminée, soit propagent des idées ou théories tendant à justifier ou encourager cette discrimination, cette haine ou cette violence ;

7° ou qui se livrent, sur le territoire français ou à partir de ce territoire, à des agissements en vue de provoquer des actes de terrorisme en France ou à l'étranger.

Le maintien ou la reconstitution d'une association ou d'un groupement dissous en application du présent article, ou l'organisation de ce maintien ou de cette reconstitution, ainsi que l'organisation d'un groupe de combat sont réprimées dans les conditions prévues par la section 4 du chapitre Ier du titre III du livre IV du Code pénal.

....

Section IV

Des groupes de combat et des mouvements dissous

Art. 431-13. — Constitue un groupe de combat, en dehors des cas prévus par la loi, tout groupement de personnes détenant ou ayant accès à des armes, doté d'une organisation hiérarchisée et susceptible de troubler l'ordre public.

Art. 431-14. — Le fait de participer à un groupe de combat est puni de trois ans d'emprisonnement et de 45 000 euros d'amende.

Art. 431-15. — Le fait de participer au maintien ou à la reconstitution, ouverte ou déguisée, d'une association ou d'un groupement dissous en application de l'article L. 212-1 du Code de la sécurité intérieure est puni de trois ans d'emprisonnement et de 45 000 euros d'amende.

Lorsque l'association ou le groupement maintenu ou reconstitué est un groupe de combat au sens de l'article 431-14 du présent code, la peine est portée à cinq ans d'emprisonnement et à 75 000 euros d'amende.

Art. 431-16. — Le fait d'organiser un groupe de combat est puni de cinq ans d'emprisonnement et de 75 000 euros d'amende.

Art. 431-17. — Le fait d'organiser le maintien ou la reconstitution, ouverte ou déguisée, d'un groupe de combat dissous en application de la loi du 10 janvier 1936 précitée est puni de sept ans d'emprisonnement et de 100 000 euros d'amende.

Art. 431-18. — Les personnes physiques coupables des infractions prévues par la présente section encourent également les peines complémentaires suivantes :

1° L'interdiction des droits civiques, civils et de famille, suivant les modalités prévues par l'article 131-26 ;

1° bis L'interdiction de diriger ou administrer une association pendant une durée de trois ans à compter de la date à laquelle la condamnation est devenue définitive ;

2° La diffusion intégrale ou partielle de la décision ou d'un communiqué informant le public des motifs et du dispositif de celle-ci, dans les conditions prévues par l'article 221-10 ;

3° L'interdiction de séjour, suivant les modalités prévues par l'article 131-31.

Art. 431-19. — L'interdiction du territoire français peut être prononcée dans les conditions prévues par l'article 131-30, soit à titre définitif, soit pour une durée de dix ans au plus, à l'encontre de tout étranger coupable de l'une des infractions définies à la présente section.

Art. 431-20. — Les personnes morales déclarées responsables pénalement, dans les conditions prévues par l'article 121-2, des infractions définies à la présente section encourent, outre l'amende suivant les modalités prévues par l'article 131-38, les peines prévues par l'article 131-39.

Art. 431-21. — Les personnes physiques ou morales coupables des infractions prévues par la présente section encourent également les peines suivantes :

1° la confiscation des biens mobiliers et immobiliers appartenant à ou utilisés par le groupe de combat ou l'association ou le groupement maintenu ou reconstitué ;

2° la confiscation des uniformes, insignes, emblèmes, armes et tous matériels utilisés ou destinés à être utilisés par le groupe de combat ou par l'association ou le groupement maintenu ou reconstitué.

2. La liberté de réunion

Nº 103.1 La loi du 30 juin 1881 sur les réunions publiques

Article premier. — Les réunions publiques sont libres.

Elles peuvent avoir lieu sans autorisation préalable, sous les conditions prescrites par les articles suivants.

Art. 2 à 4. — Abrogés par L. 28 mars 1907.

Art. 5. — La réunion électorale est celle qui a pour but le choix ou l'audition de candidats à des fonctions publiques électives, et à laquelle ne peuvent assister que les électeurs de la circonscription, les candidats, les membres des deux Chambres et le mandataire de chacun des candidats.

Art. 6. — Les réunions ne peuvent être tenues sur la voie publique ; elles ne peuvent se prolonger au-delà de onze heures du soir ; cependant, dans les localités où la fermeture des établissements publics a lieu plus tard, elles pourront se prolonger jusqu'à l'heure fixée pour la fermeture de ces établissements.

Art. 7. — Abrogé par L. 1er juillet 1901.

Art. 8. — Chaque réunion doit avoir un bureau composé de trois personnes au moins. Le bureau est chargé de maintenir l'ordre, d'empêcher toute infraction aux lois, de conserver à la réunion le caractère qui lui a été donné par la déclaration ; d'interdire tout discours contraire à l'ordre public et aux bonnes mœurs, ou contenant provocation à un acte qualifié crime ou délit.

À défaut de désignation par les signataires de la déclaration, les membres du bureau seront élus par l'Assemblée.

Les membres du bureau et, jusqu'à la formation du bureau, les signataires de la déclaration, sont responsables des infractions aux prescriptions des articles 6, 7 et 8 de la présente loi.

Art. 9. — Un fonctionnaire de l'ordre administratif ou judiciaire peut être délégué : à Paris, par le préfet de police, et dans les départements, par le préfet, le sous-préfet ou le maire, pour assister à la réunion.

Il choisit sa place.

Toutefois, le droit de dissolution ne devra être exercé par le représentant de l'autorité que s'il en est requis par le bureau, ou s'il se produit des collisions et voies de fait.

Art. 10. — Toute infraction aux dispositions de la présente loi sera punie des peines de simple police, sans préjudice des poursuites pour crimes et délits qui pourraient être commis dans les réunions.

n° 103.2 La loi du 28 mars 1907 relative aux réunions publiques

Article premier. — Les réunions publiques, quel qu'en soit l'objet, pourront être tenues sans déclaration préalable.

3. La liberté de manifestation

n° 104 Manifestations sur la voie publique, rassemblements festifs à caractère musical : les dispositions du Code de la sécurité intérieure (226)

Chapitre I

Prévention des atteintes à l'ordre public lors de manifestations et de rassemblements

Section I

Manifestations sur la voie publique

Art. L. 211-1. — Sont soumis à l'obligation d'une déclaration préalable tous cortèges, défilés et rassemblements de personnes, et, d'une façon générale, toutes manifestations sur la voie publique.

(226) Ordonnance n° 2012-351 du 12 mars 2012 relative à la partie législative du code de la sécurité intérieure. Les articles présentés tiennent compte des modifications introduites par la loi n° 2019-2920 du 10 avril 2019 visant à renforcer et garantir le maintien de l'ordre public lors des manifestations. Voir aussi la décision du Conseil constitutionnel n° 2019-780 DC du 4 avril 2019 sur cette loi.

Toutefois, sont dispensées de cette déclaration les sorties sur la voie publique conformes aux usages locaux.

Les réunions publiques sont régies par les dispositions de l'article 6 de la loi du 30 juin 1881.

Art. L. 211-2. — La déclaration est faite à la mairie de la commune ou aux mairies des différentes communes sur le territoire desquelles la manifestation doit avoir lieu, trois jours francs au moins et quinze jours francs au plus avant la date de la manifestation. À Paris, la déclaration est faite à la préfecture de police. Elle est faite au représentant de l'État dans le département en ce qui concerne les communes où est instituée la police d'État.

La déclaration fait connaître les noms, prénoms et domiciles des organisateurs et est signée par au moins l'un d'entre eux ; elle indique le but de la manifestation, le lieu, la date et l'heure du rassemblement des groupements invités à y prendre part et, s'il y a lieu, l'itinéraire projeté.

L'autorité qui reçoit la déclaration en délivre immédiatement un récépissé.

Art. L. 211-3. — Si les circonstances font craindre des troubles graves à l'ordre public et à compter du jour de déclaration d'une manifestation sur la voie publique ou si la manifestation n'a pas été déclarée, dès qu'il en a connaissance, le représentant de l'État dans le département ou, à Paris, le préfet de police, peut interdire, pendant les vingt-quatre heures qui la précèdent et jusqu'à dispersion, le port et le transport, sans motif légitime, d'objets pouvant constituer une arme au sens de l'article 132-75 du Code pénal. L'aire géographique où s'applique cette interdiction se limite aux lieux de la manifestation, aux lieux avoisinants et à leurs accès, son étendue devant demeurer proportionnée aux nécessités que font apparaître les circonstances.

Les modalités d'application du présent article sont fixées par décret en Conseil d'État.

Art. L. 211-4. — Si l'autorité investie des pouvoirs de police estime que la manifestation projetée est de nature à troubler l'ordre public, elle l'interdit par un arrêté qu'elle notifie immédiatement aux signataires de la déclaration au domicile élu.

Le maire transmet, dans les vingt-quatre heures, la déclaration au représentant de l'État dans le département.

Il y joint, le cas échéant, une copie de son arrêté d'interdiction.

Si le maire, compétent pour prendre un arrêté d'interdiction, s'est abstenu de le faire, le représentant de l'État dans le département peut y pourvoir dans les conditions prévues à l'article L. 2215-1 du Code général des collectivités territoriales.

Section II

Rassemblements festifs à caractère musical

Art. L. 211-5. — Les rassemblements exclusivement festifs à caractère musical, organisés par des personnes privées, dans des lieux qui ne sont pas au préalable aménagés à cette fin et répondant à certaines caractéristiques fixées par décret en Conseil d'État tenant à leur importance, à leur mode d'organisation ainsi qu'aux risques susceptibles d'être encourus par les participants, font l'objet d'une déclaration des organisateurs auprès du représentant de l'État dans le département dans lequel le rassemblement doit se tenir, ou, à Paris, du préfet de police. Sont toutefois exemptées les manifestations soumises, en vertu des lois ou règlements qui leur sont applicables, à une obligation de déclaration ou d'autorisation instituée dans un souci de protection de la tranquillité et de la santé publiques.

La déclaration mentionne les mesures envisagées pour garantir la sécurité, la salubrité, l'hygiène et la tranquillité publiques. L'autorisation d'occuper le terrain ou le local où est prévu le rassemblement, donnée par le propriétaire ou le titulaire d'un droit réel d'usage, est jointe à la déclaration.

Art. L. 211-6. — Lorsque les moyens envisagés paraissent insuffisants pour garantir le bon déroulement du rassemblement, le représentant de l'État dans le département ou, à Paris, le préfet de police, organise une concertation avec les responsables, destinée notamment à adapter lesdites mesures et, le cas échéant, à rechercher un terrain ou un local plus approprié.

Art. L. 211-7. — Le représentant de l'État dans le département ou, à Paris, le préfet de police, peut imposer aux organisateurs toute mesure nécessaire au bon déroulement du rassemblement, notamment la mise en place d'un service d'ordre ou d'un dispositif sanitaire.

Il peut interdire le rassemblement projeté si celui-ci est de nature à troubler gravement l'ordre public ou si, en dépit d'une mise en demeure préalable adressée à l'organisateur, les mesures prises par celui-ci pour assurer le bon déroulement du rassemblement sont insuffisantes.

Art. L. 211-8. — Les conditions d'application de la présente section sont fixées par décret en Conseil d'État.

Section III

Attroupements

Art. L. 211-9. — Un attroupement, au sens de l'article 431-3 du Code pénal, peut être dissipé par la force publique après deux sommations de se disperser demeurées sans effet, adressées, lorsqu'ils sont porteurs des insignes de leur fonction, par :

1° Le représentant de l'État dans le département ou, à Paris, le préfet de police ;

2° Sauf à Paris, le maire ou l'un de ses adjoints ;

3° Tout officier de police judiciaire responsable de la sécurité publique, ou tout autre officier de police judiciaire.

Il est procédé à ces sommations suivant des modalités propres à informer les personnes participant à l'attroupement de l'obligation de se disperser sans délai.

Toutefois, les représentants de la force publique appelés en vue de dissiper un attroupement peuvent faire directement usage de la force si des violences ou voies de fait sont exercées contre eux ou s'ils ne peuvent défendre autrement le terrain qu'ils occupent.

Les modalités d'application des alinéas précédents sont précisées par un décret en Conseil d'État, qui détermine également les insignes que doivent porter les personnes mentionnées aux 1° à 3° et les conditions d'usage des armes à feu pour le maintien de l'ordre public.

Art. L. 211-10. — L'État est civilement responsable des dégâts et dommages résultant des crimes et délits commis, à force ouverte ou par violence, par des attroupements ou rassemblements armés ou non armés, soit contre les personnes, soit contre les biens.

Il peut exercer une action récursoire contre la commune lorsque la responsabilité de celle-ci se trouve engagée.

L'État peut également exercer une action récursoire contre les auteurs du fait dommageable, dans les conditions prévues au chapitre Ier du sous-titre du Titre III du livre III du Code civil.

Section IV

Manifestations sportives, récréatives ou culturelles à but lucratif

Art. L. 211-11. — Les organisateurs de manifestations sportives, récréatives ou culturelles à but lucratif peuvent être tenus d'y assurer un service d'ordre lorsque leur objet ou leur importance le justifie.

Les personnes physiques ou morales pour le compte desquelles sont mis en place par les forces de police ou de gendarmerie des services d'ordre qui ne peuvent être rattachés aux obligations normales incombant à la puissance publique en matière de maintien de l'ordre sont tenues de rembourser à l'État les dépenses supplémentaires qu'il a supportées dans leur intérêt.

Un décret en Conseil d'État fixe les conditions d'application du présent article.

Section IV bis

Grands événements

Art. L. 211-11-1. — Les grands événements exposés, par leur ampleur ou leurs circonstances particulières, à un risque exceptionnel de menace terroriste sont désignés par décret. Ce décret désigne également les établissements et les installations qui accueillent ces grands événements ainsi que leur organisateur.

L'accès de toute personne, à un autre titre que celui de spectateur ou de participant, à tout ou partie des établissements et installations désignés par le décret mentionné au premier alinéa est soumis à autorisation de l'organisateur pendant la durée de cet événement et de sa préparation. L'organisateur recueille au préalable l'avis de l'autorité administrative rendu à la suite d'une enquête administrative qui peut donner lieu à la consultation, selon les règles propres à chacun d'eux, de certains traitements automatisés de données à caractère personnel relevant de l'article 26 de la loi n° 78-17 du 6 janvier 1978 relative à l'informatique, aux fichiers et aux libertés, à l'exception des fichiers d'identification. Un avis défavorable ne peut être émis que s'il ressort de l'enquête administrative que le comportement ou les agissements de la personne sont de nature à porter atteinte à la sécurité des personnes, à la sécurité publique ou à la sûreté de l'État.

Un décret en Conseil d'État pris après avis de la Commission nationale de l'informatique et des libertés fixe les modalités d'application du présent article, notamment la liste des fichiers mentionnés au deuxième alinéa pouvant faire l'objet d'une consultation, les catégories de personnes concernées et les garanties d'information ouvertes à ces personnes.

Section V

Dispositions pénales

Sous-section 1

Manifestations sur la voie publique

Art. L. 211-12. — L'organisation sur la voie publique d'une manifestation n'ayant pas fait l'objet d'une déclaration préalable dans les conditions prévues par la loi, ayant fait l'objet d'une déclaration incomplète ou inexacte de nature à tromper sur l'objet ou les conditions de la manifestation projetée, ou ayant été interdite dans les conditions fixées par la loi et la participation à une manifestation ou à une réunion publique en étant porteur d'une arme sont réprimées dans les conditions prévues à la section 3 du chapitre Ier du titre III du livre IV du Code pénal.

Art. L. 211-14. — L'interdiction du territoire français peut être également prononcée, dans les conditions prévues par l'article 131-30 du Code pénal, pour une durée de trois ans au plus, à l'encontre de tout étranger s'étant rendu coupable, lors du déroulement de manifestations sur la voie publique, des infractions prévues aux articles 222-9, 222-11 à 222-13, 322-3 et 322-6 du Code pénal.

Sous-section 2

Rassemblements festifs à caractère musical

Art. L. 211-15. — Si un rassemblement mentionné à l'article L. 211-5 se tient sans déclaration préalable ou en dépit d'une interdiction prononcée par le représentant de l'État dans le département, ou, à Paris, par le préfet de police, les officiers de police judiciaire et, sous leur responsabilité, les agents de police judiciaire peuvent saisir le matériel utilisé, pour une durée maximale de six mois, en vue de sa confiscation par le tribunal.

Sous-section 3

Attroupements

Art. L. 211-16. — La poursuite, après les sommations de se disperser, de la participation à un attroupement sans être porteur d'une arme, la participation à un attroupement en étant porteur d'une arme et la provocation directe à un attroupement armé sont réprimées dans les conditions prévues à la section 2 du chapitre Ier du titre III du livre IV du Code pénal.

N° 105 La répression des attroupements et des manifestations illicites : les articles 431-1 à 431-12 du Code pénal (227)

Section I

Des entraves à l'exercice des libertés d'expression, du travail, d'association, de réunion ou de manifestation

Art. 431-1. — Le fait d'entraver, d'une manière concertée et à l'aide de menaces, l'exercice de la liberté d'expression, du travail, d'association, de réunion ou de manifestation ou d'entraver le déroulement des débats d'une assemblée parlementaire ou d'un organe délibérant d'une collectivité territoriale est puni d'un an d'emprisonnement et de 15 000 euros d'amende.

(227) Modifié par les lois n° 2009-971 du 3 août 2009, n° 2010-201 du 2 mars 2010, n° 2012-304 du 6 mars 2012, l'ordonnance n° 2012-351 du 12 mars 2012, la loi n° 2016-925 du 7 juillet 2016 relative à la liberté de la création, à l'architecture et au patrimoine et la loi n° 2019-2920 du 10 avril 2019 visant à renforcer et garantir le maintien de l'ordre public lors des manifestations.

Le fait d'entraver, d'une manière concertée et à l'aide de menaces, l'exercice de la liberté de création artistique ou de la liberté de la diffusion de la création artistique est puni d'un an d'emprisonnement et de 15 000 euros d'amende.

Le fait d'entraver, d'une manière concertée et à l'aide de coups, violences, voies de fait, destructions ou dégradations au sens du présent code, l'exercice d'une des libertés visées aux alinéas précédents est puni de trois ans d'emprisonnement et de 45 000 euros d'amende.

Art. 431-2. — Les personnes physiques coupables de l'une des infractions prévues par l'article 431-1 encourent également les peines complémentaires suivantes :

1° L'interdiction des droits civiques, civils et de famille, suivant les modalités prévues par l'article 131-26 ;

2° L'interdiction, suivant les modalités prévues par l'article 131-27, d'exercer une fonction publique ou d'exercer l'activité professionnelle ou sociale dans l'exercice ou à l'occasion de l'exercice de laquelle l'infraction a été commise ;

3° L'interdiction de détenir ou de porter, pour une durée de cinq ans au plus, une arme soumise à autorisation.

Section II

De la participation délictueuse à un attroupement

Art. 431-3. — Constitue un attroupement tout rassemblement de personnes sur la voie publique ou dans un lieu public susceptible de troubler l'ordre public.

Un attroupement peut être dissipé par la force publique après deux sommations de se disperser demeurées sans effet, adressées par le préfet, le sous-préfet, le maire ou l'un de ses adjoints, tout officier de police judiciaire responsable de la sécurité publique, ou tout autre officier de police judiciaire, porteurs des insignes de leur fonction.

Il est procédé à ces sommations suivant des modalités propres à informer les personnes participant à l'attroupement de l'obligation de se disperser sans délai.

Toutefois, les représentants de la force publique appelés en vue de dissiper un attroupement peuvent faire directement usage de la force si des violences ou voies de fait sont exercées contre eux ou s'ils ne peuvent défendre autrement le terrain qu'ils occupent.

Les modalités d'application des alinéas précédents sont précisées par décret en Conseil d'État, qui détermine également les insignes que doivent porter les personnes mentionnées au deuxième alinéa et les conditions d'usage des armes à feu pour le maintien de l'ordre public.

Art. 431-4. — Le fait, pour celui qui n'est pas porteur d'une arme, de continuer volontairement à participer à un attroupement après les sommations est puni d'un an d'emprisonnement et de 15 000 € d'amende.

L'infraction définie au premier alinéa est punie de trois ans d'emprisonnement et de 45 000 € d'amende lorsque son auteur dissimule volontairement en tout ou partie son visage afin de ne pas être identifié.

Art. 431-5. — Le fait de participer à un attroupement en étant porteur d'une arme est puni de trois ans d'emprisonnement et de 45 000 € d'amende.

Si la personne armée a continué volontairement à participer à un attroupement après les sommations, la peine est portée à cinq ans d'emprisonnement et à 75 000 € d'amende.

Si la personne armée dissimule volontairement en tout ou partie son visage afin de ne pas être identifiée, la peine est également portée à cinq ans d'emprisonnement et à 75 000 € d'amende.

Art. 431-6. — La provocation directe à un attroupement armé, manifestée soit par des cris ou discours publics, soit par des écrits affichés ou distribués, soit par tout autre moyen de transmission de l'écrit, de la parole ou de l'image, est punie d'un an d'emprisonnement et de 15 000 euros d'amende.

Lorsque la provocation est suivie d'effet, la peine est portée à sept ans d'emprisonnement et à 100 000 euros d'amende.

Art. 431-7. — I. Les personnes physiques coupables de l'une des infractions prévues par les articles 431-5 et 431-6 encourent également les peines complémentaires suivantes :

1° l'interdiction des droits civiques, civils et de famille, suivant les modalités prévues par l'article 131-26 ;

2° et 3° (abrogés) ;

4° L'interdiction de séjour, suivant les modalités prévues par l'article 131-31.

II. En cas de condamnation pour l'une des infractions prévues par les articles 431-5 et 431-6, le prononcé des peines complémentaires suivantes est obligatoire :

1° l'interdiction de détenir ou de porter, pour une durée de cinq ans au plus, une arme soumise à autorisation ;

2° la confiscation d'une ou de plusieurs armes dont le condamné est propriétaire ou dont il a la libre disposition.

Toutefois, la juridiction peut, par une décision spécialement motivée, décider de ne pas prononcer ces peines, en considération des circonstances de l'infraction et de la personnalité de son auteur.

Art. 431-8. — L'interdiction du territoire français peut être prononcée dans les conditions prévues par l'article 131-30, soit à titre définitif, soit pour une durée de dix ans au plus, à l'encontre de tout étranger coupable de l'une des infractions définies aux articles 431-5 et 431-6.

Art. 431-8-1. — Les articles 393 à 397-7 et 495-7 à 495-15-1 du Code de procédure pénale sont applicables aux délits prévus à la présente section.

Section III

Des manifestations illicites et de la participation délictueuse à une manifestation ou à une réunion publique

Art. 431-9. — Est puni de six mois d'emprisonnement et de 7 500 euros d'amende le fait :

1° d'avoir organisé une manifestation sur la voie publique n'ayant pas fait l'objet d'une déclaration préalable dans les conditions fixées par la loi ;

2° d'avoir organisé une manifestation sur la voie publique ayant été interdite dans les conditions fixées par la loi ;

3° d'avoir établi une déclaration incomplète ou inexacte de nature à tromper sur l'objet ou les conditions de la manifestation projetée.

Art. 431-9-1. — Est puni d'un an d'emprisonnement et de 15 000 € d'amende le fait pour une personne, au sein ou aux abords immédiats d'une manifestation sur la voie publique, au cours ou à l'issue de laquelle des troubles à l'ordre public sont commis ou risquent d'être commis, de dissimuler volontairement tout ou partie de son visage sans motif légitime.

Art. 431-10. — Le fait de participer à une manifestation ou à une réunion publique en étant porteur d'une arme est puni de trois ans d'emprisonnement et de 45 000 euros d'amende.

Art. 431-11. — I. Les personnes physiques coupables des infractions prévues à la présente section encourent également les peines complémentaires suivantes :

1° l'interdiction des droits civiques, civils et de famille, suivant les modalités prévues par l'article 131-26 ;

2° l'interdiction de participer à des manifestations sur la voie publique, dans les conditions prévues à l'article 131-32-1 ;

3° (abrogé).

4° l'interdiction de séjour, suivant les modalités prévues par l'article 131-31.

II. En cas de condamnation pour les infractions prévues à la présente section, le prononcé des peines complémentaires suivantes est obligatoire :

1° l'interdiction de détenir ou de porter, pour une durée de cinq ans au plus, une arme soumise à autorisation ;

2° la confiscation d'une ou de plusieurs armes dont le condamné est propriétaire ou dont il a la libre disposition.

Toutefois, la juridiction peut, par une décision spécialement motivée, décider de ne pas prononcer ces peines, en considération des circonstances de l'infraction et de la personnalité de son auteur.

Art. 431-12. — L'interdiction du territoire français peut être prononcée dans les conditions prévues par l'article 131-30, soit à titre définitif, soit pour une durée de dix ans au plus, à l'encontre de tout étranger coupable de l'infraction définie à l'article 431-10.

4. La liberté syndicale

N° 106 La liberté syndicale : les articles L. 2141-1 à L. 2141-8 du Code du travail (228)

Art. L. 2141-1. — Tout salarié peut librement adhérer au syndicat professionnel de son choix et ne peut être écarté pour l'un des motifs visés à l'article L. 1132-1.

Art. L. 2141-2. — Les personnes qui ont cessé d'exercer leur activité professionnelle peuvent adhérer ou continuer à adhérer à un syndicat professionnel de leur choix.

Art. L. 2141-3. — Tout membre d'un syndicat professionnel peut s'en retirer à tout instant, même en présence d'une clause contraire.

Le syndicat peut réclamer la cotisation correspondant aux six mois qui suivent le retrait d'adhésion.

Art. L. 2141-4. — L'exercice du droit syndical est reconnu dans toutes les entreprises dans le respect des droits et libertés garantis par la Constitution de la République, en particulier de la liberté individuelle du travail.

Les syndicats professionnels peuvent s'organiser librement dans toutes les entreprises conformément aux dispositions du présent titre.

---

(228) Les articles présentés incluent les modifications apportées par la loi n° 2015-994 du 17 août 2015 relative au dialogue social et à l'emploi.

Art. L. 2141-5. — Il est interdit à l'employeur de prendre en considération l'appartenance à un syndicat ou l'exercice d'une activité syndicale pour arrêter ses décisions en matière notamment de recrutement, de conduite et de répartition du travail, de formation professionnelle, d'avancement, de rémunération et d'octroi d'avantages sociaux, de mesures de discipline et de rupture du contrat de travail.

Un accord détermine les mesures à mettre en œuvre pour concilier la vie personnelle, la vie professionnelle et les fonctions syndicales et électives, en veillant à favoriser l'égal accès des femmes et des hommes. Cet accord prend en compte l'expérience acquise, dans le cadre de l'exercice de mandats, par les représentants du personnel désignés ou élus dans leur évolution professionnelle.

Au début de son mandat, le représentant du personnel titulaire, le délégué syndical ou le titulaire d'un mandat syndical bénéficie, à sa demande, d'un entretien individuel avec son employeur portant sur les modalités pratiques d'exercice de son mandat au sein de l'entreprise au regard de son emploi. Il peut se faire accompagner par une personne de son choix appartenant au personnel de l'entreprise. Cet entretien ne se substitue pas à l'entretien professionnel mentionné à l'article L. 6315-1.

Lorsque l'entretien professionnel est réalisé au terme d'un mandat de représentant du personnel titulaire ou d'un mandat syndical et que le titulaire du mandat dispose d'heures de délégation sur l'année représentant au moins 30 % de la durée de travail fixée dans son contrat de travail ou, à défaut, de la durée applicable dans l'établissement, l'entretien permet de procéder au recensement des compétences acquises au cours du mandat et de préciser les modalités de valorisation de l'expérience acquise.

Art. L. 2141-5-1. — En l'absence d'accord collectif de branche ou d'entreprise déterminant des garanties d'évolution de la rémunération des salariés mentionnés aux 1° à 7° de l'article L. 2411-1 et aux articles L. 2142-1-1 et L. 2411-2 au moins aussi favorables que celles mentionnées au présent article, ces salariés, lorsque le nombre d'heures de délégation dont ils disposent sur l'année dépasse 30 % de la durée de travail fixée dans leur contrat de travail ou, à défaut, de la durée applicable dans l'établissement, bénéficient d'une évolution de rémunération, au sens de l'article L. 3221-3, au moins égale, sur l'ensemble de la durée de leur mandat, aux augmentations générales et à la moyenne des augmentations individuelles perçues pendant cette période par les salariés relevant de la même catégorie professionnelle et dont l'ancienneté est comparable ou, à défaut de tels salariés, aux augmentations générales et à la moyenne des augmentations individuelles perçues dans l'entreprise.

Art. L. 2141-6. — Il est interdit à l'employeur de prélever les cotisations syndicales sur les salaires de son personnel et de les payer au lieu et place de celui-ci.

Art. L. 2141-7. — Il est interdit à l'employeur ou à ses représentants d'employer un moyen quelconque de pression en faveur ou à l'encontre d'une organisation syndicale.

Art. L. 2141-7-1. [(229)] — L'employeur informe chaque année les salariés, par tout moyen, de la disponibilité des adresses des organisations syndicales de salariés représentatives dans la branche dont relève l'entreprise sur le site du ministère du travail.

Art. L. 2141-8. — Les dispositions des articles L. 2141-5 à L. 2141-7 sont d'ordre public.

Toute mesure prise par l'employeur contrairement à ces dispositions est considérée comme abusive et donne lieu à dommages et intérêts.

---

(229) Article modifié par la loi n° 2018-217 du 29 mars 2018 ratifiant diverses ordonnances prises sur le fondement de la loi n° 2017-1340 du 15 septembre 2017 d'habilitation à prendre par ordonnances les mesures pour le renforcement du dialogue social.

5. Le droit de grève

Nº 107 Le droit de grève : les articles L. 2511-1 à L. 2512-5 du Code du travail

Art. L. 2511-1. — L'exercice du droit de grève ne peut justifier la rupture du contrat de travail, sauf faute lourde imputable au salarié.

Son exercice ne peut donner lieu à aucune mesure discriminatoire telle que mentionnée à l'article L. 1132-2, notamment en matière de rémunérations et d'avantages sociaux.

Tout licenciement prononcé en absence de faute lourde est nul de plein droit.

Chapitre II

Dispositions particulières dans les services publics

Art. L. 2512-1. — Les dispositions du présent chapitre s'appliquent :

1° Aux personnels de l'État, des régions, des départements et des communes comptant plus de 10 000 habitants ;

2° Aux personnels des entreprises, des organismes et des établissements publics ou privés lorsque ces entreprises, organismes et établissements sont chargés de la gestion d'un service public.

Art. L. 2512-2. — Lorsque les personnels mentionnés à l'article L. 2512-1 exercent le droit de grève, la cessation concertée du travail est précédée d'un préavis.

Le préavis émane d'une organisation syndicale représentative au niveau national, dans la catégorie professionnelle ou dans l'entreprise, l'organisme ou le service intéressé.

Il précise les motifs du recours à la grève.

Le préavis doit parvenir cinq jours francs avant le déclenchement de la grève à l'autorité hiérarchique ou à la direction de l'établissement, de l'entreprise ou de l'organisme intéressé. Il mentionne le champ géographique et l'heure du début ainsi que la durée limitée ou non, de la grève envisagée.

Pendant la durée du préavis, les parties intéressées sont tenues de négocier.

Art. L. 2512-3. — En cas de cessation concertée de travail des personnels mentionnés à l'article L. 2512-1, l'heure de cessation et celle de reprise du travail ne peuvent être différentes pour les diverses catégories ou pour les divers membres du personnel intéressé.

Sont interdits les arrêts de travail affectant par échelonnement successif ou par roulement concerté les divers secteurs ou catégories professionnelles d'un même établissement ou service ou les différents établissements ou services d'une même entreprise ou d'un même organisme.

Art. L. 2512-4. — L'inobservation des dispositions du présent chapitre entraîne l'application des sanctions prévues par les statuts ou par les règles concernant les personnels intéressés.

Les sanctions ne peuvent être prononcées qu'après que les intéressés ont été mis à même de présenter des observations sur les faits qui leurs sont reprochés et d'avoir accès au dossier les concernant.

La révocation et la rétrogradation ne peuvent être prononcées qu'en conformité avec la procédure disciplinaire normalement applicable.

Lorsque la révocation est prononcée à ce titre, elle ne peut l'être avec perte des droits à la retraite.

Art. L. 2512-5. — En ce qui concerne les personnels mentionnés à l'article L. 2512-1 non soumis aux dispositions de l'article 1er de la loi n° 82-889 du 19 octobre 1982, l'absence de service fait par suite de cessation concertée du travail entraîne pour chaque journée une retenue du traitement ou du salaire et de ses compléments autres que les suppléments pour charges de famille. Les retenues sont opérées en fonction des durées d'absence définies à l'article 2 de la loi précitée.

N° 108 Le droit de grève dans la fonction publique : article L. 114-1 du Code général de la fonction publique

Les agents publics exercent le droit de grève dans le cadre des lois qui le réglementent.

6. La liberté du commerce et de l'industrie

N° 109 L'article 7 de la loi du 2-17 mars 1791 portant suspension de tous les droits d'aides de toutes les maîtrises et jurandes et établissements des droits de patente [230]

« À compter du 1er avril prochain, il sera libre à toute personne de faire tel négoce ou d'exercer telle profession, art ou métier qu'elle trouvera bon mais elle sera tenue de se pourvoir auparavant d'une patente, d'en acquitter le prix, et de se conformer aux règlements de police qui sont ou pourront être faits. »

(230) Ce texte de la période révolutionnaire, dénommé aussi décret d'Allarde, n'a jamais été abrogé. Il continue d'inspirer aussi bien la jurisprudence administrative (principe général de droit administratif), commerciale (principe général de la liberté d'entreprendre) que constitutionnelle (liberté d'entreprendre) à propos de la liberté du commerce et de l'industrie.

7. La démocratie locale

N° 110.1 La libre administration des collectivités territoriales : les articles L. 1111-1 à L. 1111-4 du Code général des collectivités territoriales [231]

Art. L. 1111-1. — Les communes, les départements et les régions s'administrent librement par des conseils élus.

Art. L. 1111-1-1. — Les élus locaux sont les membres des conseils élus au suffrage universel pour administrer librement les collectivités territoriales dans les conditions prévues par la loi. Ils exercent leur mandat dans le respect des principes déontologiques consacrés par la présente charte de l'élu local.

Charte de l'élu local

1. L'élu local exerce ses fonctions avec impartialité, diligence, dignité, probité et intégrité.
2. Dans l'exercice de son mandat, l'élu local poursuit le seul intérêt général, à l'exclusion de tout intérêt qui lui soit personnel, directement ou indirectement, ou de tout autre intérêt particulier.
3. L'élu local veille à prévenir ou à faire cesser immédiatement tout conflit d'intérêts. Lorsque ses intérêts personnels sont en cause dans les affaires soumises à l'organe délibérant dont il est membre, l'élu local s'engage à les faire connaître avant le débat et le vote.
4. L'élu local s'engage à ne pas utiliser les ressources et les moyens mis à sa disposition pour l'exercice de son mandat ou de ses fonctions à d'autres fins.
5. Dans l'exercice de ses fonctions, l'élu local s'abstient de prendre des mesures lui accordant un avantage personnel ou professionnel futur après la cessation de son mandat et de ses fonctions.
6. L'élu local participe avec assiduité aux réunions de l'organe délibérant et des instances au sein desquelles il a été désigné.
7. Issu du suffrage universel, l'élu local est et reste responsable de ses actes pour la durée de son mandat devant l'ensemble des citoyens de la collectivité territoriale, à qui il rend compte des actes et décisions pris dans le cadre de ses fonctions.

Tout élu local peut consulter un référent déontologue chargé de lui apporter tout conseil utile au respect des principes déontologiques consacrés dans la présente charte.

Un décret en Conseil d'État détermine les modalités et les critères de désignation des référents déontologues.

---

(231) Les articles présentés sont à jour des modifications introduites par les lois n° 2014-58 du 27 janvier 2014 de modernisation de l'action publique territoriale et d'affirmation des métropoles et n° 2014-173 du 21 février 2014 de programmation pour la ville et la cohésion urbaine, n° 2015-366 du 31 mars 2015 visant à faciliter l'exercice, par les élus locaux, de leur mandat, n° 2015-991 du 7 août 2015 portant nouvelle organisation territoriale de la République, n° 2017-86 du 27 janvier 2017 relative à l'égalité et à la citoyenneté, la loi n° 2019-1461 du 27 décembre 2019 relative à l'engagement dans la vie locale et à la proximité de l'action publique et la loi n° 2022-217 du 21 février 2022 relative à la différenciation, la décentralisation, la déconcentration et portant diverses mesures de simplification de l'action publique locale.

Art. L. 1111-2. — Les communes, les départements et les régions règlent par leurs délibérations les affaires de leur compétence.

Dans les conditions prévues par la loi, ils disposent d'un pouvoir réglementaire pour l'exercice de leurs compétences.

Ils concourent avec l'État à l'administration et à l'aménagement du territoire, au développement économique, social, sanitaire, culturel et scientifique, à la promotion de la santé, à la lutte contre les discriminations, à la promotion de l'égalité entre les femmes et les hommes ainsi qu'à la protection de l'environnement, à la lutte contre l'effet de serre par la maîtrise et l'utilisation rationnelle de l'énergie, et à l'amélioration du cadre de vie. Ils peuvent associer le public à la conception ou à l'élaboration de ces politiques, selon les modalités prévues à l'article L. 131-1 du Code des relations entre le public et l'administration.

Les communes, les départements et les régions constituent le cadre institutionnel de la participation des citoyens à la vie locale et garantissent l'expression de sa diversité.

Art. L. 1111-3. — La répartition de compétences entre les communes, les départements et les régions ne peut autoriser l'une de ces collectivités à établir ou exercer une tutelle, sous quelque forme que ce soit, sur une autre d'entre elles.

Art. L.1111-3-1. — Dans le respect du principe d'égalité, les règles relatives à l'attribution et à l'exercice des compétences applicables à une catégorie de collectivités territoriales peuvent être différenciées pour tenir compte des différences objectives de situations dans lesquelles se trouvent les collectivités territoriales relevant de la même catégorie, pourvu que la différence de traitement qui en résulte soit proportionnée et en rapport avec l'objet de la loi qui l'établit.

Art. L. 1111-4. — La répartition des compétences entre les collectivités territoriales et l'État s'effectue, dans la mesure du possible, en distinguant celles qui sont mises à la charge de l'État et celles qui sont dévolues aux communes, aux départements ou aux régions de telle sorte que chaque domaine de compétences ainsi que les ressources correspondantes soient affectés en totalité soit à l'État, soit aux communes, soit aux départements, soit aux régions.

Les compétences en matière de promotion de l'égalité entre les femmes et les hommes, de culture, de sport, de tourisme, de promotion des langues régionales et d'éducation populaire sont partagées entre les communes, les départements, les régions et les collectivités à statut particulier.

Les politiques publiques en faveur de la jeunesse menées par l'État, les régions, les départements, les communes et les collectivités à statut particulier peuvent faire l'objet d'un débat au sein de la conférence territoriale de l'action publique mentionnée à l'article L. 1111-9-1. Ce débat porte notamment sur l'articulation et la coordination de ces politiques entre les différents niveaux de collectivités et l'État.

Les communes, les départements et les régions financent par priorité les projets relevant des domaines de compétences qui leur ont été dévolus par la loi. Les décisions prises par les collectivités territoriales d'accorder ou de refuser une aide financière à une autre collectivité territoriale ne peuvent avoir pour effet l'établissement ou l'exercice d'une tutelle, sous quelque forme que ce soit, sur celle-ci. Ces dispositions s'appliquent aux décisions prises après le 1er avril 1991.

L'attribution par une collectivité territoriale à une autre collectivité territoriale d'une aide financière ne peut être subordonnée à des conditions tenant à l'appartenance de la collectivité bénéficiaire à une association, à un établissement public de coopération intercommunale ou à un syndicat mixte, existant ou à créer.

N° 110.2 Le référendum local, la consultation, l'information et la participation des habitants à la vie locale : les articles LO. 1112-1 et LO. 1112-2, L. 1112-15 à L. 1112-22, L. 2141-1 et L. 2143-1 et L. 2143-2 du Code général des collectivités territoriales (232)

Art. LO. 1112-1. — L'assemblée délibérante d'une collectivité territoriale peut soumettre à référendum local tout projet de délibération tendant à régler une affaire de la compétence de cette collectivité.

Art. LO. 1112-2. — L'exécutif d'une collectivité territoriale peut seul proposer à l'assemblée délibérante de cette collectivité de soumettre à référendum local tout projet d'acte relevant des attributions qu'il exerce au nom de la collectivité, à l'exception des projets d'acte individuel.

....

Art. L. 1112-15. — Les électeurs d'une collectivité territoriale peuvent être consultés sur les décisions que les autorités de cette collectivité envisagent de prendre pour régler les affaires relevant de la compétence de celle-ci. La consultation peut être limitée aux électeurs d'une partie du ressort de la collectivité, pour les affaires intéressant spécialement cette partie de la collectivité.

Art. L. 1112-16. — I. — Dans une commune, un dixième des électeurs inscrits sur les listes électorales et, dans les autres collectivités territoriales, un vingtième des électeurs, peuvent demander à ce que soit inscrite à l'ordre du jour de l'assemblée délibérante de la collectivité l'organisation d'une consultation sur toute affaire relevant de la décision de cette assemblée.

Chaque trimestre, un électeur ne peut signer qu'une seule demande tendant à l'organisation d'une consultation par une même collectivité territoriale.

La demande est adressée au maire ou au président de l'assemblée délibérante. Il accuse réception de la demande et en informe le conseil municipal ou l'assemblée délibérante à la première séance qui suit sa réception.

Le ou les organisateurs d'une demande de consultation dans une collectivité territoriale autre que la commune sont tenus de communiquer à l'organe exécutif de cette collectivité une copie des listes électorales des communes où sont inscrits les auteurs de la demande.

La décision d'organiser la consultation appartient à l'assemblée délibérante de la collectivité territoriale.

II. — Une collectivité territoriale peut être saisie, dans les conditions prévues aux trois premiers alinéas du I, de toute affaire relevant de sa compétence, pour inviter son assemblée délibérante à se prononcer dans un sens déterminé.

La décision de délibérer sur l'affaire dont la collectivité territoriale est saisie appartient au conseil municipal ou à l'assemblée délibérante.

Art. L. 1112-17. — L'assemblée délibérante de la collectivité territoriale arrête le principe et les modalités d'organisation de la consultation. Sa délibération indique expressément que cette consultation n'est qu'une demande d'avis. Elle fixe le jour du

(232) Les articles présentés sont à jour des modifications introduites par la loi n° 2014-173 du 21 février 2014 de programmation pour la ville et la cohésion urbaine, n° 2015-366 du 31 mars 2015 visant à faciliter l'exercice, par les élus locaux, de leur mandat, n° 2015-991 du 7 août 2015 portant nouvelle organisation territoriale de la République et la loi n° 2022-217 du 21 février 2022 relative à la différenciation, la décentralisation, la déconcentration et portant diverses mesures de simplification de l'action publique locale.

scrutin et convoque les électeurs. Elle est transmise deux mois au moins avant la date du scrutin au représentant de l'État. Si celui-ci l'estime illégale, il dispose d'un délai de dix jours à compter de sa réception pour la déférer au tribunal administratif. Il peut assortir son recours d'une demande de suspension.

Le président du tribunal administratif ou le magistrat délégué par lui statue dans un délai d'un mois, en premier et dernier ressort, sur la demande de suspension. Il est fait droit à cette demande si l'un des moyens invoqués paraît, en l'état de l'instruction, propre à créer un doute sérieux quant à la légalité du projet soumis à consultation.

Lorsque la délibération organisant la consultation est de nature à compromettre l'exercice d'une liberté publique ou individuelle, le président du tribunal administratif ou le magistrat délégué par lui en prononce la suspension dans les quarante-huit heures.

Art. L. 1112-18. — Si la délibération émane de l'assemblée délibérante d'une collectivité territoriale autre que la commune, le représentant de l'État dans cette collectivité la notifie dans un délai de quinze jours aux maires des communes dans lesquelles la consultation est prévue, sauf s'il a été fait droit à sa demande de suspension.

Les maires organisent le scrutin. Si un maire refuse de procéder à cette organisation, le représentant de l'État, après l'en avoir requis, y procède d'office.

Art. L. 1112-19. — Les dépenses liées à l'organisation de la consultation des électeurs constituent une dépense obligatoire de la collectivité territoriale qui l'a décidée.

Les dépenses résultant des assemblées électorales tenues dans les communes pour l'organisation d'une consultation décidée par une autre collectivité territoriale leur sont remboursées par cette collectivité de manière forfaitaire, au moyen d'une dotation calculée en fonction du nombre des électeurs inscrits dans la commune et du nombre des bureaux de vote qui y sont installés. Les tarifs de cette dotation sont fixés par décret.

Art. L. 1112-20. — Les électeurs font connaître par oui ou par non s'ils approuvent le projet de délibération ou d'acte qui leur est présenté. Après avoir pris connaissance du résultat de la consultation, l'autorité compétente de la collectivité territoriale arrête sa décision sur l'affaire qui en a fait l'objet.

Art. L. 1112-21. — Les dispositions des onze premiers alinéas de l'article LO 1112-6 sont applicables à la consultation des électeurs.

Pendant le délai d'un an à compter de la tenue d'un référendum local ou d'une consultation des électeurs à l'initiative d'une collectivité territoriale, celle-ci ne peut organiser une autre consultation portant sur le même objet.

Art. L. 1112-22. — Les dispositions de l'article LO 1112-11 sont applicables à la consultation des électeurs.

....

Art. L. 2141-1. — Le droit des habitants de la commune à être informés des affaires de celle-ci et à être consultés sur les décisions qui les concernent, indissociable de la libre administration des collectivités territoriales, est un principe essentiel de la démocratie locale. Il s'exerce sans préjudice des dispositions en vigueur relatives notamment à la publicité des actes des autorités territoriales ainsi qu'à la liberté d'accès aux documents administratifs.

....

Art. L. 2143-1. — Dans les communes de 80 000 habitants et plus, le conseil municipal fixe le périmètre de chacun des quartiers constituant la commune.

Chacun d'eux est doté d'un conseil de quartier dont le conseil municipal fixe la dénomination, la composition et les modalités de fonctionnement.

Les conseils de quartier peuvent être consultés par le maire et peuvent lui faire des propositions sur toute question concernant le quartier ou la ville. Le maire peut les associer à l'élaboration, à la mise en œuvre et à l'évaluation des actions intéressant le quartier, en particulier celles menées au titre de la politique de la ville.

Le conseil municipal peut affecter aux conseils de quartier un local et leur allouer chaque année des crédits pour leur fonctionnement.

Les communes dont la population est comprise entre 20 000 et 79 999 habitants peuvent appliquer les présentes dispositions. Dans ce cas, les articles L. 2122-2-1 et L. 2122-18-1 s'appliquent.

Dans chaque commune soumise à l'obligation de création d'un conseil de quartier, le maire peut décider que le conseil citoyen prévu à l'article 7 de la loi n° 2014-173 du 21 février 2014 de programmation pour la ville et la cohésion urbaine se substitue au conseil de quartier.

Art. L. 2143-2. — Le conseil municipal peut créer des comités consultatifs sur tout problème d'intérêt communal concernant tout ou partie du territoire de la commune.

Ces comités comprennent des personnes qui peuvent ne pas appartenir au conseil, notamment des représentants des associations locales.

Sur proposition du maire, il en fixe la composition pour une durée qui ne peut excéder celle du mandat municipal en cours.

Chaque comité est présidé par un membre du conseil municipal, désigné par le maire.

Les comités peuvent être consultés par le maire sur toute question ou projet intéressant les services publics et équipements de proximité et entrant dans le domaine d'activité des associations membres du comité. Ils peuvent par ailleurs transmettre au maire toute proposition concernant tout problème d'intérêt communal pour lequel ils ont été institués.

. Les droits à la mobilité, au logement, à un environnement sain

N° 111 Le droit à la mobilité : les articles L. 1111-1 à L. 1111-6 du Code des transports (233)

Art. L. 1111-1. — L'organisation des mobilités sur l'ensemble du territoire doit satisfaire les besoins des usagers et rendre effectifs le droit qu'a toute personne, y compris celle dont la mobilité est réduite ou souffrant d'un handicap, de se déplacer et la liberté d'en choisir les moyens, y compris ceux faisant appel à la mobilité active, ainsi que la faculté qui lui est reconnue d'exécuter elle-même le transport de ses biens ou de le confier à l'organisme ou à l'entreprise de son choix. La mise en œuvre de cet objectif s'effectue dans les conditions économiques, sociales et environnementales les plus avantageuses pour la collectivité et dans le respect des objectifs de lutte contre la sédentarité et de limitation ou de réduction des risques, accidents, nuisances, notamment sonores, émissions de polluants et de gaz à effet de serre.

Art. L. 1111-2. — La mise en œuvre progressive du droit à la mobilité permet à l'usager de se déplacer dans des conditions raisonnables d'accès, de qualité, de prix et de coût pour la collectivité, notamment, par l'utilisation d'un moyen de transport ouvert au public.

Art. L. 1111-3. — Dans la programmation des infrastructures, sont pris en compte les enjeux du désenclavement, notamment des massifs de montagne, des territoires ultramarins et des territoires insulaires, de l'aménagement et de l'attractivité des territoires, y compris les enjeux transfrontaliers, de la lutte contre le changement climatique et la pollution atmosphérique et sonore ainsi que de la protection de la biodiversité.

La programmation des infrastructures et le déploiement de l'offre de services de mobilité permettent d'assurer le maillage des territoires à faible densité démographique, par l'organisation de dessertes à partir des grands réseaux de transport

(233) Les articles présentés sont à jour des modifications intervenues avec la loi n° 2019-1428 du 24 décembre 2019 d'orientation des mobilités.

par au moins un ser-vice de transport public ou par l'organisation de solutions de mobilité répondant aux besoins de déplacements de la population.

Art. L. 1111-4. — Le droit à la mobilité comprend le droit pour l'usager d'être informé sur les moyens qui lui sont offerts et sur les modalités de leur utilisation.

Art. L. 1111-5. — Des mesures particulières peuvent être prises en faveur des personnes handicapées ou dont la mobilité est réduite ainsi qu'en faveur de leurs accompagnateurs. Ces mesures doivent favoriser l'accessibilité des personnes en situation de handicap définies à l'article L. 114 du Code de l'action sociale et des familles, principalement par l'adaptation des moyens de communication et des infrastructures de transport ainsi que par la formation du personnel.

Des mesures tarifaires spécifiques sont prises en faveur des accompagnateurs des personnes handicapées ou dont la mobilité est réduite porteuses d'une carte invalidité ou d'une carte « mobilité inclusion » mentionnée à l'article L. 241-3 du Code de l'action sociale et des familles. Ces mesures tarifaires spécifiques peuvent aller jusqu'à la gratuité. Lorsqu'il existe un service de transport adapté aux personnes handicapées ou à mobilité réduite, l'accès à ce service pour les personnes disposant d'une carte « mobilité inclusion » telle que définie au 1° du I du même article L. 241-3 ne peut être restreint ni par une obligation de résidence sur le ressort territorial, ni par l'obligation d'un passage devant une commission médicale locale. Les personnes handicapées ou à mobilité réduite ne disposant pas de cette carte peuvent être dispensées de ces deux obligations.

Art. L. 1111-6. — Les catégories sociales défavorisées, notamment celles des parties insulaires et des régions lointaines ou d'accès difficile du territoire national, peuvent faire l'objet de dispositions adaptées à leur situation.

Nº 112 Le droit à un logement décent et indépendant : les articles L. 300-1 et L. 300-2 du Code de la construction et de l'habitation (234)

Art. L. 300-1. — I. Le droit à un logement décent et indépendant, mentionné à l'article 1er de la loi n° 90-449 du 31 mai 1990 visant à la mise en œuvre du droit au logement, est garanti par l'État à toute personne qui, résidant sur le territoire français de façon régulière et dans des conditions de permanence définies par décret en Conseil d'État, n'est pas en mesure d'y accéder par ses propres moyens ou de s'y maintenir.

Ce droit s'exerce par un recours amiable puis, le cas échéant, par un recours contentieux dans les conditions et selon les modalités fixées par le présent article et les articles L. 441-2-3 et L. 441-2-3-1.

(234) Les articles présentés sont à jour des modifications introduites par la loi n° 2012-1509 du 29 décembre 2012 et la loi n° 2019-1479 du 28 décembre 2019 de finances pour 2020. Voir aussi les lois n° 2014-366 du 24 mars 2014 pour l'accès au logement et un urbanisme rénové dont le titre 1er est intitulé « Favoriser l'accès de tous à un logement digne et abordable » et n° 2018-1021 du 23 novembre 2018 portant évolution du logement, de l'aménagement et du numérique. Voir aussi le décret modifié n° 92-1139 du 22 décembre 1992 portant création d'un Haut Comité pour le logement des personnes défavorisées et l'avis de la Commission nationale consultative des droits de l'homme « Logement : un droit pour tous ? » Permettre un accès effectif et non discriminatoire au logement, texte n° 62 publié au *JO* du 28 juin 2016.

Art. L. 300-2. — Un Fonds national d'accompagnement vers et dans le logement est institué pour le financement, d'une part, d'actions d'accompagnement personnalisé de personnes reconnues prioritaires et auxquelles un logement doit être attribué en urgence en application du cinquième alinéa du II de l'article L. 441-2-3 ainsi que de personnes ou familles mentionnées au II de l'article L. 301-1, et, d'autre part, d'actions de gestion locative adaptée de logements destinés à ces personnes, favorisant leur accès à un logement et leur maintien dans le logement. Il finance également les dépenses de gestion qui se rapportent à ces actions.

Le Fonds national d'accompagnement vers et dans le logement est administré par un comité de gestion, composé de représentants de l'État, qui fixe les orientations et répartit les crédits de ce fonds. Le fonds perçoit une fraction du produit total des cotisations mentionnées aux articles L. 452-4 et L. 452-4-1. Cette fraction est fixée à 15 millions d'euros.

La gestion de ce fonds est assurée par la Caisse de garantie du logement locatif social.

Il est fait rapport une fois par an au ministre chargé du logement des actions financées par le fonds, en regard des moyens financiers engagés et des objectifs poursuivis.

Un décret en Conseil d'État détermine les conditions d'application du présent article, notamment la composition et les modes de désignation des membres du comité de gestion ainsi que les modalités de fonctionnement du fonds.

N° 113 Le droit à un environnement sain (principes généraux) : les articles L. 110-1 à L. 110-3 du Code de l'environnement (235)

Art. L. 110-1. — I. — Les espaces, ressources et milieux naturels terrestres et marins, les sons et odeurs qui les caractérisent, les sites, les paysages diurnes et nocturnes, la qualité de l'air, la qualité de l'eau, les êtres vivants et la biodiversité font partie du patrimoine commun de la nation. Ce patrimoine génère des services écosystémiques et des valeurs d'usage.

Les processus biologiques, les sols et la géodiversité concourent à la constitution de ce patrimoine.

On entend par biodiversité, ou diversité biologique, la variabilité des organismes vivants de toute origine, y compris les écosystèmes terrestres, marins et autres écosystèmes aquatiques, ainsi que les complexes écologiques dont ils font partie. Elle comprend la

(235) Les articles présentés sont à jour des modifications introduites par les lois n° 2015-992 du 17 août 2015 relative à la transition énergétique pour la croissance verte, n° 2016-1087 du 8 août 2016 pour la reconquête de la biodiversité, de la nature et des paysages, n° 2019-773 du 24 juillet 2019 portant création de l'Office français de la biodiversité, modifiant les missions des fédérations des chasseurs et renforçant la police de l'environnement, n° 2020-105 du 10 février 2020 relative à la lutte contre le gaspillage et à l'économie circulaire, n° 2021-85 du 29 janvier 2021 visant à définir et protéger le patrimoine sensoriel des campagnes françaises et la loi n° 2021-1104 du 22 août 2021 portant lutte contre le dérèglement climatique et renforcement de la résilience face à ses effets. Voir aussi l'avis de la Commission nationale consultative des droits de l'homme sur le développement, l'environnement et les droits de l'homme du 16 avril 2015 (*JO* du 24 mai 2015). Il ne faut pas oublier la décision du Conseil constitutionnel n° 2019-523 QPC du 31 janvier 2020 à l'occasion de laquelle il juge qu'il découle du préambule de la Charte de l'environnement que la protection de l'environnement, patrimoine commun des êtres humains, constitue un objectif de valeur constitutionnelle.

diversité au sein des espèces et entre espèces, la diversité des écosystèmes ainsi que les interactions entre les organismes vivants.

On entend par géodiversité la diversité géologique, géomorphologique, hydrologique et pédologique ainsi que l'ensemble des processus dynamiques qui les régissent, y compris dans leurs interactions avec la faune, la flore et le climat.

II. — Leur connaissance, leur protection, leur mise en valeur, leur restauration, leur remise en état, leur gestion, la préservation de leur capacité à évoluer et la sauvegarde des services qu'ils fournissent sont d'intérêt général et concourent à l'objectif de développement durable qui vise à satisfaire les besoins de développement et la santé des générations présentes sans compromettre la capacité des générations futures à répondre aux leurs. Elles s'inspirent, dans le cadre des lois qui en définissent la portée, des principes suivants :

1° Le principe de précaution, selon lequel l'absence de certitudes, compte tenu des connaissances scientifiques et techniques du moment, ne doit pas retarder l'adoption de mesures effectives et proportionnées visant à prévenir un risque de dommages graves et irréversibles à l'environnement à un coût économiquement acceptable ;

2° Le principe d'action préventive et de correction, par priorité à la source, des atteintes à l'environnement, en utilisant les meilleures techniques disponibles à un coût économiquement acceptable. Ce principe implique d'éviter les atteintes à la biodiversité et aux services qu'elle fournit ; à défaut, d'en réduire la portée ; enfin, en dernier lieu, de compenser les atteintes qui n'ont pu être évitées ni réduites, en tenant compte des espèces, des habitats naturels et des fonctions écologiques affectées ;

Ce principe doit viser un objectif d'absence de perte nette de biodiversité, voire tendre vers un gain de biodiversité ;

3° Le principe pollueur-payeur, selon lequel les frais résultant des mesures de prévention, de réduction de la pollution et de lutte contre celle-ci doivent être supportés par le pollueur ;

4° Le principe selon lequel toute personne a le droit d'accéder aux informations relatives à l'environnement détenues par les autorités publiques ;

5° Le principe de participation en vertu duquel toute personne est informée des projets de décisions publiques ayant une incidence sur l'environnement dans des conditions lui permettant de formuler ses observations, qui sont prises en considération par l'autorité compétente ;

6° Le principe de solidarité écologique, qui appelle à prendre en compte, dans toute prise de décision publique ayant une incidence notable sur l'environnement des territoires concernés, les interactions des écosystèmes, des êtres vivants et des milieux naturels ou aménagés ;

7° Le principe de l'utilisation durable, selon lequel la pratique des usages peut être un instrument qui contribue à la biodiversité ;

8° Le principe de complémentarité entre l'environnement, l'agriculture, l'aquaculture et la gestion durable des forêts, selon lequel les surfaces agricoles, aquacoles et forestières sont porteuses d'une biodiversité spécifique et variée et les activités agricoles, aquacoles et forestières peuvent être vecteurs d'interactions écosystémiques garantissant, d'une part, la préservation des continuités écologiques et, d'autre part, des services environnementaux qui utilisent les fonctions écologiques d'un écosystème pour restaurer, maintenir ou créer de la biodiversité ;

9° Le principe de non-régression, selon lequel la protection de l'environnement, assurée par les dispositions législatives et réglementaires relatives à l'environnement, ne peut faire l'objet que d'une amélioration constante, compte tenu des connaissances scientifiques et techniques du moment.

III. — L'objectif de développement durable, tel qu'indiqué au II est recherché, de façon concomitante et cohérente, grâce aux cinq engagements suivants :

1° La lutte contre le changement climatique ;

2° La préservation de la biodiversité, des milieux, des ressources ainsi que la sauvegarde des services qu'ils fournissent et des usages qui s'y rattachent ;

3° La cohésion sociale et la solidarité entre les territoires et les générations ;

4° L'épanouissement de tous les êtres humains ;

5° La transition vers une économie circulaire.

IV. — L'Agenda 21 est un projet territorial de développement durable.

Art. L. 110-1-1. — La transition vers une économie circulaire vise à atteindre une empreinte écologique neutre dans le cadre du respect des limites planétaires et à dépasser le modèle économique linéaire consistant à extraire, fabriquer, consommer et jeter en appelant à une consommation sobre et responsable des ressources naturelles et des matières premières primaires ainsi que, par ordre de priorité, à la prévention de la production de déchets, notamment par le réemploi des produits, et, suivant la hiérarchie des modes de traitement des déchets, à une réutilisation, à un recyclage ou, à défaut, à une valorisation des déchets. La promotion de l'écologie industrielle et territoriale et de la conception écologique des produits, l'utilisation de matériaux issus de ressources naturelles renouvelables gérées durablement et issus du recyclage, la commande publique durable, l'allongement de la durée du cycle de vie des produits, la prévention des déchets, la prévention, la réduction ou le contrôle du rejet, du dégagement, de l'écoulement ou de l'émission des polluants et des substances toxiques, le traitement des déchets en respectant la hiérarchie des modes de traitement, la coopération entre acteurs économiques à l'échelle territoriale pertinente dans le respect du principe de proximité et le développement des valeurs d'usage et de partage et de l'information sur leurs coûts écologique, économique et social contribuent à cette nouvelle prospérité.

Art. L. 110-1-2. — Les dispositions du présent code ont pour objet, en priorité, de prévenir l'utilisation des ressources, puis de promouvoir une consommation sobre et responsable des ressources basée sur l'écoconception, puis d'assurer une hiérarchie dans l'utilisation des ressources, privilégiant les ressources issues du recyclage ou de sources renouvelables, puis les ressources recyclables, puis les autres ressources, en tenant compte du bilan global de leur cycle de vie.

Art. L. 110-2. — Les lois et règlements organisent le droit de chacun à un environnement sain. Ils contribuent à assurer un équilibre harmonieux entre les zones urbaines et les zones rurales ainsi que la préservation et l'utilisation durable des continuités écologiques.

Il est du devoir de chacun de veiller à la sauvegarde et de contribuer à la protection de l'environnement, y compris nocturne.

Les personnes publiques et privées doivent, dans toutes leurs activités, se conformer aux mêmes exigences.

Art. L. 110-3. — En vue d'assurer la conservation et l'utilisation durable de la biodiversité, la stratégie nationale pour la biodiversité, prévue à l'article 6 de la convention sur la diversité biologique, adoptée à Nairobi le 22 mai 1992, est élaborée par l'État en concertation avec des représentants de collectivités territoriales et de leurs groupements, d'acteurs socio-économiques, notamment des petites et moyennes entreprises, et d'organisations de protection de l'environnement, notamment d'associations de naturalistes, ainsi qu'avec des membres de la communauté scientifique.

Les régions définissent et mettent en œuvre une stratégie régionale pour la biodiversité tenant compte des orientations de la stratégie nationale et élaborée dans les mêmes conditions de concertation. Les collectivités territoriales et leurs groupements participent à la définition et à la mise en œuvre de cette stratégie à l'échelon de leur territoire.

L'établissement mentionné à l'article L. 131-8 apporte son soutien aux régions pour l'élaboration de leur stratégie et le suivi de sa mise en œuvre.

La stratégie nationale et les stratégies régionales pour la biodiversité contribuent à l'intégration des objectifs de conservation et d'utilisation durable de la biodiversité dans les politiques publiques ainsi qu'à la cohérence de ces dernières en ces matières.

N° 114 Le droit de respirer un air qui ne nuise pas à la santé : les articles L. 220-1 et L. 220-2 du Code de l'environnement (236)

Art. L. 220-1. — L'État et ses établissements publics, les collectivités territoriales et leurs établissements publics ainsi que les personnes privées concourent, chacun dans le domaine de sa compétence et dans les limites de sa responsabilité, à une politique dont l'objectif est la mise en œuvre du droit reconnu à chacun à respirer un air qui ne nuise pas à sa santé.

Cette action d'intérêt général consiste à prévenir, à surveiller, à réduire ou à supprimer les pollutions atmosphériques, à préserver la qualité de l'air et, à ces fins, à économiser et à utiliser rationnellement l'énergie. La protection de l'atmosphère intègre la prévention de la pollution de l'air et la lutte contre les émissions de gaz à effet de serre.

Art. L. 220-2. — Constitue une pollution atmosphérique au sens du présent titre l'introduction par l'homme, directement ou indirectement ou la présence, dans l'atmosphère et les espaces clos, d'agents chimiques, biologiques ou physiques ayant des conséquences préjudiciables de nature à mettre en danger la santé humaine, à nuire aux ressources biologiques et aux écosystèmes, à influer sur les changements climatiques, à détériorer les biens matériels, à provoquer des nuisances olfactives excessives.

---

(236) Les articles présentés sont à jour des modifications introduites par la loi n° 2010-788 du 12 juillet 2010.

M. Les libertés publiques et les pouvoirs de crise

1. L'état de siège

Nº 115 L'état de siège : les dispositions du Code de la défense

Art. L. 2121-1. — L'état de siège ne peut être déclaré, par décret en conseil des ministres, qu'en cas de péril imminent résultant d'une guerre étrangère ou d'une insurrection armée.

Le décret désigne le territoire auquel il s'applique et détermine sa durée d'application.

Art. L. 2121-2. — Aussitôt l'état de siège décrété, les pouvoirs dont l'autorité civile était investie pour le maintien de l'ordre et la police sont transférés à l'autorité militaire.

L'autorité civile continue à exercer ses autres attributions.

Art. L. 2121-3. — Dans les territoires décrétés en état de siège en cas de péril imminent résultant d'une guerre étrangère, les juridictions militaires peuvent être saisies quelle que soit la qualité des auteurs principaux ou des complices de la connaissance des infractions prévues et réprimées par les articles 224-1 à 224-5, 322-6 à 322-11, 410-1 à 413-12, 432-1 à 432-5, 432-11, 433-1 à 433-3, 433-8, alinéa 2, 442-1 à 442-3, 443-1, 444-1, 444-2 et 450-1 du code pénal.

Les juridictions militaires peuvent en outre connaître :

1° Des faits sanctionnés par l'article L. 332-3 du Code de justice militaire ;

2° De la provocation, par quelque moyen que ce soit, à la désobéissance des militaires envers leurs chefs dans tout ce qu'ils leur commandent pour l'exécution des lois et règlements militaires ;

3° De la provocation, par quelque moyen que ce soit, aux crimes d'assassinat, de meurtre, d'incendie, de pillage, de destruction d'édifices, d'ouvrages militaires ;

4° Des délits commis par les fournisseurs en ce qui concerne les fournitures destinées aux forces armées et formations rattachées, dans les cas prévus au titre V du livre IV du Code de la consommation et les lois spéciales qui s'y rattachent ;

5° Des faux commis au préjudice des forces armées et, d'une manière générale, tous crimes ou délits portant atteinte à la défense nationale.

Ce régime exceptionnel cesse de plein droit à la signature de la paix.

Art. L. 2121-4. — Si l'état de siège est décrété en cas de péril imminent résultant d'une insurrection à main armée, la compétence exceptionnelle reconnue aux juridictions militaires, en ce qui concerne les non-militaires, ne peut s'appliquer qu'aux crimes spécialement prévus par le Code de justice militaire ou par les articles du Code pénal mentionnés au premier alinéa de l'article L. 2121-3 et aux crimes connexes.

Art. L. 2121-5. — Dans les cas prévus aux articles L. 2121-3 et L. 2121-4, les juridictions de droit commun restent saisies tant que l'autorité militaire ne revendique pas la poursuite.

Art. L. 2121-6. — Après la levée de l'état de siège, les juridictions militaires continuent de connaître des crimes et délits dont la poursuite leur avait été déférée.

Art. L. 2121-7. — Lorsque l'état de siège est décrété, l'autorité militaire peut :

1° Faire des perquisitions domiciliaires de jour et de nuit ;

2° Éloigner toute personne ayant fait l'objet d'une condamnation devenue définitive pour crime ou délit et les individus qui n'ont pas leur domicile dans les lieux soumis à l'état de siège ;

3° Ordonner la remise des armes et munitions, et procéder à leur recherche et à leur enlèvement ;

4° Interdire les publications et les réunions qu'elle juge de nature à menacer l'ordre public.

Art. L. 2121-8. — Nonobstant l'état de siège, l'ensemble des droits garantis par la Constitution continue de s'exercer, lorsque leur jouissance n'est pas suspendue en vertu des articles précédents.

2. L'état d'urgence et l'état d'urgence sanitaire

N° 116 L'état d'urgence : l'article L. 2131-1 du Code de la défense et la loi modifiée n° 55-385 du 3 avril 1955 (extraits)

Art. L. 2131-1. — Les règles relatives à l'état d'urgence sont définies par la loi n° 55-385 du 3 avril 1955.

Sur un même territoire il ne peut être fait application simultanément des dispositions du titre II et de celles du titre III du présent livre.

....

Article premier (237). — L'état d'urgence peut être déclaré sur tout ou partie du territoire métropolitain des départements d'outre-mer, des collectivités d'outre-

(237) Articles modifiés par l'ordonnance n° 2009-536 du 14 mai 2009, la loi n° 2011-525 du 17 mai 2011, la loi n° 2015-1501 du 20 novembre 2015 prorogeant l'application de la loi n° 55-385 du 3 avril 1955 relative à l'état d'urgence et renforçant l'efficacité de ses dispositions, la loi n° 2016-162 du 19 février 2016 prorogeant l'application de la loi n° 55-385 du 3 avril 1955, la loi n° 2016-987 du 21 juillet 2016 prorogeant l'application de la loi n° 55-385 et portant mesures de renforcement de la lutte antiterroriste, la loi n° 2016-1767 du 19 décembre 2016 prorogeant l'application de la loi n° 55-385 du 3 avril 1955, la loi n° 2017-258 du 28 février 2017 relative à la sécurité publique, la loi n° 2017-1154 du 11 juillet 2017 prorogeant l'application de la loi n° 55-385 du 3 avril 1955 et la loi n° 2018-133 du 26 février 2018 portant diverses dispositions d'adaptation au droit de l'Union européenne dans le domaine de la sécurité. Voir aussi l'avis de la Commission nationale consultative

mer régies par l'article 74 de la Constitution et en Nouvelle-Calédonie, soit en cas de péril imminent résultant d'atteintes graves à l'ordre public, soit en cas d'événements présentant, par leur nature et leur gravité, le caractère de calamité publique.

Art. 2. — L'état d'urgence est déclaré par décret en conseil des ministres. Ce décret détermine la ou les circonscriptions territoriales à l'intérieur desquelles il entre en vigueur.

Dans la limite de ces circonscriptions, les zones où l'état d'urgence recevra application seront fixées par décret.

La prorogation de l'état d'urgence au-delà de douze jours ne peut être autorisée que par la loi.

Art. 3. — La loi autorisant la prorogation au-delà de douze jours de l'état d'urgence fixe sa durée définitive.

Art. 4. — La loi portant prorogation de l'état d'urgence est caduque à l'issue d'un délai de quinze jours francs suivant la date de démission du Gouvernement ou de dissolution de l'Assemblée nationale.

Art. 4-1. — L'Assemblée nationale et le Sénat sont informés sans délai des mesures prises par le Gouvernement pendant l'état d'urgence. Les autorités administratives leur transmettent sans délai copie de tous les actes qu'elles prennent en application de la présente loi. L'Assemblée nationale et le Sénat peuvent requérir toute information complémentaire dans le cadre du contrôle et de l'évaluation de ces mesures.

Art. 5. — La déclaration de l'état d'urgence donne pouvoir au préfet dont le département se trouve en tout ou partie compris dans une circonscription prévue à l'article 2, dans le but de prévenir des troubles à la sécurité et à l'ordre publics :

1° D'interdire la circulation des personnes ou des véhicules dans les lieux et aux heures fixés par arrêté ;

2° (Abrogé par la décision n° 2017-684 QPC du 11 janvier 2018 du Conseil constitutionnel) ;

3° D'interdire le séjour dans tout ou partie du département à toute personne à l'égard de laquelle il existe des raisons sérieuses de penser que son comportement constitue une menace pour la sécurité et l'ordre publics. L'arrêté énonce la durée, limitée dans le temps, de la mesure, les circonstances précises de fait et de lieu qui la motivent, ainsi que le territoire sur lequel elle s'applique, qui ne peut inclure le domicile de la personne intéressée.

Ces mesures tiennent compte de la vie familiale et professionnelle des personnes susceptibles d'être concernées.

Art. 6. — Le ministre de l'Intérieur peut prononcer l'assignation à résidence, dans le lieu qu'il fixe, de toute personne résidant dans la zone fixée par le décret mentionné à l'article 2 et à l'égard de laquelle il existe des raisons sérieuses de penser que son comportement constitue une menace pour la sécurité et l'ordre publics dans les circonscriptions territoriales mentionnées au même article 2. Le ministre de l'Intérieur

des droits de l'homme sur le suivi de l'état d'urgence du 18 février 2016 (*JO* du 26 février 2016). Plusieurs décisions du Conseil constitutionnel, concernant cette loi et ses modifications doivent être relevées : la décision n° 2017-624 QPC du 16 mars 2017 ; la décision n° 2017-677 QPC du 1er décembre 2017 ; la décision n° 2017-684 QPC du 11 janvier 2018. Voir aussi la délibération CNIL n° 2018-073 du 15 février 2018 portant avis sur un projet de décret pris pour application de l'article 6 de la loi n° 55-385 du 3 avril 1955 relative à l'état d'urgence et de l'article L. 228-3 du Code de la sécurité intérieure, et relatif au placement sous surveillance électronique mobile (*JO* du 9 mars 2018).

peut la faire conduire sur le lieu de l'assignation à résidence par les services de police ou les unités de gendarmerie.

La personne mentionnée au premier alinéa du présent article peut également être astreinte à demeurer dans le lieu d'habitation déterminé par le ministre de l'Intérieur, pendant la plage horaire qu'il fixe, dans la limite de douze heures par vingt-quatre heures.

L'assignation à résidence doit permettre à ceux qui en sont l'objet de résider dans une agglomération ou à proximité immédiate d'une agglomération. Elle tient compte de leur vie familiale et professionnelle.

En aucun cas, l'assignation à résidence ne pourra avoir pour effet la création de camps où seraient détenues les personnes mentionnées au premier alinéa.

L'autorité administrative devra prendre toutes dispositions pour assurer la subsistance des personnes astreintes à résidence ainsi que celle de leur famille.

Le ministre de l'Intérieur peut prescrire à la personne assignée à résidence :

1° L'obligation de se présenter périodiquement aux services de police ou aux unités de gendarmerie, selon une fréquence qu'il détermine dans la limite de trois présentations par jour, en précisant si cette obligation s'applique y compris les dimanches et jours fériés ou chômés ;

2° La remise à ces services de son passeport ou de tout document justificatif de son identité. Il lui est délivré en échange un récépissé, valant justification de son identité en application de l'article 1er de la loi n° 2012-410 du 27 mars 2012 relative à la protection de l'identité, sur lequel sont mentionnées la date de retenue et les modalités de restitution du document retenu.

La personne astreinte à résider dans le lieu qui lui est fixé en application du premier alinéa du présent article peut se voir interdire par le ministre de l'Intérieur de se trouver en relation, directement ou indirectement, avec certaines personnes, nommément désignées, dont il existe des raisons sérieuses de penser que leur comportement constitue une menace pour la sécurité et l'ordre publics. Cette interdiction est levée dès qu'elle n'est plus nécessaire.

Lorsque la personne assignée à résidence a été condamnée à une peine privative de liberté pour un crime qualifié d'acte de terrorisme ou pour un délit recevant la même qualification puni de dix ans d'emprisonnement et a fini l'exécution de sa peine depuis moins de huit ans, le ministre de l'Intérieur peut également ordonner qu'elle soit placée sous surveillance électronique mobile. Ce placement est prononcé après accord de la personne concernée, recueilli par écrit. La personne concernée est astreinte, pendant toute la durée du placement, au port d'un dispositif technique permettant à tout moment de déterminer à distance sa localisation sur l'ensemble du territoire national. Elle ne peut être astreinte ni à l'obligation de se présenter périodiquement aux services de police et de gendarmerie, ni à l'obligation de demeurer dans le lieu d'habitation mentionné au deuxième alinéa. Toutefois, lorsque le fonctionnement du dispositif de localisation à distance est temporairement suspendu ou gravement altéré pendant plus de douze heures consécutives, ces obligations peuvent lui être imposées jusqu'à la reprise du fonctionnement normal du dispositif. La mise en œuvre du dispositif technique permettant le contrôle à distance peut être confiée à une personne de droit privé habilitée dans des conditions fixées par décret en Conseil d'État. Le ministre de l'Intérieur peut à tout moment mettre fin au placement sous surveillance électronique mobile, notamment en cas de manquement de la personne placée aux prescriptions liées à son assignation à résidence ou à son placement ou en cas de dysfonctionnement technique du dispositif de localisation à distance.

Le procureur de la République compétent est informé sans délai de toute mesure d'assignation à résidence, des modifications qui y sont apportées et de son abrogation.

Le ministre de l'Intérieur peut déléguer au préfet territorialement compétent le soin de modifier le lieu et la plage horaire de l'astreinte à demeurer dans un lieu d'habitation déterminé, dans les limites fixées au deuxième alinéa, ainsi que les horaires, la fréquence et le lieu de l'obligation de présentation périodique aux services de police ou aux unités de gendarmerie, dans les limites fixées au 1°.

La décision d'assignation à résidence d'une personne doit être renouvelée à l'issue d'une période de prorogation de l'état d'urgence pour continuer de produire ses effets.

À compter de la déclaration de l'état d'urgence et pour toute sa durée, une même personne ne peut être assignée à résidence pour une durée totale équivalant à plus de douze mois.

Le ministre de l'Intérieur peut toutefois prolonger une assignation à résidence au-delà de la durée mentionnée au quatorzième alinéa. La prolongation ne peut excéder une durée de trois mois. L'autorité administrative peut, à tout moment, mettre fin à l'assignation à résidence ou diminuer les obligations qui en découlent en application des dispositions du présent article.

La demande mentionnée à l'avant-dernier alinéa peut être renouvelée dans les mêmes conditions. (article modifié à l'issue de la décision n° 2017-624 QPC du 16 mars 2017 du Conseil constitutionnel)

Art. 6-1. — Sans préjudice de l'application de l'article L. 212-1 du Code de la sécurité intérieure, sont dissous par décret en conseil des ministres les associations ou groupements de fait qui participent à la commission d'actes portant une atteinte grave à l'ordre public ou dont les activités facilitent cette commission ou y incitent.

Le maintien ou la reconstitution d'une association ou d'un groupement dissous en application du présent article ou l'organisation de ce maintien ou de cette reconstitution sont réprimés dans les conditions prévues aux articles 431-15 et 431-17 à 431-21 du Code pénal.

Par dérogation à l'article 14 de la présente loi, les mesures prises sur le fondement du présent article ne cessent pas de produire leurs effets à la fin de l'état d'urgence.

Pour la prévention des actions tendant au maintien ou à la reconstitution des associations ou groupements dissous en application du présent article, les services spécialisés de renseignement mentionnés à l'article L. 811-2 du Code de la sécurité intérieure et les services désignés par le décret en Conseil d'État prévu à l'article L. 811-4 du même code peuvent recourir aux techniques de renseignement dans les conditions prévues au livre VIII dudit code.

Art. 7. — (abrogé)

Art. 8. — Le ministre de l'Intérieur, pour l'ensemble du territoire où est institué l'état d'urgence, et le préfet, dans le département, peuvent ordonner la fermeture provisoire des salles de spectacles, débits de boissons et lieux de réunion de toute nature, en particulier des lieux de culte au sein desquels sont tenus des propos constituant une provocation à la haine ou à la violence ou une provocation à la commission d'actes de terrorisme ou faisant l'apologie de tels actes, dans les zones déterminées par le décret prévu à l'article 2.

Peuvent être également interdites, à titre général ou particulier, les réunions de nature à provoquer ou à entretenir le désordre.

Les cortèges, défilés et rassemblements de personnes sur la voie publique peuvent être interdits dès lors que l'autorité administrative justifie ne pas être en mesure d'en assurer la sécurité compte tenu des moyens dont elle dispose.

Art. 9. — Les autorités administratives désignées à l'article 8 peuvent ordonner la remise des armes et des munitions, détenues ou acquises légalement, relevant des catégories A à C, définies à l'article L. 311-2 du Code de la sécurité intérieure.

Le représentant de l'État dans le département peut aussi, pour des motifs d'ordre public, prendre une décision individuelle de remise d'armes.

Les armes remises en application du premier alinéa du présent article donnent lieu à la délivrance d'un récépissé. Elles sont rendues à leur propriétaire en l'état où elles étaient lors de leur dépôt.

Art. 10. — La déclaration de l'état d'urgence s'ajoute aux cas prévus à l'article L. 1111-2 du Code de la défense pour la mise à exécution des réquisitions dans les conditions prévues au livre II de la deuxième partie du même code.

Art. 11. — I. Le décret déclarant ou la loi prorogeant l'état d'urgence peut, par une disposition expresse, conférer aux autorités administratives mentionnées à l'article 8 le pouvoir d'ordonner des perquisitions en tout lieu, y compris un domicile, sauf dans un lieu affecté à l'exercice d'un mandat parlementaire ou à l'activité professionnelle des avocats, des magistrats ou des journalistes, lorsqu'il existe des raisons sérieuses de penser que ce lieu est fréquenté par une personne dont le comportement constitue une menace pour la sécurité et l'ordre publics.

La décision ordonnant une perquisition précise le lieu et le moment de la perquisition. La perquisition ne peut avoir lieu entre 21 heures et 6 heures, sauf motivation spéciale de la décision de perquisition fondée sur l'urgence ou les nécessités de l'opération. Le procureur de la République territorialement compétent est informé sans délai de cette décision. La perquisition est conduite en présence d'un officier de police judiciaire territorialement compétent. Elle ne peut se dérouler qu'en présence de l'occupant ou, à défaut, de son représentant ou de deux témoins.

Lorsqu'une perquisition révèle qu'un autre lieu répond aux conditions fixées au premier alinéa du présent I, l'autorité administrative peut en autoriser par tout moyen la perquisition. Cette autorisation est régularisée en la forme dans les meilleurs délais. Le procureur de la République en est informé sans délai.

Il peut être accédé, par un système informatique ou un équipement terminal présent sur les lieux où se déroule la perquisition, à des données stockées dans ledit système ou équipement ou dans un autre système informatique ou équipement terminal, dès lors que ces données sont accessibles à partir du système initial ou disponibles pour le système initial.

Si la perquisition révèle l'existence d'éléments, notamment informatiques, relatifs à la menace que constitue pour la sécurité et l'ordre publics le comportement de la personne concernée, les données contenues dans tout système informatique ou équipement terminal présent sur les lieux de la perquisition peuvent être saisies soit par leur copie, soit par la saisie de leur support lorsque la copie ne peut être réalisée ou achevée pendant le temps de la perquisition.

La copie des données ou la saisie des systèmes informatiques ou des équipements terminaux est réalisée en présence de l'officier de police judiciaire. L'agent sous la responsabilité duquel est conduite la perquisition rédige un procès-verbal de saisie qui en indique les motifs et dresse l'inventaire des matériels saisis. Une copie de ce procès-verbal est remise aux personnes mentionnées au deuxième alinéa du présent I. Les données et les supports saisis sont conservés sous la responsabilité du chef du service ayant procédé à la perquisition. À compter de la saisie, nul n'y a accès avant l'autorisation du juge.

L'autorité administrative demande, dès la fin de la perquisition, au juge des référés du tribunal administratif d'autoriser leur exploitation. Au vu des éléments révélés par la perquisition, le juge statue dans un délai de quarante-huit heures à compter de sa saisine sur la régularité de la saisie et sur la demande de l'autorité administrative. Sont exclus de l'autorisation les éléments dépourvus de tout lien avec la menace que constitue pour la sécurité et l'ordre publics le comportement de la personne concernée.

En cas de refus du juge des référés, et sous réserve de l'appel mentionné au dixième alinéa du présent I, les données copiées sont détruites et les supports saisis sont restitués à leur propriétaire.

Pendant le temps strictement nécessaire à leur exploitation autorisée par le juge des référés, les données et les supports saisis sont conservés sous la responsabilité du chef du service ayant procédé à la perquisition et à la saisie. Les systèmes informatiques ou équipements terminaux sont restitués à leur propriétaire, le cas échéant après qu'il a été procédé à la copie des données qu'ils contiennent, à l'issue d'un délai maximal de quinze jours à compter de la date de leur saisie ou de la date à laquelle le juge des référés, saisi dans ce délai, a autorisé l'exploitation des données qu'ils contiennent. Les données copiées sont détruites à l'expiration d'un délai maximal de trois mois à compter de la date de la perquisition ou de la date à laquelle le juge des référés, saisi dans ce délai, en a autorisé l'exploitation.

En cas de difficulté dans l'accès aux données contenues dans les supports saisis ou dans l'exploitation des données copiées, lorsque cela est nécessaire, les délais prévus au huitième alinéa du présent I peuvent être prorogés, pour la même durée, par le juge des référés saisi par l'autorité administrative au moins quarante-huit heures avant l'expiration de ces délais. Le juge des référés statue dans un délai de quarante-huit heures sur la demande de prorogation présentée par l'autorité administrative. Si l'exploitation ou l'examen des données et des supports saisis conduisent à la constatation d'une infraction, ces données et supports sont conservés selon les règles applicables en matière de procédure pénale.

Pour l'application du présent article, le juge des référés est celui du tribunal administratif dans le ressort duquel se trouve le lieu de la perquisition. Il statue dans les formes prévues au livre V du Code de justice administrative, sous réserve du présent article. Ses décisions sont susceptibles d'appel devant le juge des référés du Conseil d'État dans un délai de quarante-huit heures à compter de leur notification. Le juge des référés du Conseil d'État statue dans le délai de quarante-huit heures. En cas d'appel, les données et les supports saisis demeurent conservés dans les conditions mentionnées au huitième alinéa du présent I.

La perquisition donne lieu à l'établissement d'un compte rendu communiqué sans délai au procureur de la République, auquel est jointe, le cas échéant, copie du procès-verbal de saisie. Une copie de l'ordre de perquisition est remise à la personne faisant l'objet d'une perquisition.

Lorsqu'une infraction est constatée, l'officier de police judiciaire en dresse procès-verbal, procède à toute saisie utile et en informe sans délai le procureur de la République.

Lorsqu'il existe des raisons sérieuses de penser que leur comportement constitue une menace pour la sécurité et l'ordre publics, les personnes présentes sur le lieu d'une perquisition administrative peuvent être retenues sur place par l'officier de police judiciaire pendant le temps strictement nécessaire au déroulement de la perquisition. Le procureur de la République en est informé dès le début de la retenue.

Les personnes faisant l'objet de cette retenue sont informées de leur droit de faire prévenir par l'officier de police judiciaire toute personne de leur choix ainsi que leur employeur. Si l'officier de police judiciaire estime, en raison des nécessités liées à la retenue, ne pas devoir faire droit à cette demande, il en réfère sans délai au procureur de la République qui décide, s'il y a lieu, d'y faire droit.

La retenue ne peut excéder quatre heures à compter du début de la perquisition et le procureur de la République peut y mettre fin à tout moment.

Lorsqu'il s'agit d'un mineur, la retenue fait l'objet d'un accord exprès du procureur de la République. Le mineur doit être assisté de son représentant légal, sauf impossibilité dûment justifiée.

L'officier de police judiciaire mentionne, dans un procès-verbal, les motifs qui justifient la retenue. Il précise le jour et l'heure à partir desquels la retenue a débuté, le jour et l'heure de la fin de la retenue et la durée de celle-ci.

Ce procès-verbal est présenté à la signature de l'intéressé. Si ce dernier refuse de le signer, mention est faite du refus et des motifs de celui-ci.

Le procès-verbal est transmis au procureur de la République, copie en ayant été remise à l'intéressé.

La durée de la retenue s'impute, s'il y a lieu, sur celle de la garde à vue.

Le présent I n'est applicable que dans les zones fixées par le décret prévu à l'article 2.

II. Le ministre de l'Intérieur peut prendre toute mesure pour assurer l'interruption de tout service de communication au public en ligne provoquant à la commission d'actes de terrorisme ou en faisant l'apologie.

Art. 12. — (abrogé).

Art. 13. — Les infractions aux articles 5, 8 et 9 sont punies de six mois d'emprisonnement et de 7 500 € d'amende.

Les infractions au premier alinéa de l'article 6 sont punies de trois ans d'emprisonnement et de 45 000 € d'amende.

Les infractions au deuxième et aux sixième à dixième alinéas du même article 6 sont punies d'un an d'emprisonnement et de 15 000 € d'amende.

L'exécution d'office, par l'autorité administrative, des mesures prescrites peut être assurée nonobstant l'existence de ces dispositions pénales.

Art. 14. — Les mesures prises en application de la présente loi cessent d'avoir effet en même temps que prend fin l'état d'urgence.

Art. 14-1. — À l'exception des peines prévues à l'article 13, les mesures prises sur le fondement de la présente loi sont soumises au contrôle du juge administratif dans les conditions fixées par le Code de justice administrative, notamment son livre V.

Art. 15. — La présente loi, dans sa rédaction résultant de la loi n° 2018-133 du 26 février 2018 portant diverses dispositions d'adaptation au droit de l'Union européenne dans le domaine de la sécurité, est applicable sur l'ensemble du territoire de la République.

N° 117 L'état d'urgence sanitaire : les articles L. 3131-12 à L. 3131-19 du Code de la santé publique (238)

Art. L. 3131-12. — L'état d'urgence sanitaire peut être déclaré sur tout ou partie du territoire métropolitain ainsi que du territoire des collectivités régies par les articles 73

(238) Articles créés par la loi n° 2020-290 du 23 mars 2020 d'urgence pour faire face à l'épidémie de covid-19 et modifiés par les lois n° 2020-546 du 11 mai 2020 prorogeant l'état d'urgence sanitaire et complétant ses dispositions, n° 2020-856 du 9 juillet 2020 organisant la sortie de l'état d'urgence sanitaire, n° 2021-160 du 15 février 2021 prorogeant l'état d'urgence sanitaire et n° 2021-1040 du 5 août 2021 relative à la gestion de la crise sanitaire. Voir aussi les avis de la Commission nationale consultative des droits de l'homme : avis « État d'urgence sanitaire et État de droit » du 28 avril 2020 ; avis « État d'urgence sanitaire : le droit à l'éducation à l'aune de la Covid-19 » du 26 mai 2020 ; avis « Prorogation de l'état d'urgence sanitaire et libertés » du 26 mai 2020. Il faut relever les délibérations de la Commission nationale

et 74 de la Constitution et de la Nouvelle-Calédonie en cas de catastrophe sanitaire mettant en péril, par sa nature et sa gravité, la santé de la population.

Art. L. 3131-13. — L'état d'urgence sanitaire est déclaré par décret en conseil des ministres pris sur le rapport du ministre chargé de la santé. Ce décret motivé détermine la ou les circonscriptions territoriales à l'intérieur desquelles il entre en vigueur et reçoit application. Les données scientifiques disponibles sur la situation sanitaire qui ont motivé la décision sont rendues publiques.

L'Assemblée nationale et le Sénat sont informés sans délai des mesures prises par le Gouvernement au titre de l'état d'urgence sanitaire. L'Assemblée nationale et le Sénat peuvent requérir toute information complémentaire dans le cadre du contrôle et de l'évaluation de ces mesures.

La prorogation de l'état d'urgence sanitaire au-delà d'un mois ne peut être autorisée que par la loi, après avis du comité de scientifiques prévu à l'article L. 3131-19.

Art. L. 3131-14. — La loi autorisant la prorogation au-delà d'un mois de l'état d'urgence sanitaire fixe sa durée.

Il peut être mis fin à l'état d'urgence sanitaire par décret en conseil des ministres avant l'expiration du délai fixé par la loi le prorogeant après avis du comité de scientifiques prévu à l'article L. 3131-19.

Les mesures prises en application du présent chapitre cessent d'avoir effet en même temps que prend fin l'état d'urgence sanitaire.

Art. L. 3131-15. — I. — Dans les circonscriptions territoriales où l'état d'urgence sanitaire est déclaré, le Premier ministre peut, par décret réglementaire pris sur le rapport du ministre chargé de la santé, aux seules fins de garantir la santé publique :

1° Réglementer ou interdire la circulation des personnes et des véhicules et réglementer l'accès aux moyens de transport et les conditions de leur usage ;

2° Interdire aux personnes de sortir de leur domicile, sous réserve des déplacements strictement indispensables aux besoins familiaux ou de santé ;

3° Ordonner des mesures ayant pour objet la mise en quarantaine, au sens de l'article 1er du règlement sanitaire international de 2005, des personnes susceptibles d'être affectées ;

4° Ordonner des mesures de placement et de maintien en isolement, au sens du même article 1er, à leur domicile ou tout autre lieu d'hébergement adapté, des personnes affectées ;

5° Ordonner la fermeture provisoire et réglementer l'ouverture, y compris les conditions d'accès et de présence, d'une ou plusieurs catégories d'établissements recevant

---

de l'informatique et des libertés (CNIL) : délibération n° 2020-083 du 23 juillet 2020 portant avis sur un projet de décret pris en application de l'article 3 de la loi n° 2020-856 du 9 juillet 2020 organisant la sortie de l'état d'urgence sanitaire relatif à la durée de conservation des données pseudonymisées collectées à des fins de surveillance épidémiologique et de recherche sur le virus de la covid-19 ; délibération n° 2020-108 du 5 novembre 2020 portant avis sur un projet de décret modifiant le décret n° 2020-551 du 12 mai 2020 relatif aux systèmes d'information mentionnés à l'article 11 de la loi n° 2020-546 du 11 mai 2020 prorogeant l'état d'urgence sanitaire ; délibération n° 2020-135 du 17 décembre 2020 portant avis sur un projet de décret modifiant le décret n° 2020-650 du 29 mai 2020 relatif au traitement de données dénommé « StopCovid » ; délibération n° 2021-051 du 15 avril 2021 portant avis sur un projet de décret relatif à la mise en œuvre de l'espace numérique de santé ; Délibération n° 2021-146 du 9 décembre 2021 portant avis sur le décret modifiant le décret n° 2020-551 du 12 mai 2020 relatif aux systèmes d'information mentionnés à l'article 11 de la loi n° 2020-546 du 11 mai 2020 prorogeant l'état d'urgence sanitaire et complétant ses dispositions et le décret n° 2020-1690 du 25 décembre 2020 autorisant la création d'un traitement de données à caractère personnel relatif aux vaccinations contre la covid-19.

du public ainsi que des lieux de réunion, en garantissant l'accès des personnes aux biens et services de première nécessité ;

6° Limiter ou interdire les rassemblements sur la voie publique ou dans un lieu ouvert au public ainsi que les réunions de toute nature, à l'exclusion de toute réglementation des conditions de présence ou d'accès aux locaux à usage d'habitation ;

7° Ordonner la réquisition de toute personne et de tous biens et services nécessaires à la lutte contre la catastrophe sanitaire. L'indemnisation de ces réquisitions est régie par le Code de la défense ;

8° (abrogé)

9° En tant que de besoin, prendre toute mesure permettant la mise à la disposition des patients de médicaments appropriés pour l'éradication de la catastrophe sanitaire ;

10° En tant que de besoin, prendre par décret toute autre mesure réglementaire limitant la liberté d'entreprendre, dans la seule finalité de mettre fin à la catastrophe sanitaire mentionnée à l'article L. 3131-12 du présent code.

II. — Les mesures prévues au 3° du I du présent article ayant pour objet la mise en quarantaine des personnes susceptibles d'être affectées ne peuvent viser que les personnes qui, ayant séjourné au cours du mois précédent dans une zone de circulation de l'infection, entrent sur le territoire hexagonal, arrivent en Corse ou dans l'une des collectivités mentionnées à l'article 72-3 de la Constitution. La liste des zones de circulation de l'infection est fixée par arrêté du ministre chargé de la santé. Elle fait l'objet d'une information publique régulière pendant toute la durée de l'état d'urgence sanitaire. Les mesures prévues au 4° du I du présent article ayant pour objet le placement et le maintien en isolement des personnes affectées ne peuvent s'appliquer qu'à des personnes ayant fait l'objet d'un examen de dépistage virologique ou de tout examen médical concluant à une contamination.

Aux seules fins d'assurer la mise en œuvre des mesures mentionnées au premier alinéa du présent II, les entreprises de transport ferroviaire, maritime ou aérien communiquent au représentant de l'État dans le département qui en fait la demande les données relatives aux passagers concernant les déplacements mentionnés au même premier alinéa, dans les conditions prévues à l'article L. 232-4 du code de la sécurité intérieure.

Les mesures de mise en quarantaine, de placement et de maintien en isolement peuvent se dérouler, au choix des personnes qui en font l'objet, à leur domicile ou dans un autre lieu d'hébergement. Le représentant de l'État dans le département peut s'opposer au choix du lieu retenu par l'intéressé s'il apparaît que ce lieu ne répond pas aux exigences visant à garantir l'effectivité de ces mesures et à permettre le contrôle de leur application. Dans ce cas, le représentant de l'État dans le département détermine le lieu de leur déroulement.

Leur durée initiale ne peut excéder quatorze jours. Les mesures peuvent être renouvelées, dans les conditions prévues au III de l'article L. 3131-17 du présent code, dans la limite d'une durée maximale d'un mois. Il est mis fin aux mesures de placement et de maintien en isolement avant leur terme lorsque l'état de santé de l'intéressé le permet.

Dans le cadre des mesures de mise en quarantaine, de placement et de maintien en isolement, il peut être fait obligation à la personne qui en fait l'objet de :

1° Ne pas sortir de son domicile ou du lieu d'hébergement où elle exécute la mesure, sous réserve des déplacements qui lui sont spécifiquement autorisés par l'autorité administrative. Dans le cas où un isolement complet de la personne est prononcé, il lui est garanti un accès aux biens et services de première nécessité ainsi qu'à des moyens de communication téléphonique et électronique lui permettant de communiquer librement avec l'extérieur ;

2° Ne pas fréquenter certains lieux ou catégories de lieux.

Les personnes et enfants victimes des violences mentionnées à l'article 515-9 du Code civil ne peuvent être mis en quarantaine, placés et maintenus en isolement dans le même logement ou lieu d'hébergement que l'auteur des violences, ou être amenés à cohabiter lorsque celui-ci est mis en quarantaine, placé ou maintenu en isolement, y compris si les violences sont alléguées. Lorsqu'il ne peut être procédé à l'éviction de l'auteur des violences du logement conjugal ou dans l'attente d'une décision judiciaire statuant sur les faits de violence allégués et, le cas échéant, prévoyant cette éviction, il est assuré leur relogement dans un lieu d'hébergement adapté. Lorsqu'une décision de mise en quarantaine, de placement et de maintien en isolement est susceptible de mettre en danger une ou plusieurs personnes, le préfet en informe sans délai le procureur de la République.

Les conditions d'application du présent II sont fixées par le décret prévu au premier alinéa du I, en fonction de la nature et des modes de propagation du virus, après avis du comité de scientifiques mentionné à l'article L. 3131-19. Ce décret précise également les conditions dans lesquelles sont assurés l'information régulière de la personne qui fait l'objet de ces mesures, la poursuite de la vie familiale, la prise en compte de la situation des mineurs, le suivi médical qui accompagne ces mesures et les caractéristiques des lieux d'hébergement.

III. — Les mesures prescrites en application du présent article sont strictement proportionnées aux risques sanitaires encourus et appropriées aux circonstances de temps et de lieu. Il y est mis fin sans délai lorsqu'elles ne sont plus nécessaires.

Art. L. 3131-16. — Dans les circonscriptions territoriales où l'état d'urgence sanitaire est déclaré, le ministre chargé de la santé peut prescrire, par arrêté motivé, toute mesure réglementaire relative à l'organisation et au fonctionnement du dispositif de santé, à l'exception des mesures prévues à l'article L. 3131-15, visant à mettre fin à la catastrophe sanitaire mentionnée à l'article L. 3131-12.

Dans les mêmes conditions, le ministre chargé de la santé peut prescrire toute mesure individuelle nécessaire à l'application des mesures prescrites par le Premier ministre en application des 1° à 9° du I de l'article L. 3131-15.

Les mesures prescrites en application du présent article sont strictement nécessaires et proportionnées aux risques sanitaires encourus et appropriées aux circonstances de temps et de lieu. Il y est mis fin sans délai lorsqu'elles ne sont plus nécessaires.

Art. L. 3131-17. — I. — Lorsque le Premier ministre ou le ministre chargé de la santé prennent des mesures mentionnées aux articles L. 3131-15 et L. 3131-16, ils peuvent habiliter le représentant de l'État territorialement compétent à prendre toutes les mesures générales ou individuelles d'application de ces dispositions.

Lorsque les mesures prévues aux 1°, 2° et 5° à 9° du I de l'article L. 3131-15 et à l'article L. 3131-16 doivent s'appliquer dans un champ géographique qui n'excède pas le territoire d'un département, les autorités mentionnées aux mêmes articles L. 3131-15 et L. 3131-16 peuvent habiliter le représentant de l'État dans le département à les décider lui-même. Les décisions sont prises par ce dernier après avis du directeur général de l'agence régionale de santé.

II. — Les mesures individuelles ayant pour objet la mise en quarantaine et les mesures de placement et de maintien en isolement sont prononcées par décision individuelle motivée du représentant de l'État dans le département sur proposition du directeur général de l'agence régionale de santé. Cette décision mentionne les voies et délais de recours ainsi que les modalités de saisine du juge des libertés et de la détention.

Le placement et le maintien en isolement sont subordonnés à la constatation médicale de l'infection de la personne concernée. Ils sont prononcés par le représentant de l'État dans le département au vu d'un certificat médical.

Les mesures mentionnées au premier alinéa du présent II peuvent à tout moment faire l'objet d'un recours par la personne qui en fait l'objet devant le juge des libertés et de la détention dans le ressort duquel se situe le lieu de sa quarantaine ou de son isolement, en vue de la mainlevée de la mesure. Le juge des libertés et de la détention peut également être saisi par le procureur de la République territorialement compétent ou se saisir d'office à tout moment. Il statue dans un délai de soixante-douze heures par une ordonnance motivée immédiatement exécutoire.

Les mesures mentionnées au même premier alinéa ne peuvent être prolongées au-delà d'un délai de quatorze jours qu'après avis médical établissant la nécessité de cette prolongation.

Lorsque la mesure interdit toute sortie de l'intéressé hors du lieu où la quarantaine ou l'isolement se déroule, pendant plus de douze heures par jour, elle ne peut se poursuivre au-delà d'un délai de quatorze jours sans que le juge des libertés et de la détention, préalablement saisi par le représentant de l'État dans le département, ait autorisé cette prolongation.

Un décret en Conseil d'État précise les conditions d'application du présent II. Ce décret définit les modalités de la transmission au préfet du certificat médical prévu au deuxième alinéa du présent II. Il précise également les conditions d'information régulière de la personne qui fait l'objet de ces mesures.

III. — Les mesures générales et individuelles édictées par le représentant de l'État dans le département en application du présent article sont strictement nécessaires et proportionnées aux risques sanitaires encourus et appropriées aux circonstances de temps et de lieu. Les mesures individuelles font l'objet d'une information sans délai du procureur de la République territorialement compétent.

IV. — Le contrôle du respect des mesures prévues aux 3° et 4° du I de l'article L. 3131-15 est assuré par les agents habilités à cet effet par l'article L. 3136-1. À cette fin, ceux-ci peuvent se présenter à tout moment au lieu d'hébergement de la personne pour s'assurer de sa présence, à l'exception des horaires où elle est autorisée à s'absenter ainsi qu'entre 23 heures et 8 heures.

Art. L. 3131-18. — À l'exception des mesures mentionnées au premier alinéa du II de l'article L. 3131-17, les mesures prises en application du présent chapitre peuvent faire l'objet, devant le juge administratif, des recours présentés, instruits et jugés selon les procédures prévues aux articles L. 521-1 et L. 521-2 du code de justice administrative.

Art. L. 3131-19. — En cas de déclaration de l'état d'urgence sanitaire, il est réuni sans délai un comité de scientifiques. Son président est nommé par décret du Président de la République. Ce comité comprend deux personnalités qualifiées respectivement nommées par le Président de l'Assemblée nationale et le Président du Sénat ainsi que des personnalités qualifiées nommées par décret. Le comité rend périodiquement des avis sur l'état de la catastrophe sanitaire, les connaissances scientifiques qui s'y rapportent et les mesures propres à y mettre un terme, y compris celles relevant des articles L. 3131-15 à L. 3131-17, ainsi que sur la durée de leur application. Dès leur adoption, ces avis sont communiqués simultanément au Premier ministre, au président de l'Assemblée nationale et au président du Sénat par le président du comité. Ils sont rendus publics sans délai. Le comité est dissous lorsque prend fin l'état d'urgence sanitaire.

Le comité peut être consulté par les commissions parlementaires sur toute question concernant les sujets mentionnés à la quatrième phrase du premier alinéa du présent article.

Art. L. 3131-20. — Les dispositions des articles L. 3131-3 et L. 3131-4 sont applicables aux dommages résultant des mesures prises en application des articles L. 3131-15 à L. 3131-17.

Les dispositions des articles L. 3131-9-1, L. 3131-10 et L. 3131-10-1 sont applicables en cas de déclaration de l'état d'urgence sanitaire.

Index

D

E

Table des matières

PEFC
10-31-1316
Certifié PEFC
Ce produit est issu de forêts gérées durablement et de sources contrôlées

IMPRIM'VERT®

Imprimé en France sur des papiers provenant
exclusivement de l'Union européenne
et issus de forêts gérées durablement
par Dupliprint, 733 rue Saint-Léonard, 53100 Mayenne

Ce livre est imprimé sur un site sous management
environnemental certifié **AFAQ ISO 14001**

Achevé d'imprimer en juin 2022
Numéro d'impression : 2974446F
Dépôt légal : juin 2022